[개정판]

토지보상법 이해

변호사 장인태 · 행정사 조장형

共著

- 법조인, 공무원, 감정평가사 실무자, 토지소유자, 학자 등을 위한 유일의 전문실무서
- 이론, 판례, 재결례, 질의회신 유권해석, 헌재결정례 상세 해설

법률출판사

개정판을 내면서

2020.1.3. 졸저 "토지보상법 이해"가 출간된 지 약 1년 8개월이 지났다. 본도서는 출간된 지 8개월 만에 서점가에 2쇄를 내놓을 정도로 많은 분들의 사랑을 받았다.

초판 집필당시 예상했던 집필시간을 훨씬 넘기면서 저자는 체력적인 한계로 책 전반에 걸친 세밀한 내용을 빠짐없이 다루지는 못했다. 수년전부터 화제가 되었던 부동산가격 특히 아파트가격의 폭등과 함께 국토교통부 발표 '3기 신도시' 건설 사업에 대한 사회적 관심에 이어 2021년 봄에 있었던 한국토지주택공사 직원의 보상을 노린 땅투기 의혹사건이 언론에서 연일 다루어지면서 토지보상의 문제는 토지 등을 강제 수용당하는 보상대상자의 정당한 보상의 문제를 넘어 공익사업의 필요성 내지 남용에 대한 물음으로 이어지면서 전 국민의 관심대상이 된 듯하다.

초판 집필과정(2019.9.)부터 2021.7.20.까지 토지보상법령의 주요 개정내용을 살펴보면 종전의 감정평가업자를 감정평가법인 등으로, 한국철도시설공단의 명칭을 국가철도공단으로, 한국감정원의 명칭을 한국부동산원으로 하는 명칭 변경이 있었고, 대토보상 제도의 왜곡을 방지하기 위하여 대토보상 계약 체결일부터 1년 후에 현금보상으로 전환받을 수 있는 권리도 전매금지 대상이 되었다. 그리고, 토지 등을 수용·사용할 수 있는 공익사업에 공공주택건설사업, 해양산업클러스터 개발사업, 빈집정비사업, 혁신지구재생사업, 가로주택정비사업, 도심 공공주택 복합사업을 추가하는 한편, 토지 등에 대한 수용·사용이 남용되는 것을 방지하기 위하여 국토교통부장관으로 하여금 토지보상법에 규정된 공익사업의 공공성과 수용의 필요성 등을 5년마다 재검토하여 폐지 등 필요한 조치를 하도록 하였다.

또한, 이주대책 비용과 형평성을 고려하여 이주정착금이 종전의 하한액 6백만 원에서 1천2백만 원으로, 상한액 1천2백만 원에서 2천4백만 원으로 상향되었고, 주거이전비 보상 대상인 세입자의 범위를 무상으로 사용하는 거주자도 포함하는 등 현행 제도의 운영상 나타난 일부 미비점이 개선·보완되었다.

이번 개정판(2021.8)의 특징은

첫째, 초판에서 섬세하게 다루지 못한 부분을 보강하면서 오탈자 및 오류부분을 수정하여 보완했다.

둘째, 2021. 7. 20. 현재까지 개정된 토지보상법 및 관련 법령과 최신의 판례, 재결례, 유권해석, 질의회신 등 쟁점이 되는 주요사항들을 추가하여 보상업무를 담당하는 실무자뿐만 아니라 강제수용에 직면하고 있는 토지 등 소유자에게 최신의 법령 등을 빠짐없이 소개하려는 노력을 다했다.

셋째, 환매권 행사기간과 관련하여 헌법재판소의 2020. 11. 26. 토지보상법 제91조 제1항 중 "토지의 협의취득일 또는 수용의 개시일부터 10년 이내에" 부분은 헌법에 합치되지 아니한다고 헌법불합치결정을 내린 내용 등을 추가하였다.

넷째, 초판의 전체목차를 일부 변경하여 토지보상법의 체계적 이해를 도모하였고 부록의 참고자료 부분에 재결신청 시 사업시행자 검토사항, 사전공고 또는 고시절차를 규정하고 있는 법률 및 공익사업(토지보상법 제70조제5항의 공고일 또는 고시일 관련), 공익사업별 행위제한일, 잔여지 수용 및 가치하락 손실보상 등에 관한 참고기준, 중앙토지수용위원회 일반현황, 중앙토지수용위원회 운영규정, 감정평가서상의 실무용어 등을 추가하여 토지보상이 실무에서 어떤 과정으로 이루어지는 것인지를 소개하였다.

이번 개정판에서 필자는 초판에서 미처 다루지 못하였던 부분을 모두 담아내려 하였으나, 역시 업무로 인한 시간제약 및 개인의 역량부족으로 다음으로 미룰 수밖에 없음을 독자님들에게 고백하면서, 다음 개정판에는 필자의 박사과정을 통한 진일보된 학문적 소양과 해마다 축적되고 있는 실무 경험을 바탕으로 반드시 토지보상과 관련된 모든 것을 체계적으로 재정리할 것을 다짐해본다.

필자의 부족한 지식과 경험에도 불구하고 본 개정판이 출간되기까지 많은 분들의 도움이 있었다. 우선 토지보상과 관련된 이론적 지식에 영감을 주셨던 단국대 행정법무대학원의 홍성진 교수님, 보상현장의 생생한 다양한 경험과 실전지식을 현재까지 아낌없이 들려주셨던 신경직 한국토지주택공사 사내대학 겸임교수님께 깊은 존경과 감사의 말씀을 올린다.

더불어 작년 가을부터 본서의 개정판 집필을 독려하고 격려해 주셨으나 지금에서야 탈고를 하여 송구하다는 말씀을 법률출판사 김용성 대표님께 드리며, 항상 수고하여 주시는 편집실장 한석희 님께도 감사의 말씀을 드린다. 그리고 지금 이 시각에도 지방산업단지 보상현장을 누비면서 저자에게 살아있는 정보를 주고 있는 김정기 행정사님, 교정작업에 조력해주신 손세창 행정사님께도 감사의 말씀을 드린다. 끝으로 무더운 여름에 본서의 편집에 애써 주신 편집부 직원들과 가장으로 많이 부족한 필자를 위해 말없이 내조하고 있는 아내 임은선과 장녀 수현과 막내아들 성우에게 '사랑합니다.'라는 말을 전한다.

이 책이 토지보상과 관련된 모든 분들께 도움이 되길 간절히 기대해 본다.

2021. 7. 27.
지은이 장인태, 조장형

차 례

제1장 손실보상 제도 총론

제2장 협의취득

제3장　수용취득(수용재결) 및 구제절차

제4장 손실보상의 종류 및 보상금의 결정방법

제5장 이주대책 및 생활대책

제6장　보상금청구, 보상금의 지급·공탁방법

제7장 환매권

제8장 벌칙

부 록

▣ 실전서식

■ 참고자료

제1장 손실보상 제도 총론

제1절 손실보상 일반론

1. 손실보상의 의의

(1) 의의

손실보상이란, 공공필요에 의한 적법한 공권력행사에 의하여 개인이 재산에 가하여진 특별한 손해에 대하여, 전체적인 평등부담의 견지에서 행하여지는 재산적 보상을 말한다. 손실보상은 공익적 견지에서 행정기관의 적법한 행정작용에 따른 공권력행사로 인한 재산권 침해라는 점에서 불법행위로 인한 사법상의 손해배상과는 차이가 있다. 또한 손실보상은 공공필요에 기하여 특정인에게 부과된 특별한 희생을 공평부담의 견지에서 조절하기 위하여 행하여지는 보상으로 피해자에게 손해를 감수하여야 할 원인이 있는 경우나, 재산권에 대한 제한이 재산권의 내재적 한계내의 것인 때에는 손실보상의 문제는 생기지 않는다.[1]

(2) 재산권에 대한 공용수용 등에 대한 손실보상

헌법 제23조 제3항에서는 "공공필요에 의한 재산권의 수용·사용 또는 제한 및 그에 대한 보상은 법률로써 한다"라고 규정하고 있는바, 여기서의 재산권의 수용이란 재산권의 강제박탈, 재산권의 사용은 강제적인 일시사용, 재산권의 제한은 소유권에 대한 사용·수익의 권능을 제한한다는 의미로 이것을 모두 포함한 개념을 공용침해라고 하며 공용침해에는 공용수용, 공용사용, 공용제한이 있다.

공용수용이란 공익사업을 위해 법률로 타인의 토지 등의 재산권을 강제적으로 취득하는 것이고, 공용사용은 공익사업 기타 공공목적을 위해 국가·지방자치단체 등의 공익사업의 주체가 타인의 토지 등 재산권에 공법상의 사용권을 취득하고 상대방은 이를 수인해야 할 의무를 부담하는 것이고, 공용제한은 공익의 수요에 따라 개인의 재산권에 가해지는 공법상의 제한을 말한다.

이러한 공용수용 등은 반드시 법적근거와 그에 대한 보상이 있어야 하는데 그 근거법으로는 「토지 등의 취득 및 보상에 관한 법률」 외에 다수의 개별법이 있다.

---

1) 김동희, 행정법 I , 박영사, 1998, 483면

2. 손실보상의 근거

(1) 손실보상의 이론적 근거

① 기득권설

손실보상의 이론적 근거에 관한 가장 오래된 학설로서, 자연법적인 기득권불가침원칙에 입각하여, 기득권은 원칙적으로 침해할 수 없는 것이나 예외적으로 긴급권에 의한 침해는 허용되는 것으로 보아, 이 경우에도 그 경제적 가치에 의한 보상은 하여야 한다고 보는 견해이나, 오늘날 근대의 기득권불가침원칙 그 자체가 부인되고 있어 이 학설을 취하는 학자는 없다.

② 은혜설

극단적인 공익우선 및 국가권력 절대의 사상에서 출발하여, 법률의 만능을 인정하고 국민은 그에 대항할 근거는 없다는 사고를 전제로 개별 법률에서 보상규정을 두는 것은 국가가 단지 은혜로서 보상하는 것에 불과하다고 보는 견해로, 이 견해 역시 현재 지지하는 학자는 없다.

③ 평등부담설

이 설은 1789년 프랑스 혁명기의 「인간과 시민의 권리선언」에 따른 내용으로 정당한 사전보상 하에서만 재산권이 박탈될 수 있다는 "공적 부담 앞의 평등"에 그 근거를 두고 있다.[2]

④ 특별희생설

현재의 통설로 이 설은 정의·공평원칙에 입각하여, 공익을 위하여 개인에게 부과된 특별한 희생은 이를 전체의 부담으로 하여 보상하는 것이 정의·공평의 요구에 합치되는 것이라고 본다.[3]

여기서 특별한 희생이란 일반인에게 균일하게 주어지는 것이 아니라 공공사업을 위하여 어느 특정인에게만 주어진 희생으로, 이는 사회정의와 공평이 원칙상 묵인될 수 없는 것

---

2) 박윤흔, 행정법강의(상), 박영사, 2002, 753면
3) 김동희, 앞의 책, 485면

으로 그 희생을 공평하게 배분하고 특정인이 받는 희생을 전체의 부담으로 조절할 필요
가 있다는 것이다.[4]

(2) 실정법적 근거

① 헌법 제23조 제3항

헌법 제23조 제3항에서는 "공공필요에 의한 재산권의 수용·사용 또는 제한 및 그에 대
한 보상은 법률로써 하되, 정당한 보상을 지급하여야 한다"라고 규정하여 손실보상의 헌
법적인 근거를 마련하고 있다.

② 토지보상법

「공익사업을 위한 토지 등의 취득 및 보상에 관한 법률」(이하 '토지보상법'[5]이라 한다)은
공용수용을 할 수 있는 공익사업과 공용수용의 목적물 및 공용수용의 절차와 효과 등에
대한 손실보상의 일반적인 내용을 규정하여 손실보상 및 공용수용에 관한 일반법적 지위
에 있다.[6] 즉, 토지 등의 취득 및 보상에 있어서 토지보상법은 일반법이며, 그 외 개별법
은 특별법이라 할 수 있다. 따라서 취득 및 보상에 대하여 예외적으로 개별법에서 정한
특별한 규정이 없는 한 일반법인 토지보상법을 적용한다.

③ 그 외 개별법

공용수용에 관해서는 토지보상법 외 그 밖의 개별목적의 법률에서 공공필요에 의한 재산
적권 침해규정을 두고 있는데, 「국토의 계획 및 이용에 관한 법률」, 「산업입지 및 개발에
관한 법률」, 「도로법」, 「도시개발법」, 「주택법」, 「하천법」, 「수산업법」, 「광업법」 등 수많은
개별법이 있다.

종전에는 이러한 개별법에 대해 "이러한 특별법은 그 내용상 ⅰ) 공용수용을 할 수 있는

---

[4] 이선영, 신토지수용과보상법론, 리북스, 2005. 428면

[5] 이 법률의 약칭에 대해서는 한국토지주택공사 등 공익사업 시행자들은 보상실무에서 "토지보상법"이라는
용어를 오래전부터 사용하고 있다. 다만, 대법원 판례에서는 "공익사업법"이라는 용어를 사용하고 있다.
이하 본서에서는 보상실무에서 통용되는 "토지보상법"이라는 용어를 사용하기로 한다.

[6] 공용수용은 재산권을 침해하는 행위이므로 법률의 근거가 있어야 한다. 엄밀히 말하면 현행법상 공용수
용에 관한 일반법은 없다. 그런데 토지보상법은 상당히 포괄적으로 공익사업을 위한 토지수용을 정하고
있어 토지수용에 관한 일반법에 준하는 성격을 가지고 있다.(박균성, 행정법강의, 박영사, 2014. 1161면)

공익사업으로 토지보상법이 규정한 것 이외의 새로운 사업을 정한 것,[7] ii) 공용수용을 할 수 있는 목적물로 토지보상법이 규정한 것 이외의 새로운 재산권을 정한 것,[8] iii) 토지보상법이 규정한 절차에 대하여 특별한 절차를 규정한 것[9] 등이 있다. 그러나 이들 개별법은 공용수용에 대한 특칙을 규정함에 그치고, 그 이외의 사항은 토지보상법을 준용하도록 하고 있다"라고 해석되었다.[10]

그러나, 현행 토지보상법은 최근(2015.12.29.) 토지보상법 제4조가 개정되고, 제4조의 2가 신설되어 공익사업의 범위가 종전에 비해 엄격하게 규율되게 되었다. 즉, 토지보상법 제4조 또는 [**별표**]에 규정된 법률에 따르지 아니하고는 다른 개별 법률에서 토지 등을 수용·사용하는 사업을 규정할 수 없도록 하여(법 제4조 제8호), 토지보상법에서 제한적으로 열거하여 규정된 공익사업외의 다른 공익사업은 더 이상 존재 내지 시행될 수 없게 되었다.

제2절 토지보상법의 제정 및 변천

현행 토지보상법의 시행이전의 우리나라의 토지수용 및 손실보상과 관련된 법제는 1911년 일본이 제정한 '조선토지수용령', 1962. 1. 15. 제정된 '토지수용법', 1975. 12. 31. 제정된 「공공용지의취득및손실보상에관한특례법」(이하 '공특법'이라 한다)이 있다.

현재의 토지보상법은 공익사업을 위해 토지 등을 취득하거나 사용하는 방법으로 협의에 의한 방법(협의취득)과 수용에 의한 방법(수용취득)을 마련하고 있는데, 이는 종래에 협의취득과 손실보상의 기준을 정한 구 '공특법'과 수용·사용절차를 규정한 구 '토지수용법'으로 이원화되어 있던 법체계를 일원화한 것이다.

---

7) 도시계획법 제30조, 산업입지및개발에관한법률 제2조, 도시재개발법 제31조,제32조
8) 도로법 제49조의2, 특허법 제106조
9) 도로법 제49조의2② , 광업법 제88조 이하
10) 김동희, 행정법Ⅱ, 박영사, 1998, 321면

1. 토지보상법의 제정

(1) 제정경위

공익사업 용지의 취득과 손실보상에 관한 법제는 그동안 구 '토지수용법'과 구 '공특법'으로 이원화되어 있었는데 양법의 토지취득절차의 중복성문제, 법적절차의 명확성, 법체계의 통일성 확보를 통한 위해 <u>양법을 통합하는</u> 토지보상법이 <u>2002. 2. 4.</u>(법률 제6656호, 시행 2003.1.1)이 <u>제정</u>되었다.

(2) 토지보상법의 주요내용

① 공익사업의 범위한정(법 제4조)

토지를 취득 또는 사용할 수 있는 공익사업의 범위를 관계 법률에 의하여 시행하는 철도·공항·항만·공영차고지·폐수처리 등에 관한 공익사업과 국가 또는 지방자치단체가 시행하는 공공용 시설사업 등으로 한정하고, 제철·비료·전자·조선 등에 관한 사업을 제외함으로써 국민의 재산권 보장을 강화하였다.

② 공익사업준비위한 토지출입허가 등(법 제9조 내지 제13조)

사업시행자는 공익사업의 준비를 위하여 필요한 때에는 시장·군수·구청장의 허가를 받아 타인이 점유하는 토지에 출입하여 측량·조사 및 장해물의 제거 등을 할 수 있도록 하되, 이로 인하여 발생하는 손실에 대하여는 보상하도록 하였다.

③ 보상절차 명시화(법 제14조 내지 제16조 및 제26조)

공익사업을 위하여 토지·물건 등을 취득·사용하고자 하는 경우에는 토지조서 및 물건조서의 작성, 보상계획의 공고 및 열람, 보상협의 등의 절차를 거치도록 명시적으로 규정하여 국민의 재산권에 대한 절차적인 보호를 강화하되, 토지등을 수용·사용함에 있어서 건설교통부장관으로부터 사업인정을 받기 전에 이러한 절차를 거친 경우에는 이를 생략할 수 있도록 하여 공익사업이 원활하게 추진될 수 있도록 하였다.

④ 토지소유자 추천에 의한 감정평가업자 추가선정(법 제68조)

사업시행자는 토지 등에 대한 보상액을 산정하고자 하는 경우에는 감정평가업자 2인 이상에게 토지 등의 평가를 의뢰하도록 하되, 토지소유자의 요청이 있는 때에는 토지소유자가 추천하는 감정평가업자 1인을 추가로 선정할 수 있도록 하였다.

⑤ 보상전문기관 지정제도(법 제81조)
보상의 전문화를 통하여 보상에 따른 분쟁의 소지를 줄이고 공익사업이 원활하게 수행될 수 있도록, 보상에 관한 업무를 보상전문기관에 위탁할 수 있도록 하였다.

⑥ 이의재결 임의주의 및 행정소송의 당사자주의 채택(법 제85조)
종전 재결에 불복이 있는 경우 이의신청을 거치지 아니하고는 행정소송을 제기하지 못하였으나, 앞으로는 개정된 행정소송법의 취지에 맞추어 이의신청의 재결을 거치지 아니하고도 행정소송을 제기할 수 있도록 함으로써 국민의 권리구제 기간을 단축하고, 보상금 증감소송의 당사자로 되어 있던 재결청을 소송당사자에서 제외하여 사업시행자와 피보상자간의 당사자주의에 충실하도록 하였다.

⑦ 행정대집행 절차 간이화(법 제89조 제2항)
종전 사업시행자가 국가 또는 지방자치단체인 경우에는 행정대집행을 하고자 할 경우에는 시·도지사나 시장·군수·구청장에게 의뢰하도록 하였으나 토지보상법에서는 사업시행자가 직접 대집행을 할 수 있도록 하였다.

⑧ 환매제도의 단일화(법 제91조)
종전 환매금액에 관하여 사업시행자와 토지소유자간에 다툼이 있는 경우, 공특법에서는 이를 토지수용위원회에, 토지수용법에서는 법원에 그 금액의 증감을 청구할 수 있도록 하였으나, 토지보상법에서는 이를 법원으로 하는 단일화 규정을 두었다.

2. 토지보상법의 주요개정내용

토지보상법은 2002. 2. 4. 제정 후 2018. 12. 31. 현재까지 총28차례의 개정이 있었는데 그중 14차례는 타법 개정에 따른 법률의 일부명칭변경에 따른 개정이고, 나머지는 본문의 일부내용이 개정된 것으로 개정된 주요 본문내용은 아래와 같다.[11]

(1) 제4차 개정 [법률 제7475호, 2005.3.31.일부개정]

○ 제4조제3호중 "공원"을 → "공원·수목원"으로 개정하여 수목원 조성부지가 대부분 사유지인 경우 주민들과의 협의매수가 제대로 이루어지지 않아 원만한 사업추진을 위하여 '수목원'을 공익사업 중의 하나로 포함하여 개별사업으로 토지수용이 가능하도록 하였다.

(2) 제5차 개정 [법률 제7758호, 2005.12.23.일부개정]

○ 보상투기가 우려되는 지역 내에서 택지개발사업, 산업단지개발사업 등을 시행하는 정부투자기관 및 공공단체가 토지를 수용하는 경우 부재지주에 대한 일정금액 초과부분의 토지보상금은 당해 사업시행자가 발행하는 채권으로 의무적 지급하여야 한다(법 제63조 제3항 신설).

(3) 제8차 개정 [법률 제7835호, 2005.12.30.일부개정]

○ 보상업무 등의 위탁대상기관에 정부투자기관, 정부출자기관외에 「지방공기업법」에 따른 지방공사를 포함(법 제81조제1항제2호).

(4) 제9차 개정 [법률 제8665호, 2007.10.17.일부개정]

○ 소유사실확인서 발급제도 폐지(현행 제18조 삭제)[12]

○ 공익사업으로 조성된 토지로 보상하는 대토보상 제도의 도입(법 제63조제1항 단서·제2항 내지 제5항 신설)[13]

---

11) 〈법제처 제공〉내용을 필자가 일부수정 인용함.
12) 현재는 소유권 보존등기 또는 실제의 소유자에게 이전등기가 되어 있지 아니한 토지 등이 있는 때에는 시장·구청장 또는 읍·면장이 발급한 확인서에 의하여 정당한 권리자로 인정되는 자에게 보상금을 지급하고 있으나, 확인서에 의한 등기는 실체적 권리관계에 부합하는 등기로 추정할 수 없어, 소유자확인서 발급제도를 폐지하고 관계 법률에 따라 소유권 보존등기 또는 이전등기를 한 정당한 권리자에게 보상금을 지급할 필요성이 있음.
13) 손실보상은 현금보상을 원칙으로 하되, 토지소유자가 원하는 경우에는 해당 공익사업의 토지이용계획 및 사업계획 등을 고려하여 공익사업의 시행으로 조성된 토지로 보상할 수 있도록 함.

○ 잔여 건축물 감가보상 및 매수청구 제도 도입(법 제75조의2 신설)[14]

○ 공장에 대한 이주대책의 수립(법 제4조 및 제78조의2)[15]

○ 보상협의회 설치 의무화(법 제82조제1항 및 제2항)[16]

(5) 제11차 개정 [법률 제9053호, 2008. 3. 28. 일부개정]

○ 채권보상 활성화를 통하여 토지보상금으로 인한 부동산 시장 영향을 최소화하기 위하여 현지주민이 자발적으로 수령하는 보상채권에 대한 금리를 부재지주 보상채권 금리보다 높였다(법 제63조제6항 제1호, 제2호 신설).

○ 보상자금의 효율적인 관리를 위하여 채권을 발행하여 보상금을 지급할 수 있는 기관을 확대하여, 「지방공기업」에 따른 지방공사 등도 포함될 수 있도록 하였다.

(6) 제12차 개정 [법률 제9595호, 2009. 4. 1. 일부개정]

○ 영업주가 종업원 등에 대한 관리·감독상 주의의무를 다한 때에는 처벌을 면하게 함으로써 양벌규정에도 책임주의 원칙이 관철되도록 하였다(법 제98조).

(7) 제13차 개정 [법률 제10239호, 2010. 4. 5. 일부개정][17]

○ 사업시행자가 토지소유자에 대하여 손실보상을 하는 경우 토지로 보상할 수 있는 주택용지 상한면적을 330㎡에서 990㎡(상업용지는 1,100㎡)로 확대하고(법 제63조제2

---

14) 건축물의 일부가 공익사업에 편입됨으로 인하여 잔여 건축물의 가격이 감소되거나 그 밖의 손실이 있는 때에는 그 손실을 보상하도록 하고, 잔여 건축물을 종래의 목적대로 사용하는 것이 현저히 곤란한 때에는 그 건축물 소유자는 사업시행자에게 잔여 건축물을 매수하여 줄 것을 청구할 수 있도록 하며, 협의가 성립되지 아니한 경우에는 해당 사업의 **공사완료일까지 관할 토지수용위원회에 수용을 청구**할 수 있도록 함.

15) 대통령령으로 정하는 공익사업의 시행으로 공장(산업집적활성화및공장설립에관한법률 제2조제1호에 따른 공장)을 이전하는 경우 산업입지및개발에관한법률에 따라 인근지역에 지정·개발된 산업단지에 입주를 알선하는 등 공장에 대한 이주대책을 수립하도록 함.

16) 대통령령이 정하는 규모 이상의 공익사업을 시행하는 경우에는 지방자치단체 또는 사업시행자는 **보상협의회를 의무적으로 설치**하도록 하고, 그 밖의 사업의 경우에는 필요한 때에 설치할 수 있도록 함.

17) ◇개정이유: 현금보상 외에 대토보상 및 채권보상을 활성화하도록 제도를 개선하고, 환매권 행사를 유보하는 공익사업에 택지개발사업을 추가하여 공익사업의 안정적 추진을 도모하는 한편, 대집행 시 국가나 지방자치단체는 철거의무자 등의 보호를 위하여 노력하도록 함으로써 강제철거로 인한 인권침해를 방지하려는 것임.

항), 토지로 보상받기로 결정된 권리는 소유권이전등기를 완료할 때까지 상속을 제외하고는 전매를 제한하고 있으나, 개발전문 부동산투자회사에 현물출자를 하는 경우는 예외로 하고(법 제63조제3항), 토지로 보상받기로 한 보상계약 체결일부터 1년이 경과하면 토지소유자는 이를 현금으로 전환하여 보상하여 줄 것을 요청할 수 있도록 하며(법 제63조제4항 신설), 채권의 장기보유를 위하여 5년 만기채권 발행 시 5년 만기 국고채 금리를 적용하도록 함(법 제63조제9항).

○ 대집행 시 인권침해를 방지하기 위하여 국가 또는 지방자치단체는 의무를 이행하여야 할 자의 보호를 위하여 노력하도록 함(법 제89조제3항 신설).

○ 공익사업으로 취득한 토지가 다시 택지개발사업지구에 편입되는 경우 환매권 행사를 유보하도록 함(법 제91조제6항).

(8) 제15차 개정 [법률 제11017호, 2011.8.4. 일부개정]

○ 법 문장을 원칙적으로 한글로 적고, 어려운 용어를 쉬운 용어로 바꾸며, 길고 복잡한 문장은 체계 등을 정비하여 간결하게 하는 등 국민이 법 문장을 이해하기 쉽게 정비하였다.

(9) 제16차 개정 [법률 제11468호, 2012.6.1. 일부개정]

○ 현재 공익사업을 위한 토지 등의 보상액을 산정할 때 사업시행자는 2인 이상의 감정평가업자에게 평가를 의뢰하도록 하고, 토지소유자가 요청하는 경우에는 2인 이상의 감정평가업자 외에 토지소유자가 추천하는 1인의 감정평가업자를 선정할 수 있도록 하고 있으나, 보상액과 관련하여 주민들의 이의제기와 불만과 토지소재지 관할 지방자치단체도 민원으로 행정업무에 지장을 받는 실정임을 고려하여, 사업시행자 외에 토지소유자 및 해당 토지를 관할하는 시·도지사도 감정평가업자를 추천하도록 개선하였다(법 제68조제1항).

○ 현재 지방토지수용위원회의 위원수가 9인으로 한정되어 있어 정족수 미달로 위원회 개최가 무산되는 등 수용재결 기간 장기화로 공익사업 추진이 지연되는 사례가 발생하고 있는바, 위원수를 20인 이내로 확대함으로써 공익사업이 원활하게 추진될 수 있도록 하였다(법 제58조제1항 등).

(10) 제18차 개정 [법률 제12471호, 2014.3.18. 일부개정]

○ 제4조제5호 중 "택지"를 "택지 및 산업단지"로 하여, 토지등을 취득하거나 사용할 수 있는 공익사업의 종류에 "산업단지 조성에 관한 사업"을 추가해 공익사업 간의 전환 등을 원활히 추진할 수 있게 되었다(법 제4조제5호).

(11) 제19차 개정 [법률 제12972호, 2015.1.6. 일부개정]

○ 현행 법률에는 사업시행자가 토지소유자 등의 동의 없이 토지에 출입하여 장애물을 제거하는 경우와 토지소유자 등이 수용 또는 사용 대상인 토지나 물건에 대하여 수용 또는 사용의 개시일까지 사업시행자에게 인도하거나 이전하지 아니하는 경우 벌칙을 규정하고 있는데, 다른 법률과의 행위제한 내용면에서 같은 행위제한을 위반하는 경우 적용되는 처벌 규정의 법정형은 법률마다 큰 편차가 있어 이에 다른 법률의 벌칙 규정과의 형평성, 구성요건의 공익적인 성격을 고려하여 징역형을 신설하고, 벌금형은 현행보다 높게 책정하여[18] 법률간 불균형이 해소되었다(법 제95조의2 신설).

(12) 제21차 개정 [법률 제13677호, 2015.12.29. 일부개정][19]

○ 토지보상법에 규정되어 있는 사업인정 제도가 각 개별 법률의 사업인정 의제특례로 피수용인의 재산권이 침해된다는 의견이 있어, 이 법 제4조 또는 별표에 규정된 법률에 따르지 아니하고는 토지 등을 수용하거나 사용할 수 있는 사업을 정할 없도록 하여 종래

---

18) 제95조의2를 다음과 같이 신설한다.
　　제95조의2(벌칙) 다음 각 호의 어느 하나에 해당하는 자는 1년 이하의 징역 또는 1천만원 이하의 벌금에 처한다.
　　　　1. 제12조제1항을 위반하여 장해물 제거등을 한 자
　　　　2. 제43조를 위반하여 토지 또는 물건을 인도하거나 이전하지 아니한 자
19) 부칙
제1조(시행일) 이 법은 공포한 날부터 시행한다. 다만, 제21조의 개정규정은 공포 후 6개월이 경과한 날부터 시행한다.
제2조(의견청취에 관한 적용례) 제21조제2항의 개정규정은 같은 개정규정 시행 후 최초로 관계 법률에 따라 사업인정이 의제되는 지구지정·사업계획승인 등을 하는 경우부터 적용한다.
제3조(공익사업에 관한 경과조치) 이 법 시행 당시 다른 법률에 따라 토지등을 수용하거나 사용할 수 있는 사업은 제4조제8호의 개정규정에도 불구하고 같은 개정규정에 따라 별표에 규정된 사업으로 본다.
제4조(결격사유에 관한 경과조치) 제54조제1항제1호의 개정규정에도 불구하고 법률 제10429호 민법 일부개정법률 부칙 제2조에 따라 금치산 또는 한정치산 선고의 효력이 유지되는 사람에 대하여는 종전의 규정을 적용한다.

개별 법률에 따라 토지 등을 수용·사용하는 사업은 더 이상 할 수 없도록 하였다(법 제4조제2항 신설).

○ 또한, 이 법 별표에 규정된 법률에 따라 사업인정이 있는 것으로 의제되는 공익사업의 허가·인가·승인권자 등은 사업인정이 의제되는 지구지정·사업계획승인 등을 하려는 경우 제1항에 따라 제49조에 따른 중앙토지수용위원회 및 사업인정에 이해관계가 있는 자의 의견청취를 의무화하였다(법 제21조제2항,제3항 신설).

○ 「민법」개정에 따라 토지수용위원회 위원의 결격사유 중 금치산자 및 한정치산자를 각각 피성년후견인 및 피한정후견인으로 개정되었다(법 제54조제1항제1호).

(13) 제25차 개정 [법률 제14711호, 2017.3.21. 일부개정]

○ 「형법」과 그 밖의 법률에 따른 벌칙을 적용함에 있어 토지수용위원회 위원 중 공무원이 아닌 위원을 공무원으로 의제함으로써 해당 직무수행의 공정성과 책임성을 확보(법 제57조의2 신설)하는 한편, 토지수용위원회의 재결정보체계의 구축·운영 및 외부 전문기관 위탁에 관한 근거를 마련함으로써 토지 등 수용·사용에 관한 재결업무의 전산화를 촉진하고 이를 통하여 수용 등 재결업무의 효율성을 제고하려 하였다(법 제60조의2 신설).

(14) 제28차 개정 [법률 제16138호, 2018.12.31. 일부개정][20]

○ 중앙토지수용위원회가 공익사업의 신설, 변경 및 폐지 등에 관하여 개선요구 등을 할

---

20) ◇ 개정이유: 공익사업 신설 등에 대한 개선요구 등의 근거를 마련하고, 사업인정 또는 사업인정이 의제되는 지구지정·사업계획승인 등에 대한 중앙토지수용위원회의 사전 협의절차 이행, 협의 시 검토기준 명시, 기간연장·서류 보완요구 등 근거 마련하는 한편, 사업인정 또는 사업인정이 의제되는 지구지정·사업계획 승인 등에 있어 중앙토지수용위원회와 사전에 협의절차를 이행하도록 하고, **토지수용위원회의 재결에 불복하는 경우 행정소송 제소기간을 확대**하려는 것임.

부 칙
제1조(시행일) 이 법은 공포 후 6개월이 경과한 날부터 시행한다. 다만, 제27조(제3항의 개정규정은 제외한다), 제52조제6항 단서, 제53조제4항 단서 및 제97조제2호의 개정규정은 공포한 날부터 시행한다.
제2조(보상계획의 열람 등에 관한 적용례) 제15조제3항 단서 및 제27조제3항의 개정규정은 이 법 시행 후 최초로 보상계획을 공고 또는 통지하는 경우부터 적용한다.
제3조(협의 및 의견청취 등에 관한 적용례) 제21조의 개정규정은 이 법 시행 후 최초로 제20조에 따른 사업인정을 하거나 관계 법률에 따라 사업인정이 의제되는 지구지정·사업계획승인 등을 하는 경우부터 적용한다.
제4조(행정소송의 제기에 관한 적용례) 제85조제1항의 개정규정은 **이 법 시행 후 최초로** 제34조 또는 제84조에 따른 **재결서 정본을 받은 자부터 적용**한다.

수 있도록 하고, 중앙토지수용위원회의 개선요구 등에 대한 관계 행정기관의 반영의무를 규정하며, 중앙토지수용위원회는 개선요구 등을 위하여 관계 기관 소속 직원 또는 관계 전문가 등에게 의견진술이나 자료제출을 요구할 수 있도록 하였다(제4조의3 신설).

○ 사업시행자의 고의 또는 과실로 토지소유자 및 관계인에게 보상계획을 통지하지 아니한 경우 열람기간이 지난 후 협의가 완료되기 전까지 토지조서 및 물건조서의 내용에 대한 이의제기가 가능하도록 함(제15조제3항 단서 신설).

○ 국토교통부장관이나 허가・인가・승인권자가 사업인정 또는 사업인정이 의제되는 지구지정・사업계획 승인 등에 있어 중앙토지수용위원회와 사전에 협의절차를 이행할 것을 규정하고(제21조제1항 및 제2항), 사업인정 등에 대한 협의 시, 대상사업에 대한 검토기준으로 사업인정에 이해관계가 있는 자에 대한 의견 수렴절차, 허가・인가・승인대상 사업의 공공성, 수용의 필요성, 그 밖에 대통령령으로 정하는 사항을 명시함(제21조 제3항).

○ 사업인정 고시 후 사업시행자나 감정평가업자가 토지나 물건을 측량하거나 조사할 경우 사업시행자가 출입에 관한 사항을 토지점유자에게 출입하려는 날의 5일전까지 직접 통지토록 명확하게 규정하여 행정절차를 간소화 함(제27조제1항 및 제2항).

○ 토지수용위원회에서 위원장이 필요하다고 인정하는 경우 회의 구성을 위한 위원정수를 20명 이내에서 확대할 수 있도록 하여 위원회 운영에 탄력성을 부여함(제52조제6항 단서 및 제53조제4항 단서 신설).

○ 토지수용위원회의 재결에 불복하는 경우 <u>행정소송 제소기간을 60일에서 90일로, 이의신청을 거쳤을 때는 이의 신청에 대한 재결서를 받은 날로부터 30일에서 60일로 늘려 국민의 재판청구권을 폭넓게 보장함(제85조제1항).</u>

(15) 제32차 개정[법률 제17219호, 2020.4.7.타법개정][21]

21) 부칙
제1조(시행일) 이 법은 공포 후 3개월이 경과한 날부터 시행한다.
제2조(다른 법률의 개정) ① 및 ② 생략
③ 공익사업을 위한 토지 등의 취득 및 보상에 관한 법률 일부를 다음과 같이 개정한다.
제27조제1항 각 호 외의 부분 전단 중 "<u>감정평가업자</u>(「감정평가 및 감정평가사에 관한 법률」에 따른 감정평가업자를 말한다. 이하 "감정평가업자"라 한다)는"을 "**감정평가법인등**(「감정평가 및 감정평가사에 관한 법률」에 따른 감정평가사 또는 감정평가법인을 말한다. 이하 "감정평가법인등"이라 한다)은"으로 하고, 같은 항 제2호 및 같은 조 제4항 중 "<u>감정평가업자</u>"를 각각 "<u>감정평가법인등</u>"으로 한다.
제58조제1항제2호 및 같은 조 제3항 중 "감정평가업자나"를 각각 "<u>감정평가법인등이나</u>"로 한다.

○ 감정평가사에 대한 이미지를 향상하고 위상을 제고할 수 있도록 감정평가법인 등을 지칭하고 있는 감정평가업자 용어를 정비하고, 무자격자의 감정평가로 인한 국민 혼란과 자격제도 근간의 훼손을 방지하기 위하여 감정평가사 자격증 등의 대여 등을 알선하는 행위를 한 자를 처벌할 수 있는 근거를 마련하였다.

(16) 제33차 개정[법률 제17225호, 2020.4.7. 일부개정][22]

○ 공익사업에 편입되는 토지의 소유자에 대한 손실보상을 현금이 아닌 공익사업의 시행으로 조성한 토지로 보상하는 대토보상 제도가 편법적인 신탁방식을 통해 왜곡되는 것을 방지하기 위하여 대토보상 계약 체결일부터 1년이 지나 현금으로 전환하여 보상받을 권리도 전매금지 대상임을 명문화하는 한편, 대토보상 제도가 도입취지에 맞게 운영될 수 있도록 대토보상을 받을 권리의 전매금지를 위반한 자에 대한 벌칙규정을 신설하였다(법 제93조의2 신설).[23]

(17) 제35차 개정[법률 제17868호, 2021.1.5. 일부개정] [시행 2021.7.6.][24]

제68조제1항 본문 중 "감정평가업자 3인"을 "감정평가법인등 3인"으로, "감정평가업자를"을 각각 "감정평가법인등을"로 하고, 같은 조 제2항 전단 및 후단 중 "감정평가업자를"을 각각 "감정평가법인등을"로 한다.
제95조 중 "감정평가업자나"를 "감정평가법인등이나"로 한다.
제97조제2호 중 "감정평가업자"를 "감정평가법인등"으로 한다.
제99조제1항제3호 중 "감정평가업자나"를 "감정평가법인등이나"로 한다.
④부터 〈25〉까지 생략
22) 부칙
   이 법은 공포 후 6개월이 경과한 날부터 시행한다.
23) 제93조의2(벌칙) 제63조제3항을 위반하여 토지로 보상받기로 결정된 권리(제63조제4항에 따라 현금으로 보상받을 권리를 포함한다)를 전매한 자는 3년 이하의 징역 또는 1억원 이하의 벌금에 처한다.
24) 공익사업을 위한 토지 등의 취득 및 보상에 관한 법률 일부를 다음과 같이 개정한다.
   별표 제11호를 다음과 같이 한다.
   11. 「공공주택 특별법」 제2조제3호가목에 따른 공공주택지구조성사업 및 같은호 나목에 따른 공공주택건설사업 별표에 제111호를 다음과 같이 신설한다.
   111. 「해양산업클러스터의 지정 및 육성 등에 관한 특별법」에 따른 해양산업클러스터 개발사업
   부 칙
   제1조(시행일) 이 법은 공포한 날부터 시행한다. 다만, 별표 제111호의 개정규정은 공포 후 6개월이 경과한 날부터 시행한다.
   제2조(공공주택건설사업에 관한 적용례) 별표 제111호의 개정규정은 이 법 시행 후 최초로 주택건설사업계획의 승인고시가 있는 경우부터 적용한다.

○ 토지 등을 수용·사용할 수 있는 공익사업에 공공주택건설사업과 해양산업클러스터 개발사업을 추가하였다.

(18) 제36차 개정[법률 제18044호, 2021. 4. 13. 일부개정] [시행 2021. 10. 14.][25]

○ 빈집정비사업이 원활하게 시행될 수 있도록 빈집정비사업을 이 법에 따른 공익사업으로 추가하는 한편, 토지 등에 대한 <u>수용·사용이 남용되는 것을 방지하기 위하여 국토교통부장관으로 하여금 별표에 규정된 공익사업의 공공성과 수용의 필요성 등을 5년마다 재검토하여 폐지 등 필요한 조치를 하도록 하였다.</u>

(19) 제38차 개정[법률 제18312호, 2021. 7. 20. 일부개정] [시행 2021. 10. 14.]

토지 등을 취득하거나 사용할 수 있는 공익사업에 「도시재생 활성화 및 지원에 관한 특별법」에 따른 혁신지구재생사업, 「빈집 및 소규모주택 정비에 관한 특례법」에 따른 소규모재개발사업 및 토지주택공사등이 관리지역에서 시행하는 가로주택정비사업, 「공공주택 특별법」에 따른 도심 공공주택 복합사업을 추가하려는 것이다.[26]

---

25) 공익사업을 위한 토지 등의 취득 및 보상에 관한 법률 일부를 다음과 같이 개정한다.
  제4조의2에 제3항을 다음과 같이 신설한다.
  ③ 국토교통부장관은 제4조제8호에 따른 <u>사업의 공공성, 수용의 필요성 등을 5년마다 재검토하여 폐지, 변경 또는 유지 등을 위한 조치</u>를 하여야 한다.
  법률 제17868호 공익사업을 위한 토지 등의 취득 및 보상에 관한 법률 일부개정법률 별표를 별지와 같이 한다.
  부 칙
  이 법은 공포 후 <u>6개월이 경과한 날부터 시행한다.</u>
26) 공익사업을 위한 토지 등의 취득 및 보상에 관한 법률 일부를 다음과 같이 개정한다.
  별표 제11호를 다음과 같이 한다.
    11. 「공공주택 특별법」 제2조제3호가목에 따른 공공주택지구조성사업, 같은 호 나목에 따른 공공주택건설사업 및 같은 호 마목에 따른 도심 공공주택 복합사업 별표에 제112호 및 제113호를 각각 다음과 같이 신설한다.
    112. 「도시재생 활성화 및 지원에 관한 특별법」 제55조의2에 따라 주거재생혁신지구(같은 조를 준용하는 국가시범지구를 포함한다)에서 시행하는 혁신지구재생사업
    113. 「빈집 및 소규모주택 정비에관한 특례법」 제35조의2에 따라 토지 등을 수용하거나 사용할 수 있는 사업
  법률 제18044호 공익사업을 위한 토지 등의 취득 및 보상에 관한 법률 일부개정법률 별표 제2호(7) 및 (38)을 각각 다음과 같이 하고, 같은 호에 (93)을 다음과 같이 신설한다.
    (7) 「공공주택 특별법」 제2조제3호가목에 따른 공공주택지구조성사업, 같은 호 나목에 따른 공공주택건설사업 및 같은 호 마목에 따른 도심 공공주택 복합사업
    (38) 「빈집 및 소규모주택 정비에 관한 특례법」에 따른 빈집정비사업 및 같은 법 제35조의2에 따라 토

3. 토지보상법 시행령의 주요개정내용

시행령의 본문 중 일부내용이 개정된 개정이유와 그 주요내용은 아래와 같다.27)

(1) 대통령령 제19409호 [2006.3.24. 일부개정] [시행 2006.3.24.]

○ 개정이유

「공익사업을 위한 토지 등의 취득 및 보상에 관한 법률」의 개정(법률 제7758호, 2005.12.23. 공포, 2006.3.24. 시행)으로 부재부동산소유자에 대하여 임의적 채권보상을 할 수 있는 것 외에 일정한 요건에 해당하는 경우에는 채권보상이 의무화됨에 따라, 법률에서 위임된 채권보상이 의무화되는 지역·사업시행자·사업 및 채권보상의 기준이 되는 금액을 정하는 한편, 토지보상금 급증에 따른 현금흐름을 개선하기 위하여 채권보상 대상인 부재부동산소유자의 범위를 확대하는 등 현행 제도의 운영상 나타난 일부 미비점을 개선·보완하려는 것이다.

○ 주요내용

① 부재부동산소유자의 범위 확대(현행 제26조제1항제3호 삭제)

• 부재부동산소유자를 판단할 때 토지가 소재하는 지역과 그 토지의 소유자가 거주하는 지역의 물리적인 직선거리를 기준으로 사용하는 것은 합리성이 적을 뿐만 아니라 실제 측정이 어려워 현실적으로 시행이 곤란하므로 개선할 필요성이 있다.

• 토지가 소재하는 지역으로부터 직선거리 20㎞ 이내의 지역에 계속해서 주민등록을 한 자를 부재부동산소유자로 보지 아니하는 규정을 삭제함.

• 채권보상을 할 수 있거나 하여야 하는 대상이 늘어나 채권보상을 통한 부동산 시장의 안정에 기여할 것으로 기대됨.

지 등을 수용하거나 사용할 수 있는 사업

(93) 「도시재생 활성화 및 지원에 관한 특별법」 제55조의2에 따라 주거재생혁신지구(같은 조를 준용하는 국가시범지구를 포함한다)에서 시행하는 혁신지구재생사업

부 칙

이 법은 공포 후 2개월이 경과한 날부터 시행한다. 다만, 법률 제18044호 공익사업을 위한 토지 등의 취득 및 보상에 관한 법률 일부개정법률 별표 제2호의 개정규정은 2021년 10월 14일부터 시행한다.

27) 〈법제처 제공〉

② 채권보상의 기준이 되는 보상금액(영 제27조)

- 부재부동산소유자의 토지에 대하여 채권보상을 하는 경우 일정금액은 현금으로 지급하여 부재부동산소유자의 불이익을 방지할 필요가 있음.

- 사업시행자는 채권보상을 하는 경우에도 보상금액 중 1억원과 세무사의 확인을 받아 현금으로 지급하여 줄 것을 요청한 양도소득세 등의 상당 금액은 현금으로 지급하도록 함.

- 토지소유자의 불이익을 최소화하면서 채권보상을 활성화하여 부동산시장의 안정에 기여할 것으로 기대됨.

③ 토지투기우려지역 안에서의 채권보상(영 제27조의2 신설)

- 법률에서 부재부동산소유자에 대하여 채권보상을 의무화할 수 있는 채권보상 대상 지역, 채권보상을 실시하는 사업시행자 및 채권보상 대상 사업을 정하도록 위임함.

- 의무적인 채권보상 대상 지역은 토지거래허가구역이 속한 시·군 또는 구 및 이에 연접한 시·군 또는 구로 하고, 채권보상을 실시하는 사업시행자는 한국토지공사·대한주택공사·한국관광공사·한국산업단지공단 및 지방공사로 하며, 채권보상 대상 사업은 법률에서 정한 택지개발사업·산업단지개발사업 외에 유통단지개발사업·관광단지조성사업·도시개발사업·국민임대주택건설사업 및 행정중심복합도시건설사업으로 정함.

(2) 대통령령 제20771호 [2008.4.17. 일부개정] [시행 2008.4.18.]

○ 개정이유

일정한 공익사업의 시행으로 인하여 해당 지역에서 공장을 가동할 수 없게 된 자가 희망하는 경우 사업시행자가 공장에 대한 이주대책에 관한 계획을 수립하도록 하고, 공익사업 보상절차에 주민참여를 확대하기 위하여 일정한 경우 토지소유자 및 사업시행자 등으로 구성되는 보상협의회의 설치를 의무화하는 등의 내용으로 「공익사업을 위한 토지 등의 취득 및 보상에 관한 법률」이 개정(법률 제8665호, 2007.10.17. 공포, 2008.4.18. 시행)됨에 따라, 법률에서 위임된 공장에 대한 이주대책의 수립 대상 및 내용, 보상협의회의 설치가 의무화되는 공익사업의 범위를 정하고, 사업시행자 부담으로 설치해야 할 이주정착지에 대한 생활기본시설의 범위와 비용 산정 기준을 구체화하며, 부동산 시장 안정화를 위하여 채권보상이 의무화되는 부재부동산소유자의 범위를 확대하는 한편, 그 밖에 현행 제도의 운영상 나타난 일부 미비점을 개선·보완하려는 것임.

O 주요내용

① 부재부동산소유자의 범위 확대(영 제26조제1항)

• 현금으로 지급되는 토지보상금이 부동산 시장에 재유입되어 부동산 시장의 불안요인 으로 작용할 우려가 있어 현금보상을 감축하고 채권보상을 확대할 필요가 있음.

• 종전에는 채권보상의 대상이 되는 부재부동산소유자의 토지를 "사업인정고시일부터" 토지소재지의 시·구 등에 계속하여 주민등록을 하지 아니한 자가 소유하는 토지로 규정하고 있었으나, 앞으로는 "사업인정고시일 1년 전부터" 토지소재지의 시·구 등 에 계속하여 주민등록을 하지 아니한 자가 소유하는 토지로 규정함.

• 채권보상이 확대되고 현금보상이 감축되어 부동산 시장의 안정에 기여할 것으로 기대됨.

② 이주대책에 포함되는 생활기본시설의 범위 및 설치비용 산정방식 규정(영 제41조의2 신설)

• 이주정착지에 대한 생활기본시설에 필요한 비용은 사업시행자가 부담하도록 되어 있 으나, 생활기본시설의 범위와 설치비용의 산정방식에 대한 통일된 기준이 없어 사업 지역 또는 시행자에 따라 불균형이 발생할 가능성이 있음.

• 사업시행자 부담으로 설치해야 하는 생활기본시설의 범위를 해당 공익사업지구 안에 설치하는 도로, 상수도, 하수처리시설 및 전기시설 등으로 정하고, 이에 대한 설치비 용 산정방식을 명확히 규정함.

• 생활기본시설의 범위와 산정방식을 명확히 규정하여 이주대책 관련 민원의 해소와 공 익사업의 원활한 추진에 기여할 것으로 기대됨.

③ 공장에 대한 이주대책의 수립 대상 및 내용 규정(영 제41조의3 신설)

• 공장에 대한 이주대책에 관한 계획을 수립하여야 하는 공익사업을 택지개발사업 및 산 업단지개발사업 등으로 정하고, 계획의 내용에는 해당 공익사업지구의 여건을 고려하

여 산업단지의 우선 분양 알선 및 행정적 지원방안 등이 포함되도록 함.

④ 보상협의회 설치 의무화 대상사업 규정(영 제44조의2 신설)

· 해당 공익사업지구 면적이 10만㎡ 이상이고, 토지등의 소유자가 50인 이상인 공익사업의 경우 특별자치도·시·군 또는 구에 의무적으로 보상협의회를 설치하도록 하고, 부득이한 사정이 있는 경우 등에는 사업시행자가 설치하도록 함.

· 이해관계인의 참여를 확대하여 자발적인 협조를 유도함으로써 토지소유자 등의 불만을 상당부분 해소하고 공익사업의 효율적인 추진에 기여할 것으로 기대됨.

(3) 대통령령 제21818호 [2009.11.10. 일부개정] [시행 2009.11.10.]

○ 개정이유 및 주요내용

공익사업지구에 편입된 개인사업자가 해당 지역에 주민등록을 하지 않았더라도 사실상 영업을 하면서 필요한 토지를 소유한 경우에는 부재부동산소유자에서 제외하여 채권보상이 아닌 현금보상을 받을 수 있도록 함으로써 개인사업자의 자금부담을 완화하여 기업이전비용이나 투자비로 즉시 활용할 수 있도록 하는 한편, 그 밖에 현행 제도의 운영상 나타난 일부 미비점을 수정·보완하려는 것임.

(4) 대통령령 제23425호 [2011.12.28. 일부개정] [시행 2011.12.28.]

○ 개정이유 및 주요내용

공익사업을 원활하게 추진하기 위하여 <u>허가를 받거나 신고를 하지 아니하고 건축한 건축물의 소유자뿐만 아니라 허가를 받거나 신고를 하지 아니하고 용도변경한 건축물의 소유자도 이주대책대상자에서 제외</u>하는 한편, 현행 제도의 운영상 나타난 일부 미비점을 개선·보완하려는 것임.

(5) 대통령령 제24544호 [2013.5.28. 일부개정] [시행 2013.5.28.]

○ 개정이유 및 주요내용

공익사업에 편입되는 토지에 대한 보상평가 시 해당 공익사업의 시행으로 인한 지가변동분을 배제하기 위하여 해당 공익사업의 영향을 받지 아니하는 인근 시·군·구의 지가 변동률을 적용하는 기준을 마련하고, 공익사업의 계획 또는 시행이 공고되거나 고시되어 토지의 가격이 변동된 경우 해당 공고일 또는 고시일 이전의 공시지가를 적용하는 기준을 정하는 한편, 어려운 용어를 쉬운 용어로 바꾸고, 길고 복잡한 문장을 간결하게 하는 등 국민이 법 문장을 이해하기 쉽게 정비하려는 것임.

(6) 대통령령 제25023호 [2013.12.24. 일부개정] [시행 2013.12.24.]

○ 개정이유

공익사업의 원활한 수행을 위하여 재결신청 내용의 공고 절차 및 재결신청서와 관계 서류의 사본 열람에 관한 절차를 개선하고, 현금으로 손실보상을 받을 수 있는 토지소유자의 범위를 확대하는 등 현행 제도의 운영상 나타난 일부 미비점을 개선·보완하려는 것임.

○ 주요내용

① 재결신청 시 공고 및 열람 절차의 개선(제15조제2항부터 제5항까지)

• 관할 토지수용위원회는 재결신청을 받은 경우 재결신청서와 관계 서류의 사본을 시장·군수 또는 구청장에게 송부하여 공고 및 열람을 의뢰하고 있으나, 시장·군수 또는 구청장이 공고 및 열람을 거부하는 경우 재결 절차가 지연되는 문제점이 있음.

• 공고 및 열람 의뢰를 받은 시장·군수 또는 구청장이 14일 이내에 공고 또는 열람을 하지 아니하는 경우 관할 토지수용위원회가 직접 재결신청 내용을 공고하고, 재결신청서와 관계 서류의 사본을 일반인이 열람하게 할 수 있도록 함으로써 공익사업이 원활하게 수행될 수 있도록 함.

② 부재부동산 소유자의 기준에 거리 기준 신설(제26조제1항제3호 신설)

• 손실보상은 현금보상을 원칙으로 하되, 예외적으로 국가나 지방자치단체 등이 사업시행자인 경우로서 보상 대상인 토지가 토지소유자의 거주지와 같거나 연접한 행정구역에 속하지 아니하는 경우에는 그 거리에 관계없이 부재부동산 소유자의 토지로 보아 채권보상 대상이 되는 문제점이 있음.

- 토지소유자가 해당 토지의 경계로부터 직선거리로 30㎞ 이내의 지역에 사업인정 고시일 1년 전부터 계속하여 주민등록을 하지 아니한 경우에는 부재부동산 소유자의 토지로 보도록 함.

- 보상 대상인 토지가 토지소유자의 거주지와 다른 행정구역에 속하는 경우에도 같은 생활권에 있는 토지소유자는 현금으로 손실보상을 받을 수 있도록 함.

(7) 대통령령 제25883호 [2014.12.23. 일부개정] [시행 2014.12.23.]

○ 개정이유 및 주요내용

공익사업을 위한 보상업무와 관련하여 보상전문기관을 「지방공기업법」에 따른 지방공사 중 서울특별시, 인천광역시 및 경기도가 택지개발 및 주택건설 등의 사업을 하기 위하여 설립한 지방공사만으로 한정하던 것을, 그 외의 광역시, 도 및 특별자치도가 같은 사업을 하기 위하여 설립한 지방공사로 확대하여 사업시행자가 보상업무 등을 위탁할 수 있는 기관을 넓힘으로써 경쟁을 통하여 보상업무 등의 효율성과 서비스의 품질을 높일 수 있도록 하려는 것임.

(8) 대통령령 제26867호 [2016.1.6. 일부개정] [시행 2016.1.6.]

○ 개정이유 및 주요내용

보상협의를 개시할 때에 협의기간·장소·방법, 보상시기·방법·절차 등을 토지소유자 등에게 통지할 수 없는 경우에는 시·군·구 게시판 외에 시·군·구 및 사업시행자의 홈페이지에도 각각 게시하도록 하여 토지소유자 등이 인지할 수 있는 기회를 확대하고, <u>공익사업지구에서 주거용 건축물을 소유하고 있으면서 같은 공익사업지구 내 타인의 건축물에 거주하는 자도 이주대책대상자에 포함하도록</u> 하며, 30%로 제한되어 있는 보상위탁수수료의 조정 범위를 자율화하려는 것임.

> **부칙**
>
> 제1조(시행일) 이 영은 공포한 날부터 시행한다.
> 제2조(보상협의 통지방법 및 이주대책대상자에 관한 적용례) 제8조제2항 및 제40조제3항의 개정규정은 이 영 시행 이후 법 제15조제1항(법 제26조제1항에 따라 준용되

는 경우를 포함한다)에 따라 보상계획을 공고하고, 토지소유자 및 관계인에게 보상계획을 통지하는 경우부터 적용한다.

(9) 대통령령 제28136호 [2017.6.20. 일부개정] [시행 2017.6.22.]

○ 개정이유 및 주요내용

토지 등의 수용·사용에 관한 재결업무의 전산화를 촉진하기 위하여 현재 중앙토지수용위원회가 담당하는 재결정보체계의 구축·운영 업무를 전문기관 또는 단체에 위탁할 수 있도록 하는 내용으로 「공익사업을 위한 토지 등의 취득 및 보상에 관한 법률」이 개정(법률 제14711호, 2017.3.21. 공포, 6.22. 시행)됨에 따라, 재결정보체계의 개발·관리 및 보안, 재결정보체계와 관련된 통계의 생산 및 관리 등 국토교통부장관의 업무를 한국감정원 또는 한국감정평가사협회에 위탁할 수 있도록 하는 한편, 업무를 위탁하는 경우에는 위탁받는 기관 및 위탁업무의 내용을 고시하도록 하는 등 법률에서 위임된 사항과 그 시행에 필요한 사항을 정하려는 것임.

(10) 대통령령 제28806호 [2018.4.17. 일부개정] [시행 2018.4.17.]

○ 개정이유 및 주요내용

주된 공익사업의 시행을 위하여 실시하는 부속시설의 설치 등 부수사업의 경우 이주대책대상자의 규모 등을 고려할 때 이주대책 수립·실시 대상 사업에 해당되지 아니하는 경우가 많아 부수사업에 따른 이주정착 지원이 미흡하다는 문제점이 제기됨에 따라, 이주대책 수립·실시 대상이 아닌 부수사업의 시행자가 해당 사업의 원인이 되는 주된 공익사업의 이주대책에 부수사업의 이주대책을 포함하여 수립·실시하여 줄 것을 요청할 수 있도록 하고, 주된 공익사업의 시행자는 부득이한 사유가 없는 한 이에 협조하도록 하여 공익사업으로 인한 이주대책대상자의 이주정착 지원을 강화하려는 것임.

제40조(이주대책의 수립·실시) 제3항 및 제4항을 각각 제5항 및 제6항으로 하고, 같은 조에 제3항 및 제4항을 각각 다음과 같이 신설한다.

③ 법 제4조제6호 및 제7호에 따른 사업(이하 이 조에서 "부수사업"이라 한다)의 사업시행자는 다음 각 호의 요건을 모두 갖춘 경우 부수사업의 원인이 되는 법 제4조제1호부터 제5호까지의 규정에 따른 사업(이하 이 조에서 "주된사업"이라 한다)의 이주대책에 부수사업의 이주대책을 포함하여 수립·실시하여 줄 것을 주된사업의 사업시행자에게 요청할 수 있다. 이 경우 부수사업 이주대책대상자의 이주대책을 위한 비용은 부수사업의 사업시행자가 부담한다.

1. 부수사업의 사업시행자가 법 제78조제1항 및 이 조 제2항 본문에 따라 이주대책을 수립·실시하여야 하는 경우에 해당하지 아니할 것
2. 주된사업의 이주대책 수립이 완료되지 아니하였을 것

④ 제3항 각 호 외의 부분 전단에 따라 이주대책의 수립·실시 요청을 받은 주된사업의 사업시행자는 법 제78조제1항 및 이 조 제2항 본문에 따라 이주대책을 수립·실시하여야 하는 경우에 해당하지 아니하는 등 부득이한 사유가 없으면 이에 협조하여야 한다.

부 칙

제1조(시행일) 이 영은 공포한 날부터 시행한다.

제2조(이주대책의 수립·실시에 관한 적용례) 제40조제3항 및 제4항의 개정규정은 이 영 시행 이후 법 제15조제1항(법 제26조제1항 후단에 따라 준용되는 경우를 포함한다)에 따라 보상계획을 공고하거나 토지소유자 및 관계인에게 각각 보상계획을 통지하는 경우부터 적용한다.

제3조(다른 법령의 개정) ① 도시 및 주거환경정비법 시행령 일부를 다음과 같이 개정한다.

제54조제1항 본문 중 "제40조제3항제2호"를 "제40조제5항제2호"로 한다.

② 산림복지 진흥에 관한 법률 시행령 일부를 다음과 같이 개정한다.

제41조 중 "제40조제1항 및 제3항"을 "제40조제1항 및 제5항"으로 한다.

③ 전원개발촉진법 시행령 일부를 다음과 같이 개정한다.

제21조제1항 중 "제40조제2항·제3항"을 "제40조제2항·제5항"으로 한다.

④ 주한미군기지 이전에 따른 평택시 등의 지원 등에 관한 특별법 시행령 일부를 다음과 같이 개정한다.

제19조제8항 중 "제40조제1항·제2항 및 제4항"을 "제40조제1항·제2항 및 제6항"으로 한다.

(11) 대통령령 제29916호 [2019.6.25. 일부개정] [시행 2019.7.1.]

○ 개정이유 및 주요내용

국토교통부장관은 공익사업을 토지 등을 수용하거나 사용할 사업으로 결정하는 사업인정을 할 때 중앙토지수용위원회와 협의하도록 하는 등의 내용으로 「공익사업을 위한 토지 등의 취득 및 보상에 관한 법률」이 개정(법률 제16138호, 2018.12.31. 공포, 2019.7.1. 시행)됨에 따라 협의를 요청받은 중앙토지수용위원회는 해당 공익사업의 근거 법률에 의 부합 여부 등을 검토하도록 하는 등 법률에서 위임된 사항과 그 시행에 필요한 사항을 정하는 한편, 토지소유자가 사업시행자에게 감정평가업자를 추천할 때 필요한 동의 요건의 충족 여부를 판단할 때 동의 대상에서 <u>감정평가업자를 추천하지 않은 국유지 또는 공유지를 제외하도록</u> 하여 토지소유자의 감정평가업자 추천 기회를 보장하도록 하는 등 현행 제도의 운영상 나타난 일부 미비점을 개선·보완하려는 것임.

제2조를 다음과 같이 신설한다.

제2조(개선요구 등에 관한 처리 결과의 확인) 「공익사업을 위한 토지 등의 취득 및 보상에 관한 법률」(이하 "법"이라 한다) 제49조에 따른 중앙토지수용위원회(이하 "중앙토지수용위원회"라 한다)는 관계 중앙행정기관의 장에게 법 제4조의3제1항에 따라 개선을 요구하거나 의견을 제출한 사항의 처리결과를 확인하기 위해 관련 자료의 제출을 요청할 수 있다.

제3조 본문 중 "「공익사업을 위한 토지 등의 취득 및 보상에 관한 법률」(이하 "법"이라 한다)"을 "법"으로 한다.

제10조제2항에 제8호를 다음과 같이 신설한다.

　8. 해당 공익사업의 공공성, 수용의 필요성 등에 대해 중앙토지수용위원회가 정하는 바에 따라 작성한 사업시행자의 의견서

제11조의2 및 제11조의3을 각각 다음과 같이 신설한다.

제11조의2(검토사항) 법 제21조제3항에서 "대통령령으로 정하는 사항"이란 다음 각 호의 사항을 말한다.

　1. 해당 공익사업이 근거 법률의 목적, 상위 계획 및 시행 절차 등에 부합하는지 여부

　2. 사업시행자의 재원 및 해당 공익사업의 근거 법률에 따른 법적 지위 확보 등 사업수행능력 여부

제11조의3(사업인정의 통지 등) ① 국토교통부장관은 법 제22조제1항에 따라 사업시행자에게 사업인정을 통지하는 경우 법 제21조제1항에 따른 중앙토지수용위원회와의 협의 결과와 중앙토지수용위원회의 의견서를 함께 통지해야 한다.

② 법 별표에 규정된 법률에 따라 사업인정이 있는 것으로 의제되는 공익사업의 허가 · 인가 · 승인권자 등은 사업인정이 의제되는 지구지정 · 사업계획승인 등을 할 때 법 제21조제2항에 따른 중앙토지수용위원회와의 협의 결과와 중앙토지수용위원회의 의견서를 함께 통지해야 한다.

제12조제1항에 제10호 및 제11호를 각각 다음과 같이 신설한다.

10. 법 제21조제1항 및 제2항에 따른 중앙토지수용위원회와의 협의 결과

11. 토지소유자 및 관계인과 협의가 성립된 토지나 물건에 관한 다음 각 목의 사항

   가. 토지의 소재지 · 지번 · 지목 · 면적 및 보상금 내역

   나. 물건의 소재지 · 지번 · 종류 · 구조 · 수량 및 보상금 내역

제12조제2항에 제5호를 다음과 같이 신설한다.

5. 법 제21조제5항에 따른 중앙토지수용위원회의 의견서

제15조제2항 단서 중 "시장 · 군수 또는 구청장이"를 "시장 · 군수 또는 구청장이 천재지변이나 그 밖의 긴급한 사정으로"로, "아니하거나"를 "못하거나"로, "아니하는"을 "못하는"으로 한다.

제27조의2제1항제1호 중 "「국토의 계획 및 이용에 관한 법률」 제117조제1항"을 "「부동산 거래신고 등에 관한 법률」 제10조"로 한다.

제28조제6항을 제7항으로 하고, 같은 조에 제6항을 다음과 같이 신설한다.

⑥ 제4항 전단에 따라 보상 대상 토지면적과 토지소유자 총수를 계산할 때 제2항에 따라 감정평가업자 추천 의사표시를 하지 않은 국유지 또는 공유지는 보상 대상 토지면적과 토지소유자 총수에서 제외한다.

제37조제1항 본문 중 "「국토의 계획 및 이용에 관한 법률 시행령」 제125조"를 "「부동산 거래신고 등에 관한 법률 시행령」 제17조"로 한다.

  부 칙

제1조(시행일) 이 영은 2019년 7월 1일부터 시행한다.

제2조(감정평가업자 추천에 관한 적용례) 제28조제6항의 개정규정은 이 영 시행 이

후 법 제15조제1항(법 제26조제1항에 따라 준용되는 경우를 포함한다)에 따라 보상계획을 공고하거나 토지소유자 및 관계인에게 각각 보상계획을 통지하는 경우부터 적용한다.

(12) 대통령령 제30977호 [2020.8.26. 타법개정] [시행 2020.8.28.]

○ 개정이유 및 주요내용

「수산업법」과 「내수면어업법」으로 이원화되어 있는 양식산업의 지원·육성 및 관리체계를 통합하는 한편, 양식업 면허의 체계적 관리를 위한 양식업 면허 심사·평가 제도를 도입하는 등의 내용으로 「양식산업발전법」이 제정(법률 제16568호, 2019. 8. 27. 공포, 2020. 8. 28. 시행)됨에 따라 면허의 심사·평가 기준, 임대차가 허용되는 자의 범위 등 법률에서 위임된 사항과 그 시행에 필요한 사항을 정하려는 것임.

> **부 칙**
>
> 제1조(시행일) 이 영은 2020년 8월 28일부터 시행한다.
>
> 제2조 및 제3조 생략
>
> 제4조(다른 법령의 개정) ①부터 ④까지 생략
>
> ⑤ 공익사업을 위한 토지 등의 취득 및 보상에 관한 법률 시행령 일부를 다음과 같이 개정한다.
>
> 제7조제4항제1호 중 "어업권"을 "어업권·양식업권"으로 한다.
>
> ⑥부터 〈37〉까지 생략
>
> 제5조 생략

(13) 대통령령 제31012호 [2020.9.10. 타법개정] [시행 2020.9.10.]

○ 개정이유 및 주요내용

한국철도시설공단의 명칭을 국가철도공단으로 변경하는 내용으로 「한국철도시설공단법」이 개정(법률 제17460호, 2020. 6. 9. 공포, 9. 10. 시행)됨에 따라 한국철도시설공단의 명칭을 국가철도공단으로 정비하려는 것임.

(14) 대통령령 제31243호 [2020.12.8. 타법개정] [시행 2020.12.10.]

○ 개정이유 및 주요내용

한국감정원의 명칭을 한국부동산원으로 변경하고, 부동산 시장에서의 소비자 권익 보호 업무 등을 한국부동산원의 업무에 추가하는 등의 내용으로 「한국감정원법」이 개정(법률 제17459호, 2020.6.9. 공포, 12.10. 시행)됨에 따라 한국감정원의 명칭을 정비하고, 「주택임대차보호법」에 따른 주택임대차분쟁조정위원회의 설치·운영 등을 한국부동산원의 업무에 추가하려는 것임.

(15) 대통령령 제31169호 [2020.11.24. 타법개정] [시행 2021.1.1.]

○ 개정이유

공기업 · 준정부기관과 기타공공기관의 구분기준을 세분화하는 등 공공기관의 지정 제도 및 관리체계를 정비하고, 임원 인사에서의 독립성 및 공정성을 높이기 위해 임원추천위원회의 후보자 추천기한 등에 관한 사항을 정하며, 총사업비가 일정 규모 이상 증가하는 등 일정한 요건에 해당하는 사업에 대해서는 그 타당성을 재조사하도록 하는 등의 내용으로 「공공기관의 운영에 관한 법률」이 개정(법률 제17128호, 2020.3.31. 공포, 2021.1.1. 시행)됨에 따라 공기업 · 준정부기관과 기타공공기관의 구체적인 구분기준을 정하고, 타당성재조사를 해야 하는 사업의 범위 등 법률에서 위임된 사항과 그 시행에 필요한 사항을 정하려는 것임.

　부칙

제1조(시행일) 이 영은 2021년 1월 1일부터 시행한다.

제2조 생략

제3조(다른 법령의 개정) ① 공익사업을 위한 토지 등의 취득 및 보상에 관한 법률 시행령 일부를 다음과 같이 개정한다.

　제49조제1항 중 "「공공기관의 운영에 관한 법률」 제5조제3항제1호"를 "「공공기관의 운영에 관한 법률」 제5조제4항제1호"로 한다.

　②부터 ⑮까지 생략

---

4. 토지보상법 시행규칙의 주요개정내용

시행규칙의 본문 중 일부내용이 개정된 개정이유와 그 주요내용은 아래와 같다.[28]

(1) 건설교통부령 제424호 [2005.2.5. 일부개정] [시행 2005.2.5.]

○ 개정이유 및 주요내용

「집합건물의 소유 및 관리에 관한 법률」에 의한 구분소유권의 대상이 되는 상가건물에 대하여도 주거용 건축물과 마찬가지로 동일 또는 유사한 다른 건물의 실제 거래사례와

---

28) 〈국토교통부제공〉

비교하여 가격을 구하는 거래사례비교법에 의하여 건물 보상가격을 평가하도록 함으로써 적정보상이 이루어지도록 하는 한편, 사업시행자가 보상협의를 할 때에 토지의 일부가 공익사업시행구역에 편입됨으로 인하여 잔여지를 종래의 목적에 사용하는 것이 현저히 곤란한 경우에는 토지의 전부 매수를 청구할 수 있음을 안내해 주도록 하는 등 현행제도의 운영과정에서 나타난 일부 미비점을 개선·보완하려는 것임.

(2) 건설교통부령 제504호 [2006.3.17. 일부개정] [시행 2006.3.17.]

○ 개정이유 및 주요내용

공익사업에 편입되는 토지 등에 대한 보상금액은 사업시행자가 선정한 2인 이상의 감정평가업자가 토지 등에 대하여 평가한 결과를 산술평균하여 산정하되, 토지소유자가 요청하는 경우에는 토지소유자가 추천하는 1인의 감정평가업자가 보상금액 산정을 위한 감정평가에 참여하도록 하고 있는바, 토지소유자의 추천으로 선정된 감정평가업자의 평가액이 사업시행자가 선정한 감정평가업자의 평가액에 비하여 지나치게 높게 나타나 평가의 신뢰성에 의문이 있는 경우에는 현재도 재평가를 하도록 규정하고는 있으나, 아직도 토지소유자로부터 감정평가업무를 수주하기 위하여 감정평가업자 사이의 부당 경쟁 및 선심성 평가로 보상금액이 올라가는 현상이 나타나므로 이를 방지하기 위하여 사업시행자가 재평가를 의뢰하여야 하는 경우를 <u>최고평가액이 최저평가액의 130%를 초과하는 경우에서 110%를 초과하는 경우로</u> 변경하려는 것임.

(3) 건설교통부령 제556호 [2007.4.12. 일부개정] [시행 2007.4.12.]

○ 개정이유

공익사업에 편입되는 영세서민의 재정착을 지원하기 위하여 세입자 주거이전비, 이농비 및 이어비(離漁費) 등을 상향 조정하고, 무허가건축물의 임차영업자 및 세입자에 대하여 영업보상금과 주거이전비를 지급하는 한편, 그 밖에 현행 제도의 운영상 나타난 일부 미비점을 개선·보완하려는 것임.

○ 주요내용

① 무허가건축물 임차영업자 영업보상(제45조제1호)

• 무허가건축물에서 행하고 있는 영업에 대하여는 일률적으로 영업보상을 하지 않고 있어 공익사업에 편입되는 영세 영업자의 생계유지에 많은 어려움이 있음.

• 보상계획공고일이나 사업인정고시일 1년 이전부터 「부가가치세법」에 의한 사업자등록을 하고, 관계 법령에 의한 허가 등을 받아 영업을 하고 있는 무허가건축물 임차영업자에게 영업보상을 하도록 함.

• 무허가건축물 임차인이지만 사업자등록을 하고 허가 등을 받아 영업을 하고 있는 영세 영업자의 생활유지에 도움을 줄 것으로 기대됨.

② 폐업보상 및 휴업보상 제도 보완(제46조제4항 신설, 제47조제5항 및 제64조제1항)

• 영업의 폐지에 대한 보상을 받고 당해 지역에서 영업을 계속하는 행위를 방지하여야 하고, 공익사업시행지구 밖에 있는 영업장이 공익사업의 시행으로 인한 진출입로가 폐쇄되는 등의 사유로 일정기간 영업을 할 수 없는 경우에도 이를 보상할 필요가 있으며, 영세 영업자 보호를 위하여 최저 휴업보상액을 상향 조정할 필요가 있음.

• 영업의 폐지에 대한 보상을 받고 2년 이내에 당해 지역에서 동일한 영업을 하는 경우에는 보상금을 환수하도록 하고, 공익사업의 시행으로 인하여 공익사업시행지구 밖에 있는 영업장이 휴업하는 경우에는 영업보상을 하도록 하며, 현행 제조부문 보통인부 노임을 기준으로 산정하도록 되어 있는 개인영업자 휴업에 대한 최저보상액을 3인 가구인 도시근로자가구의 가계지출비를 기준으로 산정하도록 함.

③ 세입자에 대한 주거이전비 현실화(제54조제2항)

• 주거용 건축물 세입자의 경우 주거이전비가 실제 주거이전 비용에 비하여 미흡하고 임대아파트를 공급받는 때에는 보상대상에서 제외하고 있으며, 무허가건축물 세입자에 대하여는 주거이전비를 보상하지 않고 있어 이주에 어려움이 있음.

• 주거용 건축물 세입자의 주거이전비를 도시근로자가구 월평균가계지출비 3개월분에서 4개월분으로 상향조정하고, 임대아파트를 공급받는 세입자에게도 주거이전비를 지

급하며, 사업인정고시일 등이 있은 당시 공익사업지구 안에서 1년 이상 거주한 무허가 건축물 세입자에 대하여도 주거이전비를 지급하도록 함.

• 주거용 건축물 세입자의 주거이전을 지원하여 신속한 이주를 촉진함으로써 공익사업 의 원활한 추진에도 기여할 것으로 기대됨.

④ 이농비 및 이어비 상향조정 및 보상대상 기준 정비(제56조)

• 공익사업으로 인하여 다른 지역으로 이주하는 농·어민에게 보상하는 이농비 및 이어 비 지급기준을 현실에 맞도록 조정하고, 불확실한 보상대상자를 명확하게 규정할 필 요가 있음.

• 이농비 및 이어비 기준금액을 8개월분의 평균생계비에서 1년분으로 상향조정하고, 지 급대상자는 농·어업을 주업으로 하고 있는 농·어민으로서 농지의 소재지와 동일한 시·군·구 또는 이와 인접한 시·군·구 외의 지역으로 이주하는 농·어민으로 정함.

• 영세 농·어민의 이주를 실질적으로 지원하고, 보상대상자를 명확하게 법령에서 규정 함으로써 이농비 및 이어비에 관한 보상이 원활하게 이루어질 것으로 기대됨.

(4) 건설교통부령 제556호 [2007.4.12. 일부개정] [시행 2007.4.12.]

○ 개정이유

공익사업에 편입되는 영세서민의 재정착을 지원하기 위하여 세입자 주거이전비, 이농비 및 이어비(離漁費) 등을 상향 조정하고, 무허가건축물의 임차영업자 및 세입자에 대하여 영업보상금과 주거이전비를 지급하는 한편, 그 밖에 현행 제도의 운영상 나타난 일부 미 비점을 개선·보완하려는 것임.

○ 주요내용

① 무허가건축물 임차영업자 영업보상(제45조제1호)

• 무허가건축물에서 행하고 있는 영업에 대하여는 일률적으로 영업보상을 하지 않고 있 어 공익사업에 편입되는 영세 영업자의 생계유지에 많은 어려움이 있음.

• 보상계획공고일이나 사업인정고시일 1년 이전부터 「부가가치세법」에 의한 사업자등록

을 하고, 관계 법령에 의한 허가 등을 받아 영업을 하고 있는 무허가건축물 임차영업자에게 영업보상을 하도록 함.

• 무허가건축물 임차인이지만 사업자등록을 하고 허가 등을 받아 영업을 하고 있는 영세영업자의 생활유지에 도움을 줄 것으로 기대됨.

② 폐업보상 및 휴업보상 제도 보완(제46조제4항 신설, 제47조제5항 및 제64조제1항)

• 영업의 폐지에 대한 보상을 받고 당해 지역에서 영업을 계속하는 행위를 방지하여야 하고, 공익사업시행지구 밖에 있는 영업장이 공익사업의 시행으로 인한 진출입로가 폐쇄되는 등의 사유로 일정기간 영업을 할 수 없는 경우에도 이를 보상할 필요가 있으며, 영세 영업자 보호를 위하여 최저 휴업보상액을 상향 조정할 필요가 있음.

• 영업의 폐지에 대한 보상을 받고 2년 이내에 당해 지역에서 동일한 영업을 하는 경우에는 보상금을 환수하도록 하고, 공익사업의 시행으로 인하여 공익사업시행지구 밖에 있는 영업장이 휴업하는 경우에는 영업보상을 하도록 하며, 현행 제조부문 보통인부 노임을 기준으로 산정하도록 되어 있는 개인영업자 휴업에 대한 최저보상액을 3인 가구인 도시근로자가구의 가계지출비를 기준으로 산정하도록 함.

③ 세입자에 대한 주거이전비 현실화(제54조제2항)

• 주거용 건축물 세입자의 경우 주거이전비가 실제 주거이전 비용에 비하여 미흡하고 임대아파트를 공급받는 때에는 보상대상에서 제외하고 있으며, 무허가건축물 세입자에 대하여는 주거이전비를 보상하지 않고 있어 이주에 어려움이 있음.

• 주거용 건축물 세입자의 주거이전비를 도시근로자가구 월평균가계지출비 3개월분에서 4개월분으로 상향조정하고, 임대아파트를 공급받는 세입자에게도 주거이전비를 지급하며, 사업인정고시일 등이 있은 당시 공익사업지구 안에서 1년 이상 거주한 무허가건축물 세입자에 대하여도 주거이전비를 지급하도록 함.

• 주거용 건축물 세입자의 주거이전을 지원하여 신속한 이주를 촉진함으로써 공익사업의 원활한 추진에도 기여할 것으로 기대됨.

④ 이농비 및 이어비 상향조정 및 보상대상 기준 정비(제56조)

- 공익사업으로 인하여 다른 지역으로 이주하는 농·어민에게 보상하는 이농비 및 이어비 지급기준을 현실에 맞도록 조정하고, 불확실한 보상대상자를 명확하게 규정할 필요가 있음.
- 이농비 및 이어비 기준금액을 8개월분의 평균생계비에서 1년분으로 상향조정하고, 지급대상자는 농·어업을 주업으로 하고 있는 농·어민으로서 농지의 소재지와 동일한 시·군·구 또는 이와 인접한 시·군·구 외의 지역으로 이주하는 농·어민으로 정함.
- 영세 농·어민의 이주를 실질적으로 지원하고, 보상대상자를 명확하게 법령에서 규정함으로써 이농비 및 이어비에 관한 보상이 원활하게 이루어질 것으로 기대됨.

(5) 국토해양부령 제7호 [2008.4.18., 일부개정] [시행 2008.4.18.]

○ 개정이유 및 주요내용

토지소유자가 토지로 보상받기로 한 보상금에 대하여 현금으로 보상을 신청할 수 있는 사유에 토지소유자의 채무변제 또는 질병치료 등을 위하여 현금보상이 부득이한 경우를 추가하고, 자경농지가 아닌 농지에 대한 영농손실액의 보상과 관련된 농지소유자와 실제 경작자 간의 분쟁을 해소하기 위하여 농지의 임대차계약서나 농지소유자가 확인하는 경작사실확인서 등과 같은 객관적인 자료에 의하여 실제 경작자를 인정하도록 하는 한편, 그 밖에 현행 제도의 운영상 나타난 일부 미비점을 개선·보완하려는 것임.

(6) 국토해양부령 제180호 [2009.11.13. 일부개정] [시행 2009.11.13.]

○ 개정이유 및 주요내용

주거이전비 산정기준인 통계청의 도시근로자 가구원수별 월평균 가계지출비가 2009년 1/4분기 통계부터 2인 이상 6인 가구원수 기준에서 1인 이상 5인 가구원수 기준으로 변경됨에 따라, 변경된 통계에 따라 주거이전비를 산정할 수 있도록 주거이전비 산정방식을 조정하는 한편, 그 밖에 현행 제도의 운영상 나타난 일부 미비점을 수정·보완하려는 것임

(7) 국토해양부령 제427호 [2012.1.2. 일부개정] [시행 2012.1.2.]

○ 개정이유 및 주요내용

공익사업을 원활하게 추진하기 위하여 허가를 받거나 신고를 하지 아니하고 건축한 건축물뿐만 아니라 허가를 받거나 신고를 하지 아니하고 용도변경한 건축물도 무허가건축물 등으로 보아 그 부지를 평가하도록 하고, 물가상승률 등을 반영하여 이주정착금 지급기준의 하한금액인 5백만원과 상한금액인 1천만원을 각각 6백만원과 1천2백만원으로 상향 조정하는 한편, 현행 제도의 운영상 나타난 일부 미비점을 개선·보완하려는 것임.

(8) 국토교통부령 제5호 [2013.4.25., 일부개정] [시행 2013.4.25.]

○ 개정이유 및 주요내용

사업시행자는 보상평가서에 대한 검토 결과 해당 평가가 위법 또는 부당하게 이루어졌는지에 대하여 전문기관에 검토를 의뢰할 수 있도록 하여 보상평가에 대한 재평가 요구를 원활하게 하고, 보상금 산정을 위한 감정평가를 할 때 시·도지사가 감정평가업자를 추천할 수 있게 됨에 따라 재평가를 할 때에도 시·도지사로 하여금 감정평가업자를 추천할 수 있도록 하는 한편,

농업손실 보상의 대상이 되는 농지의 범위를 확대하고, 실제소득에 따라 농업손실을 보상할 때 단위면적당 실제소득이 작목별 평균소득의 2배를 초과하는 경우 또는 직접 해당 농지의 지력을 이용하지 아니하고 재배 중인 작물을 이전하여 해당 영농을 계속하는 것이 가능한 경우 보상금 산정에 대한 예외를 인정하는 등 현행 제도의 운영상 나타난 일부 미비점을 개선·보완하려는 것임.

(9) 국토교통부령 제131호 [2014.10.22. 일부개정] [시행 2014.10.22.]

○ 개정이유

공익사업의 시행으로 인하여 영업장소를 이전하여야 하는 경우 영업장소 이전 후 발생하는 영업이익감소액을 영업손실에 대한 보상으로 추가하고, 영업손실 보상시 인정하는 휴업기간을 3개월에서 4개월로 확대하는 등 공익사업의 시행으로 인한 보상을 현실화함으로써 공익사업의 시행으로 인하여 생활기반을 상실하게 되는 영세 상인 및 서민들의 생활

안정을 도모하는 등 현행 제도의 운영상 나타난 일부 미비점을 개선·보완하려는 것임.

ㅇ 주요내용

① 영업손실 보상 범위에 영업장소 이전 후 발생하는 영업이익감소액 추가(안 제47조제1항, 안 같은 조 제7항 신설)

• 공익사업의 시행으로 인하여 영업장소를 이전하여야 하는 경우의 영업손실 보상으로 휴업기간 중 발생하는 영업이익 외에 영업장소 이전 후 발생하는 영업이익감소액을 추가하고, 영업이익감소액은 휴업기간 중 발생하는 영업이익의 100분의 20으로 하되, 그 금액은 1천만원을 초과하지 못 하도록 함.

② 영업손실 보상으로 인정하는 휴업기간의 확대(안 제47조제2항)

• 공익사업의 시행으로 인하여 영업장소를 이전하여야 하는 경우의 영업손실 보상으로 인정하는 휴업기간을 「도시 및 주거환경 정비법」에 따른 정비사업으로 인한 영업손실 보상기준과 동일하게 3개월 이내에서 4개월 이내로 확대함.

③ 주거용 건축물에 대한 보상 하한액의 상향 조정(안 제58조제1항 본문)

• 2007년 4월 이후 주거용 건축물에 대한 평가금액이 5백만원 미만인 경우 그 보상액을 5백만원으로 유지하여 왔으나, 주택건축공사비 상승률 등을 고려하여 보상 하한액을 6백만원으로 상향 조정함.

부칙

제1조(시행일) 이 규칙은 공포한 날부터 시행한다.

제2조(영업의 휴업 등에 대한 손실의 평가에 관한 적용례) 제47조제1항·제2항·제5항 및 제7항의 개정규정은 이 규칙 시행 후 법 제15조제1항(법 제26조제1항에 따라 준용되는 경우를 포함한다)에 따라 최초로 보상계획을 공고하고 토지소유자 및 관계인에게 보상계획을 통지하는 공익사업부터 적용한다.

제3조(농업의 손실에 대한 보상에 관한 적용례) 제48조제2항제2호의 개정규정은 이 규칙 시행 후 법 제15조제1항(법 제26조제1항에 따라 준용되는 경우를 포함한다)에 따라 최초로 보상계획을 공고하고 토지소유자 및 관계인에게 보상계획을 통지하는 공

익사업부터 적용한다.

제4조(주거용 건축물등의 보상에 대한 특례에 관한 적용례) 제58조제1항 본문의 개정규정은 이 규칙 시행 후 법 제15조제1항(법 제26조제1항에 따라 준용되는 경우를 포함한다)에 따라 최초로 보상계획을 공고하고 토지소유자 및 관계인에게 보상계획을 통지하는 공익사업부터 적용한다.

제5조(다른 법령의 개정) 도시 및 주거환경 정비법 시행규칙 일부를 다음과 같이 개정한다.

제9조의2제1항 각 호 외의 부분 본문 중 "같은 규칙 제47조제2항 본문에도 불구하고 4개월 이내"를 "4개월 이내"로 한다.

(10) 국토교통부령 제197호 [2015.4.28. 일부개정] [시행 2015.4.28.]

○ 개정이유 및 주요내용

농작물의 연간 작황에 따른 보상액 차이를 보정하기 위하여 농업손실보상액 산정 기준연도를 직전연도 1년에서 직전 3년간 평균으로 변경하고, 경작사실확인서 확인을 이유로 농지소유자가 임차인 등에게 금품 등을 요구하는 사례가 있어 이를 방지하기 위하여 실제 경작자로 인정받으려는 자가 이장·통장이 확인하는 경작사실확인서만 제출한 경우에는 사업시행자가 직접 농지소유자에게 그 사실을 통지하고 30일 이내에 이의를 제기하지 아니하는 경우에는 농지소유자가 확인하는 경작사실확인서가 제출된 것으로 간주하는 등 현행 제도의 운영과정에서 나타난 일부 미비점을 개선·보완하려는 것임.

부칙

제1조(시행일) 이 규칙은 공포한 날부터 시행한다.

제2조(농업의 손실에 대한 보상에 관한 적용례) 제48조제1항의 개정규정은 이 규칙 시행 후 법 제15조제1항(법 제26조제1항에 따라 준용되는 경우를 포함한다)에 따라 보상계획을 공고하고 토지소유자 및 관계인에게 보상계획을 통지하는 공익사업부터 적용한다.

(11) 국토교통부령 제272호 [2016.1.6. 일부개정] [시행 2016.1.6.]

○ 개정이유 및 주요내용

공익사업시행지구 안의 주거용 건축물 소유자로서 같은 공익사업시행지구 안에서 타인의 주거용 건축물에 거주하는 자를 이주대책대상자에 포함하는 내용으로 「공익사업을 위한 토지 등의 취득 및 보상에 관한 법률 시행령」이 개정(대통령령 제26867호, 2016.1.6. 공포, 2016.1.6. 시행)됨에 따라, 해당 이주대책대상자에 대한 주거이전비 지급기준을 주거용 건축물을 소유하면서 실제 거주하는 자와 동일한 2개월분으로 정하는 한편, 건축물 거주자가 이사를 하는 경우 보상하는 이사비 중 차량운임의 기준을 한국교통연구원에서 발표하는 운임으로 하도록 하려는 것임.

> 부칙
> 제1조(시행일) 이 규칙은 공포한 날부터 시행한다.
> 제2조(주거이전비 및 이사비에 관한 적용례) 제54조제3항 및 별표 4의 개정규정은 이 규칙 시행 이후 법 제15조제1항(법 제26조제1항에 따라 준용되는 경우를 포함한다)에 따라 보상계획을 공고하고, 토지소유자 및 관계인에게 보상계획을 통지하는 경우부터 적용한다.

(12) 국토교통부령 제316호 [2016.6.14., 일부개정] [시행 2016.6.14.]

ㅇ 개정이유 및 주요내용

공익사업으로 인하여 근로자가 휴직 또는 실직을 하게 된 경우 최대 90일분에 대하여 보상하던 것을 120일분까지 보상할 수 있도록 보상기간을 확대하는 한편, 주민등록번호 오남용 방지를 위하여 주민등록번호를 생년월일로 변경하며, 민원인의 편의를 위하여 각종 서식을 정비하는 등 현행 제도의 운영상 나타난 일부 미비점을 개선·보완하려는 것임.

> 부칙
> 제1조(시행일) 이 규칙은 공포한 날부터 시행한다.
> 제2조(휴직 또는 실직보상에 관한 적용례) 제51조의 개정규정은 이 규칙 시행 이후 법 제15조제1항(법 제26조제1항에 따라 준용되는 경우를 포함한다)에 따라 보상계획을 공고하고, 토지소유자 및 관계인에게 보상계획을 통지하는 경우부터 적용한다.

(13) 국토교통부령 제429호 [2017.6.20., 일부개정] [시행 2017.6.22.]

ㅇ 개정이유 및 주요내용

토지 등의 수용·사용에 관한 재결업무의 정보화를 촉진하기 위하여 현재 중앙토지수용위원회가 담당하는 재결정보체계의 구축·운영에 관한 업무를 전문기관 또는 단체에 위탁할 수 있도록 하는 내용으로 「공익사업을 위한 토지 등의 취득 및 보상에 관한 법률」 및 같은 법 시행령이 개정됨에 따라, 국토교통부장관이 재결정보체계의 구축·운영 업무를 위탁받은 기관 또는 단체의 장에게 사업계획의 수립·보고, 그 밖에 업무 수행의 적절성 확인을 위하여 필요한 보고 및 자료제출을 지시할 수 있도록 하는 등 법률에서 위임된 사항과 그 시행에 필요한 사항을 정하려는 것임.

(14) 국토교통부령 제633호 [2019.7.1., 일부개정] [시행 2019.7.1.]

○ 개정이유 및 주요내용

국토교통부장관 등은 공익사업을 토지 등을 수용하거나 사용할 사업으로 결정하는 사업인정 등을 할 때 <u>중앙토지수용위원회와 협의</u>하도록 하고, 사업시행자가 재결을 신청하는 경우 중앙토지수용위원회와의 협의 결과를 관할 토지수용위원회에 제출하도록 하는 등의 내용으로 「공익사업을 위한 토지 등의 취득 및 보상에 관한 법률」(법률 제16138호, 2018.12.31. 공포, 7.1. 시행) 및 같은 법 시행령(대통령령 제29916호, 2019.6.25. 공포, 7.1. 시행)이 개정됨에 따라, 국토교통부장관 등은 중앙토지수용위원회와 협의를 하려는 경우 사업인정 등을 요청하는 사업의 계획서 등을 제출하도록 하고, 중앙토지수용위원회가 사업인정 등에 동의하지 않은 경우에는 이를 보완하여 다시 협의를 요청할 수 있도록 하며, 중앙토지수용위원회는 다른 법률에 따라 사업인정이 있는 것으로 의제되는 공익사업의 허가·인가·승인권자 등에게 협의를 완료한 지구지정·사업계획 승인 등의 여부에 관한 자료 등을 요청할 수 있도록 하는 등 법률 및 대통령령에서 위임된 사항과 그 시행에 필요한 사항을 정하려는 것임.

> 공익사업을 위한 토지 등의 취득 및 보상에 관한 법률 시행규칙 일부를 다음과 같이 개정한다.
>
> 제9조의2부터 제9조의4까지를 각각 다음과 같이 신설한다.
>
> 제9조의2(협의의 요청) ① 국토교통부장관 또는 법 별표에 규정된 법률에 따라 사업인정이 있는 것으로 의제되는 공익사업의 허가·인가·승인권자 등은 법 제21조제1항 및 제2항에 따라 법 제49조에 따른 중앙토지수용위원회(이하 "중앙토지수용위원

회"라 한다)와 협의를 하려는 경우에는 다음 각 호의 자료를 중앙토지수용위원회에 제출해야 한다.

1. 영 제10조제1항 각 호의 사항을 적은 서면
2. 영 제10조제2항 각 호의 서류 및 도면
3. 영 제11조제6항에 따라 송부 또는 통지받은 토지소유자, 관계인 및 그 밖에 사업인정에 관하여 이해관계가 있는 자의 의견

② 제1항에 따른 자료의 작성과 제출에 관하여 필요한 사항은 중앙토지수용위원회가 정한다.

제9조의3(재협의 요청) ① 국토교통부장관 또는 법 별표에 규정된 법률에 따라 사업인정이 있는 것으로 의제되는 공익사업의 허가ㆍ인가ㆍ승인권자 등은 법 제21조제1항 또는 제2항에 따라 중앙토지수용위원회가 사업인정 등에 동의하지 않은 경우에는 이를 보완하여 다시 협의를 요청할 수 있다.

② 제1항에 따른 재협의에 대해서는 법 제21조제3항부터 제8항까지의 규정에 따른다.

제9조의4(협의 후 자료 제출 요청) 중앙토지수용위원회는 법 별표에 규정된 법률에 따라 사업인정이 있는 것으로 의제되는 공익사업의 허가ㆍ인가ㆍ승인권자 등에게 법 제21조제2항에 따라 협의를 완료한 지구지정ㆍ사업계획승인 등에 관한 다음 각 호의 자료 제출을 요청할 수 있다.

1. 사업인정이 의제되는 지구지정ㆍ사업계획승인 등의 여부
2. 협의 조건의 이행여부
3. 해당 공익사업에 대한 재결 신청현황

별지 제10호서식 및 별지 제13호서식 앞쪽을 각각 별지와 같이 한다.

부칙

이 규칙은 2019년 7월 1일부터 시행한다.

(15) 국토교통부령 제788호 [2020.12.11., 일부개정] [시행 2020.12.11.]

○ 개정이유 및 주요내용

농업손실보상을 실제소득을 기준으로 하는 경우 3년간 실제소득의 평균을 기준으로 영 농손실액을 산정하도록 하여 풍작·흉작에 따라 연도별 보상액이 크게 변동되지 않도록 하고, 이주대책 비용과 형평성을 고려하여 <u>이주정착금의 하한액을 6백만원에서 1천2백 만원으로, 상한액을 1천2백만원에서 2천4백만원으로 상향</u>하며, <u>주거이전비 보상 대상인 세입자에 무상으로 사용하는 거주자도 포함</u>하는 것을 명확하게 규정하는 등 현행 제도의 운영상 나타난 일부 미비점을 개선·보완하려는 것임.

공익사업을 위한 토지 등의 취득 및 보상에 관한 법률 시행규칙 일부를 다음과 같이 개정한다.

제12조를 다음과 같이 한다.

제12조(재결신청청구서의 제출방법) 영 제14조제1항에 따른 재결신청청구서의 제출 은 사업시행자에게 직접 제출하거나 「우편법 시행규칙」 제25조제1항제4호에 따른 증명취급의 방법으로 한다.

제15조의 제목 "(부재부동산소유자의 거주사실 등에 대한 입증방법)"을 "(부재부동산 소유자의 거주사실 등에 대한 입증방법)"으로 하고, 같은 조 각 호 외의 부분 중 "에 의한다"를 "으로 한다"로· 하며, 같은 조 제1항제2호를 다음과 같이 한다.

  2. 다음의 어느 하나에 해당하는 자료로 입증하는 방법

    가. 공공요금영수증

    나. 국민연금보험료, 건강보험료 또는 고용보험료 납입증명서

    다. 전화사용료, 케이블텔레비전 수신료 또는 인터넷 사용료 납부확인서

    라. 신용카드 대중교통 이용명세서

    마. 자녀의 재학증명서

    바. 연말정산 등 납세 자료

    사. 그 밖에 실제 거주사실을 증명하는 객관적 자료

제48조제2항 각 호 외의 부분 본문 중 "대하여는 제1항의 규정에"를 "대해서는 제1항 에도"로, "실제소득의"를 "3년간 실제소득 평균의"로 하고, 같은 조 제5항 중 "자의에 의한 이농, 해당 농지의 소유권 이전에 따른 임대차계약의 해지 등의 사유로 인하여"

를 "자의로 이농하는 등의 사유로"로, "아니하는"을 "않는"으로, "해당지역"을 "해당지역"으로, "한하여"를 "한정하여"로 한다.

제48조제7항 각 호 외의 부분 전단 중 "자료에 의하여"를 "자료에 따라"로, "원인에 의하여"를 "원인으로"로 하고, 같은 항 각 호 외의 부분 후단 중 "제3호"를 "제5호"로, "아니하는"을 "않는"으로 하며, 같은 항 제3호 및 제4호를 각각 제5호 및 제6호로 하고, 같은 항에 제3호 및 제4호를 각각 다음과 같이 신설한다.

3.「농업·농촌 공익기능 증진 직접지불제도 운영에 관한 법률」에 따른 직접지불금의 수령 확인자료

4.「농어업경영체 육성 및 지원에 관한 법률」 제4조에 따른 농어업경영체 등록 확인서

제53조제1항 각 호 외의 부분을 다음과 같이 한다.

영 제40조제2항 본문에서 "국토교통부령으로 정하는 부득이한 사유"란 다음 각 호의 어느 하나에 해당하는 경우를 말한다.

제53조제2항 중 "영 제41조의 규정에 의한"을 "영 제41조에 따른"으로, "6백만원 미만인 경우에는 6백만원으로 하고, 1천2백만원을 초과하는 경우에는 1천2백만원으로"를 "1천2백만원 미만인 경우에는 **1천2백만원**으로 하고, 2천4백만원을 초과하는 경우에는 **2천4백만원**으로"로 한다.

제54조제2항 본문 중 "법 제78조제1항에"를 "**무상으로 사용하는 거주자를 포함**하되, 법 제78조제1항에"로, "관계법령에 의한"을 "관계 법령에 따른"으로, "대하여는"을 "대해서는"으로, "보상하여야"를 "보상해야"로 하고, 같은 항 단서 중 "관계법령에 의한"을 "관계 법령에 따른"으로, "대하여는"을 "대해서는"으로, "보상하여야"를 "보상해야"로 한다.

제54조제3항을 제4항으로 하고, 같은 조에 제3항을 다음과 같이 신설한다.

③ 제1항 및 제2항에 따른 거주사실의 입증은 제15조제1항 각 호의 방법으로 할 수 있다.

별지 제6호서식을 별지와 같이 한다.

부칙

제1조(시행일) 이 규칙은 공포한 날부터 시행한다.

제2조(농업의 손실에 대한 보상에 관한 적용례) 제48조제2항 각 호 외의 부분 본문의 개정규정은 이 규칙 시행 이후 법 제15조(법 제26조제1항에 따라 준용되는 경우를 포함한다)에 따라 보상계획을 공고하고 토지소유자 및 관계인에게 보상계획을 통지하는 공익사업부터 적용한다.

제3조(이주정착금에 관한 적용례) 제53조제2항의 개정규정은 이 규칙 시행 이후 최초로 이주정착금을 지급하는 공익사업시행지구부터 적용한다.

제3절 손실보상

1. 손실보상의 의의

행정상 손실보상이란 공공필요에 의한 적법한 공권력 행사로 인하여 국민의 재산에 가해진 특별한 손해(희생)에 대하여 전체적인 평등부담의 견지에서 행하여지는 재산적 보상을 의미한다. 공평부담의 견지에서 보상이 행해진다는 것은 '공적 부담 앞에서의 평등원칙'을 의미하고, 이는 결국 손실보상의 이론적 근거를 이룬다.

행정상 손실보상은 그 보상원인이 적법한 행정작용에 의한 것이며 그 손실은 적법하게 가하여진 특별한 희생이라는 점에서 불법행위로 인한 손해배상과 구별되고, 비행정작용인 사법상 협의로 이루어지는 공공용지 등의 취득에 대한 반대급부로 지급하는 보상금과도 다른 것이나, 여기서는 공공용지 등의 취득에 따른 반대급부라는 의미에서 공통점을 갖고 있는 사법상 협의로 이루어지는 보상을 포함한다.

2. 손실보상의 근거와 요건

가. 손실보상의 근거

공공기관의 공익사업 목적에 의해 토지를 수용하는 예는 많다. 수용(收用)이란 소유권 등의 재산권을 박탈당하는 것을 말하는데 이에 관하여 「헌법」제23조 제3항에서는 "공공필요에 의한 재산권의 수용·사용 또는 제한 및 그에 대한 보상은 법률로써 하되, 정당한 보상을 지급하여야 한다"라고 규정하고 있는 바, 이와 같은 헌법의 규정을 근거로 하여 전형적 의미의 행정상 손실보상의 근거법령인 「공익사업을 위한 토지 등의 취득 및 보상에 관한 법률」(이하 "토지보상법"이라 함)이 있다. 한편, 실무에서는 '공익사업을 위한 토지 등의 취득 및 보상에 관한 법률'을 약칭하여 행정심판단계(보상협의단계, 수용재결, 이의재결)에서는 '토지보상법'이라 하고, 행정소송단계에서는 '공익사업법'이라 하고 있다.

수용과 그 보상이라는 실정법적 근거는 2003. 1. 1.부터 시행된 토지보상법이 손실보상에 관한 일반법의 기능을 하게 되었다. 손실보상평가는 토지보상법 외에도 「부동산 가격공시 및 감정평가에 관한 법률」, 「감정평가에 관한 규칙」(국토교통부령), 감정평가 실무기준(국토교통부고시), 토지보상평가지침(한국감정평가협회 제정) 등의 관련규정에 의하고 관련규정이 없는 경우에는 감정평가 일반이론에 따른다.

[손실보상관련 법규정 등 체계]

		헌법 제23조 제3항		
법규	법률	토지보상법 (보상의 일반법적 지위)	부동산 가격공시 및 감정평가에 관한 법률 (감정평가의 일반법)	
	시행령, 시행규칙, 훈령	토지보상법 시행령	부동산공시법 시행령	
		토지보상법 시행규칙	부동산공시법 시행규칙	
		농작물실제소득인정기준	감정평가에 관한 규칙	
			감정평가 실무기준	
			표준지 조사·평가 기준	
비법규	법원	행정부	중앙토지수용 위원회	사업시행자	감정평가사 (한국감정평가협회 내규)
	보상관련 판례	국토해양부, 법제처 등의 질의회신 (유권해석)29)	재결사례, 토지수용업무 편람 등	내규·방침	·토지보상평가지침30) ·광업권보상평가지침 ·어업권등보상평가지침 ·영업손실보상평가지침 ·선하지의공중부분사용에 따른손실보상평가지침 ·분묘에대한보상액의산정지침

나. 손실보상의 요건 – 적법한 공용침해 + 특별한 희생 + 보상규정

(1) 적법한 공용침해

적법한 공용침해라 함은 공공필요에 의하여 법률에 근거한 국민 권익에 대한 침해를 말한다. 재산권에 대한 수용·사용·제한은 공공필요가 있는 경우에 한하여 인정된다(헌법 제23조 제3항). 즉 공공필요는 강제수용의 정당화 사유가 된다.

공공필요는 공익이라는 개념과 비례의 원칙을 포함하는 개념이다. 수용으로 인하여 달성하려는 공익과 수용으로 인하여 침해되는 이익을 비교형량하여 달성하려는 공익이 침해되는 이익보다 같거나 커야 한다.

(2) 특별한 희생

공공필요를 위한 재산권이 침해가 있는 경우에 손실보상이 되기 위해서는 그 침해로 인한 손실이 특별한 희생(손해)에 해당하여야 한다. 그런데 그 손해가 헌법 제23조 제2항의 재산권에 내재하는 사회적 제약에 불과한 경우에는 재산권자가 수인하여야 한다. 따라서 실제 어떠한 손해가 '재산권에 내재된 사회적 제약'인지 보상이 필요한 '특별한 희생'인지가 문제되는 경우가 많다.

특별한 희생의 판단 기준에 관하여 여러 학설이 대립하고 있으나, 우리나라 통설과 판례는 어느 한 가지 기준으로 정할 것이 아니라 침해행위의 형태, 침해행위의 실질적 내용, 침해의 정도가 재산권의 목적에 위배되는 여부 등을 종합적으로 고려하여 판단하고 있다.

(3) 법률의 규정

---

29) 주무부처의 유권해석은 법원을 구속하지 못함은 물론 그 상대방이나 기타 관계자들의 법률상의 지위에 특별한 사정이 없는 한 그 자체로서 항고소송의 대상이 될 수는 없다고 할 것이다.(대법원 1992.10.13. 91누2441판결).

30) 한국감정평가업협회가 제정한 '토지보상평가지침'은 단지 한국감정평가업협회가 내부적으로 기준을 정한 것에 불과하여 일반 국민이나 법원을 기속하는 것이 아니다(대법원 2002.6.14. 선고 2000두3450 판결). 즉, 토지보상평가지침은 법규적 효력이 없다(대법원 1994.3.11. 93누17195판결).
토지보상평가지침은 종전의 공특법령, 토지수용법령 등의 규정내용에 대한 해석이나 판례, 유권해석, 평가업계의 평가관행 등을 조문화한 것으로서 법령의 위임에 근거한 강행규정이 아니고 감정평가사들이 관계법령의 규정에 의하여 토지 등을 보상평가하는 경우에 적용할 지침을 규정한 협회의 내부규정이다.(1993년 제정)

공공의 필요만으로 수용이 가능한 것이 아니며 법률의 근거가 있어야 한다. 손실보상 역시 법률에 그 근거가 마련되어야 한다. 그런데 보상규정이 없는 공용침해에 대하여 이를 손실보상의 대상이 되는 공용침해로 보는 견해와 보상규정이 없는 공용침해는 위법한 공용침해로 취소소송의 대상이 되어야 하는 것으로 보는 견해로 나뉜다.

구 법하에서 대법원은 간접손실보상에 관하여 "보상규정이 없는 경우 기존의 공공용지의 취득 및 손실보상에 관한 특례법 시행규칙의 관련 규정 등을 유추적용하여 보상할 수 있다"고 보았다.[31]

헌법재판소는 개발제한구역사건에서 "도시계획법 제21조에 규정된 개발제한구역제도 그 자체는 원칙적으로 합헌적인 규정인데, 다만 개발제한구역의 지정으로 말미암아 일부 토지소유자에게 사회적 제약의 범위를 넘는 가혹한 부담이 발생하는 예외적인 경우에 대하여 보상규정을 두지 않은 것에 위헌성이 있는 것이고, 보상의 구체적 기준과 방법은 헌법재판소가 결정할 성질의 것이 아니라 광범위한 입법형성권을 가진 입법자가 입법 정책적으로 정할 사항이므로, 입법자가 보상입법을 마련함으로써 위헌적인 상태를 제거할 때까지 위 조항을 형식적으로 존속케 하기 위하여 헌법불합치결정을 하는 것인 바, 입법자는 되도록 빠른 시일내에 보상입법을 하여 위헌적 상태를 제거할 의무가 있고, 행정청은 보상입법이 마련되기 전에는 새로 개발제한구역을 지정하여서는 아니 되며, 토지소유자는 보상입법을 기다려 그에 따른 권리행사를 할 수 있을 뿐 개발제한구역의 지정이나 그에 따른 토지재산권의 제한 그 자체의 효력을 다투거나 위 조항에 위반하여 행한 자신들의 행위의 정당성을 주장할 수는 없다"라고 하여 입법적으로 해결하도록 하였다.[32]

3. 손실보상의 기준

가. 정당한 보상의 원칙

(1) 완전보상설

공용침해로 인하여 발생한 객관적 손실 전부를 보상하여야 한다는 견해를 말한다. 일반적으로 완전보상은 침해된 재산의 객관적 가치의 보상과 함께 부대적 손실의 보상도 포함하여야

---

31) 대법원 1999.10.8. 선고 99다27231 판결
32) 헌재 1998.12.24. 89헌마214, 90헌바16, 97헌바78(병합) 결정

한다는 것이다. 그리고 생활보상을 완전보상의 범주에 포함시켜 완전보상을 공용침해가 일어나기 이전의 생활과 유사한 생활수준을 회복하도록 하는 보상으로 주장하는 견해도 있다.

(2) 상당보상설

피해되는 이익의 성질 및 정도와 함께 침해행위의 공공성을 고려하여 보상이 행해질 당시의 사회통념에 비추어 사회적 정의의 관점에서 객관적으로 타당하다고 여겨지는 보상을 말한다.

(3) 판례의 태도

헌법재판소는 정당보상에 대해 "헌법 제23조 제3항에서 규정한 "정당한 보상"이란 원칙적으로 피수용재산의 객관적인 재산가치를 완전하게 보상하여야 한다"는 완전보상(完全補償)을 뜻한다고 보고 있다. 그리고 보상의 시기나 방법에 있어서 어떠한 제한을 두어서는 안 된다고 하였다. 하지만, 완전보상에는 당해 공익사업으로 인한 개발이익은 포함되지 않는다고 결정하였다.[33)

나. 토지보상법상 구체적 기준

(1) 객관적 가치의 보상

가격시점에 있어서의 현실적인 이용상황과 일반적인 이용방법에 의한 객관적 상황을 고려하여 산정하되, 일시적인 이용상황과 토지소유자 또는 관계인이 갖는 주관적 가치 및 특별한 용도에 사용할 것을 전제로 한 경우 등은 이를 고려하지 않는다(법 제70조 제2항).

(2) 현황평가 원칙

토지 등의 평가에 있어서 그 공부상의 지목에도 불구하고 가격시점 당시의 현실적인 이용 상황을 기준으로 평가하여야 한다. 이때 그 이용 상황이 일시적인 경우 등은 이를 고려하지 않고 평가한다.

이때 일시적 이용 상황이란 i) 국가 또는 지방자치단체의 계획이나 명령 등에 따라 해

---

33) 헌재 1990.6.25. 89헌마107 결정

당 토지를 본래의 용도로 이용하는 것이 일시적으로 금지되거나 제한되어 그 본래의 용도와 다른 용도로 이용되고 있거나, ⅱ) 해당 토지의 주위환경의 사정으로 보아 현재의 이용방법이 임시적인 것을 말한다(시행령 제38조).

(3) 개발이익배제의 원칙

개발이익이란 개발사업의 시행 또는 토지이용계획의 변경 기타 사회·경제적 요인에 의하여 토지소유자가 자기의 노력과 무관하게 지가가 상승되어 현저하게 받는 이익으로 정당지가상승분을 초과하여 증가된 부분을 말한다. 다만, 개발이익은 당해 공익사업에 의한 것만을 배제하는 것이며, 당해 사업과 관계없는 다른 사업의 시행으로 인한 개발이익은 이를 배제하지 아니한 가격으로 평가하여야 한다.

현행 법령상 개발이익을 배제하는 방법으로는 ⅰ) 적용공시지가를 개발이익이 반영되기 이전의 것을 선택하는 방법[34], ⅱ) 시점수정을 할 때 해당 공익사업으로 시·군·구의 지가가 변동된 경우 해당 공익사업과 관계없는 인근 시·군·구의 지가변동률을 적용하는 방법, ⅲ) 공익사업의 시행을 직접 목적으로 하여 용도지역 또는 용도지구 등이 변경된 경우는 변경되기 이전의 용도지역 또는 용도지구 등을 기준으로 평가하는 방법이 있다.

(4) 부대적 손실의 보상

완전보상이 되기 위하여는 취득의 대상이 된 재산권의 재산적 가치뿐만 아니라 취득이 원인이 되어 부수적으로 발생한 손실도 보상되어야 한다.

부대적 손실보상의 종류는 잔여지 및 잔여건축물보상, 이전비보상, 권리보상, 영업손실보상, 농업손실보상, 임금손실보상 등이 있다.

(5) 간접손실의 보상

간접손실이란 해당 공익사업으로 인하여 사업시행지 밖의 재산권자에게 가해지는 손실 중 공익사업으로 인하여 필연적으로 발생하는 손실이 간접손실이며 이 손실에 대한 보상이 간접손실보상이다.[35]

---

34) 사업인정전 협의에 의한 취득인 경우에 공시지가는 해당 토지의 가격시점 당시 공시된 공시지가 중 가격시점과 가장 가까운 시점에 공시된 공시지가로 한다(법 제70조 제3항).

간접손실보상이 인정되기 위해서는 ⅰ) 공익사업의 시행으로 사업시행지 이외의 토지소유자가 입은 손실이어야 하고, ⅱ) 그 손실이 공익사업의 시행으로 인하여 발생 하리라는 것이 예견 가능하여야 하고, ⅲ) 그 손실의 범위가 특정될 수 있는 것이어야 하며, ⅳ) 그 손실이 보상의 대상이 되는 특별한 희생에 해당되어야 한다.

(6) 생활보상

생활보상은 피수용자가 종전과 같은 생활상태를 재건할 수 있도록 하기 위하여 인정되는 보상을 말한다. 생활보상은 재산권에 대한 금전보상의 한계가 나타나면서 사회복지적 차원에서 등장하기 시작하였다.

생활보상의 종류는 이주대책, 주거이전비, 주거용 건축물에 대한 특례, 이농비, 이어비상의 특례, 고용 또는 취업알선 등의 조치, 상업용, 농업용, 공업용 등의 용지의 공급 등이 있다.

4. 손실보상의 방법

가. 사업시행자 보상원칙

공익사업에 필요한 토지 등의 취득 또는 사용으로 인하여 토지소유자 또는 관계인이 입은 손실은 사업시행자가 이를 보상하여야 한다(법 제61조). 따라서 설사 보상업무를 보상전문기관에 위탁하거나, 이주대책에 관한 업무를 토지보상법 제81조에 따라 지방자치단체 등의 기관에 위탁하여 시행하는 경우라도 손실보상책임은 궁극적으로 사업시행자에게 있다.

미지급용지는 종전에 시행된 공익사업용 부지이므로 원칙적으로 종전 공익사업의 사업시행자가 보상하여야 하나, 종전 사업시행자가 보상을 하면 새로운 사업시행자는 또 다시 종전 사업시행자에게 보상하여야 하므로 새로운 사업시행자가 보상하여야 한다. 36)

---

35) 간접손실보상의 종류는 토지보상법 제79조 제2항 및 동법 시행규칙 제59조 내지 제65조에 규정되어 있다.
36) 토지정책과-4606 (2010.9.6.) 「공익사업을 위한 토지 등의 취득 및 보상에 관한 법률」은 공익사업에 필요한 토지등을 협의 또는 수용에 의하여 취득하거나 사용함에 따른 손실의 보상에 관한 사항을 규정한 법률로서, 같은 법 제61조에 의하면, 공익사업에 필요한 토지등의 취득 또는 사용으로 인하여 토지소유자 또는 관계인이 입은 손실은 사업시행 자가 이를 보상하여야 한다고 규정하고 있습니다.. 따라서, 공익사업에 편입되는 토지 등은 위 규정에 의거 당해 공익사업시행자(새로운 사업시행자)가 보상 하여야

나. 사전보상의 원칙

사업시행자는 당해 공익사업을 위한 공사에 착수하기 이전에 토지소유자 및 관계인에 대하여 보상액의 전액을 지급하여야 한다. 다만 토지소유자 및 관계인의 승낙이 있거나 천재지변시의 토지의 사용 또는 시급을 요하는 토지의 사용의 경우와 같이 성질상 사전보상이 불가능한 경우에는 사후보상이 인정되나(법 제62조), 이 경우에는 반드시 법적근거를 요한다. 사후보상의 예로는 공익사업시행지구 밖의 어업손실인바, 이는 사후에 사업시행자가 실제피해액을 확인한 후에야 보상이 가능하기 때문이다.

사업시행자가 토지소유자 및 관계인에게 사전에 보상금을 지급하지 아니하고 승낙도 받지 아니한 채 서둘러 미리 공익사업에 착수하여 영농에 손해가 발생하였다면 이는 토지보상법상의 사전보상의 원칙에 위배되는 것으로 사업시행자는 영농을 할 수 없게 된 때부터 수용개시일까지 입은 손해에 대하여 이를 배상할 책임이 있다.[37]

다. 현금보상의 원칙

손실보상은 다른 법률에 특별한 규정이 있는 경우를 제외하고는 현금으로 지급하여야 하는 것이 원칙이다(법 제63조 제1항). 단, 예외적으로 법률이 정하는 일정한 경우에는 채권보상, 대토보상도 가능하다.

(1) 임의적 채권보상

사업시행자가 국가, 지방자치단체, 그 밖에 대통령령으로 정하는 「공공기관의 운영에 관한 법률」에 따라 지정·고시된 공공기관 및 공공단체인 경우로서 ⅰ) 토지소유자나 관계인이 원하는 경우, ⅱ) 사업인정을 받은 사업의 경우에는 부재부동산 소유자의 토지에 대한 보상금이 1억원을 초과하는 경우로서 그 초과하는 금액에 대하여 보상하는 경우에는 해당 사업시행자가 발행하는 채권으로 지급할 수 있다(법 제63조 제7항).

한다고 보나, 개별적인 사례는 사업시행자가 관련법령 등을 검토하여 판단하시기 바랍니다.
37) 대법원 2013.11.14. 선고 2011다27103 판결

(2) 의무적 채권보상

토지투기가 우려되는 지역에서 ⅰ)「택지개발촉진법」에 따른 택지개발사업, ⅱ)「산업입지법」에 따른 산업단지개발사업, ⅲ)그 밖에 대규모 개발사업 등에 해당하는 공익사업을 시행하는 자 중 대통령령으로 정하는 「공공기관의 운영에 관한 법률」에 따라 지정·고시된 공공기관 및 공공단체는 부재부동산 소유자의 토지에 대한 보상금 중 대통령령으로 정하는 1억원을 초과하는 부분에 대하여는 해당 사업시행자가 발행하는 채권으로 지급하여야 한다(법 제63조 제8항).

(3) 대토보상

토지소유자가 원하는 경우로서 사업시행자가 해당 공익사업의 합리적인 토지이용계획과 사업계획 등을 고려하여 토지로 보상이 가능한 경우에는 토지소유자가 받을 보상금 중 현금 또는 채권으로 보상받는 금액을 제외한 부분에 대하여 그 공익사업의 시행으로 조성한 토지로 보상할 수 있다(법 제63조 제1항 단서).

라. 개인별 보상의 원칙

손실보상은 토지소유자 또는 관계인에게 개인별로 보상액을 산정할 수 없는 경우를 제외하고는 개인별로 행하여야 한다(법 제64조).

토지 등 보상물건에 대한 소유권 형태는 단독소유, 공동소유(공유·합유·총유)가 있으며, 소유권 이외의 권리가 설정된 경우도 있다. 사업시행자는 공동소유물건은 공유자의 지분으로 계산하고 소유권 이외의 권리에 대해서는 현실적으로 구분평가 하는 것은 매우 어려워 통상 실무에서는 소유자가 각각 그 권리의 설정내용을 말소하고 보상금을 일괄 수령하도록 유도하고 있다.

질의회신

[질의회신] ▶ 가처분권자는 토지보상법상 관계인이 아니다.

[2003.9.20. 토관58342-1266]

공익사업지구에 편입되는 토지에 대한 토지수용위원회의 협의성립확인신청과 관련하여, 사업의 실시계획승인 전에 협의취득하여 취득한 토지에 대하여 소유권이전등기말소청구권에 기한 소유권일부가처분등기가 경료된 경우 가처분권자가 토지보상법 제2조제5호의 관계인에 해당되는지 여부 및 가처분권자의 동의서를 첨부하여 협의성립확인신청을 하여야 하는지 여부

【회신내용】

토지보상법 제2조제5호의 규정에 의하면 "관계인"이라 함은 사업시행자가 취득 또는 사용할 토지에 관하여 지상권·지역권·전세권·저당권·사용대차 또는 임대차에 의한 권리 기타 토지에 관한 소유권외의 권리를 가진 자 또는 그 토지에 있는 물건에 관하여 소유권 그 밖의 권리를 가진 자로 규정하고 있으므로 관계인은 토지소유권외의 권리자를 모두 포함한다 할 것입니다. 다만, 가처분등기는 토지소유자에 대하여 임의처분을 금지함에 그치기 때문에 토지수용법상의 관계인이 될 수 없다는 대법원판례(1973. 2. 26 선고 72다2401·2402판결)가 있으니 참고하시기 바랍니다.

판례

[판례] ▶ 소유권이전등기만을 마치지 아니한 자는 관계인에 포함된다.
[대법원 1982. 9. 14. 선고 81누130]

【판결요지】

토지에 대한 수용재결절차개시 이전에 당해 토지를 매수하여 대금을 완급하고 그 토지를 인도받아 사용권을 취득하였으나 그 소유권이전등기만을 마치지 아니한 자는 토지수용으로 말미암아 그 소유권을 취득할 수 없게 되는 결과를 초래하는 점에 비추어 토지수용법 제4조 제3항에서 말하는 관계인으로 해석함이 상당하므로 토지수

용위원회의 수용재결에 대하여 이의를 신청할 수 있다.

마. 일괄보상의 원칙

사업시행자는 동일한 사업지역 안에 보상시기를 달리하는 동일인 소유의 토지 등이 여러 개 있는 경우 토지소유자 또는 관계인이 요구할 때에는 한꺼번에 보상금을 지급하여야 한다(법 제65조).

이 원칙은 동일인 소유의 보상물건이 시기적으로 분리 보상되어 대토 등 이주의 불편을 방지하기 위한 것이다. 그러나, 이 원칙은 사업인정을 받은 동일한 공익사업시행지구 내에서만 적용되는 것으로 동일인 소유 토지 전체가 도시계획시설로 결정되었으나, 일부에 대하여만 실시계획인가를 받은 경우에 잔여토지에 대하여 일괄보상을 받을 수는 없다.[38]

바. 사업시행이익과 상계금지의 원칙

사업시행자는 동일한 소유자에게 속하는 일단(一團)의 토지의 일부를 취득하거나 사용하는 경우 해당 공익사업의 시행으로 인하여 잔여지(殘餘地)의 가격이 증가하거나 그 밖의 이익이 발생한 경우에도 그 이익을 그 취득 또는 사용으로 인한 손실과 상계(相計)할 수 없다(법 제66조).

잔여지에서 발생하는 사업시행이익은 편입토지의 보상액에서 공제할 수 없을 뿐만 아니라 잔여지의 보상에서도 이를 공제할 수 없다. 따라서 잔여지의 보상평가에서 해당 공익사업으로 인하여 잔여지의 도로조건 등이 개선된 경우에도 이를 고려하지 않고 종전 상태를 기준으로 평가하여야 한다. 판례도 같은 입장이다.[39]

이 원칙은 사업시행이익에 한하여 적용하므로 잔여지에 사업시행손실이 발생한 경우에

---

38) 도시계획시설사업의 경우 실시계획인가를 받아 그 보상시기를 달리하는 경우에는 일괄보상 요구가 가능할 것으로 보나, 해당 토지가 실시계획인가 고시에 포함되지 않아 보상 시기나 그 여부 등이 확정되지 않은 경우에는 일괄보상 요구가 어려울 것으로 보며, 잔여지 매수(수용)청구는 위 규정에 따라 종래의 목적에 사용하는 것이 현저히 곤란할 때에는 가능할 것으로 사료되나, 개별적인 사례에 대하여는 관련법령과 사실관계 등을 검토하여 판단할 사항으로 봅니다(2013.7.5. 토지정책과-1973).

39) 잔여지가 토지수용의 목적사업인 도시계획사업에 의하여 설치되는 너비 10m의 도로에 접하게 되는 이익을 누리게 되었더라도 그 이익을 수용 자체의 법률效과에 의한 가격감소의 손실(이른바 수용손실)과 상계할 수는 없는 것이므로 그와 같은 이익을 참작하여 잔여지 손실보상액을 산정할 것은 아니다. (2000.2.25 선고 99두6439 판결. : 2013.5.23. 선고 2013두437 판결)

는 이 원칙을 적용할 수 없다. 따라서 잔여지의 도로조건 등이 악화되어 사업시행손실이 발생한 경우 이를 고려하여 잔여지를 평가하여야 함

판례

[판례] ▶ 잔여지가 공익사업에 따라 설치되는 도로에 접하게 되는 이익을 참작하여 잔여지 손실보상액을 산정할 것은 아니다. **[대법원 2013.5.23. 선고 2013두437]**

【판결요지】
이 사건 잔여지가 이 사건 사업에 따라 설치되는 폭 20m의 도로에 접하게 되는 이익을 누리게 되었더라도 그 이익을 수용 자체의 법률효과에 의한 가격감소의 손실(이른바 수용손실)과 상계할 수는 없는 것이므로 (대법원 1998.9.18. 선고 97누13375 판결, 대법원 2000.2.25. 선고 99두6439 판결 등 참조), 그와 같은 이익을 참작하여 잔여지 손실보상액을 산정할 것은 아니다.

사. 시가(時價)보상의 원칙

시가(時價)란 통상적인 시장에서 정상적인 거래가 이루어지는 경우 성립될 가능성이 가장 높다고 인정되는 가격으로서 적정가격을 말한다.

보상액의 산정은 협의에 의한 경우(협의취득)에는 협의성립 당시의 가격을, 재결에 의한 경우(수용취득)는 수용재결 당시의 가격을 기준으로 한다(법 제67조 제1항). 사업시행자는 토지 등에 대한 보상액을 산정하고자 하는 경우 전문감정평가업자에게 평가의뢰서로 평가를 의뢰하게 되는데, 이때 감정평가업자는 사업시행자가 협의성립 당시 또는 수용재결 당시를 가격시점으로 정하여 의뢰한 경우에는 그 날짜로 하고, 그 가격시점을 정하지 아니하거나 가격시점을 평가일로 기재하여 의뢰한 경우에는 가격조사완료일을 가격시점으로 한다.

그러나, 토지보상법상의 협의취득시의 가격시점인 협의성립 당시의 가격은 현실적으로 협의성립일과 협의보상계약체결시점에 양자는 불일치 할 수 있다는 문제로, 협의취득을 위한 보상액 산정의 기준시점은 '가격조사를 완료한 일자'가 아니라 '보상계약이 체결될 것으로 예상되는 시점'으로 하고 있다.[40]

한편, 토지수용위원회의 재결에서 정한 보상액에 불복하여 이의신청을 하는 경우에는 중앙토지수용위원회의 이의신청 재결을 위한 평가의 가격시점은 당해 평가의 의뢰시점이 아닌 수용재결일로 하며, 이는 이의신청재결에 불복하여 행정소송을 제기하는 경우도 동일하다. 즉, 수용취득을 위한 보상액 산정의 기준시점은 '평가의뢰시 내지 수용의 개시일'이 아니라 '**수용재결일**'[41]이다.

질의회신

[질의회신] ▶ 협의취득을 위한 보상평가의 기준시점은 '가격조사를 완료한 일자'가 아니라 '보상계약이 체결될 것으로 예상되는 시점'으로 보는 것이 타당하다.
[2011.10.4. 토지정책과-4699]

【회신내용】
보상액산정은 토지보상법 제67조 에 따라 협의에 의한 경우에는 협의성립 당시의 가격을 기준으로 한다고 규정하고 있는 바, 보상액 산정시기인 가격시점은 계약체결시점은 계약체결시점과 일치되는 것이 바람직하나, 공익사업편입토지의 보상 시에는 먼저 감정평가를 한 후 보상액을 산정하게 되므로 현실적으로는 '보상계약이 체결될 것으로 예상되는 시점'을 가격시점으로 보는 것이 타당하다고 봅니다. 이에 따라 "협의성립 당시의 가격"은 감정평가업자가 대상물건에 대한 "가격조사를 완료한 일자"를 가격시점으로 본다는 취지의 질의회신 토지정책팀-1427(2005.12.1)호는 본 회신으로 변경합니다.

판례

[판례] ▶ 재결평가 시 기준시점은 수용의 개시일이 아니라 수용재결일이다.
[대법원 1998.7.10. 선고 98두6067]

【판시사항】
수용대상토지의 평가시기(=수용재결일) 및 당해 수용사업의 계획 등으로 인한 개발

---

40) 토지정책과-4699 (2011.10.4.)
41) 대법원 1998.7.10. 선고 98두6067 판결

이익을 배제하고 평가하여야 하는지 여부(적극)

【판결요지】
토지수용법 제46조 제1항, 제2항 제1호, 제3항, 공특법 제4조 제2항 제1호, 제3항,
공특법시행규칙 제6조 제8항, 보상평가지침(한국감정평가업협회 제정) 제7조 제1항
의 규정들을 종합하여 보면, 수용대상토지를 평가함에 있어서는 수용재결에서 정한
수용시기가 아니라 수용재결일을 기준으로 하고 당해 수용사업의 계획 또는 시행으
로 인한 개발이익은 이를 배제하고 평가하여야 한다.

아. 개발이익 배제의 원칙

(1) 원칙

토지보상법 제67조 제2항에서는 "보상액을 산정할 경우에 해당 공익사업으로 인하여 토
지 등의 가격이 변동되었을 때에는 이를 고려하지 아니 한다"라고 규정하여 당해 공익사
업으로 토지 등의 가격에 변동이 있는 때에는 이를 고려하지 않게 되어 있어 개발이익을
배제하고 있다

토지보상평가지침 제7조에서는 ① 해당 공익사업의 계획 또는 시행이 공고 또는 고시된
것에 따른 가치의 증감분,[42] ② 해당 공익사업의 시행에 따른 절차로서 행한 토지이용계
획의 설정·변경·해제 등에 따른 가치의 증감분,[43] ③ 그 밖에 해당 공익사업의 착수에
서 준공까지 그 시행에 따른 가치의 증감분[44]을 고려하지 않는 가치의 변동으로 열거하
면서 이를 배제하고 평가하도록 규정하고 있다.

---

42) 해당 공익사업의 계획 또는 시행이 공고 또는 고시된 것에 따른 가치의 증감분은 ⅰ) 적용공시지가의
   선택, ⅱ) 지가변동률의 적용, ⅲ) 그 밖의 요인 보정에서 사례선택 등을 통하여 배제한다.
43) 해당 공익사업의 시행에 따른 절차로서 행한 토지이용계획의 설정·변경·해제 등에는 ⅰ) 일정한 용
   도지역에서만 행할 수 있는 도시·군계획시설, ⅱ) 해당 공익사업으로 인한 용도지역 등의 변경, ⅲ) 실
   시계획 등의 승인·고시로 인한 용도지역 등의 변경 등이 있고, 가치의 증감분은 토지이용계획의 설
   정·변경·해제 등이 되기 이전 상태를 기준으로 보상평가 하여 배제한다.
44) 그 밖에 해당 공익사업의 착수에서 준공까지 그 시행에 따른 가치의 증감분은 해당 공익사업의 시행으
   로 인하여 개별요인 또는 주위환경이 변경되기 이전의 상황을 기준으로 보상평가 하여 배제한다.

(2) 예외

다만, ① 당해 공익사업과 무관한 다른 사업의 시행으로 인한 개발이익(가치의 변동)[45],
② 자연적인 지가변동분 등은 배제되지 아니한 가격으로 보상평가 하여야 하며 따라서
인근의 도로가 당해 공익사업과 별개의 사업으로 개설되었다면 도로가 개설된 사정을 고
려하여야 한다. 판례도 같은 취지로 판시하고 있다.[46]

(3) 개발이익을 배제하는 방법

① 개발이익이 반영된 공시지가의 배제

토지보상법령 및 「토지보상평가지침」(이하 '토보침'이라 한다)에서는 공익사업으로 인하
여 '취득하여야 할 토지의 가격이 변동되었다고 인정되는 경우' 보상평가에 비교기준으로
적용하는 연도별 공시지가를 공람공고전 공시지가로 소급적용하여, 공시지가에 반영된
개발이익을 배제(지가변동이 없는 경우 협의당시 또는 사업인정전 공시지가 적용)한다
(법 제70조제5항, 시행령 38조의2, 토보침 제10조제1항 제3호).

② 개발이익이 반영된 지가변동률 배제

평가대상토지(비교표준지)가 소재하는 시·군 또는 구의 지가가 해당 공익사업으로 변동
된 경우에는 해당 공익사업과 관계없는 인근 시·군 또는 구의 지가변동률을 적용한다
(시행령 제37조 제2항, 토보침 제11조 제3항).

③ 당해 공익사업으로 인한 공법상 제한 배제

공법상 제한을 받는 토지에 대하여는 제한받는 상태대로 평가하되, 그 공법상 제한이 당
해 공익사업의 시행을 직접 목적으로 하여 가하여진 경우에는 제한이 없는 상태를 기준
으로 평가한다(시행규칙 제23조 제1항).

---

45) 다른 공익사업으로 인한 가치 변동분은 그 밖의 요인 보정 등을 통하여 반영한다.
46) 토지수용으로 인한 손실보상가액을 산정함에 있어서 당해 공익사업의 시행을 직접 목적으로 하는 계획
의 승인·고시로 인한 가격변동은 이를 고려함이 없이 수용재결 당시의 가격을 기준으로 하여 적정 가격
을 정하여야 하나, 당해 공익사업과 관계 없는 다른 사업의 시행으로 인한 개발이익은 이를 배제하지
아니한 가격으로 평가하여야 하는 것이다.(대법원 1992.2.11. 선고 91누7774 판결)

④ 해당 공익사업에 의한 용도지역 변경으로 인한 개발이익 배제

당해 공익사업의 시행을 직접 목적으로 하여 용도지역, 또는 용도지구 등이 변경된 토지에 대하여는 변경되기 전의 용도지역, 용도지구 등을 기준으로 평가한다(시행규칙 제23조 제2항).

판례

[판례1] ▶ 당해 공공사업시행으로 인한 지가상승의 배제 여부
[대법원 1983.9.13. 선고 82누402 판결]

【판결요지】
사업시행으로 인한 지가상승이 예측되는 이상, 그 동안의 지가상승을 배제하지 아니한 수용재결 당시의 지가에 따라서 한 손실보상액 결정은 위법하다.

[판례2] ▶ 다른 공익사업으로 인한 개발이익은 보상액에 포함되어야 한다.
[대법원 2014.2.27. 선고 2013두21182]

【판결요지】
공익사업을 위한 토지 등의 취득 및 보상에 관한 법률 제67조 제2항은 '보상액을 산정할 경우에 해당 공익사업으로 인하여 토지 등의 가격이 변동되었을 때에는 이를 고려하지 아니한다'라고 규정하고 있는바, 수용 대상 토지의 보상액을 산정함에 있어 해당 공익사업의 시행을 직접 목적으로 하는 계획의 승인, 고시로 인한 가격변동은 이를 고려함이 없이 재결 당시의 가격을 기준으로 하여 적정가격을 정하여야 하나, 해당 공익사업과는 관계없는 다른 사업의 시행으로 인한 개발이익은 이를 포함한 가격으로 평가하여야 하고, 개발이익이 해당 공익사업의 사업인정고시일 후에 발생한 경우에도 마찬가지이다

[판례3] ▶ 개발이익이 포함되어 있거나, 반대로 자연적 지가상승분도 반영되지 아니한 경우 손실보상액 평가 방법 **[대법원 1993.7.27. 선고 92누11084 판결]**

【판결요지】

공시지가에 당해 수용사업의 시행으로 인한 개발이익이 포함되어 있을 경우 그 공시지가에서 그러한 개발이익을 배제한 다음 이를 기준으로 하여 손실보상액을 평가하며, 자연적 지가상승분을 반영하지 못한 경우에는 자연적 지가상승률을 산출하여 이를 기타사항으로 참작하여 손실보상액을 평가하는 것이 정당보상의 원리에 합당하다.

⑤ 기타

공익사업에 의하여 토지가 분할되거나 지목이 '도로' 등으로 변경되거나 형태 등이 열악하게 된 경우도 해당 공익사업으로 인한 토지 등의 가치의 변동에 해당하므로 이를 고려되지 않으나[47], 해당 공익사업으로 인하여 지가가 상승하지 않았다면 이는 고려되어야 한다.[48] 또한, 해당 공익사업으로 인하여 개발행위 허가 등이 취소된 경우에는 현실적인 이용 상황을 고려하여 보상액을 산정하여야 한다.[49]

> **판례**
>
> [판례1] ▶ 해당 공익사업으로 토지가 분할되거나 지목이 '도로' 등으로 변경되거나 형태 등이 열악하게 된 경우는 해당 공익사업으로 인한 토지 등이 가치의 변동에 해당되므로 이를 감안하지 않고 보상 평가한다. [대법원 1998.5.26. 선고 98두1505]
>
> **【판결요지】**
>
> 토지수용의 목적사업으로 인하여 토지 소유자의 의사와 관계없이 토지가 분할됨으로써 특수한 형태로 되어 저가로 평가할 요인이 발생한 경우 분할로 인하여 발생하게 된 사정을 참작하여 수용대상 토지를 저가로 평가하여서는 아니 된다
>
> [판례2] ▶ 해당 공익사업으로 인하여 지가가 상승하지 않았다면 이를 고려하여야 한다. [광주고법 1999.12.3. 선고 95구2790]

---

47) 대법원 1998.5.26. 선고 98두1505
48) 광주고법 1999.12.3. 선고 95구2790
49) 토지정책과-4699(2011.10.4.)

【판결요지】

수용대상 토지의 가격을 평가함에 있어서 그 기준이 되는 표준지의 지가상승률이 인근 토지의 지가상승률 보다 저렴하다는 이유만으로는 이를 참작사유로 삼을 수는 없고, 공시지가 자체가 당해 사업으로 인하여 저렴하게 평가되었다고 인정되는 경우, 즉 <u>수용대상 토지 일대가 수용사업지구로 지정됨으로 인하여 그 지가가 동결된 관계로 사업지구로 지정되지 아니하였더라면 상승될 수 있는 자연적인 지가상승률만큼도 지가가 상승되지 아니하였다고 볼 수 있는 충분한 입증이 있는 경우에 한하여 참작요인이 된다</u>고 할 것이고, 이를 참작한 보정률도 인근 토지의 지가변동률과 공시지가변동률과의 차이가 아니라 그 중 개발이 익을 배제한 자연적인 지가상승률만을 가려내어 반영하여야 한다.

질의회신

[질의회신] ▶ 토지를 적법하게 형질변경한 경우에는 기준시점에서의 현실적인 이용상황을 기준으로 보상액을 산정하여야 한다. [2011.10.4. **토지정책과-4699**]

【회신내용】

토지보상법 제70조제2항에 따르면 토지에 대한 보상액은 가격시점에서의 현실적인 이용현황과 일반적인 이용방법에 의한 객관적 상황을 고려하여 산정하여 일시적인 이용상황과 토지소유자나 관계인이 갖는 주관적 가치 및 특별한 용도에 사용할 것을 전제로 한 경우 등은 고려하지 아니하다고 규정하고 있고, 토지보상법 시행규칙 제24조에 따르면 「국토의 계획 및 이용에 관한 법률」등 관계법령에 의하여 허가를 받거나 신고를 하고 형질병경을 하여야하는 토지를 허가를 받지 아니하거나 신고를 하지 아니하고 형질변경한 토지에 대하여는 토지가 형질변경될 당시의 이용상황을 상정하여 평가하도록 규정하고 있습니다. 따라서 관계법령에 따라 허가 등을 받아 **적법하게** 형질변경을 한 경우라면 가격시점에서의 현실적인 이용상황과 일반적인 이용방법에 의한 객관적 상황을 고려하여 보상액을 산정하여야 할 것으로 보며, 개별적인 사례에 대하여는 관련법령과 사실관계 등을 검토하여 판단할 사항으로 봅니다.

제2장 협의취득

제1절 수용예정 지구관리[50]

1. 사업지구 관리

(1) 사업예정지구 관리

사업시행자는 공익사업 예정지가 지정되면 자체적으로 준비한 관리지침에 따라 이주대책 및 보상투기를 목적으로 한 무허가건축물의 건축, 토지형질변경 등의 예상되는 불법행위에 대비해 현장관리인 고용, 행위제한, 입간판설치 등의 통상적인 제반조치를 취하는데 구체적인 세부내용은 아래와 같다.

① 사업예정지구현황 보존: 항공사진[51]을 확보하고 보상투기의 근거로 활용할 사진 내지 비디오촬영을 한다.

② 보상투기 방지: 투기행위 예방·단속을 위해 현장관리인(경비용역)을 고용[52]하고, 예정지구 관리 즉시 지구 내 주요 길목에 행위제한 입간판을 설치[53]한다.

③ 불법행위자에 대해 원상회복 요청 및 불응: 고발 및 관계기관에 통보하여 원상회복하도록 조치를 취한다.

(2) 사업인정전 토지출입 권한확보

① 주민과의 불필요한 마찰을 줄이기 위해 피수용인 등의 측량 또는 조사를 위한 토지출입 시 해당 공익사업의 근거 법률에 규정된 절차(택지개발촉진법 제10조, 보금자리주택 건설 등에 관한 특별법 제26조 등)를 우선 적용하되(특별법 우선적용원칙), 토지보상법상 사업인정 전·후의 토지출입절차와 관련된 규정은 해당 공익사업의 근거 법률과 모순되지 않는 범위에서 적용한다.

---

50) 한국토지주택공사, 앞의 책, 2016, 3-11면에서 수정·보완하여 일부재인용
51) 해당 사업지예정지구지정 공람공고일 및 사업인정 고시일 당시 항공사진 촬영
52) 신도시 등 투기가 우려되는 지구는 경비용역을 반드시 시행
53) 개발행위 허가 및 무허가행위의 원상회복 권한 등을 가진 지자체와 긴밀한 협조 관계 유지

② 사업시행자는 공익사업을 준비하기 위하여 타인이 점유하는 토지에 출입하여 측량하거나 조사하기 위해 사업의 종류와 출입할 토지의 구역 및 기간을 정하여 지자체의 장의 허가를 받아야 한다. 다만, 사업시행자가 국가(공사)인 때에는 그 사업을 시행할 관계 중앙행정기관의 장(공사사장)이 특별자치도지사, 시장·군수 또는 구청장에게 통지하여야 한다(법 제9조 제2항).54)

③ 지자체의 장은 사업시행자, 사업의 종류와 출입할 토지의 구역 및 기간을 공고하고 이를 토지점유자에게 통지하여야 하며(법 제9조제3항), 타인이 점유하는 토지에 출입하려는 사업시행자는 출입하고자 하는 날의 5일 전까지 그 일시 및 장소를 지자체의 장에게 통지하여야 하고(법 제10조제1항), 통지를 받은 지자체의 장은 지체 없이 이를 공고하고 그 토지점유자에게 통지하여야 한다(법 제10조 제2항). 이때 사업시행자 등 타인이 점유하는 토지에 출입하거나 장해물 제거등을 하려는 사람은 그 신분을 표시하는 증표를 지녀야 하고 토지 또는 장해물의 소유자 및 점유자, 그 밖의 이해관계인에게 이를 보여주어야 하는데 이는 토지출입 및 조사 등 외에 감정평가를 위한 일련의 조치이다(법 제13조 제2항, 제3항).

(3) 항공사진 확보 및 현장 촬영

사업시행자는 건축물의 건축, 농작물이나 과수 등의 식재시기 파악, 토지 및 물건조사에 활용 및 소송 등의 자료로 활용하기 위해 항공사진 확보를 위해 사업예정지구 관리지침으로「항공사진 촬영 기준」55)이 시행 중이다.

한편, 항공사진과 함께 공익사업의 계획 또는 시행의 공고(고시) 즉시 해당지구 전체를 비디오(사진) 촬영하되, 특히 항공사진으로 판독이 어려운 비닐하우스 내 등을 중점 촬영하여 향후 불법행위 판단의 근거 자료로 활용한다.

---

54)「한국토지주택공사법」제19조제1항에 따라 국가는 공사로, 관계 중앙행정기관의 장은 공사의 사장으로 간주되므로 토지출입은 허가가 아닌 통지 사항
55) ① 시행부서: 각 지역본부 보상관련부서
② 촬영시기: 총 2회(예정지구 지정 공람공고일, 사업인정고시일) 다만, 주민공람공고일과 사업인정고시일 사이의 기간이 짧아 재촬영의 실익이 적은 경우 1회만 촬영

(4) 지자체의 업무협조

① 지자체 업무

지자체의 장은 예정지구안에서의 건축물의 건축, 토지의 형질변경 신청 등에 대해 사업시행자의 의견청취 후 허가여부 결정하며, 예정지구안에서의 불법 건축형질변경 등에 대하여 원상회복 조치한다(택지개발촉진법 제6조제1항·제4항, 동법 시행령 제6조제2항).

관계법령

■ 택지개발촉진법 제6조(행위제한 등)

① 택지개발지구의 지정에 관한 주민 등의 의견청취를 위한 공고가 있는 지역 및 택지개발지구에서 건축물의 건축, 공작물의 설치, 토지의 형질변경, 토석(土石)의 채취, 토지분할, 물건을 쌓아놓는 행위 등 대통령령으로 정하는 행위를 하려는 자는 특별자치도지사·시장·군수 또는 자치구의 구청장의 허가를 받아야 한다. 허가받은 사항을 변경하려는 경우에도 또한 같다.

④ 특별자치도지사·시장·군수 또는 자치구의 구청장은 제1항을 위반한 자에게 원상회복을 명할 수 있다. 이 경우 명령을 받은 자가 그 의무를 이행하지 아니하면 특별자치도지사·시장·군수 또는 자치구의 구청장은 「행정대집행법」에 따라 이를 대집행(代執行)할 수 있다.[전문개정 2011.5.30.]

■ 택지개발촉진법 시행령 제6조(행위허가의 대상 등)

② 특별자치도지사·시장·군수 또는 자치구의 구청장은 법 제6조제1항에 따라 제1항 각 호의 행위에 대한 허가를 하려는 경우로서 법 제7조에 따라 택지개발사업시행자(이하 "시행자"라 한다)가 지정되어 있는 경우에는 미리 그 시행자의 의견을 들어야 한다.[전문개정 2013.12.4.]

---

② 조치사항

사업시행자는 각종 개발행위의 허가[56] 및 원상회복 권한이 있는 지자체의 위상을 감안해 평소 긴밀한 협조관계를 유지하되 예정지구 안에서의 건축, 형질변경 신청에 대한 사

---

56) 개발행위 허가 기준: 도시계획사업의 시행에 지장이 없을 것, 산업단지개발계획에 적합하고 개발사업에 지장이 없을 것 등

업시행자에 대한 의견 조회 시 건축물 철거 등에 따른 사회·경제적 손실 및 공익사업의 원활한 시행을 위해 건축 등은 불가함을 회신한다(국토의 계획 및 이용에 관한 법률」 제58조제1항제3호, 「동법시행령」제56조 별표 1의2(개발행위허가 기준, 「산업입지 및 개발에 관한 법률 시행규칙」제6조의2(행위허가의 기준).

관계법령

■ **국토의 계획 및 이용에 관한 법률 제58조(개발행위허가의 기준 등)**

① 특별시장·광역시장·특별자치시장·특별자치도지사·시장 또는 군수는 개발행위허가의 신청 내용이 다음 각 호의 기준에 맞는 경우에만 개발행위허가 또는 변경허가를 하여야 한다. 〈개정 2011.4.14., 2013.7.16.〉

3. 도시·군계획사업의 시행에 지장이 없을 것

③ 제1항에 따라 허가할 수 있는 경우 그 허가의 기준은 지역의 특성, 지역의 개발상황, 기반시설의 현황 등을 고려하여 다음 각 호의 구분에 따라 대통령령으로 정한다. 〈개정 2011.4.14.〉

■ **국토의 계획 및 이용에 관한 법률 시행령 제56조(개발행위허가의 기준)**

① 법 제58조제3항에 따른 개발행위허가의 기준은 **별표 1의2**와 같다. 〈개정 2009.8.5.〉

[별표 1의2] 〈개정 2017. 12. 29.〉

개발행위허가기준(제56조관련)

1. 분야별 검토사항

검토분야	허가기준
가. 공통분야	(1) 조수류·수목 등의 집단서식지가 아니고, 우량농지 등에 해당하지 아니하여 보전의 필요가 없을 것 (2) 역사적·문화적·향토적 가치, 국방상 목적 등에 따른 원형보전의 필요가 없을 것 (3) 토지의 형질변경 또는 토석채취의 경우에는 다음의 사항 중 필요한 사항에 대하여 도시·군계획조례(특별시·광역시·특별자치시·특별자치도·시 또는 군의 도시·군계획조례를 말한다. 이하 이 표에서 같다)로 정하는 기준에 적합할 것 (가) 국토교통부령으로 정하는 방법에 따라 산정한 해당 토지의 경사도 및 임상(林相) (나) 삭제 〈2016. 6. 30.〉 (다) 표고, 인근 도로의 높이, 배수(排水) 등 그 밖에 필요한 사항 (4) (3)에도 불구하고 다음의 어느 하나에 해당하는 경우에는 위해 방지, 환경오염 방지,

경관 조성, 조경 등에 관한 조치가 포함된 개발행위내용에 대하여 해당 도시계획위원회(제55조제3항제3호의2 각 목 외의 부분 후단 및 제57조제4항에 따라 중앙도시계획위원회 또는 시·도도시계획위원회의 심의를 거치는 경우에는 중앙도시계획위원회 또는 시·도도시계획위원회를 말한다)의 심의를 거쳐 도시·군계획조례로 정하는 기준을 완화하여 적용할 수 있다.

(가) 골프장, 스키장, 기존 사찰, 풍력을 이용한 발전시설 등 개발행위의 특성상 도시·군계획조례로 정하는 기준을 그대로 적용하는 것이 불합리하다고 인정되는 경우

(나) 지형 여건 또는 사업수행상 도시·군계획조례로 정하는 기준을 그대로 적용하는 것이 불합리하다고 인정되는 경우

나. 도시·군 관리계획	(1) 용도지역별 개발행위의 규모 및 건축제한 기준에 적합할 것 (2) 개발행위허가제한지역에 해당하지 아니할 것
다. 도시·군 계획사업	(1) 도시·군계획사업부지에 해당하지 아니할 것(제61조의 규정에 의하여 허용되는 개발행위를 제외한다) (2) 개발시기와 가설시설의 설치 등이 도시·군계획사업에 지장을 초래하지 아니할 것
라. 주변지역과의 관계	(1) 개발행위로 건축 또는 설치하는 건축물 또는 공작물이 주변의 자연경관 및 미관을 훼손하지 아니하고, 그 높이·형태 및 색채가 주변건축물과 조화를 이루어야 하며, 도시·군계획으로 경관계획이 수립되어 있는 경우에는 그에 적합할 것 (2) 개발행위로 인하여 당해 지역 및 그 주변지역에 대기오염·수질오염·토질오염·소음·진동·분진 등에 의한 환경오염·생태계파괴·위해발생 등이 발생할 우려가 없을 것. 다만, 환경오염·생태계파괴·위해발생 등의 방지가 가능하여 환경오염의 방지, 위해의 방지, 조경, 녹지의 조성, 완충지대의 설치 등을 허가의 조건으로 붙이는 경우에는 그러하지 아니하다. (3) 개발행위로 인하여 녹지축이 절단되지 아니하고, 개발행위로 배수가 변경되어 하천·호소·습지로의 유수를 막지 아니할 것
마. 기반기설	(1) 주변의 교통소통에 지장을 초래하지 아니할 것 (2) 대지와 도로의 관계는 「건축법」에 적합할 것 (3) 도시·군계획조례로 정하는 건축물의 용도·규모(대지의 규모를 포함한다)·층수 또는 주택호수 등에 따른 도로의 너비 또는 교통소통에 관한 기준에 적합할 것
바. 그밖의 사항	(1) 공유수면매립의 경우 매립목적이 도시·군계획에 적합할 것 (2) 토지의 분할 및 물건을 쌓아놓는 행위에 입목의 벌채가 수반되지 아니할 것.

2. 개발행위별 검토사항

검토분야	허가기준
가. 건축물의 건축 또는 공작물의 설치	(1) 「건축법」의 적용을 받는 건축물의 건축 또는 공작물의 설치에 해당하는 경우 그 건축 또는 설치의 기준에 관하여는 「건축법」의 규정과 법 및 이 영이 정하는 바에 의하고, 그 건축 또는 설치의 절차에 관하여는 「건축법」의 규정에 의할 것. 이 경우 건축물의 건축 또는 공작물의 설치를 목적으로 하는 토지의 형질변경, 토지분할 또는 토석의 채취에 관한 개발행위허가는 「건축법」에 의한 건축 또는 설치의 절차와 동시에 할 수

	있다. (2) 도로·수도 및 하수도가 설치되지 아니한 지역에 대하여는 건축물의 건축(건축을 목적으로 하는 토지의 형질변경을 포함한다)을 허가하지 아니할 것. 다만, 무질서한 개발을 초래하지 아니하는 범위안에서 도시·군계획조례가 정하는 경우에는 그러하지 아니하다 (3) 특정 건축물 또는 공작물에 대한 이격거리, 높이, 배치 등에 대한 구체적인 사항은 도시·군계획 조례로 정할 수 있다. 다만, 특정 건축물 또는 공작물에 대한 이격거리, 높이, 배치 등에 대하여 다른 법령에서 달리 정하는 경우에는 그 법령에서 정하는 바에 따른다.
나. 토지의 형질변경	(1) 토지의 지반이 연약한 때에는 그 두께·넓이·지하수위 등의 조사와 지반의 지지력·내려앉음·솟아오름에 관한 시험을 실시하여 흙바꾸기·다지기·배수 등의 방법으로 이를 개량할 것 (2) 토지의 형질변경에 수반되는 성토 및 절토에 의한 비탈면 또는 절개면에 대하여는 옹벽 또는 석축의 설치 등 도시·군계획조례가 정하는 안전조치를 할 것
다. 토석채취	지하자원의 개발을 위한 토석의 채취허가는 시가화대상이 아닌 지역으로서 인근에 피해가 없는 경우에 한하도록 하되, 구체적인 사항은 도시·군계획조례가 정하는 기준에 적합할 것. 다만, 국민경제상 중요한 광물자원의 개발을 위한 경우로서 인근의 토지이용에 대한 피해가 최소한에 그치도록 하는 때에는 그러하지 아니하다.
라. 토지분할	(1) 녹지지역·관리지역·농림지역 및 자연환경보전지역 안에서 관계법령에 따른 허가·인가 등을 받지 아니하고 토지를 분할하는 경우에는 다음의 요건을 모두 갖출 것 (가)「건축법」제57조제1항에 따른 분할제한면적(이하 이 칸에서 "분할제한면적"이라 한다) 이상으로서 도시·군계획조례가 정하는 면적 이상으로 분할할 것 (나)「소득세법 시행령」제168조의3제1항 각 호의 어느 하나에 해당하는 지역 중 토지에 대한 투기가 성행하거나 성행할 우려가 있다고 판단되는 지역으로서 국토교통부장관이 지정·고시하는 지역 안에서의 토지분할이 아닐 것. 다만, 다음의 어느 하나에 해당되는 토지의 경우는 예외로 한다. 1) 다른 토지와의 합병을 위하여 분할하는 토지 2) 2006년 3월 8일 전에 토지소유권이 공유로 된 토지를 공유지분에 따라 분할하는 토지 3) 그 밖에 토지의 분할이 불가피한 경우로서 국토교통부령으로 정하는 경우에 해당되는 토지 (다) 토지분할의 목적이 건축물의 건축 또는 공작물의 설치, 토지의 형질변경인 경우 그 개발행위가 관계법령에 따라 제한되지 아니할 것 (라) 이 법 또는 다른 법령에 따른 인가·허가 등을 받지 않거나 기반시설이 갖추어지지 않아 토지의 개발이 불가능한 토지의 분할에 관한 사항은 해당 특별시·광역시·특별자치시·특별자치도·시 또는 군의 도시·군계획조례로 정한 기준에 적합할 것 (2) 분할제한면적 미만으로 분할하는 경우에는 다음의 어느 하나에 해당할 것 (가) 녹지지역·관리지역·농림지역 및 자연환경보전지역 안에서의 기존묘지의 분할 (나) 사설도로를 개설하기 위한 분할(「사도법」에 의한 사도개설허가를 받아 분할하는 경우를 제외한다) (다) 사설도로로 사용되고 있는 토지 중 도로로서의 용도가 폐지되는 부분을 인접토지와 합병하기 위하여 하는 분할 (라) 〈삭제〉

	(마) 토지이용상 불합리한 토지경계선을 시정하여 당해 토지의 효용을 증진시키기 위하여 분할 후 인접토지와 합필하고자 하는 경우에는 다음의 1에 해당할 것. 이 경우 허가신청인은 분할 후 합필되는 토지의 소유권 또는 공유지분을 보유하고 있거나 그 토지를 매수하기 위한 매매계약을 체결하여야 한다. 1) 분할 후 남는 토지의 면적 및 분할된 토지와 인접토지가 합필된 후의 면적이 분할제한면적에 미달되지 아니할 것 2) 분할전후의 토지면적에 증감이 없을 것 3) 분할하고자 하는 기존토지의 면적이 분할제한면적에 미달되고, 분할된 토지 중 하나를 제외한 나머지 분할된 토지와 인접토지를 합필한 후의 면적이 분할제한면적에 미달되지 아니할 것 (3) 너비 5m 이하로 분할하는 경우로서 토지의 합리적인 이용에 지장이 없을 것
마. 물건을 쌓아놓는 행위	당해 행위로 인하여 위해발생, 주변환경오염 및 경관훼손 등의 우려가 없고, 당해 물건을 쉽게 옮길 수 있는 경우로서 도시·군계획조례가 정하는 기준에 적합할 것

3. 용도지역별 검토사항

검토 분야	허가 기준
가. 시가화 용도	1) 토지의 이용 및 건축물의 용도·건폐율·용적률·높이 등에 대한 용도지역의 제한에 따라 개발행위허가의 기준을 적용하는 주거지역·상업지역 및 공업지역일 것 2) 개발을 유도하는 지역으로서 기반시설의 적정성, 개발이 환경이 미치는 영향, 경관 보호·조성 및 미관훼손의 최소화를 고려할 것
나. 유보 용도	1) 법 제59조에 다른 도시계획위원회의 심의를 통하여 개발행위허가의 기준을 강화 또는 완화하여 적용할 수 있는 계획관리지역·생산관리지역 및 녹지지역 중 자연녹지지역일 것 2) 지역 특성에 따라 개발 수요에 탄력적으로 적용할 지역으로서 입지타당성, 기반시설의 적정성, 개발이 환경이 미치는 영향, 경관 보호·조성 및 미관훼손의 최소화를 고려할 것
다. 보전 용도	1) 법 제59조에 다른 도시계획위원회의 심의를 통하여 개발행위허가의 기준을 강화하여 적용할 수 있는 보전관리지역·농림지역·자연환경보전지역 및 녹지지역 중 생산녹지지역 및 보전녹지지역일 것 2) 개발보다 보전이 필요한 지역으로서 입지타당성, 기반시설의 적정성, 개발이 환경이 미치는 영향, 경관 보호·조성 및 미관훼손의 최소화를 고려할 것

■ 산업입지 및 개발에 관한 법률 제12조(행위 제한 등)

① 제10조제1항에 따라 산업단지의 지정 또는 변경에 관한 주민 등의 의견청취를 위한 공고가 있는 지역 및 산업단지 안에서 건축물의 건축, 공작물의 설치, 토지의 형질변경, 토석의 채취, 토지분할, 물건을 쌓아놓는 행위 등 대통령령으로 정하는 행위를 하려는 자는 특별시장·광역시장·특별자치시장·특별자치도지사·시장 또는 군수의 허가를 받아야 한다. 허가받은 사항을 변경하려는 경우에도 또한 같다. 〈개정 2016.12.20.〉

■ 산업입지 및 개발에 관한 법률 시행규칙 제6조의2(행위허가의 기준)

법 제12조제1항의 규정에 의한 행위허가는 다음 각호의 기준에 의한다.

1. 법 제6조제3항의 규정에 의한 산업단지개발계획에 적합할 것

2. 산업단지개발사업의 착수시기 및 사업추진상황등에 비추어 보아 개발사업에 지장이 없을 것

3. 기타 주변의 교통·경관 및 환경등의 여건에 적합할 것 [본조신설 1996.9.7.]

[판례1] ▶ 국토의계획및이용에관한법률에 의하여 지정된 도시지역 안에서 토지의 형질변경행위를 수반하는 건축허가의 법적 성질(=재량행위)

[대법원 2005.7.14. 선고 2004두6181] (건축허가신청반려처분취소)

【판결요지】

[1] 국토의계획및이용에관한법률에서 정한 도시지역 안에서 토지의 형질변경행위를 수반하는 건축허가는 건축법 제8조 제1항의 규정에 의한 건축허가와 국토의계획및이용에관한법률 제56조 제1항 제2호의 규정에 의한 토지의 형질변경허가의 성질을 아울러 갖는 것으로 보아야 할 것이고, 같은 법 제58조 제1항 제4호, 제3항, 같은법시행령 제56조 제1항 [별표 1] 제1호 (가)목 (3), (라)목 (1), (마)목 (1)의 각 규정을 종합하면, 같은 법 제56조 제1항 제2호의 규정에 의한 토지의 형질변경허가는 그 금지요건이 불확정개념으로 규정되어 있어 그 금지요건에 해당하는지 여부를 판단함에 있어서 행정

청에게 재량권이 부여되어 있다고 할 것이므로, 같은 법에 의하여 지정된 도시지역 안에서 토지의 형질변경행위를 수반하는 건축허가는 결국 재량행위에 속한다.

[2] 행정행위를 기속행위와 재량행위로 구분하는 경우 양자에 대한 사법심사는, 전자의 경우 그 법규에 대한 원칙적인 기속성으로 인하여 법원이 사실인정과 관련 법규의 해석·적용을 통하여 일정한 결론을 도출한 후 그 결론에 비추어 행정청이 한 판단의 적법 여부를 독자의 입장에서 판정하는 방식에 의하게 되나, 후자의 경우 행정청의 재량에 기한 공익판단의 여지를 감안하여 법원은 독자의 결론을 도출함이 없이 당해 행위에 재량권의 일탈·남용이 있는지 여부만을 심사하게 되고, 이러한 재량권의 일탈·남용 여부에 대한 심사는 사실오인, 비례·평등의 원칙 위배 등을 그 판단 대상으로 한다.

(5) 주민설명회 개최

사업시행자는 수용예정지구내 여론파악 및 주민불안감 해소를 위해 예정지구 관리 후 단기간 내 설명회를 개최하여 보상기준 등 정보제공 및 불법행위 제한 등 협조요청을 한다.

(6) 보상투기 방지대책 수립 및 시행[57]

① 보상투기 현황 및 실태

위례, 동탄2 신도시사업지구 뿐만 아니라 최근 하남미사 등 보금자리주택지구에서 보상 및 생활대책용지를 공급받을 목적으로 축산, 양봉, V/H영농(화훼, 시설채소 등)과 조립식 판넬 신축 등 투기행위가 은밀하고 불법적으로 이루어지고 있는 실정이다.

* 주요 보상투기행위 유형별 실태

유 형	목 적	현장실태
축 산	보상 및 생활대책용지	농경지 또는 취락지역 내 유휴지에 비닐하우스를 설치하고 오리, 염소, 개 등을 외부 반입

---

57) 한국토지주택공사는 해당 사업의 계획 또는 시행이 공고(고시)되면 「사업예정지구 관리지침」등에 따라 사전 준비하고 있다가 사업지구 내 벌통 적치, 염소 등 가축의 반입 그리고 배나무 등 과수목의 무단 식재 행위 등 투기적 보상을 노린 불법행위의 예방 단속을 적기에 실시하고 있다. 한국토지주택공사, 앞의 책,2016, 10-11면

양봉	보상 및 생활대책용지	가옥주변, 임야, 구거 인근에 축산보상 및 생활대책 요건 최소한의 벌통 설치 후 사실상 방치
작물 수목식재	보상 및 생활대책용지	유휴농지 등에 V/H 설치, 작물이나 수목 또는 장뇌삼 등 식재
자유영업	보상 및 생활대책용지	허가나 등록을 요하지 않는 자유업종을 중심으로 영업장 개설 (간판 설치)후 사실상 방치
V/H (지분쪼개기)	생활대책용지	유휴농지 또는 비닐하우스 내 화훼, 시설채소 등을 생활대책 요건 최소한도로 쪼개어 분리 소유

② 각종 보상투기 방지대책 수립시행('09.11)

□ 생활대책 수립기준 강화

○ 생활대책용지 공급대상자 거주요건 명시

· 시설 채소농 등 영농자, 축산업자와 화훼업자 등 업종의 특성상 현지 거주가 필수적인 업종에 대하여 당해 지역 거주요건 명시

○ 축산업자에 대한 시설기준 요건 강화 등

· 축산법에 따른 축산업 등록대상에 해당되지 않거나 축산업 등록을 하지 않은 경우는 시설기준 면적을 부가(울타리 기준으로 가축사육시설 및 운동장을 포함하여 200제곱미터 이상의 시설)

· 양봉업자는 고정양봉으로 한정하고 기준 군수 상향(20군→50군)

○ 영업 등의 개시시점을 명확히 하여 기준일 이후 영업자 원천 배제

· 영업 등 개시일의 확인은 사업자등록 신청일로 한다.

· 사업자등록증이 없거나, 사업자등록증상의 개업년월일 이전부터 사실상 영업하는 경우 또는 사업개시 장소가 당해 사업지구가 아닌 경우

⇒ 영업실적·임대차계약서(확정일자를 받은 것에 한함) 등 객관적인 증빙자료로 대체

□ 보상투기 감시 활동 강화

○ 주민신고 포상제(투파라치 제도) 도입

○ 지역주민을 대상으로 『명예 투기 단속원』 제도 도입

□ 전문 경비업체를 통한 사업지구 관리 용역 의무화

신도시 또는 보금자리주택지구 등 투기가 성행하거나 투기가 우려되는 사업지구는 경비용역 시행을 의무화

□ 영상정보처리기기 설치

사업예정지구 공람공고 시 사업지구 주요 길목과 보상투기가 예상되는 지역에 영상정보처리기기(CCTV 또는 네트워크카메라) 설치

□ 행위제한 안내게시판 설치

보상 투기의 예방을 위하여 예정지구 관리 즉시 주요 길목마다 입간판을 설치하며 보상안내문, 주민설명회 및 대표자 간담회 시 행위제한에 대하여 협조를 요청

☞ 행위제한 안내게시판은 사업예정지구 관리지침 별지 제2호서식 참조

* 공익사업별 행위제한일[58)

구 분	행위제한일	근 거 법
택지개발지구	지구지정에 관한 주민 등의 의견청취공고일	「택지개발촉진법」 제3조의 3
공공주택지구	지구지정에 관한 주민 등의 의견청취공고일(제11조)	「공공주택건설 등에 관한 특별법」 제10조
도시개발구역	구역지정에 관한 주민 등의 의견청취공고일	「도시개발법」 제9조
산업단지(국가, 일반, 도시첨단, 농공단지)	단지지정에 관한 주민 등의 의견청취공고일	「산업입지 및 개발에 관한 법률」 제12조
정비구역	정비구역 지정·고시일	「도시정비법」 제5조
경제자유구역	경제자유구역 지정·고시일	「경제자유구역의 지정 및 운영에 관한 특별법」 제7조의5
도로구역	도로구역지정에 관한 주민 등의 의견청취공고일 및 도로구역결정고시일	「도로법」 제24조의3

---

58) 행위제한일은 각 개별법률에 규정되어 있다. [부록- 참고자료 4] 참조

[판례1] ▶ **[대법원 2007.4.12. 선고 2006두18492] (보상금)**

【판시사항】

[1] 구 택지개발촉진법 제6조 제1항 단서에서 정한 '**예정지구의 지정 · 고시 당시에 공사 또는 사업에 착수한 자**'의 의미 및 예정지구의 지정 · 고시로 인하여 건축허가가 효력을 상실한 후에 공사에 착수하여 공사가 진척된 토지에 대한 보상액을 산정함에 있어서 그 이용현황의 평가 방법

[2] 공익사업을 위한 토지 등의 취득 및 보상에 관한 법률 시행규칙 제26조 제2항 제1호, 제2호에서 정한 '도로개설 당시의 토지소유자가 자기 토지의 편익을 위하여 스스로 설치한 도로' 및 '토지소유자가 그 의사에 의하여 타인의 통행을 제한할 수 없는 도로'의 판단 기준

【판결요지】

[1] 구 택지개발촉진법(2002.2.4. 법률 제6655호로 개정되기 전의 것) 제6조 제1항 단서에서 규정하는 '예정지구의 지정 · 고시 당시에 공사 또는 사업에 착수한 자'라 함은 예정지구의 지정 · 고시 당시 구 택지개발촉진법 시행령(2006.6.7. 대통령령 제19503호로 개정되기 전의 것) 제6조 제1항에 열거되어 있는 행위에 착수한 자를 의미하는 것이고 그러한 행위를 하기 위한 준비행위를 한 자까지 포함하는 것은 아니라고 할 것이며, 같은 법 제6조 제1항 본문에 의하면, 건축법 등에 따른 건축허가를 받은 자가 택지개발 예정지구의 지정 · 고시일까지 건축행위에 착수하지 아니하였으면 종전의 건축허가는 예정지구의 지정 · 고시에 의하여 그 효력을 상실하였다고 보아야 할 것이어서, 이후 건축행위에 착수하여 행하여진 공사부분은 택지개발촉진법 제6조 제2항의 원상회복의 대상이 되는 것이므로, 예정지구의 지정 · 고시 이후 공사에 착수하여 공사가 진척되었다고 하더라도 당해 토지에 대한 보상액을 산정함에 있어서 그 이용현황을 수용재결일 당시의 현황대로 평가할 수는 없고, 구 공익사업을 위한 토지 등의 취득 및 보상에 관한 법률 시행규칙(2005.2.5. 건설교통부령 제424호로 개정되기 전의 것) 제24조에 따라 공사에 착수하기 전의 이용상황을 상정하여 평가하여야 한다.

[2] 구 공익사업을 위한 토지 등의 취득 및 보상에 관한 법률 시행규칙(2005.2.5. 건설교통부령 제424호로 개정되기 전의 것) 제26조 제1항 제2호, 제2항 제1호, 제2호는 사도법에 의한 사도 외의 도로(국토의 계획 및 이용에 관한 법률에 의한 도시관리계획에 의하여 도로로 결정된 후부터 도로로 사용되고 있는 것을 제외한다)로서 '도로개설 당시의 토지소유자가 자기 토지의 편익을 위하여 스스로 설치한 도로'와 '토지소유자가 그 의사에 의하여 타인의 통행을 제한할 수 없는 도로'는 '사실상의 사도'로서 인근토지에 대한 평가액의 1/3 이내로 평가하도록 규정하고 있는데, 여기서 '도로개설당시의 토지소유자가 자기 토지의 편익을 위하여 스스로 설치한 도로'인지 여부는 인접토지의 획지면적, 소유관계, 이용상태 등이나 개설경위, 목적, 주위환경 등에 의하여 객관적으로 판단하여야 하고, '토지소유자가 그 의사에 의하여 타인의 통행을 제한할 수 없는 도로'에는 법률상 소유권을 행사하여 통행을 제한할 수 없는 경우뿐만 아니라 사실상 통행을 제한하는 것이 곤란하다고 보이는 경우도 해당한다고 할 것이나, 적어도 도로로의 이용상황이 고착화되어 당해 토지의 표준적 이용상황으로 원상회복하는 것이 용이하지 않은 상태에 이르러야 할 것이어서 단순히 당해 토지가 불특정 다수인의 통행에 장기간 제공되어 왔고 이를 소유자가 용인하여 왔다는 사정만으로는 사실상의 도로에 해당한다고 할 수 없다

[판례2] ▶ 택지개발계획 승인불가로 중단된 경우 지구내 주민의 재산상·정신상 손해에 대해 불법행위 책임을 지는지 여부 [대법원 2013.10.24 선고 2013다210176]

【판결요지】
택지개발계획승인 신청 후 3년정도 사업 자체가 표류하다가 현재 이 사건 택지개발사업의 추진이 사실상 포기된 상태라는 사정만으로 이 사건 주택의 보상이나 추가 지출의 보상에 관하여 원고에게 어떠한 권리나 구속력 있는 신뢰가 발생하였다고 볼 수 없으며, 피고가 원고에게 위법한 불법행위를 한 것이라고도 보기 어렵다.

[질의회신1] ▶ 사업인정고시 이후 허가 없이 물건 적치한 경우 보상 여부
[2012.9.18. 토지정책과-4634]

【질의요지】
사업인정고시 이후 사무집기, 식당 기자재 등이 지방자치단체의 허가 없이 사무실, 상가 등에 적치된 경우 보상 가능 여부

【회신내용】
사업인정고시 이후 특별자치도지사, 시장·군수 또는 구청장의 허가를 받아야 하는 건축물의 건축·대수선, 공작물의 설치 또는 물건의 부가증치를 허가를 받지 않고 한 경우에는 보상대상에 해당되지 않는 것으로 보나, 통상적인 범위내의 영업행위 등을 위한 물건의 증치나 부가 등은 보상대상에 해당하는 것으로 본다.

[질의회신2] ▶ 택지개발지구지정 이후 허가 없이 전기통신관로 추가설치한 경우 보상 여부 [2011.9.2. 토지정책과-4262]

【질의요지】
2005년 택지개발예정지구로 지정되기 이전에 점용허가를 받아 전기통신관로를 설치하여 오다가 택지개발예정지구 지정 이후 관계법령에 의한 허가나 신고 없이 전기통신관로를 추가 설치한 경우 지장물 보상 여부

【회신내용】
사업인정고시가 있기 전에 설치된 건축물등은 토지보상법 제25조 및 제75조에 따라 보상을 하여야 한다고 보나, 관계법령에 의하여 보상에 제한을 둔 경우와 법령을 위반하여 이전·철거등의 행정적 조치가 진행되고 있는 등의 경우에는 공익사업의 시행으로 인한 손실이 발생한다고 볼 수 없으므로 보상대상에 해당되지 아니한다고 본다.

[질의회신3] ▶ 택지개발지구지정 이후 사업시행자 의견을 들어 허가한 경우 보상 여부

[2008.12.25. 토지정책과-1392]

【질의요지】
택지개발예정지구지정(사업인정)된 후 관계법령에 따라 관할시장의 건축허가를 득하였으나 건축허가 이전에 관할시장이 사업시행자 의견을 들어 조건부(사업시행시 건축물을 소유자 부담으로 자진철거등 원상복구) 허가된 경우 건축물을 보상할 수 있는지여부

【회신내용】
공익사업에 편입되는 건축물등에 대하여는 토지보상법 제75조제1항의 규정에 의하여 보상하여야 하나 당해 물건에 대하여 관계법령이나 인·허가 조건 등에 보상에 관한 제한을 둔 경우 또는 공익사업과 관련 없이 관계법령에 위반되어 이전·철거 등의 조치가 진행되고 있는 등의 경우에는 당해 공익사업의 시행으로 인한 손실이 발생한다고 볼 수 없으므로 보상대상이 아니라고 본다.

[질의회신4] ▶ 택지개발예정지구내 행위제한
[2001.8.28. 주환58540-851]

【질의요지】
택지개발예정지구 지정 고시 이전에 인·허가를 득하고, 택지개발촉진법 제6조의 규정에 의한 계속시행신고서를 제출하지 않고 예정지구 지정·고시일 2개월이 지난 후 건축공사를 착수한 경우와 허가를 받을 필요가 없는 200㎡미만의 건축물 건축을 지구지정 이후 신고서를 제출하지 않고 공사에 착수한 경우 계속시행이 가능한지와 이 경우 계속 시행하였을 때 건축물대장 기재신청 및 인허가 가능여부?

【회신내용】
예정지구 지정·고시일 전에 허가를 득하고(허가를 받을 필요가 없는 경우 포함) 그 공사에 착수하지 않은 경우에는 지구 지정 후 공사를 계속시행 할 수 없으며, 건축법 등에 의해 기 허가된 내용대로 행위를 원할 경우에는 택지개발촉진법 제6조제1항에

의한 새로운 인·허가를 받아야 하며, 새로운 인허가 없이 시행한 경우라면 불법건축물로 동법 제6조제2항 및 제3항에 의한 원상복구명령 및 대집행 할 수 있다고 사료되며, 예정지구 지정·고시일 전에 허가를 득하고(허가를 득할 필요 없는 경우 포함)그 공사에 착수하였지만, 예정지구 지정·고시일 후 1개월 이내에 신고를 하지 않은 경우에는 불법건축물로 건축물대장에 등재하여서는 아니 된다고 봅니다.

[질의회신5] ▶ 경작을 위한 형질변경의 의미

[2002.1.11. 도시정책과 인터넷질의 접수번호-1343]

【질의요지】

경작중인 농지에서 경작을 위한 행위를 한다면 개발행위 허가 없이 높이(깊이) 제한 없이 성토(절토)를 자유로이 할 수 있다는 뜻인지 아니면 허가를 받지 않고 경미한 범위(50㎝ 이내)의 범위 내에서만 자유로이 할 수 있다는 의미인지 여부

【회신내용】

경작을 위한 경우에 해당되는 경우에는 높이 또는 깊이에 관계없이 개발행위허가를 받지 않고 할 수 있음을 알려드리오니 그리 아시기 바라며, 경작을 위한 토지의 형질변경은 이미 조성된 농지의 지력증진을 위한 단순한 객토나 정지작업을 말하는 것임을 알려드립니다.

2. 손실보상의 법률관계

(1) 토지취득의 당사자

당사자란 토지보상법상 보상관계에서 권리·의무의 귀속주체로서 사업시행자(수용권자)와 피수용자를 말한다.

사업시행자는 공익사업을 수행하는 자로 공익사업에 필요한 토지등의 취득 또는 사용으로 인하여 토지소유자나 관계인이 입은 손실은 사업시행자가 보상하여야 할 의무가 있다(법 제61조). 피수용자는 토지 소유자 및 관계인으로 수용할 토지 또는 물건의 소유자와 그 토지 또는 물건의 소유권이외의 권리를 가지는 자를 포함한다.

(2) 공용수용의 목적물

수용의 대상으로 토지보상법 제3조에서는 ① 토지 및 이에 관한 소유권 외의 권리 ② 토지와 함께 공익사업을 위하여 필요한 입목(立木), 건물, 그 밖에 토지에 정착된 물건 및 이에 관한 소유권 외의 권리 ③ 광업권·어업권·양식업권 또는 물의 사용에 관한 권리 ④ 토지에 속한 흙·돌·모래 또는 자갈에 관한 권리를 규정하고 있다.

판례

[판례1] ▶ 손실보상금수령권자확인(토지보상법의 보상 대상인 '기타 토지에 정착한 물건에 대한 소유권 그 밖의 권리를 가진 관계인'의 범위)
[대법원 2009.2.12. 선고 2008다76112]

【판결요지】

공익사업을 위한 토지 등의 취득 및 보상에 관한 법률의 보상 대상이 되는 '기타 토지에 정착한 물건에 대한 소유권 그 밖의 권리를 가진 관계인'에는 독립하여 거래의 객체가 되는 정착물에 대한 소유권 등을 가진 자뿐 아니라, 당해 토지와 일체를 이루는 토지의 구성부분이 되었다고 보기 어렵고 거래관념상 토지와 별도로 취득 또는 사용의 대상이 되는 정착물에 대한 소유권이나 수거·철거권 등 실질적 처분권을 가진 자도 포함된다.

[판례2] ▶ 분묘이전비보상(분묘가 토지보상법의 보상 대상인 '토지 등'에 해당하는지 여부)[부산고법 2009.8.28. 선고 2009누454]

【판결요지】

[1] 공익사업을 위한 토지 등의 취득 및 보상에 관한 법률이 토지소유자 등에게 재결신청의 청구권을 부여하는 이유는, 협의가 성립되지 아니하는 경우 사업시행자는 사업인정의 고시가 있은 날부터 1년 이내에 언제든지 재결신청을 할 수 있는 반면 토지소유자 등에게는 재결신청권이 없으므로, 수용을 둘러싼 법률관계의 조속한 확정을 바라는 토지소유자 등의 이익을 보호함과 동시에 수용 당사자 사이의 공평을 기하기 위한 것으로 해석되고, 또한 위 법은 위와 같은 청구권의 실효성을 확보

하기 위하여 제30조 제3항에서 가산금 제도를 두어 간접적으로 사업시행자의 재결신청을 강제하고 있으므로, 사업시행자가 손실보상을 거부하는 경우 토지소유자 등은 재결절차를 거친 다음 행정소송을 제기할 수 있을 뿐, 재결절차를 거침이 없이 곧바로 사업시행자를 상대로 하여 손실보상금의 지급을 소로써 구하는 것은 허용되지 않는다고 봄이 상당하다.

[2] 분묘는 토지에 정착한 물건으로서 공익사업을 위한 토지 등의 취득 및 보상에 관한 법률 제2조 제1호, 제3조에서 정한 '토지 등'에 해당하고, 그 분묘의 수호·관리권자임을 내세우는 종손은 토지에 있는 물건에 관하여 소유권 그 밖의 권리를 가진 자를 의미하여 같은 법 제2조 제5호에서 정한 '관계인'에 해당하므로, 분묘가 속한 임야가 사업구역에 편입됨으로써 그 지상에 있는 분묘의 이장에 관하여 그 종손이 사업시행자를 상대로 보상금의 지급을 구하기 위해서는 같은 법에 의한 재결절차를 거쳐야만 한다고 한 사례.

[판례3] ▶ [대법원 2012.12.27. 선고 2011두27827 판결] (손실보상금청구)

[1] 일반지방산업단지 조성사업의 사업인정고시일 당시 사업지구 내에서 제재목과 합판 등 제조·판매업을 영위해 오다가 사업인정고시일 이후 사업지구 내 다른 곳으로 영업장소를 이전하여 영업을 하던 갑이 영업보상 등을 요구하면서 수용재결을 청구하였으나 관할 토지수용위원회가 갑의 영업장은 임대기간이 종료되어 이전한 것이지 공익사업의 시행으로 손실이 발생한 것이 아니라는 이유로 갑의 청구를 기각한 사안에서, 사업인정고시일 당시 보상대상에 해당한다면 그 후 사업지구 내 다른 토지로 영업장소가 이전되었더라도 손실보상의 대상이 된다고 본 원심판단을 정당하다고 한 사례

[2] 공익사업을 위한 토지 등의 취득 및 보상에 관한 법률 제77조 등에서 정한 영업의 손실 등에 대한 보상과 관련하여 사업인정고시일 이후 영업장소 등이 이전되어 수용재결 당시에는 해당 토지 위에 영업시설 등이 존재하지 않게 된 경우, 사업인정고시일 이전부터 해당 토지 상에서 영업을 해 왔고 당시 영업시설 등이 존재하였다는 점은 이를 주장하는 자가 증명하여야 한다.

제2절 협의취득절차

1. 협의취득의 의의

공익사업을 위한 토지의 취득에는 토지 등의 소유자의 의사에 반하는 강제취득인 공용수용 이외에 공용수용의 주체와 토지 등의 소유자 사이의 협의에 의한 취득이 가능하다. 토지보상법은 협의절차를 두어 사업시행자로 하여금 토지소유자 및 관계인과 성실하게 협의하도록 하는 명문규정을 두어 협의취득을 공식적인 법제도로 규정하고 있다(법 제16조).

■ 협의취득의 절차

① 토지조사 및 물건조서의 작성 → ② 보상계획의공고 및 열람 → ③ 보상액산정 → ④ 협의 → ⑤ 계약의 체결

※ 사업인정 이전의 협의취득절차는 의무적인 절차는 아니며, 공익사업의 주체는 협의절차를 거친 경우에는 공용수용절차에서 의무적인 절차로 되어 있는 협의절차를 거치지 않아도 된다.

---

2. 토지조서 및 물건조서의 작성

(1) 의의

토지조서·물건조서는 공익사업을 위하여 수용 또는 사용에 필요한 토지와 그 지상에 있는 물건의 내용을 사업시행자가 일정한 절차를 거쳐 작성하는 문서이다.

(2) 목적

이러한 조서의 작성은 조서에 기재된 사항에 대하여 일응 진실성의 추정을 인정하여, 토지 및 물건의 상황에 관한 당사자 사이의 차후의 분쟁을 예방하며, 토지수용위원회의 심리와 재결 등의 절차를 용이하게 하고 신속·원활을 기하고자 하는 데 그 목적이 있다(대판 1993.9.10. 93누5543).

따라서 토지조서 및 물건조서의 작성은 보상대상 물건을 확정하여 보상의 범위를 결정하는 단계로서 보상에서 가장 중요한 단계의 하나이므로 사업시행자는 토지보상법에서 정한 절차를 완전하게 이행하여야 한다.

■ **토지보상법 제16조(협의)** 사업시행자는 토지등에 대한 보상에 관하여 토지소유자 및 관계인과 성실하게 협의하여야 하며, 협의의 절차 및 방법 등 협의에 필요한 사항은 대통령령으로 정한다.[전문개정 2011.8.4.]

■ **토지보상법 시행령**
제8조(협의의 절차 및 방법 등) ① 사업시행자는 법 제16조에 따른 협의를 하려는 경우에는 국토교통부령으로 정하는 보상협의요청서에 다음 각 호의 사항을 적어 토지소유자 및 관계인에게 통지하여야 한다. 다만, 토지소유자 및 관계인을 알 수 없거나 그 주소·거소 또는 그 밖에 통지할 장소를 알 수 없을 때에는 제2항에 따른 공고로 통지를 갈음할 수 있다.

  1. 협의기간·협의장소 및 협의방법

  2. 보상의 시기·방법·절차 및 금액

  3. 계약체결에 필요한 구비서류

② 제1항 각 호 외의 부분 단서에 따른 공고는 사업시행자가 공고할 서류를 토지등의 소재지를 관할하는 시장(행정시의 시장을 포함한다)·군수 또는 구청장(자치구가 아닌 구의 구청장을 포함한다)에게 송부하여 해당 시(행정시를 포함한다)·군 또는 구(자치구가 아닌 구를 포함한다)의 게시판 및 홈페이지와 사업시행자의 홈페이지에 14일 이상 게시하는 방법으로 한다. 〈개정 2016.1.6.〉

③ 제1항제1호에 따른 협의기간은 특별한 사유가 없으면 30일 이상으로 하여야 한다.

④ 법 제17조에 따라 체결되는 계약의 내용에는 계약의 해지 또는 변경에 관한 사항과 이에 따르는 보상액의 환수 및 원상복구 등에 관한 사항이 포함되어야 한다.

⑤ 사업시행자는 제1항제1호에 따른 협의기간에 협의가 성립되지 아니한 경우에는 국토교통부령으로 정하는 협의경위서에 다음 각 호의 사항을 적어 토지소유자 및 관계인의 서명 또는 날인을 받아야 한다. 다만, 사업시행자는 토지소유자 및 관계인이 정당한 사유 없이 서명 또는 날인을 거부하거나 토지소유자 및 관계인을 알 수 없거나 그 주소·거소, 그 밖에 통지할 장소를 알 수 없는 등의 사유로 서명 또는 날인을 받을 수 없는 경우에는 서명 또는 날인을 받지 아니하되, 해당 협의경위서에 그 사유

를 기재하여야 한다.

1. 협의의 일시·장소 및 방법
2. 대상 토지의 소재지·지번·지목 및 면적과 토지에 있는 물건의 종류·구조 및 수량
3. 토지소유자 및 관계인의 성명 또는 명칭 및 주소
4. 토지소유자 및 관계인의 구체적인 주장내용과 이에 대한 사업시행자의 의견
5. 그 밖에 협의와 관련된 사항

판례

[판례1] ▶ [대법원 1993.9.10. 선고 93누5543] (토지수용재결처분취소등)

【판결요지】

토지수용을 함에 있어 토지소유자 등에게 입회를 요구하지 아니하고 작성한 토지조서는 절차상의 하자를 지니게 되는 것으로서 토지조서로서의 효력이 부인되어 조서의 기재에 대한 증명력에 관하여 추정력이 인정되지 아니하는 것일 뿐, 토지조서의 작성에 하자가 있다 하여 그것이 곧 수용재결이나 그에 대한 이의재결의 효력에 영향을 미치는 것은 아니라 할 것이므로 토지조서에 실제 현황에 관한 기재가 되어 있지 아니하다거나 실측평면도가 첨부되어 있지 아니하다거나 토지소유자의 입회나 서명날인이 없었다든지 하는 사유만으로는 이의재결이 위법하다 하여 그 취소를 구할 사유로 삼을 수 없다.

(3) 작성방법59)

① 사업시행자는 공익사업의 수행을 위하여 사업인정 전에 협의에 의한 토지 등의 취득 또는 사용이 필요할 때에는 토지 및 물건에 대한 조사결과를 바탕으로 토지조서와 물건조서를 작성하여 서명 또는 날인을 하고 토지소유자와 관계인을 입회시켜 서명날인하게 한다(법 제14조 제1항 본문).

그러나, 사업인정 이전에 협의절차를 거쳤으나 협의가 성립되지 아니하여 사업인정을 받

---

59) ■ **토지보상법 제14조(토지조서 및 물건조서의 작성)** ① 사업시행자는 공익사업의 수행을 위하여 제20조에 따른 사업인정 전에 협의에 의한 토지등의 취득 또는 사용이 필요할 때에는 토지조서와 물건조서를 작성하여 서명 또는 날인을 하고 토지소유자와 관계인의 서명 또는 날인을 받아야 한다. 다만, 다음 각 호의 어느 하나에 해당하는 경우에는 그러하지 아니하다. 이 경우 사업시행자는 해당 토지조서와 물건조서에 그 사유를 적어야 한다.
  1. 토지소유자 및 관계인이 정당한 사유 없이 서명 또는 날인을 거부하는 경우
  2. 토지소유자 및 관계인을 알 수 없거나 그 주소·거소를 알 수 없는 등의 사유로 서명 또는 날인을 받을 수 없는 경우
② 토지와 물건의 소재지, 토지소유자 및 관계인 등 토지조서 및 물건조서의 기재사항과 그 작성에 필요한 사항은 대통령령으로 정한다.
■ **토지보상법 시행령 제7조(토지조서 및 물건조서 등의 작성)** ① 사업시행자는 공익사업의 계획이 확정되었을 때에는 「측량·수로조사 및 지적에 관한 법률」에 따른 지적도 또는 임야도에 대상 물건인 토지를 표시한 용지도(用地圖)를 작성하여야 한다.
② 사업시행자는 제1항에 따라 작성된 용지도를 기본으로 하여 법 제14조제1항에 따른 토지조서(이하 "토지조서"라 한다) 및 물건조서(이하 "물건조서"라 한다)를 작성하여야 한다.
③ 토지조서에는 다음 각 호의 사항이 포함되어야 한다.
  1. 토지의 소재지·지번·지목·전체면적 및 편입면적과 현실적인 이용상황
  2. 토지소유자의 성명 또는 명칭 및 주소
  3. 토지에 관하여 소유권 외의 권리를 가진 자의 성명 또는 명칭 및 주소와 그 권리의 종류 및 내용
  4. 작성일
  5. 그 밖에 토지에 관한 보상금 산정에 필요한 사항
④ 물건조서에는 다음 각 호의 사항이 포함되어야 한다.
  1. 물건(광업권·어업권 또는 물의 사용에 관한 권리를 포함한다. 이하 같다)이 있는 토지의 소재지 및 지번
  2. 물건의 종류·구조·규격 및 수량
  3. 물건소유자의 성명 또는 명칭 및 주소
  4. 물건에 관하여 소유권 외의 권리를 가진 자의 성명 또는 명칭 및 주소와 그 권리의 종류 및 내용
  5. 작성일
  6. 그 밖에 물건에 관한 보상금 산정에 필요한 사항
⑤ 물건조서를 작성할 때 그 물건이 건축물인 경우에는 제4항 각 호의 사항 외에 건축물의 연면적과 편입면적을 적고, 그 실측평면도를 첨부하여야 한다. 다만, 실측한 편입면적이 건축물대장에 첨부된 건축물현황도에 따른 편입면적과 일치하는 경우에는 건축물현황도로 실측평면도를 갈음할 수 있다.
⑥ 토지조서와 물건조서의 서식은 국토교통부령으로 정한다.[전문개정 2013.5.28.]

은 사업으로서 토지조서 및 물건조서의 내용에 변동이 없는 때는 협의절차를 거치지 아니할 수 있다. 다만, 사업시행자 또는 토지소유자 및 관계인이 협의를 요구하는 때에는 협의하여야 한다(법 제26조 제2항).

관계법령

■ **토지보상법 제26조(협의 등 절차의 준용)** ① 제20조에 따른 사업인정을 받은 사업시행자는 토지조서 및 물건조서의 작성, 보상계획의 공고·통지 및 열람, 보상액의 산정과 토지소유자 및 관계인과의 협의 절차를 거쳐야 한다. 이 경우 제14조부터 제16조까지 및 제68조를 준용한다.

② 사업인정 이전에 제14조부터 제16조까지 및 제68조에 따른 절차를 거쳤으나 협의가 성립되지 아니하고 제20조에 따른 사업인정을 받은 사업으로서 토지조서 및 물건조서의 내용에 변동이 없을 때에는 제1항에도 불구하고 제14조부터 제16조까지의 절차를 거치지 아니할 수 있다. 다만, 사업시행자나 토지소유자 및 관계인이 제16조에 따른 협의를 요구할 때에는 협의하여야 한다. [전문개정 2011.8.4.]

---

② 토지조서 및 물건조서의 작성시점에 대해서는 토지보상법 시행령 제7조 제1항에서 '공익사업이 확정되었을 때'가 아니라 '공익사업의 계획이 확정되었을 때'로 규정하고 있으며, '공익사업의 계획이 확정되었을 때'는 관련 법령에 따라 계획의 고시 등의 절차를 거쳐야 하는 경우는 이러한 절차를 거친 때로 보고, 그러한 규정이 없는 경우는 행정적인 의사결정 절차가 완료된 때로 본다.[60]

③ 사업시행자는 공익사업에 편입되는 토지 및 물건의 전부에 대하여 지적측량을 실시할 필요는 없으나 공익사업시행지구의 경계에 있는 건축물등과 같이 보상대상 면적부분을 정확하게 확정할 필요가 있거나, 그 위치나 면적을 확인할 수 없는 무허가건축물 등에 대하여는 사후에 다툼의 여지를 줄이고 보상업무의 적법성 확보를 위하여 지적측량을 실시하여야 한다.

---

60) 중앙토지수용위원회, 토지수용 재결기준, 2017.12. 16면

[판례] ▶ 무허가 건축물에 대한 보상을 하는 경우 지적측량을 하여야 한다.
[서울고등법원 1999.2.24 선고 97구31542]

【판결요지】

일반적으로 기업자가 지적법에 의한 지적측량을 실시하여 수용대상 목적물의 위치
·면적을 확인할 필요는 없다고 할 것이나, 수용대상이 무허가건물인 경우에는 그
위치·면적을 확인할 공부가 없으므로 지적법령이 규정하는 경계복원측량·현황
측량을 실시하여 이를 확인하여야 함에도 불구하고 담당공무원 등이 목측이나 줄
자 등을 이용하여 어림짐작으로 그 위치·면적을 정하고 이에 터잡아 토지수용위
원회가 손실보상액을 정하였다면, 이와 같이 재결에서 정한 손실보상액이 지적측
량에 의하여 확인된 위치·면적을 기초로 산정한 손실보상액보다 많다는 등의 특
별한 사정이 없으면 그 소유자에 대한 관계에서 그 재결 중 위 부족부분은 위법하
다고 할 것이고, 나아가 어느 무허가건물이 사업구역 안과 밖에 걸쳐서 건립된 경
우에는 그 소유자의 청구가 없는 한 사업구역 밖의 부분은 수용대상으로 삼아야 하
지 아니함에도 불구하고 재결에서 그 무허가건물 전부를 수용대상으로 삼고 사업
구역 안·밖의 구분 없이 전체로서 손실보상액을 정하였다면 이는 가분적 행정처
분이라고 할 수 없으므로 사업구역 밖의 부분을 수용하였음을 이유로 취소함에 있
어서는 이에 대한 재결 전부를 취소하여야 할 것이다.

(4) 효력

사업인정고시가 있은 후에는 토지소유자 또는 관계인이 토지조서 및 물건조서의 내용에
대하여 열람기간 내에 이의를 제기하는 경우를 제외하고는 작성된 토지조서 및 물건조서
의 내용에 대하여 이의를 제기할 수 없다. 다만, 조서의 내용이 진실에 반하는 것을 입증
하는 때에는 그러하지 아니하다(법 제27조 제3항).

따라서 적법하게 작성된 토지조서와 물건조서는 이의가 부기된 사항을 제외하고 거기에
기재된 사항이 진실에 합치하는 것으로 추정된다.

적법한 절차에 의하여 작성된 조서의 기재내용은 별도의 입증 없이 진실한 것으로 추정되고, 그 기재내용이 사실이 아니라고 주장하는 자가 그러한 사실을 입증하여 추정을 번복시킬 수 있다.[61] 그러나, 토지수용을 함에 있어 토지소유자 등 관계인에게 입회를 요구하지 아니하고 작성한 조서는 이들에게 조서작성에 참여할 기회가 부여되지 않았기 때문에 절차상의 하자를 지니게 되는 것이므로, 토지조서로서의 효력이 부인되어 조서의 기재내용에 관하여 추정력이 인정되지 아니한다.

위와 같은 추정력이 인정되지 않는 경우에도 재결에서 인정한 내용과 다른 내용을 주장하는 경우에도 정당한 손실보상금액이 더 많다는 점에 관한 입증책임이 원고에게 있음을 고려해 볼 때, 결국 원고가 그 다른 내용을 입증할 필요가 있다.

또한, 토지소유자 등에게 입회를 요구하지 아니하고 작성한 조서는 절차상의 하자를 지니게 되는 것으로서 토지조서로서의 효력이 부인되어 조서의 기재에 대한 증명력에 관하여 추정력이 인정되지 아니하는 것일 뿐, 토지조서의 작성에 하자가 있다 하여 그것이 곧 수용재결이나 그에 대한 이의재결의 효력에 영향을 미치는 것은 아니라고 하고 있다.[62]

판례

[판례] ▶ 토지조서에 소유자의 서명날인이 없다고 하여 수용재결이 무효가 되는 것은 아니다. [대법원 2005.9.30. 선고 2003두12349,12356]

【판결요지】

기업자가 토지수용법 제23조 소정의 토지조서 및 물건조서를 작성함에 있어서 토지소유자를 입회시켜서 이에 서명날인을 하게 하지 아니하였다 하더라도 그러한 사유만으로는 그 토지에 대한 수용재결 및 이의재결까지 무효가 된다고 할 수 없고, 기업자가 토지소유자에게 성의 있고 진실하게 설명하여 이해할 수 있도록 협의요청을 하지 아니하였다거나, 협의경위서를 작성함에 있어서 토지소유자의 서명날인을 받지 아니하였다는 하자 역시 절차상의 위법으로서 수용재결 및 이의재결에 대한 당연 무효의 사유가 된다고 할 수도 없다.

---

61) 대법원 2003.4.25. 2002두8961 판결
62) 대법원 1993.9.10., 93누5543 판결

3. 보상계획의 열람 등(법 제15조)

사업시행자는 토지조서 및 물건조서를 작성하였을 때에는 공익사업에 따른 보상계획을 공고[63]하고, 토지소유자 및 관계인에게 각각 이를 통지(그 내용을 14일 이상 일반인이 열람할 수 있도록 함)하여야 한다. 다만, 토지소유자와 관계인이 **20인 이하인 경우에는 공고를 생략**할 수 있다.

사업시행자는 보상계획을 공고할 때에는 공익사업시행지구 밖의 토지등에 대한 손실보상을 청구할 수 있다는 내용을 포함하고(법 제79조 제3항), 시·도지사와 토지소유자가 감정평가업자를 추천할 수 있다는 내용을 포함하여 공고하고, 보상대상 토지가 소재하는 시·도의 시·도지사와 토지소유자에게 이를 통지하여야 한다(시행령 제28조 제1항).

열람 후 토지조서 및 물건조서의 내용에 대하여 이의(異議)가 있는 토지소유자 또는 관계인은 사업시행자에게 열람기간내 서면으로 이의를 제기할 수 있다. 다만, 최근 토지보상법 개정(2018.12.31.)으로 사업시행자의 고의 또는 과실로 토지소유자 및 관계인에게 보상계획을 통지하지 아니한 경우 열람기간이 지난 후 협의가 완료되기 전까지 토지조서 및 물건조서의 내용에 대한 이의제기가 가능하도록 하였다(법 제15조 제3항 단서 신설).

관계법령

■ **토지보상법 제15조(보상계획의 열람 등)** ① 사업시행자는 제14조에 따라 토지조서와 물건조서를 작성하였을 때에는 공익사업의 개요, 토지조서 및 물건조서의 내용과 보상의 시기·방법 및 절차 등이 포함된 보상계획을 전국을 보급지역으로 하는 일간신문에 공고하고, 토지소유자 및 관계인에게 각각 통지하여야 하며, 제2항 단서에 따라 열람을 의뢰하는 사업시행자를 제외하고는 특별자치도지사, 시장·군수 또는 구청장에게도 통지하여야 한다. 다만, 토지소유자와 관계인이 20인 이하인 경우에는 공고를 생략할 수 있다.

② 사업시행자는 제1항에 따른 공고나 통지를 하였을 때에는 그 내용을 14일 이상 일반인이 열람할 수 있도록 하여야 한다. 다만, 사업지역이 둘 이상의 시·군 또는 구에 걸쳐

---

63) 보상계획의 공고는 보상의 준비가 되었음을 소유자등에게 알리는 것으로 사업시행자는 보상계획공고와 관련하여 사전에 보상 협의회 개최 및 소유자 추천 감정평가사를 확정하도록 하여 기간부족으로 인한 민원이 발생하지 않도록 한다. 또한 재결과정에서 누락물건이 많을 경우 불성실한 협의로 간주되어 재결이 지체될 수 있으므로 열람 기간 동안 토지물건조서에 대한 소유자 열람이 충실이 이루어져 추후 재결과정에서 누락물건으로 이의가 발생치 않도록 유의해야 한다.(한국토지주택공사, 앞의 책, 2016, 109면)

있거나 사업시행자가 행정청이 아닌 경우에는 해당 특별자치도지사, 시장·군수 또는 구청장에게도 그 사본을 송부하여 열람을 의뢰하여야 한다.

③ 제1항에 따라 공고되거나 통지된 토지조서 및 물건조서의 내용에 대하여 이의(異議)가 있는 토지소유자 또는 관계인은 제2항에 따른 열람기간 이내에 사업시행자에게 서면으로 이의를 제기할 수 있다. 다만, 사업시행자가 고의 또는 과실로 토지소유자 또는 관계인에게 보상계획을 통지하지 아니한 경우 해당 토지소유자 또는 관계인은 제16조에 따른 협의가 완료되기 전까지 서면으로 이의를 제기할 수 있다. 〈개정 2018.12.31.〉

④ 사업시행자는 해당 토지조서 및 물건조서에 제3항에 따라 제기된 이의를 부기(附記)하고 그 이의가 이유 있다고 인정할 때에는 적절한 조치를 하여야 한다.

[전문개정 2011.8.4.] [시행일: 2019.7.1.]

※ 토지조서 및 물건조서의 공고 방법[64]

가. 현황 및 문제점

○ 「토지보상법」제15조 또는 제26조에 의한 보상계획공고 시 토지 및 물건조서의 내용을 그대로 일간신문에 공고하는 것이 원칙이나 분량이 많아 '열람 장소에 비치' 등으로 대신하는 경향이 있음

○ 또한 토지소유자 및 관계인에게 개별통지 시에도 토지 및 물건조서의 내용을 생략하는 경우가 많음

○ 일간신문에 토지조서 내용 등을 공고하지 않고 '열람 장소에 비치' 등으로 대신할 경우 피보상자의 토지가 공익사업에 편입된다는 사실을 인지하지 못해 불이익을 받았다고 주장할 경우 재결절차의 하자 문제 발생 소지가 있음

○ 특히 현행 토지보상법에서는 피보상자에게 감정평가사 추천권을 부여하고 있는데 공익사업에 편입된다는 사실을 몰라 이를 행사하지 못했을 때 절차 하자로 인한 재결취소사유 등 발생 소지가 있음

나. 공고 방법 개선

◎ 토지 및 물건조서의 분량이 적을 경우 이의 내용을 가능한 공고

◎ 분량이 많아 이를 그대로 신문 등에 공고하는 것이 사실상 어려운 경우도 현행의 방식을 개선하여 피보상자에게 당해 토지 등이 공익사업에 포함된 사실을 충분히 알릴 수 있는 방법을 적극 검토

(1) 소규모 사업지구의 경우
○ 토지조서 등의 전부 게재가 가능한 경우에는 이를 공고에 포함
− 물건조서는 내용이 많을 경우 "위 토지상에 소재한 지장물 일체" 부기
*"토지 및 물건조서의 세부 내용은 보상사무소에서 열람" 부기

(2) 토지 및 물건조서의 분량이 많아 게재가 어려운 경우
○ 신문공고 시 일련의 토지소재 지번 등을 다음 예시와 같이 게재
"예시"
− ○○시 ○○구 ○○동 1～100번지, ○○시 ○○구 ○○동 71～210번지
− 중간에 73, 74번지가 편입되지 않은 경우에는
: ○○시 ○○구 ○○동 1～72번지, 75～100번지
− 지장물에 대해서는 "위 토지상에 소재한 지장물 일체" 부기
*"토지 및 물건조서의 세부 내용은 보상사무소에서 열람" 부기

(3) 개별통보 시에는 토지조서 및 물건조서에 관한 내용을 포함하여 통보

4. 보상액의 산정 및 감정평가업자 선정

(1) 손실보상액의 산정 및 산정절차

공익사업의 시행에 따른 토지 등의 취득으로 인한 보상액이 산정은 헌법상 보장된 정당한 보상의 실현을 위해 **복수의 감정평가업자** 2인을 선정하여 토지 등의 평가를 의뢰한다. 다만, 보상액산정의 객관성과 타당성을 담보하기 위해 법률이 정한 일정한 경우에는 토지소유자 등이 추천하는 감정평가업자를 포함한 3인의 감정평가업자가 평가한 가액을 평균하여 산정한다.

---

64) 한국토지주택공사, 앞의 책, 2016, 110면

손실보상액의 산정의 구체적인 절차는 ① 보상평가의 의뢰(법 제68조 제1항) → ② 감정평가업자의 감정평가(시행규칙 제16조 제3항) → ③ 보상평가서 작성 및 심사(시행규칙 제16조 제4항) → ④ 보상액의 산정(산술평균치)(시행규칙 제16조 제6항) → ⑤ 재평가(법령위반, 부당평가)(시행규칙 제17조)의 순서를 취한다.

(2) 감정평가업자의 선정방법

토지보상법에서는 보상액을 산정하고자 하는 경우에는 「부동산 가격공시 및 감정평가에 관한 법률」에 의한 감정평가업자 3인을 선정하여 토지 등의 평가를 의뢰하도록 하고 있으며, 이 경우 해당 토지를 관할하는 시·도지사와 토지소유자는 감정평가업자를 각 1인씩 추천할 수 있고 사업시행자는 추천된 감정평가업자를 포함하여 선정하여야 한다. 다만, 시·도지사와 토지소유자가 모두 감정평가업자를 추천하지 아니하거나 시·도지사 또는 토지소유자 어느 한쪽이 감정평가업자를 추천하지 아니하는 경우에는 감정평가업자 2인을 선정하여 토지 등의 평가를 의뢰하여야 한다(법 제68조 제1항, 제2항).65)
즉 감정평가업자 선정의 주체는 사업시행자이고, 시·도지사와 토지소유자는 사업시행자에게 감정평가업자를 추천할 수 있을 뿐이다.

(3) 토지소유자 추천 감정평가업자 선정(시행령 제28조)

토지소유자는 보상계획의 공고·열람기간 만료일로부터 30 이내에 보상계획에서 동일한 시기에 보상하기로 공고 또는 통지한 보상대상 토지면적의 1/2이상에 해당하는 토지소유자와 토지소유자 총수의 과반수의 동의를 얻은 사실을 증명하는 서류를 첨부하여 사업시행자에 감정평가업자를 추천하여야 한다(시행령 제28조 제4항 본문). 이 경우 토지소유자는 감정평가업자 1명에 대해서만 동의할 수 있으므로 감정평가업자 추천에 대한 동의를 2회 이상(이중으로) 할 수는 없다(시행령 제28조 제4항 단서).

---

65) 감정평가업자의 선정시기와 관련하여 사업시행자는 실무상 감정평가업자로 하여금 보상협의회에 참석하여 보상금 산정에 대한 방법을 주민들에게 설명하거나 보상평가를 위한 주민들의 의견을 들을 수 있게 가능한 보상협의회 개최 전에 선정하고 있다. 한편 대규모택지개발의 사업시행자는 토지소유자 추천 감정평가업자 선정의 경우 토지면적 1/2이상과 토지소유자 과반수를 동시에 충족시켜야 된다는 것과 토지소유자가 다수일 경우 감정평가사 추천요건을 구비하려면 상당한 시간이 필요한 관계로 사업이 지연되는 일이 없도록 사전에 절차와 양식 등을 토지 등 소유자에게 안내하고 있다.

다만, 토지소유자 추천 감정평가업자 선정과 관련하여 보상대상 토지면적과 토지소유자 총수를 계산할 때 감정평가업자 추천 의사표시를 하지 않은 국유지 또는 공유지는 보상대상 토지면적과 토지소유자 총수에서 제외된다(시행령 제28조 제6항).[66] 이는 토지소유자가 사업시행자에게 감정평가업자를 추천할 때 필요한 동의요건충족 여부를 판단시 동의 대상에서 토지소유자가 감정평가업자를 추천하지 않은 국유지 또는 공유지는 제외하도록 하여 토지소유자의 감정평가업자 추천 기회를 보장하기 위하여 토지보상법 시행령을 개정하면서 신설(2019.6.25.)되었다.

한편, 일부 감정평가업자(감정평가법인)가 토지 등 보상이 이루어지는 현지내 공익사업에 불만을 품고 자발적으로 생긴 소위 주민대책위 등 각종 이해관계가 있는 단체로부터 주민추천 감정평가업자로 추천받기 위해 과다 경쟁을 하여 결과적으로 과다한 보상이 이루어진다는 부작용이 있다는 것도 사실이다. 이에 대한 대안으로 중립적 기관에서 감정평가업자 선정 및 추천을 맡는 것이 바람직하다는 견해도 제시되고 있다.[67]

질의회신

[질의회신1] ▶ 시소유 공유지 보상시 시·도지사에게도 감정평가업자 추천통지 여부
[2013.4.4. 토지정책과—158]

【질의요지】
[공유지에 대해 토지소유자인 지자체 외에 시·도지사에게도 감정평가업자 추천통지를 하여야 하는지

---

66) 이와 관련된 종전의 국토교통부 질의회신은 아래와 같은 것이 있었으나 시행령 신설로 폐기 내지 수정될 전망이다.

> [질의회신] ▶ 사유지와 동일한 시기에 보상하기로 보상계획 공고한 국·공유지가 주민추천 평가업자추천기준인 토지면적과 소유자 총수에 포함되는지 [2010.4.22. 토지정책과—2307]
> 【회신내용】 토지보상법에 따라 감정평가 하여 보상하는 국·공유지는 토지소유자가 감정평가업자를 추천하는 기준에 포함하여야 한다고 봅니다.

67) 장교식, 공익사업손실 보상제도 개선방안 공청회 자료, 2011.

【회신내용】

공유지에 대한 별도이 규정이 없으므로, 공유지도 토지보상법 시행령 제2조제1항을 따라야 합니다.

[질의회신2] ▶ 유상취득대상인 국공유지도 주민추천 감정평가업자 선정기준 적용여부 [2010.4.22. 토지정책과-2307]

【질의요지】 사유지와 동일한 시기에 보상하기로 보상계획 공고한 국·공유지가 주민추천 평가업자추천기준인 토지면적과 소유자 총수에 포함되는지

【회신내용】

토지보상법에 따라 감정평가 하여 보상하는 국·공유지는 토지소유자가 감정평가업자를 추천하는 기준에 포함하여야 한다고 봅니다.

[질의회신3] ▶ 토지소유자의 감정평가업자 추천시 소유자의 자필서명이나 날인된 서면 등으로 족하다. [2013.12.18. 토관58342-1668]

【질의요지】

토지소유자가 사업시행자에게 감정평가업자 추천시 사실을 증명하는 서류는

【회신내용】

토지보상법 시행령 제28조의 요건에 충족된 사실을 증명하는 서류에는 자필서명이나 날인된 서면 등이 이에 해당된다고 봅니다.

[질의회신4] ▶ 토지소유자는 없고 건물소유자만 있는 경우 평가업자의 추천여부 [2006.10.25. 토지정책팀-3978]

【질의요지】

복개천 위에 지은 상업용 집합건축물 및 주택이 정릉천 복원사업에 편입되어 사업특성상 토지소유자는 없고 건물소유자만 있는 경우 평가업자를 추천할 수 있는지

【회신내용】 토지보상법 제68조제2항 및 동법 시행령 제28조에 따라 토지소유자 외의 건물소유자 등은 감정평가업자를 추천할 수 없다고 봅니다.

(4) 시 · 도지사 추천 감정평가업자 선정(시행령 제28조)

사업시행자는 보상계획을 공고하는 때에는 시 · 도지사와 토지소유자가 감정평가업자를 추천할 수 있다는 내용을 포함하여 공고하고, 보상대상 토지가 소재하는 시 · 도지사에게 이를 통지하여야 하며 통지를 받은 시 · 도지사와 토지소유자는 보상계획의 열람기간 만료일부터 30일 이내에 사업시행자에게 감정평가업자를 추천할 수 있다(2 이상의 시 · 도에 걸치는 경우에는 관계 시 · 도지사가 협의하여 추천).

(5) 사업시행자의 감정평가업자 선정 및 선정시기

사업시행자의 평가업자 선정에 관하여 법규상 제한은 없는바, 평가업자 선정과정에서의 투명성 · 객관성, 선정결과의 타당성을 확보하기 위하여 대표적인 공익사업의 사업시행자인 한국토지주택공사는 원칙적으로 자체적인 내규로써 「감정평가업자 선정 및 감정평가 심사 등에 관한 지침」따라 전자방식으로 평가업체의 신청을 받아 전자심사에 의해 선정하고 있다.

감정평가업자는 향후 보상협의회에 참석하여 보상액 평가를 위한 사전 의견 수렴, 잔여지의 범위 및 이주대책 수립에 관한 사항 등에 대하여 주민들에게 설명하고 의견을 들어야 하므로 가능한 보상협의회 개최 전에 선정하는 것이 바람직하나, 통상 실무에서는 토지소유자 추천에 의한 감정평가업자 선정규정으로 인하여 보상계획의 공고 · 열람기간 만료일로부터 30일 이내에 선정하고 있다.

■ 토지보상법 제68조(보상액의 산정)

① 사업시행자는 토지등에 대한 보상액을 산정하려는 경우에는 감정평가법인등 3인 (제2항에 따라 시·도지사와 토지소유자가 모두 감정평가법인등을 추천하지 아니하거나 시·도지사 또는 토지소유자 어느 한쪽이 감정평가법인등을 추천하지 아니하는 경우에는 2인)을 선정하여 토지등의 평가를 의뢰하여야 한다. 다만, 사업시행자가 국토교통부령으로 정하는 기준에 따라 직접 보상액을 산정할 수 있을 때에는 그러하지 아니하다. 〈개정 2012.6.1., 2013.3.23., 2020.4.7.〉

② 제1항 본문에 따라 사업시행자가 감정평가법인등을 선정할 때 해당 토지를 관할하는 시·도지사와 토지소유자는 대통령령으로 정하는 바에 따라 감정평가법인등을 각 1인씩 추천할 수 있다. 이 경우 사업시행자는 추천된 감정평가법인등을 포함하여 선정하여야 한다. 〈개정 2012.6.1., 2020.4.7.〉

③ 제1항 및 제2항에 따른 평가 의뢰의 절차 및 방법, 보상액의 산정기준 등에 관하여 필요한 사항은 국토교통부령으로 정한다. 〈개정 2013.3.23.〉

■ 토지보상법 시행령 제28조(시·도지사와 토지소유자의 감정평가업자 추천)

① 사업시행자는 법 제15조제1항에 따른 보상계획을 공고할 때에는 시·도지사와 토지소유자가 감정평가업자(「감정평가 및 감정평가사에 관한 법률」 제2조제4호에 따른 감정평가업자를 말하며, 이하 "감정평가업자"라 한다)를 추천할 수 있다는 내용을 포함하여 공고하고, 보상 대상 토지가 소재하는 시·도의 시·도지사와 토지소유자에게 이를 통지하여야 한다. 〈개정 2016.8.31.〉

② 법 제68조제2항에 따라 시·도지사와 토지소유자는 법 제15조제2항에 따른 보상계획의 열람기간 만료일부터 30일 이내에 사업시행자에게 감정평가업자를 추천할 수 있다.

③ 제2항에 따라 시·도지사가 감정평가업자를 추천하는 경우에는 다음 각 호의 사항을 지켜야 한다.

  1. 감정평가 수행능력, 소속 감정평가사의 수, 감정평가 실적, 징계 여부 등을 고려하여 추천대상 집단을 선정할 것
  2. 추천대상 집단 중에서 추첨 등 객관적이고 투명한 절차에 따라 감정평가업자를 선

정할 것

　3. 제1호의 추천대상 집단 및 추천 과정을 이해당사자에게 공개할 것

　4. 보상 대상 토지가 둘 이상의 시·도에 걸쳐 있는 경우에는 관계 시·도지사가 협의

　　하여 감정평가업자를 추천할 것

④ 제2항에 따라 감정평가업자를 추천하려는 토지소유자는 보상 대상 토지면적의 2분의 1 이상에 해당하는 토지소유자와 보상 대상 토지의 토지소유자 총수의 과반수의 동의를 받은 사실을 증명하는 서류를 첨부하여 사업시행자에게 감정평가업자를 추천하여야 한다. 이 경우 토지소유자는 감정평가업자 1명에 대해서만 동의할 수 있다.

⑤ 제2항에 따라 감정평가업자를 추천하려는 토지소유자는 해당 시·도지사와 「감정평가 및 감정평가사에 관한 법률」 제33조에 따른 한국감정평가사협회에 감정평가업자를 추천하는 데 필요한 자료를 요청할 수 있다. 〈개정 2016.8.31.〉

⑥ 제4항 전단에 따라 보상 대상 토지면적과 토지소유자 총수를 계산할 때 제2항에 따라 감정평가업자 추천 의사표시를 하지 않은 국유지 또는 공유지는 보상 대상 토지면적과 토지소유자 총수에서 제외한다. 〈신설 2019.6.25.〉

⑦ 국토교통부장관은 제3항에 따른 시·도지사의 감정평가업자 추천에 관한 사항에 관하여 표준지침을 작성하여 보급할 수 있다. 〈개정 2019.6.25.〉

5. 협의의 성립 및 효과

(1) 협의의 의의

협의는 수용재결 신청 전 사업시행자로 하여금 수용대상 토지에 대한 권리취득 또는 권리 소멸을 위하여 토지소유자 등과 교섭하는 절차로 공익사업에 필요한 토지는 강제취득(수용)이전에 협의에 의한 협의취득이 원칙이므로 사업시행자는 토지 등에 대한 보상에 관하여 토지소유자 및 관계인과 성실하게 협의하여야 한다(법 제16조).

(2) 협의방법

① 사업시행자는 보상협의를 하고자 할 때 30일 이상의 협의기간·협의장소·협의방법·보상금액 등 보상에 관한 사항을 적은 보상협의요청서를 토지소유자 및 관계인에게 통지하고 이에 응하는 형식으로 진행하고 있다.[68]

또한 보상액 내역은 공익사업에 편입된 토지 및 물건 등에 대한 보상액을 말하며, 공익사업으로 인하여 발생한 잔여지의 매수 또는 수용청구를 할 수 있다는 뜻을 알려야 한다.

관계법령

■ **토지보상법 제16조(협의)** 사업시행자는 토지등에 대한 보상에 관하여 토지소유자 및 관계인과 성실하게 협의하여야 하며, 협의의 절차 및 방법 등 협의에 필요한 사항은 대통령령으로 정한다.[전문개정 2011.8.4.]

■ **토지보상법 시행령 제8조(협의의 절차 및 방법 등)**
① 사업시행자는 법 제16조에 따른 협의를 하려는 경우에는 국토교통부령으로 정하는 보상협의요청서에 다음 각 호의 사항을 적어 토지소유자 및 관계인에게 통지하여야 한다. 다만, 토지소유자 및 관계인을 알 수 없거나 그 주소·거소 또는 그 밖에 통지할 장소를 알 수 없을 때에는 제2항에 따른 공고로 통지를 갈음할 수 있다.
　1. 협의기간·협의장소 및 협의방법
　2. 보상의 시기·방법·절차 및 금액
　3. 계약체결에 필요한 구비서류
② 제1항 각 호 외의 부분 단서에 따른 공고는 사업시행자가 공고할 서류를 토지등의 소재지를 관할하는 시장(행정시의 시장을 포함한다)·군수 또는 구청장(자치구가 아닌 구의 구청장을 포함한다)에게 송부하여 해당 시(행정시를 포함한다)·군 또는 구(자치구가 아닌 구를 포함한다)의 게시판 및 홈페이지와 사업시행자의 홈페이지에 14일 이상 게시하는 방법으로 한다. 〈개정 2016.1.6.〉
③ 제1항제1호에 따른 협의기간은 특별한 사유가 없으면 30일 이상으로 하여야 한다.
④ 법 제17조에 따라 체결되는 계약의 내용에는 계약의 해지 또는 변경에 관한 사항과 이에 따르는 보상액의 환수 및 원상복구 등에 관한 사항이 포함되어야 한다.
⑤ 사업시행자는 제1항제1호에 따른 협의기간에 협의가 성립되지 아니한 경우에는 국토교통부령으로 정하는 협의경위서에 다음 각 호의 사항을 적어 토지소유자 및 관계인의 서명 또는 날인을 받아야 한다. 다만, 사업시행자는 토지소유자 및 관계인이 정당한 사유 없이 서명 또는 날인을 거부하거나 토지소유자 및 관계인을 알 수 없거나

---

68) 토지소유자 및 관계인을 알 수 없을 때에는 공고의 방법에 의하게 된다.

그 주소·거소, 그 밖에 통지할 장소를 알 수 없는 등의 사유로 서명 또는 날인을 받을 수 없는 경우에는 서명 또는 날인을 받지 아니하되, 해당 협의경위서에 그 사유를 기재하여야 한다.

1. 협의의 일시·장소 및 방법
2. 대상 토지의 소재지·지번·지목 및 면적과 토지에 있는 물건의 종류·구조 및 수량
3. 토지소유자 및 관계인의 성명 또는 명칭 및 주소
4. 토지소유자 및 관계인의 구체적인 주장내용과 이에 대한 사업시행자의 의견
5. 그 밖에 협의와 관련된 사항[전문개정 2013.5.28.]

② 보상협의요청서의 통지는 반드시 등기우편으로 하여야 하는 것은 아니나, 중앙토지수용위원회에서는 소유자 및 관계인에 대한 통지 실시 여부를 확인하기 위하여 통지확인을 위한 우편송달증명서(등기우편 내역서 포함)의 첨부를 요구하고 있다.

판례

[판례] ▶ 보상협의에 관한 통지의 방법
[대법원 1994.4.15. 선고 93누18594] (토지수용재결처분무효확인)

【판결요지】
토지수용법시행령 제6조 제1항, 제5조는 송달방법과 통지방법을 다르게 규정하는 한편 토지수용법은 수용재결서 및 이의재결서에 관해서만 송달이라는 용어를 사용하고 기타 서류에 관해서는 통지라는 용어를 사용하고 있으므로, 보상협의에 관한 통지는 반드시 등기우편으로 하여야 하는 것은 아니다.

중앙토지수용위원회에서는 2016.1.1. 재결신청건부터 사업시행자가 '적법한 협의'의 토지보상법상 의무적 규정을 준수하였는지 세부기준을 정하여 재결신청서 각하여부를 결정하고 있다('적법한 협의'의 세분기준 참조).[69]

---

69) 중앙토지수용위원회, 토지수용 재결기준, 2015.12. 156면 '적법한 협의'의 세분기준 [부록] 참조

(3) 협의의 효과

사업시행자는 협의가 성립된 경우 토지소유자 및 관계인과 계약을 체결하여야 한다. 판례는 구 "공공용지의취득및손실보상에관한특례법"(이하 '공특법'이라 함)상의 협의취득 계약을 사법상 계약으로 보았다[70].

이러한 협의취득을 둘러싼 다툼(채무불이행, 계약해제 등)이 있는 경우에는 민사소송에 의하게 된다.

판례

[판례] ▶ 협의취득 또는 보상합의의 법적 성질
[대법원 2004.9.24. 선고 2002다68713] (매매대금)

【판결요지】
구 공공용지의취득및손실보상에관한특례법(2002.2.4. 법률제6656호로 폐지되기 전의 것)은 사업시행자가 토지 등의 소유자로부터 토지 등의 협의취득 및 그 손실보상의 기준과 방법을 정한 법으로서, 이에 의한 협의취득 또는 보상합의는 공공기관이 사경제주체로서 행하는 사법상 매매 내지 사법상 계약의 실질을 가진다.

---

6. 협의 성립의 확인

(1) 협의성립확인 신청

사업시행자와 토지소유자 및 관계인 간에 협의가 성립되었을 때에는 사업시행자는 재결신청기간 이내(사업인정고시가 된 날로부터 1년 내)에 해당 토지소유자 및 관계인의 동의를 받아 관할 토지수용위원회에 협의성립의 확인을 신청할 수 있다(법 제29조제2항).[71]

협의성립 확인의 신청을 받은 토지수용위원회는 재결에 준하여 그 신청서의 사본을 관할 시장·군수 또는 구청장에게 송부하여 공고·열람케 하고, 토지소유자 또는 관계인의 의견을 들은 후 심리를 거쳐 서면으로서 확인한다. 다만, 사업시행자가 협의가 성립된 토지의 소재지·지번·지목 및 면적 등 대통령령으로 정하는 사항에 대하여 「공증인법」

---

70) 대판 2004.9.24, 2002다68713; 대판 1999.11.26, 98다47246 등 다수
71) 사업시행자는 관할토지수용위원회에 협의성립의 확인을 신청할 때 '<u>협의성립확인신청서</u>'를 제출하여야 한다.

에 따른 공증을 받아 협의 성립의 확인을 신청하였을 때에는 관할 토지수용위원회가 이를 수리함으로써 협의 성립이 확인된 것으로 본다(법 제29조제3항). 즉, 공증을 받으면 공고, 열람, 심리 등의 절차를 거칠 필요 없이 수리만으로 확인의 효력이 있다.

(2) 협의성립의 확인 효력

협의성립의 확인은 재결의 효력(원시취득)이 발생하며, 사업시행자, 토지소유자 및 관계인은 그 확인된 협의의 성립이나 내용을 다툴 수 없다.

제3절 보상협의회

1. 개요

공익사업이 시행되는 해당 지방자치단체의 장은 공익사업의 원활한 추진 및 보상 또는 이주대책 등에 관한 사항의 협의를 유도하기 위해 토지보상법에 따라 보상협의회를 둘 수 있다. 국토교통부는 유권해석으로 보상협의회에 대해 "공공용지의 보상은 개인의 재산권과 직접 관련되고 이해관계가 대립되는 사항으로 주민의 의견수렴과 민원해소를 그 목적으로 한다"[72]고 하여 보상협의회의 성격을 사전의견 조정기구 내지 협의자문기관[73]으로 보고 있다.

사업시행자와 토지소유자, 지자체가 보상액 평가를 위한 사전 의견 수렴 등을 위해 설치하는 협의체로 임의적 설치의 경우와 필수적으로 설치해야 하는 경우로 나누어진다.

2. 설치

보상협의회는 보상액 평가를 위한 사전 의견 수렴 등을 위해 설치하는 협의체로 임의적 설치의 경우와 필수적으로 설치해야 하는 경우로 나누어진다.

---

72) 1991.4.20. 토지정책과 30240-11149
73) 보상협의회는 심의나 의결기능을 가지고 있는 것은 아니고 단순한 자문적 성격을 가지므로 사업시행자 또는 감정평가업자가 협의사항을 반드시 준수하여야 하는 것은 아니다(중앙토지수용위원회, 토지수용 업무편람, 2017.12., 46면.)

(1) 임의적 설치(법 제82조 전단, 시행령 제44조)

공익사업이 시행되는 해당 지방자치단체의 장은 필요한 경우 보상협의회를 설치 할 수 있다. 해당 사업시행지역을 관할하는 특별자치도 시·군·구(자치구)에 설치하며, 공익사업 시행지역이 2이상의 시·군·구에 걸쳐 있는 경우에는 해당 시장군수 또는 구청장(자치구의 구청장을 말함)이 협의하여 보상협의회를 설치할 시·군·구를 결정하여야 한다.

지자체 장은 보상협의회를 설치할 필요가 있다고 인정하는 경우에는 특별한 사유가 있는 경우를 제외하고 보상계획의 열람기간 만료 후 30일내에 보상협의회를 설치하고 사업시행자에게 이를 통지하여야 한다(시행령 제44조 제3항).

(2) 필수적 설치(법 제82조 단서, 시행령 제44조의2)

해당 지자체의 장은 해당 공익사업지구 면적이 10만㎡이상이고, 토지 등의 소유자가 50인 이상일 때에는 의무적으로 보상협의회를 설치하여야 한다.[74]

다만, ⅰ) 해당 사업지구를 관할하는 특별자치도, 시·군 또는 구의 부득이한 사정으로 보상협의회 설치가 곤란한 경우, ⅱ) 공익사업 시행지역이 2이상의 시·군·구에 걸쳐 있는 경우로서 보상협의회 설치를 위한 해당 시장·군수 또는 구청장 간의 협의가 보상계획의 열람기간 만료 후 30일 이내에 이루어 지지 아니한 경우에는 <u>사업시행자는 특별한 사유가 없는 한 지체 없이 설치</u>하고 이를 특별자치도지사, 시장·군수 또는 구청장에게 통지하여야 한다.

그러나 아직 사업시행자가 필수적 보상협의회를 설치한 사례는 없는 것으로 보이며, 사견을 전제로 사업시행자가 이러한 의무적 보상협의회를 설치하지 아니하거나 개최하지 않고 보상을 실시하였다면, 이는 법에서 규정한 협의절차를 이행하지 아니한 절차상의 하자로서 위법하여 사업시행자의 강제수용은 취소되거나 수용재결신청은 부적법 각하되어야 한다고 보며, 중앙토지수용위원회도 위와 같은 취지로 사업시행자의 수용재결신청에 대해 각하한 재결사례도 있다.

---

74) 유의할 사항으로 필수적 보상협의회 설치기준인 공익사업인지 여부를 판단하는 공익사업지구 면적은 보상대상 면적이 아닌 해당 공익사업지구 전체면적을 기준으로 하며, 토지 등의 소유자의 수는 보상대상자가 아닌 전체 소유자 수를 기준으로 한다는 것이다.

- **토지보상법 제82조(보상협의회)** ① 공익사업이 시행되는 해당 지방자치단체의 장은 필요한 경우에는 다음 각 호의 사항을 협의하기 위하여 보상협의회를 둘 수 있다. 다만, 대통령령으로 정하는 규모 이상의 공익사업을 시행하는 경우에는 대통령령으로 정하는 바에 따라 보상협의회를 두어야 한다.

  1. 보상액 평가를 위한 사전 의견수렴에 관한 사항

  2. 잔여지의 범위 및 이주대책 수립에 관한 사항

  3. 해당 사업지역 내 공공시설의 이전 등에 관한 사항

  4. 토지소유자나 관계인 등이 요구하는 사항 중 지방자치단체의 장이 필요하다고 인정하는 사항

  5. 그 밖에 지방자치단체의 장이 회의에 부치는 사항

② 보상협의회 위원은 다음 각 호의 사람 중에서 해당 지방자치단체의 장이 임명하거나 위촉한다. 다만, 제1항 각 호 외의 부분 단서에 따라 보상협의회를 설치하는 경우에는 대통령령으로 정하는 사람이 임명하거나 위촉한다.

  1. 토지소유자 및 관계인

  2. 법관, 변호사, 공증인 또는 감정평가나 보상업무에 5년 이상 종사한 경험이 있는 사람

  3. 해당 지방자치단체의 공무원

  4. 사업시행자

③ 보상협의회의 설치·구성 및 운영 등에 필요한 사항은 대통령령으로 정한다.

[전문개정 2011.8.4.]

- **토지보상법 시행령**

제44조(임의적 보상협의회의 설치·구성 및 운영 등) ① 법 제82조제1항 각 호 외의 부분 본문에 따른 보상협의회(이하 이 조에서 "보상협의회"라 한다)는 해당 사업지역을 관할하는 특별자치도, 시·군 또는 구(자치구를 말한다. 이하 이 조에서 같다)에 설치한다.

② 제1항의 경우 공익사업을 시행하는 지역이 둘 이상의 시·군 또는 구에 걸쳐 있는

경우에는 해당 시장·군수 또는 구청장(자치구의 구청장을 말한다. 이하 이 조에서 같다)이 협의하여 보상협의회를 설치할 시·군 또는 구를 결정하여야 한다.

③ 특별자치도지사·시장·군수 또는 구청장은 제1항 및 제2항에 따른 보상협의회를 설치할 필요가 있다고 인정하는 경우에는 <u>특별한 사유가 있는 경우를 제외하고는</u> 법 제15조제2항에 따른 보상계획의 열람기간 만료 후 30일 이내에 보상협의회를 설치하고 사업시행자에게 이를 통지하여야 한다.

④ 보상협의회는 <u>위원장 1명을 포함하여 8명 이상 16명 이내의 위원으로 구성하되,</u> 사업시행자를 위원에 포함시키고, 위원 중 3분의 1 이상은 토지소유자 또는 관계인으로 구성하여야 한다.

⑤ 보상협의회의 위원장은 <u>해당 특별자치도·시·군 또는 구의 부지사·부시장·부군수 또는 부구청장</u>이 되며, 위원장이 부득이한 사유로 직무를 수행할 수 없을 때에는 위원장이 지명하는 위원이 그 직무를 대행한다.

⑥ 보상협의회의 위원장은 보상협의회를 대표하며, 보상협의회의 업무를 총괄한다.

⑦ 보상협의회의 회의는 재적위원 과반수의 출석으로 개의(開議)한다.

⑧ 보상협의회의 위원장은 회의에서 협의된 사항을 해당 사업시행자에게 통보하여야 하며, 사업시행자는 정당하다고 인정되는 사항에 대해서는 이를 반영하여 사업을 수행하여야 한다.

⑨ 보상협의회에 보상협의회의 사무를 처리할 간사와 서기를 두며, 간사와 서기는 보상협의회의 위원장이 해당 특별자치도·시·군 또는 구의 소속 공무원 중에서 임명한다.

⑩ 사업시행자가 국가 또는 지방자치단체인 경우 사업시행자는 보상협의회에 출석한 공무원이 아닌 위원에게 수당을 지급할 수 있다.

⑪ 위원장은 사업시행자의 사업추진에 지장이 없도록 보상협의회를 운영하여야 하며, 보상협의회의 운영에 필요한 사항은 보상협의회의 회의를 거쳐 위원장이 정한다.

[전문개정 2013.5.28.]

제44조의2(의무적 보상협의회의 설치·구성 및 운영 등) ① 법 제82조제1항 각 호 외의 부분 단서에 따른 보상협의회(이하 이 조에서 "보상협의회"라 한다)는 제2항에 해당하는 공익사업에 대하여 해당 사업지역을 관할하는 특별자치도, 시·군 또는 구(자치구를 말한다. 이하 이 조에서 같다)에 설치한다. 다만, 다음 각 호의 어느 하나에 해

당하는 경우에는 사업시행자가 설치하여야 한다.

1. 해당 사업지역을 관할하는 특별자치도, 시·군 또는 구의 부득이한 사정으로 보상협의회 설치가 곤란한 경우

2. 공익사업을 시행하는 지역이 둘 이상의 시·군 또는 구에 걸쳐 있는 경우로서 보상협의회 설치를 위한 해당 시장·군수 또는 구청장(자치구의 구청장을 말한다. 이하 이 조에서 같다) 간의 협의가 법 제15조제2항에 따른 보상계획의 열람기간 만료 후 30일 이내에 이루어지지 아니하는 경우

② 법 제82조제1항 각 호 외의 부분 단서에서 "대통령령으로 정하는 규모 이상의 공익사업"이란 해당 공익사업지구 면적이 10만 제곱미터 이상이고, 토지 등의 소유자가 50인 이상인 공익사업을 말한다.

③ 특별자치도지사, 시장·군수 또는 구청장이 제1항 각 호 외의 부분 본문에 따른 보상협의회를 설치하려는 경우에는 특별한 사유가 있는 경우를 제외하고는 법 제15조제2항에 따른 보상계획의 열람기간 만료 후 30일 이내에 보상협의회를 설치하고, 사업시행자에게 이를 통지하여야 하며, 사업시행자가 제1항 각 호 외의 부분 단서에 따른 보상협의회를 설치하려는 경우에는 특별한 사유가 있는 경우를 제외하고는 지체 없이 보상협의회를 설치하고, 특별자치도지사, 시장·군수 또는 구청장에게 이를 통지하여야 한다.

④ 보상협의회의 위원장은 해당 특별자치도, 시·군 또는 구의 부지사, 부시장·부군수 또는 부구청장이 되며, 위원장이 부득이한 사유로 직무를 수행할 수 없을 때에는 위원장이 지명하는 위원이 그 직무를 대행한다. 다만, 제1항 각 호 외의 부분 단서에 따른 보상협의회의 경우 위원은 해당 사업시행자가 임명하거나 위촉하고, 위원장은 위원 중에서 호선(互選)한다.

⑤ 보상협의회에 보상협의회의 사무를 처리할 간사와 서기를 두며, 간사와 서기는 보상협의회의 위원장이 해당 특별자치도, 시·군 또는 구의 소속 공무원(제1항 각 호 외의 부분 단서에 따른 보상협의회의 경우에는 사업시행자 소속 임직원을 말한다) 중에서 임명한다.

⑥ 제1항에 따른 보상협의회의 설치·구성 및 운영 등에 관하여는 제44조제2항, 제4항, 제6항부터 제8항까지, 제10항 및 제11항을 준용한다.

[전문개정 2013.5.28.]

[재결례] ▶ 사업시행자에게 보상협의회 설치의무가 있음에도 이를 설치하지 않고 신청한 수용재결은 부적법하여 각하대상이다.**[중토위 2017.7.13.]**

【재결요지】

「도시 및 주거환경정비법(이하 "도정법"이라함)」 제38조에 따르면 사업시행자는 정비구역안에서 정비사업을 시행하기 위하여 필요한 경우에는 「공익사업을 위한 토지 등의 취득 및 보상에 관한 법률」(이하"법"이라함)」 제3조의 규정에 의한 토지·물건 또는 그 밖의 권리를 취득하거나 사용할 수 있고, 도정법 제40조의 규정에 의하면 정비구역안에서 정비사업의 시행을 위한 토지 또는 건축물의 소유권과 그 밖의 권리에 대한 수용 또는 사용에 관하여는 이 법에 특별한 규정이 있는 경우를 제외하고는 법을 준용한다고 되어 있다.

법 제82조의 규정에 의하면 공익사업이 시행되는 해당 지방자치단체의 장은 필요한 경우에는 보상액 평가를 위한 사전 의견수렴에 관한 사항, 잔여지의 범위 및 이주대책 수립에 관한 사항, 해당 사업지역내 공공시설의 이전 등에 관한 사항, 토지소유자나 관계인 등이 요구하는 사항 중 지방자치단체의 장이 필요하다고 인정하는 사항, 그 밖에 지방자치단체의 장이 회의에 부치는 사항을 협의하기 위하여 보상협의회를 둘 수 있다. 다만, 대통령령으로 정하는 규모 이상의 공익사업을 시행하는 경우에는 대통령령으로 정하는 바에 따라 보상협의회를 두어야 한다고 되어 있고, 법 시행령 제44조의2 규정에 의하면 법 제82조 제1항 각호 외의 부분 단서에 따른 보상협의회는 공익사업지구 면적이 10만 제곱미터 이상이고, 토지 등의 소유자가 50인 이상인 공익사업에 해당하는 공익사업에 대하여 해당 사업지역을 관할하는 특별자치도, 시·군 또는 구에 설치하되, 해당 사업지역을 관할하는 특별자치도, 시·군 또는 구의 부득이한 사정으로 보상협의회 설치가 곤란한 경우, 공익사업을 시행하는 지역이 둘 이상의 시·군 또는 구에 걸쳐 있는 경우로서 보상협의회 설치를 위한 해당 시장·군수 또는 구청장간의 협의가 법 제15조제2항에 따른 보상계획의 열람기간 만료 후 30일 이내에 이루어지지 아니하는 경우에는 사업시행자가 설치하여야 한다고 되어 있다.

이 건 사업의 경우 공익사업지구 면적이 108,423.7㎡로서 10만㎡ 이상이고, 수용재결이 신청된 토지 등의 소유자만 174인으로서 소유자가 50인 이상인 공익사업에 해당하여 의무적으로 보상협의회를 설치하여야 하는 공익사업지구에 해당되는 것으로 확인된다.

한편, 도정법 제40조는 도정법에 특별한 규정이 있는 경우를 제외하고는 법을 적용하도록 하고 있어 보상협의회 설치에 대하여는 법 규정을 적용하여 의무적 보상협의회를 설치하여야 했으나 보상협의회를 설치하여 달라는 소유자의 요구에도 불구하고 이건 사업지역 관할 지자체인 OO시장과 사업시행자는 이를 설치하지 아니한 사실이 확인된다. 따라서, 이 건 수용재결신청은 법에서 규정하고 있는 협의 절차를 이행하지 아니하고 수용재결을 신청하여 부적법하므로 이를 각하하기로 의결한다.

유권해석

[유권해석] ▶ 필수적으로 보상협의회를 설치하여야 하는 공익사업인지 여부를 판단하는 면적은 해당 공익사업지구 면적을 기준으로 한다. [2012.11.15. 토지정책과-5751]

【질의요지】

의무적으로 보상협의회를 설치하여야 하는 공익사업 면적 판단 시 보상대상이 아닌 국·공유지 면적도 포함되는지?

【회신내용】

의무적으로 보상협의회를 설치하여야 하는 공익사업 인지 여부를 판단하는 면적 기준은 보상대상 면적이 아닌 해당 공익사업지구 면적을 기준으로 하여야 할 것으로 봅니다.

(3) 설치기간

보상협의회 설치기간에 대하여 토지보상법에서는 보상계획의 열람기간 만료 후 30일 이내에 보상협의회를 설치해야 한다는 설치기한에 대하여 논의가 있었으나, 판례에서는 열람기간 만료일로부터 30일까지 설치하여야 한다는 것은 보상협의회의 **설치시한의 종기를 규정한 것일 뿐** 보상계획의 열람기간이 도래하기 전에는 보상협의회를 설치할 수 없다는 취지로 해석할 수 없다고 판시[75]하고 있어 열람기간 이전부터 보상협의회를 설치·운영하는 것에 대하여 정당성을 부여하고 있다.[76]

---

75) ① 수원지방법원 2008카합54 직무집행정지가처분
　② 공익사업에 편입된 지역주민들이 조속히 보상협의회 구성을 요청하고, 당해 지역 지자체에서도 설치가 시급한 실정으로 판단되는 경우 보상계획 공고이전이더라도 보상협의회를 설치할 수 있다고 봅니다 (2008.2.19. 토지정책팀-640).

3. 구성

(1) 보상협의회 위원

보상협의회는 위원장 1명을 포함하여 8명 이상 16명 이내의 위원으로 구성하되, 사업시행자를 위원에 포함시키고, 위원 중 3분의 1 이상은 토지소유자 등으로 구성하여야 한다(시행령 제44조 제4항).

보상협의회 위원은 ① 토지소유자 등, ② 법관, 변호사, 공증인 또는 감정평가나 보상업무에 5년 이상 종사한 경험이 있는 사람, ③ 해당 지방자치단체의 공무원, ④ 사업시행자(소속 임직원) 중에서 해당 지방자치단체의 장이 임명하거나 위촉한다. 다만, 공익사업이 시행되는 해당 지방자치단체의 장이 아닌 사업시행자가 직접 보상협의회를 설치하는 경우에는 사업시행자가 임명하거나 위촉한다.

질의회신

[질의회신] ▶ 토지보상법상 토지소유자가 아닌 자와 토지소유자의 위임을 받은자를 보상협의회 위원으로 위촉 가능 여부[소극] [2010.7.9. **토지정책과－3575**]

【질의요지】

편입토지 소유자가 아닌 자와 토지소유자의 위임을 받은 자를 보상협의회 위원으로 위촉할 수 있는지 여부

【회신내용】

토지소유자가 아닌자와 주민대책위원회의 추천이나 토지소유자의 위임을 받은자는 보상협의회 위원이 될 수 없다고 본다.

---

(2) 보상협의회 위원장

지자체가 보상협의회를 설치하는 경우에는 보상협의회의 위원장은 해당 특별자치도·시·군 또는 구의 부지사·부시장·부군수 또는 부구청장이 되며, 위원장이 부득이한 사유로 직무를 수행할 수 없을 때에는 위원장이 지명하는 위원이 그 직무를 대행한다(시행

---

76) 신경직, 손실보상법 실무해설, 애드마루, 2017, 120-121면.

령 제44조 제5항). 보상협의회의 위원장은 보상협의회를 대표하며, 보상협의회의 업무를 총괄하며, 회의는 재적과반수의 출석으로 개의한다(시행령 제44조 제6항, 제7항).[77] 다만, 의무적 설치 보상협위회를 사업시행자가 직접 설치하는 경우에는 사업시행자가 임명하거나 위촉하고, 위원장은 위원 중에서 호선한다(시행령 제44조의2 제4항).

4. 협의사항 및 합의된 사항에 대한 조치

보상협의회는 ① 보상액 평가를 위한 사전 의견수렴에 관한 사항,[78] ② 잔여지의 범위 및 이주대책 수립에 관한 사항,[79] ③ 해당 사업지역 내 공공시설의 이전 등에 관한 사항, ④ 토지소유자 등이 요구하는 사항 중 지방자치단체의 장이 필요하다고 인정하는 사항, ⑤ 그 밖에 지방자치단체의 장이 회의에 부치는 사항 등을 협의하며, 위원장은 회의에서 협의된 사항을 해당 사업시행자에게 통보하여야 하며, 사업시행자는 정당하다고 인정되는 사항에 대해서는 이를 반영하여 사업을 수행하여야 한다(시행령 제44조 제8항).

관련법령

■ **토지보상법 제68조(보상액의 산정)** ① 사업시행자는 토지등에 대한 보상액을 산정하려는 경우에는 감정평가법인등 3인(제2항에 따라 시·도지사와 토지소유자가 모두 감정평가법인등을 추천하지 아니하거나 시·도지사 또는 토지소유자 어느 한쪽이 감정평가법인등 추천하지 아니하는 경우에는 2인)을 선정하여 토지등의 평가를 의뢰하여야 한다. 다만, 사업시행자가 국토교통부령으로 정하는 기준에 따라 직접 보상액을 산정할 수 있을 때에는 그러하지 아니하다. 〈개정 2012.6.1., 2013.3.23., 2020.4.7.〉

■ **토지보상법 시행규칙 제16조(보상평가의 의뢰 및 평가 등)**
⑥보상액의 산정은 각 감정평가업자가 평가한 평가액의 산술평균치를 기준으로 한다.

---

77) 보상협의회는 자문기관인 관계로 토지보상법상 의결정족수 규정은 없다.
78) 감정평가업자의 현장조사 일정, 대상지역의 지역적 특성 및 지가수준 등에 대하여 소유자들과 의견을 교환하고 수렴하는 것을 의미하는 것으로 구체적인 감정평가기준 및 방법에 대한 협의를 의미하는 것은 아니다.
79) 잔여지의 범위나 이주대책 수립에 있어 지역적 특성 등의 반영에 관한 사항으로 그 내용은 관계법규에서 정한 기준이나 요건에 적합하여야 한다.

제4절 보상감정평가 및 보상액의 산정

1. 보상감정평가 의뢰

(1) 감정평가 강제주의

토지 등의 감정평가는 「부동산 가격공시 및 감정평가에 관한 법률」에 의한 감정평가업자가 하는데, 토지보상법 제68조 및 동법 시행규칙 제16조 제6항에서는 토지 등의 보상액 산정을 위한 감정평가의뢰의 절차 및 방법 등을 명시하고 있으며, 평가의 형평성, 객관성을 담보하기 위해 2인 이상이 감정평가업자에게 평가를 의뢰하여야 하고 보상금의 산정은 각 감정평가업자가 평가액 금액의 산술평균금액을 기준으로 보상액을 정하도록 강제하고 있다.[80]

(2) 사업시행자의 보상평가의뢰서 기재사항

사업시행자는 감정평가업자에게 대상물건에 대한 평가를 의뢰할 때에는 보상평가의뢰서에 ① 대상물건의 표시, ② 대상물건의 가격시점, ③ 감정평가서 제출기한, ④ 대상물건의 취득 또는 사용의 구분, ⑤ 건축물 등 물건에 대하여는 그 이전 또는 취득의 구분, ⑥ 영업손실을 보상하는 경우에는 그 폐지 또는 휴업의 구분, ⑦ 보상협의회의 보상액 평가를 위한 사전 의견수렴에 관한 사항, ⑧ 그 밖의 평가조건 및 참고사항 등[81]을 기재하여야 한다(시행규칙 제16조 제1항).[82]

감정평가업자는 사업시행자가 제시한 목록을 기준으로 보상평가하며, ① 대상물건의 취득 또는 사용의 구분, ② 건축물 등에 대한 이전 또는 취득의 구분, ③ 영업보상의 경우

---

80) 사업시행자는 감정평가업자 3인을 선정하여 보상평가를 의뢰하여야 하는데, 이 경우 해당 토지를 관할하는 시·도지사와 토지소유자는 감정평가업자를 각 1인씩 추천할 수 있고, 사업시행자는 추천된 감정평가업자를 포함하여 선정하여야 한다. 다만, 시·도지사와 토지소유자가 모두 감정평가업자를 추천하지 아니하거나 시·도지사 또는 토지소유자 어느 한쪽이 감정평가업자를 추천하지 아니하는 경우에는 2인을 선정한다.

81) ① 사도와 사실상의 사도, 도로의 미불용지, 구거, 사용료평가여부, ② 불법형질변경 등 가감 평가 요인이 있는 경우에는 목록에 명시, ③ 쓰레기 매립 토지 목록 등

82) 한편, 한국토지주택공사는 실무상 보상감정평가 의뢰시 공시지가, 지가변동률, 적용 보상선례 등에 당해 사업으로 인한 개발이익이 포함되어 보상평가액이 부당하게 상승하는 것을 철저히 방지하기 위해 「감정평가업자 선정 및 감정평가 심사 등에 관한 지침」 별지 제1호서식 [붙임 2] '평가시 유의사항'을 준수하여 개발이익 배제 여부가 명백하게 구체적으로 기술될 수 있도록 조치하고 있다(한국토지주택공사, 앞의 책, 2016, 119면).

에는 폐지 또는 휴업의 구분, ④ 미지급용지인지 여부 등은 사업시행자가 정하여 보상평가를 의뢰하여야 하므로 감정평가업자가 임의로 정하여서는 안 된다.[83]

[질의회신] ▶ 감정평가사는 제시된 목록을 기준으로 보상평가 함이 원칙이다.
[2011.5.3. 협회기획팀-786]

【회신내용】
사업시행자는 공익사업의 수행을 위하여 토지 등의 취득이 필요한 때에는 「공익사업을 위한 토지 등의취득 및 보상에 관한 법률」(이하 "토지보상법"이라 한다) 제14조(토지조서 및 물건조서의 작성) 및 같은 법 시행령 제7조(토지조서 및 물건조서 등의 작성)에 따라 토지조서 및 물건조서를 작성하여야 하고, 토지조서에는 토지의 소재지·지번·지목·전체면적 및 편입면적과 현실적인 이용상황, 그 밖에 토지에 관한 보상금 산정에 필요한 사항 등을 기재하여야 하며, 감정평가업자는 사업시행자(평가의뢰자)가 제시한 평가의뢰목록을 근거로 「감정평가에 관한 규칙」 제6조(물건확인의 원칙)제1항에 따라 대상물건의 확인을 위하여 현장조사를 하여야 하며, 대상물건의 확인은 감정평가 대상물건을 실제로 조사하여 그 존부, 동일성 여부, 권리상태, 물건의 상태 등을 조사하는 과정으로 대상물건의 물적 사항 및 권리 상태에 대해 확인을 하여야 합니다.
상기 사항을 종합 참작할 때 당해 공익사업으로 인한 손실보상 대상 여부 및 손실보상의 범위는 사업시행자가 관계 법령 및 구체적 사실관계를 파악하여 판단·결정할 사항으로 보며, 토지보상법령에서 규정하고 있는 평가기준의 구체적 적용은 감정평가업자가 사업시행자가 제시한 평가의뢰목록 등을 기초로 판단·결정할 사항이라 봅니다.
따라서, 평가대상토지의 지목 및 면적사정 등은 평가의뢰자가 제시한 기준에 따르되 실지조사결과 제시목록의 내용과 현실적인 이용상황이 다른 것으로 인정되는 경우에는 평가의뢰자에게 그 내용을 조회한 후 제시목록을 다시 제출받아 평가함을 원칙으로 하며, 수정된 목록의 제시가 없는 때에는 당초 제시목록을 기준으로 평가하되, 비고란에 현실적인 이용상황을 기준으로 한 평가가격을 따로 기재하면 될 것으로 봅니다

---

83) 중앙토지수용위원회, 앞의 책, 2017.12., 53면.

(3) 대상물건의 가격시점

대상물건[84])의 **가격시점**[85])은 보상액의 산정기준일을 말하며 계약체결당시의 가격을 기준으로 하도록 하고 있으므로 소급평가를 제외하고는 일반적으로 평가시점이 가격시점이 되며, 토지보상법에서는 협의에 의한 경우에는 **협의성립당시의 가격**[86])을, 재결에 의한 경우에는 수용 또는 사용의 **재결당시의 가격**[87])을 기준으로 하도록 하고 있고, 해당 공익사업으로 인하여 토지 등의 가격이 변동되었을 때에는 이를 고려하지 아니한다(법 제67조).

질의회신

[질의회신] ▶ 가격시점의 구체적시기

[2011.10.4. 토지정책과-4699]

【회신내용】

보상액산정은 토지보상법 제67조에 따라 협의에 의한 경우에는 협의성립 당시의 가격을 기준으로 한다고 규정하고 있는 바, 보상액 산정시기인 가격시점은 계약체결시점은 계약체결시점과 일치되는 것이 바람직하나, 공익사업편입토지의 보상 시에는 먼저 감정평가를 한 후 보상액을 산정하게 되므로 현실적으로는 '보상계약이 체결될 것으로 예상되는 시점'을 가격시점으로 보는 것이 타당하다고 봅니다.

※ 「기본조사 및 보상업무에 관한 지침」 제52조제2항에서 가격시점을 '협의성립 당시(협의보상 개시당시)'로 규정하고 있음

판례

[판례] ▶ [대법원 1989.11.24. 선고 89누3687]

---

84) "대상물건"이라 함은 「공익사업을 위한 토지 등의 취득 및 보상에 관한 법률」 제2조제1호의 규정에 의한 토지·물건 및 권리로서 평가의 대상이 되는 것을 말한다(시행규칙 제2조제1호).
85) "가격시점"이라 함은 보상액 산정의 기준이 되는 시점을 말한다(시행규칙 제2조제5호)
86) 보상평가의 기준시점은 사업시행자가 제시하는 협의성립 당시를 기준으로 하여야 한다. 따라서 「감정평가에 관한 규칙」 제9조제2항에 따라 대상물건의 가격조사를 완료한 날짜를 기준시점으로 하여서는 안된다.
87) 보상금증감청구소송에 있어 원고는 감정촉탁신청을 하는데 이때 법원감정인은 **손실보상가격의 가격시점(평가기준일)을 수용재결일**로 하여 감정평가 한다. 사업인정고시일이나 수용개시일 또는 이의재결일이 아니다.

【판결요지】토지수용법 제46조 제1항의 손실액의 산정은 수용의 재결당시의 가격을 기준으로 하도록 규정되어 있음은 원심판시와 같으나 수용물건의 가격은 매일마다 변동되는 것이라 할 수 없고 상당기간 일정가액이 지속된다고 할 것이어서 감정인의 가격평가시점과 수용재결일 사이에 20일 정도의 차이가 있다는 사실만으로는 그 평가가 수용재결당시의 가격을 평가한 것이 아니라고 단정할 수 없다.

2. 보상감정평가 절차

(1) 현지조사

감정평가업자는 사업시행자로부터 보상감정평가를 의뢰받은 경우 대상물건 및 그 주변의 상황을 현지조사하고 평가를 하여야 한다. 이 경우 고도의 기술을 필요로 하는 등의 사유로 인하여 자기가 직접 평가할 수 없는 대상물건에 대하여는 사업시행자의 승낙을 얻어 **전문기관의 자문 또는 용역**을 거쳐 평가할 수 있다(시행규칙 제16조 제3항).[88]

(2) 전문기관의 용역의뢰

대상물건 중 평가업자가 직접 평가할 수 없는 고도의 경험과 지식 및 기술을 요하는 특수물건(예: 문화재, 공장, 기계, 광업권, 어업권, 토석 및 사력 등)의 평가에 대하여는 사업시행자의 승낙을 얻어 전문용역기관의 자문 또는 용역을 거쳐 평가할 수 있으며(시행규칙 제16조 제3항).[89] 어업권의 평가는 해양수산부장관이 지정하는 수산에 관한 전문조사기관 또는 교육기관의 용역조사결과를 토대로 감정평가업자가 평가한다.

이 경우 자문 또는 용역기관이 반드시 2이상이어야 하는 제한이 없으므로 1기관이라도 무방할 것이다.[90]

---

88) 한국토지주택공사는 실무상 평가업자가 감정평가를 위해 현장실사시 동행 안내하여 토지 등의 평가의뢰 목록과 상이점 여부를 확인하고 수량 등 착오 또는 누락물건이 확인되는 경우 즉시 추가감정평가를 의뢰한다. 또한 평가의 신뢰성 확보를 위하여 평가사의 현장실사 기간을 사전에 토지 등의 소유자에게 통지함으로써 토지 등의 소유자와 평가사 간의 면담이 이루어 질 수 있도록 하고 있다(한국토지주택공사, 앞의 책, 2016, 120면).
89) 토지정책과—4903 (2009.10.21): 영업장소를 이전하는 경우 영업의 특성, 시설의 규모, 기타 시설이전에 **고도의 정밀성이 요하는 등** 고유한 특수성으로 인하여 3월 이내에 다른 장소로 이전이 어렵다는 사실이 전문기관의 용역 등 에 의해 객관적으로 인정되는 경우 실제 휴업기간으로 할 수 있다.

(3) 보상평가방법

① 평가방법 적용의 원칙(시행규칙 제18조)

대상물건의 평가는 대상물건의 특성 및 조건을 감안하여 토지보상법 시행규칙에서 정하는 방법에 의하되, 그 방법으로 구한 가액 또는 사용료를 다른 방법으로 구한 가액 등과 비교하여 그 합리성을 검토하여야 한다. 다만, 대상물건의 특성이나 조건이 시행규칙에서 정한 방법으로 평가하는 경우 평가가 크게 부적정하게 될 요인이 있는 경우에는 적정하게 판단되는 다른 방법으로 평가 할 수 있으며[91], 시행규칙에서 정하지 아니한 대상물건에 대하여는 시행규칙의 취지와 감정평가의 일반이론에 의하여 객관적으로 판단·평가하여야 한다.

② 대상물건이 변경에 따른 평가

공익사업의 계획이 변경됨에 따라 추가되는 대상물건이 이미 평가한 물건과 그 실체 및 이용상태 등이 동일하고 가격등에 변경이 없다고 인정되는 때에는 따로 평가하지 아니하고 이미 평가한 물건의 평가결과를 기준으로 하여 보상액을 산정할 수 있다(시행규칙 제19조 제1항).

공익사업의 계획이 변경됨에 따라 대상물건의 일부가 보상대상에서 제외되는 경우에는 그 내용을 지체 없이 그 대상물건의 소유자 등에게 통지하여야 한다. 이 경우 이미 보상계약이 체결된 때에는 지체 없이 그 계약을 해지하거나 변경하고 그에 따른 보상액의 환수 등 필요한 조치를 하여야 한다(시행규칙 제19조 제2항).

평가를 한 후 1년이 경과할 때까지 보상계약이 체결되지 아니하여 재평가를 하는 경우로서 재평가시점에서 물건의 수량 또는 내용이 변경된 경우에는 변경된 상태를 기준으로 평가하여야 한다(시행규칙 제19조 제3항).

③ 구분평가 등

취득할 토지에 건축물·입목·공작물 그 밖에 토지에 정착한 물건(이하 "건축물등"이라

---

90) 토관 58342-1117(1998.5.21.): 전문용역기관 수에는 제한이 없다. 2개의 감정평가기관이 공동 또는 각각 다른 기관에 의뢰할 수 있다.
91) 이 경우 보상평가서에 그 사유를 기재하여야 한다(시행규칙 제18조 제2항 단서).

한다)이 있는 경우에는 토지와 그 건축물 등을 각각 평가하여야 한다. 다만, 건축물 등이 토지와 함께 거래되는 사례나 관행이 있는 경우에는 그 건축물등과 토지를 일괄하여 평가하여야 하며, 이 경우 보상평가서에 그 내용을 기재하여야 한다(시행규칙 제20조 제1항). 건축물 등의 면적 또는 규모의 산정은 「건축법」등 관계법령이 정하는 바에 의한다(시행규칙 제20조 제2항).

(4) 감정평가서 작성(제3자의 감정평가사에 의한 심사)

감정평가업자는 보상평가를 한 후 감정평가서를 작성하여 감정평가업에 종사하는 감정평가사인 심사자 1인 이상의 **심사**를 받고 보상감정평가서에 당해 심사자의 서명날인을 받은 후 제출기한[92] 내에 사업시행자에게 제출하여야 한다(시행규칙 제16조 제4항). 이 경우 심사자는 ① 감정평가서의 위산·오기 여부, ② 관계 법령에서 정하는 바에 따라 대상물건이 적정하게 평가되었는지 여부, ③ 비교 대상이 되는 표준지의 적정성 등 대상물건에 대한 평가액의 타당성 등의 사항을 성실하게 심사하여야 한다(시행규칙 제16조 제5항).

(5) 감정평가서의 유효기간

사업시행자는 평가 후 1년이 경과될 때까지 보상계약이 체결되지 아니하면 다른 2인 이상의 감정평가업자에게 대상물건의 평가를 다시 의뢰(재평가)하여 보상액을 산정하여야 한다. 이 경우 보상액의 산정은 재평가액의 산술평균치를 기준으로 한다(시행규칙 제17조).

질의회신

[질의회신1] ▶ 보상평가 후 1년이 경과할 때까지 보상계약이 체결되지 않는 경우에는 재평가하여 다시 협의절차를 거친 후 재결신청 하는 것이 원칙이다.
[2012.12.21. 토지정책과—6538]

【질의요지】

---

92) 평가서 제출기한은 대상물건이나 평가내용이 **특수한 경우를 제외하고는** 30일 이내로 한다(시행규칙 제16조제2항). 실무상 사업시행자는 평가서가 제출기한내 제출되지 않을 경우 지체상금을 징수한다는 것을 주지시키고, 부득이한 사유로 제출기한 연기가 필요한 경우 평가서 제출기한 종료전에 협의 및 공사승인을 받도록 하고 있다(한국토지주택공사, 앞의 책, 2016, 119면).

공익사업에 편입되는 토지등에 대하여 감정평가를 한 후 소유자와 보상협의가 성립되지 않는 채 1년이 경과된 경우, 향후 수용재결 신청시 반려사유가 되는지?

【회신내용】
토지보상법 시행규칙 제17조제2항제3호에 따르면 사업시행자는 평가를 한 후 1년이 경과할 때까지 보상계약이 체결되지 아니한 경우에는 다른 2인 이상의 감정평가업자에게 대상물건의 평가를 다시 의뢰하도록 규정하고 있습니다.

따라서 평가 후 1년이 경과할 때까지 보상계약이 체결되지 않는 경우에는 위 규정에 따라 다시 평가를 의뢰하여야 할 것으로 보며, 개별적인 사례에 있어 재결신청 반려 여부에 대하여는 관할 토지수용위원회에서 판단할 사항으로 봅니다.

[질의회신2] ▶ 감정평가후 1년이 경과하지 않은 경우에는 사업시행자는 원칙적으로 재평가 의뢰를 할 수 없다. [2004.5.13. 토관−2215]

【질의요지】
임실농공단지 조성사업을 추진함에 있어 토지소유자로부터 민원해결을 위해 감정평가 후 1년이 경과하지 아니하였을 경우에도 재평가할 수 있는지 여부

【회신내용】
토지보상법 시행규칙 제17조제2항의 규정에서는 감정평가 후 1년이 경과하지 아니한 경우에는 재평가 할 수 있는 요건을 구체적으로 규정하고 있습니다. 당초의 평가가 관계법령에 위반하여 평가되었거나 부당하게 평가되지 않았다면, 설사 재평가하더라도 그 평가 내용이 달라질 수 없을 것이므로, 토지등의 소유자로부터 재평가요구와 관련하여 제기하는 경우라도 이에 해당되지 아니하면 사업시행자가 임의로 재평가의뢰를 할 수 없도록 이를 제한하고 있습니다.

토지소유자가 사업시행자가 산정한 보상금에 대하여 이의가 있는 경우에는 사업시행자에게 조속재결신청의 청구를 하거나 사업시행자가 관할 토지수용위원회로 재결신청을 하여 위 보상금의 적정여부를 재결로써 그 적정여부를 판단 받아 볼 수 있을 것이므로, 위 재평가 요건에 해당되지 아니하는 경우에는 임의로 재평가 의뢰할 수 없을 것으로 봄

니다.

[질의회신3] ▶ 2012.12.2 이전에 보상계획을 공고한 지구는 감정평가 1년 경과시에도 시·도지사에게 감정평가업자 추천을 요청할 필요가 없다.
[2013.4.4. 토지정책과—153]

【질의요지】
2012.12.2 이전에 감정평가를 한 후 1년이 경과되어 재평가할 경우 감정평가업자 선정방법은?

【회신내용】
토지보상법 제68조에 따른 시도지사의 감정평가업자 추천은 2012.12.2 이후 최초로 보상계획을 공고하고 통지한 경우 가능한 것으로 2012. 12.2 이전에 보상계획을 공고한 지구는 감정평가 1년 경과시에도 시·도지사에게 감정평가업자 추천을 요청할 필요가 없다.

[질의회신4] ▶ 소유자의 감정평가 거부시 평가방법 [2012.4.4. 토지정책과—1625]

【질의요지】 소유자의 사업거부 및 출입통제로 물건조사 및 감정평가가 사실상 불가능할 경우 처리방법은?

【회신내용】 건축물 외관이나 등 공부상 기재내용만으로 감정평가가 가능한 경우라면 이에 따라 평가가 가능할 것으로 봄

[질의회신5] ▶ 영업주가 평가를 거부할 경우 영업보상평가방법
[2004.3.16. 사이버민원14011]

【질의요지】
영업보상을 위한 영업실적 평가시 영업주가 사업시행을 반대하여 영업실적자료 제출 및 영업장 개방을 거절하는 경우 보상평가 방법은?

토지보상법시행규칙 제47조의 규정에 의하면 휴업하는 영업의 경우 휴업기간중의 영업이익에 영업시설·원재료·제품 및 상품의 이전에 소요되는 비용 및 그 이전에 따른 감손상당액 등을 합한 금액으로 평가하도록 되어 있으므로, 영업손실보상은 위 규정에 의거 평가하여야 한다고 보며, 영업주가 자료제출을 거부하는 경우 등은 관할세무서와 국민연금관리공단 등에 조회하여 그 조회소득에 의하여 평가할 수 있을 것으로, 개별적인 사례에 대하여는 사업 시행자가 사실관계 등을 조사하여 판단·결정할 사항이라 봅니다.

3. 감정평가서의 검토 및 재평가(보상평가 심사제도)

(1) 사업시행자의 자체심사

사업시행자는 제출된 감정평가서를 검토한 결과 그 보상평가가 관계법령에 위반하여 평가되었거나, 합리적 근거 없이 비교 대상이 되는 표준지의 공시지가(**비교표준지 공시지가**)와 현저하게 차이가 나는 등 부당하게 평가되었다고 인정하는 경우에는 해당 감정평가업자에게 그 사유를 명시하여 다시 평가할 것을 요구하여야 한다. 이 경우 사업시행자는 필요하면 국토교통부장관이 보상평가에 관한 전문성이 있는 것으로 인정하여 고시하는 기관에 해당 평가가 위법 또는 부당하게 이루어졌는지에 대한 검토를 의뢰할 수 있다(시행규칙 제17조 제1항, 제2항).

다만, ① 해당 감정평가업자에게 평가를 요구할 수 없는 특별한 사유가 있는 경우, ② 대상물건의 평가액 중 최고평가액이 최저평가액의 **110%를 초과**하는 경우[93], ③ 평가를 한 후 **1년**이 경과할 때까지 보상계약이 체결되지 아니한 경우 등에 해당되는 경우에는 다른 2인 이상의 감정평가업자에게 재평가를 의뢰하여야 한다.

참고사항

---

93) **사업시행자는 평가내역 및 당해 감정평가업자를 국토교통부장관에게 통지**하여야 하며, **국토교통부장관은 당해 감정평가의 적법성 여부를 조사**하여야 한다(시행규칙 제17조 제5항). 보상평가액 중 최고평가액이 최저평가액의 110%를 초과하는지 여부는 토지의 경우에는 필지별로 판단하고 지장물인 경우에는 소유자별로 지장물 전체 평가액의 합계액을 기준으로 한다.

한국토지주택공사는 아래와 같은 기준으로 비교표준지를 선정하고 있다.[94]

■ 비교표준지 선정

공익사업에 편입되는 토지는 토지보상법 제70조 등에 의거 다음 산식과 같이 표준지 공시지가를 기준으로 보상가격을 산정

> ▶ **토지보상가격** = 비교표준지 공시지가 × 시점수정(지가변동률) × 지역요인비교
>   × 개별요인비교 × 기타요인

가. 년도별 공시지가 적용의 적정성

(1) 점검 사항

당해 사업에 적용할 년도별 표준지공시지가가 적정하게 적용되었는가?

(2) 점검 방법

○ 사업인정 전 (토지보상법 제70조 제3항, 제5항)

당해 토지의 **가격시점** 당시 공시된 공시지가 중 가격시점에 가장 가까운 시점에 공시된 공시지가를 적용하였는지를 확인한다.

ex) 가격시점이 2006.03.21일때

− 2006년 공시지가가 공시된 경우 : 2006년 공시지가 적용

− 2006년 공시지가가 미공시된 경우: 2005년 공시지가 적용

○ 사업인정 후(토지보상법 제70조 제4항, 제5항)

사업인정고시일전의 시점을 공시기준일로 하는 공시지가로서, 당해 토지에 관한 협의 성립 당시 공시된 공시지가 중 당해 사업인정고시일에 가장 가까운 시점에 공시된 공시지가를 적용한다. 단, 공익사업의 계획 또는 시행이 공고 또는 고시됨으로 인하여 취득하여야 할 토지의 가격이 변동되었다고 인정되는 경우에는 당해 공고일 또는 고시일 전의 시점을 공시기준일로 하는 공시지가로서 당해 토지의 기준시점 당시 공시된 공시지가 중 당해 공익사업의 공고일 또는 고시일에 가장 가까운 시점에 공시된 공시지가로 한다. (개발이익배제의 원칙)

ex) 기준시점이 2006.03.21이고 사업인정고시일이 2005.04.02인 경우 2005년 공시지가를 적용하나, 동 사업이 2003.5.21 공람공고되어 비교표준지의공시지가 변동폭이 토지보상법 시행령 제38조의2에서 정한 기준보다 큰 경우는 2003년 공시지가 적용

나. 사업지구 내 비교표준지 선정 및 누락여부

(1) 점검 사항

○ 비교표준지가 사업지구내의 표준지공시지가 중에서 선정되었는가?

○ 사업지구 내 표준지 공시지가 중 비교표준지 선정에서 누락된 표준지가 있는가?

(2) 점검 방법

○ 표준지 공시지가 열람

부동산공시가격 알리미 싸이트(http://www.realtyprice.or.kr)에 접속 후 공시지가 열람을 클릭 후 해당 최종 행정구역(동, 리)를 입력 후 검색

○ 사업지구내의 표준지 공시지가 현황 파악

열람한 표준지공시지가 자료와 토지조서(토지사정조서, 평가의뢰목록 등)를 비교하여 사업지구 내에 소재하고 있는 표준지 공시지가 현황을 파악

○ 가격산출 내역 상의 적용공시지가 목록(자동필터)과 사업지구내 표준지 공시지가 현황을 서로 비교하여 사업지구내의 표준지 공시지가 선정 여부 및 누락여부를 확인.

> ▶ 사업지구내 표준지 공시지가를 사용하지 않거나 사업지구 내 표준지 공시지가가 비교표준지에서 누락된 경우, 감정평가서 상에 사업지구 외 표준지의 적용 사유 또는 사업지구 내 표준지의 제외 사유 등이 제시되어야 하며, 제시되지 않은 경우에는 이에 대한 사유를 감정평가법인에게 제시하도록 요청하여야 함.

다. 사업지구 외 공시지가 선정시 타당성 여부

(1) 점검 사항

사업지구내에서는 보상평가 대상토지와 유사한 공시지가 표준지가 없어서, 혹은 용도지역이 상이한 관계로 지구 외의 공시지가를 적용하여 평가할 경우

(2) 점검 사항

인근의 가장 유사성 있는 표준지 공시지가를 실제 적용할 공시지가 수의 3~5 배로 나열하고 비교·분석한 후 이들 중 평가에 적용한 공시지가의 채택사유가 설시되었는지, 채택사유가 타당한지를 확인하여 사유 누락 시 보완 요구

---

94) 한국토지주택공사, 앞의 책, 2016, 129-131면

보상목적 감정평가관련 심사 · 검토의 종류와 근거[95]

종류		심사 · 검토대상	근거 및 성격
제3의 감정평가사에 의한 심사 (감정평가업에 종사하는 다른 감정평가사)		모든 보상평가	· 토지보상법 시행규칙 제16조 제4항 · 법정심사
사업 시행자 자체심사	지역본부 검토	모든 협의보상평가	· 토지보상법 시행규칙 제17조 제1항 · 감정평가업자선정지침 제10조, 제11조 · 법정검토
	본사검토	1. 사업지구별 최초 토지보상감정평가 2. 사업지구와 관련한 부대사업 또는 추가편입토지로서 추정보상감정평가액이 300억원 이상인 감정평가 3. 보상 미착수지구토지 비축토지 매입시 4. 기타 전문적 검토필요시	
감정평가협회 공적심사 (한국감정평가협회 사전평가심사제도)		1. 토지보상법에 의해서 시행하는 공익사업에 대하여 협의를 위한 평가금액이 150억원 이상인 사업(단 국공유지 등으로 사전심사 불필요성 인정되는 경우 및 500억 미만인 도로 · 철도 · 하천 등의 개설사업은 심사대상에서 제외) (중략) 14. 기타 의뢰기관이 심사요청하여 위원장이 심사필요성을 인정하는 경우	· 감정평가심사업무관리지침(감정평가협회내규) · 비법정심사 (전문가집단 자율규제)

참고사항

한국토지주택공사는 아래와 같은 기준내지 방향으로 감정평가서를 검토 등을 하고 있다.[96]

1. 공시지가와의 균형유지

보상평가는 관계법령에 의거 공시지가를 기준으로 평가토록 되어 있으나 최근 몇 년간 기타요인 보정률 등의 과다적용으로 공시지가와 보상가격의 괴리가 심화되어 큰 문제점으로 나타나고 있으며, 특히 공시지가 현실화 정책에 따라 표준지 공시지가가 큰 폭

---

95) 한국토지주택공사, 앞의 책, 2016, 123면

으로 상승하고 있음에도 기타요인 보정치를 과다 적용 등의 문제점이 있으므로 적정한 그 밖의 요인 보정을 통해 공시지가와 보상가격의 균형유지에 감정평가심사의 역점을 두고자 함.

2. 사전적 감정평가검토기능 강화

사후적 감정평가검토는 다소 한계가 있는 점을 감안하여 감정평가 완료 전에 사업시행자로서의 의견을 적극 제시함으로써 과다보상요인을 사전에 방지하는데 역점을 두고자 함.

① 평가의뢰 시

감정평가 시 검토할 주요사항을 사전에 철저히 점검하고, 감사지적사항, 평가시 유의사항, 사업지구내외 인근지역 지가분석자료, 당해지구 평가에 반영할 특이사항 등 적정평가를 유도할 수 있는 자료를 충분히 제공하고 감정평가 위수탁 계약을 체결한다. (업자선정지침 별지 제1호)

② 평가진행 시

담당평가사와의 합동회의 등을 개최하여 적정한 그 밖의 요인 보정 등 담당평가사 평가진행시 적정보상 실현을 위한 공사의견을 적극 개진한다.

(2) 종전의 평가가 시·도지사와 토지소유자가 추천한 감정평가업자를 선정하여 행하여진 경우

사업시행자는 재평가를 하여야 하는 경우로서 종전의 평가가 시·도지사와 토지소유자가 추천한 감정평가업자를 선정하여 행하여진 경우에는 시·도지사와 토지소유자(보상계약을 체결하지 아니한 토지소유자를 말함)에게 감정평가업자를 추천하여 줄 것을 통지하여야 한다. 이 경우 시·도지사와 토지소유자가 통지를 받은 날부터 30일 이내에 추천하지 아니한 경우에는 추천이 없는 것으로 본다(시행규칙 제17조 제3항, 4항).

재평가를 행한 경우 보상액의 산정은 각 감정평가업자가 다시 평가한 평가액의 산술평균치를 기준으로 한다(시행규칙 제17조 제4항).

---

96) 한국토지주택공사, 앞의 책, 2016, 124-125면

4. 보상감정평가의 유효성

협의보상이 안되어 이후 사업시행자가 관할 토지수용위원회에 수용재결신청을 할 경우 그 전제 조건으로 토지보상법 제16조에서는 사업시행자의 토지소유자 및 관계인인 피수용인과의 성실한 협의를 요구하고 있다. 성실한 협의는 협의절차의 완전한 이행, 정당한 보상금의 제시를 요소로 하고, 그 정당한 보상금은 3인 또는 2인의 감정평가업자의 보상감정평가액의 산술평균치에 의하여 할 것이다.

따라서 사업시행자가 지가공시법에 의한 감정평가업자의 보상감정평가에 의하지 않거나 기준 인원수에 미달한 감정평가업자의 평가를 기준으로 산정된 보상금을 피수용인에게 제시하면서 협의를 요청하여 협의가 이루어지지 않아 수용재결신청을 하였다면 이는 성실한 협의로 볼 수 없으므로 해당 수용재결신청은 각하될 수 있을 것이다.

다만, 보상평가 의뢰 후에 토지소유자 또는 시·도지사가 추천을 철회한 경우에는 해당 감정평가업자를 제외한 나머지 감정평가업자가 평가한 평가액의 산술평균치를 기준으로 보상액 산정이 가능할 것이다

5. 보상액의 산정

(1) 사업시행자가 직접 보상액을 산정할 수 있는 경우

보상액의 산정은 각 감정평가업자가 산정한 평가액의 산술평균치를 기준[97]으로 하지만 (시행규칙 제16조제6항), 다음과 같은 손실보상금은 토지보상법 시행규칙에서 정액 또는 정률로 지급하도록 규정되어 있어 그 기준에 따라 사업시행자가 직접 보상액을 산정할 수 있는 경우에는 감정평가업자에게 평가의뢰하지 않고, 사업시행자가 그 금액을 직접 산정할 수 있다(법 제68조 제1항 단서). 이 경우에도 사업시행자가 직접 산정하기 어려운 경우에는 감정평가업자에게 평가를 의뢰할 수 있다(시행규칙 제42조 제1항).

① 통계자료에 의한 농업손실보상, 주거이전비, 이농비, 이사비 산정

② 이주정착금, 재편입가산금신청

③ 사업시행자의 가격조사를 전제로 한 분묘이장비, 이사비(차량운임, 및 포장비) 산정

---

97) 보상평가를 의뢰받은 감정평가업자 중 일부가 평가를 하지 않은 경우 평가를 한 감정평가업자가 평가한 평가액의 산술평균치만을 기준으로 보상액을 산정하는 것은 허용되지 않는다.

〈통계자료를 기준으로 산정하는 손실보상금〉

(영농손실) 농지가 편입되는 경우 통계작성기관이 매년 조사·발표하는 농가경제조사통계의 도별 농업총수입 중 농작물수입을 도별표본농가현황 중 경지면적으로 나누어 산정한 도별 연간 농가평균단위경작면적당 농작물총수입의 2년분(토지보상법 시행규칙 제48조제1항)

(폐업보상) 연간 영업이익 최소기준 :「통계법」제3조제3호에 따른 통계작성기관이 같은법 제18조에 따른 승인을 받아 작성·공표한 제조부문 보통인부의 노임단가 × 25일 × 12월(토지보상법 시행규칙 제46조제3항)

(휴업보상) 휴업기간 영업이익 최소기준 :「통계법」제3조제3호에 따른 통계작성기관이 조사발표하는 가계조사통계의 도시근로자가 구 월평균 가계지출비의 3인가구 × 휴업기간(토지보상법 시행규칙 제47조제5항)

(주거이전비)「통계법」제3조제3호에 따른 통계작성기관이 조사발표하는 가계조사통계의 도시근로자가구의 가구원수별 월평균 가계지출비를 기준으로 산정(토지보상법 시행규칙 제54조제3항)

(영업보상 특례) 허가등이 없이 영업을 한 경우「통계법」제3조제3호에 따른 통계작성기관이 조사·발표하는 가계조사통계의 도시근로자가구의 가구원수별 월평균 가계지출비를 기준으로 3인가구 3개월분(토지보상법 시행규칙 제52조)

(이농·이어비) 통계작성기관이 매년 조사·발표하는 농가경제조사통계의 연간 전국평균 가계지출비 및 농업기본통계조사의 가구당 전국평균 농가인구를 기준으로 산정한 1년간의 평균 생계비(토지보상법 시행규칙 제56조)

(2) 협의요청시점과 실제 계약체결시점간 통계자료에 의한 보상금액이 변경된 경우

사업시행자 통계자료에 따라 손실보상금을 산정하여 협의하는 경우 문제가 되고 있는 것은 협의요청시점과 실제 계약체결시점간의 통계자료에 의한 보상금액이 변경되었을 경우 어느 자료를 기준을 보상금을 지급하여야 하는지 문제가 되었다. 이에 대해 국토교통부는 계약체결 시점의 통계자료에 의한 보상액을 산정하여야 한다는 종전입장을 협의요청한 지 1년 내에 산정기준(통계)이 낮게 변경된 경우에는 당초 협의통지금액으로 보상하도록 변경하였다.[98)]

보상지침

■ **토지정책과-4593 (2011.9.25.)**

① 산정기준(통계) 변경으로 가격이 하락한 경우

– 사업시행자가 보상금을 확정하여 협의통지한 경우 통지일부터 1년 안에 산정기준(통계)이 낮게 변경된 경우에는 당초 통지금액으로 보상

② 산정기준(통계) 변경으로 가격이 상승한 경우

– 사업시행자가 보상금을 확정하여 협의통지한 이후 경우 산정기준(통계)이 높게 변경된 경우에는 변경된 기준을 적용하여 산정한 금액으로 보상

③ 적용대상 : 2011.10.1.부터 협의계약을 체결하는 분부터 적용

판례

[판례1] ▶ 보상액 산정방법을 규정한 「토지보상법 시행규칙」은 법규적 효력을 가진다.
[대법원 2012.3.29. 선고 2011다104253]

【판결요지】

공익사업을 위한 토지 등의 취득 및 보상에 관한 법률(이하 '공익사업법'이라 한다) 제68조 제3항은 협의취득의 보상액 산정에 관한 구체적 기준을 시행규칙에 위임하고 있고, 위임 범위 내에서 공익사업을 위한 토지 등의 취득 및 보상에 관한 법률 시행규칙 제22조는 토지에 건축물 등이 있는 경우에는 건축물 등이 없는 상태를 상정하여 토지를 평가하도록 규정하고 있는데, 이는 비록 행정규칙의 형식이나 공익사업법의 내용이 될 사항을 구체적으로 정하여 내용을 보충하는 기능을 갖는 것이므로, 공익사업법 규정과 결합하여 대외적인 구속력을 가진다.

[판례2] ▶ 보상평가 시 가치산정요인의 기술 정도

---

98) 토지정책과-4593 (2011.9.25.)

[대법원 2000.7.28. 선고 98두6081]

【판결요지】

토지수용 보상액을 평가하는 데에는 관계 법령에서 들고 있는 모든 가격산정요인들을 구체적·종합적으로 참작하여 그 각 요인들이 빠짐없이 반영된 적정가격을 산출하여야 하고, 이 경우 감정평가서에는 모든 가격산정요인의 세세한 부분까지 일일이 설시하거나 그 요소가 평가에 미치는 영향을 수치로 표현할 필요는 없다고 하더라도, 적어도 그 가격산정요인들을 특정·명시하고 그 요인들이 어떻게 참작되었는지를 알아 볼 수 있는 정도로 기술하여야 한다.

관련법령

■ **토지보상법 제68조(보상액의 산정)** ① 사업시행자는 토지등에 대한 보상액을 산정하려는 경우에는 감정평가법인등 3인(제2항에 따라 시·도지사와 토지소유자가 모두 감정평가법인등을 추천하지 아니하거나 시·도지사 또는 토지소유자 어느 한쪽이 감정평가법인등 추천하지 아니하는 경우에는 2인)을 선정하여 토지등의 평가를 의뢰하여야 한다. 다만, 사업시행자가 국토교통부령으로 정하는 기준에 따라 직접 보상액을 산정할 수 있을 때에는 그러하지 아니하다. 〈개정 2012.6.1., 2013.3.23., 2020.4.7.〉

■ **토지보상법 시행규칙 제16조(보상평가의 의뢰 및 평가 등)**
⑥ 보상액의 산정은 각 감정평가업자가 평가한 평가액의 산술평균치를 기준으로 한다.

제5절 보상협의 및 보상계약의 체결

1. 보상협의

(1) 보상협의요청(법 제16조, 시행령 제8조)

보상액산정이 끝나면 지체 없이 협의기간·보상액·계약체결서류 등을 기재한 <u>보상협의요</u><u>청서</u>를 토지소유자 및 관계인에게 통지하여 계약체결을 요구하여야 하며, 특별한 사유가 없는 한 협의기간은 30일 이상으로 정하여야 하며(시행령 제8조 제3항),[99] 보상협의요청서를 발송한 사업시행자는 대상물건의 소유자 등과 계약체결을 위한 협의를 개별적 또는 집단적으로 성실하게 수행해야 하고 협의가 지연될 경우에도 실무상 통상적으로 최소한 3회 이상 보상협의 촉구공문을 소유자 등에게 발송한다.

(2) 소유자불명 토지 등에 대한 공고

토지소유자 및 관계인을 알 수 없거나 주소 또는 거소 불명으로 보상협의요청서를 통지할 장소를 알 수 없을 때에는 사업시행자 요청에 의하여 토지 등의 소재지를 관할하는 시장·군수·구청장(자치구가 아닌 구의 구청장 포함)이 시·군·구의 게시판에 14일간 공고함으로써 통지에 갈음할 수 있다(시행령 제8조제2항).[100]

관련법령

※ 서류의 송달방법과 공시송달 (토지보상법 제6조, 시행령 제4조, 시행규칙 제3조)
1. 서류의 송달은 송달 받을 자에게 교부하거나 특별송달(우편법시행규칙 제25조 제1항 제6호)의 방법에 의하여 이를 할 수 있다.

---

99) 1. 사업시행자는 피수용인에게 통상 협의촉구공문(보상협의 요청서)을 통해 협의를 요청하는데 해당 공문에는 아래의 내용이 포함된다. ① 협의기간·협의장소 및 방법 ※협의기간은 소유자등이 수용재결신청청구를 하는 경우의 청구요건(협의기간 종료시점) 판단에 필요하므로 반드시 개시시점과 종료시점을 명시하여야 한다. ② 보상액, 보상의 시기·방법 및 절차 ③ 계약체결에 필요한 구비서류
2. 보상협의요청서를 발송한 사업시행자는 대상물건의 소유자 등과 계약체결을 위한 협의를 개별적 또는 집단적으로 성실하게 수행하여야 하는데, 협의가 지연될 경우에도 최소한 3회 이상 보상협의 촉구공문을 소유자 등에게 발송한다.
100) 택지개발촉진법 등 개별사업법에도 공시송달의 규정이 있지만 개별사업법의 공시송달은 토지보상법의 공시송달로 의제되지 않는다. 따라서 토지보상법에 의하여 따로 공시송달을 하지 않으면 성실한 협의를 누락시킨 수용절차 하자에 해당된다.

그러나 송달을 받을 자를 알 수 없거나 송달을 받을 자의 주소·거소 그밖에 송달할 장소를 알 수 없는 때, 또는 민사소송법 제191조(외국에서 해야 하는 송달은 재판장이 그 나라에 주재하는 대사 · 공사 · 영사 또는 그 나라의 관할 공공기관에 촉탁한다)의 규정에 의할 수 없는 때에는 공시송달을 할 수 있다.

2. 공시송달 방법
– 토지 등의 소재지를 관할하는 시·군·구의 장에게 송달할 서류를 송부한다.
– 시 · 군 · 구의 장은 송부된 서류의 사본을 시 · 군 · 구의 게시판에 게시한다. (사진촬영: 게시된 게시판 1장과 게시내용이 보이는 게시문 1장)
– 게시된 서류는 게시일 부터 14일이 경과한 날에 그 송달을 받을 자에게 송달된 것으로 본다.

(3) 협의

협의라 함은 사업시행자자와 토지소유자 및 관계인과의 사이에 수용할 토지 등에 대한 권리의 득실 등에 관하여 합의하는 것을 말한다. 토지보상법은 "협의전치주의"를 취하고 있으므로 재결신청 전에 반드시 협의를 거쳐야 하며, 협의절차를 거치지 아니한 재결신청은 불가하며 설사 재결이 있다 하더라도 그 처분은 위법이며 원칙적으로 무효가 된다. 협의의 법적 성질은 사법상의 매매계약과 같은 사법행위에 해당하므로 협의취득에 따르는 보상금의 지급행위도 토지 등의 권리이전에 대한 반대급부의 교부행위로서 그 효력은 당사자 사이에만 미친다. 따라서 당사자 사이의 합의로 토지보상법 소정의 손실보상기준에 의하지 않고 매매대금을 정하거나 완화하는 약정을 할 수도 있으며, 이와 같은 손실보상액에 관한 합의를 하였다고 하더라도 그 합의가 착오 등을 이유로 취소되지 않는 한 유효하다.

판례

[판례1] ▶ 「토지보상법」에 따른 손실보상기준에 의하지 않고 손실보상금을 정할 수 있다.
[대법원 2013.8.22 선고 2012다3517]

【판결요지】

공익사업을 위한 토지 등의 취득 및 보상에 관한 법률(이하 '공익사업법'이라고 한다)에 의한 보상합의는 공공기관이 사경제주체로서 행하는 사법상 계약의 실질을 가지는 것으로서, 당사자 간의 합의로 같은 법 소정의 손실보상의 기준에 의하지 아니한 손실보상금을 정할 수 있으며, 이와 같이 같은 법이 정하는 기준에 따르지 아니하고 손실보상액에 관한 합의를 하였다고 하더라도 그 합의가 착오 등을 이유로 적법하게 취소되지 않는 한 유효하다. 따라서 공익사업법에 의한 보상을 하면서 손실보상금에 관한 당사자 간의 합의가 성립하면 그 합의 내용대로 구속력이 있고, 손실보상금에 관한 합의 내용이 공익사업법에서 정하는 손실보상 기준에 맞지 않는다고 하더라도 합의가 적법하게 취소되는 등의 특별한 사정이 없는 한 추가로 공익사업법상 기준에 따른 손실보상금 청구를 할 수는 없다

[판례2] ▶ 관계인에게 협의에 대한 통지를 하도록 규정한 취지는 관계인의 권리를 보호하기 위함이다. [**부산지법 2008.11.13. 선고 2007가단145338**]

【판결요지】

근저당권이 설정된 토지가 수용되어 보상금이 지급되는 경우 근저당권자는 보상금을 그 지급전에 압류하지 아니하면 담보권을 상실하게 되는 바, 공익사업을 위한 토지 등의 취득 및 보상에 관한 법률이 사업시행자로 하여금 관계인과 협의하거나 그 협의를 위한 통지를 하도록 규정한 취지는 비자발적으로 담보권을 상실하게 될 저당권자 등의 관계인으로 하여금 당해 협의절차에 참여하여 자신의 권리를 스스로 행사할 수 있는 기회를 부여함으로써 그와 같은 토지수용으로 인하여 불측의 손해를 입지 아니하도록 예방할 뿐만 아니라, 협의가 성립하지 아니하여 수용재결로 나아가는 경우 물상대위권을 행사할 수 있는 기회를 제공함으로써 법률상 당연히 인정되는 물상대위권 행사의 실효성을 보장하기 위한 것이다.

[판례3] ▶ 협의기간 만료 전에 작성된 협의경위서도 유효하다.
[**대법원 1987.5.12. 선고 85누755**]

【판결요지】

토지수용법시행령 제15조의2 제1항, 제2항의 취지는 원칙적으로 기업자와 토지소유자 및 관계인 사이에 토지수용에 관한 협의 기간 내에 협의가 성립되지 아니하면 그 기간이 경과한 후에 협의 경위서를 작성하도록 규정한 것이라고 할 것이나 토지소유자 및 관계인이 협의에 불응할 의사를 명백히 표시하였거나 협의기간 만료일까지 기다려도 협의가 성립될 가망이 없을 것이 명백하다면 협의기간이 만료되기 전에 협의 경위서가 작성되었다 하더라도 이를 잘못이라고 할 수는 없다.

[판례4] ▶ 진정한 소유자의 동의를 받지 아니한 채 등기명의자의 동의만을 받은 협의 성립확인신청의 수리처분은 위법하다. **[대법원 2018.12.13 선고 2016두71719]**

【판결요지】

토지보상법상 수용은 일정한 요건 하에 그 소유권을 사업시행자에게 귀속시키는 행정처분으로서 이로 인한 효과는 소유자가 누구인지와 무관하게 사업시행자가 그 소유권을 취득하게 하는 원시취득이다. 반면, 토지보상법상 '협의취득'의 성격은 사법상 매매계약이므로 그 이행으로 인한 사업시행자의 소유권 취득도 승계취득이다(대법원 2012. 2. 23. 선고 2010다96164 판결 등 참조). 그런데 토지보상법 제29조 제3항에 따른 신청이 수리됨으로써 협의 성립의 확인이 있었던 것으로 간주되면, 토지보상법 제29조 제4항에 따라 그에 관한 재결이 있었던 것으로 재차 의제되고, 그에 따라 사업시행자는 사법상 매매의 효력만을 갖는 협의취득과는 달리 그 확인대상 토지를 수용재결의 경우와 동일하게 원시취득 하는 효과를 누리게 된다. 이처럼 간이한 절차만을 거치는 협의 성립의 확인에, 원시취득의 강력한 효력을 부여함과 동시에 사법상 매매계약과 달리 협의 당사자들이 사후적으로 그 성립과 내용을 다툴 수 없게 한 법적 정당성의 원천은 사업시행자와 토지소유자 등이 진정한 합의를 하였다는 데에 있다. 여기에 공증에 의한 협의 성립 확인 제도의 체계와 입법취지, 그 요건 및 효과까지 보태어 보면, 토지보상법 제29조 제3항에 따른 협의 성립의 확인 신청에 필요한 동의의 주체인 토지소유자는 협의 대상이 되는 '토지의 진정한 소유자'를 의미한다고 보아야 한다. 따라서 사업시행자가 진정한 토지소유자의 동의를 받지 못한 채 단순히 등기부상 소유명의자의 동의만을 얻은 후 관련 사항에 대한 공증을 받아 토지보상법 제29조

제3항에 따라 협의 성립의 확인을 신청하였음에도 토지수용위원회가 그 신청을 수리하였다면, 그 수리 행위는 다른 특별한 사정이 없는 한 토지보상법이 정한 소유자의 동의 요건을 갖추지 못한 것으로서 위법하다. 진정한 토지소유자의 동의가 없었던 이상, 진정한 토지소유자를 확정하는 데 사업시행자의 과실이 있었는지 여부와 무관하게 그 동의의 흠결은 위 수리 행위의 위법사유가 된다. 이에 따라 진정한 토지소유자는 그 수리 행위가 위법함을 주장하여 항고소송으로 취소를 구할 수 있다.

재결례

[재결례] ▶ 지토위에서 화해권고 소위원회 개최 이후 사업시행자의 협의 노력이 부족하다는 사유로 수용재결신청을 기각 재결한 것에 대하여 중토위에서 취소 재결한 재결례

[중토위 2020.12.24.]

【재결요지】

이 사건 토지소유자는 도시계획시설사업 인가 무효, 원상회복 요구, 보상금 인상을 요구하며 보상협의를 기피하고 있어서, 이의신청인들(사업시행자)과 이 사건 토지소유자 간 보상협의가 성립될 가능성은 없는 것으로 확인된다. 이의신청인들은 토지보상법에서 정한 협의절차를 성실하게 이행하고 수용재결신청을 하였으며 수용재결신청 이후에도 이 사건 토지소유자와 협의한 사실이 확인된다. 한편, ○○지토위에서는 당사자 간 원만한 협의를 위하여 화해권고 소위원회를 2차례 개최하였으나 이 사건 토지소유자의 불참으로 협의가 결렬되었고, 그 후 ○○지토위에서는 이의신청인들에 대하여 '화해권고 소위원회 개최 이후 이 사건 토지소유자와 추가 협의를 위한 노력이 보이지 않는다'는 이유로 법 제16조에 따른 성실한 협의를 거쳤다고 볼 수 없다고 하면서 2020. 5. 26. 이의신청인들의 수용재결신청을 기각하였다.

살피건대, 법 제33조에 따른 화해권고는 토지수용위원회가 재결을 하기 전에 사업시행자 및 토지소유자가 서로 한 걸음씩 양보하여 원만하게 합의할 수 있도록 하기 위한 절차를 규정한 임의규정으로서 이 사건의 경우 화해권고 소위원회가 구성·운영은 되었지만 이 사건 토지소유자의 불참으로 협의가 결렬된 이상, ○○지토위에서는 수용재결의 절차에 들어가야 하는 것이고 그와 달리 화해권고 소위원회 개최 이후 이의신청인

들이 이 사건 토지소유자와 추가적인 협의 노력을 하지 않았다는 이유만으로 이의신청인들의 수용재 결신청을 기각할 수는 없다고 할 것이다. 따라서, '화해권고 소위원회 개최 이후 이 사건 토지소유자와 추가 협의 노력 부족'을 이유로 이의신청인들의 수용재결신청을 기각한 ○○지토위의 2020. 5. 26.자 기각 재결을 취소하기로 한다.

2. 보상업무 등의 위탁

(1) 보상 또는 이주대책에 관한 업무

사업시행자는 보상계획의 수립공고 및 열람에 관한 업무 등 보상에 관항 업무와 이주대책에 관한 업무를 지방자치단체, 공공기관 또는 지방공사로서 시행령으로 정하는 보상전문기관에게 위탁할 수 있다. 여기에서 보상전문기관에 위탁할 수 있는 업무는 아래와 같으며 사업시행자는 업무 위탁시 미리 위탁내용과 위탁조건에 관해 보상전문기관과 협의하여야 위탁수수료를 지급하여야 한다(법 제81조, 시행령 제43조제2,3항).

1. 보상계획의 수립 · 공고 및 열람에 관한 업무
2. 토지대장 및 건축물대장 등 공부의 조사. 이 경우 토지대장 및 건축물대장은 부동산종합공부의 조사로 대신할 수 있다.
3. 토지등의 소유권 및 소유권 외의 권리 관련 사항의 조사
4. 분할측량 및 지적등록에 관한 업무
5. 토지조서 및 물건조서의 기재사항에 관한 조사
6. 잔여지 및 공익사업지구 밖의 토지등의 보상에 관한 조사
7. 영업 · 농업 · 어업 및 광업 손실에 관한 조사
8. 보상액의 산정(감정평가업무는 제외한다)
9. 보상협의, 계약체결 및 보상금의 지급
10. 보상 관련 민원처리 및 소송수행 관련 업무
11. 토지등의 등기 관련 업무
12. 이주대책의 수립 · 실시 또는 이주정착금의 지급
13. 그 밖에 보상과 관련된 부대업무

(2) 보상전문기관

사업시행자가 보상업무 등을 위탁할 수 있는 보상전문기관으로는 ⅰ)「한국토지주택공사법」에 따른 한국토지주택공사, ⅱ)「한국수자원공사법」에 따른 한국수자원공사, ⅲ)「한국도로공사법」에 따른 한국도로공사, ⅳ)「한국농어촌공사 및 농지관리기금법」에 따른 한국농어촌공사, ⅴ)「한국부동산원법」에 따른 한국부동산원, ⅵ)「지방공기업법」 제49조에 따라 특별시·광역시·도 및 특별자치도가 택지개발 및 주택건설 등의 사업을 하기 위하여 설립한 지방공사 등이 있다(시행령 제43조제1항).

관련법령

■ **토지보상법 81조(보상업무 등의 위탁)** ① 사업시행자는 보상 또는 이주대책에 관한 업무를 다음 각 호의 기관에 위탁할 수 있다.

1. 지방자치단체
2. 보상실적이 있거나 보상업무에 관한 전문성이 있는 「공공기관의 운영에 관한 법률」 제4조에 따른 공공기관 또는 「지방공기업법」에 따른 지방공사로서 대통령령으로 정하는 기관

② 제1항에 따른 위탁 시 업무범위, 수수료 등에 관하여 필요한 사항은 대통령령으로 정한다. [전문개정 2011.8.4.]

■ **토지보상법 시행령 제43조(보상전문기관 등)** ① 법 제81조제1항제2호에서 "대통령령으로 정하는 기관"이란 다음 각 호의 기관을 말한다. 〈개정 2014.12.23., 2016. 8. 31., 2020.12.8.〉

1. 「한국토지주택공사법」에 따른 한국토지주택공사
2. 「한국수자원공사법」에 따른 한국수자원공사
3. 「한국도로공사법」에 따른 한국도로공사
4. 「한국농어촌공사 및 농지관리기금법」에 따른 한국농어촌공사
5. 「한국부동산원법」에 따른 한국부동산원
6. 「지방공기업법」 제49조에 따라 특별시, 광역시, 도 및 특별자치도가 택지개발 및 주택건설 등의 사업을 하기 위하여 설립한 지방공사

② 사업시행자는 법 제81조에 따라 다음 각 호의 업무를 법 제81조제1항 각 호의 기관(이하 "보상전문기관"이라 한다)에 위탁할 수 있다. 〈개정 2014.1.17.〉

1. 보상계획의 수립·공고 및 열람에 관한 업무

2. 토지대장 및 건축물대장 등 공부의 조사. 이 경우 토지대장 및 건축물대장은 부동산종합공부의 조사로 대신할 수 있다.

3. 토지등의 소유권 및 소유권 외의 권리 관련 사항의 조사

4. 분할측량 및 지적등록에 관한 업무

5. 토지조서 및 물건조서의 기재사항에 관한 조사

6. 잔여지 및 공익사업지구 밖의 토지등의 보상에 관한 조사

7. 영업·농업·어업 및 광업 손실에 관한 조사

8. 보상액의 산정(감정평가업무는 제외한다)

9. 보상협의, 계약체결 및 보상금의 지급

10. 보상 관련 민원처리 및 소송수행 관련 업무

11. 토지등의 등기 관련 업무

12. 이주대책의 수립·실시 또는·이주정착금의 지급

13. 그 밖에 보상과 관련된 부대업무

③ 사업시행자는 법 제81조에 따라 제2항 각 호의 업무를 보상전문기관에 위탁하려는 경우에는 미리 위탁내용과 위탁조건에 관하여 보상전문기관과 협의하여야 한다.

④ 사업시행자는 법 제81조에 따라 제2항 각 호의 업무를 보상전문기관에 위탁할 때에는 별표 1에 따른 위탁수수료를 보상전문기관에 지급하여야 한다. 다만, 사업시행자가 제2항 각 호의 업무 중 일부를 보상전문기관에 위탁하는 경우의 위탁수수료는 사업시행자와 보상전문기관이 협의하여 정한다.

⑤ 사업시행자는 보상전문기관이 통상적인 업무수행에 드는 경비가 아닌 평가수수료·측량수수료·등기수수료 및 변호사의 보수 등 특별한 비용을 지출하였을 때에는 이를 제4항에 따른 위탁수수료와는 별도로 보상전문기관에 지급하여야 한다.

[전문개정 2013.5.28.]

3. 보상계약의 체결[101]

(1) 계약의 구속력

사업시행자는 협의가 성립되었을 때에는 토지소유자 등과 계약을 체결하여야 한다. 계약이 체결되면 그 내용대로 구속력이 있고, 손실보상금에 관한 합의 내용이 토지보상법에서 정하는 손실보상기준에 맞지 않거나 계약체결일 이후에 손실보상기준이 변경되었다고 하더라도 계약이 적법하게 취소되는 등의 특별한 사정이 없는 한 토지보상법의 기준에 따른 손실보상금 또는 변경된 손실보상기준에 따른 보상금을 추가로 청구를 할 수 없다.

(2) 민법 적용

① 협의는 사법상의 계약의 실질을 가지므로 사업시행자와 토지소유자 등의 합의로 채무불이행 책임 등에 대해 특약을 할 수 있고, 협의취득한 토지 등에 하자가 있는 경우(폐기물 매립 등) 사업시행자는 ⅰ) 채무불이행 중 불완전급부로 처리하는 방법[102] ⅱ) 매도인의 하자담보책임으로 처리하는 방법 등에 의해 하자를 처리할 수 있으며 채무불이행으로 인한 손해배상과 하자담보책임은 경합적으로 인정된다.

② 토지보상법 시행규칙에 위반한 보상평가에 의하여 산정한 협의매수금액은 '매매대금이 고의·과실 내지 착오평가 등으로 과다 또는 과소하게 책정되어 지급되었을 때'에 해당하므로 계약의 내용에 따라 과부족금액을 상대방에게 청구할 수 있다.

③ 보상협의 또는 계약체결에 착오가 있으면 취소할 수 있으며, 이 경우 법률행위 내용의 착오는 보통 일반인이 표의자의 입장에 섰더라면, 그와 같은 의사표시를 하지 않았으리라고 여겨질 정도로 그 착오가 중요한 부분에 관한 것이어야 한다. 따라서 감정평가기관이 용도지역을 착오하여 정당한 가액보다 과다하게 평가된 금액을 기준으로 협의매수한 사업시행자는 계약내용의 중요부분에 관한 착오를 이유로 매수계약을 취소할 수 있다.

---

101) 중앙토지수용위원회, 토지수용 업무편람, 2017.12., 65-68면.
102) 채무불이행 중 불완전급부로 처리하는 방법에는 ⅰ) 추완으로 처리하는 방법, ⅱ) 손해배상으로 처리하는 방법(민법 제390조), ⅲ) 강제이행으로 처리하는 방법(민법 제389조), ⅳ) 종전의 계약을 해제하는 방법(민법 제544조) 등이 있다.

[판례1] ▶ 손실보상금에 관한 당사자 간 합의가 성립한 경우, 그 합의 내용이 「토지보상법」상 손실보상기준에 맞지 않는다는 이유로 추가로 손실보상금을 청구할 수는 없다. **[대법원 2013.8.22 선고 2012다3517]**

【판결요지】
공익사업을 위한 토지 등의 취득 및 보상에 관한 법률(이하 '공익사업법'이라고 한다)에 의한 보상합의는 공공기관이 사경제주체로서 행하는 사법상 계약의 실질을 가지는 것으로서, 당사자 간의 합의로 같은 법 소정의 손실보상의 기준에 의하지 아니한 손실보상금을 정할 수 있으며, 이와 같이 같은 법이 정하는 기준에 따르지 아니하고 손실보상액에 관한 합의를 하였다고 하더라도 그 합의가 착오 등을 이유로 적법하게 취소되지 않는 한 유효하다. 따라서 공익사업법에 의한 보상을 하면서 손실보상금에 관한 당사자 간의 합의가 성립하면 그 합의 내용대로 구속력이 있고, 손실보상금에 관한 합의 내용이 공익사업법에서 정하는 손실보상 기준에 맞지 않는다고 하더라도 합의가 적법하게 취소되는 등의 특별한 사정이 없는 한 추가로 공익사업법상 기준에 따른 손실보상금 청구를 할 수는 없다.

[판례2] ▶ 협의취득에서도 채무불이행이나 매매대금 과부족금에 대한 지급의무를 약정할 수 있다.**[대법원 2012.2.23. 선고 2010다91206]**

【판결요지】
공익사업법령에 의한 협의취득은 사법상의 법률행위이므로 당사자 사이의 자유로운 의사에 따라 채무불이행책임이나 매매대금 과부족금에 대한 지급의무를 약정할 수 있다.

[판례3] ▶ 잘못된 감정평가기준을 적용한 경우 과부족금액을 상대방에게 청구할 수 있다.**[대법원 2012.3.29. 선고 2011다104253]**

【판결요지】
한국토지주택공사가 국민임대주택단지를 조성하기 위하여 갑 등에게서 토지를 협의

취득하면서 '매매대금이 고의·과실 내지 착오평가 등으로 과다 또는 과소하게 책정되어 지급되었을 때에는 과부족금액을 상대방에게 청구할 수 있다'고 약정하였는데, 공사가 협의취득을 위한 보상액을 산정하면서 한국감정평가업협회의 구 토지보상평가지침(2003. 2.14.자로 개정된 것, 이하 '구 토지보상평가지침'이라 한다)에 따라 토지를 지상에 설치된 철탑 및 고압송전선의 제한을 받는 상태로 평가한 사안에서, 위 약정은 단순히 협의취득 대상토지 현황이나 면적을 잘못 평가하거나 계산상 오류 등으로 감정평가금액을 잘못 산정한 경우뿐만 아니라 공익사업법상 보상액 산정 기준에 적합하지 아니한 감정평가기준을 적용함으로써 감정평가금액을 잘못 산정하여 이를 기준으로 협의매수금액을 산정한 경우에도 적용되고, 한편 공사가 협의취득을 위한 보상액을 산정하면서 대외적 구속력을 갖는 공익사업을 위한 토지 등의 취득 및 보상에 관한 법률 시행규칙 제22조에 따라 토지에 건축물 등이 있는 때에는 건축물 등이 없는 상태를 상정하여 토지를 평가하여야 함에도, 대외적 구속력이 없는 구 토지보상평가지침에 따라 토지를 건축물 등에 해당하는 철탑 및 고압송전선의 제한을 받는 상태로 평가한 것은 정당한 토지 평가라고 할 수 없는 점 등에 비추어 위 협의매수금액 산정은 공사가 고의·과실 내지 착오평가 등으로 과소하게 책정하여 지급한 경우에 해당한다.

[판례4] ▶ 용도지역을 오인한 감정평가서에 기초한 협의계약은 취소할 수 있다.
[대법원 1998.2.10. 선고 97다44737]

【판결요지】

매매대금은 매매계약의 중요 부분인 목적물의 성질에 대응하는 것이기는 하나 분량적으로 가분적인 데다가 시장경제하에서 가격은 늘 변동하는 것이어서, 설사 매매대금액 결정에 있어서 착오로 인하여 다소간의 차이가 나더라도 보통은 중요 부분의 착오로 되지 않는다. 그러나 이 사건은 정당한 평가액을 기준으로 무려 85%나 과다하게 평가된 경우로서 그 가격 차이의 정도가 현저할 뿐만 아니라, …(중략)… 원고 시로서는 위와 같은 동기의 착오가 없었더라면 그처럼 과다하게 잘못 평가된 금액을 기준으로 협의매수계약을 체결하지 않았으리라는 점은 명백하다. 따라서 원고의 매수대금액 결정의 동기는 이 사건 협의매수계약 내용의 중요한 부분을 이루고 있다고 봄이 상당하다. …(중략)… 이 사건과 같이 두 개의 감정평가기관이 동시에 착오에 빠져 둘 다 비슷한 평가액을 낸 경우에는 원고 시로서는 사실상 이를 신뢰할 수밖에 없으리라는 사정을 엿볼 수 있는데, 이러한 사정에 비추어 볼 때 원고가 이 사건 토지들의 용도 및 감정평가서의 내용 등을 면밀히 검토하여 그 잘못된 점을 발견해 내지 못한 채 두 감정기관의 감정서 내용을 그대로 믿고 이를 기준으로 협의매수계약을 체결하였다는 사정만을 내세워, 원고에게 위 착오를 일으킨 데 대하여 중대한 과실이 있다고 보기는 어렵다. …(중략)… 원심이 판시와 같은 이유를 들어 원고와 피고들 사이의 이 사건 협의매수계약은 원고의 위 착오를 이유로 한 의사표시의 일부 취소로 말미암아 각 그 해당 범위 내에서만 소급적으로 무효가 되었다고 판단한 것은 위 법리에 따른 것으로 정당하고 거기에 소론과 같은 법리오해, 심리미진 등의 위법이 있다고 할 수 없다.

※ 위 판례는 보상평가를 담당한 2개의 감정평가법인이 자연녹지, 개발제한구역인 토지를 생산녹지로 잘못 평가하여 평가액에 현저한 차이가 발생한 경우에 대한 것임

[판례5] ▶ 협의취득에서의 매도인은 채무불이행으로 인한 손해배상책임과 하자담보책임을 경합적으로 부담한다. [대법원 2004. 7. 22. 선고 2002다51586]

【판결요지】

토지 매도인이 성토작업을 기화로 다량의 폐기물을 은밀히 매립하고 그 위에 토사를 덮은 다음 도시계획사업을 시행하는 공공사업시행자와 사이에서 정상적인 토지임을 전제로 협의취득절차를 진행하여 이를 매도함으로써 매수자로 하여금 그 토지의 폐기물처리비용 상당의 손해를 입게 하였다면 매도인은 이른바 불완전이행으로서 채무불이행으로 인한 손해배상책임을 부담하고, 이는 하자 있는 토지의 매매로 인한 「민법」 제580조 소정의 하자담보책임과 경합적으로 인정된다.

[판례6] ▶ 수용재결이 있은 후에도 토지소유자와 사업시행자가 다시 협의하여 임의로 계약체결을 할 수 있다. [대법원 2017. 4. 13. 선고 2016두64241]

【판결요지】

공익사업을 위한 토지 등의 취득 및 보상에 관한 법률(이하 '토지보상법'이라 한다)은 사업시행자로 하여금 우선 협의취득 절차를 거치도록 하고, 협의가 성립되지 않거나 협의를 할 수 없을 때에 수용재결취득 절차를 밟도록 예정하고 있기는 하다. 그렇지만 일단 토지수용위원회가 수용재결을 하였더라도 사업시행자로서는 수용 또는 사용의 개시일까지 토지수용위원회가 재결한 보상금을 지급 또는 공탁하지 아니함으로써 재결의 효력을 상실시킬 수 있는 점, 토지소유자 등은 수용재결에 대하여 이의를 신청하거나 행정소송을 제기하여 보상금의 적정 여부를 다툴 수 있는데, 그 절차에서 사업시행자와 보상금액에 관하여 임의로 합의할 수 있는 점, 공익사업의 효율적인 수행을 통하여 공공복리를 증진시키고, 재산권을 적정하게 보호하려는 토지보상법의 입법 목적(제1조)에 비추어 보더라도 수용재결이 있은 후에 사법상 계약의 실질을 가지는 협의취득 절차를 금지해야 할 별다른 필요성을 찾기 어려운 점 등을 종합해 보면, 토지수용위원회의 수용재결이 있은 후라고 하더라도 토지소유자 등과 사업시행자가 다시 협의하여 토지 등의 취득이나 사용 및 그에 대한 보상에 관하여 임의로 계약을 체결할 수 있다고 보아야 한다.

제3장
수용취득(수용재결) 및
구제절차

제1절 수용취득절차(손실보상절차)

1. 토지 등의 수용 또는 사용

(1) 개요

공익사업은 공공필요를 위하여 꼭 필요한 사업이므로 사업시행자와 토지소유자 등 사이에 협의가 성립되지 않을 경우 공익사업의 시행에 필요한 토지를 확보하기 위해 토지 등을 강제적으로 취득 할 수 있는 근거를 마련하였으며, 선후 공익사업간 수용 또는 사용의 제한 규정을 두어 사업시행자간 분쟁을 방지하고 있다.

사업시행자는 공익사업의 수행을 위하여 필요하면 토지보상법에서 정하는 바에 따라 토지 등을 수용하거나 사용할 수 있다. 사업시행자가 공익사업의 수행을 위하여 수용하거나 사용이 필요한 토지 등이 있는 경우 사업인정신청서에 그 토지 등에 관한 조서·도면 및 해당 토지 등의 관리자의 의견서 등을 첨부하여야 한다.

(2) 제한

공익사업에 수용되거나 사용되고 있는 토지 등은 특별히 필요한 경우가 아니면 다른 공익사업을 위하여 수용하거나 사용할 수 없다(법 제19조).[103]

공익사업에 이용되고 있는 토지 등 외에도 외교특권이 인정되는 자의 재산, 공물 등도 수용 또는 사용이 제한되며, 토지세목에 포함되지 아니한 토지 및 사업시행자 소유의 토지 등은 그 성격상 수용 또는 사용이 허용되지 않는다. 다만, 공익사업에 이용되고 있는 토지 등을 수용 또는 사용의 대상에서 제외하는 이유는 이미 공익사업에 사용되고 있는 토지 등을 다시 다른 공익사업에 제공하게 되면 기존의 공익사업의 목적을 달성할 수 없게 되어 수용의 목적에 반하기 때문이므로, 새로운 공익사업이 기존의 공익사업보다 공익에 이바지하는 바가 클 경우에는 이미 공익사업에 제공되어 있는 토지 등도 예외적으로 수용의 목적물이 될 수 있다.[104]

---

103) 수용의 근거는 「헌법」 제23조제3항, 「토지보상법」 제4장, 기타 수용을 규정하고 있는 110개 개별 법률의 수용 관련 조항이다.
104) 중앙토지수용위원회, 토지수용 업무편람, 2017.12. 71면

[판례] ▶ 토지수용법 제5조(「토지보상법」 제19조제2항)의 입법취지
[헌법재판소 2000.10.25. 2000헌바32]

【결정요지】

토지수용법 제5조는 이른바 공익 또는 수용권의 충돌 문제를 해결하기 위한 것으로서, 수용적격사업이 경합하여 충돌하는 공익의 조정을 목적으로 한 규정이다. 즉, 현재 공익사업에 이용되고 있는 토지는 가능하면 그 용도를 유지하도록 하기 위하여 수용의 목적물이 될 수 없도록 하는 것이 그 공익사업의 목적을 달성하기 위하여 합리적이라는 이유로, 보다 더 중요한 공익사업을 위하여 특별한 필요가 있는 경우에 한하여 예외적으로 수용의 목적물이 될 수 있다고 규정한 것이고, 토지 등을 수용할 수 있는 요건 또는 그 한계를 정한 것이 아니다.

2. 수용취득절차 개관

토지수용은 공익사업에 필요한 토지 등에 대한 협의취득이 불가능한 경우 토지 등 소유자에 대한 손실보상을 전제로 하는 강제취득이라는 침익적 행정처분인바, 이에는 법적근거에 따른 보상절차의 준수가 강조된다.

따라서 토지보상법상의 손실보상절차상의 흠결이 있을 경우 해당 행정처분은 무효 또는 취소의 사유가 되므로 엄격한 수용절차진행은 반드시 지켜져야 한다.

공익사업은 택지개발예정지구지정 주민공람공고를 시작으로 택지개발예정지구고시(사업시행자 지정포함) 및 사업인정고시(개발계획승인 등)후 아래의 보상절차도[105]에 따라 진행된다.

《 토지수용(손실보상)절차 》

공익사업계획결정 및 사업인정(사업인정의제)

• 국토부장관(또는 사업 인허가권자)의 처분 시
중앙토지수용위원회의 의견을 청취

---

105) 아래 보상절차도는 대규모택지개발 사업 등을 전제로 하는 통상적인 절차임.

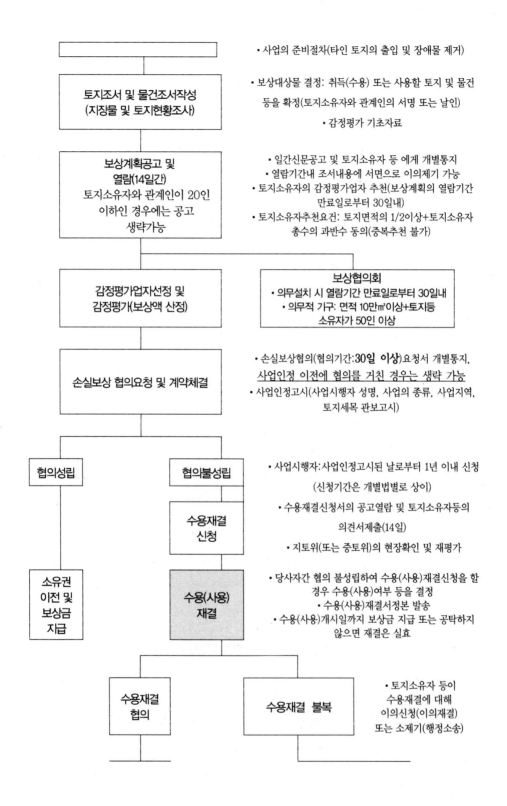

토지조서 및 물건조서작성
(지장물 및 토지현황조사)

- 사업의 준비절차(타인 토지의 출입 및 장애물 제거)

- 보상대상물 결정: 취득(수용) 또는 사용할 토지 및 물건 등을 확정(토지소유자와 관계인의 서명 또는 날인)
  - 감정평가 기초자료

보상계획공고 및
열람(14일간)
토지소유자와 관계인이 20인
이하인 경우에는 공고
생략가능

- 일간신문공고 및 토지소유자 등 에게 개별통지
- 열람기간내 조서내용에 서면으로 이의제기 가능
- 토지소유자의 감정평가업자 추천(보상계획의 열람기간 만료일로부터 30일내)
- 토지소유자추천요건: 토지면적의 1/2이상+토지소유자 총수의 과반수 동의(중복추천 불가)

감정평가업자선정 및
감정평가(보상액 산정)

보상협의회
- 의무설치 시 열람기간 만료일로부터 30일내
- 의무적 기구: 면적 10만㎡이상+토지등 소유자가 50인 이상

손실보상 협의요청 및 계약체결

- 손실보상협의(협의기간:**30일 이상**)요청서 개별통지, 사업인정 이전에 협의를 거친 경우는 생략 가능
- 사업인정고시(사업시행자 성명, 사업의 종류, 사업지역, 토지세목 관보고시)

협의성립

협의불성립

수용재결
신청

- 사업시행자:사업인정고시된 날로부터 1년 이내 신청 (신청기간은 개별법별로 상이)
- 수용재결신청서의 공고열람 및 토지소유자등의 의견서제출(14일)
- 지토위(또는 중토위)의 현장확인 및 재평가

소유권
이전 및
보상금
지급

수용(사용)
재결

- 당사자간 협의 불성립하여 수용(사용)재결신청을 할 경우 수용(사용)여부 등을 결정
- 수용(사용)재결서정본 발송
- 수용(사용)개시일까지 보상금 지급 또는 공탁하지 않으면 재결은 실효

수용재결
협의

수용재결 불복

- 토지소유자 등이 수용재결에 대해 이의신청(이의재결) 또는 소제기(행정소송)

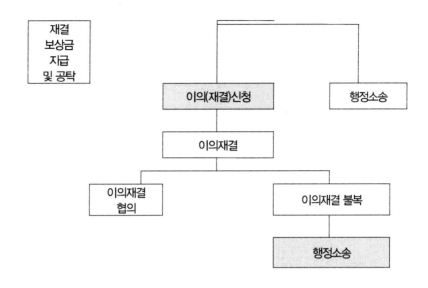

※ 이의(재결)신청기간: 수용재결서 정본 송달일로부터 30일 이내

※ 행정소송 제소기간: 수용재결서 정본 송달일로부터 90일(종전 60일에서 확대) 이내 또는 이의재결서 정본 송달일로부터 60일(종전 30일에서 확대) 이내로 개정되었다 (법 85조 제1항).(2018.12.31. 개정) [시행 2019.7.1.]

※ 토지보상법 부칙 제4조(행정소송의 제기에 관한 적용례) 제85조제1항의 개정규정은 **이 법 시행 후 최초로** 제34조 또는 제84조에 따른 **재결서 정본을 받은 자부터 적용**한다.

《중앙토지수용위원회의 일반적 재결절차》[106]

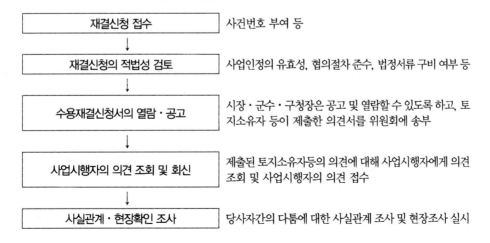

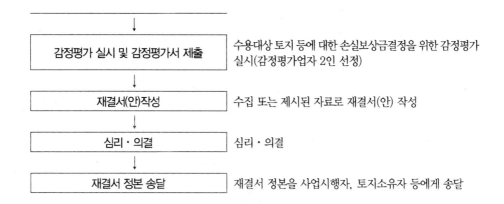

감정평가 실시 및 감정평가서 제출	수용대상 토지 등에 대한 손실보상금결정을 위한 감정평가 실시(감정평가업자 2인 선정)
재결서(안)작성	수집 또는 제시된 자료로 재결서(안) 작성
심리 · 의결	심리 · 의결
재결서 정본 송달	재결서 정본을 사업시행자, 토지소유자 등에게 송달

3. 공익사업의 시행지구 지정

공익사업을 위하여 시행지구를 지정하는 등의 공익사업 계획 결정을 하여야 하는데, 이는 주무행정기관의 장(ex 국토교통부장관)에 의하여 이루어진다.

구체적으로는 ① 예정지구지정을 위한 '공람공고'를 행하게 되며, 이후 ② 사업시행자의 지정 및 공익사업 예정지구를 **지정고시** 하고 이후 ③ 사업 **개발계획을 승인 · 고시**하게 된다.107) 그러면 이후 사업시행자에 의하여 지장물 조사 등이 이루어지고 그에 따라 보상계획 절차로 착수하게 된다.

4. 사업인정

공용수용의 보통절차는 사업인정 → 토지조서 · 물건조서의 작성 → 협의 → 재결의 단계를 거쳐 진행된다. 이 중 사업시행자에게 수용권한을 부여하는 절차인 사업인정 절차가 중요하다. 그리고 토지조서 · 물건조서의 작성, 협의 절차는 사업인정 이전에 절차를 거친 경우에 토지조서 · 물건조서의 내용에 변동이 없는 때에는 절차를 생략할 수 있다(법 제26조 제2항).

---

106) 국토교통부 중앙토지수용위원회, 토지수용업무편람, 2015, 4면
107) 위 지구지정고시 또는 개발계획의 승인 · 고시는 직접적으로 구체적인 국민의 권리의무에 대한 부담행위가 되는 처분행위로 인정하지는 않으므로 행정불복 절차의 대상이 되지는 않는다. 또한 위 개발계획 승인고시는 실무상 사업인정고시라 불리우며 공익사업의 종류 및 명칭에 따라 도시개발계획 수립고시, 도로구역결정고시, 실시계획인가고시도 같은 의미이다. 그리고 위 개발계획승인고시는 통상 영업손실보상 및 주거이전비의 기준이 된다.

가. 의의

사업인정이란 공익사업을 토지를 수용 또는 사용할 사업으로 결정하는 것을 말한다(토지보상법 제2조 제7호). 사업인정은 사업시행자에게 일정한 절차를 거쳐 그 사업에 필요한 토지를 수용 또는 사용하는 권리를 설정하여 주는 국토교통부장관의 형성행위이다. 사업인정으로 사업시행자에게 수용권이 창설되고, 토지소유자 등에게는 일정한 의무가 부과되고, 손실보상청구권이 주어진다. 따라서 사업인정은 행정처분이며 항고소송의 대상이 된다.

판례

대법원 1992. 11. 13. 선고 92누596 판결 (토지수용을위한사업인정거부처분취소등)
【판시사항】 광업법 및 토지수용법상의 토지수용을 위한 사업인정이 행정청의 재량행위인지 여부(적극)

【판결요지】
사업인정은 단순한 확인행위가 아니라 형성행위이고 당해 사업이 비록 토지를 수용할 수 있는 사업에 해당된다 하더라도 행정청으로서는 과연 그 사업이 공용수용을 할 만한 공익성이 있는지의 여부를 모든 사정을 참작하여 구체적으로 판단하여야 하는 것이므로 사업인정의 여부는 행정청의 재량에 속한다 할 것이다.

토지보상법 이외에 개별법에 의해 토지보상법의 사업인정이 의제되는 경우가 상당수 있다. 예를 들면, 「택지개발촉진법」 제3조에 의한 택지개발지구의 지정·고시, 국토의 계획 및 이용에 관한 법률 제91조의 도시·군계획시설사업의 실시계획 고시, 「도시 및 주거환경 정비법」 제28조의 사업시행인가 고시 등 개별법에서 특정한 절차를 거치면 사업인정이 있는 것으로 의제된다. 이 경우에는 사업인정을 별도로 받지 않아도 된다.

또한, 사업인정 의제제도[108])는 적법절차원칙 및 「헌법」 제23조제3항에 위반되지 않으며,

---

108) 도시계획시설사업 자체에 있어서도 공공필요성 요건은 충족되고, 「국토계획법」상 이해관계인의 의견청취, 관계행정기관과의 협의 등 공공필요에 대한 판단을 할 수 있는 적절한 절차가 규정되어 있으므로 도시계획시설 실시인가를 사업인정으로 의제하는 구 「국토계획법」 제96조 제2항 본문은 적법절차원칙 및 헌법 제23조 제3항에 위반되지 않는다.[헌법재판소 2007. 11. 29. 선고 2006헌바79]

개별 법률에서의 사업인정 의제에는 재결신청기간 및 관할 토지수용위원회를 별도로 규정하거나 보상기준 등을 달리 규정하고 있는 경우가 있다.

〈개별법상 사업인정(고시) 의제 및 재결신청기간 특례규정〉[109]

개 별 법	사업인정 의제	재결신청기간 특례
경제자유구역의 지정 및 운영에 관한 특별법 (약칭:경제자유구역법)	경제자유구역개발사업 실시계획승인 고시(제13조제2항 본문) (또는 경제자유구역개발계획의 고시: 경제자유구역개발계획에 수용할 토지등의 세목이 포함되어 있는 경우 – 제13조제2항 단서)	실시계획에서 정한 사업시행기간 이내(제13조제2항 본문) (또는 경제자유구역개발계획에서 정하는 기간 내 – 제13조제2항 단서)
택지개발촉진법	택지개발지구의 지정·고시(제12조제2항)	실시계획에서 정한 사업시행기간 이내(제12조제2항)
공공주택특별법 〈2015.8.28. 개정으로 법 제명 변경〉[110]	주택지구 지정 또는 주택건설사업계획 승인·고시 (제27조제2항) 〈개정 2020.12.22.〉	지구계획 또는 주택건설사업계획에서 정하는 사업의 시행기간내(제27조제3항) 〈개정 2020.12.22〉
도시개발법	개발계획의 수용 또는 사용의 대상이 되는 토지의 세부목록 고시 (제22조제3항 본문)	개발계획에서 정한 도시개발사업의 시행기간 종료일까지 (제22조제3항 단서)
도시 및 주거환경 정비법 〈2017.2.8. 전부개정〉	사업시행계획인가 고시 (제65조제2항) 〈개정 2021.3.16〉 (2017.2.8. 전부 개정전:제40조제2항)	사업시행계획인가 시 정한 사업시행기간 이내 (제65조제3항)
산업입지 및 개발에 관한 법률	산업단지 지정·고시(사업시행자와토지등의 세목을 산업단지지정이후 개발	산업단지개발계획에서 정한 사업기간 내 (제22조제3항)[111]

109) 토지보상법은 사업시행자의 관할 토지수용위원회의 재결신청기간에 대해 사업인정고시일로부터 1년으로 규정하고 있고(법 제28조 제1항), 사업시행자가 이 기간내에 재결신청을 하지 하지 아니하면 사업인정고시가 된 날로부터 1년이 되는 날의 다음 날에 사업인정은 실효(법 제23조 제1항)된다고 규정하고 있는 바, 일부 개별법률에서는 이와 같은 사업시행자의 재결신청기간에 대한 특례규정을 두고 있다.

- 토지보상법 제28조(재결의 신청) ① 제26조에 따른 협의가 성립되지 아니하거나 협의를 할 수 없을 때(제26조제2항 단서에 따른 협의 요구가 없을 때를 포함한다)에는 사업시행자는 <u>사업인정고시가 된 날부터 1년 이내에 대통령령으로 정하는 바에 따라 관할 토지수용위원회에 재결을 신청할</u> 수 있다.

- 토지보상법 제23조(사업인정의 실효) ① <u>사업시행자가 제22조제1항에 따른 사업인정의 고시(이하 "사업인정고시"라 한다)가 된 날부터 1년 이내에 제28조제1항에 따른 재결신청을 하지 아니한 경우에는 사업인정고시가 된 날부터 1년이 되는 날의 다음 날에 사업인정은 그 효력을 상실한다.</u>

(약칭:산업입지법)	계획에 포함시키는 경우는 개발계획고시) (제22조제2항)	
물류시설의 개발 및 운영에 관한 법률	물류터미널의 구조 및 설비 등에 관한 공사시행인가 고시 (제10조제2항)〈개정 2017.3.21〉	공사시행인가 시 정한 사업시행기간 이내 (제10조제2항)
하천법	하천공사시행계획, 하천공사실시계획 수립·고시 (제78조제3항)〈개정 2017.1.17., 2020.6.9.〉	해당 하천공사의 사업기간 내 (제78조제3항)
소하천 정비법	소하천정비시행계획 공고 (제12조제2항)〈개정 2016.1.27〉	소하천정비시행계획의 사업기간내 (제12조제2항)
혁신도시 조성 및 발전에 관한 특별법(약칭:혁신도시법)112)	혁신도시개발예정지구 지정·고시 (제15조제2항)	혁신도시개발사업의 시행기간 이내 (제15조제3항)〈개정 2020.6.9.〉
국방·군사시설 사업에 관한 법률(약칭:국방시설사업법)	국방·군사시설사업계획 승인·고시 (제5조제3항)	사업계획 승인고시에서 정한 시행기간 내 (제5조제3항)
기업도시개발특별법 (약칭:기업도시법)	토지 등 세목을 제11조 제6항(개발계획 승인)에 의하여 고시한 때 (제14조제2항)〈개정 2017.10.24〉	개발계획승인 고시일부터 4년 이내(2년연장 가능) (제14조제4항)113)
국토의 계획 및 이용에 관한 법률	도시·군계획시설사업의 실시계획 고시 (제96조제2항 본문)〈개정 2011.4.14〉	실시계획에서 정한 도시·군계획시설사업의 시행기간 이내 (제96조제2항 단서)
도로법	도로구역 결정 또는 변경 고시 (제82조제2항)※수용권의 주체는 도로관리청(제82조제1항)	도로공사의 시행기간 이내 (제82조제2항)
관광진흥법	–	관광단지 조성사업 시행기간 이내 (제61조제2항)
전원개발(電源開發)촉진법	전원개발사업 실시계획 승인·고시(제6조의2제3항)	전원개발사업 시행기간 이내 (제6조의2제4항)
고도보존및육성에관한특별법(약칭:고도육성법)	지구의 지정·고시(제17조제4항)	–
주한미군기지이전에 따른평택시등의지원등에관한특별법(약칭:미군이전평택지	지역개발계획에 따른 연차별 개발계획의 승인 또는 국제화계획지구 개발계획의 승인·고시 (제24조의2제2항) [본조신설 2007.7.27.]	연차별 개발계획 또는 국제화계획지구 개발계획에서 정하는 사업시행기간 이내 (제24조의2제2항)

원법)		
용산공원조성특별법 (약칭:용산공원법)	용산공원조성계획의 고시(제51조제2항)〈개정 2020.6.9.〉	용산공원조성실시계획에서 정한 사업시행기간 이내 (제51조제2항)

110) 법 제명을 「공공주택건설 등에 관한 특별법」에서 공공주택의 공급·관리 등에 관한 사항을 포함하여 「공공주택 특별법」으로 변경함. [시행 2015.12.29.] [법률 제13498호, 2015.8.28., 일부개정]

한편, 본법의 제명은 「국민임대주택건설등에관한특별조치법」(2003.12.31. 제정) → 「보금자리주택건설등에관한특별법」(2009.3.20. 전부개정) → 「공공주택건설등에관한특별법」(2014.1.14.. 일부개정) → 「공공주택특별법」(2015.8.28. 일부개정)의 순으로 법 제명이 변경되어 왔다.

111) ■ 산업입지 및 개발에 관한 법률 제22조(토지수용) ③ 국토교통부장관이 지정한 산업단지의 토지등에 대한 재결(裁決)은 중앙토지수용위원회가 관장하고, 국토교통부장관 외의 자가 지정한 산업단지의 토지등에 대한 재결은 지방토지수용위원회가 관장하되, 재결의 신청은 「공익사업을 위한 토지 등의 취득 및 보상에 관한 법률」 제23조제1항 및 같은 법 제28조제1항에도 불구하고 산업단지개발계획에서 정하는 사업기간 내에 할 수 있다. 〈개정 2016.12.20.〉

④ 제3항에 따른 재결의 신청은 개발구역 토지면적의 100분의 50 이상에 해당하는 토지를 확보(토지소유권을 취득하거나 토지소유자로부터 사용동의를 받은 것을 말한다)한 후에 할 수 있다. 다만, 제16조제1항제1호, 제2호에 해당하는 사업시행자 및 이와 공동으로 개발사업을 시행하는 자의 경우에는 그러하지 아니하다.

112) 법 제명을 「공공기관 지방이전에 따른 혁신도시 건설 및 지원에 관한 특별법」에서 혁신도시 발전에 관한 사항까지 포괄하도록 하는 「혁신도시 조성 및 발전에 관한 특별법」으로 변경함. [시행 2018.3.27.] [법률 제15309호, 2017.12.26., 일부개정]

113) ■ 기업도시개발 특별법 제14조(토지등의 수용·사용) ① 시행자는 개발구역에서 개발사업을 시행하기 위하여 필요할 때에는 「공익사업을 위한 토지 등의 취득 및 보상에 관한 법률」 제3조에 따른 토지·물건 또는 권리(이하 "토지등"이라 한다)를 수용 또는 사용(이하 "수용등"이라 한다)할 수 있다.

② 제1항을 적용하는 경우에 수용등의 대상이 되는 토지등의 세부 목록을 제11조제6항에 따라 고시한 때에는 「공익사업을 위한 토지 등의 취득 및 보상에 관한 법률」 제20조제1항 및 제22조에 따른 사업인정 및 사업인정의 고시가 있은 것으로 본다. 〈개정 2017. 10. 24.〉

③ 「공익사업을 위한 토지 등의 취득 및 보상에 관한 법률」 제28조에 따른 재결의 신청은 개발구역 토지면적의 100분의 50 이상에 해당하는 토지를 확보(토지소유권을 취득하거나 토지소유자로부터 사용동의를 받은 것을 말한다)한 후에 할 수 있다. 다만, 제10조제2항에 따라 공동으로 개발사업을 시행하는 경우에는 개발구역 토지면적의 100분의 50 이상에 해당하는 토지를 확보하기 전에도 재결의 신청을 할 수 있다.

④ 재결의 신청은 「공익사업을 위한 토지 등의 취득 및 보상에 관한 법률」 제23조제1항 및 제28조제1항에도 불구하고 제11조제6항 본문에 따른 개발계획의 고시일부터 4년 이내에 할 수 있다. 다만, 대통령령으로 정하는 부득이한 사유가 있는 경우에는 국토교통부장관의 승인을 받아 그 기간을 2년 연장할 수 있다. 〈개정 2012. 1. 20., 2013. 3. 23., 2015. 6. 22., 2017. 10. 24.〉

⑤ 제1항에 따른 토지등의 수용등에 관한 재결의 관할 토지수용위원회는 중앙토지수용위원회가 된다.

⑥ 시행자는 「공익사업을 위한 토지 등의 취득 및 보상에 관한 법률」에서 정하는 바에 따라 개발사업의 시행에 필요한 토지등을 제공함으로 인하여 생활의 근거를 상실하게 되는 자에 대하여 주거단지 등을 조성·공급하는 등 이주대책을 수립·시행하여야 한다.

⑦ 제6항에 따라 수립하는 이주대책에는 이주대상 주민과 협의하여 당초 토지등의 소유 상황과 생업 등을 고려하여 생활대책에 필요한 용지를 대체하여 공급하는 등 대통령령으로 정하는 사항이 포함되어야 한다.

⑧ 시행자는 토지등의 보상 및 이주대책에 관한 업무를 시장·군수에게 위탁할 수 있다. 이 경우 시장·

나. 사업인정의 요건

토지보상법상 사업인정처분이 행해지기 위해서는 제4조에서 정한 공익사업이어야 하고 그 사업의 공공의 필요성이 인정되어야 하는데, 토지보상법 또는 개별 법률에서 수용 또는 사용할 수 있는 공익사업으로 열거되어 있더라도, 이는 공공필요의 유무를 판단하는 최소한의 기준을 제시한 것에 불과하고 사업인정의 단계에서 사업인정권자가 개별적·구체적으로 공공필요에 대한 검토를 하여 사업인정 여부를 결정하여야 한다.

즉, 사업인정을 위해서는 ① 해당 사업이 「토지보상법」 제4조에 따른 공익사업에 해당되어야 하고, ② 해당 사업으로 인하여 취득되는 공익과 상실되는 사익 및 공익을 정당하게 비교·형량하였을 때 그 사업이 수용·사용할 만한 충분한 '공익성'과 '사업의 필요성'이 있어야 한다.

(1) 토지보상법 제4조의 공익사업에 해당할 것

사업인정의 대상이 되는 공익사업은 토지보상법 제4조의 공익사업에 해당하여야 한다.

① 종래에는 토지 등을 수용·사용할 수 있는 공익사업의 종류를 토지보상법 제4조 제1호 내지 제8호에 열거하면서 제8호를 '그 밖에 다른 법률에 따라 토지 등을 수용하거나 사용할 수 있는 사업'으로 규정함으로써 공익사업의 범위를 필요이상으로 넓혔다는 비판이 있었다. 이에 토지보상법 제4조를 개정(2015.12.29)하고, 제4조의 2를 신설함으로써 공익사업의 범위를 엄격하게 규율하게 되었다.

즉, 토지보상법 제4조 또는 [별표]에 규정된 법률에 따르지 아니하고는 개별 법률에서 토지 등을 수용·사용하는 사업을 규정할 수 없도록 하였다(법 제4조 제8호). 또한, 토지보상법 제4조의3(공익사업 신설 등에 대한 개선요구 등)을 신설(2018.12.31)하여 중앙토지수용위원회가 공익사업의 신설, 변경 및 폐지 등에 관하여 개선요구 등을 할 수 있

군수는 특별한 사유가 없으면 이에 따라야 한다.
⑨ 제8항에 따라 토지등의 보상 및 이주대책에 관한 업무를 위탁받은 시장·군수는 위탁받은 업무를 직접 이행하기 어려운 경우에는 그 업무 중 일부를 「공익사업을 위한 토지 등의 취득 및 보상에 관한 법률」 제81조제1항제2호에서 정한 기관에 재위탁할 수 있다.
⑩ 제1항에 따른 토지등의 수용등에 관하여 이 법에 특별한 규정이 있는 경우를 제외하고는 「공익사업을 위한 토지 등의 취득 및 보상에 관한 법률」을 준용한다. [전문개정 2011. 5. 30.]

도록 하고, 중앙토지수용위원회의 개선요구 등에 대한 관계 행정기관의 반영의무를 규정하였고, 중앙토지수용위원회는 개선요구 등을 위하여 관계 기관 소속 직원 또는 관계 전문가 등에게 의견진술이나 자료제출을 요구할 수 있도록 하였다(법 제4조의3).

관련법령

- 토지보상법에 정해져 있는 공익사업(법 제4조 및 제4조의 2)

제4조(공익사업) 이 법에 따라 토지등을 취득하거나 사용할 수 있는 사업은 다음 각 호의 어느 하나에 해당하는 사업이어야 한다. 〈개정 2014.3.18., 2015.12.29.〉

1. 국방·군사에 관한 사업

2. 관계 법률에 따라 허가·인가·승인·지정 등을 받아 공익을 목적으로 시행하는 철도·도로·공항·항만·주차장·공영차고지·화물터미널·궤도(軌道)·하천·제방·댐·운하·수도·하수도·하수종말처리·폐수처리·사방(砂防)·방풍(防風)·방화(防火)·방조(防潮)·방수(防水)·저수지·용수로·배수로·석유비축·송유·폐기물처리·전기·전기통신·방송·가스 및 기상 관측에 관한 사업

3. 국가나 지방자치단체가 설치하는 청사·공장·연구소·시험소·보건시설·문화시설·공원·수목원·광장·운동장·시장·묘지·화장장·도축장 또는 그 밖의 공공용 시설에 관한 사업

4. 관계 법률에 따라 허가·인가·승인·지정 등을 받아 공익을 목적으로 시행하는 학교·도서관·박물관 및 미술관 건립에 관한 사업

5. 국가, 지방자치단체, 「공공기관의 운영에 관한 법률」 제4조에 따른 공공기관, 「지방공기업법」에 따른 지방공기업 또는 국가나 지방자치단체가 지정한 자가 임대나 양도의 목적으로 시행하는 주택 건설 또는 택지 및 산업단지 조성에 관한 사업

6. 제1호부터 제5호까지의 사업을 시행하기 위하여 필요한 통로, 교량, 전선로, 재료 적치장 또는 그 밖의 부속시설에 관한 사업

7. 제1호부터 제5호까지의 사업을 시행하기 위하여 필요한 주택, 공장 등의 이주단지 조성에 관한 사업

8. 그 밖에 [별표]에 규정된 법률에 따라 토지 등을 수용하거나 사용할 수 있는 사업

[전문개정 2011.8.4.]

4조의2(토지등의 수용·사용에 관한 특례의 제한) ① 이 법에 따라 토지등을 수용하거나 사용할 수 있는 사업은 제4조 또는 별표에 규정된 법률에 따르지 아니하고는 정할 수 없다.

② 별표는 이 법 외의 다른 법률로 개정할 수 없다.

③ 국토교통부장관은 제4조제8호에 따른 사업의 공공성, 수용의 필요성 등을 5년마다 재검토하여 폐지, 변경 또는 유지 등을 위한 조치를 하여야 한다. 〈신설 2021.4.13.〉

[본조신설 2015.12.29.]

제4조의3(공익사업 신설 등에 대한 개선요구 등) ① 제49조에 따른 중앙토지수용위원회는 제4조제8호에 따른 사업의 신설, 변경 및 폐지, 그 밖에 필요한 사항에 관하여 심의를 거쳐 관계 중앙행정기관의 장에게 개선을 요구하거나 의견을 제출할 수 있다.

② 제1항에 따라 개선요구나 의견제출을 받은 관계 중앙행정기관의 장은 정당한 사유가 없으면 이를 반영하여야 한다.

③ 제49조에 따른 중앙토지수용위원회는 제1항에 따른 개선요구·의견제출을 위하여 필요한 경우 관계 기관 소속 직원 또는 관계 전문기관이나 전문가로 하여금 위원회에 출석하여 그 의견을 진술하게 하거나 필요한 자료를 제출하게 할 수 있다.

[본조신설 2018.12.31.]

■ 공익사업을 위한 토지 등의 취득 및 보상에 관한 법률 [별표] 〈개정 2021.7.20.〉
그 밖에 별표에 규정된 법률에 따라 토지등을 수용하거나 사용할 수 있는 사업
(제4조제8호 관련)

1. 법 제20조에 따라 사업인정을 받아야 하는 공익사업

   (1) 「공간정보의 구축 및 관리 등에 관한 법률」에 따른 기본측량의 실시

(2) 「공공토지의 비축에 관한 법률」에 따라 한국토지주택공사가 공공개발용 토지의 비축사업계획을 승인받은 공공개발용 토지의 취득

(3) 「국립대학법인 서울대학교 설립 · 운영에 관한 법률」에 따른 국립대학법인 서울대학교의 학교용지 확보

(4) 「국립대학법인 인천대학교 설립 · 운영에 관한 법률」에 따른 국립대학법인 인천대학교의 학교용지 확보

(5) 「규제자유특구 및 지역특화발전특구에 관한 규제특례법」에 따른 특화사업

(6) 「농어업재해대책법」에 따른 응급조치

(7) 「대기환경보전법」 제4조에 따라 고시된 측정망설치계획에 따른 환경부장관 또는 시 · 도지사의 측정망 설치

(8) 「문화재보호법」에 따른 문화재의 보존 · 관리

(9) 「석면안전관리법」 제7조에 따른 실태조사, 제8조제2항에 따른 조사, 제13조에 따른 자연발생석면영향조사, 제25조에 따른 슬레이트 시설물 등에 대한 석면조사(환경부장관, 관계 중앙행정기관의 장, 시 · 도지사 또는 시장 · 군수 · 구청장이 실시하는 경우에 한정한다)

(10) 「석탄산업법」 제23조제1항에 따른 연료단지 조성(특별시장 · 광역시장 · 도지사 또는 특별자치도지사가 실시하는 경우에 한정한다)

(11) 「수목원 · 정원의 조성 및 진흥에 관한 법률」에 따른 국가 또는 지방자치단체의 수목원 조성

(12) 「자동차관리법」에 따른 자동차서비스복합단지 개발사업

(13) 「전기사업법」에 따른 전기사업용전기설비의 설치나 이를 위한 실지조사 · 측량 및 시공 또는 전기사업용전기설비의 유지 · 보수

(14) 「전기통신사업법」에 따른 전기통신업무에 제공되는 선로등의 설치

(15) 「지능형 로봇 개발 및 보급 촉진법」 제34조에 따른 공익시설의 조성사업

(16) 「지하수법」 제17조 및 제18조에 따른 지하수관측시설 및 수질측정망(국토교통부장관, 환경부장관 또는 시장 · 군수 · 구청장이 설치하는 경우에 한정한다) 설치

(17) 「집단에너지사업법」에 따른 공급시설의 설치나 이를 위한 실지조사 · 측량 및 시공 또는 공급시설의 유지 · 보수

(18) 「청소년활동 진흥법」 제11조제1항에 따른 수련시설의 설치

(19) 「한국석유공사법」에 따라 한국석유공사가 시행하는 석유의 탐사 · 개발 · 비축 및 수송사업

2. 법 제20조에 따른 사업인정이 의제되는 사업

(1) 「2018 평창 동계올림픽대회 및 동계패럴림픽대회 지원 등에 관한 특별법」에 따른 특구개발사업

(2) 「간선급행버스체계의 건설 및 운영에 관한 특별법」에 따른 체계건설사업

(3) 「간척지의 농어업적 이용 및 관리에 관한 법률」에 따른 간척지활용사업

(4) 「건설기계관리법」에 따른 공영주기장의 설치

(5) 「경제자유구역의 지정 및 운영에 관한 특별법」에 따른 경제자유구역에서 실시되는 개발사업

(6) 「고도 보존 및 육성에 관한 특별법」에 따른 고도보존육성사업 및 주민지원사업

(7) 「공공주택 특별법」 제2조제3호가목에 따른 공공주택지구조성사업, 같은 호 나목에 따른 공공주택건설사업 및 같은 호 마목에 따른 도심 공공주택 복합사업

(8) 「공사중단 장기방치 건축물의 정비 등에 관한 특별조치법」에 따른 정비사업

(9) 「공항시설법」에 따른 공항개발사업

(10) 「관광진흥법」 제55조에 따른 조성계획을 시행하기 위한 사업

(11) 「광산피해의 방지 및 복구에 관한 법률」에 따른 광해방지사업

(12) 「광업법」 제70조 각 호와 제71조 각 호의 목적을 위하여 광업권자나 조광권자가 산업통상자원부장관의 인정을 받은 행위

(13) 「국가통합교통체계효율화법」에 따른 복합환승센터 개발사업

(14) 「국방 · 군사시설 사업에 관한 법률」에 따른 국방 · 군사시설

(15) 「국제경기대회 지원법」에 따른 대회관련시설의 설치 · 이용 등에 관한 사업

(16) 「국토의 계획 및 이용에 관한 법률」에 따른 도시 · 군계획시설사업

(17) 「군 공항 이전 및 지원에 관한 특별법」에 따른 이전주변지역 지원사업

(18) 「금강수계 물관리 및 주민지원 등에 관한 법률」 제4조의3에 따른 수변생태벨트 조성사업 또는 제24조에 따른 수질개선사업

(19) 「급경사지 재해예방에 관한 법률」에 따른 붕괴위험지역의 정비사업

(20) 「기업도시개발 특별법」에 따른 기업도시개발사업

(21) 「낙동강수계 물관리 및 주민지원 등에 관한 법률」 제4조의3에 따른 수변생태벨트 조성사업 또는 제26조에 따른 수질개선사업

(22) 「농어촌도로 정비법」에 따른 농어촌도로 정비공사

(23) 「농어촌마을 주거환경 개선 및 리모델링 촉진을 위한 특별법」에 따른 정비사업

(24) 「농어촌정비법」에 따른 농어촌정비사업

(25) 「농업생산기반시설 및 주변지역 활용에 관한 특별법」에 따른 농업생산기반시설등활용사업

(26) 「댐건설 및 주변지역지원 등에 관한 법률」에 따른 댐건설사업

(27) 「도로법」에 따른 도로공사

(28) 「도시개발법」에 따른 도시개발사업

(29) 「도시교통정비 촉진법」에 따른 중기계획의 단계적 시행에 필요한 연차별 시행계획

(30) 「도시 및 주거환경정비법」 제63조에 따라 토지등을 수용하거나 사용할 수 있는 사업

(31) 「도시철도법」에 따른 도시철도건설사업

(32) 「도청이전을 위한 도시건설 및 지원에 관한 특별법」에 따른 도청이전신도시 개발사업

(33) 「동·서·남해안 및 내륙권 발전 특별법」에 따른 해안권 또는 내륙권 개발사업

(34) 「마리나항만의 조성 및 관리 등에 관한 법률」에 따른 마리나항만의 개발사업

(35) 「물류시설의 개발 및 운영에 관한 법률」에 따른 물류터미널사업 및 물류단지개발사업

(36) 「물환경보전법」에 따른 공공폐수처리시설 설치

(37) 「민간임대주택에 관한 특별법」 제20조에 따라 토지등을 수용하거나 사용할 수 있는 사업

(38) 「빈집 및 소규모주택 정비에 관한 특례법」에 따른 빈집정비사업 및 같은 법 제35조의2에 따라 토지 등을 수용하거나 사용할 수 있는 사업

(39) 「사방사업법」에 따른 사방사업

(40) 「사회기반시설에 대한 민간투자법」에 따른 민간투자사업

(41) 「산림복지 진흥에 관한 법률」에 따른 산림복지단지의 조성

(42) 「산업입지 및 개발에 관한 법률」에 따른 산업단지개발사업 및 제39조에 따른 특수지역개발사업

(43) 「새만금사업 추진 및 지원에 관한 특별법」에 따른 새만금사업

(44) 「소규모 공공시설 안전관리 등에 관한 법률」에 따른 소규모 위험시설 정비사업

(45) 「소하천정비법」에 따른 소하천의 정비

(46) 「수도법」에 따른 수도사업

(47) 「수자원의 조사·계획 및 관리에 관한 법률」에 따른 수문조사시설 설치사업

(48) 「신항만건설 촉진법」에 따른 신항만건설사업

(49) 「신행정수도 후속대책을 위한 연기·공주지역 행정중심복합도시 건설을 위한 특별법」에 따른 행정중심복합도시건설사업

(50) 「어촌·어항법」에 따른 어항의 육역에 관한 개발사업

(51) 「어촌특화발전 지원 특별법」에 따른 어촌특화사업

(52) 「역세권의 개발 및 이용에 관한 법률」에 따른 역세권개발사업

(53) 「연구개발특구의 육성에 관한 특별법」에 따른 특구개발사업

(54) 「연안관리법」에 따른 연안정비사업

(55) 「영산강·섬진강수계 물관리 및 주민지원 등에 관한 법률」 제4조의3에 따른 수변생태벨트 조성사업 또는 제24조에 따른 수질개선사업

(56) 「온천법」에 따라 개발계획을 수립하거나 그 승인을 받은 시장·군수가 시행하는 개발계획에 따른 사업

(57) 「용산공원 조성 특별법」에 따른 공원조성사업

(58) 「자연공원법」에 따른 공원사업

(59) 「자연재해대책법」에 따른 자연재해위험개선지구 정비사업

(60) 「자연환경보전법」 제38조에 따른 자연환경보전·이용시설(국가 또는 지방자치단체가 설치하는 경우에 한정한다)

(61) 「재해위험 개선사업 및 이주대책에 관한 특별법」에 따른 재해위험 개선사업

(62) 「저수지·댐의 안전관리 및 재해예방에 관한 법률」에 따른 저수지·댐의 안전점검, 정밀안전진단, 정비계획의 수립, 정비사업

(63) 「전원개발촉진법」에 따른 전원개발사업

(64) 「접경지역 지원 특별법」 제13조제6항 및 제9항에 따라 고시된 사업시행계획에

포함되어 있는 사업

(65) 「제주특별자치도 설치 및 국제자유도시 조성을 위한 특별법」에 따른 개발사업

(66) 「주택법」에 따른 국가 · 지방자치단체 · 한국토지주택공사 및 지방공사인 사업
주체가 국민주택을 건설하거나 국민주택을 건설하기 위한 대지 조성

(67) 「주한미군 공여구역주변지역 등 지원 특별법」 제9조에 따른 사업계획에 따른
사업

(68) 「주한미군기지 이전에 따른 평택시 등의 지원 등에 관한 특별법」에 따른 평택
시개발사업과 국제화계획지구 개발사업

(69) 「중소기업진흥에 관한 법률」 제31조에 따라 중소벤처기업진흥공단이 시행하는
단지조성사업

(70) 「지방소도읍 육성 지원법」 제4조에 따라 수립하는 종합육성계획에 따른 사업

(71) 「지역 개발 및 지원에 관한 법률」에 따른 지역개발사업

(72) 「철도의 건설 및 철도시설 유지관리에 관한 법률」에 따른 철도건설사업

(73) 「친수구역 활용에 관한 특별법」에 따른 친수구역조성사업

(74) 「태권도 진흥 및 태권도공원 조성 등에 관한 법률」에 따른 공원조성사업

(75) 「택지개발촉진법」에 따른 택지개발사업

(76) 「토양환경보전법」 제7조제1항 각 호의 어느 하나에 해당하는 측정, 조사, 설치
및 토양정화(환경부장관, 시 · 도지사 또는 시장 · 군수 · 구청장이 실시하는 경우
에 한정한다)

(77) 「폐기물처리시설 설치촉진 및 주변지역지원 등에 관한 법률」에 따른 폐기물처
리시설의 설치 및 이주대책의 시행

(78) 「하수도법」에 따른 공공하수도 설치

(79) 「하천법」에 따른 하천공사

(80) 「학교시설사업 촉진법」에 따른 학교시설사업

(81) 「한강수계 상수원수질개선 및 주민지원 등에 관한 법률」 제4조의3에 따른 수변
생태벨트 조성사업 또는 제13조에 따른 수질개선사업

(82) 「한국가스공사법」 제11조에 따른 사업 중 한국가스공사가 천연가스의 인수 ·
저장 · 생산 · 공급 설비 및 그 부대시설을 설치하는 공사

(83) 「한국수자원공사법」 제9조제1항제1호 · 제2호 · 제5호 · 제5호의2 · 제7호부터

제11호까지의 사업

(84) 「한국환경공단법」 제17조제1항제1호부터 제19호까지 및 제22호의 사업

(85) 「항만공사법」 제8조제1항제1호, 제2호, 제2호의2, 제2호의3, 제3호부터 제8호까지에 따른 사업

(86) 「항만법」에 따른 항만개발사업 또는 항만배후단지개발사업

(87) 「항만 재개발 및 주변지역 발전에 관한 법률」에 따른 항만재개발사업

(88) 「해수욕장의 이용 및 관리에 관한 법률」에 따른 해수욕장시설사업

(89) 「해양산업클러스터의 지정 및 육성 등에 관한 특별법」에 따른 해양산업클러스터 개발사업

(90) 「해저광물자원 개발법」에 따라 해저조광권자가 실시하는 해저광물 탐사 또는 채취

(91) 「혁신도시 조성 및 발전에 관한 특별법」에 따른 혁신도시개발사업

(92) 「화물자동차 운수사업법」에 따른 공영차고지의 설치 및 화물자동차 휴게소의 건설

(93) 「도시재생 활성화 및 지원에 관한 특별법」 제55조의2에 따라 주거재생혁신지구(같은 조를 준용하는 국가시범지구를 포함한다)에서 시행하는 혁신지구재생사업

② 한편, 최근(2021.4.13) 국회에서는 토지 등에 대한 <u>수용·사용이 남용되는 것을 방지하기 위하여 국토교통부장관으로 하여금 [별표]에 규정된 공익사업의 공공성과 수용의 필요성 등을 5년마다 재검토하여 폐지 등 필요한 조치</u>를 하도록 하는 규정을 신설하였다(법 제4조의2 제3항).

(2) '공익성'과 '사업의 필요성'이 있을 것

해당 사업으로 인하여 취득되는 공익과 상실되는 사익 및 공익을 정당하게 비교·형량하였을 때 그 사업이 수용·사용할 만한 충분한 '공익성'과 '사업의 필요성'이 있어야 한다.

① 토지보상법 제4조 각 호에 해당하는 사업이 자동적으로 토지수용을 할 수 있는 사업이 되는 것이 아니며 <u>공공의 필요성</u>을 인정받아야 한다. 공공의 필요성은 '**공익성**'과 '**사**

업의 필요성'으로 구성된다.

'**공익성**'은 국가안전보장, 질서유지, 공공복리와 함께 국가 또는 지역 경제상의 이익도 포함되는 개념으로 수용 또는 사용을 허용하고 있는 개별법의 입법목적 · 사업내용 및 사업이 입법목적에 이바지하는 정도 등을 고려하여 판단하고, '**사업의 필요성**'은 비례의 원칙이 적용되는 개념으로 최소 침해성과 공익사업으로 달성하려는 공익과 공익사업으로 인하여 침해되는 사익을 비교 · 형량하여 사인의 재산권침해를 정당화할 정도의 공익 우월성이 있는지 등을 고려하여 판단하여야 하며, 해당 사업이 이러한 '공익성'과 '사업의 필요성'이 있는지 여부는 사업시행자가 입증하여야 한다.

② 사업인정의 요건으로 대법원은 사업시행자에게 해당 공익사업을 수행할 의사와 능력이 있어야 한다는 것도 사업인정의 한 요건이라고 판시하여 주목된다(대판 2011.1.27. 선고 2009두1051).

　판례

[판례1] ▶ 헌법 제23조제3항의 '공공필요'는 공익성과 필요성으로 구성된다.
[헌재 2014.10.30. 2011헌바129 · 172(병합)]

【결정요지】
헌법 제23조 제3항에서 규정하고 있는 '공공필요'는 "국민의 재산권을 그 의사에 반하여 강제적으로라도 취득해야 할 공익적 필요성"으로서, '공공필요'의 개념은 '공익성'과 '필요성'이라는 요소로 구성되어 있는바, '공익성'의 정도를 판단함에 있어서는 공용수용을 허용하고 있는 개별법의 입법목적, 사업내용, 사업이 입법목적에 이바지 하는 정도는 물론, 특히 그 사업이 대중을 상대로 하는 영업인 경우에는 그 사업 시설에 대한 대중의 이용 · 접근가능성도 아울러 고려하여야 한다. 그리고 '필요성'이 인정되기 위해서는 공용수용을 통하여 달성하려는 공익과 그로 인하여 재산권을 침해당하는 사인의 이익 사이의 형량에서 사인의 재산권침해를 정당화할 정도의 공익의 우월성이 인정되어야 하며, 사업시행자가 사인인 경우에는 그 사업시행으로 획득할 수 있는 공익이 현저히 해태되지 않도록 보장하는 제도적 규율도 갖추어져 있어야 한다.

[판례2] ▶ 공익성의 입증책임은 사업시행자에게 있다.

[대법원 2005.11.10. 선고 2003두7507]

【판결요지】

공용수용은 공익사업을 위하여 특정의 재산권을 법률에 의하여 강제적으로 취득하는 것을 내용으로 하므로 그 공익사업을 위한 필요가 있어야 하고, 그 필요가 있는지에 대하여는 수용에 따른 상대방의 재산권침해를 정당화할 만한 공익의 존재가 쌍방의 이익의 비교형량의 결과로 입증되어야 하며, 그 입증책임은 사업시행자에게 있다.

[판례3] ▶ 사업시행자가 해당 공익사업을 수행할 의사와 능력이 있는지 여부도 사업 인정의 한 요건이다. **[대법원 2011.1.27. 선고 2009두1051](토지수용재결처분취소)**

【판결요지】

1. 사업인정이란 공익사업을 토지 등을 수용 또는 사용할 사업으로 결정하는 것으로 서 공익사업의 시행자에게 그 후 일정한 절차를 거칠 것을 조건으로 일정한 내용 의 수용권을 설정하여 주는 형성행위이므로, 해당 사업이 외형상 토지 등을 수용 또는 사용할 수 있는 사업에 해당한다고 하더라도 사업인정기관으로서는 그 사업 이 공용수용을 할 만한 공익성이 있는지의 여부와 공익성이 있는 경우에도 그 사 업의 내용과 방법에 관하여 사업인정에 관련된 자들의 이익을 공익과 사익 사이 에서는 물론, 공익 상호간 및 사익 상호간에도 정당하게 비교·교량하여야 하고, 그 비교·교량은 비례의 원칙에 적합하도록 하여야 한다. 그뿐만 아니라 해당 공 익사업을 수행하여 공익을 실현할 의사나 능력이 없는 자에게 타인의 재산권을 공권력적·강제적으로 박탈할 수 있는 수용권을 설정하여 줄 수는 없으므로, 사 업시행자에게 해당 공익사업을 수행할 의사와 능력이 있어야 한다는 것도 사업인 정의 한 요건이라고 보아야 한다.

2. 공용수용은 헌법상의 재산권 보장의 요청상 불가피한 최소한에 그쳐야 한다는 헌 법 제23조의 근본취지에 비추어 볼 때, 사업시행자가 사업인정을 받은 후 그 사 업이 공용수용을 할 만한 공익성을 상실하거나 사업인정에 관련된 자들의 이익이

현저히 비례의 원칙에 어긋나게 된 경우 또는 사업시행자가 해당 공익사업을 수행할 의사나 능력을 상실하였음에도 여전히 그 사업인정에 기하여 수용권을 행사하는 것은 수용권의 공익 목적에 반하는 수용권의 남용에 해당하여 허용되지 않는다.

다. 이미 시행된 공익사업의 유지를 위한 사업인정의 허용 여부

토지보상법에서는 이미 시행된 공익사업의 유지를 사업인정 대상에서 제외하고 있지 않으며, 대법원도 이미 시행된 공익사업의 유지를 위한 사업인정의 허용 여부는 공익사업의 시행으로 인한 공익과 재산권 보장에 의한 사익의 형량 등을 고려하여 판단할 수 있으므로, 이미 실행된 공익사업의 유지를 위한 사업인정도 가능하다고 판시하고 있다(대법원 2005.4.29. 선고 2004두14670).

다만, 법제처는 종전의 공익사업의 부지 중 미보상토지의 소유권 취득만을 목적으로 하는 사업인정은 공익사업의 유지·관리라는 공익적인 필요보다는 개인의 사유재산권 침해가 더 크다고 보아 불가능하다고 유권해석을 하고 있다(2011.4. 7. 법제처-11-0073).[114]

판례

[판례] ▶ 이미 실행된 공익사업의 유지를 위한 사업인정도 가능하다.
[대법원 2005.4.29. 선고 2004두14670]

【판결요지】
공익사업법 제20조는 공익사업의 수행을 위하여 필요한 때, 즉 공공의 필요가 있을 때 사업인정처분을 할 수 있다고 되어 있을 뿐 장래에 시행할 공익사업만을 대상으로 한정한다거나 이미 시행된 공익사업의 유지를 그 대상에서 제외하고 있지 않은 점, 당해 공익사업이 적법한 절차를 거치지 아니한 채 시행되었다 하여 그 시행된 공

---

114) 그러나, 법제처의 유권해석은 대법원 판례(2004두14670)에 상반되는 것일 뿐만 아니라 실제로 사업인정으로 인한 보상으로 해당 미보상용지가 매수되지 않는다면 토지소유자는 민사소송에 의해 부당이득반환을 청구할 수밖에 없게 되어 이는 오히려 토지수용법 및 헌법에서 정한 개인의 사유재산권 보호에 반하는 결과를 초래하는 것이다.

익사업의 결과를 원상회복한 후 다시 사업인정처분을 거쳐 같은 공익사업을 시행하도록 하는 것은 해당 토지 소유자에게 비슷한 영향을 미치면서도 사회적으로 불필요한 비용이 소요되고, 그 과정에서 당해 사업에 의하여 제공되었던 공익적 기능이 저해되는 사태를 초래하게 되어 사회 · 경제적인 측면에서 반드시 합리적이라고 할 수 없으며, 이미 시행된 공익사업의 유지를 위한 사업인정처분의 허용 여부는 사업인정처분의 요건인 공공의 필요, 즉 공익사업의 시행으로 인한 공익과 재산권 보장에 의한 사익 사이의 이익형량을 통한 재량권의 한계문제로서 통제될 수 있는 점 등에 비추어 보면, 사업인정처분이 이미 실행된 공익사업의 유지를 위한 것이라는 이유만으로 당연히 위법하다고 할 수 없다.

※ 이미 실행된 공익사업의 유지를 위한 사업인정의 대표적인 예로 기설 선하지에 대한 「전원개발촉진법」 제5조에 따른 전원개발사업 실시계획의 승인 등을 들 수 있음

유권해석

[법령해석] ▶ 종전의 공익사업의 부지 중 미보상토지의 소유권 취득만을 목적으로 하는 사업인정은 불가능하다. [2011. 4. 7. 법제처-11-0073]

【질의요지】

공익사업이 완료된 이후 종전의 공익사업을 위하여 사용되고 있는 부지에 매입되지 아니한 토지가 존재하나 해당 토지에 대한 매수협의가 이루어지지 않음을 이유로, 사업시행자가 실제로 공익사업을 수행하지 아니하면서 그 토지의 소유권만을 취득하기 위하여 「공익사업을 위한 토지 등의 취득 및 보상에 관한법률」 제20조에 따른 사업인정을 신청한 경우, 국토해양부장관이 그 신청에 대한 사업인정을 하지 않을 수 있는지?

【회답】

공익사업이 완료된 이후 종전의 공익사업을 위하여 사용되고 있는 부지에 매입되지 아니한 토지가 존재하나 해당 토지에 대한 매수협의가 이루어지지 않음을 이유로 사업시행자가 실제로 공익사업을 수행하지 아니하면서 그 토지의 소유권만을 취득하기 위하여 「공익사업을 위한 토지 등의 취득 및 보상에 관한법률」 제20조에 따른 사업인정을 신청한 경우, 국토해양부장관은 그 신청에 대한 사업인정을 하지 않을 수 있습니다.

[이유]

공익사업의 수행으로 인한 공익과 재산권 보장에 의한 사익 사이의 이익형량의 결과, 사업을 수행하여야 할 공익적인 필요가 개인의 재산권에 대한 침해보다 더 크다고 사업인정권자가 판단한 경우에 할 수 있다고 할 것(대법원 2005.4.29. 선고 2004두14670 판결례 참조)인데, 이 사안의 경우와 같이 협의매수가 어렵다는 사유로, 완료된 공익사업에 이미 사용되고 있는 토지의 소유권만을 취득하기 위한 사업인정의 신청은 공익사업의 "수행"을 위한 것으로 보기 어려울 뿐만 아니라, 공익사업의 유지·관리라는 공익적인 필요보다는 개인의 사유재산권 침해가 더 크다고 볼 수 있으므로 사업인정처분의 요건을 충족한다고 보기도 어렵습니다.

이 사안과 같이 공익사업이 완료된 이후 종전의 공익사업을 위하여 사용되고 있는 부지의 매입되지 아니한 토지에 대한 매수협의가 이루어지지 않음을 이유로 그 토지의 소유권만을 취득하기 위한 목적으로 공익사업의 실제 수행 없이 공용수용절차 개시를 위한 사업인정을 받을 수 있다고 한다면, 종전의 공익사업을 위한 사업시행자의 수용재결 신청기간을 공익사업이 완료된 이후까지 연장시키는 결과를 초래하므로, 사업시행자가 수용재결을 신청할 수 있는 기간을 제한한 공익사업법 제28조의 취지에 어긋날 수 있다고 할 것입니다.

라. 사업인정의 절차

(1) 사업인정의 신청

사업시행자는 토지 등을 수용하거나 사용하려면 대통령령[115)]으로 정하는 바에 따라 국토

---

115) 토지보상법 시행령 제10조(사업인정의 신청) ① 법 제20조제1항에 따른 사업인정(이하 "사업인정"이라 한다)을 받으려는 자는 국토교통부령으로 정하는 사업인정신청서(이하 "사업인정신청서"라 한다)에 다음 각 호의 사항을 적어 특별시장·광역시장·도지사 또는 특별자치도지사(이하 "시·도지사"라 한다)를 거쳐 국토교통부장관에게 제출하여야 한다. 다만, 사업시행자가 국가인 경우에는 해당 사업을 시행할 관계 중앙행정기관의 장이 직접 사업인정신청서를 국토교통부장관에게 제출할 수 있다.
1. 사업시행자의 성명 또는 명칭 및 주소
2. 사업의 종류 및 명칭
3. 사업예정지
4. 사업인정을 신청하는 사유
② 사업인정신청서에는 다음 각 호의 서류 및 도면을 첨부하여야 한다. 〈개정 2019.6.25.〉
1. 사업계획서
2. 사업예정지 및 사업계획을 표시한 도면

교통부장관의 사업인정을 받아야 한다(법 제20조).

(2) 협의 및 의견청취(법 제21조)

국토교통부장관은 사업인정을 하려면 관계 중앙행정기관의 장 및 특별시장·광역시장·도지사·특별자치도지사(이하 "시·도지사"라 한다) 및 중앙토지수용위원회와 협의하여야 하며, 미리 사업인정에 이해관계가 있는 자의 의견을 들어야 한다(법 제21조제1항). 최근 법 개정으로 토지보상법 [별표]에 규정된 법률에 따라 사업인정이 의제되는 공익사업의 허가·인가·승인권자 등은 사업인정이 의제되는 지구지정·사업계획승인 등을 하려는 경우에도 의무적으로 중앙토지수용위원회와 협의하여야 하며, 사업인정에 이해관계가 있는 자의 의견을 들어야 한다(법 제21조제2항). 한편, 국토교통부장관으로부터 협의요청을 받은 중앙토지수용위원회는 사업인정에 이해관계가 있는 자에 대한 의견수렴 절차 이행여부, 허가·인가·승인대상 사업의 공공성, 수용의 필요성, <u>그 밖에 대통령령으로 정하는 사항</u>[116]을 검토[117]하여야 하며, 이 경우 중앙토지수용위원회는 의견제출을 요청받은 날부터 30일 이내에 의견을 제시하여야 하며, 같은 기간 이내에 의견을 제시하지 않는 경우에는 협의가 완료된 것으로 본다(법 제21조제3,5,7항).

---

3. 사업예정지 안에 법 제19조제2항에 따른 토지 등이 있는 경우에는 그 토지등에 관한 조서·도면 및 해당 토지등의 관리자의 의견서
4. 사업예정지 안에 있는 토지의 이용이 다른 법령에 따라 제한된 경우에는 해당 법령의 시행에 관하여 권한 있는 행정기관의 장의 의견서
5. 사업의 시행에 관하여 행정기관의 면허 또는 인가, 그 밖의 처분이 필요한 경우에는 그 처분사실을 증명하는 서류 또는 해당 행정기관의 장의 의견서
6. 토지소유자 또는 관계인과의 협의내용을 적은 서류(협의를 한 경우로 한정한다)
7. 수용 또는 사용할 토지의 세목(토지 외의 물건 또는 권리를 수용하거나 사용할 경우에는 해당 물건 또는 권리가 소재하는 토지의 세목을 말한다)을 적은 서류
8. 해당 공익사업의 공공성, 수용의 필요성 등에 대해 중앙토지수용위원회가 정하는 바에 따라 작성한 사업시행자의 의견서

116) **토지보상법 시행령 제11조의2(검토사항)** 법 제21조제3항에서 "<u>대통령령으로 정하는 사항</u>"이란 다음 각 호의 사항을 말한다.
 1. 해당 공익사업이 근거 법률의 목적, 상위 계획 및 시행 절차 등에 부합하는지 여부
 2. 사업시행자의 재원 및 해당 공익사업의 근거 법률에 따른 법적 지위 확보 등 사업수행능력 여부
 [본조신설 2019.6.25.]
117) 검토를 위해 필요한 경우 관계 전문기관이나 전문가에게 현지조사를 의뢰하거나 그 의견을 들을 수 있고, 관계 행정기관의 장에게 관련 자료의 제출을 요청할 수 있다(법 제21조제4항).

(3) 사업인정의 고시

국토교통부장관은 사업인정을 하였을 때에는 지체 없이 그 뜻을 <u>사업시행자</u>[118], 토지소유자 및 관계인, 관계 시·도지사에게 통지하고 사업시행자의 성명이나 명칭, 사업의 종류, 사업지역 및 수용하거나 사용할 토지의 세목을 **관보에 고시**[119]하여야 한다(법 제22조제1항). 따라서 적법하게 사업인정권자가 사업인정을 하였다 하더라도 이를 관보에 고시하지 아니하면 그 효력이 발생하지 아니하거나 절차상 하자로 사업인정이 취소될 수 있으나 그 하자가 경미한 경우(예:공부상의 토지소유자의 성명을 잘못 고시[120])에는 변경고시를 하면 된다.

그러나, 대법원은 사업인정의 고시에 토지의 세목고시를 누락한 경우 이는 절차상의 위법으로서 수용재결단계 전의 사업인정 단계에서 다툴 수 있는 취소사유에 해당하기는 하나 더 나아가 그 사업인정 자체를 무효로 할 중대하고 명백한 하자라고 보기 어렵고, 따라서 이러한 위법을 들어 수용재결처분의 취소를 구하거나 무효확인을 구할 수는 없다는 입장[121]이나, 사견을 전제로 토지세목고시에 의해 수용할 목적물이 확정되기 때문에 토지세목고시에 없는 토지는 수용할 수 없고 이를 수용재결하는 것은 무효가 된다고 보는 것이 타당하다.

사업인정의 사실을 통지받은 시·도지사(특별자치도지사는 제외)는 관계 시장·군수 및 구청장에게 이를 통지하여야 하며, 사업인정은 이를 고시한 날부터 그 효력이 발생한다(법 제22조제2,3항).

---

118) 토지보상법 시행령 제11조의3(사업인정의 통지 등) ① 국토교통부장관은 법 제22조제1항에 따라 사업시행자에게 사업인정을 통지하는 경우 법 제21조제1항에 따른 중앙토지수용위원회와의 협의 결과와 중앙토지수용위원회의 의견서를 함께 통지해야 한다.
　② 법 별표에 규정된 법률에 따라 사업인정이 있는 것으로 의제되는 공익사업의 허가·인가·승인권자 등은 사업인정이 의제되는 지구지정·사업계획승인 등을 할 때 법 제21조제2항에 따른 중앙토지수용위원회와의 협의 결과와 중앙토지수용위원회의 의견서를 함께 통지해야 한다. [본조신설 2019. 6. 25.]
119) 토지 등의 세목고시를 관보가 아닌 국토교통부 인터넷 홈페이지에 고시하는 경우 그 고시가 사업인정 고시로 볼수 있는지 여부에 대해 중앙토지수용위원회는 "인터넷 고시는 토지보상법이 정하는 고시방법이 아니며, 사업인정은 수용권을 설정하는 행정행위로서 국민의 재산권을 직접 침해하는 중대한 것이므로 이를 엄격하게 적용할 필요가 있어 인터넷고시는 수용재결업무수행시 그 효력을 인정하지 않는 것으로 심의·결정"한 바 있다. (2004.4.26. 중토위 사무국-8355)
120) 2004.3.26. 토관-1391
121) 대법원 2009.11.26. 선고 2009두1167 판결

[판례1] ▶ 사업인정의 고시절차를 누락한 것은 사업인정의 취소사유에 해당하나 사업인정 자체를 무효로 할 중대하고 명백한 하자는 아니다.
[대법원 2000.10.13. 선고 2000두5142] [**토지수용재결무효확인**]

【판결요지】
구 토지수용법(1990.4.7. 법률 제4231호로 개정되기 전의 것) 제16조 제1항에서는 건설부장관이 사업인정을 하는 때에는 지체없이 그 뜻을 기업자·토지소유자·관계인 및 관계도지사에게 통보하고 기업자의 성명 또는 명칭, 사업의 종류, 기업지 및 수용 또는 사용할 토지의 세목을 관보에 공시하여야 한다고 규정하고 있는바, 가령 건설부장관이 위와 같은 절차를 누락한 경우 이는 절차상의 위법으로서 수용재결 단계 전의 사업인정 단계에서 다툴 수 있는 취소사유에 해당하기는 하나, 더 나아가 그 사업인정 자체를 무효로 할 중대하고 명백한 하자라고 보기는 어렵고, 따라서 이러한 위법을 들어 수용재결처분의 취소를 구하거나 무효확인을 구할 수는 없다.

[판례2] ▶ 사업인정 시 토지세목 고시가 누락되었다면 사업인정의 취소사유에 해당한다.
[대법원 2009.11.26. 선고 2009두11607]

【판결요지】
도시계획사업허가의 공고시에 토지세목의 고시를 누락하거나 사업인정을 함에 있어 수용 또는 사용할 토지의 세목을 공시하는 절차를 누락한 경우, 이는 절차상의 위법으로서 수용재결 단계 전의 사업인정 단계에서 다툴 수 있는 취소사유에 해당하기는 하나 더 나아가 그 사업인정 자체를 무효로 할 중대하고 명백한 하자라고 보기는 어렵고, 따라서 이러한 위법을 들어 수용재결처분의 취소를 구하거나 무효확인을 구할 수는 없다

[질의회신1] ▶ 수용 또는 사용할 토지의 세목조서를 관보에 고시한 후 토지위에 있는 지장물인 건축물에 대한 고시가 되지 아니한 경우 지장물에 대하여 별도로 고시를 하여야

하는지 여부 [2004.5.3. 토지관리과-2051]

【회신내용】

토지보상법 시행령 제10조제2항제7호의 규정에서 '수용 또는 사용할 토지의 세목(토지 외의 물건 또는 권리를 수용 또는 사용할 경우에는 당해 물건 또는 권리가 소재하는 있는 토지의 세목을 말한다)을 기재한 서류'를 제출하도록 규정하고 있는 바, 그 지상의 물건 등이 수용 또는 사용할 물건이 아닌 지장물인 경우에는 토지세목조서와 별도로 고시할 필요가 없을 것으로 봅니다.

[질의회신2] ▶ 사업인정 고시 후 토지소유자가 변경된 경우에도 변경고시를 할 필요는 없다. [2004.3.26. 토지관리과-1391]

【질의요지】

사업인정 고시 후 공람 중 매각 등으로 토지소유자의 소유권이 타인에게 변경되었을 경우, 토지수용 재결을 위한 변경고시를 하여야 하는지 여부

【회신내용】

공익사업을위한토지등의취득및보상에관한법률 제40조제3항의 규정에 의하면 사업인정의 고시가 있은 후 권리의 변동이 있는 때에는 그 권리를 승계한 자가 같은 조제1항의 규정에 의한 보상금 또는 제2항의 규정에 의한 공탁금을 수령할 수 있으므로, 토지소유자가 변경되었다 하더라도 변경고시를 할 필요는 없다고 봅니다.

마. 사업인정의 효과

사업인정의 고시가 있으면 고시한 날로부터 사업인정의 효과와 수용목적물 확정의 효과가 발생한다.

(1) 사업시행자에게 토지수용권 부여

사업인정이 고시되면 사업시행자는 법에서 정한 절차에 따라 토지세목고시에서 정한 일정한 범위의 수용목적물을 취득할 수 있는 수용권(토지를 취득·사용)을 부여받게 된다.

(2) 수용할 목적물의 범위확정

사업인정을 할 때 수용 또는 사용할 토지의 세목이 함께 고시되므로 사업인정이 고시되면 수용목적물이 확정된다. 그러나 잔여지는 토지소유자의 청구에 의하여 협의취득 또는 수용할 수 있으며, 이 경우 협의취득 또는 수용되는 잔여지는 사업인정이 있는 토지의 세목에 포함된 것으로 본다(법 제74조 제3항).

사업인정시의 토지세목고시에 의해 수용의 범위가 확정되며 고시된 범위내에서 수용재결신청이 가능하다.

(3) 관계인의 범위 확정

사업인정고시로 수용할 목적물의 범위가 확정되면 그 권리자인 토지소유자 및 관계인의 범위도 확정된다. 따라서 사업인정고시 후 새로이 권리를 취득한 자는 기존 권리를 승계한 자를 제외하고는 관계인에 포함되지 않아(법 제2조 제5호 단서규정) 수용의 절차에 참여하여 자기의 권리를 주장할 수 없다.

(4) 토지 등의 보전의무[122]

사업인정 고시가 있은 후에는 누구든지 고시된 토지에 대하여 사업에 지장을 초래할 우려가 있는 형질변경이나 공익사업에 필요한 물건을 손괴하거나 수거하는행위를 할 수 없으며, 고시된 토지에 건축물의 건축·대수선, 공작물의 설치 또는 물건의 부가(附加)·증치(增置)하려는 자는 특별자치도지사, 시장·군수·구청장의 허가를 받아야 하며, 이를 위반시에는 원상회복 및 손실보상청구도 할 수도 없도록 하고 있고 있을 뿐만 아니라(법 제25조), 이를 위반하는 경우에는 1년 이하의 징역 또는 500만원 이하의 벌금에 처하게 된다(법 제96조).

이와 같이 토지 등의 보전의무를 지우는 것은 공익사업의 시행에 지장이 없도록 하고 과다한 보상금 지급을 방지하는 취지인 바, 대법원은 이러한 위반행위로 인하여 생긴 유형적 결과의 시정을 위하여 행정대집행이 가능하다고 보고 있고 유권해석도 같은 입장이다.[123]

---

122) 토지보상법상 토지 등의 보전 의무 외에 택지개발촉진법 제6조 등 개별 법률에도 건축물의 건축 등 행위제한사항이 있다.

123) 대법원 2000.5.12. 선고 99다18909 판결, 토정-2536 (2009.5.29.)

[판례] ▶ 행정대집행절차가 인정되는 공법상 의무의 이행을 민사소송의 방법으로 구할 수 있는지 여부(소극) [**대법원 2000.5.12. 선고 99다18909**]

【판결요지】

구 토지수용법(1999.2.8. 법률 제5909호로 개정되기 전의 것) 제18조의2 제2항에 의하면 사업인정의 고시가 있은 후에는 고시된 토지에 공작물의 신축, 개축, 증축 또는 대수선을 하거나 물건을 부가 또는 증치하고자 하는 자는 미리 도지사의 허가를 받도록 되어 있고, 한편 구 도로법(1999.2.8. 법률 제5894호로 개정되기 전의 것) 제74조 제1항 제1호에 의하면 관리청은 같은 법 또는 이에 의한 명령 또는 처분에 위반한 자에 대하여는 공작물의 개축, 물건의 이전 기타 필요한 처분이나 조치를 명할 수 있다고 되어 있으므로 토지에 관한 도로구역 결정이 고시된 후 구 토지수용법(1999.2.8. 법률 제5909호로 개정되기 전의 것) 제18조의2 제2항에 위반하여 공작물을 축조하고 물건을 부가한 자에 대하여 관리청은 이러한 위반행위에 의하여 생긴 유형적 결과의 시정을 명하는 행정처분을 하여 이에 따르지 않는 경우에는 행정대집행의 방법으로 그 의무내용을 실현할 수 있는 것이고, 이러한 행정대집행의 절차가 인정되는 경우에는 따로 민사소송의 방법으로 공작물의 철거, 수거 등을 구할 수는 없다.

[질의회신1] ▶ 사업인정고시 후 허가 없이 설치된 비닐하우스, 컨테이너, 벌통은 행정대집행 대상임. [**2009.5.29. 토정-2536**]

【질의요지】

1) 사업인정고시가 있은 후 비닐하우스, 주거용 가건물, 컨테이너 및 벌통 설치 등의 행위를 시장군수 또는 구청장의 허가 없이 한 경우 동법 동조 제2항 및 제3항에서 규정한 공작물의 설치 또는 물건의 부가증치에 해당하는지 여부
2) 위에 해당하는 경우 동법 제89조에 따른 행정대집행이 가능여부

【회신내용】
1) 비닐하우스, 주거용 가건물, 컨테이너 및 벌통 설치는 토지보상 제25조 제2항 및 제 3항에 규정한 공작물의 설치 또는 물건의 부가증치에 해당
2) 동법 제89조에 따른 행정대집행이 가능한 것으로 판단됨

한편 대법원은 사업인정고시로 인한 토지의 보전의무 중 건축물의 건축 등과 관련하여 사업인정고시일 이전에 건축허가 등을 받았다고 하더라도 건축행위(착공)에 착수하지 않은 경우에는 사업인정고시로 종전의 건축허가는 실효된 것으로 보므로 건축을 위해서는 새로운 건축허가를 득하여야 하므로 사업인정고시일 이후 새로운 건축허가를 득하지 않은 토지에 대해서는 종전의 건축허가 등으로 인한 증가요인이 있다고 볼 수 없고, 사업인정고시로 인한 토지의 보전의무 중 물건의 부가·증치 제한에는 통상적인 범위 이내의 토지 사용을 위한 것은 포함되지 않는다고 보고 있다.

판례

[판례] ▶ 건축허가를 받았으나 건축행위에 착수하지 않은 상태에서 사업인정고시가 된 경우, 건축물을 건축하려는 자는 「토지보상법」 제25조에서 정한 허가를 따로 받아야 한다. [대법원 2014.11.13. 선고 2013두19738,19745]

【판결요지】
구 「공익사업을 위한 토지 등의 취득 및 보상에 관한 법률」(2011.8.4. 법률 제11017호로 개정되기 전의것. 이하 '토지보상법'이라 한다) 제25조 제2항은 "사업인정고시가 있은 후에는 고시된 토지에 건축물의건축·대수선, 공작물의 설치 또는 물건의 부가·증치를 하고자 하는 자는 특별자치도지사, 시장·군수 또는 구청장의 허가를 받아야 한다. 이 경우 특별자치도지사, 시장·군수 또는 구청장은 미리 사업시행자의 의견을 들어야 한다."고 규정하고, 같은 조 제3항은 "제2항의 규정에 위반하여 건축물의 건축·대수선, 공작물의 설치 또는 물건의 부가·증치를 한 토지소유자 또는 관계인은 당해 건축물·공작물 또는 물건을 원상으로 회복하여야 하며 이에

관한 손실의 보상을 청구할 수 없다."고 규정하고 있다. 이러한 규정의 취지에 비추어 보면, 건축법상 건축허가를 받았더라도 허가받은 건축행위에 착수하지 아니하고 있는 사이에 토지보상법상 사업인정고시가 된 경우 고시된 토지에 건축물을 건축하려는 자는 토지보상법 제25조에 정한 허가를 따로 받아야 하고, 그 허가 없이 건축된 건축물에 관하여는 토지보상법상 손실보상을 청구할 수 없다고 할 것이다.

질의회신

[질의회신] ▶ 사업인정고시 이후 통상적인 영업행위를 위하여 물건을 부가·증치 한 경우는 보상대상이다. [2012.9.18. 토지정책과-4634]

【질의요지】

사업인정고시 이후 사무집기, 식당 기자재 등이 지방자치단체의 허가 없이 사무실, 상가 등에 적치된 경우 보상이 가능한지?

【회신내용】

사업인정고시가 된 이후 특별자치도지사, 시장·군수 또는 구청장의 허가를 받아야 하는 건축물의 건축·대수선, 공작물의 설치 또는 물건의 부가·증치를 허가를 받지 않고 한 경우에는 보상대상에 해당하지 않는 것으로 보나, 허가대상이 아닌 통상적인 범위 내의 영업행위 등을 위한 물건의 증치나 부가 등은 보상대상에 해당하는 것으로 보며, 개별적인 사례에 대하여는 사업시행자가 물건의 부가·증치 경위, 영업의 성격이나 규모 등 사실관계 등을 종합적으로 검토하여 판단할 사항으로 봅니다.

(5) 토지·물건에 관한 조사권

사업시행자 또는 보상평가를 의뢰받은 감정평가법인 등은 토지 및 물건에 관한 조사권이 생긴다(법 제27조).[124]

---

124) 사업인정 고시일 이후의 감정평가업자의 출입조사권은 감정평가업자가 점유자의 동의 없이 건축물 등에 출입한 경우에 「형법」 제319조(주거침입, 퇴거불응)의 적용을 배제하기 위한 조항이므로, 이것이 감정평가업자가 점유자의 의사에 반하여 타인의 건축물 등에 강제적으로 출입하여 조사할 수 있다거나 점유자의 동의 없이 임의로 시건장치 등을 해제하고 건축물 등에 출입할 수 있는 권한을 부여한 것으로 볼 수 없음

(6) 기타

그 외에 사업시행자에게 협의성립확인신청권(법 제29조), 재결신청권(법 제28조)이 인정되며 토지소유자와 관계인에게는 재결신청청구권(법 제30조)이 발생한다.

바. 행정쟁송 등

사업인정은 행정청이 행하는 구체적 사실에 관한 법 집행임과 동시에 공권력의 행사로서 처분성을 가지므로 「행정심판법」에 의한 행정심판은 물론 「행정소송법」에 의한 행정소송의 대상이 된다. 다만, 사업인정과 수용재결은 연속적으로 행하여지는 행위이나 양자는 서로 독립하여 별개의 법률효과를 목적으로 하므로, 사업인정에 불가쟁력이 생겨 그 효력을 다툴 수 없게 된 경우, <u>사업인정의 하자가 중대·명백하여 당연 무효인 경우를 제외하고는 수용재결 단계에서 사업인정의 하자를 다툴 수는 없다.</u>

또한, 판례는 "사업인정처분 자체의 위법은 사업인정단계에서 다투어야 하고 이미 그 쟁송기간이 도과한 수용재결단계에서는 사업인정처분이 당연 무효라고 볼 만한 특단의 사정이 없는 한 그 위법을 이유로 재결의 취소를 구할 수는 없다"라고 판시하고 있다.[125]

사. 사업인정의 실효[126]

---

125) 대법원 1992.3.13. 선고 91누4324 판결
126) 제23조(사업인정의 실효) ① 사업시행자가 제22조제1항에 따른 사업인정의 고시(이하 "사업인정고시"
라 한다)가 된 날부터 1년 이내에 제28조제1항에 따른 재결신청을 하지 아니한 경우에는 사업인정고시
가 된 날부터 1년이 되는 날의 다음 날에 사업인정은 그 효력을 상실한다.
    ② 사업시행자는 제1항에 따라 사업인정이 실효됨으로 인하여 토지소유자나 관계인이 입은 손실을
    보상하여야 한다.
    ③ 제2항에 따른 손실보상에 관하여는 제9조제5항부터 제7항까지의 규정을 준용한다. [전문개정 20
    11.8.4.]
    제24조(사업의 폐지 및 변경) ① 사업인정고시가 된 후 사업의 전부 또는 일부를 폐지하거나 변경함
    으로 인하여 토지등의 전부 또는 일부를 수용하거나 사용할 필요가 없게 되었을 때에는 사업시행자
    는 지체 없이 사업지역을 관할하는 시·도지사에게 신고하고, 토지소유자 및 관계인에게 이를 통지
    하여야 한다.
    ② 시·도지사는 제1항에 따른 신고를 받으면 사업의 전부 또는 일부가 폐지되거나 변경된 내용을 관
    보에 고시하여야 한다.
    ③ 시·도지사는 제1항에 따른 신고가 없는 경우에도 사업시행자가 사업의 전부 또는 일부를 폐지하
    거나 변경함으로 인하여 토지를 수용하거나 사용할 필요가 없게 된 것을 알았을 때에는 미리 사업
    시행자의 의견을 듣고 제2항에 따른 고시를 하여야 한다.
    ④ 시·도지사는 제2항 및 제3항에 따른 고시를 하였을 때에는 지체 없이 그 사실을 국토교통부장관

(1) 재결신청기간 만료로 인한 실효

사업시행자가 사업인정의 고시가 된 날부터 **1년** 이내에 재결신청을 하지 아니한 경우에는 사업인정고시가 된 날부터 1년이 되는 날의 다음 날에 사업인정은 그 효력을 상실한다(법 제23조). 그런데 개별법에서 사업인정이 의제되는 경우는 이 재결신청 기간을 사업시행기간 이내로 정하는 경우가 많다.

(2) 사업의 폐지 및 변경

사업인정고시가 된 후 사업의 전부 또는 일부를 폐지하거나 변경함으로 인하여 토지 등의 전부 또는 일부를 수용하거나 사용할 필요가 없게 되었을 때에도 사업인정은 그 효력이 상실된다(법 제24조).

한편, 토지보상법에서는 사업인정의 변경에 대해서는 별도의 명문규정은 없으나 대법원은 사업인정(사업인정 의제 포함)에서 정한 사업시행기간이 경과된 후에 실시계획변경인가고시가 있은 경우에 종전의 사업인정은 실효되지만 변경인가가 새로운 인가로서의 요건을 갖춘 경우에는 변경된 인가를 새로운 사업인정으로 보아 공익사업의 동일성은 새로운 사업인정에서도 계속 유지되는 것으로 보고 있다.[127]

에게 보고하여야 한다. 〈개정 2013.3.23.〉

⑤ 제2항 및 제3항에 따른 고시가 된 날부터 그 고시된 내용에 따라 사업인정의 전부 또는 일부는 그 효력을 상실한다.

⑥ 사업시행자는 제1항에 따라 사업의 전부 또는 일부를 폐지·변경함으로 인하여 토지소유자 또는 관계인이 입은 손실을 보상하여야 한다.

⑦ 제6항에 따른 손실보상에 관하여는 제9조제5항부터 제7항까지의 규정을 준용한다. [전문개정 2011.8.4.]

127) 도시계획사업의 시행자는 늦어도 고시된 도시계획사업의 실시계획인가에서 정한 사업시행기간 내에 사법상의 계약에 의하여 도시계획사업에 필요한 타인 소유의 토지를 양수하거나 수용재결의 신청을 하여야 하고, 그 사업시행기간 내에 이와 같은 취득절차가 선행되지 아니하면 그 도시계획사업의 실시계획인가는 실효되고, 그 후에 실효된 실시계획인가를 변경인가하여 그 시행기간을 연장하였다고 하여 실효된 실시계획의 인가가 효력을 회복하여 소급적으로 유효하게 될 수는 없지만, 도시계획사업의 실시계획변경인가도 시행자에게 도시계획사업을 실시할 수 있는 권한을 설정하여 주는 처분인 점에서는 당초의 인가와 다를 바 없으므로 도시계획사업의 실시계획인가고시에 정해진 사업시행기간 경과 후에 이루어진 변경인가고시도 그것이 새로운 인가로서의 요건을 갖춘 경우에는 그에 따른 효과가 있다 할 것이다.(대법원 2005.7.28. 선고 2003두9312)

(3) 사업인정실효로 인한 손실보상

사업시행자는 사업인정이 실효됨으로 인하여 토지소유자나 관계인이 입은 손실을 보상하여야 한다. 이 경우의 손실보상청구권의 제척기간과 손실보상의 절차에 관하여는 토지보상법 제9조 제5항부터 제7항을 준용하고 있다(법 제23조 제3항).

따라서 토지소유자등 손실을 입은 자는 <u>손실이 있는 것을 안 날로부터 1년이 지나거나 손실이 발생한 날로부터 3년</u>이 지난 후에는 손실보상청구를 할 수 없고(법 제9조 제5항), 손실보상절차는 사업시행자와 협의하여 결정하되 협의가 성립되지 아니하면 사업시행자 또는 손실을 입은 자는 관할 토지수용위원회에 재결을 신청할 수 있다(법 제80조).

아. 사업인정고시 후 협의 등 절차의 준용[128]

(1) 협의

사업인정을 받은 공익사업은 원칙적으로 토지조서 및 물건조서 작성, 보상계획 동고 · 통지 및 열람, 보상액의 산정, 토지소유자 및 관계인과의 협의 절차 등 토지보상법상의 일련의 협의절차를 거쳐야 한다.

그러나 절차의 중복을 피하기 위해 사업인정 이전에 협의절차를 거친 경우에는 사업인정고시 후에 토지소유자 등이 토지조서 및 물건조서의 내용에 대하여 열람기간 이내에 이의를 제기하는 경우를 제외하고는 토지조서 및 물건조서의 작성 등 협의절차를 거지치 아니할 수 있다. 다만, 사업시행자나 토지소유자 및 관계인이 제16조에 따른 협의를 요구할 때에는 협의하여야 한다.

사업시행자와 토지소유자 등 사이에 협의가 성립되었을 때에는 취득의 절차는 종결되고 사업시행자는 재결 신청기간 이내에 해당 토지소유자 등의 동의를 받아 관할 토지수용위원회에 협의성립의 확인을 신청할 수 있으며, 협의성립의 확인절차는 재결절차를 준용한다.

---

128) **토지보상법 제26조(협의 등 절차의 준용)** ① 제20조에 따른 사업인정을 받은 사업시행자는 토지조서 및 물건조서의 작성, 보상계획의 공고 · 통지 및 열람, 보상액의 산정과 토지소유자 및 관계인과의 협의 절차를 거쳐야 한다. 이 경우 제14조부터 제16조까지 및 제68조를 준용한다.
② 사업인정 이전에 제14조부터 제16조까지 및 제68조에 따른 절차를 거쳤으나 협의가 성립되지 아니하고 제20조에 따른 사업인정을 받은 사업으로서 토지조서 및 물건조서의 내용에 변동이 없을 때에는 제1항에도 불구하고 제14조부터 제16조까지의 절차를 거치지 아니할 수 있다. 다만, 사업시행자나 토지소유자 및 관계인이 제16조에 따른 협의를 요구할 때에는 협의하여야 한다. [전문개정 2011. 8. 4.]

사업인정고시 후 협의취득의 법적성격에 대해서 학설은 공법상 계약으로 보고 있으나, 판례는 사법상의 계약으로 보고 있다. 또한, 사업인정의 고시 후 협의취득은 승계취득이나, 그 협의성립에 대하여 토지수용위원회의 확인을 받으면 그 확인을 재결로 보므로 사업시행자는 목적물을 원시취득하게 된다.

판례

[판례] ▶ 사업인정 후 협의취득의 법적 성질
[대법원 1996.2.13. 선고 95다3510]

【판결요지】
공공사업의 시행자가 토지수용법에 의하여 그 사업에 필요한 토지를 취득하는 경우 그것이 협의에 의한 취득이고 토지수용법 제25조의2의 규정에 의한 협의 성립의 확인이 없는 이상, 그 취득행위는 어디까지나 사경제 주체로서 행하는 사법상의 취득으로서 승계취득한 것으로 보아야 할 것이고, 재결에 의한 취득과 같이 원시취득한 것으로 볼 수는 없다.

유권해석

[유권해석] ▶ 협의성립 확인에 의한 원시취득으로 되는 시점은 수용의 시기이다.
[2002.12.5. 법원행정처 등기 3402-693]

【회신내용】
사업인정고시 후 협의가 성립된 경우에는 기업자는 토지소유자 및 관계인의 동의를 얻어 관할 토지수용위원회에 협의성립의 확인을 신청할 수 있는데 관할 토지수용위원회로부터 협의성립의 확인을 받게 되면 재결이 있은 것으로 간주되는바, 협의성립 확인에 기한 원시취득의 시점은 수용의 시기이다.

---

(2) 협의 불성립

당사자간 협의가 성립되지 아니한 이유가 피수용인의 보상가격에 대한 불만이거나 피수용인의 요구사항이 사업시행자의 판단에 보상대상이 아니라고 하여 보상에서 배제한 경우라면 피수용인은 사업시행자가 보상을 거부한 경우까지 포함하여 수용재결신청청구가 가능할 것이며, 판례[129]도 같은 입장이다.

제2절 수용재결

수용재결은 토지수용위원회가 사업시행자에게 보상금의 지급 또는 공탁을 조건으로 수용목적물의 강제취득이라는 수용의 효과를 완성시켜 주는 <u>형성적 행정처분</u>이다.

1. 토지수용위원회(재결기관)

관계법령

■ **토지보상법**

제49조(설치) 토지등의 수용과 사용에 관한 재결을 하기 위하여 국토교통부에 중앙토지수용위원회를 두고, 특별시 · 광역시 · 도 · 특별자치도(이하 "시 · 도"라 한다)에 지방토지수용위원회를 둔다. 〈개정 2013.3.23.〉

제50조(재결사항) ① 토지수용위원회의 재결사항은 다음 각 호와 같다.

1. 수용하거나 사용할 토지의 구역 및 사용방법

2. 손실보상

3. 수용 또는 사용의 개시일과 기간

4. 그 밖에 이 법 및 다른 법률에서 규정한 사항

② 토지수용위원회는 사업시행자, 토지소유자 또는 관계인이 신청한 범위에서 재결하여야 한다. 다만, 제1항제2호의 손실보상의 경우에는 증액재결(增額裁決)을 할 수 있다.

---

129) '협의가 성립되지 아니한 때'에는 토지소유자 등이 손실보상대상에 해당한다고 주장하며 보상을 요구하였는데도 <u>사업시행자가 손실보상대상에 해당하지 아니한다며 보상대상에서 이를 제외한 채 협의를 협의을 하지 않아 결국 협의가 성립되지 않은 경우도 포함된다</u>고 보아야 한다. 피고가 위와 같이 이 사건 지장물에 대한 수용재결 신청을 거부하거나 보상협의를 하지 않으면서도 아무런 조치를 취하지 않은 것은 공익사업법상 재결신청청구 제도의 취지에 반하는 것으로 위법'하다.(대법원 2011.7014. 선고 2011두 2309 판결)

제51조(관할) ① 제49조에 따른 중앙토지수용위원회(이하 "중앙토지수용위원회"라 한다)는 다음 각 호의 사업의 재결에 관한 사항을 관장한다.

  1. 국가 또는 시·도가 사업시행자인 사업

  2. 수용하거나 사용할 토지가 둘 이상의 시·도에 걸쳐 있는 사업

② 제49조에 따른 지방토지수용위원회(이하 "지방토지수용위원회"라 한다)는 제1항 각 호 외의 사업의 재결에 관한 사항을 관장한다.

제52조(중앙토지수용위원회) ① 중앙토지수용위원회는 위원장 1명을 포함한 20명 이내의 위원으로 구성하며, 위원 중 대통령령으로 정하는 수의 위원은 상임(常任)으로 한다.

② 중앙토지수용위원회의 위원장은 국토교통부장관이 되며, 위원장이 부득이한 사유로 직무를 수행할 수 없을 때에는 위원장이 지명하는 위원이 그 직무를 대행한다. 〈개정 2013. 3. 23.〉

③ 중앙토지수용위원회의 위원장은 위원회를 대표하며, 위원회의 업무를 총괄한다.

④ 중앙토지수용위원회의 상임위원은 다음 각 호의 어느 하나에 해당하는 사람 중에서 국토교통부장관의 제청으로 대통령이 임명한다. 〈개정 2013.3.23.〉

  1. 판사·검사 또는 변호사로 15년 이상 재직하였던 사람

  2. 대학에서 법률학 또는 행정학을 가르치는 부교수 이상으로 5년 이상 재직하였던 사람

  3. 행정기관의 3급 공무원 또는 고위공무원단에 속하는 일반직공무원으로 2년 이상 재직하였던 사람

⑤ 중앙토지수용위원회의 비상임위원은 토지 수용에 관한 학식과 경험이 풍부한 사람 중에서 국토교통부장관이 위촉한다. 〈개정 2013. 3. 23.〉

⑥ 중앙토지수용위원회의 회의는 위원장이 소집하며, 위원장 및 상임위원 1명과 위원장이 회의마다 지정하는 위원 7명으로 구성한다. 다만, 위원장이 필요하다고 인정하는 경우에는 위원장 및 상임위원을 포함하여 10명 이상 20명 이내로 구성할 수 있다. 〈개정 2018.12.31.〉

⑦ 중앙토지수용위원회의 회의는 제6항에 따른 구성원 과반수의 출석과 출석위원 과반수의 찬성으로 의결한다.

⑧ 중앙토지수용위원회의 사무를 처리하기 위하여 사무기구를 둔다.

⑨ 중앙토지수용위원회의 상임위원의 계급 등과 사무기구의 조직에 관한 사항은 대통령령으로 정한다.

제53조(지방토지수용위원회) ① 지방토지수용위원회는 위원장 1명을 포함한 20명 이내의 위원으로 구성한다. 〈개정 2012. 6. 1.〉

② 지방토지수용위원회의 위원장은 <u>시·도지사</u>가 되며, 위원장이 부득이한 사유로 직무를 수행할 수 없을 때에는 위원장이 지명하는 위원이 그 직무를 대행한다.

③ 지방토지수용위원회의 위원은 시·도지사가 소속 공무원 중에서 임명하는 사람 1명을 포함하여 토지 수용에 관한 학식과 경험이 풍부한 사람 중에서 위촉한다. 〈개정 2012.6.1.〉

④ 지방토지수용위원회의 회의는 위원장이 소집하며, 위원장과 위원장이 회의마다 지정하는 위원 8명으로 구성한다. <u>다만, 위원장이 필요하다고 인정하는 경우에는 위원장을 포함하여 10명 이상 20명 이내로 구성할 수 있다.</u> 〈개정 2012.6.1., 2018.12.31.〉

⑤ 지방토지수용위원회의 회의는 제4항에 따른 구성원 과반수의 출석과 출석위원 과반수의 찬성으로 의결한다. 〈신설 2012.6.1.〉

⑥ 지방토지수용위원회에 관하여는 제52조제3항을 준용한다. 〈개정 2012.6.1.〉

제54조(위원의 결격사유) ① 다음 각 호의 어느 하나에 해당하는 사람은 토지수용위원회의 위원이 될 수 없다. 〈개정 2015.12.29.〉

1. 피성년후견인, 피한정후견인 또는 파산선고를 받고 복권되지 아니한 사람
2. 금고 이상의 실형을 선고받고 그 집행이 끝나거나(집행이 끝난 것으로 보는 경우를 포함한다) 집행이 면제된 날부터 2년이 지나지 아니한 사람
3. 금고 이상의 형의 집행유예를 선고받고 그 유예기간 중에 있는 사람
4. 벌금형을 선고받고 2년이 지나지 아니한 사람

② 위원이 제1항 각 호의 어느 하나에 해당하게 되면 당연히 퇴직한다.

제55조(임기) 토지수용위원회의 상임위원 및 위촉위원의 임기는 각각 3년으로 하며, 연임할 수 있다.

제56조(신분 보장) 위촉위원은 해당 토지수용위원회의 의결로 다음 각 호의 어느 하나에 해당하는 사유가 있다고 인정된 경우를 제외하고는 재임 중 그 의사에 반하여 해임되지 아니한다.

1. 신체상 또는 정신상의 장해로 그 직무를 수행할 수 없을 때

2. 직무상의 의무를 위반하였을 때

제57조(위원의 제척 · 기피 · 회피) ① 토지수용위원회의 위원으로서 다음 각 호의 어느 하나에 해당하는 사람은 그 토지수용위원회의 회의에 참석할 수 없다.

1. 사업시행자, 토지소유자 또는 관계인

2. 사업시행자, 토지소유자 또는 관계인의 배우자 · 친족 또는 대리인

3. 사업시행자, 토지소유자 및 관계인이 법인인 경우에는 그 법인의 임원 또는 그 직무를 수행하는 사람

② 사업시행자, 토지소유자 및 관계인은 위원에게 공정한 심리 · 의결을 기대하기 어려운 사정이 있는 경우에는 그 사유를 적어 기피(忌避) 신청을 할 수 있다. 이 경우 토지수용위원회의 위원장은 기피 신청에 대하여 위원회의 의결을 거치지 아니하고 기피 여부를 결정한다.

③ 위원이 제1항 또는 제2항의 사유에 해당할 때에는 스스로 그 사건의 심리 · 의결에서 회피할 수 있다.

④ 사건의 심리 · 의결에 관한 사무에 관여하는 위원 아닌 직원에 대하여는 제1항부터 제3항까지의 규정을 준용한다.

제57조의2(벌칙 적용에서 공무원 의제) 토지수용위원회의 위원 중 공무원이 아닌 사람은 「형법」이나 그 밖의 법률에 따른 벌칙을 적용할 때에는 공무원으로 본다. [본조신설 2017.3.21.]

제58조(심리조사상의 권한) ① 토지수용위원회는 심리에 필요하다고 인정할 때에는 다음 각 호의 행위를 할 수 있다. 〈개정 2020.4.7.〉

1. 사업시행자, 토지소유자, 관계인 또는 참고인에게 토지수용위원회에 출석하여 진술하게 하거나 그 의견서 또는 자료의 제출을 요구하는 것

2. 감정평가법인등이나 그 밖의 감정인에게 감정평가를 의뢰하거나 토지수용위원회에 출석하여 진술하게 하는 것

3. 토지수용위원회의 위원 또는 제52조제8항에 따른 사무기구의 직원이나 지방토지수용위원회의 업무를 담당하는 직원으로 하여금 실지조사를 하게 하는 것

② 제1항제3호에 따라 위원 또는 직원이 실지조사를 하는 경우에는 제13조를 준용한다.

③ 토지수용위원회는 제1항에 따른 참고인 또는 감정평가법인등이나 그 밖의 감정인에게는 국토교통부령으로 정하는 바에 따라 사업시행자의 부담으로 일당, 여비 및

감정수수료를 지급할 수 있다. 〈개정 2013.3.23., 2020.4.7.〉

제59조(위원 등의 수당 및 여비) 토지수용위원회는 위원에게 국토교통부령으로 정하는 바에 따라 수당과 여비를 지급할 수 있다. 다만, 공무원인 위원이 그 직무와 직접 관련하여 출석한 경우에는 그러하지 아니하다. 〈개정 2013.3.23.〉

제60조(운영세칙) 토지수용위원회의 운영 등에 필요한 사항은 대통령령으로 정한다.

제60조의2(재결정보체계의 구축·운영 등) ① 국토교통부장관은 시·도지사와 협의하여 토지등의 수용과 사용에 관한 재결업무의 효율적인 수행과 관련 정보의 체계적인 관리를 위하여 재결정보체계를 구축·운영할 수 있다.

② 국토교통부장관은 제1항에 따른 재결정보체계의 구축·운영에 관한 업무를 대통령령으로 정하는 법인, 단체 또는 기관에 위탁할 수 있다. 이 경우 위탁관리에 드는 경비의 전부 또는 일부를 지원할 수 있다.

③ 재결정보체계의 구축 및 운영에 필요한 사항은 국토교통부령으로 정한다. [본조신설 2017. 3.21.]

■ **토지보상법 시행령**

제23조(출석요구 등의 방법) 법 제58조제1항제1호 및 제2호에 따른 출석 또는 자료제출 등의 요구는 제4조제1항 및 제2항에 따른 송달의 방법으로 하여야 한다. [전문개정 2013.5.28.]

제24조(운영 및 심의방법 등) ① 토지수용위원회에 토지수용위원회의 사무를 처리할 간사 1명 및 서기 몇 명을 둔다.

② 제1항에 따른 간사 및 서기는 중앙토지수용위원회의 경우에는 국토교통부 소속 공무원 중에서, 지방토지수용위원회의 경우에는 시·도 소속 공무원 중에서 해당 토지수용위원회의 위원장이 임명한다.

③ 위원장은 특히 필요하다고 인정하는 심의안건에 대해서는 위원 중에서 전담위원을 지정하여 예비심사를 하게 할 수 있다.

④ 이 영에서 규정한 사항 외에 토지수용위원회의 운영·문서처리·심의방법 및 기준 등에 관하여는 토지수용위원회가 따로 정할 수 있다. [전문개정 2013.5.28.]

제24조의2(재결정보체계 구축·운영 업무의 위탁) ① 국토교통부장관은 법 제60조의2제2항 전단에 따라 재결정보체계의 구축·운영에 관한 업무를 다음 각 호의 어

느 하나에 해당하는 기관에 위탁할 수 있다. 〈개정 2020.12.8.〉

1. 「한국부동산원법」에 따른 한국부동산원

2. 「감정평가 및 감정평가사에 관한 법률」 제33조에 따른 한국감정평가사협회

② 제1항에 따라 업무를 위탁받은 기관은 다음 각 호의 업무를 수행한다.

1. 재결정보체계의 개발 · 관리 및 보안

2. 재결정보체계와 관련된 컴퓨터 · 통신설비 등의 설치 및 관리

3. 재결정보체계와 관련된 정보의 수집 및 관리

4. 재결정보체계와 관련된 통계의 생산 및 관리

5. 재결정보체계의 운영을 위한 사용자교육

6. 그 밖에 재결정보체계의 구축 및 운영에 필요한 업무

③ 국토교통부장관은 제1항에 따라 업무를 위탁하는 경우 위탁받는 기관 및 위탁업무의 내용을 고시하여야 한다. [본조신설 2017.6.20.]

■ **토지보상법 시행규칙**

제13조(참고인 등의 일당 · 여비 및 감정수수료) 법 제58조제3항의 규정에 의한 참고인과 감정인에 대한 일당 · 여비 및 감정수수료는 중앙토지수용위원회 또는 지방토지수용위원회가 정한다. 다만, 「감정평가 및 감정평가사에 관한 법률」에 따른 감정평가업자(이하 "감정평가업자"라 한다)에 대한 감정수수료는 같은 법 제23조에 따라 국토교통부장관이 결정 · 공고한 수수료와 실비의 합계액으로 한다. 〈개정 2005.2.5., 2008.3.14., 2013.3.23., 2016.8.31.〉

제14조(위원의 수당 및 여비) 법 제59조의 규정에 의한 토지수용위원회의 위원에 대한 수당 및 여비는 예산의 범위안에서 중앙토지수용위원회 또는 지방토지수용위원회가 이를 정한다.

제14조의2(업무의 지도 · 감독) ① 국토교통부장관은 법 제60조의2제2항 전단에 따라 업무를 위탁하는 경우 위탁받은 기관 또는 단체의 장에게 재결정보체계의 구축 · 운영에 관한 사업계획을 수립 · 보고하게 할 수 있다.

② 국토교통부장관은 위탁업무를 보다 효율적으로 추진하기 위하여 필요하다고 인정하는 경우에는 위탁받은 기관 또는 단체의 장에게 제1항에 따른 사업계획을 보완하거나 변경할 것을 지시할 수 있다. 이 경우 위탁받은 기관 또는 단체의 장은 특별

한 사유가 없으면 이에 따라야 한다.

③ 국토교통부장관은 위탁업무 수행의 적절성 등을 확인하기 위하여 위탁받은 기관 또는 단체의 장으로 하여금 필요한 보고를 하게 하거나 관련 자료를 제출하게 할 수 있다.

[본조신설 2017.6.20.]

가. 의의

토지수용위원회는 합의에 의하여 수용에 관한 국가의사를 결정하고 이를 토지 수용위원회 명의로 외부에 표시하는 직무상 독립되어 있는 행정위원회의 일종으로 사업시행자가 목적물을 협의취득할 수 없는 경우 사업시행자의 신청에 의해 강제적 취득(사용)을 위한 수용재결 또는 사용재결 등을 행하는 준입법적, 준사법적 권한을 가지는 합의제 행정관청이다. 토지수용위원회의 재결업무가 재판청구권 침해여부 및 적법절차 침해여부와 관련하여 헌법재판소는 이를 소극적으로 보고 있는 바, ① 토지수용위원회의 수용재결은 재판이 아니므로 토지소유자 등의 재판청구권을 침해한다고 볼 수 없고, ② 토지수용위원회는 수용에 관한 학식과 경험이 풍부한 위원으로 구성되어 독립성과 전문성이 인정되고 토지수용위원회의 수용재결에 대해서는 행정소송이 허용되므로 토지수용위원회에서 수용재결업무를 담당한다고 하여 이것이 적법절차원칙에 위배된다고 할 수 없다고 판시하고 있다.[130]

헌법재판소

[판례] ▶ 토지수용위원회의 심리에 있어서 이해관계인들의 출석에 의한 진술을 제한하는 공익사업법 제32조 제2항이 적법절차의 원칙에 위배되고, 재판청구권을 침해하는지 여부(소극) [헌재 2007.11.29. 2006헌바79]

【결정요지】

가. 재판청구권 침해 여부

공용수용의 재결은 공익사업을 위하여 사업시행자에게 보상금을 지급하는 조건으로

---

130) 헌재 2007.11.29. 2006헌바79 전원재판부 [국토의계획및이용에관한법률제96조제2항등위헌소원]

타인의 토지소유권 등을 취득하게 하고, 반면 토지소유자 및 관계인에게는 목적물에 대한 권리를 상실시키게 하는 형성적 행정행위로서, 수용재결의 확정에 확정판결과 같은 효력을 인정한 이유는 토지수용과 관련한 공공사업을 신속히 수행하고 간편한 절차로 분쟁을 신속히 해결하여 이해관계자의 권리관계를 조속히 안정시킬 필요 에 의한 것일 뿐이지, 수용재결이 재판에 해당하는 것은 아니다.

또한 사업시행자, 토지소유자 또는 관계인은 수용재결에 대하여 불복이 있는 때에는 행정소송을 제기할 수 있으므로(공익사업법 제85조 제1항), 법관이 아닌 위원들로 구성된 토지수용위원회가 수용재결을 행하 고, 필요하다고 인정하는 경우에만 토지소유자 등이 심리에 출석하여 진술할 수 있다는 것만으로는 재판청 구권이 침해되었다고 보기 어렵다.

나. 적법절차원칙 위배 여부

토지수용위원회가 수용재결을 관장하도록 규정된 이유는 수용재결에 있어서 이해관계인들의 의견 차이를 신속하게 조정하여 법률관계를 확정하여 시간과 비용을 절약하고, 토지수용에 관한 행정기관의 전문적인 지식을 활용하기 위한 것이다.

공익사업법에서는 토지수용위원회의 재결사항(공익사업법 제50조), 구성위원의 자격 및 임명(공익사업법 제52조, 제53조), 위원의 결격사유와 임기, 신분보장(공익사업법 제54조, 제55조, 제56조) 등에 대하여 규정하고 있고, 위원의 공정성이 의심되는 경우에는 제척·기피·회피제도(공익사업법 제57조)를 두고 있으며, 판사·검사 또는 변호사의 직에 15년 이상 있었던 자나 토지 수용에 관한 학식과 경험이 풍부한 자 등이 위원이 되므로 그 독립성과 전문성이 인정된다 할 것이고, 토지수용위원회의 수용재결에 대해서는 행정소송이 인정되고 있으므로 수용재결을 토지수용위원회가 관장한다고 하여 이를 적법절차원칙에 위배된다고 할 수 없다.

나. 종류

토지 등의 수용과 사용에 관한 재결을 하기 위하여 국토교통부에 중앙토지수용위원회를 두고, 특별시·광역시·도·특별자치도(이하 "시·도"라 한다)에 지방토지수용위원회를 두고 있다(법 제49조).

다. 조직 및 관할

(1) 중앙토지수용위원회

① 조직

중앙토지수용위원회는 위원장 1명을 포함한 20명 이내의 위원으로 구성(이원 중 대통령령으로 정하는 수의 위원은 상임으로 함)하며, 위원장은 국토교통부장관이 되고, 위원장이 부득이한 사유로 직무를 수행할 수 없을 때에는 위원장이 지명하는 위원이 그 직무를 대행한다(법 제52조 제1,2항).

중앙토지수용위원회의 상임위원은 ⅰ) 판사·검사 또는 변호사로 15년 이상 재직하였던 사람, ⅱ) 대학에서 법률학 또는 행정학을 가르치는 부교수 이상으로 5년 이상 재직하였던 사람, ⅲ) 행정기관의 3급 공무원 또는 고위공무원단에 속하는 일반직공무원으로 2년 이상 재직하였던 사람 등 중에서 국토교통부장관의 제청으로 대통령이 임명하고, 비상임위원은 토지 수용에 관한 학식과 경험이 풍부한 사람 중에서 국토교통부장관이 위촉한다(법 제52조 제4,5항).

중앙토지수용위원회의 회의는 위원장이 소집하며, 위원장 및 상임위원 1명과 위원장이 회의마다 지정하는 위원 7명으로 구성하고(다만, 위원장이 필요하다고 인정하는 경우에는 위원장 및 상임위원을 포함하여 10명 이상 20명 이내로 구성할 수 있음), 구성원 과반수의 출석과 출석위원 과반수의 찬성으로 의결한다(법 제52조 제6,7항).

② 관할 및 관장[131]

중앙토지수용위원회는 ⅰ) <u>국가 또는 시·도가 사업시행자인 사업</u>, ⅱ) 수용 하거나 사용할 토지가 <u>둘 이상의 시·도에 걸쳐 있는 사업</u> 등의 재결에 관한 사항, ⅲ) 중앙토지수용위원회 및 지방토지수용위원회 재결의 이의신청에 대한 재결을 관장한다(법 제51조제1항, 제83조 및 제84조).

한편, 중앙토지수용위원회는 ⅰ) 국토교통부장관이 사업인정을 하려는 경우, ⅱ) 허가·인가·승인권자 등이 다른 법률에 의해 사업인정이 의제되는 지구지정·사업계획승인 등을 하려는 경우, 해당 사업의 공익성에 대한 협의요청에 응하여야 하며 사업인정에 이

---

131) 중앙토지수용위원회는 「개발이익 환수에 관한 법률」에 따른 개발부담금 등의 부과·징수에 대한 행정심판 업무 등도 관장한다.

해관계가 있는 자에 대한 의견 수렴절차 이행여부, 허가·인가·승인대상 사업의 공공성, 수용의 필요성 등의 사항을 검토하여 의견을 제시하여야 한다(법 제21조).

(2) 지방토지수용위원회

① 조직

지방토지수용위원회는 위원장 1명을 포함한 20명 이내의 위원으로 구성하며, 위원장은 시·도지사가 되며, 위원장이 부득이한 사유로 직무를 수행할 수 없을 때에는 위원장이 지명하는 위원이 그 직무를 대행한다(법 제53조 제1,2항).

지방토지수용위원회의 위원은 시·도지사가 소속 공무원 중에서 임명하는 사람 1명을 포함하여 토지 수용에 관한 학식과 경험이 풍부한 사람 중에서 위촉한다(법 제53조제3항). 지방토지수용위원회의 회의는 위원장이 소집하며, 위원장과 위원장이 회의 마다 지정하는 위원 8명으로 구성하고(다만, 위원장이 필요하다고 인정하는 경우에는 위원장을 포함하여 10명 이상 20명 이내로 구성할 수 있음), 구성원 과반수의 출석과 출석위원 과반수의 찬성으로 의결한다(법 제53조제4,5항).

② 관할 및 관장

지방토지수용위원회는 중앙토지수용위원회의 관할 외의 사업의 재결에 관한 사항을 관장한다(법 제51조제2항).

(3) 토지수용위원회 위원

① 결격사유

ⅰ) 피성년후견인, 피한정후견인 또는 파산선고를 받고 복권되지 아니한 사람, ⅱ) 금고 이상의 실형을 선고받고 그 집행이 끝나거나(집행이 끝난 것으로 보는 경우를 포함한다) 집행이 면제된 날부터 2년이 지나지 아니한 사람, ⅲ) 금고 이상의 형의 집행유예를 선고받고 그 유예기간 중에 있는 사람, ⅳ) 벌금형을 선고받고 2년이 지나지 아니한 사람 등은 토지수용위원회의 위원이 될 수 없으며, 위원이 이에 해당하게 되면 당연히 퇴직한다(법 제54조).

② 임기·신분보장

토지수용위원회의 상임위원 및 위촉위원의 임기는 각각 3년으로 하며 연임할 수 있다(법 제55조). 위촉위원은 해당 토지수용위원회의 의결로 ⅰ) 신체상 또는 정신상의 장해로 그 직무를 수행할 수 없을 때, ⅱ) 직무상의 의무를 위반하였을 때 등에 해당하는 사유가 있다고 인정된 경우를 제외하고는 재임 중 그 의사에 반하여 해임되지 않는다(법 제56조). 토지수용위원회의 위원 중 공무원이 아닌 사람은 「형법」이나 그 밖의 법률에 따른 벌칙을 적용할 때에는 공무원으로 본다(법 제57조의2).

③ 위원의 제척·기피·회피

㉠ 제척: 토지수용위원회의 위원으로서 ⅰ) 사업시행자, 토지소유자 또는 관계인, ⅱ) 사업시행자, 토지소유자 또는 관계인의 배우자·친족 또는 대리인, ⅲ) 사업시행자, 토지소유자 및 관계인이 법인인 경우에는 그 법인의 임원 또는 그 직무를 수행하는 사람 중의 어느 하나에 해당하는 사람은 그 토지수용위원회의 회의에 참석할 수 없다(법 제57조 제1항).

토지수용위원회 위원의 제척을 규정한 취지는 공정하고 합리적인 재결이 이루어지도록 보장하기 위한 것이므로 제척대상 위원의 참석으로 의사정족수 또는 의결정족수를 충족한 경우는 물론이고, 위원이 해당 회의에 참석하여 의결에 참여한 경우도 절차상의 중대한 하자로 해당 토지수용위원회의 의결은 무효로 될 수 있다.[132]

㉡ 기피: 사업시행자, 토지소유자 및 관계인은 위원에게 공정한 심리·의결을 기대하기 어려운 사정이 있는 경우에는 그 사유를 적어 기피(忌避) 신청을 할 수 있다. 이 경우 토지수용위원회의 위원장은 기피 신청에 대하여 위원회의 의결을 거치지 아니하고 기피 여부를 결정한다(법 제57조제2항).

---

[132] ※ [참고 판례] ▶ 위원의 제척 규정을 위반한 처분은 무효이다. [대법원 1994.10.7. 선고 93누20214]
【판결요지】징계위원의 제척을 규정한 지역의료보험조합운영규정 제94조는 공정하고 합리적인 징계권의 행사를 보장 하기 위한 것으로서 이에 위반한 징계권의 행사는 징계사유가 인정되는 여부에 관계없이 절차에 있어서의 정의에 반하는 것으로서 무효이다.

ⓒ 회피: 위원이 제척 또는 기피의 사유에 해당할 때에는 스스로 그 사건의 심리·의결에서 회피할 수 있다(법 제57조제3항).

ⓔ 위원 아닌 직원에 대한 준용: 위원의 제척·기피 또는 회피에 관한 사항은 사건의 심리·의결에 관한 사무에 관여하는 위원이 아닌 직원에 대해서도 이를 준용한다(법 제57조제4항).

(4) 관할 토지수용위원회가 불분명한 경우

개별 법률에서 관할 토지수용위원회를 별도로 정하고 있지 않은 경우에는 사업시행자를 기준으로 관할 토지수용위원회가 결정된다.

유권해석

[유권해석1] ▶ 국가 또는 시·도가 사업시행자인 사업의 수용재결 관할은 중앙토지수용위원회이다. [2016.1.29. 토지정책과-785]

【질의요지】
"○○국토관리청"이 농어촌도로정비법에 따라 사업시행자 지정을 받아 도로사업을 하는 경우 수용재결에 대한 관할 토지수용위원회는?

【회신내용】
수용재결 관할에 대하여 개별법에 별도로 정하고(전원개발촉진법 제6조의2제4항 참조) 있지 않고, ○○국 토관리청이 사업시행자라면 해당 사업에 대한 수용재결은 중앙토지수용위원회에서 관장하여야 할 것으로 사료됩니다.
※「농어촌도로 정비법」제13조에서는 재결신청 기간의 특례를 규정하고 있으나 관할 토지수용위원회에 대해서는 별도로 규정하고 있지 않음

[유권해석2] ▶ 비관리청 도로공사의 경우 수용재결 관할은 지방토지수용위원회로 보아야 한다. [2010.9.20. 토지정책과-4656]

【질의요지】

LH공사에서 「도로법」에 의거 비관리청 도로공사 시행허가를 득하고, 「공익사업을 위한 토지 등의 취득 및 보상에 관한 법률(이하 "토지보상법"이라 함)」제20조에 따라 사업인정을 받았을 경우, 수용재결 관할 토지수용위원회(중앙 또는 지방)는?

【회신내용】

「토지보상법」 제51조에 의하면, 중앙토지수용위원회는 국가 또는 시·도가 사업시행자인 사업과 수용 또는 사용할 토지가 2 이상의 시·도에 걸쳐 있는 사업의 재결에 관한 사항을 관장하며, 지방토지수용위원 회는 이외의 사업의 재결에 관한 사항을 관장하도록 규정하고 있습니다. 또한, 「한국토지주택공사법」 제19조에 의하면, 공사가 동 규정에서 정한 어느 하나에 해당하는 사업을 행하는 경우에 「토지보상법」 제51조 제1항제1호를 적용함에 있어서는 국가 또는 지방자치단체를 공사로 본다고 규정하고 있습니다.

따라서, 위 규정에 따라 LH공사가 국가 또는 지방자치단체로 의제되지 아니하는 「도로법」에 의한 비관리청 도로공사 경우의 수용재결 관할토지수용위원회는 지방토지수용위원회로 보아야 할 것입니다. ※「도로법」 제82조에서는 재결신청 기간의 특례를 규정하고 있으나 관할 토지수용위원회에 대해서는 별도로 규정하고 있지 않으며, 「한국토지주택공사법」 제19조에서는 한국토지주택공사를 국가 또는 지방자치단체로 의제하는 공익사업을 규정하고 있으나 도로사업은 여기에 해당되지 않음

재결례

[재결례1] ▶ 국토교통부장관 외의 자가 지정한 산업단지의 토지 등에 대한 재결은 지방토지수용 위원회가 관장한다.[중토위 2017.7.27.]

【재결요지】

인천광역시장은 이 건 사업은 산업단지 외의 사업으로 관련 법령에 따라 정당하게 사업인정된 사업으로 각하 재결에 대한 재심의를 하여 줄 것을 주장하고 있다.

「산업입지 및 개발에 관한 법률」(이하 "산업입지법"이라 한다)제7조의4(산업단지 지

정의 고시 등)제1항 에 따르면 산업단지지정권자(제6조, 제7조, 제7조의2, 제7조의3 또는 제8조에 따라 산업단지를 지정할 권한을 가진 국토교통부장관, 시·도지사 또는 시장·군수·구청장을 말한다. 이하 같다)는 산업단지 를 지정할 때에는 대통령령으로 정하는 사항을 관보 또는 공보에 고시하여야 하며, 같은 조 제2항에 따르면 산업단지로 지정되는 지역 안에 수용·사용할 토지·건축물 또는 그 밖의 물건이나 권리가 있는 경우에는 제1항에 따른 고시 내용에 그 토지 등의 세부 목록을 포함하게 하여야 한다고 되어있고,

산업입지법 제22조(토지수용)제1항에 따르면 사업시행자(제16조제1항제6호에 따른 사업시행자는 제외한다. 이하 이 조에서 같다)는 산업단지개발사업에 필요한 토지·건물 또는 토지에 정착한 물건과 이에 관한 소유권 외의 권리, 광업권, 어업권, 물의 사용에 관한 권리(이하 "토지등"이라 한다)를 수용하거나 사용할 수 있고, 같은 조 제2항에 따르면 제1항을 적용할 때 제7조의4제1항에 따른 산업단지의 지정·고시가 있는 때(제6조제5항 각 호 외의 부분 단서 또는 제7조제6항 및 제7조의2제6항에 따라 사업시행자와 수용·사용할 토지등의 세부 목록을 산업단지가 지정된 후에 산업단지개발계획에 포함시키는 경우에는 이의 고시가 있는 때를 말한다) 또는 제19조의2에 따른 농공단지실시계획의 승인·고시가 있는 때에는 이를 「공익사업을 위한 토지 등의 취득 및 보상에 관한 법률」 제20조제1항 및 같은 법 제22조에 따른 사업인정 및 사업인정의 고시가 있는 것으로 본다고 되어있다.

또한 산업입지법 제31조(산업단지 외의 사업에 대한 준용)에 따르면 산업단지의 인근 지역에서 산업단지개 발사업에 직접 관련되는 사업을 시행하는 경우 해당 사업에 대하여는 대통령령으로 정하는 바에 따라 이 법의 일부를 준용한다고 되어있고,

산업입지법 시행령 제29조(산업단지 외의 사업에 대한 준용)제1항에 따르면 법 제31조에서 "산업단지개 발사업에 직접 관련되는 사업"이라 함은 다음 각 호의 사업을 말한다. 1. 항만·도로·철도·용수공급 시설·하수도·공공폐수처리시설·폐기물처리시설·전기시설 또는 통신시설사업으로 되어있다. 한편, 「산업단지 인·허가 절차 간소화를 위한 특례법」(이하 "산단절차간소화법"이라 한다)제4조제2항 에 따르면 산업단지의 지정 및 개발과 관련하여 이 법으로 정하는 사항 이외의 사항은 「산업입지 및 개발에 관한 법률」에 따른다고 되어 있고, 산단절차간소화법 제15조(산업단지계획의 승인 고시 등)제2항에 따르면, 제1항에 따른 산업단지계획 승인 고시는 「산업입

지 및 개발에 관한 법률」 제7조의4 및 제8조에 따른 산업단지의 지정 고시 및 같은 법 제19조의2에 따른 실시계획 승인의 고시로 본다고 되어있다.

관계자료(관련 법령, 수용재결신청서, 사업인정고시문, 수용재결서 등)를 살펴본 결과, 이 건 인천광역시 장이 시행하는 ○○일반산업단지 공업용수도 건설공사는 산업입지법 제31조에 따른 산업단지의 용수공급 시설로 산업단지 외의 사업임이 확인되며, 산업입지법과 산단절차간소화법의 관계를 살펴보면 산업입지 법은 산업단지 전반에 대한 일반법으로서 산업단지 정책방향, 계획승인, 주민보상, 공사시행, 조성토지의 공급방법 등 산업단지 전반을 규정하고 있는 법이고, 산단절차간소화법은 산업단지계획의 승인절차에 관해서만 특례를 규정한 것으로 인허가 과정에서 행정절차를 통합하여 기간을 단축하는 것으로 산단절차 간소화법에 따라 절차를 거쳐 지정 고시된 산업단지는 산업입지법에 따른 고시가 있은 것으로 보아야 한다. 이 건 사업은 산단절차간소화법 제15조에 따라 산업단지계획 승인 및 고시가 있은 사업으로 토지보상법 제20조 및 제22조의 규정에 의한 사업인정 및 사업인정의 고시가 있은 것으로 의제되므로 <u>사업시행자는 위 사업에 편입되는 토지 등을 수용할 수 있는 정당한 권한이 있음이 인정됨에도 불구하고 도시계획시 설사업임을 전제로 「국토의 계획 및 이용에 관한 법률」 제88조 및 같은 법 제91조에 따른 실시계획인가 및 고시가 없었다는 이유로 각하 재결한 2017. 1. 5. 중앙토지수용위원회의 재결은 부당하다.</u>

한편, 토지보상법 제51조제1항에 따르면 제49조에 따른 중앙토지수용위원회는 다음 각 호 1. 국가 또는 시·도가 사업시행자인 사업 2. 수용하거나 사용할 토지가 둘 이상의 시·도에 걸쳐 있는 사업의 재결에 관한 사항을 관장하고 같은 조 제2항에 따르면 제49조에 따른 지방토지수용위원회는 제1항 각 호 외의 사업의 재결에 관한 사항을 관장한다고 되어있고, <u>산업입지법 제22조제3항에 따르면 국토교통부장관이 지정한 산업단지의 토지등에 대한 재결(裁決)은 중앙토지수용위원회가 관장하고, 국토교통부장관 외의 자가 지정한 산업단지의 토지등에 대한 재결은 지방토지수용위원회가 관장한다고 되어있고,</u> 같은 조 제2항에 따르면 제1항에 따른 수용 또는 사용에 관하여는 이 법에 특별한 규정이 있는 경우를 제외하고는 「공익사업을 위한 토지 등의 취득 및 보상에 관한 법률」을 준용한다고 되어 있다.

따라서, <u>이 건 수용재결은 산업입지법 제22조제3항에 따라 국토교통부 외의 자(인천광역시장)가 지정한 산업단지로 토지보상법 제51조에도 불구하고 재결신청 관할이</u>

> 인천광역시지방토지수용위원회이며, 중앙토지수용위원회에 재결을 신청한 것은 재결관할 위반으로 각하 재결함이 타당하다.
>
> 다만, 원 처분인 수용재결에서 각하재결 이유의 설명이 부당함은 있으나 결론에 있어 '각하' 처분한 수용재결은 정당하다 할 것이므로 중앙토지수용위원회의 2017.1.5. 수용재결이 부당하다는 이의신청인 의 주장은 주문과 같이 기각하기로 하다.

라. 재결사항

토지수용위원회는 ⅰ) 수용하거나 사용할 토지의 구역 및 사용방법, ⅱ) 손실보상, ⅲ) 수용 또는 사용의 개시일과 기간, ⅳ) 그 밖에 「토지보상법」 및 다른 법률에서 규정한 사항을 재결한다. 한편, 토지수용위원회는 사업시행자, 토지소유자 또는 관계인이 신청한 범위에서 재결하여야 하나 손실보상의 경우에는 증액재결(增額裁決)을 할 수 있다(법 제50조). 대법원은 토지수용위원회의 위 재결사항 중 '손실보상'에는 손실보상금뿐만 아니라 토지의 현실적 이용상황, 건축물 등의 면적 등 손실보상의 전제가 되는 토지 등의 물리적상황도 포함되므로 토지조서 및 물건조서의 내용도 재결의 대상이 된다고 판시한 바 있다[133]

마. 재결을 위한 심의

(1) 심의의 개시

토지수용위원회는 사업시행자가 제출한 재결신청서에 대하여 토지소유자 또는 관계인의 의견진술권의 기회를 주기 위한 열람기간(공고일로부터 14일)이 경과되면 지체 없이 해당 신청에 대한 조사 및 심리를 하여야 하는바, 토지수용위원회는 심리를 할 때 필요하다고 인정하면 사업시행자, 토지소유자 및 관계인을 출석시켜 그 의견을 진술하게 할 수 있으며, 출석하게 하는 경우에는 사업시행자, 토지소유자 및 관계인에게 미리 그 심리의 일시 및 장소를 통지하여야 한다(법 제32조).

---

133) ▸ 협의취득의 전제로서 사업시행자가 특례법시행규칙에 의하여 토지의 이용상황을 조사한 토지조서를 보상계획과 함께 공고하고 대상물건의 소유자 등에게 개별통지 하였다 하더라도, 중앙토지수용위원회가 정당한 손실보상금을 결정함에 있어서 반드시 그 토지조서에 표시된 대로의 이용상황을 기준으로 하여야 하는 것은 아니다.[대법원 2002.09.06 선고 2001두11236]

(2) 심의의 기간(재결기간)

토지수용위원회는 심리를 시작한 날부터 14일 이내에 재결을 하여야 하며, 특별한 사유가 있을 때에는 14일의 범위에서 한 차례만 연장할 수 있다(법 제35조). 다만 동 규정은 재결을 조속히 하도록 하기 위한 훈시적인 규정으로 사실상 조속한 재결을 강제하지 못하며 심리기간을 도과하여 한 재결도 유효하다. 토지보상법 제35조에서 '심리를 개시한 날'은 사무처에서 조사 등을 행한 날이 아니라 토지수용위원회에서 사실상 심리에 착수한 날을 의미한다.[134]

(3) 심리의 원칙

토지수용위원회의 심리는 서면주의[135], 비공개주의[136], 직권주의[137]가 적용된다. 다. 다만, 심리에 필요하다고 인정할 때에는 ⅰ) 사업시행자, 토지소유자, 관계인 또는 참고인에게 토지수용위원회에 출석하여 진술하게 하거나 그 의견서 또는 자료의 제출을 요구하는 것, ⅱ) 감정평가법인 등이나 그 밖의 감정인에게 평가를 의뢰하거나 토지수용위원회에 출석하여 진술하게 하는 것, ⅲ) 토지수용 위원회의 위원, 중앙토지수용위원회의 사무기구의 직원 또는 지방토지수용위원회의 업무담당 직원으로 하여금 실지조사를 하게 하는 것 등의 행위를 할 수 있다(법 제58조제1항). 위원 또는 직원이 실지조사를 하는 경우에는 그 신분을 표시하는 증표를 휴대 하고 토지소유자 등에게 이를 보여주어야 한다(법 제58조제2항).

① 비공개주의: 심리는 비공개가 원칙이므로 심리에 참석하고자 하는 사업시행자 또는 토지 소유자 등이 있어도 토지수용위원회에서 인정하는 경우를 제외하고는 그 심리과정에 참여할 수 없다. 헌법재판소도 토지 등 소유자에 대한 위원회 수용재결의 심리에 참

---

134) 유권해석, 토지정책과-1219(2011.3.14.) 토지수용위원회는 열람기간이 경과한 때에는 지체없이 심리에 필요한 조사 등을 실시하여야 하며, 이후 토지수용위원회가 회의를 소집하여 사실상 심리에 착수한 날을 위 법 제35조에 의한 "심리를 개시한 날"로 보아야 할 것으로 봅니다.
135) 토지수용위원회는 변론 및 증거조사는 사업시행자의 재결신청, 이에 대한 공고·열람·열람에 대하여 피수용인의 의견진술서로서 의견서의 제출 등 서면으로 심리한다.
136) 중앙토지수용위원회운영규정 제7조(회의의 비공개): 위원회의 회의는 공개하지 않는다.
137) 중앙토지수용위원회운영규정 제11조(현지조사) ① 위원회는 재결이 있기 전에 필요하다고 인정하는 때에는 위원·간사 또는 서기로 하여금 현지조사를 하게 할 수 있다.

가제한을 두는 것은 적법절차에 반하는 것이 아니라고 판시하고 있다.

헌법재판소

[판례] ▶ 토지소유자 등의 심리 참가에 제한을 둔 것이 적법절차원칙에 위배되지 않는다. [헌재 2007.11.29. 2006헌바79]

【결정요지】

토지수용위원회의 재결에 있어서 토지수용위원회가 심리에 필요하다고 인정하는 때에만 토지소유자 등이 출석하여 의견을 진술할 수 있는바, 이는 재결의 효율성, 신속성을 위한 것으로서 토지수용위원회는 재결신청서를 접수한 때에는 지체 없이 이를 공고하고, 공고한 날부터 14일 이상 관계서류의 사본을 일반이 열람할 수 있도록 하여야 하며, 열람기간 중에 토지소유자 또는 관계인은 의견을 제시할 수 있으므로(공익사업법 제31조 제1항, 제2항) 수용재결의 심리에 있어서 위와 같은 제한을 둔 것이 적법절차원칙에 위배되지는 않는다.

② 직권주의: 토지수용위원회의 심리는 직권주의에 의하므로 심리를 위한 증거조사 등은 사업시행자 또는 토지소유자 등에 의하지 않고 토지수용위원회가 직권으로 하는 것이 원칙이다.

(4) 불이익변경금지 원칙 적용여부

토지수용위원회의 심리는 직권으로 이루어지고, 「행정심판법」 제39조에서도 심리에서는 불고불리의 원칙을 적용 하고 있지 않으므로 불고불리의 원칙은 토지수용위원회의 심리에 있어서는 적용되지 않는다.

한편, 토지수용위원회의 재결은 사업시행자, 피수용인이 신청 내지 진술서에 제시된 의견의 범위 내에서만 할 수 있도록 불이익변경금지(=불고불리)의 원칙을 규정하고 있으나 다만, 손실보상에 있어서는 증액재결(增額裁決)을 할 수 있다고 규정되어 있다(법 제50조 제2항 단서). 토지보상법 제50조 제2항의 단서규정에 의거 토지수용위원회는 재결을 함에 있어 감액재결은 어려워 불이익변경금지원칙이 사실상 적용되고 있으며 중앙토지수용위원회 역시 피수용인의 권익보호를 위해 수용평가액이 협의평가액보다 적은 경우 협의평가액(사업시행자 제시액)으로 재결하고 있다.[138]

바. 수용 또는 사용 외의 재결

(1) 「토지보상법」

토지수용위원회는 공익사업시행지구에 편입되는 토지 등의 수용·사용 외에도 ⅰ) 사업준비를 위하여 타인점유 토지에 출입하여 측량·조사함으로써 발생하는 손실 및 측량·조사를 위한 장해물 제거 등을 함으로써 발생하는 손실(법 제9조, 제12조), ⅱ) 사업인정의 실효로 인한 손실(법 제23조), ⅲ) 사업의 폐지 및 변경으로 인한 손실(법 제24조), ⅳ) 사업인정 고시일 후 토지 및 물건조서 작성을 위하여 타인점유 토지에 출입하여 측량·조사함으로써 발생하는 손실(법 제27조), ⅴ) 천재지변 시의 타인의 토지를 사용함으로써 발생하는 손실(법 제38조), ⅵ) 재결의 실효로 인한 손실(법 제42조), ⅶ) 잔여지의 손실 또는 공사비 보상이나 토지의 취득으로 손실(법 73조 제1,4항), ⅷ) 공익사업시행지구 밖의 토지에 대한 공사비(법 제79조제1항, 법 제80조), ⅸ) 공익사업시행지구 밖의 토지 등이 본래의 기능을 다할 수 없게 되어 발생하는 손실(법 제79조제2항, 법 제80조) 등에 대하여 협의가 성립되지 않은 사항에 대해서도 사업시행자나 손실을 입은 자의 재결신청을 받아 재결할 수 있다.

판례

[판례1] ▶ 구 공익사업을 위한 토지 등의 취득 및 보상에 관한 법률 제79조 제2항 등에 따른 사업폐지 등에 대한 보상청구권에 관한 쟁송형태(=행정소송) 및 공익사업으로 인한 사업폐지 등으로 손실을 입은 자가 위 법률에 따른 보상을 받기 위해서 재결절차를 거쳐야 하는지 여부(적극) **[대법원 2012.10.11. 선고 2010다23210] [손실보상금]**

【판결요지】

---

138) 중앙토지수용위원회, 토지수용 업무편람, 2009. 409면

공익사업으로 인한 사업폐지 등으로 손실을 입게 된 자는 구 공익사업법 제34조, 제50조 등에 규정된 재결절차를 거친 다음 재결에 대하여 불복이 있는 때에 비로소 구 공익사업법 제83조 내지 제85조에 따라 권리구제를 받을 수 있다고 보아야 한다.

(2)「개발이익 환수에 관한 법률」

개발부담금 등의 부과·징수에 대한 이의신청의 행정심판은 중앙토지수용위원회에 행정심판을 청구할 수 있고 중앙토지수용위원회는 이를 심리·의결하여 재결(裁決)한다(법 제26조).[139]

(3)「개발제한구역의 지정 및 관리에 관한 특별조치법」

ⅰ) 개발제한구역의 지정에 따라 개발제한구역의 토지를 종래의 용도로 사용 할 수 없어 그 효용이 현저히 감소된 토지나 그 토지의 사용 및 수익이 사실상 불가능하게 된 토지의 소유자가 국토교통부장관에게 그 토지의 매수를 청구한 경우 매수 여부에 관한 결정 또는 매수가격에 대한 이의신청, ⅱ) 개발제한구역 보전 부담금의 부과·징수에 대한 이의신청의 행정심판은 중앙토지수용위원회가 심리·의결하여 재결(裁決)한다(법 제27조).[140]

사. 관련 판례 등

---

139) ■ 개발이익 환수에 관한 법률 제26조(행정심판의 특례) ① 개발부담금 등의 부과·징수에 이의가 있는 자는 「공익사업을 위한 토지 등의 취득 및 보상에 관한 법률」에 따른 중앙토지수용위원회에 행정심판을 청구할 수 있다.
② 제1항에 따른 행정심판청구에 대하여는 「행정심판법」 제6조에도 불구하고 「공익사업을 위한 토지 등의 취득 및 보상에 관한 법률」에 따른 중앙토지수용위원회가 심리·의결하여 재결(裁決)한다. 〈개정 2010.1.25.〉
140) ■ 개발제한구역의 지정 및 관리에 관한 특별조치법 제27조(이의신청) ① 다음 각 호의 어느 하나에 해당하는 자는 「공익사업을 위한 토지 등의 취득 및 보상에 관한 법률」에 따른 중앙토지수용위원회에 이의신청을 할 수 있다.
  1. 제18조에 따라 통보받은 매수 여부에 관한 결정 또는 매수가격에 이의가 있는 자
  2. 제21조에 따른 부담금의 부과·징수에 대하여 이의가 있는 자
② 제1항에 따른 이의신청에 대하여는 「행정심판법」 제6조에도 불구하고 중앙토지수용위원회가 심리·의결하여 재결한다. 〈개정 2009.2.6., 2010.1.25.〉

토지보상법은 해당 사업의 공익성 판단은 사업인정기관에서 하고, 그 이후의 구체적인 수용·사용의 결정은 토지수용위원회에서 하도록 규정하고 있으므로 토지수용위원회는 사업인정 자체를 무의미하게 하는 재결은 할 수는 없으나, 보상액을 감정평가에 의하지 않고 사업시행자가 직접 산정하는 <u>주거이전비·이농비 및 이어비·영업보상의 최저한도·영농손실·영업보상의 특례</u> 등은 재결사항에 포함된다.

판례

[판례1] ▶ 사업인정 자체를 무의미하게 하여 사업의 시행을 불가능하게 하는 재결은 행할 수 없다. [대법원 2007.1.11. 선고 2004두6538]

【판결요지】
구 토지수용법(2002.2.4. 법률 제6656호 공익사업을 위한 토지 등의 취득 및 보상에 관한 법률 부칙 제2조로 폐지)은 수용·사용의 일차 단계인 사업인정에 속하는 부분은 사업의 공익성 판단으로 사업인정기관에 일임하고 그 이후의 구체적인 수용·사용의 결정은 토지수용위원회에 맡기고 있는바, 이와 같은 토지수용절차의 2분화 및 사업인정의 성격과 토지수용위원회의 재결사항을 열거하고 있는 같은 법 제29조 제2항의 규정 내용에 비추어 볼 때, <u>토지수용위원회는 행정쟁송에 의하여 사업인정이 취소되지 않는 한 그 기능상 사업인정 자체를 무의미하게 하는, 즉 사업의 시행이 불가능하게 되는 것과 같은 재결을 행할 수는 없다.</u>

[판례2] ▶ [1] 관할 토지수용위원회가 토지에 관하여 사용재결을 하는 경우에는 재결서에 사용할 토지의 위치와 면적, 권리자, 손실보상액, 사용 개시일 외에도 사용방법, 사용기간을 구체적으로 특정하여야 하는지 여부(적극)

[2] 지방토지수용위원회가 갑 소유의 토지 중 일부는 수용하고 일부는 사용하는 재결을 하면서 재결서에는 수용대상 토지 외에 사용대상 토지에 관해서도 '수용'한다고만 기재한 사안에서, 위 재결 중 사용대상 토지에 관한 부분은 공익사업을 위한 토지 등의 취득 및 보상에 관한 법률 제50조 제1항에서 정한 사용재결의 기재사항에 관한 요건을 갖추지 못한 흠이 있음에도 사용재결로서 적법하다고 본 원심

판단에 법리를 오해한 잘못이 있다고 한 사례 [**대법원 2019.6.13. 선고, 2018두42641**]

【판결요지】

[1] 공익사업을 위한 토지 등의 취득 및 보상에 관한 법령이 재결을 서면으로 하도록 하고, '사용할 토지의 구역, 사용의 방법과 기간'을 재결사항의 하나로 규정한 취지는, 재결에 의하여 설정되는 사용권의 내용을 구체적으로 특정함으로써 재결 내용의 명확성을 확보하고 재결로 인하여 제한받는 권리의 구체적인 내용이나 범위 등에 관한 다툼을 방지하기 위한 것이다. 따라서 관할 토지수용위원회가 토지에 관하여 사용재결을 하는 경우에는 재결서에 사용할 토지의 위치와 면적, 권리자, 손실보상 액, 사용 개시일 외에도 사용방법, 사용기간을 구체적으로 특정하여야 한다.

[2] 지방토지수용위원회가 甲 소유의 토지 중 일부는 수용하고 일부는 사용하는 재결을 하면서 재결서에 는 수용대상 토지 외에 사용대상 토지에 관해서도 '수용'한다고만 기재한 사안에서, 사용대상 토지에 관하여는 공익사업을 위한 토지 등의 취득 및 보상에 관한 법률(이하 '토지보상법'이라 한다)에 따라 사업시행자에게 사용권을 부여함으로써 송전선의 선하부지로 사용할 수 있도록 하기 위한 절차가 진행되어 온 점, 재결서의 주문과 이유에는 재결에 의하여 지방토지수용위원회에 설정하여 주고자 하는 사용권이 '구분지상권'이라거나 사용권이 설정될 토지의 구역 및 사용방법, 사용기간 등을 특정할 수 있는 내용이 전혀 기재되어 있지 않아 재결서만으로는 토지소유자인 甲이 자신의 토지 중 어느 부분에 어떠한 내용의 사용제한을 언제까지 받아야 하는지를 특정할 수 없고, 재결로 인하여 토지소유 자인 甲이 제한받는 권리의 구체적인 내용이나 범위 등을 알 수 없어 이에 관한 다툼을 방지하기도 어려운 점 등을 종합하면, 위 재결 중 사용대상 토지에 관한 부분은 토지보상법 제50조 제1항에서 정한 사용재결의 기재사항에 관한 요건을 갖추지 못한 흠이 있음에도 사용재결로서 적법하다고 본 원심판단에 법리를 오해한 잘못이 있다고 한 사례.

[재결례1] ▶ 편입 토지를 제외시켜 달라는 주장에 대한 기각 재결례

[중토위 2017.7.20.]

【재결요지】

○○○이 편입토지를 제외하여 달라는 주장에 대하여

사업인정과 토지수용위원회의 재결에 관하여 대법원은 '토지보상법은 수용·사용의 일차단계인 사업인정에 속하는 부분은 사업의 공익성판단으로 사업인정기관에 일임하고 그 이후의 구체적 수용·사용의 결정은 토지수용위원회에 맡기고 있다. 이와 같은 토지수용절차의 이분화 및 사업인정의 성격과 토지수용위원회의 재결사항을 열거하고 있는 법 제50조제1항의 규정내용에 비추어 볼 때, 토지수용위원회는 행정쟁송에 의하여 사업인정이 취소되지 않는 한 그 기능상 사업인정 자체를 무의미하게 하는, 즉 사업의 시행이 불가능하게 되는 것과 같은 재결을 행할 수는 없다'고 판시(대법원 1994.11.11. 선고 93누19375 판결참조)하고 있다.

따라서 사업인정이 의제되는 이 건 사업이 행정쟁송에 의하여 취소된 바 없고, 적법한 절차에 따라 사업인정이 되고 고시되어 사업시행자는 사업에 필요한 토지 등을 수용하거나 사용할 수 있는 정당한 권한이 인정되므로 이의신청인의 주장을 받아들일 수 없다.

[재결례2] ▶ <u>주거이전비도 재결사항에 해당한다.</u> **[행정심판 재결 사건 04-15959]**

【회신내용】

청구인은, 피청구인이 1999.12.20.자로 고시한 택지개발예정지구에 택지개발계획이 승인·고시되기 전인 2000.9.16.자로 전입하여 청구인이 2002.1.8.자로 이 건 사업인정을 받기 전에 거주한 자임이 분명하므로 토지보상법상 관계인에 해당되는 점, 관계인의 재결신청이 있는 경우 사업시행자는 반드시 토지수용위원회에 재결을 신청하도록 토지보상법에 규정되어 있는 점, 청구인의 주거이전비 보상에 대하여 피청구인과 협의가 성립되지 아니한 점, <u>토지보상법상에 청구인의 주거이전비 보상에 대하여 재결신청의 청구 이외에는 이의신청절차가 없고, 재결절차를 거</u>

> 치지 않고서는 당사자소송에 의해서도 청구인의 위 권리를 구제받을 수 있는 길이
> 없어 보이는 점 등에 비추어 볼 때, 청구인은 토지보상법상 관계인에 해당되고 <u>**수**</u>
> <u>**용재결신청청구권**</u>이 있다.

2. 재결의 절차

가. 재결의 신청

(1) 개념

협의가 성립되지 아니하거나 협의를 할 수 없을 때 사업인정고시일로 부터 1년 이내에
사업시행자가 관할 토지수용위원회에 신청할 수 있다(법 제28조제1항). 사업인정 고시일
로부터 <u>1년 이내에 재결 신청을 하지 않으면 사업인정이 실효되므로</u> 사업인정 고시일로
부터 1년 이후에 한 재결 신청은 각하된다.

다만, 개별 법률에 따라 사업인정이 의제되는 사업은 사업인정이 의제되는 지구지정·사
업계획승인 등에서 정하는 재결신청기간 이내에 사업시행자가 관할 토지수용위원회에
신청하여야 하며, 이 기간 이내에 재결신청을 하지 않으면 사업인정이 실효되므로 이 이
후에 한 재결신청 역시 각하된다.

(2) 재결신청서 기재내용

사업시행자는 재결신청서[141)]에 ① 공익사업의 종류 및 명칭, ② 사업인정의 근거 및 고
시일, ③ 수용하거나 사용할 토지의 소재지·지번·지목 및 면적(물건의 경우에는 물건
의 소재지·지번·종류·구조 및 수량), ④ 수용하거나 사용할 토지에 물건이 있는 경우
에는 물건의 소재지·지번·종류·구조 및 수량, ⑤ 토지를 사용하려는 경우에는 그 사
용의 방법 및 기간, ⑥ 토지소유자 및 관계인의 성명 또는 명칭 및 주소, ⑦ 보상액 및 그
명세, ⑧ 수용 또는 사용의 개시예정일, ⑨ 청구인의 성명 또는 명칭 및 주소와 청구일
(법 제30조제2항에 따라 토지소유자 등이 재결 신청의 청구를 하여 재결을 신청하는 경

---

141) 재결신청서에는 ⅰ) 토지조서 또는 물건조서, ⅱ) 협의경위서, ⅲ) 사업계획서, ⅳ) 사업예정지 및 사
업계획을 표시한 도면 등의 서류 및 도면, ⅴ)<u>중앙토지수용위원회의 의견서</u>를 첨부하여야 함(시행령 제
12조제2항)

우로 한정), ⑩ 국토교통부장관의 시 · 도지사 및 <u>중앙토지수용위원회와의 협의 결과</u>,[142]
⑪ <u>토지소유자 및 관계인과 협의가 성립된 토지의 소재지 · 지번 · 지목 · 면적 및 보상금</u>
<u>내역</u>(물건의 경우에는 물건의 소재지 · 지번 · 종류 · 구조 · 수량 및 보상금 내역) 등의 사
항을 적어 관할 토지수용위원회에 제출하여야 한다(시행령 제12조제1항).

(3) 재결신청권자

수용재결의 신청권자는 <u>원칙적으로 사업시행자에</u> 한하며, 토지소유자 등은 재결신청의
청구를 할 수 있을 뿐이다. 다만, ① 사업의 준비를 측량 · 조사 및 장해물 제거 등으로
인한 손실보상(법 제9조, 제12조), ② 사업의 실효로 인한 손실보상(법 제23조), ③ 사업
의 폐지 및 변경으로 인한 손실보상(법 제24조), ④ 사업인정 후 토지 및 물건조서 작성
을 위한 측량 · 조사로 인한 손실보상(법 제27조 제3항), ⑤ 천재지변 시의 토지사용으로
인한 손실보상(법 제38조 제4항), ⑥ 재결의 실효로 인한 손실보상(법 제42조 제2항),
⑦ <u>잔여지 가치감소보상 또는 공사비보상</u>(법 제73조), ⑧ <u>잔여지 등의 매수 및 수용청구</u>
(법 제74조), ⑨ 수용할 토지 및 잔여지 이외의 토지에 통로 · 도랑 · 담장 등의 신설이나
그 밖의 공사가 필요한 경우 그 공사에 소요되는 비용의 전부 또는 일부보상(법 제79조
제1항), ⑩ 공익사업시행지역 밖에 있는 토지 등이 공익사업의 시행으로 인하여 본래의
기능을 다할 수 없게 되는 경우의 손실보상(간접손실보상)(법 제79조 제2항) 등에 대하
여 사업시행자와 토지소유자 등 사이에 협의가 성립되지 않는 경우에는 사업시행자의 수
용재결신청 전 · 후에 <u>토지소유자 등도 재결신청</u>[143]을 할 수 있다(법 제80조 제2항).[144]

(4) 도시정비사업과 관련한 재결신청

「도시정비법」상의 현금청산절차를 거친 경우에는 「토지보상법」상의 협의 절차를 다시
거칠 필요 없이 바로 재결신청을 할 수 있다. 판례는 도시정비법령의 체계와 내용, 일반

---

142) 국토교통부장관은 공익사업을 토지 등을 수용하거나 사용할 사업으로 결정하는 사업인정을 할 때 중
앙토지수용위원회와 협의하도록 하는 등의 내용으로 토지보상법이 개정(법률 제16138호, 2018.12.31.공
포, 2019.7.1. 시행)됨에 따라 협의를 요청받은 중앙토지수용위원회로 하여금 해당 공익사업의 근거 법
률에의 부합 여부 등을 검토하도록 하게 하려는 시행령 개정(2019.6.25.)에 따른 신설내용이다.
143) 이때에는 반드시 재결절차를 거친 후 행정소송을 제기하여야 한다
144) 이러한 재결은 보상액결정만을 위한 재결 또는 손실보상재결이라 하는데, 이와 같은 손실보상재결신
청은 토지보상법이나 개별법에 규정되어 있는 경우에만 가능하다.

적인 공익사업과 구별되는 도시정비법상 정비사업의 절차진행의 특수성 등으로 토지보상법상 협의 및 그 사전절차 규정들은 도시정비법상 현금청산대상자인 토지등소유자에 대해 그대로 준용할 수 없다고 판시[145]하고 있다.

「도시정비법」상의 현금청산절차에서는 「토지보상법」상의 보상평가 및 이를 기준으로 하는 보상액의 산정 등의 절차를 따로 거칠 필요가 없다. 다만, 「도시정비법」상의 현금청산을 「토지보상법」상의 협의로 보아 재결신청을 허용하기 위해서는 현금청산도 '성실한 협의'의 요건[146]을 충족하여야 하므로 도시정비사업의 사업시행자가 제시한 현금청산금액이 '정당한 보상금의 제시'에 해당되지 않아 '성실한 협의'의 요건을 구비하지 못하였다고 인정될 경우는 재결신청은 각하되어야 할 것이다.[147]

판례

[판례1] ▶ 「도시정비법」상 현금청산금액에 관한 협의불성립 시 「토지보상법」상 협의 절차 없이 곧바로 재결신청을 청구할 수 있다. [**대법원 2015.12.23. 선고 2015두505 35**]

【판결요지】

도시정비법 제40조 제1항 본문은 "정비구역 안에서 정비사업의 시행을 위한 토지 또는 건축물의 소유권과 그 밖의 권리에 대한 수용 또는 사용에 관하여는 <u>이 법에 특별한 규정이 있는 경우</u>를 제외하고는 「공익사업을위한토지등의취득및보상에관한법률」(이하 '토지보상법'이라 함)을 준용한다."고 규정하고 있다.

한편 토지보상법 제14조, 제15조, 제16조, 제68조 등은 공익사업을 위한 수용에 선행하는 협의 및 그 사전절차를 정하고 있는데, 앞서 본 도시정비법령의 체계와 내용, 일반적인 공익사업과 구별되는 도시정비법상 정비사업의 절차진행의 특수성 등에 비추어 보면, 토지보상법상 협의 및 그 사전절차를 정한 위 규정들은 도시정비법 제40

---

145) 대법원 2015.12.23. 선고 2015두50535
146) 「적법한 협의」 세부기준 (중앙토지수용위원회) [부록- 참고자료 2] 참조
147) 중앙토지수용위원회, 토지수용 업무편람, 2020.12.

조 제1항 본문에서 말하는 '이 법에 특별한 규정이 있는 경우'에 해당하므로 도시정비법상 현금청산대상자인 토지등소유자에 대하여는 준용될 여지가 없다고 보아야 하므로(대법원 2015. 11.27. 선고 2015두48877 판결 참조), 도시정비법상 주택재개발사업에 있어서 분양신청을 하지 아니하여 현금청산대상자가 된 토지등소유자는 도시정비법 제47조 제1항이 정한 기간(이하 '현금청산기 간'이라고 한다)내에 현금청산에 관한 협의가 성립되지 않은 경우 토지보상법상의 손실보상에 관한 협의를 별도로 거칠 필요 없이 사업시행자에게 수용재결신청을 청구할 수 있다고 보아야 한다

나. 재결신청의 청구

(1) 재결신청청구의 의의

수용재결신청은 사업시행자만이 할 수 있도록 되어 있으므로[148], 만일 사업시행자가 고의·과실로 수용재결신청을 지연하면 피수용인은 적극적으로 권리구제를 받을 수 없어 불리하게 된다. 이에 토지보상법은 토지소유자 등은 사업인정고시일 이후 협의가 성립되지 아니하였을 때 서면으로 조속히 사업시행자에게 재결을 신청할 것을 청구할 수 있는 제도를 두고 있다(법 제30조제1항).

재결신청의 청구의 제도적 취지는 사업시행자는 사업인정의 고시 후 1년 이내에는 언제든지 재결을 신청할 수 있는 반면에 토지소유자 등은 재결신청권이 없으므로, 수용을 둘러싼 법률관계의 조속한 확정을 바라는 토지소유자 등의 이익을 보호하고 수용 당사자 간의 공평을 기하기 위한 것이다.

(2) 재결신청청구의 형식과 제출방법(시행령 제14조 제1항, 시행규칙 제12조)

재결신청청구는 언제나 할 수 있는 것은 아니고 토지소유자 및 관계인은 재결신청의 청구를 하고자 할 경우에는 사업시행자가 제시한 보상협의기간(특별한 사유가 없는 한 30일 이상)이 지난 후 일정한 사항[149]을 기재한 서면(재결신청청구서)를 사업시행자에게

---

148) 재결신청은 원칙적으로 사업시행자만이 할 수 있으나 측량·조사시 발생한 손실(법 제9조), 잔여지의 수용(법 제74조), 간접손실보상(법 제80조) 등의 경우에는 토지소유자가 재결신청 할 수 있는 경우가 있다.
149) 1. 사업시행자의 성명 또는 명칭
     2. 공익사업의 종류 및 명칭

직접 제출하거나 우편으로 제출할 때에는 접수의 확인을 위하여 「우편법 시행규칙」 제25조제1항제4호에 따른 증명취급의 방법(내용증명, 배달증명)으로 하여야 한다.[150]

관계법령

■ **토지보상법 시행규칙 제12조(재결신청청구서의 방법)** 영 제14조제1항에 따른 재결신청청구서의 제출은 사업시행자에게 직접 제출하거나 「우편법 시행규칙」 제25조제1항제4호에 따른 증명취급의 방법으로 한다. [전문개정 2020.12.11.]

■ **우편법 시행규칙 제25조(선택적 우편역무의 종류 및 이용조건 등)** ① 법 제15조제3항에 따른 선택적 우편역무의 종류는 다음 각 호와 같이 구분한다. 〈개정 1999.1.21., 1999.7.20., 2001.4.20., 2005.8.4., 2006.2.9., 2007.1.10., 2010.9.1., 2011.12.2., 2014.12.4., 2015.7.21., 2016.3.16., 2018.2.19., 2020.2.17., 2021.7.1.〉

　1. ~ 3. 생략

　4. 증명취급

　　가. 내용증명 : 등기취급을 전제로 우체국창구 또는 정보통신망을 통하여 발송인이 수취인에게 어떤 내용의 문서를 언제 발송하였다는 사실을 우체국이 증명하는 특수취급제도

　　나. 삭제 〈2014.12.4.〉

　　다. 배달증명 : 등기취급을 전제로 우편물의 배달일자 및 수취인을 배달우체국에서 증명하여 발송인에게 통지하는 특수취급제도

한편, 토지보상법 시행령 제14조에서 재결신청 청구서의 내용을 규정하고 있으나 이를 일부 누락한 경우에도 서면으로 한 재결신청의 청구는 유효하며 이는 판례의 입장이기도 하다.

대법원 판례는 "재결신청청구서에 토지수용법 시행령 제16조의2 제1항 각 호 소정의 사

---

　3. 토지소유자 및 관계인의 성명 또는 명칭 및 주소
　4. 대상토지의 소재지·지번·지목 및 면적과 토지에 있는 물건의 종류·구조 및 수량
　5. 협의가 성립되지 아니한 사유

150) 종전(2020.12.11)에는 우편제출시 「우편법 시행규칙」 제25조제1항제4호 다목의 규정에 의한 배달증명 취급우편물로만 한정되어 있었다.

유들이 명확히 항목별로 나뉘어 기재되어 있지는 아니하나, 그 내용을 자세히 검토하여 보면 위 청구서에 위 사항이 모두 포함되어 있다고 보여질 뿐 아니라, 법이 위와 같은 형식을 요구하는 취지는 토지소유자 등의 의사를 명확히 하려는데 있고, 재결신청의 청구는 엄격한 형식을 요하지 아니하는 서면행위이고, 따라서 토지소유자 등이 서면에 의하여 재결청구의 의사를 명백히 표시한 이상 같은법 시행령 제16조의2 제1항 각호의 사항 중 일부를 누락하였다고 하더라도 위 청구의 효력을 부인할 것은 아니고, 또한 기업자를 대신하여 협의절차의 업무를 대행하고 있는 자가 따로 있는 경우에는 특별한 사정이 없는 한 재결신청의 청구서를 그 **업무대행자에게도 제출**할 수 있다"라고 판시하여 재결신청의 청구에 엄격한 내용이나 방법을 요구하지 않는다.[151]

재결례

[재결례] ▶ 법률대리인이 제출한 청구서의 첨부서류에는 위임인의 주소와 주민번호, 인적사항 등이 기재되어 있고, 날인도 되어 있어 위임의 의사도 분명히 하다고 볼 수 있다면 재결신청청구는 적법하다. [**중토위 2019.6.27.**]

【재결요지】

재결신청의 청구는 엄격한 형식을 요하지 아니하는 서면행위이고, **법률대리인**이 제출한 청구서의 첨부서류 에는 위임인의 주소와 주민번호, 인적사항 등이 기재되어 있고, 날인도 되어 있어 위임의 의사도 분명히 하다고 볼 수 있으므로 위임장에 인감도장이 날인되지 않고 인감증명서를 첨부하지 않았다는 등의 사유로 청구서를 반려한 사업시행자의 행위는 부당한 것으로 판단되어 ○○○ 외 116명의 재결신청 청구일은 당초 서류를 제출한 2016.5.9. ~ 2017.6.2. 사이의 각 제출일로 함이 타당하다.

수용재결신청청구 전후로 토지 등 소유자는 정보공개(감정평가서)청구서를 사업시행자에게 제출해[152] 손실보상명세서의 기초가 되었던 협의보상을 위한 목적의 감정평가서를

---

151) 대법원 1995.10.13. 선고 94누7232 판결
152) 실무적으로 관할 토지수용위원회(중앙토지수용위원회 포함)는 재결에 대한 감정평가서는 재결 이후 사업시행자에게도 동일하게 회신하고 있음을 이유로 특별한 사유가 없는 한 감정평가서에 대한 정보공개 청구의 상대방을 사업시행자로 하고, 행정소송(보상금증감 소송) 계속 중에 사실조회 또는 문서제출명령 등을 신청할 경우 감정평가서의 문서소지인을 사업시행자로 하여 회신받을 것을 권고하고 있다.

확보하여 사업시행자측 감정평가업자 등이 어떤 근거로 어떻게 감정평가를 하였고 그 평가금액이 보상명세서에 반영되었는지를 확인하고 향후 수용재결에 대한 의견서, 이의(재결)신청서의 작성과 종국적인 행정소송에 대비할 필요가 있다.

(3) 재결신청청구의 범위

토지의 현실적인 이용상황 등 토지조서 및 물건조서의 내용에 대해서 사업시행자와 토지소유자 등 사이에 다툼이 있는 경우는 물론이고, 토지 등이 보상대상에 포함되는지 여부에 대해서도 재결신청의 청구가 가능하며 이에 대해서는 토지수용위원회가 재결로 결정한다.

또한 토지소유자 등의 재결신청 청구의 요건인 '협의가 성립되지 아니한 때'에는 보상액 등에 관하여 협의가 성립되지 않은 경우뿐만 아니라 <u>사업시행자가 보상대상에서 제외하여 협의 자체가 성립되지 않은 경우</u>도 포함되므로 이런 경우에도 토지소유자 등은 사업시행자에게 재결신청의 청구를 할 수 있다. 다만, 이 경우 사업시행자는 보상액에 대한 협의절차를 거치지 않아도 재결을 신청할 수 있다.

(4) 재결신청 청구의 효과

사업시행자는 토지소유자 등으로부터 재결신청의 청구를 받았을 때에는 그 청구를 받은 날부터 <u>60일 이내</u>에 관할 토지수용위원회에 재결을 신청하여야 하며, 이 기간을 넘겨서 재결을 신청하였을 때에는 그 지연된 기간에 대하여 「소송촉진등에 관한특례법」 제3조에 따른 법정이율(**현재 연12%**)[153]을 적용하여 산정한 금액을 관할 토지수용위원회에서 재결한 보상금에 가산(加算)하여 지급하게 된다(법 제30조제3항).

토지소유자 등의 재결신청의 청구는 사업인정고시 후 협의절차를 거쳤으나 협의가 성립되지 않은 경우[154]에 가능하므로 협의절차가 진행되지 않은 경우는 원칙적으로 재결신

---

153) 법정이율은 연25%(1981.3.2.)에서 → 연20%(2003.6.1.시행) → 연15%(2015.10.1.시행)으로 개정되어 시행되어 오다가 현재는 연12%(2019.6.1. 시행)으로 개정되었다. 「소송촉진 등에 관한 특례법」 제3조제1항 본문에 따른 법정이율은 연 100분의 12로 한다.[시행 2019.6.1.] [대통령령 제29768호, 2019.5.21., 일부개정]

154) 중앙토지수용위원회는 사업인정고시 후 협의절차를 거쳤으나 협의가 성립되지 않은 경우의 예로 사업시행자가 예산 확보를 이유로 협의절차를 진행하지 아니한 경우 등을 들고 있다.[중토위 2019.6.13.]

청의 청구를 할 수 없다. 그러나, 판례[155]는 사업인정고시 후 상당한 기간이 경과하도록 협의기간을 통지하지 아니한 경우 토지소유자는 재결신청의 청구를 할 수 있다고 하고 있고, 또한 사업시행자가 협의기간을 연장한 경우에도 <u>지연가산금의 기산시점은 당초 협의종료일로부터 60일이며, 이는 관할 토지수용위원회 접수일을 기준으로 한다고</u> 보고 있다.

한편, 재결은 성실한 협의를 전제로 하고 성실한 협의는 절차의 완전한 이행과 정당한 보상금의 제시 등을 요건으로 하므로 이러한 요건을 충족하지 않은 재결 신청은 각하될 수 있다. 즉, 중요한 절차의 일부가 결여되었거나 감정평가법인 등의 보상평가를 거치지 않고 임의로 보상액을 정하여 그 금액으로 협의 요청한 경우 등은 성실한 협의를 거쳤다고 볼 수 없으므로 재결신청이 각하될 수 있다.[156]

질의회신

[질의회신1] ▶ 토지소유자 등이 보상대상 여부에 대하여 재결신청의 청구를 한 경우 사업시행자는 보상액에 대한 협의를 하지 않고 재결신청을 할 수 있다.
[2016.3.8. 토지정책과—1712]

【질의요지】
개발제한구역에서 불법으로 영업하던 중 사업지구에 편입되어 영업보상대상이 아닌 자가 사업시행자에게 재결신청 청구를 하였고 사업시행자가 보상액을 "0"원으로 재결신청한 경우 토지보상법령에 따른 성실한 협의로 볼 수 있는지?

【회신내용】
토지보상법 제16조에서 사업시행자는 토지 등에 대한 보상에 관하여 토지소유자 및 관계인과 성실하게 협의하여야 하며, 협의의 절차 및 방법 등 협의에 필요한 사항은 대통령령으로 정하도록 하고 있습니다.
토지보상법 시행령 제8조제1항에서 사업시행자는 법 제16조에 따른 협의를 하려는

---

155) 대법원 1993.8.27. 선고 93누9064 판결, 대법원 2012.12.27 선고 2010두9457 판결
156) 「적법한 협의」 세부기준 (중앙토지수용위원회) [부록– 참고자료 2] 참조. 또한 사업시행자가 재결신청 시 검토하여야 할 사항은 [부록– 참고자료 1]과 같다.

경우에는 국토교통부령으로 정하는 보상협의요청서에 보상의 시기·방법·절차 및 금액 등을 적어 토지소유자 및 관계인에게 통지하도록 하고 있으나, 질의사례와 같이 사업시행자가 영업자의 신청에 의해 재결신청을 하면서 영업보상 대상이 아니어서 보상액을 "0"원으로 적었다하여 성실한 협의를 하지 않았다고 보기는 어려울 것으로 봅니다.

[질의회신2] ▶ 협의절차가 진행되지 않은 상태에서는 토지소유자 등은 재결신청 청구를 할 수 없다. [2011.1.18. 토지정책과─261]

【질의요지】
사업인정고시, 보상계획 공고 및 감정평가를 완료하였으나, 예산부족으로 인해 아직 협의의사가 없어 보상협의요청서를 통지하지 않은 상태에서 토지소유자의 재결신청 청구 가능 여부

【회신내용】
토지보상법 제30조에 의하면, 사업인정고시가 있은 후 협의가 성립되지 아니한 때에는 토지소유자 및 관계인은 서면으로 사업시행자에게 재결의 신청을 할 것을 청구할 수 있도록 규정하고 있습니다.
따라서, 토지소유자 및 관계인은 사업인정고시가 있은 후 위 규정에 의한 협의절차를 거쳤으나 협의가 성립되지 아니한 때에 재결신청청구가 가능하므로, 보상협의요청서를 아직 통지하지 않은 등 보상협의를 아직 시작하지 않은 상태인 경우에는 재결신청 청구가 불가하다고 봅니다.

재결례

[재결례] ▶ 사업시행자가 예산 확보를 이유로 협의절차를 진행하지 아니한 경우 '협의가 성립되지 아니하였을 때'에 해당하며 소유자의 재결신청청구는 적법하다.
[중토위 2019.6.13.]

【재결요지】

재결신청청구와 관련하여 대법원은 「토지수용법이 토지소유자 등에게 재결신청의 청구권을 부여한 이유는 협의가 성립되지 아니한 경우 시행자는 사업인정의 고시 후 1년 이내(도시계획사업은 그 사업의 시행기간 내)에는 언제든지 재결을 신청할 수 있는 반면 토지소유자는 재결신청권이 없으므로 수용을 둘러싼 법률관계의 조속한 확정을 바라는 토지소유자 등의 이익을 보호함과 동시에 수용당사자간의 공평을 기하기 위한 것이라고 해석되는 점, 같은 법 제25조의3 제3항의 가산금제도의 취지는 위 청구권의 실효를 확보하자는 것이라고 해석되는 점을 참작하여 볼 때, 도시계획사업 시행자가 사업실시계획인가의 고시 후 상당한 기간이 경과하도록 협의대상 토지소유자에게 협의기간을 통지하지 아니하였다면 토지소유자로서는 토지수용법 제25조의3 제1항에 따라 재결신청의 청구를 할 수 있다」고 판시(대법원 1993.8.27. 선고 93누9064 판결 참조)하고 있다.

위 사실관계 및 판례의 취지를 종합하여 볼 때, <u>사업시행자는 이 건 사업의 사업인정 고시 후 상당한 기간이 경과하도록 예산 확보가 어려운 점 등을 사유로 협의대상 토지소유자에게 협의기간을 통지하지 아니하여 협의절차가 진행되지 아니하였으나, 이러한 경우에도 법 제30조제1항이 규정하는 '협의가 성립되지 아니하였을 때'에 포함된다고 봄이 타당하다고 판단된다.</u> 따라서 소유자의 재결신청 청구는 적법하며, 재결신청 청구일은 2016.9.21.이고 청구일로부터 60일이 되는 날인 2016.11.21.(월)까지 사업시행자는 재결신청을 하여야 함에도 불구하고 371일을 경과하여 2017.11.27. 재결신청을 하였으므로 재결신청 지연기간 371일에 대하여 별지 목록 기재 재결신청지연가산금으로 금4,317,635,790원을 지급하기로 한다.

판례

[판례1] ▶ 통지 등의 절차를 제대로 거치지 않고 이루어진 수용재결은 위법하다.
[대법원 2007.3.29. 선고 2004두6235]

【판결요지】

구 도시재개발법(2002.2.4. 법률 제6655호로 개정되기 전의 것) 제33조 제1항에서 정한 분양신청기간의 통지 등 절차는 재개발구역 내의 토지 등의 소유자에게 분양신청의 기회를 보장해 주기 위한 것으로서 같은 법 제31조 제2항에 의한 토지수용을 하기 위하여 반드시 거쳐야 할 필요적 절차이고, 또한 그 통지를 함에 있어서는 분양신청기간과 그 기간 내에 분양신청을 할 수 있다는 취지를 명백히 표시하여야 하므로, 이러한 통지 등의 절차를 제대로 거치지 않고 이루어진 수용재결은 위법하다.

[판례2] ▶ 사업인정고시 후 상당한 기간이 경과하도록 협의기간을 통지하지 아니한 경우 토지소유자는 재결신청의 청구를 할 수 있다.
[대법원 1993.8.27. 선고 93누9064]

【판결요지】
토지수용법이 토지소유자 등에게 재결신청의 청구권을 부여한 이유는, 협의가 성립되지 아니한 경우 시행자는 사업인정의 고시 후 1년 이내(도시계획사업은 그 사업의 시행기간 내)에는 언제든지 재결을 신청할 수 있는 반면 토지소유자는 재결신청권이 없으므로, 수용을 둘러싼 법률관계의 조속한 확정을 바라는 토지소유자 등의 이익을 보호함과 동시에 수용당사자간의 공평을 기하기 위한 것이라고 해석되는 점, 같은 법 제25조의3 제3항의 가산금 제도의 취지는 위 청구권의 실효를 확보하자는 것이라고 해석되는 점을 참작하여 볼 때, 도시계획사업 시행자가 사업실시계획인가의 고시 후 상당한 기간이 경과하도록 협의대상 토지소유자에게 협의기간을 통지하지 아니하였다면 토지소유자로서는 토지수용법 제25조의3 제1항에 따라 재결신청의 청구를 할 수 있다.

※위 대법원판례는 위 국토교통부 유권해석(2011.1.18. 토지정책과—261)과 상치되는 것으로 보이나 국토교통부 유권해석의 경우는 조만간 협의가 예정되어 있는 경우이고 대법원판례는 사업인정 후 장기간 협의가 없었던 경우이므로 서로 다른 경우로 볼 수 있음

[판례3] ▶ 보상대상에 포함여부도 재결신청의 청구 대상이다.
[대법원 2013.8.14 선고 2011두2309]

【판결요지】

「공익사업을위한토지등의취득및보상에관한법률」(이하 '공익사업법'이라 한다) 제30조 제1항은 재결신청을 청구할 수 있는 경우를 사업시행자와 토지소유자 및 관계인 사이에 '협의가 성립하지 아니한 때'로 정하고 있을 뿐 손실보상대상에 관한 이견으로 협의가 성립하지 아니한 경우를 제외하는 등 그 사유를 제한하고 있지 않은 점, 위 조항이 토지소유자 등에게 재결신청청구권을 부여한 취지는 공익사업에 필요한 토지 등을 수용에 의하여 취득하거나 사용할 때 손실보상에 관한 법률관계를 조속히 확정함으로써 공익사업을 효율적으로 수행하고 토지소유자 등의 재산권을 적정하게 보호하기 위한 것인데, 손실보상대상에 관한 이견으로 손실보상협의가 성립하지 아니한 경우에도 재결을 통해 손실보상에 관한 법률관계를 조속히 확정할 필요가 있는 점 등에 비추어 볼 때, '협의가 성립되지 아니한 때'에는 사업시행자가 토지소유자등과 공익사업법 제26조에서 정한 협의절차를 거쳤으나 보상액 등에 관하여 협의가 성립하지 아니한 경우는 물론 토지소유자 등이 손실보상대상에 해당한다고 주장하며 보상을 요구하는데도 사업시행자가 손실보상대상에 해당하지 아니한다며 보상대상에서 이를 제외한 채 협의를 하지 않아 결국 협의가 성립하지 않은 경우도 포함된다고 보아야 한다.

[판례4] ▶ 협의기간이 종료하기 전에 토지소유자 및 관계인이 재결신청의 청구를 하였으나 사업시행자가 협의기간을 연장한 경우에도 60일 기간의 기산 시기는 당초의 협의기간 만료일이 된다. [대법원 2012.12.27 선고 2010두9457]

【판결요지】
공익사업법 시행령 제8조 제1항, 제14조 제1항의 내용, 형식 및 취지를 비롯하여, 토지소유자 및 관계인이 협의기간 종료 전에 사업시행자에게 재결신청의 청구를 한 경우 구 공익사업을 위한 토지 등의 취득 및 보상에 관한 법률(2011.8.4. 법률 제11017호로 개정되기 전의 것, 이하 '구 공익사업법'이라고 한다) 제30조 제2항에서 정한 60일의 기간은 협의기간 만료일로부터 기산하여야 하는 점, 사업인정고시가 있게 되면 토지소유자 및 관계인에 대하여 구 공익사업법 제25조에서 정한 토지 등의 보전의무가 발생하고, 사업시행자에게는 구 공익사업법 제27조에서 정한 토지 및 물건에 관한 조사권이 주어지게 되는 이상, 협의기간 연장을 허용하게 되면 토지소유자 및 관계인에게 위와 같은 실질적인 불이익도 연장될 우려가 있는 점, 협의기간 내에 협의가 성립되지 아니하여 토지소유자 및 관계인이 재결신청의 청구까지 한 마당에 사업시행자의 협의기간 연장을 허용하는 것은 사업시행자가 일방적으로 재결신청을 지연할 수 있도록 하는 부당한 결과를 가져올 수 있는 점 등을 종합해 보면, 사업시행자가 보상협의요청서에 기재한 협의기간을 토지소유자 및 관계인에게 통지하고, 토지소유자 및 관계인이 그 협의기간이 종료하기 전에 재결신청의 청구를 한 경우에는 사업시행자가 협의기간이 종료하기 전에 협의기간을 연장하였다고 하더라도 구 공익사업법 제30조 제2항에서 정한 60일의 기간은 당초의 협의기간 만료일로부터 기산하여야 한다고 보는 것이 타당하다.

(5) 지연가산금의 문제

가산하여 지급할 금액은 관할 지방토지수용위원회가 재결서에 기재하여야 하며, 사업시행자는 수용 또는 사용의 개시일까지 보상금과 함께 이를 지급하여야 한다(시행령 제14조 제2항). 한편, 지연가산금의 기산일은 협의기간이 끝난 후 최초의 가산금의 지급대상인 재결신청의 청구를 받은 때부터 즉시 가산되나, 협의기간 중에 받은 때에는 협의기간 만료일로부터 그 청구를 받은 날에 기산된다.

지연가산금도 보상금의 일부이므로 이를 수용의 개시일까지 지급하거나 공탁하지 아니하였을 때에는 재결은 효력을 상실하며, 재결이 실효되면 재결신청도 실효되므로 당초 재결이 실효되어 다시 재결신청을 한 경우의 지연가산금의 계산기간은 다시 재결신청한 날을 기준으로 한다. 즉, 당초 재결이 실효된 경우 재결실효일 로부터 60일 내에 다시 재결신청을 하지 아니하면, 60일이 지난 날부터 지연 가산금이 발생한다.[157]

한편, 대법원은 수용재결에서 가산금 주장이 기각된 경우 이에 대한 이의신청(이의재결)은 가능하며, 지연가산금에 대한 불복도 수용보상금 증액에 관한 소로 다투어야 한다고 판시[158]하고 있고, 도시정비법상의 지연배상금과 토지보상법상의 지연가산금은 동시에 행사할 수 없다고 판시[159]하고 있다.

---

157) 대법원 2017.4.7. 선고 2016두63361
158) 대법원 2019.1.17. 선고 2018두54675.; 대법원 1997.10.24. 선고 97다31175
159) 대법원 2020.7.9. 선고2016다51170

[질의회신1] ▶ 지연가산금은 관할 토지수용위원회에 재결 신청되었을 때를 기준으로 한다. [2016.5.28. 토지정책과-3698]

【질의요지】
사업시행자가 수용재결 신청함에 있어 관할이 다른 타 위원회 재결신청 후, 다시 관할 위원회로 이송되어왔을 시, 토지보상법 제30조 규정에 따른 지연가산금 기산점을 최초 수용재결 신청 받은 타 위원회 접수일로 볼 수 있는지?

【회신내용】
재결신청 지연에 따른 가산금은 해당 재결신청의 청구 건이 관할 토지수용위원회에 신청하였을 때를 기준으로 하여야 할 것으로 봅니다.

[질의회신2] ▶ 재결실효 후 다시 재결신청을 하는 경우 지연가산금 산정?
[2012.1.10. 토지정책과-146]

【질의요지】
토지소유자 및 관계인이 재결신청 청구한 후 60일 이내에 사업시행자가 재결신청을 하였으나 보상비예산부족으로 보상금 지급 및 공탁을 하지 아니하여 재결이 실효된 경우 재결실효에 따른 보상과 지연가산금을 모두 보상하여야 하는지와 지연가산금을 지급하여야 한다면 지연기간은 얼마인지?

【회신내용】
재결이 실효된 경우에는 재결의 전제가 되는 재결신청도 아울러 그 효력을 상실하는 것이므로(대법원87.3.10, 선고 84누158 판결) 재결실효 후 다시 재결신청을 하는 경우 토지소유자 및 관계인이 재결신청청구를 한 날부터 60일을 경과한 날부터 기산하여 다시 재결신청하는 날까지 경과한 기간에 대하여는 지연가산금을 지급하여야 하고, 재결실효에 따른 손실은 손실이 있는 것을 입증하는 객관적인 자료 등을 검토하여 손실이 있는 경우 보상을 하여야 한다고 봅니다.

[재결례] ▸ 재결보상금의 일부(지연가산금)을 수용 개시일까지 지급하거나 공탁하지 아니하였을 때에는 재결은 실효된다. [**중토위 2017.11.23.**]

【재결요지】

토지수용법 제30조제2항에 따르면 사업시행자는 제1항에 따른 청구를 받았을 때에는 그 청구를 받은 날부터 60일 이내에 대통령령으로 정하는 바에 따라 관할 토지수용위원회에 재결을 신청하여야 하고, 같은 조 제3항에 따르면 사업시행자가 제2항에 따른 기간을 넘겨서 재결을 신청하였을 때에는 그 지연된 기간에 대하여 「소송촉진 등에 관한 특례법」 제3조에 따른 법정이율을 적용하여 산정한 금액을 관할 토지수용위원회에서 재결한 보상금에 가산(加算)하여 지급하여야 한다고 되어 있다.

토지수용법 제40조제1항에 따르면 사업시행자는 제38조 또는 제39조에 따른 사용의 경우를 제외하고는 수용 또는 사용의 개시일(토지수용위원회가 재결로써 결정한 수용 또는 사용을 시작하는 날을 말한다. 이하같다)까지 관할 토지수용위원회가 재결한 보상금을 지급하여야 하고, 법 제42조에 따르면 사업시행자가 수용 또는 사용의 개시일까지 관할 토지수용위원회가 재결한 보상금을 지급하거나 공탁하지 아니하였을 때에는 해당 토지수용위원회의 재결은 효력을 상실한다고 되어 있다

관계자료(이의신청서, 사업시행자 의견 등)를 검토한 결과, 사업시행자는 ○○지방토지수용위원회의 2017.2.20. 수용재결에서 정한 재결보상금을 수용의 개시일까지 지급하거나 공탁하여야 함에도 불구하고 이의신청인 ○○○, ○○○의 재결보상금의 일부(지연가산금)를 수용개시일까지 지급 또는 공탁하지 아니하였다. 따라서 법 제42조제1항에 따라 ○○○, ○○○에 대한 이 건 수용재결은 2017.5 5. 효력을 상실하였는 바, 존재하지 않는 처분에 대한 취소를 구하는 ○○○, ○○○의 이의신청은 실익이 없으므로 각하하기로 한다.

[판례1] ▸ 재결실효 후 다시 재결신청을 하는 경우에는 재결실효일부터 60일이 내에 하지 않으면 재결지연가산금이 부과된다. [**대법원 2017.4.7. 선고 2016두63361**]

【판결요지】

사업시행자가 수용의 개시일까지 재결보상금을 지급 또는 공탁하지 아니한 때에는 재결은 효력을 상실하고[공익사업을 위한 토지 등의 취득 및 보상에 관한 법률(이하 '토지보상법'이라 한다) 제42조 제1항], 사업시행자의 재결신청도 효력을 상실하므로, 사업시행자는 다시 토지수용위원회에 재결을 신청하여야 한다. 그 신청은 재결실효 전에 토지 소유자 및 관계인(이하 '토지소유자 등'이라 한다)이 이미 재결신청 청구를 한 바가 있을 때에는 재결실효일로부터 60일 내에 하여야 하고, 그 기간을 넘겨서 재결신청을 하면 지연된 기간에 대하여도 소송촉진 등에 관한 특례법 제3조에 따른 법정이율을 적용하여 산정한 금액(이하 '지연가산금'이라 한다)을 지급하여야 한다.

토지보상법은 재결이 실효됨으로 인하여 토지소유자 등이 입은 손실을 보상하는 규정(토지보상법 제42조 제2항, 제3항)을 지연가산금 규정과 별도로 두고 있는데, 지연가산금은 사업시행자가 정해진 기간 내에 재결신청을 하지 않고 지연한 데 대한 제재와 토지소유자 등의 손해에 대한 보전이라는 성격을 아울러 가지고 있다.

위와 같이 재결이 실효된 이후 사업시행자가 다시 재결을 신청할 경우에는 원칙적으로 다시 보상협의절차 를 거칠 필요가 없으므로, 재결실효일부터 60일이 지난 다음에는 지연가산금이 발생한다는 것이 원칙이다. 그러나 사업시행자가 재결실효 후 60일 내에 재결신청을 하지 않았더라도, 재결신청을 지연하였다고 볼 수 없는 특별한 사정이 있는 경우에는 그 해당 기간 동안은 지연가산금이 발생하지 않는다. 재결실효 후 토지소유자 등과 사업시행자 사이에 보상협의절차를 다시하기로 합의한 데 따라 협의가 진행된 기간은 그와 같은 경우에 속한다.

[판례2] ▶ 공익사업을 위한 토지 등의 취득 및 보상에 관한 법률 제87조의 '보상금'에는 같은 법 제30조 제3항에 따른 지연가산금도 포함된다.
 [대법원 2019. 1. 7. 선고 2018두54675]

【판결요지】

甲 등 토지소유자들이 주택재개발정비사업 시행자에게 수용재결신청을 청구한 날로부터 60일이 지난 후에 사업시행자가 지방토지수용위원회에 수용재결을 신청하였고,

지방토지수용위원회가 공익사업을 위한 토지 등의 취득 및 보상에 관한 법률 제30조 제3항에 따른 지연가산금을 재결보상금에 가산하여 지급하기로 하는 내용의 수용재결을 하자, 사업시행자가 지연가산금 전액의 감액을 구하는 손실보상금감액 청구를 하였으나 청구기각 판결이 확정된 사안에서, 공익사업을 위한 토지 등의 취득 및 보상에 관한 법률 제87조의 '보상금'에는 같은 법 제30조 제3항에 따른 지연가산금도 포함된다고 보아, <u>수용재결에서 인정된 가산금에 관하여 재결서 정본을 받은 날부터 판결일까지의 기간에 대하여 소송촉진 등에 관한 특례법 제3조에 따른 법정이율을 적용하여 산정한 가산금을 지급할 의무가 있다고 본 원심판단을 수긍한 사례</u>

[판례3] ▶ 지연가산금에 대한 불복은 수용보상금의 증액에 관한 소에 의하여야 한다. [대법원 1997.10.24. 선고 97다31175]

【판결요지】

토지수용법 제25조의3 제3항이 정한 지연가산금은 수용보상금에 대한 법정 지연손해금의 성격을 갖는 것이므로 이에 대한 불복은 수용보상금에 대한 불복절차에 의함이 상당할 뿐 아니라, 토지수용법시행령 제16조의3은 "법 제25조의3 제3항의 규정에 의하여 가산하여 지급할 금액은 관할 토지수용위원회가 재결서에 기재하여야 하며, 기업자는 수용 시기까지 보상금과 함께 이를 지급하여야 한다."라고 하여 지연가산금은 수용보상금과 함께 수용재결로 정하도록 규정하고 있으므로, <u>지연가산금에 대한 불복은 수용보상금의 증액에 관한 소에 의하여야 한다.</u>

[판례4] ▶ 도시정비법 상의 지연배상금과 「토지보상법」 상의 지연가산금은 동시에 행사할 수 없다. [대법원 2020.7.29. 선고 2016다51170]

【판결요지】

도시정비법 제47조에서 정한 현금청산금의 지급 지체에 따른 지연배상금 청구권과 도시정비법 제40조제1 항에 의하여 재개발사업에 준용되는 토지보상법 제30조제3항에서 정한 재결신청 지연가산금 청구권은 근거 규정과 요건, 효과를 달리하는 것으로서 각 요건이 충족되면 성립하는 별개의 청구권이다. 다만 재결신청 지연가산금에는 이미 '손해 전보'라는 요소가 포함되어 있어 같은 기간에 대하여 <u>양자의 청구건을 동시에 행사할 수 있다고 본다면 이중배상의 문제가 발생하므로, 같은 기간에 대하여 양자의 청구권이 동시에 성립하더라도 토지 등 소유자는 어느 하나만을 선택적으로 행사할 뿐이고, 양자의 청구권 을 동시에 행사할 수는 없다.</u>

다. 공고·열람 및 의견제출

(1) 공고 및 열람

토지수용위원회가 재결신청서를 접수하였을 때에는 지체 없이 이를 공고하고, 공고한 날부터 14일 이상 관계 서류의 사본을 일반인이 열람할 수 있도록 하여야 하며 토지소유자 또는 관계인은 열람기간 중에 의견을 제시할 수 있다(법 제31조제1항, 제2항).

토지수용위원회는 재결신청서 및 관계 서류의 사본을 토지 등의 소재지를 관할하는 시장·군수 또는 구청장에게 송부하여 공고 및 열람을 의뢰하여야 하며, 시장 등은 재결신청 내용을 시 등의 게시판에 공고하고, 공고한 날부터 14일 이상 그 서류를 일반인이 열람할 수 있도록 하여야 한다. 다만, 시장 등이 <u>천재지변이나 그 밖의 긴급한 사정으로</u> 공고 및 열람 의뢰를 받은 날부터 14일 이내에 공고하지 못하거나 일반인이 열람할 수 있도록 하지 못하는 경우 관할 토지수용위원회는 직접 재결신청 내용을 공고[160]하고, 재결신청서와 관계 서류의 사본을 일반인이 14일 이상 열람할 수 있도록 할 수 있다(시행령 제15조제1항 및 제2항).

관계법령

■ **토지보상법 제31조(열람)** ① 제49조에 따른 중앙토지수용위원회 또는 지방토지수용위원회(이하 "토지수용위원회"라 한다)는 제28조제1항에 따라 재결신청서를 접수하였을 때에는 대통령령으로 정하는 바에 따라 지체 없이 이를 공고하고, 공고한 날부터 14일 이상 관계 서류의 사본을 일반인이 열람할 수 있도록 하여야 한다.

② 토지수용위원회가 제1항에 따른 공고를 하였을 때에는 관계 서류의 열람기간 중에

---

160) 공고는 중앙토지수용위원회는 관보에, 지방토지수용위원회는 공보에 게재하는 방법으로 한다.

토지소유자 또는 관계인은 의견을 제시할 수 있다.[전문개정 2011.8.4.]

> ■ **토지보상법 시행령 제15조(재결신청서의 열람 등)** ① 관할 토지수용위원회는 법 제28조제1항에 따른 재결신청서를 접수하였을 때에는 법 제31조제1항에 따라 그 신청서 및 관계 서류의 사본을 토지등의 소재지를 관할하는 시장(행정시의 시장을 포함한다. 이하 이 조에서 같다) · 군수 또는 구청장(자치구가 아닌 구의 구청장을 포함한다. 이하 이 조에서 같다)에게 송부하여 공고 및 열람을 의뢰하여야 한다.
> ② 시장 · 군수 또는 구청장은 제1항에 따라 송부된 서류를 받았을 때에는 지체 없이 재결신청 내용을 시(행정시를 포함한다) · 군 또는 구(자치구가 아닌 구를 포함한다)의 게시판에 공고하고, 공고한 날부터 14일 이상 그 서류를 일반인이 열람할 수 있도록 하여야 한다. 다만, 시장 · 군수 또는 구청장이 <u>천재지변이나 그 밖의 긴급한 사정</u>으로 공고 및 열람 의뢰를 받은 날부터 14일 이내에 공고하지 못하거나 일반인이 열람할 수 있도록 하지 못하는 경우 관할 토지수용위원회는 직접 재결신청 내용을 공고(중앙토지수용위원회는 관보에, 지방토지수용위원회는 공보에 게재하는 방법으로 한다)하고, 재결신청서와 관계 서류의 사본을 일반인이 14일 이상 열람할 수 있도록 할 수 있다. 〈개정 2013.12.24., 2019.6.25.〉

(2) 통지 및 의견제출

시장 등 또는 관할 토지수용위원회는 공고를 한 경우에는 그 공고의 내용과 의견이 있으면 의견서를 제출할 수 있다는 뜻을 토지소유자 및 관계인에게 통지하여야 하며, 다만 통지받을 자를 알 수 없거나 그 주소 · 거소 또는 그 밖에 통지할 장소를 알 수 없을 때에는 통지하지 않을 수 있다(시행령 제15조제3항).

토지소유자 등은 열람기간에 해당 시장 등 또는 <u>관할 토지수용위원회</u>[161]에 직접 의견서를

---

161) 토지소유자 및 관계인이 직접 관할 토지수용위원회에 의견서를 제출하는 경우는 시장 · 군수 또는 구청장이 천재지변이나 그 밖의 긴급한 사정으로 공고 및 열람 의뢰를 받은 날부터 14일 이내에 공고하지 못하거나 일반인이 열람할 수 있도록 하지 못하는 경우이다. 다만, 시장 · 군수 또는 구청장이 천재지변이나 그 밖의 긴급한 사정으로 공고 및 열람 의뢰를 받은 날부터 14일 이내에 공고하지 못하거나 일반인이 열람할 수 있도록 하지 못하는 경우 관할 토지수용위원회는 직접 재결신청 내용을 공고(중앙토지수용위원회는 관보에, 지방토지수용위원회는 공보에 게재하는 방법으로 한다)하고, 재결신청서와 관계 서류의 사본을 일반인이 14일 이상 열람할 수 있도록 할 수 있다

제출할 수 있다(시행령 제15조제4항). 종전 토지보상법에서는 피수용인은 의견서를 열람기간내 당해 시장·군수 또는 구청장에게만 제출하도록 규정되어 있었으나, 해당 지자체에서 당해 사업을 반대하거나 주민들의 민원이 있는 경우[162] 주민들의 재산권 보호차원에서 수용재결서 열람 및 공고를 거부하여 수용재결이 지연된 사례가 있어 이에 2013. 12. 24일 개정으로 피수용인은 의견서를 종래 시장 등 외에 관할 토지수용위원회에도 제출할 수 있도록 하였다. 참고로 이때 피수용인(토지소유자 및 관계인)의 의견서 내용은 단순히 보상금의 증액요구가 아닌 전문적인 자료분석을 통하여 보다 법리적이고 논리적인 의견서를 작성하여 재결심의 및 감정평가에 실질적으로 반영되도록 노력하여야 할 것이다.

라. 심리

(1) 의의

토지수용위원회는 열람기간이 지났을 때에는 지체 없이 해당 신청에 대한 조사 및 심리를 하여야 하며, 필요하다고 인정하면 사업시행자 또는 토지소유자 및 관계인을 출석시켜 그 의견을 진술하게 할 수 있다. 이 경우 사업시행자 또는 토지소유자 등에게 미리 그 심리의 일시 및 장소를 통지하여야 한다(법 제32조).

(2) 심리절차

토지수용위원회의 위원장은 특히 필요하다고 인정하는 심의안건에 대해서는 위원 중에서 전담위원을 지정하여 예비심사를 하게 할 수 있다(시행령 제24조 제3항). 토지수용위원회는 심리에 필요하다고 인정할 때에는 ⅰ) 사업시행자, 토지소유자, 관계인 또는 참고인에게 토지수용위원회에 출석하여 진술하게 하거나 그 의견서 또는 자료의 제출을 요구하는 것, ⅱ) 감정평가법인등이나 그밖의 감정인에게 평가를 의뢰[163]하거나 토지수용위원회에 출석하여 진술하게 하는 것, ⅲ) 토지수용위원회의 위원 또는 중앙토지수용위

---

162) 2009년 초고압선 건설을 추진하던 한국전력의 수용재결신청에 대해 해당 지자체인 밀양시가 지역주민의 송전탑 건설반대를 강력한 민원으로 수용재결서 열람 및 공고를 거부한 사례
163) 토지수용위원회는 보상액 산정을 위하여 감정평가업자에게 보상평가를 의뢰할 수 있다. 이 경우 한국감정평가사협회의 추천을 받아 2인의 감정평가법인등에게 의뢰하고 시·도지사와 토지소유자에게 감정평가법인등을 추천을 요청할 필요는 없다. 보상평가 의뢰 시에는 토지 및 물건조서, 토지소유자 의견서 및 평가유의사항 등을 첨부하여 토지소유자 등의 의견이 반영되도록 하고 있다.

원회 사무기구의 직원이나 지방토지수용위원회의 업무를 담당하는 직원으로 하여금 실지조사를 하게 하는 것 등의 행위를 할 수 있다(법 제58조제1항).

관계법령

■ **토지보상법 제32조(심리)** ① 토지수용위원회는 제31조제1항에 따른 열람기간이 지났을 때에는 지체 없이 해당 신청에 대한 조사 및 심리를 하여야 한다.
② 토지수용위원회는 심리를 할 때 필요하다고 인정하면 사업시행자, 토지소유자 및 관계인을 출석시켜 그 의견을 진술하게 할 수 있다.
③ 토지수용위원회는 제2항에 따라 사업시행자, 토지소유자 및 관계인을 출석하게 하는 경우에는 사업시행자, 토지소유자 및 관계인에게 미리 그 심리의 일시 및 장소를 통지하여야 한다. [전문개정 2011.8.4.]

제58조(심리조사상의 권한) ① 토지수용위원회는 심리에 필요하다고 인정할 때에는 다음 각 호의 행위를 할 수 있다. 〈개정 2020.4.7.〉
  1. 사업시행자, 토지소유자, 관계인 또는 참고인에게 토지수용위원회에 출석하여 진술하게 하거나 그 의견서 또는 자료의 제출을 요구하는 것
  2. 감정평가법인등이나 그 밖의 감정인에게 감정평가를 의뢰하거나 토지수용위원회에 출석하여 진술하게 하는 것
  3. 토지수용위원회의 위원 또는 제52조제8항에 따른 사무기구의 직원이나 지방토지수용위원회의 업무를 담당하는 직원으로 하여금 실지조사를 하게 하는 것
② 제1항제3호에 따라 위원 또는 직원이 실지조사를 하는 경우에는 제13조를 준용한다.
③ 토지수용위원회는 제1항에 따른 참고인 또는 감정평가법인등이나 그 밖의 감정인에게는 국토교통부령으로 정하는 바에 따라 사업시행자의 부담으로 일당, 여비 및 감정수수료를 지급할 수 있다. 〈개정 2013.3.23., 2020.4.7.〉 [전문개정 2011.8.4.]

마. 화해의 권고

(1) 개념

토지수용위원회는 그 재결이 있기 전에는 그 위원 3명으로 구성되는 소위원회로 하여금 사업시행자 또는 토지소유자 등에게 화해를 권고하게 할 수 있다. 화해가 성립되었을 때

에는 토지수용위원회는 화해조서를 작성하여 화해에 참여한 위원, 사업시행자, 토지소유자 등이 서명 또는 날인을 하도록 하여야 하며, 화해조서에 서명 또는 날인이 된 경우에는 당사자 간에 화해조서와 동일한 내용의 합의가 성립된 것으로 본다(법 제33조).

(2) 임의절차

화해의 권고는 토지수용위원회의 재량에 따른 임의적 절차이므로 반드시 거쳐야 하는 것은 아니다.[164]

관계법령

- **토지보상법 제33조(화해의 권고)** ① 토지수용위원회는 그 재결이 있기 전에는 그 위원 3명으로 구성되는 소위원회로 하여금 사업시행자, 토지소유자 및 관계인에게 화해를 권고하게 할 수 있다. 이 경우 소위원회는 위원장이 지명하거나 위원회에서 선임한 위원으로 구성하며, 그 밖에 그 구성에 필요한 사항은 대통령령으로 정한다. ② 제1항에 따른 화해가 성립되었을 때에는 해당 토지수용위원회는 화해조서를 작성하여 화해에 참여한 위원, 사업시행자, 토지소유자 및 관계인이 서명 또는 날인을 하도록 하여야 한다. ③ 제2항에 따라 화해조서에 서명 또는 날인이 된 경우에는 당사자 간에 화해조서와 동일한 내용의 합의가 성립된 것으로 본다. [전문개정 2011.8.4.]

- **토지보상법 시행령**
제16조(소위원회의 구성) 법 제33조제1항에 따른 소위원회의 위원 중에는 중앙토지수용위원회에는 국토교통부, 지방토지수용위원회에는 특별시·광역시·도 또는 특별자치도(이하 "시·도"라 한다) 소속 공무원인 위원이 1명씩 포함되어야 한다. [전문개정 2013.5.28.]
제17조(화해조서의 송달) 법 제49조에 따른 중앙토지수용위원회 또는 지방토지수용위원회(이하 "토지수용위원회"라 한다)는 법 제33조제1항에 따른 화해가 성립된 경

---

164) 구 토지수용법 제40조 소정의 토지수용위원회의 기업자, 토지소유자 또는 관계인에 대한 화해의 권고는 반드시 거쳐야 하는 필요적 절차가 아니라 토지수용위원회의 재량에 따른 임의적인 절차이다.(대법원 1986.6.24. 선고 84누554)

우에는 법 제33조제2항에 따른 화해조서의 정본을 사업시행자·토지소유자 및 관계인에게 송달하여야 한다. [전문개정 2013.5.28.]

바. 재결

(1) 의의

재결은 수용절차를 완성하는 행정처분으로 사업시행자의 신청에 의하여 보상금을 지급하는 조건으로 목적물을 사업시행자에 원시취득하게 하는 반면, 토지소유자 등에게는 그 권리를 상실시키는 형성적 행정행위이다.

(2) 재결의 형식과 송달

재결은 서면으로 하고, 재결서에는 주문 및 그 이유와 재결일을 적고, 위원장 및 회의에 참석한 위원이 기명날인한 후 그 정본(正本)을 사업시행자, 토지소유자 및 관계인에게 송달하여야 함(법 제34조).[165]

재결서의 송달은 수용의 당사자에게 교부하거나 「우편법 시행규칙」제25조제1항제6호에 의한 특별송달의 방법에 의한다. 그러나 ⅰ) 수용의 당사자 중 송달받을 자를 알 수 없거나, ⅱ) 송달받을 자의 주소·거소 그밖에 송달할 장소를 알 수 없을 때, ⅲ) 「민사소송법」제191조(외국에서 하는 송달의 방법)의 규정에 의할 수 없을 때 등의 경우에는 공시송달을 할 수 있다.

재결서의 송달에 대해서는 기간을 별도로 규정하고 있지 않으므로 상당한 기간이 지난 후에 한 송달도 유효하다.[166]

(3) 재결의 경정

재결에 계산상 또는 기재상의 잘못이나 그 밖에 이와 비슷한 잘못이 있는 것이 명백할

---

165) 재결서의 정본을 송달하는 경우에는 재결서의 정본을 송달받은 날로부터 30일 이내에 중앙토지수용위원회에 이의를 신청할 수 있다는 뜻을 알려야 한다. 이 경우 지방토지수용위원회의 재결에 이의가 있는 자는 해당 지방토지수용위원회를 거쳐 중앙토지수용위원회에 이의를 신청할 수 있다
166) 토지수용재결 후 상당한 기간이 경과된 뒤에 송달이 이루어졌다는 것만으로 그 송달이 무효라고 할 수는 없다.(대법원 1995.6.30. 선고 95다13159)

때에 토지수용위원회는 직권으로 또는 당사자의 신청에 의하여 경정재결(更正裁決)을 할 수 있으며, 경정재결은 원재결서(原裁決書)의 원본과 정본에 부기하여야 한다. 다만, 정본에 부기할 수 없을 때에는 경정재결의 정본을 작성하여 당사자에게 송달하여야 한다 (법 제36조).

재결례

[재결례] ▶ 수용재결에서 누락된 잔여지 일부에 대한 손실보상은 경정재결의 대상이 아니다. [중토위 2019.10.24.]

【재결요지】
재결 당시 ○○○는 잔여지의 가격감소 손실을 보상하여 줄 것을 청구하였고 ○○○의 잔여지는 6필지(○○리 324-1 답 977㎡, 같은 리 317 답 766㎡, 같은 리 319 전 224㎡, 같은 리 320 전 976㎡, 같은 리 324-2 답 340㎡, 같은 리 323 답 233㎡)이었음에도 동 재결시 잔여지 4필지(○○리 324-1 답 977㎡, 같은 리 317 답 766㎡, 같은 리 319 전 224㎡, 같은 리 320 전 976㎡)에 대하여만 '잔여지 가격감소 손실은 없는'것으로 재결하였고 잔여지 2필지(○○리 324-2 답 340㎡, 같은 리 323 답 233㎡)에 대하여는 재결이 없었던 것으로 확인된다.
살피건대, 위 관련규정이 정하고 있는 재결의 경정은 재결내용을 실질적으로 변경하지 않는 범위내에서 재결에 '계산상' 또는 '기재상'의 잘못이 있는 것이 분명한 때에 그 잘못을 바로 잡는 것으로서 재결의 집행에 지장이 없도록 해주자는 취지라 할 것이다.
그렇다면, 이 경우의 원재결은 4필지에 대하여 '잔여지 가격감소 손실'이 없는 것으로 판단을 하였고 이 건 신청으로 2필지에 대한 '잔여지 가격감소 손실'에 대한 판단을 추가하는 것이므로 이는 '원재결의 재결내용을 실질적으로 변경하지 않는 범위내'로 보기 어려운 것으로 판단되는바, 위 관련규정에 의한 경정재결의 취지에 부합하는 것으로 볼 수 없으므로 신청인의 경정재결신청은 받아들이지 아니하기로 한다.

토지보상법에는 재결서의 경정기간에 대해서는 별도로 규정하고 있지 않으므로 경정기간은 제한이 없다.[167)]

(4) 재결의 유탈

토지수용위원회가 신청의 일부에 대한 재결을 빠뜨린 경우에 그 빠뜨린 부분의 신청은
계속하여 그 토지수용위원회에 계속(係屬)된다(법 제37조).

(5) 재결의 종류

재결에는 부적법한 재결신청에 대한 요건재결로서 본안심리를 거절하는 각하재결과 본
안재결이 있고, 본안재결은 ⅰ) 본안심리의 결과 재결신청이 이유 없다고 하여 그 신청
을 배척하는 기각재결과 ⅱ) 본안심리의 결과 재결신청이 이유 있다고 하여 그 신청을
받아들이는 인용재결로 구분된다. 그러나 공익사업의 시행이 불가능하게 하는 재결인 토
지수용신청 자체를 기각하는 재결은 할 수는 없다.[168]

판례

[판례] ▶ 사업인정 자체를 무의미하게 하여 사업의 시행을 불가능하게 하는 재결은
행할 수 없다. [대법원 2007.1.11. 선고 2004두8538]

【판결요지】

구 토지수용법(2002.2.4. 법률 제6656호 공익사업을 위한 토지 등의 취득 및 보상
에 관한 법률 부칙 제2조로 폐지)은 수용 ·사용의 일차 단계인 사업인정에 속하는
부분은 사업의 공익성 판단으로 사업인정기관에 일임하고 그 이후의 구체적인 수
용·사용의 결정은 토지수용위원회에 맡기고 있는바, 이와 같은 토지수용절차의 2
분화 및 사업인정의 성격과 토지수용위원회의 재결사항을 열거하고 있는 같은 법 제
29조 제2항의 규정 내용에 비추어 볼 때, 토지수용위원회는 행정쟁송에 의하여 사업
인정이 취소되지 않는 한 그 기능상 사업인정 자체를 무의미하게 하는, 즉 사업의 시
행이 불가능하게 되는 것과 같은 재결을 행할 수는 없다.

질의회신

[질의회신] ▶ 토지수용위원회가 경정재결을 할 수 있는 기간에는 제한이 없다.

---

167) 토지정책과-1053 (2016.2.5.)
168) 중앙토지수용위원회, 앞의 책, 2017.12., 102면

【질의요지】

전원개발사업 실시계획승인(사업인정) 고시 이후 토지가 분할되었음에도 송전선로가 경과하지 않는 분할전 지번으로 착오 기재하여 재결 및 공탁된 경우 사업기간 만료 후에도 경정재결이 가능한 지 여부(편입면적 및 토지소유자는 동일)

【회신내용】

「공익사업을위한토지등의취득및보상에관한법률」(이하 "토지보상법"이라 함) 제36조 제1항은 "재결에 계산상 또는 기재상의 잘못이나 그 밖에 이와 비슷한 잘못이 있는 것이 명백할 때에는 토지수용위원회는 직권으로 또는 당사자의 신청에 의하여 경정재결(更正裁決)을 할 수 있다."고 규정하고 있으며, 경정재결을 할 수 있는 기간에 대해서는 별도로 규정하고 있지 않습니다.

따라서 사업기간 만료 후에도 재결에 계산상 또는 기재상의 잘못이나 그 밖에 이와 비슷한 잘못이 있는 것이 명백할 때에는 토지수용위원회는 직권으로 또는 당사자의 신청에 의하여 경정재결(更正裁決)을 할수 있을 것으로 보며, 개별적인 사례에서 재결에 계산상 또는 기재상의 잘못이나 그 밖에 이와 비슷한 잘못이 있는 것이 명백한 것인지 여부에 대해서는 토지수용위원회가 관계 법령 및 사실관계를 조사하여 판단할 사항으로 봅니다.

(6) 재결의 실효(법 제42조)

사업시행자가 <u>수용 또는 사용의 개시일까지</u> 관할 토지수용위원회가 재결한 보상금을 지급 또는 공탁하지 아니하면 당해 수용재결은 그 효력을 상실한다. 만일, 사업시행자가 수용시기까지 관할 토지수용위원회가 재결한 보상금을 지급 또는 공탁하지 아니하였을 때에는 그 재결을 효력을 상실하는 것이므로, 사업시행자가 수용시기 후에 보상금을 지급하더라도 그 토지의 소유권을 취득하는 것은 아니다[169].

---

169) 대법원 1990.6.12.선고, 89다카24346 판결

또한 사업시행자는 재결의 실효에 따라 토지소유자 또는 관계인이 입은 손실을 보상하여야 하며 손실보상에 대한 협의가 이루어지지 않은 경우 사업시행자나 손실을 입은 자는 관할 토지수용위원회에 재결을 신청할 수 있다.

제3절 수용재결의 효과

1. 일반적 효과

재결이 있은 후의 일반적 효과는 공용수용의 절차가 재결로서 종결되며, 일정한 조건아래 재결의 내용에 따라 사업시행자와 토지소유자 등에게 수용의 효과를 발생시킨다. 즉 사업시행자는 보상금의 지급 또는 공탁을 조건으로 <u>수용 또는 사용의 개시일</u>에 토지 등에 관한 권리를 <u>원시취득</u>하고 그 토지나 물건에 관한 다른 권리는 이와 동시에 소멸한다. 다만, 토지수용위원회의 재결로 인정된 권리는 소멸되거나 그 행사가 정지되지 아니한다(법 제45조 제3항).

한편 피수용자는 수용목적물의 <u>인도·이전의 의무</u>를 부담한다. 만일 피수용자가 의무를 이행하지 아니하면 사업시행자에게 <u>대집행신청권이 발생한다.</u>

재결례

[재결례] ▶ 사업지구에 편입된 토지상의 송전선 관련 기존의 구분지상권은 존속된다.
[중토위 2013.6.20.]

【재결요지】

법 제45조제1항에 따르면 사업시행자는 수용의 개시일에 토지나 물건의 소유권을 취득하며 그 토지나 물건에 관한 다른 권리는 이와 동시에 소멸하도록 되어 있으나, 같은 법 같은 조 제3항에 따르면 토지수용위원회의 재결로 인정된 권리는 위 규정에 불구하고 소멸되거나 정지되지 아니하도록 되어 있다.

관계자료(사업시행자 의견, 한국전력공사의 의견 등)를 검토한 결과, 이 건 토지(○○리 808-20 외 3필지 791㎡ 중 214㎡)에 구분지상권(송전선)이 설정되어 있으나 이

건 공익사업에 지장을 초래하지 아니한 바, 이 건 구분지상권을 소멸시키는 것은 또 다른 공익을 희생시키는 결과를 초래하므로 구분지상권을 존속시키도록 한다.

> **판례**
>
> 판례 ▶ 수용에 의한 토지취득은 원시취득이다.
> [대법원 2001.1.16. 선고 98다58511]
>
> 【판결요지】
> 토지수용법에 의한 수용재결의 효과로서 수용에 의한 기업자의 토지소유권취득은 토지소유자와 수용자와의 법률행위에 의하여 승계취득하는 것이 아니라, 법률의 규정에 의하여 원시취득하는 것이므로, 토지소유자가 토지수용법 제63조의 규정에 의하여 부담하는 토지의 인도의무에는 수용목적물에 숨은 하자가 있는 경우에도 하자담보책임이 포함되지 아니하여 토지소유자는 수용시기까지 수용 대상 토지를 현존 상태 그대로 기업자에게 인도할 의무가 있을 뿐이다.

2. 사업시행자에 대한 효과

(1) 보상금지급 및 공탁

재결서가 송달되면 피수용자에게 재결내용에 의한 보상금 지급통지를 하고, 보상금수령을 거부할 경우 공탁한다는 뜻을 알려야 하며 보상금은 수용재결에서 정한 수용시기까지 지급하거나 공탁하여야 한다(법 제40조).[170]

(2) 권리의 취득 및 등기

사업시행자는 수용시기까지 보상금을 지급 또는 공탁함으로서 토지에 대한 권리를 원시취득하며, 부동산 물권변동은 등기하지 않아도 그 효력이 발생하나 처분시에는 이를 등기하여야 한다. 등기는 부동산등기법상 특례가 인정되므로 등기에 필요한 서류는 재결서와

---

170) 이 때 수용보상금 청구서나 공탁금 출급청구서에 "이의를 유보하고 보상금의 일부를 수령함"이라는 조건을 달고 보상금을 수령하여야 하며, 만약 조건 없이 보상금을 수령하고 이의신청을 하게 되면 그 이의신청은 각하된다.

보상금 지급관계서류(공탁시는 공탁서)만으로 등기가 가능하다(부동산등기법 제99조).

따라서 수용재결 된 후에 사업시행자가 수용에 의한 등기(재결서와 보상금 지불관계서류로 신청)를 하지 아니하고 피수용자로부터 소유권이전에 필요한 서류를 징구하여 이를 기초로 등기신청을 하여서는 안 된다.[171] 이에 따라 재결보상금을 지급하였거나 공탁을 한 때에는 수용개시일 이후 지체 없이 소유권이전등기를 신청하여야 하고 소유권이전등기시에는 수용재결서와 보상금지급을 증명하는 서류(보상금수령증 또는 공탁서등)를 등기원인증명서류로 제출하고, 등기원인은 '토지수용'으로, 등기원인일자는 수용재결서상의 '수용개시일'을 기재한다.

수용으로 인한 부동산물권 변동은 「민법」 제187조에 따라 등기하지 않아도 그 효력이 발생하며, 사업시행자가 단독으로 그 등기를 신청할 수 있다. 다만, 사업시행자가 수용으로 취득한 물건을 다른 사람에게 처분하기 위하여서는 그 취득의 등기를 먼저 하여야 한다.

유권해석

[유권해석] ▶ 재결보상금 지급이후 수용개시일전 사이에 소유권이 제3자에게 이전된 경우 수용등기의 방법 [2004.8.23. 법원행정처 부등3402-419]

【질의요지】

수용재결 후 수용개시일전에 토지 등 소유자에게 재결보상금을 지급하였으나 수용개시일이 도래하지 않아 수용등기를 하지 못한 상태에서 토지 등 소유자가 선의의 제3자에게 당해 토지 등의 소유권을 이전하였을 경우 공사가 수용개시일 이후 제3자를 등기의무가로 하여 당해 토지에 대한 수용등기를 유효하게 할 수 있는지 여부

【회신내용】

등기부상의 소유명의인인 갑을 피수용자로 하여 수용재결 후 사업시행자가 피수용자인 갑에게 보상금을 지급하였으나 수용의 시기 이전에 갑이 을에게 소유권이전등기를 경료한 경우, 사업시행자는 을을 등기의무자로 하여 재결서 등본 및 갑이 보상금

---

171) 왜냐하면 수용에 의한 등기는 원시취득의 효력이 있으나 피수용자로부터 소유권 이전관계를 서류를 징구하여 이를 근거로 등기를 하게 되면 승계취득이 되므로 법률적 효과가 다를 수 있기 때문이다.

을 수령하였음을 증명하는 서면을 첨부하여 단독으로 수용을 원인으로 한 소유권이
전등기를 신청할 수 있다.

(3) 위험부담의 이전

사업시행자가 재결에 의하여 목적물의 소유권을 취득하는 것은 승계취득이 아니라 원시
취득이므로 수용의 개시일에 수용의 목적물에 대한 종래의 모든 권리는 소멸함과 동시
에, 사업시행자는 아무런 부담이나 흠이 없는 완전한 소유권이 되어, 사법상 매매에 있
어서와 같이 권리의 하자담보(민법 제570조~제579조)나 물건의 하자담보(민법 제580
조)의 문제는 발생하지 않는다.[172]

사법상 계약에 있어서 위험부담은 일반적으로 매도인이 부담하는 것이 원칙이나, 공용수
용에 따른 위험부담은 피수용자가 부담하는 것이 아니라 사업시행자가 부담한다. 즉 토
지수용위원회의 재결이 있은 후에 수용 또는 사용할 토지나 물건이 토지소유자 또는 관
계인의 고의나 과실 없이 멸실 또는 훼손된 경우 그로 인한 손실은 사업시행자가 부담한
다(법 제46조).

따라서 사업시행자는 재결이 있은 후에 수용 또는 사용할 토지나 물건이 토지소유자 또
는 관계인의 고의나 과실 없이 멸실 또는 훼손된 경우에 그 멸실 또는 훼손을 이유로 손
실보상의 감액이나 면제를 주장 할 수 없고 재결보상금을 지급하여야 한다. 그러나, ⅰ)
토지수용위원회의 재결이 있기 전에 토지나 물건이 멸실 또는 훼손되었을 때, ⅱ) 재결
이 있은 후에 토지소유자 등의 고의나 과실에 의해 토지나 물건이 멸실 또는 훼손되었을
때에는 보상대상에서 제외하거나 보상액을 감액하여야 한다.

대법원은 쓰레기 매립토지의 경우 수용재결에 의한 취득은 원시취득이므로 재결로 취득
한 토지 등에 하자가 있는 경우(폐기물 매립 등)에도 사업시행자는 토지소유자 등에 대
해 매도인의 하자담보책임이나 부당이득반환 등을 청구할 수 없다고 판시하고 있다.[173]

---

172) 또한 형식상 명의인을 피수용자로 확정하고 수용의 절차를 마친 경우에도 그 수용의 효과를 부인할
수 없으므로 수용목적물의 소유자가 누구이냐를 묻지 않고 사업시행자는 완전하고 확실하게 그 권리를
취득한다.
173) 대법원 2001.1.16. 선고 98다58511 판결

[판례] ▶ 재결로 취득한 토지에 폐기물 매립 등의 하자가 있는 경우에도 토지소유자는 매도인의 하자담보책임을 부담하지 않는다. [대법원 2001.1.16. 선고 98다58511]

【판결요지】

1. 토지수용법에 의한 수용재결의 효과로서 수용에 의한 기업자의 토지소유권취득은 토지소유자와 수용자와의 법률행위에 의하여 승계취득 하는 것이 아니라, 법률의 규정에 의하여 원시취득하는 것이므로, 토지소유자가 토지수용법 제63조의 규정에 의하여 부담하는 토지의 인도의무에는 수용목적물에 숨은 하자가 있는 경우에도 하자담보책임이 포함되지 아니하여 토지소유자는 수용시기까지 수용 대상 토지를 현존 상태 그대로 기업자에게 인도할 의무가 있을 뿐이다.

2. 제3자가 무단으로 폐기물을 매립하여 놓은 상태의 토지를 수용한 경우, 위 폐기물은 토지의 토사와 물리적으로 분리할 수 없을 정도로 혼합되어 있어 독립된 물건이 아니며 토지수용법 제49조 제1항의 이전료를 지급하고 이전시켜야 되는 물건도 아니어서 토지소유자는 폐기물의 이전의무가 있다고 볼 수 없다고 한 원심의 판단을 수긍한 사례.

3. 수용재결이 있은 후에 수용 대상 토지에 숨은 하자가 발견되는 때에는 불복기간이 경과되지 아니한 경우라면 공평의 견지에서 기업자는 그 하자를 이유로 재결에 대한 이의를 거쳐 손실보상금의 감액을 내세워 행정소송을 제기할 수 있다고 보는 것이 상당하나, 이러한 불복절차를 취하지 않음으로써 그 재결에 대하여 더 이상 다툴 수 없게 된 경우에는 기업자는 그 재결이 당연무효이거나 취소되지 않는한 재결에서 정한 손실보상금의 산정에 있어서 위 하자가 반영되지 않았다는 이유로 민사소송절차로 토지소유자에게 부당이득의 반환을 구할 수는 없다.

[질의회신] ▶ 물건조사 및 보상계획공고 후 화재로 소실된 건축물 등은 보상대상이 아니다. [2012.7.27. 토지정책과−3738]

【질의요지】

물건조사 및 보상계획공고 후 화재로 소실되어 존재하지 않는 물건에 대한 보상 여부?

【회신내용】

당해 공익사업 시행과 관련 없이 화재로 소실되어 경제적 가치가 없는 경우 등에는 보상대상에 해당되지 아니한다고 보며, 개별적인 사례는 사업시행자가 관련법령 및 사실관계 등을 검토하여 판단할 사항으로 봅니다.

재결례

[재결례] ▶ 사업인정고시일 이전에 수용재결과 무관하게 화재로 전소된 영업장의 경우 영업보상 대상이 아니다. [**중토위 2017.6.8.**]

【재결요지】

000가 영업보상을 하여 달라는 의견에 대하여, 법 제46조에 따르면 토지수용위원회의 재결이 있은 후 수용하거나 사용할 토지나 물건이 토지소유자 또는 관계인의 고의나 과실 없이 멸실되거나 훼손된 경우 그로 인한 손실은 사업시행자가 부담한다고 되어 있다.

관계자료(사업시행자 의견 등)를 검토한 결과, 소유자는 사업인정고시일 이전인 2012. 12. 1.부터 창고를 임차하여 가구판매업을 하던 중 수용재결과 무관하게 2016. 10. 4. 원인불명으로 확인된 화재로 인하여 영업장소 전부가 전소되었다. 따라서 이는 영업보상 대상이 아니므로 소유자의 주장을 받아들일 수 없다

(4) 담보물권자의 물상대위

담보물권의 목적물이 수용되거나 사용된 경우 그 담보물권은 그 목적물의 수용 또는 사용으로 인하여 채무자가 받을 보상금에 대하여 행사할 수 있다. 다만, 그 보상금이 채무자에게 지급되기 전에 압류하여야 한다(법 제47조).[174] 그러나, 이미 제3자가 압류하여 그 보상금의 특정성이 상실되지 않고 있으면 담보권자가 스스로 이를 압류하지 않아도 된다.

---

174) 담보물권자는 보상금 지급전에 물상대위권을 행사하여 토지 등의 소유자의 보상금(또는 공탁금) 등을 압류하여 우선변제를 받을 수 있다(대법원 2003.4.25. 선고 2001다78553 판결)

3. 피수용자에 대한 효과

(1) 토지 등 인도와 이전의무

토지소유자 및 관계인과 그 밖의 토지소유자나 관계인에 포함되지 아니하는 자로서 수용하거나 사용할 토지나 그 토지에 있는 물건(건물 등)에 관한 권리를 가진 자는 수용 또는 사용의 개시일까지 그 토지나 물건을 사업시행자에게 **인도**하거나 **이전**하여야 한다(법 제43조). 다만, 물건의 가격으로 보상한 건축물의 철거비용은 사업시행자가 부담한다(시행규칙 제33조 제4항).

그러나 특별자치도지사, 시장·군수 또는 구청장은 ⅰ) 토지나 물건을 인도 또는 이전하여야 할 자가 고의나 과실 없이 그 의무를 이행할 수 없을 때, ⅱ) 사업시행자가 과실 없이 토지나 물건을 인도 또는 이전하여야 할 의무가 있는 자를 알 수 없을 때에는 사업시행자의 청구에 의하여 토지 또는 물건의 인도나 이전을 대행하여야 하며, 이 경우 그로 인한 비용은 그 의무자가 부담한다(법 제44조).

(2) 인도·이전을 거부할 때 사업시행자가 할 수 있는 조치

토지소유자가 수용개시가 지난 후에도 물건의 인도나 이전을 거부하면 사업시행자는 시·도지사 또는 시장·군수·구청장 등에게 '행정대집행'을 신청할 수 있다.

토지보상법 또는 토지보상법에 따른 처분으로 인한 의무를 이행하여야 할 자가 그 정하여진 기간 이내에 의무를 이행하지 아니하거나 완료하기 어려운 경우 또는 그로 하여금 그 의무를 이행하게 하는 것이 현저히 공익을 해친다고 인정되는 사유가 있는 경우에는 사업시행자는 시장 등에게 「행정대집행법」에서 정하는 바에 따라 대집행을 신청할 수 있고, 이 경우 신청을 받은 시장 등은 정당한 사유가 없으면 이에 따라야 한다(법 제89조 제1항). 다만, 사업시행자가 국가나 지방자치단체인 경우에는 「행정대집행법」에서 정하는 바에 따라 직접 대집행을 할 수 있다(법 제89조 제2항).

(3) 사업시행자의 권리

사업시행자가 가지는 토지나 물건의 인도 또는 이전 청구권은 소유권자로서 가지는 권리가 아니라 사업시행자로서 수용의 효과에 따라 발생되는 권리이므로 해당 물건 등이 사업인정 이전 또는 이후에 설치되었는지, 합법 또는 불법적으로 설치되었는지를 묻지 않고 사업시행자는 그 물건을 이전하여야 할 토지소유자 등 뿐만 아니라 불법점유자, 사업인정 후 새로이 권리를 취득한 자에게도 주장할 수 있다. 만일 <u>인도 또는 이전 의무자가 인도 또는 이전에 응하지 않으면 차임 상당의 부당이득 반환의무가 발생한다.</u>[175]

<u>협의취득</u>에서는 사업시행자에게 토지 또는 물건의 인도 또는 이전 청구권이나 대집행 신청권은 발생하지 않으나,[176] 보상금 증액에 관한 <u>행정소송</u>이 진행되고 있는 경우에는 <u>행정대집행을 신청할 수 있다(집행부정지).</u>[177]

판례

[판례1] ▶ 지장물을 이전하지 않은 토지소유자 등은 토지의 점유·사용에 따른 차임 상당의 부당이득 반환의무가 있다. [**대법원 2012.12.13. 선고 2012다71978**]

【판결요지】
갑 지방공사가 공익사업을 위한 토지 등의 취득 및 보상에 관한 법률에 따라 토지를 협의취득한 후에도 을이 그 지상에 설치했거나 보관하던 창고 등 지장물을 이전하지 않자, 갑 공사가 을을 상대로 토지 인도시까지의 차임 상당 부당이득반환을 구한 사안에서, 을은 지장물이 철거·이전되어 토지가 인도된 시점까지 토지의 점유·사용에 따른 차임 상당의 부당이득 반환의무가 있다.

[판례2] ▶ 협의취득 시 건축물소유자가 약정한 철거의무의 강제적 이행을 대집행의 방법으로 실현할 수 없다. [**대법원 2006.10.13. 선고 2006두7096**]

【판결요지】
행정대집행법상 대집행의 대상이 되는 대체적 작위의무는 공법상 의무이어야 할 것인데, 구 공특법(2002.2.4. 법률 제6656호 공익사업을 위한 토지 등의 취득 및 보상에 관한 법률 부칙 제2조로 폐지)에 따른 토지 등의 협의취득은 공공사업에 필요

---

175) 대법원 2012.12.13. 선고 2012다71978 판결
176) 대법원 2006.10.13. 선고 2006두7096 판결
177) 토지정책과-906 (2011.2.23.)

한 토지 등을 그 소유자와의 협의에 의하여 취득하는 것으로서 공공기관이 사경제주체로서 행하는 사법상 매매 내지 사법상 계약의 실질을 가지는 것이므로, 그 <u>협의취득시 건물소유자가 매매대상 건물에 대한 철거의무를 부담하겠다는 취지의 약정을 하였다고 하더라도 이러한 철거의무는 공법상의 의무가 될 수 없고, 이 경우에도 행정대집행법을 준용하여 대집행을 허용하는 별도의 규정이 없는 한 위와 같은 철거의무는 행정대집행법에 의한 대집행의 대상이 되지 않는다.</u>

질의회신

[질의회신] ▶ 사업시행자가 수용개시일까지 보상금을 지급 또는 공탁한 경우에는 보상금 증액에 관한 행정소송 진행시에도 행정대집행을 신청할 수 있다.
[2011.2.23. 토지정책과-906]

【질의요지】
수용재결 이후 보상금 증액에 관한 행정소송 진행시에도 행정대집행 가능 여부 및 토지소유자가 이의재결 결과 증액된 보상금을 수령한 것을 이유로 보상금증액 행정소송의 무효 주장이 가능한지 여부

【회신내용】
사업시행자가 수용개시일까지 재결 보상금을 지급 또는 공탁한 경우에는 이 법에서 정한 절차에 따라 대집행을 신청할 수 있다고 보며, 보상금을 받을 자는 증액되어 공탁된 보상금을 소송종결시까지 수령할 수 없으며, 이를 수령하였을 경우에는 이의재결 결과를 인정한 것으로서 주장이 가능하다고 보나 구체적인 사항은 법률전문가에게 문의하시기 바랍니다.

제4절 재결의 불복

1. 개 설

토지보상법에서는 재결의 취소 또는 변경을 청구하는 항고쟁송으로서 이의신청과 행정소송을 규정하고 있다. 이의신청 및 행정소송에 대하여 토지보상법에서 「행정심판법」및 「행정소송법」의 특례를 규정하고 있는 경우를 제외하고는 토지보상법상의 이의신청 및 행정소송에서도 행정심판법 및 행정소송법이 적용된다.

즉, 행정심판(이의신청)의 청구기간이나 행정소송의 제기기간[178)]에 대해서는 재결서의 정본이 송달된 날로부터 <u>60일 이내</u>(이의신청을 거치지 않고 행정소송을 제기하는 경우에는 90일 이내)에 제기할 수 있도록 특별히 규정하고 있기 때문에 이에 대해서는 행정심판법과 행정소송법이 적용되지 않는다(이의재결 임의주의).

구 토지수용법은 이의신청을 행정소송을 위한 필요적 전치로 규정하였으나, 현행 토지보상법은 행정소송법에서 행정심판 전치주의를 폐지한 것과 마찬가지로 수용재결에 대한 이의재결 필요적 전치주의를 폐지하였다.

2. 이의신청

가. 의의

수용재결에 대하여 불복이 있는 경우에는 행정심판법에 대한 특례로서 토지보상법에 의한 이의신청을 할 수 있다.

피수용자의 이의신청이 있는 경우 사업시행자는 피수용자의 재결금 또는 공탁금 수령시 이의유보를 하였는지 확인 후 이를 첨부하여 중앙토지수용위원회에 제출하고 중앙토지수용위원회는 이를 근거로 이의신청 각하여부를 결정한다.[179)]

---

178) 행정소송 제소기간: 수용재결서 정본 송달일로부터 90일(종전 60일에서 확대) 이내 또는 이의재결서 정본 송달일로부터 60일(종전 30일에서 확대) 이내로 개정되었다(법85조 제1항). (2018.12.31.개정) ※부칙 제4조(행정소송의 제기에 관한 적용례) 제85조제1항의 개정규정은 <u>이 법 시행 후 최초로</u> 제34조 또는 제84조에 따른 <u>재결서 정본을 받은 자부터 적용</u>한다.

179) 최근 행정소송에서는 "이의유보"라고 표현하지 않더라도 이의가 있다는 의사를 표기하면 이의유보가 있는 것으로 인정하고 있다.

■ **토지보상법 제83조(이의의 신청)** ① 중앙토지수용위원회의 제34조에 따른 재결에 이의가 있는 자는 중앙토지수용위원회에 이의를 신청할 수 있다.

② 지방토지수용위원회의 제34조에 따른 재결에 이의가 있는 자는 해당 지방토지수용위원회를 거쳐 중앙토지수용위원회에 이의를 신청할 수 있다.

③ 제1항 및 제2항에 따른 이의의 신청은 재결서의 정본을 받은 날부터 **30일 이내**에 하여야 한다. [전문개정 2011.8.4.]

제84조(이의신청에 대한 재결) ① 중앙토지수용위원회는 제83조에 따른 이의신청을 받은 경우 제34조에 따른 재결이 위법하거나 부당하다고 인정할 때에는 그 재결의 전부 또는 일부를 취소하거나 보상액을 변경할 수 있다.

② 제1항에 따라 보상금이 늘어난 경우 사업시행자는 재결의 취소 또는 변경의 재결서 정본을 받은 날부터 30일 이내에 보상금을 받을 자에게 그 늘어난 보상금을 지급하여야 한다. 다만, 제40조제2항제1호·제2호 또는 제4호에 해당할 때에는 그 금액을 공탁할 수 있다. [전문개정 2011.8.4.]

■ **행정심판법 제27조(심판청구의 기간)** ① 행정심판은 처분이 있음을 알게 된 날부터 **90일 이내**에 청구하여야 한다.

② 청구인이 천재지변, 전쟁, 사변(事變), 그 밖의 불가항력으로 인하여 제1항에서 정한 기간에 심판청구를 할 수 없었을 때에는 그 사유가 소멸한 날부터 14일 이내에 행정심판을 청구할 수 있다. 다만, 국외에서 행정심판을 청구하는 경우에는 그 기간을 30일로 한다.

③ 행정심판은 처분이 있었던 날부터 **180일**이 지나면 청구하지 못한다. 다만, 정당한 사유가 있는 경우에는 그러하지 아니하다.

④ 제1항과 제2항의 기간은 불변기간(不變期間)으로 한다.

⑤ 행정청이 심판청구 기간을 제1항에 규정된 기간보다 긴 기간으로 잘못 알린 경우 그 잘못 알린 기간에 심판청구가 있으면 그 행정심판은 제1항에 규정된 기간에 청구된 것으로 본다.

⑥ 행정청이 심판청구 기간을 알리지 아니한 경우에는 제3항에 규정된 기간에 심판

청구를 할 수 있다.

⑦ 제1항부터 제6항까지의 규정은 무효등확인심판청구와 부작위에 대한 의무이행심판청구에는 적용하지 아니한다.

나. 신청절차

(1) 처분청 경유주의

중앙토지수용위원회의 재결에 이의가 있는 자는 중앙토지수용위원회에 이의를 신청할 수 있으며, 지방토지수용위원회의 재결에 이의가 있는 자는 <u>해당 지방토지수용위원회를 거쳐</u> 중앙토지수용위원회에 이의를 신청할 수 있다(법 제83조 제1항, 제2항).

현행 토지보상법은 지방토지수용위원회가 1차적 재결청인 경우에는 반드시 원처분청을 경유하여 이의신청을 하도록 특례사항을 규정하여 <u>처분청 경유주의를 명문화</u>하고 있다. 즉, 지방토지수용위원회의 재결에 대해 이의신청을 하고자 하는 경우 반드시 수용재결을 한 지방토지수용위원회에 '이의신청서'를 제출하여야 하고 그 지방토지수용위원회는 제출된 이의신청서를 중앙토지수용위원회에 이송하게 된다.

(2) 이의신청 기간 및 이의신청서 기재내용

이의신청은 재결서의 정본을 받은 날부터 <u>30일</u> 이내에 이의신청서에 ⅰ) 당사자의 성명 또는 명칭 및 주소, ⅱ) 신청의 요지 및 이유 등의 사항을 적고, 재결서 정본의 사본을 첨부하여 해당 토지수용위원회에 제출해야 한다(법 제83조 제3항, 령 제45조 제1항).[180]

토지보상법 제83조제3항에서 이의신청 기간(30일)을 「행정심판법」상의 행정심판 청구기간(90일/180일)보다 짧게 규정하고 있는 것이 헌법에 위반되지 않으며[181], 이의신청 기간을 도과한 이의신청은 부적법하므로 각하대상이다.[182]

---

180) 만일 토지수용위원회가 재결서의 정본을 송달하면서 이의신청기간을 알리지 않았다면 「행정심판법」 제27조에 의하여 재결이 있음을 알게 된 날부터 90일 이내, 또는 재결이 있은 날로부터 180일 이내에 이의신청할 수 있다.

181) 헌법재판소 2002.11.28. 선고 2002헌바38 결정

182) 중토위 2017.6.22.

(3) 이의유보의 의사표시

이의신청 때 지켜야 할 사항으로 이의 신청은 재결보상금을 수령하거나 공탁금을 수령한 후에도 제기할 수 있지만 이 경우에는 반드시 수용보상금 청구서나 공탁금 출급청구서에 **"이의를 유보하고 보상금의 일부로 수령한다."**라는 조건을 달고 보상금을 수령하여야 하며, 만약 조건 없이 보상금을 수령하고 나서 이의신청을 하게 되면 그 이의신청은 각하된다.

수용재결신청은 사업시행자만이 할 수 있으나, 이의신청이나 행정소송은 재결에 불복하는 사업시행자 또는 토지소유자 등 누구나 제기할 수 있다. 다만, 토지 소유자등이 사업시행자에게 아무런 이의유보 없이 토지수용위원회에서 재결한 보상금을 지급받거나 그 공탁된 보상금을 수령한 경우에는 그 재결에 대하여 승복한 것으로 보므로 재결에 대하여 불복할 수 없다. 이는 토지 소유자 등이 재결에 대한 이의신청 또는 행정소송을 제기한 후 이의유보 없이 공탁된 보상금을 수령한 경우에도 동일한 효과가 발생하므로 해당 이의신청 또는 행정소송은 각하된다.[183)]

이의유보는 보상금을 수령하기 전에 사업시행자 또는 공탁공무원에게 하되, 의사표시의 형식이 정해져 있지 않으므로 토지수용위원회의 재결에 승복하여 보상금을 수령하는 것이 아님을 표시하면 되고 반드시 문서로써 하여야 하는 것이 아니라 말로써 하는 것도 가능하다. 다만, 보상실무상 향후 분쟁을 방지하기 위해 보상금 수령자는 이의유보의 뜻을 문서로 표시한 후 이에 대한 사본 내지 접수증명원 등을 사업시행자 또는 공탁공무원으로부터 교부받는 것이 바람직하다.

판례

[판례1] ▶ 이의유보 없이 보상금을 수령하였다면 재결에 승복한 것으로 본다.
[대법원 1992.10.13. 선고 91누13342]

【판결요지】
토지소유자가 기업자로부터 토지수용위원회의 수용재결 또는 이의재결에서 정한 보

---

183) 대법원 1992.10.13. 선고91누13342판결, 대법원 1993.9.14. 선고92누18573판결

상금을 별다른 의사표시 없이 수령하였다면 이로써 위 수용재결 또는 이의재결에 승복하여 보상금을 수령한 취지로 봄이 상당하다 할 것이고 토지소유자가 수용재결에서 정한 보상금을 수령할 당시에는 이의유보를 하였다 하여도 이의재결에서 증액된 보상금을 수령하면서 일부수령이라는 등 유보의 의사표시를 하지 않은 이상 중앙토지수용위원회가 이의재결에서 정한 결과에 승복하여 이를 수령한 것이라고 봄이 상당하다.

[판례2] ▶ 이의재결의 보상금을 이의유보 없이 수령하였다면 행정소송을 제기 중이라 하여 이의유보의 의사표시가 있었다고 볼 수 없다.
[대법원 1993.9.14. 선고 92누18573]

【판결요지】
토지소유자가 수용재결에서 정한 손실보상금을 수령할 당시 이의유보의 뜻을 표시하였다 하더라도 이의재결에서 증액된 손실보상금을 수령하면서 이의유보의 뜻을 표시하지 아니한 이상 이는 이의재결의 결과에 승복하여 수령한 것으로 보아야 하고 위 추가보상금을 수령할 당시 이의재결을 다투는 행정소송이 계속 중이라는 사실만으로는 추가보상금의 수령에 관하여 이의유보의 의사표시가 있는 것과 같이 볼수 없으므로 결국 이의재결의 효력을 다투는 위 소는 소의 이익이 없는 부적법한 소이다.

다. 접수절차 및 이의신청의 효과

(1) 이의신청서 접수절차

지방토지수용위원회가 이의신청서를 접수하였을 때에는 그 이의신청서에 ⅰ) 신청인이 재결서의 정본을 받은 날짜 등이 적힌 우편송달통지서 사본, ⅱ) 지방토지수용위원회가 의뢰하여 행한 감정평가서 및 심의안건 사본, ⅲ) 그 밖에 이의신청의 재결에 필요한 자료 등의 서류를 첨부하여 지체 없이 중앙토지수용위원회에 송부하여야 한다(령 제45조 제2항).

중앙토지수용위원회가 이의신청서를 접수하였을 때에는 신청인의 상대방에게 그 신청의 요지를 통지하여야 한다. 다만, 통지받을 자를 알 수 없거나 그 주소·거소 또는 그 밖에 통지할 장소를 알 수 없을 때에는 통지하지 않을 수 있다(령 제45조 제3항).

(2) 이의신청의 효과

이의신청이 제기되면 재결기관인 중앙토지수용위원회는 이의신청에 대하여 심리·재결을 해야 할 의무를 지나, 이의신청 내지 행정소송의 제기가 있다 하더라도 사업이 진행 및 토지의 수용 또는 사용을 정지시키지 아니한다(법 제88조). 즉, 재결에 대한 행정쟁송은 재결에 대한 불복수단에 불과하여 행정쟁송이 제기되더라도 사업이 진행 및 토지의 수용 또는 사용은 정지되지 아니하는 처분효력 부정지의 원칙이 적용된다.

라. 이의신청에 대한 심리 및 재결

(1) 재결절차

① 중앙토지수용위원회는 이의신청을 받은 경우 재결이 위법하거나 부당하다고 인정할 때에는 그 재결의 전부 또는 일부를 취소하거나 보상액을 변경할 수 있다(법 제84조 제1항). 즉, 이의신청이 제기되면 중앙토지수용위원회에서는 이의 신청내용을 검토한 후에 다시 평가(협의취득와 수용재결 당시 평가하지 않은 다른 2개의 감정평가법인등을 선정함)를 하며 다시 평가한 금액이 수용재결 보상금보다 높은 경우에는 다시 평가한 금액으로 보상금을 변경한다.

중앙토지수용위원회가 이의신청에 대한 재결을 한 경우에는 재결서의 정본을 사업시행자·토지소유자 등에게 송달하여야 한다(시행령 제46조).

② 보상금이 증액된 경우 사업시행자는 재결의 취소 또는 변경의 재결서 정본을 받은 날부터 30일 이내에 보상금을 받을 자에게 그 늘어난 보상금(증액된 보상금)을 지급하여야 한다. 다만, ⅰ) 보상금을 받을 자가 그 수령을 거부하거나 보상금을 수령할 수 없을 때, ⅱ) 사업시행자의 과실 없이 보상금을 받을 자를 알 수 없을 때, ⅲ) 압류나 가압류에 의하여 보상금의 지급이 금지되었을 때 등에 해당할 경우에는 그 금액을 공탁할 수 있다(법 제84조 제2항).

(2) 불고불리 및 불이익변경금지 원칙

이의신청에 대한 재결도 불고불리의 원칙과 불이익변경금지의 원칙이 적용된다. 따라서 중앙토지수용위원회는 보상금의 증액을 제외하고는 이의신청 외의 사항에 대하여서는 재결하지 못하며, 이의신청의 대상이 되는 재결보다 그 신청인에게 불이익한 재결은 불가하다고 하고 있다. 다만, 사업시행자가 이의신청하는 경우는 예외적으로 감액재결도 가능(극히 이례적임)하다.[184]

마. 이의신청에 대한 재결의 효력

(1) 재결확정증명서

이의신청에 대한 재결서가 송달된 날로부터 60일 이내에 소송이 제기되지 아니하거나 그 밖의 사유로 이의신청에 대한 재결이 확정된 때에는 「민사소송법」상의 확정판결이 있은 것으로 보며, 재결서 정본은 집행력 있는 판결의 정본과 동일한 효력을 가진다. 사업시행자, 토지소유자 등은 이의신청에 대한 재결이 확정되었을 때에는 관할 토지수용위원회에 재결확정증명서의 발급을 청구할 수 있다(법 제86조 제1항, 제2항). 중앙토지수용위원회는 재결확정증명서를 발급하려는 경우에는 「토지보상법」 제85조제1항에 따른 행정소송의 제기여부를 관할 법원에 조회하여야 한다(시행령 제47조 제3항).

소제기 기간 내에 소송이 제기되지 않거나(이의재결 처분취소 또는 보상금 증감청구의 소 제기가 없는 때) 제소기간 내에 소유자의 보상금증액청구의 소 제기가 있었더라도 사업시행자의 보상금감액청구의 소 제기가 없는 때(그 밖의 사유로 이의재결이 확정된 때에 해당)에는 재결확정증명서 발급청구가 가능하다.

판례

[판례] ▶ 이의재결 후 소유자 등이 사업시행자를 상대로 보상금증액소송을 제기한 경우 '그 밖의 사유로 이의신청에 대한 재결이 확정'된 것으로 보아야 함
[서울행정법원 2011.6.10. 선고 2010구합46333 판결(확정)]

---

184) 중앙토지수용위원회, 앞의 책, 2009. 410면

【판결요지】

이의재결의 효력에 관하여 토지보상법은 제86조제1항에서 제85조제1항의 제척기간 내에 행정소송이 제기 되지 아니하거나 그 밖의 사유로 이의신청에 대한 재결이 확정 된 때에는 확정판결이 있는 것으로 보며, 재결서 정본은 집행력 있는 판결의 정본과 동일한 효력을 가진다고 규정하고 있을 뿐, 보상금 증감에 관한 소송이 제기된 경우 이의재결의 효력에 관하여 따로 규정하고 있지 않으나, 보상금 증감에 관한 소송제도 의 변천과정, 기업자를 상대로 직접 보상금 증액을 구하는 소송형태가 도입되기 전후 를 막론하고 구 토지수용법에 현행 토지보상법 제86조제1항과 완전히 같은 취지의 규정(제75조의2 제2항 또는 제3항)이 있었던 점, 수용재결에서 정한 보상금액이 이 의재결을 거쳐 증액되었으나 토지 등 소유자가 다시 사업시행 자를 상대로 보상금증 액을 구하는 행정소송을 제기한 경우 법원이 정당하다고 인정한 보상금액이 이의재 결로 증액된 보상금보다 많으면 판결에서 그 차액만을 특정하여 추가 지급하도록 명 하는 것이 전국적으로 확립된 실무관행인 점 등에 비추어 보면 보상금증액소송만 제 기된 경우 즉 제소기간에 수용재결·이의재결 의 취소를 구하는 소송이나 사업시행자 등의 보상금감액소송이 제기되지 아니하는 경우에는 토지보상법 제86조제1항이 정한 '제85조제1항의 규정에 의한 기간이내에 소송이 제기되지 아니한' 경우에 준하는 것 으로 봄이 옳고, 최소한 같은 조항 소정의 '그 밖의 사유로 이의신청에 대한 재결이 확정된 때'에는 해당하는 것으로 보아야 할 것이다. 따라서 이의재결에 대하여 보상 금증액소송만 제기된 경우, 이의재결은 토지보상법 제86조제1항에 의하여 확정되어 집행력 있는 판결의 정본과 동일한 효력을 가진다고 할 것이므로 이의재결에서 이미 인정한 손실보상금을 다시 소로써 구하는 것은 법률상 이익이 없어 부적법하다.

(2) 상대적 효력

공유물에 대한 이의신청의 효력은 이의신청한 해당 공유자에 한정되므로 이의신청을 하 지 아니한 다른 공유자에게는 미치지 아니한다. 따라서 이의신청에 따른 재결의 증액금 은 이의신청한 자가 전액 지급받게 된다.

판례는 "토지수용재결에 대한 이의신청은 공유물 보존행위에 해당된다고 볼 수 없으므로 공유자 중의 1인인 원고가 자기 명의로만 한 이의신청의 효력은 당해 원고에게만 미친 다"고 판시하고 있다(대법원 1982.7.13. 선고 80누405, 406 판결).

[판례1] ▶ 수용재결에 대한 이의신청이 공유물 보존행위에 해당되는지 여부(소극)

[대법원 1982.7.13. 선고 80누405,406] [토지수용재결처분취소]

【판결요지】

토지수용재결에 대한 이의신청은 공유물 보존행위에 해당된다고 볼 수 없으므로 공유자중의 1인인 원고가 자기 명의로만 한 이의신청의 효력은 당해 원고에게만 미친다.

【판결이유】

1. 원심판결을 기록에 비추어 대조하여 보니, 원심이, 피고가 정한 이 사건 토지에 대한 보상금액은 이 사건 수용재결 당시의 가격에 비추어 너무 저렴하여 국토이용관리법 제29조 제5항 소정의 기준에 따라 적정하게 책정되었다고 볼 수 없고, 또한 피고는 이 사건 임야에 생육되고 있는 소나무 620주에 대한 보상을 누락시켰으므로, 피고의 이 사건 이의신청 재결은 위법하다고 판시한 조처는 정당하고 거기에 소론과 같은 채증법칙위배 등의 잘못이 없으며, 원심은 위 이의신청 재결이 위법하다고 인정하여 그 일부를 취소하였을 뿐 기업자(이 사건에서는 제주도지사)가 보상하여야 할 금액을 확정한 것은 아니므로 원심이 위 소나무 620주에 대한 보상금 전액을 원고 1에게 보상하게 한 것은 부당하다는 취지의 주장도 이유 없다.

2. 이 사건에서와 같은 수용재결에 대한 이의신청은 공유물의 보존행위에 해당된다고 볼 수 없으므로 원고 1이 자기 명의로만 이의신청을 하였음이 기록상 분명한 이 사건에 있어 그 이의신청의 효력은 원고에게만 미치는 것이라고 할 것인즉, 원심이 이와 같은 견해에서 이 사건 임야에 대한 수용재결중 공유자의 한 사람인 소외인에 관한 부분은 같은 소외인이 이에 대하여 이의 신청을 하지 아니함으로써 확정되었다고 판단한 조처는 정당하고, 거기에 소론과 같은 공유자의 보존행위에 관한 법리오해 등의 위법이 없으므로 논지는 받아들여질 수 없다.

(3) 이의재결금 공탁

이의재결에서 증액된 보상금이 지급되거나 공탁되지 않아도 이의재결은 실효되지 않으나, 사업시행자가 증액된 보상금에 불복하여 행정소송을 제기하는 경우에는 <u>사실심 변론 종결 당시까지 증액된 보상금을 공탁하여야 한다.</u>185)

판례

[판례1] ▶ 이의재결에서 증액된 보상금을 지급 또는 공탁하지 아니하였다 하더라도 그 때문에 이의재결 자체가 당연히 실효되는 것은 아니다.
[대법원 1992.3.10. 선고 91누8081]

【판결요지】
토지수용법상의 이의재결절차는 수용재결에 대한 불복절차이면서 수용재결과는 확정의 효력 등을 달리하는 별개의 절차이므로 기업자가 이의재결에서 증액된 보상금을 일정한 기한 내에 지급 또는 공탁하지 아니하였다 하더라도 그 때문에 이의재결 자체가 당연히 실효된다고는 할 수 없다.

[판례2] ▶ 사업시행자가 재결에 불복하여 이의신청을 거쳐 행정소송을 제기하는 경우 이의재결에서 증액된 보상금을 공탁하여야 할 시기
[대법원 2008.2.15. 선고 2006두9832]

【판결요지】
사업시행자가 재결에 불복하여 이의신청을 거쳐 행정소송을 제기하는 경우에는 원칙적으로 행정소송 제기 전에 이의재결에서 증액된 보상금을 공탁하여야 하지만, 제소 당시 그와 같은 요건을 구비하지 못하였다 하여도 <u>사실심 변론종결 당시까지</u> 그 요건을 갖추었다면 그 흠결의 하자는 치유되었다고 본다.

---

(4) 이의재결과 행정소송의 동시진행

유권해석은 <u>이의재결과 행정소송을 동시에 진행</u>한 결과 이의재결금액이 행정소송의 판

---

185) 대법원 1992.3.10. 선고 91누8081 판결. ; 대법원 2008.2.15. 선고 2006두9832 판결

결금액보다 높을 경우에는 이의재결금액을 지급하여야 한다고 해석하고 있다(2015.11.
4. 토지정책팀-1061).[186)

질의회신

[질의회신] ▶ 이의재결금액과 행정소송의 판결금액이 다른 경우의 보상금지급
[2005.11.4. 토지정책팀-1061]

【질의요지】
수용재결에 대한 이의신청재결(2005.9.28.)금액이 81,011,000원, 동일 건에 대하여
동시에 제기한 행정소송 판결(2005.9.23.)금액이 78,198,000원 일 경우 사업시행
자가 우선해서 지급하여야 할 손실보상금은?

【회신내용】
이의신청재결 금액에 대하여는 재결서 정본을 송부 받은 날부터 30일 이내에 보상
금을 받을 자에게 그 증액된 보상금을 지급하도록 되어 있으므로 이의신청 재결로
인하여 증액된 보상금에 대하여는 위 규정에 따라 지급하여야 한다고 봅니다.

---

(5) 「도시정비법」에 따른 이전고시의 효력이 발생하였다면 더 이상 수용재결이나 이의재
결의 취소 또는 무효확인을 구할 법률상 이익이 없다.[187)

판례

[판례1] ▶ 도시 및 주거환경정비법 제54조 제2항에 따른 대지 또는 건축물의 소유권
이전에 관한 고시의 효력이 발생한 후 일부 내용만을 분리하여 변경하거나 전체 이전
고시를 모두 무효화시킬 수 있는지 여부(소극) / 이전고시의 효력이 발생한 후 조합
원 등이 정비사업을 위하여 이루어진 수용재결이나 이의재결의 취소 또는 무효확인
을 구할 법률상 이익이 있는지 여부(소극) [대법원 2017.3.16. 선고 2013두11536]
[손실보상금]

---

186) 2015.11.4. 토지정책팀-1061
187) 대법원 2017.3.16. 선고 2013두11536

【판결요지】

도시 및 주거환경정비법(2017.2.8. 법률 제14567호로 전부 개정되기 전의 것) 제54조 제1항, 제2항, 제55조 제1항에 따르면, 주택재개발정비사업을 시행하는 사업시행자는 준공인가와 공사의 완료에 관한 고시가 있은 때에는 지체 없이 대지확정측량과 토지의 분할절차를 거쳐 관리처분계획에 정한 사항을 분양받을 자에게 통지하고 대지 또는 건축물의 소유권을 이전하여야 하고, 그 내용을 당해 지방자치단체의 공보에 고시한 후 이를 시장·군수에게 보고하여야 하며, 대지 또는 건축물을 분양받을 자는 고시가 있은 날의 다음 날에 그 대지 또는 건축물에 대한 소유권을 취득하고, 이 경우 종전의 토지 또는 건축물에 설정된 지상권 등 등기된 권리 및 주택임대차보호법 제3조 제1항의 요건을 갖춘 임차권은 소유권을 이전받은 대지 또는 건축물에 설정된 것으로 본다. 이와 같이 대지 또는 건축물의 소유권 이전에 관한 고시의 효력이 발생하면 조합원 등이 관리처분계획에 따라 분양받을 대지 또는 건축물에 관한 권리의 귀속이 확정되고 조합원 등은 이를 토대로 다시 새로운 법률관계를 형성하게 되는데, 이전고시의 효력 발생으로 대다수 조합원 등에 대하여 권리귀속 관계가 획일적·일률적으로 처리되는 이상 그 후 일부 내용만을 분리하여 변경할 수 없고, 그렇다고 하여 전체 이전고시를 모두 무효화시켜 처음부터 다시 관리처분계획을 수립하여 이전고시 절차를 거치도록 하는 것도 정비사업의 공익적·단체법적 성격에 배치되어 허용될 수 없다.

위와 같은 정비사업의 공익적·단체법적 성격과 이전고시에 따라 이미 형성된 법률관계를 유지하여 법적 안정성을 보호할 필요성이 현저한 점 등을 고려할 때, 이전고시의 효력이 발생한 이후에는 조합원 등이 해당 정비사업을 위하여 이루어진 수용재결이나 이의재결의 취소 또는 무효확인을 구할 법률상 이익이 없다고 해석함이 타당하다.

3. 행정소송

가. 개 요

(1) 토지보상법의 규정

사업시행자·토지소유자 또는 관계인은 재결에 대하여 불복이 있을 때에는 재결서를 받은 날로부터 90일 이내에, 이의신청을 거친 때에는 이의신청에 대한 재결서를 받은 날로부터 60일 이내에 각각 행정소송을 제기할 수 있다(이의재결 임의주의). 다만 사업시행자가 행정소송을 제기할 경우에는 이의신청 재결에서 정한 증액된 보상금을 공탁하여야 하며, 보상금을 받을 자는 공탁된 보상금을 소송 종결 시까지 수령할 수 없다(법 제85조 제1항).[188]

관계법령

■ **토지보상법 제85조(행정소송의 제기)** ① 사업시행자, 토지소유자 또는 관계인은 제34조에 따른 재결에 불복할 때에는 재결서를 받은 날부터 90일 이내에, 이의신청을 거쳤을 때에는 이의신청에 대한 재결서를 받은 날부터 60일 이내에 각각 행정소송을 제기할 수 있다. 이 경우 사업시행자는 행정소송을 제기하기 전에 제84조에 따라 늘어난 보상금을 공탁하여야 하며, 보상금을 받을 자는 공탁된 보상금을 소송이 종결될 때까지 수령할 수 없다. 〈개정 2018.12.31.〉 [시행일 : 2019.7.1.]
② 제1항에 따라 제기하려는 행정소송이 보상금의 증감(增減)에 관한 소송인 경우 그 소송을 제기하는 자가 토지소유자 또는 관계인일 때에는 사업시행자를, 사업시행자일 때에는 토지소유자 또는 관계인을 각각 피고로 한다.
[전문개정 2011.8.4.]

■ **행정소송법 제20조(제소기간)** ① 취소소송은 처분등이 있음을 안 날부터 90일 이내에 제기하여야 한다. 다만, 제18조제1항 단서에 규정한 경우와 그 밖에 행정심판

---

188) 종전의 토지수용법 하에서는 이의신청 전치주의를 취하므로 토지소유자가 신속한 권리구제를 받지 못하고 법원의 최종판단을 받기까지 시간과 행정력 낭비를 감수할 수밖에 없는 문제점이 있었으나 제정 토지보상법에서는 행정소송법에서 행정심판 전치주의를 폐지한 것과 마찬가지로 수용재결에 대한 이의재결 전치주의를 폐지하였다. 이의재결 절차를 선택적으로 존속시킨 이유는 행정소송 수행에 따른 경제적 부담이 큰 점을 감안하여 토지소유자가 원하는 경우에는 소송을 제기하지 않고도 권리구제를 받을 수 있도록 하기 위한 것이다.

청구를 할 수 있는 경우 또는 행정청이 행정심판청구를 할 수 있다고 잘못 알린 경우에 행정심판청구가 있은 때의 기간은 재결서의 정본을 송달받은 날부터 기산한다.
② 취소소송은 처분등이 있은 날부터 1년(第1項 但書의 경우는 裁決이 있은 날부터 1年)을 경과하면 이를 제기하지 못한다. 다만, 정당한 사유가 있는 때에는 그러하지 아니하다.
③제1항의 규정에 의한 기간은 불변기간으로 한다. [전문개정 1994.7.27.]

2018. 12. 31. 행정소송 제소기간과 관련하여 토지보상법 제85조 제1항 규정은 수용재결서 정본 송달일로부터 90일(종전 60일에서 확대) 이내 또는 이의재결서 정본 송달일로부터 60일(종전 30일에서 확대) 이내로 확대되어 개정되었다(시행일: 2019.7.1). 이는 행정소송법상 일반적인 제소기간인 취소소송의 경우에 처분 등이 있음을 안 날로부터 90일 이내, 처분 등이 있는 날로부터 1년이라는 규정(행정소송법 제20조 제1항)과 균형을 맞추어 피수용인의 재판청구권을 보장하는 취지이다. 다만, 개정된 행정소송의 제소기간은 토지보상법 부칙 제4조(행정소송의 제기에 관한 적용례)에 따라 개정규정이 시행되는 2019. 7. 1. 이후 최초로 수용재결 또는 이의신청에 대한 재결서 정본을 받은 자부터 적용된다.

(2) 소송의 종류에 따른 제소기간

사업시행자 및 토지소유자 등이 재결에 불복하여 제기할 수 있는 행정소송에는 ① 취소소송(법 제85조제1항), ② 보상금증감에 관한 소송(=형식적 당사자소송)(법 제85조제2항), ③ 무효등확인소송 등이 있으며, 취소소송 및 보상금증감에 관한 소송은 재결서를 받은 날부터 90일 이내에, 이의신청을 거쳤을 때에는 이의신청에 대한 재결서를 받은 날부터 60일 이내에 제기하여야 하나, 무효등확인소송은 제소기간에 제한이 없다. 한편, 헌법재판소는 토지보상법 제85조제1항에서의 제소기간이「행정소송법」보다 제소기간을 짧게 규정하고 있는 것이 헌법에 위반되지 않는다고 결정한바 있다.[189]

---

189) 공익사업의 안정적인 시행을 위하여서는 수용대상토지의 수용여부 못지 않게 보상금을 둘러싼 분쟁 역시 조속히 확정하여야 할 필요가 있다. 또한 토지소유자는 협의 및 수용재결 단계를 거치면서 오랜 기간 보상금 액수에 대하여 다투어 왔으므로, 수용재결의 보상금 액수에 관하여 보상금증감청구소송을

나. 소송의 종류와 소송당사자 및 관할법원

(1) 취소소송(수용재결 또는 이의재결취소소송)

관할 토지수용위원회의 원재결(수용재결) 또는 중앙토지수용위원회의 이의신청에 대한 재결(이의재결)의 위법·부당한 것을 전제로 하여 재결처분의 취소 또는 변경을 구하는 소송으로서 토지보상법이 정하는 특례사항 이외는 행정소송법이 적용된다(행정소송법 제4조1항). 이 경우의 소송당사자는 사업시행자·토지소유자 또는 관계인이 원고가 되고 당해 수용재결 처분을 행한 지방토지수용위원회 또는 중앙토지수용위원회가 피고가 된다. 즉, 수용 및 이의재결의 취소를 구하는 소송의 피고적격으로 ① 이의재결을 거친 이후 수용재결의 취소를 청구하는 경우에는 수용재결처분을 한 중앙토지수용위원회 또는 해당 지방토지수용위원회를 피고로 하여야 하며, ② 이의재결 자체의 고유한 위법을 이유로 취소를 청구하는 경우에는 이의재결처분을 한 중앙토지수용위원회를 피고로 하여야 한다.

취소소송의 제1심 관할법원은 원칙적으로 피고 소재지를 관할하는 행정법원이고, 예외적으로 토지소재지 관할 행정법원이 된다(행정소송법 제9조제2항). 다만, (ⅰ) 중앙행정기관, 중앙행정기관의 부속기관과 합의제행정기관 또는 그 장. (ⅱ) 국가의 사무를 위임 또는 위탁받은 공공단체 또는 그 장이 피고인 경우의 관할법원은 대법원 소재지를 관할하는 행정법원으로 한다(행정소송법 제40조, 제9조 제1항). 그런데 행정법원이 설치되어 있지 않은 지역에 있어서의 행정법원의 권한에 속하는 사건은 행정법원이 설치될 때까지 해당 지방법원의 본원 및 춘천지방법원 강릉지원이 관할하도록 되어 있으므로(법원조직법 부칙2조)[190], 현재는 행정법원이 설치된 서울을 제외하고는 피고의 소재지를 관할하는 지방법원 본원이 취소소송의 제1심 관할법원이다.

제기할 것인지 결정하는 데에 많은 시간이 필요하지 않다. 따라서 이 사건 법률조항이 정한 60일의 제소기간은 입법재량의 한계를 벗어났다고 보기 어려우므로, 보상금증감청구소송을 제기하려는 토지소유자의 재판청구권을 침해한다고 볼 수 없다. (헌법재판소 2016.7.28. 선고 2014헌바206 결정)

190) 개정 2005.3.24

(2) 보상금의 증감에 관한 소송[191] (형식적 당사자 소송)

보상금증감에 관한 소송은 보상금의 과다에 다툼이 있는 경우 직접적인 이해관계를 가진 법률관계 당사자를 상대로 소송을 제기하도록 하고, 법원은 직접 보상금을 결정하여 사업시행자로 하여금 토지 등의 소유자에게 보상금을 지급하도록 하게 하는 당사자 소송이다.[192]

현행 토지보상법은 '제기하려는 행정소송이 보상금의 증감(增減)에 관한 소송[193]인 경우 그 소송을 제기하는 자(원고)가 토지소유자 또는 관계인일 때에는 사업시행자를, 사업시행자일 때에는 토지소유자 또는 관계인을 각각 (단독)피고로 한다' 라고 규정하여 피고적격에 재결청을 제외하고 있다(법 제85조제2항).[194]

토지보상법상 당사자소송의 대상은 관할 토지수용위원회 또는 중앙토지수용위원회가 행한 재결로 형성된 법률관계인 보상금의 증감에 관한 것뿐이므로 재결의 취소·변경은 물론, 토지수용위원회의 재결사항 중 보상금의 증감에 관한 사항 외에는 당사자소송의 대상이 될 수 없다.

---

191) 보상금 증액 소송의 경우 실무적으로 행정소송으로 분류되어, 소송의 수행(소장접수, 변론기일, 소취하 등)에 있어 관할 검찰청의 지휘를 받아야 한다.
「국가를 당사자로 하는 소송에 관한 법률」 제6조(행정청의 장에 대한 법무부장관의 지휘 등)
① 행정소송의 수행에 있어서는 행정청의 장은 법무부장관의 지휘를 받아야 한다.

192) 형식적 당사자 소송은 행정청의 처분 등을 다투는 소송이면서 항고소송에서와 같이 행정청을 피고로 하지 않고, 당해 처분 등을 원인으로 하는 법률관계의 한쪽 당사자를 피고로 하는 소송을 말한다. 이러한 소송은 현실적으로 당사자가 다투고자 하는 분쟁의 내용을 중시하여 행정청을 배제한 분쟁의 실질적인 이해관계자만을 소송당사자로 하여 그 필요성은 신속한 권리구제와 소송절차 간소화에 있다. 이러한 보상금증감소송에 대하여 구 토지수용법 하에서는 학설상 여러 견해가 대립하고 있었으나, 현행 토지보상법은 보증금증감소송의 피고에 재결청을 제외함으로써 이러한 논란을 불식시키고 당사자소송의 성질을 강화하였다.

193) 잔여지 수용, 잔여지 가치하락, 영업손실, 기타 보상신청 기각재결에 대한 불복도 보상금 증액에 관한 소송에 포함되므로 사업시행자를 피고로 하여야 한다.

194) 보상금의 증감에 관한 소송인 경우 토지수용위원회가 소송당사자에서 제외되었음에도 불구하고 토지수용위원회를 공동피고로 하여 소송을 제기하는 경우에는 변론(답변서 및 준비서면)시 각하 주장을 하면 '피고변경' 또는 토지수용위원회에 대한 '소취하'로 결정된다.

■ 사업시행자별 피고 예시

사업시행자 구분	피고(소장기재)
국가기관	대한민국(소관청:○○○)
지방자치단체	광역시·도, ○○시·군·구
기타 공사·공단 등	해당 사업시행자

판례

[판례] ▶ 공익사업을 위한 토지 등의 취득 및 보상에 관한 법률 제72조에 의한 토지소유자의 토지수용청구를 받아들이지 않은 토지수용위원회의 재결에 대하여 토지소유자가 불복하여 제기하는 소송의 성질 및 그 상대방

[대법원 2015. 4. 9. 선고 2014두46669] [토지수용재결신청거부처분취소]

【판결요지】

공익사업을 위한 토지 등의 취득 및 보상에 관한 법률(이하 '토지보상법'이라고 한다) 제72조의 문언, 연혁 및 취지 등에 비추어 보면, 위 규정이 정한 수용청구권은 토지보상법 제74조 제1항이 정한 잔여지 수용청구권과 같이 손실보상의 일환으로 토지소유자에게 부여되는 권리로서 그 청구에 의하여 수용효과가 생기는 형성권의 성질을 지니므로, 토지소유자의 토지수용청구를 받아들이지 아니한 토지수용위원회의 재결에 대하여 토지소유자가 불복하여 제기하는 소송은 토지보상법 제85조 제2항에 규정되어 있는 '보상금의 증감에 관한 소송'에 해당하고, 피고는 토지수용위원회가 아니라 사업시행자로 하여야 한다.

(3) 토지보상법상 무효 등 확인소송

관할 토지수용위원회의 재결 또는 중앙토지수용위원회의 이의신청에 대한 재결에 중대하고 명백한 하자가 있거나 재결이 존재하지 않는다는 것을 전제로 하여 원재결 및 이의재결의 유무 또는 존재여부의 확인을 청구하는 소송이다.[195]

무효등확인소송에서는 관계법에서 이의신청 전치주의를 채택하고 있더라도 그의 적용을 받지 않으며 제소기간의 제한도 적용되지 않으므로 재결의 위법사유가 중대·명백한 것인 때에는 관할 토지수용위원회의 재결에 대하여 그 재결서를 받은 날로부터 90일, 중앙토지수용위원회의 이의신청재결에 대하여 그 재결서를 받은 날로부터 60일이 초과하더라도 무효등확인소송을 제기할 수 있다.

다. 판결의 효력

(1) 항고소송

확정판결로 재결 또는 이의재결이 취소되면 행정소송법 제30조의 규정에 의하여 별도의 행위를 아니하고 재결 또는 이의재결이 취소되므로 중앙토지수용위원회는 다시 재결 또는 이의재결을 하여야 한다.

행정소송은 사업시행자도 제기할 수 있으나 만약 사업시행자가 제기한 행정소송이 패소(각하, 기각 또는 취하)된 경우 사업시행자는 재결 또는 이의신청에 대한 재결서 정본을 송달받은 날로부터 판결일 또는 취하일까지의 기간에 대하여 「소송촉진 등에 관한 특례법」 제3조의 규정에 의한 법정이율(**연리 12%**)[196]을 보상금에 가산하여 지급하여야 한다(법 제87조).

수용재결에 불복하여 이의신청을 제기하거나 행정소송을 제기하더라도 수용재결의 효력은 정지되지 않고 진행된다. 즉, 사업의 진행 및 토지의 수용 또는 사용을 정지시키지 못한다(법 제88조).

(2) 당사자 소송

당사자 소송의 경우에는 법원에서 직접 보상금이 결정되는 것이므로 소송당사자는 판결결과에 따라 이행하여야 하며 중앙토지수용위원회에서는 별도 처분을 할 필요가 없다.

---

195) 이러한 재결 등에 대하여 대법원은 무효 등 확인소송이 가능하다고 인정하고는 있으나(대법원 1996.3.8.선고 95누18741 판결), 이러한 경우에 판례는 대부분 무효등확인소송이 아닌 취소소송으로 다루어졌다(대법원 2005.9.30.선고 2003두12349,12356 판결).

196) 「소송촉진 등에 관한 특례법」 제3조제1항 본문에 따른 법정이율은 연 100분의 12로 한다.[시행 2019. 6.1.] [대통령령 제29768호, 2019.5.21., 일부개정] (종전 연15% → 현재 연12%)

라. 관련 판례 등

(1) 수용재결의 신청권자는 원칙적으로 사업시행자에 한하며, 토지소유자 등은 재결신청의 청구를 할 수 있을 뿐이다. 다만, ① 사업의 준비를 측량·조사 및 장해물 제거 등으로 인한 손실보상(법 제9조, 제12조), ② 사업의 실효로 인한 손실보상(법 제23조), ③ 사업의 폐지 및 변경으로 인한 손실보상(법 제24조), ④ 사업인정 후 토지 및 물건조서 작성을 위한 측량·조사로 인한 손실보상(법 제27조 제3항), ⑤ 천재지변 시의 토지사용으로 인한 손실보상(법 제38조 제4항), ⑥ 재결의 실효로 인한 손실보상(법 제42조 제2항), ⑦ 잔여지 가치감소보상 또는 공사비보상(법 제73조), ⑧ 잔여지 등의 매수 및 수용청구(법 제74조), ⑨ 수용할 토지 및 잔여지 이외의 토지에 통로·도랑·담장 등의 신설이나 그 밖의 공사가 필요한 경우 그 공사에 소요되는 비용의 전부 또는 일부보상(법 제79조 제1항), ⑩ 공익사업시행지역 밖에 있는 토지 등이 공익사업의 시행으로 인하여 본래의 기능을 다할 수 없게 되는 경우의 손실보상(**간접손실보상**)(법 제79조 제2항) 등에 대하여 사업시행자와 토지소유자 등 사이에 협의가 성립되지 않는 경우에 사업시행자의 수용재결신청 전·후에도 토지소유자 등은 직접 재결신청을 할 수 있는 경우가 있는데 이때에도 반드시 재결절차를 거친 후 행정소송을 제기하여야 한다(법 제80조 제2항).[197]

판례

[판례] ▶ 잔여지 가치감소 등으로 인한 손실보상의 경우에도 재결절차를 거쳐 행정소송을 제기하여야 한다. [**대법원 2012.11.29. 선고 2011두22587**]

【판결요지】

토지소유자가 사업시행자로부터 공익사업법 제73조에 따른 잔여지 가격감소 등으로 인한 손실보상을 받기 위해서는 공익사업법 제34조, 제50조 등에 규정된 재결절차를 거친 다음 그 재결에 대하여 불복이 있는 때에 비로소 공익사업법 제83조 내지 제85조에 따라 권리구제를 받을 수 있을 뿐, 이러한 재결절차를 거치지 않은 채 곧바로

---

197) 이러한 재결은 보상액결정만을 위한 재결 또는 손실보상재결이라 하는데, 이와 같은 손실보상재결신청은 토지보상법이나 개별법에 규정되어 있는 경우에만 가능하다.

사업시행자를 상대로 손실보상을 청구하는 것은 허용되지 않는다고 봄이 상당하고 (대법원 2008.7.10. 선고 2006두19495 판결 참조), 이는 수용대상토지에 대하여 재결절차를 거친 경우에도 마찬가지라 할 것이다.

(2) 보상금의 증감에 관한 소송에서 정당한 손실보상금에 대한 입증책임은 원고에게 있고 해당 보상항목 간의 유용이 허용된다.[198] 한편, 보상금의 증감에 관한 소송인 경우 토지수용위원회가 소송당사자에서 제외되었음에도 불구하고 토지수용위원회를 피고로 하여 소송을 제기하는 경우 에는 변론(답변서 및 준비서면)시 각하 주장을 하면 '피고경정 결정' 또는 토지 수용위원회에 대한 소는 부적법하여 각하된다.

판례

[판례1] ▶ 보상금 증액청구의 소송에서 이의재결에서 정한 손실보상금액보다 정당한 손실보상금액이 더 많다는 점은 원고가 입증하여야 한다.
[대법원 2004.10.15. 선고 2003두12226]

【판결요지】
보상금 증액청구의 소에서 이의재결에서 정한 손실보상금액보다 정당한 손실보상금액이 더 많다는 점에 대한 입증책임은 원고에게 있다.

[판례2] ▶ 행정소송의 대상이 된 물건 중 일부 항목에 관한 보상액이 과소하고 다른 항목의 보상액은 과다한 경우, 그 항목 상호간의 유용이 허용된다.
[대법원 2014.11.13. 선고 2014두1451]

【판시사항】
공익사업을 위한 토지 등의 취득 및 보상에 관한 법률상 피보상자가 수용대상 물건 중 일부에 대하여만 불복의 사유를 주장하여 행정소송을 제기할 수 있는지 여부(적

---

198) 대법원 2004.10.15. 선고 2003두12226, ;대법원 2014.11.13. 선고 2014두1451

극) 및 행정소송의 대상이 된 물건 중 일부항목에 관한 보상액이 과소하고 다른 항목의 보상액은 과다한 경우, 그 항목 상호간의 유용이 허용되는지 여부(적극)

【판결요지】

공익사업을 위한 토지 등의 취득 및 보상에 관한 법률 제64조의 규정에 의하면 토지의 수용으로 인한 보상은 수용의 대상이 되는 물건별로 하는 것이 아니라 피보상자의 개인별로 하는 것이므로, 피보상자는 수용대상 물건 중 일부에 대하여만 불복이 있는 경우에는 그 부분에 대하여만 불복의 사유를 주장하여 행정소송을 제기할 수 있고, 행정소송의 대상이 된 물건 중 일부 항목에 관한 보상액이 과소하고 다른 항목의 보상액은 과다한 경우에는 그 항목 상호간의 유용을 허용하여 과다 부분과 과소 부분을 합산하여 보상금의 합계액을 결정하여야 한다(대법원 1998.1.20.선고96누12597 판결 등 참조).

(3) 토지보상법상 취소소송은 관할 토지수용위원회의 재결 또는 중앙토지수용위원회의 이의신청에 대한 재결이 위법함을 전제로 하여 그 재결의 취소 또는 변경을 청구하는 소송으로, 이의신청에 대한 재결을 다투는 경우에도 이의재결 자체의 고유한 위법사유 뿐만 아니라, 이의신청의 사유로 삼지 아니한 관할 토지수용위원회의 재결의 위법도 주장할 수 있다.

판례

[판례] ▶ 수용재결에 불복하여 이의신청을 거친 후 취소소송을 제기하는 경우 피고적격 및 소송대상 [대법원 2010.1.28. 선고 2008두1504]

【판결요지】

수용재결에 불복하여 취소소송을 제기하는 때에는 이의신청을 거친 경우에도 수용재결을 한 중앙토지수용위원회 또는 지방토지수용위원회를 피고로 하여 수용재결의 취소를 구하여야 하고, 다만 이의신청에 대한 재결 자체에 고유한 위법이 있음을 이유로 하는 경우에는 그 이의재결을 한 중앙토지수용위원회를 피고로 하여 이의재결의 취소를 구할 수 있다고 보아야 한다.

(4) 사업인정과 그 후의 재결은 동일한 행정목적을 달성하기 위하여 일련의 절차가 연속하여 행하여지는 것이지만 각각 독립하여 별개의 법률효과를 발생하기 때문에 사업인정의 하자는 재결절차에 승계되지 않는다. 따라서 <u>사업인정처분 자체의 위법은 사업인정단계에서 다투어야 하고, 사업인정의 위법·부당함을 이유로 재결처분의 취소를 구할 수는 없다.</u>

판례

판례 ▶ 사업인정의 하자를 이유로 수용재결처분의 취소를 구할 수 없다.
[대법원 1987.9.8. 선고 87누395]

【판결요지】

토지수용법 제14조에 따른 사업인정은 그 후 일정한 절차를 거칠 것을 조건으로 하여 일정한 내용의 수용권을 설정해 주는 행정처분의 성격을 띠는 것으로서 그 사업인정을 받음으로써 수용할 목적물의 범위가 확정되고 수용권으로 하여금 목적물에 관한 현재 및 장래의 권리자에게 대항할 수 있는 일종의 공법상의 권리로서의 효력을 발생시킨다고 할 것이므로 위 사업인정단계에서의 하자를 다투지 아니하여 이미 쟁송기간이 도과한 수용재결 단계에 있어서는 위 사업인정처분에 중대하고 명백한 하자가 있어 당연무효라고 볼만한 특단의 사정이 없다면 그 처분의 불가쟁력에 의하여 사업인정처분의 위법 부당함을 이유로 수용재결처분의 취소를 구할 수 없다.

---

(5) 재결에 대한 이의신청기간 또는 제소기간이 도과하여 그 재결이 확정되면 민사소송으로 보상금의 반환을 다툴 수 없다.

판례

[판례] ▶ 재결이 확정되면 민사소송으로 보상금의 반환을 다툴 수 없다.
[대법원 2001.4.27. 선고 2000다50237]

【판결요지】

재결에 대하여 불복절차를 취하지 아니함으로써 그 재결에 대하여 더 이상 다툴 수 없게 된 경우에는 기업자는 그 재결이 당연무효이거나 취소되지 않는 한, 이미 보상금을 지급받은 자에 대하여 민사소송으로 그 보상금을 부당이득이라 하여 반환을 구할 수 없다.

(6) 행정소송의 제기는 사업의 진행 및 토지의 수용 또는 사용을 정지시키지 아니하므로(집행부정지) 사업시행자는 보상금 증액에 관한 행정소송이 진행시에도 행정대집행을 신청할 수 있다.

질의회신

[질의회신] ▶ 사업시행자가 수용개시일까지 보상금을 지급 또는 공탁한 경우에는 보상금 증액에 관한 행정소송 진행시에도 행정대집행을 신청할 수 있다.
[2011.2.23. 토지정책과-906]

【질의요지】

수용재결 이후 보상금 증액에 관한 행정소송 진행시에도 행정대집행 가능 여부 및 토지소유자가 이의재결결과 증액된 보상금을 수령한 것을 이유로 보상금증액 행정소송의 무효 주장이 가능한지 여부

【회신내용】

사업시행자가 수용개시일까지 재결 보상금을 지급 또는 공탁한 경우에는 이 법에서 정한 절차에 따라 대집행을 신청할 수 있다고 보며, 보상금을 받을 자는 증액되어 공탁된 보상금을 소송종결시까지 수령할 수 없으며, 이를 수령하였을 경우에는 이의재결 결과를 인정한 것으로서 주장이 가능하다고 보나 구체적인 사항은 법률전문가에게 문의하시기 바랍니다.

제4장
손실보상의 종류 및
보상금의 결정방법

[손실보상의 종류]

범위	피침해 권익	구분			시행규칙
공익사업 지구내	재산권	토지보상 (토지소유권)	취득하는 토지	일반토지, 공법상 제한받는 토지, 미불용지, 도로·구거, 개간지, 소유권외의 권리목적이 되는 토지	제22~27조, 제29조
			사용하는 토지	일반사용, 지하·지상공간 사용	제30~31조
			잔여지보상	가치하락감가보상, 매수수용보상	제32조
		토지이외의 재산권 보상	토지소유권외의 권리		제28조
			건축물 등 물건의 보상	건축물, 공작물, 과수, 묘목, 입목, 농작물, 분묘	제33~42조
			권리 등의 보상	광업권, 어업권	제43~44조
		부대적 손실보상	실비변상적 보상	동산이전비, 이사비, 공사비, 사업폐지손실	제55,57조
			일실손실 보상	영업손실보상, 농업손실보상, 축산업손실보상, 잠업손실보상, 휴직·실직보상	제45~52조
	비재산권	수거용 건축물 보상특례	비준가격보상 인성, 최저보상액 보장, 재편입가산금, 이주대책(또는 이주정착금), 주거이전비		제58조
		이농비, 이어비			제56조
지구외	재산권	토지, 건축물, 공작물, 권리(어업권)			제59~60조, 제62조, 제63조
		일실손실보상	영업보상, 농업손실보상		제64~65조
	비재산권	소수잔존자보상			제61조

제1절 토지보상

1. 표준지공시지가 기준

토지보상법은 토지에 대한 보상액의 산정은 협의에 의한 경우에는 <u>협의성립 당시의 가격</u>을, 재결에 의한 경우는 <u>수용 또는 사용의 재결 당시의 가격을 기준</u>[199)]으로 한다고 하여 (법 제67조 제1항), 일반적인 시가감정보상을 원칙으로 규정하면서 동법 제70조와 동법 시행규칙 제22조부터 제32조에서 그 방식을 상세히 규정하고 있다. 기본산식은 다음과 같이 요약할 수 있다.

《평가방법(산식)》

▶ 보상평가액(원/m²) = 비교표준지 공시지가 × 시점수정[200)] × 지역요인비교[201)] × 개별요인비교[202)] × 기타요인의 보정[203)]

▶ 비교표준지 :「부동산 가격공시에 관한 법률」(이하 "부동산공시법"이라 한다) 제3 조제1항에 따른 표준지 중에서 대상토지와 가치형성요인이 같거나 비슷하여 유사한 이용가치를 지닌다고 인정되는 표준지를 말한다.

▶ 위 "표준지공시지가기준 평가방법"은 거래사례 대신 표준지공시지가를 기준으로 표준지공시지가와 대상토지를 비교하여 대상토지의 가격을 평가하는 것으로 거래 사례비교법과 유사하다. 다만, 거래사례비교법에서는 사정보정이 필요하나 공시 지가는 적정 가격으로서 사정보정이 필요치 않다는 점에서 서로 다르다.

가. 보상평가 산정방법

협의나 재결에 의하여 취득하는 토지에 대하여는 「부동산 가격공시 및 감정평가에 관한 법률」(이하 "가격공시법'이라 한다)에 따른 공시지가(<u>표준지공시지가</u>)를 기준으로 하되, 그 표준지공시기준일 부터 기준시점(보상시점)까지의 관련 법령에 따른 해당 토지의 이

[199)] 한편, 이의재결 및 행정소송을 통한 판결 등을 위한 가격시점은 당해 감정평가의 의뢰시점에도 불구하고 언제나 <u>수용재결일</u>을 기준으로 한다.

[200)] 시점수정을 하는 이유는 표준지 공시지가의 발표시점과 당해 토지보상가 산정시점이 다를 수밖에 없으므로 이러한 시간의 간격을 보완하기 위한 것으로 표준지 소재 시, 군, 구 용도지역별 지가변동율을 고려한다.

[201)] 표준지(기준시점) 대비 해당 대상토지(기준시점) 요인을 비교한다.

[202)] 표준지(기준시점) 대비 해당 대상토지(공시기준일)를 비교하여 열위, 대등(1.00), 우위로 표시한다.

[203)] 대상 평가토지의 인근지역의 적정보상평가 선례를 참작하여 공시지가와 실거래가의 괴리를 보정한다.

용계획, 해당 공익사업으로 인한 지가의 영향을 받지 아니하는 지역의 <u>대통령령으로 정하는 지가변동률</u>, 생산자물가상승률과 그 밖에 해당 토지의 위치·형상·환경·이용상황 등을 고려한 <u>적정가액</u>으로 보상하여야 한다(법 제70조 제1항).

[표준지공시지가와 보상가격의 비교]

구 분	표준지공시지가[204]	보상가격
성 격	적정가격으로 평가한 가격	표준지공시지가와 같음
나지상정	나지상정평가	표준지공시지가와 같음
당해 공익사업으로 인한 개발이익	개발이익 반영	개발이익 미반영
공법상 제한사항	일반적 제한사항 및 개별적 제한사항 모두 감안함	일반적 제한사항만 감안함
평가방법	3방식(주로 거래사례비교법)	표준지공시지가 기준으로 평가

<u>표준지공시지가</u>란 가격공시법이 정하는 절차에 따라 지역별 대표성이 있는 토지를 표준지로 선정한 후 매년 1월 1일 기준의 적정가격을 조사·결정하여 국토교통부장관이 조사·평가하여 공시한 표준지의 단위면적당 가격을 말한다(동법 제2조 제5호). <u>이에 비해 개별공시지가</u>는 표준지 공시지가와 국토교통부장관이 작성하여 관계 행정기관에 제공하는 '지가 형성요인에 관한 표준적인 비교표'(=토지가격비준표)를 기초로 인근 개별토지의 가격을 산정하여 시장·군수·구청장이 산정하여 결정·공시하는 것으로 토지의 과세나 부담금 등의 산정에 활용되고 있는 것으로, 판례는 개별공시지가는 토지수용보상액 산정의 기준이 되지 아니한다고 판시[205]하고 있다.

> **판례**
>
> [판례1] ▶ 개별공시지가가 토지보상액 산정의 기준이 될 수 있는지 여부
> [대법원 2002.3.29. 선고 2000두10106]

---

204) 국토교통부장관이 <u>전국의 개별토지(약 3,100만 필지)중 지가대표성 등이 있는 50만 필지를 선정·조사하여 공시하는 것으로서 매년 1월1일 표준지의 단위면적당 가격(원/㎡)</u>을 말한다.
205) 대법원 1994.10.14. 선고94누2664 판결

【판결요지】

토지수용보상액은 토지수용법 제46조 제2항 등 관계 법령에서 규정한 바에 따라 산정하여야 하는 것으로서, 지가공시및토지등의평가에관한법률 제10조의2 규정에 따라 결정 · 공시된 개별공시지가를 기준으로 하여 산정하여야 하는 것은 아니며, 관계 법령에 따라 보상액을 산정한 결과 그 보상액이 당해 토지의 개별공시지가를 기준으로 하여 산정한 지가보다 저렴하게 되었다는 사정만으로 그 보상액 산정이 잘못되어 위법한 것이라고 할 수는 없다

한편, 대통령이 정하는 지가변동률이란 「부동산 거래신고 등에 관한 법률」시행령에 따라 국토교통부장관이 조사 · 발표하는 지가변동률로서 평가대상 토지와 비교표준지가 소재하는 시(행정시 포함) · 군 · 구(비자치구 포함)의 용도지역별 지가변동률을 말한다. 다만, 비교표준지가 소재하는 시 · 군 또는 구의 지가가 해당 공익사업으로 인하여 변동된 경우에는 해당 공익사업과 관계없는 인근 시 · 군 또는 구의 지가변동률을 적용한다(령 제37조제1항, 제2항).

또한, 생산자물가상승률206)은 「한국은행법」제86조의 규정에 의하여 한국은행이 조사 · 발표하는 생산자물가지수에 의하여 산정된 비율로 생산자물가상률의 적용은 지가변동률과의 산술평균이 아니고, 지가변동률과 생산자물가상승률을 종합적으로 참작하여 적용한다. 판례207)는 생산자물가상승률이 지가변동율보다 낮거나 미미한 경우에는 적용하지 아니할 수도 있고 반드시 참작하여야 하는 것도 아니라고 보고 있다.

그리고 적정가격이란 통상적인 시장에서 정상적인 거래가 이루어지는 경우 성립될 가능성이 가장 높다고 인정되는 가격으로서 해당 공익사업으로 인한 가치의 변동의 배제 등 보상의 원칙과 기준이 적용된 가액을 말한다.

---

206) 과거에는 도매물가상승률이었으나, 1992. 12월부터 한국은행은 생산자물가지수로 명칭을 바꾸었다.
207) 대법원 1991.28. 선고 90누6767 판결,; 1999.8.24. 선고 99두4754 판결

나. 비교표준지의 선정기준 (공간적 기준)

관계법령

■ **토지보상법 시행규칙 제22조(취득하는 토지의 평가)** ① 취득하는 토지를 평가함에 있어서는 평가대상토지와 유사한 이용가치를 지닌다고 인정되는 하나 이상의 표준지의 공시지가를 기준으로 한다.

② 토지에 건축물 등이 있는 때에는 그 건축물 등이 없는 상태를 상정하여 토지를 평가한다.

③ 제1항에 따른 표준지는 특별한 사유가 있는 경우를 제외하고는 다음 각 호의 기준에 따른 토지로 한다. 〈신설 2013.4.25.〉

    1. 「국토의 계획 및 이용에 관한 법률」 제36조부터 제38조까지, 제38조의2 및 제39조부터 제42조까지에서 정한 용도지역, 용도지구, 용도구역 등 공법상 제한이 같거나 유사할 것

    2. 평가대상 토지와 실제 이용상황이 같거나 유사할 것

    3. 평가대상 토지와 주위 환경 등이 같거나 유사할 것

    4. 평가대상 토지와 지리적으로 가까울 것

■ **토지보상평가지침 제9조(비교표준지의 선정)** ① 비교표준지는 다음 각 호의 선정기준에 맞는 표준지 중에서 대상토지의 감정평가에 가장 적절하다고 인정되는 표준지를 선정한다. 다만, 한 필지의 토지가 둘 이상의 용도로 이용되고 있거나 적절한 감정평가액의 산정을 위하여 필요하다고 인정되는 경우에는 둘 이상의 비교표준지를 선정할 수 있다.

    1. 「국토의 계획 및 이용에 관한 법률」상의 용도지역·지구·구역 등(이하 "용도지역등"이라 한다) 공법상 제한이 같거나 비슷할 것

    2. 이용상황이 같거나 비슷할 것

    3. 주변환경 등이 같거나 비슷할 것

    4. 인근지역에 위치하여 지리적으로 가능한 한 가까이 있을 것

② 제1항 각 호의 선정기준에 맞는 표준지가 없는 경우에는 인근지역과 비슷한 지역적 특성을 갖는 동일수급권 안의 유사지역에 위치하고 제1항제1호부터 제3호까지의

기준에 맞는 표준지 중 가장 적절하다고 인정되는 표준지를 비교표준지로 선정할 수 있다.

③ 택지개발사업 · 산업단지개발사업 등 공익사업시행지구 안에 있는 토지를 감정평가할 때에는 그 공익사업시행지구 안에 있는 표준지를 선정한다.

④ 제3항에도 불구하고 특별한 이유가 있는 경우에는 해당 공익사업시행지구 안에 있는 표준지의 일부를 선정대상에서 제외하거나, 해당 공익사업시행지구 밖에 있는 표준지를 선정할 수 있다. 이 경우에는 그 이유를 감정평가서에 기재하여야 한다.

⑤ 도로 · 구거 등 특수용도의 토지에 관한 감정평가로서 제1항의 선정기준에 적합한 표준지가 인근지역에 없는 경우에는 인근지역의 표준적인 이용상황과 비슷한 표준지를 비교표준지로 선정할 수 있다.

⑥ 삭 제(2009.10.28.)

⑦ 비교표준지를 선정한 때에는 그 선정이유를 감정평가서에 기재한다.

■ **감정평가 실무기준**

[810-5.6.2 비교표준지의 선정] ① 비교표준지의 선정은 [610-1.5.2.1]에 따른다.

② 택지개발사업 · 산업단지개발사업 등 공익사업시행지구 안에 있는 토지를 감정평가 할 때에는 그 공익사업시행지구 안에 있는 표준지 공시지가를 선정한다.

③ 제2항에도 불구하고 특별한 이유가 있는 경우에는 해당 공익사업시행지구 안에 있는 표준지 공시지가의 일부를 선정대상에서 제외하거나, 해당 공익사업시행지구 밖에 있는 표준지 공시지가를 선정할 수 있다. 이 경우에는 그 이유를 감정평가서에 기재하여야 한다.

④ 비교표준지를 선정한 때에는 선정이유를 감정평가서에 기재한다.

한국감정평가협회가 정한 토지보상평가지침(이하 '토보침'이라 한다)[208] 제9조와 토지보상법 시행규칙 제22조에서는 비교표준지의 선정기준은 특별한 사유가 없는 한 국토계획법 제36조 등에서 정한 바에 따라 원칙적으로 용도지역이 같은 표준지를 선정해야 하되, ⅰ) 국토계획법상의 용도지역, 용도지구, 용도구역 등 공법상 제한사항이 같거나 비슷할

---

208) 토보침은 한국감정평가업협회가 내부에서 일응의 기준을 설정한데 불과하고 일반국민이나 법원을 기속하는 것은 아니다(대법원 2007.7.12. 선고 2006두11507 판결).

것, ii) 평가대상 토지와 실제 이용상황이 같거나 유사할 것, iii) 평가대상 토지와 주변 환경 등이 같거나 유사할 것, iv)평가대상토지와 지리적으로 가까울 것 등의 선정기준을 충족하는 표준지 중에서 대상토지의 보상평가에 가장 적절하다고 인정되는 표준지를 선정한다.[209]

위 열거된 기준에 의하면 비교표준지는 ① 용도지역・지구・구역 → ② 이용상황 → ③ 주위환경 → ④ 지리적 접근성의 순서로 선정되어야 한다. 도시지역의 경우는 용도지역은 지가형성의 중요한 요인으로 원칙적으로 도시지역내 평가대상 토지와 동일한 용도지역의 표준지외의 용도지역이 다른 표준지를 선정하여 평가하는 것은 위법할 것이다.[210] 또한 판례는 도시지역 내・외를 불문하고 비교표준지는 원칙적으로 용도지역이 동일한 표준지를 선정하여야 한다고 판시하고 있다.[211]

한편, 택지개발사업・산업단지개발사업 등 공익사업시행지구 안에 있는 토지를 보상 평가할 때에는 해당 공익사업시행지구 안에 있는 표준지공시지가를 선정하는 것이 원칙이며, 예외적으로 특별한 이유가 있는 경우에는 해당 공익사업시행지구 안에 있는 표준지공시지가의 일부를 선정대상에서 제외하거나, 해당 공익사업시행지구 밖에 있는 표준지공시지가를 선정할 수 있다. 그리고 도로・구거 등 특수용도의 토지에 관한 보상으로서 선정기준에 적합한 표준지가 인근지역에 없는 경우에는 인근지역의 표준적인 이용상황의 표준지를 비교표준지로 선정할 수 있다.

도로 등과 같은 선적(線的)인 공익사업의 경우에도 해당 사업시행지구 내에 소재한 표준지를 비교표준지로 선정함을 원칙으로 한다. 다만, 해당 공익사업으로 인한 제한이 표준지공시지가에 반영되어 있으나 이러한 제한이 없는 상태로 보상평가하는 경우 등은 해당 공익사업시행지구 밖의 표준지를 비교표준지로 선정할 수 있다.

표준지의 토지특성이 실제와 다른 경우로서 공시기준일 이후에 개별요인이 변경된 경우는 비교표준지로 선정할 수 있으나, 공시기준일 당시 토지특성이 실제와 다르게 공시된 경우는 비교표준지로 선정하지 않는다.

---

209) 2013.4.25. 토지보상법 시행규칙 제22조 제3항이 신설되어 비교표준지 선정기준이 규정되었는데, 이 규정에 의하면 도시지역 내・외를 불문하고 용도지역 등이 동일한 비교표준지를 선정함을 원칙으로 하고 있다.
210) 대법원 1993.2.26. 선고 92누8675 판결
211) 대법원 2011.9.8. 선고 2009두4340 판결

[판례1] ▶ 공시기준일 이후에 용도변경 등이 이루어진 표준지도 비교표준지로 선정할 수 있다. [**대법원 1993.9.28. 선고 93누5314**]

【판결요지】

당해 공익사업이 시행되는 지역 내에 있는 표준지의 용도나 형질이 그 공익사업의 시행으로 인하여 변경되었다 하더라도, 다른 자료에 의하여 공시기준일 당시의 그 표준지의 현황을 확인할 수 있다면 그 표준지의 수용재결 당시의 공시지가를 기준으로 하여 수용대상토지에 대한 손실보상액을 산정하는 것이 감정평가에 관한 규칙 제17조 제2항의 규정취지에 배치되는 것은 아니다.

[판례2] ▶ 비교표준지의 선정기준 [**대법원 2011.9.8. 선고 2009두4340**]

【판결요지】

비교표준지는 특별한 사정이 없는 한 <u>도시지역 내에서는 **용도지역**을 우선으로 하고, 도시지역 외에서는 현실적 이용상황에 따른 **실제지목**을 우선으로 하여 선정해야 한다.</u> 또한 <u>수용대상토지가 도시지역 내에 있는 경우</u> 용도지역이 같은 비교표준지가 여러 개 있을 때에는 현실적 이용상황, 공부상 지목, 주위환경, 위치 등의 제반 특성을 참작하여 자연적, 사회적 조건이 수용대상 토지와 동일 또는 유사한 토지를 당해 토지에 적용할 비교표준지로 선정해야 하고, 마찬가지로 <u>수용대상토지가 도시지역 외에 있는 경우</u> 현실적 이용상황이 같은 비교표준지가 여러 개 있을 때에는 용도지역까지 동일한 비교표준지가 있다면 이를 당해 토지에 적용할 비교표준지로 선정해야 한다.

※ 2013.4.25. 「토지보상법 시행규칙」 제22조(취득하는 토지의 평가) 제3항이 신설되어 비교표준지 선정 기준을 규정하였으며, 이 규정에 의하면 <u>도시지역 내·외를 구분하지 않고 용도지역 등을 기준으로 비교표준지를 선정함을 원칙</u>으로 하고 있음

[질의회신] ▶ 토지특성에 오류가 있는 표준지는 비교표준지로 선정하지 않는다.

　　[2014.12.3. 감정평가기준팀-4155]

【회신내용】

"수용대상토지 자체가 표준지인 토지에 관하여는 표준지와의 개별성 및 지역성의 비교란 있을 수 없다"고 판결(대법원 1995.5.12. 선고 95누2678 판결)하고 있는 바, 표준지의 공시사항인 토지특성의 오류가 있다면 당해 표준지를 배제하고 표준지 선정기준에 부합하는 다른 표준지를 선정하여야 할 것입니다. 대상토지를 비교표준지로 선정하지 아니할 경우에는 「감정평가 실무기준」[810-5.6.2](비교표준지의 선정) 제3항에 따라 그 이유를 감정평가서에 기재하여야 할 것입니다.

다. 적용공시지가의 선택 (시간적 비교표준지 선정기준)

(1) 적용공시지가

적용공시가란 가격공시법에 따른 공시지가 표준지 중에서 보상대상토지의 보상평가 시에 비교기준으로 선정된 **연도별 표준지공시지가**를 말한다. 적용공시지가는 기준시점 당시에 공시된 공시지가를 원칙으로 하므로 기준시점 이후를 공시기준일로 하는 공시지가를 소급적용하여 보상액을 산정할 수는 없다.[212]

(2) 사업인정 전

사업인정 전의 협의에 의한 취득의 경우에는 해당 토지의 기준시점 당시에 공시된 공시지가 중에서 기준시점과 가장 가까운 시점에 공시된 공시지가를 기준으로 한다(법 제70조 제3항). 다만, 감정평가시점이 공시지가 공고일 이후이고 가격시점이 공시기준일과 공시지가 공고일 사이인 경우에는 가격시점 해당 연도의 공시지가를 기준으로 한다(토보침 제10조제1항 제1호).

---

212) 토지수용보상금을 산정함에 있어 기준이 될 표준지의 공시지가는 수용재결일 이전을 공시기준일로 하여 공시된 것이라야 하고, 수용재결일과의 시간적 간격이 더 가깝다 하여 수용재결일 이후를 기준일로 한 공시지가를 소급적용할 수는 없다(대법원 1995.4.11. 선고 94누262).

(3) 사업인정 후

사업인정 후의 취득의 경우에는 사업인정고시일 전의 시점을 공시기준일로 하는 공시지가로서, 해당 토지에 대한 협의 또는 재결 당시 공시된 공시지가 중에서 해당 <u>사업인정고시일에 가장 가까운 시점에 공시된 공시지가</u>로 한다(법 제70조 제4항).

(4) 사업인정 전ㆍ후 불문하고 소급하여 개발이익을 배제

사업인정 전ㆍ후 어느 경우에도 불구하고 **해당 공익사업의 계획 또는 시행이 공고 또는 고시**로 보상대상 토지의 가치가 변동되었다고 인정되는 경우에는 해당 공고일 또는 고시일전의 시점을 공시기준일로 하는 공시지가로서 해당 토지의 가격시점 당시 공시된 공시지가 중 해당 공익사업의 공고일 또는 고시일에 가장 가까운 시점에 공시된 공시지가로 한다(법 제70조제5항, 토보침 제10조제1항 제3호).

토지보상법 제70조 제5항의 "<u>해당 공익사업의 계획 또는 시행이 공고되거나 고시</u>"에는 (i) 관련 법령의 규정에 따라 해당 공익사업에 관한 계획 또는 시행을 일반 <u>국민에게 공고 또는 고시하거나 의견청취 또는 공청회 등을 개최</u>하는 경우, (ii) 관련 법령에 별도의 규정을 두지 않은 경우에도 국가ㆍ지방자치단체 또는 <u>사업시행자 등이 해당 공익사업의 위치와 범위, 사업기간 등 구체적인 사업계획을 일반에게 발표하는 경우</u> 등의 2가지 모두가 포함된다.[213]

> **유권해석**
>
> [판례] ▶「토지보상법」제70조제5항의 공고일 또는 고시일의 의미
> [2014.3.25. 토지정책과-1965]
>
> 【질의요지】
> 토지보상법 제70조제1항에 따른 공시지가를 적용할 때 토지보상법 시행령 제38조의 2에 따른 요건을 모두 충족할 경우 토지거래허가구역 지정일(2006.11.27), 환경성검토서 초안 공람공고일(2007.10.4), 경제자유구역 지정고시일(2008.5.6) 중 어느 것

---

213) "해당 공익사업에 관한 계획 또는 시행의 공고 또는 고시"를 규정하고 있는 법령은 [부록- 참고자료 3] 참조

이 토지보상법 제70조제5항의 공고일 또는 고시일에 해당하는지?

【회신내용】

토지보상법 제70조제5항은 "제3항 및 제4항에도 불구하고 <u>공익사업의 계획 또는 시</u><u>행이 공고되거나 고시됨으로 인하여</u> 취득하여야 할 토지의 가격이 변동되었다고 인정되는 경우에는 제1항에 따른 공시지가 는 해당 공고일 또는 고시일 전의 시점을 공시기준일로 하는 공시지가로서 그 토지의 가격시점 당시 공시된 공시지가 중 그 공익사업의 공고일 또는 고시일과 가장 가까운 시점에 공시된 공시지가로 한다." 고 규정하고 있습니다.

여기서 '<u>공익사업의 계획 또는 시행이 공고되거나 고시</u>'라 함은 관련 법령에 따른 공고 또는 고시를 하거나 국가·지방자치단체 또는 사업시행자 등이 해당 공익사업의 위치와 범위, 사업기간 등 구체적인 사업계획을 일반에게 발표한 것을 의미하는 것으로 보며, 구체적인 사례에 대하여는 사업시행자가 관계 규정 및 사실관계 등을 조사하여 판단하여야 할 사항입니다.

판례

[판례] ▶ 도시정비법에 따른 최초 사업시행인가 고시 후에 사업시행인가의 주요 내용을 실질적으로 변경하는 인가가 있더라도 최초 사업시행인가 고시일이 손실보상금 산정 기준 일이다. [**대법원 2018.7.26. 선고 2017두33978**]

【판결요지】

도시정비법령과 토지보상법령의 체계와 취지에 비추어 보면, <u>특정한 토지를 사업시</u><u>행 대상 부지로 삼은 최초의 사업시행인가 고시로 의제된 사업인정이 효력을 유지하</u><u>고 있다면, 최초의 사업시행인가 고시일을 기준으로 보상금을 산정함이 원칙이다.</u> 만일 이렇게 보지 않고 사업시행변경인가가 있을 때마다 보상금 산정 기준시점이 변경된다고 보게 되면, 최초의 사업시행인가 고시가 있을 때부터 수용의 필요성이 유지되는 토지도 그와 무관한 사정으로 보상금 산정 기준시점이 매번 바뀌게 되어 부당할 뿐 아니라, 사업시행자가 자의적으로 보상금 산정 기준시점을 바꿀 수도 있게 되어 합리적이라고 볼 수 없다.

이 경우 '취득하여야 할 토지의 가격이 변동되었다고 인정되는 경우'란 도로, 철도 또는 하천 관련 사업을 제외한 사업으로서 ① 해당 공익사업의 면적이 **20만㎡ 이상**일 것, ② 해당 공익사업시행지구 안에 있는 표준지공시지가(해당 공익사업시행지구 안에 표준지가 없는 경우에는 비교표준지의 공시지가를 말함)의 평균변동률과 평가대상토지가 소재하는 시·군 또는 구 전체의 표준지공시지가 평균변동률과의 차이가 **3%** 포인트 이상일 것, ③ 해당 공익사업시행지구 안에 있는 표준지 공시지가의 평균변동률이 평가대상토지가 소재하는 시·군 또는 구 전체의 표준지공시지가 평균변동률보다 **30%** 이상 높거나 낮을 것 등의 요건을 모두 충족하는 경우를 말한다(토보침 제10조 제3항).

이는 공익사업의 시행으로 발생한 개발이익을 배제하기 위한 것으로 종전에는 사업인정 이후의 개발이익만을 배제하였으나, 2007. 10. 17. 토지보상법 개정으로 이를 공익사업 공고 등 이전까지 소급하여 개발이익을 배제하도록 강화하였다.[214]

'표준지공시지가의 평균변동률'[215]이란 해당 표준지별 변동률의 합을 표준지의 수로 나누어 산정하며, 공익사업시행지구가 둘 이상의 시·군 또는 구에 걸쳐 있는 경우 평가대상토지가 소재하는 시·군 또는 구 전체의 표준지공시지가 평균변동률은 시·군 또는 구별로 평균변동률을 산정한 후 이를 해당 시·군 또는 구에 속한 공익사업시행지구 면적 비율로 가중평균(加重平均)하여 산정한다. 이 경우 평균변동률의 산정기간은 해당 공익사업의 계획 또는 시행이 공고되거나 고시된 당시 공시된 표준지공시지가 중 그 공고일 또는 고시일에 가장 가까운 시점에 공시된 표준지공시지가의 공시기준일부터 사업인정 전·후에 따른 표준지공시지가의 공시기준일까지의 기간으로 한다(토보침 제10조 제4항).

한편, 「공공주택 특별법」[216] 제27조제5항에서는 적용공시지가 결정에 대하여 규정하고 있고, 「공공주택 특별법 시행령」 제20조에서는 취득하여야 할 토지가격이 변동 되었다고 인정되는 요건에 대하여 별도로 규정하고 있으므로 공공주택사업에서는 동 기준을 적용한다. 「산림복지 진흥에 관한 법률」 제42조제5항 및 같은 법 시행령 제40조, 「역세권

---

214) 신경직, 앞의 책, 2017, 266면
215) 표준지가격변동률은 면적을 가중하지 않고 단가를 기준으로 산정함
216) 현행 「공공주택 특별법」은 「국민임대주택건설 등에 관한 특별조치법」(제정 2003.12.31) → 「보금 자리주택건설 등에 관한 특별법」(2009.4.21) → 「공공주택건설 등에 관한 특별법」(2014.1.17) → 「공공주택 특별법」(2015.12.29)으로 법률명이 변경되어 왔다.

의 개발 및 이용에 관한 법률」 제17조제4항 및 같은 법 시행령 제20조의2에서도 적용공시지가의 결정에 대해 별도의 규정을 두고 있다.

(5) 세목고시 누락 토지

사업인정의 고시가 있은 이후에 공익사업시행지구의 확장이나 변경 등 으로 토지의 세목 등이 추가 고시됨에 따라 그 추가 고시된 토지를 보상평가하는 경우에는 그 토지의 세목 등이 추가 고시된 날짜를 사업인정고시일로 본다. 다만, 공익사업시행지구의 확장이나 변경 등이 없이 지적 분할 등에 의해 토지의 세목 등이 변경고시된 경우에는 종전의 세목 고시일을 사업인정고시일로 본다(토보침 제10조 제5항).

관계법령

■ **토지보상법 제70조(취득하는 토지의 보상)** ③ 사업인정 전 협의에 의한 취득의 경우에 제1항에 따른 공시지가는 해당 토지의 가격시점 당시 공시된 공시지가 중 가격시점과 가장 가까운 시점에 공시된 공시지가로 한다.

④ 사업인정 후의 취득의 경우에 제1항에 따른 공시지가는 사업인정고시일 전의 시점을 공시기준일로 하는 공시지가로서, 해당 토지에 관한 협의의 성립 또는 재결 당시 공시된 공시지가 중 그 사업인정고시일과 가장 가까운 시점에 공시된 공시지가로 한다.

⑤ 제3항 및 제4항에도 불구하고 **공익사업의 계획 또는 시행이 공고되거나 고시됨으**로 인하여 취득하여야 할 토지의 가격이 변동되었다고 인정되는 경우에는 제1항에 따른 공시지가는 해당 공고일 또는 고시일 전의 시점을 공시기준일로 하는 공시지가로서 그 토지의 가격시점 당시 공시된 공시지가 중 그 공익사업의 공고일 또는 고시일과 가장 가까운 시점에 공시된 공시지가로 한다. [전문개정 2011.8.4.]

■ **토지보상법 시행령 제38조의2(공시지가)** ① 법 제70조제5항에 따른 취득하여야 할 토지의 가격이 변동되었다고 인정되는 경우는 도로, 철도 또는 하천 관련 사업을 제외한 사업으로서 다음 각 호를 모두 충족하는 경우로 한다. 〈개정 2016. 8. 31.〉

1. 해당 공익사업의 면적이 20만 제곱미터 이상일 것
2. 해당 공익사업지구 안에 있는 「부동산 가격공시에 관한 법률」 제3조에 따른 표준

지공시지가(해당 공익사업지구 안에 표준지가 없는 경우에는 비교표준지의 공시지가를 말하며, 이하 이 조에서 "표준지공시지가"라 한다)의 평균변동률과 평가대상토지가 소재하는 시(행정시를 포함한다. 이하 이 조에서 같다)·군 또는 구(자치구가 아닌 구를 포함한다. 이하 이 조에서 같다) 전체의 표준지공시지가 평균변동률과의 차이가 3퍼센트 포인트 이상일 것

3. 해당 공익사업지구 안에 있는 표준지공시지가의 평균변동률이 평가대상토지가 소재하는 시·군 또는 구 전체의 표준지공시지가 평균변동률보다 30퍼센트 이상 높거나 낮을 것

② 제1항제2호 및 제3호에 따른 평균변동률은 해당 표준지별 변동률의 합을 표준지의 수로 나누어 산정하며, 공익사업지구가 둘 이상의 시·군 또는 구에 걸쳐 있는 경우 평가대상토지가 소재하는 시·군 또는 구 전체의 표준지공시지가 평균변동률은 시·군 또는 구별로 평균변동률을 산정한 후 이를 해당 시·군 또는 구에 속한 공익사업지구 면적 비율로 가중평균(加重平均)하여 산정한다. 이 경우 평균변동률의 산정 기간은 해당 공익사업의 계획 또는 시행이 공고되거나 고시된 당시 공시된 표준지공시지가 중 그 공고일 또는 고시일에 가장 가까운 시점에 공시된 표준지공시지가의 공시기준일부터 법 제70조제3항 또는 제4항에 따른 표준지공시지가의 공시기준일까지의 기간으로 한다. [본조신설 2013.5.28.]

■ **토지보상평가지침 제10조(적용공시지가의 선택)** ① 토지 보상평가 시 적용할 공시지가는 다음 각 호에서 정하는 기준에 따른다.

1. 법 제20조에 따른 사업인정(다른 법률에 따라 사업인정으로 보는 경우를 포함한다. 이하 "사업인정"이라 한다) 전의 협의에 따른 취득의 경우에는 법 제70조제3항에 따라 해당 토지의 가격시점 당시에 공시된 공시지가 중에서 가격시점에 가장 가까운 시점의 것으로 한다. 다만, 감정평가시점이 공시지가 공고일 이후이고 가격시점이 공시기준일과 공시지가 공고일 사이인 경우에는 가격시점 해당 연도의 공시지가를 기준으로 한다.

2. 사업인정 후의 취득의 경우에는 법 제70조제4항에 따라 사업인정고시일 전의 시점을 공시기준일로 하는 공시지가로서, 해당 토지에 관한 협의 또는 재결 당시 공시된 공시지가 중에서 해당 사업인정고시일에 가장 가까운 시점의 것으로 한다.

3. 제1호와 제2호에도 불구하고 해당 공익사업의 계획 또는 시행이 공고 또는 고시됨
   에 따라 취득하여야 할 토지의 가치가 변동되었다고 인정되는 경우에는 법 제70
   조제5항에 따라 해당 공고일 또는 고시일 전의 시점을 공시기준일로 하는 공시지
   가로서 해당 토지의 가격시점 당시 공시된 공시지가 중에서 해당 공익사업의 공고
   일 또는 고시일에 가장 가까운 시점의 것으로 한다.

② 제1항제3호에서 "해당 공익사업의 계획 또는 시행이 공고 또는 고시"란 해당 공익
사업의 사업인정고시일 전에 국가·지방자치단체 또는 사업시행자 등이 관계법령 등
에 따라 해당 공익사업에 관한 계획 또는 시행을 일반 국민에게 공고 또는 고시한 것
을 말한다.

③ 제1항제3호에서 "취득하여야 할 토지의 가치가 변동되었다고 인정되는 경우"란
도로, 철도 또는 하천 관련 사업을 제외한 사업으로서 다음 각 호의 요건을 모두 갖
춘 경우를 말한다.

1. 해당 공익사업의 면적이 20만 제곱미터 이상일 것
2. 해당 공익사업시행지구 안에 있는 부동산공시법 제3조제1항에 따른 표준지공시지
   가(해당 공익사업시행지구 안에 표준지가 없는 경우에는 비교표준지의 공시지가
   를 말하며, 이하 이 조에서 "표준지공시지가"라 한다)의 평균변동률과 대상토지가
   소재하는 시(행정시를 포함한다. 이하 같다)·군 또는 구(자치구가 아닌 구를 포
   함한다. 이하 같다) 전체의 표준지공시지가 평균변동률과의 차이가 3퍼센트 포인
   트 이상일 것
3. 해당 공익사업시행지구 안에 있는 표준지공시지가의 평균변동률이 대상토지가 소
   재하는 시·군 또는 구 전체의 표준지공시지가 평균변동률보다 30퍼센트 이상 높
   거나 낮을 것

④ 제3항제2호 및 제3호에 따른 평균변동률은 해당 표준지별 변동률의 합을 표준지
의 수로 나누어 산정하며, 공익사업시행지구가 둘 이상의 시·군 또는 구에 걸쳐 있
는 경우에서 대상 토지가 소재하는 시·군 또는 구 전체의 표준지공시지가 평균변동
률은 시·군 또는 구별로 평균변동률을 산정한 후 이를 해당 시·군 또는 구에 속한
공익사업시행지구 면적 비율로 가중평균(加重平均)하여 산정한다. 이 경우 평균변동
률의 산정기간은 해당 공익사업의 계획 또는 시행이 공고되거나 고시된 당시에 공시
된 표준지공시지가 중 그 공고일 또는 고시일에 가장 가까운 시점에 공시된 표준지공

시지가의 공시기준일부터 법 제70조제3항 또는 제4항에 따른 표준지공시지가의 공시기준일까지의 기간으로 한다.

⑤ 사업인정의 고시가 있은 이후에 공익사업시행지구의 확장이나 변경 등으로 토지의 세목 등이 추가로 고시됨에 따라 그 추가로 고시된 토지를 감정평가하는 경우에는 그 토지의 세목 등이 추가로 고시된 날짜를 사업인정고시일로 본다. 다만, 공익사업시행지구의 확장이나 변경 등이 없이 지적 분할 등에 따라 토지의 세목 등이 변경고시된 경우에는 그러하지 아니하다.

(6) 관련 판례 등

① 이의재결 시에 공시기준일이 수용재결일 이전인 새로운 공시지가가 공시된 경우에는 이의재결을 위한 보상평가는 새로 공시된 공시지가를 기준으로 해야 한다.

판례

[판례] ▶ 이의재결에서의 보상평가의 기준이 되는 연도별 공시지가
[대법원 2012.3.29. 선고 2011다104253]

【판결요지】
공시지가는 공시기준일을 기준으로 하여 효력이 있다 할 것이므로 공시기준일 이후를 가격시점으로 한 평가나 보상은 공시된 공시지가를 기준으로 하여 산정하여야 하고 수용재결시에 기존의 공시지가가 공시되어 있더라도 이의재결시에 새로운 공시지가의 공시가 있었고 그 공시기준일이 수용재결일 이전으로 된 경우에는 이의재결은 새로 공시된 공시지가를 기준으로 하여 평가한 금액으로 행하는 것이 옳다.

---

② <u>해당 공익사업의 계획 또는 시행이 공고되거나 고시됨에 따라 취득하여야 할 토지의 가격이 변동되었는지 여부를 판단하기 위한 기준으로서 비교표준지 공시지가의 평균변동률과 대상토지가 소재하는 시·군 또는 구 전체의 표준지공시지가 평균변동률을 비교하기 위해서는, 해당 공익사업시행지구 안에 표준지가 없어야 하며, 해당 공익사업시행지구 안에 있는 표준지가 있으나 공익사업시행지구 밖의 표준지를 비교표준지로 선정한</u>

경우에는 공익사업시행지구 안에 있는 표준지의 평균변동률로 비교하여야 한다.

[질의회신] ▶ '공익사업지구 안에 표준지가 없는 경우'의 의미
[2017.1.6. 감정평가기준팀-15]

【질의요지】
토지보상법 제70조제5항은 당해 공익사업(도시개발사업)의 계획 또는 시행의 공고 또는 고시로 인해 취득해야 할 토지의 가격이 변동한 경우에 그 개발이익을 배제하기 위하여 당해 공익사업의 공고 또는 고시일에 가장 가까운 시점에 공시된 표준지공시지가를 적용하도록 규정하고 있다. 일부 본 건 토지는 사업지구 밖에서 비교표준지를 선정하였으며 상기 비교표준지의 지가변동률은 토지보상법 시행령 제38조의2 요건을 충족하지 못하고 있다. 이처럼 사업지구 밖에서 비교표준지를 선정한 경우에 그 비교표준지에 개발이익이 반영되어 있다고 볼 수 없는 경우에도 당해 공익사업의 계획 또는 시행의 공고 또는 고시일에 가장 가까운 시점에 공시된 공시지가를 선정해야 하는지

【회신내용】
토지보상법 시행령 제38조의2(공시지가)제1항제2호 및 제3호에서는 같은 법 제70조 제5항에 따른 취득하여야 할 토지의 가격이 변동되었다고 인정되는 경우로 ⅰ) 해당 공익사업지구 안에 있는 「부동산 가격공시에 관한 법률」 제3조에 따른 표준시공시지가(해당 공익사업지구 안에 표준지가 없는 경우에는 비교표준지의 공시지가를 말하며, 이하 이 조에서 "표준지공시지가"라 한다)의 평균변동률과 평가대상 토지가 소재하는 시(행정시를 포함한다. 이하 이 조에서 같다)·군 또는 구(자치구가 아닌 구를 포함한다. 이하 이 조에서같다) 전체의 표준지공시지가 평균변동률과의 차이가 3%포인트 이상일 것, ⅱ) 해당 공익사업지구안에 있는 표준지공시지가의 평균변동률이 평가대상토지가 소재하는 시·군 또는 구 전체의 표준지공시지가 평균변동률보다 30% 이상 높거나 낮을 것을 규정하고 있습니다.
상기 토지보상법 시행령 제38조의2제1항제2호에서 비교표준지의 공시지가 평균변동

률과 평가대상 토지가 소재하는 시·군 또는 구 전체의 표준지공시지가 평균변동률을 비교하는 것은 해당 공익사업지구안에 표준지가 없는 경우에 한정되는 것으로 해당 공익사업지구 안에 표준지가 존재하는 경우에는 이를 기준으로 하여야 할 것입니다.

사안의 경우 해당 공익사업지구 안에 표준지가 존재하므로 해당 공익사업지구 안에 있는 표준지공시지가의 평균변동률과 평가대상 토지가 소재하는 시·군 또는 구 전체의 표준지공시지가 평균변동률의 비교를 통하여 토지보상법 제70조제5항 적용 여부를 결정하여야 할 것이며, 사업지구 밖의 표준지를 비교표준지로 선정한 경우에도 달리 적용할 것은 아니라고 사료됩니다.

라. 시점수정

(1) 의의

시점수정이란 거래사례자료의 거래시점과 가격시점이 시간적으로 불일치하여 가격의 변동이 있는 경우 거래사례가격을 가격시점의 수준으로 정상화하는 작업을 말한다. 토지보상 평가에 있어서는 공시지가를 기준으로 평가하여야 하므로 결국 시점수정은 표준지 공시지가 공시기준일과 평가대상토지의 가격시점간의 시간적 불일치로 인한 가격수준의 변동을 정상화하는 것을 말한다.

시점수정을 하는 이유는 표준지 공시지가의 발표시점과 당해 평가대상토지의 보상가 산정시점이 다를 수밖에 없으므로 이러한 시간의 간격을 보완하기 위한 것으로 표준지 소재 시·군·구 용도지역의 지가변동률과 생산자물가상승률을 시점수정시 적용한다.

(2) 지가변동률의 적용

관계법령

■ **토지보상법 시행령 제37조(지가변동률)** ① 법 제70조제1항에서 "대통령령으로 정하는 지가변동률"이란 「부동산 거래신고 등에 관한 법률 시행령」 제17조에 따라 국토교통부장관이 조사·발표하는 지가변동률로서 평가대상 토지와 가치형성요인이 같

거나 비슷하여 해당 평가대상 토지와 유사한 이용가치를 지닌다고 인정되는 표준지(이하 "비교표준지"라 한다)가 소재하는 시(행정시를 포함한다. 이하 이 조에서 같다)·군 또는 구(자치구가 아닌 구를 포함한다. 이하 이 조에서 같다)의 용도지역별 지가변동률을 말한다. 다만, 비교표준지와 같은 용도지역의 지가변동률이 조사·발표되지 아니한 경우에는 비교표준지와 유사한 용도지역의 지가변동률, 비교표준지와 이용상황이 같은 토지의 지가변동률 또는 해당 시·군 또는 구의 평균지가변동률 중 어느 하나의 지가변동률을 말한다. 〈개정 2019.6.25〉

② 제1항을 적용할 때 비교표준지가 소재하는 시·군 또는 구의 지가가 해당 공익사업으로 인하여 변동된 경우에는 해당 공익사업과 관계없는 인근 시·군 또는 구의 지가변동률을 적용한다. 다만, 비교표준지가 소재하는 시·군 또는 구의 지가변동률이 인근 시·군 또는 구의 지가변동률보다 작은 경우에는 그러하지 아니하다.

③ 제2항 본문에 따른 비교표준지가 소재하는 시·군 또는 구의 지가가 해당 공익사업으로 인하여 변동된 경우는 도로, 철도 또는 하천 관련 사업을 제외한 사업으로서 다음 각 호의 요건을 모두 충족하는 경우로 한다. 〈개정 2013.12.24.〉

  1. 해당 공익사업의 면적이 20만 제곱미터 이상일 것

  2. 비교표준지가 소재하는 시·군 또는 구의 사업인정고시일부터 가격시점까지의 지가변동률이 3퍼센트 이상일 것. 다만, 해당 공익사업의 계획 또는 시행이 공고되거나 고시됨으로 인하여 비교표준지의 가격이 변동되었다고 인정되는 경우에는 그 계획 또는 시행이 공고되거나 고시된 날부터 가격시점까지의 지가변동률이 5퍼센트 이상인 경우로 한다.

  3. 사업인정고시일부터 가격시점까지 비교표준지가 소재하는 시·군 또는 구의 지가변동률이 비교표준지가 소재하는 시·도의 지가변동률보다 30퍼센트 이상 높거나 낮을 것 [전문개정 2013.5.28.]

■ **토지보상평가지침 제11조(지가변동률의 적용)** ① 시점수정을 위한 지가변동률의 적용은 「부동산 거래신고 등에 관한 법률」 제19조에 따라 국토교통부장관이 월별로 조사·발표한 지가변동률로서 비교표준지가 있는 시·군 또는 구의 같은 용도지역의 지가변동률로 한다.

② 제1항에도 불구하고 다음 각 호의 경우에는 그 기준에 따른다.

1. 비교표준지와 같은 용도지역의 지가변동률이 조사·발표되지 아니한 경우에는 공법상 제한이 비슷한 용도지역의 지가변동률, 이용상황별 지가변동률(지가변동률 조사·평가기준일이 <u>1998년 1월 1일 이전</u>인 경우에는 지목별 지가변동률을 말한다. 이하 같다) 또는 해당 시·군 또는 구의 평균지가변동률 중 어느 하나를 적용할 수 있다.

2. 비교표준지가 도시지역의 개발제한구역 안에 있는 경우 또는 용도지역이 미지정된 경우에는 녹지지역의 지가변동률을 적용한다. 다만, 비교표준지가 도시지역의 개발제한구역 안에 있는 경우로서 2013년 5월28일 자 법 시행령 제37조제1항 개정 전에 공익사업의 시행에 따른 보상계획을 공고하고 토지 소유자 및 관계인에게 이를 통지한 경우에는 이용상황별 지가변동률을 우선 적용한다.

3. 표준지공시지가의 공시기준일이 <u>1997년 1월 1일 이전</u>인 경우로서 비교표준지가 도시지역 밖에 있는 경우와 도시지역의 개발제한구역 안에 있는 경우 또는 용도지역이 미지정된 경우에는 이용상황별 지가변동률을 적용한다. 다만, 비교표준지와 같은 이용상황의 지가변동률이 조사·발표되지 아니한 경우에는 비교표준지와 비슷한 이용상황의 지가변동률 또는 해당 시·군 또는 구의 평균 지가변동률을 적용할 수 있다.

4. 비교표준지의 용도지역은 세분화된 관리지역(계획관리지역·생산관리지역 또는 보전관리지역을 말한다. 이하 이 조에서 같다)이나 비교표준지가 있는 시·군 또는 구의 지가변동률이 세분화 되지 아니한 관리지역으로 조사·발표되어 있는 경우와 비교표준지의 용도지역은 세분화되지 아니한 관리지역이나 비교표준지가 있는 시·군 또는 구의 지가변동률이 세분화된 관리지역으로 조사·발표되어 있는 경우에는 비교표준지와 같은 용도지역의 지가변동률이 조사·발표되지 아니한 것으로 본다. 이 경우에는 비교표준지와 비슷한 용도지역(세분화되거나 세분화되지 아니한 관리지역을 말한다)의 지가변동률, 이용상황별 지가변동률 또는 해당 시·군 또는 구의 평균 지가변동률 중 어느 하나를 적용할 수 있다.

③ 제1항 및 제2항을 적용할 때 비교표준지가 소재하는 시·군 또는 구의 지가가 해당 공익사업으로 변동된 경우에는 해당 공익사업과 관계없는 인근 시·군 또는 구의 용도지역별 지가변동률을 적용한다. 다만, 비교표준지가 소재하는 시·군 또는 구의 평균 지가변동률이 인근 시·군 또는 구의 평균 지가변동률보다 작은 경우에는 그러

하지 아니하다.

④ 제3항에서 "비교표준지가 소재하는 시·군 또는 구의 지가가 해당 공익사업으로 변동된 경우"란 도로, 철도 또는 하천 관련 사업을 제외한 사업으로서 다음 각 호의 요건을 모두 갖춘 경우를 말한다.

  1. 해당 공익사업의 면적이 20만 제곱미터 이상일 것
  2. 비교표준지가 소재하는 시·군 또는 구의 사업인정고시일부터 가격시점까지의 평균 지가변동률이 3퍼센트 이상일 것. 다만, 해당 공익사업의 계획 또는 시행이 공고되거나 고시됨에 따라 비교표준지의 가격이 변동되었다고 인정되는 경우에는 그 계획 또는 시행이 공고되거나 고시된 날부터 가격시점까지의 평균 지가변동률이 5퍼센트 이상인 경우로 한다.
  3. 사업인정고시일부터 가격시점까지 비교표준지가 소재하는 시·군 또는 구의 평균 지가변동률이 비교표준지가 소재하는 특별시, 광역시, 특별자치시, 도 또는 특별자치도(이하 "시·도"라 한다)의 평균 지가변동률보다 30퍼센트 이상 높거나 낮을 것

⑤ 제2항 및 제3항에 따라 지가변동률을 적용하는 경우에는 그 내용을 감정평가서에 기재한다.

제12조(지가변동률의 추정) ① 가격시점 당시에 조사·발표되지 아니한 월의 지가변동률 추정은 조사·발표된 월별 지가변동률 중 가격시점에 가장 가까운 월의 지가변동률을 기준으로 하되, 월 단위로 구분하지 아니하고 일괄추정방식에 따른다. 다만, 지가변동추이로 보아 조사·발표된 월별 지가변동률 중 가격시점에 가장 가까운 월의 지가변동률로 추정하는 것이 적정하지 못하다고 인정되는 경우에는 조사·발표된 최근 3개월의 지가변동률을 기준으로 추정하거나 조사·발표되지 아니한 월의 지가변동추이를 분석·검토한 후 지가변동률을 따로 추정할 수 있다.

② 가격시점 당시에는 해당 월의 지가변동률이 조사·발표되지 아니하였으나 감정평가시점 당시에 조사·발표된 경우에는 해당 월의 지가변동률을 적용한다.

제13조(지가변동률의 산정) ① 지가변동률의 산정은 가격시점 직전 월까지의 지가변동률 누계에 해당 월의 경과일수 상당의 지가변동률을 곱하는 방법으로 구하며, 그

율은 백분율로서 소수점 이하 셋째 자리까지 표시하되 반올림한다.

② 해당 월의 경과일수 상당의 지가변동률 산정은 해당 월의 총일수를 기준으로 하고, 해당 월의 지가변동률이 조사·발표되지 아니하여 지가변동률을 추정할 때에는 그 추정기준이 되는 월의 총일수를 기준으로 한다.

③ 지가변동률의 산정을 위한 경과일수는 해당 월의 첫날과 가격시점일을 넣어 계산한 것으로 한다.

① 적용원칙

「부동산 거래신고 등에 관한 법률」시행령 제117조에 따라 국토교통부장관이 조사·발표하는 지가변동률로서 평가대상 토지와 비교표준지가 소재하는 시(행정시 포함)·군·구(비자치구 포함)의 용도지역별 지가변동률을 말한다(시행령 제37조 제1항). 다만, 비교표준지가 소재하는 시·군 또는 구의 지가가 <u>해당 공익사업으로</u> 인하여 변동된 경우에는 해당 공익사업과 관계없는 인근 시·군 또는 구의 지가변동률을 적용한다. 다만, 비교표준지가 소재하는 시·군·구의 지가변동률이 인근 시·군·구의 지가변동률보다 작은 경우에는 비교표준지가 소재하는 시·군·구의 지가변동률을 적용한다(시행령 제37조 제2항, 토보침 제11조 제3항).

'<u>해당 공익사업으로 인하여 변동된 경우</u>'란 도로, 철도 또는 하천 관련 사업을 제외한 사업으로서 ① 해당 공익사업의 면적이 **20만㎡ 이상**일 것, ② 비교표준지가 소재하는 시·군 또는 구의 사업인정고시일부터 가격시점까지의 평균지가변동률이 **3% 이상**일 것(다만, 해당 공익사업의 계획 또는 시행이 공고되거나 고시됨에 따라 비교표준지의 가격이 변동되었다고 인정되는 경우에는 그 계획 또는 시행이 공고되거나 고시된 날부터 가격시점까지의 평균 지가변동률이 **5% 이상**인 경우로 함), ③ 사업인정고시일부터 가격시점까지 비교표준지가 소재하는 시·군 또는 구의 평균 지가변동률이 비교표준지가 소재하는 특별시, 광역시, 특별자치시, 도 또는 특별자치도(이하 "시·도"라 한다)의 평균 지가변동률보다 **30% 이상** 높거나 낮을 것 등의 요건을 모두 충족하는 경우를 말한다(령 제37조 제3항, 토보침 제11조 제4항). 이 역시 앞에서 전술한 비교표준지 공시지가 선정의 경우(법 제70조 제3항)와 마찬가지로 공익사업의 시행으로 발생한 개발이익을 배제하기 위한 것이다.

한편, 토보침에서는 시점수정을 위한 지가변동률의 적용은 「부동산 거래신고 등에 관한 법률」 제19조에 따라 국토교통부장관이 월별로 조사·발표한 지가변동률로서 비교표준지가 있는 시·군 또는 구의 같은 용도지역의 지가변동률을 원칙으로 하고(토보침 제11조 제1항). 다만, 평가대상토지와 같은 용도지역의 비교표준지의 지가변동률이 조사·발표되지 아니한 경우에는 공법상 제한이 비슷한 용도지역의 지가변동률, 이용상황별 지가변동률(지가변동률의 조사·평가기준일이 1998년 1월 1일 이전인 경우에는 지목별 지가변동률을 말함)이나 해당 시·군·구의 평균지가변동률을 적용할 수 있으며(토보침 제11조제2항 제1호), 비교표준지가 도시지역의 개발제한구역 안에 있는 경우 또는 도시지역 안에서 용도지역이 미지정된 경우에는 녹지지역의 지가변동률을 적용한다. 다만, 비교표준지가 도시지역의 개발제한구역 안에 있는 경우로서 2013년 5월28일 자 법 시행령 제37조제1항 개정 전에 공익사업의 시행에 따른 보상계획을 공고하고 토지 소유자 및 관계인에게 이를 통지한 경우에는 이용상황별 지가변동률을 우선 적용한다(토보침 제11조제2항 제2호).

② 지가변동률의 추정

가격시점당시 지가변동률이 조사·발표되지 아니한 월의 지가변동률 추정은 조사·발표된 월별 지가변동률 중 기준시점에 가장 가까운 월의 지가변동률을 기준으로 하되, 월단위로 구분하지 아니하고 일괄 추정방식에 따른다. 다만, 지가변동 추이로 보아 조사·발표된 월별 지가변동률 중 기준시점에 가장 가까운 월의 지가변동률로 추정하는 것이 적절하지 않다고 인정되는 경우에는 조사·발표된 최근 3개월의 지가변동률을 기준으로 추정하거나 조사·발표되지 아니한 월의 지가변동 추이를 분석·검토한 후 지가변동률을 따로 추정할 수 있다(토보침 제12조 제1항).

③ 지가변동률의 산정

지가변동률의 산정은 기준시점 직전 월까지의 지가변동률 누계에 기준시점 해당 월의 경과일수 상당의 지가변동률을 곱하는 방법으로 구하되, 백분율로써 소수점 이하 셋째자리까지

표시하고 넷째 자리 이하는 반올림한다(토보침 제13조 제1항). 해당 월의 경과일수 상당의 지가변동률 산정은 해당 월의 지가변동률이 조사·발표된 경우에는 해당 월의 총일수를 기준으로 하고, 해당 월의 지가변동률이 조사·발표되지 아니하여 지가변동률을 추정하는 경우에는 추정의 기준이 되는 월의 총일수를 기준으로 한다(토보침 제13조 제2항).

(3) 생산자물가상승률의 적용

생산자물가상승률은 「한국은행법」 제86조의 규정에 의하여 한국은행이 조사·발표하는 생산자물가지수에 의하여 산정된 비율로 생산자물가상률의 적용은 지가변동률과의 산술평균이 아니고, 지가변동률과 생산자물가상승률을 종합적으로 참작하여 적용한다.

한편, 판례[217]는 생산자물가상승률이 지가변동율보다 낮거나 미미한 경우에는 적용하지 아니할 수도 있고, 지가변동율이 지가추세를 적절히 반영하고 있다면 반드시 생산자물가상승률을 필요적으로 참작할 필요는 없다고 보고 있다.

관계법령

■ **토지보상평가지침 제14조(생산자물가상승률의 적용)** ① 다음 각 호의 어느 하나에 해당하는 경우에는 생산자물가상승률을 적용하여 시점수정을 할 수 있다.

   1. 조성비용 등을 기준으로 감정평가하는 경우

   2. 그 밖에 특별한 이유가 있다고 인정되는 경우

② 제1항의 생산자물가상승률은 공시기준일과 가격시점의 각 직전 월의 생산자물가지수를 비교하여 산정한다. 다만, 가격시점이 그 월의 15일 이후이고, 감정평가시점 당시에 가격시점이 속한 월의 생산자물가지수가 조사·발표된 경우에는 가격시점이 속하는 월의 지수로 비교한다.

③ 토지 보상평가에서 생산자물가상승률을 시점수정 자료로 활용하지 아니한 경우에도 이를 지가변동률과 비교하여 감정평가서에 그 내용을 기재한다.

따라서 토보침에서는 <u>지가변동률 대신 생산자물가상승률을 적용하여 시점수정하는 경우</u>를 ⅰ) 조성비용 등을 기준으로 보상평가하는 경우, ⅱ) 그 밖에 특별한 이유가 있다고

---

217) 대법원 1991.2.8. 선고 90누6767 판결.; 1999.8.24. 선고 99두4754 판결

인정되는 경우 등에 해당하는 경우로 한정하여 열거규정하고 있는데, 이러한 경우에는 지가변동률을 적용하는 대신에 「한국은행법」 제86조에 따라 한국은행이 조사·발표하는 생산자물가지수에 따라 산정된 <u>생산자물가상승률을 적용하여 시점수정</u> 할 수 있다(토보침 제14조 제1항).

한편, <u>생산자물가상승률은 공시기준일과 기준시점의 각 직전 달의 생산자물가지수를 비교하여 산정한다. 다만, 기준시점이 그 달의 15일 이후이고, 보상평가시점 당시에 기준시점이 속한 달의 생산자물가지수가 조사·발표된 경우에는 기준시점이 속한 달의 지수로 비교한다</u>(토보침 제14조 제2항).

<u>생산자물가상승률은 지가변동률을 적용하지 못하는 명백한 사유가 있을 경우 예외적으로 적용할 수 있으므로</u> 이러한 사유가 없음에도 임의적으로 생산자 물가상승률을 적용하거나, 지가변동률과 산술평균하여 시점 수정하는 것은 허용되지 않는다.

판례

[판례] ▶ 토지보상평가시 도매물가상승률을 필요적으로 참작하여야 하는 것은 아니다.
[대법원 1999.8.24. 선고 99두4754]

【판결요지】
토지의 수용에 따른 보상액 산정에 관한 토지수용법 제46조 제2항 제1호에 의하면, 토지에 관하여는 「지가공시및토지등의평가에관한법률」에 의한 공시지가를 기준으로 하되, 토지의 이용계획, 지가변동률, 도매물가상승률 외에 당해 토지의 위치·형상·환경·이용상황 등을 참작하여 평가한 적정가격으로 보상 액을 정하도록 되어 있는 바, 위 규정이 지가변동률 외에 도매물가상승률을 참작하라고 하는 취지는 지가변동률이 지가추세를 적절히 반영하지 못한 특별한 사정 있는 경우 이를 통하여 보완하기 위한 것일 뿐이므로 지가변동률이 지가추세를 적절히 반영한 경우에는 이를 필요적으로 참작하여야 하는 것은 아니라고 할 것이다.

---

(4) 관련 판례 등

① 개발제한구역 내 토지에 대한 지가변동률은 2013. 5. 28(토지보상법 시행령 제37조

제1항 개정일) 이전에 보상계획을 공고하고, 토지소유자 및 관계인에게 보상계획을 통지한 사업에서는 이용상황별 지가변동률을 적용하고, 그 이후는 용도지역별 지가변동률을 적용함.

판례

[판례] ▶ 개발제한구역 내 토지 보상평가 시 지가변동률 적용기준
[**대법원 2014.6.12. 선고 2013두4620**]

【판결요지】

수용대상토지가 도시지역 내에 있는 경우에는 원칙적으로 용도지역별 지가변동률에 의하여 보상금을 산정하는 것이 더 타당하나, 개발제한구역으로 지정되어 있는 경우에는 일반적으로 이용상황에 따라 지가변동률이 영향을 받으므로 특별한 사정이 없는 한 이용상황별 지가변동률을 적용하는 것이 상당하고(대법원 1993.8.27. 선고 93누7068 판결, 대법원 1994.12.27. 선고 94누1807 판결 등 참조), 개발제한구역의 지정 및 관리에 관한 특별조치법이 제정되어 시행되었다고 하여 달리 볼 것은 아니다.

※ 본 대법원판례는 2013.5.28. 개정 이전의 토지보상법 시행령 제37조제1항 규정 적용 시 유효한 것이고, 현행 규정이 적용되는 경우에는 용도지역별 지가변동률을 적용해야 함
※ 2013.5.28.자로 개정된 「토지보상법 시행령」 제37조제1항에서는 도시지역 또는 개발제한구역 등에 따라 구분하지 않고 용도지역별 지가변동률을 적용하도록 규정하고 있으며, 이 조항은 「토지보상법시행령」 부칙 제2조(지가변동률의 기준에 관한 적용례)에 따라 이 영 시행 후 보상계획을 공고하고, 토지소유자 및 관계인에게 보상계획을 통지하는 경우부터 적용됨

---

② 비교표준지가 소재하는 시·군·구의 지가가 해당 공익사업으로 인하여 변동되었는지 여부를 판단하기 위한 비교표준지가 소재하는 시·군·구의 지가변동률 및 비교표준지가 소재하는 시·도의 지가변동률은 용도지역별 지가변동률이 아니라 해당 시·군·구 또는 시·도의 평균지가 변동률을 기준으로 함.

[질의회신] ▶ 「토지보상법 시행령」 제37조제3항제2호 및 제3호에서의 지가변동률은 해당 시 · 군 · 구 또는 시 · 도의 평균 지가변동률을 의미한다.

[2017.5.26. 감정평가기준팀-734]

【질의요지】

「공익사업을 위한 토지 등의 취득 및 보상에 관한 법률」(이하 "토지보상법"이라 한다) 시행령 제37조제3항에서 제2호 및 제3호 요건을 검토함에 있어 비교표준지가 소재하는 시 · 군 · 구 및 시 · 도의 지가변동률이 용도지역별 지가변동률인지 여부

【회신내용】

토지보상법 시행령 제37조제1항에서는 토지보상법 제70조제1항에서 규정하고 있는 "대통령령으로 정하는 지가변동률"을 지역 및 종류 두 가지로 나누어, 지역은 '비교표준지가 소재하는 시 · 군 또는 구'로 규정하고, 종류는 용도지역별로 규정하고 있습니다. 그리고 제2항 및 제3항은 '비교표준지가 소재하는 시 · 군 또는 구'에 대한 예외를 규정한 조항으로서 해당 공익사업으로 인한 비교표준지가 소재하는 시 · 군 또는 구의 지가의 변동 여부를 판단하기 위한 것이므로 용도지역별 지가변동률이 아니라 평균 지가변동률을 기준으로 하는 것이 타당하다고 판단됩니다.

마. 품등비교

품등비교란 표준지와 수용대상토지의 지역적, 개별적 가격형성요인의 우열을 비교하는 것을 말한다. 표준지와 수용대상토지의 위치 · 형상 · 환경 · 이용상황 등을 각각 구체적으로 표시한 후에 그에 기초하여 양자의 각 요소의 비교치를 곱함으로써 최종 품등비교치를 산정한다.[218] 품등비교는 지역요인의 비교와 개별요인의 비교로 구성되어 있다.

---

218) 서울행정법원, 행정소송의 이론과 실무, 사법발전재단, 2014, 477면

(1) 지역요인 비교

보상평가대상 토지가 위치하고 있는 지역과 비교표준지가 위치해 있는 지역의 특성을 비교하여 어느 쪽이 우세한지를 결정하는 것을 말한다.[219]

그러나, 비교표준지 선정이 원칙상 동일한 사업지구내에서 이루어지고 있는 현행 토지보상법하에서는 그 의미가 없을 것이나 동일한 사업지구내 적정한 비교표준지가 없어 동일 수급권안의 유사지역에서 비교표준지를 선정하는 경우에는 지역요인의 비교는 필요한 바, 토보침 제15조 제1항에서는 인근지역에 적정한 비교표준지가 없어서 동일수급권 안의 유사지역에서 비교표준지를 선정한 경우에는 대상토지와 지역요인 및 개별요인을 비교하고, 인근지역에서 비교표준지를 선정한 경우에는 개별요인만을 비교한다고 규정하고 있다.

(2) 개별요인 비교

개별요인의 비교는 표준지공시지와 보상평가대상 토지의 평가 당시의 <u>개별적 상황을 비교하여 그 우열을 비교하여 수치화한 것</u>이다. 그러나 보상평가대상 토지가 표준지인 경우는 그 자체가 기준이 되는 것이므로 개별요인 비교는 있을 수 없고,[220] 수용되기까지 수용대상토지와 인근 유사 토지 거래사례지가 한 필지의 토지였던 경우에는 수용대상토지의 보상가액을 평가함에 있어 위 거래사례지에 관한 개별요인의 비교를 하지 아니하였다 하여 잘못된 평가라고 할 수 없다.[221]

(3) 지역 · 개별요인 비교의 가격시점

지역요인 및 개별요인의 비교는 평가대상토지의 공법상 용도지역과 실제이용상황 등을 기준으로 그 용도적 특성에 따라 가로조건 · 접근조건 · 환경조건 · 획지조건 · 행정적조건 · 기타조건 등에 관한 사항을 비교한다.[222]

---

219) 토지보상법에서는 개별요인의 비교에 대해서는 규정하고 있는 반면 지역요인에 대해서는 별도의 규정은 없다.
220) 대법원 1995.5.12. 선고 95누2678 판결
221) 대법원 1991.11.26. 선고 91누131 판결
222) 이 경우 상업지, 주택지, 농경지, 임야지, 택지후보지에 따라 지역요인 및 개별요인의 비교항목이 상이함에 유의하여야 한다.

지역요인 비교는 비교표준지가 있는 지역의 표준적인 획지의 최유효이용과 대상토지가 있는 지역의 표준적인 획지의 최유효이용을 판정 · 비교하여 산정한 격차율을 적용하되, 비교표준지가 있는 지역과 대상토지가 있는 지역 모두 기준시점을 기준으로 하며, 개별요인 비교는 비교표준지의 최유효이용과 대상토지의 최유효이용을 판정 · 비교하여 산정한 격차율을 적용하되, <u>비교표준지의 개별요인은 공시기준일을 기준으로 하고 대상토지의 개별요인은 기준시점을 기준</u>으로 한다(토보침 제15조 제4항).[223]

(4) 관련 판례 등

① 감정평가서에는 지역요인 또는 개별요인 비교수치의 구체적인 산출근거까지 기재할 필요는 없다고 하더라도, 그 가치산정요인들의 항목을 특정 · 명시하고 그 요인들이 어떻게 참작되었는지를 알아 볼 수 있는 정도로 비교내용을 기술하여야 한다.[224]

판례

[판례1] ▶ 토지수용 보상액의 평가 방법 및 감정평가서에 기재하여야 할 가격산정요인의 기술 방법 [**대법원 2000.7.28. 선고 98두6081**]

【판결요지】

토지수용 보상액을 평가하는 데에는 관계 법령에서 들고 있는 모든 가격산정요인들을 구체적 · 종합적으로 참작하여 그 각 요인들이 빠짐없이 반영된 적정가격을 산출하여야 하고, 이 경우 감정평가서에는 모든 가격산정요인의 세세한 부분까지 일일이 설시하거나 그 요소가 평가에 미치는 영향을 수치로 표현할 필요는 없다고 하더라도, 적어도 그 가격산정요인들을 특정 · 명시하고 그 요인들이 어떻게 참작되었는지

---

223) **토지보상평가지침 제15조(지역요인 및 개별요인의 비교)** ④ 지역요인 및 개별요인의 비교에서 지역요인의 비교는 비교표준지가 있는 지역의 표준적인 획지의 최유효이용과 대상토지가 있는 지역의 표준적인 획지의 최유효이용을 판정하여 비교하고, 개별요인의 비교는 비교표준지의 최유효이용과 대상토지의 최유효이용을 판정하여 비교한다. 이 경우 지역요인의 비교는 비교표준지가 있는 지역과 대상토지가 있는 지역 모두 가격시점을 기준으로 하고, 개별요인의 비교는 비교표준지는 공시기준일을 기준으로 하고 대상토지는 가격시점을 기준으로 한다.
224) 대법원 2000.7.28. 선고 98두6081 판결.; 대법원 1996.5.28. 선고 95누13173 판결

를 알아 볼 수 있는 정도로 기술하여야 한다.

[판례2] ▶ 개별요인 비교에 관하여 아무런 이유 설시를 하지 아니한 감정평가는 위법하다. [대법원 1996.5.28. 선고 95누13173]

【판시사항】
개별 요인 품등비교에 관하여 아무런 이유 설시를 하지 아니한 감정평가가 위법한지 여부(적극)

【판결요지】
이의재결의 기초가 된 감정평가법인들의 각 감정평가가 모두 개별 요인을 품등비교함에 있어 구체적으로 어떤 요인들을 어떻게 품등비교하였는지에 관하여 아무런 이유 설시를 하지 아니하였다면 위법하다.

② 토지가격비준표[225]는 개별공시지가의 산정을 위하여 통계적 방법에 의해 작성된 것이므로 보상평가에서 지역요인 또는 개별요인 비교시 이를 직접 적용할 수 없다.[226] 토지의 보상평가는 기준시점에서의 현실적 이용상황을 기준으로 하므로 비교표준지와 대상토지의 지역요인 또는 개별요인의 품등비교를 할 경우 현실적인 이용상황에 따른 비교수치 외에 다시 공부상의 지목에 따른 비교수치를 중복 적용하여서는 안 된다.[227] 대법원 판례는 지적법상 대(垈)가 아닌 잡종지를 현실적인 이용상황이 비슷하거나 동일한 지적법상 대(垈)인 토지와 달리 평가할 수는 없고,[228] 계획도로가 지적고시 되었다는

---

225) (1) 토지가격비준표란 「부동산 가격공시에 관한 법률」 제3조 제7항에 근거한 대량의 토지에 대한 가격을 간편하게 산정할 수 있도록 계량적으로 고안된 '간이 지가산정표'이다. (2) 토지가격비준표는 개별공시지가를 산정하는데 있어 토지특성 조사, 비교표준지 선정과 함께 개별필지의 가격을 결정하는 매우 중요한 기준이며, 비교표준지의 가격에 토지가격비준표로부터 추출된 가격배율을 곱하여 개별공시지가가 결정된다. (3) 현행 토지가격비준표에서는 지가에 영향력이 검증된 18개 항목에 대해서 비준표가 작성된다. ① 지목, ② 면적, ③ 용도지역, ④ 용도지구, ⑤ 기타제한(구역등), ⑥ 도시계획시설, ⑦ 농지구분, ⑧ 비옥도, ⑨ 경지정리, ⑩ 임야, ⑪ 토지이용상황, ⑫ 고저, ⑬ 형상, ⑭ 방위, ⑮ 도로접면,⑯ 도로거리, ⑰ 철도/고속도로 등, ⑱ 폐기물/수질오염 등

226) 대법원 1996.5.28. 선고 95누13173 판결
227) 대법원 2007.7.12. 선고 2006두11507 판결
228) 지적법시행령 제6조 제8호는 영구적 건축물 중 그 호에서 열거하는 건축물과 그 부속시설물의 부지

사유만으로 당해 계획도로를 도로로 볼 수는 없다고 판시하고 있다.[229]

판례

[판례1] ▶ 지역요인의 비교수치로 토지가격비준표상의 비준률을 그대로 적용할 수 없다.
[대법원 1996.5.28. 선고 95누13173]

【판결요지】
건설부 발행의 "토지가격비준표"는 개별토지가격을 산정하기 위한 자료로 제공되고 있는 것이지 토지수용에 따른 보상액 산정의 기준이 되는 것은 아니고, 특히 그 토지가격비준표는 개별토지가격 산정시 표준지와 당해 토지의 토지특성상의 차이를 비준율로써 나타낸 것으로 지역요인에 관한 것이라기보다는 오히려 개별요인에 관한 것으로 보여지므로, 토지수용에 따른 보상액 산정에 있어 이를 참작할 수는 있을지언정 그 비준율을 지역요인의 비교수치로 그대로 적용할 수는 없다.

[판례2] ▶ 품등비교시 현실적인 이용상황에 따른 비교수치 외에 공부상 지목에 따른 비교수치를 중복적용 할 수 없다. [대법원 2007.7.12. 선고 2006두11507]

【판시사항】
비교표준지와 수용대상토지에 대한 지역요인 및 개별요인 등 품등비교를 함에 있어서 현실적인 이용상황에 따른 비교수치 외에 공부상 지목에 따른 비교수치를 중복적용할 수 있는지 여부(소극)

및 정원과 관계 법령에 의한 택지조성사업을 목적으로 하는 공사가 준공된 토지만을 '대'로 규정하고 있을 뿐이므로 건축법상 소정의 건축허가를 받아 건축한 영구건축물의 부지라 하더라도 위 호에 규정되지 아니한 건축물의 부지는 그 지목이 공장용지(동시행령 제6조 제9호), 학교용지(동조 제10호) 또는 잡종지(동조 제24호 소정 영구건축물의 부지등)로 될 수밖에 없는 것이지만, 지적법상 대(垈)가 아닌 잡종지인 경우에도 지적법상 대(垈)인 토지와 현실적 이용상황이 비슷하거나 동일한 경우에는 이를 달리 평가할 것은 아니다. [대법원 2001. 3.27. 99두7968 판결]

229) 현황이 맹지인 토지에 대하여 계획도로가 지적·고시된 경우, 지적고시된 계획도로가 가까운 시일내에 개설공사가 착공되리라는 점이 인정되지 않은 이상 그 토지가 소로에 접면한 토지라고는 볼수가 없으므로, 계획도로가 계획고시되었다는 사유만으로 도로에 접면한 토지임을 전제로 개별토지가격을 산정한 것은 위법하다. [대법원 1997.3.14. 95누18482판결]

【판결요지】

토지의 수용·사용에 따른 보상액을 평가함에 있어서는 관계 법령에서 들고 있는 모든 산정요인을 구체적·종합적으로 참작하여 그 각 요인들을 모두 반영하되 지적공부상의 지목에 불구하고 가격시점에 있어서의 현실적인 이용상황에 따라 평가되어야 하므로, 비교표준지와 수용대상토지의 지역요인 및 개별요인 등 품등비교를 함에 있어서도 현실적인 이용상황에 따른 비교수치 외에 다시 공부상의 지목에 따른 비교수치를 중복적용 하는 것은 허용되지 아니한다.

참고사항

[참고사항1] ▶ 전주·철탑 등의 설치를 위하여 소규모로 분할하여 취득하는 토지를 보상하는 경우에는 해당 토지 전체의 개별요인을 기준으로 하지 않고, 그 편입부분의 개별요인을 고려하여 보상할 수 있다.

[참고사항2] ▶ 도로는 사실상 이용되는 도로와 건설공사 중인 도로(조사시점 현재 공사가 진행 중인 구간을 말함)만을 도로로 보고, 고속도로와 자동차전용도로 등 차량 진출입이 불가능한 도로와 이용되지 않는 폐도는 도로로 보지 않으며, 도로의 폭은 인도를 포함한 실제 도로의 폭을 기준으로 하되 법면을 제외한다.(2017 표준지공시지가 조사·평가 업무요령 참조)

[참고사항3] ▶ 토지의 일부가 공익사업에 편입되어 사업시행자가 편입부분을 분할하여 지목을 '도로' 등으로 변경한 후 해당 토지를 보상평가를 의뢰한 경우는 분할되기 이전의 형태 및 이용상황 등을 기준으로 보상한다.
※「공간정보의 구축 및 관리 등에 관한 법률」에서는 토지의 분할(제79조) 및 지목 변경(제81조)은 토지소유자의 신청에 의하도록 규정하면서 사업시행자에 한하여 이러한 신청의 대위를 허용하고 있으므로(제87조), 사업행자가 해당 공익사업의 시행을 위하여 분필하고 지목을 변경함에 따라 발생한 가치의 변동은 해당 공익사업으로 인한 가치의 변동에 해당하므로 보상평가에서 고려하지 않는다.

바. 그 밖의 요인 보정

(1) 보상에서 그 밖의 요인 보정이 필요한 경우

보상에서 그 밖의 요인 보정이 필요한 경우로는 ⅰ) 공시지가가 공시기준일 당시의 적정 가격을 반영하고 있으나 시점수정을 위한 지가변동률이 공시지가 고시일 이후의 지가변 동 상황을 정확하게 반영하지 못하거나, ⅱ) 공시지가 자체가 적정가격을 반영하지 못하는 경우, ⅲ) 적용공시지가를 소급함으로 인한 적용공시지가의 공시기준일부터 기준시점 까지 해당 공익사업 외의 공익사업으로 인한 지가변동분의 보정이 필요한 경우 등이다.

공시지가를 기준으로 하여 보상액을 산정하는 경우 시점수정, 지역 및 개별요인 비교 외에 대상토지의 가치에 영향을 미치는 사항이 있을 경우에는 유사거래사례, 보상선례 등을 종합적으로 참작하여 그 밖의 요인 보정을 할 수 있다. 이 경우 그 근거를 감정평가서에 구체적이고 명확하게 기재하여야 한다(감정평가에 관한 규칙 제14조 제3항).

그 밖의 요인을 보정하는 경우에는 대상토지의 인근지역 또는 동일수급권 안의 유사지역의 정상적인 거래사례나 보상사례(이하 '거래사례 등'이라 함)를 참작 할 수 있다. 다만, 이 경우에도 그 밖의 요인 보정에 대한 적정성을 검토하여야 한다. 한편, 그 밖의 요인 보정을 할 때에는 해당 공익사업의 시행에 따른 가격의 변동은 반영하여서는 안 된다.

(2) 거래사례 등 선정기준

그 밖의 요인을 보정하는 경우에는 대상토지의 인근지역 또는 동일수급권 안의 유사지역의 정상적인 거래사례나 평가사례 등을 참작[230]할 수 있으나, ⅰ) 용도지역 등 공법상 제한사항이 같거나 비슷할 것, ⅱ) 실제 이용상황이 같거나 비슷할 것, ⅲ) 주위환경 등이 같거나 비슷할 것, ⅳ) 지리적으로 가능한 한 가까이 있을 것 등의 요건을 갖추어야 한다. 다만, ⅳ)는 해당 공익사업의 시행에 따른 가격의 변동이 반영되어 있지 아니 하다고 인정되는 사례의 경우에는 적용하지 않는다.

---

230) 이 경우에도 그 밖의 요인 보정에 대한 적정성을 검토하여야 하며, 해당 공익사업의 시행에 따른 가격의 변동은 반영하여서는 안 된다.

(3) 관련 판례 등

① 그 밖의 요인 보정에 참작할 수 있는 사례는 인근지역 등의 정상적인 거래사례나 보상사례로서 적정한 보상액에 영향을 미칠 수 있는 것이어야 하며,[231] '인근유사토지의 정상거래사례'는 그 토지가 수용 대상 토지의 인근 지역에 위치하고 용도지역·지목·등급·지적·형태·이용상황 및 법령상의 제한 등 자연적·사회적 조건이 수용 대상 토지와 동일하거나 유사한 토지에 관하여 통상의 거래에서 성립된 가격으로서, 개발이익이 포함되지 아니하고, 투기적인 거래에서 형성된 것이 아닌 것을 말한다. 다만, 개발이익이 포함된 경우에도 그 개발이익을 배제하여 정상적인 가격으로 보정할 수 있다면 이를 참작할 수 있다.[232]

판례

[판례1] ▶ '인근 유사토지의 정상거래가격'의 의미
[대법원 2004.8.30. 선고 2004두5621]

【판결요지】
토지수용에 있어서의 손실보상액 산정에 관한 관계 법령의 규정을 종합하여 보면, 수용 대상 토지의 정당한 보상액을 산정함에 있어서 인근 유사 토지의 정상거래 사례를 반드시 조사하여 참작하여야 하는 것은 아니지만, 인근 유사 토지가 거래된 사례나 보상이 된 사례가 있고 그 가격이 정상적인 것으로서 적정한 보상액 평가에 영향을 미칠 수 있는 것임이 입증된 경우에는 이를 참작할 수 있고, 여기서 '인근 유사토지의 정상거래가격'이라고 함은 그 토지가 수용 대상 토지의 인근 지역에 위치하고 용도지역, 지목, 등급, 지적, 형태, 이용상황, 법령상의 제한 등 자연적·사회적 조건이 수용 대상 토지와 동일하거나 유사한 토지에 관하여 통상의 거래에서 성립된 가격으로서, 개발이익이 포함되지 아니하고, 투기적인 거래에서 형성된 것이 아닌 가격을 말하고(대법원 2002.4.12. 선고 2001두9783 판결 참조), 또한 그와 같은 인근 유사 토지의 정상거래 사례에 해당한다고 볼 수 있는 거래 사례가 있고 그것을 참

---

231) 대법원 2004.8.30. 선고 2004두5621 판결
232) 대법원 2010.4.29. 선고 2009두17360 판결

작함으로써 보상액 산정에 영향을 미친다고 하는 점은 이를 주장하는 자에게 입증책임이 있다(대법원 1994.1.25. 선고 93누11524 판결 참조).

[판례2] ▶ 해당 공익사업으로 인한 개발이익이 포함된 보상사례도 개발이익을 배제할 수 있다면 참작할 수 있다.
[대법원 2010.4.29. 선고 2009두17360]

【판시사항】
인근유사토지 보상사례의 가격이 개발이익을 포함하고 있어 정상적인 것이 아닌 경우라도 이를 수용대상 토지의 보상액 산정에서 참작할 수 있는지 여부(한정 적극)

【판결요지】
용대상토지의 보상액을 산정하면서 인근유사토지의 보상사례가 있고 그 가격이 정상적인 것으로서 적정한 보상액 평가에 영향을 미칠 수 있는 것임이 입증된 경우에는 이를 참작할 수 있고, 여기서 '정상적인 가격'이란 개발이익이 포함되지 아니하고 투기적인 거래로 형성되지 아니한 가격을 말한다. 그러나 그 보상사례의 가격이 개발이익을 포함하고 있어 정상적인 것이 아닌 경우라도 그 개발이익을 배제하여 정상적인 가격으로 보정할 수 있는 합리적인 방법이 있다면 그러한 방법에 의하여 보정한 보상사례의 가격은 수용대상토지의 보상액을 산정하면서 이를 참작할 수 있다.

② 보상사례는 해당 공익사업의 보상 이전에 다른 공익사업에 편입되어 보상금이 지급된 사례로서 인근 유사토지에 존재하여 대상토지의 적정한 보상액에 영향을 미칠 수 있는 사례를 의미한다. 다만, 해당 공익사업의 보상사례는 참작할 수 없고,[233] 단순한 호가 또는 세평가격이나 담보평가선례 등은 그 밖의 요인 보정에 참작할 수 없다.[234]

---

233) 대법원 2002.4.12. 선고 2001두9783 판결
234) 대법원 2003.2.28 선고 2001두3808 판결

[판례1] ▶ 해당 공익사업에 대한 보상사례는 그 밖의 요인으로 참작할 수 없다.
[대법원 2002.4.12. 선고 2001두9783]

【판결요지】

당해 공공사업인 우회도로 축조 및 포장공사의 도로구역에 편입되면서 이루어진 인근 토지에 대한 보상은 수용대상 토지의 손실보상액을 산정함에 있어서 보상선례로서 참작될 수 없다.

[판례2] ▶ 단순한 호가시세나 담보평가선례는 보상평가에 참작할 수 없다.
[대법원 2003.2.28 선고 2001두3808]

【판결요지】

수용대상 토지의 정당한 보상액을 산정함에 있어서 인근 유사토지의 정상거래사례나 보상선례를 반드시 조사하여 참작하여야 하는 것은 아니고, 인근 유사토지가 거래된 사례나 보상이 된 선례가 있고 그 가격이 정상적인 것으로 적정한 보상액 평가에 영향을 미칠 수 있는 것임이 입증된 경우에는 이를 참작할 수 있는 것이나, 단순한 호가시세나 담보목적으로 평가한 가격에 불과한 것까지 참작할 것은 아니다.

[질의회신1] ▶ 가격시점 이후의 인접한 보상사례를 채택하여 기타 요인을 보정 할 수 있는지 (토관58342-610 : 2003.4.30.)

【회신내용】

대법원 2002.4.12선고 2001두9783, 대법원 1994.1.25선고 93누11524 판결 등을 고려하면 인근 유사토지의 거래사례나 보상사례를 반드시 참작하여야 하는 것은 아니나, 적정한 보상액 평가에 영향을 미친다고 입증된 경우에는 이를 참작할 수 있다고 하고 있으며, 보상사례 등이 당해 사업으로 인한 개발이익이 포함된 것이 아니어야 한다고 판시하고 있으므로 당해 공익사업에 관한 사업인정이나 당해 공익사업을 위한 관계법령에 의한 고시 등이 있은 이후의 보상사례에 개발이익이 포함된 경우에는 이를 참작하지 아니하는 것이 타당하다고 봅니다. 개별적인 사례에 대하여는 감정평가업자가 사실관계 등을 조사하여 판단·결정할 사항이라고 봅니다.

[질의회신2] ▶ 등록전환으로 인하여 면적이 감소한 경우 보상이 가능한지 여부 (2004.3.26. 토관-1389)

【회신내용】
공익사업용 토지를 취득하는 경우에는 실제 취득면적으로 평가하여 보상하여야 한다.

[질의회신3] ▶ 공부상과 실측면적이 상이한 경우 어느 면적으로 보상하여야 하는지 여부 (2004.2.3. 토관-440)

【회신내용】
공부상 면적과 실측면적이 상이한 경우 사업시행자가 실제로 취득하는 토지면적(실측면적)에 의하여 보상하여야 한다.

2. 일반적 평가기준

토지에 대한 보상액은 가격시점[235]일 당시의 현실적인 이용상황과 일반적인 이용방법에 의한 객관적인 상황을 기준으로 평가하며, 일시적인 이용 상황과 토지소유자 또는 관계인이 갖는 주관적인 가치 및 특별한 용도에 사용할 것을 전제로 한 경우 등은 고려하지 아니한다(법 제70조 제2항).

가. 객관적 상황기준 감정평가

토지에 대한 보상평가는 기준시점에서의 일반적인 이용방법에 따른 객관적 상황을 기준

---

235) 가격시점이란 보상액산정의 기준이 되는 시점을 말하며(시행규칙 재2조제5호), 이는 협의에 의한 경우에는 협의성립시이며, 재결에 의한 경우는 재결당시를 의미한다.

으로 감정평가하며, 토지소유자가 갖는 주관적 가치나 특별한 용도에 사용할 것을 전제로 한 것은 고려하지 아니한다. 따라서 토지에 속한 토석·사력의 경제적 가치는 구체적으로 토지의 가격에 영향을 미치고 있음이 객관적으로 인정되는 등 특별한 사정이 있는 경우에 한하여 참작할 수 있다.236)

(1) 일반적인 이용방법

대상토지가 놓여있는 지역이라는 공간적 상황, 기준 시점이라고 하는 시간적 상황에서 대상토지를 이용하는 사람들의 평균인이 이용할 것으로 기대되는 이용방법을 말한다.

(2) 객관적 상황

사물을 판단함에 있어 자기 자신을 기준으로 하지 않고 제3자의 입장에서 판단하는 것을 말한다. 따라서 토지를 특수한 용도에 이용할 것을 전제로 하거나 주위환경이 특별하게 바뀔 것을 전제하는 경우 등은 객관적 상황을 기준으로 하는 것으로 볼 수 있다. 판례는 온천으로의 개발가능성이라는 장래의 동향을 지나치게 평가하는 것은 객관성과 합리성을 결여한 것이라고 판시237)한바 있다.

(3) 주관적 가치

다른 사람에게 일반화시킬 수 없는 개인적인 애착심 또는 감정가치를 말한다. '정당한 보상'은 토지 등의 객관적인 재산가치를 완전하게 보상하는 것으로서 객관적 재산가치는 그 물건의 성질에 정통한 사람들의 자유로운 거래에 의하여 도달할 수 있는 합리적인 매매가능가격, 즉 시장가치에 의하여 산정되고 시장 가치는 매도자에서 매수자에게로 이전될 수 있는 가치를 전제로 하므로 매도자로 부터 매수자에게로 이전될 수 없는 주관적 가치는 재산권의 객관적 가치에 포함되지 않으므로 보상액에 포함되지 않는다. 판례는 토지를 매입한 의도나 장래의 토지이용계획 등은 토지소유자의 주관적인 사정에 불과하

---

236) 대법원 2003.4.8. 선고 2002두4518
237) 감정평가법인의 감정평가가 구체적인 근거 없이 온천으로의 개발가능성이라는 장래의 동향을 지나치게 평가 함으로써 객관성과 합리성을 결하고 기타조건의 참작의 한계를 넘어 위법하다(대법원 2000.10.6. 선고 98두19414)

다고 판시[238]하고 있다.

나. 현실적인 이용상황 기준 감정평가

(1) 현황평가 원칙

토지에 대한 보상평가는 지적공부상의 지목에 불구하고 가격시점(기준시점)에 있어서 실제 이용 상황을 기준으로 평가하는 현황 평가기준이 원칙[239]이나, 관련법령 등에서 달리 규정하는 경우는 그에 따른다. 다만, 당해 공익사업의 시행을 직접 목적으로 하여 용도지역 등이 변경된 토지에 대하여도 변경되기 전의 용도지역 등을 기준으로 평가하며 또한 당해 공익사업으로 인하여 상승된 지가(개발이익이나 투기가격)는 고려하지 않는다.[240]

'현실적인 이용상황'이란 지적공부상의 지목에 불구하고 기준시점에서의 실제 이용 상황으로서, 주위환경이나 대상토지의 공법상 규제 정도 등으로 보아 인정 가능한 범위의 이용 상황을 말한다. 따라서 대상토지에 대한 형질변경행위가 완료되어 현실적인 이용 상황의 변경이 이루어진 경우에는 비록 공부상 지목변경절차를 마치기 전이라고 하더라도 변경된 실제 현황을 기준으로 판단한다.[241]

> **판례**
>
> [판례1] ▶ 토지의 형질변경에는 형질변경허가에 관한 준공검사를 받거나 토지의 지목을 변경할 것을 필요로 하지 않는다. [대법원 2012.12.13. 선고 2011두24033]

---

238) 토지소유자가 토지를 매입한 의도나 장차 그 지상에 공장을 증축할 계획 등은 토지소유자의 주관적인 사정에 불과하므로 토지의 객관적인 이용상황에 따라 그 현황을 잡종지로 평가함에는 지장이 없다(대법원 2003.7.25. 선고 2002두5054).

239) 토지에 대한 평가는 지적공부상의 지목에 불구하고 가격시점에 있어서의 현실적인 이용상황에 따라 평가하여야 하며, 일시적인 이용상황은 고려하지 않으나 예외적으로 미불용지, 무허가 건물부지, 불법형질변경토지, 공법상 개별적 제한을 받는 토지 등은 종전 이용상황을 기준으로 평가한다.

240) 실무상 공익사업이 진행되는 곳에서는 사업시행자는 피수용인을 위한 보상안내 책자를 만들어 "당해 공익사업시행으로 인한 토지 등이 가격에 변동이 있는 때에는 이를 고려하지 아니하며, 당해 공익사업의 시행을 직접 목적으로 하여 용도지역 등이 변경된 토지에 대하여도 변경되기 전 용도지역 등을 기준으로 평가합니다"라고 안내하고 있는 실정이다.

241) 대법원 2012.12.13. 선고 2011두24033 판결

【판결요지】

토지 소유자가 지목 및 현황이 전인 토지에 관하여 국토의 계획 및 이용에 관한 법률 등 관계 법령에 의하여 건축물의 부지조성을 목적으로 한 개발행위(토지의 형질변경)허가를 받아 그 토지의 형질을 대지로 변경한 다음 토지에 건축물을 신축하는 내용의 건축허가를 받고 그 착공신고서까지 제출하였고, 형질변경 허가에 관한 준공검사를 받은 다음 지목변경절차에 따라 그 토지의 지목을 대지로 변경할 여지가 있었으며, 그와 같이 형질을 변경한 이후에는 그 토지를 더 이상 전으로 사용하지 않았고, 한편 행정청도 그 토지가 장차 건축물의 부지인 대지로 사용됨을 전제로 건축허가를 하였을 뿐만 아니라[구 건축법 시행규칙(2005.7.18. 건설교통부령 제459호로 개정되기 전의 것) 제6조 제1항 제1호에 의하면, 건축허가를 받기 위하여 제출하는 건축허가신청서에는 '건축할 대지의 범위와 그 대지의 소유 또는 그 사용에 관한 권리를 증명하는 서류'를 첨부하도록 되어 있다], 그 현황이 대지임을 전제로 개별공시지가를 산정하고 재산세를 부과하였으며, 나아가 그와 같이 형질이 변경된 이후에 그 토지가 대지로서 매매되는 등 형질이 변경된 현황에 따라 정상적으로 거래된 사정이 있는 경우, 비록 토지 소유자가 그 토지에 건축물을 건축하는 공사를 착공하지 못하고 있던 중 토지가 택지개발사업지구에 편입되어 수용됨으로써 실제로 그 토지에 건축물이 건축되어 있지 않아 그 토지를 구 지적법(2009.6.9. 법률 제9774호로 폐지되기 전의 것,이하 같다) 제5조 제1항 및 같은 법 시행령(2009.12.14. 대통령령 제21881호로 폐지되기 전의 것, 이하같다) 제5조 제8호에서 정한 대지로 볼 수 없다고 하더라도, 그 토지의 수용에 따른 보상액을 산정함에 있어서는 공익사업을 위한 토지 등의 취득 및 보상에 관한 법률 제70조 제2항의 '현실적인 이용상황'을 대지로 평가함이 상당하다

[판례2] ▶「하천편입토지 보상 등에 관한 특별조치법」 제6조제1항은 편입 당시 지목 및 토지이용 상황을 기준으로 평가하되, 그렇지 않은 예외적인 경우에는 현재의 토지이용상황을 기준으로 평가할 수 있다고 해석해야 한다.

  [대법원 2016.8.24. 선고 2014두15580]

【판결요지】

하천편입토지 보상 등에 관한 특별조치법 제6조 제1항은 '보상에 대한 평가는 편입 당시의 지목 및 토지이용상황, 해당 토지에 대한 공법상의 제한, 현재의 토지이용상황 및 유사한 인근 토지의 정상가격 등을 고려하여야 한다'고 규정하고 있어서, '편입 당시의 지목 및 토지이용상황'과 '현재의 토지이용 상황'이 서로 다른 경우에는 적용할 평가기준에 상충되는 듯 한 부분이 있다. 그러나 1971. 1. 19. 법률 제2292호로 전부 개정된 구 하천법에는 그 시행으로 당연히 하천구역이 되는 토지에 관하여 아무런 보상규정을 두지 아니하였는데 1984. 12. 31. 법률 제3782호로 개정된 법 부칙 제2조 제1항에 의하여 비로소 보상규정이 마련된 하천법의 연혁, 그리고 보상액은 보상의 대상이 되는 권리가 소멸한 때의 현황을 기준으로 산정하는 것이 보상에 관한 일반적인 법리에 부합하는 점 등에 비추어 보면, 위 조문은 원칙적으로 '편입 당시의 지목 및 토지이용상황'을 기준으로 평가하되, 편입 당시의 지목 및 토지이용상황을 알 수 없을 때에는 예외적으로 '현재의 토지이용상황'을 고려하여야 한다는 취지로 해석하는 것이 타당하다.

재결례

[재결례1] ▶ 농가주택 신축용으로 용도증명서(변경하고자 하는 지목: 대지)를 발급받은 토지가 수용재결일(2018.6.14) 이후인 '2018.6.27. '전'에서 '대'로 지목변경된 경우 '대'로 인정하여 보상한 사례 [중토위 2019.2.28.]

【재결요지】

구 「농지의 보전 및 이용에 관한 법률」(법률 제3910호, 1986.12.31. 개정) 제4조제1항제2호에 따르면 농지를 전용하고자 하는 자는 대통령령이 정하는 일정면적이하의 상대농지를 농가주택 및 그 부속시설의 부지로 사용하는 경우에는 농수산부장관의 허가를 받지 않아도 된다고 되어 있고,

구 「농지의 보전 및 이용에 관한 법률 시행령」(대통령령 제12761호, 1989.7.21. 일부 개정) 제7조제1항에 따르면 법 제4조제1항제2호의 규정에 의하여 전용허가를 받지 아니하고 상대농지를 전용할 수 있는 경우는 농업을 직접 경영하거나 농업에 종사하는 영농주체의 주거시설의 용지와 그 주거시설과 인접하여 영농에 직접 사용되는 ①

창고·농막 및 탈곡장등의 시설, ② 유리온실·고정식 온상·고정식 비닐하우스 및 망실등의 시설, ③ 퇴비사·퇴비장등 지급비료 생산시설, ④ 잠실 및 애누에 공동사육장, ⑤ 우사돈사계사 및 싸이로등 양축시설, ⑥ 버섯재배사 시설을 위한 용지의 합계가 1천500제곱미터이하인 것으로 한다고 되어 있으며, 같은 법 시행령 제12조 제2호에 따르면 법 제4조제1항제2호 내지 제5호에 해당하는 목적에 전용한 때에는 동장 또는 읍면장이 발급하는 용도증명서를 첨부하여 「지적법」의 규정에 의한 지목 변경의 신고를 하도록 되어 있다. (중략) 구 「농지의 보전 및 이용에 관한 법률」(법률 제3910호, 1986.12.31. 개정) 제4조제1항제2호에 따르면 농지를 전용하고자 하는 자는 대통령령이 정하는 일정면적 이하의 상대농지를 농가주택 및 그 부속시설의 부지로 사용하는 경우에는 농수산부장관의 허가를 받지 않아도 된다고 되어 있는 점, <u>이의신청인은 1989. 5. 29. ○○면장으로부터 같은 리 53 전 790㎡</u>(이 건 사업으로 2 필지로 분할 : 같은 리 53-2 전 329.3㎡ 편입, 같은 리 53 전 460.7㎡ 잔여지)에 <u>대하여 구 「농지의 보전 및 이용에 관한 법률 시행령」 제4조제1항을 근거로 하여 농가주택 신축용으로 용도증명서(변경하고자 하는 지목 : 대지)를 발급받은 점,</u> 사업인정고시 일(2015.12.14.) 당시 동 토지상에 건축물(농촌주택 63.72㎡, 창고 3.6㎡, 부속창고 21.9㎡)이 존재하고 있는 점, <u>수용재결(2018.6. 14) 이후라 할지라도 2018.6.27. ○○군수로부터 지목변경(전→대)을 받은 것이 확인되는 점</u>으로 볼 때 금회 이의신청인의 토지인 같은 리 53-2 329.3㎡ 전체를 '대'로 평가보상하기로 한다.

[재결례2] ▶ 공부상 지목인 '임야'인 토지를 현실이용상황인 '전'으로 보상한 사례
 [중토위 2019.6.27.]

【재결요지]
관계자료(현장사진, 항공사진, 소유자의견서, 사업시행자 의견서, ○○시 공문사본 등)를 검토한 결과, 이 건 사업에 편입되는 박○○의 토지 경기도 ○○시 ○○구 ○ ○○동 산14-3 임야 5,058㎡ 중 2,415㎡, 윤○○의 토지 같은 동 산28-3 임야 18,446㎡ 중 2,854㎡, 송○○의 토지 같은 동 산29-1 임야 11,961㎡ 중 4,884㎡, 정○○의 토지 같은 동 산30-1 임야 2,281㎡ 중 160.27㎡에 대하여 <u>1962.1.20.</u> 이후에 개간된 것으로서 각 법률에 의한 개간허가 등의 대상에 해당함에도 허가 등이 없이

불법으로 형질이 변경된 토지라는 사실을 **사업시행자가 입증하지 못하고 있는 점**, 1967년 항공사진(최초 항공사진)상 동 토지의 일부가 농경지로 개간되어 있음이 확인되는 점, 개발제한구역지정일은 1976.12.4.로서 개간이후인 점, 「산지관리법」부칙 제3조(불법 전용산지에 관한 임시특례) 제1항에 따라 소유자가 ○○시에 지목 변경에 대하여 신고하였으나 ○○시에서 이 건 공익사업을 위한 실시계획승인(산지전용허가 의제협의)을 사유로 임시특례규정 적용이 불가한 경우로 회신한 점, 편입지에 대한 보상을 위하여 사업시행자가 ○○시에 불법전용산지 임시특례규정 적용대상 여부와 면적에 대한 사실조회 시 적용대상임과 면적을 확인하여 통보한 점 등을 종합적으로 고려할 때 이의신청인들의 토지들 중 ○○시에서 확인해 준 면적에 대하여는 현황인 전으로 평가하는 것이 타당하므로 금회 이의재결 시 이를 반영하여 보상하기로 하다.

한편, 현실적인 이용상황의 판단시점은 보상의 대상이 되는 권리가 소멸할 때인 기준시점으로 하며,[242] 현실적인 이용상황의 판단은 관계자료에 의해 객관적으로 확인[243]되어야 하는바, 토지보상법에서 정한 일정한 절차에 따라 확정되며 사업시행자 또는 토지소

---

[242] ① [대법원 2001.9.25. 선고 2001다30445] : 보상의 대상이 되는 권리가 소멸한 때의 현황을 기준으로 보상액을 산정하는 것이 보상에 관한 일반적인 법리에 부합한다. ; ② [중토위 2017.8.24.] : [재결요지] 000, 000가 이의신청인의 토지(충남 ○○군 ○○읍 ○○리 184-8, 184-9)가 같은 필지에서 분할되어 동일한 용도로 사용 중인데, 보상단가를 차등 적용하는 것은 불합리하므로 보상단가를 동일하게 적용하여 달라는 주장에 대하여, 법 제70조제2항에 따르면 토지에 대한 보상액은 가격시점에서의 현실적인 이용상황과 일반적인 이용방법에 의한 객관적 상황을 고려하여 산정하되, 일시적인 이용상황과 토지소유자나 관계인이 갖는 주관적 가치 및 특별한 용도에 사용할 것을 전제로 한 경우 등은 고려하지 아니한다 라고 되어 있다. 관계자료(감정평가서, 사업시행자 의견, 현장사진 등)를 살펴본 결과, 이의신청인의 토지 충남 00군 00읍 00리 184-9 장 48㎡는 현재 공부 및 실제 이용상황이 공장용지로 기본조사 당시 지목은 답이나 **사업인정고시일(2014.5.9.) 이전에 적법한 절차에 따라 공장증설변경승인(2008.5.7.)을 받아 공장용지로 사용하다가, 수용재결(2016.9.29.) 이전인 2016. 6. 10. 공장용지로 지목변경한 토지임이 확인되므로** 금번 이의재결 평가시 이의신청인의 주장을 받아들여 공장용지로 평가하여 보상하기로 한다.

[243] [중토위 2017.6.8.] : [재결요지] 000이 구거를 전으로 보상하여 달라는 주장에 대하여, 법 제70조제2항의 규정에 의하면 토지에 대한 보상액은 가격시점에서의 현실적인 이용상황과 일반적인 이용방법에 의한 객관적 상황을 고려하여 산정하되, 일시적인 이용상황과 토지소유자나 관계인이 갖는 주관적 가치 및 특별한 용도에 사용할 것을 전제로 한 경우 등은 고려하지 아니한다고 규정되어 있다. 관계자료(지적현황측량성과도, 현장사진, 사업시행자 의견서 등)에 의하면, ○○○이 전으로 보상하여 달라는 경기 ○○시 ○○읍 ○○리 8-24 답 23㎡는 지적측량(대한지적공사) 결과에 의하면 **사업인정고시일(2013.6.24) 이전부터 구거로 이용되고 있는 상태로 확인되므로** 전으로 보상하여 달라는 소유자의 주장은 받아들일 수 없다.

유자 등의 주관적인 의사나 감정평가법인 등의 임의적 판단에 의하여 결정되어서는 안된다. 이에 대해 대법원도 "수용대상 토지는 <u>수용재결당시의 현실적인 이용 상황을 기준으로 평가하여야</u> 하고, 그 현실 이용 상황은 법령의 규정이나 토지소유자의 주관적 의도 등에 의하여 의제될 것이 아니라 관계 증거에 의하여 객관적으로 확정되어야 한다"고 판시하여 같은 견해이다(대법원 2004.6.11. 선고2013두14703 판결).

판례

[판례1] ▶ 기준시점 당시 채석지의 이용상황은 잡종지이나 가까운 장래에 산림복구가 예정되어 있는 경우 현실적인 이용상황은 임야로 보아야 한다.
[대법원 2000.2.8. 선고 97누15845]

【판결요지】
보상의 대상이 되는 권리가 소멸한 때의 현황을 기준으로 보상액을 산정하는 것이 보상에 관한 일반적인 법리에 부합한다.

[판례2] ▶ 과수원의 일부분에 무허가음식점영업을 하는 경우 토지의 이용상황
[대법원 1998.5.15 선고 98두1062 판결]

【판결요지】
과수원으로 영농이 계속되는 가운데 과수목 사이의 공간이 군데군데 법령상 금지된 무허가 음식점영업에 활용된 경우로서 음식점에 제공한 공간이 근소하고 쉽게 이동 가능한 것일 때에는 토지 전체의 현실적인 이용상황을 과수원으로 본다.

유권해석

[법령해석] ▶ 현실적인 이용상황의 판단기준
[2006.2.17. 법제처-05-0146]

【질의요지】
지적공부상 지목은 대(垈)이나, 현재 토지의 이용 상황이 유지(溜池) 또는 답(畓)인

저수지 부지에 대한 보상액을 산정함에 있어서 현재 토지의 이용상황인 유지 또는 답으로서 보상액을 산정하는 것이 타당한지 여부

【회 답】
지적공부상 지목은 대(垈)이나, 현재 토지의 이용상황과 객관적 상황이 유지(溜池) 또는 답(畓)인 저수지부지에 대한 보상액을 산정함에 있어서는 유지 또는 답으로서 보상액을 산정하는 것이 타당합니다.

【이 유】
「공익사업을 위한 토지 등의 취득 및 보상에 관한 법률」제70조제2항의 규정에 의하면, 토지에 대한 보상액은 가격시점에 있어서의 "현실적인 이용상황"과 "일반적인 이용방법에 의한 객관적 상황"을 고려하여 산정한다고 되어 있고, 동법 시행규칙 제22조의 규정에 의하면, 취득하는 토지를 평가함에 있어서는 평가대상토지와 유사한 이용가치를 지닌다고 인정되는 하나 이상의 표준지의 공시지가를 기준으로 한다고 되어 있는바, 동법 제70조제2항의 규정에 의한 "현실적인 이용상황"이라 함은 지적공부상의 지목에 불구하고 가격시점에 있어서의 당해 토지의 주위환경이나 공법상 규제정도 등으로 보아 인정 가능한 범위의 이용상황을 말하는 것으로서, 토지가격을 평가함에 있어서 공부상 지목과 실제 현황이 다른 경우에는 공부상 지목보다는 실제 현황을 기준으로 하여 평가함이 원칙이라 할 것입니다(대법원 1994.4.12.선고 93누6904 판결 등 다수 판례 참조).
따라서, 지적공부상 지목은 대(垈)이나, 현재 토지의 이용상황과 객관적 상황이 유지(溜池) 또는 답(畓)인 저수지 부지에 대한 보상액을 산정함에 있어서 현재 토지의 이용상황 등을 고려하여 유지 또는 답으로서 보상액을 산정하는 것이 타당하다 할 것입니다

(2) 현황평가 원칙의 예외

이에 해당되는 것은 ⅰ) 일시적 이용상황, ⅱ) 무허가건축물 부지('89.1.24일 이전 무허가건축물 부지 제외), ⅲ) 불법형질변경토지(1995.1.7. 현재 공익사업시행지구에 편입된 토지 제외), ⅳ) 공법상 제한을 받는 토지, ⅴ)미지급용지, ⅵ)공익사업용지 등은 종전 이

용 상황을 기준으로 평가한다.

공익사업으로 인하여 <u>용도폐지 되는 도로</u> 등과 같은 공익사업용지의 경우 기준 시점 당시의 현실적인 이용상황인 도로 등을 기준으로 하는 것이 아니라, 용도 폐지 후의 이용상황인 인근지역의 표준적인 이용상황을 기준으로 보상 평가한다.

한편, 중앙토지수용위원회는 공익사업에 편입되는 토지 중 도로·하천·구거에 대한 보상평가는 현황평가를 하는 것이 개설 당시의 이용상황을 상정하여 평가하는 것보다 유리하면 현황평가 하여야 한다고 재결[244]하고 있다.

(3) 일시적 이용상황

'일시적인 이용상황'이란 ⅰ) 관계 법령에 따른 국가 또는 지방자치단체의 계획이나 명령 등에 따라 해당 토지를 본래의 용도로 이용하는 것이 일시적으로 금지·제한되어 그 본래의 용도와 다른 용도로 이용되고 있거나, ⅱ) 해당 토지의 주위환경의 사정으로 보아 현재의 이용방법이 일시적인 것을 말한다(시행령 제38조).

일시적 이용상황으로 판단되는 경우의 대표적인 예로는 ① 공부상 지목이 '대'인 토지가 일시적으로 '전'으로 이용되는 경우, ② 2필지 이상의 일단의 토지가 조경수목재배지, 조경자재제조장, 골재야적장, 간이창고, 간이체육시설용지(테니스장, 골프연습장, 야구연습장 등) 등으로 이용되고 있는 경우로서 주위환경 등의 사정으로 보아 현재의 이용이 일시적인 경우 등이다. 판례는 <u>무허가건축물 등의 부지 또는 불법형질변경된 토지도 원상회복을 하는 것이 원칙이므로, 현재의 이용상황을 원상회복하기 전의 일시적인 이용상황에 불과하다</u>고 판시하고 있다.[245]

---

244) 그러나, 공익사업시행자인 일부 공사와 감정평가 등은 위 토지를 보상함에 있어 현장 없이 공부상 지목만으로만 평가 보상함으로써 수용당사자에는 재산상 손실을 입히고 있을 뿐만 아니라, 정부의 평가업무에 불신을 초래하는등 우리 위원회 재결업무에 상당한 지장을 주고 있다(2006.10.31. 중앙토지수용위원회-21827).

245) 수용대상 토지가 수용재결 당시 잡종지 등으로 사실상 사용되고 있으나 무단형질변경의 경위, 수회에 걸친 무단형질변경토지의 원상회복명령 및 형사고발까지 받고도 원상복구하지 아니한 점, 그 이용실태 및 이용기간 등에 비추어 위 이용 상황은 공공용지의취득및손실보상에관한특례법시행령 제2조의10 제2항 소정의 '일시적인 이용상황'에 불과하다. [대법원 1999.7.27. 선고 99두4327]

(4) 무허가건축물 부지 및 불법형질변경토지

무허가건축물 부지('89.1.24일 이전 무허가건축물 부지 제외)246), 신고나 허가 없이 형질 변경된 토지(불법형질 변경토지) 등의 부지는 형질변경 전 또는 건축행위 이전 당시의 이용상황을 상정하여 평가한다. 불법형질변경은 절토, 성토, 정지, 포장 등의 방법으로 토지의 형상을 변경하는 행위와 공유수면의 매립을 뜻하며, 토지의 지표 또는 지중의 형질이 외형상으로 사실상 변경되고 그 변경된 상태가 일정한 정도 고정되어 원상회복이 어려운 상태에 있는 것을 말한다.

「국토의계획및이용에관한법률」, 「개발제한구역의지정및관리에관한특별조치법」, 「산지관리법등의 법률」은 형질변경을 위해 관계 법률에 따른 허가, 신고를 거쳐야 하므로 이를 거치지 아니하면 불법형질변경이 되며, 관계법령에 의한 허가, 신고에 준공검사가 포함된다. 단, 허가나 신고를 받고 당해 공익사업 때문에 준공검사를 받지 못한 경우는 불법형질변경토지가 아니다.

한편, 「국토의계획및이용에관한법률」에서 허가 없이 할 수 있는 형질변경도 토지보상법에 의한 행위제한일 이후에는 허가 대상이다. 불법의 판단시점은 형질변경 당시가 아니라 기준시점 당시를 기준으로 하는데, 이는 당초 불법으로 형질변경을 하였으나 사후에 허가나 신고를 받은 경우 불법에 해당되지 않게 되어 형질변경 시점이 장기간에 걸쳐 이루어져 어느 행위 당시에 불법의 요건을 갖추었는지 파악하기 어렵다는 현실적인 이유에 기인한다. 현황은 농지이나 법정지목은 임야인 경우에 산지관리법 부칙 제2조(불법전용산지에 관한 임시특례)(2010.5.31)에 따라 지목이 변경된 경우라면 농지로 보상 평가된다.

> **감정평가실무기준**
> ① 불법형질변경 토지는 그 토지의 형질변경이 될 당시의 이용상황을 기준으로 감정평가한다. 다만, 1995.1.7. 당시 공익사업시행지구에 편입된 토지는 기준시점에서의 현실적인 이용상황을 기준으로 감정평가 한다.
> ② 제1항에도 불구하고 형질변경 된 시점이 분명하지 아니하거나 불법형질변경 여부 등의 판단이 사실상 곤란한 경우에는 사업시행자가 제시한 기준에 따른다.

---

246) 무허가건물 건축시점의 확인은 무허가건물대장의 건축일자를 기준을 하되 무허가건물대장이 없는 경우에는 지방자치단체가 공문으로 조회한 항공사진 촬영일자 등으로 확인 할 수 있다.

※ 1989.1.24. 이전의 무허가 건축물등은 부칙 제5조에 따라 보상을 함에 있어 적법한 건물로 판단한다. 따라서 '89.1.24. 이전 무허가 건축물등의 부지 산정은 <u>무허가건축물의 바닥면적만을 대지로 인정하는 것을 원칙으로 하고, 예외적으로 건</u><u>축물 부지로 이용되고 있는 것이 객관적으로 인정되고 지적공사의 현황측량결과에</u> <u>의거 사업시행자가 대지로서 인정한 당해 면적이 확인되는 경우 이를 대지로 평가한</u>다(중앙토지수용위원회).

* 판례는 "무허가건물 등의 사용, 수익에 필요한 범위내의 토지와 무허가건물 등의 용도에 따라 불가분적으로 사용되는 범위의 토지"라고 판시하고 있다(대법원 2000두8325 판결).

판례

[판례1] ▶ 공부상 지목변경을 마치기 전에 현황이 변경된 토지의 평가
[대법원 1994.4.12. 93누6904 판결]

【판결요지】
토지가격의 평가를 함에 있어 공부상 지목과 실제 현황이 다른 경우에는 공부상 지목보다는 실제현황을 기준으로 하여 평가하여야 함이 원칙이며, 평가대상 토지에 형질변경이 행하여지는 경우 형질변경행위가 완료되어 현황의 변경이 이루어졌다고 보여지는 경우에는 <u>비록 공부상 지목변경절차를 마치기 전이라고 하더라도 변경된</u> <u>실제현황을 기준으로 평가함이</u> 상당하다.

[판례2] ▶ 일시적인 이용상황인지의 여부
[대법원 1997.7.27. 선고 99두4327 판결]

【판결요지】
수용재결 당시 현황은 잡종지 등으로 사실상 사용되고 있으나 무단형질변경의 경위, 수회에 걸친 무단형질변경토지의 원상회복명령 및 형사고발까지 받고도 원상복구하

지 아니한 것, 이용실태 및 이용기간 등을 참작하여 일시적인 이용상황에 불과하다고 판단한 사례.

※ 이 사안은 <u>1995.1.7.</u> 불법형질변경토지에 대해서는 형질 변경될 당시의 이용 상황을 상정하여 평가하여야 한다는 내용이 신설되기 전 사례에 대한 판결임에 유의하여야 한다.

(5) 공법상 제한을 받는 토지 및 미지급용지

'공법상 제한을 받는 토지' 및 '미지급용지'는 별도의 항목으로 후술하기로 한다.

다. 개별필지 기준 감정평가

(1) 개별감정평가 원칙

두 필지 이상의 토지가 인접하여 있더라도 각 필지마다 개별특성이 있으므로 원칙적으로 각 필지별로 개별평가를 해야 하는 것이 원칙이다. 이는 토지에 대한 권리에 그대로 적용되어 토지보상평가지침(이하 '토보침'이라 함)에서는 토지의 보상평가는 대상토지 및 소유권외의 권리마다 개별감정평가 하는 것을 원칙으로 한다. 다만, 개별로 보상가액을 산정할 수 없는 등 특별한 사정이 있는 경우에는 소유권 외의 권리를 대상토지에 포함하여 감정평가 할 수 있다(토보침 제5조의2)고 규정하여 개별감정평가의 예외를 규정하고 있다.

판례 역시 "수인이 각기 한 필지의 특정부분을 점유하면서도 편의상 공유지분 등기를 한 구분소유적 공유관계에 있는 토지는 내부적으로는 상호명의신탁관계에 있다고 하여도 대외적으로 수탁자의 소유에 속하는 것이므로, 각 공유지분권자의 실제 점유부분을 기준으로 구분평가하지 않고, 일반 공유토지와 마찬가지로 한 필지의 토지 전체를 기준으로 보상평가 한 다음 이를 공유지분 비율에 따라 안분하여 각 공유지분권자에 대한 보상액을 산정하여야 한다"고 판시[247]하여 구분소유적 공유관계에 있는 토지의 보상평가는 개별평가에 따라야 한다고 하고 있다.

---

247) 대법원 1998.7.10. 선고 98두6067 판결

(2) 일괄감정평가

두 필지 이상의 토지가 **일단지를 이루어 용도상 불가분의 관계에 있는 경우**에는 일괄감정평가 하는 것을 원칙으로 한다. 다만, 지목·용도지역 등을 달리하여 <u>가치가 명확히 구분되거나 소유자 등이 달라 이를 필지별로 감정평가할 사유나 조건이 있는 경우에는 개별평가</u> 할 수 있다(토보침 제20조 제1항).

일단지[248]란, 여러 필지의 토지가 일단을 이루어 용도상 불가분의 관계에 있는 경우를 말하며, "용도상 불가분의 관계에 있는 경우"란 일단지로 <u>이용되고 있는 상황이 사회적·경제적·행정적 측면에서 합리적이고 해당 토지의 가치형성 측면에서도 타당하여 서로 불가분성이 인정되는 관계</u>(토보침 제20조 제2항)를 의미하며, <u>거래 관행상 그 전체가 일단으로 거래될 가능성이 높은 경우</u>를 말한다.

한편, 두 필지 이상 토지의 소유자가 서로 다른 경우에는 일단지로 보지 아니하나, 하나의 건축물(부속건축물을 포함한다)의 부지로 이용되고 있거나 건축 중에 있는 토지 등과 같이 사실상 공유관계가 성립되어 있는 경우에는 이를 일단지로 보고 일괄감정평가 할 수 있다(토보침 제20조 제3항).

(3) 부분감정평가

한 필지 토지의 일부만이 공익사업시행지구에 편입되는 경우에는 <u>편입 당시 토지 전체의 상황을 기준</u>으로 감정평가 한다. 다만, 그 편입부분과 잔여부분의 가치가 다른 경우에는 편입부분의 가치를 기준으로 감정평가 할 수 있다(토보침 제21조).

(4) 구분감정평가

한 필지의 토지가 둘 이상의 용도로 이용되는 경우에는 <u>실제 용도별로 구분평가</u> 한다. 다만, <u>의뢰자(사업시행자)</u>가 실제용도별로 면적을 구분하여 제시하지 아니한 경우에는 주된 용도의 가치를 기준으로 감정평가하고 다른 용도의 지목 및 단가를 <u>토지평가조서(감정평가서)</u>의 비고란에 표시할 수 있다(토보침 제22조 제1항). 그러나, 다른 용도로 이용되는 부분이 주된 용도와 가치가 비슷하거나 면적비율이 뚜렷하게 낮아 주된 용도의

---

248) 일단지는 여러 필지의 토지를 하나의 필지로 보고 개별요인 등을 적용한다는 의미이다.

가치를 기준으로 거래되는 관행인 경우에는 <u>주된 용도의 가치를 기준으로 감정평가</u> 할 수 있다(토보침 제22조 제2항).

(5) 관련 판례 등

판례

[판례1] ▶ 일단지로 이용되고 있는지의 여부는 주관적 의도가 아니라 관계 증거에 의하여 객관적으로 판단하여야 한다. [대법원 2013.10.11. 선고 2013두6138]

【판시사항】
여러 필지의 토지가 일단을 이루어 용도상 불가분의 관계에 있는 경우의 의미

【판결요지】
여러 필지의 토지가 일단을 이루어 용도상 불가분의 관계에 있는 경우에는 특별한 사정이 없는 한 그 일단의 토지 전체를 1필지로 보고 토지특성을 조사하여 그 전체에 대하여 단일한 가격으로 평가하는 것이 타당하고, 여기에서 '용도상 불가분의 관계에 있는 경우'란 일단의 토지로 이용되고 있는 상황이 사회적·경제적·행정적 측면에서 합리적이고 당해 토지의 가치형성적 측면에서도 타당하다고 인정되는 관계에 있는 경우를 말한다.

[판례2] ▶ 일괄평가에서 '용도상 불가분 관계'의 의미와 구분지상권이 설정된 토지에 대한 평가 [대법원 2017.3.22. 선고 2016두940]

【판결요지】
2개 이상의 토지 등에 대한 감정평가는 개별평가를 원칙으로 하되, 예외적으로 2개 이상의 토지 등에 거래상 일체성 또는 용도상 불가분의 관계가 인정되는 경우에 일괄평가가 인정된다. 여기에서 '용도상 불가분의 관계'에 있다는 것은 일단의 토지로 이용되고 있는 상황이 사회적·경제적·행정적 측면에서 합리적이고 토지의 가치형성적 측면에서도 타당하다고 인정되는 관계에 있는 경우를 뜻한다. 공익사업을 위

한 토지 등의 취득 및 보상에 관한 법률 제70조 제2항은 "토지에 대한 보상액은 가격시점에 서의 현실적인 이용상황과 일반적인 이용방법에 의한 객관적 상황을 고려하여 산정하되, 일시적인 이용상황과 토지소유자나 관계인이 갖는 주관적 가치 및 특별한 용도에 사용할 것을 전제로 한 경우 등은 고려하지 아니한다."라고 정하고 있다. 그러므로 2개 이상의 토지가 용도상 불가분의 관계에 있는지 여부를 판단하는 데 일시적인 이용상황 등을 고려해서는 안 된다.

소유권 외의 권리에 속하는 구분지상권이 설정되어 있는 토지의 손실보상금을 산정하려면 '구분지상권이 설정되어 있지 않은 상태를 가정한 완전한 토지가격'과 '구분지상권의 가액'을 별도로 평가하여야 한다. 이때 '구분지상권이 설정되어 있지 않은 상태를 가정한 완전한 토지가격'을 평가할 때 인접한 여러 필지들이 용도상 불가분의 관계에 있는지를 고려하여야 한다.

그런데 감정대상인 토지의 지하 수십 m의 공간에 공작물을 설치하기 위한 구분지상권이 설정되어 있는 경우에 이것이 구분지상권이 설정되어 있는 토지와 그렇지 않은 인접토지가 지표에 근접한 공간에서 용도상 불가분의 관계에 있는지를 판단하는 데 영향을 미치는지 문제된다. 지표에 근접한 공간을 활용하는 것이 통상적인 토지이용의 방식이다. 이와 같이 토지를 통상적인 방법으로 이용하는 경우에는 지표에 근접한 공간의 현실적인 이용상황을 기준으로 인접한 여러 필지들이 용도상 불가분의 관계에 있는지를 판단하여야 한다. 따라서 가령 상업지역으로 지정되어 있어 고층빌딩 건축을 위하여 깊은 굴착이 필요하다는 등의 특별한 사정이 없는 한, 지하 수십 m의 공간에 공작물을 설치하기 위한 구분지상권이 설정되어 있더라도 그러한 사정이 구분지상권이 설정되어 있는 토지와 그렇지 않은 인접토지가 지표에 근접한 공간에서 용도상 불가분의 관계에 있는지를 판단하는 데 장애요소가 되지 않는다.

원래 1필지였던 토지가 지하 부분의 구분지상권 설정을 위해 여러 필지로 분할되었다고 하더라도, 지상 부분에서는 그러한 토지분할이나 지하 부분의 구분지상권 설정에 별다른 영향을 받지 않고 토지분할 전과 같이 마치 하나의 필지처럼 계속 관리·이용되었다면, 토지분할 전에는 1필지였으나 여러 필지로 분할된 토지들은 그 1필지 중 일부가 다른 용도로 사용되고 있었다는 등의 특별한 사정이 없는 한 용도상 불가분의 관계에 있다고 보는 것이 사회적·경제적·행정적·가치형성적 측면에서 타당하다.

[판례3] ▶ 구분소유적 공유관계에 있는 토지의 보상평가방법
[대법원 1998.7.10. 선고 98두6067]

【판결요지】
감정평가에관한규칙 제15조 등에 의하면, 수용대상토지를 평가함에 있어서는 특별한 사정이 없는 한 이를 필지별로 평가하여야 할 것이므로, 수인이 각기 한 필지의 특정부분을 매수하면서도 편의상 공유지분등기를 경료함으로써 각자의 특정부분에 관한 공유지분등기가 상호명의신탁 관계에 있는, 이른바 구분소유적 공유토지라고 할지라도 <u>명의신탁된 부동산이 대외적으로 수탁자의 소유에 속하는 것이니 만큼, 일반 공유토지와 마찬가지로 **한 필지의 토지 전체를 기준으로 평가**한 다음 이를 공유지분비율에 따라 안분하여 각 공유지분권자에 대한 보상액을 정하여야 한다.</u>

재결례

[재결례] ▶ 농경지의 일단지 판단기준 **[중토위 2017.3.9.]**

【재결요지】
○○○이 편입지를 일단지로 보상하여 달라는 의견에 대하여, 대법원은 "여러 필지의 토지가 일단을 이루어 용도상 불가분의 관계에 있는 경우에는 특별한 사정이 없는 한 그 일단의 토지 전체를 1필지로 보고 토지특성을 조사하여 그 전체에 대하여 단일한 가격으로 평가함이 상당하다 할 것이고, 여기에서 '용도상 불가분의 관계에 있는 경우'라 함은 <u>일단의 토지로 이용되고 있는 상황이 사회적·경제적·행정적 측면에서 합리적이고 당해 토지의 가치형성적 측면에서도 타당하다고 인정되는 관계에 있는 경우를 말한다</u>"(대법원 2005.5.26. 선고 2005두1428판결)라고 판시하고 있다. 관계자료(사업시행자 의견서, 감정평가서 등)를 검토한 결과, ○○○의 편입지 경기 ○○시 ○○면 ○○리 74-2 전 331㎡와 같은 리 78-6 전 331㎡는 <u>각 필지별로 경작이 가능하며 개별적으로 매매가 가능한 '농경지'로서 토지 상호간에 용도상 불가분의 관계에 있다고 볼 수 없으므로 일단지로 평가하여 달라는 소유자의 주장을 받아들일 수 없다.</u>

[질의회신1] ▶ 개발단계에 있는 토지의 일단지 인정시기는 개발행위허가시점, 건축허가시점 또는 착공신고시점, 준공시점 등과 같은 특정 행위시점만을 기준으로 일률적으로 판단할 수는 없으며, 대상토지의 최유효이용 관점에서 법적 허용성 이외에 물리적 가능성, 경제적 타당성, 최대수익성을 종합적으로 고려하여 판단하여야 함.
[2014.7.1. 감정평가기준팀-2316]

【질의요지】

여러 필지가 일단지로 공장설립 승인, 건축허가 및 착공신고를 완료하고, 일체로 거래된 후 거래 잔금대출을 위한 담보평가시 일단지로 감정평가 된 공장허가지의 일부가 도로사업에 편입되어 보상평가를 하게 되는 경우 일단지로 일괄감정평가할 수 있는지? 만약 일단지로 일괄감정평가가 가능하다면 일단지 평가시점은 언제부터 가능한지?

【회신내용】

대법원은 "여러 필지의 토지가 일단을 이루어 용도상 불가분의 관계에 있는 경우에는 특별한 사정이 없는 한 그 일단의 토지 전체를 1필지로 보고 토지특성을 조사하여 그 전체에 대하여 단일한 가격으로 평가함이 상당하다 할 것이고, 여기에서 '용도상 불가분의 관계에 있는 경우'라 함은 일단의 토지로 이용되고 있는 상황이 사회적·경제적·행정적 측면에서 합리적이고 당해 토지의 가치형성적 측면에서도 타당하다고 인정되는 관계에 있는 경우를 말한다."고 판시(대법원 2005.5.26. 선고 2005두1428 판결)하였고, 개발단계에 있는 나지에 대한 현실적인 이용 상황의 판단과 관련하여 관계 법령에 의하여 건축물의 부지조성을 목적으로 한 개발행위(토지의 형질변경)허가를 받아 그 토지의 형질을 대지로 변경한 다음 토지에 건축물을 신축하는 내용의 건축허가를 받고 그 착공신고서까지 제출하였고, 형질이 변경된 이후에 그 토지가 대지로서 매매되는 등 형질이 변경된 현황에 따라 정상적으로 거래된 사정이 있는 경우 건축물을 건축하는 공사를 착공하지 못하였더라도, 현실적인 이용 상황을 대지로 평가함이 상당하다고 판시(대법원 2012.12.13. 선고 2011두24033 판결 참조)한바 있습니다.

한편, 국토교통부에서는 여러 필지가 일단지로 공장설립 승인, 건축허가 및 착공신고를 완료하고, 일체로 거래된 후 토목공사를 하였으나, 그 토지의 일부가 도로사업에 편입되어 보상평가를 하게 되는 경우 일괄평가 할 수 있는지 여부와 만약 일괄평가 한다면 어느 단계(개발행위허가, 건축허가, 착공신고 등)부터 일단지로 평가하여야 하는지 여부와 관련하여 "공장을 건설하기 위해 공장설립 승인, 건축허가 및 착공신고를 완료하고, 일체로 거래된 후 토목공사를 한 상태라면 일단지로 볼 수 있는 여지가 있다고 보입니다."라고 유권해석(부동산평가과-2444, 2011.08.10.)한바 있습니다. 상기 대법원판례 및 국토교통부 유권해석은 개발단계에 있는 토지의 일단지 여부는 개발행위허가시점, 건축허가시점 또는 착공신고 완료시점 등과 같은 특정 행위시점만을 기준으로 판단하지 않고, 그 이후 형질변경행위 등을 통해 하나의 부지로 이용되는 것이 객관적으로 확실시 되는 시점부터 일단지로 일괄감정평가 할 수 있다는 입장으로 보입니다.

상기 사항을 종합해 볼 때, 개발단계에 있는 토지의 일단지 여부는 개발행위허가시점, 건축허가시점 또는 착공신고 완료시점 등과 같은 특정 행위시점만을 기준으로 일률적으로 판단하는 것은 바람직하지 않다고 사료되며, 대상토지의 최유효이용 관점에서 법적 허용성 이외에 물리적 가능성, 경제적 타당성, 최대수익성을 함께 고려하여야 할 것으로 봅니다. 즉, 주위환경이나 토지의 상황, 거래관행 등을 종합적으로 고려할 때에 장래에 일단으로 이용되는 것이 확실시 된다면 용도상 불가분의 관계를 인정하여 일단지로 감정평가 할 수 있을 것으로 봅니다.

[질의회신2] ▶ 소유자가 다른 일단지 토지의 보상평가방법
[2012.9.4. 공공지원팀-1687]

【질의요지】

자동차운전학원내 기능주행코스 및 주차장 등으로 사용되고 있는 송파구 ○○동 204-1, 205-9, 223-1, 224, 293-16번지를 일단지로 대상토지 전체에 대하여 단일한 가격으로 평가할 수 있는지 여부

【회신내용】

본 건 토지의 경우 다수의 소유자(공유자)로 구성되어 있음에도 이를 일단지라 하여 동일한 단가를 적용하여 보상한다면 지가가 상대적으로 높은 전면 건부지 소유자와 지가가 낮은 후면의 나지 소유자에게 동일한 보상금을 지급하여야 한다는 문제가 발생하게 되는 바, 물리적으로 용도상 불가분의 관계에 있는 일단지라고 하더라도 **소유자가 상이하고 가치를 달리 하는 부분이 있다면** 이를 구분하여 평가하여야 할 것으로 사료됩니다.

참고사항

[참고사항1] 골프코스, 건부지, 주차장 및 도로, 조정지, 조경지, 임야 등으로 구성되는 골프장용지와 같이 복합적 용도로 구성되는 토지 중 일부가 공익사업에 편입되는 경우는 대상토지와 유사한 이용가치를 지니는 비교표준지(골프장용지)를 기준으로 하되, 해당 편입부분의 위치·형상·개발정도·전체 토지에 대한 기여도 등을 감안하여 보상평가한다.

[참고사항2] 국토계획법 제84조제1항에서는 하나의 대지가 둘 이상의 용도지역 등에 걸치는 경우로서 각 용도지역 등에 걸치는 부분 중 가장 작은 부분의 규모가 330제곱미터(도로변에 띠 모양으로 지정된 상업지역에 걸쳐 있는 토지의 경우에는 660제곱미터) 이하인 경우에는 전체 대지의 건폐율 및 용적률은 각 부분이 전체 대지 면적에서 차지하는 비율을 고려하여 각 용도지역 등별 건폐율 및 용적률을 가중평균한 값을 적용하고, 그 밖의 건축 제한 등에 관한 사항은 그 대지 중 가장 넓은 면적이 속하는 용도지역 등에 관한 규정을 적용하도록 규정하고 있으므로, 용도지역 등이 여기에 해당할 경우에는 구분평가하지 않고 이러한 기준을 고려하여 보상평가하는 것이 원칙이다.

[참고사항3] 국토계획법 제84조제1항 단서는 건축물이 미관지구나 고도지구에 걸쳐 있는 경우에는 그 건축물 및 대지의 전부에 대하여 미관지구나 고도지구의 건축물 및 대지에 관한 규정을 적용하도록 규정하고 있고, 국토계획법 제84조제2항에서는 하나의 건축물이 방화지구와 그 밖의 용도지역·용도지구 또는 용도구역에 걸쳐 있

는 경우에는 그 전부에 대하여 방화지구의 건축물에 관한 규정을 적용하도록 규정하
고 있으므로 이러한 경우에는 용도지구에 따라 구분평가 해서는 안 된다.

라. 나지상정 기준 감정평가

(1) 나지상정평가 원칙

토지보상법은 취득하는 토지의 평가에 있어 해당 토지에 건축물·입목·공작물 그밖에
토지에 점착한 물건이 있을 때에는 그 건축물 등이 없는 나지상태를 상정하여 토지를 평
가하도록 규정하고 있다(시행규칙 제22조 제2항). 다만, 「집합건물의 소유 및 관리에 관
한 법률」에 따른 구분소유권의 대상이 되는 건물부분과 그 대지사용권이 일체로 거래되
는 경우 또는 감정건축물 등이 토지와 함께 거래되는 사례나 관행이 있어 그 건축물 등
과 토지를 일괄하여 감정평가 하는 경우에는 건축물 등이 있는 상태를 기준으로 한다(토
보침 제6조제2항 제1호).

건축물 등이 없는 나지상정 평가는 토지의 최유효 이용이 건축물 등이 없는 상태라는 것
을 전제로 하여, 토지소유자에게 유리하게 보상하기 위한 것이므로 개발제한구역 안의
건축물이 있는 토지의 경우 등과 같이 관계법령에 따른 가치의 증가요인이 있는 적법한
건축물 등이 있는 경우에는 그 건축물 등이 있는 상태를 기준으로 감정평가하여야 한다
(토보침 제6조제2항 제2호).

건축물 등이 없는 상태를 상정하여 토지를 보상평가하는 경우 건축물 등이 토지와 동일
소유관계인지 여부는 묻지 않으므로 지상에 타인 소유의 건축물 등이 있는 경우에도 이
로 인한 제한정도를 감안하여서는 안 되며 건축물 등이 없는 상태를 상정하여 평가하여
야 한다. 다만, 타인 소유 건축물 등이 별도의 권리에 근거하여 소재하고 있는 경우에는
이 소유권 외의 권리는 별도로 평가하고, 토지의 보상액은 소유권 외의 권리가 설정되지
않은 것을 상정한 평가금액에서 그 권리에 대한 평가금액을 공제하여 산정한다.[249]

---

249) 중앙토지수용위원회, 토지수용 업무편람, 2020.12., 236면

(2) 관련 판례 등

[판례1] ▶ 건축물 등이 있는 토지는 그 건축물 등이 없는 상태를 상정하여 보상평가
한다. [대법원 2012.3.29. 선고 2011다104253]

【판시사항】

○○공사가 협의취득을 위한 보상액을 산정하면서 한국감정평가업협회의 구 토지보
상평가지침에 따라 토지를 지상에 설치된 철탑 및 고압송전선의 제한을 받는 상태로
평가한 사안에서, 위 약정은 감정평가기준을 잘못 적용하여 협의매수금액을 산정한
경우에도 적용되고, 위 협의매수금액 산정은 위 약정에서 정한 고의·과실 내지 착
오평가 등으로 과소하게 책정하여 지급한 경우에 해당한다고 본 원심판결에 이유불
비 등의 잘못이 없다.

【판결요지】

○○공사가 협의취득을 위한 보상액을 산정하면서 한국감정평가업협회의 구 토지보
상평가지침(2003.2.14.자로 개정된 것, 이하 '구 토지보상평가지침'이라 한다)에 따
라 토지를 지상에 설치된 철탑 및 고압송전선의 제한을 받는 상태로 평가한 사안에
서, 위 약정은 단순히 협의취득 대상토지 현황이나 면적을 잘못 평가하거나 계산상
오류 등으로 감정평가금액을 잘못 산정한 경우뿐만 아니라 공익사업을 위한 토지 등
의 취득 및 보상에 관한 법률(이하 '공익사업법'이라 한다)상 보상액 산정 기준에 적
합하지 아니한 감정평가기준을 적용함으로써 감정평가금액을 잘못 산정하여 이를
기준으로 협의매수금액을 산정한 경우에도 적용되고, 한편 공사가 협의취득을 위한
보상액을 산정하면서 대외적 구속력을 갖는 공익사업법 시행규칙 제22조에 따라 토
지에 건축물 등이 있는 때에는 건축물 등이 없는 상태를 상정하여 토지를 평가하여
야 함에도, 대외적 구속력이 없는 구 토지보상평가지침에 따라 토지를 건축물 등에
해당하는 철탑 및 고압송전선의 제한을 받는 상태로 평가한 것은 정당한 토지평가라
고 할 수 없는 점 등에 비추어 위 협의매수금액 산정은 공사가 고의·과실 내지 착오
평가 등으로 과소하게 책정하여 지급한 경우에 해당한다고 본 원심판결에 판단누락

이나 이유불비 등의 잘못이 없다.

[판례2] ▸ 철탑 및 고압송전선 제한 토지
[대법원 2012.3.29. 선고 2011다104253]

【판결요지】

협의취득을 위한 보상액을 산정하면서 …(중략)… 공익사업법 시행규칙 22조에 따라 토지에 건축물 등이 있는 때에는 건축물 등이 없는 상태를 상정하여 토지를 평가하여야 함에도, …(중략)… 토지를 건축물 등에 해당하는 철탑 및 고압송전선의 제한을 받는 상태로 평가한 것은 정당한 토지평가라고 할 수 없다.

> 질의회신

[질의회신] ▸ 입목죽 식재면적에 따른 토지감정평가액의 변동 여부

【회신내용】

토지에 지장물이 있을 때에는 그 지장물이 없는 토지의 나대지 상태를 상정하여 평가하도록 되어 있으므로 지장물의 다소가 당해 토지에 대한 감정평가액에 영향을 미친다고 볼 수 없다. (2000.8.17. 토관58342-1276)

3. 공법상 제한을 받는 토지에 대한 평가

> 관련법령

■ **토지보상법 시행규칙 제23조(공법상 제한을 받는 토지의 평가)** ① 공법상 제한을 받는 토지에 대하여는 제한받는 상태대로 평가한다. 다만, 그 공법상 제한이 당해 공익사업의 시행을 **직접** 목적으로 하여 가하여진 경우에는 제한이 **없는** 상태를 상정하여 평가한다.
② 당해 공익사업의 시행을 직접 목적으로 하여 용도지역 또는 용도지구 등이 변경된 토지에 대하여는 변경되기 전의 용도지역 또는 용도지구 등을 기준으로 평가한다.

■ **토지보상평가지침 제23조(공법상 제한의 구분 및 감정평가 기준)** ① "공법상 제한을 받는 토지"라 함은 관계법령의 규정에 따라 토지의 이용규제나 제한을 받는 토지를 말하며, 그 제한은 일반적인 계획제한과 개별적인 계획제한으로 구분한다.

② 다음 각 호의 어느 하나에 해당하는 공법상 제한은 제한 그 자체로 목적이 완성되고 구체적인 사업의 시행이 필요하지 아니한 일반적인 계획제한으로서 그 제한을 받는 상태를 기준으로 감정평가한다. 다만, 제1호의 경우로서 <u>해당 공익사업의 시행을 직접 목적으로 하여 용도지역등이 지정 및 변경(이하 "지정·변경"이라 한다)된 토지에 대한 감정평가는 그 지정·변경이 되기 전의 용도지역등을 기준으로 하며</u>, 제2호부터 제5호의 경우로서 해당 법령에서 정한 공익사업의 시행을 직접 목적으로 하여 해당 구역 등 안 토지를 취득 또는 사용하는 경우에는 이를 개별적인 계획제한으로 본다.

    1. 용도지역등의 지정·변경

    2. 「군사기지 및 군사시설보호법」에 따른 군사시설보호구역의 지정·변경

    3. 「수도법」에 따른 상수원보호구역의 지정·변경

    4. 「자연공원법」에 따른 자연공원 및 공원보호구역의 지정·변경

    5. 그 밖에 관계법령에 따른 위 제2호부터 제4호와 비슷한 토지이용계획의 제한

③ 다음 각 호의 어느 하나에 해당하는 공법상 제한은 그 제한이 구체적인 사업의 시행이 필요한 **개별**적인 계획제한으로서 그 공법상 제한이 <u>해당 공익사업의 시행을 직접목적으로 하여 가하여진 경우에는 그 제한을 받지 아니한 상태를 기준으로 감정평가한다.</u>

    1. 「국토의 계획 및 이용에 관한 법률」 제2조제7호에서 정한 도시·군계획시설 및 제2조제11호에서 정한 도시·군계획사업에 관한 같은 법 제30조제6항에 따른 도시·군관리계획의 결정고시

    2. 법 제4조에 따른 공익사업을 위한 사업인정의 고시

    3. 그 밖에 관계법령에 따른 공익사업의 계획 또는 시행의 공고 또는 고시 및 공익사업의 시행을 목적으로 한 사업구역·지구·단지 등의 지정고시

④ 제3항에서 "해당 공익사업의 시행을 직접목적으로 하여 가하여진 경우"에는 당초의 목적사업과 다른 목적의 공익사업에 취득 또는 사용되는 경우를 포함한다.

가. 개념

'공법상 제한을 받는 토지'라 함은 관계법령의 규정에 의하여 토지의 이용규제나 제한을 받는 토지를 말하며, 그 제한은 일반적인 계획제한과 개별적인 계획제한으로 구분한다 (토보침 제23조 제1항). 일반적인 계획제한은 비침해적·보존적 제한 그 자체로 목적이 완성되고 구체적인 사업의 시행이 필요하지 아니한 반면, 개별적인 계획제한은 그 제한 이 구체적인 사업의 시행이 별도로 필요한 경우를 말한다.

공법상 제한을 가하는 관계법령은 「국토의 계획 및 이용에 관한 법률」(이하 '국토계획법' 이라 함), 「수도권정비계획법」, 「도시 및 주거환경 정비법」(이하 '도정법'이라 함) 등이 있 으며, 이중 가장 대표적인 것은 국토계획법에 의한 용도지역·지구·구역의 지정 또는 변경을 받은 토지와 도로·광장·녹지·공원·운동장·학교·묘지·화장장·오물처리 장 등의 시설로 고시된 토지이다. 공법상 제한을 받는 토지는 그 제한받는 상태대로 평 가하여야 하나 그 공법상 제한이 당해 공익사업의 시행을 직접 목적으로 하여 가하여진 경우에는 제한이 없는 상태를 상정하여 평가한다(시행규칙 제23조 제1항).

나. 공법상 제한의 유형

(1) 일반적 계획제한을 받는 토지

일반적인 계획제한은 제한 그 자체로 목적이 완성되고 구체적인 사업의 시행이 필요하지 아니한 제한사항으로서 일반적 계획제한의 구체적인 예로는 (ⅰ) 당해공익사업의 시행 이전에 「국토계획법」의 규정에 따른 용도지역 등의 지정 및 변경, (ⅱ) 「군사기지 및 군 사시설보호법」의 규정에 따른 군사시설보호구역의 지정 및 변경, (ⅲ) 「수도법」의 규정 에 따른 상수원보호구역의 지정 및 변경, (ⅳ) 「자연공원법」의 규정에 따른 자연공원 및 공원보호구역의 지정 및 변경, (ⅴ) 그 밖에 관련 법령의 규정250)에 따른 위 각호와 유사 한 토지이용계획의 제한이 있으며, 일반적 계획제한을 받는 토지는 제한을 받는 상태를 기준으로 평가하여 보상하여야 한다(토보침 제23조 제2항 본문).

즉, 당해 공익사업의 시행이전에 이미 당해 공공사업과 관계없는 고시 등으로 일반적 계

---

250) 도로법에 의한 접도구역, 문화재보호법에 의한 문화재 보호구역등의 지정·변경, 철도안전법에 의한 철도보호지구

획제한을 한 경우는 물론이고, 그와 같은 제한이 당해 공익사업의 시행 이후에 이루어진 경우에도[251] 제한을 받는 상태의 표준지를 선정해야 하고, 그런 표준지가 없는 경우 개별요인에서 제한을 받는 점도 고려해야 한다.[252]

(2) 개별적 계획제한을 받는 토지

개별적 계획제한은 그 제한이 구체적인 사업의 시행을 필요로 하는 제한사항으로서 시설 또는 사업제한 이라고도 하며 그 공법상 제한이 해당 공익사업의 시행을 **직접 목적**으로 하여 가하여진 경우에는 그 **제한을 받지 아니한 상태**를 기준으로 평가하여 보상하여야 한다.

개별적 계획제한의 구체적인 예로는 (ⅰ)「국토계획법」에 따른 **도시 · 군계획시설** 및 도시 · 군계획사업에 따른 도시 · 군관리계획의 결정고시, (ⅱ)「토지보상법」에 따른 **사업인정의 고시**, (ⅲ)그 밖에 관련 법령의 규정에 따른 공익사업의 계획 또는 시행의 공고 또는 고시 및 공익사업의 시행을 목적으로 한 사업구역 · 지구 · 단지 등의 지정고시 등으로 인한 제한이 있다(토보침 제23조 제3항). "해당 공익사업의 시행을 직접 목적으로 하여 가하여진 경우"에는 당초의 목적사업과 다른 목적의 공익사업에 취득 또는 사용되는 경우를 포함한다(토보침 제23조 제4항).

한편 판례는 "공법상 제한을 받는 수용대상토지의 보상액을 산정함에 있어서는 그 공법상의 제한이 당해 공공사업의 시행을 직접 목적으로 가하여진 경우는 물론 당초의 목적사업과는 다른 목적의 공공사업에 편입 수용되는 경우에도 그 제한을 받지 아니하는 상태대로 평가하여야 할 것"[253]이라 하여 공법상 제한을 받는 토지가 다른 목적의 공익사업에 편입된 경우에는 개별적 계획제한을 받는 토지의 유형에 준하는 것으로 보고 있다.

(3) 기타 공법상 제한을 받는 토지

① **공유수면**(바다만 해당함) 매립구역은 그 매립목적이 인접지역의 용도지역의 내용과 같으면 인접지역 용도지역에 관한 규정이 적용된다(국토계획법 제41조).

---

251) 대법원 2005.2.18. 선고 2003두14222 판결
252) 서울행정법원, 행정소송의 이론과 실무, 사법발전재단, 2014, 465면
253) 대법원 1998.9.18. 98두4498 판결

② 도시지역 · 관리지역 · 농림지역 · 자연환경보전지역으로 용도가 지정되지 아니한 지역은 자연환경보전지역에 관한 규정을 적용하며, 도시지역 또는 관리지역이 세부 용도지역으로 지정되지 아니한 경우로서 도시지역인 경우에는 보전녹지지역에 관한 규정이 적용되고, 관리지역인 경우에는 보전관리지역에 관한 규정을 적용한다(국토계획법 제79조).

(4) 관련 판례 등

판례

[판례] ▶ 개별적 계획제한의 범위
[대법원 1998.9.18, 98두4498 판결](토지수용이의재결처분취소)

【판시사항】
수용대상 토지의 보상액 평가시 고려대상에서 배제하여야할 당해 공공사업과 다른 목적의 공공사업으로 인한 공법상의 제한의 범위(=개별적 계획제한)

【판결요지】
공법상 제한을 받는 수용대상토지의 보상액을 산정함에 있어서는 그 공법상의 제한이 당해 공공사업의 시행을 **직접 목적**으로 가하여진 경우는 물론 당초의 목적사업과는 다른 목적의 공공사업에 편입수용되는 경우에도 그 **제한을 받지 아니하는 상태**대로 평가하여야 할 것인바, 이와 같이 공특법시행규칙 제6조제4항 소정의 "당해 공공사업의 시행을 직접 목적으로 하여 가하여진 경우"를 확장해석하는 이유가 사업변경 내지 고의적인 사전제한 등으로 인한 토지소유자의 불이익을 방지하기 위한 것이라는 점에 비추어 볼 때, 수용대상토지의 보상액 평가시 고려대상에서 배제하여야 할 당해 공공사업과 다른 목적의 공공사업으로 인한 공법상의 제한의 범위는 그 제한이 구체적인 사업의 시행을 필요로 하는 이른바 개별적 계획제한에 해당하는 것에 한정된다고 할 것이다.

재결례

[재결례] ▶ 도시계획시설(근린공원)로 지정된 토지에 대한 <u>선하지 및 철탑부지의 사용료</u>를 산정할 때 공법상 제한 없는 상태대로 평가한다. [**중토위 2018.4.12.**]

【재결요지】

도시계획시설 공원에 저촉된 토지에 대한 선하지 사용료 보상의 경우, 공익사업의 시행을 직접 목적으로 하여 가하여진 경우가 아니고, 당해 공익사업과 병행이 가능한 다른 공익사업을 위한 개별적 제한은 공법 상 제한을 받은 상태대로 평가해야 한다는 유권해석이 있었으나(2014.3.5. 토지정책과—1477호), 위 중토위 2018.4.12. 자 재결에서, 도시계획시설(근린공원)로 지정된 토지에 대한 선하지(구분지상권) 및 철탑부지(지상권) 사용료를 산정하는 경우, <u>특정 도시계획시설의 설치를 위한 계획결정과 같이 구체적 사업이 따르는 개별적 계획제한일 때에는 당해 공익사업의 시행을 **직접 목적**으로 하는 제한으로 보아 제한을 받지 않는 상태로 평가한다고 재결하였다.</u>

질의회신

[질의회신1] ▶ 철도보호지구 내 토지의 평가 [2011.8.23. **토지정책과—4109**]

【질의요지】 철도안전법에 의하여 철도보호지구로 지정된 경우 공법상 제한에 해당하는지 여부

【회신내용】 공법상 제한을 받는 토지라 함은 관계법령에 의하여 토지의 이용규제나 제한을 받는 토지를 말하는바, **철**도안전법 제45조를 보면 철도보호지구에서 행위제한이 있는 것으로 본다.

[질의회신2] ▶ 문화재보호구역내 토지의 평가 [1999.5.6. **토정58342—814**]

【질의요지】 문화재보호구역내의 토지를 문화재보수정비사업을 시행하기 위하여 취득하는 경우의 평가방법

【회신내용】 문화재보호구역으로 지정된 토지는 일반적인 제한 그 자체로 목적이 완성되고 구체적인 사업시행을 목적으로 하여 지정되는 것이 아니므로, 질의의 경우는 제한받는 상태를 감안하여 평가하여야 할 것이라 본다.

[질의회신3] ▶ 군사시설보호구역내 토지의 평가 [1993.4.21. 토정58342-653]

【질의요지】 기존 군사시설의 보호를 목적으로 설정된 군사시설보호구역내의 토지를 기존 군사시설을 확장하기 위하여 매수하는 경우에 군사시설보호구역의 지정으로 인한 공법상 제한을 공특법시행규칙 제6조제4항의 '그 공법상 제한이 당해 공공사업의 시행을 직접 목적으로 하여 가하여진 경우'로 보아 평가할 수 있는지 여부

【회신내용】 군사시설보호구역은 일반적으로 제한 그 자체로 목적이 완성되고 구체적인 사업의 시행을 직접 목적으로 하여 지정되는 것이 아니므로, 그 구역내에서 기존 군사시설을 확장하기 위하여 토지를 매수하는 경우에도 동법시행규칙 제6조제4항의 규정에 따라 제한 받는 상태대로 평가하되, 제한의 정도를 감안하여 적정하게 감가하여 평가하는 것이 타당한 것으로 판단됨.

[질의회신4] ▶ 접도구역내 토지의 평가 [1993.1.12. 토정58307-53]

【질의요지】 가스공급시설부지의 잔여지로 매수청구된 토지가 접도구역내 토지인 경우에 공특법 시행규칙 제6조제4항의 규정에 의한 공법상 제한을 받는 토지에 해당되는지 여부와 해당되지 않을 경우에 동시행규칙 제26조제1항의 규정에 의하여 보상액을 산정할 수 있는지 여부

【회신내용】 공법상 제한을 받는 토지는 그 공법상의 제한이 당해 공공사업의 시행을 직접 목적으로 가하여진 경우를 제외하고는 제한받는 상태대로 평가하되 제한의 정도를 감안하여 적정하게 감가하여 평가하도록 공특법시행규칙 제6조제4항에서 규정하고 있으며, 접도구역의 지정·고시로 가하여진 공법상의 제한은 가스공급시설 설치를 직접 목적으로 가하여진 제한이 아니므로, 귀 질의의 매수청구토지를 잔여지로

보아 평가하는 경우에는 접도구역의 지정에 따른 제한을 받는 상태대로 평가함이 타당할 것으로 판단됨.

[질의회신5] ▶ 완충녹지 평가 [1996.10.10. 토정58307-1291]

【질의요지】 택지개발사업지구의 서측과 북측의 완충녹지(경부선 철도변과 광대로변에 소재)를 보상평가할 경우 완충녹지설정으로 인한 공법상 제한상태를 고려하여 평가하여야 하는지 여부

【회신내용】 공특법 시행규칙 제6조제4항에 의하면 공법상 제한을 받는 토지는 그 공법상 제한이 당해 공공사업의 시행을 직접 목적으로 하여 가하여진 경우를 제외하고는 제한받는 상태대로 평가하되 제한의 정도를 감안하여 적정하게 감가하여 평가하도록 하고 있으며, 일반적인 계획제한은 제한을 받는대로 평가하되 개별적인 사업제한의 경우는 제한을 받지 아니한 상태대로 평가하는 것을 의미하는 것으로 생각되는 바, 질의상의 완충녹지가 국토의계획및이용에관한법률상의 도시계획시설로서의 녹지이고 당해사업이 완료되지 아니한 경우라면 공법상 제한을 받지 아니한 상태로 평가하는 것이 적정할 것으로 생각되나 철도법 기타 관계법령이 적용되는 경우로서 당해 법령에서 동 시설설치에 대한 손실보상과 관련한 별도의 규정이 존치하고 있는 경우라면 그에 따라 판단하되 그 의미가 명확하지 아니할 경우라면 도시계획 관련사항의 원용을 고려할 수도 있을 것으로 생각됨.

[질의회신6] ▶ 토지형질변경제한의 성격 [1997.12.24. 토정58342-1867]

【질의요지】 토지형질변경 제한이 공특법에 의한 일반적 제한인지, 특별한 제한에 해당하는지 여부

【회신내용】 국토의계획및이용에관한법령에 의한 적법절차에 의거 당해지역이 토지형질변경 제한지역으로 지정고시되어 사실상 일반적으로 토지형질변경을 제한받고 있는 상태라면 당해 공공사업(도시계획시설 : 학교)의 시행을 직접 목적으로 가하여

진 구체적, 개별적 제한으로 보기 어려우므로 공특법 제6조 제4항의 규정에 따라 제한받는 상태대로 평가하되 제한의 정도를 감안하여 적정하게 감가하여 평가되어야 할 것임.

다. 공원구역 등 안 토지의 보상평가

(1) 「자연공원법」에 의한 공원의 평가

자연공원은 국립공원·도립공원·군립공원 및 지질공원을 말한다. 자연공원의 지정은 해당 공원사업의 시행을 직접 목적으로 하여 제한이 가하여진 경우가 아니라 공원지정 그 자체로 목적이 완성되고 구체적인 사업의 시행이 필요하지 아니한 일반적인 계획제한에 해당한다.

따라서 **자연공원**으로 지정된 구역 안에 있는 토지에 대한 감정평가는 그 공원 등의 지정에 따른 제한과 공원구역의 용도지구 결정에 따른 일반적 계획제한으로서 그 제한을 받는 상태를 기준으로 한다. 다만, 자연공원법 시행령 제2조에서 정한 공원시설의 설치를 위한 공원사업시행계획의 결정고시 등에 따른 제한은 그 제한이 구체적인 사업의 시행이 필요한 개별적인 계획제한으로서 그 제한을 받지 아니한 상태를 기준으로 감정평가한다 (토보침 제24조 제1항).

판례

[판례] ▶ 국립공원 지정의 성격 [서울서부지법 2007.7.13. 선고 2007가합1401]

【판결요지】
국립공원의 지정으로 인한 개발가능성의 소멸과 그에 따른 지가의 하락이나 지가상승률의 상대적 감소는 토지 소유자가 감수하여야 하는 사회적 제약의 범주에 속하는 것으로 보아야 할 것이고, 자신의 토지를 장래에 건축이나 개발목적으로 사용할 수 있으리라는 기대가능성이나 신뢰 및 이에 따른 지가상승의 기회는 원칙적으로 재산권의 보호범위에 속하지 아니하고, 토지 소유자가 국립공원구역 지정 당시의 상태대로 토지를 사용·수익·처분할 수 있는 이상 구역지정에 따른 토지이용의 제한은 원칙적으로 재산권에 내재하는 사회적 제약의 범주 내에 있다고 할 것이다.

(2) 「도시공원 및 녹지 등에 관한 법률」에 의한 공원의 평가

도시공원(도시자연공원구역을 제외)과 녹지로 결정된 지역 안에 있는 토지에 대한 감정 평가는 그 도시공원 및 녹지 등의 결정이 「국토계획법」 제2조제7호에서 정한 도시·군계획시설의 설치를 목적으로 하는 개별적인 계획제한으로서 그 공법상 제한을 받지 아니한 상태를 기준으로 한다(토보침 제24조 제2항). 다만, **도시자연공원**구역안의 토지는 그 제한을 받는 상태를 기준으로 평가한다.

판례

[판례] ▶ 자연공원법에 의한 '자연공원 지정' 및 '공원용도지구계획에 따른 용도지구 지정'은 원칙적으로 토지보상법 시행규칙 제23조 제1항 본문에서 정한 '일반적 계획 제한'에 해당한다. [대법원 2019.9.25. 선고 2009두34982]

【판결요지】

[1] 토지보상법 제68조 제3항은 손실보상액의 산정기준 등에 관하여 필요한 사항은 국토교통부령으로 정한다고 규정하고 있다. 그 위임에 따른 공익사업을 위한 토지보상법 시행규칙 제23조는 "공법상 제한을 받는 토지에 대하여는 제한받는 상태대로 평가한다. 다만 그 공법상 제한이 당해 공익사업의 시행을 직접 목적으로 하여 가하여진 경우에는 제한이 없는 상태를 상정하여 평가한다."(제1항), "당해 공익사업의 시행을 직접 목적으로 하여 용도지역 또는 용도지구 등이 변경된 토지에 대하여는 변경되기 전의 용도지역 또는 용도지구 등을 기준으로 평가한다."(제2항)라고 규정하고 있다.

따라서 공법상 제한을 받는 토지에 대한 보상액을 산정할 때에 해당 공법상 제한이 구 도시계획법(2002.2.4. 법률 제6655호 국토의 계획 및 이용에 관한 법률 부칙 제2조로 폐지)에 따른 용도지역·지구·구역의 지정 또는 변경과 같이 그 자체로 제한목적이 달성되는 일반적 계획제한으로서 구체적 도시계획사업과 직접 관련되지 아니한 경우에는 그러한 제한을 받는 상태 그대로 평가하여야 하고,

도로·공원 등 특정 도시계획시설의 설치를 위한 계획결정과 같이 구체적 사업이 따르는 개별적 계획제한이거나 일반적 계획제한에 해당하는 용도지역·지구·구역의 지정 또는 변경에 따른 제한이더라도 그 **용도지역·지구·구역의 지정 또는 변경이 특정 공익사업의 시행을 위한 것일 때**에는 당해 공익사업의 시행을 직접 목적으로 하는 제한으로 보아 위 제한을 받지 아니하는 상태를 상정하여 평가하여야 한다.

[2] 자연공원법은 자연공원의 지정·보전 및 관리에 관한 사항을 규정함으로써 자연생태계와 자연 및 문화경관 등을 보전하고 지속가능한 이용을 도모함을 목적으로 하며(제1조), 자연공원법에 의해 <u>자연공원으로 지정되면 그 공원구역에서 건축행위, 경관을 해치거나 자연공원의 보전·관리에 지장을 줄 우려가 있는 건축물의 용도변경, 광물의 채굴, 개간이나 토지의 형질변경, 물건을 쌓아 두는 행위, 야생동물을 잡거나 가축을 놓아먹이는 행위, 나무를 베거나 야생식물을 채취하는 행위 등을 제한함으로써 (제23조) 공원구역을 보전·관리하는 효과가 즉시 발생한다.</u> 공원관리청은 자연공원지정 후 공원용도 지구계획과 공원시설계획이 포함된 '공원계획'을 결정·고시하여야 하고(제12조 내지 제17조), 이 공원계획에 연계하여 10년마다 공원별 공원보전·관리계획을 수립하여야 하지만(제17조의3), 공원시설을 설치·조성하는 내용의 공원사업(제2조 제9호)을 반드시 시행하여야 하는 것은 아니다. <u>공원관리청이 공원시설을 설치·조성하고자 하는 경우에는 자연공원 지정이나 공원용도지구 지정과는 별도로 '공원시설계획'을 수립하여 결정·고시한 다음, '공원사업 시행계획'을 결정·고시하여야 하고(제19조 제2항), 그 공원사업에 포함되는 토지와 정착물을 수용하여야 한다(제22조).</u>

이와 같은 자연공원법의 입법목적, 관련 규정들의 내용과 체계를 종합하면, <u>자연공원법에 의한 '자연공원 지정' 및 '공원용도지구계획에 따른 용도지구지정'은, 그와 동시에 구체적인 공원시설을 설치·조성하는 내용의 '공원시설계획'이 이루어졌다는 특별한 사정이 없는 한, 그 이후에 별도의 '공원시설계획'에 의하여 시행 여부가 결정되는 공원사업의 시행을 직접 목적으로 한 것이 아니므로 공익사업을 위한 토지보상법 시행규칙 제23조 제1항 본문에서 정한 '일반적 계획제한'에 해당한다.</u>

라. 용도구역과 관련된 토지의 보상평가

(1) 용도지역 미지정 토지의 평가

양측 용도지역의 사이에 있는 토지가 용도지역이 지정되지 아니한 경우에 그 토지에 대한 평가는 그 위치·면적·이용상태 등을 고려하여 양측 용도지역의 평균적인 제한상태를 기준으로 한다. 다만, 양측 용도지역의 경계에 있는 도로(도시·군계획도로를 포함함)에 대한 용도지역 지정 여부의 확인이 사실상 곤란한 경우에는 「도시·군관리계획수립지침」에서 정하는 기준에 따라 (i) 주거·상업·공업지역 중 2개 지역을 경계하고 있는 도로는 도로의 중심선을 용도지역의 경계로 보고, (ii) 주거·상업·공업지역과 녹지지역의 경계에 있는 도로가 지역간 통과도로인 경우에는 중심선을 용도지역 경계로 보며, 일반도로인 경우에는 녹지지역이 아닌 지역으로 본다(토보침 제25조).

(2) 둘 이상의 용도지역에 속한 토지의 평가

둘 이상의 용도지역에 걸쳐있는 토지는 각 용도지역 부분의 위치·형상·이용상황, 그 밖에 다른 용도지역 부분에 미치는 영향 등을 고려하여 면적 비율에 따른 평균가액으로 한다. 다만, (i) 용도지역을 달리하는 부분의 면적이 과소하여 가격형성에 미치는 영향이 별로 없는 경우 (ii) 관련 법령에 따라 주된 용도지역을 기준으로 이용할 수 있어 주된 용도지역의 가격으로 거래되는 관행이 있는 경우에는 주된 용도지역의 가격을 기준으로 감정평가 할 수 있다(토보침 제26조).

(3) 공법상 용도지역·지구 등이 변경된 토지의 평가

① 용도지역 또는 용도지구 등의 변경이 (i) 당해 공익사업의 시행을 **직접** 목적으로 하거나[254] (ii) 당해 공익사업의 시행에 따른 절차로서 이루어진 경우에는 변경 전 용도지역을 기준으로 하고(시행규칙 제23조 제2항, 토보침 제27조), 당해 공공사업과 직접 관계없이 용도지역이 변경된 경우에는 변경·고시된 기준시점에서의 용도지역을 기준으로 보상 평가한다.

---

[254] ① 일정한 용도지역에서만 행할 수 있는 도시·군계획시설, ②공익사업에 따른 용도지역 등이 변경

② 「도시·군계획시설의 결정·구조 및 설치기준에 관한 규칙」 등 관련 법령에 따라 일정한 용도지역에서 하여야 하는 공익사업에 해당되지 않음에도 사실상 해당 공익사업의 시행을 위하여 용도지역을 변경한 경우에는 해당 공익사업의 시행을 직접 목적으로 하는 변경으로 본다. 따라서 특정 공익사업인 공원조성사업이 시행을 목적으로 일반주거지역에서 자연녹지지역으로 변경(해당 공익사업의 시행을 직접 목적으로 한 용도지역의 변경)된 토지에 대한 수용보상액을 산정하는 경우에는 그 대상토지의 **종전** 용도지역인 일반주거지역 등을 기준으로 하여 평가하여야 한다.255)

판례

[판례1] ▶ 해당 공익사업의 시행을 직접 목적으로 한 용도지역의 변경
 [대법원 2007.7.12. 선고 2006두11507]

【판결요지】
공원조성사업의 시행을 직접 목적으로 일반주거지역에서 자연녹지지역으로 변경된 토지에 대한 수용보상 액을 산정하는 경우, 그 대상 토지의 용도지역을 일반주거지역으로 하여 평가하여야 한다.

[판례2] ▶ 당해 공공사업의 시행을 직접 목적으로 한 용도지역의 변경은 이를 고려함이 없이 평가하여야 한다. [대법원 1993.9.10. 선고 93누5543]

【판결요지】
토지수용으로 인한 손실보상액을 산정함에 있어서는 당해 공공사업의 시행을 **직접목적**으로 하는 계획의 승인, 고시로 인한 가격변동은 이를 고려함이 없이 수용재결 당시의 가격을 기준으로 하여 적정가격을 정하여야 하는 것이므로 택지개발계획의 승인과 더불어 용도지역이 생산녹지에서 주거지역으로 변경된 토지들에 대하여 그 이후 이 사업을 시행하기 위하여 이를 수용하였다면, 구 토지수용법('89.4.1 법률 제4120호로서 개정되기 전의 것) 제46조 제2항에 의하여 보상액을 산정하여야 하는

---

255) 대법원 2007.7.12. 선고 2006두11507 판결

경우에 있어서 표준지의 선정이나 지가변동률의 적용, 품등비교 등 그 보상액 재결을 위한 평가를 함에 있어서는 용도지역의 변경을 고려함이 없이 평가하여야 한다.

③ 개발제한구역에서는 (ⅰ) 도로, 철도 등 개발제한구역을 통과하는 선형(線形)시설 등을 제외한 도시·군계획시설사업, (ⅱ) 「도시개발법」에 따른 도시개발사업, (ⅲ) 「도시정비법」에 따른 정비사업 등의 공익사업의 시행을 할 수 없도록 규정하고 있으므로 **개발제한구역**에서 허용되지 않는 공익사업을 시행하기 위하여 개발제한구역을 해제하는 경우는 해당 공익사업의 시행을 직접 목적으로 하는 변경에 해당된다(개발제한구역법 제12조).256)

질의회신

[질의회신] ▶ 개발제한구역 해제대상이 아닌 지역을 해당 공익사업을 위하여 해제대상에 포함시킨 경우는 해당 공익사업을 직접 목적으로 한 용도지역 등의 변경에 해당된다.
[2004.5.11. 토관-2176]

【질의요지】
개발제한구역 해제를 위한 입안시 해제요청구역내에 학교시설부지를 포함하여 입안 해제 승인을 받고 도시계획시설(학교)로 결정된 경우에 공익사업을위한토지등의취득및보상에관한법률시행규칙 제23조제2항의 규정상 '당해 공익사업의 직접목적'에 해당되는 것으로 보아 녹지지역(개발제한구역)으로 평가하는지 여부

【회신내용】
정부의 개발제한구역 해제방침결정에 의하여 당초 해제대상에 해당되지 아니하는 지역을 학교시설부지로 편입시키기 위해 개발제한구역 해제 입안시 이를 포함하여 해제토록 한 경우라면 토지보상법시행규칙 제23조제2항의 규정에 의하여 당해 공익사업의 시행을 **직접 목적**으로 하여 용도지역 또는 용도지구 등이 변경된 경우로 보

---

256) 토관-2176 (2004.5.11.)

아야 할 것으로 보며, 개별적인 사례에 대하여는 사업시행자가 사실관계 등을 검토하여 판단·결정할 사항으로 봅니다.

④ 용도지역의 변경이 사실상 해당 공익사업의 시행을 직접 목적으로 한 것인지의 여부는 관보 등에 고시되는 변경사유 등을 기준으로 객관적으로 판단하여야 하며, 택지개발촉진법 제11조(다른 법률과의 관계)에서는 사업시행자가 실시계획 등을 작성하거나 승인을 받았을 때에 「국토계획법」 제30조에 따른 도시·군관리계획의 결정 등이 있은 것으로 본다고 규정하여 이에 따라 변경된 용도지역 등은 해당 공익사업의 시행에 따른 절차로서 변경된 경우에 해당된다(택지개발촉진법 제11조제1항 등).

재결례

[판례1] ▶ 공원 결정·고시일과 같은 날짜에 용도지역 조정(주거지역 → 자연녹지지역)이 있었던 사정 등의 경우, 공원사업의 시행을 직접 목적으로 하여 용도지역 또는 용도지구 등을 변경한 토지에 해당한다고 본 사례 [**중토위 2019.1.24.**]

【재결요지】
법 시행규칙 제23조제1항에 따르면 '공법상 제한을 받는 토지에 대하여는 제한받는 상태로 평가한다. 다만, 그 공법상 제한이 당해 공익사업의 시행을 직접 목적으로 하여 가하여진 경우에는 제한이 없는 상태로 평가한다. 같은조 제2항에 따르면 당해 공익사업의 시행을 직접 목적으로 하여 용도지역 또는 용도지구 등이 변경된 토지에 대하여는 변경되기 전의 용도지역 또는 용도지구 등을 기준으로 평가하도록 되어 있다.
관계 자료(고시·공고문, 감정평가서, 이의신청서 및 사업시행자 의견서 등)를 검토한 결과, 이의신청인이 주거지역으로 평가·보상하여 달라고 주장하고 있는 울산광역시 ○○군 ○○면 ○○리 995 대 312㎡는 1988.1.26. 경상남도지사가 ○○도시계획을 변경고시하면서 용도지역이 주거지역에서 자연녹지지역으로 변경된 것으로 확인되고, 해당 고시문(경상남도 제1988-17호, 1988.1.26.)을 살펴보면, 전체 주거지역 712,900㎡ 중 36,400㎡는 상업지역으로, 85,500㎡는 자연녹지지역으로 용도지역이 변경되었으며, 자연 녹지지역 85,500㎡ 중 40,800㎡에 도시계획시설인 ○○ 공원을 지정하는 것으로, 동시에 주거지역 4,500㎡ 에 어린이공원 3개소를 지정하는 것으로 결정·고시된 바 있다.

용도지역이 변경된 토지는 기준시점(수용재결일)에서의 용도지역을 기준으로 평가·보상하여야 하나 위 법 시행규칙 제23조 제2항에 따라 용도지역 변경이 해당 공익사업의 시행을 직접 목적으로 하는 경우, 용도지역 변경이 해당 공익사업의 시행에 따른 절차로서 이루어진 경우에는 변경전 용도지역을 기준으로 평가·보상하여야 한다.

도시계획시설(공원) 설치의 경우 용도지역에 대한 제한은 없으나 이 건 ○○공원 결정·고시의 경우 **같은 날짜에** 용도지역 조정(주거지역 → 자연녹지지역)이 동시에 있었던 점으로 볼 때 ○○공원에 해당하는 토지에 대하여는 도시계획시설(○○공원)을 지정·설치하겠다는 목적을 가지고 해당 토지에 대해 자연녹지지역으로 용도를 변경하였다고 볼 수 있으므로 자연녹지지역으로 변경되기 전의 용도지역인 주거지역으로 평가·보상하기로 한다.

질의회신

[질의회신1] ▶ 해당 공익사업으로 인한 용도지역 등의 변경 여부의 판단기준
[2014.12.22. 감정평가기준팀-4304]

【질의요지】

지구단위계획에 의해 용도지역이 변경된 도시계획시설도로를 보상할 때 자연녹지지역을 기준하여야 하는지, 현행 용도지역인 제2종일반주거지역을 기준하여야 하는지 여부

【회신내용】

「공익사업을 위한 토지 등의 취득 및 보상에 관한 법률 시행규칙」제23조(공법상 제한을 받는 토지의 평가) 제1항 단서에 따른 "공법상 제한이 당해 공익사업의 시행을 직접 목적으로 하여 가하여진 경우" 또는 제2항에 따른 "당해 공익사업의 시행을 직접 목적으로 하여 용도지역 또는 용도지구 등이 변경된 토지"에 해당되기 위해서는

도시관리계획 변경고시문에 해당 공익사업을 위해 용도지역을 변경한다는 사유가 **명문으로 기재되든지**, 아니면 해당 공익사업이 **"도시계획시설의 결정·구조 및 설치 기준에 관한규칙"**에서 특정한 용도지역에서만 시행할 수 있도록 규정하고 있고 그 용도지역으로 변경된 경우에 한한다고 보아야 할 것입니다.

따라서 본 사안의 경우는 <u>원칙적으로 현재의 용도지역을 기준으로 하되</u> 구체적인 용도지역의 변경사유는 도시계획관리권자에게 문의하시기 바랍니다.

(4) 관련 판례 등

> **판례**
>
> [판례1] ▶ 특정 공익사업의 시행을 위한 용도지역 등의 지정·변경은 해당 공익사업을 직접 목적으로 하는 제한으로 본다. [**대법원 2012.5.24. 선고 2012두1020**]
>
> **【판시사항】**
>
> 관할 구청장이 공원조성사업을 위하여 수용한 갑 소유 토지에 대하여 녹지지역으로 지정된 상태로 평가한 감정결과에 따라 수용보상금을 결정한 사안에서, <u>공원 설치에 관한 도시계획결정은 개별적 계획제한</u>이고, 제반 사정에 비추어 볼 때, 위 <u>토지를 녹지지역으로 지정·변경한 것은 도시계획시설인 공원의 설치를 **직접 목적으로 한 것**이므로</u>, 위 녹지지역의 지정·변경에 따른 공법상 제한은 위 토지에 대한 보상금을 평가할 때 고려 대상에서 배제되어야 한다는 이유로, 이와 달리 본 원심판결에 법리를 오해한 위법이 있다고 한 사례
>
> **【판결요지】**
>
> 공법상 제한을 받는 토지에 대한 보상액을 산정할 때에 해당 공법상 제한이 구 도시계획법에 따른 용도지역·지구·구역의 지정 또는 변경과 같이 그 자체로 제한목적이 달성되는 일반적 계획제한으로서 구체적 도시계획사업과 직접 관련되지 아니한 경우에는 그러한 제한을 받는 상태 그대로 평가하여야 하지만, 도로·공원 등 특정 도시계획시설의 설치를 위한 계획결정과 같이 구체적 사업이 따르는 개별적 계획제한 이거나 일반적 계획제한에 해당하는 용도지역·지구·구역의 지정 또는 변경에

따른 제한이더라도 그 용도지역 · 지구 · 구역의 지정 또는 변경이 특정 공익사업의 시행을 위한 것일 때에는 당해 공익사업의 시행을 **직접 목적**으로 하는 제한으로 보아 위 **제한을 받지 아니하는 상태**를 상정하여 평가하여야 한다.

[판례2] ▸ 공공사업의 시행 이후에 문화재보호구역이 지정되어도 당해 공법상 제한을 받는 상태대로 토지보상액을 평가하여야 한다. [**대법원 2005. 2. 18. 선고 2003두 14222**]

【판결요지】
1. 공법상의 제한을 받는 토지의 수용보상액을 산정함에 있어서는 그 공법상의 제한이 당해 공공사업의 시행을 직접 목적으로 하여 가하여진 경우에는 그 제한을 받지 아니하는 상태대로 평가하여야 할 것이지만, 공법상 제한이 당해 공공사업의 시행을 직접 목적으로 하여 가하여진 경우가 아니라면 그러한 제한을 받는 상태 그대로 평가하여야 하고, 그와 같은 제한이 당해 공공사업의 시행 이후에 가하여진 경우라고 하여 달리 볼 것은 아니다.
2. 문화재보호구역의 확대 지정이 당해 공공사업인 택지개발사업의 시행을 직접 목적으로 하여 가하여진 것이 아님이 명백하므로 토지의 수용보상액은 그러한 공법상 제한을 받는 상태대로 평가하여야 한다고 한 사례

[판례3] ▸ 도시계획상 도로편입 인근토지에 대한 손실보상
[**대법원 1993. 11. 12. 선고 93누7570 판결**]

【판결요지】
수용대상토지에 대하여 당해 공공사업의 시행 이전에 이미 도로의 설치에 관한 도시계획결정이 고시되어 이용제한이 가하여진 경우의 공법상 제한은 그 목적달성을 위하여 구체적인 사업의 시행을 필요로 하는 이른바 개별적 계획제한에 해당하므로, 그 토지의 수용보상액을 산정함에 있어서는 위와 같은 공법상 제한이 당해 공공사업의 시행을 직접 목적으로 하여 가하여진 경우는 물론 위 토지가 당초의 목적사업과 다른 목적의 공공사업에 편입수용되는 경우에도 모두 그러한 제한을 받지 아니하는

<u>상태대로 이를 평가하여야 할 것인바</u>, 이는 어디까지나 수용대상토지의 도시계획에 의하여 이미 도로로 편입예정된 부분에 대하여 위와 같은 공법상 제한으로 인한 토지가격의 변동을 참작하지 않도록 함으로써 그 토지소유자로 하여금 정당한 보상액에 미치지 못하는 저가보상으로 인하여 부당하게 불이익을 입게 하는 것을 방지하려는 데 그 취지가 있을 뿐이고, 더 나아가 도시계획상 도로편입 부분이 아닌 그 인근 토지에 대한 손실보상액을 평가함에 있어 위와 같이 공익사업인 도로의 설치를 내용으로 하는 도시계획결정이 고시된 결과 당연히 그 영향으로 토지이용의 증진 내지 개발효과에 대한 기대심리가 작용하여 사실상 토지가격 상승요인이 발생함에 따라 <u>당해 토지소유자가 그에 상당하는 이익을 얻게 된 사정까지 고려대상에서 배제하여야 한다는 취지는 아니다.</u>

[판례4] ▶ 용도지역이 환원된 경우의 보상평가방법
[대법원 2000. 4. 21. 선고 98두4504 판결]

【판결요지】
도시계획변경결정에 의하여 용도지역이 <u>생산녹지지역에서 준주거지역으로 변경된</u> <u>토지를 택지개발예정지구로 지정하면서 지적승인 고시를 하지 않아 용도지역이 생</u> <u>산녹지지역으로 환원된 경우</u>, 위 환원은 당해 공공사업인 택지개발사업의 시행을 **직** **접 목적**으로 하여 <u>가하여진 제한에 해당하므로 용도지역을 준주거지역으로 하여 수</u> 용보상액을 <u>평가</u>하여야 한다.

질의회신

[질의회신1] ▶ 토지보상법 시행규칙 제23조에서 "직접 목적"의 의미
[2011. 8. 1. **토지정책과**—3762]

【회신내용】 여기서 "직접 목적"이란 공법적 제한이나 용도지역·지구의 변경이 당해 공익사업의 시행을 직접 목적으로 가하였는지를 의미하는 것으로서, 공법적 제한이나 용도지역·지구의 변경이 당해 공익사업의 시행을 직접 목적으로 가하였는지 여부는 사업시행의 근거 법령과 관련 서류 등을 종합적으로 검토하여 판단할 사항임.

[질의회신2] ▶ 보상이 이루어지고 있는 도중에 용도지역이 변경된 경우
[1994.5.23. 토정38307-749]

【질의요지】 국토이용관리법상 공업지역으로 지정되어 '92.8.24. 지방공업단지조성 사업의 실시계획 승인을 받고 보상금 지급이 진행되고 일부 미지급된 상태에서 도시계획법상 재정비로 인한 공업지역으로 변경 고시된 후 재결절차에 들어간 경우 어느 용도 지역을 기준으로 평가하여야 하는지 여부

【회신내용】 토지수용법 제46조의 규정에 의하면 손실액의 산정은 동법 제25조제1항의 규정에 의한 협의의 경우에는 협의성립당시의 가격을 기준으로 하고 동법 제29조의 규정에 의한 재결의 경우에는 수용 또는 사용 당시의 가격을 기준으로 하도록 되어 있으므로, 귀 질의의 경우가 <u>수용재결을 위한 평가를 하는 것이라면 이는 수용재결 당시의 당해 토지의 이용계획 등 가격형성상의 여러 가지 요인들을 참작하여 적정하게 평가하여야 할 것임.</u>

[질의회신3] ▶ 택지개발예정지구의 지정·고시로 용도지역이 변경된 경우에는 변경 전 용도지역을 기준으로 평가 [1999.10.4. 토관58342-1221]

【질의요지】 택지개발예정지구로 지정·고시됨으로 인하여 국토이용관리법 제13조의3 제4항에 의거 농림·준농림지역이 도시지역으로 변경된 경우에 변경전의 용도지역을 기준으로 평가하는 것인지 아니면 변경후의 용도지역을 기준으로 평가하는 것인지 여부

【회신내용】 택지개발예정지구의 지정·고시 등으로 인하여 국토이용관리법상의 용도지역이 변경된 경우에는 공공용지의취득및손실보상에관한특례법 제4조제3항 단서 규정 및 대법원 판례(1991.11.26 선고, 91누285 판결) 등에 의거 <u>변경 전 용도지역을 기준으로 평가하여야 할 것임.</u>

마. 개발제한구역 안의 토지의 보상평가

(1) 평가원칙

개발제한구역안의 토지에 대한 평가는 개발제한구역의 지정이 일반적인 계획제한으로서 그 공법상 제한을 받는 상태를 기준으로 평가한다(토보침 제31조 제1항). 다만, 최근 계속된 공익사업으로 개발제한구역의 대규모 해제와 맞물리면서 오랜기간 동안 문제되었던 개발제한 구역의 재산권 행사의 제한 및 특별한 희생에 따른 정당한 보상 문제가 다시 대두되면서 개발제한구역의 일부 해제에 따른 정상적인 지가상승분이 토지보상 평가에 반영될 수 있도록 토지보상지침이 일부 개정되었다.

(2) 공부상 건축물이 없는 토지의 평가

개발제한구역 지정 당시부터 공부상 지목이 "대"인 토지(이축된 건축물이 있었던 토지의 경우에는 개발제한구역 지정 당시부터 해당 토지의 소유자와 이축된 건축물의 소유자가 다른 경우에 한한다)로서 「개발제한구역의 지정 및 관리에 관한 특별조치법 시행령」 제24조에 따른 개발제한구역 건축물관리대장에 등재된 건축물(이하 "건축물"이라 한다)의 없는 토지(이하 "건축물이 없는 토지"라 한다)에 대한 평가는 다음과 같이 한다(토보침 제31조 제2항).

> 1. 토지의 형질변경허가 절차 등의 이행이 필요하지 아니하는 나지상태의 토지는 인근지역에 있는 건축물이 없는 토지의 표준지공시지가를 기준으로 평가한다. 다만, 건축물이 없는 토지의 표준지공시지가가 인근지역에 없는 경우에는 인근지역에 있는 건축물이 있는 토지의 표준지공시지가를 기준으로 하거나, 동일수급권 안의 유사지역에 있는 건축물이 없는 토지의 표준지공시지가를 기준으로 평가할 수 있다.
> 2. 농경지 등 다른 용도로 이용되고 있어 토지의 형질변경절차 등의 이행이 필요한 토지는 제1호의 기준에 따른 감정평가액에 형질변경 등 대지조성에 통상 필요한 비용 상당액 등을 고려한 가액으로 평가한다. 다만, 주위환경이나 해당 토지의 상황 등에 비추어 "대"로 이용되는 것이 사실상 곤란하다고 인정되는 경우에는 현실적인 이용상황을 기준으로 평가하되, 인근지역 또는 동일수급권 안의 유사지역에 있는 현실적인 이용상황이 비슷한 토지의 표준지공시지가를 기준으로 한다.

(3) 건축물이 있는 토지의 평가

개발제한구역 안에 있는 건축물이 있는 토지에 대한 감정평가는 인근지역에 있는 건축물이 있는 토지의 표준지공시지가를 기준으로 하고, 건축물이 있는 토지의 표준지공시지가가 인근지역에 없는 경우에는 동일수급권 안의 유사지역에 있는 건축물이 있는 토지의 표준지공시지가를 기준으로 하거나 인근지역에 있는 건축물이 없는 토지의 표준지공시지가를 기준으로 평가한다. 다만, 대상토지의 면적이 인근지역에 있는 '대'의 표준적인 획지면적을 뚜렷이 초과하거나 지상 건축물의 용도·규모 및 부속건축물의 상황과 관계법령에 따른 용도지역별 건폐율·용적률, 그 밖에 공법상 제한 등으로 보아 그 면적이 뚜렷이 과다한 것으로 인정되는 경우에는 그 초과부분에 대하여는 제2항을 준용할 수 있다(토보침 제31조 제3항).

(4) 가격격차율 수준기준 토지의 평가

건축물이 없는 토지를 인근지역에 있는 건축물이 있는 토지의 표준지공시지가를 기준으로 감정평가하거나, 건축물이 있는 토지를 인근지역에 있는 건축물이 없는 토지의 표준지공시지가를 기준으로 감정평가하는 경우에는 개발제한구역 안에서의 건축물의 규모·높이·건폐율·용적률·용도변경 등의 제한과 토지의 분할 및 형질변경 등의 제한, 그밖에 인근지역의 유통·공급시설(수도·전기·가스공급설비·통신시설·공동구 등)등 기반시설(도시·군계획시설)의 미비 등에 따른 건축물이 있는 토지와 건축물이 없는 토지의 가격격차율 수준을 조사하고 이를 개별요인의 비교 시에 고려하여야 한다. 다만, 주위환경이나 해당 토지의 상황 등에 비추어 인근지역의 건축물이 있는 토지와 건축물이 없는 토지의 가치격차율 수준이 차이가 없다고 인정되는 경우에는 그러하지 아니하다(토보침 제31조 제4항).

(5) 매수대상토지의 평가

「개발제한구역의 지정 및 관리에 관한 특별조치법」 제17조제3항에 따른 매수대상토지에 대한 감정평가는 같은 법 시행령 제30조에 따르되 다음 각 호의 기준에 따른다(토보침 제31조 제5항).

1. 매수청구일 당시에 공시되어 있는 표준지공시지가 중 <u>매수청구일에 가장 근접한</u> <u>시점의 표준지공시지가를 기준</u>으로 하되, 그 공시기준일부터 가격시점까지의 지가변동률·생산자물가상승률, 그 밖에 해당 토지의 위치·형상·환경·이용상황 등을 고려한 적정가격으로 평가한다.

2. 이용상황의 판단은 개발제한구역의 지정으로 해당 토지의 효용이 뚜렷하게 감소되기 전 또는 사용·수익이 사실상 불가능하게 되기 전의 토지의 상황(이하 "종전토지의 상황"이라 한다)을 기준으로 하되, 의뢰자가 제시한 기준에 따른다. 다만, 그 제시가 없는 때에는 개발제한구역 지정 이전의 공부상 지목을 기준으로 한다.

3. 비교표준지의 선정은 인근지역에 있는 종전토지의 상황과 비슷한 이용상황의 것으로 하되, 공부상 지목이 "대"인 토지(의뢰자가 개발제한구역 지정 이전의 실제 용도를 "대"로 본 다른 지목의 토지를 포함한다)는 인근지역에 있는 건축물이 없는 토지로서 실제용도가 "대"인 공시지가 표준지를 선정한다.

바. 개발제한구역이 해제된 토지 및 우선해제대상지역안 토지의 보상평가

(1) 개발제한구역이 해제된 토지의 평가

개발제한구역 안의 토지가 「개발제한구역의 조정을 위한 도시관리계획 변경안 수립지침」 (국토교통부훈령 제840호, 2017.4.28) 각 호의 사업으로서 관계법령에 따른 공익사업 목적의 개발수요를 충족하기 위하여 이 수립지침에 따른 도시·군관리계획의 변경 절차 등을 거쳐 개발제한구역에서 해제된 것임을 <u>명시하여 감정평가 의뢰된 경우</u> 해당 토지에 대한 감정평가는 <u>개발제한구역이 **해제되기 전**의 공법상 제한을 기준</u>으로 한다(토보침 제31조의2).

(2) 개발제한구역의 우선해제대상지역안 토지의 평가

① 개발제한구역 안에 있는 토지가 종전에 시행된 「집단취락 등의 개발제한구역해제를 위한 도시관리계획 변경(안)수립지침」(건설교통부 관리 51400-1365, 2003. 10. 9. 이하 "우선해제지침"이라 한다)에 따른 조정대상에 해당하는 지역(이하 "우선해제대상지역

이라 한다) 중 집단취락·경계선관통취락·산업단지·개발제한구역지정의 고유목적 외의 특수한 목적이 소멸된 지역, 그 밖에 개발제한구역의 지정 이후에 개발제한구역 안에서 공익사업의 시행 등으로 인한 소규모 단절토지에 해당하는 경우로서 <u>다음 각 호의 어느 하나에 해당하는 경우에는 개발제한구역의 우선해제가 예정된 것에 따른 **정상적인 지가의 상승요인을 고려하여 평가하되**, 개발제한구역이 **해제된 것에 준한 가격으로** 감정평가가액을 결정할 수 있다. 이 경우에는 그 내용을 감정평가서에 기재한다(토보침 제31조의3 제1항).</u>

---

1. 특별시장·광역시장·시장 또는 군수(이하 이 조에서 "시장등"이라 한다)가 우선해제지침에서 정하는 절차에 따라 도시관리계획안(이하 이 조에서 "도시관리계획안"이라 한다)의 주요내용을 **공고한 경우**

2. 우선해제지침에서 정하는 절차에 따라 도시관리계획안의 <u>주요내용이 수립되었으나</u> 해당 공익사업의 시행을 직접 목적으로 하여 개발제한구역이 해제됨으로써 그 주요내용이 <u>공고되지 아니한 경우</u>

3. 해당 공익사업의 시행을 직접 목적으로 하여 개발제한구역이 해제되지 아니하였을 경우에 시장 등이 우선해제지침에서 정하는 절차에 따라 도시관리계획안의 <u>주요내용을 수립·공고하였을 것으로 예상되는 경우</u>로서 시장등이 그 내용을 확인하는 경우

---

② 제1항에 따라 감정평가 하는 경우에서 우선해제지침에서 정하는 기준에 따라 개발제한구역의 해제에 따른 동시조치사항으로 용도지역·지구의 변경이 이루어졌을 것으로 예상되는 경우로서 시장등이 그 내용을 확인하는 경우에는 이를 고려한 가액으로 평가할 수 있다(토보침 제31조의3 제2항).

③ 제1항과 제2항에 따라 감정평가하는 경우에서 비교표준지의 선정은 대상토지의 인근지역 또는 동일수급권 안의 유사지역에 있는 것으로서 우선해제대상지역 안에 있는 표준지로 함을 원칙으로 하되, <u>개발제한구역의 해제가 예정된 것 등에 따른 **정상적인 지가상**</u>

승요인은 그 밖의 요인으로 보정한다. 다만, 그 상승요인이 비교표준지의 공시지가에 이미 반영되어 있거나, 비교표준지의 공시지가가 개발제한구역이 해제된 상태로 공시된 경우에는 그러하지 아니하다(토보침 제31조의3 제3항).

④ 제1항 본문에서 적시한 우선해제대상지역 외의 토지가 국민임대주택단지조성사업, 경부고속철도 운영활성화를 위한 광명역세권 개발사업 및 시급한 지역현안사업의 부지로서 우선해제대상지역으로 된 경우에서 해당 토지가 종전의 「광역도시계획수립지침(건설교통부, 제정 2002.12.30)」에서 정하는 조정가능지역에 해당하는 것으로 인정되는 경우에는 개발제한구역의 해제 가능성에 따른 **정상적인 지가의 상승요인을 고려**하여 평가할 수 있다. 다만, 의뢰자가 시장 등으로부터 해당 토지가 위 조정가능지역의 국가정책사업 및 지역현안사업에 필요한 지역에 해당하는 것으로 확인받아 감정평가 의뢰하는 경우에는 그러하지 아니하다(토보침 제31조의3 제4항).

관련법령

■ 개발제한구역의 지정 및 관리에 관한 특별조치법 (약칭:개발제한구역법)

제12조(개발제한구역에서의 행위제한) ① 개발제한구역에서는 건축물의 건축 및 용도변경, 공작물의 설치, 토지의 형질변경, 죽목(竹木)의 벌채, 토지의 분할, 물건을 쌓아놓는 행위 또는 「국토의 계획 및 이용에 관한 법률」 제2조제11호에 따른 도시·군계획사업(이하 "도시·군계획사업"이라 한다)의 시행을 할 수 없다. 다만, 다음 각 호의 어느 하나에 해당하는 행위를 하려는 자는 특별자치시장·특별자치도지사·시장·군수 또는 구청장(이하 "시장·군수·구청장"이라 한다)의 허가를 받아 그 행위를 할 수 있다. 〈개정 2009.2.6., 2010.4.15., 2011.4.14., 2011.9.16., 2013.5.28., 2014.1.28., 2015.12. 29., 2019.8.20.〉

  1. 다음 각 목의 어느 하나에 해당하는 건축물이나 공작물로서 대통령령으로 정하는 건축물의 건축 또는 공작물의 설치와 이에 따르는 토지의 형질변경

    가. 공원, 녹지, 실외체육시설, 시장·군수·구청장이 설치하는 노인의 여가활용을 위한 소규모 실내 생활체육시설 등 개발제한구역의 존치 및 보전관리에 도움이 될 수 있는 시설

나. 도로, 철도 등 개발제한구역을 통과하는 선형(線形)시설과 이에 필수적으로 수반되는 시설

다. 개발제한구역이 아닌 지역에 입지가 곤란하여 개발제한구역 내에 입지하여야만 그 기능과 목적이 달성되는 시설

라. 국방·군사에 관한 시설 및 교정시설

마. 개발제한구역 주민과 「공익사업을 위한 토지 등의 취득 및 보상에 관한 법률」 제4조에 따른 공익사업의 추진으로 인하여 개발제한구역이 해제된 지역 주민의 주거·생활편익·생업을 위한 시설

1의2. 도시공원, 물류창고 등 정비사업을 위하여 필요한 시설로서 대통령령으로 정하는 시설을 정비사업 구역에 설치하는 행위와 이에 따르는 토지의 형질변경

2. 개발제한구역의 건축물로서 제15조에 따라 지정된 취락지구로의 이축(移築)

3. 「공익사업을 위한 토지 등의 취득 및 보상에 관한 법률」 제4조에 따른 공익사업(개발제한구역에서 시행하는 공익사업만 해당한다. 이하 이 항에서 같다)의 시행에 따라 철거된 건축물을 이축하기 위한 이주단지의 조성

3의2. 「공익사업을 위한 토지 등의 취득 및 보상에 관한 법률」 제4조에 따른 공익사업의 시행에 따라 철거되는 건축물 중 취락지구로 이축이 곤란한 건축물로서 개발제한구역 지정 당시부터 있던 주택, 공장 또는 종교시설을 취락지구가 아닌 지역으로 이축하는 행위

4. 건축물의 건축을 수반하지 아니하는 토지의 형질변경으로서 영농을 위한 경우 등 대통령령으로 정하는 토지의 형질변경

5. 벌채 면적 및 수량(樹量), 그 밖에 대통령령으로 정하는 규모 이상의 죽목(竹木) 벌채

6. 대통령령으로 정하는 범위의 토지 분할

7. 모래·자갈·토석 등 대통령령으로 정하는 물건을 대통령령으로 정하는 기간까지 쌓아 놓는 행위

8. 제1호 또는 제13조에 따른 건축물 중 대통령령으로 정하는 건축물을 근린생활시설 등 대통령령으로 정하는 용도로 용도변경하는 행위

9. 개발제한구역 지정 당시 지목(地目)이 대(垈)인 토지가 개발제한구역 지정 이후 지목이 변경된 경우로서 제1호마목의 시설 중 대통령령으로 정하는 건축물의 건

축과 이에 따르는 토지의 형질변경

② 시장·군수·구청장은 제1항 단서에 따라 허가를 하는 경우 허가 대상 행위가 제11조에 따라 관리계획을 수립하여야만 할 수 있는 행위인 경우에는 미리 관리계획이 수립되어 있는 경우에만 그 행위를 허가할 수 있다. 〈신설 2013.5.28.〉

③ 제1항 단서에도 불구하고 주택 및 근린생활시설의 대수선 등 대통령령으로 정하는 행위는 시장·군수·구청장에게 신고하고 할 수 있다. 〈개정 2013.5.28.〉

④ 시장·군수·구청장은 제3항에 따른 신고를 받은 경우 그 내용을 검토하여 이 법에 적합하면 신고를 수리하여야 한다. 〈신설 2018.12.18.〉

⑤ 제1항 단서와 제3항에도 불구하고 국토교통부령으로 정하는 경미한 행위는 허가를 받지 아니하거나 신고를 하지 아니하고 할 수 있다. 〈개정 2013.3.23., 2013.5.28., 2018.12.18.〉

⑥ 시장·군수·구청장이 제1항 각 호의 행위 중 대통령령으로 정하는 규모 이상으로 건축물을 건축하거나 토지의 형질을 변경하는 행위 등을 허가하려면 대통령령으로 정하는 바에 따라 주민의 의견을 듣고 관계 행정기관의 장과 협의한 후 특별자치시·특별자치도·시·군·구 도시계획위원회의 심의를 거쳐야 한다. 다만, 도시·군계획시설 또는 제1항제1호라목의 시설 중 국방·군사에 관한 시설의 설치와 그 시설의 설치를 위하여 토지의 형질을 변경하는 경우에는 그러하지 아니하다. 〈개정 2011.4.14., 2011.9.16., 2013.5.28., 2018.12.18.〉

⑦ 제1항 단서에 따라 허가를 하는 경우에는 「국토의 계획 및 이용에 관한 법률」 제60조, 제64조제3항 및 제4항의 이행보증금·원상회복에 관한 규정과 같은 법 제62조의 준공검사에 관한 규정을 준용한다. 〈개정 2013.5.28., 2018.12.18.〉

⑧ 제1항 각 호와 제3항에 따른 행위에 대하여 개발제한구역 지정 당시 이미 관계 법령에 따라 허가 등(관계 법령에 따라 허가 등을 받을 필요가 없는 경우를 포함한다)을 받아 공사나 사업에 착수한 자는 대통령령으로 정하는 바에 따라 이를 계속 시행할 수 있다. 〈개정 2013.5.28., 2018.12.18.〉

⑨ 제1항 단서에 따른 허가 또는 신고의 대상이 되는 건축물이나 공작물의 규모·높이·입지기준, 대지 안의 조경, 건폐율, 용적률, 토지의 분할, 토지의 형질변경의 범위 등 허가나 신고의 세부 기준은 대통령령으로 정한다. 〈개정 2013.5.28., 2018.12.18.〉

⑩ 국토교통부장관이나 시·도지사가 제1항제1호 각 목의 시설 중「국토의 계획 및 이용에 관한 법률」제2조제13호에 따른 공공시설을 설치하기 위하여 같은 법 제91조에 따라 실시계획을 고시하면 그 도시·군계획시설사업은 제1항 단서에 따른 허가를 받은 것으로 본다. 〈개정 2011. 4. 14., 2011. 9. 16., 2013. 3. 23., 2013. 5. 28., 2018. 12. 18.〉

⑪ 제10항에 따라 허가를 의제받으려는 자는 실시계획 인가를 신청하는 때에 허가에 필요한 관련 서류를 함께 제출하여야 하며, 국토교통부장관이나 시·도지사가 실시계획을 작성하거나 인가할 때에는 미리 관할 시장·군수·구청장과 협의하여야 한다. 〈개정 2013. 3. 23., 2013. 5. 28., 2018. 12. 18.〉

[법률 제12372호(2014. 1. 28.) 부칙 제2조의 규정에 의하여 이 조 제1항제9호는 2015년 12월 31일까지 유효함]

[법률 제13670호(2015. 12. 29.) 부칙 제2조의 규정에 의하여 이 조 제1항제1호의2는 2020년 12월 31일까지 유효함]

제12조의2(시·도지사의 행위허가 제한 등) ① 시·도지사는 개발제한구역의 보전 및 관리를 위하여 특히 필요하다고 인정되는 경우에는 제12조제1항 단서 및 같은 항 각 호에 따른 시장·군수·구청장의 행위허가를 제한할 수 있다.

② 시·도지사는 제1항에 따라 행위허가를 제한하는 경우에는 제7조에 따라 주민의 견을 청취한 후「국토의 계획 및 이용에 관한 법률」제113조제1항에 따른 시·도도시계획위원회의 심의를 거쳐야 한다.

③ 제1항에 따른 제한기간은 2년 이내로 한다. 다만, 한 차례만 1년의 범위에서 제한기간을 연장할 수 있다.

④ 시·도지사는 제1항에 따라 행위허가를 제한하는 경우에는 제한 목적·기간·대상과 행위허가 제한구역의 위치·면적·경계 등을 상세하게 정하여 관할 시장·군수·구청장에게 통보하여야 하며, 시장·군수·구청장은 지체 없이 이를 공고하여야 한다.

⑤ 시·도지사는 제1항에 따라 행위허가를 제한하는 경우에는 지체 없이 국토교통부장관에게 보고하여야 하며, 국토교통부장관은 제한 내용이 지나치다고 인정하면 해제를 명할 수 있다. [본조신설 2017. 8. 9.]

> **제24조(무허가건축물 등의 부지 또는 불법형질변경된 토지의 평가)** 「건축법」등 관계법령에 의하여 허가를 받거나 신고를 하고 건축 또는 용도변경을 하여야 하는 건축물을 허가를 받지 아니하거나 신고를 하지 아니하고 건축 또는 용도변경한 건축물(이하 "무허가건축물등"이라 한다)의 부지 또는 「국토의 계획 및 이용에 관한 법률」등 관계법령에 의하여 허가를 받거나 신고를 하고 형질변경을 하여야 하는 토지를 허가를 받지 아니하거나 신고를 하지 아니하고 형질변경한 토지(이하 "불법형질변경토지"라 한다)에 대하여는 무허가건축물등이 건축 또는 용도변경될 당시 또는 토지가 형질변경될 당시의 이용상황을 상정하여 평가한다. 〈개정 2005.2.5., 2012.1.2.〉

4. 무허가건축물 등의 부지에 대한 평가

가. 개념

무허가건축물 등의 부지라 함은 「건축법」등 관계법령에 의하여 허가를 받거나 신고를 하고 건축 또는 용도변경을 하여야 하는 건축물을 허가를 받지 아니하거나 신고를 하지 아니하고 건축 또는 용도변경한 건축물의 부지를 말한다(시행규칙 제24조). 한편, 무허가건축물 등이란 「건축법」 등 관련 법령에 의하여 허가를 받거나 신고를 하고 건축 또는 용도변경을 하여야 하는 건축물을 허가를 받지 아니하거나 신고를 하지 아니하고 건축 또는 용도변경한 건축물을 말한다.

2012. 1. 2. 「토지보상법 시행규칙」 제24조의 개정으로 불법용도변경 건축물이 무허가건축물 등에 포함되었고, 「토지보상법 시행규칙」 부칙〈국토해양부령 제427호, 2012.1.2〉 제2조에서 제24조 개정규정은 이 규칙 시행 후 최초로 보상계획을 공고하거나 토지소유자 및 관계인에게 보상계획을 통지하는 공익사업부터 적용하도록 규정하고 있으므로, **2012. 1. 2 이전**에 보상계획을 공고하거나 토지소유자 및 관계인에게 보상계획을 통지한 공익사업에서는 불법용도변경 건축물은 무허가건축물 등에 포함되지 않는다.

■ **토지보상법 시행규칙**

제24조(무허가건축물 등의 부지 또는 불법형질변경된 토지의 평가) 「건축법」등 관계
법령에 의하여 허가를 받거나 신고를 하고 건축 또는 용도변경을 하여야 하는 건축물
을 허가를 받지 아니하거나 신고를 하지 아니하고 건축 또는 용도변경한 건축물(이하
"무허가건축물등"이라 한다)의 부지 또는 「국토의 계획 및 이용에 관한 법률」등 관계
법령에 의하여 허가를 받거나 신고를 하고 형질변경을 하여야 하는 토지를 허가를 받
지 아니하거나 신고를 하지 아니하고 형질변경한 토지(이하 "불법형질변경토지"라 한
다)에 대하여는 무허가건축물등이 건축 또는 용도변경될 당시 또는 토지가 형질변경
될 당시의 이용상황을 상정하여 평가한다. 〈개정 2005.2.5., 2012.1.2.〉

부   칙 〈건설교통부령 제344호, 2002.12.31〉
제1조 (시행일) 이 규칙은 2003년 1월 1일부터 시행한다.
제2조 (다른 법령의 폐지) 토지수용법시행규칙 및 공공용지의취득 및손실보상에관
한특례법시행규칙은 이를 각각 폐지한다.
제3조 (재결신청 등 수수료에 관한 적용례) 제9조의 규정은 이 규칙 시행일 이후 사
업인정, 수용 또는 사용의 재결 및 협의성립확인을 신청하는 분부터 적용한다.
제4조 (일반적 경과조치) 이 규칙 시행당시 종전의 토지수용법령 및 공공용지의취득
및손실보상에관한특례법령에 의하여 행하여진 처분·절차 그 밖의 행위는 이 규칙
의 규정에 의하여 행하여진 것으로 본다.
제5조 (무허가건축물등에 관한 경과조치) ① 1989년 1월 24일 당시의 무허가건축물
등에 대하여는 제24조·제54조제1항 단서·제54조제2항 단서·제58조제1항 단서
및 제58조제2항 단서의 규정에 불구하고 이 규칙에서 정한 보상을 함에 있어 이를
적법한 건축물로 본다. 〈개정 2013.4.25.〉
② 제1항에 따라 적법한 건축물로 보는 무허가건축물등에 대한 보상을 하는 경우 해
당 무허가건축물등의 부지 면적은 「국토의 계획 및 이용에 관한 법률」 제77조에 따
른 건폐율을 적용하여 산정한 면적을 초과할 수 없다. 〈신설 2013.4.25.〉
제6조 (불법형질변경토지 등에 관한 경과조치) 1995년 1월 7일 당시 공익사업시행
지구에 편입된 불법형질변경토지 또는 무허가개간토지(관계법령에 의하여 허가·인

가 등을 받고 개간을 하여야 하는 토지를 허가·인가 등을 받지 아니하고 개간한 토지를 말한다)에 대하여는 제24조 또는 제27조제1항의 규정에 불구하고 이를 현실적인 이용상황에 따라 보상하거나 개간비를 보상하여야 한다.

제7조 (보상금의 산정에 관한 경과조치) 이 규칙 시행당시 법 제15조제1항의 규정에 의하여 보상계획을 공고·통지하였거나 법 제22조의 규정에 의한 사업인정의 고시 또는 공익사업을 위한 관계법령에 의한 고시 등이 있은 공익사업시행지구에 편입된 토지등 중 보상이 완료되지 아니한 것으로서 이 규칙에 의한 보상금이 종전의 공공용지의취득 및손실보상에관한특례법령의 규정에 의한 보상금보다 적은 경우의 보상금의 산정은 종전의 공공용지의취득 및손실보상에관한특례법령의 규정에 의한다.

부   칙 〈국토해양부령 제427호, 2012.1.2〉

제1조(시행일) 이 규칙은 공포한 날부터 시행한다.

제2조(무허가건축물등에 관한 적용례) 제24조의 개정규정은 이 규칙 시행 후 최초로 보상계획을 공고하거나 토지소유자 및 관계인에게 보상계획을 통지하는 공익사업부터 적용한다.

제3조(이주정착금에 관한 적용례) 제53조제2항의 개정규정은 이 규칙 시행 후 최초로 이주정착금을 지급하는 공익사업시행지구부터 적용한다.

부   칙 〈국토교통부령 제5호, 2013.4.25〉

제1조(시행일) 이 규칙은 공포한 날부터 시행한다.

제2조(사업시행자의 시·도지사에 대한 감정평가업자 재추천 통지에 관한 적용례) 제17조제3항의 개정규정은 이 규칙 시행 전에 시·도지사가 추천한 감정평가업자가 시행한 보상평가에 대한 재평가를 위해 재추천을 통지하는 경우에 대해서도 적용한다.

제3조(보상평가에 대한 심사 시 고려사항 및 표준지 선정 기준에 관한 적용례) 제16조제5항제2호·제3호 및 제22조제3항의 개정규정은 이 규칙 시행 후 보상평가를 의뢰하는 경우부터 적용한다.

제4조(농업손실보상 기준에 관한 적용례) ① 제48조제2항의 개정규정은 이 규칙 시행 후 법 제15조제1항(법 제26조제1항에 따라 준용되는 경우를 포함한다)에 따라 보상계획을 공고하고 토지소유자 및 관계인에게 보상계획을 통지하는 공익사업부터

적용한다.

② 제48조제4항 및 제6항의 개정규정은 이 규칙 시행 후 법 제16조(법 제26조제1항에 따라 준용되는 경우를 포함한다)에 따라 협의 통지를 하는 경우부터 적용한다.

제5조(무허가건축물등의 부지 면적 산정에 관한 적용례) 건설교통부령 제344호 공익사업을위한토지등의취득 및보상에관한법률시행규칙 부칙 제5조제2항의 개정규정은 이 규칙 시행 후 법 제15조제1항(법 제26조제1항에 따라 준용되는 경우를 포함한다)에 따라 보상계획을 공고하고 토지소유자 및 관계인에게 보상계획을 통지하는 공익사업부터 적용한다.

> ■ **토지보상지침 제33조(무허가건축물 등 부지의 감정평가)** ① 의뢰자가 공익사업을 목적으로 취득 또는 사용하는 토지 위에 있는 건축물이 「건축법」 등 관계법령에 따라 허가를 받거나 신고를 하고 건축 또는 용도변경을 하여야 하는 건축물을 허가를 받지 아니하거나 신고를 하지 아니하고 건축 또는 용도변경한 건축물(이하 "무허가건축물 등"이라 한다)의 부지에 대한 감정평가는 법 시행규칙 제24조에 따라 그 무허가건축물 등이 건축 또는 용도변경될 당시의 이용상황을 기준으로 한다. 다만, 1989년 1월 24일 당시의 무허가건축물 등의 부지에 대한 감정평가는 법 시행규칙 (건설교통부령 제344호, 2002.12.31) 부칙 제5조에 따라 가격시점 당시의 현실적인 이용상황을 기준으로 한다.
> ② 제1항 단서는 「건축법」 제20조제2항의 가설건축물, 그 밖에 이와 비슷한 건축물이 있는 토지의 경우에는 적용하지 아니하며, 무허가건축물 등의 건축시점 및 무허가건축물 등에 해당하는지 여부는 의뢰자가 제시한 기준에 따른다.
> ③ 제1항 단서에 따라 무허가건축물 등의 부지를 가격시점 당시의 현실적인 이용상황을 기준으로 감정평가하는 경우에는 「농지법」 제38조에 따른 **농지보전부담금**이나 「산지관리법」 제19조에 따른 **대체산림자원조성비** 상당액은 따로 고려하지 아니한다.

나. 현실이용 지목의 인정범위(='89.1.24. 이전 무허가건축물 부지의 범위)

(1) 그 동안의 논의

무허가건축물 부지의 일부를 허가건축물의 부지로 간주하는 것에 대한 그 부지의 범위에 대하여는 그 동안 여러 이견이 있었다. 중앙토지수용위원회는 1989. 1. 24. 이전 건축된 무허가건축물 부지면적 산정은 원칙적으로 바닥 면적만을 대지로 인정하였고, 국토교통부 유권해석은 무허가건물부지의 용도규모 등 현지 여건을 종합적으로 고려하여 사실판단 할 사항[257]으로 보면서 무허가 건축물의 범위에는 축사 및 미곡창고 등 부속건물도 포함된다[258]고 하였다.

참고사항

– 무허가건축물 부지면적 판단기준(2019년 제31차 위원회 보고)[259]

▶ 시행규칙 부칙과 판례에 근거하여 무허가건축물의 부지 인정범위는 현황측량한 「건축 (바닥)면적＋불가분적 사용면적」을 원칙으로 함

▶ 개별 사건별로 현황측량 면적과 무허가건물 건축(바닥) 면적에 건폐율을 적용하여 산정한 면적을 비교하여 심의

☞ 무허가건축물 등의 부지면적 ＝ 아래 ①, ②, ③, ④ 중에서 가장 작은 값

① 무허가건축물 등 바닥면적 ＋ 무허가건축물 등의 용도에 따른 불가분적 사용범위 면적(현황측량 필요)

② 무허가건축물 등의 바닥면적을 건폐율로 나눈 면적

③ 토지면적에 건폐율을 곱하여 산출한 면적

④ 개별법에 따라 허용되는 개발면적

한편, 대법원은 "무허가건물 등의 부지라 함은 당해 무허가건물 등의 용도·규모 등 제반 여건과 현실적인 이용상황을 감안하여 무허가건물 등의 사용·수익에 필요한 범위 내의 토지와 무허가건물 등의 용도에 따라 불가분적으로 사용되는 범위의 토지를 의미하는 것이라고 해석되고, 무허가건물에 이르는 통로, 야적장, 마당, 비닐하우스·천막 부지, 컨테이너·자재적치장소, 주차장 등은 무허가건물의 부지가 아니라 불법으로 형질변경된 토지"라고 판시한 바 있다.[260]

---

257) 토정 58342-497 (1993.3.24.)
258) 토정 58342-573 (1999.7.5.)
259) 중앙토지수용위원회, 앞의 책, 2020.12., 247면
260) 대법원 2002.9.4. 선고 2000두8325 판결 [토지수용이의재결처분취소]

(2) 현재의 토지보상법 시행규칙 내용

이처럼 1989.1.24. 이전 무허가건축물 부지의 범위에 대하여 혼선이 이어지자 토지보상법 시행규칙 부칙〈국토교통부령 제5호, 2013.4.25〉제5조를 개정하면서 동법 시행규칙 부칙〈건설교통부령 제344호, 2002.12.31〉제5조 제2항 개정에 따른 내용에 따라 <u>적법한 건축물로 보는 무허가건축물 등의 부지면적은 국토계획법 제77조에 따른 **건폐율을 적용하여 산정한 면적을 초과**할 수 없도록 하였다</u>(시행규칙 부칙〈건설교통부령 제344호, 2002.12.31.〉제5조제2항).²⁶¹⁾

따라서 해당 토지면적에 건폐율을 적용한 면적이 건축물 바닥면적보다 작을 경우가 있을 수도 있다. 예를 들어 면적이 500㎡인 토지(전, 자연녹지, 건폐율 20%)에 바닥 면적이 150㎡인 1989. 1. 24. 이전 무허가건축물의 경우 용도지역의 건폐율을 적용하여 <u>최대 100㎡(500㎡×20%)만 축소되어 대지로 인정하여야 한다.</u>

또한, 토지면적 및 건폐율은 가격시점 당시(협의에 의한 경우는 협의성립 당시, 재결에 의한 경우는 재결 당시, 당해 공익사업 시행을 직접 목적으로 용도지역 등이 변경된 경우에는 변경 전 건폐율)의 건폐율을 적용한다.²⁶²⁾ 이 변경된 규칙은 2013. 4. 25. 이후 보상계획을 공고하거나 토지소유자 및 관계인에게 통지하는 공익사업부터 적용한다(시행규칙 부칙〈국토교통부령 제5호, 2013.4.25〉제5조).

판례

[판례] ▶ 무허가건축물 등의 부지의 범위 [대법원 2002.9.4. 선고 2000두8325]

【판결요지】

'무허가건물 등의 부지'라 함은 당해 무허가건물 등의 용도 · 규모 등 제반 여건과 현실적인 이용상황을 감안하여 무허가건물 등의 사용 · 수익에 필요한 범위 내의 토지

---

261) 무허가건축물 등의 부지는 해당 토지에 무허가건축물 등이 건축 또는 용도 변경될 당시의 이용상황을 기준으로 보상평가 한다. 다만, 19891.24 당시의 무허가건축물 등의 부지는 기준시점에서의 현실적인 이용상황을 기준으로 평가한다. 무허가건축물 등의 건축시점은 <u>무허가건물대장의 건축일자를 기준으로</u> 하되, 무허가건물대장이 없는 경우에는 지방자치단체에 공문을 시행하여 <u>항공사진 촬영일자 등으로 확인</u>한다.

262) 토지정책과─7597 (2014.11.27)

와 무허가건물 등의 용도에 따라 불가분적으로 사용되는 범위의 토지를 의미하는 것이라고 해석되고, … 무허가건물에 이르는 통로, 야적장, 마당, 비닐하우스·천막부지, 컨테이너·자재적치장소, 주차장 등은 무허가건물의 부지가 아니라 불법으로 형질 변경된 토지이다.

재결례

[재결례1] ▶ 보전녹지 지역내 무허가 건축물의 대지인정 인용 사례 [중토위 2020.4.9.]

【재결요지】
법 시행규칙 제24조의 규정에 따르면 「건축법」 등 관계법령에 의하여 허가를 받거나 신고를 하고 건축 또는 용도변경을 하여야 하는 건축물을 허가를 받지 아니하거나 신고를 하지 아니하고 건축 또는 용도변경한 건축물의 부지 또는 국토계획법 등 관계법령에 의하여 허가를 받거나 신고를 하고 형질변경을 하여야 하는 토지를 허가를 받지 아니하거나 신고를 하지 아니하고 형질변경한 토지에 대하여는 무허가건축물 등 이 건축 또는 용도변경될 당시 또는 토지가 형질변경 될 당시의 이용상황을 상정하여 평가한다고 되어 있다.

관계 자료(인천연수구청 형질변경 회신문서, 항공사진, 건축물대장, 감정평가서, 사업시행자 의견서, 측량성과도 등)를 검토한 결과, 당초 사업시행자는 ○○○의 ○○동 137-1 전 1,672㎡ 중 74㎡를, ○○○의 ○○동 137-17 전 1,692㎡ 중 71㎡를 각각 '대'로 인정하였으나, 한국국토정보공사의 측량 결과, ○○○의 ○○동 137-1 전 1,672㎡ 중 <u>135㎡</u>(건축물 바닥면적 65㎡, 차양 23㎡, 통로 4㎡, 마당 19㎡, 화단 24㎡)를 실제 대지로 사용하고 있는 것으로 확인되고, ○○○의 ○○동 137-17 전 1,692㎡ 중 <u>80㎡</u>(건축물 바닥면적 69㎡, 차양 11㎡)를 <u>실제 대지로 사용하고 있는 것으로 확인되므로</u> ○○○의 135㎡, ○○○의 80㎡를 각각 대지로 평가하여 보상하기로 한다.

[재결례2] ▶ 1989. 1. 24. 이전 무허가건축물이 일부 편입되는 경우 부지면적 재결례
[중토위 2020.5.7.]

【재결요지】

○○○이 1989.1.24. 이전 무허가건축물이 소재하는 부지를 전에서 대지로 보상하여 달라는 주장에 대하여 1989.1.24. 이전 무허가건축물의 부지에 대한 인정 범위는 현황측량 결과에 따라 <u>건축물 바닥면적과 불가분적 사용면적을 합한 면적이 건폐율을 적용하여 산정한 면적을 초과할 수 없도록 규정하고 있으므로</u>, ○○○ 소유의 1989. 1.24. 이전에 건축된 무허가 건축물의 전체 바닥면적은 43㎡이나 이는 사업지구 밖 ○○동 ○○○번지와 당해 사업에 편입되는 ○○동 ○○○-1번지 2필지에 걸쳐 있고, 당해 사업에 편입되는 ○○동 343-6 전 299㎡상에는 바닥면적 27㎡의 무허가 건축물이 있으며, 마당으로는 29㎡가 사용하고 있는 등, <u>전체 56㎡가 '대지'로 사용되고 있음이 확인된다.</u> 다만, 무허가 건축물의 바닥 면적에 이 건 토지의 용도지역인 제2종일반주거지역의 건폐율(60%)을 적용하면 최대 대지로 이용가능한 면적은 45㎡이므로, 건폐율을 적용한 최대 대지 면적인 **45㎡**를 '대지'로 평가하여 보상하기로 하고, 나머지 254㎡는 불법형 질변경된 토지이므로 전으로 평가하여 보상하기로 한다.

질의회신

[질의회신] ▶ 무허가건축물 부지의 인정 범위 [2014.11.27. 토지정책과-7597]

【질의요지】

면적이 500㎡인 토지(전, 자연녹지, 건폐율 20%)에 바닥면적이 150㎡인 1989.1.24. 이전 무허가 건축물이 존재할 경우 대지 인정 상한 면적을 산출하는 방법

【회신내용】

1989년 1월 24일 당시의 무허가건축물등의 부지 면적은 「국토의 계획 및 이용에 관한 법률」 제77조에 따른 건폐율을 적용하여 산정한 면적을 초과할 수 없으므로 면적이 500㎡인 토지(전, 자연녹지, 건폐율 20%)에 바닥면적이 150㎡인 1989.1.24. 이전 무허가건축물이 있는 경우 100㎡(500㎡×20%)만 대지로 보아야 할 것으로 보며, 토지면적 및 건폐율은 가격시점 당시(**협의에 의한 경우에는 협의 성립 당시, 재결에 의한 경우에는 재결 당시, 당해 공익사업 시행을 직접 목적으로 용도지역 등이 변경된 경우 변경전 건폐율)의 건폐율**을 적용하여야 할 것으로 봅니다.

다. 보상기준

(1) 원칙

무허가건축물 등의 부지에 대하여는 무허가건축물이 건축될 당시의 이용상황을 상정하여 평가한다(시행규칙 제24조). 만약 소유자 등이 무허가건축을 한 후 불법형질 변경을 통해 현실이용을 대지 등으로 활용하여 현황보상원칙에 따라 대지 등으로 보상이 이루어진다면 이는 위법행위를 적법행위로 만드는 왜곡된 모순을 부추기는 탈법행위 등을 유발시키는 촉매로 작용될 것이다.

즉, 공익사업의 실시를 위한 계획의 고시, 공고 이후에 토지의 형질변경의 허가 없이 임의로 대지로 조성하여 무허가건축물을 신축한 경우 당해 건축물의 부지는 당해 건축물이 건축될 당시의 이용상황을 상정하여 임 또는 전, 답 등의 상태로 평가한다는 것으로 이 경우 조성된 부지의 부가가치는 물론 조성비도 인정되지 않는다.

재결례

[재결례] ▶ 불법으로 용도변경한 건축물의 부지는 용도변경할 당시의 이용상황을 기준으로 평가한다. [중토위 2017.2.23.]

【재결요지】

○○○이 축사를 주거시설과 창고로 용도변경하여 사용하고 있으므로 축사를 주거용건축물로, 그 부지는 대지로 평가해주고, 편입되는 토지(지목:전)중 목장용지 면적을 축사바닥면적이 아닌 목장과 관련된 면적전체로 산정해 달라는 주장에 대하여 법 시행규칙 제24조에 따르면 …(중략) … 되어있다.

「개발제한구역의 지정 및 관리에 관한 특별조치법」(이하 개발제한구역법이라 한다) 제12조제1항에 따르면 개발제한구역에서는 건축물의 건축 및 용도변경, 공작물의 설치, 토지의 형질변경, 죽목(竹木)의 벌채, 토지의 분할, 물건을 쌓아놓는 행위 또는 「국토의 계획 및 이용에 관한 법률」 제2조제11호에 따른 도시·군계획사업(이하 "도시·군계획사업"이라 한다)의 시행을 할 수 없다. 다만, 다음 각 호의 어느 하나에 해당하는 행위를 하려는 자는 특별자치시장·특별자치도지사·시장·군수 또는 구청장(이하 "시장·군수·구청장"이라 한다)의 허가를 받아 그 행위를 할 수 있다고

되어있고, 개발제한구역법 시행령 제18조 제1항에 의하면 시행령 별표1에 따른 건축 또는 설치의 범위에서 시설물을 주택이나 근린생활시설로 용도변경하는 것은 개발 제한구역 지정 당시부터 지목이 대인 토지에 개발제한구역 지정 이후에 건축물이 건축되거나 공작물이 설치된 경우에 관할 지자체의 허가를 받아 그 행위를 할 수 있고, 구 법 시행규칙(건설교통부령 제344호, 2002.12.31.) 부칙 제5조 제1항에 의하면 1989년1월24일 당시의 무허가건축물 등에 대하여는 제24조의 규정에 불구하고 이 규칙에서 정한 보상을 함에 있어 이를 적법한 건축물로 본다고 규정하고 있다.

① 이의신청인은 경기 ○○시 ○○동 712-1 전 2,767㎡상 축사를 주거시설과 창고로 이용하고 있고, 구 건축법상 용도변경하고자 하는 바닥면적이 합계가 100㎡미만인 경우에는 신고 없이 용도변경이 가능하며, 설령 용도변경시 허가 또는 신고가 필요하다고 할 경우에도 1988.5.24. 소유권을 취득하였으므로 당시 건축법상 용도변경 절차를 거쳤는지 여부와 상관없이 주거용 건물로 보상되어야 하고, 그 부지는 대지로 평가되어야 한다는 주장하고 있는 바, 관계자료(사업시행자 의견 등)를 검토한 결과, 상기 토지상 건축물은 건축물대장상 축사로 기재되어 있는 점, 상기 토지가 개발제한구역내 위치하고 있고 지목이 '전'이므로 상기 토지상 축사를 주거용건축물(주택)으로 용도변경하는 것이 금지되어 있는 점, 1989.1.24.이전 상기 토지상 축사를 주거용 건축물로 용도변경하였다는 객관적 증빙자료가 제출되지 않은 점, 이의신청인이 주거시설이라고 주장하는 부분은 원래 축사의 관리사를 임의로 개조한 것으로 독립적인 주거시설로 볼 수 없는 점 등을 종합적으로 감안할때 이의신청인의 축사는 주거용건축물로 인정될 수 없다고 할 것이다.

따라서, 이의신청인이 주거용 건축물이라고 주장하는 축사는 건축물대장상 승인용도인 축사로, 축사부지는 '목장용지'로 평가한 것은 적정한 것으로 판단되므로 이의신청인의 주장은 받아들일 수 없다.

(2) 예외

무허가건축물 등의 부지에 대한 평가에 대한 내용은 토지보상법 시행규칙 제24조에 대한 개정 이후의 평가분부터 적용이 되는 것이고, 개정 전의 무허가건축물 등의 부지에는 적용되지 아니한다(시행규칙 부칙〈국토교통부령 제5호, 2013.4.25〉 제5조). 따라서 1989.1.24 이전에 건축된 무허가건축물 등의 부지는 종전대로 현실이용 지목, 즉 건축물부지 상태를 기준으로 가격을 산정하여야 한다. 다만, 그 건축물 등의 구조·용도 등으로 보아 일시적인 이용상황인 것으로 인정되는 경우에는 이를 적용하지 아니한다.

참고사항

[참고1] ▶ 건축물의 용도변경에 대하여 「건축법」 제19조제4항에서는 건축물을 9가지 시설군으로 구분하고, 같은 조 제2항에서 건축물의 용도변경은 특별자치시장·특별자치도지사 또는 시장·군수·구청장의 허가 또는 신고하여야 하되, 건축물의 용도를 상위군(제4항 각 호의 번호가 용도변경하려는 건축물이 속하는 시설군보다 작은 시설군을 말한다)에 해당하는 용도로 변경하는 경우 에는 허가를, 건축물의 용도를 하위군(제4항 각 호의 번호가 용도변경하려는 건축물이 속하는 시설군보다 큰 시설군을 말한다)에 해당하는 용도로 변경 하는 경우 신고를 하도록 규정하고 있다.

[참고2] ▶ 「건축법」 제19조제3항에서는 같은 시설군 안에서 용도를 변경하려는 경우에는 건축물대장 기재내용의 변경을 신청하면 되므로 이런 경우는 허가 또는 신고가 필요 없다.

[참고3] ▶ 무허가건축물 등이 건축될 당시의 이용상황은 「토지보상법」에서 정하는 절차에 따라 사업시행자가 확정하여야 한다.

---

(3) 관련 판례

① 「건축법」 제22조는 건축물의 사용승인에 대하여 규정하면서 사용승인을 받은 후가 아니면 건축물을 사용하거나 사용하게 할 수 없도록 규정하고 있으나, 허가 또는 신고와 사용승인은 법적 성질이 다르므로 그 건축물이 건축허가와 전혀 다르게 건축되어 실질적으로는 건축허가를 받은 것으로 볼 수 없는 경우가 아니라면 허가 또는 신고에는 사용승인이 포함되지 않는다.[263]

---

263) 대법원 2013. 8. 23. 선고 2012두24900 판결

[판례] ▶ '관계법령에 따른 허가 또는 신고'에 건축물의 사용승인은 포함되지 않는다.
[대법원 2013.8.23. 선고 2012두24900]

【판결요지】

…관할 행정청으로부터 건축허가를 받아 택지개발사업구역 안에 있는 토지 위에 주택을 신축하였으나 사용승인을 받지 않은 주택의 소유자 갑이 사업 시행자인 ○○공사에 이주자택지 공급대상자 선정신청을 하였는데 위 주택이 사용승인을 받지 않았다는 이유로 ○○공사가 이주자택지 공급대상자 제외 통보를 한 사안에서 …(중략) … 무허가건축물 또는 무신고건축물의 경우를 이주대책대상에서 제외하고 있을 뿐 사용승인을 받지 않은 건축물에 대하여는 아무런 규정을 두고 있지 않은 점, 건축법은 무허가건축물 또는 무신고건축물과 사용승인을 받지 않은 건축물을 요건과 효과 등에서 구별하고 있고, 허가와 사용승인은 법적 성질이 다른 점 등의 사정을 고려하여 볼 때, 건축허가를 받아 건축되었으나 사용승인을 받지 못한 건축물의 소유자는 그 건축물이 건축허가와 전혀 다르게 건축되어 실질적으로는 건축허가를 받은 것으로 볼 수 없는 경우가 아니라면 구 공익사업법 시행령 제40조 제3항 제1호에서 정한 무허가건축물의 소유자에 해당하지 않는다는 이유로 갑을 이주대책대상자에서 제외한 위 처분이 위법하다고 본 원심판단은 정당하다.

② 토지에 대한 보상액은 기준시점에서의 현실적 이용상황을 기준으로 하므로, 건축물이 무허가건축물 등 이라는 점 및 1989년 1월 24일 이후에 건축되었다는 점 등은 사업시행자가 입증하여야 한다.[264]

[판례] ▶ 불법형질변경토지라는 사실에 관한 증명책임은 사업시행자에게 있다.
[대법원 2012.4.26. 선고 2011두2521]
【판결요지】

---

264) 대법원 2012. 04. 26. 선고 2011두2521 판결

공익사업을 위한 토지 등의 취득 및 보상에 관한 법률 제70조 제2항, 제6항, 공익사업을 위한 토지 등의 취득 및 보상에 관한 법률 시행규칙 제24조에 의하면 토지에 대한 보상액은 현실적인 이용상황에 따라 산정하는 것이 원칙이므로, 수용대상 토지의 이용상황이 일시적이라거나 불법형질변경토지라는 이유로 본래의 이용상황 또는 형질변경 당시의 이용상황에 의하여 보상액을 산정하기 위해서는 그와 같은 <u>예외적인 보상액 산정방법의 적용을 주장하는 쪽에서 수용대상 토지가 불법형질변경토지임을 증명해야 한다.</u>

그리고 수용대상 토지가 불법형질변경토지에 해당한다고 인정하기 위해서는 단순히 수용대상 토지의 형질이 공부상 지목과 다르다는 점만으로는 부족하고, 수용대상 토지의 형질변경 당시 관계 법령에 의한 허가 또는 신고의무가 존재하였고 그럼에도 허가를 받거나 신고를 하지 않은 채 형질변경이 이루어졌다는 점이 증명되어야 한다.

③ 「토지보상법 시행규칙」 부칙 제5조는 " … 1989. 1. 24 당시의 무허가건축물 등에 대해서는 … 이 규칙에서 정한 보상을 함에 있어 이를 적법한 건축물로 본다."라고 규정하고 있고, 「토지보상법」 제70조 제2항에서 토지의 보상액은 기준시점에서의 현실적 이용상황을 기준으로 보상평가하도록 규정하고 있으며, <u>개별요인을 비교함에 있어서는 현실적인 이용상황의 비교 외에 공부상 지목에 따른 비교를 중복적으로 적용하는 것은 허용되지 않는다.</u>[265] 또한 무허가건축물 등의 부지를 기준시점 당시의 현실적인 이용상황을 기준으로 보상평가하는 경우, 해당 토지의 지목이 전·답 등인 경우 「농지법」 제38조의 규정에 따른 **농지보전부담금**, 지목이 임야인 경우 「산지관리법」 제19조의 규정에 따른 **대체산림자원조성비** 등은 별도로 고려하지 않는다(토보침 제33조 제3항).

판례

[판례] ▶ 개별요인 비교시 현실이용상황 외에 지목을 중복 적용하는 것은 허용되지 않는다. [**대법원 2001.3.27. 선고 99두7968**]

---

265) 대법원 2001. 3. 27. 선고 99두7968 판결

【판결요지】

토지의 수용·사용에 따른 보상액을 평가함에 있어서는 관계 법령에서 들고 있는 모든 산정요인을 구체적·종합적으로 참작하여 그 각 요인들을 모두 반영하되 지적공부상의 지목에 불구하고 가격시점에 있어서의 현실적인 이용상황에 따라 평가되어야 하므로 비교표준지와 수용대상토지의 지역요인 및 개별요인 등 품등비교를 함에 있어서도 현실적인 이용상황에 따른 비교수치 외에 다시 공부상의 지목에 따른 비교수치를 중복적용 하는 것은 허용되지 아니한다고 할 것이고, 한편 지적법시행령 제6조 제8호는 영구적 건축물 중 그 호에서 열거하는 건축물과 그 부속시설물의 부지 및 정원과 관계 법령에 의한 택지조성사업을 목적으로 하는 공사가 준공된 토지만을 '대'로 규정하고 있을 뿐이므로 건축법상 소정의 건축허가를 받아 건축한 영구건축물의 부지라 하더라도 위 호에 규정되지 아니한 건축물의 부지는 그 지목이 공장용지(동시행령 제6조 제9호), 학교용지(동조 제10호) 또는 잡종지(동조 제24호 소정 영구건축물의 부지등)로 될 수밖에 없는 것이지만, 지적법상 대(垈)가 아닌 잡종지인 경우에도 지적법상 대(垈)인 토지와 현실적 이용상황이 비슷하거나 동일한 경우에는 이를 달리 평가할 것은 아니다.

5. 불법형질변경된 토지의 평가

가. 개념

불법형질변경이란 토지보상법 시행규칙 제24조에서 「국토계획법」 등 관계법령에 의하여 허가를 받지 아니하거나 신고를 하지 아니하고 형질변경한 토지를 의미하고, 불법형질변경에 대한 손실보상평가에 있어서는 무허가건축물 등의 부지와 동일한 방법으로 토지가 형질변경 될 당시의 이용상황을 상정하여 평가하도록 하여 현황평가 원칙의 예외를 인정하고 있다.

국토계획법에서는 토지의 형질변경을 '절토·성토·정지·포장 등의 방법으로 토지의 형상을 변경하는 행위와 공유수면의 매립(경작을 위한 토지의 형질변경을 제외한다)'으로 정의하고 있다(국토계획법 시행령 제51조제1항제3호). 한편, 「개발제한구역법」에 따른 개발제한구역, 「제주특별자치도 설치 및 국제자유도시 조성을 위한 특별법」에 따른 절대보전지역, 상대보전지역, 관리보전지역 등에서는 토지의 형질변경이 원칙적으로 금지되므로 따라서 이러한 지역에서의 형질변경은 불법형질변경에 해당된다.

토지의 형질변경에는 지표만이 아니라 <u>지중의 형상을 사실상 변경</u>하는 것도 포함되며, 그 변경된 상태가 일시적이 아니라 일정한 정도 고정되어 원상회복이 어려운 상태에 해당되어야 한다.[266]

판례

[판례1] ▶ 토지형질변경의 의미 [**대법원1995.3.10. 선고 94도3209**]

【판결요지】

도시계획법 제4조 제1항 제1호 등에서 규제하는 "토지의 형질변경"이라 함은 절토 · 성토 또는 정지 등으로 토지의 형상을 변경하는 행위(조성이 완료된 기존 대지안에서의 건축물 기타 공작물의 설치를 위한 토지의 굴착행위를 제외한다)와 공유수면의 매립을 뜻하는 것(토지의 형질변경등 행위허가기준등에 관한규칙 제2조제1호)으로서 <u>토지의 형질을 외형적으로 사실상 변경시킬 것과 그 변경으로 말미암아 원상회복이 어려운 상태에 있을 것을 요한다</u> 할 것이고, 여기에서 **절토**라 함은 기존 토지의 토석의 양을 줄이는 행위를 **성토**라 함은 반대로 기존토지의 토석의 양을 늘이는 행위를 의미하는 것이라 할 것이다.

[판례2] ▶ '토지의 형질변경'에는 지중의 형상을 사실상 변경시키는 것도 포함된다.
[**대법원 2007.2.23. 선고 2006두4875**]

【판결요지】

구 개발제한구역의 지정 및 관리에 관한 특별조치법(2005.1.27. 법률 제7383호로 개정되기 전의 것, 이하 '개발제한법'이라 한다) 제11조 제1항 및 제20조 제1항이 규정하고 있는 토지의 형질변경이라 함은 절토, 성토, 정지 또는 포장 등으로 토지의 형상을 변경하는 행위와 공유수면의 매립을 뜻하는 것으로서(국토의 계획 및 이용에 관한 법률 시행령 제51조 제1항 제3호), 토지의 형질을 외형상으로 사실상 변경시킬

---

266) 대법원 2007.2.23. 선고 2006두4875

것과 그 변경으로 말미암아 원상회복이 어려운 상태에 있을 것을 요한다 (대법원 19 93.8.27. 선고 93도403 판결, 2005.11.25. 선고 2004도8436 판결 등 참조). 그리고 <u>토지의 형질을 외형상으로 사실상 변경시키는 것에는 지표(地表)뿐 아니라 지중(地中)의 형상을 사실상 변경시키는 것도 포함한다.</u>

[판례3] ▶ 토지에 모래를 쌓아놓는 행위도 형질변경으로 볼 수 있다.
[대법원 1991.11.26. 선고 91도2234]

【판결요지】

도시계획법에 의하여 개발제한구역을 지정하는 목적은 주로 도시민의 건전한 생활환경을 확보하기 위한 환경보전의 필요에 있고 이렇게 볼 때 개발제한구역 안에서 허가를 받지 않으면 안 되는 형질변경의 범위도 널리 해석할 필요가 있다 할 것이어서 형질변경이라 함은 토지의 형상을 일시적이 아닌 방법으로 변경하는 행위를 포괄적으로 가리키는 것이라고 보아야 한다.

이 사건 토지는 골재야적장으로 조성되기 전에는 비교적 평탄하기는 하였으나 잡초가 우거진 유휴지 상태였는데, 피고인이 이 사건 토지를 장기간 임차하여 모래 등을 수십 톤 쌓아놓고 중기와 트럭을 이용하여 이를 운반하는 등 <u>모래야적장으로 사용하는 과정에서 종래의 토지의 형상이 운동장처럼 변하여 원상회복이 어려운 상태에 있다면 이는 골재야적장 조성으로 인하여 생기는 필연적 결과로서 토지의 형상이 변경된 형질변경임에 틀림없다.</u>

질의회신

[질의회신] ▶ 불법 형질변경토지 판단기준 [2003.6.10. 토관58342-817]

【질의요지】 공부상 지목이 구거 및 도로인 토지를 상당기간 이전부터 형질변경 허가 등을 받지 않고 **성토 및 절토**를 하여 전 또는 답으로 사용하고 있는 경우 현실이용상황을 고려하여 평가하여야 하는지 아니면 불법형질변경 토지로 보아 형질변경 당시의 이용상태로 평가하여야 하는지 여부

【회신내용】 불법형질변경토지인 경우에는 토지가 형질변경될 당시의 이용상황을 상정하여 평가하여야 함. 이 경우 현실적인 이용상황 또는 형질변경될 당시의 이용상황을 상정하여 평가할 것인지는 「국토의계획및이용에관한법률」 제56조제1항제2호 단서의 규정에 의한 경작을 위한 토지형질변경 여부 및 같은법 시행령 제53조제3호의 규정에 의한 경미한 토질형질변경에 해당하는지 등을 검토(허가권자인 시장·군수의 의견에 따라야 할 것임)하여 판단·결정하여야 할 사항이라고 봄

나. 보상기준

① 불법형질변경 토지는 그 토지의 형질변경이 될 당시의 이용상황을 기준으로 보상평가한다(시행규칙 제24조). 다만, **1995년 1월 7일** 당시 공익사업시행지구에 편입된 불법형질변경토지는 가격시점에서의 현실적인 이용상황을 기준으로 평가한다(시행규칙 부칙 〈건설교통부령 제344호, 2002.12.31.〉제6조).[267]

② 불법형질변경 될 당시의 이용상황 및 <u>1995년 1월 7일</u> 당시 공익사업시행지구에 편입된 불법형질변경 토지에 해당되어 현실적인 이용상황을 기준으로 보상평가하는 경우의 면적사정도 「토지보상법」에서 정하는 절차에 따라 사업시행자가 확정한다. 한편, 국가 또는 지방공공단체가 적법한 절차를 거치지 아니하고 <u>사인(私人)의 토지를 형질변경 한 경우</u>에는 이러한 제도적 취지에 부합되지 않으므로 취득당시의 현실적인 이용상황을 기준으로 보상평가 한다. 다만, 미지급용지의 경우는 형질변경 자체는 적법한 것이므로 여기에 해당하지 않는다.[268]

판례

[판례] ▶ 「토지보상법 시행규칙」 제24조(구 공특법 제6조제6항)의 입법 취지
[서울고등법원 2002.3.22. 선고 2001누9150]

---

267) 형질변경이 「국토계획법」 등 관련 법령에 의하여 허가 또는 신고를 하여야 하는 형질변경에 해당되나 이러한 허가 또는 신고 없이 형질변경 되었다는 점 및 <u>1995.1.7.</u> 이후에 공익사업시행지구에 편입되었다는 점 등은 <u>사업시행자가 입증하여야 한다</u>

268) 중앙토지수용위원회, 앞의 책, 2020.12., 260면.

【판시사항】

현황평가원칙의 예외사유인 구 공공용지의취득및손실보상에관한특례법시행규칙 제
6조 제6항의 적용 기준

【판결요지】

구 공공용지의취득및손실보상에관한특례법시행규칙(2002. 12. 31. 건설교통부령 제
344호로 폐지) 제6조 제6항은 현황평가원칙의 예외로서 "무허가건물 등의 부지나
불법으로 형질변경된 토지는 무허가건물 등이 건축될 당시 또는 토지의 형질변경이
이루어질 당시의 이용상황을 상정하여 평가한다."라고 규정하 고 있는바(다만, 위
시행규칙 부칙 제4항에 의하면, 위 규칙 시행 당시 공공사업시행지구에 편입된 불법
형질변경 토지 또는 무허가개간 토지 등의 보상 등에 대하여는 위 개정규정에 불구
하고 종전의 규정에 의하도록 하고 있다), 위 규정의 취지는 토지의 소유자 또는 제3
자가 불법 형질변경 등을 통하여 현실적인 이용현황을 왜곡시켜 부당하게 손실보상
금의 평가가 이루어지게 함으로 인하여 토지 소유자가 부당한 이익을 얻게 되는 것
을 방지함으로써 구 공공용지의취득및손실보상에관한특례법(2002.2.4. 법률 제665
6호' 공익사업을위한토지등의취득및보상에관한법률 부칙 제2조로 폐지) 제4조 제2
항이 규정하고 있는 '적정가격보상의 원칙'을 관철시키기 위한 것이라 할 것이므로,
국가 또는 지방공공단체가 적법한 절차를 거치지 아니하고 개인의 토지를 형질변경
하여 그 토지를 장기간 공익에 제공함으로써 그 토지의 가격이 상승된 이후에 스스
로 공익사업의 시행자로서 그 토지를 취득하는 경우와 같이 위 규정을 적용한다면
오히려 '적정가격보상의 원칙'에 어긋나는 평가가 이루어질 수 있는 특별한 사정이
있는 때에는 위 규정이 적용되지 아니하고, 수용에 의하여 취득할 토지에 대한 평가
의 일반원칙에 의하여 수용재결 당시의 현실적인 이용상황에 따라 평가하는 것이 합
당하다.

③ 보상액은 보상의 대상이 되는 권리가 소멸한 때의 현실적인 이용상황을 기준으로 산
정하는 것이 원칙이므로, 불법인지 여부의 판단은 기준시점 당시 불법의 존재여부를 기
준으로 하므로, 형질변경 당시에는 허가나 신고 등을 하지 않았으나, 기준시점 이전에

허가나 신고를 한 경우에는 불법형질변경으로 보지 않는다. 한편, 불법형질변경 토지의 보상은 불법을 통한 토지가치의 증가를 손실보상액에서 배제한다는 취지이므로, 불법형질변경으로 인하여 현실적인 이용상황이 더 열악하게 된 경우에는 기준시점에서의 현실적인 이용상황을 기준으로 보상평가 한다.

관련법령

■ 토지보상법 시행규칙

제24조(무허가건축물 등의 부지 또는 불법형질변경된 토지의 평가)「건축법」등 관계 법령에 의하여 허가를 받거나 신고를 하고 건축 또는 용도변경을 하여야 하는 건축물을 허가를 받지 아니하거나 신고를 하지 아니하고 건축 또는 용도변경한 건축물(이하 "무허가건축물등"이라 한다)의 부지 또는「국토의 계획 및 이용에 관한 법률」등 관계 법령에 의하여 허가를 받거나 신고를 하고 형질변경을 하여야 하는 토지를 허가를 받지 아니하거나 신고를 하지 아니하고 형질변경한 토지(이하 "불법형질변경토지"라 한다)에 대하여는 무허가건축물등이 건축 또는 용도변경될 당시 또는 토지가 형질변경될 당시의 이용상황을 상정하여 평가한다. 〈개정 2005.2.5., 2012.1.2.〉

부   칙 〈건설교통부령 제344호, 2002.12.31〉

제6조 (불법형질변경토지 등에 관한 경과조치) 1995년 1월 7일 당시 공익사업시행지구에 편입된 불법형질변경토지 또는 무허가개간토지(관계법령에 의하여 허가·인가 등을 받고 개간을 하여야 하는 토지를 허가·인가 등을 받지 아니하고 개간한 토지를 말한다)에 대하여는 제24조 또는 제27조제1항의 규정에 불구하고 이를 현실적인 이용상황에 따라 보상하거나 개간비를 보상하여야 한다.

■ **토지보상지침 제34조(불법형질변경토지의 감정평가)** ①「국토의 계획 및 이용에 관한 법률」등 관계법령에 따라 허가를 받거나 신고를 하고 형질변경을 하여야 하는 토지를 허가를 받지 아니하거나 신고를 하지 아니하고 형질변경한 토지(이하 "불법형질변경토지"라 한다)에 대한 감정평가는 법 시행규칙 제24조에 따라 그 토지의 **형질변경이 될 당시의 이용상황을 기준**으로 한다. 다만, 1995년 1월 7일 당시에 공익사업시행지구(공익사업의 계획 또는 시행이 공고 또는 고시된 지역을 말한다) 안에

있는 토지에 대한 감정평가는 법 시행규칙(건설교통부령 제344호, 2002.12.31.) 부칙 제6조에 따라 불법형질변경 여부에 불구하고 **가격시점 당시의 현실적인 이용상황을 기준**으로 한다.

② 제1항 단서는 다음 각 호의 어느 하나에 해당하는 경우에는 이를 일시적인 이용상황으로 보아 적용하지 아니하며, 형질변경이 된 시점 및 불법형질변경 여부 등은 의뢰자가 제시한 기준에 따른다.

1. 해당 토지의 형질변경이 된 상태가 일시적인 이용상황으로 인정되는 경우

2. 해당 공익사업의 계획 또는 시행이 공고 또는 고시되거나 공익사업의 시행을 목적으로 한 사업구역·지구·단지 등이 관계법령에 따라 지정·고시된 이후에 해당 법령에서 금지된 형질변경을 하거나 허가를 받아야 할 것을 허가없이 형질변경한 경우

③ 제1항 단서에 따라 불법형질변경토지를 현실적인 이용상황을 기준으로 하는 경우에서 그 현실적인 이용상황이 건축물 등이 없는 상태의 토지(농경지로 된 토지는 제외한다)인 때에는 공부상 지목을 기준으로 하되, 토지의 형질변경으로 성토 등이 된 상황을 고려하여 감정평가한다.

④ 전·답·과수원 등의 농경지 지목 외의 토지(「산지관리법」 제2조제1호 각 목의 어느 하나에 해당하는 산지를 제외한다. 이하 이 조에서 같다)가 「농지법」 제2조 및 같은 법 시행령 제2조의 규정 등에 따라 농지로 감정평가 의뢰된 경우에는 이를 제1항에서 규정한 불법형질변경토지로 보지 아니한다. 다만, 대상토지가 개발제한구역 안에 있는 경우로서 영농을 위한 토지의 형질변경 등이 허가 또는 신고없이 이루어진 경우에는 그러하지 아니하다.

⑤ 지적공부상 지목이 임야인 토지 등 「산지관리법」 제2조제1호 각 목의 어느 하나에 해당하는 산지가 「산지관리법」 제14조에 따른 산지전용허가를 받지 아니하고 농지로 이용되는 경우에는 제1항에서 규정한 불법형질변경토지로 본다. 다만, 대상토지가 다음 각 호의 어느 하나에 해당하는 경우에는 그러하지 아니하다.

1. 「산지관리법」(제10331호, 2010.5.31. 및 제14361호, 2016.12.2.) 부칙의 불법전용산지에 관한 임시특례(이하 이 조에서 "임시특례"라 한다)에서 정한 절차에 따라 불법전용산지 신고 및 심사를 거쳐 농지로 지목이 변경된 경우

2. 임시특례에서 정한 절차에 따른 적용대상 토지임에도 해당 공익사업을 위한 관계

법령에 따른 산지전용허가 의제협의(「택지개발촉진법」제11조제1항제10호, 「도시개발법」제19조제1항제9호 등) 사유로 임시특례의 적용에서 배제된 경우로서 해당 시장군수구청장이 임시특례 적용대상 토지임을 확인한 경우

■ **감정평가실무기준**

[810-6.2.2 불법형질변경 토지] ① 불법형질변경 토지는 그 토지의 형질변경이 될 당시의 이용상황을 기준으로 감정평가한다. 다만, **1995년 1월 7일** 당시 공익사업시행지구에 편입된 토지는 기준시점에서의 현실적인 이용상황을 기준으로 감정평가한다. ② 제1항에도 불구하고 형질변경이 된 시점이 분명하지 아니하거나 불법형질변경 여 부 등의 판단이 사실상 곤란한 경우에는 사업시행자가 제시한 기준에 따른다.

다. 불법형질변경으로 보지 않는 경우

(1) 국토계획법의 규정

불법형질변경 토지에 있어서 불법이란 「국토계획법」등 관련 법령에 의하여 허가를 받거나 신고를 하고 형질변경 하여야 할 토지에 대하여 허가를 받거나 신고를 하지 아니하고 형질변경한 경우를 말한다. 따라서 허가를 받거나 신고를 하지 않고 할 수 있는 ⅰ) 농지 상호간에 형질변경이 수반됨이 없이 단순히 지목 간에 이동된 토지(=경작을 위한 형질변경)[269](국토계획법 제56조제1항제2호, 동법 시행령 제51조제2항), ⅱ) 관계법령에서 형질변경의 규제를 하고 있지 않거나, 규제하고 있다 하더라도 경미한 형질변경으로 허가 또는 승인 사항이 아닌 경우의 형질변경(국토계획법 제56조제4항제3호, 동법 시행령 제53조제3호) 등은 불법형질변경에 해당되지 않는다.

> **판례**
>
> [판례] ▶ '경작을 위한 토지의 형질변경'의 의미
> [대법원 2008.5.8. 선고 2007도4598]
> 【판결요지】

---

269) 경작을 위한 형질변경은 농지내에서의 형질변경을 의미한다.(국토계획법 시행령 제51조제2항)

「국토의 계획 및 이용에 관한 법률」 제56조제1항제2호, 같은 법 시행령 제51조제3호에서는 토지의 형질변경, 즉 절토·성토·정지·포장 등의 방법으로 토지의 형상을 변경하거나 공유수면을 매립하는 경우 관할관청의 허가를 받아야 한다고 규정하면서, 다만 경작을 위한 토지의 형질변경의 경우에는 예외를 두고 있다. 여기서 '경작을 위한 토지의 형질변경'이란 이미 조성이 완료된 농지에서의 농작물재배행위나 그 농지의 지력증진을 위한 단순한 객토나 소규모의 정지작업 등 농지의 생산성을 높이기 위하여 농지의 형질을 변경하는 경우를 가리키는 것으로 해석하여야 한다. 따라서 토지 소유자 등이 당해 토지를 경작하려는 의도에서 토지를 성토한 것이라고 하더라도 그것이 그 토지의 근본적인 기능을 변경 또는 훼손할 정도에 이르는 것일 때에는 관할관청으로부터 허가를 받아야 한다.

경작을 목적으로 약 11,166㎡ 면적의 유지를 1m 정도의 높이로 매립·성토하여 농지로 조성한 행위가 「국토의 계획 및 이용에 관한 법률」 및 그 시행령상 허가 없이 시행할 수 있는 행위인 '경작을 위한 토지의 형질변경'에 해당하지 아니한다.

(2) 판례 등 사례

기타 판례 등에서 불법형질변경이 아니라고 하는 것으로 ① 당해 토지의 형질변경이 된 상태가 일시적 이용상황으로 인정되는 경우,[270] ② 현황 도로 및 구거, ③ 국가 또는 지방자치단체가 공익상의 필요에 의하여 직접 시행하는 사업을 위하여 절토·성토 또는 정지하는 경우 등이 있다. 다만, 국가 또는 지방공공단체가 적법한 절차를 거치지 아니하고 사인(私人)의 토지를 형질변경 하여 장기간 사용한 경우에는 취득당시의 현실적인 이용상황을 기준으로 보상평가 하여야 한다.[271]

| 판례 |

[판례] ▶ 토지보상법 시행규칙 제24조(구 공특법 제6조제6항)의 입법 취지
[서울고등법원 2002.3.22 선고 2001누9150]

---

270) 대법원 1999. 7. 27. 선고 99두4327 판결, ; 대법원 2000. 2. 8. 선고 97누15845 판결
271) 서울고등법원 2002.3.22 선고 2001누9150 판결

【판결요지】

구 공공용지의취득및손실보상에관한특례법시행규칙(2002.12.31. 건설교통부령 제3
44호로 폐지) 제6조 제6항은 현황평가원칙의 예외로서 "무허가건물 등의 부지나 불
법으로 형질변경된 토지는 무허가건물 등이 건축될 당시 또는 토지의 형질변경이 이
루어질 당시의 이용상황을 상정하여 평가한다."라고 규정하고 있는바(다만, 위 시행
규칙 부칙 제4항에 의하면, 위 규칙 시행 당시 공공사업시행지구에 편입된 불법형질
변경 토지 또는 무허가개간 토지 등의 보상 등에 대하여는 위 개정규정에 불구하고
종전의 규정에 의하도록 하고 있다), 위 규정의 취지는 토지의 소유자 또는 제3자가
불법 형질변경 등을 통하여 현실적인 이용현황을 왜곡시켜 부당하게 손실보상금의
평가가 이루어지게 함으로 인하여 토지 소유자가 부당한 이익을 얻게 되는 것을 방
지함으로써 구 공공용지의취득및손실보상에관한특례법(2002.2.4. 법률 제6656호
공익사업을위한토지등의취득및보상에관한법률 부칙 제2조로 폐지) 제4조 제2항이
규정하고 있는 '적정가격보상의 원칙'을 관철시키기 위한 것이라 할 것이므로, 국가
또는 지방공공단체가 적법한 절차를 거치지 아니하고 개인의 토지를 형질변경하여
그 토지를 장기간 공익에 제공함으로써 그 토지의 가격이 상승된 이후에 스스로 공
익사업의 시행자로서 그 토지를 취득하는 경우와 같이 위 규정을 적용한다면 오히려
'적정가격보상의 원칙'에 어긋나는 평가가 이루어질 수 있는 특별한 사정이 있는 때
에는 위 규정이 적용되지 아니하고, 수용에 의하여 취득할 토지에 대한 평가의 일반
원칙에 의하여 수용재결 당시의 현실적인 이용상황에 따라 평가하는 것이 합당하다.

질의회신

[질의회신] ▶ 하천을 종전지목으로 이용하고 있는 경우 [1999.4.2. 토정58342-5791]

【질의요지】

1필의 토지가 종전의 지목은 전이었으나 포락으로 인하여 하천으로 지목이 변경되고,
포락되지 않은 부분을 석축으로 쌓아 다른 용도(전, 공장용지, 구거)로 이용하는 경우

【회신내용】

가. 포락됨에 따라 하천(구거)으로 사용중인 토지는 현황에 따라 평가함.

나. 자연력에 의하여 토지의 일부가 포락됨에 따라 지적관리청에서 토지의 넓은 부분을 기준으로 지목을 하천(준용하천)으로 직권변경한 경우라도 포락되지 아니한 부분을 보호하기 위하여 석축을 쌓아 이전의 지목(전)대로 이용되는 경우라면 불법형질변경한 토지로는 볼 수 없음.

다. 당초지목이 전인 토지상에 무허가 건축물을 건축하는 것 등은 불법형질변경토지에 해당됨.

라. 불법형질변경의 구체적인 판단기준

(1) 허가나 승인을 필하였으나 준공검사 및 지목변경이 되지 않은 경우

허가를 받거나 신고를 하고 실질적인 형질변경을 완료하였으나 준공검사를 득하지 않았거나 지목을 변경하지 않은 경우에는 불법형질변경 토지가 아니다. 불법의 판단 기준이 되는 허가·승인을 이미 득한 상태에서 준공검사 및 지목변경을 단순히 하지 아니한 경우를 불법으로 보기 어렵기 때문이다. 따라서 이런 경우에는 현실적인 이용상황대로 보상평가 하여야 한다.[272]

그러나, 개별법령에서 행위제한일 이전에 건축허가 등을 받고 착공한 경우에 한하여 행위제한일 이후에 계속 공사를 할 수 있도록 규정하고 있는 경우에는 행위제한일 이후에 착공은 불법형질변경에 해당하므로 보상액을 산정시 수용재결일 당시의 현황대로 평가할 수는 없고, 공사에 착수하기 전의 이용상황을 상정하여 평가하여야 한다.[273]

> **판례**
>
> [판례1] ▶ 준공검사를 득하지 않았거나 지목변경을 하지 않았다고 하여 불법형질변경 토지로 볼 수 없다. [대법원 2013.6.13. 선고 2012두300]
>
> 【판결요지】
> 1. 토지의 형질변경이란 절토, 성토, 정지 또는 포장 등으로 토지의 형상을 변경

---

272) 대법원 2013. 6. 13. 선고 2012두300 판결
273) 대법원 2007.4.12. 선고 2006두18492 판결

하는 행위와 공유수면의 매립을 뜻하는 것으로서, 토지의 형질을 외형상으로 사실상 변경시킬 것과 그 변경으로 인하여 원상회복이 어려운 상태에 있을 것을 요하지만, 형질변경허가에 관한 준공검사를 받거나 토지의 지목까지 변경시킬 필요는 없다.

2. 택지개발사업을 위한 토지의 수용에 따른 보상액의 산정이 문제 된 사안에서, 농지를 공장부지로 조성하기 위하여 농지전용허가를 받아 농지조성비 등을 납부한 후 공장설립 및 변경신고를 하고, 실제로 일부 공장건물을 증축하기까지 하여 토지의 형질이 원상회복이 어려울 정도로 사실상 변경됨으로써 이미 공장용지로 형질변경이 완료되었으며, 당시 농지법령에 농지전용허가와 관련하여 형질변경 완료시 준공검사를 받도록 하는 규정을 두고 있지 않아 별도로 준공검사를 받지 않았다고 하더라도 구지적법 시행령(2002.1.26. 대통령령 제17497호로 개정되기 전의 것)에서 정한 '공장부지 조성을 목적으로 하는 공사가 준공된 토지'의 요건을 모두 충족하였다고 보아야 하고, 수용대상 토지가 이미 공장용지의 요건을 충족한 이상 비록 공부상 지목변경절차를 마치지 않았다고 하더라도 그 토지의 수용에 따른 보상액을 산정할 때에는 공익사업을 위한 토지 등의 취득 및 보상에 관한 법률 제70조 제2항의 '현실적인 이용상황'을 공장용지로 평가해야 한다.

[판례2] ▶ 예정지구의 지정·고시 이후에 공사에 착수하여 공사가 진척된 토지의 현실적인 이용상황의 판단 [**대법원 2007.4.12. 선고 2006두18492**]

【판결요지】

구 택지개발촉진법(2002.2.4. 법률 제6655호로 개정되기 전의 것) 제6조 제1항 단서에서 규정하는 '예정지구의 지정·고시 당시에 공사 또는 사업에 착수한 자'라 함은 예정지구의 지정·고시 당시 구 택지개발촉진법 시행령(2006.6.7. 대통령령 제19503호로 개정되기 전의 것) 제6조 제1항에 열거되어 있는 행위에 착수한 자를 의미하는 것이고 그러한 행위를 하기 위한 준비행위를 한 자까지 포함하는 것은 아니라고 할 것이며, 같은 법 제6조 제1항 본문에 의하면, 건축법 등에 따른 건축허가를 받은 자가 택지개발 예정지구의 지정·고시일까지 건축행위에 착수하지 아니하였으면 종전의 건축허가는 예정지구의 지정·고시에 의하여 그 효력을 상실하였다고 보아야 할 것이어서, 이후 건축행위에 착수하여 행하여진 공사 부분은 택지개발촉진법 제6조 제2항의 원상회복의 대상이 되는 것이므로, 예정지구의 지정·고시이후 공사에 착수하여 공사가 진척되었다고 하더라도 당해 토지에 대한 보상액을 산정함에 있어서 그 이용현황을 수용재결일 당시의 현황대로 평가할 수는 없고, 구 공익사업을 위한 토지 등의 취득 및 보상에 관한 법률 시행규칙(2005.2.5. 건설교통부령 제424호로 개정되기 전의 것) 제24조에 따라 공사에 착수하기 전의 이용상황을 상정하여 평가하여야 한다.

(2) 원상회복 조치를 받은 경우

불법형질변경 또는 법령상 가까운 장래에 허가 등의 기간이 만료되어 복구가 예정되어 있는 경우의 현재의 이용상황은 일시적 이용상황으로 보아야 할 것이므로, 당해 토지는 가격시점에 있어서의 현실이용지목이 아닌 지적공부상의 지목을 기준으로 평가하거나, 불법형질변경된 토지로 보아 불법으로 형질변경될 당시의 이용상황을 상정하여 평가하여야 한다.

판례

[판례1] ▶ 불법형질변경 토지는 일시적 이용상황에 불과하다.
[대법원 1999.7.27. 선고 99두4327]

【판결요지】
수용대상 토지가 수용재결 당시 잡종지 등으로 사실상 사용되고 있으나 무단형질변경의 경위, 수회에 걸친 무단형질변경토지의 원상회복명령 및 형사고발까지 받고도 원상복구하지 아니한 점, 그 이용실태 및 이용기간 등에 비추어 위 이용상황은 공공

용지의취득및손실보상에관한특례법시행령 제2조의10 제2항 소정의 '일시적인 이용상황'에 불과하다.

[판례2] ▶ 가까운 장래에 복구가 예정되어 있는 경우 현재의 이용상황은 일시적인 이용상황에 해당된다. [대법원 2000.2.8. 선고 97누15845]

【판결요지】
공공용지의취득및손실보상에관한특례법시행령 제2조의10 제2항은 토지에 대한 평가는 지적공부상의 지목에 불구하고 가격시점에 있어서의 현실적인 이용상황에 따라 평가되어야 하며 일시적인 이용상황은 고려하지 아니한다고 규정하고 있으므로, 토지수용재결 당시 채석지의 이용상황이 잡종지이기도 하지만 가까운 장래에 채석기간이 만료되어 훼손된 채석지에 대한 산림복구가 법령상 예정되어 있다면 이러한 이용상황은 일시적인 것에 불과하다고 보아야 하므로 이에 대한 수용보상액은 그 공부상 지목에 따라 임야로서 평가함이 마땅하다.

질의회신

[질의회신] ▶ 원상복구 준공검사를 받은 경우 복구된 토지현황대로 평가한다.
[2010.12.3. 토지정책과—5639]

【질의요지】
산림형질변경허가를 받았으나 일부 허가기한내 목적대로 이용하지 못해 원상복구 명령을 받아 복구를 실시하여 적법하게 복구 준공검사를 완료한 토지가 공익사업에 편입되어 평가하는 경우, 형질변경 당시 이용상황을 고려하여 자연림으로 평가하는지 또는 원상복구 준공된 현재 현황대로 평가하는지 여부

【회신내용】
산림형질변경허가를 받았다가, 원상복구 명령에 의해 원상복구를 완료하였고, 적법하게 원상복구 준공검사도 받은 경우에는 현재 토지현황을 형질변경 신청 전의 원상복구 상태로 확인하여 준 것으로 볼 수 있으므로 복구준공된 현황대로 평가하여야

한다고 보나, 개별적인 사례는 형질변경허가 및 준공검사 등 사실관계에 대한 조사와 관계법령 등의 검토를 토대로 사업시행자가 판단·결정할 사항이라고 봅니다.

(3) 사업인정고시일 또는 행위제한일 기준 이후의 형질변경[274]

① 사업인정 고시일(사업인정 의제고시일 포함) 또는 개별 법률에서 규정한 특정 행위제한일[275] 이후에 해당법령에 의한 허가를 받거나 신고를 하지 않고 형질 변경한 경우에는 불법형질변경이 된다.

② '1995년 1월 7일 당시 공익사업시행지구에 편입된 토지'에서 '공익사업시행 지구에 편입된 때'는 공익사업시행계획공고·고시일로 본다.

판례

[판례1] ▶ 공익사업시행지구에 편입된 때의 의미 [대법원 2000.12.8. 선고 99두9957]

【판결요지】

도로 등 도시계획시설의 도시계획결정고시 및 지적고시도면의 승인고시는 도시계획시설이 설치될 토지의 위치, 면적과 그 행사가 제한되는 권리내용 등을 구체적, 개별적으로 확정하는 처분이고 이 경우 그 도시계획에 포함된 토지의 소유자들은 당시의 관련 법령이 정한 보상기준에 대하여 보호할 가치가 있는 신뢰를 지니게 된다 할 것이므로, 그 고시로써 당해 토지가 구 공공용지의취득및손실보상에관한특례법시행규칙 (1995.1.7. 건설교통부령 제3호로 개정되어 1997.10.15. 건설교통부령 제121호로 개정되기 전의 것) 부칙(1995.1.7.) 제4항이 정한 '공공사업시행지구'에 편입된다고 보아야 할 것이고, 따라서 위 부칙 제4항에 의하여 위 시행규칙 시행일인 1995.1.7. 이전에 도시계획시설(도로)의 부지로 결정·고시된 불법형질변경 토지에 대하여는 형질변경이 될 당시의 토지이용상황을 상정하여 평가하도록 규정한 위 시행규칙 제6조 제6항을 적용할 수 없다.

---

274) 중앙토지수용위원회, 앞의 책, 2020.12., 259-260면.
275) 행위제한일은 각 개별법률에 규정되어 있다. [부록- 참고자료 4] 참조

③ 개별법령에서 행위제한일 이전에 건축허가 등을 받고 착공한 경우에 한하여 행위제한일 이후에 계속 공사를 할 수 있도록 규정하고 있는 경우로서 <u>행위 제한일 이후에 착공한 경우</u>는 불법형질변경에 해당한다.

판례

[판례1] ▶ 예정지구의 지정·고시 이후에 공사에 착수하여 공사가 진척된 토지의 현실적인 이용상황의 판단 [**대법원 2007.4.12. 선고 2006두18492**]

【판시사항】
구 택지개발촉진법 제6조 제1항 단서에서 정한 '예정지구의 지정·고시 당시에 공사 또는 사업에 착수한 자'의 의미 및 예정지구의 지정·고시로 인하여 건축허가가 효력을 상실한 후에 공사에 착수하여 공사가 진척된 토지에 대한 보상액을 산정함에 있어서 그 이용현황의 평가 방법

【판결요지】
구 택지개발촉진법(2002.2.4. 법률 제6655호로 개정되기 전의 것) 제6조 제1항 단서에서 규정하는 '예정지구의 지정·고시 당시에 공사 또는 사업에 착수한 자'라 함은 예정지구의 지정·고시 당시 구 택지개발촉진법 시행령(2006.6.7. 대통령령 제19503호로 개정되기 전의 것) 제6조 제1항에 열거되어 있는 행위에 착수한 자를 의미하는 것이고 그러한 행위를 하기 위한 준비행위를 한 자까지 포함하는 것은 아니라고 할 것이며, 같은 법 제6조 제1항 본문에 의하면, <u>건축법 등에 따른 건축허가를 받은 자가 택지개발 예정지구의 지정·고시일까지 건축행위에 착수하지 아니하였으면 종전의 건축허가는 예정지구 의 지정·고시에 의하여 그 효력을 상실하였다고 보아야 할 것이어서, 이후 건축행위에 착수하여 행하여진 공사 부분은 택지개발촉진법 제6조 제2항의 원상회복의 대상이 되는 것이므로, 예정지구의 지정·고시 이후 공사에 착수하여 공사가 진척되었다고 하더라도 당해 토지에 대한 보상액을 산정함에 있어서 그 이용현황을 수용재결일 당시의 현황대로 평가할 수는 없고,</u> 구 공익사업을 위한 토지 등의 취득 및 보상에 관한 법률 시행규칙(2005.2.5. 건설교통부령 제424호로 개정되기 전의 것) 제24조에 따라 <u>공사에 착수하 기 전의 이용상황을 상정하여 평가하여야 한다.</u>

(4) 지목상 임야이나 사실상 농지인 토지

① 그 동안의 논의

임야를 무단으로 경작하는 경우 사실상 농지로 인정하지 않고 있으나,[276] 주무부서인 농림부에서는 지목인 임야에서 **3년 이상** 계속하여 농작물을 경작하면 사실상농지로 인정하여 왔다.[277] 그러나 2010.12.1. 시행 산지관리법 부칙(법률 제10331호, 2010.5.31) 제2조 "불법전용산지에 관한 임시특례" 규정에 의한 절차에 따라 불법전용산지 **신고 및 심사**를 거쳐 농지로 지목변경된 경우에 한하여 농지로 평가하도록 개정하였다.

국토해양부 토지정책과는 위 2010.12.1. 시행 산지관리법 부칙(법률 제10331호, 2010.5.31) 제2조 규정에 따라 2회에 걸쳐「**지목이 '임야'이나 '농지'로 이용 중인 토지에 대한 보상기준**」을 제정 내지 변경하는 유권해석을 하면서 계약체결일 또는 수용재결일까지 산지관리법에 의한 절차를 거치지 아니하여 공부상 지목이 임야인 경우에는 불법형질변경토지로 보아 공부상 지목대로 평가하여 보상하여야 한다[278]는 견해를 밝힌 바 있다.

> **관련법령**
>
> ■ **산지관리법** [시행 2018.3.20.] [법률 제15504호, 2018.3.20., 일부개정]
> **제2조(정의)** 이 법에서 사용하는 용어의 뜻은 다음과 같다.
> 1. "산지"란 다음 각 목의 어느 하나에 해당하는 토지를 말한다. 다만, 주택지[주택지 조성사업이 완료되어 지목이 대(垈)로 변경된 토지를 말한다] 및 대통령령으로 정

---

276) 대법원 2002. 7. 26 선고 2001두7985 판결
277) 농림부 농지과-6241 (2007.10.15.) 지목이 임야이나 농작물 경작을 계속하여 이용하여온 기간이 3년 이상인 경우 또는 성토, 절토 등으로 농지상태로 변경되어 있고 다년생식물 재배에 계속하여 이용하여온 기간이 3년 이상인 경우에는 농지법에 의한 농지에 해당됩니다.
278) ① **국토해양부 토지정책과-6105** (2010.12.29.): 농업손실보상금도 2011.1.1.부터는 공부상 지목이 임야이나 농지(농지법 제2조 제1호 가목)로 이용 중인 토지는 위 규정에 의한 "불법전용산지에 관한 임시특례" 규정에 의한 절차에 따라 불법전용산지 신고 및 심사를 거쳐 농지로 지목변경된 경우에 한하여 지급한다.
② **국토해양부 토지정책과-4050** (2011.8.19.): 산지관리법 개정(2010.5.31)에 따른 임시특례기간 (2010.12.01.~ 2011.11.30) 동안 임야를 5년 이상 농지 등 타 용도로 전용하여 사용한 사실을 지자체에 신고한 후 심사를 거쳐 지자체장이 임시특례규정 적용대상토지임을 확인하는 경우는 농지로 평가한다.
* 한편, 한국토지주택공사 등 사업시행자는 실무상 공익사업시행을 위해 실시계획승인 등으로 이미 산지전용허가 의제협의를 한 경우는 산지관리법 임시특례규정을 적용하여 재차 산지전용허가를 할 수 없다는 법제처 법령해석(안건번호 11-0422)에 따라 피보상자간 보상형평성 확보를 위해 국토해양부 지침으로 보상시행하고 있다.

하는 농지, 초지(草地), 도로, 그 밖의 토지는 제외한다.

가. 「공간정보의 구축 및 관리 등에 관한 법률」 제67조제1항에 따른 지목이 임야인 토지

나. 입목(立木) · 죽(竹)이 집단적으로 생육(生育)하고 있는 토지

다. 집단적으로 생육한 입목 · 죽이 일시 상실된 토지

라. 입목 · 죽의 집단적 생육에 사용하게 된 토지

마. 임도(林道), 작업로 등 산길

바. 나목부터 라목까지의 토지에 있는 암석지(巖石地) 및 소택지(沼澤地)

2. "산지전용"(山地轉用)이란 산지를 다음 각 목의 어느 하나에 해당하는 용도 외로 사용하거나 이를 위하여 산지의 형질을 변경하는 것을 말한다.

가. 조림(造林), 숲 가꾸기, 입목의 벌채 · 굴취

나. 토석 등 임산물의 채취

다. 대통령령으로 정하는 임산물의 재배[성토(盛土) 또는 절토(切土) 등을 통하여 지표면으로부터 높이 또는 깊이 50센티미터 이상 형질변경을 수반하는 경우와 시설물의 설치를 수반하는 경우는 제외한다]

라. 산지일시사용

3. "산지일시사용"이란 다음 각 목의 어느 하나에 해당하는 것을 말한다.

가. 산지로 복구할 것을 조건으로 산지를 제2호가목부터 다목까지의 어느 하나에 해당하는 용도 외의 용도로 일정 기간 동안 사용하거나 이를 위하여 산지의 형질을 변경하는 것

나. 산지를 임도, 작업로, 임산물 운반로, 등산로 · 탐방로 등 숲길, 그 밖에 이와 유사한 산길로 사용하기 위하여 산지의 형질을 변경하는 것

4. "석재"란 산지의 토석 중 건축용, 공예용, 조경용, 쇄골재용(碎骨材用) 및 토목용으로 사용하기 위한 암석을 말한다.

5. "토사"란 산지의 토석 중 제4호에 따른 석재를 제외한 것을 말한다.

6. "산지경관"이란 산세 및 산줄기 등의 지형적 특징과 산지에 부속된 자연 및 인공 요소가 어우러져 심미적 · 생태적 가치를 지니며, 자연과 인공의 조화를 통하여 형성되는 경치를 말한다. [전문개정 2010.5.31.]

부 칙 〈법률 제10331호, 2010.5.31.〉

제1조(시행일) 이 법은 공포 후 6개월이 경과한 날부터 시행한다. 다만, 제18조의2, 제18조의4제1항 각 호 외의 부분 단서, 제40조의2, 제44조제3항(제40조의2와 관련된 부분에 한한다), 제55조제3호·제9호, 제56조(제55조제3호 및 제9호와 관련된 사항에 한한다), 제57조제1항제3호의 개정규정은 2011년 7월 1일부터 시행한다.

제2조(불법전용산지에 관한 임시특례) ① 이 법 시행 당시 적법한 절차를 거치지 아니하고 산지를 **5년 이상 계속**하여 다음 각 호의 어느 하나에 해당하는 용도로 이용 또는 관리하고 있는 자는 그 사실을 이 법 시행일부터 1년 이내에 농림수산식품부령으로 정하는 바에 따라 시장·군수·구청장에게 신고하여야 한다.

  1. 국방·군사시설

  2. 대통령령으로 정하는 공용·공공용 시설 또는 농림어업용 시설(농림어업인이 주된 주거용으로 사용하고 있는 시설을 포함한다)

② 시장·군수·구청장은 제1항에 따라 신고된 산지가 이 법 또는 다른 법률에 따른 산지전용의 행위제한 및 허가기준이나 대통령령으로 정하는 기준에 적합한 산지인 경우에는 심사를 거쳐 산지전용허가 등 지목 변경에 필요한 처분을 할 수 있다.

③ 제2항에 따른 처분을 하는 경우에는 이 법을 적용한다. 다만, 산지를 전용한 시점의 규정이 신고자에게 유리한 경우에는 산지전용 시점의 규정을 적용한다

④ 시장·군수·구청장은 제2항에 따른 산지전용허가 등을 하고자 하는 산지가 산지전용이 제한되는 산지이거나 다른 법률에 따른 인가·허가·승인 등의 행정처분이 필요한 산지인 경우에는 미리 관계 행정기관의 장과 협의를 하여야 한다.

⑤ 제2항에 따른 심사의 방법 및 처분절차 등에 관한 사항은 대통령령으로 정한다.

부 칙 〈법률 제14361호, 2016.12.2.〉

제1조(시행일) 이 법은 공포 후 6개월이 경과한 날부터 시행한다.

제2조(산지전용타당성조사의 범위 등에 관한 적용례) ① 제18조의2제1항의 개정규정은 이 법 시행 이후 변경협의를 하거나 산지전용 변경허가 또는 산지일시사용 변경허가를 신청하는 경우부터 적용한다.

② 제18조의2제4항의 개정규정은 이 법 시행 당시 산지전문기관이 산지전용타당성조사를 수행하고 있는 경우부터 적용한다.

제3조(불법전용산지에 관한 임시특례) ① 이 법 시행 당시 적법한 절차를 거치지 아니하고 산지(제2조제1호의 개정규정에 따른 산지로 한정한다)를 2016년 1월 21일 기준으로 **3년 이상 계속**하여 전(田), 답(畓), 과수원의 용도로 이용하였거나 관리하였던 자로서 제2항에 따른 산지전용허가 등 지목 변경에 필요한 처분을 받으려는 자는 그 사실을 이 법 시행일부터 1년 이내에 농림축산식품부령으로 정하는 바에 따라 시장·군수·구청장에게 신고하여야 한다.

② 시장·군수·구청장은 제1항에 따라 <u>신고된 산지가</u> 이 법 또는 다른 법률에 따른 산지전용의 행위제한, 허가기준 및 대통령령으로 정하는 <u>기준에 적합한 경우에는</u> **심사를 거쳐** 산지전용허가 등 지목 변경에 필요한 처분을 할 수 있다. 이 경우 시장·군수·구청장은 해당 산지의 지목 변경을 위하여 다른 법률에 따른 인가·허가·승인 등의 행정처분이 필요한 경우에는 미리 관계 행정기관의 장과 협의하여야 한다.

③ 제2항에 따른 심사의 방법 및 처분 절차 등 필요한 사항은 농림축산식품부령으로 정한다.

제4조(산지전용허가 등의 효력에 관한 경과조치) 이 법 시행 전에 받은 제14조제1항에 따른 산지전용허가 또는 제15조의2제1항에 따른 산지일시사용허가와 이 법 시행 전에 한 제15조제1항에 따른 산지전용신고 또는 제15조의2제2항에 따른 산지일시사용신고의 효력에 대해서는 제16조제1항의 개정규정에도 불구하고 종전의 규정에 따른다.

■ **토지보상지침 제34조(불법형질변경토지의 감정평가)** ⑤ 지적공부상 지목이 임야인 토지 등「산지관리법」제2조제1호 각 목의 어느 하나에 해당하는 산지가「산지관리법」제14조에 따른 산지전용허가를 받지 아니하고 농지로 이용되는 경우에는 제1항에서 규정한 불법형질변경토지로 본다. 다만, 대상토지가 다음 각 호의 어느 하나에 해당하는 경우에는 그러하지 아니하다.

1. <u>「산지관리법」</u>(제10331호, 2010.5.31. 및 제14361호, 2016.12.2.) 부칙의 불법전용산지에 관한 임시특례(이하 이 조에서 "임시특례"라 한다)에서 정한 절차에 따라 불법전용산지 **신고 및 심사를 거쳐** 농지로 지목이 변경된 경우
2. 임시특례에서 정한 절차에 따른 적용대상 토지임에도 해당 공익사업을 위한 관계 법령에 따른 산지전용허가 의제협의(「택지개발촉진법」제11조제1항제10호, 「도

시개발법」제19조제1항제9호 등) 사유로 임시특례의 적용에서 배제된 경우로서 해당 시장·군수·구청장이 임시특례 적용대상 토지임을 확인한 경우

※ 한국감정평가사협회는 **토지보상평가지침을 전면개정(2018.2.28)**하여 토보침 제34조 제5항을 신설: 산지관리법(제14361호, 2016.12.2.) 부칙에 따른 불법전용산지에 관한 임시특례 적용조항 반영

판례

[판례] ▶ 산림법에 의한 허가나 신고 없이 개간된 산림이 개간 후 농지로 이용되고 있는 경우, 구 산림법 제90조 제5항 소정의 원상회복에 필요한 조치의 대상이 되는 '산림'에 해당하는지 여부(적극) **[대법원 2002.7.26. 선고 2001두7985 판결]**

【판결요지】
구 농지법(2002.1.14. 법률 제6597호로 개정되기 전의 것) 제36조 제1항은 농지의 전용허가를 규정하면서 그 예외사유 중 하나로 제4호에서, 산림법에 의한 산림훼손의 허가를 받지 아니하거나 신고를 하지 아니하고 불법으로 개간된 농지를 산림으로 복구하는 경우를 들고 있는바, 이는 산림법에 의한 허가나 신고 없이 개간된 농지에 대하여는 산림법이 적용됨을 전제로 농지전용허가 대상에서 제외한 것이라 할 것이고, 따라서 산림법에 의한 허가나 신고 없이 개간된 산림은, 비록 그것이 개간 후 농지로 이용되고 있다 하더라도, 구 산림법(1999.2.5. 법률 제5760호로 개정되기 전의 것) 제90조 제5항 소정의 원상회복에 필요한 조치의 대상이 되는 '산림'에 해당한다.

유권해석

[유권해석] ▶ 「지목이 '임야'이나 '농지'로 이용 중인 토지에 대한 보상기준」 변경 알림(국토해양부 토지정책과 6105, 2010.12.29. 관련) **[2011.8.19. 토지정책과-4050]**

【회신내용】

1. 토지정책과—6105(2010.12.29)호와 관련입니다.

2. 지목이 임야이지만 농지로 이용중인 토지에 대한 보상과 관련하여, 위 호로「산지관리법」의 임시특례규정의 절차에 따라 "농지"로 지목변경된 토지에 한하여 "농지"로 평가하고 영농손실보상을 실시할 수 있도록 한 바 있습니다.

3. 하지만 최근에 법제처에서, 공익사업시행을 위하여 관계법령에 따라 이미 산지전용허가 의제협의를 한 경우에는「산지관리법」임시특례규정을 적용하여 재차 산지전용허가를 할 수 없다고 법령해석을 하였습니다.

4. 이에 따라 피보상자간 보상의 형평성 확보를 위하여, 공익사업을 위한 산지전용허가 의제협의가 없었다면「산지관리법」임시특례규정에 따라 양성화가 가능한 임야의 경우에는 이를 "농지"로 평가한다는 내용으로,「지목이 "임야"이나 "농지"로 이용중인 토지에 대한 보상기준('10.12.29)」을 붙임과 같이 변경하여 알려드리니, 업무추진에 착오 없으시기 바랍니다.

지목이 '임야'이나 '농지'로 이용중인 토지에 대한 보상기준 변경

(국토해양부 토지정책과—6105, 2010.12.29. 관련)

○ 공부상 지목이 '임야'이지만 '농지'로 이용중인 토지에 대한 보상과 관련하여, 종전에는「산지관리법」에서 정한 절차에 따라 불법전용산지 신고 및 심사를 거쳐 '농지'로 지목변경된 경우에 한하여 '농지'로 평가하도록 하였으나,

앞으로는 공익사업을 위한 산지전용허가 의제협의가 없었다면「산지관리법」임시특례규정에 따라 양성화가 가능한 토지이었음이 확인된 경우에도 해당 임야를 "농지"로 보상함으로써, 공익사업시행으로 인하여 오히려 불리한 보상을 받는 문제를 해소하고자 함

종 전 토지정책과—6105(2010.12.29)	변 경 토지정책과—4050(2011.08.19)
○ 공부상 지목이 '임야'이나 '농지'로 이용중인 토지는「산지관리법」부칙(법률제10331호,	○ 공부상 지목이 '임야'이나 '농지'로 이용중인 토지는「산지관리법」부칙(법률제10331호,

2010.5.31) 제2조 "불법전용산지에 관한 임시특례" 규정에서 정한 절차에 따라 불법 전용산지 신고 및 심사를 거쳐 '농지'로 지목 변경된 경우에 한하여 '농지'로 평가하고,	2010.5.31) 제2조 "불법전용산지에 관한 임시특례" 규정에서 정한 절차에 따라 불법 전용산지 신고 및 심사를 거쳐 '농지'로 지목 변경된 경우(당해 공익사업을 위한 산지전 용허가 의제협의를 사유로 임시특례규정 적 용이 불가한 경우로서 시장·군수·구청 장이 임시특례규정 적용대상 토지임을 확인 하는 경우를 포함)에 한하여 '농지'로 평가하 고,
○ 계약체결일 또는 수용재결일까지 위 절차를 거치지 아니하여 공부상 지목이 '임야'인 경 우에는 불법형질변경 토지로 보아 공부상 지목대로 평가하여 보상	○ 계약체결일 또는 수용재결일까지 위 절차를 거치지 아니하여 공부상 지목이 '임야'인 경 우에는 불법형질변경 토지로 보아 공부상 지목대로 평가하여 보상

② 임야의 형질변경 허가는 (구)「임산물단속에 관한 법률」(1961.6.27. 법률 제635호로 제정, 1980.1.4. 법률 제3232호로 전부 개정된 산림법 부칙 제2조에 의하여 폐지되기 전의 것) 제2조에 의하여 <u>최초로 규정되었으므로</u> 공부상 지목이 '임야'이나 '농지'로 이용 중인 토지로서 <u>1961. 6. 27.</u> 이전에 형질변경한 경우는 농지로 보상 평가한다.

③ 공부상 지목이 '임야'이나 '농지'로 이용 중인 토지는 2010. 12. 1. 시행「산지관리법」부칙 제2조(법률 제10331호, 2010.5.31) 및 2017. 6. 3. 시행「산지관리법」부칙 제3조 (법률 제14361호, 2016.12.2.) "불법전용산지에 관한 임시특례" 규정에서 정한 절차에 <u>따라 불법전용산지 신고 및 심사를 거쳐 '농지'로 지목변경 된 경우(당해 공익사업을 위 한 산지전용허가 의제협의를 사유로 임시특례규정 적용대상 토지임을 확인하는 경우를 포함)에 한하여 농지로 보상평가</u> 한다.

(4) 관련 판례 등

[판례1] ▶ 산지전용기간이 만료될 때까지 목적사업을 완료하지 못한 겨우 불법형질변경에 해당 하나, 산지복구의무가 면제될 사정이 있는 경우에는 그러하지 아니하다.
[대법원 2017.4.7. 선고 2016두61808]

【판결요지】
산지전용기간이 만료될 때까지 목적사업을 완료하지 못한 때에는 사업시행으로 토지의 형상이 변경된 부분은 원칙적으로 그 전체가 산지 복구의무의 대상이 되므로, 토지보상법에 의한 보상에서도 불법형질변경된 토지로서 형질변경될 당시의 토지이용상황이 보상금 산정의 기준이 된다. 그러나 산지전용 허가대상 토지 일대에 대하여 행정청이 택지개발촉진법 등 법률에 근거하여 개발행위제한조치를 하고 산지 외의 다른 용도로 사용하기로 확정한 면적이 있어서 산지전용 목적사업을 완료하지 못한 경우와 같이 산지복구의무가 면제될 사정이 있는 경우에는, 형질변경이 이루어진 현상 상태가 그 토지에 대한 보상기준이 되는 '현실적인 이용상황'이라고 보아야 한다. 그것이 토지수용의 경우에 정당하고 적정한 보상을 하도록 한 헌법과 토지보상법의 근본정신에 부합하고, 토지보상법 시행규칙 제23조가 토지에 관한 공법상 제한이 당해 공익사업의 시행을 직접 목적으로 하여 가하여진 경우에는 제한이 없는 상태를 상정하여 평가한다고 정한 취지에도 부합한다.

[판례2] ▶ 토지의 합병은 토지의 형질변경이 아니다.
[대법원 2012.7.26. 선고2010두19690]

【판결요지】
토지의 합병은 토지의 물리적 형상의 변경을 수반하지 아니하고 원칙적으로 소유자의 처분권능에 속하는 사항으로서 관할 행정청의 허가 또는 신고를 요하지 아니하며 구 지적법 제26조 제3항을 위반하나 합병신청에 대한 제재규정도 마련되어 있지 아니하기에 불법형질변경토지에 관한 평가방법을 정하는 토지보상법 시행규칙 제24조의 규정을 구 지적법 제26조 제3항을 위반하여 합병된 토지에 관한 손실보상액 산정의 경우에 유추 적용할 수 없다고 새길 것이다.(대법원 2012.7.26선고2010두19690 판결)

[판례3] ▶ 산림법에 의한 허가나 신고 없이 개간된 산림이 개간 후 농지로 이용되고 있는 경우, 구 산림법 제90조 제5항 소정의 원상회복에 필요한 조치의 대상이 되는 '산림'에 해당하는지 여부(적극) **[대법원 2002.7.26. 선고 2001두7985]**

【판결요지】

구 농지법(2002.1.14. 법률 제6597호로 개정되기 전의 것) 제36조 제1항은 농지의 전용허가를 규정하면서 그 예외사유 중 하나로 제4호에서, 산림법에 의한 산림훼손의 허가를 받지 아니하거나 신고를 하지 아니하고 불법으로 개간된 농지를 산림으로 복구하는 경우를 들고 있는바, 이는 산림법에 의한 허가나 신고 없이 개간된 농지에 대하여는 산림법이 적용됨을 전제로 농지전용허가 대상에서 제외한 것이라 할 것이고, 따라서 산림법에 의한 허가나 신고 없이 개간된 산림은, 비록 그것이 개간 후 농지로 이용되고 있다 하더라도, 구 산림법(1999.2.5. 법률 제5760호로 개정되기 전의 것) 제90조 제5항 소정의 원상회복에 필요한 조치의 대상이 되는 '산림'에 해당한다.

[판례4] ▶ 불법형질변경토지라는 사실에 관한 증명책임은 사업시행자에게 있다.
[대법원 2012.4.26. 선고 2011두2521]

【판시사항】

공익사업을 위한 토지 등의 취득 및 보상에 관한 법률 시행규칙 제24조가 정한 '불법형질변경토지'라는 이유로 형질변경 당시의 이용상황에 의하여 보상액을 산정하는 경우, 수용대상 토지가 불법형질변경토지라는 사실에 관한 증명책임의 소재 및 증명의 정도

【판결요지】

공익사업을 위한 토지 등의 취득 및 보상에 관한 법률 제70조 제2항, 제6항, 공익사

업을 위한 토지 등의 취득 및 보상에 관한 법률 시행규칙 제24조에 의하면 토지에 대한 보상액은 현실적인 이용상황에 따라 산정하는 것이 원칙이므로, 수용대상 토지의 이용상황이 일시적이라거나 불법형질변경토지라는 이유로 본래의 이용상황 또는 형질변경 당시의 이용상황에 의하여 보상액을 산정하기 위해서는 그와 같은 예외적인 보상액 산정방법의 적용을 주장하는 쪽에서 수용대상 토지가 불법형질변경토지임을 증명해야 한다.

그리고 수용대상 토지가 불법형질변경토지에 해당한다고 인정하기 위해서는 단순히 수용대상 토지의 형질이 공부상 지목과 다르다는 점만으로는 부족하고, 수용대상 토지의 형질변경 당시 관계 법령에 의한 허가 또는 신고의무가 존재하였고 그럼에도 허가를 받거나 신고를 하지 않은 채 형질변경이 이루어졌다는 점이 증명되어야 한다.

[판례5] ▶ 토지의 불법형질변경 여부 [**대법원 2014.6.26 선고 2014다203724**]

【판결요지】

설령 원고 이전의 종전 소유자들에게 형질변경 허가를 받을 의무 등이 존재하였다고 하더라도 화성시 산림과에서는 1988년 이전의 **산지전용허가 관련 대장**은 보관하고 있지 아니한 사실, 1987년경 촬영된 **항공사진**에는 이 사건 토지 중 9569.3㎡가 경작지 등의 **개간지로 이용되고 있는 사실** 등을 볼 때 원고 이전의 종전소유자들에 대한 형질변경 허가나 신고가 없었다고 **단정할 수 없다.**

재결례

[재결례1] ▶ 불법형질변경토지의 입증책임 관련 재결례 [**중토위 2017.8.24.**]

【재결요지】

○○○, ○○○이 임야를 전으로 보상하여 달라는 주장에 대하여 법 제70조제2항에 따르면 토지에 대한 보상액은 가격시점에서의 현실적인 이용상황과 일반적인 이용방법에 의한 객관적 상황을 고려하여 산정하되, 일시적인 이용상황과 토지소유자나 관계인이 갖는 주관적 가치 및 특별한 용도에 사용할 것을 전제로 한 경우 등은 고려하지 아니한다고 되어 있다.

관계 자료(항공사진, 현황측량성과도, 현장사진, 감정평가서, 사업시행자 의견서)를 검토한 결과, 이의신청인 ○○○의 토지(경기 화성시 남양읍 북양리 산232-5 임야 1,376㎡ 중 1,214㎡), ○○○의 토지(같은 리 226-8 임야 2,236㎡)는 <u>전으로 사용</u>된 시점이 <u>1961.6.27.</u> 이후라는 점을 사업시행자가 입증하여야 하나 1966년 이전부터 전으로 사용되고 있음이 확인될 뿐 이것이 입증되지 않으므로 금회재결에서 현실 이용상황을 전으로 평가하여 보상하기로 한다.

[재결례2] ▶ 불법형질변경토지의 입증책임 관련 재결례 [**중토위 2017.2.23.**]

【재결요지】

○○○, ○○○, ○○○는 지목이 '임야'인 토지를 현황인 '전'과 '과수원'으로 평가해 달라는 주장에 대하여 법 시행규칙 제24조의 규정에 의하면 「건축법」 등 관계법령에 의하여 허가를 받거나 신고를 하고 건축 또는 용도변경을 하여야 하는 건축물을 허가를 받지 아니하거나 신고를 하지 아니하고 건축 또는 용도변경 한 건축물(이하 "무허가건축물등"이라 한다)의 부지 또는 「국토의 계획 및 이용에 관한 법률」 등 관계 법령에 의하여 허가를 받거나 신고를 하고 형질변경을 하여야 하는 토지를 허가를 받지 아니하거나 신고를 하지 아니하고 형질변경한 토지(이하 "불법형질변경토지"라 한다)에 대하여는 무허가건축물등이 건축 또는 용도변경될 당시 또는 토지가 형질변경될 당시의 이용상황을 상정하여 평가한다고 되어 있고, 대법원은 "1962.1.19.이전에는 보안림에 속하지 아니한 산림이나 경사 20도 미만의 사유 임야에서는 원칙적으로 개간, 화전경작 등의 형질변경행위에 대하여 허가나 신고 등이 불필요하였고, 1966년경 이미 일부가 전으로 사용되고 있는 토지에 대하여 불법형질변경을 이유로 형질변경 이전 상태인 임야로 보상하기 위해서는 산림법 등이 제정·시행된 1962.1. 20. 이후에 개간된 것으로서 각 법률에 의한 개간허가 등의 대상에 해당함에도 허가 등이 없이 개간된 것이라는 점을 <u>사업시행자가 증명하여야 한다</u>"(대법원 2011.12.8. 선고 2011두13385 전원합의체 판결 참조)고 판시하고 있다.

관계자료(측량성과도, 현장사진, 항공사진, 소유자의견서, 사업시행자 의견서 등)를 검토한 결과, ○○○, ○○○, ○○○의 서울 ○○구 ○동 산156-3 임 2,300㎡ 토지가 <u>1962.1.20.</u> 이후에 개간된 것으로서 각 법률에 의한 개간허가 등의 대상에 해당함에도 허가 등이 없이 불법으로 형질이 변경된 토지라는 사실을 사업시행자가 **입증하지 못하고 있는 점**, 1966년 **항공사진상** 동 토지의 일부가 농경지로 개간되어 있음이 확인되는 점, 사업시행자가 제출한 동 토지 중 '전'과 '과수원'으로 이용되고 있는 면적에 대한 **항공사진정밀판독결과와 현황측량성과도**로 개간된 면적의 산정이 가능한 점 등을 종합적으로 고려할 때 이의신청인의 서울 ○○구 ○동 산156-3 임 2,300㎡ 토지중 1966년부터 보상시점(수용재결일)까지 전(368㎡)과 과수원(92㎡)으로 이용되고 있는 면적에 대하여는 현황대로 평가하는 것이 타당하므로 금회 이의재결시 이를 반영하여 보상하기로 하다.

[재결례3] ▶ 1966년 항공사진상 농지로 개간되어 있다면 사업시행자가 <u>1962.1.20.</u> 이후에 개간된 것으로서 허가 등이 없이 개간된 것이라는 점을 증명해야 한다.
[중토위 2018.1.25.]

【재결요지】
대법원은 "1962.1.19. 이전에는 보안림에 속하지 아니한 산림이나 경사 20도 미만의 사유 임야에서는 원칙적으로 개간, 화전경작 등의 형질변경행위에 대하여 허가나 신고 등이 불필요하였고, 1966년경 이미 일부가 전으로 사용되고 있는 토지에 대하여 불법형질변경을 이유로 형질변경 이전 상태인 임야로 보상하기 위해서는 산림법 등이 제정·시행된 <u>1962.1.20.</u> 이후에 개간된 것으로서 각 법률에 의한 개간허가 등의 대상에 해당함에도 허가 등이 없이 개간된 것이라는 점을 사업시행자가 증명하여야 한다"(대법원 2011. 12.8. 선고 2011두13385 판결 참조)고 판시하고 있다.

○ (판단) 이의신청인의 편입토지인 경기 의왕시 ○○동 706-8 임 3,337㎡(이하 '사건 토지'라 한다) 중 일부가 <u>1966년 항공사진상 농지로 개간되어 있음이 확인되는 점</u>, 사건 토지가 1962.1.20. 이후에 개간된 것으로서 각 법률에 의한 개간허가 등의 대상에 해당함에도 <u>허가 등이 없이 불법으로 형질이 변경된 토지라는 것을 사업시행자가 입증하고 있지 못한 점</u>, 사건 토지가 위 산지관리법 부칙 제2조의 신고대상인지 명확하지 않고, 설령 <u>신고대상이라고 하더라도 사건 토지가 형질변경 당시 허가 (신고)의무를 위반한 것이 입증되지 않는 한 사건 토지의 형질변경이후 시행(2010.1 2.1.)된 산지관리법 부칙 제2조의 신고의무를 이행하지 않았다고 하여 사건 토지를</u>

불법형질변경된 것으로 볼 수 없는 점, 사건 토지 중 일부가 보상시점에서 농지로 이용되고 있는 점과 위 법 및 판례를 종합적으로 고려할 때 이의신청인이 제출한 항공사진 판독서에 의해 이의신청인의 토지 중 1966년부터 보상시점까지 농지로 이용되고 있는 것으로 확인된 면적(1,121.7㎡)에 대하여는 현황대로 평가하는 것이 타당하므로 금회 이의재결시 이를 반영하여 보상한다.

유권해석

[법령해석1] ▶ 「농지법」 제2조제1호(농지의 정의) 관련 [법제처06-0016]

【질의】
「산지관리법」 제14조의 규정에 의한 산지전용허가를 받지 아니하고 산지를 무단으로 전용하여 농작물 또는 과수를 3년 이상 재배하고 있는 경우 이를 「농지법」 제2조제1호의 규정에 의한 농지로 볼 수 있는지 여부

【회답】
「산지관리법」 제14조의 규정에 의한 산지전용허가를 받지 아니하고 산지를 무단으로 전용하여 농작물 또는 과수를 3년 이상 재배하고 있는 경우에는 「농지법」 제2조제1호의 규정에 의한 농지로 볼 수 없습니다.

[법령해석2] ▶ 타법에 따라 산지전용허가를 받은 것으로 의제된 산지에는 「산지관리법」 부칙 제2조에 따른 불법전용산지에 관한 임시특례 규정을 적용할 수 없다.
[2011.8.4. 법제처 11-0422, 산림청]

【질의요지】
「보금자리주택건설 등에 관한 특별법」 제18조에 따라 지구계획의 승인을 받음으로써 「산지관리법」에 따른 산지전용허가를 받은 것으로 의제된 산지의 경우, 지구계획 승인 이후 「산지관리법」 부칙 제2조에 따른 불법전용산지에 관한 임시특례 규정을 적용하여 산지전용허가 등 지목변경에 필요한 처분을 할 수 있는지?

6. 폐기물이 매립된 토지의 평가

가. 개념

사업시행자의 토지보상법에 따른 피수용인에 대한 토지의 취득(협의취득 또는 수용)시 취 득대상 토지 지하공간에 매립된 폐기물의 처리에 대한 문제의 종종 문제되고 있다. 특히 취득대상 토지가 피수용인의 사업장부지에 환경폐기물, 정화조 등 산업폐기물 등이 매립 되어 있는 경우에 사업시행자와 피수용인 등(폐기물처리업자 포함) 간의 분쟁이 있다.

사업시행자가 피수용인으로부터 취득대상 토지를 협의취득한 경우에는 그 성질이 사법 상의 매매와 같으므로 민법의 매도인의 담보책임 또는 채무불이행책임 등으로 해결이 가 능하며, 판례도 같은 취지이다.[279] 그러나, 취득대상 토지를 강제수용으로 취득하였다 면 그 취득은 원시취득이 되어 피수용인에게 사법상의 책임을 물을 수가 없고 피수용인 이 폐기물관리법에 따라 형사처벌[280]을 받는 것은 별론으로 하고 결국 사업시행자는 피

---

279) [대법원 2004.7.22., 선고, 2002다51586] [손해배상(기)] : 토지 매도인이 성토작업을 기화로 다량의 폐기물을 은밀히 매립하고 그 위에 토사를 덮은 다음 도시계획사업을 시행하는 공공사업시행자와 사이 에서 정상적인 토지임을 전제로 협의취득절차를 진행하여 이를 매도함으로써 매수자로 하여금 그 토지 의 폐기물처리비용 상당의 손해를 입게 하였다면 매도인은 이른바 불완전이행으로서 채무불이행으로 인 한 손해배상책임을 부담하고, 이는 하자 있는 토지의 매매로 인한 민법 제580조 소정의 하자담보책임과 경합적으로 인정된다고 한 사례.

280) ■ 폐기물관리법 제63조(벌칙) 다음 각 호의 어느 하나에 해당하는 자는 7년 이하의 징역이나 7천만 원 이하의 벌금에 처한다. 이 경우 징역형과 벌금형은 병과(倂科)할 수 있다. 〈개정 2013.7.16., 2014.1.21., 2015.7.20.〉
  1. 제8조제1항을 위반하여 사업장폐기물을 버린 자
  2. 제8조제2항을 위반하여 사업장폐기물을 매립하거나 소각한 자
  3. 제13조의3제3항을 위반하여 폐기물의 재활용에 대한 승인을 받지 아니하고 폐기물을 재활용한 자

수용인을 피고로 하여 폐기물처리비용 만큼의 재결금액 감액청구의 행정소송을 제기하는 방법만 있다. [281)](#)

[판례1] ▶ [대법원 2001.1.16. 선고 98다58511] [손해배상(기)]

【판시사항】

토지수용법 제63조에 의한 토지소유자의 토지 등 인도의무에 목적물에 대한 하자담보책임이 포함되는지 여부(소극) 등

【판결요지】

[1] 토지수용법에 의한 <u>수용재결의 효과로서</u> 수용에 의한 기업자의 토지소유권취득은 토지소유자와 수용자와의 법률행위에 의하여 승계취득하는 것이 아니라, <u>법률의 규정에 의하여 원시취득하는 것이므로,</u> 토지소유자가 토지수용법 제63조의 규정에 의하여 <u>부담하는 토지의 인도의무에는 수용목적물에 숨은 하자가 있는 경우에도 하자담보책임이 포함되지 아니하여 토지소유자는 수용시기까지 수용대상 토지를 현존 상태 그대로 기업자에게 인도할 의무가 있을 뿐이다.</u>

[2] 토지수용법 제63조의 규정에 의하여 수용 대상 토지에 있는 물건에 관하여 권리를 가진 자가 기업자에게 이전할 의무를 부담하는 물건은 같은 법 제49조 제1항에 의하여 이전료를 보상하고 이전시켜야 할 물건을 말한다.

[3] 제3자가 무단으로 폐기물을 매립하여 놓은 상태의 토지를 수용한 경우, 위 폐기물은 토지의 토사와 물리적으로 분리할 수 없을 정도로 혼합되어 있어 독립된 물건이 아니며 토지수용법 제49조 제1항의 이전료를 지급하고 이전시켜야 되는 물건도 아니어서 토지소유자는 폐기물의 이전의무가 있다고 볼 수 없다고 한 원심의 판단을 수긍한 사례.

[4] 수용재결이 있은 후에 수용 대상 토지에 숨은 하자가 발견되는 때에는 불복기간이 경과되지 아니한 경우라면 공평의 견지에서 <u>기업자는 그 하자를 이유로 재결에 대한 이의를 거쳐 손실보상금의 감액을 내세워 **행정소송을 제기**할 수 있다고</u>

---

281) 이에 한국토지주택공사 등 사업시행자는 자체적으로 폐기물 매립토지에 보상기준을 마련하여 이에 대처하고 있는 실정이다.

보는 것이 상당하나, 이러한 불복절차를 취하지 않음으로써 그 재결에 대하여 더 이상 다툴 수 없게 된 경우에는 기업자는 그 재결이 당연무효이거나 취소되지 않는 한 재결에서 정한 손실보상금의 산정에 있어서 위 하자가 반영되지 않았다는 이유로 민사소송절차로 토지소유자에게 부당이득의 반환을 구할 수는 없다.

나. 평가방법

폐기물매립지에 대한 평가는 토지보상법령에는 명문규정은 없고 토지보상지침(이하 '토보침'이라 함)에는 비교적 상세한 규정을 있다. 종전 토보침 제34조의2는 쓰레기 등이 매립된 토지의 평가는 제목으로 쓰레기 등을 중심으로 한 처리에 소요되는 비용을 공제하는 방식의 감정평가방식을 취하고 있었으나, 2018. 2. 28. 한국감정평가사 협회는 토보침을 전면개정하면서 종전 제34조의2 규정을 폐기물이 매립된 토지(폐기물관리법)와 토양오염이 된 토지(토양환경보전법)의 감정평가로 각각 구분하여 감정평가방법 등을 구체화하여 관련규정을 개정 및 신설하였다(토보침 제34조의2, 제34조의3).[282]

> ■ 토지보상평가지침 제34조의2(폐기물이 매립된 토지의 감정평가) ① 「폐기물관리법」 제2조제1호에서 규정한 "폐기물"이 매립된 토지가 「폐기물관리법」 제48조에 따른 폐기물 처리에 대한 조치명령이 있거나 예상되는 경우 등으로서 의뢰자가 해당 토지의 이용을 저해하는 정도를 고려하는 조건으로 감정평가 의뢰한 경우에는 그 폐기물이 매립될 당시의 이용상황과 비슷한 토지의 표준지공시지가를 기준으로 감정평가하되, 다음 각 호의 기준에 따른다. 이 경우에는 그 내용을 감정평가서에 기재한다.
> 1. 폐기물의 종류, 성질 및 그 양 등에 비추어 해당 토지의 토사와 물리적으로 분리할 수 없을 정도로 혼합되어 토지의 일부를 구성하는 등 그 폐기물이 매립된 것에 따른 토지이용의 저해정도가 경미한 것으로 의뢰자가 인정하는 경우에는 비교표준지와 해당 토지의 개별요인의 비교 시에 기타조건(장래 동향 등) 등 항목에서 그 불리한 정도 등을 고려한 가액으로 감정평가한다.

---

282) 이는 해당 법령의 규정 내용을 반영하되, 폐기물 처리 및 토양오염요인의 제거에 소요되는 비용 등을 직접 손실보상액에서 차감하는 방식의 감정평가방식이 바람직하지 않은 것으로 보고 있는 국토교통부의 유권해석(2013.3.7. 토지정책과-1494), 질의회신(2013.2.14. 공공지원팀-452), 중토위 재결례(공제방식 배제) 등을 반영하여 감정평가방법 등을 구체화한 것이다.

2. 폐기물 매립이 된 것에 따른 토지이용의 저해정도가 심한 것으로 의뢰자가 인정하는 경우에는 의뢰자의 승인을 얻어 폐기물 처리업체 등의 자문 또는 용역절차를 거친 후 그 용역보고서 등에서 제시한 폐기물처리비용 상당액을 근거로 한 해당 토지의 가치 감가요인을 비교표준지와 해당 토지의 개별요인의 비교 시에 기타조건(장래 동향 등) 등 항목에서 고려한 가액으로 감정평가한다.

② 제1항제2호에 따른 폐기물 처리업체 등의 자문 또는 용역결과 폐기물처리비용 상당액이 해당 토지가 폐기물이 매립되지 아니한 상태를 기준으로 한 가액 상당액을 뚜렷이 초과하는 것으로 인정되는 경우에는 감정평가액란에 실질적 가치가 없는 것으로 표시하되, 이 경우에는 감정평가서에 추후 사업시행자가 실제로 지출한 폐기물 처리비용 상당액이 용역보고서 등에서 제시된 폐기물 처리비용 상당액과 비교하여 뚜렷이 낮아지게 되는 경우에는 감정평가액이 변동될 수 있다는 내용을 기재한다.

③ 해당 토지에 매립된 폐기물이 환경오염물질과 섞인 상태 등으로서 「토양환경보전법」 제2조제2호에서 규정한 "토양오염물질"에 해당하는 경우에는 제34조의3에 따르되, 이 경우에는 폐기물처리비용과 오염토양 정화비용 등 상당액을 함께 고려한다.

④ 제1항에도 불구하고 해당 토지의 소유자 및 관계인이 「폐기물관리법」 제48조 각 호의 어느 하나에 해당하는 자가 아닌 것으로 명시하여 감정평가 의뢰되었거나 감정평가 진행과정에서 그 사실이 밝혀진 경우에는 의뢰자와 협의를 한 후 그 폐기물이 매립될 당시의 이용상황을 기준으로 감정평가할 수 있다. 이 경우에는 감정평가서에 그 내용을 기재한다.

7. 토양오염물질에 토양오염이 된 토지의 평가

가. 개념

"토양오염"이란 사업활동이나 그 밖의 사람의 활동에 의하여 토양이 오염되는 것으로서 사람의 건강 · 재산이나 환경에 피해를 주는 상태를 말하며(토양환경보전법 제2조제1호), "토양오염물질"이란 토양오염의 원인이 되는 카드뮴, 구리, 비소, 수은, 납 및 그 화합물 등으로 환경부령으로 정하는 것을 말한다(토양환경보전법 제2조제2호 동법시행규칙 별표1).

나. 평가방법

토양오염물질에 토양오염이 된 토지의 평가에 대한 구체적인 방법은 토보침이 전면개정 (2018.2.28)되면서 신설되었다.

■ 토지보상평가지침 제34조의3(토양오염물질에 토양오염이 된 토지의 감정평가)

① 「토양환경보전법」 제2조제2호에서 규정한 "토양오염물질"에 토양오염된 토지가 「토양환경보전법」 제15조에 따른 토양오염방지 조치명령 등이 있거나 예상되는 경우로서 의뢰자가 해당 토지의 이용을 저해하는 정도를 고려하는 조건으로 감정평가 의뢰한 경우에는 그 토양오염이 될 당시의 이용상황과 비슷한 토지의 표준지공시지가를 기준으로 감정평가하되, 다음 각 호의 기준에 따른다. 이 경우에는 감정평가서에 그 내용을 기재한다.

1. 「토양환경보전법」 제10조의2에 따른 토양환경평가 등 결과 그 오염의 정도가 허용기준 이내인 것으로 의뢰자가 인정하는 경우에는 비교표준지와 해당 토지의 개별요인의 비교 시에 기타조건(장래 동향 등) 등 항목에서 그 불리한 정도 등을 고려한 가액으로 감정평가한다.

2. 「토양환경보전법」 제2조제6호에 따른 토양정밀조사 등 결과 토양정화의 대상이 되었거나 예상이 되는 것으로 의뢰자가 인정하는 경우에는 의뢰자의 승인을 얻어 토양오염 정화업체 등의 자문 또는 용역절차를 거친 후 그 용역보고서 등에서 제시한 오염토양 정화비용(사업시행자가 지출한 토양정밀조사비용을 포함한다. 이하 이 조에서 같다)상당액을 근거로 한 해당 토지의 가치 감가요인을 비교표준지와 해당 토지의 개별요인의 비교 시에 기타조건(장래 동향 등) 등 항목에서 고려한 가액으로 감정평가한다.

② 제1항제2호에 따른 토양오염 정화업체 등의 자문 또는 용역결과 오염토양 정화비용 상당액이 해당 토지가 오염 등이 되지 아니한 상태를 기준으로 한 가액 상당액을 뚜렷이 초과하는 것으로 인정되는 경우에는 감정평가액란에 실질적 가치가 없는 것으로 표시하되, 이 경우에는 감정평가서에 추후 사업시행자가 실제로 지출한 오염토양 정화비용 상당액이 당초 용역보고서 등에서 제시된 오염토양 정화비용 상당액과 비교하여 뚜렷이 낮아지게 되는 경우에는 감정평가액이 변동될 수 있다는 내용을 기재한다.

---

③ 제34조의2제3항은 이 조에서 준용한다.

④ 제1항에도 불구하고 해당 토지의 소유자 및 관계인이 「토양환경보전법」 제10조의 4에 따른 오염토양의 정화책임자가 아닌 것으로 명시하여 감정평가 의뢰되었거나 감정평가 진행과정에서 그 사실이 밝혀진 경우에는 의뢰자와 협의를 한 후 그 토양 오염이 될 당시의 이용상황을 기준으로 감정평가할 수 있다. 이 경우에는 감정평가 서에 그 내용을 기재한다.

8. 미지급용지(구 미불용지)의 평가

가. 개념

미지급용지라 함은 종전에 시행된 공익사업의 부지로서 보상금이 지급되지 아니한 토지를 말한다(시행규칙 제25조제1항).[283] 미지급용지는 대부분 도로개설사업이나 하천공사 등에서 발생한 것으로서 종전 공익사업에 편입될 당시의 사업시행 전·후로 협의 취득 내지 수용취득으로 보상이 되었어야 하나 현재까지 그 보상절차가 없거나 지연되고 있는 토지 등으로 아직도 전국에 많은 미지급용지가 존재하고 있다.[284]

미지급용지의 발생 원인으로 일제하의 강제 제공된 토지, 한국전쟁 당시 강제 동원된 토지(=작전도로), 소유자 불명도로, 예산상의 이유로 그 보상이 지연된 토지, 보상담당자 실수로 보상이 누락된 토지 등[285]으로 알려지고 있다.

미지급용지는 현재 도로가 대부분이며 미지급용지가 새로운 공익사업에 편입되지 아니하는 경우 도로 사용료에 대한 부당이득반환청구권의 대상이 된다. 한편 미지급용지는 일반적으로 도시기반시설 등의 부지 또는 공익사업의 부지로 편입되어 행위제한으로 거래가 불가능하거나 상당히 감가되어 형성되는 것이 통상적이다. 이에 미지급용지를 현실적 이용상황으로 평가함은 정당보상의 취지에 어긋나기 때문에 토지보상법은 원칙적으

---

283) 미지급용지는 같은 토지에 대하여 둘 이상의 공익사업이 시행되고, 새로운 공익사업이 시행되기까지 종전에 시행된 공익사업에 의한 보상금이 지급되지 아니한 토지를 말한다.

284) 제주지역에서만 도로에 편입된 미지급용지 필지(면적)수는 91,411필지(11,518,000㎡)로 이는 제주지역 전체 837,953필지의 10.9%에 해당한다.(2017.10.18. 제주특별자치도 행정사무감사 자료)

285) 보상액이 서류구비에 소요된 비용보다 적어 사실상 수령을 포기한 토지, 기공승낙을 받아 시공을 하였으나 예산상의 이유로 지연되고 있는 토지 등이다. 또한, 미지급용지는 1970~80년대 새마을사업을 추진하는 과정에서 무보상 원칙에 따라 마을안길이나 농로, 시·군도, 지방도 등을 확장할 당시 지적공부 정리 미흡 등으로 발생하기도 했다.

로 종전의 공익사업에 편입될 당시의 이용상황을 기준으로 평가하고 있다(시행규칙 제25조 참조).

관련법령

■ **토지보상법 시행규칙**

제25조(미지급용지의 평가) ① 종전에 시행된 공익사업의 부지로서 보상금이 지급되지 아니한 토지(이하 이 조에서 "미지급용지"라 한다)에 대하여는 <u>종전의 공익사업에 편입될 당시의 이용상황을 상정하여 평가한다.</u> 다만, 종전의 공익사업에 편입될 당시의 이용상황을 알 수 없는 경우에는 편입될 당시의 지목과 인근토지의 이용상황 등을 참작하여 평가한다. 〈개정 2015. 4. 28.〉

② 사업시행자는 제1항의 규정에 의한 미지급용지의 평가를 의뢰하는 때에는 제16조 제1항의 규정에 의한 <u>보상평가의뢰서에 미지급용지임을 표시</u>하여야 한다. 〈개정 2015. 4. 28.〉[제목개정 2015. 4. 28.]

■ **토지보상평가지침**

제32조(미지급용지의 감정평가) ① 종전에 시행된 공익사업의 부지로서 보상금이 지급되지 아니한 토지(이하 "미지급용지"라 한다)에 대한 감정평가는 법 시행규칙 제25조에 따라 종전의 공익사업에 편입될 당시의 이용상황을 기준으로 한다. 다만, 종전의 공익사업에 편입될 당시의 이용상황을 알 수 없는 경우에는 편입될 당시의 지목과 가격시점 당시의 인근토지의 이용상황 등을 고려하여 감정평가한다.

② 제1항에서 "종전의 공익사업에 편입될 당시의 이용상황"을 상정하는 때에는 편입 당시의 지목ㆍ실제용도ㆍ지형ㆍ지세ㆍ면적 등의 개별요인을 고려하여야 하며, <u>가격시점은 계약체결당시를 기준</u>으로 하고 공법상 제한이나 주위환경, 그 밖에 공공시설 등과의 접근성 등은 종전의 공익사업(그 미지급용지가 새로운 공익사업에 편입되는 경우에는 그 사업을 포함한다)의 시행을 직접 목적으로 하거나 해당 공익사업의 시행에 따른 절차 등으로 변경 또는 변동이 된 경우를 제외하고는 <u>가격시점 당시를 기준</u>으로 한다.

③ 미지급용지의 비교표준지는 종전 및 해당 공익사업의 시행에 따른 가치의 변동이 포함되지 아니한 표준지를 선정한다.

---

④ 주위환경 변동이나 형질변경 등으로 대상토지의 종전의 공익사업에 편입될 당시의 이용상황과 비슷한 표준지가 인근지역에 없어서 제9조제5항에 따라 인근지역의 표준적인 이용상황과 비슷한 표준지를 비교표준지로 선정한 경우에는 그 형질변경 등에 소요되는 비용(환지방식에 따른 사업시행지구 안에 있는 경우에는 환지비율) 등을 고려하여야 한다.

⑤ 제36조제1항에서 규정한 공도 안에 있는 사유토지가 미지급용지로 감정평가 의뢰된 경우에는 의뢰자에게 그 토지가 도로로 편입당시 이전부터 법 시행규칙 제26조 제2항에서 규정한 '사실상의 사도' 등으로 이용되었는지 여부 등을 조회한 후 그 제시된 의견에 따라 감정평가한다. 이 경우 의견의 제시가 없는 때에는 객관적인 판단 기준에 따라 감정평가하고 그 내용을 감정평가서에 기재한다.

⑥ 법 제4조에서 규정한 공익사업의 기존 시설 안에 있는 사유토지에 대하여 그 공익시설의 관리청 등으로부터 보상금의 지급을 목적으로 감정평가 의뢰가 있는 경우에는 그 공익사업의 종류, 사업시행기간, 편입시점, 그 밖에 공익사업의 시행을 목적으로 한 사업인정의 고시 등 절차 이행 여부의 확인이 곤란한 경우에도 이를 제1항에서 규정한 미지급용지로 보고 감정평가 할 수 있다.

나. 미지급용지 여부의 판단

보상대상 토지가 미지급용지인지 여부는 토지보상법에서 규정한 기본조사 등 일정한 절차에 따라 <u>사업시행자가 확인하고 판단하여야 할 사항</u>이다. 따라서 사업시행자는 감정평가업자에게 미지급용지의 평가를 의뢰하는 때에는 보상평가의뢰서에 미지급용지임을 표시하도록 하고 있다(시행규칙 제25조 제2항).

(1) 이용상황의 판단

현황이 도로인 경우 미지급용지인지 사실상의 사도[286]인지의 <u>판단의 주체는 실무적으로</u>

---

286) '사실상의 사도'란 사도법에 의한 사도외의 도로(국토계획법에 의한 도시·군관리계획에 의하여 도로로 결정된 후부터 도로로 사용되고 있는 것을 제외)로서 다음에 해당하는 도로를 말한다(시행규칙 제26조제2항).
① 도로개설 당시의 토지소유자가 자기 토지의 편익을 위하여 스스로 설치한 도로
② 토지소유자가 그 의사에 의하여 타인의 통행을 제한할 수 없는 도로
③ 건축법 제45조의 규정에 의하여 건축허가권자가 그 위치를 지정·공고한 도로

당해 토지 소유자가 아닌 사업시행자 또는 토지수용위원회가 하고 있다.[287]

(2) 용도지역의 판단

원칙적으로 기준시점 당시의 용도지역을 기준으로 한다. 즉, 용도지역이 종전 또는 해당 공익사업과 무관하게 변경된 경우에는 기준시점 당시의 용도지역 등을 기준으로 평가한다. 다만, 예외적으로 용도지역이 종전 또는 해당 공익사업의 시행을 직접 목적으로 하거나 그 시행의 절차에 의해 변경된 경우에는 종전 용도지역 등을 기준으로 평가한다.

다. 미지급용지의 요건

판례는 미지급용지의 요건으로 (ⅰ) 종전에 시행된 공익사업의 부지여야 하고, (ⅱ) 보상금이 지급되지 아니한 토지로, (ⅲ) 종전의 공익사업은 적어도 당해 부지에 대하여 보상금이 지급될 필요가 있는 것이어야 하며, (ⅳ) 새로운 공익사업에 편입된 토지이어야 한다는 요건을 제시하고 있다.[288]

즉, 미지급용지는 같은 토지에 대하여 둘 이상의 공익사업이 시행되었다는 사실을 전제로 새로운 공익사업이 시행되기까지 종전에 시행된 공익사업에 의한 보상금이 지급되지 아니한 토지로 새로운 공익사업시행자가 해당 공익사업 부지에 다시 편입된 종전의 미보상용지에 대한 보상평가를 어떻게 할 것인가의 여부의 문제를 의미하는 것으로, 판례도 미지급용지의 요건문제는 복수의 공익사업의 시행을 전제로 하여 판단하고 있는 것이다.

따라서 ① 토지소유자 및 지역주민들의 필요에 따라 공익사업이 아닌 주민자치사업으로

---

④ 도로개설 당시의 토지소유자가 대지 또는 공장용지 등을 조성하기 위하여 설치한 도로

▶ 사실상의 사도부지는 인근 토지에 대한 평가금액의 1/3 이내로 평가한다(시행규칙 제26조제1항제2호).

287) 대법원은 공공사업의 시행자가 적법한 절차에 의하여 취득하지도 못한 상태에서 공공사업을 시행하여 토지의 현실적인 이용상황을 변경시킴으로서 오히려 토지가격을 상승시킨 경우에는 미불용지라고 볼 수 없다고 판시한바 있으나(92누4833), 사업주체가 동일하고 그 시행자가 적법한 절차를 취하지 아니하여 당해 토지를 공공사업의 부지로 취득하지 못한 것이 아닌 경우에는 편입될 당시의 이용상황을 상정하여 평가하여야 한다고 판시하였다(98두13850).
종전 "새마을도로"의 경우 구 미불용지보상평가를 준용하였으나, 관계법령에서 관련규정이 삭제된 이후에는 현황평가를 원칙으로 하며, 일부 지자체에서는 "비법정도로"로 호칭하면서 현황평가(인근 토지평가액의 1/3이내 평가)를 하는바 주로 민원대상이 되고 있다.

288) 대법원 2009.3.26. 선고 2008두22129 판결. ▶ 따라서 ① 적법하게 소유권을 취득했으나 소유권이전등기를 하지 아니한 경우, ② 사유토지의 협의 취득 또는 국·공유지의 무상양수에 의한 취득 후 소송 등에 의해 소유자가 변경되어 재취득하는 경우에는 미지급용지가 아니다.

도로포장을 하였거나, ② 이미 자연적으로 하천으로 편입된 후 하천정비공사 등이 시행된 경우, ③ 택지개발사업으로 도로화된 것이 아니라 자연발생적으로 사실상 도로화된 토지의 경우289)에는 미보상용지의 관한 규정이 아닌 사실상의 사도 등에 관한 규정에 따라 손실보상액을 산정하여야 한다.

미지급용지는 일시적 이용상황, 무허가건축물의 부지, 불법형질변경토지, 공법상 개별적 제한을 받는 토지 등과 함께 현황평가원칙의 예외가 되는 것이나, 다만, 미지급용지의 경우는 형질변경 자체는 적법한 것으로 불법형질변경은 아니라는 점, 미지급용지에 대한 보상규정은 토지소유자를 보호하기 위한 측면도 분명 존재한다는 점에 비추어 종전 공익사업의 시행으로 현실적 이용상황이 변경됨으로써 오히려 토지가격이 상승한 경우에는 미지급용지라고 하여도 현실적인 이용상황을 기준으로 보상평가 하는 것이 토지소유자에게 유리할 것이다.290)

판례

[판례] ▶ 공익사업을 위한 토지 등의 취득 및 보상에 관한 법률 시행규칙 제25조 제1항의 미지급용지(=미불용지)로 인정되기 위한 요건
[대법원 2009.3.26. 선고 2008두22129]

【판결요지】

공익사업을 위한 토지 등의 취득 및 보상에 관한 법률 시행규칙 제25조 제1항의 미불용지는 '종전에 시행된 공익사업의 부지로서 보상금이 지급되지 아니한 토지'이므로, 미불용지로 인정되려면 종전에 공익사업이 시행된 부지여야 하고, 종전의 공익사업은 적어도 당해 부지에 대하여 보상금이 지급될 필요가 있는 것이어야 한다.

그런데 …(중략)… 위 도로포장공사 등의 규모나 공사 당시의 상황 등에 비추어 볼 때 위 도로포장 등은 보상금이 지급될 필요가 있는 위 시행규칙 제25조 제1항의 공

---

289) 대법원 1993.5.25. 선고 92누17259 판결
290) 공공사업의 시행자가 적법한 절차를 취하지 아니하여 아직 공공사업의 부지로 취득하지도 못한 단계에서 공공사업을 시행하여 토지의 현실적인 이용상황을 변경시킴으로써, 오히려 토지의 거래가격이 상승된 경우까지 미보상용지의 개념에 포함되는 것이라고 볼 수 없다(대법원 1992.11.10. 선고 92누4833 판결).

익사업에 의한 것이라기보다는 토지들의 소유자를 포함한 주민들의 필요에 따라 주민자조사업의 지원 등으로 행하여진 것으로 보일 뿐이다.

… 따라서 위 ○○동 373-7, ○○동 373-9, ○○동 241-3, ○○동 241-4, ○○동 252 토지는 위 시행규칙 제25조 제1항의 미불용지에 해당하지 않는다 할 것인바, 원심이 위 토지들이 미불용지인지에 관한 판단을 생략한 채 미불용지인 경우에도 종전의 공익사업과 주체와 목적이 상이한 경우에는 종전의 공익사업에 편입될 당시의 이용상황을 상정하여 평가할 것이 아니라는 이유로 보상액을 수용재결 당시의 토지의 이용상황을 기준으로 산정하여야 한다고 한 것은 그 이유 설시에 부적절한 면이 있지만, 위 토지들을 미불용지로서 종전의 공익사업에 편입될 당시의 이용상황을 상정하여 보상해야 한다는 원고 4, 원고 2의 주장을 배척한 결론은 결과적으로 정당하므로, 원고 4, 원고 2의 이 부분 상고이유도 받아들일 수 없다.

재결례

[재결례] ▶ 미지급용지로 인정되기 위한 요건 [**중토위** 2017.6.22.]

【재결요지】

○○○, ○○○가 도로로 평가된 부분을 미지급용지로 보상하여 달라는 주장에 대하여, 법 시행규칙 제26조 제1항에 따르면 사실상의 사도의 부지는 인근토지에 대한 평가액의 3분의 1 이내로 평가한다고 되어 있고 같은 조 제2항에 따르면 사실상의 사도는 도로개설당시의 토지소유자가 자기 토지의 편익을 위하여 스스로 설치한 도로, 토지소유자가 그 의사에 의하여 타인의 통행을 제한할 수 없는 도로, 「건축법」제45조에 따라 건축허가권자가 그 위치를 지정·공고한 도로, 도로개설당시의 토지소유자가 대지 또는 공장용지 등을 조성하기 위하여 설치한 도로라고 되어 있고, 법 시행규칙 제25조제1항에 따르면 종전에 시행된 공익사업의 부지로서 보상금이 지급되지 아니한 토지에 대하여는 종전의 공익사업에 편입될 당시의 이용상황을 상정하여 평가하도록 되어 있다.

또한, 대법원은 "미지급용지로 인정되려면 <u>종전에 공익사업이 시행된 부지여야 하고</u>, <u>종전의 공익사업은 적어도 당해 부지에 대하여 보상금이 지급될 필요가 있는 것이어야 한다</u>"라고 판시(대법원 2009.3.26.선고 2008두22129 판결) 하고 있다.

관계자료(사업시행자 의견, 미보상용지 회신공문, 항공사진, 현황측량성과도, 감정평가서 등)를 검토한 결과, ○○○의 토지(경기 고양시 ○○구 ○○동 735 전/도 150㎡, 같은 동 736-6 과/도 61㎡, 같은 동 736-8 임/도 196㎡), ○○○의 토지(같은 동 726-15 도/도 71㎡ 및 같은 동 726-5 전/도 46㎡)는 종전에 시행된 공익사업에 편입되지 아니한 것으로 확인되고, 토지소유자가 그 의사에 의하여 타인의 통행을 제한할 수 없는 도로로 확인되므로 이의신청인들의 주장은 받아들일 수 없다.

라. 미지급용지 보상평가기준

미지급용지는 종전의 공익사업에 편입될 당시의 이용상황을 상정하여 평가한 금액으로 보상하여야 하며, 다만 종전의 공익사업에 편입될 당시의 이용상황을 알 수 없는 경우에는 편입될 당시의 지목과 인근토지의 이용상황 등을 참작하여 평가한다(시행규칙 제25조제1항). 미지급용지에 대하여 특별히 종전의 공익사업에 편입될 당시의 이용상황을 상정하여 평가하도록 한 것은 '적정가격'으로 손실보상을 하여 주려는 데에 그 취지가 있는 것인데, 대법원은 "미보상용지는 용도가 공공사업의 부지로 제한됨으로 인하여 거래가격이 아예 형성되지 못하거나 상당히 감가되는 것이 보통이어서 '적정가격'으로 손실보상을 해주기 위해 종전의 공공사업에 **편입될 당시의 이용상황**을 상정하여 평가하는 것이다"라고 판시[291]하고 있다.

미지급용지의 평가에 있어 종전 공공사업으로 인한 개발이익은 배제되어야 하는데, 이를 위해 미지급용지의 비교표준지 선정은 종전 및 해당 공익사업의 시행에 따른 가격의 변동이 포함되지 않은 표준지를 선정하여야 하고(토보침 제32조 제3항), 주위환경변동이나 형질변경 등으로 종전의 공익사업에 편입될 당시의 이용상황과 비슷한 이용상황의 표준지 공시지가가 인근지역 등에 없어서 인근지역의 표준적인 이용상황의 표준지 공시지가를 비교표준지로 선정한 경우에는 그 형질변경 등에 드는 소요되는 비용(환지방식에 따른 사업시행지구 안에 있는 경우에는 환지비율) 등을 고려하여야 한다(토보침 제32조 제4항).[292]

---

291) 대법원 1992.11.10. 선고 92누4833 판결
292) 즉, 도로에 편입된 미지급용지의 평가는 도로로서의 제한된 상태가 아닌 정상시가로 평가하여야 함은 당연하나 편입된 도로변의 노선가 등 개발이익은 배제하여야 한다. 또한, 종전의 공공사업에 편입될 당

또한, 종전의 공익사업에 편입될 당시의 이용상황을 알 수 없는 경우에는 편입될 당시의 지목과 인근토지의 이용상황 등을 참작하여 판단하여야 하며, 종전 공익사업의 편입시점과 새로운 공익사업의 기준시점 사이에 인근지역의 표준적인 이용상황이 변경되었고, 대상토지도 공익사업에 편입되지 않았다면 현실적인 이용상황이 변경되었을 것이 **객관적으로 명백한** 경우의 미지급용지의 이용상황은 기준시점에서의 인근토지의 표준적인 이용상황을 기준으로 판단하여야 한다.

판례

[판례] ▶ 인근지역의 현실적인 이용상황이 변경된 경우 미지급용지의 이용상황의 판단
[대법원 2002.10.25. 선고 2002다31483]

【판시사항】
국가 또는 지방자치단체가 도로로 점유·사용하고 있는 토지에 있어 도로에 편입된 이후 도로가 개설되지 아니하였더라도 당해 토지의 현실적 이용상황이 주위 토지와 같이 변경되었을 것임이 객관적으로 명백하게 된 경우, 그 토지에 대한 임료 상당의 부당이득액 산정을 위한 토지의 기초가격의 평가방법

【판결요지】
국가 또는 지방자치단체가 도로로 점유·사용하고 있는 토지에 대한 임료 상당의 부당이득액을 산정하기 위한 토지의 기초가격은, 국가 또는 지방자치단체가 종전부터 일반 공중의 교통에 사실상 공용되던 토지에 대하여 도로법 등에 의한 도로 설정을 하여 도로관리청으로서 점유하거나 또는 사실상 필요한 공사를 하여 도로로서의 형태를 갖춘 다음 사실상 지배주체로서 도로를 점유하게 된 경우에는 도로로 제한된 상태 즉, 도로인 현황대로 감정평가 하여야 하고, 국가 또는 지방자치단체가 종전에

시의 이용상황이 전·답이나, 주변지역의 개발로 인하여 인근의 전·답 등 상정할 토지가 없거나 유사한 인근토지도 없는 경우에는 개발이익이 없는 후면의 대지가격에서 전·답을 대지로 형질변경허가를 받았을 때의 공공용지 등 기부채납의 비율, 정지비 등에 해당하는 비율을 공제하고 산정된 금액으로, 인근이 토지구획정리사업구역일 때에는 감보율을 공제한 면적을 기준으로 한다.

는 일반 공중의 교통에 사실상 공용되지 않던 토지를 비로소 도로로 점유하게 된 경우에는 토지가 도로로 편입된 사정은 고려하지 않고 그 편입될 당시의 현실적 이용상황에 따라 감정평가 하되 다만, 도로에 편입된 이후 당해 토지의 위치나 주위 토지의 개발 및 이용상황 등에 비추어 도로가 개설되지 아니하였더라도 <u>당해 토지의 현실적 이용상황이 주위토지와 같이 변경되었을 것임이 객관적으로 명백하게 된 때에는, 그 이후부터는 그 변경된 이용상황을 상정하여 토지의 가격을 평가한 다음 이를 기초로 임료 상당의 부당이득액을 산정하여야 한다.</u>

※ 이 판례는 미지급용지의 부당이득의 산정을 위한 기초가액의 감정평가시에 현실적 이용상황의 판단에 대한 것이나 미지급용지의 현실이용상황의 판단도 이와 다르게 해석할 이유가 없다.

≪미지급용지 보상평가기준≫

1. 원칙

종전 공익사업에 편입될 당시의 이용상황(지목, 지형, 지세, 면적, 도로 등)을 기준으로 평가하는 바, 이는 현황평가의 예외로 미지급용지는 통상 공익사업의 부지로 인한 행위제한으로 거래가 불가능하거나 상당히 감가되는 것을 방지하기 위한 것이다.

* 인근 지역내 종전 이용상황의 표준지가 없는 경우 :
  인근지역의 표준적인 이용상황의 표준지 기준 평가액 – 종전이용상황에서 표준적인 이용상황으로 변경하는데 소요되는 비용 상당액을 차감한 것으로 평가

2. 예외

① 편입당시의 현실적인 이용 상황을 알 수 없는 경우

편입될 당시이 공부상 지목과 인근 유사한 토지의 기준시점에서의 현실적인 이용상황 등을 참작하여 평가한다.

② 인근지역의 표준적인 이용상황이 변경된 경우

인근지역의 표준적인 이용상황이 변경되었고, 대상 토지도 종전 공익사업에 편입되지 아니 하였다면 현실적인 이용상황이 변경되었을 것이 객관적으로 명백한 경우에는 기준시점에서의 인근토지의 표준적인 이용상황을 기준으로 평가한다.

③ 현실적인 이용상황을 기준으로 감정평가 하는 것이 유리한 경우
공익사업이 시행으로 이용상황이 개선된 경우 현실이용상황기준 평가 원칙에 따라 기준시점 이용상황을 기준으로 평가한다.

판례

[판례1] ▶ 미보상용지 평가시 이용상황 기준
[대법원 2000.7.28. 선고 98두6081]

【판결요지】
원래 지목이 답으로서 일제시대에 국도로 편입되어 그 지목도 도로로 변경된 토지가 그 동안 여전히 개인의 소유로 남아있으면서 전전 양도되어 1994년경 피수용자 명의로 소유권이전등기가 경료되고 이어 수용에 이르렀다면 위 토지는 종전에 정당한 보상금이 지급되지 아니한 채 공공사업의 부지로 편입되어 버린 이른바 미보상용지에 해당하므로, 이에 대한 보상액은 공공용지의취득및손실보상에관한특례법시행규칙 제6조제7항의 규정에 의하여 종전에 도로로 편입될 당시의 이용상황을 상정하여 평가하여야 한다.

[판례2] ▶ 종전 공익사업의 시행으로 현실적 이용상황이 변경됨으로써 공공사업의 시행으로 거래가격이 상승된 경우에는 미불용지에 해당되지 아니한다.
[대법원 1992.11.10. 선고 92누4833]

【판결요지】
1. 종전에 공공사업의 시행으로 인하여 정당한 보상금이 지급되지 아니한 채 공공사업의 부지로 편입되어 버린 이른바 미보상용지는 용도가 공공사업의 부지로 제한

됨으로 인하여 거래가격이 아예 형성되지 못하거나 상당히 감가되는 것이 보통이어서, 사업시행자가 이와 같은 미보상용지를 뒤늦게 취득하면서 공공용지의취득및손실보상에관한특례법 제4조 제1항 소정의 가격시점에 있어서의 이용상황인 공공사업의 부지로만 평가하여 손실보상액을 산정한다면, 구 공공용지의취득및손실보상에관한특례법(1991.12.31. 법률 제4484호로 개정되기 전의 것) 제4조 제3항이 규정하고 있는 "적정가격"으로 보상액을 정한 것이라고는 볼 수 없게 되므로, 이와 같은 부당한 결과를 구제하기 위하여 종전에 시행된 공공사업의 부지로 편입됨으로써 거래가격을 평가하기 어렵게 된 미보상용지에 대하여는 특별히 종전의 공공사업에 편입될 당시의 이용상황을 상정하여 평가함으로써 그 "적정가격"으로 손실보상을 하여 주려는 것이 공공용지의취득및손실보상에관한특례법시행규칙 제6조 제7항의 규정취지라고 이해된다.

2. 공공사업의 시행자가 적법한 절차를 취하지 아니하여 아직 공공사업의 부지로 취득하지도 못한 단계에서 공공사업을 시행하여 토지의 현실적인 이용상황을 변경시킴으로써, 오히려 토지의 거래가격이 상승된 경우까지 위 "가"항의 시행규칙 제6조 제7항에 규정된 미보상용지의 개념에 포함되는 것이라고 볼 수 없으므로 사업시행자가 당초 승인을 얻은 부지조성사업을 시행함으로 인하여 **토지 소유자들이 개발이익을 얻게 되었다고 하더라도** 토지의 수용재결 당시의 현실적인 이용상황에 따라 손실보상액을 평가한 것이 잘못이라고 할 수 없다.

질의회신

[질의회신1] ▶ 미지급용지(=미불용지) 평가시 이용상황 기준
[2003.7.18. 토관58342-1015]

【회신내용】
미불용지는 종전의 공익사업에 편입될 당시의 이용상황을 상정하여 평가하므로, 종전의 공익사업이 완료된 이후의 이용상황을 고려하여 평가하여서는 아니되며, 토지를 평가함에 있어서는 개별공시지가가 아닌 표준지 공시지가를 기준으로 평가하여야 한다.

[질의회신2] ▶ 하천에 포락된 토지의 보상평가방법
[1999.05.14. 토정 58342-858]

【질의요지】
전 및 과수원으로 사용하던 토지가 홍수로 인하여 유실된 후에 하천사업에 편입되었
으나, 보상금이 지급되지 아니한 경우 이에 대한 평가방법

【회신내용】
특례법시행규칙 제6조제7항에서 종전에 시행된 공공사업의 부지로서 보상금이 지급
되지 아니한 토지라 함은 전 및 과수원으로 사용하던 상태에서 공공사업에 편입된
경우에는 종전의 이용상태로 평가보상(전 및 과수원)한다는 의미입니다. 그러나 질
의의 경우 종전에 전 및 과수원으로 사용되었던 토지라도 자연력(홍수)으로 인하여
토사가 유실됨으로써, 원상복구할 수 없는 상태로서 물이 흘러 하천으로 된 경우에
는 이를 농경지로 볼 수 없는 경우에는 하천으로 밖에 평가될 수 없을 것으로 판단됩
니다.

[질의회신3] ▶ 하천공사로 인하여 하천으로 편입된 토지는 미불용지의 보상방법에
따라 보상 [1999.7.7. 토정58342-590]

【질의요지】
1978년 집중호우로 인한 하천제방의 붕괴로 시청에서 긴급복구공사를 하여 약 500
평 정도가 하천과 제방으로 편입되었으나 현재까지 보상을 받지 못하고 있다가 최근
에 시청에서 도로공사를 하면서 하천으로 편입된 토지에 대한 가격을 사업인정을 받
지 않은 공공사업이라 하여 1/3로 평가할 수 있는지 여부

【회신내용】
하천관리청이 시행한 제방공사로 인하여 하천으로 편입된 이후 보상이 이루어지지
않고 있다가 최근에 도로공사부지에 편입되는 경우에는 미불용지로 보상하는 것이
타당

[질의회신4] ▸ 하천공사로 하천이 된 토지는 미불용지로 보상평가 한다.
[2000.1.7. 토관58342-37]

【질의요지】

[1] 공부상 지목이 임야이나 실제 이용상황은 물이 흐르는 하천으로 이용되고 있는 토지를 제방으로 쌓았으나 당시에 보상금을 지급하지 아니한 토지를 보상하고자 하는 경우 대상 토지의 평가기준

[2] 1973년도경 하천직강공사시 실제 이용상황이 임야인 토지를 하천으로 편입하였으나 그 당시에 보상금을 지급하지 아니한 토지를 보상하고자 하는 경우 보상기준

[3] 하천편입 당시 이용상황을 알 수 없을 경우 평가기준

【회신내용】

[1], [2] 특례법시행규칙 제6조제7항의 규정에 의하면 종전에 시행된 공익사업의 부지로서 보상금이 지급되지 아니한 토지에 대하여는 종전의 공공사업에 편입될 당시의 이용상황을 상정하여 평가하도록 되어 있으므로, 질의 [1]에 대하여서는 하천부지로, 질의 [2]에 대하여서는 임야로 평가하는 것이 타당하다고 봅니다.

[3] 특례법시행규칙 제6조 제7항의 단서규정에 의하면 종전의 공공사업에 편입될 당시의 이용상황을 알 수 없는 경우에는 편입될 당시의 지목과 유사한 인근토지의 이용상황 등을 참작하여 평가하도록 되어 있습니다.

마. 미지급용지의 보상관계자

(1) 논의사항

미지급용지는 종전에 시행된 공익사업용지로 그때 보상금이 지급되었어야 함에도 무슨 이유에서든지 보상금이 지급되지 아니한 토지이므로 종전 공익사업시행자가 그 보상책임이 있어야 할 것이다. 그러나, 미보상용지의 보상은 당초 공익사업자의 확인여부 내지 재정여건의 문제로 다른 새로운 공익사업이 시행될 때까지 보상금의 지급이 미루어지는 것이 현실이다. 또한, 원칙적으로는 미불용지가 아니면서 평가방법만 미불용지의 평가방

법을 준용하는 토지에 대하여서는 당초부터 그에 대한 보상의무자가 따로 있는 것이 아니므로 새로운 당해 공익사업의 시행자가 보상하는 것도 별 무리는 없어 보인다.

(2) 미지급용지의 보상주체(의무자) 및 보상대상자

미지급용지의 보상의무자는 새로운 공익사업의 시행이 필요한 현재의 새로운 사업시행자가 평가하여 보상함이 타당하며, 보상대상자는 종전 공익사업에 편입된 당시 토지의 종전소유자 또는 현재소유자이다. 국토교통부의 유권해석도 동일한 취지로 해석하고 있다.[293]

다만, 미지급용지의 보상주체에 대한 아래와 같은 주목할 만한 감사사례가 있다.[294] **평택시**가 도시계획도로 건설사업 시행과 관련하여 산림청 토지를 손실보상하지 않고 도로공사 시행 후 OOO지구에 편입된 도로에 대한 보상문제가 발생한 사례에서, 평택시는 해당도로가 포함된 택지지구 사업시행자인 한국토지주택공사가 산림청에 보상해야 한다고 주장하였으나 **감사원은** "미불용지의 보상의무는 새로운 공공사업시행자에게 있다"는 국토부 질의회신은 "편입토지에 대한 보상의무가 종전 사업시행자와 새로운 사업시행자 양측에 모두 있는 경우를 전제로 한 것"이라 해석하고 새로운 사업시행자인 한국토지주택공사는 무상귀속 대상인 위 토지에 대하여 보상을 이행할 의무가 없으며 평택시가 산림청 토지에 대하여 손실보상을 실시하고 한국토지주택공사에 무상으로 귀속시켜야 한다고 지적한 바가 있다.

---

293) ① 기존도로의 사유지(미불용지)에 대한 보상은 도로공사의 시행자가 하여야 하는지 아니면 기존 도로사업의 시행자 또는 그 관리청이 하여야 하는지 여부에 대한 질의에 유권해석은 "공특법 제3조제1항에서 공공사업 시행에 따른 손실은 사업시행자가 보상하도록 되어있고 동법 시행규칙 제6조제7항에서는 미불용지에 대한 평가기준을 별도로 정하고 있는 취지로 보아 새로운 사업의 시행당시 보상되지 아니한 미불용지에 대하여는 새로운 사업의 시행자가 평가·보상함이 타당하다고 회신하고 있다. [1992.1.9. 토정 01254-38]
② 미불용지는 종전에 시행된 공익사업시행지구에 편입되었으나 보상이 이루어지지 아니한 토지를 의미하므로 토지소유권 변동이 미불용지여부를 판단하는 기준은 아니므로 편입 토지는 임의경매로 인한 낙찰에 의하여 매입한 토지로서 공익사업에 편입될 당시의 소유자와 현재 소유자가 달라도 미불용지로 평가할 수 있다.[2005.10.5. 토지정책팀-555]
294) 한국토지주택공사, 앞의 책, 2016, 268면. 발췌인용

바. 시효취득의 문제

일반적으로 토지는 20년간 소유의 의사로 평온·공연하게 점유하면 등기함으로써 취득한다(민법 제245조 제1항). 이에 국가나 지방자치단체가 미지급용지를 점유시효취득을 할 수 있는지 여부가 문제되고 있으나, 미지급용지는 원칙적으로 시효취득의 대상이 아니다. 판례의 입장도 동일한 취지이다.

(1) 판례의 태도

종전 대법원은 점유자가 타인 소유의 토지를 무단으로 점유하여 왔다면 특별한 사정이 없는 한 권원의 성질상 자주점유에 해당한다는 취지로 자주점유를 인정하여 점유취득시효를 인정하여 왔다.

그러나, 이후 대법원은 **전원합의체 판결**로서(대법원 1997.8.21. 선고95다28625) "점유자가 점유 개시 당시에 소유권 취득의 원인이 될 수 있는 법률행위 기타 법률요건이 없이 그와 같은 법률요건이 없다는 사실을 잘 알면서 타인 소유의 부동산을 무단 점유한 것임이 입증된 경우에는 특별한 사정이 없는 한 점유자는 타인의 소유권을 배척하고 점유할 의사를 갖고 있지 않다고 보아야 할 것이므로 이로써 소유의 의사가 있는 점유라는 추정은 깨어졌다고 할 것이다. 지방자치단체가 도로로 편입시킨 토지에 관하여 공공용 재산으로서의 취득절차를 밟지 않은 채 이를 알면서 점유하였다고 인정된 사안에서 지방자치단체의 위 토지 점유가 자주점유의 추정이 번복되어 타주점유가 된다고 볼 수 없다는 취지의 판례의 견해는 변경하기로 한다"라며 **악의의 무단점유에 의한 점유취득시효를 부정**하였다.

다만 최근의 판례는 점유자의 자주점유 권원이 인정되지 않는다고 하더라도 이것이 곧바로 자주점유의 추정을 번복한다는 취지는 아니므로 지방자치단체나 국가의 점유가 일정한 권원 없이 취득하였다는 명확한 사실은 없고 불분명한 상태에 있는 경우라면 자주점유의 추정은 유지된다고 하고 있다.[295]

---

295) 국가가 어떤 부동산을 점유하여 그 취득시효기간이 만료한 후 그에 관한 소유명의를 취득함에 있어 무주물의 귀속에 관한 법령의 절차에 의하였다거나 그 인근의 다른 부동산에 관하여는 오래전에 소유권보존등기절차를 취하면서도 당해 부동산의 소유명의 취득절차는 수십 년간 취하지 않고 있었다는 사유가 있다 하여 그것만으로 자주점유의 추정이 번복되지는 않는다(2008.4.10. 선고 2008다7314 판결). : 대법원 2010.8.19. 선고 2010다33866 판결

(2) 보상실무상 미지급용지의 처리

보상실무상 한국토지주택공사와 같은 공익사업시행자 등은 국가 또는 지방자치단체가 종전 공익사업을 하면서 토지소유자에게 보상을 하거나 기부채납을 받고도 소유권 이전 등기를 하지 않아 개인 소유로 등기되어 있는 토지가 있을 수 있으므로 (i) 취득시기가 비슷한 토지 중 일부 필지만 개인소유로 남아 있는 경우, (ii) 종전 공익사업시행 당시 소유자의 거소가 분명했던 경우, (iii) 등기명의인이 사망하여 상속인이 소유권 변동에 대해 잘 모르는 경우(조상 땅 찾기 운동 등으로 우연히 발견한 재산 등), (iv) 종전 공익 사업을 위해 지적 분할을 한 경우, (v) 기타 보상금을 지급하였을 개연성이 많은 경우 등과 같이 현재 관련서류를 찾지 못할 뿐 과거에 보상금이 지급되었을 것으로 추정되는 경우에는 미지급용지가 아닐 개연성이 크므로 이러한 경우에는 실무상 미지급용지의 판단에 유의하고 있다.

판례

[판례1] ▶ 미지급용지(=미불용지)에 대한 지방자치단체의 시효취득이 성립되지 아니한다. [대법원 1997.8.21. 선고 95다28625 전원합의체]

【판시사항】
점유자가 점유 개시 당시 소유권 취득의 원인이 될 수 있는 법률행위 기타 법률요건 없이 그와 같은 법률요건이 없다는 사실을 알면서 타인 소유의 부동산을 무단점유한 경우, 자주점유의 추정이 깨어지는지 여부(적극)

【판결요지】
점유자가 점유 개시 당시에 소유권 취득의 원인이 될 수 있는 법률행위 기타 법률요건이 없이 그와 같은 법률요건이 없다는 사실을 잘 알면서 타인 소유의 부동산을 무단점유한 것임이 입증된 경우, 특별한 사정 이 없는 한 점유자는 타인의 소유권을 배척하고 점유할 의사를 갖고 있지 않다고 보아야 할 것이므로 이로써 소유의 의사가 있는 점유라는 추정은 깨어졌다고 할 것이다.
지방자치단체가 도로로 편입시킨 토지에 관하여 공공용 재산으로서의 취득절차를 밟

지 않은 채 이를 알면서 점유하였다고 인정된 사안에서 지방자치단체의 위 토지 점유가 자주점유의 추정이 번복되어 타주 점유가 된다고 볼 수 없다는 취지의 판례의 견해는 변경하기로 한다.

[판례2] ▶ 사업시행자가 토지의 취득절차에 관한 서류를 제출하지 못하였다고 하여 자주점유의 추정이 번복된다고 할 수 없다. **[대법원 2010.8.19. 선고 2010다33866]**

【판시사항】
1. 국가나 지방자치단체가 취득시효의 완성을 주장하는 토지의 취득절차에 관한 서류를 제출하지 못하고 있다는 사정만으로 자주점유의 추정이 번복되는지 여부(소극)
2. 지방자치단체가 도로부지에 편입된 토지의 취득절차에 관한 서류들을 제출하지 못하고 있다는 사정만으로 위 토지에 관한 자주점유의 추정이 번복된다고 할 수 없다.

【판결요지】
1. 지방자치단체나 국가가 취득시효의 완성을 주장하는 토지의 취득절차에 관한 서류를 제출하지 못하고 있다 하더라도 그 점유의 경위와 용도 등을 감안할 때 국가나 지방자치단체가 점유개시 당시 공공용재산의 취득절차를 거쳐서 소유권을 적법하게 취득하였을 가능성도 배제할 수 없다고 보이는 경우에는 국가나 지방자치단체가 소유권취득의 법률요건이 없이 그러한 사정을 잘 알면서 무단점유한 것이 입증되었다고 보기 어려우므로 자주점유의 추정은 깨어지지 않는다.
2. 지방자치단체가 도로개설사업을 시행하면서 소유자로부터 그 도로의 부지로 지정된 토지의 매도승낙서 등을 교부받는 등 매수절차를 진행하였음이 인정되나 매매계약서, 매매대금 영수증 등의 관련 자료를 보관하지 않고 있는 사안에서, 위 지방자치단체가 법령에서 정한 공공용 재산의 취득절차를 밟거나 소유자의 사용승낙을 받는 등 위 토지를 점유할 수 있는 일정한 권원에 의하여 위 토지를 도로부지에 편입시켰을 가능성을 배제할 수 없으므로 위 토지의 후속 취득절차에 관한 서류들을 제출하지 못하고 있다는 사정만으로 위 토지에 관한 자주점유의 추정이 번복된다고 할 수 없다.

사. 부당이득반환의 청구

국가·지방자치단체가 적법한 보상절차를 거치지 아니하고 도로부지를 점유하고 있더라도 당해 토지 소유자의 소유권은 존재하므로 국가 등을 상대로 점유상실에 대한 사용료 청구를 할 수 있다. 이때 사용료에 해당하는 부당이득의 산정 기초가 되는 가격은 편입 당시의 현실적 이용상황에 따라 판단하고 그 사용료는 과거 **5년간만 가능**하다[296]

미지급용지 관련 사법상의 부당이득반환청구의 문제는 주로 국가 또는 지방자치단체가 법률상 또는 사실상 점용·관리하고 공용되고 있는 미지급된 도로부지에서 발생하고 있다. 도로법 제4조 본문은 "도로를 구성하는 부지, 옹벽, 그 밖의 시설물에 대해서는 사권(私權)을 행사할 수 없다"라고 규정하여 원칙적으로 도로부지에서의 사권행사(인도청구)는 제한되고 있다. 다만, 도로부지의 소유권자가 제3자에 의해 소유권의 내용인 해당 부지의 사용수익을 방해받고 있다면 임료 상당의 부당이득반환청구권 행사는 가능하다.

미지급용지의 부당이득의 산정을 위한 기초가액의 감정평가의 방법과 관련된 대법원은 원칙적으로 도로인 현황대로 감정평가를 하고 예외적으로 편입될 당시의 현실적 이용상황에 따라 감정평가를 하여야 한다고 판시하고 있으나, "지방자치단체가 타인 소유의 토지를 아무런 권원 없이 도로부지로 점유, 사용하고 있는 경우, 토지의 점유자로서의 지방자치단체의 이득 및 토지 소유자의 손해의 범위는 일반적으로 토지가 도로로 편입된 사정을 고려하지 않고 그 편입될 당시의 현실적 이용상황을 토대로 하여 산정한 임대료에서 개발이익을 공제한 금액 상당이라 할 것이다"라고 판시하고 있다.[297]

---

296) ■ 국가재정법 제96조(금전채권·채무의 소멸시효) ① 금전의 급부를 목적으로 하는 국가의 권리로서 시효에 관하여 다른 법률에 규정이 없는 것은 5년 동안 행사하지 아니하면 시효로 인하여 소멸한다.
② 국가에 대한 권리로서 금전의 급부를 목적으로 하는 것도 또한 제1항과 같다.
③ 금전의 급부를 목적으로 하는 국가의 권리에 있어서는 소멸시효의 중단·정지 그 밖의 사항에 관하여 다른 법률의 규정이 없는 때에는 「민법」의 규정을 적용한다. 국가에 대한 권리로서 금전의 급부를 목적으로 하는 것도 또한 같다.
④ 법령의 규정에 따라 국가가 행하는 납입의 고지는 시효중단의 효력이 있다.
■ 지방재정법 제82조(금전채권과 채무의 소멸시효) ① 금전의 지급을 목적으로 하는 지방자치단체의 권리는 시효에 관하여 다른 법률에 특별한 규정이 있는 경우를 제외하고는 5년간 행사하지 아니하면 소멸시효가 완성한다.
② 금전의 지급을 목적으로 하는 지방자치단체에 대한 권리도 제1항과 같다. [전문개정 2011.8.4.]
297) 대법원 1994. 6. 28. 선고 94다16120 판결 [부당이득금]

[판례1] ▶ 인근지역의 현실적인 이용상황이 변경된 경우 미지급용지의 이용상황의 판단
[대법원 2002.10.25. 선고 2002다31483]

【판시사항】
국가 또는 지방자치단체가 도로로 점유ㆍ사용하고 있는 토지에 있어 도로에 편입된 이후 도로가 개설되지 아니하였더라도 당해 토지의 현실적 이용상황이 주위 토지와 같이 변경되었을 것임이 객관적으로 명백하게 된 경우, 그 토지에 대한 임료 상당의 부당이득액 산정을 위한 토지의 기초가격의 평가방법

【판결요지】
국가 또는 지방자치단체가 도로로 점유ㆍ사용하고 있는 토지에 대한 임료 상당의 부당이득액을 산정하기 위한 토지의 기초가격은, 국가 또는 지방자치단체가 종전부터 일반 공중의 교통에 사실상 공용되던 토지에 대하여 도로법 등에 의한 도로 설정을 하여 도로관리청으로서 점유하거나 또는 사실상 필요한 공사를 하여 도로로서의 형태를 갖춘 다음 사실상 지배주체로서 도로를 점유하게 된 경우에는 도로로 제한된 상태 즉, 도로인 현황대로 감정평가하여야 하고, 국가 또는 지방자치단체가 종전에는 일반 공중의 교통에 사실상 공용되지 않던 토지를 비로소 도로로 점유하게 된 경우에는 토지가 도로로 편입된 사정은 고려하지 않고 그 편입될 당시의 현실적 이용상황에 따라 감정평가하되 다만, 도로에 편입된 이후 당해 토지의 위치나 주위 토지의 개발 및 이용상황 등에 비추어 도로가 개설되지 아니하였더라도 당해 토지의 현실적 이용상황이 주위 토지와 같이 변경되었을 것임이 객관적으로 명백하게 된 때에는, 그 이후부터는 그 변경된 이용상황을 상정하여 토지의 가격을 평가한 다음 이를 기초로 임료 상당의 부당이득액을 산정하여야 한다.

[판례2] ▶ 지방자치단체가 토지를 권원 없이 도로부지로 점유하는 경우 부당이득의 범위 [대법원 1994.6.28. 선고 94다16120] [부당이득금]

【판결요지】

지방자치단체가 타인 소유의 토지를 아무런 권원 없이 도로부지로 점유, 사용하고 있는 경우, 토지의 점유자로서의 지방자치단체의 이득 및 토지 소유자의 손해의 범위는 일반적으로 토지가 도로로 편입된 사정을 고려하지 않고 그 편입될 당시의 현실적 이용상황을 토대로 하여 산정한 임대료에서 개발이익을 공제한 금액 상당이라 할 것이고 토지소유자가 토지를 취득할 당시 그 토지가 도로부지로 편입되어 지방자치단체가 점유, 사용하고 있어 사권 행사에 제한이 있다는 점을 알고 있었다 하더라도 그러한 사정에 의하여 달리 볼 것은 아니다.

질의회신

[질의회신] ▶ 부당이득금을 지급받은 토지에 대한 보상평가방법
[1998.4.27. 토정58342-533]

【질의요지】 도시계획도로 개설시 보상금을 지급받지 않은 토지에 대하여 도로관리청으로부터 부당이득금을 지급받은 후에 토지보상이 이루어지는 경우 인근토지가격의 1/3로 평가되는지, 도로에 편입될 당시의 이용상황대로 평가되는지 여부

【회신내용】 특례법시행규칙 제6조제7항에서 종전에 시행된 공공사업의 부지로서 보상금이 지급되지 아니한 토지에 대하여는 종전의 공공사업에 편입될 당시의 이용상황을 상정하여 평가하도록 하고 있습니다. 사용료에 해당하는 부당이득금을 지급받은 경우라도 당해 토지를 보상받게 될 때에는 위 규정에 의거 평가하여야 할 것입니다.

9. 도로부지 및 구거부지의 평가

가. 개념

토지보상법에서는 도로를 「사도법」에 의한 사도, 사실상의 사도 및 그 외의 도로로 분류하고 각각의 평가기준을 달리하여 규정하고 있고(시행규칙 제26조 제1항, 제2항), 구거부지·도수로부지에 대해서도 그 평가기준을 달리하여 규정하고 있다(시행규칙 제26조 제

3항). 이하에서는 위 도로 및 구거부지의 손실보상평가의 내용과 함께 그 밖의 도로부지로서 보상평가가 이루어지는 공도부지·공도예정부지에 대해서 살펴보고자 한다.

관련법령

■ **토지보상법 시행규칙 제26조(도로 및 구거부지의 평가)** ① 도로부지에 대한 평가는 다음 각호에서 정하는 바에 의한다.

  1. 「사도법」에 의한 사도의 부지는 인근토지에 대한 평가액의 5분의 1 이내

  2. **사실상의 사도의 부지**는 인근토지에 대한 평가액의 3분의 1 이내

  3. 제1호 또는 제2호외의 도로의 부지는 제22조의 규정에서 정하는 방법

② 제1항제2호에서 "사실상의 사도"라 함은 「사도법」에 의한 사도외의 도로(「국토의 계획 및 이용에 관한 법률」에 의한 도시·군관리계획에 의하여 도로로 결정된 후부터 도로로 사용되고 있는 것을 제외한다)로서 다음 각호의 1에 해당하는 도로를 말한다.

  1. 도로개설당시의 토지소유자가 자기 토지의 편익을 위하여 스스로 설치한 도로

  2. 토지소유자가 그 의사에 의하여 타인의 통행을 제한할 수 없는 도로

  3. 「건축법」 제45조에 따라 건축허가권자가 그 위치를 지정·공고한 도로

  4. 도로개설당시의 토지소유자가 대지 또는 공장용지 등을 조성하기 위하여 설치한 도로

③ **구거부지**에 대하여는 인근토지에 대한 평가액의 3분의 1 이내로 평가한다. 다만, 용수를 위한 **도수로부지**(개설당시의 토지소유자가 자기 토지의 편익을 위하여 스스로 설치한 도수로부지를 제외한다)에 대하여는 제22조의 규정에 의하여 평가한다.

④ 제1항 및 제3항에서 "인근토지"라 함은 당해 도로부지 또는 구거부지가 도로 또는 구거로 이용되지 아니하였을 경우에 예상되는 표준적인 이용상황과 유사한 토지로서 당해 토지와 위치상 가까운 토지를 말한다.

나. 사도법에 의한 사도

(1) 성격

사도법에 따른 사도란 (ⅰ) 「도로법」에 따른 도로, (ⅱ) 「도로법」의 준용을 받는 도로, (ⅲ) 「농어촌도로 정비법」에 따른 농어촌도로, (ⅳ) 「농어촌정비법」에 따라 설치된 도로

등이 <u>아닌 것으로서</u> 그 도로에 연결되는 길을 말한다(사도법 제2조).

사도를 개설·개축(改築)·증축(增築) 또는 변경하려는 자는 시장·군수·구청장의 허가를 받아야 하고, 시장·군수·구청장은 허가를 하였을 때에는 그 내용을 공보에 고시하고, **사도관리대장**에 그 내용을 기록하고 보관하여야 한다(사도법 제4조).

즉, 도로 부지 소유자가 자신의 토지의 편익 내지 다른 토지 부분의 효용을 증진하기 위해 토지소유자가 스스로 사도법에 의해 「도로법」등의 규정 내지 준용을 받지 아닌 도로를 시장·군수·구청장의 **개설허가를 받아** 공도에 연결시키기 위해 설치한 도로이다. 사도법상의 사도인지 여부는 사도개설허가여부, 사도관리대장 등재여부 등으로 확인할 수 있다.

(2) 평가기준

사도법에 의한 사도의 보상은 부지는 <u>인근토지</u>에 대한 평가액의 <u>5분의 1 이내</u>로 평가한다(시행규칙 제26조제1항제1호).

'<u>인근토지</u>'란 당해 사도부지가 도로로 이용되지 아니하였을 경우에 예상되는 표준적인 이용상황과 유사한 토지로서 당해 토지와 위치상 가까운 토지를 말한다(시행규칙 제26조제4항).[298] 한편 인근토지에 대한 평가액은 해당 사도가 개설된 상태에서의 평가액을 의미한다.

다. 사실상의 사도

(1) 성격

'사실상의 사도'란 사도법에 의한 사도 외의 도로(국토계획법에 의한 도시·군관리계획에 의하여 도로로 결정된 후부터 도로로 사용되고 있는 것을 제외함)로서 (i) 도로개설당시의 토지소유자가 **자기 토지의 편익을 위하여 스스로 설치**한 도로, (ii) **토지소유자가**

---

[298] 도로점용료의 산정기준 등 점용료의 징수에 관하여 필요한 사항을 정한 서울특별시 도로점용허가 및 점용료 등 징수조례(2008.3.12.조례 제4610호로 개정되기 전의 것) 제3조 [별표]에서 인접한 토지의 개별공시지가를 도로점용료 산정의 기준으로 삼도록 한 취지는, 도로 자체의 가격 산정이 용이하지 아니하여 인근에 있는 성격이 유사한 다른 토지의 가격을 기준으로 함으로써 합리적인 점용료를 산출하고자 하는 데 있으므로, 여기서 '인접한 토지'라 함은 점용도로의 인근에 있는 토지로서 도로점용의 주된 사용목적과 동일 또는 유사한 용도로 사용되는 토지를 말한다[대법원 2010.2.11. 선고 2009두12730 판결].

그 의사에 의하여 타인의 통행을 제한할 수 없는 도로, (iii) 「건축법」제45조에 따라 건축허가권자가 그 위치를 지정·공고한 도로, (iv) 도로개설당시의 토지소유자가 대지 또는 공장용지 등을 조성하기 위하여 설치한 도로 등을 말한다(시행규칙 제26조 제2항).

즉, 사실상의 사도는 사도법에 의한 사도와 동일하게 도로개설 당시 토지소유자가 자신의 토지의 편익을 위하여 스스로 개설한 도로인 면에서는 동일하나, 사도법상의 **사도개설허가 없이** 토지형질변경허가 등으로만 개설하거나 형성된 도로라는 점에서 사도법상의 사도와 차이가 있다.

(2) 평가기준

사실상의 사도의 부지의 평가는 인근토지[299])에 대한 평가액의 3분의 1 이내로 하고 있다(시행규칙 제26조제1항제2호). 사실상 사도인지 여부는 「토지보상법」에서 정하는 절차에 따라 사업시행자가 결정한다.

사실상의 사도부지를 인근토지 보다 낮게 평가하는 것은 사도의 가치가 그 사도로 인하여 인근토지의 효용이 증가됨으로 가치가 화체되었다는 이유에 기인한다. 즉 해당 사실상의 도로개설에 따른 가치변동이 이미 인근토지에 반영되었으므로 그러한 개발이익을 배제하겠다는 뜻으로 볼 수 있다. 따라서 그러한 이유가 없는 (ⅰ) 기존도로에 편입되어 있는 사유지, (ⅱ) 도시계획도로로 결정된 후 예정공도에 편입된 부분을 도로로 사용하는 경우 등은 동 규정의 적용을 받지 아니한다.

(3) 주로 문제되는 유형

토지소유자가 그 의사에 의하여 타인의 통행을 제한할 수 없는 도로에는 다양한 유형이 있으나 주로 문제되는 도로는 '자연발생적으로 형성된 도로'와 '새마을도로'가 있다.

① 자연발생적으로 형성된 도로

'자연발생적으로 형성된 도로'를 '토지소유자가 그 의사에 의하여 타인의 통행을 제한할 수 없는 도로'로 보기 위해서는 사유지가 일반 공중의 교통에 공용되고 있고 그 이용상황

---

299) 인근토지'는 「사도법」에 따른 사도의 부지를 준용한다.

이 고착되어 있어, 원상회복하는 것이 법률상 허용되지 아니하거나 사실상 현저히 곤란한 정도에 이른 경우에 해당되어야 한다.[300)

② 새마을도로

새마을도로란 마을 간 또는 공도 등과의 접속을 위하여 새마을사업에 의하여 설치되었거나, 불특정 다수인의 통행에 이용되고 있었던 관습상의 도로 등이 새마을사업에 의하여 확장 또는 노선변경이 된 도로를 말한다.

새마을도로는 다른 사도에 비해서는 공공적 측면이 강하고, 도로개설의 자의성은 인정되나 동일 소유자 간의 가치이전(자기 토지의 편익향상 도모)이라는 요건을 충족한다고 보기 어렵다고 할 것이므로 '토지소유자가 그 의사에 의하여 타인의 통행을 제한할 수 없는 도로'에 해당하는 사실상의 사도에 해당된다고 할 것이다. 판례는 어느 사유지가 종전부터 자연발생적으로 또는 도로예정지로 편입되어 사실상 일반 공중의 교통에 공용되는 도로로 사용되는 새마을 도로는 그 토지의 소유자가 스스로 그 토지를 도로로 제공하여 인근 주민이나 일반 공중에게 무상으로 통행할 수 있는 권리를 부여하였거나 그 토지에 대한 독점적이고 배타적인 사용수익권을 포기한 것으로 보고 있다.[301)

③ 토지소유자가 대지 또는 공장용지 등을 조성하기 위하여 설치한 도로

도로개설 당시 토지소유자가 넓은 토지를 개발하면서 자기 토지의 다른 부분의 효용증진을 위하여 개설하는 단지분할형 도로로서, 토지소유자가 자기 토지의 편익을 위해 스스로 개설한 전형적인 사실상의 사도에 해당한다. 다만, 일단의 대규모 공장용지 또는 학교용지 내의 도로 등은 사실상의 사도로 보지 않고 공장용지 또는 학교용지로 본다.[302)

판례

[판례1] ▶ '자기 토지의 편익을 위하여 스스로 개설한 도로' 및 '타인의 통행을 제한할

---

300) 대법원 2013.6.13. 선고 2011두7007 판결. ;대법원 2007.4.12. 선고 2006두18492 판결 등
301) 대법원 2006.5. 12. 선고 2005다31736 판결
302) 중앙토지수용위원회, 앞의 책, 2017.12., 247면

수 없는 도로'의 판단기준 [대법원 2013.6.13. 선고 2011두7007]

【판결요지】

1. 토지보상법 시행규칙 제26조 제2항 제1호에서 규정한 '도로개설 당시의 토지소유 자가 자기 토지의 편익을 위하여 스스로 설치한 도로'에 해당한다고 하려면, 토지소유자가 자기 소유 토지 중 일부에 도로를 설치한 결과 도로 부지로 제공된 부분으로 인하여 나머지 부분 토지의 편익이 증진되는 등으로 그 부분의 가치가 상승됨으로써 도로부지로 제공된 부분의 가치를 낮게 평가하여 보상하더라도 전체적으로 정당보상의 원칙에 어긋나지 않는다고 볼 만한 객관적인 사유가 있다고 인정되어야 하고, 이는 도로개설 경위와 목적, 주위환경, 인접토지의 획지 면적, 소유관계 및 이용상태 등 제반 사정을 종합적으로 고려하여 판단할 것이다.

2. 토지보상법 시행규칙 제26조 제2항 제2호가 규정한 '토지소유자가 그 의사에 의하여 타인의 통행을 제한할 수 없는 도로'는 사유지가 종전부터 자연발생적으로 또는 도로예정지로 편입되어 있는 등으로 일반 공중의 교통에 공용되고 있고 그 이용상황이 고착되어 있어, 도로부지로 이용되지 아니하였을 경우에 예상되는 표준적인 이용상태로 원상회복하는 것이 법률상 허용되지 아니하거나 사실상 현저히 곤란한 정도에 이른 경우를 의미한다고 할 것이다. 이때 어느 토지가 불특정 다수인의 통행에 장기간 제공되어 왔고 이를 소유자가 용인하여 왔다는 사정이 있다는 것만으로 언제나 도로로서의 이용상황이 고착되었다고 볼 것은 아니고, 이는 당해 토지가 도로로 이용되게 된 경위, 일반의 통행에 제공된 기간, 도로로 이용되고 있는 토지의 면적 등과 더불어 그 도로가 주위 토지로 통하는 유일한 통로인지 여부 등 주변 상황과 당해 토지의 도로로서의 역할과 기능 등을 종합하여 원래의 지목 등에 따른 표준적인 이용상태로 회복하는 것이 용이한지 여부 등을 가려서 판단해야 할 것이다.

[판례2] ▶ '토지소유자가 그 의사에 의하여 타인의 통행을 제한할 수 없는 도로'로 보기 위한 요건 [대법원 2011.8.25. 2011두7014]

【판시사항】

1. 도로로서 이용상황이 고착화되어 당해 토지의 표준적 이용상황으로 원상회복하는 것이 쉽지 않은 상태에 이르는 등 인근 토지에 비하여 낮은 가격으로 평가해도 될 만한 객관적인 사정이 인정되는 경우, 공익사업을 위한 토지 등의 취득 및 보상에 관한 법률 시행규칙 제26조에서 정한 '사실상의 사도'에 포함되는지 여부(적극)
2. 도시개발사업 관련 수용대상인 갑 소유 토지가 인근 주민의 통행로로 사용되었다는 이유로 재결감정을 하면서 이를 사실상의 사도로 보고 보상금액을 인근 토지의 1/3로 평가한 사안에서, 위 토지의 이용상태나 기간, 면적 및 형태 등에 비추어 보면 위 토지가 인근 주민들을 포함한 불특정 다수인의 통행에 장기간 제공되어 사실상 도로화되었고 도로로서 이용상황이 고착화되어 표준적 이용상황으로 원상회복하는 쉽지 않은 상태에 이르는 등 사실상 타인의 통행을 제한하는 것이 곤란하므로 인근 토지에 비해 낮은 가격으로 평가해도 될 만한 사정이 있다는 이유로, 이와 달리 본 원심판결에 법리오해의 위법이 있다.

【판결요지】

토지보상법 시행규칙 …(중략)… 규정하고 있다.

여기서 '토지소유자가 그 의사에 의하여 타인의 통행을 제한할 수 없는 도로'에는 법률상 소유권을 행사하여 통행을 제한할 수 없는 경우뿐만 아니라 사실상 통행을 제한하는 것이 곤란하다고 보이는 경우도 해당한다(대법원 2007. 4. 12. 선고 2006두18492 판결 등 참조). 따라서 단순히 당해 토지가 불특정 다수인의 통행에 장기간 제공되어 왔고 이를 소유자가 용인하여 왔다는 사정만으로는 사실상의 도로에 해당한다고 할 수 없으나, 도로로의 이용상황이 고착화되어 당해 토지의 표준적 이용상황으로 원상회복하는 것이 용이하지 아니한 상태에 이르는 등 인근의 토지에 비하여 낮은 가격으로 평가하여도 될 만한 객관적인 사정이 인정되는 경우에는 사실상의 사도에 포함된다고 볼 것이다.

[판례3] ▶ '도로개설 당시의 토지소유자가 자기 토지의 편익을 위하여 스스로 설치한 도로' 및 '토지소유자가 그 의사에 의하여 타인의 통행을 제한할 수 없는 도로'로 보기 위한 요건 [대법원 2007. 4. 12. 선고 2006두18492]

【판결요지】

구 토지보상법 시행규칙(2005. 2. 5. 건설교통부령 제424호로 개정되기 전의 것) 제26조 제1항 제2호, 제2항 제1호, 제2호는 사도법에 의한 사도 외의 도로(국토의계획 및 이용에 관한 법률에 의한 도시관리계획에 의하여 도로로 결정된 후부터 도로로 사용되고 있는 것을 제외한다)로서 '도로개설 당시의 토지소유자가 자기 토지의 편익을 위하여 스스로 설치한 도로'와 '토지소유자가 그 의사에 의하여 타인의 통행을 제한할 수 없는 도로'는 '사실상의 사도'로서 인근토지에 대한 평가액의 1/3 이내로 평가하도록 규정하고 있는데, 여기서 '도로개설당시의 토지소유자가 자기 토지의 편익을 위하여 스스로 설치한 도로'인지 여부는 인접토지의 획지면적, 소유관계, 이용상태 등이나 개설경위, 목적, 주위환경 등에 의하여 객관적으로 판단하여야 하고, '토지소유자가 그 의사에 의하여 타인의 통행을 제한할 수 없는 도로'에는 법률상 소유권을 행사하여 통행을 제한할 수 없는 경우뿐만 아니라 사실상 통행을 제한하는 것이 곤란하다고 보이는 경우도 해당한다고 할 것이나, 적어도 도로로의 이용상황이 고착화되어 당해 토지의 표준적 이용상황으로 원상회복하는 것이 용이하지 않은 상태에 이르러야 할 것이어서 단순히 당해 토지가 불특정 다수인의 통행에 장기간 제공되어 왔고 이를 소유자가 용인하여 왔다는 사정만으로는 사실상의 도로에 해당한다고 할 수 없다.

[판례4] ▶ 병원의 주차장 부지나 진입로는 사실상의 사도가 아니다.
[서울고등법원 2010.9.9 선고 2010누711 판결]

【판결요지】

각 도로부분은 위 수용재결 당시 평택 예솔병원 건물 및 그 주차장 부지나 진입로로 이용되면서 이 병원에 용무가 잇는 사람들의 이용에 제공되고 있었고 토지 소유자인 원고가 그 통행을 제한할 수 있는 곳임을 인정할 수 있으므로 이를 불특정·다수인이 통행가능한 곳이라고 보기 어려워 그 이용현황이 '도로'에 해당한다고 볼 수 없다.

[판례5] ▶ 새마을도로는 배타적 사용·수익권을 포기한 것으로 본다.
[대법원 2006.5.12. 선고 2005다31736]

【판결요지】

1. 어느 사유지가 종전부터 자연발생적으로 또는 도로예정지로 편입되어 사실상 일반 공중의 교통에 공용되는 도로로 사용되고 있는 경우, 그 토지의 소유자가 스스로 그 토지를 도로로 제공하여 인근 주민이나 일반 공중에게 무상으로 통행할 수 있는 권리를 부여하였거나 그 토지에 대한 독점적이고 배타적인 사용수익권을 포기한 것으로 의사해석을 함에 있어서는, 그가 당해 토지를 소유하게 된 경위나 보유기간, 나머지 토지들을 분할하여 매도한 경위와 그 규모, 도로로 사용되는 당해 토지의 위치나 성상, 인근의 다른 토지들과의 관계, 주위 환경 등 여러 가지 사정과 아울러 분할·매도된 나머지 토지들의 효과적인 사용·수익을 위하여 당해 토지가 기여하고 있는 정도 등을 종합적으로 고찰하여 판단하여야한다.

2. 새마을 농로 확장공사로 인하여 자신의 소유 토지 중 도로에 편입되는 부분을 도로로 점유함을 허용함에 있어 손실보상금이 지급되지 않았으나 이의를 제기하지 않았고 도로에 편입된 부분을 제외한 나머지 토지만을 처분한 점 등의 제반 사정에 비추어 보면, 토지소유자가 토지 중 도로로 제공한 부분에 대한 독점적이고 배타적인 사용수익권을 포기한 것으로 봄이 상당하다.

[판례6] ▶ 사실상 도로로 사용되고 있는 토지의 사용수익권 포기 여부의 판단기준
[대법원 1999.4.27. 선고 98다56232]

【판결요지】

어느 사유지가 종전부터 자연발생적으로, 또는 도로예정지로 편입되어 사실상 일반 공중의 교통에 공용되는 도로로 사용되고 있는 경우, 그 토지의 소유자가 스스로 그 토지를 도로로 제공하여 인근 주민이나 일반 공중에게 무상으로 통행할 수 있는 권리를 부여하였거나 그 토지에 대한 독점적이고 배타적인 사용수익권을 포기한 것으로 의사해석을 함에 있어서는 그가 당해 토지를 소유하게 된 경위나 보유기간, 나머지 토지들을 분할하여 매도한 경위와 그 규모, 도로로 사용되는 당해 토지의 위치나 성상, 인근의 다른 토지들과의 관계, 주위 환경 등 여러 가지 사정과 아울러 분할·매도된 나머지 토지들의 효과적인 사용·수익을 위하여 당해 토지가 기여하고 있는

정도 등을 종합적으로 고찰하여 판단하여야 한다.

재결례

[재결례1] ▶ 사실상의 사도로 보아야 한다고 판단한 재결례 [**중토위** 2013.4.19.]

【재결요지】

○○○, □□□가 사실상 사도로 평가한 것은 부당하므로 공부상 지목인 "대"로 보상하여 달라는 주장에 대하여, 법 시행규칙 제26조제1항제2호의 규정에 의하면 사실상의 사도부지는 인근토지에 대한 평가액의 3분의1 이내로 평가하도록 규정되어 있고, 법 시행규칙 제26조제2항에 따르면 사실상의 사도는 「사도법」에 의한 도로외의 도로로서 도로개설당시의 토지소유자가 자기 토지의 편익을 위하여 스스로 설치한 도로, 토지소유자가 그 의사에 의하여 타인의 통행을 제한할 수 없는 도로 등으로 되어 있다.

관계자료(현장사진, 현황도면, 토지거래내역, 인접 대지의 건축물 건축연혁 등)를 검토한 결과, ○○○, □□□의 토지(부산 ▽▽동 대 73㎡, 이하 '이 건 토지'라 한다)는 지적도상 원활하게 통행할 수 있는 '도로'가 없는 '맹지'의 형상이고 동 토지와 인접한 토지(같은 동 263-1번지, 260-10번지, 260-9번지, 260-18번지, 260-17번지 등) 또한 통행로 없는 '맹지'의 형상들인 바, '이 건 토지'를 포함한 인접 토지들은 각각의 토지 일부를 할애하여 각각의 토지에 진출입이 가능하도록 '도로'로 이용하고 있는 것으로 보여 진다.

한편, 인접한 대지들의 건축물이 건축된 연혁을 살펴보면, 대부분이 1950년대~1960년대에 건축된 것으로서 동 건축물들이 건축당시부터 원활하게 이용될 수 있기 위하여는 동 현황도로가 적어도 1950년대부터 개설되어 이용되었을 것이라고 봄이 상당하다고 판단된다. ○○○, □□□는 이 건 토지를 2012.1.30. 매입한 것으로 확인되는 바, 이는 소유자가 매입할 당시 토지현황의 일부가 '도로'로 이용되고 있었음을 인지하고 있었다고 보아야 하고 이러한 사정이 반영되어 토지 거래가 이루어 졌다고 보아야 할 것이다.

○○○, □□□는 '이 건 토지'에 대하여 일반인의 통행을 제한할 수 있으니 이를 '사

실상의 사도'로 평가하여서는 안 된다고 주장하나 위와 같은 경위를 살펴 볼 때 '이 건 토지'는 도로개설당시의 토지소유자가 자기 토지의 편익 및 주위의 통행을 함께 고려하여 설치한 '도로'로 보여지는 점과 '이 건 토지'를 포함하여 통행로가 없는 이 일대 대지들의 유일한 통행로로 이용하기 위하여 토지소유자들의 필요에 의하여 각 각의 토지의 일부를 '도로'로 공여한 것으로 볼 수 있는 사정들을 고려해 볼 때, '이 건 토지'는 토지소유자가 '도로'가 아닌 '대지'로 원상회복할 수 있는 토지라고 보기 어려우므로 법 시행규칙 제26조에 따른 '사실상의 사도'에 해당한다고 판단된다. 따라서 소유자의 주장은 받아들일 수 없다.

[재결례2] ▶ 사실상의 사도로 볼 수 없다고 판단한 재결례 [중토위 2013.3.22.]

【재결요지】

1. 사도를 정상평가하여 달라는 주장에 대하여 토지보상법 시행규칙」 제26조제1항 제3호에 따르면 「사도법」에 의한 사도의 부지 또는 사실상의 사도의 부지외의 도로의 부지는 법 시행규칙 제22조의 규정에서 정하는 방법으로 평가하도록 되어 있다.
관계 자료(현황사진, 농지전용허가공문, 사업시행자 의견 등)를 검토한 결과, 신청인의 이 건 토지(경기도 ○○시 ○○읍 ○○리 555-29번지 464㎡ 외 5필지 전체 657㎡)는 1997.1.7. 경기도 ○○군수가 인근주민들에게 건축을 위한 농지전용허가 시에 소유자의 동의 등 아무 권원 없이 일방적으로 현황도로(마을공도)로 인정하였을 뿐만 아니라 신청인의 토지 중 ○○리 555-29번지 464㎡는 2001.1.9. 판결에 의해 출입 및 통행 금지되었으며 신청인이 설치한 휀스에 의하여 타인의 통행이 제한되고 있음이 확인되므로 정상평가하여 보상하기로 한다

2. ○○○이 편입토지의 일부를 도로로 평가함은 부당하니 이를 정상평가하여 달라는 주장에 대하여, 이 건 원재결은, ○○○의 토지(같은 동 △△△ 전 119㎡와 ▽▽▽ 대 87㎡, 이하에서 '이 건 토지'라 한다)는 인근 지역의 주요 통행로로 이용되고 있는 도로부분으로서 이는 법 시행규칙 제26조제2항제1호에 의한 '사실상의 사도'에 해당한다고 판단하였다. 관계자료(부동산매매계약서, 건축허가서 및 설

계도면, 현황사진 등)에 의하면, ○○○은 경기 □□시 △△동 ▽▽▽번지 일대에 근린생활시설의 건축을 위하여 인근의 토지(△△동 ▽▽▽ 전 1,193㎡)를 매입하였고 매입토지를 포함한 일부 토지('이 건 토지')를 건물의 '진출입로'로 개설할 목적으로 설계하여 2009.9.21. 건축허가를 받았으나 부지조성단계에서 당해 공익사업에 편입되어 건축이 중지된 것으로 확인된다.

만약, 이 건 공익사업으로 인한 건축중단없이 건축이 완공되었다면 '이 건 토지'는 건축물부지의 가치증진에 기여하게 되므로 명백하게 '사실상의 사도'에 해당한다고 할 것이다. 그러나 이 건은 건축이 완공에 이르지 못한 채 이 건 공익사업시행을 원인으로 중지되었으므로 '이 건 토지'는 '사실상의 사도'에 해당한다고 볼 수 없고 '전'을 기준으로 평가함이 타당하므로 소유자의 주장을 받아들여 각각 '전'과 '대'로 평가·보상하기로 한다.

[재결례3] ▶ 사실상의 사도로 볼 수 없다고 판단한 재결례 [중토위 2013.5.23.]

【재결요지】

○○○의 ◇◇동 80 대 ▽▽㎡, △△△의 ◇◇동 ××× 대 54㎡, □□□의 △△동 ×× 장 48㎡, ▽▽의 △△동 427 전 131㎡는 신청인들의 토지뿐만 아니라 인근 토지에도 진출입할 수 있는 별도의 도로가 있어 타인의 통행을 제한할 수 있다고 판단되고, 000의 ◇◇동 ××× 대 34㎡, ◇◇◇의 □□동 ××-×× 잡51㎡, ○○○ 외 5명의 ◇◇동 ××-× 전 16㎡, ▽▽▽의 □□동 ×× 대 49㎡는 인접토지의 획지면적, 소유관계, 이용상황 등 제반 사정에 비추어 마을 공도의 기능이 있다고 판단되므로 정상평가하여 보상하기로 한다.

질의회신

[질의회신1] ▶ 영내 도로는 사실상의 사도에 해당되지 않는다.
[2011.2.15. 토지정책과-726]

【질의요지】

국방대학교 부지가 도시개발사업에 편입된 경우 공부상 전, 답, 임야의 토지를 일단의 학교용지로 보아 일괄 평가 가능한지 및 국방대학교 부지 내 영내 도로로 사용하고 있는 토지를 학교용지로 평가 가능한지 여부

【회신내용】

토지보상법 제70조제2항에 의하면, 토지에 대한 보상액은 가격시점에 있어서의 현실적인 이용상황과 일반적인 이용방법에 의한 객관적 상황을 고려하여 산정하도록 규정되어 있고, 토지보상법 시행규칙 제24조에 의하면, 불법형질변경토지에 대하여는 토지가 형질변경될 당시의 이용상황을 상정하여 평가하도록 규정하고 있습니다. 따라서 공부상 지목과 현황이 불일치하는 귀 질의의 토지는 「국방·군사시설 사업에 관한 법률」, 「개발제한구역의 지정 및 관리에 관한 특별조치법」등 관련법령을 검토하고, 구체적 사실관계를 조사하여 형질변경 적법성 여부 등의 확인과 위 규정에 따라 평가하여야 할 것으로 보며, 국방대학교 부지내 도로로 사용하고 있는 토지는 「토지보상법 시행규칙」제26조제2항 각호에 해당하지 아니하므로 '사실상의 도로'로 평가하기는 어려울 것이나, 다만, 일단지로 보고 평가하는 경우에는 영내 도로부분이 가치를 달리한다고 판단될 경우 이를 구분하여 평가할 수는 있을 것이므로, 구체적인 평가방법의 적용은 사업시행자가 도로의 성격 등 사실관계를 파악하여 판단·결정할 사항으로 봅니다.

[질의회신2] ▸ 농경지를 마을진입도로로 사용하던 중 행정기관에서 덧씌우기를 하였고, 이후에 공공사업부지로 편입되는 경우에 마을진입도로로 이용하기 전의 이용상태대로 보상되는지 여부 [1999. 2. 19. 토정58342-264]

【회신내용】

공특법시행규칙 제6조제7항에서 "종전에 시행된 공공사업의 부지로서 보상금이 지급되지 아니한 토지에 대하여는 종전의 공공사업에 편입될 당시의 이용상황을 상정하여 평가하도록" 규정하고 있고, 편입당시의 이용상황이 도로인 경우에는 위 규칙 제6조의2의 규정에 의거 3분의 1이내 또는 5분의 1 이내로 평가·보상하게 됨. 공공사업이 시행되기전에 이미 주민이 농경지를 마을진입도로로 개설하여 오랜 기간 동안 불특정 다수인의 통행에 제공되고 있는 토지라면 이를 마을 진입도로로 활용하기

이전의 농경지 등으로 평가하기는 어려울 것임.

라. 기타 도로부지

(1) 성격

「사도법」에 의한 사도와 사실상의 사도를 제외한 도로부지를 말하며 평가방식은 일반토지의 평가방법과 동일하다(시행규칙 제26조제1항제2호).

한편 토지보상지침에서는 "그 밖의 도로부지로 (ⅰ)「택지개발촉진법」에 따른 택지개발사업, (ⅱ)종전의 「농촌근대화촉진법」에 따른 농지개량사업, (ⅲ)종전의 「농어촌발전 특별조치법」에 따른 정주생활권개발사업, (ⅳ)「농어촌정비법」에 따른 농어촌정비사업 등 관계법령에 따른 공익사업의 시행으로 설치된 도로(제36조제1항에서 규정한 도로로 지정된 것은 제외한다)부지에 대한 감정평가는 일반토지의 평가방법을 준용한다"라고 규정하고 있다(토보침 제37조).

(2) 도로부지 보상평가시 유의할 점

토지보상지침 제35조의2 제2항에서는 도로부지 평가시 (ⅰ) 지적공부상 도로로 구분되어 있으나 가격시점 현재 도로로 이용되고 있지 아니하거나 사실상 용도폐지된 상태에 있는 토지(토보침 제35조의2 제2항제1호), (ⅱ) 지적공부상으로 도로로 구분되어 있지 아니한 상태에서 가격시점 현재 사실상 통행에 이용되고 있으나 소유자의 의사에 의하여 법률적·사실적으로 통행을 제한할 수 있는 토지(토보침 제35조의2 제2항제2호), (ⅲ) 지목은 도로이나 미개설된 토지(중토위 재결기준 '03.6)등의 경우에는 사실상의 사도부지로 보지 아니하고 현실이용 상황대로 보상한다고 규정하고 있다.

다만, 「국토계획법」제56조제1항 등 관계법령에 따른 토지의 개발행위허가 등을 받지 아니하고 지적공부상으로만 택지부분과 도로부분(지목이 변경되지 아니한 경우를 포함)으로 구분된 경우에서 그 택지부분을 일반거래관행에 따라 대지예정지로 보고 개별필지별로 감정평가하는 경우에는 그 도로부분에 대한 감정평가는 사실상의 사도부지로 보상한다(토보침 제35조의2 제2항 단서).

마. 공도부지

(1) 성격

공도는 사도에 대립되는 개념으로 국가 또는 지방자치단체가 일종의 행정권의 작용으로서 일반 공중의 통행에 제공되고 「도로법」· 「국토계획법」 기타의 공법에 의하여 규율되는 도로를 말하며 손실보상 평가는 일반토지의 평가방법에 따라 평가한다(토보침 제36조 제1항).

공도는 전형적인 공물로서, 직접적으로 일반 공중의 공동사용을 위하여 제공된 공공용물이고, 행정주체에 의해 인위적으로 가공된 인공공물에 해당하며, 「국유재산법」 및 「공유재산법」 상의 행정재산 중 공공용재산에 해당되어 그 성격상 융통성이 제한되므로, 공도는 도로인 상태로는 거래의 대상이 될 수는 없다.

따라서 공도가 공익사업에 편입되어 취득의 대상이 되었다는 것은 공용폐지를 전제로 하여 공익사업의 부지로 편입됨에 따라 해당 공도의 보상평가는 도로로 이용되지 아니하였을 경우에 예상되는 인근지역의 표준적인 이용상황을 기준으로 한다는 것이다.

(2) 평가기준

공도부지는 그 공도부지가 도로로 이용되지 아니하였을 경우에 예상되는 인근지역에 있는 표준적인 이용상황과 비슷한 토지의 표준지 공시지가에 당해 도로개설로 인한 개발이익을 배제한 가격으로 평가하되, 그 공도의 부지가 미지급용지인 경우에는 미지급용지의 평가기준을 적용하여 평가한다(토보침 제36조 제1항).

그러나, 국가 또는 지방자치단체가 일반공중의 통행에 제공한 도로이기는 하나 관련 법률절차에 의하지 않고 자연발생적으로 형성된 도로인 사실상의 공도 내에 사인인 토지가 있는 경우에는 사실상의 공도와 사실상의 사도와 구분이 현실적으로 불가능한 점을 감안하여 해당 토지 평가시 사실상의 사도의 감정평가방법을 준용한다.

사업시행자가 도시·군 계획시설도로 선에 맞추어 토지를 분할 후 지목을 도로로 변경하는 토지이동 신청을 한 경우에는(공간정보의구축및관리등에관한법률 제87조 제1호) 현실적인 이용상황에 따라 보상평가하며, 지목이 '도로'라는 점 및 분할 후의 형태 등은 해당 공익사업으로 인한 가치의 변동에 해당하므로 이를 고려하지 않는다. 또한, 「농어촌

<u>도로 정비법」</u>에 따른 농도는 사도가 아니라 공로(公路)이므로, 공도부지의 보상평가방법을 준용한다.[303]

※ **공도** (토보침 제36조제1항, 제3항)

1. 「도로법」 제2조에 따른 도로
2. 「도로법 시행령」 제7조에 따른 준용도로
3. 「국토계획법」에 따른 도시·군관리계획시설사업으로 설치된 도로
4. 「농어촌도로정비법」 제2조에 따른 농어촌도로
5. 도시계획시설로 결정된 이후에 당해 도시계획시설사업이 시행되지 아니한 상태에서 사실상 불특정 다수인의 통행에 이용되고 있는 토지(예정공도)

※ **공도를 사실상의 사도로 보는 경우** (토보침 제36조제4항, 제5항)

1. 토지소유자가 자기 토지의 편익을 위하여 스스로 설치한 이후에 도시·군관리계획에 따른 도로로 결정되어 기반시설(도시계획시설)인 도로로 변경된 경우
2. 공도부지가 그 공도로 지정될 당시에 '사실상의 사도'로 이용된 경우
3. 토지소유자가 토지의 형질변경 허가 등을 받아 대지 또는 공장용지 등을 조성시에 도시계획시설도로에 맞추어 도로를 개설한 경우에서 그 도시계획시설도로의 폭·기능·연속성 그 밖에 당해 토지와 주위토지의 상황 등에 비추어 그 도시계획시설도로의 결정이 없었을 경우에도 토지소유자가 자기토지의 편익을 위하여는 유사한 규모·기능 등의 도로를 개설할 것으로 일반적으로 예상되고 그 도로부분의 가치가 조성된 대지 또는 공장용지 등에 상당부분 화체된 것으로 인정되는 경우

바. 예정공도부지

(1) 성격

예정공도란 도시·군 계획시설사업의 시행절차[304]에 의해 개설되는 기반시설도로와는

---

303) 중앙토지수용위원회, 앞의 책, 2017.12., 249면
304) 도시·군관리계획사업으로 개설되는 기반시설로서의 도로는 도시·군관리계획 결정 → 실시계획의 작성 및 인가 → 토지 등의 취득 → 도로개설공사의 시행절차에 따른다.

달리 「국토계획법」에 따른 <u>도시·군관리계획에 의해 도로로 결정된 이후</u> <u>별도의 시행절차 없이 인접 토지에서 건축 등을 함에 따라 자연히 개설되어 사실상 도로로 사용되고 있는 도로</u>이다.

(2) 평가기준

「국토계획법」에 따른 도시·군관리계획에 의하여 도로로 결정된 후 인접 토지에서 건축 등을 함에 따라 자연히 개설된 도로인 <u>예정공도</u>는 그 성격상 "자기 토지의 편익을 위해 설치한 도로"라는 점에서 '사실상의 사도'와 유사하나, 도시·군관리계획에 의하여 도로로 결정되어 도로개설이 강제되었다는 점에서 "스스로 설치한 도로"가 아니라는 점에서 <u>'사실상의 사도'는 아닌 것이다</u>. 따라서 예정공도부지의 보상평가는 공도부지의 보상평가방법을 준용한다. 다만, 도시·군관리계획에 의하여 도로로 결정되기 이전에 <u>도시계획도로 입안내용에 따라 스스로 도로로 제공한 토지는 예정공도가 아니라 사실상의 사도</u>에 해당된다.[305]

┌───

판례

[판례1] ▶ 예정공도부지는 사실상의 사도가 아니다.
[대법원 2014.9.4 선고 2014두6425]

【판결요지】

'공익계획사업이나 도시계획의 결정·고시 때문에 이에 저촉된 토지가 현황도로로 이용되고 있지만 공익사업이 실제로 시행되지 않은 상태에서 일반공중의 통행로로 제공되고 있는 상태로서 <u>계획제한과 도시계획시설의 장기미집행상태로 방치되고 있는 도로'</u>, 즉 예정공도부지의 경우 보상액을 사실상의 사도를 기준으로 평가한다면 토지가 도시·군 관리계획에 의하여 도로로 결정된 후 곧바로 도로 사업이 시행되는 경우의 보상액을 수용 전의 사용현황을 기준으로 산정하는 것과 비교하여 토지소유자에게 지나치게 불리한 결과를 초래한다는 점 등을 고려하면, 예정공도부지는 공익

---

305) 중앙토지수용위원회, 앞의 책, 2017.12., 250면

사업법 시행규칙 제26조 제2항에서 정한 사실상의 사도에서 제외된다.

[판례2] ▶ 토지소유자가 도시계획도로 입안내용에 따라 스스로 도로로 제공한 토지는 예정공도 가 아니라 사실상의 사도에 해당된다. [대법원 1997.8.29. 선고 96누2569]

【판시사항】

1. 수용대상 토지의 손실보상액 평가 기준

2. 구 공공용지취득및손실보상에관한특례법시행규칙 제6조의2 제1항 소정의 '사실상의 사도'의 판단 기준

3. 토지소유자가 도시계획(도로)입안의 내용에 따라 스스로 토지를 도로로 제공하였고 도시계획(도로)결정고시는 그 후에 있는 경우, 도시계획입안의 내용은 그 토지지가 하락의 원인과 관계가 없어서 토지에 대한 손실보상금산정에 참작할 사유가 아니다.

【판결요지】

1. 수용대상 토지에 대한 손실보상액을 평가함에 있어서는 수용재결 당시의 이용상황, 주위환경 등을 기준으로 하여야 하는 것이고, 여기서의 수용대상 토지의 현실 이용상황은 법령의 규정이나 토지소유자의 주관적 의도 등에 의하여 의제될 것이 아니라 오로지 관계 증거에 의하여 확정되어야 한다.

2. 구 공공용지취득및손실보상에관한특례법시행규칙(1995.1.7. 건설교통부령 제3호로 개정되기 전의것) 제6조의2 제1항 소정의 '사실상의 사도'라 함은 토지소유자가 자기 토지의 이익증진을 위하여 스스로 개설한 도로로서 도시계획으로 결정된 도로가 아닌 것을 말하되, 이 때 자기 토지의 편익을 위하여 토지 소유자가 스스로 설치하였는지 여부는 인접토지의 획지면적, 소유관계, 이용상태 등이나 개설경위, 목적, 주위환경 등에 의하여 객관적으로 판단하여야 하므로, 도시계획(도로)의 결정이 없는 상태에서 불특정 다수인의 통행에 장기간 제공되어 자연발생적으로 사실상 도로화된 경우에도 '사실상의 사도'에 해당하고, 도시계획으로 결정된 도로라 하더라도 그 이전에 사실상의 사도가 설치된 후에 도시계획결정이 이루어진 경우 등에도 거기에 해당하며, 다만 토지의 일부가 일정기간 불특정 다수인의 통행에 공여되거나 사실상의 도로로 사용되고 있으나 토지소유자가 소유

권을 행사하여 그 통행 또는 사용을 금지시킬 수 있는 상태에 있는 토지는 사실상의 사도에 해당되지 아니한다.

3. 토지수용으로 인한 손실보상액을 산정함에 있어서는 당해 공공사업의 시행을 직접 목적으로 하는 계획의 승인·고시로 인한 가격변동은 이를 고려함이 없이 수용재결 당시의 가격을 기준으로 하여 적정가격을 산정하여야 하며, 도시계획결정은 도시계획고시일에 그 효력을 발생하는 것이므로, 당해 토지소유자가 도시계획(도로)입안의 내용에 따라 스스로 토지를 도로로 제공하였고 도시계획(도로) 결정고시는 그 후에 있는 경우, 도시계획입안의 내용은 그 토지 지가 하락의 원인과 관계가 없어서 토지에 대한 손실보상금산정에 참작할 사유가 아니다.

재결례

[재결례1] ▶ 토지소유자가 도시계획시설도로로 **결정된 후부터** 도로로 사용한 토지는 예정공도이므로 정상평가한다. [중토위 2017.3.9.]

【재결요지】

000가 협의시 사실상의 사도로 평가된 토지는 예정공도이므로 정상평가하여 달라는 주장에 대하여, 법 시행규칙 제26조의 규정에 의하면 "사실상의 사도"라 함은 「사도법」에 의한 사도외의 도로(「국토의계획 및 이용에 관한 법률」에 의한 도시·군관리계획에 의하여 도로로 결정된 후부터 도로로 사용되고 있는 것을 제외한다)로서 도로개설당시의 토지소유자가 자기 토지의 편익을 위하여 스스로 설치한 도로, 토지소유자가 그 의사에 의하여 타인의 통행을 제한할 수 없는 도로, 「건축법」 제45조에 따라 건축허가권자가 그 위치를 지정·공고한 도로, 도로개설당시의 토지소유자가 대지 또는 공장용지 등을 조성하기위하여 설치한 도로는 인근토지에 대한 평가액의 3분의 1 이내로 평가하도록 되어 있다.

관계자료(현장사진, 지적도, 항공사진, 소유자 의견서, 사업시행자 의견서 등)을 검토한 결과, ○○○의 경기 고양시 덕양구 ○○동 404-3 도 264㎡ 중 35㎡는 전으로 사용하던 토지가 2006년 도시계획시설도로로 **결정된 후부터** 도로로 사용되고 있는 예정공도로 확인되므로 정상평가하여 보상하기로 하고 나머지 229㎡는 도시계획시설도로로 **결정되기 이전부터** 도로로 사용하고 있던 토지로서 토지소유자가 그 의사에 의하여 타인의 통행을 제한할 수 없는 사실상의 사도로 확인되므로 신청인의 주장은 받아들일 수 없다.

[재결례2] ▶ 자기 토지의 편익을 위하여 스스로 설치한 도로라고 하더라도 예정공도에 해당되면 사실상의 사도로 볼 수 없다. [**중토위 2013.5.23.**]

【재결요지】
대상토지의 이용상황이 "도로"가 아닌 "나대지"이며, 대상토지를 「사실상의 사도(私道)」로 평가한 것은 부당하므로 종전 이용상황인 "대"로 정상평가하여 보상금을 현실에 맞게 인상하여 달라는 주장에 대하여 살펴본다.

일반적으로, 「사실상의 사도(私道)」는 「사도법」에 의한 사도(私道)와 같이 도로 개설 당시 토지소유자가 자기의 토지의 편익을 위하여 스스로 설치한 도로인 면에서는 동일하나, 「사도법」상 사도개설허가 없이 토지형질변경허가 등으로 개설한 도로로서 도로의 개설경위, 동일인의 인접토지에 대한 개설 도로의 기여여부 등을 종합적으로 감안하여 개별적으로 판단하여야 한다.
먼저, 대상토지는 구지번인 △△동 대 10,267.8㎡, 같은 동 임 496㎡, ▽▽동 대 1,851.9㎡ 3필지 총 12,615.7㎡(이하 "구지번 등"이라 한다)에서 일부(7,561.6㎡)는 재건축아파트 부지로 편입되고, 나머지가 도시관리계획상 도시계획도로에 편입되어 분할되면서 신규 지번이 부여된 바, 도시관리계획의 편입, 분할 및 지목변경 경위 등 사실관계를 관계자료(소유자 및 사업시행자의 의견서, 고시문, 현황사진 등)에 의거 검토한 결과, ○○아파트 재건축정비사업(이하 "재건축사업"이라 한다)을 위하여 설립된 ○○아파트 재건축조합(이하 "조합"이라 한다)에서 2000.12.23. 구지번 등의 토지매각을 소유자인 ㅁㅁ공사에 요청함에 따라 쌍방간에 협의를 진행하던 중 2001.2.8. 서울특별시가 조합과 ㅁㅁ공사에게 도시관리계획(둔촌로 도로확장계획)을 통보하면서 이 계획에 맞는 재건축사업 추진을 하도록 요청함에 따라 조합과 ㅁㅁ공사는 도시관리계획에 포함된 대상토지는 제외하고, 재건축사업에 편입되는 일부 면적 7,561.6㎡에 대하여만 2002.12.24. 토지매매계약을 체결하여 조합에 매각하였으며, 조합도 전체 주택용지 면적에서 도시관리계획에 포함된 대상토지를 제외하고 조합에서 재건축사업 부지로 매수한 면적(7,561.6㎡)만을 주택용지에 포함하여 2003. 12.30. 재건축사업 시행인가를 받았음이 확인된다.

이어, 대상토지는 2006.4.27. 서울특별시 고시 제2006-147호의 도시관리계획에 따라 도시계획시설(도로)로 편입이 결정되었고, 조합은 당초 재건축사업 시행인가시 도시관리계획(도시계획도로)에 편입된다는 이유로 재건축 주택용지에서 제외되었던 대상토지를 주택용지에 포함하지 않고 토지이용계획 상 도시계획시설(도로)에 포함하여 2008.9.25. 강동구청으로부터 재건축사업의 준공인가를 받았고, 강동구청은 2009.1.7. 강동구 공고 제2009-22호에 의하여 ㅁㅁ공사 소유의 잔여토지인 대상토지까지 종전 지적공부(구지번 등)를 폐쇄하고 신규지번인 ▽▽동 414-22 5,054.1㎡를 부여하면서 지목을 "대"에서 "도로"로 변경 조치하였다.
또한 현장확인 결과, 대상토지는 기존 도로(대로 3류, 둔촌로 25m˜30m) 및 재건축사업으로 건축된 ▽▽아파트 사이에 위치하고 있으며 가장자리 일부 면적이 주민 통행로 등으로 사용되고 있으며, 중앙 대부분의 면적(5,054.1㎡ 중 2,828.8㎡)이 나대지로서 강동구청에서 도로변 미관을 위하여 계절적으로 메밀 등을 일시적으로 식재하며 사실상 강동구청의 도시관리계획 영역에 포함하여 관리하고 있음이 확인된다.

대상 토지가 재건축조합의 아파트 부지에 편익을 주는 「사실상의 사도(私道)」가 되기 위하여는 조합이 ㅁㅁ공사의 대상토지를 매입하여 조합소유로 한 후, 스스로 도로를 개설함으로써 조합의 도로부지의 효용이 조합의 아파트 부지의 효용을 증진하는 이용상황이어야 한다. 그러나 앞에서 살펴본 바와 같이, 조합은 ㅁㅁ공사로부터 대상토지를 매입하려고 협의하다가 재건축사업 준공시까지 ㅁㅁ공사 소유의 대상토지를 매입한 사실이 없고, 현재까지도 대상토지는 원래 대로 ㅁㅁ공사의 소유토지로 남아 있는 상태이며, ㅁㅁ공사 스스로 도로를 개설하여 조합의 재건축 아파트를 위한 도로로 제공한 사실도 전혀 발견되지 아니한다.
따라서, ㅁㅁ공사가 대상토지의 소유권을 행사하여 대상토지 중 주민들의 통행로와 정문 차도로 이용되는 부분을 폐쇄하는 경우에도 기존 도로의 보도를 이용하는 등 다소 우회하게 되는 불편은 있을 수 있으나 주민들의 통행에는 문제가 없는 것으로 판단된다.

설사, 조합이 ㅁㅁ공사로부터 대상토지를 매입하여 소유권을 취득하고 재건축아파트 지구단위(정비)계획에 따라 재건축 아파트 부지의 편익을 증진시키기 위한 도로로 스스로 개설하여 사용함으로써「사실상의 사도(私道)」에 해당되는 경우라도, 본건의 경우 법 시행규칙 제26조제2항 본문 단서조항에서「국토의계획 및 이용에 관한 법」에 의한 도시·군관리계획에 의하여 **도로로 결정된 후부터** 도로로 사용되고 있는것을 제외하도록 규정되어 있어「사실상의 사도(私道)」에서 제외되어야 하며, 법 시행규칙 제23조제1항 단서조항 및 제2항에 비추어보아도 사실상의 사도 등 도로로 볼 수 없다고 판단된다.

결론적으로, 대상토지는 당초 ○○아파트 부지와 접한 상태에서 ㅁㅁ공사가 아파트 모델하우스 부지와 나대지로 이용하던 중, 일부 토지가 재건축사업 부지로 편입되어 남은 나대지로서 서울특별시의 도시관리계획에 의하여 도시계획도로로 편입되었을 뿐, 조합이 ㅁㅁ공사의 대상토지를 매입하여 조합소유로 한 후 스스로 도로를 개설함으로써 조합의 도로부지의 효용이 조합의 아파트 부지의 효용을 증진하는 이용상황도 아니고, 법 시행규칙 제26조제2항 본문 단서조항에서「국토의 계획 및 이용에 관한 법률」에 의한 도시·군관리계획에 의하여 도로로 결정된 후부터 도로로 사용되고 있는 것을 제외하도록 규정되어 있는점 등을 종합적으로 고려할 때 <u>「사실상의 사도(私道)」에 해당하지 아니한다고 판단되므로, 대상토지를「사실상의 사도(私道)」로 평가한 것은 부당하다는</u> 신청인의 주장을 받아들이기로 한다.

질의회신

[질의회신1] ▶ 도시관리계획으로 결정하여 도로로 사용되는 토지의 평가방법
[2013.8.27. 토지정책과-2934]

【질의요지】
종전부터 사실상 도로로 이용 중인 부지를 포함하여 도시관리계획으로 결정하여 도로로 사용하고 있는 경우 사실상 사도로 이용 중인 부지를 제외한 도로부지에 대한 평가방법은

> **【회신내용】**
>
> 「국토의 계획 및 이용에 관한 법률」에 의한 도시·군관리계획에 의하여 **도로로 결정된**
> **후부터** 도로로 사용되고 있는 경우에는 토지보상법 시행규칙 제22조의 규정에서 정
> 하는 방법으로 평가하여야 할 것으로 보나, 개별적인 사례에 대하여는 사업시행자가
> 관련법령과 사실관계 등을 검토하여 판단할 사항으로 봅니다.

사. 구거부지

(1) 성격

구거는 용수(用水) 또는 배수(排水)를 위하여 일정한 형태를 갖춘 인공적인 수로·둑 및
그 부속시설물의 부지와 자연의 유수(流水)가 있거나 있을 것으로 예상되는 소규모 수로
부지를 말한다.

(2) 평가기준

구거부지에 대하여는 인근토지에 대한 평가액의 3분의 1 이내로 평가한다.

'인근토지'란 당해 구거부지가 구거로 이용되지 아니하였을 경우에 예상되는 표준적인 이
용상황과 유사한 토지로서 당해 토지와 위치상 가까운 토지를 말하며(시행규칙 제26조
제4항), 「사도법」에 따른 사도의 부지를 준용한다.

구거부지를 인근 토지 보다 감액 평가하는 것은 구거는 구거와 관련된 토지의 합리적인
이용을 위한 상린관계가 성립되어, 소유권을 행사하여 그 구거를 폐쇄시키거나 변경시키
는 것이 금지 또는 제한되기 때문이다. 따라서 만약 토지소유자가 독점적으로 이용하는
구거로서 언제든지 다른 용도로 전환이 가능한 구거 또는 토지소유권자가 소유권을 행사
하여 그 사용을 금지시킬 수 있는 상태에 있는 구거부지는 감액평가하지 않고 일반토지
의 평가방법에 의하여 평가한다.[306]

---

306) 공공용지의 취득 및 손실보상에 관한 특례법시행규칙 제6조의2 제2항 제1호 소정의 사실상의 사도
    또는 구거라 함은 토지소유자가 자기토지의 이익증진을 위하여 스스로 개설한 도로 또는 구거를 의미하
    고 소유 토지의 일부가 일정기간 불특정다수인의 통행에 공여되거나 사실상 구거등으로 사용되고 있으
    나 토지소유권자가 소유권을 행사하여 그 통행 또는 사용을 금지시킬 수 있는 상태에 있는 토지는 사실

아. 도수로부지

(1) 성격

도수로는 관행용수권[307]과 관련하여 용수 · 배수를 목적으로 일정한 형태를 갖춘 인공적인 수로 · 둑 및 그 부속시설물의 부지를 의미한다. 즉, 구거는 물이 자연적 또는 인위적으로 일정한 방향으로 흐르고 있는 토지를 의미하나, 도수로는 물이 일정한 방향으로 흐르도록 인공적으로 조성한 토지라는 차이가 있다.

(2) 평가기준

용수를 위한 도수로부지에 대하여는 일반적인 토지평가방법(도수로로 이용되지 아니하였을 경우에 예상되는 인근지역의 표준적인 이용상황을 기준)에 의하여 평가한다. 다만, 개설당시의 토지소유자가 자기 토지의 편익을 위하여 스스로 설치한 도수로부지의 경우에는 동일한 소유자 간의 가치화체가 인정되므로 구거의 보상평가방법을 준용한다.(시행규칙 제26조 제3항).

판례는 도수로를 구거로 보기 위해서는 개설경위 · 목적 · 주위환경 · 소유관계 · 이용상태 등의 제반 사정에 비추어 구거로 보상 평가하여도 될 만한 객관적인 사유가 있어야 한다고 판시하고 있다.[308]

기준시점 이전에 도수로로서의 기능이 사실상 상실되었거나 용도폐지된 도수로부지의 경우에는 그 도수로부지의 다른 용도로의 전환가능성, 전환후의 용도, 용도전환에 통상 필요한 비용 상당액 등을 고려한 가격수준으로 결정할 수 있고, 이 경우에는 인근지역에 있는 것으로서 일반적으로 전환 가능한 용도와 비슷한 토지의 표준지공시지가를 기준으로 감정 평가한다(토보침 제37조의2 제3항).

> ### 판례
>
> [판례] ▶ 구거부지와 도수로부지의 구분기준 **[대법원 2001.4.24. 선고 99두5085]**

상의 사도 또는 구거에 해당되지 않는다(대법원 1983.12.13. 선고 83다카1747).
307) 관행용수권이란 하천으로부터 농업용수나 생활용수를 취수 또는 인수하는 관행상의 권리를 말한다.
308) 대법원 2001.4.24. 선고 99두5085 판결

【판결요지】

1. 공공용지의취득및손실보상에관한특례법시행규칙 제6조의2 제2항, 제12조 제2항, 제6조 제1항, 제2항은 구거부지에 대하여는 인근토지에 대한 평가금액의 1/3 이내로 평가하도록 하면서 관행용수를 위한 도수로부지에 대하여는 일반토지의 평가방법에 의하여 평가하도록 규정하고 있는바, 이와 같이 구거부지와 도수로부지의 평가방법을 달리하는 이유는 그 가치에 차이가 있다고 보기 때문이므로, 일반토지의 평가방법에 의한 가격으로 평가하도록 되어 있는 도수로부지를 그보다 낮은 가격으로 평가하는 구거부지로 보기 위하여는 그 도수로의 개설경위, 목적, 주위환경, 소유관계, 이용상태 등의 제반 사정에 비추어 구거부지로 평가하여도 될 만한 객관적인 사유가 있어야 한다.

2. 관행용수를 위한 도수로부지에 그 소유자의 의사에 의하지 아니한 채 생활오폐수가 흐르고 있다는 사정은 원래 일반토지의 평가방법에 의한 가격으로 평가하도록 되어 있는 도수로부지를 그보다 낮은 가격으로 평가하는 구거부지로 보아도 될 만한 객관적인 사유가 될 수 없다.

10. 하천부지의 평가

가. 개설

(1) 하천법상 하천의 정의

하천이라 함은 지표면에 내린 빗물 등이 모여 흐르는 물길로서 공공의 이해에 밀접한 관계가 있어 국가하천 또는 지방하천으로 지정된 것을 말하며, 이에는 '하천구역'과 '하천시설'이 포함된다(하천법 제2조제1호).

"하천구역"이라 함은 국토교통부장관 또는 시·도지사가 국가하천 또는 지방하천으로 결정된 아래와 같은 토지의 구역을 말한다(하천법 제2조제2호, 제10조제1항).

1. 제25조에 따른 하천기본계획에 **완성제방이 있는 곳**은 그 완성제방의 부지 및 그 완성제방으로부터 하심측(河心側)의 토지(=제외지)

2. 하천기본계획에 **계획제방**(제방을 보강하거나 새로이 축조하도록 계획된 제방을

말한다)**이 있는 곳은** 그 계획제방의 부지 및 그 계획제방으로부터 하심측의 토지
(=제외지)

3. 하천기본계획에 **제방의 설치계획이 없는 구간**에서는 계획하폭(하천시설의 설치
   계획을 수립함에 있어서 기준이 되는 홍수량만큼의 물이 소통하는데 필요한 양안
   사이의 폭)에 해당하는 토지

4. 댐·하구둑·홍수조절지·저류지의 계획홍수위(하천시설의 설치계획을 수립함에 있
   어서 기준이 되는 홍수량만큼의 물이 소통하는 경우 그 수위) 아래에 해당하는 토지

5. 철도·도로 등 선형 공작물이 제방의 역할을 하는 곳에 있어서는 선형 공작물의
   하천측 비탈머리를 제방의 비탈머리로 보아 그로부터 하심측에 해당하는 토지

6. 하천기본계획이 수립되지 아니한 하천에 있어서는 하천에 물이 계속하여 흐르고
   있는 토지 및 지형, 그 토지 주변에서 풀과 나무가 자라는 지형의 상황, 홍수흔
   적, 그 밖의 상황을 기초로 대통령령으로 정하는 방법에 따라 평균하여 **매년 1회
   이상** 물이 흐를 것으로 판단되는 수면 아래에 있는 토지

■ 하천법상 하천구역 관련 주요용어[309]

구분	개념
하천구역 (河川區域)	○ 제방부지를 포함한 제외측(유심부) 토지로, 하천기본계획 수립시 지정 고시하여 하천관리청에서 관리 ⇒ 제방이 없는 하천구간에서는 계획홍수위가 올라가는 범위 까지 하천구역으로 설정
계획홍수량	○ 하천홍수방어의 기준이 되는 홍수량으로 하천주변 개발정도 및 하천의 구분에 따라 빈도규모를 정하여, 하천기본계획에서 결정하여 고시
계획홍수위	○ 하천에 계획홍수량이 흐를 때 형성되는 수위 ⇒ 하천에 설치되는 제방, 교량 등의 시설물은 계획홍수량 및 계획홍수위를 기준으로 계획
계획하폭	○ 계획홍수량이 흐르는데 필요한 적정규모의 하폭
제방축제	○ 제방이 없는 무제부나 기성제방이 있어도 하폭이 부족한 구간에 대하여 하천을 확장하여 제방을 설치하는 계획
제방보축	○ 기설제방의 여유고, 둑마루폭, 사면경사가 하천설계기준에 미달하는 구간에 대한 제방단면보강 계획

---

309) 출처: 서울지방국토관리청 국토지식정보 참조

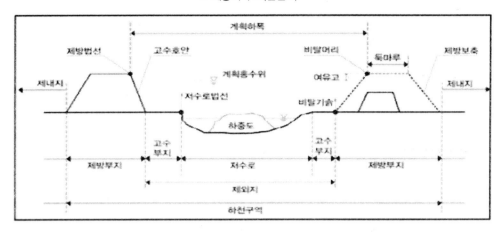

■ 제방의 구조(단면도)

"하천시설"이라 함은 하천의 기능을 보전하고 효용을 증진하며 홍수피해를 줄이기 위하여 설치하는 다음 각 목의 시설로 하천관리청[310]이 아닌 자가 설치한 시설에 관하여는 하천관리청이 해당 시설을 하천시설로 관리하기 위하여 그 시설을 설치한 자의 동의를 얻은 것에 한한다(하천법 제2조제3호).

> 가. 제방ㆍ호안(護岸)ㆍ수제(水制) 등 물길의 안정을 위한 시설
> 나. 댐ㆍ하구둑(「방조제관리법」에 따라 설치한 방조제를 포함한다)ㆍ홍수조절지ㆍ저류지ㆍ지하하천ㆍ방수로ㆍ배수펌프장(「농어촌정비법」에 따른 농업생산기반시설인 배수장과 「하수도법」에 따른 하수를 배제(排除)하기 위하여 설치한 펌프장을 제외한다)ㆍ수문(水門) 등 하천수위의 조절을 위한 시설
> 다. 운하ㆍ안벽(岸壁)ㆍ물양장(物揚場)ㆍ선착장ㆍ갑문 등 선박의 운항과 관련된 시설
> 라. 그 밖에 대통령령으로 정하는 시설

(2) 하천부지 보상의 근거

하천부지의 보상과 관련된 법령 등은 「하천법」 및 「하천편입토지 보상 등에 관한 특별조치법」이 있다.

---

310) "하천관리청"이라 함은 하천에 관한 계획의 수립과 하천의 지정ㆍ사용 및 보전 등을 하는 국토교통부장관, 특별시장ㆍ광역시장ㆍ특별자치시장ㆍ도지사ㆍ특별자치도지사(이하 "시ㆍ도지사"라 한다)를 말한다(하천법 제2조제4호).

하천법은 2007.4.6. 전부 개정(시행 2008.4.7. 법률 제8338호)되어 그에 따른 '하천편입토지 보상 등에 관한 특별조치법'(제정:2009.3.25. 이하 '특별조치법'이라 함)[311]이 제정되어 하천편입토지 소유자에 대한 보상과 공익사업을 시행하는 경우의 보상 특례 등에 필요한 사항이 규정되었다.

하천법상 하천부지 보상과 관련된 법조항은 ① 하천편입토지 손실보상과 관련된 규정으로 하천법 제2조(정의), 제7조(하천의 구분 및 지정), 제75조(타인의 토지에의 출입 등), 제76조(공용부담 등으로 인한 손실보상), 제77조(감독처분으로 인한 손실보상), 제78조(토지 등의 수용·사용) 제79조(토지등의 매수청구) 제80조(매수청구의 절차 등) 등이 있고, ② 공익을 위한 처분 등으로 인한 손실보상과 관련된 규정으로 제35조(하천점용에 대한 손실보상 협의 등), 제69조(법령위반자 등에 처분 등), 제70조(공익을 위한 처분 등), 제76조(공용부담 등으로 인한 손실보상), 제77조(감독처분으로 인한 손실보상), 시행령 제40조(재결의 신청), 제83조(재결의 신청)등이 있다.

관련법령

■ **하천법**

제75조(타인의 토지에의 출입 등) ① 환경부장관, 하천관리청, 환경부장관·하천관리청으로부터 명령이나 위임·위탁을 받은 자 또는 환경부장관·하천관리청의 <u>**하천공사**</u>를 대행하는 자는 하천공사, 하천에 관한 조사·측량, 그 밖에 하천관리를 위하여 필요한 경우에는 타인의 토지에 출입하거나 특별한 용도로 이용되지 아니하고 있는 타인의 토지를 재료적치장·통로 또는 임시도로로 일시 사용할 수 있으며 부득이한 경우에는 죽목·토석, 그 밖의 장애물을 변경하거나 제거할 수 있다. 〈개정 2009.4.1., 2013.3.23., 2017.1.17., 2018.6.8., 2020.12.31.〉[시행일 : 2022.1.1.]

제76조(공용부담 등으로 인한 손실보상) ① 제75조에 따른 <u>처분이나 제한으로</u> 손실을 입은 자가 있거나 <u>하천관리청이 시행하는</u> **하천공사**로 손실을 입은 자가 있는 때에는 환경부장관이 행한 처분이나 공사로 인한 것은 국고에서, 시·도지사가 행한

---

311) (약칭: 하천편입토지보상법) [시행 2009.6.26.] [법률 제9543호, 2009.3.25., 제정]: 하천편입토지보상법은 (구) 하천구역편입토지보상에관한특별조치법[시행 2000.3.29.] [법률 제6065호, 1999.12.28., 제정]을 폐지하고 제정한 것이다.

처분이나 공사로 인한 것은 해당 시 · 도에서 그 손실을 보상하여야 한다. 〈개정 20 09.4.1., 2013.3.23., 2015.8.11., 2017.1.17., 2018.6.8., 2020.12.31.〉

② 환경부장관, 시 · 도지사는 제1항에 따른 손실을 보상하는 경우에는 손실을 입은 자와 협의하여야 한다. 〈개정 2009.4.1., 2013.3.23., 2018.6.8., 2020.6.9., 2020.12.31.〉

③ 제2항에 따른 협의가 성립되지 아니하거나 협의를 할 수 없는 때에는 대통령령으로 정하는 바에 따라 관할 토지수용위원회에 재결을 신청할 수 있다.

④ 제1항부터 제3항까지에 따라 손실보상을 하는 경우 이 법에 규정된 것을 제외하고는 「공익사업을 위한 토지 등의 취득 및 보상에 관한 법률」을 준용한다. 〈개정 2020.6.9.〉[시행일 : 2022.1.1.]

제78조(토지 등의 수용 · 사용) ① 다음 각 호의 어느 하나에 해당하는 자는 하천공사에 필요한 때에는 「공익사업을 위한 토지 등의 취득 및 보상에 관한 법률」 제3조에 따른 토지 · 물건 또는 권리를 수용 또는 사용할 수 있다. 〈개정 2009.4.1., 2013.3.23., 2016.1.19., 2017.1.17., 2020.6.9.,.〉

  1. 제27조에 따라 하천공사를 하는 하천관리청

  2. 제28조에 따라 하천공사를 대행하는 자

  3. 제30조에 따라 하천공사허가를 받은 하천관리청이 아닌 자(행정기관 · 정부투자기관 또는 지방공기업에 한정한다)

  4. 삭제 〈2017.1.17.〉

② 제1항에 따라 토지 · 물건 또는 권리를 수용 또는 사용하는 경우에는 이 법에 특별한 규정이 있는 경우를 제외하고는 「공익사업을 위한 토지 등의 취득 및 보상에 관한 법률」을 준용한다. 〈개정 2016.1.19.〉

③ 제2항에 따라 「공익사업을 위한 토지 등의 취득 및 보상에 관한 법률」을 준용할 때 다음 각 호의 어느 하나에 해당하는 경우에는 「공익사업을 위한 토지 등의 취득 및 보상에 관한 법률」 제20조제1항 및 제22조에 따른 사업인정과 사업인정의 고시가 있는 것으로 보며, 재결신청은 같은 법 제23조제1항 및 제28조제1항에도 불구하고 해당 하천공사의 사업기간 내에 하여야 한다. 〈개정 2017.1.17., 2020.6.9.〉

  1. 제27조에 따라 하천공사시행계획을 수립 · 고시한 경우

2. 제30조에 따라 하천공사실시계획을 수립·고시한 경우

3. 삭제 〈2017.1.17.〉 [제목개정 2016.1.19.]

제79조(토지등의 매수청구) ① 하천구역(지방하천의 하천구역을 제외한다)의 결정 또는 변경으로 그 구역 안의 토지, 건축물, 그 밖에 그 토지에 정착된 물건(이하 "토지등"이라 한다)을 종래의 용도로 사용할 수 없어 그 효용이 현저하게 감소한 토지등 또는 그 토지등의 사용 및 수익이 사실상 불가능한 토지등(이하 "매수대상토지등"이라 한다)의 소유자로서 다음 각 호의 어느 하나에 해당하는 자는 하천관리청에 그 토지 등의 매수를 청구할 수 있다. 〈개정 2016.1.19.〉

　1. <u>하천구역의 결정 당시</u>(법률 제5893호 하천법개정법률 제2조제1항제2호가목부터 다목까지의 규정에 따른 하천구역을 이 법에 따른 하천구역으로 결정하는 경우에는 2008년 4월 7일을 말한다) <u>또는 변경 당시부터 해당 토지등을 계속 소유한 자</u>

　2. <u>토지등의 사용·수익이 불가능하게 되기 전에 그 토지 등을 취득하여 계속 소유한 자</u>

　3. 삭제 〈2016.1.19.〉

　4. <u>제1호 또는 제2호의 자로부터 그 토지등을 상속받아 계속 소유한 자</u>

② 하천관리청은 제1항에 따라 매수청구를 받은 토지 등이 제3항에 따른 기준에 해당하면 그 토지 등을 매수하여야 한다. 〈신설 2016.1.19.〉

③ 제1항에서 종래의 용도로 사용할 수 없어 그 효용이 현저하게 감소한 토지등 또는 그 토지등의 사용 및 수익이 사실상 불가능한 토지등의 구체적인 판정기준은 대통령령으로 정한다. 〈개정 2016.1.19.〉 [제목개정 2016.1.19.]

제80조(매수청구의 절차 등) ① 하천관리청은 제79조제1항에 따라 토지등의 매수청구를 받은 날부터 6개월 이내에 매수대상 여부 및 매수예상가격 등을 매수청구인에게 통보하여야 한다. 〈개정 2016.1.19.〉

② 하천관리청은 제1항에 따라 매수대상토지등으로 통보를 한 토지등에 대해서는 5년의 범위에서 대통령령으로 정하는 기간 이내에 매수계획을 수립하여 그 매수대상 토지등을 매수하여야 한다. 〈개정 2016.1.19.〉

③ 매수대상토지등을 매수하려는 경우 매수대상토지등의 매수가격(이하 "매수가격"이라 한다)의 산정 기준, 방법 및 시기 등에 관하여는 「공익사업을 위한 토지 등의 취득 및 보상에 관한 법률」을 준용한다. 〈개정 2016.1.19.〉

④ 제1항부터 제3항까지의 규정에 따라 매수한 토지등은 국가에 귀속된다. 〈개정 2016.1.19.〉

⑤ 제1항부터 제3항까지의 규정에 따라 토지등을 매수하는 경우의 매수절차와 그 밖에 필요한 사항은 대통령령으로 정한다. 〈개정 2016.1.19.〉

■ 하천법 시행령

제40조(재결의 신청) 법 제35조제3항에 따라 손실보상에 관한 재결을 신청하려는 자는 다음 각 호의 사항을 재결신청서에 적어 관할 토지수용위원회에 제출하여야 한다.

　1. 재결신청인 및 상대방의 성명·주소

　2. 손실발생의 사실

　3. 협의과정에서 재결신청인이 제시 또는 요구한 손실보상액과 상대방이 제시한 손실보상액의 명세

　4. 협의의 경위

　5. 그 밖에 재결에 참고가 될 사항

제83조(재결의 신청) 법 제76조제3항(법 제77조제1항에 따라 준용되는 경우를 포함한다)에 따른 재결의 신청에 관하여는 제40조를 준용한다.

제84조(매수절차) ① 법 제79조제1항에 따라 토지등(이하 "토지등"이라 한다)의 매수를 청구하려는 자(이하 "매수청구인"이라 한다)는 국토교통부령으로 정하는 매수청구서를 하천관리청에 제출하여야 한다. 〈개정 2013.3.23., 2016.7.19.〉

② 제1항에 따른 매수청구를 받은 하천관리청은 제85조에 따른 매수대상토지등의 판정기준(이하 "매수기준"이라 한다)에 해당되는지를 판단하여 매수대상 여부와 매수대상인 경우 그 예상가격을 매수청구인에게 통보하여야 한다. 〈개정 2016.7.19.〉

③ 법 제80조제1항에 따른 매수예상가격(이하 "매수예상가격"이라 한다)은 매수청구

당시의 「지방세법」 제4조에 따른 시가표준액으로 한다. 다만, 시가표준액이 없는 경우에는 대상 물건과 인근지역 내 유사 물건의 거래사례를 비교하여 산정한다. 〈개정 2016.7.19.〉

④ 하천관리청은 제2항에 따라 매수예상가격을 통보한 경우에는 2명 이상의 감정평가업자(「감정평가 및 감정평가사에 관한 법률」 제2조제4호에 따른 감정평가업자를 말한다. 이하 같다)에게 매수대상토지등에 대한 감정평가를 의뢰하여 **「공익사업을 위한 토지 등의 취득 및 보상에 관한 법률」에 따른 산정방법 등을 준용**하여 매수가격을 결정한다. 〈개정 2016.7.19., 2016.8.31.〉

⑤ 하천관리청은 제4항에 따라 감정평가를 의뢰하려는 경우에는 감정평가를 의뢰하기 1개월 전까지 감정평가를 의뢰한다는 사실을 매수청구인에게 통지하여야 한다.

⑥ 하천관리청은 제4항에 따라 매수가격을 결정한 때에는 즉시 이를 매수청구인에게 통보하여야 한다.

나. 하천법의 개정연혁

하천부지 보상과 관련하여 하첩법의 개정연혁은 중요한 내용이나 그 내용이 방대한 관계로 보상과 관련된 주요내용을 중심으로 그 핵심적인 내용만을 다루기로 한다.

(1) 하천의 소유권자와 보상대상 하천구역 및 보상청구권의 소멸시효

1927.1.22. 제정 (구)'조선하천령'(제령 제2호)을 기원으로 하여 1961.12.30. 대한민국 최초의 (구)하천법이 제정(시행 1962.1.1. 법률 제892호)된 이래 2007.4.6. 하천법 전부개정(시행 2008.4.7. 법률 제8338호)될 때까지 하천구역은 국유제를 유지하여 왔다.

① 1961.12.30.부터 1971.1.18.까지
하천은 국유로 하고 **하천구역 결정고시제도** 등을 도입하였다.

② 1971.1.19. 하천법 전부개정[시행 1971.7.20.법률 제2292호]
하천구역 법정주의(제2조제2호)를 채택하여 하천구역을 가목. **유수지(포락지)**, 나목. **하천 부속물 부지**, 다목. **제외지(제방으로부터 하천측의 토지)** 또는 관리청이 지정하는 이

와 유사한 토지의 구역으로 법정하고(=하천구역 법정주의) 하천구역 전부를 국유로 하였다. 다만, 제외지(유수지 등 제외)에 대해서만 별도의 보상규정을 두었다. 즉 하천구역 법정주의로 하천구역에 편입된 하천부지는 관리청에 의한 지정처분이 없어도 법률의 규정에 의하여 민법 제187조에 따라 등기상 소유권에 관계없이 국유로 되었다.

③ 1984.12.31. 하천법 일부개정[시행 1984.12.31.법률 제3782호]
유수지와 제외지간의 차별에 대한 보상논란 및 국민의 사유재산권보장을 위하여 1984.12.31. 하천법을 일부개정하여 그동안 명시적 규정이 없었던 <u>제외지</u>에 대한 보상을 명확히 하고 동시에 보상에서 제외되었던 <u>유수지(포락지)</u>에 해당되어 새로이 하천구역이 된 경우에도 보상이 가능하도록 입법(신설)화 하였다(법 제74조 제1항, 제2항). 또한, 부칙 제2조제1항에서 '이 법 시행 전 유수지에 해당되어 하천구역이 되었거나 제정 하천법 또는 1971.1.19. 공포된 법률(제2292호) 시행으로 <u>제외지</u> 안에 있던 토지가 국유로 된 경우에 보상을 하되 <u>그 보상청구권의 소멸시효는 이 법 시행일로부터 5년(1989.12.31) 까지</u>로 하였다.

④ 1989.12.30. 하천법 일부개정[시행 1989.12.30.법률 제4161호]
1984.12.31. 개정 하천법 부칙의 규정을 개정하여 보상청구권의 소멸시효 기한을 <u>1990.12.30. 까지 1년간 연장</u>하였다(부칙 제2조제2항).
또한, 위 제외지와 관련된 부칙조항은 2002.12.11. 일부개정[시행 2002.12.11. 법률 제6773호]으로 1984.12.31. 개정하천법 부칙 제2조제1항 중 "1971.1.19. 개정하천법의 시행으로 제외지 안에 있던 토지가 국유로 된 경우"를 → "(제정)하천법(1961.12.30) 또는 1971.1.19. 개정하천법의 시행으로 제외지 안에 있던 토지가 국유로 된 경우"로 개정되어 제외지에 대한 보상청구권의 범위가 확대되었다.

⑤ 특별조치법의 제정
위 보상청구권의 소멸시효기한인 1990.12.30. 까지 보상청구를 하지 아니한 토지소유자의 민원으로 1999.12.28. 「법률제3782호하천법중개정법률부칙제2조의규정에의한보상

청구권의소멸시효가만료된하천구역편입토지보상에관한특별조치법」(시행 2000.3.29.법률 제6065호) 제정으로 그 보상청구권 소멸시효기한이 <u>2002.12.31.</u> 까지로 연장되었다(법 제3조).

그 후 위 특별조치법은 2002.12.11. 개정되면서 법률 명칭이 「하천구역편입토지보상에관한특별조치법」(시행 2002.12.11. 법률제6772호)으로 바뀌면서 보상청구권의 소멸시효도 <u>2003.12.31.</u> 까지로 연장되었으나(법 제3조), 2009.3.25. 하천편입 토지보상법이 제정(시행 2009.6.26. 법률 제9543호)되면서 폐지되고 보상청구권의 소멸시효 기한도 <u>2013.12.31.</u> 까지 연장되었다(법 제3조).

《보상청구권 소멸시효 및 보상추진 현황》

법률	보상청구권 소멸시효	보상추진 현황[312] (전체대상토지: 15,095만㎡)
하천법 일부개정(1984.12.31) [시행 '84.12.31. 법률 제3782호]	1989.12.31	1차 보상실시 하천법('84~'99) 11,290만㎡ (전체대상토지의 75%)
하천법 일부개정(1989.12.30) [시행 '89.12.30. 법률 제4161호]	1990.12.30.	
(구)법률제3782호하천법중개정법률부칙제2조의규정에의한보상청구권의소멸시효가만료된하천구역편입토지보상에관한특별조치법 (제정:1999.12.28) [시행 '00.3.29. 법률 제6065호]	2002.12.31.	2차 보상실시 특별조치법('01~'07) 2,006만㎡ (전체대상토지의 13%)
(구)하천구역편입토지보상에관한특별조치법 (2002.12.11. 일부개정) [시행 '02.12.11. 법률 제6772호]	2003.12.31.	
하천편입토지보상등에관한특별조치법 (제정:2009.3.25) [시행 '09.6.26. 법률 제9543호]	<u>2013.12.31</u>	3차 보상실시 1,799만㎡ (전체대상토지의 12%)

※ 재원분담 : 국가하천(국고2/3, 지방비1/3), 지방1급 하천(전액지방비)

312) 국토교통부 정책마당 정책Q&A [붙임]신나는 국토상식 게재 통보양식, 2011.10.12

⑥ 2007.4.6. 하천법 전부개정[시행 2008.4.7. 법률 제8338호]

하천(부지) 국유제는 하천법상 하천으로 지정되면 공부상 사유지이더라도 국가하천 내지 지방1급 하천에 편입된 사유 토지는 <u>하천의 편입과 동시에</u> 별도의 사전보상 및 등기이전 <u>절차 없이</u> 국유화하여 그 사용·관리를 개인이 아닌 국가만이 행사할 수 있게 되어 사유 재산권 침해의 논란이 있었다.[313]

판례

[판례1] ▸ [대법원 1985.11.12. 자 84카36 결정] (위헌제정신청)

【판시사항】
가. **제외지**가 관리청에 의한 지정처분 없이도 당연히 국유화되는 하천구역인지 여부
나. 하천법 제2조 제1항 제2호 다목의 위헌여부(소극)

【판결요지】
가. 제외지는 관리청에 의한 지정처분 없이도 법률의 규정에 의하여 당연히 하천구역이 되어 국유로 된다.
나. 재산권의 수용, 사용제한은 공공필요가 있을 경우에 법률로써 하되 반드시 보상을 지급하여야 한다는 헌법 제22조 제3항을 염두에 두고 하천법의 관계규정을 종합적으로 검토하여 볼때 하천법 제74조, 제75조의 손실보상에 관한 규정은 보상사유를 제한적으로 열거한 것이라기 보다는 예시적으로 열거한 것으로써 <u>제외지의 국유화와 같이 직접적인 보상규정이 없는 경우라 하더라도 위 각 규정을 **유추하여 그 손실에 대한 보상을 행하여야 하는 것으로 해석함**</u>이 상당하다 할 것이므로 동법 제2조 제1항 제2호 다목에 의한 제외지의 국유화는 법률에 의한 보상을 수반하는 것이어서 헌법 제22조 제3항에 위반된다고 할 수 없다.

헌법재판소

[결정1] ▸ 등기부가 복구되지 않은 토지에 대해서도 하천으로 편입된 토지를 국유로

---

313) 헌법재판소 2010.2.25. 선고 2008헌바6

규정한 구 하천법(1971.1.19. 법률 제2292호로 개정되고, 1999.2.8. 법률 제5893호로 개정되기 전의 것) 제3조(이하 '이 사건 법률 조항'이라 한다)를 적용하는 것이 헌법 제23조 제3항에 위반되는지 여부(소극)

[헌재 2010.2.25. 선고 2008헌바6 전원재판부] (하천법제3조위헌소원)

【결정요지】

1. 하천관리의 적정을 기하고, 공공복리의 증진에 기여하게 함을 목적으로 하천을 국유화한 입법자의 판단은 그것이 현저히 자의적이거나 비례성을 벗어난 것이라고 보이지 않는 한 이를 존중하여야 할 것이고, 적정한 보상이 수반되는 한 이를 두고 현저히 자의적이라거나 비례성을 벗어난 것이라고 할 수 없다. 하천법에 따른 수용은 "법률에 의한 수용"이라는 헌법적 요청을 충족하였다 할 것이고, 비록 <u>1971년</u>에 개정된 하천법에는 국유화된 제외지의 종전 소유자에 대한 보상규정이 없었으나 <u>1984년의 하천법 개정과 여러 특별조치법을 통하여 뒤늦게나마 보상청구권을 2013.12.31.까지 행사할 수 있도록 연장하였으므로 이는 헌법 제23조 제3항이 요구하는 "법률에 의한 보상"의 요건을 충족하였다</u> 할 것이다. 또한 보상을 규정한 법령을 종합하여 보면 헌법이 요구하는 정당한 보상의 원리에도 위배된다고 볼 수 없다.

2. 이 사건 법률조항이 이 사건 토지와 같은 **제방과 제외지를 국유로 한 것**은 국민의 재산권을 예외적으로 박탈할 수 있는 근거규정인 <u>헌법 제23조 제3항에 따라 하천의 효율적 관리·이용이라는 중대한 공익목적을 달성하기 위한 것이고, 더욱이 법률에 의한 정당한 보상을 수반하는 것으로서, 그 목적이 정당하고 수단이 적절하며, 이와 같이 국유화 조치가 헌법 제23조 제3항의 요청을 충족하는 이상 최소침해의 원칙에 반한다고 할 수 없고,</u> 이는 우월한 공익목적을 위한 것으로서 헌법적으로 이미 정당화되는 것이므로, 과잉금지원칙에 위배된다고 할 수 없다.

이러한 국유화에 따른 폐단을 해소하기 위해 하천법을 전부 개정('07.4.6)하여 국유제가 폐지하되, 국가하천으로 편입되는 토지에 대하여는 매수청구제(지방하천 제외)를 도입하고, <u>국가하천의 지정기준을 법률에 명시</u>하는 등 국유화 제도의 운영상 문제점이 개선되었다.

그러나, 국유제 폐지에 따라 종전의 하천부지 토지소유권자들은 하천구역 내 사유토지에 대한 소유권이전, 저당권설정, 허가받은 목적대로의 사용이 가능하게 되었을 뿐 여전히 배타적 사용·수익에는 사권행사의 제한이 있다(하천법 제4조제2항).[314]

현행 하천법 부칙에는 종래 국유화 조치된 하천에 대하여는 종전의 규정에 따르도록 하고 있어(하천법 부칙 제2조 제1항) 여전히 논란의 여지는 있을 수 있으나, 부칙 제2조제2항으로 종전의 국유화된 토지이더라도 하천구역에서 제외된 등기부상 사유 토지(=등기된 사유지)에 대해서는 소유권이 회복되었다.

■ **하천법 제4조 (하천관리의 원칙)** ① 하천 및 하천수는 공적 자원으로서 국가는 공공이익의 증진에 적합한 방향으로 적절히 관리하여야 한다.

② 하천을 구성하는 토지와 그 밖의 하천시설에 대하여는 사권(私權)을 행사할 수 없다. 다만, 다음 각 호의 어느 하나에 해당하는 경우에는 그러하지 아니하다.

　1. 소유권을 이전하는 경우

　2. 저당권을 설정하는 경우

　3. 제33조에 따른 하천점용허가(소유권자 외의 자는 소유권자의 동의를 얻은 경우에 한한다)를 받아 그 허가받은 목적대로 사용하는 경우

■ **하천법 부칙** 〈법률 제8338호, 2007.4.6.〉 [2009.4.1. 개정]

제1조 (시행일) 이 법은 공포 후 1년이 경과한 날부터 시행한다.

제2조 (하천의 귀속 및 보상에 관한 경과조치) ① 이 법 시행 당시 <u>종전의 규정에 따라 국유로 된 국가하천 및 지방1급하천의 귀속 및 보상에 관하여는 종전의 규정에 따른다.</u>

② 제1항에도 불구하고 이 법 시행 당시 법률 **제892호** 하천법 제4조, 법률 **제2292호** 하천법개정법률 제3조 및 법률 **제5893호** 하천법개정법률 제3조의 규정에 따라 하천구역에 편입되었으나 보상이 되지 않은 토지로서 <u>하천구역에서 제외된 등기부상 사유 토지는 이를 국유로 보지 아니한다.</u>

---

314) 등기예규 제1244호(하천법 제4조제2항에 따른 등기할 사항의 범위등에 관한 업무처리지침): 종전 하천부지 토지에 가능하지 아니하였던 소유권이전, 저당권설정, 권리질권에 대한 등기 및 가등기, 예고등기 등이 가능해 졌다. (제정: 2008.3.26. 세부내역붙임) 참조

⑦ 2007.4.6. 하천법 전부개정[시행'08.4.7. 법률 **제8338호**]전 하천 종류별 소유권 귀속 유형315)

(i) 시행 2008.4.7. 이전 편입 국가하천 및 지방1급하천

2008.4.7. 이전의 국가하천, 지방1급하천은 당시 하천법 규정(하천 국유제, 하천구역 법정주의)에 의한 하천편입과 동시에 별도의 소유권이전등기 없이 국유로 되었는바, 이는 민법 제187조의 법률규정에 의한 물권변동에 해당된다.316) 이에 따라 2008.4.7. 이전 당시의 부동산등기법에서는 등기된 토지가 국가하천 내지 지방1급하천으로 된 경우에는 해당관청은 지체 없이 그 등기의 말소를 등기소에 촉탁하여야 하고, 촉탁받은 해당 등기소는 등기용지 중 표시란에 하천부지로 되었다는 뜻을 적고, 토지의 표시, 표시번호와 등기번호를 붉은 선으로 지운 후 그 등기용지를 폐쇄하도록 규정되어 있었다(부동산등기법 제114조).

그러나, (구)하천구역편입토지보상에관한특별조치법 시행령에서는 "국유로 등기가 되지 아니한 편입토지에 대하여는 이 영에 의한 보상이 끝나기 전까지는 국유로 등기신청을 하여서는 아니된다"는 규정(령 제10조)과 민원 등의 사유로 실무상 해당관청은 등기의 말소를 촉탁하지 아니한 것으로 보인다.

■ **부동산등기법 제114조(하천부지)** ① 등기된 토지가 하천부지로 된 경우에는 해당 관청은 지체 없이 그 등기의 말소를 등기소에 촉탁하여야 한다.

② 제1항의 촉탁을 하는 경우 필요하면 해당 관청은 등기명의인이나 상속인을 갈음하여 토지의 표시 또는 등기명의인의 표시의 변경 · 경정 또는 상속으로 인한 소유권이전의 등기를 촉탁할 수 있다.

③ 제1항의 촉탁을 받은 등기소는 등기용지 중 표시란에 하천부지로 되었다는 뜻을

---

315) 신경직, 앞의 책, 2017, 365-366면 발췌 · 수정인용
316)이와 같은 하천에 대한 입법적 수용은 입법적 보상을 전제로 하는바, 이에 대한 보상근거가 추후에 관련법령의 개정과 제정으로 마련되었다.
  ※ 헌법재판소1998.3.26., 93헌바12 : "입법적" 수용은 법률에 근거하여 일련의 절차를 거쳐 별도의 행정처분에 의하여 이루어지는 소위 "행정적"수용과 달리 법률에 의해 직접 수용이 이루어지는 것이므로 "법률"에 의하여 수용하라는 헌법적 요청을 충족한다.

적고, 토지의 표시, 표시번호와 등기번호를 붉은 선으로 지운 후 그 등기용지를 폐쇄하여야 한다. 이 경우에는 제113조를 준용한다. [전문개정 2008.3.21.]

■ **하천구역편입토지보상에관한특별조치법 시행령 제10조 (미보상편입토지에 대한 국유로의 등기유보)** 국유로 등기가 되지 아니한 편입토지에 대하여는 이 영에 의한 보상이 끝나기 전까지는 국유로 등기신청을 하여서는 아니된다. [시행 2003.1.1.] [대통령령 제17854호, 2002.12.30]

■ **등기선례 1-278** : 등기된 토지가 하천으로 편입되었으나 당해 하천의 관리청이 토지표시등기의 말소를 촉탁하지 아니하여 그 등기부가 폐쇄되지 아니한 경우에 그 토지에 대하여 다른 등기의 신청이 있으면 등기관은 이를 수리하여야 한다.

(ⅱ) 시행 2008.4.7. 이전 편입 지방2급 하천

지방2급 하천에 대하여는 보상을 하고 이를 국유로 하는 것을 제외하고는 사권은 그대로 유지되었다. (구)하천법(=1961년 제정 하천법)상 준용하천이었던 지방2급 하천에 대하여 (구)하천법(=1999년 개정 하천법) 제3조가 준용되지 아니하므로 개인소유의 토지가 준용하천의 하천구역으로 편입되더라도 국유화되지 않았다. 다만, 지방2급 하천이라도 하류하구에 위치하여 포락으로 해면화되는 경우는 국유가 되어 소유권은 말소하게 된다.

(2) 하천구역의 개정연혁 및 보상

하천법의 개정에 따른 하천구역의 변화와 그에 따른 보상을 시기별로 정리하면 다음과 같은 [표]와 같다.

■ **시기별 하천구역의 변화 및 보상규정 연혁**

시기	주요내용	보상규정
1961.12.30. 하천법 제정 [시행 '62.1.1.	• 국유제(제4조): 하천은 국유로 한다. • 하천구역 결정고시제도 도입(제12조):	• 공용부담등 손실보상(제62조) 하천구역결정 · 변경, 타인토지

법률 제892호]	하천구역 결정시 이를 고시 및 도면일반 열람 → 관리청 인정제(단, 관련도면정 비시까지는 관리청이 인정하는 바에 의함:63.12.5.개정)	의 출입 및 사용 내지 하천공사로 인한 손실보상 • 재결신청(령 제29조)
1971.1.19. 전부개정 [시행'71.7.20. 법률 제2292호]	• 국유제(제3조): 하천은 국유로 한다. • 하천구역 법정주의(제2조제1항제2호) 가. <u>유수지(포락지)</u> 나. <u>하천부속물(제방 등)부지</u> 다. <u>제외지(제방으로부터 하천측의 토지)</u> 또는 관리청이 지정하는 이와 유사한 토지의 구역	• 공용부담등 손실보상(제74조) ① 제2조제1항제2호 다목의 규정에 의한 하천구역의 지정(<u>제외지</u>) 및 제43조의 규정에 의한 처분이나 제한 또는 하천공사편입으로 인한 손실보상과 재결신청
	→ 즉, 하천구역 전부를 국유로 하되 제외지(유수지 등 제외)에 대해서만 별도의 보상규정을 둠	
1981.3.31. 일부개정[시행'81.5.1. 법률 제3406호]	• 국유제: 하천은 국유로 한다(제3조) • 하천구역 법정주의 및 지정하천제도 도입(제2조제2호) 가. <u>유수지(포락지)</u> 나. <u>하천부속물(제방 등)부지</u> 다. <u>제외지</u> 또는 유수지와 일체로 관리할 필요있는 토지의 구역(지정하천구역도입)	
1984.12.31. 일부개정[시행'84.12.31. 법률 제3782호]	• 국유제(제3조): 하천은 국유로 한다. • 하천구역 법정주의 및 <u>당연하천구역지정제도</u> 도입 (제2조제2호) • 신설조항 및 부칙 제2조를 개정하여 그 동안 명시적 보상규정이 없었던 제외지, 유수지에 대한 보상규정이 정비	• 공용부담등 손실보상(제74조) ① 다목의 규정에 의한 하천구역의 지정(<u>제외지</u>) 및 처분이나 제한 또는 하천공사편입으로 인한 손실보상 ② 토지가 제2조제1항제2호 가목(<u>유수지</u>)에 해당되어 새로이 하천구역으로 된 경우 보상〈신설〉
	• 부칙 제2조 (제외지등에 대한 조치) ① 이 법 시행전에 토지가 제2조제1항제2호 가목(유수지)에 해당되어 하천구역으로 되었거나, 1961년 12월 30일 공포된 법률 제892호 하천법 또는 1971.1.19. 공포된 법률 시행으로 제외지안에 있던 토지가 국유로 된 경우 보상 〈개정 2002.12.11.〉 ② 제1항의 규정에 의한 <u>보상청구권의 소멸시효</u>는 이 법 시행일로부터 기산하여 예산회계법 제71조 및 지방재정법 제53조의 규정(<u>5년</u>)에 의함.	

1999.2.8. 전부개정 [시행'99.8.9. 법률 제5893호]	• 국유제(제3조): 하천은 국유로 한다. 다만, 지방2급하천에 있어서는 하천공사 등으로 하천에 편입되는 토지에 대한 보상을 하고 이를 국유로 하는 경우를 제외하고는 그러하지 아니하다. • 직할하천, 지방하천, 준용하천을 →국가하천, 지방1급하천, 지방2급하천으로 구분(제2조제2항) • 제74조 (공용부담등으로 인한 손실보상) : 제2조제1항제2호 가목(유수지)에 해당되어 새로이 하천구역(地方2級河川의 河川區域을 제외)으로 되었거나 제 2조제1항제2호 라목의 규정에 의하여 하천구역으로 지정된 토지 및 지정·처 분이나 제한 또는 하천공사편입으로 인한 손실보상과 재결신청(토지수용법 준용)
2002.12.11. 일부개 정[시행'02.12.11. 법률 제6773호]	◇개정이유 및 주요골자 　법률 제3782호 하천법 중 개정법률 부칙 제2조제1항에 "1971년 1월 19일 공포된 　법률 제2292호 하천법개정법률의 시행으로 제외지(堤外地)안에 있던 토지가 　국유로된 경우" 뿐만 아니라, "1961년 12월 30일 공포된 법률 제892호 하천법의 　시행으로 제외지안에 있던 토지가 국유로 된 경우"도 보상청구권의 대상으로 　되도록 규정함으로써 그 범위를 확대하려는 것임. ◇하천법중 다음과 같이 개정한다. 　법률 제3782호 하천법 중 개정법률 부칙 제2조제1항 중 "1971년 1월 19일 공포된 　법률 제2292호의 시행으로 제외지안에 있던 토지가 국유로 된 경우"를 → "1961 　년 12월 30일 공포된 법률 제892호 하천법 또는 1971년 1월 19일 공포된 법률 　제2292호 하천법 개정법률의 시행으로 제외지안에 있던 토지가 국유로 된 경우" 　로 한다. 　부칙 : 이 법은 공포한 날부터 시행한다.
2007.4.6. 전부개정 [시행'08.4.7. 법률 제8338호]	• 하천 국유제 폐지(제4조): 하천구성 토지와 그 밖의 하천시설에 대한 사권행사 제한(단, 소유권이전·저당권설정·허가받은 목적의 사용은 가능) • 하천명칭 변경: 국가하천, 지방1급하천, 지방2급하천을 → 국가하천, 지방하 천으로 개편(제7조제1항) • 하천구역 결정고시제도 재도입(=행정처분에 의한 지정하천구역제도): ① "하 천구역"이라 함은 하천명칭 및 구간의 지정 또는 지정의 변경·해제의 고시에 따라 결정된 토지의 구역을 말한다(제2조제2호, 제10조제1항). ② 하천기본계 획에 의한 결정 및 지형도면 고시(제10조제4항) • 제76조 (공용부담등으로 인한 손실보상) : ① 제11조제1항에 따른 하천예정지 의 지정 또는 제75조(타인의 토지에의 출입등)에 따른 처분이나 제한으로 손실 을 입은 자가 있거나 하천관리청이 시행하는 하천공사 또는 건설교통부장관이 시행하는 수문조사시설공사로 손실을 입은 자가 있는 때에는 건설교통부장관

이 시행하는 수문조사시설공사로 인한 손실보상과 재결신청(토지수용법 준용)

• 매수청구제(지방하천 제외) 도입(제79조)

하천법 [시행 2008.4.7.]

[법률 제8338호, 2007.4.6., 전부개정][317]

◇ **주요내용**

가. 하천의 국유제 폐지 및 토지의 매수청구제의 일부 도입(법 제4조 및 제79조 내지 제81조)

(1) 국가하천 및 지방1급하천으로 편입되는 사유(私有) 토지가 사전 보상 및 등기절차 없이 바로 국유로 됨에 따라 사유재산권을 침해한다는 논란이 있을 뿐만 아니라 막대한 보상비 마련 등 재정여건상 어려움이 있었음.

(2) 하천의 국유제를 폐지하는 대신 하천을 구성하는 사유의 토지 등에 대하여는 소유권 이전 및 저당권 설정 등의 일부 사권(私權) 행사를 제외하고는 사권을 행사할 수 없도록 하고, 국가하천으로 지정된 사유 토지에 대하여는 매수청구제를 도입하되, 현재 지방2급하천은 사유를 인정하고 보상대상에서 제외하고 있기 때문에 지방재정 등을 고려하여 지방하천을 매수청구대상에서 제외함.

나. 하천의 구분 및 지정(법 제7조)

(1) 하천을 국가하천과 지방1급하천·지방2급하천으로 구분하고 있으나, 지방1급하천과 지방2급하천의 하천관리청이 특별시장·광역시장·도지사로 동일하고 지방2급하천이 대부분을 차지하고 있어 구분할 실익이 크지 아니함.

(2) 하천을 국가하천과 지방1급하천·지방2급하천으로 구분하던 것을 국가하천과 지방하천으로 구분하는 것으로 변경하고, 국가하천은 국토보전상 중요한 하천으로서 하천의 유역면적 등을 고려하여 법률에 규정된 기준에 따라 건설교통부장관이 그 명칭과 구간을 지정하는 것으로, 지방하천은 지방의 공공 이해에 밀접한 관계가 있는 하천으로서 특별시장·광역시장·도지사가 그 명칭과 구간을 지정하는 것으로 규정함.

다. 하천구역의 결정 및 고시(법 제10조)

(1) 하천구역을 결정하는데 사용되었던 매년 1회 이상 물이 흐른 흔적을 나타내고 있는 토지의 구역이라는 판단기준이 명확하지 아니하여 분쟁 발생의 원인이 되므로 이를 명확히 할 필요가 있음.

(2) 종전에는 법률의 규정에 따라 직접 정해지는 구역과 하천관리청이 지정하는 구역을 합하여 하천구역으로 운영하여 왔으나, **앞으로는** 하천관리청이 수립한 하천기본계획에 제방이 포함되어 있는 곳은 그 제방의 부지 및 그 제방으로부터 하천의 중심쪽의 토지 등을 하천구역으로 결정하도록 하고, 하천구역을 결정·변경 또는 폐지하는 때에는 지형도면과 함께 고시하도록 함.

라. 홍수관리구역의 지정(법 제12조)

(1) 현행 연안구역은 하천 주변의 무분별한 건축물의 난립 등으로 인한 홍수 피해를 예방하기 위하여 지정하고 있으나, 연안구역의 의미가 불분명하고 지정범위도 하천구역부터 500미터 범위 안으로 하는 등 구역지정기준이 명확하지 아니하여 용어 및 지정기준을 개선할 필요가 있음.

(2) 하천기본계획이 수립된 하천에 있어서는 하천시설의 설치계획을 수립함에 있어 기준이 되는 홍수량만큼의 물이 소통하는 경우 그 수위를 말하는 계획홍수위 아래에 있는 토지로서 하천구역을 제외한 지역 등을 홍수관리구역으로 지정할 수 있도록 함.

마. 수문조사(水文調査)의 실시 등(법 제17조 내지 제20조)

(1) 하천구역의 물 순환 구조의 파악 등을 위하여 하천의 수위·유량·유사량(流砂量) 및 하천유역의 강수량·증발산량과 하천유역의 토양에 함유된 수분의 양을 과학적인 방법으로 관찰·측정 및 조사하는 수문조사는 실시간으로 정교하게 측정하도록 함에도 현재는 필요한 경우 실시하는 유역조사와 혼재되어 실시함으로써 정확한 물 순환 정보 등의 취득에 어려움이 있음.

(2) 건설교통부장관은 수문조사의 실시를 위한 수문조사기본계획을 수립하고 수문조사망을 구축하도록 하며, 수문조사시설이 중복되지 아니하도록 다른 법

률에 따라 수문조사를 실시하는 기관의 장과 협의·조정할 수 있도록 하고, 수문조사를 실시하는 기관의 장은 건설교통부장관의 검정을 받은 수문조사기기를 사용하도록 함.

바. 홍수량 할당제의 도입(법 제24조제3항)
(1) 하천유역의 개발 및 이상 호우 발생의 증가로 하천유역의 홍수량이 증가하고 그 영향이 바로 하류에 미치고 있어 이를 유역 전체로 적절히 관리할 필요가 있음.
(2) 건설교통부장관이 홍수 예방 및 홍수발생시 피해의 최소화 등을 위하여 10년 단위로 수립하도록 하는 유역종합치수계획에 주요 지점별로 할당된 홍수량의 지정 등 필요한 사항을 대통령령으로 정하도록 법률에 명시함으로써 홍수량을 물길 중심에서 유역 전체로 분담하는 주요 지점별 홍수량 할당제를 도입함.

사. 하천 점용 불허가기준의 투명화 등(법 제33조)
건설교통부령으로 정하고 있던 하천 점용의 불허가 기준을 법률에 규정함으로써 재량행위를 투명화하고, 변경허가제도를 도입함으로써 허가절차를 간소화함.

아. 하천의 점용료·사용료의 징수기준의 개선(법 제37조)
하천 토지의 점용료, 그 밖의 하천사용료의 징수 근거를 조례로 정하던 것을 대통령령이 정하는 범위 안에서 조례로 정하도록 하여 지역별 부과금액의 편차가 크지 아니하도록 함.

자. 자연친화적 하천 조성을 위한 보전지구 등의 지정(법 제44조)
하천환경 등의 보전과 휴식공간으로의 관리를 강화하기 위하여 하천관리청은 하천구역 안에서 하천환경 등의 보전 또는 복원을 위한 보전지구 또는 복원지구와 하천공간의 활용을 위한 친수지구를 지정하도록 함.

차. 하천환경의 보전을 위한 금지행위 등(법 제46조 및 제47조)
하천의 보전 및 관리를 위하여 하천의 유수를 가두어 두거나 방향을 변경하는 등의 행위를 할 수 없도록 하고, 하천관리청은 하천의 보전 등을 위하여 필요한 경우 구간을 정하여 하천의 사용을 금지하거나 제한할 수 있도록 함.

카. 폐천부지의 교환 확대(법 제85조)
 (1) 현행은 하천의 유로가 변경되어 하천구역에서 제외된 폐천부지 중 국유로 둘 필요가 없는 폐천부지를 새로이 하천구역에 편입되는 타인의 토지에 한하여 서로 교환할 수 있도록 제한되어 있어 원활한 폐천부지의 교환이 어려움.
 (2) 국유 외에 공유의 폐천부지와 하천구역에 이미 편입된 타인의 토지도 교환대상에 포함되도록 함.

다. 하천법에 따른 보상의 주요내용

「하천법」에 따른 보상에는 ① **하천공사**[318]에 따른 보상, ②1971.1.19. 전부개정 하천법(법률제2292호)부터 2007.4.6. 전부개정 하천법(시행 2008.4.7. 법률 제8338호) 이전의 (구)「하천법」 제3조에 따라 **국유화된 하천에 대한 보상**으로 구분된다.

(구)「하천법」 제3조에 따라 **국유화된 하천에 대한 보상**의 근거법률인 2009.3.25. 제정 '하천편입토지 보상등에 관한 특별조치법'(이하 '특별조치법')[시행 2009.6.26. 법률 제9543호] 제3조에서는 보상청구권의 소멸시효를 2023년 12월 31일로 규정하고 있고, 이에 따른 보상은 토지수용위원회의 재결 대상이 아니다.[319]

특별조치법령은 손실보상의 대상이 되는 하천편입토지에 대해 손실을 보상함에 있어 별도의 토지보상법상의 수용재결절차 없이 보상대상자의 시장·군수·구청장에게 보상청구서(개별의견서 포함)만을 제출하는 간단한 방법으로 감정평가 후 보상금을 지급 또는 공탁하는 것으로 규정되어 있어 특별조치법상의 하천편입토지에 대한 보상은 토지수용위원회의 재결대상이 아닌 것이다(령 제3조 내지 제8조, 법 제8조 참조). 다만, 특별조치법상의 손실보상청구는 보상기준에 따른 보상금청구이므로 보상기준에 따른 평가금액인

---

317) 출처: 법제처
318) "하천공사"라 함은 하천의 기능을 높이기 위하여 하천의 신설·증설·개량 및 보수 등을 하는 공사를 말한다(하천법 제2조제5호).
319) 중앙토지수용위원회, 앞의 책, 2017.12., 256면

보상금액의 과다에 대한 다툼은 토지소유자 등 보상대상자 입장에서는 필연적일 수 밖에 없는데, 특별조치법에는 이에 대한 토지보상법의 불복절차인 수용재결절차를 준용하는 별도의 규정을 두고 있지 않고 있어 보상대상자의 권리구제에 미흡하므로 이에 대한 입법보완은 필요하다.

라. 하천의 종류 및 하천구역의 범위

(1) 하천의 구분과 하천관리청

현행 하천법은 하천을 국가하천과 지방하천으로 구분하고 있다(법 제7조제1항). 다만 1961년 제정 하천법부터 현행 하천법까지 그 시기별로 하천을 분류하고 해당 하천의 관리청을 [표]로 정리하면 다음과 같다.

한편 하천은 하천법에 따른 국가하천, 지방하천 외에 소하천정비법의 적용을 받는 소하천도 있다.

■ 시기별 하천의 명칭 및 하천관리청

1961.12.30. 제정 하천법	직할하천	지방하천	준용하천
1999.2.8. 전부개정 하천법	국가하천	지방1급하천	지방2급하천
하천관리청	건설교통부장관	서울시장, 광역시장, 시·도지사	시·도지사
2007.4.6. 전부개정 하천법	국가하천	지방하천	
하천관리청(현행)	국토교통부장관	시·도지사	

① 국가하천

국가하천은 국토보전상 또는 국민경제상 중요한 하천으로서 다음 각 호의 어느 하나에 해당하여 국토교통부장관이 그 명칭과 구간을 지정하는 하천으로 국토교통부장관이 관리한다(하천법 제7조제2항, 제8조제1항).

> ■ **하천법 제7조(하천의 구분 및 지정)** ① 하천은 국가하천과 지방하천으로 구분한다.
> ② 국가하천은 국토보전상 또는 국민경제상 중요한 하천으로서 다음 각 호의 어느
> 하나에 해당하여 환경부장관이 그 명칭과 구간을 지정하는 하천을 말한다.
> 〈개정 2009.4.1., 2013.3.23., 2018.8.14.,2020.12.31.〉
>
> 1. 유역면적 합계가 200제곱킬로미터 이상인 하천
> 2. 다목적댐의 하류 및 댐 저수지로 인한 배수영향이 미치는 상류의 하천
> 3. 유역면적 합계가 50제곱킬로미터 이상이면서 200제곱킬로미터 미만인 하천으로
>   서 다음 각 목의 어느 하나에 해당하는 하천
>   가. 인구 20만명 이상의 도시를 관류(貫流)하거나 범람구역 안의 인구가 1만명
>   이상인 지역을 지나는 하천
>   나. 다목적댐, 하구둑 등 저수량 500만세제곱미터 이상의 저류지를 갖추고 국가
>   적 물 이용이 이루어지는 하천
>   다. 상수원보호구역, 국립공원, 유네스코생물권보전지역, 문화재보호구역, 생
>   태·습지보호지역을 관류하는 하천
>   라. 삭제 〈2018.8.14.〉
> 4. 범람으로 인한 피해, 하천시설 또는 하천공작물의 안전도 등을 고려하여 대통령
>   령으로 정하는 하천

② 지방하천

지방의 공공이해와 밀접한 관계가 있는 하천으로서 시·도지사가 그 명칭과 구간을 지정
하는 하천으로 그 관할구역의 시·도지사가 관리한다(하천법 제7조제3항, 제8조제2항).
다만, 지방하천으로서 특별시·광역시·특별자치시·도·특별자치도(이하 "시·도"라
한다)의 경계에 위치한 하천(=경계하천)은 관계 시·도지사의 협의에 따라 그 하천의 관
리청 및 관리방법을 따로 정하고 있다(하천법 제9조제1항).

③ 소하천

소하천은 하천법의 적용 또는 준용을 받지 아니하는 하천으로서 특별자치시장·특별자치
도지사·시장·군수 또는 구청장(자치구의 구청장)이 그 명칭과 구간이 지정·고시하고

관리하는 소규모 하천을 말한다(소하천정비법 제2조 제1호, 동법 제3조제1항, 제6항).

소하천 관리청이 지정하는 소하천의 지정기준은 일시적이 아닌 유수(流水)가 있거나 있을 것이 예상되는 구역으로서 평균 하천 폭이 2m 이상이고 시점(始點)에서 종점(終點)까지의 전체길이가 500m 이상인 것이어야 한다. 다만, 재해 예방이나 생활환경 개선을 위하여 소하천으로 지정할 특별한 필요가 있는 경우에는 그러하지 아니하다(소하천정비법 시행령 제2조).

(2) 하천구역의 범위

① 개념

하천구역이란 하천을 구성하는 토지구역으로 하천의 횡적(橫的)구역을 의미하는 폭으로서의 하천부지를 말한다. 이는 하천의 종적(縱的)구역인 하천의 길이를 의미하는 하천구간과는 구별되는 개념이다. 판례도 이와 같은 취지로 하천구역을 설명하고 있다.[320] 하천의 횡적구역인 하천구역에 대하여는 1961. 12. 30. 제정 하천법(법률 제892호)부터 1971. 1. 19. 전부개정 하천법(법률 제2292호)까지 하천관리청이 이를 결정·고시함으로써 비로서 정하여졌다.(=**하천구역 결정고시제도**)

그러나 하천은 항상 일정한 고정적인 상태로 유지될 수는 없는 관계로 하천관리청이 모든 하천구역을 개별적으로 결정·고시하는 현실적으로 어려운 관계로 1971. 1. 19. 개정 하천법은 종전 하천구역 결정고시제도 대신 스스로 법조문에 하천구간 내의 일정한 구역을 하천구역으로 정하여 그에 해당하는 구역은 별도의 조치 없이 당연히 하천구역이 되는 이른바 법정제도를 채택하였다.(=**하천구역 법정주의**)

판례

[판례1] ▶ 신, 구 하천법에 있어서의 하천구역 결정방식

[대법원 1991.6.28. 선고 91다10046] (토지인도 등)

---

320) 대법원 1979.7.10. 선고 79다812 판결; 1987.7.21. 선고 84누126 판결; 1988.12.20. 선고 87다카3029 판결; 1989.6.27. 선고86다카2802 판결; 1990.2.27. 선고 88다카7090 판결 참조

【판결요지】

하천의 <u>횡적 구역인 하천구역의 결정방법</u>에 관하여 구 하천법(1971.1.19. 법률 제22
92호 개정 하천법이 시행되기 전의 것)이 **결정고시제도**를, 위 <u>개정 하천법(현행 하
천법도 같다)이 **법정제도**를</u> 각각 채택하고 있었기 때문에 구 하천법 시행 당시에는
준용하천의 관리청이 그 명칭과 구간을 지정, 공고하더라도 이로써는 (하천의 종적
구역인) 구간만 결정될 뿐이고, (하천의 횡적 구역인) 하천구역은 같은 법 제12조에
따라 관리청이 이를 따로이 결정, 고시함으로써 비로소 정해졌으나, <u>개정 하천법 시
행 이후부터는 같은 법이 스스로 제2조 제1항 제2호 가목 내지 다목에서 하천구간
내의 일정한 구역을 하천구역으로 정하고 있어 위 규정에 해당하는 구역은 (위 다목
중 하천관리청의 지정행위를 요하는 경우 이외에는) 당연히 하천구역으로 된다.</u>

② 시기별 하천구역 결정방식 및 범위

(ⅰ) 1961.12.30. 제정 하천법부터 ~ 1971.1.19. 전부개정 하천법(시행:'71.7.19) 이전까
지 **(하천구역 결정고시제도)**

구 하천법(1971.1.19. 법률 제2292호로 전면 개정되기 전의 것) <u>제12조</u>(관리청은 하천이
구역을 결정하였을 때에는 경제기획원장이 정하는 바에 의하여 이를 고시하고 그 도면을
일반에게 열람시켜야 한다. 하천의 구역을 변경하였을 때에도 또한 같다)에 따라 관리청
이 하천구역을 결정·고시하여야 비로서 하천구역이 정하여졌던 시기이다.

그러나, 위 법 제12조에 해당하는 하천구역에 관한 관계도면은 정비되지 않았고 이에 19
63. 12. 5. 구 하천법 제12조를 개정(법률 제1475호)하여 "다만, 관리청이 하천의 구역
을 결정한 관계도면이 정비될 때까지 하천의 구역은 각령으로 정하는 바에 따라 관리청
이 인정하는 바에 의한다"는 단서를 신설하였고, 이에 따라 1963. 12. 16. 각령 제1753
호로 하천법 시행령 제8조의2가 신설되었다.[321]

---

321) ■ **하천법 제12조(구역의 결정)** 관리청은 하천의 구역을 결정하였을 때에는 건설부장관이 정하는 바에
의하여 이를 고시하고 그 도면을 일반에게 열람시켜야 한다. 하천의 구역을 변경하였을 때에도 또
한 같다. 다만, 관리청이 하천의 구역을 결정한 관계도면이 정비될 때까지 하천의 구역은 각령으
로 정하는 바에 따라 관리청이 인정하는 바에 의한다.〈개정 1963·12·5〉
■ **하천법 시행령 제8조의2 (하천의 구역)** ① 하천법 제12조단서의 규정에 의하여 관리청이 하천의 구
역을 인정함에 있어서는 다음 각호에 게기하는 구역에 의하여야 한다.
1. 하수가 계속하여 흐르고 있는 토지 및 지형, 초목의 생무의 상황 기타의 상황이 하수가 미치는

한편, 위 법 제12조에 따라 1964. 6. 1. 건설부고시 제897호(건설부장관이 관리하는 하천의 구역인정의 건)가 고시되었는데, 위 고시의 적법절차에 위배 내지 재산권 보장에 관한 구 헌법 제20조에 위반되어 무효인지 여부와 관련하여 대법원은 "건설부고시(1964.6.1. 제897호)에 의한 하천구역의 인정·고시는 구 하천법(1971.1.19. 법률 제2292호로 전문 개정되기 전의 것) 제12조 단서에 의한 하천구역 결정에 관한 관계 도면이 정비될 때까지의 잠정적 조치이고, 그와 같은 인정구역은 구 하천법시행령 제8조의2(1963.12.16. 각령 제1753호)에서 정한 하천구역 인정의 기준 내에 속하고 있으므로, 그 건설부고시에 해당되는 한 비록 그 인정·고시에 해당 지번이나 지역에 관한 표시가 없더라도 구 하천법에 의한 절차에 따라 인정·고시한 하천구역으로서의 효력에는 영향이 없고, 따라서 그 건설부고시가 적법절차에 위배되었거나 구 헌법(1972.12.27. 전문 개정되기 전의 것) 제20조 재산권 보장에 관한 규정에 위배되어 무효라고 할 수 없다"라고 판시한 바 있다.[322)

(ⅱ) 1971.1.19. 전부개정 하천법(시행:'71.7.20)부터 ~ 2007.4.6. 전부개정 하천법(시행:'08.4.7) 이전까지 (하천구역 법정제도)

1971. 1. 19. 개정 하천법은 법률규정에 따라 하천구역을 법정화(하천구역 법정주의)하였던바 당시 하천법 제2조 제1항제2호에서는 하천구역을 유수지 및 유수흔적 토지의 구역(가목), **하천부속물(제방 등)의 부지**인 토지의 구역(나목), **제외지** 또는 관리청이 지정하는 토지의 구역(다목)으로 그 범위를 한정하였다.[323)

한편, 2007. 4. 6. 전부개정 하천법(시행:2008.4.7)이 시행되기 직전의 (구)하천법(시행

부분으로서 매년 1·2회이상 상당한 유속으로 흐른 형적을 나타낸 토지(洪水 기타 異常의 天然現象에 의하여 一時的으로 그 狀況을 나타낸 土地를 제외한다)의 구역.

2. 하천부속물의 부지인 토지의 구역.

3. 제방이 있는 곳에 있어서는 그 제외지(堤防으로부터 河心側의 土地) 또는 관리청이 지정하는 이와 유사한 토지의 구역.

② 관리청이 전항제3호의 구역을 지정할 때에는 건설부령이 정하는 바에 의하여 이를 공고하여야 한다. 이를 변경하거나 폐지할 때에도 또한 같다.[본조신설 1963·12·16]

322) 대법원 1996.4.12. 선고 95다47824 판결 [보상청구권확인]

323) 대법원 1994.11.18. 선고 93다30686 판결 [토지인도등] : 현행 하천법은 하천의 횡적구역인 하천구역의 결정방법에 관하여 이른바 법정제도를 채택하고 있기 때문에 같은 법 제2조 제1항 제2호 가목 내지 다목의 규정에 해당하는 구역은, 위 다목 후단의 하천관리청의 지정행위를 요하는 경우 이외에는, 당연히 하천구역으로 되는 것이다.

2008.2.29. 법률 제8852호, 2008.2.29., 타법개정)은 하천구역을 아래와 같이 법정하고 있었다.

■ **하천법 제2조(용어의 정의 등)** ① 이 법에서 사용하는 용어의 정의는 다음 각호와 같다. 〈개정 2001.1.16., 2004.1.20.〉

1. "하천"이라 함은 공공의 이해에 밀접한 관계가 있는 유수의 계통(이하 "水系"라 한다)으로서 그 수계의 하천구역과 하천부속물을 포함하는 것을 말한다.

2. "하천구역"이라 함은 다음 각목의 구역을 말한다.

　　가. **하천의 물이 계속하여 흐르고 있는 토지** 및 지형, 당해 토지에 있어서 식물이 자라는 상황 기타의 상황이 매년 1회 이상 물이 흐른 흔적을 나타내고 있는 토지(大洪水 기타 自然現象에 의하여 일시적으로 그 狀況을 나타내고 있는 土地를 제외한다)의 구역

　　나. **하천부속물의 부지**인 토지의 구역

　　다. 제방(河川의 管理廳이나 管理廳으로부터 許可 또는 委託을 받은 者가 設置한 것에 한한다)이 있는 곳에 있어서는 그 **제외지**(堤防으로부터 河心側의 土地를 말한다)

　　라. 다음의 1에 해당하는 토지의 구역중 가목에 해당하는 구역과 일체로 하여 관리할 필요가 있는 토지로서 제12조의 규정에 의한 하천의 관리청(이하 "관리청"이라 한다)이 지정하는 토지의 구역

　　　　(1) 제방이 없는 곳에서 홍수가 발생할 경우 예상되는 홍수량의 소통에 필요한 토지로서 대통령령이 정하는 토지의 구역

　　　　(2) 대통령령이 정하는 제외지(堤外地)와 유사한 토지의 구역

한편, 관리청의 지정처분 내지 별도의 조치 없이 법률에 따른 하천구간내의 일정구역은 하천구역 법정주의 하에서는 당연히 하천구역이 된다고 하여 판례는 이를 **당연하천(구역)**으로 표현하고 있고 반면에 종전 하천구역 결정고시제도하의 경우처럼 하천관리청이 하천구역을 도면으로 작성·구비하여 그 명칭과 구간을 일반에게 고시한 하천구역을 **지정하천(구역)**이라 표현하고 있다.[324] 위 (가)목, (나)목, (다)목은 법정하천(구역)이고,

---

324) 대법원 1994.11.4. 선고 92다40051 판결, ; 대법원 1994.6.28. 선고 93다46827 판결 참조

(라)목은 지정하천(구역)에 해당한다.

[판례1] ▶ 하천의 제방부지는 관리청의 지정처분이 없어도 당연히 하천구역으로 되는지 여부 [대법원 1994.11.4. 선고 92다40051] (소유권보존등기말소 등)

【판결요지】
하천법 제2조 제1항 제1호 소정의 하천의 제방부지로서 같은 법 제11조 단서 소정의 관리청이 그 지상에 제방을 축조하였다면, 같은 법 제2조 제1항 제2호 (나)목, (다)목, 제3호의 해석상 그 제방의 부지는 하천부속물로서 관리청에 의한 지정처분이 없어도 법률의 규정에 의하여 당연히 하천구역이 된다.

[판례2] ▶ [1] 하천구역의 지정으로 손실을 받은 토지소유자가 민사소송으로 하천관리청을 상대로 직접 손실보상을 청구할 수 있는지 여부(소극)
[2] 위 "[1]"항의 경우 하천관리청에 대하여 부당이득의 반환을 청구할 수 있는지 여부(소극)
[대법원 1994.6.28. 선고 93다46827] (토지보상금)

【판결요지】
[1] 하천법상 하천의 **횡적인 구역**은 같은 법 제2조 제1항 제2호에서 하천구간 내의 토지 중 일정한 구역으로 인정하고 있어 같은 호 (다)목의 규정에 의하여 지정되는 것을 제외하고는 **당연히 하천**구역이 되고, 따로 하천관리청의 지정처분이 있어야 하는 것이 아니므로, 하천관리청이 토지에 관한 권원을 취득하지 아니한 채 시행한 제방신축공사로 인한 것이라고 하여도 토지가 같은 조 소정의 하천구역에 해당하게 된 이상, 그 토지 소유자는 사용 수익에 관한 사권의 행사에 제한을 받게 되며, 이와 같이 하천구역에 편입됨으로써 손실을 받은 토지소유자는 같은 법 제74조에 의하여 손실보상을 받을 수 있고, 다만, 그 손실보상을 받기 위하여는 같은 법 제74조가 정하는 바에 따라 하천관리청과 협의를 하고 그 협의가 성립되지 아니하거나 협의를 할 수 없을 때에는 관할 토지수용위원회에 재결을 신

청하고 그 재결에 대하여도 불복일 때에는 바로 <u>관할 토지수용위원회를 상대로 재결 자체에 대한 행정소송을 제기하여 그 결과에 따라 손실보상을 받을 수 있을 뿐이고 직접 하천관리청을 상대로 민사소송으로 손실보상을 청구할 수는 없다.</u>

[2] 토지가 하천관리청의 제방신축공사로 인하여 하천구역으로 편입된 이상, 소유자로서는 사용, 수익에 관한 사권의 행사에 제한을 받아 손해를 받고 있다고 하여도 같은 법 제74조의 규정에 의한 손실보상을 받음은 별론으로 하고, 하천관리청인 지방자치단체의 점유를 권원 없는 점유와 같이 보아 <u>부당이득의 반환을 청구할 수는 없다.</u>

③ 구 하천법상 하천구역 관련용어

하천구역 상세도와 관련 주요용어는 아래 [그림][325]과 [표]와 같다.

■ 하천구역 상세도(단면도)

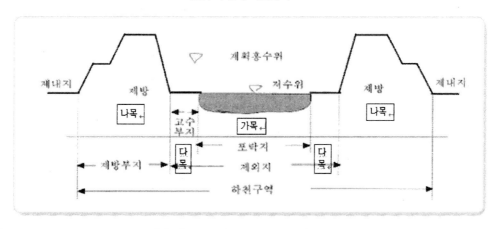

■ (구) 하천법상 하천구역 관련 주요용어

구분	개념
하천구역 (河川區域)	○ 하천을 구성하는 토지구역으로 하천의 횡적(橫的)구역을 의미하는 폭으로서의 하천부지를 말하며, 제방. 제외지를 포함한 개념이다.
포락지	○ 지적공부에 등록된 토지가 물에 침식되어 수면 밑으로 잠긴 토지를 말한다.(공유수

---

325) 출처: 국토교통부 정책마당, 부산지방국토관리청 국토지식정보 참조(수정)

(浦落地)	면관리법 제2조제3호) ※ (구) 하천법상 **유수지 (가목):** 물이 계속하여 흐르고 있는 토지 및 매년 1회 이상 물이 흐른 흔적을 나타내고 있는 토지(포락지)를 말한다. ※ 포락이라 함은 토지가 바닷물이나 하천법상의 적용하천의 물에 개먹어 무너져 바다 나 적용하천에 떨어져 그 원상복구가 과다한 비용이 요하는 등 사회통념상 불가능한 상태에 이르렀을 때를 말한다.[대법원 1994.12.13. 선고 94다25209 판결]
제외지 (堤外地)	○ 제방으로부터 하심측의 토지를 말한다. 즉, 제방과 제방사이의 토지로 제방안 물이 흐르는 하천쪽의 토지를 가르킨다. 이는 사람을 중심으로 붙여진 이름으로 사람이 사는 쪽 밖의 토지인 하천의 토지 ※ (구) 하천법상 **제외지 (다목):** 제방이 있는 곳에 있어서는 그 **제외지**(堤防으로부터 河心側의 土地)를 말한다.
제내지 (堤內地)	○ 제외지와 반대로 제방으로부터 사람이 사는 쪽의 토지로 제방 밖의 주택 또는 농경지 등이 있는 토지

마. 하천편입토지 보상 등에 관한 특별조치법에 의한 손실보상

(1) 개설

1961년 제정 하천법은 하천구역 부지는 예외 없이 모두 국유로 하여 자연적 포락 등으로 하천이 된 토지는 별도의 보상절차 없이 국가소유가 되었다. 그 후 1971년 하천법 개정 [법률 제2292호]으로 제외지를 포함한 인공공물[포락 등 자연발생적 하천(유수지)이 된 토지(자연공물) 제외]이 국유로 된 경우에 한해서만 별도의 보상규정이 신설되었고, 1984년 개정 하천법[시행 1984.12.31. 법률 제3782호]에서는 그 동안 보상에서 제외되었던 자연발생적 <u>유수지(포락지)</u>에 대해서도 보상이 가능하도록 입법(신설)화 하되 그 보상청구권의 소멸시효는 <u>1989.12.31.</u> 까지로 하였다.[326]

소멸시효기간 만료시까지 보상청구권을 행사하지 아니하여 별도의 보상을 받지 못한 하천부지 소유자를 구제하기 위해 1989년 하천법 부칙을 개정[법률 제4161호]하여 보상청구권의 소멸시효 기한을 <u>1990.12.30. 까지 1년간</u> 연장하였으나 여전히 토지소유자의 권리구제에 미흡하여 1999. 12. 28.「법률제3782호하천법중개정법률부칙제2조의규정에의한보상청구권의소멸시효가만료된하천구역편입토지보상에관한특별조치법」(법률 제6065

---

326) 개정 하천법부칙 제2조제1항에서 "이 법 시행 전 유수지에 해당되어 하천구역이 되었거나 제정 하천법 또는 1971.1.19. 공포된 법률(제2292호) 시행으로 제외지 안에 있던 토지가 국유로 된 경우에 보상을 하되 그 보상청구권의 소멸시효는 이 법 시행일로부터 5년까지"로 하였다. ► 즉, 위 개정 하천법부칙에 따른 보상청구권의 행사기간은 예산회계법 및 지방재정법 관련규정에 따라 1984.12.31.로부터 기산하여 5년이 되는 1989.12.31.이 된다.

호)을 제정[327]·개정[328] 및 2009. 3. 25. 「하천편입토지보상등에관한특별조치법」이 새롭게 제정(시행 2009.6.26. 법률 제9543호)(이하 '특별조치법'이라 함)되면서 보상청구권의 소멸시효 기한도 <u>2013.12.31.</u> 까지로 최종 연장되었다(법 제3조).

관련법령

■ 하천편입토지 보상 등에 관한 특별조치법(=하천편입토지보상법)

[법률 제9543호, 2009.3.25., 제정]

제1조(목적) 이 법은 보상청구권의 소멸시효 만료로 인하여 보상을 받지 못한 하천편입토지 소유자에 대한 보상과 공익사업을 시행하는 경우의 보상 특례 등에 필요한 사항을 규정함을 목적으로 한다.

제2조(적용대상) 다음 각 호의 어느 하나에 해당하는 경우 중 「하천**구역**편입토지 보상에 관한 특별조치법」 제3조에 따른 <u>소멸시효의 만료로 보상청구권이 소멸되어 보상을 받지 못한 때에는 특별시장·광역시장 또는 도지사</u>(이하 "시·도지사"라 한다)<u>가 그 손실을 보상하여야 한다.</u>

  1. 법률 제2292호 하천법 개정법률의 시행일 전에 토지가 같은 법 제2조제1항제2호 **가목**에 해당되어 하천구역으로 된 경우

  2. 법률 제2292호 하천법 개정법률의 시행일부터 법률 제3782호 하천법중 개정법률의 시행일 전에 토지가 법률 제3782호 하천법중 개정법률 제2조제1항제2호**가목**에 해당되어 하천구역으로 된 경우

  3. 법률 제2292호 하천법 개정법률의 시행으로 제방으로부터 하천 측에 있던 토지가 국유로 된 경우

---

327) 법률제3782호하천법중개정법률부칙제2조의규정에의한보상청구권의소멸시효가만료된하천구역편입토지보상에관한특별조치법 [시행 2000.3.29.] [법률 제6065호, 1999.12.28.,제정]
  ◇ 제정이유 및 주요골자 : 무상으로 국유화된 하천구역편입토지에 대한 손실보상을 위하여 1984년 하천법의 개정을 통하여 보상규정을 신설하였으나 1990년 말로 보상청구권의 소멸시효가 완성됨에 따라 보상을 받지 못한 토지소유자가 아직도 상당수에 이르러 다수의 민원이 발생하고 있으므로 이러한 민원을 적절히 해결하기 위하여 하천구역편입토지의 보상청구권의 소멸시효기간을 2002년 12월 31일까지 새로이 인정함.
328) 하천구역편입토지보상에관한특별조치법 [시행 2002.12.11.] [법률 제6772호, 2002.12.11., 일부개정]
  ◇ 개정이유 및 주요골자 : 적절한 보상 없이 하천구역으로 편입된 개인의 사유토지에 대한 보상을 확대하기 위하여 제외지(堤外地)에 대한 <u>소급보상의 범위를 확대하고, 보상청구권의 소멸시효 기간을 연장</u>하려는 것임.

4. 법률 제892호 하천법의 시행일부터 법률 제2292호 하천법 개정법률의 시행일 전에 제방으로부터 하천 측에 있던 토지 또는 제방부지가 국유로 된 경우

제3조(보상청구권의 소멸시효) 제2조에 따른 <u>보상청구권의 소멸시효는 2013년 12월 31일</u>에 만료된다.

제4조(보상재원) 제2조에 따른 보상금은 국가하천의 경우 국고에서, 지방하천(법률 제8338호 하천법 전부개정법률 시행일 전의 지방1급하천을 말한다. 이하 같다)의 경우 특별시 · 광역시 · 도가 부담한다.

– 이하 조문 생략 –

부 칙 〈법률 제9543호, 2009.3.25.〉
제1조(시행일) 이 법은 공포 후 3개월이 경과한 날부터 시행한다.
제2조(다른 법률의 폐지) <u>하천구역편입토지보상에관한특별조치법</u>은 이를 폐지한다.
제3조(일반적 경과조치) 이 법 시행 전의 「하천**구역**편입토지 보상에 관한 특별조치법」에 따른 처분 등에 관하여는 종전의 「하천**구역**편입토지 보상에 관한 특별조치법」에 따른다.
제4조(보상대상토지에 관한 경과조치) 이 법 시행 당시 제2조에 따른 토지와 관련된 보상금청구소송이 법원에 계속(계속) 중이거나 이미 보상대상이 아니라는 확정판결을 받은 하천편입토지에 대하여도 제2조에 따른 보상대상토지로 본다.

하천편입토지 보상 등에 관한 특별조치법[329)]
[시행 2009.6.26.] [법률 제9543호, 2009.3.25., 제정]

◇ **제정이유**
하천의 국유화 원칙에 따라 국유화된 하천구역의 토지 등에 대하여 「하천법」의 개정과 특별법의 제정을 통하여 보상한 바 있음.
그런데 해당 법률에 따른 <u>보상청구 소멸시효가 만료되어 보상을 받지 못한 하천편입 토지의 소유자와 종전 특별법에 따른 보상대상에 포함되지 아니한 **제방부지 소유자**</u>에 대하여는 여전히 보상이 이루어지지 못하고 있음.

따라서 종전 법률에 따른 보상을 받지 못한 하천편입 토지소유자에 대하여 보상청구 기간을 2013년까지 정하여 보상하도록 하는 한편, 공익사업 구간에 위치한 토지에 대하여는 사업시행자가 보상하고 하천공사 등을 할 수 있도록 특례를 정하고, 보상금을 받을 자를 알 수 없는 경우 등에는 보상금을 공탁할 수 있도록 함으로써 미보상 토지에 대한 하천공사를 원활히 추진할 수 있도록 하려는 것임.

◇주요내용
가. 보상대상 토지 등(법제2조)
이 법에 따른 보상대상 토지는 하천법 등 법률의 규정에 따라 하천에 편입되어 국유화된 토지로서 종전의 「하천구역 편입토지 보상에 관한 특별조치법」 제3조에 따른 보상청구권 소멸시효의 만료로 보상을 받지 못한 토지로 하되, **보상주체를 특별시 · 광역시장 또는 도지사로 함.**

나. 보상청구권의 소멸시효(법 제3조)
이 법에 따른 보상청구권의 소멸시효는 2013년 12월 31일에 만료되도록 함.

다. 보상재원(법 제4조).
국가하천은 국고에서, 지방하천(「하천법」이 법률 제8338호로 전부개정되기 이전의 지방1급하천을 말한다)은 특별시 · 광역시 · 도에서 부담하도록 함.

라. 토지소유자 등에 대한 통지 등(법 제5조)
보상주체는 하천편입토지조서에 등재된 토지소유자와 이해관계인에게 보상청구절차를 문서로 통지하여야 하고, 통지할 장소를 알 수 없는 때는 주요 일간신문에 공고하여야 함.

마. 보상액 평가의 기준 등(법 제6조)
보상에 대한 평가는 보상청구절차를 통지하거나 공고한 날의 가격을 기준으로 하되, 편입 당시의 지목 및 토지이용상황, 해당 토지에 대한 공법상의 제한, 현실의 토지이용상황 및 유사한 인근 토지의 정상가격 등을 고려하도록 함.

바. 보상의 특례(법 제7조)

국가·지방자치단체 등의 사업시행자는 자기의 부담으로 보상대상 토지에 대하여 보상하고, 하천공사 등 공익사업을 시행할 수 있도록 함.

사. 보상금의 공탁(법 제8조)

보상금을 받을 자가 그 수령을 거부하거나 보상금을 수령할 수 없는 때 등에는 토지 등의 소재지 공탁소에 보상금을 공탁할 수 있도록 함.

아. 등기 등(법 제9조)

시·도지사는 보상금을 지불하거나 공탁을 한 날에 관계 법령에 따라 지체없이 등기신청을 하도록 하되, 국가하천은 국가의 명의로 소관 중앙관서의 명칭을 함께 적어서, 지방하천은 해당 지방자치단체의 명의로 등기하도록 함.

자. 보상대상자에 대한 경과조치(법 부칙 제4조)

이 법 시행 당시 제2조에 따른 토지와 관련된 보상금청구소송이 법원에 계속 중이거나 이미 보상대상자가 아니라는 확정판결을 받은 하천편입토지에 대하여도 제2조에 따른 보상대상으로 봄.

(2) 적용대상

① 보상대상 토지 등

이 법에 따른 보상대상 토지는 하천법 등 법률의 규정에 따라 하천에 편입되어 국유화된 토지로서 다음 각 호의 어느 하나에 해당하는 경우[330] 중 종전의 「하천구역 편입토지 보상에 관한 특별조치법」 제3조에 따른 보상청구권 소멸시효의 만료로 보상을 받지 못한 토지를 대상(이 법 시행 당시 제2조에 따른 토지와 관련된 보상금청구소송이 법원에 계속 중이거나 1971.7.20.전에 하천구역으로 되어 보상대상이 아니라는 확정판결을 받은

---

329) 출처 : 법제처
330) 현재의 특별조치법은 1999.12.28. 제정 특별조치법(법률 제6065호) → 2002.12.11. 일부개정 특별조치법(법률 제6772호) → 2009.3.25. 제정 특별조치법(시행 2009.6.26. 법률 제9543호)로 바뀌면서 보상대상 토지도 같이 함께 변화되었다.

하천편입토지를 포함)으로 하되, **보상주체를 특별시장·광역시장 또는 도지사로 한다**(법 제2조).

특별조치법 제·개정 연도	특별조치법적용 보상대상 토지
(구)법률제3782호하천법중 개정법률부칙제2조규정에의 한보상청구권의소멸시효가만 료된하천구역편입토지보상에 관한특별조치법 (제정:1999.12.28) [시행 '00.3.29. 법률 제6065호]	**제2조(적용대상)** 다음 각호의 1에 해당하는 경우중 법률 제3782호 하천 법중개정법률 부칙 제2조의 규정에 의한 소멸시효의 만료로 보상청구권 이 소멸되어 보상을 받지 못한 때에는 특별시장·광역시장 또는 도지사 (이하 "市·道知事"라 한다)가 그 손실을 보상하여야 한다. 1. 법률 제2292호 하천법개정법률의 시행일전에 토지가 하천법 제2조제 1항제2호 가목에 해당되어 하천구역으로 된 경우 2. 법률 제2292호 하천법개정법률의 시행일부터 법률 제3782호 하천법 중개정법률의 시행일 전에 토지가 하천법 제2조제1항제2호 가목에 해당되어 하천구역으로 된 경우 3. 법률 제2292호 하천법개정법률의 시행으로 제외지안에 있던 토지가 국유로 된 경우
(구)하천구역편입토지보상에 관한 특별조치법 (2002.12.11. 일부개정) [시행 '02.12.11. 법률 제6772호]	**제2조(적용대상)** 다음 각호의 1에 해당하는 경우중 법률 제3782호 하천 법중개정법률 부칙 제2조의 규정에 의한 소멸시효의 만료 등으로 보상청 구권이 소멸되어 보상을 받지 못한 때에는 특별시장·광역시장 또는 도지사(이하 "市·道知事"라 한다)가 그 손실을 보상하여야 한다. 〈개정 2002.12.11.〉 1. 법률 제2292호 하천법개정법률의 시행일전에 토지가 하천법 제2조제 1항제2호 가목에 해당되어 하천구역으로 된 경우 2. 법률 제2292호 하천법개정법률의 시행일부터 법률 제3782호 하천법 중개정법률의 시행일 전에 토지가 하천법 제2조제1항제2호 가목에 해당되어 하천구역으로 된 경우 3. 법률 제2292호 하천법개정법률의 시행으로 제외지안에 있던 토지가 국유로 된 경우 4. 법률 제892호 하천법의 시행일부터 법률 제2292호 하천법개정법률 의 시행일전에 제외지안에 있던 토지가 국유로 된 경우
하천편입토지보상등에관한특 별조치법 (제정:2009.3.25) [시행 '09.6.26. 법률 제9543호] (현행)	**제2조(적용대상)** 다음 각 호의 어느 하나에 해당하는 경우 중 「하천구역편 입토지 보상에 관한 특별조치법」 제3조에 따른 소멸시효의 만료로 보상 청구권이 소멸되어 보상을 받지 못한 때에는 특별시장·광역시장 또는 도지사(이하 "시·도지사"라 한다)가 그 손실을 보상하여야 한다. 1. 법률 제2292호 하천법 개정법률의 시행일('71.7.20) 전에 토지가 같은 법 제2조제1항제2호가목에 해당되어 하천구역으로 된 경우 (=1971. 7.20. 이전 하천편입 유수지) 2. 법률 제2292호 하천법 개정법률의 시행일('71.7.20)부터 법률 제378 2호 하천법중 개정법률의 시행일('84.12.31) 전에 토지가 법률 제378 2호 하천법중 개정법률 제2조제1항제2호가목에 해당되어 하천구역 으로 된 경우 (='84.12.31. 이전 하천편입 유수지)

3. 법률 제2292호 하천법 개정법률의 시행('71.7.20)으로 제방으로부터 하천 측에 있던 토지가 국유로 된 경우 (='71.7.20. **현재 국유화된 제외지로 종전 하천편입에서 제외되었던 등기된 사유토지인 제외지**)
4. 법률 제892호 하천법의 시행일('62.1.1)부터 법률 제2292호 하천법 개정법률의 시행일('71.7.20) 전에 제방으로부터 하천 측에 있던 토지 또는 제방부지가 국유로 된 경우 (='62.1.1~'71.7.20 **이전 하천편입 제외지 또는 제방부지**)

② 보상대상 토지 등의 변천과정 및 이유

보상대상 토지의 변화 등은 하천부지[유수지(포락지), 제방부지, 제외지]의 국유화에 따른 사유재산권 침해논란 불식의 과정에서 비롯된 하천국유제도하의 제외지에 대한 보상을 필두로 하여 유수지(포락지), 제외지의 소급보상 범위확대, 제방부지 보상으로의 순차적인 확대과정에 기인된다.

(i) 1961년 제정 하천법(시행'62.1.1. 법률 제2292호)은 제4조에서 "하천은 이를 국유로 한다."라고 규정하여 하천국유주의를 원칙으로 하면서 제62조제1항에서는 "제12조, …(중략)… 의 규정에 의한 처분이나 제한으로 인하여 손실을 받은 자가 있을 때 또는 제방에 의하여 보호되었던 토지가 하천에 관한 공사로 인하여 제방내에 들어가거나 이에 준하는 손실을 받은 자가 있을 때에는 …(중략)… 그 손실을 보상하여야 한다."고 규정하여 하천구역 결정·고시에 의해 하천구역으로 된 토지는 전부 손실보상의 대상이 되었다. 다만, 제외지에 대하여 이를 하천구역으로 할 것인지의 여부에 대한 명확한 규정은 없었다.

(ii) 그러다가 1963. 12. 5. 법률 제1475호로 개정된 하천법 제12조 단서신설 동법시행령 제8조의2(1963.12.16. 각령 제1753호)의 규정에 의하여 건설부장관이 1964. 6. 1. 건설부고시 제897호로 하천구역을 인정고시 하면서 해당 고시 제3항 본문에 의해 제방이 있는 곳의 <u>제외지(제방으로부터 하심측의 토지)를 하천구역으로</u> 인정하였으나, 같은 항 단서에서 <u>등기된 사유토지의 구역(=고시당시 등기된 사유토지인 제외지)은 하천구역에서 제외하였다</u>.[331]

[판례1] ▶ 구 하천법 제12조, 같은법시행령 제8조의2의 규정에 의한 건설부고시 제8 97호 제3항 단서의 규정상 하천구역에서 제외되는 '등기된 사유토지의 구역'의 의미
[대법원 1996.4.12. 선고 95다47824] (보상청구권확인)

【판결요지】
구 하천법(1971.1.19. 법률 제2292호로 전문 개정되기 전의 것) 제12조, 같은법시행령 제8조의2(1963.12.16. 각령 제1753호)의 규정에 의하여 건설부장관이 1964.6.1. 에 한 건설부고시 제897호 '건설부장관이 관리하는 하천의 구역 인정의 건' 제3항 단서 소정의 하천구역에서 제외되는 '등기된 사유토지의 구역'이란, 그 고시 제3항 본문 소정의 제방이 있는 곳의 제외지(제방으로부터 하심측의 토지) 안에 있는 토지로서 그 고시 당시 현실적으로 사유로 등기되어 있던 토지를 의미하고, 그 고시 당시 해당 토지에 대한 등기가 존재하지 않던 토지는, 이전에 소유권보존등기 또는 이전등기가 경료되었는데 등기부가 멸실됨으로써 그 고시 당시 등기가 존재하지 않게 되었더라도 그 고시 제3항 단서 소정의 '등기된 사유토지의 구역'에 해당하지 않는다.

(iii) 그 후 1971. 1. 19. 하천법 전부개정(시행'71.7.20법률 제2292호)으로 하천구역에 포함되는 유수지(포락지), 제방부지 및 전국의 모든 제외지(등기된 사유토지인 제외지 포함)를 국유로 함과 동시에(이 법 제2조제1항제2호다목전단) **1971. 7. 20. 이후** 하천구역으로 편입되는 모든 **제외지**에 대해서는 손실보상규정이 마련되었다(이 법 제74조제1항). 다만, 유수지(포락지)에 대한 보상은 입법은 없었다.

그러다가 1984년 개정 하천법(시행 1984.12.31. 법률 제3782호) 부칙을 개정하여 종전 보상대상에서 누락되었던 **유수지(포락지)**에 대하여 **1984. 12. 31. 이후** 새로이 하천구역으로 편입되는 것을 조건으로 보상이 가능하도록 입법되었다.

그런데 문제는 위와 같은 순차적인 손실에 대한 입법보상은 결과적으로 5가지의 의문을 남겼던바, ① 1962.1.1. ~ 1971.7.20. 이전에 하천구역으로 편입된 **유수지(포락지)**, ②

---

331) 대법원 1996.4.12. 선고 95다47824 판결 [보상청구권확인]

1971.7.20. ~ 1984.12.31. 이전에 하천구역으로 편입된 **유수지(포락지)**, ③ 1971.7.20. 현재 국유화된 제외지로서 종전 하천편입에서 제외되었던 **등기된 사유토지인 제외지**, ④ 1962.1.1. ~ 1971.7.20. 이전에 제방이 있는 곳의 **제외지 또는 제방부지**, ⑤ 1971.7.20. ~ 1984.12.31. 이전에 국유로 된 **제외지 및 제방부지**의 보상여부에 대한 명시적인 보상규정이 없다는 점이다.

(ⅳ) 위와 같은 5가지의 문제점에 대해 국가는 소위 반성적 고려와 국민의 권리구제 차원에서 그 손실을 보상하기 위해 2회의 특별조치법(=하천편입토지보상법)의 제정 및 1회의 개정을 통하여 제외지(堤外地)에 대한 **소급보상의 범위**를 확대하면서까지 위 문제점의 ① 내지 ④의 문제를 입법적으로 해결하였으나, ⑤의 문제에 대해서는 여전히 입법 불비의 문제를 남겼다.

위 ⑤의 문제와 관련하여 1971. 1. 19. 하천법 전부개정(시행'71.7.20법률 제2292호)으로 당연하천구역으로 편입되었던 제방부지 및 제외지에 대한 손실보상여부와 관련하여 대법원은 "제방부지 및 제외지는 법률 규정에 의하여 당연히 하천구역이 되어 국유로 되는데도, 하천편입토지 보상 등에 관한 특별조치법(이하 '특별조치법'이라 한다)은 법률 제2292호 하천법 개정법률 시행일(1971.7.20)부터 법률 제3782호 하천법 중 개정 법률의 시행일(1984.12.31) 전에 국유로 된 제방부지 및 제외지에 대하여는 명시적인 보상규정을 두고 있지 않다. <u>그러나 제방부지 및 제외지가 유수지와 더불어 하천구역이 되어 국유로 되는 이상 그로 인하여 소유자가 입은 손실은 보상되어야 하고 보상방법을 유수지에 관한 것과 달리할 아무런 합리적인 이유가 없으므로</u>, 법률 제2292호 하천법 개정법률 시행일부터 법률 제3782호 하천법 중 개정법률 시행일 전에 <u>국유로 된 **제방부지 및 제외지**에 대하여도 특별조치법 제2조를 **유추적용**하여 소유자에게 손실을 보상하여야 한다고 보는 것이 타당하다.</u>"라고 판시[332]하여 ⑤의 입법 미비의 문제를 판례로 메꾸었다.

또한, 대법원은 같은 취지의 논리로 개정 특별조치법(2002.12.11. 법률 제6772호) 제2

---

332) 대법원 2011.8.25. 선고 2011두2743 판결 [손실보상금]

조의 규정상 하천법 제2조 제1항 제2호 (나)목에 정해진 **하천부속물의 부지(제방부지)도** 손실보상의 대상이 되는지 여부에 대해 "개정 특별조치법 제2조의 규정상 현행 하천법 제2조 제1항 제2호 (나)목에 정해진 하천부속물의 부지에 관하여는 명시적인 보상규정이 없다고 하더라도, 그것이 유수지 및 제외지와 더불어 하천구역이 되어 국유로 되는 이상 그로 인하여 소유자가 입은 손실은 보상되어야 하고, 그 보상방법을 유수지 및 제외지 등에 관한 것과 달리할 아무런 합리적인 이유가 없으므로, 구 하천법(1961.12.30. 법률 제892호)하에서 건설부 고시에 의하여 **제방 등 하천부속물의 부지**로서 하천구역으로 된 토지 역시 개정 특별조치법 제2조의 **유추적용**에 의하여 손실보상의 대상에 포함된다고 할 것이다(대법원 1995.11.24. 선고 94다34630 판결, 2001.9.25. 선고 2001다30445 판결 등 참조)."라고 판시하였다.[333]

판례

[판례1] ▶ 제방부지 및 제외지가 법률 제2292호 하천법 개정법률 시행일(1971.7.20.) 부터 법률 제3782호 하천법 중 개정법률의 시행일(1984.12.31.) 전에 국유로 된 경우, 명시적인 보상규정이 없더라도 관할관청이 소유자가 입은 손실을 보상하여야 하는지 여부(적극) [대법원 2011.8.25. 선고 2011두2743] (손실보상금)

【판결요지】
법률 제2292호 하천법 개정법률 제2조 제1항 제2호 (나)목 및 (다)목, 제3조에 의하면, 제방부지 및 제외지는 법률 규정에 의하여 당연히 하천구역이 되어 국유로 되는데도, 하천편입토지 보상 등에 관한 특별조치법(이하 '특별조치법'이라 한다)은 법률 제2292호 하천법 개정법률 시행일(1971.7.20.)부터 법률 제3782호 하천법 중 개정법률의 시행일(1984.12.31.) 전에 국유로 된 제방부지 및 제외지에 대하여는 명시적인 보상규정을 두고 있지 않다. 그러나 제방부지 및 제외지가 유수지와 더불어 하천구역이 되어 국유로 되는 이상 그로 인하여 소유자가 입은 손실은 보상되어야 하고 보상방법을 유수지에 관한 것과 달리할 아무런 합리적인 이유가 없으므로, 법률 제2292호 하천법 개정법률 시행일부터 법률 제3782호 하천법 중 개정법률 시행일 전에

---

333) 대법원 2003.6.27., 선고, 2003다16221 판결 [보상청구권확인]

국유로 된 제방부지 및 제외지에 대하여도 특별조치법 제2조를 유추적용하여 소유자에게 손실을 보상하여야 한다고 보는 것이 타당하다.

[판례2] ▶ 하천구역편입토지보상에관한특별조치법 제2조의 규정상 하천법 제2조 제1항 제2호 (나)목에 정해진 **하천부속물의 부지도 손실보상의 대상이 되는지 여부**(적극) **[대법원 2003.6.27., 선고, 2003다16221] (보상청구권확인)**

【판결이유】

2002.12.11. 법률 제6772호로 개정·공포되어 같은 날 시행된 하천구역편입토지보상에관한특별조치법(이하 '개정 특별조치조법'이라 한다)이 제2조 제4호를 신설한 취지는 구 특별조치법이 그 적용대상에 관하여 이른바 유수지(流水地, 현행 하천법 제2조 제1항 제2호 (가)목)에 대하여는 편입시기를 가리지 않고 보상을 인정하면서도 제외지(堤外地, 현행 하천법 제2조 제1항 제2호 (다)목)에 대하여는 그 보상범위를 '법률 제2292호 하천법개정법률('1971년법')의 시행으로 인하여 제외지 안에 있던 토지가 국유로 된 경우'(구 특별조치법 제2조 제3호)로 제한하고 있었던 것을 시정함으로써 하천편입 토지 상호간의 형평성을 기하려는 데에 있다고 할 것이므로, 이른바 '하천구역 결정고시제도'를 채택하였던 구 하천법(1961.12.30. 법률 제892호 이하 '1961년법')하에서 건설부 고시에 의하여 제외지로서 하천구역으로 된 토지는, 개정 특별조치법 아래에서는 '하천구역 법정주의'를 채택한 1971년법의 시행일 전에 제외지 안에 있던 토지가 국유로 된 경우에 해당하여 그 제2조 제4호에 따라 개정 특별조치법에 의한 손실보상의 대상에 포함된다고 할 것이다(대법원 2003.5.13. 선고 2003다2697 판결 참조).

그리고 개정 특별조치법 제2조의 규정상 현행 하천법 제2조 제1항 제2호 (나)목에 정해진 하천부속물의 부지에 관하여는 명시적인 보상규정이 없다고 하더라도, 그것이 유수지 및 제외지와 더불어 하천구역이 되어 국유로 되는 이상 그로 인하여 소유자가 입은 손실은 보상되어야 하고, 그 보상방법을 유수지 및 제외지 등에 관한 것과 달리 할 아무런 합리적인 이유가 없으므로, 위 1961년법하에서 건설부 고시에 의하여 제방 등 하천부속물의 부지로서 하천구역으로 된 토지 역시 개정 특별조치법 제2조의 **유추적용**에 의하여 손실보상의 대상에 포함된다고 할 것이다(대법원 1995.11.24. 선고

94다34630 판결, 2001.9.25. 선고 2001다30445 판결 등 참조).

그렇다면 이 사건 토지들이 제외지 또는 제방부지로서 위 1961년법하에서 건설부 고시에 의하여 하천구역으로 된 이상 피고는 그 토지들이 국유로 됨으로 인하여 그 소유자가 입은 손실을 보상하여야 할 의무가 있다 할 것인데, 원심이 이와 달리 이 사건 토지들이 손실보상의 대상이 아니라고 판단한 것은 개정 특별조치법의 규정에 위반하여 판결에 영향을 미친 잘못을 범한 것이고, 이 점을 지적하는 원고들의 상고이유는 정당하다.

(3) 보상청구권의 법적성질 및 보상의무자

① 손실보상금 청구권의 법적성질

하천법 및 특별조치법에 의한 손실보상금 청구권의 법적성질에 대하여 대법원판례의 변화가 있었다. 과거 대법원은 "손실보상금청구권은 사법상의 권리로 손실보상금청구의 소는 민사소송으로 하여야 한다."는 판례[334]와 "준용하천(=지방2급하천)의 제외지로 편입되어 손실을 받은 토지소유자는 관할토지수용위원회의 재결을 전제로 행정소송을 하여야 한다."는 판례[335]가 있었으나, 2006. 5. 18. 전원합의체 판결로 "하천법 부칙(1984.12.31) 제2조 제1항 및 '법률 제3782호 하천법 중 개정법률 부칙 제2조의 규정에 의한 보상청구권의 소멸시효가 만료된 하천구역 편입토지 보상에 관한 특별조치법' 제2조 제1항에서 정하고 있는 손실보상청구권의 법적 성질과 그 쟁송 절차는 행정소송(=공법상 당사자소송)이다."라고 판시하여 종전의 견해를 정리하였다[336]

---

334) 대법원 1990.12.21. 선고 90누5689 판결[손실보상금청구]: 제외지 안의 토지가 국유로 됨으로써 하천법 부칙(1984.12.31.) 제2조 제1항에 의하여 발생하는 손실보상청구권은 그 권리의 발생원인이 행정처분이 아닌 법률의 규정으로서, 그 성질이 사법상의 권리라고 보는 것이 상당하므로, 이 사건 손실보상금청구의 소는 민사소송으로 제기하여야 할 것을 행정소송으로 제기한 것으로서 부적법하다.

335) 대법원 1995.6.16. 선고 94누14100 판결 [손실보상금재결처분취소]: 준용하천의 제외지로 편입됨으로 인하여 손실을 받은 토지소유자는 하천법 제74조가 정하는 바에 따라 하천관리청과 협의를 하고 그 협의가 성립되지 아니하거나 협의를 할 수 없을 때에는 관할 토지수용위원회에 재결을 신청하고 그 재결에 대하여도 불복인 때에는 관할 토지수용위원회를 상대로 재결 자체에 대한 행정소송을 제기하여 그 결과에 따라 손실보상을 받을 수 있다.

336) 대법원 2006.5.18., 선고, 2004다6207, 전원합의체 판결 [보상청구권확인]

[판례1] ▶ [1] 하천법 부칙(1984.12.31.) 제2조 제1항 및 '법률 제3782호 하천법 중 개정법률 부칙 제2조의 규정에 의한 보상청구권의 소멸시효가 만료된 하천구역 편입 토지 보상에 관한 특별조치법' 제2조 제1항에서 정하고 있는 <u>손실보상청구권의 법적 성질과 그 쟁송 절차(=행정소송)</u>

[2] 하천법 부칙(1984.12.31.) 제2조 제1항 및 '법률 제3782호 하천법 중 개정법률 부칙 제2조의 규정에 의한 보상청구권의 소멸시효가 만료된 하천구역 편입토지 보상에 관한 특별조치법' 제2조 제1항의 규정에 의한 <u>손실보상금의 지급을 구하거나 손실 보상청구권의 확인을 구하는 소송의 형태(=행정소송법 제3조 제2호의 당사자소송)</u>

[**대법원 2006.5.18. 선고 2004다6207 전원합의체 판결**] **(보상청구권확인)**

【판결요지】

[1] 법률 제3782호 하천법 중 개정법률(이하 '개정 하천법'이라 한다)은 그 부칙 제2 조 제1항에서 개정 하천법의 시행일인 1984.12.31. 전에 유수지에 해당되어 하천 구역으로 된 토지 및 구 하천법(1971.1.19. 법률 제2292호로 전문 개정된 것)의 시행으로 국유로 된 제외지 안의 토지에 대하여는 관리청이 그 손실을 보상하도 록 규정하였고, '<u>법률 제3782호 하천법 중 개정법률 부칙 제2조의 규정에 의한 보상청구권의 소멸시효가 만료된 하천구역 편입토지 보상에 관한 특별조치법' 제 2조는</u> 개정 하천법 부칙 제2조 제1항에 해당하는 토지로서 개정 하천법 부칙 제2 조 제2항에서 규정하고 있는 소멸시효의 만료로 보상청구권이 소멸되어 보상을 받지 못한 토지에 대하여는 시 · 도지사가 그 손실을 보상하도록 규정하고 있는 바, <u>위 각 규정들에 의한 손실보상청구권은 모두 종전의 하천법 규정 자체에 의하 여 하천구역으로 편입되어 국유로 되었으나 그에 대한 보상규정이 없었거나 보상 청구권이 시효로 소멸되어 보상을 받지 못한 토지들에 대하여, 국가가 반성적 고 려와 국민의 권리구제 차원에서 그 손실을 보상하기 위하여 규정한 것으로서, 그 법적 성질은 하천법 본칙(本則)이 원래부터 규정하고 있던 하천구역에의 편입에 의한 손실보상청구권과 하등 다를 바가 없는 것이어서 공법상의 권리임이 분명하 므로 그에 관한 쟁송도 행정소송절차에 의하여야 한다.</u>

[2] 하천법 부칙(1984.12.31.) 제2조와 '법률 제3782호 하천법 중 개정법률 부칙 제2
조의 규정에 의한 보상청구권의 소멸시효가 만료된 하천구역 편입토지 보상에 관
한 특별조치법' 제2조, 제6조의 각 규정들을 종합하면, <u>위 규정들에 의한 손실보
상청구권은 1984.12.31. 전에 토지가 하천구역으로 된 경우에는 당연히 발생되는
것이지, 관리청의 보상금지급결정에 의하여 비로소 발생하는 것은 아니므로, 위
규정들에 의한 손실보상금의 지급을 구하거나 손실보상청구권의 확인을 구하는
소송은 행정소송법 제3조 제2호 소정의 당사자소송에 의하여야 한다.</u>

② 보상의무자

특별조치법은 보상의무의 주체를 특별시장·광역시장 또는 도지사로 규정하고 있다(법
제2조). 대법원 판례는 특별조치법상의 손실보상의 의무자는 당해 하천의 관리청이 속한
권리주체인 광역자치단체이고 광역지방자치단체가 보상과 관련된 구체적인 사무권한을
하급 지방자치단체의 장에게 위임하였다 하더라도 손실보상의 의무자는 달라지지 아니
한다고 보고 있다.337)

(4) 보상평가

① 감정평가 원칙

하천법에서는 하천과 관련한 하천소유자에 대한 공용부담 등으로 인한 손실보상에 대하
여 토지보상법을 준용하도록 되어있으므로 결국 이에 대한 평가는 원칙적으로 토지보상
법 시행규칙 제22조(취득하는 토지의 평가)에 의한다. 다만, 이에 평가는 하천법외에 하
천법에 근거한 특별조치법 및 토지보상평가지침(이하 '토보침'이라 함)이 있다.

---

337) 대법원 2001.9.25. 선고 2001다30445 판결 [부당이득금] : 위 특별조치법 제2조의 규정에 의하여
손실보상을 구하는 경우에 그 보상의무자는 당해 하천의 관리청이 속한 권리주체인 광역자치단체가 된
다고 할 것이고, 그 광역자치단체가 지방자치법 제95조를 근거로 사무위임에 관한 조례를 제정하여 구
하천법(1971.1.19. 법률 제2292호로 전문 개정된 것)의 시행으로 하천구역에 편입된 토지에 대한 보상청
구의 접수와 수리, 보상대상자의 결정, 보상심의위원회의 구성, 보상금액의 산정과 보상금 지급통지 등
에 관한 구체적인 사무 권한을 하급 지방자치단체의 장에게 위임하였다고 하여 그 하급 지방자치단체가
실체법상의 의무인 위 특별조치법상 보상의무의 주체가 되는 것은 아니다.

② 토지보상평가지침

토보침은 위 특별조치법에 따른 하천편입토지에 대한 감정평가와 관련하여 평가대상을 크게 5가지로 분류하여 그 대상별 보상평가방법을 각각 상세히 규정하고 있다(지침 제39조~제39조의5).

즉 토보침은 하천에 대한 보상으로 (i) **특별조치법에 따른 하천편입토지의 감정평가**: 특별조치법 제2조 각 호의 어느 하나에 해당하는 토지에 대한 감정평가(지침 제39조), (ii) **하천구역으로 된 토지 중 미보상토지의 감정평가**: 특별조치법 제2조에 따른 대상토지 외의 것으로서 구「하천법」(법률 제5893호, 1999.2.2) 제74조제1항에 따라 보상대상이 된 하천구역(국가 하천 및 지방1급 하천의 하천구역)안 토지 중 보상이 되지 아니한 토지에 대한 감정평가(지침 제39조의2), (iii) **하천구역 안의 매수대상토지의 감정평가**: 법률 제8338호(2007.4.6)「하천법」시행일 이후에 이 법에 따른 하천구역(지방하천의 하천구역을 제외한다)으로 결정 또는 변경된 토지 중「하천법」제79조에 따른 매수대상 토지에 대한 감정평가(지침 제39조의3), (iv) **지방하천의 하천구역 등 안 토지의 감정평가**: 「하천법」에 따른 지방하천의 하천구역 및「소하천정비법」에 따른 소하천구역 안에 있는 사유토지가 하천정비공사 등 공익사업시행지구에 편입되어 감정평가 의뢰가 있는 경우에 그 토지에 대한 감정평가(지침 제39조의4), (v) **홍수관리구역 안 토지의 감정평가**: 「하천법」제12조제3항에 따라 고시된 홍수관리구역 안의 토지에 대한 감정평가(지침 제39조의5) 등을 규정하고 있다.

③ 가격시점

특별조치법에 따른 보상에 대한 평가는 특별조치법 제5조에 따라 **보상청구절차를 통지 또는 공고한 날의 가격**을 기준으로 의뢰자가 제시한 바에 따르되, 하천구역 편입당시의 지목 및 토지이용상황, 해당 토지에 대한 공법상의 제한, 현재의 토지이용상황 및 비슷한 인근 토지의 적정가격 등을 고려하여 평가한다(특별조치법 제6조, 토보침 법39조제1항제1호).

> ■ 하천편입토지 보상 등에 관한 특별조치법(=하천편입토지보상법)
>
> 제6조(보상액평가의 기준 등) ① 제2조에 따른 보상에 대한 평가는 제5조에 따라 보상청구절차를 통지 또는 공고한 날의 가격을 기준으로 하되, 편입당시의 지목 및 토지이용상황, 해당 토지에 대한 공법상의 제한, 현재의 토지이용상황 및 유사한 인근 토지의 정상가격 등을 고려하여야 한다.
>
> ② 제2조에 따른 보상의 청구절차·산정방법, 그 밖에 필요한 사항은 대통령령으로 정한다.
>
> ■ 토지보상평가지침 제39조(특별조치법에 따른 하천편입토지의 감정평가) ① 「하천편입 토지보상 등에 관한 특별조치법」(법률 제9543호 2009.3.25.이하 이 조 및 제39조의2에서 '특별조치법'이라 한다) **제2조 각 호의 어느 하나에 해당하는 토지에 대한 감정평가는** 그 하천구역(특별조치법 제2조 각 호의 어느 하나에 해당하는 경우를 말한다. 이하 이 조에서 같다) 편입당시의 지목 및 토지이용상황, 해당 토지에 대한 공법상 제한, 현재의 토지이용상황 및 비슷한 인근토지의 적정가격 등을 고려하여 감정평가하되, 다음 각 호에서 정하는 기준에 따른다.
>
>   1. 가격시점은 특별조치법 제5조에 따라 보상청구절차를 통지 또는 공고한 날짜로 하되, 의뢰자가 제시한 바에 따른다.   .. (이하 생략) ..

한편 '인근토지'란 해당 토지가 하천구역으로 되지 아니하였을 경우에 예상되는 하천구역 밖 주변지역에 있는 표준적인 이용상황과 비슷한 것으로서 용도지역등이 같은 토지를 말한다. 다만, 대상토지가 도시지역 안에 있는 경우로서 하천구역 밖 주변지역에 있는 표준적인 이용상황과 비슷한 토지가 용도지역등을 달리하거나 용도지역 등이 같은 경우에도 주위환경 사정 등에 비추어 인근지역으로 볼 수 없는 경우에는 동일수계권역 등 동일수급권안의 유사지역에 있는 표준적인 이용상황과 비슷한 토지를 인근토지로 본다. 이 때에는 인근토지의 적정가격 결정 시에 지역요인의 비교를 통하여 지역격차를 고려하여야 한다(토보침 제39조제3항).

④ 편입당시의 지목 및 토지이용상황

하천구역으로 편입된 시점 당시의 지목 및 토지이용상황을 기준으로 하며 그에 판단은 의뢰자가 제시한 내용에 따르되, 하천구역으로 된 시점 당시의 해당 토지에 대한 공부상 지목과 현실적인 이용상황이 다른 경우에는 현실적인 이용상황을 기준으로 한다. 다만, 하천관리청의 하천공사에 따라 하천구역으로 된 경우에는 그 하천공사 시행 직전의 이용상황을 기준으로 한다(토보침 제39조 제1항제2호).

여기서 하천구역으로 된 시점 당시의 이용상황의 판단을 위한 편입시점의 확인은 하천관리청이 제시한 기준에 따르되, 하천구역 법정주의 시행일(1971.7.20) 이전에는 하천구역으로 공고된 시점을 편입시점으로 보며, 하천구역으로 공고 되지 아니하였거나 공고시점이 불분명한 경우에는 1971년 7월 19일을 편입시점으로 본다(토보침 제39조제1항제3호). 한편, 현재의 토지이용상황은 가격시점 당시의 현실적인 이용상황을 뜻하는 것으로서 원칙적으로 고려하지 아니하나, 편입당시의 이용상황을 알 수 없거나 하천관리청으로부터 편입당시의 이용상황의 제시가 없는 경우에 편입당시의 이용상황을 확인할 때 기초자료로 활용한다(토보침 제39조제1항제5호).

보상실무상 편입당시의 토지이용상황은 현실적으로 알 수 없는 경우가 대부분인 관계로 감정평가시 현재의 이용상황을 기초로 사실상 평가될 수 있을 것이나 이는 감정평가의 시기(장마기, 갈수기 등)에 따라 동일한 토지에 대한 보상평가가 달라질 수 있으므로 이는 부당·위법할 것이다.

⑤ 공법상 제한

평가대상 토지에 대한 공법상 제한은 편입당시를 기준(편입당시의 공법상 제한을 알 수 없을 경우에는 가격시점 당시를 기준으로 할 수 있다)으로 하되, 해당 토지가 하천구역으로 된 것에 따른 「하천법」에서 정한 공법상 제한은 하천의 정비·보전 등을 직접 목적으로 가하여진 경우로서 그 제한을 받지 아니한 상태를 기준으로 감정평가한다(토보침 제39조제1항제4호).

⑥ 비슷한 인근 토지의 적정가격

비슷한 인근토지의 적정가격은 하천구역으로 된 당시의 토지이용상황(하천관리청의 하천공사에 따라 하천구역으로 된 토지의 경우에는 공사시행 직전의 이용상황)과 비슷한 것으로서 대상토지의 인근지역에 있는 토지에 대한 표준지공시지가를 기준으로 한 감정평가액을 말하며, 인근지역 또는 동일수급권 안의 유사지역에 이용상황이 비슷한 토지의 표준지공시지가가 없을 경우에는 인근지역 또는 동일수급권 안의 유사지역에 있는 표준적인 이용상황과 비슷한 토지의 표준지공시지가를 기준으로 하여 구한다(토보침 제39조 제1항제6호).

⑦ 정형화된 평가방식

토보침은 특별조치법 제2조에 따른 (ⅰ) 대상토지에 대한 편입당시의 지목 및 토지이용상황, (ⅱ) 하천관리청의 하천공사에 따라 하천구역으로 된 경우에는 하천공사 직전의 이용상황, (ⅲ) 비슷한 인근토지의 적정가격을 알 수 없거나, 인근지역 또는 동일수급권 안의 유사지역에 있는 표준적인 이용상황과 비슷한 토지의 표준지공시지가를 기준으로 감정평가 하는 경우에서 그 용도가 다른 것에 따른 개별요인의 비교 등이 사실상 곤란한 경우 등에는 가격시점 당시의 현실적인 이용상황을 기준으로 <u>아래 **[표]**에서 정하는 기준에 따른 **「정형화된 평가방식」**</u>으로 감정평가할 수 있도록 규정하고 있다(토보침 제39조제2항 본문).

다만, 하천구역으로 된 이후에 하천관리청의 하천공사나 하천점용허가에 따라 현상변경이 이루어져 가격시점 당시의 현실적인 이용상황이 하천구역으로 된 당시보다 뚜렷하게 변동된 것으로 인정되는 경우에는 이용상황의 판단이나 일정비율을 적용할 때 고려할 수 있으며, 대상토지가 도시지역 안에 있는 경우로서 인근토지가 순수농경지로 인정되는 경우에는 도시지역 밖의 일정비율을 적용할 수 있다(토보침 제39조제2항 단서).

《정형화된 평가방식= 인근토지적정가격×일정비율》

구분 / 이용상황별		일 정 비 율	
		도시지역 안	도시지역 밖
농경지 (전, 답 등)		인근토지에 대한 적정가격의 2분의 1이내	인근토지에 대한 적정가격의 10분의 7이내
제방	제외지 측과 접한 부분이 농경지인 경우	인근토지에 대한 적정가격의 2분의 1이내	인근토지에 대한 적정가격의 10분의 7이내
	제외지 측과 접한 부분이 농경지가 아닌 경우	인근토지에 대한 적정가격의 4분의 1이내	인근토지에 대한 적정가격의 3분의 1이내
둔치		인근토지에 대한 적정가격의 4분의 1이내	인근토지에 대한 적정가격의 3분의 1이내
모래밭 · 개펄		인근토지에 대한 적정가격의 7분의 1이내	인근토지에 대한 적정가격의 5분의 1이내
물이 계속 흐르는 토지		인근토지에 대한 적정가격의 10분의 1이내	인근토지에 대한 적정가격의 7분의 1이내

⑧ 하천의 유로가 변경되어 하천구역에서 제외된 토지의 평가

대상토지가 하천구역으로 되었으나 하천관리청의 <u>하천공사 또는 홍수 그 밖의 자연현상</u>으로 하천의 유로가 변경되어 하천구역에서 제외된 토지로서 보상이 되지 아니한 <u>등기부상 사유토지</u>는 토보침 제39조 제1항에 따른 감정평가 대상에서 제외한다. 다만, 해당 토지와 관련된 보상금 청구소송이 법원에 계속 중인 사유 등으로 의뢰자로부터 감정평가 요청이 있는 경우에는 그러하지 아니하다. 이 경우 농경지 등으로 매립·조성 등 하천관리청의 개발행위 등에 따른 가치변동의 배제 등 특별한 조건의 제시가 있는 경우를 제외하고는 토보침 제39조 제1항부터 제3항까지의 규정을 준용하여 감정평가할 수 있다(토보침 제39조제4항).

⑨ 미지급용지 보상과의 비교

특별조치법에 따른 하천편입토지에 대한 토보침의 감정평가는 미지급용지의 평가와 유사한 점이 많다.

구분	특별조치법상의 하천편입토지 보상평가(토보침 제39조)	미지급용지 보상평가 (토보침 제32조)
가격시점	보상청구절차를 통지 또는 공고한 날	계약체결당시 기준
편입시점	① 하천구역으로 공고된 시점 ② 1971.7.19.(하천구역으로 공고 되지 아니하였거나 공고시점이 불분명한 경우)	종전의 공익사업에 편입된 시점
지목 및 이용상황	하천구역으로 편입당시의 지목 및 토지이용상황	종전의 공익사업에 편입될 당시의 이용상황
편입당시 이용상황등을 알 수 없는 경우	정형화된 평가방식(인근토지에 대한 적정가격의 1/10 ~ 7/10)	편입될 당시의 지목과 가격시점 당시의 인근토지의 이용상황 등을 고려
공법상제한	① 편입당시 공법상제한 ② 가격시점 당시 공법상제한(편입당시의 공법상 제한을 알 수 없을 경우)	가격시점 당시의 공법상 제한

(5) 보상절차

특별조치법 제2조에 따라 손실보상의 대상이 되는 하천편입토지에 대한 보상절차는 다음과 같다.

① 편입토지조서의 작성(령 제2조)

시장·군수·구청장(자치구의 구청장)은 하천별로 하천편입토지조서를 작성 후 토지소유자 및 이해관계인에게 통지 및 공고(14일 이상) → 특별시장·광역시장·도지사(이하 "시·도지사")에게 송부 → 시·도지사는 송부 받은 시·군·구(자치구를 말한다)별 편입토지조서를 모아 하천별 편입토지조서를 작성하고, 그 내용을 공고하여야 한다.

② 보상청구(령 제3조)

손실보상을 받으려는 자는 **보상청구서**(토지소유자임을 증명하는 서류[338] 등 첨부)를 작

---

338) 토지소유자임을 증명하는 서류로서 소유권에 관련된 법원의 확정판결서(법원의 확정판결이 있는 경우

성하여 시장·군수 또는 구청장(토지소유자등에게 통지와 <u>14일 이상 공고</u> 및 공고기간내 <u>의견제출</u>)을 거쳐 시·도지사에게 보상청구를 하여야 한다.

③ 보상대상자의 결정(령 제4조)

보상청구서를 송부 받은 시·도지사는 해당 보상청구서와 의견서 등 그에 첨부된 서류 및 편입토지조서의 내용을 검토하여 해당 토지가 보상대상 토지인지와 해당 보상청구인이 정당한 보상대상자인지를 결정 후 보상청구인 및 의견서를 제출한 이해관계인에게 서면으로 통지하여야 한다.

④ 보상계획의 수립(령 제5조)

시·도지사는 매년 국가하천과 지방하천(법률 제8338호 하천법 전부개정법률 시행일 전의 지방1급 하천)으로 구분한 해당 연도의 보상계획을 수립하여 3월 말일까지 국토교통부장관에게 보고하여야 한다.

⑤ 보상금액의 산정(령 제7조)

시·도지사는 「감정평가 및 감정평가사에 관한 법률」에 따른 감정평가업자 2명 이상에게 평가를 의뢰하여 산정하여야 한다. 이 경우 보상금액의 산정은 각 감정평가업자가 평가한 금액의 <u>산술평균치</u>를 기준으로 한다(령 제7조제1항).[339]

하천관리청의 하천공사 또는 하천점용허가로 인하여 하천구역으로 편입된 토지에 대하여 보상금액을 산정할 때에는 하천공사 또는 하천점용허가에 따른 **공사 직전**의 지목 및 이용상황을 고려하여야 한다(령 제7조제3항).

만 해당한다)가 있다.

339) 특별조치법 시행령 제7조제3항 : 시·도지사는 제1항에 따라 산정된 보상금액이 다음 각 호의 어느 하나에 해당되는 경우에는 다른 2명 이상의 감정평가업자에게 <u>평가를 다시 의뢰할 수 있다</u>. 이 경우 보상금액의 산정은 다시 평가한 평가액의 산술평균치를 기준으로 한다.
   1. 감정평가액이 관계 법령에 위반하여 평가된 경우
   2. 감정평가업자가 불공정한 감정평가를 하는 등 감정평가업자의 평가액을 적정한 것으로 인정할 수 없는 특별한 사유가 있는 경우
   3. 평가액 중 최고평가액이 최저평가액의 <u>130%를 초과</u>하는 경우

⑥ 보상금 지급 및 공탁·등기

시·도지사가 산정된 보상금을 지급할 때에는 해당 보상대상자에게 보상금의 금액 및 지급 일자를 통지하여야 한다(령 제8조).

한편 특별조치법 제8조에서는 시·도지사가 일정한 경우에[340] 토지 등의 소재지 공탁소에 보상금을 공탁할 수 있다고 규정하고 있는 바, 이는 토지보상법상의 협의 및 수용재결 등의 절차 없이 간이한 절차로 바로 보상금지급을 갈음하는 것이므로 토지소유자 등 이해관계인에게 권리구제에 미흡하여 위헌의 문제가 있을 수 있다.

물론 특별조치법상으로 편입토지의 보상에 관한 사항을 심의하기 위해 특별시·광역시·도에 보상심의위원회를 둘 수 있다고 규정하고 있으나(령 제6조), 이는 필수기구 아닌 임의기구인 관계로 사실상 유명무실한 기구일 가능성이 있다.[341]

시·도지사는 보상금 지불 또는 공탁을 한 날에 등기신청을 하여야 하며, 등기권리자의 명의는 국가하천은 국가(소관 중앙관서의 명칭을 함께 부기)로 하고, 지방하천은 해당 지방자치단체로 한다. 등기완료시 그 토지나 물건에 관한 다른 권리는 이와 동시에 소멸한다(법 제9조).

---

340) 특별조치법 제8조(보상금의 공탁) ① 시·도지사는 다음 각 호의 어느 하나에 해당하는 때에는 제2조에 따른 토지 등의 소재지 공탁소에 보상금을 공탁할 수 있다.
　1. 보상금을 받을 자가 그 수령을 거부하거나 보상금을 수령할 수 없는 때
　2. 시·도지사의 과실 없이 보상금을 받을 자를 알 수 없는 때
　3. 압류 또는 가압류에 의하여 보상금의 지급이 금지된 때
341) 특별조치법 시행령 제6조(보상심의위원회) ① 편입토지의 보상에 관한 다음 각 호의 사항을 심의하기 위하여 특별시·광역시·도에 보상심의위원회(이하 "위원회"라 한다)를 둘 수 있다.
　1. 보상대상자의 결정　2. 보상계획의 수립
　3. 보상금액의 사정(査定) 및 지급에 관한 사항　4. 그 밖에 시·도지사가 필요하다고 인정하는 사항
　② 위원회는 위원장·부위원장 각 1명을 포함한 9명 이내의 위원으로 구성한다.
　③ 위원장 및 부위원장은 위원 중에서 시·도지사가 지명하는 사람으로 한다.
　④ 위원회의 위원은 다음 각 호의 어느 하나에 해당하는 사람 중에서 시·도지사가 위촉한다.
　1. 관할 구역의 주민　2. 판사·검사 또는 변호사의 자격이 있는 사람　3. 감정평가사 등 보상업무의 경험이 있는 사람
　⑤ 위원장은 위원회의 회의를 소집하며, 그 의장이 된다.
　⑥ 위원회의 회의는 위원 과반수의 출석으로 개의(開議)하되, 출석위원에는 제4항제1호에 해당하는 사람이 3분의 1 이상 포함되어야 하고, 출석위원 과반수의 찬성으로 의결한다.
　⑦ 위원회에는 간사와 서기를 두며, 간사와 서기는 해당 시·도지사가 소속 공무원 중에서 임명한다.
　⑧ 위원회의 회의에 출석한 위원에게는 예산의 범위에서 수당과 여비를 지급할 수 있다.
　⑨ 위원회의 서기는 회의록을 작성하여야 하며, 위원회의 회의록에는 회의의 내용을 기재하고 위원장 및 서기가 기명날인하여야 한다.
　⑩ 제1항부터 제9항까지에서 규정한 사항 외에 위원회의 운영에 필요한 사항은 위원회의 의결을 거쳐 위원장이 정한다

(6) 불복절차

토지소유자 등이 시·도지사에게 보상청구를 하였으나 해당 토지가 보상대상 토지가 아니거나, 해당 보상청구인이 정당한 보상대상자가 아니라고 결정을 서면으로 통지받은 보상청구인등은 행정소송법 제3조 제2호 소정의 공법상 당사자소송에 의하여 권리구제를 받을 수 있다.

대법원도 전원합의체 판결로 "하천법 부칙(1984.12.31.) 제2조와 '법률 제3782호 하천법 중 개정법률 부칙 제2조의 규정에 의한 보상청구권의 소멸시효가 만료된 하천구역 편입토지 보상에 관한 특별조치법' 제2조, 제6조의 각 규정들을 종합하면, 위 규정들에 의한 손실보상청구권은 1984.12.31. 전에 토지가 하천구역으로 된 경우에는 당연히 발생되는 것이지, 관리청의 보상금지급결정에 의하여 비로소 발생하는 것은 아니므로, 위 규정들에 의한 손실보상금의 지급을 구하거나 손실보상청구권의 확인을 구하는 소송은 행정소송법 제3조 제2호 소정의 당사자소송에 의하여야 한다."라고 판시하였다(대법원 2006.5.18., 선고, 2004다6207, 전원합의체 판결).

한편, 특별조치법상 손실보상 대상 하천편입토지에 대한 손실보상금에 대한 증액소송 가능여부의 문제가 있다. 이 문제는 특별조치법에 의한 하천편입토지의 취득은 별도의 토지보상법상의 수용재결절차 없이 보상대상자의 시장·군수·구청장에게 보상청구서(개별의견서 포함)만을 제출하는 간단한 방법으로 감정평가 후 보상금을 지급 또는 공탁하는 것으로 규정되어 있어 결과적으로 토지수용위원회의 재결을 거치지 않아도 되는데 재결을 전제로 하는 증액소송이 가능한가에 있다.

이 문제는 특별조치법상의 손실보상청구는 보상기준에 따른 보상금청구이므로 보상기준에 따른 평가금액인 보상금액의 과다에 대한 다툼은 토지소유자 등 보상대상자 입장에서는 필연적일 수 밖에 없는데, 특별조치법에는 이에 대한 토지보상법의 불복절차인 수용재결절차를 준용하는 별도의 규정을 두고 있지 않고 있다는 입법불비의 비판적 시각과도 직결되고 있고 앞서 논의한 토지보상법상의 협의 및 수용재결에 따른 불복절차 없이 곧바로 시·도지사가 의뢰하여 선정한 감정평가업자의 평가금액으로 보상금을 지급하면 된다는 특별조치법 규정은 위헌의 문제가 있을 수 있는바, 이에 대한 입법보완은 필요할 것이다.

(7) 보상의 특례

특별조치법은 국가·지방자치단체 등의 사업시행자는 자기의 부담으로 보상대상 토지에 대하여 보상하고, 토지보상법 제4조에 따른 하천공사 등 공익사업을 시행할 수 있도록 하는 공익사업 구간에 위치한 토지 등에 대한 보상의 특례를 규정하고 있다(법 제7조).

즉, 「하천편입토지 보상 등에 관한 특별조치법」의 적용대상인 토지가 ⅰ) 국가 및 지방자치단체, ⅱ) 「공공기관의 운영에 관한 법률」에 따른 공공기관, ⅲ) 「지방공기업법」에 따른 지방공기업인 사업시행자가 시행하는 공익사업의 구간에 편입되는 경우에는 특별조치법에 따른 보상기준을 적용하여 손실보상을 평가한다.

> ■ 하천편입토지 보상 등에 관한 특별조치법(=하천편입토지보상법)
> 제7조(공익사업 구간에 위치한 토지 등에 대한 보상의 특례) ① 다음 각 호에 해당하는 사업시행자는 자기의 부담으로 제2조에 따른 대상토지를 보상하고 「공익사업을 위한 토지 등의 취득 및 보상에 관한 법률」 제4조에 따른 하천공사 등 공익사업을 시행할 수 있다.
> 1. 국가 및 지방자치단체
> 2. 「공공기관의 운영에 관한 법률」에 따른 공공기관
> 3. 「지방공기업법」에 따른 지방공기업
> ② 제1항의 경우 제5조·제6조·제8조 및 제9조를 적용하며, 이 경우 "시·도지사"는 "사업시행자"로 본다.

바. 하천법에 의한 손실보상

(1) 하천구역으로 된 토지 중 미보상토지의 평가

① 손실보상 대상 토지

하천구역으로 된 토지 중 미보상토지란 구 하천법에서 국유화된 하천부지내 토지중에서 특별조치법 제2조에 따른 보상대상 토지를 제외한 토지 가운데 구 「하천법」(법률 제5893호, 1999.2.2) 제74조제1항에 따라 보상대상이 된 하천구역(국가 하천 및 지방1급 하천의 하천구역을 말한다)안 토지 중 **보상이 되지 아니한** 하천부지를 말한다(토보침 제39조의2).

즉, 이에 해당하는 하천부지내 토지는 (ⅰ) 1971.7.20. 이후 하천구역으로 편입된 제외지 및 제방부지, (ⅱ) 1984. 12. 31. 이후 하천구역으로 편입 유수지 가운데 현재까지 보상이 이루어지지 아니한 하천부지이다.

② 감정평가 방법

토지보상평가지침 제39조(특별조치법에 따른 하천편입토지의 감정평가)를 준용하므로 하천부지내 미보상토지도 원칙적으로 특별조치법 대상 보상토지와 그 평가방법이 동일하다.

다만, 하천의 신설, 그 밖에 하천공사로 하천구역 밖에 있는 토지가 하천구역으로 된 경우로서 보상이 되지 아니한 토지(하천부지)에 대한 감정평가는 제32조의 미지급용지(= 구 미불용지) 감정평가기준을 따른다(토보침 제39조의2제2항).

■ **토지보상평가지침 제39조의2(하천구역으로 된 토지 중 미보상토지의 감정평가)** ① 특별조치법 제2조에 따른 대상토지 외의 것으로서 구「하천법」(법률 제5893호, 1999.2.2) 제74조제1항에 따라 보상대상이 된 하천구역(국가 하천 및 지방1급 하천의 하천구역을 말한다)안 토지 중 **보상이 되지 아니한 토지에 대한 감정평가**는 제39조를 준용한다. 다만, 구「하천법」제2조제1항제2호라목에 따라 하천구역으로 지정된 토지의 경우에는 그 지정시점 당시를 하천구역으로 된 당시로 보며, 가격시점은 제10조의2에 따른다.

② 제1항에도 불구하고 하천의 신설, 그 밖에 하천공사로 하천구역 밖에 있는 토지가 하천구역으로 된 경우로서 보상이 되지 아니한 토지에 대한 감정평가는 **제32조(=미지급용지)**에 따른다.

③ 구「하천법」제3조에 따라 하천구역으로 되었으나 하천관리청의 하천공사 또는 홍수 그 밖에 자연현상으로 하천의 유로가 변경되어 하천구역에서 제외된 토지로서 보상이 되지 아니한 등기부상 사유토지의 경우에는 제39조제4항을 준용한다.

▌질의회신

[질의회신] ▶ 제방공사로 인해 신규로 편입된 미보상 하천부지의 손실보상평가방법

[1997.7.7.토정 58342-590호]

【질의요지】

1978년 집중호우로 인한 하천제방의 붕괴로 시청에서 긴급복구공사를 하여 약500
평 정도가 하천과 제방으로 편입되었으나 현재까지 보상을 받지 못하고 있다가 최근
에 시청에서 도로공사를 하면서 하천으로 편입된 토지에 대한 가격을 사업인정을 받
지 않은 공공사업이라 하여 1/3로 평가할 수 있는 지 여부

【회신내용】

하천관리청이 시행한 제방공사로 인하여 하천으로 편입된 이후 보상이 이루어지지
않고 있다가 최근에 도로공사부지에 편입되는 경우에는 미불용지로 보상하는 것이
타당함

(2) 하천구역 안의 매수대상토지의 감정평가(=하천법상 매수청구권)

① 개념

매수청구권제도는 2007. 4. 6. 하천법 전부개정[시행'08.4.7.법률 **제8338호**]으로 하천
의 국유제를 폐지하는 대신 <u>국가하천으로 지정된 사유 토지에 대하여 매수청구제(지방2
급하천 제외)</u>를 새롭게 도입되었다.

하천구역(지방하천의 하천구역을 제외한다)의 결정 또는 변경으로 그 구역 안의 토지,
건축물, 그 밖에 그 토지에 정착된 물건(이하 "토지등"이라 한다)을 종래의 용도로 사용
할 수 없어 그 효용이 현저하게 감소한 토지등 또는 그 토지등의 사용 및 수익이 사실상
불가능한 토지등(이하 "매수대상토지등"이라 한다)의 소유자로서 다음 각 호의 어느 하
나에 해당하는 자는 하천관리청에 그 토지등의 매수를 청구할 수 있다(하천법 제79조).

1. <u>하천구역의 결정 당시</u>(법률 제5893호 하천법개정법률 제2조제1항제2호가목부터
   다목까지의 규정에 따른 하천구역을 이 법에 따른 하천구역으로 결정하는 경우에
   는 2008년 4월 7일을 말한다) <u>또는 변경 당시부터 해당 토지등을 계속 소유한 자</u>
2. 토지등의 사용·수익이 불가능하게 되기 전에 그 토지등을 취득하여 계속 소유한 자

3. 삭제 〈2016.1.19.〉

4. 제1호 또는 제2호의 자로부터 그 토지등을 상속받아 계속 소유한 자

즉, 매수청구제도의 도입으로 하천관리청의 하천구역결정 등으로 개인의 사적재산권이 침해받게 되는 경우 손실보상청구권이 아닌 매수청구를 통해 권리구제를 받을 수 있게 된 것이다. 물론 타인의 토지에의 출입 등에 따른 처분이나 제한으로 손실을 입은 자가 있거나 하천관리청이 시행하는 하천공사로 손실을 입은 자가 있는 때에는 토지보상법을 준용하여 협의를 전제로 손실보상청구가 가능하며, 협의 불성립시 관할 토지수용위원회에 재결신청이 가능하다(하천법 제76조).

② 매수청구절차

하천법에 따른 매수대상토지의 매수청구절차는 다음과 같다.

(ⅰ) 매수청구서 제출

매수청구인은 국토교통부령이 정하는 매수청구서를 하천관청에 제출 → 하천관리청은 매수청구를 받은 날로부터 6개월 이내에 매수대상토지 등의 판정기준에 해당되는지를 판단하여 매수대상 여부와 매수대상인 경우 그 예상가격을 매수청구인에게 통보하여야 한다(하천법 제80조 제1항, 하천법시행령 제84조제1항, 제2항).

(ⅱ) 매수예상가격의 통보 및 결정

하천관리청은 매수예상가격을 매수청구인의 매수청구 당시의「지방세법」제4조에 따른 시가표준액으로 하되 시가표준액이 없는 경우에는 대상 물건과 인근지역 내 유사 물건의 거래사례를 비교하여 산정한 후 이를 매수청구인에게 통보한다(하천법시행령 제84조제3항). 하천관리청은 매수청구인에게 매수예상가격을 통보한 경우에는 2명 이상의 감정평가업자에게 매수대상 토지 등에 대한 감정평가를 의뢰하여 토지보상법에 따른 산정방법 등을 준용하여 매수가격을 결정한다(하천법시행령 제84조제4항).

(ⅲ) 매수계획의 수립

하천관리청은 매수청구인에 대한 매수대상토지 등으로 통보를 한 토지 등에 대해서는 5
년의 범위에서 대통령령으로 정하는 기간 이내에 매수계획을 수립하여 그 매수대상 토지
등을 매수하여야 한다(하천법 제80조제2항).

③ 감정평가 방법

매수대상 토지의 감정평가(=매수가격)는 가격시점(=매수청구) 당시의 현실적인 이용상
황을 기준으로 하며, 하천구역으로 결정 또는 변경에 따른 「하천법」에서 정한 공법상 제
한은 고려하지 아니한다. 다만, 하천관리청의 하천공사로 현상변경이 이루어진 경우에는
그 하천공사 시행 **직전**의 이용상황을 기준으로 감정평가 하되, 이 경우에는 제32조(미지
급용지의 감정평가기준)를 준용한다(토보침 제39조의3제1항).

> ■ **토지보상평가지침 제39조의3(하천구역 안의 매수대상토지의 감정평가)** ① 법률
> 제8338호(2007년 4월 6일) 「하천법」시행일 이후에 이 법에 따른 하천구역(지방
> 하천의 하천구역을 제외한다)으로 결정 또는 변경된 토지 중 「하천법」 제79조에 따
> 른 매수대상 토지에 대한 감정평가는 법 시행규칙 제22조에 따라 가격시점 당시의
> 현실적인 이용상황을 기준으로 하며, 하천구역으로 결정 또는 변경에 따른 「하천
> 법」에서 정한 공법상 제한은 고려하지 아니한다. 다만, 하천관리청의 하천공사로
> 현상변경이 이루어진 경우에는 그 하천공사 시행 직전의 이용상황을 기준으로
> 감정평가하되, 이 경우에는 **제32조(=미지급용지)**를 준용한다.
> ② 제39조제2항 및 제3항은 「하천법」 제79조에 따른 매수대상 토지의 감정평가
> 시에 준용할 수 있다.

또한, 가격시점 당시의 공법상제한, 편입당시 이용상항, 편입당시 현황과 유사한 인근토
지의 적정가격을 고려하여 평가하되 (ⅰ) 대상토지의 편입당시의 지목 및 토지이용상황,
(ⅱ)하천관리청의 하천공사에 따라 하천구역으로 된 경우에는 하천공사 직전의 이용상
황, (ⅲ) 비슷한 인근토지의 적정가격을 알 수 없거나, 인근지역 또는 동일수급권 안의
유사지역에 있는 표준적인 이용상황과 비슷한 토지의 표준지공시지가를 기준으로 감정

평가 하는 경우에서 그 용도가 다른 것에 따른 개별요인의 비교 등이 사실상 곤란한 경우 등에는 토지보상평지침 제39조제2항에 따른 **「정형화된 평가방식」**을 적용한다(토보침 제39조의3제2항).

(3) 소하천정비법 등에 의한 보상

① 소하천

소하천이란 하천법의 적용 또는 준용을 받지 아니하는 하천으로서 특별자치시장·특별자치도지사·시장·군수 또는 구청장(자치구의 구청장)이 그 명칭과 구간이 지정·고시하고 관리하는 소규모 하천을 말한다(소하천정비법 제2조 제1호, 동법 제3조제1항, 제6항).

② 소하천 토지 등의 수용 또는 사용

관리청은 소하천등 정비를 시행하기 위하여 필요하면 그 시행계획이 실시되는 구역에 있는 토지·건축물 또는 그 토지에 정착(定着)된 물건의 소유권이나 그 토지·건축물 또는 물건에 관한 소유권 외의 권리를 수용(收用)하거나 사용할 수 있고, 수용 또는 사용에 관하여는 소하천정비법에 특별한 규정이 있는 경우를 제외하고는 토지보상법을 준용한다(소하천정비법 제12조제1항, 제3항).

소하천정비시행계획이 공고되면 토지보상법 제20조제1항 및 제22조에 따른 <u>사업인정 및 고시가 있는 것으로 보며,</u> 재결(裁決)의 신청은 같은 법 제23조제1항 및 제28조제1항에도 불구하고 그 시행계획의 **사업기간 내**에 할 수 있다(소하천정비법 제12조제2항).

③ 공용부담 등으로 인한 손실보상

관리청은 시행계획에 따른 소하천등 정비, 제18조에 따른 관리청의 처분 또는 명령342),

---

342) 소하천정비법 제18조(공익을 위한 처분) 관리청은 다음 각 호의 어느 하나에 해당하는 경우에는 제10조에 따른 소하천등 정비 허가 또는 제14조에 따른 점용·사용 허가를 받은 자에 대하여 제17조에 따른 처분을 하거나 필요한 조치를 명할 수 있다. 〈개정 2016.1.27.〉
  1. 소하천등 정비를 위하여 필요한 경우
  2. 소하천의 보전 및 재해 예방 등 공익(公益)상의 피해를 제거하거나 줄이기 위하여 필요한 경우
  3. 「공익사업을 위한 토지 등의 취득 및 보상에 관한 법률」 제4조에 따른 공익사업을 위하여 필요한 경우
  [전문개정 2010. 3. 31.]

제19조제2항에 따른 시·도지사의 처분 또는 명령[343]으로 인하여 손실을 입은 자가 있으면 그 손실을 보상하여야 한다(소하천정비법 제24조제1항).

관리청은 손실보상시 손실을 입은 자와 협의를 하여야 하며, 협의가 성립되지 아니하거나 협의를 할 수 없는 경우에는 관할 토지수용위원회에 재결(裁決)신청서를 제출하여 재결을 신청할 수 있다(소하천정비법 제24조제2항, 제3항, 동법시행령제15의3).

공용부담 등으로 인한 손실보상은 소하천정비법에 규정된 것을 제외하고는 토지보상법을 준용하고, 관리청은 공용부담 등으로 인한 손실이 토지보상법상의 공익사업을 이하여 필요한 경우의 사유로 발생한 것이면 그 사업을 시행하는 자로 하여금 그 손실의 전부 또는 일부를 보상하게 할 수 있다(소하천정비법 제24조제4항, 제5항).

④ 소하천정비법에 의한 소하천구역안에 있는 토지에 대한 평가

이에 대한 평가방법은 토지보상평가침 제39조의4「하천법」에 따른 지방하천의 하천구역 안의 토지의 하천정비공사 등 공익사업시행지구에 편입과 관련된 보상과 함께 규정되어 있다. 이하 항목을 달리하여 살펴보기로 한다.

(4) 지방하천의 하천구역 등 안 토지의 감정평가

① 개념

2007. 4. 6. 하천법 전부개정[시행'08.4.7.법률 **제8338호**]으로 기존의 국가하천, 지방1급하천, 지방2급하천이 국가하천, 지방하천으로 개편되어 하천명칭이 변경되었다(하천법 제7조제1항).

과거 지방2급하천의 하천구역으로 된 하천부지의 경우는 하천공사 등으로 보상을 하고 국유로 하는 것을 제외하고는 개인소유권이 인정되었고, 유수지에 해당되어 새로이 하천구역으로 편입 지정할 때도 지방2급하천의 하천구역은 제외되었다.

대법원 판례도 개인 소유의 토지가 준용하천(지방2급하천)의 부지로 편입되었다고 하더라도 하천의 국유화에 관한 구 하천법 제3조의 규정이 준용되지 아니하여 당연히 국유로

---

343) 제19조(관리청에 대한 감독) ② 시·도지사는 소하천의 보전과 재해의 예방, 공해의 예방 또는 제거를 위하여 필요하다고 인정하면 관리청이 한 처분이나 시행하는 공사에 대하여 취소 또는 변경이나 그 밖에 필요한 조치를 명할 수 있다. [전문개정 2010. 3. 31.]

되어 종래의 소유자가 그 소유권을 상실하게 되는 것이 아님은 명백하다고 일관되게 판시하고 있다(대법원 2001.3.15. 선고 98두15597 전원합의체 판결, 대법원 1981.5.26. 선고 80다710 판결, 1982.9.14. 선고 80누535 판결, 1989.5.9. 선고 88다카23032, 88다카23049 판결, 1992.2.14. 선고

또한 대법원은 "준용하천이 종적 구역인 하천구역에 편입되었다 하더라도 현행 하천법에 따라 횡적 구역인 하천구역이 되기 위하여는 하천법 제2조 제1항 제2호 각목 소정의 하천구역 중 어느 하나에 해당되어야 하고, 그중 같은 호 다목 소정의 제외지에 해당하려면 그 제방이 하천관리청이나 그 허가 또는 위탁을 받은 자가 설치한 것이거나 하천관리청 이외의 자가 설치한 제방인 경우에는 그에 관하여 하천관리청이 하천부속물로 관리하기 위하여 그 설치자의 동의를 얻은 것이어야 하는 바, 가사 이 사건 토지가 1965.3.4. 자 경기도고시에 의하여 준용하천인 곤지암천의 종적 구역인 하천구역으로 편입된 이후에 서울지방국토관리청의 경춘산업도로확장공사가 시행되었다 하더라도 그것만으로 곧바로 소론이 주장하는 바와 같이 경기도지사와 서울지방국토관리청이 위 도로확장공사에 관하여 하천법 제18조, 같은법시행령 제13조 제1항 소정의 협의를 거친 것으로 보아야 한다거나 서울지방국토관리청이 경기도지사로부터 같은 법 제2조 제1항 제2호 다목 소정의 허가 또는 위탁을 받은 것으로 볼 수는 없다."고 판시하여 개인소유토지가 준용하천(지방2급하천)구역에 편입되었다고 하여 곧바로 손실보상의 대상이 될 수 없다고 하고 있다.[344)]

한편, 소하천정비법에 의한 소하천은 하천법의 적용 내지 준용을 받지 아니하므로 하천관리청이 소하천으로 지정고시하였거나, 자연발생적 유수로 소하천구역으로 되었더라도 바로 보상평가의 대상은 될 수 없다.

그러나, 하천법에 따른 지방하천의 하천구역 및 소하천정비법에 따른 소하천구역 안에 있는 사유토지가 하천정비공사 등 공익사업지구에 편입되면 그에 대한 손실보상 당연히 발생되고 보상금청구는 가능하게 된다. 이에 대한 평가방법은 토지보상평가침 제39조의4에 상세히 규정되어 있다.

---

344) 대법원 1993.5.25. 선고 92누16584 판결 [손실보상금재결처분취소]

② 감정평가 방법

「하천법」에 의한 하천구역 및 「소하천정비법」에 의한 소하천구역안의 토지는 원칙적으로 가격시점 당시의 현실적인 이용상황을 기준으로 하며, 하천구역으로 결정 또는 변경에 따른 「하천법」에서 정한 공법상 제한은 고려하지 아니한다. 다만, 하천관리청의 하천공사로 현상변경이 이루어진 경우에는 그 하천공사 시행 **직전**의 이용상황을 기준으로 감정평가 하되, 이 경우에는 <u>미지급용지의 감정평가기준</u>을 준용한다(토보침 제39조의4제1항).345)

■ **토지보상평가지침 제39조의4(지방하천의 하천구역 등 안 토지의 감정평가)** ① 「하천법」에 따른 지방하천의 하천구역 및 「소하천정비법」에 따른 소하천구역 안에 있는 <u>사유토지가 하천정비공사 등 **공익사업시행지구에 편입**되어 감정평가 의뢰가 있는 경우</u>에 그 토지에 대한 감정평가는 제39조의3을 준용한다.

② 「소하천정비법」에 따른 소하천 외의 것으로서 자연의 유수 등이 있는 소규모 하천의 부지에 대한 감정평가는 제39조의3을 준용한다. 다만, 지적공부상 지목이 하천으로 되어 있으나 그 규모·기능 등이 구거와 사실상 비슷한 것은 제38조(**구거부지의 감정평가**)를 준용할 수 있으며, 소규모 하천으로서의 기능이 사실상 상실되거나 용도폐지된 경우에는 그 하천부지의 다른 용도로의 전환가능성, 전환후의 용도, 용도전환에 통상 필요한 비용 상당액 등을 고려한 가액으로 감정평가할 수 있다. <u>이 경우에는 인근지역에 있는 것으로서 일반적으로 전환 가능한 용도와 비슷한 토지의 표준지공시지가를 기준으로 감정평가한다.</u>

③ 삭제 〈2009.10.28〉

④ 제39조제2항 및 제3항은 이 조의 규정에 따른 지방하천과 소하천구역안에 있는 토지, 그 밖에 소규모 하천의 부지에 대한 감정평가 시에 준용할 수 있다.

또한, 「소하천정비법」에 의한 소하천 외의 것으로서 자연의 유수 등이 있는 소규모 하천

---

345) 중앙토지수용위원회는 「하천법」에 의한 하천구역 및 「소하천정비법」에 의한 소하천구역안의 토지에 대한 평가는 "하천 또는 소하천으로 이용되지 아니하였을 경우에 예상되는 인근지역의 표준적인 이용상황을 기준으로 보상평가하며 다만, 이 경우 인근지역의 표준적인 이용상황으로 전용하는데 소요되는 비용 상당액을 고려할 수 있다."라고 설명하고 있다.(중앙토지수용위원회, 토지수용 업무편람, 2018.12., 256면 참조)

부지의 경우에는 **미지급용지**의 감정평가방법을 준용하고, 지적공부상 지목이 하천으로 되어 있으나 그 규모·기능 등이 구거와 사실상 비슷한 것은 **구거부지의 보상평가방법을** 준용할 수 있으며, 소규모하천 등으로서 기능이 사실상 상실되거나 용도폐지된 경우에는 그 하천부지의 다른 용도로의 전환가능성, 전환후의 용도, 용도전환에 통상 필요한 비용 상당액 등을 고려하여 감정평가할 수 있다(토보침 제39조의4제2항).

다만, 이러한 원칙에도 불구하고 지방하천과 소하천구역안에 있는 토지, 그 밖에 소규모 하천의 부지에 대한 감정평가 시에 토지보상평지침 제39조제2항에 따른 「**정형화된 평가 방식**」을 준용할 수 있도록 규정하고 있는 바(토보침 제39조의4제4항), 이는 정당한 손실 보상의 원칙을 충실히 반영하지 못하는 보상평가방법일 것이다.

(5) 홍수관리구역 안 토지의 감정평가

「하천법」상의 홍수관리구역 안의 토지에 대한 감정평가는 가격시점 당시의 현실적인 이용상황을 기준으로 하며, 홍수관리구역으로 고시된 것에 따른 「하천법」에서 정한 공법상 제한은 고려하지 아니한다(토보침 제39조의5).346)

> ■ **토지보상평가지침 제39조의5(홍수관리구역 안 토지의 감정평가)** 「하천법」 제12 조제3항에 따라 고시된 **홍수관리구역 안의 토지**에 대한 감정평가는 법 시행규칙 제2 2조에 따라 가격시점 당시의 현실적인 이용상황을 기준으로 하며, 홍수관리구역으로 고시된 것에 따른 「하천법」에서 정한 공법상 제한은 고려하지 아니한다.

11. 저수지부지의 평가

가. 개념

저수지란 농어촌용수를 확보할 목적으로 하천, 하천구역 또는 연안구역 등에 물을 가두

---

346) 토지보상평가지침은 최근 2018.2.28. 전면개정이 있었는데 종전 토보침 제39조의5의 제목과 내용도 하천법 개정내용[하천예정지 지정 및 행위제한 규정 삭제(2015.8.11)]을 반영하여 개정되었다. 종전 토보 침 제39의5의 제목과 내용은 다음과 같다.
제39조의5[하천예정지 등 안 토지의 평가] 「하천법」 제11조 제3항에 따라 고시된 하천예정지와 하천법제 12조제3항에 따라 고시된 홍수관리구역 안의 토지에 대한 평가는 법 시행규칙 제22조에 따르되, 가격시 점 당시의 현실적인 이용상황을 기준으로 하며, 하천예정지 또는 홍수관리구역으로 고시된 것에 따른 하천법에서 정한 공법상 제한은 고려하지 아니한다.

어 두거나 관리하기 위한 시설과 홍수위(洪水位: 하천의 최고 수위) 이하의 수면 및 토지를 말한다(농어촌정비법 제2조제5호마목).

나. 평가방법

「농어촌정비법」에 따른 농업생산기반시설인 저수지(제방 등 부대시설을 포함)의 부지에 대한 감정평가는 취득하는 일반적인 토지의 평가원칙(토지보상법 시행규칙 제22조)에 따르되, (ⅰ) 위치·면적·지형·지세, (ⅱ) 저수지의 규모·기능·유용성, (ⅲ) 용도지역등 공법상 제한, (ⅳ)저 수지 조성 당시 편입토지의 주된 이용상황, (ⅴ) 전, 답 등 인근토지의 이용상황, (ⅵ) 그 밖에 가치형성에 영향을 미치는 요인 등을 고려하여 평가한다. 다만, 저수지부지의 일부가 공익사업시행지구에 편입되는 경우에는 그 편입부분의 가치를 기준으로 감정평가할 수 있으며, 그 저수지부지가 미지급용지인 경우에는 **미지급용지**의 감정평가방법에 따른다(토보침 제40조제1항).

> ■ **토지보상법 시행규칙 제22조(취득하는 토지의 평가)** ① 취득하는 토지를 평가함에 있어서는 평가대상토지와 유사한 이용가치를 지닌다고 인정되는 하나 이상의 표준지의 공시지가를 기준으로 한다.
> ② 토지에 건축물등이 있는 때에는 그 건축물 등이 없는 상태를 상정하여 토지를 평가한다.
> ③ 제1항에 따른 표준지는 특별한 사유가 있는 경우를 제외하고는 다음 각 호의 기준에 따른 토지로 한다. 〈신설 2013 4.25.〉
> 　1. 「국토의 계획 및 이용에 관한 법률」 제36조부터 제38조까지, 제38조의2 및 제39조부터 제42조까지에서 정한 용도지역, 용도지구, 용도구역 등 공법상 제한이 같거나 유사할 것
> 　2. 평가대상 토지와 실제 이용상황이 같거나 유사할 것
> 　3. 평가대상 토지와 주위 환경 등이 같거나 유사할 것
> 　4. 평가대상 토지와 지리적으로 가까울 것
>
> ■ **토지보상평가지침 제40조(저수지부지의 감정평가)** ① 「농어촌정비법」에 따른 농

업생산기반시설인 저수지(제방 등 부대시설을 포함한다. 이하 이 조에서 같다)의 부지에 대한 감정평가는 법 시행규칙 제22조에 따르되, 다음 각 호의 사항을 고려하여 감정평가한다. 다만, 저수지부지의 일부가 공익사업시행지구에 편입되는 경우에는 그 편입부분의 가치를 기준으로 감정평가할 수 있으며, 그 저수지부지가 미지급용지인 경우에는 제32조에 따른다.

1. 위치 · 면적 · 지형 · 지세

2. 저수지의 규모 · 기능 · 유용성

3. 용도지역등 공법상 제한

4. 저수지 조성 당시 편입토지의 주된 이용상황

5. 전, 답 등 인근토지의 이용상황

6. 그 밖에 가치형성에 영향을 미치는 요인

② 대상토지와 이용상황이 비슷한 토지의 표준지공시지가가 인근지역에 없을 경우에는 인근지역의 전, 답 등 표준적인 이용상황과 비슷한 토지의 표준지공시지가를 기준으로 감정평가할 수 있으며, 용도가 다른 것에 따른 개별요인의 비교 등이 사실상 곤란한 경우에는 다음 각 호와 같이 감정평가액을 결정할 수 있다. 이 경우 공작물 등 저수지 시설물의 가액은 저수지부지의 감정평가액에 포함하지 아니한다.

1. 인근지역의 표준적인 이용상황이 전, 답 등 농경지 또는 산지인 경우에는 그 표준적인 이용상황과 비슷한 토지의 표준지공시지가를 기준으로 한 적정가격에 저수지의 지반조성에 통상 필요한 비용 상당액과 위치, 규모, 지형 · 지세, 용도지역 등을 고려한 가격수준으로 결정한다. 다만, 인근지역의 표준적인 이용상황이 경지정리사업지구 안에 있는 전 · 답 등 농경지이거나 인근지역의 지형 · 지세 등으로 보아 저수지의 지반조성이 따로 필요하지 아니하다고 인정되는 경우에는 저수지의 지반조성에 통상 필요한 비용 상당액은 고려하지 아니한다.

2. 인근지역의 표준적인 이용상황이 "대" 및 이와 비슷한 용도의 것인 경우에는 그 표준적인 이용상황과 비슷한 토지의 표준지공시지가를 기준으로 한 적정가격에 환지비율과 위치, 규모, 지형 · 지세, 용도지역등을 고려한 가격수준으로 결정한다

③ 제1항과 제2항에도 불구하고 농업생산기반시설로서의 기능이 사실상 상실되었거나 용도폐지된 저수지부지의 경우에는 그 저수지부지의 다른 용도의 전환 가능성, 전환후의 용도, 용도전환에 통상 필요한 비용 상당액 등을 고려한 가액으로 감정평

가할 수 있다. 이 경우에는 인근지역에 있는 것으로서 일반적으로 전환 가능한 용도와 비슷한 토지의 표준지공시지가를 기준으로 감정평가한다.

④ 농업기반시설이 아닌 것으로서 소류지, 호수, 연못 등 (이하 이 조에서 "소류지 등" 이라 한다)의 부지에 대한 감정평가는 제1항부터 제3항까지를 준용하는 것 외에 그 소류지 등의 용도·수익성 등을 고려한 가액으로 감정평가한다.

12. 양어장시설 부지

2018. 2. 28. 토지보상평가지침(이하 '토보침'이라 함) 전면개정으로 종전 토보침 제40조(저수지부지의 감정평가) 제5항에 규정되어 있던 양어장시설의 부지를 분리하여 제40조의2가 신설되었다

■ **토지보상평가지침 제40조의2(양어장시설 부지의 감정평가)** ① 농경지 등을 「농지법」 등 관계법령에 따라 전용하여 양어장으로 조성한 것으로서 그 수익성 등에 비추어 양어장으로서의 기능이 계속 유지될 것으로 일반적으로 예상되는 경우에는 <u>가격시점을 기준으로 한 조성 전 토지의 적정가격에 양어장으로 조성하는데 통상 필요한 비용 상당액</u>(공작물 등 시설물의 가액은 제외한다. 이하 이 조에서 같다) <u>등을 고려한 가액으로 감정평가할 수 있다.</u> 이 경우에는 양어장으로 조성되기 전의 이용상황과 비슷한 토지의 표준지공시지가를 기준으로 감정평가하되, 양어장으로 조성하는데 통상 필요한 비용 상당액 및 성숙도 등을 개별요인의 비교 시에 고려한다.

② 제1항에도 불구하고 양어장시설로서의 기능이 사실상 상실되었거나 용도폐지된 양어장시설 부지의 경우에는 그 양어장시설 부지의 다른 용도의 전환 가능성, 전환 후의 용도, 용도전환에 통상 필요한 비용 상당액 등을 고려한 가액으로 감정평가할 수 있다. 이 경우에는 인근지역에 있는 것으로서 일반적으로 전환 가능한 용도와 비슷한 토지의 표준지공시지가를 기준으로 감정평가한다.

13. 염전부지

「소금산업진흥법」에 따른 염전시설의 부지에 대한 감정평가는 <u>취득하는 일반적인 토지의 평가원칙</u>(토지보상법 시행규칙 제22조)에 따라 <u>대상토지와 이용상황이 비슷한 토지의</u>

표준지공시지가를 기준으로 감정평가하되, (ⅰ) 위치·면적·형상·지세, (ⅱ) 염 생산 가능면적과 부대시설 면적, (ⅲ) 용도지역등 공법상 제한, (ⅳ) 주위환경과 인근토지의 이용상황, (ⅴ) 그 밖에 가치형성에 영향을 미치는 요인을 개별요인의 비교 시에 고려한다(토보침 제41조제1항).

■ **토지보상평가지침 제41조(염전부지의 감정평가)** ① 「소금산업 진흥법」에 따른 염전시설의 부지(이하 "염전부지"라 한다)에 대한 감정평가는 법 시행규칙 제22조에 따라 대상토지와 이용상황 이 비슷한 토지의 표준지공시지가를 기준으로 감정평가하되, 다음 각 호의 사항을 개별요인의 비교 시에 고려한다.

1. 위치·면적·형상·지세
2. 염 생산 가능면적과 부대시설 면적
3. 용도지역등 공법상 제한
4. 주위환경과 인근토지의 이용상황
5. 그 밖에 가치형성에 영향을 미치는 요인

② 제1항에 따른 염전부지의 감정평가 시에는 이용상황이 비슷한 토지의 표준지공시지가가 염 생산에 있어서 용도상 불가분의 관계에 있는 염전·유지·잡종지·구거 등(염 생산용도로 이용되지 아니하여 방치되고 있는 부분은 제외한다)을 일단지의 개념으로 보고 조사·평가된 것을 고려하여 일괄감정평가하는 것을 원칙으로 한다. 다만, 염생산용도로 이용되지 아니하여 방치된 부분과 염전시설을 외곽에서 보호하고 있는 제방시설의 부지, 그 밖에 염전시설의 용도로 전용적으로 이용되지 아니하고 불특정 다수인의 통행에 이용되고 있는 도로 등의 부지는 일괄감정평가의 대상에서 제외하며, 의뢰자가 염전시설 안에 있는 도로·구거 등의 부지를 주된 용도와 구분하여 감정평가 의뢰한 경우 또는 대상물건의 상황 등으로 보아 용도별로 구분하여 감정평가하는 것이 적정가격의 결정에 있어서 타당하다고 인정되는 경우 등에는 용도별로 구분하여 감정평가할 수 있으며, 염전부지의 일부가 공익사업시행지구에 편입되는 경우에는 그 편입부분의 이용상황을 기준으로 감정평가액을 결정할 수 있다.

③ 대상토지의 인근지역 또는 동일수급권 안의 유사지역에 이용상황이 비슷한 토지의 표준지공시지가가 없는 경우 또는 염전으로서의 기능이 사실상 상실되거나 용도폐지된 경우로서 인근지역 또는 동일수급권 안의 유사지역에 있는 이용상황이 비슷한 토지의 표준지공시지가를 적용하는 것이 적정하지 아니하다고 인정되는 경우에

는 인근지역에 있는 표준적인 이용상황 또는 전환 후의 용도와 비슷한 토지의 표준지공시지가를 기준으로 감정평가할 수 있다. 이 경우에는 다른 용도로의 전환가능성, 전환후의 용도, 용도전환에 통상 필요한 비용 상당액 등을 개별요인의 비교 시에 고려한다.

14. 목장용지

초지법에 따라 조성된 목장용지에 대한 감정평가는 <u>취득하는 일반적인 토지의 평가원칙</u>(토지보상법 시행규칙 제22조)에 따르되, 대상토지와 이용상황이 비슷한 토지의 표준지공시지가가 인근지역에 없는 경우에는 목장용지를 구성하고 있는 초지, 주거용건축물부지, 축사 및 부대시설부지 등 각 지목별로 별개의 기준으로 평가할 수 있다(토보침 제42조제1항).

■ **토지보상평가지침 제42조(목장용지의 감정평가)** ① 「초지법」 제5조에 따른 허가를 받아 조성된 목장용지에 대한 감정평가는 <u>법 시행규칙 제22조에 따르되,</u> 대상토지와 이용상황이 비슷한 토지의 표준지공시지가가 인근지역에 없는 경우에는 다음 각 호와 같이 감정평가할 수 있다.

1. 초지는 조성 전 토지와 이용상황이 비슷한 토지의 표준지공시지가를 기준으로 한 적정가격에 해당 초지의 조성에 통상 소요되는 비용(개량비를 포함한다) 상당액을 더한 가액으로 감정평가한다.
2. 주거용건물의 부지는 "대"를 기준으로 감정평가하되, 면적의 사정은 제18조에 따른다.
3. 축사 및 부대시설의 부지는 조성 전 토지의 적정가격에 조성비용 상당액을 더한 가액으로 감정평가한다. 다만, 그 가액이 적정하지 아니한 경우에는 제43조를 준용할 수 있다.

② 「초지법」에 따라 조성된 초지가 아닌 기존 전·답에 사료작물을 재배하는 경우에는 농경지로 감정평가한다.

---

15. 잡종지

잡종지에 대한 감정평가는 <u>취득하는 일반적인 토지의 평가원칙</u>(토지보상법 시행규칙 제22조)에 따르되, 대상토지와 이용상황이 비슷한 토지의 표준지공시지가가 인근지역에 없는 경우에는 인근지역에 있는 표준적인 이용상황과 비슷한 토지의 표준지공시지가를 기준으로 감정평가할 수 있다(토보침 제43조제1항).

> ■ **토지보상평가지침 제43조(잡종지의 감정평가)** ① 잡종지에 대한 감정평가는 법 <u>시행규칙 제22조에 따르되</u>, 대상토지와 이용상황이 비슷한 토지의 표준지공시지가가 인근지역에 없는 경우에는 인근지역에 있는 표준적인 이용상황과 비슷한 토지의 <u>표준지공시지가</u>를 기준으로 감정평가할 수 있다.
> ② 제1항 후단에 따라 인근지역에 있는 표준적인 이용상황과 비슷한 토지의 표준지공시지가를 기준으로 감정평가하는 경우에는 용도전환의 가능성, 전환 후의 용도, 용도전환에 통상 필요한 비용 상당액 등을 개별요인의 비교 시에 고려한다.

16. 종교용지

> ■ **토지보상평가지침 제44조(종교용지등의 감정평가)** ① 종교용지 또는 사적지(이하 이 조에서 "종교용지 등"이라 한다)에 대한 감정평가는 <u>제43조를 준용하되</u>, 관계법령에 따라 용도적 제한이나 거래제한 등이 있는 경우에는 개별요인의 비교 시에 고려한다. 다만, 그 제한이 해당 공익사업의 시행을 직접목적으로 한 개별적인 계획제한에 해당하는 경우에는 그러하지 아니하다.
> ② 종교용지 등을 인근지역에 있는 표준적인 이용상황과 비슷한 토지의 표준지공시지가를 기준으로 감정평가하는 경우에서 그 종교용지 등이 농경지대 또는 임야지대 등에 소재하여 해당 토지의 가치가 인근지역에 있는 표준적인 이용상황과 비슷한 토지의 가치에 비하여 일반적으로 높은 것으로 인정되는 경우에는 조성 전 토지의 적정가격에 그 종교용지 등의 조성에 통상 필요한 비용 상당액(공작물 등 시설물의 가격은 제외한다. 이하 이 조에서 같다) 등을 고려한 가액으로 감정평가할 수 있다. 이 경우에는 종교용지 등으로 조성되기 전의 토지와 이용상황이 비슷한 토지의 표준지공시지가를 기준으로 감정평가하되, 종교용지 등으로 조성하는데 통상 필요한 비용

상당액 및 성숙도 등을 개별요인의 비교 시에 고려한다.

③「전통사찰의 보존 및 지원에 관한 법률」제2조제3호에 따른 <u>전통사찰보존지</u>(「개발제한구역의 지정 및 관리에 관한 특별조치법 시행령」제14조제9의2호 등에 따라 설치된 진입로를 포함한다) 등 관계법령에 따라 지정·관리 등을 하는 종교용지가 임야지대 또는 농경지대 등에 소재하여 해당 토지의 가치가 인근지역에 있는 표준적인 이용상황과 비슷한 토지의 가치에 비하여 일반적으로 높은 것으로 인정되는 경우에는 <u>현실적인 이용상황을 기준으로 감정평가한다.</u>

17. 묘지

> ■ **토지보상평가지침 제45조(묘지의 감정평가)** ① 묘지로 이용되고 있는 토지에 대한 감정평가는 <u>인근지역에 있는 표준적인 이용상황과 비슷한 토지의 적정가격을 기준으로 하되, 해당 분묘가 없는 상태를 상정하여 감정평가한다.</u>
>
> ② 다음 각 호의 어느 하나에 해당하는 묘지를 인근지역에 있는 <u>표준적인 이용상황과 비슷한 토지의 표준지공시지가를 기준으로 감정평가하는 경우에는 조성전 토지의 적정가격에 묘지의 조성에 통상 필요한 비용 상당액</u>(석물 등 분묘시설의 설치비용은 제외한다)<u>등을 개별요인의 비교 시에 고려한 가액으로 감정평가한다.</u>
>
> 1. 지적공부상 묘지로 등재되어 있는 소규모의 토지(다른 지목의 자기 소유 토지 일부분에 묘지가 설치된 경우로서 그 묘지부분의 면적을 구분하여 감정평가 의뢰한 것을 포함한다)
> 2. 「장사 등에 관한 법률」제14조에 따라 설치된 묘지

18. 전주·철탑 등의 설치를 위한 토지의 평가

(1) 전주 및 철탑 등의 설치하기 위해 소규모로 분할하여 취득 보상하는 경우

전주 및 철탑 등의 설치하기 위해 소규모로 분할하여 취득 하거나 수용하는 경우에 해당 토지에 대한 평가는 그 설치부분(편입부분)의 위치, 지형, 지세, 면적, 이용상황 등을 고려하여 편입부분의 가치를 부분평가 한다(토보침 제46조제1항).

원칙적으로 분할 취득 전 필지전체를 기준으로 평가한 단가에 취득면적을 곱해야 하나

전주 및 철탑 등의 설치하기 위해 대규모 임야 중 하단부의 평지부분을 소규모로 분할하여 편입하는 경우에는 해당 편입부분만의 토지단가와 전체면적을 기준한 토지단가의 격차가 크므로 필지전체를 기준으로 하지 않고 편입부분만의 토지의 위치, 지형, 지세, 이용상황 등을 기준으로 평가하는 것이다.

> ■ **토지보상평가지침 제46조(전주 · 철탑 등의 설치를 위한 토지의 감정평가)** ① 전주 · 철탑 등의 설치를 위하여 소규모로 분할하여 취득 · 수용하는 토지에 대한 감정평가는 <u>그 설치부분(선하지 부분은 제외한다. 이하 같다)의 위치 · 지형 · 지세 · 면적 · 이용상황 등을 고려하여 한다.</u>
> ② 제1항은 전주 · 철탑 등의 설치를 위하여 토지를 사용하는 경우에서 해당 토지의 적정가격의 감정평가 시에 준용한다.

(2) 전주 및 철탑 등의 설치하기 위해 토지를 사용하는 경우

전주 · 철탑 등의 설치를 위하여 토지를 소규모로 분할하여 취득 보상하는 경우의 평가방법은 전주 · 철탑 등의 설치를 위하여 토지를 사용하는 경우에서 해당 토지의 적정가격의 감정평가 시에 준용된다(토보침 제46조제2항).

19. 선하용지(線下用地)

가. 개념

선하지란 토보침에 의하면 토지의 지상공간에 고압선이 통과하고 있는 토지라고 규정하고 있으나, 통상적으로는 송전선로용지(특별고압 가공 송전선 아래의 토지)중 전주철탑이 설치되어 있는 토지(지지물용지)를 제외한 토지로 송전선이 통과하는 토지를 의미한다.[347]

한편, 선하지의 정의에 대해 '선하지의 공중부분사용에 따른 손실보상평가지침'에서 "선

---

[347] 선하지의 범위에 대하여 '<u>한국전력공사 용지매수규정</u>'은 전선로 중 양측 최외선으로부터 수평으로 3m 이내의 거리를 각각 더한 범위내에 있는 직하(直下)의 토지를 말하나, 지형건조물의 형상가선의 상태 등에 따라 특히 필요한 경우에는 정기설비기준이 정하는 전압별 측방 이격거리를 한도로 3m를 초과하는 경우를 포함한다)고 하고 있다. (매수규정 제3조제항제7호참조) [중앙토지수용위원회, 토지수용 재결기준, 2015.12. 101면 참조]

하지"라 함은 송전선로의 양측 최외선으로부터 **수평으로 3m**(택지 및 택지예정지로서 전기설비기준 제140조에서 정하는 전압별 측방이격거리를 한도로 3m를 초과하는 부분이 건축물 등의 보호 등에 있어서 필요하다고 인정되는 경우에는 그 초과부분을 포함한 거리)를 수평으로 더한 범위 안에서 정한 직하의 토지 중 지지물의 용지를 제외한 토지를 말하며(선하지 평가지침 제3조제2호), "송전선로"라 함은 전기사업자가 건설하는 발전소・변전소・개폐소 및 이와 유사한 장소와 상호간의 전선 및 이를 지지하거나 보장하는 시설물을 말한다고 규정하고 있다(선하지 평가지침 제3조제1호).

그리고 '특별고압'이란 「전기사업법 시행규칙」상에서 규정하고 있는 전압의 한 종류로 시행규칙 제2조는 전압을 <u>저압</u>(직류 1,500V・교류 1,000V이하 전압), <u>고압</u>(직류 1,500V초과 7,000V이하・교류 1,000V초과 7,000V이하의 전압), <u>특별고압</u>(7,000V를 초과하는 전압)으로 구분하고 있는데,[348] <u>현재 우리나라의 송전 전압은 66kV, 154kV, 345kV, 765kV를 사용하고 있어 모두 특별고압에 해당한다</u>.[349]

나. 선하지 보상의 연혁

1970년대까지는 공중의 송전선로의 통과가 토지이용을 제한하지 않는다는 인식으로 이에 대한 별도의 보상은 이루어지지 않았으나, 1970년대 후반부터 1980년대 초반까지 철탑부지에 대하여 일부 보상(지가의 30% 수준)이 이루어진 후 1980년대 말부터 송전선로가 공중으로 통과하는 경우 현재의 토지이용에 저해가 없더라도 공중공간의 잠재적 이용가치를 저해하는 것으로 사회인식이 바뀌게 되어 신설 송전선로 선하지에 대해 보상이 가능하게 되었고 1990년 후반부터 용지매수규정을 제정하여 신설 및 이설 송전선로 선하지에 대해 보상이 실시되었다.[350]

한편, 1984. 4. 10 민법 일부개정으로 구분지상권 규정(제289조의2)이 신설되면서 지하 또는 지상의 공간도 상하의 범위를 정하여 지상권설정이 가능하게 되었고, 이후 1990년

---

348) <u>전기사업법 시행규칙 제2조(정의)규정은 2018.1.10. 일부개정[시행 2021.1.1. 산업통상자원부령 제286호]</u> 되었는데 이는 1974년에 편성된 종전의 전압체계를 약 44년 만에 일부 개편한 것이다. 종전의 전압체계는 저압(직류 750V・교류 600V이하 전압), 고압(직류 750V초과 7,000V이하・교류 600V초과 7,000V이하 전압), 특별고압(7,000V를 초과하는 전압)으로 구분되어 있었다.

349) 현재도 송전전압 66kV는 일부도서지역에서 사용되고 있다.

350) 박귀경, '선하지 관련 보상평가방법과 향후 연구과제', 한국부동산감정인협회, FOCUS 03(2010.5.6.) : 32면 참조

대부터 본격적으로 시작된 지가상승의 영향으로 미보상선하지에 대한 보상요구 및 한국전력공사가 송전선을 설치할 당시 법령에 정해진 취득절차를 취하지 아니한 것을 이유로 하여 공중공간의 구분지상권에 상응하는 임료상당의 부당이득반환청구 소송351)이 급격히 제기되었고 대법원은 한국전력공사가 송전선을 설치함에 있어서 적법하게 그 상공의 공간 사용권을 취득하거나 그에 따른 손실보상 없이 선하지 상공에 대한 점유는 송전선 설치 당시부터 불법점유이고, 전기사업법 등의 규정에 따른 적법한 수용이나 사용 절차에 의하여 선하지 상공의 사용권을 취득하지 아니하는 이상 부당이득을 인정하였다.

그리고 같은 시기에 감정평가사협회의 내부지침으로 '선하지의 공중부분사용에 따른 손실보상평가지침'이 제정(2003.2.14)되었고, 선하지 보상 관련 전원개발(電源開發)촉진법이 정비되면서 선하지에 대한 본격적인 보상이 이루어지게 되었다.352)

판례

[판례1] ▶ 건축 허용 높이가 고압송전선 아래쪽에 법정 이격거리를 둔 높이에 미치지 아니하는 경우, 송전선 설치·통과로 인한 해당 토지 소유자의 손해 유무

[대법원 1995.11.7. 선고 94다31914] (부당이득금)

---

351) 대법원 1995.11.7. 선고 94다31914 판결[부당이득금], ; 대법원 2006.4.13., 선고, 2005다14083 판결[부당이득금반환등], ; 대법원 2014.11.13. 선고 2012다108108 판결[부당이득금반환등] 등 참조

352) ■ **전원개발촉진법 제5조(전원개발사업 실시계획의 승인)** ① 전원개발사업자는 전원개발사업 실시계획(이하 "실시계획"이라 한다)을 수립하여 산업통상자원부장관의 승인을 받아야 한다. 다만, 대통령령으로 정하는 전원개발사업에 대하여는 그러하지 아니하다. 〈개정 2013.3.23.〉

제6조의2(토지수용) ① 전원개발사업자는 전원개발사업에 필요한 토지등을 수용하거나 사용할 수 있다.

② 제5조에 따른 실시계획의 승인·변경승인 또는 신고가 있은 후 전원개발사업자가 전원개발사업구역에서 협의에 의하여 매수한 토지는 「소득세법」또는 「법인세법」을 적용할 때에는 「공익사업을 위한 토지등의 취득 및 보상에 관한 법률」에 따른 수용에 의하여 취득한 것으로 본다.

③ 제1항을 적용할 때 제5조에 따른 실시계획의 승인·변경승인 및 고시가 있는 때에는 「공익사업을 위한 토지 등의 취득 및 보상에 관한 법률」 제20조제1항에 따른 사업인정 및 같은 법 제22조에 따른 사업인정의 고시가 있는 것으로 본다.

④ 대통령령으로 정하는 기준에 해당하는 전원개발사업구역의 토지등의 수용과 사용에 관한 재결(裁決)의 관할 토지수용위원회는 중앙토지수용위원회로 하고, 재결의 신청은 「공익사업을 위한 토지 등의 취득 및 보상에 관한 법률」 제23조제1항 및 같은 법 제28조제1항에도 불구하고 전원개발사업 시행기간에 할 수 있다.

⑤ 제1항에 따른 토지등의 수용 또는 사용에 관하여 이 법에 특별한 규정이 있는 경우를 제외하고는 「공익사업을 위한 토지 등의 취득 및 보상에 관한 법률」을 준용한다. [전문개정 2009.1.30.]

【판결요지】

가. 관계 법령상 토지 위에 건물의 건축이 허용되는 높이가 고압송전선 아래쪽에 소정의 이격거리를 둔 높이에 미치지 아니한다 하더라도, 그러한 사유만으로 한국전력공사가 그 토지 상공에 송전선을 설치, 통과시켜도 그로 인하여 토지 소유자에게 토지 이용 제한에 따른 손해가 생길 수 없다고 말할 수는 없다.

나. 토지 소유자가 10여 년간 송전선 설치에 관하여 이의를 제기하지 않았다거나 철탑 부지에 대한 사용 승낙이 있었다는 사정만으로는, 그 권리가 실효되었다거나 부당이득 반환청구가 신의칙에 위배된다고 할 수 없다고 한 사례.

[판례2] ▶ [대법원 2006.4.13., 선고, 2005다14083] (부당이득금반환 등)

【판시사항】

[1] 한국전력공사가 송전선로가 아닌 배전선로를 타인의 토지 상에 설치한 사안에서, 한국전력공사는 토지 상공에 배전선로를 점유·사용함에 따른 구분지상권에 상응하는 임료 상당의 부당이득을 반환할 의무가 있다고 한 사례

[2] 토지소유자가 고압전선이 설치된 토지를 농지로만 이용해 온 경우, 그 토지 상공에 대한 구분지상권에 상응하는 임료 상당액의 손해를 입었다고 볼 수 있는지 여부(적극)

[3] 송전선이 토지 위를 통과함을 알고서 토지를 취득하였거나, 토지를 취득한 후 장기간 송전선의 설치에 대하여 이의를 제기하지 않은 경우, 토지소유자의 권리가 실효되었다거나 토지수요자가 그러한 제한을 용인하였다고 볼 수 있는지 여부(소극)

[4] 고압전선 아래로 점유하는 면적, 그 좌우측 1m까지의 법정이격거리 범위 내의 면적 및 잔여지 면적 모두를 고압전선으로 사용·수익이 저해된 면적에 포함시킨 원심의 판단을 정당하다고 한 사례

[5] 토지의 부당이득액을 산정함에 있어 그 요소가 되는 기대이율의 결정방법

【판결이유】

1. 부당이득의 성립에 관하여

원심판결 이유에 의하면 원심은, 그 채택 증거들을 종합하여 원고들이 소유하고 있

거나 소유하였던 이 사건 각 토지 위로, 피고가 설치하여 소유·관리하는 사용전압 22,900V의 특별고압가공전선(이하 '이 사건 전선'이라 한다)이 통과하고 있는데, 상공자원부 고시 제1993-70호 전기설비기술기준에서 이러한 고압전선과 건조물 사이의 법정이격거리를 규정하고 있는 사실을 인정한 다음, 피고가 소유자인 원고들의 동의 없이 이 사건 각 토지 상공에 설치한 이 사건 전선으로 인하여, 원고들이 위 전기설비기술기준이 정한 법정이격거리 안에서는 건물 등을 축조할 수 없는 등 이용의 제한을 당하고 있으므로, 피고는 이 사건 각 토지 상공에 이 사건 전선을 점유·사용함에 따른 구분지상권에 상응하는 임료 상당의 부당이득을 반환할 의무가 있다고 판단하였다.

기록에 의하여 검토하여 보건대, 이 사건 전선은 발전소에서 변전소 사이의 송전선로가 아니라 변전소에서 각 수용가 사이의 배전선로에 해당함은 상고이유의 주장과 같으나, 위 전기설비기술기준 등 관련 법령에서는 송전선과 배전선을 구별하지 않고 전선을 통과하는 전압만을 기준으로 법정이격거리를 규정하고 있으며, 이러한 이격거리가 고압전선으로부터 위험을 사전에 배제하기 위하여 둔 규정인 이상 당해 전선을 통과하는 전압이 동일하다면 같은 안전조치가 필요할 것임은 명백하여 송전선과 배전선을 달리 취급할 아무런 이유가 없으므로, 이 사건 전선이 송전선로가 아닌 배전선로로서 이설이 용이하다는 등의 사정을 들어 부당이득 책임이 성립하지 않는다고 다투는 상고이유의 주장은 받아들일 수 없다.

또한, 토지소유자가 고압전선이 설치된 토지를 농지로만 이용하여 왔다고 하더라도 그 토지 상공에 대한 구분지상권에 상응하는 임료 상당의 손해를 입었다고 보아야 하며(대법원 1996.5.14. 선고 94다54283 판결 참조), …이하 (중략) …나아가 피고는 원고들의 묵시적 동의가 있었다는 주장도 하지만, 송전선이 토지 위를 통과함을 알고서 토지를 취득하였거나, 토지를 취득한 후 장기간 송전선의 설치에 대하여 이의를 제기하지 않았다고 하여 토지소유자의 권리가 실효되었다거나 토지소유자가 그러한 제한을 용인하였다고 볼 수 없다.

2. 부당이득액의 산정에 관하여

원심판결 이유에 의하면 원심은, 피고가 이 사건 전선 아래로 점유하는 면적(배전선 내 면적), 그 좌우측 1m까지의 법정이격거리 범위 내의 면적(이격거리 면적) 및 잔여 부분이 50㎡ 미만이어서 잔여 부분만으로는 토지의 효용을 다하기 어렵다고 판단되는 부분의 면적(잔여지 면적)을 모두 이 사건 전선으로 사용·수익이 저해된 면적으로 인정하고, 여기에 토지의 기초가격, 입체이용저해율, 기대이율을 순차로 곱하여, 저해면적에 구분지상권을 설정하였을 경우 얻을 수 있는 연도별 차임을 산정한 다음, 원고별 토지 소유 기간과 지분에 따라 이를 합산한 금액을 피고가 원고에게 부당이득으로서 반환할 의무가 있다고 판단하였다.

먼저, 저해면적이 과다하게 산정되었다는 주장에 관하여 보건대, 앞서 부당이득의 성립과 관련하여서 본 사실관계에 의하면 배전선 내 면적은 물론 이격거리 면적에 대하여도 동일하게 토지의 사용·수익이 제한되는 것이므로, 이격거리 면적에 포함되는 부분도 부당이득 반환의 대상이 됨은 명백하고, 이 사건 전선의 설치로 인하여 사용이 제한되는 부분을 제외한 나머지 토지 부분만으로 사실상 소유자가 자신이 원하는 용도로 사용할 수 없게 된 경우에 사회통념상 그 과소토지 부분도 당해 시설물을 설치·소유한 자가 사용·수익하고 있다고 보아 부당이득 반환의 대상이 된다고 보아야 한다.(대법원 2001. 3. 9. 선고 2000다70828 판결 참조),

3. 기대이율이 과다하게 산정되었다는 주장에 관하여

토지의 부당이득액을 산정함에 있어 그 요소가 되는 기대이율은 국공채이율, 은행의 장기대출금리, 일반시중의 금리, 정상적인 부동산거래이윤율, 국유재산법과 지방재정법이 정하는 대부료율 등을 참작하여 결정하여야 할 것인바(대법원 2002.10.25. 선고 2002다31483 판결 참조), 위 법리에 비추어 기록을 검토하여 보면, 원심이 기대이율은 이 사건 각 토지를 가장 효과적으로 이용하였을 때 얻을 수 있는 수익과 토지가격의 비율이라고 전제한 다음, 제1심의 감정 결과와 위와 같은 제반 요소를 참작하여 기대이율을 6%라고 산정한 조치 역시 정당한 것으로 넉넉히 수긍할 수 있다.

다. 선하지 보상평가의 근거

선하지 보상과 관련된 법령 등은 토지보상법 외 보상과 관련된 구체적인 기준을 규정한 '토지보상평가지침'(이하 '토보침'이라 함) 및 '선하지의 공중부분사용에 따른 손실보상평가지침'(이하 '선하지 평가지침'이라 함)이 있다. 그 외 한국전력공사의 내부지침으로 '한국전력공사 용지매수규정' 과 '송변전설비 건설관련 특수보상 운영세칙'이 있으며,[353] 선하지와 관련된 보상의 문제를 규정한 개별 법률로「전기사업법」,「전원개발촉진법」등이 있다.

■ **토지보상법 제71조(사용하는 토지의 보상 등)** ① 협의 또는 재결에 의하여 사용하는 토지에 대하여는 그 토지와 인근 유사토지의 지료(地料), 임대료, 사용방법, 사용기간 및 그 토지의 가격 등을 고려하여 평가한 적정가격으로 보상하여야 한다.
② 사용하는 토지와 그 지하 및 지상의 공간 사용에 대한 구체적인 보상액 산정 및 평가방법은 투자비용, 예상수익 및 거래가격 등을 고려하여 <u>국토교통부령</u>으로 정한다. 〈개정 2013.3.23.〉 [전문개정 2011.8.4.]

■ **토지보상법 시행규칙**
제30조(토지의 사용에 대한 평가) 토지의 사용료는 <u>임대사례비교법</u>으로 평가한다. 다만, 적정한 임대사례가 없거나 대상토지의 특성으로 보아 임대사례비교법으로 평가하는 것이 적정하지 아니한 경우에는 <u>적산법</u>으로 평가할 수 있다.

제31조(토지의 지하·지상공간의 사용에 대한 평가) ① 토지의 지하 또는 지상공간을 사실상 영구적으로 사용하는 경우 당해 공간에 대한 사용료는 제22조의 규정에 의하여 산정한 당해 토지의 가격에 <u>당해 공간을 사용함으로 인하여 토지의 이용이 저해되는 정도에 따른 적정한 비율</u>(이하 이 조에서 "입체이용저해율"이라 한다)을 곱하여 산정한 금액으로 평가한다.
② 토지의 지하 또는 지상공간을 일정한 기간동안 사용하는 경우 당해 공간에 대한 사용료는 제30조의 규정에 의하여 산정한 당해 토지의 사용료에 <u>입체이용저해율</u>을 곱하여 산정한 금액으로 평가한다.

■ **토지보상평가지침**

---

353) 다만, 국민의 재산권 침해와 관련된 선하지 보상의 기준과 범위를 법령이 아닌 한국전력공사 자체 내부규정인 용지매수규정 등으로 해결하려는 것은 문제가 있다. 따라서 이에 대한 입법보완 등 개선이 필요할 것으로 보인다.

제46조의2(선하지 등의 감정평가) ① 토지의 지상공간에 고압선이 통과하고 있는 토지(이하 "선하지"라 한다)에 대한 감정평가는 그 제한을 받지 아니한 상태를 기준으로 한다.

② 제1항에도 불구하고 선하지에 해당 고압선의 설치를 목적으로 「민법」 제289조의2에 따른 구분지상권이 설정되어 있는 경우에는 제47조(제5항은 제외한다)를 준용한다.

③ 제2항은 토지의 지하공간에 「도시철도법」 제2조제2호에 따른 도시철도와 「송유관안전관리법」 제2조제2호에 따른 송유관 등 공익시설의 설치를 목적으로 「민법」 제289조의2에 따른 구분지상권이 설정되어 있는 토지에 대한 감정평가의 경우에 준용한다.

제47조(소유권 외의 권리의 목적이 되고 있는 토지의 감정평가) ① 소유권 외의 권리의 목적이 되고 있는 토지에 대한 감정평가는 다음 각 호와 같이 한다.

1. 의뢰자가 토지에 관한 소유권 외의 권리를 따로 감정평가할 것을 요청한 경우에는 다음과 같이 하되, 그 내용을 감정평가서에 기재한다.

> 감정평가액＝해당 토지의 소유권 외의 권리가 없는 상태의 감정평가액
> － 해당 토지의 소유권 외의 권리에 대한 감정평가액

2. 의뢰자가 토지에 관한 소유권 외의 권리를 따로 감정평가할 것을 요청하지 아니한 경우에는 토지의 소유권 외의 권리가 없는 상태를 기준으로 한다. 다만, 제46조의2제2항과 제3항에 따른 감정평가의 경우에는 제1호에 따른다.

② 제1항의 해당 토지의 소유권 외의 권리는 해당 권리의 종류, 존속기간 및 기대이익 등을 종합적으로 고려하여 감정평가한다. 이 경우 점유는 권리로 보지 아니한다.

③ 토지의 소유권 외의 권리는 거래사례비교법에 따라 감정평가하는 것을 원칙으로 하되, 일반적으로 양도성이 없는 경우에는 다음 각 호의 방법에 따를 수 있다.

1. 해당 권리의 유무에 따른 토지가액의 차이로 감정평가하는 방법
2. 권리설정계약을 기준으로 감정평가하는 방법
3. 해당 권리를 통하여 획득할 수 있는 장래기대이익의 현재가치로 감정평가하는 방법

④ 토지의 소유권 외의 권리가 「민법」 제289조의2에 따른 구분지상권인 경우에는 제

3항에 따른 방법 외에도 제50조(도시철도법 등에 따른 지하사용료의 감정평가)와 제51조(입체이용저해율의 산정)를 준용하여 감정평가할 수 있다.

⑤ 지하 또는 지상 공간에 송유관 또는 송전선로 등이 시설되어 있으나 보상이 이루어지지 아니한 토지에 대한 감정평가는 그 시설물이 없는 상태를 기준으로 한다.

(1) 토지보상평가지침

토보침 제46조의2 조항은 별도의 손실보상 없이 기존에 이미 선하지등으로 이용되고 있던 보상대상 토지 등이 다른 공익사업으로 편입되는 경우에의 보상평가를 규정한 것이다. 토지의 지상공간에 고압선이 통과하고 있는 토지에 대한 평가는 그 제한을 받지 아니한 상태로 평가하는바, 이는 미보상 선하지 토지에 대하여는 미지급용지(=구 미불용지)로 보아 제한을 받지 않는 상태로 평가하도록 한 것이다.

토지의 지하공간에 도시철도, 송유관 등 공익시설의 설치를 목적으로 구분지상권이 설정되어 있는 토지에 대한 감정평가의 경우에도 토보침의 선하지의 평가기준이 이용되고 있다(토보침 제46의2제3항).

(2) 선하지의 공중부분사용에 따른 손실보상평가지침

이 지침은 전기사업법 제89조의 규정에 의하여 전기사업자가 35,000V(35kv)를 넘는 송전선로의 건설을 위하여 토지의 공중부분을 사용하는 경우에 있어서의 전기사업법 제90조 등의 규정에 의한 손실보상을 위한 평가에 관하여 세부적인 기준과 절차 등을 정하고 있다(선하지 평가지침 제1조 참조).

(3) 전기사업법

전기사업법은 전기사업에 관한 기본제도를 확립하고 전기사업의 경쟁과 새로운 기술 및 사업의 도입을 촉진함으로써 전기사업의 건전한 발전을 도모하고 전기사용자의 이익을 보호하여 국민경제의 발전에 이바지함을 목적으로 제정(1961.12. 31)되었다. 전기사업법 제89조에는 선하지의 공중부분 사용에 대한 보상에 대한 규정이 있다.

① 다른 자의 토지의 출입 및 토지 등의 사용

전기사업자는 전기사업용전기설비의 설치 등을 위해 정당한 손실보상을 전제로 출입 및 토지보상법이 정하는 바에 따라 다른 자의 토지 등을 사용 등을 할 수 있다(법 제87조, 제88조, 제90조).

② 다른 자의 토지의 지상 등의 사용

전기사업자는 그 사업을 수행하기 위하여 필요한 경우에는 현재의 사용방법을 방해하지 아니하는 범위에서 다른 자의 토지의 지상 또는 지하 공간에 전선로를 설치할 수 있고(법 제89조제1항), 다른 자의 토지의 지상 또는 지하 공간의 사용에 관하여 구분지상권의 설정 또는 이전을 전제로 그 토지의 소유자 및 토지보상법 제2조제5호에 따른 관계인과 협의하여 그 협의가 성립된 경우에는 구분지상권을 설정 또는 이전할 수 있고(법 제89조의2 제1항), 협의 불성립시 토지의 지상 또는 지하 공간의 사용에 관한 구분지상권의 설정 또는 이전을 내용으로 하는 수용·사용의 재결을 받아 「부동산등기법」 제99조를 준용하여 단독으로 해당 구분지상권의 설정 또는 이전 등기를 신청할 수 있다(법 제89조의2 제2항).

구분지상권의 설정 또는 이전의 협의취득 및 수용·사용의 재결에 따른 구분지상권의 존속기간은 「민법」 제280조 및 제281조에도 불구하고 '송전선로가 존속하는 때'까지로 한다(법 제89조의2 제4항).[354]

③ 토지의 지상 등의 사용에 대한 손실보상

전기사업자는 다른 자의 토지의 지상 또는 지하 공간에 송전선로를 설치함으로 인하여 손실이 발생한 때에는 손실을 입은 자에게 정당한 보상을 하여야 하는바, 보상금액의 산정기준이 되는 토지 면적은 다음 각 호의 구분에 따르며, 손실보상의 구체적인 산정기준 및 방법에 관한 사항은 대통령령에 따른 아래 [별표5]와 같으며(법 제90조의2), 전기사업자가 보상을 할 때에는 손실을 입은 자마다 일시불로 보상금을 지급하여야 한다(시행령 제51조).

---

354) 사견으로 위 규정에 따라 실무에서는 실제로 구분지상권의 '존속기간을 송전선로가 존속하는 기간'으로 등기되고 있어 이는 사실상 영구적 지상권이 설정되는 것이므로 선하지 토지소유자들에게는 향후 재산권행사에 큰 제약이 발생되므로 신중한 해석이 필요할 것으로 보인다.

> 1. 지상 공간의 사용: 송전선로의 양측 가장 바깥선으로부터 수평으로 3미터를 더한 범위에서 수직으로 대응하는 토지의 면적. 이 경우 건축물 등의 보호가 필요한 경우에는 기술기준에 따른 전선과 건축물 간의 전압별 이격거리까지 확장할 수 있다.
> 2. 지하 공간의 사용: 송전선로 시설물의 설치 또는 보호를 위하여 사용되는 토지의 지하 부분에서 수직으로 대응하는 토지의 면적

즉, 지상공간의 사용에 따른 **선하지 면적**은 송전선로의 양측 최외선으로부터 수평으로 3m를 더한 범위안의 직하 토지의 면적으로 함을 원칙으로 하며, 전기사업자가 토지의 지상 또는 지하공간에 송전선로를 설치하기 위한 보상은「전기사업법 시행령」제50조 및 [별표5]에 규정하고 있다.

■ 전기사업법 시행령 [**별표 5**] 〈신설 2011.9.30〉

손실보상의 산정기준(제50조 관련)

구분	사용기간	보상금액 산정기준
지상 공간의 사용	송전선로가 존속하는 기간까지 사용	보상금액= 토지의 단위면적당 적정가격 × 지상 공간의 사용면적 × (입체이용저해율 + 추가보정률)
	한시적 사용	보상금액= 토지의 단위면적당 사용료 평가가액 × 지상 공간의 사용면적 × (입체이용저해율 + 추가보정률)
지하 공간의 사용	송전선로가 존속하는 기간까지 사용	보상금액= 토지의 단위면적당 적정가격 × 지하 공간의 사용면적 × 입체이용저해율

비고
1. "입체이용저해율"이란 송전선로를 설치함으로써 토지의 이용이 저해되는 정도에 따른 적정한 비율을 말한다.
2. "추가보정률"이란 송전선로를 설치함으로써 해당 토지의 경제적 가치가 감소되는 정도를 나타내는 비율을 말한다.
3. "지상 공간의 사용면적"이란 법 제90조의2제2항제1호에 따른 면적을 말하며, "지하 공간의 사용면적"이란 법 제90조의2제2항제2호에 따른 면적을 말한다.
4. "한시적 사용"이란 법 제90조의2제1항에 따라 전기사업자가 설치하는 송전선로에 대하여「전원개발촉진법」제5조에 따른 전원개발사업 실시계획 승인의 고시일부터 3년 이내에 철거가 계획된 경우를 말한다(법 제89조의2에 따른 구분지상권의 설정 또는 이전의 경우에 대해서는 적용하지 아니한다).
5. 토지의 가격(단위면적당 적정가격 및 단위면적당 사용료 평가가액을 말한다), 입체이용저해율 및 추가보정률 등 손실보상의 산정 방법에 관하여는「공익사업을 위한 토지 등의 취득 및 보상에 관한 법률」제67조 및 제68조에 따라 평가한다.

(4) 전원개발촉진법

전원개발촉진법은 전원개발사업(電源開發事業)을 효율적으로 추진함으로써 전력수급의 안정을 도모하고, 국민경제의 발전에 이바지함을 목적으로 1978.12.5. 구「전원개발에 관한특례법」으로 제정되었다.

과거 구「전원개발에 관한특례법」하에서 보상이 미처 이루어지지 아니하고 설치된 송전선로 선하용지(線下用地) 등에 대하여 전원설비를 설치 또는 개량하는 사업뿐만 아니라 이미 설치되어 있는 전원설비의 사용권원을 확보함으로써 그 설비를 원활하게 운용하기 위한 사업도 전원개발사업에 포함(법 제2조 제2호)되도록 하여 국민들의 사유재산권 및 권익이 보호 등을 위해 법률의 제명을 2003. 12. 30.(법률 제7016호) 전원개발촉진법으로 변경되면서 이후 실시계획에 따른 선하지에 대한 본격적인 보상이 이루어지게 되었다.

① 토지수용

전원개발사업 실시계획을 수립하여 산업통상자원부장관의 승인을 받은 전원개발사업자는 전원개발사업에 필요한 토지 등을 수용하거나 사용할 수 있으며, 이 법에 특별한 규정이 있는 경우를 제외하고는 토지보상법을 준용한다(법 제6조의2제1항, 제5항).[355]

즉, 선하지의 공중부분 사용과 관련하여 전원개발촉진법에 의한 실시계획승인이 이루어지면 토지소유자가 반대하더라도 전원개발사업자는 수용재결 또는 사용재결을 통하여 토지사용권을 확보할 수 있게 되었다.

전원개발사업자가 실시계획의 승인·변경승인 또는 신고가 있은 후 전원개발사업구역에서 협의에 의하여 매수한 토지는 「소득세법」또는 「법인세법」을 적용할 때에는 토지보상법에 따른 수용에 의하여 취득한 것으로 보며, 실시계획의 승인·변경승인 및 고시가 있는 때에는 토지보상법에 따른 사업인정 및 사업인정의 고시가 있는 것으로 본다(법 제6조의2제2항, 제3항).

대통령령으로 정하는 기준에 해당하는 아래 각호의 전원개발사업구역의 토지 등의 수용과 사용에 관한 재결(裁決)의 관할 토지수용위원회는 중앙토지수용위원회로 하고, 재결의 신청은 토지보상법 제23조제1항 및 같은 법 제28조제1항에도 불구하고 전원개발사업

---

355) 여기서 '전원개발사업'이란 (ⅰ) 전원설비를 설치·개량하는 사업, (ⅱ) 설치 중이거나 설치된 전원설비의 토지등을 취득하거나 사용권원(使用權原)을 확보하는 사업을 말한다(법 제2조 제2호).

시행기간에 할 수 있다(법 제6조의2제4항, 시행령 제19조).

> 1. 출력 10만킬로와트 이상인 발전소의 설치
> 2. 전압 154킬로볼트 이상인 변전소 또는 송전선로의 설치
> 3. 사업구역이 둘 이상의 특별시 · 광역시 · 도 또는 특별자치도에 걸치는 전원개
>   발사업

② 이주대책

전원개발사업자는 전원개발사업의 시행에 필요한 토지 등의 제공으로 생활의 근거를 상실하게 되는 자를 위하여 토지보상법 제78조제4항 및 같은 법 시행령 제40조제2항 · 제5항을 준용하여 이주대책을 수립 · 실시하여야 하며(법 제10조제1항, 시행령 제21조제1항), 국가 또는 지방자치단체는 이주대책의 실시에 따른 주택지의 조성 및 주택의 건설에 대하여는 「주택법」에 따른 국민주택자금을 다른 것에 우선하여 지원한다(법 제10조제3항).

라. 선하지의 공중부분의 사용에 대한 손실보상

(1) 손실보상평가의 기준

송전선로의 건설을 위하여 토지의 공중부분을 사용하는 경우에는 그 손실보상을 위한 평가는 선하지에 대한 공중부분의 사용료를 평가하는 것으로 한다(선하지 평가지침 제4조).

(2) 한시적 사용에 따른 사용료 평가

송전선로의 건설을 위하여 선하지의 공중부분을 일정한 기간 동안 한시적으로 사용하는 경우에의 사용료 평가가액은 당해 토지의 단위면적당 사용료 평가액에 보정률 및 사용면적을 곱하여 산정한다. 이 경우 당해 토지의 단위면적당 사용료 평가액은 당해 토지를 전체적으로 사용하는 것을 전제하여 평가한다(선하지 평가지침 제5조).

> ○ **사용료의 평가가액** ≒ [당해 토지의 단위면적당 사용료 평가가액 × 보정률 × 선하지 면적(사용면적)]

(3) 사실상 영구적 사용에 따른 평가

송전선로의 건설을 위하여 선하지의 공중부분을 구분지상권(등기된 임차권 포함)을 설정하여 사실상 영구적으로 사용하는 경우에의 사용료 평가액은 당해 토지의 단위면적당 적정가격에 보정률 및 구분지상권 설정면적(선하지 면적)을 곱하여 산정한다. 이 경우 당해 토지의 단위면적당 적정가격은 당해 송전선로의 건설로 인한 지가의 영향을 받지 아니하는 토지로서 인근지역에 있는 유사한 이용상황의 표준지 공시지가를 기준으로 한 당해 토지의 단위면적당 평가가격으로 한다(선하지 평가지침 제6조).

> ○ **사용료의 평가가액** ≒ [당해 토지의 단위면적당 적정가격 × 보정률 × 선하지 면적(구분지상권설정면적)]

(4) 보정률의 산정

선하지의 공중부분 사용에 따른 사용료의 평가시(보상)에 적용되는 보정률은 송전선로의 건설로 인한 토지이용상의 제한 등이 당해 토지의 전체면적에 미치는 영향정도 등을 고려하여 정한 율로서 기본율과 추가보정률이 있다(선하지 평가지침 제7조제1항).

> ○ **보정률** ≒ 기본율 + 추가보정률

① 기본율(=입체이용저해율)

선하지의 공중부분 사용에 따른 토지의 이용이 입체적으로 저해되는 정도에 따른 적정한 비율로서, 토지보상평가지침 제51조(입체이용저해율의 산정)방법을 준용한다(선하지 평가지침 제7조제2항).

② 추가보정률

기본율 외에 송전선로가 건설되는 것에 따른 당해 토지의 경제적 가치가 감소되는 정도를 나타내는 비율로서 **쾌적성** 저해정도, **시장성** 저해정도, **기타** 제한정도 등이 고려된 율이며, 「추가보정률 산정기준표」에서 정하는 기준에 따라 산정한다(선하지 평가지침 제

7조제3항).356) 보상실무상 종래 통상적으로 추가보정률 산정기준으로 ⅰ) 송전선로 요인, ⅱ) 개별요인, ⅲ) 기타요인 등이 고려되어 왔다.

〈별표〉

《추가보정률 산정기준표》

구분 보정 요인	추가보정률의 적용범위			상·중·하 등 구분기준
	택지· 택지예정 지	농지	임지	
쾌적성 저해요인 (a)	5~10% 내외	3~5% 내외	3~5% 내외	송전선로의 높이를 기준으로 다음과 같이 구분한다. · 10m이하: 전압에 관계없이 "상"으로 구분한다. · 10m초과 20m이하: 154kv이하는 "중", 154kv초과는 "상"으로 구분한다. · 20m초과: 765kv이상은 "상", 345kv 이상은 "중", 154kv이하는 "하"로 구분한다.
시장성 저해요인 (b)	3~10% 내외	5~10% 내외	5~7% 내외	송전선로 경과지의 위치를 기준으로 다음과 같이 구분한다. · 평지에 가까울수록 높은 율로 구분한다. · 임야지대의 정상에 가까울수록 낮은 율로 구분한다. · 송전선로의 이전계획이 있거나 한시적인 사용의 경우에는 그 이전 예정시기 등을 고려하되, 낮은 율로 구분한다.
기타 저해요인 (c)	3~5% 내외	3~5% 내외	3~5% 내외	선하지의 면적비율 또는 송전선로의 통과위치 등을 기준으로 다음과 같이 구분한다. · 선하지의 면적비율이 20%를 초과하거나 송전선로 필지의 중앙을 통과하는 경우에는 "상"으로 구분한다. · 선하지의 면적비율이 10%를 초과하거나 송전선로가 필지의 측면을 통과하는 경우에는 "중"으로 구분한다. · 선하지의 면적비율이 10% 이하 이거나 송전선로가 필지의 모서리를 통과하는 경우에는 "하"로 구분한다.
추가	10~25%	10~20%	10~15%	

---

356) 그러나 사견을 전제로 토지보상법 시행규칙 제31조에서는 토지의 지하 또는 지상공간을 사실상 영구적으로 사용하는 경우 또는 일정한 기간 동안 사용하는 경우에 있어 당해 공간에 대한 사용료에 대해서는 <u>입체이용저해율만을 반영하도록 규정</u>되어 있어 <u>내부규정에 불과한 선하지지침이 법령에 반하는 규정</u>을 두고 있다는 문제점이 있다.

보정률 산정기준 (a+b+c)	내외	내외	내외

주) 1. 이 표는 추가보정률의 일반적인 적용범위 및 구분기준 등을 정한 것이므로 대상물건의
　　　상황이나 지역여건 등에 따라 이를 증감 조정할 수 있다.
　　2. 이 표에서 정한 상중하 구분기준 외에 다른 기준에 따라 구분할 수 있다.
　　3. 이 표에서 정하지 아니한 용도 토지의 경우에는 이 표에서 정한 유사한 용도 토지의 율을
　　　적용할 수 있다.

(ⅰ)「추가보정률 산정기준표」에서 정하는 기준에 의하여 추가보정률을 산정하는 경우에는 다음 각호의 저해요인을 고려한 적정한 율로 하되, 각 저해요인별로 그 저해정도 등에 따라 상·중·하 등으로 구분하여 산정한다(선하지 평가지침 제7조제4항).

1. 쾌적성 저해요인: 통과전압의 종별 및 송전선의 높이, 송전선로가 심리적·신체적으로 미치는 영향정도 기타 조망·경관의 저해 등
2. 시장성 저해요인: 장래기대이익의 상실정도, 송전선로의 이전가능성 및 그 난이도 등
3. 기타 저해요인: 선하지 면적의 당해 토지 전체면적에 대한 비율, 송전선로의 통과위치, 기타 이용상의 제한정도 등

(ⅱ) 추가보정률의 산정에 있어서 선하지의 공중부분을 구분지상권 설정하여 사실상 영구적으로 사용하는 경우에는「추가보정률 산정기준표」에서 정하는 추가보정률 외에 5% 범위 내외에서 정하는 율을 추가보정률에 더할 수 있다(선하지 평가지침 제7조제5항).

(ⅲ) 송전선로를 새로이 설치하기 위하여 유효이용면적 또는 그 이하의 소규모필지의 택지 또는 택지예정지의 공중부분을 구분지상권을 설정하여 사실상 영구적으로 사용하는 경우 등에 있어서 송전선로의 설치에 따른 쾌적성저해, 시장성저해 등으로 인한 당해 토지의 경제적 가치 감소요인(추가보정율의 산정과 관계된 저해요인을 말한다)이 당해 토지의 전체면적에 사실상 미치고 있어「추가보정률 산정기준표」에서 정하는 기준에 의하여 산정된 추가보정률을 적용하여 사용료를 평가하는 경우에 그 사용료 평가가액이 그

선하지의 공중부분 사용에 따른 당해 토지의 현실적인 경제적 가치 감소상당액 수준에 현저히 못 미친다고 인정되는 경우에는 따로 추가보정률의 산정기준 등을 정하여 평가할 수 있다. 이 경우에는 선하지 면적의 당해 토지 전체면적에 대한 비율, 송전선로 전압의 종별, 송전선로의 높이, 송전선로의 통과위치, 송전선로의 이전가능성 및 그 난이도 등과 주위토지 상황 등을 종합적으로 고려하여 추가보정률 등을 정하여야 한다(선하지 평가지침 제7조제6항).

(5) 선하지 공중부분 사용에 대한 보상범위(=선하지 면적)

① 선하지 평가지침상의 선하지 면적

송전선로의 건설을 위한 토지의 공중부분 사용에 따른 사용료의 평가시에 적용할 **선하지 면적**은 전기사업자가 다음에서 정하는 기준에 따라 산정하여 제시한 면적으로 한다(선하지 평가지침 제8조).

> 1. 송전선로의 양측 최외선으로부터 수평으로 3m를 더한 범위안의 직하 토지의 면적으로 함을 원칙으로 한다.[357]
> 2. 택지 및 택지예정지로서 당해 토지의 최유효이용을 상정한 건축물의 최고높이가 전기설비기준 제140조제1항에서 정한 전압별 측방이격거리(3m에 35,000V를 넘는 10,000V 또는 그 단수마다 15cm를 더한 값의 거리를 말한다)의 전선 최하높이 보다 높은 경우에는 송전선로의 양측 최외선으로부터 그 이격거리를 수평으로 더한 범위안에서 정한 직하 토지의 면적으로 한다. 〈개정 2003.7.2〉

---

[357] 송전선로의 양측 최외선으로부터 수평으로 3m를 더하는 의미는 전선의 횡진거리(전선이 풍압, 하중 등으로 횡방향으로 이동하는 거리)를 고려하여 실질적으로 전선이 차지하는 공간 범위를 정하기 위한 것으로 택지 및 택지예정지로서 당해 토지의 최유효이용을 상정한 건축물의 최고 높이가 전기설비기술기준에서 정한 전압별 측방이격거리를 더한 전선 최하높이보다 높은 경우에는 송전선로 양측 최외선으로부터 그 이격거리를 수평으로 더한 범위에서 건축물 이용저해에 대한 보상을 하는 것이다. [박귀경, 전게논문 (2010.5.6.) : 36면]

※ 한국전력공사측의 선하지 보상기준

▸ 철탑부지: 감정가로 보상

▸ 선하지: 송전선로 직하 토지가격×보상률

(편입면적 토지가의 약28%)

▸ 선하지 보상범위: 좌우 3m

– 출처: 한국전력공사,

'밀양 765kV 송전탑 해법을 찾는다' 국회공청회, 2012.12.4. 참조

▸ 현재 철탑의 선로폭이 통상 28m임을 고려할 때 선하지 보상범위는 **34m**가 된다.

② 「전기설비기술기준의 판단기준」상의 선하지 면적

송전선로로 인한 재산적 피해는 송전선이 전압이 높을수록, 송전선로와의 거리가 가까울수록 증가하고 있다고 알려지고 있는바, 선하지 면적의 범위를 송전선로(가공전선)과 건조물과의 전압별 이격거리를 보다 세밀하게 규정한 「전기설비기술기준의 판단기준」(산업통상자원부 고시) 제126조(특고압 가공전선과 건조물의 접근)에 따르는 것이 선하지 평가지침상의 선하지 면적(이격거리인 3m 범위내) 규정보다 선하지 토지소유자들의 재산권 침해에 따른 보상 내지 부당이득반환청구소송 등을 위한 기준으로 보다 바람직할 것이다.[358] 대법원의 판례도 같은 취지의 판결을 하고 있다.[359]

「전기설비기술기준의 판단기준」(이하 "기술기준"이라 한다)은 전기설비기술기준에서 정하는 전기공급설비 및 전기사용설비의 안전성능에 대한 구체적인 기술적 사항을 정하는 것을 목적으로 하며, 동 기술기준 제126조(특고압 가공전선과 건조물의 접근) 제1항에서는 특고압 가공전선이 건조물과 제1차 접근상태로 시설되는 경우에 사용전압이 35kV를

---

358) 2019.3.25. 산업통상자원부장관은 전기사업법 제67조 및 같은 법 시행령 제43조, 전기설비기술기준 (산업통상자원부 고시) 제4조에 따른 전기설비기술기준의 판단기준(산업통상자원부 공고 제2018-102호, 2018. 3. 9) 중 일부를 개정하여 공고한바 있다.(산업통상자원부 공고 제2019-195호)

359) 대법원 2014.11.13. 선고 2012다108108 판결 [부당이득금반환등]

초과하는 특고압 가공전선과 건조물과의 이격거리는 건조물의 조영재 구분 및 전선종류에 따라 각각 제2호의 규정 값에 35kV 을 초과하는 10kV 또는 그 단수마다 15cm을 더한 값 이상일 것을 규정하고 있다.

- **설비기준 제126조(특고압 가공전선과 건조물의 접근)** ① 특고압 가공전선이 건조물과 제1차 접근상태로 시설되는 경우에는 다음 각 호에 따라야 한다.

  1. 특고압 가공전선로는 제3종 특고압 보안공사에 의할 것.
  2. 사용전압이 35kV 이하인 특고압 가공전선과 건조물의 조영재 이격거리는 표 126
     -1에서 정한 값 이상일 것.

  [표 126-1]

건조물과 조영재의 구분	전선종류	접근형태	이격거리
상부 조영재	특고압 절연전선	위쪽	2.5m
		옆쪽 또는 아래쪽	1.5m (전선에 사람이 쉽게 접촉할 우려가 없 도록 시설한 경우는 1m)
	케이블	위쪽	1.2m
		옆쪽 또는 아래쪽	0.5m
	기타전선		3m
기타 조영재	특고압 절연전선		1.5m (전선에 사람이 쉽게 접촉할 우려가 없 도록 시설한 경우는 1m)
	케이블		0.5m
	기타전선		3m

  3. 사용전압이 35kV를 초과하는 특고압 가공전선과 건조물과의 이격거리는 건조물의 조영재 구분 및 전선종류에 따라 각각 제2호의 규정 값에 35kV 을 초과하는 10kV 또는 그 단수마다 15cm을 더한 값 이상일 것.

  ②항 ~ ⑤항 생략

위 기술기준에 따라 전압별 법정이격거리를 계산하면 아래 [표]와 같다.

《전기설비기술기준 사용전압별 법정이격거리》

사용전압	수평이격거리	
35kv	3m	※ 765kv 전력선과 건조물과의 수평이격거리는 전기설비기술기준에 의거하면 13.95m이나, 최근 한국전력의 전력설비설계기준은 이에 여유를 더 감안하여 건설하고 있다고 알려지고 있다.[360]
66kv	3.6m	
154kv	4.78m	
345kv	7.65m	
765kv	13.95m	

※ 최근 2012년 경남 밀양지역주민과 한국전력공사간 극한갈등(송전탑 반대의견으로 지역주민 분신 포함)으로 한동안 사회적으로 큰 문제가 되었던 '밀양 765kV 송전탑 건설'건은 기존의 345kv 송전선로를 765kv 송전선로로 변경하는 한국전력공사의 전력공급 사업으로 이는 선하지보상의 문제를 넘어 환경문제로 까지 사회적 이슈가 되었다. 765kV 송전탑의 높이는 최고 140m에 달해 건물 30~40층 높이에 해당한다.

③ 대법원 판시 선하지 면적

선하지 면적(선하지 공중부분 사용에 대한 보상범위)에 대하여 선하지 지침은 송전선로의 양측 최외선으로부터 수평으로 3m를 더한 범위내라고 규정하고 있다. 그러나, 대법원은 "토지의 이용가능성은 송전선 존재 자체로 제한되고 있으므로 지상에 건조물이 설치될 가능성이 전혀 없다는 등의 사정이 없는 한 피고가 점유하는 부분은 그 토지의 잠재적 이용가능성이 침해되는 공간으로써 법정이격거리 내의 토지 상공이라고 봄이 상당한 점, 한국감정평가협회가 제정한 선하지 평가지침은 감정평가사 업무의 효율성을 위하여 제정한 내부적 지침에 불과하여 대외적인 구속력이 있는 법규라고 보기 어려울 뿐만 아니라 전기사업자가 송전선로의 건설을 위하여 토지의 공중 부분을 사용하는 경우의 손실보상 평가를 위한 것인데 비하여, 이 사건은 피고가 원고들의 동의도 받지 아니한 채 오랜 기간 무단으로 점유한 것에 대한 부당이득금을 산정하기 위한 것인 점 등을 고려하여 선하지 평가지침상의 이격거리인 3m 범위내의 면적이 아닌 전기설비기술기준의 법정이격거리인 7.65m 범위내의 면적을 기준으로 부당이득금을 산정하여야 한다."라고 판시하였다.[361]

---

360) 박귀경, 전게논문 (2010.5.6.) : 36면 참조
361) 대법원 2014.11.13. 선고 2012다108108 판결 (부당이득금반환등)

[판례1] ▶ 토지의 상공에 고압전선이 통과함으로써 토지 상공의 이용을 제한받는 경우, 토지소유자가 전선소유자에게 부당이득 반환을 구할 수 있는 범위

[대법원 2014.11.13. 선고 2012다108108] (부당이득금반환 등)

【판결요지】

토지의 상공에 고압전선이 통과하게 됨으로써 토지소유자가 그 토지 상공의 이용을 제한받게 되는 경우, 특별한 사정이 없는 한 그 토지소유자는 위 전선을 소유하는 자에게 이용이 제한되는 상공 부분에 대한 임료 상당의 부당이득금의 반환을 구할 수 있다. 이때 고압전선이 통과하고 있는 상공 부분과 관계 법령에서 고압전선과 건조물 사이에 일정한 거리를 유지하도록 규정하고 있는 경우 그 거리 내의 상공 부분은 토지소유자의 이용이 제한되고 있다고 볼 수 있다(대법원 2006.4.13. 선고 2005다14083 판결, 대법원 2009.1.15. 선고 2007다58544 판결 등 참조).

원심판결 이유에 의하면, 원심은 이 사건 송전선의 설치·통과로 인하여 원고들이 이 사건 각 토지의 이용에 제한을 받게 되는 부분은 이 사건 송전선이 통과하는 선하지와 전기설비기술기준의 법정이격거리인 7.65m 내에 있는 이격지를 포함한다고 판단하였다. 나아가 원심은, 이 사건 각 토지는 건축이 가능한 대지나 택지예정지가 아니어서 가까운 시일 내에 건축이 불가능하므로 건조물의 건축을 전제로 하는 법정이격거리를 기준으로 부당이득을 산정할 수 없고, 감정평가사협회의 '선하지의 공중 부분 사용에 따른 손실보상평가지침'에 따라 이 사건 각 토지의 선하지에 이 사건 송전선 양측 최외선으로부터 3m의 수평적 이격거리 이내에 포함된 이격지만을 포함하여 부당이득금을 산정하여야 한다는 피고의 주장에 대하여, 토지의 이용가능성은 송전선 존재 자체로 제한되고 있으므로 지상에 건조물이 설치될 가능성이 전혀 없다는 등의 사정이 없는 한 피고가 점유하는 부분은 그 토지의 잠재적 이용가능성이 침해되는 공간으로써 법정이격거리 내의 토지 상공이라고 봄이 상당한 점, 이 사건 각 토지의 경우 제한된 요건하에서 건조물의 건축이 허용되고, 광주시 (주소 3 생략) 임야의 선하지 부근에 축사부속건물이 건축되어 있는 점, 한국감정평가협회가 제정한 선하지 평가지침은 감정평가사 업무의 효율성을 위하여 제정한 내부적 지침에 불과하

여 대외적인 구속력이 있는 법규라고 보기 어려울 뿐만 아니라 전기사업자가 송전선로의 건설을 위하여 토지의 공중 부분을 사용하는 경우의 손실보상 평가를 위한 것인데 비하여, 이 사건은 피고가 원고들의 동의도 받지 아니한 채 오랜 기간 무단으로 점유한 것에 대한 부당이득금을 산정하기 위한 것인 점 등을 들어 위 주장을 배척하였다.

마. 선하지 등의 보상평가

(1) 토지보상평가지침

토지의 지상공간에 고압선이 통과하고 있는 토지에 대한 감정평가는 그 제한을 받지 아니한 상태를 기준으로 한다(토보침 제46조의2제1항). 다만, 선하지에 해당 고압선의 설치를 목적으로 민법 제289조의2에 따른 구분지상권이 설정되어 있는 경우에는 해당 토지의 나지상태(해당 토지의 소유권외의 권리가 없는 상태)의 감정평가액에서 해당 토지의 소유권외의 권리에 대한 감정평가가액을 차감하여 평가한다(토보침 제46조의2제2항).

종래 선하지 보상현장실무는 감정평가 의뢰자의 요청으로 지상에 통과하는 송전선으로 인한 토지이용의 제한정도[362]를 감안하여 적절하게 감가하여 평가하는 것이 통상적이었다.[363]

(2) 구분지상권이 설정되어 있는 선하지 평가

구분지상권이 설정되어 있는 선하지에 대한 감정평가는 의뢰자가 토지에 관한 소유권 외의 구분지상권을 따로 감정평가할 것을 요청한 경우에는 다음과 같이 하되, 그 내용을 감정평가서에 기재한다(토보침 제47조제1항제1호).

---

[362] 제한의 정도의 예로 ① 통과전압의 종별 및 송전선의 높이, ② 선하지 부분의 면적 및 획지에서의 통과위치, ③ 건축 및 기타 시설의 규제정도, ④ 구분지상권의 설정유무, ⑤ 철탑 및 전선로의 이전가능성 및 난이도 ⑥ 고압선이 심리적, 신체적으로 미치는 영향정도 ⑦ 장래기대이익의 상실정도, ⑧ 기타 이용상의 제한

[363] 한편 한국토지주택공사는 보상실무상 선하지 면적의 산정부분과 관련하여 선하지(지하에 송수관·송유관·가스관 등이 매설된 토지 포함)는 한국전력공사 등 관리청으로부터 자료를 제공받아 용지도(지형지적도면)상에 저촉구간(선로)과 철탑 등의 위치를 표시하고, 목록을 작성하여 추후 평가사가 개별필지별 제한정도를 감안하여 적정한 평가가 이루어지도록 조치하고 있고, 또한 토지 일부에 설치된 철탑부지는 현황측량 또는 등기부등본상 지상권설정면적으로 하여 현황지목 '잡'(철탑부지)으로 결정하고 있다. (한국토지주택공사, "보상업무 적정수행을 위한 교육자료", 2010.3.)

> ▸ **감정평가액**=해당 토지의 소유권 외의 권리가 없는 상태의 감정평가액 − 해당 토지의 구분지상권에 대한 감정평가액

(3) 구분지상권등기가 없는 선하지 평가

구분지상권등기 없이 사용하고 있는 기설 선하지 보상평가에 있어서는, 지하철, 송유관 설치 등과 같이 공익사업에 해당하는 경우에는, 미지급용지(구 미불용지)에 해당하는 것으로 보아, 신설 선하지에 대하여 보상평가하는 방식과 같은 방식으로 평가해야 하므로 토지의 지상공간을 통과하고 있는 고압선의 제한을 받지 아니한 상태를 기준으로 평가해야 한다.

(4) 구분지상권 평가방법

① 구분지상권의 평가

취득하는 토지의 평가가액에서 당해 공간을 사용함으로 인하여 토지의 이용이 저해되는 정도에 따른 적정한 비율(=입체이용저해율)을 곱하여 산정한 금액으로 평가한다(시행규칙 제31조).

> ▸ **구분지상권 평가액** = 해당 토지의 단위면적당 평가가액 × 입체이용저해율 × 해당 토지의 구분지상권 설정면적

② 토지의 입체이용, 입체이용율 및 입체이용저해율

토지의 입체이용이란 평면, 지층, 공중공간의 이용가치를 집약한 것으로 입체이용율이란 이용율이 가장 높은 지표면부근의 평면공간과 공중공간 및 지중공간의 각 부분을 지표면과 평행으로 적당한 높이와 깊이로 구분하여 얻은 각 부분에 대한 이용가치의 비율을 의미하며, 이 모든 입체이용율의 합은 1이 된다.[364]

한편, 입체이용저해율란 구분지상권 등의 설정에 의해 획지의 입체이용가치 부분에 저해

---

364) 한국부동산원, 보상실무1, 2011.12, 404면

를 주는 경우에 그 저해에 따라 대상획지의 이용이 제한되는 정도에 상응하는 비율을 말하며, 다음과 같은 항목으로 구성되며 산정된다(토보침 제51조).

> ▸ **입체이용저해율** = 건물의 이용저해율 + 지하부분의 이용저해율 + 그 밖의
> 이용저해율

※ 건축물의 이용저해율 : 토지의 지하 또는 지상공간의 일부를 사용함으로 인한 토지의 입체적 가치를 구성하는 건축물 등의 지상층 부분의 이용가치가 저해되는 비율(감정평가 실무기준 820-5.2.2.2 참조)

$$\text{건축물의 이용저해율} \fallingdotseq \text{건물의 이용률}(\alpha) \times \frac{\text{저해층수의 층별효용비율}(B)\text{합계}}{\text{최유효건물층수의 층별효용비율}(A)\text{합계}}$$

※ 지하부분의 이용저해율 : 토지의 지하 또는 지상공간의 일부를 사용함으로 인한 토지의 입체적 가치를 구성하는 건축물 등의 지하층 이용가치 또는 지하 이용가치가 저해되는 비율(감정평가 실무기준 820-5.2.2.3 참조)

$$\text{지하부분의 이용저해율} = \text{지하이용률}(\beta) \times \text{심도별지하이용효율}(P)$$

정리

▸ 입체이용저해율은 ⅰ) 건축물 등 이용저해율, ⅱ) 지하부분 이용저해율, ⅲ) 기타 이용저해율을 더하여 산정함

▸ 건축물 등 이용저해율은 건축물 등 이용률에 최유효건축물의 층별효용비율 합계 대비 저해층의 층별효용비율 합계의 비율을 곱하여 산정하고, 지하부분 이용저해율은 지하이용률에 심도별지하이용효율을 곱하여 산정하며, 기타 이용 저해율은 입체이용률배분표에 의함

20. 토지에 관한 소유권외의 권리의 평가

가 개념

'소유권 외의 권리'란 토지의 소유권에 설정되어 있는 제한물권(용익물권, 담보물권) 또는 채권을 말한다. 여기에는 일정한 목적을 위하여 타인의 토지를 사용·수익하는 것을 내용으로 하는 용익물권으로서 지상권·지역권·전세권과, 목적물의 교환가치(처분)만을 지배하는 담보물권인 저당권과 채권인 사용대차 또는 임대차에 관한 권리 등이 포함되나, 점유는 권리로 보지 아니한다.[365]

토지에 관한 소유권외의 권리의 평가는 토지상에 소유권 이외의 권리가 설정되어 있는 경우에 그 권리에 대해 어떻게 보상할 것인가의 문제이다.

> ■ **토지보상법 시행규칙 제28조(토지에 관한 소유권외의 권리의 평가)** ① 취득하는 토지에 설정된 소유권외의 권리에 대하여는 당해 권리의 종류, 존속기간 및 기대이익 등을 종합적으로 고려하여 평가한다. 이 경우 점유는 권리로 보지 아니한다.
> ② 제1항의 규정에 의한 토지에 관한 소유권외의 권리에 대하여는 거래사례비교법에 의하여 평가함을 원칙으로 하되, 일반적으로 양도성이 없는 경우에는 당해 권리의 유무에 따른 토지의 가격차액 또는 권리설정계약을 기준으로 평가한다.

나. 평가방법

취득하는 토지에 설정된 소유권외의 권리에 대하여는 당해 권리의 종류, 존속기간 및 기대이익 등을 종합적으로 고려하여 평가하며, 이 경우 점유는 권리로 보지 아니한다(시행규칙 제28조제1항).

토지에 관한 소유권외의 권리에 대하여는 거래사례비교법에 의하여 평가함을 원칙으로 하되, 일반적으로 양도성이 없는 경우에는 (ⅰ) 해당 권리의 유무에 따른 토지가액의 차이로 평가하는 방법, (ⅱ) 권리설정 계약을 기준으로 평가하는 방법으로 평가한다(시행규칙 제28조제2항).[366]

---

365) 중앙토지수용위원회, 앞의 책, 2017.12., 356-359면 수정·인용
366) 한편 보상실무상 평가방법에 있어서는 위 (ⅰ), (ⅱ) 외에 (ⅲ) 해당 권리를 통하여 획득할 수 있는 장래기대이익의 현재가치로 평가하는 방법 중에서 해당 권리의 내용 등을 고려하여 가장 적절한 방법으로 평가하고 있다. (감정평가 실무기준 810.6.3.2 토지에 관한 소유권 외의 권리)

> ▸ 감정평가액＝해당 토지의 나지상태의 가격 − 해당 토지에 관한 소유권 외의 권리에
> 대한 평가액
>
> ※ 보상실무: 한국토지주택공사는 실무상 통상 위의 산식으로 보상하고 있으며, 지상
> 권 등이 있는 경우에 토지소유자와 지상권자 등의 협의를 전제로 토지소유권과 지
> 상권 등의 권리를 구분하여 수용재결신청을 하는 경우에만 재결절차가 진행되고 있
> 다.[367)

여기서 "거래사례비교법"이라 함은 대상물건과 동일성 또는 유사성이 있는 다른 물건의
거래사례와 비교(거래된 사정 및 시기 등에 따른 적정한 보완을 하여 비교하는 것을 말
한다)하여 대상물건에 대한 가격시점 현재의 가격을 구하는 방법을 말한다(시행규칙 제2
조제6호).

(1) 지상권

① 원칙

지상권은 원칙적으로 지상권을 통하여 획득할 수 있는 장래기대이익의 현재가치로 평가
한다. 이 경우 장래기대이익은 인근지역의 정상지료에서 실제지료를 차감한 액으로 하
며, 환원기간은 지상권의 장래 존속기간으로 한다.

지료의 약정 및 등기가 있는 경우는 지료증감청구권이 인정되므로 정상지료와 실제지료
는 동일하다고 보아야 하고 따라서 이러한 지상권은 별도의 경제적 가치가 없는 것으로
보아 평가하지 아니하고, 지료의 등기가 없는 경우는 무상의 지상권으로 보므로 장래기
대이익은 인근의 정상지료가 되고, 이를 지상권의 장래존속기간 동안 할인한 것을 지상
권의 가치로 본다.

② 저당권부 지상권 및 분묘기지권

저당권에 부대하여 설정된 지상권은 주된 저당권이 채무변제 등으로 소멸되면 지상권의
존속기간이 남아있다고 하더라도 소멸되는 것이어서 별도의 경제적 가치가 없는 것으로

---

367) 한국토지주택공사, "보상업무 적정수행을 위한 교육자료", 2010.3.

보아 평가하지 아니하고, 분묘기지권 역시 분묘를 수호하고 봉제사하는 목적을 달성하는 데 필요한 범위 내에서 타인의 토지를 사용할 수 있는 권리로 그 효력이 미치는 범위 내라고 할지라도 기존의 분묘 외에 새로운 분묘를 신설할 권능은 포함되지 않으므로 분묘기지권 자체가 별도의 경제적 가치를 가지는 것으로 볼 수 없으므로 분묘기지권은 보상 평가하지 않는다.

③ 민법 제366조의 법정지상권 및 관습법상의 법정지상권의 지료는 당사자의 청구에 의해 법원이 결정하도록 규정하고 있고, 이 경우의 지료는 정상지료를 기준으로 하므로 법정지상권 및 관습법상의 법정지상권은 별도의 경제적 가치가 없는 것으로 보아 보상평가 하지 않는다.

판례

[판례1] ▶ 지상권 설정시 지료에 관한 약정이 없는 경우, 지료의 지급을 청구할 수 있는지 여부(소극) **[대법원 1999.9.3. 선고 99다24874]**

【판결요지】

지상권에 있어서 지료의 지급은 그의 요소가 아니어서 지료에 관한 유상 약정이 없는 이상 지료의 지급을 구할 수 없는 것이며(대법원 1995.2.28. 선고 94다37912 판결, 1994.12.2. 선고 93다52297 판결 등 참조), 유상인 지료에 관하여 지료액 또는 그 지급시기 등의 약정은 이를 등기하여야만 그 뒤에 토지소유권 또는 지상권을 양수한 사람 등 제3자에게 대항할 수 있는 것이다(대법원 1996.4.26. 선고 95다52864 판결 참조).

그리고, 지료에 관하여 등기되지 않은 경우에는 무상의 지상권으로서 지료증액청구권도 발생할 수 없다 할 것이다.

[판례2] ▶ 토지에 관하여 저당권과 함께 지상권을 취득하는 경우, 당해 지상권의 효용 및 방해배제청구권의 내용 **[대법원 2004.3.29. 자 2003마1753]**

【판결요지】

토지에 관하여 저당권을 취득함과 아울러 그 저당권의 담보가치를 확보하기 위하여 지상권을 취득하는 경우, 특별한 사정이 없는 한 당해 지상권은 저당권이 실행될 때까지 제3자가 용익권을 취득하거나 목적토지의 담보가치를 하락시키는 침해행위를 하는 것을 배제함으로써 저당 부동산의 담보가치를 확보하는 데에 그 목적이 있다고 할 것이므로, 그와 같은 경우 제3자가 비록 토지소유자로부터 신축중인 지상 건물에 관한 건축주 명의를 변경받았다 하더라도, 그 지상권자에게 대항할 수 있는 권원이 없는 한 지상권자로서는 제3자에 대하여 목적 토지 위에 건물을 축조하는 것을 중지하도록 요구할 수 있다.

[판례3] ▶ 분묘기지권의 효력이 미치는 범위
[대법원 2001 8.21. 선고 2001다28367]

【판결요지】

분묘기지권은 분묘를 수호하고 봉제사하는 목적을 달성하는 데 필요한 범위 내에서 타인의 토지를 사용할 수 있는 권리를 의미하는 것으로서, 이 분묘기지권에는 그 효력이 미치는 지역의 범위 내라고 할지라도 기존의 분묘 외에 새로운 분묘를 신설할 권능은 포함되지 아니하는 것이므로, 부부 중 일방이 먼저 사망하여 이미 그 분묘가 설치되고 그 분묘기지권이 미치는 범위 내에서 그 후에 사망한 다른 일방을 단분(단분)형태로 합장하여 분묘를 설치하는 것도 허용되지 않는다.

(2) 전세권

전세금에 대해서는 증액청구를 인정하고 있고, 증액 비율의 상한을 규정하고 있으나, 그 비율이 적정하여 전세권에 기하여 장래기대이익이 발생한다고 볼 수 없으므로 전세권은 별도로 보상평가하지 않는다.

(3) 지역권

요역지가 공익사업에 편입된 경우는 승역지에 지역권을 설정하고 편익을 얻고 있는 상태대로 보상평가하고 지역권에 대해서는 별도로 평가하지 않는다.

승역지가 공익사업에 편입된 경우는 지역권은 요역지 토지의 권리이지 요역지 소유자의 권리가 아니므로 별도로 보상평가하지 않는다. 다만, 이 경우 <u>요역지의 토지소유자</u>는 「토지보상법」 제79조제1항에 따라 요역지에 통로 · 도랑 · 담장 등의 시설 기타의 공사가 필요한 때에는 그 비용의 전부 또는 일부의 보상을 청구할 수 있다.

(4) 임차권

임차권에 대해서는 차임의 증감을 청구할 수 있도록 규정하고 있으므로, 존속기간이 약정된 경우라고 하더라도 법적으로 임대차에 기하여 장래기대이익이 발생한다고 볼 수 없으므로 임차권은 별도로 보상평가하지 않음

(5) 담보물권

담보물권의 목적물이 수용되거나 사용된 경우 그 담보물권은 그 목적물의 수용 또는 사용으로 인하여 채무자가 받을 보상금에 대하여 행사할 수 있으므로(토지보상법 제47조), 담보물권은 별도로 보상평가하지 않는다.[368]

> ■ **토지보상법 제47조(담보물권과 보상금)** 담보물권의 목적물이 수용되거나 사용된 경우 그 담보물권은 그 목적물의 수용 또는 사용으로 인하여 채무자가 받을 보상금에 대하여 행사할 수 있다. 다만, 그 보상금이 **채무자에게 지급되기 전**에 압류하여야 한다. [전문개정 2011.8.4.]

다. 재결기준

토지수용위원회는 토지소유권 이외의 권리자(지상권자 등)가 그 권리에 대한 보상을 요구하였을 때에는 토지소유권자에 대한 토지보상과 지상권자 등에 대한 권리를 분리 · 평가하여 재결한다.[369]

---

368) 토지보상법 제47조(담보물권과 보상금) 담보물권의 목적물이 수용되거나 사용된 경우 그 담보물권은 그 목적물의 수용 또는 사용으로 인하여 채무자가 받을 보상금에 대하여 행사할 수 있다. <u>다만, 그 보상금이 채무자에게 지급되기 전에 압류하여야 한다.</u> [전문개정 2011.8.4.]
369) 중앙토지수용위원회, 토지수용 재결기준, 2015.12. 242면

※ 중토위 재결례 [중토위 2013.6.20.]

【재결요지】

법 제45조제1항에 따르면 사업시행자는 수용의 개시일에 토지나 물건의 소유권을 취득하며, 그 토지나 물건에 관한 다른 권리는 이와 동시에 소멸하도록 되어 있으나, 같은 법 같은 조 제항에 따르면 토지수용위원회의 재결로 인정된 권리는 위 규정에도 불구하고 소멸되거나 그 행사가 정지되지 아니하도록 되어 있다.

관계자료(사업시행자 의견, 한국전력공사의 의견 등)를 검토한 결과, 이 건 토지(00리 808-20 외 3필지 791㎡ 중 214㎡)에 구분지상권(송전선)이 설정되어 있으나 이 건 공익사업에 지장을 초래하지 아니한 바, 이 건 구분지상권을 소멸시키는 것은 또 다른 공익을 희생시키는 결과를 초래하므로 구분지상권을 존속하기로 한다.

21. 소유권 외의 권리의 목적이 되고 있는 토지의 평가

가. 개념

취득하는 토지에 설정된 소유권 외의 권리의 목적이 되고 있는 토지는 해당 권리가 없는 것으로 한 토지의 평가액에서 소유권 외의 권리에 대한 평가액을 뺀 금액으로 평가한다 (시행규칙 제29조).

- **토지보상법 시행규칙 제29조(소유권외의 권리의 목적이 되고 있는 토지의 평가)**
  취득하는 토지에 설정된 소유권외의 권리의 목적이 되고 있는 토지에 대하여는 당해 권리가 없는 것으로 하여 제22조 내지 제27조의 규정에 의하여 평가한 금액에서 제28조의 규정에 의하여 평가한 소유권외의 권리의 가액을 뺀 금액으로 평가한다.

- **토지보상평가지침 제47조(소유권 외의 권리의 목적이 되고 있는 토지의 감정평가)**
  ① 소유권 외의 권리의 목적이 되고 있는 토지에 대한 감정평가는 다음 각 호와 같이 한다.
  1. 의뢰자가 토지에 관한 소유권 외의 권리를 따로 감정평가할 것을 요청한 경우에는 다음과 같이 하되, 그 내용을 감정평가서에 기재한다.

> **감정평가액**=해당 토지의 소유권 외의 권리가 없는 상태의 감정평가액 − 해당 토지의 소유권 외의 권리에 대한 감정평가액

　2. 의뢰자가 토지에 관한 소유권 외의 권리를 따로 감정평가할 것을 요청하지 아니한 경우에는 토지의 소유권 외의 권리가 없는 상태를 기준으로 한다. 다만, 제46조의 2제2항과 제3항에 따른 감정평가의 경우에는 제1호에 따른다.

② 제1항의 해당 토지의 소유권 외의 권리는 해당 권리의 종류, 존속기간 및 기대이익 등을 종합적으로 고려하여 감정평가한다. 이 경우 점유는 권리로 보지 아니한다.

③ 토지의 소유권 외의 권리는 거래사례비교법에 따라 감정평가하는 것을 원칙으로 하되, 일반적으로 양도성이 없는 경우에는 다음 각 호의 방법에 따를 수 있다.

　1. 해당 권리의 유무에 따른 토지가액의 차이로 감정평가하는 방법

　2. 권리설정계약을 기준으로 감정평가하는 방법

　3. 해당 권리를 통하여 획득할 수 있는 장래기대이익의 현재가치로 감정평가하는 방법

④ 토지의 소유권 외의 권리가 「민법」 제289조의2에 따른 구분지상권인 경우에는 제3항에 따른 방법 외에도 제50조와 제51조를 준용하여 감정평가할 수 있다.

⑤ 지하 또는 지상 공간에 송유관 또는 송전선로 등이 시설되어 있으나 보상이 이루어지지 아니한 토지에 대한 감정평가는 그 시설물이 없는 상태를 기준으로 한다.

나. 평가방법

(1) 소유권 이외의 권리가 설정된 토지의 평가방법

소유권 외의 권리의 목적이 되고 있는 토지에 대한 감정평가는 의뢰자가 토지에 관한 소유권 외의 권리를 따로 감정평가할 것을 요청한 경우에는 다음과 같이 하되, 그 내용을 감정평가서에 기재한다(토보침 제47조제1항제1호).

> ▶ **감정평가액** = 해당 토지의 소유권 외의 권리가 없는 상태의 감정평가액 − 해당 토지의 소유권 외의 권리에 대한 감정평가액

다만, 평가의뢰자가 토지에 관한 소유권 외의 권리를 따로 감정평가 할 것을 요청하지 아니한 경우에는 소유권 외의 권리가 설정된 토지에 대하여 이러한 권리의 설정이 없는 상태의 토지가액으로 평가할 수 있다(토보침 제47조제1항제2호).

토지에 관한 소유권 외의 권리는 거래사례비교법에 의하여 평가함을 원칙으로 하되, 일반적으로 양도성이 없는 경우에는 (ⅰ) 당해 권리의 유무에 따른 토지가액의 차이로 평가하는 방법, (ⅱ) 권리설정 계약을 기준으로 평가하는 방법, (ⅲ) 해당 권리를 통하여 획득할 수 있는 장래기대이익의 현재가치로 감정평가하는 방법에 따를 수 있다(토보침 제47조제3항).

한편, 지하 또는 지상공간에 송유관 또는 송전선로 등이 시설되어 있으나 보상이 이루어지지 않은 토지는 이에 구애됨이 없이 그 시설물이 없는 상태를 기준으로 평가한다(토보침 제47조제5항).

(2) 토지소유자와 지상건물의 소유자가 다른 경우 토지 평가방법

토지소유자와 지상건축물의 소유자가 달라 그 지상건물을 평가의뢰자의 요청이 있거나 토지보상법 시행규칙 제33조제2항 단서 규정에 의하여 거래사례비교법으로 평가하는 경우에는 그 지상건축물이 있는 토지에 대한 평가는 아래 방법으로 산정한다.[370]

> ▶ **평가가액** = 당해 토지의 나지상태의 평가가액 − (지상건축물의 거래사례비교법에 의한 평가가액 − 지상건축물의 원가법에 의한 취득가액의 평가가격)
>
> ※ 이같이 평가하는 이유는 타인토지를 빌려 건물을 짓거나 국유 토지 등을 대차하여 건물을 지을 경우 그 건물이나 점포의 매매는 그 건물가격 이외에 토지 이용권에 관한 가격이 포함되어 거래되므로, 이 같은 사실을 고려 없이 소유권 이외의 권리가 없는 것으로 보고 정상평가를 하여 보상하면 토지소유자는 부당이득을 얻고 지상권자나 임차권자는 손실을 보는 결과가 초래되므로 이를 방지하기 위함이다.

---

370) 중앙토지수용위원회, 앞의 책, 2015.12. 241-242면

22. 기타 토지

가. 공동소유 토지

(1) 공동소유의 개념

하나의 물권을 2인 이상이 소유하는 것으로 그 유형으로는 공유(물건이 지분에 의하여 수인의 소유로 되어 있는 형태), 합유(법률규정 또는 계약에 의해 수인이 조합체로서 물건을 소유하는 형태), 총유(법인 아닌 사단이 물건을 소유하는 형태)가 있다

(2) 각 공동소유 형태별 토지의 보상관계

감정평가에 관한 규칙은 "감정평가는 대상물건마다 개별로 평가하여야 한다."(감정평가에관한규칙 제7조제1항)고 규정하고 있고 토지보상평가지침 역시 "토지 보상평가는 대상토지 및 소유권 외의 권리마다 개별로 하는 것을 원칙으로 한다."(토보침 제5조의2제1항 본문)라고 규정하여 감정평가는 개별 감정평가가 원칙이다.

① 공유(共有)토지

공유자는 언제든지 공유물의 분할을 청구할 수 있고, 다른 공유자의 동의 등을 받을 필요 없이 그 지분을 자유로이 처분(양도 · 담보제공 · 포기)할 수 있다(민법 제263조).[371] 다만, 공유물 자체의 처분 또는 변경은 공유자 전원의 동의가 있어야 하며, 공유관계인 토지 등의 일부만을 처분하는 경우에도 그 공유자 전원과 협의하여야 한다(민법 제264조). 따라서 <u>공유토지를 사업시행자가 취득하기 위해</u> 공유자 전원의 동의를 받을 필요는 없이 <u>공유토지를 전체를 한필지로 평가한 후 그 공유지분비율에 따라 안분하여 각 공유자별로 구분보상</u>하면 된다.

통상적인 보상실무에서 사업시행자는 (ⅰ) 공유자 전체가 협의에 응할 경우에는 등기부에 기재된 공유지분비율에 따라 보상금을 지급하며, (ⅱ) 공유자중 1인이 협의에 의하여 계약을 체결하고자 할 경우에는 그 지분에 대해서만 계약을 체결하면 되나, 이때 공유자의 지분등기가 없는 경우에는 지분을 균등한 것으로 보아 처리하고(민법 제262조 제2항), (ⅲ)상호명의신탁처럼 공유자간에 1필지 내에 각자의 위치나 면적이 구분되어 있더

---

371) 대법원 1972.5.23. 선고 71다2760 판결

라도 그것이 대외적 효력이 있는 것은 아니므로, 보상은 1필지 전체를 기준으로 평가하고 그 지분비율에 따라 안분하여 보상액을 지급하고 있다.[372]

구분소유적 공유관계에 있는 토지에 대한 평가와 관련하여 대법원은 "수인이 각기 한 필지의 특정부분을 매수하면서도 편의상 공유지분등기를 경료함으로써 각자의 특정부분에 관한 공유지분등기가 상호 명의신탁 관계에 있는, 이른바 <u>구분소유적 공유토지</u>라고 할지라도 명의신탁된 부동산이 대외적으로 수탁자의 소유에 속하는 것이니 만큼, 일반 공유토지와 마찬가지로 한 필지의 토지 전체를 기준으로 평가한 다음 이를 공유지분 비율에 따라 안분하여 각 공유지분권자에 대한 보상액을 정하여야 한다."라고 판시하고 있다(대법원 1998.7.10. 선고 98두6067).

판례

[판례1] ▶ 구분소유적 공유관계에 있는 토지에 대한 평가와 필지별 평가원칙
[대법원 1998.7.10. 선고 98두6067] (토지수용이의재결처분취소 등)

【판결요지】
감정평가에관한규칙 제15조 등에 의하면, 수용대상토지를 평가함에 있어서는 특별한 사정이 없는 한 이를 <u>필지별로 평가</u>하여야 할 것이므로, <u>수인이 각기 한 필지의 특정부분을 매수하면서도 편의상 공유지분등기를 경료함으로써 각자의 특정부분에 관한 공유지분등기가 상호 명의신탁 관계에 있는, 이른바 구분소유적 공유토지라고 할지라도 명의신탁된 부동산이 대외적으로 수탁자의 소유에 속하는 것이니 만큼, 일반 공유토지와 마찬가지로 한 필지의 토지 전체를 기준으로 평가한 다음 이를 공유지분 비율에 따라 안분하여 각 공유지분권자에 대한 보상액을 정하여야 한다.</u>

【판결이유】
감정평가에관한규칙 제15조 등에 의하면, 수용대상토지를 평가함에 있어서는 특별한 사정이 없는 한 이를 필지별로 평가하여야 할 것이므로, 수인이 각기 한 필지의 특정

---

372) 다만, 분쟁의 소지를 줄이기 위해 공유대상 토지의 일부 이용현황이 법정지목과 다를 경우에는 지분에 따른 가격사정에 이의가 있을 수 있으므로 공유자간에 위치가 지정되었는지의 여부를 확인하고 공유자 전원의 합의에 의한 보상계약 체결을 유도하고 있다. (한국토지주택공사, 앞의 책, 2016, 158면

부분을 매수하면서도 편의상 공유지분등기를 경료함으로써 각자의 특정부분에 관한 공유지분등기가 상호 명의신탁 관계에 있는, 이른바 구분소유적 공유토지라고 할지라도 명의신탁된 부동산이 대외적으로 수탁자의 소유에 속하는 것이니 만큼, 일반 공유토지와 마찬가지로 한 필지의 토지 전체를 기준으로 평가한 다음 이를 공유지분 비율에 따라 안분하여 각 공유지분권자에 대한 보상액을 정하여야 할 것이다(대법원 1993.6.29. 선고 91누2342 판결 참조).

기록에 의하면, 원고가 분할 전 서울 중구 (주소 1 생략) 토지 중 특정부분(133㎡)을 매수하면서 공유지분등기(37/889)를 경료하여 두었다가 나중에 위 분할 전 토지가 이 사건 4필지 토지로 분할되고 다시 그 중 위 특정부분이 속해 있는 (주소 2 생략) 토지가 다른 토지와 합병되었다가 분할된 후, 위 4필지 토지 모두가 이 사건 수용사업(ㅇㅇ제3구역 주택개량재개발사업)에 편입되었으며, 이 사건 수용재결 당시 원고가 이 사건 4필지 토지상에 각 공유지분등기[(주소 2 생략) 토지에 대한 공유지분은 122.31/2430이고 나머지 3필지 토지에 대한 공유지분은 각 37/889임]를 가지고 있었음을 알 수 있으므로, 원고에 대한 손실보상액은 이 사건 4필지 토지를 필지별로 평가한 다음 그 각 평가액 중 원고의 지분비율에 해당하는 금액을 계산하여 이들을 합산하는 방법으로 정하여야 할 것이다. 그런데, 위 소외인의 감정평가는 이와 달리 (주소 2 생략) 토지만을 평가한 다음 그 ㎡당 가액에 특정부분의 면적(133㎡)을 곱하는 방법으로 원고에 대한 보상액을 정하였음을 알 수 있으니, 이는 위법한 평가라고 아니 할 수 없다. 원심이 이와 같은 위법한 평가를 그대로 취신하여 원고에 대한 정당한 보상액을 산정한 것은 손실보상액의 산정에 관한 법리를 오해한 것이라 할 것이다. 이 점을 지적하는 상고이유 제1점은 이유 있다.

② 합유(合有)토지

합유자는 합유물의 보존행위는 각 합유자가 단독으로 할 수 있으나, 합유물의 처분·변경은 물론 합유지분의 처분도 합유자 전원의 동의가 필요하다(민법 제272조 ~제273조). 따라서 합유인 토지 등을 사업시행자가 취득하기 위하여서는 합유자 전원의 동의를 받아야 한다.

즉, 합유는 공유재산과 다르므로 보상실무상 사업시행자는 손실보상 협의시 합유자 전원과 보상계약을 체결하고, 재결신청 시에도 지분 표시 없이 김ㅇㅇ, 임ㅇㅇ, 조ㅇㅇ의 합유 토지로 신청하고 있다. 또한 부동산의 합유자 중 일부가 사망한 경우에는 합유자 사이에 특별한 약정이 없는 한 사망한 합유자로서의 지위를 승계하는 것이 아니므로 사망한 합유자의 상속인은 민법 제719조의 규정에 의한 지분반환청구권을 가질 뿐 합유자로서의 지위를 승계한 것이 아니므로 사망한 합유자의 지분에 관하여 그 상속인 앞으로 상속등기를 하거나 그 상속인 및 잔존 합유자의 합유로 하는 변경등기를 하여서는 아니 되고 잔존 합유자는 사망 합유자의 사망사실을 증명하는 서면을 첨부하여 잔존 합유자의 합유로 하는 소유권 변경등기(합유 명의인 등기)를 신청할 수 있으므로('88.11.18 등기 제652호 등기예규 294) 이러한 변경등기가 경료된 후에 비로서 보상계약을 체결하고 있다.[373]

③ 총유(總有)토지

총유의 주체는 종중, 교회, 재건축(재개발)조합, 어촌계, 주민공동체, 법정리 리·동, 동창회, 주민공동체 등 대표자 또는 관리인이 있는 법인이 아닌 사단의 사원(법인격 없는 인적 결합체)이다. 총유물의 처분 및 관리는 사원총회의 결의로써 하여야 하므로 총유인 토지 등을 사업시행자가 취득하기 위하여서는 사원총회의 결의서가 있어야 한다(민법 제275조 ~제277조).

《총유의 형태별 보상실무》[374]

○ 종중재산

(1) 개념

성(姓) 또는 본(本)을 같이 하는 혈연관계를 종중(宗中) 또는 문중(門中)이라 하며, 이러한 종중들은 조상의 분묘의 관리나 시제사 등에 충당되는 재산으로서 위토(位土)를 가지고 있는 수가 많으며 이 재산을 종중 내지 문중재산이라고 한다.

종중명의·명의신탁·개인소유 여부 등 종중재산은 종원 간의 알력이나 등기상 명의자에 이견이 있음에도 오랜 세월 동안 방치하다가 보상 시점에서 분쟁이 터지는 경우가 많다. 종중과 관련된 분쟁 요소로 ① 종중재산을 장손이나 종원 명의로 한 경우, 개인소유로 삼은 경우, ② 방계의 소유임을 주장하며 직계와 다툼이 있는 경우,③ 특정목적으로 소수인이 'ㅇㅇ파 ㅇㅇㅇ' 등 임의적으로 만드는 경우 등이 있다.

---

373) 한국토지주택공사, 앞의 책, 2016, 160-161면 수정인용

(2) 종중재산 취득 시 유의사항

① 종회규약, 종회의사록(공증), 종회의 결의에 의해 선임된 자(대표자)와 계약체결(인감증명 첨부)토록 하고 재산처분 결정 절차에 하자가 없도록 공증서 첨부를 확인하고

② 종중이 시·군·구에 등록되고 부동산등기용등록번호를 부여받았는지, 정관 기타 규약이 다수인의 참여 하에 정상적으로 제정된 것인지(특히 재산처분에 관한 조문에 흠결이 있는 정관 기타 규약이 많음) 검토하고 재산처분을 결의한 회의록등이 정관 기타 규약에 위배되지 않는지, 즉 자격 있는 모든 종원에의 회의소집통지, 의사정족수와 의결정족수 성립, 대표자에게 재산처분행위의 위임, 기타 의결내용을 면밀히 검토하며 실제 계약의 체결은 재산처분행위를 위임받은 대표자와 계약 체결한다.

③ 징구서류: 등기부등본, 토지대장 등의 공부를 징구함은 물론 종중 정관, 총회 의사록(매도부동산 처분결의, 계약체결, 보상금 수령 및 대표자 선임에 관한 사항 포함)을 받아 차후 분쟁발생에 대비하여 공증을 받아 제출케 한다.

④ 대금지급은 가급적 종중 명의의 은행계좌를 사용하도록 한다.

○ 교회재산

– 교회는 신도들의 연보, 성기, 기타의 수입으로 이루어지는 교회재산을 가지고 있다.

– 유지재단[375]의 명의로 등기된 재산을 취득할 경우: 등기부등본, 토지대장등본 외에 법인등기부등본, 법인의 대표자 인감증명(법원에서 발급), 문화체육관광부장관의 재산처분인가서, 정관, 본 재산처분에 관한 이사회의사록 등을 제출받아 재단의 대표자와 계약을 체결한다.

– 유지재단이 아닌 개별교회의 명의로 등기된 경우: 등기부등본, 토지대장등본 외에 정관, 총회의사록(본 재산의 처분결의서로 공증을 받아 제출토록 함이 거래의 안전을 위해 합리적임), 대표자 개인의 인감증명서 등을 징구하여 대표자의 계약을 체결한다.

○ 里(리), 洞(동)의 재산

- 리, 동은 하나의 행정구역에 지나지 않으며, 그 자체가 법률상 독립한 인격을 갖는 것은 아니다. 그러므로 그 재산은 주민전체의 총유에 속한다는 판례이므로 위 재산에 준하여 처리한다.

- 총유재산의 취득은 단체의 성원이 고정되어 있지 않은 경우가 많아 정관에서 정한 대로 총원의 의결을 거쳐 처분을 한다고 하여도 정족수나 의결자체에 대한 흠결로 원인 무효소송이 제기되는 예가 없지 않으므로 신중한 조치가 요망되며 일련의 절차에 작은 흠결이라도 발견된다면 협의성립확인을 받거나 수용재결에 의하여 취득한다.

- 단체의 실질을 갖추었음에도 법률의 규정이 없거나 등기하지 않음으로써 인격 없는 사단(설립중인 법인)이 생기게 되는바 이 경우도 총유재산의 취득방법에 의한다.

나. 대지권의 목적인 토지

(1) 개념

「집합건물의 소유 및 관리에 관한 법률」에 따라 구분소유자가 전유부분을 소유하기 위하여 건물의 대지에 대하여 가지는 권리를 대지사용권이라 하며, 특히 이로써 등기되어 있는 권리를 대지권이라 한다. 구분소유자의 대지사용권은 그가 가지는 전유부분의 처분에 따르고, <u>구분소유자는 그가 가지는 전유부분과 분리하여 대지사용권을 처분할 수 없다.</u> 다만, 규약으로써 달리 정한 경우(구분소유자가 가지는 전유부분과 분리하여 대지사용권을 처분할 수 있도록 정한 때)에는 전유부분과 분리하여 처분할 수 있다(집합건물의소유 및관리에관한법률 제20조제1항, 제2항).

(2) 대지권의 목적인 토지의 취득방법

구분소유의 대상인 건물은 공익사업의 시행을 위하여 필요하지 않고 대지권의 목적인 토지만이 필요한 경우에는 규약 또는 공정증서에서 전유부분과 분리하여 처분할 수 있도록

---

374) 한국토지주택공사, 앞의 책, 2016, 159-160면 수정인용
375) 유지재단이란 특정교단의 재산을 유지·보존하고 통합적으로 관리하기 위해 종교교단이 설립한 재단법인을 말한다. 예) 천주교 ○○교구 유지재단, 대한예수교 ○○회 총회 유지재단, 한국불교 ○○종 유지재단 등

정하고 있거나, 건물의 대지가 아닌 토지로 분리하여 먼저 등기한 후 그 구분소유자(공유자)와 협의하여야 한다. 따라서 사업시행자는 위와 같은 절차를 거친 이후에야 비로서 해당 토지를 취득 또는 사용할 수 있다.[376]

대법원도 전유부분과 대지사용권의 일체성에 반하는 대지의 처분행위는 그 효력이 없다고 판시하고 있다(대법원 2013.7.25. 선고 2012다18038 판결).

유권해석

[유권해석] ▶ 대지권의 목적인 토지의 취득방법
[법원행정처 2004.11.29. 부동3402-606]

【회신내용】
1동의 건물이 소재하는 토지(법정대지)를 수필지로 분할하여 그 중 1동의 건물이 소재하는 토지가 아닌 것으로 분할된 토지(간주규약대지)를 사업시행자가 토지보상법에 의하여 협의취득을 한 경우에는, 먼저 위 간주규약대지에 관하여 간주규약이 폐지되거나 새로 분리처분가능규약이 제정되고 그에 따른 건물 표시변경(대지권말소)등기가 경료되어 위 간주규약대지에 대한 대지권등기가 말소된 연후에 사업시행자 명의로의 소유권이전등기를 할 수 있으며, 위 법률에 의한 사업시행자가 관공서인 경우에는 구분소유자를 대위하여 건물표시변경(대지권말소)등기를 촉탁할 수 있다.

판례

[판례1] ▶ 전유부분과 대지사용권의 일체성에 반하는 대지의 처분행위는 그 효력이 없다. [대법원 2013.7.25. 선고 2012다18038]

【판결요지】
집합건물법은 제20조에서 구분소유자의 대지사용권은 그가 가지는 전유부분의 처분에 따르고, 구분소유자는 규약으로써 달리 정하지 않는 한 그가 가지는 전유부분과 분리하여 대지사용권을 처분할 수 없으며, 그 분리처분금지는 그 취지를 등기하지 아니

---

376) 이후 사업시행자는 단순 공유의 토지를 취득 또는 사용하는 경우와 같은 방법으로 대지권의 목적인 토지를 취득할 수 있다. (중앙토지수용위원회, 앞의 책, 2017.12., 261면 수정인용)

하면 선의로 물권을 취득한 제3자에게 대항하지 못한다고 규정하고 있는데, 위 규정의 취지는 집합건물의 전유부분과 대지사용권이 분리되는 것을 최대한 억제하여 대지사용권이 없는 구분소유권의 발생을 방지함으로써 집합건물에 관한 법률관계의 안정과 합리적 규율을 도모하려는 데 있으므로(대법원 2006.3.10. 선고 2004다742 판결 참조), 전유부분과 대지사용권의 일체성에 반하는 대지의 처분행위는 그 효력이 없다(대법원 2000.11.16. 선고 98다45652, 45669 전원합의체 판결 등 참조).

다만, 규약 또는 공정증서로써 분리처분규정이 존재하지 않는다면 사업시행자는 「공간정보의구축및관리등에관한법률」 제87조에 따라 사업시행자의 대위신청에 의해 당해 공익사업부지에 편입되는 대지권의 목적인 토지부분을 분할하고 수용에 의하여 소유권을 취득할 수 있다.[377]

즉, 법률에 의한 사업시행자는 구분소유권의 등기명의인을 대위하여 건물표시등기(대지권말소)등기를 신청할 수 있고, 법률에 의한 사업시행자가 관공서인 경우에는 구분소유자를 대위하여 건물표시변경(대지권말소)등기를 촉탁할 수 있다. 등기선례도 "대지권의 목적인 토지의 일부를 분할하여 수용취득하려면 대지권이 대지권이 아닌 권리가 됨으로 인한 건물의 표시변경등기(대지권말소)를 신청하여야 한다."고 규정하고 있다(1999.3.5. 등기선례 제6-254호).[378]

---

377) ■ 공간정보의 구축 및 관리 등에 관한 법률 제87조(신청의 대위) 다음 각 호의 어느 하나에 해당하는 자는 이 법에 따라 토지소유자가 하여야 하는 신청을 대신할 수 있다. 다만, 제84조에 따른 등록사항 정정 대상토지는 제외한다. 〈개정 2014.6.3.〉
　1. 공공사업 등에 따라 학교용지·도로·철도용지·제방·하천·구거·유지·수도용지 등의 지목으로 되는 토지인 경우: 해당 사업의 시행자
　2. 국가나 지방자치단체가 취득하는 토지인 경우: 해당 토지를 관리하는 행정기관의 장 또는 지방자치단체의 장
　3. 「주택법」에 따른 공동주택의 부지인 경우: 「집합건물의 소유 및 관리에 관한 법률」에 따른 관리인(관리인이 없는 경우에는 공유자가 선임한 대표자) 또는 해당 사업의 시행자
　4. 「민법」 제404조에 따른 채권자
378) 사업시행자는 소유권의 등기명의인을 대위하여 대지권이 대지권이 아닌 권리가 됨으로 인한 건물의 표시변경등기(대지권말소)를 신청하여 대지권 등기를 말소한 후, 편입 토지를 토지등기부상의 토지로 전환하여 사업시행자 명의로 취득할 수 있다.

[유권해석1] ▶ 대지권의 목적인 대지에 관하여 수용이 이루어진 경우는 대지권은 대지권이 아닌 것으로 된다. [법원행정처 질의회답 1999.3.5. 등기 3402-219]

【회신내용】

토지의 소유권이 대지권의 목적이 된 경우에 대지권인 취지의 등기를 한 때에는 그 토지의 등기용지에는 소유권이전등기를 할 수 없다. 그런데 대지에 관하여 수용이 이루어진 경우에는 실체법상 대지만에 관하여 소유권이전등기 없이도 소유권이 변동되고 대지권은 대지권이 아닌 것으로 된다.

[유권해석2] ▶ 대지권의 목적인 토지의 일부분에 대하여 수용에 의한 소유권이전등기를 하는 방법 제정 [1999.3.5. 등기선례 제6-254호]

【회신내용】

토지의 소유권이 대지권의 목적이 된 경우에 대지권인 취지의 등기를 한 때에는 그 토지의 등기용지에는 소유권이전등기를 할 수 없다. 그런데 대지에 관하여 수용이 이루어진 경우에는 실체법상 대지만에 관하여 소유권이전등기 없이도 소유권이 변동되고 대지권은 대지권이 아닌 것으로 된다. 따라서 대지권의 목적이 된 토지의 일부를 분할하여 1동의 건물이 소재하는 토지가 아닌 그 분할된 부분을 수용하고 수용으로 인한 소유권이전등기를 신청하기 위하여는, 우선 대지권이 대지권이 아닌 권리가 됨으로 인한 건물의 표시변경등기(대지권말소)를 신청하여야 하며, 수용에 의하여 소유권을 취득한 자는 소유권의 등기명의인을 대위하여 이러한 표시변경등기를 신청할 수 있다. 이 경우 그 분할된 토지에 관한 간주규약을 폐지하거나 분리처분가능규약을 작성할 필요는 없다.

다. 지적불부합 토지

(1) 개념

지적과 관련된 기본법은 과거 지적법 및 「측량수로조사및지적에관한법률」에 이어 2014. 6. 3. 법률 제12738호로 개정된 「공간정보의구축및관리등에관한법률」(이하 '공간정보관

리법'이라 함)이 있다.[379]

지적불부합 토지란 공간정보관리법상의 지적소관청에서 관리하는 지적공부에 등록된 그 토지의 면적·경계·좌표 등의 토지의 표시가 실제와는 상이한 토지를 말한다.[380]

여기에서 "지적공부"란 토지대장, 임야대장, 공유지연명부, 대지권등록부, 지적도, 임야도 및 경계점좌표등록부 등 지적측량 등을 통하여 조사된 토지의 표시와 해당 토지의 소유자 등을 기록한 대장 및 도면(정보처리시스템을 통하여 기록·저장된 것을 포함한다)을 말하며(공간정보관리법 제2조제19호), "토지의 표시"란 지적공부에 토지의 소재·지번(地番)·지목(地目)·면적·경계 또는 좌표를 등록한 것을 말하며(공간정보관리법 제2조제20호), "지적소관청"이란 지적공부를 관리하는 특별자치시장, 시장[381]·군수 또는 구청장(자치구가 아닌 구의 구청장을 포함)을 말한다(공간정보관리법 제2조제18호).

---

379) ■ 측량·수로조사 및 지적에 관한 법률 [시행 2009.12.10.] [법률 제9774호, 2009.6.9., 제정]
　　◇ 제정이유: 측량, 지적 및 수로업무 분야에서 서로 다른 기준과 절차에 따라 측량 및 지도 제작 등이 이루어져 우리나라 지도의 근간을 이루는 지형도·지적도 및 해도가 서로 불일치하는 등 국가지리정보산업의 발전에 지장을 초래하는 문제를 해소하기 위하여 「측량법」, 「지적법」 및 「수로업무법」을 통합하여 측량의 기준과 절차를 일원화함으로써 측량성과의 신뢰도 및 정확도를 높여 국토의 효율적 관리, 항해의 안전 및 국민의 소유권 보호에 기여하고 국가지리정보산업의 발전을 도모하려는 것임. (출처: 법제처)
　　■ 공간정보의 구축 및 관리 등에 관한 법률 (약칭: 공간정보관리법) [시행 2015.6.4.] [법률 제12738호, 2014.6.3., 일부개정] ◇ 개정이유 (출처: 법제처)
　　첫째, 현행법은 공간정보의 구축을 위한 측량 및 수로조사의 기준 및 절차와 지적공부의 작성 및 관리 등에 관한 사항을 규정한 것이므로, **제명을 「공간정보의 구축 및 관리 등에 관한 법률」로 변경**하려는 것임.
　　둘째, 측량업정보를 효율적으로 관리하기 위한 측량업정보 종합관리체계를 구축·운영하고, 측량용역사업에 대한 사업수행능력을 평가하여 공시하도록 하여 공공발주 시 측량업체선정의 객관성을 확보할 수 있도록 개선하려는 것임.
　　셋째, 측량업의 등록질서를 확립하기 위해 고의적으로 폐업한 후 일정기간 내 재등록할 경우 폐업 전 위반행위에 대한 행정처분 효과의 승계는 물론 위반행위에 대해 행정처분이 가능하도록 함과 동시에 자진폐업을 한 경우에도 폐업 전에 수행중인 측량업무를 계속 수행할 수 있도록 개선하려는 것임.
　　넷째, 공간정보산업의 건전한 발전을 도모하기 위해 현행법에 따른 "측량협회"와 "지적협회"를 「공간정보산업 진흥법」에 의한 "공간정보산업 협회"로 전환함과 동시에 현행법에서 협회 관련 조문을 삭제하며, "대한지적공사"의 공적기능을 확대하고 공공기관으로의 위상변화에 맞게 "한국국토정보공사"로 명칭을 변경하며 그 설립근거를 이 법에서 삭제하고 「국가공간정보에 관한 법률」로 이관하려는 것임.
380) 과거 행정자치부는 "불부합지의 개념은 광의적으로는 실지와 지적공부상의 지번, 지목, 면적, 소유권, 경계, 위치 등의 내용이 서로 맞지 않는 것으로 표현할 수 있으며, 협의적으로는 지적도에 등록된 경계와 면적이 실지와 서로 맞지 않는 것으로 정의할 수 있다"라고 제시한바 있다. (행정자치부, 2003B, 항공사진측량기법을 이용한 지적불부합지 정리방안 연구)
381) 「제주특별자치도 설치 및 국제자유도시 조성을 위한 특별법」 제10조제2항에 따른 행정시의 시장을 포함하며, 「지방자치법」 제3조제3항에 따라 자치구가 아닌 구를 두는 시의 시장은 제외한다.

■ 공간정보관리법

제64조(토지의 조사·등록 등) ① 국토교통부장관은 모든 토지에 대하여 필지별로 소재·지번·지목·면적·경계 또는 좌표 등을 조사·측량하여 지적공부에 등록하여야 한다. 〈개정 2013.3.23.〉

② 지적공부에 등록하는 지번·지목·면적·경계 또는 좌표는 토지의 이동이 있을 때 토지소유자(법인이 아닌 사단이나 재단의 경우에는 그 대표자나 관리인을 말한다. 이하 같다)의 신청을 받아 지적소관청이 결정한다. 다만, 신청이 없으면 지적소관청이 직권으로 조사·측량하여 결정할 수 있다.

③ 제2항 단서에 따른 조사·측량의 절차 등에 필요한 사항은 국토교통부령으로 정한다. 〈개정 2013.3.23.〉

제79조(분할 신청) ① 토지소유자는 토지를 분할하려면 대통령령으로 정하는 바에 따라 지적소관청에 분할을 신청하여야 한다.

② 토지소유자는 지적공부에 등록된 1필지의 일부가 형질변경 등으로 용도가 변경된 경우에는 대통령령으로 정하는 바에 따라 용도가 변경된 날부터 60일 이내에 지적소관청에 토지의 분할을 신청하여야 한다.

제84조(등록사항의 정정) ① 토지소유자는 지적공부의 등록사항에 잘못이 있음을 발견하면 지적소관청에 그 정정을 신청할 수 있다.

② 지적소관청은 지적공부의 등록사항에 잘못이 있음을 발견하면 대통령령으로 정하는 바에 따라 직권으로 조사·측량하여 정정할 수 있다.

③ 제1항에 따른 정정으로 인접 토지의 경계가 변경되는 경우에는 다음 각 호의 어느 하나에 해당하는 서류를 지적소관청에 제출하여야 한다.

　1. 인접 토지소유자의 승낙서

　2. 인접 토지소유자가 승낙하지 아니하는 경우에는 이에 대항할 수 있는 확정판결서 정본(正本)

④ 지적소관청이 제1항 또는 제2항에 따라 등록사항을 정정할 때 그 정정사항이 토지소유자에 관한 사항인 경우에는 등기필증, 등기완료통지서, 등기사항증명서 또는 등기관서에서 제공한 등기전산정보자료에 따라 정정하여야 한다. 다만, 제1항에 따라 미등기 토지에 대하여 토지소유자의 성명 또는 명칭, 주민등록번호, 주소 등에 관한

사항의 정정을 신청한 경우로서 그 등록사항이 명백히 잘못된 경우에는 가족관계 기록사항에 관한 증명서에 따라 정정하여야 한다. 〈개정 2011.4.12.〉

제87조(신청의 대위) 다음 각 호의 어느 하나에 해당하는 자는 이 법에 따라 토지소유자가 하여야 하는 신청을 대신할 수 있다. 다만, 제84조에 따른 등록사항 정정 대상토지는 제외한다. 〈개정 2014.6.3.〉

1. 공공사업 등에 따라 학교용지·도로·철도용지·제방·하천·구거·유지·수도용지 등의 지목으로 되는 토지인 경우: 해당 사업의 시행자

2. 국가나 지방자치단체가 취득하는 토지인 경우: 해당 토지를 관리하는 행정기관의 장 또는 지방자치단체의 장

3. 「주택법」에 따른 공동주택의 부지인 경우:「집합건물의 소유 및 관리에 관한 법률」에 따른 관리인(관리인이 없는 경우에는 공유자가 선임한 대표자) 또는 해당 사업의 시행자

4. 「민법」 제404조에 따른 채권자

(2) 발생원인 및 등록사항의 정정

① 발생원인

우리의 지적제도는 일제강점기인 1910년부터 1924년까지 실시한 토지 및 임야조사사업에 그 기원을 두고 있다. 지적불부합의 원인은 약 100년 전의 낙후된 지적제도를 오랜 기간 동안 사실상 그대로 답습한 이유에 기인한다.

지적 불부합지의 발생원인은 여러 가지 측면에서 분석될 수 있다. 제도적 모순이나 운영상의 문제는 물론 측량 기술상 어려움 때문에 일어나는 여러 가지 원인도 상당히 크다할 것이나 대표적인 원인은 지적과 등기로 이원화된 공적장부관리 조직의 다양성, 한국전쟁 전·후의 대규모 토지이동정리에 따른 발생, 지적복구의 오류, 원점과 축척의 다양한 관리 기준, 그 밖에 열악한 지적공부관리 환경과 한국전쟁 후 급격한 산업화와 도시화로 인한 무질서한 토지개발과 행정절차의 소홀로 인하여 지적불부합지의 발생이 심화되었다 할 수 있다.[382)]

---

382) 김창환·신동휘·이기환, 2010, "지적재조사를 위한 불부합지정리사업의 유형과 제도개선 연구", 한국지적학회지 26(2): 273-287.

② 등록사항의 정정

지적불부합은 토지의 등록사항인 소재, 지번, 지목, 경계, 좌표, 면적, 소유자 등이 실제
와 다르게 등록된 경우로 지적공부와 등기부가 서로 다른 경우도 모두 포함한다. 공간정
보관리법은 지적불부합 용어를 직접 사용하지 않고 대신 지적공부에 등록된 토지표시사
항에 오류가 있는 토지에 대해 토지소유자의 신청 또는 지적소관청의 직권으로 등록사항
을 정정하고 있다(공간정보관리법 제84조제1항, 제2항).

다만, 등록사항 정정으로 인접 토지의 경계가 변경되는 경우에는 (ⅰ) 인접 토지소유자
의 승낙서 또는 (ⅱ) 인접 토지소유자가 승낙하지 아니하는 경우에는 이에 대항할 수 있
는 확정판결서 정본(正本)을 지적소관청에 제출하여야 하는 바(공간정보관리법 제84조
제3항), 현실적으로 이해관계 있는 인접 토지소유자를 상대로 하는 승낙 등을 받는 것은
사실상 불가능한 관계로 이는 현실과 거리가 먼 법률조항에 불과하다.

한편, 공간정보관리법 제87조에서 행정기관의 장 또는 지방자치단체의 장 및 사업시행자는
지적분할 등 토지소유자가 하여야 하는 신청을 대위 신청할 수 있다고 규정하고 있으나, '등
록사항 정정대상 토지'는 제외하고 있으므로 지적불부합 토지에 대해서는 사업시행자등이
토지소유자를 대신하여 등록사항의 정정신청을 할 수는 없다(공간정보관리법 제87조).

(3) 지적불부합 토지의 수용

지적불부합 토지는 그 등록사항의 정정과 관련하여 토지소유자를 대위하여 사업시행자
가 정정신청 내지 분할신청을 할 수 없어 공간정보관리법상 공익사업에 편입되는 토지부
분을 분할할 수 없다. 따라서 원칙적으로 지적불부합의 문제를 선행적으로 해결하지 않
고서는 이를 수용재결대상으로 삼을 수는 없으나, 보상실무상 사업시행자는 공익사업에
편입되는 면적만큼 지분으로 취득하는 방법(수용 또는 사용되는 토지의 위치와 경계 등
이 특정된 면적정정대상 토지에 대하여는 권한 있는 자의 측량을 통하여 재결신청이 가
능함)으로 수용재결신청을 하여 왔다.[383]

---

383) 이러한 사업시행자의 수용재결신청에 대해 면적불부합 토지는 지분취득이 불가하다는 이유로 공탁을
못해 재결이 실효되는 경우가 있었을 정도로(중앙토지수용위원회, 토지수용 재결기준, 2015.12. 120면
참조) 지적불부합 토지에 대한 강제수용은 무리한 것이므로 사업시행자는 지적불부합의 해소인 등록사항
정정이후에야 비로소 수용재결신청을 하여야 할 것이다.

이와 관련하여 서울고등법원은 지적불부합 토지에 대한 사업시행자의 수용재결신청에 따른 중앙토지수용위원회의 수용재결취소 등 청구사건과 관련하여 "지적불부합관계에 있다면, 위 토지들의 위치와 상호간의 경계를 전혀 확인할 방법이 없으므로 먼저 적법한 절차를 거쳐서 위치와 경계가 확정되지 아니하는 이상 이를 수용할 수 없고, 위치와 경계가 특정되지 아니한 토지의 일부분을 임의로 지분을 정하여 수용한 이 사건 재결은 위법하다."고 판시하였다. 즉, 지적불부합 토지에 대한 강제수용취득은 판례의 취지에 따라 원칙적으로 공간정보관리법상 등록사항정정이 선행되어야 할 것이며, 예외적으로 수용 또는 사용되는 토지의 위치와 경계 등이 특정된 면적정정대상 토지에 한정하여 공신력 있는 측량을 통한 재결신청만이 가능할 것이다.

판례

[판례1] ▶ 지적불부합으로 인하여 위치와 경계가 특정되지 아니한 토지의 일부분을 임의로 지분을 정하여 수용한 재결은 위법하다.
[서울고법 2007.12.27. 선고 2007누12769]

【판결요지】

임야도상 위 분할 전의 토지만 표시되어 있을 뿐 거기로부터 분할된 이 사건 토지가 표시되어 있지 아니하고, 또한 위 분할 전의 토지가 같은 동 429-1, 430-1, 430-2 및 430-3 등의 토지와 사이에 지적불부합관계에 있다면, 위 토지들의 위치와 상호간의 경계를 전혀 확인할 방법이 없이, 수용되는 토지 부분이 물리적으로 특정이 가능하다고 하더라도, 과연 어느 토지가 얼마만큼 수용의 목적물이 되는지는 알길이 없으므로, 먼저 적법한 절차를 거쳐서 위치와 경계가 확정되지 아니하는 이상 이를 수용할 수 없다고 할 것이다(사업시행자가 여러 정황을 토대로 하여 이 사건 토지의 위치와 경계를 상세도면 및 용지도에 특정하여 이를 근거로 수용대상 토지와 그 지분을 선정한 것으로 보이나, 그 신빙성을 확인할 방법이 없을 뿐만 아니라 그 절차에 지적정정에 갈음하는 효력을 부인할 수는 없다고 할 것이므로 위와 같은 도면을 근거로 하여 수용의 목적물을 특정할 수 없다).

따라서, 위치와 경계가 특정되지 아니한 토지의 일부분을 임의로 지분을 정하여 수용한 이 사건 재결은 위법하다고 하지 않을 수 없다.

재결례

[재결례1] ▶ 등록사항정정대상 토지(지적불부합토지)에 대한 수용재결신청을 인용한 사례 [**중토위 2019. 4. 11.**]

【재결요지】

관계자료(등록사항정정측량 성과도, 토지대장, 현황사진, 사업시행자의견 등)를 검토한 결과, 최○○(1/2) · 최△△(1/2)의 편입 토지인 ○○리 52,625㎡(공부상 면적)/49,576㎡(실제면적) 중 8,066㎡, 같은 리 163-17 제방 8,013㎡(공부상면적)/8,125㎡(실제면적) 중 1,452㎡, 313㎡ 및 최△△의 편입 토지인 같은 리 163-8 유지 11,342㎡(공부상면적)/11,431㎡(실제면적) 중 2,445㎡, 같은 리 163-23 유지 6,037㎡(공부상면 적)/6,135(실제면적) 중 233㎡는 공부상 면적과 실제 면적이 일치하지 않는 등록사항정정대상 토지로 확인되나, <u>○○시장이 발급한 (면적)등록사항정정측량 성과도(등록사항정정측량 결과도)상에 편입 전 토지의 면적, 위치와 경계가 표시되어 있고, 토지소유자들로부터 기공승낙을 받은 후 철도노반공사를 완료한 현황사진을 바탕으로 한 ㈜○○○토지정보의 철도계획선 면적산출 현황도상의 면적이 사업인정고시된 면적과 일치하는 점 등으로 볼 때 편입토지의 면적, 위치와 경계가 특정되었다고 보여지므로 사업시행 자가 신청한 면적을 보상하기</u>로 하고 소유자의 주장은 받아들일 수 없다.

[재결례2] ▶ 등록사항정정대상토지에 대한 사용재결 재결례 [**중토위 2020. 6. 11.**]

【재결요지】

○○○의 편입 토지인 ① ○○리 산○○ 임야 37,364㎡(공부상 면석)/39,633㎡(실제면적) 중 394㎡(철탑), 1,717 ㎡(선하지, 상공 23m-86m), ② 같은 리 산○○-2 임야 51,937㎡(공부상 면적)/51,514㎡(실제면적) 중 2,818 ㎡(선하지, 상공

25m-89m), ③ 같은 리 산○○-3 임야 5,038㎡(공부상 면적)/4,905㎡(실제면적) 중 411㎡(선하지, 상공 45m-86m)는 면적 및 경계가 일치하지 않는 등록사항 정정대상 토지로 확인되나, ○○구청장 이 발급한 등록사항정정(경계)결과도(2020. 5.22)를 살펴보면 철탑 및 선하지 사업위치가 등록사항 정정(경계)부분이 아닌 점, 한국국토정보공사 면적 산출 현황도 상의 면적이 사업인정고시된 면적과 일치 하고 분할측량성과도상에 그 사업의 위치와 경계가 구체적으로 특정되어 있는 점, 같은 토지에 대해 사업인정도 행정쟁송에 의하여 취소된 바 없는 점 등으로 볼 때 위 관련 규정 및 판례 등의 취지에 따라 사용재결 신청이 위법하다고 볼 수 없으므로 등록사항정정대상 토지에 대한 재결신청은 위법하다는 소유 자의 주장은 받아들일 수 없다.

(4) 지적불부합 토지의 보상기준[384)

보상액 산정의 기준이 되는 면적은 실제 취득면적이므로 지적불부합 토지도 실제면적으로 보상금을 산정하며, 공탁에 대비하여 재결서상의 보상금내역서에 공부상 면적과 실제 면적을 기재하여 재결한다.

《면적정정대상토지 수용관련 사업시행자의 실무처리 적용례》

· 실제면적: 100㎡		편입면적
· 공부면적: 110㎡	60㎡	40㎡
· 위치와 경계: 확정		

▶ 실제편입면적이 100㎡중 40㎡ 인 경우에 보상은 실제편입면적인 40㎡에 대해 실시하되, 공부상 취득은 110㎡의 면적 중 100분의 40에 해당하는 지분을 취득하는 것으로 한다.

▶ 이 경우 사업시행자는 협의 → 재결 → 소유권 지분취득 → 공유지분에 따른 분할 및 지적공부정정신청 승낙소송 → 판결을 통한 지적정리(종전에 지분으로 되어 있던 것을 확정면적으로 정정) 등의 절차를 거쳐 최종정리 하는 것으로 한다.

---

384) 등록사항정정제도 개선 T/F 운영결과(2010.4.28. 본부 지적계획과-1471 반영)

라. 대지면적이 기재되지 않은 적법한 건축물의 부지

(1) 개념

건축물대장상 대지면적이 기재되지 아니한 적법한 건축물 부지에 대한 평가는 해당 건축물의 부지인 대지면적을 어떤 기준으로 산정하여야 하는가의 문제이다.

구「특정건축물 정리에 관한 특별조치법」 등에 따라 건축물 사용승인을 받았으나 그 대지면적이 기재되지 않은 경우와 구「건축법」(2006.5.9. 시행, 법률 제7696호, 2005.11. 8. 개정) 시행전에 도시지역 · 제2종지구단위계획구역 외의 지역에서 200㎡ 미만, 3층 미만으로 건축된 건축물로서 건축 허가 또는 신고 없이 건축할 수 있었던 건축물은 적법한 건축물에 준하여 대지면적을 산정하여야 한다.

(2) 대지면적 산정 인정원칙 및 상한기준

건축물대장상 대지면적이 기재되어 있지 않아 분필되지 아니한 상태에서 해당 부지의 면적산정은 현황측량 등을 통해 객관적으로 인정되는 건축물 부지면적을 대지로 인정하되, 해당 건축물 면적에 건축물 사용승인 당시 국토계획법 제77조에 따른 건폐율을 역산하여 산정한 면적 이내로 한다.

보상실무상 전 · 답 등에 건축허가(신고 포함)를 받고 건축 및 사용승인을 받았으나 대지 부분을 분필하여 지목을 변경하지 않아 적법한 건축물의 부지이나 그 대지면적이 기재되지 않은 경우의 대지면적은 해당 건축물의 사용 · 수익에 필요한 범위 및 해당 건축물의 용도에 따라 불가분적으로 사용되는 범위 등의 면적으로 객관적으로 인정되는 면적으로 하되, 그 면적이 국토계획법 제77조에 따른 용도지역의 건폐율을 적용하여 산정한 면적을 초과할 경우에는 건폐율을 적용하여 산정한 면적으로 하고 있다.

> ※ **적법한 건축물 등의 부지면적** = 아래 ①, ②, ③ 중에서 가장 작은 값
> ① 건축물 등 바닥면적 + 무허가건축물 등의 용도에 따른 불가분적 사용범위 면적 (현황측량 필요)
> ② 건축물 등의 바닥면적을 건폐율로 나눈 면적
> ③ 개별법에 따라 허용되는 개발면적

[재결례1] ▶ 대지면적 산정 재결례 [**중토위 2015.11.19.**]

【재결요지】

「000이 전을 대지로 보상하여 달라는 00동 000번지 상에는 1978.9.2. 사용승인을 받은 91.27㎡의 <u>적법 건축물이 존재하지만 건축물대장에는 대지면적이 기입되어 있지 아니한 것으로 확인</u>된다. 따라서, 이 건 토지의 용도지역인 자연녹지지역의 건폐율(20%)을 적용하면 적법 건축물의 대지면적은 총456.35㎡ 이므로 협의 당시 대지 면적으로 인정한 91.27㎡에 365.08㎡를 추가하여 대지로 보상하기로 한다.

감사원(공공감사) 지적사항 - 기관: 한국토지주택공사

[2017년 특정감사(감사번호: 23), 감사일자: 2017.10.10.~2017.10.12]

적법 건축물로서 건축물대장상 대지 면적이 존재한 경우에는 공부상 대지 면적을 대지로 인정하고 대지 면적이 부재한 경우에는 현황측량 등을 통해 객관적으로 인정되는 건축물 부지면적을 대지로 인정하되, 건축물 면적에 건축물 사용승인 당시「국토의 계획 및 이용에 관한 법률」제77조에 따른 건폐율을 역산하여 인정가능한 부지면적은 초과할 수 없도록 하여 건축물대장상 대지면적이 기재되어 있지 않은 건축물 부지에 대한 대지면적 인정 원칙과 상한기준을 정하고 있음.

그런데 위 지역본부는000 00리 ooo-o의 건축물(주택) 부지에 대하여 객관적으로 인정되는 건축물 부지면적을 32㎡로 현황측량 하였음에도 건축물대장에 기재되어 있는 건축면적 50㎡에 해당 토지 용도지역인 자연녹지지역 건폐율 20%를 역산하여 도출된 250㎡를 대지 면적으로 결정함.

23. 사용하는 토지의 보상 등

가. 토지의 사용에 대한 보상

(1) 개념

공익사업시행자가 공익사업 시행을 원인으로 사유토지를 취득이 아닌 사용하려는 경우에 사업시행자는 사인의 재산권행사에 제한에 따른 손실보상을 어떻게 할 것인가의 문제이다. 토지보상법 제71조 제1항은 "협의 또는 재결에 의하여 사용하는 토지에 대하여는 그 토지와 인근 유사토지의 지료(地料), 임대료, 사용방법, 사용기간 및 그 토지의 가격 등을 고려하여 평가한 적정가격으로 보상하여야 한다"고 규정하고 있다. 사유토지의 사용에 대한 손실보상인 토지사용료의 범위는 지표상의 토지부분의 사용뿐만 아니라 토지의 지하·지상공간의 사용을 포함한다.

관련법령

■ **토지보상법 제71조(사용하는 토지의 보상 등)** ① 협의 또는 재결에 의하여 사용하는 토지에 대하여는 그 토지와 인근 유사토지의 지료(地料), 임대료, 사용방법, 사용기간 및 그 토지의 가격 등을 고려하여 평가한 적정가격으로 보상하여야 한다.
② 사용하는 토지와 그 지하 및 지상의 공간 사용에 대한 구체적인 보상액 산정 및 평가방법은 투자비용, 예상수익 및 거래가격 등을 고려하여 <u>국토교통부령</u>으로 정한다.
〈개정 2013.3.23.〉 [전문개정 2011.8.4.]

■ **토지보상법 시행규칙 제30조(토지의 사용에 대한 평가)** 토지의 사용료는 임대사례비교법으로 평가한다. 다만, 적정한 임대사례가 없거나 대상토지의 특성으로 보아 임대사례비교법으로 평가하는 것이 적정하지 아니한 경우에는 적산법으로 평가할 수 있다.

■ **토지보상평가지침 제49조(토지사용료의 감정평가)** ① 공익사업의 시행에 따라 토지를 사용하는 경우에 그 사용료의 감정평가는 임대사례비교법에 따른다. 다만, 적정한 임대사례가 없거나 대상토지의 특성으로 보아 임대사례비교법으로 감정평가하는 것이 적정하지 아니한 경우에는 적산법으로 감정평가할 수 있다.
② 임대사례비교법에 따라 사용료를 감정평가하는 경우에 임대보증금 등 일시금에 대

한 운용이율은 일시금의 성격 및 그 비중과 유형별 특성 및 지역시장의 특성 등을 고려한 적정이자율로 정한다. 다만, 적정이자율의 조사가 곤란한 경우에는 연 5퍼센트 이내로 한다.

③ 미지급용지에 대한 사용료의 감정평가는 적산법에 따른다. 이 경우에 기초가액은 제32조를 준용하여 구한다.

④ 적산법에 따른 적산임료를 구하는 경우에 적용할 기대이율은 해당 지역 및 대상토지의 특성을 반영하는 이율로 정하되, 이의 산정이 사실상 곤란한 경우에는 별표7의2 (기대이율 적용기준율표)에서 정하는 율과 「국유재산법 시행령」 및 「공유재산 및 물품관리법 시행령」에 따른 국유재산 또는 공유재산의 사용료율(대부료율) 등을 참고하여 실현 가능한 율로 정할 수 있다.

⑤ 토지의 지하부분 또는 지상공간을 한시적으로 사용하는 경우에 그 사용료의 감정평가는 제1항부터 제4항까지에 따른 사용료의 감정평가액에 토지의 이용이 저해되는 정도에 따른 적정한 비율(이하 "입체이용저해율"이라 한다)을 곱하여 구한 금액으로 한다.

⑥ 토지의 지하부분 또는 지상공간을 「민법」 제289조의2에 따른 구분지상권을 설정하여 사실상 영구적으로 사용하는 경우에 사용료의 감정평가는 표준지공시지가를 기준으로 한 해당 토지의 적정가격에 입체이용저해율을 곱한 금액으로 한다. 다만, 「전기사업법」 제89조에 따른 전기사업자 또는 「전원개발촉진법」 제6조의2에 따른 전원개발사업자가 토지의 지상공간 또는 지하부분을 사실상 영구적으로 사용하는 것에 따른 손실보상을 위한 사용료의 감정평가는 따로 정하는 기준에 따르고, 「도시철도법」 제9조 및 「철도건설법」 제12조의2에 따른 토지의 지하부분 보상을 위한 지하사용료의 감정평가는 제50조와 제51조에 따르며, 그 밖에 다른 법령 등에 따라 토지의 지하부분 또는 지상공간의 사용료를 감정평가하는 경우에도 제50조와 제51조의 관련 규정을 준용할 수 있다.

(2) 보상평가 기준

사용하는 토지에 대하여는 그 토지와 인근 유사토지의 지료(地料), 임대료, 사용방법, 사용기간 및 그 토지의 가격 등을 고려하여 평가한 적정가격으로 보상하여야 하고(시행규칙 제29조), **토지의 사용료는 임대사례비교법으로 평가**한다. 다만, 적정한 임대사례가 없는 경우, 대상토지의 특성으로 보아 임대사례비교법으로 평가하는 것이 적정하지 아니한 경우에는 적산법으로 평가할 수 있다(시행규칙 제30조). 한편 미지급용지에 대한 사용료평가는 적산법으로 평가한다.

> **■ 감정평가 실무기준 820.5.1 토지사용 보상평가**
>
> 토지사용 보상평가는 임대사례비교법에 따른다. 다만, 다음 각 호의 어느 하나에 해당하는 경우에는 적산법으로 감정평가할 수 있다.
>
> 1. 적절한 임대사례가 없는 경우
> 2. 대상토지의 특성으로 보아 임대사례비교법으로 감정평가하는 것이 적절하지 아니한 경우
> 3. 미지급용지에 대한 사용료를 감정평가하는 경우

여기에서 '임대사례비교법'이란 대상물건과 동일성 또는 유사성이 있는 다른 물건의 임대사례와 비교하여 시점수정, 지역요인비교, 개별요인(토지·건물)비교 및 층별(위치별)효용비 등을 곱해서 사용료를 구하는 방법을 말한다(이 방법으로 구한 사용료를 비준임료라 한다).385) '적산법'이란 가격시점에서 대상물건의 가액(기초가액)에 기대이율(통상 투하된 자본에 대해 기대되는 수익률)을 곱한 금액에 대상물건을 계속 사용하는데 필요한 제경비를 더하여 대상물건의 사용료를 구하는 방법을 말한다(이 방법으로 구한 사용료를 적산임료라 한다).386)

> 한편, 공용사용이란 특정한 공익사업의 수행을 위하여 또는 수행하는 과정에서 그 사업시행자가 타인의 소유에 속하는 토지 기타 물건 등의 재산권에 대하여 공법상의 사용권을 설정하고, 그 사용기간 중에 그를 방해하는 권리행사를 금지하는 것을 말하는 바,387) 공용사용에 대한 규정은 토지보상법 외에도 「국토계획법」·「도시철도법」·「철도건설법」·「도로법」·「전원개발촉진법」·「전기사업법」 등 개별 법령에도 있다. 다만, 「전기사업법」은 협의에 의한 사용만을 규정하고 있다.388)

---

385) 토지보상법 시행규칙 제2조제7호 참조
386) 토지보상법 시행규칙 제2조제8호 참조
387) 공용사용은 그 내용에 따라 일시적 사용과 계속적 사용으로 나눌 수 있는데, 일시적 사용의 예로는 「토지보상법」 제9조에 따른 공익사업의 준비를 위한 측량·조사·장해물 제거 등을 위하여 타인의 토지에 출입하여 사용하는 경우 등이다.

나. 토지의 지하 · 지상공간의 사용에 대한 보상

(1) 토지의 지하 · 지상공간의 사용의 의의

1970년 이후 급격한 경제성장과 산업화 · 도시화를 계기로 지하 및 공중공간의 입체적 이용에 관심을 두게 되었다. 특히 1970-80년대는 가스 · 원유비축기지, 지하 양수발전소, 송전탑 및 송전선로 등 기반시설의 구축이 지하 및 공중공간의 활용의 중심을 이루었고, 특히 대도시에서는 지하철, 지하보도, 공용지하주차장, 고가도로 등의 형태로 지하 및 공중공간이 활용되고 있다.

앞으로도 도시화의 가속화, 공익사업의 증가, 기술 및 산업발전 등으로 인해 지하 및 공중공간의 입체적 이용에 대한 수요는 폭발적으로 증가할 것으로 예상되어 지하공간의 경우는 지상전철 지하화(예: 경인선전철 및 서울지하철 1호선 지하화 사업계획), 도심지 지하대심도 도로건설 등으로 인한 지하공간활용의 필요성이 증가하고, 공중공간의 경우는 도시화 · 산업화과정에서 증가되는 전력수요의 대비를 위한 송전탑과 송전선로 설치 및 교통혼잡해소를 위한 경전철 및 고가도로의 건설의 필요성이 증가하고 있다.[389]

특히 토지의 지하공간의 입체적 이용은 지상공간의 사용부분에 비해 보다 기술적으로 고도화되어 지속적으로 집적 · 과밀화되는 경향이 있다. 민법 제212조는 토지소유권의 범위에 대해 '토지의 소유권은 정당한 이익 있는 범위내에서 토지의 상하에 미친다'라고 규정하고 있어 민법상 토지소유권의 지표면 아래의 정당한 이익의 범위설정이 토지의 지하공간의 사용에 따른 사용료의 범위와 연계되어 문제되고 있다.

관련법령

■ **토지보상법 시행규칙 제31조(토지의 지하 · 지상공간의 사용에 대한 평가)** ① 토지의 지하 또는 지상공간을 사실상 영구적으로 사용하는 경우 당해 공간에 대한 사용료는 제22조의 규정에 의하여 산정한 당해 토지의 가격에 당해 공간을 사용함으로 인하여 토지의 이용이 저해되는 정도에 따른 적정한 비율(이하 이 조에서 "입체이용

---

388) 전기사업법 제89조 참조, 중앙토지수용위원회, 앞의 책, 2017.12., 268면 참조
389) 사단법인 한국토지공법학회, '토지의 지하 및 공중공간 등에 대한 보상기준에 관한 연구', 2012.11. (국토해양부 최종보고서) 1면

저해율"이라 한다)을 곱하여 산정한 금액으로 평가한다.

② 토지의 지하 또는 지상공간을 일정한 기간동안 사용하는 경우 당해 공간에 대한 사용료는 제30조의 규정에 의하여 산정한 당해 토지의 사용료에 입체이용저해율을 곱하여 산정한 금액으로 평가한다.

■ 도시철도법 [시행 2019.7.1.] [법률 제16146호, 2018.12.31.]

제9조(지하부분에 대한 보상 등) ① 도시철도건설자가 도시철도건설사업을 위하여 타인 토지의 지하부분을 사용하려는 경우에는 그 토지의 이용 가치, 지하의 깊이 및 토지 이용을 방해하는 정도 등을 고려하여 보상한다.

② 제1항에 따른 지하부분 사용에 대한 구체적인 보상의 기준 및 방법에 관한 사항은 대통령령으로 정한다.

제10조(토지 등의 수용 또는 사용) ① 도시철도건설자는 도시철도건설사업을 위하여 필요하면 「공익사업을 위한 토지 등의 취득 및 보상에 관한 법률」 제3조에 따른 토지·물건 및 권리(이하 "토지등"이라 한다)를 수용 또는 사용할 수 있다.

② 제7조제1항에 따른 사업계획의 승인과 같은 조 제6항에 따른 고시는 「공익사업을 위한 토지 등의 취득 및 보상에 관한 법률」 제20조제1항 및 제22조에 따른 사업인정 및 사업인정고시로 보며, 재결신청(裁決申請)의 기한은 같은 법 제23조제1항 및 제28조제1항에도 불구하고 제7조제1항에 따라 승인을 받은 사업계획에서 정한 도시철도사업기간의 종료일로 한다.

③ 토지등의 수용 또는 사용에 관하여는 이 법에 규정이 있는 경우를 제외하고는 「공익사업을 위한 토지 등의 취득 및 보상에 관한 법률」을 준용한다.

■ 도시철도법 시행령 [시행 2019.4.1.] [대통령령 제29657호, 2019.3.26.]

제10조(지하부분 사용에 대한 보상기준) ① 법 제9조제1항에 따른 토지의 지하부분 사용에 대한 보상대상은 도시철도시설의 건설 및 보호를 위하여 사용되는 토지의 지하부분으로 한다.

② 법 제9조제1항에 따른 토지의 지하부분 사용에 대한 보상금액은 다음 제1호의 면적에 제2호의 적정가격과 제3호의 입체이용저해율을 곱하여 산정한 금액으로 한다.

1. 법 제12조에 따른 구분지상권 설정 또는 이전 면적
2. 제3항에 따른 해당 토지(지하부분의 면적과 수직으로 대응하는 지표의 토지를 말한다)의 적정가격
3. 도시철도건설사업으로 인하여 해당 토지의 이용을 방해하는 정도에 따른 다음 각목의 이용저해율을 합산한 것(이하 "입체이용저해율"이라 한다)으로서 **별표 1**에 따라 산정되는 입체이용저해율
   가. 건물의 이용저해율
   나. 지하부분의 이용저해율
   다. 건물 및 지하부분을 제외한 그 밖의 이용저해율

③ 제2항제2호에 따른 해당 토지의 적정가격은 「부동산 가격공시에 관한 법률」 제3조에 따른 <u>표준지공시지가를 기준으로 하여</u> 「감정평가 및 감정평가사에 관한 법률」 제2조제4호에 따른 감정평가업자 중 <u>시·도지사가 지정하는 감정평가업자가 평가한 가액(價額)</u>으로 한다. 〈개정 2016. 8. 31.〉

제11조(지하부분 사용에 대한 보상방법 등) ① 도시철도건설자가 법 제9조제1항에 따라 토지의 지하부분 사용에 대한 보상을 할 때에는 토지소유자에게 개인마다 일시불로 보상금액을 지급하여야 한다.
② 도시철도건설자는 제1항에 따라 보상한 보상금액, 보상면적 및 토지의 지하부분 사용의 세부 내용을 관할 지방자치단체의 장에게 통보하여야 한다.

■ **토지보상평가지침 제50조(「도시철도법」등에 따른 지하사용료의 감정평가)** ① 「도시철도법」에 따른 도시철도 및 「철도건설법」에 따른 철도의 건설을 위하여 토지의 지하부분 또는 지상부분을 「민법」 제289조의2에 따른 구분지상권을 설정하여 사실상 영구적으로 사용하는 경우에 그 사용료의 감정평가는 「도시철도법」 제9조와 같은 법 시행령 제10조 및 <u>별표1</u> 에 따라 해당 토지가 속한 <u>시·도에서 조례로 정한 도시철도 건설을 위한 지하부분 토지사용에 관한 보상기준(이하 이 조에서 "조례"라 한다)</u> 또는 「철도건설법」 제12조의2 및 같은 법 시행령 제14조의2에 따라 <u>국토교통부장관이 정한 「철도건설을 위한 지하부분 토지사용 보상기준」</u> 등에서 정한 기준에 따르되, 해당 토지가 속한 시·도의 조례에서 정한 것을 우선 적용하여 다음 각 호에서

정한 기준에 따른다.

1. 토지의 한계심도 이내의 지하부분을 사용하는 경우에는 토지의 단위면적당 적정
가격에 입체이용저해율과 구분지상권 설정면적을 곱하여 산정한다.

> **지하사용료**=토지의 단위면적당 적정가격×입체이용저해율×구분지상권 설정면적

2. 토지의 한계심도를 초과하는 지하부분을 사용하는 경우에는 토지의 단위면적당 적
정가격에 다음 율을 적용하여 산정한다. 다만, 해당 토지의 여건상 지하의 광천수를
이용하는 등 특별한 사유가 인정되는 경우에는 따로 지하사용료를 산정할 수 있다

토 피[390)]	한계심도초과		
	20미터 이내	20미터~40미터	40미터 이상
적용률(%)	1.0~0.5	0.5~0.2	0.2 이하

(2) 지하공간의 개념[391)]

지하공간의 개념은 법적으로 '지하부분'과 혼용하여 사용되기도 한다. 즉, 「공익사업을
위한 토지 등의 취득 및 보상에 관한 법률」(이하 "토지보상법"이라 한다)에서는 '지하공
간'이라는 용어를 사용하고 있지만, 「철도건설법」과 「도시철도법」 등에서는 '지하부분'이
라는 용어로 사용되고 있다.

[법률에서의 지하공간의 용어사용]

법률명	지하의 용어표현	비고
「민법」	지하공간	제289조의2
「공익사업을 위한 토지 등의 취득 및 보상에 관한 법률」	지하공간	제71조(사용하는 토지의 보상)
「도시철도법」	지하부분	제4조의6(지하부분에 대한 보상 등)
「도로법」	지하부분	제50조(입체적도로구역)

---

390) 토피란 도시철도 지하시설물 최상단에서 지표까지의 수직거리로 보호층을 포함하는 개념이다. 또한
보호층이란 굴착 등 행위로부터 지하시설물을 보호하기 위하여 필요한 구조물 상하의 범위를 말한다.(한
국감정원, 보상실무1, 2011.12, 405면 참조)
391) 사단법인 한국토지공법학회, 전계논문, 2012.11, 7-8면 참조

지하공간의 이용과 관련하여 한계심도(限界深度)와 대심도(大深度)라는 용어가 사용되고 있는데, 한계심도라 함은 토지소유자의 통상적 이용행위가 예상되지 않으며, 지하시설물 설치로 인하여 일반적인 토지이용에 지장이 없는 것으로 판단되는 깊이로 정의되고 있으며(서울특별시 도시철도의 건설을 위한 지하부분토지사용에 따른 보상기준에 관한 조례 제2조제4호), 이 규정에 의하면 사실상 지하공간은 한계심도를 경계로 그 아래와 위로 구분된다고 볼 수 있다.[392]

한계심도는 아래의 그림과 같이 고층시가지는 40m, 중층시가지는 35m, 저층시가지 및 주택지는 30m, 농지·임지는 20m로 지표의 용도에 따라 달리 규정되고 있다.

[토지 용도별 한계심도]
– 자료 : 경기도청 철도도로항만국 GTX과 내부자료.

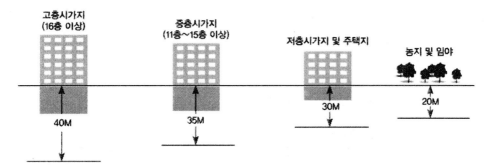

구분	층	한계심도
고층시가지	16층 이상	40m
중층시가지	11층~15층	35m
저층시가지	4층~10층	30m
주택지	3층 이하	30m
농지임지	–	20m

392) 류해웅, 토지공법론 , 삼영사, 2004, 408면. 재인용, : 대심도라는 용어는 일본에서 유입된 개념으로, 일본에서는 지하공간을 깊이에 따라 천심도(淺深度), 중심도(中深度), 대심도(大深度)로 구분하고 있고, 이에 따라 통상 지하공간에 대한 논의의 초점은 한계심도 이하인 대심도에 맞추어져 있다. 즉, 일본의 「대심도 지하의 공공적 사용에 관한 특별조치법」(이하 "대심도 지하사용법"이라 한다) 제2조에 따르면, 대심도 지하란 ⅰ) 건축물의 지하실 용도로 통상적으로 제공되지 않는 지하의 깊이로서 정령으로 정하는 깊이(40m)와 ⅱ) 통상적인 건축물의 기초를 지지할 수 있는 지반(지지지반)의 표면으로부터 정령으로 정하는 거리(10m)를 더한 깊이 중 어느 하나의 깊이 이상의 지하라고 정의되어 있다

(3) 보상평가 기준

토지보상법 시행규칙 제31조에는 토지의 지하사용뿐만 아니라 지상공간의 사용에 대한 평가규정을 두어 각각 입체이용저해율에 따라 평가하도록 규정하되 그 사용기간(일시적 또는 영구적)에 따라 그 보상기준을 달리 규정하고 있다. 「도시철도법」도 제9조에서 토지의 지하부분의 사용에 대한 보상규정을 두고 있다.

① 토지보상법상 지하·지상공간의 사용에 대한 보상

(i) 지하·지상공간을 **영구적으로 사용**하는 경우

토지의 지하 또는 지상공간을 사실상 영구적으로 사용하는 경우 당해 공간에 대한 <u>사용료</u>는 일반토지에 대한 보상평가방법에 의하여 산정한 당해 토지의 가격에 당해 공간을 사용함으로 인하여 토지의 이용이 저해되는 정도에 따른 적정한 비율(이하 '입체이용저해율'이라 함)을 곱하여 산정한 금액으로 평가한다(시행규칙 제31조제1항).

> ▸ **영구사용하는 경우** = 당해 토지의 가격 × 입체이용저해율

(ii) 지하·지상공간을 **일시적으로 사용**하는 경우

토지의 지하 또는 지상공간을 일정한 기간동안 사용하는 경우 당해 공간에 대한 <u>사용료</u>는 사용하는 토지에 대한 평가방법에 의하여 산정한 당해 토지의 사용료에 입체이용저해율을 곱하여 산정한 금액으로 평가한다(시행규칙 제31조제2항).

> ▸ **일정기간 사용하는 경우** = 당해 토지의 사용료 × 입체이용저해율

여기서 '입체이용저해율'이란 i) 건축물 등 이용저해율, ii) 지하부분 이용저해율, iii) 기타 이용저해율을 더하여 산정하되, 건축물 등 이용저해율은 건축물 등 이용률에 최유효건축물의 층별효용비율 합계 대비 저해층의 층별효용비율 합계의 비율을 곱하여 산정하고, 지하부분 이용저해율은 지하이용률에 심도별지하이용효율을 곱하여 산정하며, 기타 이용저해율은 입체이용률배분표에 의한다(실무기준 522 참조).

■ **감정평가 실무기준 820.5.2 지상공간 등의 사용에 대한 보상평가**

5.2.1 지상공간 등의 사용에 대한 보상평가방법

토지의 지상공간 등의 일부를 사용하는 경우 그 사용료는 사용기간에 따라 다음 각
호와 같이 감정평가한다.

1. 한시적으로 사용하는 경우: [820-5.1]에 따른 사용료의 감정평가액에 입체이용저
   해율을 곱하여 감정평가한다.

2. 구분지상권을 설정하거나 임대차계약 등에 따라 사실상 영구적으로 사용하는 경
   우: [810-5.6]에 따른 해당 토지의 감정평가액에 입체이용저해율을 곱하여 감정
   평가한다.

5.2.2 입체이용저해율의 산정

5.2.2.1 입체이용저해율

[820-5.2.1]에 따라 사용료 감정평가를 할 때에 적용할 입체이용저해율은 건축물
등 이용저해율, 지하부분 이용저해율 및 그 밖의 이용저해율을 더하여 산정한다.

> ▶ **입체이용저해율** = 건축물 등 이용저해율+지하부분 이용저해율+그 밖의 이용
>   저해율

5.2.2.2 건축물 등 이용저해율

<u>건축물 등 이용저해율은</u> 건축물 등 이용률에 최유효건축물의 층별효용비율 합계
대비 저해층의 층별효용비율 합계의 비율을 곱하여 산정하되, 세부 산정기준은 별
도로 정할 수 있다.

5.2.2.3 지하부분 이용저해율

<u>지하부분 이용저해율은</u> 지하이용률에 심도별지하이용효율을 곱하여 산정하되, 세
부 산정기준은 별도로 정할 수 있다.

판례

[판례1] ▶ 지하철 건설로 인하여 건축예정 건물의 설계변경과 추가공사가 필요하게 된
경우, 그 비용이 토지지하부분의 사용에 따른 손실보상의 대상이 되는지 여부(소극)

[대법원 2000.11.28. 선고 98두18473] (토지수용이의재결처분취소)

【판결요지】

도시계획법 제81조와 이에 근거한 구 도시철도법(1995.1.5. 법률 제4924호로 개정되기 전의 것) 제4조의6 및 제5조, 같은법시행령(1995.7.6. 대통령령 제14722호로 개정되기 전의 것) 제5조의 각 규정에 의하면, 도시철도건설자가 도시철도의 건설을 위하여 타인 토지의 지하부분을 사용할 경우 그 보상은 도시철도 시설물의 설치 또는 보호를 위하여 사용되는 토지의 지하부분을 대상으로 하여 당해 토지(지하부분의 면적과 수직으로 대응하는 지표의 토지를 말한다)의 적정 가격에 도시철도 시설물의 설치로 인하여 당해 토지의 이용이 저해되는 정도에 따른 건물의 이용저해율과 지하부분의 이용저해율 및 기타의 이용저해율을 내용으로 하는 입체이용저해율을 곱하여 산정한 금액에 의하게 되어 있는데, 신축계획 건물에 대한 변경설계비와 추가공사비는 이에 속하지 아니함이 분명하고, 달리 계획 단계의 건물 신축과 관련하여 예상되는 변경설계비나 추가공사비가 지하부분의 사용에 따른 통상의 보상 범위에 속한다거나 위와 같은 입체이용저해율에 의한 손실보상 외에 별도로 보상 대상이 된다고 볼 근거도 없다.

② 도시철도법상 지하부분의 사용에 대한 보상

(ⅰ) 의의

도시철도법은 도시철도건설자가 도시철도건설사업을 위하여 타인 토지의 지하부분을 사용하려는 경우에는 그 토지의 이용 가치, 지하의 깊이 및 토지 이용을 방해하는 정도 등을 고려하여 보상하여야 한다고 규정하고 있다(법 제9조제1항).

또한, 도시철도건설자는 도시철도건설사업을 위하여 필요하면 토지보상법 제3조에 따른 토지·물건 및 권리를 수용 또는 사용할 수 있으며, 도시철도사업계획의 승인 및 고시는 토지보상법에 따른 사업인정 및 사업인정고시로 보고, 재결신청(裁決申請)의 기한은 승인을 받은 사업계획에서 정한 도시철도사업기간의 종료일로 하며, 토지등의 수용 또는 사용에 관하여는 이 법에 규정이 있는 경우를 제외하고는 토지보상법이 준용된다(법 제10조).

즉, 도시철도건설사업을 위하여 타인 토지의 지하부분 사용은 사용에 대한 감정평가(사용료)와 협의보상 후 사용하여야 하나, 만약 협의가 안 될 경우에는 결국 사용재결절차를 거쳐 강제로 사용하게 된다.

(ⅱ) 보상대상 범위

토지의 지하부분 사용에 대한 보상대상은 도시철도시설의 건설 및 보호를 위하여 사용되는 토지의 지하부분으로 한다(시행령 제10조제1항).

한편, 국토교통부고시 「철도건설을 위한 지하부분 토지사용 보상기준」(이하 '토지사용보상기준'이라 함)[393]에 따른 지하공간의 사용에 따른 보상대상의 범위는 지하시설물의 점유면적 및 유지관리 등과 관련된 최소한의 범위로 하되 ⅰ) 평면적 범위 위는 지하시설물 폭에 최소여유폭(양측 0.5m)을 합한 폭과 시설물 연장에 수직으로 대응하는 면적으로 하며, ⅱ) 입체적 범위는 평면적 범위로부터 지하시설물 상·하단 높이에 보호층을 포함한 범위까지로 정하되 보호층은 터널구조물인 경우 각 6m, 개착구조물인 경우 각 0.5m를 원칙으로 하고 있다(토지사용보상기준 제5조제1항).

> ■ 철도건설을 위한 지하부분 토지사용 보상기준 제5조(보상대상 범위) ① 지하부분 사용에 대한 보상(이하 "지하보상"이라 한다) 대상범위는 지하시설물의 점유면적 및 유지관리 등과 관련된 최소한의 범위로 정하되 평면적 범위와 입체적 범위는 다음 각 호와 같다.
> 1. "평면적 범위"는 지하시설물 폭에 최소여유폭(양측 0.5m)을 합한 폭과 시설물 연장에 수직으로 대응하는 면적으로 한다.
> 2. "입체적 범위"는 제1호의 평면적 범위로부터 지하시설물 상·하단 높이에 보호층을 포함한 범위까지로 정하되 보호층은 터널구조물인 경우 각 6m, 개착구조물인 경우 각 0.5m로 한다.
> ② 병렬터널 등과 같이 지하시설물과 지하시설물 사이의 토지가 종래 목적대로 사용함이 현저히 곤란하다고 인정될 때에는 토지소유자나 이해관계자의 청구에 의하여 「공익사업을 위한 토지 등의 취득 및 보상에 관한 법률 시행령」 제44조에서 정한 보상협의회의 협의를 거쳐 일정범위를 보상대상에 포함할 수 있다.

(ⅲ) 보상금액 및 보상방법

---

393) 이 기준은 「철도건설법」 제12조의2 및 같은 법 시행령 제14조의2제2항 및 별표에서 위임된 철도건설을 위한 지하부분 사용에 대한 보상범위, 입체이용저해율 산정방법 등 구체적인 보상기준을 정함을 목적으로 2014.3.7. 국토교통부고시(제2014-104호)된 후 2017.3.7. 국토교통부고시(제2017-161호, 2017.3.7. 일부개정)[시행:2017.3.7.]로 개정고시된 것이다.

토지의 지하부분 사용에 대한 보상금액은 다음 제1호의 면적에 제2호의 적정가격과 제3호의 입체이용저해율을 곱하여 산정한 금액을 토지소유자에게 개인별·일시불로 지급하여야 한다(시행령 제10조제2항, 제11조제1항).

---

1. 법 제12조에 따른 구분지상권 설정 또는 이전 면적
2. 제3항에 따른 해당 토지(지하부분의 면적과 수직으로 대응하는 지표의 토지를 말한다)의 적정가격
3. 도시철도건설사업으로 인하여 해당 토지의 이용을 방해하는 정도에 따른 다음 각목의 이용저해율을 합산한 것(이하 "입체이용저해율"이라 한다)으로서 **별표 1**에 따라 산정되는 입체이용저해율
   가. 건물의 이용저해율
   나. 지하부분의 이용저해율
   다. 건물 및 지하부분을 제외한 그 밖의 이용저해율

▸ **보상금액(사용료)** = 구분지상권 설정 또는 이전 면적 × 해당 토지(지하부분의 면적과 수직으로 대응하는 지표의 토지)의 적정가격 × 입체이용저해율

■ **도시철도법 시행령 [별표 1]**

입체이용저해율의 산정기준(제10조제2항제2호 관련)

1. 입체이용저해율은 건물의 이용저해율, 지하부분의 이용저해율, 건물 및 지하부분을 제외한 그 밖의 이용저해율을 합산하여 산정한다.
2. 제1호에 따른 건물의 이용저해율, 지하부분의 이용저해율, 건물 및 지하부분을 제외한 그 밖의 이용저해율은 다음 각 목의 산식에 따라 산정한다.
   가. 건물의 이용저해율 = α × 이용이 저해되는 지상층의 이용률
   나. 지하부분의 이용저해율 = β × 이용이 저해되는 지하층 또는 지하 심도(深度)의 이용률
   다. 그 밖의 이용저해율
      1) 지상·지하부분 양쪽의 그 밖의 이용을 저해하는 경우 = γ

2) 지상·지하부분 어느 한쪽의 그 밖의 이용을 저해하는 경우

$$= \gamma \times \frac{V_{12}}{V_{12}+V_{22}} \quad \text{또는} \quad \gamma \times \frac{V_{22}}{V_{12}+V_{22}}$$

3. 제2호 각 목의 α, β, γ는 각각 다음 산식에 따라 산정한다.

〈토지의 입체이용 분포도〉

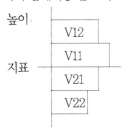

V11: 건물 지상층 이용가치

V12: 통신시설·광고탑 또는 굴뚝 등 이용가치

V21: 건물 지하층 이용가치 또는 지하 이용가치

V22: 지하수 사용시설 또는 특수물의 매설 등 이용가치

가. 입체이용가치(A)=건물 지상층 이용가치(V11)+건물 지하층 이용가치 또는 지하 이용가치(V21)+그 밖의 이용가치(V12+V22)

나. 건물 지상층 이용에 따른 이용률(α)= $\dfrac{V11}{A}$

다. 건물 지하층 또는 지하 이용에 따른 이용률(β)= $\dfrac{V21}{A}$

라. 그 밖의 이용에 따른 이용률(γ)= $\dfrac{V12+V22}{A}$

마. 토지의 입체이용률: α+β+γ=1

4. 제3호 각 목의 입체이용가치 및 입체이용률 등의 구체적인 산정기준은 해당 토지 및 인근 토지의 이용실태, 입지조건과 그 밖의 지역적 특성을 고려하여 시·도의 조례로 정한다.

다. 사용하는 토지의 매수 또는 수용청구

<u>사업인정고시가 된 후</u> 다음 각 호의 어느 하나에 해당할 때에는 해당 토지소유자는 사업시행자에게 해당 토지의 <u>매수를 청구</u>하거나 관할 토지수용위원회에 그 토지의 <u>수용을 청구</u>할 수 있다. 이 경우 관계인은 사업시행자나 관할 토지수용위원회에 그 권리의 존속(存續)을 청구할 수 있다(법 제72조).

> 1. 토지를 사용하는 기간이 3년 이상인 경우
>
> 2. 토지의 사용으로 인하여 토지의 형질이 변경되는 경우
>
> 3. 사용하려는 토지에 그 토지소유자의 건축물이 있는 경우

해당 토지의 매수 또는 수용청구는 토지보상법 제20조 규정상의 사업인정고시가 있음을 전제로 하는 것이므로 단순히 도로관리청 내지 행정청등이 해당 토지를 3년 이상 무단으로 사용하고 있는 경우에는 이 규정에 따라 매수 또는 수용을 청구할 수는 없다.

24. 개간비 보상

가. 개념

개간이란 임야 등을 농경지로 만들어 종전 토지의 이용가치를 보다 높이는 모든 개량행위를 말하며, 이에는 매립, 간척 및 이에 준하는 행위까지를 포함하는 것으로, 종전 토지의 이용가치를 보다 높이는 토지형질변경 행위까지를 포함한다. 개간비란 개간에 소요된 비용을 말하며 이는 <u>실비변상적 성격</u>을 갖는다.

토지보상법 시행규칙 제27조 및 토지보상평가지침 제52조는 아래와 같은 규정으로 개간비의 보상을 위한 구체적인 감정평가규정을 두고 있다.

> **관련법령**
>
> ■ **토지보상법 시행규칙 제27조(개간비의 평가 등)** ① <u>국유지 또는 공유지를 관계법령에 의하여 적법하게 개간</u>(매립 및 간척을 포함한다. 이하 같다)<u>한 자가 개간당시부터 보상당시까지 계속하여 적법하게 당해 토지를 점유하고 있는 경우</u>(개간한 자가 사망한 경우에는 그 상속인이 개간한 자가 사망한 때부터 계속하여 적법하게 당해 토지를 점유하고 있는 경우를 포함한다) <u>개간에 소요된 비용</u>(이하 "개간비"라 한다)은 이를 평가하여 보상하여야 한다. 이 경우 <u>보상액은 개간후의 토지가격에서 개간전의 토지가격을 뺀 금액을 초과하지 못한다.</u>
>
> ② 제1항의 규정에 의한 개간비를 평가함에 있어서는 개간전과 개간후의 토지의 지세·지질·비옥도·이용상황 및 개간의 난이도 등을 종합적으로 고려하여야 한다.

③ 제1항의 규정에 의하여 개간비를 보상하는 경우 취득하는 토지의 보상액은 개간후의 토지가격에서 개간비를 뺀 금액으로 한다.

■ **토지보상평가지침 제52조(개간비의 감정평가 등)** ① 국유지 또는 공유지를 관계법령에 따라 적법하게 개간(매립·간척을 포함한다. 이하 이 조에서 같다) 한 자가 개간 당시부터 보상 당시까지 계속하여 적법하게 해당 토지를 점유하고 있는 경우(개간한 자가 사망한 경우에는 그 상속인이 개간한 자가 사망한 때부터 계속하여 적법하게 해당 토지를 점유하고 있는 경우를 포함한다)로서 의뢰자로부터 개간에 소요된 비용 (이하 "개간비"라 한다)의 감정평가 의뢰가 있는 경우에 그 개간비의 감정평가는 법 시행규칙 제27조에 따라 <u>가격시점 당시를 기준으로 한 개간에 통상 필요한 비용 상당액</u>(개량비를 포함한다. 이하 이 조에서 같다)<u>으로 한다.</u> 이 때에는 그 감정평가액이 개간후의 토지에 대한 감정평가액에서 개간 전의 토지에 대한 감정평가액을 뺀 금액을 초과하지 못하며, 개간 후의 토지에 대한 감정평가액의 결정에서 일시적인 이용상황은 고려하지 아니한다. 다만, 그 <u>개간에 통상 필요한 비용 상당액을 산정하기 곤란한 경우에는 인근지역에 있는 이용상황이 비슷한 토지의 표준지공시지가를 기준으로 한 개간후의 토지에 대한 감정평가액의 3분의1</u>(도시지역의 녹지지역 안에 있는 경우에는 5분의 1, 도시지역의 그 밖의 용도지역 안에 있는 경우에는 10분의 1) <u>이내로 한다.</u>
② 제1항에 따른 개간비의 감정평가 시에는 개간 전·후 토지의 위치·지형·지세·지질·비옥도 및 이용상태와 개간의 난이도 등을 고려하여야 한다.
③ 의뢰자로부터 <u>1995년 1월 7일 당시에 공익사업시행지구에 편입된 무허가개간토지</u>(관계법령에 따라 허가·인가 등을 받고 개간하여야 하는 토지를 허가·인가 등을 받지 아니하고 개간한 토지를 말한다)<u>에 대한 개간비의 감정평가 의뢰가 있는 경우에는</u> 법 시행규칙(건설교통부령 제344호, 2002.12.31.) 부칙 제6조에 따라 제1항 전단의 규정에도 불구하고 <u>이를 감정평가 할 수 있다.</u>
④ 제1항에 따른 개간비의 감정평가를 한 국유지 또는 공유지에 대하여 협의 또는 수용을 위한 감정평가 의뢰가 있는 경우에 해당 토지에 대한 감정평가는 법 시행규칙 제27조제3항에 따라 <u>개간 후 토지의 적정가격에서 개간비 상당액을 뺀 금액으로 감정평가액을 결정</u>한다. 이 경우에는 감정평가서에 그 내용을 기재한다.

나. 개간비 보상요건

(1) 국·공유지 개간

토지보상법 시행규칙 제27조에서는 개간비의 보상은 <u>국유지 또는 공유지</u>를 관계법령에 의하여 적법하게 개간(매립 및 간척을 포함)할 것을 전제로 하므로 **사유지를 적법하게 개간하더라도 처음부터 개간비 보상의 대상에서 제외된다.**

(2) 적법한 개간

개간된 사실이 있어야 인정되어야 하는데, 그 개간은 관련 법령에 따라 허가·인가 등을 받아야 하는 경우에는 허가·인가 등을 받고 개간한 토지여야 하며, 이러한 허가·인가 등에는 「국토계획법」에 따른 형질변경허가 등 뿐만 아니라 「국유재산법」 및 「공유재산법」에 따른 사용허가 또는 대부계약을 포함한다. 다만, 관련 법령에 따라 허가·인가 등을 받지 않고 개간한 무허가 개간 토지가 <u>1995.1.7.</u> 당시에 공익사업시행지구에 편입된 경우에는 예외적으로 개간비를 보상할 수 있다.[394]

따라서 공유수면 매립면허를 받은 후 준공기간내에 매립공사를 준공하지 못하여 면허의 효력은 실효되고, 해당 매립지는 국가 소유가 되었으나 해당 매립지의 사용권을 양도받아 사실상 점유해오던 자가 이후 국가와 대부계약을 체결하고 계속점유하고 있더라도 당초 관계법령에 의해 적법하게 개간된 사실이 없는 것이므로 해당 점유자는 개간비의 보상을 받을 수는 없게 된다.[395]

또한, 사용수익허가기간의 만료로 허가신청을 반려하여 종국적으로 개간된 토지가 공익사업에 편입되지 아니하게 된 경우에는 개간한 상태로 이용되는 것이 아니라 원상회복 등의 형질변경이 이루어지게 되어 국·공유지의 관리청에게는 토지가격의 증가분이 별도로 발생된다고 볼 수 없을 것이므로 이 경우에는 개간비 보상대상으로 보기 어렵다.[396] 그 외 (ⅰ) 기준시점 이전 점용기간 만료되고 갱신되지 않은 경우, (ⅱ) 허가용도와 다른 용도로 개간한 경우, (ⅲ) 점용허가면적을 초과한 경우 그 초과부분, (ⅳ) 원상회복 또는 보상제한의 적법한 부관이 있는 경우에도 개간비 보상대상에서 제외된다.

---

394) 시행규칙 부칙〈건설교통부령 제344호, 2002.12.3〉제6조
395) 법제처 안건번호 09-0388 (2009.12.31)
396) 2004.9.16. 토관-4242

[질의회신] ▸ 개간지의 점용허가기간이 경과한 후 허가 없이 점유한 경우에는 개간비 보상대상이 아니다. [2012.6.27. 토지정책과—3187]

【질의요지】

국유지를 적법하게 개간한 자가 해당 토지에 대한 점용허가 기간이 경과한 후에도 허가 없이 계속 점유하고 있던 중 해당 토지가 공익사업에 편입되는 경우 개간비 보상이 가능한지?

【회신내용】

「공익사업을 위한 토지 등의 취득 및 보상에 관한 법률 시행규칙」 제27조제1항에 따르면 국유지 또는 공유지를 관계법령에 의하여 적법하게 개간(매립 및 간척을 포함)한 자가 개간당시부터 보상당시까지 계속하여 적법하게 당해 토지를 점유하고 있는 경우 (개간한 자가 사망한 경우에는 그 상속인이 개간한 자가 사망한 때부터 계속하여 적법하게 당해 토지를 점유하고 있는 경우를 포함) 개간에 소요된 비용(이하"개간비"라 함)은 이를 평가하여 보상하여야 하도록 규정하고 있습니다. 따라서 위 규정에 따라 국유지를 적법하게 개간한 경우에도 이후 보상당시까지 계속하여 적법하게 당해 토지를 점유하고 있지 않은 경우에는 개간비 보상대상에 해당하지 않는다고 보며, 개별적인 사례에 대하여는 사업시행자가 관련법령 및 사실관계 등을 검토하여 판단할 사항으로 봅니다.

(3) 계속한 점유

개간비 보상은 국가 또는 지방자치단체 소유의 토지를 <u>개간한 자가 개간 당시부터 보상 당시까지 계속하여 적법하게 당해 토지를 점유하고</u> 있는 경우에 개간에 소요된 비용을 보상하는 것이다.[397]

개간비 보상은 개간을 한 자가 점용하고 있는 국·공유지가 공공사업에 편입되는 경우에 개간한 자에게 직접 지급되는 것이 원칙이므로 개간을 한 자가 보상 당시 사실상 점유하고 있지 않은 경우에는 개간비 지급대상이 되지 아니한다. 다만, 당초 관계법령에 의하

---

397) 개간비 지출자와 개간비 보상대상자는 동일인이어야 한다.

여 적법하게 개간한 자가 사망하고 그 상속인이 개간한 자가 사망한 때부터 계속하여 적법하게 점유하고 있는 경우에는 그 상속인이 개간비 지급대상자가 된다(시행규칙 제27조제1항).[398)

따라서, 국·공유지의 불법개간, 적법한 개간이나 개간한 자가 계속하여 적법하게 점유하지 아니한 경우(적법하게 개간하였다고 하여도 점용기간이 만료된 후에 점용기간의 갱신 없이 점유하고 있는 경우), 개간한 자 외의 점유의 경우에는 개간비 보상대상에 해당되지 않는다. 또한, 하천부지를 개간하여 경작한 자는 개간함으로써 반사적 이익을 받은 것이고, 하천부지 점용(대부) 허가시 부관에서 원상회복의무를 부여하고 있으므로 이에 대한 개간비 보상은 어려울 것이다.[399)

한편, 판례는 하천부지 점용허가를 하면서 '점용기간 만료 또는 점용을 폐지하였을 때에는 즉시 원상복구 할 것'이라는 부관을 붙인 사안에서, "위 부관의 의미는 하천부지에 대한 점용기간 만료시 그에 관한 개간비보상청구권을 포기하는 것을 조건으로 한 것으로 본다"라고 판시[400)하고 있는바, 원상회복 등의 부관이 붙은 경우에는 개간비 보상대상으로 보기 어렵다.

다. 개간비 보상평가방법

(1) 기준시점 당시 개간비를 알 수 있는 경우

과거 지출시점이 아닌 기준가격 당시(현재)기준 개간에 통상 소요되는 비용[401)으로 평가하되, 개간 전·후의 가격 차이를 한도로 한다(시행규칙 제27조 제1항). 따라서 실제로 개간비용이 지출되었다고 하여도 개간으로 인하여 취득하는 토지의 가치가 상승하지 않았다면 보상대상에 해당하지 않는다.

> ▶ **개간비 상한액** = 개간 후 토지가치 − 개간 전 토지가치

---

398) 나아가 개간자의 포괄승계인 및 점용허가권을 상속받은 자도 보상대상자가 될 수 있다.
399) 2004.8.5. 토관-3512
400) 대법원 2008.7.24. 2007두25930 판결
401) 개량비도 포함된다.

(2) 기준시점 당시 개간비를 알 수 없는 경우

인근지역에 있는 이용상황이 비슷한 토지의 표준지공시지가를 기준으로 한 개간 후의 토지가치의 일정비율(주거, 상업, 공업지역은 1/10, 녹지지역은 1/5, 도시지역외는 1/3)이내를 적용하여 산정한다(토보침 제52조제1항 단서).

(3) 기타

개간비를 평가함에 있어서는 개간 전·후의 토지의 지세·지질·비옥도·이용상황 및 개간의 난이도 등을 종합적으로 고려하여야 하며, '개간비를 보상하는 경우 취득하는 토지의 보상액'은 개간 후의 토지가격에서 당해 개간비를 뺀 금액으로 한다(시행규칙 제27조제2항, 제3항).[402]

> ▸ **개간비를 보상한 경우 당해 토지 보상액** = 개간 후 토지가치 − 개간비 보상액

이와 관련하여 토지보상평가지침은 "개간비의 감정평가를 한 국유지 또는 공유지에 대하여 협의 또는 수용을 위한 감정평가 의뢰가 있는 경우에 해당 토지에 대한 감정평가는 법 시행규칙 제27조제3항에 따라 개간 후 토지의 적정가격에서 개간비 상당액을 뺀 금액으로 감정평가액을 결정한다. 이 경우에는 감정평가서에 그 내용을 기재한다"라고 규정하고 있다(토보침 제52조 제4항).

한편, 보상실무상 개간비 평가 의뢰 목록의 최종결정은 사업시행자 또는 중토위이므로 사업시행자자의 지장물과는 별도의 개간에 소요된 비용의 평가의뢰가 있어야 개간비 보상평가를 할 수 있다. 이는 개간비 보상이 가능한 무허가개간 토지의 경우도 마찬가지이다(토보침 제52조 제3항).

> **※ 개간비 보상실무**
> 1. 개간비는 개간 전·후 토지의 지세, 지질, 비옥도, 이용상황 및 개간의 난이도에 따

---

402) 여기에서 '개간비를 보상하는 경우 취득하는 토지의 보상액'의 의미는 개간비를 이미 보상한 국·공유지를 사업시행자가 공익사업의 시행으로 취득할 경우의 해당 토지의 보상액을 말한다.

라 책정이 가능하나, 일반적으로 개간 후 장기간이 경과한 경우 위 내역을 파악하기 어려운 관계로 개간 후 토지가치의 일정비율로 보상하는 것이 실무이다.

2. 허가면적과 상이하게 경작시 허가면적 중 실제 개간 면적에 대한 보상은 가능하다.

라. 무허가개간 토지의 개간비

<u>1995. 1. 7. 이전</u>에 개간된 토지는 개간비 보상의 요건이 충족되지 않더라도 예외적으로 사업시행자의 개간비의 평가의뢰가 있는 경우에는 개간비를 평가하여야 한다.[403]

관련 법령에 따라 허가·인가 등을 받지 않고 개간한 무허가개간 토지가 1995. 1. 7. 당시에 공익사업시행지구에 편입된 경우에는 토지보상법 시행규칙 제27조 제1항의 규정에 불구하고 이를 현실적인 이용상황에 따라 개간비를 보상하여야 한다(시행규칙 부칙〈건설교통부령 제344호, 2002.12.3〉제6조).

25. 잔여지 등의 보상

가. 개요

잔여지는 동일한 토지 소유자에 속하는 일단의 토지 중 일부가 공익사업부지로 편입되고 남은 토지를 말하며, 그 요건으로 (ⅰ) 일단의 토지가 <u>동일인의 소유일 것</u>(사실상 동일 소유관계 포함), (ⅱ) 일단의 토지는 <u>1필지 토지뿐만 아니라 용도상 불가분의 관계에 있는 수 필지</u>인 경우도 포함한다.

일단으로 이용 중인 토지의 일부가 공익사업에 편입되는 경우 손실은 편입부분에 한정되지 않고 전체 토지에 미치게 되므로 사업시행자가 취득하는 가치와 토지소유자가 상실하는 가치는 다를 수밖에 없게 된다. 정당보상은 취득하는 토지의 공익사업에 대한 기여로부터 파악하는 것이 아니라 토지소유자의 손실로부터 파악하는 것이 원칙이므로, 잔여지 보상은 정당보상의 원칙을 지키기 위하여 반드시 필요한 것이다.[404]

잔여지에 대한 보상에서 문제되는 것은 ⅰ) 잔여지를 종래의 목적에 사용하는 것이 현저

---

403) 이러한 예외적 내용은 토지보상평가지침에도 "의뢰자로부터 <u>1995년 1월 7일</u> 당시에 공익사업시행지구에 편입된 무허가개간토지에 대한 개간비의 감정평가 의뢰가 있는 경우에는 이를 감정평가 할 수 있다"라고 규정되어 있다.(토보침 제52조 제3항)
404) 중앙토지수용위원회, 앞의 책, 2017,12., 227면

히 곤란하여 토지소유자가 매수 또는 수용청구를 공사완료일까지 한 경우(법 제74조),
ⅱ) 잔여지의 가격이 하락되거나 그 밖에 손실이 있는 때 또는 잔여지에 통로·도랑·담
장 등의 신설 그 밖의 공사가 필요할 때에 토지소유자가 그 손실보상청구 또는 그 공사
비 청구를 해당 사업의 공사완료일로부터 1년 이내에 한 경우이다(법 제73조).

한편, 토지보상법은 '일단의 토지의 일부가 협의에 의하여 매수되거나 수용됨으로 인하
여'라고 하여 취득으로 인한 잔여지 매수보상만을 인정하고 있다(법 제74조 제1항). 따라
서 매수 또는 수용이 아닌 **'사용'**하는 토지의 잔여지 매수보상은 원칙적으로 허용되지 않
는다. 다만 사업인정고시가 된 후 ⅰ) 토지를 사용하는 기간이 **3년** 이상인 경우, ⅱ) 토
지의 사용으로 인하여 토지의 형질이 변경되는 경우, ⅲ) 사용하려는 토지에 그 토지소
유자의 건축물이 있는 경우 등에 해당할 때에는 해당 토지소유자는 사업시행자에게 사용
하는 토지의 매수를 청구하거나 관할 토지수용위원회에 그 토지의 수용을 청구할 수 있
으므로(법 제72조), 위와 같은 경우에 토지소유자가 사업시행자에게 사용하는 토지의 매
수를 청구하면 예외적으로 그 사용하는 토지의 잔여지도 매수보상의 대상이 된다.

> ■ **토지보상법 제72조(사용하는 토지의 매수청구 등)** 사업인정고시가 된 후 다음 각 호
> 의 어느 하나에 해당할 때에는 해당 토지소유자는 사업시행자에게 해당 토지의 매수를
> 청구하거나 관할 토지수용위원회에 그 토지의 수용을 청구할 수 있다. 이 경우 관계인
> 은 사업시행자나 관할 토지수용위원회에 그 권리의 존속(存續)을 청구할 수 있다.
>   1. 토지를 사용하는 기간이 **3년** 이상인 경우
>   2. 토지의 사용으로 인하여 토지의 형질이 변경되는 경우
>   3. 사용하려는 토지에 그 토지소유자의 건축물이 있는 경우 [전문개정 2011.8.4.]

나. 잔여지 매수 또는 수용청구

(1) 개념

① 동일한 소유자에게 속하는 일단의 토지의 일부가 협의에 의하여 매수되거나 수용됨으
로 인하여 잔여지를 종래의 목적에 사용하는 것이 현저히 곤란할 때에는 해당 토지소유
자는 사업시행자에게 잔여지 매수청구를 할 수 있으며, 사업인정 이후에는 관할 토지수
용위원회에 수용청구를 할 수 있다. 이 경우 수용의 청구는 매수협의가 성립되지 아니한

경우에만 할 수 있으며, 그 사업의 <u>공사완료일까지</u> 하여야 한다(법 제74조 제1항).405)

> ■ **토지보상법 제74조(잔여지 등의 매수 및 수용 청구)** ① 동일한 소유자에게 속하는 일단의 토지의 일부가 협의에 의하여 매수되거나 수용됨으로 인하여 잔여지를 종래의 목적에 사용하는 것이 현저히 곤란할 때에는 해당 토지소유자는 사업시행자에게 잔여지를 <u>매수하여 줄 것을 청구</u>할 수 있으며, 사업인정 이후에는 관할 토지수용위원회에 <u>수용을 청구</u>할 수 있다. 이 경우 수용의 청구는 <u>매수에 관한 협의가 성립되지 아니한 경우</u>에만 할 수 있으며, 그 <u>사업의 공사완료일까지</u> 하여야 한다.
> ② 제1항에 따라 매수 또는 수용의 청구가 있는 잔여지 및 잔여지에 있는 물건에 관하여 권리를 가진 자는 사업시행자나 관할 토지수용위원회에 그 권리의 존속을 청구할 수 있다.
> ③ 제1항에 따른 토지의 취득에 관하여는 제73조제3항을 준용한다.
> ④ 잔여지 및 잔여지에 있는 물건에 대한 구체적인 보상액 산정 및 평가방법 등에 대하여는 제70조, 제75조, 제76조, 제77조 및 제78조제4항부터 제6항까지의 규정을 준용한다. [전문개정 2011.8.4.]

② 잔여지가 종래의 목적에 사용하는 것이 현저히 곤란하게 되어 매수보상의 대상이 되기 위해서는 ⅰ) 대지로서 면적의 과소 또는 부정형 등의 사유로 인하여 건축물을 건축할 수 없거나 건축물의 건축이 현저히 곤란한 경우, ⅱ) 농지로서 농기계의 진입과 회전이 곤란할 정도로 폭이 좁고 길게 남거나 부정형 등의 사유로 인하여 영농이 현저히 곤란한 경우, ⅲ) 공익사업의 시행으로 인하여 교통이 두절되어 사용 또는 경작이 불가능하게 된 경우, ⅳ) 앞의 세 가지 경우 외에 이와 유사한 정도로 잔여지를 종래의 목적대로 사용하는 것이 현저히 곤란하다고 인정되는 경우 등의 어느 하나에 해당되어야 한다. 잔여지가 위의 어느 하나에 해당하는지를 판단할 때에는 ⅰ) 잔여지의 위치·형상·이용상황 및 용도지역, ⅱ) 공익사업 편입토지의 면적 및 잔여지의 면적, ⅲ) 잔여지와 인접한 본인 소유토지의 유·무 및 일단의 토지로 사용의 가능성 등이 고려된다.

---

405) 즉, 잔여지 매수에 관한 협의가 성립되지 않은 경우에 토지소유자는 사업인정고시이후 공익사업의 공사완료일까지 관할토지수용위원회에 잔여지의 수용청구 하여야 한다.

(2) 잔여지 매수협의

토지보상법상 잔여지 매수청구는 사업인정 이전에는 토지소유자가 사업시행자에게 할 수 있고, 사업인정 이후에는 관할 토지수용위원회에 해당 공익사업의 공사완료일까지 잔여지의 수용청구를 할 수 있다. 다만, 잔여지의 수용청구는 잔여지 매수청구에 관하여 사업시행자와 협의가 성립되지 않은 경우에만 할 수 있도록 규정하여 사업시행자와의 사전적 매수**협의를 전제로 결정**하도록 하고 있다(법 제74조 제1항). 이러한 매수협의의 법적성질은 공공기관이 사경제주체로서 행하는 사법상 매매 내지 사법상계약의 실질을 가진다.

한편, 이러한 잔여지 매수 또는 수용청구뿐만 아니라 잔여지의 가격하락손실 또는 비용보상, 토지의 취득에 대해서도 그에 대한 보상은 사업시행자와 손실을 입은 자와의 매수**협의를 전제로**, 협의가 성립되지 아니하면 사업시행자나 손실을 입은 자는 관할 토지수용위원회에 재결을 신청할 수 있을 것이다.

(3) 매수 또는 수용청구의 내용

① 잔여지수용청구권의 성질

대법원은 "토지수용법에 의한 잔여지수용청구권은 그 요건을 구비한 때에는 토지수용위원회의 특별한 조치를 기다릴 것 없이 청구에 의하여 수용의 효과가 발생하는 형성권적 성질을 가지고, 그 행사기간은 제척기간으로서, 토지소유자가 그 행사기간 내에 잔여지 수용청구권을 행사하지 아니하면 그 권리가 소멸한다"고 판시하고 있다.[406] 그러나, 토지소유자가 행사기간 내에 사업시행자에게 잔여지 매수청구를 하였더라도 일단의 토지 전부가 제3자에게 소유권이 이전되었다면 종전 토지소유자인 매도인의 잔여지 매수청구의 효력은 상실하게 될 것이다.

> ### 판례
>
> [판례1] ▶ 토지수용법에 의한 잔여지수용청구권의 법적 성질(=형성권)

---

406) 대법원 2001.9.4. 선고 99두11080 (토지수용이의재결처분취소)

[대법원 2001.9.4. 선고 99두11080] (토지수용이의재결처분취소)

【판시사항】

[1] 토지수용법에 의한 잔여지수용청구권의 법적 성질(=형성권)과 그 행사기간의 법적 성질(=제척기간) 및 토지수용법의 연혁에 따른 잔여지수용청구권의 행사기한

[2] 기업자가 수용과정에서 아무런 보상 없이 수용대상이 아닌 목적물을 철거함으로써 그 소유자 등에게 손해를 입힌 경우, 그 손해금의 지급을 구하는 소의 법적 성질(=민사상 불법행위로 인한 손해배상청구)

【판결요지】

[1] 토지수용법에 의한 잔여지수용청구권은 그 요건을 구비한 때에는 토지수용위원회의 특별한 조치를 기다릴 것 없이 청구에 의하여 수용의 효과가 발생하는 형성권적 성질을 가지고, 그 행사기간은 제척기간으로서, 토지소유자가 그 행사기간 내에 잔여지수용청구권을 행사하지 아니하면 그 권리가 소멸하므로, 토지소유자는, 잔여지수용청구권의 행사기간에 관하여 제한이 없었던 구 토지수용법(1990.4.7. 법률 제4231호로 개정되기 전의 것) 제48조 제1항이 적용되던 당시에는 토지수용위원회에 대하여 토지수용의 보상가액을 다투는 방법에 의하여도 잔여지수용청구권을 행사할 수 있었던 것과 달리, 위 법 조항이 개정되어 행사기간에 관한 규정이 신설된 이후에는 그 규정에서 정한 바에 따라 재결신청의 공고일로부터 2주간의 열람기간 내(1999.2.8. 법률 제5909호로 개정되기 전의 토지수용법 제48조 제1항) 또는 관할 지방토지수용위원회의 재결이 있기 전까지(개정된 위 조항 시행 후) 이를 행사하여야 하고, 도시계획법에 의한 토지수용이라 하여 달리 볼 것은 아니다.

[2] 기업자가 수용과정에서 아무런 보상 없이 수용대상이 아닌 목적물을 철거함으로써 그 소유자 등에게 손해를 입혔다면 이는 불법행위를 구성하는 것으로서 이와 같은 불법행위로 인한 손해금의 지급을 구하는 소는 손실보상이라는 용어를 사용하였다고 하여도 민사상의 손해배상청구로 보아야 한다.

② 매수청구대상 또는 수용청구의 시기

종전 토지보상법(2007.10.17. 법률 제8665호로 개정되기 전의것)은 잔여지 매수청구의

대상과 관련하여 "사업시행자에게 일단의 토지의 전부를 매수하여 줄 것을 청구"로 규정하여 매수청구의 대상을 '일단의 토지 전부'를 대상으로 하였으나, 개정법(2007.10.17)으로 현재는 잔여지만을 매수청구 할 수 있도록 하여 피수용인들로 하여금 매수청구 대상의 선택의 폭을 넓히면서 동시에 사실상의 강제수용의 범위를 제한하였다.

또한, 잔여지 수용청구 시기와 관련하여서는 종전 토지보상법은 "사업시행자와의 보상협의시 또는 사업인정 이후에는 관할 토지수용위원회의 수용재결이 있기 전까지"로 규정하여 잔여지 수용청구의 행사기간을 수용재결 전까지로 제한하였으나, 개정법에서는 "매수에 관한 협의가 성립되지 아니한 경우에 한하여, 그 사업의 **공사완료일**까지"로 개정하여 그 종료시한을 **대폭 연장**시켜 피수용인들로 하여금 토지수용으로 쓸모없게 된 잔여지 처리의 기회를 확대시켰다(법 제74조 제1항).

다만, 사견을 전제로 잔여지 매수청구의 행사기간과 관련하여 그 행사기간의 종료시점을 수용청구와 동일하게 '사업의 공사완료시'까지로 보이나, 법률규정상 사업인정 또는 수용재결까지인지 여전히 불분명하므로 이에 대한 명확한 입법개정이 필요할 것이다.

한편, '**공사완료일**'은 사업인정고시에서 정한 사업의 완료일(사업시행기간의 만료일)을 의미한다. 다만, 사업인정고시에서 정한 사업 기간만료일 이전에 실제 공사가 준공된 경우에는 그 준공일을 사업 완료일로 볼 수 있다.

질의회신

[질의회신1] ▶ 공사완료일이란 사업인정고시에서 정한 해당 사업의 완료일을 의미한다. [2014.5.20. 토지정책과-3294]

【질의요지】

「사회기반시설에 관한 민간투자법」에 따라 3단계로 시행 중인 민간투자사업(도로)에 대한 토지소유자가 잔여지를 매수를 청구할 수 있는 기준이 되는 「공익사업을 위한 토지 등의 취득 및 보상에 관한 법률」(이하 "토지보상법"이라 함) 제74조 제1항의 공사완료일이 단계별 공사완료일(준공)인지 아니면 전체 사업(1, 2, 3단

계)에 대한 최종 사업완료일인지 여부

【회신내용】

토지보상법 제74조제1항의 '그 사업의 공사완료일'이란 사업인정고시에서 정한 해당 사업이 완료된 날을 의미하며, 사업인정 고시에서 각 공구별로 사업기간을 분리하여 고시하고, 각 공구별로 사업을 완료할 수 있는 등 해당사업이 각 공구별로 구분하여 시행하는 경우로 볼 수 있다면 공구별(단계별) 사업완료일이 공사완료일이 될 수 있을 것으로 보며, 개별적인 사례는 사업시행자가 「사회기반시설에 관한 민간투자법」 등 관계 법령과 해당 사업의 고시문 등을 검토하여 판단할 사항이라고 봅니다.

[질의회신2] ▶ 사업인정에서 정한 사업기간 이전에 실제 공사가 완료된 경우에는 그 날을 '공사완료일'로 볼 수 있다. [2010.5.3. **토지정책과-2460**]

【질의요지】

「공익사업을 위한 토지 등의 취득 및 보상에 관한 법률(이하 "토지보상법")」제74조 제1항에서 잔여지수용 청구기간을 공사완료일까지로 규정하고 있는데 "공사 완료일"이란 사업인정고시의 사업기간 만료일을 의미하는지 혹은 실제 준공일을 의미하는지?

【회신내용】

사업인정고시에서 정한 사업 기간만료일 이전에 실제 공사가 완료된 경우 그 사업은 완료된 것으로 보아야 한다고 보나, 실제 준공일을 공사 완료일로 볼 수 있는지 여부 등은 개별법령에 의한 고시(실시 계획등)에서 정한 사업기간과 실제 준공일과의 의미와 절차 및 내용 등을 검토하여 판단할 사항이라고 봅니다.

[판례] ▶ 잔여지 손실보상금에 대한 지연손해금은 잔여지 소유자가 사업시행자에게 이행청구를 한 다음 날부터 발생한다. [**대법원 2018.3.13. 선고 2017두68370**]

【판결요지】

「공익사업을 위한 토지 등의 취득 및 보상에 관한 법률」이 잔여지 손실보상금 지급의무의 이행기를 정하지 않았고, 그 이행기를 편입토지의 권리변동일이라고 해석하여야 할 체계적, 목적론적 근거를 찾기도 어려우므로, 잔여지 손실보상금 지급의무는 **이행기의 정함이 없는 채무**로 보는 것이 타당하다. 따라서 잔여지 손실보상금 지급의무의 경우 잔여지의 손실이 현실적으로 발생한 이후로서 잔여지 소유자가 사업시행자에게 이행청구를 한 다음 날부터 그 지연손해금 지급의무가 발생한다(민법 제387조제2항 참조).

③ 잔여지 매수 또는 수용청구의 행사방법

잔여지 매수 또는 수용청구는 반드시 문서로 하며, 당해 지구내 편입토지가 협의가 성립되어 소유권이전이 완료되었거나 당해 공익사업의 공사완료 후에는 매수 또는 수용청구가 불가하다.

한편, 피수용인이 잔여지에 대한 수용청구를 하려면 우선 사업시행자에게 잔여지 매수에 관한 협의를 요청하여 협의가 성립되지 아니한 경우에 한하여 사업인정 이후에는 그 사업의 공사완료일까지 관할 토지수용위원회에 잔여지의 수용을 청구할 수 있고, 그 후 해당 수용재결 및 이의재결에 불복이 있으면 재결청과 기업자를 공동피고로 하여 그 이의재결의 취소 및 보상금의 증액을 구하는 행정소송을 제기할 수 있다.407)

---

407) 아래 구 토지보상법(공특법)상의 잔여지 수용청구권의 행사방법에 대한 대법원의 판결요지를 현재의 토지보상법상 내용으로 수정하여 인용함. ▶ 대법원 2004.9.24. 선고 2002다68713 (매매대금)
[판시사항] 구 토지수용법 제48조 제1항에 정한 잔여지 수용청구권의 행사방법
[판결요지] 구 토지수용법(2002.2.4. 법률 제6656호로 폐지되기 전의 것) 제48조 제1항은 공익사업을 위해 기업자에 의한 토지의 강제취득에 따라 남게 된 일단의 토지의 일부를 종래의 목적에 사용하는 것이 현저히 곤란한 경우에는 당해 토지소유자에게 형성권으로서 잔여지 수용청구권을 인정하고 있고, 이에 따라 잔여지에 대한 수용청구를 하려면 우선 기업자에게 잔여지매수에 관한 협의를 요청하여 협의가

(4) 매수 또는 수용청구의 요건

① 잔여지 토지소유자의 매수 또는 수용청구가 있을 것

잔여지 매수 또는 수용청구는 동일한 소유자에게 속하는 '일단의 토지'의 일부가 협의에 의하여 매수되거나 수용됨으로 인하여 발생하는 손실을 전제로 하는 바, 잔여지 매수 또는 수용은 잔여지 소유자의 매수 또는 수용청구를 전제로 한다. 즉, 잔여지 매수 등 보상은 사업시행자와 손실을 입은 자가 <u>협의하여 결정</u>하며, 협의가 성립되지 아니하였을 때에는 사업시행자 또는 손실을 입은 자는 관할 토지수용위원회에 수용에 대한 재결을 청구할 수 있으므로 잔여지 매수청구는 잔여지 수용청구의 <u>선행절차</u>가 된다.

한편, 잔여지 수용청구권자는 잔여지를 포함한 일단의 토지의 소유자이어야 하는바, 대법원은 "잔여지의 수용을 청구하기 위하여는 <u>늦어도 수용재결 이전까지 일단의 토지에 대한 소유권을 취득</u>하여야 하는 것이고, 수용재결 이후에 그 소유권을 취득한 자는 이를 청구할 수 없고408), 만일 잔여지가 공유인 공유인 경우에는 그 <u>소유지분에 대하여 각별로 잔여지 수용청구를 할 수 있다</u>409)"고 판시하고 있다.

② 잔여지가 '일단의 토지'의 일부일 것

잔여지 매수 또는 수용청구는 동일한 소유자에게 속하는 일단의 토지의 일부가 협의에 의하여 매수되거나 수용됨을 전제로 하므로, 여기서 '<u>일단의 토지</u>'란 반드시 1필지의 토지만을 의미하는 것이 아니라 비록 지목이 다를지라도 일반적인 실제이용이 같고 동일한 연속성에 있다면 연접한 수필지의 토지도 포함될 수 있다.

대법원도 '<u>일단의 토지</u>'의 의미에 대해 "1필지의 토지 중 수용부분이 획지조건이나 환경조건에서 잔여지 부분보다 훨씬 우세하기는 하나 양자가 물리적 연속성을 갖추고 있을 뿐만 아니라 실제 이용상황도 모두 장기간 방치된 잡종지 상태로서 별다른 차이가 없는 경우, 위 전체 토지가 **수용재결 시점**에 있어서의 객관적인 현황 내지 이용상황을 기준으

성립되지 아니한 경우에 한하여 그 일단의 토지의 일부 수용에 대한 토지수용위원회의 재결이 있기 전까지 관할 토지수용위원회에 잔여지를 포함한 일단의 토지 전부의 수용을 청구할 수 있고, 그 수용재결 및 이의재결에 불복이 있으면 재결청과 기업자를 공동피고로 하여 그 이의재결의 취소 및 보상금의 증액을 구하는 행정소송을 제기하여야 하며, 곧바로 기업자를 상대로 하여 민사소송으로 잔여지에 대한 보상금의 지급을 구할 수는 없다.

408) 대법원 1992.11.27. 선고 91누10688 판결 (토지잔여지수용청구기각재결처분취소)
409) 대법원 2001.6.1. 선고 2001다16333 판결 (토지매수)

로 할 때 동일한 목적에 제공되고 있었던 일체의 토지를 말한다"고 해석하고 있고(대법원 2002.3.15. 선고 2000두1362), 나아가 "일단의 토지라 함은 반드시 1필지의 토지만을 가리키는 것이 아니라 일반적인 이용 방법에 의한 객관적인 상황이 동일한 한 수필지의 토지까지 포함하는 것이라고 할 것이므로, 일단이 토지가 수필지인 경우에도 달리 특별한 사정이 없는 한 그 가격감소는 일단의 토지 전체를 기준으로 산정하여야 한다"고 하여 잔여지 매수 또는 수용청구의 대상을 반드시 1필지를 전제로 하고 있지 않고 있다.410)

판례

[판례] ▶ 수필지의 일단의 토지 중 일부가 수용됨으로써 발생한 토지수용법 제47조 소정의 잔여지의 가격감소로 인한 손실의 산정 기준(＝일단의 토지 전체)
[대법원 1999.5.14. 선고 97누4623] (토지수용재결처분취소)

【판결요지】
토지수용법 제47조 소정의 잔여지 보상은 동일한 소유자에 속한 일단의 토지 중 일부가 수용됨으로써 잔여지에 발생한 가격감소로 인한 손실을 보상대상으로 하고 있고, 이 때 일단의 토지라 함은 반드시 1필지의 토지만을 가리키는 것이 아니라 일반적인 이용 방법에 의한 객관적인 상황이 동일한 한 수필지의 토지까지 포함하는 것이라고 할 것이므로, 일단의 토지가 수필지인 경우에도 달리 특별한 사정이 없는 한 그 가격감소는 일단의 토지 전체를 기준으로 산정하여야 할 것이다.

---

③ 잔여지를 종래 목적대로 사용하는 것이 현저히 곤란할 것

잔여지의 매수 및 수용청구의 요건으로서 '종래의 목적'이라 함은 취득(협의 또는 수용재결) 당시에 당해 잔여지가 현실적으로 사용되고 있는 구체적인 용도를 의미하고 장래 이용할 것으로 예정된 목적은 이에 포함되지 않는다고 보고 있고,411) 사용하는 것이 '현저

---

410) 대법원 1999.5.14. 선고 97누4623 판결 (토지수용재결처분취소)
411) 대법원 1990.12.26. 선고 90누1076 판결 : 주택신축을 준비 중이던 토지의 일부분에 대한 토지수용으로 인해 나머지 토지 위에는 건축을 건축할 수 없게 되었다면, 비록 위 나머지 토지부분의 현실적 이용상황이 전이라고 하더라도, 종래의 목적에 사용하는 것이 현저히 곤란한 때에 해당한다고 할 것이나,

히 곤란하게 된 때'라고 함은 물리적으로 사용하는 것이 곤란하게 된 경우는 물론 사회적 · 경제적으로 사용하는 것이 곤란하게 된 경우 즉, 절대적으로 이용 불가능한 경우만이 아니라 이용은 가능하나 많은 비용이 소요되는 경우도 포함한다.412)

판례

[판례] ▶ '종래의 목적에 사용하는 것이 현저히 곤란하게 된 때'의 의미
[대법원 2005.1.28. 선고 2002두4679]

【판결요지】
…(중략)… 여기에서 '종래의 목적'이라 함은 수용재결 당시에 당해 잔여지가 현실적으로 사용되고 있는 구체적인 용도를 의미하고, '사용하는 것이 현저히 곤란한 때'라고 함은 물리적으로 사용하는 것이 곤란하게 된 경우는 물론 사회적, 경제적으로 사용하는 것이 곤란하게 된 경우, 즉 절대적으로 이용 불가능한 경우만이 아니라 이용은 가능하나 많은 비용이 소요되는 경우를 포함한다고 할 것이다(토지수용으로 인한 잔여지가 종래의 목적에 사용하는 것이 현저히 곤란하게 되었다고 보아 잔여지 수용청구를 인용한 사례).

종래의 목적대로 사용하는 것이 현저히 곤란하여 매수청구의 대상이 되기 위한 잔여지의 판단기준으로 토지보상법 시행령은 아래 각호의 기준 중 어느 하나에 해당하여야 한다고 규정하고 있다(시행령 제39조 제1항).

※ 잔여지의 판단 기준(시행령 제39조 제1항)
■ **토지보상법 시행령 제39조(잔여지의 판단)** ① 법 제74조제1항에 따라 잔여지가 다음 각 호의 어느 하나에 해당하는 경우에는 해당 토지소유자는 사업시행자 또는 관할 토지수용위원회에 잔여지를 매수하거나 수용하여 줄 것을 청구할 수 있다.
　1. 대지로서 면적이 너무 작거나 부정형(不定形) 등의 사유로 건축물을 건축할 수 없

잔여지 중 일부가 녹지지역내의 시설녹지로서 이미 도시계획법 제4조, 제12조에 의하여 건축 등의 행위가 제한되고 있는 토지라면 위 토지수용으로 인하여 이를 종래의 목적에 사용하는 것이 현저히 곤란한 때에 해당한다고 보여지지 아니하므로 이 부분 토지에 대해서는 잔여지 수용청구를 할 수 없다.
412) 대법원 2005.1.28. 선고 2002두4679 판결

거나 건축물의 건축이 현저히 곤란한 경우

2. 농지로서 농기계의 진입과 회전이 곤란할 정도로 폭이 좁고 길게 남거나 부정형 등의 사유로 영농이 현저히 곤란한 경우

3. 공익사업의 시행으로 교통이 두절되어 사용이나 경작이 불가능하게 된 경우

4. 제1호부터 제3호까지에서 규정한 사항과 유사한 정도로 잔여지를 종래의 목적대로 사용하는 것이 현저히 곤란하다고 인정되는 경우

② 잔여지가 제1항 각 호의 어느 하나에 해당하는지를 판단할 때에는 다음 각 호의 사항을 종합적으로 고려하여야 한다.

1. 잔여지의 위치 · 형상 · 이용상황 및 용도지역

2. 공익사업 편입토지의 면적 및 잔여지의 면적 [전문개정 2013. 5. 28.]

또한, 위 잔여지의 구체적 판단기준의 어느 하나에 해당하는지를 판단할 때에는 (ⅰ) 잔여지의 위치 · 형상 · 이용상황 및 용도지역, (ⅱ) 공익사업 편입토지의 면적 및 잔여지의 면적 등을 종합적으로 고려하여야 하며(시행령 제39조 제1항), 그 외 (ⅲ) 잔여지와 인접한 본인 소유토지의 유 · 무 및 일단의 토지로 사용의 가능성 등도 함께 살펴보아야 할 것이다.

판례는 '종래의 목적에 사용하는 것이 현저히 곤란'의 여부와 관련하여 (ⅰ) "산림복구가 예정되어 있는 일단의 채석장 중 일부가 고속국도의 용지로 수용됨으로써 잔여지가 신설 국도의 접도구역에 편입된 사유만으로는 잔여지를 종래의 목적인 임야로 사용하는 것이 현저히 곤란하게 되었다고 할 수 없으며(대법원 2000.2.8. 선고 97누15845, 토지수용이 의신청재결처분취소등), (ⅱ) 도시계획상 도로에 편입되어 도로로서 사용된 토지가 수용 이후에도 계속 도로로서 사용되고 있다면 수용으로 인한 잔여지를 종래의 목적에 사용하는 것이 현저히 곤란할 때라고 볼 수 없고(대법원 1991.8.27. 선고 90누7081, 토지수용 재결처분취소). (ⅲ) 토지수용으로 부정형의 맹지인 잔여지에[413) 수용된 토지에 설치된 변전소의 고압전류가 흐르리라는 것이 예상되더라도, 그 잔여지가 도시계획상 자연녹지에 속하는 공원용지이며 지목이 '전'이라면, 잔여지가 수용으로 인해 토지의 가격이 감소

---

413) 토지(1,024㎡)가 수용됨으로 인하여 잔여지(669㎡)는 폭 3 내지 5m, 길이 70 내지 80m의 길쭉한 부정형의 토지로서 맹지

되기는 하였지만 해당 잔여지를 본래의 목적인 농경지 상태대로 사용하는 것이 현저히 곤란하다고 보기는 어렵고(대법원 1994.11.8.선고 93누21682, 토지수용재결처분취소 등), (iv) 원고 소유이던 일단의 토지를 협의취득 한 다음 그 지상에 위 도로확장 및 포장 공사를 시행하면서 기존의 도로보다 약6m 높게 성토하여 도로를 설치함으로 말미암아, 따로 공사를 하여 진입로를 설치하지 아니하는 한, 이 사건 토지에 출입하는 것이 어렵 게 되고 일조시간이 짧아졌으며, 위 국토관리청이 이 사건 토지에 접한 도로부지 경사면 에 10m 간격으로 배수로를 3개 설치하고 위 ○○○-1 토지에 접한 쪽으로 대형 배수관 을 설치함으로서, 이 사건 토지와의 경계 사이에 따로 배수로를 설치하지 아니하는 한, 우수가 이 사건 토지로 넘쳐흐르게 될 염려가 있게 된 사실은 인정되나, 이 사건 토지의 면적과 종전 이용상황, 이 사건 토지가 도시계획상 개발제한구역 내에 위치한 점 등 이 사건 변론에 나타난 여러 사정을 참작할 때, 위 인정사실만으로 이 사건 토지를 종래의 목적에 사용함이 현저하게 곤란한 잔여지라고 보기 부족하다(대전지법 1993.4.22. 선고 92가합4202)"라고 판시하여 잔여지가 '도로' 또는 '임야' 등으로 사용되는 경우에는 사실 상 잔여지 수용청구 대상에서 제외하는 예가 있다.

국토교통부 토지정책과는 "공유 토지가 종래의 목적에 사용하는 것이 현저히 곤란하게 되었는지 여부에 있어 공유토지 면적의 과소여부는 공유 지분면적이 아니라 공유자 전원 의 전체면적을 기준으로 판단하여야 하나, 매수청구는 각 공유지분자별로 할 수 있다"고 유권해석(2005.8.24. 토지정책과-5323),하고 있고, 판례도 같은 취지이다.[414] 이와 관 련하여 중앙토지수용위원회는 '공유토지인 잔여지 확대보상' 인정기준을 통해 집합건물 의 일부분이 수용되고 편입 건물의 구분소유자가 건물보상 이외에 토지공유지분에 대하 여 보상을 청구할 경우에 이를 수용할 수 있으며, 이 경우 다른 공유자의 동의는 필요하 지 않는다는 재결기준을 마련하고 있다. 다만, 보상실무상 잔여지가 국가와 개인의 공동 소유일 경우 공유자 일부만의 잔여지 매수청구는 「국유재산법」등 관련법령과 국·공유재

---

414) 대법원 2001.6.1. 선고 2001다16333 판결 (토지매수) : 토지수용법상 잔여지가 공유인 경우에도 각 공유자는 그 소유지분에 대하여 각별로 잔여지 수용청구를 할 수 있으나, 잔여지에 대한 수용청구를 하 려면 우선 기업자에게 잔여지 매수에 관한 협의를 요청하여 협의가 성립되지 아니한 경우에 구 토지수 용법 제36조의 규정에 의한 열람기간 내에 관할토지수용위원회에 잔여지를 포함한 일단의 토지 전부의 수용을 청구할 수 있고, 그 수용재결 및 이의재결에 불복이 있으면 재결청과 기업자를 공동 피고로 하 여 그 이의재결의 취소 및 보상금의 증액을 구하는 행정소송을 제기하여야 한다.

산의 사용·수익등 관리상의 문제가 고려됨으로 인하여 현실적으로 쉽지는 않다.

또한, 국토교통부는 종래의 목적대로 사용하는 것이 현저히 곤란하다고 객관적으로 인정되는 경우에는 매수청구 대상의 잔여지는 반드시 잔여지 전체 면적일 필요는 없고 잔여지 중 일부면적에 대한 수용청구도 가능하다고 보고 있다.[415] 따라서 잔여지중 일부 특정부분만 분할하여 매수청구도 가능할 것이므로 잔여지가 농지인 경우 일부가 일조량 부족으로 영농이 불가능할 경우 그 해당부분만의 잔여지 매수청구도 가능할 것이다.

질의회신

[질의회신1] ▶ 공유토지인 잔여지의 매수대상 여부는 잔여지 전체를 기준으로 판단한다.

[2005.8.24. 토지정책팀-5323]

【질의요지】

원당토지구획정리사업과 관련하여 지구경계도로에 접한 법면부 보상시 전체면적이 1,152㎡, 편입면적이 353㎡, 잔여면적이 799㎡이나 당해 토지소유자가 25인의 공동소유로서 공유지분별로는 토지를 종래의 목적에 사용하는 것이 현저히 곤란하다고 주장하면서 잔여지 매수청구를 하는 경우 잔여지 매수가 가능한지 여부

【회신내용】

공익사업을위한토지등의취득및보상에관한법률 제74조의 규정에 의하면, 동일한 토지소유자에 속하는 일단의 토지의 일부가 협의에 의하여 매수되거나 수용됨으로 인하여 잔여지를 종래의 목적에 사용하는 것이 현저히 곤란한 때에는 일단의 토지의 전부를 매수하여 줄 것을 청구할 수 있는바, 귀 질의와 같이 편입되고 남은 잔여지가 종래의 목적에 사용하는 것이 현저히 곤란한 사유가 공동소유인 토지를 공유지분별로 분할하여 사용하는 경우를 전제로 한 것이라면 위 규정에 의한 잔여지

---

415) 2013.2.1. 토지정책과-784

매수 청구사유에 해당되지 아니한다고 봅니다.

[질의회신2] ▶ 잔여지 중 특정일부에 대한 수용청구도 가능하다
[2013.2.1. 토지정책과-784]

【회신내용】
잔여지 중 일부가 공익사업 시행으로 인하여 종래의 목적대로 사용하는 것이 현저히 곤란하다고 객관적으로 인정되는 경우에는 잔여지 중 일부에 대한 수용청구도 가능할 것으로 본다.

[질의회신3] ▶ 공구별 사업진행시 공사완료일 판단기준
[2013.4.22. 토지정책과-542]

【회신내용】
잔여지 수용청구는 해당 공익사업의 공사완료일까지 하여야 할 것으로, 여기서 공사완료 여부는 해당사업이 각 공구별로 구분되어 별개로 시행되는 경우가 아니라면, 단순히 해당 사업의 내부적인 사업계획에 따라 판단할 것이 아니라 관련법령에 따라 이루어진 고시 등을 통하여 대외적으로 공표된 전체 사업기간을 기준으로 그 준공여부를 검토하여 판단해야 할 것으로 본다.

판례

[판례] ▶ 잔여지가 공유인 경우, 각 공유자가 소유지분에 대하여 개별로 잔여지수용청구할 수 있는지 여부(적극) 및 잔여지수용청구권의 행사방법(=행정소송)
 [대법원 2001.6.1. 선고 2001다16333]

【판결요지】

토지수용법상 잔여지가 공유인 경우에도 <u>각 공유자는 그 소유지분에 대하여 각별로 잔여지 수용청구를 할 수 있으나</u>, 잔여지에 대한 수용청구를 하려면 우선 기업자에게 잔여지 매수에 관한 협의를 요청하여 협의가 성립되지 아니한 경우에 구 토지수용법(1999. 2.8. 법률 제5909호로 개정되기 전의 것) 제36조의 규정에 의한 열람기간 내에 관할 토지수용위원회에 잔여지를 포함한 일단의 토지전부의 수용을 청구할 수 있고, 그 수용재결 및 이의재결에 불복이 있으면 **재결청과 기업자를 공동피고**로 하여 그 이의재결의 취소 및 보상금의 증액을 구하는 행정소송을 제기하여야 하며 곧바로 기업자를 상대로 하여 민사소송으로 잔여지에 대한 보상금의 지급을 구할 수는 없다.

(5) 물건의 권리에 대한 존속청구

잔여지 매수 또는 수용청구의 대상인 해당 잔여지 및 잔여지에 있는 물건에 대하여 권리를 가진 자는 사업시행자나 관할 토지수용위원회에 그 권리의 존속을 청구할 수 있다(법 제74조 제2항).

(6) 사업인정의 의제

<u>사업인정고시일 이후에 사업시행자가 잔여지를 취득하는 경우 그 잔여지에 대하여는 사업인정(법 제20조) 및 사업인정고시(법 제22조)가 된 것으로 본다(법 제74조 제3항).</u> 즉, 잔여지는 사업인정 고시된 구역의 밖의 토지이므로 토지세목에는 포함되지 않은 토지이나, 그럼에도 불구하고 잔여지 매수 또는 수용청구의 경우에는 그 잔여지에 대해 사업인정 및 사업인정고시가 있는 것으로 보고 있다.[416)]

(7) 잔여지의 매수 보상평가방법

① 매수하는 잔여지는 일단의 토지의 전체가액에서 편입되는 토지의 가액을 뺀 금액으로 보상 평가한다. 편입토지의 가액은 일단의 토지 전체가액을 기준으로 하여 산정하는 것

---

416) 신경직, 앞의 책, 406면 수정인용

이 원칙이므로, 일단의 토지전체가액의 적용단가와 편입토지의 적용단가는 같다. 다만, 편입토지와 잔여지의 용도지역·이용상황 등이 달라 구분감정평가한 경우에는 각각 다른 적용단가를 적용하여 일단의 토지 전체가액을 평가한다.

② 잔여지 매수보상은 잔여지를 포함한 일단의 토지 전체가 공익사업에 편입되는 것으로 보는 것이므로 기준시점 당시에 해당 공익사업의 시행으로 인하여 일단의 토지의 전체가액 및 편입토지의 가치의 변동이 발생한 경우에도 이는 고려하지 않고 보상 평가한다. 즉, 기준시점에서 해당 공익사업의 시행으로 인하여 편입토지 또는 잔여지의 용도지역 등이 변경되었거나 형질이 변경된 경우에 이를 고려하지 않는다.

③ 잔여지의 매수보상평가 시 <u>일단의 토지 전체가액 및 편입되는 토지가액의 기준 시점은 모두 잔여지 매수보상의 협의 성립 당시 또는 재결 당시가 되며</u>, 일단의 토지 전체가액 및 편입토지의 가액의 보상평가를 위한 적용공시지가는 편입 토지의 적용공시지가 선택기준을 준용한다.
매수대상 잔여지의 손실은 공익사업시행지구에 편입되는 시점에서 발생한다고 보아야 하므로, 일단의 토지 전체가액 및 편입되는 토지가액을 평가할 때 일단의 토지 및 편입토지의 공법상의 제한사항 및 이용상황 등은 편입토지의 보상 당시를 기준으로 한다.

(8) 잔여지의 환매권 적용여부
매수하거나 수용한 잔여지는 그 잔여지에 접한 일단의 토지가 공익사업에 필요 없게 된 경우가 아니면 환매할 수 없다(법 제91조 제3항).[417)]

| 참고 |

[참고1] ▶ 사용하는 토지의 잔여지의 매수청구 또는 수용청구는 허용되지 않는다. 다만, ⅰ) 토지를 사용하는 기간이 3년 이상인 경우, ⅱ) 토지의 사용으로 인하여 토지

---

417) 1997.9.20. 토정 58342-1201: 공공사업에 직접 편입되지 아니한 잔여지를 토지소유자의 요청으로 사업시행자가 이를 매수한 경우에는 환매에 관하여 환매대상에 해당되지 않는다.

의 형질이 변경되는 경우, iii) 사용하려는 토지에 그 토지소유자의 건축물이 있는 경우 등에 해당되어 사용하는 토지를 매수청구하거나 수용청구를 하는 경우는 그 잔여지도 매수보상(매수청구 및 수용청구)의 대상이 된다(토지보상법 제72조).

[참고2] ▶ 집합건물의 일부분이 수용되고 편입 건물의 구분소유자가 건물보상 이외에 토지공유지분에 대하여 보상을 청구할 경우 이를 수용할 수 있으며 이 경우에는 다른 공유자의 동의가 필요하지 않는다.

다. 잔여지 확대보상

(1) 재결기준

중앙토지수용위원회는 잔여지의 구체적 판단기준과 관련하여 각 지목 내지 소유형태로별로 나름의 토지수용가능 기준을 정해놓고 아래의 재결기준에 따라 사안별로 잔여지 확대수용을 심의·결정하고 있다(잔여지 확대보상 판단 참고기준).

《잔여지 확대보상 판단 참고기준》(중토위 재결기준)[418]
▶ 토지보상법 제74조제1항의 규정에 의한 『종래의 목적에 사용하는 것이 현저히 곤란한 토지』의 판단은 그 토지의 위치·형상·이용상황과 편입토지의 면적 및 용도지역 등을 고려하여 판단하되 다음 각항에 해당하는 토지는 수용가능 기준으로 본다. 다만, 특수한 사정이 있는 경우에는 사안별로 토지수용위원회에서 심의 결정할 수 있다.

1. 대지
다음 각항을 종합적으로 참작하여 잔여지 확대수용을 결정
(1) 「건축법 시행령」 제80조에서 정하는 대지의 분할제한 면적 이하의 토지
- 주거지역: 60㎡, 상업지역: 150㎡, 공업지역: 150㎡, 녹지지역: 200㎡, 위에 해당하지 아니하는 지역: 60㎡
(2) 대지의 분할제한 면적이상인 토지이더라도 토지형상의 **부정형 등**의 사유로 **건축물을 건축할 수 없거나 건축물의 건축이 현저히 곤란한 경우**

− 잔여지의 형상이 사각형은 폭 5m 이하인 경우, 삼각형은 한변의 폭이 11m이하인 경우 등을 부정형으로 보되, 그 이외의 형상은 잔여지에 내접하는 사각형 또는 삼각형을 도출하여 판단

(3) 당해 공익사업의 시행으로 **진·출입**이 차단되어 대지로서의 그 기능이 상실된 것으로 인정되는 토지

(4) <u>잔여지의 면적 비중이 공익사업 편입 전 전체토지의 면적 대비 **25%** 이하인 경우</u>

2. 잡종지

다음 각항을 종합적으로 참작하여 잔여지 확대수용을 결정

(1) 잔여면적, 위치, 형태, 용도지역, 이용상황 등을 고려해 종래의 용도대로 이용함이 사실상 어렵다고 인정되는 토지로 하되, 대지규정을 준용 또는 참작한다.

(2) <u>잔여지의 면적 비중이 공익사업 편입 전 전체토지의 면적 대비 **25%** 이하인 경우</u>

3. 전·답·과수원

다음 각항을 종합적으로 참작하여 잔여지 확대수용을 결정

(1) <u>잔여면적이 330㎡ 이하인 토지</u>

(2) 농지로서 농기계의 진입과 회전이 곤란할 정도로 **폭이 좁고 길게 남거나 부정형 등의 사유**로 인하여 영농이 현저히 곤란한 경우

− 잔여지의 형상이 사각형은 폭 5m 이하인 경우, 삼각형은 한 변의 폭이 11m 이하인 경우 등을 부정형으로 보되, 그 이외의 형상은 잔여지에 내접하는 사각형 또는 삼각형을 도출하여 판단

(3) 당해 공익사업 시행으로 인하여 **진·출입 또는 용·배수가** 차단되어 영농이 현저히 곤란하다고 인정되는 토지

(4) <u>잔여지의 면적 비중이 공익사업 편입 전 전체토지의 면적 대비 **25%** 이하인 경우</u>

4. 임야

다음 각항을 종합적으로 참작하여 잔여지 확대수용을 결정

(1) <u>잔여면적이 330㎡ 이하인 토지</u>

(2) 잔여 토지가 급경사 또는 하천으로 둘러쌓여 고립되는 등 토지로의 **진·출입**이 불

가능하여 토지로의 이용가치가 상실되었다고 인정하는 토지

(3) 잔여지의 면적 비중이 공익사업 편입 전 전체토지의 면적 대비 **25%** 이하인 경우

5. 기타의 토지

다음 각항을 종합적으로 참작하여 잔여지 확대수용을 결정

(1) 잔여면적이 **330㎡** 이하인 토지

(2) 기타 용도의 잔여지인 경우 잔여지 면적, 위치, 형태, 용도지역 등 제반사항을 종합적으로 고려하여 종래 목적대로 사용함이 현저히 곤란하다고 인정되는 토지

(3) 잔여지의 면적 비중이 공익사업 편입 전 전체토지의 면적 대비 **25%** 이하인 경우

《공유토지인 잔여지 확대보상》(중토위 재결기준)

1. 공유토지의 개념

공유토지라 함은 1필지의 토지가 그 등기부에 2인 이상의 소유명의로 등기된 토지를 말한다. 공익사업에 편입되고 남은 2인 이상 소유의 공유토지의 잔여지에 대해 공유지분 토지소유자 전체가 아닌 일부 소유자가 잔여지 확대보상 요구할 경우에 이를 확대보상 할 것인지의 문제가 있다.

2. 재결기준

잔여지가 공유인 경 공유자는 그 소유지분에 대해 각각 개인별로 잔여지 수용청구를 할 수 있으므로 잔여지 확대보상을 청구할 경우 종래 목적대로 사용이 곤란하다면 그 청구인의 공유지분만을 확대 확대수용(**다른 공유자의 동의 불필요**)[419]

《집합건물(아파트 등) 공유토지 확대보상》(중토위 재결기준)

1. 집합건물의 개념

집합건물이라 함은 아파트, 주상복합건물 등과 같이 1동의 건물중 구조상 구분된 수개의 부분이 독립한 건물로 사용될 수 있을 때 그 각 부분에 구분소유권등기가 된 건물을 말한다. 공익사업 편입되는 건물부분에 대한 보상은 이루어지나 공유지분인 토지에 대하여는 공유지분 토지소유자가 확대보상을 요구할 경우에 전체 공유자의 동의를 필요로 하는지의 문제가 있다.

> 2. 재결기준
>
> 아파트 주상복합건물 등 집합건물의 일부분이 수용될 경우 편입 건물의 구분소유자가
> 건물보상 이외에 공유토지지분에 대하여 확대보상을 청구할 이를 확대 확대수용(**다른**
> **공유자의 동의 불필요**)[420)

(2) 잔여지 수용청구를 인용한 재결례

---

418) 중앙토지수용위원회, 토지수용 재결기준, 2015.12. 106-111면
419) 대법원 2001.6.1. 선고 2001다16333 (토지매수)
　【판시사항】 토지수용법상 잔여지가 공유인 경우, 각 공유자가 그 소유지분에 대하여 각별로 잔여지수용
　청구를 할 수 있는지 여부(적극) 및 잔여지수용청구권의 행사방법(=행정소송)
　【판결요지】 토지수용법상 잔여지가 공유인 경우에도 각 공유자는 그 소유지분에 대하여 각별로 잔여지수
　용청구를 할 수 있으나, 잔여지에 대한 수용청구를 하려면 우선 기업자에게 잔여지 매수에 관한 협의를
　요청하여 협의가 성립되지 아니한 경우에 구 토지수용법(1999.2.8. 법률 제5909호로 개정되기 전의 것)
　제36조의 규정에 의한 열람기간 내에 관할 토지수용위원회에 잔여지를 포함한 일단의 토지 전부의 수용
　을 청구할 수 있고, 그 수용재결 및 이의재결에 불복이 있으면 재결청과 기업자를 공동피고로 하여 그
　이의재결의 취소 및 보상금의 증액을 구하는 행정소송을 제기하여야 하며 곧바로 기업자를 상대로 하여
　민사소송으로 잔여지에 대한 보상금의 지급을 구할 수는 없다.
420) 1998.5.14. 토정 58342-674
　【질의요지】 일단의 토지상의 주상복합건물의 소유권은 구분등기되나 토지는 공유지분일 경우 공공사업에
　건물의 일부가 편입 철거되어 건물의 구분소유권을 상실하게 되는 경우 건물의 구분소유자가 소유한 토
　지지분에 대하여 보상이 가능한지 여부
　【회신내용】 공특법 제4조제6항에서 '동일한 토지 등의 소유자에 속하는 토지의 일부가 '취득됨으로 인하
　여 잔여지를 종전의 목적대로 사용함이 현저히 곤란할 때에는 토지 등의 소유자의 청구에 의하여 이를
　취득할 수 있도록 규정'하고 있음. 「집합건물의 소유 및 관리에 관한 법률」 제20조의 규정에서 '구분소유
　자의 대지 사용권은 그가 가지는 전유부분과 분리하여 대지사용권을 처분할 수 없도록(제12항)' 규정하
　고 있으므로, 집합건물의 구분소유권이 상실되는 경우라면 편입되는 당해건물의 구분소유권자의 공유지
　분은 위 규정에 의한 잔여지로 봄이 타당하나, 이에 대하여는 사업시행자가 편입토지면적, 사실관계 등
　을 종합적으로 검토·판단하여야 할 것임.
　※ 등기선례-254: 질의회신 1999.3.5. 법원행정처등기3402-219
　【질의요지】 대지권의 목적인 토지의 일부분에 대하여 수용에 의한 소유권이전등기를 하는 방법
　【회신내용】 토지의 소유권이 대지권이 목적이 된 경우에 대지권의 취지의 등기를 한 때에는 그 토지의
　등기용지에는 소유권이전 등기를 할 수 없다. 그런데 대지에 관하여 수용이 이루어진 경우에는 실체법
　상 대지만에 관하여 소유권이전등기 없이도 소유권이 변동되고 대지권은 대지권이 아닌 것으로 된다.
　따라서, 대지권의 목적이 된 토지의 일부를 분할하여 1동의 건물이 소재하는 토지가 아닌 그 분할된 부
　분을 수용하고 수용으로 인한 소유권이전등기를 신청하기 위하여는, 우선 대지권이 대지권이 아닌 권리
　가 됨으로 인한 건물의 표시변경등기(대지권말소)를 신청하여야 하며, 수용에 의하여 소유권을 취득한
　자는 소유권의 등기명의인을 대위하여이러한 표시변경등기를 신청할 수 있다. 이 경우 그 분할된 토지
　에 관한 간주규약을 폐지하거나 분리처분가능규약을 작성할 필요는 없다. 토지수용을 원인으로 한 소유
　권이전등기신청은 기업자인 등기권리자만으로 신청할 수 있음, 관공서가 기업자인 경우에는 그 관공서가
　소유권이전등기를 촉탁하여야 한다.

※ 잔여지 수용청구가 가능하다고 인용한 재결례

[재결례1] ▶ '종래의 목적에 사용하는 것이 현저히 곤란하게 된 때'의 판단

[중토위 2017.1.5.]

【재결요지】

관계 자료(사업시행자 의견서, 소유자 의견서, 현황사진, 지적도 등)를 검토한 결과, 신청인의 잔여지 ○○동 459-110 답 87㎡ 및 같은 동 459-102 답 285㎡(전체: 3,224㎡, 편입: 2,852㎡, 자연녹지)는 편입비율(88.4%)이 높고 잔여면적이 작으며 한변의 폭이 4m이하로서 농기계의 진입과 회전이 곤란하여 종래의 목적인 답으로 사용하는 것이 현저히 곤란하다고 판단되므로 수용하기로 한다.

[재결례2] ▶ '종래의 목적에 사용하는 것이 현저히 곤란하게 된 때'의 판단

[중토위 2017.6.8.]

【재결요지】

○○○가 잔여지를 수용하여 달라는 의견에 대하여, 법 제74조 제1항에 따르면 …(중략)… 되어 있다. 관계자료(사업시행자 의견, 잔여지 현황도면 등)를 검토한 결과, ○○○의 잔여지 경북 ○○군 ○○읍 ○○리 493-2 답 1,158㎡(농림지역)와 같은리 493-7 답 20㎡(농림지역)는 총 1,640㎡ 중에서 462㎡가 편입(같은리 493-8, 같은리 493-9)되고 남은 토지로서 같은리 493-2에 대하여 사업시행자는 면적이 크고 기존 도로를 대체하는 철도시설의 유지보수용 도로를 통하여 진출입이 가능하다고 하나 이 건 도로의 출입을 위해서는 사업시행자의 허가 등을 받아야 하는 등 진출입에 제한을 두고 있으므로 이 건 공익사업의 시행으로 교통이 두절된 경우에 해당하므로 잔여지를 종래의 목적대로 사용하는 것이 현저히 곤란하다고 판단되므로 금회 재결에서 수용하기로 하고, 또한 같은 리 493-7에 대하여는

사업시행자가 **면적이 협소하여** 농경지로 사용하는 것이 현저히 곤란하여 **매수하겠다고 하므로** 금회 재결에서 수용하기로 한다.

[재결례3] ▶ 종래의 목적으로 사용하는 것이 현저히 곤란하다고 보아 잔여지 수용청구를 인용한 사례 [**중토위 2017.8.10.**]

【재결요지】

(1) 관계 자료(사업시행자 의견서, 현황도면, 현황사진 등)를 검토한 결과, ○○○의 ○○리 산15-17 임야 3,817㎡(자연녹지지역), 같은리 산15-34 임야 394㎡(자연녹지지역), 같은리 산15-35 임야 2,602㎡(자연녹지지역), 같은리 산15-36 임야 7,349㎡(자연녹지지역)는 총 39,274㎡ 중에서 25,112㎡가 편입(같은리 산15-33)되고 남은 토지로서 같은리 산15-34는 사업시행자가 면적이 작아 매수하겠다고 하므로 금회 이를 반영하여 수용하기로 하고, 같은 리 산15-17, 같은 리 산15-35, 같은 리 산15-36은 각각 면적이 크나 이 건 공익사업으로 인하여 진출입로가 단절되어 맹지가 된다는 점, 사업시행자가 **대체 진출입로 설치비용이 잔여지 매수 비용보다 많이 소요되어** 대체 진출입로 설치가 곤란하다고 하는 점 등으로 볼 때 종래의 목적대로 사용하는 것이 현저히 곤란하다고 판단되므로 금회 이를 반영하여 수용하기로 한다.

(2) ○○○이 잔여지를 수용하여 달라는 주장에 대하여,
관계 자료(현황도면, 현황사진, 사업시행자 의견 등)를 검토한 결과, 잔여지 수용을 청구하고 있는 경북 ○○시 ○구 ○○면 ○○리 470 답 463㎡(전체 1,831㎡, 편입 849㎡, 미청구 519㎡ 생산관리)는 이건 공익사업으로 인하여 3필지로 분할되고 잔여지는 양분되어 **맹지가 됨**에 따라 신설도로 개설시 진출입을 위해서는 신설도로를 횡단하여야 하며 기존농로를 이용한 진출입도 어려워 농기계의 진입과 회전이 곤란하므로 기계화 영농이 어려우며, 농지로써 효용성이 떨어지는 등 종래의

목적으로 사용하는 것이 현저히 곤란하다고 판단되므로 이 건 잔여지를 수용하기로
한다

[재결례4] ▸ 잔여지 면적이 큼에도 접도구역 지정으로 인하여 종래의 목적으로 사
용하는 것이 현저히 곤란하다고 보아 잔여지 수용청구를 인용한 사례(**잔여지 확대
수용을 인용한 사례**) [**중토위 2017.7.13.**]

【재결요지】
청구인이 잔여지만으로는 공장(○○식품 : 콩나물, 숙주나물)을 운영하기 위한 건
축물 건축이 불가하고 접도구역(145㎡)마저 설정되어 있어 종래의 목적대로 사용
하는 것이 현저히 곤란하므로 수용하여 달라는 의견에 대하여,
관계자료(사업시행자 의견, 잔여지 현황도면 등)를 검토한 결과, 청구인이 잔여지
수용청구를 하고 있는 경기 ○○시 ○○면 ○○리 304 공장용지 394㎡(계획관
리)는 총 1,026㎡ 중 632㎡가 편입(같은 동 304-2)되고 남은 토지로서 면적이
작지 아니하고 기존도로를 대체하여 설치하는 도로를 통해 진출입이 가능하나,
접도구역(145㎡)을 제외하고 부지형상을 고려할 때 실제 가능한 건축면적은 약 88㎡
에 불과한 점으로 볼 때 동 건축면적만으로는 공장(콩나물, 숙주나물 재배) 운영을
위한 최소한의 시설물을 배치할 수 있는 공간을 확보하는 것이 어려워 종래의 목적
대로 사용하는 것이 현저히 곤란하다고 판단되므로 금회 이를 수용하기로 한다.

[재결례5] ▸ 종래의 목적으로 사용하는 것이 현저히 곤란하다고 보아 잔여지를 **확
대 수용**하기로 한 사례 [**중토위 2017.5.25.**]

【재결요지】
○○○이 잔여지를 수용해 달라는 주장에 대하여,
관계 자료(사업시행자 의견서, 현황사진, 현황도면 등)를 검토한 결과, ○○○ 소

유의 토지인 부산 ○구 ○○동 500-54 대 6㎡(○○○ 소유지분 45/483)는 ○○ ○이 지분을 소유한 편입토지(○○동 500-34 대 154㎡)와 **일단지를 이루어 주택 부지로 사용**되고 있는 점, 잔여면적이 작은 점 등을 고려할 때 종래의 목적대로 사용하는 것이 현저히 곤란하다고 판단되므로 잔여지를 **확대 수용**하기로 하고, 또한, ○○○의 소유의 다른 토지인 부산 ○구 ○○동 498-2 전 10㎡은 인접한 ○○○ 소유의 주택부지(○○동499-2 대 122㎡)의 진입로로 사용되고 있고, 위 2필지가 개별로 매매될 경우 **진입로 사용문제로 인한 분쟁의 소지**가 있어 일체로 거래될 가능성이 높은 점을 고려할 때 위 2필지를 일단의 토지로 볼 수 있는점, 주택부지가 이 건 사업에 편입되어 이 건 토지의 주요 목적(주택 진입로)이 상실되는 점, 면적이 작은 점 등을 고려할 때 종래의 목적대로 사용하는 것이 현저히 곤란하다고 판단되므로 잔여지를 **확대 수용**하기로 한다.

[재결례6] ▶ 주유소 진출입로가 사업구역에 편입되어 차량진입이 어려운 경우에는 종래의 목적대로 사용하는 것이 현저히 곤란한 경우에 포함된다. [중토위 2018.3.8.]

【재결요지】

김○○의 잔여지인 ○○리 674-1 주유소용지 908㎡(계획관리)는 총 997㎡ 중에서 89㎡가 편입(같은 리 674-4)되고 남은 토지이고, 이○○의 잔여지인 ○○리 674-3 창고용지 302㎡(계획관리)는 총 385㎡ 중에서 83㎡가 편입(같은 리 674-5)되고 남은 토지로서 도로점용(연결)허가를 받아 국도를 통해 청구인들의 토지인 주유소 및 창고로 진출입을 하다가 이 건 공익사업에 도로점용(연결)허가 부분 및 청구인들의 일부 토지가 편입되었는바, 도로점용(연결)허가기관인 진주국토관리사무소는 이 건 공익사업시행 완료 후에는 「도로와 다른 시설의 연결에 관한 규칙」 제6조제3호에서 규정하는 교차로 연결 금지구간 산정기준에서 정한 금지구간 이내의 구간에 해당하므로 도로점용(연결)허가가 곤란하다고 회신한 점, 영업 허가기 관인 통영시에서는 진출입을 위한 도로점용(연결)허가가 주유소등록 취소사유에는 해당하지 않으나, 국도에서 주유소로 진출입이 이루어지지 않을 경우 차량의 이동공간을 확보하기 어려워 안전사고 등 안전확보에 심각한 문제가 발생될 우려가 있다고 회신한 점 등을 종합하여 볼 때 잔여지(주유소용지 및 창고용지)는 입체교차로를 진입하는 감속차로 부분에 위치하여 도로점용(연결)허가가 금지되는 구간 에 해당됨에 따라 **차량 진출입이 어렵게 됨**에 따라 종래의 목적대로 사용하는 것이 현저히 곤란하다고 판단되므로 금회 이를 수용하기로 한다.

[재결례7] ▶ 평지부분이 사업구역에 편입되어 경사지만 남은 잔여지는 종래의 목적대로 사용하는 것이 현저히 곤란한 경우에 포함된다. **[중토위 2018.3.22.]**

【재결요지】

이의신청인의 잔여지 ○○리 435-6 대 774㎡[전체 2,290㎡, 편입 1,516㎡, 편입비율 66%, 계획(보전)관리지역]는 잔여면적은 크지만, 경사지 부분만 잔여지로 남게 되고, 편입지 경계선을 따라 **옹벽이 설치되어 사실상 진출입로가 단절**되는 등 종래의 목적으로 사용하기가 현저히 곤란하다고 판단되므로 금회 재결에 서 수용하기로 한다.

(3) 잔여지 수용청구를 기각한 재결례

재결례

※ 잔여지 수용청구가 불가하다고 한 재결례

[재결례1] ▶ 종래의 목적으로 사용하는 것이 현저히 곤란하다고 볼 수 없다고 판단한 사례 **[중토위 2017.3.23.]**

【재결요지】

잔여지를 수용하여 달라는 주장에 대하여 살펴본다.

관계자료(사업시행자 의견서 등)를 검토한 결과, 이의신청인의 잔여지 ○○리 342-

4 답 745.9㎡(전체 2,418㎡, 편입 1,672.1㎡, 농림지역)는 폭이 좁고 긴 형태이나 이 건 사업으로 인해 진출입로가 차단된 바 없고, 잔여면적이 비교적 크고, 일부 면적은 농기계의 회전이 어려우나 **전체적으로 기계영농에 지장이 없는 점**을 감안할 때 종래 의 목적인 농지로 사용하는 것이 현저히 곤란하다고 볼 수가 없으므로 이의신청인 의 주장은 기각하기로 의결한다.

[재결례2] ▶ 종래의 목적으로 사용하는 것이 현저히 곤란하다고 볼 수 없다고 판단한 사례 [**중토위 2017.10.19.**]

【재결요지】
○○○의 잔여지를 수용하여 주거나 잔여지의 가치하락을 보상하여 달라는 주장에 대하여, 관계자료(사업시행자 의견서, 현황 도면 및 현황 사진)를 검토한 결과 ○○ ○의 잔여지 대구 ○구 ○○동 610-2 묘 166㎡(전체 196㎡, 편입 30㎡, 자연녹지)는 편입 비율(15.3%)이 높지 않고, 토지의 형상이 사각형(폭 11~15m)으로 부정형이 아 닌 점, 종래의 방법으로 진출입이 가능한 점, 공부상 지목은 '묘'이나 현재 이용상황 은 '임'으로 종래의 목적대로 사용하는 것이 현저히 곤란하다고 볼 수 없으므로 소유 자의 주장은 받아들일 수 없다.

[재결례3] ▶ 종래의 목적으로 사용하는 것이 현저히 곤란하다고 볼 수 없다고 판단한 사례 [**중토위 2017.5.25.**]

【재결요지】
○○○가 잔여지로 건축 신축이 불가능하므로 잔여지를 수용하여 달라는 주장에 대 하여, ○○○가 잔여지 수용을 요구하고 있는 충남 ○○군 ○○면 00리 12-5 임 787 ㎡(보전관리지역)는 전체 1,322㎡ 중에서 535㎡가 편입되고 남은 토지이다.
이의신청인은 건축허가를 득한 토지로 잔여지로 건축 신축이 불가하다고 주장하나 **토지의 모양은 부정형이나 면적이 크고 진·출입이 가능**하여 잔여 면적으로 건물 신 축이 가능하여 종래의 목적대로 사용하는 것이 현저히 곤란하다고 볼 수 없으므로 이 의신청인의 주장은 받아들일 수 없다.

[재결례4] ▶ 잔여지 및 잔여건축물이 종래의 목적으로 사용하는 것이 현저히 곤란하다고 볼 수 없다고 판단한 사례 [**중토위 2017.1.5.**]

【재결요지】

○○○가 잔여지 및 잔여건축물을 수용하여 달라는 의견에 대하여,

관계자료(사업시행자 의견, 잔여지 현황도면 등)를 검토한 결과, 소유자가 잔여지 수용을 청구하고 있는 전북 ○○시 ○○동 503-21 잡종지 2,235㎡(농림지역)는 총2,412㎡ 중 177㎡가 편입(같은 동 503-29)되고 남은 토지이고 같은동 503-22 잡종지 61㎡(농림지역)는 총 584㎡ 중 523㎡가 편입(같은동 503-30)되고 남은 토지로서 연접되어 있고 기존도로(시도3호선)를 통해 <u>진출입이 가능한 점 등으로 볼 때 종래의 목적대로 사용하는 것이 현저히 곤란하다고 볼 수 없으므로</u> 소유자의 주장을 받아들일 수 없고, <u>소유자가 수용하여 달라는 건축물(공장)은 부대시설(사무실 및 기숙사 등)</u>만 편입되고 **공장의 주된 건축물은 사업지구 밖에 있고 편입된 부분이 없으므로** 종래의 목적대로 사용하는 것이 현저히 곤란하다고 볼 수 없으므로 소유자의 주장을 받아들일 수 없다.

[재결례5] ▶ 주택의 대문, 담장, 마당이 사업구역에 편입되어 교통사고 등의 위험이 높다는 사정만으로 잔여지를 수용할 수 없다. [**중토위 2018.7.6.**]

【재결요지】

청구인들이 사고위험 등을 이유로 잔여지 수용을 주장하는 ○○리 287 대 246㎡(전체 281㎡, 편입 35㎡, 계획관리지역)는 잔여면적이 크고 편입비율(12.4%)이 낮으며 <u>진출입은 기존 도로를 이용하여 가능한 점 등으로 볼 때 종래의 목적대로 사용하는 것이 현저히 곤란하다고 볼 수 없으며, 잔여지에 위치한 건축물 (주택)도 신설도로와 약 3m정도 떨어진 **사업지구밖에 위치**</u>하고 있으며 하천사업 이후에도 주거환경에 큰 <u>변동이 없는 점 등을 고려할 때 주택으로 사용하는 것이 현저히 곤란하다고 볼 수 없</u>으므로 청구인의 주장은 받아들일 수 없다.

[재결례5] ▶ 원래 도로로 이용되었던 토지의 일부가 사업구역에 편입된 후에도 도로로 사용되고 있다면 종래의 목적대로 사용하는 것이 현저히 곤란하다고 볼 수 없다.
 [중토위 2018.10.12.]

【재결요지】
환경부의 잔여지 ○○리 522-1 전 35㎡(전체 166㎡, 편입 131㎡, 계획관리지역), 같은 리 579-8 전 51㎡ (전체 191㎡, 편입 140㎡, 계획관리지역), 같은리 539-2 전 378㎡(전체 677㎡, 편입 299㎡, 계획관리지역)는 토지의 형상이 삼각형 모양의 부정형이나 2008년 이전부터 아스팔트 포장된 도로(국도)로 이용되고 있으며 이 건 공익사업 이후에도 **이용상황에 변동이 없어** 종래의 목적대로 사용하는 것이 현저히 곤란하다고 볼 수 없으므로 신청인의 주장은 받아들일 수 없다.

라. 잔여지의 가치하락손실 및 공사비보상

(1) 개념

사업시행자는 동일한 소유자에 속하는 일단의 토지의 일부가 취득 또는 사용됨으로 인하여 잔여지의 가격이 감소하거나 그 밖의 손실이 있을 때 또는 잔여지에 통로·도랑·담장 등의 신설 그 밖에 공사가 필요하게 된 때에는 국토교통부령으로 정하는 바에 따라 그 손실이나 공사의 비용을 보상하여야 한다. 다만, 잔여지의 가치 감소분과 잔여지에 대한 공사비용을 합한 금액이 잔여지의 가격보다 큰 경우에는 사업시행자는 그 잔여지를 매수할 수 있다(법 제73조 제1항).[421]

잔여지 가치하락에 따른 손실보상 및 공사비 보상청구는 **해당 사업의 공사완료일로부터 1년**이 지난 후에는 보상을 청구할 수 없으며(법 제73조 제2항), <u>사업인정고시일 이후에 사업시행자가 매수하는 잔여지에 대하여는 사업인정 및 사업인정고시가 된 것으로 본다</u>(법 제73조 제3항).

---

421) 일단으로 이용 중인 토지의 일부가 공익사업에 편입되는 경우 손실은 편입 부분에 한정되지 않고 전체 토지에 미치게 되므로 사업시행자가 취득하는 토지의 가치와 토지소유자가 상실하는 토지의 가치는 다르게 된다. 정당보상은 취득하는 토지의 공익사업에 대한 기여로부터 파악하는 것이 아니라 토지소유자의 손실로부터 파악하는 것이 원칙이므로, 잔여지의 가치하락손실 및 공사비 보상은 정당보상의 원칙을 지키기 위하여 반드시 필요한 것이다. (중앙토지수용위원회, 앞의 책, 2020.12., 306면.)

제73조(잔여지의 손실과 공사비 보상) ① 사업시행자는 동일한 소유자에게 속하는 일단의 토지의 일부가 취득되거나 사용됨으로 인하여 <u>잔여지의 가격이 감소하거나 그 밖의 손실이 있을 때</u> 또는 잔여지에 통로·도랑·담장 등의 <u>신설이나 그 밖의 공사가 필요할 때</u>에는 국토교통부령으로 정하는 바에 따라 <u>그 손실이나 공사의 비용을 보상하여야 한다.</u> 다만, 잔여지의 가격 감소분과 잔여지에 대한 공사의 비용을 합한 금액이 잔여지의 가격보다 큰 경우에는 <u>사업시행자는 그 잔여지를 매수할 수 있다.</u> 〈개정 2013.3.23.〉

② 제1항 본문에 따른 손실 또는 비용의 보상은 해당 사업의 <u>공사완료일부터 1년이 지난 후에는 청구할 수 없다.</u>

③ 사업인정고시가 된 후 제1항 단서에 따라 사업시행자가 잔여지를 매수하는 경우 그 잔여지에 대하여는 제20조에 따른 사업인정 및 제22조에 따른 사업인정고시가 된 것으로 본다.

④ 제1항에 따른 손실 또는 비용의 보상이나 토지의 취득에 관하여는 제9조제6항 및 제7항을 준용한다.

⑤ 제1항 단서에 따라 매수하는 잔여지 및 잔여지에 있는 물건에 대한 구체적인 보상액 산정 및 평가방법 등에 대하여는 제70조, 제75조, 제76조, 제77조 및 제78조제4항부터 제6항까지의 규정을 준용한다. [전문개정 2011.8.4.]

(2) 가치하락 손실보상청구 요건

① 가치하락 등에 따른 보상대상인 잔여지는 ⅰ) 동일한 토지소유자에 속하여야 하며, ⅱ) 일단의 토지 중 일부만이 공익사업에 편입되고 남은 토지이다. 즉, 매수보상의 대상이 되는 잔여지는 이러한 잔여지 중에서 '종래의 목적에 사용하는 것이 현저히 곤란한 때'에 해당되어야 하나, 가치하락 등에 따른 보상 대상이 되는 잔여지는 이러한 요건은 요구되지 않는다. 또한, 잔여지의 가치하락에 따른 손실액은 해당 공익사업의 시행으로 인하여 잔여지의 가치가 증가하거나 그 밖의 이익이 발생한 경우에도 이는 고려되지 않는다.

② 가치하락에 대한 손실보상청구 요건의 '<u>동일한 토지소유자</u>'란 일단의 토지의 등기명의

가 반드시 동일하여야 하는 것은 아니며, 사실상 동일 소유관계일 경우도 인정된다. 다만, 동일한 소유자에 속하여야 하므로 일부 토지의 권원이 소유권이 아닌 지상권 또는 임차권 등인 경우는 동일한 소유자로 보지 않는다.[422)]

③ 잔여지 가치하락의 보상요건과 관련하여 판례는 "잔여지의 가치하락 또는 그 밖의 손실만을 그 요건으로 하므로 일단의 토지를 일부 수용함으로써 잔여지의 가격이 감소되었다고 인정되는 한, 잔여지 수용청구의 요건과 같은 '잔여지를 종래의 목적에 사용하는 것이 현저히 곤란한 사정' 등은 가치하락에 따른 손실보상청구요건이 아니다"라는 취지의 판시를 하였고, 동시에 "일단의 토지의 의미를 반드시 1필지의 토지만을 가리키는 것이 아니라 일반적인 이용방법에 의한 객관적인 상황이 동일한 수필지의 토지까지 포함하는 것이다"라고 판시한 바 있다.[423)]

따라서, 엄격한 잔여지 매수 및 수용청구의 요건을 갖추지 아니한 토지소유자는 잔여지 수용청구 대신 잔여지 가치하락 손실보상을 청구할 수 있음은 당연하고, '일단의 토지'가 반드시 1필지의 토지만을 가리키는 것이 아닌 관계로 해당 공익사업에 편입되는 토지와 객관적인 현실적 이용상황이 동일한 편입되지 않는 토지도 '일단의 토지'에 포함될 수 있는 것이고, 일단의 토지가 수필지인 경우에도 달리 특별한 사정이 없는 한 그 **가격감소는 일단의 토지 전체를 기준으로 산정**하여야 할 것이다.

┌───┐

판례

[판례] ▶ [1] 토지수용법 제47조에 의한 잔여지 손실보상의 요건
[2] 수필지의 일단의 토지 중 일부가 수용됨으로써 발생한 토지수용법 제47조 소정의 잔여지의 가격감소로 인한 손실의 산정 기준(=일단의 토지 전체)
[대법원 1999.5.14. 선고 97누4623] (토지수용재결처분취소)

└───┘

---

422) 중앙토지수용위원회, 앞의 책, 2017.12., 248면
423) 대법원 1999.5.14. 선고 97누4623 판결

【판결요지】

[1] 토지수용법 제47조는 잔여지 보상에 관하여 규정하면서 동일한 소유자에 속한 일단의 토지의 일부 수용이라는 요건 외에 잔여지 가격의 감소만을 들고 있으므로, 일단의 토지를 일부 수용함으로써 잔여지의 가격이 감소되었다고 인정되는 한, 같은 법 제48조가 정하고 있는 잔여지 수용청구에서와는 달리 잔여지를 종래의 목적에 사용하는 것이 현저히 곤란한 사정이 인정되지 않는 경우에도 그에 대한 손실보상을 부정할 근거가 없다.

[2] 토지수용법 제47조 소정의 잔여지 보상은 동일한 소유자에 속한 일단의 토지 중 일부가 수용됨으로써 잔여지에 발생한 가격감소로 인한 손실을 보상대상으로 하고 있고, 이 때 일단의 토지라 함은 반드시 1필지의 토지만을 가리키는 것이 아니라 일반적인 이용 방법에 의한 객관적인 상황이 동일한 한 수필지의 토지까지 포함하는 것이라고 할 것이므로, 일단의 토지가 수필지인 경우에도 달리 특별한 사정이 없는 한 그 **가격감소는 일단의 토지 전체를 기준으로 산정**하여야 할 것이다.

(3) 공사비 보상청구 요건

동일한 소유자에게 속하는 일단의 토지의 일부가 취득되거나 사용됨으로 인하여잔여지에 통로·도랑·담장 등의 신설이나 그 밖의 공사가 필요한 경우의 공사비보상도 잔여지 매수보상과 동일하게 사업시행자와 손실을 입은 자가 협의하여 결정하며, 협의가 성립되지 아니하였을 때에는 사업시행자 또는 손실을 입은 자는 관할 토지수용위원회에 재결을 신청할 수 있다. 다만, 공사비보상은 반드시 토지소유자 등의 청구를 요건으로 하지 않으므로 사업시행자가 공사 등이 필요하다고 판단하면 공사비를 보상할 수 있고, 보상의 성격상 반드시 공사비를 현금으로 지급하여야 하는 것도 아니며 사업시행자가 직접 공사를 하는 것도 가능할 것이다.

(4) 가치하락 및 공사비 보상청구의 기준시점

① 공익사업시행지구에 편입되기 전·후 잔여지 평가의 기준시점은 모두 잔여지의 가치하락에 따른 보상의 협의성립 당시 또는 재결 당시이다. 즉, 잔여지 가치하락 및 공사비

보상의 기준시점은 특별한 규정이 없는 한 일반원칙에 따라 협의에 의한 경우에는 협의 성립 당시의 가격, 재결에 의한 경우에는 재결 당시의 가격을 기준으로 산정한다.

② 공익사업시행지구에 편입되기 전·후 잔여지의 평가에서 공법상의 제한사항 및 이용상황 등은 편입토지의 보상 당시를 기준으로 한다.

질의회신

[질의회신1] ▶ 잔여지 가치하락 및 공사비 보상의 기준시점은 잔여지 보상에 대한 협의성립당시 또는 재결 당시이다. [2015.8.31. 토지정책과-6306]

【질의요지】
공익사업을 위한 토지 등의 취득 및 보상에 관한 법률」(이하 "토지보상법"이라 함) 제73조에서 잔여지 가치하락 및 공사비 보상에 대한 가격시점은?

【회신내용】
잔여지 손실 등에 보상은 협의에 의한 경우에는 협의 성립 당시의 가격을 기준으로 보상하고, 재결에 의한 경우에는 재결 당시의 가격을 기준으로 보상하여야 한다.

---

(5) 가치하락에 따른 손실보상 및 공사비 보상청구의 범위

① 잔여지의 가치하락에는 분필 등으로 인하여 형태·면적 등의 개별요인이 나빠짐으로 인한 하락(**수용손실**)은 물론, 해당 공익사업이 소음·진동·악취 등을 발생시키는 혐오시설인 경우로 인한 하락(**사업손실**) 및 장래의 이용가능성이나 거래의 용이성 등에 의한 사용가치 및 교환가치상의 하락도 포함된다.[424]

대법원도 잔여지의 가격하락에 따른 손실보상의 범위와 관련하여 "토지의 일부취득 또는 사용으로 인하여 그 획지조건이나 접근정도 등의 가격형성요인이 변동됨에 따라 발생하는 손실뿐만 아니라 그 취득 또는 사용목적 사업의 시행으로 설치되는 시설의 형태·구조

---

424) 중앙토지수용위원회, 앞의 책, 2017.12., 280면. ; 참조(대법원 2011.2.24. 선고 2010두23149 판결, 대법원 1998.9.8. 선고 97누10680 판결)

·사용 등에 기인하여 발생하는 손실과 **수용재결 당시의 현실적 이용상황의 변경 외 장래**의 이용가능성이나 거래의 용이성 등에 의한 사용가치 및 교환가치상의 하락 모두를 포함한다"고 판시[425]하여 잔여지 손실에는 **사업손실도 포함될 수 있음**을 시사한 바 있다.

또한, 판례는 수용으로 인하여 "잔여토지 중 위 고가도로 동쪽 부분은 토지의 폭이 현저히 줄어들고 모양이 'ㄷ'자 **형태인 자투리땅**으로 되어 가격이 종전보다 20% 정도 하락한 것으로 판단한 것은 정당"하고[426], 잔여지의 가치하락 등에 대한 입증책임은 가치하락을 주장하는 토지소유자가 입증하여야 한다고 판시하고 있다.[427]

② 공사비 보상청구의 범위에는 공익사업으로 잔여 영업시설의 운영에 따른 지장으로 잔여 영업시설을 새로이 설치하거나 잔여 영업시설을 보수할 필요가 있는 경우도 포함된다. 판례도 같은 취지이다.[428]

(6) 가치하락에 따른 손실액 및 공사비 보상청구의 산정

① 잔여지의 가치하락에 따른 손실액은 공익사업시행지구에 편입되기 전의 잔여지 가액에서 공익사업시행지구에 편입된 후의 잔여지의 가액을 뺀 금액으로 평가한다. 다만, 공익사업시행지구에 편입됨으로 인하여 편입되기 전의 잔여지 가액이 변동된 경우에는 변동되기 전의 가액을 기준으로 한다.

② 공익사업시행지구에 편입되기 전의 잔여지 가액은 일단의 토지의 전체가액에서 편입토지의 가액을 뺀 금액으로 평가하며, 공익사업시행지구에 편입되기 전의 잔여지의 가액 및 공익사업시행지구에 편입된 후의 잔여지의 가액의 평가를 위한 적용공시지가는 편입토지의 적용 공시지가 선택기준을 준용한다.

③ 잔여지에 대한 시설의 설치 또는 공사로 인한 손실액은 그 시설의 설치나 공사에 통

---

425) 대법원 2011.2.24. 선고 2010두23149 판결, :대법원 1998.9.8. 선고 97누10680 판결
426) 대법원 1997.10.10. 선고 96누19666 판결
427) 서울고등법원 2016.12.26. 선고 2015누72452 판결
428) 대법원 2018.11.29. 선고 2018두51911 판결

상 필요한 비용 상당액을 기준으로 산정한다.

[판례1] ▶ 잔여지 손실보상의 범위(수용으로 인하여 맹지가 된 잔여지의 가치가 하락
하였다고 인정한 사례) [대법원 1998.9.8. 선고 97누10680] (토지수용재결처분취소)

【판결이유】

토지수용법 …(중략)… 기준으로 하여 산정하여야 할 것인바, 이 경우 보상하여야 할
손실은 수용재결 당시의 현실적 이용상황의 변경뿐만 아니라 장래의 이용가능성이나
거래의 용이성 등에 의한 사용가치 및 교환가치상의 하락 모두를 포함한다고 할 것
이다.

원심판결 이유와 기록에 의하면, 이 사건 잔여지는 원고들의 공유이던 경남 양산군
(주소 1 생략) 임야 182,559㎡ 중 중앙 부위의 일부 41,544㎡가 피고 부산교통공단
에 의하여 시행되는 도시철도법 제4조의3에 의한 도시철도사업용지로 수용되고 남
은 토지 중의 하나로서, 위 수용으로 인하여 주위가 다른 사람의 토지로 둘러싸여 도
로에 접하고 있는 부분이 전혀 없는 이른바 맹지가 되어 있고, 한편 원고와 피고 공
단사이의 약정에 기한 도로개설약정은 관할청의 도시계획변경승인이 없는 한 개설
할 수 없는 것이라 할 것인데, 그 도로 개설이 관련 법규상 허용될 수 있는 것인지의
여부가 분명하지 아니하고, 또한 위 약정에 의한 도로의 위치나 폭 등에 비추어 보면
위 도로가 개설된다고 하여도 그로 인하여 이 사건 잔여지의 통행 여건이 종전과 같
거나 그보다 우세한 상태로 회복될 수 있는지의 여부도 분명하지 아니함을 알 수 있
는바, 이러한 사정에 비추어 보면 이 사건 잔여지는 맹지가 되어 교통의 편리성이나
장래의 이용가능성 등에 있어 종전보다 열세에 처해져 있다고 할 수 있고, 수용재결
당시 그에 대한 이용개발행위의 제한으로 잠정적으로나마 이용상의 장애가 발생하
고 있지 않다고 하여도 장래의 이용가능성에 있어서도 여전히 차이가 없다고 단정할
수 없으며, 여기에 거래의 용이성 등의 사정을 더해 보면 교환가치의 측면에서 종전
과 같은 가격상태를 유지하고 있는 것으로 인정하기는 어렵다 할 것이다.

[판례2] ▶ 잔여지 손실에 대하여 보상하는 경우, 보상하여야 하는 손실의 범위(잔여

지 손실에는 <u>사업손실도 포함된다</u>)

[대법원 2011.2.24. 선고 2010두23149] [토지보상금증액]

【판결이유】

…(중략)… 에 의하면, 동일한 토지소유자에 속하는 일단의 토지의 일부가 취득 또는 사용됨으로 인하여 잔여지의 가격이 감소하거나 그 밖의 손실이 있는 때 등에는 토지소유자는 그로 인한 잔여지 손실보상청구를 할 수 있고, 이 경우 보상하여야 할 손실에는 토지 일부의 취득 또는 사용으로 인하여 그 <u>획지조건이나 접근조건 등의 가격형성요인이 변동됨에 따라 발생하는 손실뿐만 아니라 그 취득 또는 사용 목적 사업의 시행으로 설치되는 시설의 형태·구조·사용 등에 기인하여 발생하는 손실</u>과 수용재결 당시의 현실적 이용상황의 변경 외 **장래의 이용가능성**이나 **거래의 용이성** 등에 의한 사용가치 및 교환가치상의 하락 모두가 포함된다 (대법원 1998.9.8. 선고 97누10680 판결, 대법원 2000.12.22. 선고 99두10315 판결 참조).

사실심의 증거에 의하면, 이 사건 토지와 용인시 기흥구 영덕동 산 101-2 도로(42번 국도의 일부를 구성한다) 사이에 자리 잡고 있는 영덕동 산 101-5, 6 임야는 원고의 전신인 한보건설 주식회사(1993.4.20. 주식회사 한보로 상호변경 되었음)의 소유이던 산 101-1, 3 임야의 일부였으나, 1990년경 분할된 뒤 한국토지공사가 1996. 10. 14. 주식회사 한보로부터 협의취득한 후 2000.3.31. 대한민국에 이전한 토지인 점, 위 산 101-5, 6 임야의 경계는 직선으로 구획되어 있을 뿐 아니라 그 모양을 보더라도 위 산 101-2 도로의 일부와 함께 42번 국도의 일부 또는 그 부속지로 사용될 목적하에 분할 및 협의취득 등이 이루어졌다고 보이는 점, 피고의 도시계획시설사업으로 인하여 이 사건 잔여지와 42번 국도 사이에 진출입 램프가 설치됨으로써 양자 사이의 통행이 현저히 곤란해졌다고 보이는 점 등의 사정을 알 수 있다.

이러한 사정을 앞서 본 법리에 비추어 살펴보면, <u>위 산 101-5, 6 임야가 타인 소유라는 이유만으로 이 사건 토지 및 잔여지가 피고의 도시계획시설사업 전부터 42번 국도 등 공로에의 통행이 전혀 불가능한 토지라고 단정하기는 어려운 반면, 피고의 도시계획시설사업으로 인하여 이 사건 잔여지는 42번 국도 등 공로에의 통행이 대단히 힘들어졌다고 할 수 있으므로, 이 사건 잔여지는 교통의 편리성이나 장래의 이용가능성 등에 있어 종전보다 열세에 처해져 있다고 할 수 있고, 위와 같은 열세가</u>

인정되는 이상 이 사건 잔여지의 가격감소를 인정하는 취지의 제1심법원 감정인 소외인의 감정결과를 쉽사리 배척할 것은 아니다.

[판례3] ▶ 공익사업으로 잔여 영업시설의 운영에 일정한 지장이 초래되는 경우에도 잔여시설에 시설을 새로 설치하거나 잔여 영업시설을 보수할 필요가 있는 경우에 포함된다. [대법원 2018.11.29. 선고 2018두51911]

【판결이유】

사업시행자가 동일한 토지소유자에 속하는 일단의 토지 일부를 취득함으로 인하여 잔여지의 가격이 감소하거나 그 밖의 손실이 있을 때 등에는 잔여지를 종래의 목적으로 사용하는 것이 가능한 경우라도 잔여지 손실보상의 대상이 되며, 잔여지를 종래의 목적에 사용하는 것이 불가능하거나 현저히 곤란한 경우이어야만 잔여지 손실보상청구를 할 수 있는 것이 아니다. 마찬가지로 잔여 영업시설 손실보상의 요건인 "공익사업에 영업시설의 일부가 편입됨으로 인하여 잔여시설에 그 시설을 새로이 설치하거나 잔여시설을 보수 하지 아니하고는 그 영업을 계속할 수 없는 경우"란 잔여 영업시설에 시설을 새로이 설치하거나 잔여 영업시설을 보수하지 아니하고는 그 영업이 전부 불가능하거나 곤란하게 되는 경우만을 의미하는 것이 아니라, 공익사업에 **영업시설 일부가 편입됨으로써 잔여 영업시설의 운영에 일정한 지장이 초래되고, 이에 따라 종전처럼 정상적인 영업을 계속하기 위해서는 잔여 영업시설에 시설을 새로 설치하거나 잔여 영업시설을 보수할 필요가 있는 경우**도 포함된다고 해석함이 타당하다.

[판례4] ▶ [1] 토지 일부가 분할되어 수용된 경우, 품등비교에 있어서 분할 전 토지의 면적을 고려하는 것이 가능한지 여부(소극) 및 법령상 주차장 용지로 제한된 토지가 아니고 실제 다른 용도로 사용될 수 있는 데도 사용 현황에 집착하여 표준지보다 열세인 것으로 평가하는 것의 가부(소극)
[2] 1필지의 잔여지 중 일부에 대하여서만 보상하는 것이 가능한지 여부(적극)
[대법원 1997.10.10. 선고 96누19666] (토지수용이의재결처분취소등)

【판결요지】

[1] 토지수용 이의재결시 보상액 산정의 기초가 된 각 감정평가 중 소외 평가법인이 당해 수용대상 토지와 표준지를 품등비교하면서 당해 토지 자체의 면적이 아니라 당해 토지가 분할되어 수용되기 전의 원래 토지면적이 과다하다는 이유로 표준지보다 10% 열세인 것으로 평가한 것은 당해 토지의 획지조건을 잘못 파악한 것이고, 또 다른 소외 평가법인은 당해 토지가 타용도로의 이용이 제한되는 주차장 용지라는 점을 고려하여 표준지보다 22% 열세인 것으로 평가하였으나 당해 토지는 수용 당시 주차장으로 이용되고 있었을 뿐 법령상 주차장 용지로 제한된 토지가 아니고 실제로도 다른 용도로 사용될 여지가 있었으므로 위 감정평가도 당해 토지의 환경조건을 잘못 파악한 것이다.

[2] 당해 토지는 원래 대(垈)의 일부로서 그 동쪽 끝 부분이 수용된 것인바, 수용 전 원래의 토지가 비록 공부상으로는 한 필지이나 노들길과 노량진로를 연결하는 왕복 2차선 고가도로의 막힌 교각 부분과 지상도로 부분에 의하여 동·서로 나누어져 단절되어 있었는데 당해 수용으로 인하여 잔여토지 중 위 고가도로 동쪽 부분은 토지의 폭이 현저히 줄어들고 모양이 'ㄷ'자 형태인 자투리땅으로 되어 가격이 종전보다 20% 정도 하락한 것으로 판단한 것은 정당하다.

원심판결 이유에 의하면 원심은, 이 사건 이의재결시 보상액 산정의 기초가 된 각 감정평가 중 소외 1 감정평가법인이 이 사건 수용대상 토지(이하 이 사건 토지라 한다)와 표준지를 품등비교하면서 이 사건 토지 자체의 면적이 아니라 이 사건 토지가 분할되어 수용되기 전의 원래 토지면적이 과다하다는 이유로 표준지보다 10% 열세인 것으로 평가한 것은 이 사건 토지의 획지조건을 잘못 파악한 것 이고, 소외 2 감정평가법인은 이 사건 토지가 타용도로의 이용이 제한되는 주차장 용지라는 점을 고려하여 표준지보다 22% 열세인 것으로 평가하였으나 이 사건 토지는 수용 당시 주차장으로 이용되고 있었을 뿐 법령상 주차장 용지로 제한된 토지가 아니고 실제로도 다른 용도로 사용될 여지가 있었으므로 위 감정평가도 이 사건 토지의 환경조건을 잘못 파악한 것 이라고 판단하였는바, 기록에 의하여 살펴볼 때 원심의 위와 같은 사실인정 및 판단은 정당하고, 거기에 상고이유에서 주장하는 바와 같은 채증법칙 위배 등의 위법이 있다고 할 수 없다.

[판례5] ▶ 잔여지의 가치가 감소하였다는 점은 토지소유자가 증명하여야 한다.
[서울고등법원 2016.12.26. 선고 2015누72452]

【판결요지】

공익사업의 시행에 따라 잔여지에 생기는 손실은 토지의 수용 그 자체에 의하여 직접 발생하는 **수용손실**과 토지의 수용 그 자체는 아니지만 수용된 토지에 그 목적인 공익사업이 이루어짐으로써 비로소 생기는 **사업손실**로 구분할 수 있고, 양자는 상호 밀접한 불가분의 관계에 있다. … 해당 공익사업의 시행으로 설치되는 시설이 잔여지에 대한 장래의 이용가능성이나 거래의 용이성에 영향을 미쳐 사용가치 및 교환가치가 하락하는 손실을 입게 되었는지 여부는 일단의 토지의 지목이나 현실적인 이용상황, 행정적 규제 및 개발 가능성, 일단의 토지에서 당해 시설이 차지하는 면적비율 및 당해 시설의 위치, 당해 시설의 형태, 구조, 기능 등이 인근 토지에 미치는 영향, 그에 따른 가치하락을 확인할 수 있는 객관적이고 합리적인 자료에 기초하여 판단하여야 하고, 일정한 시설이 설치되는 경우에는 그 일대 토지의 사용가치 및 교환가치의 하락이 발생할 수도 있다는 주관적인 사정만으로 이를 인정할 수 없다. 그리고 일정한 시설의 설치로 잔여지의 가격이 감소하였다는 점에 대한 증명책임은 잔여지 손실보상을 청구하는 원고 측이 부담한다.

질의회신

[질의회신1] ▶ 잔여지 손실 및 공사비 보상 [2003.4.14. 토관 58342-532]

【회신내용】

1. 공익사업에 편입되는 토지에 있는 건물, 공작물, 그 밖의 시설과 상호보완 또는 일체를 이루고 있는 사업시행지구 밖의 공작물 등이 독립적인 기능을 할 수 없는 경우에는 그 공작물 등은 보상대상에 해당된다.
2. 잔여지의 진입로의 설치가 필요한 경우 그 설치에 필요한 비용을 보상하여야 한다.

[질의회신2] ▶ 2008.4.18 이전 보상계획공고지구의 잔여지 손실 및 공사비 보상 청구기한 [2010.12.10. 토지정책과-5775]

【회신내용】
잔여지 가격감소 및 공사비용 손실보상에 대해서는 공사완료일로부터 1년이 지나면 청구할 수 없도록 토지보상법 제73조 제2항을 신설(2007.10.17)하였고, 동 조항의 시행일(2008.4.18) 이후 보상계획을 공고하는 지구부터 적용토록 하였으므로, 2008.4.18 이전에 보상계획을 공고한 사업지구의 잔여지 손실 등에 관한 청구는 별도의 기간제한 없이 가능하다고 본다.

마. 권리구제

(1) 수용재결 신청 및 수용재결

① 의의

토지소유자는 잔여지에 대한 손실보상을 받기 위해서는 원칙적으로 사업시행자의 관할 토지수용위원회의 수용재결신청(토지소유자의 잔여지의 수용청구 등의 의사표시 기재)의 절차를 거쳐야 한다.

잔여지의 수용청구는 잔여지 매수에 관하여 사업시행자와 협의가 성립되지 아니한 경우 토지소유자는 사업인정고시 이후 공익사업의 공사완료일까지 관할 토지수용위원회에 하여야 한다(법 제74조제1항). 이러한 잔여지 수용청구권의 행사기간은 제척기간으로 이 행사기간 내에 행사하지 아니하면 그 권리는 소멸한다.

한편, 대법원은 토지소유자의 "잔여지 수용청구의 의사표시는 관할 토지수용위원회에 하여야 하는 것으로서, 관할 토지수용위원회가 사업시행자에게 잔여지 수용청구의 의사표시를 수령할 권한을 부여하였다고 인정할 만한 사정이 없는 한, 사업시행자에게 한 잔여지 매수청구의 의사표시를 관할 토지수용위원회에 한 잔여지 수용청구의 의사표시로 볼 수는 없다"고 판시429)하여 잔여지 수용청구의 의사표시는 관할 토지수용위원회에 직접 의사표시를 하거나 이에 준하는 사정이 있는 경우이어야 한다고 해석하고 있다.430)

---

429) 대법원 2010.8.19. 선고 2008두822 판결
430) 지방자치단체가 기업자로서 관할 토지수용위원회에 토지의 취득을 위한 재결신청을 하고 그 장이 관

② 절차

잔여지 수용청구의 의사표시는 관할 토지수용위원회에 직접 하거나 지방자치단체가 사업시행자로서 관할 토지수용위원회에 토지취득을 위한 재결신청을 하고 그 장이 관할 토지수용위원회로부터 재결신청서 및 관련서류의 사본의 공고 및 열람의 의뢰에 따라 이를 시행함에 있어 토지소유자 등은 공고된 열람기간 내에 '당해 지방자치단체 또는 관할 토지수용위원회에 의견을 제출하여 줄 것을 통지'한 경우에는 당해 지방자치단체에 할 수 있다.431)

즉, 토지소유자의 잔여지 수용청구의 의사표시를 수령할 권한을 부여받은 사업시행자가 관할 토지수용위원회432)에 수용재결신청을 하게 되면 토지수용위원회는 수용신청 토지

할 토지수용위원회로부터 법 제36조, 법시행령 제17조 제3항에 의하여 재결신청서 및 관계 서류의 사본의 공고 및 열람의 의뢰에 따라 이를 공고 및 열람에 제공함에 있어서 토지소유자 및 관계인이나 기타 손실보상에 관하여 이해관계가 있는 자는 법시행령 제17조 제3항의 열람기간 내에 '의견이 있을 경우에는 당해 지방자치단체 또는 관할 토지수용위원회에 의견을 제출하여 줄 것을 통지'한 경우 토지소유자가 당해 지방자치단체에 대하여 한 잔여지수용청구의 의사표시는 관할 토지수용위원회에 대하여 한 잔여지 수용청구의 의사표시로 보아야 한다.(출처: 대법원 2005.1.28. 선고 2002두4679 판결 (토지수용이의재결처분취소등)

431) 대법원 2005.1.28. 선고 2002두4679 판결

소재지의 시·군·구에 관련서류를 송부하여 열람·공고 지시를 하게 되고, 시·군·구의 장은 이를 게시판에 14일간 게시·공고함과 아울러 토지소유자에게 개별적으로 공고 내용을 통지하여 열람하도록 하고 있다. 이에 토지 소유자는 열람·공고기간 중에 수용 신청 서류를 열람하고 의견서(잔여지의 수용청구의 뜻을 기재한 내용)를 열람·공고한 시·군·구 또는 관할 토지수용위원회에 직접 제출할 수 있다(시행령 제15조제4항).[433]

한편, 수용재결 신청권은 원칙적으로 사업시행자에게 있는 관계로 통상 토지소유자는 사업시행자에게 잔여지 매수청구를 하고, 그 매수청구가 거부되었을 때 사업시행자에게 관할 토지수용위원회에 수용재결을 신청할 것을 청구하게 된다. 그런데 이 경우 사업시행자가 수용재결신청을 하지 않으면 결국 토지소유자는 잔여지 수용청구권의 행사기간이 제척기간임을 고려해 해당 공익사업의 공사완료일까지 예외적으로 사업시행자를 통하지 않고 관할 토지수용위원회에 직접 **수용재결 신청**[434]을 할 수 밖에 없다(법 제80조 제2항 참조).

따라서 사견으로 잔여지에 대한 손실보상(잔여지수용 및 잔여지 가격감소 등)절차는 종국적으로 토지보상법상의 재결절차 → 재결 및 재결에 대한 불복 → 이의신청(제83조) 및 행정소송(제85조)의 순서에 따른 불복구제절차에 따라야 하며, 이는 현행 토지보상법 상의 입법취지와 조문체계상 타당하다. 대법원도 잔여지의 가치감소에 따른 권리구제와 관련하여 "잔여지의 가격이 감소하거나 그 밖의 손실이 있는 때 또는 잔여지에 통로·도랑·담장 등의 신설 그 밖의 공사가 필요한 때에는 재결절차를 거치지 않고 곧바로 사업시행자를 상대로 같은 법 제73조에 따른 잔여지 가격감소 등으로 인한 손실보상을 청구할 수는 없다"라고 판시하고 있다.[435]

---

432) 토지보상법 제51조(관할) ① 제49조에 따른 중앙토지수용위원회(이하 "중앙토지수용위원회"라 한다)는 다음 각 호의 사업의 재결에 관한 사항을 관장한다.
  1. 국가 또는 시·도가 사업시행자인 사업
  2. 수용하거나 사용할 토지가 둘 이상의 시·도에 걸쳐 있는 사업
  ② 제49조에 따른 지방토지수용위원회(이하 "지방토지수용위원회"라 한다)는 제1항 각 호 외의 사업의 재결에 관한 사항을 관장한다. [전문개정 2011.8.4.]
433) 열람기간(통상 14일간)내에 의견서를 관할토지수용위원회 또는 의견서제출안내에 따라 고지된 장소에 제출하도록 한다.
434) 이러한 재결은 손실보상재결이라 하는데, 이와 같은 손실보상재결신청은 토지보상법이나 개별법에 규정되어 있는 경우에만 가능하다.
435) 대법원 2008.7.10. 선고 2006두19495 판결

[판례1] ▶ 토지소유자가 토지보상법상의 재결절차를 거치지 않고 곧바로 사업시행자를 상대로 잔여지 가격감소 등으로 인한 손실보상을 청구할 수 있는지 여부(소극)

[대법원 2008.7.10. 선고 2006두19495] (잔여지손실보상등)

【판결요지】

공익사업을 위한 토지 등의 취득 및 보상에 관한 법률(2007.10.17. 법률 제8665호로 개정되기 전의 것, 이하 '공익사업법'이라 한다) 제73조에서는 "사업시행자는 동일한 토지소유자에 속하는 일단의 토지의 일부가 취득 또는 사용됨으로 인하여 잔여지의 가격이 감소하거나 그 밖의 손실이 있는 때 또는 잔여지에 통로·도랑·담장 등의 신설 그 밖의 공사가 필요한 때에는 건설교통부령이 정하는 바에 따라 그 손실이나 공사의 비용을 보상하여야 한다"고 규정하고 있는바, 공익사업법 제34조, 제50조, 제61조, 제73조, 제83조 내지 제85조의 규정 내용 및 입법 취지 등을 종합하여 보면, 토지소유자가 사업시행자로부터 공익사업법 제73조에 따른 잔여지 가격감소 등으로 인한 손실보상을 받기 위해서는 공익사업법 제34조, 제50조 등에 규정된 재결절차를 거친 다음 그 재결에 대하여 불복이 있는 때에 비로소 공익사업법 제83조 내지 제85조에 따라 권리구제를 받을 수 있을 뿐, 이러한 재결절차를 거치지 않은 채 곧바로 사업시행자를 상대로 손실보상을 청구하는 것은 허용되지 않는다고 봄이 상당하다.

(2) 행정소송

잔여지 수용청구를 받아들이지 않은 토지수용위원회의 재결에 대하여 토지소유자가 불복하여 제기하는 소송은 토지보상법 제85조 제2항에 규정되어 있는 '보상금의 증감에 관한 소송'에 해당하여 이는 소위 형식적 당사자소송으로 토지소유자 등은 원고가 되어 직접 사업시행자를 단독피고로 하는 행정소송을 제기하여야 할 것이다.436)

---

436) 대법원 2010.8.19. 선고 2008두822 판결

[판례1] ▶ [1] 잔여지 수용청구를 받아들이지 않은 토지수용위원회의 재결에 대하여 토지소유자가 불복하여 제기하는 소송의 성질 및 그 상대방

[2] 토지소유자에게 잔여지의 가격 감소로 인한 손실보상을 구하는 취지인지 여부에 관하여 의견을 진술할 기회를 부여하지 아니하면 위법하다고 한 사례

[대법원 2010.8.19. 선고 2008두822] (토지수용이의재결처분취소등)

【판결요지】

[1] 잔여지 수용청구권은 손실보상의 일환으로 토지소유자에게 부여되는 권리로서 그 요건을 구비한 때에는 잔여지를 수용하는 토지수용위원회의 재결이 없더라도 그 청구에 의하여 수용의 효과가 발생하는 형성권적 성질을 가지므로, 잔여지 수용청구를 받아들이지 않은 토지수용위원회의 재결에 대하여 토지소유자가 불복하여 제기하는 소송은 위 법 제85조 제2항에 규정되어 있는 '보상금의 증감에 관한 소송'에 해당하여 사업시행자를 피고로 하여야 한다.

[2] 토지소유자가 자신의 토지에 숙박시설을 신축하기 위해 부지를 조성하던 중 그 토지의 일부가 익산-장수 간 고속도로 건설공사에 편입되자 사업시행자에게 부지조성비용 등의 보상을 청구한 사안에서, 잔여지에 지출된 부지조성비용은 그 토지의 가치를 증대시킨 한도 내에서 잔여지의 감소로 인한 손실보상액을 산정할 때 반영되는 것일 뿐, 별도의 보상대상이 아니므로, 잔여지에 지출된 부지조성비용이 별도의 보상대상으로 인정되지 않는다면 토지소유자에게 잔여지의 가격 감소로 인한 손실보상을 구하는 취지인지 여부에 관하여 의견을 진술할 기회를 부여하고 그 당부를 심리·판단하였어야 함에도, 이러한 조치를 취하지 않은 원심판결에 석명의무를 다하지 않아 심리를 제대로 하지 않은 위법이 있다.

바. 잔여지 보상금 산정

(1) 잔여지등의 협의매수 및 수용보상(=취득보상)

토지보상법은 공익사업시행지구에 편입되기 전의 매수하는 잔여지 가액은 그 일단의 토지의 전체 가격에서 편입토지의 가액을 뺀 금액으로 평가한다(시행규칙 제32조 제3항).

그리고 토지보상평가지침은 잔여지의 협의에 의한 매수 또는 수용을 위한 평가를 다음과 같은 산식에 따라 평가하고 있다(토보침 제53조제1항).

> **※ 잔여지의 평가가액(매수청구액)**
> 1. 기준(산식)
>   (일단의 토지 전체면적 – 공익사업 편입면적) × 단위면적당 단가
> 2. 단위면적당 단가
>   일단의 토지전체의 가격을 기준으로 하되, 다만 용도지역을 달리하여 가치가 다른 경우에는 잔여지 부분만을 기준으로 평가가능하다.
> 3. 가격시점
>   잔여지를 매수, 수용하는 시점으로 하되 비교표준지를 선정, 적용공시지가 선택, 지가변동률의 적용 기타 평가기준등은 당해 공익사업에 편입된 경우와 동일하게 적용한다..
>   당해 공익사업의 시행으로 인한 개발이익 또는 가격의 하락은 고려하지 않는다.

편입토지의 가액은 일단의 토지 전체가액을 기준으로 하여 산정하는 것이 원칙이므로, 일단의 토지 전체가액의 적용단가와 편입토지의 적용단가는 같은 것이 원칙이다. 다만, 편입토지와 잔여지의 용도지역·이용상황 등이 달라 구분감정평가한 경우에는 각각 다른 적용단가를 적용하여 일단의 토지 전체가액을 평가한다. 또한, 매수대상 잔여지의 손실은 공익사업시행지구에 편입되는 시점에서 발생한다고 보아야 하므로, 일단의 토지 전체가액 및 편입되는 토지가액을 평가할 때 공법상의 제한사항 및 이용상황 등은 편입토지의 보상 당시를 기준으로 한다.

잔여지의 단위면적당 단가의 결정은 공익사업시행지구에 편입된 부분을 포함한 일단의 토지전체의 적정가격을 기준으로 한다. 다만, 공익사업시행지구에 편입된 부분과 잔여부분이 용도지역 등을 달리하여 가치가 다른 경우(당해 공익사업과 관련되어 용도지역 등이 변경된 경우는 제외한다)에는 잔여지부분의 적정가격을 기준으로 평가할 수 있다(토보침 제53조제2항).

잔여지의 감정평가시에 가격시점은 그 잔여지를 협의에 의한 매수 또는 수용하는 시점으로 하되, 비교표준지의 선정, 적용공시지가의 선택, 지가변동률의 적용 그 밖의 평가기

준은 해당 공익사업시행지구에 편입된 경우와 같이 하며, 잔여지의 공법상 제한 및 이용상황 등은 공익사업시행지구에 편입되는 토지의 보상당시(=협의취득 또는 재결당시)를 기준으로 한다(토보침 제53조제3항). 다만, 가격시점 당시의 일단의 토지 전체 및 편입토지의 단위면적 당 적정가격을 결정할 때 해당 공익사업의 시행에 따른 가치의 변동은 고려하지 아니한다(토보침 제53조제4항).

잔여지의 매수보상평가 시 일단의 토지 전체가액 및 편입되는 토지가액의 기준시점은 모두 잔여지 매수보상당시(=협의성립 또는 재결당시)가 된다.

잔여지 매수보상은 잔여지를 포함한 일단의 토지 전체가 공익사업에 편입되는 것으로 보는 것이므로 기준시점 당시에 해당 공익사업의 시행으로 인하여 가치의 변동이 발생한 경우에는 이를 고려하지 않고 보상평가 한다. 또한, 기준시점에서 해당 공익사업의 시행으로 인하여 편입 토지 또는 잔여지의 용도지역 등이 변경되었거나 형질이 변경된 경우에도 이를 고려하지 않고 평가한다.

(2) 잔여지의 가치하락손실 및 공사비 보상

잔여지의 가치하락에 따른 손실액은 공익사업시행지구에 편입되기 전의 잔여지 가격에서 공익사업시행지구에 편입된 후의 잔여지의 가액을 뺀 금액으로 평가한다. 다만, 공익사업시행지구에 편입됨으로 인하여 편입되기 전의 잔여지 가액이 변동된 경우에는 변동되기 전의 가액을 기준으로 한다(시행규칙 제32조 제1항).

잔여지의 가치하락손실은 잔여지 매수보상(잔여지를 종래목적대로 사용하는 것이 현저히 곤란)과 달리 가치 감소액이 얼마라도 있는 경우에는 보상대상이 된다.

잔여지의 가치하락 등으로 인한 손실액의 결정을 위한 감정평가의뢰가 있는 경우에 그 손실액의 평가는 토지보상법 시행규칙 제32조제1항의 규정에 따라 토지보상평가지침 제53조에 따른 잔여지의 감정평가액에서 해당 공익사업의 시행으로 인하여 가치가 하락된 잔여지의 평가가격을 뺀 금액으로 한다(토보침 제54조제1항).

※ **잔여지에 대한 손실액의 평가**

1. 기준(산식)

   손실액 = (편입전 토지가격 − 편입후 토지가격) × 잔여지 면적

2. 편입전 토지가격

   공익사업시행으로 편입된 잔여지가 가격변동이 된 경우 변동되기 전의 가격

3. 잔여지의 비용보상

   잔여지에 통로·도랑·담장 등의 신설이나 그 밖의 공사가 필요하게 된 경우의 손실은 국토교통부령으로 정하는 바에 따라 그 시설의 설치 또는 공사에 필요한 비용으로 평가하여야 한다.

공익사업시행지구에 편입된 후의 (가치가 하락된) 잔여지의 평가가격을 결정할 때에는 ⅰ) 잔여지의 면적·형상 및 지세·이용상황, ⅱ) 잔여지의 용도지역등 공법상 제한, ⅲ) 잔여지와 인접한 동일인 소유토지의 유·무 및 이용상황, ⅳ) 잔여지의 용도변경 등이 필요한 경우에는 주위토지의 상황, ⅴ) 해당 공익사업으로 설치되는 시설의 형태·구조·사용 등, ⅵ) 잔여지에 도로·구거·담장·울타리 등 시설의 설치 또는 성토·절토 등 공사의 필요성 유·무 및 공사가 필요한 경우에 그 공사방법 등의 사항을 조사 하여 개별요인의 비교시에 반영한다(토보침 제54조제2항).

잔여지 가치하락에 따른 손실액을 평가함에 있어서 해당 공익사업의 시행으로 발생하는 소음·진동·악취·일조침해 도는 환경오염 등(이하 "소음등"이라 함)에 따른 손실은 관계법령에 따른 소음등의 허용기준, 원상회복비용 및 스티그마(STIGMA) 등을 개별요인의 비교시에 환경조건 등에서 고려한다. 다만, 해당 공익사업이 완료되기 전으로 소음등에 따른 가치하락 여부의 확인이 사실상 곤란한 경우에는 그 사유를 감정평가서에 기재하고 가치하락에 따른 손실액의 감정평가시에 소음 등을 제외할 수 있다(토보침 제54조제3항).

잔여지의 가치하락에 따른 손실액의 평가시에 가격시점은 그 손실액의 협의 또는 재결하는 시점으로 하되, 잔여지의 공법상 제한 및 이용상황 등은 공익사업시행지구에 편입되는 토지의 보상당시(=협의취득 또는 재결 당시)를 기준으로 한다(토보침 제54조제4항).

잔여지 가치하락에 따른 손실액의 감정평가시에는 가격시점 당시의 현실적인 이용상황 등의 변경에 따른 것 외에도 장래 이용 가능성이나 거래의 용이성 등에 따른 이용가치

및 교환가치 등의 하락요인(제2항에 따른 사업손실을 환경조건 등에서 따로 고려한 경우에는 그 부분은 제외한다)을 개별요인의 비교시에 기타조건(장래 동향 등) 등에서 고려할 수 있으나, <u>해당 공익사업의 시행에 따른 잔여지의 이용가치 및 교환가치 등의 증가요인은 고려하지 아니한다</u>(토보침 제54조제5항). 잔여지에 대한 시설의 설치 또는 공사로 인한 손실액의 결정을 위한 평가시 그 손실액의 평가는 시행규칙 제32조제2항의 규정437)에 의하여 그 시설의 설치나 공사에 통상 필요한 비용 상당액으로 한다(토보침 제54조제6항).

(3) 관련 판례 등

① 접도구역의 지정으로 인한 가치감소는 도로사업으로 인해 발생하는 손실로 볼 수 없으므로 잔여지의 보상평가에서 이를 고려하지 않는다.438)

판례

[판례] ▶ 접도구역의 지정으로 인한 가치의 하락은 잔여지 손실보상의 대상에 해당하지 않는다. [대법원 2017.7.11. 선고 2017두40860]

【판결요지】

공익사업을 위한 토지 등의 취득 및 보상에 관한 법률(이하 '토지보상법'이라고 한다) 제73조 제1항 본문은 "사업시행자는 동일한 소유자에게 속하는 일단의 토지의 일부가 취득되거나 사용됨으로 인하여 잔여지의 가격이 감소하거나 그 밖의 손실이 있을 때 또는 잔여지에 통로·도랑·담장 등의 신설이나 그 밖의 공사가 필요할 때에는 국토교통부령으로 정하는 바에 따라 그 손실이나 공사의 비용을 보상하여야 한다."라고 규정하고 있다.

여기서 특정한 공익사업의 사업시행자가 보상하여야 하는 손실은, 동일한 소유자에게 속하는 일단의 토지 중 일부를 사업시행자가 그 공익사업을 위하여 취득하거나 사용

---

437) 잔여지에 통로·구거·담장 등의 신설 그 밖의 공사가 필요하게 된 경우의 손실은 그 시설의 설치나 공사에 통상 필요한 비용 상당액을 기준으로 평가한다(시행규칙 제32조 제2항).
438) 대법원 2017.7.11. 선고 2017두40860 판결

함으로 인하여 잔여지에 발생하는 것임을 전제로 한다. 따라서 이러한 잔여지에 대하여 현실적 이용상황 변경 또는 사용가치 및 교환가치의 하락 등이 발생하였더라도, 그 손실이 토지의 일부가 공익사업에 취득되거나 사용됨으로 인하여 발생하는 것이 아니라면 특별한 사정이 없는 한 토지보상법 제73조 제1항 본문에 따른 잔여지 손실보상 대상에 해당한다고 볼 수 없다.

토지의 일부가 접도구역으로 지정·고시됨으로써 일정한 형질변경이나 건축행위가 금지되어 장래의 이용가능성이나 거래의 용이성 등에 비추어 사용가치 및 교환가치가 하락하는 손실은, 고속도로를 건설하는 이 사건 공익사업에 원고들 소유의 일단의 토지 중 일부가 취득되거나 사용됨으로 인하여 발생한 것이 아니라, 그와 별도로 국토교통부장관이 이 사건 잔여지 일부를 접도구역으로 지정·고시한 조치에 기인한 것이므로, 원칙적으로 토지보상법 제73조 제1항에 따른 잔여지 손실보상의 대상에 해당하지 아니한다.

② 잔여지의 가치하락 및 공사비 등에 대한 보상은 토지의 지하 또는 지상 공간의 일부를 사용하는 경우를 포함한 공용사용의 경우도 인정된다.[439]

판례

판례 ▶ 선하지에 대해서도 잔여지 가치하락 보상이 인정된다.
[대법원 2000.12.22. 선고 99두10315]

【판시사항】

1. 전원개발에관한특례법에 의하여 토지 일부를 전선로 지지 철탑의 부지로 수용함과 아울러 전기사업법에 기하여 그 잔여지의 지상 공간에 전선을 가설한 경우, 그 전선로의 지상공간 설치로 인한 잔여지 가격의 감소 손실이 토지수용법 제47조 소정의 잔여지 보상의 대상에 해당하는지 여부(적극) 및 그 전선로의 지상공간 설치로 인한 잔여지 가격의 감소 손실에 관하여 전기사업법 제58조 제2항 소정의 재정 절차를 필요적·전속적으로 거쳐야 하는지 여부(소극)

---

439) 대법원 2000.12.22. 선고 99두10315 판결

2. 전선로의 설치를 위한 타인 토지의 일부 수용과 그 잔여지 상의 전선가설을 위한 공간 사용에 있어 그 잔여지의 가격 감소에 따른 손실보상금의 산정 방법

【판결요지】

1. 토지수용법 제47조에서 동일한 토지소유자에 속하는 일단의 토지의 일부를 수용 또는 사용함으로 인하여 잔여지의 가격이 감소된 때에 그 손실을 보상하도록 규정하고 있는 것은 그 잔여지의 가격 감소가 토지 일부의 수용 또는 사용으로 인하여 그 획지조건이나 접근조건 등의 가격형성요인이 변동됨에 따라 발생하는 경우뿐만 아니라 그 수용 또는 사용 목적 사업의 시행으로 설치되는 시설의 형태·구조·사용 등에 기인하여 발생하는 경우도 포함하므로, 전원개발에관한특례법상의 전원개발사업자가 위 특례법 제6조의2의 규정에 따라 <u>타인 소유의 토지 일부를 전선로 지지 철탑의 부지로 수용함과 아울러 전기사업법 제57조 제1항의 규정에 기하여 그 잔여지의 지상 공간에 전선을 가설함으로써 그 잔여지의 가격이 감소하는 데 따른 손실도 위와 같은 토지수용법 제47조 소정의 잔여지 보상의 대상에 해당하므로, 그에 관하여는 토지수용법상의 수용 또는 사용재결과 이의재결 등의 절차가 적용된다.</u>

2. 토지수용법 제45조 내지 제47조와 제57조의2, 공공용지의취득및손실보상에관한특례법 제4조와 위 특례법시행규칙 제8조 제2항 및 제26조 제2항 등의 관련 규정에 의하면, 전선로의 설치를 위한 타인 토지의 일부 수용과 그 잔여지 상의 전선가설을 위한 공간 사용에 있어 수용 대상 토지의 가격 및 잔여지 지상 공간의 사용료와 함께 손실보상의 대상이 되는 잔여지의 가격 감소에 따른 손실보상금은 위 특례법시행규칙 제26조 제2항의 규정에 따라 수용 목적 사업의 용지로 편입되는 토지의 가격으로 환산한 잔여지의 가격에서 가격이 하락된 잔여지의 평가액을 차감하여 산정하여야 하고, 이 때 가격이 하락된 잔여지의 평가액을 산정함에 있어서는 당해 수용 또는 사용과 그 목적 사업으로 인한 가격 하락만을 반영하여야 한다.

제2절 건축물 등 물건에 대한 보상

1. 지장물 보상

가. 개요

지장물이라 함은 공익사업시행지구내의 토지에 정착한 건축물·공작물·시설·입목·죽목 및 농작물 그 밖의 물건 중에서 당해 공익사업의 수행을 위하여 직접 필요하지 아니한 물건을 말한다(시행규칙 제2조제3호). 지장물의 그 종류가 다양하여 토지보상법은 지장물 및 그 밖의 물건에 대한 보상액의 산정 및 평가방법과 보상기준을 국토교통부령으로 정하고 있다(법 제75조 제6항).

지장물 보상의 일반적 평가기준은 토지보상법 제70조 제2항 규정 토지취득의 경우와 동일하게 가격시점[440]일 당시의 현실적인 이용상황과 일반적인 이용방법에 의한 객관적인 상황을 기준으로 평가하며, 일시적인 이용 상황과 토지소유자 또는 관계인이 갖는 주관적인 가치 및 특별한 용도에 사용할 것을 전제로 한 경우 등은 고려하지 아니한다.

한편, 지장물에 대한 손실보상은 지장물소유자의 해당 토지사용권의 유무에 따라 보상대상 여부가 결정되는 것이 아니므로 토지사용권이 없는 경우에도 보상대상이 된다. 이에 대해 대법원 판례는 "구 공공용지의취득및손실보상에관한특례법시행규칙(2002.12.31. 건설교통부령 제344호로 폐지) 제13조 및 제14조는 수익수 또는 관상수는 수종·수령·수량이나 식수된 면적, 그 관리상태, 수익성 또는 이식가능성이 있는 경우 그 이식의 난이도 기타 가격 형성에 관련되는 제요인을 종합적으로 고려하여 평가하고, 묘목은 상품화 가능 여부, 묘종 이식에 따른 고손율, 성장 정도, 관리 상태 등을 종합적으로 고려하여 평가한다고만 규정함으로써 지장물인 수익수 또는 관상수나 묘목 등을 보상대상으로 함에 있어 토지사용권의 유무에 따른 구분을 두고 있지 아니하므로, 다목적 댐 건설사업에 관한 실시계획의 승인 및 고시가 있기 전에 토지를 임차하여 수목을 식재하였다가 그 후 토지의 임대차계약이 해지되어 토지 소유자에게 토지를 인도할 의무를 부담하게 되었다고 하더라도, 그러한 사정만으로 위 수목이 지장물보상의 대상에서 제외된다고 볼 수는 없다"라고 판시[441]하여 지장물은

---

440) 가격시점이란 보상액산정의 기준이 되는 시점을 말하며(시행규칙 제2조제5호), 이는 협의에 의한 경우에는 협의성립시 이며, 재결에 의한 경우는 재결당시를 의미한다.
441) 대법원 2004.10.15. 선고 2003다14355 판결

토지사용권 유무를 보상대상요건으로 하지 않고 있음을 분명히 하고 있다.

나. 지장물의 평가기준

(1) 이전비 보상(원칙)

지장물(건축물, 공작물, 입목 기타 토지에 정착된 물건)에 대한 일반적인 평가기준은 이전에 필요한 비용, 즉 이전비로 평가하여 보상하는 것이 원칙이다(법 제75조 제1항).

여기서 이전비란 대상물건의 유용성을 동일하게 유지하면서 이를 당해 공익사업시행지구 밖의 지역으로 이전·이설 또는 이식하는데 소요되는 비용으로 물건의 해체비, 건축비(건축허가비 포함), 적정거리까지의 운반비는 포함되며, 「건축법」등 관계법령에 의하여 요구되는 시설개선비는 제외한다(시행규칙 제2조제4호). 다만, 유권해석은 시설개선비가 아닌 관계법령의 변경에 의한 추가적인 시설설치비는 이전비에 포함된다고 보고 있다.[442] 건축물 등의 이전비는 유용성을 동일하게 유지하면서 이전하는 비용이므로 '이전에 따른 감손상당액'을 추가로 적용할 수 없다.

질의회신

[유권해석] ▶ 관계법령이 변경되어 현행 허가기준에 맞춘 시설설치비용은 이전비에 포함되나 시설개선비는 제외된다. [2010.10.1. 토지정책과-4757]

【질의요지】
석유 일반판매소를 운영 중 공익사업으로 인하여 이전하는 경우, 위험물안전관리법 강화로 현재 사용중인 옥내 석유탱크는 신규허가가 불가하여 지하탱크 등 별도 구조물을 설치해야 할 때에는 폐업보상 가능여부 및 폐업이 아닌 휴업보상시 현행 허가기준에 맞는 시설설치비용의 보상 가능 여부

【회신내용】
관계법령이 변경되어 추가적인 시설 등(시설의 개선에 필요한 비용 제외)을 설치하여

---

442) 2010.10.1. 토지정책과-4757

야만 허가 등이 가능한 경우에는 영업시설 이전비에 추가적인 시설 설치비를 포함할
수 있다고 보며, 개별적인 사례가 이에 해당하는지 여부는 사업시행자가 위 규정 및
사실관계 등을 종합적으로 검토하여 판단하시기 바랍니다.

한편, 지장물 등을 이전할 경우 이전거리는 30㎞ 이내로 하나, 지역적 여건 및 해당 공익
사업의 특성 등을 고려할 때 30㎞ 이상의 이전이 불가피한 경우에는 이를 초과할 수 있
다. 건축물 등의 면적 또는 규모의 산정은 「건축법」 등 관계법령이 정하는 바에 의한다.

(2) 취득비 보상

① 지장물은 이전비(해체비+운반비+복원비 등 이전에 소요되는 비용)로 보상함을 원칙
으로 하지만 예외적으로 ⅰ) 건축물 등의 이전이 어렵거나 그 이전으로 인하여 건축물
등을 종래의 목적대로 사용할 수 없게 된 경우, ⅱ) 건축물 등의 이전비가 그 물건의 가
격을 넘는 경우, ⅲ) 사업시행자가 공익사업에 직접 사용할 목적으로 취득하는 경우에는
해당 물건의 가격(=취득가격)으로 보상하여야 한다(법 제75조제1항 단서).

이때 이전 가능한지 여부는 물리적 또는 기술적인 면에서 판단할 것이 아니라 경제적
인 관점, 주관적 의사가 아닌 객관적 기준에서 이전시킴이 타당한지 여부를 판단하여야
하며 판례도 이와 동일하다.[443] 종래의 목적대로 사용할 수 있는지 여부는 건축물 등의
효용성을 동일하게 유지하면서 사용하는 것이 가능한지 여부를 기준으로 판단한다. 즉,
지장물 등의 이전이 물리적으로 불가능하거나, 설사 가능하다고 할지라도 이전하여 종래
의 목적대로 사용할 수 없는 경우에는 이전비를 별도로 검토함이 없이 가액으로 보상 평
가한다.

유권해석은 지장물 등은 취득비 또는 이전비가 아닌 매각손실액으로 보상할 수 없다고
하고 있다.[444]

---

443) 수용할 토지에 정착한 물건이 이전 가능한 것인지 여부는 기술적인 문제가 아니라 경제적인 관점에서
  판단하여야 할 문제인데, 비닐하우스와 균상은 그 구성 재료에 비추어 볼 때 기술적으로는 이를 분리
  이전하여 재사용할 수 있을 런지는 모르나 경제적으로는 이전이 불가능하거나 현저히 곤란한 것으로 보
  이므로, 이에 대하여 취득가격을 기준으로 하여 평가한 감정평가는 정당하다(대법원 1991.10.22 선고
  90누10117 판결).
444) 2012.12.7. 공공지원팀-2293

[질의회신] ▸ 영업시설 이전비가 물건의 가액을 넘는 경우에는 물건의 가액으로 보상하여야하고 매각손실액으로 보상할 수 없다. [2012.12.7. 공공지원팀-2293]

【질의요지】

영업보상 평가시 영업시설(기계기구) 이전비의 평가방법과 관련하여 영업시설(기계기구)의 이전비가 영업시설(기계기구)의 가격을 초과하는 경우의 평가방법은?

【회신내용】

토지보상법 시행규칙 제47조제1항에서 영업시설은 건축물·공작물 등 지장물로서 감정평가한 것을 제외한 동력시설, 기계·기구, 집기·비품, 그 밖의 진열시설 등으로서, 영업시설의 이전비는 그 시설의 해체·운반·재설치 및 시험가동 등에 드는 일체의 비용으로 하되, 이전비가 그 물건의 가격을 넘는 경우에는 그 물건의 가격으로 보상하여야 할 것이며, 토지보상법 시행규칙 제46조(영업의 폐지에 대한 손실의 평가)의 규정을 준용하여 매각 손실액으로 평가할 수는 없을 것입니다.

재결례

[재결례] ▸ 지장물을 이전할 토지와 장소가 없다는 사유로 물건의 가액으로 보상할 수 없다. [중토위 2017.10.19.]

【재결요지】

000가 농사를 위해 준비한 건조기, 냉동고, 분무기 등 이전할 토지와 장소가 없는 관계로 이전비가 아닌 취득비로 보상하여 달라는 의견에 대하여
건축물등 물건에 대한 보상은 법 제75조제1항에 따라 건축물·입목·공작물과 그 밖에 토지에 정착한 물건(이하 "건축물등"이라 한다)의 이전에 필요한 비용으로 보상하되 이전하기 어렵거나 그 이전으로 인하여 건축물등을 종래의 목적대로 사용할 수 없게 된 경우, 건축물등의 이전비가 물건의 가격을 넘는 경우 등의 경우에는

해당 물건의 가격으로 보상하도록 되어 있다.

관계 자료(사업시행자 의견서, 감정평가서 등)를 검토한 결과, 위 규정에 따라 이전비로 평가한 것은 타당하다고 판단되므로 소유자의 주장을 받아들일 수 없다.

② 취득비 보상의 경우 지장물에 대한 별도의 고시가 필요한지 여부에 대해 유권해석은 물건 등이 수용 또는 사용할 물건이 아닌 지장물인 경우에는 토지세목조서와 별도로 고시할 필요는 없고,[445] 사업시행자가 물건을 제거하거나 물건의 가치를 상실시켰다 하더라도 민사상 손해배상 책임은 없다.[446]

판례

[판례] ▶ 취득비 보상의 경우 사업시행자가 물건을 제거하거나 물건의 가치를 상실시켰더라도 민사상 손해배상 책임이 없다.
[대법원 2012.4.13. 선고 2010다94960] (손해배상)

【판결요지】
「공익사업을 위한 토지 등의 취득 및 보상에 관한 법률」 제75조 제1항 제2호에 따라 건축물등의 이전비가 그 물건의 가격을 넘어 사업시행자가 물건의 가격으로 보상한 경우라도 사업시행자가 당해 물건을 취득하는 제3호와 달리 수용의 절차를 거치지 않았다면 소유권까지 취득한 것으로 보기는 어려우나, 지장물 소유자가 같은 법 시행규칙 제33조 제4항 단서에 따라 스스로의 비용으로 철거하겠다는 특별한 사정이 없다면 사업시행자는 지장물 소유자에게 그 철거 및 토지의 인도를 요구할 수 없고 자신의 비용으로 직접 이를 제거할 수 있을 뿐이며,
이러한 경우, 지장물 소유자는 사업시행에 방해가 되지 않는 상당한 기간 내에 위 시행규칙 제33조 제4항 단서에 따라 스스로 지장물 또는 그 구성부분을 이전해 가지 않았다면 사업시행자의 지장물 제거와 그 과정에서 물건의 가치가 상실되었다 하더라도 이를 수인하여야 할 지위에 있다.

---

445) 2004.5.3. 토지관리과-2051
446) 대법원 2012.4.13. 선고 2010다94960 판결

한편, 취득비 보상의 경우 대상물건447)의 소유권이 사업시행자에게 과연 이전되는가의 여부에 대해서는 유권해석은 이를 긍정하는 입장이나448), 판례는 견해가 엇갈리고 있다.449) 통상 실무에서는 지장물의 경우에 이전비로 보상한 후 **행정대집행 또는 철거단행가처분**을 통해 철거하고, 등기부가 있는 지장물에 대해서는 소유권이전 및 철거이후 등기목적물의 부존재를 이유로 등기부를 폐쇄하는 절차를 거치고 있다.

③ 사업시행자가 ⅰ) 건축물 등을 이전하기 어렵거나 그 이전으로 인하여 건축물 등을 종래의 목적대로 사용할 수 없게 된 경우, ⅱ) 건축물 등의 이전비가 그 물건의 가액을 넘는 경우 등에 해당되어 관할 토지수용위원회에 그 물건의 **수용재결**을 신청한 경우(법 제75조제5항)에는 사업시행자가 건축물 등의 소유권을 취득한 것으로 보므로 이러한 경우는 사업시행자가 임의로 건축물 등을 철거하거나 사용할 수 있다.450) 그러나, 토지수용위원회에서 건축물 등에 대해 **이전재결**을 한 경우에는 사업시행자가 건축물 등의 소유권까지 취득한다고 볼 수 없으므로 사업시행자가 건축물 등을 임의로 철거하거나 사용할 수 없게 된다.451)

한편, 이전이 가능한 건축물 등에 대하여 이전비보다 적은 가액으로 협의 보상한 경우는 사업시행자가 건축물 등의 소유권을 취득한다고 볼 수 없다. 다만, 지장물 소유자도 사업시행자의 지장물 제거를 수인해야 한다.452)

질의회신

[질의회신1] ▶ 사업시행자가 건축물등의 이전비를 물건의 가액으로 보상하는 경우에 해당되어 관할 토지수용위원회에 그 물건의 **수용재결**을 신청한 경우(토지보상법 제75조제5항)에는 사업시행자가 건축물 등의 소유권을 취득한 것으로 보므로 이러한 경

---

447) 대상물건이라 함은 토지보상법 규정에 의한 토지·물건 및 권리로서 평가의 대상이 되는 것을 말한다(시행규칙 제2조제1호).
448) 2004.9.1. 토지관리과-3984
449) 대법원 2010.12.9. 선고 2010두15452 판결, : 대법원 2012.4.13. 선고 2010다94960 판결
450) 2014.2.18. 토지정책과-1085
451) 2011.1.5. 토지정책과-49
452) 대법원 2012.4.13. 선고 2010다94960 [손해배상]

우는 사업시행자가 임의로 건축물 등을 철거하거나 사용할 수 있다.
[2014.2.18. 토지정책과-1085]

【질의요지】
건축물 등의 이전비를 물건가격으로 보상한 경우 소유권이 사업시행자에게 귀속되는지 여부

【회신내용】
공익사업을 위한 토지 등의 취득 및 보상에 관한 법률」 제75조제1항에 따르면 건축물·입목·공작물과 그 밖에 토지에 정착한 물건(이하 "건축물등"이라 한다)에 대하여는 이전에 필요한 비용(이하 "이전비"라 한다)으로 보상하여야 하고, 다만, 건축물등을 이전하기 어렵거나 그 이전으로 인하여 건축물등을 종래의 목적대로 사용할 수 없게 된 경우, 건축물등의 이전비가 그 물건의 가격을 넘는 경우, 사업시행자가 공익사업에 직접 사용할 목적으로 취득하는 경우에는 해당 물건의 가격으로 보상하여야 하며, 같은 법 같은 조 제5항에 따르면 사업시행자는 사업예정지에 있는 건축물등을 이전하기 어렵거나 그 이전으로 인하여 건축물등을 종래의 목적대로 사용할 수 없게 된 경우, 건축물등의 이전비가 그 물건의 가격을 넘는 경우에는 관할 토지수용위원회에 그 물건의 수용재결을 신청할 수 있습니다.
따라서 사업시행자가 공익사업에 직접 사용할 목적으로 취득하는 경우 또는 같은 법 제75조제5항에 따라 수용재결을 신청하여 토지수용위원회가 **수용재결**을 한 경우라면 사업시행자가 건축물등의 소유권을 취득한 것으로 볼 수 있을 것이나, 구체적인 사항은 사실관계 및 관계규정 등을 검토하여 판단하여야 할 것으로 보입니다.

[질의회신2] ▶ 지장물을 **이전재결**한 경우에는 물건의 가액으로 보상하였다고 하더라도 사업시행자가 건축물 등의 소유권까지 취득한다고 볼 수 없으므로 사업시행자가 건축물 등을 임의로 처분(철거 또는 사용)할 수 없다. [2011.1.5. 토지정책과-49]

【질의요지】
지장물(사과나무)의 보상액을 이전비가 아닌 취득비로 평가하여 수용재결 신청하였

으나, 지방토지수용위원회로부터 "토지는 수용하고 지장물은 이전케 하며 금액은 ○○○원으로 한다"고 주문하여 재결한 경우, 사업시행자가 지장물을 임의처분 가능한지 또는 별도 수용재결을 받아야 하는지 여부

【회신내용】

「공익사업을 위한 토지 등의 취득 및 보상에 관한 법률」 제75조제5항에 의하면, 사업시행자는 사업예정지안에 있는 건축물등의 이전이 어렵거나 그 이전으로 인하여 건축물등을 종래의 목적대로 사용할 수 없게 된 경우, 건축물등의 이전비가 그 물건의 가격을 넘는 경우에는 관할 토지수용위원회에 그 물건의 수용의 재결을 신청할 수 있도록 규정하고 있으며, 동법 제45조제1항에 의하면, 사업시행자는 수용의 개시일에 토지나 물건의 소유권을 취득하며, 그 토지나 물건에 관한 다른 권리는 이와 동시에 소멸한다고 규정하고 있습니다.

그러나 "지장물을 이전케 한다"는 재결을 받은 경우에는 이전을 촉구할 수 있지만, 이를 이행하지 아니한 경우 **대집행 대상으로 임의처분은 곤란**하다고 보며, 임의처분을 위해서는 동법 제75조제5항에 따른 수용재결이 있어야 할 것으로 봅니다.

판례

[판례1] ▶ 취득비 보상의 경우 해당 지장물의 소유권은 사업시행자에게 사실상 이전되었다고 볼 수 있다.

[대법원 2010. 12. 9. 선고 2010두15452] (양도소득세부과처분취소)

【판결요지】

공익사업을 위한 토지 등의 취득 및 보상에 관한 법률 제75조 제1항, 같은 법률 시행규칙 제2조 제3호 등의 규정을 종합할 때, 사업시행자는 공익사업시행지구 내의 토지에 정착한 건축물·공작물·시설·입목·죽목 및 농작물 그 밖의 물건 중에서 당해 공익사업의 수행을 위하여 직접 필요하지 아니한 물건, 곧 지장물의 경우 그 이전비를 보상함이 원칙이나, 이전이 어렵거나 그 이전으로 인하여 지장물을 종래의 목적대로 사용할 수 없게 된 때 또는 지장물의 이전비가 그 물건의 가격을 넘는 때에는 당해 지

장물의 가격으로 보상하여야 한다. 위와 같은 경위로 수용 또는 협의 등에 의하여 사업시행자가 지장물 소유자에게 그 지장물 가격 상당의 손실보상금을 지급하면 공익사업 수행에 필요한 지장물을 철거할 수 있게 되고, 지장물 소유자는 지장물 철거를 수인하는 대가로 손실보상금을 지급받게 되는 셈이므로, 결과적으로 지장물이라는 자산이 유상으로 사업시행자에게 사실상 이전되었다고 볼 수 있다.

[판례2] ▶ 이전이 가능한 건축물 등에 대하여 이전비보다 적은 가액으로 협의 보상한 경우는 사업시행자가 건축물 등의 소유권을 취득한다고 볼 수 없다. 다만, 지장물 소유자도 사업시행자의 지장물 제거를 수인해야 한다.
[대법원 2012.4.13. 선고 2010다94960] (손해배상)

【판시사항】
[1] 사업시행자가 사업시행에 방해되는 지장물에 관하여 구 공익사업을 위한 토지 등의 취득 및 보상에 관한 법률 제75조 제1항 단서 제2호에 따라 이전 비용에 못 미치는 물건 가격으로 보상한 경우 지장물 소유권을 취득하는지 여부(소극) 및 이 경우 지장물 소유자는 사업시행자의 지장물 제거와 그 과정에서 발생하는 물건의 가치 상실을 수인하여야 할 지위에 있는지 여부(원칙적 적극)

【판결요지】
[1] 구 공익사업을 위한 토지 등의 취득 및 보상에 관한 법률(2007. 10. 17. 법률 제8665호로 개정되기 전의 것, 이하 '법'이라 한다) 제75조 제1항 제1호, 제2호, 제3호, 제5항, 공익사업을 위한 토지 등의 취득 및 보상에 관한 시행규칙(이하 '시행규칙'이라 한다) 제33조 제4항, 제36조 제1항 등 관계 법령의 내용을 법에 따른 지장물에 대한 수용보상의 취지와 정당한 보상 또는 적정가격 보상의 원칙에 비추어 보면, 사업시행자가 사업시행에 방해가 되는 지장물에 관하여 법 제75조 제1항 단서 제2호에 따라 이전에 소요되는 실제 비용에 못 미치는 물건의 가격으로 보상한 경우, 사업시행자가 물건을 취득하는 제3호와 달리 수용 절차를 거치지 아니한 이상 사업시행자가 보상만으로 물건의 소유권까지 취득한다고 보기는 어렵겠으나, 다른 한편으로 사업시행자는 지장물의 소유자가 시행규칙 제33조 제4항 단서에 따라 스스로의 비용으로 철거하겠

다고 하는 등 특별한 사정이 없는 한 지장물의 소유자에 대하여 철거 및 토지의 인도를 요구할 수 없고 자신의 비용으로 직접 이를 제거할 수 있을 뿐이며, 이러한 경우 지장물의 소유자로서도 사업시행에 방해가 되지 않는 상당한 기한 내에 시행규칙 제33조 제4항 단서에 따라 스스로 지장물 또는 그 구성부분을 이전해 가지 않은 이상 **사업시행자의 지장물 제거와 그 과정에서 발생하는 물건의 가치 상실을 수인(수인)하여야 할 지위에 있다**고 보아야 한다.

(3) 토지와 구분평가

취득할 토지에 건축물·입목·공작물 그밖에 토지에 정착한 기타물건이 있는 경우에는 토지와 그 정착물을 각각 따로 분리 평가함이 원칙이나, 정착물이 토지와 함께 거래되는 사례나 관행이 있는 경우에는 그 정착물을 토지와 함께 일괄하여 평가하여야 하며, 이 경우 그 내용을 평가서에 기재하여야 한다(시행규칙 제20조제1항).

일괄하여 평가되는 사례로는 자연림의 경우 토지(임야)가격에 포함되어 거래되는 관행이 있을 뿐만 아니라 실무상으로도 임야에 화체하여 일괄평가 되고 있다. 또한 연립주택 및 아파트와 같은 구분건물의 경우에 판례는 "「집합건물의 소유 및 관리에 관한 법률」에 따라 구분소유권의 객체가 되는 건물의 경우 건물과 토지가 일체로 거래될 수밖에 없으므로 수용에 있어 이를 함께 평가하여야 한다"라고 판시[453]하면서 일괄평가 할 것을 주문하고 있다.

(4) 보상계약 체결 전에 멸실된 지장물의 보상

토지보상법 제67조에서는 "보상금의 산정은 협의에 의한 경우는 협의성립 당시의 가격을, 재결에 의한 경우는 수용 또는 사용의 재결 당시의 가격을 기준으로 한다"고 규정되어 있고, 토지보상법 제46조에서는 "토지수용위원회의 재결이 있은 후에 수용 또는 사용할 토지나 물건이 토지소유자 또는 관계인의 고의나 과실 없이 멸실 또는 훼손된 경우 그로 인한 손실은 사업시행자의 부담으로 한다"라고 규정되어 있다. 따라서 사업시행자는 재결이 있은 후에 수용 또는 사용할 토지나 물건이 토지소유자 또는 관계인의 고의나

---

453) 서울고등법원 2003.7.25. 선고 2002누14876 판결

과실 없이 멸실 또는 훼손된 경우에 그 멸실 또는 훼손을 이유로 손실보상의 감액이나 면제를 주장 할 수 없고 재결보상금을 지급하여야 한다.[454]

그러나, 만약 협의취득 보상계약 체결 이전, 또는 수용취득(재결)이전에 천재지변 또는 소유자 또는 관계인의 고의 또는 과실 등으로 대상물건이 멸실 또는 훼손되었다면 보상 대상에서 제외되는 것은 당연할 것이다.

유권해석도 사업시행자가 보상대상물건을 확인하고 이를 철거하도록 요구하였거나 사행 시행자가 철거에 동의한 경우 등 보상대상임을 인정한 경우를 제외하고는 보상계약 체결 전에 지장물(건물)이 화재로 소실되어 경제적 가치가 없는 경우에는 보상대상에 해당하 지 아니한다고 보고 있다.[455]

다만, 판례는 사업시행자가 보상하기로 특약을 하였거나, 사실상 특약의 목적이 달성된 경우라면 보상금이 지급되기 전에 홍수로 인해 지장물(아카시아 나무)이 멸실되었다고 해서 그에 관한 보상약정을 해제할 수 없다고 판시하고 있다.[456]

질의회신

[질의회신] ▶ 물건조사 및 보상계획공고 후 화재로 소실되어 존재하지 않는 물건은 보상대상이 아니다. [2012.7.27. 토지정책과—3738]

【질의요지】
물건조사 및 보상계획공고 후 화재로 소실되어 존재하지 않는 물건에 대한 보상가능 여부

【회신내용】
토지보상법 시행규칙 제36조제2항에 따라 공작물등의 용도가 폐지되거나 기능이 상실되어 경제적 가치가 없는 경우에는 평가하여서는 아니 된다고 규정하고 있습니다.

---

454) 다만, ⅰ) 토지수용위원회의 재결이 있기 전에 토지나 물건이 멸실 또는 훼손되었을 때, ⅱ) 재결이 있은 후에 토지소유자 등의 고의나 과실에 의해 토지나 물건이 멸실 또는 훼손되었을 때에는 보상대상 에서 제외하거나 보상액을 감액할 수 있을 것이다.
455) 1999.10.5. 토관 58342-1237. ; 2004.1.19 토지관리과—255
456) 대법원 1977. 12. 27. 선고 76다1472 판결

따라서 당해 공익사업시행과 관련 없이 화재로 소실되어 경제적 가치가 없는 경우 보상대상에 해당되지 아니한다.

[판례1] ▶ 보상금 지급 전 홍수로 입목이 멸실되더라도 보상금지급약정을 해제할 수 없는 경우 [대법원 1977.12.27. 선고 76다1472] [입목보상금]

【판시사항】

토지 및 지상물에 대한 수몰보상 약정후 입목이 홍수로 멸실된 경우 입목에 대한 보상금지급약정을 해제할 수 있는지 여부

【판결요지】

댐 건설로 인한 수몰지역내의 토지를 매수하고 지상임목에 대하여 적절한 보상을 하기로 특약하였다면 보상금이 지급되기 전에 그 입목이 홍수로 멸실되었다고 하더라도 매수 또는 보상하기로 한 자는 이행불능을 이유로 위 보상약정을 해제할 수 없다.

【이 유】

1. 원심은 피고회사는 1968. 한강댐 건설계획을 수립하고 댐건설로 인한 수몰예상지역에 대한 보상을 시행함에 있어 당시 토지수용법상 기업인가 전이어서 수몰예상지역의 피해자들과 협의를 통하여 토지의 매수 및 지상건물 또는 입목 등의 보상을 하였는바, 원고소유인 경기 양평군 강하면 운심리 267외 7필지의 전, 답, 임야 등 토지 도합 70,000여평중 40,000여평(이하 이 사건 토지라고 부르기로 한다)이 수몰예상지로 책정되어 1969.6.경위 수몰예상 토지를 피고가 매수한 사실 및 동 토지를 매수함에 있어 지상입목에 관해서는 적절한 보상을 하기로 특약을 하고 그 지상건물 중 포푸라 입목 24,500주에 대하여는 보상에 관한 합의가 되어 보상금이 지급되었으나 아카시아 입목에 대하여는 보상금액에 대한 합의가 이루워 지지 못하여 보상을 하지 못하던 중 홍수에 의하여 위 아카시아의 입목이 멸실된 사실을 확정하였다.

2. 위 확정된 사실에 의하면 피고가 수몰예상지역내의 토지와 그 지상물을 매수하거나 그의 수몰에 대한 보상을 하려는 것은 그렇게 함으로써 피고가 그들 재산의 소유권을 취득해서 어떤 경제적인 이득을 취득하려는데 그 목적이 있는 것이 아니고 한강댐을 건설함에 있어서 그로 인해서 수몰될 토지 기타재산에 대하여 그로 인한 손해를 피해자들에게 보상하기 위해서 그 방법으로서 수몰이 예상되는 지역내의 토지 및 그 지상물건을 토지수용절차에 의하지 아니하고 피해자들과의 협의를 통해서 매수 또는 보상하려는데 그 목적이 있었다고 할 것이므로 수몰지역내의 토지만을 그 지상물과 별도로 매수 또는 보상한다는 것은 좀처럼 예상할 수 없는 것이라고 할 것이며 토지와 그 지상물은 불가분의 일체가 되어 수몰의 대상으로서 매수 또는 보상의 대상으로 하였다고 봄이 상당하다고 할 것인바(물론 소유자가 그 권리를 포기하거나 또는 피고에게 그를 증여하는 등 특별한 사정이 있는 경우에는 별문제다), 이건에 있어서도 위 인정사실에 비추어 지상에 생립되어 있는 입목에 대하여 적절한 보상을 한다는 것과 이건 토지의 매매와는 불가분의 관계에 있다고 할 것이며, 한편 역시 위 인정사실에 비추어 이건 아카시아 입목이 홍수로 멸실되기 전에 기히 이 사건토지와 그 지상에 생립된 입목은 위 계약에 의하여 다같이 모두 원고의 의사여하에 불구하고 피고의 댐공사 진전에 따라서 언제든지 법률상하등의 지장을 받음이 없이 피고의 담수조치에 의하여 수몰될 수 있는 상태에 있었다고 하여야 할 것이고, 따라서 결국 이 사건 아카시아 입목도 그에 대하여 적절한 보상을 하기로 하고 홍수가 있기 전에 벌써 피고가 하등의 지장을 받음이 없이 적법하게 그의 댐공사 진전에 따라 언제든지 수몰대상으로 할 수 있었다고 봄이 상당하다 할 것이므로 동 아카시아가 그 후 홍수로 인해서 멸실되었다고 하더라도 그것이 보상하기로 한 원·피고간의 위 약정에 어떤 영향을 주는 것이라고는 할 수 없다고 할 것이다.

즉 이건에 있어서 홍수로 인한 아카시아 입목의 멸실을 위 매매계약 또는 보상특약의 일부 또는 전부의 이행불능이라고도 할 수 없으며, 위에서 본 바와 같이 이 사건 토지의 입목은 앞서 본 원, 피고간의 위 계약으로서 기히 피고가 그 댐 건설의 진전에 따라서 법률상하등의 지장 없이 언제든지 피고의 뜻에 따른 담수에 의하여 수몰대상 으로 할 수 있는 상태에 있었으니 그로써 피고는 이건 토지에 대한 매수와 그 지상의 입목에 대한 보상을 특약한 위 계약의 목적은 달성된 셈이고, 또 원고는 위 토지와 그 지상입목에 대하여 피고로 하여금 그의 뜻대로 땜공사 진전에 따라 언제든지 수몰대상으로 할 수 있는 상태에 있게끔 한 이상 이 건에 있어서 위 매매 및 보상에 관한 약정내용은 원, 피고간에 이건 아카시아 입목에 대한 적절한 보상을 위해서 그 금액에 대하여 합의를 보지 못함으로 인하여 그에 대한 보상금이 지급되지 못한 점만을 제외하고는 위 홍수가 있기 전에 기히 그 전부가 실현을 보았다고 해도 무방하다고 하여야 할 것이므로 위 아카시아가 그에 대한 보상금이 지급되기전에 홍수로 인해서 멸실되었다고 해서 그에 관한 이 건 보상약정을 해제할 수 없다고 함이 마땅하다고 할 것이다. 따라서 이 점을 지적하는 취지의 논지는 이유 있다고 할 것이다.

다. 지장물의 보상액 산정방법

지장물의 감정평가는 취득하는 토지의 경우와 동일하게 감정평가업자 3인을 선정하여 평가를 의뢰하여야 하고 보상금의 산정은 각 감정평가업자가 평가액 금액의 산술평균금액을 기준으로 한다(법 제68조제1항, 시행규칙 제16조제6항).

기타 사업시행자의 보상평가 의뢰서 기재사항(시행규칙 제16조제1항), 평가서 제출시한(시행규칙 제16조제2항), 전문기관의 자문 또는 용역의뢰(시행규칙 제16조제3항), 보상평가심사(시행규칙 제16조제4항), 재평가 등(시행규칙 제17조)도 취득하는 토지의 경우와 동일하다.

2. 건축물의 보상

가. 건축물의 정의

건축물이란 토지에 정착하는 공작물 중 지붕과 기둥 또는 벽이 있는 것과 이에 부속되는 시설물, 지하 또는 고가(高架)의 공작물에 설치하는 사무소·공연장·점포·차고·창고, 그 밖에 대통령령으로 정하는 것을 말한다(건축법 제2조제1항제2호).

나. 건축물의 평가기준

(1) 이전비 내지 취득비 보상

건축물 등에 대한 보상은 이전비로 평가하여 보상하는 것이 원칙이다(법 제75조 제1항). 다만, 예외적으로 ⅰ) 건축물 등의 이전이 어렵거나 그 이전으로 인하여 건축물 등을 종래의 목적대로 사용할 수 없게 된 경우, ⅱ) 건축물 등의 이전비가 그 물건의 가격을 넘는 경우, ⅲ) 사업시행자가 공익사업에 직접 사용할 목적으로 취득하는 경우에는 해당 물건의 가격(=취득가격)으로 보상하여야 한다(법 제75조제1항 단서).

(2) 원가법 내지 거래사례비교법에 의한 보상

① 원가법

예외적으로 건축물을 취득비로 보상하는 경우 건축물의 가격은 원칙적으로 원가법으로 평가하여 보상한다(시행규칙 제33조제2항 본문). "**원가법**"이라 함은 가격시점에서 대상물건을 재조달하는데 소요되는 가격에서 감가수정을 하여 대상물건에 대한 가격시점 현재의 가격을 구하는 방법을 말한다(시행규칙 제2조제9호).

건축물의 가액을 원가법으로 보상평가하는 경우 전기·난방·위생설비 등 건축물의 부대설비는 이를 별도로 구분평가하지 않는다. 다만, 건축물의 소유자와 부대설비의 소유자가 다른 경우 등 구분하여 평가할 필요가 있는 경우에는 이를 구분하여 평가할 수 있을 뿐이다.

다만, 주거용 건축물에 있어서는 거래사례비교법에 의하여 평가한 금액이 원가법에 의하여 평가한 금액보다 큰 경우와 「집합건물의 소유 및 관리에 관한 법률」에 의한 구분소유권의 대상이 되는 건물의 가격은 거래사례비교법으로 평가한다. 주거용 건축물을 거래사례비교법에 의하여 평가한 금액은 공익사업의 시행에 따라 이주대책을 수립·실시하거나 주택입주권 등을 당해 건축물 소유자에게 주는 경우 또는 개발제한구역(=그린벨트) 안에서 이전이 허용되는 경우에 있어서의 당해 사유로 인한 가격상승분을 제외하고 평가한 금액을 말한다(시행규칙 제33조제2항 단서).

② 거래사례비교법

"**거래사례비교법**"이라 함은 대상물건과 동일성 또는 유사성이 있는 다른 물건의 거래사례와 비교(거래된 사정 및 시기 등에 따른 적정한 보완을 하여 비교)하여 대상물건에 대한 가격시점 현재의 가격을 구하는 방법을 말한다(시행규칙 제2조제6호).

실무에서 거래사례비교법에 의한 평가는 주거환경개선사업지구의 국·공유지 점유 무허가 건물과 같이 타인 소유의 대지를 사용함으로써 건물가격이 원가법에 의한 가격보다 높게 거래되는 경우와 내용연수가 경과되어 원가법에 의한 가격이 산정되지 아니하지만 거주가 가능하므로 거래가격이 형성되는 주거용 건물의 보상에 적용되고 있다.[457]

판례는 "수익수 또는 관상수는 수종·수령·수량이나 식수된 면적, 그 관리상태, 수익성 또는 이식가능성 및 이식가능성이 있는 경우 그 이식의 난이도 기타 가격형성에 관련되는 제요인을 종합적으로 고려하여 평가하고, 묘목은 상품화 가능 여부, 묘종 이식에 따른 고손율, 성장 정도, 관리 상태 등을 종합적으로 고려하여 평가한다고만 규정함으로써 지장물인 수익수 또는 관상수나 묘목 등을 보상대상으로 함에 있어 토지사용권의 유무에 따른 구분을 두고 있지 아니하므로, 다목적 댐 건설사업에 관한 실시계획의 승인 및 고시가 있기 전에 토지를 임차하여 수목을 식재하였다가 그 후 토지의 임대차계약이 해지되어 토지 소유자에게 토지를 인도할 의무를 부담하게 되었다고 하더라도, 그러한 사정만으로 위 수목이 지장물 보상의 대상에서 제외된다고 볼 수는 없다"라고 판시[458]하여, 건축물 등 지장물은 토지사용권의 유무에 따라 보상대상 여부가 결정되는 것이 아니므로 토지사용권이 없는 경우에도 보상대상이 될 수 있음을 밝히고 있는바, 타당한 견해이다.

한편, 유권해석 역시 건축물이 국·공유지에 위치하는 경우 별도의 평가기준을 정하고 있지도 않고, 「국유재산법」등 관계법령에서 보상에 관하여 제한을 둔 경우가 아니라면 주거용 건축물의 소유자가 토지의 소유권 또는 사용권을 가지고 있는지 여부와 무관하므로 국·공유지 상의 주거용 건축물 또는 사유지상의 건축물대장에 등재된 주거용 건축물도 거래사례비교법으로 평가할 수 있다. 또한 이러한 거래사례비교법에 의한 보상평가방법은 토지보상법에서 무허가 주거용 건축물에 대하여 거래사례비교법의 적용을 배제한다는 명문의 규정이 없는 관계로 무허가 주거용 건축물에 그대로 적용되어 거래사례비교법으로 보상평가가 될 수 있다.[459]

---

457) 한국토지주택공사, 앞의 책, 2016, 298면
458) 대법원 2004.10.15. 선고 2003다14355 판결
459) 2010.12.21. 기획팀-3065

[질의회신] ▶ 무허가 주거용 건축물도 거래사례비교법으로 보상평가 할 수 있다.
[2010.12.21. 기획팀-3065]

【질의요지】

시유지내 소재하는 주거용 건축물에 대하여 칠곡군 소유시 대부계약을 체결하고 대부료를 받아왔으나, 1982년 시유지의 소유권이 대구시로 이전된 후 대부계약체결 없이 무상으로 당해 부지를 점유하여 사용해오고 있는 경우 시유지내 소재하는 1989.1.24. 이전 무허가 주거용 건축물을 「공익사업을 위한 토지 등의 취득 및 보상에 관한 법률 시행규칙」 제33조제2항 단서 규정에 의한 거래사례비교법으로 평가할 수 있는지 여부

【회신내용】

「토지보상법 시행규칙」 부칙(건설교통부령 제344호, 2002.12.31)제5조(무허가건축물등에 관한 경과조치)에서는 '1989년 1월 24일 당시의 무허가건축물등에 대하여는 제24조·제54조제1항 단서·제54조제2항 단서·제5조제1항 단서 및 제58조제2항 단서의 규정에 불구하고 이 규칙에서 정한 보상을 함에 있어 이를 적법한 건축물로 본다'고 규정하고 있고, 같은 법 시행규칙 부칙(건설교통부령 제556호, 2007.4.12.) 제3조(무허가건축물등에 관한 경과조치)에서는 '1989년 1월 24일 당시의 무허가건축물등에 대하여는 제45조제1호, 제46조제5항, 제47조제6항, 제52조 및 제54조제2항 단서의 개정규정에 불구하고 이 규칙에서 정한 보상을 함에 있어 이를 적법한 건축물로 본다'고 규정하고 있으나, 「토지보상법」 제75조(건축물등 물건에 대한 보상) 및 같은 법 시행규칙 제33조(건축물의 평가), 제36조(공작물 등의 평가)에서는 건축물이나 공작물 자체에 대한 보상시에는 해당 건축물의 적법 여부를 보상요건으로 하고 있지 아니한 바, 공익사업의 사업인정 고시 이전에 건축되고 공공사업용지의 토지에 정착한 지장물인 건물은 통상 적법한 건축허가를 받았는지 여부에 관계없이 손실보상의 대상이 된다고 보아야 할 것입니다(대법원 2001.4.13.선고, 2000두6411 판결례, 대법원 2000.3.10. 선고99두10896 판결례 등 참조). 또한, "「토지보상법 시행규칙」 제33조 등에서는 건축물에 대한 평가방법을 정하면서 해당 건축물의 토지에 대한 사용권한의 유무에 대하여 규정하고 있지 아니하고, 해당 건축물이 소재한 토지의 소유권자에 따

라 보상 여부에 차등이 있는지 등을 규정하고 있지 아니한바, 공익사업을 이유로 하여 건축물 이전등의 행위가 이루어지거나 예정되는 경우에는 해당 건축물이 건축법령에 따른 무허가인지 또는 해당 건축물이 소재한 토지의 소유권자가 누구인지 여부와 관계없이 보상 여부를 판단하여야 하고, 건축물이 소재한 토지의 소유권자에 따라 보상을 달리하도록 규정하고 있지는 아니하므로, 건축물이 소재한 토지의 소유권자가 국가나 지방자치단체인지 또는 사인인지에 따라 보상여부를 달리한다고 할 수는 없다"는 법제처 법령해석(법제처10-0399)을 참고하여 판단·결정하시기 바랍니다.

(3) 임대사례비교법

건축물의 사용료는 임대사례비교법으로 평가한다. 다만, 임대사례비교법으로 평가하는 것이 적정하지 아니한 경우에는 적산법으로 평가할 수 있다(시행규칙 제33조제3항). **"임대사례비교법"**이라 함은 대상물건과 동일성 또는 유사성이 있는 다른 물건의 임대사례와 비교하여 대상물건의 사용료를 구하는 방법을 말하며(시행규칙 제2조제7호), **"적산법"**이라 함은 가격시점에서 대상물건의 가격을 기대이율로 곱한 금액에 대상물건을 계속 사용하는데 필요한 제경비를 더하여 대상물건의 사용료를 구하는 방법을 말한다(시행규칙 제2조제8호).

(4) 건축물의 철거비용보상(=건축물 철거 책임)

물건의 가격(=취득가격)으로 보상한 건축물의 철거비용은 사업시행자가 부담한다. 다만, 건축물의 소유자가 당해 건축물의 구성부분을 사용 또는 처분할 목적으로 철거하는 경우에는 건축물의 소유자가 부담한다(시행규칙 제33조제4항).

건축물 등을 가액으로 보상하고 취득한 경우에는 사업시행자가 건축물 등의 소유자이므로 철거의무를 부담하는 것이 당연하나, 이전비보다 적은 가액으로 보상한 경우는 사업시행자가 건축물 등의 소유권을 취득하는 것은 아니므로 소유자가 철거비를 부담하여야 하지만, 이전비보다 적은 가액으로 보상하면서 철거비용까지 별도로 부담시키는 것은 가혹하므로, 이런 경우도 철거비용은 사업시행자가 부담하는 것일 뿐이므로, 이 규정을 근거로 건축물 등의 소유자가 가액에 더하여 철거비용의 지급을 추가적으로 요구할 수 있

는 것은 아니다.[460]

(5) 부대시설 등의 구분평가

건축물에는 주건축물, 부속건축물(우사, 축사, 헛간, 창고 등), 부대시설(우물, 담장, 물탱크, 수도 등), 건축설비(전기, 전화, 난방, 소화전, 굴뚝 등)가 있는 바, 거래에서는 주건축물과 일체로 거래되는 것이 일반적이나 손실보상에 있어서는 건축설비를 제외하고는 이를 물건별로 구분 평가하는 것이 관행이다.[461]

(6) 보상제한의 부관이 붙은 건축물 등의 평가

행정관청은 건축물 등의 건축 또는 설치허가를 하면서 해당 공익사업을 특정하여 보상제한의 부관을 붙이는 경우가 있다. 이러한 부관이 있는 경우는 보상대상에서 제외된다고 보아야 하나, 그렇지 않고 특정되지 않은 공익사업을 전제로 보상제한의 부관이 있는 경우에는 보상대상에서 제외할 수는 없을 것이다.[462]

한편, 행정관청은 공익사업과 무관하게 건축 등 시설물 설치 허가를 할 때 기한을 정하여 해당 기한 만료시 철거의무 및 원상회복의무를 가하는 부관을 붙이는 경우가 많다. 이는 보통 가설건축물의 조건 내지 기한부 허가의 경우에 흔히 있다. 통상 기한을 정해 허가를 하는 수익적 행정행위에는 기한만료 전 기한연장절차 등이 있으나 이후 해당 건축물 등이 공익사업지구에 편입된 지역이라는 이유로 해당 인허가 관청은 기한연장을 더 이상 하여주지 않아 결국 해당 건축물 등은 행정행위의 부관에 따라 건축물 등의 소유자가 자신의 비용으로 철거 등을 해야 할 운명에 처해지고 해당건축물 등은 보상대상에서 제외되는 것이 현실인바, 보상현장에서는 항상 이 문제로 분쟁이 발생하고 있어 이에 대한 연구가 절실히 필요하다.

사견을 전제로 사업인정고시 전의 무허가건축물 내지 보상제한이 붙지 아니한 건축물은 보상대상에 포함을 하는 반면 사업인정고시 전 이미 오래전부터 적법한 허가 등의 절차에 따라 건축 내지 설치를 하고 사업인정고시 이후에 기한연장을 희망하는 위와 같은 건

---

460) 중앙토지수용위원회, 앞의 책, 2017.12., 313면
461) 신경직, 앞의 책, 449면
462) 2010.10.15. 법제처 11-0597. ; 2011.10.27. 법제처 11-0519

축물 등을 보상대상에서 제외하는 것은 무리가 있어 보인다.

이와 비슷한 사례와 관련하여 유권해석은 <u>택지개발예정지구(사업인정)된 후 관계법령에</u> <u>따라 관할시장이 사업시행자의 의견을 들어 조건부(사업시행시 건축물을 소유자 부담으</u> <u>로 자진철거 등 원상회복)허가된 경우 건축물을 보상할 수 있는지 여부에 대한 회신에서</u> "<u>당해 물건에 대하여 관계법령이나 인·허가 조건 등에 보상에 관하여 제한을 둔 경우</u> <u>또는 공익사업과 관계없이 관계법령에 위반되어 이전·철거 등의 조치가 진행되고 있는</u> <u>등의 경우에는 해당 공익사업의 시행으로 인한 손실이 발생한다고 볼 수 없으므로 보상</u> <u>대상이 아니라고 본다</u>"라고 한 바 있다.463) 그러나 이 유권해석의 사례는 **사업인정 이후** 에 소위 조건부 인허가에 따른 건축행위라는 점에서 **사업인정고시 이전**에 조건부 인허가 에 따른 건축행위가 있었고 그 후 공익사업부지에 편입 및 사업인정고시 이후에 기한연 장불허에 따른 자진철거 및 원상회복의 사안과는 그 전제가 다른 것이다.

유권해석

[법령해석1] ▶ 국유지 부관부 하천점용허가 취소시 지장물의 보상여부 [2010.10.15. 법제처 11-0597]

【질의】
「하천법」에 따른 국가하천구역내 국유지에 하천점용허가를 받을 때 "점용허가 취소 등의 경우 원상복구의무 및 장래 시행될 수 있는 <u>불특정 공익사업을 전제로 보상을 일</u> <u>반적으로 제한</u>"하는 **부관을 붙였고**, 이후 <u>하천점용허가가 취소되었음에도 불구하고</u> <u>계속하여 이미 설치된 지장물(건축물을 제외함)을 이용하여 영농활동을 하였으며</u>, 이 후 해당 지장물이 토지보상법 제22조에 따른 공익사업(하천관리청이 시행하는 하천공 사)으로 인하여 철거되는 경우, 해당 지장물이 토지보상법에 따른 손실보상 대상에 해 당하는지

【회답】
「하천법」에 따른 국가하천구역내 국유지에 하천점용허가를 받을 때 "점용허가 취소

---

463) 2008.12.15. 토지정책과-1392

등의 경우 원상복구 의무 및 장래 시행될 수 있는 불특정 공익사업을 전제로 보상을 일반적으로 제한"하는 **부관을 붙였고**, 이후 하천점용허가가 취소되었음에도 불구하고 계속하여 이미 설치된 지장물(건축물을 제외함)을 이용하여 영농활동을 하였으며, 이후 해당 지장물이 토지보상법 제22조에 따른 공익사업(하천관리청이 시행하는 하천공사)으로 인하여 철거되는 경우, 해당 지장물은 원칙적으로 토지보상법에 따른 손실보상 대상에 해당한다고 할 것이나, 예외적으로 위법의 정도 등을 고려할 때 손실보상을 하는 것이 사회적으로 용인될 수 없다고 인정되는 경우에는 손실보상 대상이 되지 않는다고 할 것입니다.

[법령해석2] ▶ 하천점용허가 없이 설치된 지장물 및 원상회복 명령을 하였으나 철거되지 않은 지장물도 원칙적으로 보상대상이다. [2011.10.27. 법제처 11-0519]

【질의】
공익사업을 위한 토지 등의 취득 및 보상에 관한 법률」 제22조에 따른 공익사업(하천관리청이 시행하는 하천공사) 인정 고시 이전에 「하천법」에 따른 국가하천구역내 국유지에 점용허가를 받지 않고 설치된 지장물(건축물을 제외함. 이하 같음)에 대하여, 사업인정 고시 전 「하천법」 제69조에 따라 하천관리청이 지장물의 이전·제거 및 원상회복 명령을 하였으나 철거 등이 되지 않고 있다가, 이후 해당 지장물이 공익사업 시행으로 철거되는 경우, 「공익사업을 위한 토지 등의 취득 및 보상에 관한 법률」 또는 「하천법」에 따른 손실보상 대상에 해당하는지?

【회답】
사업인정 고시 전 「하천법」 제69조에 따라 하천관리청이 지장물의 이전·제거 및 원상회복 명령을 하였으나 철거 등이 되지 않고 있다가, 이후 해당 지장물이 공익사업 시행으로 철거되는 경우, 원칙적으로는 손실보상 대상에 해당한다고 할 것이나, 예외적으로 위법의 정도 등을 고려할 때 손실보상을 하는 것이 사회적으로 용인될 수 없다고 인정되는 경우에는 손실보상 대상이 되지 않는다고 할 것입니다.

다. 건축물 등의 보상평가방법

건축물 등의 평가는 일반적인 평가방법 적용의 원칙에 따른다. 즉 토지보상법 시행규칙에서 정하는 방법에 의하되, 그 방법으로 구한 가액 또는 사용료를 다른 방법으로 구한 가액 등과 비교하여 그 합리성을 검토하여야 함이 원칙이다(시행규칙 제18조제1항). 다만, 대상 건축물 등의 특성이나 조건이 동 규칙으로 평가하는 경우 크게 부적정하게 될 요인이 있는 경우에는 적정하다고 판단되는 다른 방법으로 평가할 수 있고 보상평가서에 그 사유를 기재하여야 한다(시행규칙 제18조제2항).

판례는 토지보상법 시행규칙 제18조의 취지와 적용 범위에 대하여 "원칙적으로 위 규정에 따라 주된 방식으로 평가한 가격을 부수된 방식으로 평가한 가격과 비교하여 보상가액평가의 합리성을 기하도록 하라는 취지이므로 대상물건의 성격이나 조건에 따라서 위와 같은 두 가지 방식에 의한 비교가 부적당한 경우에는 어느 하나의 방식만에 의하여 보상가액을 평가할 수밖에 없다"라고 판시하였다.[464]

통상적으로 건축물(담장 및 우물 등의 부대시설을 포함한다)에 대하여는 그 구조·이용상태·면적·내구연한·유용성 및 이전가능성 및 난이도 그 밖에 가격형성에 관련되는 제 요인을 종합적으로 고려하여 거래사례법으로 평가한다.

3. 건축물에 관한 소유권 외의 권리

(1) 개념

물건의 가액으로 보상하는 건축물에 관한 소유권 외의 권리의 보상평가 및 소유권 외의 권리의 목적이 되고 있는 건축물의 평가는 '토지에 관한 소유권 외의 권리의 평가'(시행규칙 제28조) 및 '소유권 외의 권리의 목적이 되고 있는 토지의 평가'(시행규칙 제29조)의 보상평가방법을 준용한다(시행규칙 제34조).

> ■ **토지보상법 시행규칙 제34조(건축물에 관한 소유권외의 권리 등의 평가)** 제28조 및 제29조의 규정은 법 제75조제1항 단서의 규정에 의하여 물건의 가격으로 보상하여야 하는 건축물에 관한 소유권외의 권리의 평가 및 소유권외의 권리의 목적이 되고 있

---

464) 대법원 1991.10.22. 선고 90누6323 판결

> 는 건축물의 평가에 관하여 각각 이를 준용한다. 이 경우 제29조중 "제22조 내지 제2
> 7조"는 "제33조제1항·제2항 및 제4항"으로 본다.

(2) 유의사항

다만, 물건가액보상이 아닌 이전비로 보상하는 건축물에 관한 소유권 외의 권리 등은 말
소되지 않으므로 보상평가 대상이 아니다.

4. 무허가건축물 등의 보상

가. 개요

공익사업에 대한 사업인정고시가 있는 후에는 고시된 토지에 건축물의 건축, 공작물의
설치 등 행위가 제한되므로 이후에 발생된 건축물, 공작물은 원상으로 회복되어야 하므
로 손실보상청구의 대상이 되지 아니한다(법 제25조제3항). 또한 '89.1.25 이후에 건립
된 무허가건축물에 대하여는 건축에 소요된 비용 이외에 일체의 보상 「주거용 건축물의
보상특례, 무허가건축물의 부지, 주거이전비 지급대상(공람공고일 당시 공익사업지구 안
에서 1년 이상 거주한 세입자 예외) 등」을 받지 못하도록 되어 있다.

나. 무허가건축물에 대한 보상특례

토지보상법은 시행규칙 부칙에서 무허가건축물에 대한 보상특례[465]를 규정하고 있다.
즉, i) 1989. 1. 24. 이전에 건축된 무허가(무신고) 주거용 건축물은 적법한 건축물로
보아[466] 건축물 이전비, 이주대책, 주거용 건축물 최저보상(최소보상액 6백만원), 가산
보상 특례(최고 1천만원) 등이 적용되며, ii) 1989. 1. 25. 이후부터 당해 공익사업의 사
업인정고시 이전에 건축된 불법 건축물은 평가된 금액(건축물 이전비)만을 보상하고 이
주대책 등 나머지 보상은 제외된다. iii) 관계법령에 의하여 허가 또는 신고 없이 건축된

---

465) 토지보상법 시행규칙 부칙〈국토교통부령 제5호, 2013.4.25〉 제5조
466) 적법한 건축물과 동일한 보상평가를 한다. 다만, 토지평가에 있어서 정상적인 대지와 차이를 두어 적
    법한 건축물로 보는 무허가건축물 등의 부지면적은 국토계획법 제77조에 따른 건폐율을 적용하여 산정
    한 면적을 초과할 수 없도록 하였다는 점이다[시행규칙(건설교통부령 제344호, 2002.12.31.) 부칙 제5
    조제2항].

불법건축물에 거주하는 소유자 또는 세입자는 주거이전비 지급대상에서 제외된다. 다만, 1989. 1. 24. 이전 건축된 무허가건축물에 거주한 소유자(개발예정지구지정 공람공고일 3월 이전부터 거주한 세입자 포함)에게는 주거이전비를 지급하며, 1989. 1. 25. 이후 건축된 무허가건축물의 경우에는 공람공고일 **1년 이전** 부터 거주한 세입자에 한해 주거이전비를 지급하고 있다.

다. 보상여부

(1) 사업인정 고시 이전에 건축된 위법건축물에 대한 보상

토지보상법은 건축물 등에 대해서 건축허가 등을 보상의 요건으로 규정하고 있지 않으므로 건축물 등은 적법한 허가 등을 받고 건축 또는 설치된 것인지 여부에 관계없이 **사업인정 고시일 이전**에 건축되거나 설치된 건축물 등은 원칙적으로 손실보상의 대상이 된다.

대법원은 무허가건축물이라 하더라도 **사업인정고시일 이전**에 건축되었다면 보상대상이 된다고 보았으나,467) 다만, 그 무허가건축물이 사업인정 고시일 이전에 건축되거나 설치된 건축물일지라도 ⅰ) **손실보상만을 목적**으로 설치된 건축물, ⅱ) 관계법령에서 보상에 관하여 제한을 둔 경우, ⅲ) 공익사업과 관련 없이 이전·철거 등의 조치가 진행되고 있는 경우 등은 보상대상에 해당하지 않는다고 판시하고 있다.468)

또한, 판례는 "주거용 건축물이 아닌 위법 건축물의 경우에는 관계법령의 입법 취지와 그 법령에 위반된 행위에 대한 비난가능성과 위법성의 정도, 합법화될 가능성, 사회통념상 거래 객체가 되는지 여부 등을 종합하여 구체적·개별적으로 판단한 결과 그 위법의 정도가 관계법령의 규정이나 사회통념상 용인할 수 없을 정도로 크고 객관적으로도 합법화될 가능성이 거의 없어 거래의 객체도 되지 아니하는 경우에는 예외적으로 보상대상이 되지 아니 한다"라고 판시469)하여 사업인정고시일 이전에 건축된 건축물이지라도 경우에 따라서는 보상대상에서 제외될 수 있는 여지를 남기고 있는바, 타당한 견해라고 생각한다.

따라서 택지개발사업지구의 경우 지구지정 고시 전에 건립된 무허가건축물에 대하여는

---

467) 대법원 2000.3.10. 선고 99두10896 판결
468) 대법원 2013.2.15. 선고 2012두22096 판결
469) 대법원 2001.4.13 선고 2000두6411 판결

주거용 건축물은 보상이 가능하나, 택지개발촉진법 제6조(행위제한 등)470)를 위반하여 시장·군수·구청장의 허가 없이 건축한 주거용이 아닌 위법건축물에 대해서는 택지개발촉진법의 취지와 위법성 정도 등을 감안하여 보상대상에서 제외할 수 있다.

판례

[판례1] ▶ 무허가건축물이라 하더라도 **사업인정고시일 이전**에 건축되었다면 보상대상이 된다. [대법원 2000.3.10. 선고 99두10896]

【판결요지】

도시계획법에 의한 토지 및 지장물의 수용에 관하여 준용되는 토지수용법 제49조 제1항, 제57조의2, 공공용지의취득및손실보상에관한특례법 제4조 제2항 제3호, 같은법시행령 제2조의10 제4항, 제5항, 제8항, 같은법시행규칙 제10조 제1항, 제2항, 제4항에 의하면, 지장물인 건물의 경우 그 이전비를 보상함이 원칙이나, 이전으로 인하여 종래의 목적대로 이용 또는 사용할 수 없거나 이전이 현저히 곤란한 경우 또는 이전비용이 취득가격을 초과할 때에는 이를 취득가격으로 평가하여야 하는데, 그와 같은 건물의 평가는 그 구조, 이용상태, 면적, 내구연한, 유용성, 이전가능성 및

---

470) ■ **택지개발촉진법 제6조(행위제한 등)** ① 제3조의3에 따라 택지개발지구의 지정에 관한 주민 등의 의견청취를 위한 공고가 있는 지역 및 택지개발지구에서 건축물의 건축, 공작물의 설치, 토지의 형질변경, 토석(土石)의 채취, 토지분할, 물건을 쌓아놓는 행위 등 대통령령으로 정하는 행위를 하려는 자는 특별자치도지사·시장·군수 또는 자치구의 구청장의 허가를 받아야 한다. 허가받은 사항을 변경하려는 경우에도 또한 같다.
② 다음 각 호의 어느 하나에 해당하는 행위는 제1항에도 불구하고 허가를 받지 아니하고 할 수 있다.
1. 재해 복구 또는 재난 수습에 필요한 응급조치를 위하여 하는 행위
2. 그 밖에 대통령령으로 정하는 행위
③ 제1항에 따라 허가를 받아야 하는 행위로서 택지개발지구의 지정 및 고시 당시 이미 관계 법령에 따라 행위허가를 받았거나 허가를 받을 필요가 없는 행위에 관하여 공사 또는 사업에 착수한 자는 대통령령으로 정하는 바에 따라 특별자치도지사·시장·군수 또는 자치구의 구청장에게 신고한 후 이를 계속 시행할 수 있다.
④ 특별자치도지사·시장·군수 또는 자치구의 구청장은 제1항을 위반한 자에게 원상회복을 명할 수 있다. 이 경우 명령을 받은 자가 그 의무를 이행하지 아니하면 특별자치도지사·시장·군수 또는 자치구의 구청장은 「행정대집행법」에 따라 이를 대집행(代執行)할 수 있다.
⑤ 제1항에 따른 허가에 관하여 이 법에 규정된 것을 제외하고는 「국토의 계획 및 이용에 관한 법률」 제57조부터 제60조까지 및 제62조를 준용한다.
⑥ 제1항에 따라 허가를 받은 경우에는 「국토의 계획 및 이용에 관한 법률」 제56조에 따라 허가를 받은 것으로 본다.

그 난이도 기타 가격형성상의 제 요인을 종합적으로 고려하여 특별히 거래사례비교법으로 평가하도록 규정한 경우를 제외하고는 원칙적으로 원가법으로 평가하여야 한다고만 규정함으로써 지장물인 건물을 보상대상으로 함에 있어 건축허가의 유무에 따른 구분을 두고 있지 않을 뿐만 아니라, 오히려 같은법시행규칙 제5조의9는 주거용 건물에 관한 보상특례를 규정하면서 그 단서에 주거용인 무허가건물은 그 규정의 특례를 적용하지 아니한 채 같은법시행규칙 제10조에 따른 평가액을 보상액으로 한다고 규정하고, 같은법시행규칙 제10조 제5항은 지장물인 건물이 주거용인 경우에 가족수에 따른 주거비를 추가로 지급하되 무허가건물의 경우에는 그러하지 아니하다고 규정함으로써 무허가건물도 보상의 대상에 포함됨을 전제로 하고 있는바, 이와 같은 관계 법령을 종합하여 보면, 지장물인 건물은 그 건물이 적법한 건축허가를 받아 건축된 것인지 여부에 관계없이 토지수용법상의 사업인정의 고시 이전에 건축된 건물이기만 하면 손실보상의 대상이 됨이 명백하다.

[판례2] ▶ 사업인정고시일 전에 설치된 지장물이라도 보상만을 목적으로 한 경우에는 보상대상이 아니다. [대법원 2013.2.15. 선고 2012두22096]

【판결요지】
구 공익사업법상 손실보상 및 사업인정고시 후 토지 등의 보전에 관한 위 각 규정의 내용에 비추어 보면, 사업인정고시 전에 공익사업시행지구 내 토지에 설치한 공작물 등 지장물은 원칙적으로 손실보상의 대상이 된다고 보아야 한다. 그러나 손실보상은 공공필요에 의한 행정작용에 의하여 사인에게 발생한 특별한 희생에 대한 전보라는 점을 고려할 때, 구 공익사업법 제15조 제1항에 따른 사업시행자의 보상계획공고 등으로 공익사업의 시행과 보상 대상 토지의 범위 등이 객관적으로 확정된 후 해당 토지에 지장물을 설치하는 경우에 그 공익사업의 내용, 해당 토지의 성질, 규모 및 보상계획공고 등 이전의 이용실태, 설치되는 지장물의 종류, 용도, 규모 및 그 설치시기 등에 비추어 그 지장물이 해당 토지의 통상의 이용과 관계 없거나 이용 범위를 벗어나는 것으로 **손실보상만을 목적으로 설치**되었음이 명백하다면, 그 지장물은 예외적으로 손실보상의 대상에 해당하지 아니한다고 보아야 한다.

한편 유권해석은 ⅰ) "건축물 등을 보상할 때 반드시 허가를 받은 건축물 등만을 대상으로 하고 있지는 아니하므로 토지보상법 제25조제3항471)에 해당하는 경우 등 관계법령에서 보상을 제한하고 있거나 공익사업과 관계없이 이전·철거 및 원상회복 명령이 있는 경우 등에는 공익사업으로 인한 손실이 있다고 보기 어려운 경우가 아니라면, <u>사업인정고시일 이전부터</u> **대부허가** 등을 받지 아니하고 무단으로 국·공유지를 점유하여 설치한 지장물(입목, 구조물)도 보상대상이다"라고 해석하고 있고,472) ⅱ) "사업설명회 개최 후 **사업인정고시일전**에 공익사업시행지구의 하천점용허가 없이 사유지에 설치(식재)된 소나무, 비닐하우스, 양어장 등 무허가 지장물도 보상대상에 해당 한다"라고 보고 있다.473)

물론 관계법령에서 보상에 관하여 제한을 둔 경우 또는 공익사업과 관련 없이 이전·철거 및 원상회복 명령 등의 절차가 진행되고 있는 경우 등은 보상대상이 되지 않는다는 사실도 분명히 하고 있음은 물론이다.474)

유권해석

[법령해석1] ▶ 국·공유지에 대부허가 없이 설치된 무허가건축물에 대한 보상여부
[2010.12.3. 법제처 10-0399]

【회답】
「공익사업을 위한 토지 등의 취득 및 보상에 관한 법률」 등에 따른 공익사업인정고시 전부터 **대부허가 등을 받지 않고** 무단으로 국유지 또는 공유지를 점유하여 건축된 「건축법」에 의하지 않은 무허가건축물이 공익사업시행지구에 편입되는 경우, 동 건축물은 원칙적으로 「공익사업을 위한 토지 등의 취득 및 보상에 관한 법률」에 따른 손실보상의 대상에 해당됩니다.

---

471) ③ 제2항을 위반하여 건축물의 건축·대수선, 공작물의 설치 또는 물건의 부가·증치를 한 토지소유자 또는 관계인은 해당 건축물·공작물 또는 물건을 원상으로 회복하여야 하며 이에 관한 손실의 보상을 청구할 수 없다.
472) 2015. 5. 13. 토지정책과-3878
473) 2014. 6. 27. 토지정책과-4116
474) 2015. 7. 27. 토지정책과-5451

[질의회신] ▶ 관계법령에서 보상에 관하여 제한을 둔 경우 또는 공익사업과 관련 없이 이전·철거 등의 조치가 진행되고 있는 경우 등은 보상대상이 아니다.

[2015.7.27. 토지정책과—5451]

【질의요지】

사업인정고시 전부터 육상양식장을 운영하기 위하여 공유수면 점·사용 허가를 받았으나 그 허가기간이 만료된 후에도 계속하여 사용하고 있는 취수관로를 「공익사업을 위한 토지 등의 취득 및 보상에 관한 법률」 제75조에 따라 보상이 가능한 지여부

【회신내용】

관계법령에서 보상에 관하여 제한을 둔 경우 또는 공익사업과 관련 없이 관계법령에 위반되어 이전·철거 등의 조치가 진행되고 있는 경우 등은 해당 공익사업의 시행으로 인한 손실이 발생한다고 볼 수 없으므로 보상대상에 해당되지 아니한다고 보며, 개별적인 사례에 있어 보상 여부 등은 사업시행자가 위 규정과 「공유수면 관리 및 매립에 관한 법률」 제21조 등 관계법령 및 사실관계 등을 종합적으로 검토하여 판단·결정할 사항으로 봅니다.

(2) 사업인정 고시 이후에 건축된 위법건축물에 대한 보상

사업인정고시가 있는 후에 고시된 토지에 건축 등을 하려는 자는 토지보상법 제25조 제2항475) 규정에 따라 허가를 받아야 하므로 사업인정고시 이후 허가 없이 건축한 위법건축물은 보상대상이 아니다. 이는 국·공유지 및 사유지상의 사업인정고시 이후의 위법건축물을 모두 포함한다.

---

475) ② 사업인정고시가 된 후에 고시된 토지에 건축물의 건축·대수선, 공작물(工作物)의 설치 또는 물건의 부가(附加)·증치(增置)를 하려는 자는 특별자치도지사, 시장·군수 또는 구청장의 허가를 받아야 한다. 이 경우 특별자치도지사, 시장·군수 또는 구청장은 미리 사업시행자의 의견을 들어야 한다.

따라서 사업인정고시 있는 후에 관할소관청으로부터 건축허가를 받아 건축물공사를 진행 중에 공익사업으로 공사중지명령을 받았을 경우에는 공사중지명령시까지 건축된 건축물은 보상하고, 그 이후에 진행된 건축물은 불법이므로 보상되지 않는다.

다만, 유권해석은 **사업인정고시일 이후**에 설치된 지장물에 해당되는 경우에도 ⅰ) 통상적인 이용방법에 의하여 설치한 비닐하우스, ⅱ) 해당 사업인정이 실효된 이후에 허가를 받지 아니하고 설치된 지장물의 경우 등은 보상대상이 된다고 해석하고 있다.476)

질의회신

[질의회신1] ▶ 사업인정고시일 이후에 통상적인 방법에 따라 영농하기 위해 설치한 비닐하우스는 보상대상이다. [2010.3.4. 토지정책과−1258]

【질의요지】
인삼 수확 후 다른 작물을 재배하기 위하여 사업인정고시이후 비닐하우스를 설치한 경우 비닐하우스의 보상대상 여부

【회신내용】
소유농지를 통상적인 방법에 따라 영농을 하기 위해 비닐하우스를 설치한 경우 토지보상법 제75조제1항 규정에 의하여 보상이 가능할 것이나, 개별적인 사례에 대하여는 사업시행자가 사실관계 등을 검토하여 판단하시기 바랍니다.

[질의회신2] ▶ 실효된 종전 사업인정고시 이후 허가를 받지 않고 설치된 지장물도 보상대상이다. [2014.4.16. 토지정책과−2544]

【질의요지】
소하천정비사업의 사업인정이 실효되었을 경우 실효된 종전 소하천정비시행계획 공고 이후 허가를 받지 않고 설치된 지장물에 대한 보상 여부 및 행정대집행 가능 여부

---

476) 2010.3.4. 토지정책과−1258, ; 2014.4.16. 토지정책과−2544

(3) 무허가건축물의 적법건축물 의제

토지보상법은 시행규칙 부칙 무허가건축물에 대한 보상특례[477]규정으로 1989. 1. 24. 이전의 무하가건축물에 대해서는 적법한 건축물로 인정하여 보상에 있어서는 적법한 건축물과 동일하게 평가할 수 있다. 우리 토지보상법이 비록 무허가건축물이지만 1989. 1. 24. 이전의 건축물인 경우 예외적으로 인정하고 있는 여러 형태의 보상특례규정은 아래와 같다.[478]

《'89. 1. 24. 이전 무허가건축물을 적법 건축물로 인정하는 경우》

근거조항	조문내용	비고(부칙)
규칙 제24조	토지평가시 현황 인정 (대지 등)	부칙〈건설교통부령 제344호, 2002.12.31〉
규칙 제54조제1항 단서	소유자 주거이전비 지급 인정	〃
규칙 제54조제2항 단서	세입자 주거이전비 지급 인정	〃
규칙 제58조제1항 단서	주거용 건축물 최소보상 특례인정 (6백만원)	〃
규칙 제58조제2항 단서	재편입 가산금 인정 (1천만원)	〃
규칙 제45조 제1호	영업보상시 적법한 장소로 인정	부칙〈건설교통부령 제556호, 2007.4.12〉

---

477) 토지보상법 시행규칙 부칙(국토교통부령 제5호, 2013.4.25.) 제5조
478) 신경직, 앞의 책, 455면

규칙 제46조제5항	임차인 폐업보상 한계(1천만원) 정상보상 인정	〃
규칙 제47조제6항	임차인 휴업보상 한계(1천만원) 정상보상 인정	〃
규칙 제52조 단서	허가받지 않은 영업 보상특례에서 적법한 장소 인정	〃
규칙 제54조제2항 단서	세입자 주거이전비 지급인정 (4개월)	〃

(4) 관련 법령해석 및 질의회신

질의회신

[질의회신1] ▶ 국·공유지상 불법건축물이 있는 경우 보상대상인지?
[2011.10.13. 토지정책과-4883]

【회신내용】
토지보상법률 제75조제1항에 따르면 건축물·입목·공작물과 그 밖에 토지에 정착한 물건(이하 "건축물등"이라 한다)에 대하여는 이전에 필요한 비용(이하 "이전비"라 한다)으로 보상하여야 하고, 다만, 건축물등을 이전하기 어렵거나 그 이전으로 인하여 건축물 등을 종래의 목적대로 사용할 수 없게 된 경우 등에 해당할 때에는 해당 물건의 가격으로 보상하도록 규정하고 있습니다.

여기서 해당 건축물 등이 무허가인지 여부에 따라 보상여부에 차등을 두고 있지 아니하므로 건축물 자체에 대한 보상의 경우에는 이전비 또는 해당 물건의 가격으로 보상하여야 한다고 보며(2010.12.3. 법제처 10-399), 다만, 공익사업과 관계없이 해당 건축물 등이 관계법령을 위반하여 철거 및 원상회복 명령이 있는 경우에는 공익사업으로 인한 손실이라 보기 어려우므로 보상대상이 아니라고 봅니다.

[질의회신2] ▶ 주택의 사용검사를 받지 않았다하여 무허가건축물로 단정해서는 안 된다.
[1998.1.13. 토정58342-44]

【질의요지】

건축허가신고를 하고 건축물을 완공하였으나, 준공검사가 이루어지기 전에 공공사업 지구에 편입된 경우에 이주정착금 및 주거비, 주거대책비 등 지급여부

【회신내용】

공공사업시행이 있기 이전에 관계법에 의거 적법하게 건축허가신고를 하고 건축을 하던 중에 공공사업에 편입된 경우라면 준공검사를 받기 전이라는 사항만으로 무허가건축물로서 보상의 대상이 아니라고 단정하기는 어려울 것으로 사료 됩니다.

[질의회신3] ▶ 사업인정고시일 이후 도지사의 건축허가를 얻어 건축한 건물은 보상하여야 한다. [1996.2.2. 토정58307-157]

【질의요지】

사업인정고시일 이후 신축된 주유소에 대해서도 특례법 및 토지수용법상 보상대상 물건으로 포함할 수 있는지 및 보상대상이 되는 경우에 보상비 부담을 사업시행자가 하여야 하는지 또는 사업인정고시일 이후 신축허가를 해서는 안 될 사항을 허가한 지자체에서 해야 하는지

【회신내용】

토지수용법 제18조의2제2항의 규정에 의하면 제16조의 규정에 의한 사업인정의 고시가 있은 후에는 고시된 토지에 공작물의 신축·개축·증축 또는 대수선을 하거나 물건을 부가 또는 증치하고자 하는 자는 미리 도지사의 허가를 받도록 하고 있는 바, 사업인정(개별법에서 이에 의제되는 경우 포함) 고시가 있은 후에 관계법령에 의하여 인·허가 및 신고 등을 필한 건축행위가 있었다면 이는 위 규정의 취지를 원용하여 그에 소요되는 비용에 대하여는 보상을 하는 것이 적정할 것임.

[질의회신4] ▶ 1989.1.24. 이후 건축된 무허가건축물에 대하여서도 이전비 보상을 하여야 한다. [2009.11.11. 토지정책과-5293]

【회신내용】

토지보상법률 제75조제1항에 따르면 건축물·입목·공작물과 그 밖에 토지에 정착한 물건(이하 "건축물등"이라 한다)에 대하여는 이전에 필요한 비용으로 보상하여야 하나, 당해무허가건축물에 대하여 관계법령에서 보상에 과하여 제한을 둔 경우 또는 공익사업과 관계없이 관계법령에 위반되어 이전·철거 등의 조치가 진행되고 있는 등의 경우에는 당해 공익사업으로 인한 손실이 발생한다고 볼 수 없으므로 보상대상에 해당되지 아니한다고 본다.

5. 가설건축물 등의 보상

가. 개요

가설건축물은 건축법상 허가대상 가설건축물과 신고대상 가설건축물이 있다. 「건축법」 제20조에서는 도시·군계획시설 또는 도시계획시설예정지에서 가설건축물을 건축하는 경우에는 특별자치시장·도지사 또는 시장·군수·구청장의 허가를 받도록 규정하고, 허가대상 가설건축물 외에 재해복구, 흥행, 전람회, 공사용 가설건축물 등을 축조하려는 경우에는 특별자치도지사 또는 시장·군수·구청장에게 신고한 후 착공하도록 규정하고 있다.

한편 「국토의 계획 및 이용에 관한 법률」(이하 '국토계획법'이라 함) 제64조제3항에서는 특별시장·광역시장·특별자치시장·시장 또는 군수(이하 '시장 등'이라 함)는 시장 등의 허가를 받아 도시·군계획 시설의 부지에서 건축되거나 설치된 가설건축물 또는 공작물은 도시·군계획시설사업의 시행예정일 3개월 전까지 가설건축물이나 공작물 소유자의 부담으로 그 가설건축물이나 공작물의 철거 등 원상회복에 필요한 조치를 명하도록 규정하고 있다.

> **관계법령**
>
> ■ **건축법 제20조(가설건축물)** ① 도시·군계획시설 및 도시·군계획시설예정지에서 **가설건축물을 건축**하려는 자는 특별자치시장·특별자치도지사 또는 시장·군수·구청장의 **허가를 받아야 한다.**
> ② 특별자치시장·특별자치도지사 또는 시장·군수·구청장은 해당 가설건축물의 건

축이 다음 각 호의 어느 하나에 해당하는 경우가 아니면 제1항에 따른 허가를 하여야 한다.

  1. 「국토의 계획 및 이용에 관한 법률」 제64조에 위배되는 경우

  2. 4층 이상인 경우

  3. 구조, 존치기간, 설치목적 및 다른 시설 설치 필요성 등에 관하여 대통령령으로 정하는 기준의 범위에서 조례로 정하는 바에 따르지 아니한 경우

  4. 그 밖에 이 법 또는 다른 법령에 따른 제한규정을 위반하는 경우

③ 제1항에도 불구하고 재해복구, 흥행, 전람회, 공사용 가설건축물 등 대통령령으로 정하는 용도의 **가설건축물을 축조**하려는 자는 대통령령으로 정하는 존치 기간, 설치 기준 및 절차에 따라 특별자치시장·특별자치도지사 또는 시장·군수·구청장에게 **신고한 후 착공**하여야 한다.

④ 제3항에 따른 신고에 관하여는 제14조제3항 및 제4항을 준용한다.

⑤ 제1항과 제3항에 따른 가설건축물을 건축하거나 축조할 때에는 대통령령으로 정하는 바에 따라 제25조, 제38조부터 제42조까지, 제44조부터 제50조까지, 제50조의2, 제51조부터 제64조까지, 제67조, 제68조와 「녹색건축물 조성 지원법」 제15조 및 「국토의 계획 및 이용에 관한 법률」 제76조 중 일부 규정을 적용하지 아니한다.

⑥ 특별자치시장·특별자치도지사 또는 시장·군수·구청장은 제1항부터 제3항까지의 규정에 따라 가설건축물의 건축을 허가하거나 축조신고를 받은 경우 국토교통부령으로 정하는 바에 따라 가설건축물대장에 이를 기재하여 관리하여야 한다.

⑦ 제2항 또는 제3항에 따라 가설건축물의 건축허가 신청 또는 축조신고를 받은 때에는 다른 법령에 따른 제한 규정에 대하여 확인이 필요한 경우 관계 행정기관의 장과 미리 협의하여야 하고, 협의 요청을 받은 관계 행정기관의 장은 요청을 받은 날부터 15일 이내에 의견을 제출하여야 한다. 이 경우 관계 행정기관의 장이 협의 요청을 받은 날부터 15일 이내에 의견을 제출하지 아니하면 협의가 이루어진 것으로 본다.

■ 「국토의 계획 및 이용에 관한법률」 제64조(도시·군계획시설 부지에서의 개발행위)

① 특별시장·광역시장·특별자치시장·특별자치도지사·시장 또는 군수는 도시·군계획시설의 설치 장소로 결정된 지상·수상·공중·수중 또는 지하는 그 도시·군계획시설이 아닌 건축물의 건축이나 공작물의 설치를 허가하여서는 아니 된다. 다만,

대통령령으로 정하는 경우에는 그러하지 아니하다.

② 특별시장·광역시장·특별자치시장·특별자치도지사·시장 또는 군수는 도시·군계획시설결정의 고시일부터 2년이 지날 때까지 그 시설의 설치에 관한 사업이 시행되지 아니한 도시·군계획시설 중 제85조에 따라 단계별 집행계획이 수립되지 아니하거나 단계별 집행계획에서 제1단계 집행계획(단계별 집행계획을 변경한 경우에는 최초의 단계별 집행계획을 말한다)에 포함되지 아니한 도시·군계획시설의 부지에 대하여는 제1항에도 불구하고 다음 각 호의 개발행위를 허가할 수 있다.

　1. 가설건축물의 건축과 이에 필요한 범위에서의 토지의 형질 변경

　2. 도시·군계획시설의 설치에 지장이 없는 공작물의 설치와 이에 필요한 범위에서의 토지의 형질 변경

　3. 건축물의 개축 또는 재축과 이에 필요한 범위에서의 토지의 형질 변경(제56조제4항제2호에 해당하는 경우는 제외한다)

③ 특별시장·광역시장·특별자치시장·특별자치도지사·시장 또는 군수는 제2항제1호 또는 제2호에 따라 **가설건축물의 건축이나 공작물의 설치를 허가한 토지에서 도시·군계획시설사업이 시행되는 경우에는 그 시행예정일 3개월 전까지 가설건축물이나 공작물 소유자의 부담으로 그 가설건축물이나 공작물의 철거 등 원상회복에 필요한 조치를 명하여야 한다.** 다만, 원상회복이 필요하지 아니하다고 인정되는 경우에는 그러하지 아니하다.

④ 특별시장·광역시장·특별자치시장·특별자치도지사·시장 또는 군수는 제3항에 따른 원상회복의 명령을 받은 자가 원상회복을 하지 아니하면 「행정대집행법」에 따른 행정대집행에 따라 원상회복을 할 수 있다.

나. 가설건축물 자체에 대한 보상여부

(1) 허가대상 가설건축물

허가대상 가설건축물은 국토계획법 제64조제3항의 규정에 의하여 도시·군계획시설사업이 시행되는 때에는 그 시행 예정일 3월 전까지 가설건축물 소유자의 부담으로 철거 등 원상회복의 조치를 명하도록 되어 있으므로 보상대상에서 제외된다. 대법원은 도시계획사업의 시행으로 철거되는 가설건축물 자체 및 당해 가설건축물에서의 영업은 손실보상대상이 아니라고 판시하였다.[479]

헌법재판소도 "도시계획시설사업의 집행계획이 공고된 토지에 대하여 건축물을 건축하고자 하는 자는 장차 도시계획사업이 시행될 때에는 건축한 건축물을 철거하는 등 원상회복의무가 있다는 점을 이미 알고 있으므로 건축물의 한시적 이용 및 원상회복에 따른 경제성 기타 이해득실을 형량하여 건축여부를 결정할 수 있다. 이러한 사실을 알면서도 도시계획시설 또는 시설예정지로 결정된 토지에 허가를 받아 건축물을 건축하였다면, 스스로 원상회복의무의 부담을 감수한 것이므로 도시계획사업을 시행함에 있어 무상으로 당해 건축물의 원상회복을 명하는 것이 과도한 침해라거나 특별한 희생이라고 볼 수 없으므로 과잉입법금지의 원칙의 위반 또는 재산권을 침해하는 위법이 있다고 할 수 없다"라고 결정[480]하여 가설건축물에 대하여 보상 없이 원상회복시키는 것은 위헌이 아니라고 한 바 있다.

(2) 신고대상 가설건축물

그러나, **건축법상 신고대상 가설건축물**의 경우는 그 존치기간이 3년으로 정하여 있더라도 건축법이나 국토계획법 등에 그 보상을 제한하는 근거규정이 없어 「국토계획법」 제64조제3항의 규정은 적용되지 아니하고 신고기간 경과 후 그 존치기간을 연장 할 수 있으므로 손실보상의 대상에서 배제할 이유가 없고,[481] 「건축법」 제20조제3항에 따른 **축조 신고대상 가설건축물** 중 존치기간이 만료된 건축물은 보상형평성 유지를 위해 무허가건축물에 준하여 보상이 이루어져야 할 것이다. 따라서 모든 가설건축물을 보상대상에서 제외하기 보다는 가설건축물의 허가조건, 허가 및 신고 대상여부 등을 종합적으로 고려하여 보상여부를 결정하여야 할 것이다.

(3) 기타 가설건축물

한편, 「건축법」 제20조제3항에 의하여 축조되거나 설치된 재해복구·흥행·전람회·공사용 가설건축물 등에 대하여 「국토계획법」 제64조제3항의 규정을 확대 적용하여 그 존치기간을 원칙적으로 3년 이내로 보아(공사용 가설건축물 및 공작물의 경우에는 해당 공

---

479) 대법원 2001.8.24 선고 2001다7209 판결
480) 헌법재판소 1999.09.16 선고 98헌바82
481) 2008.2.25. 국민권익위원회 고지2BA-0801-025623 의결

사의 완료일까지의 기간) 존치기간이 경과한 가설건축물 등으로 용도가 폐지되었거나 기능이 상실되어 경제적 가치가 없는 경우에는 보상대상이 될 수 없다는 해석도 가능할 수 있어 이에 대한 연구도 필요할 것이다.

판례

[판례1] ▶ 도시계획사업의 시행으로 철거되는 가설건축물 자체와 영업손실도 보상대상이 아니다. [대법원 2001.8.24 선고 2001다7209]

【판결요지】

구 도시계획법 제14조의2제4항의 규정은 도시계획시설사업의 집행계획이 공고된 토지에 대하여 건축물을 건축하고자 하는 자는 장차 도시계획시설사업이 시행될 때에는 건축한 건축물을 철거하는 등 원상회복의무가 있다는 점을 이미 알고 있으므로 건축물의 한시적 이용 및 원상회복에 따른 경제성 기타 이해득실을 형량하여 건축여부를 결정할 수 있도록 한 것으로서, 이러한 사실을 알면서도 건축물을 건축하였다면 스스로 원상회복의무의 부담을 감수한 것이므로 도시계획사업을 시행함에 있어 무상으로 당해 건축물의 원상회복을 명하는 것이 과도한 침해라거나 특별한 희생이라고 볼 수 없다. 그러므로 토지소유자는 도시계획사업이 시행될 때까지 가설건축물을 건축하여 한시적으로 사용할 수 있는 대신 도시계획사업이 시행될 경우에는 자신의 비용으로 그 가설건축물을 철거할 의무를 부담할 뿐만 아니라 가설건축물의 철거에 따른 손실보상을 청구할 수 없고, 보상을 청구할 수 없는 손실에는 가설건축물 자체의 철거에 따른 손실뿐만 아니라 가설건축물 철거에 따른 영업손실도 포함된다 할 것이며, 소유자가 그 손실보상을 청구할 수 없는 이상 그의 가설건축물의 이용권능에 터잡은 임차인 역시 그 가설건축물의 철거에 따른 영업 손실의 보상을 청구할 수 없다.

[질의회신1] ▶ 가설건축물을 도시계획사업이외의 사업으로 철거하는 경우에는 보상대상이다. [2000.11.15 토관 58342-1722]

【질의요지】
도시계획법 제14조의2 제4항의 규정에 의거 부관부가설건축물이 도시계획사업이 아닌 하천법에 의한 영산강수계사업 본촌재개수공사에 편입된 경우에도 보상대상에서 제외하여야 하는지 여부

【회신내용】
도시계획법 제50조 제3항의 규정에 의하면 특별시장·광역시장·시장 또는 군수는 가설건축물의 건축이나 공작물의 설치를 허가한 토지에 대하여 도시계획시설사업이 시행되는 때에는 그 시행예정일 3월전까지 무상으로 가설건축물 또는 공작물의 철거 등 원상회복에 필요한 조치를 명하도록 되어 있으므로, 이 법에 의하여 철거되지 아니하는 경우에는 보상대상에 해당한다고 봅니다.

[질의회신2] ▶ 도시계획시설(도시계획시설예정지)이외의 구역에서 건축법 제20조제2항에 따라 자진철거 조건부로 축조신고된 가설건축물이 도시계획시설사업외의 다른 공익사업에 편입되어 이전·철거를 하게 되는 경우 된 경우 자진철거 조건의 부관이 보상을 제한하는 것으로 보아야 하는지
[2000.6.28. 토지정책과-3368]

【회신내용】
건축법 제20조제3항에 따라 가설건축물을 축조신고시 자진철거 조건의 부관에 대한 효력에 대해서는 해당 부관이 적법한 절차에 의하여 적정하게 부여되었는지 여부 등을 판단하여 결정하시기 바랍니다.

다. 가설건축물에서의 영업보상여부

가설건축물 소유자가 가설건축물에서 주거하거나 영업행위를 하는 경우, 또는 해당 가설

건축물을 임차하여 그곳에서 거주하거나 자유영업을 하는 임차사업자들을 토지보상지역에는 흔히 만나볼 수 있다. 따라서 이들의 영업행위에 대한 손실보상 및 나아가 주거이전비 등의 보상여부는 항상 문제될 수밖에 없는 게 현실이다.

판례는 "가설건축물 소유자 자신의 비용으로 철거되는 가설건축물에 대하여는 가설건축물 자체의 철거에 따른 손실보상을 청구할 수 없는 이상 그의 가설건축물의 이용권능에 터잡은 임차인 역시 그 가설건축물의 철거에 따른 영업 손실의 보상을 청구할 수 없다"고 판시하고 있고,[482] 유권해석 역시 "가설건축물 소유자는 자신의 부담으로 철거 등을 하여야 하는 의무가 있으므로 당해 가설건축물과 가설건축물에서의 영업행위에 대하여는 보상대상이 아니라고 본다"라고 해석[483]하고 있어 사업시행자 등은 이를 확대해석한 나머지 가설건축물에서의 임차사업자의 영업손실보상 뿐만 아니라 가설건축물 소유자 및 세입자의 주거이전비, 이사비 등 일체의 손실보상을 모두 배제할 여지가 충분히 있다. 따라서 이는 이에 대한 연구가 필요하며, 특히 가설건축물의 철거의무를 부담하지 아니하는 임차사업자 영업손실보상 외에 임차세입자의 주거이전비, 이사비 등의 보상을 부정하는 것은 문제가 될 것이다.

즉, 이러한 가설건축물에서의 임차인 등의 영업행위 내지 주거이전비 등에 보상을 부정하려는 확대해석에 대해, 이는 가설건축물에 대한 소유자의 원상회복의무를 확대한 결과라는 견해가 제기되고 있고[484], 가설건축물 소유자의 원상회복의무는 가설건축물 소유자와 그 허가관청의 공법관계이고, 가설건축물 임차인에 대한 보상은 임차인과 사업시행자와의 공법관계라는 점에서 보면, 가설건축물의 원상회복의무는 가설건축물의 철거·정지에 한하고 임차인에 대한 사업시행자의 보상채무는 그 범위로 하지 않는 것이 가설건축물 허가제의 목적을 충족하는 것이 타당하므로 가설건축물 자체의 보상제한 외에 그에 대한 사용·수익을 간접적으로 사실상 제한하는 것은 문제가 있다는 견해가 있다.[485]

이에 대해 국민권익위원회는 아래와 같은 이유로 가설건축물에서의 영업손실보상을 인정하는 의결을 한바 있다.

---

482) 대법원 2001.8.24 선고 2001다7209 판결 참고
483) 2006.3.10. 토지정책팀-1014
484) 신경직, 앞의 책, 461면
485) 이선영, 신토지수용과 보상법론, 리북스, 2005. 584-585면

6. 잔여 건축물의 손실에 대한 보상

가. 개요

잔여건축물이라 함은 일단의 건축물의 일부가 공익사업에 편입되고 남은 잔존건축물을 말한다. 토지보상법은 잔여건축물의 가치가 하락하거나 보수비가 필요한 경우 또는 잔여건축물을 종래 목적대로 사용하는 것이 현저히 곤란한 경우에 이에 대한 손실을 보상하도록 규정하고 있다.

사업시행자는 동일한 소유자에게 속하는 일단의 건축물의 일부가 취득되거나 사용됨으로 인하여 잔여 건축물의 가격이 감소하거나 그 밖의 손실이 있을 때에는 그 손실을 보상하여야 한다. 다만, 잔여 건축물의 가격 감소분과 보수비(건축물의 나머지 부분을 종래의 목적대로 사용할 수 있도록 그 유용성을 동일하게 유지하는 데에 일반적으로 필요하다고 볼 수 있는 공사에 사용되는 비용을 말한다. 다만, 「건축법」등 관계 법령에 따라 요구되는 시설 개선에 필요한 비용은 포함하지 아니한다)를 합한 금액이 잔여 건축물의 가격보다 큰 경우에는 사업시행자는 그 잔여 건축물을 매수할 수 있다(법 제75조의2제1항). 이러한 잔여 건축물의 감가보상 및 매수청구 제도는 건축물 소유자의 재산권을 적정하게 보호하기 위해 2017. 10. 17. 토지보상법 일부개정을 통해 도입 · 신설되었다.

잔여 건축물의 가치감소액과 보수비를 합한 가액이 잔여 건축물의 가액보다 큰 경우에 있어 사업시행자의 해당 잔여 건축물의 매수 여부는 소유자의 청구에 상관없이 사업시행자가 결정한다.

■ **토지보상법 제75조의2(잔여 건축물의 손실에 대한 보상 등)** ① 사업시행자는 동일한 소유자에게 속하는 일단의 건축물의 일부가 취득되거나 사용됨으로 인하여 잔여 건축물의 가격이 감소하거나 그 밖의 손실이 있을 때에는 국토교통부령으로 정하는 바에 따라 그 손실을 보상하여야 한다. 다만, 잔여 건축물의 가격 감소분과 보수비(건축물의 나머지 부분을 종래의 목적대로 사용할 수 있도록 그 유용성을 동일하게 유지하는 데에 일반적으로 필요하다고 볼 수 있는 공사에 사용되는 비용을 말한다. 다만, 「건축법」등 관계 법령에 따라 요구되는 시설 개선에 필요한 비용은 포함하지 아니한다)를 합한 금액이 잔여 건축물의 가격보다 큰 경우에는 사업시행자는 그 잔여 건축물을 매수할 수 있다. 〈개정 2013.3.23.〉

② 동일한 소유자에게 속하는 일단의 건축물의 일부가 협의에 의하여 매수되거나 수용됨으로 인하여 잔여 건축물을 종래의 목적에 사용하는 것이 현저히 곤란할 때에는 그 건축물소유자는 사업시행자에게 잔여 건축물을 매수하여 줄 것을 청구할 수 있으며, 사업인정 이후에는 관할 토지수용위원회에 수용을 청구할 수 있다. 이 경우 수용청구는 매수에 관한 협의가 성립되지 아니한 경우에만 하되, 그 사업의 공사완료일까지 하여야 한다.

③ 제1항에 따른 보상 및 잔여 건축물의 취득에 관하여는 제9조제6항 및 제7항을 준용한다.

④ 제1항 본문에 따른 보상에 관하여는 제73조제2항을 준용하고, 제1항 단서 및 제2항에 따른 잔여 건축물의 취득에 관하여는 제73조제3항을 준용한다.

⑤ 제1항 단서 및 제2항에 따라 취득하는 잔여 건축물에 대한 구체적인 보상액 산정 및 평가방법 등에 대하여는 제70조, 제75조, 제76조, 제77조 및 제78조제4항부터 제6항까지의 규정을 준용한다. [전문개정 2011.8.4.]

■ **토지보상법 시행규칙 제35조(잔여 건축물에 대한 평가)** ① 동일한 건축물소유자에

속하는 일단의 건축물의 일부가 취득 또는 사용됨으로 인하여 잔여 건축물의 가격이
감소된 경우의 잔여 건축물의 손실은 공익사업시행지구에 편입되기 전의 잔여 건축물
의 가격(해당 건축물이 공익사업시행지구에 편입됨으로 인하여 잔여 건축물의 가격이
변동된 경우에는 변동되기 전의 가격을 말한다)에서 공익사업시행지구에 편입된 후의
잔여 건축물의 가격을 뺀 금액으로 평가한다.

② 동일한 건축물소유자에 속하는 일단의 건축물의 일부가 취득 또는 사용됨으로 인
하여 잔여 건축물에 보수가 필요한 경우의 보수비는 건축물의 잔여부분을 종래의 목
적대로 사용할 수 있도록 그 유용성을 동일하게 유지하는데 통상 필요하다고 볼 수 있
는 공사에 사용되는 비용(「건축법」등 관계법령에 의하여 요구되는 시설의 개선에 필요
한 비용은 포함하지 아니한다)으로 평가한다. [전문개정 2008.4.18.]

나. 잔여 건축물의 가치하락 보상

동일한 소유자에게 속하는 일단의 건축물의 일부가 취득되거나 사용됨으로 인하여 잔여
건축물의 가격이 감소된 경우 잔여 건축물의 손실은 공익사업시행지구에 편입되기 전의
잔여 건축물의 가격(해당 건축물이 공익사업시행지구에 편입됨으로 인하여 잔여 건축물
의 가격이 변동된 경우에는 변동되기 전의 가격을 말한다)에서 공익사업시행지구에 편입
된 후의 잔여 건축물의 가격을 뺀 금액으로 평가하여 보상한다(시행규칙 제35조제1항).
이러한 잔여 건축물의 감가보상은 종전 대법원 판례[486]를 통해 먼저 인정되어 오다가 토
지보상법 개정으로 입법화 되었다.

판례

[판례1] ▶ 잔여건축물의 감가보상

[대법원 2001.9.25. 선고 2000두2426] (토지수용이의재결처분취소)

【판시사항】

지장물인 건물의 일부가 수용된 경우 잔여건물부분의 교환가치하락으로 인한 감가보

---

486) 대법원 2001.9.25. 선고 2000두2426 판결

상을 잔여지의 감가보상을 규정한 공공용지의취득및손실보상에관한특례법시행규칙 제26조 제2항을 유추적용하여 인정할 수 있는지 여부(적극)

【판결요지】

토지수용법 제49조, 제50조, 제57조의2, 공공용지의취득및손실보상에관한특례법 제4조 제2항 제3호, 제4항, 같은법시행령 제2조의10 제4항, 같은법시행규칙 제2조 제2·3호, 제10조, 제23조의7의 각 규정을 종합하면, 수용대상토지 지상에 건물이 건립되어 있는 경우 그 건물에 대한 보상은 취득가액을 초과하지 아니하는 한도 내에서 건물의 구조·이용상태·면적·내구연한·유용성·이전 가능성 및 난이도 등의 여러 요인을 종합적으로 고려하여 원가법으로 산정한 이전비용으로 보상하고, 건물의 일부가 공공사업지구에 편입되어 그 건물의 잔여부분을 종래의 목적대로 사용할 수 없거나 사용이 현저히 곤란한 경우에는 그 잔여부분에 대하여는 위와 같이 평가하여 보상하되, 그 건물의 잔여부분을 보수하여 사용할 수 있는 경우에는 보수비로 평가하여 보상하도록 하고 있을 뿐, 보수를 하여도 제거 또는 보전될 수 없는 잔여건물의 가치하락이 있을 경우 이에 대하여 어떻게 보상하여야 할 것인지에 관하여는 명문의 규정을 두고 있지 아니하나, 한 동의 건물은 각 부분이 서로 기능을 달리하면서 유기적으로 관련을 맺고 전체적으로 그 효용을 발휘하는 것이므로, 건물의 일부가 수용되면 토지의 일부가 수용되는 경우와 마찬가지로 또는 그 이상으로 건물의 효용을 일부 잃게 되는 것이 일반적이고, 수용에 따른 손실보상액 산정의 경우 헌법 제23조 제3항에 따른 정당한 보상이란 원칙적으로 피수용재산의 객관적인 재산가치를 완전하게 보상하여야 한다는 완전보상을 뜻하는 것인데, 건물의 일부만이 수용되고 그 건물의 잔여부분을 보수하여 사용할 수 있는 경우 그 건물 전체의 가격에서 편입비율만큼의 비율로 손실보상액을 산정하여 보상하는 한편 보수비를 손실보상액으로 평가하여 보상하는 데 그친다면 보수에 의하여 보전될 수 없는 잔여건물의 가치하락분에 대하여는 보상을 하지 않는 셈이어서 불완전한 보상이 되는 점 등에 비추어 볼 때, 잔여건물에 대하여 보수만으로 보전될 수 없는 가치하락이 있는 경우에는, 동일한 토지소유자의 소유에 속하는 일단의 토지 일부가 공공사업용지로 편입됨으로써 잔여지의 가격이 하락한 경우에는 공공사업용지로 편입되는 토지의 가격으로 환산한 잔여지의 가격에서 가격이 하락된 잔여지의 평가액을 차감한 잔액을 손실액으로 평가하도록 되어 있는 공공용지

> 의취득및손실보상에관한특례법시행규칙 제26조 제2항을 유추적용하여 **잔여건물의 가치하락분에 대한 감가보상을 인정함이 상당**하다.

잔여 건축물 가치감소 보상에서 ⅰ) '동일한 소유자'의 의미는 일단의 건축물의 등기명의가 반드시 동일할 필요는 없고, 사실상 동일 소유관계일 경우이면 되고, ⅱ) '일단의 건축물'이란 반드시 1동의 건축물만을 가리키는 것이 아니라 <u>일반적인 이용 방법에 의한 객관적인 상황이 동일한 여러 동의 건축물까지 포함된다</u>. 이 경우 일단의 건축물로 판단하기 위해서는 일단으로 이용되고 있는 상황이 사회적·경제적·행정적 측면에서 합리적이고 해당 건축물의 가치형성 측면에서도 타당하여 상호 불가분성이 인정되는 관계에 해당되어 거래 관행에서도 그 전체가 일단으로 거래될 가능성이 높은 경우이어야 하고, ⅲ) '공익사업시행지구에 편입되기 전의 잔여건축물의 가격'은 해당 건축물이 공익사업시행지구에 편입됨으로 인한 가치의 변동은 고려하지 않고 <u>일단의 건축물 전체가액에서 공익사업시행지구에 편입되는 건축물의 가액을 뺀 금액으로 평가하고</u>, ⅳ) '공익사업시행지구에 편입된 후의 잔여건축물의 가격'은 잔여건축물로 남게 되는 상태에서의 잔여건축물의 가액으로 평가하되 보수가 완료된 상태를 전제로 한다.

다. 잔여 건축물의 보수비 보상

동일한 건축물 소유자에 속하는 일단의 건축물의 일부가 취득 또는 사용됨으로 인하여 잔여 건축물에 보수가 필요한 경우의 보수비는 건축물의 잔여부분을 종래의 목적대로 사용할 수 있도록 그 유용성을 동일하게 유지하는데 통상 필요하다고 볼 수 있는 공사에 사용되는 비용으로 평가한다. 이 경우 보수비에는 「건축법」 등 관계법령에 의하여 요구되는 시설의 개선에 필요한 비용은 포함되지 아니한다(시행규칙 제35조제2항).

대법원은 잔여 건축물의 보수비에 대하여 "건물의 일부가 공공사업지구에 편입된 경우의 그 건물 잔여 부분에 대한 보수비의 보상은 성질상 그 건물 잔여부분에 대한 보상이 아니라 건물의 일부분이 공공사업지구에 편입된 데에 따른 보상에 지나지 아니하는 것이다"라고 판시[487]한 바 있으므로, 잔여 건축물의 보수비는 그 성질상 잔여건축물에 대한

---

487) 대법원 2002.7.9. 선고 2001두10684 판결

보상이 아니라 편입건축물에 대한 보상으로 보므로, 반드시 편입건축물의 가액에 포함하여 평가하여야 할 것이다.

한편, 판례는 보수비로 평가하기 위해서는 잔여건축물을 보수하여 종래의 목적대로 사용할 수 있고 사용이 현저히 곤란하지 아니한 경우에 한정하고 있으므로 만약 그러하지 않은 경우에는 결국 해당 잔여건축물은 매수보상의 대상이 된다.[488]

판례

[판례1] ▶ 건축물의 잔여 부분을 보수하여 종래의 목적대로 사용할 수 있고 사용이 현저히 곤란하지 아니한 경우에 한하여 보수비로 보상할 수 있다.
[대법원 2000.10.27. 선고 2000두5104]

【판결요지】

공공용지의취득및손실보상에관한특례법시행규칙 제23조의7의 규정은 "건물의 일부가 공공사업지구에 편입되어 그 건물의 잔여 부분을 종래의 목적대로 사용할 수 없거나 사용이 현저히 곤란한 경우에는 그 잔여 부분에 대하여는 제10조 제1항의 규정에 의하여 평가하여 보상한다. 다만, 그 건물의 잔여 부분을 보수하여 사용할 수 있는 경우에는 보수비로 평가하여 보상한다."고 규정하고 있고, 같은 시행규칙 제10조 제1항은 "건물은 그 구조·이용상태·면적·내구연한·유용성·이전가능성 및 난이도 기타 가격형성상의 제요인을 종합적으로 고려하여 평가한다."고 규정하고 있는바, 위 제23조의7 단서에서 규정한 '그 건물의 잔여 부분을 보수하여 사용할 수 있는 경우'라 함은 그 본문 규정과 관련하여 볼 때 그 건물의 잔여 부분을 보수하여 종래의 목적대로 사용할 수 있고 사용이 현저히 곤란하지 아니한 경우라고 할 것이고, 위 규정에 의한 보상의 대상이 되는 보수비는, 공공용지의취득및손실보상에관한특례법시행령 제2조의10 제4항에서 건물 등의 보상에 있어 원칙적인 평가기준으로 정하고 있는 이전료는 대상물건의 유용성의 동일성을 유지하며 당해 공공사업용지 이외의 지역으로 이전하는데 소요되는 비용이라는 점(같은법시행규칙 제2조제3호), 건물의 일부가 공공사업지구에 편입되어 그 건물의 잔여 부분을 종래의 목적대로 이용 또는 사용할 수 없거

---

488) 대법원 2000.10.27. 선고 2000두5104 판결

나, 이전이 현저히 곤란할 경우에는 그 잔여 부분에 대하여 앞서 본 같은법시행규칙 제10조 제1항에 의한 보상을 하도록 규정하고 있는 점, 한편 같은법시행규칙 제26조 제3항에 동일한 토지소유자의 소유에 속하는 일단의 토지의 일부가 공공사업용지에 편입됨으로 인하여 잔여지에 도로, 구거, 담장, 울 등 시설이나 공사가 필요하게 된 경우의 손실액의 평가는 그 시설이나 공사에 필요한 시설비나 공사비로 한다고 규정하고 있고, 토지수용법 제47조가 동일한 토지소유자에 속하는 일단의 토지의 일부를 수용 또는 사용함으로 인하여 잔여지에 통로, 구거, 장책 등의 신설 기타의 공사가 필요한 때에는 그 손실이나 공사의 비용을 보상하여야 한다고 규정하고 있는 점에 비추어 보면, <u>그 건물의 잔여 부분을 종래의 목적대로 사용 기능을 유지함으로써 그 유용성의 동일성을 유지하는데 통상 필요하다고 볼 수 있는 공사를 하는데 소요되는 비용을 말한다고 할 것이다.</u>

라. 잔여 건축물의 매수 또는 수용청구

동일한 소유자에게 속하는 일단의 건축물의 일부가 협의에 의하여 매수되거나 수용됨으로 인하여 잔여 건축물을 종래의 목적에 사용하는 것이 현저히 곤란할 때에는 그 건축물소유자는 사업시행자에게 잔여 건축물을 <u>매수하여 줄 것을 청구</u>할 수 있으며, 사업인정 이후에는 관할 토지수용위원회에 <u>수용을 청구</u>할 수 있다. 이 경우 수용 청구는 매수에 관한 협의가 성립되지 아니한 경우에만 하되, 그 사업의 <u>공사완료일까지</u> 하여야 한다(법 제75조의2제2항).

매수하는 잔여 건축물에 대한 보상액 산정 및 평가방법 등은 편입 건축물의 보상평가방법을 준용한다(법 제75조의2제5항). 즉, 잔여부분에 대해서도 건축물 전체가편입된 경우와 마찬가지로 보상한다.

매수 등 보상의 요건으로 '종래의 목적'이라 함은 취득 당시에 해당 잔여건축물이 현실적으로 사용되고 있는 구체적인 목적을 의미하며, '사용하는 것이 현저히 곤란하게 되었는지 여부'의 판단은 물리적으로 사용하는 것이 곤란하게 된 경우는 물론 사회적·경제적으로 사용하는 것이 곤란하게 된 경우 즉, 절대적으로 이용 불가능한 경우만이 아니라 이용은 가능하나 이용에 있어 많은 비용이 소요되는 경우를 포함한다고 할 것이다.

한편, 잔여건축물의 매수 등 보상 기준에 대하여는 잔여지 매수청구의 경우에 있어서의 잔여지의 판단기준(시행령 제39조)과 같은 명확한 매수기준규정이 없어 중앙토지수용위원회는 아래와 같은《잔여건축물 확대보상 판단 참고기준》을 설정하여 운용하고 있다.

《잔여 건축물 확대보상 판단 참고기준》(중토위 재결기준)[489]

○ **일반적 기준**

1) 건축물 안전진단 결과 잔여건축물이 심하게 노후되어 붕괴가 우려되거나 구조상 안전성이 크게 우려되는 경우

2) 건축물의 주요 구조부 및 필수시설이 편입되고 대체시설 설치가 곤란한 경우
– 기둥, 내력벽, 보 등 주요구조물이 편입되고 대체·보강이 곤란한 경우
– 화장실, 주계단 등 주요 기능시설이 편입되고 대체·보강이 곤란한 경우

3) 일단의 건축물중 주요부분(건축물)이 편입되어 잔여 건축물로는 종래의 기능을 수행하지 못할 것으로 판단되는 경우

4) 잔여건축물이 좁고 길다란 형상 또는 삼각형 등 부정형으로 남아 건물의 기능을 다할 수 없게 되는 경우

5) 종래의 목적대로 이용하기 위하여 잔여건축물을 일정한 형상으로 보수하는 경우, 활용할 수 없게 되는 부분

6) 대체시설 설치가 불가하여 건물의 용도에 따라 관련법령이 정하는 바에 따른 시설기준에 미달하게 되는 경우

7) 잔여건축물의 보수비가 잔여건축물의 취득가격보다 큰 경우
　(토지보상법 제75조의2 제1항 단서)

※ 상기 1호 내지 6호 및 하기 주거용건물 추가 기준중 3)의 사항에 대하여는 전문기관에 조회한 결과에 따라 판단

○ **주거용건물, 비닐하우스에 대한 추가기준**

1) 주거용건물

① 화장실, 주방, 거실, 계단 등이 편입되어 대체공간확보가 곤란한 경우
　(옥외 간이화장실 등의 편입은 이 경우에 해당하는 것으로 보지 않는다.)

② 가족 인원수에 비해 남는 주거공간이 과소한 경우

(남는 주거공간의 과소는 <u>주택법 제5조의2 및 동법 시행령 제7조의 규정[490]</u>에 의한 '최저주거기준' 제2조〈별표〉를 원용하여 판단)

③ 사업시행으로 형성되는 주변환경이 주거환경을 크게 해치는 것으로 판단되는 경우

- 사업시행으로 설치되는 구조물〈배수로, 교량 등〉이 주거환경에 직접적으로 저해되는 경우
- 차량의 전복·충돌 등 교통사고 위험이 현저히 증가한 경우
- 수인할 수 없는 일조권 침해 및 진동·소음의 발생이 예상되는 경우

  (수인할 수 없는 진동·소음의 기준은 「**소음·진동 관리법**」 **제21조, 같은법 시행규칙 제20조 별표8의 〈생활소음·진동의 규제기준〉원용**)

- 그 밖에 위에 준하는 사항으로 판단되는 경우

2) 비닐하우스

① 잔여면적이 잔여지(농경지) 수용기준(330㎡)미만이거나 잔여면적비율이 50%이하로서 종래의 목적대로 사용하는 것이 현저히 곤란한 경우
② 스프링클러, 난방시설 등을 각 비닐하우스에 연동하여 운영하는 방식(이른 바 연동식)의 경우, 시설대체 가능여부를 고려하여 대체가 불가능하다고 판단되는 경우
③ 대규모 비닐하우스(330㎡이상)나 특수작물 재배 비닐하우스에 대하여는 1), 2)의 일반적인 기준을 적용하지 아니하고 적정경제성 규모나 특수작물재배에 필요한 최소한의 규모 등을 사례별로 전문기관에 조회하여 판단

※ 재결례(확대수용)

가. 현황 : 3,479㎡(편입1,922㎡, 잔여비율45%, 12개동), 참외재배
→ 1동의 최소길이는 50m정도가 적정(조회기관 : 성주군농업기술센터), 이에 미달하므로 수용
나. 현황 : 3,704㎡(편입1,610㎡, 잔여비율57%, 5개동), 장미재배
→ 화훼의 시설재배면적은 3000~5000㎡가 적정(조회기관 : 한국화훼협회), 이에 미달하므로 수용

---

489) 중앙토지수용위원회, 토지수용 재결기준, 2015.12. 129-131면
490) 2015.6.22. 주택법 일부개정(법률 제13379호, 시행 2015.6.22.)로 삭제되기 전

잔여 건축물을 종래의 목적대로 사용이 현저히 곤란하여 사업시행자에 대한 잔여 건축물의 매수청구 및 관할 토지수용위원회에 대한 수용청구는 소유자의 청구가 있어야 한다. <u>유권해석도 잔여건축물은 소유자의 청구 없이는 수용할 수 없다고 해석한 바 있다.</u>491)

질의회신

[질의회신1] ▶ 잔여건축물은 소유자의 청구 없이 수용할 수 없다.
[2012.1.16. 토지정책과-246]

【질의요지】

공익사업에 편입되는 부분만 분할하여 세목고시를 하고 그 토지위에 정착한 건축물은 전체를 고시한 경우, 공익사업에 편입되지 않는 잔여토지위에 위치한 잔여건축물을 건축물소유자 청구에 의하지 않고 수용할 수 있는지?

【회신내용】

토지보상법 제75조의2 제2항을 보면, 동일한 소유자에게 속하는 일단의 건축물의 일부가 협의에 의하여 매수되거나 수용됨으로 인하여 잔여 건축물을 종래의 목적에 사용하는 것이 현저히 곤란할 때에는 그 건축물소유자는 사업시행자에게 잔여 건축물을

- **주택법**[시행 2015.4.1.] [법률 제12959호, 2014.12.31., 일부개정] **제5조의2(최저주거기준의 설정 등)** ① 국토교통부장관은 국민이 쾌적하고 살기 좋은 생활을 하기 위하여 필요한 최저주거기준을 설정·공고하여야 한다. 〈개정 2013.3.23.〉
  ② 제1항에 따라 국토교통부장관이 최저주거기준을 설정·공고하려는 경우에는 미리 관계 중앙행정기관의 장과 협의한 후 제84조에 따른 주택정책심의위원회(이하 "주택정책심의위원회"라 한다)의 심의를 거쳐야 한다. 공고된 최저주거기준을 변경하려는 경우에도 또한 같다. 〈개정 2013.3.23.〉
  ③ 최저주거기준에는 주거면적, 용도별 방의 개수, 주택의 구조·설비·성능 및 환경요소 등 대통령령으로 정하는 사항이 포함되어야 하며, 사회적·경제적인 여건의 변화에 따라 그 적정성이 유지되어야 한다. [전문개정 2009.2.3.]
- **주택법 시행령 제7조(최저주거기준)** 법 제5조의2의 규정에 의하여 국토교통부장관이 설정·공고하는 최저주거기준에는 다음 각호의 사항이 포함되어야 한다. 〈개정 2008.2.29., 2013.3.23.〉
  1. 가구구성별 최소 주거면적
  2. 용도별 방의 개수
  3. 전용부엌·화장실 등 필수적인 설비의 기준
  4. 안전성·쾌적성 등을 고려한 주택의 구조·성능 및 환경기준

491) 2012.1.16. 토지정책과-246

매수하여 줄 것을 청구할 수 있으며, 사업인정 이후에는 관할 토지수용위원회에 수용을 청구할 수 있고, 이 경우 수용 청구는 매수에 관한 협의가 성립되지 아니한 경우에만 하되, 그 사업의 공사완료일까지 하여야 한다고 되어 있습니다.

아울러, 공용수용은 공익사업을 위하여 타인의 특정한 재산권을 법률의 힘에 의하여 강제적으로 취득하는 것이므로 수용할 목적물의 범위는 원칙적으로 사업을 위하여 필요한 최소한도에 그쳐야 하므로 그 한도를 넘는 부분은 수용대상이 아니라고(대법원 1994.1.11. 선고, 93누8108, 판결) 판시하고 있습니다. 따라서, 공익사업에 편입되지 않는 잔여토지에 정착한 잔여건축물은 건축물 소유자의 청구에 의한 경우 매수가 가능할 것으로 보고, 매수에 관하여 협의가 성립되지 아니한 경우 토지수용위원회 수용청구가 가능할 것으로 보며, 개별적인 사례는 사업시행자가 사실관계 등을 조사하여 판단할 사항으로 봅니다.

[질의회신2] ▸ 잔여건물의 철거비는 사업시행자가 부담한다.
[2000.10.27. 토관58342-1621]

【질의요지】 잔여토지는 보상하지 아니하고 잔여건물만 보상할 경우 잔여건물에 대한 철거비는 건물소유자와 사업시행자중 누가 부담하여야 하는지 여부

【회신내용】 공특법시행규칙 제10조 제6항에 의하면 건물의 철거비는 사업시행자가 부담하되, 건물소유자가 자기부담으로 철거하는 경우에는 그러하지 아니하도록 되어 있으므로 철거되는 건물에 대해서는 위 규정을 적용하여 철거비용을 부담하여야 한다고 봄.

한편, 매수보상의 대상이 되는 잔여 건축물은 종래의 목적에 사용하는 것이 현저히 곤란하여야 할 것을 요구하나, 반면에 잔여 건축물의 가치하락 또는 보수비 등에 따른 손실보상에서는 이러한 요건에 구애됨이 없이 일부만 취득되고 남는 건축물은 전부가 잔여 건축물에 해당한다는 점에서 차이가 난다.

마. 잔여 건축물 등의 보상절차

일단의 건축물의 일부가 취득되거나 사용됨으로 인하여 잔여 건축물의 가격이 감소하거

나 그 밖의 손실이 있는 경우 그 손실의 보상 및 잔여건축물의 취득(매수)에 관하여는 사업시행자와 손실을 입은 자가 **협의하여 결정**하되, 협의가 성립되지 아니하면 사업시행자나 손실을 입은 자는 관할 토지수용위원회에 재결을 신청할 수 있다(법 제75조의2제3항). 잔여 건축물의 가치(가격)감소 등에 대한 보상은 해당 사업의 <u>공사완료일부터 1년이 지난 후에는 청구할 수 없으며, 사업인정고시가 된 후에 사업시행자가 잔여 건축물을 취득(매수)</u>하는 경우 그 잔여 건축물에 대하여는 사업인정 및 사업인정고시가 된 것으로 본다(법 제75조의2제4항).

주의할 점은 잔여 건축물의 가치(가격)감소 및 잔여 건축물의 보수비에 대한 보상은 해당 사업의 공사완료일부터 1년 이내에 청구하여야 하며, 잔여 건축물의 매수청구는 해당 사업의 공사완료일까지 하여야 하고 그 이후에는 청구할 수 없다는 점이다. 이는 잔여지의 손실과 공사비 보상 및 잔여지 등의 매수 및 수용청구의 경우와 동일하다.

7. 공작물에 대한 보상

(1) 관련법령 규정

공작물이란 지상이나 지하에 축조되는 인공 구조물로서 저수지, 집수암거, 관정, 대지를 조성하기 위한 옹벽·굴뚝·광고탑·고가수조(高架水槽)·지하 대피호, 제방, 용수시설, 석축, 교량, 보 등의 구조물 기타 그 밖에 이와 유사한 시설을 말한다.

관련법령

■ **토지보상법 시행규칙 제36조(공작물 등의 평가)** ① 제33조 내지 제35조의 규정은 공작물 그 밖의 시설(이하 "공작물등"이라 한다)의 평가에 관하여 이를 준용한다.
② 다음 각호의 1에 해당하는 공작물등은 이를 별도의 가치가 있는 것으로 평가하여서는 아니된다.
  1. 공작물등의 용도가 폐지되었거나 기능이 상실되어 경제적 가치가 없는 경우
  2. 공작물등의 가치가 보상이 되는 다른 토지 등의 가치에 충분히 반영되어 토지 등의 가격이 증가한 경우
  3. 사업시행자가 공익사업에 편입되는 공작물 등에 대한 대체시설을 하는 경우

공작물 등은 이전비로 평가함이 원칙이나, 공작물 등의 용도가 폐지 또는 그 기능이 상실되어 경제적 가치가 없는 경우, 공작물 등의 가치가 보상이 되는 다른 토지 등의 가치에 충분히 반영된 경우, 사업시행자가 공익사업에 편입되는 공작물 등에 대한 대체시설을 하는 경우 등은 보상하지 않는다(시행규칙 제36조).

(2) 평가방법 및 보상기준

공작물 그 밖의 시설(이하 "공작물 등"이라 함)은 건축물의 보상평가규정[492]을 준용하여 보상평가 한다(시행규칙 제36조제1항). 공작물 등은 경제적 가치 및 객관적 효용성을 전제로 평가의 대상이 되므로, 그 경제적 가치 및 효용성은 그 구조, 용도, 이용상태, 주위 환경, 설치목적 등 객관적 상황을 종합적으로 고려하여 평가한 금액으로 보상하여야 한다. 다만, 다음 각 호에 해당하는 공작물의 경우에는 별도의 손실이 없는 것으로 보아 이를 별도 가치가 있는 것으로 평가하여 보상하지 아니한다.

※ **보상대상에서 제외되는 공작물 (시행규칙 제36조 제2항)**

1. 공작물 등의 용도가 폐지되었거나 기능이 상실되어 경제적 가치가 없는 경우

(예) 경제적 가치 없는 저수지시설[493]

2. 공작물 등의 가치가 보상이 되는 다른 토지 등의 가치에 충분히 반영되어 토지 등의 가격이 증가한 경우

(예) 대지를 조성하기 위한 옹벽, 토지, 염전 등을 보호하는 석축, 제방 기타 이와 유사한 공작물

3. 사업시행자가 공익사업에 편입되는 공작물 등에 대한 대체시설을 하는 경우[494]

※ **실무상 기본조사에서 보상여부가 주로 문제되는 공작물**

① 도로부지의 콘크리트 포장 : 석축, 제방, 기타 이와 유사한 공작물에 대해서는 따로 평가하지 아니하므로 콘크리트 포장은 별도의 보상대상이 아니다.

---

492) 토지보상법 시행규칙 제33조 내지 제35조
493) 경제적 가치의 유무에 대한 판단기준이 모호해 보상대상 여부에 어려움이 있는게 현실이다.
494) 한국농촌공사는 실무상 공익사업지구내 편입된 농지개량시설에 대하여 사업지구내에 새로운 농수로 등 대체시설을 설치하고 있다.

[2000.1.15. 토관 58342-1269]

② 건물내 전기설비 : 건물의 일부로 보아야 할 것이므로 별도의 보상대상이 아니다.

[1999.10.1. 토관 58342-1206]

③ 동력시설(변압기) 및 배수시설(흄관) : 변압기 등 동력시설을 공익사업으로 사용할 없게 된 경우는 보상되며, 배수시설(휴관)은 소유건물의 효용증진을 위해 건물부지에 시설한 부대시설물이 아닌 적법절차에 의해 건물부지 밖에 별도의 시설비용을 들여 배수시설 등 지하시설물을 설치한 경우에는 보상이 가능하다.

[1998.11.5. 토관 58342-1730]

(3) 관련 질의회신 등

질의회신

[질의회신1] ▶ 관리되지 않는 뽕나무 및 자작나무는 보상대상이 아니다.
[2015.4.27. 토지정책과-2968]

【질의요지】

임야 비탈에 관리되지 않는 뽕나무 및 자작나무가 보상대상인지 여부

【회신내용】

공익사업을 위한 토지 등의 취득 및 보상에 관한 법률」(이하 "토지보상법")에 따른 손실보상은 공익사업의 시행 등 적법한 공권력의 행사에 의한 재산상의 특별한 희생에 대하여 사유재산권의 보장과 전체적인 공평부담의 견지에서 행하여지는 조절적인 재산권 보상이라 할 수 있습니다(대법원 2004.4.27. 2002두8909 등 참조). 위 사례에서 뽕나무 및 자작나무가 관리되지 않아 경제적 가치가 없는 것이라면 보상대상으로 보기에는 어렵다고 할 수 있으며, 구체적인 사례에 대하여는 사업시행자가 사실관계 등을 파악하여 판단할 사항입니다.

[질의회신2] ▶ 공업용수관 등 지하매설물에 대한 이전비 외에 대체시설을 보상하는지
[2010.1.19. 토지정책과-419]

【질의요지】

진입도로 개설공사에 편입된 공업용수관 등 지하매설물을 보상함에 있어 토지보상법 제75조(건축물등 물건에 대한 보상)에 따라 보상하는 규정 외에 대체시설(신규시설)로 보상을 요구할 경우, 대체시설을 설치하여야 하는지

【회신내용】

공익사업에 편입된 공작물 등에 대하여는 토지보상법 제75조, 같은 법 시행규칙 제33조 및 제36조의 규정에 따라 보상하여야 한다고 보며(대체시설을 하는 경우에는 별도 보상 불가), 소유자의 대체시설 보상요구에 대해서는 사업시행자가 위 규정과 수용가능여부, 제반 사실관계 등을 검토하여 판단하시기 바랍니다.

[질의회신3] ▶ 국비 또는 지방비가 보조된 한국농촌공사 배수장시설 보상시 보조금을 공제하는지 [2008.11.24. 토지정책과-4046]

【질의요지】

공익사업에 편입된 한국농촌공사 배수장시설(국비 또는 지방비가 전액 또는 일부 보조된 시설임)에 대한 보상시 보조금을 공제하고 보상하여야 하는지 여부

【회신내용】

「공익사업을 위한 토지 등의 취득 및 보상에 관한 법률(이하 "토지보상법"이라한다)」 제75조제1항의 규정에 의하면 건축물·입목·공작물 기타 토지에 정착한 물건(이하 "건축물등"이라 한다)에 대하여는 이전에 필요한 비용으로 보상하여야 한다고 되어 있고, 공작물등의 평가는 같은 법 시행규칙 제33조 및 제36조의 규정에 의하여 평가하도록 되어 있습니다.

따라서 현행 토지보상법에는 국고 또는 지방비를 전액 또는 일부 지원받은 시설 등이 공익사업에 편입된 경우 보조금에 대해 별도 공제하고 보상토록 규정하고 있지 않으므로, 질의의 경우에는 위 토지보상법 제75조 및 해당 시행규칙에 따라 보상하여야 한다고 보나, 개별 법령에서 보조금을 지원받은 시설에 대한 별도 제한규정이 있는 지

여부는 사업시행자가 사실관계 등을 조사하여 판단·결정할 사항이라고 봅니다.

※ 공특법 시행규칙 제12조는 공작물, 저수지, 관정, 집수암거 등으로 각 공작물을 별도 규정하였고, '저수지 설치비용 중 국고보조 등 공제'에 관해 규정하였으나, 토지보상법 시행규칙 제36조는 공작물, 저수지, 관정 등을 '공작물 등'으로 통일적으로 규정하고, 국고보조 공제에 관한 규정을 삭제함.

※ 마을회관 및 공동우물 등 현존하는 마을시설물로서 공부상 그 소유자가 명시되어 있지 않은 경우에는 마을주민 전체의 소유로 보아야 할 것이므로, 그 보상대상은 그 시설물의 건립·축조시 건축비용 부담 여부와 관계없이 그 마을에 거주하는 전체주민(공유)에게 보상함이 타당할 것으로 판단됨 (1999.2.25. 토정58342-300)

[질의회신4] ▶ 이전비에는 관계법령의 개정에 따른 추가시설비가 포함되지 않는다.
[1998.6.29. 토정583342-1012]

【질의요지】
액화석유가스충전시설이 공공사업의 시행으로 인하여 이전할 경우에 개별법령에 따른 설치기준의 변경으로 추가로 시설을 하여야 할 경우 그 설치비용이 이전비나 취득비에 포함되는지 여부

【회신내용】
특례법시행령 제2조의10 제4항의 규정에 의거 토지상에 정착물에 대하여는 그 이전·이설에 필요한 비용으로 평가하되, 이전함으로 인하여 종래의 목적대로 이용 또는 사용할 수 없거나 이전이 현저히 곤란한 경우 또는 이전비용이 취득가격을 초과할 때에는 당해 물건에 대한 취득가격으로 평가하게 되며, 동 이전비 또는 취득비에는 새로이 개정된 관계법령의 규정에 의거 설치하여야 하는 새로운 시설물의 설치비용까지를 포함하는 의미는 아닙니다.

[질의회신5] ▶ 세입자가 시설한 지장물은 별도의 보상대상이 되지 아니한다.
[2000.8.2. 토관58342-1200]

【질의요지】
세입자가 건물에 시설한 지장물에 대하여 시설비를 별도로 보상받을 수 있는지 여부

【회신내용】
특례법시행규칙 제10조 제1항의 규정에 의하면 건물(부대시설포함)은 그 구조·이용상태·면적·내구연한·유용성 기타 가격형성상의 제 요인을 종합적으로 고려하여 평가하도록 되어 있으며, 세입자가 건물에 시설한 지장물은 건물평가 시 일괄적으로 평가되는 것이므로 별도의 평가대상에 해당되지 아니한다고 보며, 이는 건물소유자와 세입자 간에 협의하여 해결하여야 할 사항으로 봅니다.

[질의회신6] ▶ 토지에 투자한 도로포장비 등 시설물 설치비용은 별도의 평가대상이 아니다. [2000.10.20. 토관58342-1571]

【질의요지】 대지에 포장시설을 하여 마당으로 사용한 경우 별도의 보상대상에 해당되는지 여부

【회신내용】 특례법시행규칙 제12조 제5항의 규정에 의하면 석축·제방 기타 이와 유사한 공작물 등으로 토지 등이 보호되고 있는 경우 그 토지 등을 공공사업용지로 편입시키는 때에는 그 석축, 제방 기타 이와 유사한 공작물 등에 대하여는 따로 평가하지 아니하되, 그 부지에 대하여는 지가공시및토지등의평가에관한법률에 의한 공시지가를 기준으로 평가하도록 되어 있으므로, 도로포장비 등 시설물설치비용은 별도의 평가대상에 해당되지 아니한다고 보나, 당해 토지와 시설물 등을 별도로 평가할 필요가 있다고 판단되어 따로 평가하는 경우에도 보상액의 합계액은 토지와 공작물 등을 일체로 보아 평가할 경우의 보상액을 초과할 수 없다고 봅니다.

※ 농지의 농업기반시설(경지정리 등) 투입비에 대한 보상여부

당해 토지의 평가시에 이를 반영하므로 별도 평가대상에 해당하지 아니한 것임. (1995.12.5. 토정58347-1664)

※ 사도 보상시 공작물로서의 도로포장비의 보상여부

그 도로시설의 공여를 받는 토지에 그 시설비가 화체된 것으로 판단되기 때문에 별도의 보상대상에는 해당하지 아니한 것임(1996.2.18. 토정58347-187)

※ 석축·제방 등의 설치자와 그 토지의 소유자가 다른 경우

토지와 별개로 그 설치자에게 보상이 가능할 것이나, 이 경우에도 토지와 당해 공작물 등의 보상액의 합계는 토지와 공작물 등을 일체로 보아 평가할 경우의 보상액과 동일하여야 할 것임(1995.9.28. 토정58307-1355)

[질의회신7] ▶ 사업인정고시 이후 지방자치단체의 허가 없이 사무실, 상가 등에 기자재 등을 적치한 경우 보상여부 [2012.09.18. 토지정책과-4634]

【질의요지】

사업인정고시 이후 사무집기, 식당 기자재 등이 지방자치단체의 허가 없이 사무실, 상가 등에 적치된 경우 보상이 가능한지

【회신내용】

사업인정고시 된 이후 특별자치도지사·시장·군수 또는 구청장의 허가를 받아야 하는 건축물의 건축·대수선, 공작물의 설치 또는 물건의 부가·증치를 허가를 받지 않고 한 경우에는 보상대상에 해당하지 않는 것으로 보나 허가대상이 아닌 통상적인 범위내의 영업행위 등을 위한 물건의 증치나 부가 등은 보상대상에 해당하는 것으로 보며, 개별적인 사례에 대하여는 사업시행자가 물건의 부가·증치 경위, 영업의 성격이나 규모 등 사실관계 등을 종합적으로 검토하여 판단할 사항으로 봅니다.

8. 농작물에 대한 보상

가. 개요

농작물이란 농업생산에 의한 작물로서 벼, 보리, 배추, 무 등과 같은 1년생 작물 및 도라지, 작양, 인삼, 상황버섯 등 다년생 작물을 말한다.

농작물 보상은 수확하기 전에 당해 토지를 사용하는 경우의 농작물의 손실은 당해 농작물의 종류 및 성숙도 등을 종합적으로 고려하여 보상하여야 한다(법 제75조제2항, 시행규칙 제41조제1항).

> **관련법령**
>
> ■ **토지보상법 시행규칙 제41조(농작물의 평가)** ① 농작물을 수확하기 전에 토지를 사용하는 경우의 농작물의 손실은 농작물의 종류 및 성숙도 등을 종합적으로 고려하여 다음 각호의 구분에 따라 평가한다.
>
>   1. 파종중 또는 발아기에 있거나 묘포에 있는 농작물 : 가격시점까지 소요된 비용의 현가액
>   2. 제1호의 농작물외의 농작물 : 예상총수입의 현가액에서 장래 투하비용의 현가액을 뺀 금액. 이 경우 보상당시에 상품화가 가능한 풋고추·들깻잎 또는 호박 등의 농작물이 있는 경우에는 그 금액을 뺀다.
>
> ② 제1항제2호에서 "예상총수입"이라 함은 당해 농작물의 최근 3년간(풍흉작이 현저한 연도를 제외한다)의 평균총수입을 말한다.

나. 평가방법 및 보상기준

농작물에 대한 손실은 그 종류와 성장의 정도 등을 종합적으로 고려하여 보상하여야 하고, 농작물을 수확하기 전에 토지를 사용하는 경우의 농작물의 손실은 농작물의 종류 및 성숙도 등을 종합적으로 고려하여

① 파종 중 또는 발아기에 있거나 묘포에 있는 농작물

기준시점까지 소요된 비용[495]의 현가액으로 보상평가

---

495) 농업생산비를 의미하며 이에는 종묘비, 비료비, 농약비, 광열동력비, 수리비, 각종 농기구 등 임차료,

② 그 외의 농작물(=성장기에 있는 농작물)

당해 농작물의 예상총수입의 현가액에서 장래 투하비용의 현가액을 공제한 금액으로 평가한다.496) '예상 총 수입'이란 당해 농작물의 최근 3년간(풍흉작이 현저한 연도를 제외함)의 평균 총 수입을 기준으로 산정하며, '장래 투하비용'은 직접생산비·간접생산비 및 기타의 경비 등으로 산정한다.

> **※ 예상총수입**
> 당해농작물의 최근 3년간(풍·흉작이 현저한 연도제외)의 평균 총수입

③ 수확기에 도달한 농작물

보상시점에서 수확기에 도달한 농작물은 손실이 없는 것으로 보아 보상에서 제외된다.

④ 주의사항

농작물은 원칙적으로 이전이 불가능한 것으로 보므로 농작물이 지장물인 경우에도 이전가능성 및 이전비가 가액을 초과하는지 여부 등에 대해서는 별도로 검토할 필요 없다. 한편, 유권해석은 **농작물보상과 농업손실보상은 별도의 보상**이므로 수확기 이전에 토지를 사용하는 경우는 농업손실보상과 별도로 농작물보상을 하여야 한다고 분명히 하고 있다.497)

> **질의회신**
>
> [질의회신1] ▶ 수확기 이전에 토지를 사용하는 경우는 농업손실보상과 별도로 농작물보상을 하여야 한다. [2008.7.4. 토지정책과—1827]
>
> **【질의요지】**
> 판매용으로 재배중인 농작물(잔디)에 대하여 영농손실보상과 별도로 지장물 이전보상을 하여야 하는지

각종 재료비, 영농시설 상각비, 고용노력비, 자가노력비, 토지임차료 및 기타 경비가 있다.
496) 단, 보상당시에 **상품화가 가능한** 풋고추·들깻잎 또는 호박 등의 농작물이 있는 경우에는 해당수익에 대한 손실이 없는 것으로 보아 그 금액을 공제한다.
497) 2008.7.4. 토지정책과—1827

9. 토지에 속한 흙·돌·모래 또는 자갈에 대한 보상

(1) 개념

토지에 속한 흙·돌·모래 또는 자갈 등이 해당 토지와 별도로 취득 또는 사용의 대상이 되는 경우에는 거래가격 등을 고려하여 평가하여 보상하여야 한다(법 제75조제3항).

> **관련법령**
>
> ■ **토지보상법 제3조(적용 대상)** 사업시행자가 다음 각 호에 해당하는 토지·물건 및 권리를 취득하거나 사용하는 경우에는 이 법을 적용한다. 〈개정 2019.8.27.〉
>
> 1. 토지 및 이에 관한 소유권 외의 권리
> 2. 토지와 함께 공익사업을 위하여 필요한 입목(立木), 건물, 그 밖에 토지에 정착된 물건 및 이에 관한 소유권 외의 권리
> 3. 광업권·어업권·양식업권 또는 물의 사용에 관한 권리
> 4. 토지에 속한 흙·돌·모래 또는 자갈에 관한 권리
>
> ■ **토지보상법 제75조(건축물등 물건에 대한 보상)** ③ 토지에 속한 흙·돌·모래 또는 자갈(흙·돌·모래 또는 자갈이 해당 토지와 별도로 취득 또는 사용의 대상이 되는 경우만 해당한다)에 대하여는 거래가격 등을 고려하여 평가한 적정가격으로 보상하여야 한다.

(2) 보상의 의미

토지에 속한 흙·돌·모래 또는 자갈이 별도의 보상대상이 되기 위해서는 공익사업에 필요할 뿐만 아니라, 다른 수단으로는 그 공익사업의 수행을 할 수 없는 비대체성이 인정되어야 한다. 즉, 토지에 속한 흙·돌·모래 또는 자갈이 토지와 별도로 분리되어 보상이 되려면 특별한 사유 내지 기준이 있어야 한다.

중앙토지수용위원회는 토지에 속한 흙·돌·모래 또는 자갈의 의미에 대하여 "토지에 속한다는 것은 인공적으로 분리시킨 것이 아닌 상태를 의미하므로 원칙적으로 인공적으로 채석·가공된 흙·돌·모래 또는 자갈은 수용의 목적물이 되지 못한다. 토지수용의 목적물은 원칙적으로 비대체물에 한정되므로 흙·돌·모래 또는 자갈은 대체물적인 성격이 강해 수용이 제한된다. 다만, 하천공사 등과 같은 공익사업을 시행하기 위해 토지와는 별도로 공사용 자재로 불가피하게 필요한 경우가 있을 수 있으므로 토지보상법 제3조 제4호에서 수용의 목적물로 인정하고 있는 것이다"라고 기준을 제시하고 있다.[498]

한편, 대법원은 "토지보상법 제75조 제3항에서의 흙·돌·모래 또는 자갈이 당해 토지와 별도로 취득 또는 사용의 대상이 되는 경우란 흙·돌·모래 또는 자갈이 속한 수용대상 토지에 관하여 토지의 형질변경 또는 채석·채취를 적법하게 할 수 있는 행정적 조치가 있거나 그것이 가능하고 구체적으로 토지의 가격에 영향을 미치고 있음이 객관적으로 인정되어 토지와는 별도의 경제적 가치가 있다고 평가되는 경우 등을 의미 한다"라고 판시[499]하면서 토지에 속한 흙·돌·모래 또는 자갈이 토지와 분리되어 보상이 되기 위한 구체적인 기준을 제시하였다.

> **판례**
>
> [판례1] ▶ '흙·돌·모래 또는 자갈이 당해 토지와 별도로 취득 또는 사용의 대상이 되는 경우'의 의미 [대법원 2014.4.24. 선고 2012두16534] [토지보상금증액]
>
> 【판결요지】

---

498) 중앙토지수용위원회, 앞의 책, 2015.12., 137-138면
499) 대법원 2014.4.24. 선고 2012두16534 판결

[1] 구 공익사업을 위한 토지 등의 취득 및 보상에 관한 법률(2011.8.4. 법률 제11017호로 개정되기 전의것) 제75조 제3항은 "토지에 속한 흙·돌·모래 또는 자갈(흙·돌·모래 또는 자갈이 당해 토지와 별도로 취득 또는 사용의 대상이 되는 경우에 한한다)에 대하여는 거래가격 등을 참작하여 평가한 적정가격으로 상하여야 한다."라고 규정하고 있다. 위 규정에서 '흙·돌·모래 또는 자갈이 당해 토지와 별도로 취득 또는 사용의 대상이 되는 경우'란 흙·돌·모래 또는 자갈이 속한 수용대상 토지에 관하여 토지의 형질변경 또는 채석·채취를 적법하게 할 수 있는 행정적 조치가 있거나 그것이 가능하고 구체적으로 토지의 가격에 영향을 미치고 있음이 객관적으로 인정되어 토지와는 별도의 경제적 가치가 있다고 평가되는 경우 등을 의미한다.

[2] 자신의 토지에서 토석채취허가를 받아 채석장을 운영하면서 건축용 석재를 생산해 왔는데, 고속철도건설사업의 시행으로 토석채취기간의 연장허가가 거부된 이후 사업시행지구에 편입된 위 토지에 대하여 매장된 돌의 경제적 가치를 고려하지 않은 채 보상액을 산정하여 수용재결한 사안에서, 수용대상 토지에 속한 돌 등에 대한 손실보상을 인정하기 위한 전제로서 그 경제적 가치를 평가할 때에는, 토지수용의 목적이 된 당해 공익사업의 시행으로 토지에 관한 토석채취허가나 토석채취기간의 연장허가를 받지 못하게 된 경우까지 행정적 조치의 가능성을 부정하여 행정적 조치가 없거나 불가능한 것으로 보아서는 아니 됨에도, 위 토지에 매장된 돌을 적법하게 채취할 수 있는 행정적 조치의 가능성을 부정하여 위 토지와 별도로 구 공익사업을 위한 토지 등의 취득 및 보상에 관한 법률(2011.8.4. 법률 제11017호로 개정되기 전의 것) 제75조 제3항에 따른 보상의 대상이 될 수 없다고 본 원심판결에 법리오해의 위법이 있다.

즉, 흙·돌·모래 또는 자갈이 당해 토지와 별도로 취득 또는 사용의 대상이 되는 경우는 ⅰ) 토지에 속한 흙·돌·모래 또는 자갈이 공익사업에 직접 필요한 경우, ⅱ) 토지에 속한 흙·돌·모래 또는 자갈이 토지와는 별도의 경제적 가치가 있는 경우 등에 해당되어야 한다. 따라서, 토지에 속한 흙·돌·모래 또는 자갈 등이 '당해 토지와 별도로 취득 또는 사용의 대상이 되는 경우'에 해당되지 않는 경우에는 별도의 보상대상으로 되지 않고, 토지의 구성부분으로서 토지의 가치형성에 영향을 미치는 개별요인 중의 하나로 참작할 수 있을 뿐이다.[500]

판례

[판례1] ▶ 양질의 점토가 함유된 토지라는 사정은 개별요인으로 참작하여야 한다.
[대법원 1985.8.20. 선고 83누581]

【판결요지】
양질의 점토가 다량 함유되어 있는 토지를 매수하여 적벽돌 공장을 신축하고자 하는 자로부터 동 토지를 수용한 경우, 위 토지에 함유된 점토가 토지와 독립하여 별개의 보상원인이 되는 것은 아니라 하더라도 위와 같은 점토의 존재와 토지소유자들의 이용계획 등에 비추어 수용재결당시 위 토지의 가격이 인근 일반토지의 가격에 비하여 상승되어 있었을 것이라는 점을 추측하기 어렵지 아니하므로 위 수용에 대한 이의재결을 함에 있어 이러한 사정들을 참작한 토지의 수용재결당시의 시가를 평가함이 없이 단순히 지목이 같은 인근의 일반 토지가격을 비교한 유추가격을 토대로 손실보상액을 결정하였음은 위법하다.

(3) 별도의 보상대상 판단기준 및 평가방법

원칙적으로 토지에 속한 흙·돌·모래 또는 자갈은 토지와 함께 일체로 보상하여야 한다. 다만, 예외적으로 토지를 제외하고 토지에 속한 흙·돌·모래 또는 자갈만을 수용목적물로 하는 경우에는 토지와 분리하여 별도로 보상하여야 하나, 이 경우에는 당해 흙·돌·모래 또는 자갈에 대한 채취허가를 득하고 토석채취 납품실적 등에 의하여 객관적으로 경제적인 가치가 입증되는 경우이어야 한다는 것이 판례의 입장이다.[501]

토지에 속한 흙·돌·모래 또는 자갈 등이 해당 토지와 별도로 보상이 되는 경우 토지보상법 제75조제3항에 의거 거래가격 등을 고려한 적정가격으로 평가하여 보상하여야 하며, 동법령에서 구체적인 기준을 정하고 있지 아니하므로 전문가, 전문기관의 용역 등에

---

500) 중앙토지수용위원회, 앞의 책, 2017.12., 338-339면
501) 대법원 2014.4.24. 선고 2012두16534 판결 참고

평가할 수 있을 것이다.502)

(4) 관련 판례 등

[판례1] ▸ 토지수용보상금 산정시 수용대상 토지에 속한 토석 또는 사력의 경제적 가치를 참작하여야 하는지 여부(한정 적극)
[대법원 2003.4.8. 선고 2002두4518] (토지수용이의재결처분취소등)

【판결요지】
수용대상 토지에 속한 토석 또는 사력은 적어도 토지의 형질변경 또는 채석·채취를 적법하게 할 수 있는 행정적 조치가 있거나 그것이 가능하고, 구체적으로 토지의 가격에 영향을 미치고 있음이 객관적으로 인정되어 경제적 가치가 있다고 평가되는 등 특별한 사정이 있는 경우에 한하여 토지보상금을 산정함에 있어서 참작할 수 있다고 보아야 한다.

[재결례1] ▸ '흙·돌·모래 또는 자갈이 당해 토지와 별도로 취득 또는 사용의 대상이 되는 경우'가 아니라고 한 사례 **[중토위 2017.3.23.]**

【재결요지】
편입토지에서 발생한 토량에 대한 보상을 하여 달라는 주장에 대하여 법 제75조제3항은 토지에 속한 흙·돌·모래 또는 자갈(흙·돌·모래 또는 자갈이 해당 토지와 별도로 취득 또는 사용의 대상이 되는 경우만 해당한다)에 대하여는 거래가격 등을 고려하여 평가한 적정가격으로 보상하여야 한다고 규정하고 있다.
대법원은 수용대상 토지에 속한 토석 또는 사력은 적어도 토지의 형질변경 또는 채석·채취를 적법하게 할 수 있는 행정적 조치가 있거나 그것이 가능하고, 구체적으로 토지

---

502) 중앙토지수용위원회, 앞의 책, 2015.12., 138면

의 가격에 영향을 미치고 있음이 객관적으로 인정되어 경제적 가치가 있다고 평가되는 등 특별한 사정이 있는 경우에 한하여 토지보상금을 산정함에 있어서 참작할 수 있다고 보아야 한다(2003.4.8. 선고 2002두4518 판결 참조)라고 판시하고 있다.

따라서, 이건 사업의 경우 사업시행자는 이의신청인의 토지가 필요하여 수용을 통하여 취득하려는 것으로 토지와 별개로 토지에 속한 토량을 수용목적물로 하는 것이 아니며, 아울러 이의신청인이 수용되는 토지에 속한 토량에 대한 채취허가를 득하고 토사채취납품실적 등에 의하여 객관적으로 경제적 가치를 입증하는 경우로도 볼 수 없어 토지와 함께 일체로 보상하는 것은 적정하므로 이의신청인의 주장은 받아들일 수 없다.

10. 분묘에 대한 보상

(1) 개념

분묘란 시신이나 유골을 매장하는 시설을 말하며, 매장이란 시신이나 유골을 땅에 묻어 장사(葬事)하는 것을 말하므로(장사 등에 관한 법률 제2조제1호), 시신이나 유골을 땅에 묻지 않는 봉안시설은 분묘에 해당되지 않는다. 또한, 「장사 등에 관한 법률」에는 분묘 외에도 봉안시설·자연장지 등의 다양한 장사의 유형을 규정하고 있으나 이들은 토지보상법 시행규칙 제42조의 분묘의 보상평가 내에서만 적용된다.

공익사업지구 내 소재한 분묘는 대부분 지장물로서 이전(개장)하여야 하나 분묘개장은 다른 지장물과는 달리 「장사등에관한법률」 등 규정에 정한 절차와 허가를 받아 개장을 하여야 한다. 분묘는 그 분묘연고자 유무에 따라 유연분묘와 무연분묘로 구분하고 있으며, 유연분묘를 이장한 경우에는 분묘이전비와 이전보조비를 지급하고, 무연분묘는 사업시행자가 「장사 등에 관한 법률」이 정한 절차에 따라 일정기간 공고를 거쳐 분묘개장허가를 받아 공원묘지로 이장하거나 화장하여 납골당에 안치시킨다.[503]

---

503) 한국토지주택공사, 앞의 책, 2016, 314면

■ **토지보상법 제75조(건축물등 물건에 대한 보상)** ④ 분묘에 대하여는 이장(移葬)에 드는 비용 등을 산정하여 보상하여야 한다.

■ **토지보상법 제42조(분묘에 대한 보상액의 산정)** ①「장사 등에 관한 법률」제2조제16호에 따른 연고자(이하 이 조에서 "연고자"라 한다)가 있는 분묘에 대한 보상액은 다음 각 호의 합계액으로 산정한다. 다만, 사업시행자가 직접 산정하기 어려운 경우에는 감정평가업자에게 평가를 의뢰할 수 있다.

1. **분묘이전비** : 4분판 1매·마포 24미터 및 전지 5권의 가격, 제례비, 노임 5인분(합장인 경우에는 사체 1구당 각각의 비용의 50퍼센트를 가산한다) 및 운구차량비
2. **석물이전비** : 상석 및 비석 등의 이전실비(좌향이 표시되어 있거나 그 밖의 사유로 이전사용이 불가능한 경우에는 제작·운반비를 말한다)
3. **잡비** : 제1호 및 제2호에 의하여 산정한 금액의 30퍼센트에 해당하는 금액
4. **이전보조비** : 100만원

② 제1항제1호의 규정에 의한 운구차량비는「여객자동차 운수사업법 시행령」제3조제2호 나목의 특수여객자동차운송사업에 적용되는 운임·요금 중 당해 지역에 적용되는 운임·요금을 기준으로 산정한다.

③ 연고자가 없는 분묘에 대한 보상액은 제1항제1호 내지 제3호의 규정에 의하여 산정한 금액의 50퍼센트 이하의 범위 안에서 산정한다.

분묘(석물 포함)에 대해서는 이장(移葬)에 드는 비용 등을 산정하여 보상하여야 하며(법 제75조제4항), 이전비는 운구 차량비(차량운반비), 잡비 등으로 구성되며, 석물 이전비는 석물의 해체 및 이전 설치에 소요되는 인건비 및 상·하차비로 구성된다.[504]

(2) 연고자가 있는 분묘(=유연분묘)

연고자란 사망한 자의 ⅰ) 배우자, ⅱ) 자녀, ⅲ) 부모, ⅳ) 자녀 외의 직계비속, ⅴ) 부모 외의 직계존속, ⅵ)형제·자매, ⅶ)사망하기 전에 치료·보호 또는 관리하고 있었던 행정

---

504) 평가방법과 관련하여 감정평가협회에서 제정한「분묘이장비 산정지침」이 있다.

기관 또는 치료 · 보호기관의 장 등, ⅷ) 위에 해당하지 아니하는 자로서 시신이나 유골을 사실상 관리하는 자의 관계에 있는 자를 말한다(장사 등에 관한 법률 제2조제16호).

「장사등에관한법률」에 따른 연고자가 있는 분묘에 대한 보상액은 ① 분묘이전비, ②석물 이전비, ③ 잡비, ④ 이전보조비 등의 합계액으로 산정한다. 대법원은 여기에 열거되지 아니하는 묘지구입비나 분묘위치 측량비는 분묘의 이장(이전)비에 포함될 수 없다고 판시[505]한바 있고, 사업시행자는 분묘이전비는 매 분기마다 노임 등 통계치 변경내역을 반영하여 보상하고 있다.[506]

① 분묘이전비

단장분묘(아장 포함)이전비는 ⅰ) 4분판 1매, ⅱ) 마포 24미터, ⅲ) 전지 5권, ⅳ) 제례비 ⅴ) 노임 5인분, ⅵ) 운구차량비를 합한 금액으로 한다. 다만, 합장(삼합장, 사합장 이상 포함)인 경우에는 사체 1구당 ⅰ)~ⅲ) 비용의 50%를 가산하며, 운구차량비는 「여객자동차 운수사업법 시행령」 제3조제2호 나목의 특수여객자동차운송사업에 적용하는 운임 · 요금 중 당해 지역에 적용되는 운임 · 요금을 기준으로 산정하되, 사업시행자가 직접 산정하기 어려운 경우에는 감정평가업자에게 평가를 의뢰할 수 있다.

※ 분묘이장비 (단위:원) (2021.7.1. 기준)[507]

단장 이장비	합장 이장비
3,532,890	4,526,430

* 분묘주변의 석물, 수목 등의 이전비는 별도 감정평가한 금액으로 합산하여 보상한다.
* 합장부터는 사체 1구당 4분판, 마포, 전지, 제례비, 노임, 합계액의 50%를 가산하여 보상한다.

② 석물이전비

---

505) 1994.10.11 선고 94누1746 판결
506) 한국토지주택공사는 일괄 전산 반영함.
507) LH – 분기별 법정보상비 산정금액(2021년 3/4분기 법정보상비) 참조

상석 및 비석 등의 이전실비(좌향[508]이 표시되어 있거나 그 밖의 사유로 이전사용이 불가능한 경우에는 제작·운반비를 말함)를 말하며, 석물이전비에 대한 감정평가를 의뢰할 때에는 평가금액에 잡비(30%)가 포함되지 않도록 명기하여 의뢰하여야 한다.

③ 잡비
분묘이전비와 석물이전비를 합한 금액의 30%에 해당하는 금액으로 산정한다.

④ 이전보조비 : 100만원으로 한다.(합장의 경우도 100만원만 지급)

(3) 연고자가 없는 분묘(=무연분묘)

연고자가 없는 분묘에 대한 보상액은 (분묘이전비+석물이전비+잡비)×50% 이하의 범위내로 한다. 즉, 분묘이전비, 석물이전비 및 잡비 등의 합계금액의 50퍼센트 이하의 범위 안에서 산정한다.

※ 분묘보상관련 실무상 업무처리

○ 유연분묘에 대한 보상금은 연고자가 분묘를 사업지구 밖으로 이장한 후 연고자로부터 개장신고필증과 이장사진 등 증빙자료를 제출받아 지급한다.

○ 유연분묘에 대하여 협의이장이 안될 경우 수용재결 후 행정대집행으로 처리한다.

○ 무연분묘로 추정되는 분묘에 대해 연고자신고가 된 경우, 특별한 사정이 없는 한 연고자에게 개장일정을 확인하여 담당직원이 분묘 개장현장에 입회하여 이행여부를 확인하고, 개장신고필증과 이장사진 증빙자료와 함께 기본조사 및 보상업무에 관한 지침 별지 제10호 서식에 따라 연고자 본인의 확약과 제적등본상 친인척 또는 해당사업지구내 거주민 1인이 인우보증한 확인서를 제출받아 보상금을 지급한다.

○ 무연분묘 이장 후 연고자가 확인된 분묘에 대해서는 그 차액을 보상한다.

유연1기당 분묘보상액 − 무연분묘로 처리된 1기당 비용 = 차액(보상액)

---

(4) 가묘의 보상여부

시신 또는 유골을 매장한 봉분형태의 분묘가 아닌 시신이나 유골을 매장되어 있지 않은

---

508) ※ 좌향: 비석 등에 십이간지와 향을 표시하여 정방향을 확인할 수 있는 표식

가묘는 분묘로 볼 수 없으므로 보상대상이 아니다.

「장사 등에 관한 법률」 제2조 제6호에 의하면 '분묘는 시체나 유골을 매장하는 시설'을 의미하므로 가묘는 분묘이장비 지급 대상이 아니며 토지에 대한 보상을 하였다면 별도의 보상대상이 아니다. 다만, 지장물로 보아 잔디 이식비용, 봉분 조성을 위한 인건비 등은 지급가능하나 이 경우 토지에 대한 보상비는 위 가묘의 조성비를 제외하고 평가하며, 가묘에 대한 감정평가 의뢰시 잔디규격, 묘규격 등을 표시하고 가묘조성비라고 명시하여 의뢰한다.[509]

(5) 분묘기지권

분묘기지권은 그 존속기간을 분묘의 존속기간으로 하고 지료의 지급의무가 없는 관습법상의 지상권으로서 점유권과 유사한 성격을 가지므로, 이를 양도할 수 없고 분묘를 이전할 경우 그 권리가 소멸되므로 별도의 보상대상이 되는 소유권 외의 권리에 해당되지 않는다. 따라서 타인의 토지상에 분묘가 있고 기준시점 당시에 분묘기지권이 있다고 하여도 분묘의 보상평가에서는 이를 별도로 고려하지 않고 평가한다. 한편, 「장사등에관한법률」 제27조제3항 및 부칙 제2조에 의하여 2001. 1. 13 이후 설치되는 분묘에 대하여는 종래 판례상 인정되어 온 분묘기지권을 인정하지 않고 있다.[510]

---

[509] 한국토지주택공사, 앞의 책, 2016, 317면

[510] ■ 장사 등에 관한 법률 제19조(분묘의 설치기간) ① 제13조에 따른 공설묘지 및 제14조에 따른 사설묘지에 설치된 분묘의 설치기간은 30년으로 한다. 〈개정 2015. 12. 29.〉
② 제1항에 따른 설치기간이 지난 분묘의 연고자가 시·도지사, 시장·군수·구청장 또는 제14조제3항에 따라 법인묘지의 설치·관리를 허가받은 자에게 그 설치기간의 연장을 신청하는 경우에는 1회에 한하여 그 설치기간을 30년으로 하여 연장하여야 한다. 〈개정 2015.12.29.〉
③ 제1항 및 제2항에 따른 설치기간을 계산할 때 합장 분묘인 경우에는 합장된 날을 기준으로 계산한다.
④ 제2항에도 불구하고 시·도지사 또는 시장·군수·구청장은 관할 구역 안의 묘지 수급을 위하여 필요하다고 인정되면 조례로 정하는 바에 따라 5년 이상 30년 미만의 기간 안에서 제2항에 따른 분묘 설치기간의 연장 기간을 단축할 수 있다. 〈개정 2015.12.29.〉
⑤ 제2항에 따른 분묘 설치기간의 연장 신청에 관하여 필요한 사항은 보건복지부령으로 정한다
제27조(타인의 토지 등에 설치된 분묘 등의 처리 등) ① 토지 소유자(점유자나 그 밖의 관리인을 포함한다. 이하 이 조에서 같다), 묘지 설치자 또는 연고자는 다음 각 호의 어느 하나에 해당하는 분묘에 대하여 보건복지부령으로 정하는 바에 따라 그 분묘를 관할하는 시장등의 허가를 받아 분묘에 매장된 시신 또는 유골을 개장할 수 있다. 〈개정 2015.1.28.〉
1. 토지 소유자의 승낙 없이 해당 토지에 설치한 분묘
2. 묘지 설치자 또는 연고자의 승낙 없이 해당 묘지에 설치한 분묘
② 토지 소유자, 묘지 설치자 또는 연고자는 제1항에 따른 개장을 하려면 미리 3개월 이상의 기간을 정

(6) 관련 판례 등

> **판례**
>
> [판례] ▶ 분묘기지권의 성질
>
> [대법원 2007.6.28. 선고 2007다16885]
>
> **【판결요지】**
>
> 타인의 토지에 합법적으로 분묘를 설치한 자는 관습상 그 토지 위에 지상권에 유사한 일종의 물권인 분묘기지권을 취득하나, 분묘기지권에는 그 효력이 미치는 범위 안에서 새로운 분묘를 설치하거나 원래의 분묘를 다른 곳으로 이장할 권능은 포함되지 않는다.
>
> **유권해석**
>
> [유권해석] ▶ 무단으로 설치한 분묘라도 관계법령에서 보상에 관하여 제한을 둔 경우 또는 공익사업과 관련 없이 관계법령에 위반되어 이전·철거 등의 조치가 진행되는 경우가 아니라면 보상대상이 된다. [2018.5.29. 토지정책과-3495]
>
> **【질의요지】**
>
> 국립묘지 조성사업에 편입된 국·공유지상에 실시계획인가 고시 이전에 무단으로 설치한 분묘가 있는 경우 보상여부?
>
> **【회신내용】**

하여 그 뜻을 해당 분묘의 설치자 또는 연고자에게 알려야 한다. 다만, 해당 분묘의 연고자를 알 수 없으면 그 뜻을 공고하여야 하며, 공고기간 종료 후에도 분묘의 연고자를 알 수 없는 경우에는 화장한 후에 유골을 일정 기간 봉안하였다가 처리하여야 하고, 이 사실을 관할 시장등에게 신고하여야 한다. 〈개정 2015.1.28.〉
③ 제1항 각 호의 어느 하나에 해당하는 분묘의 연고자는 해당 토지 소유자, 묘지 설치자 또는 연고자에게 토지 사용권이나 그 밖에 분묘의 보존을 위한 권리를 주장할 수 없다.
부 칙 〈법률 제13660호, 2015.12.29.〉
제2조(분묘의 설치기간에 관한 적용례) 제19조의 개정규정은 법률 제6158호 매장 및묘지등에관한법률개정법률의 시행일인 2001년 1월 13일 이후 최초로 설치된 분묘부터 적용한다.

해당 건축물 등이 무허가인지 여부에 따라 보상여부에 차등을 두고 있지 아니하므로 건축물등 자체에 대한 보상시에는 이전비 또는 물건의 가격으로 보상하여야 한다고 보며(참조 해석례 법제처 10-0399, 2010.12.3.), 다만 관계법령에서 보상에 관하여 제한을 둔 경우 또는 공익사업과 관련없이 관계법령에 위반되어 이전·철거 등의 조치가 진행되고 있는 등의 경우에는 당해 공익사업의 시행으로 인한 손실이 발생한다고 볼 수 없으므로 보상대상에 해당되지 아니한다고 봅니다.

질의회신

[질의회신1] ▶ 납골당은 분묘로 볼 수 없고 시설물에 해당하므로 이전비로 평가보상하고 제례 등 비용은 이전비에 포하여 보상한다. [1999.4.3. 토정58342-587]

[질의회신2] ▶ 석축한 부지를 분묘로 평가한 경우라면 분묘설치를 위해 시설한 석축에 대한 설치비용을 별도로 보상하지 않는다. [1995.5.31. 토정58342-971]

[질의회신3] ▶ 묘비에 불구하고 연고자를 알 수 없는 경우에는 「장사 등에 관한 법률」에 의한 개장허가 등을 거쳐 개장 가능하다. [2003.5.7. 토관58342-633]

[질의회신4] ▶ 무연분묘로 이장한 후 연고자에게 분묘이전비를 지급할 수 있는지 [2004.2.27. 사이버민원 8784]

【질의요지】
조상의 분묘가 공익사업에 편입되어 무연분묘로 처리되어 공설묘지에 이장하였으나, 그 후 연고자가 분묘를 이장하고자 하는 경우 분묘이전비를 지급할 수 있는지

【회신내용】
1) 시장·군수 또는 구청장이 공공사업지구에 편입되는 무연분묘 등을 이장하고자 할 경우에는 이장조치를 하기 2월 전에 중앙일간신문을 포함한 2이상의 일간신문에 2회 이상 공고하되, 두 번째 공고는 첫 번째 공고일부터 1월이 지난 다음에 하도록

규정하고 있습니다.(장사 등에 관한 법률 시행규칙 제15조제2항 참조)

2) 종전의 공공용지의취득및손실보상에관한특례법시행규칙(제28조)에서, 분묘 이장비로는 이장비, 석물이전비, 잡비와 연고자가 있는 분묘에 대하여는 50만원 이내에서 분묘이장보조비를 지급하도록 규정하고 있었습니다.(현행 공익사업을 위한 토지 등의 취득 및 보상에 관한 법률 시행규칙 제42조 참조)

3) 사업시행자가 위 절차에 의하여 공고를 하였으나, 공공사업에 편입되는 분묘에 대하여 연고자가 확인되지 아니하여 무연분묘로 간주하여 공설묘지에 이장한 경우라도, 그 후 연고자가 이를 다른 장소로 이장하고자 하는 경우에는 유연분묘에 대한 이장비와 이장보조비를 합한 금액에서 무연분묘로 간주되어 공공사업시행자가 이장하는데 소요된 비용을 뺀 금액을 지급할 수 있을 것으로 봅니다. 개별적인 사례에 대하여는 사업시행자가 사실관계를 조사하여 판단·결정할 사항으로 봅니다.

[질의회신5] ▶ 매장기간이 오래되어 유골이 없고 산화된 경우에도 분묘이전비를 보상한다. [2011.2.15. 토지정책과—734]

【질의요지】

개장신고 또는 허가를 득하여 분묘를 개장하였으나, 매장기간이 오래되어 유골이 없고 산화된 경우 분묘이전비 등의 보상대상 여부

【회신내용】

「공익사업을 위한 토지 등의 취득 및 보상에 관한 법률 시행규칙」 제42조제1항에 의하면, 「장사 등에 관한 법률」 제2조제16호에 따른 연고자가 있는 분묘에 대하여는 분묘이전비, 석물이전비, 잡비, 이전보조비의 합계액을 산정하여 보상하도록 규정하고 있습니다. 따라서, 매장기간이 오래되어 유골이 없고 산화된 경우에도 연고자가 있는 분묘에 대하여는 위 규정에 따라 분묘이전비 등을 보상하여야 한다고 봅니다.

[질의회신6] ▶ 가묘에 설치된 석축(축대)과 가묘가 보상대상에 해당되는지 여부
[2001.7.14. 토관58342—1076]

【회신내용】

특례법시행규칙 제28조의 규정에 의한 분묘이장비는 분묘를 이장하는 경우에 그에 따른 이장비를 보상하는 것이므로 가묘는 이에 해당되지 아니한다고 보며, 동법 시행규칙 제12조 제5항의 규정에 의하면 석축제방 기타 이와 유사한 공작물 등으로 토지 등이 보호되고 있는 경우 그 토지 등을 공공사업용지로 편입시키는 때에는 그 석축·제방 기타 이와 유사한 공작물 등에 대하여는 따로 평가하지 아니하되 그 부지에 대하여는 제3항 제1호의 규정에 준하여 평가하도록 되어있으므로 토지 등을 보호하고 있는 석축 등은 별도의 보상대상에 해당되지 아니합니다.

[질의회신7] ▶ 유연분묘에 대하여 협의보상이 불가한 경우 사업시행자는 분묘를 개장할 수 있는지 여부 [2009.11.15. 토지정책과-5356]

【회신내용】

토지보상법 제28조에 의하면 제26조의 규정에 의한 협의가 성립되지 아니하거나 협의를 할 수 없는 때에는 사업시행자는 재결을 신청할 수 있도록 규정하고 있으므로, 수용재결이 있은 후 보상금을 공탁하고 수용시기이후에 행정대집행을 할 수 있다고 보며, 개별적인 사례에 대하여는 사업시행자가 사실관계를 등을 검토하여 판단하시기 바랍니다.

11. 수목보상

수목은 토지위에 식생하고 있는 모든 식물군을 뜻하는 것이나, 토지보상법 시행규칙은 지장물로 취급되어 보상대상이 되는 수목을 수익수(과수 그 밖에 수익이 나는 나무), 관상수(=조경수), 과수(=유실수), 묘목, 입목(조림된 용재림 및 이와 유사한 자연림 포함) 및 죽목 등으로 분류하여 그 각각의 평가기준에 따라 다르게 보상하고 있다(시행규칙 제37조 내지 제39조). 공익사업시행자는 수목평가와 관련하여 최근 피수용인들과의 분쟁이 심하여서 조경수협회 등 외부용역에 의뢰하는 경향이 크며, 법원 감정시에도 전문감정평가업자 외에 조경수협회에도 감정평가를 촉탁한다.[511]

---

511) 수목감정과 관련하여 피수용인은 감정평가내용으로 근원직경, 흉고직경, 수고 등을 적시하여 의견서

다만, 임야상의 조림되지 아니한 자연발생적으로 존재하는 소나무 및 잡목 등 자연 수목은 토지(임지)보상에 포함되므로 별도 수목보상 대상이 아니며, 묘목에 대해서는 상품화 가능여부, 이식에 따른 고손율, 성장정도, 관리상태 등을 종합적으로 고려하여 평가한 금액으로 보상한다.

가. 수목보상의 일반적인 산정기준

(1) 보상기준

공익사업지구내 수목은 이전비 내지 이식비로 매 그루별로 평가하여 보상하는 것이 원칙이다. 다만, 수목의 수량이 많고 수종·수령·규격 등의 식재상황 등을 고려할 때 수종·수령·규격 등 별로 일괄하여 평가하는 것이 합리적일 경우에는 예외적으로 수종·수령·규격 등 별로 일괄하여 보상평가 할 수 있으며, 이 경우 이전비 또는 이식비와 수목가액과의 비교는 일괄하여 평가한 수목 전체를 기준으로 할 수 있다.

수목의 이전비란 대상수목을 공익사업시행지구 밖의 지역으로 이전하는데 소요되는 비용으로서 굴취비, 상·하차비, 운반비, 식재비, 재료비 및 기타 부대비용을 포함하며, 표준품셈 및 한국물가협회 자료 등을 참작하여 평가한다.[512] 또한, 이식비(이식에 드는 실비)란 수목의 이전 후에 고손·감수 등의 손실이 발생하는 경우는 그 손실액을 이전비에 고손액 등을 더하여 보상평가 할 경우의 평가액을 말한다.

수목의 이전비를 표준품셈에 의할 경우 그 산정기준은 수목 1주당 가액을 기준으로 한 것이므로, 소량의 수목을 이전할 때에는 비용이 증가하고[513], 대량의 수목을 이전하는 경우에는 특별한 사정이 없는 한 규모의 경제 원리가 작용하여 그 이전비가 감액될 가능성이 있고 수량·식재상황[514] 및 식재장소[515] 등에 따라 적정하게 가감·조정할 수도 있다.

등을 작성하는 것이 바람직하다.

512) 품셈이란 어떤 단위의 물건을 만드는데 소요되는 품 즉, 물건을 만드는데 필요한 노무량이 얼마인가를 셈한다는 뜻의 복합어로 표준품셈이란 정부 등 공공기관에서 시행하는 건설공사 적정한 예정가격을 산정하기 위한 일반적인 기준 내지 시설공사의 대표적이고 보편적인 공종, 공법을 기준으로 하여 작업당 소요되는 재료량, 노무량, 장비사용시간 등을 수치로 표시한 표준적인 기준을 말한다.
실무상 실제 수목이전비 산출은 조경공 및 보통인부의 정부노임단가 및 구역하물자동차운임 등을 고려하여 산정하고 있다.

513) 표준품셈에서는 차량 1대에 5주를 옮기는 것을 기준으로 작성되어 있으나 실제 보상대상 수량은 5주 미만인 경우 등

514) 수목이 자연상태 식재 또는 농장부지에 식재되어 있는지 여부

판례는 "수목의 이식비용을 산정할 때에, 그 산정기준이 수목 1주당 가액을 기준으로 한 것이라면 대량의 수목이 이식되는 경우에는 특별한 사정이 없는 한 규모의 경제 원리가 작용하여 그 이식비용이 감액될 가능성이 있다고 봄이 경험칙에 부합하나, 수목을 대량으로 이식하는 경우가 낱개로 이식하는 경우에 비하여 수목이 고사할 가능성인 '고손율'이 더 낮다고 인정할 만한 특별한 사정이 없는 한, 고손액이 이식비용과 마찬가지로 규모의 경제의 원리에 따라 감액되어야 한다고 단정할 수 없다"라고 판시516)하면서, 대량의 수목을 이식하는 경우에 규모의 경제 원리에 따라 이식비를 감액할 수는 있으나 고손액은 감액할 수 없다고 하였는바 합리적이고 타당한 판결이라 생각한다.

한편, 토지보상법 제75조제1항 단서규정에 따라 수목의 이전 내지 이식의 비용이 수목의 취득가액(취득비)517)을 초과하는 경우에는 취득가격으로 보상하여야 한다. 그러나, 취득가격 보상은 예외적인 것인바, 대법원은 수용될 토지에 정착한 수목에 대한 보상액을 평가함에 있어서는 이식의 가능성을 전제로 이식비를 그 보상액으로 결정하여야 하고,518) "이식비가 취득비를 초과하는지의 여부는 각 과수별로 이식비와 취득비를 상호비교하여 결정하여야 하는 것이지, 수용대상이 된 당해 토지 전체의 과수에 대한 총 이식비와 총 취득비를 상호비교하여 결정할 것이 아니다"라고 판시519)하고 있다.

판례

[판례1] ▶ 대량의 수목을 이식하는 경우 규모의 경제 원리에 따라 이식비는 감액할 수 있으나 고손액은 감액할 수 없다.
[대법원 2015.10.29. 선고 2015두2444] (손실보상금)

【판시사항】

[1] 구 공익사업을 위한 토지 등의 취득 및 보상에 관한 법률 제75조 제1항에 따른 이전비 보상과 관련하여 수목의 이식비용을 산정할 때, 수목 1주당 가액을 산정기준

---

515) 차량의 진출입 가능성 여부, 경사도 등
516) 대법원 2015.10.29. 선고 2015두2444 판결
517) 수목의 취득비는 조달청가격 또는 조경수협회가격 등을 참작하여 평가함.
518) 대법원 1989.9.29. 선고 89누2776,2783,2790 판결
519) 대법원 2002.6.14. 선고 2000두3450 판결

으로 대량의 수목을 이식하는 경우, 규모의 경제 원리에 따라 이식비용을 감액할 수 있는지 여부(원칙적 적극)

[2] 수목을 대량으로 이식하는 경우, 규모의 경제 원리에 따라 고손액을 감액하여야 하는지 여부(원칙적 소극)

【판결이유】

1. 고손율의 평가방법에 관하여

법원은 변론 전체의 취지와 증거조사의 결과를 참작하여 자유로운 심증으로 사회정의와 형평의 이념에 입각하여 논리와 경험의 법칙에 따라 사실 주장이 진실한지 아닌지를 판단하며, 원심판결이 이와 같은 자유심증주의의 한계를 벗어나지 아니하여 적법하게 확정한 사실은 상고법원을 기속한다(행정소송법 제8조 제2항, 민사소송법 제202조, 제432조).

원심은 판시와 같은 이유로, 이 사건 수목 중 ① 지면에 식재된 분재 및 정원수에 대해서는 취득가격에 관계없이 10%의, ② 화분에 식재된 분재에 대해서는 5%의 각 고손율을 적용하여 원고에 대한 손실보상금을 산정하였다.

원심판결 이유를 위 법리 및 원심 판시 관련 법령의 규정과 법리와 아울러 적법하게 채택된 증거들에 비추어 살펴보면, 위와 같은 원심의 판단에 상고이유 주장과 같이 수목의 고손율 평가방법에 관한 법리를 오해하고 논리와 경험의 법칙을 위반하여 자유심증주의의 한계를 벗어나거나 이유를 제대로 갖추지 아니하고 이유가 모순되는 등의 위법이 없다.

2. 수용재결 후 멸실된 분재 등과 관련된 손실보상에 관하여

원심은 수용재결 당시에는 존재하였으나 제1심 감정 당시에는 사라진 분재와 정원수에 대하여, 판시와 같은 이유를 들어 위 분재와 정원수는 이 사건 지장물에 대한 손실보상에서 제외된다고 판단하였다.

원심판결 이유를 앞에서 본 법리 및 원심 판시 관련 법률의 규정과 법리와 아울러 적법하게 채택된 증거들에 비추어 살펴보면, 위와 같은 원심의 판단에 상고이유 주장과 같이 구「공익사업을 위한 토지 등의 취득 및 보상에 관한 법률」(2011.8.4. 법률 제11017호로 개정되기 전의 것, 이하 '토지보상법'이라 한다) 제46조에서 정한 위험부담 및 이전에 필요한 비용 등에 의한 손실보상의 대상이 되는 지장물의 범위에 관한 법리를 오해하는 등의 사유로 판결에 영향을 미친 위법이 없다.

3. 휴업기간의 산정방법에 관하여

원심은 판시와 같은 이유로 원고가 구 공익사업을 위한 토지 등의 취득 및 보상에 관한 법률 시행규칙(2014.10.22. 국토교통부령 제131호로 개정되기 전의 것, 이하 '토지보상법 시행규칙'이라 한다) 제47조 제2항 제2호에서 정한 '영업시설의 규모가 크거나 이전에 고도의 정밀성을 요구하는 등 해당 영업의 고유한 특수성으로 인하여 3월 이내에 다른 장소로 이전하는 것이 어렵다고 객관적으로 인정되는 경우'에 해당한다고 볼 수 없다고 판단하였다.

원심판결 이유를 앞에서 본 법리 및 원심 판시 관련 법령의 규정과 법리와 아울러 적법하게 채택된 증거들에 비추어 살펴보면, 위와 같은 원심의 판단에 상고이유 주장과 같이 휴업기간 산정방법에 관한 법리를 오해하거나 논리와 경험의 법칙을 위반하여 자유심증주의의 한계를 벗어나는 등의 위법이 없다.

4. 대량 이식으로 인한 수목 이전비 감액에 관하여

가. 토지보상법 제75조는 제1항에서 건축물·입목·공작물 기타 토지에 정착한 물건에 대하여는 이전에 필요한 비용(이하 '이전비'라 한다)으로 보상하되 그 이전비가 그 물건의 가격을 넘는 경우 등에는 물건의 가격으로 보상하도록 하면서, 제6항에서 그 보상액의 구체적인 산정 및 평가방법과 보상기준을 국토교통부령으로 정하도록 규정하고 있다. 이러한 위임에 따라 토지보상법 시행규칙은 이식이 가능한 관상수의 이전비는 이식적기, 고손율(고손율) 등을 고려하여 이식비용(이식에 드는 실비를 말한다. 이하 같다)과 고손액의 합계액으로 산정하도록 규정하고 있다(제37조 제1항, 제2항, 제4항).

한편 수목의 이식비용을 산정할 때에, 그 산정기준이 수목 1주당 가액을 기준으로 한 것이라면 대량의 수목이 이식되는 경우에는 특별한 사정이 없는 한 규모의 경제 원리가 작용하여 그 이식비용이 감액될 가능성이 있다고 봄이 경험칙에 부합한다(대법원 2003.11.27. 선고 2003두3888 판결 참조).

원심은 관상수에 해당하는 이 사건 수목의 이식비용에 관하여 대량으로 이식된다는 전제에서 규모의 경제 원리를 적용해야 한다고 보았고, 그 결과 감정인이 수목 1주를 이전할 때 소요되는 비용을 기준으로 산정한 이식비용의 80%만이 이전비에 포함되어야 한다고 판단하였다. 원심판결 이유를 적법하게 채택된 증거들에 비추어 살펴보면, 이 사건 수목의 대량 이식을 고려하여 이식비용을 감액해야 한다는 원심의 판단은 위 법리에 따른 것으로서, 거기에 수목의 이전비 산정방법에 관한 법리 등을 오해하거나 논리와 경험의 법칙에 반하여 자유심증주의의 한계를 벗어나는 등의 위법이 없다.

나. 한편 원심은, 고손액에 대하여도 수목의 이전과 관련되는 비용으로 보아 이식비용과 마찬가지로 규모의 경제 원리가 적용되어 그 금액의 80%만을 이전비로 산정해야 한다고 판단하였다. 그러나 고손액은 이식 과정에서 고사 또는 훼손되는 수목의 손실을 보상하기 위한 항목으로서, '수목의 가격'에 수목이 이식 후 정상적으로 성장하지 못하고 고사할 가능성을 비율로 표시한 수치인 '고손율'을 곱하는 방법으로 산정되므로, 실제로 수목을 굴취하여 차량 등으로 운반한 후 다시 식재하는 데에 소요되는 실비에 대한 변상인 이식비용과는 그 성격이 전혀 다르다.
따라서 수목을 대량으로 이식하는 경우가 낱개로 이식하는 경우에 비하여 수목이 고사할 가능성인 '고손율'이 더 낮다고 인정할 만한 특별한 사정이 없는 한, 고손액이 이식비용과 마찬가지로 규모의 경제의 원리에 따라 감액되어야 한다고 단정할 수 없다.

[판례2] ▶ 수용토지상의 정착물에 대한 보상액 산정에 있어 심리미진의 위법이 있다고 본 사례
[대법원 1989.9.29. 선고 89누2776,2783,2790] (수용재결이의신청재결처분취소)

【판결요지】
토지수용법 제49조, 제50조, 제57조의2, 공공용지의취득및손실보상에관한 특례법 제4조 제3항, 같은법시행령 제2조 제4항, 같은법시행규칙 제13조의 규정내용에 비추어 보면 수용토지에 정착한 타인의 수목에 대한 보상액을 감정평가함에 있어서는 그 수목의 평가기준에 대한 설명이 있어야 하고, 평가기준을 이식비로 밝히고 있더라도 이

식이 가능한 경우에 한하여 이식비를 그 보상액으로 결정하여야 할 것이므로 이식이 가능한지 여부에 관하여 먼저 심리조사하여야 하며 그 감정가액이 같은 지역내에 있는 유사한 수목에 대한 보상가액과 현저하게 차이가 있다면 그 이유도 심리하여 보아야 한다.

[판례3] ▶ 토지수용으로 인한 보상액 산정을 위해 지장물인 과수를 평가함에 있어 과수의 이식비가 취득비를 초과하는지 여부의 판단 기준
[대법원 2002.6.14. 선고 2000두3450] (재결처분취소등)

【판결요지】
구 공공용지의취득및손실보상에관한특례법시행규칙(1997.10.15. 건설교통부령 제121호로 개정되기 전의 것) 제13조 제2항에 의하면, 토지수용으로 인한 보상액에 관하여 지장물인 과수는 이식이 가능한 경우 원칙적으로 이식에 필요한 비용과 이식함으로써 예상되는 고손율 및 감수율을 감안하여 정한 고손액 및 감수액(결실하지 아니하는 미성목의 경우를 제외한다.)의 합계액으로, 이식이 가능하더라도 이식비가 취득비를 초과하는 경우 및 이식이 불가능한 과수로서 거래사례가 있는 때에는 비준가격과 벌채비용의 합계액에서 수거된 용재목대 또는 연료목대를 뺀 금액으로 하도록 규정하는 바, 여기에서 이식비가 취득비를 초과하는지의 여부는 각 과수별로 이식비와 취득비를 상호비교하여 결정하여야 하는 것이지, 수용대상이 된 당해 토지 전체의 과수에 대한 총 이식비와 총 취득비를 상호비교하여 결정할 것이 아니다.

(2) 수목의 수량 산정방법

원칙적으로 수목의 수량은 평가대상 수목을 그루별로 조사하여 산정하되, 그루별로 조사할 수 없는 특별한 사유가 있는 경우에는 단위면적을 기준으로 하는 표본추출방식[520]에 의한다(시행규칙 제40조제1항).

또한, 수목의 손실에 대한 보상액(가액)은 정상식(경제적으로 식재목적에 부합되고 정상

---

520) 표본추출방식이란 입목의 수량이 방대하여 이를 일일이 세기가 곤란한 경우에 그 정도에 크게 차이가 없다고 인정되는 범위 안에서 표본을 산정하고, 그 단위면적에 의거 산출된 본수를 기준으로 산정하는 방식이다.

적인 생육이 가능한 수목의 식재상태를 말함)을 기준으로 한 평가액을 초과하지 못하므로(시행규칙 제40조제2항), 수목의 주수가 정상식에 미달되게 식재되어 있는 경우에는 미달된 실재 식재주수를 기준으로 평가하고 수목의 주수가 정상식을 초과하여 식재된 경우에는 정상식재 기준으로 산정·평가한다.

나. 과수 등의 보상평가

(1) 수익수와 관상수의 개념

수익수는 뽕나무, 약용식물, 과수 등의 수익이 발생하는 나무이고, 관상수는 잎, 열매, 꽃 따위의 외부형태를 보고 즐기는 나무를 말한다.

과수, 수익수 또는 관상수에 대하여는 수종·규격·수령·수량·식수면적·관리상태·수익성·이식가능성 및 이식의 난이도 그 밖에 가격형성에 관련되는 제요인을 종합적으로 고려하여 이식으로 인한 손실을 평가한 금액으로 보상한다(시행규칙 제37조제1항).

관련법령

■ **토지보상법 시행규칙 제37조(과수 등의 평가)** ① 과수 그 밖에 수익이 나는 나무(이하 이 조에서 "수익수"라 한다) 또는 관상수(묘목을 제외한다. 이하 이 조에서 같다)에 대하여는 수종·규격·수령·수량·식수면적·관리상태·수익성·이식가능성 및 이식의 난이도 그 밖에 가격형성에 관련되는 제요인을 종합적으로 고려하여 평가한다.

② 지장물인 과수에 대하여는 다음 각호의 구분에 따라 평가한다. 이 경우 이식가능성·이식적기·고손율(枯損率) 및 감수율(減收率)에 관하여는 [별표 2]의 기준을 참작하여야 한다.

　1. 이식이 가능한 과수

　　가. 결실기에 있는 과수

　　　(1) 계절적으로 이식적기인 경우 : 이전비와 이식함으로써 예상되는 고손율·감수율을 감안하여 정한 고손액 및 감수액의 합계액

　　　(2) 계절적으로 이식적기가 아닌 경우 : 이전비와 (1)의 고손액의 2배 이내의 금액 및 감수액의 합계액

나. 결실기에 이르지 아니한 과수

　　(1) 계절적으로 이식적기인 경우 : 이전비와 가목(1)의 고손액의 합계액

　　(2) 계절적으로 이식적기가 아닌 경우 : 이전비와 가목(1)의 고손액의 2배 이내의 금액의 합계액

2. 이식이 불가능한 과수

　가. 거래사례가 있는 경우 : 거래사례비교법에 의하여 평가한 금액

　나. 거래사례가 없는 경우

　　(1) 결실기에 있는 과수 : 식재상황·수세·잔존수확가능연수 및 수익성 등을 감안하여 평가한 금액

　　(2) 결실기에 이르지 아니한 과수 : 가격시점까지 소요된 비용을 현재의 가격으로 평가한 금액(이하 "현가액"이라 한다)

③ 법 제75조제1항 단서의 규정에 의하여 물건의 가격으로 보상하는 과수에 대하여는 제2항제2호 가목 및 나목의 예에 따라 평가한다.

④ 제2항 및 제3항의 규정은 과수외의 수익수 및 관상수에 대한 평가에 관하여 이를 준용하되, 관상수의 경우에는 감수액을 고려하지 아니한다. 이 경우 고손율은 당해 수익수 및 관상수 총수의 10퍼센트 이하의 범위안에서 정하되, 이식적기가 아닌 경우에는 20퍼센트까지로 할 수 있다.

⑤ 이식이 불가능한 수익수 또는 관상수의 벌채비용은 사업시행자가 부담한다. 다만, 수목의 소유자가 당해 수목을 처분할 목적으로 벌채하는 경우에는 수목의 소유자가 부담한다.

(2) 과수의 일반적 보상기준

지장물인 과수에 대하여는 다음 각호의 구분에 따라 평가한다. 이 경우 <u>이식가능성·이식적기·고손율(枯損率) 및 감수율(減收率)</u>에 관하여는 [별표 2]의 기준을 참작하여야 한다(시행규칙 제37조제2항). [별표 2]의 기준에 의하면 과수의 이식가능 여부는 수령을 기준으로 판단하도록 규정하고 있다. <u>과수평가의 핵심은 대상 과수의 이식가능성 여부와 이식가능의 경우 이식의 난이도이며, 이식이 불가능한 경우에는 거래사례비교법(거래사례가 있는 경우)으로 평가 하는</u> 것이다.

한편, 과수의 수확량 및 수익성은 결실기 이후 일정한 기간은 증가하나 최대 수확기를

도과하면 수확량 및 수익성이 하락하므로 과수의 경우 물건조서에는 반드시 수령이 기재되어야 한다.[521]

[별표 2]

수종별 이식가능수령ㆍ이식적기ㆍ고손율 및 감수율기준

(토지보상법 시행규칙 제37조제2항 관련)

구분 수종	이식가능 수령	이식적기	고손율	감수율	비고
일반사과	5년 이하	2월 하순~3월 하순	15% 이하	이식 1차년: 100% 이식 2차년: 80% 이식 3차년: 40%	그 밖의 수종은 유사수종에 준하여 적용한다.
왜성사과	3년 이하	2월 하순~3월 하순, 11월	20% 이하		
배	7년 이하	〃	10% 이하		
복숭아	5년 이하	〃	15% 이하		
포도	4년 이하	〃	10% 이하		
감귤	8년 이하	6월 장마기, 11월, 12월~3월 하순	10% 이하		
감	6년 이하	2월 하순~3월 하순, 11월	20% 이하		
밤	6년 이하	11월 상순~12월 상순	20% 이하		
자두	5년 이하	2월 하순~3월 하순, 11월	10% 이하		
호두	8년 이하	〃	10% 이하		
살구	5년 이하	〃	10% 이하		

① 이식이 가능한 과수의 평가기준

(ⅰ) 결실기에 있는 과수

계절적으로 이식시기이고 수령 또는 계절로 보아 이식가능 과수의 경우에는 이전비와 이식함으로써 예상되는 고손율ㆍ감수율을 감안하여 정한 고손액 및 감수액의 합계액으로 평가하고, 계절적으로 이식적기가 아닌 경우에는 이전비와 고손액의 2배 이내의 금액 및 감수액의 합계액으로 평가한다.

---

521) 중앙토지수용위원회, 앞의 책, 2017.12., 328면

○ 계절적으로 이식적기인 경우 : 이전비 + 고손액 + 감수액

○ 계절적으로 이식적기가 아닌 경우 : 이전비 + 고손액의 2배이내 + 감수액

※ 이전비= 굴취비 + 상·하차비 + 운반비 +식재비 +재료비 +기타 부대비용

※ 고손액(수목취득가액×고손율): 이식 과정에서 불가피하게 발생되는 고사(枯死) 또는 훼손되는 손실액으로 수목취득가액에 고손율을 곱하여 산정하며, 이 경우 수목가액은 기준시점 당시의 가액으로 한다. 고손율은 이식적기에는 과수의 종류에 따라 보통 10~20% 이하이나 이식적기 아닌 경우에는 그 비율이 20~40% 이하로 상향된다.

※ 고손율(枯損率)
① 이식 후 정상적으로 성장하지 못하고 고사할 가능성을 비율로 표시한 수치이다.
② 과수의 고손율은 이식적기 여부에 따라 달라지고 이식 시기는 해당 공익사업의 시행 경과 등에 따라 달라질 수 있으므로 기준시점 당시에 이전하는 것으로 일률적으로 판단해서는 안 된다. 즉, 기준시점 당시는 이식부적기라고 하여도 공익사업의 진행상황에 따라 사업시행자가 이식적기에 이식하도록 허용할 수도 있으므로 이식 시기는 사업시행자가 결정하여야 한다.

※ 감수액(예상수익×감수율): 이식으로 인하여 발생하는 결실의 감소액으로 예상수익에 감수율을 곱하여 산정한다. 감수율은 수종에 관계없이 1년차에 100%, 2년차에 80%, 3년차에 40%로 정하고 있다.

※ 감수율(減收率): 이식전 정상적인 결실율 대비 이식된 장소에서의 결실율을 말한다.

(ii) 결실기에 이르지 아니한 과수

계절적으로 이식적기인 경우에는 이전비와 고손액의 합계액으로 하고, 계절적으로 이식적기가 아닌 경우에는 이전비와 고손액의 2배 이내의 금액의 합계액으로 한다.

○ 계적적으로 이식적기인 경우 : 이전비 + 고손액

○ 계절적으로 이식적기가 아닌 경우 : 이전비 + 고손액의 2배이내

② 이식이 불가능한 과수의 평가기준

(ⅰ) 거래사례가 있는 경우

거래사례비교법에 의하여 평가한 금액으로 보상한다.

(ⅱ) 거래사례가 없는 경우

결실기에 있는 과수는 식재상황·수세·잔존수확가능연수 및 수익성 등을 감안하여 평가한 금액으로 하고, 결실기에 이르지 아니한 과수는 가격시점까지 소요된 비용을 현재의 가격으로 평가한 금액(현가액)으로 보상한다.

③ 물건의 가격으로 보상하는 과수

물건의 가액(취득비)으로 보상하는 과수는 '지장물인 이식이 불가능한 과수'를 준용하여 보상평가 한다(시행규칙 제37조제3항). 즉, 이식불가능, 이식비가 과수의 취득가액(취득비) 초과, 또는 사업시행자가 공익사업에 직접 사용할 목적으로 과수를 취득하는 경우에 거래사례가 있는 경우에는 거래사례비교법에 의해 평가하고, 거래사례가 없는 경우에는 가격시점까지 소요된 비용의 현가액으로 평가한다.

과수 외의 수익수 및 관상수는 '지장물인 과수' 및 '물건의 가액으로 보상하는 과수'를 준용하여 보상평가 하되, 관상수의 경우에는 감수액을 고려하지 아니하며, 이 경우 고손율은 당해 수익수 및 관상수 총수의 10% 이하의 범위 안에서 정하되, 이식적기가 아닌 경우에는 20%까지로 할 수 있다(시행규칙 제37조제4항).

정원 등에 식재되어 판매를 목적으로 하지 않는 관상수의 가액은 식재비 등을 고려하여 평가할 수 있으나, 판매를 목적으로 가식상태에 있는 관상수를 이식비로 보상평가 하는 경우에 식재상태 등을 고려하여 굴취비 등의 일부 비용을 제외하거나 감액할 수 있다.

(3) 이식이 불가능한 수익수 또는 관상수의 벌채비용

사업시행자가 부담하나, 수목의 소유자가 당해 수목을 처분할 목적으로 벌채하는 경우에는 수목의 소유자가 부담한다(시행규칙 제37조제5항).

다. 묘목의 평가

(1) 묘목의 개념

나무의 묘종으로 옮겨 심기 위하여 가꾼 어린나무를 말한다. 묘목에 대하여는 상품화 가능여부, 이식에 따른 고손율, 성장정도 및 관리상태 등을 종합적으로 고려하여 평가한다 (시행규칙 제38조제1항).

> **관련법령**
>
> ■ **토지보상법 시행규칙 제38조(묘목의 평가)** ① 묘목에 대하여는 상품화 가능여부, 이식에 따른 고손율, 성장정도 및 관리상태 등을 종합적으로 고려하여 평가한다.
> ② 상품화할 수 있는 묘목은 손실이 없는 것으로 본다. 다만 매각손실액(일시에 매각함으로 인하여 가격이 하락함에 따른 손실을 말한다. 이하 같다)이 있는 경우에는 그 손실을 평가하여 보상하여야 하며, 이 경우 보상액은 제3항의 규정에 따라 평가한 금액을 초과하지 못한다.
> ③ 시기적으로 상품화가 곤란하거나 상품화를 할 수 있는 시기에 이르지 아니한 묘목에 대하여는 이전비와 고손율을 감안한 고손액의 합계액으로 평가한다. 이 경우 이전비는 임시로 옮겨 심는데 필요한 비용으로 평가하며, 고손율은 1퍼센트 이하의 범위 안에서 정하되 주위의 환경 또는 계절적 사정 등 특별한 사유가 있는 경우에는 2퍼센트까지로 할 수 있다.
> ④ 파종 또는 발아중에 있는 묘목에 대하여는 가격시점까지 소요된 비용의 현가액으로 평가한다.
> ⑤ 법 제75조제1항 단서의 규정에 의하여 물건의 가격으로 보상하는 묘목에 대하여는 거래사례가 있는 경우에는 거래사례비교법에 의하여 평가하고, 거래사례가 없는 경우에는 가격시점까지 소요된 비용의 현가액으로 평가한다.

(2) 묘목의 보상기준

① 상품화할 수 있는 묘목

현재 토지를 취득, 사용할 수 있는 시기에 현장에서 상품화할 수 있는 묘목은 가격에 영향을 받지 아니하므로 손실이 없는 것으로 보아 평가대상에서 제외된다. 다만, 매각손실액(일시에 매각함으로 인하여 가격이 하락함에 따른 손실을 말한다)이 있는 경우에는 그 손실을 평가하여 보상하여야 하며, 이 경우 보상액은 이전비와 고손액의 합계액을 초과하지 못한다(시행규칙 제38조제2항).

② 상품화에 제약이 있는 묘목
시기적으로 상품화가 곤란하거나 상품화를 할 수 있는 시기에 이르지 아니한 묘목에 대하여는 이전비와 고손율을 감안한 고손액의 합계액으로 평가하여 보상한다. 이 경우 이전비는 임시로 옮겨 심는데 필요한 비용으로 평가하며, 고손율은 1% 이하의 범위에서 정하되 주위의 환경 또는 계절적 사정 등 특별한 사유가 있는 경우에는 2%까지로 할 수 있다(시행규칙 제38조제3항).
묘목에 있어서의 이전비(임시로 옮겨 심는데 필요한 비용)는 굴취 등 정상적인 이식과정의 일부가 제외되거나 축소된 비용을 의미한다.[522]

질의회신

[질의회신] ▶ 가식비는 정상적인 이식과정의 일부가 제외된 비용을 의미한다.
[2012.10.9. 공공지원팀-1903]

【질의요지】
토지보상법 시행규칙 제38조제3항에 따르면 묘목의 이전비 평가는 임시로 옮겨 심는데 필요한 비용인 이전비(이하 "가식비"라 한다)로 평가하도록 되어 있는데, 묘목이 아닌 수목 이전비 산정방식과 가식비 산정방식의 차이점은?

【회신내용】
수목의 이전비는 이식비와 수목의 이식에 따른 고사(枯死)로 인해 발생하는 손실액인 고손액의 합계액으로 구성되고, 「이식」이란 수목을 인위적인 방법으로 굴취·운반·상하차·식재하는 것으로서 전 과정에 걸쳐 활착 및 생육에 필요한 조치를 취하는 행위를 말하고, 「식재」란 어떤 장소에 반입·운반된 수목을 기준에 맞추어 심는 행위를 말하며, 그 과정에서 필요한 식재구덩이 파기, 나무 앉히기, 되메우기, 지주대 설치,

---

522) 2012.10.9. 공공지원팀-1903

> 비료주기, 물주기, 가지다듬기, 약제 살포, 기타 활착 및 생육에 필요한 손질, 뒷정리
> 등 모든 조치를 포함합니다. 「가식(임시식재)」이란 식재하기 전에 일정기간 동안 지정
> 된 장소에 임시로 식재하는 행위로서 수종, 규격 등에 따라 차이가 있을 수 있으나 식
> 재의 여러 조치 중 일부가 제외됩니다. 따라서 수목 이전비 산정방식과 가식비 산정방
> 식의 차이점은 가식비는 정상적인 식재과정의 여러 조치 중 일부가 제외되는 경우라
> 고 볼 수 있습니다.

③ 파종 또는 발아 중에 있는 묘목

  파종 또는 발아 중에 있는 묘목에 대하여는 가격시점까지 소요된 비용의 현가액으로
평가한 금액으로 보상한다(시행규칙 제38조제4항).

(3) 물건의 가격으로 보상하는 묘목

물건의 가격으로 보상하는 묘목에 대하여는 거래사례가 있는 경우에는 거래사례비교법
으로, 거래사례가 없는 경우에는 가격시점까지 소요된 비용의 현가액으로 평가하여 보상
한다(시행규칙 제38조제5항).

즉, 이식이 가능한 묘목이더라도 토지보상법 제75조제1항 단서규정(이식불가능, 이식비
가 묘목의 취득가액(취득비) 초과, 또는 사업시행자가 공익사업에 직접 사용할 목적으로
묘목를 취득하는 경우)에 해당하는 경우에는 물건의 가격(취득비)으로 보상 할 수 있고,
이때 거래사례가 있는 경우에는 거래사례비교법에 의해 평가하고, 거래사례가 없는 경우
에는 가격시점까지 소요된 비용의 현가액으로 평가한다.

묘목의 가액을 비용의 현가액으로 평가하는 경우는 묘목이 파종 또는 발아 중에 있거나,
상품화할 수 있는 정도까지 생육하지 않아 상품화할 수 없는 묘목으로서 사실상 이식이
불가능하고 거래사례도 없는 경우에 한하므로, 묘목으로서 상품화할 수 있는 정도까지
생육하였으나 해당 묘목에 대한 시장수요가 없거나, 생육상태가 불량하여 거래사례가 없
는 묘목은 비용의 현가액으로 평가할 수 없고, 정상적인 묘목의 거래가격을 기준으로 적
정하게 감가하여 거래사례비교법으로 평가하여야 한다.[523]

---

523) 중앙토지수용위원회, 앞의 책, 2017.12., 331면

라. 입목 등의 평가

(1) 입목의 개념

임목은 토지에 정착하여 토지와 별개로 독립하여 경제적 가치를 가지는 개개의 수목 및 수목의 집단을 말한다.

또한, 「입목에 관한 법률」 제2조제1호에서는 "입목"의 정의를 토지에 부착된 수목의 집단으로서 그 소유자가 이 법에 따라 소유권보존의 등기를 받은 것으로 하고 있으나, 판례는 「입목에 관한 법률」에 의한 등기를 하지 않은 입목도 명인방법(明認方法)에 의해서도 토지와 별도의 소유권을 인정하고 있으며, 「입목에 관한 법률」에 따라 소유권보존의 등기를 받거나 명인방법에 의해 공시되고 있지 않아도 토지와는 별도의 경제적 가치를 지니는 수목 또는 수목의 집단도 입목에 포함된다.

관련법령

■ **토지보상법 시행규칙 제39조(입목 등의 평가)** ① 입목(죽목을 포함한다. 이하 이 조에서 같다)에 대하여는 벌기령(「산림자원의 조성 및 관리에 관한 법률 시행규칙」 별표 3에 따른 기준벌기령을 말한다. 이하 이 조에서 같다) · 수종 · 주수 · 면적 및 수익성 그 밖에 가격형성에 관련되는 제요인을 종합적으로 고려하여 평가한다.

② 지장물인 조림된 용재림중 벌기령에 달한 용재림은 손실이 없는 것으로 본다. 다만, 용재림을 일시에 벌채하게 되어 벌채 및 반출에 통상 소요되는 비용이 증가하거나 목재의 가격이 하락하는 경우에는 그 손실을 평가하여 보상하여야 한다.

③ 지장물인 조림된 용재림중 벌기령에 달하지 아니한 용재림에 대하여는 다음 각호에 구분에 따라 평가한다.

　1. 당해 용재림의 목재가 인근시장에서 거래되는 경우 : 거래가격에서 벌채비용과 운반비를 뺀 금액. 이 경우 벌기령에 달하지 아니한 상태에서의 매각에 따른 손실액이 있는 경우에는 이를 포함한다.

　2. 당해 용재림의 목재가 인근시장에서 거래되지 않는 경우 : 가격시점까지 소요된 비용의 현가액. 이 경우 보상액은 당해 용재림의 예상총수입의 현가액에서 장래 투하비용의 현가액을 뺀 금액을 초과하지 못한다.

④ 제2항 및 제3항에서 "조림된 용재림"이라 함은 「산림자원의 조성 및 관리에 관한

법률」 제13조에 따른 산림경영계획인가를 받아 시업하였거나 산림의 생산요소를 기업적으로 경영·관리하는 산림으로서 「입목에 관한 법률」 제8조에 따라 등록된 입목의 집단 또는 이에 준하는 산림을 말한다.

⑤ 제2항 및 제3항의 규정을 적용함에 있어서 벌기령의 10분의 9 이상을 경과하였거나 그 입목의 성장 및 관리상태가 양호하여 벌기령에 달한 입목과 유사한 입목의 경우에는 벌기령에 달한 것으로 본다.

⑥ 제3항의 규정에 의한 입목의 벌채비용은 사업시행자가 부담한다.

⑦ 제2항·제3항 및 제6항의 규정은 자연림으로서 수종·수령·면적·주수·입목도·관리상태·성장정도 및 수익성 등이 조림된 용재림과 유사한 자연림의 평가에 관하여 이를 준용한다.

⑧ 제3항 및 제6항의 규정은 사업시행자가 취득하는 입목의 평가에 관하여 이를 준용한다.

■ 「산림자원의 조성 및 관리에 관한 법률」 제13조(산림경영계획의 수립 및 인가) ① 지방자치단체의 장은 대통령령으로 정하는 바에 따라 소유하고 있는 공유림별로 산림경영계획을 10년 단위로 수립하고, 그 계획에 따라 산림을 경영하여야 한다.

② 지방자치단체의 장 외의 공유림 소유자나 사유림 소유자[정당한 권원(權原)에 의하여 사용하거나 수익(收益)할 수 있는 자를 포함한다. 이하 같다]는 농림축산식품부령으로 정하는 바에 따라 향후 10년간의 경영계획이 포함된 산림경영계획서를 작성하여 특별자치시장·특별자치도지사·시장·군수·구청장에게 인가(認可)를 신청할 수 있다.

③ 제2항에 따른 산림경영계획서는 산림소유자가 직접 작성하거나 「산림기술 진흥 및 관리에 관한 법률」 제8조에 따른 산림기술자 중 대통령령으로 정하는 기술자가 작성하여야 한다. 이 경우 산림기술자는 산림경영계획서를 작성하고 농림축산식품부령으로 정하는 금액의 범위에서 그에 대한 대가를 받을 수 있다.

④ 특별자치시장·특별자치도지사·시장·군수·구청장은 제2항에 따라 인가 신청된 산림경영계획이 해당 산림의 효율적인 조성·관리에 적합하다고 인정되면 농림축산식품부령으로 정하는 바에 따라 인가하여야 한다. 이 경우 제8조제1항제3호의 자연환경 보전 기능으로 구분된 산림을 대상으로 하는 산림경영계획은 해당 산림의 지속가능한 보전에 적합한 내용이어야 한다.

⑤ 산림소유자는 제4항에 따라 인가받은 산림경영계획 중 농림축산식품부령으로 정하는 중요 사항을 변경하려면 농림축산식품부령으로 정하는 바에 따라 변경인가를 받아야 한다.

⑥ 국가나 지방자치단체는 산림경영계획을 인가받은 산림소유자에게 비용·경영지도 등의 지원과 세제(稅制)·금리상의 우대조치를 할 수 있다.

⑦ 제2항에 따른 산림경영계획서의 작성기준과 그 밖에 필요한 사항은 대통령령으로 정한다.

■ 「입목에 관한 법률」 제8조(입목의 등록) ① 소유권보존의 등기를 받을 수 있는 수목의 집단은 이 법에 따른 입목등록원부에 등록된 것으로 한정한다.

② 제1항의 등록을 받으려는 자는 그 소재지를 관할하는 특별자치도지사, 시장, 군수 또는 구청장(자치구의 구청장을 말한다. 이하 같다)에게 신청하여야 한다. 등록된 사항의 변경등록을 받으려 할 때에도 또한 같다. 〈개정 2012.2.10.〉

(2) 입목보상의 대상

보상대상이 되는 입목은 조림된 용재림, 조림된 용재림과 유사한 자연림, 연료림 등 경제적 가치가 있는 것에 한하며, 자연적으로 식생하는 입목과 같이 토지와 같이 거래되는 관행이 있는 경우에는 별도의 보상대상이 되지 않는다. 따라서 임야상의 자연림(소나무 등)은 토지에 포함되어 거래되는 것이 일반적인 거래관행으로 토지에 화체되어 일괄평가하여 보상되므로 별도의 평가를 하지 않는다.

'조림된 용재림'이란 「산림자원의 조성 및 관리에 관한 법률」 제13조에 따른 산림경영계획인가를 받아 사업을 하였거나 산림의 생산요소를 기업적으로 경영·관리하는 산림으로 「입목에 관한 법률」 제8조의 규정에 의하여 등록된 입목의 집단 또는 이에 준하는 산림을 말한다(시행규칙 제39조제4항).

중앙토지수용위원회는 "대법원 판례(대법원 2002.6.28. 선고 2002두2727판결)를 인용하여 임야상 조림된 수목의 별도 보상대상 요구에 대하여 식재(조림대장 있음)된 수목(잣나무, 소나무 등)이라 하더라도 산림경영계획인가를 받거나 입목으로 등록되어 있지 않아 조림된 용재림으로 볼 수 없는 등 사유로 받아들일 수 없다"라고 기각 결정한 바 있다. 즉, 산림경영계획인가 또는 입목등록 없이 단순한 조림대장만 있는 경우에는 '조림된 용재림'으로 보지 아니한다.[524)]

판례

[판례1] ▶ 수용대상토지 위에 식재된 수목이 공공용지의취득및손실보상에관한특례법에 의하여 '조림된 용재림'으로서 보상받기 위한 요건

[대법원 2002.6.28. 선고 2002두2727] (토지수용재결처분취소등)

【판결요지】

수용대상토지 위에 식재된 수목이 공공용지의취득및손실보상에관한특례법에 의하여 '조림된 용재림'으로서 보상받기 위하여는 그 수목이 같은법시행규칙 제15조 제8항 소정의, 산림법에 의한 산림의 영림계획인가를 받아 사업하였거나 산림의 생산요소를 기업적으로 경영 관리하는 산림으로서 입목에관한법률 제8조의 규정에 의하여 등록된 입목의 집단 또는 이에 준하는 산림이어야 한다.

이 사건 리기다소나무가 위 소외인에 의하여 식재된 수목이라 하더라도, 그 보상을 위하여는 위 소나무가 위 시행규칙 제15조 제8항 소정의, 산림법에 의한 산림의 영림계획인가를 받아 사업하였거나 산림의 생산요소를 기업적으로 경영관리하는 산림으로서 입목에관한법률 제8조의 규정에 의하여 등록된 입목의 집단 또는 이에 준하는 산림이어야 할 것인바, 원심은 기록상 이 사건 리기다소나무가 위 시행규칙 소정의 입목의 집단 또는 이에 준하는 산림임을 인정할 자료가 없음에도, 입목보상에 대한 법리를 오해하여 이 부분에 대한 심리 없이 보상의 대상이 아닌 이 사건 리기다소나무에 대하여 보상을 명하는 위법을 범하였다 할 것이고, 이는 판결 결과에 영향을 미쳤다 할 것이다.

재결례

[재결례1] ▶ 자연림상태의 소나무는 별도의 보상대상이 아니다.

[중토위 2010.2.26. 사무국-4445]

---

524) 중토위 2012.9.14. [국방·군사시설사업〈제1군단 무건리 훈련장사업〉, LH보상수탁, 재결청구에 의한 재결신청]

【재결요지】

수목(소나무)은 조림된 용재림("산림자원의 조성 및 관리에 관한 법률"에 의한 산림의 영림계획인가를 받아 사업하였거나 산림의 생산요소를 기업적으로 경영 관리하는 산림으로서 "입목에 관한 법률" 제8조의 규정에 의하여 등록된 입목의 집단 또는 이에 준하는 산림)이 아닌 <u>자연림 상태의 수목으로서 거래관행상 토지에 포함되어 거래되고 있어, 별도의 보상대상이 아니므로 신청의 주장은 이유 없다.</u>

(3) 입목의 일반적 보상기준

입목(죽목을 포함함)에 대하여는 벌기령[525](「산림자원의 조성 및 관리에 관한 법률 시행규칙」 [별표 3]에 따른 '기준벌기령'을 말함)·수종·주수·면적 및 수익성 그 밖에 가치형성에 관련되는 제요인을 종합적으로 고려하여 평가한다(시행규칙 제39조제1항).

> ※ **'기준벌기령'이란** 「산림자원의 조성 및 관리에 관한 법률」동법 시행령 제9조제3항에 따른 <u>**수종별 적정 벌채수령시기**</u>를 말한다.
>
> ※ 「산림자원의 조성 및 관리에 관한 법률」시행규칙 [시행 2014.9.25.] [농림축산식품부령 제109호, 2014.9.25., 일부개정] **[별표 3]**의 제목 중 "벌채기준"을 "벌채·굴취기준"으로 개정하면서 주요 수목의 벌채수령이 크게 단축되고 산림훼손이 경미한 경우에는 신고만으로 굴취가 가능해졌다.
> - **소나무(종전 50년→40년), 납엽송(종전 40년→30년), 참나무(종전 50년→25년), 포플러류(종전 15년→3년)**
> - 기준벌기령 제도는 1965년 도입 이후 보호·육성위주의 정책에서 꾸준히 강화돼 왔으나 2014.9.25. 개정으로 처음으로 완화되었다.

[별표 3] 〈개정 2017.12.11.〉

기준벌기령, 벌채·굴취기준 및 임도 등의 시설기준

---

525) 벌채시기의 도래여부

(「산림자원의 조성 및 관리에 관한법률」시행규칙 제7조제2항 및 제48조의5 관련)

1. 기준벌기령

구 분	국유림	공ㆍ사유림 (기업경영림)
가. 일반기준벌기령		
소나무	60년	40년(30년)
(춘양목보호림단지)	(100년)	(100년)
잣나무	60년	50년(40년)
리기다소나무	30년	25년(20년)
낙엽송	50년	30년(20년)
삼나무	50년	30년(30년)
편백	60년	40년(30년)
기타 침엽수	60년	40년(30년)
참나무류	60년	25년(20년)
포플러류	3년	3년
기타 활엽수	60년	40년(20년)
나. 특수용도기준벌기령		
펄프, 갱목, 표고ㆍ영지ㆍ천마 재배, 목공예, 목탄, 목초액, 섬유판, 산림바이오매스에너지의 용도로 사용하고자 할 경우에는 일반기준벌기령 중 기업경영림의 기준벌기령을 적용한다. 다만, 소나무의 경우에는 특수용도기준벌기령을 적용하지 않는다.		

비고

1. 불량림의 수종갱신을 위한 벌채, 피해목ㆍ옻나무ㆍ약용류(「임업 및 산촌진흥촉진에 관한 법률 시행규칙」[별표 1]에서 정한 약용류 중 약용을 목적으로 식재한 수목으로 한정한다) 또는 지장목의 벌채와 임지생산능력급수 I급지부터 III급지까지의 지역에서 리기다소나무를 벌채하는 경우에는 기준벌기령을 적용하지 않는다.

2. 특수용도기준벌기령을 적용받으려는 자는 입목벌채허가 신청 시 별지 제53호서식의 목재사용계획서에 목재를 펄프, 갱목, 표고ㆍ영지ㆍ천마 재배, 목공예, 목탄, 목초액, 섬유판, 산림바이오매스에너지의 용도로 직접 사용하려 한다는 사실을 증명하는 서류를 첨부하여 관할 특별자치시장ㆍ특별자치도지사ㆍ시장ㆍ군수ㆍ구청장 또는 지방산림청국유림관리소장에게 제출하여야 한다. 이 경우 특별자치시장ㆍ특별자치도지사ㆍ시장ㆍ군수ㆍ구청장 또는 지방산림청국유림관리소장은 「전자정부법」 제36조제1항에 따른 행정정보의 공동이용을 통하여 신청인의 사업자등록증명을 확인하여야 하고, 신청인이 확인에 동의하지 아니하는 경우에는 이를 첨부하도록 하여야 한다.

2. 벌채기준

가. 수확을 위한 벌채

(1) 공통기준

  (가) 수확을 위한 벌채는 생태적으로 건전하고 지속가능한 경영이 이루어 질 수 있도록 하여야 한다.

  (나) 능선부·암석지·석력지·황폐우려지로서 갱신이 어렵다고 판단되는 지역은 임지를 보호하기 위하여 벌채를 하여서는 아니 된다.

  (다) 수확을 위한 벌채는 입목의 평균수령이 기준벌기령 이상에 해당하는 임지에서 실행한다. 다만, 산림 안에 지역 여건상 생장이 빠른 입목(가슴높이지름 24센티미터 이상 입목이 50퍼센트 이상 분포)을 벌채하고자 할 경우 기준벌기령에 도달하지 아니하였더라도 실행할 수 있다.

(2) 모두베기

  (가) 1개 벌채구역의 면적은 최대 50만제곱미터 이내로 하며, 벌채구역과 다른 벌채구역 사이에는 폭 20미터 이상의 수림대(樹林帶)를 남겨 두어야 한다.

  (나) 다음의 어느 하나에 해당하는 경우에는 산림청장이 정하여 고시하는 기준에 따라 그 벌채구역의 면적의 100분의 10 이상을 군상(群像) 또는 수림대로 남겨 두어야 한다.

    ① 1개 벌채구역의 면적이 5만제곱미터 이상인 경우

    ② 1개 벌채구역의 면적이 5만제곱미터 미만인 경우로서 특별자치시장·특별자치도지사·시장·군수·구청장 또는 지방산림청국유림관리소장이 산림생태계 및 경관 유지를 위하여 필요하다고 인정하는 경우

(3) 골라베기

  (가) 골라베기는 형질이 우량한 임지에서 실행한다.

  (나) 골라베기 비율은 재적을 기준으로 30퍼센트 이내로 한다. 다만, 표고재배용 나무는 50퍼센트 이내로 할 수 있다.

(4) 모수작업

  (가) 모수작업은 형질이 우량한 임지로서 종자의 결실이 풍부하여 천연하종갱신이 확실한 임지에서 실행한다.

  (나) 1개 벌채구역은 5만제곱미터 이내로 하며, 벌채구역과 다른 벌채구역 사이에는 폭 20m 이상의 수림대를 남겨 두어야 한다.

(다) 모수는 1만제곱미터에 15~20본을 존치시키되, 형질이 우량하고 종자가 비산할 수 있도록 바람이 불어오는 방향에 위치한 입목이어야 한다.

(5) 왜림작업

(가) 왜림작업은 참나무로서 맹아를 이용하여 후계림을 조성할 수 있는 임지에서 실행한다.

(나) 벌채는 입목의 생장휴지기에 실행한다.

(다) 벌채방법은 빗물 등으로 인한 썩음을 방지하고 맹아발생이 용이하도록 절단면을 남향으로 약간 기울게 한다.

(라) 그 밖에 수림대 존치 등에 관한 사항은 모두베기의 방법을 준용한다.

나. 숲가꾸기를 위한 벌채

(1) 숲가꾸기를 위한 벌채(이하 "솎아베기"라 한다)는 수관이 상호 중첩되어 밀도조절이 필요한 임지에서 실행한다.

(가) 솎아베기는 수관이 상호 중첩되어 밀도조절이 필요하거나 산림의 기능별 관리목표를 위해 필요한 임지에서 실행한다.

(나) 우량목 등 보육대상목의 생육에 지장이 없는 입목과 하층식생은 존치시켜 입목과 임지가 보호되도록 한다.

(2) 솎아베기사업의 시업기준

(가) 산림의 기능에 따른 목표 임상의 달성을 위해 목재생산림은 다음과 같이 목표생산재를 설정하고 그에 적합한 솎아베기를 실행하도록 한다.

1) 대경재 : 가슴높이 지름 40센티미터 이상

2) 중경재 : 가슴높이 지름 40센티미터 미만 20센티미터 이상

3) 특용·소경재 : 가슴높이 지름 20센티미터 미만

(나) 솎아베기를 실행한 후 임지에 남겨두는 입목본수의 기준(이하 "솎아베기 후 입목본수기준"이라 한다)등 세부 기준은 산림청장이 별도로 정한다.

다. 수종갱신을 위한 벌채

(1) 불량림의 수종갱신

(가) 수종갱신은 수간이 심하게 굽었거나 생장상태가 불량하여 다른 수종으로 갱신하지 아니하고는 정상적 생육이 어려운 임지에서 실행한다. 다만, 암석지·석력지·황폐우려지로서 갱신이 어려운 지역과 임지생산능력급수 Ⅳ급지·Ⅴ급지인 지

역은 수종갱신 대상에서 제외한다.

(나) 수종갱신을 위한 벌채대상지는 산림청장이 정하여 고시한 "임분의 수종갱신 판정표"에 따른 갱신판정 임지로 한다.

(2) 유실수의 수종갱신

밤나무 등 유실수의 노령목에 대한 갱신을 하고자 하거나 품종개량을 위하여 갱신이 필요하다고 인정되는 지역에서는 수종갱신을 할 수 있다.

라. 피해목 제거를 위한 벌채

병해충·산불 또는 기상피해 등 정상적 생육이 어려운 피해목을 제거하기 위한 벌채는 피해의 확산방지 또는 피해복구에 알맞은 방법으로 실시한다.

3. 굴취기준

가. 수목굴취 제한지역

(1) 「산림자원의 조성 및 관리에 관한 법률 시행령」 제41조에 따른 "입목벌채 등의 제한지역" 및 「산지관리법 시행규칙」 제5조에 따른 "산사태위험지판정기준표"의 위험요인별 점수 합계가 120점 이상인 지역

(2) 암석지, 석력지, 병해충 피해목 분포지

나. 수목굴취 대상

(1) 조림지: 어린나무가꾸기 및 솎아베기 대상지 중 제거 대상목 또는 기준벌기령에 도달한 입목

(2) 천연림: 임분구성, 토사유출 및 경관유지에 지장이 없는 범위의 입목

(3) 관상수재배지: 일시에 모두 굴취를 하여서는 아니 되며, 토사유출 방지 및 경관유지에 지장이 없는 범위내의 입목

(4) 「산지관리법」 제14조·제15조·제15조의2에 따른 산지전용허가·산지전용신고·산지일시사용허가 또는 산지일시사용신고(다른 법령에 따라 허가 또는 신고가 의제되거나 배제되는 행정처분을 받아 산지전용·산지일시사용하는 경우를 포함한다)에 따른 형질변경지역내의 입목

다. 굴취 및 복구 방법

(1) 수목굴취는 임지 내 특정구역에서 집단적으로 할 수 없으며 고르게 분포하여야 한다.

(2) 수목굴취는 존치목·미래목(이하 "존치목등"이라 한다)에 피해를 주거나 생육에 지장을 주지 않도록 미리 존치목등의 보호를 위한 조치 등을 하여야 한다.

(3) 굴취적지 복구는 굴취 전 지형과 복구표면의 경사가 일치하도록 복토를 해야 하며, 이로 인한 토사유출 및 산사태 등의 우려가 없도록 조치하여야 한다.

(4) 「산지관리법」 제14조·제15조제1항에 따른 산지전용허가·산지일시사용허가를 받거나 같은 법 제15조·제15조의2제2항에 따른 산지전용신고·산지일시사용신고를 한 자(다른 법률에 따라 허가 또는 신고가 의제되거나 배제되는 행정처분을 받은 자를 포함한다)가 산지전용 대상지에서 굴취를 하려는 경우 굴취 후 복토를 하지 않을 수 있다. 다만, 무너짐·땅밀림으로 산사태의 피해가 우려될 경우에는 보강조치를 하여야 한다.

(5) 수목굴취 요령, 적지복구 및 활용방법 등 세부적인 사항은 산림청장이 따로 정한다.

4. 임산물 운반로 시설기준

가. 임산물 운반로의 노폭은 2미터 내외로 하되, 최대 3미터를 초과하여서는 아니 된다. 다만, 배향곡선지·차량대피소시설 등 부득이한 경우에는 3미터를 초과할 수 있다.

나. 임산물 운반로의 길이는 산물반출에 필요한 최소한으로 하여야 하며, 경사가 급하여 토사유출·산사태 등의 피해가 우려되는 곳에는 임산물 운반로를 시설하여서는 아니 된다.

다. 임산물 운반로를 시설할 때에는 토사유출·산사태 등의 피해를 예방할 수 있는 조치를 취하여야 하며, 임산물 운반로를 시설한 목적이 완료된 후에는 조림 그 밖의 방법으로 복구하여야 한다. 다만, 산림경영에 필요하다고 판단되는 지역은 임산물 운반로를 존치하게 할 수 있다.

(4) 조림된 용재림 및 이와 유사한 자연림의 보상평가 기준

① 벌기령에 달한 경우

조림된 용재림중 벌기령에 달한 용재림은 손실이 없는 것으로 본다. 다만, 일시에 벌채하게 되어 벌채 및 반출에 통상 소요되는 비용이 증가되거나 목재가격의 하락이 있을 경우에는 이에 대한 손실액을 평가하여 보상한다(시행규칙 제39조제2항).

한편, 토지보상법 시행규칙 제39조제5항의 규정에 의한 벌채할 수 있는 수령(벌기령)의 9/10 이상을 경과하였거나 입목의 성장 및 관리상태가 양호하여 벌기령에 달한 입목과 유사한 입목의 경우에는 벌기령에 달한 것으로 보아 손실이 없는 것으로 간주하여 보상대상에서 제외하나 이때에도 역시 일시에 벌채하게 되어 벌채 및 반출에 통상 소요되는 비용이 증가되거나 목재가격의 하락이 있을 경우에는 이에 대한 손실액을 평가하여 보상한다(시행규칙 제39조제5항).

② 벌기령에 달하지 않은 경우

조림된 용재림중 벌기령에 달하지 아니한 용재림에 대하여는 (i) 당해 용재림의 목재가 인근시장에서 거래되는 경우에는 거래가격에서 벌채비용과 운반비를 공제한 금액으로 보상하나, 벌기령에 달하지 아니한 상태에서의 매각에 따른 손실액이 있는 경우에는 이를 포함하며, (ii) 당해 용재림의 목재가 인근시장에서 거래되지 않는 경우에는 가격시점까지 소요된 비용의 현가액으로 보상하나, 이 경우 보상액은 당해 용재림의 예상총수입의 현가액에서 장래 투하비용의 현가액을 뺀 금액을 초과하지 못한다(시행규칙 제39조제3항).

○ 거래사례가 있는 경우 : 평가액= 거래가격 - 벌채비용 - 운반비
○ 거래사례가 없는 경우 : 가격시점까지 소용된 비용의 현가액

한편, 토지보상법 시행규칙 제39조제5항의 규정에 의한 벌채할 수 있는 수령(벌기령)의 9/10 이상을 경과하였거나 입목의 성장 및 관리상태가 양호하여 벌기령에 달한 입목과 유사한 입목의 경우에는 벌기령에 달한 것으로 보아 손실이 없는 것으로 간주하여 보상대상에서 제외하나 이때에도 역시 일시에 벌채하게 되어 벌채 및 반출에 통상 소요되는 비용이 증가되거나 목재가격의 하락이 있을 경우에는 이에 대한 손실액을 평가하여 보상한다(시행규칙 제39조제5항).

지장물인 조림된 벌기령에 달하지 않은 용재림을 보상한 경우 해당 입목의 벌채비용은 사업시행자가 부담한다(시행규칙 제39조제6항).

③ 조림된 용재림과 유사한 자연림의 경우

자연림으로서 수종·수령·면적·주수·입목도·관리상태·성장정도·수익성 등이 조림된 용재림과 유사한 것은 지장물인 조림된 용재림의 보상 평가방법에 준하여 평가한 금액으로 보상하나(시행규칙 제39조제7항), 그 나머지는 자연적으로 식생하는 입목으로 보아 별도의 경제적 가치를 인정하지 않고 토지에 포함하여 일괄해 평가하고 이 경우 당해 입목은 사업시행자에게 귀속하게 된다.

따라서, 조림된 용재림과 유사하지 않은 자연림은 원칙적으로 입목의 보상평가 방법을 적용할 수 없다. 다만, 이러한 자연림이 별도의 보상대상으로 제시된 경우에는 지장물인 조림된 용재림 중 벌기령에 달하지 아니한 용재림의 보상평가방법을 준용할 수 있으나, 벌채비용과 운반비의 합계액이 목재의 거래가격을 초과하는 경우에는 별도의 경제적 가치가 없어 손실이 있다고 볼 수 없으므로 평가하지 않는다.

(5) 관련 판례 등

> **판례**
>
> [판례1] ▶ 집달관의 공시문을 붙인 팻말의 설치가 입목에 대한 명인방법으로서 유효하다고 본 사례 [**대법원 1989.10.13. 선고 89다카9064**]
>
> 【판결요지】
> 명인방법의 실시는 법률행위가 아니며 목적물인 입목이 특정인의 소유라는 사실을 공시하는 팻말의 설치로 다른 사람이 그것을 식별할 수 있으면 명인방법으로서는 충분한 것이니, 갑이 제3자를 상대로 입목소유권확인판결을 받아 확정된 후 법원으로부터 집행문을 부여받아 집달관에게 의뢰하여 그 집행으로 집달관이 임야의 입구부근에 그 지상입목들이 갑의 소유에 속한다는 공시문을 붙인 팻말을 세웠다면, 비록 확인판결이 강제집행의 대상이 될 수 없어서 위 확인판결에 대한 집행문의 부여나 집달관의 집행행위가 적법시 될 수 없더라도 집달관의 위 조치만으로써 명인방법이 실시되었다고 할 것이니 그 이후 임야의 소유권을 취득한 자는 갑의 임목소유권을 다툴 수 없다.

[재결례] ▶ 법령에 따라 굴취 후 이동행위가 금지되는 수목의 경우는 가액으로 보상해야 하므로「소나무재선충병 방제특별법」제9조에 의한 반출금지구역에서는 같은 법 제10조에 의해 소나무류의 반출이 제한되므로 반출금지구역 안의 소나무류를 이식비로 보상평가하는 경우는 반출 가능여부를 먼저 조사하여야 한다.

[중토위 2017.5.25.]

【재결요지】

당해 사업구역은 소나무류 반출금지구역으로 지정되어 이전할 수 없으므로 수목에 대하여 취득비로 보상하여 달라는 주장에 대하여

법 제75조제1항에 따르면, 건축물·입목·공작물과 그 밖에 토지에 정착한 물건(이하 "건축물등"이라 한다)에 대하여는 이전에 필요한 비용(이하 "이전비"라 한다)으로 보상하여야 한다. 다만, 다음 각 호의 어느 하나에 해당하는 경우에는 해당 물건의 가격으로 보상하여야 한다고 정하고 각호로 (ⅰ) 건축물등을 이전하기 어렵거나 그 이전으로 인하여 건축물등을 종래의 목적대로 사용할 수 없게 된 경우, (ⅱ) 건축물등의 이전비가 그 물건의 가격을 넘는 경우, (ⅲ) 사업시행자가 공익사업에 직접 사용할 목적으로 취득하는 경우를 들고 있다.

한편,「소나무재선충병 방제특별법」제9조제1항 및 제10조제1항에 따르면, 시장·군수·구청장은 재선충병의 방제 및 확산방지를 위하여 발생지역과 발생지역으로부터 5킬로미터 이내의 범위로 대통령령으로 정하는 일정거리 이내인 지역에 대하여는「지방자치법」제4조의2제4항에 따른 행정동·리 단위로 소나무류반출금지구역(이하 "반출금지구역"이라 한다)으로 지정하도록 되어 있고, 반출금지구역에서는 (ⅰ) 감염목등인 입목의 이동, (ⅱ) 훈증처리 후 6월이 경과되지 아니한 훈증처리목의 훼손 및 이동, (ⅲ) 감염목등인 원목의 이동, (ⅳ) 산지전용허가지 등에서 생산되는 소나무류의 사업장 외 이동, (ⅴ) 굴취(掘取)된 소나무류의 이동 행위를 금지한다고 되어 있다.

관계자료(소나무류반출금지지정 공문〈00시 농업산림과-12612, 2015.4.17.〉)를 검토한 결과, <u>이 건 수목은「소나무재선충병 방제특별법」제9조제1항에 따른 반출금지구역에 해당되어 굴취후 이동행위가 금지되는 대상에 해당하는 것으로 확인된다.</u> 살피건대, 법령에 따라 굴취후 이동행위가 금지되는 수목의 경우, 법 제75조제1항에 따른 이

전하기 어려운 경우에 해당하는 것으로 봄이 타당하다. 따라서, <u>이 건 수목에 대하여</u>
<u>는 '취득비'로 평가하여 보상하기로 한다.</u>

질의회신

[질의회신1] ▶ 관리되지 않는 뽕나무 및 자작나무는 보상대상이 아니다.
[2015.4.27. 토지정책과-2968]

【질의요지】
임야 비탈에 관리되지 않는 뽕나무 및 자작나무가 보상대상인지 여부

【회신내용】
공익사업을 위한 토지 등의 취득 및 보상에 관한 법률」(이하 "토지보상법")에 따른 손
실보상은 공익사업의 시행 등 적법한 공권력의 행사에 의한 재산상의 특별한 희생에
대하여 사유재산권의 보장과 전체적인 공평부담의 견지에서 행하여지는 조절적인 재
산권 보상이라 할 수 있습니다(대법원 2004.4.27. 2002두8909 등 참조). 위 사례에
서 뽕나무 및 자작나무가 관리되지 않아 경제적 가치가 없는 것이라면 보상대상으로
보기에는 어렵다고 할 수 있으며, 구체적인 사례에 대하여는 사업시행자가 사실관계
등을 파악하여 판단할 사항입니다.

[질의회신2] ▶ 국유지에 허가 없이 식재된 수목에 대한 보상여부
[2012.6.4. 토지정책과-2721]

【질의요지】
공익사업에 편입된 국유지에 허가 없이 식재된 수목에 대한 보상가능 여부

【회신내용】
해당 건축물 등이 무허가인지 여부에 따라 보상여부에 차등을 두고 있지 아니하므로
건축물 등 자체에 대한 보상시에는 이전비 또는 물건의 가격으로 보상하여야 한다고
봅니다.(참고 해석례 법제처 10-0399, 2010.12.3.). 다만, 관계법령에서 이전·철거

등이 조치가 진행되고 있는 경우에는 당해 공익사업의 시행으로 인한 손실이 발생한다고 볼 수 없으므로 보상대상에 해당되지 아니한다고 보며 개별적인 사례에 대하여는 사업시행자가 관계법령 검토 및 사실관계 등을 조사하여 판단할 사항으로 봅니다.

[질의회신3] ▶ 임야상의 자연림(소나무)이 보상대상이 되는지

[2010.6.13. 토지정책과─3123]

【질의요지】

임야상의 자연림(소나무)이 보상대상이 되는지

【회신내용】

토지보상법 시행규칙 제39조제7항에 의하면 조림된 용재림과 유사한 자연림의 평가에 관하여 이를 준용하도록 규정하고 있고, 토지보상법 시행규칙 제20조의 규정에 의하면 취득할 토지에 건축물·입목·공작물 그 밖에 토지에 정착한 물건이 있는 경우에는 토지와 그 건축물 등을 각각 평가하도록 되어 있으나 건축물 등이 토지와 함께 거래되는 사례나 관행이 있는 경우에는 그 건축물과 토지를 일괄하여 평가하도록 규정하고 있습니다. 개별적인 사례에 대하여는 사업시행자가 사실관계 등을 검토하여 판단하시기 바랍니다.

12. 기타 지장물의 손실에 대한 보상

(1) 담장

물건의 가격 범위 내에서 이전비로 평가하되, 이전의 실익이 없는 경우가 대부분이므로 일반적으로 물건의 가격으로 평가한다.

(2) 기계(설비)

기계 등 설비이전의 경우에는 해체, 운반, 재조립, 시험가동의 공정을 거쳐야 하므로 피수용인은 관할 토지수용위원회에 제출하는 의견서 또는 이의신청서 및 행정법원에 제출 감정신청서에 각 공정에 따른 보상금을 현출할 필요가 있다.

이전비는 아래와 같은 산식으로 계산된다.

> ※ 이전비 = 상하차비 + 운반비 + 재설치비 + 기타 잡비 + 기타조정

① 상·하차비는 인건비(도비공, 비계공), 장비사용료로 구성되며, ② 운반비는 보통 30
㎞를 기준으로 한 기본운임을 적용하고, ③ 설치비는 기계기초공사비, 전기내선공사비,
수평작업 및 시운전비용으로 구성되며, ④ 기타잡비는 소모품비, 기업이윤을 말하며, ⑤
기타조정률은 이전의 난이도는 낮으나 차량대기료, 유류비추세, 인건비, 작업환경 등을
고려하여 5%로 결정하는 것이 실무예이다.

(3) 화훼류 이전비

차량운반비 + 인건비 + 고손액 + 기타 비용으로 계산되며, 고손액은 지면(노지)재배와
화분재배의 경우가 다르므로 일률적으로 정할 수는 없다

제3절 영업보상 등

1. 일반론

토지보상법 제77조는 영업을 폐지하거나 휴업함에 따른 영업상의 손실에 대하여는 영업
이익[526]과 시설의 이전비용 등을 고려하여 보상하도록 규정하고 있고, 동법 시행규칙 제
45조에서 영업손실의 보상대상인 영업[527]을 규정하고 있고 동법 시행규칙 제46조와 제
47조에서는 **폐업보상**과 **휴업보상**을 구별하여 그에 대한 손실의 평가방법을 규정하고 있
다. 즉, 공익사업의 시행으로 영업장소를 이전(휴업)하거나 폐업하게 되어 영업상의 손
실이 발생하는 경우에는 영업의 종류에 따라 2가지 기준에 의한 휴업 또는 폐업보상을

---

[526] '영업이익'이란 기업의 영업활동에 따라 발생된 이익으로서 매출총액에서 매출원가와 판매비 및 일반
관리비를 뺀 것을 말한다.

[527] 보상대상으로서의 영업은 생업으로서 직업적인 면에 중점을 둔 것으로서, 그 영업장소가 공익사업시
행지구에 편입됨으로 인하여 일정한 요건하에서 손실이 발생하는 영업을 말한다. 따라서 영리를 목적으
로 하지 않는 영업도 보상대상에 포함되나, 이 경우는 영업이익은 없는 것으로 계산한다.(중앙토지수용
위원회, 앞의 책, 2017.12. 361면 참조)

하게 된다.

한편 축산업(시행규칙 제49조) 및 잠업(시행규칙 제50조)에 대한 손실평가는 위 영업보상규정(시행규칙 제45조 내지 제46조)을 준용하고 있으며, 그 외 토지보상법령은 영농손실(시행규칙 제48조), 휴직 또는 실직에 따른 근로자의 임금손실 등의 보상(시행규칙 제51조)규정으로 구체적인 보상액의 산정 및 평가방법 등 보상기준을 마련하고 있다.

관련법령

■ **토지보상법 제77조(영업의 손실 등에 대한 보상)** ① 영업을 폐업하거나 휴업함에 따른 영업손실에 대하여는 영업이익과 시설의 이전비용 등을 고려하여 보상하여야 한다. 〈개정 2020.6.9.〉

② 농업의 손실에 대하여는 농지의 단위면적당 소득 등을 고려하여 실제 경작자에게 보상하여야 한다. 다만, 농지소유자가 해당 지역에 거주하는 농민인 경우에는 농지소유자와 실제 경작자가 협의하는 바에 따라 보상할 수 있다.

③ 휴직하거나 실직하는 근로자의 임금손실에 대하여는 「근로기준법」에 따른 평균임금 등을 고려하여 보상하여야 한다.

④ 제1항부터 제3항까지의 규정에 따른 보상액의 구체적인 산정 및 평가 방법과 보상기준, 제2항에 따른 실제 경작자 인정기준에 관한 사항은 국토교통부령으로 정한다. 〈개정 2013.3.23.〉 [전문개정 2011.8.4.]

■ **토지보상법 시행규칙 제45조(영업손실의 보상대상인 영업)** 법 제77조제1항에 따라 영업손실을 보상하여야 하는 영업은 다음 각 호 모두에 해당하는 영업으로 한다. 〈개정 2007.4.12., 2009.11.13., 2015.4.28.〉

1. 사업인정고시일등 전부터 적법한 장소(무허가건축물등, 불법형질변경토지, 그 밖에 다른 법령에서 물건을 쌓아놓는 행위가 금지되는 장소가 아닌 곳을 말한다)에서 인적·물적시설을 갖추고 계속적으로 행하고 있는 영업. 다만, 무허가건축물등에서 임차인이 영업하는 경우에는 그 임차인이 사업인정고시일등 1년 이전부터 「부가가치세법」 제8조에 따른 사업자등록을 하고 행하고 있는 영업을 말한다.

2. 영업을 행함에 있어서 관계법령에 의한 허가 등을 필요로 하는 경우에는 사업인정고시일등 전에 허가 등을 받아 그 내용대로 행하고 있는 영업

2. 영업보상

가. 영업보상의 근거 및 개념

토지보상법상 영업손실보상 대상 영업은 사업인정고시일등 이전부터 적법한 장소에서 인적·물적 시설을 갖추고 계속적·반복적으로 영리를 추구하는 일체의 경제활동을 그 대상으로 하고 있다. 영업손실보상은 공익사업의 시행으로 인하여 통상적으로 받게 되는 영업상의 손실을 보상하는 것으로 이는 현재 그 자체가 지니고 있는 재산적 가치를 보상하는 것이 아니라 그 영업에서 발생하는 소득 또는 이익이 장래에도 계속 유지될 것임을 전제로 하여 일정기간 동안의 소득 또는 이익과 영업장소의 폐업 또는 휴업에 대한 기타 부대손실 등을 보상하는 것으로, 법률적으로 또는 현실적으로 영업장소를 이전하여 영업을 할 수 있는지 여부에 따라 폐업보상 또는 휴업보상으로 구분보상하며 사업인정고시일 등 이후 영업, 무허가 영업 및 허가 등을 받아 그 내용대로 행하고 있지 않는 영업은 보상대상인 영업이 아니다.[528]

다만, 토지보상법령상의 영업보상규정의 해석방법은 헌법상 정당보상의 원칙에 합치되도록 하여야 하므로 영업보상 관련 토지보상법 시행규칙의 규정은 그러한 한도에서만 적용되는 것으로 제한하여 새겨야 한다.[529] 영업손실보상과 관련하여 대법원은 '**영업상의 손실**'의 의미를 "수용의 대상이 된 토지·건물 등을 이용하여 영업을 하다가 그 토지·건물 등이 수용됨으로 인하여 영업을 할 수 없거나 제한을 받게 됨으로 인하여 생기는 직접적인 손실"을 의미한다고 하고 있는바,[530] 직접적 손실이 아닌 **영업을 위한 기존의 투자비용** 내지 영업을 통한 **향후 기대이익**은 영업보상의 대상이 아니다.

또한, 영업의 폐업 및 휴업의 구분과 관련하여 대법원은 "그 구별기준은 해당 보상대상 영업장소의 **이전가능성 여부**에 달려있고 이러한 이전가능성 여부는 법령상의 이전 장애사유뿐만 아니라, 해당 영업의 종류와 특성·영업시설의 규모·인접지역의 현황과 특성·그 이전을 위하여 당사자가 들인 노력 등과 인근 주민들의 이전반대 등과 같은 사실상의 이전 장애사유 유무 등을 종합하여 판단하여야 한다"고 판시하고 있다.[531] 보상실

---

528) 중앙토지수용위원회, 앞의 책, 2015.12. 151면. 수정인용
529) 대법원 2012.12.13. 선고 2010두12842 판결 [보상금]
530) 대법원 2005.7.29. 선고 2003두2311 판결 [토지수용이의재결취소등]
531) 대법원 2000.11.10 선고 99두3645 판결

무상 사업시행자는 폐업보상, 휴업보상의 구분가 관련하여 토지보상법 시행규칙 제46조에서 규정한 영업폐지의 요건에 해당하면 영업폐지로 보고, 그 외의 영업은 휴업으로 정하고 있다.

판례

[판례1] ▶ 영업손실 보상대상인 영업에 관한 구 공익사업법 시행규칙 제45조 제2호의 해석 방법

[대법원 2012.12.13. 선고 2010두12842] (보상금)

【판결요지】

이는 위법한 영업은 보상대상에서 제외한다는 의미로서 그 자체로 헌법에서 보장한 '정당한 보상의 원칙'에 배치된다고 할 것은 아니다. 다만 영업의 종류에 따라서는 관련 행정법규에서 일정한 사항을 신고하도록 규정하고는 있지만 그러한 신고를 하도록 한 목적이나 관련 규정의 체제 및 내용 등에 비추어 볼 때 신고를 하지 않았다고 하여 영업 자체가 위법성을 가진다고 평가할 것은 아닌 경우도 적지 않고, 이러한 경우라면 신고 등을 하지 않았다고 하더라도 그 영업손실 등에 대해서는 보상을 하는 것이 헌법상 정당보상의 원칙에 합치하므로, 위 구 공익사업법 시행규칙의 규정은 그러한 한도에서만 적용되는 것으로 제한하여 새겨야 한다.

[판례2] ▶ '영업상의 손실'의 의미

[대법원 2005.7.29. 선고 2003두2311] (토지수용이의재결취소등)

【판결요지】

'영업상의 손실'이란 수용의 대상이 된 토지·건물 등을 이용하여 영업을 하다가 그 토지·건물 등이 수용됨으로 인하여 영업을 할 수 없거나 제한을 받게 됨으로 인하여 생기는 직접적인 손실을 말하는 것이므로 …(중략)… 수용재결 이전의 위와 같은 영업상의 손실에 대하여 보상청구를 할 수 있는 근거 규정이나 그 보상의 기준과 방법 등에 관한 규정이 없으므로, 이러한 영업상의 손실은 그 보상의 대상이 된다고 할 수 없다.

[판례3] ▶ 영업손실에 관한 보상에 있어서 영업의 폐지 또는 영업의 휴업인지 여부의 구별 기준(=영업의 이전 가능성) 및 그 판단 방법

[대법원 2000.11.10 선고 99두3645] (양계장지장물및영업권수용이의재결처분취소)

【판결요지】

[1] 토지수용법 …(중략)… 영업의 폐지로 볼 것인지 아니면 영업의 휴업으로 볼 것인지를 구별하는 기준은 당해 영업을 그 영업소 소재지나 인접 시·군 또는 구 지역 안의 다른 장소로 이전하는 것이 가능한지 여부에 달려 있고, 이러한 이전 가능성 여부는 법령상의 이전 장애사유 유무와 당해 영업의 종류와 특성, 영업시설의 규모, 인접지역의 현황과 특성, 그 이전을 위하여 당사자가 들인 노력 등과 인근 주민들의 이전 반대 등과 같은 사실상의 이전 장애사유 유무 등을 종합하여 판단하여야 한다.

[2] 양계장의 규모, 농촌지역이 많은 인접지역의 특성, 특별한 법령상의 이전 장애사유가 없는 점 등에 비추어 양계장을 인접지역으로 이전하는 것이 현저히 곤란하다고 단정하기는 어렵다는 이유로 영업폐지에 해당한다고 보아 폐업보상을 인정한 원심판결을 파기한 사례.

나. 영업보상 대상영업

토지보상법령상 영업손실보상을 위한 보상대상 영업이 되기 위하여는 ⅰ) 사업인정고시일등 전부터 적법한 장소(무허가건축물등, 불법형질변경토지, 그 밖에 다른 법령에서 물건을 쌓아놓는 행위가 금지되는 장소가 아닌 곳을 말한다)에서 인적·물적시설을 갖추고 계속적으로 행하고 있는 영업, ⅱ) 영업을 행함에 있어 관계법령에 의한 허가 등을 필요로 하는 경우에는 사업인정고시일등 전에 허가 등을 받아 그 내용대로 행하고 있는 영업 등의 2가지 요건을 모두 갖춘 영업일 것을 요구하고 있다(시행규칙 제45조). 이하 영업손실보상의 요건을 구체적으로 분설하면 아래와 같다.

■ **토지보상법 시행규칙 제45조(영업손실의 보상대상인 영업)** 법 제77조제1항에 따라 영업손실을 보상하여야 하는 영업은 다음 각 호 모두에 해당하는 영업으로 한다. 〈개정 2007.4.12., 2009.11.13., 2015.4.28.〉

  1. 사업인정고시일등 전부터 적법한 장소(무허가건축물등, 불법형질변경토지, 그 밖에 다른 법령에서 물건을 쌓아놓는 행위가 금지되는 장소가 아닌 곳을 말한다)에서 인적·물적시설을 갖추고 계속적으로 행하고 있는 영업. 다만, 무허가건축물 등에서 임차인이 영업하는 경우에는 그 임차인이 사업인정고시일등 1년 이전부터 「부가가치세법」 제8조에 따른 사업자등록을 하고 행하고 있는 영업을 말한다.

  2. 영업을 행함에 있어서 관계법령에 의한 허가 등을 필요로 하는 경우에는 사업인정고시일등 전에 허가 등을 받아 그 내용대로 행하고 있는 영업

(1) 사업인정고시일 등 전 부터 행하여진 영업일 것(=시간적 요건)

영업이 보상대상이 되기 위해서는 '사업인정고시일 등' 전부터 행하여진 영업이어야 한다. 여기서 '사업인정고시일 등'이란 <u>보상계획의 공고·통지 또는 사업인정고시일</u>을 말하며 그 중 **선행된 날**이 영업보상기준일이 된다.[532]

개별법이 정한 행위제한일이 사업인정고시일 등 이전인 경우에는 이 날을 기준으로 영업보상대상 여부를 결정한다. 다만, 대부분의 개별법에서 별도의 행위제한일을 규정하면서도 그 제한되는 행위에 영업을 규정하고 있지는 않으나, 이런 경우에도 공익사업의 시행으로 이전이 예정되어 있다는 것을 알고 영업을 한 경우에 해당되므로 영업보상 대상에서 제외된다.[533]

[판례1] ▶ 영업보상의 대상은 사업인정고시일 등을 기준으로 판단한다.
[대법원 2012.12.27. 선고 2011두27827] (손실보상금청구)

---

532) 사업인정고시일이나 보상계획공고일 중 어느 것이라도 선행된 것이 영업보상기준일이 됨. (2007.8.7. 토지정책팀-3505)

533) 중앙토지수용위원회, 앞의 책, 2017.12., 363면

【판결요지】

일반지방산업단지 조성사업의 사업인정고시일 당시 사업지구 내에서 영업시설을 갖추고 제재목과 합판 등의 제조·판매업을 영위해 오다가 사업인정고시일 이후 사업지구 내 다른 곳으로 영업장소를 이전하여 영업을 하던 갑이 영업보상 및 지장물 보상을 요구하면서 수용재결을 청구하였으나 관할 토지수용위원회가 갑의 영업장은 임대기간이 종료되어 이전한 것으로 공익사업의 시행으로 손실이 발생한 것이 아니라는 이유로 甲의 청구를 기각한 사안에서, 공익사업을 위한 토지 등의 취득 및 보상에 관한 법률 제75조 제1항, 제77조 제1항과 공익사업을 위한 토지 등의 취득 및 보상에 관한 법률 시행규칙 제45조 제1호 등 관련 법령에 따르면, 공익사업의 시행으로 인한 영업손실 및 지장물 보상의 대상 여부는 **사업인정고시일을 기준으로 판단**해야 하고, 사업인정고시일 당시 보상대상에 해당한다면 그 후 **사업지구 내 다른 토지로 영업장소가 이전**되었다고 하더라도 이전된 사유나 이전된 장소에서 별도의 허가 등을 받았는지를 따지지 않고 여전히 손실보상의 대상이 된다고 본 원심판단을 정당하다고 한 사례.

유권해석

[법령해석] ▶ '사업인정고시일 등'은 보상계획공고일과 사업인정고시일 중 빠른 날이다. [2014. 10. 29. 법제처 14-0574]

【질의요지】

공익사업 시행에 필요한 토지 등을 협의매수하기 위한 보상계획 공고가 있었으나 협의가 성립되지 않았고, 그 후에 토지 등을 수용하기 위한 사업인정 고시가 있었다면, 「공익사업을 위한 토지 등의 취득 및 보상에 관한 법률 시행규칙」 제45조에 따라 영업손실 보상의 기준이 되는 날이 보상계획 공고일인지 아니면 사업인정 고시일인지?

※ **질의배경**

ㅇ 광주광역시 소재의 무허가건축물에서 영업하던 민원인은 광주광역시의 2015광주하계U대회 주경기장 진입도로 개설공사에 해당 토지가 편입되어 영

업을 계속할 수 없게 되자 영업손실 보상을 요구함.

○ 광주광역시와 국토교통부는 이 건의 경우에는 영업손실 보상 기준일이 보상계획 공고일이고, 무허가건축물의 임차인이 영업손실 보상을 받으려면 영업손실 보상 기준일의 1년 이전부터 사업자등록을 하고 행하는 영업이어야 하나 민원인은 이에 해당하지 않으므로 영업손실 보상 대상이 아니라고 판단하였고, 민원인은 이에 異見이 있어 법제처에 법령해석을 요청함.

【회신내용】

공익사업 시행에 필요한 토지 등을 협의매수하기 위한 보상계획 공고가 있었으나 협의가 성립되지 않았고, 그 후에 토지 등을 수용하기 위한 사업인정 고시가 있었다면, 「공익사업을 위한 토지 등의 취득 및 보상에 관한 법률 시행규칙」 제45조에 따라 영업손실 보상의 기준이 되는 날은 보상계획 공고일과 사업인정고시일 중 **앞선 날**인 보상계획 공고일이라고 할 것입니다.

[법령해석2] ▶ 임차인이 식당을 운영하다가 사업인정고시 이후 영업자가 건물소유자로 변경한 경우에 원칙적으로 영업손실보상에 해당한다. [2018.10.22. 토지정책과-6686]

【질의요지】

임차인이 식당을 운영하다가 사업인정고시 이후 영업자가 건물소유자로 변경한 경우 영업손실보상은?

【질의요지】

토지보상법령에 따른 영업손실보상은 위 규정에 따라 영업자가 사업인정고시일등 전부터 계속적으로 행하고 있는 영업이어야 할 것으로 보며, 기타 개별사례에 대하여는 관계법령 및 승계가 가능한 영업인지 등을 검토하여 판단할 사항으로 봅니다.

(2) 적법한 장소에서의 영업일 것(=장소적 요건)

① 원칙

영업이 보상대상이 되기 위해서는 <u>적법한 장소</u>에서 행하여야 하므로 무허가건축물 등이나 불법형질변경 토지, 그 밖에 다른 법령에서 물건을 쌓아놓는 행위가 금지되는 장소에서 하는 자유영업은 보상대상 영업에서 제외된다.

적법한 장소란 무허가건축물 등이나 불법형질변경 토지, 그 밖에 다른 법령에서 물건을 쌓아놓는 행위가 금지되는 장소534)가 아닌 곳을 말한다. 따라서 무허가건물이나 불법형질변경된 토지상의 영업행위, 허가 등이 없이 컨테이너박스를 영업사무실로 하여 자재를 적치·판매행위는 영업보상의 대상이 아니 된다. 한편, 영업장소의 적법성여부는 해당 영업을 위한 주된 시설의 적법성이 기준이 된다.535)

질의회신

[질의회신1] ▶ 무허가건물이나 불법형질변경 토지에서의 영업은 보상대상에 해당되지 아니하다. [2001.2.24. 토관 58342-269]

[질의회신2] ▶ 개발제한구역내에서 금지된 시설물을 설치하여 허용되지 아니하는 영업행위를 한 경우에는 적법한 영업행위로 보지 아니하다. [1999.7.29. 토관 58342-788]

[질의회신3] ▶ 관계법령에 의한 허가 등을 받지 않았거나 <u>컨테이너박스 등 무허가 구조물에서 영업</u>을 행한 경우에는 위 규정에 의한 영업보상대상에 해당되지 아니한다. [2004.8.5. 토관-3513]

---

534) 다른 법령에서 물건을 쌓아놓는 행위와 관련된 장소에는 절대적으로 금지되는 장소와 허가를 요하는 장소가 있다. ① 절대적으로 금지되는 장소 : 개발제한구역 및 도시자연공원구역 등에서는 물건을 쌓아놓는 행위 자체가 금지됨(개발제한구역법 제12조제1항, 공원녹지법 제27조제1항), ② 허가를 요하는 장소 : ⅰ) 녹지지역 또는 지구단위계획구역에서 물건을 쌓아놓는 면적이 25㎡ 이하인 토지에 전체무게 50톤 이상, 전체부피 50㎥이상으로 물건을 쌓아놓는 행위, ⅱ) 관리지역(지구단위계획구역으로 지정된 지역을 제외함)에서 물건을 쌓아놓는 면적이 250㎡ 이하인 토지에 전체무게 500톤 이상, 전체부피 500㎥ 이상으로 물건을 쌓아놓는 행위는 허가를 받도록 규정하고 있으므로(국토계획법 시행령 제51조제1항 제6호 및 제53조제6호) 이런 경우 허가를 받지 않고 물건을 적치한 경우에는 영업보상의 대상이 아니다.

535) 토지정책과 3642 (2012.7.20.)

[질의회신4] ▶ 영업장소의 적법성여부 판단 기준 [2012.7.20 토지정책과 3642]

【질의요지】

영업(비금속광물처리분쇄업)을 위한 생산시설의 적법성만 충족하면 사무실(컨테이너)은 무허가건축물에 해당하더라도 적법한 장소에서 영업을 한 것으로 볼 수 있는지 여부?

【회신내용】

토지보상법 시행규칙 제45조의 규정에 따른 보상요건에 적합한 경우에는 영업손실 보상대상으로 보며, 여기서 영업장소의 적법성은 단순히 영업시설의 일부인 무허가건축물의 적법성 여부만을 판단할 것이 아니라, 해당 영업을 위한 주된 시설의 적법성과 함께 위 무허가건축물이 해당영업에서 차지하는 중요도나 그 필요성 등을 종합적으로 검토하여 판단할 사항으로 봅니다.

재결례

[재결례1] ▶ '적법한 장소'의 판단기준 [중토위 2017.8.24.]

【재결요지】

000, 000, 000, 000이 영업보상을 하여 달라는 주장에 대하여 법 시행규칙 제45조에 따르면, 영업손실을 보상하여야 하는 영업은 다음 각 호 모두에 해당하는 영업으로 한다고 정하고 있고, 각호로… (이하 생략)… 행하고 있는 영업으로 정하고 있다.

관계자료(영업실태조사서, 현장사진 등)를 검토한 결과, 000, 000이 영업보상하여 달라고 주장하는 영업장은 각각 종교시설로서 이는 위 관련규정에 따른 영업보상대상에 해당하지 아니하는 것으로 판단되고, 000가 주장하는 의류수선업은 주거용건축물에서 행한 것으로서 적법한 장소에서 행한 영업으로 볼 수 없으므로 영업보상대상이 아닌 것으로 판단되며, 000이 주장하는 계란판매업(상호:영양상회)은 사업인정고시일 전부터 적법한 장소에서 납품소매 등을 영위해 온 것으로 확인되는 바, 위 관련규정에 따른 영업보상대상에 해당하므로 이를 보상하기로 한다.

[재결례2] ▶ 불법형질토지에서 행하는 영업은 영업보상 대상이 아니다.
[중토위 2017.4.27.]

【재결요지】

000이 야구연습장의 사실상 폐업에 대한 영업보상을 해달라는 주장에 대하여,

법 제77조제1항의 규정에 의하면 영업을 폐지하거나 휴업함에 따른 영업손실에 대하여는 영업이익과 시설의 이전비용 등을 고려하여 보상하여야 한다고 되어 있고, 법 시행규칙 제45조에 의하면 … (이하 생략)… 행하고 있는 영업으로 정하고 있다. 한편, 「국토의 계획 및 이용에 관한 법률」(이하 '국토계획법' 이라 한다.) 제56조 및 같은 법률 시행령 제51조에 의하면 토지의 형질변경(절토・성토・정지・포장 등의 방법으로 토지의 형상을 변경하는 행위)하려는 자는 관할관청의 허가를 받아야 한다고 규정하고 있다.

관계자료(사업시행자의견 등)를 검토한 결과, 000은 지목이 대부분 '염전'인 경기 00시 00구 000동 642-238번지 외 3필지(이하 "이 건 토지"라고 한다)를 관할관청의 허가 없이 형질변경하여 야구연습장으로 사용하고 있는 바, **불법형질변경토지에서 행하는 영업행위는 영업보상 대상으로 볼 수 없으므로** 이의신청인의 주장은 받아들일 수 없다.

[재결례3] ▶ 개발제한구역 내 비닐하우스에서 소유자가 사업자등록을 하고 생화, 분화 소매업을 위한 영업행위는 영업보상 대상이 아니다.
[중토위 2017.1.19.]

【재결요지】

000가 '00농원'이라는 상호로 적법하게 사업자 등록을 마치고 생화, 분화 소매업을 하고 있으므로 영업보상을 하여 달라는 주장에 대하여, 법 시행규칙 제45조에 따르면 영업손실의 보상대상인 영업은 법 제77조제1항에 따라 영업손실을 보상하여야 하는 영업은… (이하 중략)… 행하고 있는 영업으로 정하고 있다. 또한, 「개발제한구역의 지정 및 관리에 관한 특별조치법」 제12조제4항(개발제한구역에서의 행위제한)및 같은 법 시행규칙 제12조(허가 또는 신고 없이 할 수 있는 경미한 행위) 별표4의 1. 사. 에

따르면 채소·연초(건조용을 포함한다)·버섯의 재배와 원예를 위한 것으로서 비닐하우스를 설치하는 행위, 별표4의 1. 너. 에 따르면 농업용 비닐하우스 및 온실에서 생산되는 화훼 등을 판매하기 위하여 벽체(壁體)없이 33제곱미터 이하의 화분진열시설을 설치하는 행위는 허가 또는 신고 없이 할 수 있는 경미한 행위라고 되어 있다.

관계자료(사업시행자 의견 등)를 검토한 결과, 이의신청인은 개발제한구역내 경기도 00시 00동 584-3 본인 소유의 비닐하우스에서 사업자 등록을 갖추고 생화, 분화 소매업을 하고 있으나, <u>이 건 비닐하우스는 농업용이 아닌 판매전용 시설을 갖추고 있는 점, 비닐하우스는 벽체가 존재하고 33㎡를 초과하여 허가 또는 신고 없이 할 수 있는 경미한 행위가 아닌 점, 비닐하우스의 소유자인 점 등을 볼 때 이 건 영업은 적법한 장소에서의 영업으로 볼 수 없으므로</u> 이의신청인의 주장은 받아들이지 않기로 하다.

[재결례4] ▶ 무허가건축물 등에서 행하는 영업은 영업보상 대상이 아니다.
[중토위 2017.1.19.]

【재결요지】

000이 영업보상을 하여 달라는 주장에 대하여 관계 자료(사업시행자 의견서, 이의신청서, 건축물대장 등)를 검토한 결과, 이의신청인은 자기소유의 **단독주택(다가구용)에서** 「건축법」 제19조에 따른 적법한 용도변경 없이 중고이륜차매매업을 행한 것으로 확인되는바, 이는 법 시행규칙 제24조의 무허가건축물등에서 행한 영업으로 법 시행규칙 제45조의 적법한 장소에서 행하고 있는 영업이라 볼 수 없으므로 영업보상을 하여 달라는 이의신청인의 주장은 받아들일 수 없다.

② 가설건축물에서의 영업

적법한 장소라고 하여도 「건축법」 제20조제1항에 따른 가설건축물 안에서 행하던 영업은 도시·군계획시설사업이 시행되는 경우 그 시행예정일 3개월 전까지 가설건축물 소유자의 부담으로 그 가설건축물을 철거 등 원상회복을 하여야 하므로 영업보상의 대상이 되지 않는다(국토계획법 제64조제3항).536)

---

536) 「국토의계획및이용에관한 법률」 제64조(도시·군계획시설 부지에서의 개발행위) ③ 특별시장·광역시장·특별자치시장·특별자치도지사·시장 또는 군수는 제2항제1호 또는 제2호에 따라 가설건축물의 건

대법원도 "가설건축물 내에서의 영업행위와 관련하여 가설건축물 자체의 철거에 따른 소유자의 손실뿐만 아니라 가설건축물의 이용권능에 터잡은 <u>임차인 역시 그 가설건축물의 철거에 따른 영업손실의 보상을 청구할 수는 없다</u>"고 판시하고 있다.[537)]

판례

[판례1] ▶ 구 도시계획법 제14조의2 제4항 소정의 '가설건축물' 수용시 임차인의 영업 손실을 보상하여야 하는지 여부(소극)

[대법원 2001.8.24. 선고 2001다7209] (영업보상금)

【판결요지】

구 도시계획법(2000.1.28. 법률 제6243호로 전문 개정되기 전의 것) 제14조의2 제4항의 규정은 도시계획시설사업의 집행계획이 공고된 토지에 대하여 건축물을 건축하고자 하는 자는 장차 도시계획사업이 시행될 때에는 건축한 건축물을 철거하는 등 원상회복의무가 있다는 점을 이미 알고 있으므로 건축물의 한시적 이용 및 원상회복에 따른 경제성 기타 이해득실을 형량하여 건축 여부를 결정할 수 있도록 한 것으로서, 이러한 사실을 알면서도 건축물을 건축하였다면 스스로 원상회복의무의 부담을 감수한 것이므로 도시계획사업을 시행함에 있어 무상으로 당해 건축물의 원상회복을 명하는 것이 과도한 침해라거나 특별한 희생이라고 볼 수 없다. 그러므로 <u>토지소유자는 도시계획사업이 시행될 때까지 가설건축물을 건축하여 한시적으로 사용할 수 있는 대신 도시계획사업이 시행될 경우에는 자신의 비용으로 그 가설건축물을 철거하여야 할 의무를 부담할 뿐 아니라 가설건축물의 철거에 따른 손실보상을 청구할 수 없고, 보상을 청구할 수 없는 손실에는 가설건축물 자체의 철거에 따른 손실뿐만 아니라 가설건축물의 철거에 따른 영업손실도 포함된다고 할 것이며, 소유자가 그 손실보상을 청구할 수 없는 이상 그의 가설건축물의 이용권능에 터잡은 임차인 역시 그 가설건축물의 철거에 따른 영업손실의 보상을 청구할 수는 없다.</u>

축이나 공작물의 설치를 허가한 토지에서 도시·군계획시설사업이 시행되는 경우에는 그 시행예정일 3개월 전까지 가설건축물이나 공작물 소유자의 부담으로 그 가설건축물이나 공작물의 철거 등 원상회복에 필요한 조치를 명하여야 한다. 다만, 원상회복이 필요하지 아니하다고 인정되는 경우에는 그러하지 아니하다. 〈개정 2011.4.14.〉

537) 대법원 2001.8.24. 선고 2001다7209 판결 [영업보상금], 다만 위 판례에 대해 가설건축물 소유자의 원상회복의무가 임차인에게까지 미치는 것은 부당하는 견해가 있다.(이선영, 앞의 책, 601면)

【판결이유】

1. 원심판결 이유와 원심판결이 인용한 제1심판결 이유 및 기록에 의하면 이 사건의 사실관계는 다음과 같다.

    가. 1991.2.20. 정○○과 정○○은 구 도시계획법(2000.1.28. 법률 제6243호로 전문 개정되기 전의 것) 제14조의2 제4항에 의하여 피고 산하 제주시장으로부터 그들 소유로서 도시계획 집행계획이 공고된 토지인 제주시 일도1동 14○○의 3 지상에 가설건축물 건축허가를 받아 가설건축물을 건축하였다. 당초 건축허가된 가설건축물의 면적은 104.6㎡였으나 실제로는 이를 초과하여 41평 면적으로 건축되었다.

    나. 정○○과 정○○은 위 가설건축물 건축허가를 받을 당시 제주시장에게 존속기간이 만료되거나 존속기간 내일지라도 제주시장의 철거명령이 있을 경우에는 자진철거하고 이에 대한 아무런 보상청구도 하지 않을 것을 약속하였다.

    다. 원고들은 위 가설건축물을 임차하여 "회선신발"이라는 상호로 신발소매업을 경영하였다.

    라. 그런데 피고는 1999년 11월 상습 침수지역인 산지천을 정비하기 위하여 제주시 도시계획도로 중로 3류 1호선 및 중로 3류 2호선의 일부 개설사업을 시행하기로 하고, 위 도시계획에 저촉되는 위 가설건축물을 철거하기 위하여 원고의 영업손실에 대한 감정평가를 마치고 원고와 보상협의에 착수하여 2000년 1월 손실보상계약을 체결하였으나, 그 후 위 가설건축물이 구 도시계획법 제14조의2 제4항 소정의 가설건축물임을 뒤늦게 발견하고 2000.3.3. 원고에게 <u>원고의 영업손실은 보상대상이 되지 않으므로 원고와의 보상협의를 취소한다는 취지의 통보를 한 후, 원고에게 아무런 보상도 하지 아니한 채 이 사건 점포에서 이주할 것을 요구하고 철거대집행절차에 착수하였다.</u>

2. 원심은 이 사건에서 비록 가설건축물 소유자가 아무런 보상 없이 자진철거하기로 약속한 가설건축물이라 하더라도 원고가 그 곳에서 적법하게 신발소매업을 영위하여 온 이상, 피고가 도시계획사업의 시행을 위하여 위 가설건축물을 철거함으로써 원고의 영업이 폐지되는 등의 손실이 발생한 경우 건축물 소유자에 대하여는 위 약

정에 따라 손실보상의무가 면제된다 하더라도 원고의 영업손실에 대한 보상의무까지 면제된다고 볼 수 없고, 위 약정이 원고에 대하여도 효력이 미친다고 볼 만한 특별한 사정도 없으며, 가설건축물 소유자가 가설건축물을 자진철거하고 이에 대한 보상청구를 하지 않기로 약속하였다고 하더라도 이는 가설건축물 철거로 입게 될 건축물 자체의 가액과 같은 직접적인 손실의 보상을 청구하지 않기로 한 것이지 나아가 그와 같은 가설건축물 철거에 따른 영업폐지, 휴업 및 점포 이전 등으로 인하여 발생하게 될 영업손실에 대한 보상청구까지 포기하기로 한 것은 아니므로 피고는 원고의 영업손실에 대한 보상의무가 있고, 피고가 원고에게 영업손실에 따른 보상의무를 이행하지 아니한 채 철거대집행절차에 착수함으로써 원고로 하여금 정상적인 영업이 불가능하게 하였으므로 피고는 원고에게 불법행위로 인한 손해배상 책임이 있다고 판단하였다.

3. 구 도시계획법 제14조의2 제4항은, "시장 또는 군수는 제3항에 의하여 집행계획을 공고한 경우 그 집행계획이 공고된 토지에 대하여 대통령령이 정하는 바에 따라 가설건축물의 건축을 허가할 수 있다. 이 경우 시장 또는 군수는 당해 토지에 대한 도시계획사업이 시행될 때에는 그 시행예정일 3월 전까지 무상으로 가설건축물의 철거 등 원상회복을 명하여야 한다. 다만, 원상회복의 필요가 없다고 인정될 때에는 그러하지 아니하다."라고 규정하고 있다.

이 규정은 도시계획시설사업의 집행계획이 공고된 토지에 대하여 건축물을 건축하고자 하는 자는 장차 도시계획사업이 시행될 때에는 건축한 건축물을 철거하는 등 원상회복의무가 있다는 점을 이미 알고 있으므로 건축물의 한시적 이용 및 원상회복에 따른 경제성 기타 이해득실을 형량하여 건축 여부를 결정할 수 있도록 한 것으로서, 이러한 사실을 알면서도 건축물을 건축하였다면 스스로 원상회복의무의 부담을 감수한 것이므로 도시계획사업을 시행함에 있어 무상으로 당해 건축물의 원상회복을 명하는 것이 과도한 침해라거나 특별한 희생이라고 볼 수 없는 것이다 (헌법재판소 1999.9.16.자 98헌바82 결정 참조). 그러므로 토지소유자는 도시계획사업이 시행될 때까지 가설건축물을 건축하여 한시적으로 사용할 수 있는 대신 도시계획사업이 시행될 경우에는 자신의 비용으로 그 가설건축물을 철거하여야 할 의무를 부담할 뿐 아니라 가설건축물의 철거에 따른 손실보상을 청구할 수 없고,

> 보상을 청구할 수 없는 손실에는 가설건축물 자체의 철거에 따른 손실뿐만 아니라 가설건축물의 철거에 따른 영업손실도 포함된다고 할 것이며, 소유자가 그 손실보상을 청구할 수 없는 이상 그의 가설건축물의 이용권능에 터잡은 임차인 역시 그 가설건축물의 철거에 따른 영업손실의 보상을 청구할 수는 없다고 할 것이다.

③ 1989. 1. 24 당시 무허가건축물 등에서의 영업

2007. 4. 12 개정「토지보상법 시행규칙」부칙 제3조는[538] 무허가건축물 등에 관한 경과조치로 1989년 1월 24일 당시의 무허가건축물 등에 대하여는「토지보상법 시행규칙」제45조제1호(보상대상인 영업), 제46조제5항(무허가건축물 등에서 임차인 영업의 폐지보상), 제47조제6항(무허가건축물 등에서 임차인 영업의 휴업보상), 제52조(허가등을 받지 아니한 영업의 손실보상에 관한 특례) 및 제54조제2항(세입자의 주거이전비) 단서의 개정규정에 불구하고 이 규칙에서 정한 보상을 함에 있어 이를 적법한 건축물로 보도록 규정하고 있다. 따라서 1989. 1. 24 당시 무허가건축물 등에서의 영업은 세입자가 하는 영업은 물론 소유자가 하는 영업도 보상대상이며, 세입자의 영업보상의 경우에도 보상의 요건으로서 ⅰ) 사업인정고시일 등 1년 이전부터 행하여 온 영업, ⅱ)「부가가치세법」제8조에 따른 사업자등록을 하고 행하고 있는 영업, ⅲ) 보상금의 상한 등은 적용되지 않는다.

④ 무허가건축물 등의 임차인의 영업

공익사업으로 인하여 생계에 지장을 받을 수 있고 보상을 목적으로 하지 않는 선의의 영세 임차사업자를 보호하기 위하여 종전부터 정상적으로 무허가건축물 등에서 영업을 하고 있는 경우에 그 임차인이 사업인정고시일 등 1년 이전부터「부가가치세법」제8조에 따른 사업자등록을 하고 행하고 있는 영업은 1천만원(단, 영업시설·원재료·제품 및 상품의 이전에 소요되는 비용 및 그 이전에 따른 감손상당액은 별도보상)한도에서 영업보

---

538) 부　칙〈건설교통부령 제556호, 2007.4.12.〉
　　제3조 (무허가건축물등에 관한 경과조치) 1989년 1월 24일 당시의 무허가건축물등에 대하여는 제45조제1호, 제46조제5항, 제47조제6항, 제52조 및 제54조제2항 단서의 개정규정에 불구하고 이 규칙에서 정한 보상을 함에 있어 이를 적법한 건축물로 본다.

<u>상(휴업보상)이 가능하다</u>(시행규칙 제45조 제1호 단서, 시행규칙 제47조 제6항).539)

(3) 인적 · 물적시설을 갖추고 계속적으로 행하고 있는 영업일 것(=시설적 · 계속성 요건)

영업이 보상대상이 되기 위해서는 일정한 장소에서 일정한 정도의 인적 · 물적시설540)을 갖추고 계속적541), 반복적으로 영업을 하여야 하며, 어느 정도의 시설을 갖추어야 하는지 및 어느 정도까지 영업을 계속 행하여야 하는지에 대해서는 해당영업의 성격 등을 종합적으로 고려하여 객관적으로 결정하여야 할 것이며, 종국적으로는 실제로 공익사업의 시행으로 인하여 손실이 발생하였고 그 손실이 특별한 희생에 해당하는지 여부를 기준으로 판단하여야 할 것이다.542)

최근에는 사회변화에 따른 영업의 형태와 종류가 다양화 되었고 특히 영업설비의 자동화에 따른 자판기영업, 셀프빨래방 등 무인영업장이 대중화되어 전통적인 인적 · 물적시설을 갖추고 있다고 보기 어려운 영업이 늘어나고 있어 영업보상의 시설적 요건은 단순히 영업에 종사하는 사람의 수나 물적 시설의 수량으로 판단하기 곤란한 경우가 발생되어 현실적으로 그동안 영업보상에서 제외되었던 영업에 대하여 영업보상을 인정하여야 할 필요성이 크게 대두되고 있다.

그 동안 일반적으로 영업보상의 인정여부와 관련하여 전통적으로 논의되었던 사례를 유권해석으로 살펴보면 일정한 영업시설을 갖춘 일정한 영업장소로 직접 방문한 고객에게 물건을 판매하는 영업543)의 경우에는 그 보상대상으로 하고 있으나 시장주변에서 일정한 자리를 차지하고 있는 노점상544), 화장품 방문판매업545), 배달납품업546), 차량을 이

---

539) 다만, 불법형질변경토지, 그 밖에 다른 법령에서 물건을 쌓아놓는 행위가 금지되는 장소에서 임차인이 사업인정고시일 등 1년 이전부터 사업자등록 후 영업을 하였다 하더라도 영업보상의 대상이 될 수 없다.

540) 토지정책팀-527 (2008.2.5.): 시행규칙 제45조 규정에 의한 물적시설의 의미는 건축법 등 관계법령의 규정에 따른 건축물뿐만 아니라 당해 영업을 위해 필요한 제반시설까지를 의미하는 것이다.

541) 토관 58342-1189 (2002.8.12.): 영업 허가 또는 신고 등이 필요한 경우 이를 행하고 일정한 장소에서 영업에 필요한 관련시설을 갖추고 허가 등을 받은 사항대로 영업을 하고 있던 자가 공공사업으로 인하여 휴업을 하거나 폐업을 하는 경우 지급대상이 되는 것이므로 이에 해당되는 경우 보상대상에 해당된다고 보면, 신병치료를 위하여 일시적으로 영업을 중단하였다가 영업을 계속한 경우도 보상대상에 해당된다.

542) 중앙토지수용위원회, 앞의 책, 2017.12., 368면. 참조인용

543) 토관-3156 (2004.7.19.): <u>영업보상대상은 일정한 시설을 갖춘 일정한 영업장소로 고객이 직접 와서 물건을 취득 판매하는 경우의 영업</u>을 말한다고 보며, 일정한 장소에서 물품 등을 일시 보관하였다가 고정거래처 등에 물품을 배달납품하는 영업의 경우에는 영업보상대상으로 보기 어려울 것이다.

용하여 구매자를 찾아다니는 운반판매영업[547], 농막영업[548]은 영업장소의 일시적 또는 유동성을 이유로 영업보상을 부정되며, 민박 및 하숙이 계절적인 수요에 의해 일시적으로 숙박을 제공하는 등 부업의 경우이면 영업보상을 부정하는 경향이다.

한편, 사업시행자별로 차이는 있으나 철학관[549], 가축병원[550], 건설회사 사무실, 버스회사의 차고지, 보험회사의 대리점, 화장품 대리점 등에 대해서도 영업보상을 대체로 부정하는 경향이 있어 민원이 빈번하게 발생하고 있고, 이에 대해 국민권익위원회는 최근 굿행위, 자판기영업[551], 목욕관리업에 대하여 영업보상을 인정하는 권고의결을 한 바 있다.[552]

예정지구로 지정된 장터에서 토지를 임차하여 앵글과 천막구조의 <u>가설물을 설치하고 영업신고 없이</u> **5일장이 서는 날에 정기적으로 국수와 순대국 등을 판매하는 음식업 영업**은 영업의 계속성과 영업시설의 고정성을 인정할 수 있어 보상대상이 되므로[553] 부가가치세법에 의한 <u>사업자등록을 하지 않은 경우</u>라도 영업보상의 대상이 될 수 있으며, 소풍 및 레크레이션 영업 등 매년 일정한 기간 동안에만 인적·물적시설 갖추어 영리를 목적

---

544) 토관-2677 (2004.6.15.)

545) 토관-5576 (2004.11.22.)

546) 토관-3156 (2004.7.19.); 토지정책과-4421 (2009.9.23.)

547) 토정 58307-75 (1993.5.4.)

548) 토관 58342-799 (2003.6.7.)

549) ① 철학관 영업보상 부정 질의회신: ⅰ) 토관 58342-1727 (2000.11.15.); 인적서비스(철학관 등)를 주로 하는 영업과 같이 영업을 휴업하지 아니하고 영업장소를 이전할 수 있는 경우에는 공공사업의 시행으로 인한 손실이 있었다고 볼 수 없다. ⅱ) 토관 58342-903 (2003.6.25.); 철학관 영업은 인적·물적 시설을 갖추지 아니한 영업에 해당한다. ② 철학관 영업보상 인정 질의회신: 사업자등록을 하고 점(집)을 보며 생계를 유지하여 오던 중 공공사업에 편입된 경우 해당 영업의 영업보상여부에 대해 점집은 허가 등을 받지 않고 할 수 있는 **자유영업에 해당**하여 일정한 장소에서 영업을 하여온 경우라면 영업보상의 대상이 된다.(토정 58342-1736 (1998.11.5.) ③철학관 영업보상 인정한 중앙토지수용위원회 재결례(중토위 2006.3.27. 재결, 부천시도시계획시설사업 도로확장공사, 사업인정고시일:2004.10.25.)

550) 가축병원의 경우는 수의사가 직접 현장을 방문하여 동물들을 진료하는 업이므로 영업보상대상에서 제외하였으나, 중앙토지수용위원회는 이를 휴업보상의 대상이 된다고 결정한 바가 있다(김포마송지구).

551) 국민권익위 2AA-1102-034911(2011.5): 이 민원 영업(자판기영업)을 위해서는 일정한 장소에서 자동판매기의 식음료투입 및 위생관리를 수시로 하여야 하는 점 등을 고려할 때 이 민원 영업은 일정한 장소에서 고정적으로 인적·물적시설이 투입된 영업으로 보는 것이 타당하다. 따라서 신청인은 이 민원 사업구역에 이 민원 시설이 편입되어 더 이상 이 민원 영업을 계속할 수 없게 되었다고 할 수 있으므로 피신청인은 토지보상법 제77조의 규정에 따라 신청인에게 이 민원 영영업의 손실을 보상하는 것이 타당하다고 판단된다.

552) 신경직, 앞의 책, 512면. 수정인용

553) 대법원 2012.3.15. 선고 2010두26513 판결 [토지수용재결처분취소]

으로 영업을 하는 경우에도 영업손실보상의 대상이 되는 영업이므로554), 수영장, 눈썰매장 등 계절적 수요에 따른 매년 일정한 기간에만 영업하는 계절적 영업도 영업의 계속성과 영업시설의 고정성을 인정할 수 있을 것이다.

질의회신

[질의회신1] ▶ 배달납품업은 영업보상대상의 영업이 아니다.
[2004.7.19. 토관-3156]

【질의요지】
농축산물 **도·소매업**으로 사업자등록을 하고 야채, 육류 등을 시장에서 구입하여 식당에 납품하는 영업을 행하는 경우 영업보상대상에서 해당하는지 여부

【회신내용】
일정한 장소에서 물품 등을 일시 보관하였다가 고정거래처 등에 물품을 배달납품하는 영업의 경우에는 위 규정에 의한 영업보상대상으로 보기 어려울 것으로 보임.

[질의회신2] ▶ 주거용 건물(자택)에서 물품 등을 일시 보관하였다가 거래처 등에 물품 등을 배달납품하는 경우에는 영업보상대상으로 보기 어려울 것으로 보임.
[2009.9.23. 토지정책과-4421]

[질의회신3] ▶ 차량을 이용하여 구매자를 찾아다니는 운반판매영업은 영업보상대상이 아니다. [1993.5.4. 토정 58307-75]

【질의요지】
허가받은 창고건물에 판매영업의 등록을 하고 차를 이용하여 직접 구매자를 찾아다니며 운반판매하는 경우 보상대상으로 볼 수 있는지 여부?

【회신내용】

---

554) 대법원 2012.12.13. 선고 2010두12842 판결 [보상금]

영업보상은 일정한(적법한) 장소에 영업시설을 갖추고 계속적, 반복적으로 영업을 하는 경우에 가능하므로 위 영업과 같이 차로 운반판매하는 경우에는 일정한(적법한) 장소에서 영업시설 영업시설을 갖추고 행하는 영업으로 볼 수 없으므로 영업보상이 불가함.

[질의회신4] ▶

[2003.6.7. 토관 58342-799]

【질의요지】

과수 및 관상수를 재배하면서 허가나 신고 없이 설치할 수 있는 <u>농막을 설치하고 판매업을 하고 있는 경우</u> 영업보상대상에 해당되는지 여부

【회신내용】

사업인정고시일 등 전부터 일정한 장소에서 인적·물적시설을 갖추고 계속적으로 영리를 목적으로 행하고 있는 영업이 보상대상이 되며, 일정한 장소인 영업장소는 적법한 영업장소로서 그 <u>장소가 일시적이거나 이동성이 있지 아니한 경우를 의미한다</u>고 판단됩니다.

국민권익위

[의결1] ▶ '굿행위'가 신청인의 인적 능력에 주로 의존하는 요역제공이지만 법당과 같은 고정식 시설이 필수적으로 요구되며, '굿행위'는 서비스의 내용 자체가 공산품과 같이 균등할 수 없어 특정 무속인에 대한 고객들의 선호도가 영업이익과 직결되며, 특정 영업장소에 대한 거래고객들의 인지도가 영업에 있어 중요한 요소로 작용된다. '굿', 점술 등의 무속 영업손실에 대하여 보상하는 것이 타당하다.
[국민권익위 2008.5.28. 의결 2CA-0804-015019]

[의결2] ▶ 목욕관리업(일명"때밀이업")의 경우 목욕 일반용품을 갖추었다는 사실만으로는 물적시설을 갖추었다고 보기 어렵고, 목욕탕업에 부수되는 방식으로 행해지는

영업으로 영업의 독자성을 인정할 수 없다고 주장하나, 이 민원 건물 목욕탕의 일부 공간에 목욕관리대를 설치하고 영업을 계속적으로 영위했음이 인정되며, 건물의 일부를 임차하여 물적시설을 갖추고 영업을 목욕탕에 부수되는 방식이 아닌 독자적으로 영위하였으므로 영업보상이 타당하다. [국민권익위 2006.11.28. 의결 2BA-0610-06 4120]

[판례1] ▶ 국민임대주택단지조성사업 예정지구로 지정된 장터에서 토지를 임차하여 앵글과 천막구조의 가설물을 설치하고 영업신고 없이 **5일장이 서는 날에 정기적으로 국수와 순대국 등을 판매하는 음식업 영업**은 영업의 계속성과 영업시설의 고정성을 인정할 수 있다.(=인적·물적시설의 판단기준)

[대법원 2012.3.15. 선고 2010두26513] [토지수용재결처분취소]

【판결이유】

가. 원심은, 그 채택 증거에 의하여 인정되는 판시와 같은 사정, 즉 원고들이 1990년경부터 이 사건 장터에서 토지를 임차하여 앵글과 천막 구조의 가설물을 축조하고 매달 4일, 9일, 14일, 19일, 24일, 29일에 정기적으로 각 해당 점포를 운영하여 왔고, 영업종료 후 가설물과 냉장고 등 주방용품을 철거하거나 이동하지 아니한 채 그곳에 계속 고정하여 사용·관리하여 왔던 점, 원고들은 장날의 전날에는 음식을 준비하고 장날 당일에는 종일 장사를 하며 그 다음날에는 뒷정리를 하는 등 5일 중 3일 정도는 이 사건 영업에 전력을 다하였다고 보이는 점 등에 비추어 볼 때, 비록 원고들이 영업을 5일에 한 번씩 하였고 그 장소도 철거가 용이한 가설물이었다고 하더라도 원고들의 상행위의 지속성, 시설물 등의 고정성을 충분히 인정할 수 있으므로, 원고들은 이 사건 장소에서 인적·물적 시설을 갖추고 계속적으로 영리를 목적으로 영업을 하였다고 봄이 상당하다고 판단하였다. 관련 법리와 기록에 비추어 살펴보면 원심의 위와 같은 조치는 정당한 것으로 수긍할 수 있고, 거기에 상고이유로 주장하는 바와 같이 영업손실보상의 대상이 될 수 있는 영업의 계속성과 영업시설의 고정성에 관한 법리를 오해하는 등의 위법이 없다.

이 부분 상고이유의 주장도 이유 없다.

나. 원심은, 시행규칙 제54조 제2항에 따라 이 사건 사업인정고시일인 2006.6.26. 당시를 기준으로 계산한 3개월분의 주거이전비 액수가 원심판결 별지 보상액란 기재 각 금원이라고 인정하는 한편 원고들이 5일 중 1일만 영업을 하였으므로 그 보상금 액수도 법령에서 정한 금액의 5분의 1이 되어야 한다는 피고의 주장에 대하여, 그와 같이 감액할 수 있는 법령상 근거가 없다는 이유로 이를 배척하였다.

관련 법령의 규정 및 기록에 비추어 살펴보면 원심의 위와 같은 조치는 정당한 것으로 수긍할 수 있고, 거기에 상고이유로 주장하는 바와 같이 시행규칙 제52조 제1항의 해석 및 적용에 관한 법리를 오해하는 등의 위법이 없으며, <u>원고들과 같은 무신고 영업자가 그 영업의 실제 매출액·영업이익을 객관적 자료에 기초하여 스스로 입증하여야 비로소 3개월간의 주거이전비 보상을 받을 수 있는 것은 아니다.</u>

[판례2] ▶ 영업손실보상의 대상으로 정한 영업에 '매년 일정한 계절이나 일정한 기간 동안에만 인적·물적시설을 갖추어 영리를 목적으로 영업을 하는 경우'도 포함된다.
(=영업의 계속성 판단기준)
[대법원 2012.12.13. 선고 2010두12842] (보상금)

【판결요지】
구 공익사업을 위한 토지 등의 취득 및 보상에 관한 법률 시행규칙(2007.4.12. 건설교통부령 제556호로 개정되기 전의 것) 제45조 제1호는 '사업인정고시일 등 전부터 일정한 장소에서 인적·물적시설을 갖추고 계속적으로 영리를 목적으로 행하고 있는 영업'을 영업손실보상의 대상으로 규정하고 있는데, 여기에는 <u>매년 일정한 계절이나 일정한 기간 동안에만 인적·물적시설을 갖추어 영리를 목적으로 영업을 하는 경우도 포함된다</u>고 보는 것이 타당하다.

【판결이유】
1. 소풍 및 레크리에이션 영업에 대한 손실보상 등에 관하여

구 공익사업법 시행규칙 제45조 제1호는 '사업인정고시일 등 전부터 일정한 장소에서 인적·물적시설을 갖추고 계속적으로 영리를 목적으로 행하고 있는 영업'을 영업손실 보상의 대상으로 규정하고 있는바, 여기에는 매년 일정한 계절이나 일정한 기간 동안에만 인적·물적시설을 갖추어 영리를 목적으로 영업을 하는 경우도 포함된다고 봄이 타당하다.

원심이 인용한 제1심판결 이유 및 원심판결의 이유와 기록에 의하면, 원고는 이 사건 ○○랜드에 설치된 각종 유기기구 및 눈썰매장, 체험학습장 등을 일괄 임차하여 이 사건 유원시설업을 영위하면서, 유기기구만을 이용하러 온 개인고객을 상대로 하는 영업과 별도로 봄소풍 및 가을소풍이 실시되는 4월 내지 5월, 9월 내지 10월에 주로 유치원생들을 대상으로 이 사건 ○○랜드로 소풍을 와서 유기기구도 이용하고 여러 가지 체험학습(동물과 함께, 물레실습, 모종심어가져가기, 유쾌한 율동, 고구마캐기 또는 밤줍기 등)을 하며 레크리에이션에 참가할 수 있도록 하는 단체고객을 위한 영업 프로그램을 운영하였고, 그 프로그램의 판매수익금은 개인고객을 상대로 한 유기기구 영업수입금 및 눈썰매장만을 이용하는 고객으로 발생한 영업수입과 별도 항목의 매출로 구분하여 관리한 사실, 원고는 위 ○○랜드의 영업시설 및 토지가 이 사건 사업으로 수용이 되면서 그 영업손실에 대한 보상을 신청하였는데, 중앙토지수용위원회는 이의재결을 통하여 유기기구 중 안전성 검사대상에 해당하는 유기기구는 관할 행정청의 허가를 받아서 운영하여야 하므로 그 허가 없이 이를 임차하여 운영한 것은 보상대상이 될 수 없고, 유치원 학생 등 단체고객을 상대로 한 소풍 및 레크리에이션 영업부분은 일정한 장소에서 인적·물적 시설을 갖추고 계속적으로 영업을 한 경우에 해당하지 아니 한다는 이유로 보상에서 제외하고 결국 안전성 검사대상이 아닌 유기기구를 이용한 개인고객 상대의 수익만을 기준으로 영업손실을 보상하도록 결정한 사실을 알 수 있다.

이러한 사실을 위 법리에 비추어 살펴보면, 원고가 영위하였다는 위 소풍 및 레크리에이션 등 단체고객 영업은 그 자체로 독립적인 영업이라고 할 것은 아니지만, 유원시설업의 매출 증대를 위하여 그와 같은 방식으로 영업을 하는 데 대하여 별도의 허가를 받아야 한다는 등 다른 특별한 사정이 없는 한 이는 법률상 허용된다 할 것이고, 또한 원고가 영위한 소풍 및 레크리에이션 등 단체고객 유치로 인한 영업 부분에는 안전성 검사대상인 유기기구를 이용한 부분을 제외하더라도 나머지 유기기구를 이용한 영업 부분과 각종 체험학습 및 레크리에이션 영업 부분이 포함되어 있고 이는 원고의 유원 시설업에 대한 영업손실 보상의 범위에 포함된다고 보아야 할 것이다.

그럼에도 원심은 이와 달리 그 판시와 같은 이유만을 들어, 위 소풍 및 레크리에이션 영업이 기존의 눈썰매장 시설을 이용하여 일시적으로 행한 영업으로 보일 뿐, 이에 필요한 인적·물적시설을 별도로 갖추고 계속적으로 그러한 영업을 하고 있었다고 보기는 어려우므로 이 부분 영업은 영업손실보상의 대상이 아니라고 판단하였다. 위와 같은 원심판결에는 구 공익사업법 시행규칙 제45조 제1호 소정의 영업손실보상 대상 여부에 관한 법리를 오해한 나머지 그 보상액에 관하여 심리를 다하지 아니하여 판결에 영향을 미친 위법이 있다.

(4) 허가 등을 받아 그 내용대로 행하는 영업일 것(=허가 등의 요건)

관계법령에 의한 허가 등을 필요로 하는 경우에는 사업인정고시일등 전에 허가 등을 받아 그 내용대로 행하는 영업이어야 한다. 허가 등은 사업인정고시일 등 이전에 받아야 하도록 규정하고 있으므로 원칙적으로 사업인정고시일 등 이후에 허가 등을 받고 영업을 개시한 경우는 물론이고 사업인정고시일 등 이전에 허가 등을 받지 않고 영업하다가 사업인정고시일 등 이후에 비로서 허가 등을 받은 영업도 보상대상이 아니다. 이는 허가 등을 받은 경우라도 사업인정 이후에는 영업의 이전이 예견된 상태이므로 보상을 하지 않는 것이 합리적일 것이다. 다만, 허가 등이 필요치 않은 자유영업의 경우 사업자등록 여부와 관계없이 기준일 이전부터 영업을 하였을 경우에는 보상이 가능하다.

또한, 허가 등을 받아 그 내용대로 행하고 있어야 하므로 허가 등이 없이 행하는 영업이나 허가 등을 받았다 하더라도 그 허가 등의 내용을 벗어나는 영업 및 영업허가 등을 받은 자와 실제 영업을 행하는 자가 다르거나 또는 다른 장소에서 행하는 영업보상의 대상이 아니다. 다만, 이 경우에도 시행규칙 제54조 특례조항(허가등을 받지 아니한 영업의 손실보상에 관한 특례)을 적용받을 수는 있다.

한편, 대법원 판례는 "영업의 종류에 따라서는 관련 행정법규에서 일정한 사항을 신고하도록 규정하고는 있지만 그러한 신고를 하도록 한 목적이나 관련 규정의 체제 및 내용

등에 비추어 볼 때 신고를 하지 않았다고 하여 영업 자체가 위법성을 가진다고 평가할 수 없는 경우라면 단순히 신고 등을 하지 않았다고 하더라도 그 영업손실 등에 대해서는 보상을 하는 것이 헌법상 정당보상의 원칙에 합치되며, 영업의 양도시 신고가 필요한 경우 그 신고를 하지 아니한 채 영업을 하던 중 수용이 이루어진 경우 당해 영업에 관한 법령체계상 시설기준 등에 관해서는 상세한 규정을 두고 운영주체에 관하여 자격기준 등을 따로 제한한 것으로 보이지 않는다면 **영업주체가 그 영업시설의 양도나 임대 등에 의하여 바뀌었음에도 그에 관한 신고를 하지 아니한 채 영업을 하던 중**에 공익사업으로 영업을 폐지 또는 휴업하게 된 경우라 하더라도, 실제 영업주의 영업은 영업손실보상의 대상이 되는 영업으로 본다"555)라고 판시하고 있고, 유권해석 역시 사업인정고시일등 이후에 개시된 영업은 영업보상대상에 해당되지 아니한다고 보나, 위 고시가 있기 이전부터 행하던 영업을 그 고시 등이 있은 후 이를 적법하게 승계하여 영업을 행하고 있는 경우에는 그 영업의 승계자가 보상대상에 해당된다고 보고 있다.556)

또한, 영업장을 임차하여 사용하던 중 사업인정고시 이후 임대차 기간이 끝나 같은 사업지구의 **다른 토지**로 영업장소를 이전하였더라도 사업인정고시일 당시 보상대상에 해당한다면 영업보상의 대상이 된다.557)

한편, 허가 등을 받지 아니한 영업의 경우에도 3개월분 가계지출비, 영업시설 등의 이전비용 및 그에 따른 감손상당액 등을 보상하며(시행규칙 제52조), 「부가가치세법」 제8조에 따른 세무서의 **사업자등록은** 납세업무라 조세행정의 목적 내지 편의를 위한 것일 뿐 **영업의 허가 등에는 해당되지 아니하므로** 사업자등록을 하지 않았다고 하여 영업보상의 대상에서 배제되지 않는다.558) 다만, 무허가건축물 등에서 보상계획의 공고·통지 또는 사업인정의 고시가 있기 1년 이전부터 임차인이 영업하는 경우로서 그 임차인에게 영업보상을 하는 경우에는 그 임차인이 「부가가치세법」 제8조에 따른 사업자등록을 하여야 영업보상대상이 된다(시행규칙 제45조 제1호 단서).

---

555) 대법원 2012.12.13. 선고 2010두12842 판결
556) 토관-1289 (2004.4.22.), ; 토관 58342-526 (2001.4.9.)
557) 대법원 2012.12.27. 선고 2011두27827 판결:
558) 토관-2282 (2004.5.19.)

[판례1] ▶ 체육시설업의 영업주체가 영업시설의 양도나 임대 등에 의하여 변경되었으나 그에 관한 신고를 하지 않은 채 영업을 하던 중에 공익사업으로 영업을 폐지 또는 휴업하게 된 경우, 그 임차인 등의 영업이 보상대상에서 제외되는 **위법한 영업인지 여부**(소극) [대법원 2012.12.13. 선고 2010두12842] (보상금)

【판결요지】

구 체육시설의 설치·이용에 관한 법률(2007.4.6. 법률 제8338호로 개정되기 전의 것, 이하 '구 체육시설법'이라 한다) 제10조, 제22조, 구 체육시설의 설치·이용에 관한 법률 시행규칙(2007.11.26. 문화관광부령 제174호로 개정되기 전의 것) 제25조 제1호, 제4호 등 관련 규정의 내용과 체계 등을 종합해 보면, 자기 소유의 부동산에 체육시설을 설치하여 체육시설업을 하던 사람으로부터 그 시설을 임차하여 체육시설업을 하려는 사람은 임대계약서 등을 첨부하여 운영주체의 변경사실을 신고하여야 한다. 그런데 구 체육시설법 관련 법령을 두루 살펴보면 시설기준 등에 관해서는 상세한 규정을 두고 그 기준에 맞는 시설을 갖추어서 체육시설업 신고를 하도록 하고 있지만, 체육시설의 운영주체에 관하여 자격기준 등을 따로 제한한 것은 보이지 않고, 신고 절차에서도 운영주체에 관하여 심사할 수 있는 등의 근거 규정은 전혀 없다. 오히려 기존 체육시설업자가 영업을 양도하거나 법인의 합병 등으로 운영주체가 변경되는 경우에도 그로 인한 체육시설업의 승계는 당연히 인정되는 전제에서 사업계획이나 회원과의 약정사항을 승계하는 데 대한 규정만을 두고 있을 뿐이다(구 체육시설법 제30조). 이러한 규정 형식과 내용 등으로 보면, 체육시설업의 영업주체가 영업시설의 양도나 임대 등에 의하여 변경되었음에도 그에 관한 신고를 하지 않은 채 영업을 하던 중에 공익사업으로 영업을 폐지 또는 휴업하게 된 경우라 하더라도, 그 임차인 등의 영업을 보상대상에서 제외되는 위법한 영업이라고 할 것은 아니다. 따라서 그로 인한 영업손실에 대해서는 법령에 따른 정당한 보상이 이루어져야 마땅하다.

[판례2] ▶ 영업장을 임차하여 사용하던 중 사업인정고시 이후 임대차 기간이 끝나 같은 사업지구의 **다른 토지**로 영업장소를 이전하였더라도 사업인정고시일 당시 보상대상에 해당한다면 영업보상의 대상이 된다.

[대법원 2012.12.27. 선고 2011두27827] (손실보상금청구)

【판결요지】

사업인정고시일 이후 영업장소 등이 이전되어 수용재결 당시에는 해당 토지 위에 영업시설 등이 존재하지 않게 된 경우 사업인정고시일 이전부터 그 토지 상에서 영업을 해 왔고 그 당시 영업을 위한 시설이나 지장물이 존재하고 있었다는 점은 이를 주장하는 자가 증명하여야 한다.

【판결이유】

사업인정고시일 이후 영업장소 등이 이전되어 수용재결 당시에는 해당 토지 위에 영업시설 등이 존재하지 아니하게 된 경우 사업인정고시일 이전부터 그 토지 상에서 영업을 해 왔고 그 당시 영업을 위한 시설이나 지장물이 존재하고 있었다는 점은 이를 주장하는 자가 증명하여야 한다.

그런데 이 사건에서 원심판결 및 원심이 적법하게 채택한 증거에 의하면, 원고는 이 사건 사업인정고시일인 2006.12.26. 당시 이 사건 사업지구 내에 있는 인천 서구 오류동 (지번 1 생략) 토지에서 일정한 영업시설을 갖추고 제재목과 합판 등의 제조 및 판매업을 영위하고 있었던 사실, 사업인정고시일 이후 위 토지에서 임대차계약기간이 만료되자 원고는 2007.5.경 같은 사업지구 내에 속하는 같은 동 (지번 2 생략) 토지로 영업장소를 이전하여 기존 상호대로 이미 사용하던 시설 등을 옮겨 동일한 영업을 해 왔는데 다만 그 영업의 규모나 시설이 다소 줄어든 형태였던 사실, 피고는 2007.8.경 이 사건 수용재결을 위한 조사를 하면서 이전된 장소인 (지번 2 생략) 토지에 있는 영업시설 및 지장물을 기준으로 물건조사서를 작성한 사실 등이 인정된다. 그렇다면 이 사건 물건조사서의 내용은 이 사건 손실보상의 대상이 되는 기존 (지번 1 생략) 토지에서의 영업과 동일성이 인정되는 범위 내에서 그 보다 축소된 규모의 영업시설과 지장물에 관한 것이 기재된 것으로, 적어도 원고가 사업인정고시일 당시 기존 (지번 1 생략) 토지 상에서 이 사건 물건조사서에 기재된 정도의 영업시설 등을 갖추고 영업을 해 온 것은 분명해 보이므로, 이 사건 사업인정고시일 당시 원고가 (지번 1 생략) 토지 상에서 이 사건 영업을 해 왔다는 점 및 그 당시 이 사건 영업시설 및 지장물이 존재하였다는 점에 대한 증명이 있다고 보아야 한다. 같은 취지의 원심의 판단은 정당하고, 거기에 상고이유의 주장과 같이 논리와 경험의 법칙을 위반하여 자유심증주의의 한계를 벗어나거나, 필요한 심리를 다하지 아니하고, 판단을 누락하는 등으로 판결에 영향을 미친 위법이 있다고 할 수 없다.

재결례

[재결례1] ▶ 사업자등록여부는 영업손실보상대상의 요건이 아니다. [**중토위 2013.5.**]

【재결요지】

공익사업시행에 따른 영업손실보상과 사업자등록증과의 관계에 있어서 영업손실보상대상에 해당하는 영업은 위 법 시행규칙 제45조에서 정하고 있는 '적법한 장소에서 인적·물적시설을 갖추고 계속적으로 행하는 영업으로서 영업을 행함에 있어서 관계법령에 의한 허가·면허·신고 등을 필요로 하는 경우에는 사업인정고시일등 전에 허가등을 받아 그 내용대로 행하고 있는 영업'에 해당하면 되므로 납세업무를 목적으로 하고 있는 사업자등록여부가 영업손실보상대상의 요건이 되는 것은 아니다.
따라서 실제 사업지구내에서 영업한 것으로 확인됨에도 영업보상대상요건이 아닌 사업자등록증상에 기재된 사업장소재지가 실제 영업장소와 불일치한다는 이유만으로 영업손실보상대상이 아니라는 사업시행자의 판단은 잘못된 것이며 이는 영업손실보상대상에 해당하는 것으로 판단된다.

다. 영업보상 제외영업

(1) 부동산 임대소득

유권해석은 일관되게 부동산 임대소득은 부동산의 원물에 대한 果實(자산소득)이므로 당해 부동산에 대하여 정당한 보상을 한 경우에는 별도의 손실이 있다고 볼 수 없고, 건물이 공익사업에 편입되기 전까지는 소유자가 자기 건물에 대한 권리·의무를 배타적으로 행사하는 것이므로 이 기간 동안의 임대소득은 손실보상대상으로 보기 어렵다고 하면서 부동산 임대업에 대한 영업보상은 불가하다고 하고 있다.[559]

그러나 다른 영업손실 보상과의 형평성 등의 문제로 부동산 임대업도 일정부분에 대해

---

559) 2004.8.13. 토관-3662. ; 2004.10.20. 토관-4757

서는 이를 인정하자는 의견도 있고 비교법적으로 일본의 경우에는 부동산임대사업에 대해 별도의 보상규정으로 일정한 경우에 부동산 임대업에 대한 영업보상이 인정되고 있다.560)

한편, 대법원은 ① 일실임대수입을 보상함에 있어서 구「공공용지의취득및손실보상에관한특례법 시행규칙」제25조 제2항이 유추적용 되는지의 여부에 대한 판례에서 "「공공용지의취득및손실보상에관한특례법」등 관계법령에 의하면, 수용대상토지 지상에 건물이 건립되어 있는 경우 그 건물에 대한 보상은 취득가액을 초과하지 아니하는 한도 내에서 건물의 구조·이용상태·면적·내구연한·유용성·이전가능성 및 난이도 등의 여러 요인을 종합적으로 고려하여 원가법으로 산정한 이전비용으로 보상하고, 건물의 일부가 공공사업지구에 편입되어 그 건물의 잔여부분을 종래의 목적대로 사용할 수 없거나 사용이 현저히 곤란한 경우에는 그 잔여부분에 대하여는 위와 같이 평가하여 보상하되, 그 건물의 잔여부분을 보수하여 사용할 수 있는 경우에는 보수비로 평가하여 보상하도록 하고 있고, **임대용으로 제공되고 있던 건물의 일부**가 수용된 후 잔여건물을 보수하여 계속 임대용으로 사용하는 경우 잔여건물의 보수비를 포함하여 위와 같은 기준에 따라 보상액을 지급하였다고 하더라도 그 보상액에는 보수기간이나 임대하지 못한 기간 동안의 일실 임대수입액은 포함되어 있지 않으므로 그러한 경우에는 구「공공용지의취득및손실보상에관한특례법시행규칙」(2002.12.31. 건설교통부령 제344호로 폐지되기 전의 것) 제25조 제3항(**현 토지보상법 시행규칙 제47조 제3항**)에 따라 **3월의 범위** 내에서 보수기간이나 임대하지 못한 기간 동안의 일실 임대수입은 수용으로 인한 보상액에 포함되어야 하고,

---

560) ① 「임대주택법」제6조에 의하여 주택을 2세대 이상 임대하고자 하는 자는 임대사업자등록을 할 수 있고, 「소득세법」및 「부가가치세법」에 의한 사업자등록을 하여 임대인이 일정한 부동산을 제공하고 임차인은 이에 대한 사용료를 지급하는 임대행위를 하고 있다면 이를 실질적인 영업행위로 보고 당해 건물을 이전함으로 인하여 이전기간 중 임대료를 얻을 수 없다고 인정되는 기간에 상응하는 임대료 상당액을 보상하여야 하나 '임대소득'을 '영업소득'으로 볼 수 없다는 이유로 영업보상에서 제외하고 있는 점은 타 영업손실보상과의 형평성 문제, 영업보상과 유사한 성격의 영농손실보상시 토지에 대한 보상과 함께 2년 기간 동안의 영농손실보상을 하고 있는 점(토지보상법 제48조)과의 형평성 문제를 야기함으로써 보상법률 적용의 일관성에 문제점이 발생되고 있다.[김해성·정철모, 2012.3 "공법상 영업손실보상의 개선방안에 관한 연구", 한국도시행정학회 도시행정정보 제25집 제1호, 274면]
② 부동산 임대사업의 보상은 일본의 「공공용지 취득에 따른 손실보상기준」제33조에 의하면 건물의 전부 또는 일부를 임대하고 있는 자가 당해 건물을 이전함으로 인하여 이전기간 중 임대료를 얻을 수 없다고 인정되는 경우 당해 이전기간에 상응하는 임대료 상당액에서 당해기간 중의 관리비 상당액을 공제한 금액을 보상하도록 규정하고 있다. [강교식,(2006.6) 손실보상에 관한 법률해석례의 법규화 검토, 「감정평가연구」제16집 제1호, 9-27면 : 김해성·정철모, 2012.3 전게논문 276에서 재인용]

다만 3월 이상의 보수기간이나 임대하지 못한 기간이 소요되었다는 특별한 사정이 있는 경우에는 같은 「법 시행규칙」 제25조 제2항(**현 토지보상법 시행규칙 제47조 제3항)**을 유추적용 하여 그 기간 동안의 일실 임대수입 역시 수용으로 인한 보상액에 포함되어야 한다."561)고 하여 부동산 임대사업의 손실보상을 일부 인정하였고,

② 부동산 임대업자가 사업장의 양도 당시 임대사업 폐지에 따른 영업손실보상 명목으로 받은 보상금이 총수입금액에 산입되는 사업소득에 해당한다고 한 사례에서 대법원은 "사업자가 사업을 영위하다가 그 사업장이 수용 또는 양도됨으로 인하여 그와 관련하여 사업시행자로부터 지급받는 보상금은, 그 내용이 양도소득세 과세대상이 되는 자산 등에 대한 대가보상금인 경우는 양도소득으로, 그 이외의 자산의 손실에 대한 보상이나 영업보상, 휴·폐업보상, 이전보상 등 당해 사업과 관련하여 감소되는 소득이나 발생하는 손실 등을 보상하기 위하여 지급되는 손실보상금인 경우는 그 사업의 태양에 따른 사업소득으로 보아 그 총수입금액에 산입함이 상당한바, 원심은, 원고가 1993. 11.경부터 2001. 11.경까지 이 사건 주택을 타인에게 임대하여 왔고, 2000. 7. 10.경에는 이 사건 주택을 사업장으로 하여 공동주택 장기임대를 주종목으로 하는 부동산업의 사업자등록을 하였으며, 이 사건 주택의 양도 무렵인 2002. 5.경 이 사건 주택의 양도대가와는 별도로 위 임대사업을 폐지함에 따른 영업손실보상 명목으로 이 사건 보상금을 수령한 사실을 인정한 다음, 이와 같은 원고의 사업운영내용, 기간, 규모 및 이 사건 보상금의 지급경위와 그 지급시기 등에 비추어 보면, 이 사건 보상금은 이 사건 주택의 양도 또는 대여로 인하여 발생한 소득이 아니라 이 사건 주택의 임대사업과 관련하여 발생한 손실에 대한 보상금으로 지급된 것이므로, 양도소득이나 부동산임대소득으로 볼 수는 없고 총수입금액에 산입되는 사업소득에 해당한다."562)고 판시한 바 있고, ③ 임대소득은 부동산의 원

---

561) 대법원 2006. 7. 28. 선고 2004두3458 판결. 한편, "건축물을 **임대용**으로 사용한 경우 **전부** 수용으로 임대료수입을 전혀 얻을 수 없게 되었더라도, 이는 건축물의 교환가격에 전부 포함되었다고 볼 것이므로 별도로 휴업보상을 구할 수 없다"는 하급심판례도 있다[서울행정법원 2012. 1. 12. 선고 2011구합31178 판결(확정)].

562) 대법원 2008. 1. 31. 선고 2006두9535 판결 : 이를 두고 대법원은 부동산 임대사업을 손실보상의 대상으로 인정하였다는 견해와 부정하였다는 견해가 있을 수 있으나, 위 판결은 사업시행자인 재건축조합이 임대사업자의 임대소득에 영업보상을 하여 준 것은 공익사업법에 그 근거를 둔 것이 아니라 임의로 보상금을 지급한 것이고 그 보상금에 대한 세금징수 과정에서 그것을 사업소득으로 할 것이지 아니면 부동산 양도소득으로 할 것인가의 문제된 것이므로 이것만 가지고 대법원이 임대소득에 대해 영업보상

본에 대한 과실로 보아 당해 부동산에 대해 정당한 보상이 이루어진 경우에는 그 임대수익을 목적으로 하는 영업상의 손실에 대하여는 별도의 보상이 필요 없다고 임대사업자의 영업보상을 정면으로 부정한 하급심 판결도 있다.[563]

(2) 권리금[564]

권리금은 법률에 규정은 없으나 임대차에서는 임차보증금 이외에 특정점포의 영업상의 명성 등의 대가로 지급되는 것이 보통이지만, 그 구체적인 법률관계는 권리금의 지급에 관한 거래관행과 계약의 해석을 통해 결정된다.[565] 권리금을 영업보상에 포함시킬 것인가에 대한 논의는 보상실무상 영업보상 현장 등에서 꾸준히 제기되는 민원사항이고 최근 사회적 문제로 대두되었을 뿐만 아니라 재개발지역이나 공익사업지구에서 영업보상 문제와 맞물린 권리금문제는 사업시행자와 세입자간의 주요 갈등이 된지 오래되었다.

현재의 유권해석은 "현행 토지보상법령상 명문의 권리금 보상규정이 없어 현실적으로 보상이 불가하며, 권리금에 대해서 따로 영업보상이 불가능하다"[566]라고 하고 있으나, 영업손실보상규정에 권리금의 내용을 추가하여 권리금보상을 제도적으로 보장하여 상가임차인 등에 대한 영업손실의 보상수준을 적정하게 제고하는 입법노력은 여전히 필요하다.

최근 상가임대차보호법의 개정으로 임차인에게 일정기간 임차기간을 보장하고 있고 권리금 규정을 신설하고 권리금 회수기회를 명문으로 규정하고 있어,[567] 공익사업으로 인한 상가임차인의 임차기간 박탈에 따른 손실과 관련하여 권리금 보상을 명문화하자는 토지보상법 개정논의[568]가 있었으나, 권리금 제도가 현행 임차인 사이에서 관행적으로 수

을 인정하였다고 볼 수는 없을 것이다.

563) 서울고등법원 2002. 11. 6. 선고 2002누2675 판결. ; 서울고등법원 1997. 5. 21. 선고 95구6924 판결

564) 통상 실무적으로 권리금은 영업권리금, 시설권리금, 허가권리금, 지역권리금(바닥권리금) 등으로 분류하고 있다.

565) 김준호, 민법강의 신정4판, 법문사, 2003, 1386면.

566) 2000. 4. 27. 토관-1966. ; 2000. 6. 1. 토관58342-823

567) ■ 상가임대차보호법 제10조(계약갱신 요구 등) ② 임차인의 계약갱신요구권은 최초의 임대차기간을 포함한 전체 임대차기간이 10년을 초과하지 아니하는 범위에서만 행사할 수 있다. 〈개정 2018. 10. 16.〉
제10조의3(권리금의 정의 등) ① 권리금이란 임대차 목적물인 상가건물에서 영업을 하는 자 또는 영업을 하려는 자가 영업시설 · 비품, 거래처, 신용, 영업상의 노하우, 상가건물의 위치에 따른 영업상의 이점 등 유형 · 무형의 재산적 가치의 양도 또는 이용대가로서 임대인, 임차인에게 보증금과 차임 이외에 지급하는 금전 등의 대가를 말한다. [본조신설 2015. 5. 13.]
제10조의4(권리금 회수기회 보호 등) [본조신설 2015. 5. 13.]

수된다고 보기도 어렵고 그 금액을 객관화하여 산정하기도 어렵다는 이유로 아직 입법화되지 못하고 있다.[569] 한편, 감정평가실무기준 670-4.3.1(감정평가원칙)에서는 보상평가는 아니지만 「권리금의 감정평가원칙」을 규정하고 있다.

(3) 기타 영업보상 제외영업[570]

> ▸ 무허가(무면허, 무신고 포함)영업
> ▸ 비영리 법인, 예컨대 등록된 사찰, 교회
> ▸ 허가 받은 대로(장소, 영업자, 영업내용) 영업을 하지 아니하는 경우
> ▸ 1989.1.25 이후 무허가 건물과 같이 적법한 장소가 아닌 곳에서의 영업
> ▸ 사업인정고시일 이후부터 행하고 있는 영업
> ▸ 조건부 공장등록의 허가기간이 연장되지 아니한 경우
> ▸ 무보상 조건부 인·허가·등록 영업
> ▸ 공익사업과 관계없이 휴업상태에 있거나 영업이익이 없는 경우
> ▸ 일정한 장소에서 생산 또는 직접 소비하지 아니하고 구매자를 찾아다니는 운반판매업
> ▸ 일정한 장소가 아닌 여러 장소에서 벌꿀을 채취하는 양봉업
> ▸ 일정한 영업장이 없이 운반판매를 주목적으로 하여 휴업을 할 필요가 없는 경우
> (ex:중기임대업, 개별용달업)
> ▸ 부동산 임대업
> ▸ 건물이 화재로 소실된 경우 그 당시 영업자는 영업보상 대상이 아님.
> ※ 비영리 법인에서 관계법령에 의거 영리를 목적으로 영업을 하는 경우에는 영업보상 대상에 해당된다. 국토해양부 유권해석에 의하면 비영리법인인 유치원 등은 영업보상 대상이 아니다. 다만) 어린이집과 비영리법인에서 운영하는 서비스 등 영업행위는 보상대상이 된다.

---

568) ① 법률 의안번호 8647호(2010.6.22.) 유정현 의원외 14인, ② 법률 의안번호 4447호(2016.12.29.) 원해영 의원회 16인 발의
569) 신경직, 앞의 책, 678면. 수정재인용
570) 한국토지주택공사, 앞의 책, 2016, 119면 수정·재인용

라. 영업보상 관련 질의회신[571]

질의회신

[질의회신1] ▶ 화훼농협의 신용사업이 영업손실보상대상에 해당되는지 여부 [2004.9.22. 토관-4326]

【회신내용】
관계법령에 의하여 비영리를 목적으로 설립된 법인의 경우에도 일정한 영리행위를 할 수 있도록 규정되어 있고, 그에 따라 영리를 목적으로 행하고 있는 영업이 공익사업시행지구에 편입됨으로 인하여 휴업하게 되는 경우에는 영업휴업 보상대상에 해당된다고 보나, 업무의 성질상 휴업하지 아니하고 다른 장소에 이전하여 당해 영업을 계속하여야 하는 경우 등에는 영업휴업 보상대상으로 보기 어려울 것으로 봅니다.

[질의회신2] ▶ 어린이집에 대한 영업보상 대상 여부 [2009.11.11. 토지정책팀-5263]

【회신내용】
영육아 보육법에 의거 민간보육 시설신고를 하고 어린이집을 운영한 경우에는 영업보상대상에 해당된다고 봅니다.

[질의회신3] ▶ 농협중앙회 동광주지점은 대표적인 영리사업인 신용사업을 목적으로 개설된 지점으로서 공익사업시행지구에 편입되는 경우 영업보상이 가능한지 여부 [2006.1.19. 토지정책팀- 304]

【회신내용】
관계법령에 의하여 비영리를 목적으로 설립된 경우에도 일정한 영리행위를 할 수 있도록 규정되어 있고, 그에 따라 영리를 목적으로 행하고 있는 영업이 공익사업시행지구에 편입되어 휴업 또는 폐업하게 되는 경우에는 영업보상 대상에 해당된다고 보임.

---

571) 한국토지주택공사, 앞의 책, 2016, 320면, 337-340면 참조

[질의회신4] ▸ 사업자등록은 하였으나 영업신고(허가)를 하지 않은 펜션의 영업보상 여부 [2011.3.31. 토지정책과-1533]

【회신내용】

세무관서에서 발급한 사업자등록증이 개별업체의 보상대상을 판단하는 기준은 아니라고 보며(무허가건축물등에서 임차인이 영업한 경우를 제외함), 관계법령에 의한 허가 등이 필요한 경우 허가 등이 없이 영업하거나 허가등을 받은 내용과 다르게 영업한 경우 영업보상 대상은 아니라고 봄.

[질의회신5] ▸ 가설건축물에서 행해지는 시설물 및 영업에 대한 보상 가능 여부 [2010.4.23. 토지정책과-2343]

【회신내용】

보상을 청구할 수 없는 손실에는 가설건축물 자체의 철거에 따른 손실뿐만 아니라 가설건축물의 철거에 따른 영업손실도 보상을 청구할 수 없다는 판결(대법원 2001.8.24 선고 2001다7209 및 헌법재판소 98헌바 82결정) 등을 참고하시기 바랍니다.

[질의회신6] ▸ 무허가건축물에서 임차인이 사업인정고시일등 1년 이전부터 「부가가치세법」에 따른 사업자등록을 행하고 하는 영업에 대한 보상 여부 [2010.12.28. 토지정책팀-5733]

【회신내용】 무허가건축물에서 임차인이 사업인정고시일등 1년 이전부터 「부가가치세법」에 따른 사업자등록을 하고, 관계법령에 의한 허가등을 필요로 하는 경우 사업인정고시일등 전에 허가등을 받아 그 내용대로 행하고 있는 영업의 경우 영업손실 보상대상에 해당됨

[질의회신7] ▸ 사업인정고시일등 전부터 적법한 장소에서 인적·물적시설을 갖추고 계속적으로 중고주방용품 소매업을 하고 있으나, 건축물대장상 주용도가 창고시설로 등록되어 있을 경우 영업보상 여부 [2011.2.18. 토지정책팀-816]

【회신내용】 관계법령에 의한 허가 등을 필요로 하는 경우 사업인정고시일등 전에 허가 등을 받아 그 내용대로 행하고 있는 영업인 경우에는 영업보상 대상에 해당된다고 보나, 귀 질의의 경우 창고에서 영업행위가 가능한지 여부 등을 조사 판단하여야 함.

[질의회신8] ▶ 지방산업단지 조성사업에 편입된 공장이 공장등록을 하고 운영중 공장등록 변경사유(공장건축면적 감소, 단독대표자에서 공동대표자로 변경, 법인명의 변경)가 발생된 경우 공장등록 변경의무를 이행치 않은 경우 영업보상대상 여부 [2008.8.18. 토지정책과-2462]

【회신내용】 공장이 사업인정고시일등 전부터 적법하게 공장등록을 하고 운영중에 있고 공장등록 변경의무 불이행이 관계법령에 의한 공장등록 취소사유에 해당되지 않는다면 공익사업시행으로 인하여 휴업 또는 폐업하는 경우 영업손실보상을 하여야 한다고 보임.

[질의회신9] ▶ 사업시행지구에서 전문건설업을 영위하다가 공익사업시행지구에 편입되어 이전하게 되는 경우 영업시설 이전비로 평가하였으나, 당해 영업권자가 보상계획공고일 이전부터 계속하여 영업을 하였으므로 영업손실 보상을 요구할 경우 당해 전문건설업이 영업보상대상에 해당되는지 여부 [2006.1.19. 토지관리과-305]

【회신내용】 허가 등이 필요한 경우에는 허가 등을 받고 영리를 목적으로 적법하게 행하고 있는 영업이 공익사업시행지구에 편입되어 휴업 또는 폐업하게 되는 경우에는 영업보상 대상에 해당된다고 보나, 업무의 성질상 휴업하지 아니하고 다른 장소에 이전하여 당해 영업을 계속할 수 있는 경우에는 영업의 휴업보상 대상으로 보기는 어려울 것으로 보임.

[질의회신10] ▶ 공익사업기간 중 채석장 허가기간이 만료되어 영업하지 않는 경우 영업보상 여부 [2009.9.24. 토지정책팀-4451]

【회신내용】사업인정고시일등 이후부터 허가 등을 받아 영업하였거나, 공익사업의 시행과 관계없이 채석장 허가기간 만료 등으로 영업을 할 수 없는 경우에는 보상대상이 아니다.

[질의회신11] ▶ 종교시설(사찰)이 영업보상 대상인지 여부
[2009.9.4. 토지정책과-4117]

【회신내용】영업보상 입법취지를 감안할 때 종교시설(사찰)을 영업행위로 보기 어려우므로 영업보상 대상에 해당되지 아니한다고 봅니다.

[질의회신12] ▶ 건축물의 임대소득의 보상대상여부 [2004.10.20. 토관-4757]

【질의요지】
공익사업에 편입되는 건물의 세입자는 보상협의되어 이전하였고 건물은 협의보상되지 아니하여 재결로 취득한 경우로서 세입자 퇴거 후 건물보상시점까지 임대소득을 얻지 못한 경우에 이에 대한 보상이 가능한지 여부

【회신내용】
토지보상법은 공익사업에 필요한 토지 등을 협의 또는 수용에 의하여 취득하거나 사용함에 따른 손실의 보상에 관한 사항을 규정하고 있으므로, 공익사업에 편입되는 토지, 건물 등은 위 규정에 의거 보상하고 취득하여야 한다고 보며, 당해 건물이 공익사업에 편입되기 전까지는 소유자가 자기 건물에 대한 권리·의무를 배타적으로 행사하는 것이므로 이 기간 동안의 임대소득은 손실보상대상으로 보기 어려울 것으로 봅니다.

[질의회신13] ▶ 사업인정고시일 전부터 일정한 장소에서 인적·물적 시설을 갖추고 계속적으로 영리를 목적으로 영업을 행함에 있어 당해 영업이 자유업인 경우 사업자 등록에 관계없이 영업보상이 가능한지 여부 [2006.5.16. 토지정책과-2600]

【회신내용】공공사업에 관한 계획이 고시일 이전부터 관계법령에 의한 허가·면허·신고

등을 필요로 하는 경우에는 허가 등을 받아 그 내용대로 행하고 있는 영업이 공익사업시행으로 인하여 휴업 또는 폐업하는 경우에 해당되는바, 위 규정에 해당되는 경우 영업보상대상에 해당된다고 보며, 세무관서가 발급하는 사업자등록증이 개별업체의 보상대상여부를 판단하는 기준이 되는 것은 아니라고 봅니다.

[질의회신14] ▶ 불법형질변경토지에서 임차인이 영업을 한 경우 영업손실보상 대상여부 [2011.9.16. 토지정책과—4463]

【회신내용】 "불법형질변경토지"라 함은 「국토의 계획 및 이용에 관한 법률」 등 관계법령에 의하여 허가를 받거나 신고를 하고 형질변경을 하여야 하는 토지를 허가를 받지 아니하거나 신고를 하지 아니하고 형질변경한 토지로 정의하고 있습니다. 따라서, 불법형질변경토지는 동 규칙 제45조제1호 단서의 무허가건축물등에 해당하지 않는다.

[질의회신15] ▶ 영업자 사망으로 영업자의 처가 양곡관리업 신고한 경우 영업을 승계한 것으로 보아 영업보상 가능여부 [2009.4.20. 토지정책과—1834]

【질의요지】
사업인정고시('03.4)전부터 양곡관리법상 양곡가공업을 등록하고 정미소를 운영하던 A가 '05.6.26일 사망한 후, 영업권자인 A의 처 B가 양곡관리법상 변경신고하지 아니하고 정미소를 운영하다 '09.3.25. 양곡가공업을 신고하고 보상금을 신청한 경우 B가 남편 A의 영업을 승계한 것으로 보아 영업보상이 가능한지의 여부 (양곡관리법상 별도의 승계규정은 없음)

【회신내용】 사업인정고시일등 전부터 위 규정 및 관계법령에 의거 적법하게 행하던 영업을 승계하여 영업을 행한 경우라면 보상대상에 해당된다고 보나, 귀 질의 경우에서는 B의 양곡가공업 신고('09.3.25)가 새로운 신고 영업인지(예시1), 또는 A사망에 따른 등록사항 변동신고후의 영업인지(예시2)를 확인하되, 예시1의 경우라면 사업인정 후 영업이므로 보상제외 대상이고, 예시2의 경우에도 등록사항 미변동 상태에서 행하는 영업이 불법영업에 해당되는지(불법인 경우 보상제외)여부에 따라야함

[질의회신16] ▶ 실제 다른 장소에서 건물신축에 소요되는 이전기간을 휴업기간에 포함하는지 여부 및 민박에 대한 영업보상 가능여부 [2009.10.21. **토지정책과—4903**]

【질의요지】

가. 당해 영업의 고유성으로 인하여 3월이내 다른 장소로 이전하는 것이 어렵다고 객관적으로 인정하는 경우에, 실제 다른 장소에서 건물 신축에 소요되는 이전기간을 휴업기간에 포함하여야 하는지

나. 민박에 대한 영업보상이 가능한지

【회신내용】

가. 영업장소를 이전하는 경우 영업의 특성, 시설의 규모, 기타 시설이전에 고도의 정밀성을 요하는 등 고유한 특수성으로 인하여 3월 이내에 다른 장소로 이전이 어렵다는 사실이 전문기관의 용역 등에 의하여 객관적으로 인정되는 경우 실제 휴업기간(2년을 초과할 수 없음)으로 할 수 있다고 보며, 영업장소의 이전으로 인한 휴업기간은 피수용자 개개인의 현실적인 이전계획에 맞추어 이를 평가하는 경우 그 자의에 좌우되기 쉬워 평가의 공정성을 유지하기 어려운 점을 감안하여 일반적으로 영업장소 이전이 가능하다고 보여지는 3월의 기준을 정한 것이며

나. 토지보상법 시행규칙 제45조에 의하면 영업손실을 보상하여야 하는 영업은 사업인정고시일등 전부터 적법한 장소에서 인적·물적시설을 갖추고 계속적으로 행하고 있는 영업으로 규정하고 있으므로, 계절적인 수요에 의하여 일시적으로 숙박을 제공하는 경우에는 영업보상에 해당되지 아니한다.

[질의회신17] ▶ 주사무소와 영업은 공익사업시행지구 밖에서 이루어지고 있으나, 당해 영업을 위한 물류창고시설이 공익사업시행지구에 편입된 경우 영업보상 여부 [2010.11.22. **토지정책과—5442**]

【회신내용】

영업손실보상은 공익사업의 시행으로 인하여 당해 영업을 폐지 또는 휴업하는 경우에

한하므로 휴업을 하지 아니하고 계속적인 영업이 가능한 경우에는 영업보상 대상으로 보기 어려울 것으로 보임.

[질의회신18] ▶ 중고 자동차매매 전시공간이 축소된 경우 영업이익에 대한 손실보상 여부 [2010.6.9. 토지정책과-3060]

【질의요지】
토지보상법 시행규칙 제47조 제3항과 관련된 내용으로서, 중고 자동차매매 전시공간이 축소되었거나 휴업이 발생하지 않아도 영업이익에 대한 손실을 보상해야 하는지 여부

【회신내용】
영업장의 잔여시설에 신설(보수)없이 영업을 계속할 수 있으나, 영업규모의 축소로 영업이익의 감소를 초래하였다면 이에 대한 보상이 필요하다고 보며 개별적인 사례에 대하여는 사업시행자가 사실관계 등을 검토하여 판단하시기 바랍니다.

3. 폐업보상(=영업의 폐지에 대한 보상)

가. 영업폐지의 개념

영업의 폐지라 함은 영업장소 또는 배후지의 특수성으로 인하여 다른 장소에 이전하여서는 당해 영업을 행할 수 없거나(배후지 상실), 법률상 이전허가 등을 받을 수 없거나(법률상 이전불가) 또는 사실상 이전이 현저히 곤란한 경우(사실상 이전불가)로서 토지보상법 시행규칙 제46조 제2항 각호 중 하나에 해당하는 경우를 말한다. 통상적으로 영업의 폐지에 따른 손실보상은 양돈・양계업과 같은 혐오시설이나 정미소와 같이 대규모 배후지를 필요로 하는 영업의 경우가 대부분이다.

영업손실에 관한 보상에 있어서 영업의 폐지 또는 영업의 휴업인지 여부의 구별 기준은 영업의 '이전 가능성' 여부인 바, 이전가능 여부의 판단방법과 관련하여 대법원은 "영업의 폐지로 볼 것인지 아니면 영업의 휴업으로 볼 것인지를 구별하는 기준은 당해 영업을

그 영업소 소재지나 인접 시·군 또는 구 지역 안의 다른 장소로 이전하는 것이 가능한 지의 여부에 달려 있다 할 것이고, 이러한 이전가능 여부는 **법령상의 이전장애사유 유무**와 당해 영업의 종류와 특성, 영업시설의 규모, 인접 지역의 현황과 특성, 그 이전을 위하여 당사자가 들인 노력 등과 인근 주민들의 이전 반대 등과 같은 **사실상의 이전장애사유 유무** 등을 종합하여 판단함이 상당하다'라고 해석하고 있다.[572]

관련법령

■ **토지보상법 시행규칙 제46조(영업의 폐지에 대한 손실의 평가 등)** ① 공익사업의 시행으로 인하여 영업을 폐지하는 경우의 영업손실은 2년간의 영업이익(개인영업인 경우에는 소득을 말한다. 이하 같다)에 영업용 고정자산·원재료·제품 및 상품 등의 매각손실액을 더한 금액으로 평가한다.

② 제1항에 따른 영업의 폐지는 다음 각 호의 어느 하나에 해당하는 경우로 한다. 〈개정 2007.4.12., 2008.4.18.〉

1. 영업장소 또는 배후지(당해 영업의 고객이 소재하는 지역을 말한다. 이하 같다)의 특수성으로 인하여 당해 영업소가 소재하고 있는 시·군·구(자치구를 말한다. 이하 같다) 또는 인접하고 있는 시·군·구의 지역안의 다른 장소에 이전하여서는 당해 영업을 할 수 없는 경우

2. 당해 영업소가 소재하고 있는 시·군·구 또는 인접하고 있는 시·군·구의 지역 안의 다른 장소에서는 당해 영업의 허가 등을 받을 수 없는 경우

3. 도축장 등 악취 등이 심하여 인근주민에게 혐오감을 주는 영업시설로서 해당 영업소가 소재하고 있는 시·군·구 또는 인접하고 있는 시·군·구의 지역안의 다른 장소로 이전하는 것이 현저히 곤란하다고 특별자치도지사·시장·군수 또는 구청장(자치구의 구청장을 말한다)이 객관적인 사실에 근거하여 인정하는 경우

③ 제1항에 따른 영업이익은 해당 영업의 최근 3년간(특별한 사정으로 인하여 정상적인 영업이 이루어지지 아니한 연도를 제외한다)의 평균 영업이익을 기준으로 하여 이를 평가하되, 공익사업의 계획 또는 시행이 공고 또는 고시됨으로 인하여 영업이익이 감소된 경우에는 해당 공고 또는 고시일전 3년간의 평균 영업이익을 기준으로 평가한다. 이 경우 개인영업으로서 최근 3년간의 평균 영업이익이 다음 산식에 의하여 산정

---

572) 대법원 2001.11.13. 선고 2000두1003 판결, 대법원 2006.9.8. 선고 2004두7672 판결 등

한 연간 영업이익에 미달하는 경우에는 그 연간 영업이익을 최근 3년간의 평균 영업이익으로 본다. 〈개정 2005.2.5., 2008.4.18.〉

연간 영업이익＝「통계법」제3조제3호에 따른 통계작성기관이 같은 법 제18조에 따른 승인을 받아 작성·공표한 제조부문 보통인부의 노임단가×25(일)×12(월)

④ 제2항에 불구하고 사업시행자는 영업자가 영업의 폐지 후 2년 이내에 해당 영업소가 소재하고 있는 시·군·구 또는 인접하고 있는 시·군·구의 지역 안에서 동일한 영업을 하는 경우에는 영업의 폐지에 대한 보상금을 환수하고 제47조에 따른 영업의 휴업 등에 대한 손실을 보상하여야 한다. 〈신설 2007.4.12.〉

⑤ 제45조제1호 단서에 따른 임차인의 영업에 대한 보상액 중 영업용 고정자산·원재료·제품 및 상품 등의 매각손실액을 제외한 금액은 제1항에 불구하고 **1천만원을 초과하지 못한다.** 〈신설 2007.4.12., 2008.4.18.〉 [제목개정 2007.4.12.]

판례

[판례1] ▶ 영업손실에 관한 보상에 있어서 영업의 폐지 또는 영업의 휴업인지 여부의 구별 기준(＝영업의 이전 가능성) 및 그 판단 방법

[대법원 2001.11.13. 선고 2000두1003] (토지수용이의재결취소)

【판결요지】

토지수용법 제57조의2에 의하여 준용되는 공공용지의취득및손실보상에관한특례법 제4조 제4항, 같은법시행령 제2조의10 제7항, 같은법시행규칙 제24조 제1항, 제2항 제1호 내지 제3호, 제25조 제1항, 제2항, 제5항의 각 규정을 종합하여 볼 때, 영업손실에 관한 보상에 있어 같은법시행규칙 제24조 제2항 제1호 내지 제3호에 의한 영업의 폐지로 볼 것인지 아니면 영업의 휴업으로 볼 것인지를 구별하는 기준은 당해 영업을 그 영업소 소재지나 인접 시·군 또는 구 지역 안의 다른 장소로 이전하는 것이 가능한지의 여부에 달려 있다 할 것이고, 이러한 이전가능 여부는 법령상의 이전장애사유 유무와 당해 영업의 종류와 특성, 영업시설의 규모, 인접 지역의 현황과 특성, 그 이전을 위하여 당사자가 들인 노력 등과 인근 주민들의 이전 반대 등과 같은 사실상의 이전장애사유 유무 등을 종합하여 판단함이 상당하다.

나. 폐업보상 요건

토지보상법 시행규칙 제46조 규정을 기준으로 폐업보상 요건은 크게 분설하면 ① <u>배후</u><u>지상실</u>(영업장소 또는 배후지의 특수성으로 인하여 다른 장소에 이전하여서는 당해 영업을 행할 수 없는 경우), ② <u>법률상 이전불가</u>(법률상 이전허가 등을 받을 수 없는 경우), ③ <u>사실상 이전불가</u>(사실상 이전이 현전히 곤란한 경우)등이 있다. 즉, 폐업보상에 해당하는지의 여부는 영업자의 폐업의사에 따라 결정되는 것이 아니라 위의 요건에 해당하는 경우이여야 한다.

아래에서는 위 요건뿐만 아니라 폐업보상 요건에 해당하지 아니한 경우도 함께 살펴보고자 한다.

(1) 배후지상실

배후지 상실이란 영업장소 또는 <u>배후지의 특수성</u>으로 인하여 당해 영업소가 소재하고 있는 시 · 군 · 구(자치구) 또는 <u>인접하고 있는 시 · 군 · 구</u>의 지역안의 다른 장소에 이전하여서는 <u>당해 영업을 할 수 없는 경우</u>(시행규칙 제46조제2항제1호)로 댐사업 등과 같은 대규모 공익사업으로 인하여 배후지 자체가 상실되어 인근지역으로 이전한다고 하여도 종전과 같은 영업을 할 수 없는 경우이다.

배후지573)는 당해 영업의 수익을 올리는 고객이 소재하는 지역적 범위를 말하며, 배후지의 특수성이라 함은 도정공장 · 양수장 · 창고업 등과 같이 제품원료 및 취급품목의 지역적 특수성으로 인하여 배후지가 상실되면 영업행위를 할 수 없는 경우와 같이 배후지가 당해 영업에 갖는 특수한 성격을 말한다.574)

'인접하고 있는 시 · 군 · 구'란 다른 특별한 사정이 없는 이상 당해 영업소가 소재하고 있는 시 · 군 또는 구와 행정구역상으로 인접한 모든 시 · 군 또는 구를 말하며,575) '당해 영

---

573) '배후지'란 '당해 영업의 고객이 소재하는 지역'을 의미한다고 풀이되고, 공공사업 시행지구 밖에서 영업을 영위하여 오던 사업자에게 공공사업의 시행 후에도 당해 영업의 고객이 소재하는 지역이 그대로 남아 있는 상태에서 그 고객이 공공사업의 시행으로 설치된 시설 등을 이용하고 사업자가 제공하는 시설이나 용역 등을 이용하지 않게 되었다는 사정은 여기서 말하는 '배후지의 상실'에 해당한다고 볼 수 없다. [대법원 2013.6.14 선고 2010다9658 판결]

574) 1995.5.24. 토정 58307-761

575) 대법원 1999.10.26 선고 97누3972 판결: 시행규칙 제24조제2항 각호 소정의 영업의 폐지로 보기 위하여는 당해 영업소가 소재하고 있거나 인접하고 있는 시 · 군 또는 구 지역 안의 다른 장소에의 이전가

업을 할 수 없는 경우'란 법적 내지 물리적으로 기존의 영업을 할 수 없는 경우뿐만 아니라 다른 장소로 이전하여서는 수익의 감소로 사실상 종전의 영업을 더 이상 할 수 없는 경우를 말한다. 한편, 다른 장소로의 이전 가능여부는 법령상의 이전장애의 유무뿐만 아니라 인근 주민들의 이전 반대 등과 같은 사실상의 이전장애 등을 종합적으로 고려하여야 한다.[576)

한편, 국민권익위원회는 양식장 폐업보상 인정여부와 관련하여 "담수어인 은어와 해산어인 감성돔 및 넙치 등을 대상으로 육상양식장에서 치어를 생산하여 양식업자들에게 판매하던 영업이 공익사업구역에 편입되는 경우, 이 양식장은 유수식 사육이 가능하도록 깨끗한 물을 충분히 공급받을 수 있는 수원 및 자연산 은어의 산란장이 형성되어 있고 자연산 은어의 성어 체포가 용이하여 은어의 인공양식 및 치어생산을 위한 적합한 장소라 할 수 있는 점, 담수 및 해수가 가능한 주변 여건 상 특정한 양식과 치어배양이 가능한 특수성이 있어 <u>다른 지역으로 이전하여 양식업을 영위하기는 곤란하다고 보이므로 폐업보상하는 것이 타당하다</u>"라고 의결권고한 바가 있다.[577)

(2) 법률상 이전불가

법적으로 이전이 불가능한 경우란 당해 영업소가 소재하고 있는 시·군·구 또는 인접하고 있는 시·군·구의 지역안의 다른 장소에서는 당해 <u>영업의 허가 등을 받을 수 없는 경우</u>(시행규칙 제46조제2항제2호)를 말하며, 그 예로 ⅰ) 해당 영업장이 소재하고 있는 시·군·구 또는 인접하고 있는 시·군·구의 지역에서 관련 법령의 지역제한으로 해당 영업의 허가 또는 면허를 받을 수 없거나 신고가 수리되지 않는 경우, ⅱ)「국토계획법」,「문화재보호법」,「산지관리법」등 관련 법령에 따른 용도지역 등의 규제 내지 제한으로 해당 영업의 허가·신고가 불가능한 경우가 포함된다.

법률상 이전이 불가능하다고 하여 폐업보상을 인정한 사례로 대법원은 ① 토지수용지역 내 연탄공장의 폐업보상 인정여부와 관련하여 연탄공장이 있었던 해당 및 인근 지역 어

능성 여부를 따져 보아야 하고, 여기서 그 인접하고 있는 시·군 또는 구라 함은 다른 특별한 사정이 없는 이상 당해 영업소가 소재하고 있는 시·군 또는 구와 행정구역상으로 인접한 모든 시·군 또는 구를 말한다.

576) 대법원 2001.11.13. 선고 2000두1003 판결.
577) 국민권익위 2005.2.21. 의결 2AA-0501-010639, 신경직, 앞의 책, 520면 참조

디에도 연탄공장 **허가를 받을 수 있는 용도지역이 존재하지 않는다면** 이는 법률상 이전이 불가능한 것으로 보아야 하고,[578] ② 영업폐지사유에는 영업장소에 인접하고 있는 시·군 또는 구 지역안에서의 특수사정으로 사실상 영업소의 이전이 불가능하여 다른 장소에서 영업을 할 수 없는 경우도 포함되는 것이므로, "주택건설사업시행자에 의하여 강제 철거된 양돈장을 경영하던 그 부근 일대에 주택건설사업계획이 확정된 이후 양돈장을 이전하기 위하여 인접 군 등에 5곳의 영업장소 후보지를 선정하고, 관할관청에 토지형질변경허가신청서 및 산림훼손허가신청서 등을 제출하였으나 생활환경의 오염 등을 우려하는 주민들의 집단반대진정 등으로 위 **허가신청 등이 모두 반려**되었으며, 다른 인접 군에 있어서도 같은 규모의 양돈장 설치는 할 수 없게 되었음을 알 수 있으니 이는 영업의 폐지에 해당한다고 보아야 할 것이다"라고 판시한 판례도 있다.[579]

(3) 사실상 이전불가

사실상 이전이 불가능한 경우란 도축장 등 악취 등이 심하여 인근주민에게 혐오감을 주는 영업시설로서 해당 영업소가 소재하고 있는 시·군·구 또는 인접하고 있는 시·군·구의 지역안의 다른 장소로 이전하는 것이 현저히 곤란하다고 특별자치도지사·시장·군수 또는 구청장(자치구)이 객관적인 사실에 근거하여 인정하는 경우(시행규칙 제46조제2항제3호)를 말한다.

인근주민에게 혐오감을 주는 영업시설은 악취를 풍기는 혐오시설의 설치가 수반되어 지역주민 등의 반대 등으로 다른 장소로 이전하여 영업을 계속하는 것이 사실상 현저히 곤란한 영업시설로 이에 해당하는지의 여부는 관할 시장·군수·구청장이 판단할 사항이나, 보상실무상 주로 문제되는 영업의 유형은 대규모 기업형 도축장, 도계장, 종돈장 등이 대부분이다.

---

578) 대판 1993.12.10., 93누11579 판결: 토지수용되는 연탄공장이 있던 당해 시나 인접한 시·군 모두 전용공업지역은 없고, 인근 군에 좁은 면적의 일반 및 준공업지역이 있으며, 당해 시에 좁은 면적의 준공업지역이 있을 뿐이나, 어느 곳에서도 집단민원 또는 청정해역·국립공원·수자원보전지역·산림보전지역 등의 이유로 연탄공장을 할 수 있는 토지를 구할 수 없어 토지수용되는 연탄공장이 위치하고 있던 소재지 및 그 인근지역에 당해 공장을 법률상 또는 사실상 이전할 수 없게 되었으므로 폐업이 불가피하게 된 사실을 인정하여 영업의 폐지에 해당한다고 한 사실인정 및 판단은 정당한 것으로 수긍이 된다.

579) 대판 1990.10.10., 89누7719 판결

[판례1] ▶ [대법원 2006.9.8. 선고 2004두7672] (토지수용이의재결처분취소등)

【판시사항】

[1] 영업의 폐지 또는 휴업에 대한 손실평가의 대상이 되는 영업의 범위에서 제외되는 경우인 구 공공용지의 취득 및 손실보상에 관한 특례법 시행규칙 제25조의3 제1항 제2호에 해당하는지 여부의 판단 기준

[2] 영업손실에 관한 보상에 있어서 영업의 폐지와 휴업의 구별 기준(=영업의 이전 가능성) 및 그 판단 방법

【이 유】

1. 상고이유 제1점에 대하여

기록에 의하면, 피고 한국토지공사가 시행하는 용인동백지구 택지개발사업이 2000. 1.10. 경기도고시 제1999-510호로 승인·고시되었고, ① 그 당시 원고는 자신의 소유인 이 사건 토지 등 위 사업지구 내의 토지상에서 돼지 등을 사육하는 이 사건 축산업을 영위하고 있던 사실, 피고 중앙토지수용위원회(이하 '피고 중토위'라 한다)는 2001.9.18. 이 사건 토지를 수용하기로 하는 제1차 수용재결 및 이 사건 축산업의 영업손실에 관한 보상으로서 3개월의 휴업보상을 하기로 하는 제2차 수용재결을 한 사실, ② 원고는 위 각 수용재결 후인 2001.10.경 피고 중토위에 '수용재결에 대한 이의신청서'를 제출하였는데, 위 이의신청서에는 이 사건 토지를 목장용지, 잡종지 및 대지로 구분평가하는 것은 부당하므로 대지 및 공장용지로 평가하여 그 보상금을 증액하여 달라는 것과 이 사건 축산업의 영업손실에 관한 보상을 휴업보상이 아닌 폐업보상으로 인정하여 달라는 것으로서 위 각 수용재결 모두에 대하여 불복하는 취지의 내용이 담겨져 있었던 사실, ③ 원고의 위 이의신청에 대하여 피고 중토위는 이 사건 토지의 손실보상금 증액신청 부분에 대하여는 목장용지, 잡종지, 도로 및 대지로 구분평가하는 것이 타당하다는 이유로 그 손실보상금을 증액하고, 이 사건 축산업의 폐업보상신청 부분에 대하여는 다른 장소로 이전하여 축산업을 하는 것이 가능하다는 이유로 이를 기각하는 내용의 이 사건 이의재결을 한 사실, ④ 이에 원고는 이 사건 이의재결의 취소 등을 구하는 이 사건 소를 제기한 사실을 알 수 있는바, 위와 같은 사실관계에

의하면, 원고는 토지의 손실보상에 관한 제1차 수용재결뿐만 아니라 영업손실의 보상에 관한 제2차 수용재결에 대하여서도 이의신청을 한 것이라 보아야 할 것이므로, 이 사건 축산업에 대한 폐업보상 인정 여부는 이 사건 소송의 적법한 심판대상이다.

원심이 이 사건 이의재결 중 이 사건 축산업의 영업손실에 관한 보상 여부가 이 사건 소송의 적법한 심판대상이라고 한 결론은 정당하고, 상고이유의 주장과 같은 소제기 요건 및 심판대상에 관한 법리오해, 채증법칙 위배로 인한 사실오인, 심리미진의 위법이 없다.

2. 상고이유 제2점에 대하여

영업의 폐지 또는 휴업에 대한 손실을 평가함에 있어서 공특법 시행규칙 제25조의3 제1항 제2호가 그 손실평가의 대상이 되는 영업의 범위에서 제외되는 경우로 규정하고 있는 '관계 법령에 의하여 허가·면허 또는 신고 등이나 일정한 자격이 있어야 행할 수 있는 영업이나 행위를 당해 허가·면허 또는 신고 등이나 자격 없이 행하고 있는 경우'에 해당하는지 여부는 위 각 계약체결, 협의성립 또는 수용재결 당시를 기준으로 하여 판단하여야 한다 (대법원 2001.4.27. 선고 2000다50237 판결 참조).

그런데 이 사건 수용재결일인 2001.9.18. 당시 시행되던 축산법(1999.1.29. 법률 제5720호로 전문 개정되어 1999.7.30.부터 시행된 것)은 위와 같이 전문 개정되기 전의 구 축산법 제27조, 같은 법 시행규칙(1999.9.7. 농림부령 제1345호로 전문 개정되기 전의 것) 제28조가 일정 규모 이상의 축산업에 대하여 시행하고 있던 축산업의 허가 또는 등록제를 폐지하여, 원고의 이 사건 축산업은 관계 법령에 의하여 허가·면허 또는 신고 등이나 일정한 자격이 있어야 행할 수 있는 영업에 해당하지 아니하므로, 원고가 이 사건 축산업을 등록하지 아니하였다고 하더라도 영업손실에 관한 보상의 대상이 되는 영업에 해당한다.

따라서 이 사건 축산업이 영업의 폐지나 휴업에 대한 손실보상의 대상이 되는 영업의 범위에 포함됨을 전제로 한 원심의 판단은 정당하고, 상고이유의 주장과 같은 무허가 영업 등의 보상에 관한 법리오해, 심리미진의 위법이 없다.

3. 상고이유 제3점에 대하여

…(중략)… 영업의 폐지로 볼 것인지 아니면 영업의 휴업으로 볼 것인지를 구별하는

기준은 당해 영업을 그 영업소 소재지나 인접 시·군 또는 구 지역 안의 다른 장소로 이전하는 것이 가능한지의 여부에 달려 있고, 이러한 이전가능 여부는 법령상의 이전 장애사유 유무와 당해 영업의 종류와 특성, 영업시설의 규모, 인접 지역의 현황과 특성, 그 이전을 위하여 당사자가 들인 노력 등과 인근 주민들의 이전 반대 등과 같은 사실상의 이전장애사유 유무 등을 종합하여 판단하여야 한다 (대법원 2001.11.13. 선고 2000두1003 판결, 2002.10.8. 선고 2002두5498 판결 등 참조).

원심은 제1심판결 이유를 인용하여 그 판시와 같은 사실을 인정한 다음, 이 사건 축산시설의 소재지인 용인시 및 그 인접 시·군 지역의 도시화가 빠른 속도로 진행되어 주거지역이 확대됨에 따라 법적 제한사항이 없는 곳으로서 이 사건 축산업과 같은 대규모의 돼지 등을 수용할 축산시설을 이전할 만한 부지를 구하는 것이 쉽지 아니하는 등 판시와 같은 사정에 비추어 보면, 원고가 이 사건 축산업을 용인시 또는 그 인접 시·군 지역 안의 다른 장소에 이전하는 것이 불가능하므로 이 사건 축산업에 대하여 폐업보상을 하여야 하고, 가사 이 사건 축산업의 이전이 가능하여 휴업보상을 하여야 하더라도 그 휴업보상액이 폐업보상액을 초과하므로 이 사건 이의재결이 어느 모로 보나 위법하다고 판단하였다.

기록과 관계 법령 및 위 법리에 비추어 살펴보면, 원심의 사실인정과 판단은 정당하고, 상고이유의 주장과 같은 채증법칙 위배로 인한 사실오인, 심리미진 또는 폐업보상 등에 관한 법리오해의 위법이 없다.

사실상 이전불가의 요건 중 '다른 장소로 이전하는 것이 현저히 곤란한 경우'란 다른 장소로 이전하여 동종영업을 계속하는 것이 사실상 불가능한 정도이어야 하고, '객관적인 사실에 근거하여 인정하는 경우'란 단순히 민원가능성으로 사실상 이전이 불가능 할 수도 있다는 가정적인 사실 내지 이전이 불가능하다는 공문 정도만으로는 부족하고, 실제적으로 해당 시·군·구에서 동종 영업의 허가 등이 더 이상 없다는 등의 객관적 사실의 적시가 필요하다는 의미이다. 대법원 판례도 주민들의 반대가 있을 가능성이 있다고 하더라도 **그러한 가정적인 사정만으로** 양돈장, 양계장 등을 인접지역으로 이전하는 것이 현저히 곤란하다고 단정하기는 어렵다"라고 판시하고 있다.[580]

---

580) 대법원 2002.10.8. 선고 2002두5498 판결. ; 대법원 2000.11.10 선고 99두3645 판결

[판례1] ▶ ① 영업장소를 이전하는 것이 현저히 곤란하다고 시장 등이 객관적인 사실에 근거하여 인정하는 기준

[대법원 2002.10.8. 선고 2002두5498] (토지수용이의재결처분취소)

【판결요지】

양돈장의 규모, 양돈장이 위치한 지역 및 인접지역의 토지이용실태 및 특성, 양돈장의 이전·신축에 특별한 법령상의 장애사유가 없는 점 등에 비추어 볼 때, 비록 <u>양돈장이 이전·신축될 경우 악취, 해충발생, 농경지 오염 등 환경공해를 우려한 주민들의 반대가 있을 가능성이</u> 있다고 하더라도 **그러한 가정적인 사정만으로** 양돈장을 인접지역으로 이전하는 것이 현저히 곤란하다고 단정하기는 어렵다.

【판결이유】

그런데 기록에 의하면, 이 사건 양돈장의 소재지인 서천군과 그 인접 시·군 또는 구 지역인 군산시, 보령시, 부여군, 익산시 중 서천군, 부여군은 농촌지역이고, 군산시, 보령시, 익산시는 행정구역상 시지역이기는 하지만 역시 농촌을 포함하고 있는 지역이어서 가축사육금지구역으로 지정되고 있는 도심지역 등 일부지역 이외의 지역에서는 가축의 사육이 가능하므로 이 사건 양돈장을 이전하는 데 장애가 되는 직접적인 법령상의 제한사유를 찾아 볼 수 없는 사실, 원심 변론종결 당시에 서천군의 경우에는 43가구가 돈사 114동 18,386두의, 군산시의 경우에는 76가구가 돈사 241동 34,562두의, 보령시의 경우에는 194가구가 101,737두의, 부여시의 경우에는 109가구가 동사 315동 51,126두의 돼지를 각 사육하고 있는 사실, 원고는 충남 서천군 비인면 성산리 415의 2 잡종지 3,997㎡ 지장에 9동의 축사건물(건축 연면적 996.08m2)을 짓고, 돼지 400마리와 개 40마리를 사육하고 있었으므로 이 사건 양돈장의 규모가 그다지 크지 않았고, 이 사건 양돈장 규모 정도의 양돈업은 축산법상의 등록 또는 허가를 받을 필요 없이 대도시 주변의

농촌지역에서도 별다른 제한 없이 널리 행하여지고 있는 사실(축산법상 모돈 500 두 이상의 양돈업 등 일정규모 이상의 축산업을 영위하고자 하는 자는 등록 또는 허가를 받아야 하는 규정이 있었는데, 축산법이 1999. 1. 29. 법률 제5720호로 전문 개정되어 1999. 7. 30.부터는 축산업의 등록 및 허가제가 폐지되었다.)을 알아볼 수 있다.

한편, 원고가 실제로 1999. 7. 12. 충남 서천군 마서면 송내리 산 3의 1, 3 내지 5 토지에 관하여 그 소유자와 임대차계약을 체결한 후 서천군수에게 위 각 토지를 축산업 용지로 사용하는 것이 가능한지 질의하였으나, 서천군수로부터 같은 해 7. 26. 위 지역 인근에 초등학교 및 학생급식소가 소재하고 있어 인근 주민들의 반대가 있다는 등의 이유로 축사의 이전·신축이 현저히 곤란하다고 회신을 받았고, 1999. 7. 15. 보령시 주산면 신구리 산 60 토지에 관하여 그 소유자와 임대차계약을 체결한 후 보령시장에게 위 토지를 축산업 용지로 사용하는 것이 가능한지 질의하였으나, 보령시장으로부터 같은 해 7. 29. 위 토지는 수원함양보안림으로 지정된 임야로 산림법 제26조에 따라 축산시설설치가 제한되며, 만약 산림법상 제한사항이 없다 하더라도 신청지 주변 인근 주민에 대한 피해 여부, 환경에의 영향 등을 종합적으로 검토하여 처리할 사항이라고 회신을 받는 등 이 사건 양돈장의 이전을 위하여 노력하였다고 하더라도, 원고가 민원의 소지가 보다 적거나 법령상 장애사유가 없을 만한 지역을 임차한 후 양돈장의 이전·신출을 질의한 것이 아니어서 위 사실만 가지고서는 원고가 상당한 노력을 다 하였다고 단정할 수 없고, 해당 군 및 인접 시·군에서 이 사건 양돈장의 이전을 허용할 수 없다는 가장 강력한 근거로 내세우는 인근 주민들의 이전반대라는 사유도 장래 발생가능성이 높다는 것일 뿐 현실적으로 발생한 사유는 아니다.

사정이 그러하다면, 이 사건 양돈장의 규모, 이 사건 양돈장이 위치한 서천군 및 인접 시·군 또는 구 지역의 토지이용실태 및 특성, 이 사건 양돈장의 이전·신축에 특별한 법령상의 장애사유가 없는 점 등에 비추어 볼 때, **비록 이 사건 양돈장이 이전·신축될 경우 악취, 해충발생, 농경지 오염 등 환경공해를 우려한 주민들의 반대가 있을 가능성이 있다고 하더라도 그러한 가정적인 사정만으로** 이 사건 양돈장을 인접지역으로 이전하는 것이 현저히 곤란하다고 단정하기는 어렵다고 할 것이다.

그럼에도 불구하고, 원심이 원고가 이 사건 양돈장의 이전·신축부지를 물색하기 위하여 실질적인 노력을 다하였는지, 인접지역 주민들이 이 사건 양돈장의 이전·신축을 반대하지 않을 만한 적절한 장소는 없는지, 특히 서천군과 인접 시·군 또는 구 지역에서 최근 몇 년간 양돈장 등의 이전·신축 사례가 있는지 등에 관하여 더 심리하여 이 사건 양돈장의 이전가능성을 따져 보지 아니한 채 그 판시와 같은 이유만으로 이 사건 양돈장을 이전하는 것이 현저히 곤란하다고 단정하여 이 사건 이의재결이 위법하다고 판단하고 말았으니, 거기에는 영업폐지로 인한 손실보상에 관한 법리를 오해하여 필요한 심리를 다하지 아니하였거나, 채증법칙을 위반하여 사실을 오인한 위법이 있다고 할 것이다. 이 점을 지적하는 상고이유의 주장은 이유 있다.

[판례2] ▶ ② 영업장소를 이전하는 것이 현저히 곤란하다고 시장 등이 객관적인 사실에 근거하여 인정하는 기준
[대법원 2000. 11. 10 선고 99두3645] [양계장지잠물및영업권수용이의재결처분취소]

【판결요지】
양계장의 규모, 농촌지역이 많은 인접지역의 특성, 특별한 법령상의 이전 장애사유가 없는 점 등에 비추어 양계장을 인접지역으로 이전하는 것이 현저히 곤란하다고 단정하기는 어렵다는 이유로 영업폐지에 해당한다고 보아 폐업보상을 인정한 원심판결을 파기한 사례

【판결이유】
그런데 기록에 의하면, 원고는 그 소유의 목조 슬레이트 계사 2동 합계 404.21㎡(약 122.4평)와 임차한 계사 1동에서 산란계 15,000마리 정도를 사육하였음을 알 수 있으므로, 이 사건 양계장의 규모는 그다지 크지 않고, 한편 기록과 관계 법령

에 의하면, 칠곡군의 인접지역 중 성주군과 군위군은 농촌지역이고, 대구광역시 북구와 김천시 및 구미시는 행정구역상 시 지역이기는 하나, 역시 농촌을 포함하고 있는 지역이어서 가축사육 제한지역으로 지정된 구미시와 대구광역시 북구의 일부 지역이나 일부 개발제한구역으로 지정된 지역 등을 제외한 나머지 지역으로 이 사건 양계장을 이전하는 데 장애가 되는 직접적인 법령상의 제한사유를 찾아 볼 수 없으며, 이 사건 양계장 규모 정도의 양계업은 대도시 주변의 농촌지역에서 별다른 제한 없이 널리 행하여지고 있음이 실정임을 알 수 있는바, 이 사건 양계장의 규모, 농촌지역이 많은 인접지역의 특성, **특별한 법령상의 이전 장애사유가 없는 점** 등에 비추어 보면, 이 사건 양계장을 인접지역으로 이전하는 것이 현저히 곤란하다고 단정하기는 어렵다.

원심은 인접 시·군 또는 구의 장에 대한 각 사실조회 결과에 터잡아 인근 주민들의 반대가 있으면 사실상 양계장의 설치가 불가능하다고 인정한 것으로 보이나, 이들 사실조회 결과는 인근 주민들의 반대가 있다면 양계장의 설치가 사실상 불가능할 수도 있다는 취지의 **가정적인 내용에 불과할 뿐**이고, 실제로 원고가 특정한 장소로 양계장을 이전하려 하였으나 인근 주민들의 반대가 있어 그 이전이 불가능하게 되었다거나, 인근 주민들이 이전을 반대하지 않을 만한 적절한 이전장소를 찾는 것이 불가능하다는 내용이 아니므로, 그러한 사실조회결과에 의하여 바로 원고가 인접지역에서 양계장을 설치하는 것이 사실상 불가능하다고 단정할 수도 없다.

사정이 이러하다면, 원심으로서는 원고가 이 사건 양계장의 이전을 위하여 어떠한 노력을 하였고, 그럼에도 불구하고 어떠한 사유로 이 사건 양계장을 이전할 수 없었는지, 인접지역 주민들이 이전을 반대하지 않을 만한 적절한 장소는 없는지, 인접지역 기존 양계장의 위치와 규모 및 실태는 어떠한지 등에 관하여 더 심리하여 이 사건 양계장의 이전 가능성을 따져 보았어야 할 것임에도, 원심은 이에 이르지 아니한 채 그 판시와 같은 이유만으로 이 사건 양계장을 이전하는 것이 현저히 곤란하다고 단정하여 이 사건 이의재결이 위법하다고 판단하고 말았으니, 여기에는 영업폐지로 인한 손실보상에 관한 법리를 오해하여 필요한 심리를 다하지 아니하였거나, 채증법칙을 위반함으로써 판결에 영향을 미친 위법이 있고, 상고이유 중 이 점을 지적하는 부분은 이유 있다.

재결례

[재결례1] ▶ 폐업보상 요청을 기각한 사례 [중토위 2017.1.5.]

【재결요지】

○○산업(주)이 폐업보상을 하여 달라는 주장에 대하여 법 시행규칙 제46조 제2항에 의하면 영업의 폐지는 … (중략) … 규정하고 있고, 대법원 판례는 "이 건 양돈장의 이전·신축에 특별한 법령상의 장애사유가 없는 점 등에 비추어 볼 때, 비록 이 사건 양돈장이 이전·신축될 경우 악취, 해충발생, 오염 등 환경공해를 우려한 주민들의 반대가 있을 가능성이 있다고 하더라도 그러한 가정적인 사정만으로 이 사건 양돈장을 인접지역으로 이전하는 것이 현저히 곤란하다고 단정하기는 어렵다고 할 것이다(대법원 2002.10.8. 선고 2002두5498 판결 참조)"라고 하고 있다.

관계자료(소유자 의견서, 건설폐기물 임시보관장 사전승인 질의에 대한 회신문, 사업시행자 의견서 등)를 검토한 결과, 신청인이 ○○구 및 ○○구로부터 건설폐기물 임시보관장 사전승인요청에 대하여 부적합 통보를 받은 사실이 확인되나 이는 물건의 적치가 금지되어 있는 개발제한구역내에 토지로 한정하여 사전승인을 신청한 것으로 확인되고, ○○○시로부터는 관련부서 협의완료 후 **임시보관장 설치 승인이 가능하다는 회신**을 받은 사실을 고려할 때 당해 영업소가 소재하고 있는 시·군·구 또는 인접하고 있는 시·군·구의 지역안의 다른 장소에 이전하여서는 당해 영업을 할 수 없는 경우에 해당하지 않는 것으로 판단되고, ○○산업(주)가 건설폐기물처리업을 행하는 것이 현저히 곤란하다고 단정할 만한 객관적 사실에 근거한 입증자료가 없는 등 법 시행규칙 제46조 제2항에서 규정하고 있는 폐업보상의 요건에 해당되지 아니하므로 신청인의 주장은 받아들일 수 없다

(4) 폐업보상의 요건에 해당되지 않는 경우581)

부대시설 내지 영업시설의 일부가 편입되는 경우, 단순히 인근지역에 이전 장소가 없다거나 이전 소요비용이 기존 토지나 시설 등에 대한 보상액의 합계액을 초과함으로써 다른 장소로 이전하여서는 사실상 해당 영업을 계속하기 곤란하다 등의 사유 등은 휴업보상의 대상은 별론으로 하고 폐업보상의 요건에는 해당되지 않는다.582)

재결례

[재결례1] ▶ 부대시설 편입에 따른 폐업보상은 불가하다. [**중토위 2017.1.5.**]

【재결요지】

OOO가 폐업보상을 하여 달라는 의견에 대하여, 법 시행규칙 제47조에 따르면 공익사업의 시행으로 인하여 영업장소를 이전하여야 하는 경우의 영업손실은 휴업기간에 해당하는 영업이익과 영업장소 이전 후 발생하는 영업이익감소액 등으로 평가한다고 되어 있다. 관계자료(사업시행자 의견, 잔여지 현황도면 등)를 검토한 결과, 소유자는 공장의 부대시설(사무실, 화장실, 샤워장, 식당)이 편입됨으로 인하여 공장의 정상적인 운영이 어려우므로 폐업보상을 하여 줄 것을 주장하고 있으나, <u>공장의 주된 건축물은 전체가 사업지구 밖에 소재하고 있는바 부대시설 편입만으로는 휴업이나 폐업 등이 발생하지 아니할 것으로 판단</u>되므로 소유자의 주장을 받아들일 수 없다

[재결례2] ▶ 영업시설의 일부가 편입되는 경우 폐업보상의 대상은 아니나 휴업보상의 대상은 될 수 있다. [**중토위 2013.5.23.**]

【재결요지】

이건 원재결은 신청인의 영업장(ㅁㅁ승마장 및 ㅁㅁATV체험장)중 주차장 일부가 편입되기는 하나, 주요영업시설인 승마장 및 ATV체험 코스장은 편입되지 않으므로 영업보상대상이 아니고 또한 위 규정에 따른 폐업보상요건에도 해당되지 않음을 사유로

---

581) 폐업보상을 부정한 판결 사례: 대법원 1994.12.23. 선고694누8822 판결.; 대법원 2001.11.13. 선고 2000두1003 판결.; 대법원 2005.9.15. 선고 2004두14649 판결
582) 중앙토지수용위원회, 앞의 책, 2017.12., 374면. 수정인용

신청인의 주장을 기각하였다.

관계자료(편입현황도면, 현장사진 등) 검토 및 현지조사한 결과, 신청인의 주차장 대부분(77%)과 축사일부(48%)가 편입되는 것으로 확인된다. 주차장은 일반영업에 있어서도 주요 시설에 해당되나 특히 관광지의 동종 영업(레저업종)의 경우는 대중교통 등을 통한 접근이 어렵고 통상 자가용 차량 등을 이용한 접근만이 가능하다고 할 것이므로 주차장은 이 건 영업에 있어서 중요한 영업시설에 해당하는 것으로 판단된다.

따라서, 당해 사업시행에 따른 주차장시설의 재설치 및 축사의 보수를 하지 아니하고는 당해 영업을 계속할 수 없을 것으로 판단되므로 원재결의 판단과 같이 이 건 영업의 경우 '폐업보상대상'에는 해당하지 않는다고 하더라도 주차장 및 축사의 재설치 및 보수에 소요되는 기간동안의 영업손실을 보상함이 타당한 것으로 판단되므로 신청인의 주장 취지를 일부 반영하여 금회 보상하기로 한다.

(5) 폐업보상에 관한 소송

폐업보상 대상여부 조회 및 입증의 문제와 관련하여 폐업보상 대상은 당해 영업장소가 소재하고 있거나 인접한 시·군·구 지역안의 다른 장소로 이전하여 당해 영업을 할 수 없거나(배후지상실), 허가 등을 받을 수 없는 경우(법률상 이전불가) 또는 다른 장소로 이전하는 것이 현저히 곤란한 경우(사실상 이전불가)로서 당해 및 인접 시장·군수·구청장(자치구의 구청장)의 확인이 필수적이다.

따라서 폐업을 주장하는 토지소유자 등은 해당 영업소가 소재하고 있는 시·군·구 또는 인접하고 있는 시·군·구의 지역안의 다른 장소로 이전하는 것이 현저히 곤란하다는 점을 당해 지역과 인접지역의 특별자치도지사·시장·군수·구청장에게 직접 조회 후 확인하여 폐업보상의 대상 및 요건을 스스로 입증[583]하여야 하며, 소송에 있어서는 사실조회 등의 방식으로 이전가능성 여부를 심리하게 된다.

그런데 위와 같은 심리의 결과 법령상 영업의 허가 등을 받을 수 없는 경우라면 폐업보상 인정의 문제는 없으나, 인근 시장·군수 또는 구청장의 경우 인근 주민들의 반대가

---

583) 2009.8.19. 토지정책과-3799 : 폐업보상 대상은 해당 영업소가 소재하고 있는 시·군·구 또는 인접하고 있는 시·군·구의 지역안의 다른 장소로 이전하는 것이 현저히 곤란하다는 점을 당해 지역과 인접지역의 특별자치도지사시장군수구청장이 모두 인정하는 경우에 해당되고 입증책임은 주장하는 자에게 있다.

있다는 등의 이유로 영업장의 이전이 곤란하다거나 신청지 주변 인근 주민에 대한 피해 여부, 환경에의 영향 등을 종합적으로 검토하여 처리할 사항이라는 정도의 회신을 하는 경우가 대부분이다. 영업장의 이전에 특별한 민법상의 장애사유가 없는 한, 비록 주민들의 반대가 있을 가능성이 있다고 하더라도 그러한 가정적인 사정만으로 영업장을 인접지역으로 이전하는 것이 현저히 곤란하다고 단하기는 어렵고, 인근 주민들의 반대가 정당하다고 인정되는 경우라야 폐업보상이 된다.[584] 더구나 폐업보상의 대상이 된다는 점은 보상금 증액을 구하는 원고가 입증하여야 하는데, 이와 같이 엄격한 기준을 적용하는 한 인접 시·군·구의 어느 곳으로도 이전이 불가능하다는 점을 입증한다는 것은 현실적으로 매우 어렵게 되었다.[585] 따라서 소송실무상 원고로서는 인접 시·군·구에 대한 사실조회내용을 구체적으로 치밀하게 작성할 필요가 있을 것이다.

즉, 소송실무상 주로 보상금 증액을 구하는 원고가 자신의 영업장소를 둘러싸고 있는 인접 시·군·구에 대한 사실조회를 통해 해당 영업을 위한 법령상의 장애사유 유무, 이전장소의 확보가능성, 해당 시·군·군내에서의 동종영업의 현황, 주민의 반대 여부와 그로 인한 사실상의 이전장애 유무 등을 밝혀 영업폐지의 불가피성 내지 이전가능서의 부존재 사실을 입증하여야 하는바, 인접한 모든 시·군·구로의 이전불가능을 입증하는 것은 사실상 곤란하므로, 실무에서 폐업보상이 인정되는 사례를 찾기는 어렵다.

(6) 폐업보상금의 환수

공익사업의 시행으로 영업자가 사업시행자로부터 폐업보상금을 수령 받았음에도 불구하고 영업의 폐지 후 2년 이내에 해당 영업소가 소재하고 있는 시·군·구 또는 인접하고

---

584) ① 대법원 2002.10.8. 선고 2002두5498 판결.
    ② 대법원 2003.1.24. 선고 2002두8930 판결: [판결요지] 양계장을 이전할 경우 예견되는 인근 주민들의 반대 민원의 정당성 유무를 심리하지 아니한 채 주민들의 반대 민원의 가능성 혹은 그 제기만으로 곧 양계장 이전이 사실상 불가능하다고 판단하여 영업 폐지에 따른 폐업보상을 인정한 원심판결을 파기한 사례. [판결이유] 원심으로서는 원고의 양계장의 규모, 이로부터 발생할 수 있는 오·폐수 등의 정도와 그 방지시설 설치의 가능성 등에 기초하여 원고가 선택한 이전 신청지는 물론 그 밖에 취득이 가능하고 법령상의 장애사유가 없는 다른 농촌지역의 상황도 함께 고려하여 인근 주민들의 수인한도와의 관계에서 반대 민원의 정당성 유무를 심리한 후 이 사건 양계장의 이전 가능 여부를 판단하였어야 할 것임에도 집단민원의 정당성을 살펴보지 아니한 채 반대 민원의 가능성 혹은 그 제기만으로 곧 양계장 이전이 사실상 불가능하다고 판단하였으므로 이러한 원심의 조치에는 영업 폐지에 관한 법리를 오해하여 심리를 다하지 아니한 잘못이 있다고 할 것이다. 이 점을 지적하는 상고이유의 주장은 정당하다.
585) 서울행정법원, 앞의 책, 504면

있는 시·군·구의 지역 안에서 동일한 영업을 하는 경우에는 사업시행자는 <u>영업의 폐지</u>에 대한 보상금을 환수하고 제47조에 따른 영업의 휴업 등에 대한 손실을 보상하여야 한다(시행규칙 제46조 제4항).

폐업보상금의 환수시점을 구체적으로 언제로 보아야 하는가에 대하여 유권해석은 기존의 영업자가 가지고 있던 영업(축산업)을 할 수 있는 권리가 소멸되는 시점인 보상금 수령일(수용재결시는 수용재결보상금 수령일, 공탁시는 수용개시일)로 보아야 한다고 회신하고 있다.586)

질의회신

[질의회신1] ▶ 영업의 폐지에 대한 보상금 환수기산일은 보상금수령일이다
[2011.3.31. 토지정책과-1532]

【질의요지】
「토지보상법 시행규칙」 제46조제4항의 규정에 따른 영업의 폐지에 대한 보상금 환수시점은 구체적으로 언제로 보아야 하는지?

【회신내용】
「토지보상법 시행규칙」 제46조제4항 영업의 폐지보상금 환수규정은 영업의 폐업에 대한 보상금을 받고 2년 이내에 일정지역에서 동일한 영업을 하는 경우에 폐업에 대한 보상금을 환수하고 휴업에 대한 보상금을 지급하도록 한 규정하고, 일반적으로 2년의 기산시점은 공익사업의 시행으로 인하여 영업을 폐지하는 경우로 <u>기존의 영업자가 가지고 있던 영업(축산업)을 할 수 있는 권리가 소멸되는 시점인 보상금 수령일(수용재결시는 수용재결보상금 수령일, 공탁시는 수용개시일)로 보아야 할 것임.</u>

---

(7) 무허가건축물 등에서 임차인에 대한 폐업보상금 최고한도

무허가건축물 등에서 임차인이 영업을 하는 경우에 그 임차인이 사업인정고시일등 1년 이전부터 부가가치세법 제8조에 따른 사업자등록을 하고 행하고 있는 임차인의 폐업보

---

586) 2011.3.31. 토지정책과-1532

상금은 **1천만원**(단, 영업용 고정자산 · 원재료 · 제품 및 상품 등의 매각손실액은 별도)을 **초과하지 못한다**(시행규칙 제46조 제5항).

다. 폐업보상금의 산출

(1) 기본적인 산출방법

영업을 폐지하는 경우의 영업손실은 **2년간의 영업이익**(개인영업인 경우에는 소득을 말한다)에 영업용 고정자산 · 원재료 · 제품 및 상품 등의 **매각손실액**을 더한 금액으로 평가한다(시행규칙 제46조 제1항).

> ▸ 폐업보상 = 2년간 영업이익 +
> 영업용 고정자산 · 원재료 · 제품 및 상품 등의 **매각손실액**

> ▸ **영업손실보상평가지침 제9조【영업손실의 평가】**
> 영업폐지에 대한 손실의 평가는 다음 산식에 의한다.
>
> > ▸ 폐업보상액＝ 영업이익(개인영업인 경우 소득)×보상연한
> > ＋영업용 고정자산의 매각손실액＋재고자산[587]의 매각손실액

> ■ **영업손실보상평가지침 제10조 【영업이익의 산정】** ② 당해영업의 실제 영업기간이 3년 미만이거나 영업시설의 확장 또는 축소 기타 영업환경의 변동 등으로 인하여 최근 3년간의 영업실적을 기준으로 영업이익을 산정하는 것이 곤란하거나 현저히 부적정한 경우에는 당해영업의 실제 영업기간 동안의 영업실적이나 그 영업시설규모 또는 영업환경의 변동이후의 영업실적을 기준으로 영업이익을 산정할 수 있다. 〈개정 2000.4.18, 2002.2.1〉
> ③ 제1항 및 제2항의 규정에 의한 영업이익의 산정은 평가의뢰자 또는 영업행위자가 제시한 자료 등에 의한다. 다만, 다음 각 호의 1에 해당되는 경우에는 **당해 영업의 최근 3**

---

587) "재고자산"이라 함은 「소득세법 시행령」 제91조제3항에서 규정한 자산으로서 제품 · 상품, 반제품 · 재공품, 원재료, 저장품 등을 말한다(영업손실보상평가지침 제3조제4호).

년간의 평균(추정) 매출액 등에 인근지역 또는 동일수급권안의 유사지역에 있는 동종 유사규모 영업의 일반적인 영업이익률을 적용하거나 국세청장이 고시한 표준소득률 등을 적용하여 당해 영업의 영업이익을 산정할 수 있다. 이 경우에 추정매출액 등은 당해 영업의 종류 · 성격 · 영업규모 · 영업상태 · 영업연수 · 배후지상태 기타 인근지역 또는 동일수급권안의 유사지역에 있는 동종유사규모영업의 최근 3년간의 평균매출액 등을 고려하여 결정한다. 〈개정 2007.2.14〉

1. 영업이익 등 관련자료의 제시가 없는 경우 〈개정 2007.2.14〉
2. 제시된 영업이익 등 관련자료가 불충분하거나 신빙성이 부족하여 영업이익의 산정이 사실상 곤란한 경우 〈개정 2007.2.14〉
3. 기타 제시된 영업이익 등 관련 자료에 의하여 산정된 영업이익이 같은 공익사업 시행지구 등 당해 영업의 인근지역 또는 동일수급권안의 유사지역에 있는 동종 유사규모 영업의 영업이익과 비교하여 현저히 균형을 이루지 못한다고 인정되는 경우 〈개정 2007.2.14〉

④ 제1항 내지 제3항의 규정에 의한 영업이익의 산정시에 당해영업의 영업활동과 직접 관계없이 발생되는 영업외손익 또는 특별손익은 고려하지 아니하며, 개인영업의 경우에는 자가노력비상당액을 비용으로 계상하지 아니한다. 〈신설 2003.2.14〉

영업폐지 보상에서 **'2년 간 영업이익'**은 영업을 할 수 있는 권리 또는 동종기업이 올리는 평균수익률보다 더 많은 초과수익을 낼 경우 그 초과수익이 장래에도 계속된다는 가망성을 자본화한 영업권을 보상하는 것이 아니라, 전업에 소요되는 기간 동안 실현할 수 없는 영업이익을 손실로 보고 이를 보상한다는 의미이므로, 영업이익을 산정하면서 기준시점 이후의 장래 발생할 이익을 추정하거나 영업을 위한 투자비용을 기준으로 영업이익을 산정하여서는 안 되며,[588] 만일 기준시점 이전에 영업이익이 발생하지 않았다면 영업이익의 상실이라는 손실이 발생하지 않으므로 영업이익에 대한 보상액은 없는 것으로 보아야 한다.[589]

또한, 영업이익의 산정시에 당해 영업의 영업활동과 직접 관계없이 발생되는 영업외 손익 또는 특별손익은 고려되지 아니하며, 개인영업의 경우에는 자가노력비상당액을 비용

588) 대법원 2006.1.27. 선고 2003두13106 판결
589) 중앙토지수용위원회, 앞의 책, 2017.12., 375면.

으로 계상하지 아니하며(영업손실보상평가지침 제10조제4항), 해당 영업장소에서 발생하지 아니한 영업이익은 평가되는 영업이익에서 제외되어야 할 것이다.

한편, **'2년간의 영업이익'**은 개인영업인 경우에 있어서는 **'소득'**을 의미하는 바, 여기서 '소득'이란 개인의 주된 영업활동에 따라 발생된 이익으로서 자가노력비 상당액(생계를 함께 하는 같은 세대안의 직계존속·비속 및 배우자의 것을 포함)이 포함된 것[590]으로 [총 수입금액 - 필요제경비]로 산정한다. 다만, 자가노력비 상당액에는 생계를 함께 하는 같은 세대안의 직계존속·비속 및 배우자의 것이 포함되므로 필요제경비에는 이들에 대한 자가노력비가 포함되지 않으며, 총수입금액에서 필요제경비를 공제한 금액에는 자가노력비가 이미 포함되어 있으므로, 보상액 산정시 이를 다시 추가하여서는 안 된다.[591]

판례

【판결요지】

[판례1] ▶ 영업을 하기 위하여 투자한 비용이나 그 영업을 통하여 얻을 것으로 기대되는 이익은 보상대상이 아니다. **[대법원 2006.1.27. 선고 2003두13106]**

【판결요지】

'영업상의 손실'이란 수용의 대상이 된 토지·건물 등을 이용하여 영업을 하다가 그 토지·건물 등이 수용됨으로 인하여 영업을 할 수 없거나 제한을 받게 됨으로 인하여 생기는 직접적인 손실을 말하는 것이므로 위 규정은 영업을 하기 위하여 투자한 비용이나 그 영업을 통하여 얻을 것으로 기대되는 이익에 대한 손실보상의 근거규정이 될 수 없고, 그 외 구 토지수용법이나 구 '공특법'(2002.2.4. 법률 제6656호 공익사업을 위한 토지 등의 취득 및 보상에 관한 법률 부칙제2조로 폐지), 그 시행령 및 시행규칙 등 관계 법령에도 영업을 하기 위하여 투자한 비용이나 그 영업을 통하여 얻을 것으로 기대되는 이익에 대한 손실보상의 근거규정이나 그 보상의 기준과 방법 등에 관한 규정이 없으므로, 이러한 손실은 그 보상의 대상이 된다고 할 수 없다.

---

590) "소득"이라 함은 개인의 주된 영업활동에 의하여 발생된 이익으로서 자가노력비상당액(생계를 같이하는 동일 세대안의 직계존속·비속 및 배우자의 것을 포함한다. 이하 같다)이 포함된 것을 말한다(영업손실보상평가지침 제3조제3호).
591) 중앙토지수용위원회, 앞의 책, 2017.12., 376면, 수정인용

(2) 영업이익(매출총액-매출원가, 판매비 및 일반관리비)[592]

영업이익은 해당 영업의 최근 3년간(**특별한 사정**으로 인하여 정상적인 영업이 이루어지지 아니한 연도를 제외한다)의 평균 영업이익을 기준으로 하여 이를 평가하되, 공익사업의 계획 또는 시행이 공고 또는 고시됨으로 인하여 영업이익이 감소된 경우에는 해당 공고 또는 고시일전 3년간의 평균 영업이익을 기준으로 평가한다. 이 경우 **개인영업**으로서 최근 3년간의 평균 영업이익이 다음 산식에 의하여 산정한 연간 영업이익에 미달하는 경우에는 그 연간 영업이익을 최근 3년간의 평균 영업이익으로 본다(시행규칙 제46조 제3항, 영업손실보상평가지침 제10조).

> ▸ **연간 영업이익** = 「통계법」 제3조제3호에 따른 통계작성기관이 같은 법 제18조에 따른 승인을 받아 작성·공표한 제조부문 보통인부의 노임단가×25(일)×12(월)

한편, 최근 3년 중 1년이 특별한 사정으로 인하여 정상적인 영업이 이루어지지 아니하였다면 해당 연도를 제외한 나머지 2년간의 평균 영업이익을 기준으로 영업이익을 산정할 수 있다. 다만, 여기에서 '특별한 사정'이란 일반적인 경기변동이나 해당 업종 전체의 경기변동에 의한 것이 아닌 대상 업체 또는 인근지역의 특별한 사정을 의미하므로 3년의 기간 중 영업실적이 없거나 실적이 현저하게 감소된 시기가 있다고 하여 그 기간을 제외한 나머지 기간의 영업실적만을 기초로 하거나 최근 3년 이전 기간의 영업실적을 기초로 하여 연평균 영업이익을 산정할 수는 없다.[593]

또한, 개인사업자의 경우 통상적으로 소득 내지 영업이익 산정관련자료(매출 관련 자료 등 소득에 관한 자료 등)를 보관하지 않는 경우가 많은 바, 이 경우 영업이익 및 소득의 산정은 실제의 영업이익 또는 소득을 파악할 수 있는 합리적인 방법에 의하면 되므로 방법상의 제한은 없다.

---

592) "영업이익"이라 함은 기업의 주된 영업활동에 의하여 발생된 이익으로서 매출총액에서 매출원가와 판매비 및 일반관리비를 뺀 것을 말한다(영업손실보상평가지침 제3조제2호).

593) 대법원 2002.3.12 선고 2000다73612 판결: 폐지하는 영업의 영업이익은 당해 영업의 최근 3년간의 영업이익의 산술평균치를 기준으로 하여 산정하여야 하고, <u>그 3년의 기간 중 영업실적이 없거나 실적이 현저하게 감소된 시기가 있다고 하여 그 기간을 제외한 나머지 기간의 영업실적만을 기초로 하거나, 최근 3년 이전 기간의 영업실적을 기초로 하여 연평균 영업이익을 산정할 수는 없다</u>

하급심 판례는 정미소 개인사업자들이 매출관련 등 소득에 관한 자료로 "3년간의 **전력사용량을 기준으로 매출액을 추정**한 것은 적정하다"라고 판시하고 있고,[594] 대법원 판례는 "최근 3년간의 영업이익을 산정함에 있어 회계자료 등 결산서류로 산정이 가능한 기간에 대하여는 그 기간 동안의 결산서류에 의하여 산정하고, 회계자료 등 결산서류만으로는 영업이익을 산정하기 곤란한 기간에 대하여는 **그 기간 동안의 부가가치세신고 사업수입금액을 매출액으로 하여** 회계자료 등 결산서류에 의하여 영업이익 산정이 가능한 기간의 평균 원가율과 판매 및 일반관리비율을 적용하여 산정하는 방식이 실제의 영업이익을 반영한 합리적인 산정 방법이다"라고 판시하고 있다.[595]

판례

[판례1] ▶ '영업이익'의 산정 방법

[대법원 2004.10.28. 선고 2002다3662,3679] [손해배상(기)]

【판결요지】

폐지하는 영업의 손실액 산정의 기초가 되는 영업이익은 당해 영업의 최근 3년간의 영업이익의 산술평균치를 기준으로 하여 이를 산정하도록 하고 있는바, 여기에서의 영업이익의 산정은 실제의 영업이익을 반영할 수 있는 합리적인 방법에 의하면 된다.

【판결이유】

영업이익의 산정에 관하여

공공사업의 시행으로 인하여 공공사업시행지구 밖에 미치는 간접손실에 관하여 그러한 손실이 발생하리라는 것을 쉽게 예측할 수 있고 그 손실의 범위도 구체적으로 특정할 수 있는 경우라면 구 공특법시행규칙(2002.12.31. 건설교통부령 제344호로 폐지되기 전의 것)의 간접보상에 관한 규정을 유추적용하여 그 손실에 대한 보상을 받을 수 있다고 할 것이고, 한편 구 공특법시행규칙 제24조 제1항 및 제3항의 각 규정에 의하면, 폐지하는 영업의 손실액 산정의 기초가 되는 영업이익은 당해 영업의 최근 3년간의 영업이익의 산술평균치를 기준으로 하여 이를 산정하도록 하고 있는바, 여기에

---

594) 대전고등법원 2010.7.15. 선고 2010누373 판결
595) 대법원 2004.10.28. 선고 2002다3662,3679 판결

서의 영업이익의 산정은 실제의 영업이익을 반영할 수 있는 합리적인 방법에 의하면 된다고 할 것이다.

원심은, 그 채택 증거들을 종합하여 판시와 같은 사실을 인정한 다음, 원고들의 최근 3년간, 즉 1991.부터 1993.까지의 영업이익을 산정함에 있어 회계자료 등 결산서류로 산정이 가능한 기간에 대하여는 그 기간 동안의 결산서류에 의하여 산정하고, 회계자료 등 결산서류만으로는 영업이익을 산정하기 곤란한 기간에 대하여는 그 기간 동안의 부가가치세신고 사업수입금액을 매출액으로 하여 회계자료 등 결산서류에 의하여 영업이익 산정이 가능한 기간의 평균 원가율과 판매 및 일반관리비율을 적용하여 산정하는 방식이 실제의 영업이익을 반영한 합리적인 산정 방법이라고 판단하여, 이 사건 영업이익을 인근지역의 동종 유사규모 영업의 평균영업이익률 또는 국세청장이 고시한 표준소득률을 적용하여 산정하여야 한다는 원고들의 주장을 배척하였다.

관계 법령의 규정과 위 법리를 기록에 비추어 살펴보면, 원심이 앞에서 본 바와 같은 방식으로 원고들의 영업손실액 산정의 기초가 되는 영업이익을 산정한 것은 정당한 것으로 수긍이 가고, 거기에 상고이유에서 주장하는 바와 같은 구 공특법시행규칙 제24조의 영업이익 산정에 관한 법리를 오해하였거나 그 산정의 기초가 되는 사실에 대한 필요한 심리를 다하지 아니하여 판결 결과에 영향을 미친 위법이 있다고 할 수 없다.

(3) 매각손실액

① 의의

매각손실액이란 공익사업의 시행으로 인한 토지 등이 수용되어 영업을 더 이상 할 수 없는 경우에 영업의 폐지로 인해 필요 없게 된 영업용 고정자산, 제품, 상품 등을 정상적 가격이하로 일시에 매각하거나 불필요해진 원재료를 처분하여야 함으로써 발생되는 손실을 말한다.

② 매각손실액의 산정방법

토지보상법 시행규칙에서는 '공익사업시행에 따른 영업폐지에 대한 영업의 손실은 2년간의 영업이익에 영업용 고정자산(원재료·재품 및 상품 등)의 매각손실액을 더한 금액으로 평가 한다'라고 규정하고 있다(시행규칙 제46조제1항). 그러나, '매각손실액'의 구체적인 산정방법에 대해서는 토지보상법령에는 없고 「영업손실평가지침」에서 다음과 같이 규정하고 있다.

■ **영업손실보상평가지침 제12조【매각손실액의 산정】** 영업폐지에 대한 손실의 평가를 위한 매각손실액의 산정은 영업용 고정자산과 재고자산으로 구분하여 다음과 같이 한다.〈개정 95.6.26, 98.2.17〉

1. 영업용 고정자산 중에서 기계·기구, 집기·비품 등과 같이 영업시설에서 분리하여 매각이 가능한 자산은 평가가액 또는 장부가액(이하 "현재가액"이라 한다)에서 매각가액을 뺀 금액으로 한다. 다만, 매각가액의 산정이 사실상 곤란한 경우에는 현재가액의 60퍼센트 상당액 이내로 매각손실액을 결정할 수 있다.

2. 영업용 고정자산 중에서 건축물·공작물 등의 경우와 같이 영업시설에서 분리하여 매각하는 것이 불가능하거나 현저히 곤란한 자산은 건축물 등의 평가방식에 의하되, 따로 평가가 이루어진 경우에는 매각손실액의 산정에서 제외한다.〈개정 2003.2.14.〉

3. 재고자산은 현재가액에서 처분가액을 뺀 금액으로 한다. 다만, 이의 산정이 사실상 곤란한 경우에는 현재가액을 기준으로 다음과 같이 결정할 수 있다.

  가. 제품·상품으로서 일반적인 수요성이 있는 것 : 20 퍼센트 이내

  나. 제품·상품으로서 일반적인 수요성이 없는 것 : 50 퍼센트 이내

  다. 반제품·재공품, 저장품 : 60퍼센트 이내

  라. 원재료로서 신품인 것 : 20퍼센트 이내

  마. 원재료로서 사용중인 것 : 50퍼센트 이내

대법원 판례는 '영업용 고정자산의 매각손실액의 의미 및 산정 방법'에 대하여 "영업폐지에 대한 영업의 손실액은 영업이익에 영업용 고정자산 등의 매각손실액을 더한 금액으로 보상하도록 되어 있는바, 여기에서 영업용 고정자산의 매각손실액이라 함은 영업의 폐지로 인하여 필요 없게 된 영업용 고정자산을 매각함으로써 발생하는 손실을 말하는 것으로서, 토지에서 분리하여 매각하는 것이 가능한 경우에는 영업용 고정자산의 재조달가격에서 감가상각 상당액을 공제한 현재 시장에서의 가격에서 현실적으로 매각할 수 있는

가격을 뺀 나머지 금액이 되지만, 토지에서 분리하여 매각하는 것이 불가능하거나 현저히 곤란한 경우에는 재조달가격에서 감가상각 상당액을 공제한 현재 시장에서의 가격이 보상의 대상이 되는 매각손실액이 된다."고 판시[596]하고 있고, 매각손실액을 산정시 재고자산의 판매에 따른 정상적인 판매이윤의 포함여부에 대해서는 이를 소극적으로 해석하고 있다.[597]

판례

[판례1] ▶ 공익사업을 위한 토지 등의 취득 및 보상에 관한 법률 시행규칙 제46조 제1항에서 정한 '제품 및 상품 등 재고자산의 매각손실액'의 의미 및 매각손실액 산정의 기초가 되는 재고자산의 가격에 당해 재고자산을 판매할 경우 거둘 수 있는 이윤이 포함되는지 여부(소극) [대법원 2014.6.26. 선고 2013두13457] (수용보상금증액)

【판결요지】
제품 및 상품 등 재고자산의 매각손실액이란 영업의 폐지로 인하여 제품이나 상품 등을 정상적인 영업을 통하여 판매하지 못하고 일시에 매각해야 하거나 필요 없게 된 원재료 등을 매각해야 함으로써 발생하는 손실을 말한다. 그리고 위 영업이익에는 이윤이 이미 포함되어 있는 점 등에 비추어 보면 매각손실액 산정의 기초가 되는 재고자산의 가격에 당해 재고자산을 판매할 경우 거둘 수 있는 이윤은 포함되지 않는다.

【원고, 상고인】 주식회사 ○○○ (소송대리인 법무법인(유한) ○○○)

【피고, 피상고인】 대한민국 (소송대리인 변호사 ○○○)

【주 문】
상고를 기각한다. 상고비용은 원고가 부담한다.

【이 유】

---

596) 대법원 2004.10.28. 선고 2002다3662,3679 판결
597) 대법원 2014.6.26., 선고 2013두13457 판결

상고이유(상고이유서 제출기간이 경과된 후에 제출된 상고이유보충서의 기재는 상고이유를 보충하는 범위 내에서)를 판단한다.

1. 상고이유 제1점에 대하여

제품 및 상품 등 재고자산의 매각손실액이라 함은 영업의 폐지로 인하여 제품이나 상품 등을 정상적인 영업을 통하여 판매하지 못하고 일시에 매각해야 하거나 필요 없게 된 원재료 등을 매각해야 함으로써 발생하는 손실을 말한다. 그리고 위 영업이익에는 이윤이 이미 포함되어 있는 점 등에 비추어 보면 매각손실액 산정의 기초가 되는 재고자산의 가격에 당해 재고자산을 판매할 경우 거둘 수 있는 이윤은 포함되지 아니한다.

원심판결 이유를 위 법리와 기록에 비추어 살펴보면, 원심이 같은 취지에서 원고의 영업폐지로 인하여 피고가 보상하여야 할 재고자산인 이 사건 비료에 대한 매각손실액을 산정하면서 판매이윤이 포함되지 않은 가격을 위 비료의 시장가격으로 보고, 여기에 매각손실률을 적용한 것은 정당하고, 거기에 상고이유의 주장과 같이 매각손실보상의 기초가 되는 재고자산 단가 산정에 관한 법리를 오해한 위법이 없다.

2. 상고이유 제2점, 제3점에 대하여

원심판결 이유에 의하면 원심은 공익사업법 시행규칙 제46조 제1항에서 영업이익보상에 더하여 매각손실액을 보상하는 것은 공익사업이 시행되지 않았더라면 계속적으로 영업을 영위하면서 매각하였을 제품 등을 공익사업의 시행으로 인하여 일시에 매각하게 되는 경우에 발생하는 손실을 보상하기 위한 취지인데, 비료의 경우 일반적인 수요성이 있기는 하지만 수요층이 제한되어 있어 다량의 비료를 매각할 경우 다른 상품과 비교하여 그 대금의 하락폭이 다소 클 것으로 예상되는 점 등에 비추어 보면, 이 사건 비료의 매각손실률을 20%로 정함이 상당하다고 판단하였다.

원심판결 이유를 관련 법리와 기록에 비추어 살펴보면, 원고의 주장, 즉 이 사건 비료의 처분이 법률상 또는 사실상 불가능하기 때문에 매각손실률이 100%가 되어야 한다는 주장이 이유가 없음을 전제로 한 원심의 위와 같은 판단은 정당한 것으로 수긍이 가고, 거기에 상고이유의 주장과 같이 폐업보상에 있어 재고자산의 매각손실률 결정에 관한 법리를 오해한 위법이 없다.

4. 휴업보상(=영업의 휴업에 대한 보상)

가. 영업휴업의 개념

공익사업의 시행으로 인하여 폐업할 정도는 아니나 일정기간 영업을 할 수 없거나 영업장소의 이전으로 인해 종전의 통상적인 수익의 손실이 예상되는 경우에 행하는 보상을 말한다.[598] 따라서 업무의 성질상 휴업하지 아니하고 다른 장소로 이전하여 당해 영업을 계속할 수 있는 경우에는 영업의 휴업보상 대상이 아니다.

질의회신

[질의회신1] ▶ 배달납품업은 영업보상대상의 영업이 아니다.
[2006.1.19. 토지정책팀-305]

【질의요지】

보상계획공고일 이전부터 계속하여 영업을 하였으므로 영업손실 보상을 요구할 경우 당해 전문건설업이 영업보상대상에 해당되는지 여부

【회신내용】

영리를 목적으로 적법하게 행하고 있는 영업이 공익사업시행지구에 편입되어 휴업 또는 폐업하게 된 경우에는 영업보상 대상에 해당된다고 보나, 업무의 성질상 휴업하지 아니하고 다른 장소로 이전하여 당해 영업을 계속 할 수 있는 경우에는 영업의 휴업보상 대상으로 보기는 어려울 것으로 보이며, 귀 질의의 경우가 영업보상대상에 해당되는지 여부에 대해서는 사업시행자가 위 규정과 관계법령 및 사실관계 등을 조사하여 판단 결정할 사항이라고 봅니다.

관련법령

■ **토지보상법 시행규칙 제47조(영업의 휴업 등에 대한 손실의 평가)** ① 공익사업의 시행으로 인하여 영업장소를 이전하여야 하는 경우의 영업손실은 휴업기간에 해당하

---

[598] 중앙토지수용위원회, 앞의 책, 2015.12., 163면.

는 영업이익과 영업장소 이전 후 발생하는 영업이익감소액에 다음 각호의 비용을 합한 금액으로 평가한다. 〈개정 2014.10.22.〉

1. 휴업기간중의 영업용 자산에 대한 감가상각비·유지관리비와 휴업기간 중에도 정상적으로 근무하여야 하는 최소인원에 대한 인건비 등 고정적 비용

2. 영업시설·원재료·제품 및 상품의 이전에 소요되는 비용 및 그 이전에 따른 감손상당액

3. 이전광고비 및 개업비 등 영업장소를 이전함으로 인하여 소요되는 부대비용

② 제1항의 규정에 의한 휴업기간은 **4개월 이내**로 한다. 다만, 다음 각 호의 어느 하나에 해당하는 경우에는 실제 휴업기간으로 하되, 그 휴업기간은 **2년을 초과할 수 없다.** 〈개정 2014.10.22.〉

1. 당해 공익사업을 위한 영업의 금지 또는 제한으로 인하여 **4개월** 이상의 기간동안 영업을 할 수 없는 경우

2. 영업시설의 규모가 크거나 이전에 고도의 정밀성을 요구하는 등 당해 영업의 고유한 특수성으로 인하여 **4개월 이내**에 다른 장소로 이전하는 것이 어렵다고 객관적으로 인정되는 경우

③ 공익사업에 영업시설의 일부가 편입됨으로 인하여 잔여시설에 그 시설을 새로이 설치하거나 잔여시설을 보수하지 아니하고는 그 영업을 계속할 수 없는 경우의 영업손실 및 영업규모의 축소에 따른 영업손실은 다음 각 호에 해당하는 금액을 더한 금액으로 평가한다. 이 경우 보상액은 제1항에 따른 평가액을 초과하지 못한다. 〈개정 2007.4.12.〉

1. 해당 시설의 설치 등에 소요되는 기간의 영업이익

2. 해당 시설의 설치 등에 통상 소요되는 비용

3. 영업규모의 축소에 따른 영업용 고정자산·원재료·제품 및 상품 등의 매각손실액

④ 영업을 휴업하지 아니하고 임시영업소를 설치하여 영업을 계속하는 경우의 영업손실은 임시영업소의 설치비용으로 평가한다. 이 경우 보상액은 제1항의 규정에 의한 평가액을 초과하지 못한다.

⑤ 제46조제3항 전단은 이 조에 따른 영업이익의 평가에 관하여 이를 준용한다. 이 경우 개인영업으로서 휴업기간에 해당하는 영업이익이 「통계법」 제3조제3호에 따른 통계작성기관이 조사·발표하는 가계조사통계의 도시근로자가구 월평균 가계지출비

를 기준으로 산정한 3인 가구의 휴업기간 동안의 가계지출비(휴업기간이 **4개월**을 초과하는 경우에는 4개월분의 가계지출비를 기준으로 한다)에 미달하는 경우에는 그 가계지출비를 휴업기간에 해당하는 영업이익으로 본다. 〈개정 2007.4.12., 2008.4.18., 2014.10.22.〉

⑥ 제45조제1호 단서에 따른 임차인의 영업에 대한 보상액 중 제1항제2호의 비용을 제외한 금액은 제1항에 불구하고 **1천만원을 초과하지 못한다.** 〈신설 2007.4.12., 2008.4.18.〉

⑦ 제1항 각 호 외의 부분에서 영업장소 이전 후 발생하는 영업이익 감소액은 제1항 각 호 외의 부분의 휴업기간에 해당하는 영업이익(제5항 후단에 따른 개인영업의 경우에는 가계지출비를 말한다)의 100분의 20으로 하되, 그 금액은 **1천만원을 초과하지 못한다.** 〈신설 2014.10.22.〉

나. 통상의 휴업보상

(1) 휴업보상기준

공익사업의 시행으로 인하여 영업장소를 이전하여야 하는 경우의 영업손실은 휴업기간에 해당하는 영업이익과 영업장소 이전 후 발생하는 영업이익감소액에 (ⅰ) 휴업기간 중의 영업용 자산에 대한 감가상각비·유지관리비와 휴업기간 중에도 정상적으로 근무하여야 하는 최소인원에 대한 인건비 등 고정적 비용, (ⅱ) 영업시설·원재료·제품 및 상품의 이전에 소요되는 비용 및 그 이전에 따른 감손상당액, (ⅲ) 이전광고비 및 개업비 등 영업장소를 이전함으로 인하여 소요되는 부대비용 등을 합한 금액으로 평가한다(시행규칙 제47조 제1항). 영업손실보상평가지침에 따르면 공익사업의 시행으로 인하여 영업장소를 이전하여야 하는 경우에 영업 손실의 평가는 다음 산식에 의한다(영업손실평가지침 제15조 제1항).

> ▸ **휴업보상액** = (영업이익×휴업기간) + 인건비 등 고정비용 + 영업시설·원재료·제품 및 상품(이하 "영업시설등"이라 한다)의 이전에 소요되는 비용 + 영업시설등의 이전에 따른 감손상당액 +이전광고비 및 개업비 등 기타 부대비용

① 영업이익599)

(i) 영업이익의 의의

"영업이익"이란 기업의 주된 영업활동에 의하여 발생된 이익으로서 매출총액에서 매출원가와 판매비 및 일반관리비를 공제한 것으로(영업손실평가지침 제3조제2호), 판례는 기업의 경우에 "회사의 휴업기간에 해당하는 영업이익 손실보상액을 산정함에 있어서는 계약체결일 또는 수용재결일 직전 3년간의 재무제표상 영업이익의 산술평균치를 기준으로 하는 조치는 바람직하다"고 해석하고 있다.600)

한편, "영업이익"은 개인영업에 있어서는 소득을 의미하는 바, 여기서 "소득"이라 함은 개인의 주된 영업활동에 의하여 발생된 이익으로서 자가노력비상당액(생계를 같이하는 동일 세대안의 직계존속·비속 및 배우자의 것을 포함)이 포함된 것을 말한다(영업손실보상평가지침 제3조제3호).

영업이익은 해당 영업의 최근 3년간(특별한 사정으로 인하여 정상적인 영업이 이루어지지 아니한 연도를 제외함)의 평균 영업이익을 기준으로 하여 이를 평가하되, 공익사업의 계획 또는 시행이 공고 또는 고시됨으로 인하여 영업이익이 감소된 경우에는 해당 공고 또는 고시일 전 3년간의 평균 영업이익을 기준으로 평가한다(시행규칙 제47조 제5항 전문).

(ii) 최저영업이익보상 기준

개인영업으로서 휴업기간에 해당하는 영업이익이 「통계법」 제3조 제3호에 따른 통계작성기관이 조사·발표하는 가계조사통계의 도시근로자가구 월평균 가계지출비를 기준으로 산정한 3인 가구의 휴업기간 동안의 가계지출비(휴업기간이 4개월을 초과하는 경우에는 4개월분의 가계지출비를 기준으로 함)에 미달하는 경우에는 그 가계지출비를 휴업기간에 해당하는 영업이익으로 본다(시행규칙 제47조 제5항 후단).

> ▶ **개인영업이익의 최저한도** = 3인기준 도시근로자가구 월평균가계지출비 × 4월

---

599) 영업이익의 산정에서 외주영업 등 휴업기간 중에도 일부 영업이 가능한 경우에는 이로 인한 영업이익은 공제된다.

600) 서울고법 1998.12.11. 선고 95구12547 판결. ; 대법원 2001.3.23. 선고 99두851 판결 [토지수용이의 재결처분취소] 참조

(iii) 영업손실 보상 범위에 영업장소 이전 후 발생하는 영업이익감소액 추가

시행규칙 일부개정(2014.10.22.)으로 공익사업의 시행으로 생활기반을 상실하게 되는 영세상인들의 생활안정을 도모하기 위하여 공익사업의 시행으로 영업장소를 이전하여야 하는 경우의 영업손실 보상으로 휴업기간 중 발생하는 영업이익 외에 영업장소 이전 후 발생하는 '**영업이익 감소액**'이 영업손실에 대한 보상으로 추가되었다.

즉, 영업손실의 보상 범위에 휴업기간 중에 발생하는 영업이익 외에 영업장소 이전 후에 비로소 발생하는 영업이익의 감소액도 휴업손실의 대상이 되는바, 영업이익 감소액은 휴업기간에 해당하는 영업이익(개인영업의 경우에는 가계지출비를 말함)의 **100분의 20**으로 하되, 그 금액은 **1천만원**을 초과하지 못한다(시행규칙 제47조 제7항).

다만, 시행규칙 부칙(국토교통부령 제131호, 2014.10.22.) 제2조에 따라 신설된 영업이익감소액 추가규정은 이 시행규칙 시행(2014.10.22.) 후 최초로 보상계획을 공고하고 토지소유자 및 관계인에게 보상계획을 통지한 공익사업부터 적용되었다.

② 휴업기간중의 인건비 등 고정비용

인건비 등 고정적 비용은 영업장소의 이전 등으로 휴업기간 중에도 해당 영업활동을 계속하기 위하여 지출이 예상되는 (ⅰ) 인건비, (ⅱ) 제세공과금, (ⅲ) 임차료, (ⅳ) 감가상각비, (ⅴ) 보험료, (ⅵ) 광고선전비, (ⅶ) 그 밖의 비용 등의 비용을 더한 금액으로 산정한다(영업손실보상평가지침 제18조).[601]

> ■ **영업손실보상평가지침 제18조 【인건비 등 고정적비용】** 인건비 등 고정적비용은 영업장소의 이전 등으로 인한 휴업·보수기간 중에도 영업활동을 계속하기 위하여 지출이 예상되는 다음 각 호의 비용 중에서 당해영업에 해당되는 것을 더한 금액으로 한다. 〈개정 95.6.26, 98.2.17, 2003.2.14〉
> 1. 인건비 : 휴업·보수기간 중에도 휴직하지 아니하고 정상적으로 근무하여야 할

---

601) [판례] ▶ 수용으로 영업장소를 이전함으로써 입게 되는 영업손실 가운데 휴업기간 중의 고정적 비용지출에 의한 손실보상의 범위 [대법원 2001.3.23. 선고 99두851] [토지수용이의재결처분취소]
【판결요지】수용으로 영업장소를 이전함으로써 입게 되는 영업손실 가운데 휴업기간 중의 고정적 비용지출에 의한 손실보상은 생산·영업활동을 전제로 한 비용을 제외하고 영업이전에 필요한 최소한의 관리업무 등에 의하여 통상 발생하리라고 예상되는 비용에 한정하여야 한다.

최소인원(일반관리직 근로자 및 영업시설 등의 이전·설치 계획 등을 위하여 정상적인 근무가 필요한 근로자 등으로서 보상계획의 공고가 있는 날 현재 3월이상 근무한 자에 한한다)에 대한 실제지출이 예상되는 인건비 상당액. 이 경우에 법 시행규칙 제51조제1호의 규정에 의한 휴직보상을 하는 자에 대한 인건비 상당액은 제외한다. 〈개정 2003.2.14, 2007.2.14〉

2. 제세공과금 : 당해영업과 직접 관련된 제세 및 공과금 〈개정 2002.2.1〉

3. 임차료 : 임대차계약에 의하여 휴업 등과 관계없이 계속 지출되는 비용

4. 감가상각비 : 무형고정자산의 감가상각비상당액 및 유형고정자산의 진부화에 따른 감가상각비상당액. 다만, 유형고정자산으로서 이전이 사실상 곤란하여 취득하는 경우에는 제외한다.

5. 보험료 : 화재보험료 등

6. 광고선전비 : 계약 등에 의하여 휴업 중에도 계속 지출되는 광고비 등

7. 기타비용 : 비용항목 중 휴업기간 중에도 계속 지출하게 되는 위 각 호와 유사한 성질의 것

(i) 인건비

휴업·보수기간 중에도 휴직하지 아니하고 정상적으로 근무하여야 할 **'최소인원'**(일반관리직 근로자 및 영업시설 등의 이전·설치 계획 등을 위하여 정상적인 근무가 필요한 근로자 등으로서 보상계획의 공고가 있는 날 현재 3월 이상 근무한 자에 한한다)에 대한 실제지출이 예상되는 인건비 상당액을 말하며, 이 경우에 토지보상법 시행규칙 제51조제1호의 규정에 의한 휴직보상을 하는 자에 대한 인건비 상당액은 제외된다(영업손실보상평가지침 제18조제1호).

여기서 **'최소인원'**이란 휴직보상에서 제외되는 근로자를 의미하는바,[602] 휴직을 하지 아니하고 정상적으로 근무하는 최소인원의 관리직원의 인건비는 휴업보상으로, 휴직을 하는 그 외 직원의 인건비는 시행규칙 제51조의 휴직 또는 실직보상으로 처리된다.

---

602) 2010.12.7. 토지정책과-5707

[판례1] ▶ 수용으로 인한 휴업기간 중의 인건비 손실보상액의 산정 방법

[대법원 2001.3.23. 선고 99두851] [토지수용이의재결처분취소]

【판결요지】

토지수용법 제46조, 제51조, 제57조의2, 공공용지의취득및손실보상에관한특례법 제
4조, 같은법시행규칙 제25조 제1항, 제2항의 각 규정에 의하면, 수용으로 인한 휴업
기간 중의 인건비 손실보상은 휴업기간이 3개월을 초과하는지 여부를 불문하고 그 기
간 전체에 걸쳐 지급되었거나 지급되어야 할 휴업수당이나 휴업수당상당금 등의 인건
비를 모두 그 대상으로 하는 것이나, 그 중 휴업수당 또는 휴업수당상당금으로 인한
손실은 달리 그 평가 기준에 관한 자료가 없을 경우에는 당해 영업의 형태·규모·내
용과 근로자의 수·업무의 내용·일정기간 동안의 근로자의 변동추이·휴업기간 등
모든 관련 사정을 고려하여 그 지급대상·지급액(지급률)·지급기간 등을 산정한 후
이를 기초로 그 보상액을 합리적으로 평가할 수밖에 없고, 같은법시행규칙 제30조의3
제1호에서 사업시행자가 소정 요건을 갖춘 근로자에 대하여 지급하여야 할 휴직보상
을 평균임금의 소정 비율에 의하여 산정하여야 하는 것으로 규정하고 있는 것은 위와
같은 피수용자에 대한 휴업기간 중의 인건비 손실보상과는 그 취지를 달리하는 것이
어서, 위와 달리 볼 근거가 되지 아니한다.

(ii) 제세공과금

당해영업과 직접 관련된 제세 및 공과금으로 이에는 자동차세, 통신비, 수도·광열비 등
이 포함된다. 다만, 법인세는 포함되지 않는다.[603]

(iii) 임차료

임대차계약에 의하여 휴업 등과 관계없이 계속 지출되는 비용을 말한다. 휴업기간 동안

---

603) 대법원 2001.3.23. 선고 99두851 판결: 원심이 채용한 위 감정인의 세금·공과 지출에 의한 손실평
가액에는 법인세가 포함되지 아니하였음을 알 수 있으므로 위 평가액에 법인세도 포함되어 있음을 전제
로 하여 원심이 인정한 고정적 비용 손실보상액에서 이를 제외하여야 한다는 취지의 상고이유도 받아들
일 수 없다

에도 종전 영업장소 및 이전하는 영업장소의 임차료가 통상적으로 중복하여 발생할 수 있으므로 이를 보상하는 것이다.

(ⅳ) 감가상각비

감가상각비 등은 무형고정자산 및 유형고정자산의 진부화에 따른 감가상각비상당액을 말한다. 다만, 유형고정자산으로서 이전이 사실상 곤란하거나 이전비가 취득비를 초과하여 취득하는 자산은 제외한다.604)

판례

[판례1] ▶ 수용재결일 기준의 취득가격으로 보상받는 공장건물 등에 대한 감가상각액 상당은 휴업기간 중의 고정적 비용 지출로 인한 손실보상에서 제외되는지 여부(한정 적극) [대법원 2001.3.23. 선고 99두851] [토지수용이의재결처분취소]

【판결요지】
수용재결일 기준의 취득가격으로 보상받는 공장건물 등은 이전할 공장의 완공 후 상당한 기간에 걸쳐 시험조업을 한다거나 단계적으로 조업을 개시하는 등 휴업중에 감가가 현실적으로 발생한다고 볼 특별한 사정이 없는 한 이에 대한 감가상각액 상당은 휴업기간 중의 고정적 비용 지출로 인한 손실보상에서 제외되어야 한다.

(ⅴ) 보험료

계약 등에 의하여 휴업 중에도 계속 지출되는 화재보험료 등 보험료에 한한다.

(ⅵ) 광고선전비

계약 등에 따라 휴업 중에도 계속 지출되는 광고비 등에 한한다.

---

604) 2000.8.17. 토관 58342-1279 : 판매비 및 일반관리비 계정과목 중 영업용고정재산에 대한 감가상각비는 당해 영업에 대한 최근 3년간의 재무제표가 있는 경우에는 그 재무제표상의 감가상각비를 기준으로 하여야 한다고 보나 당해 영업에 대한 재무제표가 없는 경우에는 당해 고정자산의 장부가격, 수선비, 내용연수, 재조달원가 등을 종합적으로 조사·검토하여 가장 합리적인 방법으로 감가상각비를 산정하여야 한다고 봅니다.

(vii) 기타비용

비용항목 중 휴업기간 중에도 계속 지출하게 되는 위 각 호와 비슷한 성질의 것을 말한다. 다만, 수용으로 영업장소를 이전함으로써 입게 되는 영업손실 가운데 휴업기간 중의 고정적 비용지출에 의한 손실보상은 생산·영업활동을 전제로 한 비용을 제외하고 <u>영업이전에 필요한 최소한의 관리업무 등에 의하여 통상 발생하리라고 예상되는 비용에 한정하여야 한다.</u>[605]

③ 영업시설 등의 이전에 소요되는 비용

영업시설 등의 이전에 소요되는 비용은 영업시설 및 재고자산의 이전비용을 더한 금액으로 아래와 같은 산식에 의한다(영업손실보상평가지침 제19조).

(i) 영업시설의 이전비

건축물·공작물 등 지장물로서 평가한 것을 제외한 동력시설, 기계·기구, 집기·비품 기타 진열시설 등으로서 그 시설의 <u>해체·운반·재설치 및 시험가동</u> 등에 소요되는 일체의 비용(점포영업 등의 경우에는 영업행위자가 영업시설 이전시에 통상적으로 부담하게 되는 실내장식 등에 소요되는 비용을 포함)으로 하되 <u>개량 또는 개선비용을 포함하지 아니한 것으로 한다.</u>[606] 다만, 이전에 소요되는 비용이 그 <u>물건의 취득가액을 초과하는 경우에는 그 취득가액을 시설이전비로 보며</u>, 영업시설의 재설치 등으로 인하여 가치가 증가되거나 내용연수가 연장된 경우에는 그 가치 증가액 상당액 등을 뺀 것으로 한다.

---

605) 대법원 2001.3.23. 선고 99두851 판결: 원심이 원고 회사의 휴업기간 중의 고정적 비용 가운데 복리후생비, 지급임차료, 보험료(판매비·일반관리비), 세금·공과, 지급수수료(제조경비, 판매비·일반관리비) 손실에 대한 위 감정인의 평가를 그대로 채용한 조치는 옳은 것으로 수긍이 가고, 거기에 상고이유의 주장과 같은 채증법칙 위배 등의 잘못이 없다. 이 점에 관한 상고이유를 받아들일 수 없다 수용으로 영업장소를 이전함으로써 입게 되는 영업손실 가운데 휴업기간 중의 고정적 비용지출에 의한 손실보상은 생산·영업활동을 전제로 한 비용을 제외하고 영업이전에 필요한 최소한의 관리업무 등에 의하여 통상 발생하리라고 예상되는 비용에 한정하여야 한다.

606) 이전시점에 관계법령이 변경되어 추가적인 시설 등(시설의 개선에 필요한 비용 제외)을 설치하여야만 허가등이 가능한 경우에는 영업시설 이전비에 추가적인 시설 설치비를 포함할 수 있다(2010.10.1. 토지정책과-4757). 그러나 위와 같은 「영업손실보상평가지침」내지 토지정책과의 유권해석내용에 따르면 공익사업시행과 무관하게 영업자가 자신의 고유한 영업활동을 위하여 들인 시설개선비용을 합리적 이유 없이 근본적으로 휴업보상에 포함시킬 수 없는 것으로 해석할 수 있는바, 그렇다면 이는 **헌법상 영업의 자유, 행복추구권등** 기본권을 근본적으로 제한하는 무리한 내용에 해당될 것이다. 따라서 이에 대한 입법개선 등이 절실한 상태이다.

(ⅱ) 재고자산의 이전비

해체·이전·재적치 등에 소요되는 일체의 비용으로 하되, 재고자산 중 영업활동에 의하여 이전 전에 감소가 예상되거나 가격에 영향을 받지 아니하고 현 영업장소에서 이전 전에 매각할 수 있는 것에 대한 이전비용은 제외한다.

(ⅲ) 이전거리

한편, 영업시설 등의 이전에 따른 이전거리의 산정은 동일 또는 인근 시·군·구에 이전장소가 정하여져 있거나 당해 영업의 성격이나 특수성 기타 행정적 규제 등으로 인하여 이전가능한 지역이 한정되어 있는 경우에는 그 거리를 기준으로 하고, 이전장소가 정하여져 있지 아니한 경우에는 이전거리를 30㎞ 이내로 한다(영업손실보상평가지침 제20조).

④ 영업시설 등의 이전에 따른 감손상당액

영업시설·원재료·제품 및 상품의 이전에 따른 감손상당액을 말한다. 「영업손실보상평가지침」은 (ⅰ) 영업시설 등의 이전에 따른 감손상당액의 산정은 현재가액에서 이전후의 가액을 뺀 금액으로 하되 특수한 물건의 경우에는 전문가의 의견이나 운송전문업체의 견적 등을 참고한다. 다만, 이의 산정이 사실상 곤란한 경우에는 상품 등의 종류·성질·파손가능성 유무·계절성 등을 고려하여 현재가액의 10% 상당액 이내에서 결정할 수 있고, (ⅱ) 영업장소의 이전으로 인하여 본래의 용도로 사용할 수 없거나 현저히 곤란한 영업시설 등에 대하여는 폐업보상의 규정을 준용한다고 하고 있다(영업손실보상평가지침 제21조).

⑤ 이전광고비 및 개업비 등 기타 부대비용

영업장소 이전에 따른 이전광고비 및 개업비 등 지출상당액을 말한다.[607]

(2) 휴업기간(시행규칙 제47조 제2항)

휴업기간은 **4개월 이내**로 하되, ⅰ) 해당 공익사업을 위한 영업의 금지 또는 제한으로

---

[607] 한국산업표시인증의 재발급이 영업시설의 이전에 소요되는 비용에 해당하는 경우에는 기타 부대비용에 포함될 수 있다(2001.11.15. 토관58342-17857).

인하여 4개월 이상의 기간 동안 영업을 할 수 없는 경우, ⅱ) 영업시설의 규모가 크거나 이전에 고도의 정밀성을 요구하는 등 당해 영업의 고유한 **특수성**으로 인하여 4개월 이내에 다른 장소로 이전하는 것이 어렵다고 객관적으로 인정되는 경우608) 등에 해당하는 경우에는 실제 휴업기간으로 하되, 그 휴업기간은 2년을 초과할 수 없다.

휴업보상에 따른 휴업기간과 관련하여 종전에는 오랜 기간 동안 휴업기간을 **3개월** 이내로 하여 왔으나, 시행규칙 일부개정(2014.10.22.)으로 공익사업의 시행으로 생활기반을 상실하게 되는 영세상인들의 생활안정을 도모하고 「도시 및 주거환경 정비법」에 따른 정비사업으로 인한 영업손실 보상기준과 동일하게 3개월 이내에서 **4개월** 이내로 확대되었다. 다만, 시행규칙 부칙(국토교통부령 제131호, 2014.10.22.) 제2조에 따라 개정된 확대된 휴업기간규정은 이 시행규칙 시행(2014.10.22.) 후 <u>최초로 보상계획을 공고하고 토지소유자 및 관계인에게 보상계획을 통지한 공익사업부터 적용되었다.</u>

이와 같이 휴업기간을 특별한 경우를 제외하고는 3개월(현행 4개월)로 하는 이유에 대하여 판례는 "피수용자 개개인의 구구한 현실적인 이전계획에 맞추어 휴업기간을 평가하는 경우 그 자의에 좌우되기 쉬워 평가의 공정성을 유지하기 어렵기 때문에 통상 필요한 이전기간으로 누구든지 수긍할 수 있는 것으로 보이는 3개월 이내로 하도록 정한 것이고, 3월 이상이 소요될 것으로 누구든지 수긍할 수 있는 특별한 경우임이 입증된 경우 그 입증기간을 휴업기간으로 정할 수 있다는 취지"라고 해석하고 있다.609)

질의회신

[질의회신1] ▶ "영업의 규모가 크거나"의 의미와 백화점의 경우 휴업기간 2년의 영업보상 가능여부 [2008.10.23. **토지정책과-3504**]

【질의요지】 토지보상법 시행규칙 제47조제2항제2호에서 "영업의 규모가 크거나"라는 의미해석과 지상5층 규모의 백화점(342개 점포) 건축물에 대해 영업시설의 규모가 크

---

608) 사업시행자의 승낙을 얻어 전문용역기관의 자문 또는 용역에 따른 용역보고서 등 입증자료에 의하여 인정되는 경우를 말한다. (2003. 12.30. 토관 58342-1737 참조)

609) 대법원 2007.3.15. 선고 2006두17123 판결 등, 참고로 공익사업 중 보상금 지급 후 즉시 건축물 등의 철거가 이루어지는 경우에는 휴업기간과 이전에 소요되는 기간이 일치하나, 댐사업 등과 같이 보상금지급 후 실제 이전이 이루어지는 시점 사이에 상당한 기간이 허용되는 경우에는 휴업기간과 실제 이전에 소요되는 기간이 다를 수 있다(중앙토지수용위원회, 앞의 책, 2017.12., 382면)

므로 2년의 영업손실보상을 요구하는 경우에 본 건 보상대상물이 이에 해당되는 지 여부

【회신내용】 본건 영업보상은 백화점 전체를 단일 영업으로 보아 보상할 것이 아니라 백화점 내에 있는 각각의 영업장에 대해서 개별 보상하여야 한다고 봅니다. 한편 토지 보상법에서는 영업시설의 규모에 대하여 별도로 규정된 사항은 없으나, 귀 질의상 개별 영업장의 규모가 위 규정 단서에 해당하는지의 여부는 관계법령상에 허가등의 사항에 대하여 규정된 내용, 동종 업종의 일반적인 영업규모, 관계기관의 제한사항, 필요시 전문기관의 소견등을 종합적으로 고려하여 판단·결정되어야 할 사항이라고 봄

재결례

[재결례1] ▶ 양어장에 대한 휴업기간을 2년으로 하여 달라는 소유자의 주장을 기각한 사례 [중토위 2017.8.24.]

【재결요지】

OOO가 양어장에 대한 휴업기간을 2년으로 영업보상을 하여 달라는 주장에 대하여, 법 시행규칙 제47조에 따르면 …(중략)… 휴업기간은 4개월 이내로 한다.

다만, 당해 공익사업을 위한 영업의 금지 또는 제한으로 인하여 4개월 이상의 기간동안 영업을 할 수 없는 경우, 영업시설의 규모가 크거나 이전에 고도의 정밀성을 요구하는 등 당해 영업의 고유한 특수성으로 인하여 4개월 이내에 다른 장소로 이전하는 것이 어렵다고 객관적으로 인정되는 경우에는 실제 휴업기간으로 하되, 그 휴업기간은 2년을 초과할 수 없다고 되어 있다.

또한, 대법원 판례는 "영업장소의 이전으로 인한 휴업기간은 피수용자 개개인의 구구한 현실적인 이전계획에 맞추어 이를 평가하는 경우 그 자의에 좌우되기 쉬워 평가의 공정성을 유지하기가 어려운 점에 비추어 보면, 통상 필요한 이전기간으로 누구든지 수긍할 수 있는 것으로 보여지는 3월의 기준을 정하여 통상의 경우에는 이 기준에서 정한 3월의 기간 내에서 휴업기간을 정하도록 하되, 3월 이상이 소요될 것으로 누구든지 수긍할 수 있는 특별한 경우임이 입증된 경우에는 그 입증된 기간을 휴업기간으로 정할 수 있도록 한 것은 그 합리성이 인정되므로 상위 법령의 근거 없이 국민의 재산권을 부당하게 제한하는 무효의 규정이라고 할 수 없다."(대법원 1994.11.08. 선고

93누7235 판결 참조)라고 판시하고 있다.

관계자료(대법원 판례, 감정평가서, 사업시행자 의견, 소유자의 양어장 이설공사비 산출서 등)를 검토한 결과, 이 건 양어장의 특성상 다른 장소로 이전하여 영업을 행하는 것이 현저히 곤란하다고 보기 어렵고, 영업시설의 규모가 크거나 이전에 고도의 정밀성을 요구하는 등 4개월 이내에 다른 장소로 이전하는 것이 어렵다고 객관적으로 인정되는 경우에 해당하지 않는 것으로 판단되므로 휴업기간을 2년으로 영업보상을 하여 달라는 소유자의 주장은 받아들일 수 없다.

다. 영업시설보수 등에 따른 휴업보상

(1) 시설의 설치 · 보수 등에 따른 휴업보상

공익사업에 영업시설의 일부가 편입됨으로 인하여 잔여시설에 그 시설을 새로이 설치하거나 잔여시설을 보수하지 아니하고는 그 영업을 계속할 수 없는 경우의 영업손실 및 영업규모의 **축소**에 따른 영업손실은 (ⅰ) 해당 시설의 설치 등에 소요되는 기간의 영업이익, (ⅱ) 해당 시설의 설치 등에 통상 소요되는 비용, (ⅲ) 영업규모의 축소에 따른 영업용 고정자산 · 원재료 · 제품 및 상품 등의 매각손실액[610] 등에 해당하는 금액을 더한 금액으로 평가하되, 이 경우의 보상액은 휴업에 따른 평가액을 초과하지 못한다(시행규칙 제47조 제3항).

> ▸ **보상액** = (영업이익×설치 또는 보수기간) + 인건비 등 고정비용 + 설치 또는 보수 등에 통상 소요되는 비용 + 영업규모의 축소에 따른 영업용 고정자산 · 원재료 · 제품 및 상품 등의 매각손실액

2007. 4. 12. 시행규칙 개정전 유권해석에 따르면 영업을 계속할 수 있었다면 비록 영업축소가 존재하더라도 보상대상이 아니라고 하였으나,[611] 시행규칙 개정 후에는 실제 휴

---

610) ■ 영업손실보상평가지침 제22조의2【매각손실액의 산정】영업규모의 **축소**에 따른 영업용 고정자산 · 원재료 · 제품 및 상품 등의 매각손실액의 산정은 제12조의 규정을 준용한다. [본조신설 2007.5.29.] 즉, 영업규모의 축소에 따른 영업용 고정자산 등의 매각손실액의 산정방법은 영업폐지보상(=폐업보상)에서의 영업용 고정자산 등의 매각손실액의 산정방법에 의한다.

611) 2004.6.30. 토관-2892 : 영업시설이 편입되지 아니하고 그 주차장의 일부가 편입된다고 하더라도 당해 영업을 계속할 수 있는 경우에는 영업보상대상에 해당되지 아니한다고 본다.

업이 없다고 하더라도 영업규모의 축소가 있었다면 보상이 가능하다고 해석을 달리하고 있다.[612] 또한, 건축물의 일부가 공익사업에 편입되는 경우로서 그 건축물의 잔여부분에서 해당 영업을 계속할 수 없다면 이는 휴업보상으로 평가할 수 있을 것으로 보이며, 해당 시설의 설치 등에 소요되는 기간(=보수기간 등)에 대해서는 별도의 기간규정이 없으므로 보수기간 등은 실제 소요되는 기간으로 한다.

한편 판례는 "영업장소 이전을 불문하고 휴업 및 보수기간 중에 소요되는 인건비 등 고정적 비용은 보상함이 적정보상의 원칙에 부합한다"라고 판시[613]하고 있는 바 타당하다고 생각한다.

판례

[판례1] ▶ 영업장소를 이전하지 않는 영업의 경우에도 구 공공용지의 취득 및 손실보상에 관한 특례법 시행규칙 제25조 제1항을 유추적용하여 보수기간 중의 인건비 등 고정적 비용을 보상하여야 하는지 여부(적극)
[대법원 2005.11.25. 선고 2003두11230] (재결처분취소및손실보상금)

【판결요지】
구 공공용지의 취득 및 손실보상에 관한 특례법 시행규칙(2002.12.31. 건설교통부령 제344호 공익사업을 위한 토지 등의 취득 및 보상에 관한 법률 시행규칙 부칙 제2조로 폐지) 제25조 제3항은 "영업시설의 일부가 편입됨으로 인하여 잔여시설에 그 시설을 새로이 설치하거나 보수하지 아니하고는 당해 영업을 계속할 수 없는 경우에는 3월의 범위 내에서 그 시설의 설치 등에 소요되는 기간의 영업이익에 그 시설의 설치 등에 소요되는 통상비용을 더한 금액으로 평가한다."고 규정하고 있을 뿐 그 보수기간 중의 인건비 등 고정적 비용을 보상한다는 명문의 규정을 두고 있지는 아니하지만, 그와 같은 경우라도 고정적 비용에 대한 보상을 금하는 취지로 볼 것은 아니고, 휴업 및 보수기간 중에도 고정적 비용이 소요된다는 점에 있어서 영업장소를 이전하

---

612) 2010.6.9. 토지정책과-3060 : 영업장이 잔여시설에 신설(보수)없이 영업을 계속할 수 있으나 영업규모의 축소(중고 자동차매매 전시공간의 축소)로 영업이익의 감소가 초래되었다면 이에 대한 보상은 필요하다.
613) 대법원 2005.11.25. 선고 2003두11230 판결

는 영업의 경우와 그렇지 않은 경우를 달리 볼 아무런 이유가 없으며, 영업장소의 이전을 불문하고 휴업 및 보수기간 중 소요되는 고정적 비용을 보상함이 적정보상의 원칙에도 부합하는 점에 비추어 보면, 영업장소를 이전하지 않는 영업의 경우에도 같은 법 시행규칙 제25조 제1항을 유추적용하여 영업장소를 이전하는 경우와 마찬가지로 그 보수기간 중의 인건비 등 고정적 비용을 보상함이 타당하다.

(2) 임시영업소 설치에 따른 보상

영업을 휴업하지 아니하고 임시영업소를 설치하여 영업을 계속하는 경우[614]의 영업손실은 임시영업소의 설치비용으로 평가한다. 이 경우 보상액은 휴업에 따른 평가액을 초과하지 못한다(시행규칙 제47조 제4항).

임시영업소의 설치비용은 임시영업소의 신축비용과 사용 후 해체제거를 요하는 비용의 합계액에서 발생자재가격을 공제한 금액을 말하고, 임시영업소를 임차하는 경우에는 임시영업기간 중의 임차료상당액 및 임차에 통상 소요되는 비용을 말한다. 임시영업소의 설치비용이 통상 휴업보상을 초과할 때에는 통상 휴업보상을 하여야 한다.

> ■ **영업손실보상평가지침 제23조 【임시영업소 설치비용】** 영업을 휴업하지 아니하고 임시영업소를 설치하여 영업을 계속하는 경우에 임시영업소설치비용의 평가는 다음과 같이 한다. 〈개정 2003.2.14, 2007.2.14〉
>
>   1. 임시영업소를 임차하여 설치하는 경우에는 임시영업기간 중의 임차료 상당액과 설정비용 등 임차에 필요하다고 인정되는 기타 부대비용을 더한 금액으로 한다.
>   2. 임시영업소를 가설하는 경우에는 지대상당액과 임시영업소 신축비용 및 해체·철거비를 더한 금액으로 하되 해체·철거시에 발생자재가 있을 때에는 그 가액을 뺀 금액으로 한다.

라. 무허가건축물 등의 임차인의 휴업보상특례

(1) 의의

보상대상인 무허가건축물 등에서의 임차인 영업에 대한 보상액 중 영업시설·원재료·

---

614) 은행, 병원, 별정우체국 등이 이에 해당한다.

제품 및 상품의 이전에 소요되는 비용 및 그 이전에 따른 감손상당액을 제외한 금액은 1천만원을 초과하지 못한다(시행규칙 제47조 제6항).

동 규정은 보상을 목적으로 하지 않고 종전부터 정상적으로 무허가건물 등에서 영업을 하고 있는 선의의 영세 임차임차인을 보호하기 위한 조치로 임차인의 휴업에 대한 보상은 영업용 고정자산·원재료·제품 및 상품 등의 매각손실액은 정상적으로 보상하나, 그 한도는 <u>1천만원</u>을 초과할 수 없도록 최고한도를 규정하였다. 다만, 최고한도 규정은 1989. 1. 24. 당시 무허가건축물 등에서 임차인이 행한 영업에 대해서는 적용되지 아니하므로 최고한도액의 제한이 있는 특례보상이 아닌 일반 영업보상(휴업보상)으로 평가된다.[615)]

> ▶ **폐업보상액= 최대 1천만원**〈영업이익(개인영업인 경우 소득)×보상연한〉
> +영업용 고정자산의 매각손실액+재고자산의 매각손실액

> ▶ **휴업보상액= 최대 1천만원**〈휴업기간의 영업이익(영업이익×휴업기간) +인건비 등 고정비용+이전광고비 및 개업비 등 기타 부대비용〉 + 영업시설·원재료·제품 및 상품(이하 "영업시설등"이라 한다)의 이전에 소요되는 비용 + 영업시설등의 이전에 따른 감손상당액

(2) 보상요건

① 무허가건축물 등에서의 임차인의 영업일 것

원칙적으로 무허가건축물 등에서 행하는 영업은 무허가건축물의 소유자는 물론이고 임차인 역시 모두 영업보상에서 제외되나, 시행규칙 개정(2007.4.12.)으로 임차영업자에 한해 영업보상이 가능하게 되었다. 따라서 무허가건축물에서의 임차영업자 외에 무허가건축물 소유자의 영업, 불법형질변경 토지, 그 밖에 다른 법령에서 물건을 쌓아놓는 행위가 금지되는 장소에서 하는 자유영업은 보상대상 영업에서 제외된다.

한편 가설건축물에서의 임차인의 영업에 대해서도 판례[616)]는 보상에 소극적으로 해석하

---

615) 시행규칙 부칙(건설교통부령 제556호, 2007.4.12.) 제3조 규정에 따라 1989.1.24. 당시의 무허가건축물에 대해서는 이 규칙에서 정한 보상을 함에 있어 이를 적법한 건축물 간주하고 있다.

616) 대법원 2001.8.24. 선고 2001다7209 판결 [영업보상금] : <u>토지소유자는 도시계획사업이 시행될 때까지 가설건축물을 건축하여 한시적으로 사용할 수 있는 대신 도시계획사업이 시행될 경우에는 자신의 비</u>

고 있는바, 이에 따르면 위 특례조항을 적용할 여지는 없어 보이나 동 특례보상규정이 영세임차인의 보호를 위한 것임을 감안하면 가설건축물상의 영업에 있어 해당 가설건축물의 소유 및 원상회복의무와 원칙적으로 무관한 영세임차인에게까지 확대적용하여 그 보상을 배제하는 것은 부당하다는 견해[617]가 있고 타당하다고 생각한다.

특히 사견으로는 임차영업자의 입장에서는 자신이 임차한 건축물이 무허가건축물인지 또는 가설건축물인지 구별하기 어려울 뿐만 아니라 가설건축물이라는 사실을 제대로 알지 못한 상태에서 가설건축물 소유자인 임대인과 임대차계약을 체결할 가능성이 있다는 점을 고려하면 무허가건축물에서의 임차인의 영업에 대해서는 특례를 인정하고 사실상 무허가건축물과 구별되기 힘든 가설건축물에서의 임차인의 영업에 대해서 특례보상을 부정하는 것은 합리적 이유 없이 부당하게 차별취급하는 규정이라고 본다.

② 사업인정고시일등 1년 이전부터 사업자등록을 행하고 하는 영업일 것

특례조항의 적용대상 영업은 무허가건축물 등에서 영업을 하는 해당 임차인이 사업인정고시일 등 1년 이전부터 「부가가치세법」 제8조에 따른 사업자등록[618]을 하고 행하고 있는 영업의 경우에 한해 적용된다(시행규칙 제45조 제1호 단서). 다만 영업을 행함에 있어 관계법령에 위한 허가 등을 필요로 하는 경우에는 사업인정고시일등 전에 허가 등을 받아 그 내용대로 행하고 있는 영업이어야 한다.

질의회신

[질의회신1] ▶ "영업의 규모가 크거나"의 의미와 백화점의 경우 휴업기간 2년의 영업보상 가능여부 [2008.10.23. 토지정책과-3504]

용으로 그 가설건축물을 철거하여야 할 의무를 부담할 뿐 아니라 가설건축물의 철거에 따른 손실보상을 청구할 수 없고, 보상을 청구할 수 없는 손실에는 가설건축물 자체의 철거에 따른 손실뿐만 아니라 가설건축물의 철거에 따른 영업손실도 포함된다고 할 것이며, 소유자가 그 손실보상을 청구할 수 없는 이상 그의 가설건축물의 이용권능에 터잡은 임차인 역시 그 가설건축물의 철거에 따른 영업손실의 보상을 청구할 수는 없다.

617) 이선영, 앞의 책, 601면, 신경직, 앞의 책, 533면.
618) 부가가치세법에 의한 사업자등록은 영업보상의 일반적 요건은 아니나, 위 특례조항은 무허가건축물상의 영세임차인이 사업자등록상의 위 사업장에서 정상적으로 영업한 행위에 대한 영업보상을 예외적으로 인정하려는 취지이므로 사업자등록은 위 특례보상의 요건이 되는 것이다.

【질의요지】 토지보상법 시행규칙 제47조제2항제2호에서 "영업의 규모가 크거나"라는 의미해석과 지상5층 규모의 백화점(342개 점포) 건축물에 대해 영업시설의 규모가 크므로 2년의 영업손실보상을 요구하는 경우에 본 건 보상대상물이 이에 해당되는 지 여부

【회신내용】 본건 영업보상은 백화점 전체를 단일 영업으로 보아 보상할 것이 아니라 백화점 내에 있는 각각의 영업장에 대해서 개별 보상하여야 한다고 봅니다. 한편 토지보상법에서는 영업시설의 규모에 대하여 별도로 규정된 사항은 없으나, 귀 질의상 개별 영업장의 규모가 위 규정 단서에 해당하는지의 여부는 관계법령상에 허가등의 사항에 대하여 규정된 내용, 동종 업종의 일반적인 영업규모, 관계기관의 제한사항, 필요시 전문기관의 소견등을 종합적으로 고려하여 판단·결정되어야 할 사항이라고 봄

[질의회신2] ▶ 사유지를 적법하게 임차한 후 무허가 가설건축물을 설치하여 영업하고 있는 경우 토지보상법 시행규칙 제45조제1항 단서조항에 따라 영업보상대상이 되는 지 여부 [2008.12.15. 토지정책과-1378]

【회신내용】
당해 허가 등을 받아야 할 영업을 허가 등을 받지 아니하고 영업하거나 무허가건축물 또는 가설건축물에서 영업하는 경우 영업손실 보상대상에 해당되지 아니하며, 토지보상법 시행규칙 제45조 제1호 단서조항은 무허가건축물 등에서 행하는 임차영업인 경우를 규정한 것으로 무허가 가설건축물 소유자의 경우에는 적용되지 않는다.

[질의회신3] ▶ 타인 토지를 임차한 후 무허가건축물을 설치하여 사업인정고시일 1년 전부터 사업자등록을 하고 영업행위를 하였을 경우 토지보상법 시행규칙 제45조 단서조항 적용 여부 [2009.2.17. 토지정책과-766]

【회신내용】
선의의 임차영업자를 보호하기 위하여 임차영업자에 한해 영업보상을 하도록 개정한

것으로 무허가건축물 소유자자가 행하는 영업, 불법형질변경 도지 등 적법하지 않는 장소에서 행하는 영업은 모두 영업보상대상이 되지 않습니다.

5. 무허가영업 등에 대한 보상특례

가. 특례규정의 의의

토지보상법상 영업보상은 적법한 영업에 대해서 보상을 하는 것이 원칙이다. 따라서 무허가영업 등은 보상대상에서 제외되어야 하나 예외적으로 시행규칙 제52조에서 "사업인정고시일 등 전부터 허가 등을 받아야 행할 수 있는 영업을 허가 등이 없이 행하여 온 자가 공익사업의 시행으로 인하여 당해 장소(적법한 장소)에서 영업을 계속 할 수 없게 된 경우에는 영업보상의 대상이 될 수 있다"라고 특례 규정을 두고 있다(시행규칙 제52조).619) 무허가영업 등의 보상 특례는 해당 영업이 사업인정고시일 등 전부터 적법한 장소에서 인적·물적시설을 갖추고 계속적으로 행하고 있는 영업을 전제로 하여 적용될 수 있음에 유의해야 한다. 즉 영업장소의 적법성 등 다른 기준을 모두 충족하여야 한다. 한편, 무허가영업 등의 보상 특례규정은 어업권(=어업보상)에 준용된다(시행규칙 제44조 제5항).

> **관련법령**
>
> ■ **토지보상법 시행규칙 제52조(허가 등을 받지 아니한 영업의 손실보상에 관한 특례)**
>
> 사업인정고시일등 전부터 허가등을 받아야 행할 수 있는 영업을 허가등이 없이 행하여 온 자가 공익사업의 시행으로 인하여 제45조제1호 본문에 따른 적법한 장소에서 영업을 계속할 수 없게 된 경우에는 제45조제2호에 불구하고 「통계법」 제3조제3호에

---

619) 한편 무허가영업의 휴업보상과 관련하여 「영업손실보상평가지침」은 다음과 같이 규정하고 있다.
　■ **영업손실보상평가지침 제24조【무허가 등 영업에 대한 평가 특례】** 사업시행자로부터 무허가 등 영업의 휴업 등에 대하여 법시행규칙 제47조제1항제2호에 따른 영업시설등의 이전에 소요되는 비용 및 그 이전에 따른 감손상당액의 평가의뢰가 있는 경우에는 제4조의2제2항의 규정에 의하여 이를 평가대상으로 하되, 제19조 내지 제22조2의 규정을 준용하여 평가한다. 이때에는 평가서에 그 내용을 기재한다. 다만, 이 경우에 있어서 건축물 및 공작물 등 지장물로서 따로 평가의뢰된 경우에는 무허가 등 영업에 대한 영업시설등의 이전비용 상당액에 포함하지 아니한다. 〈신설 2003.2.14, 개정 2007.2.14, 2007.5.29〉

따른 통계작성기관이 조사·발표하는 가계조사통계의 도시근로자가구 월평균 가계지
출비를 기준으로 산정한 **3인 가구 3개월분 가계지출비**에 해당하는 금액을 영업손실에
대한 보상금으로 지급하되, 제47조제1항제2호에 따른 영업시설·원재료·제품 및 상
품의 이전에 소요되는 비용 및 그 이전에 따른 감손상당액(이하 이 조에서 "영업시설
등의 이전비용"이라 한다)은 별도로 보상한다. 다만, 본인 또는 생계를 같이 하는 동
일 세대안의 직계존속·비속 및 배우자가 해당 공익사업으로 다른 영업에 대한 보상
을 받은 경우에는 영업시설등의 이전비용만을 보상하여야 한다.

〈개정 2008.4.18.〉 [전문개정 2007.4.12.]

나. 보상기준

무허가영업 등에 대한 보상은 도시근로자가구 월평균 가계지출비를 기준으로 산정한 '3
인 가구 3개월분 가계지출비'[620]에 해당하는 금액을 산정하여 보상한다. 이 경우 영업시
설 등의 이전비용은 별도로 보상되나, 본인 또는 생계를 같이하는 동일 세대안의 직계존
비속 및 배우자가 당해 공익사업으로 '다른 영업에 대한 보상'을 받은 경우에는 영업시설
등의 이전비용만을 보상하고 영업보상에 대해서는 보상하지 아니한다.

여기에서 '다른 영업에 대한 보상'에 어떤 보상이 해당되는지 여부는 동 규정의 적용에
있어 중요한 쟁점이 될 수 있고 특히 농업손실보상의 포함여부가 문제된다. 일부견해의
다툼[621]은 있으나, '다른 영업에 대한 보상'이라 함은 축산업·잠업·광업 등 일체의 영
리적인 사업에 대한 보상 등 이중보상의 가능성이 있는 보상 전체가 포함되나, 대물보상
의 성격이 있는 것과 영농손실액에 대한 보상은 포함되지 않는다고 보아야 한다는 견
해[622]가 있고 타당하다고 생각한다. 유권해석은 "시행규칙 제52조상의 '다른 영업'에는

---

620) 3인 가구 3개월분의 가계지출비가 무허가영업에 대한 보상액이 되므로 실제로 3인 가구가 아니거나
    또는 주거이전비 지급대상 여부와는 관계없이 그 지급이 가능하다. (1998.2.3. 토정 58342-138)
621) ① 농업손실보상금이 포함된다는 견해 : 차태환, 토지보상법론, 부연사, 2010, 469면, 한국감정원,
    해설토지보상법, 2003, 767면 : 건설교통부, 공공용지 및 손실보상제도 개선방안 연구(Ⅱ), 2003.6.
    318면 "기타영업에 대한 보상이란 축산업, 잠업, 광업 등 일체의 영리적인 사업에 대한 보상과 실농보상
    등 2중 보상의 가능성이 있는 보상 전체를 포함하나 대물보상의 성격이 있는 것은 포함되지 않는다고
    보아야 할 것이다"라고 하여 실농보상이 포함된다고 보고 있다.
    ② 농업손실보상금이 포함되지 않는다는 견해 : 강교식, 토지보상법론, 부연사, 2005, 558면
622) 신경직, 앞의 책, 536면

시행규칙 제48조의 규정에 의한 영농손실액의 보상은 해당되지 아니한다"라고 해석하고 있다.[623]

다. 보상대상이 되는 무허가영업 등의 요건

① 사업인정고시일 등이 있기 전부터 행하던 영업이어야 한다. 따라서 사업인정고시일 등 이후의 영업에 대해서는 특례규정을 적용할 수 없다.

② 사업인정고시일등 전부터 무허가영업을 행하여 온 자가 공익사업의 시행으로 인하여 당해 장소(적법한 장소)에서 영업을 계속할 수 없게 된 경우이어야 한다. 따라서 적법하지 아니한 장소에서의 영업은 특례규정을 적용할 수 없다.

③ 영업을 하는 본인 또는 그와 생계를 같이 하는 동일 세대안의 직계 존·비속 및 배우자가 당해 공익사업으로 다른 영업에 대한 보상을 받지 아니하여야 한다.

질의회신

[질의회신1] ▶ 영업장(흑염소중탕)에 허가자와 실제영업자가 다른 경우 적용할 보상 규정 [2008.4.15. 토지정책과-448]

【회신내용】

실제 영업자가 적법한 장소에서 관계법령에 의한 허가 등을 받지 않고 영업하고 있는 경우라면 토지보상법 시행규칙 제52조 특례규정에 의한 보상대상으로 보아야 함.

[질의회신2] ▶ 마을 공동으로 운영하는 양식을 허가 등을 받지 아니한 영업의 특례규정에 의하여 영업보상이 가능한지 여부 [2005.8.10. 토지정책과-4967]

【회신내용】

허가 등을 받아서 행하여야 하는 어업을 허가 등을 받지 아니하고 행한 경우에는 위 규정에 의한 「무허가 영업에 관한 보상특례 규정」에 따라 보상이 가능할 것으로 보며, 이 경우 어업권의 실질적 관리자(이장)의 세대를 기준으로 보상하여야 할 것임.

---

623) 2003.3.27. 토관 58342-455

※ 건축물 및 영업구분에 따른 보상여부 비교624)

○ '07.4.12 시행규칙 개정 후

건축물 구분	영업자	영업구분	보상내용 구분			
			영업보상 (영업이익) (규칙제47조제6항)	3인가구×3월분 가계지출비 (규칙 제52조)	규칙 제55조제1항 이전비 보상	건축물 (지장물) 보상
'89.1.25. 이후 건축된 무허가건축물	–	무허가영업	×	×	○	○
		자유영업	×	×		
	임차인이 1년이상 정상영업	무허가영업	×	×	○	○
		자유영업	○ (1천만원 한도)	×		
적법한 건축물 ('89.1.24. 이전 무허가건축물)	–	무허가영업	×	○	○	○
		자유영업	○	적용대상 아님		

6. 영업보상금 청구의 소송형식

영업손실보상은 다른 보상과 마찬가지로 보상협의가 성립되지 아니한 경우에 재결절차를 거친 후 토지보상법 제85조 제2항에 따라 사업시행자를 상대로 보상금증액소송을 제기할 수 있다.625)

---

624) 한국토지주택공사, 앞의 책, 2016, 319면. 수정인용
625) 구 토지수용법(1990.4.7. 개정되기 전의 것)은 수용의 위법을 다투는 소송이든 보상금 증감에 관한 소송이든 모두 중앙토지수용위원회를 상대로 이의재결의 취소를 구하는 항고소송의 형식을 취하였고, 토지보상법 제정으로 폐지된 개정 토지수용법 아래에서는 재결청과 기업자를 공동피고로 삼아 재결청에 대하여는 항고소송으로써 재결 취소(증액되는 보상금 부분의 취소)를, 기업자에 대하여는 당사자소송으로써 보상금 증액을 구하는 병합형태를 취하였다. 토지보상법은 보상금 증감에 관한 소송의 경우 재결청을 피고에서 제외하고 오로지 사업시행자를 상대로 당사자소송으로써 보상금 증액을 구하는 형식으로 바꾸었다(토지보상법 제85조 제2항).

즉, 영업손실보상에 대한 구제소송은 주거이전비와 달리 당사자소송(보상금 증액소송)의 형식에 따른다. 대법원은 "공익사업으로 인하여 영업을 폐지하거나 휴업하는 자가 사업시행자에게서 토지보상법 제77조 제1항에 따라 영업손실에 대한 보상을 받기 위해서는 토지보상법 제34조, 제50조 등에 규정된 재결절차를 거친 다음 재결에 대하여 불복이 있는 때에 비로소 토지보상법 제83조 내지 제85조에 따라 권리구제를 받을 수 있을 뿐, 이러한 재결절차를 거치지 않은 채 곧바로 사업시행자를 상대로 손실보상을 청구하는 것은 허용되지 않는다"고 판시하고 있다.626)

판례

[판례1] ▶ [대법원 2011. 9. 29. 선고 2009두10963] (영업권보상)

[1] 공익사업으로 인하여 영업을 폐지하거나 휴업하는 자가 구 공익사업법 제34조, 제50조 등에 규정된 재결절차를 거치지 않은 채 곧바로 사업시행자를 상대로 영업손실보상을 청구할 수 있는지 여부(소극)

[2] 본래의 당사자소송이 부적법하여 각하되는 경우, 행정소송법 제44조, 제10조에 따라 병합된 관련청구소송도 소송요건 흠결로 부적합하여 각하되어야 하는지 여부(적극)

[3] 택지개발사업지구 내에서 화훼소매업을 하던 갑과 을이 재결절차를 거치지 않고 사업시행자를 상대로 주된 청구인 영업손실보상금 청구에 생활대책대상자 선정 관련청구소송을 병합하여 제기한 사안에서, 영업손실보상금청구의 소가 부적법하여 각하되는 이상 생활대책대상자 선정 관련청구소송 역시 부적법하여 각하되어야 한다고 한 사례

【판결요지】

[1] 공익사업으로 인하여 영업을 폐지하거나 휴업하는 자가 사업시행자에게서 구 공익사업법 제77조 제1항에 따라 영업손실에 대한 보상을 받기 위해서는 구 공익사업법 제34조, 제50조 등에 규정된 재결절차를 거친 다음 재결에 대하여 불복이 있는 때에 비로소 구 공익사업법 제83조 내지 제85조에 따라 권리구제를 받을 수 있을 뿐, 이러한 재결절차를 거치지 않은 채 곧바로 사업시행자를 상대로 손실보상을 청구하는 것은 허용되지 않는다고 보는 것이 타당하다.

---

626) 대법원 2011. 9. 29. 선고 2009두10963 판결

[2] 행정소송법 제44조, 제10조에 의한 관련청구소송 병합은 본래의 당사자소송이 적법할 것을 요건으로 하는 것이어서 본래의 당사자소송이 부적법하여 각하되면 그에 병합된 관련청구소송도 소송요건을 흠결하여 부적합하므로 각하되어야 한다.

[3] 택지개발사업지구 내 비닐하우스에서 화훼소매업을 하던 갑과 을이 재결절차를 거치지 않고 사업시행자를 상대로 주된 청구인 영업손실보상금 청구에 생활대책대상자 선정 관련청구소송을 병합하여 제기한 사안에서, 영업손실보상금청구의 소가 재결절차를 거치지 않아 부적법하여 각하되는 이상, 이에 병합된 생활대책대상자 선정 관련청구소송 역시 소송요건을 흠결하여 부적법하므로 각하되어야 한다고 한 사례.

7. 휴직 또는 실직보상

휴직 또는 실직보상이란 사업인정고시일등 당시 공익사업시행지구안의 사업장에서 3월 이상 근무한 근로자(「소득세법」에 의한 소득세가 원천징수된 자에 한한다)에게 토지보상법 시행규칙 제51조에서 정하는 방법에 따라 보상하는 것을 말한다(시행규칙 제51조).

관련법령

■ **토지보상법 제77조(영업의 손실 등에 대한 보상)**
③ 휴직하거나 실직하는 근로자의 임금손실에 대하여는 「근로기준법」에 따른 평균임금 등을 고려하여 보상하여야 한다.
④ 제1항부터 제3항까지의 규정에 따른 보상액의 구체적인 산정 및 평가 방법과 보상기준, 제2항에 따른 실제 경작자 인정기준에 관한 사항은 국토교통부령으로 정한다. 〈개정 2013.3.23.〉 [전문개정 2011.8.4.]

■ **토지보상법 시행규칙 제51조(휴직 또는 실직보상)** 사업인정고시일등 당시 공익사업시행지구안의 사업장에서 **3월 이상** 근무한 근로자(「소득세법」에 의한 소득세가 원천징수된 자에 한한다)에 대하여는 다음 각호의 구분에 따라 보상하여야 한다. 〈개정 2005.2.5., 2016 6.14.〉
　1. 근로장소의 이전으로 인하여 일정기간 휴직을 하게 된 경우 : 휴직일수(휴직일수가 120일을 넘는 경우에는 120일로 본다)에 「근로기준법」에 의한 평균임금의 **70퍼센**

트에 해당하는 금액을 곱한 금액. 다만, 평균임금의 70퍼센트에 해당하는 금액이 「근로기준법」에 의한 통상임금을 초과하는 경우에는 통상임금을 기준으로 한다.

2. 근로장소의 폐지 등으로 인하여 직업을 상실하게 된 경우 : 「근로기준법」에 의한 **평균임금의 120일분**에 해당하는 금액

가. 보상대상자

사업인정고시일등(통상적으로 보상계획의 공고일) 당시 공익사업시행지구안의 사업장에서 3월 이상 근무 및 근로장소의 이전시까지 근무한 근로자(소득세법에 의한 소득세가 원천징수된 자에 한함)로서 당해 공익사업의 시행으로 영업이 폐지 또는 이전하게 되어 실직 또는 휴직하게 되는 자이다. 따라서 (i) 당해 공익사업과 무관한 휴직·실직, (ii) 근로자 아닌 사업자(대표이사 포함)[627], (iii) 사업인정고시일등 이후에 근무한 근로자는 보상대상이 아니다.

(1) 사업인정고시 등 당시 사업장에서 3월 이상 근무하였어야 할 것

휴직·실직보상 대상자는 사업인정고시일등 당시 공익사업시행지구안의 사업장에서 3월 이상 근무한 근로자로서 당해 공익사업의 시행으로 영업이 폐지 또는 이전하게 되어 실직 또는 휴직하게 되는 자를 대상으로 하므로 <u>사업인정고시 당시 3월 이상 근무하지 않은 경우(새로운 회사에 스카우트되어 3개월 미만 근무)에는 보상대상자에 해당되지 아니한다</u>.[628]

한편 보상대상 근로자의 근무기간과 관련하여 보상실무는 해당 <u>근로자의 근무기간은 사업인정고시일 3개월 이전부터 사업주의 지장물 등 보상계약 체결일</u>[629](수용재결금 지급청구일 또는 공탁일)까지 계속하여 근무하였을 것을 요구하고 있다.[630]

---

627) 주식회사의 대표이사는 근로기준법이 정하는 근로자에 해당되지 아니하여 휴직 또는 실직보상의 대상이 아니다. (1999.1.14. 토정58342-74)
628) 토관-3506(2004.8.5.), 토지정책과-39579(2009.8.26.)
629) 지장물 등 보상계약 체결일: 지장물 및 영업보상계약 체결일 등으로부터 사실상 영업장 등의 이전이 가능므로 **근무종기 기준일**을 사업주의 지장물등 보상계약 체결일(수용재결금 지급청구일 또는 공탁일)로 함
630) 한국토지주택공사, 앞의 책, 2016, 354면

(2) 「근로기준법」상의 근로자로서 「소득세법」에 의해 소득세가 원천징수된 자일 것

① 근로자의 정의

근로기준법상 "근로자"란 직업의 종류와 관계없이 임금을 목적으로 사업이나 사업장에 근로를 제공하는 자를 말한다(근로기준법 제2조제1항제1호). 따라서 급여의 형태가 <u>시급 또는 일급(일당)으로 지급받는 근로자</u>도 근로기준법상의 근로자에 해당하므로 휴직보상 대상에 포함된다.

한편 토지보상법 시행규칙은 원칙적으로 휴직·실직보상대상 근로자를 「근로기준법」에 의한 근로자로서 「소득세법」에 의해 소득세가 원천징수된 자에 한정하고 있다. 따라서 「근로기준법」상의 근로자가 아니거나 「소득세법」에 의한 소득세가 원천징수 되지 아니한 자는 보상대상에 해당하지 아니한다.[631] 다만, (i) 「소득세법」에 의한 <u>소득세과세표준액에 미달되어 원천징수 되지 않은 근로자</u>, (ii) <u>법인의 이사로 등재된 경우라도 근로기준법상의 근로자에 해당하는 경우</u>라면 휴직보상의 대상이 된다.

질의회신

[질의회신1] ▶ 소득금액이 과세표준에 미달되어 원천징수 되지 않는 근로자에게도 휴직보상을 할 수 있는지 여부와 세무서 신고자료에는 소득세징수집계표만 있고 개인별 신고내역자료가 없는 경우 휴업보상여부

[1993.1.11. 토정 58347-38] (중토위 「토지수용 업무편람」 2015.12)

【회신내용】

소득세법에 의한 소득과세표준액에 미달되어 원천징수 되지 않는 경우라 하더라도 관할세무서에 제출된 소득세징수액내역표에 포함된 자에게는 휴직보상을 할 수 있을 것이고, 소득세징수액내역표만 있고 신고내역이 없는 경우에는 당해 영업장의 소득세원천징수의무자로부터 관할세무서에 제출된 소득세원천징수액집계표에 의한 <u>3개월분의 소득자별 근로소득원천징수부상의 임금내역</u>을 제출받아 이를 근거로 휴직보상액을

---

631) 토관58342-872(2002.6.8.), 토관58342-1571(2001.10.16.): 특례법시행규칙 제30조의3의 규정에 의한 휴직 또는 실직보상은 <u>보상계획의 공고가 있는 날</u> 현재 당해 지역 안의 공장 등에서 3월이상 근무한 근로자로서 소득세법에 의하여소득세가 원천징수된 자에게 지급하도록 되어 있으므로 소득세원천징수되지 아니한 근로자는 보상금 지급대상에 해당되지 아니한다.

<u>산정할 수 있을 것임.</u>

[질의회신2] ▶ 법인의 이사로 등재된 자도 휴직보상을 받을 수 있는지 여부
[2004.12.24. 토지관리과—6816]

【회신내용】

토지보상법 시행규칙 제51조의 규정에 의하면 사업인정고시일등 당시 공익사업시행지구안의 사업장에서 3월 이상 근무한 근로자(소득세법에 의한 소득세가 원천징수된 자에 한한다)에 대하여 휴직 또는 실직보상을 하도록 되어 있는 바, <u>이 규정에서의 근로자란 근로기준법 제14조의 근로자의 정의(직업의 종류를 불문하고 사업 또는 사업장에 임금을 목적으로 근로를 제공하는 자)와 같은 의미이므로, 법인의 이사로 등재된 경우라도 근로기준법상의 근로자에 해당되는 경우에는 휴직보상대상에 해당된다고</u> 보며, 개별적인 사례에 대하여는 사업시행자가 사실관계를 조사하여 판단·결정할 사항이라고 봅니다.

[질의회신3] ▶ 공익사업에 따른 휴직 등 보상은 소득세가 원천징수된 자에 한하여 보상한다. [2018.9.12. 토지정책과—5846]

【질의요지】

주차장 건립사업에 편입된 건축물의 사업장에서 5명이 근무하고 있으며, 1명은 근로소득원천징수 영수증이 발급되지 않고, 4명은 급여 등을 받으며 부가가치세와 종합소득세를 납부하고 있는 경우 휴직 등 보상대상이 되는지와 보상에 따른 제출서류는?

【회신내용】

「공익사업을 위한 토지등의 취득 및 보상에 관한 법률(이하 "토지보상법"이라한다)」시행규칙 제51조의 규정에 의하면 사업인정고시일등 당시 공익사업시행지구안의 사업장에서 3월 이상 근무한 근로자(「소득세법」에 의한 소득세가 원천징수된 자에 한한다)에 대하여는 근로장소의 이전으로 인하여 일정기간 휴직을 하게 된 경우 또는 근로

장소의 폐지 등으로 인하여 직업을 상실하게 된 경우 보상하여야 한다고 규정하고 있습니다. 따라서, 공익사업에 따른 휴직 등 보상은 위 규정에 따라 소득세가 원천징수된 자에 한하여 보상하여야 할 것으로 보며, 토지보상법령에서는 보상 시 필요한 서류에 대하여 따로이 규정하고 있지 않은 바, 이에 대하여는 민법 등 관계법령 및 필요여부 등을 검토하여 판단할 사항으로 봅니다.

근로자 해당 여부(=근로자성) 판단기준과 관련하여 대법원 판례는 "계약의 형식보다 그 실질이 근로자가 사업장에서 임금을 목적으로 '종속적인 관계'에서 사용자에게 근로를 제공하였는지 여부 등의 사실적인 근로관계를 보고 근로자인지 여부를 판단하여야 한다고 판시[632]하고 있다.[633]

판례

[판례1] ▶ 근로기준법상의 근로자에 해당하는지 여부의 판단 기준
[대법원 2005. 11. 10. 선고 2005다50034] (임금)

【판결요지】
근로기준법상의 근로자에 해당하는지 여부를 판단함에는 그 계약의 형식이 민법상의 고용계약인지 또는 도급계약인지에 관계없이 그 실질면에서 근로자가 사업 또는 사업장에 임금을 목적으로 종속적인 관계에서 사용자에게 근로를 제공하였는지 여부에 따라 판단하여야 하고, 그러한 종속적인 관계가 있는지 여부를 판단함에는 업무의 내용이 사용자에 의하여 정하여지고 취업규칙 또는 복무(인사)규정 등의 적용을 받으며 업

---

632) 대법원 2005. 11. 10. 선고 2005다50034 판결
633) 보상실무에서는 '종속적인 관계'에 대하여 해당 대법원 판례의 내용에 따라 아래의 내용을 검토한 후 근로자성을 종합적으로 판단하고 있다. ① 업무의 내용이 사용자에 의해 정해지는지 여부, ② 취업규칙·복무규정·인사규정 등의 적용을 받으며, 업무수행 과정에서 사용자로부터 구체적이고 직접적인 지휘·감독을 받는지 여부, ③ 사용자에 의해 근무시간·장소가 지정되고 이에 구속받는지 여부, ④ 근로자 스스로가 제3자를 고용하여 업무를 대행케 하는 등 업무의 대체성 유무, ⑤ 비품·원자재, 작업도구 등의 소유관계, ⑥ 보수가 근로 자체의 대상적인 성격을 갖고 있는지 여부와 기본급이나 고정급이 정하여져 있는지 여부, ⑦ 근로소득세의 원천징수 여부 등 보수에 관한 사항, ⑧ 근로제공 관계의 계속성과 사용자에 대한 전속성 유무 등, ⑨ 사회보장제도 등 다른 법령에 따른 근로자지위 인정여부, ⑩ 양 당사자의 경제·사회적 조건 등

무수행과정에서도 사용자로부터 구체적 개별적인 지휘·감독을 받는지 여부, 사용자에 의하여 근무시간과 근무장소가 지정되고 이에 구속을 받는지 여부, 근로자 스스로가 제3자를 고용하여 업무를 대행케 하는 등 업무의 대체성 유무, 비품·원자재·작업도구 등의 소유관계, 보수의 성격이 근로 자체에 대한 대상적 성격이 있는지 여부와 기본급이나 고정급이 정하여져 있는지 여부 및 근로소득세의 원천징수 여부 등 보수에 관한 사항, 근로제공관계의 계속성과 사용자에의 전속성의 유무와 정도, 사회보장제도에 관한 법령 등 다른 법령에 의하여 근로자의 지위를 인정받는지 여부, 양 당사자의 사회·경제적 조건 등을 종합적으로 고려하여 판단하여야 한다.

② 사례별 근로자성 판단기준

(ⅰ) 주식회사의 대표이사

주식회사의 대표이사가 산업재해보상보험법에서 정한 보험급여를 받을 수 있는 근로자인 '근로기준법상의 근로자'에 해당하는지 여부와 관련하여 대법원은 "보험급여 대상자인 근로자는 '근로기준법상의 근로자'에 해당하는지의 여부에 의하여 판가름 나는 것이지 법인등기부에 임원으로 등기되었는지 여부에 따라 판단할 것은 아니다"라고 하면서 비록 대표이사로 등기되어 있다고 하더라도 실질적인 의사결정권이 없이 형식상의 대표로서 실질경영자로부터 임금을 목적으로 실질경영자에게 종속되어 있다면 예외적으로 근로자성을 인정하였다.[634]

따라서 법인의 경우 있어 해당 대표이사가 실질적 의사결정권 및 업무집행권을 가지고 행사하고 있다면 법인의 대표이사는 사업주[635]로 판단하여 휴직보상 대상에서 제외될 것이다.

> ### 판례
>
> [판례1] ▶ [대법원 2009.8.20. 선고 2009두1440] (요양불승인처분취소)

---

634) 대법원 2009.8.20. 선고 2009두1440 판결
635) '사업주'란 사업을 책임지고 경영하는 주체를 말하는 것으로 개인기업은 기업주 개인, 법인인 경우에는 법인 그 자체가 되는 것이 원칙이다. (2010.1.27., 근로기준과-471)

[1] 산업재해보상보험법에서 정한 보험급여를 받을 수 있는 근로자인 '근로기준법상의 근로자'에 해당하는지 여부의 판단 기준

[2] 주식회사의 대표이사가 산업재해보상보험법상의 근로자에 해당하는지 여부(원칙적 소극)

【판결요지】

[1] 산업재해보상보험법은 동법상의 보험급여를 받을 수 있는 근로자에 대하여 "근로기준법에 따른 근로자를 말한다"고 규정하는 외에 다른 규정을 두고 있지 아니하므로 보험급여 대상자인 근로자는 오로지 '근로기준법상의 근로자'에 해당하는지의 여부에 의하여 판가름 나는 것이고, 그 해당 여부는 그 실질에 있어 그가 사업 또는 사업장에 임금을 목적으로 종속적인 관계에서 사용자에게 근로를 제공하였는지 여부에 따라 판단하여야 할 것이지, 법인등기부에 임원으로 등기되었는지 여부에 따라 판단할 것은 아니다.

[2] 대외적으로는 회사를 대표하고 대내적으로는 회사의 업무를 집행할 권한을 가지므로 특별한 사정이 없는 한 산업재해보상보험법상의 근로자에 해당하지 않으나, 대표이사로 등기되어 있는 자라고 하더라도, 대표이사로서의 지위가 형식적·명목적인 것에 불과하여 회사의 대내적인 업무집행권이 없을 뿐 아니라 대외적인 업무집행에 있어서도 등기 명의에 기인하여 그 명의로 집행되는 것일 뿐 그 의사결정권자인 실제 경영자가 따로 있으며, 자신은 단지 실제 경영자로부터 구체적·개별적인 지휘·감독을 받아 근로를 제공하고 경영성과나 업무성적에 따른 것이 아니라 근로 자체의 대상적 성격으로 보수를 지급받는 경우에는 예외적으로 산업재해보상법상의 근로자에 해당한다.

(ⅱ) 산업기술연수생

산업기술연수생인 외국인이 대상 업체의 사업장에서 실질적으로 업체의 지시·감독을 받으면서 근로를 제공하고 수당 명목의 금품을 수령한 경우, 근로기준법에 정한 근로자로 볼 수 있는지 여부에 대하여, 판례는 "산업기술연수사증을 발급받은 외국인이 정부가 실시하는 외국인 산업기술연수제도의 국내 대상 업체에 산업기술연수생으로 배정되어 대상 업체와 사이에 연수계약을 체결하였다 하더라도 그 계약의 내용이 단순히 산업기술

의 연수만으로 그치는 것이 아니고 대상 업체가 지시하는 바에 따라 소정시간 근로를 제공하고, 그 대가로 일정액의 금품을 지급받으며 더욱이 소정시간 외의 근무에 대하여는 근로기준법에 따른 시간외 근로수당을 지급받기로 하는 것이고, 이에 따라 당해 외국인이 대상 업체의 사업장에서 실질적으로 대상 업체의 지시·감독을 받으면서 근로를 제공하고 수당 명목의 금품을 수령하여 왔다면 당해 외국인도 근로기준법에서 정한 근로자에 해당한다"고 판시하여 산업기술연수생인 외국인의 근로자성을 적극적으로 인정하였다.636)

(ⅱ) 입시학원강사, 도급택시기사

한편, 임금을 목적으로 종속적인 관계에서 사업주에게 근로를 제공하는 대학입시학원의 담임강사(입시학원강사)에 대해서는 "출근시간과 강의시간 및 강의장소의 지정, 사실상 다른 사업장에 대한 노무제공 가능성의 제한, 강의 외 부수 업무 수행 등의 사정에다가, 시간당 일정액에 정해진 강의시간수를 곱한 금액을 보수로 지급받았을 뿐 수강생수와 이에 따른 학원의 수입증감이 보수에 영향을 미치지 아니한 사정 등을 종합하여 보면, 임금을 목적으로 종속적인 관계에서 근로를 제공한 근로자에 해당한다"라고 하여 「근로기준법」상 근로자성을 인정637)하였으나, 도급택시근로자에 대해서는 유권해석은 "10일 단위로 일정액을 납입하는 형태로 근무하면서 그 외 금액은 개인수익으로 한 점, 취업규칙이 적용되지 않는 점, 사용자로부터 구체적, 개별적, 지휘·감독을 받지 않는 점, 출퇴근 시간이나 근무장소 등에 구속받지 않는 점, 차량유지비를 신청인이 전액 부담하는 점, 기본급 등을 지급받지 않는 점에 비추어 볼 때 근로자에 해당하지 않는다."고 해석하고 있다.638)

(3) 공익사업으로 인한 근로장소 이전 내지 근로장소의 폐지일 것

근로장소의 이전 내지 폐지는 공익사업으로 인한 것이어야 하므로 회사의 부도 등 사업자의 사정에 따른 이전 내지 폐업은 공익사업으로 인한 손실이 있다고 볼 수 없으므로 휴직 및 실직보상에서 제외된다.639) 또한 언제든지 근무장소를 변경하여 근무할 수 있는

---

636) 대법원 2005.11.10. 선고 2005다50034 판결
637) 대법원 2007.1.25. 선고 2005두8436 판결 [산업재해보상보험료등부과처분취소]
638) 중앙노동위원회 2007부해590 (2007.10.5.)

상황의 용업업체의 소속용역근로자는 휴직보상의 대상이 아니다.[640]

[질의회신1] ▶ 휴업보상을 받은 사업주가 사업장을 폐업한 경우 근로자는 실직보상에 해당되는지 [2010. 12. 23. 토지정책과─5988]

【질의요지】

영업의 휴업보상을 받은 사업주가 사업장을 이전하지 않고 폐업을 하였을 경우, 사업인정고시일등 당시 동 사업장에서 3월 이상 근무한 근로자(소득세법에 의한 소득세 원천징수된 자)가 실직보상에 해당되는지 여부

【회신내용】

「공익사업을 위한 토지 등의 취득 및 보상에 관한 법률 시행규칙」 제51조를 보면, 사업인정고시일등 당시 공익사업시행지구안의 사업장에서 3월 이상 근무한 근로자(소득세법에 의한 소득세가 원천징수된 자에 한한다)에 대하여 동조 각 호에 따른 휴직 또는 실직보상을 하도록 규정하고 있습니다. 따라서, 공익사업 시행으로 인하여 근로장소가 폐지되지 않고 사업주의 사정 등으로 폐업을 하였을 경우에는 실직보상에 해당되지 아니합니다.

[질의회신2] ▶ 용역업체 소속용역근로자는 토지보상법에 의한 휴직보상 대상이 아니다. [2004. 8. 13. 토정─3684]

【질의요지】

서울에 소재한 용역회사가 판교신도에 편입되는 LG칼텍스정유(주) 판교수련소와 용역계약을 체결하여 소속직원을 용역근무를 하던 중 위 사업장이 다른 지역으로 이전하게 되었을 경우 그 용역근로자에 대하여 토지보상법시행규칙 제51조의 규정에 의한 휴직보상에 해당되는지

---

639) 토관─1068(2004. 3. 8.), 토지정책과─5988(2010. 12. 23.)
640) 토관─3684(2004. 8. 13.)

용역업체에 고용되어 사업지구내의 사업장에서 근무한 용역근로자의 경우 용역회사에 의하여 언제든지 근무장소를 변경하여 근무할 수 있는 상황인 경우에는 이에 해당되지 아니한다고 보나 개별적인 사례에 대하여는 사업시행자가 사실관계를 조사하여 판단·결정할 사항이라고 봅니다.

나. 휴직보상과 영업보상과의 관계

근로자의 근로장소의 이전은 영업장소의 이전으로 인한 경우가 대부분으로 영업의 휴업에 대한 보상평가시 휴업기간 중에도 정상근무 하여야 할 최소인원의 근로자의 인건비가 감정평가내역에 포함하는 것이 일반적이므로 사업주에 대한 휴업보상의 감정평가내역에 근로자의 인건비가 포함되지 않았을 경우에만 근로자의 별도의 휴직보상이 가능하다.

> ■ **영업손실보상평가지침 제18조 【인건비 등 고정적비용】** 인건비 등 고정적비용은 영업장소의 이전 등으로 인한 휴업·보수기간 중에도 영업활동을 계속하기 위하여 지출이 예상되는 다음 각 호의 비용 중에서 당해영업에 해당되는 것을 더한 금액으로 한다. 〈개정 95.6.26, 98.2.17, 2003.2.14〉
> 1. 인건비 : 휴업·보수기간 중에도 휴직하지 아니하고 정상적으로 근무하여야 할 최소인원(일반관리직 근로자 및 영업시설 등의 이전·설치 계획 등을 위하여 정상적인 근무가 필요한 근로자 등으로서 **보상계획의 공고가 있는 날 현재 3월 이상** 근무한 자에 한한다)에 대한 실제지출이 예상되는 인건비 상당액. 이 경우에 법 시행규칙 제51조제1호의 규정에 의한 휴직보상을 하는 자에 대한 인건비 상당액은 제외한다. 〈개정 2003.2.14, 2007.2.14〉

다. 보상방법

(1) 휴직보상의 산정시기기준

당해 영업장이 휴업하는 때를 기준으로 산정하여야 한다.[641]

---

641) 토정 58347-410 (1993.3.18.)

(2) 휴직 또는 실직보상액의 산정

① 휴직보상(근로장소의 이전으로 인하여 일정기간 휴직을 하게 된 경우)

휴직일수(휴직일수가 120일을 넘는 경우에는 120일로 본다)에 「근로기준법」에 의한 <u>평균임금의 70퍼센트</u>에 해당하는 금액을 곱한 금액. 다만, 평균임금의 70퍼센트에 해당하는 금액이 「근로기준법」에 의한 통상임금을 초과하는 경우에는 통상임금을 기준으로 한다 (시행규칙 제51조 제1호).

> ▶ **휴직보상금** = 휴직일수(최대 120일) × 「근로기준법」에 의한 평균임금의 70%
>
> > – 휴직기간이 120일 미만인 경우 실제 휴직기간만 산정
> > – 휴직보상 산정기간은 당해 공익사업에 따른 근로장소의 이전으로 인하여 휴직을 하게 되어 근로소득이 없는 기간(최대120일)에 한함
> > – 사업장이 폐업 또는 이전하였다고 하더라도 근로자가 폐업 또는 이전 직후 다른 업체에 취직을 하여 휴직 기간이 없다고 판단되면 휴직보상 대상에서 제외
> > – 평균임금의 70%에 해당하는 금액이 「근로기준법」에 의한 통상임금을 초과하는 경우(평균임금의 70% 〉 통상임금)에는 통상임금 기준으로 지급

② 실직보상(근로장소의 폐지 등으로 인하여 직업을 상실하게 된 경우)

「근로기준법」에 의한 **평균임금의 120일분**에 해당하는 금액으로 한다(시행규칙 제51조 제2호).

> ▶ **실직보상금** = 「근로기준법」에 의한 평균임금의 120일분에 해당하는 금액

(3) 평균임금과 통상임금

① 평균임금

"평균임금"이란 이를 산정하여야 할 사유가 발생한 날 이전 3개월 동안에 그 근로자에게 지급된 임금의 총액을 그 기간의 총일수로 나눈 금액을 말한다. 근로자가 취업한 후 3개

월 미만인 경우도 이에 준한다(근로기준법 제2조제1항제6호).

> ▸ **평균임금** = 산정사유가 발생한날 이전 3개월간 지급된 임금총액 ÷ 그 3개월간 기간의 총일수

② 통상임금

"통상임금"이란 근로자에게 정기적이고 일률적으로 소정(所定)근로 또는 총 근로에 대하여 지급하기로 정한 시간급 금액, 일급 금액, 주급 금액, 월급 금액 또는 도급 금액을 말한다(근로기준법 시행령 제6조 제1항).

③ 평균임금과 통상임금의 분류(고용노동부 예규 '통상임금 산정지침' 준용)[642]

※ **평균임금과 통상임금의 분류**

1. 기본급 임금 및 일급·주급·월급 등의 형태로 정기적·일률적으로 지급하기로 정하여진 고정급 임금은 통상임금인 동시에 평균임금에 해당
2. 상여금 및 야간근로수당 등 실제 근로여부에 따라 지급금액이 변동되는 금품 등은 통상임금이 아닌 평균임금
3. 근로소득원천징수부 및 근로소득원천징수영수증 등에 기재된 급여는 통상임금으로 간주하고 상여 및 야간근로수당은 통상임금이 아닌 평균임금으로 간주하여 휴직보상금 산정

※ **평균임금과 통상임금 주요 항목 분류**

구분	통상임금	평균임금	비고
기본급	○	○	
연장근로수당	×	○	
야간근로수당	×	○	
휴일근로수당	×	○	
연차수당	×	○	
자격수당	○	○	

---

642) 한국토지주택공사, 앞의 책, 2016, 356면

근속수당	×	○	
자가운전보조금	×	×	
장기근속수당	×	○	
직책수당	○	○	
정기상여금	×	○	일시적, 비정기적상여금은 미해당
의료보험	×	×	
국민연금	×	×	
고용보험	×	×	
장기요양보험료	×	×	

(4) 휴직 또는 실직보상금의 지급방법

근로자 개인별 지급이 원칙으로 보상대상자 본인은 자신이 예금주로 되어 있는 예금통장 사본 등을 준비하여 사업시행자에게 제출하여야 한다. 다만, 피보상자 개인별로 산정할 수 없는 경우 또는 지정계좌로 일괄보상하는 것에 동의하는 경우에 일괄보상이 가능하다.[643) 한편, 토지보상법상 손실보상은 사전보상이 원칙이나 휴직 또는 실직보상은 실제 휴직 등 여부를 확인하여야 지급이 가능한 관계로 그 지급은 <u>사실상 사후보상으로</u> 이루어지고 있다.

---

643) 한국감정원, 보상실무1, 2011.12, 564면 ≪휴직 또는 실직보상금 청구시 구비서류≫
 - 휴직(실직)보상비 청구서
 - 갑종근로소득에 대한 소득세원천징수확인서 또는 소득세징수액집계표
 - 소득자별 근로소득 원천징수부(급여대장)
 - 소득세징수액집계표에 의한 대상자인 경우 재직증빙서류(의료보험, 국민연금 자격취득확인서, 출근부 등 최소한 1종류)
 - 소득금액증명원(개인사업자)
 - 법인등기부등본 및 법인인감증명서(법인), 사업자등록증 사본(개인사업자)
 - 주민등록등본, 인감증명서, 인감도장, 신분증(근로자)

라. 휴직·실직보상 관련 질의회신 등

질의회신

[질의회신1] ▶ 월 근로소득세를 납부하는 법인등기부등본상 공동대표이사 및 이사로 등재된 자의 휴직 또는 실직보상이 가능한지? [2011.9.22. 토지정책과-4544]

【회신내용】

공익사업법 시행규칙 제51조를 보면, 사업인정고시일등 당시 공익사업시행지구안의 사업장에서 3월 이상 근무한 근로자(소득세법에 의한 소득세가 원천징수된 자에 한한다)에 대하여 동조 각 호에 따른 휴직 또는 실직보상을 하도록 규정하고 있습니다. 따라서, 「소득세법」에 의한 소득세가 원천징수된 자로서 당해 공익사업시행지구내 사업장에서 3월 이상 근무한 근로자는 위 규정에 따라 휴직 또는 실직보상 대상자가 될 수 있다.

[질의회신2] ▶ 휴업수당과 실직수당(실업급여)와 관계없이 휴직 및 실직보상에 해당될 경우 휴직(실직)보상여부 [2009.11.20. 토지정책과-5494]

【회신내용】

근로장소가 이전 또는 폐지되고 당해 사업지구안에 3월이상 소득세가 원천징수된 근로자라면 휴직 또는 실직보상 대상이라고 보입니다.

[질의회신3] ▶ 사업장이 영업보상 대상이어야만 그 사업장의 근로자가 휴직 또는 실직 보상대상인지 여부 [2010.3.15. 토지정책과-1460]

【회신내용】

근로장소가 이전 또는 폐지되고 당해 사업지구안에 3월 이상 소득세가 원천징수된 근로자라면 휴직 또는 실직보상 대상이라고 보입니다.

[질의회신4] ▶ 공공사업지구내 영업장에서 보상계획공고일 이전 3월부터 근무한 근무

자로서 소득세법에 의한 갑종근로소득세를 납부한 경우에 언제까지 근무하여야 휴직보상 또는 실직보상을 받을 수 있는지 및 보상금의 청구방법은?
[1993.3.13. 토정58307-380]

【회신내용】
휴직보상 또는 실직보상은 보상계획의 공고일 현재 3월 이상 근무한 자로서 당해 영업의 폐업 또는 휴업시까지 근무한 경우에 가능할 것이며, <u>소득세원천징수의무자로부터 관할 세무서에 제출된 소득세징수액내역표에 의한 임금내역을 확인받아 청구하여야 할 것임.</u>

[질의회신5] ▶ 불법용도 변경한 후 공장영업을 영위하고 있어 영업보상대상은 아니나, 동 사업장에서 3월 이상 근무한 근로자가 소득세가 원천징수 되고 있는 경우 휴직 또는 실직보상의 대상이 되는지 여부 [2008.12.10. 토지정책과-1319]

【회신내용】
사업인정고시일 등 당시 공익사업시행지구안의 사업장에서 3월 이상 근무한 근로자(소득세법에 의한 소득세가 원천징수 된 자에 한함)가 휴직 또는 실직하게 되는 경우에는 휴직 또는 실직보상을 하도록 규정하고 있습니다. 따라서 <u>근로장소가 이전 또는 폐지되고 당해 사업지구안에 3월 이상 근무한 근로자의 소득세가 원천징수된 근로자라면 휴직 또는 실직보상 대상임.</u>

[질의회신6] ▶ 사업장 이전(철거)전 퇴직하는 근로자의 경우 휴직보상 대상인지?
[2010.9.06. 토지정책과-4467]

【회신내용】
휴직보상은 당해 영업이 공익사업의 시행에 따라 근로장소가 이전됨으로 인하여 근로자가 일정기간 휴직하게 된 경우에 해당되며, 당해 공익사업 시행과 관계없이 개인사유 등으로 근로장소의 **이전에 앞서 퇴직하는 경우**에는 휴직보상에 해당되지 않는다고 보나, 개별적 사례가 이에 해당되는지 여부는 사업시행자가 사실 관계 등을 조사하여 판단하시기 바랍니다.

[재결례1] ▶ 휴업보상을 받은 영업주의 자진폐업으로 피고용인들이 실직을 한 경우에 피고용인들은 휴직보상을 받을 수 없다. [중토위 2018.9.20.]

【재결요지】

관계자료(수용재결서, 이의신청서, 사업시행자의견서 등)를 검토한 결과, 이 건 영업장은 2012.12.17. 수용재결되어 운영자에게 영업손실보상(휴업)금이 지급되었으나 다른 장소로 이전하지 않고 상당기간 영업행위를 지속하던 중 명도소송을 통해 강제집행된 후 자진 폐업신고(2014.6.25.)가 되었고, 이의신청 인들은 위 기간동안(2012.12.27.~2014.6. 25.) 이 건 영업장에서 휴직하지 않고 계속하여 근무한 것으로 확인된다.

따라서, 이의신청인들의 실직은 <u>이 건 영업장의 운영자(○○○○○금고)가 스스로 폐업을 결정함으로써 발생하였다고 보이는 점, 이의신청인들의 실직이 이 건 영업장의 휴업보상 기간(4개월)을 훨씬 경과한 시점(수용재결일로부터 1년6월이상)에서 발생한점, 이의신청인들이 이 건 영업장의 폐업일까지 휴직없이 계속하여 근무한 점, 이 건 영업장이 휴업보상 대상인 점</u> 등을 고려할 때 이의신청인들의 실직이 이 건 사업과 상당한 인과관계가 있다고 보기 어려운 점 등을 고려하고, 달리 이의신청인들의 실직을 휴직보상 대상으로 볼만한 사정이 없으므로 이의신청인들의 주장은 받아들일 수 없다.

[재결례2] ▶ <u>사업폐지 등으로 인한 손실보상은 재결대상이다.</u> [중토위 2017.2.23.]

【재결요지】

사업폐지 등에 따른 골프장 조성에 투입된 손실을 보상하여 달라는 주장에 대하여 살펴본다. 법 시행규칙 제57조에 따르면 공익사업의 시행으로 인하여 건축물의 건축을 위한 건축허가 등 관계법령에 의한 절차를 진행중이던 사업 등이 폐지·변경 또는 중지되는 경우 그 사업에 소요된 법정수수료 그 밖의 비용 등의 손실에 대하여 보상하도록 되어 있다.

대법원은 '구 공익사업을 위한 토지 등의 취득 및 보상에 관한 법률(2007.10.17. 법률 제8665호로 개정되기 전의 것, 이하 "구 공익사업법"이라 한다) 제79조 제2항, 법 시행규칙 제57조에 따른 사업폐지 등에 대한 보상청구권은 공익사업의 시행 등 적법한 공권력의 행사에 의한 재산상 특별한 희생에 대하여 전체적인 공평부담의 견지에서 공익사업의 주체가 손해를 보상하여 주는 손실보상의 일종으로 공법상 권리임이 분명하므로 그에 관한 쟁송은 민사소송이 아닌 행정소송절차에 의하여 한다. 또한 위 규정들과 구 공익사업법 제26조, 제28조, 제30조, 제34조, 제50조, 제61조, 제83조 내지 제85조의 규정 내용·체계 및 입법 취지 등을 종합하여 보면, 공익사업으로 인한 사업폐지 등으로 손실을 입게 된 자는 구 공익사업법 제34조, 제50조 등에 규정된 절차를 거친 다음 재결에 대하여 불복이 있는 때에 비로소 구 공익사업법 제83조 내지 제85조에 따라 권리구제를 받을 수 있다'고 판시하고 있다(대법원 2010다23210, 2012.10. 11).

한편, 법 제84조제1항에 따르면 중앙토지수용위원회는 이의신청이 있는 경우 수용재결이 위법 또는 부당 하다고 인정하는 때에는 그 재결의 전부 또는 일부를 취소하거나 보상액을 변경할 수 있다고 되어 있다. 위 판례 등의 취지를 고려할 때, <u>2014.10.8. 이의신청인이 사업시행자에게 **재결신청청구**한 사업폐지등에 대한 보상청구권은 공법상 권리로서 행정소송에 의해서 권리구제를 받는 손실보상의 일종으로 **재결의 대상이 됨에도 불구하고** 2016.2.26. 중앙토지수용위원회에서 이의신청인의 사업폐지 등의 손실보상 을 각하한 것은 부적법하므로 사업시행자의 수용재결신청을 각하한 수용재결을 취소하기로 한다.</u>

8. 농업의 손실에 대한 보상(=농업손실보상)

가. 근거 및 개념

농업의 손실에 대하여는 농지의 단위면적당 소득 등을 고려하여 실제 경작자에게 보상하되 다만, 농지소유자가 해당 지역에 거주하는 농민인 경우에는 농지소유자와 실제 경작자가 협의하는 바에 따라 보상할 수 있다(법 제77조 제2항).

농업의 손실에 대한 보상(=농업손실보상)은 공익사업시행지구에 편입되는 농지에 대하여 실제 재배하는 **농작물 보상**[644]과는 별도로 사업인정고시일등 당시 영농을 하던 농민이 편입농지에서 영농을 계속하지 못하는 경우에 해당 농민에게 도별 연간 농가평균 단위경작면적당 농작물 총수입의 3년간 평균의 2년분을 곱하여 산정한 금액을 영농손실액으로 보상하는 것으로 영업손실보상과 더불어 일실손실보상[645]의 일종이다(시행규칙 제48조).

국토교통부 유권해석[646]은 "농업손실보상은 농경지가 공공사업지구에 편입됨으로 인하여 영농을 계속할 수 없게 된 경우 그 경작자에게 전업에 통상 소요되는 기간동안 종전의 영농소득상당액을 보전하여 주는 취지에서 도입된 제도"라고 하였듯이 농업손실보상은 공익사업시행으로 더 이상 영농을 할 수 없는 농민에게 그 대체농지 구입하거나 전직을 위한 기간 동안의 일실소득을 보전하여 주는 것으로 이는 일반영업의 영업보상과 그 내용이 사실상 같은 것으로 보아야 할 것이다.[647]

농업손실보상은 (ⅰ) 공익사업의 시행으로 인하여 영농을 할 수 없게 된 농지에 대해서 단위면적당 소득 등을 고려하여 보상하는 **영농손실보상**, ⅱ) 이러한 영농에 사용되었으나 더 이상 필요 없게 된 **농기구보상**으로 구분된다.

관련법령

■ **토지보상법 제77조(영업의 손실 등에 대한 보상)** ② 농업의 손실에 대하여는 농지의 단위면적당 소득 등을 고려하여 **실제 경작자**에게 보상하여야 한다. 다만, 농지소유자가 해당 지역에 거주하는 농민인 경우에는 농지소유자와 실제 경작자가 **협의**하는 바에 따라 보상할 수 있다.

④ 제1항부터 제3항까지의 규정에 따른 보상액의 구체적인 산정 및 평가 방법과 보상기준, 제2항에 따른 실제 경작자 인정기준에 관한 사항은 국토교통부령으로 정한다. 〈개정 2013.3.23.〉 [전문개정 2011.8.4.]

■ **토지보상법 시행규칙 제48조(농업의 손실에 대한 보상)** ① 공익사업시행지구에 편

---

644) 농작물 보상은 수확하기 전에 당해 토지를 사용하는 경우의 농작물의 손실은 당해 농작물의 종류 및 성숙도 등을 종합적으로 고려하여 보상하여야 한다(법 제75조제2항, 시행규칙 제41조제1항).
645) ▶ 일실손실보상 : 장래 실현이 가능한 기대이익 상실에 대한 보상으로 영업손실보상, 농업의 손실보상, 축산업의 손실보상, 잠업의 손실보상 등이 있다.
646) 2003.12.8. 토관58342-160
647) 同旨, 신경직, 앞의 책, 484면 참조

입되는 농지(「농지법」 제2조제1호가목 및 같은 법 시행령 제2조제3항제2호가목에 해당하는 토지를 말한다. 이하 이 조와 제65조에서 같다)에 대하여는 그 면적에 「통계법」 제3조제3호에 따른 통계작성기관이 매년 조사·발표하는 농가경제조사통계의 도별 농업총수입 중 농작물수입을 도별 표본농가현황 중 경지면적으로 나누어 산정한 도별 연간 농가평균 단위경작면적당 농작물총수입(서울특별시·인천광역시는 경기도, 대전광역시는 충청남도, 광주광역시는 전라남도, 대구광역시는 경상북도, 부산광역시·울산광역시는 경상남도의 통계를 각각 적용한다)의 직전 **3년간 평균의 2년분을** 곱하여 산정한 금액을 영농손실액으로 보상한다. 〈개정 2005.2.5., 2007.4.12., 2008.4.18., 2013.4.25., 2015.4.28.〉

② 국토교통부장관이 농림축산식품부장관과의 협의를 거쳐 관보에 고시하는 농작물실제소득인정기준(이하 **"농작물실제소득인정기준"**이라 한다)에서 정하는 바에 따라 실제소득을 입증하는 자가 경작하는 편입농지에 대하여는 제1항의 규정에 불구하고 그 면적에 **단위경작면적당 실제소득의 2년분을** 곱하여 산정한 금액을 영농손실액으로 보상한다. 다만, 다음 각 호의 어느 하나에 해당하는 경우에는 각 호의 구분에 따라 산정한 금액을 영농손실액으로 보상한다. 〈개정 2008.3.14., 2013.3.23., 2013.4.25., 2014.10.22.〉

1. 단위경작면적당 실제소득이 「통계법」 제3조제3호에 따른 통계작성기관이 매년 조사·발표하는 농축산물소득자료집의 작목별 평균소득의 2배를 초과하는 경우: 해당 작목별 단위경작면적당 평균생산량의 2배(단위경작면적당 실제소득이 현저히 높다고 농작물실제소득인정기준에서 따로 배수를 정하고 있는 경우에는 그에 따른다)를 판매한 금액을 단위경작면적당 실제소득으로 보아 이에 **2년분을** 곱하여 산정한 금액

2. 농작물실제소득인정기준에서 직접 해당 농지의 **지력(地力)을** 이용하지 아니하고 재배 중인 작물을 이전하여 해당 영농을 계속하는 것이 가능하다고 인정하는 경우: 단위경작면적당 실제소득(제1호의 요건에 해당하는 경우에는 제1호에 따라 결정된 단위경작면적당 실제소득을 말한다)의 **4개월분을** 곱하여 산정한 금액

③ 다음 각호의 어느 하나에 해당하는 토지는 이를 제1항 및 제2항의 규정에 의한 농지로 보지 아니한다. 〈개정 2005.2.5.〉

1. **사업인정고시일등** 이후부터 농지로 이용되고 있는 토지

2. 토지이용계획·주위환경 등으로 보아 일시적으로 농지로 이용되고 있는 토지

3. 타인소유의 토지를 불법으로 점유하여 경작하고 있는 토지

4. 농민(「농지법」 제2조제3호의 규정에 의한 농업법인 또는 「농지법 시행령」 제3조제1호 및 동조제2호의 규정에 의한 농업인을 말한다. 이하 이 조에서 같다)이 아닌 자가 경작하고 있는 토지

5. 토지의 취득에 대한 보상 이후에 사업시행자가 2년 이상 계속하여 경작하도록 허용하는 토지

④ 자경농지가 아닌 농지에 대한 영농손실액은 다음 각 호의 구분에 따라 보상한다. 〈개정 2008.4.18., 2013.4.25.〉

1. 농지의 소유자가 해당 지역(영 제26조제1항 각 호의 어느 하나의 지역을 말한다. 이하 이 조에서 같다)에 거주하는 농민인 경우

  가. 농지의 소유자와 제7항에 따른 실제 경작자(이하 "실제 경작자"라 한다)간에 협의가 성립된 경우 : **협의**내용에 따라 보상

  나. 농지의 소유자와 실제 경작자 간에 협의가 성립되지 아니하는 경우에는 다음의 구분에 따라 보상

    1) 제1항에 따라 영농손실액이 결정된 경우: 농지의 소유자와 실제 경작자에게 각각 영농손실액의 50퍼센트에 해당하는 금액을 보상

    2) 제2항에 따라 영농손실액이 결정된 경우: 농지의 소유자에게는 제1항의 기준에 따라 결정된 영농손실액의 50퍼센트에 해당하는 금액을 보상하고, 실제 경작자에게는 제2항에 따라 결정된 영농손실액 중 농지의 소유자에게 지급한 금액을 제외한 나머지에 해당하는 금액을 보상

2. 농지의 소유자가 해당 지역에 거주하는 농민이 아닌 경우 : **실제 경작자**에게 보상

⑤ **실제 경작자가** 자의로 이농하는 등의 사유로 **보상협의일 또는 수용재결일 당시에 경작을 하고 있지 않는 경우**의 영농손실액은 제4항에도 불구하고 **농지의 소유자가 해당 지역에 거주하는 농민인 경우에 한정하여 농지의 소유자에게 보상**한다. 〈개정 2008.4.18., 2020.12.11.〉

⑥ 당해 지역에서 경작하고 있는 농지의 **3분의 2 이상**에 해당하는 면적이 공익사업시행지구에 편입됨으로 인하여 농기구를 이용하여 해당 지역에서 영농을 계속할 수 없게 된 경우(과수 등 특정한 작목의 영농에만 사용되는 특정한 농기구의 경우에는 공익사업시행지구에 편입되는 면적에 관계없이 해당 지역에서 해당 영농을 계속할 수 없게

된 경우를 말한다) 해당 농기구에 대해서는 **매각손실액**을 평가하여 보상하여야 한다. 다만, 매각손실액의 평가가 현실적으로 곤란한 경우에는 원가법에 의하여 산정한 가격의 **60퍼센트** 이내에서 매각손실액을 정할 수 있다. 〈개정 2007.4.12., 2013.4.25.〉

⑦ 법 제77조제2항에 따른 **실제 경작자는** 다음 각 호의 자료에 따라 **사업인정고시일 등** 당시 타인소유의 농지를 임대차 등 적법한 원인으로 점유하고 자기소유의 농작물을 경작하는 것으로 인정된 자를 말한다. 이 경우 실제 경작자로 인정받으려는 자가 제5호의 자료만 제출한 경우 사업시행자는 해당 농지의 소유자에게 그 사실을 서면으로 통지할 수 있으며, 농지소유자가 통지받은 날부터 **30일** 이내에 이의를 제기하지 않는 경우에는 제2호의 자료가 제출된 것으로 본다. 〈신설 2008.4.18., 2009.11.13., 2015.4.28., 2020.12.11.〉

1. 농지의 임대차계약서
2. 농지소유자가 확인하는 경작사실확인서
3. 「농업·농촌 공익기능 증진 직접지불제도 운영에 관한 법률」에 따른 직접지불금의 수령 확인자료
4. 「농어업경영체 육성 및 지원에 관한 법률」 제4조에 따른 농어업경영체 등록확인서
5. 해당 공익사업시행지구의 이장·통장이 확인하는 경작사실확인서
6. 그 밖에 실제 경작자임을 증명하는 객관적 자료

나. 연혁 및 법적성격

농업손실보상제도는 일본의 농업보상제도를 도입한 이래 현행의 '농업의 손실에 대한 보상'(2003.1.1.)이라는 명칭 및 지급내역은 과거 실농보상, 영농보상이라는 명칭변경과정 및 수차례의 보상금기준의 개정에 따른 것이다.

≪농업손실보상의 변천내역≫[648]

년도	명칭	보상금기준	비고
'81.3.23	실농보상	· 답: 일반벼(통일벼) 기준 1기분 순이익 · 전: 보리를 기준으로 한 이익(조수입−경영비)	과수원 등 지장물 보상의 경우 보상제외

---

648) 신경직, 앞의 책, 485면 수정·인용

'88.4.25	실농보상	• 비자경농지: 소유자와 경작자 합의제도	
'91.10. 28	영농보상	• 단년생: 단위면적당 3기분 • 다년생: 단위면적당 2년분	• 실제 재배작물 보상 • 과수원 등 특수작물 보상
'97.10. 15	실농보상	• 1기작: 단위면적당 연간소득×3 • 다기작: 단위면적당 1기작소득×3 • 1년다기작: 1기작소득+소요기간×2	
'03.1.1	농업의 손실에 대한 보상	• 도별 연간 농가평균 단위경작면적당 농작물총수입×2년분 • 실제소득입증: 단위면적당 실제소득×2년분	영농보상 투기 방지 위한 개정
'13.4.25	농업의 손실에 대한 보상	• 실제소득 작물 중 지력을 이용하지 않는 작물: 단위경작 면적당 실제소득의 3개월	
'14.10. 22	농업의 손실에 대한 보상	• 실제소득 작물 중 지력을 이용하지 않는 작물: 단위경작 면적당 실제소득의 4개월	
'15.4. 28	농업의 손실에 대한 보상	• 도별 연간 농가평균 단위경작면적당 농작물총수입의 직전 3년간 평균×2년분	
.20.12. 11	농업의 손실에 대한 보상	• 실제소득입증: 단위면적당 3년간 실제소득 평균×2년분	풍작·흉작에 따라 연도별 보상액이 크게 변동되지 않도록 하기 위함

농업손실보상의 법적성격에 대해서는 여러 가지 견해[649]들이 있으나, 공익사업시행지구에 편입되는 농경지를 이용하여 당시 영농을 하던 농민이 더 이상 영농을 계속하지 못함으로 발생되는 장래의 기대소득을 일실손실로 보상하는 점, 농경지상실에 따른 대체농지의 구입 또는 다른 업종으로 전환에 필요한 기간 동안의 손실을 특별한 희생에 따른 생계지원 차원에서 보상한다는 점에서 **생활보상의 성격**을 가지고 있다.

---

649) 일종의 재산권의 확대보상이라는 견해[유수진, "생활보상 및 간접손실보상 개념의 재검토", 토지공법연구 제34집(2006.12), 31면], 간접보상이라는 견해(류지태, 행정법신론, 신영사, 2006, 438면), 생활보상의 일환이라는 견해(서정규(외), 실농보상의 문제점과 개선방안", 부동산학연구 제6집 제2호(2000.120. 139면-140면, 신경직, 앞의 책, 485면)

[판례] ▶ 협의불성립 시 영농보상의 수령권자

[대법원 2000.2.25 선고 99다57812] (영농보상금 등)

【판결요지】

영농보상은 공공사업시행지역 안에서 수용의 대상인 농지를 이용하여 경작을 하는 자가 그 농지의 수용으로 인하여 장래에 영농을 계속하지 못하게 되어 특별한 희생이 생기는 경우 이를 보상하는 것이고, 이와 같은 취지에서 특례법시행규칙 제29조제5 항 단서가 비 자경농지의 소유자가 당해 지역에 거주하는 농민인 경우에는 소유자와 실제의 경작자가 협의하는 바에 따라 그 소유자 또는 경작자에게 보상하도록 규정하 고 있는 것이므로, 위 규정에 해당하는 경우에는 <u>실제의 경작자라도 당연히 영농보상 의 수령권자가 되는 것이 아니라, 먼저 소유자와 경작자가 협의하는 바에 따라야 하 고, 그 협의가 이루어지지 아니하는 경우에는 그 경작자가 당해 공공사업이 시행되지 아니하였더라면 장래에 당해 농지를 계속하여 경작할 것으로 인정되는 경우에 한하 여 공공사업의 시행으로 인하여 특별한 희생이 생긴 것으로 보아 영농보상의 수령권 자가 된다.</u>

[질의회신1] ▶ 농업손실보상은 기대이익 또는 일실손실에 대한 보전과 생활보상의 성 격을 가진다. [2009.9.11. 토지정책과-4230]

【질의요지】

4대강 살리기 사업의 하천준설토 중 골재로 재사용하는 물량 외에 제내지 농경지에 준설토를 처리할 경우, 대상농지에 대하여 「토지보상법」 제71조 및 같은 법 시행규칙 제30조에 의한 토지의 사용으로 평가하여 보상을 하여야 하는지? 토지보상법 제77 조제2항 및 토지보상법시행규칙 제48조에 의한 농업손실보상을 하여야 하는지?

【회신내용】

토지보상법은 공익사업에 필요한 토지 등을 협의 또는 수용에 의하여 취득하거나 사용함에 따른 손실의 보상에 관한 사항을 규정하고 있습니다. 따라서 해당 공익사업의 시행을 위하여 일정기간 토지의 사용이 불가피한 경우에는 토지보상법 제71조에 따라 사용료를 평가하여 보상할 수 있을 것으로 보나, 개별적인 사례는 사업시행자가 해당 사업계획, 취득(사용)대상 토지조서 내역 등 구체적 사실관계를 검토·확인하여 판단하시기 바랍니다. 농업손실 보상은 공익사업지구에 편입되는 농지에 대한 상실된 기대이익 또는 일실손실에 대한 보전과 **생활보상의 성격**을 갖고 있는 보상으로서, 공익사업지구에 편입되지 않는 농지는 토지보상법 제77조제2항 및 토지보상법시행규칙 제48조에 의한 농업손실 보상대상으로 보기 어려울 것으로 판단됩니다.

[질의회신2] ▶ 농작물을 수확하기 전에 토지를 사용하는 경우라면 해당 농작물은 보상대상이다. [2018.9.18. 토지정책과-5926]

【질의요지】
농작물 수확 전에 토지 미사용시 농작물 보상을 해야하는지?

【회신내용】
토지보상법 시행규칙 제41조제1항에서 농작물을 수확하기 전에 토지를 사용하는 경우의 농작물의 손실은 농작물의 종류 및 성숙도 등을 종합적으로 고려하여 파종중 또는 발아기에 있거나 묘포에 있는 농작물 : 가격시점까지 소요된 비용의 현가액(제1호), 제1호의 농작물외의 농작물 : 예상총수입의 현가액에서 장래 투하비용의 현가액을 뺀 금액. 이 경우 보상당시에 상품화가 가능한 풋고추·들깻잎 또는 호박 등의 농작물이 있는 경우에는 그 금액을 뺀다.(제2호)호의 구분에 따라 평가하도록 하고 있습니다. 따라서, 농작물을 수확하기 전에 토지를 사용하는 경우라면 농작물에 대한 보상이 가능할 것으로 보며, 기타 개별적인 사례에 대하여는 관계법령 및 사실관계 등을 검토하여 판단할 사항으로 봅니다.

다. 보상요건

(1) 농경지

① 보상대상 농지

토지보상법 및 동법 시행규칙상 농업손실보상의 대상이 되는 토지는 공익사업에 편입되는 농지로 「농지법」상 제2조제1호가목 및 같은 법 시행령 제2조제3항 제2호가목에 해당하는 토지를 말한다(시행규칙 제48조 제1항).

당초 농업손실보상의 대상이 되는 농지에 대해서 시행규칙은 농지법 제2조 제1호 '가'목에 해당하는 토지만을 대상으로 하여 보상대상 농지에 혼란이 있었고, 이에 대해 **법제처**는 2011. 3. 14. "농지법 제2조 제1호 '가'목에 해당하는 토지 외에 농지법 제2조 제1호 '나'목의 부지도 경우에 따라서는 같은 호 '가'목의 토지와 중복될 수 있고, 이 경우 같은 호 '가'목의 토지로 보아야 할지, 아니면 같은 호 '나'목의 부지로 보아야 할지에 대하여 혼란을 초래할 수 있으므로, 이에 대해서는 추후 별도의 입법조치 등을 통하여 농업손실보상의 대상이 되는 농지를 명확하게 표현할 필요가 있다고 할 것이다"라고 법령정비의 권고를 한바 있었고,[650] 그 후 2013. 4. 25. 시행규칙 일부개정(국토교통부령 제5호)을 통하여 「농지법」상 제2조제1호가목 외 같은 법 시행령 제2조제3항 제2호가목에 해당하는 토지를 추가하여 농업손실 보상의 대상이 되는 **농지의 범위가 확대**되어 고정용온실·버섯재배사 및 비닐하우스 등의 시설부지가 보상대상 농지가 되었다.

관련법령

■ **농지법 제2조(정의)** 이 법에서 사용하는 용어의 뜻은 다음과 같다.
〈개정 2007.12.21., 2009.4.1., 2009.5.27.〉

1. **"농지"**란 다음 각 목의 어느 하나에 해당하는 토지를 말한다.

   가. 전·답, 과수원, 그 밖에 법적 지목(地目)을 불문하고 실제로 농작물 경작지 또는 다년생식물 재배지로 이용되는 토지. 다만, 「초지법」에 따라 조성된 초지 등 대통령령으로 정하는 토지는 제외한다.

   나. 가목의 토지의 개량시설과 가목의 토지에 설치하는 농축산물 생산시설로서 대

---

650) 법제처 안건번호 11-0074(2011.3.24.) 법령정비 권고

통령령으로 정하는 시설의 부지

2. **"농업인"**이란 농업에 종사하는 개인으로서 대통령령으로 정하는 자를 말한다.

3. **"농업법인"**이란 「농어업경영체 육성 및 지원에 관한 법률」 제16조에 따라 설립된 영농조합법인과 같은 법 제19조에 따라 설립되고 업무집행권을 가진 자 중 3분의 1 이상이 농업인인 농업회사법인을 말한다.

■ **농지법 시행령 제2조(농지의 범위)** ① 「농지법」(이하 "법"이라 한다) 제2조제1호가 목 본문에 따른 다년생식물 재배지는 다음 각 호의 어느 하나에 해당하는 식물의 재배지로 한다. 〈개정 2009.11.26.〉

1. 목초·종묘·인삼·약초·잔디 및 조림용 묘목

2. 과수·뽕나무·유실수 그 밖의 생육기간이 2년 이상인 식물

3. 조경 또는 관상용 수목과 그 묘목(조경목적으로 식재한 것을 제외한다)

② 법 제2조제1호가목 단서에서 **"「초지법」에 따라 조성된 토지 등 대통령령으로 정하는 토지"**란 다음 각 호의 토지를 말한다. 〈개정 2009.12.14., 2015.6.1., 2016.1.19.〉

1. 「공간정보의 구축 및 관리 등에 관한 법률」에 따른 지목이 전·답, 과수원이 아닌 토지(지목이 임야인 토지는 제외한다)로서 농작물 경작지 또는 제1항 각 호에 따른 다년생식물 재배지로 계속하여 이용되는 기간이 **3년 미만인 토지**

2. 「공간정보의 구축 및 관리 등에 관한 법률」에 따른 지목이 임야인 토지로서 「산지 관리법」에 따른 산지전용허가(다른 법률에 따라 산지전용허가가 의제되는 인가·허가·승인 등을 포함한다)를 거치지 아니하고 농작물의 경작 또는 다년생식물의 재배에 이용되는 토지

3. 「초지법」에 따라 조성된 초지

③ 법 제2조제1호나목에서 "대통령령으로 정하는 시설"이란 다음 각 호의 구분에 따른 시설을 말한다. 〈개정 2008.2.29., 2009.11.26., 2012.7.10., 2013.3.23., 2013.12.30., 2014.12.30.〉

1. 법 제2조제1호가목의 토지의 개량시설로서 다음 각 목의 어느 하나에 해당하는 시설
   가. 유지(溜池), 양·배수시설, 수로, 농로, 제방
   나. 그 밖에 농지의 보전이나 이용에 필요한 시설로서 농림축산식품부령으로 정하는 시설

2. 법 제2조제1호가목의 토지에 설치하는 농축산물 생산시설로서 농작물 경작지 또는 제1항 각 호의 다년생식물의 재배지에 설치한 다음 각 목의 어느 하나에 해당하는 시설

　가. **고정식온실·버섯재배사 및 비닐하우스**와 <u>농림축산식품부령으로 정하는 그 부속시설</u>

　나. 축사·곤충사육사와 농림축산식품부령으로 정하는 그 부속시설

　다. 간이퇴비장

　라. 농막·간이저온저장고 및 간이액비저장조 중 농림축산식품부령으로 정하는 시설

■ **농지법 시행규칙 제3조(부속시설의 범위)** ① 영 제2조제3항제2호가목에서 "**농림축산식품부령으로 정하는 그 부속시설**"이란 해당 **고정식온실·버섯재배사 및 비닐하우스**와 연접하여 설치된 시설로서 농작물 또는 다년생식물의 경작·재배·관리·출하 등 일련의 생산과정에 직접 이용되는 다음 각 호의 시설을 말한다. 〈신설 2014.12.31.〉

1. 보일러, 양액탱크, 종균배양설비, 농자재 및 농산물보관실, 작업장 등 해당 고정식온실·버섯재배사 및 비닐하우스에서 농작물 또는 다년생식물을 재배하는 데 직접 필요한 시설

2. 해당 고정식온실·버섯재배사 및 비닐하우스에서 생산된 농작물 또는 다년생식물을 판매하기 위한 간이진열시설(연면적이 33제곱미터 이하인 경우로 한정한다)

3. 시설 면적이 6천제곱미터 이하에서 농림축산식품부장관이 정하여 공고하는 면적 이상인 고정식온실·버섯재배사 및 비닐하우스에서 재배하는 농작물 또는 다년생식물의 관리를 위하여 설치하는 시설(연면적 33제곱미터 이하이고, 주거 목적이 아닌 경우로 한정한다)

「농지법」 제2조제1호가목에서는 **전·답, 과수원**, 그 밖에 법적 지목(地目)을 불문하고 실제로 농작물 경작지 또는 대통령으로 정하는 다년생식물 재배지[651]로 이용되는 토지

---

651) 대통령령으로 정하는 다년생식물 재배지는 다음 각 호의 어느 하나에 해당하는 식물의 재배지로 한다. (농지법 시행령 제2조 제1항)
1. 목초·종묘·인삼·약초·잔디 및 조림용 묘목
2. 과수·뽕나무·유실수 그 밖의 생육기간이 2년 이상인 식물

를 농지로 본다. 다만, **「초지법」에 따라 조성된 초지 등 대통령령으로 정하는 토지**"는 농지에서 제외하고 있는 바, 이에는 다음 각호의 토지가 있으며 이들 토지는 토지보상법상 농업손실보상의 대상이 되는 농지로 보지 않는다(농지법 시행령 제2조 제2항).

(i)「공간정보관리법」에 따른 지목이 전 · 답, 과수원이 아닌 토지(지목이 임야인 토지는 제외함)로서 농작물 경작지 또는 다년생식물 재배지로 계속하여 이용되는 기간이 **3년 미만인 토지**

(ii)「공간정보관리법」에 따른 지목이 임야인 토지로서「산지관리법」에 따른 산지전용허가(다른 법률에 따라 산지전용허가가 의제되는 인가 · 허가 · 승인 등을 포함함)를 거치지 아니하고 농작물의 경작 또는 다년생식물의 재배에 이용되는 토지

(iii)「초지법」에 따라 조성된 초지

한편, 위 내용 중 임야에 관한 규정(농지법 시행령 제2조제2항)은 2016. 1. 19.자로 개정 · 시행되었으며「농지법 시행령」부칙 제2조에서 농지의 범위에 관한 경과조치로서 (i) 이 영 시행 당시「공간정보관리법」에 따른 지목이 전 · 답, 과수원이 아닌 토지로서 농작물 경작지 또는 제2조제1항제1호에 따른 다년생식물의 재배에 이용되고 있는 토지, (ii) 이 영 시행 당시「공간정보관리법」에 따른 지목이 임야인 토지로서 토지 형질을 변경하고 제2조제1항제2호 또는 제3호에 따른 다년생식물의 재배에 이용되고 있는 토지는 종전의 규정에 따르도록 규정하고 있으므로 이런 경우는 시행령 개정 후에도 농지로 본다.

다만, 법제처는 유권해석을 통해 "관계 법령의 입법 취지와 그 법령에 위반된 행위에 대한 비난가능성과 위법성의 정도, 합법화될 가능성, 사회통념상 거래 객체가 되는지 여부 등 전반적인 사실관계를 종합하여 판단하여야 할 것이고(대법원 2001. 4. 13. 선고 2000두6411 판결 참조), 구체적인 개별 사안별로 대상 토지에 경작이 이루어지게 된 시기 및 경작이 이루어진 기간, 경작 규모 및 이용현황, 산지로서의 관리 필요성 및 농지화된 정도, 사업인정 고시와의 관계 등을 종합하여 고려할 때 손실보상을 하는 것이 **사회적으로 용인**될 수 없는 경우라면 농업손실 보상대상에 해당하지 않는다"라고 해석하고 있다.[652]

---

3. 조경 또는 관상용 수목과 그 묘목(조경목적으로 식재한 것을 제외한다)
652) 2012. 1. 5. 법제처 11-737; 중앙토지수용위원회, 앞의 책, 2017. 12., 398면

[질의회신1] ▶ 농지법상 농지로 이용 중인 토지는 원칙적으로 농업손실보 상대상이나 지목이 '임야'인 토지를 농지로 이용하는 것이 사회적으로 용인될 수 없는 경우에는 농업손실보상 대상에서 제외된다. [2015.6.9. **토지정책과—4056**]

【질의요지】

개발제한구역 내 임야를 개간하여 영농행위를 하는 경우 농업손실보상대상에 해당하는 지 여부

【회신내용】

「농지법」상 농지로 이용 중인 토지가 공익사업에 편입되는 경우 원칙적으로 농업손실보상에 해당하는 것으로 보나, 다만, 지목이 '임야'이나 농지로 이용 중인 토지의 경우 산지로서의 관리 필요성 등 전반적인 사정을 고려할 때 손실보상을 하는 것이 사회적으로 용인될 수 없다고 인정되는 경우에는 농업손실보상대상에 제외된다고 보며, 개별적인 사례에 대해서는 사업시행자가 관계 법률과 사실관계 등을 조사·검토하여 판단할 사항으로 봅니다.

[질의회신2] ▶ 국가하천부지도 보상대상 토지가 될 수 있는지 여부
[1998.12.22. **토정 58342—2033**]

【회신내용】

국유의 하천부지에 대하여는 정당하게 하천관리청으로부터 점용허가를 받아 사용하고 있는 자가 실농보상의 대상이므로, 실제 경작중인 자가 하천관리청으로부터 양도, 양수허가를 받아 경작하고 있는 경우라면 실농보상의 대상에 해당할 것입니다.

또한, 「농지법」 제2조제1호가목의 토지에 설치하는 농축산물 생산시설로서 **고정식온실·버섯재배사 및 비닐하우스**와 연접하여 설치된 시설로서 농작물 또는 다년생식물의 경작·재배·관리·출하 등 일련의 생산과정에 직접 이용되는 다음 각 호의 시설이 있는 「농지법 시행령」 제2조제3항제2호가목에 해당하는 농림축산부식품부령으로 정하는 그

<u>부속시설의 부지는 토지보상법상 농업손실보상의 대상이 되는 농지로 본다</u>(농지법 시행규칙 제3조 제1항).

(i) 보일러, 양액탱크, 종균배양설비, 농자재 및 농산물보관실, 작업장 등 해당 고정식온실·버섯재배사 및 비닐하우스에서 농작물 또는 다년생식물을 재배하는 데 직접 필요한 시설

(ii) 해당 고정식온실·버섯재배사 및 비닐하우스에서 생산된 농작물 또는 다년생식물을 판매하기 위한 간이진열시설(연면적이 33㎡ 이하인 경우로 한정한다)

(iii) 시설 면적이 6천㎡ 이하에서 농림축산식품부장관이 정하여 공고하는 면적 이상인 고정식온실·버섯재배사 및 비닐하우스에서 재배하는 농작물 또는 다년생식물의 관리를 위하여 설치하는 시설(연면적 33㎡ 이하이고, 주거 목적이 아닌 경우로 한정한다)

그리고, 농업손실보상의 대상이 되려면 보상대상 농지(농작물, 다년생식물 재배지)에서 사업인정고시일 등 현재 실제로 농작물 등을 재배하여야 하는바, 대법원은 여기에서 "실제로 재배하고 있는 작물이란 영농자가 영농의사로 정상적인 방법에 따라 수확을 목적으로 실제 재배하는 작물을 말하는바, 영농의사 없이 보상 등을 목적으로 비정상적적인 방법으로 잠정적·일시적으로 재배한 작물은 이에 해당하지 않는다(대법원 2001.8.21. 선고 2001두3211 판결)"라고 판시하여 계획적인 영농이 아닌 경우 또는 자연발생적인 식물에 대해서는 보상이 불가하다고 한 바 있고, 농업손실보상 농작물의 범위에 대해서 유권해석은 "일반작물에 한정하지 않고, 이전재배가 가능한 화분재배 외 화훼작물·조경수·버섯재배장·잔디(농경지에 파종하여 수확·판매하는 경우 또는 대체농지 이식용)·묘포장(본포장에 이식하여 재배가 가능할 수 있는 정도로 육성시키는 특정장소) 등도 포함된다"고 보고 있다(2004.11.10. 토정 5066-1325.; 1997.11.13. 토정 58342-1587.; 1998.12.17. 토정58342-1998).

또한, 판례와 유권해석은 "**농경지의 지력**을 이용한 재배가 아닌 화분 등 용기에 식재하여 재배하는 난, 국화 등 화훼류 또는 콩나물재배의 경우에는 영업보상의 대상이 되는 것은 별론으로 하고 특단의 사정이 없는 한 이전비용 외에 달리 특별한 희생이 생긴다고 볼 수 없다"(대법원 2004.4.27. 선고 2002두8909 판결, 2004.2.18. 토관-709)고 하

여 농업손실보상에서 제외 된다고 하였으나, 국토교통부는 2013. 7. 5. '농작물실제소득인정기준'653)을 일부 개정하여 (i) (버섯)원목에 버섯종균을 파종하여 재배하는 버섯, (ii) (화훼)화분에 재배하는 화훼작물, (iii) (육묘)용기(트레이)에 재배하는 어린묘 등의 경우에는 지력을 이용하지 않아도 농업손실보상이 가능하도록 하였다.

판례

[판례1] ▶ [1] 구 공공용지의취득및손실보상에관한특례법시행규칙 제29조 제1항 소정의 '실제로 재배하고 있는 작물'의 의미 및 그 판단 기준

[2] 토지 등의 보상협의 신청을 받자 그 토지상에 영농보상액이 고액인 신선초를 옮겨 심고 일시적으로 재배하다가 협의 매수 이후에는 이를 일체 관리하지 아니하여 고사되었고, 사업시행자의 보상협의를 위한 기본조사시나 그 토지에 대한 사업인정고시시 현실적으로 그 토지상의 비닐하우스에는 실제 재배한 작물이 없었던 경우, 그 토지상에 옮겨 심어 일시적으로 재배한 신선초는 구 공공용지의취득및손실보상에관한특례법시행규칙 제29조 제1항 소정의 '실제로 재배하고 있는 작물'에 해당하지 않는다고 본 사례 [**대법원 2001.8.21. 선고 2001두3211**] (**토지수용이의재결처분취소**)

【판결요지】

[1] 구 공공용지의취득및손실보상에관한특례법시행규칙(1997.10.15. 건설교통부령 제121호로 개정되기 전의 것) 제29조 제1항에 의한 영농손실액의 산정은 당해 토지에서 실제로 재배하고 있는 작물을 확정한 다음, 그를 기준으로 그 각 호의 산식에 따라야 하는바, 여기서 '실제로 재배하고 있는 작물'이라 함은 영농자가 영농의 의사를 가지고 정상적인 방법으로 수확을 목적으로 실제로 재배한 작물을 말하는 것이지 영농의 의사 없이 보상 등을 목적으로 비정상적인 방법으로 잠정적·일시적으로 재배한 작물은 이에 해당하지 아니한다고 할 것이고, 한편 영농의 의사로 정상

---

653) 이 기준은 토지보상법 시행규칙 제48조제2항의 규정에 의하여 영농손실액의 보상기준이 되는 농작물의 실제소득을 입증하는 방법을 정함을 목적으로 2003.2.25. 당시 건설교통부가 고시(제2003-44호)하여 관보에 게재한 것으로, 2013.7.5. 국토교통부(고시 제2013-401호)가 이를 일부 개정하여 [별지2] '이전하여 중단없이 계속 영농이 가능한 작목 및 재배방식'을 신설하여 "직접 해당 농지의 지력(地力)을 이용하지 아니하고 재배 중인 작물을 이전하여 해당 영농을 계속하는 것이 가능하다고 인정되는 (i) 원목에 버섯종균 파종하여 재배하는 버섯, (ii) 화분에 재배하는 화훼작물, (iii) 용기(트레이)에 재배하는 어린 묘" 등의 경우에도 농업손실보상이 가능하도록 하였다(농작물실제소득인정기준 제6조 제3항, [별지2]).

적인 방법으로 수확을 목적으로 실제로 재배한 작물인지 여부는 그 작물의 종류·특성·효용 및 파종·수확의 시기나 방법, 재배 방법의 다양성 여부, 해당 토지나 경작 여건의 특성, 영농자의 영농 기술 등 제반 사정을 종합하여 판단하여야 한다.

[2] 토지 등의 보상협의 신청을 받자 그 토지상에 영농보상액이 고액인 신선초를 옮겨심고 일시적으로 재배하다가 협의 매수 이후에는 이를 일체 관리하지 아니하여 고사되었고, 사업시행자의 보상협의를 위한 기본조사시나 그 토지에 대한 사업인정 고시시 현실적으로 그 토지상의 비닐하우스에는 실제 재배한 작물이 없었던 경우, 그 토지상에 옮겨 심어 일시적으로 재배한 신선초는 영농의 의사로 통상적인 방법으로 재배한 작물이 아니라 영농의 의사 없이 보상 등을 목적으로 일시적으로 재배한 작물로서 구 공공용지의취득및손실보상에관한특례법시행규칙(1997.10.15. 건설교통부령 제121호로 개정되기 전의 것) 제29조 제1항 소정의 '실제로 재배하고 있는 작물'에 해당하지 않는다고 본 사례.

[판례2] ▶ [1] 구 토지수용법 제75조의2 제2항에 의한 보상금의 증감에 관한 소송의 성질 및 증명책임의 소재(=원고)

[2] 공공사업시행지구에 편입된 농경지에서 실제로 재배하던 작물을 대체농경지로 이식하여 계속 영농을 할 수 있는 경우, 영농손실액 지급대상에서 제외되는지 여부(소극) [대법원 2004.10.15. 선고 2003두12226] (토지수용재결처분취소등)

【판결요지】

[1] 구 토지수용법 제75조의2 제2항 소정의 손실보상금 증액청구의 소에 있어서 그 이의재결에서 정한 손실보상금액보다 정당한 손실보상금액이 더 많다는 점에 대한 입증책임은 원고에게 있다고 할 것이고, 위 보상금 증액청구소송은 재결청과 기업자를 공동피고로 하는 필수적 공동소송으로서 그 공동피고 사이에 소송의 승패를 합일적으로 확정하여야 하므로, 비록 이의재결이 토지소유자 또는 관계인의 입회 없이 작성된 조서를 기초로 하는 등의 사유가 있다고 하더라도 그 점만으로 위와 같은 입증책임의 소재를 달리 볼 것은 아니다(대법원 1997.11.28. 선고 96누 2255 판결 참조).

[2] 공공사업시행지구에 농경지가 편입되고 그 농경지에서 실제로 작물을 재배하고

있었던 이상 특별한 사정이 없는 한 구 공특법시행규칙 제29조 제1항 소정의 영농손실액 지급대상이 된다고 할 것이고, 농경지에 재배하던 작물을 대체농경지로 이식하여 계속 영농을 할 수 있어 영농중단이 발생하지 아니한다고 하여 영농손실액 지급대상에서 제외된다고 할 수 없으며(대법원 1999.12.10. 선고 97누8595 판결 참조), **잔디를 농경지에 식재하여 재배하는 것이 다른 곳에 이식하기 위한 것이라고 하여 달리 볼 것도 아니다.**

[판례3] ▶ 화분에 난을 재배하는 경우는 지력을 이용한 재배가 아니므로 농업손실보상 대상이 아니다.
[대법원 2004.4.27. 선고 2002두8909] (수용재결취소및손실보상금청구)

【판결요지】

1. 원심판결 이유에 의하면, 원심은 …(중략)… 영농보상을 하여 주지 않는다는 이유로 위 수용재결에 불복하여 이의신청을 하자, 피고 위원회는 원고가 재배하는 이 사건 난은 이동이 가능한 화분 등 용기에 식재되어 있고 또 판매시설을 갖추고 판매영업을 겸하고 있다는 이유로 영농보상을 인정하지 않는 대신 영업이전에 따른 휴업보상금을 추가로 인정하고 그 밖에 지장물과 이 사건 난의 이전비용을 일부 증액하는 외에는 원고의 이의신청을 기각하는 이의재결을 한 사실 등을 인정한 다음, 이 사건 수용재결 당시 시행되던 영농보상에 관한 공특법시행규칙 제29조 제1항은 농경지자체의 지력을 이용하여 농작물을 재배하는 것이 그 지급요건으로 된다고 할 수 없고, 영농폐지와 영농이전의 경우를 구별하지 않고서 단지 "공공사업시행지구에 편입된 농경지에 대하여는 실제로 재배하는 작물을 기준으로 일정한 산식에 의하여 산정된 금액을 영농손실액으로 지급한다."라고만 규정하고 있으므로, 공공사업시행지구에 농경지가 편입되고 그 농경지에서 실제로 작물을 재배하고 있는 이상 특별한 사정이 없는 한 영농보상의 지급대상이 된다고 할 것이고, 농경지에 재배하던 작물을 대체 농경지로 이식하면서 이전비용 등의 손실을 보상받고 계속 영농을 함으로써 영농중단이 발생하지 아니하였다는 사유만으로 영농보상의 지급대상에서 제외된다고 볼 수 없다는 이유로, 원고가 재배하고 있던 이 사건 난과 그 재배시설을 대체 농경지로 이전하면서 이전보상금을 지급받았고 또 대체 농경지에

서 영농을 계속함으로써 영농의 중단이 없었다고 하더라도 이와는 별개로 공특법시행규칙 제29조 제1항 및 제2항에서 규정하고 있는 산식에 의하여 산정된 영농보상액이 원고에게 지급되어야 할 것이라고 판단하였다.

2. 구 토지수용법(2002.2.4. 법률 제6656호로 폐지되기 전의 것) 제45조 소정의 손실보상은 공익사업의 시행 등 적법한 공권력의 행사에 의한 재산상의 특별한 희생에 대하여 사유재산권의 보장과 전체적인 공평부담의 견지에서 행하여지는 조절적인 재산적 보상이라는 점과 공특법시행규칙 제29조 소정의 영농보상은 공공사업시행지구 안에서 수용의 대상인 농경지를 이용하여 경작을 하는 자가 그 농경지의 수용으로 인하여 장래에 영농을 계속하지 못하게 되어 특별한 희생이 생기는 경우 이를 보상하기 위한 것이라는 점(대법원 2000.2.25. 선고 99다57812 판결, 2001.12.28. 선고 2001다68396 판결 등 참조)에 비추어, 위와 같은 재산상의 특별한 희생이 생겼다고 할 수 없는 경우에는 손실보상 또한 있을 수 없고, 이는 공특법시행규칙 제29조 소정의 영농보상이라고 하여 달리 볼 것은 아니라고 할 것이다.

위와 같은 손실보상과 영농보상의 성격에 비추어 **농경지의 지력을 이용한 재배가 아닌** 화분 등 용기(이하 '화분'이라고 한다)에 식재하여 재배되는 난 등 화훼류의 경우와 같이 화분을 기후 등과 같은 자연적 환경이나 교통 등과 같은 사회적 환경 등이 유사한 인근의 대체지로 옮겨 생육에 별다른 지장을 초래함이 없이 계속 재배를 할 수 있는 경우에는, 유사한 조건의 인근대체지를 마련할 수 없는 등으로 장래에 영농을 계속하지 못하게 된다거나 생활근거를 상실하게 되는 것과 같은 특단의 사정이 없는 이상 이전에 수반되는 비용이외에는 달리 특별한 희생이 생긴다고 할 수 없으므로 영농보상의 대상이 된다고 할 수 없다고 할 것이다.

유권해석

[법령해석] ▶ 농지의 지력을 이용하지 않는 버섯재배사 부지의 영농보상 여부
[2011.3.24. 법제처 11-0074]

【질의】
「농지법」 제2조제1호나목에 해당하는 버섯재배사(농지의 지력을 이용하지 않고 균사

를 배양한 단목을 지면에 고정시키거나 거치대에 매다는 방법을 사용하는 버섯재배
사) 부지가 「공익사업을 위한 토지 등의취득 및 보상에 관한 법률 시행규칙」 제48조
에 따른 농업 손실보상의 대상이 되는지?

【회답】

「농지법」 제2조제1호나목에 해당하는 버섯재배사(농지의 지력을 이용하지 않고 균사
를 배양한 단목을 지면에 고정시키거나 거치대에 매다는 방법을 사용하는 버섯재배
사) 부지는 유사한 조건의 인근 대체지를 마련할 수 없는 등으로 장래에 영농을 계속
하지 못하게 된다거나 생활근거를 상실하게 되는 것과 같은 특단의 사정이 있어 특별
한 희생이 생긴다고 할 수 있는 경우를 제외하고는 「공익사업을 위한 토지 등의 취득
및 보상에 관한 법률 시행규칙」 제48조에 따른 농업 손실보상의 대상이 된다고 볼 수
없습니다.

② 보상대상 제외농지(시행규칙 제48조 제3항)

토지보상법 시행규칙에서는 다음 어느 하나에 해당하는 토지는 농업손실보상 대상 농지
로 보지 아니하고 있다.

(ⅰ) 사업인정고시일등654) 이후부터 농경지로 이용되고 있는 토지

(ⅱ) 토지이용계획·주위환경 등으로 보아 일시적으로 농경지로 이용되고 있는 토지655)

(ⅲ) 타인소유의 토지를 불법으로 점유하여 경작하고 있는 토지

(ⅳ) 농민이 아닌 자가 경작하고 있는 토지

(ⅴ) 토지보상 이후 사업시행자가 2년 이상 계속하여 경작하도록 허용하는 토지656)

---

654) 2011.11.4. 토지정책과-5339: 영농보상기준일은 "사업인정고시일등"이 되며, "사업인정고시일등"이라
함은 토지보상법 제15조제1항 본문의 규정에 의한 보상계획공고(동항 단서의 규정에 의하는 경우에는 토
지소유자 및 관계인에 대한 보상계획의 통지를 말한다) 또는 동법 제22조의 규정에 의한 사업인정의 고
시가 있는 날을 말하며(동법 시행규칙 제44조 제3항 참조), 사업인정고시 이전에 보상계획공고를 한 경
우에는 보상계획공고일, 사업인정고시 이후 보상계획공고를 하는 경우에는 사업인정고시일, 즉 보상계획
공고일과 사업인정고시일 중 빠른 날을 적용하여야 할 것으로 봅니다.
655) 농경지로 이용되는 토지가 영농보상의 대상이 되는지 여부는 그 토지의 지목 또는 형질변경의 경위와
는 무관하다. 따라서 영농보상의 대상이 되는지 판단하려면 해당 토지가 불법형질변경된 토지인지를 살
필 것이 아니라 농지법 소정의 일시적 농지인지를 심리하여야 한다(대법원 2010.8.19. 선고 2010두
8140 판결). 서울행정법원, 행정소송의 이론과 실무, 사법발전재단, 2014, 507면
656) 이 배제조항은 보상이후 2년 동안 경작하여 농업손실에 해당하는 수익이 발생하므로 별도 보상금을

또한 지목 상 농경지인 전·답·과수원인 토지라 하여도 실제로 경작하고 있지 아니한 농지 (일시적인 휴경이 아닌 2년 이상 경작하고 있지 아니하는 농지 포함)[657] 또는 다년생식물 재배지로 이용되지 않는 토지는 영농손실 보상대상이 아니며, 보상 이후에 사업시행자가 2년 이상 계속하여 경작하도록 허용한 경우에는 영농손실 보상에서 제외되나 사업시행자의 사정에 의해 토지소유자와의 의사와 무관하게 일방적으로 경작하도록 하였으나 실제경작가가 해당기간 동안 실제로 경작할 수 없는 경우에는 영농손실보상의 대상이 된다.[658]

한편, 타인소유의 토지를 **불법점유**하여 경작하고 있는 토지는 원칙적으로 영농보상대상 농지에 해당되지 않으므로 보상계약 체결 전에 사용기간이 만료된 경우는 보상대상이 아니다(2014.7.17. 토지정책과-4585).[659] 다만, 보상협의 당시 허가기간 또는 임대차계약기간이 2년 미만이 남은 경우에는 영농손실보상 대상이 되며, 이때 영농손실 보상기간을 잔여 허가기간 또는 임대차계약기간으로 단축하여 적용할 수도 없다.[660]

③ 그 밖에 보상대상 제외농지 여부가 문제되는 농지

토지보상법령상에는 명문으로 열거되어 있지 아니하나 농업손실보상 대상 농지인지에 대해 논의가 되는 농지로 아래와 같은 것이 있다.

지급할 이유가 없다는 논리로 보인다. 다만, 사업시행자가 2년 이상 경작을 허용하는 토지는 사실상 대부분 사업시행자의 공사 지연에서 비롯되는 것이므로 농업손실보상의 취지나 생활보상의 의미를 감안하면 이런 배제조항이 합리적이지 못하므로 영농보상에서 제외하기 보다는 국유재산법 등 관련 법률에 따른 대부 또는 임대차로 다루는 것이 바람직하고 보는 견해가 있다(차태환, 토지보상법론 (3판), 부연사, 2012, 501면). 타당한 견해로 보이며 향후 시행규칙 제48조 제3항 제5호는 삭제할 필요가 있을 것이다.

657) 1998.10.19. 토정 58342-1673. 그러나 토지보상법시행규칙 제48조 제5항에서 "실제 경작자가 자의에 의한 이농, 해당 농지의 소유권 이전에 따른 임대차계약의 해지 등의 사유로 인하여 보상협의일 또는 수용재결일 당시에 경작을 하고 있지 아니하는 경우의 영농손실액은 제4항에도 불구하고 농지의 소유자가 해당지역에 거주하는 농민인 경우에 한하여 농지의 소유자에게 보상한다."라고 규정하고 있는바, 2년 이상 휴경지라고 하여 농업손실보상에서 제외하여야 한다고 단정할 수는 없다. 따라서 지목은 농경지이나 농경지로 사용하지 않는 기간이 장기간인 경우 특별한 사유 없이 경작하지 않는 경우에 비로소 농업손실보상에서 제외하여야 한다는 견해(신경직, 앞의 책, 491면)가 있으며 타당한 견해이다.

658) 2010.6. 22. 토지정책과-3311

659) 따라서 보상실무상 부재지주의 농지일자라도 통상적으로 실경작자가 농업손실보상금을 받기 위해서는 농지점유의 적법성 판단을 위한 자료(ex:임대차계약서, 임대료 지급증빙 자료, 직불제 수령내역, 농지소유자가 날인하는 경작사실확인서)가 요구되어 왔다. 그러나 부재지주가 날인을 거부하거나 보상금의 일부를 요구하여 사실상 적법한 임차농 일지라도 농업손실보상금의 수령에 어려움이 있었다. 이에 대해 2008.4.18. 시행규칙 제48조 제7항을 신설하였으나. 이에 대한 문제는 여전히 상존하고 있는 실정이다.

660) 2014.5.13. 토지정책과-3108

(i) 불법형질변경으로 개간된 사실상 농지

과거 토지보상법 시행규칙 제48조 제3항 제2호에서는 농업손실 보상대상 제외농지로 "토지이용계획, 주위환경 등으로 보아 일시적으로 농지로 이용되고 있는 토지 또는 불법형질변경토지로서 농지로 이용되고 있는 토지"로 규정하여 불법형질 변경된 사실상농지는 보상대상농지에서 제외하였으나, 2005. 2. 5. 시행규칙이 개정되면서 '불법형질변경토지'가 삭제되어 농업손실보상에 있어서는 불법형질변경 여부와 상관없이 불법형질 변경된 사실상 농지가 농지법상 농지에 해당되고 실제 농작물이 경작되고 있다면 농업손실보상이 되었다.661)

국토교통부는 당시(2005.4.6) "공부상 임야인 토지가 농지법상 농지인 경우에는 영농손실을 보상하나 다만 개발제한구역내에서의 '영농을 위한 토지의 형질변경' 등 불법형질변경이 명확한 경우에는 영농손실 보상대상에서 제외한다"고 하면서 개정된 시행규칙을 적극적으로 해석하였으나(2005.4.26. 토지정책과-2178), 이후에는 개정된 산지관리법 부칙규정(제10331호, 2010.5.31.)에 따라 "2011.1.1. 부터는 산지관리법 부칙 제2조에 의한 '불법전용산지에 관한 임시특례'에서 정한 절차에 따라 불법전용산지 신고 및 심사를 거쳐 '농지'로 지목변경된 경우에 한하여 농지로 평가하고 영농손실보상을 실시할 수 있도록 결정한바 있다(2010.12.29. 토지정책과-6105).662)

한편 법제처는 유권해석(2012.1.5. 법제처 11-737)을 통해 "지목이 임야인 타인 소유 토지를 적법하게 점유하여 공익사업인정 고시일 이전부터 농작물 또는 다년생식물을 경작하여 왔으나, 해당 토지가 「산지관리법」(2010.5.31. 법률 제10331호로 개정된 것을 말함) 부칙 제2조에 따른 불법전용산지에 관한 임시특례 규정의 적용을 받지 못하여 농지로 전용되지 못하는 경우 이러한 토지에서 행한 경작은 원칙적으로 「토지보상법 시행규칙」 제48조에 따른 손실보상 대상에 해당한다고 할 것이나, 예외적으로 산지로서의 관리 필요성 등 전반적인 사정을 고려할 때 손실보상을 하는 것이 사회적으로 용인될 수 없다

---

661) 그러나 한국토지주택공사와 같은 사업시행자의 경우 자체 '기본조사 및 보상업무에 관한 지침' 제47조(영농조사)규정에 의거해 농업손실보상금이 지급에 수동적이었다.

662) 국토교통부 지침 「지목이 '임야'이나 '농지'로 이용중인 토지에 대한 농업손실보상기준」(2010.12.29. 토지정책과-6105): 계약체결일 또는 수용개시일까지 위 절차를 거치지 아니하여 공부상 지목이 '임야'인 경우에는 불법형질변경 토지로 보아 공부상 지목대로 평가하여 보상한다. (토지정책과-2178(2005.4.26.)호로 시달된 "실제이용상황에 따른 보상업무처리지침"은 폐지)

고 인정되는 경우에는 손실보상 대상이 되지 않는다"라고 해석하고 있다.

「산지관리법」(법률 제10331호, 2010.5.31) 부칙 제2조에 따른 '불법전용산지에 관한 임시특례' 규정의 적용을 받지 못하여 농지로 전용되지 못하는 토지에서 행한 경작이 농업손실보상 대상이 될 수 있는지 여부(토지보상법 시행규칙 제48조 등 관련) [법제처 11-0737, 2012.1.5, 민원인]

【질의】

지목이 임야인 타인 소유 토지를 적법하게 점유하여 공익사업인정 고시일 이전부터 농작물 또는 다년생식물을 경작하여 왔으나, 해당 토지가 「산지관리법」(2010.5.31. 법률 제10331호로 개정된 것을 말함) 부칙 제2조에 따른 불법전용산지에 관한 임시특례 규정의 적용을 받지 못하여 농지로 전용되지 못하는 경우 이러한 토지에서 행한 경작이 「토지보상법 시행규칙」 제48조에 따른 농업손실보상 대상이 될 수 있는지?

【회답】

지목이 임야인 타인 소유 토지를 적법하게 점유하여 공익사업인정 고시일 이전부터 농작물 또는 다년생식물을 경작하여 왔으나, 해당 토지가 「산지관리법」(2010.5.31. 법률 제10331호로 개정된 것을 말함) 부칙 제2조에 따른 불법전용산지에 관한 임시특례 규정의 적용을 받지 못하여 농지로 전용되지 못하는 경우 이러한 토지에서 행한 경작은 원칙적으로 「토지보상법률 시행규칙」 제48조에 따른 손실보상 대상에 해당한다고 할 것이나, 예외적으로 산지로서의 관리 필요성 등 전반적인 사정을 고려할 때 손실보상을 하는 것이 사회적으로 용인될 수 없다고 인정되는 경우에는 손실보상 대상이 되지 않는다고 할 것입니다.

【이유】

공익사업법 제77조제1항에서는 영업을 폐지하거나 휴업함에 따른 영업 손실에 대하여는 영업이익과 시설의 이전 비용 등을 고려하여 보상하도록 하였으며, 같은 조 제2항에서는 농업의 손실에 대하여는 농지의 단위면적당 소득 등을 고려하여 실제 경작자에게 보상하도록 하여 서로 다른 보상 원칙을 규정하고 있는바, 이는 일반적인 영업에 대한 손실보상은 제1항에서 규정하면서, 농업의 특수성을 고려하여 제2항에서 농업에 대한 손실보상 규정을 별도로 둔 것으로 보입니다.

이에 따라 농업손실보상의 구체적 내용에 대하여 규정한 같은 법 시행규칙 제48조를 살펴보면, 제1항에서는 공익사업시행지구에 편입되는 농지에 대하여는 그 면적에 「통계법」 제3조제3호에 따른 통계작성기관이 매년 조사·발표하는 농가경제조사통계의 도별 농업총수입 중 농작물수입을 도별 표본농가현황 중 경지면적으로 나누어 산정한 도별 연간 농가평균 단위경작면적당 농작물총수입의 2년분을 곱하여 산정한 금액을 영농손실액으로 보상한다고 하면서, 공익사업시행지구에 편입되는 농지를 「농지법」 제2조제1호가목에 해당하는 토지로 정의하고 있고, 같은 조 제3항에서는 같은 조 제1항 등에 따른 농지로 보지 아니하는 경우로서 타인소유의 토지를 불법으로 점유하여 경작하고 있는 토지(제3호), 농민이 아닌 자가 경작하고 있는 토지(제4호) 등을 명시하여 손실보상 대상에서 제외되는 농지의 범위를 구체적으로 적시하고 있습니다.

그런데, 농업손실보상 대상이 되는 농지에 대하여 규정한 「농지법」 제2조제1호가목에서는 "농지"란 "전·답, 과수원, 그 밖에 법적 지목(地目)을 불문하고 실제로 농작물 경작지 또는 다년생식물 재배지로 이용되는 토지"라고 하여 지목을 불문하고 실제 경작 여부를 중심으로 농지 해당 여부를 판단하도록 되어 있으므로, 비록 지목이 법상 임야로 되어 있다 하더라도 공익사업인정 고시일 이전부터 농작물 또는 다년생식물을 경작하여 왔다면 원칙적으로 농업손실보상과 관련하여서는 해당 토지가 공익사업법 시행규칙 제48조제3항에서 정한 요건에 해당하지 않는 한 농업손실보상 대상이 되는 「농지법」 제2조제1호가목에 따른 농지가 아니라고 보기는 다소 어렵다고 할 것이고, 농업손실보상의 경우 같은 법 시행규칙 제45조에 따른 불법형질변경토지에서 이루어진 영업의 경우를 손실보상 대상에서 제외하도록 하는 규정 등을 준용하고 있지도 않다고 할 것입니다.

또한, 대상 토지가 「산지관리법」(2010.5.31. 법률 제10331호로 개정된 것을 말하며, 이하 같음) 부칙 제2조에 따른 불법전용산지에 관한 임시특례 규정의 적용을 받지 못하여 농지로 전용되지 못하는 경우라 하여 이를 달리 보기도 어렵습니다.

다만, 공익사업법에 따른 손실보상이 공익사업의 시행 등 적법한 공권력의 행사에 의한 재산상의 특별한 희생에 대하여 사유재산권의 보장과 전체적인 공평부담의 견지에서 행하여지는 조절적인 재산적 보상이라는 점(대법원 2004.4.27. 선고, 2002두8909 판결 등 참조) 및 보안림의 해제와 관련하여서는 무단으로 산지를 전용하여 농작물 등을 재배하는 경우 「농지법」 제2조제1호에 따른 농지로 보기 어렵다는 점(법제처 2006.4.21. 회신 06-0016 해석례 참조) 등 산지 보존의 필요성 등을 고려할 때, <u>예외적으로 관계 법령의 입법 취지와 그 법령에 위반된 행위에 대한 비난가능성과 위법성의 정도, 합법화될 가능성, 사회통념상 거래 객체가 되는지 여부 등 전반적인 사실관계를 종합하여 판단하여야 할 것이고(대법원 2001.4.13. 선고 2000두6411 판결 참조), 구체적인 개별 사안별로 대상 토지에 경작이 이루어지게 된 시기 및 경작이 이루어진 기간, 경작 규모 및 이용현황, 산지로서의 관리 필요성 및 농지화된 정도, 사업인정 고시와의 관계 등 전반적인 사정을 고려할 때, 손실보상을 하는 것이 **사회적으로 용인될** 수 없는 경우라면 손실보상 대상에 해당하지 아니한다고 보아야 할 것입니다.</u>

즉, 법제처 법령해석에 따르면 공부상 지목이 "임야"이나 「농지법」 제2조제1호 가목(사실상 농지)으로 이용 중인 토지는 "불법전용산지에 관한 임시특례" 규정에 따라 '농지'로 지목이 변경되어있지 않더라도 원칙적으로 농업손실 보상대상이 된다는 것이고, 최근 국토교통부 유권해석(<u>2012.3.30.</u> 토지정책과-1547)[663]도 <u>「지목이 '임야'이나 '농지'로 이용 중인 토지에 대한 농업손실보상기준」</u>을 변경하여 법제처의 법령해석을 반영하였다.

▶ 국토교통부 지침 「지목이 '임야'이나 '농지'로 이용 중인 토지에 대한 농업손실보상기준」변경(2012.3.30.)	
종 전	변 경
공부상 지목이 '임야'이나 농지(「농지법」 제2조	공부상 지목이 '임야'이나 농지(「농지법」 제2

---

663) 국토교통부 지침 「지목이 '임야'이나 '농지'로 이용중인 토지에 대한 농업손실보상기준」변경(2012.3.30.): 2012.1.5. 이후에 지급하는 영농손실보상부터 적용[법제처 법령해석(11-0737, 2012.1.5.) 반영]

제1호가목)로 이용중인 토지는 위 규정에 의한 불법전용산지에 관한 인시특례규정에서 정한 절차에 따라 불법전용산지신고 및 심사를 거쳐 농지로 지목변경된 경우에 한하여 영농손실을 보상 ※법제처 법령해석(06-0016, 2006.4.21)	조제1호가목)로 이용중인 토지는 영농손실을 보상. 다만, 산지로서의 관리필요성 등 전반적인 사정을 고려할 때 손실보상을 하는 것이 사회적으로 용인될 수 없다고 인정되는 경우에는 보상대상에서 제외 ※2012.1.5. 이후에 지급되는 영농손실보상부터 적용

(ⅱ) 국유지상의 무단경작

국유지상의 무단경작은 농업손실보상 대상이 아니다. 유권해석은 하천점용허가가 없이 변상금을 납부하면서 이루어진 국가하천부지에서의 무단경작은 농업손실대상에 해당하지 아니한다(2010.6.1. 토지정책과-2921)고 해석하고 있고, 국유의 하천부지에 대해서 하천관리청으로부터 점용허가를 받아 사용하였다면 그 자가 농업손실보상의 대상이므로, 실제 경작중인 자가 하천관리청으로부터 양도·양수허가를 받아 경작하고 있는 경우라면 농업손실보상의 대상이 된다고 보고 있으나 점용허가기간이 경과한 상태에서 경작하였다면 무단경작이 된다(1998.12.22. 토정58342-2033, ; 1999.3.6. 토정58342-267).

한편, 국토교통부 유권해석에 따르면 하천의 경우에는 종전 국가하천 및 지방1급 하천과 지방2급 하천을 구분하여, 국가하천 및 지방1급 하천의 경우에는 국유화조치로 자기명의 토지라 할지라도 타인토지에 해당한다고 보아, 하천점용허가를 받지 않고 경작하였다면 토지보상법 시행규칙 제48조 제3항 제3호의 "타인소유의 토지를 **불법**으로 **점유**하여 경작하고 있는 토지"로 보아 농업손실보상금 지급이 불가하나, 지방2급 하천의 경우에는 하천구역내 자기소유 토지에서 경작 중인 경우는 하천법 등 관계법령의 위반여부는 별론으로 하고, 농업손실 보상대상에 해당한다고 해석하고 있다(2012.9.5. 토지정책과-4377).

> **재결례**
>
> [재결례] ▶ 임야 중 일부를 2015년 이전부터 경작하고 있는 부분에 대하여 농업손실보상 대상으로 인용한 사례 [**중토위** 2020.9.10.]

【재결요지】

지목이 '임'인 토지를 「농지법 시행령」 제2조제2항제2호가 개정(2016.1.21.)되기 이전에 이미 형질변경하여 경작에 이용하고 있는 경우에는 종전규정에 따라 '농지'로 봄이 타당하다. 따라서, ○○○가 농업손실보상을 실시하여 달라는 주장은 <u>위 개정 규정이 시행되기 이전에 이미 형질변경되어 '경작'한 부분에 대하여는 이유 있는 것으로 판단</u>된다.

관계자료(항공사진판독서⟨2015년7월⟩ 등)를 검토한 결과, 이 건 공익사업 편입 토지인 '○○리 산21-12 임 4,162㎡'의 2015년7월 당시 이용상황별 면적은 측구 23.0㎡, 과수원 2,919.0㎡, 밭 16.4㎡, 도로 80.9㎡, 묘역 205.3㎡, 황무지 0.2㎡인 것으로 확인된다. 따라서, <u>2015년 7월 당시 형질변경되어 '농지'로 이용하고 있는 2,935.4㎡에 대하여는 농업손실보상금을 지급하기로 하고</u>, 손실보상금은 금○○○원으로 한다.

질의회신

[질의회신1] ▶ 공부상 지목이 "전"인 토지를 불법형질변경하여 주차장이나 고물상 부지로 사용하는 경우, 농업손실보상 대상인지 여부 [2008.12.11. 토지정책과-1338]

【회신내용】

토지보상법 제77조 제2항에서 영농보상을 실제 경작자에 보상하는 것을 원칙으로 하는 점과 영농보상은 농업의 손실을 전보하는 제도로서 보상인 점 및 토지보상법 시행규칙 제48조를 종합적으로 살펴볼 때, 농업을 경영하고 있는 농지가 아닌 <u>휴경지 등 장기간 경작하고 있지 아니한 농지는 공익사업의 시행에 따라 농업에 어떠한 손실이 있다고 할 수 없기 때문에 영농손실 보상 대상이라고 보기 어렵다고 보며</u>, 개별사례가 이에 해당하는지 여부는 사업시행자가 구체적 사실관계를 조사하여 확인·결정할 사항이라고 봅니다.

[질의회신2] ▶ 보상이후 토지소유자의 경작의사와 상관없이 2년 이상 경작을 허용한다면 농업손실보상대상에서 제외된다. [2011.10.5. 토지정책과-4736]

【회신내용】

사업시행자가 사업계획 등을 감안하여 토지의 취득에 대한 보상 이후에 사업시행자가 2년 이상 계속하여 경작하도록 한 경우에는 토지소유자의 경작의사와 관계없이 동 규칙 제48조제3항제5호에 해당하여 농업손실보상을 하지 않을 수 있다고 봅니다.

[질의회신3] ▶경작자의 동의여부에 불구하고 **사업시행자의 사정에 의하여** 일방적으로 경작을 하도록 한 경우 토지보상법 제48조제3항제5호에 의하여 농업손실보상을 하지 아니하여도 되는지 여부와 사업시행자가 토지취득 후 상당기간이 지나 경작을 허용한 경우에도 동 조항의 적용이 가능한지 [2010.6. 22. 토지정책과-3311]

【회신내용】

토지보상법 제48조제3항제5호에 의하면 토지의 취득에 대한 보상 이후에 2년 이상 계속하여 경작하도록 허용하는 토지에 대하여는 농지로 보지 아니하도록 규정하여 농업의 손실에 대한 보상에서 제외하고 있습니다. 귀 질의와 같이 토지의 취득에 대한 보상을 하고 일정기간이 경과한 후 사업시행자의 사정에 의하여 일방적으로 경작하도록 하였으나, 전 소유자등이 경작을 하지 않은 경우에는 토지보상법 제48조제3항제5호에 따른 경작을 허용하는 토지로 보기 어려우나, 사업시행자와 경작자간에 합의(동의)에 의하여 2년 이상 계속하여 경작하도록 한 경우에는 농업의 손실 보상대상에서 제외된다고 보며, 개별적인 사례는 사업시행자가 사실관계 등을 검토하여 판단하시기 바랍니다.

[질의회신4] ▶ 공익사업과 관련 없이 임대차계약 만료된 경우에는 농업손실보상 대상이 아니다. [2014.7.17. 토지정책과-4585]

【질의요지】

공익사업(저수지 수변공간조성사업/서산시)에 편입된 ○○공사 소유토지(유지)에 대하여 사업계획 고시일 전까지 적법하게 목적외 영농사용 임대차계약을 체결하고 영농을 하였던 경작자들이 2013.12.31. 임대차계약기간이 만료되고 사업시행을 위하여 다시 목적외 영농사용신청서에 의한 임대차계약을 체결하지 않을 경우 토지보상법 시행

규칙 제48조에 따른 영농손실 보상대상에 해당되는지 여부

【회신내용】

공익사업을 위한 관계법령에서 보상에 관하여 제한을 둔 경우 또는 공익사업과 관계없이 임대차계약기간이 만료된 경우에는 당해 공익사업으로 인하여 특별한 손실이 발생하였다고 볼 수 없으므로 영농보상대상에 해당되지 아니한다고 보나, 구체적인 사례에 대해서는 위 규정과 관계법령 및 사실관계를 조사하여 판단하여야 할 것으로 봅니다.

[질의회신5] ▶ 토지보상법 시행규칙 제48조제3항 제5호의 해석상 농지임대차 계약이 1년만 남은 경우 실제 경작자에게 남은 계약기간 동안의 농업손실분에 대해서만 보상할 수 있는지 여부 [2014.5.13. 토지정책과-3108]

【회신내용】

토지보상법 시행규칙 제48조제3항제5호는 공익사업시행지구에 편입되는 농지(「농지법」 제2조제1호가목 및 같은 법 시행령 제2조제3항제2호가목에 해당하는 토지를 말함)라 하더라도 "토지의 취득에 대한 보상이후에 사업시행자가 2년 이상 계속하여 경작하도록 허용하는 토지"는 농지로 보지 아니하도록 하여 농업의 손실에 대한 보상 대상에서 제외하도록 하는 것으로 토지보상법 시행규칙 제48조제3항제5호를 해석할 때 사업시행자가 토지의 취득에 대한 보상을 하기 전의 농지 소유자와 실제 경작자 간에 계약기간은 고려대상이 아닌 것으로 보며, 구체적인 사례에 대해서는 사업시행자가 관계법령 및 사실관계를 조사하여 판단하여야 할 사항입니다.

[질의회신6] ▶ 국가하천내에 소재하는 개인명의의 토지를 허가를 받지 않고 경작한 경우 영농손실보상 대상으로 볼 수 없다. [2011.7.22. 토지청책과-3582]

【회신내용】

사업인정고시일 당시의 「하천법(시행 2004.7.21. 법률 제7101호)」 제3조에 의하면 "하천은 이를 국유로 한다"고 되어 있고, 동법 제33조 및 동법 시행규칙 제19조에 의하면 하천구역을 점용하고자 하는 자는 소정의 절차에 따라 관리청의 허가(하천점용허가)를 받도록 되어 있습니다.

따라서, 국가하천구역내 소재하는 토지는 국유지로서 「하천법」에 따른 하천점용허가 대상에 속하며, 적법하게 하천점용허가를 받지 아니한 경우에는 토지보상법시행규칙 제48조에 의한 농업손실보상 대상이 아니라고 봅니다.

[질의회신7] ▶ 지방(2급) 하천구역 내에 소재하는 사유 토지에서 소유자가 하천점용허가를 받지 않고 경작행위를 하던 중 해당 토지가 공익사업에 편입된 경우 농업손실 보상이 가능하다. [2012.9.5. 토지청책과-4377]

【회신내용】
질의하신 지방(2급) 하천구역 내 자기소유 토지에서 경작 중인 경우는 「하천법」등 관련법령 위반 여부는 별론으로 하고, 농업손실 보상대상에 해당하는 것으로 봄

(2) 보상대상자

① 농민 등

농업손실보상의 대상이 되려는 자는 공익사업에 편입되는 「농지법」 제2조제1호가목 및 같은 법 시행령 제2조제3항 제2호가목에 해당하는 토지에서 영농을 하는 <u>농민</u>(「농지법」 제2조제3호의 규정에 의한 '<u>농업법인</u>' 또는 동법 시행령 제3조제1호 및 제2호의 규정에 의한 '<u>농업인</u>'을 말함)<u>이어야 한다</u>(시행규칙 제48조 제1항, 동 규칙 제48조 제3항제4호).

> **관련법령**
>
> ■ **농지법 시행령 제3조(농업인의 범위)** 법 제2조제2호에서 "<u>대통령령으로 정하는 자</u>"란 다음 각 호의 어느 하나에 해당하는 자를 말한다. 〈개정 2008. 2. 29., 2009. 11. 26., 2013. 3. 23.〉
>
> 1. 1천제곱미터 이상의 농지에서 농작물 또는 다년생식물을 경작 또는 재배하거나 1년 중 90일 이상 농업에 종사하는 자
> 2. 농지에 330제곱미터 이상의 고정식온실·버섯재배사·비닐하우스, 그 밖의 농림축산식품부령으로 정하는 농업생산에 필요한 시설을 설치하여 농작물 또는 다년생식물을 경작 또는 재배하는 자
> 3. 대가축 2두, 중가축 10두, 소가축 100두, 가금 1천수 또는 꿀벌 10군 이상을 사육

여기서 농업법인이란 「농어업경영체 육성 및 지원에 관한 법률」 제16조에 따라 설립된 '영농조합법인'과 같은 법 제19조에 따라 설립되고 업무집행권을 가진 자 중 3분의 1 이상이 농업인인 '농업회사법인'을 말한다(농지법 제2조제3호).

한편, 농업인이란 농업에 종사하는 개인으로서 (ⅰ) 1천㎡ 이상의 농지에서 농작물 또는 다년생식물을 경작 또는 재배하거나 1년 중 90일 이상 농업에 종사하는 자, (ⅱ) 농지에 330㎡ 이상의 고정식온실·버섯재배사·비닐하우스를 설치하여 농작물 또는 다년생식물을 경작 또는 재배하는 자, (ⅲ) 대가축 2두, 중가축 10두, 소가축 100두, 가금(家禽: 집에서 기르는 날짐승) 1천수 또는 꿀벌 10군 이상을 사육하거나 1년 중 120일 이상 축산업에 종사하는 자, (ⅳ) 농업경영을 통한 농산물의 연간 판매액이 120만 원 이상인 자 중 어느 하나에 해당하는 자를 말한다(농지법 시행령 제3조).

즉, 원칙적으로 농업손실보상의 대상자는 농지법상의 농지에서 실제 영농을 하는 농업법인, 농업인을 포함하는 농민이어야 하며, 해당 농민은 사업인정고시일(보상계획공고 포함) 당시의 자경농지 내지 임차농지를 적법하게 실제 경작하는 자이어야 한다(시행규칙 제48조 제7항). 따라서 농민 또는 농업법인이 아닌 자로서 종중소유 토지를 임차하여 경작한 경우에 토지소유자인 종중단체는 농민에 해당하지 아니하여 보상대상자가 될 수 없으며, 농지법상 농지가 아니거나 농민이 아닌 자(농업법인 외 일반법인)가 경작한 경우에는 농업손실 보상자에 포함될 수 없다.

② 임차농지의 농민 및 농지 소유자

농업손실보상 대상자에는 자경농민 외 타인의 농지를 경작하는 임차농민, 국·공유지를 점용 내지 사용허가를 받아 경작한 농민도 포함된다. 또한, 농업손실보상 대상자는 원칙적으로 실제 경작자이어야 하나 자경하지 아니한 해당 지역에 거주하는 농지소유자인 농민도 예외적으로 보상대상자가 된다.

라. 농업손실보상액의 산정

(1) 통계자료에 의한 산정

공익사업시행지구에 <u>편입되는</u> 농지에 대하여는 그 면적에 「통계법」 제3조제3호에 따른 통계작성기관이 매년 조사·발표하는 농가경제조사통계의 도별 농업총수입 중 농작물수입을 도별 표본농가현황 중 경지면적으로 나누어 산정한 <u>도별 연간 농가평균 단위경작면적당 **농작물총수입의 직전 3년간 평균**</u>664)의 2년분을 곱하여 산정한 금액을 영농손실액으로 보상한다(시행규칙 제48조 제1항).

농작물총수입의 적용에 있어 서울특별시·인천광역시는 경기도, 대전광역시는 충청남도, 광주광역시는 전라남도, 대구광역시는 경상북도, 부산광역시·울산광역시는 경상남도의 통계를 각각 적용한다.

> ▶ **영농손실액 = 편입농지 면적 × 도별 연간 농가평균 단위경작면적당**
> **농작물 총수입의 직전 3년간 평균 × 2년**

※ 농업손실보상비 (단위:원) (2021.7.1. 기준)665)

구분	농업손실보상액(직전3년간평균) (2년분/㎡당)
경기도	3,632
강원도	3,440
충청북도	4,182
충청남도	3,300
전라북도	3,450
전라남도	2,964
경상북도	4,690
경상남도	4,922
제주도	5,862

* 「통계법」 제3조제3호에 따른 통계작성기관이란 농촌진흥청을 말하며, 통계자료는 통계청 국가통계포탈(http://www.kosis.kr)에서 검색할 수 있다.

---

664) '농작물총수입의 직전 3년간 평균'이라는 문구에서 '직전'이란 보상평가의 기준시점의 직전을 의미하므로 협의의 경우는 협의성립일, 재결의 경우는 재결 당시의 직전 3년간이 된다.
665) LH - 분기별 법정보상비 산정금액(2021년 3/4분기 법정보상비) 참조

영농손실액을 통계자료에 의하는 경우는 (i) 영농손실 보상대상자가 실제소득을 입증하지 않는 경우 외에도 (ii) 실제소득을 입증하였으나 실제소득이 통계자료에 의한 영농손실액보다 적은 경우 등도 포함한다(2009.9.11. 토지정책과-4230).

질의회신

[질의회신1] ▶ 실제소득(2년분)이 농가평균소득보다 적은 경우에 많은 금액(농가평균소득)으로 보상이 가능한지 여부 [2009.9.11. 토지정책과-4230]

【회신내용】

「토지보상법 시행규칙」제48조 제1항에 의한 영농손실액 보상산정은 경작하는 농지법상 농지에 대하여 도별 연간 농가평균 단위경작면적당 농작물 조수입의 2년분을 곱하여 산정한 금액으로 한다고 보며, 같은 규칙 부칙 제7조의 규정에 의한 경과규정취지를 감안하면 그 경작자가 더 많은 보상을 받기 위해 실제소득을 객관적으로 입증하는 경우에는 같은 조 제2항을 적용할 수 있다고 보므로, 제2항의 규정에 의한 실제소득이 제1항의 규정에 의한 농가평균 단위경작면적당 농작물 조수입의 2년분을 곱하여 산정한 금액보다도 적은 경우에는 제1항을 적용하여 보상하여야 한다고 봅니다.

(2) 실제소득에 의한 산정

① 산정방법

국토교통부장관이 농림축산식품부장관과의 협의를 거쳐 관보에 고시하는 「농작물실제소득인정기준」(이하 '「농작물실제소득인정기준」'이라 함)[666)에서 정하는 바에 따라 실제소득을 입증하는 자가 경작하는 편입농지에 대해서는 그 면적에 단위경작면적당 3년간 실제소득 평균의 2년분을 곱하여 산정한 금액을 영농손실액으로 보상한다. 다만, 다음 각 호의 어느 하나에 해당하는 경우에는 각 호의 구분에 따라 산정한 금액을 영농손실액으로 보상한다(시행규칙 제48조 제2항).

---

666) 2013.7.5. 국토교통부고시 제2013-401호

1. 단위경작면적당 실제소득이 「통계법」 제3조제3호에 따른 통계작성기관이 매년 조사·발표하는 농축산물소득자료집의 작목별 평균소득(동일작물이 없는 경우에는 유사작물군의 평균소득)의 2배를 초과하는 경우 : 해당 작목별 단위경작면적당 평균생산량의 2배(단위경작면적당 실제소득이 현저히 높다고 농작물실제소득인정기준에서 따로 배수를 정하고 있는 경우에는 그에 따른다)[667]를 판매한 금액을 단위경작면적당 실제소득으로 보아 이에 2년분을 곱하여 산정한 금액

2. 「농작물실제소득인정기준」에서 직접 해당 농지의 **지력(地力)을 이용하지 아니하고** 재배 중인 작물을 이전하여 해당 영농을 계속하는 것이 가능하다고 인정하는 경우 : 단위경작면적당 실제소득(제1호의 요건에 해당하는 경우에는 제1호에 따라 결정된 단위경작면적당 실제소득을 말한다)의 **4개월분을** 곱하여 산정한 금액

※ 농작물실제소득인정기준 제3조(실제소득의 산정방법)

▶ **영농손실액** = 편입농지 면적 × 단위경작면적당 농작물 실제소득 × 2년

▶ **연간 단위면적당 실제소득** = 농작물총수입 ÷ 경작농지 전체면적 × 소득률

※ 「농작물실제소득인정기준」 주요내용

[2021.3.3. 국토교통부고시 제2021-212호]

▶ 농작물총수입: 전체 편입농지 중 영농손실의 보상대상자가 실제소득을 입증하고

---

667) ▶ 실제소득이 소득자료집의 작목별 평년소득(동일 작물이 없는 경우에는 유사작물군의 평균소득)의 2.0배를 초과할 경우에는 단위면적당 평균생산량의 2배를 판매한 금액으로 한다. 다만, 생산량을 확인할 수 없는 경우에는 평균소득의 2.0배로 한다(농작물실제소득인정기준 제6조 제1항).
  ▶ 「농작물실제소득인정기준」 [별지1]에서 규정하는 '단위면적당 평균생산량의 2배를 초과하는 작물과 재배방식'에 해당하는 경우에는 위 기준 제6조 제1항의 내용에도 불구하고 최대생산량 및 평균생산량을 적용하여 산정한다(농작물실제소득인정기준 제6조 제2항, [별지1] 가호, 나호). → 즉, 단위면적당 평균생산량의 2배를 초과하는 특정작물과 재배방식에 의한 경우에는 최대생산량의 범위까지만 소득률을 인정하여 산정한다.
  ▶ 화목·관상수류의 경우는 수목의 규격과 식재간격에 따라 생산량이 다르므로 동 기준 〈별첨 2〉의 수목의 높이, 직경, 식재간격에 따른 생산량을 기준생산량으로 준용한다(농작물실제소득인정기준 제6조 제2항, [별지1] 다호).

자 하는 편입농지에서 실제로 재배한 농작물(다년생식물 포함)과 같은 종류의 농작물을 재배한 경작농지의 총수입으로서, 「공익사업을위한토지등의취득및보상에관한법률」(이하 "법"이라 한다) 제15조제1항 본문규정에 의한 보상계획의 공고일(동항 단서의 규정에 의하는 경우에는 토지소유자 및 관계인에 대한 보상계획의 통지를 말한다) 또는 법 제22조의 규정에 의한 사업인정고시일 이전 3년간의 연간평균총수입(당해 농작물의 경작자가 경작을 한 기간이 3년 미만인 경우에는 그 경작기간에 한하여 실제소득을 기준으로 산정한다)으로 산정한다.(제2조 제1호)

▶ 경작농지 전체면적: 농작물 총수입의 산정대상이 되는 경작농지의 면적을 말하다.
(제2조 제2호)

▶ 농작물 총수입은 입증자료에 의하여 산정하되, 위탁수수료 등 판매경비를 제외한 실제수입액을 기준으로 한다.(제4조)

제1조(목적) 이 기준은 「공익사업을위한토지등의취득및보상에관한법률」시행규칙 제48조제2항의 규정에 의하여 영농손실액의 보상기준이 되는 농작물의 실제소득을 입증하는 방법을 정함을 목적으로 한다.

제5조(소득률의 적용기준) ① 제3조의 규정에 의한 소득률은 다음 각호의 우선순위에 의하여 적용한다.

1. 농촌진흥청장이 매년 조사·발표하는 농축산물소득자료집(이하 "소득자료집"이라 한다)의 도별 작물별 소득률

2. 제1호의 도별 작물별 소득률에 포함되어 있지 아니한 농작물에 대하여는 유사작목군의 평균소득률. 이 경우 유사작목군은 식량작물·노지채소·시설채소·노지과수·시설과수·특용약용작물·화훼·통계청조사작목 등으로 구분한다.

②제1항 각호의 규정에 의한 소득자료집은 사업인정고시일등이 속한 연도에 발간된 소득자료집을 말한다. 다만, 사업인정고시일등이 속한 연도에 소득자료집이 발간되지 않은 경우에는 사업인정고시일등 전년도에 발간된 소득자료집을 말한다.

제6조(실제소득금액 산정특례) ① 사업시행자는 제3조에 의하여 산정된 실제소득이 소득자료집의 작목별 평년소득(동일 작물이 없는 경우에는 유사작물군의 평균소득)

의 2.0배를 초과할 경우에는 단위면적당 평균생산량의 2배를 판매한 금액으로 한다. 다만, 생산량을 확인할 수 없는 경우에는 평균소득의 2.0배로 한다.

② [별지1]에서 규정하는 '단위면적당 평균생산량의 2배를 초과하는 작물과 재배방식'에 해당하는 경우에는 제1항에도 불구하고 최대생산량 및 평균생산량을 적용하여 산정한다.

③ 직접 농지의 지력(地力)을 이용하지 아니하고 재배중인 작물을 '이전하여 중단 없이 계속 영농이 가능하여 단위면적당 실제소득의 4월분에 해당하는 농업손실보상을 하는 작물 및 재배방식'은 [별지2]와 같다.

제7조(유의사항) 사업시행자 또는 영농손실액 보상대상자는 법 제93조에 의거 사위 그 밖에 부정한 방법으로 보상금을 받은 자 또는 그 사실을 알면서 보상금을 교부한 자는 5년 이하의 징역 또는 3천만원 이하의 벌금에 처하고 그 미수범도 처벌하도록 규정되어 있음을 유의하여야 한다.

제8조(재검토기한) 국토교통부장관은 「훈령·예규 등의 발령 및 관리에 관한 규정」에 따라 이 기준에 대하여 2021년 7월 1일을 기준으로 매 3년이 되는 시점(매 3년째의 6월 30일까지를 말한다)마다 그 타당성을 검토하여 개선 등의 조치를 하여야 한다.

② 농작물 총수입의 입증자료

농작물의 총수입을 입증하는 자료 및 해당 자료를 발급하는 실제소득을 인정하는 기관으로 「농작물실제소득인정기준」은 다음 각호를 규정하고 있다(농작물실제소득인정기준 제4조).

1. 「농수산물유통및가격안정에관한법률」(이하 이 조에서 "농안법"이라 한다) 제21조 제1항의 규정에 의한 도매시장관리사무소·시장관리자, 동법 제22조의 규정에 의한 도매시장법인·시장도매인, 동법 제24조의 규정에 의한 공공출자법인 또는 동법 제48조의 규정에 의한 민영도매시장의 개설자·시장도매인이 발급한 표준정산서(농안법 제41조제2항의 규정에 의한 표준정산서를 말함) 또는 거래실적을 증명하는 서류(출하자의 성명·주소, 출하일, 출하품목, 수량, 판매금액, 판매경비, 정산액 및 대금지급

일 등을 기재한 계산서·거래계약서 또는 거래명세서 등으로서 당해 대표자가 거래사실과 같다는 것을 증명한 서류를 말함)

2. 농안법 제43조의 규정에 의한 농수산물공판장·동법 제51조의 규정에 의한 농수산물산지유통센터 또는 동법 제69조의 규정에 의한 종합유통센터가 발급한 거래실적을 증명하는 서류668)

3. 「유통산업발전법」 별표의 규정에 의한 대규모점포 중 대형마트, 전문점, 백화점이 발급한 거래실적을 증명하는 서류

4. 「관광진흥법」 제3조제1항제2호가목의 규정에 의한 호텔업을 영위하는 업체가 발급한 거래실적을 증명하는 서류

5. 「식품위생법」시행령 제21조제1호의 규정에 의한 식품제조·가공업을 영위하는 업체가 발급한 거래실적을 증명하는 서류

6. 「관세법」 제248조제1항의 규정에 의하여 세관장이 교부한 수출신고필증

7. 국가·지방자치단체·공공단체 또는 농안법 제43조의 규정에 의하여 농수산물공판장을 개설할 수 있는 생산자단체와 공익법인이 발급한 거래실적을 증명하는 서류

8. 「농작물재해보험법」 제5조제3항에 의한 보험사업자가 발행한 보험료 산정을 위한 서류

9. 세무서 등 관계기관에 신고·납부한 과세자료

그러나, 농작물 총수입의 입증하는 자료가 반드시 위 동 기준에 열거된 것에 한정되는 것은 아니다. 대법원은 국토교통부장관이 농림축산식품부장관과의 협의를 거쳐 관보에 고시하는 「농작물실제소득인정기준」 제4조에서 규정한 '농작물총수입'의 입증자료 9가지 서류 이외에도 실제소득을 증명하는 입증자료가 객관성과 합리성이 있다면 '농작물총수입'을 인정하는 입증자료가 된다고 판시하고 있어 실제소득의 입증방법을 확대해석하고 있다(대법원 2012.6.14. 선고 2011두26794 판결).

---

668) 2010.10.27. 토지정책과-5120 : 건설교부고시 제2003-44호(2003.2.25.)로 고시된 「농작물실제소득인정기준」 제4조제2호에 의하면, 「농수산물유통및가격안정에관한법률(이하 이 조에서 "농안법"이라 함)」 제43조의 규정에 의한 농수산물공판장 등이 발급한 거래실적을 증명하는 서류를 포함하고 있습니다. 이 때, "농수산물공판장"이라 함은 농안법 제2조제5호에 의거 지역농업협동조합, 지역축산업협동조합 등으로 규정하고 있으므로, 지역단위농협에서 발급한 거래실적 증명자료는 농작물실제소득인정기준에 의한 입증서류에 해당된다고 보나, 귀 질의의 경우가 이에 해당되는지 여부는 사업시행자가 위 규정과 사실관계 등을 조사·확인하여 판단하시기 바랍니다.

[판례1] ▶ 구 공익사업을 위한 토지 등의 취득 및 보상에 관한 법률 제77조 등에서 정한 농업손실에 대한 보상과 관련하여 국토해양부장관이 고시한 농작물실제소득인정기준에서 규정한 서류 이외의 증명방법으로 농작물 총수입을 인정할 수 있는지 여부(적극) [대법원 2012.6.14. 선고 2011두26794] (손실보상금)

【판결요지】

관련 법령의 내용, 형식 및 취지 등과 헌법 제23조 제3항에 규정된 정당한 보상의 원칙에 비추어 보면, 공공필요에 의한 수용 등으로 인한 손실의 보상은 정당한 보상이어야 하고, 농업손실에 대한 정당한 보상은 수용되는 농지의 특성과 영농상황 등 고유의 사정이 반영된 실제소득을 기준으로 하는 것이 원칙이다.

따라서 이 사건 고시에서 농작물 총수입의 입증자료로 거래실적을 증명하는 서류 등을 규정한 것은 객관성과 합리성이 있는 증명방법을 예시한 데 지나지 아니하고, 거기에 열거된 서류 이외의 증명방법이라도 객관성과 합리성이 있다면 그에 의하여 농작물 총수입을 인정할 수 있다고 봄이 타당하다.

③ 지력(地力)을 이용하지 않고 작물을 재배하는 경우

직접 **농지의 지력을 이용하지 않고** 재배 중인 작물을 이전하여 중단 없이 해당 영농을 계속하는 것이 가능한 경우에 「농작물실제소득인정기준」에 따라 **단위면적당 실제소득의 4월분**에 해당하는 농업손실의 보상을 하는 작물 및 재배방식은 다음과 같다(농작물실제소득인정기준 제6조 제3항, [별지2]).

> 〔별지2〕 이전하여 중단 없이 계속 영농이 가능한 작목 및 재배방식
> ① (버섯) 원목에 버섯종균 파종하여 재배하는 버섯
> ② (화훼) 화분에 재배하는 화훼작물
> ③ (육묘) 용기(트레이)에 재배하는 어린묘

즉, **지력을 이용하지 않고** 작물을 재배하는 경우에 「농작물실제소득인정기준」에 따르면 4개월분의 단위면적당 실제소득으로 영농손실을 보상하는 것이 원칙이나, 유권해석은

화훼재배·판매 등과 같이 영업의 성격이 강한 경우에 영업의 휴업보상으로 처리할 수도 있으며, 영업손실보상 대상으로 볼 것인지 영농손실보상 대상으로 볼 것인지 여부는 사업시행자가 결정한다고 해석하고 있다.

질의회신

[질의회신1] ▶ 영업보상 대상인지 농업손실보상 대상인지 여부는 사업시행자가 결정한다. [2013.8.29. 공공지원팀-2713]

【질의요지】
벼 육묘장(철골조 비닐즙 660㎡ 중 141㎡ 편입)에 대해 사업시행자가 영농보상(실제소득인정기준율 적용)을 집행(가격시점 2011.8.3)하였으나, 사업시행자의 내부감사 결과 영농보상이 아닌 영업보상으로 보상액을 산정하여 지급하여야 한다는 지적이 있어 사업시행자가 영업보상 평가를 다시 의뢰함

【회신내용】
화훼재배·판매행위에 대해 토지보상법 시행규칙 제45조에 따른 영업손실보상대상으로 볼 것인지, 같은법 시행규칙 제48조에 의한 영농손실보상대상으로 볼 것인지 여부는 토지보상법에서 정한 일정한 절차(물건조서 작성, 보상계획의 열람등, 조서내용에 의한 이의신청)에 의하여 사업시행자가 결정하여야 하며, 국토교통부는 영농손실액 보상과 영업보상이 중복될 수 없고, 영농손실액 보상 또는 영업보상 중 어느 것으로 보상하여야 하는지는 사업시행자가 보상의 요건 및 사실관계 등을 종합적으로 확인하여 판단·결정할 사항이라고 유권해석(토관 58342-1114호; 2003.8.9 참조)한 바 있으니 이를 참고하시기 바랍니다.

마. 보상금의 지급방법

(1) 원칙적인 지급방법

농업손실보상금은 농지의 단위면적당 소득 등을 고려하여 실제 경작자에게 지급함이 원칙이다(법제77조 제2항).

[판례1] ▶ 영농보상은 농경지의 수용으로 인하여 장래에 영농을 계속하지 못하게 되는 실제경작자의 특별한 희생을 보상하기 위한 것이다.

[대법원 2004.4.27 선고 2002두8909]

【판결요지】

구 토지수용법(2002.2.4. 법률 제6656호로 폐지되기 전의 것) 제45조 소정의 손실보상은 공익사업의시행 등 적법한 공권력의 행사에 의한 재산상의 특별한 희생에 대하여 사유재산권의 보장과 전체적인 공평부담의 견지에서 행하여지는 조절적인 재산적 보상이라는 점과 공특법시행규칙 제29조 소정의 영농보상은 공공사업시행지구 안에서 수용의 대상인 농경지를 이용하여 경작을 하는 자가 그 농경지의 수용으로 인하여 장래에 영농을 계속하지 못하게 되어 특별한 희생이 생기는 경우 이를 보상하기 위한 것이라는 점에 비추어, 위와 같은 재산상의 특별한 희생이 생겼다고 할 수 없는 경우에는 손실보상 또한 있을 수 없고, 이는 공특법시행규칙 제29조 소정의 영농보상이라고 하여 달리 볼 것은 아니다.

(2) 예외적인 지급방법

자경농지가 아닌 농지에 대한 영농손실액은 임차농지일 경우로서 농지의 소유자가 해당 지역에 거주하는 농민인 경우에는 농지의 소유자와 실제의 경작자간 협의내용에 따라 보상하고, 협의가 불성립하는 경우로서 (ⅰ) 통계에 의하여 영농손실액이 결정된 경우는 농지의 소유자와 실제경작자에게 각각 영농손실액의 50%에 해당하는 금액을 보상하고, (ⅱ) 실제소득에 의하여 영농손실액이 결정된 경우는 농지의 소유자에게는 통계에 의하여 결정된 영농손실액의 50%에 해당하는 금액을 보상하고, 실제경작자에게는 영농손실액 중 농지소유자에게 지급한 금액을 제외한 나머지에 해당하는 금액을 보상한다(시행규칙 제48조 제4항).669)

---

669) 그러나 사견을 전제로 이와 같은 합의제도는 과연 생활보상적 성격을 가지고 있는 영농손실보상 취지에 맞는지가 의문이며, 또한 영업손실보상의 경우 건물 등 소유여부와 관계없이 실제 영업을 하는 자를 대상으로 하고 있다는 점을 고려하면 개정의 여지는 있을 것이다.
그리고 농지소유자와 농지의 소유자와 실제의 경작자간 협의 불성립시 공탁여부에 대하여 공탁선례

즉 자경농지가 아닌 임차농지의 경우 농지의 소유자가 '해당지역'에 거주하지 아니하거나 거주하더라도 농민에 해당되지 아니하는 경우에는 농지의 소유자와 실제의 경작자간에 협의할 필요 없이 실제경작자에게 농업손실보상금 전액이 지급된다. 여기서 '해당지역'이라 함은 다음 하나의 지역을 말한다(시행규칙 제48조 제4항, 시행령 제26조 제1항 각호).

① 해당 토지의 소재지와 동일한 시·구(자치구) 또는 읍·면(도농복합형태인 시의 읍·면 포함)

② 위 1호의 지역과 연접한 시·구·읍·면

③ 위 1호 및 2호 외의 지역으로서 해당 토지의 경계로부터 직선거리로 **30㎞** 이내의 지역

(3) 실제경작자 인정기준

실제경작자(법 제77조제2항)란 다음 각 호의 자료에 따라 사업인정고시일등 당시 타인소유의 농지를 임대차 등 적법한 원인으로 점유하고 자기소유의 농작물을 경작하는 것으로 인정된 자를 말한다. 이 경우 실제 경작자로 인정받으려는 자가 제5호의 자료만 제출한 경우 사업시행자는 해당 농지의 소유자에게 그 사실을 서면으로 통지할 수 있으며, 농지소유자가 통지받은 날부터 **30일** 이내에 이의를 제기하지 않는 경우에는 제2호의 자료가 제출된 것으로 본다(시행규칙 제48조 제7항).

① 농지의 임대차계약서

② 농지소유자가 확인하는 경작사실확인서

③ 「농업·농촌 공익기능 증진 직접지불제도 운영에 관한 법률」에 따른 직접지불금의 수령 확인자료

④ 「농어업경영체 육성 및 지원에 관한 법률」 제4조에 따른 농어업경영체 등록확인서

⑤ 해당 공익사업시행지구의 이장·통장이 확인하는 경작사실확인서

⑥ 그 밖에 실제 경작자임을 증명하는 객관적 자료

실제경작자로 인정되려면 사업인정고시일 등 당시에 적법한 원인[670)]에 의하여 농지를

(2002.10.15. 법정 제3302-344호)는 "사업시행자는 피공탁자를 '경작자 또는 소유자'로 하는 상대적 불확지 공탁을 함으로써 보상금지급 채무를 면할 수 있다"고 하고 있다. 그러나 보상실무상 재결이 없는 상태에서 위와 같은 공탁은 사실상 가능하지 여부에 또 다른 어려움이 있다.

점유하고 있어야 하므로 불법점유 또는 사업인정고시일 등 이후에 실제경작을 하였다 하더라도 농업손실보상의 대상자는 아니며, 실제경작자는 자기소유의 농작물을 경작하여야 하므로 농지소유자의 농작물을 대신 재배하는 경우도 보상대상자에서 배제된다. 다만, 실제경작자가 해당지역에 반드시 거주할 필요는 없으므로 해당지역에 거주하지 않는다고 하여 실제경작자에서 제외되지는 않는다(대법원 2002.6.14. 선고 2000두3450).

판례

[판례1] ▶ 구 공공용지의취득및손실보상에관한특례법시행규칙 제29조 제1항 소정의 영농손실액 지급대상자(실제의 경작자)가 반드시 당해 지역에 거주하는 농민이어야 하는지 여부(소극) [**대법원 2002.6.14. 선고 2000두3450] (재결처분취소등)**

【판결요지】
공공사업시행지구에 농경지가 편입되고 그 농경지에서 실제로 작물을 재배하고 있는 이상 특별한 사정이 없는 한 구 공특법 시행규칙(1997.10.15.건설교통부령 제121호로 개정되기 전의 것) 제29조 제1항에 정한 영농손실액 지급대상이 되고, 반드시 당해 지역에 거주하는 농민이어야 지급대상자(실제의 경작자)가 되는 것은 아니다.

실제경작자 인정 기준[671]
(기본조사 및 보상업무에 관한 지침 제47조제4항 별표2)

구분		실제경작자 인정기준	비고
가. 자경농지		○경작사실확인서 (이장 통장 확인)	
나. 자경 농지가	나-1 농지소유자가	○경작사실확인서 (이장 통장 확인)	• 협의성립시: 확인서+합의서

---

670) 농지는 경자유전의 원칙에 따라 자기의 농업경영에 이용하거나 이용할 자가 아니면 소유하지 못하도록 규정하고 있으나(농지법 제6조제1항), 예외적으로 ⅰ)「농지법」제20조제1항에서 대리경작자의 지정 등, ⅱ)「농지법」제23조에서는 농지를 임대차 또는 사용대차할 수 있는 경우를 8가지로 제한하여 규정하고 있으므로, 「농지법」상 적법한 원인은 이에 한한다.
671) 한국토지주택공사, 앞의 책, 2016, 377-378면 수정 재인용

		▶ 협의성립 : 농업손실보상 합의서 ▶ 협의불성립 : "나-2" 서류	• 협의불성립시: 나-2 방식에 의함 (50%지급가능)
아닌 경우	해당지역*에 거주하는 농민인 경우		
	나-2 농지소유자가 해당지역에 거주하는 농민이 아닌 경우	○ 경작사실확인서(이장·통장 확인) + ○농지를 임대차 등 적법한 원인에 의해 점유하고 있음을 증명하는 ① 객관적인 자료* (임차농→공사) ② 농지소유자의 확인* (공사 ↔ 농지소유자)	① 방식을 원칙으로 하며, ① 방식이 불가할 경우 ② 방식에 의함

* 해당지역 (토지보상법 시행령 제26조제1항) ① 해당 토지의 소재지와 동일한 시(행정시를 포함)·구(자치구를 말함)·읍·면(도농복합형태인 시의 읍·면을 포함), ② 위 '①'의 지역과 연접한 시·구·읍·면, ③ 위 '① 및 ②' 외의 지역으로서 해당 토지의 경계로부터 직선거리로 30㎞ 이내의 지역

* 객관적인 자료: ex): ① 농지의 임대차계약서(소유자와 계약), ② 농지소유자가 확인하는 경작동의서, ③ 농지소유자에게 토지사용료를 지급한 사실을 증명하는 자료, ④ 농지소유자에게 농산물을 보낸 사실을 증명하는 자료 등

* 농지소유자의 확인 절차

방법	조치사항
적법점유 여부 조회[672] (공사 → 농지소유자)	▶ 이의 제기: 이의내용에 따라 처리 ▶ 이의 미제기: 실제경작자가 적법하게 점유하여 경작한 것으로 간주
① 적법점유 여부 조회방법 : 배달증명 ② 토지소유자 의견제시 기간 : 조회서 예상 수령일로부터 30일 부여(시행규칙 제48조제7항) ③ 송부자료: 농지점유의 적법성 조회서, 경작사실확인서(농지위원, 이·통장 확인) 사본, 반송용 우표 등(요금별납 봉투, 반송용 봉투 및 우표 등)	

한편, 실제의 경작자가 자의에 의한 이농하는 등의 사유로 보상협의일 또는 수용재결일

672) 《적법점유 여부 조회 절차》

당시에 경작을 하고 있지 않는 경우에는 농지의 소유자가 해당 지역에 거주하는 농민인 경우에 한정하여 농지의 소유자에게 보상한다(시행규칙 제48조 제5항).[673]

바. 농업손실보상금 청구의 쟁송형태

(1) 다툼의 주요대상

농업손실보상금의 실제소득인정여부와 관련된 다툼이 재결 및 소송에서 주요 쟁점이 되고 있다. 이는 보상 실무상 사업시행자는 농업손실보상 대상자인 농민 등이 제출한 실제소득 입증자료 및 실제 경작면적, 실제소득을 인정하는 기관 등에 대하여 정확한 확인이 어렵다는 것에 기인한다.

(2) 권리구제방법

농업손실보상금도 다른 손실보상과 마찬가지로 수용재결을 통해 보상금의 증감을 다툴 수 있다. 즉, 농업손실보상 대상자인 농민 등은 사업시행자와의 보상과 관련된 협의가 없거나 협의가 이루어지지 아니하면 결국 사업시행자에게 관할 토지수용위원회에 수용재결신청청구를 하여 수용재결을 통해 권리의 구제받아야 할 것이다.

적법하게 시행된 공익사업으로 인한 농민 등의 농업손실보상청구권은 공법상 권리이다. 따라서 농업손실보상금 청구와 관련하여 판례는 "농업손실보상청구권은 손실보상의 일종으로 공법상의 권리임이 분명하므로 그에 관한 쟁송은 민사소송이 아닌 행정소송절차에 의하여야 할 것이고, 공익사업으로 인하여 농업의 손실을 입게 된 자가 사업시행자로부터 농업손실에 대한 보상을 받기 위해서는 수용재결절차를 거친 다음에야 비로소 행정소송에 따라 권리구제를 받을 수 있다"라고 판시[674]하고 있다.

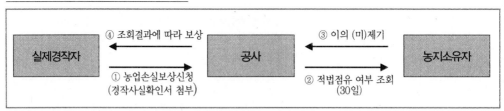

673) 농업손실보상과 관련하여 부재부동산 소유자(=부재지주)와 실제 임차료(도지) 지급여부와 관련하여 보상실무상 종래부터 당사자 및 사업시행자간 다툼이 많이 있어 왔던 부분이다.
674) 대법원 2011.10.13. 선고 2009다43461 판결 [농업손실보상금]

[판례1] ▶ [대법원 2011.10.13. 선고 2009다43461] (농업손실보상금)

【판시사항】

[1] 구 공익사업법 제77조 제2항에서 정한 농업손실보상청구권에 관한 쟁송은 행정소송절차에 의하여야 하는지 여부(적극) 및 공익사업으로 인하여 농업손실을 입게 된 자가 사업시행자에게서 위 규정에 따른 보상을 받기 위해서는 재결절차를 거쳐야 하는지 여부(적극)

[2] 甲 등이 자신들의 농작물 경작지였던 각 토지가 공익사업을 위하여 수용되었음을 이유로 공익사업 시행자를 상대로 구 공익사업법 제77조 제2항에 의하여 농업손실보상을 청구한 사안에서, 甲 등이 재결절차를 거쳤는지를 전혀 심리하지 아니한 채 농업손실보상금 청구를 민사소송절차에 의하여 처리한 원심판결을 파기한 사례

【판결요지】

[1] 농업손실보상청구권은 공익사업의 시행 등 적법한 공권력의 행사에 의한 재산상의 특별한 희생에 대하여 전체적인 공평부담의 견지에서 공익사업의 주체가 그 손해를 보상하여 주는 손실보상의 일종으로 공법상의 권리임이 분명하므로 그에 관한 쟁송은 민사소송이 아닌 행정소송절차에 의하여야 할 것이고, 위 규정들과 구 공익사업법 제26조, 제28조, 제30조, 제34조, 제50조, 제61조, 제83조 내지 제85조의 규정 내용 및 입법 취지 등을 종합하여 보면, 공익사업으로 인하여 농업의 손실을 입게 된 자가 사업시행자로부터 구 공익사업법 제77조 제2항에 따라 농업손실에 대한 보상을 받기 위해서는 구 공익사업법 제34조, 제50조 등에 규정된 재결절차를 거친 다음 그 재결에 대하여 불복이 있는 때에 비로소 구 공익사업법 제83조 내지 제85조에 따라 권리구제를 받을 수 있다.

[2] 甲 등이 자신들의 농작물 경작지였던 각 토지가 공익사업을 위하여 수용되었음을 이유로 '구 공익사업법' 제77조 제2항에 의하여 위 농작물에 대한 농업손실보상을

청구한 사안에서, 원심으로서는 농업손실보상금 청구가 구 공익사업법 제34조, 제50조 등에 규정된 재결절차를 거쳐 같은 법 제83조 내지 제85조에 따른 당사자소송에 의한 것인지를 심리했어야 함에도, 이를 간과하여 甲 등이 재결절차를 거쳤는지를 전혀 심리하지 아니한 채 농업손실보상금 청구를 민사소송절차에 의하여 처리한 원심판결에는 농업손실보상금 청구의 소송형태에 관한 법리오해의 위법이 있다고 한 사례.

사. 농업손실보상 관련 질의회신 등

질의회신

[질의회신1] ▶ 휴경지는 실농보상대상에 해당되지 아니한다.
[2001.2.24. 토관58342-268]

【질의요지】

공공사업지구에 편입되는 농경지가 최근에 경작한 사실이 없으나 소유자는 대체작물 선정과정에서 일시적으로 휴경하였다면 종전에 재배하던 농작물로 보상을 요구하는 경우 보상이 가능한지

【회신내용】

특례법시행규칙 제29조제1항의 규정에 의한 실농보상은 경작지에 대한 보상이므로 휴경지는 보상대상에 해당되지 아니한다고 보나 계절적인 휴경이나 작물의 특수성으로 인한 휴경 등 일시적으로 휴경하는 경우에는 실농보상 대상에 해당된다고 보며, 이 경우 실농보상비는 휴경 직전에 실제 재배한 작물을 기준으로 보상하여야 합니다.

[질의회신2] ▶ 보상 등을 목적으로 잠정적·일시적으로 재배하는 작물은 통상의 재배 작물로 볼 수 없다. [2004.3.26. 토지관리과-1388]

【질의요지】

도시계획사업에 편입되는 농지(답)에 실시계획인가 이전에 과수목을 식재한 경우에 과수목 보상평가시 적용하는 평가시점 등은?

【회신내용】

토지보상법 시행규칙 제48조제2항의 규정에 의하면, 국토해양부장관이 농림부장관과의 협의를 거쳐 관보에 고시하는 농작물(다년생식물을 포함)실제소득인정기준에서 정하는 바에 따라 실제소득을 입증하는 자가 경작하는 편입농지에 대하여는 제1항의 규정에 불구하고 그 면적에 단위경작면적당 실제소득의 2년분을 곱하여 산정한 금액을 영농손실액으로 보상하도록 되어 있는 바, 귀 질의의 경우 소득이 없었으므로 위 규정을 적용할 수 없을 것으로 보며, 사회통념상 농민이 답에서 영농행위를 행한다고 볼 수 없는 과수목 등을 식재하여 관리하고 있다더라도, 보상 등을 목적으로 비정상적인 방법으로 잠정적·일시적으로 재배하는 작물은 통상의 재배작물로 볼 수 없는 경우 등(대법원 2001.8.21. 선고 2001두3211 판결 참조)에는 보상대상(이전비 포함)에 해당되는 것으로 보기 어려울 것으로 보나, 개별적인 사례에 대하여는 사업시행자가 사실관계 등을 조사하여 판단·결정할 사항이라고 봅니다.

[질의회신3] ▶ 현장사무소등으로 사용 후 농지로 원상복귀한 시점이 사업인정고시일 이후인 경우 농업손실보상가능여부 [2010.9.1. 토지정책과—4358]

【회신내용】

다른 공익사업에 따른 현장사무소 등으로 이용하기 위해 일정기간 동안 농지로 사용하지 않고 사용기간 만료 후 농지로 원상회복 할 것을 약정하여 사용한 농지라면, 일시적인 휴경으로 보아 영농손실보상이 가능하다.

 * 대법원 판례(2006두8235, 2007.5.31)에서는 "농지의 현상이 변경되었다고 하더라도 그 변경상태가 일시적인 것에 불과하고 농지로서의 원상회복이 용이하게 이루어질 수 있다면, 그 농지는 여전히 「농지법」에서 말하는 농지에 해당한다"고 판결

[질의회신4] ▶ 국유재산 대부계약 만료 후 사업을 시행한 경우 농업의 손실에 대한 보상여부 [2010.6.1. 토지정책과—2935]

【질의요지】

사업인정 고시가 있기 전부터 경작하던 농경지가 국유재산 대부 계약이 2009.12월 만료된 후 2010.3월부터 사업을 시행한 경우 농업의 손실에 대한 보상이 가능한지

【회신내용】

국유재산 대부계약이 만료됨으로 인하여 영농을 할 수 없게 된 경우에는 당해 공익사업의 시행으로 손실이 발생하였다고 볼 수 없으므로 농업의 손실보상대상에 해당되지 아니한다.

[질의회신5] ▶ 공익사업시행이전에 국·공유지 영농 임대차 계약만료 되었으나, 임대차 계약기간을 연장하지 않은 경우 영농보상대상에 해당되는지 여부
[2009.10.27. **토지정책과—5018**]

【회신내용】

토지보상법 시행규칙 제48조 규정에 의하면 타인소유의 토지를 불법으로 점유하고 경작하고 있는 토지 등에 대하여는 농업손실보상대상에서 제외하고 있습니다. 공익사업 시행이전에 임대차 계약기간이 만료된 경우 공익사업으로 인하여 경작을 할 수 없는 경우에 해당되지 아니하므로 농업손실보상 대상에 해당되지 아니한다.

[질의회신6] ▶보상액이 결정된 후라도 사업시행자는 직권으로 영업보상을 영농보상으로 변경할 수 있다. [2004.5.28. **토관—2390**]

【질의요지】

보상계획의 공람·공고 기간 중 이의신청을 아니 하였고, 사업시행자가 영업보상대상으로 감정평가 의뢰 및 보상액을 결정한 이후, 보상대상자의 이의신청에 의해 사업시행자가 직권으로 영업보상을 영농보상으로 변경할 수 있는지 여부

【회신내용】

사업시행자는 공익사업의 수행을 위해 토지보상법 제14조의 규정에 의하여 토지조서 및 물건조서를 작성하여야 하고, 작성된 조서에 의하여 법 제68조제1항의 규정에 의하여 사업시행자가 직접 보상액을 산정할 수 있는 경우 이외에는 감정평가를 의뢰하게 되며, 이 경우에는 시행규칙 제16조제1항 각호에서 규정한 사항을 확정하여 평가 의뢰하여야 합니다. 그러므로 <u>사업시행자가 당초에 영업보상대상으로 결정하였더라도, 나중에 객관적인 자료에 의하여 영농손실액 보상대상으로 봄이 타당하다고 판단하는 경우에는 이를 변경할 수 있다고 봅니다.</u> 또한 법 제27조제2항 단서에서 '토지조서 및 물건조서의 내용이 진실에 반하는 것을 입증하는 때에는 그러하지 아니하다'고 규정하고 있으므로 위 조서상 사실과 다르게 작성된 경우라면 관계입증자료에 의하여 그 내용을 정정할 수 있을 것으로 보나, 개별적인 사례에 대하여는 사업시행자가 사실관계 등을 검토하여 판단·결정할 사항이라 봅니다.

[질의회신7] ▶ 취득하지 않고 사용하는 토지의 경우 영농보상 대상이 아니다.
[2010.4.23. 토지정책과—2309]

【회신내용】
토지보상법 시행규칙 제48조는 농지가 공익사업지구에 편입되어 영구히 농업을 영위하지 못하는 경우에 적용되는 규정이므로, <u>일시적으로 사용하는 토지는 영농보상 대상에 해당하지 아니한다고 보며</u>(법제처 해석 07-0285, 회신일자 2007.9.14 참고)..

9. 농기구 보상

가. 농기구 보상대상

토지보상법 시행규칙에서는 '<u>당해지역</u>'에서 경작하고 있는 농지의 2/3이상에 해당하는 면적이 공익사업지구에 편입됨으로 인하여 해당 지역에서 영농을 계속할 수 없게 된 경우 해당 농기구에 대하여는 매각손실액을 평가하여 보상하도록 규정하고 있다(시행규칙 제48조 제6항 본문).

■ **토지보상법 시행규칙 제48조(농업의 손실에 대한 보상)** ⑥ 당해 지역에서 경작하고 있는 **농지의 3분의 2 이상**에 해당하는 면적이 공익사업시행지구에 편입됨으로 인하여 농기구를 이용하여 해당 지역에서 영농을 계속할 수 없게 된 경우(과수 등 특정한 작목의 영농에만 사용되는 특정한 농기구의 경우에는 공익사업시행지구에 편입되는 면적에 관계없이 해당 지역에서 해당 영농을 계속할 수 없게 된 경우를 말한다) 해당 농기구에 대해서는 **매각손실액**을 평가하여 보상하여야 한다. 다만, 매각손실액의 평가가 현실적으로 곤란한 경우에는 원가법에 의하여 산정한 가격의 **60퍼센트** 이내에서 매각손실액을 정할 수 있다. 〈개정 2007. 4. 12., 2013. 4. 25.〉

'농기구'란 농업의 경작용으로 사용되는 경운기, 탈곡기, 분무기, 제초기 기타 이와 유사한 농업용 기계, 기구를 말한다. 다만, 유권해석에 의하면 단순한 호미, 삽, 팽이, 낫 등 인력을 사용하는 소농구 및 소형정미기 등 농가에서 수확한 벼의 취사용으로 사용하는 단기성 소비재는 농기구보상의 대상의 농기구로 보지 않는다.675)

나. 농기구 보상요건

(1) 당해지역의 농지에서 영농을 하였을 것

종전 수용법에서는 전국의 모든 지역에서 농업을 폐지하는 경우에 한하여 농기구 보상이 가능하였지만 현행 토지보상법제에서는 그 요건이 완화되어 '당해지역'에서 영농을 계속할 수 없게 된 경우에 농기구 보상이 가능하다. 따라서 종전에는 전국 어디서든 대체농지를 구입한 경우에는 농기구보상이 불가하였으나 현행 토지보상법은 당해지역 외에서 대체농지를 구입에 따른 수용확인서를 발급이 있었다면 농기구보상의 대상이 된다.676)

여기서 '당해지역'이라 함은 유권해석677)에 따르면 공익사업에 편입되는 농지가 소재하는 지역으로서 다음 각호의 어느 하나에 해당하는 지역을 말한다(시행령 제26조 제1항 각호).

---

675) 1993. 2. 4. 토정58307-175. ; 1999. 6. 21. 토관58342-469
676) 피수용자가 대체농지 구입시 수용확인서가 필요하고 이때 사업시행자는 해당 수용확인서 발급시 확인이 가능하므로 만약 당해지역에서 대체농지를 취득하였다면 농기구보상은 불가하다.
677) 2006. 7. 25. 토지정책팀-2933

① 해당 토지의 소재지와 동일한 시・구(자치구)・읍・면(도농복합형태인 시의 읍・면 포함)

② 위 1호의 지역과 연접한 시・구・읍・면

③ 위 1호 및 2호 외의 지역으로서 해당 토지의 경계로부터 직선거리로 <u>30㎞</u> 이내의 지역

(2) 농지의 3분의 2이상 편입으로 계속적인 영농이 불가능할 것

해당지역에서 '<u>경작하고 있는 농지</u>'의 3분의 2 이상에 해당하는 면적이 공익사업시행지구에 편입됨으로 인하여 농기구를 이용하여 해당 지역에서 '<u>영농을 계속할 수 없게 된 경우</u>'이어야 한다. 다만, 과수 등 특정한 작목의 영농에만 사용되는 특정한 농기구[678]의 경우에는 공익사업시행지구에 편입되는 <u>면적에 관계없이</u> 해당 지역에서 해당 영농을 계속할 수 없게 된 경우에는 농기구 보상이 가능하다.

여기에서 ① '<u>경작하고 있는 농지</u>'라 함은 자경농지외에 임차농지가 모두 포함하는 것으로 보며, ② '<u>영농을 계속할 수 없게 된 경우</u>'라 함은 잔여지 면적・위치・형상 등을 종합적으로 고려하여 판단하여야 하며, 농업을 폐지하는 경우뿐만 아니라 잔여 농지의 규모 및 대상농기구의 규격 등으로 고려할 때 종전의 농업형태를 계속하기 어려운 경우도 포함한다.[679] 즉, 잔여농지에서도 농업은 계속할 수 있으나 잔여 농지의 위치・규모・형상 등을 고려할 때 종전의 농업형태는 더 이상 불가능하여 부득이 농업형태의 불가피한 변경으로 인한 불필요하게 된 종전의 농기구는 보상대상이 될 것이다. 유권해석도 대체로 이와 같이 해석하고 있으나 공익사업지구 밖에 계속 영농이 가능할 만큼의 농지가 남아 있다면 농기구 보상은 불가하다는 해석도 있다.[680]

질의회신

[질의회신1] ▶ 임차농지에 대해서도 농기구보상이 가능하다.

[2005.11.7. 토지정책팀-1079]

---

678) 과수선별기 등 특정영농에만 사용되는 농기구는 농지가 공익사업지구에 2/3이상이 편입되지 않아도 해당 농기구의 소용이 없어진 경우라면 농기구 보상이 가능하다. (2013.4.24. 국토교통부 보도자료)
679) 2005.11.7. 토지정책팀-1079. ; 2008.11.28. 토지정책과-4157. ; 2014.7.28. 토지정책과-4766
680) 1999.5.12. 토정 58342-845

【회신내용】

「공익사업을 위한 토지등의 취득 및 보상에 관한 법률 시행규칙」 제48조제6항의 규정에 의하여 농지의 3분의 2 이상에 해당하는 면적이 공익사업시행지구에 편입됨으로 인하여 당해 지역에서 영농을 계속할 수 없게 된 경우 농기구에 대하여는 매각손실액을 평가하여 보상하도록 되어 있으므로, 귀 질의와 같이 <u>농지의 3분의 2 이상에 해당하는 면적에는 자신이 소유하고 경작하는 농지 외에 임차하여 경작한 농지도 포함된다</u>고 보나, 개별적인 사례에 대하여는 사업시행자가 사실관계를 조사하여 판단 · 결정할 사항이라고 봅니다.

[질의회신2] ▶ '해당 지역에서 영농을 계속할 수 없게 된 경우'란
[2008.11.28. 토지정책과-4157]

【회신내용】

사업시행자가 "해당지역에서 영농을 계속할 수 없게 된 경우"라고 인정함에 있어서는 <u>잔여면적 · 위치 · 형상 등을 종합적으로 고려하여 판단하여야 한다</u>고 봅니다. 또한 농기구 매각손실을 보상함에 있어서 당해 지역 농지전부가 편입된 경우라면 당해 지역에 영농을 계속할 수 없는 경우로 판단해야 할 것으로 보며, 개별적인 사항은 관계법령과 사실관계 등을 확인하여 결정하시기 바랍니다.

[질의회신3] ▶ 토지보상법 시행규칙 제48조제6항에서 '농기구를 이용하여 해당 지역에서 영농을 계속할 수 없게 된 경우'의 의미 [2014.7.28. 토지정책과-4766]

【회신내용】

'농기구를 이용하여 해당 지역에서 영농을 계속할 수 없게 된 경우'에는 <u>농업 폐지의 경우 뿐 아니라 종전의 농업형태를 계속하기 어려운 경우를 포함한다</u>고 보며, 구체적인 사례에 대하여는 사실관계 등을 조사하여 판단할 사항입니다.

[질의회신4] ▶ 공익사업지구 밖에 계속영농이 가능할 만큼의 농지가 남아 있는 경우에 농기구보상 여부 [1999.5.12. 토정 58342-845]

【회신내용】

경작하고 있는 농경지의 2/3 이상에 해당하는 면적이 공공사업에 편입된 경우라도 공공사업시행지구밖에 있는 농경지의 위치·면적·형상 등을 고려하여 계속 영농이 가능하다고 인정되는 경우에는 실농보상 및 농기구보사에 해당하지 아니하며, 참고로 위 규정에 의한 농기구보상은 취득보상이 아니므로 이에 대한 보상을 받은 경우라도 그 소유권이 변경되는 것은 아닙니다.

한편 타인토지의 무단점유에 따른 영농에 따른 농기구보상 여부와 관련하여 유권해석은 "국·공유지를 포함한 타인의 토지를 불법으로 점유하여 경작하고 있는 토지는 농지로 보지 아니하므로 농지로 볼 수 없는 토지가 편입된 경우에는 농기구의 매각손실액을 평가하여 보상할 수 없다"고 해석하고 있다.[681]

또한 유권해석은 농업손실보상금을 수령한 자만이 농기구보상금을 받을 수 있다고 보고 있으나,[682] 이는 농업손실보상대상자인 임차농민(실제경작자)이 농지소유자와 합의하여 농업손실보상금을 농지소유자가 수령한 경우를 포함하여 종국적으로 실제경작자인 임차농민에게 농기구보상을 거부할 수 있는 것인 바, 사견을 전제로 위와 같은 유권해석은 농업손실보상금의 지급은 실제경작자인 임차인에게 지급하는 것이 원칙이라는 토지보상법상 규정(법 제77조 제2항) 및 영농보상은 농경지의 수용으로 인하여 장래에 영농을 계속하지 못하게 되는 실제경작자의 특별한 희생을 보상하기 위한 것이라는 대법원 판결(대법원 2004.4.27 선고 2002두8909)내용에도 부합되지 아니하는 무리한 해석에 해당되는 것이다. 나아가 자경농지가 아닌 임차농지의 경우에 농지의 소유자가 '해당지역'에 거주하지 아니하거나 거주하더라도 농민에 해당되지 아니하는 경우에는 농지의 소유자와 실제의 경작자간에 협의할 필요 없이 실제경작자인 임차농민이 농업손실보상금 전액을 수령할 수 있다는 점에서 위와 같은 유권해석은 농업손실보상의 입법취지에도 부합하지 아니한 것이다.

---

681) 2003.2.7. 토관 58342-162
682) 2000.12.29. 토관 58342-1970

질의회신

[질의회신1] ▶ 실제로 경작을 하였으나 실농보상을 농지의 소유자가 수령한 경우 농기구보상을 받을 수 있는지 여부 [2000.12.29. 토관58342-1970]

【회신내용】

특례법시행규칙 제29조 제5항의 규정에 의하면 자경농지가 아닌 농경지에 대한 영농손실액은 실제의 경작자에게 지급하되, 당해 농경지의 소유자가 당해 지역에 거주하는 농민인 경우에는 소유자와 실제의 경작자가 협의하는 바에 따라 그 소유자 또는 경작자에게 지급하도록 되어 있고, 동규칙 제18조 제4항의 규정에 의하면 경작지의 2/3이상에 해당하는 농지가 공공사업에 편입된 경우 농업을 폐지하지 아니하는 때에는 농기구는 손실은 없는 것으로 보도록 되어 있으므로 농기구에 대한 보상은 실농보상 대상자로서 경작지의 2/3이상에 해당하는 농지가 공공사업지구에 편입되어 농업을 폐지하는 자인 경우에 해당되고 실농보상대상자에 해당되지 아니하는 자는 농기구 보상대상자에 해당되지 아니한다고 봅니다.

다. 농기구 보상평가 기준

(1) 농기구 조사

농기구는 비교적 이동이 용이하여 중복조사에 따른 이중보상의 우려가 높다. 따라서 사업시행자는 기본조사 당시에 농기계의 품명, 제작연월일, 규격, 형식, 마력 등을 조사하고 영농개시시점 및 농기계의 취득시점 등을 조사한 후 조사한 농기구에 대해 스프레이 등으로 조사여부를 표시할 필요가 있다.[683]

그러나 보상실무에 있어 사업시행자는 농기구에 대해서 향후 농기구 보상 대상이 될 수 있음을 전제로 지장물보상시 이를 누락시키는 경우가 있다. 따라서 누락 없는 보상을 위해 사업시행자는 농기구도 지장물보상시 이를 보상(이전비 보상하고 단가 따로 표시)하고 향후 농기구 보상 대상으로 결정되면 매각손실액에서 지장물 보상시 기지급한 보상금을 제외하고 보상할 필요가 있다.[684]

---

683) 신경직, 앞의 책, 505면. 수정인용
684) 한국토지주택공사, 앞의 책, 2016, 369면. 수정인용

(2) 보상대상 농기구

보상대상 농기구란 공익사업시행지구에 편입되는 농지에서 종래 농업활동에 사용되었던 농기구를 말한다. 따라서 당해 농경지에서 사용되지 아니하고 임대료 등을 받고 다른 농경지에서 사용하던 농기구 및 농업용으로 사용하지 아니한 기구 내지 농지임차 없이 농기계 구입 후 마을 경작자에게 농기구만을 지원한 경우 등은 보상대상에서 제외된다.[685] 한편, 유권해석은 사업인정고시 등이 있는 이후에 구입한 농기구 역시 원칙적으로 보상대상에서 제외되나,[686] "사업인정 후 <u>사업시행기간의 장기간 등 그에 준하는 사유로 인하여 보상이 이루어지지 아니한 상태</u>에서 영농을 계속하기 위하여 <u>노후화된 농기구의 대체나 새로운 농기구의 매입이 불가피함</u>이 객관적으로 입증되고 사업시행자가 이를 인정하는 경우라면 당해 공익사업의 보상계약체결일을 기준으로 보상이 가능하다"라고 하여 예외적으로 농기구 보상을 인정하고 있다.[687]

(3) 보상평가 방법

해당 농기구의 매각손실액으로 평가하여 보상한다. 매각손실액은 원가법에 의하여 산정한 가액에서 기준시점에서 현실적으로 매각할 수 있는 가액을 뺀 금액으로 하되 다만, 매각손실액의 평가가 현실적으로 곤란한 경우에는 원가법에 의하여 산정한 가액의 60퍼센트 이내에서 매각손실액을 정할 수 있다.

라. 농기구 보상관련 질의회신 등

질의회신

[질의회신1] ▶ 공동소유의 농기구에 대한 보상방법 [2002.5.22. 토관58342-793]

【회신내용】
경작지의 3분의2이상에 해당되는 토지가 공공사업에 편입되어 농업을 폐지하는지 여

---

685) 2003.3.17. 토관 58342-419, ; 1999.5.24. 토정 58342-918
686) 1993.11.26. 토정 58307-2104
687) 1995.9.4. 토정 58307-1302

부는 경작자별로 판단하여야 할 사항이라고 보며, 위 요건에 해당되는 자와 해당되지 아니하는 자가 공동으로 농기구를 소유하고 사용하는 경우로서 위 요건에 해당되는 자에 대하여는 그 소유의 지분에 상당되는 농기구에 대하여 동조 제2항의 규정에 의한 평가방법에 의하여 보상이 가능하다고 봅니다.

[질의회신2] ▶ 농지의 3분의 2이상이 사업지역에 편입되어 당해 지역에서 영농을 계속할 수 없는 경우에 있어 "농지의 3분의 2"란 보유농지 전체를 의미하는지 보유농지 중 현재 경작중인 농지만을 의미하는지 및 당해 지역이 아닌 타지역에 농지가 있어 영농을 하고 있을 시 타지역농지도 기준농지면적에 포함되는지 여부
[2006.7.25. 토지정책팀-2933]

【회신내용】
농지의 3분의 2이상이 사업지역에 편입되어 당해 지역에서 영농을 계속할 수 없는 경우에 있어 농지는 현재 경작하고 있는 당해 지역의 농지를 말한다고 봅니다.

[질의회신4] ▶ 타지역에서 영농을 계속하는지 여부와는 관계없이 당해지역에서 영농을 할 수 없는 경우에는 보상대상이다. [2006.07.25. 토지정책팀-2933]

【질의요지】
당해 지역에서 영농을 하지 않고 타지역에서 영농을 계속할 경우 농기구 보상대상인지 여부 및 당해 지역에서 영농을 계속할 수 없는 경우에 있어 보유농지면적을 확인할 수 있는 방법은?

【회신내용】 농지의 3분의 2이상이 사업지역에 편입됨으로 인하여 당해 지역에서 영농을 계속할 수 없게 된 경우에는 보상대상에 해당된다고 보나, 보유농지 또는 경작농지의 면적은 등기부등본, 농지원부 등을 통하여 확인할 수 있다고 보며, 개별적인 사례에 대하여는 사업시행자가 판단하여야 할 사항이라고 봅니다.

10. 축산업 손실에 대한 보상(=축산손실보상)

가. 축산손실보상의 개념

축산손실보상의 대상이 되는 축산업은 토지보상법 시행규칙 제49조에 해당하는 경우를 말하며, 축산업이란 종축업·부화업·정액등처리업 및 가축사육업을 말한다(축산법 제2조제4호).

관련법령

■ **토지보상법 시행규칙 제49조(축산업의 손실에 대한 평가)** ① 제45조부터 제47조(다음 각 호의 규정은 제외한다)까지의 규정은 축산업에 대한 손실의 평가에 관하여 이를 준용한다. 〈개정 2007.4.12., 2014.10.22.〉

   1. 제46조제3항 후단

   2. 제47조제1항 각 호 외의 부분(영업장소 이전 후 발생하는 영업이익감소액의 경우만 해당한다) 및 제7항

   3. 제47조제5항 후단

② 제1항에 따른 손실보상의 대상이 되는 축산업은 다음 각 호의 어느 하나에 해당하는 경우로 한다. 〈개정 2005.2.5., 2007.4.12., 2008.4.18., 2015.4.28.〉

   1. 「축산법」 제22조에 따라 허가를 받았거나 등록한 종축업·부화업·정액등처리업 또는 가축사육업

   2. [별표3]에 규정된 가축별 기준마리수 이상의 가축을 기르는 경우

   3. [별표3]에 규정된 가축별 기준마리수 미만의 가축을 기르는 경우로서 그 가축별 기준마리수에 대한 실제 사육마리수의 비율의 합계가 1 이상인 경우

③ [별표3]에 규정된 가축외에 이와 유사한 가축에 대하여는 제2항 제2호 또는 제3호의 예에 따라 평가할 수 있다.

④ 제2항 및 제3항의 규정에 의한 손실보상의 대상이 되지 아니하는 가축에 대하여는 이전비로 평가하되, 이전으로 인하여 체중감소·산란율저하 및 유산 그 밖의 손실이 예상되는 경우에는 이를 포함하여 평가한다.

■ **축산법 제22조(축산업의 허가 등)** ① 다음 각 호의 어느 하나에 해당하는 축산업을 경영하려는 자는 대통령령으로 정하는 바에 따라 해당 영업장을 관할하는 시장·군수 또는 구청장에게 허가를 받아야 한다. 허가받은 사항 중 가축의 종류 등 농림축산식품부령으로 정하는 중요한 사항을 변경할 때에도 또한 같다. 〈개정 2018.12.31.〉

1. 종축업
2. 부화업
3. 정액등처리업
4. 가축 종류 및 사육시설 면적이 대통령령으로 정하는 기준에 해당하는 가축사육업

② 제1항의 허가를 받으려는 자는 다음 각 호의 요건을 갖추어야 한다.

…(중 략)…

③ 제1항제4호에 해당하지 아니하는 가축사육업을 경영하려는 자는 대통령령으로 정하는 바에 따라 해당 영업장을 관할하는 시장·군수 또는 구청장에게 등록하여야 한다.

④ 제3항의 등록을 하려는 자는 다음 각 호의 요건을 갖추어야 한다.

…(중 략)…

⑤ 제3항에도 불구하고 가축의 종류 및 사육시설 면적이 대통령령으로 정하는 기준에 해당하는 가축사육업을 경영하려는 자는 등록하지 아니할 수 있다. 〈개정 2018.12.31.〉

■ **축산법 시행령 제14조의3(등록대상에서 제외되는 가축사육업)** 법 제22조제3항에 따라 등록하지 아니할 수 있는 가축사육업은 다음 각 호와 같다. 〈개정 2013.3.23., 2015.10.13., 2019.12.31.〉

1. 가축 사육시설의 면적이 10제곱미터 미만인 닭, 오리, 거위, 칠면조, 메추리, 타조, 꿩 또는 기러기 사육업
2. 말 등 농림축산식품부령으로 정하는 가축의 사육업 [본조신설 2013.2.20]

■ **축산법 시행규칙 제2조(가축의 종류)** 삭제 〈개정 2008.3.3., 2013.3.23., 2013.4.11., 2018.7.12.〉

제5조(종축업의 대상) 법 제2조제5호에서 "농림축산식품부령으로 정하는 번식용 가축 또는 씨알"이란 다음 각 호의 것을 말한다. 〈개정 2008.3.3., 2008.12.31., 2013.3.23., 2018.7.12.〉

1. 돼지 · 닭 · 오리

2. 법 제7조에 따른 검정 결과 종계 · 종오리로 확인된 닭 · 오리에서 생산된 알로서 그 종계 · 종오리 고유의 특징을 가지고 있는 알

3. 「가축전염병 예방법」 제2조제2호에 따른 가축전염병에 대한 검진 결과가 음성인 닭 · 오리에서 생산된 알

제27조의4(등록대상에서 제외되는 가축사육업) 영 제14조의3제2호에서 "말 등 농림축산식품부령으로 정하는 가축"이란 말, 노새, 당나귀, 토끼, 개, 꿀벌 및 그 밖에 제2조제4호에 따른 동물 중 농림축산식품부장관이 정하여 고시하는 가축을 말한다.

나. 축산보상의 요건

축산손실보상은 영업손실보상을 준용하며 축산손실보상의 대상이 되는 축산업은 다음 어느 하나에 해당하는 경우이어야 한다(시행규칙 제49조 제1항, 제2항). 따라서 손실보상대상인 축산업이 되기 위해서는 보상대상인 영업의 요건을 갖추고 다시 아래의 요건 중 어느 하나를 추가로 구비하여야 한다.

(1) 「축산법」 제22조에 따라 허가를 받았거나 등록한 종축업 · 부화업 · 정액등처리업 또는 가축사육업(시행규칙 제49조 제2항, 제1호)

축산법 제22조에 따라 다음 각 호 ① 종축업, ② 부화업, ③ 정액등처리업, ④ 가축 종류 및 사육시설 면적이 대통령령으로 정하는 기준에 해당하는 가축사육업의 어느 하나에 해당하는 축산업을 경영하려는 자는 대통령령으로 정하는 바에 따라 해당 영업장을 관할하는 시장 · 군수 또는 구청장에게 허가를 받거나 등록하여야 한다(축산법 제22조 제1항, 제3항). 한편, 위 제④호에 해당하는 가축사육업이란 다음 각 호의 구분에 따른 가축사육업을 말한다(축산법 시행령 제13조).

> ■ **축산법 시행령 제13조(허가를 받아야 하는 가축사육업)** 법 제22조제1항제4호에서 "가축 종류 및 사육시설 면적이 대통령령으로 정하는 기준에 해당하는 가축사육업"이란 다음 각 호의 구분에 따른 가축사육업을 말한다.
>
> 1. 2015년 2월 22일 이전: 다음 각 목의 가축사육업
>
>   가. 사육시설 면적이 600㎡를 초과하는 소 사육업
>
>   나. 사육시설 면적이 1,000㎡를 초과하는 돼지 사육업
>
>   다. 사육시설 면적이 1,400㎡를 초과하는 닭 사육업
>
>   라. 사육시설 면적이 1,300㎡를 초과하는 오리 사육업
>
> 2. 2015년 2월 23일부터 2016년 2월 22일까지: 다음 각 목의 가축사육업
>
>   가. 사육시설 면적이   300㎡를 초과하는 소 사육업
>
>   나. 사육시설 면적이   500㎡를 초과하는 돼지 사육업
>
>   다. 사육시설 면적이   950㎡를 초과하는 닭 사육업
>
>   라. 사육시설 면적이   800㎡를 초과하는 오리 사육업
>
> 3. 2016년 2월 23일 이후: 사육시설 면적이 50㎡를 초과하는 소ㆍ돼지ㆍ닭 또는 오리 사육업

여기서 "종축업"이란 종축을 사육하고, 그 종축에서 농림축산식품부령으로 정하는 번식용 가축(돼지) 또는 씨알(닭)을 생산하여 판매(다른 사람에게 사육을 위탁하는 것을 포함한다)하는 업을 말하며(축산법 제2조제5호), "부화업"이란 닭, 오리 또는 메추리의 알을 인공부화 시설로 부화시켜 판매(다른 사람에게 사육을 위탁하는 것을 포함한다)하는 업을 말하며(축산법 제2조제6호), "정액등처리업"이란 종축에서 정액ㆍ난자 또는 수정란을 채취ㆍ처리하여 판매하는 업을 말하며(축산법 제2조제7호), "가축사육업"이란 판매할 목적으로 가축을 사육하거나 젖ㆍ알ㆍ꿀을 생산하는 업을 말한다(축산법 제2조제8호).

(2) 토지보상법 시행규칙 [별표3]에 규정된 <u>가축별 기준마리 수 이상</u>의 가축을 기르는 경우(시행규칙 제49조 제2항, 제2호)

[별표 3]

축산업의 가축별 기준마리수(제49조제2항 관련)

가축	기준마리수
닭	200마리
토끼	150마리
오리	150마리
돼지	20마리
소	5마리
사슴	15마리
염소·양	20마리
꿀벌	20군

(3) 토지보상법 시행규칙 [별표3]에 규정된 가축별 기준마리 수 미만의 가축을 함께 기르는 경우로서 그 가축별 기준마리 수에 대한 실제 사육마리수의 비율의 합계가 1 이상인 경우(시행규칙 제49조 제2항, 제3호)

사육하는 가축이 보상대상 기준 각 가축별 기준마리 수는 미달이나 <u>그 가축별 기준마리수에 대한 실제 사육마리수의 비율의 합계가 1 이상</u>인 경우에는 축산보상이 가능하다. 예를 들어 소 3마리, 염소 10마리를 함께 사육하는 경우 각 가축별로는 기준마리 수에 미달하나 3/5+10/20= 22/20(=1.1)으로 1보다 크게 되므로 축산보상에 해당한다.

(4) 기타 가축 또는 가금(시행규칙 제49조 제3항)

토지보상법 시행규칙 [별표3]에 규정된 축산보상대상 가축외에 이와 유사한 가축에 대해서는 가강 유사한 가축이나 가금에 준하여 기준마리수를 결정하여 평가할 수 있다. 유권해석은 개는 돼지 기준(20두), 추카(바위자고)는 비둘기보다 약간 큰 관상조류로 닭 기준(200마리)으로 한다.[688]

---

688) 2009.10.9. 토지정책과-4714, ; 1999.12.15. 토관 58342-1656, ; 1994.4.2. 토정 58307-475

다. 축산업 보상의 평가기준

(1) 축산에 대한 손실액

영업의 휴·폐업 등에 대한 손실의 평가를 규정한 토지보상법 시행규칙 제45조부터 제47조의 손실보상대상 영업의 조건을 모두 충족하고[689], 같은법 시행규칙 제49조 제2항에서 정한 기준에 해당 되는 경우에 한하여 보상한다(시행규칙 제49조 제1항). 따라서 공익사업의 편입으로 폐업보상(축산)은 <u>2년간의 축산영업이익에 축산영업용 고정자산 등의 매각손실액을 더한 금액으로 평가하고, 그 외 휴업보상(축산)은 4개월의 휴업기간으로 하여 평가</u>한다.

(2) 축산시설의 평가

토지보상법 시행규칙 제33조 내지 제36조의 규정에 의한 건물 및 공작물의 평가기준에 준하여 평가한다.

(3) 가축에 대한 이전비

<u>손실보상의 대상이 되지 아니하는 가축</u>에 대하여는 이전비로 평가하되, 이전으로 인하여 체중감소·산란율저하 및 유산 그 밖의 손실이 예상되는 경우에는 이를 포함하여 평가한 금액으로 보상한다(시행규칙 제49조 제4항). 다만, 가축의 이전비가 가축의 가액을 초과하는 경우에는 손실보상의 일반원칙에 따라 물건의 가액으로 평가한다.[690]

(4) 기준사육마리수의 사육시점

유권해석에 따르면 원칙적으로 대상물건의 기본조사 당시나 평가당시, 계약체결당시 등 어느 경우이든 기준사육마리수 이상을 사육하고 있어야 하나, 예외적으로 공공사업이 예견된 상태에서 자연적 감소가 아닌 이전에 대비한 처분으로 인하여 감정평가시에 기준에 미달된 사실 등을 사업시행자가 인정하는 경우에는 기본조사시 조사한 마리수를 기준으

---

689) ※ ① 사업인정전부터, ② 적법한 장소에서, ③ 인적·물적 시설을 갖추고, ④ 계속적으로, ⑤ 허가신고 등이 필요시 그 내용대로 행하는 축산업이어야 한다. 다만, 축산유형상 별도의 물적시설이 불필요한 경우 ③ 기준 배제 가능하다.

690) 2014.10.2. 감정평가기준팀-3434

로 보상이 가능하다고 보고 있다.

[질의회신1] ▶ 축산업보상의 요건 중 기준마리수 이상인지의 판단시기
[2004.2.26. 토관-871]

【회신내용】
축산업보상이 되기 위해서는 공공사업에 관한 고시 등이 있기 이전부터 같은 조제2항
제2호에는 별표3에 규정된 기준마리수(소 5마리, 닭 200마리) 이상의 가축을 계속 사
육 또는 양계하고 있어야 하고, 보상계약 당시까지 사육 또는 양계한 경우에 축산업의
손실보상대상에 해당된다고 보며, 사업시행자의 귀책사유 없이 계약체결당시를 기준
으로 하여 기준마리수 이상의 가축을 기르지 아니하는 경우에는 그 보상대상에 해당
되지 않는 것으로 봅니다.

[질의회신2] ▶ 보상당시에 양계업을 영위하지 않는 경우는 축산보상 대상이 아니다.
[2004.5.13. 토정-2221]

【회신내용】
축산업보상대상은 공익사업에 관한 고시 등이 있기 이전부터 행하던 축산업이 공익사
업의 시행으로 인하여 이전하는 경우에 해당됩니다. 그러나, 조류독감의 발생으로 가
축전염병예방법에 의하여 살처분시킨 경우로서 이에 대한 축산보상을 받는 것은 별론
으로 하더라도, 보상당시에 양계업을 계속 행하지 아니한 경우에는 당해 공익사업으
로 인한 손실이 있었다고 보기 어려울 것이므로 축산업보상 또는 영업보상 대상에 해
당되지 아니하는 것으로 보며, 개별적인 사례에 대하여는 사업시행자가 사실관계를
종합적으로 검토하여 판단결정할 사항이라 봅니다.

[질의회신3] ▶ 구제역으로 인한 살처분등으로 보상평가 당시 축산업을 행하고 있지
아니한 경우 축산보상여부 [2011.3.8. 토지정책과-1113]

【회신내용】

축산업보상은 사업인정고시일등 전부터 계속적으로 축산업을 행하고 있는 경우에 해당된다고 보며, 구제역으로 인한 살처분 등으로 보상평가 당시 축산업을 행하고 있지 아니한 경우에는 당해 공익사업으로 인한 손실이 있었다고 보기 어려우므로 축산업 보상대상에 해당되지 않습니다.

[질의회신4] ▶ 실태조사보다 감정평가시 사육두수가 감소할 경우 축산보상
[1995.11.2. 토정58307-1527]

【회신내용】
공공사업시행으로 인한 손실보상 대상은 공특법시행규칙 제5조의2 내지 제5조의3에서 규정하고 있는 대상물건 조사시점에서 확정되는 것인 바, 축산의 경우 대상물건 확정시에 동법 시행규칙 제19조의 규정에 의한 축산에 해당되었으나 공공사업시행이 예견된 상태에서 자연적 감소가 아닌 이전에 대비한 처분으로 인하여 감정평가시에는 동 규정에 의한 축산의 규모에 미달된 사실등 위의 제반 사실관계를 사업시행자가 인정하는 경우라면 축산보상에 해당하는 것임.

[질의회신5] ▶ 축산보상액 산정시 앵무새 이전에 따른 폐사 및 장기간 산란중단으로 인하여 이전비 및 이전에 따른 감손상당액이 앵무새 물건의 가격을 초과하는 경우 물건의 가격 및 매각손실액으로 산정할 수 있는지 여부 [2014.10.2. 감정평가기준팀-3434]

【회신내용】
「토지보상법 시행규칙」 제45조부터 제47조에서는 "영업시설·원재료·제품 및 상품의 이전에 소요되는 비용 및 그 이전에 따른 감손상당액"이 해당 물건의 가격보다 큰 경우에는 해당 물건의 가격으로 보상한다는 명문의 규정은 없지만, 「토지보상법」 제75조의 규정은 지장물과 관련된 기본적인 보상원칙이므로, 「토지보상법 시행규칙」 제45조 내지 제47조에도 적용된다고 볼 것입니다.

또한, 「감정평가실무기준」 [840-6.5]에서도 "영업시설등의 이전에 드는 비용(이하 "이전비"라 한다)은 해체·운반·재설치 및 시험가동 등에 드는 일체의 비용으로 하되, 개량 또는 개선비용은 포함하지 아니한다.

이 경우 이전비가 그 물건의 취득가액을 초과하는 경우에는 그 취득가액을 이전비로 본다"고 규정하고 있으므로 동 기준에 의하여서도 "이전비 및 이전에 따른 감손상당액이 물건의 가격을 초과하는 경우"에는 해당 물건의 취득가격으로 보상액을 산정할 수 있을 것입니다. 상기의 제 규정을 종합하여 볼 때, 축산보상액 산정시 '앵무새 이전에 따른 폐사 및 장기간 산란중단'으로 인하여 '이전비 및 이전에 따른 감손상당액이 앵무새 물건의 가격을 초과하는 경우'라면 물건의 가격 및 매각손실액으로 산정할 수 있을 것으로 판단됩니다.

(5) 영업보상의 준용의 일부 배제

① 원칙적인 영업보상 준용규정(시행규칙 제49조 제1항 본문)

토지보상법 시행규칙 제49조 제1항은 "제45조부터 제47조(다음 각 호의 규정은 제외한다)까지의 규정은 축산업에 대한 손실의 평가에 관하여 이를 준용한다"라고 규정하고 있는 바, 축산보상은 원칙적으로 영업보상의 평가기준에 따라 보상된다. 다만 영업보상의 내용 중 일부조항인 (ⅰ) 폐업보상에서 개인영업의 영업이익의 하한, (ⅱ) 휴업보상에서 영업장소 이전 후 발생하는 영업이익감소액, (ⅲ) 휴업보상에서 개인영업의 영업이익의 하한 등은 축산보상에서는 준용하지 않고 배제하고 있다(시행규칙 제49조 제1항).

■ **토지보상법 시행규칙 제49조(축산업의 손실에 대한 평가)** ① 제45조부터 제47조(다음 각 호의 규정은 제외한다)까지의 규정은 축산업에 대한 손실의 평가에 관하여 이를 준용한다. 〈개정 2007.4.12., 2014.10.22.〉
  1. 제46조제3항 후단
  2. 제47조제1항 각 호 외의 부분(영업장소 이전 후 발생하는 영업이익감소액의 경우만 해당한다) 및 제7항
  3. 제47조제5항 후단

② 폐업 및 휴업보상에서 최저 영업이익의 하한 보장조항 배제(시행규칙 제49조제1항 제1호, 제3호)

(ⅰ) 폐업보상에 따른 영업이익은 해당 영업의 최근 3년간의 평균 영업이익을 기준으로

하여 이를 평가하여야 하나 최근 3년간의 평균 영업이익이 제조부문 보통인부의 노임단가의 연간 영업이익에 미달하는 경우에는 그 연간 영업이익을 최근 3년간의 평균 영업이익으로 보아 최저영업이익을 보장하고 있고(제46조제3항 후단), (ⅱ) 휴업보상에 있어서는 휴업기간에 해당하는 영업이익이 도시근로자가구 월평균 가계지출비를 기준으로 산정한 3인 가구의 휴업기간 동안의 가계지출비에 미달하는 경우에는 그 가계지출비를 휴업기간에 해당하는 영업이익으로 보아 역시 최저영업이익을 보장하고 있다(시행규칙 제47조 제5항 후단). 그러나 축산손실보상에서는 이를 준용하지 않고 있다.

③ 휴업보상에서 영업장소 이전 후 발생하는 영업이익감소액 보상조항 배제(시행규칙 제49조제1항 제2호)

토지보상법 시행규칙 일부개정(2014.10.22.)으로 공익사업의 시행으로 영업장소를 이전하여야 하는 경우의 영업손실 보상으로 휴업기간 중 발생하는 영업이익 외에 영업장소 이전 후 발생하는 **'영업이익 감소액'도** 이 영업손실에 대한 보상으로 추가되어 휴업손실의 대상이 되었다.

즉, "영업이익 감소액은 휴업기간에 해당하는 영업이익의 **100분의 20**으로 하되, 그 금액은 **1천만원**을 초과하지 못한다(시행규칙 제47조 제7항)"라고 규정하여 휴업보상의 범위를 확대하고 있으나 축산손실보상에서는 이를 준용하지 않고 있다.

④ 잠업의 손실에 대한 보상(=잠업손실보상)에 준용

영업보상규정은 축산손실보상(시행규칙 제49조) 뿐만 아니라 잠업손실보상(시행규칙 제50조)에도 준용된다. 다만, 축산손실보상에서 영업보상의 일부규정을 준용하지 않는 범위는 잠업손실보상의 그것과 동일하다.

> ■ **토지보상법 시행규칙 제50조(잠업의 손실에 대한 평가)** 제45조부터 제47조(다음 각 호의 규정은 제외한다)까지의 규정은 잠업에 대한 손실의 평가에 관하여 이를 준용한다.
> 1. 제46조제3항 후단
> 2. 제47조제1항 각 호 외의 부분(영업장소 이전 후 발생하는 영업이익감소액의 경우

만 해당한다) 및 제7항

3. 제47조제5항 후단

라. 허가 등을 받지 않은 축산손실보상

(1) 문제점

영업보상에 있어서는 특례규정을 두어 적법한 장소에서 사업인정고시일 등 이전부터 행하여진 무허가영업에 대해서 보상을 하고 있다(시행규칙 제52조). 축산보상에서 이 특례규정을 적용할 수 있는지에 대한 문제는 농촌의 미등록 축산업이 많고 일반 농경지에서 미등록 축산시설을 갖추고 축산을 행하는 경우가 많다는 이유에 기인한다.

(2) 검토

대법원 판례와 유권해석의 입장은 대체로 허가 등이 있는 축산업이어야 축산보상이 가능하다는 견해가 대부분이다.[691] 즉, 허가 등을 받지 아니한 영업의 손실보상에 관한 특례규정은 축산업손실 보상에는 적용할 수 없으며, 「축산법」 제22조에 의해 허가 또는 등록을 하여야 하는 가축사육업으로서 허가 또는 등록을 하지 않거나 불법형질변경된 초지에 무허가시설을 설치하여 기준마리수 이상의 가축을 사육하더라도 축산손실보상의 대상이 아니라는 것이다.

결국 적법한 장소에서 사업인정고시일 등전부터 허가 등을 받아 행한 축산업만이 보상이 되는 것이므로 축산보상을 받으려면 영업보상의 요건을 모두 갖추면서 나아가 시행규칙 제49조 제2항의 내용인 「축산법」 제22조에 따라 허가를 받았거나 등록된 축산업이어야 한다는 것이다.

판례

[판례1] ▶ 축산보상대상여부 판단기준

[대법원 2009.12.10. 선고 2007두10686]

---

691) 2008.4.22. 토지정책과-587. ; 대법원 2009.12.10. 선고 2007두10686 판결

【판결요지】

구 축산법 시행규칙(2004.2.14. 농림부령 제1460호로 개정되기 전의 것) 제24조 제1항 제2호는 '종계1천 수 이상의 종계업을 영위하고자 하는 자는 그에 필요한 시설을 갖추어 시장·군수에게 신고하여야한다'고 규정하고 있다. 그런데 원심판결 이유 및 원심이 적법하게 채택한 증거에 의하면, 원고는 종계 12,960수를 사육하여 종란을 생산하는 종계업을 영위하면서 관할 시장·군수에게 위와 같은 규정에 따른 종계업 신고를 하지 아니한 사실을 알 수 있으므로, 공특법 시행규칙 제25조의3 제1항 제2호에 따라 이 사건 종계업은 휴업보상의 대상이 되는 영업에서 제외된다. 그럼에도, 원심은 종계업 신고 여부는 휴업보상에 장애가 되지 아니한다며 종계업을 기초로 하여 휴업보상 기간을 산출하고 그에 따른 보상금액 을 확정하였으니, 원심판결에는 미신고 영업의 보상에 관한 법리를 오해하여 판결에 영향을 미친 위법이 있다.

질의회신

[질의회신1] ▶ 토지보상법시행규칙 제49조의 축산업 보상에 있어서 같은 규칙 제52조 (허가 등을 받지 아니한 영업보상특례)가 적용되는지 여부
[2008.4.22. 토지정책과-587]

【회신내용】

「공익사업을 위한 토지 등의 취득 및 보상에 관한 법률 시행규칙」제45조부터 제47조까지의 규정은 일반적인 영업보상에 대한 요건, 폐업·휴업보상에 대한 평가기준 등을 규정하고 있습니다. 축산업에 대한 보상은 같은 규칙 제49조에 별도로 규정하고 있고 같은 규칙 제45조부터 제47까지의 일반적인 보상기준을 준용하되, 폐·휴업의 최저보상 기준을 규정하고 있는 같은 규칙 제46조제3항 후단 및 제47조제5항 후단은 축산업 보상에서 적용을 배제하고 있습니다. 따라서 입법취지를 감안할 때 축산업에 대한 보상기준은 같은 규칙 제49조의 규정에 따라야 하며 같은 규칙 제52조는 영업보상에 대한 별도규정이 없는 일반영업보상에 적용되는 규정으로 보는 것이 타당하다고 봅니다.

[질의회신2] ▸ 축산법 등 관계법령의 허가 등을 받지 아니하거나 또는 토지를 불법형질변경하고 무허가시설을 설치하여 기준마리수 이상의 가축을 기르는 경우에 축산보상이 가능한지 여부 [2009.11.23. 토지정책과-5533]

【회신내용】

토지보상법 시행규칙 제49조제1항에 의하면 제45조부터 제47조(제46조제3항 후단 및 제47조제5항 후단을 제외한다)까지의 규정은 축산업에 대한 손실의 평가에 관하여 이를 준용한다고 규정하고 있고, 토지보상법 시행규칙 제45조의 규정에 의하면 영업손실보상대상은 사업인정고시일 등 전부터 적법한 장소(무허가건축물등, 불법형질변경토지, 그 밖에 다른 법령에서 물건을 쌓아놓는 행위가 금지되는 장소가 아닌 곳을 말한다)에서 인적·물적시설을 갖추고 계속적으로 행하는 영업으로 규정하고 있습니다.(이하 단서 규정 생략) 따라서 <u>토지보상법 시행규칙 제45조 내지 제47조 규정에 해당하고 토지보상법 시행규칙 제49조제2항 각 호의 어느 하나에 해당하는 경우가 축산 보상 대상이 된다고 보며,</u> 개별적인 사례는 사업시행자가 「축산법」 등 관계법령의 검토 및 사실관계 등을 검토하여 판단하시기 바랍니다.

재결례

[재결례] ▸ 축산업 폐업보상 요청을 기각한 사례 [중토위 2017.1.19.]

【재결요지】

○○○은 축산업 폐업보상을 하여 달라는 주장에 대하여 법 시행규칙 제46조 제2항에 의하면, …(중략) …

축산업 폐업보상과 관련하여 대법원은 「영업손실에 관한 보상의 경우 영업의 폐지로 볼 것인지 아니면 영업의 휴업으로 볼 것인지를 구별하는 기준은……(중략), 축산의 이전 신축에 대한 특별한 법령상의 장애사유가 없는 한 이전·신축될 경우 악취, 해충 발생, 농경지 오염 등 환경공해를 우려한 주민들의 반대 가 있을 가능성이 있다고 하더라도 그러한 가정적인 사정만으로 축산업을 인접지역으로 이전하는 것이 현저히 곤란하다고 단정하기는 어렵다고 할 것이다.」(대법원 2002.10.8. 선고 2002두5498 판결 참조)고 판시하고 있다.

관계자료(○○시 ○○시 의견 회신문서 등)를 검토한 결과,

이의신청인이 축산업을 영위하고 있는 소재지의 인접 ○○시와 ○○시는 축산업이전이 가능하다고 회신하고 있고 인접 시·군으로 이전하여서는 당해 영업을 할 수 없다는 증빙도 제출되지 아니하였는바, 법 시행규칙 제46조제2항에서 정하고 있는 폐업보상의 요건에 해당하지 않으므로 소유자의 주장은 받아들일 수 없다.

마. 축산손실 보상관련 질의회신 등

질의회신

[질의회신1] ▶ 개의 경우 축산보상 대상에 포함되는지 여부
[2009.10.9. 토지정책과─4714]

【회신내용】
토지보상법 시행규칙 제49조제3항에 의하면 시행규칙 [별표3]에 규정된 가축외에 이와 유사한 가축에 대하여는 제2항제2호 또는 제3호의 예에 따라 평가할 수 있도록 되어 있으므로 개는 돼지에 준하여 평가할 수 있다.

[질의회신2] ▶ 축산보상을 받은 자에게 별도의 영업보상이 가능한지 여부
[2000.10.11. 토관58342─1512]

【회신내용】
축산에 대한 손실액은 동법 제24조(폐업보상) 또는 제25조(휴업보상)의 규정에 의거 보상하도록 되어있으므로 축산보상 외에 별도의 영업보상은 불가하다고 봅니다.

제4절 권리에 대한 보상[692]

1. 광업권 보상(=광업손실보상)

가. 광업권 보상의 근거 및 개념

"광업"이란 광물의 탐사(探査) 및 채굴과 이에 따르는 선광(選鑛)·제련 또는 그 밖의 사업을 말한다(광업법 제3조제2호). 한편, "광업권"[693]이란 「광업법」의 규정에 따라 등록을 한 일정한 토지의 구역(이하 "광구"라 한다)에서 등록을 한 광물과 이와 같은 광상(鑛床)에 묻혀 있는 다른 광물을 탐사·채굴하고 취득하는 권리를 말하며, 탐사권과 채굴권으로 구분된다(광업법 제3조 제3호 참조).

광업권보상은 공공사업의 일환으로 발생되는 손실에 대한 보상으로 토지보상법 제76조는 권리의 보상으로 광업권보상 규정을 마련하여 광업권에 대하여는 투자비용, 예상 수익 및 거래가격 등을 고려하여 평가한 적정가격으로 보상하여야 한다고 하고 있고 그 구체적인 보상액의 산정 및 평가방법에 대해서는 국토교통부령으로 정하도록 위임하고 있고(법 제76조) 그 위임내용은 토지보상법 시행규칙 제43조에 규정되어 있다.

한편, 광업권보상은 광업법 제34조, 동법 시행령 제30조, 동법 시행규칙 제19조의 규정에 따라 통상 발생하는 손실을 보상하며, 광산의 구체적인 산정은 감정평가규칙에 의거해 산정하고 있다. 다만, 토지보상법 시행규칙 제43조제1항에서 광업권에 대한 손실의 평가는 「광업법 시행규칙」 제19조에 따르도록 규정하고 있으나, 「광업법 시행규칙」 제19조는 2016. 7 .7.자로 개정되어 현재 손실의 산정기준 등은 「광업법 시행령」 제30조에서 규정하고 있다.[694]

> ■ **토지보상법 제76조(권리의 보상)** ① 광업권·어업권·양식업권 및 물(용수시설을 포함한다) 등의 사용에 관한 권리에 대하여는 투자비용, 예상 수익 및 거래가격

---

692) 광업권, 어업권에 대하여는 권리소멸에 따른 보상금을 광업법과 수산업법에서 정하는 기준에 따라 토지 등보상금과 별도로 지급한다.

693) ■ **광업법 제10조(광업권의 성질)** ① 광업권은 물권으로 하고, 이 법에서 따로 정한 경우 외에는 부동산에 관하여 「민법」과 그 밖의 법령에서 정하는 사항을 준용한다.
② 광업권은 광업의 합리적 개발이나 다른 공익과의 조절을 위하여 이 법이 규정하는 바에 따라 제한할 수 있다.

694) 즉, 광업권 손실의 산정기준 등의 근거 규정은 개정되었음에 유의할 필요가 있다.

등을 고려하여 평가한 적정가격으로 보상하여야 한다. 〈개정 2019.8.27.〉

② 제1항에 따른 보상액의 구체적인 산정 및 평가방법은 국토교통부령으로 정한다.

■ **토지보상법 시행규칙 제43조(광업권의 평가)** ① 광업권에 대한 손실의 평가는 「광업법 시행규칙」 제19조에 따른다. 〈개정 2005.2.5., 2007.9.27.〉

② 조업중인 광산이 토지등의 사용으로 인하여 <u>휴업하는</u> 경우의 손실은 휴업기간에 해당하는 영업이익을 기준으로 평가한다. 이 경우 영업이익은 최근 3년간의 연평균 영업이익을 기준으로 한다.

③ 광물매장량의 부재(채광으로 채산이 맞지 아니하는 정도로 매장량이 소량이거나 이에 준하는 상태를 포함한다)로 인하여 휴업중인 광산은 손실이 없는 것으로 본다.

관련법령

■ **광업법 제3조(정의)** 이 법에서 사용하는 용어의 뜻은 다음과 같다.

2. "광업"이란 광물의 탐사(探査) 및 채굴과 이에 따르는 선광(選鑛)·제련 또는 그 밖의 사업을 말한다.

3. "광업권"이란 탐사권과 채굴권을 말한다.

3의2. "탐사권"이란 등록을 한 일정한 토지의 구역(이하 "광구"라 한다)에서 등록을 한 광물과 이와 같은 광상(鑛床)에 묻혀 있는 다른 광물을 탐사하는 권리를 말한다.

3의3. "채굴권"이란 광구에서 등록을 한 광물과 이와 같은 광상에 묻혀 있는 다른 광물을 채굴하고 취득하는 권리를 말한다.

4. "조광권"(租鑛權)이란 설정행위에 의하여 타인의 광구에서 채굴권의 목적이 되어 있는 광물을 채굴하고 취득하는 권리를 말한다.

제34조(공익상 이유에 따른 취소처분 등) ① 산업통상자원부장관은 광업이 공익을 해친다고 인정할 때에는 **광업권의 취소 또는 광구의 감소처분**을 하여야 한다.

② 산업통상자원부장관은 <u>국가중요건설사업지 또는 그 인접 지역의 광업권이나 광물의 채굴이 국가중요건설사업에 지장을 준다고 인정할 때에는 광업권의 취소 또는 그</u>

지역에 있는 광구의 감소처분을 할 수 있다. 〈개정 2008.2.29., 2013.3.23.〉

③ 국가는 제1항과 제2항에 따른 광업권의 취소처분 또는 광구의 감소처분으로 발생한 손실을 해당 광업권자(취소처분에 따른 광업권의 광구 부분 또는 감소처분에 따른 광구 부분에 조광권이 설정되어 있는 경우에는 그 조광권자를 포함한다)에게 보상하여야 한다.

④ 제3항에 따라 보상할 손실의 범위는 제1항과 제2항에 따른 광업권의 취소처분 또는 광구의 감소처분에 따라 통상 발생하는 손실로 한다. 이 경우 통상 발생하는 손실은 다음 각 호의 사항 등을 고려하여 산정한다. 〈개정 2016.1.6.〉

  1. 산업통상자원부령으로 정하는 자가 광업권의 취소처분 또는 광구의 감소처분 당시를 기준으로 평가한 광산·광구·시설의 가치

  2. 광업권의 취소처분 또는 광구의 감소처분 시까지 해당 광산개발에 투자된 비용

  3. 광업권의 취소처분 또는 광구의 감소처분 당시의 탐사, 개발 및 채굴상황

⑤ 산업통상자원부장관은 제1항과 제2항에 따른 광업권의 취소처분 또는 광구의 감소처분에 따라 이익을 받은 자가 있을 경우에는 그 자에게 그 이익을 받은 한도에서 제3항에 따른 보상 금액의 전부나 일부를 부담하게 할 수 있다.

⑥ 제2항에 따른 처분에 관하여는 「행정소송법」 제23조제2항을 적용하지 아니한다.

⑦ 제2항에 따른 국가중요건설사업지 또는 그 인접지역, 제4항에 따른 통상 발생하는 손실의 구체적인 산정기준 및 절차에 관한 사항은 대통령령으로 정한다.

■ **광업법 시행령 제30조(손실의 산정기준 등)** ① 법 제34조제4항에 따른 통상 발생하는 손실은 다음 각 호의 구분에 따라 산정한다.

  1. 광업권자나 조광권자 조업 중이거나 정상적으로 생산 중에 휴업한 광산으로서 광물의 생산실적이 있는 경우: 법 제34조제4항제1호에 따라 산업통상자원부령으로 정하는 자가 광산의 장래 수익성을 고려하여 산정한 광산평가액에서 이전(移轉)이나 전용(轉用)이 가능한 시설의 잔존가치(殘存價値)를 뺀 금액에 이전비를 합산한 금액. 이 경우 평가된 지역 외의 지역에 해당 광산개발을 목적으로 취득한 토지·건물 등 부동산이 있는 경우에는 그 부동산에 대하여 「공익사업을 위한 토지 등의 취득 및 보상에 관한 법률」에서 정하는 보상기준을 준용하여 산정한 금액을 더한 금액으로 한다.

2. 탐사권자가 탐사를 시작하였거나 탐사실적을 인정받은 경우와 채굴권자가 채굴계획 인가를 받은 후 광물의 생산실적이 없는 광산인 경우: 해당 광산개발에 투자된 비용과 현재시설의 평가액에서 이전이나 전용이 가능한 시설의 잔존가치를 뺀 금액에 이전비를 합산한 금액

3. 탐사권자가 등록을 한 후 탐사를 시작하지 아니하였거나 채굴권자가 채굴계획 인가를 받지 아니한 경우: 등록에 든 비용

② 제1항제1호의 광산평가액과 같은 항 제2호의 현재시설의 평가액은 법 제34조제4항제1호에 따라 산업통상자원부령으로 정하는 자 둘 이상이 산정한 평가액을 산술평균한다. [전문개정 2016.7.6.]

> ■ **광업법 시행규칙 제19조(손실의 산정)** 법 제34조제4항제1호, 영 제30조제1항제1호 전단 및 같은 조 제2항에서 "산업통상자원부령으로 정하는 자"란 각각 다음 각 호의 어느 하나에 해당하는 자를 말한다.
>
> 1. 「부동산 가격공시 및 감정평가에 관한 법률」 제2조제9호에 따른 감정평가업자
> 2. 영 제9조제3항제1호에 따른 기관
> 3. 「엔지니어링산업 진흥법」 제2조제4호에 따른 엔지니어링사업자
> 4. 「기술사법」 제6조에 따라 기술사사무소를 개설한 기술사로서 같은 법 시행령 별표 2의2에 따른 건설(직무 범위가 지질 및 지반인 경우만 해당한다) 또는 광업자원을 직무 분야로 하는 기술사 [전문개정 2016.7.7.]

나. 보상대상

(1) 의의

광업의 손실이란 공익사업의 시행으로 인한 광업권의 소멸 및 광구의 감소처분, 광산의 휴업으로 인한 손실과 기계장치·구축물(갱도포함)·건물 등에 관한 손실을 말한다. 이러한 광업권이 공익사업의 시행으로 침해되는 경우에 관련법령 등에 의해 손실보상이 이루어지고는 있으나 그 손실보상대상의 범위는 여전히 문제되는 쟁점사항이다.

「광업법」은 광산을 보상대상으로 하여 산업통상부장관이 광업이 공익을 해한다고 인정할 때에는 광업권의 취소 또는 광구의 감소처분을 하여야 하며, 이로 인해 발생한 광업

권자 또는 조광권자의 손실에 대한 보상을 규정(광업법 제34조)하고 있는 반면, 토지보상법은 광산을 구성하는 시설물들은 지장물로서 별도의 보상대상으로 하므로 광업권만을 보상대상으로 규정하고 있다. 따라서 토지보상법상 광업권보상은 광업권에 대하여 협의보상이 이루어지지 아니하면 수용재결을 통하여 다툴 수 있으나, 보상대상은 광업법에 의하여 등록된 법정광물만이 대상이 된다. 아래의 내용은 광업권 보상대상에서 제외되거나 일부만 인정되는 경우이다.

(2) 채굴제한구역의 광업권 보상배제

광업법 제44조에서는 아래와 같은 특정시설물 지하내의 광물채굴에 대해서는 관할 관청의 허가나 소유자 또는 이해관계인의 승낙이 없으면 광물을 채굴할 수 없다는 채굴제한 규정을 두고 있다(광업법 제44조제1항).

> ① 철도 · 궤도(軌道) · 도로 · 수도 · 운하 · 항만 · 하천 · 호(湖) · 소지(沼地) · 관개(灌漑)시설 · 배수시설 · 묘우(廟宇) · 교회 · 사찰의 경내지(境內地) · 고적지(古蹟地) · 건축물, 그 밖의 영조물의 지표 지하 50미터 이내의 장소
> ② 묘지의 지표 지하 30m 이내의 장소

따라서 위와 같은 지역은 광업권 보상대상에서 제외되는 바, 광업권자가 채굴을 할 수 없게 되어 손실이 발생하였다하더라도 이는 보상대상이 될 수 없고 채굴제한 구역 안에서 분리된 광물은 광업권자에게 귀속되는 것은 별론으로 하고, 이러한 채굴제한은 광업권이 설정된 이후에 설치한 시설물에도 동일하게 적용된다. 판례와 재결례도 동일한 취지로 해석하고 있다.[695]

> ### 판례
>
> [판례1] ▶ [대법원 2014.12.11. 선고 2012다70760] [손해배상(기)]
>
> 【판시사항】

---

695) 대법원 2014.12.11. 선고 2012다70760 판결. ; 대법원 2000.9.8. 선고 98두6104

[1] 광업권자가 구 광업법 제48조 제1항에서 정한 채굴제한으로 손실을 입은 경우, 보상을 구할 수 있는지 여부(소극) 및 광업권 설정 또는 채굴 개시 이후에 시설이나 건축물 등이 설치된 경우도 위 법리가 적용되는지 여부(적극)

[2] 구 광업법 제48조 제1항의 채굴제한 구역 내에서 분리된 광물의 소유자(=광업권자)

【판결요지】

[1] 구 광업법(2007.4.11. 법률 제8355호로 전부 개정되기 전의 것, 이하 같다) 제48조 제1항은 '광업권자가 철도·궤도·도로·수도·운하·항만·하천·호·소지·관개·배수·시설·묘우·교회·사찰의 경내지·고적지 기타 영조물의 지표지하 50m 이내의 장소나 묘지·건축물의 지표지하 30m 이내의 장소에서는 각각 관할관청의 허가나 소유자 또는 이해관계인의 승낙 없이 광물을 채굴할 수 없다.'고 규정하고 있다. 위 규정은 광업의 수행과정에서 공공시설이나 종교시설 그 밖의 건축물이나 묘지 등의 관리운영에 지장을 초래하는 사태의 발생을 미연에 방지하기 위하여, 그 부근에서 광물을 채굴하는 경우에는 관할관청의 허가나 소유자 또는 이해관계인의 승낙을 얻는 것이 필요함을 정한 것에 지나지 않고, 이러한 제한은 공공복리를 위하여 광업권에 당연히 따르는 최소한도의 제한이고 부득이한 것으로서 당연히 수인하여야 하는 것이지 특별한 재산상의 희생을 강요하는 것이라고는 할 수 없으므로, 광업권자가 위와 같은 채굴제한으로 인하여 손실을 입었다고 하여 이를 이유로 보상을 구할 수 없다(대법원 2005.6.10. 선고2005다10876 판결 참조). 그리고 이러한 법리는 채굴제한을 받는 광업권의 경제적 가치 유무나 규모 또는 공익사업에 의한 시설이나 건축물 등의 설치 시기와 관계없이 구 광업법 제48조 제1항에 의한 채굴제한을 받는 광업권 일반에 모두 적용되고, 광업권의 설정 또는 채굴의 개시 이후에 시설이나 건축물 등이 설치된 경우에도 마찬가지라고 할 것이다(대법원 2014.3.27. 선고 2010다108197 판결 참조).

[2] 원심은, 피고가 이 사건 공사를 하면서 이 사건 광구에서 석회석을 채굴함으로써 광업권자인 원고의 위 석회석에 대한 소유권을 침해하였다고 주장하면서 위 불법행위로 인한 손해배상을 구하는 원고의 이 부분 청구에 대하여, 피고가 2002. 6.경부터 2002.9.경까지 이 사건 공사를 하면서 이 사건 광구 일부에서 토사 617,4

93㎥를 굴취한 사실을 인정하면서도, 위 토사 중에 석회석이 원고 주장과 같은 다량이 포함되어 있다는 점을 인정할 만한 증거가 없고, 설령 위 토사 중에 석회석이 상당량 포함되어 있다고 하더라도, 이는 피고가 이 사건 광업권의 광구 일부를 수용하여 이 사건 공사를 적법하게 시행하면서 발생한 부수적이고 필연적인 결과로, 피고 등이 원고의 석회석을 임의로 굴취하여 이 사건 공사 현장에 사용하였다는 점을 인정할 아무런 증거가 없는 이 사건에서 위 사정만으로 피고에게 불법행위에 해당하는 정도의 위법성이 있다고 보기도 어려우며, 또한 원고가 주장하는 대부분의 석회석은 이 사건 도로확장공사로 인하여 확장되는 도로의 노반 및 법면이 된 토지의 지표·지하의 50m 이내에 포함되는 것으로서 원고가 그 채굴허가를 받지 못하는 한 이를 채굴할 수도 없는 것인바, 원고가 그 채굴허가를 받지 못하였고 그 허가를 받을 가능성도 없다고 보이므로 이를 원고의 손해라고 볼 수도 없다고 판단하였다.

그러나 원심의 이러한 판단은 아래와 같은 이유에서 그대로 수긍하기 어렵다.

1) 원심판결 이유 및 기록에 의하면, 원심은 특별한 이유 없이 위 토사에 석회석이 다량 포함되어 있다는 점을 뒷받침하는 제1심법원의 대흥광업기술연구소에 대한 감정촉탁보완 결과를 채택하지 아니하고, 위 사실을 인정할 만한 증거가 없다고 판단하였다. 그러나 제1심법원의 대흥광업기술연구소에 대한 감정촉탁보완 결과에 의하면, 피고가 이 사건 공사를 하면서 이 사건 광구 일부에서 굴취한 토사 617,493㎥ 중 337,055.36㎥가 석회석 매장지역에서 굴취되었고, 그 토사 중 석회석 부존율 80%, 비중 2.7로 하여 산정한 가채광량이 728,000M/T이며, 원고의 연간 생산규모 163,200M/T(조광)에 따른 가행연수는 4.4년, 석회석의 판매단가 및 추정생산원가, 연수익, 배당이율, 축적이율, 기업비를 종합적으로 고려할 때 피고의 위 토사 굴취로 손실된 원고의 광업권 평가액은 315,200,000원이라는 것이고, 위와 같은 감정인의 감정 결과는 감정 방법 등이 경험칙에 반하거나 합리성이 없는 등 현저한 잘못이 없는 한 존중하여야 하며(대법원 2012.1.12. 선고 2009다84608 판결 등 참조), 원고나 피고가 위 감정촉탁 결과가 경험칙에 반하거나 합리성이 없다는 등의 주장을 하며 다툰 바도 없는 이상, 특별한 사정이 없는 한 위 감정촉탁 결과에 의하여 피고가 위 토사를 굴취하면서 위와 같이 다량의 석회석을 채굴하였다

는 사실이 증명되었다고 봄이 타당하다.

2) 구 광업법 제8조 제1항은 광구 안에서 광업권 또는 조광권에 의하지 아니하고 토지로부터 분리된 광물은 그 광업권자 또는 조광권자의 소유로 한다고 규정하고 있다. 따라서 피고가 이 사건 공사를 하는 과정에서 원고의 광구 안에서 토지로부터 분리한 석회석은 광업권자인 원고의 소유라 할 것이다. 그리고 구 광업법 제48조 제1항은 광업권자의 채굴을 일정한 범위에서 제한하고 있으나, 채굴제한 범위에 포함된 지역에서 분리된 광물에 대한 광업권자의 소유권을 부인하는 다른 규정이 없는 이상, 광업권자는 구 광업법 제48조 제1항의 채굴제한 구역 내에서 분리된 광물에 대하여도 여전히 구 광업법 제8조 제1항에 기하여 소유권을 가진다고 봄이 타당하다.

3) 위와 같은 법리와 기록에 비추어, 피고가 이 사건 광구 내에서 석회석이 다량 함유된 위 토사를 굴취한 후 원고에게 그 소유 석회석을 회수할 기회를 주지 아니한 채 이를 다른 용도로 사용하거나 멸실하게 하였다면, 피고는 적어도 과실로 원고의 석회석 소유권을 침해한 불법행위를 저질렀다고 볼 여지가 충분하다.

[판례2] ▶ [대법원 2000.9.8. 선고 98두6104] (재결처분취소)

【판시사항】
[1] 구 광업법 제48조 제1항 소정의 '광물의 채굴이 제한되는 도로'의 범위
[2] 수용대상에 대한 손실보상액 평가 기준 및 수용대상이 사업인가 고시 당시의 토지 또는 권리세목에 누락되었다가 추가된 경우, 보상액 산정의 기준이 되는 사업인정 시기(=최초 사업인정 고시일)

【판결요지】
[1] 구 광업법(1999.2.8. 법률 제5824호로 개정되기 전의 것) 제48조 제1항은 …(중략)… 채굴할 수 없다고 규정하고 있는바, 이 규정은 광업의 실시에 따른 영조물과 건물 등의 파괴를 미리 방지하여 공익을 보호하고자 하는 데 그 취지가 있다고

할 것이므로, 위 영조물 중 도로에는 도로법 소정의 도로만이 아니라 일반공중의 교통을 목적으로 이에 필요한 설비와 형태를 갖춘 도로까지도 포함되고, 그 주위에서 채굴을 하기 위하여는 채광계획 인가와는 별도로 그 도로 관리자의 허가 또는 승낙을 받아야 한다.

이와 같은 전제에서 원심이 원고가 원심 판시 광구 내 이 사건 도로 50m 이내에서 광물을 채굴하는 것에 대하여 관할관청, 소유자 또는 이해관계인으로부터 허가 또는 승낙을 받은 사실을 인정할 자료가 없다는 이유로 원고의 광업권에 대한 보상액을 평가함에 있어서 이 사건 도로 50m 주변을 보상평가대상에서 제외한 각 감정평가를 채택한 피고 중앙토지수용위원회의 조치를 정당하다고 한 것은 옳고, 거기에 상고이유로 주장하는 바와 같은 법리오해, 채증법칙 위배, 판례위반 등의 위법이 없다. 상고이유는 받아들일 수 없다.

[2] 수용대상에 대한 손실보상액을 평가함에는 당해 공공사업의 시행을 직접목적으로 하는 계획의 승인, 고시로 인한 가격변동은 이를 고려함이 없이 수용재결 당시의 이용상황, 주위환경 등을 기준으로 하여 적정가격을 정하여야 하고, 수용대상이 사업인가 고시 당시의 토지 또는 권리세목에 누락되었다가 추가된 경우에 보상액 산정의 기준이 되는 사업인정시기는 최초 사업인정 고시일이다. 같은 취지에서 원심이 이 사건 도로가 택지개발사업지구에 편입됨으로써 기존용도가 폐지되었다 하더라도 이는 택지개발사업의 시행에 의하여 비로소 도로의 용도가 폐지된 것인 만큼 이러한 이유로 택지개발사업고시일 이후에 용도폐지된 상태를 위 광업권의 보상액을 평가하는데 감안할 수는 없다고 판단한 조치는 옳고, 거기에 상고이유로 주장하는 바와 같은 법리오해, 심리미진 등의 위법이 없다. 이 점에 관한 상고이유도 받아들일 수 없다.

재결례

[재결례1] ▶ 채굴제한구역의 광업권은 보상대상이 아니다. [중토위 2017.9.7.]

【재결요지】

관계자료(소유자 및 사업시행자 의견서, 대법원 판례 등)를 살펴보면, 소유자는 1992. 1.6.(광업지적 예산 제32호) 및 1992.10.2.(광업지적 예산 제42호) 광업권을 등록(면적138ha, 광종명: 고령토)하였고 광업권이 설정된 부지 중 일부에 대하여 공익사업 시행으로 해당 토지에서의 고령토 채굴작업이 불가능하여 실질적으로 광구가 감소되는 결과가 초래되어 손실이 발생하므로 광업권을 평가하여 보상하여 줄 것을 주장하고 있으나, 이 건 사업은 충청남도지사가 국가간선기능 확충을 목적으로 시행하는 도로사업(선장−염치간 국지도확포장공사)으로서 이 건 공익시설은 지표 지하 50m 내에서 설치되는 사업으로 확인된다. 따라서 소유자가 지표 지하 50m 이내의 장소에서 채굴을 하려면 광업법 제44조 제1항에 따라 소유자 또는 이해관계인의 승낙을 얻어야 하고, 그 결과 소유자는 위 광업법 제44조 제1항이 정한 범위에서 채굴제한을 받게 된다. 그러나 위 판례에서도 판시한 바와 같이 이러한 제한은 공공복리를 위하여 광업권에 당연히 따르는 최소한의 제한이고 부득이한 것으로서 광업권자가 당연히 광업권자가 수인해야 할 것으로 소유자에게 특별한 재산상의 희생을 강요한 것이라고 할 수 없기 때문에 소유자가 손실을 입었다는 이유로 보상을 구할 수는 없다 할 것이다. 따라서 광업권이 설정된 이 건 편입토지는 단지 광업권 등록면적에만 포함되어 있을 뿐 이 건 공익사업구역내에 광업채굴, 시설물 설치 등이 없어 이 건 공익사업으로 인한 손실이 발생하지 않았다는 점, 광업법제34조 제1항에 따라 산업통상자원부장관이 광구감소 처분을 하고 그 결과 같은 법 제34조 제3항에 따라 손실보상의 대상이 된다는 것은 별론으로 하고,(이 건의 경우 위와 같은 광구감소 처분은 없었다.) 이건 사업으로 채굴제한을 받았다고 하여 손실보상을 구할 수는 없으므로 법 제76조에서 정하는 소유자의 광업권에 대한 손실보상신청은 주문과 같이 이를 기각하기로 하다.

[재결례2] ▶ 채굴제한구역의 광업권은 보상대상이 아니다. [중토위 2017.5.25.]

【재결요지】

000이 지방토지수용위원회의 기각재결을 취소하고, 적정한 광업권 손실보상금을 산정하여 지급하여 달라는 주장에 대하여 살펴본다.

법 제76조제1항에 따르면 …(중략)… 되어 있다.

이의신청인 000(000광산)은 00도 00시 00구(제00000호) 및 00도 00시 00구, 00시

00면·00면(제00000호) 일대 521ha에 2001.10.22. 광업권을 등록하였고, 광업권이 설정된 부지 중 일부에 대한 공익사업 시행으로 해당 토지에서의 고령토 채굴작업이 불가능하여 실질적으로 광구가 감소되는 결과가 초래되어 손실이 발생하므로 광업권을 평가하여 보상하여 줄 것을 주장하고 있다.

광업법 제44조제1항에 따르면 …(중략)… 채굴할 수 없다고 규정하고 있는바, …(중략)… 관계자료(소유자 및 사업시행자 각 의견서 등)를 살펴보면, 이 건 사업은 항공대대 이전에 따른 부대진입도로, 계류장, 활주로, 병영생활관, 간부숙소, 식당, 연병장, 헬기격납고 및 정비고, 관제탑 등 공적목적에 공여된 유체물 또는 물적 설비를 설치하고 부대 경계를 옹벽으로 에워싸는 사업으로서 이러한 시설물 전체를 광업법 제44조제1항제1호에 따른 영조물로 보아야 할 것이고, 이 영조물은 지표지하 50m내에서 설치되는 사업으로 확인된다. 따라서 이의신청인이 각 위 시설의 지표 지하 50m 이내의 장소에서 채굴을 하려면 광업법 제44조제1항에 따라 소유자 또는 이해관계인의 승낙을 얻어야 하고, 그 결과 신청인이 위 광업법 제44조제1항이 정한 범위에서 채굴제한을 받게 된다. 그러나 위 판례에서도 판시한 바와 같이, 이러한 제한은 공공복리를 위하여 광업권에 당연히 따르는 최소한의 제한이고 부득이한 것이고 당연히 수인해야 할 것으로 이의신청인에게 특별한 재산상의 희생을 강요한 것이라고 할 수 없기 때문에 이의신청인은 손실을 입었다는 이유로 보상을 구할 수 없다.

따라서 광업권이 설정된 이 건 사업구역에 관하여 광업법 제34조제1항에 따라 산업통상자원부장관이 광구감소 처분을 하고 그 결과 같은 법 제34조제3항에 따라 손실보상의 대상이 됨은 별론으로 하더라도, (이 건의 경우 위와 같은 광구감소 처분은 없었다) 이의신청인이 이 건 사업으로 채굴제한을 받았다고 하여 손실보상을 구할 수 없으므로 이의신청인의 재결신청을 기각한 00지방토지수용위원회의 재결은 정당하고 이의신청인의 주장은 이유 없다

(3) 광업권행사와 무관한 인·허가 등으로 인한 광업권보상배제

공익사업의 시행으로 관할관청의 인·허가 등을 받지 못해 광업권행사에 제한을 받게 되었다 하더라도 해당 공익사업이 광업권행사제한과 상당인과관계가 없거나, 광업권행사를 부당하게 제한하는 것이 아니라면 광업권 손실보상은 원칙적으로 이루어 질수는 없다. 판례도 동일한 취지이다.[696]

[판례1] ▶ [대법원 1996.9.20. 선고 96다24545] (광업권보상)

【판시사항】

[1] 산림훼손허가를 받지 못하여 석탄 채굴작업이 중단된 것은 댐 건설과 상당인과관 계가 없고 광업권의 부당한 제한도 아니라고 한 사례

[2] 광업법 제39조 손실보상 규정의 적용 범위

【판결요지】

[1] 산림훼손허가는 관할 관청인 군수가 신청대상토지의 현상과 위치 및 주위의 상황 등을 고려하여 공익상 필요에 따라 재량으로 허가를 거부할 수 있으므로 <u>산림훼손 허가를 받지 못해 채굴작업을 더 이상 할 수 없게 되었다고 하더라도 그것이 지방 자치단체가 시행하는 댐 건설과 상당인과관계가 있거나 광업권의 행사를 부당히 제한하는 것이라고 할 수 없다</u>고 한 원심판결을 수긍한 사례.

[2] 광업법 제39조, 광업법시행령 제33조 소정의 손실보상 규정을 근거로, 관계 기관 의 장이 지정, 고시한 국가 또는 지방자치단체가 건설하는 중요 건설사업지 및 그 인접 지역 밖의 광업권으로서 광업권을 취소하거나 광구의 감소처분을 하지도 아 니한 부분에 대하여도 보상하여야 한다고 유추해석 할 수 없다.

【판결이유】

[1] 원심은 …(중략)… 원고가 원고의 잔여 광구 160헥타에서 석탄을 채굴하기 위하여 보령군에 산림훼손허가신청을 하였으나, 위 광산이 보령댐에 가까워 수질오염이 예상된다는 이유로 위 신청이 불허가되어 조업을 할 수 없게 됨으로써 원고의 광업 권은 사실상 모두 상실되었<u>으므로 피고는 위 잔여 광구에 대한 손실보상을 지급할 의무가 있다는 원고의 주장에 대하여, 원고가 주장하는 산림훼손허가는 관할 관청 인 보령군수가 신청대상 토지의 현상과 위치 및 주위의 상황 등을 고려하여 공익</u>

---

696) 대법원 1996.9.20. 선고 96다24545 판결

상 필요에 따라 재량으로 허가를 거부할 수 있다고 할 것이므로, 원고가 산림훼손 허가를 받지 못해 채굴작업을 더 이상 할 수 없게 되었다고 하더라도 그것이 피고 가 건설하는 보령댐 건설과 상당인과관계가 있는 것이라거나 광업권의 행사를 부 당히 제한하는 것이라고 할 수 없다고 판단한 것은 정당한 것으로 수긍이 되고,

[2] 광업법 제39조, 광업법시행령 제33조에 의하면, 동력자원부 장관(현재의 통상산 업부 장관)은 관계 기관의 장이 지정, 고시한 국가 또는 지방자치단체가 건설하는 중요 건설사업지 및 그 인접 지역 안의 광업권이나 광물채굴이 동 사업에 지장을 초래한다고 인정할 때에는 광업권의 취소 또는 광구의 감소처분을 할 수 있고, 이 로 인하여 통상 발생하는 손실을 보상하도록 규정하고 있으나, 이 규정을 유추하 여 소론이 주장하는 바와 같이 관계 기관의 장이 지정, 고시한 국가 또는 지방자 치단체가 건설하는 중요 건설사업지 및 그 인접 지역 밖의 광업권으로서 광업권을 취소하거나 광구의 감소처분을 하지도 아니한 부분에 대하여 까지도 보상하여야 한다고 해석할 수 없고, 원고의 잔여 광업권이 위 보령댐의 건설로 인하여 종래의 목적이나 용도에 이용할 수 없게 되었다고 볼 아무런 증거가 없는 이상 공공용지 의취득및손실보상에관한특례법 시행규칙 제23조의2 내지 6, 제26조, 제30조 등 에 따라 손실보상을 하여야 한다는 소론 주장 또한 받아들일 수 없다. 논지는 모 두 이유 없다.

(4) 현재 생산실적 기준에 따른 보상

일단의 광구 중 일부 필지에만 채광계획인가 또는 생산실적이 있는 경우에는 광구전체를 보상하지 않고 실제 채광계획인가 및 생산실적이 있는 면적만이 보상대상이다.697) 여기에 서 "채광"이라 함은 목적광물의 채굴·선광·제련과 이를 위한 시설을 하는 것을 말한다.

> **질의회신**
>
> [질의회신1] ▶ 일단의 광구 중 일부 필지에만 채광계획인가 또는 생산실적이 있는 경 우에는 현재 생산실적을 기준으로 보상한다. [1988.6.19. 토관 58342-965]

697) 1988.6.19. 토관 58342-965

【질의요지】

일단의 광구 중 실제 도로에 편입되는 1필지(3,974.7㎡)만 채광계획인가 및 생산실적
이 있는 경우 전체광구가 채광계획인가 및 생산실적이 있는 것으로 보고 광구전체를
보상해야하는지 또는 도로에 편입되는 면적을 기준으로 보상해야 하는 지 아니면 실
제 채광계획인가 및 생산실적이 있는 면적만 보상해야 하는지 여부.

【회신내용】

「광업법」에 의하여 광업권이 설정되어 있는 광구라 하더라도 채광에 따른 경제성이
없어 일부만 채광하는 경우라면 광업권이 설정된 광구전체에 대한 보상은 어려울 것
으로 보이며, 현재 생산실적을 기준으로 이를 보상함이 바람직할 것임.

다. 광업권에 대한 손실보상의 평가기준[698]

광업권에 대하여는 투자비용, 예상 수익 및 거래가격 등을 고려하여 평가한 적정가액으
로 보상하여야 하는 바, 토지보상법 시행규칙 제43조제1항에서는 "광업권에 대한 손실의
평가는 「광업법 시행규칙」 제19조에 따른다"고 규정하고 있고, 「광업법 시행규칙」 제19조
에 의거한 「광업법 시행령」 제30조에 따르면, 광물의 생산실적 유무에 따라 손실보상기
준을 차등 산정하고 있고, 손실보상산정과 관련한 광업권의 평가는 감정평가사, 감정평
가기관, 산업통상부장관이 인정하는 기관, 엔지니어링사업자 또는 기술사가 하며, 보상
의 산정액은 둘 이상이 산정한 평가액을 산술평균치로 하고 있다.

(1) 조업 중인 광산의 휴업손실 평가

조업중인 광산이 토지등의 사용으로 인하여 휴업하는 경우의 손실은 휴업기간에 해당하
는 영업이익을 기준으로 평가하고, 이 경우 영업이익은 최근 3년간의 연평균 영업이익을
기준으로 한다(시행규칙 제43조제2항). 광물매장량의 부재(채광으로 채산이 맞지 아니
하는 정도로 매장량이 소량이거나 이에 준하는 상태를 포함한다)로 인하여 휴업중인 광

---

698) 사실상 광업권의 소멸에 대한 보상평가기준이다.

산은 손실이 없는 것으로 본다(시행규칙 제43조제3항).

(2) 광물생산실적이 있는 경우

광업권자나 조광권자 조업 중이거나 정상적으로 생산 중에 휴업한 광산으로서 광물의 생산실적이 있는 경우 산업통상자원부령으로 정하는 자가 광산의 장래 수익성을 고려하여 산정한 광산평가액에서 이전(移轉)이나 전용(轉用)이 가능한 시설의 잔존가치(殘存價値)를 뺀 금액에 이전비를 합산한 금액으로 한다. 이 경우 평가된 지역 외의 지역에 해당 광산개발을 목적으로 취득한 토지·건물 등 부동산에 대하여는 토지보상법에서 정하는 보상기준을 준용하여 산정한 금액을 더한 금액으로 한다(광업법 시행령 제30조제1항제1호).

> ▶ **평가액** = 광산평가액 – 이전 또는 전용이 가능한 시설의 잔존가치 + 이전비
>
> ※ 광산평가액: 광산의 상태·광산의 입지조건 또는 광산물의 시장성 등을 참작하여 가장 적정한 규모의 생산시설을 전제로 한 생산규모, 가행연수와 연수익을 정하고 이를 기초로 하여 다음 산식에 의하여 산정한다(광업권보상평가지침 제6조).
>
> $$\text{광산평가액} = a \times \cfrac{1}{S + \cfrac{r}{(1+r)^n - 1}} - E$$
>
> a : 연수익
>
> S : 배당이율(A:환원이율)
>
> r : 축적이율(평가당시 1년만기 정기예금 금리에 준한다)
>
> n : 가행연수
>
> E : 투자비(장래소요기업비)
>
> ※ 시설물의 잔존가치 및 이전비: 시설물의 종별에 따라 법령 등 관계법령에서 정하는 바에 따라 평가한다(광업권보상평가지침 제11조).

(3) 광업권자가 탐광에 착수한 경우

탐사권자가 탐사를 시작하였거나 탐사실적을 인정받은 경우와 채굴권자가 채굴계획 인가를 받은 후 광물생산실적이 없는 광산인 경우에는 해당 광산개발에 투자된 비용과 현

재시설의 평가액에서 이전이나 전용이 가능한 시설의 잔존가치를 뺀 금액에 이전비를 합산한 금액으로 보상평가한다(광업법 시행령 제30조제1항제2호).

> ▶ **평가액** = 해당 광산개발에 투자된 비용과 현재시설의 평가액 − 이전 또는 전용이 가능한 시설의 잔존가치 + 이전비

여기에서 "탐광"이라 함은 광산·탄전 등의 개발을 위하여 광상을 발견하고 그 성질, 상태, 규모 등을 알아내는 작업으로서 물리탐광, 지화학탐광, 시추탐광, 굴진탐광을 말한다(광업권보상평가지침 제2조제5호).

(4) 광업권자가 등록을 한 후 탐광에 착수하지 아니한 경우

탐사권자가 등록을 한 후 탐사를 시작하지 아니하거나 채굴권자가 채굴계획인가를 받지 아니한 경우에는 등록에 소요된 비용으로 보상평가한다(광업법 시행령 제30조제1항제3호).

> ▶ **평가액** = 등록에 소요된 비용

라. 광업권 보상 평가기관

광업권의 평가는 "산업통상자원부령으로 정하는 자"로 다음 각 호의 어느 하나에 해당하는 자가 하며, 보상의 산정은 둘 이상의 산술평균차를 기준으로 한다(광업법 시행규칙 제19조, 동법 시행령 제30조제2항).

1. 「부동산 가격공시 및 감정평가에 관한 법률」 제2조제9호에 따른 감정평가업자
2. 영 제9조제3항제1호에 따른 기관
3. 「엔지니어링산업 진흥법」 제2조제4호에 따른 엔지니어링사업자
4. 「기술사법」 제6조에 따라 기술사사무소를 개설한 기술사로서 같은 법 시행령 별표 2의2에 따른 건설(직무 범위가 지질 및 지반인 경우만 해당한다) 또는 광업자원을 직무 분야로 하는 기술사

마. 광업권 보상절차 및 보상의 한계

(1) 광업법 규정

「광업법」 제34조제2항에서 "산업통상자원부장관은 국가중요건설사업지 또는 그 인접지역의 광업권이나 광물의 채굴이 국가중요건설사업에 지장을 준다고 인정할 때에는 광업권의 취소 또는 그 지역에 있는 광구의 감소처분을 할 수 있다"라고 규정하고 있고, 같은 조 제3항에서는 "국가는 제1항과 제2항에 따른 광업권의 취소처분 또는 광구의 감소처분으로 발생한 손실을 해당 광업권자(취소처분에 따른 광업권의 광구 부분 또는 감소처분에 따른 광구 부분에 조광권이 설정되어 있는 경우에는 그 조광권자를 포함한다)에게 보상하여야 한다"라고 규정하고 있으며, 같은 조 제5항에서는 "산업통상자원부장관은 광업권의 취소처분 또는 광구의 감소처분에 따라 이익을 받은 자가 있을 경우에는 그 자에게 그 이익을 받은 한도에서 제3항에 따른 보상 금액의 전부나 일부를 부담하게 할 수 있다."라고 규정하고 있다.

(2) 광업권 보상의 한계

광업법 규정에 따르면 광업권보상은 공익사업시행지구에 광업권이 편입될 경우 산업통상자원부장관이 광구 감소처분 등의 행정처분이 선행되어 국가가 먼저 광업권보상을 한후 광업권의 취소처분 등으로 이익을 받는 사업시행자에게 이를 부담시킨다는 내용인바, 공익사업에 편입되어 보상대상이 되는 광업권은 반드시 광업법상의 선행처분을 반드시 전제로 하여야 보상이 가능한 것이지 문제될 수 있다. 이에 대해 유권해석은 "광업권에 대한 보상대상은 당해 공공사업으로 인한 광업권에 대한 취소나 광구에 대한 감소처분이 결정된 부분으로 손실이 발생한 경우가 이에 해당 된다"고 하여 선행처분이 필요하다고 해석하고 있다.[699]

다만, 산업통상자원부장관이 광구 감소처분 등의 선행처분을 하지 않는 경우라면 현실적으로 사업시행자가 직접 보상하여야 하는 바, 산업통상자원부장관의 광업권 취소나 광구 감소처분이 없다면 공익사업시행지구에 광업권이 편입되었다고 하여 광업권 자체가 당연히 소멸하는 것은 아니므로, 광업권에 대한 손실의 발생을 추정할 수 없다. 따라서 광

---

699) 2001.2.15. 토관 58342-214

업권에 대한 보상을 위해서는 손실을 주장하는 자는 스스로 ⅰ) 해당지역 광물 매장사실, ⅱ) 공익사업으로 인하여 채굴이 불가능하다는 사실, ⅲ) 그로 인한 손실의 범위, ⅳ) 「광업법」 제44조제1항에 따른 채굴제한지역이 아니라는 사실 등을 객관적이고 신빙할 수 있는 자료에 의하여 입증하여야 하는 문제가 남게 된다.[700]

2. 어업권 보상(=어업손실보상)

가. 어업권 보상의 근거 및 개념

"어업"이란 수산동식물을 포획·채취하거나 양식하는 사업과 염전에서 바닷물을 자연 증발시켜 소금을 생산하는 사업을 말하며(수산업법 제2조제2호), "어업권"이란 수산업법 제8조에 따라 어업을 경영할 수 있는 권리를 말한다(수산업법 제2조제9호).

한편, 어업면허를 받은 자와 어업권을 이전받거나 분할 받은 자는 어업권원부에 등록을 함으로써 어업권을 취득하며, 어업권은 물권으로 하고, 「수산업법」에서 정한 것 외에는 「민법」 중 토지에 관한 규정을 준용하되, 어업권과 이를 목적으로 하는 권리에 관하여는 「민법」 중 질권(質權)에 관한 규정을 적용하지 아니하고, 법인이 아닌 어촌계가 취득한 어업권은 그 어촌계의 총유(總有)로 한다(수산업법 제16조).

어업권보상은 공공사업의 일환으로 발생되는 손실에 대한 보상으로 토지보상법 제76조는 권리의 보상으로 어업권보상 규정을 마련하여 어업권에 대하여는 투자비용, 예상 수익 및 거래가격 등을 고려하여 평가한 적정가격으로 보상하여야 하고 그 구체적인 보상액의 산정 및 평가방법에 대해서는 국토교통부령으로 정하도록 위임하고 있다(법 제76조).

공익사업이 시행으로 어업권이 제한·정지 또는 취소되거나 「수산업법」 제14조 또는 「내수면어업법」 제13조에 따른 면허어업(허가 및 신고어업 포함) 등의 유효기간 연장 불허가에 따른 해당 어업권 및 어선·어구 또는 시설물에 대한 손실의 평가는 「수산업법 시행령」 [별표4]에 따른다(시행규칙 제44조제1항). 또한, 공익사업의 시행으로 인하여 어업권이 취소되거나 「수산업법」 제14조 또는 「내수면어업법」 제13조에 따른 어업면허의 유효기간의 연장이 허가되지 아니하는 경우로서 **다른 어장**[701]에 시설을 이전하여 어업

---

700) 중앙토지수용위원회, 앞의 책, 2017.12., 346면
701) 토지보상법 시행규칙 제44조제2항의 '다른 어장'의 범위 (2006.1.5. 토지정책팀-79)

의 가능한 경우 해당 어업권에 대한 손실의 평가는 「수산업법 시행령」[별표4] 중 어업권이 정지된 경우의 손실액 산출방법 및 기준에 의한다(시행규칙 제44조제2항).

질의회신

[질의회신1] ▶ "다른 어장"의 범위는 특정지역으로 한정되어 있지 아니하고 전국의 모든 어장을 의미한다. [2006.1.5. 토지정책팀-79]

【질의요지】

해수를 이용하여 육상해수양식어업(축양장)이 도시계획시설사업에 편입되어 영업권자가 폐업보상을 요구하고 있는 바, 사업지구내 축양장에 대한 어업권 보상 평가 시 토지보상법 시행규칙 제44조제2항의 내용 중 "다른 어장"의 범위 여부

【회신내용】

토지보상법 시행규칙 제44조제2항의 규정에 의하면 공익사업의 시행으로 인하여 어업권이 제한·정지 또는 취소되거나 「수산업법」 제14조 또는 「내수면어업법」 제13조에 따른 어업면허의 유효기간의 연장이 허가되지 아니하는 경우로서 다른 어장에 시설을 이전하여 어업이 가능한 경우 당해 어업권에 대한 손실의 평가는 「수산업법 시행령」 **별표 4** 중 어업권이 정지된 경우의 손실액 산출방법 및 기준에 의하도록 되어 있는 바, 귀 질의의 "다른 어장"의 범위는 특정지역으로 한정되어 있지 아니하고 전국의 모든 어장을 의미하고 있음을 알려드립니다.

토지보상법 제15조제1항 본문의 규정에 의한 보상계획의 공고(동항 단서의 규정에 의하는 경우에는 토지소유자 및 관계인에 대한 보상계획의 통지를 말한다) 또는 법 제22조의 규정에 의한 사업인정의 고시가 있은 날(이하 "사업인정고시일 등"이라 한다) 이후에 어업권의 면허를 받은 자에 대하여는 제1항 및 제2항의 규정을 적용하지 아니한다(시행규칙 제44조제3항).
제1항 내지 제3항의 규정은 허가어업 및 신고어업(「내수면어업법」 제11조제2항의 규정에 의한 신고어업을 제외한다)에 대한 손실의 평가에 관하여 이를 준용한다(시행규칙 제44조제4항).

즉, 「내수면어업법」 제11조제2항의 규정에 의한 신고어업은 어업손실평가대상에서 제외되므로 **사유수면(私有水面)**[702)]에서 내수면을 전제로 행하는 면허·허가·신고어업을 하는 경우에는 어업손실보상이 될 수 없다. 다만, 이 경우에는 일반영업보상규정을 적용하여 처리할 수 있을 것이다.

어업손실보상 관련 근거법률은 아래와 같은 법률 등이 있다.

(1) 토지보상법

> ■ **토지보상법 제76조(권리의 보상)** ① 광업권·어업권 및 물(용수시설을 포함한다) 등의 사용에 관한 권리에 대하여는 투자비용, 예상 수익 및 거래가격 등을 고려하여 평가한 적정가격으로 보상하여야 한다.
> ② 제1항에 따른 보상액의 구체적인 산정 및 평가방법은 국토교통부령으로 정한다.
>
> ■ **토지보상법 시행규칙 제44조(어업권의 평가 등)** ① 공익사업의 시행으로 인하여 어업권이 제한·정지 또는 취소되거나 「수산업법」 제14조 또는 「내수면어업법」 제13조에 따른 어업면허의 유효기간의 연장이 허가되지 아니하는 경우 해당 어업권 및 어선·어구 또는 시설물에 대한 손실의 평가는 「수산업법 시행령」[별표4]에 따른다. 〈개정 2005.2.5., 2008.4.18., 2012.1.2.〉
> ② 공익사업의 시행으로 인하여 어업권이 취소되거나 「수산업법」 제14조 또는 「내수면어업법」 제13조에 따른 어업면허의 유효기간의 연장이 허가되지 아니하는 경우로서 다른 어장에 시설을 이전하여 어업이 가능한 경우 해당 어업권에 대한 손실의 평가는 「수산업법 시행령」[별표4] 중 어업권이 정지된 경우의 손실액 산출방법 및 기준에 의한다. 〈개정 2005.2.5., 2008.4.18., 2012.1.2.〉
> ③ 법 제15조제1항 본문의 규정에 의한 보상계획의 공고(동항 단서의 규정에 의하는 경우에는 토지소유자 및 관계인에 대한 보상계획의 통지를 말한다) 또는 법 제22조의 규정에 의한 사업인정의 고시가 있는 날(이하 "사업인정고시일등"이라 한다) 이후에 어업권의 면허를 받은 자에 대하여는 제1항 및 제2항의 규정을 적용하지 아니한다.

---

702) "사유수면(私有水面)"이란 사유토지에 자연적으로 생기거나 인공적으로 조성된 내수면을 말하고(내수면어업법 제2조제3호), "내수면"이란 하천, 댐, 호수, 늪, 저수지와 그 밖에 인공적으로 조성된 담수(淡水)나 기수(汽水: 바닷물과 민물이 섞인 물)의 물흐름 또는 수면을 말한다(내수면어업법 제2조제1호).

④ 제1항 내지 제3항의 규정은 허가어업 및 신고어업(「내수면어업법」 제11조제2항의 규정에 의한 신고어업을 제외한다)에 대한 손실의 평가에 관하여 이를 준용한다. 〈개정 2005.2.5.〉

⑤ 제52조는 이 조의 어업에 대한 보상에 관하여 이를 준용한다. 〈개정 2007.4.12.〉

(2) 수산업법

■ **수산업법**

제2조(정의) 이 법에서 사용하는 용어의 뜻은 다음과 같다.

〈개정 2010.1.25., 2015.1.20., 2015.6.22.2019.8.27.〉

1. "수산업"이란 어업·어획물운반업 및 수산물가공업을 말한다.

2. "어업"이란 수산동식물을 포획·채취하거나 양식하는 사업과 염전에서 바닷물을 자연 증발시켜 소금을 생산하는 사업을 말한다.

2의2. "양식업"이란 「양식산업발전법」 제2조제2호에 따라 수산동식물을 양식하는 사업을 말한다.

3. "어획물운반업"이란 어업현장에서 양륙지(揚陸地)까지 어획물이나 그 제품을 운반하는 사업을 말한다.

4. "수산물가공업"이란 수산동식물을 직접 원료 또는 재료로 하여 식료·사료·비료·호료(糊料)·유지(油脂) 또는 가죽을 제조하거나 가공하는 사업을 말한다.

5. 삭제 〈2019. 8. 27.〉

6. 삭제 〈2019. 8. 27.〉

7. 삭제 〈2019. 8. 27.〉

8. "**어장**"이란 제8조에 따라 면허를 받아 어업을 하는 일정한 수면을 말한다.

9. "어업권"이란 제8조에 따라 면허를 받아 어업을 경영할 수 있는 권리를 말한다.

10. "**입어**"란 입어자가 마을어업의 어장(漁場)에서 수산동식물을 포획·채취하는 것을 말한다.

11. "**입어자**"란 제47조에 따라 어업신고를 한 자로서 마을어업권이 설정되기 전부터 해당 수면에서 계속하여 수산동식물을 포획·채취하여 온 사실이 대다수 사람들에게 인정되는 자 중 대통령령으로 정하는 바에 따라 어업권원부(漁業權原

簿)에 등록된 자를 말한다.

12. "어업인"이란 어업자와 어업종사자를 말한다.

13. "어업자"란 어업을 경영하는 자를 말한다.

14. "어업종사자"란 어업자를 위하여 수산동식물을 포획 · 채취 또는 양식하는 일에 종사하는 자와 염전에서 바닷물을 자연 증발시켜 소금을 생산하는 일에 종사하는 자를 말한다.

15. "어획물운반업자"란 어획물운반업을 경영하는 자를 말한다.

16. "어획물운반업종사자"란 어획물운반업자를 위하여 어업현장에서 양륙지까지 어획물이나 그 제품을 운반하는 일에 종사하는 자를 말한다.

17. "수산물가공업자"란 수산물가공업을 경영하는 자를 말한다.

18. "바닷가"란 만조수위선(滿潮水位線)과 지적공부(地籍公簿)에 등록된 토지의 바다 쪽 경계선 사이를 말한다.

19. "유어(遊漁)"란 낚시 등을 이용하여 놀이를 목적으로 수산동식물을 포획 · 채취하는 행위를 말한다.

20. "어구"란 수산동식물을 포획 · 채취하는데 직접 사용되는 도구를 말한다

제3조(적용범위) 이 법은 다음 각 호의 수면 등에 대하여 적용한다.

1. 바다

2. 바닷가

3. 어업을 목적으로 하여 인공적으로 조성된 육상의 해수면

제40조(입어 등의 제한) ① 마을어업의 어업권자는 입어자(入漁者)에게 제38조에 따른 어장관리규약으로 정하는 바에 따라 해당 어장에 입어하는 것을 허용하여야 한다.
② 제1항의 어업권자와 입어자는 협의에 따라 수산동식물의 번식 · 보호 및 어업의 질서유지를 위하여 필요하다고 인정되면 어업에 대하여 제한을 할 수 있다.
③ 제12조 또는 제34조제1항제1호부터 제7호까지의 규정에 따라 마을어업의 면허에 붙인 제한 · 조건 또는 정지는 입어자의 입어에 붙인 제한 · 조건 또는 정지로 본다.
④ 시장 · 군수 · 구청장은 어업권자나 입어자가 제2항의 협의 또는 제84조제2항에 따른 재결을 위반하거나 입어자가 제3항에 따른 제한 · 조건 또는 정지를 위반하면

그 면허한 어업을 제한 · 정지하거나 면허를 취소하거나 입어를 제한 · 정지 또는 금지할 수 있다.

제81조(보상) ① 다음 각 호의 어느 하나에 해당하는 <u>처분으로 인하여 손실을 입은 자는</u> 그 처분을 행한 행정관청에 **보상을 청구**할 수 있다.

1. 제34조제1항제1호부터 제6호까지 또는 제35조제6호(제34조제1항제1호부터 제6호까지의 규정에 해당하는 경우를 말한다)에 해당하는 사유로 인하여 이 법에 따른 <u>면허 · 허가를 받거나 신고한 어업에 대하여 제한 등의 처분을 받았거나</u> 제14조에 따른 <u>어업면허의 유효기간 연장이 허가되지 아니한 경우.</u> 다만, 제34조제1항제1호부터 제3호까지의 규정(제49조제1항과 제3항에서 준용하는 경우를 말한다)에 해당하는 사유로 허가를 받거나 신고한 어업이 제한되는 경우는 제외한다.

2. 제72조제2항에 따른 측량 · 검사에 장애가 되는 물건에 대하여 <u>이전명령이나 제거명령을 받은 경우</u>

② 제1항의 보상의 원인이 된 <u>처분으로 이익을 받은 자(이하 "수익자"라 한다)가 있으면</u> 그 처분을 한 행정관청은 수익자에게 그가 받은 이익의 범위에서 보상액의 전부 또는 일부를 부담하게 할 수 있다. 이 경우 수익자가 부담하도록 결정된 금액을 내지 아니하면 국세 체납처분의 예에 따라 징수한다.

③ 수익자는 제1항에 따라 보상을 청구할 수 있는 자에게 <u>미리 보상을 하지 아니하면 손실에 영향을 미치는 행위나 공사를 시작할 수 없다.</u> 다만, 보상을 청구할 수 있는 자의 동의를 받은 경우에는 그러하지 아니하다. 〈개정 2020.2.18.〉

④ 제1항에 따른 보상의 기준, 지급방법, 그 밖에 보상에 필요한 사항은 대통령령으로 정한다.

제84조(입어에 관한 재결) ① 제40조제1항에 따른 <u>입어에 관하여 분쟁이 있거나</u> 제40조제2항에 따른 <u>협의가 이루어지지 아니하거나 협의를 할 수 없을 때에는</u> 어업권자 또는 입어자는 <u>시 · 도지사 또는 시장 · 군수 · 구청장에게 재결(裁決)을</u> 신청할 수 있다.

② 시 · 도지사 또는 시장 · 군수 · 구청장은 제1항에 따른 재결 신청을 받으면 제88조에 따른 해당 시 · 도 또는 시 · 군 · 구수산조정위원회의 심의를 거쳐 재결하여야

한다.

제85조(어장구역 등에 관한 재결) ① 어장의 구역, 어업권의 범위, 보호구역 또는 어업의 방법에 관하여 분쟁이 있으면 그 관계인은 시·도지사 또는 시장·군수·구청장에게 재결을 신청할 수 있다.

② 시·도지사 또는 시장·군수·구청장은 제1항에 따른 재결을 할 때에는 제88조에 따른 해당 시·도 또는 시·군·구수산조정위원회의 심의를 거쳐야 한다.

■ **수산업법 시행령**

제66조(보상의 청구) ① 법 제81조제1항에 따라 보상을 받으려는 자는 그 보상의 원인이 되는 처분을 받은 날부터 3개월 이내에 다음 각 호의 사항을 적은 손실보상청구서에 손실에 관한 증명서류를 첨부하여 그 처분을 한 행정관청에 제출하여야 한다.

1. 면허·허가·신고 번호 또는 법 제72조제2항에 따라 이전명령이나 제거명령을 받은 자의 성명(법인 또는 단체의 경우에는 그 명칭 및 대표자의 성명)·주소 및 생년월일

2. 처분사항과 그 날짜

3. 손실의 내용

4. 손실액과 그 명세 및 산출방법

② 행정관청은 제1항에 따라 청구서를 받으면 그 내용을 조사·검토한 후 그에 대한 의견서를 해당 보상신청인과 법 제81조제2항에 따른 수익자(이하 "수익자"라 한다)에게 보내야 한다.

③ 수익자에는 법 제34조제1항제1호부터 제6호까지의 규정에 따른 사유로 면허·허가를 받거나 신고한 어업에 대하여 보상의 원인이 되는 처분을 요청하였거나 어업면허 유효기간의 연장을 허가하지 아니하도록 요청한 자가 포함된다.

제68조(보상금의 지급 등) ① 제67조제1항에 따라 결정된 보상금은 그 결정일부터 1년 이내에 해당 처분을 한 행정관청(다른 행정관청이 보상의 원인이 된 처분을 요청한 경우에는 그 처분을 요청한 행정관청을 말한다)이 지급한다.

② 제1항에 따른 보상금은 특별한 이유가 있는 경우 외에는 <u>현금으로 지급</u>하되, 보상을 받을 자가 편리하게 받을 수 있는 방법으로 지급하여야 한다.

③ 제1항에 따른 보상금은 보상을 신청한 <u>개인별로 지급</u>하여야 한다. 다만, 개인별로 보상금액을 산정할 수 없는 경우에는 그러하지 아니하다.

④ 시설물 등에 대한 보상을 신청받은 행정관청은 그 시설물 등의 인도 또는 이전이 끝날 때까지 제1항에 따른 보상금액의 100분의 30의 범위에서 보상금의 지급을 미룰 수 있다.

⑤ 시설물 등을 인도 또는 이전받은 수익자가 그 시설물 등을 해체하거나 폐기하려는 경우에는 행정관청에 그 해체 또는 폐기를 대행하여 줄 것을 의뢰할 수 있다. 이 경우 행정관청은 특별한 사정이 없으면 이를 대행하여야 한다.

⑥ 제5항에 따라 행정관청이 시설물 등의 해체 또는 폐기를 대행하는 경우 이에 필요한 경비는 그 시설물 등의 해체 또는 폐기를 의뢰한 자가 부담한다.

제69조(손실액의 산출) 법 제81조에 따른 보상을 위한 손실액의 산출방법, 산출기준 및 손실액산출기관 등은 [**별표4**]와 같다.

제70조(재결신청) ① 법 제84조 또는 제85조에 따라 **입어 또는 어장구역** 등에 대한 <u>재결(裁決)을 받으려는 자는 재결신청서에 다음 각 호의 서류를 첨부하여 시·도지사 또는 시장·군수·구청장에게 제출</u>하여야 한다.

  1. 이해관계인과의 협의 경위를 적은 협의서(협의할 수 없는 경우에는 그 사유서를 말한다. 이하 이 조에서 같다)

  2. 이해관계인 수에 해당하는 제1호에 따른 협의서 사본

② 시·도지사 또는 시장·군수·구청장은 제1항에 따라 재결신청서를 받으면 협의서 사본을 이해관계인에게 보내 그에 관한 의견을 제출할 수 있도록 하여야 한다.

③ 이해관계인이 협의서 사본을 받은 날부터 <u>30일 이내에 의견을 제출</u>하지 아니하면 의견이 없는 것으로 본다.

제71조(재결) ① 시·도지사 또는 시장·군수·구청장은 제70조제1항에 따른 재결신청서를 받으면 같은 조 제3항의 기간이 끝난 다음 날부터 <u>6개월 이내에 재결</u>하여

야 한다.

② 시·도지사 또는 시장·군수·구청장은 제1항에 따른 재결을 하기 위하여 필요하다고 인정되면 신청인 및 이해관계인 등으로부터 의견을 들을 수 있다.

③ 시·도지사 또는 시장·군수·구청장은 제1항에 따라 재결을 하면 신청인에게는 재결서를 보내고, 이해관계인에게는 재결서 등본을 보내야 한다.

④ 시·도지사 또는 시장·군수·구청장은 제2항에 따라 출석한 이해관계인 등에게 예산의 범위에서 여비와 일당을 지급할 수 있다.

(3) 내수면어업법

■ **내수면어업법 제2조(정의)** 이 법에서 사용하는 용어의 뜻은 다음과 같다. 〈개정 2019.8.27., 2020.2.18.〉

1. "**내수면**"이란 하천, 댐, 호수, 늪, 저수지와 그 밖에 인공적으로 조성된 <u>민물이나 기수(汽水: 바닷물과 민물이 섞인 물)</u>의 물흐름 또는 수면을 말한다.

2. "**공공용 수면(公共用 水面)**"이란 국가, 지방자치단체 또는 대통령령으로 정하는 공공단체가 소유하고 있거나 관리하는 내수면을 말한다.

3. "**사유수면(私有水面)**"이란 <u>사유토지</u>에 자연적으로 생기거나 인공적으로 조성된 내수면을 말한다.

4. "수면관리자"란 공공용 수면 또는 사유수면을 소유 또는 점유하거나 그 밖의 방법으로 실질적으로 지배하는 자를 말한다.

5. "**내수면어업**"이란 내수면에서 수산동식물을 포획·채취하는 사업을 말한다.

6. "어도(魚道)"란 하천에서 서식하는 회유성(回遊性) 어류 등 수산생물이 원활하게 이동할 수 있도록 인공적으로 만들어진 수로 또는 장치를 말한다. [전문개정 2010.5.17.]

제3조(이 법을 적용하는 수면) ① 이 법은 **공공용 수면**에 대하여 적용한다. 다만, 특별한 규정이 있는 경우에는 **사유수면**에 대하여도 적용한다.

② 공공용 수면과 잇닿아 하나가 된 사유수면에 대하여는 이 법을 적용한다.

[전문개정 2010.5.17.]

제6조(면허어업) ① **내수면에서** 다음 각 호의 어느 하나에 해당하는 어업을 하려는 자는 대통령령으로 정하는 바에 따라 특별자치시장·특별자치도지사·시장·군수·구청장의 면허를 받아야 한다. 〈개정 2017.3.21.〉

1. 양식어업(養殖漁業): 삭제 〈2019.8.27.〉
2. 정치망어업(定置網漁業): 일정한 수면을 구획하여 어구(漁具)를 한 곳에 쳐놓고 수산동물을 포획하는 어업
3. 공동어업: 지역주민의 공동이익을 증진하기 위하여 일정한 수면을 전용(專用)하여 수산자원을 조성·관리하여 수산동식물을 포획·채취하는 어업

② 제1항 각 호에 따른 어업의 명칭·방법 및 규모는 해양수산부령으로 정한다. 〈개정 2013.3.23.〉[전문개정 2010.5.17.]

제7조(어업권 등) ① 제6조에 따라 어업의 면허를 받은 자는「수산업법」제17조제1항에 따른 어업권원부(漁業權原簿)에 등록함으로써 어업권을 취득한다.

② 제1항에 따른 어업권에 대하여는「수산업법」제16조제2항 및 제3항을 적용한다.

③ 제15조에 따른 내수면어업계가 취득한 어업권은 그 내수면어업계의 총유(總有)로 한다.

④ 특별자치시장·특별자치도지사·시장·군수·구청장은 가뭄이나 홍수 등 불가항력적인 재해로 말미암아 다음 각 호의 어느 하나에 해당하는 시설의 본래 목적에 중대한 지장을 줄 우려가 있을 때에는 수면관리자의 신청에 따라 어업권자에게 어업시설의 제거나 그 밖에 필요한 조치를 명할 수 있다. 〈개정 2017.3.21., 2021.6.15.〉

1.「농어촌정비법」제2조제6호에 따른 농업생산기반시설
2.「댐건설·관리 및 주변지역지원 등에 관한 법률」제2조제2호에 따른 다목적댐

⑤ 제4항의 경우 어업권자가 필요한 조치를 이행하지 아니하면 특별자치시장·특별자치도지사·시장·군수·구청장은 제4항 각 호의 시설 유지에 필요한 최소한의 범위에서 대집행을 하거나 수면관리자에게 이를 하게 할 수 있으며, 대집행으로 말미암아 어업권자가 입은 손실은 보상하지 아니한다. 〈개정 2017.3.21.〉

⑥ 제5항의 대집행에 관하여는「행정대집행법」을 준용한다.

[전문개정 2010.5.17.] [시행일 : 2022.6.16.] 제7조

제9조(허가어업) ① **내수면에서** 다음 각 호의 어느 하나에 해당하는 어업을 하려는 자는 대통령령으로 정하는 바에 따라 특별자치시장·특별자치도지사·시장·군수·구청장의 허가를 받아야 한다. 〈개정 2013.3.23., 2017.3.21.〉

1. 자망어업(刺網漁業): 자망을 사용하여 수산동물을 포획하는 어업
2. 종묘채포어업(種苗採捕漁業): 양식하기 위하여 또는 양식어업인 등에게 판매하기 위하여 수산동식물의 종묘를 포획·채취하는 어업
3. 연승어업(延繩漁業): 주낙을 사용하여 수산동물을 포획하는 어업
4. 패류채취어업: 형망(桁網) 또는 해양수산부령으로 정하는 패류 채취용 어구를 사용하여 패류나 그 밖의 정착성 동물을 채취하거나 포획하는 어업
5. 삭제 〈2011.3.9.〉
6. 낭장망어업(囊長網漁業): 낭장망을 사용하여 수산동물을 포획하는 어업
7. 각망어업(角網漁業): 각망을 설치하여 수산동물을 포획하는 어업

② 특별자치시장·특별자치도지사·시장·군수·구청장이 제1항에 따른 어업을 허가할 때에는 내수면의 용도, 자원상태, 경영 및 이용에 관한 상황을 고려하여야 한다. 〈개정 2017.3.21.〉

③ 제1항에 따른 어업의 규모와 방법은 해양수산부령으로 정한다. 〈개정 2013.3.23.〉

④ 특별시장·광역시장·특별자치시장·도지사 또는 특별자치도지사(이하 "시·도지사"라 한다)는 어업조정(漁業調整)을 위하여 필요한 경우에는 해양수산부장관의 승인을 받아 허가어업의 조업 구역, 규모 및 방법 등을 제한할 수 있다. 〈개정 2013.3.23., 2017.3.21.〉 [전문개정 2010.5.17.]

제11조(신고어업) ① 내수면에서 제6조 및 제9조에 따른 어업을 제외한 어업으로서 대통령령으로 정하는 어업을 하려는 자는 대통령령으로 정하는 바에 따라 특별자치시장·특별자치도지사·시장·군수·구청장에게 신고하여야 한다. 〈개정 2017.3.21.〉

② **사유수면에서** 제6조제1항 각 호, 제9조제1항 각 호 또는 제1항에 따른 어업을 하려는 자는 대통령령으로 정하는 바에 따라 특별자치시장·특별자치도지사·시장·군수·구청장에게 신고하여야 한다. 〈개정 2017.3.21.〉

③ 특별자치시장·특별자치도지사·시장·군수·구청장은 제1항 또는 제2항에 따

른 신고를 받은 날부터 5일 이내에 신고수리 여부를 신고인에게 통지하여야 한다. 〈신설 2017.3.21.〉

④ 특별자치시장 · 특별자치도지사 · 시장 · 군수 · 구청장이 제3항에서 정한 기간 내에 신고수리 여부 또는 민원 처리 관련 법령에 따른 처리기간의 연장 여부를 신고인에게 통지하지 아니하면 그 기간이 끝난 날의 다음 날에 신고를 수리한 것으로 본다. 〈신설 2017.3.21.〉

⑤ 특별자치시장 · 특별자치도지사 · 시장 · 군수 · 구청장은 해양수산부령으로 정하는 바에 따라 소관 구역의 사유수면에서의 어업 현황 및 실태를 파악하여 특별자치시장 또는 특별자치도지사는 해양수산부장관에게, 시장 · 군수 · 구청장은 시 · 도지사를 거쳐 해양수산부장관에게 알려야 한다. 〈개정 2013.3.23., 2017.3.21.〉[전문개정 2010.5.17.]

제21조(보상) ① 다음 각 호의 어느 하나에 해당하는 처분으로 손실을 입은 자는 그 처분을 한 행정관청에 보상을 청구할 수 있다. 〈개정 2020.2.18.〉

1. 제16조제1항제1호(「수산업법」 제34조제1항제1호부터 제4호까지에 해당하는 경우로 한정한다) 및 제2호에 해당하는 사유로 면허 · 허가 또는 신고한 어업에 대한 제한 · 정지 또는 취소의 처분을 받은 경우. 다만, 제16조제1항제1호(「수산업법」 제34조제1항제1호부터 제3호까지에 해당하는 경우로 한정한다)에 해당하는 사유로 허가 또는 신고한 어업이 제한되는 경우는 제외한다.

2. 제16조제1항제1호(「수산업법」 제34조제1항제1호부터 제4호까지에 해당하는 경우로 한정한다) 및 「수산업법」 제34조제1항제6호에 해당하는 사유로 제13조에 따른 어업의 유효기간 연장이 허가되지 아니한 경우

3. 제22조에 따라 준용되는 「수산업법」 제72조제2항에 따른 측량 · 검사에 장애가 되는 물건에 대한 이전명령 또는 제거명령을 받은 경우

4. 제22조에 따라 준용되는 「수산자원관리법」 제43조제2항에 따른 소하성어류(遡河性魚類)의 통로에 방해가 되는 인공구조물에 대한 제거명령을 받은 경우

② 제1항에 따른 보상에 관하여는 「수산업법」 제81조제2항부터 제4항까지의 규정을 적용한다. [전문개정 2010.5.17.]

(4) 공유수면 관리 및 매립에 관한 법률(약칭: 공유수면법)

■ **공유수면법 제2조(정의)** 이 법에서 사용하는 용어의 뜻은 다음과 같다.
〈개정 2014.6.3., 2017.3.21., 2020.2.18.〉

1. "**공유수면**"이란 다음 각 목의 것을 말한다.

   가. 바다: 「해양조사와 해양정보 활용에 관한 법률」 제8조제1항제3호에 따른 해
   안선으로부터 「배타적 경제수역 및 대륙붕에 관한 법률」에 따른 배타적 경제
   수역 외측 한계까지의 사이

   나. 바닷가: 「해양조사와 해양정보 활용에 관한 법률」 제8조제1항제3호에 따른
   해안선으로부터 지적공부(地籍公簿)에 등록된 지역까지의 사이

   다. 하천·호소(湖沼)·구거(溝渠), 그 밖에 공공용으로 사용되는 수면 또는 수
   류(水流)로서 국유인 것

2. "포락지"란 지적공부에 등록된 토지가 물에 침식되어 수면 밑으로 잠긴 토지를 말
   한다.

3. "간석지"란 만조수위선(滿潮水位線)과 간조수위선(干潮水位線) 사이를 말한다.

4. "**공유수면매립**"이란 공유수면에 흙, 모래, 돌, 그 밖의 물건을 인위적으로 채워
   넣어 토지를 조성하는 것(간척을 포함한다)을 말한다.

제32조(매립으로 인한 손실방지와 보상 등) ① 제28조에 따라 매립면허를 받은 자
(이하 "매립면허취득자"라 한다)는 대통령령으로 정하는 바에 따라 공유수면매립 관
련 권리자의 손실을 보상하거나 그 손실을 방지하는 시설을 설치하여야 한다.

② 매립면허취득자는 제1항에 따른 보상에 관하여 공유수면매립 관련 권리자와 협의
하여야 한다.

③ 매립면허취득자는 제2항에 따른 협의가 성립되지 아니하거나 협의할 수 없는 경우에
는 대통령령으로 정하는 바에 따라 관할 토지수용위원회에 재결(裁決)을 신청할 수 있다.

④ 제3항에 따른 관할 토지수용위원회의 재결에 대한 이의신청 등에 관하여는 「공익
사업을 위한 토지 등의 취득 및 보상에 관한 법률」 제83조부터 제86조까지의 규정을
준용한다.

⑤ 제3항과 제4항에 따른 재결과 관련된 수수료 등 비용에 관하여는 「공익사업을 위
한 토지 등의 취득 및 보상에 관한 법률」 제20조제2항, 제28조제2항 및 제58조제3

항을 준용한다.

⑥ 제33조에 따른 매립면허의 고시일 이후에 제31조 각 호의 어느 하나에 해당하게 된 자 또는 그가 설치한 시설 등에 대하여는 제1항을 적용하지 아니한다.

나. 어업의 종류

어업의 종류는 크게 어업장소(어장), 행정관리제도, 수산업법 및 내수면어업법상 구분에 따라 분류할 수 있다.

(1) 어업장소(어장)에 따른 분류

어업이 이루어지는 장소에 따른 분류로 해수면에서 이루어지는 해양어업과 육지의 수면에서 이루이지는 내수면어업이 있다.[703]

어장		어업장소	근거법
해양어업	근해어업	총톤수 **10톤 이상의 동력어선(動力漁船)** 또는 수산자원을 보호하고 어업조정을 위하여 특히 필요하여 대통령령으로 정하는 총톤수 10톤 미만의 동력어선을 사용하는 어업(제41조제1항)	수산업법
	연안어업	무동력어선 또는 총톤수 **10톤 미만**의 동력어선을 사용하는 근해어업 및 5톤 미만의 동력어선을 사용하는 구획어업 이외의 어업(제41조제2항)	
	구획어업	일정한 수역을 정하여 어구를 설치하거나 무동력어선 또는 총톤수 **5톤 미만**의 동력어선을 사용하여 하는 어업. 다만, 해양수산부령으로 정하는 어업으로 시·도지사가「수산자원관리법」제36조 및 제38조에 따라 총허용어획량을 설정·관리하는 경우에는 총톤수 8톤 미만의 동력어선에 대하여 허가할 수 있다.(제41조제3항제1호)	
	육상해수양식어업	삭제〈2019.8.27.〉	
내수면어업		하천·댐·호수·늪·저수지와 그 밖에 인공적으로 조성된 담수(=민물)이나 기수의 수류 또는 수면에서 하는 어업(제2조제1호)	내수면어업법

---

703) 한편, 해수면을 대상으로 하는 수산업법의 적용범위는 ① 바다, ② 바닷가, ③ 어업을 목적으로 하여 인공적으로 조성된 육상의 해수면이고(수산업법 제3조), 내수면을 대상으로 하는 내수면어업법의 적용범위는 ① 공공용 수면(다만, 특별한 규정이 있는 경우에는 사유수면), ② 공공용 수면과 잇닿아 하나가 된 사유수면이다(내수면어업법 제3조).

한편, 대법원은 내수면어업업상의 내수면어업장소는 하천·댐·호소·저수지 기타 인공으로 조성된 담수나 기수의 수류 또는 수면이고, 염분농도기준 내수면어업법상의 담수(淡水)는 0.5‰이하, 기수(汽水)는 0.5~25‰임에 비해 수산업법상의 해수(海水)의 염분농도는 25‰ 이상으로 차이를 두어 내수면어업법과 수산업법상 적용되는 물을 염분농도로 구별한바 있다.[704]

판례

[판례1] ▶ 강변토지에 기수를 이용한 육상종묘생산어업은 내수면어업법에 따른 신고어업을 한 것이라고 보아 토지보상법상의 어업권보상대상이 아니다.
[대법원 2009.7.9. 선고 2009두4739] [토지수용재결처분취소]

【판결요지】
남해·하동개발촉진지구의 지정 및 개발계획에 따라 종묘배양장이 설치된 섬진강 하류 강변의 토지를 수용재결한 사안에서, 육상종묘생산어업은 허가어업이 아니라 신고어업에 속하고 위 배양장의 조성에는 내수면어업법이 적용되는 **기수가 사용**되었고 당초 신고에 따른 수산업법상 신고어업의 유효기간이 적법하게 연장되었다고 볼 수 없어, 위 배양장에서 육상종묘생산어업을 영위한 것이 수산업법상의 허가어업이 아니라 내수면어업법에 따른 신고어업을 한 것이라고 보아, 공익사업을 위한 토지 등의 취득 및 보상에 관한 법률 시행규칙 제44조 제4항에 의하여 토지보상법 제76조에 따른 어업권 등의 보상대상에 해당하지 않는다고 한 사례.

---

(2) 행정관리제도에 따른 분류

수산자원을 보호하고 어업조정 및 기타 공익상의 필요에 따라 행정관리제도상 어업을 면허어업, 허가어업, 신고어업으로 구별하고 있다.

구분	내용
면허어업	▶ 정치망어업, 양식어업, 마을어업 등 행정관청의 면허를 받아 법정시설 및 방법에 의한 어업으로 일정한 면적을 구획 또는 점용하여 그 안에서 독점·배타적권리로 행하는 어업

---

704) 대법원 2009.7.9. 선고 2009두4739 판결, [토지수용재결처분취소: 종묘배양장이 설치된 **섬진강 하류** 강변의 토지를 수용재결 한 사안]

구분		내용
		(수산업법 제8조)
		▶ 내수면에서 행하는 양식어업, 정치망어업, 공동어업 등 행정관청의 면허를 받아 독점·배타적권리로 행하는 어업(내수면어업법 제6조)
허가어업		▶ 근해어업, 연안어업, 구획어업, 육상해수양식어업 등 행정관청으로부터 허가를 받아 하는 어업(수산업법 제41조)
		▶ 내수면에서 행하는 자망어업, 종묘채포어업 등 행정관청으로부터 허가를 받아 하는 어업(내수면어업법 제9조)
신고어업		▶ 면허 및 허가어업 외의 어업으로서 대통령령으로 정하는 <u>어업을 위해 행정관청에 신고를 하고 준수사항에 따라 행하는 소규모 어업</u>(수산업법 제47조)
		▶ 내수면에서 행하는 면허 및 허가어업 외의 어업으로서 대통령령으로 정하는 어업을 위해 행정관청에 신고를 하고 준수사항에 따라 행하는 소규모 어업(내수면어업법 제11조)

(3) 수산업법 및 내수면어업법상 구분에 따른 분류(2020.8.26. 현재)[705]

구분		수산업법	내수면어업법
목적		수산자원 및 수면을 종합적으로 이용하여 수산업의 생산성 향상(법 제1조)	내수면을 종합적으로 이용·관리하고 수산자원을 보호·육성(법 제1조)
성격[706]		수산업에 관한 기본법으로 대부분 해양수산업에 관한 사항을 규율	하천·댐·호수·늪·저수지 등에서 이루어지는 내수면어업에 관한 사항을 규율 ▶ 다만, <u>**사유수면**</u>에 대해서는 특별한 규정이 있는 경우에만 내수면어업법을 적용(내수면어업법 제3조제1항)
어업의 종류	면허어업	정치망어업, (<u>해조류양식어업, 패류양식어업, 어류등양식어업, 복합양식어업─삭제:2019.8.27</u>), 마을어업, (<u>협동양식어업, 외해양식어업─삭제:2019.8.27</u>) (법 제8조제1항)	<u>(**양식어업─삭제:2019.8.27**</u>), 정치망어업(定置網漁業), 공동어업 (법 제6조)
	허가어업	근해어업, 연안어업, 구획어업, (<u>육상해수양식어업─삭제:2019.8.27</u>), (종묘생	자망어업, 종묘채포어업, 연승어업, 패류채취어업, <u>(**낚시업─삭제:2011.3.9**</u>), 낭장망

---

705) 종래 양식업(養殖業)은 양식이 이루어지는 수면이 해수면인지 내수면인지에 따라 「수산업법」과 「내수면어업법」에서 각각 양식업에 관한 내용을 규정하고 있어 양식업의 규모화, 양식산업 관련 기술개발, 전문인력 배양 등 종합적인 발전 기반 조성과 육성에 어려움이 있었다. 이에 「수산업법」과 「내수면어업법」으로 이원화되어 있는 양식산업의 지원·육성 및 관리체계를 통합하는 한편, 양식업 면허의 체계적 관리를 위한 양식업 면허 심사·평가 제도를 도입하는 등의 내용으로 「양식산업발전법」이 제정(법률 제16568호, 2019. 8. 27. 공포, 2020. 8. 28. 시행)되면서 종래 「수산업법」에 따른 <u>해조류양식어업, 패류양식어업, 육상해수양식어업</u> 등 해수면에서 이루어지는 양식어업과 「내수면어업법」에 따른 <u>내수면양식어업</u> 등에 관한 사항을 이 법의 양식업으로 통합하여 해수면과 내수면에서 이루어지는 모든 종류의 양식업에 대한 종합적이고 체계적인 관리·육성 및 지원이 이루어질 수 있도록 법체계가 정비되었다(제10조부터 제24조까지, 제26조부터 제31조까지 및 제33조부터 제58조까지).

	산어업-삭제:2015,6,22) (법 제41조제1항, 제2항, 제3항)	어업, 각망어업 (법 제9조제1항)
신고 어업	나잠어업, 맨손어업, **(투망어업-삭제:2** **015,2,26)** (시행령 제29조)	투망어업, 어살어업, 통발어업, 외줄낚시어 업, **(육상양식어업-삭제:2020,8,26), (관** **상어양식어업-삭제2014,2,11)** (시행령 제9 조)

다. 면허 · 허가 · 신고 어업

(1) 개념

어업을 경영하고자 하는 자는 수산업법 또는 내수면어업법 등이 정하는 바에 따라 행정관청으로부터 면허 · 허가를 받거나 신고를 한 후에 비로서 특정어업을 할 수 있다. 어업에 관한 면허, 허가, 신고는 어업을 하고자 하는 구역이나 어선 · 어구 또는 시설마다 면허를 받아야 하며, 개인 혹은 법인 그 밖의 단체명의 등으로 신청을 받아 허가 등을 하는 것이 원칙이다.

수산업법은 면허어업 · 허가어업 및 신고어업을 규정하고, 누구든지 수산업법 또는 「수자원관리법」에 따른 어업 외의 방법으로 수산동식물을 포획 또는 채취하지 못하도록 하고 있고(수산업법 제66조)[707], 수산자원 및 수면을 종합적으로 이용하기 위해 필요한 어업조정 등의 제도를 두고 있다. 또한 내수면어업법 역시 면허 · 허가 · 신고어업을 규정하고 있고 내수면을 종합적으로 이용 · 관리하고 수산자원을 보호 · 육성하기 위해 조업수역의 조정, 공익을 위한 어업제한 등의 제도를 두고 있다.

(2) 면허어업(=어업권)

① 의의 및 법적성질

면허는 특정인에 대하여 법률상의 특정한 행위를 할 수 있는 권리를 부여해 주는 행정처분이다. 일정한 수면을 구획 또는 전용하여 어업을 할 수 있는 자를 행정관청이 지정하고, 일정기간 동안 그 수면을 독점적으로 이용하여 어업을 할 수 있는 권리를 부여하는 것을 어업의 면허라 한다. 면허를 받아 어업 활동을 할 수 있는 권리를 어업권이라 하며,

---

706) 한국감정원, 보상실무1, 2011,12, 790면, 발췌 · 수정인용
707) 따라서 면허 · 허가받거나 신고하지 아니한 어업은 보상대상에서 제외된다.

면허된 일정한 수면을 어장이라 하고, 면허를 받아야만 영위할 수 있는 어업을 면허어업이라 한다. 따라서, 통상 어업권이란 면허어업을 말하며, 허가어업 및 신고어업은 별개의 개념이다.[708]

면허어업의 법적성질과 관련하여 대법원은 "어업의 면허는 면허를 받은 사람에게 장기간에 걸쳐 권리를 설정하여 주는 이른바 특허로서 그 유효기간이 만료됨으로써 당연히 소멸되고, 면허기간의 갱신은 실질적으로 권리의 설정과 동일하다"라고 판시하고 있는바,[709] 어업면허는 법규에 의한 일반적인 상대적 금지를 특정한 경우에 해제하여 적법하게 일정한 행위를 할 수 있게 하여 주어 제한된 잠재적 권리를 회복함에 그치는 허가와 달리 특허(=설권적 행정행위)의 성질을 가진다.

즉, 면허어업(=어업권)이란 수산업법 제8조 또는 내수면어업법 제6조의 면허를 받아 일정한 공유수면에서 면허받은 법정시설 및 방법에 의한 어업을 자신만이 독점적으로 어업을 경영할 수 있는 배타적권리이다. 이러한 어업권은 물권으로 어업권원부에 등록하여 공시함으로써 취득되며, 사법상 재산권으로 인정되어 다른 일반재산권과 같이 일정요건에 해당하는 경우 상속·양도 및 담보권 설정이 가능(단, 임대차는 금지)[710]하며 물권적 청구권(손해배상 및 손실보상청구) 행사도 인정된다.[711]

---

708) 한국감정원, 앞의 책, 2011.12, 791면
709) 대법원 1999.5.14. 선고 98다14030 판결 [손실보상금] : 어업면허는 면허를 받은 사람에게 장기간에 걸쳐 권리를 설정하여 주는 이른바 특허로서 그 유효기간이 만료됨으로써 당연히 소멸되고, 면허기간의 갱신은 실질적으로 권리의 설정과 동일한 점 …(중략)… 점에 비추어 보면, 해당 수면이 다른 법령에 의하여 어업행위가 제한 또는 금지되는 사유로 내수면어업개발촉진법에 의한 어업면허에 대한 면허기간의 갱신이 거절되었다는 사정만으로 같은 법 제81조 제1항 제1호를 준용 또는 유추적용하여 어업면허권자에게 손실보상청구권을 인정할 수는 없다.
710) 대법원 1995.11.10. 선고 94도2458 판결 [수산업법위반] : 수산업법이 어업권의 임대차를 금지하고 있는 취지는, 적격성과 우선순위 등의 판단을 거쳐 자영할 의사가 있는 자에게 해당 수면을 구획·전용하여 어업을 경영케 하고 그 이익을 제3자로부터 보호함으로써 수산업의 발전을 도모할 목적 아래 마련된 어업면허제도의 근간을 유지함과 아울러 어업권자가 스스로 어업권을 행사하지 않으면서 이른바 부재지주적 지대를 징수하는 것을 금지하고 자영하는 어민에게 어장을 이용시키려는 데 있다.
711) 수산업법 제16조, 제17조 참조, 내수면어업법 제7조 참조
 ■ 수산업법 제16조(어업권의 취득과 성질) ① 제8조에 따라 어업면허를 받은 자와 제19조에 따라 어업권을 이전받거나 분할받은 자는 제17조의 어업권원부에 등록을 함으로써 어업권을 취득한다.
 ② 어업권은 물권(物權)으로 하며, 이 법에서 정한 것 외에는 「민법」 중 토지에 관한 규정을 준용한다.
 ③ 어업권과 이를 목적으로 하는 권리에 관하여는 「민법」중 질권(質權)에 관한 규정을 적용하지 아니한다.
 ④ 법인이 아닌 어촌계가 취득한 어업권은 그 어촌계의 총유(總有)로 한다.
 ■ 수산업법 제17조(어업권의 등록) ① 어업권과 이를 목적으로 하는 권리의 설정·보존·이전·변경·

② 면허어업(=어업권)의 내용[712]

구 분	내 용
어업권의 주체	▶ 개인, 어촌계 및 지구별수산업협동조합(공동어업권) (수산업법 제9조) ▶ 내수면 면허어업: 개인, 내수면어업계, 내수면과 관련된 법인과 그 밖의 단체 (내수면어업법 제10조)
어업권의 객체	어장(면허를 받아 어업을 하는 일정한 수면) (수산업법 제2조제8호)
어업권의 설정	▶ 수산업법 제4조에서 정하는 '어장이용개발계획'의 범위내에서 시장·군수·구청장의 면허에 의하여 설정
면허권자	▶ 면허어업을 하려는 자는 시장·군수·구청장의 면허를 받아야 한다(수산업법 제8조제1항). ▶ 내수면에서 면허어업을 하려는 자는 특별자치시장·특별자치도지사·시장·군수·구청장의 면허를 받아야 한다(내수면어업법 제6조제1항).
어업권의 취득 (공시방법)	▶ 어업면허자, 어업권을 이전받거나 분할받은 자: 어업권원부에 등록함으로써 어업권취득 (수산업법 제16조, 내수면어업법 제7조)
어업권의 처분(양도) 대상	일정한 구획의 어장
재산권행사	▶ 어업권의 이전·분할·변경의 예외적 허용 단, 마을어업권은 제외 (수산업법 제19조제 1항단서) ▶ 담보권 설정가능(수산업법 제22조) 단, 어촌계, 지구별수협은 제외(수산업법 제2

소멸 및 처분의 제한, 지분(持分) 또는 입어(入漁)에 관한 사항은 어업권원부에 등록한다.
② 제1항에 따른 등록은 등기를 갈음한다.
③ 등록에 관한 사항은 대통령령으로 정한다.
■ **내수면어업법 제7조(어업권 등)** ① 제6조에 따라 어업의 면허를 받은 자는 「수산업법」 제17조제1항에 따른 어업권원부(漁業權原簿)에 등록함으로써 어업권을 취득한다.
② 제1항에 따른 어업권에 대하여는 「수산업법」 제16조제2항 및 제3항을 적용한다.
③ 제15조에 따른 내수면어업계가 취득한 어업권은 그 내수면어업계의 총유(總有)로 한다.
④ 특별자치시장·특별자치도지사·시장·군수·구청장은 가뭄이나 홍수 등 불가항력적인 재해로 말미암아 다음 각 호의 어느 하나에 해당하는 시설의 본래 목적에 중대한 지장을 줄 우려가 있을 때에는 수면관리자의 신청에 따라 어업권자에게 어업시설의 제거나 그 밖에 필요한 조치를 명할 수 있다. 〈개정 2017.3.21., 2021.6.15.〉
 1. 「농어촌정비법」 제2조제6호에 따른 농업생산기반시설
 2. 「댐건설·관리 및 주변지역지원 등에 관한 법률」 제2조제2호에 따른 다목적댐
⑤ 제4항의 경우 어업권자가 필요한 조치를 이행하지 아니하면 특별자치시장·특별자치도지사·시장·군수·구청장은 제4항 각 호의 시설 유지에 필요한 최소한의 범위에서 대집행을 하거나 수면관리자에게 이를 하게 할 수 있으며, 대집행으로 말미암아 어업권자가 입은 손실은 보상하지 아니한다. 〈개정 2017.3.21.〉
⑥ 제5항의 대집행에 관하여는 「행정대집행법」을 준용한다. [전문개정 2010.5.17.]
712) 한국토지주택공사, 앞의 책, 2016, 392-393면 발췌·수정인용

		1조) ▸ 내수면 면허어업: 「수산업법」및「수산자원관리법」의 관련규정 준용 (내수면어업법 제22조)
재산권제한		▸ 어업권의 이전·분할·변경의 원칙적 금지 (수산업법 제19조 제1항 본문) ▸ 임대차금지 (수산업법 제33조) ▸ 내수면 면허어업: 수산업법 준용 (내수면어업법 제22조)
어업권의 유효기간 (한시적 권리)		▸ **10년**(연장:10년-의무적) (수산업법 제14조제1항, 제2항) 다만, 제4조제4항 및「어장관리법」제8조제5항에 해당하는 경우와 수산자원보호 와 어업조정에 관하여 필요한 사항을 대통령령으로 정하는 경우에는 각각 그 유효 기간을 10년 이내로 할 수 있다(수산업법 제14조제1항). ▸ 내수면 면허어업: 면허어업, 허가어업, 신고어업(**5년**-다만 일정한 경우에는 5년 이내) (내수면어업법 제13조 제2항), 유효기간연장: 면허어업(5년) (내수면어업 법 제13조 제3항) ▸ 어업권은 그 존속기간이 법으로 정해져 있는 한시적 권리로 그 <u>유효기간 또는</u> <u>연장허가기간이 끝남과 동시에 소멸되는</u> 권리이다. (수산업법 제14조 제6항)
면허 의 종류	신규면허	새로운 어장이용 개발계획 등에 따라 수산업법 제8조에 의거 일정한 공유수면에 최초로 설정하는 경우: 동법 제14조 제1항에 의한 법정 유효기간(10년)
	연장허가 면허	신규 처분된 어업권의 유효기간이 만료되어 수산업법 제14조 제2항에 의거 유효기 간을 연장하는 경우: 수차에 걸쳐 연장허가 할 수 있으나 총연장 허가기간(**10년을 초과할 수 없음**) (수산업법 제14조 제2항)
	재(개발) 면허	허가기간의 만료로 권리가 소멸된 어장에 대하여 기존 어업권의 범위 안에서 어장이 용개발계획에 반영하여 새로이 설권하는 경우(공유수면매립 면허일 이후 재면허된 어업권은 원칙적으로 보상대상이 될 수 없음)
	이설면허	어업권의 유효기간이 만료되기 전에 당해 어업권의 포기를 조건으로 하여 다른 수면에 신규 어장을 개발하고자 어장이용개발계획에 반영하여 기존의 어업권 범위 내에서 기존 어업권자에게 새로이 설권하는 경우

(3) 허가어업

① 의의 및 법적성질

허가란 법규에 의하여 일반적으로 금지되어 있는 행위를 특정한 경우에 해제하여 적법하
게 일정한 행위를 할 수 있도록 하는 행정처분으로 「수산업법」 제41조 및 「내수면어업법」
제9조에서는 허가어업을 규정하고 있다.

허가어업은 상대적으로 금지되어 있는 어업행위를 일정한 조건하에 해제하여 특정인에
게 어업활동의 자유를 회복시켜 어업행위에 의한 반사적 이익만을 줄 뿐이고 물권(재산

권)이 아니라는 점에서 특정인에게 새로이 특별한 권리를 설정하여 주는 물권인 면허어업(=어업권)과는 차이가 있다.

다만, 현실적으로 재산권이 아닌 허가어업도 어업권처럼 어업금융의 담보 등으로 활용되고 있어 실정법상 재산권은 아니지만 사실상 재산권으로서의 기능이 있다고 할 수 있다. 대법원도 "어업허가는 일정한 종류의 어업을 일반적으로 금지하였다가 일정한 경우 이를 해제하여 주는 것으로서 어업면허에 의하여 취득하게 되는 어업권과는 그 성질이 다른 것이기는 하나, 어업허가를 받은 자가 그 허가에 따라 해당 어업을 함으로써 재산적인 이익을 얻는 면에서 보면 <u>어업허가를 받은 자의 해당 어업을 할 수 있는 지위는 재산권으로 보호받을 가치가 있는 것이다</u>"라고 판시[713]하여 어업허가를 침해받은 어민들에게 손실보상 및 재산상의 손해배상청구권을 인정하고 있다.

② 허가어업의 내용

구분	내용
허가어업의 허가대상과 허가권자	▶ 근해어업: 어선 또는 어구마다 <u>해양수산부장관</u>의 허가필요 (수산업법 제41조 제1항) ▶ 연안어업: 어선 또는 어구마다 <u>시·도지사</u>의 허가필요 (수산업법 제41조 제2항) ▶ 구획어업, 육상해수양식어업 : 어선·어구 또는 시설마다 <u>시장·군수·구청장</u>의 허가필요 (수산업법 제41조 제3항) ▶ 내수면 허가어업: 대통령령으로 정하는 바에 따라 <u>특별자치시장·특별자치도지사·시장·군수·구청장</u>의 허가필요 (내수면어업법 제9조 제1항)
공시방법	▶ 어업허가증
허가어업의	▶ 일정한 경우(혼획허용어업, 한시어업허가)의 허가어업을 처분: 허가에 제한 또는

---

713) 대법원 1999.11.23. 선고 98다11529 판결 [손해배상(기)] : <u>어업허가는 일정한 종류의 어업을 일반적으로 금지하였다가 일정한 경우 이를 해제하여 주는 것으로서 어업면허에 의하여 취득하게 되는 어업권과는 그 성질이 다른 것이기는 하나, 어업허가를 받은 자가 그 허가에 따라 해당 어업을 함으로써 재산적인 이익을 얻는 면에서 보면 어업허가를 받은 자의 해당 어업을 할 수 있는 지위는 재산권으로 보호받을 가치가 있고, 수산업법이 1990.8.1. 개정되기 이전까지는 어업허가의 취소·제한·정지 등의 경우에 이를 보상하는 규정을 두고 있지 않았지만, …(중략)… 각 규정 취지를 종합하여 보면, 적법한 어업허가를 받고 허가어업에 종사하던 중 공유수면매립사업의 시행으로 피해를 입게 되는 어민들이 있는 경우 그 공유수면매립사업의 시행자로서는</u> 위 구 공공용지의취득및손실보상에관한특례법시행규칙(1991.10.28. 건설부령 제493호로 개정되기 전의 것) 제25조의2의 <u>규정을 유추적용하여 위와 같은 어민들에게 손실보상을 하여 줄 의무가 있다.</u>

제한·조건 및 처분	조건을 붙여 허가 (수산업법 제43조) ▶ 일정한 경우(혼획허용어업, 한시어업허가)의 허가어업을 상속·매입·임차한 자: 어업허가를 받은 자의 지위 승계 (수산업법 제44조 제1항)
허가어업의 유효기간	▶ **5년**(연장:10년 범위. 단축도 가능) (수산업법 제46조) 어업허가의 유효기간은 5년으로 한다. 다만, 어업허가의 유효기간 중에 허가받은 어선·어구 또는 시설을 다른 어선·어구 또는 시설로 대체하거나 제44조에 따라 어업허가를 받은 자의 지위를 승계한 경우에는 종전 어업허가의 남은 기간으로 한다(수산업법 제46조제1항). 행정관청은 수산자원의 보호 및 어업조정과 그 밖에 공익상 필요한 경우로서 해양수산부령으로 정하는 경우에는 제1항의 유효기간을 단축하거나 5년의 범위에서 연장할 수 있다(수산업법 제46조제2항). ▶ 내수면 허가어업: **5년**(다만, 일정한 경우에는 5년 이내) (내수면어업법 제13조 제2항)

(4) 신고어업

① 의의 및 법적성질

신고어업이란 「수산업법」 제47조 및 「내수면어업법」 제11조에 따라 신고를 한 어업으로 면허 및 허가어업이 아닌 어업으로 신고대상 어선·어구 또는 시설마다 행정관청에 신고하고 '어업신고증명서'를 교부 받아 행하는 어업이다.

신고어업은 영세 어업인이 면허 또는 허가절차 없이 간이한 절차인 신고만으로 나잠어업·맨손어업·(삭제: 투망어업·육상양식어업) 등 소규모의 어업을 할 수 있도록 하는 제도로, 누구나 신고로서 특정 어업활동을 인정받을 수 있는 점이 설권행위인 면허어업(=어업권)이나, 일반적으로 금지된 어업행위를 특정인에게 해제하여 주는 허가어업과는 다르다.

한편, 대법원은 "수산업법상 소정의 어업의 신고는 행정청의 수리에 의하여 비로소 그 효과가 발생하는 이른바 '수리를 요하는 신고'라 할 것이므로, 관할관청이 신고를 수리하지 아니하였다면 적법한 신고는 없었던 것으로 볼 수 있다"라고 판시하고 있는 바,714) 신고어업은 신고서 접수 및 수리를 증명하는 관련법상의 신고필증을 교부받아야 해당 신고어업행위를 할 수 있을 것이다.

---

714) 대법원 2000.5.26., 선고, 99다37382, 판결 [손해배상(기)] : 수산업법 제44조 소정의 어업의 신고는 행정청의 수리에 의하여 비로소 그 효과가 발생하는 이른바 '수리를 요하는 신고'라고 할 것이고, 따라서 설사 관할관청이 어업신고를 수리하면서 공유수면매립구역을 조업구역에서 제외한 것이 위법하다고 하더라도, 그 제외된 구역에 관하여 관할관청의 적법한 수리가 없었던 것이 분명한 이상 그 구역에 관하여는 같은 법 제44조 소정의 적법한 어업신고가 있는 것으로 볼 수 없다.

② 신고어업의 내용

구 분	내 용
신고어업의 신고대상	▶ 신고어업 : 어선·어구 또는 시설마다 시장·군수·구청장에게 해양수산부령으로 정하는 바에 따라 신고 (수산업법 제47조 제1항) ▶ 내수면 신고어업: 대통령령으로 정하는바에 따라 특별자치시장·특별자치도지사·시장·군수·구청장에게 신고 (내수면어업법 제11조 제1항)
공시방법	▶ 어업신고증명서 (수산업법 47조 제5항)
신고어업의 유효기간	▶ 신고를 수리한 한 날로부터 **5년**(단축 가능): 신고의 유효기간은 신고를 수리한 날부터 5년으로 한다. 다만, 공익사업의 시행을 위하여 필요한 경우와 그 밖에 대통령령으로 정하는 경우에는 그 유효기간을 단축할 수 있다(수산업법 제47조 제4항). ▶ 내수면 신고어업: **5년**(다만, 일정한 경우에는 5년 이내) (내수면어업법 제13조 제2항)
신고어업의 준수사항 (수산업법 제47조제6항)	1. 신고어업자의 주소지와 조업장소를 관할하는 시장·군수·구청장의 관할 수역에서 연간 60일 이상 조업을 할 것 2. 다른 법령의 규정에 따라 어업행위를 제한하거나 금지하고 있는 수면에서 그 제한이나 금지를 위반하여 조업하지 아니할 것 3. 어업분쟁이나 어업조정 등을 위하여 대통령령으로 정하는 사항을 지킬 것

③ 내수면어업법상의 신고어업의 어업보상의 대상여부

토지보상법상 어업보상의 대상은 수산업법 및 내수면어업법상의 면허어업, 허가어업 및 신고어업을 모두 포함하고 있으나, 「내수면어업법」 제11조제2항의 규정에 의한 신고어업은 제외된다(시행규칙 제44조 제4항).[715]

사유수면(私有水面)에서 내수면어업법상의 면허어업, 허가어업, 신고어업을 하기 위하여 내수면어업법 제11조 제2항에 따라 대통령령으로 정하는 바에 따라 특별자치시장·특별자치도지사·시장·군수·구청장에게 신고한 신고어업 즉, 사유수면에서의 신고어업은 토지보상법상의 어업보상의 대상에 포함되지 않음을 토지보상법 시행규칙 제44조 제4항은 명문으로 규정하고 있다.

---

715) 내수면어업법은 원칙적으로 **공유수면**(=공공용 수면)에만 적용되는 것이다. 그러나 내수면어업법 제11조제2항에서는 사유수면의 경우에도 신고를 할 수 있다고 규정하고 있는데, 이는 공유수면에서의 신고어업과 같이 보상이 된다는 의미가 아니라 단지 자금융자 등을 할 수 있도록 조치한 것에 불과하다(신경직, 앞의 책, 2017, 615면 수정인용).

> ■ **토지보상법 시행규칙 제44조(어업권의 평가 등)** ④ 제1항 내지 제3항의 규정은 허가어업 및 신고어업(「내수면어업법」 제11조제2항의 규정에 의한 신고어업을 제외한다)에 대한 손실의 평가에 관하여 이를 준용한다. 〈개정 2005.2.5.〉
>
> ■ **내수면어업법 제11조(신고어업)** ① 내수면에서 제6조 및 제9조에 따른 어업을 제외한 어업으로서 대통령령으로 정하는 어업을 하려는 자는 대통령령으로 정하는 바에 따라 특별자치시장·특별자치도지사·시장·군수·구청장에게 신고하여야 한다. 〈개정 2017.3.21.〉
> ② **사유수면**에서 제6조제1항 각 호, 제9조제1항 각 호 또는 제1항에 따른 어업을 하려는 자는 대통령령으로 정하는 바에 따라 특별자치시장·특별자치도지사·시장·군수·구청장에게 신고하여야 한다. 〈개정 2017.3.21.〉

한편, 유권해석도 "내수면어업법에 의거 신고하고 양식업을 하는 경우, 토지보상법 제44조 제4항에 의거 허가어업 및 신고어업의 경우 어업권의 평가에 관한 규정을 준용하도록 되어 있으나, <u>내수면어업법 제11조제2항의 규정에 의한 신고어업은 제외하도록 하고 있어 어업보상대상에 해당하지 않는다</u>"라고 해석(2004.9.8. 토지관리과-4114)하여 사유수면(私有水面)에서의 내수면신고어업은 토지보상법상의 영업손실보상(=영업보상)은 별론으로 하고 토지보상법상의 어업보상의 대상이 될 수는 없다. 중앙토지수용위원회의 재결례[716]도 동일한 취지이다.

> **재결례**
>
> [재결례] ▶ 「내수면어업법」에 따른 신고어업은 어업권의 보상평가방법이 준용되지 않는다. [**중토위 2017.7.13.**]
>
> 【재결요지】
> OOO이 휴업보상과 별도로 어업보상을 포함하여 달라는 의견에 대하여
> 법 시행규칙 제44조에 따르면 공익사업의 시행으로 인하여 어업권이 제한·정지 또는 취소되거나 「수산업법」 제14조 또는 「내수면어업법」 제13조에 따른 어업면허의 유

---

716) 중토위 2017.7.13. 재결

효기간의 연장이 허가되지 아니하는 경우 해당 어업권 및 어선·어구 또는 시설물에 대한 손실의 평가는 「수산업법 시행령」 별표 4에 따르고, 공익사업의 시행으로 인하여 어업권이 취소되거나 「수산업법」 제14조 또는 「내수면어업법」 제13조에 따른 어업면허의 유효기간의 연장이 허가되지 아니하는 경우로서 다른 어장에 시설을 이전하여 어업이 가능한 경우 해당 어업권에 대한 손실의 평가는 「수산업법 시행령」 **별표 4** 중 어업권이 정지된 경우의 손실액 산출방법 및 기준에 의하고, 법 제15조 제1항 본문의 규정에 의한 보상계획의 공고(동항 단서의 규정에 의하는 경우에는 토지소유자 및 관계인에 대한 보상계획의 통지를 말한다) 또는 법 제22조의 규정에 의한 사업인정의 고시가 있는 날(이하 "사업인정고시일등"이라 한다) 이후에 어업권의 면허를 받은 자에 대하여는 제1항 및 제2항의 규정을 적용하지 아니하며, 제1항 내지 제3항의 규정은 허가어업 및 신고어업(「내수면어업법」 제11조 제2항의 규정에 의한 신고어업을 제외한다)에 대한 손실의 평가에 관하여 이를 준용한다고 되어 있다.

「내수면어업법」 제11조에 제2항에 따르면 사유수면에서 제6조 제1항 각 호, 제9조 제1항 각 호 또는 제1항에 따른 어업을 하려는 자는 대통령령으로 정하는 바에 따라 특별자치시장·특별자치도지사·시장·군수·구청장에게 신고하여야 하고, 같은 법 시행령 제9조 제5호에 따르면 법 제11조 제1항에서 "대통령령으로 정하는 어업" 중 육상양식어업은 육상에서 일정한 시설을 설치하여 수산동식물을 양식하는 어업을 말한다고 되어 있다.

법 시행규칙 제47조 제1항에 따르면 공익사업의 시행으로 인하여 영업장소를 이전하여야 하는 경우의 영업손실은 휴업기간에 해당하는 영업이익에 시설의 이전비용 등을 고려하여 보상하도록 되어 있다.

관계 자료(사업시행자 의견서 등)를 검토한 결과, 000의 양어장(어가수산)은 「내수면어업법」 제11조 제1항의 "대통령령으로 정하는 어업" 중 육상양식어업으로 신고어업에 해당하고, 해당 신고어업은 법 시행규칙 제44조에 따른 어업손실보상에서 제외되는 신고어업에 해당하므로 소유자의 주장을 받아들일 수 없다.

한편, 종전 내수면어업법 제9조(제1항제5호)에 규정되어 내수면어업법상 허가어업이었던 낚시업은 2011. 3. 9. 「낚시 관리 및 육성법」(약칭:낚시관리법)이 제정되면서 삭제되었으나, 동법 부칙 제4조(낚시업 허가에 관한 경과조치)에 따라 종전의 내수면어업법에 따라 허가를 받은 자는 그 허가의 유효기간 내에서는 어업보상이 가능할 것으로 보이며, 국민권익위원회 의결(권고)내용717)도 동일한 취지이다.

> **■ 낚시 관리 및 육성법 부 칙 〈법률 제10458호, 2011.3.9.〉**
>
> **제3조(일반적 경과조치)** 이 법 시행 당시 종전의 「낚시어선업법」, 종전의 「내수면어업법」에 따른 처분·절차와 그 밖의 행위로서 이 법에 그에 해당하는 규정이 있는 경우에는 이 법에 따라 한 것으로 본다.
>
> **제4조(낚시업 허가에 관한 경과조치)** ① 이 법 시행 당시 종전의 「내수면어업법」 제9조제1항제5호에 따라 낚시업의 허가를 받은 자는 그 허가의 유효기간 내에서는 제10조 및 제11조에도 불구하고 종전의 규정에 따라 낚시업을 할 수 있다.
>
> ② 제1항에 따른 낚시업 허가의 유효기간이 만료된 경우에 낚시터업을 계속하려는 자는 이 법에 따라 신규로 낚시터업의 허가를 받아야 한다.

(5) 관행에 의한 어업(입어자)

관행어업이란 우리나라 어촌에서 오랜기간 동안 관습적으로 존재하던 입어의 관행으로 물때에 맞추어 간단한 도구(호미, 바구니 등)로 타인의 방해를 받지 아니하고 수산동식물(바지락, 낙지 등)을 포획·채취하던 영세어민들의 관습상의 어업형태였으나, 현행 수산업법에서는 인정되는 어업의 유형은 아니다.[718]

1990. 8. 1. 수산업법 전부개정(법률 제4252호) 이전 구 수산업법 제40조(입어의 관행) 제1항에 "공동어업의 어업권자는 종래의 관행에 의해 그 어업장에서 어업하는 자의 입어를 거절할 수 없다"고 규정되어 있어 관행에 의한 어업을 일종의 관습법상 물권으로 인정되는 경향이 있었으나, 수산업법이 개정된 후에는 어업권명부에 등록하지 않은 관행어

---

717) 2012.12.6. 국민권익위 신청번호 1AA-1211-105418 : 내수면어업법 제9조제1항제5호에 따른 낚시업이 2011.3.9. 「낚시 관리 및 육성법」을 제정하면서 같은 법 **부칙 제3조(일반적 경과조치)** '이 법 시행 당시 종전의 「낚시어선업법」, 종전의 「내수면어업법」에 따른 처분·절차와 그 밖의 행위로서 이 법에 그에 해당하는 규정이 있는 경우에는 이 법에 따라 한 것으로 본다'라고 규정하엿으며, 같은 법 부칙 **제4조(낚시업 허가에 관한 경과조치)**에 '이 법 시행 당시 종전의 「내수면어업법」 제9조제1항제5호에 따라 낚시업의 허가를 받은 자는 그 허가의 유효기간 내에서는 제10조 및 제11조에도 불구하고 종전의 규정에 따라 낚시업을 할 수 있다' 라고 규정하고 있습니다. <u>따라서 「낚시 관리 및 육성법」의 부칙에 따라 종전에 허가를 받은 자는 「내수면어업법」에 따른 낚시업 허가를 받은 것으로 보고 있으므로, **보상 역시 유효기간 내에서는 어업보상의 대상이 된다**고 판단됩니다.</u> 그러므로 낚시업 보상에 관하여는 낚시업 갱신처분 당시(2012.4.4.)기준 법률을 적용함이 타당할 것으로 봅니다.

718) 현행 수산업법은 누구든지 면허·허가 또는 신고어업 외의 어업의 방법으로 수산동식물을 포획·채취하거나 양식하여서는 아니 되며(법 제66조), 이를 위반하면 3년 이하의 징역 또는 3천만원 이하의 벌금에 처한다는 벌칙규정을 두고 있다(법 제97조제1항제4호). 다만, 관행어업자는 어업손실보상 대상자는 아니 되나, 토지보상법 시행규칙 제52조(무허가등 영업보상)에 준하는 보상은 가능할 것으로 보인다.

업은 더 이상 권리로 인정되지 않고 있다.[719]

판례도 구 수산업법(1990.8.1. 법률 제4252호로 개정되기 전의 것)상의 관행어업권은 면허에 의하여 인정되는 어업권과 같이 일정한 공유수면을 전용(專用)하면서 그 수면에서 배타적으로 수산동식물을 채포할 수 있는 독점적인 권리라기보다는 단지 타인의 방해를 받지 않고 일정한 공유수면에 출입하면서 수산동식물을 채포할 수 있는 권리에 지나지 않는 것으로, 일정한 수면을 구획하여 그 수면의 바닥을 이용 또는 기타 시설을 하여 패류·해조류 등 수산동식물을 인위적으로 증식하는 양식어업이나 일정한 수면을 구획하는 어구를 정치하여 수산동물을 채포하는 정치어업에 관하여는 성립될 여지가 없다고 판시하고 있다.[720]

라. 어업손실보상의 특징

어업손실보상은 공익상의 필요에 의하여 면허·허가·신고어업에 대하여, 관계 행정관청이 어업의 취소·제한·정지 등의 처분을 하거나 또는 면허기간 연장에 대한 거부처분 등 에 의하여 발생하는 어업손실과 공공사업으로 인해 발생하는 피해에 대한 재산적 전보이다.

어업보상은 토지 및 지장물의 손실보상처럼 특정한 대상물을 취득 또는 사용함에 따른 보상과 달리 공법상 인정된 권리침해에 따른 보상이면서 일정한 수면을 보상대상의 전제로 한다는 점에서 여러 가지 특징이 내재되어 있다.

(1) 어업에 대한 선행적인 행정처분

토지보상법상 어업보상은 공익사업의 시행으로 어업권이 제한정지 또는 취소되거나 어업면허의 유효기간의 연장이 허가되지 않는 경우 해당 어업권 및 어선·어구 또는 시설물에 대한 손실 내지 다른 어장에 시설을 이전하여 어업이 가능한 경우 해당 어업권에 대한 손실에 대하여 보상을 하도록 규정되어 있다(시행규칙 제44조제1항, 제2항).

---

719) 다만, 개정 수산업법 부칙 제11조(입어자에 관한 경과조치) 제2항에 따라 이 법 시행일(1991.2.2.)부터 2년이내(1993.2.1.)에 제16조의 규정에 의하여 어업권원부에 등록을 한 경우에 한하여 입어자로 인정된다.
720) 대법원 1995.9.15. 선고 94다55323 판결, 1999.9.3. 선고 98다8790 판결, 1999.11.12. 선고 98다25979 판결, 2001.12.11. 선고 99다56697 판결 등 참조

토지보상법상의 토지 등의 손실보상은 공익사업의 시행에 따른 필요로 보상금 등을 지급하고 당해 토지 등을 취득 또는 사용하나, 어업손실보상은 수산업법상의 행정관청의 사업인정고시와 함께 선행적인 행정처분(어업면허 등의 취소·제한·정지 등)을 전제로 하여 이로 인해 발생되는 손실을 보상한다는 점(선처분·후보상)에서 토지 등의 손실보상[선 협의보상·후 수용재결(행정처분)]과는 다르다는 특징이 있다.[721] 이는 수산업법 제81조 제1항[722]에서도 동일하게 규정되어 있다.

다만, ⅰ) 공익사업시행지구 밖의 어업의 피해에 대한 보상(=간접손실보상)에 대해서는 사업시행자가 실제피해액을 확인할 수 있을 때에 그 피해에 대해 보상하여야 한다고 규정(시행규칙 제63조제1항)하고 있어, 실제피해액을 조사하여 이를 확인하는 데에는 상당한 시간이 필요한데 이런 과정 없이 바로 보상대상을 확정하고 어업권 등을 소멸시킬 수는 없다는 점, ⅱ) 어업보상의 경우 택지개발사업과 달리 사업범위가 명확하지 않고 조업구역 및 피해범위의 확산 등으로 피해범위 설정이 곤란하다는 점, ⅲ) 현장조사를 통한 어획량, 조업일수 등 객관적인 사실확인이 사실상 어려워 구체적인 보상금산정이 어렵다는 점, ⅳ) 선행 행정처분 후행보상금의 지급결정시 구체적인 보상금 산정기간이 장기간을 요하는 경우에 조업중단에 따른 영세어민의 현실적인 생계의 문제가 발생한다는 점 등으로 토지보상법 시행규칙 제44조에 의거 공익사업의 시행으로 어업권이 제한정지 또는 취소 등의 선행적인 행정처분이 반드시 있어야 비로소 수용재결 가능여부에 대한 논의가 있었다.[723]

이에 유권해석(법제처, 국토교통부)은 어업권 보상은 물의 사용에 관한 권리와 같이 수용 또는 사용의 대상이 되는 권리 등에 대하여 별도의 선행적인 행정처분인 취소나 제한

---

721) 어업보상은 원칙적으로 선처분·후보상의 구조를 띠고 있고 후보상시에도 보상대상자가 불복하면 토지수용위원회의 수용재결절차를 밟게 되므로 결국 어업보상의 경우는 2번의 행정처분(관할행정청의 행정처분과 수용재결위원회의 행정처분)을 거칠 수 있다는 특색이 있다.

722) ■ 수산업법 제81조(보상) ① 다음 각 호의 어느 하나에 해당하는 처분으로 인하여 손실을 입은 자는 그 처분을 행한 행정관청에 보상을 청구할 수 있다.
  1. 제34조제1항제1호부터 제6호까지 또는 제35조제6호(제34조제1항제1호부터 제6호까지의 규정에 해당하는 경우를 말한다)에 해당하는 사유로 인하여 이 법에 따른 면허·허가를 받거나 신고한 어업에 대하여 제한 등의 처분을 받았거나 제14조에 따른 어업면허의 유효기간 연장이 허가되지 아니한 경우. 다만, 제34조제1항제1호부터 제3호까지의 규정(제49조제1항과 제3항에서 준용하는 경우를 말한다)에 해당하는 사유로 허가를 받거나 신고한 어업이 제한되는 경우는 제외한다.
  2. 제72조제2항에 따른 측량·검사에 장애가 되는 물건에 대하여 이전명령이나 제거명령을 받은 경우

723) 한국감정원, 앞의 책, 2011.12, 806면 일부 발췌·수정인용

등이 없이도 수용재결이 가능하다고 해석하고 있고,[724] 현재 보상실무에서는 내수면에서의 어업보상에서는 수용재결 신청 전에 행정청의 어업권에 대한 선행적인 행정처분이 없이 보상이 이루어지고 있다.

유권해석

[법령해석] ▶ 국토해양부 – 토지수용위원회에 재결신청을 하기 전에 내수면어업 허가가 제한·정지·취소되어야 하는지(「공익사업을 위한 토지 등의 취득 및 보상에 관한 법률」 제44조 등 관련) **[법제처 안건번호09-0323, 회신일자 2009-11-13]**

【질의요지】
내수면어업의 허가를 받은 사람과 공유수면의 사용을 위한 협의가 이루어지지 않아 사업시행자가 토지수용위원회에 재결신청을 하려는 경우, 재결신청을 하기 전에 내수면어업 허가가 제한·정지·취소되어야 하는지?

【회답】
내수면어업의 허가를 받은 사람과 공유수면의 사용을 위한 협의가 이루어지지 않아 사업시행자가 토지수용위원회에 재결신청을 하려는 경우, 재결신청을 하기 전에 내수면어업 허가가 반드시 제한·정지·취소될 필요는 없습니다.

【이유】
우선, 「공익사업을 위한 토지 등의 취득 및 보상에 관한 법률」(이하 "공익사업법"이라 한다)과 「내수면어업법」의 관계를 살펴보면, 공익사업법은 공익사업에 필요한 토지등을 협의 또는 수용에 의하여 취득하거나 사용함에 따른 손실의 보상에 관한 사항을 규정함으로써 공익사업의 효율적인 수행을 통하여 공공복리의 증진과 재산권의 적정한 보호를 도모함을 목적으로 하고(제1조), 「내수면어업법」은 내수면어업에 관한 기본적인 사항을 정하여 내수면을 종합적으로 이용·관리하고 수산자원의 보호·육성을 도모함으로써 어업인의 소득증대에 기여함을 목적으로 하여(제1조), 양자는 별개의 목적과 별개의 규율대상을 가지는 법률이라 할 것이므로, 어느 한 법률이 다른 법률의

---

724) 법제처 2019.11.13. 안건번호 09-0323 : 종전 국토해양부가 법제처에 토지보상법 시행규칙 제44조에 의거 토지수용위원회에 재결신청 전 내수면어업 허가가 제한·정지·취소되어야 하는지에 대하여 유권해석을 요청한 사례

적용을 배제한다거나 다른 법률에 우선하여 적용된다고 볼 수 없습니다.

다음으로, 공익사업법에 따른 재결의 효과를 살펴보면, 공익사업법은 그 적용대상으로 어업권 또는 물의 사용에 관한 권리를 취득 또는 사용하는 경우를 정하고 있고(제3조제3호), 어업권 또는 물의 사용에 관한 권리에 대해 사업시행자가 토지수용위원회에 재결을 신청하려는 경우 수용재결을 신청할 것인지 사용재결을 신청할 것인지는 사업인정된 사업계획에 따라 사업시행자가 스스로 결정하여 신청해야 하며(법 제28조제1항 및 영 제12조제1항제5호), 토지수용위원회의 재결이 있으면, 그 수용 또는 사용의 개시일에 사업시행자는 해당 재결의 대상이 된 어업권 또는 물의 사용에 관한 권리를 취득 또는 사용할 수 있게 되어 기존의 권리자가 가지고 있던 어업권 또는 물의 사용에 관한 권리는 재결에 따라 소멸되거나 그 행사가 제한되는바(제45조제1항, 제2항), 사업시행자가 신청하는 재결의 형태가 수용재결이면 내수면어업 허가의 취소에 상응하는 결과가 발생하고, 사용재결이면 내수면어업 허가의 정지나 제한에 상응하는 결과가 발생한다고 할 것입니다.

그렇다면, 사업시행자가 구하는 재결의 형태에 따라 보상의 범위가 결정될 수 있다고 할 것이므로, 물의 사용에 관한 권리와 같이 수용 또는 사용의 대상이 되는 권리 등에 대하여 별도로 행정처분의 취소나 제한 등을 할 필요는 없다고 할 것입니다.

그리고, 토지수용위원회의 재결에 따라 기존의 권리자가 가지고 있던 내수면어업에 관한 권리는 공익사업법 제45조제1항에 따라 재결로 정해진 수용 또는 사용의 개시일에 소멸하거나 그 행사가 제한되는바, 재결 신청 전에 내수면어업 허가의 취소나 제한과 같은 별도의 행정처분이 없어도 재결에 기초해 실시되는 공익사업의 지위가 불안정해지는 문제가 생긴다고 볼 수도 없으므로, 내수면어업의 허가권자가 반드시 재결 신청 전에 내수면어업 허가를 제한·정지·취소해야 한다고 볼 필요는 없습니다.

한편, 「내수면어업법」 제16조는 내수면어업 허가에 대한 제한등을 시장등의 재량사항으로 정하고 있으므로, 내수면어업 허가에 대한 제한등이 토지수용위원회에 재결 신청을 하기 전에 이루어져야 한다고 본다면, 시장등이 내수면어업 허가에 대한 제한등을 하지 않는 경우 재결 신청을 할 수 없게 되는 문제가 있습니다.

따라서, 내수면어업의 허가를 받은 사람과 공유수면의 사용을 위한 협의가 이루어지지 않아 사업시행자가 토지수용위원회에 재결신청을 하려는 경우, 재결신청을 하기 전에 내수면어업 허가가 반드시 제한·정지·취소될 필요는 없다고 볼 것입니다.

(2) 사전보상원칙의 예외의 일부 인정

토지보상법은 "사업시행자는 당해 공익사업을 위한 공사에 착수하기 이전에 토지소유자 및 관계인에 대하여 보상액의 전액을 지급하여야 한다. 다만 천재지변 시의 토지의 사용과 시급한 토지의 사용의 경우 또는 토지소유자 및 관계인의 승낙이 있는 경우에는 그러하지 아니하다"라고 하여 원칙적인 사전보상을 규정하고 있다(법 제62조). 이와 같은 사전보상원칙은 수산업법 제81조 제3항에서도 동일한 취지로 규정되어 있다.[725]

그러나, 일부이지만 경우이지만 공익사업시행지구 밖의 어업의 피해에 대한 보상(=간접손실보상)에 대해서는 예외적으로 사후보상을 규정하고 있는데(시행규칙 제63조제1항), 이는 사후에 사업시행자가 실제피해액을 확인한 후에야 보상이 가능하기 때문이다.

또한, 어업보상은 일반적이 토지 등의 보상과 달리, 보상대상물건(잔존하는 어선·어구 또는 시설물 등)이 공간적으로 산재되어 있고 어업권의 잔여유효기간도 면허·허가·신고 등 권리의 형태마다 각각 달라 장기간의 사실조사기간을 고려하면 조사시기별 보상대상 권리의 변동에 따른 누락 없는 보상대상 물건의 확정 및 보상금산정은 사실상 어렵다는 특징이 있다.

위와 같은 어업보상의 현실적인 문제점으로 행정관청 등 사업시행자는 토지보상법 등 기타 관계 법률에 정한 바는 없으나 통상적으로 보상실무에서는 사전에 조업구역내의 피해대상 어민들을 대상으로 하여 '어업보상 약정서'라는 일종의 주민협약서를 체결하여 주민들과의 협의로 조사대상물을 확정하고 전문연구기관 내지 감정평가기관에 의뢰해 어업보상금을 산정·지급하는 선착공·후보상 이라는 사후보상을 하고 있다.[726]

(3) 개인별보상원칙의 예외 일부 인정

토지보상법은 "손실보상은 토지소유자나 관계인에게 개인별로 하여야 한다. 다만, 개인별로 보상액을 산정할 수 없을 때에는 그러하지 아니하다"라고 하여 원칙적인 개인별 보상을 규정하고 있다(법 제64조). 이와 같은 개인별보상원칙은 수산업법 시행령 제68조

---

725) ■ **수산업법 제81조(보상)** ③ 수익자는 제1항에 따라 보상을 청구할 수 있는 자에게 미리 보상을 하지 아니하면 손실에 영향을 미치는 행위나 공사를 시작할 수 없다. 다만, 보상을 청구할 수 있는 자의 동의를 받은 경우에는 그러하지 아니하다. 〈개정 2020.2.18.〉
726) 한국감정원, 앞의 책, 2011.12, 808면 일부 발췌·수정인용

제3항에서도 동일한 취지로 규정되어 있다.[727]

그러나, 수산업법의 특성상 마을어업 면허권, 협동양식어업 면허권 등의 취득 주체를 어업인 개인이 아닌 특정단체(어촌계(漁村契)나 지구별수산업협동조합, 영어조합법인 등)로 한정되어 있거나(수산업법 제9조), 어촌계가 취득한 어업권은 그 어촌계의 총유(總有)로 한다는 특별규정 등이 있어 면허어업의 경우에 일부 개인별보상원칙의 예외를 인정하고 있다(수산업법 제16조제4항).[728] 대법원도 개인별보상원칙의 예외를 인정하는 판결을 하고 있다.[729]

판례

[판례1] ▶ 어촌계가 어업권 소멸로 인한 보상금에 대하여 어업권별로 어업권 비행사자들을 제외하고 어업권 행사자들만을 대상으로 분배하기로 한 총회결의가 현저히 불공정한 것에 해당하지 아니하여 유효라고 본 사례

[대법원 1996.12.10. 선고 95다57159] [계원총회결의부존재확인]

【판시사항】

[1] 어촌계의 어업권 소멸로 인한 보상금의 분배 방법 및 그에 관한 계원의 권리구제 방법

[2] 어촌계가 보상금을 취득할 당시에는 계원이었으나 보상금 분배결의시에는 계원이 아닌 자가 그 결의의 효력을 다툴 법률상 이익을 가지는지 여부(소극)

---

727) ■ 수산업법 시행령 제68조(보상금의 지급 등) ③ 제1항에 따른 보상금은 보상을 신청한 <u>개인별로 지급하여야 한다.</u> 다만, 개인별로 보상금액을 산정할 수 없는 경우에는 그러하지 아니하다

728) ■ 수산업법 제9조(마을어업 등의 면허) ① 마을어업은 일정한 지역에 거주하는 어업인의 공동이익을 증진하기 위하여 <u>어촌계(漁村契)나 지구별수산업협동조합</u>(이하 "지구별수협"이라 한다)<u>에만 면허한다.</u>
② 삭제 〈2019.8.27.〉
③ 삭제 〈2019.8.27.〉
④ 시장·군수·구청장은 어업인의 공동이익과 일정한 지역의 어업개발을 위하여 필요하다고 인정하면 어촌계, 영어조합법인 또는 지구별수협에 마을어업 외의 어업을 면허할 수 있다. 〈개정 2010.1.25. 2019.8.27.〉
제16조(어업권의 취득과 성질) ④ 법인이 아닌 어촌계가 취득한 어업권은 그 어촌계의 <u>총유(總有)로 한다.</u>

729) 대법원 1996.12.10. 선고 95다57159 판결.

【판결요지】

[1] 비법인사단인 어촌계가 가지는 어업권의 소멸로 인한 보상금은 어촌계의 총유에 속하는 것으로서 그 분배 방법은 정관의 정함이 있으면 그에 따라, 그렇지 않으면 총회의 결의에 따라 분배할 수 있고 계원이 이러한 결의 없이 보상금지급청구를 하는 것은 허용되지 아니하며, 다만 그 분배결의에 대하여 이의가 있는 각 계원은 총회의 소집 또는 결의절차에 하자가 있거나 그 결의의 내용이 각 계원의 어업 의존도, 멸실한 어업시설 등 제반 사정을 참작한 손실 정도에 비추어 현저하게 불공정한 경우에 그 결의의 부존재 또는 무효를 소구함으로써 그 권리를 구제받을 수 있다.

[2] 어촌계의 계원과 같은 비법인사단의 구성원은 총유재산에 대하여 특정된 지분을 가지고 있는 것이 아니라 사단의 구성원이라는 지위에서 총유재산의 관리 및 처분에 참여하고 있는 것에 불과하고, 그 신분을 상실하면 총유재산에 대하여 아무런 권리를 주장할 수 없으므로, 비록 그가 어촌계의 계원으로 있을 당시 어촌계가 취득한 보상금이라 하더라도 그 분배결의 당시 계원의 신분을 상실하였다면 그 결의의 효력을 다툴 법률상의 이해관계가 없다.

(4) 어업보상 약정서(주민협약서)

어업보상의 가장 큰 특징이자 특유의 절차로 사업시행자와 어업피해 어업인간 협의로 어업보상할 것을 합의하고 사업시행자가 피해대상 어민들에게 선착공·후보상에 대한 동의를 구하는 어업보상약정(협약서)체결 절차가 있다.[730]

	내용
협약(계약)당사자	사업시행자와 어업피해 어민을 대신한 해당지역 어촌계 또는 어업계(어촌계장), 어업보상대책위원회(위원장), 수산업협동조합(조합장) 등이 계약당사자가 된다.
보상기준일 설정	공공사업계획의 고시 등을 전후로 하여 어업보상을 목적으로 한 신고허가어업의 급등으로 인한 추후 보상과 관련한 갈등을 방지하기 위해 협약서에 보상기준을 명확히 기재할 필요가 있다. 보상기준일은 토지보상법은 사업인정고시일 또는 보상계획공고일을 기준으로 하고 있으나, 수산업법은 행정처분일(공공사업 실시계획 수립 및 고시)을 기준으로 하고 있다.

---

730) 신경직, 앞의 책, 2017, 651-652면 일부 참조

어업피해조사	어업보상의 대상범위(면허·허가·신고 등)와 피해범위(피해율) 설정을 위한 구체적인 어업피해조사의 내용에 대한 약정이다.
주민설명회 등	사업시행자는 공사착수전 협약과 관련된 내용을 설명하기 위한 주민설명회 및 어업피해 조사과정 중 중간설명회를 개최하여 어업피해 어민들의 요구와 피해조사를 위한 용역과정의 투명성 제고를 위한 노력이 필요하다.

마. 어업손실보상대상에서 제외되는 어업

(1) 공익의 필요에 의한 면허 등 어업의 제한

수산업법 제81조 제1항에서는 "수산업법에 따른 면허·허가를 받거나 신고한 어업에 대하여 제한 등의 처분을 받았거나 어업면허의 유효기간 연장이 허가되지 아니한 경우 등 행정처분으로 인한 손실을 입은자는 그 처분을 행한 행정관청에 보상을 청구할 수 있다" 고 규정하여 행정관청의 보상의무를 규정하고 있다.

다만, 시장 등이 i) 수산자원의 증식·보호를 위하여 필요한 경우, ii) 군사훈련 또는 주요 군사기지의 보위(保衛)를 위하여 필요한 경우, iii) 국방을 위하여 필요하다고 인정되어 국방부장관이 요청한 경우 등에 해당되어 허가어업 또는 신고어업을 제한한 경우에는 보상의 대상이 아니다(수산업법제81조제1항제1호 단서).

(2) 보상계획공고 등의 고시 이후의 면허 등을 받은 어업

보상계획공고 또는 사업인정고시일 등 이후에 어업권의 면허 등을 받은 어업 또는 이미 유효기간이 만료한 어업허가 또는 신고어업은 보상대상이 아니다.

토지보상법 시행규칙 제44조에서는 법 제15조제1항 본문의 규정에 의한 보상계획의 공고(동항 단서의 규정에 의하는 경우에는 토지소유자 및 관계인에 대한 보상계획의 통지를 말한다) 또는 법 제22조의 규정에 의한 사업인정의 고시가 있은 날(이하 "사업인정고시일등"이라 한다) 이후에 어업권의 면허를 받은 자, 허가어업 및 신고어업자에 대해서는 보상대상에서 제외한다고 규정하고 있다(시행규칙 제44조제3항, 제4항).

이와 같은 취지의 내용은 「공유수면 관리 및 매립에 관한 법률」 제32조 제6항에서도 매립면허의 고시일 이후에 i) 공용수면의 점용·사용허가를 받거나 공유수면의 점용·사용 협의 또는 승인을 받은 자, ii) 「수산업법」 제2조제11호에 따른 입어자(入漁者), iii) 「수산업법」 제8조 또는 「양식산업발전법」 제10조에 따른 면허를 받은 자, iv) 「수산업법」

제41조제3항제1호에 따른 구획어업 또는 「양식산업발전법」 제43조제1항제1호에 따른 육상해수양식업의 허가를 받은 자 또는 「수산종자산업육성법」 제21조에 따른 수산종자생산업의 허가를 받은 자, ⅴ) 다른 법령의 규정에 따라 허가를 받거나 관습에 따라 공유수면에서 물을 끌어들이거나 공유수면으로 배출하는 자 또는 그가 설치한 시설 등에 대하여는 손실보상대상에서 제외하다고 규정되어 있고(법 제32조제6항), 대법원도 공유수면에 대한 공공사업의 시행으로 인한 손실보상의 범위 등에 대하여 사업시행의 면허 등 고시 이후에 비로소 어업허가를 받았거나 어업신고를 한 경우 내지 유효기간이 만료한 어업허가 또는 신고어업은 손실보상대상에서 제외하다고 판시하고 있다.[731]

판례

[판례1] ▶ 공유수면에 대한 공공사업의 시행으로 인한 손실보상 또는 손해배상의 대상이 되는 허가 및 신고어업자의 범위 및 그 판단 기준
[대법원 2002.2.26., 선고, 2000다72404] [손해배상(기)]

【판결요지】
사전 손실보상의무 있는 공공사업의 시행자가 손실보상을 하지 않고 공공사업을 시행함으로써 제3자에게 실질적이고 현실적인 침해를 가한 때에는 불법행위를 구성하나, 공유수면의 어업자에게 공공사업의 시행으로 인한 손실보상 또는 손해배상을 청구할 수 있는 피해가 발생하였다고 볼 수 있으려면 그 사업시행에 관한 면허 등의 고시일 및 사업시행 당시 적법한 면허어업자이거나 허가 또는 신고어업자로서 어업에 종사하고 있어야 하고, 위 사업시행의 면허 등 고시 이후에 비로소 어업허가를 받았거나 어업신고를 한 경우에는 이는 그 공유수면에 대한 공공사업의 시행과 이로 인한 허가 또는 신고어업의 제한이 이미 객관적으로 확정되어 있는 상태에서 그 제한을 전제로 하여 한 것으로서 그 이전에 어업허가 또는 신고를 마친 자와는 달리 위 공공사업이 시행됨으로써 그렇지 않을 경우에 비하여 그 어업자가 얻을 수 있는 이익이 감소된다고 하더라도 손실보상의 대상이 되는 특별한 손실을 입게 되었다고 할 수 없어 이에 대하여는 손실보상 또는 손해배상을 청구할 수 없다고 할 것이고, 어업허가 또는 신고의 경우 그러한 공공사업에 의한 제한이 있는 상태에서 이루어진 것인지 여부는 당해 어

---

731) 대법원 2002.2.26., 선고, 2000다72404 판결

> 업허가 또는 신고를 기준으로 하여야 하며, 그 이전에 받았으나 이미 유효기간이 만료한 어업허가 또는 신고를 기준으로 할 수 없다.

(3) 무허가 등 어업

무면허·무허가·무신고어업은 적법한 어업의 유형이 아니므로 공부상 기본조사도 불가능하며 원칙적으로 어업손실보상의 대상이 아니다. 수산업법시행령 제62조 관련 별표4에서는 면허·허가·신고어업만을 대상으로 하여 어업보상에 대한 산출방법 등을 제시하고 있을 뿐이고, 수산업법 제66조에서는 면허어업·허가어업 및 신고어업을 규정하고, 누구든지 이러한 어업 외의 방법으로 수산동식물을 포획·채취 또는 양식하지 못하도록 하고 규정하고 있다.

여기에서 무면허어업이란 행정관청의 면허 없이 행하는 어업으로 그 유형은 ⅰ) 면허어장 내에서 법적사항을 위반한 경우(예: 법정시설 책수를 초과하여 밀식), ⅱ) 면허어장구역을 벗어나 시설을 한 경우, ⅲ) 면허어업의 유효기간 만료로 실효된 어장에서의 종전면허어업의 계속행위. ⅳ) 면허어장이 전혀 없는 상태에서 무면허어업을 영위하는 경우, ⅴ) 공익사업고시 이후 보상을 목적으로 무면허어업을 행하는 경우, ⅵ) 기타 무면허어업(예: 어업권을 임차받아 행한 무면허어업자의 어업행위, 면허받은 양식물 이외의 양식물을 양식하는 경우[732]) 등이 있다. 한편, 무허가 어업은 대부분 구획어업에서 발생하며, 어망·어구를 설치하여 불법으로 수산동물을 체포하는 경우 등이고, 무신고어업은 종래 관행어업과 같이 간조시에 간단한 작업도구를 이용하여 갯벌에서 자연서식 하는 패류, 해조류, 갯지렁이, 낙지 등을 임의로 채취·포획하는 어업행위를 말한다.[733]

관행어업은 1991. 2. 2. 개정 수산업법 시행일(1991.2.2)부터 2년 이내(1993. 2.1.까지)에 어업권원부에 등록을 한 경우에 한하여 입어자로 보도록 규정하고 있으므로(부칙 제11조제2항), 현재는 어업권원부에 등록하지 않은 관행어업은 어업손실보상대상이 아니다.

---

732) 대법원 1986.10.14., 선고, 86도1002 판결
733) 한국감정원, 앞의 책, 2011.12, 802면 일부 발췌·수정인용 :

[판례1] ▶ 면허받은 양식물 이외의 양식물을 그 면허어장에서 양식하는 것이 무면허 양식 행위에 해당하는지 여부

[대법원 1986.10.14., 선고, 86도1002] (수산업법위반)

【판결요지】

수산업법 및 동법시행령, 어업등록령, 어업면허 및 어장관리에관한규칙의 제 규정들을 종합하면 양식어장의 시설이나 양식물의 수급사정등 행정목적을 위하여 양식면허는 반드시 양식물의 종류를 특정하여 받아야 하고 그 면허를 받은 양식물 이외의 양식물을 그 면허어장에서 양식하거나 채포하는 행위는 금지되는 것이어서 홍합양식면허를 받은 자가 홍합 아닌 굴을 양식한 것은 무면허양식어업에 해당한다.

무허가 등 어업행위는 토지보상법 시행규칙 제45조 제2호에 의해서도 원칙적으로 영업손실보상의 대상이 아니다. 다만, 토지보상법 시행규칙 제44조 제5항의 준용규정에 의거해 토지보상법 시행규칙 제52조 규정(무허가영업 특례보상)에 의하여 사업인정고시일 등 전부터 허가 등을 받아야 행할 수 있는 어업을 허가 등이 없이 행하여 온 자가 공익사업의 시행으로 인하여 적법한 장소에서 어업을 계속할 수 없게 된 경우에는 「통계법」 제3조제3호에 따른 통계작성기관이 조사·발표하는 가계조사통계의 도시근로자가구 월평균가계지출비를 기준으로 산정한 3인 가구 3개월분 가계지출비에 해당하는 금액을 어업손실에 대한 보상금으로 지급하되, 어업시설·원재료·제품 및 상품의 이전에 소요되는 비용 및 그 이전에 따른 감손상당액(영업시설등의 이전비용)은 별도로 보상받을 수 있다.734) 다만, 본인 또는 생계를 같이 하는 동일 세대안의 직계존속·비속 및 배우자가 해당 공익사업으로 다른 영업에 대한 보상을 받은 경우에는 영업시설 등의 이전비용만을 보상한다.

즉, 사업인정고시일 등 전부터 무허가 등 어업을 행하여 온 경우에는 어업손실보상의 대상은 아니 되나, 토지보상법 시행규칙 제52조(무허가영업 특례보상)에 의하여 산정된 가

---

734) 전단의 3인 가구 3개월분 가계지출비에 해당하는 금액은 소득상실에 대한 보전금액이고 후단의 내용은 영업장의 이전에 따른 실비성격의 보상금이다.

계지출비와 어업시설 등의 이전비는 받을 수 있다. 또한 개정 수산업법 시행으로 관행어업으로 인정받지 못하는 종전의 관행어업자도 토지보상법 시행규칙 제52조에 의한 특례보상은 가능하며, 유권해석도 동일한 취지이다.[735]

(4) 유효기간이 만료된 허가 또는 신고어업

허가어업 또는 신고어업의 경우 유효기간이 만료되면 즉시 그 권리는 소멸하므로 그 이후에 행하는 어업은 무허가 등 어업이 된다. 대법원 동일한 취지로 판시하고 있다.[736]

판례

[판례1] ▶ 육상종묘생산어업을 하는 甲이 항만공사 실시계획이 공고된 후 종전 육상종묘생산어업신고의 유효기간이 만료되자 어업신고에 필요한 공유수면 점·사용허가를 신청하였으나 반려되어 신고어업권이 소멸하였는데, 이후 항만공사 시행으로 어업피해를 입었다며 국가에 공익사업을 위한 토지 등의 취득 및 보상에 관한 법률 등에 터잡아 손실보상금 지급을 구한 사안에서, 甲의 육상종묘생산어업은 손실보상 대상이될 수 없다고 한 사례 [**대법원 2011.7.28., 선고, 2011두5728, 판결] (손실보상금)**

【판시사항】

[1] 공유수면에 대한 공공사업 시행으로 인한 손실보상 또는 손해배상을 청구할 수 있는 공유수면 어업자의 범위 및 공공사업에 의한 제한이 있는 상태에서 어업에 관한 허가 또는 신고가 이루어진 것인지를 판단하는 기준

[2] 어업에 관한 허가 또는 신고의 경우 유효기간이 지나면 당연히 효력이 소멸하는지여부(적극) 및 이 경우 다시 어업허가를 받거나 신고를 하더라도 종전 허가나 신고의 효력 등이 계속되는지 여부(소극)

【판결요지】

---

735) 1989.10.16. 토행 30001-23777 ; 공공사업의 시행으로 관행어업이 폐업하게 된 경우 공유수면매립지역 내 무면허 등 관행어업자에 대한 보상여부에 대해 공특법 시행규칙 제30조의 본문규정(현재 토지보상법 시행규칙 제52조)을 준용하여 가족수에 따라 3월분의 생계비를 지급하여 보상함이 타당할 것임
736) 대법원 2011.7.28., 선고, 2011두5728 판결

[1] 공유수면의 어업자에게 공공사업의 시행으로 인한 손실보상 또는 손해배상을 청구할 수 있는 피해가 발생하였다고 볼 수 있으려면 그 사업시행에 관한 면허 등의 고시일은 물론이고 사업시행 당시에도 적법한 면허어업자·허가어업자 또는 신고어업자로서 어업에 종사하고 있어야 한다. 위 사업시행의 면허 등 고시 이후에 비로소 이루어진 어업허가나 어업신고는 그 공유수면에 대한 공공사업의 시행과 이로 인한 허가 또는 신고어업의 제한이 이미 객관적으로 확정되어 있는 상태에서 그 제한을 전제로 한 것으로서, 그 이전에 어업허가 또는 신고를 마친 어업자와는 달리 위 공공사업이 시행됨으로써 그렇지 아니할 경우에 비하여 그 어업자가 얻을 수 있는 이익이 감소된다고 하더라도 손실보상의 대상이 되는 특별한 손실을 입게 되었다고 할 수 없으므로 이에 대하여는 손실보상 또는 손해배상을 청구할 수 없다. 그리고 어업에 관한 허가 또는 신고의 경우 그러한 공공사업에 의한 제한이 있는 상태에서 이루어진 것인지 여부는 당해 허가 또는 신고를 기준으로 하여야 하며, 그 이전에 받았으나 이미 유효기간이 만료한 어업허가 또는 신고를 기준으로 할 수는 없다.

[2] <u>어업에 관한 허가 또는 신고의 경우에는 어업면허와 달리 유효기간연장제도가 마련되어 있지 아니하므로 그 유효기간이 경과하면 그 허가나 신고의 효력이 당연히 소멸하며, 재차 허가를 받거나 신고를 하더라도 허가나 신고의 기간만 갱신되어 종전의 어업허가나 신고의 효력 또는 성질이 계속된다고 볼 수 없고 새로운 허가 내지 신고로서의 효력이 발생한다고 할 것이다.</u>

(5) 사유수면에서의 내수면어업

「내수면어업법」 제11조제2항의 규정에 의한 <u>사유수면에서 행하는 내수면신고어업</u>에 대해서는 수산업법 시행령에 의한 어업손실보상은 배제된다(토지보상법 시행규칙 제44조제4항). 즉 사유수면(담수어 양식장 등)에서 행하는 내수면신고어업행위는 수산업법에 의한 손실보상대상에 해당하지 않고 다만, 일반 영업보상(휴업보상)의 방법에 의한 보상만이 가능할 뿐이다.[737)]

---

737) 실무적으로 어업손실보상청구를 하더라도 받아들여지지 않고 다만, 어업인이 어확한 수산물을 고정 거래처에 납품하는 영업자인 경우에는 영업손실보상청구는 가능하다.

[판례1] ▶ **[대법원 2009.7.9. 선고 2009두4739 판결] (토지수용재결처분취소)**

【판시사항】

남해·하동개발촉진지구의 지정 및 개발계획에 따라 종묘배양장이 설치된 섬진강 하류 강변의 토지를 수용재결한 사안에서, 위 배양장에서 육상종묘생산어업을 영위한 것이 수산업법상의 허가어업이 아니라 내수면어업법에 따른 신고어업을 한 것이라고 보아, 공익사업을 위한 토지 등의 취득 및 보상에 관한 법률 제76조의 규정에 따른 어업권 등의 보상대상에 해당하지 않는다고 한 사례

【판결요지】

남해·하동개발촉진지구의 지정 및 개발계획에 따라 종묘배양장이 설치된 섬진강 하류 강변의 토지를 수용재결한 사안에서, 육상종묘생산어업은 허가어업이 아니라 신고어업에 속하고 위 배양장의 조성에는 내수면어업법이 적용되는 기수가 사용되었고 당초 신고에 따른 수산업법상 신고어업의 유효기간이 적법하게 연장되었다고 볼 수 없어, 위 배양장에서 육상종묘생산어업을 영위한 것이 수산업법상의 허가어업이 아니라 내수면어업법에 따른 신고어업을 한 것이라고 보아, 공익사업을 위한 토지 등의 취득 및 보상에 관한 법률 시행규칙 제44조 제4항에 의하여 공익사업을 위한 토지 등의 취득 및 보상에 관한 법률 제76조에 따른 어업권 등의 보상대상에 해당하지 않는다고 한 사례.

【이 유】

1. 원심판결의 요지

가. 인정사실

원고 2는 경남 하동군 고전면 (이하 지번 생략) 토지(이하 '이 사건 토지'라 한다)를 임차하여 그 지상에 종묘배양장(이하 '이 사건 배양장'이라 한다)을 설치한 후 1998.8.경 하동군에 종묘생산업신고를 하였고, 하동군수는 1998.8.31. 당시의 수산업법의 규정에 의하여 조업구역을 이 사건 토지 및 연접한 같은 리 1053-1 토지로, 유효기간을 1998.8.31.부터 2001.8.30.까지 3년간으로, 체포물의 종류를 은어와 기타 해산어로 각 정하여 육상종묘생산업 및 양어신고어업을 허가하고, 원고 2에게 육상종묘생산어

업 신고필증을 교부하였다(이하 이를 '당초 신고'라 한다).

원고들은 원고 2에 대한 육상종묘생산어업 신고필증상 유효기간의 만료일이 다가옴에 따라 2001.7.27. 위 어업신고필증상의 유효기간을 갱신하고 어민후계자로 선정된 원고 2의 아들 원고 1을 공동사업명의자로 하고자 하동군 고전면사무소를 방문하였는데, 당시 담당공무원이던 소외인은 수산업법상의 어업신고필증과 내수면어업법상의 어업신고필증의 차이를 제대로 인지하지 못하여 착오로 기존의 수산업법상 어업신고필증을 폐기하고 새로이 원고들에게 내수면어업법상의 내수면어업신고필증을 교부하였는데, 그 내용은 신고인을 원고들로, 조업구역을 이 사건 토지로, 유효기간을 2001. 7.27.부터 2006.7.26.까지 5년간으로, 양식물의 종류를 은어로 각 정한 것이었다(이하 이를 '이 사건 신고'라 한다).

건설교통부는 1998.12.30.경 당시의 지역균형개발 및 지방중소기업 육성에 관한 법률(이하 '지역균형개발법'이라 한다) 제11조의 규정에 의하여 건설교통부 고시 제1998-434호로 남해·하동개발촉진지구를 지정하였는데 위 지구에는 이 사건 토지를 비롯한 하동군 고전면 전도리 일대의 토지가 포함되었다. 피고는 위 건설교통부 고시에 근거하여 1999.1.14. 위 지역균형개발법 제14조, 그 시행령 제18조 제1항의 규정에 의하여 경상남도 고시 제1999-1호로 남해·하동개발촉진지구 지정 및 개발계획승인 내용을 고시하였고, 그 후 위 개발계획에 기초하여 2005.9.29. 하동군 금성면 해안도로 공사 실시계획을 고시하면서 사업의 위치는 하동군 금성면 갈사리에서부터 하동군 전도면 전도리까지로, 사업시행기간은 2004. 6.부터 2007.12.31.까지로 각 정하였는데, 이 사건 토지가 위 사업의 위치에 포함되었다.

피고는 위 사업에 필요한 이 사건 토지를 취득하기 위하여 원고들과 협의를 시도하였으나 협의가 성립되지 아니하자 중앙토지수용위원회에 이 사건 토지의 수용을 위한 재결신청을 하였고, 이에 대하여 중앙토지수용위원회는 공사 실시계획고시일인 2005.9.29. 당시 이 사건 배양장의 영업이 내수면어업법상 신고어업으로 등록되어 있었기 때문에 공익사업을 위한 토지 등의 취득 및 보상에 관한 법률(이하 '공익사업법'이라 한다) 시행규칙 제44조 제4항의 규정에 의하여 공익사업법 제76조의 규정에 따른 어업권보상 대상에는 해당되지 아니하고 공익사업법 제77조의 규정에 따른 영업권의 손실보상대상에 해당한다는 이유로 2006.6.21. 휴업보상금 등 106,098,000원을 손실보상금으로 정하는 수용재결을 하였다.

나. 판단

원고들은 기존의 수산업법상 어업허가에 대하여 단지 유효기간을 연장하고 사업자를 원고들 공동명의로 변경해줄 것을 피고에게 신청하였음에도 피고 담당공무원의 착오와 실수로 위 어업허가를 폐기하는 결과를 초래하였고, 그 과정에서 원고들에게 어떠한 잘못이 있었다고 보기 어려우며, 그 후에도 원고들이 종전과 같은 상황에서 종묘생산업을 계속 영위하여 왔으므로, 신의성실의 원칙상 원고들의 수산업법상 허가어업은 폐지된 것이 아니라 내수면어업신고필증상의 유효기간인 2006. 7. 26.까지로 적법하게 연장되었다고 보는 것이 상당하다.

또한 이 사건 배양장의 수질은 전체적으로 담수어종 보다는 해산어류를 생산하기에 적합한 점, 원고들이 이 사건 배양장으로 길어 올린 물은 섬진강하구의 밑바닥으로 역류한 해수이며, 그곳에서 배양하고 있는 어류도 해수에서 자라는 은어의 치어들인 점이 인정되므로 이 사건 배양장은 수산업법상의 해수면에 해당한다.

이처럼 이 사건 배양장은 수산업법상 육상에 조성된 해수면에 해당하므로 이 사건 배양장의 운영은 수산업법 제41조 규정의 허가어업에 해당하고, 이 사건 토지가 피고에게 수용됨으로써 이 사건 배양장이 폐지되었으므로 이는 수산업법상 어업권보상의 대상에 해당한다. 따라서 피고는 원고들에게 당시의 수산업법 제81조, 그 시행령 제62조의 규정에 따라 원고들에게 이 사건 배양장에 대한 손실보상금으로 평년 수익액의 3년분에 해당하는 돈을 지급할 의무가 있다.

2. 대법원의 판단

가. 원고들이 당초 신고에 따라 수산업법상 허가어업을 영위하였던 것인지 여부

당초 신고 당시 시행되던 수산업법(2004. 12. 31. 법률 제7314호로 개정되기 전의 것. 이하 '구 수산업법'이라 한다) 제44조 제1항, 수산업법 시행령(2005. 6. 23. 대통령령 제18881호로 개정되기 전의 것) 제33조 제1항 제5호의 규정에 의하면, 육상종묘생산어업은 허가어업이 아니라 신고어업에 속하는 것이었으므로, 원심이 원고들이 당초 신고에 따라 수산업법상 허가어업을 영위하였던 것으로 본 것은 잘못임이 명백하다.

나. 이 사건 배양장에 적용될 법률이 수산업법인지 아니면 내수면어업법인지 여부

구 수산업법 제3조는 "이 법은 바다·바닷가와 어업을 목적으로 하여 인공적으로 조성한 육상의 해수면과 내수면(제7장의 경우에 한한다)에 대하여 이를 적용한다"고 규정하고 있었고, 이 규정은 2004.12.31. 법률 제7314호로 개정되면서 "이 법은 바다·바닷가 및 어업을 하기 위하여 인공적으로 조성한 육상의 해수면에 대하여 적용한다"와 같이 변경되었는바, 수산업법 제7장의 규정은 자원의 보호·관리에 관한 규정들에 불과하므로, 어업의 면허·허가·신고 등과 관련하여 수산업법의 적용범위는 위 개정을 전후하여 실질적으로 달라진 바 없다고 할 것이다.

한편 내수면어업개발촉진법(2000.1.28. 법률 제6255호로 전문 개정되기 전의 것. 이 개정시 법률의 명칭도 내수면어업법으로 변경되었다) 제3조 제1항은 "이 법에서 '내수면'이라 함은 하천·댐·호소·저수지 기타 인공으로 조성된 담수나 기수의 수류 또는 수면을 말한다"고 규정하고 있었고, 같은 법 제3조의2는 공공용 수면이 아닌 내수면에는 특별한 규정이 없는 한 이 법을 적용하지 아니하되, 공공용 수면이 아닌 수면이 공공용 수면과 연접하여 하나가 된 내수면에는 이 법을 적용한다고 규정하고 있었다. 그리고 2000.1.28. 법률 제6255호로 전문 개정된 내수면어업법은 '내수면'의 정의에 관하여는 종전과 동일하게 규정하면서 이를 다시 <u>공공용수면</u>(국가·지방자치단체 또는 대통령령이 정하는 공공단체가 소유 또는 관리하는 내수면)과 '<u>사유수면</u>'(사유토지에 자연 또는 인공으로 조성된 내수면)으로 구분하였고, <u>그 적용범위에 관하여는 이 법은 공공용수면에 대하여 적용하되, 다만 특별한 규정이 있는 경우에는 사유수면에 대하여도 적용한다고 규정하였다.</u> 결국 내수면어업법은 내수면(하천·댐·호소·저수지 기타 인공으로 조성된 담수나 기수의 수류 또는 수면) 중에서 원칙적으로 공공용수면에 대하여 적용된다는 점에서는 위 개정을 전후하여 실질적으로 달라진 바 없다고 할 것이다.

기록에 의하면, 이 사건 배양장은 섬진강 하류의 강변의 토지 위에 인공적으로 조성되어 있는 사실을 알 수 있는바, 그 조성에 사용된 물이 '해수'라면 수산업법이, '담수' 또는 '기수'라면 내수면어업법이 적용되어야 할 것이다. 그런데 갑 제11호증의 기재에 의하면, 일반적으로 염분 농도가 0.5‰ 이하면 담수, 0.5~25‰는 기수, 25‰ 이상이면 해수로 구분되는데, 이 사건 배양장의 염분농도는 20.1~25.6‰라는 것이므로, 이 사건 배양장의 조성에는 '기수'가 사용되었다 할 것이어서

수산업법이 아니라 내수면어업법이 적용된다고 봄이 상당하다.

다. 당초 신고에 따른 수산업법상 신고어업의 유효기간이 적법하게 연장된 것으로 볼
수 있는지 여부

살피건대, 행정법관계의 명확성과 법적 안정성 등에서 행정처분은 그 외관을 기준
으로 판단하여야 하는 것이므로, 특별한 사정이 없는 한 당사자들의 내심의 의사
내지 진정한 목적을 기준으로 외관상의 행정처분과 다른 행정처분이 존재하는 것
으로 인정할 수는 없다는 점, 이 사건 배양장에 원래 적용되어야 할 법률은 수산업
법이 아니라 내수면어업법이므로 이 사건 신고시 내수면어업법상의 어업신고로 처
리된 것은 결과적으로 적법한 업무처리였다 할 것인 점(같은 이유로 당초 수산업법
상의 어업신고를 수리한 것 자체에 오히려 하자가 있었다 할 것이다), 수산업법상
신고어업의 경우에는 유효기간의 연장에 관한 규정이 없는 대신 신고를 한 자가 그
어업을 폐업하거나 어업을 할 수 없게 된 때에는 신고하도록 하는 규정이 있을 뿐
이므로, 신고어업의 경우 계속 그 어업을 하고자 할 때에는 다시 신고를 하여야 하
고, 그 명의자 등을 변경하고자 할 때에도 기존 신고어업의 폐지 신고와 동시에 새
로운 명의자 앞으로 신고를 하여야 하는 것인 점, 당초 신고와 이 사건 신고는 명
의자, 어업의 종류, 조업구역, 체포물의 종류 등이 모두 서로 다른 점 등에 비추어
보면, 이 사건 신고로 인하여 원고들은 새롭게 내수면어업법에 따른 신고어업을 한
것으로 볼 것이지, 당초 신고에 따른 수산업법상 신고어업의 유효기간이 적법하게
연장된 것으로 볼 수는 없다.

이 사건 신고의 의미를 위와 같이 파악하는 이상, 원고들은 내수면어업법 제11조
제2항의 규정에 따라 사유수면에서 신고어업을 하였던 것이라 할 것인바, 공익
사업법 시행규칙 제44조 제4항은 내수면어업법 제11조 제2항에 따른 신고어업
은 어업권 등의 보상대상에서 제외하고 있으므로, 결국 이 사건 배양장은 어업권
등의 보상대상이 될 수 없다 할 것이다.

그럼에도 불구하고, 원심은 원고들의 수산업법상 허가어업의 유효기간이 이 사건
신고에 따른 유효기간까지 적법하게 연장되었음을 전제로 수산업법상 어업권 보
상의 대상에 해당한다고 보았으니, 이러한 원심의 잘못은 판결의 결과에 영향을
미친 위법에 해당한다고 할 것이다.

[판례1] ▶ [대법원 2002.2.5., 선고, 2000다69361, 판결] (보상금)

【판시사항】

사유 농지를 전용하여 인공적으로 조성한 내수면에서 하는 양식어업이 구 내수면어업
개발촉진법 또는 구 수산업법상의 신고어업에 해당하는지 여부(소극) 및 구 내수면어
업개발촉진법 또는 구 수산업법상의 신고어업에 해당하지 않는 내수면에서의 양식어
업에 대한 손실보상의무의 발생 여부의 판단 기준

【판결요지】

구 내수면어업개발촉진법(1996.8.8. 법률 제5153호로 개정되기 전의 것) 제3조의2는
공공용수면이 아닌 내수면에는 특별한 규정이 없는 한 이 법을 적용하지 아니하고(제1
항), 공공용수면이 아닌 내수면은 공공용수면에 연접하여 하나가 된 경우에 이 법을
적용한다(제2항)고 규정하고 있으므로, 사유 농지를 전용하여 인공적으로 조성한 내
수면으로서 공공용수면에 해당하지 않는 양식장 수면에 대하여는 위 법이 정한 면허
어업이나 허가어업 또는 신고어업에 관한 규정이 적용될 여지가 없고 또한, 구 수산업
법(1995.12.30. 법률 제5131호로 개정되기 전의 것) 제3조는 이 법은 바다·濱地 또
는 어업을 목적으로 하여 인공적으로 조성한 육상의 해수면에 대하여 적용한다고 규
정하고 있으므로 위 양식장과 같은 내수면은 위 수산업법의 적용대상으로 될 수도 없
고, 따라서 사유농지를 전용하여 인공적으로 조성한 내수면에서 하는 담수어 양식업
은 그 어느 부분도 법령에 의한 신고를 필요로 하는 위 내수면어업개발촉진법 또는 위
수산업법이 정하는 신고어업에 해당한다고 할 수 없으므로 이에 대한 손실보상의무의
발생 여부는 그 신고 유무나 시기를 기준으로 판단하여서는 안 된다.

(6) 어업권 면허 등에 별도의 보상청구 포기의 부관이 붙은 경우

어업권의 면허·허가 또는 신고 시에 공익사업의 시행 등으로 인하여 필요한 경우 어업
권 면허 등은 취소되며, 이에 대하여 별도로 보상을 청구하지 않는다는 취지의 부관이
붙은 경우에는 보상대상에서 제외되며 부관의 효력은 어업권의 양수인에게도 미친
다.738)

[판례1] ▶ 공익사업의 시행으로 인한 보상청구를 포기한다는 부관이 어업권등록원부에 기재된 경우는 보상대상에서 제외된다.

[대법원 1993.6.22. 선고, 93다17010] [손해배상(기)]

【판결요지】

어업권자가 면허를 받을 때 및 기간연장허가를 받을 때 개발사업의 시행으로 인한 일체의 보상청구를 포기하겠다고 하여 그러한 취지의 부관이 어업권등록원부에 기재된 경우 부관의 효력은 그 후의 양수인에게도 미친다고 한 사례.

(7) 한정 어업면허

또한 어업이 제한된 구역이나 어업면허가 취소된 수면에서 관계 행정기관의 장과 협의하거나 승인을 받아 따로 면허기간 등을 정하여 부여하는 한정어업 면허권자는 행정관청에 어업손실보상청구를 할 수 없다(수산업법 제15조).739)

바. 어업권 등의 손실보상 평가

(1) 개념

공익사업의 시행으로 인하여 어업권이 제한·정지 또는 취소되거나 「수산업법」 제14조 또는 「내수면어업법」 제13조에 따른 어업면허의 유효기간의 연장이 허가되지 아니하는 경우 해당 어업권 및 어선·어구 또는 시설물에 대한 손실의 평가는 「수산업법 시행령」

---

738) 대법원 1993.6.22. 선고, 93다17010 판결
739) 제15조(면허제한구역 등에 대한 한정어업면허) ① 시장·군수·구청장은 제34조제1항제1호부터 제6호까지 또는 제35조제6호(제34조제1항제1호부터 제6호까지의 어느 하나에 해당하는 경우에만 해당한다)에 해당되어 어업이 제한된 구역이나 어업면허가 취소된 수면에서 어업을 하려는 자에게는 관계 행정기관의 장과 협의하거나 승인을 받아 따로 면허기간 등을 정하여 제8조에 따른 어업면허(이하 "한정어업면허"라 한다)를 할 수 있다.
② 한정어업면허에 관하여는 제16조제2항, 제19조제1항 각 호 외의 부분 단서 및 제81조제1항을 적용하지 아니한다.
③ 시장·군수·구청장은 한정어업면허를 할 때 관계 행정기관이 다른 법령에 따른 보상을 배제하는 조건으로 협의하거나 승인할 때에는 그 조건을 붙여 면허하여야 한다.

[별표4]에 따른다(시행규칙 제44조제1항).

공익사업의 시행으로 인하여 어업권이 취소되거나 「수산업법」 제14조 또는 「내수면어업법」 제13조에 따른 어업면허의 유효기간의 연장이 허가되지 아니하는 경우로서 다른 어장에 시설을 이전하여 어업이 가능한 경우 해당 어업권에 대한 손실의 평가는 「수산업법 시행령」[별표4] 중 어업권이 정지된 경우의 손실액 산출방법 및 기준에 의한다(시행규칙 제44조제2항).

공익사업의 시행으로 인한 어업손실에 대한 평가는 토지보상법 시행규칙 제44조에 의거 수산업법 시행령 [별표4]에 규정된 어업보상에 대한 손실액의 산출방법 · 산출기준 및 손실액산출기관 등(수산업법 시행령 제69조 관련)에 따른다. 다만, 이를 보충하는 한국감정평가협회가 내부규정으로 토지보상법 및 수산업법 등의 어업손실의 평가에 관한 세부적인 기준과 방법 등을 정한 '어업권 등 보상평가지침'(이하 '어보침'이라 함)이 있다.

(2) 보상기준일

보상기준일이라 함은 어업손실보상의 대상물건을 정하는 기준이 디는 시점을 말하며, 어업피해보상의 보상기준일은 토지보상법 제15조제1항 본문 규정에 의한 보상계획의 공고 또는 동법 제22조 규정에 의한 사업인정의 고시가 있는 날(이하 "사업인정고시일등"이라 한다)을 기준으로 한다(시행규칙 제44조제3항).

동 조항에서 의미하는 사업인정고시일은 「공유수면 관리 및 매립에 관한 법률」에서는 매립면허고시일이 된다(법 제32조).[740]

(3) 가격시점 및 전문용역기관

"가격시점"이라 함은 어업손실보상액 산정의 기준이 되는 시점을 말한다. 어업손실평가

---

740) ■ 공유수면 관리 및 매립에 관한 법률 시행령 제42조(매립면허의 고시) 법 제33조에 따른 매립면허에 관한 고시에는 다음 각 호의 사항이 포함되어야 한다.
   1. 면허번호 및 면허 연월일
   2. 매립면허취득자의 성명 및 주소(법인인 경우에는 법인의 명칭 및 주소와 대표자의 성명 및 주소를 말한다)
   3. 매립목적
   4. 매립위치와 매립면적
   5. 매립공사의 기간

의 가격시점은 사업시행자의 제시에 의하고 사업시행자가 제시하지 않은 경우에는 평가시점(현장조사 완료일)으로 하거나 또는 평균연간생산량의 산정에 적용될 어획실적기간, 전문용역기관의 어업피해조사기간, 감정평가업자의 현장조사기간 등을 감안하여 사업시행자, 전문용역기관 등과 협의하여 감정평가 착수시에 정할 수 있다(어업권 평가지침 제3조제2호, 제5조).

한편 "전문용역기관"이라 함은 수산업법시행령 제69조 [별표4]의 해양수산부장관이 지정하는 수산에 관한 전문조사 연구기관 또는 교육기관을 말한다(어업권 평가지침 제3조제3호).

■ 수산업법시행령 제69조 [별표4] 제4호 어업별 손실액의 산출기관 등

가. 어업별 손실액의 산출기관

1) 보상의 원인이 되는 처분을 한 행정기관: 제66조제1항에 따라 보상을 받으려는 자가 제출한 서류로 어업별 손실액을 계산할 수 있는 경우

2) 전문기관: 제66조제1항에 따라 보상을 받으려는 자가 제출한 서류로 어업별 손실액을 계산할 수 없는 경우

나. <u>전문기관에 의한 손실액의 산출 등</u>

1) 행정관청은 제66조제1항에 따른 서류로 손실액을 계산할 수 없으면 피해의 범위와 정도에 대하여 <u>해양수산부장관이 지정하는 수산에 관한 전문조사·연구기관 또는 교육기관으로 하여금 손실액 산출을 위한</u> 용역조사를 하게 한 후 그 조사결과를 토대로 「감정평가 및 감정평가사에 관한 법률」에 따른 2명 이상의 감정평가사에게 손실액의 평가를 의뢰하되, 법 제81조제2항에 따라 보상액을 부담할 수익자가 있으면 수익자에게 용역조사 및 손실액 평가를 의뢰하게 할 수 있다. 다만, 지정된 손실액조사기관으로부터 조사 신청이 없는 경우 등 용역조사를 할 수 없는 부득이한 경우에는 감정평가사에게 용역조사 및 손실액 평가를 함께 의뢰할 수 있다.

2) 1)에 따라 용역조사나 손실액 평가를 의뢰받은 자(이하 "조사평가자"라 한다)는 신뢰성 있는 어업경영에 관한 증거자료나 인근 같은 종류의 어업의 생산실적 등을 조사하거나 평가하여 손실액을 계산해야 한다.

3) 조사·평가를 의뢰한 행정관청 또는 수익자는 손실액 산정의 적정성을 확인하기 위하여 필요하면 조사평가자에게 조사 또는 평가에 관련된 증거자료 및 보완자료의 제출을 요구할 수 있다. 이 경우 조사평가자는 요구한 자료를 지체 없이 제출해야 한다.

4) 조사·평가를 의뢰한 행정관청 또는 수익자는 조사평가자의 조사 또는 평가 결과가 관계 법령을 위반하여 조사 또는 평가되었거나 부당하게 조사 또는 평가되었다고 인정하면 해당 조사평가자에게 그 사유를 밝혀 다시 조사 또는 평가를 의뢰할 수 있으며, 조사평가자의 조사 또는 평가 결과가 적정한 것으로 인정할 수 없는 특별한 사유가 있으면 다른 조사평가자에게 손실액의 조사 또는 평가를 다시 의뢰할 수 있다. 이 경우 보상액의 산정은 다시 평가한 손실액의 산술평균치를 기준으로 한다.

5) 1) 및 4)에 따른 용역조사 및 평가에 드는 경비는 법 제81조에 따라 보상의 책임이 있는 자가 부담해야 한다.

6) 해양수산부장관은 1)에 따라 지정한 수산에 관한 전문조사연구기관 또는 교육기관이 다음의 어느 하나에 해당하면 그 지정을 취소할 수 있다. 이 경우 지정이 취소된 기관은 그 취소가 있는 날부터 3년 이내에는 다시 손실액 산출을 위한 용역기관으로 지정받을 수 없다.
가) 거짓이나 그 밖의 부정한 방법으로 지정을 받았거나 조사를 한 경우
나) 조사자료를 제출하지 않았거나 그 내용이 부실한 경우

7) 해양수산부장관은 1) 또는 6)에 따라 용역조사기관을 지정하거나 그 지정을 취소한 경우에는 그 사실을 **관보에 고시**해야 한다.

8) 1) 및 4)에 따라 손실액 산출에 관한 조사 또는 평가를 의뢰받은 조사평가자나 조사평가를 의뢰한 수익자는 조사 및 평가에 필요한 범위에서 행정관청, 어선의 입항·출항 신고기관, 수산업협동조합 등에 관련 서류의 열람·발급을 요청할 수 있으며, 요청을 받은 행정관청 등은 특별한 사유가 없으면 그 요청에 따라야 한다.

9) 8)에 따라 조사평가자 또는 수익자가 행정관청에 서류의 열람·발급을 의뢰할 때에는 다음 각 호의 사항을 적은 의뢰서를 제출해야 한다.
가) 의뢰자의 주소·성명 또는 명칭

나) 열람하거나 발급받으려는 목적

다) 열람하거나 발급받으려는 내용

라) 열람 · 발급이 필요한 서류 또는 공문서의 종류 및 수량

10) 1)부터 7)까지에서 규정한 사항 외에 용역조사 및 손실액 평가의 의뢰절차 등에 관하여 필요한 사항은 해양수산부장관이 정하여 고시한다.

≪'어업의 손실액 조사기관'으로 지정 · 고시된 기관≫

「수산업법 시행령」 제69조 및 「어업면허의 관리 등에 관한 규칙」 제49조에 따라 「어업의 손실액 조사기관 지정」(2020.4.1. 해양수산부고시 제2020-44호)

기 관 명	소 재 지	지 정 기 간	비 고
부경대학교 해양과학공동연구소	부산광역시 남구 용소로 45 (대연동)	2016.12.1~2021.11.30	
인하대학교 해양과학기술연구소	인천광역시 남구 인하로 100 (용현동)	2016.11.7~2021.11.6	
한국수산회 수산정책연구소	서울특별시 서초구 논현로 83 (양재동)	2016.11.7~2021.11.6	
(사)한국수산증양식기술사협회 부설 한국해양수산과학기술연구원	경기도 부천시 부일로 204, 901호	2019.1.8~2024.1.7	
한국해양대학교 국제해양문제연구소	부산광역시 영동구 태흥로 727(동삼동)	2019.1.8~2024.1.7	신 설
전남대학교 어촌양식연구소	전라남도 여수시 대학로 50(둔덕동)	2020.3.1.~2025.2.28	
경상대학교 해양산업연구소	경상남도 통영시 통영해안로 2	2020.4.1~2025.3.31	
군산대학교 수산과학연구소	전라북도 군산시 대학로 558	2020.4.1~2025.3.31	
목포대학교 갯벌연구소	전라남도 무안군 청계면 영산로 1666	2020.4.1~2025.3.31	
부경대학교 수산과학연구소	부산광역시 기장군 일광면 일광로 474	2020.4.1~2025.3.31	

서울대학교 해양연구소	서울특별시 관악구 관악로 1, 25-1동 202호	2020.4.1~2025.3.31	
전남대학교 수산과학연구소	전라남도 여수시 대학로 50	2020.4.1~2025.3.31	
제주대학교 해양과학연구소	제주특별자치도 제주시 조천읍 함덕5길 19-5	2020.4.1~2020.3.31	
한국해양과학기술원	부산광역시 영도구 해양로 727 (동삼동)	2015.4.1~2020.3.31	

(4) 어업별 손실액 산출방법

공익사업의 시행으로 인하여 어업권이 제한·정지 또는 취소되거나 「수산업법」 제14조 또는 「내수면어업법」 제13조에 따른 어업면허의 유효기간의 연장이 허가되지 아니하는 경우 해당 어업권 및 어선·어구 또는 시설물에 대한 손실의 평가는 「수산업법 시행령」 [별표4]에 따른다(시행규칙 제44조제1항). 「수산업법 시행령」 제69조 [별표4] 제1호 어업별 손실액 산출방법은 아래와 같다.[741)]

① 면허어업 (별표4 제1호 가목)

법 제8조에 따른 면허어업의 경우로서 법 제34조제1항제1호부터 제6호까지 및 제35조제6호(법 제34조제1항제1호부터 제6호까지의 규정에 해당하는 경우로 한정한다)에 해당하는 사유로 어업권이 제한·정지 또는 취소되었거나 그 사유로 법 제14조에 따른 어업면허 유효기간의 연장이 허가되지 않은 경우를 대상으로 한다.

(i) 어업권이 취소되었거나 어업권 유효기간의 연장이 허가되지 않은 경우[742)]

> ▶ 평년수익액 ÷ 연리(12%) + 어선·어구 또는 시설물의 잔존가액

---

741) 이하 '법'은 수산업법을 말한다.
742) 대법원 2001.8.24. 선고 99두8367 판결 [재결처분취소] : '평년수익액÷연리×0.8'의 의미는 자본에 대한 통상적인 수익률이 금리인 점에 착안하여 어업권의 평년수익액을 연리로 나누는 방식에 의하여 어업권의 자본적 환원가치액을 산정하는 것이다.

（ⅱ) 어업권이 정지된 경우

> ▶ 평년수익액 × 어업의 정지기간 + 시설물 등 또는 양식물의 이전·수거 등에 드는
> 손실액 + 어업의 정지기간 중에 발생하는 통상의 고정적 경비

다만, 어업권이 취소되었거나 어업권 유효기간의 연장이 허가되지 않은 경우의 보상액을
초과할 수 없다.

(ⅲ) 어업권이 제한된 경우

평년수익액과 제한기간이나 제한 정도 등을 고려하여 산출한 손실액에 의한다. 다만, 어
업권이 취소되었거나 어업권 유효기간의 연장이 허가되지 않은 경우의 보상액을 초과할
수 없다.

② 허가·신고어업 (별표4 제1호 나목)

면허어업에 대한 평가규정은 허가어업 및 신고어업(「내수면어업법」 제11조제2항의 규정
에 의한 신고어업을 제외한다)에 대한 손실의 평가에 관하여 이를 준용한다(시행규칙 제
44조제4항).

법 제41조에 따른 허가어업 및 법 제47조에 따른 신고어업의 경우로서 법 제34조제1항
제1호부터 제6호까지의 규정과 법 제35조제6호(법 제34조제1항제1호부터 제6호까지의
규정에 해당하는 경우로 한정한다)에 해당하는 사유로 허가어업 또는 신고어업이 제한·
정지 또는 취소된 경우(다만, 법 제49조제1항 및 제3항에 따라 준용되는 법 제34조제1항
제1호부터 제3호까지의 규정에 해당하는 사유로 허가어업 또는 신고어업이 제한된 경우
는 제외한다)를 대상으로 한다.

（ⅰ) 허가어업 또는 신고어업이 취소된 경우

> ▶ 3년분 평년수익액 + 어선·어구 또는 시설물의 잔존가액

(ⅱ) 허가어업 및 신고어업이 정지된 경우(어선의 계류를 포함한다)

> ▶ 평년수익액 × 어업의 정지기간 또는 어선의 계류기간 + 어업의 정지기간 또는 어선의 계류기간 중에 발생하는 통상의 고정적 경비

다만, 허가어업 또는 신고어업이 취소된 경우의 보상액을 초과할 수 없다.

(ⅲ) 허가어업 또는 신고어업이 제한되는 경우

어업의 제한기간 또는 제한 정도 등을 고려하여 산출한 손실액으로 한다. 다만, 허가어업 또는 신고어업이 취소된 경우의 보상액을 초과할 수 없다.

③ 이전 또는 제거 명령에 따른 경우 (별표4 제1호 다목)

법 제72조제2항 및 「수산자원관리법」 제43조제2항에 따른 이전 또는 제거 명령에 따른 경우로서 측량·검사에 장애가 되는 물건에 대한 이전 또는 제거 명령을 받고 이전 또는 제거를 한 경우와 소하성어류의 통로에 방해가 되는 물건에 대한 제거명령을 받고 제거 공사를 한 경우를 대상으로 한다.

> ▶ 물건의 이전 또는 제거 공사에 드는 비용과 이전 또는 제거로 인하여 통상적으로 발생하는 손실

(5) 어업별 손실액 산출기준

수산업법시행령 제69조 [별표4] 제2호 어업별 손실액 산출기준은 아래와 같다.

① 면허어업, 허가어업 및 신고어업의 손실액 산출방법에서 "평년수익액"이란 평균 연간어획량을 평균 연간판매단가로 환산한 금액에서 평년어업경비를 뺀 금액을 말한다. 이 경우 평균 연간어획량, 평균 연간판매단가 및 평년어업경비의 산출기준은 다음과 같다. (별표4 제2호 가목)

> ▶ 평년수익액 = (평균 연간어획량 × 평균 연간판매단가) − 평년어업경비

(i) <u>평균 연간어획량</u>의 산출기준

㉠ 3년 이상의 어획실적이 있는 경우

법 제96조제2항 및 「수산자원관리법」 제12조제4항에 따라 보고된 어획실적, 양륙량(揚陸量:선박으로부터 수산물 등을 육상으로 옮긴 양을 말한다) 또는 판매실적(보상의 원인이 되는 처분을 받은 자가 보고된 실적 이상의 어획실적 등이 있었음을 증거서류로 증명한 경우에는 그 증명된 실적을 말한다)을 기준으로 <u>산출한 최근 3년 동안의 평균어획량으로 하되, 최근 3년 동안의 어획량은 보상의 원인이 되는 처분일이 속하는 연도의 전년도를 기준연도로 하여 소급 기산(起算)한</u> 3년 동안(소급 기산한 3년의 기간 동안 일시적인 해양환경의 변화로 연평균어획실적의 변동폭이 전년도에 비하여 1.5배 이상이 되거나 휴업·어장정비 등으로 어획실적이 없어 해당 연도를 포함하여 3년 동안의 평균어획량을 산정하는 것이 불합리한 경우에는 해당 연도만큼 소급 기산한 3년 동안을 말함)<u>의 어획량을 연평균한 어획량</u>으로 한다.

㉡ 어획실적이 3년 미만인 경우

다음 각호의 계산식에 따라 계산한 추정 평균어획량에 의한다.

---

(1) 면허어업

해당 어장의 실적기간 중의 어획량 × 인근 같은 종류의 어업의 어장(통상 2개소)의 3년 평균어획량 ÷ 인근 같은 종류의 어업의 어장의 해당 실적기간 중의 어획량

(2) 허가어업 또는 신고어업

해당 어업의 실적기간 중의 어획량 × 같은 규모의 같은 종류의 어업(통상 2건)의 3년 평균어획량 ÷ 같은 규모의 같은 종류의 어업의 해당 실적기간 중의 어획량. 다만, 같은 규모의 같은 종류의 어업의 어획량이 없으면 비슷한 규모의 같은 종류의 어업의 어획량을 기준으로 3년 평균어획량을 계산한다.

※ (1) 및 (2)의 계산식에서 실적기간은 실제 어획실적이 있는 기간으로 하되, 같은 규모 또는 비슷한 규모의 같은 종류의 어업의 경우에는 손실을 입은 자의 실제 어획실적이 있는 기간과 같은 기간의 실제 어획실적을 말한다.

※ 어획량의 기본단위는 킬로그램을 원칙으로 하고, 어획물의 특성에 따라 생물(生物) 중량 또는 건중량(乾重量)을 기준으로 한다. 다만, 김은 마른 김 1속을 기준으로 하고, 어획물을 내용물 중량으로 환산할 필요가 있으면 해양수산부장관이 고시하는 수산물가공업에 관한 생산고 조사요령의 수산물 중량환산 및 수율표를 기준으로 한다.

(ⅱ) 평균 연간판매단가의 산출기준

㉠ 평균 연간판매단가는 보상액의 산정을 위한 평가시점 현재를 기준으로 하여 소급 기산한 1년 동안의 수산물별 평균 판매단가[해당 수산물이 계통출하(系統出荷)된 주된 위판장의 수산물별·품질등급별 판매량을 수산물별로 가중평균하여 산출한 평균 판매단가를 말한다]로 한다.

㉡ 계통출하된 판매실적이 없는 경우 등의 평균 연간판매단가는 ㉠의 평균 연간판매단가에도 불구하고 다음과 같이 계산한다.

▶ 계통출하된 판매실적이 없는 경우:
다음의 우선순위에 따른 가격을 기준으로 평균 연간판매단가를 계산해 낸다.
(가) 해당 지역 인근의 수산업협동조합의 위판가격
(나) 해당 지역 인근의 수산물도매시장의 경락가격
▶ 소급 기산한 1년의 기간 동안 어획물의 일시적인 흉작·풍작 등으로 어가(魚價)의 연평균 변동폭이 전년도에 비하여 1.5배 이상이 되어 가)의 평균 연간판매단가를 적용하는 것이 불합리한 경우:
소급 기산한 최초의 1년이 되는 날부터 다시 소급하여 기산한 1년 동안의 평균 판매단가에 소급하여 기산한 최초의 1년 동안의 수산물 계통출하 판매가격의 전국 평균 변동률을 곱한 금액으로 한다.

(ⅲ) 평년어업경비의 산출기준

평년어업경비는 보상액 산정을 위한 평가시점 현재를 기준으로 1년 동안 소급하여 기산한 해당 어업의 연간 어업경영에 필요한 경비로 하되, 경비항목 및 산출방법은 다음과 같다.

ⓐ 경비항목

구분	경비항목
1. 생산관리비	① 어미고기 및 수산종자 구입비 ② 미끼구입비 ③ 사료비 ④ 유지보수비 ⑤ 연료 및 유류비 ⑥ 전기료 ⑦ 약품비 ⑧ 소모품비 ⑨ 어장관리비[어장 청소, 해적생물(害敵生物) 구제(驅除) 및 표지시설 설치 등] ⑩ 자원조성비 ⑪ 용선료(傭船料)
2. 인건비	① 어업자 본인의 인건비 ② 본인 외의 사람에 대한 인건비
3. 감가상각비	① 시설물 ② 어선 또는 관리선[선체, 기관 및 의장품(艤裝品) 등 포함] ③ 어구 ④ 그 밖의 장비 및 도구
4. 판매관리비	① 가공비 ② 보관비 ③ 용기대 ④ 판매수수료 ⑤ 판매잡비(운반·포장 등)
5. 그 밖의 잡비	① 각종 세금과 공과금 ② 어장행사료 ③ 주식·부식비 ④ 복리후생비 ⑤ 보험료 및 공제료 ⑥ 그 밖의 경비

ⓑ 산출방법

평년어업경비는 ⓐ에서 규정하고 있는 경비항목별로 계산하되, 규정된 경비항목 외의 경비가 있으면 그 밖의 경비항목에 포함시켜 전체 평년어업경비가 산출되도록 해야 한다.

경비항목별 경비 산출은 어선의 입항 및 출항에 관한 신고사항, 포획·채취물의 판매실적, 유류 사용량, 임금정산서, 보험료 및 공제료, 세금납부실적, 국토교통부의 건설공사 표준품셈 등 수집 가능한 자료를 확보·분석하고 현지 실제조사를 통하여 객관적이고 공정하게 해야 한다. 다만, 인건비, 감가상각비 및 판매관리비 중 판매수수료의 산출은 다음과 같이 한다.

▶ 인건비 중 어업자 본인의 인건비는 본인 외의 사람의 인건비의 평균단가를 적용하고, 본인 외의 사람의 인건비는 현실단가를 적용하되, 어업자가 직접 경영하여 본인 외의 자의 인건비가 없으면 「통계법」 제18조에 따른 승인을 받아 작성·공포한 제조부문 보통인부의 노임단가를 적용한다. 이 경우 제29조제1항에 따른 신고어업에 대한 인건비는 투입된 노동시간을 고려하여 계산해야 한다.

▶ 감가상각비는 신규 취득가격을 기준으로 하여 해당 자산의 내용연수(耐用年數)에 따른 상각률을 적용하여 계산한 상각액이 매년 균등하게 되도록 계산해야 한다. 이 경우 어선의 내용연수 및 잔존가치율은 다음과 같이 하되, 어선의 유지·관리 상태

를 고려하여 이를 단축·축소할 수 있다.

선질별	내용연수(년)	잔존가치율(%)
강선	25	20
F.R.P.선	20	10
목선	15	10

▶ 판매관리비 중 판매수수료는 해당 어선의 주된 양륙지 또는 어업장이 속한 지역에 있는 수산업협동조합의 위판수수료율을 적용한다.

생산관리비 중 소모품비와 감가상각비의 적용대상 구분은 내용연수를 기준으로 하여 내용연수가 1년 이상인 것은 감가상각비로, 1년 미만인 것은 소모품비로 한다. 수산 관련 법령에서 규정하고 있는 수산종자 살포, 시설물의 철거 등 어업자의 의무사항은 어장면적 및 경영규모 등을 고려하여 적정하게 계산해야 한다.

산출된 경비가 일시적인 요인으로 통상적인 경우보다 변동폭이 1.5배 이상이 되어 이를 적용하는 것이 불합리하다고 판단되면 인근 비슷한 규모의 같은 종류의 어업(같은 종류의 어업이 없는 경우에는 비슷한 어업) 2개 이상을 조사하여 평균치를 적용할 수 있다.

어업생산주기가 1년 이상 걸리는 경우 수산종자 구입비, 사료비, 어장관리비 및 판매관리비 등 생산주기와 연계되는 경비항목에 대해서는 생산주기로 나누어 연간 평균 어업경비를 계산해야 한다. 이 경우 생산주기는 국립수산과학원의 관할 연구소와 협의하여 정한다.

② 어선·어구 또는 시설물의 잔존가액 (별표4 제2호 나목)

면허어업, 허가어업 및 신고어업의 손실액 산출방법에서 "어선·어구 또는 시설물의 잔존가액"이란 보상액의 산정을 위한 평가시점 현재를 기준으로 하여 「감정평가 및 감정평가사에 관한 법률」에 따른 평가방법 및 기준에 따라 평가한 어선·어구 또는 시설물의 잔존가액을 말한다. 다만, 해당 잔존가액은 보상을 받으려는 자가 어선·어구 또는 시설물을 재사용하는 등의 사유로 보상을 신청하지 않으면 손실액 산출에서 제외한다.

굴양식을 위한 인위적으로 굴돌을 심은 경우 이를 어업시설물의 잔존시설로 볼 수 있는

지 여부에 대하여 유권해석은 부정하는 견해이고 대법원도 "굴돌은 어업권이 자본적 환원가치액 속에 이미 포함되어 평가되었으므로 별도로 보상하여야 할 잔존시설물에 해당하지 아니한다."고 판시하고 있다.743) 다만 어업의 시설이전에 소요되는 비용은 별도보상이 가능할 것이다.744)

질의회신

[질의회신1] ▶ 바다에 굴양식을 위하여 인위적으로 굴돌을 심은 경우 당해 굴돌이 시설물로서 별도의 보상대상에 해당되는지 여부

[2009.10.9. 토지정책과-4714]

【회신내용】

토지보상법 시행규칙 제44조제1항의 규정에 의하면 공익사업의 시행으로 인하여 어업권이 제한·정지·취소되거나 수산업법 제14조 또는 내수면어업법 제13조의 규정에 의한 어업면허의 연장이 허가되지 아니하는 경우 당해 어업권 및 어선·어구 또는 시설물에 대한 평가는 수산업법시행령 별표4의 규정에 의하도록 되어 있으므로 어업권은 위 규정에 의거 보상액을 산정하여야 한다고 보며, 참고로 대법원판례에 의하면 투석식 굴양식어장의 굴돌은 별도로 보상하여야 할 잔존시설물에 해당되지 아니한다고 판시(99두8367, '01.8.24.)하였습니다.

판례

[판례1] ▶ 투석식 굴양식어장의 굴돌은 어업권의 자본적 환원가치액에 포함되어 평가되지 않은 별도로 보상하여야 할 잔존시설물에 해당하는지 여부(소극)

[대법원 2001.8.24. 선고 99두8367] (재결처분취소)

【판결요지】

구 수산업법(1995.12.30. 법률 제5131호로 개정되기 전의 것) 제8조 제3항 제2호의 위임에 의한 구 어업면허및어장관리에관한규칙(1994.7.28. 농림수산부령 제1148호로 개

---

743) 2009.10.9. 토지정책과-4714, 대법원 2001.8.24. 선고 99두8367 판결]
744) 대법원 2001.12.11., 선고, 99다56697, 판결

정되기 전의 것) 제15조 제1항 및 [별표 6]에서는 양식어장의 시설기준을 정하고 있는 바, 제1종 양식어업 중 투석식 굴양식어장의 경우 그 시설규모로서 1ha당 1만개(1개당 20kg 이상) 이상의 굴돌을 투석하도록 규정하고 있으므로, 투석식 굴양식어장에 있어 굴돌은 굴양식어장의 본질적인 고정시설이라 할 것인데, 이러한 고정자산에 대한 가치는 생산액에 포함되어 나타나고, 고정자산에 의한 장래의 부가가치는 보상액(순수익)에 반영되어 있는 한편 고정자산에 대한 비용(금융비용과 감가상각비)은 장래 발생할 수익과 비용에 배분되었기 때문에 굴돌은 어업권의 자본적 환원가치액 속에 이미 포함되어 평가되었다 할 것이어서 별도로 보상하여야 할 잔존시설물에 해당하지 아니한다.

[판례2] ▶ 공공용지의취득및손실보상에관한특례법시행규칙 제25조의3 제1항 단서에 의하여 보상하여야 하는 손실에 고정시설물 자체에 대한 손실 외에 시설에 부착하여 생장하는 생물에 대한 손실도 포함되는지 여부(적극)745)
[대법원 2001.12.11., 선고, 99다56697, 판결] [손해배상(기)]

【판결요지】
공공용지의취득및손실보상에관한특례법시행규칙 제25조의3 제1항 단서는, 관계 법령에 의하여 당해 공공사업에 관한 계획의 고시 등이 있은 후에 하거나, 허가·면허 또는 신고 등이나 자격 없이 하는 어업 등의 경우에도 당해 어업시설 등의 매각이나 이전에 따른 손실은 이를 보상한다고 규정하고 있는바, 이 규정에 의하여 보상하여야 하는 손실은 반드시 당해 어장에 설치한 인공시설물 자체에 관하여 생긴 손실에 한정된다고 볼 수 없고, 굴 채묘시설에 부착된 굴 치패 등과 같이 그 시설에 의하여 생장되고 있는 것에 발생한 손실도 인공적인 살포에 의하여 양식되고 있거나 자연적으로 부착하여 생장되고 있거나 구별하지 않고 보상의 대상이 된다고 봄이 상당하다.

---

745) 단) 이 사건은 개발사업 착공 당시에는 고정시설에 부착하여 생장중인 굴 치패가 존재하지 않았다는 이유로 그에 대한 손실보상청구를 받아들이지 않은 사례이다.
【원고,상고인】 의창수산업협동조합 눌차어촌계 (소송대리인 법무법인 ○○ 담당변호사 이○○ 외 1인)
【피고,피상고인】 한국토지공사 외 1인 (소송대리인 변호사 정○○ 외 1인)
【원심판결】 부산고법 1999.8.26. 선고 98나12584 판결
【주문】 상고를 기각한다. 상고비용은 원고의 부담으로 한다.

③ 통상의 고정적 경비 (별표4 제2호 다목)

면허·허가어업 및 신고어업의 손실액산출방법에서 "통상의 고정적 경비"란 어업의 정지기간 중 또는 어선의 계류기간 중에 해당 시설물 또는 어선·어구를 유지·관리하기 위하여 통상적으로 발생하는 경비를 말한다.

(6) 어업별 손실액 산출에 대한 예외 (별표4 제3호)

어업별 손실액의 산출방법 및 산출기준 등에 따른 어업별 손실액의 산출에 대한 예외로서 다음 각 목의 어느 하나에 해당하는 정당한 사유가 없음에도 불구하고 어업실적이 없어 제1호 및 제2호의 어업별 손실액의 산출방법 및 산출기준 등에 따라 어업별 손실액을 산출할 수 없는 경우의 어업별 손실액은 어업의 면허·허가 또는 신고에 든 인지세·등록세 등 모든 경비와 해당 어업의 어선·어구 또는 시설물의 매각이나 이전에 따른 손실액으로 한다.

> 가. 법 제34조제1항제1호부터 제6호까지 및 제35조제6호(법 제34조제1항제1호부터 제6호까지의 규정에 해당하는 경우로 한정한다)에 해당하는 사유로 <u>면허·허가</u>를 받거나 신고한 어업을 처분하여 어업실적이 없는 경우. 다만, 법 제81조제1항제1호 단서에 따라 보상대상에서 제외되는 법 제34조제1항제1호부터 제3호까지의 규정(법 제49조제1항 및 제3항에 따라 준용되는 경우를 포함한다)에 해당하는 사유로 허가를 받거나 신고한 어업이 제한되는 경우는 제외한다.
> 나. 그 밖에 법 제30조에 따른 휴업, 태풍 피해 복구 등 정당한 사유가 있는 경우

사. 이전하여 어업이 가능한 경우의 보상

공익사업의 시행으로 인하여 <u>다른 어장에 시설을 이전하여 어업이 가능한 경우</u>에 해당 어업권에 대한 손실의 평가는 「수산업법 시행령」 제69조 관련 [별표4] 제1호 가목 중 <u>어업권이 정지된 경우의 손실액 산출방법 및 기준에 의한다</u>(시행규칙 제44조 제2항). 다만, 실제손실은 이전기간 동안에만 발생한다.

> ▶ 평년수익액 × 어업의 정지기간 또는 어선의 계류기간 + 어업의 정지기간 또는 어선
> 의 계류기간 중에 발생하는 통상의 고정적 경비
> ※ 위 산식에 시설물·양식물의 이전 또는 수거로 인한 실비는 추가됨

아. 공익사업지구 밖의 어업피해보상

(1) 개념

종전 공특법 시행규칙 제23조 제2항에서는 "공공사업의 시행으로 인하여 당해공공사업 시행지구 인근에 있는 <u>어업권자의 어업에 피해가 발생하는 경우에는 피해정도에 따라 이를 보상하여야 한다.</u>"라고 하여 어업피해에 대하여 간접보상을 인정하였다.[746]

현행 토지보상법 시행규칙 제63조에서도 "공익사업의 시행으로 인하여 해당 공익사업시행지구 인근에 있는 어업에 피해가 발생한 경우 사업시행자는 <u>실제 피해액을 확인할 수 있는 때</u>에 그 피해에 대하여 보상하여야 하며, 이 경우 실제 피해액은 감소된 어획량 및 「수산업법 시행령」별표 4의 평년수익액 등을 참작하여 평가한다."라고 규정하고 있다. 다만, 현행 토지보상법은 사업시행자가 실제피해액을 확인한 후에 **사후보상**이 가능하도록 개정하여 종전의 피해를 예측하여 피해발생전에 사전보상을 하는 것은 원칙적으로 불가하게 되었다.[747]

> ■ **토지보상법 시행규칙 제63조(공익사업시행지구밖의 어업의 피해에 대한 보상)** ①
> 공익사업의 시행으로 인하여 해당 공익사업시행지구 인근에 있는 어업에 피해가 발생한 경우 사업시행자는 실제 피해액을 확인할 수 있는 때에 그 피해에 대하여 보상하여야 한다. 이 경우 실제 피해액은 감소된 어획량 및 「수산업법 시행령」별표 4의 평년수익액 등을 참작하여 평가한다. 〈개정 2005.2.5., 2007.4.12., 2008.4.18., 2012.1.2.〉

---

[746] ■ 공공용지의취득및손실보상에관한특례법 시행규칙 제23조 (어업권등의 평가) ②공공사업의 시행으로 인하여 당해공공사업시행지구 인근에 있는 어업권자의 어업에 피해가 발생하는 경우에는 피해정도에 따라 이를 보상하여야 한다. 이 경우 피해정도는 수산업법시행령 제62조 및 동법시행령 별표 4의 규정에 의한 평년수익액을 기준으로 하여 산정한다. 〈개정 1997.10.15.〉

[747] 보상실무상 어업인은 실제 피해액을 증명하는 자료를 수집 및 피해 추정치를 제시하고 있으나, 사업시행자는 확인할 수 있는 자료 내지 확정값만을 인정하고 있다.

② 제1항에 따른 보상액은 「수산업법 시행령」별표 4에 따른 어업권·허가어업 또는 신고어업이 취소되거나 어업면허의 유효기간이 연장되지 아니하는 경우의 보상액을 초과하지 못한다. 〈신설 2007.4.12., 2008.4.18., 2012.1.2.〉

③ 사업인정고시일등 이후에 어업권의 면허를 받은 자 또는 어업의 허가를 받거나 신고를 한 자에 대하여는 제1항 및 제2항을 적용하지 아니한다. 〈신설 2007.4.12.〉

(2) 보상평가방법

토지보상법은 공익사업지구 밖의 어업피해보상에 대하여 실제 피해액을 확인하여 보상하도록 규정하고 있다. 그러나, 실제피해액 산정에 대한 명확한 기준제시는 없어 결국 보상실무에서는 수산업법 시행령에 의한 평가에 의하면서 보충적으로 '어업권 등 보상평가지침'(이하 '어보침'이라 함)의 어업피해손실평가 규정에 따라 평가하고 있다(어보침 제16조~제18조).

① 어업권(면허어업) 소멸손실평가

> ▶ **평가액** = 평년수익액 ÷ 연리(12%) + 어선·어구 또는 시설물의 잔존가액

② 허가·신고어업 폐지손실평가

> ▶ **평가액** = 평년수익액 × 3년 + 어선·어구 또는 시설물의 잔존가액

③ 면허·허가·신고어업 부분손실평가

평년수익액에 피해정도(피해율과 피해기간을 참작하여 산출)를 감안하여 산정하며, 장래 피해기간동안의 피해보상액은 연12%로 환원하여 산정한다. 다만, 면허·허가·신고어업의 부분손실보상액은 각각 위 ① 및 ② 의 손실보상액을 초과할 수 없다.

(3) 권리구제

공익사업지구 밖의 어업피해보상에 대해서도 수용재결 신청 등 권리구제 가능여부에 대

하여 종래 불가 또는 가능의 견해가 있었다.[748]

다만, 현행 토지보상법은 2007. 10. 17. 개정으로 "공익사업이 시행되는 지역 밖에 있는 토지등이 공익사업의 시행으로 인하여 본래의 기능을 다할 수 없게 되는 경우에는 국토교통부령으로 정하는 바에 따라 그 손실을 보상하여야 한다."고 규정하였고(법 제79조 제2항), 동법 제80조에서는 "제79조제2항에 따른 비용 또는 손실이나 토지의 취득에 대한 보상은 사업시행자와 손실을 입은 자가 협의하여 결정하며, 협의가 성립되지 아니하였을 때에는 사업시행자나 손실을 입은 자는 대통령령으로 정하는 바에 따라 관할 토지수용위원회에 재결을 신청할 수 있다."라고 규정(법 제80조 제1항, 제2항)하여 간접보상에 대한 수용재결 신청이 가능하도록 개정되었다.

중앙토지수용위원회는 토지보상법이 2007. 10. 17. 개정되기 이전에는 공익사업지구 밖의 토지 등의 보상(간접보상)에 관한 사항은 토지수용위원의 재결사항이 아니라고 보았으나, 현재는 토지보상법 제79조 및 제80조의 개정(2007.10.17., 2008.2.29.)으로 손실을 입은 자가 사업시행자와 협의 후 협의불성립시 관할 토지수용위원회에 토지보상법 시행령 제42조의 규정에 의거 "손실보상 또는 비용보상재결의 신청"을 할 수 있다고 의견을 변경하였다.[749] 대법원도 공익사업지구 밖의 어업피해보상(간접보상)에 대하여 토지보상법상의 수용재결신청을 인정하는 취지의 판결을 하고 있다.[750]

---

748) ① 대법원 1998.1.20., 선고, 95다29161, 판결 [보상금] : 참게 축양업자가 입은 위 간접손실은 그 발생을 예견하기가 어렵고 그 손실의 범위도 쉽게 확정할 수 없으므로 위 특례법시행규칙의 간접보상에 관한 규정을 준용 또는 유추적용하여 사업시행자에 대하여 그 손실보상청구권을 인정할 수도 없다고 한 사례. 수용 목적물에 대하여 실질적이고 현실적인 침해를 가하지 않는 한 곧바로 그 공공사업의 시행이 위법하여 그 소유자나 관계인들에게 불법행위가 된다고 할 수는 없고, 수용 목적물의 소유자 또는 관계인은 관계 법령에 손실보상에 관하여 관할 토지수용위원회에 재결신청 등의 불복절차에 관한 규정이 있으면 그 규정에 따라서, 이에 관한 아무런 규정이 없으면 사업시행자를 상대로 민사소송으로 그 손실보상금을 청구할 수 있다. ② 중앙토지수용위원회도 위 판례를 근거로 공익사업지구 밖의 손실(간접손실)에 대하여 손실보상 재결신청을 한 경우에는 부적법한 신청으로 취하하거나 각하재결의 대상이라고 하였다.
749) 중앙토지수용위원회, 앞의 책, 2015.12. 235면 참고. 한편 간접보상과 관련하여 개별법(예, 항만법 제82조)에 관련 보상규정 및 권리구제가 있는 경우에는 해당 개별법을 우선 적용하고 개별법에 구체적인 보상규정이 없는 경우에는 토지보상법 관련 규정에 따라 손실보상청구 가능하다.
750) 대법원 2014.5.29. 선고 2013두12478 판결

[판례1] ▶ **[대법원 2014.5.29. 선고 2013두12478]** (어업손실보상금)

【판시사항】

[1] 구 수산업법 제81조의 규정에 의한 손실보상청구권이나 손실보상 관련 법령의 유추적용에 의한 손실보상청구권의 행사방법(=민사소송) 및 구 공익사업을 위한 토지 등의 취득 및 보상에 관한 법률의 관련 규정에 의하여 취득하는 어업피해에 관한 손실보상청구권의 행사 방법(=행정소송)

[2] 공공사업의 시행으로 손해를 입었다고 주장하는 자가 보상을 받을 권리를 가졌는지 판단하는 기준 시기(=공공사업 시행 당시) 및 공공사업 시행에 관한 실시계획 승인과 그에 따른 고시 이후 영업허가나 신고가 이루어진 경우 공공사업 시행으로 허가나 신고권자가 특별한 손실을 입게 되었다고 볼 수 있는지 여부(소극)

【이 유】

1. 부산항 신항개발사업으로 인한 손실보상청구에 관하여

가. 구 수산업법(2007.1.3. 법률 제8226호로 개정되기 전의 것, 이하 같다) 제81조의 규정에 의한 손실보상청구권이나 손실보상 관련 법령의 유추적용에 의한 손실보상청구권은 사업시행자를 상대로 한 민사소송의 방법에 의하여 행사하여야 한다(대법원 2001.6.29. 선고 99다56468 판결 참조). 그렇지만 구 공익사업을 위한 토지 등의 취득 및 보상에 관한 법률(2008.2.29. 법률 제8852호로 개정되기 전의 것, 이하 '구 공익사업법'이라 한다)의 관련 규정에 의하여 취득하는 어업피해에 관한 손실보상청구권은 민사소송의 방법으로 행사할 수는 없고, 구 공익사업법 제34조, 제50조 등에 규정된 재결절차를 거친 다음 그 재결에 대하여 불복이 있는 때에 비로소 구 공익사업법 제83조 내지 제85조에 따라 권리구제를 받아야 하며, 이러한 재결절차를 거치지 않은 채 곧바로 사업시행자를 상대로 손실보상을 청구하는 것은 허용되지 않는다고 봄이 타당하다.

나. 원심은, (1) 원고가 2004년 12월부터 2009년 4월 무렵까지 부산 강서구 성북동 가덕도 북측 해역 및 북서측 해역에서 시행된 부산항 신항개발사업(이하 '이 사건

신항개발사업'이라 한다)으로 인하여 어업 관련 피해를 입었음을 이유로 손실보상금의 지급을 구하는 이 사건 소는 구 공익사업법에서 정한 협의 및 재결절차를 거치지 않고 제기된 것이어서 부적법하다는 피고의 본안전 항변에 대하여, 원고의 청구는 구 수산업법 제81조의 유추적용에 기하여 손실보상금의 지급을 구하는 것으로서 관련 법령에는 재결을 먼저 거치도록 하는 규정이 없다는 이유로 이를 배척한 다음, (2) 적법한 절차에 의하여 허가를 받고 허가어업에 종사하던 중 공익사업의 시행으로 피해를 입게 되는 어민들이 있는 경우 그 공익사업의 시행자로서는, 허가어업에 대한 행정관청의 처분으로 인한 손실의 보상을 정한 구 수산업법 제81조 제1항 제1호 및 허가어업의 손실보상액 산정에 관한 구 수산업법 시행령(2007.10.31. 대통령령 제20351호로 개정되기 전의 것) 제62조의 각 규정을 유추적용하여 손실보상을 하여 줄 의무가 있다고 보고, (3) ① 원고가 허가기간을 2004.1.28.부터 2009.1.27.까지로 하고 사용어선을 선박 ○○호로 하는 연안자망어업 허가를 받아 2006.11.24. 어선감척사업에 따라 위 어업허가가 폐지될 때까지 위 선박을 이용하여 부산 연근해에서 연안자망어업에 종사한 사실, ② 이 사건 신항개발사업으로 인하여 원고의 조업구역을 포함한 부산 연안어업에 피해가 발생한 사실 등을 인정하여, 공익사업의 시행자인 피고는 원고에게 원고가 입은 어업피해로 인한 손실을 보상할 책임이 있다고 판단하였다.

다. 그런데 이 사건 신항개발사업의 근거 법령인 구 신항만건설촉진법(2006.10.4. 법률 제8042호로 개정되기 전의 것, 이하 같다) 제16조 제1항은 "사업시행자는 신항만건설사업의 시행을 위하여 필요한 경우에는 공익사업을 위한 토지 등의 취득 및 보상에 관한 법률 제3조에서 정하는 토지·물건 또는 권리(이하 '토지등'이라 한다)를 수용 또는 사용할 수 있다"고 규정하고, 같은 조 제4항은 "제1항의 규정에 의한 토지등의 수용 또는 사용에 관하여 이 법에 특별한 규정이 있는 것을 제외하고는 공익사업을 위한 토지 등의 취득 및 보상에 관한 법률을 준용한다"고 규정하고 있다. 그리고 구 공익사업법 제3조 제3호는 사업시행자가 어업권을 취득하거나 사용하는 경우에는 같은 법을 적용하는 것으로 규정하고, 제76조는 어업권에 관한 보상액의 구체적인 산정 및 평가방법을 건설교통부령으로 정하도록 규정하고 있다. 이에 따라 구 공익사업을 위한 토지 등의 취득 및 보상에 관한 법률 시행규칙(2005.2.5. 건설교통부령 제424호로 개정되기 전의 것, 이하 '구 공익사업법 시행규칙'이라 한다) 제44조는 어업권에 관한 손실보상액의 구체적인 평가방법을 규정하면서 같은 조 제4항에서 허가어업 및 신고어업에 대한 손실의 평가에도 이를 준용하도록 하고 있고, 제63조 전문은 공익사업의 시행으로 인하여 당해 공익사업시행지구 인근에 있는 어업에 피해가 발생한 경우 사업시행자는 실제 피해액을 확인할 수 있는 때에 그 피해에 대하여 보상하여야 하는 것으로 규정함으로써 보상의 범위를 공익사업시행지구 인근에 있는 허가어업 및 신고어업에 피해가 발생하는 경우까지 확대하고 있다.

원심이 확정한 사실관계를 앞서 본 법리와 위 관련 규정들의 내용에 비추어 보면, 이 사건 신항개발사업의 시행지구 **인근 해역**에서 허가어업을 영위한 원고가 이 사건 신항개발사업으로 인하여 취득하게 되는 손실보상청구권은 구 신항만건설촉진법이 준용하는 구 공익사업법 제76조 및 구 공익사업법 시행규칙 제44조 제4항, 제63조에 직접 근거하여 발생하는 것이므로, 원고는 구 공익사업법 제34조, 제50조 등에 규정된 **재결절차를 거친 다음** 그 재결 등에 대하여 불복이 있는 때에 비로소 행정소송의 방법으로 손실보상금의 지급을 구할 수 있고, 구 공익사업법에 의한 손실보상청구권이 인정되는 이상 구 수산업법 등 손실보상 관련 법령의 유추적용에 의하여 손실보상청구권을 인정할 여지는 없다고 보아야 한다.

라. 그런데도 이와 달리 원심은, 원고의 청구가 구 수산업법 제81조의 유추적용에 의한 손실보상청구권을 행사하는 것임을 전제로 구 공익사업법에서 정한 재결절차를 거칠 필요가 없다고 잘못 판단하였다. 이러한 원심의 판단에는 허가어업에 대한 손실보상청구권의 성질에 관한 법리를 오해하여 판결에 영향을 미친 위법이 있다. 이를 지적하는 상고이유의 주장은 이유 있다.

다만 이 사건에서 원고의 청구원인을 살펴보아도 손실보상금의 지급을 구하는 권원이 무엇인지 명확하지 않고, 원심은 원고의 주장에 불법행위책임을 묻는 취지도 포함되어 있다고 판단한 것으로 보인다. 피고가 사전 손실보상의무가 있음에도 이를 이행하지 아니하고 이 사건 신항개발사업을 시행함으로써 원고의 허가어업에 실질적이고 현실적인 침해를 가하였다면 이는 불법행위를 구성하고(대법원 1998.4.14. 선고 95다15032, 15049 판결, 대법원 1999.11.23. 선고 98다11529

판결 등 참조) 원고로서는 공법상 손실보상청구와는 별개로 그로 인한 손해배상청구를 할 수 있을 것이나, 이 때의 권리행사는 민사소송에 의하여야 할 것이다. 따라서 행정소송과 민사소송의 관할을 동시에 가지고 있는 원심으로서는 원고의 청구원인이 무엇인지를 구체적으로 석명함으로써 합당한 소송형태를 갖추도록 하여 그에 맞는 소송절차에 따라 심리·판단하여야 하고, 원고의 청구가 피고의 불법행위책임을 묻는 취지라면 피고가 사전 손실보상의무가 있는 공익사업의 시행자에 해당하거나 혹은 그와 함께 손해배상책임을 부담하는 지위에 있는지 여부 등에 유의하여 심리할 필요가 있음을 지적하여 둔다.

2. 중앙하수처리장 건설사업으로 인한 손실보상청구에 관한 **직권 판단**

가. 손실보상은 공공사업의 시행과 같이 적법한 공권력의 행사로 가하여진 재산상의 특별한 희생에 대하여 전체적인 공평부담의 견지에서 인정되는 것이므로, 공공사업의 시행으로 손해를 입었다고 주장하는 자가 보상을 받을 권리를 가졌는지의 여부는 **해당 공공사업의 시행 당시를 기준**으로 판단하여야 하고, 그와 같은 공공사업의 시행에 관한 실시계획 승인과 그에 따른 고시가 된 이상 그 이후에 영업을 위하여 이루어진 각종 허가나 신고는 위와 같은 공공사업의 시행에 따른 제한이 이미 확정되어 있는 상태에서 이루어진 것이므로 그 이후의 공공사업 시행으로 그 허가나 신고권자가 특별한 손실을 입게 되었다고는 볼 수 없다(대법원 1991.1.29. 선고 90다6781 판결, 대법원 2006.11.23. 선고 2004다65978 판결 등 참조).

나. 원심은, 이 사건 신항개발사업으로 인한 원고의 어업피해 손실뿐만 아니라 피고가 이 사건 신항개발사업과는 별개로 2001.6.4.부터 2005.12.21.까지 부산 서구 암남동 일원에서 시행한 중앙하수처리장 건설사업(이하 '이 사건 하수처리장사업'이라 한다)의 공사 및 공사 후의 방류로 인하여 원고가 입은 어업피해에 관한 손실까지도 피고에게 그 보상의무가 있다고 인정하였다.

그러나 원심판결 이유와 적법하게 채택된 증거들에 비추어 보면, 이 사건 하수처리장사업의 인가 및 고시가 2002년 11월경에 이루어졌고, 원고는 위 인가 및 고시가 이루어진 이후인 2004.1.28.에서야 비로소 선박 ○○호에 관한 어업허가를 받은 사실을 알 수 있다. 따라서 원고가 이 사건 하수처리장사업의 시행 후에 어업허가를 받고 조업을 하였다 하더라도 이는 공공사업의 시행에 따른 제한이 확정된 이후의 행위로서 손실보상의 대상이 되는 특별한 희생에 해당한다고 할 수 없다.

다. 그럼에도 이와 달리 원심은 이 사건 하수처리장사업으로 인한 어업피해까지 손실보상의 대상이 된다고 판단하였으니, 이러한 원심의 판단에는 앞에서 이 사건 신항개발사업으로 인한 손실보상청구에 관한 부분에서 본 것과 같은 허가어업에 대한 손실보상청구권의 성질에 관한 법리를 오해한 잘못 외에도, 손실보상청구권의 성립 요건에 관한 법리를 오해하여 판결에 영향을 미친 위법이 있다.

제5절 주거이전비 등의 보상

1. 주거이전비 보상

가. 주거이전비의 성격

① 주거이전비는 공익사업의 시행으로 삶의 터전을 박탈당하여 다른 곳으로 주거지를 이전하여야 하는 자에게 지급되는 보상으로, 대상자는 주거용 건축물의 소유자 및 그 세입자로 실제로 이주하는 자이다.

주거이전비는 원칙적으로 주거용 건축물의 거주자에 대한 주거 이전에 필요한 비용과 가재도구 등 동산의 운반에 필요한 비용의 보상이므로 실비변상적 보상의 성격을 가지며, 그 지급 시기는 보상실무상 대상자(가옥소유자, 세입자)가 사업지구 밖으로 이주하고 주민등록 이전 확인 후 지급된다.

한편, 주거이전비는 보상금수령 후 새로운 주택을 취득하거나 임차하는 기간 동안의 임시거주에 소요되는 비용을 보상하는 것이기도 하므로 주거용 건축물이 사업지구에 일부가 편입되어 철거 및 보수공사로 장기간 주거지로 사용할 수 없는 경우라면 주거이전비 및 이사비 지급대상이 된다.

[재결례] ▶ 주거용 건축물이 사업지구에 일부 편입된 경우라도 **철거 및 보수공사로 장기간 주거지로 사용할 수 없는 경우**에는 주거이전비 및 이사비 지급대상이 된다.
[중토위 2017. 2. 23.]

【재결요지】
000가 건물 부분편입으로 인해 철거공사 및 보수기간동안 사업지구 외로 이주가 불가피하므로 주거이전비와 이사비를 지급해 달라는 주장에 대하여 법 제79조 제4항에 의하면, 제1항부터 제3항까지에서 규정한 사항 외에 공익사업의 시행으로 인하여 발생하는 손실 등에 대하여는 국토교통부령으로 정하는 기준에 따른다고 규정되어 있고, 법 시행규칙 제18조 제3항에 의하면, 이 규칙에서 정하지 아니한 대상물건에 대하여는 이 규칙의 취지와 감정평가의 일반이론에 의하여 객관적으로 판단·평가하여야 한다고 규정되어 있고, 법 시행규칙 제54조제1항에 의하면, 공익사업시행지구에 편입되는 주거용 건축물의 소유자에 대하여는 당해 건축물에 대한 보상을 하는 때에 가구원수에 따라 2월분의 주거이전비를 보상하여야 한다. 다만, 건축물의 소유자가 당해 건축물에 실제 거주하고 있지 아니하거나 당해 건축물이 무허가건축물 등인 경우에는 그러하지 아니하다고 규정되어 있고, 법 시행규칙 제55조제2항에 의하면, 공익사업시행지구에 편입되는 주거용 건축물의 거주자가 해당 공익사업지구 밖으로 이사를 하는 경우에는 별표 4의 기준에 의하여 산정한 이사비(가재도구 등 동산의 운반에 필요한 비용을 말한다.)를 보상하여야 한다고 규정되어 있다.
관계서류(사업시행자의견서, 감정평가서 등)를 검토한 결과, 000 소유의 서울 00구 00동 486-251 대159㎡ 상 건물(4층)은 이 건 공익사업에 일부 편입되는 주거용건축물인점, 이의신청인을 포함한 2명이 건물4층에 실제 거주를 하고 있는 점, 건물의 계단부분이 편입되어 건물일부 철거시 거주자가 공익사업지구밖으로 이주가 불가피한 점, 편입되는 계단은 원래 있던 위치에 재설치가 어려워 건물 반대편에 설치해야 하므로 전면 리모델링에 준하는 보수공사가 필요하여 장기간 주거지로 사용할 수 없는 점 등을 종합적으로 고려할 때 이의신청인에게 법 시행규칙 제54조제1항과 법 시행규칙 제55조제2항에 따른 주거이전비와 이사비에 상당하는 금액을 지급하는 것이 타당하므로 금회 재결시 이를 반영하여 보상하기로 한다.

② 주거이전비는 주거용 건축물의 거주자에 대한 주거 이전에 필요한 비용의 보상 이므로 원칙적으로 실비변상적 보상의 성격을 가진다. 즉, 우리나라의 부동산 거래 및 임대차에서 매매대금 또는 전세금의 수수 관행은 계약금·중도금·잔금으로 나누어 순차적으로 지급되므로 실제적으로 계약일로부터 입주일까지는 상당한 기간이 소요되나, 보상금은 일시불로 지급되고 보상금 수령과 동시에 이주하여야 하므로, 주거이전비는 보상금 수령 후 새로운 주택을 취득하거나 임차하는 기간 동안의 임시거주에 소요되는 비용을 보상하는 것이다.[751]

다만, 판례는 세입자에 대한 주거이전비는 이러한 실비변상적 성격 외에도 사회보장적인 차원의 생활보상으로서의 성격도 있는 것으로 보고 있다.[752]

재결례

[재결례] ▶ 주거용 건축물이 사업지구에 일부 편입된 경우라도 철거 및 보수공사로 장기간 주거지로 사용할 수 없는 경우에는 주거이전과 이사에 소요되는 비용은 지급 대상이 된다. [중토위 2017.2.23.]

【재결요지】
○○○가 건물 부분편입으로 인해 철거공사 및 보수기간동안 사업지구외로 이주가 불가피하므로 주거이전비와 이사비를 지급해 달라는 주장에 대하여,
법 제79조 제4항에 의하면, 제1항부터 제3항까지에서 규정한 사항 외에 공익사업의 시행으로 인하여 발생하는 손실 등에 대하여는 국토교통부령으로 정하는 기준에 따른다고 규정되어 있고, 법 시행규칙 제18조 제3항에 의하면, 이 규칙에서 정하지 아니한 대상물건에 대하여는 이 규칙의 취지와 감정평가의 일반이론에 의하여 객관적으로 판단·평가하여야 한다고 규정되어 있고, 법 시행규칙 제54조제1항에 의하면, 공익사업시행지구에 편입되는 주거용 건축물의 소유자에 대하여는 당해 건축물에 대한 보상을 하는 때에 가구원수에 따라 2월분의 주거이전비를 보상하여야 한다. 다만, 건축물의 소유자가 당해 건축물에 실제 거주하고 있지 아니하거나 당해 건축물이 무허가건축물등인 경우 에는 그러하지 아니하다고 규정되어 있고,

---

751) 중토위 2017.2.13. 재결
752) 대법원 2012.9.27. 선고 2010두13890 판결

법 시행규칙 제55조제2항에 의하면, 공익사업시행지구에 편입되는 주거용 건축물의 거주자가 해당 공익 사업지구 밖으로 이사를 하는 경우에는 별표 4의 기준에 의하여 산정한 이사비(가재도구 등 동산의 운반에 필요한 비용을 말한다.)를 보상하여야 한다고 규정되어 있다.

관계서류(사업시행자의견서, 감정평가서 등)를 검토한 결과, ○○○ 소유의 서울 ○○구 ○○동 486-251 대 159㎡ 상 건물(4층)은 <u>이 건 공익사업에 일부 편입되는 주거용건축물인점, 이의신청인을 포함한 2명이 건물4층에 실제 거주를 하고 있는 점, 건물의 계단부분이 편입되어 건물일부 철거시 거주자가 공익사업지 구밖으로 이주가 불가피한 점, 편입되는 계단은 원래 있던 위치에 재설치가 어려워 건물 반대편에 설치해야 하므로 전면 리모델링에 준하는 보수공사가 필요하여 장기간 주거지로 사용할 수 없는 점</u> 등을 종합적으로 고려할 때 이의신청인에게 법 시행규칙 제54조제1항과 법 시행규칙 제55조제2항에 따른 <u>주거이전비와 이사비에 상당하는 금액을 지급하는 것이 타당하므로</u> 금회 재결시 이를 반영하여 보상하기로 하다

판례

[판례] ▶ 세입자에 대한 주거이전비는 사회보장적인 차원의 성격도 있다.
[대법원 2012.9.27. 선고 2010두13890]

【판결요지】

주거이전비는 당해 공익사업시행지구 안에 거주하는 세입자들의 조기이주를 장려하여 사업추진을 원활하게 하려는 정책적인 목적과 주거이전으로 인하여 특별한 어려움을 겪게 될 <u>세입자들을 대상으로 하는 사회보장적인 차원에서 지급하는 성격의 것인 점</u>(대법원 2006.4.27. 선고 2006두2435 판결, 대법원 2010.9.9. 선고 2009두16824 판결 등 참조), 정비계획에 관한 공람공고일 당시에는 주거이전비의 지급을 청구할 상대방인 사업시행자가 확정되어 있지 아니하고 사업시행 여부도 확실하지 아니한 상태인 점, 주택재개발정비사업을 시행하기 위해서는 정비사업조합의 설립인가와 사업시행계획에 대한 인가를 받아야 하고 사업시행자는 사업시행계획의 인가·고시가 있은 후에 비로소 정비사업을 위하여 필요한 경우에는 토지·물건 그 밖의 권리를 수용할 수 있게 되는 점 등을 종합하여 보면, 구 도시정비법상 주거용 건축물

의 세입자에 대한 주거이전비의 보상은 정비계획에 관한 공람공고일 당시 당해 정비구역 안에서 3월 이상 거주한 자를 대상으로 하되, 그 보상의 방법 및 금액 등의 보상내용은 정비사업의 종류 및 내용, 사업시행자, 세입자의 주거대책, 비용부담에 관한 사항, 자금계획 등이 구체적으로 정해지는 사업시행계획에 대한 인가고시일(이하 '사업시행인가고시일'이라고 한다)에 확정된다고 할 것이다

한편, 주거이전비도 보상의 법적 근거를 두고 있고, 주거이전비 보상대상자도 관계인에 해당하므로 **주거이전비도 재결사항에 해당**된다.[753]

즉, 수용재결에 주거이전비도 포함하는 것이 바람직하나 실제로는 주거이전비를 포함한 수용재결은 찾아보기 힘들다. 주거용건물의 임차인은 통상 수용재결의 상대방이 되지 아니하기 때문에 더욱 그러하다. 이 경우 주거이전비의 지급을 구하려면 토지보상법 제85조 제2항의 보상금 증액소송과 병합 또는 그와 별개로 공법상 당사자소송을 제기하여야 하지 수용재결이나 이의재결의 취소를 구하는 항고소송을 제기할 일은 아니다. 수용재결 시 주거이전비를 과소하게 산정한 경우도 물론 같다.[754]

재결례

[재결례1] ▶ 주거이전비도 재결사항이다. **[행정심판 재결 사건 04-15959]**
청구인이 2004.11.24. 제기한 심판청구에 대하여 2005년도 제9회 국무총리행정심판위원회는 주문과 같이 의결한다.

【주문】
피청구인이 2004.11.8. 청구인에 대하여 한 재결신청의 청구에 대한 거부처분은 이를 취소하고 청구인의 재결신청의 청구에 대하여 토지수용위원회에 재결을 신청하라.

【이유】
관계법령 및 위 인정사실에 의하면, 청구인은, 피청구인이 1999.12.20.자로 고시한

---

753) 행정심판 재결 사건 04-15959
754) 서울행정법원, 행정소송의 이론과 실무, 사법발전재단, 2014, 512면

택지개발예정지구에 택지개발계획이 승인·고시되기 전인 2000.9.16.자로 전입하여 청구인이 2002.1.8.자로 이 건 사업인정을 받기 전에 거주한 자임이 분명하므로 토지보상법상 관계인에 해당되는 점, 관계인의 재결신청이 있는 경우 사업시행자는 반드시 토지수용위원회에 재결을 신청하도록 토지보상법에 규정되어 있는 점, 청구인의 주거이전비보상에 대하여 피청구인과 협의가 성립되지 아니한 점, 토지보상법상에 청구인의 주거이전비보상에 대하여 재결신청의 청구 이외에는 이의신청절차가 없고, 재결절차를 거치지 않고서는 당사자소송에 의해서도 청구인의 위 권리를 구제받을 수 있는 길이 없어 보이는 점 등에 비추어 볼 때, 청구인은 토지보상법상 관계인에 해당되고 수용재결신청청구권이 있다고 할 것이므로, 피청구인의 이건 처분은 위법·부당하다

관계법령

■ **토지보상법 제78조(이주대책의 수립 등)** ⑤ 주거용 건물의 거주자에 대하여는 주거 이전에 필요한 비용과 가재도구 등 동산의 운반에 필요한 비용을 산정하여 보상하여야 한다.

⑨ 제5항 및 제6항에 따른 보상에 대하여는 국토교통부령으로 정하는 기준에 따른다. 〈개정 2013.3.23.〉

■ **토지보상법 시행규칙 제54조(주거이전비의 보상)** ① 공익사업시행지구에 편입되는 주거용 건축물의 소유자에 대하여는 해당 건축물에 대한 보상을 하는 때에 가구원수에 따라 2개월분의 주거이전비를 보상하여야 한다. 다만, 건축물의 소유자가 해당 건축물 또는 공익사업시행지구 내 타인의 건축물에 실제 거주하고 있지 아니하거나 해당 건축물이 무허가건축물등인 경우에는 그러하지 아니하다. 〈개정 2016.1.6.〉

② 공익사업의 시행으로 인하여 이주하게 되는 주거용 건축물의 세입자(무상으로 사용하는 거주자를 포함하되, 법 제78조제1항에 따른 이주대책대상자인 세입자는 제외한다)로서 사업인정고시일등 당시 또는 공익사업을 위한 관계법령에 의한 고시 등이 있은 당시 해당 공익사업시행지구안에서 3개월 이상 거주한 자에 대하여는 가구원수에 따라 4개월분의 주거이전비를 보상하여야 한다. 다만, 무허가건축물등에 입주한

세입자로서 사업인정고시일등 당시 또는 공익사업을 위한 관계 법령에 따른 고시 등이 있은 당시 그 공익사업지구 안에서 1년 이상 거주한 세입자에 대해서는 본문에 따라 주거이전비를 보상해야 한다. 〈개정 2007.4.12., 2016.1.6., 2020.12.11.〉

③ 제1항 및 제2항에 따른 거주사실의 입증은 제15조제1항 각 호의 방법으로 할 수 있다. 〈신설 2020.12.11.〉

④ 제1항 및 제2항에 따른 주거이전비는 「통계법」 제3조제3호에 따른 통계작성기관이 조사·발표하는 가계조사통계의 **도시근로자가구의 가구원수별 월평균 명목 가계지출비**(이하 이 항에서 "월평균 가계지출비"라 한다)를 기준으로 산정한다. 이 경우 가구원수가 5인인 경우에는 5인 이상 기준의 월평균 가계지출비를 적용하며, 가구원수가 6인 이상인 경우에는 5인 이상 기준의 월평균 가계지출비에 5인을 초과하는 가구원수에 다음의 산식에 의하여 산정한 1인당 평균비용을 곱한 금액을 더한 금액으로 산정한다. 〈개정 2009.11.13., 2012.1.2., 2020.12.11.〉

1인당 평균비용 = (5인 이상 기준의 도시근로자가구 월평균 가계지출비 − 2인 기준의 도시근로자가구 월평균 가계지출비) ÷ 3

나. 건물소유자에 대한 주거이전비

① 공익사업시행지구에 편입되는 주거용 건축물의 소유자에 대하여는 해당 건축물에 대한 보상을 하는 때에 가구원수에 따라 **2개월분의 주거이전비를 보상**하여야 한다. 다만, 건축물의 소유자가 해당 건축물 또는 공익사업시행지구 내 타인의 건축물에 실제 거주하고 있지 아니하거나 해당 건축물이 무허가건축물 등인 경우에는 그러하지 아니하다(시행규칙 제54조 제1항). 다만, 무허가건축물 등의 소유자는 보상대상에서 제외되나 1989. 1. 24. 이전 무허가건축물의 소유자로서 보상 당시 거주하면 보상대상자에 포함된다.

주거용 건축물 소유자로 당해 건축물에 실제 거주하여야 주거이전비를 보상받게 되므로 보상계약 체결 전 사망이나 이혼 또는 실제 거주하지 않은 경우에는 이사비(가재도구 등 이전비)는 지급되나 주거이전비 보상대상에서는 제외된다. 다만, 보상계약 체결시 실제 거주하였던 가족에 대해서는 주거이전비가 지급되며 이에 대한 상속도 가능할 것이다.

가구원수는 동일 주민등록표상에 등록된 가족수를 기준으로 산정하고 출생, 입양, 혼인 등으로 인하여 증가한 가족은 모두 포함된다.[755) 한편, 가구원수 산정과 관련하여 국토교통부 유권해석에 따르면 가족은 혈연관계 있는 가족뿐만 아니라 보육원(고아원) 원아 등 가족관계에 준하는 경우라면 무방하나, 일시 거주 양로원(노인주거복지시설)거주자, 여관객실의 장기투숙자 등은 제외되고 있다.[756]

질의회신

[질의회신] ▶ 주거용 건축물의 소유자인 아버지(어머니)는 거주하지 않고 그 아들이 거주하는 경우 그 아들에 대해 소유자의 가구원으로 보아 2개월분 또는 세입자로 보아 4개월분의 주거이전비를 지급하여야 하는지? [2008.7.17. 토지정책과-2033]

【회신내용】
주거용 건축물 소유자는 거주하지 아니하고 그 아들이 거주하는 경우에는 소유주의 가구원으로 보아 2개월의 주거이전비를 지급하여야 한다고 보며, 아들이 소유주와 적법한 임대차계약등에 의거 세입자로서 거주하고 있다면 4개월분의 주거이전비를 지급하여야 한다고 봅니다. 이때 적법한 세입자인지 여부 등은 민법 등 관계법령에 의거 사업시행자가 확인하여야 한다고 보며, 토지보상법 제93조의 규정에는 사위 그 밖의 부정한 방법으로 보상금을 받은 자에 대해서는 5년 이하의 징역 또는 3천만원 이하의 벌금에 처한다고 규정하고 있고(1호) 미수범은 이를 처벌한다(2호)고 되어 있음을 참고하시기 바랍니다.

---

② 한편, 주거용 건축물의 판단은 단순히 공부상의 용도만을 기준으로 할 것이 아니라 당해 건물의 구조, 형태, 관계 법령에서 허가나 신고 없이 용도변경이 가능한지 여부 및 임차인의 거주형태 등을 종합적으로 고려하여야 한다.

국토교통부 유권해석은 "건축물대장상 용도인 소매점(슈퍼)을 운영하고 있고, 그 부속용도인 점포에 딸린 방에 위 고시 있는 날 현재 4월 이상 거주한 경우에는 주거대책비 지급대상이 되며, 공공사업시행일 전부터 소매점영업을 하여온 경우라면 영업보상금의 지

---

755) 세입자의 주거이전비의 경우도 동일하다. 한편 보상실무상 사업시행자는 주거이전비 지급시에 향후 이주대책수립에 대비하여 「이주 및 생활대책 수립지침」별지 제3호 서식에 따른 이주대책대상자 예비심사서를 작성한다.

756) 1989.10.11. 토행 1254-89. ; 1998.2.16. 토정58342-197. ; 2006.12.1 토지정책팀-4501. ; 2009.5.21. 토지정책과-2389

급도 가능하다"(1999.3.22. 토정 58342-459)고 하였고, "주거용 건축물 이라 함은 공부상 단독·다세대·연립주택·아파트 및 이와 유사한 경우나, 건축법등 관계법령에 신고 등을 하지 아니하고 용도변경 할 수 있는 경우가 무허가 건축물 등에 해당되지 않는다면 주거용 건축물로 보아 주거이전비 지급이 가능할 것으로 본다"(2008.2.19. 토지정책과-817)고 하여 공부상 주거용 건축물로 등재되어 있지 않더라도 용도변경의 가능여부, 주거용도로 사용가능 여부에 따라 주거이전비 보상이 가능할 것이다.

또한, 주거이전비 보상대상자는 주거용 건축물의 소유자로서 거주하고 있어야 하나, <u>언제부터 거주하였는지에 관계없이 보상당시 해당 공익사업시행지구 내에 거주하기만 하면 보상대상자가 된다</u>. 이는 주거이전비가 실제 소요되는 비용에 대한 보상이기 때문이다. 다만, 판례는 「도시 및 주거환경정비법」상 소유자에 대한 주거이전비 보상은 "주거용 건축물에 대하여 <u>정비계획에 관한 공람공고일부터 해당 건축물에 대한 보상을 하는 때까지 계속</u>하여 소유 및 거주한 주거용 건축물의 소유자를 대상으로 한다"고 판시하고 있다.[757]

판례

[판례] ▶ 도시 및 주거환경정비법상 주거용 건축물의 소유자에 대한 주거이전비의 보상은 주거용 건축물에 대하여 정비계획에 관한 공람공고일부터 해당 건축물에 대한 보상을 하는 때까지 계속하여 소유 및 거주한 주거용 건축물의 소유자를 대상으로 하는지 여부(적극) [대법원 2016.12.15. 선고 2016두49754] (손실보상금)

【판결요지】

도시 및 주거환경정비법(이하 '도시정비법'이라 한다) 제40조 제1항에 의해 정비사업 시행에 관하여 준용되는 공익사업을 위한 토지 등의 취득 및 보상에 관한 법률 제78조 제5항은 "주거용 건물의 거주자에 대하여는 주거 이전에 필요한 비용과 가재도구 등 동산의 운반에 필요한 비용을 산정하여 보상하여야 한다."라고 규정하고, 구 공익사업을 위한 토지 등의 취득 및 보상에 관한 법률 시행규칙(2016.1.6. 국토교통부령 제272호로 개정되기 전의 것) 제54조 제1항은 "공익사업시행지구에 편입되는 주거용 건축물의 소유자에 대하여는 당해 건축물에 대한 보상을 하는 때에 가구원 수에 따라

---

757) 대법원 2016.12.15. 선고 2016두49754 판결

2월분의 주거이전비를 보상하여야 한다. 다만, 건축물의 소유자가 당해 건축물에 실제 거주하고 있지 아니하거나 당해 건축물이 무허가건축물등인 경우에는 그러하지 아니하다."라고 규정하고 있다. 여기서 위 각 규정을 준용하는 도시정비법상 주거용 건축물의 소유자에 대한 <u>주거이전비의 보상은 주거용 건축물에 대하여 정비계획에 관한 공람공고일부터 해당 건축물에 대한 보상을 하는 때까지 계속하여 소유 및 거주한 주거용 건축물의 소유자를 대상으로 한다.</u>

【판결이유】

도시정비법 제40조 제1항에 의해 정비사업 시행에 관하여 준용되는 토지보상법 제78조 제5항은 "주거용 건물의 거주자에 대하여는 주거 이전에 필요한 비용과 가재도구 등 동산의 운반에 필요한 비용을 산정하여 보상하여야 한다."라고 규정하고, 구 공익사업을 위한 토지 등의 취득 및 보상에 관한 법률 시행규칙(2016.1.6. 국토교통부령 제272호로 개정되기 전의 것, 이하 '토지보상법 시행규칙'이라 한다) 제54조 제1항은 "공익사업시행지구에 편입되는 주거용 건축물의 소유자에 대하여는 당해 건축물에 대한 보상을 하는 때에 가구원수에 따라 2월분의 주거이전비를 보상하여야 한다. 다만, 건축물의 소유자가 당해 건축물에 실제 거주하고 있지 아니하거나 당해 건축물이 무허가건축물등인 경우에는 그러하지 아니하다."라고 규정하고 있다. <u>여기서 위 각 규정을 준용하는 도시정비법상 주거용 건축물의 소유자에 대한 주거이전비의 보상은 주거용 건축물에 대하여 정비계획에 관한 공람공고일부터 해당 건축물에 대한 보상을 하는 때까지 계속하여 소유 및 거주한 주거용 건축물의 소유자를 대상으로 한다고 해석된다</u>(대법원 2015.2.26. 선고 2012두19519 판결 등 참조).
<u>원고가 건축물에 대한 협의 매도나 보상이 이루어지기 전에 이미 해당 건축물에서 이주함으로써 공람공고일부터 해당 건축물에 대한 보상을 하는 때까지 계속하여 거주한 주거용 건축물 소유자에 해당하지 않는다는 점은 앞서 본 바와 같으므로, 위 법리에 따르면 원고는 도시정비법상 주거이전비의 지급대상자에 해당한다고 볼 수 없다.</u>

한편, 최근(2016.1.6) 토지보상법 시행령이 공익사업시행지구 안의 주거용 건축물 소유자로서 같은 공익사업시행지구 안에서 타인의 주거용 건축물에 거주하는 자를 이주대책 대상자에 포함하는 내용으로 개정되어 동법 시행규칙 제54조 제1항 단서 규정도 개정되

어 공익사업시행지구에 편입되는 주거용 건축물의 소유자가 해당 건축물에 실제 거주하지 아니하더라도 공익사업시행지구 내 타인의 건축물에 실제 거주하고 있는 경우에는 본인 소유의 주거용 건축물에 거주한 것으로 간주하여 2개월분의 주거이전비의 보상을 받을 수 있게 되었다(시행규칙 제54조 제1항 단서).

③ 이주대책 대상자인 세입자는 주거이전비 보상대상에서 제외됨에 반해(시행규칙 제54조제2항 본문) **건물소유자**에 대한 주거이전비는 이주자택지공급, 주택특별공급(분양아파트 입주권 부여), 이주정착금, 이사비 지급과는 별도로 지급한다. 사업인정고시일 등 현재 사업지구내 주거용 건축물의 소유하고 실제 거주하다가 당해사업시행으로 인하여 보상을 받고 이주하는 자(다만, 건물소유자가 실제 거주하고 있지 아니하거나 1989.1.25. 이후 건축된 무허가건물에 거주한 자는 제외)를 대상으로 『통계법』제3조제3호에 따른 통계청이 조사·발표하는 가계조사통계의 **도시근로자가구의 가구원수별 월평균 명목 가계지출비**[758]를 기준으로 산정한다. 이 경우 가구원수가 5인인 경우에는 5인 이상 기준의 월평균 가계지출비를 적용하며, 가구원수가 6인 이상인 경우에는 5인 이상 기준의 월평균 가계지출비에 5인을 초과하는 가구원수에 다음의 산식에 의하여 산정한 1인당 평균비용을 곱한 금액을 더한 금액으로 산정한다(시행규칙 제54조 제4항).

> ▶ **1인당 평균비용** = (5인 이상 기준의 도시근로자가구 월평균 가계지출비 − 2인 기준의 도시근로자가구 월평균 가계지출비) ÷ 3

다만, 주거이전비 산정의 근거법령인 토지보상법 시행규칙 제54조(주거이전비의 보상)는 5차례의 개정(2007.4.12., 2009.11.13., 2012.1.2., 2016.1.6., 2020.12.11.)으로 세입자에 대한 주거이전비 대상자(무허가건축물 세입자, 무상사용 세입자의 배제여부), 지급금액(월 평균 가계지출 3개월 또는 4개월분), 가구원수별 주거이전비 산정방법(가구원수가 1인, 7인, 6인, 5인 이상의 경우), 공익사업시행지구 안의 주거용 건축물 소유자

---

758) 도시근로자가구 가구원수별 월평균 가계지출비 검색방법: 통계청 국가통계포털(http://www.kosis.kr)접속→화면상단 좌측 국내통계→주제별통계→물가·가계→가계→가계소득지출→가계동향조사(신분류) 등 참조

로서 같은 공익사업시행지구 안에서 타인의 주거용 건축물에 거주하는 자의 이주대책대상자 포함여부 등 어느 시점의 시행규칙이 적용되는지에 따라 주거이전비 대상자 포함여부 및 그 금액의 액수가 변동되었고 이를 개정순서로 보면 다음과 같다.

■ 주거이전비 보상(토지보상법 시행규칙 제54조)의 개정연혁

(1) 2007.4.12. 개정 전 토지보상법 시행규칙 제54조 (주거이전비의 보상)

① 공익사업시행지구에 편입되는 주거용 건축물의 소유자에 대하여는 당해 건축물에 대한 보상을 하는 때에 가구원수에 따라 2월분의 주거이전비를 보상하여야 한다. 다만, 건축물의 소유자가 당해 건축물에 실제 거주하고 있지 아니하거나 당해 건축물이 무허가건축물등인 경우에는 그러하지 아니하다.

② 공익사업의 시행으로 인하여 이주하게 되는 주거용 건축물의 세입자로서 사업인정고시일등 당시 또는 공익사업을 위한 관계법령에 의한 고시 등이 있은 당시 당해 공익사업시행지구 안에서 3월 이상 거주한 자에 대하여는 가구원수에 따라 **3월분**의 주거이전비를 보상하여야 한다. 다만, 다른 법령에 의하여 주택입주권을 받았거나 무허가건축물등에 입주한 세입자에 대하여는 그러하지 아니하다.

③ 제1항 및 제2항의 규정에 의한 주거이전비는 「통계법」 제3조제4호의 규정에 의한 통계작성기관이 조사·발표하는 도시가계조사통계의 근로자가구의 가구원수별 월평균 가계지출비를 기준으로 산정한다. 이 경우 가구원수가 1인인 경우에는 2인 기준의 월평균 가계지출비에서 다음의 산식에 의하여 산정한 1인당 평균비용을 뺀 금액으로 하고, 가구원수가 **7인 이상인 경우**에는 6인 기준의 월평균 가계지출비에 6인을 초과하는 가구원수에 다음의 산식에 의하여 산정한 1인당 평균비용을 곱한 금액을 더한 금액으로 산정한다. 〈개정 2005.2.5.〉

1인당 평균비용=(6인 기준의 근로자가구 월평균 가계지출비－2인 기준의 근로자가구 월평균 가계지출비)÷4

(2) 2009.11.13. 개정 전 토지보상법 시행규칙 제54조 (주거이전비의 보상)

② 공익사업의 시행으로 인하여 이주하게 되는 주거용 건축물의 세입자로서 사업인정고시일등 당시 또는 공익사업을 위한 관계법령에 의한 고시 등이 있은 당시 당해

공익사업시행지구안에서 3월 이상 거주한 자에 대하여는 가구원수에 따라 **4개월분**의 주거이전비를 보상하여야 한다. 다만, 무허가건축물등에 입주한 세입자로서 사업인정고시일등 당시 또는 공익사업을 위한 관계법령에 의한 고시 등이 있은 당시 그 공익사업지구 안에서 1년 이상 거주한 세입자에 대하여는 본문에 따라 주거이전비를 보상하여야 한다. 〈개정 2007.4.12.〉

③ 제1항 및 제2항에 따른 주거이전비는 「통계법」 제3조제3호에 따른 통계작성기관이 조사·발표하는 가계조사통계의 도시근로자가구의 가구원수별 월평균 가계지출비를 기준으로 산정한다. 이 경우 가구원수가 1인인 경우에는 2인 기준의 월평균 가계지출비에서 다음의 산식에 의하여 산정한 1인당 평균비용을 뺀 금액으로 하고, 가구원수가 **6인인 경우**에는 6인 이상 기준의 월평균 가계지출비를 적용하며, 가구원수가 **7인 이상인 경우**에는 6인 이상 기준의 월평균 가계지출비에 6인을 초과하는 가구원수에 다음의 산식에 의하여 산정한 1인당 평균비용을 곱한 금액을 더한 금액으로 산정한다. 〈개정 2005.2.5., 2007.4.12., 2008.4.18.〉

<u>1인당 평균비용 = (6인 이상 기준의 도시근로자가구 월평균 가계지출비 − 2인 기준의 도시근로자가구 월평균 가계지출비) ÷ 4</u>

(3) 2012.1.2. 개정 전 토지보상법 시행규칙 제54조 (주거이전비의 보상)

③ 제1항 및 제2항에 따른 주거이전비는 「통계법」 제3조제3호에 따른 통계작성기관이 조사·발표하는 가계조사통계의 도시근로자가구의 가구원수별 월평균 가계지출비를 기준으로 산정한다. 이 경우 가구원수가 **5인인 경우**에는 5인 이상 기준의 월평균 가계지출비를 적용하며, 가구원수가 **6인 이상인 경우**에는 5인 이상 기준의 월평균 가계지출비에 5인을 초과하는 가구원수에 다음의 산식에 의하여 산정한 1인당 평균비용을 곱한 금액을 더한 금액으로 산정한다. 〈개정 2009.11.13.〉

<u>1인당 평균비용 = (5인 이상 기준의 도시근로자가구 월평균 가계지출비 − 2인 기준의 도시근로자가구 월평균 가계지출비) ÷ 3</u>

(4) 2016.1.6. 개정 전 토지보상법 시행규칙 제54조(주거이전비의 보상)

① 공익사업시행지구에 편입되는 주거용 건축물의 소유자에 대하여는 해당 건축물에 대한 보상을 하는 때에 가구원수에 따라 2개월분의 주거이전비를 보상하여야 한

다. 다만, 건축물의 소유자가 해당 건축물 **또는 공익사업시행지구 내 타인의 건축물**에 실제 거주하고 있지 아니하거나 해당 건축물이 무허가건축물등인 경우에는 그러하지 아니하다. 〈개정 2016.1.6.〉

② 공익사업의 시행으로 인하여 이주하게 되는 주거용 건축물의 세입자**(법 제78조제1항에 따른 이주대책대상자인 세입자는 제외한다)**로서 사업인정고시일등 당시 또는 공익사업을 위한 관계법령에 의한 고시 등이 있은 당시 해당 공익사업시행지구안에서 3개월 이상 거주한 자에 대하여는 가구원수에 따라 4개월분의 주거이전비를 보상하여야 한다. 다만, 무허가건축물등에 입주한 세입자로서 사업인정고시일등 당시 또는 공익사업을 위한 관계 법령에 따른 고시 등이 있은 당시 그 공익사업지구 안에서 1년 이상 거주한 세입자에 대해서는 본문에 따라 주거이전비를 보상해야 한다. 〈개정 2007.4.12., 2016.1.6.〉

③ 제1항 및 제2항에 따른 주거이전비는 「통계법」 제3조제3호에 따른 통계작성기관이 조사·발표하는 가계조사통계의 도시근로자가구의 가구원수별 월평균 **명목** 가계지출비(이하 이 항에서 "월평균 가계지출비"라 한다)를 기준으로 산정한다. 이 경우 가구원수가 5인인 경우에는 5인 이상 기준의 월평균 가계지출비를 적용하며, 가구원수가 6인 이상인 경우에는 5인 이상 기준의 월평균 가계지출비에 5인을 초과하는 가구원수에 다음의 산식에 의하여 산정한 1인당 평균비용을 곱한 금액을 더한 금액으로 산정한다. 〈개정 2009.11.13., 2012.1.2.〉

1인당 평균비용 = (5인 이상 기준의 도시근로자가구 월평균 가계지출비 − 2인 기준의 도시근로자가구 월평균 가계지출비) ÷ 3

(5) 2020.12.11. 개정 전 토지보상법 시행규칙 제54조(주거이전비의 보상)

② 공익사업의 시행으로 인하여 이주하게 되는 주거용 건축물의 세입자(**무상으로 사용하는 거주자를 포함하되**, 법 제78조제1항에 따른 이주대책대상자인 세입자는 제외한다)로서 사업인정고시일등 당시 또는 공익사업을 위한 관계법령에 의한 고시 등이 있은 당시 해당 공익사업시행지구안에서 3개월 이상 거주한 자에 대하여는 가구원수에 따라 4개월분의 주거이전비를 보상하여야 한다. 다만, 무허가건축물등에 입주한 세입자로서 사업인정고시일등 당시 또는 공익사업을 위한 관계 법령에 따른 고시 등이 있은 당시 그 공익사업지구 안에서 1년 이상 거주한 세입자에 대해서는 본문에 따

라 주거이전비를 보상해야 한다. 〈개정 2007.4.12., 2016.1.6., 2020.12.11.〉

③ 제1항 및 제2항에 따른 **거주사실의 입증은** 제15조제1항 각 호의 방법으로 할 수 있다. 〈신설 2020.12.11.〉

④ 제1항 및 제2항에 따른 주거이전비는 「통계법」 제3조제3호에 따른 통계작성기관이 조사·발표하는 가계조사통계의 도시근로자가구의 가구원수별 월평균 명목 가계지출비(이하 이 항에서 "월평균 가계지출비"라 한다)를 기준으로 산정한다. 이 경우 가구원수가 5인인 경우에는 5인 이상 기준의 월평균 가계지출비를 적용하며, 가구원수가 6인 이상인 경우에는 5인 이상 기준의 월평균 가계지출비에 5인을 초과하는 가구원수에 다음의 산식에 의하여 산정한 1인당 평균비용을 곱한 금액을 더한 금액으로 산정한다. 〈개정 2009.11.13., 2012.1.2., 2020.12.11.〉

1인당 평균비용 = (5인 이상 기준의 도시근로자가구 월평균 가계지출비 − 2인 기준의 도시근로자가구 월평균 가계지출비) ÷ 3

질의회신

[질의회신] ▶ 2006년경 주거용 건물에 대한 보상은 완료되었고 2008년경에 이주하였으나, 당시 주거이전비와 이사비를 보상하지 아니한 경우 당해 <u>보상금의 적용 기준시점</u>? [2010.11.22. 토지정책과─5444]

【회신내용】

토지보상법 제2조제6호의 규정에 의하면 가격시점이라 함은 제67조제1항에 의한 보상액의 산정기준이 되는 시점을 말하며, 같은 법 제67조제1항에 의하면, 보상액의 산정은 협의에 의한 경우에는 협의시점 당시의 가격을, 재결에 의한 경우에는 수용 또는 사용의 재결 당시의 가격을 기준으로 하도록 규정하고 있습니다. 따라서 주거이전비 및 이사비는 공익사업의 시행으로 인하여 이주하는 주거용 건축물의 소유자와 세입자에게 지급되는 보상으로서, 이때, **가격시점은 이주하는 당시를 '협의성립 당시의 가격'으로 보아 보상액을 산정하여야 할 것**으로 보나, 개결적인 사례가 이에 해당하는지 여부는 사업시행자가 관계규정 및 사실관계 등을 조사하여 판단하시기 바랍니다.

※ 가구원수에 따른 주거이전비 산정액(단위:원) (2021.7.1. 기준)[759]						
가구원수 구분	1인	2인	3인	4인	5인	6인
소유자 (2월분)	4,430,730	6,643,160	9,347,240	11,091,300	11,712,210	13,401,900
세입자 (4월분)	8,861,460	13,286,320	18,694,480	22,182,610	23,424,430	26,803,800

소유자(2월분): 7인(15,091,580원), 8인(16,781,260원), 9인(18,470,950원)

세입자(4월분): 7인(30,183,160원), 8인(33,562,530원), 9인(36,941,900원)

○ 이 기준은 일률적인 것이 아니며, 각 사업시행 지구마다 다를 수 있다.

○ 이주비 지급시기는 소유자와 세입자 모두가 당해 사업지구 밖으로 이주하고 주민등록이전 확인 후 지급한다.

다. 세입자에 대한 주거이전비

① 사업인정고시일등 당시 또는 공익사업을 위한 관계법령에 의한 고시 등[760]이 있은 당시 **3개월 이전부터 최초 보상개시일까지 계속**하여 당해 사업지구 내에 주거용 건축물에 거주한 세입자에 대하여는 가구원수에 따라 **4개월분**의 주거이전비를 보상하여야 한다. 다만 1989. 1. 25. 이후 건축된 무허가건축물에 입주한 세입자에 대해서는 세입자 주거이전비 보상대상에서 제외되었으나, 현재(2007.4.12. 토지보상법 시행규칙 개정)는 무허가건축물 등(불법용도변경 건축물 포함)에 입주한 세입자로서 기준일 당시 그 공익사업지구 내에서 1년 이상 거주하였다면 건물소유자와 같은 동일한 산정방법에 의해 가구원수에 따라 산정한 **4개월분**의 주거이전비를 보상받는다.[761] (시행규칙 제54조 제2항).

---

759) LH – 분기별 법정보상비 산정금액(2021년 3/4분기 법정보상비) 참조
760) 보통은 택지개발예정지구지정 공람공고일이 기준일이 된다.
761) 또한, 종전에는 세입자가 임대주택을 특별공급 받는 경우(이주대책대상자인 세입자)에는 주거이전비를 지급받지 못했으나, 현재는 임대주택을 특별공급 받는 경우에도 주거이전비를 보상받게 되었다.(2007.4.12. 시행규칙 제54조 제2항 단서조항 삭제)

건축물 구분	소유구분	거주요건	주거이전비 보상여부	
			개정전	개정후
'89.1.24 이전 건축된 무허가 건축물 (적법건축물)	소유자	당해 건축물에 대한 보상시 거주	○	○
	세입자	고시 등이 있은 당시 3월 이상 거주	○	○
'89.1.25 이후 건축된 무허가 건축물 (불법용도변경 건축물 포함)	소유자	–	×	×
	세입자	고시 등이 있은 당시 1년 이만 거주	×	×
		고시 등이 있은 당시 1년 이상 거주	×	○ ('07.4.12 개정)

② 주거용 건축물에 거주하는 세입자의 범위와 관련하여 <u>타인 소유의 주거용 건물에 거주하면 되므로 전세보증금 유무는 무관</u>하다. 그러나, 자취방 거주 학생 등에 대한 주거이전비 보상과 관련하여 종래 유권해석은 "학업관계로 자취하는 학생의 경우 당해 공공사업으로 종전과 동일한 생활을 유지하는데 어려움이 있다고 볼 수 없어 이사비 지급(가재도구 등 동산의 운반에 필요한 실비로서의 이사비)는 가능하나 주거이전비 지급은 불가하다"(1999.4.21. 토정 58342-715)고 해석한 반면에 국민권익위원회의 시정권고[763]와 하급심 판례[764]는 주거이전비 대상이 된다고 판단한 바 있다. 한편, 회사사택의 거주형태가 세입자로 볼 수 있는 경우,[765] 교회 사택이 주거용 건물에 해당되고 이에 거주하는 자가 주거이전비 지급요건에 부합하는 경우,[766] 그 외 자연재해, 구속수감, 취학·입원등 일시적으로 사업지구외에 거주하는 경우,[767] 국내에 체류중인 재외국민,[768] 주거

---

762) 한국토지주택공사, 앞의 책, 2016, 389면
763) 2010.3.16. 국민권익위 2BA-1001-046672: 토지보상법령에 학생 및 단독세대주라는 직업·신분에 따른 주거이전비 지급제한이 없음에도 불구하고 평등의 원칙에 반한 합리적인 이유 없는 차별을 하는 것이다.
764) 수원지방법원 2010.11.10. 선고 2010구합11635: 당해 근거지를 근거로 독립적인 생계활동을 하였는지 여부, 실제 학업활동의 어려움 여부에 불문하고 거주기간의 요건이 충족된 세입자는 주거이전비 지급대상에 해당한다고 봄이 타당하다.
765) 2000.11.15. 토관 58342-1725
766) 1996.7.1. 택지 58540-386

이전비 지급요건에 부합하는 불법체류 외국인이 아닌 외국인[769])에 대해서는 주거이전비 보상이 가능하다는 유권해석이 있다.

이와 관련하여, 최근(2020.12.11) <u>주거이전비 보상 대상인 세입자에 무상으로 사용하는 거주자를 명문으로 포함하는</u> 토지보상법 시행규칙 개정이 있어 세입자의 주거용 건축물의 소유자에 대한 보증금 내지 차임지급 유무는 세입자의 주거이전비 보상대상 여부와 무관한 것이 되었다(시행규칙 제54조 제2항 본문).

③ '관계 법령에 의한 고시 등'에는 사업지역 지정 고시일 뿐만 아니라 고시를 하기 전에 관계 법령에 의해 공람공고 절차를 거친 경우에는 그 **공람공고일**도 보상기준일로 볼 수 있다.[770])

판례

[판례] ▸ '관계 법령에 의한 고시 등'에는 사업지역 지정 고시를 하기 전의 관계 법령에 의한 공람공고일도 포함된다. [**부산지법 2008.8.22. 선고 2008나2279**]

【판결요지】

「토지보상법 시행규칙」 제54조제2항은 세입자에 대한 주거이전비 보상대상을 "사업인정고시일 등 당시 또는 공익사업을 위한 관계 법령에 의한 고시 등이 있은 당시 당해 공익사업시행지구 안에서 3월 이상 거주한 자"로 규정하는바,

위 규정이 주거이전비 보상 기준일을 "고시가 있은 날"이 아니라 "<u>고시 등이 있은 날</u>"로 규정한 취지는, <u>토지수용절차에 같은 법을 준용하는 '관계 법령' 중에는 바로 사업인정고시를 할 뿐 고시 이전에 주민 등에 대한 공람공고를 예정하지 아니한 법률이 있는 반면, 사업인정고시 이전에 주민 등에 대한 공람공고를 예정한 법률도 있기 때문에, 그러한 경우를 모두 포섭하기 위한 것으로 보일 뿐만 아니라,</u> 고시가 있기 전이라도 재개발사업의 시행이 사실상 확정되고 외부에 공표되어 누구나 사업 시행 사

---

767) 2003.2.25. 토관 58342-285. ; 2001.12.18. 토관 58342-1904
768) 1999.4.20. 토정 58342-704
769) 2001.4.27. 토관 58342-652
770) 부산지법 2008.8.22. 선고 2008나2279 판결

실을 알 수 있게 된 후 재개발사업지역 내로 이주한 자를 주거이전비 보상 대상자로 보호할 필요는 없는데다가, 재개발사업이 있을 것을 알고 **보상금을 목적**으로 재개발사업예정지역에 이주, 전입하는 것을 방지함으로써 정당한 보상을 하기 위함이라고 볼 것이므로, "고시 등이 있은 날"에는 재개발사업지역 지정 고시일뿐만 아니라 고시를 하기 전에 관계 법령에 의해 공람공고 절차를 거친 경우에는 그 **공람공고일도 포함**된다고 보아야 할 것이어서, 고시 전에 관계 법령에 따른 공람공고 절차를 거친 때에는 그 공람 공고일을 보상기준일로 볼 수 있다. 또한, 위 규정의 "3월 이상 거주"라 함은 실제로 그곳에 거주하는 것을 말하는 것이지, 그곳에 주민등록이 되어 있는 것을 말하는 것이 아니므로, 주민등록상 등재 여부 및 다른 여러 가지 사정에 비추어 실제 거주 여부를 판단하여야 한다.

④ 판례는 세입자에 대해서는 거주 개시시점은 규정하고 있으나 거주 종료시점은 규정하고 있지 않으므로 보상 당시까지 거주하지 않아도 무방하다[771]고 하였으나, 공부상 주거용 용도가 아닌 건축물을 임차한 후 세입자가 임의로 주거용으로 용도를 변경하여 거주한 경우에는 사업인정고시일 등 당시 또는 공익사업을 위한 관계법령에 의한 고시 등이 있은 당시 그 공익사업지구 안에서 1년 이상 거주한 경우에도 주거이전비 보상대상자에서 제외된다고 판시하고 있다.[772]

한편, 건물소유자에 대한 주거이전비는 이주자택지공급, 주택특별공급(분양아파트 입주권 부여), 이주정착금, 이사비 지급과는 별도로 보상되고 있다. 그러나, 세입자는 토지보상법 제78조제1항에 따른 이주대책 대상자에 포함되면 주거이전비 보상대상에서 제외되고 있다(시행규칙 제54조제2항 본문). 세입자가 이주대책 대상자에 포함되었다는 이유로 세입자의 주거이전비를 법령으로 박탈하는 것은 명분과 이유가 불명확할 뿐만 아니라 건물소유자에 비해 경제적 지위가 약한 세입자를 건물소유자와 차별할 근거도 희박하다. 따라서 이에 대한 연구 및 향후 법령개정도 검토될 사항이다.

---

771) 대법원 2012.2.23 선고 2011두23603 판결
772) 대법원 2013.5.23. 선고 2012두11072 판결

[판례1] ▶ 세입자에 대한 주거이전비는 계속 거주를 요건으로 하지 않는다.
[대법원 2012.2.23 선고 2011두23603]

【판결요지】
주거이전비는 당해 공익사업시행지구 안에 거주하는 세입자들의 조기이주를 장려하여 사업을 원활하게 추진하려는 정책적인 목적을 가지면서 동시에 주거이전으로 인하여 특별한 어려움을 겪게 될 세입자들을 대상으로 하는 사회보장적인 차원에서 지급하는 성격의 것인 점(대법원 2006.4.27. 선고 2006두2435판결 등 참조) 등을 종합하면, 도시정비법상 주거용 건축물의 세입자가 주거이전비를 보상받기 위하여 반드시 정비사업의 시행에 따른 관리처분계획인가고시 및 그에 따른 주거이전비에 관한 보상계획의 공고일 내지 그 산정통보일까지 계속 거주하여야 할 필요는 없다고 할 것이다.

[판례2] ▶ '무허가건축물 등에 입주한 세입자'의 의미
[대법원 2013.5.23. 선고 2012두11072]
【판결요지】
원고는 공부상 주거용 용도가 아닌 이 사건 건물을 임차한 후 임의로 주거용으로 용도를 변경하여 사용한 세입자로서 구법 시행규칙 제54조 제2항 단서가 정한 '무허가건축물 등에 입주한 세입자'에 해당한다고 볼 수 없으므로 공익사업법 소정의 주거이전비 보상 대상자에서 제외된다고 할 것이다.

[판례3] ▶ 사업시행자로부터 임시수용시설을 제공받는 세입자
[대법원 2011.7.14 선고 2011두3685]
【판결요지】
도시정비법 규정에 의하여 사업시행자로부터 임시수용시설을 제공받는 세입자라 하더라도 공익사업법 및 공익사업법 시행규칙에 의한 주거이전비를 별도로 청구할 수 있다고 봄이 타당하다. 사업시행자의 세입자에 대한 주거이전비 지급의무를 규정하고 있는 공익사업법 시행규칙 제54조 제2항은 당사자의 합의 또는 사업시행자의 재

량에 의하여 그 적용을 배제할 수 없는 **강행규정**이라고 보아야 할 것이다.

[판례4] ▶ 소유자 또는 세입자만이 주거이전비 청구가 가능하다.

[대법원 2011. 8. 25 선고 2010두4131]

【판결요지】

주거이전비는 가구원 수에 따라 소유자 또는 세입자에게 지급되는 것으로서 소유자와 세입자가 지급청구권을 가지는 것으로 보아야 하므로, 소유자 또는 세입자가 아닌 가구원은 사업시행자를 상대로 직접 주거이전비 지급을 구할 수 없다

재결례

[재결례1] ▶ 무허가건축물 등에 입주한 세입자의 주거이전비 보상 요건

[중토위 2017. 8. 10.]

【재결요지】

○○○은 주거이전비를 지급하여 달라는 주장에 대하여는

법 시행규칙 제54조제2항의 규정에 의하면 공익사업의 시행으로 인하여 이주하게 되는 주거용 건축물의 세입자(법 제78조제1항에 따른 이주대책대상자인 세입자는 제외한다)로서 사업인정고시일등 당시 또는 공익사업을 위한 관계법령에 의한 고시 등이 있은 당시 해당 공익사업시행지구 안에서 3개월 이상 거주한 자에 대하여는 가구원수에 따라 4개월분의 주거이전비를 보상하여야 하다. 다만, 무허가건축물등에 입주한 세입자로서 사업인정고시일 등 당시 또는 공익사업을 위한 관계법령에 의한 고시 등이 있은 당시 그 공익사업지구 안에서 1년 이상 거주한 세입자에 대하여는 본문에 따라 주거이전비를 보상하여야 한다고 되어 있다.

또한, 「도시 및 주거환경정비법 시행규칙」 제9조의2제3항의 규정에 의하면 주거이전비의 보상은 법 제54조제2항 본문에도 불구하고 「도시 및 주거환경정비법 시행령」 제11조에 따른 **공람공고일** 현재 해당 정비구역에 거주하고 있는 세입자를 대상으로 한다고 되어 있다.

관계자료(현장사진, 건축물대장, 주민등록초본, 사업시행자 의견서 등)에 의하면, ○○○은 전북 익산 ○○로5길 31 지상에 근린생활시설 2층을 허가 없이 용도변경

하여 주거용으로 사용하고 있는 무허가건축물의 세입자로서 2012.12.3. 전입하여 **공람공고일 2013.9.9. 기준으로 공익사업지구 안에서 1년 이상 거주한 세입자에 해당되지 아니하므로 신청인의 주장을 기각하기로 의결한다.**

[재결례2] ▶ 자기 소유 주택을 매도 후 세입자로 계속 거주해 온 경우에는 실비변상적 보상으로서 주거이전비를 지급함이 타당하다. [중토위 2019.6.13.]

【재결요지】

토지보상법상 주거이전비는 공익사업 시행으로 인하여 부득이하게 이주하게 된 주거용 건축물의 거주자에 대한 실비변상적 성격의 보상으로 보며, 세입자로서의 주거이전비 보상 대상을 한정하고 있는 법 시행규칙 제54조제2항 규정의 취지는 보상만을 목적으로 당해 사업지구에 이주, 전입하는 것을 방지함으로써 정당한 보상을 하기 위함으로 판단된다.

따라서 본 사안과 같이 자기 소유 주택을 매도 후 세입자로 계속 거주해 온 경우에는 실비변상적 보상으로서 주거이전비를 지급함이 타당하며, 법 시행규칙 제54조제2항 규정의 취지를 감안하여 볼 때 <u>소유 주택 거주기간까지 포함(2000.8.3.~2017.9. 3.)하여 공람공고일(2008.1.21) 기준 3개월 이상 거주한 자에 해당한다면 보상대상으로 봄이 타당하므로 가구원수에 따른 4개월분의 세입자 주거이전비를 보상하기로</u> 한다.

⑤ 사업시행자가 보상금을 확정하여 협의 통지한 경우 통지일부터 1년 안에 산정기준(통계)이 낮게 변경된 경우에는 <u>당초 협의통지금액으로 보상하여야 한다.</u>[773]

유권해석

[유권해석] ▶ 「통계에 의한 손실보상금 산정기준 적용지침」 알림
[2011.9.25. 토지정책과—4593]

---

773) 2011.9.25. 토지정책과—4593

【알림내용】

통계에 따라 보상금액을 산정·확정하여 협의통지를 한 경우 <u>통지일로부터 1년</u>(토지 등 감정평가로 산정하는 보상금은 1년 경과시 재평가하고 있는 사례를 고려) <u>안에 산정기준(통계)이 낮게 변경되어 보상금액이 낮아진 경우에는 당초 협의통지금액으로 보상하도록 하는</u> 내용의 「통계에 의한 손실보상금 산정기준 적용지침」을 붙임과 같이 마련하여 알려드리니, 이행에 철저를 기하여 주시기 바랍니다.

   □ 적용대상

   ○ 사업시행자가 통계기관의 [발표]자료를 기준으로 산정하는 손실보상금

   - 영농손실보상(규칙 제48조①), 일정조건의 영업보상금(규칙 제46조③), 제47조
     ⑤), 주거이전비(규칙 제54조③), 영업보상 특례보상(규칙 제52조), 이농·이어비
     (규칙 제56조) 등

   □ 보상기준

① 산정기준(통계) 변경으로 가격이 하락한 경우

 - 사업시행자가 보상금을 확정하여 협의 통지한 경우 통지일부터 1년 안에 산정기준(통계)이 **낮게 변경**된 경우에는 당초 통지 금액으로 보상

② 산정기준(통계) 변경으로 가격이 상승한 경우

 - 사업시행자가 보상금을 확정하여 협의통지한 이후 산정기준(통계)이 **높게 변경**된 경우에는 변경된 기준을 적용하여 산정한 금액으로 보상

③ 적용대상 : 2011.10.1.부터 협의계약을 체결하는 분부터 적용

질의회신

[질의회신1] ▶ 건물주가 건물을 매도하고 세입자로 거주하는 경우 주거이전비 지급여부

[2009.10.1. 토지정책과-4612]

【회신내용】

당해 사업시행지구안에서 자기 소유주택을 매도하고 세입자로 거주한 경우 고시 등이 있은 당시 <u>자기 주택 거주기간을 포함하여 3월 이상 거주한</u> 경우 주거이전비 보

상대상에 해당된다고 봄

[질의회신2] ▶ 세입자의 자녀가 전입일자를 달리하여 각각 별도의 세대를 구성하고 거주하는 경우 주거이전비 산정방법은? [2011.5.16. 토지정책과－2285]

【회신내용】
질의의 경우와 같이 세입자(모)와 직계존비속 관계에 있으며, 전입일자를 달리하여 각각 주민등록상 별도의 세대를 이루고 있을지라도 거실, 주방, 화장실 등 주거공간을 공동으로 이용하고 있을 경우(동일한 주거공간을 향유) 동일한 세대로 보아 세입자 세대원수에 합산하여 주거이전비를 지급하여야 한다고 봄

[질의회신3] ▶ 공익사업에 따른 협의 또는 재결 당시를 기준으로 거주요건 등을 만족한다면 그에 따라 보상하여야 한다. [2018.8.6. 토지정책과－5020]

【질의요지】
거주자 전입(2011.8), 지구지정공람공고(2015.8), 사업인정고시(2015.12), 거주자 주택 매도(2016.4) 후 계속거주, 보상협의를 진행(2016.12)하는 경우 주거이전비 보상은?

【회신내용】
토지보상법 시행규칙 제54조제1항에서 공익사업시행지구에 편입되는 주거용 건축물의 소유자에 대하여 는 해당 건축물에 대한 보상을 하는 때에 가구원수에 따라 2개월분의 주거이전비를 보상하여야 한다. 다만, 건축물의 소유자가 해당 건축물 또는 공익사업시행지구 내 타인의 건축물에 실제 거주하고 있지 아니하거나 해당 건축물이 무허가건축물등인 경우에는 그러하지 아니하도록 하고 있으며,
토지보상법 시행규칙 제54조제2항에 따르면 공익사업의 시행으로 인하여 이주하게 되는 주거용 건축물의 세입자로서 사업인정고시일등 당시 또는 공익사업을 위한 관계법령에 의한 고시 등이 있은 당시 당해 공익사업시행지구안에서 3월 이상 거주한 자에 대하여는 가구원수에 따라 4개월분의 주거이전비를 보상 하도록 하고 있습니다.

따라서 토지보상법에 따른 주거이전비는 동 규정에 따라 보상하여야 할 것으로, 공익사업에 따른 **협의 또는 재결 당시를 기준**으로 거주요건 등을 만족한다면 그에 따라 보상하여야 할 것으로 보며, 개별적인 사례에 대하여는 사업시행자가 관계법령 및 거주현황 등을 검토하여 판단할 사항으로 봅니다.

[질의회신4] ▶ 부친의 소유의 집에 자녀가 거주할 경우, 해당 자녀가 주거용 건축물의 세입자로 볼 근거가 없다면 건축물 소유자의 가구원으로 보상이 가능하다. [2018.8.6. 토지정책과-5020]

【질의요지】
부친 소유의 집에 자녀(세대주), 세대주의 배우자 등이 거주하고, 부모와 세대주의 형제는 거주여부가 불명확한 경우 주거이전비 보상 기준은?

【회신내용】
주거이전비는 주거용 건축물에서 실제 거주하고 있는 자가 공익사업으로 인하여 이주하는 경우에 지급하여야 할 것으로 보며, 다만, 세입자로 볼만한 근거가 없다면 건축물 소유자의 가구원으로 보아 보상이 가능할 것으로 사료되며, 기타 개별적인 사례에 대하여는 관계법령, 권리관계 및 거주현황 등을 검토하여 판단할 사항으로 봅니다.

[질의회신5] ▶ 질병으로 인한 요양 등의 경우 계속 거주하지 않았으나 예외적으로 대상자에 포함하는 것이고, 실제 거주하지 아니한 자는 주거이전비 보상대상에 해당하지 아니한다. [2018.8.20. 토지정책과-5588]

【질의요지】
(1) 토지보상법 시행령 제40조제5항과 관련하여 질병으로 인한 요양 등의 경우 계속하여 거주한 것으로 보는 것인지 아니면 계속 거주는 인정하지 않지만 이주대책 대상자로 선정하는 것인지?
(2)   토지보상법 시행령 제40조의 예외사유 해당한다면 실제 거주한 것으로 보아 주거이전비를 보상하여야 하는지?

【회신내용】

(1) 「공익사업을 위한 토지 등의 취득 및 보상에 관한 법률」(이하 "토지보상법"이라 함) 시행령 제40조제3항에서 해당 건축물에 공익사업을 위한 관계 법령에 따른 고시 등이 있은 날(이하 "이주대책기준일"이라 함)부터 계약체결일 또는 수용재결일까지 계속하여 거주하고 있지 아니한 건축물의 소유자. 다만, 질병으로 인한 요양, 징집으로 인한 입영, 공무, 취학, 해당 공익사업지구 내 타인이 소유하고 있는 건축물에의 거주, 그 밖에 이에 준하는 부득이한 사유로 거주하고 있지 아니한 경우에는 그러하지 아니하다고 규정하고 있습니다.

이주대책대상자는 이주대책기준일 부터 공익사업지구 내에서 계속하여 거주하여야 하나, 질병 등 부득이 한 사유가 있는 경우 계속 거주하지 않았으나 예외적으로 대상자에 포함할 수 있도록 규정한 것이라고 봅니다.

(2) 토지보상법 시행규칙 제54조제1항에서 공익사업시행지구에 편입되는 주거용 건축물의 소유자에 대하 여는 해당 건축물에 대한 보상을 하는 때에 가구원수에 따라 2개월분의 주거이전비를 보상하여야 한다. 다만, 건축물의 소유자가 해당 건축물 또는 공익사업시행지구 내 타인의 건축물에 실제 거주하고 있지 아니하거나 해당 건축물이 무허가건축물등인 경우에는 그러하지 아니한다고 규정하고 있습니다. 토지보상법령에서는 이주대책과 주거이전비 보상에 대한 요건을 별도로 규정하고 있는바, 실제 거주하고 있지 아니하다면 주거이전비 보상대상은 아니라고 봅니다.

라. 소송형태

적법하게 시행된 공익사업으로 인한 세입자의 주거이전비 보상청구권은 공법상 권리이다. 세입자의 주거이전비 보상청구와 관련하여 판례는 "세입자의 주거이전비 보상청구권은 그 요건을 충족하는 경우에 당연히 발생하는 것이므로 행정소송법 제3조 제2항에 규정된 당사자소송으로 하여야 한다. 다만, 세입자의 주거이전비 보상에 관하여 재결이 이루어진 다음 세입자가 보상금의 증감부분을 다투는 경우에는 같은법 제85조 제2항에 규정된 행정소송에 따라, 보상금의 증감 이외의 부분을 다투는 경우에는 같은법 제85조 제

1항에 규정된 행정소송에 따라 권리구제를 받을 수 있다"라고 판시[774]하고 있다.

한편 사업시행자의 주거이전비(이사비 포함)의 지급의무와 그 지급의무의 이행시기에 대하여 대법원은 "이주하는 주거용 건축물의 세입자에게 지급해야 하는 주거이전비 및 이사비의 지급의무는 '사업인정고시일 등 당시' 또는 '공익사업을 위한 관계 법령에 의한 고시 등이 있은 당시'에 바로 발생하나, 그 지급의무의 이행기에 관하여는 관계 법령에 특별한 규정이 없으므로, 위 주거이전비 및 이사비의 지급의무는 이행기의 정함이 없는 채무로서 채무자는 이행청구를 받은 다음날부터 이행지체 책임이 있다"고 해석하고 있다.[775]

판례

[판례1] ▶ [1] 구 공익사업법에 의하여 주거용 건축물의 세입자에게 인정되는 주거이전비 보상청구권의 법적 성격(=공법상의 권리) 및 그 보상에 관한 분쟁의 쟁송절차(=행정소송)

[2] 구 공익사업법에 따라 주거용 건축물의 세입자가 주거이전비 보상을 소구하는 경우 그 소송의 형태

[대법원 2008.5.29. 선고 2007다8129] (주거이전비 등)

【판결요지】

[1] 구 공익사업법(2007.10.17. 법률 제8665호로 개정되기 전의 것) 제2조, 제78조에 의하면, 세입자는 사업시행자가 취득 또는 사용할 토지에 관하여 임대차 등에 의한 권리를 가진 관계인으로서, 같은 법 시행규칙 제54조 제2항 본문에 해당하는 경우에는 주거이전에 필요한 비용을 보상받을 권리가 있다. 그런데 이러한 주거이전비는 당해 공익사업 시행지구 안에 거주하는 세입자들의 조기이주를 장려하여 사업추진을 원활하게 하려는 정책적인 목적과 주거이전으로 인하여 특별한 어려움을 겪게 될 세입자들을 대상으로 하는 사회보장적인 차원에서 지급되는 금원의 성격을 가지므로, 적법하게 시행된 공익사업으로 인하여 이주하게 된 주거용 건축물 세입자의 주거이전비 보상청구권은 공법상의 권리이고, 따라서 그 보상을 둘러

---

774) 대법원 2008.5.29. 선고 2007다8129 판결
775) 대법원 2012.4.26. 선고 2010두7475 판결)

싼 쟁송은 민사소송이 아니라 공법상의 법률관계를 대상으로 하는 행정소송에 의하여야 한다.

[2] 구 공익사업법(2007.10.17. 법률 제8665호로 개정되기 전의 것) 제78조 제5항, 제7항, 같은 법 시행규칙 제54조 제2항 본문, 제3항의 각 조문을 종합하여 보면, 세입자의 주거이전비 보상청구권은 그 요건을 충족하는 경우에 당연히 발생하는 것이므로, 주거이전비 보상청구소송은 **행정소송법 제3조 제2호에 규정된 당사자소송**에 의하여야 한다. 다만, 구 도시 및 주거환경정비법(2007.12.21. 법률 제8785호로 개정되기 전의 것) 제40조 제1항에 의하여 준용되는 구 공익사업을 위한 토지 등의 취득 및 보상에 관한 법률 제2조, 제50조, 제78조, 제85조 등의 각 조문을 종합하여 보면, 세입자의 주거이전비 보상에 관하여 재결이 이루어진 다음 세입자가 보상금의 증감 부분을 다투는 경우에는 같은 법 제85조 제2항에 규정된 행정소송에 따라, 보상금의 증감 이외의 부분을 다투는 경우에는 같은 조 제1항에 규정된 행정소송에 따라 권리구제를 받을 수 있다.

[판례2] ▶ 공익사업의 시행에 따라 이주하는 주거용 건축물의 세입자에게 지급해야 하는 주거이전비 및 이사비 지급의무의 이행지체 책임 기산시점(=채무자가 이행청구를 받은 다음날) [대법원 2012.4.26. 선고 2010두7475] (주거이전비등청구)

【판결요지】
구 도시 및 주거환경정비법(2009.2.6. 법률 제9444호로 개정되기 전의 것) 제40조 제1항에 의하여 준용되는 공익사업을 위한 토지 등의 취득 및 보상에 관한 법률 제78조 제5항 및 구 공익사업법 시행규칙(2008.4.18. 국토해양부령 제7호로 개정되기 전의 것) 제54조 제2항, 제55조 제2항의 각 규정에 의하여 공익사업의 시행에 따라 이주하는 주거용 건축물의 세입자에게 지급해야 하는 주거이전비 및 이사비의 지급의무는 사업인정고시일 등 당시 또는 공익사업을 위한 관계 법령에 의한 고시 등이 있은 당시에 바로 발생한다. 그러나 그 지급의무의 이행기에 관하여는 관계 법령에 특별한 규정이 없으므로, 위 주거이전비 및 이사비의 지급의무는 이행기의 정함이 없는 채무로서 채무자는 이행청구를 받은 다음날부터 이행지체 책임이 있다.

2. 이사비등 보상

■ **토지보상법 제78조(이주대책의 수립 등)** ⑤ 주거용 건물의 거주자에 대하여는 주거 이전에 필요한 비용과 <u>가재도구 등 동산의 운반에 필요한 비용</u>을 산정하여 보상하여야 한다.

⑨ 제5항 및 제6항에 따른 보상에 대하여는 <u>국토교통부령으로 정하는 기준</u>에 따른다. 〈개정 2013.3.23.〉

■ **토지보상법 시행규칙 제55조(동산의 이전비 보상 등)** ① 토지등의 취득 또는 사용에 따라 이전하여야 하는 동산(제2항에 따른 이사비의 보상대상인 동산을 제외한다)에 대하여는 이전에 소요되는 비용 및 그 이전에 따른 감손상당액을 보상하여야 한다. 〈개정 2013.3.23.〉

② 공익사업시행지구에 편입되는 주거용 건축물의 거주자가 해당 공익사업시행지구 밖으로 이사를 하는 경우에는 [별표 4]의 기준에 의하여 산정한 이사비(가재도구 등 동산의 운반에 필요한 비용을 말한다. 이하 이 조에서 같다)를 보상하여야 한다. 〈개정 2012.1.2.〉

③ 이사비의 보상을 받은 자가 당해 공익사업시행지구안의 지역으로 이사하는 경우에는 이사비를 보상하지 아니한다

가. 지급대상자

공익사업시행지구에 편입되는 주거용 건축물의 거주자(가옥소유자, 세입자)가 불가피하게 <u>공익사업시행지구 밖으로</u> 이주하게 된 경우 이주자택지 공급, 주택특별공급(분양아파트 입주권 부여), 이주정착금 및 주거이전비와는 별도로 가재도구 등(영업보상의 대상이 되는 영업시설 등은 제외) 동산의 운반에 필요한 이사비를 보상하여야 한다. 이 경우 「토지보상법 시행규칙」 [별표4]의 기준에 의하여 산정한 이사비(가재도구 등 동산의 운반에 필요한 비용)가 지급된다(시행규칙 제55조 제2항).

이사비는 <u>실비보상의 성격</u>이므로 그 지급조건이 다른 보상요건에 비해 <u>거의 제한이 없어</u> 거주자가 소유자인지 세입자인지 또는 언제부터 거주하였는지, 무허가건축물 등인지에 관계없이 보상당시 주거용 건축물에 거주하기만 하면 보상대상자가 된다. 다만, 이사비

의 보상을 받은 자가 당해 공익사업시행지구 <u>안의</u> 지역으로 이사하는 경우에는 이사비를 보상하지 아니한다(시행규칙 제55조 제3항).776)

나. 이사비 산정기준

이사비는 가재도구 등 동산의 운반에 필요한 비용(=실비)를 보상하는 것이 원칙이나, 가재도구 등을 누락함이 없이 일일이 확인하는 것은 현실적으로 곤란하므로 판례는 "이사비의 경우 <u>실제 이전할 동산의 유무나 다과를 묻지 않고</u> 같은 법 시행규칙 제55조 제2항 [별표 4]에 규정된 금액을 지급받을 수 있다"라고 판시777)하여 사업시행자로 하여금 주택 연면적을 기준으로 이사비를 산정할 수 있다고 해석하고 있고, 실제 사업시행자도 보상실무상 주거용 <u>건물의 점유면적을 기준</u>으로 이주하는 당시(협의성립당시의 가격: 2010.11.22 토지정책과-5444)의 이사비를 산정하여 보상하고 있다.

그러나, 이러한 대법원의 판례내용, 관계기관의 유권해석 및 보상실무상 사업시행자의 이사비 산정기준 및 방법에 따르면 이사비 지급 대상자가 부득이하게 당해 공익사업시행지구 밖으로 <u>해상 내지 항공운송의 방법으로 이주하게 될 경우</u> 일반적인 경우와는 달리 현실적으로 그 시간과 비용이 달라질 수는 있겠으나 이에 대한 명문규정이 없어 그 보상이 미흡하거나 보상자체가 없을 수도 있다는 문제점이 상존한다. 하지만 이런 경우에도 이사비보상의 대원칙인 실비보상의 원칙으로 해결하여야 할 것이라 생각된다.

[별표 4] 〈개정 2016.1.6.〉

이사비 기준(제55조제2항 관련)

주택 연면적 기준	이사비			비고
	노임	차량운임	포장비	
1. 33㎡ 미만	3명분	1대분	(노임+차량운임)×0.15	1. 노임은「통계법」제3조제3호에 따른 통계작성기관이 같은 법 제18조에 따른 승인을 받아 작성·공
2. 33㎡ 이상	4명분	2대분	〃	

---

776) 이는 임시주거 등의 명목으로 당해 동일한 공익사업시행지구내로 임시적으로 이사하여 결과적으로 2회 이상 이상 이사비의 지급을 방지하기 위한 것으로 풀이된다.
777) 대법원 2006.4.27. 선고 2006두2435 판결

49.5㎡ 미만			
3. 49.5㎡ 이상 66㎡ 미만	5명분	2.5대분	〃
4. 66㎡ 이상 99㎡ 미만	6명분	3대분	〃
5. 99㎡ 이상	8명분	4대분	〃

표한 공사부문 보통인부의 노임을 기준으로 한다.

2. 차량운임은 한국교통연구원이 발표하는 최대적재량이 5톤인 화물자동차의 1일 8시간 운임을 기준으로 한다.

3. 한 주택에서 여러 세대가 거주하는 경우 주택연면적기준은 세대별 점유면적에 따라 각 세대별로 계산·적용한다.

※ 주택연면적 기준 이사비 산정액(단위:원) (2021.7.1. 기준)[778]

주택 연면적	이사비 (차량운임비 변경)
33㎡미만	738,630
33㎡이상~49.5㎡미만	1,152,740
49.5㎡이상~66㎡미만	1,440,920
66㎡이상~99㎡미만	1,729,110
99㎡이상	2,305,480

* 이 기준은 일률적인 것이 아니며, 각 사업시행 지구마다 다를 수 있다.

* 이사비는 건물소유자와 세입자 모두 동일하며 지급시기는 주거이전비와 동일하게 건물소유자와 세입자 모두가 당해 사업지구 밖으로 이주하고 주민등록이전 확인 후 지급한다.

* 이사비는 가구별로 지급되어야 하므로 건축물의 면적이 33㎡미만으로서 2가구 이상이 거주하고 있는 경우에도 각 세대 당 기준은 최저치인 33㎡로 산정한다.

---

778) LH - 분기별 법정보상비 산정금액(2021년 3/4분기 법정보상비) 참조

다. 이사비의 지급시기

주거이전비와 동일하게 통상적으로 대상자(가옥소유자, 세입자)가 사업지구 밖으로 이주하고 주민등록 이전 확인 후 지급된다.

라. 동산의 이전비 보상

토지 등의 취득 또는 사용에 따라 이전하여야 하는 동산(이사비의 보상대상인 동산을 제외함)에 대하여는 이전비 및 그 이전에 따른 감손상당액을 보상하여야 한다(시행규칙 제55조 제1항). 즉, 동산의 이전비는 공익사업시행지구 내의 토지 또는 건축물 등에 소재하는 동산을 대상으로 하되, 이사비 보상의 대상이 되는 주거용 건축물 내의 가재도구 등의 동산 및 영업보상의 대상인 영업시설 등은 제외한다.

다만, 영업과 주거를 다른 건축물에서 하는 경우 중복되지 않는 범위에서 주거이전비, 이사비, 영업손실보상, 동산이전비 등은 각각 별도의 보상이 가능779)할 것이나, 보상실무상 건축물의 인테리어는 동산의 이전비로 보상할 수는 없고 건축물에 포함하여 보상평가되고 있다.780)

마. 관련 판례 등

> **판례**
>
> [판례1] ▶ 공익사업의 시행으로 인하여 이주하는 주거용 건축물의 세입자에게 지급되는 주거이전비와 이사비의 법적 성격, 그 청구권의 취득시기 및 이사비의 지급금액
> **[대법원 2006. 4. 27. 선고 2006두2435] (주거이전비및이사비지급청구)**
>
> 【판결요지】
> 공익사업을 위한 토지 등의 취득 및 보상에 관한 법률 제78조 제5항 및 같은 법 시행규칙 제54조 제2항, 제55조 제2항의 각 규정에 의하여 공익사업의 시행에 따라

---

779) 토지정책과-5270 (2015. 7. 22.)
780) 공공지원팀-1280 (2013. 4. 18)

이주하는 주거용 건축물의 세입자에게 지급하는 주거이전비와 이사비는, 당해 공익사업 시행지구 안에 거주하는 세입자들의 조기이주를 장려하여 사업추진을 원활하게 하려는 정책적인 목적과 주거이전으로 인하여 특별한 어려움을 겪게 될 세입자들을 대상으로 하는 사회보장적인 차원에서 지급하는 금원의 성격을 갖는다 할 것이므로, 같은 법 시행규칙 제54조 제2항에 규정된 '공익사업의 시행으로 인하여 이주하게 되는 주거용 건축물의 세입자로서 사업인정고시일 등 당시 또는 공익사업을 위한 관계 법령에 의한 고시 등이 있은 당시 당해 공익사업 시행지구 안에서 3월 이상 거주한 자'에 해당하는 세입자는 이후의 사업시행자의 주거이전비 산정통보일 또는 수용개시일까지 계속 거주할 것을 요함이 없이 위 사업인정고시일 등에 바로 같은 법 시행규칙 제54조 제2항의 주거이전비와 같은 법 시행규칙 제55조 제2항의 이사비 청구권을 취득한다고 볼 것이고, 한편 이사비의 경우 **실제 이전할 동산의 유무나 다과를 묻지 않고 같은 법 시행규칙 제55조 제2항 [별표 4]에 규정된 금액을 지급받을 수 있다.**

[판례2] ▶ 재개발사업에 있어서도 주거용 건축물의 **현금청산자**에게도 주거이전비와 이사비를 지급하여야 한다. [대법원 2013.1.16. 선고 2011두19185]

【판결요지】
도시정비법상 주택재개발사업에 있어서 주거용 건축물의 소유자인 현금청산대상자로서 현금청산에 관한 협의가 성립되어 사업시행자에게 주거용 건축물의 소유권을 이전하거나 현금청산에 관한 협의가 성립되지 아니하여 공익사업법에 의하여 주거용 건축물이 수용된 이에 대하여는 같은 법을 준용하여 주거이전비 및 이사비를 지급하여야 한다고 봄이 상당하다.

질의회신

[질의회신1] ▶ 영업과 주거를 다른 건축물에서 하는 경우 중복되지 않는 범위에서 주거이전비, 이사비, 영업보상, 동산이전비 등을 보상할 수 있다.
[2015.7.22. 토지정책과-5270]

【질의요지】

1989.1.24. 이전 무허가건물에서 영업과 주거를 동시에 영위하는 경우 주거이전비, 이사비, 영업보상, 동산이전비를 지급하여야 하는 지 여부(영업과 거주를 각기 다른 건물에서 하고 있음)

【회신내용】

영업용 건축물과 주거용 건축물이 별개로 존재하고 위 규정에서 정하고 있는 요건에 해당하는 경우에는 중복되지 않는 범위에서 주거이전비, 이사비, 동산이전비와 영업손실보상을 할 수 있다고 봅니다.

[질의회신2] ▶ 인테리어는 동산의 이전비가 아닌 건축물에 포함하여 보상평가함이 원칙이다. [2013.4.18. 공공지원팀-1280]

【질의요지】

현재 휴업 중인 제과점의 토지와 건물만 보상해주고 영업보상, 기물보상, 인테리어비는 보상대상에서 제외하고 있는 바, 누락분에 대한 보상 요청 민원에 대한 협회 의견 조회

【회신내용】

토지보상법 시행규칙 제55조(동산의 이전비 보상 등)제1항에서는 "토지등의 취득 또는 사용에 따라 이전하여야 하는 동산(제2항에 따른 이사비의 보상대상인 동산을 제외한다)에 대하여는 이전에 소요되는 비용 및 그 이전에 따른 감손상당액을 보상하여야 한다"고 규정하고 있는 바, 해당 공익사업의 시행으로 인하여 동산을 이전하여야 하는 경우에는 동산의 이전비를 보상받을 수 있을 것으로 보입니다.

인테리어의 경우 건물과 일체로 하여 건물의 효용을 유지·증대시키기 위한 것으로 건물로부터 분리하는데 과다한 비용이 들고 이를 분리하여 떼어낼 경우 그 경제적 가치가 현저히 감소할 것이 분명하므로 건물에 포함하여 평가하여야 할 것입니다.

3. 이농비 또는 이어비의 보상

관계법령

■ **토지보상법 제78조(이주대책의 수립 등)** ⑥ 공익사업의 시행으로 인하여 <u>영위하던 농업·어업을 계속할 수 없게 되어 다른 지역으로 이주하는 농민·어민이 받을 보상금이 없거나 그 총액이 국토교통부령으로 정하는 금액에 미치지 못하는 경우에는 그 금액 또는 그 차액을 보상하여야 한다.</u> 〈개정 2013.3.23.〉

⑨ 제5항 및 제6항에 따른 보상에 대하여는 <u>국토교통부령으로 정하는 기준에 따른다.</u> 〈개정 2013.3.23.〉

■ **토지보상법 시행규칙 제56조(이농비 또는 이어비의 보상)** ① 법 제78조제6항에서 "국토교통부령이 정하는 금액"이라 함은 「통계법」 제3조제3호에 따른 통계작성기관이 조사·발표하는 농가경제조사통계의 연간 전국평균 가계지출비 및 농업기본통계조사의 가구당 전국평균 농가인구를 기준으로 다음 산식에 의하여 산정한 가구원수에 따른 1년분의 평균생계비를 말한다. 〈개정 2005.2.5., 2007.4.12., 2008.3.14., 2008.4.18., 2013.3.23.〉

가구원수에 따른 1년분의 평균생계비 = 연간 전국평균 가계지출비 ÷ 가구당 전국평균 농가인구 × 이주가구원수

② 제1항에 따른 이농비 또는 이어비(離漁費)는 공익사업의 시행으로 인하여 영위하던 농·어업을 계속할 수 없게 되어 다음 각 호의 어느 하나 외의 지역으로 이주하는 농민(「농지법 시행령」 제3조제1호에 따른 농업인으로서 농작물의 경작 또는 다년생식물의 재배에 상시 종사하거나 농작업의 2분의 1 이상을 자기의 노동력에 의하여 경작 또는 재배하는 자를 말한다) 또는 어민(연간 200일 이상 어업에 종사하는 자를 말한다)에게 보상한다. 〈신설 2007.4.12.〉

1. 공익사업에 편입되는 농지의 소재지(어민인 경우에는 주소지를 말한다)와 동일한 시·군 또는 구
2. 제1호의 지역과 인접한 시·군 또는 구

가. 이농비(이어비)의 개념

이농비 또는 이업비는 공공(공익)사업의 계획이나 시행을 위한 관계법령에 따른 결정고시·공고 또는 승인일 현재 당해 지역 안에 거주하고 있는 농·어민이 공익사업의 시행으로 인하여 그가 영위하던 농·어업을 계속할 수 없게 되어 다른 지역(농지소재지781)와 동일한 시·군·구 또는 인접한 시·군·구 **외의** 지역)782)으로 이주하는 경우에 지급하는 보상금을 말한다.

나. 지급대상 농·어민

(1) 이농비 지급대상 농민

토지보상법 시행규칙에서 이농비 지급대상 농민이란 「농지법 시행령」 제3조제1호에 따른 농업인으로서 농작물의 경작 또는 다년생식물의 재배에 상시 종사하거나 농작업의 2분의 1 이상을 자기의 노동력에 의하여 경작 또는 재배하는 자를 말한다고 규정하고 있다(시행규칙 제56조 제2항). 따라서 아래의 「농지법 시행령」규정의 요건을 모두 갖추어야 할 것이다.

> ■ **농지법 시행령 제3조(농업인의 범위)** 법 제2조제2호783)에서 "대통령령으로 정하는 자"란 다음 각 호의 어느 하나에 해당하는 자를 말한다.
> 〈개정 2008.2.29., 2009.11.26., 2013.3.23. 2019.7.2.〉
> (1) 1천제곱미터 이상의 농지에서 농작물 또는 다년생식물을 경작 또는 재배하거나 1년 중 90일 이상 농업에 종사하는 자
> (2) 농지에 330제곱미터 이상의 고정식온실·버섯재배사·비닐하우스, 그 밖의 농림축산식품부령으로 정하는 농업생산에 필요한 시설을 설치하여 농작물 또는 다년생식물을 경작 또는 재배하는 자
> (3) 대가축 2두, 중가축 10두, 소가축 100두, 가금(家禽: 집에서 기르는 날짐승) 1천 수 또는 꿀벌 10군 이상을 사육하거나 1년 중 120일 이상 축산업에 종사하는 자
> (4) 농업경영을 통한 농산물의 연간 판매액이 120만원 이상인 자

---

781) 어민인 경우에는 주소지를 말한다.
782) 이주지역(다른 지역) 범위에 대해 종전 규정에는 세부적인 내용이 없었으나, 2007.4.12. 토지보상법 시행규칙 제 56조 제2항이 신설되어 "농지소재지와 동일 시·군·구 또는 인접 시·군·구외의 지역"이라고 그 범위가 명확하게 되었다.

즉, 토지보상법 시행규칙과 농지법 시행령의 규정을 종합하여 보면 이농비 지급대상 농민은 ⅰ) <u>1천㎡ 이상</u>의 농지에서 농작물 또는 다년생식물을 경작 또는 재배하거나 1년 중 90일 이상 농업에 종사하는 자, ⅱ) 농지에 <u>330㎡ 이상</u>의 고정식온실·버섯재배사·비닐하우스, 그 밖의 농림축산식품부령으로 정하는 농업생산에 필요한 시설을 설치하여 농작물 또는 다년생식물을 경작 또는 재배하는 자, ⅲ) <u>대가축 2두, 중가축 10두, 소가축 100두, 가금 1천수 또는 꿀벌 10군 이상</u>을 사육하거나 1년 중 120일 이상 축산업에 종사하는 자, ⅳ) 농업경영을 통한 <u>농산물의 연간 판매액이 120만원 이상인 자</u> 중 어느 하나에 해당하는 자로서 ⅴ) <u>농작물의 경작 또는 다년생식물의 재배에 상시 종사하거나 농작업의 2분의 1 이상을 자기의 노동력에 의하여 경작 또는 재배하는 자</u>이어야 할 것이다.

다만, ⅲ)의 축산업의 경우에도 ⅴ)의 요건이 필요한 것인가의 의문이 있으나, 이는 농지법상 농민으로 이향하는 경우임으로 이농비를 지급하는 것이라는 의견[784]이 있고 타당하다고 생각한다. 한편 이와 관련하여 축산업의 경우 비록 농업손실보상의 대상자에 포함되지 않더라도 이농비 지급대상은 되어 결론적으로 이농비의 보상대상이 농민의 범위

---

783) ■ **농지법 제2조(정의)** 이 법에서 사용하는 용어의 뜻은 다음과 같다. 〈개정 2007.12.21., 2009.4.1., 2009.5.27., 2018.12.24.〉

1. "농지"란 다음 각 목의 어느 하나에 해당하는 토지를 말한다.
가. 전·답, 과수원, 그 밖에 법적 지목(地目)을 불문하고 실제로 농작물 경작지 또는 다년생식물 재배지로 이용되는 토지. 다만, 「초지법」에 따라 조성된 초지 등 대통령령으로 정하는 토지는 제외한다.
나. 가목의 토지의 개량시설과 가목의 토지에 설치하는 농축산물 생산시설로서 대통령령으로 정하는 시설의 부지
2. "<u>농업인</u>"이란 농업에 종사하는 개인으로서 대통령령으로 정하는 자를 말한다.
3. "농업법인"이란 「농어업경영체 육성 및 지원에 관한 법률」 제16조에 따라 설립된 영농조합법인과 같은 법 제19조에 따라 설립되고 업무집행권을 가진 자 중 3분의 1 이상이 농업인인 농업회사법인을 말한다.
가. 삭제 〈2009. 5. 27.〉
나. 삭제 〈2009. 5. 27.〉
4. "농업경영"이란 농업인이나 농업법인이 자기의 계산과 책임으로 농업을 영위하는 것을 말한다.
5. "자경(自耕)"이란 농업인이 그 소유 농지에서 농작물 경작 또는 다년생식물 재배에 상시 종사하거나 농작업(農 作業)의 2분의 1 이상을 자기의 노동력으로 경작 또는 재배하는 것과 농업법인이 그 소유 농지에서 농작물을 경작하거나 다년생식물을 재배하는 것을 말한다.
6. "위탁경영"이란 농지 소유자가 타인에게 일정한 보수를 지급하기로 약정하고 농작업의 전부 또는 일부를 위탁하여 행하는 농업경영을 말한다.
7. "농지의 전용"이란 농지를 농작물의 경작이나 다년생식물의 재배 등 농업생산 또는 <u>대통령령으로 정하는</u> 농지개량 외의 용도로 사용하는 것을 말한다. 다만, 제1호나목에서 정한 용도로 사용하는 경우에는 전용(轉用)으로 보지 아니한다.

784) 신경직, 앞의 책, 562면

는 영농손실보상 대상 농민의 범위보다 넓다는 견해가 많다.[785]

(2) 이어비 지급대상 어민

토지보상법 시행규칙에서는 이어비 지급대상 어민이란 연간 200일 이상 어업에 종사하는 자라고만 규정되고 있고, 관련규정의 구체적인 내용도 규정되어 있지 아니하여 이농비 지급대상의 농민에 비해 다소 불완전하게 규정되어 있어 사업시행자가 실무상 확인하기에는 현실적으로 어려움이 있는 것도 사실이다.[786]

다. 이농비(이어비) 지급요건

토지보상법령에서 규정하는 이농비(이어비) 지급요건을 종합하면 ⅰ) 공익사업의 시행에 관한 고시 등이 있는 날 현재 당해 지역에서 거주하면서 농·어업을 영위하던 농·어민일 것 ⅱ) 공익사업의 시행으로 인하여 영위하던 농업·어업을 계속할 수 없게 되어 다른 지역으로 이주가 불가피한 경우일 것 ⅲ) 지급받을 보상금이 없거나 그 총액이 가구당 전국평균 농가인구를 기준으로 가구원수에 따른 1년분의 평균생계비에 미달할 것을 요구한다. 이농비(이어비)는 다른 보상금과 합하여 가구원수에 따른 1년분의 평균생계비를 초과할 수 없다. 따라서 지급받은 다른 보상금이 없는 자에 대한 이농비(이어비)는 가구원수에 따른 1년분의 평균 생계비로 하고, 지급받을 다른 보상금 총액이 가구원수에 따른 1년분의 평균생계비에 미달하는 자에 대한 이농비(이어비)는 가구원수에 따른 1년분의 평균생계비에서 다른 보상금 총액을 뺀 그 차액금액으로 한다.

라. 지급금액

"국토교통부령이 정하는 금액"이라 함은 「통계법」 제3조제3호에 따른 통계작성기관이 조사·발표하는 농가경제조사통계의 연간 전국평균 가계지출비 및 농업기본통계조사의 가구당 전국평균 농가인구를 기준으로 다음 산식에 의하여 산정한 가구원수에 따른 1년분의 평균생계비를 말한다(시행규칙 제56조 제1항).

---

785) 박평준, 공익사업용지취득보상법, 고시연구사, 2004, 519면. ; 임정호·김원보, 공익사업용지보상법론, 부연사, 2003, 525면.
786) 시행규칙 제56조 제2항 참조

> ▶ **가구원수에 따른 1년분의 평균생계비** = (연간 전국평균 가계지출비 ÷ 가구당 전국평균 농가인구) × 이주가구원수
>
> ▶ 토지보상법 시행규칙 제56조가 2007.4.12. 개정(신설포함)전[787] 까지는 「가구원수에 따른 8월분의 평균생계비=(전국평균 가계비÷12÷가구당 전국평균 농가인구)×이주가구원수×8」으로 규정되어 있었다.

※ 이농비 · 이어비 산정액(단위:원) (2021.7.1. 기준)[788]

이주 가구원수	이농비 · 이어비	이주 가구원수	이농비 · 이어비	이주 가구원수	이농비 · 이어비
1	15,537,830	4	62,151,350	7	108,764,860
2	31,075,670	5	77,689,180	8	124,302,700
3	46,613,510	6	93,227,020	9	139,840,540

4. 공익사업으로 인한 사업폐지 등에 대한 보상

(1) 의의

공익사업의 시행으로 인하여 건축물의 건축을 위한 건축허가 등 관계법령에 의한 절차를 진행 중이던 사업 등이 폐지 · 변경 또는 중지되는 경우 그 사업 등에 소요된 법정수수료 그 밖의 비용 등의 손실에 대하여는 이를 보상하여야 한다(시행규칙 제57조). 종전 공특법에는 동 규정이 없어 피수용인의 재산권보장에 미흡하였고 사업시행자의 업무에도 혼선이 있었으나 현행 토지보상법에서는 그 보상근거를 신설하였다.

---

787) 토지보상법 시행규칙 제56조 (이농비 또는 이어비의 보상) 법 제78조제6항에서 "건설교통부령이 정하는 금액"이라 함은 「통계법」 제3조제4호의 규정에 의한 통계작성기관이 조사 · 발표하는 농가경제조사통계의 전국평균 가계비 및 농업기본통계조사의 가구당 전국평균 농가인구를 기준으로 다음 산식에 의하여 산정한 가구원수에 따른 8월분의 평균생계비를 말한다. 〈개정 2005.2.5.〉
가구원수에 따른 8월분의 평균생계비=(전국평균 가계비÷12÷가구당 전국평균 농가인구)×이주가구원수 ×8
788) LH - 분기별 법정보상비 산정금액(2021년 3/4분기 법정보상비) 참조

(2) 내용 및 보상절차

공익사업폐지 등에 대한 보상은 건축물 신축자가 토지에 관하여 지출된 비용이지만 일반적인 토지보상과는 그 보상대상 및 보상대상자를 달리하므로 이러한 손실을 토지의 보상액에 반영하여 평가할 수 없다.

사업폐지 등에 대한 보상청구권은 공익사업의 시행 등 적법한 공권력의 행사에 의한 재산상의 특별한 희생에 대하여 전체적인 공평부담의 견지에서 공익사업의 주체가 그 손해를 보상하여 주는 손실보상의 일종으로 공법상의 권리임이 분명하므로 그에 관한 쟁송은 민사소송이 아닌 행정소송절차에 의한다. 한편 현재의 토지보상법 법제는 토지보상 등과 관련된 구제절차에서 손실보상을 청구하는 자는 행정소송 제기 전에 반드시 소정의 수용재결절차를 거치도록 되어 있으므로 공익사업으로 인한 사업폐지 등으로 손실을 입게 된 자는 재결절차를 거친 다음 해당 재결에 불복이 있는 때에 비로소 행정소송을 제기할 수 있다.[789)

따라서 공익사업폐지 등으로 손실을 입게 된 자가 사업시행자에게 재결신청 청구한 사업폐지 등에 대한 보상청구권은 공법상 권리이고 이는 행정소송에 의해서 권리구제를 받는 손실보상의 일종으로 재결의 대상이 된다.[790)

(3) 관련 판례 등

> ### 판례
>
> [판례1] ▶ 공익사업폐지로 인한 손해에 대한 보상은 손실보상의 일종이다.
> [대법원 2012.10.11. 선고, 2010다23210] [손실보상금]
>
> 【판시사항】
> 구 공익사업을 위한 토지 등의 취득 및 보상에 관한 법률 제79조 제2항 등에 따른 사업폐지 등에 대한 보상청구권에 관한 쟁송형태(=행정소송) 및 공익사업으로 인한 사업폐지 등으로 손실을 입은 자가 위 법률에 따른 보상을 받기 위해서 재결절차를 거쳐

---

789) 대법원 2012.10.11. 선고 2010다23210 판결 참조
790) 중토위 2017.2.23

야 하는지 여부(적극)

【판결요지】

구 공익사업을 위한 토지 등의 취득 및 보상에 관한 법률(2007.10.17. 법률 제8665호로 개정되기 전의 것, 이하 '구 공익사업법'이라고 한다) 제79조 제2항, 공익사업을 위한 토지 등의 취득 및 보상에 관한 법률 시행규칙 제57조에 따른 사업폐지 등에 대한 보상청구권은 공익사업의 시행 등 적법한 공권력의 행사에 의한 재산상 특별한 희생에 대하여 전체적인 공평부담의 견지에서 공익사업의 주체가 손해를 보상하여 주는 손실보상의 일종으로 공법상 권리임이 분명하므로 그에 관한 쟁송은 민사소송이 아닌 행정소송절차에 의하여야 한다. 또한 위 규정들과 구 공익사업법 제26조, 제28조, 제30조, 제34조, 제50조, 제61조, 제83조 내지 제85조의 규정 내용·체계 및 입법 취지 등을 종합하여 보면, 공익사업으로 인한 사업폐지 등으로 손실을 입게 된 자는 구 공익사업법 제34조, 제50조 등에 규정된 재결절차를 거친 다음 재결에 대하여 불복이 있는 때에 비로소 구 공익사업법 제83조 내지 제85조에 따라 권리구제를 받을 수 있다고 보아야 한다.

재결례

[재결례1] ▶ 사업폐지 등으로 인한 손실보상은 재결대상이다.
[중토위 2017.2.23.]

【재결요지】

사업폐지 등에 따른 골프장 조성에 투입된 손실을 보상하여 달라는 주장에 대하여 살펴본다. 법 시행규칙 제57조에 따르면 공익사업의 시행으로 인하여 건축물의 건축을 위한 건축허가 등 관계법령에 의한 절차를 진행중이던 사업 등이 폐지·변경 또는 중지되는 경우 그 사업에 소요된 법정수수료 그 밖의 비용 등의 손실에 대하여 보상하도록 되어 있다.

대법원은 '구 공익사업을 위한 토지 등의 취득 및 보상에 관한 법률(2007.10.17. 법률 제8665호로 개정되기 전의 것, 이하 "구 공익사업법"이라 한다) 제79조 제2항, 법 시행규칙 제57조에 따른 사업폐지 등에 대한 보상청구권은 공익사업의 시행 등 적법한 공권력의 행사에 의한 재산상 특별한 희생에 대하여 전체적인 공평부담의 견지에서 공익사업의 주체가 손해를 보상하여 주는 손실보상의 일종으로 공법상 권리임이 분명하므로 그에 관한 쟁송은 민사소송이 아닌 행정소송절차에 의하여 한다. 또한 위 규정들과 구 공익사업법 제26조, 제28조, 제30조, 제34조, 제50조, 제61조, 제83조 내지 제85조의 규정 내용·체계 및 입법취지 등을 종합하여 보면, 공익사업으로 인한 사업폐지 등으로 손실을 입게 된 자는 구 공익사업법 제34조, 제50조 등에 규정된 절차를 거친 다음 재결에 대하여 불복이 있는 때에 비로소 구 공익사업법 제83조 내지 제85조에 따라 권리구제를 받을 수 있다'고 판시하고 있다(대법원 2010다23210, 2012.10. 11). 한편, 법 제84조제1항에 따르면 중앙토지수용위원회는 이의신청이 있는 경우 수용재결이 위법 또는 부당하다고 인정하는 때에는 그 재결의 전부 또는 일부를 취소하거나 보상액을 변경할 수 있다고 되어 있다.

위 판례 등의 취지를 고려할 때, 2014.10.8. 이의신청인의 사업시행자에게 재결신청 청구한 사업폐지 등에 대한 보상청구권은 공법상 권리로서 행정소송에 의해서 권리구제를 받는 손실보상의 일종으로 재결의 대상이 됨에도 불구하고 2016.2.26. 중앙토지수용위원회에서 이의신청인의 사업폐지 등의 손실보상을 각하한 것은 부적법하므로 사업시행자의 수용재결신청을 각하한 수용재결을 취소하기로 한다.

5. 주거용 건축물 등의 보상특례

> ※ **주거용 건축물 등의 보상에 대한 특례**
> 주거용 건축물로서 평가된 금액이 600만원 미만인 경우 그 보상액은 600만원으로 한다. 다만 무허가 건축물등에 대하여는 그러하지 아니한다.

> **관계법령**
>
> ■ **토지보상법 시행규칙 제58조(주거용 건축물등의 보상에 대한 특례)** ① 주거용 건축물로서 제33조에 따라 평가한 금액이 6백만원 미만인 경우 그 보상액은 6백만원으로 한다. 다만, 무허가건축물등에 대하여는 그러하지 아니하다.
> 〈개정 2007.4.12., 2014.10.22.〉

② 공익사업의 시행으로 인하여 주거용 건축물에 대한 보상을 받은 자가 그 후 당해 공익사업시행지구밖의 지역에서 매입하거나 건축하여 소유하고 있는 주거용 건축물이 그 보상일부터 20년 이내에 다른 공익사업시행지구에 편입되는 경우 그 주거용 건축물 및 그 대지(보상을 받기 이전부터 소유하고 있던 대지 또는 다른 사람 소유의 대지 위에 건축한 경우에는 주거용 건축물에 한한다)에 대하여는 당해 평가액의 30퍼센트를 가산하여 보상한다. 다만, 무허가건축물등을 매입 또는 건축한 경우와 다른 공익사업의 사업인정고시일등 또는 다른 공익사업을 위한 관계법령에 의한 고시 등이 있은 날 이후에 매입 또는 건축한 경우에는 그러하지 아니하다. 〈개정 2007.4.12.〉
③ 제2항의 규정에 의한 가산금이 1천만원을 초과하는 경우에는 1천만원으로 한다.

(1) 의의

토지보상법은 주거용 건축물에 대한 보상특례로 6백만원을 그 최저보상액을 규정하고 있다. 이러한 최저보상액은 철거대상자의 생계대책 및 공익사업의 원활한 수행을 위한 사회정책적인 차원의 보상규정이다. 따라서 관계법령을 위반한 무허가건축물은 이러한 특례를 인정하지 않고 평가금액으로 보상하고 있다.

(2) 최저 보상액

주거용 건축물로서 보상평가한 금액이 6백만원 미만인 경우 그 보상액은 6백만원으로 한다. 다만, 무허가건축물등은 평가금액으로 보상한다(시행규칙 제58조제1항).

(3) 다른 공익사업시행지구에 재편입된 주거용 건축물의 가산 보상

① 요 건

공익사업 시행으로 인하여 주거용 건축물의 보상을 받은 자가 그 후 다른 지역에서 매입하거나 건축하여 소유하고 있는 주거용 건축물이 그 보상일부터 20년 이내에 다른 공익사업지구에 편입될 경우

② 가산액

주거용 건축물 및 그 대지(보상을 받기 이전부터 소유하고 있던 대지 또는 다른 사람 소유의 대지 위에 건축한 경우에는 주거용 건축물에 한한다)에 대하여는 당해 평가액의 30% 가산하여 보상한다. 다만, 1989. 1. 25. 이후 무허가건축물 등을 매입 또는 건축한 경우와 다른 공익사업의 사업인정고시일 등 또는 다른 공익사업을 위한 관계법령에 의한 고시 등이 있은 날 이후에 매입 또는 건축한 경우는 평가금액으로 보상한다(시행규칙 제58조제2항).

가산금의 상한액은 1천만원으로 가산금이 1천만원을 초과하는 경우에는 1천만원으로 한다(시행규칙 제58조제3항).

③ 재편입 가산보상의 성격

재편입 주거용 건축물의 가산보상은 피보상자가 실제로 거주하던 주택이 공익사업지구에 편입되어 보상받고 다른 지역으로 이주하여 자기 명의로 신규주택을 구입 또는 신축하여 거주하던 중에 일정기간내 다시 또 다른 공익사업에 편입되어 부득이하게 다시 재이주하게 됨에 따른 추가보상의 성격을 갖는 것이다.

유권해석은 가산보상금의 성격에 대해 "당해 주거용 건축물에 거주하지 않는 경우 및 당초 보상금을 받은 자의 사망 등으로 당초 보상받은 명의자와 다시 보상받는 명의자가 다를 경우에는 가산보상의 대상이 되지 않는다"라고 해석하고 있다.

질의회신

[질의회신1] ▶ 해당 주거용 건축물에 거주하지 않은 소유자는 재편입 가산금의 보상대상자가 아니다. [2001.9.6 토관 58342-1391]

【회신내용】
주거용 건물에 한하여 가산금을 둔 것은 당해 건물에서 거주하고 있는 소유자에 대한 특례로 볼 수 있으므로 당해 건물에서 거주하지 아니한 자는 대상에 해당되지 아니한다.

제6절 공익사업시행지구 밖의 토지 등의 보상

(=간접손실보상)

1. 개념

공익사업의 시행으로 인하여 공익사업지구 밖의 토지 등 소유권자는 자신의 재산권에 가해지는 불필요한 손실을 보게 되는 경우가 많은데 이때 손실보상의 문제가 제기된다.

위와 같은 보상의 문제를 토지보상법에서는 '공익사업지구 밖의 손실'이라고 하여 공익사업이 시행되는 지역 밖에 있는 토지 등이 공익사업의 시행으로 인하여 본래의 기능을 다할 수 없게 되는 경우에 그 소유자등이 입은 손실을 보상하여야 한다고 규정하고 있다(법 제79조 제2항).[791] 또한 토지보상법 시행규칙에서는 공익사업용지로 포함되지는 아니하였으나 사업지구 인근의 농경지(계획적으로 조성한 유실수단지나 죽림단지 포함)가 사업시행으로 인하여 하천이나 호수 등에 둘러싸여 출입할 수 없는 경우에 소유자가 청구하면 공익사업시행지구안에 편입된 것으로 보아 보상을 받을 수 있고(시행규칙 제59

---

791) 공익사업의 시행으로 해당 사업지 이외의 주변 토지 소유자들에게 손실보상을 하여야 한다는 의미에서 이를 제3자 보상이라고 칭하자는 견해도 있다. (박균성, 행정법론(상), 박영사, 2004. 614면)

조), 공익사업시행지구 인근에 있는 어업에 피해가 발생한 경우 실제 피해액을 확인할 수 있는 때에 그 피해에 대하여 보상한다(시행규칙 제63조 제1항). 이러한 보상은 이주 대책과 함께 생활보상의 성격을 갖는다고 할 수 있다.

학계에서는 위와 같은 보상을 간접손실, 사업손실보상, 제3자 보상(사업시행지외손실) 등의 용어를 사용하고 있고 판례에서도 "간접손실을 헌법 제23조 제3항에 규정된 손실 보상의 대상이 된다."고 판시하여 '간접손실'이라는 용어를 사용하고 있다.792) 이하 이절 에서는 간접손실이라는 용어를 사용하여 기술하기로 한다.

2. 간접손실보상의 법적성격과 연혁

가. 법적성격

간접손실보상은 일반적으로 공공사업의 시행으로 인하여 공공사업 시행지구 밖에서 발 생하는 토지소유자 등이 입은 손실이라는 점에서 사업시행지구 내의 토지소유자 등이 입 은 직접적인 수용손실보상(예: 수용의 대상이 된 토지·건물 등을 이용하여 영업하다가 그 토지 등이 수용됨으로 인하여 영업을 할 수 없게 되어 폐지되는 영업상의 손실 등)과 는 다르다. 또한, '적법한' 공공사업의 시행으로 인하여 생긴 손실이라는 점에서 위법한 행위로 인하여 사인의 재산권을 침해한 경우에 발생하는 손해와도 구별된다.

토지보상법 및 동법 시행규칙에 명문으로 규정되어 있지 아니한 간접손실보상에 대한 보 상가능여부에 논의 및 그 법적성격에 대해 다양한 논의가 있다. 이에 대해서는 ① 손해 배상책임의 법리를 적용하자는 견해, ② 헌법 제23조 제3항을 직접 또는 유추적용하자 는 견해, ③ 현행 토지보상법상의 공익사업시행지구 밖의 토지 등의 보상규정을 유추적

---

792) 대법원 1999.10.8., 선고, 99다27231 판결 [손해배상(기)] 【판결요지】공공사업의 시행 결과 그 공공 사업의 시행이 기업지 밖에 미치는 **간접손실**에 관하여 그 피해자와 사업시행자 사이에 협의가 이루어지 지 아니하고 그 보상에 관한 명문의 근거 법령이 없는 경우라고 하더라도, … (중략) … 헌법 제23조 제3항은 "공공필요에 의한 재산권의 수용·사용 또는 제한 및 그에 대한 보상은 법률로써 하되, 정당한 보상을 지급하여야 한다."고 규정하고 있고, 이에 따라 국민의 재산권을 침해하는 행위 그 자체는 반드 시 형식적 법률에 근거하여야 하며, … (중략) … 공공용지의취득및손실보상에관한특례법 시행규칙 제23 조의2 내지 7에서 공공사업시행지구 밖에 위치한 영업과 공작물 등에 대한 **간접손실**에 대하여도 일정한 조건하에서 이를 보상하도록 규정하고 있는 점에 비추어, 공공사업의 시행으로 인하여 그러한 손실이 발생하리라는 것을 쉽게 예견할 수 있고 그 손실의 범위도 구체적으로 이를 특정할 수 있는 경우라면 그 손실의 보상에 관하여 공공용지의취득및손실보상에관한특례법시행규칙의 관련 규정 등을 유추적용할 수 있다고 해석함이 상당하다.

용하자는 견해, ④ 평등원칙 및 재산권보장규정을 적용하자는 견해, ⑤ 독일법상의 수용적 침해이론을 적용하자는 견해 등이 있으나, 대법원은 간접손실보상과 관련하여 법령에 직접적인 명문규정이 없더라도 관련 규정을 유추 적용하여 보상할 수 있다고 판시하였다.[793]

(1) 손해배상설

사업지구 밖의 손실이 공익사업의 시행 중 또는 완료 후 악취 · 진동 · 소음 등이 사회통념상 수인의 한도를 넘는 경우는 당해 사업자의 귀책사유가 없더라도 손해배상책임이 가능하다는 견해로 일부 판례가 인정하고 있다.[794] 다만, 이 견해는 위법성 또는 고의 · 과실 여부가 명확하지 않아 손해배상책임을 인정하기 어려운 면이 있다.

판례

[판례1] ▶ 고속도로의 확장으로 인하여 소음 · 진동이 증가하여 인근 양돈업자가 양돈업을 폐업하게 된 사안에서, 양돈업에 대한 침해의 정도가 <u>사회통념상 일반적으로 수인할 정도를 넘어선 것으로 보아 한국도로공사의 손해배상책임을 인정한 사례</u>
[대법원 2001.2.9., 선고, 99다55434] [손해배상(기)]

【판시사항】
[1] 적법시설이나 공용시설로부터 발생하는 유해배출물로 인하여 손해가 발생한 경우, 그 위법성의 판단 기준
[2] 사업장 등에서 발생되는 환경오염으로 인하여 피해가 발생한 경우, 당해 사업자는 귀책사유가 없는 때에도 피해를 배상하여야 하는지 여부(적극)

【판결요지】
[1] 불법행위 성립요건으로서의 위법성은 관련 행위 전체를 일체로만 판단하여 결정하

---

793) 대법원 2002.3.12. 선고, 2000다73612 판결 : 판결공공사업시행지구 밖에서 관계 법령에 따라 신고를 하고 수산제조업을 하고 있는 사람에게 공공사업의 시행으로 인하여 그 배후지가 상실되어 영업을 할 수 없게 되었음을 이유로 손실보상을 하는 경우 그 보상액의 산정에 관하여는 공공용지의취득및손실보상에관한특례법시행규칙의 간접보상에 관한 규정을 유추적용할 수 있다.
794) 대법원 2001.2.9., 선고, 99다55434, 판결

여야 하는 것은 아니고, 문제가 되는 행위마다 개별적·상대적으로 판단하여야 할 것이므로 어느 시설을 적법하게 가동하거나 공용에 제공하는 경우에도 그로부터 발생하는 유해배출물로 인하여 제3자가 손해를 입은 경우에는 그 위법성을 별도로 판단하여야 하고, 이러한 경우의 판단 기준은 그 유해의 정도가 사회생활상 통상의 수인한도를 넘는 것인지 여부라고 할 것이다.

[2] 환경정책기본법 제31조 제1항 및 제3조 제1호, 제3호, 제4호에 의하면, 사업장 등에서 발생되는 환경오염으로 인하여 피해가 발생한 경우에는 당해 사업자는 귀책사유가 없더라도 그 피해를 배상하여야 하고, 위 환경오염에는 소음·진동으로 사람의 건강이나 환경에 피해를 주는 것도 포함되므로, 피해자들의 손해에 대하여 사업자는 그 귀책사유가 없더라도 특별한 사정이 없는 한 이를 배상할 의무가 있다.

【이유】

먼저 불법행위 성립요건으로서의 위법성은 관련 행위 전체를 일체로만 판단하여 결정하여야 하는 것은 아니고, 문제가 되는 행위마다 개별적·상대적으로 판단하여야 할 것이므로 어느 시설을 적법하게 가동하거나 공용에 제공하는 경우에도 그로부터 발생하는 유해배출물로 인하여 제3자가 손해를 입은 경우에는 그 위법성을 별도로 판단하여야 하고, 이러한 경우의 판단 기준은 그 유해의 정도가 사회생활상 통상의 수인한도를 넘는 것인지 여부라고 할 것이다(대법원 1991.7.23. 선고 89다카1275 판결, 1999.7.27. 선고 98다47528 판결 등 참조).

원심판결에 의하더라도 피고가 점유·관리하는 위 고속도로가 확장되고 공사완료 후 차량의 교통량과 차량의 속도가 증가함에 따라 원고들이 이미 하고 있던 위 양돈업을 폐업하여야 할 만큼의 소음·진동이 발생하였다는 것인바, …(중략)…고속도로 확장공사시나 공사완료 후의 소음정도와 일반적으로 허용되는 소음기준치, 피고가 위 고속도로 확장공사 전에 원고들의 피해를 방지하기 위하여, 고속도로 개통 후 원고들의 피해 경감을 위하여 아무런 조치를 취한 바 없는 점, 위 양돈장이 소재한 곳의 위치와 도로 근접성 및 그 주변 일대의 일반적인 토지이용관계 등 여러 사정을 종합하여 볼 때, 위 고속도로 확장공사 및 차량통행에 따른 소음으로 인한 원고들의 양돈업에 대한 침해는 그 정도가 사회통념상 일반적으로 수인할 정도를 넘어선 것이라고 볼 것이고, 따라서 고속도로의 사용이나 자동차의 통행 그 자체가 공익적인 것이고, 고속도로에서의 차량통행으로 인한 소음·진동이 불가피하게 발생한다 하더라도 <u>그 정도가 수인한도를 넘어 원고들에게 위와 같이 양돈업을 폐업하게 하는 손해를 입혔다면 피고는 원고들에 대하여 그로 인한 손해배상책임을 면할 수 없다 할 것이다.</u>

(2) 수용손실 보상관련 유추적용설(대법원의 견해)

공익사업으로 특별한 희생이 발생한 간접손해가 발생하였고 그 손해가 예견가능하고 손실범위의 특정이 가능하다면 헌법 제23조 제3항 등을 근거로 수용손실에 준해 보상을 하여야 한다는 견해로 다수의 판례들이 인정하고 있다.[795]

다수의 판례는 간접손실에 대하여 일정한 조건하에서는 직접적인 보상규정이 없더라도 이를 보상할 수 있는바, <u>공공사업의 시행으로 인하여 간접손실이 발생하리라는 것을 쉽게 예견할 수 있고 그 손실의 범위도 구체적으로 특정할 수 있는 경우라면 「공공용지의 취득및손실보상에관한특례법」(이하 '공특법'이라 함)시행규칙 관련규정 등을 유추적용 할 수 있다</u>고 보고 있다.

즉, 공익사업시행지구 밖의 보상조항(토지보상법 시행규칙 제59조 내지 제65조)은 열거조항이 아니라 예시조항으로 그 보상에 관한 명문의 근거 법령이 없더라도 토지보상법 시행규칙의 관련조항을 유추적용하여 보상할 수 있으나, 다만 공익사업의 시행으로 인한 그 간접손실의 발생을 쉽게 예견할 수 있고, 그 손실의 범위도 구체적으로 특정할 수 있는 경우에 한하여 제한적으로 적용할 수 있다.[796]

> **판례**
>
> [판례1] ▶ 간접보상에 관한 규정은 유추적용 할 수 있다.
> [대법원 2002.3.12., 선고 2000다73612]
>
> 【판결요지】
> 공공사업시행지구 밖에서 관계 법령에 따라 신고를 하고 수산제조업을 하고 있는 사

---

795) 대법원 1999.10.8., 선고, 99다27231 판결; 대법원 2004.9.23. 선고 2004다25581 판결 등
796) 대법원 2002.11.26. 선고 2001다44352 판결 참조

람에게 공공사업의 시행으로 인하여 그 배후지가 상실되어 영업을 할 수 없게 되었음을 이유로 손실보상을 하는 경우 그 보상액의 산정에 관하여는 공공용지의취득및손실보상에관한특례법시행규칙의 간접보상에 관한 규정을 유추적용 할 수 있다.

[판례2] ▶ 공유수면매립사업으로 인하여 수산업협동조합이 관계 법령에 의하여 대상지역에서의 독점적 지위가 부여되어 있던 위탁판매사업을 중단하게 된 경우, 그로 인한 위탁판매수수료 수입 상실에 대하여 공공용지의취득및손실보상에관한특례법시행규칙을 유추적용하여 손실보상을 하여야 하는지 여부(적극)
[대법원 1999.10.8., 선고 99다27231] [손해배상(기)]

【판결요지】
[수산업협동조합이 수산물 위탁판매장을 운영하면서 위탁판매 수수료를 지급받아 왔고, 그 운영에 대하여는 구 수산자원보호령(1991.3.28. 대통령령 제13333호로 개정되기 전의 것) 제21조 제1항에 의하여 그 대상지역에서의 독점적 지위가 부여되어 있었는데, 공유수면매립사업의 시행으로 그 사업대상지역에서 어업활동을 하던 조합원들의 조업이 불가능하게 되어 일부 위탁판매장에서의 위탁판매사업을 중단하게 된 경우, 그로 인해 수산업협동조합이 상실하게 된 위탁판매수수료 수입은 사업시행자의 매립사업으로 인한 직접적인 영업손실이 아니고 간접적인 영업손실이라고 하더라도 피침해자인 수산업협동조합이 공공의 이익을 위하여 당연히 수인하여야 할 재산권에 대한 제한의 범위를 넘어 수산업협동조합의 위탁판매사업으로 얻고 있는 영업상의 재산이익을 본질적으로 침해하는 특별한 희생에 해당하고, 사업시행자는 공유수면매립면허 고시 당시 그 매립사업으로 인하여 위와 같은 영업손실이 발생한다는 것을 상당히 확실하게 예측할 수 있었고 그 손실의 범위도 구체적으로 확정할 수 있으므로, 위 위탁판매수수료 수입손실은 헌법 제23조 제3항에 규정한 손실보상의 대상이 되고, 그 손실에 관하여 구 공유수면매립법(1997.4.10. 법률 제5335호로 개정되기 전의 것) 또는 그 밖의 법령에 직접적인 보상규정이 없더라도 공공용지의취득및손실보상에관한특례법시행규칙상의 각 규정을 유추적용하여 그에 관한 보상을 인정하는 것이 타당하다.

[판례3] ▶ 행정주체의 행정행위를 신뢰하여 재산출연이나 비용지출 등의 행위를 하였으나 그 후에 수립된 행정계획과 공공사업의 시행 결과 공공사업시행지구 밖에서 간접손실이 발생한 경우, 그 손실의 보상에 관하여 구 공공용지의취득및손실보상에 관한특례법시행규칙상의 손실보상에 관한 규정을 유추적용할 수 있는지 여부와 그 요건

[대법원 2004.9.23. 선고 2004다25581 판결] [손해배상(기)]

【판결요지】
행정주체의 행정행위를 신뢰하여 그에 따라 재산출연이나 비용지출 등의 행위를 한 자가 그 후에 공공필요에 의하여 수립된 적법한 행정계획으로 인하여 재산권행사가 제한되고 이로 인한 공공사업의 시행 결과 공공사업시행지구 밖에서 발생한 간접손실에 관하여 그 피해자와 사업시행자 사이에 협의가 이루어지지 아니하고, 그 보상에 관한 명문의 근거 법령이 없는 경우라고 하더라도, 헌법 제23조 제3항 및 구 토지수용법(2002. 2.4. 법률 제6656호로 폐지되기 전의 것) 등의 개별 법률의 규정, 구 공공용지의취득및손실보상에관한특례법(2002.2.4. 법률 제6656호로 폐지되기 전의 것) 제3조 제1항 및 같은법시행규칙(2002.12.31. 건설교통부령 제344호로 폐지되기 전의 것) 제23조의2 내지 7 등의 규정 취지에 비추어 보면, 공공사업의 시행으로 인하여 그러한 손실이 발생하리라는 것을 쉽게 예견할 수 있고, 그 손실의 범위도 구체적으로 이를 특정할 수 있는 경우에는 그 손실의 보상에 관하여 구 공공용지의취득및손실보상에관한특례법시행규칙의 관련 규정 등을 유추적용할 수 있다.

재결례

[재결례1] ▶ 공익사업시행지구 밖의 보상에 관한 규정을 유추적용 할 수 있는 요건
[중토위 2013.7.]

【재결요지】
대법원은 「공공사업의 시행 결과 그 공공사업의 시행이 사업지구 밖에 미치는 간접손실에 관하여 그 피해자와 사업시행자 사이에 협의가 이루어지지 아니하고 그 보상에 관한 명문의 근거 법령이 없는 경우라고 하더라도 공익사업의 시행으로 인하여 손실

이 발생하리라는 것을 쉽게 예견할 수 있고 그 손실의범위도 구체적으로 이를 특정할 수 있는 경우라면, 그 손실의 보상에 관하여 토지보상법 시행규칙의 관련규정 등을 유추 적용할 수 있다」라고 판시(2002.11.26. 선고 2001다44352 판결 참조) 하고 있다.

관계자료(농장현황도면, 이건 사업 환경영향평가서, 현장사진, 연구용역보고서〈소음진동으로 인한 가축피해평가 및 배상액 산정기준의 합리적 조정방안〉, 사업시행자의 견서 등)를 검토한 결과, 1) OOO의 농장시설물은 사업지구경계로부터 가까운 지점은 8.5m 가장 멀리 있는 지점은 39m 이격되었다. 2) 포항시 ○○ ○○리 △△번지 소재 토끼사육장은 1동 전체가 자동컨베이어시스템으로 연계하여 운영되고 있다. 3) ○○○의 농장에 대한 소음영향예측 수치는 78.5dB로 예측되었으며, 6m 높이의 가설방음 판넬을 설치해도 67.2dB로 예측된다.

4) 중앙환경분쟁조정위원회가 실시한 연구용역「소음·진동으로 인한 가축피해평가 및 배상액 산정기준의 합리적 조정방안」결과에 따르면 소음에 의한 가축별 피해발생 예측율은 토끼의 경우 소·돼지 등 일반 가축보다 피해발생율이 2배에 달하고 환경영향평가서 상의 예측 소음치로는 폐사율, 수태저하율 등이 35% ~ 40%에 해당하는 것으로 확인된다.

위와 같은 사실에 대하여 사업시행자는 농장의 일부시설만 편입되었을 뿐, 잔여 농장은 그 기능이 전부 상실되었다고 보기 어렵고, 향후 소음 등으로 인한 피해가 구체적으로 발생하면 그 피해액을 보상하겠다고 주장한다.

그러나 위 사실관계에 따르면, 이 건 토끼농장은 당해 공익사업의 시행으로 인하여 손실이 발생하리라는 것이 쉽게 예측되고 그 손실의 범위도 구체적으로 특정할 수 있고 예측되는 소음의 피해는 소유자가 수인할 수 있는 범위를 넘어서는 것으로 판단되며, 한편으로는 같은 리 493-1번지 소재 토끼사육장은 1동 전체가 자동컨베이어시스템으로 운영되고 있어 시설물 일부편입으로 잔여 시설물 전체가 그 기능을 상실하게 되는 점 등을 고려할 때, 일부가 편입된 이 건 토끼농장에 대하여 전체의 영업시설을 이전하게 함이 토지보상법 또는 위 대법원판례의 취지에 부합하는 것으로 판단된다. 따라서 ○○○의 전체농장을 이전하게 하고 그에 따르는 물건의 이전보상 및 축산보상을 하기로 한다.

나. 연혁

공익사업지구 밖의 손실보상은 1977. 3. 21. 제정(건설부령 제184호)된 「공공용지의 보상평가기준에 관한 규칙」이 일부개정(건설부령 제268호, 1980.8.1)으로 제5장의 2(수몰로 인한 간접보상)이 마련되어 수몰로 인한 농경지등에 대한 간접보상(제23조의2), 건물보상(제23조의3), 소수잔존자보상(제23조의4), 영업보상(제23조의5)이 신설 규정되면서 처음으로 도입되었다.

공공용지의보상평가기준에관한규칙
[시행 1980.8.1.] [건설부령 제268호, 1980.8.1., 일부개정]

제5장의2 수몰로 인한 간접보상

제23조의2(수몰로 인한 농경지등에 대한 간접보상) 댐 수몰선 밖의 농경지 또는 택지가 댐건설로 인하여 산지나 하천등에 둘려싸여 교통이 두절되거나 경작이 불가능하게 된 때에는 그 소유자의 청구에 의하여 이를 매수함으로써 보상할 수 있다. 다만, 당해 토지의 매수비가 도로 또는 선박시설의 설치비용을 초과할 때에는 토지의 매수에 갈음하여 교통로 또는 도선시설을 설치할 수 있다.

제23조의3(건물보상) 소유농지의 대부분이 수몰되고 건물만이 댐 수몰선 밖에 잔존하여 매매가 불가능하고, 이주가 부득이한 때에는 그 소유자의 청구에 의하여 이전비, 이사비 및 이농비를 보상한다.

제23조의4(소수잔존자보상) 댐 건설로 인하여 1개부락의 가옥이 대부분 수몰되고, 잔여가옥의 생활환경이 현저하게 불편하게 되어 이주가 불가피한 경우에는 그 소유자의 청구에 의하여 이전비, 이사비 및 이농비를 보상한다.

제23조의5(영업보상) 댐 수몰선 밖에서 관계법령에 의하여 면허 또는 허가를 받아 영업을 하고 있는 자로서 댐 건설로 인하여 그 배후지의 3분의2이상이 상실되어 영업을 할 수 없는 경우에는 제24조 및 제25조의 규정에 따라 그 손실액을 평가하여 보상한다.

이후 이 규칙은 1981. 3. 23. 일부개정(건설부령 제294호) 법령의 제명이 「공공용지의취득및손실보상에관한특례법」의 시행규칙으로 변경되면서 종전 수몰지에서만 한정하여 보

상하던 간접보상규정을 공공사업 중 일단의 주택지조성사업, 일단의 공업단지 조성사업 또는 신도시개발사업으로 인하여 대상물건이 그 본래의 기능을 다할 수 없게 된 경우 그 보상에 관하여 이를 준용하도록 하여[797] 공익사업 전반에 걸쳐 간접보상이 확대되었고, 현재는 공특법과 구 토지수용법이 토지보상법으로 통합되면서 간접보상이라는 용어를 폐지하고 동법 시행규칙 제7절(공익사업시행지구밖의 토지등의 보상) 제59조 내지 제65조 규정으로 정비되면서 보상기준이 체계화 되었다.[798]

3. 보상에 관한 근거규정

토지보상법에는 간접손실이라는 용어를 명문으로 사용하고는 있지 않으나 공익사업시행지구 밖의 대지, 건축물(공작물 포함), 어업권, 영업, 농업에 대해 발생되는 손실에 대해 제한적 범위 내에서 간접손실보상을 인정하고 있다(시행규칙 제59조 내지 제65조).

토지보상법 시행 이전에는 공특법이 협의취득에 관한 규정임을 들어 협의가 성립되지 아니한 경우에도 공특법시행규칙의 규정을 적용할 수 있는지 여부에 관하여 논란이 있었고, 판례는 '예견가능성 및 손실범위의 특정가능성'이라는 개념을 매개로 위 규정을 유추적용할 수 있다고 하였다.[799] 현재는 구 토지수용법과 공특법이 통합되어 토지보상법이

---

797) 공공용지의취득및손실보상에관한특례법시행규칙 [시행 1981.3.23.] [건설부령 제294호, 1981.3.23., 일부개정]【제정·개정문】공공용지의보상평가기준에관한규칙중 다음과 같이 개정한다.

> **법령의 제명** "공공용지의보상평가기준에관한규칙"을 "공공용지의취득및손실보상에관한특례법시행규칙"으로 한다.
> 제1조를 다음과 같이 한다.
> 제1조(목적) 이 규칙은 공공용지의 취득 및 손실보상에 관한 특례법(이하 "법"이라 한다) 및 동법시행령(이하 "영"이라 한다)의 시행에 관하여 필요한 사항을 정함을 목적으로 한다.
> 제5장의2에 제23조의6을 다음과 같이 신설한다.
> 제23조의6(수몰로 인한 간접보상규정의 준용) 제23조의2 내지 제23조의5의 규정은 공공사업중 일단의 주택지조성사업, 일단의 공업단지 조성사업 또는 신도시개발사업으로 인하여 대상물건이 그 본래의 기능을 다할 수 없게 된 경우 그 보상에 관하여 이를 준용한다.

798) 간접보상을 구 토지수용법이 아닌 공특법에서만 규정하게 된 것은, 1970년대 이후 각종 대규모 사업이 진행되면서 각종 간접손실이 발생하게 되고 이에 대한 보상요구가 절실하게 되었으나, 그것을 토지수용법에 규정하기에는 아직 연구가 미진하였기 때문에, 잠정적으로 취득과 보상에 관하여 당사자 간에 협의가 이루어진 경우에 보상기준과 방법만을 특례법에 규정하여 실험적으로 운영하려고 한 것이라 하겠다. (신경직, 앞의 책, 2017, 701면 참조)

799) 대판 1999.6.11. 97다56150 판결; 대판 1995.7.14. 94다38038 판결; 대판1999.9.17. 선고 98다5548 판결, 대판 1999.10.8. 99다27231 판결; 대판 2000.12.8. 선고 2000다48494 판결; 대판 2002.11.26.

된 만큼 보상에 관한 협의의 성립 여부에 불구하고, 토지보상법시행규칙상의 간접손실보상의 요건을 충족하면, 위와 같은 보상을 청구할 수 있게 되었다고 할 수 있다.[800]

토지보상법은 간접손실보상에 대해서 동법 제79조 제2항으로 포괄적으로 국토교통부령에 위임하고 있고, 동법 시행규칙 제59조 내지 제65조는 공익사업지구 밖의 토지 등에 대한 손실보상에 관한 규정을 두고 있다.[801]

관계법령

■ **토지보상법**

제79조(그 밖의 토지에 관한 비용보상 등) ① 사업시행자는 공익사업의 시행으로 인하여 취득하거나 사용하는 토지(잔여지를 포함한다) 외의 토지에 통로·도랑·담장 등의 신설이나 그 밖의 공사가 필요할 때에는 그 비용의 전부 또는 일부를 보상하여야 한다. 다만, 그 토지에 대한 공사의 비용이 그 토지의 가격보다 큰 경우에는 사업시행자는 그 토지를 매수할 수 있다.

② 공익사업이 시행되는 지역 밖에 있는 토지등이 공익사업의 시행으로 인하여 본래의 기능을 다할 수 없게 되는 경우에는 국토교통부령으로 정하는 바에 따라 그 손실을 보상하여야 한다. 〈개정 2013.3.23.〉

③ 사업시행자는 제2항에 따른 보상이 필요하다고 인정하는 경우에는 제15조에 따라 보상계획을 공고할 때에 보상을 청구할 수 있다는 내용을 포함하여 공고하거나 대통령령으로 정하는 바에 따라 제2항에 따른 보상에 관한 계획을 공고하여야 한다.

④ 제1항부터 제3항까지에서 규정한 사항 외에 공익사업의 시행으로 인하여 발생하는 손실의 보상 등에 대하여는 국토교통부령으로 정하는 기준에 따른다.〈개정 2013.3.23.〉

⑤ 제1항 본문 및 제2항에 따른 비용 또는 손실의 보상에 관하여는 제73조제2항을 준용한다.

선고 2001다44352 판결; **대판 2004.9.23. 2004다25581; 대판 2004.10.27. 선고 2004다27020,27037 판결;** 대판 2004.10.28., 선고 2002다3662,3679 등 다수

800) 2009년 대한변협 변호사연수원 전문분야 특별연수(64기) 참조(사법연수원 행정구제법(2008), 331면 참조)

801) 동법 제79조 제2항에서 간접손실보상에 관한 사항을 부령에 포괄적으로 위임하는 것은 입법상의 문제가 있어 보인다. 다만, 이는 간접손실에 대한 사례의 다양성으로 그 범위와 기준을 정하는데 한계가 있고 손실보상의 일반적인 성격을 지닌 토지보상법에 구체적으로 간접보상을 규정하는 것은 어렵기 때문이라는 견해가 있다. (차태환, 토지보상법론, 부연사, 2010. 492면)

⑥ 제1항 단서에 따른 토지의 취득에 관하여는 제73조제3항을 준용한다.

⑦ 제1항 단서에 따라 취득하는 토지에 대한 구체적인 보상액 산정 및 평가 방법 등에 대하여는 제70조, 제75조, 제76조, 제77조 및 제78조제4항부터 제6항까지의 규정을 준용한다.[전문개정 2011.8.4.]

제80조(손실보상의 협의·재결) ① 제79조제1항 및 제2항에 따른 비용 또는 손실이나 토지의 취득에 대한 보상은 사업시행자와 손실을 입은 자가 협의하여 결정한다.

② 제1항에 따른 협의가 성립되지 아니하였을 때에는 사업시행자나 손실을 입은 자는 대통령령으로 정하는 바에 따라 관할 토지수용위원회에 재결을 신청할 수 있다.
[전문개정 2011.8.4.]

■ **토지보상법 시행령**
제41조의4(그 밖의 토지에 관한 손실의 보상계획 공고) 법 제79조제3항에 따라 같은 조 제2항에 따른 보상에 관한 계획을 공고할 때에는 전국을 보급지역으로 하는 일간신문에 공고하는 방법으로 한다. [전문개정 2013.5.28.]

제42조(손실보상 또는 비용보상 재결의 신청 등) ① 법 제80조제2항에 따라 재결을 신청하려는 자는 국토교통부령으로 정하는 손실보상재결신청서에 다음 각 호의 사항을 적어 관할 토지수용위원회에 제출하여야 한다.
  1. 재결의 신청인과 상대방의 성명 또는 명칭 및 주소
  2. 공익사업의 종류 및 명칭
  3. 손실 발생사실
  4. 손실보상액과 그 명세
  5. 협의의 내용
② 제1항의 신청에 따른 손실보상의 재결을 위한 심리에 관하여는 법 제32조제2항 및 제3항을 준용한다. [전문개정 2013.5.28.]

■ **토지보상법 시행규칙**
제59조(공익사업시행지구밖의 대지 등에 대한 보상) 공익사업시행지구밖의 대지(조성

된 대지를 말한다)·건축물·분묘 또는 농지(계획적으로 조성된 유실수단지 및 죽림단지를 포함한다)가 공익사업의 시행으로 인하여 산지나 하천 등에 둘러싸여 교통이 두절되거나 경작이 불가능하게 된 경우에는 그 소유자의 청구에 의하여 이를 공익사업시행지구에 편입되는 것으로 보아 보상하여야 한다. 다만, 그 보상비가 도로 또는 도선시설의 설치비용을 초과하는 경우에는 도로 또는 도선시설을 설치함으로써 보상에 갈음할 수 있다.

제60조(공익사업시행지구밖의 건축물에 대한 보상) 소유농지의 대부분이 공익사업시행지구에 편입됨으로써 건축물(건축물의 대지 및 잔여농지를 포함한다. 이하 이 조에서 같다)만이 공익사업시행지구밖에 남게 되는 경우로서 그 건축물의 매매가 불가능하고 이주가 부득이한 경우에는 그 소유자의 청구에 의하여 이를 공익사업시행지구에 편입되는 것으로 보아 보상하여야 한다.

제61조(소수잔존자에 대한 보상) 공익사업의 시행으로 인하여 1개 마을의 주거용 건축물이 대부분 공익사업시행지구에 편입됨으로써 잔여 주거용 건축물 거주자의 생활환경이 현저히 불편하게 되어 이주가 부득이한 경우에는 당해 건축물 소유자의 청구에 의하여 그 소유자의 토지등을 공익사업시행지구에 편입되는 것으로 보아 보상하여야 한다.

제62조(공익사업시행지구밖의 공작물등에 대한 보상) 공익사업시행지구밖에 있는 공작물등이 공익사업의 시행으로 인하여 그 본래의 기능을 다할 수 없게 되는 경우에는 그 소유자의 청구에 의하여 이를 공익사업시행지구에 편입되는 것으로 보아 보상하여야 한다.

제63조(공익사업시행지구밖의 어업의 피해에 대한 보상) ① 공익사업의 시행으로 인하여 해당 공익사업시행지구 인근에 있는 어업에 피해가 발생한 경우 사업시행자는 실제 피해액을 확인할 수 있는 때에 그 피해에 대하여 보상하여야 한다. 이 경우 실제 피해액은 감소된 어획량 및 「수산업법 시행령」별표 4의 평년수익액 등을 참작하여 평가한다. 〈개정 2005.2.5., 2007.4.12., 2008.4.18., 2012.1.2.〉

② 제1항에 따른 보상액은 「수산업법 시행령」 별표 4에 따른 어업권·허가어업 또는 신고어업이 취소되거나 어업면허의 유효기간이 연장되지 아니하는 경우의 보상액을 초과하지 못한다. 〈신설 2007.4.12., 2008.4.18., 2012.1.2.〉

③ 사업인정고시일등 이후에 어업권의 면허를 받은 자 또는 어업의 허가를 받거나 신고를 한 자에 대하여는 제1항 및 제2항을 적용하지 아니한다. 〈신설 2007.4.12.〉

제64조(공익사업시행지구밖의 영업손실에 대한 보상) ① 공익사업시행지구밖에서 제45조에 따른 영업손실의 보상대상이 되는 영업을 하고 있는 자가 공익사업의 시행으로 인하여 다음 각 호의 어느 하나에 해당하는 경우에는 그 영업자의 청구에 의하여 당해 영업을 공익사업시행지구에 편입되는 것으로 보아 보상하여야 한다. 〈개정 2007.4.12.〉

 1. 배후지의 3분의 2 이상이 상실되어 그 장소에서 영업을 계속할 수 없는 경우
 2. 진출입로의 단절, 그 밖의 부득이한 사유로 인하여 일정한 기간 동안 휴업하는 것이 불가피한 경우

② 제1항에 불구하고 사업시행자는 영업자가 보상을 받은 이후에 그 영업장소에서 영업이익을 보상받은 기간 이내에 동일한 영업을 하는 경우에는 실제 휴업기간에 대한 보상금을 제외한 영업손실에 대한 보상금을 환수하여야 한다. 〈신설 2007.4.12.〉

제65조(공익사업시행지구밖의 농업의 손실에 대한 보상) 경작하고 있는 농지의 3분의 2 이상에 해당하는 면적이 공익사업시행지구에 편입됨으로 인하여 당해지역(영 제26조제1항 각호의 1의 지역을 말한다)에서 영농을 계속할 수 없게 된 농민에 대하여는 공익사업시행지구밖에서 그가 경작하고 있는 농지에 대하여도 제48조제1항 내지 제3항 및 제4항제2호의 규정에 의한 영농손실액을 보상하여야 한다.

4. 공익사업지구 밖의 손실보상의 요건

가. 판례상 간접손실보상의 요건802)

(1) 간접손실의 존재

① 공공사업의 시행으로 사업시행지구 외의 토지소유자등이 입은 손실이어야 하며, ② 그 손실이 공공사업의 시행으로 인하여 발생하리라는 것이 쉽게 예견할 수 있어야 하며, ③ 손실이 범위가 구체적으로 특정 가능하여야 한다.

(2) 특별한 희생의 존재

공공필요를 위한 재산권의 침해가 손실보상의 요건이 되기 위해서는 그 침해로 인한 손실이 특별한 희생에 해당하여야 한다. 따라서 그 손해가 재산권에 내제된 사회적 제약에 해당하는 경우에는 보상의 대상이 되지 아니한다.

나. 현행 토지보상법상 보상요건

(1) 공익사업시행지구 밖의 대지 등에 대한 보상

공익사업시행지구 밖의 대지(조성된 대지를 말한다) · 건축물 · 분묘 또는 농지(계획적으로 조성된 유실수단지 및 죽림단지를 포함한다)가 공익사업의 시행으로 인하여 산지나 하천 등에 둘러싸여 교통이 두절되거나 경작이 불가능하게 된 경우에는 그 소유자의 청구에 의하여 이를 공익사업시행지구에 편입되는 것으로 보아 보상하여야 한다. 다만, 그 보상비가 도로 또는 도선시설의 설치비용을 초과하는 경우에는 도로 또는 도선시설을 설치함으로써 보상에 갈음할 수 있다(시행규칙 제59조).

여기서 '교통이 두절된 경우'와 관련하여 법제처 유권해석은 물리적 통행의 불가능뿐만 아니라 기존의 통로를 이용함에 있어 현저히 곤란한 경우도 포함된다고 해석하고 있고803), '경작이 불가능하게 된 경우'는 소유자의 주관적인 의사를 기준으로 하는 것이 아

---

802) ■ 토지보상법 시행규칙 제59조 내지 제65조 등 간접손실보상의 요건을 충족하게 되면, 그 해당 토지나 건축물, 공작물 등은 공익사업시행지구에 편입된 것으로 보아 보상을 받을 수 있게 되고, 어업피해, 영업손실, 영농손실 등도 동법 시행규칙에 규정된 바에 따라 보상을 받을 수 있게 된다. 그러나, 실제 사례는 그리 많지 않고, 그것도 주로 공익사업시행지구 밖에 설치된 공작물에 대한 보상, 지구 밖에서 행하던 영업손실보상이 주로 문제기 된 사례들이다. (2009년 대한변협 변호사연수원 전문분야 특별연수(64기) 참조)

니고, 해당지역의 입지조건·잔여농지의 면적·교통의 수단 등을 종합적으로 고려하여 객관적으로 판단할 사항으로 판례는 해당 농경지가 공공사업이 시행으로 산지나 하천 등에 둘러싸여 경작자체가 불가능한 경우를 의미한다고 판시하고 있다.[804]

판례

[판례1] ▶ [대법원 2004.10.27. 선고 2002다21967] [손해배상(기)]

【판결요지】
구 공공용지의취득및손실보상에관한특례법시행규칙(2002.12.31. 건설교통부령 제344호로 폐지) 제23조의2 소정의 '경작이 불가능하게 된 경우'라 함은 그 농경지가 공공사업의 시행으로 인하여 산지나 하천 등에 둘러싸이는 등으로 경작 자체가 불가능하게 되는 경우를 의미하는 것이지 공공사업의 시행으로 인하여 소음과 진동의 발생, 일조량의 감소 등으로 기존에 재배하고 있는 농작물의 비닐하우스 부지로는 부적당하다고 하더라도 다른 농작물을 재배하는 데에는 별다른 지장이 없어 보이는 경우까지를 포함하는 것은 아니다.

유권해석

[법령해석1] ▶ [2017.12.28. 법제처 안건번호 07-0445]
교통이 두절된 경우라 함은 물리적으로 통행을 전혀 할 수 없는 경우뿐만 아니라, 이미 임도 등 기존의 연결되는 통로가 있어 통행이 전혀 불가능한 것은 아니라고 하더라도 지형적·위치적 형상 및 이용관계, 부근의 지리 상황 등 그 밖의 제반사항을 고려하여 그것이 사회통념상 도로로서의 기능을 다하지 못하여 당해 주민들이 그 도로를 이용하여 통행하도록 기대하는 것이 현저히 곤란한 사정이 인정된다면, 이 역시 교통이 두절되었다고 할 것입니다. 「신항만건설촉진법」에 따른 신항만개발사업으로 인하여 공익사업시행구역 밖의 대지 등에 발생하는 손실의 보상 등에 대하여도 토지보상법이 준용되고, 이러한 공익사업시행으로 인하여 섬 주민들의 기존 도선항로가 폐쇄된 것이며, 이로 인하여 물리적으로 육지로 전혀 통행할 수 없을 뿐만 아니라 임도 등

---

803) 2017.12.28. 법제처 안건번호 07-0445
804) 대법원 2004.10.27. 선고 2002다21967 판결

다른 통로를 이용하면 통행할 수 있다고 하더라도 사회통념상 이를 이용하는 것이 현저히 곤란하다면 토지보상법 시행규칙 제59조가 적용될 수 있습니다.

질의회신

[질의회신1] ▶ [1997.4.21. 국토부 토정 58342-534]

공익사업지 인근에 소재한 농경지로서 동 사업의 공사를 시행하는 동안 농로로 사용중이던 도로가 폐쇄되어 경작이 불가능하게 된 경우에는 그 소유자의 청구에 의하여 이를 공공사업지구 안에 편입되는 것으로 보아 보상하도록 하고 있으므로 당해 농경지 소유자의 청구가 있으면 보상이 가능하다.

[질의회신2] ▶ 공익사업시행(도로)으로 지구밖 건물(주택)앞으로 4m 높이 도로와 15m 높이 철도교량이 인접하게 되면서 건물 진출입로가 없어진 경우 건물보상 여부?
[2010.12.6. 토지정책과-5658]

【회신내용】

공익사업법 시행규칙 제59조에 의하면 … (중략) …규정되어 있습니다. 따라서, 당해 공익사업의 시행으로 교통이 두절되는 경우에는 위 규정에 의한 공익사업시행지구 밖의 손실보상에 대상에 해당된다고 보나, 귀 질의이 경우가 이에 해당되는지 여부에 대하여는 사업시행자가 현지여건 및 사실관계 등을 종합적으로 검토하여 판단할 사항으로 봅니다.

(2) 공익사업시행지구 밖의 건축물에 대한 보상

소유농지의 대부분이 공익사업시행지구에 편입됨으로써 건축물(건축물의 대지 및 잔여농지를 포함)만이 공익사업시행지구밖에 남게 되는 경우로서 그 건축물의 매매가 불가능하고 이주가 부득이한 경우에는 그 소유자의 청구에 의하여 이를 공익사업시행지구에 편입되는 것으로 보아 보상하여야 한다(시행규칙 제60조).[805]

---

805) 1999.9.13. 토관 58342-1103 : 공장세입자가 공익사업지구 밖의 종업원 숙소, 식당 등을 운영하여 오다가 공장부지가 공익사업지구에 편입되었다는 사유만으로 사업지구 밖의 기타 시설물이 본래의 기능을 다 할 수 없게 되었다고 볼 수는 없고, 다만 공익사업지구 밖의 시설물 자체의 향후 이용가능성, 매매가능성 등을 고려하여 결정하여 함.

'소유 농지의 대부분이 공익사업시행지구에 편입'이라 함은 종전 영농의 규모 내지 상황 등으로 보아 공익사업시행지구 밖에 남게 되는 농지로는 영농이 사실상 불가능하다는 의미이고, '건축물의 매매 불가능'의 의미는 사실상 매매의 불가능 및 공익사업 시행 전의 통상적인 가격으로는 매매가 현실적으로 불가능한 경우를 말한다.

재결례

[재결례1] ▶ 공익사업시행지구 밖의 건축물이 보상대상이 되기 위해서는 본래의 기능을 다할 수 없게 되어야 한다. [중토위 2017.3.23.]

【재결요지】
○○○, ○○○가 잔여지를 수용하여 주거나 가격감소에 따른 손실을 보상하여 주고, ○○○가 잔여건물도 수용하여 달라는 주장에 대하여,

법 제74조제1항에 따르면 동일한 소유자에게 속하는 일단의 토지의 일부가 … (중략) … 규정하고 있다. 그리고 같은 법 시행령 제39조에 따르면 잔여지가 … (중략) … 등 4개의 경우 중 어느 하나에 해당하는 경우에는 해당 토지소유자는 사업시행자 또는 관할 토지수용위원회에 잔여지를 매수하거나 수용하여 줄 것을 청구할 수 있고, 잔여지가 이 중 어느 하나에 해당하는지를 판단할 때에는 잔여지의 위치·형상·이용상황 및 용도지역, 공익사업 편입토지의 면적 및 잔여지의 면적을 종합적으로 고려하여야 한다고 되어 있고, 법 시행규칙 제62조에 따르면 … (중략) … 되어 있으며, 법 시행규칙 제32조제1항에 따르면 동일한 토지소유자에 속하는 일단의 토지의 일부가 취득됨으로 인하여 잔여지의 가격이 하락된 경우의 잔여지의 손실은 공익사업시행지구에 편입되기 전의 잔여지의 가격에서 공익사업시행지구에 편입된 후의 잔여지의 가격을 뺀 금액으로 평가하도록 되어 있다.

관계 자료(사업시행자 의견, 감정평가서 등)를 검토한 결과, 1) ○○○의 잔여지 경기 파주시 00읍 00리 554-6 대 311㎡(전체 344㎡, 편입 33㎡, 편입비율 9.5%, 계획관리)는 편입비율이 낮은 점, 잔여면적이 「건축법시행령」제80조에서 정하는 대지의 분할제한 면적(60㎡)을 초과하는 점, 진출입에 지장이 없는 점 등으로 볼 때 종래의 목적대로 사용하는 것이 현저히 곤란하다고 볼 수 없고, 이의신청인이 잔여건물을 수용하여 달라고 주장하는 건축물은 이 건 잔여지 상에 있는 공익사업시행지구 밖의 건축

> 물로서 이 건 공익사업의 시행으로 인하여 그 본래의 기능을 다할 수 없게 되는 경우
> 라고 인정되지 않으므로 이의신청인의 주장은 받아들일 수 없다.

(3) 소수잔존자에 대한 보상

① 의의

공익사업의 시행으로 인하여 1개 마을의 주거용 건축물이 대부분 공익사업시행지구에 편입됨으로써 잔여 주거용 건축물 거주자의 생활환경이 현저히 불편하게 되어 이주가 부득이한 경우에는 당해 건축물 소유자의 청구에 의하여 그 소유자의 토지 등을 공익사업시행지구에 편입되는 것으로 보아 보상하여야 한다(시행규칙 제61조).[806]

소수잔존자의 소유 토지나 생활체가 반드시 공익사업시행지구에 편입되었는지의 여부를 묻지 않는다. 다만, 유권해석은 소수잔존자 보상은 1개 마을의 주거용 건축물 대부분 공익사업시행지구의 편입으로 인하여 마을의 주민 다수가 이주 후 소수의 잔존 마을주민들이 더 이상 마을에서 거주하는 것은 현저히 곤란하여 이주가 불가피하다는 사회통념상 사정이 존재하여야 한다고 보고 있다.[807]

② 보상대상

소수잔존자 보상의 경우는 보상대상과 관련된 제한은 없으므로 토지 및 그 토지상의 건축물 등이 보상대상이다. 소수잔존자 보상은 이주를 전제로 하므로, 보상액과 도로나 도선시설 설치비용을 비교할 필요가 없다.

(4) 공익사업시행지구 밖의 공작물 등에 대한 보상

---

806) 중앙토지수용위원회는 소수잔존자 보상의 경우는 보상대상과 관련된 제한은 없으므로 토지 및 그 토지상의 건축물 등이 보상대상이며, 소수잔존자의 소유 토지나 생활체가 반드시 공익사업시행지구에 편입되었는지의 여부는 고려 대상이 아니며, 소수잔존자 보상은 이주를 전제로 하므로, 보상액과 도로나 도선시설 설치비용을 비교할 필요가 없다고 소개하고 있다.(중앙토지수용위원회, 앞의 책, 2017.12. 460-461면 발췌인용)
807) 유권해석에 의하면 1개 부락의 마을이 대부분 공익사업지구에 편입되고 가옥 6세대만이 남아 생활환경이 불편하여 이주가 불가피한 경우에는 당해 그 가옥의 소유자의 청구로 이를 공익사업지구에 편입되는 것으로 보아 그 가옥의 부지는 보상이 가능하다는 입장이다.(1998.2.11. 국토부 토관 58342-235: 2002.10.30. 토관

공익사업시행지구밖에 있는 공작물 등이 공익사업의 시행으로 인하여 <u>그 본래의 기능을</u> <u>다할 수 없게 되는</u> 경우에는 그 소유자의 청구에 의하여 이를 공익사업시행지구에 편입되는 것으로 보아 보상하여야 한다(시행규칙 제62조).

'본래의 기능을 다 할 수 없게 되는 경우'란 공작물 등이 건축물과 일체로 사용 되어 효용을 발휘하였으나 건축물의 이전으로 공작물 등만 사업시행지구 밖에 남게 되어 해당 공작물 본래의 효용을 발휘할 수 없게 되는 경우 등을 의미한다.

유권해석에 의하면 공익사업의 시행으로 공익사업지구 밖의 공작물의 독립적인 기능(효용)이 상실되거나, 공작물의 부속시설물(폐수처리장)이 공익사업지구로 편입되어 주된 공작물의 본래의 기능을 다 할 수 없는 경우에는 보상이 가능하다고 해석하고 있다.[808] 한편 판례는 가시설물 설치비용과 건축설계변경비용에 대하여는 간접보상이 불가하다고 판시하고 있다.[809]

재결례

[재결례1] ▶ 축사는 사업구역에 포함되었으나 부대시설(퇴비사, 톱밥발효장, 분뇨처리시설)은 포함되지 않은 경우 부대시설도 보상대상이 된다. [중토위 2018.9.20.]

【재결요지】
법 제75조의2 제1항에 따르면 사업시행자는 동일한 소유자에게 속하는 일단의 건축물의 일부가 취득되거 나 사용됨으로 인하여 잔여 건축물의 가격이 감소하거나 그 밖의 손실이 있을 때에는 국토교통부령으로 정하는 바에 따라 그 손실을 보상하여야 하고, 제2항에 따르면 동일한 소유자에게 속하는 일단의 건축물의 일부가 협의에 의하여 매수되거나 수용됨으로 인하여 잔여 건축물을 종래의 목적대로 사용하는 것이 현저히 곤란할 때에는 그 건축물소유자는 사업시행자에게 잔여 건축물을 매수하여 줄 것을 청구할 수 있으며, 사업인정 이후에는 관할 토지수용위원회에 수용을 청구할 수 있다. 이 경우 수용청구는 매수에 관한 협의가 성립되지 아니한 경우에만 하되, 그 사업의

---

808) 단, 사업지구 밖의 간접보상 건축물이 제3자에게 이전된 후 멸실된 경우에는 보상이 불가하다고 본다.(2004.9.20. 토관 58342-4289)
809) 대법원 2004.9.23. 선고 2004다25581 판결

공사완료일까지 하여야 한다고 되어 있다. 법 시행규칙 제62조에 따르면 공익사업시행지구밖에 있는 공작물등이 공익사업의 시행으로 인하여 그 본래 의 기능을 다할 수 없게 되는 경우에는 그 소유자의 청구에 의하여 이를 공익사업시행지구에 편입되는 것으로 보아 보상하여야 한다고 되어 있다.

관계 자료(사업시행자 의견서, 현황사진 등)를 검토한 결과, 이의신청인은 2005년 축산업 등록 후 돼지사육시설 5동 및 부대시설에서 축산업을 영위하여 오다가 2010년경 구제역 파동 및 개인사정 등으로 사육 가축을 처분하고 실질적인 휴업상태에서 이 건 사업인정고시가 된 것으로 확인된다. 이의신청인의 축사관련 건축물 등 시설물은 이 건 사업에 편입된 경남 ○○군 ○○면 ○○리 364-14 목 2,164㎡와 편입된 토지와 연접하여 있는 같은 리 364-10 목1,376㎡토지에 설치되어 있으며, 이 건 사업으로 일단의 건축물 또는 공작물 중에서 주된 시설인 축사(5개동) 및 사료공급기 2기 등이 편입되고, 부대시설인 톱밥발효시설 장 및 퇴비사, 분뇨처리장이 편입토지와 연접한 사업지구 밖에 남게 되었다.

이의신청인이 이 건 사업인정고시일 이전부터 실제 축산업을 휴업 중이었다 하더라도 폐업신고 등을 하지 않아 언제든지 축산업을 재개할 수 있는 상태였고, 일단의 건축물 중 편입되지 않은 부대시설(퇴비사, 톱밥발효장, 분뇨처리시설)만으로는 종래의 목적 인 축산업을 계속 영위하기는 불가능하다고 판단되므로 잔여건축물(공작물 포함)을 확대 보상함이 타당하다고 판단되어 금번 재결에 포함하여 보상하기로 한다.

[재결례2] ▶ 사업지구 밖에 위치하고 있는 영업시설(세차기 및 셀프세차장비)에 대한 손실보상은 인정된다. [중토위 2019.1.24.]

【재결요지】

법 시행규칙 제62조에 의하면 공익사업시행지구 밖에 있는 공작물 등이 공익사업의 시행으로 인하여 그 본래의 기능을 다 할 수 없게 되는 경우에는 그 소유자의 청구에 의하여 이를 공익사업시행지구에 편입되는 것으로 보아 보상하도록 규정하고 있다.

관계 서류(이의신청서, 현황 도면 등)를 검토한 결과, 이 건 사업에 자동세차시설 출구에 위치한 토지가 편입되어 자동세차시설 출구에서 도시계획도로(소로1류 383호선, 폭10~12m)와의 여유공간이 약 2미터 에 불과하여 최소한의 차량회전반경이 확보되지 않아 정상적인 자동세차시설의 운영이 불가한 것으로 판단되므로 금회 재결시 이를 반영하여 보상하기로 한다.

질의회신

[질의회신1] ▶ [2001.6.2. 토관 58342-883]

사업지구 밖의 공작물 등이 공공사업의 시행으로 인하여 독립적이 기능을 할 수 없는 경우에 보상대상에 해당한다고 보나, 당해 공작물 등이 독립적인 기능을 유지하는 경우 또는 당해 공작물이 관계법령에 위반되어 철거되는 경우 그러하지 아니하다.

[질의회신2] ▶ [1999.8.5 토관 58342-849]

공작물의 부속시설물(폐수처리장, 돈분건조장)이 공공사업지구에 편입됨으로서 본래의 기능을 다 할 수 없는 때에는 공특법시행규칙 제23조의6규정에 의거 간접보상이 된다.

[질의회신3] ▶ 도로확장사업으로 주유소 등 주유소 일부시설만 편입되고 건물 등은 편입되지 않았으나, 영업허가에 포함된 시설물이 편입되어 주유소 본래의 기능을 완전히 상실한 경우로서 모든 건축물을 완전 철거하고 현 위치 후방으로 이전하여야 하는 경우에 이에 대한 보상가능여부? [1995.9.7. 토정 58347-1329]

【회신내용】

공공사업에 편입되지는 아니하였으나, 그 본래의 기능을 다 할 수 없는 경우에는 보상대상에 해당하며, 이는 당해 시설물이 영업허가에 포함된 것인지에 의하여 결정되는 것이 아니고 현실적으로 용도나 기능상 당해 영업에 필요한 것이며 잔여시설이 그 본래의 기능을 다 할 수 있는가에 따라 보상여부를 판단하여야 할 사항이고, 일부 시설의 편입으로 잔여건축물을 후방으로 재건축이 필요하면 그 비용도 보상대상이 된다.

판례

[판례1] ▶ 건물신축허가를 받아 공사도급계약을 체결한 후 신축 부지에 공사를 위한 가시설물 등을 설치하였으나 이후 행정청의 개발계획변경결정과 공공사업의 시행으

로 신축 부지의 일부가 도로로 협의취득된 사안에서, <u>가시설물 설치비용과 건축설계</u>
<u>변경비용에 대하여 구 공공용지의취득및손실보상에관한특례법시행규칙상의 간접보상</u>
<u>에 관한 규정을 유추적용하여 손실보상청구권을 인정한 원심을 파기한 사례</u>
[대법원 2004.9.23. 선고 2004다25581 판결] [손해배상(기)]

【판결이유】
이 사건 공공사업의 시행으로 인하여 원고가 건축설계변경비용 상당의 손실을 입었다
고 하더라도, 간접손실에 관하여 규정하고 있는 공특법시행규칙 제23조의2 내지 7의
각 규정 중 원고의 건축설계변경비용을 간접손실로 보고 유추적용할 만한 규정도 없
으므로, 건축설계변경비용에 대하여 공특법시행규칙의 간접보상에 관한 규정을 유추
적용하여 그 손실보상청구권을 인정할 수도 없다고 할 것이다.

(5) 공익사업시행지구 밖의 어업의 피해에 대한 보상

① 의의

공익사업의 시행으로 인하여 해당 공익사업시행지구 인근에 있는 어업에 피해가 발생한
경우 사업시행자는 실제 피해액을 확인할 수 있는 때에 그 피해에 대하여 보상하여야 한
다(시행규칙 제63조 제1항).[810)

② 보상요건

(ⅰ) 어업손실보상 대상 어업권일 것

공익사업시행지구 밖의 어업의 피해에 대한 보상대상은 토지보상법 시행규칙 제44조에
서 규정한 수산업법 등의 면허·허가·신고어업이어야 한다. 따라서 토지보상법상 어업
손실보상대상이 아닌 사유수면에서의 내수면신고어업은 보상대상이 아니다(시행규칙 제
44조제4항 참조). 유권해석도 "토지보상법 시행규칙 제44조 제4항 규정에 의하면, 내수
면어업법 제11조제2항의 규정에 의한 신고어업이 공익사업에 직접 편입되더라도 어업보

---

810) 실제 피해액은 감소된 어획량 및 「수산업법 시행령」 별표 4의 평년수익액 등을 참작하여 평가하되,
    어업권·허가어업 또는 신고어업이 취소되거나 어업면허의 유효기간이 연장되지 아니하는 경우의 보상
    액을 초과하지 못한다(시행규칙 제63조 제1항 단서, 제2항 참조).

상대상에서 제외하고 있으므로, 사업시행지구 밖의 어업 피해보상에 있어서도 내수면어업법 제11조제2항의 규정에 의한 신고어업은 어업보상 대상에서 제외되어야 한다"라고 보고 있다(2009.10.6. 토지정책과-4629).

(ⅱ) 사업인정 고시일 등 이전의 어업권일 것

공익사업시행지구 밖의 어업의 피해에 대한 보상대상 역시 공익사업지구내 어업손실보상의 대상과 동일하게 사업인정 고시일 등 이전의 수산업법 등의 면허·허가·신고어업이어야 한다.

공익사업의 시행으로 인한 피해를 주장하는 자의 보상여부는 해당 공익사업의 시행 당시를 기준으로 판단하므로 사업인정고시일 등 이후에 어업권의 면허를 받은 자 또는 어업의 허가를 받거나 신고를 한 자는 보상대상자가 아니다. 판례도 어업신고가 사업인정고시일 등 이후에 이루어진 경우에는 공특법상의 간접손실보상 규정을 유추적용 할 수 없다고 판시하고 있다.811)

판례

[판례1] ▶ 어업신고가 공유수면매립승인 이후에 이루어진 것이어서 손실보상청구권을 인정할 수 없다고 한 사례 [**대법원 2001.3.27. 선고 2000다55720**] [**손해배상(기)**]

【판시사항】
공공사업의 시행으로 인하여 사업지구 밖의 신고어업자가 입은 간접손실의 보상청구권이 인정되기 위한 요건

---

811) 대법원 2001.3.27. 선고 2000다55720 판결. ; 대법원 2014.5.29. 선고 2013두12478 판결. ; 대법원 1999.12.24., 선고, 98다57419 판결[보상금] : 원고가 입은 손실은 이 사건 <u>사업지구 밖에서 일어난 **간접손실**</u>이며, 간접손실은 앞에서 본 바와 같이 공공사업의 시행으로 인하여 그러한 손실이 발생하리라는 것을 쉽게 예견할 수 있고 그 손실의 범위도 구체적으로 특정할 수 있는 경우라야 그 손실의 보상에 관하여 위 특례법시행규칙의 간접보상 규정을 유추적용할 수 있는 것인데, 그 <u>원고가 이 사건 매립면허고시일 이전에 수산제조업 신고를 하지 아니한 이상 그 원고에게 그러한 손실이 발생하리라는 것을 예견하기가 어렵고 그 손실의 범위도 쉽게 확정할 수 없으므로 위 간접보상 규정을 유추적용하여 손실보상청구권을 인정할 수도 없으며, 그 원고가 종전부터 김가공공장을 운영하고 있었다고 하여 실제 신고한 날보다 소급하여 신고의 효력을 인정하거나 매립면허고시일 이전에 신고를 한 경우와 동일하게 취급할 수도 없다.</u>

【판결요지】

공공용지의취득및손실보상에관한특례법 제3조 제1항이 "공공사업을 위한 토지 등의 취득 또는 사용으로 인하여 토지 등의 소유자가 입은 손실은 사업시행자가 이를 보상하여야 한다."고 규정하고 같은법시행규칙 제23조의5에서 공공사업시행지구 밖에 위치한 영업에 대한 간접손실에 대하여도 일정한 요건을 갖춘 경우 이를 보상하도록 규정하고 있는 점에 비추어, 공공사업의 시행으로 인하여 사업지구 밖의 신고어업자가 입은 간접손해에 대하여도 그러한 <u>손실이 발생하리라는 것을 쉽게 예견할 수 있고 그 손실의 범위를 구체적으로 특정할 수 있는 경우라면</u>, 그 손실의 보상에 관하여 같은법시행규칙의 간접보상 규정을 유추적용할 수 있다고 할 것인데, 이러한 경우 <u>위 간접보상 규정을 유추적용하여 손실보상청구권을 인정하기 위하여는 공유수면 매립승인 고시일 이전에 적법한 어업신고가 이루어져야 하고</u>, 종전부터 사실상 그 신고어업을 운영하고 있었다고 하여 달리 볼 것은 아니다.

[판례2] ▶ 사업인정고시일등 이후에 어업의 허가 등을 받은 자는 그 이후의 공공사업 시행으로 특별한 손실을 입게 되었다고 볼 수 없다.
[대법원 2014.5.29. 선고 2013두12478] (어업손실보상금)

【판시사항】

공공사업의 시행으로 손해를 입었다고 주장하는 자가 보상을 받을 권리를 가졌는지 판단하는 기준시기(=공공사업 시행 당시) 및 공공사업 시행에 관한 실시계획 승인과 그에 따른 고시 이후 영업허가나 신고가 이루어진 경우 공공사업 시행으로 허가나 신고권자가 특별한 손실을 입게 되었다고 볼 수 있는지 여부(소극)

【판결요지】

손실보상은 공공사업의 시행과 같이 적법한 공권력의 행사로 가하여진 재산상의 특별한 희생에 대하여 전체적인 공평부담의 견지에서 인정되는 것이므로, 공공사업의 시행으로 손해를 입었다고 주장하는 자가 보상을 받을 권리를 가졌는지의 여부는 해당 공공사업의 시행 당시를 기준으로 판단하여야 하고, 그와 같은 공공사업의 시행에 관한 실시계획 승인과 그에 따른 고시가 된 이상 그 이후에 영업을 위하여 이루어진 각종 허가나 신고는 위와 같은 공공사업의 시행에 따른 제한이 이미 확정되어 있는 상태에서 이루어진 것이므로 그 이후의 공공사업 시행으로 그 허가나 신고권자가 특별한 손실을 입게 되었다고는 볼 수 없다(대법원 1991.1.29. 선고 90다6781 판결, 대법원 2006.11.23. 선고 2004다65978 판결 등 참조).

(ⅲ) 실제 피해액의 확인이 가능할 것

공익사업의 시행으로 인하여 해당 공익사업시행지구 인근에 있는 어업에 대한 피해는 그 실제 피해액을 확인할 수 있는 때에 한하여 보상하되, 실제 피해액은 감소된 어획량 및 「수산업법 시행령」별표 4의 평년수익액 등을 참작하여 평가한다. 다만, 보상액은 면허어업(어업권)·허가어업 또는 신고어업이 취소되거나 어업면허의 유효기간이 연장되지 아니하는 경우의 보상액을 초과하지 못한다.

현행 토지보상법은 어업에 피해가 발생하고 사업시행자가 그 실제피해액을 확인한 후에야 비로서 **사후보상**이 가능하다고 규정하도 있어 이는 손실보상 원칙의 하나인 사전보상 원칙(법 제62조)의 예외가 된다.

③ 유권해석 등

'공익사업의 시행으로 인하여 해당 공익사업시행지구 인근에 있는 어업에 피해가 발생한 경우'는 대법원 판례가 언급하는 공익사업의 시행과 피해 발생의 연관성내지 피해발생의 예견성, 피해의 특정성 및 보상규정의 취지 등을 종합적으로 고려하여야 하며, 법제처 법령해석도 공익사업의 시행으로 건설된 발전기에서 배출되는 온배수로 인하여 해당 공익사업시행지구 인근에 있는 어업에 피해가 발생한 경우에는 토지보상법상의 간접보상 규정이 적용될 수 있다고 해석한바 있다.

> **유권해석**
>
> [법령해석1] ▶ 공익사업시행지구 밖의 인근 어업의 피해에 대한 보상규정의 적용
> [2009.11.13. 법제처 09-0328]

【질의요지】

공익사업의 시행으로 건설된 발전기에서 배출되는 온배수로 인하여 해당 공익사업시행지구 인근에 있는 어업에 피해가 발생한 경우「공익사업을 위한 토지 등의 취득 및 보상에 관한 법률」제79조제2항 및 같은 법 시행규칙 제63조를 적용할 수 있는지?

【회답】

공익사업의 시행으로 건설된 발전기에서 배출되는 온배수로 인하여 해당 공익사업시행지구 인근에 있는 어업에 피해가 발생한 경우「공익사업을 위한 토지 등의 취득 및 보상에 관한 법률」제79조제2항 및 같은 법 시행규칙 제63조를 적용할 수 있습니다.

【이유】

…공익사업법 시행규칙 제63조는 공익사업의 시행을 원인으로 하여 공익사업시행지구 인근의 어업에 내재하는 사회적 제약을 넘어서는 특별한 손해가 발생한 경우에 사유재산권의 보장과 전체적인 공평부담의 견지에서 사업시행자가 실제 피해액을 확인할 수 있는 때에 그 피해를 보상하도록 하는 취지이고, 같은 법 시행규칙 제63조제1항의 "공익사업의 시행으로 인하여 해당 공익사업시행지구 인근에 있는 어업에 피해가 발생한 경우"를 해석함에 있어서는 공익사업의 시행과 피해 발생의 연관성, 공익사업의 시행으로 인한 피해발생의 예견성, 피해의 특정성, 공익사업시행지구 밖의 인근 어업의 피해에 대한 보상규정의 취지 등을 종합적으로 고려하여야 할 것입니다.

…시행규칙 제63조의 규정취지를 살펴보면, 공익사업을 위한 공사에 착수하기 이전에 공익사업시행지구 밖의 어업피해가 공익사업의 시행과 전적으로 연관되고, 피해발생이 명확하게 예견되지만 공익사업시행 지구가 아닌 공익사업시행지구 밖의 어업 피해 보상이라는 특성상 피해 대상 어업권과 구체적인 피해액 등이 불명확하여 사업시행자가 실제 피해액을 확인이 가능한 때에 그 피해에 대하여 보상할 수 있도록 한 것으로 볼 수 있습니다. 만약 온배수 배출에 따른 인근 어업의 피해가 공익사업의 시행으로 건설된 발전기의 가동에 따른 온배수의 배출로 발생하였다는 이유로 같은 법 시행규칙 제63조를 적용할 수 없다고 한다면, 공익사업시행지구 밖의 어업피해가 공익사업의 시행과 전적으로 연관되고, 피해발생이 명확하게 예견되는 경우로서 공사착수 이전 단계에서는 피해 대상 어업권과 구체적인 피해액을 평가하기 어렵지만 추후 그 피

해액을 확정할 수 있는 경우에도 정당한 보상이 이루어지지 않을 수 있는바, 이는 공익사업의 시행으로 인하여 발생한 공익사업시행지구 밖의 어업피해에 대하여도 실제 피해액을 확인할 수 있을 때에 보상하도록 한 같은 법 시행규칙 제63조의 입법취지에 반한다 할 것입니다.

… 따라서, 공익사업의 시행으로 건설된 발전기에서 배출되는 온배수로 인하여 해당 공익사업시행지구 인근에 있는 어업에 피해가 발생한 경우 공익사업법 시행규칙 제63조를 적용할 수 있다 할 것입니다.

(6) 공익사업시행지구 밖의 영업손실에 대한 보상

① 의의

공익사업시행지구 밖에서 영업손실의 보상대상이 되는 영업을 하고 있는 자가 공익사업의 시행으로 인하여 (ⅰ) 배후지의 3분의 2 이상이 상실되어 그 장소에서 영업을 계속할 수 없는 경우이거나 (ⅱ) 진출입로의 단절, 그 밖의 부득이한 사유로 인하여 일정한 기간 동안 휴업하는 것이 불가피한 경우에는 그 영업자의 청구에 의하여 당해 영업을 공익사업시행지구에 편입되는 것으로 보아 보상하여야 한다(시행규칙 제64조 제1항). 다만, 사업시행자는 영업자가 보상을 받은 이후에 그 영업장소에서 영업이익을 보상받은 기간 이내에 동일한 영업을 하는 경우에는 실제 휴업기간에 대한 보상금을 제외한 영업손실에 대한 보상금을 환수하여야 한다(시행규칙 제64조 제2항).

② 보상요건

(ⅰ) 영업손실 보상대상 영업

토지보상법 시행규칙 제45조에 의한 적법한 영업을 공익사업시행지구 밖에서 행하고 있어야 한다. 따라서 공익사업지구밖에서 행하는 영업이 사업인정고시일 등 이전부터 적법한 장소에서 인적·물적시설을 갖추고 계속적으로 행하는 영업으로 그것이 관계법령에 의한 허가 등을 요하는 경우에는 사업인정고시일 등 전에 허가 등을 받아 그 내용대로 행할 것이 요구된다. 다만, 무허가건축물 등에서의 임차인 영업은 그 임차인이 사업인정고시일 등 1년 이전부터 부가가치세법 제8조에 따른 사업자등록이 필요하다(시행규칙 제

45조 참조).

즉, 공익사업시행지구 밖의 영업손실 대상은 공익사업지구 밖에서 발생된 토지보상법 시행규칙 제45조에 따른 영업이어야 한다. 한편, 허가 등이 필요치 않은 <u>자유영업의 경우 사업자등록 여부와 관계없이 기준일(사업인정고시일 등) 이전부터 영업을 하였다면 보상이 가능하다.</u>[812] 과거 공특법 시행규칙은 공공사업시행지구밖의 영업의 간접보상은 관계법령에 의하여 면허 또는 허가·신고영업을 전제로 하여 공익사업지구 밖의 자유영업은 간접보상 대상에서 제외하였고[813] 유권해석 역시 같은 취지였으나[814], 현재의 토지보상법은 시행규칙 제45조에 해당하는 영업이면 보상이 가능하므로 공익사업지구 밖의 **자유영업**에도 그대로 적용될 것이다.

판례

[판례1] ▶ 구 수산업법 제45조 제1항, 제12조에 기하여 어업허가에 붙인 "새만금간척종합개발사업지구 내에서는 조업할 수 없습니다."라는 부관의 효력을 인정한 사례
[대법원 1999.12.24. 선고 98다57419 판결] (보상금)

【판시사항】

[1] 공공사업의 시행으로 인하여 <u>사업지구 밖에서 발생한 수산제조업에 대한 간접손실의 보상</u>에 관하여 공공용지의취득및손실보상에관한특례법시행규칙 제23조의5 소정의 간접보상 규정을 유추적용할 수 있는지 여부(한정 적극)

[2] 구 수산업법 제45조 제1항, 제12조에 기하여 <u>어업허가에 붙인 부관의 효력</u>(한정 적극)

---

812) 「부가가치세법」 제8조에 따른 세무서의 <u>사업자등록은 납세업무라 조세행정의 목적 내지 편의를 위한 것일 뿐 영업의 허가 등 에는 해당되지 아니하므로</u> 사업자등록을 하지 않았다고 하여 영업보상의 대상에서 배제되지 않는다(2004.5.19. 토관-2282). 다만, 무허가건축물 등에서의 임차인 영업의 보상은 사업자등록이 필요하다(시행규칙 제45조 제1호 단서).

813) ■ **공특법 시행규칙 제23조의5(영업의 간접보상)** 공공사업시행지구밖에서 관계법령에 의하여 면허 또는 허가등을 받거나 신고를 하고 영업을 하고 있는 자가 공공사업의 시행으로 인하여 그 배후지의 3분의2이상이 상실되어 영업을 할 수 없는 경우에는 제24조 및 제25조의 규정에 의하여 그 손실액을 평가하여 보상한다.[전문개정 1991.10.28.]

814) 2002.10.1. 토관 58342-1416 : 면허·허가 또는 신고 등이 없이 영업할 수 있는 자유영업은 위 규정에 의한 간접영업보상 대상에 해당되지 아니한다고 봅니다.

【판결요지】

[1] 공공용지의취득및손실보상에관한특례법 제3조 제1항이 "공공사업을 위한 토지 등 의 취득 또는 사용으로 인하여 토지 등의 소유자가 입은 손실은 사업시행자가 이 를 보상하여야 한다."고 규정하고 같은법시행규칙 제23조의5에서 공공사업시행지 구 밖에 위치한 영업에 대한 간접손실에 대하여도 일정한 요건을 갖춘 경우 이를 보상하도록 규정하고 있는 점에 비추어, 공공사업의 시행으로 인하여 <u>사업지구 밖</u> <u>에서 수산제조업에 대한 간접손실이 발생하리라는 것을 쉽게 예견할 수 있고 그</u> <u>손실의 범위도 구체적으로 특정할 수 있는 경우라면, 그 손실의 보상에 관하여 같</u> <u>은법시행규칙의 간접보상 규정을 유추적용할 수 있다.</u>

[2] 구 수산업법(1995.12.30. 법률 제5131호로 개정되기 전의 것) 제45조 제1항에 의 하여 준용되는 같은 법 제12조에 의하여 공익상 필요하다고 인정할 때에는 어업의 허가에 제한 또는 조건을 붙일 수 있는 것인바, 위 부관은 그것이 법률에 위반되 거나 이행 불가능하거나 비례 또는 평등의 원칙에 크게 어긋나거나 또는 <u>행정처분</u> <u>의 본질적인 효력을 해하는 등 그 한계를 일탈하였다고 볼 만한 특별한 사정이 없</u> <u>는 한 쉽게 효력을 부정하여서는 안 된다.</u>

【이유】

1. 원고가 입게 된 손실은 이 사건 사업지구 밖에서 일어난 간접손실이라 할 것인바, 특 례법 제3조 제1항이 …(중략) … 규정하고 있는 점에 비추어, <u>공공사업의 시행으로</u> <u>인하여 그러한 손실이 발생하리라는 것을 쉽게 예견할 수 있고 그 손실의 범위도</u> <u>구체적으로 특정할 수 있는 경우라면 그 손실의 보상에 관하여 특례법시행규칙의</u> <u>간접보상 규정을 유추적용할 수 있는 것이다</u>(대법원 1999.6.11. 선고 97다56150 판 결 참조).

그런데 그 원고가 수산제조업 신고를 한 것으로 보아야 할 것임은 앞서 본 바와 같 고, 그 <u>신고서에는 제조공장의 위치·생산능력 및 원료의 확보방법을 기재하도록</u> <u>하는 한편 주요 기기의 명칭·수량 및 능력에 관한 서류를 첨부하도록 하고 있어,</u> <u>그 공공사업의 시행으로 인하여 소멸되는 김 양식장의 규모와 정도를 김가공공장</u> <u>의 위치, 원료의 확보방법 등과 대조하여 손실 발생을 쉽게 예견할 수 있고 나아가</u>

생산능력까지도 파악할 수 있어 손실액도 어느 정도 특정할 수 있다고 볼 것이다.

2. 허가어업에 관한 청구 부분에 대한 원심의 판단

원심은, 원고 김○○을 제외한 나머지 원고들이 1.09t ~ 7.93t의 어선을 소유하면서 1991.8.28.~1991.10.22. 사이에 부안군수 또는 옥구군수로부터 연안유자망, 연안연승, 연안채낚기 또는 연안통발 어업허가를 받아 이 사건 새만금간척종합개발사업 시행 수역이 포함된 전라북도 연해에서 조업을 하여 왔는데, 그 새만금사업의 시행으로 인하여 사실상 종래의 어업에 거의 종사할 수 없게 되거나 상당 부분 제한된 사실, 1991.8.19. 새만금사업 시행계획이 고시되자 같은 달 26. 관내 시장·군수회의가 개최되어 "어업허가신고는 동 사업지구 내에서 조업금지 조건부 외에는 억제되어야 한다."는 지시가 있었고, 이에 따라 부안군수와 옥구군수는 허가어업 원고들에게 어업허가를 하면서 "새만금간척종합개발사업지구 내에서는 조업할 수 없습니다"라는 부관을 붙인 사실, 그런데 부안군수는 그 지시사항이 도달하기 전인 같은 해 8. 26. 접수된 3건의 어업허가는 위와 같은 부관 없이 허가하였고, 옥구군수도 위와 같은 부관을 붙인 58건 이외에 같은 기간 동안에 기간 만료 허가어선과 관내에서 양도·양수된 허가어선 16건에 대하여는 위와 같은 부관 없이 허가하였으며, 군산시와 김제시에서는 위의 기간 중 갱신되는 어업허가에 대하여 아무런 부관도 붙이지 아니한 사실, 피고는 위의 매립면허고시일인 1991.10.22.을 기준으로 허가어업자 전부를 보상대상자로 확정하고 보상을 해주었는데, 당초에는 허가어업 원고들에 대하여도 보상해 주기로 내부적으로 결정하고 피해보상을 위한 용역평가까지 시작하였으나, 감사원이 허가어업 원고들에 대하여는 위와 같은 부관을 붙여 허가하였으니 보상을 하여서는 아니 된다고 지적을 하자 허가어업 원고들을 보상대상에서 제외시켰다는 요지의 사실을 인정하였다.

원심은 위의 인정 사실을 토대로, 그 부관의 문언이 사업의 진척도에 따라 사업지구 내에서의 조업을 제한한 것에 불과한 것일 뿐이라고 해석할 여지도 있어 불명확하고, 위의 부관을 붙인 당초의 행정목적에도 부합하지 않으며, 지역에 따라서는 갱신어업허가에 부관을 붙이지 아니하여 그 부관은 형평에도 크게 어긋나고, 위와 같은 부관을 붙였다고 하여 기왕에 발생한 손실보상청구권까지 박탈하는 효과를 인정하는 것은 비례의 원칙, 부당결부금지의 원칙에도 반하므로, 허가어업 원고들에 대하여는 그 부관의 효력을 인정할 수 없다고 전제하여 <u>피고는 그 부관에도 불구하고 허가어업 원고들에 대하여도 적정한 보상금을 지급하고 새만금사업을 시행하였어야 할 것임 에도 이에 이르지 아니하였다고 보아 피고에 대하여 손실보상금 상당의 손해의 배 상을 명하였다.</u>

3. 피고의 상고이유에 관한 판단

위의 구 수산업법 제45조 제1항에 의하여 준용되는 같은 법 제12조에 의하여 공익상 필요하다고 인정할 때에는 어업의 허가에 제한 또는 조건을 붙일 수 있는 것인바, 공 익상 필요에 의한 허가의 제한에 해당함이 분명한 위 부관은 그것이 법률에 위반되거 나, 이행 불가능하거나, 비례 또는 평등의 원칙에 크게 어긋나거나 또는 행정처분의 본질적인 효력을 해하는 등 그 한계를 일탈하였다고 볼 만한 특별한 사정이 없는 한 쉽게 효력을 부정하여서는 안 될 것이다(대법원 1998. 11. 24. 선고 96다56399 판결, 1992. 8. 18. 선고 92누6020 판결 등 참조).

<u>이 사건의 부관에서 '새만금간척종합개발사업지구'라고 한 취지는 1991. 8. 19. 시행 계획이 고시된 사업지구를 가리키는 것이고 현실적으로 순차로 공사가 시행되는 수역만을 가리킨다고 볼 것은 아님이 분명하므로 부관의 문언이 불명확하다고 할 것은 아니다.</u>

그리고 위의 구 수산업법이 어업허가의 양도 또는 승계에 관한 아무런 규정을 두고 있지 않고 오히려 타인으로 하여금 사실상 허가어업의 경영을 지배하는 것을 금지하 고 있는 점에 비추어 볼 때, 어업허가는 특정인에 대한 허가로서 양도가 불가능하므 로 전 소유자가 어업허가를 받아 조업하던 어선을 양도받은 경우라도 양수인으로서 는 자신이 새로 어업허가를 받아야 해당 어업을 영위할 수 있고, 한편, 위의 구 수산 업법 제41조 제2항이 어선·어구 또는 시설마다 어업허가를 받아야 한다고 규정하고 있고, 구 어업허가및신고등에관한규칙(1994. 5. 14. 농림수산부령 제1136호로 개정되 기 전의 것) 제19조 제1항은 허가된 어업에 사용되고 있는 어선을 다른 어선으로 변 경하고자 하는 경우에는 새로운 어업허가를 받아야 한다고 명시하고 있으므로 대체 (代替) 건조된 어선으로 어업을 영위하려고 하는 경우에도 새로 어업허가를 받아야하 는 것이지, 선박의 양수 또는 노후선박의 대체의 경우라고 하여 종전의 어업허가가 승계된다고 할 수 없다.

또, 시·도지사의 어업허가권은 위의 구 수산업법시행령 제73조 제2항 제1호에 의하여 시장·군수에게 위임되어 각 시장·군수는 자신의 권한으로 구체적 사정에 따라 허가권을 적절하게 행사할 수 있는 것이므로 시·군을 달리하는 지역에서 부관 없이 허가를 하였다고 하더라도 그와 같이 부관의 유무가 지역에 따라 달라지게 된 것이 어떤 사정 때문인지가 밝혀져 있지 아니한 이 사건에서 그와 같은 사정만을 들어 형평에 어긋난다고 섣불리 단정할 수도 없으며, 나아가 허가어업 원고들이 원래 손실보상의 대상이 되지 않는 이상 그들에 대하여도 보상절차를 진행하다가 감사원의 지적에 따라 비로소 보상대상에서 제외하였다고 하여 이를 탓할 수도 없다 할 것이다.

아울러, 어업허가를 받고 조업을 하던 사람이 어선을 양도하거나 기존의 허가어업에 사용하던 어선을 폐선한 경우에는 해당 어업허가는 소멸하는 것이지 이 사건 매립면허고시 당시 여전히 어업허가를 보유하고 있는 것이 아니므로 손실보상청구권이 발생할 여지가 없고, 따라서 어선을 양수 또는 대체하였다고 하여 기존의 어선에 잠재되어 있던 기존의 손실보상청구권이 양도되거나 승계된다고 할 수 없으므로 특단의 사정이 보이지 않는 이 사건에서 허가어업 원고들의 어업허가에 위와 같은 부관을 붙였다고 하여 비례의 원칙이나 부당결부의 원칙에 반한다고 할 수 없다.

그럼에도 불구하고 위의 부관의 효력이 없게 될 사유나 어업허가가 계속 유효하게 될 사유에 관하여 더 밝혀 판시하지도 아니한 채 그 부관이 허가어업 원고들에 대하여는 효력이 없다고 판단하고, 이를 전제로 피고에 대하여 보상금 상당의 손해의 배상을 명한 원심판결에는 그 손실보상 또는 손해배상청구권의 발생 여부와 그의 범위에 관하여 심리를 다하지 아니한 나머지 허가어업 원고들의 어업허가 및 부관의 성격이나 효력에 관한 법리를 오해함으로써 판결 결과에 영향을 미친 위법이 있다고 할 것이다.

(ii) 실제 휴업이 발생된 영업자의 보상청구

공익사업시행지구 밖의 영업손실에 대한 보상은 공익사업의 시행으로 인하여 그 장소에서 영업을 계속할 수 없거나 일정한 기간 동안 실질적인 휴업이 불가피한 경우에 실제로 손해를 입은 그 영업자의 영업손실보상 청구를 전제로 한다. 따라서 토지보상법 시행규칙은 "사업시행자는 영업자가 보상을 받은 이후에 그 영업장소에서 영업이익을 보상받은 기간 이내에 동일한 영업을 하는 경우에는 실제 휴업기간에 대한 보상금을 제외한 영업손실에 대한 보상금을 환수하여야 한다."고 규정하고 있다(시행규칙 제64조 제2항).

(ⅲ) 배후지의 3분의 2 이상 상실로 그 장소에서 영업을 할 수 없는 경우

공익사업시행지구 밖의 영업손실보상은 공익사업의 시행으로 영업 배후지의 2/3이상이 상실되어 그 장소에서 계속적인 영업이 사실상 불가능 하여야 한다(시행규칙 제64조제1항제1호). 여기에서 배후지의 상실범위에 대해 판례[815])와 유권해석[816])은 법령상 문언대로 엄격하게 해석하고 있다.[817])

한편, 배후지의 3분의 2 이상이 상실되어 그 장소에서 영업을 계속할 수 없는 경우는 원칙적으로 폐업으로 보며, 사업시행자는 영업자가 보상을 받은 이후에 그 영업장소에서 영업이익을 보상받은 기간 이내에 동일한 영업을 하는 경우에 환수하여야 하는 보상금은 실제 휴업기간만을 고려하고 영업기간 동안의 영업이익 감소여부 등은 고려하지 않고 있다.[818])

판례

[판례1] ▶ 구 공공용지의 취득 및 손실보상에 관한 특례법 시행규칙 제23조의5에서 정한 '배후지'의 의미 및 공공사업 시행지구 밖에서 영업을 영위하던 사업자에게 공공사업 시행 후에도 그 영업의 고객이 소재하는 지역이 그대로 남아 있는 상태에서 고객이 공공사업 시행으로 설치된 시설 등을 이용하고 사업자가 제공하는 시설이나 용역은 이용하지 않게 되었다는 사정이 '배후지 상실'에 해당하는지 여부(소극)

[대법원 2013.6.14., 선고, 2010다9658] (손실보상금 등)

---

815) 대법원 2013. 6. 14., 선고, 2010다9658, 판결. ; 대법원 2004.10.27. 선고 2004다27020, 27037 판결
816) 1993.2.23. 토정 58307-276 : 영업의 축소보상은 주류제조업 등 관계 법령에 의하여 영업대상구역이 한정되어 있는 경우로서 그 영업대상구역이 공공사업의 시행으로 인하여 축소된 경우에는 가능하나, 김 가공업 등은 영업구역이 한정된 영업에 해당하지 아니하므로 영업축소 보상대상이 아니며 또한 배후지의 2/3 이상이 상실되어 영업할 수 없는 경우가 아닌 경우에는 간접보상이 되지 아니한다.
817) 그러나, 단순히 일률적으로 영업 배후지 상실이 2/3이상이면 특별한 희생으로 보아 영업손실보상의 대상이 되고, 그 미만의 경우에는 특별한 희생이 있다고 볼 수 없어 그 보상에서 제외한다고 문리해석 하면 헌법상 정당보상 원칙에 반하는 문제가 있다. 왜냐하면 배후지 상실 2/3이상 이라는 수치는 막연하여 확정하기 곤란하고 이를 검증할 만한 객관적인 마땅한 기준이 마련되어 있지 아니함은 별론으로 하더라도 보상대상영업자의 영업배후지 상실률이 2/3 미만으로 그 장소에서 계속적인 영업이 불가능할 경우에 해당 영업자는 아무런 대책 없이 불가피하게 폐업 등을 하게 된다면 이는 공익사업의 미명이 해당 영업자에게는 가혹한 현실로 귀결되기 때문이다.
818) 중앙토지수용위원회, 앞의 책, 2017.12. 466면.

【판결요지】

구 공특법 시행규칙 제23조의5는 "공공사업 시행지구 밖에서 관계 법령에 의하여 면허 또는 허가 등을 받거나 신고를 하고 영업을 하고 있는 자가 공공사업의 시행으로 인하여 그 배후지의 3분의 2 이상이 상실되어 영업을 할 수 없는 경우에는 제24조 및 제25조의 규정에 의하여 그 손실액을 평가하여 보상한다."고 규정하고 있다. 여기서 '배후지'라 함은 '당해 영업의 고객이 소재하는 지역'을 의미한다고 풀이되고, 공공사업 시행지구 밖에서 영업을 영위하여 오던 사업자에게 공공사업의 시행 후에도 당해 영업의 고객이 소재하는 지역이 그대로 남아 있는 상태에서 그 고객이 공공사업의 시행으로 설치된 시설 등을 이용하고 사업자가 제공하는 시설이나 용역 등은 이용하지 않게 되었다는 사정은 여기서 말하는 '배후지의 상실'에 해당한다고 볼 수 없다.

이 사건 연륙교(連陸橋)가 2008.5.22.경 완공되어 도로가 개통된 이후 인근 주민 등이 이 사건 연륙교를 이용하고 원고가 해상운송수단으로 제공하는 선박들을 이용하지 아니함으로써 원고의 도선사업이 폐지되었다는 사정만으로 피고의 이 사건 연륙교 가설사업의 시행으로 인하여 원고의 도선사업 배후지가 3분의 2 이상 상실되어 영업을 할 수 없는 경우에 해당한다고 볼 수 없다.

[판례2] ▶ 매립 간척사업 김양식장 간접손실사건
[대법원 2004.10.27. 선고 2004다27020, 27037 (병합)]

구 공공용지의취득및손실보상에관한특례법시행규칙(2002.12.31. 건설교통부령 제344호로 폐지되기 전의 것) 제23조의5는 영업 배후지의 3분의 2 이상이 상실되어 영업을 할 수 없는 경우에 한하여 손실보상의 대상이 되도록 하고 있는바, 원심이 적법하게 인정한 사실관계에 의하면, 이 사건 간척사업으로 인한 영업 배후지 상실률은 원고들의 김 가공공장의 경우 35.32%, 원고 OOO의 김 종묘배양장의 경우 30.9%에 불과하다는 것이므로, 그 영업손실은 위 시행규칙에 따른 손실보상의 대상이 되지 않는다고 할 것이다.

(ⅳ) 진출입로의 단절 등으로 일정한 기간 동안 휴업하는 것이 불가피한 경우

공익사업시행지구 밖의 영업손실에 대한 보상은 공익사업의 시행으로 인하여 진출입로의 단절, 그 밖의 부득이한 사유로 인하여 일정한 기간 동안 휴업하는 것이 불가피한 경

우이어야 한다(시행규칙 제64조제1항제2호).

이는 종전 배후지 상실외의 진출입로가 단절 등 그 밖의 부득이한 사유로 휴업하더라도 피해보상의 문제는 간접보상이 아닌 당사자간 협의 또는 민사소송으로 해결하였던 사정을 반영하여 2017. 4. 12. 개정으로 신설된 내용이다. 이와 관련된 사례로 공특법 제23조의5의 손실보상의 요건을 완화하는 당사간의 약정은 가능하다는 취지의 민사소송 판례가 있다.[819]

(7) 공익사업시행지구 밖의 농업의 손실에 대한 보상

① 의의

경작하고 있는 농지의 3분의 2 이상에 해당하는 면적이 공익사업시행지구에 편입됨으로 인하여 당해지역(영 제26조제1항 각호의 1의 지역을 말한다)에서 영농을 계속할 수 없게 된 농민에 대하여는 공익사업시행지구밖에서 그가 경작하고 있는 농지에 대하여도 제48조제1항 내지 제3항 및 제4항제2호의 규정에 의한 영농손실액을 보상하여야 한다(시행규칙 제65조).

② 보상요건

(i) 경작하고 있는 당해지역 농지의 2/3 이상의 공익사업사업지구의 편입과 (ii) 영농을 계속할 수 없게 된 경우 이상 두 가지 요건을 모두 구비하면 공익사업시행지구 밖의 나머지 농지(잔여농지)에 대해서도 농업손실보상청구가 가능하다.

---

819) 김은유/임승택. 실무 토지보상. 도서출판 채움, 2014, 634면 : 피고는 2000.12.경 원고(한국수자원공사)로부터 용담댐 관련 보상업무를 위임받은 소외 전라북도용담댐건설지원사업소장(이하 '수임인'이라 한다)에게 "소유 주택과 농경지가 수몰되어 축산을 계속할 수 없다."라는 사유로 위 축산시설 및 축산영업권에 대한 손실보상을 신청하였고, 이에 수임인은 피고와의 손실보상 협의를 거쳐 2000. 12. 13. 원고를 대리하여 피고로부터 이 사건 축산시설을 제외한 축산영업권(한우 200두 상당)을 대금 2억 1,750만원에 매수하고(이하 '이 사건 계약'이라 한다), 2000.12.23. 피고에게 위 대금을 지급하고, 원고가 보상대상이 아닌데도 착오로 지급한 보상금을 반환하라는 소송을 제기한 사안에서 법원은 "수임인과 피고가 "소유 주택과 농경지가 수몰되어 축산을 계속할 수 없다."는 점을 보상의 근거로 하여 피고의 축산영업손실보상을 위하여 체결한 이 사건 계약은 공특법 제23조의5의 손실보상의 요건을 완화하는 약정으로서 유효하다 할 것이다(축산업을 영위하는 자가 축산시설에 인근한 주택이 수몰되어 원거리로 이주해야 하거나, 사료의 조달지인 인근 목초지나 농경지가 수몰되어 사료의 조달에 어려움을 겪게 될 경우 이는 축산을 계속하기 어려운 사정으로 볼 수 있을 것이다)."라고 판단하였다(2006.11.9. 선고 2006다44784).

그리고, '경작하고 있는 농지', '해당지역' 및 '농민'은 영농보상 및 농기구보상(령 제26조 제1항, 시행규칙 제48조)의 내용을 준용하며, 영농을 계속할 수 없게 되었는지의 여부는 경제적인 관점에서 판단하여야 한다.[820]

5. 공익사업지구 밖의 손실보상 평가방법

가. 기타 토지에 대한 비용보상

사업시행자는 공익사업의 시행으로 인하여 취득하거나 사용하는 토지(잔여지를 포함한다) 외의 토지에 통로·도랑·담장 등의 신설이나 그 밖의 공사가 필요할 때에는 그 비용의 전부 또는 일부를 보상하여야 한다. 다만, 그 토지에 대한 공사의 비용이 그 토지의 가격보다 큰 경우에는 사업시행자는 그 토지를 매수할 수 있다(법 제79조 제1항). 이러한 비용보상에 관하여는 해당 사업의 공사완료일로부터 1년이 지난 후에는 청구할 수 없다(법 제79조 제5항).

한편 공익사업의 시행으로 공익사업 시행지구 밖의 토지가 교통이 두절되거나 경작이 불가능하게 된 경우의 보상비가 공익사업지구 밖의 토지에 도로의 설치비용을 초과하는 경우에는 도로를 설치함으로써 보상에 갈음할 수 있다(시행규칙 제59조 단서 참조).

나. 토지 등의 평가방법

공익사업지구 밖의 토지 등 권리가 공익사업의 시행으로 법령에서 정한 일정한 요건을 구비한 경우에는 그 소유자 등 영업자의 청구에 의하여 해당 토지 등 및 영업을 공익사업시행지구에 편입되는 것으로 보아 보상하여야 한다.

> ■ **토지보상평가지침 제56조(공익사업시행지구 밖 대지 등의 감정평가)** ① 법 제79조 제1항 단서에 따라 공익사업시행지구 밖 토지에 대한 협의 또는 수용을 위한 감정평가 의뢰가 있는 경우에 그 토지에 대한 감정평가는 협의 또는 재결 당시를 기준으로 하되 비교표준지의 선정, 적용공시지가의 선택, 지가변동률의 적용, 그 밖의 감정평가 기준은 해당 공익사업시행지구에 편입되는 경우와 같이 한다.

---

820) 중앙토지수용위원회, 앞의 책, 2017.12. 467면. 수정인용

② 제1항에 따른 감정평가에서 해당 토지에 대한 공법상 제한이나 이용상황 등이 해당 공익사업의 시행 등으로 변경 또는 변동된 경우와 통로·도랑·담장 등의 신설, 그 밖의 공사가 필요하여 해당 토지의 가치가 변동된 경우에는 고려하지 아니한다.

③ 법 제79조제2항에 따라 공익사업시행지구 밖 대지 등이 공익사업의 시행으로 본래의 기능을 다할 수 없게 되어 법 시행규칙 제59조 또는 제61조에 따라 감정평가 의뢰가 있는 경우에 그 토지에 대한 감정평가는 협의 또는 재결 당시를 기준으로 하되, 다음 각 호와 같이 한다.

1. 공익사업시행지구 밖의 대지(조성된 대지를 말한다) 또는 농경지(계획적으로 조성된 유실수 단지 및 죽림 단지를 포함한다)가 공익사업의 시행으로 산지나 하천 등에 둘러싸여 교통이 두절되거나 경작이 불가능하게 된 경우에는 해당 토지가 공익사업시행지구에 편입되는 것으로 보고 감정평가하되, 비교표준지의 선정, 적용공시지가의 선택, 지가변동률의 적용, 그 밖의 감정평가 기준 등은 해당 공익사업시행지구에 편입되는 경우와 같이 한다.

2. 한 마을의 주거용 건축물이 대부분 공익사업시행지구에 편입되어 잔여 주거용 건축물 거주자의 생활환경이 뚜렷이 불편하여 이주가 부득이한 경우에 해당 토지의 감정평가는 제1호에 따른다.

④ 제3항에 따른 감정평가에서 해당 토지에 대한 공법상 제한이나 이용상황 등이 해당 공익사업의 시행으로 변경 또는 변동된 경우에는 고려하지 아니한다.

즉, 공익사업시행지구에 편입되는 것으로 간주되는 토지 등의 보상은 공익사업지구에 직접 편입되는 토지 등의 보상의 경우와 같이 동일한 시점 및 평가기준으로 보상되며, 유권해석도 같은 취지이다.821) 따라서 해당 공익사업시행구로 편입 간주되는 해당 토지에 대한 공법상 제한이나 이용상황 등이 해당 공익사업의 시행 등으로 변경 또는 변동된 경우와 통로·도랑·담장 등의 신설, 그 밖의 공사가 필요하여 해당 토지의 가치가 변동된 경우에도 이를 고려하지 아니하고 평가하게 된다(토보침 제56조 제2항).

---

821) 2009.7.6. 토지정책과-3126

[질의회신1] ▶ 토지보상법 시행규칙 제59조 내지 제65조 규정에 의한 간접보상의 경우, …(중략)…간접보상에 해당하는 주거용 건축물의 세입자에 대한 주거이전비 산정 시 사업인정고시일 또는 간접보상 대상 확정일 등 기준시점 적용에 따라 시행규칙 개정(2007.4.12.)에 따라 주거이전비(3개월분 또는 4개월분)가 달라질 수 있어 간접보상시 적용할 기준시점? [2009.7.6. 토지정책과-3126]

【회신내용】
공익사업지구 밖의 손실보상은 공익사업지구에 편입된 것으로 보아 보상하도록 한 관련규정의 취지에 따라 직접 편입지역에 대한 보상의 경우와 같이 동일한 시점을 기준으로 보상하는 것이 타당하다고 보며, 개별법령에서 별도로 규정하고 있는 경우는 그에 의하여야 할 것입니다.

6. 공익사업지구 밖의 손실보상에 대한 불복절차

가. 의의

공익사업지구 밖의 토지 등의 손실보상은 공익사업시행지구 밖의 토지·지장물 및 권리 등이 공익사업의 시행을 인하여 그 본래의 기능을 다 못하거나 권리를 제한받는 경우에 손실을 입은 자의 청구로 사업시행자가 공익사업시행지구에 편입되는 토지 등에 준해 간접보상을 하는 것을 말한다. 손실을 입은 자의 보상 등 청구의 내용 및 절차와 그에 대한 구제수단이 불복절차는 어떠한 것인가에 대한 문제는 종전뿐만 아니라 현재까지도 논의의 대상이 되고 있다.

나. 토지보상법 적용 이전의 판례

종래 판례는 "간접손실은 사법상의 권리인 영업권 등에 대한 손실을 본질적 내용으로 하고 있는 것으로서 그 보상청구권은 공법상의 권리가 아니라 사법상의 권리이고, 그 보상금의 결정방법, 불복절차 등에 관하여 아무런 규정도 마련되어 있지 아니하므로, 그 보상을 청구하려는 자는 사업시행자가 보상청구를 거부하거나 보상금액을 결정한 경우라도 이에 대하여 행정소송을 제기할 것이 아니라, 사업시행자를 상대로 민사소송으로 직접 손실보상금 지급청구를 하여야 한다."고 판시해 왔다.822)

판례

[판례1] ▶ 사업시행자가 택지개발사업을 시행하면서 그 구역 내의 농지개량조합 소유 저수지의 몽리답을 취득함으로써 사업시행구역 외에 위치한 저수지가 기능을 상실하고, 그 기능상실에 따른 손실보상의 협의가 이루어지지 않은 경우, 공공용지의취득및손실보상에관한특례법시행규칙 제23조의6을 유추적용하여 사업시행자를 상대로 민사소송으로서 그 보상을 청구할 수 있다고 본 사례
[대법원 1999.6.11. 선고 97다56150] (보상금)

【판시사항】
[1] 공공사업의 시행으로 손실을 입은 자가 사업시행자와 사이에 손실보상에 관한 협의가 이루어지지 않은 경우, 공공용지의취득및손실보상에관한특례법 및 같은법시행규칙상의 간접보상에 관한 규정에 근거하여 직접 사업시행자에게 간접손실에 관한 구체적인 손실보상청구권을 행사할 수 있는지 여부(소극)
[2] 공공사업의 시행 결과 공공사업의 기업지 밖에서 발생한 간접손실에 대하여 사업시행자와 협의가 이루어지지 아니하고, 그 보상에 관한 명문의 법령이 없는 경우, 피해자는 공공용지의취득및손실보상에관한특례법시행규칙상의 손실보상에 관한 규정을 유추적용하여 사업시행자에게 보상을 청구할 수 있는지 여부(적극) 및 그 청구의 방법(=민사소송)

【판결요지】
[1] 공공용지의취득및손실보상에관한특례법은 사업시행자가 공공사업에 필요한 토지 등을 협의에 의하여 취득 또는 사용할 경우 이에 따르는 손실보상의 기준과 방법을 정하는 것을 목적으로 하는 법이므로, 공공사업의 시행으로 손실을 입은 자는 사업시행자와 사이에 손실보상에 관한 협의가 이루어지지 아니한 이상, 같은법시

---

822) 대법원 1999.6.11. 선고 97다56150 판결, 대법원 1996.7.26. 선고 94누13848 판결, 1997.9.5. 선고 96누1597 판결 등 참조

행규칙 제23조의5, 제23조의6 등의 간접보상에 관한 규정들에 근거하여 곧바로 사업시행자에게 간접손실에 관한 구체적인 손실보상청구권을 행사할 수는 없다.

[2] 공공사업의 시행 결과 공공사업의 기업지 밖에서 발생한 간접손실에 관하여 그 피해자와 사업시행자 사이에 협의가 이루어지지 아니하고 그 보상에 관한 명문의 근거 법령이 없는 경우라고 하더라도, 헌법 제23조 제3항은 "공공필요에 의한 재산권의 수용·사용 또는 제한 및 그에 대한 보상은 법률로써 하되, 정당한 보상을 지급하여야 한다."고 규정하고 있고, 이에 따라 국민의 재산권을 침해하는 행위 그 자체는 반드시 형식적 법률에 근거하여야 하며, 토지수용법 등의 개별 법률에서 공익사업에 필요한 재산권 침해의 근거와 아울러 그로 인한 손실보상 규정을 두고 있는 점, 공공용지의취득및손실보상에관한특례법 제3조 제1항은 "공공사업을 위한 토지 등의 취득 또는 사용으로 인하여 토지 등의 소유자가 입은 손실은 사업시행자가 이를 보상하여야 한다."고 규정하고, 같은법시행규칙 제23조의2 내지 7에서 공공사업시행지구 밖에 위치한 영업과 공작물 등에 대한 간접손실에 대하여도 일정한 조건하에서 이를 보상하도록 규정하고 있는 점에 비추어, 공공사업의 시행으로 인하여 그러한 손실이 발생하리라는 것을 쉽게 예견할 수 있고 그 손실의 범위도 구체적으로 이를 특정할 수 있는 경우라면 그 손실의 보상에 관하여 공공용지의취득및손실보상에관한특례법시행규칙의 관련 규정 등을 유추적용할 수 있다고 해석함이 상당하고, 이러한 간접손실은 사법상의 권리인 영업권 등에 대한 손실을 본질적 내용으로 하고 있는 것으로서 그 보상청구권은 공법상의 권리가 아니라 사법상의 권리이고, 그 보상금의 결정 방법, 불복절차 등에 관하여 아무런 규정도 마련되어 있지 아니하므로, 그 보상을 청구하려는 자는 사업시행자가 보상청구를 거부하거나 보상금액을 결정한 경우라도 이에 대하여 행정소송을 제기할 것이 아니라, 사업시행자를 상대로 민사소송으로 직접 손실보상금 지급청구를 하여야 한다.

다. 현행 토지보상법의 경우

(1) 현행 토지보상법은 2007. 10. 17. 개정된 제79조 제2항에 공익사업시행지구 밖의 토지 등이 공익사업의 시행으로 인하여 본래의 기능을 다할 수 없게 되는 경우에 관하여 별도의 근거규정을 두고, 제80조에서는 제79조 제1항 및 제2항의 규정에 따른 보상에

관한 협의 및 재결절차에 관한 규정을 명시적으로 두고 있다.

즉, 현행법에서는 간접손실보상은 토지보상법 제79조 제2항[823])의 규정에 따른 경우에는 사업시행자와 손실을 입은 자가 협의하여 결정하되(법 제80조 제1항), 협의가 성립되지 않을 경우에는 사업시행자 또는 손실을 입은 자가 관할 토지수용위원회에 **손실보상 재결의 신청**을 할 수 있다(법 제80조 제2항).[824] 다만 간접보상의 경우는 손실을 입은 자의 사업시행자에 대한 청구[825]를 전제로 하고 그 손실보상청구기간은 해당 사업의 공사완료일로부터 1년이 지난 후에는 청구할 수 없다(법 제79조 제5항).[826]

(2) 한편 사업시행자는 제79조 제2항에 따른 간접보상이 필요하다고 인정하는 경우에는 전국을 보급지역으로 하는 일간신문에 공고하는 방법으로 보상계획공고(보상을 청구할 수 있다는 내용 포함)를 하여야 한다(법 제79조 제5항, 시행령 제41조의4). 그리고 법 제80조제2항에 따라 재결을 신청하려는 자는 손실보상재결신청서에 다음 각 호의 사항[827]을 적어 관할 토지수용위원회에 제출하여야 한다(시행령 제42조 제1항).

(3) 사업시행지구 밖의 토지 등은 공익사업에 직접 필요하여 취득하는 것이 아니라 소유자를 위하여 취득하는 것이므로, 소유자의 의사에 반하여 취득할 수 없기 때문에 보상은 소유자의 청구를 요건으로 한다.

---

823) ■ 토지보상법 제79조(그 밖의 토지에 관한 비용보상 등) ② 공익사업이 시행되는 지역 밖에 있는 토지등이 공익사업의 시행으로 인하여 본래의 기능을 다할 수 없게 되는 경우에는 국토교통부령으로 정하는 바에 따라 그 손실을 보상하여야 한다. 〈개정 2013.3.23.〉

824) 따라서 간접보상의 경우에 손실을 입은 자는 사업시행자에게 수용재결신청의 청구를 할 필요 없이 사업시행자의 수용재결신청 전·후에 곧바로 관할 토지수용위원회에 재결신청을 할 수 있고 재결절차 후에는 행정소송도 가능하다. 다만, 토지보상법 제79조 제2항의 규정에 따른 경우 외에는 종전과 같이 직접 사업시행자를 상대로 민사소송 절차로 손실보상금 지급청구가 가능할 것이다.

825) 사업시행지구 밖의 토지 등은 공익사업에 직접 필요하여 취득하는 것이 아니라 소유자를 위하여 취득하는 것이므로, 소유자의 의사에 반하여 취득할 수 없기 때문에 보상은 소유자의 청구를 요건으로 한다. (중앙토지수용위원회, 앞의 책, 2017.12. 454면)

826) 따라서 실무상 간접손실보상 청구자는 토지보상법상의 일반적인 협의취득절차를 포함하여 사업시행자에게 서면 등으로 보상청구를 할 필요가 있다.

827) 1. 재결의 신청인과 상대방의 성명 또는 명칭 및 주소
2. 공익사업의 종류 및 명칭
3. 손실 발생사실
4. 손실보상액과 그 명세
5. 협의의 내용

라. 재결기준828)

(1) 수용재결절차에서 공익사업시행지구 밖의 토지 등에 대한 손실보상 또는 비용보상 주장이 있는 경우

토지보상법 제79조 및 제80조에 의거 공익사업시행지구 밖의 토지 등에 대하여 동법 시행규칙 제59조 내지 제65조에 규정된 사항에 대하여는 사업시행자와 우선 협의하고 협의가 성립되지 아니한 경우에는 관할 토지수용위원회에 재결을 신청할 수 있도록 규정되어 있는바, 이에 해당될 경우에는 감정평가 후 재결하여야 한다.829)

> ### 재결례
>
> [재결례1] ▶ [2013.4.19. 중토위 재결]
>
> 【재결요지】
>
> ○○○이 주유소 바닥과 도로의 높이차가 1.5m~2m에 이르러 진출입이 어려워 정상영업을 위해서는 기존주유소 시설물 재배치가 필요하므로 토지공사비를 보상하여 달라는 주장에 대하여,
>
> 법 제79조제1항에 따르면 "사업시행자는 공익사업의 시행으로 인하여 취득하거나 사용하는 토지(잔여지를 포함한다) 외의 토지에 통로·도랑·담장 등의 신설이나 그 밖의 공사가 필요할 때에는 그 비용의 전부 또는 일부를 보상하여야 한다. 다만, 그 토지에 대한 공사의 비용이 그 토지의 가격보다 큰 경우에는 사업시행자는 그 토지를 매수할 수 있다."고 되어 있다.
>
> 「위험물안전관리법」시행규칙 별표 13 제Ⅳ항 제4호 가에 따르면 고정주유설비의 중심선을 기점으로 하여 도로경계선까지 4m 이상, 부지경계선·담 및 건축물의 벽까지 2m(개구부가 없는 벽까지는 1m)이상의 거리를 유지하도록 되어 있다.
>
> 관계 자료(주유소 횡단면도, 주유소 설계도면, 사업시행자 의견서, 현장사진) 및 현장 확인 결과, ㅁㅁ주유소(경기도 시흥시 번지 생략) 바닥과 도로와의 높이차 0.55m~1.22m, 경사도 약 8.6%~17.4%이고 주유차량 진출입로와 보행자도로 및 자전거도로가 교차하여 사고발생이 우려되고 고정주유설비의 중심선을 기점으로 한 도로경계선까

---

828) 중앙토지수용위원회, 앞의 책, 2015.12. 270-271면 발췌·수정인용
829) 다만, 이의신청시에 새로운 개별보상 청구의 주장이 있는 경우에는 관할 토지수용위원회의 수용재결을 거쳐야 할 사항을 이유로 각하함.

지의 이격거리가 3.15m로서 위 「위험물안전관리법」시행규칙의 기준에 미달하는 바, 보행자 통행에 지장이 없도록 하고 주유소 시설이 설치기준을 충족하는 범위 내에서 시설 구조변경 및 재배치 공사가 필요하다고 판단되므로 위 규정에 따라 공사에 필요한 비용을 보상하기로 한다.

(2) 그 밖에 법령에 규정되지 아니한 공익사업시행지구 밖의 손실에 대하여 손실보상 또는 비용보상 재결을 신청하는 경우

그 밖에 법령에 규정되지 아니한 손실은 그 발생을 예견하기가 어렵고 그 손실의 범위도 쉽게 확정할 수 없으며 공익사업지구 밖에서 발생한 손실이므로 사업시행자를 상대로 민사소송을 청구하여야 하고 이러한 손실보상 재결신청은 부적법한 신청으로 취하하거나 각하재결의 대상이다.

제5장 이주대책 및 생활대책

제1절 이주대책 및 생활대책의 개념

1. 이주대책 및 생활대책의 의의

이주대책은 공익사업의 시행으로 인하여 생활의 근거를 상실하게 되는 자에게 새로운 생활의 근거로 삼을 대체주거용 택지 등을 확보하여 이주·재정착을 할 수 있도록 사업시행자가 실시하는 일련의 조치로 보상실무상 이주자택지, 이주자주택 또는 분양아파트 등을 직접 공급하는 형태를 취한다. 생활대책은 생업의 근거를 상실한 자(영업·영농 등의 장소)에게 새로이 이주하는 곳에서 생계를 회복·유지하고 생활의 안정을 기할 수 있도록 사업시행자가 배려하는 일련의 제반조치로 보상실무상 일정규모의 점포 또는 상가용지 등 근린상가용지를 직접 공급하는 형태를 취한다.

이주대책 및 생활대책은 이주자 입장에서는 생활기반의 복원에 대한 지원으로서 의미가 있고, 사업시행자 입장에서는 이주자들의 재산권 박탈에 대한 저항을 완화하고 소유권 및 점유의 이전에 대한 협조를 유도함으로써 사업을 신속하고 원활하게 추진하는데 보탬이 된다.[830]

2. 이주대책 및 생활대책의 비교

양자는 모두 공익사업으로 인한 토지 등 재산권을 박탈당한 자들의 생활재건조치로서 금전적인 손실보상이 아닌 별도의 생활보상의 일환에 따른 추가 내지 보충적인 비금전적 보상이라는 점에서는 공통적이다. 그러나 ① 이주대책은 토지보상법제78조 제1항과 같은 명문규정의 근거로 시행되고 있으나, 생활대책은 명문규정은 없고 사업시행자의 내부규정에 따라 일반적으로 시행되고 있다는 점, ② 이주대책은 협의취득, 재결에 의한 취득(강제취득) 모두 관계없이 적용되나, 생활대책은 통상 보상대상 물건을 협의양도 하거나 자진이전 또는 자진이주한 자를 대상으로 한다는 점, ③ 이주대책은 주거의 상실에 대응해 대체주거용 택지 등이 공급되나, 생활대책은 생업기반의 상실에 대응해 생계유지용 근린상가용지가 공급된다는 점에서 차이가 난다.[831]

---

830) 서울행정법원, 앞의 책, 515면
831) 생활보상의 근거가 되는 일반적인 명문규정은 토지보상법에는 없으나 「기업도시개발특별법」, 「주한미군기지 이전에 따른 평택시 등의 지원 등에 관한 특별법」등의 개별법에는 생활대체적 조치에 관한 규정이 있다.

다만, 이주대책과 생활대책은 대규모 택지개발사업 등 공익사업지구에서 보상실무를 담당하는 사업시행자에 의해 별개의 제도로 구별되지 않고 처음부터 하나의 계획으로 수립·실시되는 것이 통상적이다.

제2절 이주대책

1. 이주대책의 의의

토지보상법 제78조 제1항의 규정에 따라 사업시행자는 공익사업의 시행으로 인하여 주거용 건축물을 제공함에 따라 생활의 근거를 상실하게 되는 자를 위하여 대통령령으로 정하는 바에 따라 이주대책을 수립·실시하거나 이주정착금을 지급하여야 한다. 즉 이주대책의 수립은 <u>사업시행자의 의무사항</u>이며, 2007. 10. 17. 토지보상법 개정에서는 대통령령으로 정하는 공익사업의 시행으로 공장을 이전하는 경우에도 사업시행자에게 이에 대한 이주대책을 수립하도록 하였다.

대법원은 "이러한 이주대책은 공공사업의 시행에 필요한 주거용 건축물을 제공함으로 인하여 생활의 근거를 상실하게 되는 이주대책대상자들을 위하여 사업시행자가 기본적인 생활시설이 포함된 택지를 조성하거나 그 지상에 주택을 건설하여 이주자들에게 개별 공급하는 것으로서, 그 본래의 취지에 있어 이주대책대상자들에 대하여 종전의 생활 상태를 원상으로 회복시키면서 동시에 인간다운 생활을 보장하여 주기 위한 이른바 생활보상의 일환으로 <u>국가의 적극적이고 정책적인 배려에 의하여 마련된 제도이다</u>"라고 판시하고 있다.[832]

※ **이주대책 시행의 연혁**[833]

① 법률에 이주대책이 최초로 등장

1973년 구 「산업기지개발촉진법」 제정시이며, 이때 이주정착지 조성에 관한 사항이 등장했다. 이주정착지가 법에 언급된 것은 1973년이지만 그 이전에 이미 정부에서 조성한 많은 이주정착지가 존재했다. 이주정착지 조성은 1950년대 도심지 주택상가 밀

---

832) 대법원 2002.3.15., 2001다67126 판결, ; 대법원 2003.7.25., 2001다57778 판결

집지역(양동, 남창동, 남산동 등)의 화재민이나 한강변, 청계천변 등의 수재민 등에 대한 빈민구호차원에서 시행되었다.

② 도시철거민을 위한 이주정착지

1958년 미아리 정착지 조성사업을 시작으로 1970년대 초까지 조성되었다. 이들 이주 정착지역들의 대부분은 서울 변두리 주변에 위치한 국공유지로서 교통 등 접근성이 안 좋았을 뿐만 아니라, 고지대의 황무지에 위치하여 상·하수도, 전기 등 생활필수 시설조차 전혀 없이 단지 8내지 10평의 토지만을 주는 것이 당시 이주정착지 조성사 업의 전부였다. 생활기본시설을 갖추지 못한 이주정착지는 많은 문제를 야기하였으 며, 1971년 광주이주단지에서 발생한 폭동의 중요한 원인 중 하나는 생활기본시설 없 이 이주정착지를 조성하였기 때문이다.

대규모 택지개발 공익사업의 초기에는 아무런 법적 뒷받침 없이 사업시행자가 해당 공익사업의 여건에 따라 나름대로 계획을 수립·실시하여 오다가 1975년도에 이르러 구「공공용지의취득및손실보상에관한특례법」 제8조에 이주대책에 관한 사항이 명시됨 에 따라 비로서 이주대책이 법적 뒷받침을 받게 되었다.[834] 그 후 1976년 제정된 구 「공공용지의취득및손실보상에관한특례법」 시행령 제5조는 이주정착지에 도로·급수 시설 등 지역조건에 따른 생활기본시설을 포함해야 하며, 이에 필요한 비용은 사업시 행자가 부담토록 하였다.

그 후 신도시 건설 등 주택건설사업이 본격적으로 실시되면서 1989. 1. 24. 구「공공 용지의취득및손실보상에관한특례법」시행령 제5조가 개정되어 택지개발촉진법 또는 주택법 등 관계법령에 의하여 이주대책대상자에게 택지 또는 주택을 공급하는 경우에 는 이주대책을 수립한 것으로 볼 수 있도록 하였다.

이러한 이주대책은 초기에는 사업지구 외에 별도로 이주단지를 조성하거나 이주정착금 을 지급하는 형태가 일반적이었으나, 대규모 택지개발사업이 활발해지면서 해당 택지개

---

833) 한국토지주택공사, 앞의 책, 2016, 502면 참조·인용
834) 박필, "공익사업에 따른 생활보상제도의 문제점 및 개선방안", 「부동산연구」 제20집 제1호(2010.6), 59-60면.; 강정규, "공익사업에 따른 이주대책 제도의 현황과 문제점", 「토지공법연구」 제63집 (2013.11), 사단법인 한국토지공법학회. 32면.

발 사업지구 내에 조성하는 이주자택지 및 이주자주택(아파트 포함)의 공급으로 변화되더니, 최근에는 이주민들에게 아파트 건설용지 등을 공급하거나 공장에 대한 이주대책의 수립·시행 등 이주대책의 그 형태가 더욱 다양해지고 있다.[835]

▣ 아파트 건설용지 이주대책 수립사례 (행정복합도시)

한국토지주택공사가 시행하는 행정중심복합도시 내 이주민들에게 이주대책의 일환으로 아파트 건설용지 공급을 수립·공고한 바 있다.

○ 용도: 60~85㎡ 공동주택 용지 1필지

○ 공급면적 및 금액: 36,590㎡, 조성원가의 70%

○ 공급대상자: 336명

○ 1인당 분양면적: 99㎡

▣ 공장용지 이주대책 수립사례 (동탄산업단지 조성)

한국토지주택공사가 시행하는 동탄2 택지개발사업지구 내 위치하는 공장 577개의 이전을 위하여 인근의 동탄산업단지를 조성하여 공장의 이주대책을 수립한 바 있다.

○ 사업명: 화성동탄 일반산업단지 조성사업

○ 사업목적: 동탄2지구 기업대책 일환으로 대체 산업단지 조성

○ 위치/면적: 화성시 동탄면 일원 / 200만 8천㎡(61만평)

○ 사업기간: 2009. 7. 31 ~ 2012. 12. 31

---

2. 이주대책의 법령상 규정

(1) 이주대책의 일반적인 근거규정

토지보상법 제78조 및 동법 시행령 제40조가 이주대책의 일반적인 근거규정으로 주거용 건축물을 제공한 피수용인에 대하여 주거안정을 위한 생활보상차원에서 이주대책을 수립·실시하거나 이주정착금을 지급할 것을 규정하고 있다. 한편 주거이전에 필요한 비용과 이주하는 농민어민이 받을 보상금에 대해서는 동법 시행규칙인 국토교통부령이 자세히 규정하고 있다.

---

835) 신경직, 앞의 책, 564면 참조·인용

(2) 이주대책의 개별적인 근거규정

토지보상법외에 이주대책규정을 직접 내지 간접적으로 규정하고 있는 개별 법률의 규정 형태는 다음과 같다.[836]

① 이주대책의 수립·실시를 별도로 규정하고 있는 개별법률

사업시행자에 대하여 이주대책을 수립·실시하도록 규정한 개별 법률은「고도보존 및 육성에 관한 특별법」(제18조),「관광진흥법」(제66조),「전원개발촉진법」(제10조),「주한미군기지 이전에 따른 평택시 등의 지원 등에 관한 특별법」(약칭:미군이전평택지원법)[837](제33조),「폐기물처리시설 설치촉진 및 주변지역지원 등에 관한 법률」(제18조) 등이 있다.

② 토지보상법상의 이주대책 규정을 준용하는 개별법률

토지보상법이 정하는 바에 따른 이주대책을 수립·실시하도록 규정한 개별 법률로는,「기업도시개발특별법」(제14조제6항),「도시개발법」(제24조), 구 「도시철도법」(제8조),「물류시설의 개발 및 운영에 관한 법률」(제45조),「산업입지 및 개발에 관한 법률」(제36조),「용산공원조성특별법」(약칭:용산공원법)[838](제53조),「재해위험 개선사업 및 이주대책에 관한 특별법」(약칭:재해이주대책법)[839](제11조), 구「지역균형개발 및 지방중소기업육성에 관한 법률」(제24조) 등이 있다.

---

836) 전광식, "공익사업에 따른 영업보상과 이주 및 생활대책", 2009년 대한변호사협회 전문분야 특별연수 98–99면 수정·인용

837) ■ 미군이전평택지원법 제1조(목적) 이 법은 주한미군지위협정, 대한민국과미합중국간의미합중국군대의서울지역으로부터의이전에관한협정 및 대한민국과미합중국간의연합토지관리계획협정에 근거하여 주한미군의 기지이전을 위한 시설사업을 원활하게 시행하고, 주한미군의 기지가 이전되는 평택시 등 지방자치단체에 대한 지원을 통하여 지역발전을 촉진하며, 이전지역 주민의 권익을 보호하기 위하여 필요한 사항을 규정함을 목적으로 한다. [시행 2005.4.1.] [법률 제7271호, 2004.12.31., 제정]

838) 용산공원법 제1조(목적) 이 법은「대한민국과 미합중국 간의 미합중국군대의 서울지역으로부터의 이전에 관한 협정」및「대한민국과 미합중국 간의 연합토지관리계획협정」에 근거하여 대한민국에 반환되는 미합중국군대의 용산부지 등을 활용하여 국가의 책임하에 공원 등을 조성·관리하고 그 주변지역을 체계적으로 정비하기 위하여 필요한 사항을 규정하는 것을 목적으로 한다. [시행 2008.1.1.] [법률 제8512호, 2007.7.13., 제정]

839) 재해이주대책법 제1조 (목적) 이 법은 재해의 근원적 예방과 항구적 복구 등을 위하여 재해위험지구의 개선에 필요한 재해방지대책 등에 관한 사항을 규정함으로써 국민의 생명과 재산 보호에 기여함을 목적으로 한다. [시행 2008.2.4.] [법률 제8585호, 2007.8.3., 제정]

③ 이주대책사업의 위탁에 관한 별도규정을 두고 있는 개별법률

구 「국민임대주택 건설 등에 관한 특별조치법」(제36조), 「신항만건설촉진법」(제22조), 구 「수도권신공항건설촉진법」(제16조), 「한국수자원공사법」(제17조), 구 「항공법」(제100조) 등은 이주대책의 수립·실시에 관한 규정 대신에 이주대책사업의 위탁에 관한 규정을 두고 있다.

④ 독자적인 이주대책을 규정한 개별법률

토지보상법상의 이주대책과 다른 형식으로 독자적인 이주대책에 관하여 규정한 법률로 「댐건설 및 주변지역지원 등에 관한 법률」(약칭:댐건설법)840)이 있다. 동법 제39조(이주정착지 미이주자 등에 대한 지원), 제40조(수몰이주민에 대한 지원)는 수몰이주민의 이주·정착과 생계를 지원하는 조치를 규정하고 있다.

(3) 택지개발촉진법 또는 주택법에 의한 택지 등 공급규정

토지보상법 시행령 제40조 제2항 단서는 「택지개발촉진법」 또는 「주택법」에 의한 택지 또는 주택을 공급하는 경우에는 토지보상법에 따른 이주대책을 수립·실시한 것으로 본다고 규정하고 있다841) 따라서 택지개발촉진법 및 주택법에 따른 택지 또는 주택의 특별

---

840) 댐건설법 제1조(목적) 이 법은 댐의 건설·관리 및 건설비용의 회전활용, 댐건설에 따른 환경대책, 지역주민에 대한 지원등에 관하여 규정함으로써 수자원을 합리적으로 개발·이용하여 국민경제의 발전을 도모함을 목적으로 한다. [시행 2000.3.8.] [법률 제6021호, 1999.9.7., 제정]

841) 「택지개발촉진법」시행령 제13조의2 제5항 제4호는 토지보상법에 의한 **협의에 응하여** 택지개발예정지구 안의 토지나 권리 등의 전부를 시행자에게 양도한 자에 대하여 조성된 택지를 수의계약의 방법으로 공급하거나 우선 공급할 수 있도록 규정하고 있다.
한편, 구 「주택법」에 따른 「주택공급에 관한 규칙」 제19조 제1항 제3호는 토지보상법 제4조에 따른 공익사업 등의 시행을 위하여 철거되는 주택(무허가·무신고 주택 제외)을 소유한 무주택세대주에게 일정 기준범위 내에서 국민주택 등의 주택을 특별공급 할 수 있도록 규정하였었고, 현행 「주택법」에 따른 「주택공급에 관한 규칙」 제35조 제1항 제12호 바목 에서도 토지보상법 제4조에 따른 공익사업 등의 시행을 위하여 철거되는 주택(가목부터 다목까지의 규정에 해당하는 사업을 위하여 철거되는 주택은 제외)을 소유한 무주택세대주에게 일정 기준범위 내에서 국민주택 등의 주택을 특별공급 할 수 있도록 규정하고 있다. [시행 2019.2.1.] [국토교통부령 제565호, 2018.12.11., 일부개정]

> 가. 국가, 지방자치단체, 한국토지주택공사 및 지방공사인 사업주체가 해당 주택건설사업을 위하여 철거하는 주택
> 나. 사업주체가 공공사업으로 조성된 택지를 공급받아 주택을 건설하는 경우 해당 공공사업의 시행을 위하여 철거되는 주택

공급 규정은 그 한도 안에서는 이주대책의 근거라고 볼 수 있을 것이다.

■ **토지보상법 제78조(이주대책의 수립 등)** ① 사업시행자는 공익사업의 시행으로 인하여 주거용 건축물을 제공함에 따라 생활의 근거를 상실하게 되는 자(이하 "이주대책대상자"라 한다)를 위하여 대통령령으로 정하는 바에 따라 이주대책을 수립·실시하거나 이주정착금을 지급하여야 한다.

② 사업시행자는 제1항에 따라 이주대책을 수립하려면 미리 관할 지방자치단체의 장과 협의하여야 한다.

③ 국가나 지방자치단체는 이주대책의 실시에 따른 주택지의 조성 및 주택의 건설에 대하여는 「주택도시기금법」에 따른 주택도시기금을 우선적으로 지원하여야 한다. 〈개정 2015.1.6.〉

④ 이주대책의 내용에는 이주정착지(이주대책의 실시로 건설하는 주택단지를 포함한다)에 대한 도로, 급수시설, 배수시설, 그 밖의 공공시설 등 통상적인 수준의 생활기본시설이 포함되어야 하며, 이에 필요한 비용은 사업시행자가 부담한다. 다만, 행정청이 아닌 사업시행자가 이주대책을 수립·실시하는 경우에 지방자치단체는 비용의 일부를 보조할 수 있다.

⑤ 주거용 건물의 거주자에 대하여는 주거 이전에 필요한 비용과 가재도구 등 동산의 운반에 필요한 비용을 산정하여 보상하여야 한다.

⑥ 공익사업의 시행으로 인하여 영위하던 농업·어업을 계속할 수 없게 되어 다른 지역으로 이주하는 농민·어민이 받을 보상금이 없거나 그 총액이 국토교통부령으로 정하는 금액에 미치지 못하는 경우에는 그 금액 또는 그 차액을 보상하여야 한다. 〈개정 2013.3.23.〉

⑦ 사업시행자는 해당 공익사업이 시행되는 지역에 거주하고 있는 「국민기초생활 보장법」 제2조제1호·제11호에 따른 수급권자 및 차상위계층이 취업을 희망하는 경우에는 그 공익사업과 관련된 업무에 우선적으로 고용할 수 있으며, 이들의 취업 알선을 위하여 노력하여야 한다.

⑧ 제4항에 따른 생활기본시설에 필요한 비용의 기준은 대통령령으로 정한다.

⑨ 제5항 및 제6항에 따른 보상에 대하여는 국토교통부령으로 정하는 기준에 따른다.

다. 도시·군계획사업(「도시 및 주거환경정비법」에 따른 재개발사업 및 재건축사업은 제외한다)으로 철거되는 주택

〈개정 2013.3.23.〉[전문개정 2011.8.4.]

■ **토지보상법 시행령 제40조(이주대책의 수립·실시)** ① 사업시행자가 법 제78조제1항에 따른 이주대책(이하 "이주대책"이라 한다)을 수립하려는 경우에는 미리 그 내용을 같은 항에 따른 이주대책대상자(이하 "이주대책대상자"라 한다)에게 통지하여야 한다.

② 이주대책은 국토교통부령으로 정하는 부득이한 사유가 있는 경우를 제외하고는 이주대책대상자 중 이주정착지에 이주를 희망하는 자의 가구 수가 10호(戶) 이상인 경우에 수립·실시한다. 다만, 사업시행자가 「택지개발촉진법」 또는 「주택법」 등 관계 법령에 따라 이주대책대상자에게 택지 또는 주택을 공급한 경우(사업시행자의 알선에 의하여 공급한 경우를 포함한다)에는 이주대책을 수립·실시한 것으로 본다.

③ 법 제4조제6호 및 제7호에 따른 사업(이하 이 조에서 "부수사업"이라 한다)의 사업시행자는 다음 각 호의 요건을 모두 갖춘 경우 부수사업의 원인이 되는 법 제4조제1호부터 제5호까지의 규정에 따른 사업(이하 이 조에서 "주된사업"이라 한다)의 이주대책에 부수사업의 이주대책을 포함하여 수립·실시하여 줄 것을 주된사업의 사업시행자에게 요청할 수 있다. 이 경우 부수사업 이주대책대상자의 이주대책을 위한 비용은 부수사업의 사업시행자가 부담한다. 〈신설 2018.4.17.〉

  1. 부수사업의 사업시행자가 법 제78조제1항 및 이 조 제2항 본문에 따라 이주대책을 수립·실시하여야 하는 경우에 해당하지 아니할 것

  2. 주된사업의 이주대책 수립이 완료되지 아니하였을 것

④ 제3항 각 호 외의 부분 전단에 따라 이주대책의 수립·실시 요청을 받은 주된사업의 사업시행자는 법 제78조제1항 및 이 조 제2항 본문에 따라 이주대책을 수립·실시하여야 하는 경우에 해당하지 아니하는 등 부득이한 사유가 없으면 이에 협조하여야 한다. 〈신설 2018.4.17.〉

⑤ 다음 각 호의 어느 하나에 해당하는 자는 이주대책대상자에서 제외한다. 〈개정 2016.1.6., 2018.4.17.〉

  1. 허가를 받거나 신고를 하고 건축 또는 용도변경을 하여야 하는 건축물을 허가를 받지 아니하거나 신고를 하지 아니하고 건축 또는 용도변경을 한 건축물의 소유자

  2. 해당 건축물에 공익사업을 위한 관계 법령에 따른 고시 등이 있은 날부터 계약체결일 또는 수용재결일까지 계속하여 거주하고 있지 아니한 건축물의 소유자. 다만, 다음 각 목의 어느 하나에 해당하는 사유로 거주하고 있지 아니한 경우에는 그러하지 아니하다.

가. 질병으로 인한 요양

나. 징집으로 인한 입영

다. 공무

라. 취학

마. 해당 공익사업지구 내 타인이 소유하고 있는 건축물에의 거주

바. 그 밖에 가목부터 라목까지에 준하는 부득이한 사유

3. 타인이 소유하고 있는 건축물에 거주하는 세입자. 다만, 해당 공익사업지구에 주거용 건축물을 소유한 자로서 타인이 소유하고 있는 건축물에 거주하는 세입자는 제외한다.

⑥ 제2항 본문에 따른 이주정착지 안의 택지 또는 주택을 취득하거나 같은 항 단서에 따른 택지 또는 주택을 취득하는 데 드는 비용은 이주대책대상자의 희망에 따라 그가 지급받을 보상금과 상계(相計)할 수 있다. 〈개정 2018 4.17.〉

[전문개정 2013.5.28.]

3. 이주대책의 수립 · 실시

가. 이주대책의 수립 · 실시요건

사업시행자는 공익사업의 시행으로 인하여 주거용 건축물을 제공함에 따라 생활의 근거를 상실하게 되는 자(이하 "이주대책대상자"라 한다)를 위하여 대통령령으로 정하는 바에 따라 이주대책을 수립 · 실시하거나 이주정착금을 지급하여야 한다(법 제78조 제1항). 사업시행자가 이주대책을 수립하려는 경우에는 미리 그 내용을 이주대책대상자에게 통지하여야 한다(시행령 제40조 제1항).

사업시행자는 공익사업의 시행으로 인하여 주거용 건축물을 제공함에 따라 생활의 근거를 상실하게 되는 자에 대한 이주대책을 수립하려면 미리 관할 지방자치단체의 장과 협의하여야 한다(법 제78조 제2항). 다만, 이는 이주정착지 건설에 따른 공공시설의 설치와 비용보조 문제를 협의하기 위한 것이므로 「택지개발촉진법」 또는 「주택법」 등에 의한 택지 또는 주택을 공급하는 경우에는 관할 지방자치단체장과의 협의는 필요하지 않다.

질의회신

[질의회신] ▶ 택지개발촉진법 또는 주택건설촉진법에 의하여 이주대책대상자에게 택지 또는 주택을 공급하는 경우 지방자치단체와 협의하여야 하는지 여부

[2003.3.29. 토관58342-472]

【회신내용】 사업시행자가 토지보상법 제78조제4항의 규정에 의한 내용을 포함한 이주대책을 수립·실시하는 경우에 같은 조 제2항의 규정에 따라 지방자치단체의 장과 협의하여야 한다고 보며, 같은 법 시행령 제40조제2항 후단의 규정에 의하여 택지등을 공급하는 경우에는 지방자치단체의 장과 협의할 사항은 아니라고 봅니다.

사업시행자는 이주대책대상자 중 이주정착지에 이주를 희망하는 자의 가구 수가 10호 (戶) 이상이면 (i) 공익사업시행지구의 인근에 택지 조성에 적합한 토지가 없는 경우, (ii) 이주대책에 필요한 비용이 당해 공익사업의 본래의 목적을 위한 소요비용을 초과하는 등 이주대책의 수립·실시로 인하여 당해 공익사업의 시행이 사실상 곤란하게 되는 경우를 제외하고는 이주대책을 수립·실시하여야 한다. 다만, 사업시행자가 택지개발촉진법 또는 주택법 등 관계 법령에 따라 이주대책대상자에게 택지 또는 주택을 공급한 경우(사업시행자의 알선에 의하여 공급한 경우를 포함한다)에는 이주대책을 수립·실시한 것으로 본다(시행령 제40조제2항, 시행규칙 제53조 제1항).

공익사업의 시행자인 지방자치단체나 공기업들은 대개 공익사업시행과 관련한 내부규정에 이주대책과 관련된 내용을 두고 있는데, 이러한 내부규정들은 사무처리준칙으로서 대외적 기속력이 없으므로, 법원으로서는 대상자 요건의 구비 여부를 판단함에 있어 이에 구속받을 필요는 없으나,[842] 이주대책에 관한 기준의 설정 등 구체적인 이주대책의 형성을 사업시행자의 재량에 맡긴 이상 그 내용이 객관적으로 합리성이 없다고 볼 특별한 사정이 없는 한 이주대책의 실시기준으로서 존중하여야 한다.[843] 또한, 이와 같은 내부규

---

842) 대법원 1997.2.11. 선고 96누14067 판결: 사업시행자 내부 규정에 이주대책이 적용요건으로서 소유권의 확인은 건물등기부 등본에 의한다는 규정이 있더라도, 관계법령의 규정에 의하면 소유자는 실질적인 처분권을 가진 자를 의미하는 것이므로, 건물등기부등본 이외의 다른 신빙성 있는 자료에 의하여 그와 같은 실질적인 처분권의 입증을 배제 할 수 없다.
843) 대법원 2007.7.12. 선고 2007두7222 판결

정에 따르지 않은 처분은 특별한 사정이 없는 한 평등원칙 등 위반으로서 재량권의 일탈 남용에 해당할 수 있다.[844)

택지개발사업이나 주택건설사업 등의 공익사업의 사업시행자인 지방자치단체나 한국토지주택공사 등은 보상실무상 미리 마련한 내부규정에 따라 이주 및 생활대책을 수립·실시하고 있다.[845)

다만, 이주대책은 이주대책대상자들에 대하여 종전의 생활상태를 원상으로 회복시키면서 동시에 인간다운 생활을 보장하여 주기 위한 생활보상의 일환으로 국가의 적극적이고 정책적인 배려에 의하여 마련된 제도이므로 사업시행자는 이주대책의 수립·실시에 있어 재량을 가진다. 판례도 사업시행자는 이주대책기준을 정하고 이를 시행하는 것에 재량이 있다고 판시하고 있다.[846)

판례

[판례] ▶ 사업시행자는 이주대책의 수립에 대해 재량을 가진다.
[대법원 2013.12.26. 선고 2013두17701]

【판결요지】
공익사업법에서 이주대책 제도를 둔 취지, 각 규정의 문언 등을 종합하여 보면, 사업시행자는 공익사업법 시행규칙 제53조 제1항이 정한 사유가 있는 경우를 제외하고 이주대책 대상자 중 이주정착지에 이주를 희망하는 자가 10호 이상인 경우에 이주대책을 수립·실시하여야 하며, 이주대책기준을 정하여 이주대책 대상자 중에서 이주대책을 수립·실시하여야 할 자를 선정하여 그들에게 공급할 택지 또는 주택의 내용이나 수량을 정할 수 있고, 이를 정하는 데 있어 재량을 가지므로 이를 위해 사업시행자가 설정한 이주대책기준은 그것이 객관적으로 합리적이 아니라거나 타당하지 않다고 볼 만한 다른 특별한 사정이 없는 한 존중되어야 할 것이며, 이주대책 대상자

---

844) 대법원 2002.9.24. 선고 2000두1713 판결
845) 서울특별시는 '서울특별시 철거민 등에 대한 국민주택 특별공급규칙, 한국지주택공사는 '용지규정', '용지규정 시행세칙', '이주대책의 수립 및 시행에 관한 예규', 상업용지 등 우선공급에 관한 지침' 등이 있다.
846) 대법원 2009.3.12. 선고 2008두12610. ;대법원 2013.12.26. 선고 2013두17701

중에서 이주대책을 수립·실시하여야 할 자에 선정되지 아니하거나 이주대책 대상자 중 이주정착지가 아닌 다른 지역으로 이주하고자 하는 자에 대하여는 반드시 이주정착금을 지급하여야 할 것이다(대법원 2009.3.12. 선고 2008두12610 판결 등 참조).

질의회신

[질의회신1] ▶ 이주정착지에 이주를 희망하는 자가 10호 이상인 경우에도 부득이한 사유가 있다면 이주대책을 수립하지 않을 수 있다. **[2018.8.8. 토지정책과-5092]**

【질의요지】

(1) 공익사업에 따른 이주대책 수립과 관련하여 이주대책대상자가 10호 이상인 경우에도 부득이한 사유가 있는 경우 이를 수립하지 않아도 되는지?

(2) 이주대책대상자가 10호 미만인 경우에도 이주대책을 수립·실시할 수 있는지?

【회신내용】

(1) 토지보상법에 따른 이주대책은 이주정착지에 이주를 희망하는 자가 10호 이상인 경우에도 상기 규정에 따라 부득이한 사유가 있다면 이주대책을 수립하지 않을 수 있을 것이며, 이 경우 이주정착금을 지급하면 될 것입니다.

(2) 한편, 이주대책대상자가 10호 미만인 경우에는 반드시 수립·실시하여야 할 대상은 아니나, 개별적인 사례에 대하여는 사업시행자가 관계법령 및 사업추진 여건 등을 검토하여 결정하면 될 것으로 봅니다.

[질의회신2] ▶ 이주대책 수립완료 시기는 이주대책대상자에게 통지한 때이다.
[2018.8.22. 토지정책과-5355]

【질의요지】

이주대책수립과 관련하여 "이주대책 수립이 완료"는 언제로 볼 수 있는지?

【회신내용】

토지보상법 시행령 제40조제1항에서 사업시행자가 법 제78조제1항에 따른 이주대책
(이하 "이주대책"이라 한다)을 수립하려는 경우에는 미리 그 내용을 같은 항에 따른
이주대책대상자(이하 "이주대책대상자"라 한다)에게 통지하도록 하고,

같은 조 제3항에서 부수사업의 사업시행자는 주된 사업의 이주대책 수립이 완료되지
아니하였을 경우 주된 사업의 이주대책에 부수사업의 이주대책을 포함하여 수립·실
시하여 줄 것을 주된 사업의 사업시행자 에게 요청할 수 있다고 규정하고 있습니다.

토지보상법령에서는 이주대책과 관련하여 수립과 실시에 대하여 규정하고 있다고
보며, <u>주된 사업의 사업시행자가 관련절차에 따라 이주대책을 수립한 후 이를 이주
대책대상자에게 통지하였다면 수립이 완료된 것으로 보아야 할 것으로 보며</u>, 기타
개별적인 사례에 대하여는 사업추진현황 및 이주대책 내용 등을 검토하여 판단할 사
항으로 봅니다.

나. 이주대책의 대상과 요건

(1) 이주대책의 대상자

공익사업의 시행으로 인하여 주거용 건축물을 제공함에 따라 생활의 근거를 상실하게 되
는 자가 이주대책대상자가 된다(법 제78조 제1항). 그러나, ① 허가를 받거나 신고를 하
고 건축 또는 용도변경을 하여야 하는 건축물을 허가를 받지 아니하거나 신고를 하지 아
니하고 건축 또는 용도변경을 한 건축물의 소유자,[847] ② 해당 건축물에 공익사업을 위
한 관계 법령에 따른 고시 등이 있은 날부터 계약체결일 또는 수용재결일까지 계속하여
거주하고 있지 아니한 건축물의 소유자. 다만, (i) 질병으로 인한 요양, (ii) 징집으로
인한 입영, (iii) 공무, (iv) 취학, (v) 해당 공익사업지구 내 타인이 소유하고 있는 건축
물에의 거주, (vi) 그 밖에 (i)부터 (iv)까지에 준하는 부득이한 사유로 거주하고 있지
아니한 경우에는 그러하지 아니하다. ③ 타인이 소유하고 있는 건축물에 거주하는 세입
자. 다만, <u>해당 공익사업지구에 주거용 건축물을 소유한 자로서 타인이 소유하고 있는
건축물에 거주하는 세입자는 제외한다</u>(시행령 제40조 제5항).

토지보상법 시행령 제40조 제5항은[848] 이주대책대상자에서 제외되는 경우의 자를 규정

---

847) 1989.1.24 이전에 건축된 무허가 주거용 건축물의 소유자는 이주대책 대상자에 포함된다.
848) 토지보상법 시행령상의 이주대상자 제외규정은 종전에는 동법 시행령 **제40조 제3항**에 규정되어 있었

하고 있는데, 이를 기준으로 이주대책대상자 요건을 분설하면 크게 ① 주거용건축물요건 (허가를 받거나 신고된 주거용 건축물), ② 소유요건(해당 건축물을 소유하는 자), ③ 거주요건(해당 건축물에 기준일부터 일정기간 계속하여 거주) 등으로 구성되어 있다. 아래에서는 위 요건 외 ④ 기준일요건을 더하여 이를 토대로 이주대책대상자 요건을 살펴보겠다.

(2) 주거용 건축물의 요건

① 주거용 건축물의 판단 기준

이주대책대상의 주거용 건축물이란 당해 건축물이 공익사업을 위한 관계 법령에 따른 고시 등이 있은 날을 기준으로 당시 건축물의 용도가 주거용 건물로서 이주자의 생활의 근거가 된 건축물을 의미한다. 판례는 이주대책의 대상이 되는 주거용 건축물의 의미를 "토지보상법 시행령에 따른 '관계 법령에 따른 고시 등이 있은 날' 당시 건축물의 용도가 주거용건물이 아니었다면 그 이후에 주거용으로 용도 변경된 경우에는 건축허가를 받았는지 여부와 상관없이 수용재결 내지 협의계약 체결 당시 주거용으로 사용된 건물이라 할지라도 이주대책대상이 되는 주거용 건축물이 될 수 없다"라고 판시하고 있다.[849]

다만, 토지보상법 시행령 및 판례는 이주대책대상의 주거용 건축물을 관계법령에 따른 고시 등의 기준일 당시를 전제로 이미 현존하는 주거용 건축물을 말하는 것이므로, 해당 이주대책 기준일 이전에 이미 당해 건축물이 「건축법」상 주거용으로 용도변경이 가능한 건축물로서 실제 허가 또는 신고를 하고 용도변경을 한 경우에는 주거용 건축물에 해당된다고 볼 것이다.

나아가 건축법의 개정으로 용도변경 행위시점에는 불법은 아니었으나, 이주대책 기준일에는 불법인 경우에[850] 이를 2011. 12. 28. 토지보상법 시행령 제40조 제3항의 개정에

으나 2018.4.17. 일부개정으로 현재는 동법 시행령 제40조 제5항으로 변경되어 규정되어 있다. [대통령령 제28806호, 2018.4.17., 일부개정] [시행 2018.4.17.]

849) 대법원 2009.2.26. 선고 2007두13340 판결

850) 2005.11.8. 건축법개정 전에는 비도시지역에서 연면적 200㎡ 또는 3층 이하의 건축물은 건축법상 시장·군수 등의 허가 없이도 건축이 가능하였고(농지전용 등은 별도), 또한 용도변경도 건축법에 의한 시설군 가운데 동일한 시설군으로의 용도변경, 하위군으로의 용도변경, 바닥면적100㎡ 이내의 용도변경 등은 허가나 신고없이 용도변경이 가능하였다. 그러나 이후 여러 가지 문제로 인하여 이러한 행위에 대하여도 신고 등의 절차가 필요하도록 개정되었다.

따른 이주대책의 제외사유인 허가 또는 신고를 하고 건축 또는 용도변경을 하여야 하는 건축물을 허가나 신고를 하지 아니하고 건축 또는 용도변경을 한 건축물로 보아 이주대책에서 제외한다면 이는 소급하여 재산권을 침해하는 결과가 될 수 있으므로 용도변경의 행위시점을 기준으로 당해 용도변경이 허가나 신고를 요하지 않는지 여부를 기준으로 판단하여야 한다는 견해[851]가 있는바, 타당한 견해라 생각된다.

또한, 대법원은 "주거용 용도가 아닌 다른 용도로 이미 허가를 받았거나 신고를 한 건축물을 소유한 자라 하더라도, 이주대책기준일 당시를 기준으로 공부상 주거용 용도가 아닌 건축물을 허가를 받거나 신고를 하는 등 적법한 절차에 의하지 않고 임의로 주거용으로 용도를 변경하여 사용하는 자는 토지보상법 시행령 제40조 제3항 제1호의 '허가를 받거나 신고를 하고 건축하여야 하는 건축물을 허가를 받지 아니하거나 신고를 하지 아니하고 건축한 건축물의 소유자'에 포함되는 것으로 해석하고 있다.[852]

따라서 해당 건축물이 주거용인지에 대한 판단은 공익사업을 위한 관계 법령에 따른 고시 등이 있은 날을 기준으로 결정하여야 하며, 주거용 건축물인 여부는 건축법상 건축물인지 여부로 판단하여야 하므로 벽과 지붕이 없는 단순한 비닐하우스 등은 이주대책의 대상건축물로 보기 어려울 것이다.

판례

[판례] ▶ 허가나 신고를 하지 않고 주거용을 용도변경한 건축물의 소유자는 이주대책 대상자에 포함되지 않는다. [대법원 2013.10.24. 선고 2011두26893]

【판결요지】
구 공익사업법에 의한 이주대책 제도 및 주거이전비 보상 제도는 공익사업의 시행으로 생활근거를 상실하게 되는 이를 위하여 종전의 생활상태를 원상으로 회복시키면서 동시에 인간다운 생활을 보장하여 주기 위한 이른바 생활보상의 일환으로 국가의 적극적이고 정책적인 배려에 의하여 마련된 제도로서 건물 및 그 부속물에 대한 손실보상 외에는 별도의 보상이 이루어지지 아니하는 주거용 건축물의 철거에 따른 생활보

---

851) 신경직, 앞의 책, 566–567면.
852) 대법원 2011.6.10. 선고 2010두26216 판결

상적 측면이 있다는 점을 비롯하여 위 각 법규정의 문언, 내용 및 입법 취지 등을 종합하여 보면, 구 공익사업법 시행령 제40조 제3항 제2호에 따른 공익사업을 위한 관계 법령에 의한 고시 등이 있은날 당시를 기준으로 공부상 주거용 용도가 아닌 건축물을 허가를 받거나 신고를 하는 등 적법한 절차에 의하지 아니하고 임의로 주거용으로 용도를 변경하여 사용하는 이는 구 공익사업법 시행령 제40조 제3항 제1호와 구 공익사업법 시행규칙 제24조, 제54조 제1항 단서에서 정하는 '허가를 받거나 신고를 하고 건축하여야 하는 건축물을 허가를 받지 아니하거나 신고를 하지 아니하고 건축한 건축물의 소유자'에 포함되는 것으로 해석함이 타당하다(대법원 2011.6.10. 선고 2010두26216 판결 등 참조).

재결례

[**재결례**] ▶ 관리사를 적법한 허가 등 없이 임의로 증축 또는 개축하여 주거용으로 사용하고 있는 경우 이주대책대상자가 아니다. [**중토위 2017.7.13.**]

【**재결요지**】

OOO이 이주대책을 수립하여 달라는 주장에 대하여, 법 제78조제1항의 규정에 의하면 사업시행자는 공익사업의 시행으로 인하여 주거용 건축물을 제공함에 따라 생활의 근거를 상실하게 되는 자(이하 "이주대책대상자"라 한다)를 위하여 대통령령으로 정하는 바에 따라 이주대책을 수립·실시하거나 이주정착금을 지급하여야 한다고 규정되어 있고, 법 시행령 제40조제3항의 규정에 의하면 허가를 받거나 신고를 하고 건축 또는 용도변경을 하여야 하는 건축물을 허가를 받지 아니하거나 신고를 하지 아니하고 건축 또는 용도변경을 한 건축물의 소유자는 이주대책대상자에서 제외한다고 규정되어 있다.

관계 자료(사업시행자 의견서 등)를 검토한 결과, 이의신청인이 거주하는 건축물은 주거용 건축물인 주택 등이 아닌 관리사로서 해당 건축물을 적법한 허가 또는 신고 없이 임의로 증축 또는 개축하여 주거용으로 사용하고 있어 이주대책대상자가 아닌 것으로 확인되므로 이의신청인의 주장은 받아들일 수 없다.

[재결1] ▶ 목조부직포즙 형태의 건조물이 이주대책 대상인 '주거용 건축물'에 해당하는
지 여부 [2006.7.10. 중앙행정심판위원회 2006-2240]
[이주대책대상자부적격처분취소청구]

【재결요지】

이 건 건조물은 목조와 부직포 등으로 구성되어 있으나 토지에 정착하는 공작물으로
지붕과 벽이 있으므로 건축법상 건축물에 해당하며, 방 3개와 거실 등으로 구성되어
있으며, 청구인의 지장물건조사서에도 "가옥"이라고 기재되어 있고, 피청구인이 청구
인에게 주거이전비를 지급하였으며, 청구인과 청구인의 딸이 적어도 1992. 7. 25.부
터 거주하였으므로 이 건 건조물이 주거의 용도로 사용되었다고 인정되는 점 등을 종
합할 때, 이 건 건조물을 주거용 건축물로 볼 수 없다는 이유로 피청구인이 행한 이
건 처분은 위법·부당하다.

[재결2] ▶ 건축물대장의 용도란에 '점포'로 기재되어 있는 사실이 이주대책대상자에서
제외될 수 있는지 여부 [2011.10.18. 중앙행정심판위원회 2010-26659]
[이주자택지 공급대상자 제외처분취소청구]

【재결요지】

당포 이주대책을 수립함에 있어 "기준일 이전부터 보상계약체결일 또는 수용재결일까
지 계속하여 가옥을 소유하고 그 가옥에서 계속 거주한 자로서, 그 가옥에 대한 보상
을 받고 이주하는 자"라고 하였을 뿐이지, '건축물대장상 용도가 주거용으로 등재되어
있을 것'을 아주대책대상의 선정 기준으로 정하고 있지도 않으므로, 피청구인이 대법
원 판결의 취지를 오인하여 위 판결을 근거로 공부상 기재만을 근거로 한 이주대책대
상자 선정이 타당하다고 주장하는 것은 받아들일 수 없다. 따라서 청구인이 기준일(2
006.12.29)이전부터 계약체결일까지 이 사건 가옥을 실제 주거용으로 사용하여 왔는
지 여부에 대하여는 전혀 고려함이 없이, 단지 위 가옥의 건축물대장의 용도란에 '점
포'로 기재되어 있는 사실만을 두고 청구인을 이주대책대상자에서 제외한 피청구인의
이 사건 처분은 위법·부당하다 할 것이다.

※ 단) 위 재결은 2011.12.28. 개정된 토지보상법 시행령 제40조 제3항의 이주대책의 제외사유 규정이 개정되기 전에 의결된 것이다.

한편, 판례는 ① 건축허가와 전혀 다르게 건축되어 실질적으로는 건축허가를 받은 것으로 볼 수 없는 경우가 아니라면 사용승인을 받지 않은 주거용 건축물도 이주대책 대상이 된다고 보고 있고[853], ② 사업시행자는 이주대책대상자를 미거주자까지 확대할 수는 있으나 이 경우 미거주자에게 생활기본시설을 설치해 줄 의무는 부담하지 않으며[854], ③ 사업시행자가 이주대책대상자에서 제외시키는 거부조치를 한 경우에는 항고소송으로 다툴 수 있다[855]고 판시하고 있다.

판례

[판례] ▶ 사용승인을 받지 않은 주거용 건축물이라 하여 이주대책 대상에서 제외한 것을 위법하다. [대법원 2013.8.23 선고 2012두24900]

【판결요지】

공공사업의 시행에 따라 생활의 근거를 상실하게 되는 이주자들에 대하여는 가급적 이주대책의 혜택을 받을 수 있도록 하는 것이 공익사업을 위한 토지 등의 취득 및 보상에 관한 법률이 규정하고 있는 이주대책 제도의 취지에 부합하는 점, 구 공익사업을 위한 토지 등의 취득 및 보상에 관한 법률 시행령(2011.12.28. 대통령령 제23425호로 개정되기 전의 것, 이하 '구 공익사업법 시행령'이라 한다) 제40조 제3항 제1호는 무허가건축물 또는 무신고건축물의 경우를 이주대책대상에서 제외하고 있을 뿐 사용승인을 받지 않은 건축물에 대하여는 아무런 규정을 두고 있지 않은 점, 건축법은 무허가건축물 또는 무신고건축물과 사용승인을 받지 않은 건축물을 요건과 효과 등에서 구별하고 있고, 허가와 사용승인은 법적 성질이 다른 점 등의 사정을 고려하여 볼 때, 건축허가를 받아 건축되었으나 사용승인을 받지 못한 건축물의 소유자는 그 건축물이

---

853) 대법원 2013.8.23 선고 2012두24900
854) 대법원 2014.9.4. 선고 2012다109811
855) 대법원 2014.2.27. 선고 2013두10885

건축허가와 전혀 다르게 건축되어 실질적으로는 건축허가를 받은 것으로 볼 수 없는 경우가 아니라면 구 공익사업법 시행령 제40조 제3항 제1호에서 정한 무허가건축물의 소유자에 해당하지 않는다는 이유로 갑을 이주대책대상자에서 제외한 위 처분이 위법하다.

[판례2] ▶ 사업시행자는 이주대책대상자의 범위를 확대할 수 있으나, 확대된 이주대책대상자에게 생활기본시설을 설치하여 줄 의무는 없다.
 [대법원 2014.9.4. 선고 2012다109811]

【판결요지】
사업시행자가 위 법령에서 정한 이주대책대상자의 범위를 확대하는 기준을 수립하여 실시하는 것은 허용된다(대법원 2009.9.24. 선고 2009두9819 판결 참조).
다만 사업시행자가 공익사업법 제78조 제1항, 공익사업법 시행령 제40조 제3항이 정한 이주대책대상자의 범위를 넘어 미거주 소유자까지 이주대책대상자에 포함시킨다고 하더라도, 법령에서 정한 이주대책대상 자가 아닌 미거주 소유자에게 제공하는 이주대책은 법령에 의한 의무로서가 아니라 시혜적인 것으로 볼 것이므로, 사업시행자가 이러한 미거주 소유자에 대하여도 공익사업법 제78조 제4항에 따라 생활기본 시설을 설치하여 줄 의무를 부담한다고 볼 수는 없다.

[판례3] ▶ 사업시행자가 이주대책대상자에서 제외시키는 거부조치를 한 경우에는 항고소송으로 다툴 수 있다. [대법원 2014.2.27. 선고 2013두10885]

【판결요지】
공익사업을 위한 토지 등의 취득 및 보상에 관한 법률상의 공익사업시행자가 하는 이주대책대상자 확인 · 결정은 구체적인 이주대책상의 수분양권을 부여하는 요건이 되는 행정작용으로서의 처분이지 이를 단순히 절차상의 필요에 따른 사실행위에 불과한 것으로 평가할 수는 없다. 따라서 수분양권의 취득을 희망하는 이주자가 소정의 절차에 따라 이주대책대상자 선정신청을 한데 대하여 사업시행자가 이주대책대상자가 아니라고 하여 위 확인·결정 등의 처분을 하지 않고 이를 제외시키거나 거부조치한 경우에는, 이주자 로서는 사업시행자를 상대로 **항고소송**에 의하여 제외처분이나 거부처분의 취소를 구할 수 있다. 나아가 이주대책의 종류가 달라 각 그 보장하는 내용에 차등이 있는 경우 이주자의 희망에도 불구하고 사업시행자가 요건 미달 등을 이유로 그 중 더 이익이 되는 내용의 이주대책대상자로 선정하지 않았다면 이 또한 이주자의 권리의무에 직접적 변동을 초래하는 행위로서 항고소송의 대상이 된다.

또한, 이주대책대상의 주거용 건축물의 소유형태와 관련하여 하급심 판례는 "다가구용 단독주택을 공동 소유하는 경우에는 원고들 각자에게 국민주택 특별분양권을 부여할 수 없다"고 판시[856]하여 다가구용 단독주택 공동소유자 각자에게 이주대책 수립을 부정하였으나, 이후 상급심에서는 다가구 주택의 소유자로서 실질적으로 각자 독립된 주거를 갖고 있다면 각자 이주대책대상자에 포함된다고 판단하였다.[857] 대법원도 "등기의 형식만을 근거로 다가구주택과 다세대주택의 소유자들 사이에 국민주택 등의 특별공급과 관련하여 차이를 두는 것은 합리적인 차별로 보기 어려운 점 등에 비추어 보면, 실질에 있어 다세대주택과 같은 다가구주택 소유자들 각자에게 국민주택 특별분양권의 부여 신청을 거부한 처분은 재량권의 범위를 벗어난 것으로서 위법하다"고 판시하였다.[858]

판례

[판례] ▶ 다가구주택의 소유권자로서 실질적으로 각자 독립된 주거를 갖고 있는 자도 각자 공익사업법 소정의 이주대책대상자에 포함된다고 보아야 할 것이다. [서울고등법원 2006. 4. 28. 선고 2005누17685] (국민주택입주권부여신청거부처분취소)

【판결이유】
1. 이 사건 처분의 적법 여부
가. 원고들의 주장
이 사건 주택과 같이 등기부상 단독주택이라도 건물이 설계 및 건축 단계에서부터 2

---

856) 서울행정법원 2005. 7. 6. 선고 2005구합7525 판결
857) 서울고등법원 2006. 4. 28. 선고 2005누17685 판결
858) 대법원 2007. 11. 29. 선고 2006두8495 판결

세대 이상이 살 수 있도록 물리적으로 구획되어 있고 각 세대 단위마다 독립하여 방실과 생활시설이 설치되어 있어 각각 독립된 주거생활을 영위할 수 있다면 그 실질에 있어 다세대주택과 다름없다. 따라서 공익사업의 시행을 위하여 위와 같은 주택이 제공되는 경우, 이주대책의 일환으로 제공되는 국민주택 특별분양권은 관계법령의 규정상 원고들 각자에게 부여되어야 한다.

나. 인정사실

(1) 소외 1, 2는 1989.11.4. 이 사건 주택을 신축하였다. 이 사건 주택은 신축될 당시 지층 2세대, 지상 1층 2세대, 지상 2층 2세대 등 모두 6세대가 각 독립적으로 주거를 영위할 수 있도록 설계 및 건축되었다. 소외 1, 2는 이 사건 부동산을 각 세대별로 소외 3, 원고 3 등에게 매도하였는데, 등기는 지분에 대한 소유권이전등기의 형식으로 경료해 주었다. 그리고 각종 제세공과금도 각 세대별로 부과되었다.

(2) 원고 3은 1990.1.24. 이 사건 주택 중 지상 1층 102호를, 원고 1은 1994.11.1. 지상 2층 201호를, 원고 2는 1996.7.6. 지층 202호를, 원고 4는 1999.9.11. 지상 2층 202호를 각 매입 또는 증여받아 지분등기를 경료하고 이 사건 도시계획사업실시계획인가 당시까지 독립적으로 거주하여 왔다.

다. 판단

(1) 이주대책제도

공익사업법 제78조 제1항은, "사업시행자는 공익사업의 시행으로 인하여 주거용 건축물을 제공함에 따라 생활의 근거를 상실하게 되는 자(이하 '이주대책대상자'라 한다)를 위하여 대통령령이 정하는 바에 따라 이주대책을 수립·실시하거나 이주정착금을 지급하여야 한다"고 규정하고 있다. 이를 받아 동법 시행령 제40조 제2항은, "이주대책은 건설교통부령이 정하는 부득이한 사유가 있는 경우를 제외하고는 이주대책대상자 중 이주정착지에 이주를 희망하는 자가 10호 이상인 경우에 수립·실시한다. 다만, 사업시행자가 택지개발촉진법 또는 주택법 등 관계법령에 의하여 이주대책대상자에게 택지 또는 주택을 공급한 경우에는 이주대책을 수립·실시한 것으로 본다"고 정하고 있다.

이러한 이주대책은 공익사업의 시행에 필요한 토지 등을 제공함으로 인하여 생활의 근거를 상실하게 되는 이주자들을 위하여 사업시행자가 '기본적인 생활시설이 포함된'

택지를 조성하거나 그 지상에 주택을 건설하여 이주자들에게 이를 '그 투입비용 원가만의 부담하에' 개별 공급하는 것으로서, 그 본래의 취지에 있어 이주자들에 대하여 종전의 생활상태를 원상으로 회복시키면서 동시에 인간다운 생활을 보장하여 주기 위한 이른바 생활보상의 일환으로 국가의 적극적이고 정책적인 배려에 의하여 마련된 제도이다(대법원 2003.7.25. 선고 2001다57778 판결 참조). 즉 이는 정당한 보상에 포함되는 것이라기보다는 정당한 보상에 부가하여, 이주자들에게 종전의 생활상태를 회복시키기 위한 생활보상의 일환으로서 그 실시 여부는 입법자의 입법정책적 재량의 영역에 속한다(헌재 2006.2.23. 2004헌마19, 공보113, 362). 이는 그 실시방법에 있어서도 마찬가지이다.

(2) 이주대책대상자

구 공공용지의취득및손실보상에관한특례법(2002.2.4. 법률 제6656호 공익사업을위한 토지등의취득및보상에 관한 법률로 전문개정 되기 전의 것) 제8조 제1항은, 사업시행자는 공공사업의 시행에 필요한 토지등을 제출함으로 인하여 생활근거를 상실하게 되는 자를 위하여 이주대책을 수립·실시한다고만 규정하고 있어 구체적인 이주대책대상자의 선정, 이주대책의 내용 등에 관하여 사업시행자의 재량이 인정되었다(대법원 1995.10.12. 선고 94누11279 판결, 대법원 1995.10.12. 선고 94누11279 판결 각 참조). 그러나 현행 공익사업법 제78조 제1항은 사업시행자로 하여금 이주대책대상자를 위하여 이주대책을 수립·실시하거나 이주정착금을 지급하여야 한다고 규정하고, 같은 조 제2항 내지 제7항에 구체적인 내용을 대폭 정비하여 이주대책의 수립·실시에 관한 사업시행자의 재량은 크게 축소되었다.

세부적으로 살펴보면, 이주대책대상자는 공익사업의 시행으로 인하여 주거용 건축물을 제공함에 따라 생활의 근거를 상실하게 되는 자이다. 공익사업법은 이주대책대상자를 구체적으로 열거하지 않고 있으며, 다만 공익사업법 시행령은 무허가 주택 소유자, 미거주 주택 소유자, 세입자를 이주대책대상자에서 제외하고 있다(제40조 제3항). 따라서 위의 제외사유에 해당하지 않는 경우로서 주거용 건축물을 제공하는 자는 원칙적으로 이주대책대상자로 보아야 한다.

한편, 공익사업법은 이주대책대상자를 결정함에 있어서 주거용 건축물의 소유형식에 대하여 별도의 규정을 두고 있지 않다. 1가구 단독주택의 경우 그 소유자가, 공동주택의 경우 그 전유부분의 구분소유자 각자가 이주대책대상자에 해당함은 분명하다. 그런데 건축물의 물리적 구조가 독립되어 각자 주거생활을 영위할 수 있도록 되어 있는 다가구 1주택의 경우, 즉 다가구주택에서 각자 독립된 주거생활을 영위하고 있으며 동시에 그 소유권은 지분등기의 형식으로 경료 되어 있는 때에 당해 지분소유자(공유자)들을 각자 이주대책대상자에 포함시킬 수 있는지 문제된다.

우선 이주대책대상자를 결정함에 있어서 주택법, 건축법 소정의 단독주택, 공동주택의 개념을 도입하여 그 해당 여부에 따라 대상자 수를 획일적으로 결정하는 것은 공익사업의 신속, 효율적 진행에 도움이 된다. 그러나 주택법은 쾌적한 주거생활, 국민의 주거안정, 주거수준의 향상을 목적으로 하고, 건축법은 건축물의 구조 및 설비의 기준, 용도 등을 정하여 건축물의 기능·환경 및 미관을 향상시킴으로써 공공복리의 증진에 이바지함을 목적으로 한다. 이에 대하여 공익사업법은 토지등을 협의취득하거나 수용함에 따른 손실보상을 규정함으로써 공익사업의 효율적 수행을 통한 공공복리의 증진과 재산권의 적정한 보호를 목적으로 한다. 즉, 양 법률은 입법취지가 서로 다르다. 주택법과 건축법은 건물의 구조, 기능과 미관 등 형식적인 요소를 중시하고 있는 반면에 공익사업법은 재산권 및 인간다운 생활을 할 권리(헌법 제34조 제1항) 등 실질적인 요소를 중시하고 있다. 특히 공익사업법상의 이주대책은 생활보장이라는 측면을 중시하여 생활의 근거를 상실하는 자에 대하여 적어도 종전 주거환경에 상응하는 주거생활을 누릴 수 있도록 하는 데 중점이 있다. 재산권의 박탈에 수반되는 정당한 보상 이외에 이에 부가하여 인간다운 생활을 할 권리로서 정책적으로 제공되는 것이다. 따라서 이주대책대상자의 범위를 정함에 있어서 주택법, 건축법 소정의 주택의 구분을 참고할 수 있겠지만, 특별한 준용규정이 없는 한 여기에 기속될 것은 아니다.

이 사건의 경우, ① 공익사업법에 의한 주거용 건축물의 수용은 당해 소유자의 동의 여부에 관계없이 이루어지고, ② 이주대책제도의 취지는 국민의 생활보장이라는 측면을 중시하여 자신의 의사에 반하여 생활의 근거를 상실하는 자에 대하여 적어도 종전 주거환경에 상응하는 주거생활을 누릴 수 있도록 하려는 데 있고, ③ 다가구주택 중에서도 물리적 구조가 구분되어 각자 독립된 주거생활을 영위할 수 있는 주택은 그 실질에 있어서는 공동주택과 큰 차이가 없고, ④ 또한 공익사업법은 이주대책대상자들의 주거용 건축물의 소유형식에 대하여 특별한 제한을 두고 있지 않으며, ⑤ 다가구주택의 소유자들도 영구적으로 생활의 근거를 상실하게 된다는 점을 고려하면, **다가구주택의 소유권자로서 실질적으로 각자 독립된 주거를 갖고 있는 자도 각자 공익사업법 소정의 이주대책대상자에 포함된다고 보아야 할 것이다.**

(3) 국민주택 특별분양권

이주대책대상자라고 하더라도 그에게 반드시 국민주택 특별분양권(이하 "특별분양권"이라 한다)을 부여하여야 하는 것은 아니다. 즉 이주대책단계에서 이주대책대상자가 직접 특별분양권을 요구할 권리는 없다. 다른 이주대책을 수립, 실시하거나 이주정착금을 지급할 수도 있다(공익사업법 제78조 제1항). 그러나 일단 이주대책이 수립되었다면, 이주대책대상자는 그 내용에 따라 택지, 아파트 등을 특별공급 받을 수 있다(대법원 1991.12.27. 선고 91다17108 판결 참조).

이 사건에서 피고는 원고들을 제외한 건축물 제공자들에게 특별분양권을 부여하는 외에 별도의 이주대책을 마련한 바 없고, 원고들에게 다른 이주대책을 마련할 의사도 없어 보인다. 또한 피고의 주장도 원고들에게 이 사건 주택의 공동소유자로서 그 대표자 1인 또는 공동명의 특별분양권을 부여할 수는 있으나 각자에게 부여할 수는 없다는 취지이다. 따라서 이 사건 도시계획사업과 관련된 이주대책은 특별분양권 부여뿐이라고 보아도 될 것이다.

그런데 앞서 본 바와 같이 원고들은 각자 이주대책대상자에 해당한다. 따라서 피고는 이주대책으로 제공되는 특별분양권을 원고들 각자에게 부여하여야 할 것이다.

(4) 주택공급에관한규칙

주택공급에관한규칙(이하 '공급규칙'이라 한다) 제19조 제1항 제3호의 규정에 근거하여 서울특별시가 조례로 규정한 서울특별시공급규칙(이하 '공급지침'이라 한다) 제5조 제4항은 "사업 또는 재해로 인하여 철거되는 하나의 건물을 수인이 공동소유한 경우에는 공동소유자가 지정한 대표자 1인 또는 공동명의로 국민주택등을 특별공급할 수 있다"라고 규정하고 있다. 한편 공급지침 제5조 제2항 제2호에 '도시계획사업등의 시행을 위한 공람공고일 이후에 …(중략)… 다가구주택을 다세대주택으로 변경한 이후 신규로 건축물의 소유권을 취득한 자'는 공급대상자에서 제외하도록 규정되어 있다. 여기서 피고는, 위 각 규정의 취지는 다가구주택은 단독주택이므로 다가구주택을 공유하고 있는 경우 그 대표자 1인 또는 공유자 공동명의로 국민주택을 특별공급하라는 것이고,

그렇지 않을 경우 다른 다가구주택 소유자들과 형평에 맞지 않는다고 주장한다.

살피건대, ① 위 공급지침은 국민주택 특별공급에 관한 서울특별시(자치구 포함)의 내부적인 기준과 절차를 규정한 행정지침으로 서울특별시 내부에 있어서의 사무처리준칙에 불과하여 특별공급대상자 선정에 관한 규정이 대외적으로 국민이나 법원을 기속하는 것은 아니다. ② 그리고 위 공급지침의 해석에 의하더라도 다가구주택의 공동소유자들 각자에 대한 국민주택 특별공급이 인정된다고 볼 수 있다. 공급규칙 제19조 제1항 제3호는 '도시계획사업으로 철거되는 주택'의 소유자에 대하여 국민주택의 특별공급을 규정하고 있을 뿐이다. 공급지침도 하나의 건물을 수인이 공동소유한 경우에는 하나의 국민주택을 공급한다는 것일 뿐이다. 여기서 '하나의 건물'은 여러 사람이 독립하여 주거할 수 없는 형태의 단독주택을 의미한다고 보아야 한다. 이 사건과 같이 독립된 주거가 가능한 다가구주택도 위 '하나의 건물'에 포함된다면, 이는 건물이 철거된 당해 소유자들의 주거안정을 위하여 제정된 공급규칙 제19조 제1항 제3호의 취지와 달리 실질적으로 공동주택과 동일한 것을 다르게 취급하는 것이 되어 평등원칙에 반하기 때문이다. ③ 이러한 해석을 바탕으로 한다면, 공급지침 제5조 제2항 제2호에서 말하는 '공람공고일 이후에 …(중략)… 다가구주택을 다세대주택으로 변경한 이후 신규로 건축물의 소유권을 취득한 자'라 함은 '단독소유'인 다가구주택을 다세대주택으로 변경한 후 신규로 건축물의 '구분'소유권을 취득한 자를 말한다고 봄이 상당하다. 따라서 피고의 위 주장은 이유 없다.

(5) 소결론

이 사건 주택은 하나의 건물로서 등기가 마쳐져 있으나 실제 현황에 있어서는 6개의 독립된 주택으로 구분되어 있고, 구조상으로나 이용상으로나 독립성을 갖추고 있다. 또한 원고들은 각 소유 부분에 관하여 지분등기의 형태로 그 소유권을 공시하고 있으며, 실질적인 처분권도 갖고 있다. 이러한 경우 원고들은 각자 이주대책대상자에 해당하고, 피고가 이주대책으로 마련한 특별공급권을 부여받을 수 있다 할 것이다.

[판례] ▶ 실질에 있어 다세대주택과 같은 다가구주택 소유자들 각자에게 국민주택 특별분양권의 부여 신청을 거부한 처분은 재량권의 범위를 벗어난 것으로서 위법하다. [대법원 2007.11.29. 선고 2006두8495] (국민주택입주권부여신청거부처분취소)

【판시사항】

[1] 도시계획사업으로 인하여 철거되는 주택의 소유자에게 국민주택 등을 특별공급함에 있어 실질에 있어 다세대주택과 유사한 다가구주택 소유자들에게 국민주택 특별분양권을 부여하지 않은 처분은 재량권의 범위를 벗어난 것으로서 위법하다고 한 사례

[2] '서울특별시 철거민 등에 대한 국민주택 특별공급규칙'의 법적 성격(=사무처리준칙)

【판결요지】

[1] '주택공급에 관한 규칙' 제19조 제1항 제3호 (다)목이 '도시계획사업으로 인하여 철거되는 주택의 소유자'에게 국민주택 등을 특별공급할 수 있다는 취지로 규정하면서 다가구주택을 일반적인 단독주택과 동일하게 취급하도록 규정하고 있지는 않은 점, 당해 다가구주택은 설계 및 건축 단계에서부터 6세대가 독립적으로 생활할 수 있도록 물리적으로 구획되어 있고 매매도 각 세대별로 이루어졌으며 제세공과금도 각 세대별로 부과되었다는 것이므로, 그 실질은 다세대주택과 유사한 공동주택으로 볼 여지가 많은 점, 공익사업을 위한 토지 등의 취득 및 보상에 관한 법률에서 정한 이주대책은 이주자들에 대하여 종전의 생활상태를 원상으로 회복시키면서 동시에 인간다운 생활을 보장하여 주기 위한 이른바 생활보상의 일환으로 국가의 적극적이고 정책적인 배려에 의하여 마련된 제도이므로, 등기의 형식만을 근거로 다가구주택과 다세대주택의 소유자들 사이에 국민주택 등의 특별공급과 관련하여 차이를 두는 것은 합리적인 차별로 보기 어려운 점 등에 비추어 보면, 실질에 있어 다세대주택과 같은 다가구주택 소유자들 각자에게 국민주택 특별분양권의 부여 신청을 거부한 처분은 재량권의 범위를 벗어난 것으로서 위법하다고 본 사례.

[2] '서울특별시 철거민 등에 대한 국민주택 특별공급규칙'은 '주택공급에 관한 규칙'

> 제19조 제1항 제3호 (다)목에서 규정하고 있는 '도시계획사업으로 철거되는 주택의 소유자'에 해당하는지 여부를 판단하기 위한 서울특별시 내부의 사무처리준칙에 해당하는 것으로서 위 규정의 해석·적용과 관련하여 대외적으로 국민이나 법원을 기속하는 효력이 있는 것으로 볼 수 없다.

② 1989. 1. 24. 이전 무허가·무신고 건축물

허가를 받거나 신고를 하고 건축 등을 하여야 하는 건축물을 허가를 받지 아니하거나 신고 없이 건축 등을 한 건축물의 소유자는 이주대책에서 원칙적으로 제외된다. 다만, 무허가·무신고 건축물이더라도 1989. 1. 24. 이전에 건축되었다면 토지보상법 시행령 부칙(2002.12.30. 대통령령 제17854호) 제6호에 따라 이주대책의 대상에 포함되며, 이 경우 1989. 1. 24. 이전부터 동일한 소유자일 것을 요하지 않는다.859) 이러한 예외규정은 1989. 1. 24. 시행된 구 공특법 시행령이 제5조 5항을 신설하여 무허가·무신고 건물의 소유자를 이주대책대상자에서 제외하되, 그 부칙 제3항을 통해 위 개정시행령 시행일 당시 현재 무허가·무신고 건물의 소유자는 이주대책대상자에 포함시키도록 하는 경과조치 규정에서 유래되어 그 근거가 되었다. 다만, 소송실무에서는 1989. 1. 24. 이전에 지은 무허가·무신고 건축물의 경우에도 그 후 증·개축을 하여 수용당시 건물과 최초 건물의 동일성을 놓고 다투는 사례860)가 적지 않다.861)

한편, 1989. 1. 24. 이전에 건축되었으나 이후 화재 등으로 전소되자 허가 또는 신고 없이 해당 부지 지상에 재축을 하는 경우에는 1989. 1. 24. 이후 허가 또는 신고를 하지 아니한 건축물이며 전소된 멸실건물과 재축된 건물간의 동일성이 없으므로 이주대책대상자가 될 수 없으나, 전소가 아닌 일부파손(약 50%)에 따라 일부 구조에 대해서만 교체 및 수리하고 당해 건축물에 단절 없이 종전의 건물을 생활의 근거지로 삼아 계속 거주한 경우에는 이주대책의 취지에 따라 이주대책대상자가 된다고 보아야 한다. 판례도 이와

---

859) 대법원 2015.7.23. 선고 2014다14672 판결 : 무허가 건축물의 소유권 또는 실질적 처분권의 취득시점까지도 1989.1.24. 이전이어야만 이주대책대상자의 범위에 포함될 수 있다는 의미는 아니다.
860) 서울고법 2008.3.14. 선고 2007누22155 판결 : 1989.1.24. 이전부터 존재하던 무허가·무신고 건축물을 위 일자가 지난 후 철거하고 계속 거주할 의사로 같은 자리에 건물을 신축하였더라도 신축건물을 멸실 건물과 동일한 건축물로 볼 수는 없다.
861) 서울행정법원, 앞의 책, 517면

같은 해석하고 있다.862)

[판례] ▶ 종전 건물이 위 화재를 전후하여 단절 없이 원고의 생활의 근거가 되었음을 간과하고, 종전 건물과 화재 후 건물의 물리적 구조만을 살펴 양 건물의 동일성이 없다는 이유로 이주대책대상자에서 제외한 것은 위법하다.
[대법원 2009.9.24. 선고 2009두9819] (이주대책거부처분취소)

【판시사항】
[1] 사업시행자가 구 도시개발법 제23조 등에 정한 이주대책대상자의 범위를 확대하는 기준을 수립·실시할 수 있는지 여부(적극) 및 그 경우 고려해야 할 사항
[2] 도시개발사업구역 내 무허가주택의 소유자가 이주대책기준일 전부터 그 주택에 거주하다가 화재로 건물의 지붕 등이 소실된 후 지붕과 외벽을 교체하고 건물 내부의 일부 구조를 변경하여 거주지를 옮기지 않고 계속 거주한 경우 이주대책기준에 정한 '미등재 무허가주택 소유자'로 보아야 함에도, 종전 건물과 화재 후 건물의 물리적 구조만을 살펴 두 건물의 동일성이 없다는 이유로 '미등재 무허가건물로서의 지위'를 인정할 수 없다고 판단한 원심판결을 파기한 사례

【이 유】
상고이유를 판단한다.
구 도시개발법(2007.4.11. 법률 제8376호로 개정되기 전의 것) 제23조, 공익사업을 위한 토지 등의 취득 및 보상에 관한 법률(이하 '공익사업법'이라 한다) 제78조 제1항에서 사업시행자는 도시개발사업의 시행으로 인하여 주거용 건축물을 제공함에 따라 생활의 근거를 상실하게 되는 자(이하 '이주대책대상자'라 한다)를 위하여 공익사업법 시행령이 정하는 바에 따라 이주대책을 수립·실시하거나 이주정착금을 지급하여야 한다고 규정하는 한편 공익사업법 시행령 제40조 제3항에서 무허가건축물의 소유자 등은 원칙적으로 이주대책대상자에서 제외하도록 규정하고 있는바, 사업시행자가 위 법령에서 정한 이주대책대상자의 범위를 확대하는 기준을 수립하여 실시하는 것은 허

862) 대법원 2009.9.24. 선고 2009두9819 판결

용되고, 그러한 기준을 수립·실시함에 있어서 이주대책 등은 이주자들에 대하여 종전의 생활상태를 원상으로 회복시키면서 동시에 인간다운 생활을 보장하여 주기 위한 제도라는 점을 염두에 두고 형평에 어긋나지 않도록 하여야 할 것이다.

원심판결 이유와 기록에 의하면, 피고는 2002.11.25. 이 사건 도시개발사업(은평뉴타운 개발사업)의 이주대책기준일을 2002.11.20.로 공고한 사실, 피고는 2004.10.19. 은평뉴타운 이주대책기준을 공고하였는데 그 기준에 의하면 '미등재 무허가주택 소유자'의 경우 "1989.1.24. 이전 건축되고 무허가건축물대장에 미등재된 주거용 무허가건축물 소유자로 기준일 이전부터 협의계약체결일(협의자) 또는 수용재결일(미협의자)까지 당해 주택에 계속 거주한 자로서 전 세대원이 기준일 이전부터 보상계획공고일까지 사업구역 내 주택 외에 무주택자인 경우 사업구역 내 전용면적 40㎡ 이하의 공공임대아파트를 공급한다. 단, 보상에 협의하고 자진이주한 자에게는 사업구역 내 전용면적 60㎡ 이하의 공공임대아파트를 공급한다"고 정한 사실, 이 사건 은평뉴타운 개발사업구역 내에 1989.1.24. 이전에 건립되어 무허가건축물대장에 등재(건물번호 3735)된 벽돌조 기와지붕 약 20평 규모의 주택(이하 '종전 주택'이라 한다)이 있었는데, 원고는 1995.10.27.경 종전 주택으로 전입신고를 마치고 거주한 사실, 2000.3.24.경 종전 주택에 화재가 발생하여 지붕 가운데 부분 약 60% 정도, 전체적으로는 약 50% 정도가 소실되었으나 건물이 붕괴되지는 않아 외형이 남아 있었던 사실, 원고는 종전 건물의 지붕과 외벽을 교체하고 건물 내부의 일부 구조를 변경하여 계속 거주하였는데, 위 화재를 전후하여 다른 곳으로 거주지를 옮기지 않은 사실, 원고는 진관내동장에게 종전 주택에 대한 무허가건축물대장상의 명의변경을 신청하였고, 이에 진관내동장은 2000.3.31. 종전 주택에 관하여 무허가건축물대장상 그 소유명의자를 원고로 변경한 사실, 원고는 2000.5.경 위와 같이 화재가 발생한 종전 주택을 이 사건 주택으로 바꾸는 공사를 마친 후, 2000.5.15.경 진관내동장으로부터 무허가건물확인원을 발급받은 사실을 알 수 있는바, 앞서 본 법리에 위와 같은 사실을 비추어 보면, 원고는 1989.1.24. 이전 건축된 종전 건물 소유자로서 위 화재를 전후하여 단절 없이 종전 건물을 생활의 근거지로 삼아 거주하였다고 할 것이고, 달리 원고에게 부동산투기나 이주대책대상자의 지위를 참칭하려는 의도가 있었다고 보이지 않는 점을 더하여 보면, 원고는 위 이주대책기준에서 규정한 '미등재 무허가주택 소유자' 요건 중 "198

9.1.24. 이전 건축되고 무허가건축물대장에 미등재된 주거용 무허가건축물 소유자로 기준일 이전부터 협의계약체결일(협의자) 또는 수용재결일(미협의자)까지 당해 주택에 계속 거주한 자"로서의 요건을 갖추었다고 봄이 상당하다.

그런데도 원심은, 종전 건물이 위 화재를 전후하여 단절 없이 원고의 생활의 근거가 되었음을 간과하고, 종전 건물과 화재 후 건물의 물리적 구조만을 살펴 양 건물의 동일성이 없다는 이유로 '미등재 무허가건물로서의 지위'를 인정할 수 없다고 판단하고 말았으니, 원심판결에는 이주대책대상자에 관한 법리를 오해하여 위 이주대책기준에 관한 해석을 그르침으로써 판결 결과에 영향을 미친 위법이 있다고 할 것이다.

③ 주거용 건축물의 소유자일 것(=소유요건)

이주대책은 주거용 건축물의 소유자를 대상으로 하므로 타인이 소유하고 있는 건축물에 거주하는 세입자(다만, 해당 공익사업지구에 주거용 건축물을 소유한 자로서 타인이 소유하고 있는 건축물에 거주하는 세입자는 제외)는 이주대책대상자에서 제외된다. 종래에는 타인이 소유하고 있는 건축물에 거주하는 세입자는 이주대책대상자에서 제외되었으나, 2016.1.6. 토지보상법 시행령 일부개정으로 공익사업지구에서 주거용 건축물을 소유한 자로서 같은 공익사업지구 내 타인의 건축물에 거주하는 세입자는 생활의 근거지를 상실한 것으로 보아 이주대책대상자에 포함하도록 명문화하였다(시행령 제40조 제5항 제3호).

건축물의 소유자인지 여부는 등기사항전부증명서(구 건물등기부등본), 과세대장등본과 같은 공부상 기재를 기준으로 판단하여야 할 것이나, 무허가·미등기건물의 경우는 궁극적으로 실질적인 처분권을 갖고 있는지에 따라 결정하여야 한다.

한편, 세입자는 주택소유자보다 경제적 약자이고 주거생활이 보호되어야 할 대상이기 때문에 공익사업의 시행에 있어 이주대책의 필요성이 더욱 요구된다는 일부의견도 있으나,[863] 헌법재판소는 세입자에게 주거이전비와 이사비가 보상금으로 지급된다는 점을 들어 세입자를 이주대책 대상자에서 제외했다고 하여 세입자의 재산권이나 평등권을 침

---

863) 박필, 부동산연구 제20집, 공익사업에 따른 생활보상제도의 문제점 및 개선방안, 2010.6, 61면

해한 것은 아니라고 결정한바 있다.

④ 기준일 현재부터 계속하여 거주한 자일 것(=거주요건)

이주대책의 대상자가 되려면 공익사업의 시행으로 인하여 주거용 건축물을 제공함에 따라 생활의 근거를 상실하여야 하고 해당 건축물에 공익사업을 위한 관계 법령에 따른 고시 등이 있은 날[864]부터 계약체결일 또는 수용재결일까지 일정기간 동안 당해사업지구 내 소유가옥에서 계속하여 거주하여야 한다. 거주사실에 대해 주민등록표의 등재내용이 기준이 되나, 더 중요한 기준은 실제 거주여부로 토지보상법 시행령은 거주요건의 예외로 질병으로 인한 요양, 징집으로 인한 입영, 공무, 취학, 해당 공익사업지구 내 타인이 소유하고 있는 건축물에의 거주, 그 밖에 이에 준하는 부득이한 사유로 인하여 거주하고

---

864) 과거에는 사업지구지정 고시일 이전부터 보상계획 공고일까지로 규정하고 있었으나 현재는 이주대책의 내용에 따라 각기 다른 기준일을 적용하고 있다.

있지 아니한 경우에는 이주대책대상자에 포함하도록 규정하고 있다.[865]

전입신고가 되어 있으면 일응 거주한 것으로 추정할 수 있으나, 사업시행자가 이주대책의 실제 거주 사실을 부인하여 다투면서 실제 거주를 의심할 만한 간접사실을 입증하는 경우에는 추정력이 깨어진다고 보아야 한다. 이 경우 거주사실의 입증자료로는 주민등록표 이외의 전기요금, 전화요금, TV시청료 등의 수용가 정보, 우편물송달자료, 자녀의 학생부, 거주지 인근의 금융기관·병원·약국 등의 이용에 관한 자료 등을 주로 제출하고, 사업시행자의 지장물조사내용(건물구조, 거주실태 등)도 거주사실을 판단하는데 주요한 참고자료가 된다.[866]

한편, 과거 대한주택공사 또는 한국토지공사의 이주대책에 관한 내부규정이나 실제 수립되는 구체적인 이주대책기준에는 배우자나 직계 존·비속의 거주를 본인의 거주로 간주하거나, 거주요건의 종기를 계약체결일이나 수용재결일에서 보상계획 공고일로 앞당기거나, 기준일 이전에 건축허가를 받아 기준일 이후에 건축물을 완공하여 거주하였다면 이주대책대상자로 인정하는 등 여러 가지 특례를 인정하여 대상자를 넓혀주고 있다.[867] 즉, 보상실무상 사업시행자는 '이주대책자 선정특례'로 이주대책대상자 선정의 문제를 탄력적으로 운영하고 있다.

〈이주대책대상자 선정특례〉[868]

① 다음의 사유로 거주하지 아니한 경우에는 계속 거주한 것으로 보며, 그 사유는 원칙적으로 본인을 기준으로 하여 판단한다.

○ 질병으로 인한 요양으로 거주하지 아니한 경우

☞ 당해 의료기관의 장이 발행하는 요양증명서로 확인

○ 징집으로 인한 입영으로 거주하지 아니한 경우

---

865) 실무상 실제 거주하였음에도 불구하고 자녀의 유학 등의 사유로 주민등록을 전출하여 대상자에서 제외되는 경우 행정쟁송으로써 구제받는다.

866) 서울행정법원, 앞의 책, 518면

867) 전광식, "공익사업에 따른 영업보상과 이주 및 생활대책", 2009년 대한변호사협회 전문분야 특별연수 100-101면 : 세입자는 이주대책대상자에서 제외된다. 다만 주택공급에 관한규칙 제19조 제1항은 일정요건을 갖춘 철거주택의 세입자에게 임대주택을 공급할 수 있음을 규정하고 있는바, 실제로 근래 시행되고 있는 택지개발사업 등에 있어서는 예외 없이 일정요건을 갖춘 세입자에게 임대아파트 등을 공급하는 세입자대책을 이주대책 중에 포함시키고 있다.

☞ 군부대의 장이 발행하는 군복무확인서 또는 병무청장이 발행하는 병적증명서

○ 공무로 인하여 거주하지 아니한 경우

☞ 당해 근무기관의 장이 발행하는 재직증명서와 공무임을 입증할 수 있는 자료

○ 취학으로 인하여 거주하지 아니한 경우

☞ 당해 학교의 장이 발행하는 재학증명서

○ 그 밖에 이에 준하는 기타 증명서류

② 종전의 소유자가 이주대책대상자가 될 수 있었던 경우에 기준일 이후에 상속, 또는 판결(기준일 전에 소송이 제기된 경우에 한함)을 원인으로 이주대책 신청기간 종료일까지 가옥을 취득하고 당해사업지구에 거주한 경우에는 이주대책대상자로 하고, 종전의 소유자는 이주대책대상자로 보지 아니한다. 이 경우 2인 이상이 공동으로 소유권을 취득한 경우에는 당해 공동소유자 중 1인만을 이주대책대상자로 한다.

③ 기준일 이전부터 소유가옥에 대한 <u>보상계획공고일</u>까지 계속 거주하였으나, 보상계약체결일 또는 수용재결일 전에 퇴거하고 그 가옥에 신규전입자가 없는 경우에는 계속하여 거주한 것으로 볼 수 있다.

④ 이주대책대상자가 될 수 있었던 자가 보상금을 수령한 후 <u>이주대책대상자로 확정되기 전에 사망한 경우</u>, 보상금 수령일 이전부터 그 배우자 또는 직계 존·비속이 이주대책대상자가 될 수 있었던 자와 함께 거주한 경우에는 그 배우자 또는 직계 존·비속 중 1인을 이주대책대상자로 선정할 수 있다. 다만, 이주대책 수립 대상자가 될 수 있었던 자가 보상금을 수령하고 자진 이주를 완료한 후 1년이 경과한 때까지 이주대책 수립대상자 확정 통지를 받지 못한 채 사망한 경우에는 동거여부와 관계없이 배우자 또는 직계 존·비속 중 1인을 이주대책대상자로 선정할 수 있다.

(3) 이주대책기준일(=기준일 요건)

이주대책대상자는 해당 건축물에 공익사업을 위한 **관계 법령에 따른 고시 등**이 있는 날부터 계약체결일 또는 수용재결일까지 계속하여 거주하고 있는 자이어야 한다. 여기서 **'관계 법령에 따른 고시 등이 있은 날'**은 이주대책대상자 여부를 정하는 기준이 되는 날(이주대책 기준일)[869]로 이에는 택지개발예정지구지정 공람공고일, 택지개발예정지구

---

868) 한국토지주택공사, 앞의 책, 2016, 508–509면
869) 대법원 2009.3.12. 선고 2008두12610 판결. : 대법원 2009.6.11. 선고 2009두3323 판결

지정고시일, 사업인정고시일, 사업계획승인고시일, 보상계획공고일 등이 존재하는데 사업시행자는 관계법령에 따른 공익사업의 종류에 따라 그 기준일을 달리 정하고 있는 게 현실이다.[870)]

이러한 이주대책 기준일과 관련하여 헌법재판소는 "토지보상법 시행령에 규정된 '관계법령에 의한 고시 등이 있은 날'은 이주대책 기준일에 관한 규정이며, '고시가 있은 날'이 아니라 '고시 등이 있은 날'로 규정한 점에서 <u>지구지정 고시일과 공람·공고일이 모두 포함될 수 있는, 이주대책 기준일에 관한 포괄적 규정</u>으로 볼 수 있다"라고 판시[871)]하고 있고, 대법원도 "토지보상법 시행령에 규정된 '공익사업을 위한 관계 법령에 의한 고시 등이 있은 날'에는 토지수용 절차에 공익사업법을 준용하도록 한 관계 법률에서 사업인정의 고시 외에 주민 등에 대한 공람·공고를 예정하고 있는 경우에는 <u>사업인정의 고시일 뿐만 아니라 공람·공고일도 포함될 수 있다</u>"라고 판시[872)]하여 택지개발예정지구지정 공람공고일이 이주대책기준일이 될 수 있음을 시사하고 있다. 대규모택지개발지구에서는 통상적으로 예정지구지정 공람공고일을 이주대책기준일로 하고 있다.

이와 관련하여 택지개발사업에 따른 이주대책에서 택지개발예정지구 지정고시일이 아닌 택지개발예정지구 지정공람일을 이주대책기준일로 하는 사업시행자의 이주대책 등 관련 규정 내지 지침을 두고 합리적 기준 없이 그 기준일을 근거법령보다 앞당겨 설정하는 것은 위법하다는 주장에 대해, 판례는 이를 인용하지 않고 있다.[873)]

또한 판례는 "도시개발사업의 사업시행자는 이주대책기준을 정해 이주대책대상자 가운데 이주대책을 수립·실시하여야 할 자를 선정하여 그들에게 공급할 택지 등을 정하는 데 <u>재량을 가진다</u>"라고 판시하여 사업시행자가 설정한 이주대책기준을 특별한 사정이 없는 한 존중하고 있다.[874)]

---

870) <u>과거에는 사업지구지정 고시일 이전부터 보상계획 공고일까지로 규정한 바도 있었으나 현재는 이주대책의 내용에 따라 각기 다른 기준일을 적용</u>하고 있다.

871) 헌법재판소 2004헌마62, 2005.5.26. 결정

872) 대법원 2009. 2. 26. 선고 2007두13340 판결

873) 대법원 2009.2.26. 선고 2007두13340 판결, ; 수원지법 2008.5.28. 선고 2007구합7513 판결 참조, LH공사는 택지개발예정지구내 부동산투기를 방지하기 위한 대책으로 이주대책기준일과 관련하여 그 기준일을 예정지구 공람공고일 1년 이전으로 그 요건을 아래와 같이 한층 강화하였다(한국토지주택공사 이주 및 생활대책 수립지침 제7조). 1.「수도권정비구역계획법」에 의한 수도권 지역, 2. 시행정수도 후속대책을 위한 연기공주지역 행정중심복합도시건설을 위한 특별법에 의한 행정중심복합도시와 이주대책을 노린 투기행위를 방지하기 위하여 국가 또는 지방자치단체의 요청이 있는 지역

[결정례1] ▶ 택지개발업무처리지침 제21조 제1항 위헌확인

[전원재판부 2004헌마62, 2005.5.26.]

【판시사항】

1. 이주대책대상자 인정의 기준일인 택지개발예정지구지정을 위한 공람공고일 이후 2 002.11.19. 내지 같은 달 21.부터 그 지구 내의 가옥을 취득하고 거주하기 시작한 청구인들이 2004.1.19. 택지개발업무처리지침(주환 58540-87 1999.6.24.) 제21 조 제1항 (이하 '이 사건 지침 조항'이라 한다)에 대한 헌법소원을 제기한 경우 청구 기간의 준수 여부(소극)

2. 택지개발촉진법 제12조 제4항에서 준용한 공익사업을위한토지등의취득및보상에관 한법률 제78조 제1항이 이주대책대상자에 대한 이주대책의 수립·실시를 대통령 령으로 정하도록 위임하였음에도 불구하고 같은법 시행령 제40조에 이주대책의 수 립·실시에 관하여 필요한 사항을 규정하지 아니하였는지 여부(소극)

【결정요지】

1. 이 사건 지침 조항을 근거로 이주대책 기준일로 택지개발예정지구지정을 위한 공 람공고일이 지정되고 청구인들이 그 후인 2002.11.19. 내지 같은 달 21.부터 그 지 구 내의 가옥을 취득하고 거주하기 시작하여 이주대책대상자에서 제외된 경우 이 사건 지침 조항으로 인하여 청구인들의 기본권이 침해된 것은 위 공람공고일 이후 로서 청구인들이 그 지구 내의 가옥을 소유하여 거주하기 시작한 2002.11.19. 내 지 같은 달 21.이고(이주대책대상자가 되기 위해서는 소유자로서 계속거주를 하여 야 하므로 청구인들이 거주하기 시작한 시점을 기본권 침해시점으로 본다), 따라서 이 사건 지침 조항에 대하여 청구인들이 소원을 제기할 수 있었던 기간은 위 기본 권침해 발생일로부터 1년 이내인 2003.11.19. 내지 같은 달 21.까지이므로, 2004. 1.19.에야 제기된 이 소원은 청구기간을 준수한 것으로 볼 수 없다.

2. 택지개발촉진법 제12조 제4항에서 준용한 공익사업을위한토지등의취득및보상에관

---

874) 대법원 2009.3.12. 선고 2008두12610 판결

한법률(이하 '공익토지보상법'이라 한다) 제78조 제1항이 이주대책대상자에 대한 이주대책의 수립·실시를 대통령령으로 정하도록 위임함에 따라 같은 법시행령 제40조 제3항 제2호는 '관계법령에 의한 고시 등이 있은 날' 이후의 사람들이 이주대책대상자에서 제외되는 것으로 규정하고 있는바, 이는 소극적으로 그 이전의 사람들이 이주대책대상자에 포함되는 것으로 구별하고 있는 점에서 이주대책 기준일에 관한 규정이며, '고시가 있은 날'이 아니라 '고시 등이 있은 날'로 규정한 점에서 지구지정 고시일과 공람공고일이 모두 포함될 수 있는, 이주대책 기준일에 관한 포괄적 규정으로 볼 수 있다. 또한 위 시행령 제40조 제3항은 제1호와 제3호에서 무허가 건축물의 소유자와 타인 소유의 건축물에 거주하는 세입자를 이주대책대상자에서 제외하고 제2호에서 건축물 소유자에 대하여도 계속 거주 요건을 부과함으로써 이주대책대상자를 확정하는 데 필요한 요건들을 규정하고 있다.

판례

[판례1] ▶ 도시개발사업에 따른 이주대책대상자와 아닌 자를 정하는 기준일(=공익사업을 위한 관계 법령에 의한 고시 등이 있은 날)
[대법원 2009.6.11. 선고 2009두3323]
(은평뉴타운도시개발구역이주대책대상자적격성확인등청구)

【원고, 상고인】 원고

【피고, 피상고인】 피고공사 (소송대리인 변호사 고*덕)

【주 문】
원심판결을 파기하고, 사건을 서울고등법원으로 환송한다.

【이 유】
원심이 인정한 사실과 기록에 의하면, 서울특별시장은 2002.10.23. 이 사건 은평뉴타운 개발사업 추진계획을 공표하고, 같은 해 11.25. 그 개발사업의 이주대책기준일을 같은 해 11.20.로 정하여 공고한 사실, 그 후 2004.2.25.에는 그 도시개발구역지정 및 개발계획승인을 고시한 사실, 피고는 같은 해 6.24. 관계 법령에 따른 보상계획을 공고한 후, 같은 해 10.19. 이 사건 이주대책기준을 공고한 사실, 그 이주대책기준에 서는, 이주대책 대상자를 ① 이 사건 이주대책기준일 이전부터 사업구역 내 자기 토지 상 주택을 소유하고 협의계약체결일 또는 수용재결일까지 당해 주택에 계속 거주한 자, ② 위 ①의 요건을 구비하고 보상에 협의하고 자진 이주한 자, ③ 위 ①의 요건을 구비하고 이 사건 이주대책기준일 현재 미거주자로서 전세대원이 그 기준일 이전부터 보상계획공고일까지 사업구역 내 주택 외에 무주택자인 경우, ④ 이 사건 이주대책기준일 이후 취득하여 보상계획공고일 현재 사업구역 내 주택을 소유하고 협의계약체결 일 또는 수용재결일까지 당해 주택에 계속 거주하며 보상에 협의하고 자진 이주한 자 로서 전세대원이 그 기준일 이전부터 보상계획공고일까지 사업구역 내 주택 외에 무 주택자인 경우 등으로 구분하여 공급할 분양아파트의 전용면적을 달리 정하고 있는 사실, 원고는 이 사건 은평뉴타운 개발사업 계획이 공표되기 이전인 1989.7.12. 그 사 업구역 내에 위치한 서울 은평구 진관외동 (이하 지번 생략) 토지 및 지상 주택(이하 '이 사건 주택'이라 한다)을 소유하고 있다가, 이 사건 이주대책기준일 이후인 2004. 2.13. 이 사건 주택으로 주민등록을 전입한 사실, 원고의 배우자 소외인은 이 사건 이 주대책기준일 이후 위 보상계획공고일 이후까지 다른 주택을 소유하고 있었던 사실 등을 알 수 있다.

이러한 사실관계를 앞서 본 법리에 비추어 살펴보면, 이 사건 이주대책기준일인 200 2.11.25.을 공익사업법 시행령 제40조 제3항 제2호에서 말하는 '공익사업을 위한 관 계 법령에 의한 공시 등이 있는 날'에 해당한다고 볼 아무런 근거가 없을 뿐만 아니라, 이 사건 이주대책기준은 이주대책기준일인 2002.11.25.을 기준으로 이주대책대상자 와 아닌 자를 정한 것이 아니라, 보상계획 공고일을 기준으로 그 이전에 이 사건 사업 구역 내에 주택을 취득한 사람들을 일단 이주대책대상자로 정한 다음, 협의계약과 자 진 이주 여부, 협의계약 체결일 또는 수용재결일까지 당해 주택에 계속 거주하였는지 여부, 전세대원이 사업구역 내 주택 외에 무주택자인지 여부, 주택 취득 시점이 이 사 건 이주대책기준일 전후인지 여부 등을 고려하여 이주대책대상자 중 이주대책을 수립 ·실시하여야 할 자를 선정하고, 그들에게 공급할 아파트의 종류 및 면적을 정한 것이 라고 봄이 상당하고, 따라서 이 사건 보상계획공고일(2004.6.24.) 이전에 이 사건 사업구역 내에 주택을 취득, 소유하고 있었던 원고는 이주대책대상자 중 이주대책을 수립·실시하여야 할 자와 이주정착금을 지급하여야 할 자 중 어디에 해당하는지, 이주대책을 수립·실시하여야 할 자에 해당할 경우 공급할 아파트의 종류 및 면적은 어떠한지는 별론으로 하고 일단 이주대책대상자에는 해당한다고 할 것이다.

그럼에도 불구하고 원심은 이 사건 이주대책기준일이 '관계 법령에 의한 고시 등이 있은 날'과 동일시 할 수 있거나 그와 유사한 날로 보아야 할 것이라고 단정한 나머지 원고가 이 사건 보상계획의 내용에 따른 이주대책대상자에 해당하는지 여부를 나아가 따져 보지도 아니한 채 원고의 이 사건 청구를 배척하고 말았으니, 원심판결에는 이주대책에 관한 법리를 오해하였거나 이 사건 보상계획의 내용을 오해하여 판결에 영향을 미친 위법이 있다고 할 것이다. 이 점에 관한 상고이유의 주장은 정당하다.

[판례2] ▶ 공익사업을 위한 토지 등의 취득 및 보상에 관한 법률 시행령 제40조 제3항 제2호의 '공익사업을 위한 관계 법령에 의한 고시 등이 있은 날'에 주민 등에 대한 공람공고일도 포함되는지 여부(한정 적극)
[대법원 2009.2.26. 선고 2007두13340] (이주대책대상자제외처분취소)

【판결요지】
이주대책기준일이 되는 공익사업을 위한 토지 등의 취득 및 보상에 관한 법률 시행령 제40조 제3항 제2호의 '공익사업을 위한 관계 법령에 의한 고시 등이 있은 날'에는 토지수용 절차에 공익사업을 위한 토지 등의 취득 및 보상에 관한 법률을 준용하도록 한 관계 법률에서 사업인정의 고시 외에 주민 등에 대한 공람공고를 예정하고 있는 경우에는 사업인정의 고시일뿐만 아니라 공람공고일도 포함될 수 있다.

[판례3] ▶ 도시개발사업의 사업시행자가 이주대책기준을 정하여 이주대책대상자 가운데 이주대책을 수립·실시하여야 할 자를 선정하여 그들에게 공급할 택지 등을 정하는 데 재량을 가지는지 여부(적극)
[대법원 2009.3.12. 선고 2008두12610] (입주권확인)

【판결요지】

구 도시개발법(2007.4.11. 법률 제8376호로 개정되기 전의 것) 제23조, 공익사업을 위한 토지 등의 취득 및 보상에 관한 법률 제78조 제1항, 같은 법 시행령 제40조 제3항 제2호의 문언, 내용 및 입법 취지 등을 종합하여 보면, 위 시행령 제40조 제3항 제2호에서 말하는 '공익사업을 위한 관계 법령에 의한 고시 등이 있은 날'은 이주대책대상자와 아닌 자를 정하는 기준이지만, 나아가 사업시행자가 이주대책대상자 중에서 이주대책을 수립·실시하여야 할 자와 이주정착금을 지급하여야 할 자를 정하는 기준이 되는 것은 아니므로, 사업시행자는 이주대책기준을 정하여 이주대책대상자 중에서 이주대책을 수립·실시하여야 할 자를 선정하여 그들에게 **공급할 택지 또는 주택의 내용이나 수량을 정할 수 있고, 이를 정하는 데 재량을 가지므로,** 이를 위해 사업시행자가 설정한 기준은 그것이 객관적으로 합리적이 아니라거나 타당하지 않다고 볼 만한 다른 특별한 사정이 없는 한 존중되어야 한다.

판례

[판례1] ▶ 이주대책대상자에 '주민공람공고일 1년 전부터 보상계획공고일까지 사업지구 내에 가옥을 소유하고 계속 거주한 자'가 포함된다.
[수원지법 2008.5.28. 선고 2007구합7513] (이주자택지공급대상자제외처분취소) 확정

【판결요지】
[1] 산업단지개발사업지구 내에 특정 가옥을 소유하여 거주해 오다가 같은 사업지구 내의 다른 가옥을 취득하고 그곳으로 이사하여 계속 거주한 사람도, 위 사업지구의 지정에 따른 이주대책에서 예정한 '주민공람공고일 1년 전부터 보상계획공고일까지 사업지구 내에 가옥을 소유하고 계속 거주한 자'에 포함된다고 한 사례.
[2] 산업단지개발사업지구 내의 주거용 목조주택이 화재로 소실되어 그 자리에 설치한 컨테이너가 그 규모, 정착 기간 및 이용 상황에 비추어 건축물의 형태를 갖춘 것으로서 보통의 방법으로는 이를 토지에서 분리하여 이동하는 것이 쉽지 않으므로, 주거용 건축물로서 이주대책에서 예정한 '가옥'에 해당한다고 한 사례.

【주 문】

1. 피고가 2007.5.28. 원고 1에 대하여 한, 2007.5.29. 망 소외인에 대하여 한 이주자택지공급대상자제외처분을 각 취소한다.
2. 소송비용은 피고의 부담으로 한다.

【이 유】

1. 처분의 경위

가. 경기도지사는 2004.9.30. 산업입지 및 개발에 관한 법률에 기하여 경기도고시 제2004-262호로 김포시 양촌면 대포리 86 및 같은 면 학운리 1-2 일원 면적 합계 1,681,096㎡(이하 '이 사건 사업지구'라 한다)를 김포 양촌지방산업단지개발사업지구로 지정하고 사업시행자를 김포시장 및 피고로 하는 내용의 개발계획을 고시하였다.

나. 피고는 공익사업을 위한 토지 등의 취득 및 보상에 관한 법률 제78조 제1항 및 같은 법 시행령 제40조에 의하여 이주대책을 수립하였는데, 그에 따르면 '주민공람공고일(2003.9.25.) 1년 전(2002.9.25.)부터 보상계획공고일(2005.3.4.)까지 이 사건 사업지구 내에 가옥을 소유하고 계속 거주한 자로서 손실보상을 받은 자'에게는 조성원가의 80% 수준의 가격으로 이주자택지를 공급하도록 되어 있다.

다. (가) 원고 1은 이 사건 사업지구 내인 김포시 양촌면 학운리 (지번 1 생략) 지상에 주택(이하 '이 사건 구주택'이라 한다)을 신축하여 그곳에서 거주하다가 같은 리 (지번 2 생략) 지상에 주택(이하 '이 사건 신주택'이라 한다)을 신축하고 그곳으로 이사하여 이를 소유하고 거주하던 중 피고가 이 사건 신주택을 수용함에 따라 피고에게 이주자택지공급대상자로 선정해 달라는 신청을 하였으나, 피고는 2007.5.28. 원고 1에게 이 사건 구주택은 보상계획공고일 현재 멸실되어 존재하지 아니하고 이 사건 신주택은 주민공람공고일 1년 전보다 후인 2003.5.30.경 신축된 주택으로서 이주대책 대상 가옥에 해당되지 아니하므로 원고 1은 이주자택지공급대상자에 해당되지 아니한다는 취지의 통보(이하 '이 사건 제1처분'이라 한다)를 하였다.

(나) 소외인은 김포시 양촌면 학운리 63-1 지상의 주거용 컨테이너(이하 '이 사건

컨테이너'라 한다)를 소유하고 거주하던 중 피고가 이를 수용함에 따라 피고에게 이주자택지공급대상자로 선정해 달라는 신청을 하였으나, 피고는 2007.5.29. 소외인에게 이 사건 컨테이너는 적법하게 건축된 가옥에 해당되지 아니하므로 소외인은 이주자택지공급대상자에 해당되지 아니한다는 취지의 통보(이하 '이 사건 제2처분'이라고 한다)를 하였고, 이후 소외인이 2007.7.29. 사망함으로써 원고 2, 3, 4가 소외인을 상속하였다.

2. 처분의 적법 여부

가. 원고들의 주장

(1) 원고 1이 1993.경 이 사건 사업지구 내에 위치한 이 사건 구주택을 취득하여 거주해 오다가 2003.5.경 이 사건 신주택으로 이사하여 이를 소유하면서 계속하여 거주해 왔으므로, 결국 주민공람공고일 1년 전부터 보상계획공고일까지 이 사건 사업지구 내에서 가옥을 소유하고 계속하여 거주한 자로서 이주자택지공급대상자에 해당되는 것임에도 불구하고, 피고가 원고 1을 이주자택지공급대상자에서 제외한 이 사건 제1처분은 위법하다.

(2) 소외인은 1996.11.경 이 사건 컨테이너를 설치한 이래 계속하여 그곳에서 거주하여 왔는바, 이 사건 컨테이너는 주거용 건축물로서 가옥에 해당된다고 할 것이고 위 1996.11.경 당시 이를 신축하는 것은 건축법상 허가 또는 신고 대상이 아니었기 때문에 무허가 건축물도 아니라 할 것임에도, 이 사건 컨테이너가 적법하게 건축된 가옥에 해당되지 아니한다는 이유로 피고가 소외인을 이주자택지공급대상자에서 제외한 이 사건 제2처분은 위법하다.

나. 인정 사실

(1) 원고 1은 1992.3.경부터 이 사건 구주택에서 거주하던 중 인근에 공장이 들어서게 되면서 생활환경이 열악하게 되자 이 사건 신주택을 신축하여 2003.5.30. 이를 건축물대장에 등재하고 같은 해 6.경 위 신주택으로 이사하여 이곳에서 거주하게 되었는데, 그 과정에서 이 사건 신주택이 농업진흥구역에 위치하게 되는 것이어서 무주택 세대주만이 농업진흥구역 내에 농가용 주택을 신축할 수 있었던 관계로 이 사건 구주택은 철거를 하였다.

(2) 소외인은 이 사건 컨테이너를 설치하기 이전부터 그곳에 있던 목조 주택에서 거주
하여 왔으나 1996.11.경 발생한 화재로 위 주택의 일부분(본체만이 소실되었고,
화장실, 창고 및 대문은 잔존하였다)이 소실되자 그 무렵 같은 자리에 벽과 지붕
이 철제로 된 이 사건 컨테이너(18㎡)를 설치하여 방으로 이용하면서 창고(29.12
㎡ 및 2.64㎡), 부엌 등과 지붕을 연결하여 거주해 왔고, 위 컨테이너가 설치된 19
96. 11.경 그 부지인 김포시 양촌면 학운리 63-1 토지는 준농림지역이었다.

다. 판 단

(1) 이 사건 제1처분의 적법 여부

공익사업을 위한 토지 등의 취득 및 보상에 관한 법률 제78조 소정의 이주대책은 공
공사업의 시행에 필요한 토지 등을 제공함으로 인하여 생활의 근거를 상실하게 되는
이주자들을 위하여 사업시행자가 기본적인 생활시설이 포함된 택지를 조성하거나 그
지상에 주택을 건설하여 이주자들에게 이를 공급하는 것으로서, 그 취지가 이주자들
에 대하여 종전의 생활상태를 원상으로 회복시키면서 동시에 인간다운 생활을 보장하
여 주기 위한 이른바 생활보상의 일환으로 국가의 적극적이고 정책적인 배려에 의하
여 마련된 제도라 할 것이다.

살피건대, 위와 같은 이주대책의 취지에 비추어 볼 때, 피고가 마련한 이주대책에서
예정한 '주민공람공고일 1년 전부터 보상계획공고일까지 이 사건 사업지구 내에 가옥
을 소유하고 계속 거주한 자'에는 이 사건 사업지구 내의 특정 가옥을 소유하면서 다
른 곳으로 이전함이 없이 위 기간 동안 계속 거주해 온 자 뿐만 아니라 이 사건 사업
지구 내의 특정 가옥을 소유하면서 거주해 오다가 같은 사업지구 내의 다른 가옥을 취
득하고 그곳으로 이사하여 계속 거주함으로써 위 기간 동안 이 사건 사업지구 내에서
가옥의 소유 및 계속 거주의 요건을 갖춘 자도 포함된다고 할 것이고, 따라서 원고 1
이 1993.경 이 사건 사업지구 내에 위치한 이 사건 구주택을 취득하여 거주해 오다가
2003.5.경 이 사건 신주택을 취득하고 그곳으로 이사하여 계속 거주해 온 이상 결국
원고 1은 주민공람공고일 1년 전부터 보상계획공고일까지 이 사건 사업지구 내에서
가옥의 소유 및 계속 거주의 요건을 갖춘 자로서 이주자택지공급대상자에 해당된다고
할 것이므로, 피고가 원고 1을 이주자택지공급대상자에서 제외한 이 사건 제1처분은
위법하다 할 것이다.

(2) 이 사건 제2처분의 적법 여부

(가) 공익사업을 위한 토지 등의 취득 및 보상에 관한 법률 제78조 제1항에서는 공익사업의 시행으로 인하여 '주거용 건축물'을 제공함에 따라 생활의 근거를 상실하게 되는 자에 대하여 이주대책을 수립·실시하게 되어있고, 건축법 제2조 제2호에서는 '건축물'이라 함은 토지에 정착(정착)하는 공작물 중 지붕과 기둥 또는 벽이 있는 것과 이에 딸린 시설물, 지하나 고가(고가)의 공작물에 설치하는 사무소·공연장·점포·차고·창고, 그 밖에 대통령령으로 정하는 것을 말하는 것으로 규정하고 있는바, 여기에서 말하는 토지에 정착하는 공작물이란 반드시 토지에 고정되어 이동이 불가능한 공작물만을 가리키는 것은 아니고, 물리적으로는 이동이 가능하게 토지에 붙어 있어도 그 붙어 있는 상태가 보통의 방법으로는 토지와 분리하여 이를 이동하는 것이 용이하지 아니하고, 그 본래의 용도가 일정한 장소에 상당기간 정착되어 있어야 하고 또 그렇게 보여지는 상태로 붙어 있는 경우를 포함한다고 할 것이다.

또한 구 건축법(1996.12.30. 법률 제5139호로 개정되기 전의 것) 등의 관계 법령에 의하면, 준농림지역에서는 이 사건 컨테이너와 같은 건축물을 설치함에 있어 건축허가나 건축신고가 필요하다고 보이지 아니한다.

(나) 살피건대, 피고의 이주대책에서 예정한 '가옥'은 앞서 본 바와 같은 '주거용 건축물'을 의미한다고 할 것인데, 위 인정 사실에 의하면 소외인은 자신이 거주하던 목조 주택이 화재로 상당 부분 소실되자 그 자리에 벽과 지붕이 철제로 된 건평 18㎡의 이 사건 컨테이너를 설치하여 방으로 사용하면서 약 10여 년간 거주해 왔고, 위와 같은 컨테이너의 규모나 정착기간 및 이용상황에 비추어 보면 위 컨테이너는 건축물의 형태를 갖춘 것으로서 보통의 방법으로는 이를 토지에서 분리하여 이동하는 것이 용이하지 아니한 것으로 보이므로, 이 사건 콘테이너는 주거용 건축물로서 가옥에 해당된다고 할 것이고, 이 사건 컨테이너가 설치될 당시 그 부지는 준농림지역에 속해 있어서 소외인이 면적 약 18㎡인 위 컨테이너를 건축함에 있어 건축법 등에 의한 건축허가를 받거나 건축신고를 할 필요가 없었으므로, 위 컨테이너는 적법하게 건축된 가옥이라고 볼 수밖에 없다.

따라서 이 사건 컨테이너가 적법하게 건축된 가옥에 해당되지 아니한다는 이유로 피고가 소외인을 이주자택지공급대상자에서 제외한 이 사건 제2처분은 위법하다 할 것이다.

〈이주대책 수립대상자 선정기준일〉[875]

1. 이주대책 수립대상자는 선정기준일(이하 "기준일"이라 한다) 이전부터 보상계약체결일 또는 수용재결일까지 당해 사업지구내 주거용 건축물을 소유하고 계속하여 거주한 자로서, 당해 사업에 따라 소유가옥이 철거되는 자로 한다. 다만, 1989.1.25. 이후 건축된 무허가건축물의 소유자, 기타 관계법령 등이 정한 요건에 해당하지 아니하는 자는 제외한다.

2. 이주대상자 기준일은 토지보상법에 의거 '공익사업을 위한 관계법령에 의한 고시 등이 있은 날'을 기준으로 하며 그 구체적인 기준일은 다음과 같다. 이 경우 2개 이상에 해당하는 경우에는 **최초**로 해당하는 날로 하며 동일 사업지구가 구획되어 고시된 경우에는 그 각각의 고시일을 기준으로 한다.

(1) 원칙

근거법률	공익사업	기준일
택지개발촉진법	택지개발사업	택지개발지구지정 공람·공고일
산업입지 및 개발에 관한 법률	산업단지개발사업, 특수지역개발사업	산업단지지정 공람·공고일
국토의 계획 및 이용에 관한 법률	도시·군 계획시설사업	도시·군 계획시설결정 공람·공고일
도시개발법	도시개발사업	도시개발구역지정 공람·공고일
주택법	국민주택건설사업 대지조성사업	사업계획승인고시일
경제자유구역의 지정 및 운영에 관한 법률	경제자유구역개발사업	경제자유구역지정 공람·공고일
물류시설의 개발 및 운영에 관한 법률	물류터미널사업 물류단지개발사업	물류단지지정 공람·공고일
도로법	도로공사사업	도로구역결정 공람·공고일

구 보금자리주택 건설 등에 관한 특별법876) (현재: 공공주택 특별법)	보금자리주택사업 (현재: 공공주택사업)	주택지구지정 공람·공고일

(2) 예외

① 간선시설 등 설치사업 등

○ 공람·공고절차를 거치지 아니하고 사업지구를 지정하는 경우에는 사업지구 지구지정고시일

○ 간선시설의 설치 등을 위하여 사업지구 밖의 토지를 취득하거나 사업지구 지정 후 해당 개발사업이 장기간에 걸쳐 시행되는 경우 등 불가피한 경우에는 따로 정할 수 있음 (용지규정 시행세칙 제25조 제2항)

② 수도권지역 등

「수도권정비계획법」에 의한 수도권지역 또는 「신행정수도 후속대책을 위한 연기·공주지역 행정중심복합도시 건설을 위한 특별법」에 의한 행정중심복합도시와 이주대책을 노린 투기행위를 방지하기 위하여 국가 또는 지방자치단체의 요청이 있는 지역에서 이주대책으로 택지를 공급하는 경우에는 기준일 **1년 이전**인 날을 말한다.

* 이주대책 대상자로 확정되는 기준일은 변함이 없고, 기준일 1년 이전일은 이주자택지 공급기준일에 불과함에 유의해야 함

※택지개발업무처리지침상 이주대책기준일

○ 이주대책기준일은 택지개발지구지정 공람공고일
다만, 수도권지역에서 이주대책으로 주택건설용지를 공급하는 경우에는 택지개발지구지정 공람공고일 **1년 이전**을 기준일로 함 (택지개발업무처리지침 제28조 제1항)

※ 수도권지역 등에서 이주자택지 공급대상자를 1년 이상 거주자로 제한하는

> 이유
> ○ 1997.9.4 건교부의 "택지개발예정지구에 대한 부동산투기 방지대책 통보"
> 를 통하여 택지개발예정지구 지정에 따른 개발이익을 노린 투기행위를 예
> 방하기 위하여 이주대책 관련규정을 개정하도록 하였고, 관련 판례에서도
> 사업시행자는 주택의 소유여부, 거주기간, 지역적 특성과 투기행위의 방
> 지 및 예방의 필요성 등을 종합적으로 고려하여 이주대책에 차등을 둘 수
> 있다고 판시함(고법 2005.1.5. 2004누956 판결).

다. 이주대책의 내용

(1) 이주대책의 시행방법

이주대책은 크게 ① 이주정착지 조성 공급 ② 택지개발촉진법, 주택법 등 관계법령에 의
한 택지 또는 주택의 공급 ③ **이주정착금**을 지급하는 방법이 있고, 사업시행자는 재량으
로 이중 어느 하나를 선택하여 시행할 수 있다. 사업시행자는 통상 보상실무상 사업여건
에 따라 이주대책을 수립·시행하고 이주대책 대상자의 선택에 따라 위 3가지 시행방법
중 하나만 적용한다. 그 외에 기타 이주대책의 일환으로 주택도시기금의 우선지원, **주거
이전비** 및 **이사비** 등의 지급이 있다.

대법원은 "사업시행자는 이주대책기준을 정하여 이주대책대상자 중에서 이주대책을 수
립·실시하여야 할 자를 선정하여 그들에게 <u>공급할 택지 또는 주택의 내용이나 수량을
정할 수 있고, 이를 정하는 데 재량을 가지므로</u> 이를 위해 사업시행자가 설정한 기준은
그것이 객관적으로 합리적이 아니라거나 타당하지 않다고 볼 만한 다른 특별한 사정이
없는 한 존중되어야 한다"고 판시하여 사업시행자는 이주대책의 수립과 대상자선정, 실
시내용 등에 대해 재량권을 가진다고 해석하고 있다. 따라서 이주대책기준일을 기준으로

---

875) 한국토지주택공사, 앞의 책, 2016, 506-508면. 수정·인용
876) 국민임대주택건설등에관한특별조치법[시행 2004.7.1.] [법률 제7051호, 2003.12.31., 제정] → 보금자
리주택 건설 등에 관한 특별법[시행 2009.4.21.] [법률 제9511호, 2009.3.20., 전부개정] → 공공주택
건설 등에 관한 특별법[시행 2014.1.14.] [법률 제12251호, 2014.1.14., 일부개정] → 공공주택 특별법
[시행 2015.12.29.] [법률 제13498호, 2015.8.28., 일부개정]

그 이전에 사업구역에 주택을 취득한 거주자와 그 이후에 취득한 거주자에 대해 분양아파트의 면적에 차등을 둔 이주자대책기준은 위법하지 않고[877], 사업시행자가 지정하는 시기까지 토지조사(폐기물 매립여부 등의 조사를 포함한다) 및 물건조사에 응하지 아니한 자와 보상을 위한 감정평가를 거부하는 자에 대해서는 이주대책 및 생활대책 수립내용에 차등을 둘 수 있게 되었다.

판례

[판례1] ▶ 사업시행자는 특별공급주택의 수량 등에 있어서 재량을 가진다.
[대법원 1995.10.12. 선고 94누11279]

【판결요지】
공특법 제8조제1항 및 같은 법 시행령 제5조제5항에 의하여 실시되는 이주대책은 공공사업의 시행으로 생활근거를 상실하게 되는 자를 위하여 이주자에게 이주정착지의 택지를 분양하도록 하는 것이고, 사업시행자는 특별공급주택의 수량, 특별공급대상자의 선정 등에 있어서 재량을 가진다고 할 것이다

[판례2] ▶ 이주자택지 공급대상요건을 강화한 것은 재량권의 범위를 넘어서는 것이라 할 수 없다. **[대법원 2005.4.28. 선고 2005두1374]**

【판결요지】
토지보상법 제78조, 동법 시행령 제40조에서는 토지보상법상의 사업과 관련하여 이주대책의 수립과 실시에 관하여만 규정하고 있고, 그 구체적인 이주대책의 내용에 대하여는 법령에 별도로 규정하지 아니하여 사업시행자로 하여금 제반사정을 고려하여 결정하도록 하고 있으므로, 사업시행자로서는 택지개발사업과 관련한 이주대책을 수립하고 이를 시행함에 있어서 이주대책대상자를 모두 차등 없이 취급하는 것이 아니라 주택의 소유여부, 거주기간, 지역적 특성과 투기행위의 방지 및 예방의 필요성 등을 종합적으로 고려하여 이주대책에 차등을 둘 수 있다고 할 것이고, 또한 이주자택지

---

877) 대법원 2009.3.12. 선고 2008두12610.; 대법원 2009.3.12. 선고 2008두12610판결 참조

> 공급대상자 해당 요건이 강화된 것은 이주대책예규 제14조제1항 단서가 1997.9.30.
> 개정되면서 부터인데, 이주대책예규의 위와 같은 개정은 건설교통부장관이 <u>1997.9.</u>
> <u>4.</u> '택지개발예정지구에 대한 부동산투기 방지대책 통보'를 통하여 택지개발예정지구
> 지정에 따른 개발이익을 노린 투기행위를 예방하기 위하여 이주대책관련 규정을 개정
> 하도록 한 지시에 따라 이루어진 것으로서, 위와 같은 경위로 개정된 이주대책예규 제
> 14조제1항에 의하여 수도권지역에서의 이주자택지공급대상 요건을 강화하여 다른 지
> 역과 달리 일정한 제한을 두는 것이 합리적인 범위를 넘어서는 것이라거나 이주대책
> 대상자의 권리를 과도하게 제한하는 것으로서 재량권의 범위를 넘어서는 것이라고 할
> 수도 없다

(2) 이주정착지 조성·공급

이주대책의 원칙적인 모습은 이주정착지를 조성하여 택지나 주택을 공급하는 것일 것이
나 토지보상법에는 그 구체적인 방법은 규정되어 있지 않다. 다만, 이주대책의 내용에는
이주정착지에 대한(이주대책의 실시로 건설하는 주택단지를 포함함)에 대한 도로·급수
시설·배수시설, 그 밖의 공공시설 등 통상적인 수준의 생활기본시설이 포함되어 있어야
하며, 이에 필요한 비용은 사업시행자의 부담으로 한다. 다만, 행정청이 아닌 사업시행
자가 이주대책을 수립·실시하는 경우에 지방자치단체는 비용의 일부를 보조할 수 있다
(법 제78조 제4항).[878] 통상적인 생활기본시설로 제공되는 도로에는 주택단지 안의 도로
를 당해 주택단지 밖에 있는 동종의 도로에 연결시키는 도로 모두가 포함되나,[879] 생활
기본시설설치비용에는 해당 생활기본시설을 설치하는 데 드는 공사비, 용지비 및 해당
생활기본시설의 설치와 관련하여 법령에 따라 부담하는 각종 부담금으로 하므로 사업지
구 밖에 설치하는 도로에 관한 부담금 등 비용은 포함되지 않으며,[880] 사업시행자가 이
주대책대상자의 범위를 넘어 미거주 소유자까지 이주대책대상자에 포함시킨다 하더라도
이는 법령에 의한 의무로서가 아니라 시혜적인 것으로 볼 것이므로 확대된 이주대책대상
자에게 생활기본시설을 설치하여줄 의무는 없다.[881]

---

878) 그러나 현실에서 이주정착지의 조성을 통한 이주대책을 시행하는 경우는 거의 없다.
879) 대법원 2014.1.16. 선고 2012다37374 판결
880) 대법원 2014.3.13. 선고 2012다89382 판결
881) 대법원 2014.9.4. 선고 2012다109811 판결

[판례1] ▶ 생활기본시설로서의 도로에는 주택단지 안의 도로를 당해 주택단지 밖에 있는 동종의 도로에 연결시키는 도로 모두가 포함된다.
 [대법원 2014.1.16. 선고 2012다37374, 37381]

【판결요지】

구 주택법령의 내용과 아울러 간선시설인 도로의 역할 및 효용에다가 앞에서 본 이주 대책대상자들에게 생활의 근거를 마련해 주려는 구 공익사업법 내지 위 전원합의체 판결의 취지를 보태어 보면, 이 사건과 같은 공익사업인 택지개발사업지구 내에서 주택건설사업이나 대지조성사업을 시행하는 사업주체가 이주 대책대상자에게 생활기본시설로서 제공하여야 하는 도로는 그 길이나 폭을 불문하고 구 주택법의 위 규정들에서 설치에 관하여 직접적으로 규율하고 있고 사업주체가 그 설치의무를 지는 구 주택법 제2조 제8호에서 정하고 있는 간선시설에 해당하는 도로, 즉 주택단지 안의 도로를 당해 주택단지 밖에 있는 동종의 도로에 연결시키는 도로를 모두 포함한다고 할 것이다.

[판례2] ▶ 생활기본시설 설치비용에는 사업지구 밖에 설치하는 도로에 관한 부담금 등 비용은 포함되지 않는다. [대법원 2014.3.13. 선고 2012다89382]

【판결요지】

공익사업법 제78조 제4항 본문에 따른 '통상적인 수준의 생활기본시설'이란 도로(가로등 · 교통신호기를 포함한다)(제1호), 상수도 및 하수처리시설(제2호), 전기시설(제3호), 통신시설(제4호), 가스시설(제5 호)을 말하고, 같은 조 제2항 및 제3항에 따르면, 사업시행자가 부담하는 생활기본시설에 필요한 비용은 해당 공익사업지구 안에 설치하는 생활기본시설의 설치비용, 즉 해당 생활기본시설을 설치하는 데 소요되는 공사비, 용지비 및 해당 생활기본시설의 설치와 관련하여 법령에 의하여 부담하는 각종 부담금으로 한정하고 있다. 이러한 사정들에 비추어 보면, 특별한 사정이 없는 한 사업지구 밖에 설치하는 도로에 관한 부담금 등 비용은 생활기본시설 설치비용에 포함되지 않는다고 보아야 한다.

이러한 생활기본시설의 필요한 비용의 사업시행자 부담에 대하여 대법원은 "이주대책의 제도적 취지에 비추어 볼 때, 위 시행령 제5조 제1항 및 제4항은 사업시행자가 이주자들을 위한 이주대책으로서 이주정착지에 택지를 조성하여 개별 공급하는 경우, 그 이주정착지에 대한 도로, 급수 및 배수시설 기타 공공시설 등 당해 지역조건에 따른 생활기본시설이 설치되어 있어야 하고, 또한 그 공공시설 등의 설치비용은 사업시행자가 부담하는 것으로서 이를 이주자들에게 전가할 수는 없는 것이며, <u>이주자들에게는 다만 분양받을 택지의 소지(素地)가격 및 택지조성비 정도를 부담시킬 수 있는 것으로 해석함이 상당하고, 이와 같은 규정들은 그 취지에 비추어 볼 때 당사자의 합의로도 그 적용을 배제할 수 없는 **강행법규**에 해당한다고 봄이 상당하다</u>"라고 판시하고 있다.[882] 이에 따라 <u>이주대책대상자가 부담해야 할 비용은 ⅰ) 분양받을 택지의 소지가격 및 택지조성비의 합계액이다.</u>[883]

따라서 만약 사업시행자가 생활기본시설 설치비용을 이주대책대상자에게 전가하였다면 부당이득으로 반환하여야 할 것이다.[884](대법원 2014.8.20. 선고 2014다6572 판결). 또한, 사업시행자가 이주대책대상자에서 제외시키는 거부조치를 한 경우에는 이주자로서는 사업시행자를 상대로 **항고소송**에 의하여 제외처분이나 거부처분의 취소를 구할 수 있다[885]

판례

[판례1] ▶ 공특법상 소정의 이주대책의 제도적 취지 및 동법 소정의 이주대책으로서 이주정착지에 택지를 조성하여 개별 공급하는 경우, 이주정착지에 대한 공공시설 등의 설치비용을 당사자들의 합의로 이주자들에게 부담시킬 수 있는지 여부(소극)
[**대법원 2002.3.15. 선고 2001다67126]** (부당이득금반환 등)

---

882) 대법원은 김포공항 인근 이주단지 조성과 관련하여 서울시가 이주단지 택지분양가를 주민과의 협약체결을 근거로 공공시설비를 포함한 조성원가로 한 것은 강행법규 위반이라고 보았다(대법원 2003.7.25. 선고 2001다57778 판결).
883) 택지조성비에는 공공시설용지가 아닌 택지의 조성비와 「농지법」제38조의 규정에 따른 농지보전부담금 또는 「산지관리법」제19조의 규정에 따른 대체산림자원조성비 등 부대비용이 포함된다.
884) 대법원 2002.3.15. 선고 2001다67126, ; 대법원 2014.8.20. 선고 2014다6572 판결
885) 대법원 2014.2.27 선고 2013두10885 판결

【판결요지】

[1] 공공용지의취득및손실보상에관한특례법 제8조 제1항은 "사업시행자는 공공사업의 시행에 필요한 토지 등을 제공함으로 인하여 생활근거를 상실하게 되는 자를 위하여 대통령령이 정하는 바에 따라 이주대책을 수립 실시한다."고 규정하고 있는바, 위 특례법상의 이주대책은 공공사업의 시행에 필요한 토지 등을 제공함으로 인하여 생활의 근거를 상실하게 되는 이주자들을 위하여 사업시행자가 '기본적인 생활시설이 포함된' 택지를 조성하거나 그 지상에 주택을 건설하여 이주자들에게 이를 '그 투입비용 원가만의 부담하에' 개별 공급하는 것으로서, 그 본래의 취지에 있어 이주자들에 대하여 종전의 생활상태를 원상으로 회복시키면서 동시에 인간다운 생활을 보장하여 주기 위한 이른바 생활보상의 일환으로 국가의 적극적이고 정책적인 배려에 의하여 마련된 제도라 할 것이다.

[2] 공공용지의취득및손실보상에관한특례법시행령 제5조 제1항은 "공공용지의취득및손실보상에관한특례법 제8조 제1항의 규정에 의하여 수립되는 이주대책의 내용에는 이주정착지에 대한 도로·급수시설·배수시설 기타 공공시설 등 당해 지역조건에 따른 생활기본시설이 포함되어야 한다."고 규정하고 있으며, 동 제4항은 "제1항의 규정에 의한 이주대책의 시행에 필요한 비용은 사업시행자의 부담으로 한다. 다만, 행정청이 아닌 사업시행자가 이주대책을 수행하는 경우에 지방자치단체는 비용의 일부를 보조할 수 있다."고 규정하고 있는바, 공공용지의취득및손실보상에관한특례법상의 이주대책의 제도적 취지에 비추어 볼 때, 위 시행령 제5조 제1항 및 제4항은 사업시행자가 이주자들을 위한 이주대책으로서 이주정착지에 택지를 조성하여 개별 공급하는 경우, 그 이주정착지에 대한 도로, 급수 및 배수시설 기타 공공시설 등 당해 지역조건에 따른 생활기본시설이 설치되어 있어야 하고, 또한 그 공공시설 등의 설치비용은 사업시행자가 부담하는 것으로서 이를 이주자들에게 전가할 수는 없는 것이며, 이주자들에게는 다만 분양받을 택지의 소지(소지)가격 및 택지조성비 정도를 부담시킬 수 있는 것으로 해석함이 상당하고, 이와 같은 규정들은 그 취지에 비추어 볼 때 당사자의 합의로도 그 적용을 배제할 수 없는 강행법규에 해당한다고 봄이 상당하다.

[판례2] ▶ 사업시행자가 생활기본시설 설치비용을 이주대책대상자에게 전가한 경우는 부당이득으로 반환하여야 한다. [**대법원 2014.8.20. 선고 2014다6572**]

【판결요지】

구 공익사업을 위한 토지 등의 취득 및 보상에 관한 법률(2007.10.17. 법률 제8665호로 개정되기 전의 것) 제78조에 따르면, 사업시행자는 공익사업의 시행으로 인하여 주거용 건축물을 제공함에 따라 생활의 근거를 상실하게 되는 자(이하 '이주대책대상자'라 한다)를 위하여 대통령령이 정하는 바에 따라 이주대책을 수립·실시하거나 이주정착금을 지급하여야 하는데(제1항), 이주대책의 내용에는 이주정착지에 대 한 도로·급수시설·배수시설 그 밖의 공공시설 등 당해 지역조건에 따른 생활기본시설이 포함되어야 하고, 이에 필요한 비용은 사업시행자가 부담하여야 한다(제4항 본문). 따라서 사업시행자는 자신이 부담 하여야 하는 생활기본시설 설치비용을 이주대책대상자에게 전가한 경우에 이를 부당이득으로 반환할 의무가 있다.

[판례3] ▶ 사업시행자가 이주대책대상자에서 제외시키는 거부조치를 한 경우에는 항고소송으로 다툴 수 있다. [**대법원 2014.2.27 선고 2013두10885**]

【판결요지】

공익사업을 위한 토지 등의 취득 및 보상에 관한 법률상의 공익사업시행자가 하는 이주대책대상자 확인·결정은 구체적인 이주대책상의 수분양권을 부여하는 요건이 되는 행정작용으로서의 처분이지 이를 단순히 절차상의 필요에 따른 사실행위에 불과한 것으로 평가할 수는 없다. 따라서 수분양권의 취득을 희망하는 이주자가 소정의 절차에 따라 이주대책대상자 선정신청을 한 데 대하여 사업시행자가 이주대책대상자가 아니라고 하여 위 확인·결정 등의 처분을 하지 않고 이를 제외시키거나 거부조치한 경우에는, 이주자로서는 사업시행자를 상대로 **항고소송**에 의하여 제외처분이나 거부처분의 취소를 구할 수 있다. 나아가 이주대책의 종류가 달라 각 그 보장하는 내용에 차등이 있는 경우 이주자의 희망에도 불구하고 사업시행자가 요건 미달 등을 이유로 그 중 더 이익이 되는 내용의 이주대책대상자로 선정하지 않았다면 이 또한 이주자의 권리의무에 직접적 변동을 초래하는 행위로서 **항고소송**의 대상이 된다

사업시행자가 부담하는 생활기본시설에 필요한 비용은 공급하는 택지와 주택에 따라 그 계산식이 다르다. ① 택지를 공급하는 경우에 사업시행자가 부담하는 생활기본시설에 필요한 비용은 '해당 공익사업지구 안에 설치하는 생활기본시설의 설치비용 × (해당 이주대책대상자에게 유상으로 공급하는 **택지면적** ÷ 해당 공익사업지구에서 유상으로 공급하는 용지의 총면적)'의 계산식에 따라 산정하고, ② 주택을 공급하는 경우에는 사업시행자가 부담하는 생활기본시설에 필요한 비용은 '해당 공익사업지구 안에 설치하는 생활기본시설의 설치비용 × (해당 이주대책대상자에게 유상으로 공급하는 **주택의 대지면적** ÷ 해당 공익사업지구에서 유상으로 공급하는 용지의 총면적)'의 계산식에 따라 산정한다 (령 제41조의2 제2항).

한편, 통상적인 수준의 생활기본시설은 도로(가로등·교통신호기를 포함함), 상수도 및 하수처리시설, 전기시설, 통신시설, 가스시설 등의 시설로 하며,886) 사업시행자가 부담하는 해당 공익사업지구 안에 설치하는 생활기본시설의 설치비용은 해당 생활기본시설을 설치하는 데 드는 **공사비, 용지비** 및 해당 생활기본시설의 설치와 관련하여 법령에 따라 부담하는 각종 **부담금**으로 한다(령 제41조의2 제1항, 제3항). 따라서 사업지구 밖에 설치하는 도로에 관한 부담금 등 비용은 생활기본시설의 설치비용에 포함되지 않는다.887)

관계법령

■ **토지보상법 시행령 제41조의2(생활기본시설의 범위 등)** ① 법 제78조제4항 본문에 따른 통상적인 수준의 생활기본시설은 다음 각 호의 시설로 한다.

1. 도로(가로등·교통신호기를 포함한다)
2. 상수도 및 하수처리시설
3. 전기시설
4. 통신시설

---

886) 그밖에 생활기본시설에 포함되는 것으로 지구외 간선도로, 하수종말처리장, 쓰레기 소각장 등이 있다. 다만, 사업시행자가 작성하는 공사(조성)비에 생활기본시설 설치비가 포함되면 해당 설치비는 사업시행자가 부담하여야 하나, 만약 택지조성비에 생활기본시설 설치비가 포함시키면 이는 수분양자인 이주대책대상자가 부담하는 문제가 발생할 수 있다.
887) 대법원 2014.3.13. 선고 2012다89382 판결

5. 가스시설

② 법 제78조제8항에 따라 사업시행자가 부담하는 생활기본시설에 필요한 비용(이하이 조에서 "사업시행자가 부담하는 비용"이라 한다)은 다음 각 호의 계산식에 따라 산정한다.

1. 택지를 공급하는 경우

사업시행자가 부담하는 비용 = 해당 공익사업지구 안에 설치하는 제1항에 따른 생활기본시설의 설치비용 × (해당 이주대책대상자에게 유상으로 공급하는 택지면적 ÷ 해당 공익사업지구에서 유상으로 공급하는 용지의 총면적)

2. 주택을 공급하는 경우

사업시행자가 부담하는 비용 = 해당 공익사업지구 안에 설치하는 제1항에 따른 생활기본시설의 설치비용 × (해당 이주대책대상자에게 유상으로 공급하는 주택의 대지면적 ÷ 해당 공익사업지구에서 유상으로 공급하는 용지의 총면적)

③ 제2항제1호 및 제2호에 따른 해당 공익사업지구 안에 설치하는 제1항에 따른 생활기본시설의 설치비용은 해당 생활기본시설을 설치하는 데 드는 공사비, 용지비 및 해당 생활기본시설의 설치와 관련하여 법령에 따라 부담하는 각종 부담금으로 한다.

[전문개정 2013.5.28.]

생활기본시설 설치비용의 산정기준

(한국토지주택공사 "이주 및 생활대책 수립지침" 제17조 관련 [별표 1])

토지보상법 시행령 제41조의2제3항에 따른 "해당 생활기본시설을 설치하는데 소요되는 **공사비, 용지비** 및 해당 생활기본시설의 설치와 관련하여 법령에 의하여 부담하는 각종 부담금"의 산정에 필요한 세부기준은 다음과 같다.

□ 생활기본시설 설치비용

> 생활기본시설 설치비용은 해당 생활기본시설을 설치하는 데 소요되는 공사비와 용지비 그리고 부담금을 말한다

1. **공사비** : 해당 사업지구 안에 설치하는 도로(가로등·교통신호기 포함), 상수도 및

하수처리시설, 전기시설, 통신시설, 가스시설을 설치하는데 필요한 공사비

가. 시설공사비 : 토공, 포장공, 교량공, 가로등공, 교통신호등공, 도로표지판설치
공, 상수공, 우수공, 오수공, 배수지, 가압펌프장, 오·폐수중계펌프장, 전기
공, 통신공, 가스공 등 공사비의 합계액. 단, 토공의 경우 총사업지구면적 분의
사업지구내 생활기본시설 설치면적 비율 상당액만 반영

나. 측량비 : 사업지구내 설계 및 공사수행과 관련된 측량비용 × (사업지구내 생활
기본시설 설치면적 / 총사업지구면적)

다. 조성관련 용역비 : 사업지구내 사업관련 "인·허가, 설계, 자문, 감리 등"의 수
행에 소요된 비용 × (사업지구내 생활기본시설 설치면적 / 총사업지구 면적)

* 생활기본시설 설치면적은 도로, 상·하수도, 전기, 가스, 통신 관련 시설을 설치
하기 위해 토지이용계획상 별도로 구획되어 있는 면적(이하 같음)

2. **용지비** : 사업지구내 총용지비×(사업지구내 생활기본시설 설치면적/총사업지구
면적)

* 사업지구내 용지의 형질변경 등을 원인으로 법령에 따라 부과되는 각종 부담금
은 총용지비에 포함하여 계산.

3. **부담금** : 상·하수도분담금 등 해당 생활기본시설의 설치와 관련하여 법령에 의하
여 부담하는 각종 부담금

4. 공사비, 용지비 및 각종 부담금의 산정에 관하여 제1호 내지 제3호에서 정하지 아
니한 사항은 택지개발촉진법령 및 관련지침의 산정기준에 따른다.

(3) 택지개발촉진법 또는 주택법 등에 의한 택지나 주택의 공급

① 개념

사업시행자가 「택지개발촉진법」 또는 「주택법」 등 관계 법령에 따라 이주대책대상자에
게 택지 또는 주택을 공급한 경우(사업시행자의 알선에 의하여 공급한 경우를 포함함)에
는 이주대책을 수립·실시한 것으로 본다(시행령 제40조 제2항 단서). 현실에서는 이 방
법에 의한 이주대책시행이 일반적이다.

판례는 사업시행자가 「택지개발촉진법」 또는 「주택법」 등 관계 법령에 따라 이주대책대
상자에게 택지 또는 주택을 공급한 경우에도 <u>생활기본시설 비용은 사업시행자가 부담하</u>

여야 한다고 해석하고 있다.[888]

[판례] ▶ 이주대책으로 관련 법령에 따라 주택 등을 특별공급한 경우에도 생활기본시설 비용은 사업시행자가 부담하여야 한다. [**대법원 2011.6.23 선고 2007다63089,63096**]

【판결요지】

사업시행자가 구 공익사업법 시행령 제40조 제2항 단서에 따라 택지개발촉진법 또는 주택법 등 관계법령에 의하여 이주대책대상자들에게 택지 또는 주택을 공급(이하 '특별공급'이라 한다)하는 것도 구 공익사업법 제78조 제1항의 위임에 근거하여 사업시행자가 선택할 수 있는 이주대책의 한 방법이므로, 특별공급의 경우에도 이주정착지를 제공하는 경우와 마찬가지로 사업시행자의 부담으로 같은 조 제4항이 정한 생활기본시설을 설치하여 이주대책대상자들에게 제공하여야 한다고 보아야 하고, 이주대책대상자들이 특별공급을 통해 취득하는 택지나 주택의 시가가 공급가액을 상회하여 그들에게 시세차익을 얻을 기회나 가능성이 주어진다고 하여 달리 볼 것은 아니다.

---

② 이주자 택지의 공급

(ⅰ) 공급대상자

이주자 택지 공급대상자는 이주대책대상자 중 이주자 택지를 원하는 자로 한다. 즉, 이주대책기준일(통상 예정지구지정 공람공고일)이전부터 최초 보상개시일까지 당해 사업지구 내에 허가 가옥을 소유하면서 계속 거주한 자로서 손실보상을 받고 본 사업시행으로 이주하게 되는 자를 대상으로 한다. 다만, 수도권의 경우에는 기준일 1년 전부터 허가 가옥을 소유하면서 계속하여 거주한 자이어야 한다.

---

888) 대법원 2011.6.23 선고 2007다63089,63096 판결

(ii) 공급기준[889]

한국토지주택공사는 아래와 같은 공급기준에 따라 이주자 택지를 공급하고 있다.[890]

○ **1세대 1필지 공급**
1세대가 2개 이상의 주택을 소유한 경우에도 1택지만 공급한다. 동일세대 여부는 기준일 현재 기준으로 판단하며 그 확인은 주민등록등본에 의하되, 소유자와 배우자가 각각 별도의 세대를 구성한 경우에는 이를 1세대로 본다.[891] 다만, 주민등록등본상의 동일세대 구성원 중 일부가 사실상의 독립된 세대로 인정되는 경우에는 이를 별개의 세대로 볼 수 있다.

○ 공유자 등에 대한 공급
주택을 수인이 공유 또는 구분소유하고 있는 경우에 그 공유자 또는 구분소유자가 동일 세대원인 때는 1택지만 공급한다.
수인의 구분소유자(등기된 경우에 한함)가 각각 별개의 세대를 이루고 있는 경우에는 각 세대별로 다음 각 호에 따라 이주자택지를 공급한다. 다만, 그 공유가 기준일 이후에 성립되었거나, 대상 주택이 무허가건축물(1989.1.24. 이전에 건축된 주거용 건축물 포함)인 경우에는 공급대상에서 제외된다.

1. 대상 주택의 총면적이 99㎡ 미만인 경우에는 그 수인을 대상으로 1택지를 공유로 공급하고, 총면적이 99㎡ 이상인 경우에는 그 공유지분의 면적을 기준으로 공급함.
2. 공유지분 면적이 99㎡ 이상인 자에 대하여는 각각 1택지를 공급 함.
3. 공유지분의 면적이 99㎡ 미만인 자에 대하여는 그 99㎡ 미만인 자 전원을 대상으로 다음 산식에 의하여 산출되는 정수의 택지를 공유로 공급한다. 다만, 다음 산식에 의하여 산출된 전체 값이 1미만인 경우에 그 수인을 대상으로 1택지를 공급한다.

> 대상 가옥의 총면적－공유지분 면적이 99㎡ 이상인 자 소유면적)/99㎡
> * 대상가옥의 총면적 = 건축물관리대장상 건축연면적

---

889) 한국토지주택공사, 앞의 책, 2016, 512-514면. 수정 · 인용
890) 생계를 같이 하는 동일세대가 2이상의 가옥을 소유한 때에도 1필지 공급하고 **1989.1.25.**이후 건축된 무허가건물 소유자와 법인 및 단체는 공급대상에서 제외.

4. 택지부족 등 사업지구 여건상 부득이한 경우에는 이주자택지를 공급하지 않고, **이주자주택 공급** 또는 **이주정착금 지급**의 방법으로 이주대책을 시행할 수 있다.

5. 수인의 공유자 또는 구분소유자 중에 이주대책대상자가 될 수 없거나, 동일 사업지구내에서 별도로 이주자 택지를 공급 받는 자가 있는 경우(협의양도인 택지를 공급받는 자가 있는 경우에는 이를 포함)에는 이를 제외한 나머지 소유자만을 대상으로 이주자 택지를 공급하며, 이 경우 대상 주택의 총면적은 그 나머지 소유자의 면적만을 기준으로 이를 적용한다.

사례) 1개의 가옥을 서로 다른 공유자(A, B, C, D)가 공유하고 있는 경우

구분	A	B	C	D
면적(공유)	100	90	90	90

> – A : 이주자택지 공급
> – B, C : 1인의 공급대상자로 간주하여 공유로 이주자택지 공급
>   (대상 가옥의 총면적-공유지분 면적이 99㎡ 이상인 자 소유면적)/99㎡
>   ex) 1.8 = (280-100)/99
> – D : 비거주로 이주대책대상에서 제외
> ※ 〈참고〉 이주 및 생활대책은 수립대상자의 사업에 대한 협력정도 등에 따라 수립내용에 차등을 둘 수 있으나(이주 및 생활대책 수립지침 제4조제4항), 이주대책의 경우 협의양도자와 수용재결자간 차등을 두지는 않고 공사가 지정하는 시기까지 보상 물건 전부를 스스로 인도 또는 철거하였는지 여부에 따라 공급순위에 차등을 두고 있음

(iii) 공급순위

사업시행자는 공급순위를 정할 수 있으며, 보상실무상 1순위는 협의에 의하여 소유권의

---

891) 동일세대 내에 이주자택지·주택, 협의양도인택지 또는 주택특별공급 대상자가 있는 경우에는 그 대상자의 선택에 따라 어느 하나만을 공급한다.

양도와 일정 기한까지 자진 철거 및 이주한 자, 2순위는 1순위가 아닌 자로서 협의 또는 수용재결로 보상을 받고 사업시행자가 제시한 일정 기한까지 자진 이전하지 아니한 자[892], 3순위는 사업시행자가 시행하는 매립폐기물 조사를 거부하는 자 또는 사업시행자가 제시한 기한 내에 지장물조사 또는 감정평가를 받지 아니한 자로 정하고 있다.

(ⅳ) 공급규모[893]

○ 다음의 기준으로 하되, 획지분할 여건, 토지이용계획 및 토지이용의 효율성 등 당해 사업지구의 여건과 인근지역 부동산시장동향 등을 종합적으로 고려하여 불가피한 경우에는 기준을 달리 정할 수 있다.

- 점포겸용 단독주택건설용지 : 1필지당 **265㎡이하**
- 주거전용 단독주택건설용지 : 1필지당 **330㎡이하**
- 블록형 단독주택건설용지: 당해 단위 블록내 개별필지의 평균면적 기준

○ 공동주택용지 : 실시계획승인서상 이주대책으로 공급하는 공동주택용지의 대지면적을 건설호수로 나눈 값의 1.2배 이하의 면적

※ 〈유의사항〉
○ 획지분할 과정에서 기준면적을 초과하는 필지가 발생하는 경우 이주자택지 공급대상에서 제외하여 일반공급토록 조치함
○ 불가피한 경우 공급면적기준을 달리할 수 있도록 하고 있으나 기준면적 이내인 다른 택지가 없는 등 불가피한 경우에만 결재권자의 승인을 득하여 공급하고 초과공급면적이 최소화 되도록 주의
○ 블록형 단독주택건설용지 및 공동주택용지를 이주자 택지 공급대상자가 결성한 조합에 공급하는 경우 피보상자와 대체취득자의 명의가 달라 지방세특례제한법상 대체취득에 따른 취득세 감면이 불가함을 안내해야 함

---

892) 실무상 1, 2순위 모두 세입자 또는 영업자가 있을 경우 이들도 포함하여 이전할 것을 요구하고 있다.
893) 한국토지주택공사"이주 및 생활대책 수립지침" 제15조(공급규모) 참조

(ⅴ) 공급방법

이주자 택지 중 블록형 단독주택용지와 공동주택용지는 이주자 택지 공급대상자가 결성한 조합에 공급한다.

(ⅵ) 공급가격

한국토지주택공사는 이주자 택지의 공급가격과 관련하여 자체 내부규정으로 이주자택지의 공급단가는 택지조성원가에서 이주자 택지의 대지면적에 해당하는 토지보상법 시행령 제41조의2에 따른 통상적인 수준의 생활기본시설(도로, 급수시설, 배수시설, 그 밖의 공공시설 등) 설치비를 제외한 금액으로 한다.894) 이 경우 생활기본시설이 설치비의 산정은 [별표1]에 따른다. 또한 기준면적을 초과하는 필지를 공급하는 경우에는 초과분에 대해서는 감정가격으로 산정한다(법 제78조 제4항, 한국토지주택공사 "이주 및 생활대책 수립지침" 제17조제1항, 제2항).895)

대부분의 사업시행자는 이주자 택지의 공급가격을 조성원가를 기준으로 하되 조성원가는 국토교통부 고시 "공공택지 조성원가 산정기준 및 적용방법"에 따르고 있다.

이주자 택지의 정당한 분양가격과 관련하여 분양가격을 사업시행자의 조성원가(서울고등법원 2011.12.1.선고2010나68703 판결), 소지가격(대법원 2002.3.15. 선고2001다67126 판결), 감정가격(대구지법 2012.1.12. 선고2011가합4333 판결)중 어떤 것을 기준으로 하여야 하는지에 대하여 토지보상법은 별도의 명문규정도 없고 판례의 결론도 다양하여 사업시행자별로 사안에 따라 조성원가 또는 감정가격을 기준으로 하여 공급하는 등 혼란이 있었던 게 사실이다.896)

이에 대해 대법원 전원합의체 판결897)은 처음에는 "이주대책은 이주대책대상자를 위하

---

894) 실무상 공급가격은 **조성원가 80%이하 수준**이나 획지분할 여건상 불가피하게 기준면적을 초과하여 공급하는 경우 그 초과면적은 감정가격으로 공급하나 사업지구내 사정에 따라 다를 수 있으며, 공급계약체결이후 1회에 한하여 명의변경 가능할 수 있다.

895) 보상 실무상 이주자 택지는 대부분의 사업시행자가 **조성원가에서 생활기본시설 설치비를 제외한 가격**으로 공급하고 있다. 반면, 이주자 주택의 경우에는 **감정가격에서 생활기본시설 설치비를 공제한 가격**(동 지침 제20조)으로 하여 양자간 공급가격의 차이가 발생되어 재량의 문제는 별론으로 하고 형평성 문제는 항상 제기될 수 있다. 한편, 도시개발사업의 경우에는 「도시개발업무지침」에 따라 감정가격에서 생활기본시설 설치비를 차감한 가격으로 공급하고 있다.

896) 신경직, 앞의 책, 579면. 참조

897) 대법원 1994.5.24. 선고 92다35783 전원합의체 판결

여 사업시행자가 기본적인 생활시설이 포함된 택지를 조성하거나 그 지상에 주택을 건설하여 이주자들에게 이를 그 투입비용 원가(원가공급원칙)만의 부담하에 개별공급하는 것이 그 본래의 취지이다"라고 하였으나, 이후 추가적인 대법원 전원합의체 판결[898]인 "이주자주택 특별공급으로 주택을 분양받고 생활기본시설 설치비용이 포함된 분양대금을 지급한 사람들의 경우 분양대금 중 생활기본시설 설치비용에 해당하는 금액만을 반환할 것"이라는 판시내용으로 위 판례는 폐기되어, 현재는 이주대책대상자들에게 생활기본시설에 대한 비용이 제외된다면 이주자 택지 및 이주자 주택 등의 공급가격을 조성원가 또는 감정가격으로 기준을 정할 수 있다는 입장으로 해석된다.

(ⅶ) 공급시기

단독주택건설용지 일반 공급시에 하되 별도 결정해 통보하고, 공급위치는 당해 사업시행지구내 토지이용계획상 단독주택용지로 하고 세부사항은 사업시행자가 추후 결정한다. 보상실무상 택지개발사업 시행자는 이주자 택지 공급공고를 하고, 수의계약형식으로 택지에 관하여 특별분양 계약을 체결한다.

(ⅷ) 기타

한편 택지개발촉진법 관련규정에 따라 대부분의 사업시행자는 이주자 택지의 공급면적을 265㎡로 하고 있고 그 이상의 초과부분에 대해서는 감정가격으로 공급하고 있다.[899] 한편, 택지개발사업지구내 단독주택용지가 조성될 경우에 한하여 공급되며, 공급계약체결이후 1회에 한하여 명의변경이 가능하다.

---

898) 대법원 2011.6.23. 선고 2007다63089 전원합의체 판결
899) ■ 택지개발촉진법 시행규칙 제10조(택지의 공급방법 등) ⑤시행자는 영 제13조의2제5항제4호에 따라 택지를 수의계약으로 공급할 때에는 1세대당 1필지를 기준으로 하여 1필지당 140제곱미터 이상 265제곱미터 이하의 규모로 공급하여야 한다. 다만, 해당 택지개발지구의 단독주택건설용지를 각 필지로 분할한 후 남은 단독주택건설용지의 규모가 140제곱미터 미만인 경우로서 계획여건상 불가피한 경우에는 그러하지 아니하다. 〈개정 2015.11.18.〉

[판례1] ▶ 공공용지의취득및손실보상에관한특례법 소정의 이주대책의 제도적 취지
[대법원 1994. 5. 24. 선고 92다35783 전원합의체 판결](지장물세목조서명의변경)
[변경:대법원 2011.6.23. 선고 2007다63089,63096 전원합의체 판결에 의하여 변경]

【판결요지】

공공용지의취득및손실보상에관한특례법상의 이주대책은 공공사업의 시행에 필요한
토지 등을 제공함으로 인하여 생활의 근거를 상실하게 되는 이주자들을 위하여 사업
시행자가 기본적인 생활시설이 포함된 택지를 조성하거나 그 지상에 주택을 건설하여
이주자들에게 이를 그 투입비용 **원가**만의 부담하에 개별 공급하는 것으로서, 그 본래
의 취지에 있어 이주자들에 대하여 종전의 생활상태를 원상으로 회복시키면서 동시에
인간다운 생활을 보장하여 주기 위한 이른바 생활보상의 일환으로 국가의 적극적이고
정책적인 배려에 의하여 마련된 제도이다.

[판례2] ▶ [1] 사업시행자의 이주대책 수립·실시의무를 정하고 있는 구 공익사업을
위한 토지 등의 취득 및 보상에 관한 법률 제78조 제1항과 이주대책의 내용을 정하고
있는 같은 조 제4항 본문이 강행법규인지 여부(적극)
[2] 이주자주택 공급시 생활기본시설 차감기준은 일반분양가에서 차감한다.
구 공익사업을 위한 토지 등의 취득 및 보상에 관한 법률 제78조 제4항에서 정한 '도
로·급수시설·배수시설 그 밖의 공공시설 등 당해 지역조건에 따른 생활기본시설'의
의미 및 이주대책대상자들과 사업시행자 등이 체결한 택지 또는 주택에 관한 특별공
급계약에서 위 조항에 규정된 생활기본시설 설치비용을 분양대금에 포함시킴으로써
이주대책대상자들이 그 비용까지 사업시행자 등에게 지급하게 된 경우, 사업시행자가
그 비용 상당액을 부당이득으로 이주대책대상자들에게 반환하여야 하는지 여부(적극)
[대법원 2011.6.23. 선고 2007다63089,63096 전원합의체 판결]
(채무부존재확인·채무부존재확인)

【판결요지】

[1] 구 토지보상법(2007.10.17. 법률 제8665호로 개정되기 전의 것)은 공익사업에 필

요한 토지 등을 협의 또는 수용에 의하여 취득하거나 사용함에 따른 손실 보상에 관한 사항을 규정함으로써 공익사업의 효율적인 수행을 통하여 공공복리의 증진과 재산권의 적정한 보호를 도모함을 목적으로 하고 있고, **위 법에 의한 이주대책**은 공익사업의 시행에 필요한 토지 등을 제공함으로 인하여 생활의 근거를 상실하게 되는 이주대책대상자들에게 종전 생활상태를 원상으로 회복시키면서 동시에 인간다운 생활을 보장하여 주기 위하여 마련된 제도이므로, <u>사업시행자의 이주대책 수립·실시의무를 정하고 있는 구 공익사업법 제78조 제1항은 물론 이주대책의 내용에 관하여 규정하고 있는 같은 조 제4항 본문 역시 당사자의 합의 또는 사업시행자의 재량에 의하여 적용을 배제할 수 없는 **강행법규**</u>이다.

[2] 구 토지보상법(2007.10.17. 법률 제8665호로 개정되기 전의 것) 제78조 제4항의 취지는 이주대책대상자들에게 생활 근거를 마련해 주고자 하는 데 목적이 있으므로, 위 규정의 '도로·급수시설·배수시설 그 밖의 공공시설 등 당해 지역조건에 따른 생활기본시설'은 주택법 제23조 등 관계 법령에 의하여 주택건설사업이나 대지조성사업을 시행하는 사업주체가 설치하도록 되어 있는 도로 및 상하수도시설, 전기시설·통신시설·가스시설 또는 지역난방시설 등 간선시설을 의미한다고 보아야 한다. 따라서 만일 이주대책대상자들과 사업시행자 또는 그의 알선에 의한 공급자에 의하여 체결된 택지 또는 주택에 관한 특별공급계약에서 구 공익사업법 제78조 제4항에 규정된 생활기본시설 설치비용을 분양대금에 포함시킴으로써 이주대책대상자들이 생활기본시설 설치비용까지 사업시행자 등에게 지급하게 되었다면, <u>사업시행자가 직접 택지 또는 주택을 특별공급한 경우에는 특별공급계약 중 분양대금에 생활기본시설 설치비용을 포함시킨 부분이 강행법규인 위 조항에 위배되어 무효</u>이고, 사업시행자의 알선에 의하여 다른 공급자가 택지 또는 주택을 공급한 경우에는 사업시행자가 위 규정에 따라 부담하여야 할 생활기본시설 설치비용에 해당하는 금액의 지출을 면하게 되어, 결국 사업시행자는 법률상 원인 없이 생활기본시설 설치비용 상당의 이익을 얻고 그로 인하여 이주대책대상자들이 같은 금액 상당의 손해를 입게 된 것이므로, 사업시행자는 그 금액을 부당이득으로 이주대책대상자들에게 반환할 의무가 있다. <u>다만 구 공익사업을 위한 토지 등의 취득 및 보상에 관한 법률 제78조 제4항에 따라 사업시행자의 부담으로 이주</u>

대책대상자들에게 제공하여야 하는 것은 위 조항에서 정한 생활기본시설에 국한되므로, 이와 달리 사업시행자가 이주대책으로서 이주정착지를 제공하거나 택지 또는 주택을 특별공급하는 경우 사업시행자는 이주대책대상자들에게 택지의 소지(소지)가격 및 택지조성비 등 투입비용의 원가만을 부담시킬 수 있고 이를 초과하는 부분은 생활기본시설 설치비용에 해당하는지를 묻지 않고 그 전부를 이주대책대상자들에게 전가할 수 없다는 취지로 판시한 종래 대법원판결들은 이 판결의 견해에 배치되는 범위 안에서 모두 변경하기로 한다.

최근 성남판교지구, 광교지구, 파주운정지구 등 수도권지역 규모 택지개발사업의 경우에 있어 기준일[900] 1년 이전부터 소유·거주요건 충족자에게는 1세대 1필지의 이주자택지를 조성원가 이하로 공급하고, 이주자택지수급권을 포기한 자 또는 1년 미만 이전부터 소유·거주한 자로 이주자택지공급대상자에서 제외된 자에게는 주택특별공급의 일환으로 분양아파트를 일반 분양가격에 공급하며, 소정의 요건을 갖춘 무주택세대주인 세입자에게는 주거이전비와 택일적으로 임대아파트를 일반 임대조건에 따라 공급하였고(주택공급에 관한규칙 제19조 제1항 제4호 참조), 공급하는 택지 등의 면적에 있어서는 협의 양도 또는 자진 이주 등 부가조건의 충족 여부에 따라 차등을 두는 경우가 많았다.[901]

③ 이주자 주택의 공급·알선[902]

기준일(예정지구 공람공고일) 전부터 협의보상계약 체결일 또는 수용재결일까지 당해 사업지구내에서 허가가옥(주택)을 소유 및 계속 거주하면서 손실보상을 받고 이주하는 자로서 이주자 택지 공급대상자 중 이주자 택지 분양권을 포기하고 이주자 주택(분양아파트)의 공급을 원하는 자[903]에게 공급한다.(수도권지역의 공람공고일 1년 전부터 거주해야 하는 제한 없음)

---

900) 택지개발사업: 택지개발예정지구지정공람공고일, 주택건설사업: 주택건설사업계획 승인고시일, 도시계획사업: 도시계획사업실시계획 인가고시일이 각 기준일이 되고 있다.

901) 전광식, "공익사업에 따른 영업보상과 이주 및 생활대책", 2009년 대한변호사협회 전문분야 특별연수 101-102면

902) 한국토지주택공사, 앞의 책, 2016, 517-518면 참조

903) 과거에는 입주자 모집 공고일 현재 무주택 세대주에 한하여 특별공급신청 가능하였으며, 1989.1.25.이후 건축된 무허가건물 소유자와 법인 및 단체는 제외.

○ 공급대상자

① 「수도권정비계획법」에 의한 수도권지역, 「신행정수도 후속대책을 위한 연기·공주지역 행정중심복합도시 건설을 위한 특별법」에 의한 행정중심복합도시와 국가 또는 지방자치단체의 요청이 있는 지역의 이주대책대상자 중 이주자택지 공급대상자에 해당되지 않는 자

② 이주대책대상자 중 이주자주택의 공급을 원하는 자

③ 택지의 부족이 예상되는 등 사업지구 여건상 주택공급방법의 이주대책 수립이 불가피한 자를 대상으로 한다.

○ 공급대상 주택 (주택공급에관한규칙 제3조제2항제11호)

① 공공사업의 시행자가 직접 건설하는 주택

② 공공사업의 시행자가 다른 사업주체에게 위탁하여 건설하는 주택

③ 공공사업의 시행자가 조성한 택지를 공급받은 사업주체가 건설하는 주택

○ 공급기준

① 이주자 주택의 공급은 **유주택자에게도 공급이 가능**하다.

② 이주자 주택을 「주택공급에 관한 규칙」 제3조제2항제11호 다목에 따라 조성토지를 공급받은 사업 주체가 건설하는 주택으로 공급하는 경우에는 미리 해당 사업주체와 협의하여야 하며, 이 경우 조성토지를 공급하는 용지매매계약서에 "해당 사업주체는 공사로부터 「주택공급에 관한 규칙」 제3조제2항제11호다목에 따라 이주대책 대상자에게 주택을 공급하기 위하여 주택공급을 요청받은 경우 이를 사업계획에 반영 하여 공사가 선정·통보하는 자에게 공급이 가능하도록 조치하여야 한다"라는 내용을 명시하여야 한다.

③ 1세대가 2이상의 가옥을 소유한 경우에도 1세대 1주택만 공급한다.

④ 동일 세대내에 이주자택지·주택, 협의양도인택지 또는 주택특별공급대상자가 있는 경우에는 그 대상자의 선택에 따라 어느 하나만을 공급한다.

⑤ 공유자에 대한 공급기준은 이주자택지 공유자에 대한 공급기준을 준용한다.

○ 공급규모

① 원칙

법령 또는 다른 규정에서 특별히 규정되어 있는 경우를 제외하고는 <u>전용면적 85㎡이</u><u>하 주택을</u> 공급한다.

② 예외

당초 소유 및 거주한 가옥의 전용면적(단독주택의 경우 방, 거실, 부엌, 실내화장실, 현관의 합산면적을 말함)이 85제곱미터를 초과하는 자에게는 전용 85㎡ 초과 주택을 공급할 수 있다. 이 경우에도 「수도권정비계획법」에 의한 수도권에서 시행하는 사업은 기준일 현재 거주기간이 1년 미만인 자에게는 전용 85㎡ 이하의 주택을 공급한다.

○ **공급가격**

① 주택의 **일반분양가격에서** 이주자 주택의 대지면적에 해당하는 <u>생활기본시설 설치</u><u>비를 차감한</u> 금액('08. 4.18 이후 보상계획공고지구부터 적용)으로 한다.

② 「주택공급에 관한 규칙」제3조제2항제11호 다목에 따라 이주자 주택을 공급하는 경우 이주자 주택의 대지면적에 해당하는 생활기본시설 설치비는 공사가 부담한다.

○ 공급시기 : 통상적으로 분양아파트 입주자모집시에 하되 세부일정은 추후 결정

○ 명의변경(전매)은 주택법 시행령 제45조의2 제5항 제5호에 의거 가능함

(4) 이주정착금의 지급

① 의의

사업시행자는 ⅰ) 이주대책을 수립·실시하지 아니하는 경우, ⅱ) 이주대책대상자가 이주정착지가 아닌 다른 지역으로 이주하려는 경우 등에 해당하면 이주대책대상자에게 이주정착금을 지급하여야 한다(시행령 제41조).

이주대책을 수립·실시하지 아니하는 경우로는 (ⅰ) 이주대책대상자 중 이주정착지에 이주를 희망하는 자의 가구 수가 10호(戶) 미만인 경우, (ⅱ) 공익사업시행지구의 인근에 <u>택지 조성에 적합한 토지가 없는 경우</u>, (ⅲ) 이주대책에 필요한 비용이 당해 공익사업의 본래의 목적을 위한 소요비용을 초과하는 등 이주대책의 수립·실시로 인하여 당해 공익사업의 시행이 사실상 곤란하게 되는 경우이다.[904]

---

904) 시행령 제40조제2항, 시행규칙 제53조 제1항 참조

■ 토지보상법 시행령 제41조(이주정착금의 지급) 사업시행자는 법 제78조제1항에 따라 다음 각 호의 어느 하나에 해당하는 경우에는 이주대책 대상자에게 국토교통부령으로 정하는 바에 따라 이주정착금을 지급하여야 한다.

1. 이주대책을 수립·실시하지 아니하는 경우
2. 이주대책대상자가 이주정착지가 아닌 다른 지역으로 이주하려는 경우

[전문개정 2013.5.28.]

■ 토지보상법 시행규칙 제53조(이주정착금 등) ① 영 제40조제2항에서 "국토교통부령이 정하는 부득이한 사유"라 함은 다음 각호의 1에 해당하는 경우를 말한다. 〈개정 2008.3.14., 2013.3.23.〉

　1. 공익사업시행지구의 인근에 택지 조성에 적합한 토지가 없는 경우
　2. 이주대책에 필요한 비용이 당해 공익사업의 본래의 목적을 위한 소요비용을 초과하는 등 이주대책의 수립·실시로 인하여 당해 공익사업의 시행이 사실상 곤란하게 되는 경우

② 영 제41조에 따른 이주정착금은 보상대상인 주거용 건축물에 대한 평가액의 30퍼센트에 해당하는 금액으로 하되, 그 금액이 1천2백만원 미만인 경우에는 <u>1천2백만원</u>으로 하고, 2천4백만원을 초과하는 경우에는 <u>2천4백만원</u>으로 한다. 〈개정 2012.1.2., 2020.12.11.〉

② 지급대상자[905)]

이주정착금을 지급받게 되는 자는 (ⅰ) 이주대책 수립대상자 중 이주자 택지 또는 이주자 주택, 국민임대주택을 공급받을 권리를 포기하고 이주정착금의 지급을 요청하는 경우, (ⅱ) 해당 사업지구의 여건 상 이주자 택지 또는 이주자 주택의 공급이 불가능한 경우, (ⅲ) 토지보상법 시행령 제41조 각 호의 어느 하나에 해당하는 경우의 자이다. 따라서 <u>이주정착금 지급대상자는 이주대책대상자의 요건을 구비한 것을 전제로 한다.</u>

---

905) 이주대책 대상자는 이주자 택지, 이주자 주택(분양아파트), 국민임대아파트, 이주정착금 중 1가지만 선택 가능.

[판례1] ▶ 대법원 2016.12.15. 선고 2016두49754 판결 (손실보상금)

【판시사항】

[1] 도시 및 주거환경정비법상 주거용 건축물의 소유자에 대한 주거이전비의 보상은 주거용 건축물에 대하여 정비계획에 관한 공람공고일부터 해당 건축물에 대한 보상을 하는 때까지 계속하여 소유 및 거주한 주거용 건축물의 소유자를 대상으로 하는지 여부(적극)

[2] 주택재개발정비사업구역 지정을 위한 공람공고 당시 사업구역에 위치한 자신 소유의 주거용 건축물에 거주하던 중 분양신청을 하고 그에 따른 이주의무를 이행하기 위해 정비구역 밖으로 이주한 후 을 주택재개발정비사업조합과의 분양계약 체결을 거부함으로써 현금청산대상자가 된 갑이 을 조합을 상대로 이주정착금의 지급을 청구한 사안에서, 갑이 도시 및 주거환경정비법상 이주정착금 지급자로서의 요건을 갖추지 않았다고 한 사례

[3] 공익사업을 위한 토지 등의 취득 및 보상에 관한 법률 제78조 제5항 등에 따른 이사비 보상대상자가 공익사업시행지구에 편입되는 주거용 건축물의 거주자로서 공익사업의 시행으로 인하여 이주하게 되는 자인지 여부(적극) 및 이는 도시 및 주거환경정비법에 따른 정비사업의 경우에도 마찬가지인지 여부(적극)

【판결요지】

[1] 도시 및 주거환경정비법(이하 '도시정비법'이라 한다) 제40조 제1항에 의해 정비사업 시행에 관하여 준용되는 공익사업을 위한 토지 등의 취득 및 보상에 관한 법률 제78조 제5항은 "주거용 건물의 거주자에 대하여는 주거 이전에 필요한 비용과 가재도구 등 동산의 운반에 필요한 비용을 산정하여 보상하여야 한다."라고 규정하고, 구 공익사업을 위한 토지 등의 취득 및 보상에 관한 법률 시행규칙(2016.1.6. 국토교통부령 제272호로 개정되기 전의 것) 제54조 제1항은 "공익사업시행지구에 편입되는 주거용 건축물의 소유자에 대하여는 당해 건축물에 대한 보상을 하는 때에 가구원 수에 따라 2월분의 주거이전비를 보상하여야 한다. 다만, 건축물의 소유자가 당해 건축물에 실제 거주하고 있지 아니하거나 당해 건축물이 무허가건축

물등인 경우에는 그러하지 아니하다."라고 규정하고 있다. 여기서 위 각 규정을 준용하는 도시정비법상 주거용 건축물의 소유자에 대한 주거이전비의 보상은 주거용 건축물에 대하여 정비계획에 관한 공람공고일부터 해당 건축물에 대한 보상을 하는 때까지 계속하여 소유 및 거주한 주거용 건축물의 소유자를 대상으로 한다.

[2] 주택재개발정비사업구역 지정을 위한 공람공고 당시 사업구역에 위치한 자신 소유의 주거용 건축물에 거주하던 중 분양신청을 하고 그에 따른 이주의무를 이행하기 위해 정비구역 밖으로 이주한 후 을 주택재개발정비사업조합과의 분양계약 체결을 거부함으로써 현금청산대상자가 된 갑이 을 조합을 상대로 이주정착금의 지급을 청구한 사안에서, 갑은 조합원으로서 정비사업의 원활한 진행을 위하여 정비구역 밖으로 이주하였다가 자신의 선택으로 분양계약 체결신청을 철회하고 현금청산대상자가 된 것에 불과하므로, 도시 및 주거환경정비법 시행령 제44조의2 제1항에서 정한 '질병으로 인한 요양, 징집으로 인한 입영, 공무, 취학 그 밖에 이에 준하는 부득이한 사유로 인하여 거주하지 아니한 경우'에 해당한다고 보기 어려워 갑이 도시 및 주거환경정비법상 이주정착금 지급자로서의 요건을 갖추지 않았음에도, 이와 달리 본 원심판단에 법리를 오해한 잘못이 있다고 한 사례

[3] 공익사업을 위한 토지 등의 취득 및 보상에 관한 법률 제78조 제5항, 구 공익사업을 위한 토지 등의 취득 및 보상에 관한 법률 시행규칙(2016.1.6. 국토교통부령 제272호로 개정되기 전의 것) 제55조 제2항의 각 규정 및 공익사업의 추진을 원활하게 함과 아울러 주거를 이전하게 되는 거주자들을 보호하려는 이사비 제도의 취지에 비추어 보면, 이사비 보상대상자는 공익사업시행지구에 편입되는 주거용 건축물의 거주자로서 공익사업의 시행으로 인하여 이주하게 되는 자로 보는 것이 타당하다. 이러한 취지는 도시 및 주거환경정비법에 따른 정비사업의 경우에도 마찬가지이다.

【원고, 피상고인】 원고 ○○○

【피고, 상고인】 왕십리뉴타운제1구역주택재개발정비사업조합

【원심판결】 서울고법 2016.8.18. 선고 2015누72759 판결

【주 문】

원심판결의 피고 패소 부분 중 이주정착금 및 주거이전비에 관한 부분을 파기하고, 이 부분 사건을 서울고등법원에 환송한다. 나머지 상고를 기각한다.

【이 유】

상고이유를 판단한다.

1. 이주정착금에 관하여

도시 및 주거환경정비법(이하 '도시정비법'이라 한다) 제40조 제1항에 의해 정비사업 시행에 관하여 준용되는 공익사업을 위한 토지 등의 취득 및 보상에 관한 법률(이하 '토지보상법'이라 한다) 제78조 제1항에 따르면, 사업시행자가 공익사업의 시행으로 인하여 주거용 건축물을 제공함에 따라 생활의 근거를 상실하게 되는 자(이하 '이주대책대상자'라 한다)를 위하여 대통령령으로 정하는 바에 따라 이주대책을 수립·실시하거나 이주정착금을 지급하여야 하는데, 도시정비법 시행령 제44조의2 제1항은 '공람공고일부터 계약체결일 또는 수용재결일까지 계속하여 거주하고 있지 아니한 건축물의 소유자'는 질병으로 인한 요양, 징집으로 인한 입영, 공무, 취학 그 밖에 이에 준하는 부득이한 사유가 아닌 한 이주대책대상자에서 제외된다고 규정하여, 계속 거주 요건과 그에 관한 예외를 정하고 있다.

원심판결 이유 및 원심이 적법하게 채택한 증거에 의하면, ① 2005.10.13. 이 사건 정비사업에 관한 정비계획 공람공고가 있었던 사실, ② 위 공람공고 당시 그 소유의 주거용 건축물에 거주하던 원고가 분양신청 기간 내에 분양신청을 하여 아파트를 분양받기로 하였고, 그에 따른 이주의무를 이행하기 위해 2008.10.20.경 이 사건 정비구역 밖으로 이주한 사실, ③ 그 후 원고가 피고와의 분양계약 체결을 거부함으로써 현금청산대상자가 되었고, 이 사건 정비구역 내에 있는 원고 소유 주거용 건축물에 관하여 2014.10.24. 수용재결이 이루어진 사실 등을 알 수 있으므로, 원고는 그 소유 건축물에 대한 협의 매도나 보상이 이루어지기 전에 이미 해당 건축물에서 이주한 것으로 볼 수 있다.

이러한 사정을 앞서 본 법령 및 관련 법리에 비추어, 원고가 이처럼 위 건축물에 계속하여 거주하지 않은 데에 부득이한 사유가 있었는지에 관하여 보건대, 원고는 피고 조합원으로서 이 사건 정비사업의 원활한 진행을 위하여 이 사건 정비구역 밖으로 이주하였다가 자신의 선택으로 분양계약 체결신청을 철회하고 현금청산대상자가 된 것에 불과하므로, 이를 두고 '질병으로 인한 요양, 징집으로 인한 입영, 공무, 취학 그 밖에 이에 준하는 부득이한 사유로 인하여 거주하지 아니한 경우'에 해당한다고 보기 어렵다. 결국 원고는 다른 특별한 사정이 없는 한 도시정비법상 이주정착금 지급자로서의 요건을 갖추었다고 볼 수 없다.

그럼에도 원심은 이와 달리 위와 같은 '부득이한 사유'가 원고에게 인정된다고 보아 원고의 이 사건 이주정착금 청구를 인용하였으니, 이러한 원심의 판단에는 도시정비법상 이주정착금의 지급대상자에 관한 법리를 오해하여 판결에 영향을 미친 잘못이 있다. 이 점을 지적하는 상고이유의 주장은 이유 있다.

2. 주거이전비에 관하여

도시정비법 제40조 제1항에 의해 정비사업 시행에 관하여 준용되는 토지보상법 제78조 제5항은 "주거용 건물의 거주자에 대하여는 주거 이전에 필요한 비용과 가재도구 등 동산의 운반에 필요한 비용을 산정하여 보상하여야 한다."라고 규정하고, 구 공익사업을 위한 토지 등의 취득 및 보상에 관한 법률 시행규칙(2016.1.6. 국토교통부령 제272호로 개정되기 전의 것, 이하 '토지보상법 시행규칙'이라 한다) 제54조 제1항은 "공익사업시행지구에 편입되는 주거용 건축물의 소유자에 대하여는 당해 건축물에 대한 보상을 하는 때에 가구원수에 따라 2월분의 주거이전비를 보상하여야 한다. 다만, 건축물의 소유자가 당해 건축물에 실제 거주하고 있지 아니하거나 당해 건축물이 무허가건축물등인 경우에는 그러하지 아니하다."라고 규정하고 있다. 여기서 위 각 규정을 준용하는 도시정비법상 주거용 건축물의 소유자에 대한 주거이전비의 보상은 주거용 건축물에 대하여 정비계획에 관한 공람공고일부터 해당 건축물에 대한 보상을 하는 때까지 계속하여 소유 및 거주한 주거용 건축물의 소유자를 대상으로 한다고 해석된다(대법원 2015.2.26. 선고 2012두19519 판결 등 참조).

원고가 건축물에 대한 협의 매도나 보상이 이루어지기 전에 이미 해당 건축물에서 이주함으로써 공람공고일부터 해당 건축물에 대한 보상을 하는 때까지 계속하여 거주한 주거용 건축물 소유자에 해당하지 않는다는 점은 앞서 본 바와 같으므로, 위 법리에 따르면 원고는 도시정비법상 주거이전비의 지급대상자에 해당한다고 볼 수 없다.

그럼에도 원심은 이와 달리 원고가 계속 거주 요건을 갖추었다고 보아 원고의 이 사건 주거이전비 청구를 인용하였으니, 이러한 원심의 판단에는 도시정비법상 주거이전비에 관한 법리를 오해하여 판결에 영향을 미친 잘못이 있다. 이 점을 지적하는 상고이유의 주장은 이유 있다.

3. 이사비에 관하여

토지보상법 제78조 제5항, 토지보상법 시행규칙 제55조 제2항의 각 규정 및 공익사업의 추진을 원활하게 함과 아울러 주거를 이전하게 되는 거주자들을 보호하려는 이사비 제도의 취지에 비추어 보면, 이사비 보상대상자는 공익사업시행지구에 편입되는 주거용 건축물의 거주자로서 공익사업의 시행으로 인하여 이주하게 되는 자로 보는 것이 타당하다(대법원 2010.11.11. 선고 2010두5332 판결 등 참조). 이러한 취지는 도시정비법에 따른 정비사업의 경우에도 마찬가지라고 할 것이다.

원심판결 이유에 의하면, 서울특별시장은 2006.3.16. 이 사건 정비사업구역을 지정·고시하였고, 원고는 그 정비구역 안의 주거용 건축물에 거주하다가 위 지정·고시 이후인 2008.10.20.경 이 사건 주택재개발사업의 시행으로 인하여 이주하게 된 사실을 알 수 있고, 이러한 사실관계를 앞서 본 법리에 비추어 살펴보면 원고는 이사비 보상대상자에 해당한다.

원심이 같은 취지에서 원고가 이사비의 지급대상자에 해당한다고 판단한 것은 정당하고, 거기에 도시정비법상 이사비의 지급대상자에 관한 법리를 오해한 잘못이 없다.

4. 결론

그러므로 원심판결의 피고 패소 부분 중 이주정착금 및 주거이전비에 관한 부분을 파기하고, 이 부분 사건을 다시 심리·판단하게 하도록 원심법원에 환송하며, 나머지 상고를 기각하기로 하여, 관여 대법관의 일치된 의견으로 주문과 같이 판결한다.

③ 지급금액 및 지급시기

이주정착금은 <u>보상대상인 주거용 건축물에 대한 평가액의 30%</u>에 해당하는 금액으로 하되, 그 금액이 1천2백만원 미만인 경우에는 <u>**1천2백만원**</u>으로 하고, 2천4백만원을 초과하는 경우에는 **2천4백만원**으로 한다(시행규칙 제53조제2항).

> ※ 이주정착금 상·하한액 조정: 국회는 이주대책 비용과 형평성을 고려하여 이주정
> 착금의 하한액을 6백만원에서 1천2백만원으로, 상한액을 1천2백만원에서 2천4백
> 만원으로 상향하여 개정하였다.(2020.12.11. 일부개정) [시행2020.12.11.]
> ※ 상향 개정된 이주정착금은 「토지보상법 시행규칙」부칙 제3조에 따라 2020.12.1
> 1. 이후 최초로 이주정착금을 지급하는 공익사업시행지구부터 적용한다.

지급시기는 당해 사업지구밖으로 이주하고 주민등록이전 확인 후 지급함이 통상적이나,
당해건물을 철거할 수 있는 때에 철거시에 지급하고 이주자택지 및 주택 공급시기 등과
관련하여 필요하다고 인정되는 경우에는 그 전에도 지급할 수 있다.

(5) 기타

광의의 이주대책으로 주거용 건축물의 최저보상액 보장 및 다른 공익사업지구에 재편입
시의 가산금 지급(시행규칙 제58조), 주택도시기금 우선지원(법 제78조 제3항),[906] 이
주대책 대상자 요구로 이주자 택지 또는 이주자 주택의 취득비용과 보상금 상계(시행령
제40조 제6항),[907] 주거이전비의 보상 및 이사비 지급(시행규칙 제54조) 등이 있다.

(6) 관련 질의회신 등

질의회신

[질의회신1] ▶ 공익사업지구 밖 주민에 대한 이주대책가능여부
[2005.11.3. 토지정책팀-1039]

---

906) 국가나 지방자치단체는 이주대책의 실시에 따른 주택지의 조성 및 주택의 건설에 대하여는 「주택도시
기금법」에 따른 주택도시기금을 우선적으로 지원하여야 한다(법 제78조 제3항)
907) 이주정착지 안의 택지 또는 주택을 취득하거나 관계 법령에 따라 이주대책 대상자에게 택지 또는 주
택을 공급한 경우 택지 또는 주택을 취득하는 데 드는 비용은 이주대책 대상자의 희망에 따라 그가 지
급받을 보상금과 상계(相計)할 수 있다(시행령 제40조 제6항).

【회신내용】

소유농지의 대부분이 공익사업시행지구에 편입됨으로써 건축물(건축물의 대지 및 잔여농지를 포함)만이 공익사업시행지구밖에 남게 되는 경우로서 그 건축물의 매매가 불가능하고 이주가 부득이한 경우에는 그 소유자의 청구에 의하여 이를 공익사업시행지구에 편입되는 것으로 보아 보상하도록 되어 있음. 따라서 <u>주거용 건축물이 공익사업시행지구에 직접 편입되지는 않으나 공익사업의 시행으로 인하여 농지가 전부 매입되고 주거용 건축물이 철거되어 이주하게 되는 경우라면 이주대책, 주거이전비 및 이사비 보상대상에 해당된다.</u>

[질의회신2] ▶ 사망한 부의 명의 주택을 상속받지 아니하고 아들이 당해 주택에서 계속 거주하고 있는 경우 이주대책대상에 해당되는지 여부 [2004.7.31. **토지관리과** -3398]

【회신내용】

오래전부터 같이 거주하고 사망한 부명의 주택에 대하여 그 아들은 법정상속인이 되므로 아들이 당해 주택에서 계속 거주하고 있는 경우 이주대책수립대상에 해당된다.

[질의회신3] ▶ 직장관계로 다른 지역에서 하숙을 하는 등 일시적으로 주소지에서 거주한 경우 부득이한 사유로 주거용 건축물에서 거주하지 아니한 것으로 보아 이주대책 대상자에 해당되는지 여부 [2003.6.23. **토관58342-884**]

【회신내용】

공적인 업무 등과 이에 준하는 사유가 아닌 소유자의 의사 또는 사적인 업무 등에 의하여 당해 주거용 건축물에서 거주하지 아니하는 경우는 이주대책 대상자에 해당 안된다.

[질의회신4] ▶ 주민등록상 어머니와 아들 가족이 한 세대로 되어 있으나, 어머니 소유의 주거용 건물에는 어머니와 손녀가 거주하고, 아들 소유의 주거용 건물에는 아들과 가족이 거주하는 경우 그 주거용 건축물의 소유자 각자에게 이주대책을 수립·

실시하거나 이주정착금을 지급하여야 한다. [2003.5.12. 토관58342-667]

[질의회신5] ▶ 주거용 건축물이 다수의 지분으로 되어 있고 그 중 1인만 당해 건축물에 거주할 경우 이주정착금은 그 건축물 지분가격의 30%에 해당하는 금액으로 보상하여야 한다. [2006.3.16. 토지정책팀-1148]

[질의회신6] ▶ 이주자 택지 분양준비 후 설명회를 마치고 분양이 중단된 상태에서 이주대책 대상자가 사망하였고, 외지에 거주하는 그 상속인이 분양을 요청하는 때에는 당초의 이주택지 조성취지에 따라 이주대책 대상자의 상속인에게 이주자 택지를 분양할 수 있다. [2004.9.1. 토지관리과-3986]

[질의회신7] ▶ 건축물대장상의 주소와 주민등록상의 주소가 다른 경우 이주자 택지를 분양받을 수 있는지 여부 [2003.6.20. 토관58342-873]

【회신내용】주민등록상 주소와 주거용 건축물의 소재지가 다른 경우에도 당해 주거용건축물에서 실제 거주한 경우에는 이주대책 대상자에 해당됨. 다만, 이 경우 소유자가 당해 주거용 건축물에 거주하고 있다는 사실을 객관적으로 입증(공공요금영수증 등 객관성이 있는 자료에 의하여 실제 거소가 주거용 건축물의 소재지와 같은 것으로 입증된 경우)하여야 할 것이다.

[질의회신8] ▶ 이주자 택지 공급가격 산정과 관련한 생활기본시설의 범위
[2008.1.18. 법제처 법령해석지원팀-98]

【회신내용】
① 토지보상법 제78조제4항에서 사업시행자의 비용으로 도로·급수시설·배수시설 그 밖의 기본적인 공공시설 등 생활기본시설을 설치하도록 한 것은 이주대책대상자에 대한 종전 생활상태로의 원상회복 및 인간다운 생활을 보장하기 위함이므로 종전의 생활상태로의 원상회복 등을 위한 생활기본시설에 해당된다고 볼 수 없는 시설 및 최첨단의 우수한 시설의 설치비용은 사업시행자가 부담하지 않음.

② 사업시행자는 토지보상법 제78조제4항에 의한 이주정착지 조성시 「대도시권 광역교통관리에 관한 특별법」에 따라 택지개발사업 실시계획의 승인시 조건인 광역교통개선대책에 따른 신설도로·전철 등 교통시설, 쓰레기 자동집하시스템 및 **유비쿼터스 환경의 미래형 디지털도시(U-City)구축**을 위한 시설을 설치하는 비용을 포함한 가격으로 이주정착지를 공급할 수 있음.

질의회신

[질의회신1] ▶ 이주대책대상자가 **개발제한구역 내에서 이축이 허가**를 받아 이전한 경우에는 이주정착지가 아닌 다른 지역으로 이주하는 경우에 해당하므로 이주정착금을 지급하여야 한다. [2015.5.14. 토지정책과-3428]

【질의요지】

이주대책대상자로 선정된 자가 「개발제한구역의 지정 및 관리에 관한 특별법」 제12조제1항에 따라 이축허가를 받아 이전하는 경우 이주정착금을 지급하여야 하는지 여부

【회신내용】

토지보상법 시행령 제41조제2호는 사업시행자는 토지보상법 제78조제1항에 따라 이주대책대상자가 이주정착지가 아닌 다른 지역으로 이주하려는 경우에는 이주대책대상자에게 국토교통부령으로 정하는 바에 따라 이주정착금을 지급하도록 하고 있습니다.

따라서 공익사업의 시행에 따른 이주대책대상자가 이주정착지가 아닌 다른 지역으로 이주하는 경우라면 이주정착금을 지급하여야 한다고 보며, 개별적인 사례에 대하여는 사업시행자가 관계법령 및 사실관계를 조사·검토하여 판단할 사항입니다.

[질의회신2] ▶ 이주정착금산정의 기준이 되는 주거용건물에는 그 부속건물이 포함

된다. [1998.6.18. 토정58342-958]

【질의요지】

공공사업에 주택, 창고, 화장실, 대문, 담장, 축사, 정화조, 비닐하우스 등이 편입될 경우 이주정착금의 산정시 어느 부분이 포함되는지

【회신내용】

'건물'이라 함은 건물 및 건물에 속한 부대시설이 있을 경우 이를 포함하는 개념이나, 축사, 농사용비닐하우스 등 주거에 공여되지 아니하는 시설까지를 포함하는 것은 아닙니다.

[질의회신3] ▶ 부의 주택에 별거하는 취학자녀는 이주정착금의 지급대상이 아니다. [1999.1.7. 토정58342-20]

【질의요지】

취학자녀가 거주하는 부의 주택이 공공사업에 편입된 경우에 이주정착금 지급대상인지

【회신내용】

이주정착금의 지급대상은 공공사업을 위한 관계법령에 의한 고시 등이 있기 이전부터 계속하여 당해 주택에 거주하고 있는 자이므로 당해 건물에 계속하여 거주하고 있지 아니하는 자는 이주정착금 지급대상이 되지 아니합니다.

[질의회신4] ▶ 1동의 건물을 공유하고 있는 경우 이주정착금은 그 지분율에 의하여 지급한다. [2000.07.28. 토관58342-1160]

【질의요지】

한 건물에 직계존비속관계가 아닌 2명의 소유자가 1/2씩 소유하여 각각 거주하고 있는 경우 이주정착금 지급방법은?

【회신내용】

1동의 건물을 2인이 공유로 소유하고 있는 경우에는 각자의 공유지분별로 분할하여 이주정착금을 지급하여야 한다고 보며, 이 경우 이주정착금은 건물의 평가액(30%)을 기준으로 산정하여야 한다고 봅니다.

[질의회신5] ▶ 아들 명의로 소유사실확인을 받은 주택에 대한 이주대책 수립여부
[2004. 3.5. 사이버민원 9779]

【질의요지】

1930년대에 건축되어 주택에서 살아왔고, 4. 3.사건당시 시아버지와 부가 사망하여 상속등기를 받지 못한 경우로서, 그 모가 계속하여 당해 주택에 거주하였으나 대지에 대한 사실확인서를 아들명의로 받아 보상받는 과정에서 건축물에 대한 보상도 같이 받은 경우로서 사업시행자는 당해 건물이 아들소유이므로 당해 건물에 계속하여 거주한 모가 주거이전비 및 이주대책 대상에 해당되는지 여부

【회신내용】

공익사업을 위한 토지 등의 취득 및 보상에 관한 법률 시행령 제40조의 규정에 의한 이주대책대상자는 공익사업을 위한 관계법령에 의한 고시 등이 있은 날부터 계약체결일 또는 수용재결일까지 편입된 주거용 건축물에서 계속하여 거주하고 있는 소유자로서 그 보상금을 수령하는 자입니다. 이 경우 당초 소유자(부)가 사망하여 보상협의당시 상속절차를 밟지 아니한 경우에는 그 소유자(부)의 처(모)도 민법상 당연히 그 주택의 소유자로 볼 수 있을 것입니다.

또한 보상협의당시 그 주거용 건물의 소유자가 계속하여 거주하였고, 그 주거용 건물의 상속자가 다수라서 원만한 보상협의에 어려움이 있어 사업시행자가 아들에게 일괄 보상하였는지 여부 등 개별적인 사례에 대하여는 사업시행자가 사실관계를 조사하여 판단·결정할 사항이라고 봅니다.

[질의회신6] ▶ 수해로 멸실된 건물 거주자에게 이주정착금 지급은 불가하나 이사비는 지급가능하다. [2006.9.20. 토지정책팀-3640]

【질의요지】
수해로 인하여 멸실된 건물에 거주한 거주자에 대하여 이주정착금, 주거이전비, 이사비 등의 지급이 가능한지

【회신내용】
토지보상법 제78조제1항, 동법 시행규칙 제54조제1항 내지 제2항, 같은 규칙 제55조의 규정에 의한 이주대책수립·실시나 이주정착금 지급, 주거이전비 및 이사비 등은 주거용 건축물의 소유자나 세입자가 당해 건축물에 공익사업을 위한 관계법령에 의한 고시 등이 있은 날부터 계약체결일 또는 수용재결일까지 계속하여 거주하다가 공익사업의 시행으로 인하여 주거용 건축물을 제공함에 따라 생활의 근거를 상실하게 되는 자에게 지급하는 것이므로, 주거용 건축물이 수해로 인하여 멸실된 경우에는 이주정착금 등의 지급대상에 해당되지 아니한다고 보나, <u>공익사업의 시행으로 인하여 가재도구 등 동산의 운반이 필요한 경우 이사비는 지급하여야 한다</u>고 봅니다.

[질의회신7] ▶ 이주정착금 지급 대상자가 건물보상금 수령 후 사망시 상속권자에게 지급한다. [2007.9.6. 토지정책팀-3858]

【질의요지】

주거용건축물이 공익사업에 편입되어 건축물에 대한 보상을 받았으나, 사업시행자의 사정으로 이주정착금, 주거이전비, 이사비를 지급받지 못하여 계속 거주하여 오던 중 소유자가 사망하여 상속권자가 이주정착금 등의 지급청구를 하였을 경우에 이주정착금 및 주거이전에 필요한 비용과 가재도구등 동산의 운반에 필요한 비용을 보상하여야 하는지 여부

【회신내용】

「공익사업을 위한 토지 등의 취득 및 보상에 관한 법률」 제78조제1항의 규정에 의하면 사업시행자는 공익사업의 시행으로 인하여 주거용 건축물을 제공함에 따라 생활의 근거를 상실하게 되는 자를 위하여 대통령령이 정하는 바에 따라 이주대책을 수립·실시하거나 이주정착금을 지급하도록 규정하고 있고, 같은 조 제5항의 규정에 의하면 주거용 건물의 거주자에 대하여는 주거이전에 필요한 비용과 가재도구 등 동산의 운반에 필요한 비용을 산정하여 보상하도록 규정하고 있습니다. 따라서 이에 해당될 경우에는 보상금을 지급하여야 한다고 보며, 보상대상자가 사망한 경우라면 통상 그 수혜대상자의 장례등을 지낸 그 상속권자에게 지급하여야 한다고 보나, 개별적인 사례에 대하여는 사업시행자가 사실관계 등을 검토하여 판단·결정할 사항이라고 봅니다.

라. 이주대책 외의 주택특별공급

무주택 세대주 및 세입자는 원칙적으로 토지보상법령상 이주대책 대상자가 아니다. 다만, 사업시행자는 원활한 사업추진을 위하여 「주택공급에 관한 규칙」에 따라 일정한 요건을 갖춘 철거주택의 세입자 등에게 임대주택을 특별공급 할 수 있으며, 실제로 최근 시행되었던 택지개발사업 등에서 거의 예외 없이 요건을 갖춘 세입자등에게 임대아파트 등을 공급하는 세입자대책을 이주대책에 포함하여 시행하고 있다. 임대주택의 공급조건, 방법 및 절차 등에 관한 사항은 「주택공급에 관한 규칙」에 따른다.[908]

(1) 무주택 세대주에 대한 분양(임대)주택 특별공급

기준일(택지개발예정지구 공람공고일) 이전부터 협의보상계약 체결일 또는 수용재결일까지 당해 사업지구내에서 **가옥**(1989.3.30.이후 건축된 무허가 가옥 제외, 1989.3.29. 주택공급에 관한 규칙 개정)을 **소유**하고 있는 자로 당해 사업으로 그 주택이 **철거**되는 자에게 공급한다(주택공급에 관한 규칙 제19조 제1항제1호).

> ※ 거주하지 않고 소유만 한 경우이므로 이주정착금을 지급할 수 없음.
> ※ 입주자모집공고일 현재 무주택세대주에 한함.
> ※ 공급규모
> − 해당사업지구내 국민주택 규모이하[전용면적 85㎡(25평)]
> ※ 공급가격 : 일반 분양가격(생활기본시설 설치비용은 공제하지 않음)
> ※ 분양주택의 공급기준은 "주택공급에관한규칙"에 따라 적용되므로 공급기준이 추후 변경될 수도 있음.
> ※ 「택지개발촉진법」에 의한 택지개발사업 또는 「도시개발법」에 의한 도시개발사업을 위하여 「개발제한구역의 지정 및 관리에 관한 특별조치법」에 따라 개발제한구역을 해제하고 당해 공공사업을 시행하는 경우 협의양도인택지 대상이나 토지를 공급받지 못한자에게 무주택세대구성원에 한하여 85제곱미터 이하의 분양주택 공급가능

(2) 세입자에 대한 임대주택의 특별공급

공익사업에 따라 철거되는 주택에 기준일(공람공고일) 이전 **3개월** 이전부터 최초 보상개시일까지 본 사업지구 내에 **계속하여 거주한 세대주인 세입자**로서 당해 공익사업 시행으로 인하여 이주하게 되는('89.3.30. 이후 건축된 무허가 가옥 세입자 제외)자에게 공급한다(주택공급에 관한 규칙 제19조 제1항제4호).

> ※ 입주자모집공고일 현재 무주택세대주이어야 한다.
> ※ 임대주택에 한하여 공급할 수 있음.

---

908) 구 「주택공급에관한규칙」 제19조제1항제1호, 제4호(국토교통부령 제268호, 2015.12.29. 전부개정 전) 및 현 「주택공급에관한규칙」 제35조제1항(시행 2019.2.1. 국토교통부령 제565호, 2018.12.11., 일부개정) 참조

※ 공급규모

– 해당사업지구내 국민주택 규모이하[전용면적 60㎡(18평)]

※ 공급가격 : 일반 임대가격

※ 공급시기 : 추후 지정

(3) 국민임대주택의 특별공급(소유자 및 세입자)

국민임대주택을 건설하기 위하여 당해 사업지구안의 가옥(무허가 가옥 포함)을 철거하는 경우 기준일(공람공고일) 이전 **3개월** 이전부터 최초 보상개시일까지 당해 사업지구내에 **계속하여 거주**한 주택(무허가 가옥 등을 포함)의 소유자 또는 세입자에게 공급하며(주택 공급에 관한 규칙 제32조 제4항에 따른 입주자격을 충족해야 함), 공급시기는 국민임대 주택 입주자 모집시(소득요건 제외)이다.

※ 입주자모집공고일 현재 무주택세대주이어야 한다.

※ 국민임대주택에 한하여 공급할 수 있음.

※ 공급가격 : 일반 임대가격

4. 공장의 이주대책

공장에 대한 이주대책은 토지보상법령에 근거가 있으나 실제 공장에 대한 이주대책을 수립하는 경우는 드물다.

가. 이주대책 수립대상

공익사업(택지개발사업, 산업단지개발사업, 물류단지개발사업, 관광단지조성사업, 도시개발사업, 보금자리주택사업)의 시행으로 공장부지가 협의 양도되거나 수용됨에 따라 더 이상 해당 지역에서 공장(「산업집적활성화 및 공장설립에 관한 법률」제2조제1호에 따른 공장을 말함)을 가동할 수 없게 된 자가 희망하는 경우 이주대책에 관한 계획을 수립하여야 한다.

이주대책 수립대상 공장은 건축물 또는 공작물, 물품제조공정을 형성하는 기계·장치 등

제조시설과 그 부대시설을 갖추고, 통계법 제22조의 규정에 의하여 통계청장이 고시하는 표준산업분류에 의한 제조업을 영위하기 위한 사업장으로서 공장의 범위에 포함되는 것은 다음 각 호와 같다(산업집적활성화 및 공장설립에 관한법률 제2조 제1호, 동법 시행령 제2조 참조).

1. 제조업을 하기 위하여 필요한 제조시설(물품의 가공·조립·수리시설을 포함한다. 이하 같다) 및 시험생산시설
2. 제조업을 하는 경우 그 제조시설의 관리·지원, 종업원의 복지후생을 위하여 해당 공장부지 안에 설치하는 부대시설로서 산업통상자원부령으로 정하는 것
3. 제조업을 하는 경우 관계 법령에 따라 설치가 의무화된 시설
4. 제1호부터 제3호까지의 시설이 설치된 공장부지

공장에 대한 이주대책의 대상자는 공익사업의 시행으로 공장부지가 협의양도 되거나 수용되어 공장을 이전하게 된 자가 대상자가 된다(법 제78조의2).

관계법령

■ **토지보상법 제78조의2(공장의 이주대책 수립 등)** 사업시행자는 대통령령으로 정하는 공익사업의 시행으로 인하여 공장부지가 협의 양도되거나 수용됨에 따라 더 이상 해당 지역에서 공장(「산업집적활성화 및 공장설립에 관한 법률」 제2조제1호에 따른 공장을 말한다)을 가동할 수 없게 된 자가 희망하는 경우 「산업입지 및 개발에 관한 법률」에 따라 지정·개발된 인근 산업단지에 입주하게 하는 등 대통령령으로 정하는 이주대책에 관한 계획을 수립하여야 한다. [전문개정 2011.8.4.]

■ **토지보상법 시행령 제41조의3(공장에 대한 이주대책에 관한 계획의 수립 등)** ① 법 제78조의2에서 "대통령령으로 정하는 공익사업"이란 다음 각 호의 사업을 말한다. 〈개정 2014.4.29., 2015.12.28.〉
1. 「택지개발촉진법」에 따른 택지개발사업
2. 「산업입지 및 개발에 관한 법률」에 따른 산업단지개발사업
3. 「물류시설의 개발 및 운영에 관한 법률」에 따른 물류단지개발사업

4. 「관광진흥법」에 따른 관광단지조성사업

5. 「도시개발법」에 따른 도시개발사업

6. 「공공주택 특별법」에 따른 공공주택사업

② 법 제78조의2에 따른 공장의 이주대책에 관한 계획에는 해당 공익사업 지역의 여건을 고려하여 다음 각 호의 내용이 포함되어야 한다.

1. 해당 공익사업 지역 인근 지역에 「산업입지 및 개발에 관한 법률」에 따라 지정·개발된 산업단지(이하 "산업단지"라 한다)가 있는 경우 해당 산업단지의 우선 분양 알선

2. 해당 공익사업 지역 인근 지역에 해당 사업시행자가 공장이주대책을 위한 별도의 산업단지를 조성하는 경우 그 산업단지의 조성 및 입주계획

3. 해당 공익사업 지역에 조성되는 공장용지의 우선 분양

4. 그 밖에 원활한 공장 이주대책을 위한 행정적 지원방안

[전문개정 2013.5.28.]

나. 이주대책 내용

공장의 이주대책의 내용으로는 ① 공익사업지역 인근 지역에 「산업입지 및 개발에 관한 법률」에 따라 지정·개발된 산업단지가 있는 경우 해당 산업단지에의 우선 분양 알선, ② 공익사업지역 인근에 공장이주대책을 위한 별도의 산업단지를 조성하는 경우, 그 산업단지의 조성 및 입주계획, ③ 해당 공익사업의 시행 결과로 조성되는 공장 용지의 우선 분양, ④ 기타 원활한 공장 이주대책을 위한 행정적 지원방안 등이 있다.[909]

5. 이주대책의 수립 및 시행절차

(1) 토지보상법상 이주대책수립 절차에 관한 규정

사업시행자는 이주대책을 수립하려면 미리 관할 지방자치단체의 장과 협의하여야 하며(법 제78조 제2항),[910] 미리 그 내용을 이주대책 대상자에게 통지하여야 한다(시행령 제40조 제1항).

---

909) 시행령 제41조의3 제2항 참조

910) 그러나 이주정착지가 아닌 사업시행자가 「택지개발촉진법」또는 「주택법」등 관계법령에 따라 이주대책 대상자에게 이주자 택지, 이주자 주택을 공급하는 경우에는 지방자치단체의 장과 협의할 사항이 아니다. (2003.3.29., 토관58342-472)

(2) 보상협의회 심의

택지개발사업, 산업단지개발사업 등으로 인한 택지 및 산업단지 등의 이주자를 위한 이주자 택지 및 이주자 주택의 공급은 일반적으로 해당 공익사업 초기 공익사업이 시행되는 해당 지방자치단체의 장이 보상 등과 관련한 사항을 협의하기 위해 구성한 보상협의회에서 이주대책의 수립에 관한 사항에서 이주대책의 방법, 이주자를 위한 이주자 택지 및 이주자 주택의 공급 대상, 위치, 선정방법 등이 협의된다.[911)

(3) 이주대책 시행절차

보상실무상 택지개발사업, 산업단지개발사업의 경우 이주대책을 포함한 **생활대책**이 시행되는 개략적인 절차는 다음과 같다.

① 사업시행자는 이주 및 생활대책 수립한 경우에는 1개월 이내에 예비대상자에 대한 개별적으로 서면통보하고 해당 지방에서 발간되는 일간신문에 이주 및 생활대책 등의 내용을 1회 이상 공고를 한다. 이때 개별통보 등에는 이주대상자 선정기준일 및 생활대책 기준일, 유형별 이주 및 생활대책 내용, 신청 대상자 요건, 신청기간(1개월 이상)과 장소, 신청구비서류 사항을 포함하여야 하며, 이주 및 생활대책 수립대상자가 신청 기간내에 미신청시 신청을 포기한 것으로 본다는 내용을 포함을 안내문이 첨부된다.

한국토지주택공사는 아래와 같은 기준을 미리 준비하여 이주 및 생활대책을 시행하고 있다.[912)

---

911) ■ **토지보상법 제82조(보상협의회)** ① 공익사업이 시행되는 해당 지방자치단체의 장은 필요한 경우에는 다음 각 호의 사항을 협의하기 위하여 보상협의회를 둘 수 있다. 다만, 대통령령으로 정하는 규모 이상의 공익사업을 시행하는 경우에는 대통령령으로 정하는 바에 따라 보상협의회를 두어야 한다.
  1. 보상액 평가를 위한 사전 의견수렴에 관한 사항
  2. 잔여지의 범위 및 **이주대책 수립에 관한 사항**
  3. 해당 사업지역 내 공공시설의 이전 등에 관한 사항
  4. 토지소유자나 관계인 등이 요구하는 사항 중 지방자치단체의 장이 필요하다고 인정하는 사항
  5. 그 밖에 지방자치단체의 장이 회의에 부치는 사항
912) 한국토지주택공사, 앞의 책, 2016, 533-534면

※ 이주 및 생활대책대상자

○ 이주대책 대상자(점포겸용 단독주택용지를 공급받는 대상자는 제외)와 조성사업의 시행으로 인하여 생업을 상실한 자 중 보상 대상 전부를 협의에 의하여 보상 받고, 토지 등을 스스로 인도한 자를 대상으로 생활 대책을 수립할 수 있다. 단, 협의에 의하여 보상을 받지 아니한 자가 토지 등을 공사가 지정하는 시기까지 인도한 경우에는 생활대책 대상자에 포함할 수 있다.

○ 이주 및 생활대책은 자연인을 대상으로 수립하며, 법인이나 단체는 수립대상에서 제외한다. 다만, 공장의 이주대책 수립의 경우에는 그러하지 아니하다.

※ 이주 및 생활대책의 차등적용

이주 및 생활대책은 수립대상자의 사업에 대한 협력정도 등에 따라 수립내용에 차등을 둘 수 있다. 즉, 사업시행자가 지정하는 시기까지 토지조사(폐기물 매립여부 등의 조사를 포함한다) 및 물건조사에 응하지 아니한 자와 보상을 위한 감정평가를 거부하는 자에 대해서는 이주대책 수립내용에 차등을 둘 수 있으며, 생활대책 대상자에서 제외할 수 있다.

※ 이주 및 생활대책의 중복수립 금지

거주가옥 또는 영업(농업, 축산업 등을 포함한다) 장소가 본 사업에 편입된 후 주변도로 등 후행사업에 재차 편입되거나, 선행사업에 편입된 후 사업확대에 따라 시행하는 추가사업에 다시 편입된 경우 이주 및 생활대책은 중복하여 수립할 수 없다.

※ 이주 및 생활대책 특례

가. 원활한 사업추진을 위하여 지역본부장이 다음과 같이 별도로 이주 및 생활대책을 수립·시행할 수 있다. 다만, ④ 의 경우에는 15㎡ 이하의 상가부지를 공급함을 원칙으로 한다.

① 이주대책 수립대상자나 당해사업지구에 이주자 택지 또는 주택공급이 불가능하여 당해사업지구가 속한 시·군·자치구의 다른 사업지구에 이주대책을 수립하는 경우

② 당해사업지구와 관련하여 시행하는 도시계획시설사업 등이 이주자 택지 또는 주택

의 공급과 생활대책 수립이 불가능하여 이주 및 생활대책 수립대상자에게 당해 사업지구에 이주 및 생활대책을 수립하는 경우

③ 상가점포 공급대상자이나 당해사업지구에 상가점포 공급이 불가능하여 당해사업지구가 속한 시·군·자치구의 다른 사업지구내 상가점포를 공급하는 생활대책으로 수립하는 경우

④ 기준일 이전부터 보상계약체결일 또는 수용재결일까지 해당 사업지구에서 영업을 행한 자로서 영업시설 등의 이전비 보상을 받은 자에 대한 생활대책을 수립하는 경우

⑤ 인도단행가처분 등의 강제집행을 구하는 소가 제기되었으나 조성공사 시급구간에서 제외 또는 그 밖의 부득이한 사유가 인정되어 소가 취하된 자에게 생활대책을 수립하는 경우

나. 다른 사업지구내의 택지나 주택을 이주자택지 또는 주택으로 공급하는 경우 그 다른 사업지구에서 이주자택지 또는 주택의 공급으로 발생하는 손실액은 당해 이주대책을 필요로 하는 사업지구의 조성원가 산정시 이를 가산한다.

② 이주 및 생활대책 대상자들이 소정의 구비서류를 첨부하여 신청기간 내에 이주 및 생활대책 신청을 완료하면 사업시행자는 자체 심사기준으로 심사(사업시행자는 미리 사업지구 내 대상건축물 및 그 소유관계와 거주사실 등을 조사·확인하는 기본조사를 통해 보상자료를 마련해 두고 있다)하여 이주 및 생활대책의 대상자를 확정하고 그 결과를 확정일로부터 1개월 이내에 이주 및 생활대책 수립대상자에게 각각 통보한다.

대상자로 선정된 자에 대한 통보에는 이주 및 생활대책용 물건의 공급예정일을, 선정되지 아니한 자에 대하여는 통보받은 날부터 30일 이내에 서면으로 이의신청을 할 수 있다는 뜻을 포함하고 해당 통보를 받은 날부터 90일 이내에 행정심판 또는 행정소송을 제기할 수 있음을 병기한다.[913]

③ 이주 및 생활대책의 대상에서 제외된 사람(부적격통보를 받은 자)이 부적격 통보에 이의신청을 할 경우에 사업시행자는 이에 대한 적격여부를 추가심사를 통해 이의신청에

---

913) 이주대책에 관한 처분은 항고소송의 대상이 된다. (대법원 1992.11.27 선고 92누3618 판결 참조)

이유가 있는 것으로 확인된 때에는 이의신청이 있은 날부터 30일 이내에 이에 대한 시정조치를 취하고 이를 개별 통지하여야 하며, 그러하지 아니한 경우에도 그 사유를 알려주어야 한다.

④ 위 절차를 통해 이주 및 생활대책 대상자가 확정·선정되면 사업시행자는 공급예정일(분양예정통보 내지 분양공고)을 통해 대상자들로 하여금 분양 또는 공급의 신청을 하도록 한다.

⑤ 이주 및 생활대책대상자의 분양 또는 공급의 신청 및 공급절차와 관련하여 <u>이주대책의 경우에는</u> 추첨 등의 방법으로 대상물건(분양 또는 공급할 물건)을 확정한 후 <u>이주대책 대상자와 사업시행자가 직접 분양계약을 체결</u>하고, <u>생활대책의 경우에는</u> 대상자들이 조합을 결성하여 그 조합 명의로 희망하는 필지에 대한 공급신청을 하고 추첨 등의 방법으로 수분양 조합이 결정되면 그 <u>조합대표자와 사업시행자가 공급계약을 체결</u>하게 된다.

6. 이주대책에 관한 소송

(1) 소송의 형태

이주대책 대상자가 이주자 택지 등을 공급받을 수 있는 실체적 권리로서의 수분양권을 어떠한 방법 및 절차로 언제 취득하는가의 여부에 따라 이주대책을 둘러싼 소송형태는 달라질 수 있다. 이에 대법원 전원합의체 판결의 다수의견은 "이주대책상의 택지분양권이나 아파트 입주권 등을 받을 수 있는 <u>구체적인 권리(수분양권)</u>는 <u>사업시행자가 이주대책에 관한 구체적인 계획을 수립하여 이를 해당자에게 통지 내지 공고한 후, 이주자가 수분양권을 취득하기를 희망하여 이주대책에 정한 절차에 따라 사업시행자에게 이주대책 대상자 선정신청을 하고 사업시행자가 이를 받아들여 이주대책 대상자로 **확인·결정하여야만 비로소 택지나 아파트 등을 분양받을 수 있는 구체적인 수분양권이 발생**하게 되는바, <u>이주자가</u> 사업시행자에 대한 이주대책 대상자 선정신청 및 이에 따른 확인·결정 등 절차를 밟지 아니하여 <u>구체적인 수분양권을 아직 취득하지도 못한 상태</u>에서 곧바로 분양의무의 주체를 상대방으로 하여 민사소송이나 공법상 당사자소송으로 이주대책상의 수분양권의 확인 등을 구하는 것은 허용될 수 없고, 나아가 그 공급대상인 택지나 아파트 등의 특정부분에 관하여 그 수분양권의 확인을 소구하는 것은 더더욱 불가능하다"고 판시 하였다.914)

따라서 수분양권의 취득을 희망하는 이주자가 소정의 절차에 따른 이주대책 대상자 선정 신청에 대해 사업시행자가 이주대책 대상자가 아니라는 이유로 위 확인·결정 등의 처분을 하지 않고 곧바로 이를 제외시키거나 또는 거부조치한 경우에 이는 항고소송의 대상이 되는 공법상 처분이 되므로, 이주자로서는 당연히 사업시행자를 상대로 항고소송에 의하여 그 **제외처분 또는 거부처분의 취소**를, 그 신청에 대하여 아무런 응답이 없는 경우에는 **부작위위법확인의 소**를 구할 수 있을 것이다.915)

* 피고가 20○○. 2. 25. 원고들에 대하여 한 국민주택 특별공급신청 거부처분을 취소한다.

판례

[판례1] ▶ 대법원 1994.5.24. 선고 92다35783 전원합의체 판결
(지장물세목조서명의변경)

변경 : 대법원 2011.6.23. 선고 2007다63089,63096 전원합의체 판결에 의하여 변경

【판시사항】

[1] 공공용지의취득및손실보상에관한특례법 소정의 이주대책의 제도적 취지

[2] 같은 법 제8조 제1항에 의하여 이주자에게 이주대책상의 택지분양권이나 아파트 입주권 등을 받을 수 있는 구체적인 권리(수분양권)가 직접 발생하는지 여부

[3] 이주자의 이주대책 대상자 선정신청에 대한 사업시행자의 확인·결정 및 사업시행자의 이주대책에 관한 처분의 법적 성질과 이에 대한 쟁송방법

[4] 같은 법상의 이주대책에 의한 수분양권의 법적 성질과 민사소송이나 공법상 당

---

914) 대법원 1994.5.24. 선고 92다35783 전원합의체 판결
915) 대법원 1994.5.24. 선고 92다35783 전원합의체 판결 참조

사자소송으로 이주대책상의 수분양권의 확인을 구할 수 있는지 여부

【판결요지】

[다수의견]

[1] 공공용지의취득및손실보상에관한특례법상의 이주대책은 공공사업의 시행에 필요한 토지 등을 제공함으로 인하여 생활의 근거를 상실하게 되는 이주자들을 위하여 사업시행자가 기본적인 생활시설이 포함된 택지를 조성하거나 그 지상에 주택을 건설하여 이주자들에게 이를 그 투입비용 원가만의 부담하에 개별 공급하는 것으로서, 그 본래의 취지에 있어 이주자들에 대하여 종전의 생활상태를 원상으로 회복시키면서 동시에 인간다운 생활을 보장하여 주기 위한 이른바 생활보상의 일환으로 국가의 적극적이고 정책적인 배려에 의하여 마련된 제도이다.

[2] 같은 법 제8조 제1항이 사업시행자에게 이주대책의 수립ㆍ실시의무를 부과하고 있다고 하여 그 규정 자체만에 의하여 이주자에게 사업시행자가 수립한 이주대책상의 택지분양권이나 아파트 입주권 등을 받을 수 있는 구체적인 권리(수분양권)가 직접 발생하는 것이라고는 도저히 볼 수 없으며, 사업시행자가 이주대책에 관한 구체적인 계획을 수립하여 이를 해당자에게 통지 내지 공고한 후, 이주자가 수분양권을 취득하기를 희망하여 이주대책에 정한 절차에 따라 사업시행자에게 이주대책 대상자 선정신청을 하고 사업시행자가 이를 받아들여 이주대책 대상자로 **확인ㆍ결정하여야만 비로소 구체적인 수분양권이 발생**하게 된다.

[3] (1) 위와 같은 사업시행자가 하는 확인ㆍ결정은 곧 구체적인 이주대책상의 수분양권을 취득하기 위한 요건이 되는 행정작용으로서의 처분인 것이지, 결코 이를 단순히 절차상의 필요에 따른 사실행위에 불과한 것으로 평가할 수는 없다. 따라서 수분양권의 취득을 희망하는 이주자가 소정의 절차에 따라 이주대책 대상자 선정신청을 한 데 대하여 사업시행자가 이주대책 대상자가 아니라고 하여 위 확인ㆍ결정 등의 처분을 하지 않고 이를 제외시키거나 또는 거부조치한 경우에는, **이주자로서는 당연히 사업시행자를 상대로 항고소송에 의하여 그 제외처분 또는 거부처분의 취소를 구할 수 있다**고 보아야 한다.

(2) 사업시행자가 국가 또는 지방자치단체와 같은 행정기관이 아니고 이와는 독립하여 법률에 의하여 특수한 존립목적을 부여받아 국가의 특별감독하에 그 존

립목적인 공공사무를 행하는 공법인이 관계법령에 따라 공공사업을 시행하면서 그에 따른 이주대책을 실시하는 경우에도, 그 이주대책에 관한 처분은 법률상 부여받은 행정작용 권한을 행사하는 것으로서 항고소송의 대상이 되는 공법상 처분이 되므로, 그 처분이 위법부당한 것이라면 사업시행자인 당해 공법인을 상대로 그 취소소송을 제기할 수 있다.

[4] 이러한 수분양권은 위와 같이 이주자가 이주대책을 수립. 실시하는 사업시행자로부터 이주대책 대상자로 확인·결정을 받음으로써 취득하게 되는 택지나 아파트 등을 분양받을 수 있는 공법상의 권리라고 할 것이므로, 이주자가 사업시행자에 대한 이주대책 대상자 선정신청 및 이에 따른 확인·결정 등 절차를 밟지 아니하여 구체적인 수분양권을 아직 취득하지도 못한 상태에서 곧바로 분양의무의 주체를 상대방으로 하여 민사소송이나 공법상 당사자소송으로 이주대책상의 수분양권의 확인 등을 구하는 것은 허용될 수 없고, 나아가 그 공급대상인 택지나 아파트 등의 특정부분에 관하여 그 수분양권의 확인을 소구하는 것은 더더욱 불가능하다고 보아야 한다.

(2) 소송의 대상

이주대책을 실시하는 과정에서 이주대책 대상자 신청과 관련하여 대상자의 신청과 사업시행자의 부적격통보의 회신이 수차례가 반복된 경우 최초의 부적격통보에 대한 제소기간이 경과하였다 하더라도 마지막 부적격 통보를 대상자 제외처분으로 보아 그 취소를 청구할 수 있다.

이는 행정관청의 거부처분 이후 동일한 내용의 새로운 신청에 대하여 다시 재차거부처분한 경우, 그 거부처분은 새로운 거부처분으로 보므로 사업시행자의 마지막 부적격통보를 기준으로 제소기간이 결정되기 때문이다.916)

---

916) 대법원 2002.3.29., 선고, 2000두6084, 판결 (부작위위법확인의소)
　【판시사항】거부처분 이후 동일한 내용의 새로운 신청에 대하여 다시 거부한 경우, 새로운 거부처분이 있는 것으로 볼 수 있는지 여부(적극)
　【판결요지】거부처분은 관할 행정청이 국민의 처분신청에 대하여 거절의 의사표시를 함으로써 성립되고, 그 이후 동일한 내용의 새로운 신청에 대하여 다시 거절의 의사표시를 한 경우에는 새로운 거부처분이 있는 것으로 보아야 할 것이다.

(3) 피고적격

토지주택공사(LH)나 서울주택도시공사(SH)와 같은 공기업의 경우 그 설립 목적, 취급 업무의 성질, 권한과 의무 및 택지개발사업의 성질과 내용 등에 비추어 같은 공사가 관계법령에 따른 사업을 시행하는 경우 법률상 부여받은 행정작용권한을 행사하는 것으로 보아야 할 것이므로 같은 공사가 시행한 택지개발사업 및 이에 따른 이주대책에 관한 처분은 항고소송의 대상이 된다.[917]

따라서 피보상자가 이주대책 대상자 제외처분을 다투는 경우에는 공기업 또는 공사 자체를 피고로 삼아야 하고, 그 사장을 상대로 처분의 취소를 구할 것은 아니며, 중앙행정기관이나 광역지치단체장이 기초자치단체장에게 이주대책에 관한 사무를 위임 또는 위탁한 경우도 그와 같다.[918]

(4) 이주자택지 분양권 매매 등

① 개념

공익사업지구 내 주택을 소유하고 거주하고 있었던 자는 사업시행자로부터 이주자택지 공급대상자로 선정된 후 최종 심사를 거쳐 최종 공급대상자로 확정되어 이주자택지를 분양받을 권리를 받게 된다. 그런데 토지 등 보상현장에서는 이주자택지 공급대상자로 선정되기 전부터 해당 이주자택지 수분양권의 매매(전매포함) 등 불법적인 거래가 이루어지고 있어 이에 대한 법률상 효력이 자주 문제되고 있다.

② 종전판례의 견해

수분양권 전매와 관련하여 관련법에서 전매가 금지된 분양권을 전매하는 행위는 형사적으로 위법한 것이 되어 관련법에 따른 형사처벌은 별론으로 하더라도 민사적으로는 유효하다는 것이 그 동안의 판례의 기본적 입장이었다. 즉, 전매금지규정은 효력규정이 아닌 단속규정으로 보아 분양주체(사업주체)가 전매를 이유로 계약을 취소하거나 해제하는 등의 사후적인 조치를 취하지 않는 한 분양권을 매수한 자는 매도한 자를 상대로 분양권명의변경을 청구할 수 있다고 보았다.[919] 한편 이주자택지 수분양권 매매와 관련하여서도

---

917) 대법원 1992.11.27. 선고 92누3618 판결, : 대법원 2007.8.23. 선고 2005두3776 판결
918) 서울행정법원, 앞의 책, 522면

"사업시행자의 동의를 받을 전제로 한 전매계약일 경우에는 동의를 받을 때까지는 미완성의 법률행위로서 전매계약의 효력이 전혀 발생하지 않음은 확정적 무효의 경우와 다를 바 없지만, 일단 동의를 받게 되면 전매계약은 소급하여 유효하게 되고, 동의를 받지 못하거나 동의를 받을 수 없게 된 때에는 무효로 확정되는 유동적 무효의 상태에 있다고 보는 것이 타당하다(대법원 1996.1.26.선고 95누8966 판결, 대법원 1991.12.24.선고 90다12243 전원합의체 판결 등 참조)"라고 하여 매수인의 매도인에 대한 명의변경절차이행청구를 인정하는 경향이 있어 왔다.[920)]

판례

[판례1] ▶ 구 주택법 제39조 제1항의 전매금지규정이 효력규정인지 여부(소극)
[대법원 2011.5.26. 선고 2010다102991] (부당이득금)

【판결요지】
구 주택법(2009.2.3. 법률 제9405호로 개정되기 전의 것, 이하 '구 주택법'이라 한다)이 같은 법 제39조 제1항의 전매금지규정을 위반한 행위에 관하여 같은 조 제2항에서 위반행위자에 대하여 주택공급을 신청할 수 있는 지위를 무효로 하거나 이미 체결된 주택의 공급계약을 취소할 수 있다는 규정을 두고, 같은 조 제3항에서 소정의 주택가격에 해당하는 금액을 지급한 때에는 지급한 날에 사업주체가 당해 주택을 취득한 것으로 본다고 규정한 점에 비추어 보면, 구 주택법은 같은 법 제39조 제1항을 위반한 행위를 효력규정 위반으로 보아 당연 무효로 보는 입장을 취하지 아니하고, 대신 사업주체의 사후적인 조치 여하에 따라 주택공급을 신청할 수 있는 지위를 무효로 하거나 이미 체결된 주택의 공급계약을 취소하는 등으로 위반행위의 효력 유무를 좌우할 수 있도록 하는 입장을 취하고 있다고 해석된다. 따라서 구 주택법 제39조 제1항의 금지규정은 단순한 단속규정에 불과할 뿐 효력규정이라고 할 수는 없어 당사자가 이에 위반한 약정을 하였다고 하더라도 약정이 당연히 무효가 되는 것은 아니다.

그러나, 수분양권의 전매가 한차례가 아닌 수차례에 거쳐 이루어진 경우에 최종매수인이

---

919) 대법원 2011.5.26. 선고 2010다102991 판결
920) 수원지방법원 평택지원 2016.10.19. 선고 2016가단45781 판결 [명의변경절차이행 청구]

최초의 수분양권자를 상대로 하는 분양권명의변경청구의 가능여부에 대해 이를 부정하는 판례도 있었다. 즉, 최초 수분양권자는 자신의 수분양권을 현금으로 만들기 위해 수차례의 수분양권 전매를 위한 필요성으로 최종매수인 명의를 공란으로 하는 매매계약서를 최초의 수분양권 매수자에 교부하는 경우가 보상현장에서 빈번하게 이루어지고 있다. 이러한 경우에 최종매수인은 향후에 해당 매매계약서에 자신의 이름을 보충한 후 최초의 수분양권자에게 수분양권자 명의변경을 요청하고 이에 원래의 수분양권자가 이를 거부하여 소송의 문제로 되는 경우는 보상실무 내지 법정다툼의 사례로 계속하여 반복되고 있는 게 현실이다.

즉, 비록 하급심 판례이나 "분양권이 1회 양도된 경우는 별론으로 하고 <u>분양권이 전전 매매될 경우에는 중간에 위치한 분양권 매수인들의 매매차익에 대한 과세가 어려워지게 되어 사실상 탈세의 결과를 초래할 뿐만 아니라, 이를 용인할 경우 분양권에 대한 권리변동이 마치 무기명채권의 권리이전방식과 같이 이루어질 수 있도록 하여 주택법 위반을 유도 또는 방조하고 건전한 부동산 거래질서의 확립을 저해하며 탈세의 결과를 초래하므로</u>, 위와 같은 약정은 건전한 사회질서에 반하는 법률행위에 해당하여 그 효력이 없다"는 이유로 최종양수인이 최초양도인을 직접 상대로 하는 분양권 양도절차이행청구는 허용될 수 없다고 판시한 바 있다.[921]

판례

[판례1] ▶ [서울남부지방법원 2009.8.20. 선고 2008나11073](분양권명의변경절차이행)

1. 기초사실

가. 피고는 2001.6.25. E의 소개로 서울 성북구 F 지상 건물(이하 '이 사건 철거건물'이라 한다)을 매수하였는데, 2002. 5.경 서울특별시 성북구청장으로부터 이 사건 철거건물이 '종로구계 - 성북동길간 도로개설공사' 지역에 편입되어 철거됨으로 인하여 피고가 국민주택 특별공급대상자로 결정되었다는 통지를 받았다.

나. 이로써 피고는 에스에이치공사가 서울 강서구 내발산동에 건축하여 분양하는 국민주택인 발산택지개발지구 2단지아파트 33평형 아파트 1세대를 특별분양받을 수 있

---

921) 서울남부지방법원 2009.8.20. 선고 2008나11073 판결

는 권리(이하 '이 사건 분양권'이라 한다)를 보유하게 되었고, 2007.6.7. 이에 따라 에스에이치공사와 이 사건 아파트에 대하여 매매대금을 229,977,000원으로 하는 분양계약을 체결하였다.

다. 당초 이 사건 분양권을 취득할 자격이 없던 원고는 현재 피고의 인감도장이 찍힌 백지상태의 부동산매매계약서, 주택분양계약서 명의변경신청서, 위임장, 영수증, 약속어음, 거래사실확인서, 권리포기각서, 아파트매도각서, 상속권포기각서, 양도각서, 상속권포기 및 연대이행각서, 국민주택 특별공급희망지구변경신청서, 인감증명서 등 분양권 이전에 필요한 서류들(이하 '이 사건 밑서류'라 한다)을 보유하고 있다.

2. 청구원인(원고의 주장)

피고는 2002.5.경 E에게 이 사건 분양권을 매도하였고, E는 주식회사 한국○○○에게, 주식회사 한국○○○는 H에게 각 이 사건 분양권을 매도하였는데, 원고는 2004. 6. 23. H로부터 이 사건 분양권을 매수하였으므로 피고는 원고에게 이 사건 아파트에 관하여 위 매매를 원인으로 하여 에스에이치공사에 비치된 분양계약서상의 명의변경 절차를 이행할 의무가 있다.

3. 판단

원고의 주장과 같이 원고가 피고로부터 이 사건 분양권을 전전 매수하였는지에 대하여 살피건대, 피고가 이 사건 밑서류를 보유하고 있는 사실은 앞서 본 바와 같으나, 위 인정사실 및 제1심 증인 H의 증언만으로는 원고 또는 H이 주식회사 한국○○○ 또는 E로부터 이 사건 분양권을 양수받았다는 점을 인정하기 부족하고 달리 이를 인정할 증거가 없다{이 사건 밑서류(특히 아파트매도각서 및 양도각서, 갑 제11, 23호 증)에 피고가 이 사건 분양권을 양도하는데 필요한 절차를 이 사건 밑서류의 소지인에게 직접 이행할 것이라는 취지의 내용이 있는바, 원고는 이것이 피고가 이 사건 밑서류의 최종소지인에게 무조건 분양권양도절차를 이행하겠다는 의사표시를 한 것이라는 취지로 주장하나, 이는 원고가 이 사건 분양권을 적법하게 양수받았음을 전제로 피고가 중간양수인을 거치지 않고 최종양수인에게 양도절차를 이행하겠다는 의미일 뿐이라고 보아야 한다.}.

다음으로 원고가 이 사건 분양권을 원고 주장과 같은 경위로 매수하였다고 하여도 원고가 이 사건 분양권을 직접 매수한 H 및 중간매도인들을 거쳐 순차적으로 이 사건 분양권 양도절차의 이행을 구하지 아니하고 최초매도인인 피고에게 직접 위 절차의 이행을 구할 수 있는지에 대하여 본다.

먼저 원고는 당초 이 사건 분양권을 취득할 자격이 없던 자로서 주택법 등 법률의 규제를 회피하면서 이 사건 아파트를 취득하기 위하여 이 사건 분양권을 매수하였다고 할 것인데, 이는 주택법 제39조 제1항의 '누구든지 이 법에 따라 건설·공급되는 주택을 공급받기 위하여 국민주택을 공급받을 수 있는 지위를 양수하여서는 아니된다'는 취지의 규정(피고가 이&&에게 이 사건 분양권을 매도하였다고 원고가 주장하는 2002.5.경 시행되던 구 주택건설촉진법(2003.5.29. 법률 제6916호로 개정되기 전의 것) 제47조 제1항도 같은 취지로 규정하고 있다)을 정면으로 위반한 것으로서 주택법 제96조 제1호에 따라 3년 이하의 징역 또는 3,000만원 이하의 벌금에 처할 수 있는 범죄행위에 해당할 뿐 아니라, 주택법 제39조 제2항에 의하여 국토해양부장관 또는 사업주체에 의해 주택공급을 신청할 수 있는 지위가 무효로 되거나 이미 체결된 주택의 공급계약이 취소될 수도 있는바, 이처럼 처음부터 정당성이 결여된 부정한 방법으로 국민주택을 공급받는 행위를 허용할 경우 법률에서 주택을 공급받을 수 있는 지위를 양도하는 행위를 금지함으로써 무주택자에 대한 주택의 우선적 공급 및 국민의 주거안정을 도모하려는 위 법의 취지를 완전히 몰각시키게 된다.

또한 부동산등기특별조치법 역시 부동산투기 및 탈세를 근절하고, 부동산 거래에 관한 실체적 권리관계에 부합하는 등기를 하도록 하여 건전한 부동산 거래질서를 확립하기 위한 목적으로 중간생략등기를 하는 것을 금지하고 있다.

그리고 위와 같은 행위가 허용된다면 분양권이 1회 양도된 경우는 별론으로 하고 분양권이 전전 매매될 경우에는 중간에 위치한 분양권 매수인들의 매매차익에 대한 과세가 어려워지게 되어 사실상 탈세를 조장하게 되는 결과를 초래한다.

위와 같은 점에 비추어보면, 이 사건과 같이 최초양도인이 최초양수인에게 주택법을 위반하여 분양권을 양도하면서 그 이후에도 또다시 계속적·반복적으로 분양권이 전전 양도될 것을 예정하여 최초양수인과 사이에 분양권의 최초양수인이 아니라 최종양수인에게 직접 분양권 양도절차를 이행하기로 약정하는 것을 용인하는 경우, 분양권에 대한 권리변동이 마치 무기명채권의 권리이전방식과 같이 이루어질 수 있도록 하여 주택법 위반을 유도 또는 방조하고 건전한 부동산 거래질서의 확립을 저해하며 탈세를 조장하는 결과를 초래하므로, 위와 같은 약정은 건전한 사회질서에 반하는 법률행위에 해당하여 그 효력이 없다 할 것이다. 따라서 위와 같은 약정이 유효함을 전제로 최종양수인인 원고가 최초양도인인 피고를 상대로 직접 이 사건 분양권 양도절차의 이행을 구하는 이 사건 청구는 이유 없다.

③ 최근 대법원 판례의 동향

이주자택지 수분양권 매매와 관련한 종전 대법원 전원합의체 판례는 "이주자가 사업시행자가 수립한 이주대책상의 택지분양권이나 아파트 입주권 등을 받을 수 있는 구체적인 권리(수분양권)는 사업시행자가 이주대책에 관한 구체적인 계획을 수립하여 이를 해당자에게 통지 내지 공고한 후, 이주자가 수분양권을 취득하기를 희망하여 이주대책에 정한 절차에 따라 사업시행자에게 이주대책대상자 선정신청을 하고 사업시행자가 이를 받아들여 이주대책대상자로 **확인 · 결정하여야만 비로소 구체적인 수분양권이 발생하게 된다**"고 판시[922]하여 그 동안은 사업시행자가 수분양권 대상예정자를 이주대책대상자로 확정 · 결정하기 전까지는 해당자는 수분양권 자체가 존재하지 하지 아니하므로 있지도 아니한 이주자택지 수분양권의 매매계약은 처음부터 무효라는 견해 내지 유동적 무효법리를 원용하여 향후 사업시행자의 동의를 받게 되면 해당 수분양권 매매계약은 소급하여 유효하게 된다는 견해도 있었다.

그러나 최근 평택시 일부지역에서 이루어진 신도시개발사업과 관련하여 사업구역내에 주택을 소유하고 거주하였던 이주자택지 수분양권자의 해당 수분양권매매의 효력여부에 대해 주목할 만한 대법원 판례(2017.10.12. 선고, 2017다222153)가 있는 바, "이 사건 매매계약은 택지개발촉진법에 의하여 조성되는 이주자택지를 소유권이전등기 전에 그대로 전매하기로 하는 내용의 계약에 해당하는데, 수분양권자가 시행자와 이주자택지 분양계약을 체결하기도 전에 시행자의 동의 없이 체결되었으므로 무효이고, 수분양권자는 시행자로부터 공급받을 이주자택지에 관한 전매동의 신청절차에 협력할 의무도 부담하지

---

922) 대법원 1994.5.24. 선고 92다35783 전원합의체 판결 참조

아니한다고 보아야 하며, 비록 그 후 수분양권자가 사업시행자와의 분양계약에 의하여 이주자택지를 공급받았더라도 그 사정만으로 달리 볼 수 없다"라고 판시하여 이주대책대상자가 장래 사업시행자로부터 분양받게 될 이주자택지 수분양권의 사전 매매계약 그 자체를 무효로 판단하였다.[923]

판례

[판례1] ▶ [1] 구 택지개발촉진법 제19조의2, 같은 법 시행령 제13조의3의 규정 취지

[2] 택지공급계약을 체결하기 전에 장차 공급받을 택지를 그대로 전매하기로 하는 내용의 택지분양권 매매계약의 효력(무효) 및 매도인이 장차 공급받을 택지에 관하여 '시행자의 동의' 절차에 협력할 의무를 지는지 여부(소극)

[대법원 2017.10.12. 선고, 2017다222153] (명의변경절차이행)

【판결요지】

[1] 구 택지개발촉진법(2010.5.17. 법률 제10303호로 개정되기 전의 것, 이하 '택지개발촉진법'이라 한다) 제19조의2, 제31조의2에 의하면, 택지개발촉진법에 따라 조성된 택지를 공급받은 자는 소유권이전등기 시까지 해당 택지를 공급받은 용도대로 사용하지 않은 채 그대로 전매할 수 없고, 다만 대통령령이 정하는 경우에는 이러한 제한을 적용하지 아니할 수 있으며, 이러한 제한을 위반하여 택지를 전매한 경우에 해당 법률행위는 무효로 되고 형사처벌의 대상이 된다. 한편 구 택지개발촉진법 시행령(2011.8.30. 대통령령 제23113호로 개정되기 전의 것) 제13조의3 (이하 '이 사건 시행령 규정'이라 한다)에 의하면, 택지개발촉진법 제19조의2 제1항 단서에서 "대통령령이 정하는 경우"란 제1 내지 제9호의 어느 하나에 해당되어 시행자의 동의를 받은 경우를 말하며, 다만 제1호·제2호·제5호·제7호의 경우

---

923) 대법원 2017.10.12. 선고, 2017다222153 판결 : 사실관계 – ① 한국토지공사와 경기도시공사가 공동시행하는 평택시 고덕면 일원을 대상으로 하는 고덕국제화계획지구 개발사업을 시행하였는데, 피고 소유의 가옥이 위 사업 구역에 포함되었다. ② 피고(수분양권자)는 2010.2.9. 원고(수분양권 양수인)와 사이에, 피고가 향후 이주자택지 공급대상자로 선정되면 시행자로부터 공급받게 될 이주자택지의 분양권을 원고에게 5,000만원에 매도하기로 하는 내용의 분양권 매매계약을 체결하였는데, 당시 이 사건 매매계약에 대하여 <u>시행자로부터 동의를 받지 아니하였다</u>. ③ 피고는 2015.1.경 위 개발사업의 이주자택지 공급대상자로 선정되었고, 2016.5.24. 경기도시공사와 사이에 평택고덕국제화계획지구 이주자택지 토지를 공급받기로 하는 분양계약을 체결하였다.

에는 시행자로부터 최초로 택지를 공급받은 자의 경우에만 해당하는데, 제1 내지 제9호는 공익사업을 위한 토지 등의 취득 및 보상에 관한 법률(이하 '공익사업법'이라 한다)에 따른 이주대책의 실시에 따라 주택건설용지를 공급받거나(제1호), 학교시설용지·의료시설용지 등 특정시설용지를 공급받은 경우(제2호), … (중략) …를 전매행위의 제한이 적용되지 아니하는 특례로 규정하고 있다.

이러한 택지개발촉진법 규정과 이 사건 시행령 규정 내용에 도시지역의 주택난을 해소하기 위하여 주택건설에 필요한 택지의 취득·개발·공급 및 관리 등에 관하여 특례를 규정함으로써 국민 주거생활의 안정과 복지 향상에 이바지함을 목적으로 하는 택지개발촉진법의 입법 취지 등을 종합하여 보면, 택지개발촉진법이 소유권이전등기 시까지 법에 따라 조성된 택지의 전매행위를 원칙적으로 금지하고, 다만 택지를 공급받은 경위에 비추어 소유권이전등기 전에 택지분양권을 매도할 기회를 부여할 필요가 있거나 해당 택지의 용도, 전매계약의 당사자, 체결원인, 전매가격 등에 비추어 투기거래의 염려가 없는 경우에 한하여 전매행위를 예외적으로 허용하되 시행자의 동의를 받을 것을 요건으로 규정한 취지는, <u>택지를 그 용도대로 사용하려는 실수요자에게 택지가 공급될 수 있도록 전매차익의 취득을 목적으로 하는 택지공급신청을 억제할 필요가 있고, 이에 따라 택지의 전매행위에 시행자가 직접 관여하여 전매가 허용되는 요건을 충족하는지 여부를 직접 확인·검토한 다음 동의를 하게 함으로써 이러한 동의 없이는 당사자를 구속하는 계약의 효력이 발생하는 것을 금지하려는 데에 있다고 보아야 한다.</u>

따라서 이 사건 시행령 규정이 전매제한에 대한 특례 요건으로 규정한 <u>'시행자의 동의'는 택지개발촉진법에 따라 조성된 택지에 관하여 택지공급계약이 체결되었음을 전제로 하는 것으로서, 위 택지공급계약을 체결하기 전에 장차 공급받을 택지를 그대로 전매하기로 하는 내용의 택지분양권 매매계약이 체결되었다 하더라도 그 택지분양권 매매계약에 대한 **시행자의 동의 자체가 불가능**하므로 이는 **무효**이고 매도인이 장차 공급받을 택지에 관하여 '시행자의 동의' 절차에 협력할 의무도 지지 아니한다고 해석함이 타당하다.</u>

[2] 이 사건 매매계약은 택지개발촉진법에 의하여 조성되는 이주자택지를 소유권이전등기 전에 그대로 전매하기로 하는 내용의 계약에 해당하는데, <u>피고가 시행자와 이주자택지 분양계약을 체결하기도 전에 시행자의 동의 없이 체결되었으므로 무</u>

효이고, 피고는 시행자로부터 공급받을 이주자택지에 관한 전매동의 신청절차에 협력할 의무도 부담하지 아니한다고 보아야 하며, 비록 그 후 피고가 이 사건 분양계약에 의하여 택지를 공급받았더라도 그 사정만으로 달리 볼 수 없다.

그럼에도 이와 달리 원심은 제1심판결 이유를 인용하여, 이 사건 매매계약이 시행자의 사후동의를 받으면 소급하여 유효하게 될 수 있는 유동적 무효의 상태에 있다고 판단한 다음, 그 전제에서 피고가 이 사건 매매계약이 유효하게 될 수 있도록 협력할 의무가 있으므로 이 사건 매매계약에 따라 피고에게 이 사건 분양계약에 관하여 수분양자 명의변경을 위한 전매동의 신청절차를 이행할 의무가 있다고 판단하였다.

이러한 원심 판단에는 택지개발촉진법 제19조의2를 위반한 이주자택지 전매행위의 효력, 이 사건 시행령 규정에서 정한 '시행자의 동의'의 해석 및 그 동의를 받지 아니한 이주자택지 분양권 매매계약의 효력에 관한 법리를 오해하여 판결에 영향을 미친 위법이 있다. 이를 지적하는 상고이유 주장은 이유 있다.

이 사건의 최대쟁점은 판결 선고 당시(2017.10.12)부터 최근 개정(2021.1.5)되기 전까지 시행중에 있었던 택지개발촉진법령의 내용을 이주자택지 수분양권의 전매에 어떻게 적용하였는가에 있었는데 이와 관련된 해당 택지개발촉진법령의 주요 내용은 택지개발촉진법에 따라 조성된 택지를 공급받은 자는 사업시행자의 동의없이 원칙적으로 소유권이전등기시까지 해당 택지를 공급받은 용도대로 사용하지 않은 채 그대로 전매할 수 없고, 이러한 제한을 위반하여 택지를 전매한 경우에 해당 법률행위는 무효가 되며(택지개발촉진법 제19조의2, 동법 시행령 제13조의3 참조), 택지를 전매한 자는 형사처벌(3년 이하의 징역 또는 1억원 이하의 벌금)의 대상이 된다[924] 내용이었다. 이하 당시 해당 택지개발촉진법령의 주요 내용을 간략히 살펴보면 다음과 같다.

---

924) ■ 택지개발촉진법 제31조의2(벌칙) 제19조의2를 위반하여 택지를 전매한 자는 3년 이하의 징역 또는 1억원 이하의 벌금에 처한다[본조신설 2007.4.20.]. 최근 택지개발촉진법 제31조의2(벌칙)조항은 개정 (2021.1.5.)되었는데 벌칙의 대상자를 종전의 '택지를 전매한 자'에서 '택지 또는 택지를 공급받을 수 있는 권리·자격·지위 등을 전매한 자 내지 이를 전매받은 자'로 하여 그 대상의 범위를 대폭 확대하였다.

■ **택지개발촉진법**

[시행 2018.6.27.] [법률 제15682호, 2018.6.12., 일부개정]

제19조의2(택지의 전매행위 제한 등) ① 이 법에 따라 조성된 택지를 공급받은 자는 소유권 이전등기를 하기 전까지는 그 택지를 공급받은 용도대로 사용하지 아니한 채 그대로 전매(轉賣)(명의변경, 매매 또는 그 밖에 권리의 변동을 수반하는 모든 행위를 포함하되, 상속의 경우는 제외한다. 이하 같다)할 수 없다. 다만, 이주대책용으로 공급하는 주택건설용지 등 대통령령으로 정하는 경우에는 본문을 적용하지 아니할 수 있다.

② 택지를 공급받은 자가 제1항을 위반하여 택지를 전매한 경우 해당 법률행위는 무효로 하며, 택지개발사업의 시행자(당초의 택지공급자를 말한다)는 택지 공급 당시의 가액(價額) 및 「은행법」에 따른 은행의 1년 만기 정기예금 평균이자율을 합산한 금액을 지급하고 해당 택지를 환매할 수 있다. [전문개정 2011.5.30.]

제31조의2(벌칙) 제19조의2를 위반하여 택지를 전매한 자는 3년 이하의 징역 또는 1억원 이하의 벌금에 처한다. [본조신설 2007.4.20.]

■ **택지개발촉진법 시행령**

[시행 2017.12.29.] [대통령령 제28554호, 2017.12.29., 일부개정]

제13조의3(택지의 전매행위 제한의 특례) 법 제19조의2제1항 단서에서 "대통령령으로 정하는 경우"란 다음 각 호의 어느 하나에 해당되어 시행자의 동의를 받은 경우를 말한다. 다만, 제1호·제2호·제5호 및 제7호의 경우에는 시행자로부터 최초로 택지를 공급받은 자의 경우에만 해당한다. 〈개정 2008.2.29., 2008.8.12., 2008.11.26., 2009.6.25., 2011.8.30., 2013.1.9., 2013.3.23., 2015.8.11., 2016.8.11., 2017.12.29.〉

　1.「공익사업을 위한 토지 등의 취득 및 보상에 관한 법률」에 따른 이주대책의 실시에 따라 공급하는 주택건설용지의 경우

　（ 이하 생략 ）

한편, 위 대법원 판결이후 이 판례와 유사한 사례로서 이주자택지 수분양권을 원수분양권자로부터 매수한 최초매수인(최종매수인 포함)의 원수분양권자를 상대로 하는 분양권 명의변경 절차이행 청구는 기각되고 있으나,[925] 최초 매수인의 원수분양권자를 상대로 하는 부당이득반환청구(최초 매수인이 원수분양권자에게 지급한 매수대금)는 인용되고 있다.[926]

④ 택지개발촉진법령의 개정

위 대법원 판례(2017다222153)가 있는 후 공익사업에 따른 이주대책의 일환으로서 피수용인(원주민)에게 공급되었던 이주자택지의 사업시행자의 불법적인 사전 전매는 무효라는 대법원의 판단은 이와 유사한 사건의 하급심 판결에도 그대로 영향을 주었다. 결국 국회는 그 동안 토지보상지역에서 빈번하게 행하여지고 있었던 택지개발사업 시행자의 동의 없는 이주자 택지 전매행위 등 이주대책용 택지의 공급질서 교란행위 방지를 위하여 전매행위 제한 대상을 명확히 하는 법령개정(2021.1.5.)을 하였다.

즉, 전매행위 제한 대상자에 택지개발사업으로 조성된 택지의 공급대상자로 선정된 자를 명확하게 포함시키면서 선정된 해당 공급대상자는 택지를 공급받을 수 있는 권리 · 자격 · 지위 등을 전매할 수 없고, 이를 위반하여 택지를 공급받을 수 있는 권리 · 자격 · 지위 등을 전매한 경우에는 해당 법률행위(매매계약 등)와 택지를 공급받을 수 있는 권리 · 자격 · 지위 등은 무효로 할 뿐만 아니라(제19조의2 제2항, 제4항), 벌칙의 대상자를 종전의 '택지를 전매한 자'에 한정하지 않고 전매를 받은 자에 대해서도 동일한 벌칙을 적용(제31조의2)하도록 개정 및 신설조항을 마련하였다. 이하 개정된 택지개발촉진법령의 주요 내용을 살펴보면 다음과 같다.

925) 수원지방법원 2018.6.7. 2017나72959 판결 (분양권명의변경절차이행)
926) 수원지방법원 2018.3.30. 2017나78773 판결 (명의변경절차이행) : 대법원 2017.10.12. 선고, 2017다 222153 판결에 따라 파기환송된 이후 원고(수분양권 양수인)가 청구취지를 부당이득반환을 구하는 청구 취지로 교환하여 인용된 사례이다.

■ **택지개발촉진법**

[시행 2021.1.5.] [법률 제17875호, 2021.1.5., 일부개정]

제19조의2(택지의 전매행위 제한 등) ① 이 법에 따라 조성된 택지에 대한 공급계약을 체결한 자(이하 "공급받은 자"라 한다)는 소유권이전등기를 하기 전까지는 그 택지를 공급받은 용도대로 사용하지 아니한 채 그대로 전매(轉賣)(명의변경, 매매 또는 그 밖에 권리의 변동을 수반하는 모든 행위를 포함하되, 상속의 경우는 제외한다. 이하 같다)할 수 없고, 누구든지 그 택지를 전매받아서도 아니 된다. 다만, 이주대책용으로 공급하는 주택건설용지 등 **대통령령**으로 정하는 경우에는 본문을 적용하지 아니할 수 있다.

② 조성된 택지의 공급대상자로 선정된 자(이하 "공급대상자"라 한다)는 해당 택지를 공급받을 수 있는 권리·자격·지위 등을 전매할 수 없고, 누구든지 이를 전매받아서도 아니 된다.

③ 공급받은 자가 제1항을 위반하여 택지를 **전매한 경우 해당 법률행위는 무효**로 하며, 택지개발사업의 시행자(당초의 택지공급자를 말한다)는 이미 체결된 택지의 공급계약을 취소한다. 이 경우 택지개발사업의 시행자는 공급받은 자가 지급한 금액 중 해당 택지 공급계약에서 정한 계약보증금을 제외한 금액 및 이에 대한 이자(「은행법」에 따른 은행의 1년 만기 정기예금 평균이자율을 적용한 이자를 말한다)를 합산한 금액을 지체 없이 지급하여야 한다.

④ 공급대상자가 제2항을 위반하여 택지를 공급받을 수 있는 권리·자격·지위 등을 전매한 경우 해당 법률행위와 택지를 공급받을 수 있는 권리·자격·지위 등은 무효로 한다. [전문개정 2021.1.5.]

제31조의2(벌칙) 다음 각 호의 어느 하나에 해당하는 자는 3년 이하의 징역 또는 1억 원 이하의 벌금에 처한다.

  1. 제19조의2제1항 또는 제2항을 위반하여 택지 또는 택지를 공급받을 수 있는 권리·자격·지위 등을 전매한 자

  2. 전매가 금지됨을 알면서 제19조의2제1항 또는 제2항을 위반하여 택지 또는 택지를 공급받을 수 있는 권리·자격·지위 등을 전매받은 자 [전문개정 2021.1.5.]

부 칙 〈법률 제17875호, 2021.1.5.〉

제1조(시행일) 이 법은 공포한 날부터 시행한다.

제2조(공급계약 취소 등에 관한 적용례) ① 제19조의2제3항의 개정규정은 이 법 시행 후 택지를 전매한 경우부터 적용한다.

② 제19조의2제4항의 개정규정은 이 법 시행 후 택지의 공급대상자를 선정한 경우부터 적용한다.

제3조(소유권이전등기가 완료된 택지에 대한 특례) 공급대상자의 지위를 양수받은 자로서 이 법 시행 전 사업시행자로부터 소유권이전등기를 완료한 자는 종전의 제19조의2제2항에도 불구하고 사업시행자로부터 소유권이전등기를 완료한 때에 해당 택지에 대한 소유권을 취득한 것으로 본다.

■ **택지개발촉진법 시행령**

[시행 2021.4.20.] [대통령령 제31634호, 2021.4.20., 일부개정]

제13조의3(택지의 전매행위 제한의 특례) 법 제19조의2제1항 단서에서 "대통령령으로 정하는 경우"란 다음 각 호의 어느 하나에 해당되어 시행자의 동의를 받은 경우를 말한다. 다만, 제1호·제2호·제5호 및 제7호의 경우에는 시행자로부터 최초로 택지를 공급받은 자의 경우에만 해당한다. 〈개정 2008.2.29., 2008.8.12., 2008.11. 26., 2009.6.25., 2011.8.30., 2013.1.9., 2013.3.23., 2015.8.11., 2016.8.11., 2 017.12.29., 2020.7.7., 2021.2.17., 2021.4.20.〉

1. 「공익사업을 위한 토지 등의 취득 및 보상에 관한 법률」에 따른 이주대책의 실시에 따라 공급하는 주택건설용지의 경우

2. 제13조의2제6항에 따라 공급하는 특정시설용지로서 국토교통부령으로 정하는 용지의 경우

3. 국가, 지방자치단체, 「공공기관의 운영에 관한 법률」에 따른 공공기관 또는 「지방공기업법」에 따른 지방공사에 공급하는 택지의 경우

4. 택지를 공급받은 자가 국가, 지방자치단체, 「공공기관의 운영에 관한 법률」에 따른 공공기관 또는 「지방공기업법」에 따른 지방공사에 소유권을 이전하는 경우

5. 제13조의2제7항제4호에 따라 공급하는 택지의 경우(2005년 12월 31일 이전에

최초의 개발계획승인이 신청된 택지개발지구에서 공급하는 택지로 한정한다)

6. 「주택법」 제4조에 따른 주택건설사업자의 부도 등으로 분양보증을 한 자에게 보증내용에 따른 시공을 이행하게 하기 위하여 소유권을 이전하는 경우

7. 「상법」 제530조의2부터 제530조의12까지의 규정에 따른 회사분할(분할합병의 경우는 제외한다)로 설립되는 회사가 분할되는 회사로부터 해당 택지를 최초 택지 공급가액으로 승계받은 경우(설립되는 회사가 제13조의2제2항부터 제7항까지의 규정에 따라 공급받을 당시에 분할되는 회사가 가지고 있던 공공택지의 공급대상자 자격요건을 충족하는 경우로 한정한다)

8. 제13조의2제5항제1호에 따른 판매시설용지 등 영리를 목적으로 사용될 택지를 공급받은 자가 「자본시장과 금융투자업에 관한 법률」에 따른 신탁업자(이하 "신탁업자"라 한다)와 해당 택지의 개발 또는 분양관리를 목적으로 신탁계약을 체결하는 경우

8의2. 공동주택 건설용지를 공급받은 자가 신탁업자와 해당 공동주택 건설용지의 개발 또는 담보를 목적으로 신탁계약을 체결하는 경우(해당 공동주택 건설용지에 대한 「주택법」 제15조에 따른 사업계획승인은 해당 공동주택 건설용지를 공급받은 자가 받는 경우로 한정한다)

9. 공공시설용지와 주택건설용지 중 근린생활시설을 건축하기 위한 용지를 공급받은 자가 시행자로부터 공급받은 가격 이하로 해당 용지를 전매하는 경우

9의2. 주택건설용지(근린생활시설을 건축하기 위한 용지는 제외한다)를 공급받은 자가 시행자로부터 공급받은 가격 이하로 해당 용지를 전매하는 경우로서 다음 각 목의 어느 하나에 해당하는 경우   (이하 생략)

부 칙 〈대통령령 제31634호, 2021. 4. 20.〉

제1조(시행일) 이 영은 공포한 날부터 시행한다.

제2조(다른 법령의 개정) ① 산업입지 및 개발에 관한 법률 시행령 일부를 다음과 같이 개정한다.

제42조의3제5항 중 "「택지개발촉진법 시행령」 제13조의2제1항부터 제7항까지의 규정"을 "「택지개발촉진법 시행령」 제13조의2제1항부터 제9항까지의 규정"으로 한다.

② 새만금사업 추진 및 지원에 관한 특별법 시행령 일부를 다음과 같이 개정한다.

제31조의21제2항제1호 중 "「택지개발촉진법 시행령」 제13조의2제5항제7호"를 "「택지개발촉진법 시행령」 제13조의2제7항제7호"로 한다.

③ 한국토지주택공사법 시행령 일부를 다음과 같이 개정한다.

제35조제2항제1호 중 "「택지개발촉진법 시행령」 제13조의2제5항제7호"를 "「택지개발촉진법 시행령」 제13조의2제7항제7호"로 한다.

④ 혁신도시 조성 및 발전에 관한 특별법 시행령 일부를 다음과 같이 개정한다.

제17조제4항 중 "「택지개발촉진법 시행령」 제13조의2제2항"을 "「택지개발촉진법 시행령」 제13조의2제2항부터 제5항까지의 규정"으로 한다.

제3절 생활대책

1. 의의

생활대책은 이주대책의 경우와는 달리 토지보상법에는 생활대책에 대한 <u>일반적인근거 규정이 없으므로</u> 생활대책에 대한 명문규정을 두고 있는 「기업도시개발특별법」이나 「주한미군기지 이전에 따른 평택시 등의 지원 등에 관한 특별법」에 따른 사업의 경우를 제외하고는 일반적으로 공익사업의 <u>사업시행자에게 생활대책을 수립·실시할 의무가 없다.</u>

생활대책은 토지보상법상의 이주대책과는 별도로 사업의 원활한 시행을 위하여 사업시행자가 스스로 마련한 내부규정(용지규정[927], 시행세칙, 토지업무규정)에 기초하여 상업용지 등을 특별히 공급하여 주는 것으로 <u>시혜적 조치[928]</u>에 해당한다고 보는 것이 일반적

---

927) 한국토지주택공사 용지규정 제23조(이주대책과 생활대책) ① 지역본부장은 공사가 시행하는 공익사업에 따라 주택이 철거되어 생활의 근거를 상실하게 되는 자에게 관련 법령에 따라 이주대책을 수립하여야 한다.
② 지역본부장은 원활한 사업추진을 위하여 사업지구 안에서 영업(영농, 축산 등을 포함한다)을 행한 자 등에 대하여 생활대책을 수립할 수 있다.
③ 이주대책기준일 등 이주대책과 생활대책의 수립에 필요한 사항은 사장이 따로 정한다.

928) 헌재 1993.7.29. 선고 92헌마30 결정, 헌재 2006.2.23. 선고 2004헌마19 결정
택지개발사업의 시행과 관련하여 철거이주민에 대한 생활대책의 일환으로 이루어진 상업용지의 공급 공고행위는 <u>토지보상법 소정의</u> 이주대책을 시행한 이외에 법적 근거 없이 **시혜적으로** 내부규정을 정하여 청구인들에게 상가부지를 일정한 공급조건하에 수의계약으로 공급한다는 것을 통보하는 것이므로 이러한 사실관계는 사법상의 권리이전에 대한 반대급부의 조건 내지 내용에 관련된 사항에 불과하여 헌법소원의 대상이 되는 공권력 행사로 보기 어렵다. (헌법재판소 1996.10.04. 95헌마34 결정)

견해이다. 그러나 사견을 전제로 생활대책은 사업시행자에 대하여 헌법이 요구하고 있는 복지국가의 요청에 따라 생활의 근거를 상실하게 된 이주자들로 하여금 조속히 생활의 안정을 도모하도록 최선을 다하여야 할 적극적 의무를 부담시키는 것으로 보아야 할 것이고, 헌법 제23조 제3항의 정당보상이 완전보상을[929] 의미한다면 생활대책을 단순히 사업시행자의 은혜적이고 임의적인 조치로만 보기에는 다소 무리가 있는 것도 사실이다.[930]

이와 관련하여 <u>생활대책의 법률상 성질에 대해서</u> 생활대책은 생활보상의 일환으로 마련한 제도로서 헌법 제23조 제3항이 규정하는 <u>손실보상의 한 형태로</u>, 공익사업의 시행으로 해당 사업지구에서 불가피하게 이주하게 되는 자에 대한 시혜적인 배려나 계약자유의 원칙 내에서의 사법적 조치라고 할 수는 없고, <u>재량권의 범위 및 한계에 대해서는</u> 사업시행자의 생활대책의 시행 여부, 특별공급되는 용지의 수량, 특별공급 대상자의 선정 등에 있어 상당한 재량권을 가지나 그 재량권 행사는 헌법상 평등의 원칙 및 국민의 기본권 보장이나 다른 법률의 규정을 위배하여서는 아니되며 특히 생활대책대상자의 범위를 '협의취득에 응한 자' 외에 수용재결을 받은 자를 그 대상에서 완전히 제외하는 것은 헌법상의 원리에 위배되는 것으로서 재량권의 한계를 벗어나 위법하다고 판시한 주목할 만한 판례가 있다.[931]

---

929) 헌법 제23조 제3항은 '공공필요에 의한 재산권의 수용 등에 대하여 정당한 보상을 지급하여야 한다' 규정하여 정당보상원원칙을 천명하고 있다. 여기서 정당보상은 완전보상을 의미하고 판례도 정당한 보상이란 원칙적으로 피수용재산의 객관적인 재산가치를 완전하게 보상하여야 한다고 하고 있다.(대법원 2001.9.25. 선고 2000두2426 판결, 헌재 1995.4.20. 선고 93헌바20·66, 94헌바4·9, 95헌바6 결정)

930) 헌법 제11조 '모든 국민은 법 앞에 평등하다' 라고 규정하고 있고 ,헌법 제23조 제3항은 '공공필요에 의한 재산권의 수용 등에 대하여 정당한 보상을 지급하여야 한다' 규정하고 있다. 생활보상의 근거로 위와 같이 헌법에 기한 평등의 원칙이나 정당보상의 원칙 이외에도 헌법상 재판받을 권리를 포섭될 수 있고 이는 나아가 토지보상법 제83조 이하에서 규정하고 있는 협의 불성립시 수용재결이라는 강제수용절차라는 공법상의 법률관계를 직접 기속한다고 볼 수 있으므로, 사업시행자가 생활대책을 수립·시행함에 있어서 <u>이러한 헌법상의 원리들을 위배하는 경우</u> 그 부분은 재량권의 한계를 벗어난 것으로서 위법한 것으로 볼 수 있을 것이다.(저자 註)
대법원 전원합의체 판결(대법원 1994.5.24. 선고 92다35783) 다수의견은 이주대책의 제도적 취지에 대해 이주대책은 "이주자들에 대하여 종전의 생활상태를 원상으로 회복시키면서 동시에 인간다운 생활을 보장하여 주기 위한 이른바 생활보상의 일환으로 국가의 적극적이고 정책적인 배려에 의하여 마련된 제도이다"라고 판시하면서 **이주대책이 생활보상의 한 유형**임을 언급하였으나 이주대책이 헌법 제23조 제3항의 손실보상의 유형에 해당하는지 여부에 대해서는 명시적으로 밝히지 아니하였다(반면에 반대의견은 이주대책이 헌법 제23조 제3항의 손실보상의 한 형태라고 설시하고 있다).

931) 광주지법 2007.1.25. 선고, 2006구합1159 판결 (생활대책대상자부적격처분취소). 그러나, 사업시행자

[판례1] ▶ 생활대책은 생활보상의 일환으로 마련한 제도로서 헌법 제23조 제3항이 규정하는 손실보상의 한 형태라고 판단되며, 이주자에 대한 시혜적인 배려나 계약자유의 원칙 내에서의 사법적 조치라고 할 수는 없다.

[광주지법 2007.1.25. 선고, 2006구합1159] (생활대책대상자부적격처분취소)

【판시사항】

[1] 택지개발사업의 시행자인 한국토지공사가 이주자들에게 상업용지 등을 공급하는 생활대책을 수립·시행하는 경우, 위 생활대책의 법률상 성질(=손실보상) 및 생활대책대상자의 지위 확인을 구하는 소송의 성격(=공법상 당사자소송)

[2] 택지개발사업의 시행자인 한국토지공사가 사업의 원활한 시행을 위하여 생활대책을 수립·시행함에 있어 가지는 재량권의 범위 및 한계

[3] 택지개발사업의 시행자인 한국토지공사가 이주자들에게 상업용지 등을 공급하는 생활대책을 수립·시행하면서 마련한 생활대책대상자 심사기준 중 '협의취득에 응한 자에 한하여 생활대책대상자의 지위를 부여하고 수용재결을 받은 자를 그 대상에서 완전히 제외하고 있는 부분'은 헌법상의 원리에 위배되는 것으로서 재량권의 한계를 벗어나 위법하다고 한 사례

【판결요지】

[1] 이른바 생활대책의 수립·시행은 특별한 법적 근거에 의하여 사업시행자의 의무사항으로 되어 있는 것도 아니고 이러한 생활대책이 반드시 공익사업을 위한 토지 등의 취득 및 보상에 관한 법률상 이주대책의 일환으로 이루어져야 한다는 명문의

들이 생활대책용지 공급심사기준을 정함에 있어서 협의보상에 응하지 아니한 채 재결에 의하여 다툰 자보다는 협의에 의하여 보상을 받은 자에 대하여만 생활대책을 마련해 주는 것이 평등의 원칙, 정당보상의 원칙에 반한다고 할 것인가의 문제와 관련하여 위 판례와 상반되는 또다른 하급심 지방법원의 판례를 소개하면, 원활한 사업시행을 위하여 더 필요하다고 판단하여 협의보상에 응한 자만을 생활대책의 대상자로 삼고, 협의보상에 응하지 아니한 자는 그들이 스스로 토지 등을 인도 또는 철거하였는지 여부를 불문하여 그 대상으로 삼지 아니하였다고 하더라도, 이를 두고 위 심사기준이 객관적으로 합리적이고 타당한 것이 아니라고 할 수 없어, 수용대상자의 재판받을 권리를 침해하거나 헌법상의 평등의 원칙, 정당보상의 원칙에 위배된다고 볼 수 없을 뿐만 아니라 재량권의 한계를 벗어난다고 보지도 않는다고 판시하고 있다(대전지방법원 2009구합 2476 생활대책대상자 제외처분취소 판결).

규정이 있는 것도 아니지만, 택지개발사업의 시행자인 한국토지공사가 그 용지규정 및 용지규정시행세칙 등의 규정에 따라 사업시행을 위해 이주자들 중 일정 요건을 갖춘 자들에게 상업용지 등을 공급하는 내용의 생활대책을 수립하여 시행하는 경우, 이는 법령에 의하여 공공목적의 수행을 위한 택지개발사업을 시행하는 사업시행자가 위임받은 행정권한의 범위 내에서 이주자들을 종전의 <u>생활상태로 원상회복시켜 주기 위하여 마련한 제도로서 헌법 제23조 제3항이 규정하는 **손실보상의 한 형태**</u>라고 보아야 하지, 이주자에 대한 시혜적인 배려나 계약자유의 원칙 내에서의 사법(私法)적 조치라고 할 수는 없다. 따라서 위 생활대책의 대상자에 해당하는지 여부는 사법상의 권리이전(협의양도)에 대한 반대급부의 조건 내지 이행에 관련된 사항이 아니라 손실보상으로서의 생활대책을 받을 정당한 대상자로서 상업용지 등의 특별공급신청권이 있는지 여부를 확정하는 공법상의 법률관계에 속하는 것이므로, 사업시행자가 생활대책의 대상자임을 부정하는 경우 공법상 당사자소송으로 생활대책대상자의 지위의 확인을 구할 수 있다.

[2] 택지개발사업의 시행자인 한국토지공사가 조성사업의 원활한 시행을 위하여 생활근거를 상실하게 되는 이주자들에게 상업용지 등을 특별한 조건으로 분양하여 주는 내용의 생활대책을 수립·시행함에 있어, <u>생활대책의 시행 여부, 특별공급되는 용지의 수량, 특별공급 대상자의 선정 등에 있어 상당한 재량을 가진다 할 것이나, 그 재량을 행사함에 있어서는 헌법상 평등의 원칙 및 국민의 기본권 보장이나 다른 법률의 규정을 위배하여서는 아니 된다.</u>

[3] 택지개발사업의 시행자인 한국토지공사가 이주자들에게 상업용지 등을 공급하는 생활대책을 수립·시행하면서 마련한 생활대책대상자 심사기준 중 '<u>협의취득에 응한 자에 한하여 생활대책대상자의 지위를 부여하고 수용재결을 받은 자를 그 대상에서 완전히 제외하고 있는 부분</u>'은 헌법상의 원리에 위배되는 것으로서 재량권의 한계를 벗어나 위법하다고 한 사례.

【주 문】

1. 원고 1 내지 7, 9 내지 12, 14, 15는 피고가 광주 광산구에서 시행하는 수완지구 택지개발사업의 생활대책대상자임을 확인한다.
2. 원고 8, 13, 16의 각 청구를 기각한다.

3. 소송비용 중 원고 1 내지 7, 9 내지 12, 14, 15와 피고 사이에 생긴 부분은 피고가 부담하고, 원고 8, 13, 16과 피고 사이에 생긴 부분은 위 원고들이 부담한다.

【청구취지】

원고들은 피고가 광주 광산구에서 시행하는 수완택지개발지구의 생활대책대상자임을 확인한다.

【이 유】

1. 처분의 경위

가. 피고는 광주 광산구 수완동 일대에 광주 수완지구 택지개발사업(이하 '이 사건 사업'이라 한다)을 시행하고 있는 사업시행자이다.

나. 피고는 이 사건 사업시행을 위해 주거용 건축물을 제공하는 자들 중 일정한 요건을 갖춘 자들을 이주대책대상자로 선정한 후 이주택지를 공급하였으며, 그와 별도로 '광주 수완 생활대책 공급대상자 심사기준'을 마련하여 그 대상자에게 일정 규모의 상업용지 또는 근린생활시설용지를 공급하는 것을 내용으로 하는 생활대책(이하 '이 사건 생활대책'이라 한다)을 수립하였는바, 2005. 12. 19. 원고들에 대해 피고가 정한 심사기준에 해당하지 않는다는 이유로 생활대책대상자에 해당하지 아니한다는 내용의 통지(이하 '이 사건 통지'라 한다)를 하였다.

2. 이 사건 소의 적법 여부

피고는, 이 사건 생활대책이 법률의 근거 없이 피고의 자체 내부규정에 의해 실시될 뿐 아니라 그 대상자도 피고가 자체적으로 마련한 기준에 따라 선정되는 등 이 사건 생활대책에 따른 용지의 공급을 공법상의 법률관계라고 볼 수 없으므로, 당사자소송으로 지위의 확인을 구하는 이 사건 소송은 부적법하다고 주장한다.

행정소송법 제3조 제2호는 당사자소송의 개념으로 '행정청의 처분 등을 원인으로 하는 법률관계에 관한 소송 그 밖에 공법상의 법률관계에 관한 소송으로서 그 법률관계의 한쪽 당사자를 피고로 하는 소송'이라고 규정하고 있는바, 행정소송법 제2조 제2항은 행정청의 개념에 법령에 의하여 행정권한의 위임 또는 위탁을 받은 공공단체를 포함시키고 있으며, 피고는 한국토지공사법에 의하여 정부가 자본금 전액을 출자하여 설립된 공공단체로서 일정한 토지개발사업에 있어서는 행정권한의 위임 또는 위탁사무를 행함으로써 행정청으로 의제되므로 그러한 업무와 관련하여서는 공법상의 법률관계의 주체가 될 수 있다 할 것이다.

한편, 적법한 절차에 의하여 사인의 토지 등 재산권을 사용, 수용, 제한한 경우 그 보상에 있어서 오늘날 점차 실질적인 방법이 강구되면서 종래의 보상이 객관적인 시장가치를 보상의 대상으로 삼았던 것에 비하여 주관적인 이용가치 내지 피수용자의 생활안정을 보상의 대상으로 포함하는 소위 생활보상의 개념이 점차 확립되었다. 이 사건에서 문제된 '생활대책'은 보상법제의 이러한 추세에 따라 피고가 기존의 협의매수 내지 수용가격의 지급, 이주대책 이외에 상업용지 등을 협의매수에 응한 자 또는 피수용자에게 감정가격에 분양하여 줌으로써 이주자들에 대하여 종전의 생활상태를 원상으로 회복시켜 현실적으로 피침해자들의 생활안정을 도모하기 위한 이른바 생활보상의 일환으로 사업시행자의 적극적이고 정책적인 배려에 의하여 마련된 제도이다.

비록 이러한 종류의 생활대책의 수립·시행은 특별한 법적 근거에 의하여 피고와 같은 사업시행자에게 의무로 지워져 있는 것도 아니며, 이러한 생활대책이 반드시 공익사업을 위한 토지 등의 취득 및 보상에 관한 법률(이하 '공익사업법'이라 한다)상 이주대책의 일환으로 이루어져야 한다는 명문의 규정이 있는 것도 아니지만, 피고가 생활대책을 수립하여 시행하는 경우에는 법령에 의하여 공공목적의 수행을 위한 택지개발사업을 시행하는 사업시행자로서 위임받은 행정권한의 범위 내에서 그 권한을 행사하는 것이고, <u>한국토지공사법 제23조 제2, 3항에 의하면 피고는 건설교통부장관의 승인을 받아 공급용도, 공급가격결정방법, 기타 필요한 사항이 포함된 토지의 공급에 관한 기준을 정하여 시행하여야 하는데 이에 따른 피고의 용지규정 제17조 제2항은 '조성사업의 원활한 시행을 위하여 필요하다고 인정되는 경우'에는 생활대책을 수립·시행할 수 있다고 규정하고 용지규정시행세칙 제27조의2 제1항 단서에서 '협의에 의하여 보상을 받지 아니한 자'에 대하여도 일정한 경우 생활대책 대상에 포함할 수 있도록 규정하고 있는바</u>, 이러한 규정들은 생활대책이 사업시행자로서 공익사업을 수행하기 위한 행정권한의 행사이지 대등한 권리주체 사이의 민사상 법률관계에 기초한 것이 아님을 분명히 밝히고 있는 만큼, 위 <u>생활대책</u>은 피고가 공법상의 법률관계의 주체인 사업시행자로서 이주자에 대하여 종전의 재산상태가 아닌 생활상태로 원상회복시켜 주기 위한 <u>생활보상의 일환으로 마련한 제도로서 헌법 제23조 제3항이 규정하는 손실보</u>

상의 한 형태라고 보아야 하지 이주자에 대한 시혜적인 배려나 계약자유의 원칙 내에서의 사법(私法)적 조치라고 할 수는 없다.

그리고 피고가 이주자들로부터 생활대책용지 신청을 받아 이를 심사한 후 적격 또는 부적격 처분을 하고 부적격 처분 대상자들이 이의신청을 할 경우 심사위원회에서 심사한 후 자격이 없는 자에 대하여 이의신청의 기각결정을 하면서 대상자들에게 그 심사결과에 이의가 있을 경우 통지를 받은 날로부터 90일 이내에 행정소송 등을 청구할 수 있음을 고지하여 온 사실, 생활대책 적격대상자로 결정된 이주자들이 조합을 구성하거나 또는 공동 명의로 피고와 1필지의 상업용지 또는 근린생활시설용지에 관하여 공급계약을 체결하게 되는 사실은 당사자 사이에 다툼이 없거나, 갑 제1호증의 1 내지 18의 각 기재에 변론 전체의 취지를 종합하면 이를 인정할 수 있는바, 앞서 본 생활대책제도의 취지, 생활대책의 시행방법, 피고의 용지규정 및 같은 규정 시행규칙이나 관행 등을 종합적으로 고려하여 보면, 위와 같이 수립·시행 중인 생활대책의 대상자에 해당하는지 여부는 사법상의 권리이전(협의양도)에 대한 반대급부의 조건 내지 이행에 관련된 사항이 아니라 손실보상으로서의 생활대책을 받을 정당한 대상자로서 상업용지 등의 특별공급신청권이 있는지 여부를 확정하는 공법상의 법률관계에 속한다 할 것이다(생활대책대상자로서 피고와 체결하는 용지공급계약이 사법상의 매매계약에 해당한다 하더라도 이는 이주자대책대상자 선정이 공법상의 권리관계에 속하지만 그 후속조치로서의 이주자택지공급계약이 사법상의 계약에 해당하는 점과 마찬가지이므로 나중의 공급계약이 사법상의 계약이라는 점이 생활대책대상자의 선정이 공법상의 법률관계에 해당한다는 것을 부인할 근거가 될 수는 없다).

그러한 이상 사업시행자가 생활대책의 대상자임을 부정하는 경우라면 그에 관한 확인판결을 얻음으로써 분쟁이 해결되고 권리구제가 가능하여 그 확인소송이 권리구제에 유효, 적절한 수단이 될 수 있으므로 당사자소송으로 생활대책의 대상자의 지위의 확인을 구할 수 있다고 보아야 할 것이어서 그 지위의 확인을 공법상 당사자소송으로 구하는 이 사건 소는 적법하다.

3. 이 사건 처분의 적법 여부

가. 당사자들의 주장

(1) 원고들의 주장

원고들이 이 사건 통지 이전까지 모두 자진하여 각 토지 등을 피고에게 인도하여 주었음에도 협의보상에 응하지 않았다는 이유만으로 원고들을 생활대책대상자에서 제외한 이 사건 통지는 헌법상의 평등의 원칙, 재판받을 권리, 정당보상의 원칙에 위배되어 위법한 것이다.

(2) 피고의 주장

이 사건 생활대책은 법령의 근거 없이 사업의 원활한 추진만을 위해 피고가 임의로 시행하는 은혜적인 대책으로서 원고들이 피고가 정한 심사기준에 해당하지 아니하는 이상 원고들을 생활대책대상자에서 제외한 이 사건 통지는 정당하다.

나. 인정 사실

(1) 피고는 다음과 같은 내용의 용지규정과 용지규정시행세칙을 만들어 시행하고 있다.

> 용지규정
> 제17조 (이주대책의 수립·시행 등)
> ② 조성사업의 원활한 시행을 위하여 필요하다고 인정되는 경우에는 생활대책을 수립·시행할 수 있다.
> ④ 제1항 내지 제3항의 규정에 의한 이주대책 및 생활대책에 관한 세부적인 사항은 사장이 따로 정하는 바에 의한다.
> 용지규정시행세칙
>
> 제27조의 2 (생활대책의 수립·시행)
> ① 규정 제17조 제2항의 규정에 의한 생활대책은 이주대책대상자 또는 영업 등 생업을 상실한 자 중 보상대상 전부를 협의에 의하여 보상받고 스스로 인도 또는 철거한 자를 대상으로 수립·시행한다. 다만, 협의에 의하여 보상을 받지 아니한 자가 토지 등을 공사가 지정하는 시기까지 스스로 인도 또는 철거한 경우에는 그 대상에 포함할 수 있다.
> ② 생활대책의 시행방법은 근린생활·판매·영업시설 또는 근린생활·판매·영업시설의 설치가 가능한 용지를 수의계약의 방법으로 공급한다.
> ③ 생활대책은 조성사업에 대한 협력정도 또는 생업의 규모 등에 따라 그 내용을 달리 정할 수 있다.

(2) 피고가 위 용지규정 및 시행세칙에 기초하여 수립한 이 사건 사업 시행에 따른 생활대책용지 공급대상자 심사기준(이하 '이 사건 심사기준'이라 한다)의 주요내용은 다음과 같다.

수완지구 생활대책용지 공급대상자 심사기준
- 요약 : 아래의 1차 조건 및 2차 조건이 모두 충족되어야 생활대책대상자에 해당
  함.
[1차 조건]
광주 수완지구 내에서 본인 소유의 보상대상 전부(토지, 지장물, 기타 권리 등)를 피
고로부터 협의보상받고 자진철거한 자(법인, 단체) 중 아래 조건 해당자

[2차 조건]
1. 이주대책대상자 중
- 1군 : 이택 공급대상자 (16평 공급)
- 2군 : * 거주요건은 충족되나 **건축물요건이 충족되지 않아 이택 공급대상자에
  서 제외된 건물 소유자 (12평 공급)
* 거주요건 : 개발계획승인일(2001.4.19.)부터 보상계획공고일(2003.9.30.)까지
  계속하여 수완지구 내에 실제 거주.
* 건축물요건 : 주거용 허가건축물 또는 1989.1.24. 이전에 건축된 주거용 무허가건
  축물(즉, 비주거용 허가건축물 또는 1989.1.24. 이후에 건축된 주거용 무허가건
  축물은 이사비 지급대상으로서 2군 대상임).

2. 영업자 및 축산업자 중
- 1군 : 영업보상(영업시설이전비+영업이익)을 받은 자 (16평 공급)
- 2군 : 영업시설이전비(영업이익 제외) 보상을 받은 자 (12평 공급)

3. 영농자 중
- ① 위 1.의 거주요건 및 건축물요건(2군 대상 포함)을 충족하여 피고로부터 주거
  이전비 또는 이사비를 받은 자로서 ② 1,000㎡ 이상 농지(임차농지 포함)를 경작
  하여 영농 손실보상을 받은 자(16평 공급).

(3) 원고 1 내지 12는 이 사건 사업에 따른 이주대책대상자에 해당하고, 14, 15는 피고
로부터 각 영업시설이전비 및 영업이익의 영업보상을 받았으며, 원고 13은 2004.
6.경 피고로부터 자신의 소유로서 자경하고 있는 광주 광산구 장덕동 84-17 답 7
86㎡와 임차하여 경작중인 같은 동 313-9 답 846㎡, 같은 동 318 전 1,643㎡에
대한 실농보상비 7,329,450원을 지급받았고, 원고 16은 광주 광산구 장덕동 602
-67 소재 가옥 등에 대한 지장물보상금 11,327,600원을 지급받았다.

(4) 원고 8은 피고에게 자신의 주거를 자진 인도하지 아니하여 **대집행**이 이루어졌으
나, 원고 13, 16을 제외한 나머지 원고들은 이 사건 통지 이전에 보상대상 물건들
을 피고에게 자진 인도하거나 철거하였다.

[인정 근거] 다툼 없는 사실, 갑 제4호증, 갑 제8호증, 갑 제11호증, 갑 제15호증, 갑 제18 내지 21호증, 갑 제24호증, 갑 제27호증, 갑 제31호증, 갑 제32호증, 갑 제34호증, 을 제1호증, 을 제2호증, 을 제3호증의 각 기재, 변론 전체의 취지

다. 판 단

(1) 원고 1 내지 7, 9 내지 12, 14, 15의 각 청구에 관한 판단

이 사건에서 원고들이 협의취득에 응하지 아니하였다는 이유를 들어 원고들에게 생활대책용지를 전혀 공급해 주지 않을 수 있는지에 관하여 살펴보기로 한다.

(가) 생활대책은 택지 등 조성사업의 시행자인 피고가 조성사업의 원활한 시행을 위하여 그로 인하여 생활근거를 상실하게 되는 이주자를 위하여 그들에게 상업용지 등을 특별한 조건으로 분양하도록 하는 것이므로 생활대책의 시행 여부, 특별공급되는 용지의 수량, 특별공급 대상자의 선정 등에 있어 상당한 재량을 가진다 할 것이나, 그 재량을 행사함에 있어서는 법령에 의하여 위임받은 행정권한을 행사하는 것이므로 헌법상 평등의 원칙 및 국민의 기본권 보장이나 다른 법률의 규정을 위배하여서는 아니되므로, 이러한 원칙이나 법률을 위배되는 내용에 대하여는 그 효력을 인정할 수 없다 할 것이다.

(나) 헌법 제11조는 모든 국민은 법 앞에 평등하다고 규정하고 있으며, 이때의 평등의 의미는 일체의 차별을 불허하는 것이 아니라 합리적 근거 또는 정당한 이유가 있는 차별은 허용하는 것이라고 할 것인바, 과연 합리적 근거가 있는 차별인지의 여부는 그 차별이 인간의 존엄성 존중이라는 헌법 원리에 반하지 아니하면서 정당한 입법목적 등을 달성하기 위하여 필요하고도 적정한 것인가를 기준으로 판단하여야 할 것이다(헌법재판소 1996.11.28. 선고 96헌가13 결정 참조). 그리고 헌법 제27조 제1항은 모든 국민이 헌법과 법률이 정한 법관에 의하여 법률에 의한 재판을 받을 권리를 가진다고 규정하고 있으며, 헌법 제23조 제3항은 공공필요에 의한 재산권의 수용 등에 대하여 정당한 보상을 지급하여야 한다고 정하고 공익사업을 위한 토지 등의 취득 및 보상에 관한 법률 제83조 이하에서는 협의가 성립되지 아니하여 수용재결을 거친 경우 직접 혹은 이의재결을 거친 후 행정소송을 통해 손실보상금의 적정 여부 등을 다툴 수 있도록 규정하고 있다. 나아가,

이와 같이 헌법에 기한 평등의 원칙이나 정당보상의 원칙, 재판받을 권리는 공법상의 법률관계를 직접 기속한다고 할 것이므로, 피고가 생활대책을 수립·시행함에 있어 이러한 헌법상의 원리들을 위배하는 경우 그 부분은 재량권의 한계를 벗어난 것으로서 위법하다 할 것이다.

(다) 돌이켜 이 사건 심사기준에서 생활대책용지 공급대상자를 피고로부터 '협의보상 받은' 자로 제한하여 수용재결을 받은 자를 완전히 제외하는 내용이 과연 적법한지 본다. ① 이주자가 피고의 협의취득에 응하지 아니하여 수용재결의 절차로 진행되었다 하더라도 피고가 지정한 시기까지 보상대상을 자진 인도 내지 철거할 경우 조성사업의 원활한 시행에 별다른 지장을 가져오지 아니하고, 다소간의 지장을 가져온다 하더라도 이는 협조 정도 등을 고려하여 생활대책용지를 차등 공급하는 방법으로 이를 조절할 수 있음에도 사업시행에 지장을 주었는지 여부, 그 정도를 가리지 아니한 채 단지 협의취득에 응하지 않았다는 이유만으로 생활대책용지를 전혀 공급해 주지 않는 것을 합리적인 근거 있는 차별이라고 보기는 어려운 점, ② 뿐만 아니라 협의취득에 응하였는지 여부만으로 생활대책용지의 공급 여부가 결정된다면 이주자의 입장에서는 정당하지 아니한 손실보상금이 제시되더라도 이를 받아들이도록 사실상 강요받게 되는 불합리한 결과가 되고, 이는 헌법이 보장하고 있는 정당한 보상 및 재산권 보장의 원칙과 재판을 받을 권리를 비롯한 적법절차의 원칙을 침해하게 되는 점, ③ 정부가 전액 출자한 공법인으로서 행정권한을 위임받아 사업을 시행하는 피고로서는 헌법이 천명하고 있는 복지국가의 요청에 따라 생활의 근거를 상실하게 된 이주자들로 하여금 조속히 생활의 안정을 도모하도록 최선을 다하여야 할 적극적 의무를 부담한다고 보아야 하는 점, ④ 생활대책은 피고의 은혜적이고 임의적인 조치가 아니라 토지 등을 협의매도하거나 수용당하는 피침해자들에게 주어지는 정당보상의 범주 내인 생활보상의 일환이므로 일단 생활대책을 수립·시행하기로 결정한 이상 그 대상자를 선정함에 있어서는 합리적이고 정당한 기준을 마련함으로써 이주자들에게 실질적인 보상이 이루어지도록 할 필요가 있는 점, ⑤ 생활대책과 마찬가지로 생활보상의 일환인 이주대책에 있어서는 공공사업에 필요한 토지 등을 협의에 의하여 제공한 자 이외에도 수용의 절차에 의하여 강제로 제공한 자도 이주대책의 대상자가 되는데(대법원 2004. 10. 27. 선고 2003두858 판결 참조), 성격을 같이 하

는 생활대책에 있어 그와 달리 취급하여야 할 특별한 사정을 찾아보기 어려운 점 등 제반 사정을 고려하면 이는 위에서 든 헌법상의 원리에 위배되는 것으로서 재량권의 한계를 벗어나 위법하다고 보지 않을 수 없다.

(라) 그러한 이상 이 사건 생활대책용지 공급대상자 심사기준의 근거인 피고의 용지규정시행세칙 제27조의2 제1항의 내용, 즉 "생활대책은 이주대책대상자 또는 영업 등 생업을 상실한 자 중 보상대상 전부를 협의에 의하여 보상받고 스스로 인도 또는 철거한 자를 대상으로 수립·시행한다. 다만, 협의에 의하여 보상을 받지 아니한 자가 토지 등을 공사가 지정하는 시기까지 스스로 인도 또는 철거한 경우에는 그 대상에 포함할 수 있다."는 규정은 본문에 해당하는 이주자에 대하여는 필수적으로 생활대책을 시행하고 단서의 규정에 해당하는 이주자에 대하여는 공급 가능한 생활용지의 규모, 이주자들 사이의 형평이나 사업에 대한 협력 정도 등을 감안하여 생활대책용지를 차등적으로 공급하도록 한 것으로 해석하여야 하고, 이 규정을 근거로 하여 피고가 수용절차에 의하여 토지 등을 제공한 자를 그 대상에서 완전히 배제할 수는 없다 할 것이다.

(마) 따라서 이 사건 심사기준 중 '협의취득에 응한 자에 한해 생활대책대상자의 지위를 부여하고 협의취득에 응하지 아니한 자에게는 그 지위를 부인하는 부분'은 앞서 본 헌법상의 원칙 및 피고의 용지규정시행세칙을 위반한 것으로서 무효이고, 이 사건 심사기준의 1차 조건은 '광주 수완지구 내에서 본인 소유의 보상대상 전부를 보상받고 자진철거한 자 중 아래 조건 해당자'라 할 것이므로(피고가 이 사건 심사기준에서 이주자들의 협력 정도에 따라 생활대책용지를 차등적으로 공급하는 내용을 정하지 아니하였다 하더라도 이는 피고에게 책임 있는 사유로 인한 것이므로 이를 이유로 협의취득에 응하지 아니한 자가 공급대상자에 해당함을 부인할 수는 없다), 위 원고들은 생활대책용지 공급대상자에 해당한다 할 것이다.

(2) 원고 8의 청구에 관한 판단

앞서 본 사실에 의하면 위 원고가 이 사건 사업에 따른 이주대책대상자임은 인정되나 자신의 주거를 자진 인도하지 아니하여 **대집행을 당한 이상** 이 사건 심사기준에 정한 나머지 요건에 해당하지 않는다 할 것이고, 따라서 위 원고의 주장은 이유 없다.

(3) 원고 13의 청구에 관한 판단

앞서 본 인정 사실에 의하면 위 원고가 피고로부터 자신이 경작중인 답 및 전에 대한 실농보상비 명목으로 7,329,450원을 지급받았음은 인정되나, 그밖에 이 사건 심사기준 2차 조건 중 3항의 '거주요건 및 건축물요건을 충족하여 피고로부터 주거이전비 또는 이사비를 받은 자'라는 요건을 충족하였음을 인정할 아무런 증거가 없으므로, 위 원고의 주장은 이유 없다.

(4) 원고 16의 청구에 관한 판단

이 사건에서 위 원고가 이주대책대상자라거나, 영업보상을 받는 등 이 사건 심사기준의 2차 조건에 해당함을 인정할 증거가 없으므로, 위 원고의 주장은 이유 없다.

4. 결론

그렇다면 원고 1 내지 원고 7, 9 내지 12, 14, 15의 청구는 이유 있으므로 이를 인용하기로 하고, 원고 8, 13, 16의 각 청구는 이유 없으므로 이를 기각하기로 하여 주문과 같이 판결한다.

즉, 생활대책은[932]은 택지 등 조성사업의 시행자가 조성사업의 원활한 시행을 위하여 이주자를 위하여 상업용지 등을 특별한 조건으로 분양하도록 하는 것이므로 생활대책의 시행여부, 생활대책 대상자의 선정, 상업용지의 수량 및 공급절차 등에 있어 상당한 재량을 가진다고 할 수 있음은 당연하나, 이때에도 그 재량을 행사함에 있어 헌법상의 평등의 원칙 및 국민의 기본권보장이나 다른 법률규정에 위반하여서는 아니 될 것이다.[933]

[932) 생활대책 기준일 : 택지개발예정지구 지정 공람공고일(추가 편입된 지역에 대하여는 추가 지정·고시일)이다. 통상 특정 택지개발사업의 사업시행자가 사업시행에 따른 보상계획을 공고한 후 생활대책기준을 공고하며, 이때 대상이 되는 시점기준으로 생활대책기준일을 정하여 공고한다.

933)○ 사업시행자가 '생활대책용지공급심사기준'으로 생활대책 대상자를 "협의보상을 받고 자진철거 및 이전한 자"로 한정할 뿐 협의보상에 불응하여 수용재결로 다툰 자가 스스로 토지를 철거 및 인도하였더라도 제외시키는 태도에 대하여, 이는 피수용인으로 하여금 저렴한 협의 보상가에 강제로 응하는 수단으로 작동되어 수용대상자의 헌법상의 재판받을 권리, 사유재산권보장의 원칙, 평등의 원칙, 정당보상의 원칙에 위배된다(저자 註). ○ 실무상 수용재결에 의해 양도를 하였더라도 자진 철거한 경우 생활대책대상이 된다. 다만 공급기준면적이나 공급가격, 위치선정에서는 열위가 되고 있다.

2. 생활대책에 관한 소송

생활대책의 적용대상자임을 전제로 삼거나 상업용지의 수분양권자임을 확인하여 달라는 소송이 제기된 예가 적지 않고, 실제로 이를 적법한 소송으로 본 하급심 판결[934]도 있다. 그러나 서울고등법원과 서울고등법원의 실무례는 생활대책 대상자 제외 조치를 하나의 거부처분으로 보아 그에 대한 항고소송을 제기하여야 한다고 보고 있다.[935]

한편, 대법원은 생활대책은 이주대책과는 달리 토지보상법상에 비록 명문규정은 없으나, "사업시행자 스스로 공익사업의 원활한 시행을 위하여 필요하다고 인정함으로써 생활대책을 수립·실시할 수 있도록 하는 내부규정에 따라 '생활대책 대상자 선정기준'을 마련하여 생활대책을 수립·실시하는 경우에는 이는 헌법 제23조 제3항에 따른 정당한 보상에 포함되는 것으로 보아야 하므로 생활대책 대상자 선정기준에 해당하는 자는 사업시행자에게 생활대책 대상자 선정 여부의 확인·결정을 신청할 수 있는 권리를 가지고 있으므로, 사업시행자가 자체 내부규정에 따른 '생활대책 대상자 선정기준'에 따라 생활대책 신청자를 생활대책 대상자에 제외되거나 선정을 거부할 경우 해당 신청자는 그 거부행위를 행정처분으로 보아 사업시행자를 상대로 항고소송을 제기할 수 있다"라고 판시[936]하고 있는 바, 타당한 판결이라 생각한다. 나아가 동 판례는 "생활대책 대상자 선정기준에 해당하는 자는 사업시행자에게 생활대책 대상자 선정 여부의 확인·결정을 신청할 수 있는 권리를 가지는 것이어서, 만일 사업시행자가 그러한 자를 생활대책대상자에서 제외하거나 선정을 거부하면, 이러한 생활대책 대상자 선정기준에 해당하는 자는 사업시행자를 상대로 항고소송을 제기할 수 있다"라고 하면서 이주대책 기준일 3개월 이전부터 타인의 명의를 빌려 사업자등록을 하고 화원 영업을 하다가 기준일 이후에 비로소 사업자등록 명의만을 자신 명의로 바꾸어 종전과 같은 화원 영업을 계속하였더라도 '기준일 3개월 이전부터 사업자등록을 하고 계속 영업을 한 화훼영업자'에 해당하므로 이주대책 대상자가 될 수 있음을 시사하고 있다.

---

934) 광주지법 2007.1.25. 선고 2006구합1159 판결. ; 수원지법 2007.11.28. 선고 207구합6428 판결 및 2008.8.13. 선고 2007구합7070 판결 등 참조.
935) 서울행정법원, 앞의 책, 524면 참조
936) 대법원 2011.10.13. 선고 2008두17905 판결 [상가용지공급대상자적격처분취소등]

* 피청구인(피고)이 20○○. 8. 30. 청구인(원고)에 대하여 한 생활대책 대상자 제외처분을 취소한다.

* 원고는 피고가 ○○ ○○구에서 시행하는 ○○택지개발지구의 생활대책 대상자임을 확인한다.

판례

[판례1] ▶ 생활대책 대상자에 제외되거나 선정을 거부당한 자는 사업시행자를 상대로 항고소송을 제기할 수 있다.

[대법원 2011.10.13. 선고 2008두17905] (상가용지공급대상자적격처분취소 등)

【판시사항】

[1] 사업시행자 스스로 공익사업의 원활한 시행을 위하여 생활대책을 수립·실시할 수 있도록 하는 내부규정을 두고 이에 따라 생활대책대상자 선정기준을 마련하여 생활대책을 수립·실시하는 경우, 생활대책대상자 선정기준에 해당하는 자가 자신을 생활대책대상자에서 제외하거나 선정을 거부한 사업시행자를 상대로 항고소송을 제기할 수 있는지 여부(적극)

[2] 뉴타운개발 사업시행자가 사업시행으로 생활근거 등을 상실하는 주민들을 위한 주거대책 및 생활대책을 공고함에 따라 화훼도매업을 하던 갑이 사업시행자에게 생활대책신청을 하였으나 사업시행자가 이를 거부한 사안에서, 위 거부행위가 행정처분에 해당한다고 본 원심판단을 정당하다고 한 사례

[3] 뉴타운개발 사업시행자가 사업시행으로 생활근거 등을 상실하는 주민들을 위한 주거대책 및 생활대책을 공고함에 따라 화훼도매업을 하던 갑이 사업시행자에게 생활대책신청을 하였으나, 사업시행자가 갑은 주거대책 및 생활대책에서 정한 '이주대책 기준일 3개월 이전부터 사업자등록을 하고 영업을 계속한 화훼영업자'에 해당하지 않는다는 이유로 화훼용지 공급대상자에서 제외한 사안에서, 갑이 동생 명의를 빌려 사업자등록을 하다가 기준일 이후에 자신 명의로 사업자등록을 마쳤다 하더라도 위 대책에서 정한 화훼용지 공급대상자에 해당한다고 본 원심판단을 정당하다고 한 사례

【판결요지】

[1] 공익사업을 위한 토지 등의 취득 및 보상에 관한 법률은 제78조 제1항에서 "사업 시행자는 공익사업의 시행으로 인하여 주거용 건축물을 제공함에 따라 생활의 근거를 상실하게 되는 자(이하 '이주대책대상자'라 한다)를 위하여 대통령령으로 정하는 바에 따라 이주대책을 수립·실시하거나 이주정착금을 지급하여야 한다."고 규정하고 있을 뿐, 생활대책용지의 공급과 같이 공익사업 시행 이전과 같은 경제 수준을 유지할 수 있도록 하는 내용의 생활대책에 관한 분명한 근거 규정을 두고 있지는 않으나, 사업시행자 스스로 공익사업의 원활한 시행을 위하여 필요하다고 인정함으로써 생활대책을 수립·실시할 수 있도록 하는 내부규정을 두고 있고 내부규정에 따라 생활대책대상자 선정기준을 마련하여 생활대책을 수립·실시하는 경우에는, 이러한 생활대책 역시 "공공필요에 의한 재산권의 수용·사용 또는 제한 및 그에 대한 보상은 법률로써 하되, 정당한 보상을 지급하여야 한다."고 규정하고 있는 헌법 제23조 제3항에 따른 정당한 보상에 포함되는 것으로 보아야 한다. 따라서 이러한 생활대책대상자 선정기준에 해당하는 자는 사업시행자에게 생활대책대상자 선정 여부의 확인·결정을 신청할 수 있는 권리를 가지는 것이어서, 만일 사업시행자가 그러한 자를 생활대책대상자에서 제외하거나 선정을 거부하면, 이러한 생활대책대상자 선정기준에 해당하는 자는 사업시행자를 상대로 항고소송을 제기할 수 있다고 보는 것이 타당하다.

[2] 뉴타운개발 사업시행자가 사업시행으로 생활근거 등을 상실하는 주민들을 위한 주거대책 및 생활대책을 공고함에 따라 화훼도매업을 하던 갑이 사업시행자에게 생활대책신청을 하였으나, 사업시행자가 갑은 위 주거대책 및 생활대책에서 정한 '이주대책 기준일 3개월 이전부터 사업자등록을 하고 영업을 계속한 화훼영업자'에 해당하지 않는다는 이유로 화훼용지 공급대상자에서 제외한 사안에서, 사업시행자의 거부행위가 행정처분에 해당한다고 본 원심판단을 정당하다고 한 사례.

[3] 뉴타운개발 사업시행자가 사업시행으로 생활근거 등을 상실하는 주민들을 위한 주거대책 및 생활대책을 공고함에 따라 화훼도매업을 하던 갑이 사업시행자에게 생활대책신청을 하였으나, 사업시행자가 갑은 위 주거대책 및 생활대책에서 정한 '이주대책 기준일 3개월 전부터 사업자등록을 하고 영업을 계속한 화훼영업자'에

해당하지 않는다는 이유로 화훼용지 공급대상자에서 제외한 사안에서, 갑이 이주대책 기준일 3개월 이전부터 동생 명의를 빌려 사업자등록을 하고 화훼 영업을 하다가 기준일 이후에 비로소 사업자등록 명의만을 자신 명의로 바꾸어 종전과 같은 화훼 영업을 계속하였더라도 '기준일 3개월 이전부터 사업자등록을 하고 계속 영업을 한 화훼영업자'에 해당한다고 본 원심판단을 정당하다고 한 사례.

【피고, 상고인】 에스에이치공사 (소송대리인 법무법인 ○ 외 1인)

【원심판결】 서울고법 2008.9.24. 선고 2008누10272 판결

【주 문】

상고를 기각한다. 상고비용은 피고가 부담한다.

【이 유】

상고이유를 판단한다.

1. 행정청의 어떤 행위를 행정처분으로 볼 것이냐의 문제는 추상적·일반적으로 결정할 수 없고, 구체적인 경우 행정처분은 행정청이 공권력의 주체로서 행하는 구체적 사실에 관한 법집행으로서 국민의 권리의무에 직접적으로 영향을 미치는 행위라는 점을 염두에 두고, 관련 법령의 내용 및 취지와 그 행위가 주체·내용·형식·절차 등에 있어서 어느 정도로 행정처분으로서의 성립 내지 효력요건을 충족하고 있는지 여부, 그 행위와 상대방 등 이해관계인이 입는 불이익과의 실질적 견련성, 그리고 법치행정의 원리와 당해 행위에 관련한 행정청 및 이해관계인의 태도 등을 참작하여 개별적으로 결정하여야 한다.

그리고 국민의 적극적 행위 신청에 대하여 행정청이 그 신청에 따른 행위를 하지 않겠다고 거부한 행위가 항고소송의 대상이 되는 행정처분에 해당한다고 하려면, 그 신청한 행위가 공권력의 행사 또는 이에 준하는 행정작용이어야 하고, 그 거부행위가 신청인의 법률관계에 어떤 변동을 일으키는 것이어야 하며, 그 국민에게 그 행위발동을 요구할 법규상 또는 조리상의 신청권이 있어야 한다. 이때 그 거부행위의 처분성을 인정하기 위한 전제요건이 되는 신청권의 존부는 구체적 사건에서 신

청인이 누구인가를 고려하지 않고 관계 법규의 해석에 의하여 국민에게 그러한 신청권을 인정하고 있는가를 살펴 추상적으로 결정되는 것이므로, 국민이 어떤 신청을 한 경우에 그 신청의 근거가 된 조항의 해석상 행정발동에 대한 개인의 신청권을 인정하고 있다고 보이면 그 거부행위는 항고소송의 대상이 되는 처분으로 보아야 한다(대법원 2009.9.10. 선고 2007두20638 판결 참조).

한편 공익사업을 위한 토지 등의 취득 및 보상에 관한 법률(이하 '공익사업법'이라 한다)은 제78조 제1항에서 "사업시행자는 공익사업의 시행으로 인하여 주거용 건축물을 제공함에 따라 생활의 근거를 상실하게 되는 자(이하 '이주대책대상자'라 한다)를 위하여 대통령령으로 정하는 바에 따라 이주대책을 수립·실시하거나 이주정착금을 지급하여야 한다."고 규정하고 있을 뿐, 생활대책용지의 공급과 같이 공익사업 시행 이전과 같은 경제수준을 유지할 수 있도록 하는 내용의 생활대책에 관한 분명한 근거 규정을 두고 있지는 않으나, 사업시행자 스스로 공익사업의 원활한 시행을 위하여 필요하다고 인정함으로써 생활대책을 수립·실시할 수 있도록 하는 내부규정을 두고 있고 그 내부규정에 따라 생활대책대상자 선정기준을 마련하여 생활대책을 수립·실시하는 경우에는, 이러한 생활대책 역시 "공공필요에 의한 재산권의 수용·사용 또는 제한 및 그에 대한 보상은 법률로써 하되, 정당한 보상을 지급하여야 한다."고 규정하고 있는 헌법 제23조 제3항에 따른 정당한 보상에 포함되는 것으로 보아야 한다. 따라서 이러한 생활대책대상자 선정기준에 해당하는 자는 사업시행자에 대하여 생활대책대상자 선정 여부의 확인·결정을 신청할 수 있는 권리를 가진다고 할 것이어서, 만일 사업시행자가 그러한 자를 생활대책대상자에서 제외하거나 그 선정을 거부하면, 이러한 생활대책대상자 선정기준에 해당하는 자는 사업시행자를 상대로 항고소송을 제기할 수 있다고 봄이 타당하다.

위 법리 및 기록에 비추어 보면, 원고가 이 사건 토지특별공급방안에서 정한 바에 따라서 한 화훼용지 공급신청에 대하여, 원고는 상가용지 공급대상자에 해당할 뿐 화훼용지 공급대상자가 아니라는 취지로 한 피고의 이 사건 거부행위는 행정처분에 해당한다고 할 것이므로, 같은 취지의 원심판단은 정당하고, 거기에 이 부분 상고이유에서 주장하는 바와 같은 항고소송의 대상에 관한 법리오해 등의 위법이 없다.

2. 다음으로, 원심의 판단에 이 사건 선정기준상 사업자등록 명의의 해석에 관한 법리

를 오해하거나, 사업자등록 미필 영업자에 대한 합리적 차별에 관한 법리, '생활대
책'이나 '토지특별공급방안'의 법리 및 헌법상 정당보상 원칙의 추상규범성, 사업자
등록 명의 실명제 등 원칙에 관한 법리 등을 오해하고, 합리적 차별과 관련된 심리
미진 등의 위법이 있다는 주장에 관하여 본다.

이 부분 상고이유의 주장은 모두, 이 사건 선정기준상 사업자등록은 본인 명의의
사업자등록만을 의미하는 것임에도 소외인의 명의로 사업자등록을 한 원고의 경우
에도 이에 해당한다고 본 원심의 판단에는 선정기준상 사업자등록 명의의 해석에
관한 법리를 오해한 위법이 있다는 취지이거나 이를 전제로 한 것인바, 관련 법리
와 기록에 비추어 살펴보면, 원심이 그 채택 증거들을 종합하여 그 판시와 같은 사
정을 인정한 다음, 이 사건에서의 <u>원고와 같이 이주대책 기준일 3개월 전인 2002.
8.20. 이전부터 소외인의 명의를 빌려 사업자등록을 하고 화훼 영업을 하다가 이
후 사업자등록 명의만을 자신의 명의로 바꾸고 그와 동일한 영업인 화훼 영업을 계
속한 경우에는 이 사건 선정기준 중 '기준일 3개월 이전부터 사업자등록을 하고 계
속 영업을 한 화훼영업자'에 포함된다고 판단</u>한 것은 정당한 것으로 수긍할 수 있
고, 거기에 상고이유에서 주장하는 바와 같은 법리오해 등의 위법이 있다고 할 수
없다. 이와 관련된 상고이유는 모두 이유 없다.

3. 나아가 이 사건 소가 법률상 제소의 이익이 없는 부적법한 것으로서 각하대상임에
   도 원심은 이를 간과한 위법이 있다거나, 원심의 판단에 행정처분의 하자 유무를
   다투는 대상과 범위에 관한 법리, 사업자등록 미필 영업자에 대한 생활대책에 관한
   법리와 '토지특별공급방안'의 법리 등을 오인·혼동한 위법이 있다는 주장에 관하
   여 본다.

   이 부분 상고이유의 요지는, 원고가 피고에게 신청한 것은 '생활대책'에 따른 상가
   용지 공급신청임에도 원심은 원고가 '토지특별공급방안'에 따른 화훼용지 공급신청
   을 한 것으로 판단한 잘못이 있다는 취지인데, 기록에 의하면, 원고가 피고에게 생
   활대책을 신청하면서 제출한 '이주대책 등 공급신청서'에는 '이주대책 및 생활대책
   을 신청'한다고만 기재되어 있을 뿐이지만, 당시 피고는 토지특별공급대상자들로
   부터 위 공급신청서와는 별도로 '토지특별공급신청' 등과 같은 신청절차를 밟는 조
   치를 취하지 않았던 사실, 원고의 사업자등록은 화훼영업자로 되어 있으며, 피고도

원심에 이르기까지 원고가 화훼용지 공급신청을 하였다는 전제에서 그 요건에 해당하지 않아 이 사건 처분을 하였다고 주장해 온 사실 등을 알 수 있는바, 이러한 사실관계와 관련 법리에 비추어 보면 원고는 피고에게 화훼용지 공급신청을 한 것으로 봄이 상당하므로, 원심이 원고가 화훼용지 공급신청을 하였음을 전제로 이 사건 처분의 위법 여부를 판단한 것은 정당하고, 거기에 상고이유에서 주장하는 바와 같은 법리오해 등의 위법이 없다. 이와 관련된 상고이유도 모두 받아들일 수 없다.

3. 생활대책의 내용

생활대책은[937] 토지보상법 제78조에 의한 '이주대책'과는 달리 사업시행자에게 의무로 부과되어 있는 것이 아니라, 위 토지보상법, 사업시행자의 용지규정 및 그 시행세칙에 근거하여 택지개발사업의 원활한 시행을 위하여 필요하다고 인정되는 경우 이주대책과는 별도로 당해 사업으로 인하여 생활근거를 상실하게 되는 이주자[938] 등을 위하여 특별히 공급을 하는 것이다.[939]

따라서 보상실무상 사업시행자는 오랜기간 동안 생활대책부분에서 토지보상법상 명문규정이 없고, 실시의무도 없음을 이유로 사업시행자에게 생활대책의 실시여부, 생활대책을 수립·실시하는 경우 생활대책 기준일 및 대상자의 선정, 상업용지 등의 수량 및 공급절차 등의 결정에 있어 상당한 재량을 가지는 것이다. 따라서 생활대책대상자 선정을 위하여 필요한 기준, 절차 및 방식의 결정 역시 사업시행자의 재량에 속하므로 그것이 합리적이 아니라거나 타당하지 않다고 볼 만한 특별한 사정이 없는 한 존중되고 있다.

그러나, 이러한 사업시행자의 생활대책 대상자선정 등에 대한 재량권에 대한 문제는 그 정도는 다르나 학자들의 문제제기와 대법원 판례 및 주요 기관의 유권해석 등의 의견으

---

937) 생활대책 기준일 : 택지개발예정지구 지정 공람공고일(추가 편입된 지역에 대하여는 추가 지정·고시일)

938) [사례] 생활대책대상자 : 본인 소유의 모든 토지, 물건 등을 협의보상을 받고 자진철거 및 이전한 자 중에서 기준일 이전 거주하였거나(이주자택지공급 또는 주택특별공급대상), 영업자의 경우는 기준일 이전부터 영업을 하여 영업보상을 받은 자, 영농자의 경우는 기준일 이전부터 보상공고일 현재까지 당해 지역에 거주하고 1,000㎡이상을 경작하여 실농보상을 받은 자경농 또는 임차농(* 이 기준은 일률적인 것이 아니며, 각 사업시행 지구마다 다를 수 있다).

939) 생활대책기준은 통상 특정 택지개발사업의 사업시행자가 사업시행에 따른 보상계획을 공고한 후 생활대책기준을 공고한다.

로 어느 정도 개선되었다. 우선 종전에 통상적으로 한국토지주택공사 등 일반적인 공익사업의 사업시행자가 스스로 마련한 내부기준에 따른 생활대책기준에 따른 내용을 살펴보면 아래와 같다.

가. 생활대책의 대상자

근래 대규모 택지개발 사업 등에 있어 통상적으로 사업시행자가 실시하였던 생활대책수립 및 시행에 있어 생활대책 대상자로 선정하였던 자들은 사업시행지구에 편입된 토지 및 건물 등 보상대상물건 전부를 협의[940]에 의해 양도하고 보상받은 자를 전제로 하여 이주대책대상자, 일정요건을 갖춘 영업·영농·축산 등 손실보상대상자 또는 종교시설 등의 소유자나 운영자 등이다.

한편, 보상실무상 생활대책 수립제외 대상자로 사업시행자들은 ① 법인과 단체[941], ② 생활대책 수립대상자 중 사업시행자가 지정한 기한 내에 자진퇴거 및 이전하지 않아 행정대집행을 받거나 인도단행가처분 등의 강제집행을 구하는 소가 제기된 자, ③ 토지조사와 관련하여 매립폐기물 조사 거부자 등을 들고 있다.

나. 상업용지(또는 근린생활시설용지) 등의 공급

수도권지역 택지개발사업에 있어서는 사업지구내 토지 등 보상대상물건 전부를 사업시행자와 '협의'에 의하여 양도하고 보상을 받은 이주자택지 공급대상자[942], 기준일(공람공고일)1년 이전부터 보상계약체결일 또는 수용재결일까지 당해 사업지구내에서 영업(농업, 축산업 등 포함)을 한 자로서 **영업보상(영농, 축산보상 등 포함)을 받은 자들**을 인정기준으로 분류하여 주로 소규모 상업용지 또는 근린생활시설용지를 감정가격으로 1세대

---

940) 생활대책기준은 개별사업지구별 사업시행자별로 그 내용이 달라 ① 협의 보상외에 별도의 요건을 요구하지 아니하는 경우, ② 협의보상과 자진이전을 요구하는 경우, ③ 협의보상과 자진이전·자진철거를 중첩적으로 요구하는 경우가 있다.

941) 법인과 단체는 공급대상자에서 제외된다. 그러나, 실무상 오산세교지구 택지개발사업[택지개발예정지구지정 주민공람공고(2001.9.25), 사업인정고시(2004.3.22)]에서는 당시 사업시행자(대한주택공사)는 생활대책 대상자 자격을 일정 요건하의 종교집회자, 유치원 운영자, 주유소 영업자에게도 부여한 바 있다 (단, 종교·유치원·주유소용지는 당해시설 운영자 명의로 공급).

942) 이주자택지를 포기하고 이주자 주택 또는 이주정착금을 신청한 자 포함.(단, 이주자 택지 중 점포겸용 단독주택용지를 공급받는 자는 제외)

1건만을 공급한다.

공급하는 생활대책용지의 면적943)에 있어서는, 자유 또는 허가영업인지 여부, 자가 또는 임차영업여부 등 여러 기준에 따라 차등을 두고 있고, 공급시기와 방법은 사업시행자가 추후 결정(통상적으로 상업용지 등 일반 공급시)하여 대상자에게 통지하되 공급대상자들로 구성된 조합(또는 주민단체 공동명의)에 입찰 우선권을 부여하고, 생활대책용지 공급신청 조합을 대상으로 위치를 추첨하여 공급하며, 공급가격은 감정가격(상가부지)으로 한다.944)

즉, 이주대책에 있어서는 이주대책 대상자의 추첨 등을 통해 확정된 이주자 택지나 분양아파트에 관하여 해당자와 사업시행자가 직접 분양계약 체결방법에 의하나, 생활대책용지의 공급은 생활대책 대상자들이 자발적으로 조합(또는 공동명의)을 결성한 후 일정한 시기에 그 조합 등의 명의로 희망필지에 대한 공급신청 후 추첨 등의 방법으로 수분양조합이 확정되면 비로소 해당 조합 등과 사업시행자간 분양계약이 이루어진다.

다. 상가점포 등의 공급

사업시행자는 생활대책의 일환으로 사업지구마다 위 공급 외에 상가점포945), 종교용지946), 유치원, 주유소 등의 각 부지의 공급을 제시할 수 있으며, 공급대상자가 중복되

---

943) 생활대책용지(일반상업용지) 공급 : 이주자 택지 공급대상자 및 영업보상 등을 받은자 에게는 상가부지 20㎡이하 또는 27㎡이하(6~8평)를 공급한다. 한편, 사업시행자는 생활대책용지 등의 공급물량이 부족한 경우에는 보상협의 및 자진 이주시기 순에 따라 우선 선정하고 있다. 자세한 것은 사업시행자의 '생활대책용지공급심사기준'에 따른다.

944) 근린생활시설용지 등 상가부지 공급대상자: 기준일 이전부터 관계법령에 의한 허가·면허를 받거나 신고 등을 한자 및 허가·면허·등록·신고대상이 아닌 업종의 영업자로서 최초 보상개시일까지 당해 사업지구 내에서 영업(영농축산 등 포함)을 한 자로서 영업보상을 받는 자

945) 상가점포 공급대상자는 기준일 이전부터 관계법령에 의한 허가·면허를 받거나 신고 등을 하고 「건축법」 제22조에 의한 사용승인을 받은 점포용 건물을 소유하고 「부가가치세법」에 의한 사업자등록 및 직접 영업행위를 한자로 당해 사업에 따라 그 건물이 철거되는 자에게는 상가점포를 공급한다. 공급가격은 동일상가 동일층 ㎡당 평균 낙찰가격(상가점포)으로 한다.
[사례] 상가(점포)공급대상자 : 기준일 이전부터 관계법령에 의한 허가, 면허를 받거나 신고 등을 하고 최초보상개시일까지 건축법 제22조에 의한 사용승인을 받은 점포용 또는 공장용 건물을 사업지구 안에 소유하며 부가가치세법 의한 사업자등록을 하고 직접 영업행위를 하는 자로서 본 사업시행으로 그 건물이 철거되는 자.

946) [사례] 종교시설용부지 공급대상자 : 기준일 이전부터 최초 보상개시일까지 본 사업지구내에 종교시설용 토지 및 건물을 소유하거나 건물을 임차하고 문화관광부장관의 설립허가를 받은 종교법인에 등록하여 종교집회를 하는 자에게 공급하되, 공급수량 내에서 ① 토지 및 건물소유자, ② 임차인 또는 재결보

는 경우 그 원하는 바에 따라 어느 하나만을 감정가로 공급하고 있다.[947]

라. 생활비 보상 등

이주 농·어민에게 가구원수에 따른 1년분의 평균생계비를 기준으로 지급하는 이농비·이어비와 같은 생활비는 공익사업법이 규정하는 대표적인 생활대책 중 하나이다(법 제78조 제6항, 동법 시행규칙 제56조). 또한 공익사업의 시행으로 1개 마을의 주거용 건축물 대부분이 편입되어 잔여 주거용 건축물 거주자의 생활환경이 악화된 데 대응하여 지급되는 소수잔존자보상(동법 시행규칙 제61조), 근로장소의 이전 또는 폐업으로 휴직 등을 하는 근로자에게 지급되는 휴직 또는 실직보상(동법 시행규칙 제51조)과 같은 제3자 보상 및 공익사업 시행지역에 거주하는 「국민기초생활보장법」에 따른 수급권자 및 차상위계층의 직접고용 내지 취업 알선 등 전업대책(법 제78조 제7항)등도 넓은 의미의 생활대책에 포함된다고 볼 수 있다.

4. 생활대책 수립방법

한국토지주택공사는 아래와 같은 방법으로 생활대책을 수립·실시하고 있다.[948]

〈생활대책 수립방법〉

1. 생활대책대상자 선정기준 및 내용

가. 생활대책대상자

다음 각 호의 어느 하나에 해당하는 자로 하며, 행정대집행(협의에 응한 자도 포함)을 받거나 인도단행가처분 등의 강제집행을 구하는 소가 제기된 자는 수립대상자에서 제외한다.

상금 수령자중 자진철거자의 순으로 공급. 종교용지의 공급면적 및 조건은 사업의 협조조건에 따라 차등 적용할 수 있다.
947) 자세한 것은 사업지구마다 사업시행자의 '생활대책용지 공급심사기준'에 따른다.
948) 한국토지주택공사는 자체 내부규정(용지규정 등)으로 생활대책에 관한 수립내용을 정하고 있다.(한국토지주택공사, 앞의 책, 2016, 526-531면 참조)

① 기준일 이전 이주대책 수립대상자(점포겸용 이주자택지 공급대상자는 제외)

② 생활대책대상자 선정기준일 이전부터 <u>보상계약체결일 또는 수용재결일</u>까지 사업지구 안에서 영업(농업, 축산업 등을 포함)을 행한 자로서 영업보상 등을 받은 자. 다만, 농업·축산·화훼업을 영위한 자는 생활대책 수립대상자 선정기준일 이전부터 농업·축산·화훼업을 영위한 토지를 기준으로 토지보상법 시행령 제26조 제1항 각호의 지역에 거주한 자에 한한다.

〈세 부 내 역〉

구분	대상자
이주자택지 공급대상자	점포겸용 단독주택용지를 공급받지 않는 이주자택지 공급대상자 - 점포겸용 단독주택지를 공급받은 자도 별도의 영업을 한 경우 등 생활대책 수립기준에 부합할 경우 생활대책 수립가능
영업자	기준일(공람공고일) 이전부터 관계법령에 의한 허가 등을 받고「건축법」제22조에 의한 사용승인을 받은 점포용 건물을 소유하여「부가가치세법」에 의한 사업자등록을 하고, 직접 영업행위를 하는 분으로서 당해사업에 따라 그 건물이 철거되는 분
	기준일(공람공고일) 이전부터 허가 등을 받고 사업자등록을 필하여 영업을 행한 분으로서 영업보상을 받은 분
	- 기준일(공람공고일) 이전부터 허가 등이 필요하지 않은 자유업을 행한 분으로서 영업보상을 받은 분 - 기준일(공람공고일) 이전부터 영업한 분 중 토지보상법 시행규칙 제45조 제1호 단서 및 제52조에 따라 무허가건축물에서 영업한 임차인으로 영업보상을 받거나 무허가영업 특례로 보상받은 분
영농자	기준일(공람공고일) 이전부터 보상계획공고일 현재까지 당해지역에 거주하고 사업지구내 농지 **4,000㎡이상**을 경작하여 농업손실보상을 받은 자경농(자경+임차면적 합계가 4,000㎡이상일 때는 소유농지면적이 1,000㎡ 이상인 경우)
	기준일(공람공고일) 이전부터 보상계획공고일 현재까지 당해지역에 거주하고 토지를 임차하여 시설채소 또는 화훼를 **1,000㎡이상** 경작하여 농업손실보상 또는 영업보상을 받은 분
시설채소농 및 화훼농	기준일(공람공고일) 이전부터 보상계획공고일 현재까지 당해지역에 거주하고 본인소유 토지에 시설채소 또는 화훼를 **1,000㎡이상** 경작하여 농업손실보상 또는 영업보상을 받은 분
	기준일(공람공고일) 이전부터 보상계획공고일 현재까지 당해지역에 거주하고 토지를 임차하여 시설채소 또는 화훼를 **1,000㎡이상** 경작하여 농업손실보

	상 또는 영업보상을 받은 분
축산업자	기준일(공람공고일) 이전부터 축산법에 따라 등록하고 축산업을 영위하여 축산보상을 받은 분
	기준일(공람공고일) 이전부터 축사 등 200㎡ 이상의 시설(울타리를 기준으로 하여 가축사육시설 및 운동장을 포함)을 갖추고 축산업을 영위하여 축산보상을 받은 분(양봉은 **50군 이상의 고정식 양봉업**에 한함)

나. 기준일

이주대책대상자 기준일(원칙)로 하되, 「수도권정비계획법」에 의한 수도권 지역은 이주대책 수립대상자 선정기준일로부터 1년 이전일로 한다.949)

다. 수립방법

생활대책은 생활대책대상자에게 "상가부지"950) 또는 "상가점포"951)를 공급하는 방법으로 수립한다.

라. 공급내용952)

구분		대책	공급가격	공급면적(㎡)
이주대책 대상자		상가부지	감정가격	27㎡ 이하
영업자	점포용 건물소유자 영업자	상가점포	동일상가 동일층 ㎡당 평균낙찰가격	–
	허가 등 업종	상가부지	감정가격	27㎡ 이하
	자유업종	상가부지	감정가격	20㎡ 이하
영농자	자경농	상가부지	감정가격	27㎡ 이하
	임차농	상가부지	감정가격	20㎡ 이하
시설채소 또는 화훼업자	자경농	상가부지	감정가격	27㎡ 이하
	임차농	상가부지	감정가격	20㎡ 이하
축산업자	등록업자	상가부지	감정가격	27㎡ 이하
	미등록업자	상가부지	감정가격	20㎡ 이하

2. 상가부지 공급대상 용지 및 순위

① 당해 사업지구내의 상업용지와 근린생활시설용지 또는 준주거용지를 우선적으로

선정하되, 당해 사업지구 내에 근린생활시설용지 또는 준주거용지의 생활대책 공급면적이 대토보상과 기타 상업용지 우선공급 분을 포함하여 조성면적의 60%를 초과하는 경우에는 그 초과분에 대해서 근린상업용지, 일반상업용지 순으로 대상용지를 선정할 수 있다. 다만, 용적률과 기타사유로 후순위 용지 가격이 선순위 용지가격보다 저렴할 것으로 예상되는 경우에는 후순위 용지를 먼저 선정할 수 있다.

② 시장용지는 국가·지방자치단체·농수산물유통공사 등과의 선 공급 협약체결 여부 및 토지면적 등을 고려하여 대상용지로의 포함여부를 결정한다.

3. 생활대책대상자 선정특례

① 동일한 영업 등의 장소에 대하여 보상대상자가 2인 이상인 경우에는 그 전체를 1인으로 본다. 다만, 농업손실보상 대상자로서 농지의 소유자가 해당지역에 거주하는 농민인 경우로서 농지의 소유자와 실제 경작자간에 협의가 성립되지 않아 농업손실보상액을 분배하여 보상한 경우에는 **실제 경작자를** 생활대책 수립대상자로 본다.

② 1세대에 대하여는 생활대책으로 상가부지를 공급하는 경우 27㎡를 초과하여 공급할 수 없고, 생활대책으로 상가점포를 공급하는 경우 2개 이상의 상가점포 공급이 불가능하며, 생활대책으로 상가부지 또는 상가점포 중 한가지만을 공급함을 원칙으로 한다.

③ 농지 1필지의 면적이 8,000㎡ 이상이더라도 해당 농지에 대한 생활대책 수립대상자는 1인을 초과할 수 없다. 다만 기준일 이전부터 생활대책 수립기준면적 이상 분할 경작한 사실이 임대료 입금내역 등 객관적인 증빙자료로 인정되는 경우나 기준일 이전부터 해당농지가 생활대책 수립기준면적 이상으로 지분등기되어 있는 경우는 제외한다.

④ 생활대책 수립대상자 선정기준일 이후 최초 보상계획공고일까지 이 지침에 의한 생활대책 수립대상자가 될 수 있었던 자의 영업 등을 전부 **승계한 자**는 생활대책 수립대상자로 선정할 수 있다. 다만, 이주대책 수립대상자로부터 영업 등을 전부 승계한

자는 제외한다.

⑤ 동일인의 농지경작면적과 시설채소 또는 화훼경작 면적이 경작면적 기준에 각각 미달하는 경우 각각의 면적비율을 구하여 그 합이 1 이상인 경우에는 생활대책 수립대 상자로 선정할 수 있다.

4. 공급방법

① 생활대책용 상가부지는 필지별로 신청을 받아 <u>수의계약 방식으로</u> 공급하되 다만, 동일필지에 대해 경합이 있는 경우에는 추첨의 방법으로 대상자를 결정한다.

② 생활대책용 상가부지는 공급공고 또는 개별통지 결과 공급신청 기한 내에 조합을 구성하여 공급을 신청한 자에게 우선 공급하되, 이 경우 조합원 개인별 공급면적의 합 계가 공급신청 필지면적의 100분의 90 이상이어야 한다.

③ 불가피한 사유로 공급신청기한 내에 조합을 구성하지 못한 자에게도 <u>1회에 한하여 일정기간을 정하여 수인이 **공동명의**로 공급신청 하도록 기회를 부여하되</u>, 이 경우에 도 수인의 개인별 공급면적의 합계가 공급신청 필지면적의 100분의 90 이상이어야 한다.

④ 공급필지 선정결과 공급필지의 면적이 조합원 개인별 공급면적의 합계면적을 초과 하는 경우 그 초과면적은 조합원 소유지분비율로 배분한다.

※ 조치사항
○ <u>수인이 조합을 구성하여 신청하는 경우의 조치사항</u>
동 조합이 상업용지 등을 분양받아 상가를 건축하는 등을 목적으로 설립된 비법인사단 의 성격을 갖도록 정관(규약)을 만들도록 하고, 그 정관에는 ㉠목적, ㉡명칭, ㉢사무소 의 소재지, ㉣자본의 구성 및 재산의 관리, ㉤조직의 구성(의사결정기관 및 대표기관), ㉥의사결정 및 업무집행의 방법, ㉦구성원의 가입·탈퇴 및 구성원의 변동에 관계없이 단체 그 자체가 존속한다는 사실, ㉧존립시기 또는 해산사유를 정하는 때에는 그 시기 또는 사유 등을 각각 명시하도록 하여야 한다. (대법원 1997.11.28 선고, 95다35302 판결 참조)
이 경우 정관 1부를 받아 보관하고 계약의 체결 및 해제 등 모든 행위는 당해 조합의 대 표자와 행한다.

○ 수인이 공동명의로 신청하는 경우의 조치사항

공급신청, 입찰진행 및 계약체결 등에 대한 모든 권한을 위임받은 자 1인을 대표자로 선임토록 하여 그 위임장(인감증명서 첨부)을 제출 받고, 각 매수인은 매매계약서상의 매수인의 의무에 대하여 연대책임을 진다는 것을 명시하도록 하여야 한다.

5. 대상자 선정관련 사실확인 방법

구분	사실확인 방법
영업 등의 개시일의 확인	1. 사업자등록 신청일 (사업개시 장소가 당해 사업지구가 아닌 경우는 제외) 2. 사업자등록증이 없는 경우, 사업자등록증이 있으나 사업자 등록증상의 개업년월일 이전에 사실상 영업을 하고 있는 경우, 사업개시 장소가 당해 사업지구가 아닌 경우 – 영업실적·임대차계약서(확정일자를 받은 것에 한함) 등 이를 증명할 수 있는 객관적인 증빙자료.
농업손실보상 대상자 등 확인	「농지법」 제49조에 따른 농지원부 또는 관할 리·통장이 발급한 확인서
실제영업사실 확인	1. 부가가치세 등의 납세실적 2. 납세실적이 없는 경우: 영업용 비유동 자산 등의 내용, 종업원 현황 및 인건비의 지출내역 등

---

949) 따라서 수도권의 경우 이주대책 대상자 중 택지공급대상자만 생활대책 자동수립 가능
950) 상가부지란 근린생활시설·판매시설·영업시설의 설치가 가능한 부지를 말한다.
951) 상가점포란 당해 사업지구에서 공사가 주택건설사업 시행시 건설하는 단지 내 상가점포를 말한다.
952) 기준일이전부터 영업한 자로서 영업시설 등의 이전비 보상을 받은 자 또는 강제집행을 구하는 소가 제기되었으나 부득이한 사유가 인정되어 소가 취하된 자에게 생활대책을 수립하는 경우 15㎡ 이하의 상가부지를 공급할 수 있음(이주 및 생활대책 수립지침 제36조 제1항)

제4절 협의양도인 택지공급 (협의양도인 택지매입권)

1. 의의

협의양도인택지는 택지개발사업지구 등에서 사업지구내 토지를 협의에 응하여 양도한 자에 대하여 공급하는 조성용지로서 이는 원활한 사업추진을 위하여 마련한 시혜적인 제도이다. 일반적으로 사업시행자는 사업계획에 따라 기준일(지구지정 공람공고일) 전부터 (상속과 판결은 이후도 가능) 공익사업지구내 토지를 소유하고 있는 자로서 본인 소유의 토지 및 지장물 등(토지보상법 제3조의 규정에 해당하는 물건이나 권리가 있는 경우에는 이를 포함)을 전부 '협의'에 의하여 사업시행자에게 양도한 자 중 일정면적 이상 자의 토지를 보유하고 있던 자에게 사업시행자가 향후 조성할 택지를 감정가 등으로 공급한다.[953] <u>공급기준</u>은 공유공급 토지를 포함하여 1세대 1필지(생계를 같이하는 동일세대 내에 2인 이상이 공급대상자가 있는 경우에도 같음)이고, <u>공급용지 및 공급면적</u>은 당해 사업지구내 단독주택 건설용지(1필지당 140㎡ ~ 265㎡ 기준)로 국유지가 포함된다. <u>공급가격</u>은 <u>조성원가의 110%</u>(수도권지역은 감정가격 기준)이며, <u>공급위치와 시기</u>는 각각 추첨으로 결정하고 사업시행자가 추후 결정(이주자택지 대상필지 확정 후)하여 대상자에게 통지한다.[954]

협의양도인택지는 피수용인의 종전 보상대상의 전부를 협의를 통해 사업시행자에게 양도하는 것을 전제로 하므로 보상대상 물건 중 일부라도 협의에 응하지 않고 수용재결 등에 의해 보상을 받게 되는 경우에는 공급이 불가하다. 사업시행자는 협의보상현황 및 실시계획승인 결과에 따라 협의양도인택지 공급신청량이 공급(분양)가능량(전체 단독주택용지 필지수에서 이주자 택지 공급량을 차감한 필지수)을 초과하는 경우에는 추첨에 의해 대상자를 결정하여 공급(분양)할 수 있으며, 부족분에 대해서는 분양주택 특별공급을 추진할 수 있다.[955]

---

953) 공급대상자는 자연인과 **종중**에 한하며 <u>법인이나 단체 및 이주자택지를 공급받는 자는 공급대상자에서 제외한다.</u>
954) 협의양도인택지의 공급에 대해서는 공사의 「협의양도인택지 공급지침」에 따르며, 협의양도인택지의 공급에 관하여 관계법령에 달리 정함이 있는 경우에는 그에 따른다.
955) 단독주택용지를 조성할 수 없는 소규모 사업지구나 이주대책용 단독주택용지 공급 후 잔여 단독택지가 없는 사업지구는 협의양도택지 공급이 불가하다.

2. 공급대상자 선정기준 등

한국토지주택공사는 아래와 같은 방법으로 협의양도인 택지의 공급대상자 등을 선정하고 시행하고 있다.[956)]

1. 대상자 선정기준

① 원칙

협의양도인택지의 공급대상자는 기준일(이주대책 기준일과 동일) 이전부터 당해 사업지구내에 토지를 소유(공유지분인 경우를 포함)하여온 자로서 당해 사업지구내에 소유한 토지(토지보상법 제3조의 규정에 해당하는 물건이나 권리가 있는 경우에는 이를 포함)의 전부를 협의에 의하여 공사에 양도한 자로 한다.(택지개발촉진법 시행령 제13조의2제5항제4호)

> ※ 보상대상 물건 중 일부라도 협의에 응하지 않고 수용재결 등에 의해 보상받은 경우에는 협의양도인택지 공급이 불가하다.
> ※ 대법원 판례를 반영하여 종중에 대해서도 협의양도인 택지 공급이 가능함(판매보상기획처-76(2010.1.11.)

② 예외

기준일 이후 당해 사업지구내의 토지를 취득하여 공사에 협의양도한 자라도 그 기준일 이후의 토지취득이 다음에 해당하는 경우에는 이를 기준일 이전부터 그 토지를 소유하여온 자로 볼 수 있다. 다만, 제1호 및 제2호의 경우에는 그 종전의 소유자가 공급대상자가 될 수 있었던 자인 경우에 한한다.

> 1. 법원의 판결 또는 상속에 의한 취득인 경우
> 2. 종전의 소유자가 가진 토지, 건물 기타 보상대상 전부에 대한 취득인 경우. 다만, 그 취득한 토지가 지목과 이용상황 등에 비추어 도로, 구거, 하천 등 이용도가 현저히 낮은 토지인 경우를 제외

---

956) 한국토지주택공사는 자체 내부규정(협의양도인택지 공급지침)에 따라 협의양도인택지를 공급하고 있다.
(한국토지주택공사, 앞의 책, 2016, 536-541면 참조)

3. 매매계약을 기준일 이전에 행하고 기준일 이후에 소유권 이전등기를 경료한 경우로서 다음 각목의 어느 하나에 해당되어 기준일 이전에 매매계약이 체결된 사실이 확인되는 경우

가. 「부동산등기 특별조치법」 제3조의 규정에 의한 검인

나. 「공인중개사의 업무 및 부동산 거래신고에 관한 법률」 제27조의 규정에 의한 부동산거래 신고

다. 「공증인법」 제25조 내지 제40조의 규정에 의한 증서의 작성

라. 「공증인법」 제57조 내지 제59조의 규정에 의한 사서증서에 대한 인증

2. 협의양도한 토지 면적의 산정기준

① 협의양도한 토지의 면적이 다음 각 호의 하나에 해당하는 면적이상인 경우에 한하여 공급대상자로 선정한다.

- 수도권정비계획법에 의한 수도권지역 : 1,000㎡이상
- 수도권 이외의 지역 : 400㎡이상. 다만, 광역시 이외의 지역에서는 건축법 제57조 제1항 및 동법시행령 제80조 규정에 의한 대지분할제한면적 이상으로 할 수 있음

② 협의양도한 토지가 지구계로 분할된 경우로 토지소유자의 요구에 의하여 지구외 잔여지를 매입한 때에는 지구외 토지를 합한 면적을 기준으로 한다.

③ 협의양도한 토지를 지분으로 공유하고 있는 경우에는 지분면적을 기준으로 산정한다. 다만, 협의양도한 1필지내 공유지분 면적이 기준면적 미만인 경우에는 그 미만 소유자 전원(다른 토지에 의하여 별도로 협의양도인 택지를 공급받는 자를 제외)의 지분면적의 합계가 기준면적 이상인 경우 그 나머지 전원을 1인의 공급대상자로 보며, 이 경우 그 미만소유자 전원이 지정한 대표자 1인 또는 공동명의로 택지를 공급 할 수 있다.

④ 동일인이 사업지구내 수 필지를 소유하고 있는 경우에는 소유 토지를 합한 면적(지분소유 면적을 포함)을 기준으로 하며, 동일 세대원이 협의양도한 면적은 이를 합

산할 수 있으나 기준일 이전부터 소유한 토지에 한한다.

⑤ 동일목적의 사업을 위하여 사업지구 밖의 토지 취득이 불가피한 경우 그 협의양도한 토지는 기준면적에 합산할 수 있다.

3. 공급대상자 및 공급방법

공급대상자는 자연인과 종중에 한하며 법인이나 단체는 공급대상자에서 제외한다. 공급방법은 협의양도인택지의 공급신청량이 택지개발계획에서 계획된 수량(이주자 택지 제외)을 초과하는 경우에는 추첨으로 대상자를 결정한다. 다만, 「개발제한구역의 지정 및 관리에 관한 특별조치법」에 따른 개발제한구역에 지정된 택지개발지구 안에 개발제한구역 지정 이전부터 소유하거나 개발제한구역 지정 이후에 상속에 의하여 취득한 토지를 양도하는 자에게 공급하는 경우에는 우선 공급할 수 있다.(택지개발촉진법 시행령 제13조의2 제5항)

4. 공급시행기준

가. 공급원칙

(1) 협의양도인택지는 그 공급대상자에게 1택지에 한하여 이를 공급한다. 공유지분에 의한 공급대상자에게 이를 공급하는 경우에도 같다.

(2) 기준일 이후 다음에 해당하는 사유로 수인이 토지를 공유로 취득하여 공급대상자가 된 경우에는 그 종전 소유자를 기준으로한 필지수를 초과하여 공급할 수 없다.

---

① 법원의 판결 또는 상속에 의한 취득인 경우

② 종전의 소유자가 가진 토지, 건물 기타 보상대상 전부에 대한 취득인 경우. 다만, 그 취득한 토지가 지목과 이용상황 등에 비추어 도로, 구거, 하천 등 이용도가 현저히 낮은 토지인 경우를 제외

나. 협의양도인택지 공급규모

(1) 토지이용계획상의 주택건설용지로 공급하며, 1필지당 140㎡～265㎡를 기준으로 공급

(2) 협의양도한 공유지분 면적이 기준면적 미만으로서 그 미만 소유자에게 협의양도

인택지를 공급하는 경우 그 각 공유자가 가지는 지분비율은 당사자간에 다른 합의가 있는 때를 제외하고는 공사에 협의양도한 종전토지의 공유지분 비율에 의한다.

다. 1세대 1필지 공급

협의양도인택지는 동일세대 내에 2인 이상의 공급대상자(상속 등에 따라 공급대상자 지위를 승계한 자를 포함한다)가 있는 경우에도 <u>1세대 1택지에 한하여</u> 이를 공급하며 동일 세대내에 <u>협의양도인택지 공급대상자 외에 이주자택지, 존치건축물부지 또는 주택공급에관한규칙에 의한 특별공급주택의 공급대상자가 있는 경우에는 그 원하는 바에 따라 **어느 하나만을 공급**한다.</u>(중복공급 불가)

라. 협의양도인택지 공급대상자가 될 수 있었던 자가 <u>공급대상자로 선정되기 전에 **사망한 경우**</u>에는 그 상속인을 공급대상자로 선정할 수 있다.

5. 공급가격 결정기준

가. 원칙

① 수도권지역 : **감정가격**

② 수도권이외의 지역 : **조성원가의 110%**

> - 조성원가의 110%가 감정가격을 초과하는 경우 감정가격으로 결정
> - 공급면적이 기준면적(265㎡)을 초과하는 때에는 그 초과면적에 대하여는 감정가격 수준으로 결정
> - 공급면적이 265㎡ 이하인 경우라도 「협의양도인택지 공급지침」 제5조제4항 및 제5항의 규정에 따라 산정한 협의양도 토지면적을 초과하는 경우에는 그 초과면적에 대하여는 감정가격수준으로 결정

나. 예외

도시개발사업을 시행하여 협의양도인 택지를 공급하는 경우 감정가격으로 결정

6. 공급공고 등

가. 공급시기: <u>실시계획승인(공급승인 포함) 이후 공급</u>

나. 공급공고

① 협의양도인택지를 공급하고자 하는 경우 15일 이상의 매입신청기간을 정하여 그 공급대상자에게 서면으로 개별통지하고 일간신문에 1회 이상 이를 공고하여야 한다. 다만, 주소가 명확하여 서면통지만으로도 충분한 것으로 인정되는 경우에는 공고를 생략할 수 있다.

② 통지 또는 공고에는 매입신청기간 내에 매입을 신청하지 아니하는 경우 협의양도인택지의 매수를 포기한 것으로 본다는 뜻이 명시되어야 한다.

다. 공급토지의 위치결정

① 협의양도인택지의 공급위치는 추첨에 의하여 이를 결정한다. 다만 그 공급대상자를 보상금액 또는 보상계약체결 일자를 감안하거나 공급대상자 지위를 승계한 경우를 구분하여 군별로 순위에 따라 추첨을 실시할 수 있다.

② 용지보상업무의 원활한 수행을 위하여 특히 필요한 것으로 인정되는 경우에는 제1항의 규정에 불구하고 보상금액 또는 보상계약체결 일자를 감안한 우선순위에 따라 공급대상자가 직접 그 공급토지의 위치를 선택하게 할 수 있다.

③ 협의양도한 토지를 지분으로 공유하고 있는 경우에 공급하는 공급대상자는 그 전원의 공유자중 최후에 계약을 체결한 자를 기준으로 보상계약체결 일자를 정하며 보상금액은 그 전원의 합계금액을 기준으로 한다.

제6장
보상금청구, 보상금의
지급 · 공탁방법

1. 보상금청구

가. 협의취득에 의한 경우

(1) 토지소유자 및 관계인이 사업시행자의 보상협의요청에 협의에 따라 계약 체결 후 사업시행자에게 보상금지급청구를 하면 사업시행자는 토지 및 등기건축물의 경우 부동산등기부에 사업시행자를 소유자로 하여 소유권이전등기 완료 후에 보상대상자에게 개인별 은행계좌로 현금을 입금한다.

다만, 토지소유자 및 관계인은 보상금 지급청구시 보상대상 물건에 근저당권, 압류, 가압류, 지상권 등 소유권외 권리가 설정된 경우에는 계약체결 전 반드시 말소하거나 또는 제3자가 권리말소에 필요한 서류를 계약체결시 함께 제출하여야 하며, 체납사실 없음을 증명하는 국세완납증명서(세무서), 지방세완납증명서(시·읍·면·동사무소)를 제출하여야 한다.

참고사항

〈보상금 지급시 납세증명서 징구근거에 대한 유권해석〉

국세: 납세자가 토지보상법에 따라 지급받는 보상금은 국세징수법 제5조 제1호의 국가등으로부터 대금을 지급받을 경우에 해당함. (2012.04.05. 기획재정부 조세정책과–360)

지방세: 지방세기본법 제63조 제1항에 따라 국가 지자체 또는 정부관리기관으로부터 대금을 받을 때는 대통령령에 따라 납세증명서를 제출하도록 하고 있고, 토지보상법에 따른 협의취득이나 수용은 국가계약법에 따른 수의계약에 해당하지 않으므로 보상계약시 지방세 납세증명서를 제출하여야 함. (2012.02.20. 행정안전부 지방세분석과–487)

〈등기 건축물 보상방식〉

○ 등기 건축물(가옥 등)은 소유자 신분(개인/사업자/법인)과 무관하게 소유권 이전등기 완료 후 보상금 지급 및 철거 추진

→ 부가가치세법 시행령 개정(2013.2.15)으로 수용대상인 건축물의 소유자가 수용된 건축물에 대한 대가를 받고 사업시행자에게 소유권을 이전하는 경우에는 재화의 공급에 해당하지 않으므로 부가가치세 과세대상이 아님 (국세청 법규과–555(2012.5.15))

ㅇ 이전등기를 통해 건축물의 소유권을 확보하지 못할 경우 해당건물 내 미이전 임차인이 있어도 임대료 상당의 부당이득금 반환청구가 불가능함.

(2) 지장물의 경우는 이전비로 보상되는 것이 원칙이므로 사업시행자로 소유권이 이전되는 것이 아니라 등기부가 있는 지장물은 철거 후 등기목적물의 부존재를 이유로 등기부를 폐쇄하는 절차를 거친다.

소유권 이외의 권리는 통상적으로 소멸대상이며, 권리자가 요구하는 경우에 보상대상 물건이 되는 경우도 있지만 일반적으로 협의보상시에는 소유자가 이들 권리를 사전에 소멸토록 유도하며, 수용재결시에 지급할 보상금에 대하여 권리를 행사하면 된다.[957]

나. 수용재결에 의한 경우

(1) 보상대상자가 관할 토지수용위원회가 재결에서 정한 보상금을 사업시행자에 대해 보상금지급청구를 하면, 사업시행자는 수용의 개시일까지 보상대상자 개인별 은행계좌로 현금으로 입금하여야 한다. 다만, 보상대상자의 보상금지급청구가 없는 경우에는 토지 소재지 관할법원(공탁소)에 재결보상금을 공탁하여야 한다.

(2) 관할법원으로부터 공탁통지서를 받은 보상금 수령권자가 공탁소에 공탁된 보상금을 청구·수령할 수 있다. 다만, 수용재결에 대해 불복(이의신청 또는 행정소송)을 하고자 하는 경우에는 공탁금출급청구시 반드시 이의를 유보하여야 한다.

(3) 보상대상자가 사업시행자로부터 직접 재결보상금 수령 또는 관할 공탁소에서 공탁금 출급청구를 할 경우 사업시행자 또는 공탁소에서 제시하는 청구서(또는 영수증)에 반드시 **"이의를 유보하고 보상금의 일부를 수령함"**이라는 이의유보를 명시하여야 이후 수용 재결에 대한 이의신청 또는 행정소송 소제기를 할 수 있는 자격이 생긴다.

---

957) 신경직, 앞의 책, 2017, 132면

2. 보상금의 지급 또는 공탁

가. 개요

(1) 토지보상법은 당사간의 분쟁을 예방하기 위해 보상금의 지급과 공탁방법, 공탁요건, 소유권승계에 따른 보상금 및 공탁금 수령자를 규정하고 있다.

토지보상법에서는 사업시행자가 관할 토지수용위원회가 재결에서 정한 수용 또는 사용의 개시일까지 관할 토지수용위원회가 재결한 보상금을 지급 또는 보상금 수령거절 등의 사유로 보상금을 지불할 수 없는 경우에 수용 또는 사용의 개시일 까지 보상금을 공탁하고, 그때까지 보상금을 지급하지 아니한 경우에는 재결이 실효되어 수용의 대상이 되는 토지를 적기에 취득할 수 없게 되므로 일정한 경우에 보상금을 공탁할 수 있도록 규정하고 있다.

(2) 재결보상금의 공탁은 변제공탁이 원칙이나 재결보상금에 법원으로부터 압류·압류·가처분 등의 결정을 송달받았거나 재결보상금에 관하여 채권양도통지서가 도달된 경우 그리고 압류 및 전부명령 또는 추심명령 등이 도달된 경우에 해당 재결보상금을 공탁함에 있어 어떠한 종류의 공탁을 하여야 할 것인가에 대해 여러 문제가 발생[958]하는 것이 사업시행자의 입장에서는 현실적인 문제가 된다.

나. 보상금의 지급

(1) 공익사업시행에 있어 수용대상 토지의 취득 및 보상에 있어 사업시행자와 토지소유자 등과의 협의가 성립되지 않거나 사업인정고시 후에 <u>협의수용(협의취득)이 성립된 경우</u>에 사업시행자는 협의 보상금을 토지소유자 등에게 지급하고 실무상 보상금수령증을 작성하고 토지소유자 등의 인감증명서를 징구하여 이를 함께 교부 받아 보관하고 있다. 그러나, <u>수용재결(수용취득)의 경우</u> 토지소유자를 알 수 없어 보상금을 지급할 수 없거나 보상금이 과소해 재결보상금을 수령하지 않는 경우가 많아 사업시행자는 현실적으로 재결보상금을 관할공탁소에 공탁하는 경우가 많다.

---

958) 이성수·배명아, (조해)토지수용과 보상실무, 법률정보센타, 2014, 141-142면

(2) 사업시행자는 관할 토지수용위원회가 재결로써 결정한 '수용 또는 사용의 개시일까지' 관할 토지수용위원회가 재결한 보상금을 지급하여야 하며, 사업인정고시가 된 후 권리의 변동이 있을 때에는 그 권리를 승계한 자가 보상금 또는 공탁금을 받는다(법 제40조 제1항, 제3항).

다. 보상금의 공탁

(1) 의의

사업시행자는 ⅰ) 보상금을 받을 자가 그 수령을 거부하거나 보상금을 수령할 수 없을 때, ⅱ) 사업시행자의 과실 없이 보상금을 받을 자를 알 수 없을 때, ⅲ) 관할 토지수용위원회가 재결한 보상금에 대하여 사업시행자가 불복할 때, ⅳ) 압류나 가압류에 의하여 보상금의 지급이 금지되었을 때 등의 경우에 해당할 때에는 수용 또는 사용의 개시일까지 수용하거나 사용하려는 토지 등의 소재지의 공탁소에 보상금을 공탁(供託)할 수 있다(법 제40조제2항). 다만, 사업시행자가 보상금에 대하여 불복하여 공탁하는 경우는 보상금을 받을 자에게 사업시행자가 산정한 보상금을 지급하고 그 금액과 토지수용위원회가 재결한 보상금과의 차액을 공탁하여야 한다. 이 경우 보상금을 받을 자는 그 불복의 절차가 종결될 때까지 공탁된 보상금을 수령할 수 없다(법 제40조제4항).

(2) 보상금 공탁의 법적성질

사업시행자가 자신의 보상금지급의무의 이행을 위하여 하는 것으로서 채무자가 일반적인 채무를 면하기 위하여서 하는 변제공탁이다(민법 제487조).

다만, '압류나 가압류에 의하여 보상금의 지급이 금지되었을 때'의 공탁은 보상금을 공탁함으로써 당해 토지수용위원회의 재결의 효력이 상실되지 않도록 하고, 강제집행 또는 보전집행절차의 어느 단계에 있어서 집행의 목적물(보상금)을 집행기관이나 제3채무자(사업시행자)가 공탁소에 공탁하여 그 목적물의 관리와 집행당사자에의 교부를 공탁절차에 따라 행하는 것이라 할 수 있으므로, 집행공탁으로 본다(민사집행법 제248조 또는 제291조).

[판례1] ▶ 토지수용법 제61조제2항제4호(「토지보상법」 제40조제2항제4호)에 따른 공탁의 성격은 집행공탁이다. **[대법원 1998.9.22. 선고 98다12812]**

【판결요지】

토지수용법 제61조 제2항 제4호의 규정에 따라 압류 또는 가압류에 의하여 보상금의 지급이 금지되었음을 이유로 공탁하는 경우에는 공탁원인 사실에 압류 또는 가압류의 내용을 구체적으로 명시하여야 하고, 이 경우 공탁을 수리한 공탁공무원은 원표에 공탁금출급청구권에 대한 압류·가압류사실을 기재하고 공탁금출급청구권에 대한 압류·가압류가 있는 경우에 준하여 처리하여야 하며, 보상금지급청구권에 대한 중복압류(가압류를 포함한다)에 의하여 채권자가 경합된 경우에는 토지수용법 제61조 제2항 제4호 및 민사소송법 제581조에 의하여 기업자는 그 보상금을 집행공탁을 함으로써 면책될 수 있다.

(3) 공탁의 당사자

① 공탁자는 재결보상금 공탁에 있어 공탁자는 공익사업을 위하여 토지 등을 수용 또는 사용을 위하여 국토교통부장관으로부터 사업인정을 받은 공익사업의 사업시행자이다(법 제2조제3호, 제20조 제1항).

② 피공탁자는 공탁소에서 공탁물을 수령할 수 있는 자로서 수용의 대상이 되는 토지 등의 소유자 또는 토지에 대한 소유권외의 권리를 가진 관계인이며, 실체법상 소유자라도 피공탁자로 기재되지 않은 자는 피공탁자가 아니다.959) 또, 사업시행자가 과실 없이 여러 명 중에서 누가 보상금을 수령할 진정한 권리자인지 알 수 없는 때(상대적 불확지)와 처음부터 피공탁자가 누구인지 전혀 알 수 없는 때(절대적 불확지)에도 공탁할 수 있다(법 제40조제2항제2호).

---

959) 따라서 실체법적 소유자가 피공탁자로 기재된 자를 상대로 공탁물출급청구권 확인판결을 받았다고 하더라도 공탁당사자 적격이 없으므로 직접 공탁물출급청구를 할 수 없고 공탁자를 상대로 공탁금출급청구권 확인의 소를 제기하여야 한다(대법원 1993.12.15. 자 93마1470 결정).

수용재결 전·후로 토지 등의 소유권 변동이 없는 경우에는 공탁 당시 토지 등의 소유자가 피공탁자가 되지만, 아래와 같은 경우에는 피공탁자가 달라질 수 있다.[960]

① 수용재결 후에 소유권 변동이 있는 경우에는 사업인정의 고시 후 권리의 변동이 있은 때에는 그 권리를 승계한 자가 보상금을 수령하도록 규정하고 있으므로(법 제40조제3항) 수용개시일 현재 등기부상 소유자인 승계인을 피공탁자로 하여야 한다. 만일, 소유권이 승계되기 전에 종전소유자의 보상금청구권에 대하여 제3자의 가압류가 있다고 하더라도 수용 당시에는 소유권이 이미 변동된 상태이므로 그 가압류는 피가압류채권의 부존재로 무효가 된다(1992.10.21 법정질의회답 제1826호).

② 소유권의 변동은 없으나, 보상금 지급전에 보상금청구권이 압류된 경우에는 피공탁자를 특정할 수 없는 경우에 해당하므로 집행공탁을 하여야 한다.(민사집행법 제248조, 제291조) * 보상금에 대한 압류가 아닌 양도·전부의 경우는 집행공탁대상이 아님

③ 수용재결 전에 소유권 변동이 있었으나, 사업시행자가 이를 알지 못한 채 종전소유자로 재결된 경우에는 소유권에 관하여 경정재결을 받아 소유권을 승계한 자를 피공탁자로 공탁하여야 한다. 만일, 종전 소유자로 이미 공탁한 경우에는 경정재결을 근거로 잘못 공탁된 공탁금을 출급함과 동시에 소유권을 승계한 자를 피공탁자로 하여 다시 공탁한다(대법원 1986.3.25. 선고 84다카243 판결). 이 경우 경정재결 없이는 착오를 원인으로 한 공탁금회수청구는 인정되지 않는다(1993.7.26. 법정 제1502호). 다만, 소유권의 경정재결이 없이 종전 소유자를 피공탁자로 재결보상금이 공탁된 경우에도 당해 재결은 하자있는 재결로서 취소할 수 있는 처분이지만, 당연 무효는 아니므로 소유권을 승계한 자는 피공탁자 정정 없이 소유권의 승계사실을 증명하는 서면을 첨부하여 공탁금을 출급 받을 수 있다.(대법원 1974.12.24. 선고 73다1645 판결)

③ 재결보상금의 관할공탁소

재결보상금 공탁은 변제공탁의 일종이므로 민법의 규정에 따라 채무이행지(채권자의 주소·영업소) 즉 토지소유자(채권자)의 주소지를 관할하는 공탁소에 공탁할 수 있으나(민법 제467조 제2항, 제488조 제1항), 토지보상법은 토지 등의 소재지 관할 공탁소에 공탁하도록 하는 특칙을 두고 있다(법 제40조제2항).[961]

---

960) 한국토지주택공사, 앞의 책, 2016, 442-443면

그리고, 일반적으로 변제수령자가 존재하지 않거나 불분명하면 변제공탁이 불가능하나 토지보상법에서는 사업시행자가 과실 없이 보상금을 받을 자를 알 수 없는 때에도 토지 등의 소재지 관할 공탁소에 공탁할 수 있도록 규정하고 있다(법 제40조제2항제2호).[962] 즉, 보상금의 공탁은 보상금을 수령할 자가 거주하는 현주소지의 관할 공탁소에 하여야 하나, 보상금을 수령할 자가 특정되지 아니한 수인인 상대적불확지 공탁의 경우에는 그 중 1인의 주소지 관할 공탁소에 공탁할 수 있고, 보상금을 수령할 자가 여러 지역에 산재 하여 있는 경우 토지소재지의 공탁소에 공탁할 수 있다.

(4) 공탁요건

① 보상금을 받을 자가 그 수령을 거부하거나(수령거부) 보상금을 수령할 수 없을 때(수령불능)

수령거부라 함은 사업시행자가 보상금을 현실제공 하였음에도 불구하고 보상금을 받을 자가 그 수령을 거절하는 경우를 말한다.[963] 수령거부의 명백한 경우의 예로 피공탁자가 보상금액이 부당하게 낮다며 증액을 청구하는 소송이 계속 중이거나 미리 약정액의 수령 을 거부하는 내용증명을 보낸 경우[964] 등이다.

수령불능이라 함은 사업시행자가 보상금을 지급하려고 해도 보상금을 받을 자의 사정으 로 보상금을 수령할 수 없는 경우로 이에는 사실상의 수령불능, 법률상의 수령불능이 있 다. 사실상의 수령불능의 예로는 보상금을 받을 자가 주소지에 없기 때문에 수용의 개시 일까지 보상금을 지급할 수 없거나 등기부상에 주소는 기재되어 있지만 주민등록상의 현 주소를 알 수 없을 경우[965]이고, 법률상의 수령불능은 보상금 수령권자가 제한능력자여

---

961) 따라서 사업시행자는 통상 민법의 규정에 따라 공탁하여야 할 특별한 사정이 있는 경우를 제외하고는 업무효율성 등을 감안하여 토지 등의 소재지 공탁소에 재결보상금을 공탁하고 있다.

962) ※ 재결보상금 공탁 관련 법령 ① 공익사업을 위한 토지 등의 취득 및 보상에 관한 법률 제40조(보 상금의 지급 또는 공탁), 제84조(이의신청에 대한 재결), 제85조(행정소송의 제기) ② 민법 제487조(변 제공탁의 요건·효과) ③ 민사집행법 제248조(제3채무자의 채무액의 공탁), 제291조(가압류집행에 대한 본집행의 준용)

963) 사업시행자가 수용 또는 사용의 개시일 까지 보상금을 지급 또는 공탁하지 아니한 경우에 재결은 그 효력을 상실하므로 수령을 거절할 것이 명백하다고 인정되는 경우에도 현실제공하지 않고 바로 공탁할 수 있다(대법원 1998.10.20. 선고 98다30537 판결).

964) 대법원 1995.06.13. 선고 94누9085 판결

965) 단, 수용재결이 있기 전에 등기부상 주소의 변경등기가 있음에도 불구하고 주소불명으로 수령불능을 사유로 공탁한 경우 그 공탁은 토지보상법에서 정한 공탁요건에 해당하지 않는 무효인 공탁이 된다.(대

서 변제수령이 불가능함에도 불구하고 법정대리인·후견인 등이 없는 경우를 말한다.

② 사업시행자의 과실 없이 보상금을 받을 자를 알 수 없을 때(불확지)

객관적으로 보상금을 받을 자의 외관을 갖춘 범위나 기준은 정해져 있고 보상금을 받을 자가 존재는 하고 있으나, 사업시행자가 선량한 관리자의 주의를 다하여도 여러 명의 피수용인 중 누가 보상금을 수령할 진정한 권리자인지 알 수 없는 경우(상대적 불확지), 누가 보상금 수령권자인지 처음부터 전혀 알 수 없는 경우(절대적 불확지)를 말한다.

참고사항

1. 절대적 불확지 공탁이 인정되는 경우(피공탁자: 피수용자 불명)

① 수용대상 토지가 <u>미등기이고 토지대장상 성명은 기재되어 있으나 주소의 기재(동리의 기재만 있고 번지의 기재가 없는 경우 포함)가 없는 경우</u>(법정질의회답 1992.10.21. 제1826호)

② 수용대상 토지가 미등기이고 토지대장상 주소는 기재되어 있으나 성명의 기재가 없는 경우(대법원 1995.6.30. 선고 95다13159 판결)

③ 수용대상 토지가 <u>등기는 되어 있으나</u> 주소표기 등이 없어 <u>등기부상 소유자를 특정할 수 없는 경우</u>(1993.3.17. 법정 제528호)

④ 등기부의 일부인 공동인명부와 토지대장상의 공유자연명부가 멸실된 경우(1993.3.27. 등기 제725호)

⑤ 피수용자의 <u>등기부상 주소지가 미수복지구인 경우</u>(대법원 1997.10.16. 선고 96다11747 전원합의체판결)

⑥ 재결 후 <u>보상금지급하기 전에 피수용자가 사망하였으나, 그 상속인의 전부 또는 일부를 알 수 없는 경우</u>(대법원 1991.5.28. 선고 91다3055 판결)
  → 피공탁자는 '망 ○○○(주소병기)의 상속인'이라고만 기재

2. 상대적 불확지 공탁이 인정되는 경우

① <u>수용대상토지에 대하여 소유권등기말소청구권을 피보전권리로 하는 처분금지가처분등기가 마쳐져 있는 경우.</u> 다만, 사해행위취소에 따른 소유권등기말소청구권을 피보

법원 1996.9.20. 선고 95다17373 판결)

전권리로 하는 가처분은 제외한다. (대법원 2009.11.12 선고 2007다53785)

→ 피공탁자는 '토지소유자 또는 가처분채권자' 혹은 '토지소유자 또는 소제기자'

② 수용대상토지에 대한 원인무효에 기한 소유권이전등기말소청구소송의 계속으로 인한 예고등기가 경료되어 있는 경우,

③ 수용대상 토지에 대한 등기가 2개 이상 개설되어 있고(이른바 중복등기), 그 소유명의인이 각각 다른 경우(대법원 1992.10.13. 선고 92누3212 판결)

→ 피공탁자는 甲·乙 등의 소유명의인을 각각 기재

④ 등기부상 공유지분 합계가 1을 초과하거나 미달되어 피수용자들의 정당한 공유지분을 알 수 없는 경우(1992.10.21. 법정 제1826호, 1997.4.18. 법정 3302- 131호)

→ 피공탁자는 등기된 공유자 전부를 기재

⑤ 보상금지급청구권에 대하여 처분금지가처분이 있는 경우(2009.9.10. 공탁상업등기과 – 898 질의회답)

→ 피공탁자는 '토지소유자 또는 가처분채권자'로 기재

판례

[판례] ▶ 진정한 소유자가 아닌 자를 하천 편입 당시 소유자로 보아 손실보상금을 지급한 경우에는 과실이 없더라도 손실보상금 지급의무를 면하지 않지만, 진정한 소유자가 손실보상대상자임을 전제로 하여 손실보상청구권이 자신에게 있는 것과 같은 외관을 가진 자에게 손실보상금을 지급하였고, 지급에 과실이 없다면 손실보상금 지급의무를 면한다. [대법원 2016.8.24. 선고 2014두46966]

【판결요지】

구 하천법(1984.12.31. 법률 제3782호로 개정되기 전의 것) 제3조에 의하면, 하천구역에 편입된 토지는 국가의 소유가 되고, 국가는 토지 소유자에 대하여 손실보상의무가 있다. 헌법 제23조가 천명하고 있는 정당보상의 원칙과 손실보상청구권의 법적 성격 등에 비추어 보면, 국가가 원인무효의 소유권보존등기 또는 소유권이전등기의 등기명의인으로 기재되어 있는 자 등 진정한 소유자가 아닌 자를 하천 편입 당시의 소유자로 보아 등기명의인에게 손실보상금을 지급하였다면, 설령 그 과정에서 국가가 등기명의인을 하천 편입 당시 소유자라고 믿은 데에 과실이 없더라도, 국가가 민법 제470조에

따라 진정한 소유자에 대한 손실보상금 지급의무를 면한다고 볼 수 없다.

그러나 이와 달리 국가가 하천 편입 당시의 진정한 소유자가 토지에 대한 손실보상금청구권자임을 전제로 보상절차를 진행하였으나, 진정한 소유자 또는 진정한 소유자로부터 손실보상금청구권을 승계한 것과 같은 외관을 가진 자 등과 같이 하천 편입 당시의 진정한 소유자가 손실보상대상자임을 전제로 하여 손실보상금청구권이 자신에게 귀속되는 것과 같은 외관을 가진 자에게 손실보상금을 지급한 경우에는, 이로 인한 법률관계를 일반 민사상 채권을 사실상 행사하는 자에 대하여 변제한 경우와 달리 볼 이유가 없으므로, 국가의 손실보상금 지급에 과실이 없다면 국가는 민법 제470조에 따라 채무를 면한다.

③ 관할 토지수용위원회가 재결한 보상금에 대하여 사업시행자가 불복할 때

사업시행자의 보상금지급 채무를 면하게 하는 점에서 변제공탁의 성질을 가지나 이 경우 보상금을 받을 자의 공탁금출급청구권행사는 원재결의 확정을 조건으로 하는 점에서 민법 제487조의 변제공탁과는 다른 특수한 성질을 갖는 변제공탁이라고 할 수 있다.

④ 압류나 가압류에 의하여 보상금의 지급이 금지되었을 때 등의 경우에 해당할 때

사업시행자는 재결보상금에 압류·가압류에 의하여 지급이 금지된 때에는 관계법령에 따라 집행공탁을 하여야 한다. 집행공탁이란 강제집행절차(부동산·동산경매, 채권압류·추심명령)나 보전집행절차(가압류, 가처분)의 어느 단계에서 집행의 목적물을 집행기관·집행당사자 또는 제3채무자가 공탁소에 공탁하여 공탁절차에 따라서 그 목적물 관리와 집행당사자에게 교부하는 것을 말한다.[966]

---

966) 종전에는 보상금지급청구권이 압류·가압류 또는 물상대위권 행사에 의하여 압류·처분금지가처분 등이 있는 경우에는 토지보상법 제40조제2항 제1호의 '채권자의 수령불능'에 해당한다고 보았으나(대법원 1994.12.13.선고 93다951 전원합의체판결), 2002.7.1.부터 민사집행법이 제정·시행됨에 따라 대법원은 행정예규 제528호 「제3채무자의 권리공탁에 관한 업무처리절차」에 준하여 집행공탁 하도록 하였다. 다만, 조세체납처분에 의한 압류의 경우는 관공서의 압류처분이 집행권원으로서 사업시행자는 압류처분권자에게 직접 지급할 의무가 있으므로 공탁사유에 해당하지 아니한다. 판례도 보상금채권에 관하여 국세징수법에 의한 채권의 압류만 있는 경우에 사업시행자가 직접 압류관서에 지급하여야 하며, 집행공탁을 한 경우는 유효한 변제가 아니라고 판시하였다.(대법원 2007.04.12. 선고 2004다20326 판결)

참고사항

1. 집행공탁사유에 해당하는 경우

① 보상금지급청구권 일부에 압류가압류 등이 행하여진 경우

사업시행자는 보상금채권 일부가 (가)압류된 경우에 (가)압류된 금액만을 공탁할 수 있고, 보상금의 전부를 공탁할 수 있다(민사집행법 제248조 제1항, 제291조).

(대법원행정예규 1998.11.17. 제363호)

즉 단일의 (가)압류가 행하여진 경우에도 보상금의 전부 또는 (가)압류된 금액만을 공탁할 수 있다. 이때의 '압류가압류'란 민사집행법에 의한 강제집행절차에 의한 압류를 말한다. 판례는 동일한 채권에 대하여 복수의 압류명령 등이 있다 하더라도 각 압류의 법률적 성질상 압류액의 총액이 피압류채권의 총액을 초과하지 아니하여 본래 의미의 압류의 경합으로 볼 수 없는 경우에도 제3채무자의 입장에서 압류의 경합이 있는 것처럼 보이고, 그 우선순위에 대하여 문제가 있는 경우에는 민사집행법 제248조를 유추적용하여 집행공탁을 할 수 있다(대법원 1996.6.14선고 96다5179, 1998.10.20선고, 98다31905 판결). 그러나 보상금의 전부를 공탁한 경우 (가)압류의 효력이 미치지 아니하는 부분에 대하여 (가)압류채무자는 출급청구를 할 수 있다.

② 보상금지급청구권에 대하여 압류와 압류의 경합, 압류와 가압류의 경합이 있는 경우

채권에 대하여 여러 채권자가 압류를 하고 그 압류액의 총액이 피압류채권(보상금청구채권)의 총액을 초과하는 것을 압류의 경합이라고 하는데, 보상금채권 일부가 (가)압류된 뒤에 그 나머지 부분을 초과하여 다시 압류명령 또는 가압류명령이 행하여진 때에는 각 압류·가압류의 효력은 보상금지급청구권 전부에 미치므로 토지보상법 제40조 제2항 제4호의 공탁사유에 해당된다.

* 공탁금 배분시 근저당권자가 물상대위에 의한 채권압류를 한 경우, 당초 근저당권 설정일을 기준으로 타 압류채권에 비해 우선순위로 배당되고, 일반 채권압류간에는 압류 통지 송달일과 무관하게 안분 배당됨.

③ 강제집행에 의한 압류가 선행하고, 그 후에 체납처분에 의한 압류가 있는 경우

민사집행법상 채권압류가 선행하는 경우에는 세무서장은 집행법원에 국세 등 교부청구 또는 참가압류를 할 수 있을 뿐이므로 조세관청의 압류는 교부청구의 효력을 갖는데, 대법원 행정예규 제542호「공탁공무원의 사유신고에 관한 업무처리지침」(1.-나.-(2)-③)

은 공탁금지급청구권에 관하여 민사집행법의 강제집행에 의한 압류가 선행하고 국세징수법 등 체납처분에 의한 압류가 후행한 경우에는 압류경합에 준하여 사유신고를 하여야 한다고 규정하고 있으므로 집행공탁의 대상이 된다.

④ 보상금청구채권의 일부에 대하여 체납처분에 의한 압류가 있고, 그 후에 강제집행에 의한 압류가 있는 경우

체납처분에 의한 압류가 먼저 있으면 보상금수령권이 곧바로 압류권자에게 이전되므로 압류권자에게 압류금액을 지급해야 하며, 이 경우 압류된 금액은 집행공탁의 대상이 아니다. 다만, 피압류채권의 총액에서 체납처분에 의한 압류금액을 차감한 금액에 대하여는 강제집행에 의한 압류의 효력이 유효하므로 압류가 있는 경우 또는 압류가 경합하는 경우의 예에 따라 집행공탁 할 수 있다.

⑤ 보상금지급청구권에 대한 압류·추심명령이 경합하는 경우

보상금지급청구채권에 대하여 한 채권자의 압류추심명령이 있은 후 다른 채권자의 압류추심명령으로 압류추심명령이 경합하게 되면 압류가 경합하는 경우의 예에 따라 집행공탁할 수 있다.

⑥ 보상금지급청구권의 일부 또는 전부에 대하여 단일 또는 복수의 압류 및 전부명령이 행하여졌으나 그 확정여부를 알 수 없는 경우(압류 및 전부명령이 경합되는 경우 포함)

전부명령이란 압류한 금전채권을 변제에 갈음하여 채권자에게 이전하는 법원의 명령으로서 전부명령이 제3채무자(사업시행자)에게 송달된 후 확정되면, 송달된 때로 소급하여 채무를 변제한 것으로 본다(민사집행법, 제229조 제7항, 제231조).

압류 및 전부명령에 대하여 채무자와 제3채무자는 전부명령을 송달받은 날부터 1주 이내에 즉시항고 할 수 있다. 그 기간은 불변기간이므로(민사소송법 제444조) 송달된 전부명령에 대하여 즉시항고 등의 불복절차가 없는 경우에 전부명령은 확정된다.

전부명령이 확정되기까지는 송달된 압류 및 전부명령은 압류의 효력만 있는 상태인바, 전부명령의 확정여부는 채무자의 즉시항고 여부와 즉시항고에 대한 재판결과를 조사하여야 알 수 있으나 제3채무자인 사업시행자가 그러한 조사의무를 부담하지 않는다. 따라서 압류 및 전부명령이 송달되었으나 전부명령의 확정여부를 알 수 없는 경우에는 보상금청구채권에 압류명령이 행하여진 경우의 예에 따라 집행공탁할 수 있다.

⑦ 보상금지급청구권의 일부에 대하여 압류 및 전부명령이 행하여진 후 다른 압류 및 전부명령 행하여졌고, 그 후에 선행의 압류 및 전부명령이 확정된 경우

전부명령이 제3채무자에게 도달되기 전이 이미 그 금전채권에 관하여 다른 채권자가 압류·가압류 또는 배당요구를 한 경우에 전부명령은 효력을 갖지 아니하므로(민사집행법 제229조 제5항) 후행의 전부명령은 모두 무효이고, 선행의 전부명령만이 확정에 따른 효력을 갖는다. 다만, 이 경우에도 압류명령은 유효하므로 피압류채권의 총액에서 선행의 압류 및 전부명령에 의하여 전부된 금액을 차감한 금액에 대하여는 압류가 있는 경우 또는 압류가 경합하는 경우로 보고 집행공탁할 수 있다.

선행의 압류 및 전부명령에 의하여 전부된 금액은 채권자에게 직접 지급하거나 수령을 거절하는 경우 민법에 의하여 별도로 변제공탁할 수 있다.

2. 집행공탁사유에 해당하는 않는 경우

① 보상금지급청구권의 총액의 전부 또는 총액을 초과하여 압류 및 전부명령이 확정되었거나 단일의 압류 및 추심명령이 있는 경우

추심명령은 제3채무자에게 송달되면 효력이 생기고, 전부명령은 확정되어야 효력이 발생한다. 단일의 압류 및 추심명령이 송달되거나 압류 및 전부명령이 송달되고 확정된 때에는 추심 및 전부채권자에게 지급할 의무가 있어 집행공탁 대상이 아니므로 추심 및 전부채권자에게 지급하여야 한다.(대법원 2000.6.23. 선고 98다31899)

② 보상금지급청구권의 총액의 전부 또는 총액을 초과하여 단일의 체납처분에 의한 압류가 있는 경우

재결보상금의 전부를 압류권자에게 지급하여야 한다. 강제집행에 의한 압류가 체납처분에 의한 압류에 후행하는 경우에도 마찬가지이지만, 강제집행에 의한 압류가 선행하는 경우에는 재결보상금의 전부를 집행공탁 할 수 있다.

다만, 대법원행정예규 제542호『공탁공무원의 사유신고에 관한 업무처리지침』(1.-나.-⑵-②)은 공탁금지급청구권에 관하여 가압류와 체납처분에 의한 압류가 있는 경우에는 그 선·후를 불문하고 사유신고의 요건에 해당하지 아니하므로 재결보상금을 체납처분권자에게 지급하도록 규정하고 있다.

③ 보상금지급청구권의 총액과 강제집행에 의한 압류 및 전부명령(또는 압류 및 추심명

령, 확정된 경우를 말함) 또는 체납처분에 의하여 압류된 금액이 동일한 경우

각 추심채권자에게 압류된 금액을 지급하여야 한다. 다만, 강제집행에 의한 추심채권자에 대하여 별도의 공탁사유가 있다면 그에 따른 공탁을 할 수 있다.

④ 체납처분에 의한 압류가 경합하는 경우

조세채권은 일반채권에 우선하지만, 다수의 조세채권 압류가 경합하는 경우에는 당해세 우선의 원칙에 의한다. 이는 부동산에 대하여 체납처분의 의한 압류가 있는 경우 그 압류에 관계되는 조세가 다른 조세에 우선하는 것을 말한다.(국세기본법 제36조 제1항, 지방세법 제34조 제1항). '압류에 관계되는 조세'라 함은 수용되는 부동산 자체에 대하여 부과된 조세와 그 가산금이 다른 조세에 우선하는 것을 말한다.(다만, 당해세간에는 우선관계를 가리지 않고 동순위로 당해세 가액에 비례하여 평등하게 배분함)

여기서 당해세의 범위가 문제가 되는데, 당해세란 수용대상 토지 자체에 대하여 부과되는 조세와 그 가산금으로서 그 법정기일 전에 설정된 저당권 등으로 담보된 채권보다 우선하는 조세로서 당해세는 최우선순위의 임금채권과 소액임차인의 보증금채권 이외의 모든 채권에 우선한다(국세기본법 제35조제1항 제3호, 지방세법 제31조제2항 제3호).

국세징수법에서는 상속세·증여세·재평가세 등을, 지방세법에서는 취득세·등록세·재산세·자동차세·도시계획세·종합토지세 등을 각각 당해세로 규정하고 있다. 그러나 판례는 양수인에게 부과된 증여세나 설정자의 사망으로 인하여 그 상속인에게 부과된 상속세 같은 당해세는 기존의 저당권자에게 우선하여 징수할 수 없다는 입장을 취하고 있다(대법원 1995.4.7. 선고 94다11835 판결).

또, 판례는 당해세가 담보물권에 의하여 담보되는 채권에 우선한다고 하여 담보물권 본질까지 침해되어서는 아니하므로 담보물권을 취득하려는 사람이 장래 그 재산에 대하여 부과될 것을 상당한 정도로 예측되는 한도만을 그 재산에 대하여 부과되는 국세로 보아야 한다고 하여 담보물권에 의한 채권에 대하여 당해세의 인정범위를 축소하고 있다.(대법원 2002.2.8. 선고 2001다74018 판결)

헌법재판소 역시 당해세란 재산의 소유 그 자체에 부과되는 세금이라는 해석기준을 제시하면서 취득세·등록세·면허세 등은 범위를 예측할 수 없으므로 과세명확주의에 위배되므로 당해세에 포함할 수 없다고 하였다. (헌법재판소 1994.8.31. 선고 91헌가1 심판)

라. 재결의 실효

사업시행자가 수용 또는 사용의 개시일까지 토지수용위원회가 재결한 보상금을 지급하거나 공탁하지 아니하였을 때에는 해당 토지수용위원회의 재결은 효력을 상실하며, 사업시행자는 이로 인하여 토지소유자 또는 관계인이 입은 손실을 보상하여야 한다(법 제42조 제1항, 제2항).

재결의 실효에 따른 손실보상은 손실이 있음을 안 날부터 1년 이내에 청구하여야 하며, 사업시행자와 손실을 입은 자 사이에 협의가 성립되지 아니하면 토지수용위원회에 재결을 신청할 수 있다(법 제42조 제3항).

마. 관련 판례

① 보상금을 받을 자가 그 수령을 거부하는 때(수령거절)에는 보상금을 공탁할 수 있으나, 사업시행자가 보상금의 전액이 아니라 일부를 지급하고자 하거나 보상금의 지급에 조건을 붙여서 지급하고자 하는 경우에는 그것이 적법한 지급이 아니므로 이러한 경우에는 수령을 거부하였다 하여 공탁할 수는 없다. 다만, 보상금을 받을 자가 보상금을 지급하여도 그것을 수령하지 않을 것이 명백한 특별한 사정이 있는 경우에는 사업시행자는 보상금의 현실제공을 할 필요 없이 공탁할 수 있다.

> ### 판례
>
> [판례1] ▶ 보상금 수령을 거절할 것이 명백한 경우, 현실제공 없이 바로 보상금을 공탁할 수 있다. [**대법원 1998.10.20. 선고 98다30537**]
>
> 【판결요지】
> 토지수용법 제61조 제2항 제1호는 보상금을 받을 자가 그 수령을 거부하는 때에는 기업자는 수용의 시기까지 보상금을 공탁할 수 있다고 규정하고 있으므로, 보상금을 받을 자가 보상금의 수령을 거절할 것이 명백하다고 인정되는 경우에는 기업자는 보상금을 현실제공하지 아니하고 바로 보상금을 공탁할 수 있다.

② 압류 또는 가압류에 의하여 보상금의 지급이 금지된 때 중 일반채권에 기한 압류 또

는 가압류, 담보권자의 물상대위권 행사에 의한 압류, 처분금지가처분이 있는 경우 등은 공탁할 수 있으나, 국세체납처분에 의한 압류가 있는 경우와 채권압류 및 전부명령이 있는 경우, 수용대상토지 등이 압류되어 있는 경우에는 공탁할 수 없다.

판례

[판례1] ▶ 국세체납처분에 의한 압류가 있는 경우에는 공탁할 수 없다.
[대법원 2008.4.10. 선고 2006다60557]

【판결요지】
국세징수법상의 체납처분에 의한 압류만을 이유로 하여 사업시행자가 「공익사업을 위한토지등의취득및보상에관한법률」(이하 '공익사업보상법'이라 한다) 제40조 제2항 제4호 또는 민사집행법 제248조 제1항에 의한 집행공탁을 할 수는 없으므로, 체납처분에 의한 압류만을 이유로 집행공탁이 이루어지고 사업시행자가 민사집행법 제248조 제4항에 따라 법원에 공탁사유를 신고하였다고 하더라도, 이러한 공탁 사유의 신고로 인하여 민사집행법 제247조 제1항에 따른 배당요구 종기가 도래하고 그 후의 배당요구를 차단하는 효력이 발생한다고 할 수는 없다(대법원 2007. 4. 12. 선고 2004다20326 판결 참조).

[판례2] ▶ 채권압류 및 전부명령이 있는 경우에는 공탁할 수 없다.
[대법원 2000.6.23. 선고 98다31899]

【판결요지】
손실보상금에 대한 압류 또는 가압류로 보상금의 지불이 금지되었을 때를 별도의 공탁사유로서 인정하고 있는 토지수용법 제61조 제2항 제4호는 손실보상금청구권이 피수용자에게 귀속되어 있음을 전제로 하여 다만 압류 또는 가압류 등에 의하여 기업자가 피수용자에게 직접 손실보상금을 지급할 수 없을 때에 적용되는 것일 뿐, 나아가 손실보상금의 귀속주체가 변경된 경우 즉, 손실보상금청구권에 대한 전부명령의 이루어진 경우에까지 적용되는 것은 아니다.

[판례3] ▶ 수용대상토지가 압류되어 있는 경우는 공탁할 수 없다.
[대법원 2000.7.4. 선고 98다62961]

【판결요지】

1. 토지수용법 제67조 제1항에 의하면, 기업자는 토지를 수용한 날에 그 소유권을 취득하며 그 토지에 관한 다른 권리는 소멸하는 것인바, 수용되는 토지에 대하여 가압류가 집행되어 있어도 토지의 수용으로 기업자가 그 소유권을 원시취득함으로써 가압류의 효력은 소멸되는 것이고, 토지에 대한 가압류가 그 수용 보상금 청구권에 당연히 전이되어 그 효력이 미치게 된다고는 볼 수 없다.

2. 공공필요에 의한 토지수용에 있어서 수용자가 취득하는 소유권이 담보물권 기타 모든 법적인 제한이 소멸된 완전한 소유권이어야 하는 것은 공익목적을 달성하기 위하여 불가피한 것으로 합리적인 조치라고 할 것이고, 토지수용법 제67조 제1항에 의하여 토지수용으로 인하여 그 토지에 대한 가압류집행의 효력이 상실된다고 하더라도 토지수용 후 그 보상금에 대하여 다시 보전절차를 취할 수 있으므로, 그러한 보전절차를 취하지 아니한 사람과 보전절차를 취한 사람을 동일하게 취급하지 아니한다고 하여 위 규정이 헌법상의 평등권을 침해하는 것이라고 할 수는 없다.

③ 토지소유자 등이 사업시행자에게 아무런 이의유보 없이 사업시행자가 지급 또는 공탁한 보상금을 수령한 경우에는 토지수용위원회가 행한 재결에 승복한 것으로 본다. 또한, 재결에 대한 이의신청 또는 행정소송을 제기한 후 이의유보 없이 공탁된 보상금을 수령하였을 때에도 재결에 승복한 것으로 보므로 이의신청 또는 행정소송은 각하된다. 즉, 피수용인 입장에서는 수용재결당시 이의유보 표시 후 보상금을 수령하였다 하더라도 이의재결에서 증액된 보상금을 수령할 때에도 반드시 이의유보를 표시하여야 행정소송을 제기할 수 있다는 점에 주의를 가져야 한다.

> ### 판례
>
> [판례1] ▶ 이의유보 없이 보상금을 수령하였다면 재결에 승복한 것으로 본다.

[대법원 1992.10.13. 선고 91누13342]

【판결요지】

토지소유자가 기업자로부터 토지수용위원회의 수용재결 또는 이의재결에서 정한 보상금을 별다른 의사표시 없이 수령하였다면 이로써 위 수용재결 또는 이의재결에 승복하여 보상금을 수령한 취지로 봄이 상당하다 할 것이고, 토지소유자가 수용재결에서 정한 보상금을 수령할 당시에는 이의유보를 하였다 하여도 이의재결에서 증액된 보상금을 수령하면서 일부수령이라는 등 유보의 의사표시를 하지 않은 이상 중앙토지수용위원회가 이의재결에서 정한 결과에 승복하여 이를 수령한 것이라고 봄이 상당하다.

[판례2] ▶ 이의재결의 보상금을 이의유보 없이 수령하였다면 행정소송을 제기 중이라 하여 이의유보의 의사표시가 있었다고 볼 수 없다.
[대법원 1993.9.14. 선고 92누18573]

【판결요지】

토지소유자가 수용재결에서 정한 손실보상금을 수령할 당시 이의유보의 뜻을 표시하였다 하더라도 이의재결에서 증액된 손실보상금을 수령하면서 이의유보의 뜻을 표시하지 아니한 이상 이는 이의재결의 결과 에 승복하여 수령한 것으로 보아야 하고 위 추가보상금을 수령할 당시 이의재결을 다투는 행정소송이 계속 중이라는 사실만으로는 추가보상금의 수령에 관하여 이의유보의 의사표시가 있는 것과 같이 볼 수 없으므로 결국 이의재결의 효력을 다투는 위 소는 소의 이익이 없는 부적법한 소이다.

유권해석

[유권해석] ▶ 토지수용위원회 재결 후 소송을 하려는 경우 공탁된 보상금은 이의를 유보하고 수령할 수 있다. [2018.11.23. 토지정책과-7487]

【회신내용】

관할 토지수용위원회의 재결에 따라 그 수용 및 사용의 개시일까지 보상금 지급 또는 공탁이 완료되면 당해 토지의 소유권이 소멸(법 제45조 참조)하므로 토지소유자 및 관계인은 <u>재결에 의하여 결정된 보상금을 이의유보 하고 수령</u>(사업시행자가 소송을 제기하는 경우로서 보상금이 늘어난 경우 해당 금액은 제외) <u>후 행정소송을 제기할 수 있다고 봅니다.</u>

④ 적법한 공탁에 한하여 보상금을 지급한 것과 같은 효력이 발생하므로, ⅰ) 공탁요건에 해당하지 아니하는 공탁, ⅱ) 일부의 공탁, ⅲ) 조건부공탁 등은 하자 있는 공탁으로서 공탁의 효력이 발생하지 않는다. 다만, 공탁금을 피공탁자가 수령하면 피공탁자가 일부의 공탁이나 조건을 수락한 것으로 되므로 그 공탁은 공탁일에 소급하여 유효한 것으로 된다.

> ### 판례
>
> [판례1] ▶ 조건부 공탁은 무효이다. [대법원 1984.4.10. 선고 84다77]
>
> 【판결요지】
> 변제공탁에 있어서 채권자에게 반대급부 기타조건의 이행의무가 없음에도 불구하고 채무자가 이를 조건으로 공탁한 때에는 채권자가 이를 수락하지 않는 한 그 변제공탁은 무효이다.

⑤ 공탁서에 공탁 수리 전부터 존재하는 명백한 표현상의 오류가 있는 경우 공탁의 동일성을 해하지 않는 한도 안에서 공탁자의 신청에 의하여 그 오류를 시정하는 공탁서의 정정은 허용된다. 다만, 공탁자 · 피공탁자 · 공탁금액 등은 공탁요건에 관한 것이므로 그 정정이 인정되지 않는다.

> ### 판례
>
> [판례1] ▶ 공탁서 정정의 허용 범위 [대법원 1995.12.12. 선고 94다42693]

【판결요지】

공탁서의 정정은 공탁신청이 수리된 후 공탁서의 착오 기재가 발견된 때에 공탁의 동일성을 해하지 아니하는 범위 내에서만 허용되는 것인데, '갑 및 을' 2인으로 되어 있는 피공탁자 명의를 '갑' 1인으로 정정하는 것은 단순한 착오 기재의 정정에 그치지 아니하고 공탁에 의하여 형성된 실체관계의 변경을 가져오는 것으로서 공탁의 동일성을 해하는 내용의 정정이므로 허용될 수 없다.

⑥ 보상금의 공탁은 비자발적인 변제공탁이므로 보상금의 회수가 제한되어 피공탁자가 사업시행자에게 공탁금을 수령하지 않는다는 의사를 표시하더라도 그 수용재결이 당연 무효이거나 소송 등에 의하여 취소되지 아니하는 한 사업시행자는 공탁금을 회수할 수는 없다.

> **판례**
>
> [판례1] ▶ 토지소유자 등이 공탁금 수령을 거절하는 경우에도 사업시행자는 공탁금을 회수할 수 없다. [**대법원 1997. 9. 26. 선고 97다24290**]
>
> **【판결요지】**
> 1. 토지수용법 제61조 제2항에 의한 손실보상금의 공탁은 같은 법 제65조에 의하여 간접적으로 강제되는 것으로서 이와 같이 그 공탁이 자발적이 아닌 경우에는 「민법」 제489조의 적용은 배제되어 피공탁자가 공탁자에게 공탁금을 수령하지 아니한다는 의사를 표시하였다 할지라도 기업자는 그 공탁금을 회수할 수 없으므로 기업자가 피공탁자가 공탁금 수령을 거절한다는 이유로 그 공탁금을 회수한 것은 부적법하다.
> 2. 기업자가 토지수용법의 규정에 따라 적법하게 보상금을 공탁하는 등의 수용절차를 마친 이상 수용목적물의 소유권을 원시적으로 적법하게 취득하므로 그 후에 부적법하게 공탁금이 회수된 사정만으로 종전의 공탁의 효력이 무효로 되는 것은 아니다.

⑦ 사업시행자가 수용 또는 사용의 개시일까지 보상금을 지급하거나 공탁하지 않아 재결이 실효되면 재결신청도 그 효력이 상실된다. 이 경우 사업시행자가 다시 재결신청을 하는 경우 보상계획의 열람 등의 절차를 다시 거치지 않아도 되며, 보상평가 후 1년 이내인 경우는 다시 협의를 하지 않고 재결신청을 할 수 있다.

판례

[판례1] ▶ 재결이 실효되면 재결신청도 효력을 상실한다.
[대법원 1987.3.10. 선고 84누158]

【판결요지】
1. 토지수용의 내용이 공익사업을 위해서 기업자에게 타인의 재산권을 강제적으로 취득시키는 효과를 나타내는데 있다고 하더라도 이는 그 보상금의 지급을 조건으로 하고 있는 것인 만큼 토지수용법 제65조의 규정내용 역시 기업자가 그 재결된 보상금을 그 수용시기까지 지급 또는 공탁하지 않은 이상 위 수용위원회의 재결은 물론 재결의 전제가 되는 재결신청도 아울러 그 효력을 상실하는 것이라고 해석함이 상당하다.
2. 재결의 효력이 상실되면 재결신청 역시 그 효력을 상실하게 되는 것이므로 그로 인하여 토지수용법 제17조 소정의 사업인정의 고시가 있은 날로부터 1년 이내에 재결신청을 하지 않는 것으로 되었다면 사업인정도 역시 효력을 상실하여 결국 그 수용절차 일체가 백지상태로 환원된다.

질의회신

[질의회신1] ▶ 수용재결이 실효된 후 다시 수용재결을 신청하는 경우 보상계획의 열람 등의 절차를 다시 거쳐야 하는지 여부 [2010.7.16. 토지정책과-3723]

【회신내용】
토지보상법 제42조 제1항에서 '사업시행자가 수용 또는 사용의 개시일까지 관할 토지수용위원회가 재결한 보상금을 지급 또는 공탁하지 아니한 때에는 당해 토지수용위원회의 재결은 그 효력을 상실한다'라고 규정하고 있습니다. 위 규정에 해당되어 재결이 실효된 후 다시 수용재결을 신청하는 경우에는 제15조에 의한 보상계획의 열람등의 절차를 거치는 것이 아니고, 토지보상법 제28조에 의한 수용재결신청 절차부터 다시 거쳐야 할 것으로 보며, 개별적인 사례에 대하여는 사실관계 등을 검토하여 판단하시기 바랍니다.

유권해석

【질의요지】 ▶ 도로사업과 관련하여 관할 토지수용위원회에서 다수의 토지소유자 및 관계인의 재결 건에 대하여 하나의 재결서로 재결이 난 경우 이중 일부의 재결금액을 공탁하지 않은 경우 재결의 실효 범위는? [2018.8.14. **토지정책과-5214**]

【회신내용】

토지보상법에 따른 보상은 토지소유자 등 개인별로 하여야 할 것으로, 수용의 개시일까지 관할 토지수용위원회가 재결한 보상금을 공탁하지 아니하였을 때에는 아니한 범위 내에서 개인별로 재결의 효력이 상실한다고 보며, 기타 개별적인 사례에 대하여는 관계법령 및 재결현황 등을 검토하여 판단할 사항으로 봅니다.

3. 보상금의 지급방법

소유권이전등기가 완료되는 즉시 보상금을 지급하되, 다른 법률에 특별한 규정이 있는 경우를 제외하고는 **현금으로 지급하는 것이 원칙**이다(법 제63조). 다만, 부재부동산 소유자 등에게는 사업시행자가 발행하는 채권(**용지보상채권**)으로 지급할 수 있으며, 토지소유자가 원하는 경우에는 사업의 시행으로 조성한 토지(**대토보상**)로 보상할 수 있다.

가. 계좌이체 약정 및 지급

(1) 통상 사업시행자는 토지보상금은 계좌이체 약정 및 소유권이전 이전등기 완료 후 현금으로 예금계좌에 입금하고, 지장물 등에 대한 보상금은 관련서류 확인 후 이전서약서 및 계좌이체 약정 후 현금으로 예금계좌에 입금한다.

(2) 사업시행자는 보상금 지급전 ⅰ) 계약당시 징구한 인감증명, 주민등록초본, 계약서 등 보상금 지급 관련서류, ⅱ) 토지 등의 면적과 지적공부의 면적의 일치여부, ⅲ) 등기부등본상 소유권 변동여부 및 가등기, 근저당권, 지상권 등 소유권 이외의 권리 말소여부, ⅳ) 소유권자가 2인 이상인 경우 등기부등본에 의거 공유지분비율, ⅴ) 영업보상시 영업(공장등록)허가 또는 신고의 유무와 수량 등을 확인해 휴·폐업보상과 중복여부를 재확인하는 절차를 거친다.

나. 채권보상

(1) 대상

① 임의적 채권보상

사업시행자가 국가·지방자치단체, 그 밖에 대통령령으로 정하는 「공공기관의 운영에 관한 법률」에 따라 지정·고시된 공공기관 및 공공단체인 경우로서 ⅰ) 토지소유자 또는 관계인이 <u>원하는 경우</u>, ⅱ) 사업인정을 받은 사업의 경우 토지보상법시행령 제26조에서 규정한 <u>부재부동산 소유자의 토지</u>에 대한 보상금이 시행령으로 정하는 일정 금액(현행 1억원)을 초과하는 경우로서 그 초과하는 금액에 대하여 보상하는 경우에는 임의적으로 채권으로 <u>지급할 수 있다</u>(법 제63조 제7항).

② 의무적 채권보상

토지투기가 우려되는 지역967) 안에서 택지개발사업 등의 해당 공익사업968)을 시행하는 경우 <u>부재부동산 소유자의 토지</u>에 대한 보상금 중 시행령으로 정하는 1억원 이상의 일정 금액(현행 1억원)을 초과하는 부분에 대하여는 해당 사업시행자가 발행하는 채권으로 지

---

967) 투기가 우려되는 지역은 ⅰ) 「부동산 거래신고 등에 관한 법률」 제10조에 따른 토지거래계약에 관한 허가구역이 속한 시(행정시를 포함한다. 이하 이 항에서 같다)·군 또는 구(자치구를 말함), ⅱ) 위 ⅰ) 지역과 연접한 시·군 또는 구를 말한다(시행령 제27조의2제1항). 〈개정 2019.6.25.〉

968) 해당 공익사업은 ⅰ) 「택지개발촉진법」 의한 택지개발사업, ⅱ) 「산업입지 및 개발에 관한 법률」 의한 산업단지개발사업, ⅲ) 「물류시설의 개발 및 운영에 관한 법률」에 의한 물류단지 개발사업, ⅳ) 「관광진흥법」 에 따른 관광단지조성사업, ⅴ) 「도시개발법」 에 따른 도시개발사업, ⅵ) 「공공주택 특별법」 에 따른 공공주택사업, ⅶ) 「신행정수도 후속대책을 위한 연기·공주지역 행정중심복합도시 건설을 위한 특별법」 에 따른 행정중심복합도시건설사업를 말한다(법 제63조제8항제1호,제2호, 시행령 제27조의2제3항). 〈개정 2014.4.29., 2015.12.28.〉

급하여야 한다(법 제63조 제8항).969)

관계법령

■ **토지보상법**

제63조(현금보상 등) ① 손실보상은 다른 법률에 특별한 규정이 있는 경우를 제외하고는 현금으로 지급하여야 한다. 다만, (…이하 생략…)

⑦ 사업시행자가 국가, 지방자치단체, 그 밖에 대통령령으로 정하는 「공공기관의 운영에 관한 법률」에 따라 지정·고시된 공공기관 및 공공단체인 경우로서 다음 각 호의 어느 하나에 해당되는 경우에는 제1항 본문에도 불구하고 해당 사업시행자가 발행하는 채권으로 지급할 수 있다.

1. 토지소유자나 관계인이 원하는 경우
2. 사업인정을 받은 사업의 경우에는 대통령령으로 정하는 부재부동산 소유자의 토지에 대한 보상금이 대통령령으로 정하는 일정 금액을 초과하는 경우로서 그 초과하는 금액에 대하여 보상하는 경우

⑧ 토지투기가 우려되는 지역으로서 대통령령으로 정하는 지역에서 다음 각 호의 어느 하나에 해당하는 공익사업을 시행하는 자 중 대통령령으로 정하는 「공공기관의 운영에 관한 법률」에 따라 지정·고시된 공공기관 및 공공단체는 제7항에도 불구하고 제7항제2호에 따른 부재부동산 소유자의 토지에 대한 보상금 중 대통령령으로 정하는 1억원 이상의 일정 금액을 초과하는 부분에 대하여는 해당 사업시행자가 발행하는 채권으로 지급하여야 한다.

1. 「택지개발촉진법」에 따른 택지개발사업
2. 「산업입지 및 개발에 관한 법률」에 따른 산업단지개발사업
3. 그 밖에 대규모 개발사업으로서 대통령령으로 정하는 사업

---

969) 공탁 선례에 의하면 "토지수용의 채권보상 요건을 충족하고, 보상금 채권에 대하여 토지보상법 제40조 제2항 각 호의 공탁사유가 있다면 유가증권 공탁은 적격하다"고 하여 공탁물로서의 채권을 인정하였다. 다만, 수용보상금에 대하여 압류가압류가 있는 경우에는 현금으로 지급하는 부분은 토지보상법 제40조 제2항 제4호 및 민사집행법 제248조 제1항에 의하여 집행공탁이 가능하나, 채권으로 지급하는 부분은 집행공탁이 불가능하다.[2010.04.15. 법원행정처 사법등기심의관-880]
공탁을 채권으로 하는 경우에는 그 금액은 채권으로 지급할 수 있는 금액으로 하며, 사업시행자가 국가인 경우에는 보상채권을 보상채권취급기관으로부터 교부받아 공탁한다. 이 경우 보상채권의 발행일은 사업시행자가 보상채권취급기관으로부터 보상채권을 교부받은 날이 속하는 달의 말일로 하며, 보상채권을 교부받은 날부터 보상채권 발행일의 전날까지의 이자는 현금으로 공탁하여야 한다.

⑨ 제7항 및 제8항에 따라 채권으로 지급하는 경우 채권의 상환 기한은 5년을 넘지 아니하는 범위에서 정하여야 하며, 그 이자율은 다음 각 호와 같다.

1. 제7항제2호 및 제8항에 따라 부재부동산 소유자에게 채권으로 지급하는 경우

　　가. 상환기한이 3년 이하인 채권: 3년 만기 정기예금 이자율(채권발행일 전달의 이자율로서, 「은행법」에 따라 설립된 은행 중 전국을 영업구역으로 하는 은행이 적용하는 이자율을 평균한 이자율로 한다)

　　나. 상환기한이 3년 초과 5년 이하인 채권: 5년 만기 국고채 금리(채권발행일 전달의 국고채 평균 유통금리로 한다)

2. 부재부동산 소유자가 아닌 자가 원하여 채권으로 지급하는 경우

　　가. 상환기한이 3년 이하인 채권: 3년 만기 국고채 금리(채권발행일 전달의 국고채 평균 유통금리로 한다)로 하되, 제1호가목에 따른 3년 만기 정기예금 이자율이 3년 만기 국고채 금리보다 높은 경우에는 3년 만기 정기예금 이자율을 적용한다.

　　나. 상환기한이 3년 초과 5년 이하인 채권: 5년 만기 국고채 금리(채권발행일 전달의 국고채 평균 유통금리로 한다) [전문개정 2011.8.4.]

제69조(보상채권의 발행) ① 국가는 「도로법」에 따른 도로공사, 「산업입지 및 개발에 관한 법률」에 따른 산업단지개발사업, 「철도의 건설 및 철도시설 유지관리에 관한 법률」에 따른 철도의 건설사업, 「항만법」에 따른 항만개발사업, 그 밖에 대통령령으로 정하는 공익사업을 위한 토지등의 취득 또는 사용으로 인하여 토지소유자 및 관계인이 입은 손실을 보상하기 위하여 제63조제7항에 따라 채권으로 지급하는 경우에는 다음 각 호의 회계의 부담으로 보상채권을 발행할 수 있다. 〈개정 2018.3.13., 2020.1.29.〉

1. 일반회계
2. 교통시설특별회계

② 보상채권은 제1항 각 호의 회계를 관리하는 관계 중앙행정기관의 장의 요청으로 기획재정부장관이 발행한다.

③ 기획재정부장관은 보상채권을 발행하려는 경우에는 회계별로 국회의 의결을 받아야 한다.

④ 보상채권은 토지소유자 및 관계인에게 지급함으로써 발행한다.

⑤ 보상채권은 양도하거나 담보로 제공할 수 있다.

⑥ 보상채권의 발행방법, 이자율의 결정방법, 상환방법, 그 밖에 보상채권 발행에 필요한 사항은 대통령령으로 정한다.

⑦ 보상채권의 발행에 관하여 이 법에 특별한 규정이 있는 경우를 제외하고는 「국채법」에서 정하는 바에 따른다. [전문개정 2011.8.4.]

■ 토지보상법 시행령

제25조(채권을 발행할 수 있는 사업시행자) 법 제63조제7항 각 호 외의 부분에서 "대통령령으로 정하는 「공공기관의 운영에 관한 법률」에 따라 지정·고시된 공공기관 및 공공단체"란 다음 각 호의 기관 및 단체를 말한다. 〈개정 2020.9.10.〉

1. 「한국토지주택공사법」에 따른 한국토지주택공사

2. 「한국전력공사법」에 따른 한국전력공사

3. 「한국농어촌공사 및 농지관리기금법」에 따른 한국농어촌공사

4. 「한국수자원공사법」에 따른 한국수자원공사

5. 「한국도로공사법」에 따른 한국도로공사

6. 「한국관광공사법」에 따른 한국관광공사

7. 「공기업의 경영구조 개선 및 민영화에 관한 법률」에 따른 한국전기통신공사

8. 「한국가스공사법」에 따른 한국가스공사

9. 「국가철도공단법」에 따른 국가철도공단

10. 「인천국제공항공사법」에 따른 인천국제공항공사

11. 「한국환경공단법」에 따른 한국환경공단

12. 「지방공기업법」에 따른 지방공사

13. 「항만공사법」에 따른 항만공사

14. 「한국철도공사법」에 따른 한국철도공사

15. 「산업집적활성화 및 공장설립에 관한 법률」에 따른 한국산업단지공단

[전문개정 2013.5.28.]

제26조(부재부동산 소유자의 토지)

① 법 제63조제7항제2호에 따른 부재부동산 소유자의 토지는 <u>사업인정고시일 1년 전부터</u> 다음 각 호의 어느 하나의 지역에 계속하여 주민등록을 하지 아니한 사람이 소유하는 토지로 한다. 〈개정 2013.12.24.〉

1. 해당 토지의 소재지와 동일한 시(행정시를 포함한다. 이하 이 조에서 같다)·구 (자치구를 말한다. 이하 이 조에서 같다)·읍·면(도농복합형태인 시의 읍·면을 포함한다. 이하 이 조에서 같다)

2. 제1호의 지역과 연접한 시·구·읍·면

3. 제1호 및 제2호 외의 지역으로서 해당 토지의 경계로부터 직선거리로 30킬로미터 이내의 지역

② 제1항 각 호의 어느 하나의 지역에 주민등록을 하였으나 해당 지역에 사실상 거주하고 있지 아니한 사람이 소유하는 토지는 제1항에 따른 부재부동산 소유자의 토지로 본다. 다만, 다음 각 호의 어느 하나에 해당하는 사유로 거주하고 있지 아니한 경우에는 그러하지 아니하다.

1. 질병으로 인한 요양

2. 징집으로 인한 입영

3. 공무(公務)

4. 취학(就學)

5. 그 밖에 제1호부터 제4호까지에 준하는 부득이한 사유

③ 제1항에도 불구하고 다음 각 호의 어느 하나에 해당하는 토지는 부재부동산 소유자의 토지로 보지 아니한다.

1. 상속에 의하여 취득한 경우로서 상속받은 날부터 1년이 지나지 아니한 토지

2. 사업인정고시일 1년 전부터 계속하여 제1항 각 호의 어느 하나의 지역에 사실상 거주하고 있음을 국토교통부령으로 정하는 바에 따라 증명하는 사람이 소유하는 토지

3. 사업인정고시일 1년 전부터 계속하여 제1항 각 호의 어느 하나의 지역에서 사실상 영업하고 있음을 국토교통부령으로 정하는 바에 따라 증명하는 사람이 해당 영업을 하기 위하여 소유하는 토지 [전문개정 2013.5.28.]

제27조(채권보상의 기준이 되는 보상금액 등)

① 법 제63조제7항제2호에서 "대통령령으로 정하는 일정 금액" 및 법 제63조제8항 각 호 외의 부분에서 "대통령령으로 정하는 1억원 이상의 일정 금액"이란 1억원을 말한다.

② 사업시행자는 부재부동산 소유자가 사업시행자에게 토지를 양도함으로써 또는 토지가 수용됨으로써 발생하는 소득에 대하여 납부하여야 하는 양도소득세(양도소득세에 부가하여 납부하여야 하는 주민세와 양도소득세를 감면받는 경우 납부하여야 하는 농어촌특별세를 포함한다. 이하 이 항에서 같다) 상당 금액을 세무사의 확인을 받아 현금으로 지급하여 줄 것을 요청할 때에는 양도소득세 상당 금액을 제1항의 금액에 더하여 현금으로 지급하여야 한다. [전문개정 2013.5.28.]

제27조의2(토지투기가 우려되는 지역에서의 채권보상) ① 법 제63조제8항 각 호 외의 부분에서 "대통령령으로 정하는 지역"이란 다음 각 호의 어느 하나에 해당하는 지역을 말한다. 〈개정 2019.6.25.〉

1. 「부동산 거래신고 등에 관한 법률」 제10조에 따른 토지거래계약에 관한 허가구역이 속한 시(행정시를 포함한다. 이하 이 항에서 같다) · 군 또는 구(자치구인 구를 말한다. 이하 이 항에서 같다)

2. 제1호의 지역과 연접한 시 · 군 또는 구

② 법 제63조제8항 각 호 외의 부분에서 "대통령령으로 정하는 「공공기관의 운영에 관한 법률」에 따라 지정 · 고시된 공공기관 및 공공단체"란 다음 각 호의 기관 및 단체를 말한다.

1. 「한국토지주택공사법」에 따른 한국토지주택공사

2. 「한국관광공사법」에 따른 한국관광공사

3. 「산업집적활성화 및 공장설립에 관한 법률」에 따른 한국산업단지공단

4. 「지방공기업법」에 따른 지방공사

③ 법 제63조제8항제3호에서 "대통령령으로 정하는 사업"이란 다음 각 호의 사업을 말한다. 〈개정 2014.4.29., 2015.12.28.〉

1. 「물류시설의 개발 및 운영에 관한 법률」에 따른 물류단지개발사업

2. 「관광진흥법」에 따른 관광단지조성사업

3. 「도시개발법」에 따른 도시개발사업

4. 「공공주택 특별법」에 따른 공공주택사업

5. 「신행정수도 후속대책을 위한 연기·공주지역 행정중심복합도시 건설을 위한 특별법」에 따른 행정중심복합도시건설사업 [전문개정 2013.5.28.]

■ **토지보상법 시행규칙**

제15조(부재부동산 소유자의 거주사실 등에 대한 입증방법) ① 영 제26조제3항제2호에 따른 거주사실의 입증은 다음 각 호의 방법으로 한다. 〈개정 2005.2.5., 2008.4.18., 2009.11.13., 2020.12.11.〉

1. 「주민등록법」 제2조에 따라 해당 지역의 주민등록에 관한 사무를 관장하는 특별자치도지사·시장·군수·구청장 또는 그 권한을 위임받은 읍·면·동장 또는 출장소장의 확인을 받아 입증하는 방법

2. 다음의 어느 하나에 해당하는 자료로 입증하는 방법

　가. 공공요금영수증

　나. 국민연금보험료, 건강보험료 또는 고용보험료 납입증명서

　다. 전화사용료, 케이블텔레비전 수신료 또는 인터넷 사용료 납부확인서

　라. 신용카드 대중교통 이용명세서

　마. 자녀의 재학증명서

　바. 연말정산 등 납세 자료

　사. 그 밖에 실제 거주사실을 증명하는 객관적 자료

② 영 제26조제3항제3호에 따른 사실상 영업행위의 입증은 다음 각 호의 자료를 모두 제출하는 방법에 의한다. 〈신설 2009.11.13., 2012.1.2., 2015.4.28.〉

1. 「부가가치세법 시행령」 제11조에 따른 사업자등록증 및 관계법령에 따라 허가·면허·신고 등(이하 "허가등"이라 한다)을 필요로 하는 경우에는 허가등을 받았음을 입증하는 서류

2. 해당 영업에 따른 납세증명서 또는 공공요금영수증 등 객관성이 있는 자료

[제목개정 2020.12.11.]

(2) 부재부동산 소유자의 토지 여부

부재지주의 여부는 주민등록 여부에 관계없이 사실상 거주여부를 가지고 판단하여야 하

므로 주민등록을 하였으나 당해지역에 사실상 거주하고 있지 아니한 경우에는 부재부동산 소유자로 본다.

다만, ⅰ) 질병으로 인한 요양, ⅱ) 징집으로 인한 입영, ⅲ) 공무, ⅳ) 취학, ⅴ) 그 밖에 이에 준하는 부득이한 사유, ⅵ) 상속에 의하여 취득한 경우로서 상속받은 날부터 1년이 경과되지 아니한 경우[970], ⅶ) 사업인정고시일 1년 전부터 사실상 당해지역에 거주 또는 영업을 한 자가 시장·군수·구청장 또는 그 권한을 위임받은 읍·면·동장 또는 출장소장의 확인을 받아 입증하거나 공공요금영수증, 사업자등록증 및 허가 등을 받았음을 입증하는 서류, 해당 영업에 따른 납세증명서 또는 공공요금영수증 등 객관성이 있는 자료에 의하여 입증하는 경우에는 부재부동산 소유자로 보지 아니한다(령 제26조 제2항, 제3항, 시행규칙 제15조).

질의회신

【질의회신1】 ▶ 부재부동산 소유자의 토지 판단 기준 관련 계속 거주의 요건
(2008.6.24. 토지정책과—1652)

【질의요지】
현지인 판단기준을 보상공고일까지 계속해서 거주하면 되는지 또는 공고일 이후 계약 또는 보상금 수령일까지 계속 거주해야 하는지 여부

【회신내용】
현금 보상대상 현지인이 되기 위해서는 사업인정고시일부터 보상협의시까지 계속해서 실제 거주하고 있어야 한다고 봄(단, 영 제26조 제2항의 단서조항 및 제3항의 경우는 예외

【질의회신2】 ▶ 당해 지역에 계속하여 거주하지 않은 영주권자는 부재지주이다.
(2009.6.12. 토지정책과—2736)

---

970) ① 상속토지에 대한 '1년이 경과하는 날'의 기준일은 사업인정고시일이나, 사업인정고시일 이후 상속된 경우도 사업인정고시전 상속과의 형평성 및 행위제한 등을 고려시 부재부동산소유자의 토지로 보지 않음. (2012.08.17. 토지정책과—4055) ② '상속받은 날'은 피상속인의 사망한 날을 말함. (2006.12.01. 토정—4503)

【질의요지】

외국의 영주권을 취득한 자가 거소사실증명서(출입국 기록상 국내입국 및 출국 반복) 및 공과금납부 증명서 등을 근거로 '사실상 거주'를 주장하는 경우

1. 영주권자를 「토지보상법 시행령」 제26조 제3항 제2호(부재부동산소유자의 토지) 및 제40조제3항(이주대책의 수립·실시)에 따른 거주로 볼 수 있는지 여부

2. 외국에 장기체류하는 동안 국내에 거주하지 아니한 영주권자를 「토지보상법 시행령」 제26조 제3항 제2호(부재부동산소유자의 토지) 및 제40조제3항(이주대책의 수립·실시)에 따른 계속 거주한 것으로 볼 수 있는지 여부

【회신내용】

외국의 영주권을 취득한 자의 입출국조회 결과 당해 지역에 계속하여 거주하지 않은 사실이 객관적으로 확인된다면 부재부동산소유자의 정의 및 이주대책 등 제도의 취지를 감안할 때 당해 지역에 계속하여 거주한 자로 볼 수 없음.

【질의회신3】 ▶ 부재지주 판단시 도농복합형태인 시의 읍·면지역은 동일한 시가 아니다. (2011.7.22. 토지정책과—358)

【질의요지】

도농복합형태인 시의 읍·면의 경우 「공익사업을 위한 토지 등의 취득 및 보상에 관한 법률 시행령」 제26조제1항제1호 규정에 의한 "동일한 시"인지 "읍·면"인지 여부

【회신내용】

도농복합형태인 시의 읍면지역은 "읍면(도농복합형태인 시의 읍면을 포함)"으로 규정하고 있으므로 읍면에 해당함. 참고로, 시·구 또는 읍·면 중 어느 하나를 선택적으로 연접지역을 적용하는 것은 아니며, 해당 토지의 소재지가 읍·면인 경우 읍·면을 기준으로 정하여야 하고, 읍·면지역이 아닌 경우 시·구를 기준으로 정하여야 할 것으로 보며, 동 지역이 접한 경우는 동 지역 전체를 하나의 시·구로 보아야 할 것임

【질의회신4】 ▶ 부동산 임대업자는 영업용 토지관련 부재지주 예외규정의 적용대상이 아니다. (2012.7.16. 토지정책과-3519)

【질의요지】
토지보상법 시행령 제26조제1항과 관련하여 부동산임대업자가 시행규칙 제15조제2항에 따른 서류를 제출하면 해당 토지를 부재부동산소유자의 토지가 아닌 것으로 볼 수 있는지 여부

【회신내용】
토지보상법 시행령 제26조제3항은 공익사업지구에 편입된 개인사업자가 해당지역에 주민등록을 하지 않았더라도 사실상 영업을 하면서 필요한 토지를 소유한 경우에는 현금보상을 받을 수 있도록 하여 개인사업자의 자금부담을 완화하여 기업이전비나 투자비로 활용할 수 있도록 2009.11.10. 신설된 조항이므로 부동산 임대소득과 같은 부동산 원물에 대한 소득을 얻는 경우는 위 규정에 의한 사실상 영업에 해당하지 않는다고 봅니다.

(3) 기타

① 보상실무에서 사업시행자는 민원의 발생을 방지하기 위해 보상업무 실무상 보상계획 통보시에 채권보상에 대한 내용을 자세히 안내하고 있다.

② 부재부동산 소유자의 토지(부재지주)는 **1억원**까지는 현금보상하며, 초과분은 용지보상용 채권으로 보상한다. 단 양도소득세 상당 금액을 세무사의 확인을 받아 현금 지급을 요청한 때에는 양도소득세 상당 금액을 현금으로 지급한다.

③ 용지보상용 채권
법령에 따라 채권보상이 가능한 경우 채권의 상환기간은 **5년**을 넘지 아니하는 범위에서 정하여야 하며, 그 이자율은 다음 각 호에 따른다(법 제63조 제9항, 령 제26조 제2항, 제3항, 시행규칙 제15조 참조).

(ⅰ) 이율

㉠ 부재부동산 소유자에게 채권으로 지급하는 경우

►상환기간이 3년 이하인 채권: 3년 만기 정기예금 이자율 적용(채권발행일 전달의 이자율로서 「은행법」에 의하여 설립된 금융기관 중 전국을 영업구역으로 하는 은행이 적용하는 이자율을 평균한 이자율)

►상환기간이 3년 초과 5년 이하인 채권: 5년 만기 국고채 금리(채권발행일 전달의 국고채 평균 유통금리)

㉡ 부재부동산 소유자가 아닌지가 원하여 채권으로 지급하는 경우

►상환기간이 3년 이하인 채권: 3년 만기 국고채 금리(채권발행일 전달의 국고채평균 유통금리)로 하되, 3년 만기 정기예금 이자율이 3년 만기 국고채 금리보다 높은 경우에는 3년 만기 정기예금 이자율을 적용한다.

►상환기간이 3년 초과 5년 이하인 채권: 5년 만기 국고채 금리(채권발행일 전달의 국고채 평균 유통금리)

(ⅱ) 상환기간
발행일로부터 3년(5년의 범위 안에서 정함)

(ⅲ) 보상채권의 발행방법
무기명증권식 액면금액으로 발행하되 최소액면금액은 10만원으로 하며, 보상금 중 10만원 미만인 끝수의 금액은 사업시행자가 보상금을 지급할 때 현금으로 지급한다(령 제31조제1항, 제2항). 보상채권의 발행일은 보상채권지급결정통지서를 발급한 날이 속하는 달의 말일로 하며, 보상채권은 멸실 또는 도난 등의 사유로 분실한 경우에 재발행 되지 아니한다(령 제31조제3항, 제4항).

(ⅳ) 보상채권의 원리금 상환방법
채권발행일로부터 상환일 전일까지 이자는 1년 단위의 복리로 계산하되 보상채권의 원리

금은 상환일에 일시 상환한다(령 제32조).

다. 대토보상

(1) 의의

2007. 10. 17. 토지보상법 일부개정으로 손실보상은 현금보상을 원칙으로 하되, 토지소유자가 원하는 경우에는 해당 공익사업의 토지이용계획 및 사업계획 등을 고려하여 공익사업의 시행으로 조성된 토지로 보상할 수 있도록 하는 대토보상 제도를 도입(법 제63조 제1항 단서·제2항 내지 제5항 신설)하였다. 신설된 대토보상 관련 토지보상법 내용은 다음과 같다.

(2) 내용

① 대토보상 대상자의 요구

토지소유자가 원하는 경우로서 사업시행자가 당해 공익사업의 합리적인 토지이용 및 사업계획 등을 고려하여 토지로 보상이 가능한 경우에는 다음 각 호에서 정하는 기준과 절차에 따라 그 공익사업의 시행으로 조성한 토지로 <u>보상할 수 있다</u>(법 제63조 제1항 단서).

> 1. 대토보상 대상자: 건축법상의 대지 분할제한 면적 이상을 사업시행자에게 양도한 자(부재부동산 소유자가 아닌 자로서 채권보상으로 받은 자 우선)이며, 그 밖의 우선순위 및 대상자 결정방법 등은 사업시행자가 정하여 공고한다.
> 2. 보상하는 토지가격의 산정 기준금액: 다른 법률의 특별한 규정이 있는 경우를 제외하고는 일반분양가격으로 한다.
> 3. 보상기준 등의 공고: 보상계획을 공고할 때 토지로 보상하는 기준을 포함하여 공고하거나 따로 일간 신문에 공고할 것이라는 내용을 포함하여 공고한다.

② 대토보상 토지 면적

사업시행자가 그 공익사업의 토지이용계획과 사업계획 등을 고려하여 정하되, <u>주택용지 990㎡, 상업용지 1,100㎡</u> 한도(주택용지의 경우 2010.4.5 이전 보상계획공고 지구는 330㎡)로 한다(법 제63조 제2항).

③ 전매제한

대토로 보상받기로 결정된 권리(법 제63조 제4항에 따라 현금으로 보상받을 권리 포함)는 그 보상계약의 체결일부터 소유권이전등기시까지 전매(상속 및 부동산투자회사로의 현물출자는 제외)할 수 없으며, 이를 위반 시 현금으로 보상하되 이 경우 현금보상액에 대한 이자율은 토지보상법 제63조제9항제1호가목에 따른 이자율(3년 만기 정기예금 이자율)의 1/2로 한다(법 제63조 제3항).

한편, 공익사업에 편입되는 토지의 소유자에 대한 손실보상을 현금이 아닌 공익사업의 시행으로 조성한 토지로 보상하는 대토보상 제도가 편법적인 신탁방식을 통해 왜곡되고 있다는 지적이 토지보상지역에서 보상과 관련하여 꾸준히 있어왔다. 이에 최근(2020.4.7.) 국회는 이러한 대토보상 제도의 왜곡현상을 방지하기 위하여 대토보상 계약 체결일부터 1년이 지나 현금으로 전환하여 보상받을 권리도 전매금지 대상임을 명문화(법 제63조 제3항)하는 한편, 대토보상 제도가 도입취지에 맞게 운영될 수 있도록 대토보상을 받을 권리의 전매금지를 위반한 자에 대한 처벌 규정(3년 이하의 징역 또는 1억원 이하의 벌금)을 신설(법 93조의2)하였다(2020.4.7. 개정).[시행 2020.6.9.]

④ 현금보상 전환

대토보상계약 체결 후 1년이 경과한 경우에는 현금보상 전환요청 가능하다. 이 경우 현금보상액에 대한 이자율은 토지보상법 제63조제9항제2호가목에 따른 이자율(3년 만기 국고채금리)로 한다(법 제63조 제4항).

⑤ 사업시행자의 사업계획변경 등의 사유로 대토보상이 불가하게 된 경우

사업시행자의 사업계획변경 등 국토교통부령으로 정하는 사유로 보상하기로 한 토지의 전부 또는 일부를 토지로 보상할 수 없게 된 경우에는 현금으로 보상할 수 있다. 이 경우 현금보상액에 대한 이자율은 토지보상법 제63조제9항제2호가목에 따른 이자율(3년 만기 국고채금리)로 한다(법 제63조 제5항).

⑥ 토지소유자의 현금보상 요청으로 대토보상을 철회하는 경우

토지소유자가 국세 및 지방세의 체납처분 또는 강제집행을 받은 경우, 세대원 전원의 해외이주하거나 2년 이상 해외에 체류하려는 경우, 채무변제 및 부상이나 질병치료를 위해 현금보상이 부득이 한 경우로 사업시행자에게 현금보상을 요청한 경우에는 사업시행자는 현금으로 보상하여야 한다. 이 경우 현금보상액에 대한 이자율은 토지보상법 제63조 제9항제2호가목에 따른 이자율(3년 만기 국고채금리)로 한다(법 제63조 제6항, 시행규칙 제15조의3).

관계법령

■ 토지보상법

제63조(현금보상 등) ① 손실보상은 다른 법률에 특별한 규정이 있는 경우를 제외하고는 현금으로 지급하여야 한다. 다만, 토지소유자가 원하는 경우로서 사업시행자가 해당 공익사업의 합리적인 토지이용계획과 사업계획 등을 고려하여 토지로 보상이 가능한 경우에는 토지소유자가 받을 보상금 중 본문에 따른 현금 또는 제7항 및 제8항에 따른 채권으로 보상받는 금액을 제외한 부분에 대하여 다음 각 호에서 정하는 기준과 절차에 따라 그 공익사업의 시행으로 조성한 토지로 보상할 수 있다.

1. 토지로 보상받을 수 있는 자: 「건축법」 제57조제1항에 따른 대지의 분할 제한 면적 이상의 토지를 사업시행자에게 양도한 자가 된다. 이 경우 대상자가 경합(競合)할 때에는 제7항제2호에 따른 부재부동산(不在不動産) 소유자가 아닌 자로서 제7항에 따라 채권으로 보상을 받는 자에게 우선하여 토지로 보상하며, 그 밖의 우선순위 및 대상자 결정방법 등은 사업시행자가 정하여 공고한다.

2. 보상하는 토지가격의 산정 기준금액: 다른 법률에 특별한 규정이 있는 경우를 제외하고는 일반 분양가격으로 한다.

3. 보상기준 등의 공고: 제15조에 따라 보상계획을 공고할 때에 토지로 보상하는 기준을 포함하여 공고하거나 토지로 보상하는 기준을 따로 일간신문에 공고할 것이라는 내용을 포함하여 공고한다.

② 제1항 단서에 따라 토지소유자에게 토지로 보상하는 면적은 사업시행자가 그 공익사업의 토지이용계획과 사업계획 등을 고려하여 정한다. 이 경우 그 보상면적은 주택용지는 990제곱미터, 상업용지는 1천100제곱미터를 초과할 수 없다.

③ 제1항 단서에 따라 토지로 보상받기로 결정된 권리(제4항에 따라 현금으로 보상받을 권리를 포함한다)는 그 보상계약의 체결일부터 소유권이전등기를 마칠 때까지 전매(매매, 증여, 그 밖에 권리의 변동을 수반하는 모든 행위를 포함하되, 상속 및 「부동산투자회사법」에 따른 개발전문 부동산투자회사에 현물출자를 하는 경우는 제외한다)할 수 없으며, 이를 위반할 때에는 사업시행자는 토지로 보상하기로 한 보상금을 현금으로 보상할 수 있다. 이 경우 현금보상액에 대한 이자율은 제9항제1호가목에 따른 이자율의 2분의 1로 한다. 〈개정 2020.4.7.〉

④ 제1항 단서에 따라 토지소유자가 토지로 보상받기로 한 경우 그 보상계약 체결일부터 1년이 지나면 이를 현금으로 전환하여 보상하여 줄 것을 요청할 수 있다. 이 경우 현금보상액에 대한 이자율은 제9항제2호가목에 따른 이자율로 한다.

⑤ 사업시행자는 해당 사업계획의 변경 등 국토교통부령으로 정하는 사유로 보상하기로 한 토지의 전부 또는 일부를 토지로 보상할 수 없는 경우에는 현금으로 보상할 수 있다. 이 경우 현금보상액에 대한 이자율은 제9항제2호가목에 따른 이자율로 한다. 〈개정 2013.3.23.〉

⑥ 사업시행자는 토지소유자가 다음 각 호의 어느 하나에 해당하여 토지로 보상받기로 한 보상금에 대하여 현금보상을 요청한 경우에는 현금으로 보상하여야 한다. 이 경우 현금보상액에 대한 이자율은 제9항제2호가목에 따른 이자율로 한다. 〈개정 2013.3.23.〉

1. 국세 및 지방세의 체납처분 또는 강제집행을 받는 경우
2. 세대원 전원이 해외로 이주하거나 2년 이상 해외에 체류하려는 경우
3. 그 밖에 제1호 · 제2호와 유사한 경우로서 국토교통부령으로 정하는 경우

제93조의2(벌칙) 제63조제3항을 위반하여 토지로 보상받기로 결정된 권리(제63조제4항에 따라 현금으로 보상받을 권리를 포함한다)를 전매한 자는 3년 이하의 징역 또는 1억원 이하의 벌금에 처한다. [본조신설 2020.4.7.]

■ **토지보상법 시행규칙**

제15조의2(사업시행자의 현금보상으로의 전환) 법 제63조제5항 전단에서 "국토교통부령으로 정하는 사유"란 해당 사업계획의 변경을 말한다. 〈개정 2012.1.2., 2013.

3.23.〉

[본조신설 2008.4.18.]

제15조의3(토지소유자의 현금보상으로의 전환) 법 제63조제6항제3호에서 "국토교통부령으로 정하는 경우"란 다음 각 호의 경우를 말한다. 〈개정 2012.1.2., 2013. 3.23.〉

1. 토지소유자의 채무변제를 위하여 현금보상이 부득이한 경우
2. 그 밖에 부상이나 질병의 치료 등을 위하여 현금보상이 부득이하다고 명백히 인정되는 경우 [본조신설 2008.4.18.]

질의회신

【질의회신1】▶ 부재부동산소유자가 부동산신탁회사에 토지를 신탁한 경우, 대토보상을 받을 수 있는 자는 부동산신탁회사이다. (2011.1.18. 토지정책과-262)

【질의요지】

부재부동산소유자가 보상계약체결 이전에 부동산신탁회사에 토지를 신탁한 경우, 대토보상을 받을 수 있는 자는 부동산신탁회사인지 부재부동산소유자인지 여부

【회신내용】

「공익사업을 위한 토지 등의 취득 및 보상에 관한 법률」 제63조에 의하면, 손실보상은 다른 법률에 특별한 규정이 있는 경우를 제외하고는 현금으로 지급하여야 하되, 다만, 토지소유자가 원하는 경우로서 사업시행자가 해당 공익사업의 합리적인 토지이용계획과 사업계획 등을 고려하여 토지로 보상이 가능한 경우에는 토지소유자가 받을 보상금 중 본문에 따른 현금 또는 제7항 및 제8항에 따른 채권으로 보상받는 금액을 제외한 부분에 대하여 「건축법」 제57조제1항에 따른 대지의 분할제한 면적 이상의 토지를 사업시행자에게 양도한 자는 그 공익사업의 시행으로 조

성한 토지로 보상할 수 있다고 규정하고 있습니다.

또한, 신탁법 제1조제2항에 의하면, 신탁이라 함은 위탁자가 수탁자에게 특정의 재산권을 이전하거나 기타의 처분을 하여 수탁자로 하여금 신탁 목적을 위하여 그 재산권을 관리·처분하게 하는 법률관계라고 규정하고 있습니다.

따라서, 보상계약체결 이전에 부동산신탁회사에 토지를 신탁한 경우에는 토지소유자를 부동산신탁회사로 보아야하므로, 위 규정에 따라 대토보상을 받을 수 있는 자는 해당 토지를 사업시행자에게 양도한 부동산신탁회사로 봄.

제7장 환매권

1. 환매권의 개념

(1) 환매권의 의의

환매권이란 공익사업을 위해 취득된 토지가 당해 공익사업의 폐지·변경 또는 공익사업에 필요 없게 되었거나 일정기간동안 수용한 토지의 전부를 당해 사업에 현실적으로 이용되지 않은 경우에 취득 당시의 토지소유자 또는 그 포괄승계인이사업시행자에게 사업시행자의 매각의사와 관계없이 일정한 요건 하에서 환매의사 표시 후 환매대금을 지급하고 종전의 토지를 다시 매수하여 원래의 소유권을 회복할 수 있는 권리를 말한다.[971]

(2) 환매권의 법적성질

환매권의 법적성질에 대해 공권상의 권리와 사법상의 권리라는 견해가 있다.

① 공권설

환매권은 공업적 수단에 의하여 상실된 권리를 회복하는 제도로서, 공업상의 주체(사업시행자)에 대해 사인이 가지는 공법상의 권리라는 견해로 공법적 원인에 의한 결과를 회복하는 수단 역시 공법적이어야 하며 특별한 사정이 없는 한 그와 관련된 소송은 공법상 사건으로 보아 행정소송의 대상이 된다는 견해이다.[972]

② 사권설

환매권은 피수용자가 자기의 이익을 위하여 일방적으로 행사함으로써 환매의 효과가 발생하는 형성권으로서 사업시행자의 동의 및 공용수용의 해제처분 없이 직접 매매의 효과를 발생시키는 사법상의 권리로 보아야 한다는 견해이다.[973]

③ 헌법재판소 등

헌법재판소는 환매권의 법률적 성질에 대해 "헌법 제23조의 근본취지에 비추어 볼 때,

---

971) 다만, 토지보상법상 환매권은 토지보상법 제91조에 요건과 행사기간 및 환매금액 등이 규정되어 있는 **법정환매권이라는 점에서 민법상의 약정환매권과는 구별**된다.
972) 석종현, 손실보상론(하), 삼영사, 2003, 413면.
973) 김동희, 행정법Ⅱ, 박영사, 1998, 340면

일단 공용수용의 요건을 갖추어 수용절차가 종료되었다고 하더라도 그 후에 수용의 목적인 공공사업이 수행되지 아니하거나 또는 수용된 재산권이 당해 공공사업에 필요 없게 되었다고 한다면, 수용의 헌법상 정당성과 공공필요에 의한 재산권 취득의 근거가 장래를 향하여 소멸한다고 보아야 한다. 따라서 수용된 토지 등이 공공사업에 필요 없게 되었을 경우에는 피수용자가 그 토지 등의 소유권을 회복할 수 있는 권리 즉 환매권은 헌법이 보장하는 재산권의 내용에 포함되는 권리라고 보는 것이 상당하다."라고 하여 환매권을 헌법이 보장한 사법상의 재산권으로 보았고,974) "환매권(還買權)의 행사는 그것이 공공용지의취득및손실보상에관한특례법 제9조에 의한 것이든, 토지수용법 제71조에 의한 것이든, 환매권자의 일방적 의사표시만으로 성립하는 것이지, 상대방인 사업시행자 또는 기업자의 동의를 얻어야 하거나 그 의사 여하에 따라 그 효과가 좌우되는 것은 아니다. 따라서 이 사건의 경우 피청구인이 설사 청구인들의 환매권 행사를 부인하는 어떤 의사표시를 하였다 하더라도, 이는 환매권의 발생 여부 또는 그 행사의 가부에 관한 사법관계의 다툼을 둘러싸고 사전에 피청구인의 의견을 밝히고, 그 다툼의 연장인 민사소송절차에서 상대방의 주장을 부인하는 것에 불과하므로, 그것을 가리켜 헌법소원심판의 대상이 되는 공권력의 행사라고 볼 수는 없다."라고 판시하여 환매권을 사법상 권리로 보았다.975)

한편 대법원 판례도 "환매권은 상대방에 대한 의사표시를 요하는 형성권의 일종으로서 재판상이든 재판 외이든 그 기간 내에 행사하면 사법상의 매매의 효력이 생기는 바, 이러한 환매권의 존부에 관한 확인을 구하는 소송 및 구 공익사업법 제91조 제4항에 따라 환매금액의 증감을 구하는 소송 역시 민사소송에 해당한다."고 판시하여 환매권을 사법상의 권리로 인정하였다.976)

---

974) 헌법재판소 1998.12.24. 선고 97헌마87·88(병합) 전원재판부 [국가보위에관한특별조치법제5조제4항에의한동원대상지역내의토지의수용,사용에관한특별조치령에의하여수용,사용된토지의정리에관한특별조치법제2조위헌확인등]
975) 헌법재판소 1994.2.24. 선고 92헌마283 全員裁判部
976) 대법원 1992.4.24. 선고, 92다4673 판결. ; 대법원 2013.2.28. 선고, 2010두22368, 판결

[판례1] ▶ **[대법원 1992.4.24. 선고, 92다4673] (소유권이전등기)**

【판시사항】

가. 징발재산환매권의 법적 성질 및 그 존속기간

나. 위 "가"항의 환매권의 행사로 발생한 소유권이전등기청구권의 소멸시효기간

【판결요지】

가. 징발재산정리에관한특별조치법 제20조 소정의 환매권은 <u>일종의 형성권으로서</u>
   <u>그 존속기간은 제척기간으로 보아야 할 것이며,</u> 위 환매권은 재판상이든 재판외
   <u>이든 그 기간 내에 행사하면 이로써 매매의 효력이 생기고,</u> 위 매매는 같은 조
   제1항에 적힌 환매권자와 국가 간의 <u>사법상의 매매</u>라 할 것이다.

나. 위 "가"항의 환매권의 행사로 발생한 <u>소유권이전등기청구권은</u> 위 제척기간과는
   별도로 환매권을 행사한 때로부터 일반채권과 같이 <u>민법 제162조 소정의 10년의</u>
   <u>소멸시효의 기간이 진행된다.</u>

[판례2] ▶ **[대법원 2013.2.28. 선고, 2010두22368] (환매대금 증감)**

【판시사항】

[1] 구 공익사업을 위한 토지 등의 취득 및 보상에 관한 법률 제91조에 규정된 환매
   권의 존부에 관한 확인을 구하는 소송 및 같은 조 제4항에 따라 환매금액의 증감
   을 구하는 소송이 민사소송에 해당하는지 여부(적극)

【판결이유】

구 공익사업을 위한 토지 등의 취득 및 보상에 관한 법률(2010.4.5. 법률 제10239
호로 일부 개정되기 전의 것, 이하 '구 공익사업법'이라 한다) 제91조에 규정된 <u>환매</u>
<u>권은 상대방에 대한 의사표시를 요하는 형성권의 일종으로서 재판상이든 재판 외이</u>
<u>든 위 규정에 따른 기간 내에 행사하면 **매매의 효력**이 생기는 바</u>(대법원 2008.6.26.
선고 2007다24893 판결 참조), <u>이러한 환매권의 존부에 관한 확인을 구하는 소송</u>

및 구 공익사업법 제91조 제4항에 따라 환매금액의 증감을 구하는 소송 역시 **민사소송**에 해당한다.

2. 환매권의 인정근거

가. 이론적 근거

환매권이 왜 인정되어야 하는가에 대하여는 대법원 등 판례의 판시내용에서 찾아볼 수 있고 그 핵심적인 내용은 피수용인의 감정존중, 공평의 원칙, 헌법상 재산권보장 내용 중 재산권의 존속보장이다.

(1) 원소유자의 법 감정존중 및 공평의 원칙에 부합

환매권을 인정하고 있는 입법 취지는 토지보상법상의 협의취득 내지 수용재결취득은 정당한 손실보상여부와 관계없이 원래 피수용인의 자발적인 의사가 아닌 사실상의 강제에 의한 종전 토지 등 소유권자는 그 토지 등의 소유권을 상실하고 반대로 사업시행자는 해당 토지 등의 소유권을 취득하는 것으로, 사실상 강제취득한 토지 등이 더 이상 당해 공익사업에 이용할 필요가 없게 된 때에는 원소유자의 의사에 따라 그 토지 등의 소유권을 회복시켜 주는 것이 <u>원소유자의 법 감정을 충족시키고 동시에 공평의 원칙에 부합한다는데에 있다</u>는 것에 이론적 근거를 둔다는 견해이다. 판례[977] 및 유권해석[978]의 견해도 동일하다.

---

977) 대법원 1993.12.28. 선고 93다3470 판결. ; 대법원 2001.5.29. 선고 2001다11567
978) 2011.11.3. 토지정책과-5197 :
【질의요지】소유자의 매수청구로 취득한 공익사업지구 밖의 토지는 환매권 대상인지 여부
【회신내용】환매권은 토지소유자가 자발적인 의사에 의해 그 토지등의 소유권을 상실하는 것이 아니어서 당해 공익사업에 이용할 필요가 없게 된 때에는 원소유자의 의사에 따라 그 토지 등의 소유권을 회복시켜 주는 것이 원소유자의 감정을 충족시키고 동시에 공평의 원칙에 부합한다는데 입법 취지가 있습니다 (2001.5.25. 선고 2001다11567). <u>따라서, 공익사업시행지구 밖의 토지로써 사업시행자에게 매수청구를 하여 사업시행자가 취득한 토지는 환매권 대상이 아니라고 봅니다.</u>

[판례1] ▸ [대법원 1993.12.28. 선고 93다3470] (토지소유권이전등기)

【판시사항】

가. 토지수용법 제71조 제1항의 규정취지와 수용한 토지가 필요 없게 된 경우의 환매권

나. 택지개발촉진법 제13조 제1항의 규정취지와 수용한 토지가 필요 없게 되었는지 여부의 판단기준

【판결요지】

가. 토지수용법 제71조 제1항의 취지는 토지 등의 <u>원소유자가 사업시행자로부터 토지 등의 대가로 정당한 손실보상을 받았다고 하더라도 원래 자신의 자발적인 의사에 기하여 그 토지 등의 소유권을 상실하는 것이 아니어서 그 토지 등을 더 이상 당해 공공사업에 이용할 필요가 없게 된 때, 즉 공익상의 필요가 소멸한 때에는 원소유자의 의사에 따라 그 토지 등의 소유권을 회복시켜 주는 것이 **공평의 원칙에 부합**</u>한다는 데에 있으므로 기업자가 소정의 절차에 따라 취득한 토지 등이 일정한 기간 내에 그 취득목적사업인 공공사업의 폐지 변경 등의 사유로 그 공공사업에 이용될 필요가 없어졌다고 볼 만한 객관적 사정이 발생하여야 기업자의 주관적인 의사와는 관계없이 환매권자가 토지 등을 환매할 수 있다.

나. 택지개발촉진법 제13조 제1항의 취지는 사업시행자가 취득한 토지의 전부 또는 일부가 그 사업시행을 위하여 필요 없게 된 때에는 원소유자측에서 그 필요 없게 된 토지를 환매할 수 있게 하고자 함에 있는 것으로서, 형식적으로 예정지구의 지정의 해제나 변경, 또는 개발계획이나 실시계획의 승인의 취소나 변경이 있는 경우에 한정되지 아니하나, 어떠한 사유로건 수용한 토지 등의 전부 또는 일부가 그 사업시행을 위하여 필요 없게 된 때에 환매권을 취득한다고 보아야 하고, 수용된 토지 등이 필요 없게 되었는지 여부는 당해 택지개발사업의 목적, 택지개발계획과 사업실시계획의 내용, 수용의 경위와 범위, 당해 택지와 위 개발계획 및 실시계획과의 관계, 용도 등 제반 사정에 비추어 합리

적으로 판단하여야 한다.

[판례2] ▶ [대법원 2001.5.29. 선고 2001다11567] (소유권이전등기)

【판시사항】

공공용지의취득및손실보상에관한특례법이 환매권을 인정하는 입법 취지 및 제3자
에 대한 환매권의 양도 가부(소극)

【판결요지】

공공용지의취득및손실보상에관한특례법이 환매권을 인정하고 있는 입법 취지는
토지 등의 원소유자가 사업시행자로부터 토지 등의 대가로 정당한 손실보상을 받
았다고 하더라도 원래 자신의 자발적인 의사에 따라서 그 토지 등의 소유권을 상
실하는 것이 아니어서 그 토지 등을 더 이상 당해 공공사업에 이용할 필요가 없게
된 때에는 원소유자의 의사에 따라 그 토지 등의 소유권을 회복시켜 주는 것이 <u>원
소유자의 감정을 충족시키고 동시에 공평의 원칙에 부합한다</u>는 데에 있는 것이며,
이러한 입법 취지에 비추어 볼 때 특례법상의 환매권은 제3자에게 양도할 수 없
고, 따라서 환매권의 양수인은 사업시행자로부터 직접 환매의 목적물을 환매할 수
없으며, 다만 환매권자가 사업시행자로부터 환매한 토지를 양도받을 수 있을 뿐이
라고 할 것이다.

(2) 재산권 보장

환매권의 이론적 근거는 헌법이 보장하는 재산권의 존속보장에 있다는 견해로 헌법재판
소는 같은 취지로 환매권은 헌법이 보장하는 재산권의 내용에 포함되는 권리로 보고 있
다.[979)]

---

979) 헌법재판소 1998.12.24. 선고 97헌마87·88(병합) 전원재판부 : 헌법 제23조의 근본취지에 비추어 볼
때, 일단 공용수용의 요건을 갖추어 수용절차가 종료되었다고 하더라도 그 후에 수용의 목적인 공공사업
이 수행되지 아니하거나 또는 수용된 재산권이 당해 공공사업에 필요 없게 되었다고 한다면, 수용의 헌
법상 정당성과 공공필요에 의한 재산권 취득의 근거가 장래를 향하여 소멸한다고 보아야 한다. 따라서

나. 실정법적 근거980)

(1) 헌법적 근거

현법재판소는 환매권을 "공용수용의 목적물이 공익사업의 폐지 등의 사유로 불필요하게 된 경우에 그 목적물의 피수용자(토지소유자 또는 그의 포괄승계인)가 일정한 대가를 지급하고 그 목적물의 소유권을 다시 취득할 수 있는 권리를 말한다. 이와 같이 수용된 토지 등이 공공사업에 필요 없게 되었을 경우에 피수용자가 그 토지 등의 소유권을 회복할 수 있는 권리이다."라고 정의하면서 환매권은 헌법이 보장하는 재산권에 포함된다고 결정하였다(헌법재판소 2006.11.30. 2005헌가20 전원재판부).

(2) 개별법적 근거

토지보상법 제91조 외에 「택지개발촉진법」 제13조, 「자연공원법」 제22조제3항, 「재해위험 개선사업 및 이주대책에 관한 특별법」 제25조 등이 있으며 이들 개별법은 환매권자의

수용된 토지 등이 공공사업에 필요없게 되었을 경우에는 피수용자가 그 토지 등의 소유권을 회복할 수 있는 권리 즉 환매권은 헌법이 보장하는 재산권의 내용에 포함되는 권리라고 보는 것이 상당하다.

980) 환매권을 인정하기 위한 실정법적 근거 필요여부에 대해 판례는 필요하다고 판시하고 있다. 대법원 1998.4.10. 선고 96다52359 판결 [소유권이전등기말소등] : 【판시사항】피수용자가 법령에 의하지 아니하고 헌법 제23조를 근거로 하여 곧바로 수용토지의 소유권 회복에 관한 권리를 행사할 수 있는지 여부(소극) 【판결요지】재산권 보장규정인 헌법 제23조 제1항, 제3항의 근본취지에 비추어 볼 때, 어느 토지에 관하여 공공필요에 의한 수용절차가 종료되었다고 하더라도 그 후에 수용의 목적인 공공사업이 수행되지 아니하거나 또는 수용된 토지를 당해 공공사업에 이용할 필요가 없게 된 경우에는 특별한 사정이 없는 한 피수용자에게 그의 의사에 따라 수용토지의 소유권을 회복할 수 있는 권리를 인정하여야 할 것이다. 그러나 한편, 국가가 공공필요에 의하여 보상금을 지급하고 토지 소유권을 수용함으로써 이를 취득한 마당에 사후적으로 그 토지에 대한 수용목적이 소멸하였다고 하여 피수용자가 오랜 세월이 지난 후에도 언제든지 일방적으로 수용토지의 소유권을 회복할 수 있다고 한다면 수용토지를 둘러싼 권리관계를 심히 불안정하게 하고 이로 인하여 그 토지의 효율적인 이용이나 개발을 저해하는 등의 불합리한 결과를 초래할 수 있다고 할 것인바, 이러한 결과는 헌법이 기본원리로 하고 있는 법치주의의 요소인 법적 안정성 등에는 반하는 것이라고 할 것이다. 뿐만 아니라 수용된 토지에 국가나 기업자가 투자하여 개발한 이익이 있는 경우 그 이익이 공평하게 분배될 수 있도록 하는 조치도 필요하다. 그러므로 입법자는 수용토지에 대한 수용목적이 소멸한 경우에 피수용자가 그 토지의 소유권을 회복할 수 있는 권리의 내용, 성립요건, 행사기간·방법 및 소유권 회복시 국가나 기업자에게 지급하여야 할 대금 등을 규정함으로써 그 권리를 구체적으로 형성하여 보장함과 동시에 이를 법적 안정성, 형평성 등 다른 헌법적 요청과 조화시키는 내용의 법령을 제정하여야 할 것이고, 피수용자로서는 입법자가 제정한 법령에 의하여 수용토지 소유권의 회복에 관한 권리를 행사할 수 있는 것이라고 해석함이 상당하다. 따라서 입법자가 법령을 제정하지 않고 있거나 이미 제정된 법령이 소멸하였다고 하여 피수용자가 곧바로 헌법상 재산권 보장규정을 근거로 하여 국가나 기업자를 상대로 수용목적이 소멸한 토지의 소유권 이전을 청구할 수 있는 것은 아니라고 보아야 할 것이며, 피수용자의 토지가 위헌인 법률에 의하여 수용되었다고 하여 달리 볼 것도 아니다.

권리의 소멸에 관하여 토지보상법 제92조를 준용하고 있다.

「택지개발촉진법」은 택지개발지구의 지정 해제 또는 변경, 실시계획의 승인 취소 또는 변경, 그 밖의 사유로 수용한 토지 등의 전부 또는 일부가 필요 없게 되었을 때에는 수용 당시의 토지 등의 소유자 또는 그 포괄승계인은 필요 없게 된 날부터 <u>1년 이내에 토지 등의 수용 당시 받은 보상금에 대통령령령[981]으로 정한 금액을 가산하여 시행자에게 지급하고 이를 환매할 수 있으며</u>(법 제13조 제1항), 환매권자의 권리의 소멸에 관하여는 토지보상법 제92조를 준용한다고 규정하고 있다(법 제13조 제3항).[982]

관계법령

■ **토지보상법**

제91조(환매권)

① 토지의 협의취득일 또는 수용의 개시일(이하 이 조에서 "취득일"이라 한다)부터 <u>10년 이내에 해당 사업의 폐지·변경 또는 그 밖의 사유로 취득한 토지의 전부 또는 일부가 필요 없게 된 경우 취득일 당시의 토지소유자 또는 그 포괄승계인(이하 "환매권자"라 한다)은 그 토지의 전부 또는 일부가 필요 없게 된 때부터 1년 또는 그 취득일부터 10년 이내에 그 토지에 대하여 받은 보상금에 상당하는 금액을 사업시행자에게 지급하고 그 토지를 환매할 수 있다.</u>

② 취득일부터 5년 이내에 취득한 토지의 전부를 해당 사업에 이용하지 아니하였을 때에는 제1항을 준용한다. 이 경우 환매권은 <u>취득일부터 6년 이내에 행사하여야 한다.</u>

③ 제74조제1항에 따라 매수하거나 수용한 잔여지는 그 잔여지에 접한 일단의 토지가 필요 없게 된 경우가 아니면 환매할 수 없다.

---

981) ■ **택지개발촉진법 시행령 제10조(환매가액)** 법 제13조제1항에서 "대통령령으로 정한 금액"이란 보상금 지급일부터 환매일까지의 법정이자를 말한다. [전문개정 2013.12.4.]

982) ■ **택지개발촉진법 제13조(환매권)** ① 택지개발지구의 지정 해제 또는 변경, 실시계획의 승인 취소 또는 변경, 그 밖의 사유로 수용한 토지등의 전부 또는 일부가 필요 없게 되었을 때에는 수용 당시의 토지 등의 소유자 또는 그 포괄승계인[이하 "환매권자"(還買權者)라 한다]은 필요 없게 된 날부터 1년 이내에 토지 등의 수용 당시 받은 보상금에 <u>대통령령으로 정한 금액</u>을 가산하여 시행자에게 지급하고 이를 환매할 수 있다.
② 환매권자는 환매로써 제3자에게 대항할 수 있다.
③ 환매권자의 권리의 소멸에 관하여는 「공익사업을 위한 토지 등의 취득 및 보상에 관한 법률」 제92조를 준용한다. [전문개정 2011.5.30.]

④ 토지의 가격이 취득일 당시에 비하여 현저히 변동된 경우 사업시행자와 환매권자는 환매금액에 대하여 서로 협의하되, 협의가 성립되지 아니하면 그 금액의 증감을 법원에 청구할 수 있다.

⑤ 제1항부터 제3항까지의 규정에 따른 환매권은 「부동산등기법」에서 정하는 바에 따라 공익사업에 필요한 토지의 협의취득 또는 수용의 등기가 되었을 때에는 제3자에게 대항할 수 있다.

⑥ 국가, 지방자치단체 또는 「공공기관의 운영에 관한 법률」 제4조에 따른 공공기관 중 대통령령으로 정하는 공공기관이 사업인정을 받아 공익사업에 필요한 토지를 협의취득하거나 수용한 후 해당 공익사업이 제4조제1호부터 제5호까지에 규정된 다른 공익사업(별표에 따른 사업이 제4조제1호부터 제5호까지에 규정된 공익사업에 해당하는 경우를 포함한다)으로 변경된 경우 제1항 및 제2항에 따른 환매권 행사기간은 관보에 해당 공익사업의 변경을 고시한 날부터 기산(起算)한다. 이 경우 국가, 지방자치단체 또는 「공공기관의 운영에 관한 법률」 제4조에 따른 공공기관 중 대통령령으로 정하는 공공기관은 공익사업이 변경된 사실을 대통령령으로 정하는 바에 따라 환매권자에게 통지하여야 한다. 〈개정 2015.12.29.〉

제92조(환매권의 통지 등) ① 사업시행자는 제91조제1항 및 제2항에 따라 환매할 토지가 생겼을 때에는 지체 없이 그 사실을 환매권자에게 통지하여야 한다. 다만, 사업시행자가 과실 없이 환매권자를 알 수 없을 때에는 대통령령으로 정하는 바에 따라 공고하여야 한다.

② 환매권자는 제1항에 따른 통지를 받은 날 또는 공고를 한 날부터 6개월이 지난 후에는 제91조제1항 및 제2항에도 불구하고 환매권을 행사하지 못한다.

[전문개정 2011.8.4.]

■ **토지보상법 시행령**

제48조(환매금액의 협의요건) 법 제91조제4항에 따른 토지의 가격이 취득일 당시에 비하여 현저히 변동된 경우는 환매권 행사 당시의 토지가격이 지급한 보상금에 환매 당시까지의 해당 사업과 관계없는 인근 유사토지의 지가변동률을 곱한 금액보다 높은 경우로 한다. [전문개정 2013.5.28.]

제49조(공익사업의 변경 통지) ① 법 제91조제6항 전단 및 후단에서 "「공공기관의 운영에 관한 법률」 제4조에 따른 공공기관 중 대통령령으로 정하는 공공기관"이란 「공공기관의 운영에 관한 법률」 제5조제4항제1호의 공공기관을 말한다. 〈개정 2020.11.24.〉

② 사업시행자는 법 제91조제6항에 따라 변경된 공익사업의 내용을 관보에 고시할 때에는 그 고시 내용을 법 제91조제1항에 따른 환매권자(이하 이 조에서 "환매권자"라 한다)에게 통지하여야 한다. 다만, 환매권자를 알 수 없거나 그 주소·거소 또는 그 밖에 통지할 장소를 알 수 없을 때에는 제3항에 따른 공고로 통지를 갈음할 수 있다.

③ 제2항 단서에 따른 공고는 사업시행자가 공고할 서류를 해당 토지의 소재지를 관할하는 시장(행정시의 시장을 포함한다)·군수 또는 구청장(자치구가 아닌 구의 구청장을 포함한다)에게 송부하여 해당 시(행정시를 포함한다)·군 또는 구(자치구가 아닌 구를 포함한다)의 게시판에 14일 이상 게시하는 방법으로 한다. [전문개정 2013.5.28.]

제50조(환매권의 공고) 법 제92조제1항 단서에 따른 공고는 전국을 보급지역으로 하는 일간신문에 공고하거나 해당 토지가 소재하는 시(행정시를 포함한다)·군 또는 구(자치구가 아닌 구를 포함한다)의 게시판에 7일 이상 게시하는 방법으로 한다. [전문개정 2013.5.28.]

「자연공원법」에서는 공원관리청이 공원사업을 위해 토지등을 수용한 후 협의취득일 또는 수용일부터 5년 이내에 그 토지에 대하여 공원사업을 하지 아니하는 경우에는 그 토지의 소유자 또는 포괄승계인은 대통령령으로[983] 정하는 바에 따라 공원관리청에 그 토지의

---

983) ■ **자연공원법 시행령 제16조(환매권)** ① 법 제22조제3항 전단에서 "대통령령으로 정하는 기간 내"란 협의취득일 또는 수용일부터 5년 이내를 말한다. 〈개정 2010.10.1.〉
② 법 제22조제3항의 규정에 의한 환매권은 공원사업시행계획 결정·고시후 협의취득일 또는 수용일부터 6년 이내에 이를 행사하여야 한다.
③ 토지소유자 또는 그 포괄승계인은 토지 및 토지에 관한 소유권 외의 권리에 대하여 지급받은 보상금에 상당하는 금액을 공원관리청에 지급하고 그 토지를 환매할 수 있다.
④ 제1항 내지 제3항에 규정된 것 외에 환매권에 관하여는 「공익사업을 위한 토지 등의 취득 및 보상에

환매를 요구할 수 있다. 이 경우 공원관리청은 특별한 사유가 없으면 이에 따라야 하고 환매권에 관하여는 토지보상법 제91조제3항 내지 제6항 및 제92조의 규정이 준용된다고 규정되어 있다(법 제22조 제3항, 시행령 제16조제1항, 제4항).[984]

한편, 「재해위험 개선사업 및 이주대책에 관한 특별법」에서는 개선사업지구 지정의 해제 또는 변경, 개선사업계획 또는 시행계획 승인의 취소·변경 기타 등의 사유로 수용한 토지 등의 전부 또는 일부가 필요 없게 된 때에는 수용 당시의 토지 등의 소유자 또는 그 포괄승계인은 필요 없게 된 날부터 1년 이내에 토지 등의 수용 당시 지급받은 보상금에 대통령령으로[985] 정한 금액을 가산하여 사업시행자에게 지급하고 이를 환매할 수 있고, 환매권자의 권리의 소멸에 관하여는 토지보상법을 준용한다고 규정하고 있다(법 제25조 제1항, 제3항).[986]

3. 환매권의 행사요건 및 행사기간

토지보상법 제90조 제1항 및 제2항에서 규정된 환매의 법정요건이 환매권의 성립요건 내지 행사요건인지에 대해는 견해의 대립이 있으나, 법 규정은 법에 규정된 요건에 따라 이미 발생한 환매권을 현실적으로 어떻게 행사하는가를 규정한 환매권의 행사요건 내지

관한 법률」 제91조제3항 내지 제6항 및 제92조의 규정을 준용한다. 〈개정 2002.12.30., 2005.9.30.〉

984) ■ 자연공원법 제22조(환매권) ① 개선사업지구 지정의 해제 또는 변경, 개선사업계획 또는 시행계획 승인의 취소·변경 기타 등의 사유로 수용한 토지 등의 전부 또는 일부가 필요 없게 된 때에는 수용 당시의 토지 등의 소유자 또는 그 포괄승계인(이하 "환매권자"라 한다)은 필요 없게 된 날부터 1년 이내에 토지 등의 수용 당시 지급받은 보상금에 대통령령으로 정한 금액을 가산하여 사업시행자에게 지급하고 이를 환매할 수 있다.
② 환매권자는 환매로써 제3자에게 대항할 수 있다.
③ 환매권자의 권리의 소멸에 관하여는 「공익사업을 위한 토지 등의 취득 및 보상에 관한 법률」 제92조를 준용한다.

985) ■ 재해위험 개선사업 및 이주대책에 관한 특별법 시행령 제32조(환매가액) 법 제25조제1항에 따라 수용 당시의 토지 등의 소유자 또는 그 포괄승계인이 개선사업에 필요 없게 된 토지 등을 환매하는 경우 보상금에 보상금 지급일부터 환매일까지의 법정이자를 합산하여 사업시행자에게 지급하여야 한다.

986) ■ 재해위험 개선사업 및 이주대책에 관한 특별법 제25조(환매권) ① 개선사업지구 지정의 해제 또는 변경, 개선사업계획 또는 시행계획 승인의 취소·변경 기타 등의 사유로 수용한 토지 등의 전부 또는 일부가 필요 없게 된 때에는 수용 당시의 토지 등의 소유자 또는 그 포괄승계인(이하 "환매권자"라 한다)은 필요 없게 된 날부터 1년 이내에 토지 등의 수용 당시 지급받은 보상금에 대통령령으로 정한 금액을 가산하여 사업시행자에게 지급하고 이를 환매할 수 있다.
② 환매권자는 환매로써 제3자에게 대항할 수 있다.
③ 환매권자의 권리의 소멸에 관하여는 「공익사업을 위한 토지 등의 취득 및 보상에 관한 법률」 제92조를 준용한다.

행사방법을 규정한 것으로 보아야 할 것이다.

가. 환매권의 행사 요건

(1) 10년 이내 취득한 토지가 필요 없게 된 경우

① 토지의 협의취득일 또는 수용의 개시일부터 10년 이내에 해당 사업의 폐지 · 변경 그 밖의 사유로 인하여 취득한 토지의 **전부 또는 일부**가 필요 없게 된 경우 취득일 당시의 토지소유자 또는 그 포괄승계인은 그 토지의 전부 또는 일부가 필요 없게 된 때부터 1년 또는 그 취득일부터 10년 이내에 그 토지에 대하여 받은 보상금에 상당하는 금액을 사업 시행자에게 지급하고 그 토지를 환매할 수 있다(법 제91조 제1항).

헌법재판소는 2020. 11. 26. 토지보상법(2011.8.4. 법률 제11017호로 개정된 것) 제91 조 제1항 중 "토지의 협의취득일 또는 수용의 개시일(이하 이 조에서 "취득일"이라 한다) 부터 10년 이내에" 부분은 헌법에 합치되지 아니한다고 헌법불합치결정을 하였다. 이에 위 결정에 따라 법원 기타 국가기관 및 지방자치단체는 입법자가 개정할 때까지 현재 위 해당 법률조항의 그 적용이 중지되고 있다.[987]

이하 본문 내용은 입법부가 위 헌법재판소 결정에 따라 문제된 해당 조문을 변경하는 개 선입법을 하기 전이므로, 이를 감안하여 헌법재판소의 결정전 내용으로 기술한다.

헌법재판소

▶ 공익사업을 위한 토지 등의 취득 및 보상에 관한 법률 제91조 제1항 위헌소원
(2020.11.26. 선고 2019헌바131 전원재판부 결정)

【판시사항】
(1) 환매권의 발생기간을 제한하고 있는 '공익사업을 위한 토지 등의 취득 및 보상에 관한 법률'(이하 '토지보상법'이라 한다) 제91조 제1항 중 '토지의 협의취득일 또는 수 용의 개시일(이하 이 조에서 "취득일"이라 한다)부터 10년 이내에' 부분(이하 '이 사건 법률조항'이라 한다)이 재산권을 침해하는지 여부(적극)

---

987) 헌법재판소 2020.11.26. 선고 2019헌바131 전원재판부 결정

(2) 헌법불합치결정을 선고하면서 적용중지를 명한 사례

【결정요지】

(1) 토지수용 등 절차를 종료하였다고 하더라도 공익사업에 해당 토지가 필요 없게 된 경우에는 토지수용 등의 헌법상 정당성이 장래를 향하여 소멸한 것이므로, 이러한 경우 종전 토지소유자가 소유권을 회복할 수 있는 권리인 환매권은 헌법이 보장하는 재산권의 내용에 포함되는 권리이다.

환매권의 발생기간을 제한한 것은 사업시행자의 지위나 이해관계인들의 토지이용에 관한 법률관계 안정, 토지의 사회경제적 이용 효율 제고, 사회일반에 돌아가야 할 개발이익이 원소유자에게 귀속되는 불합리 방지 등을 위한 것인데, 그 입법목적은 정당하고 이와 같은 제한은 입법목적 달성을 위한 유효적절한 방법이라 할 수 있다.

그러나 2000년대 이후 다양한 공익사업이 출현하면서 공익사업 간 중복·상충 사례가 발생하였고, 산업구조 변화, 비용 대비 편익에 대한 지속적 재검토, 인근 주민들의 반대 등에 직면하여 공익사업이 지연되다가 폐지되는 사례가 다수 발생하고 있다. 이와 같은 상황에서 이 사건 법률조항의 환매권 발생기간 '10년'을 예외 없이 유지하게 되면 토지수용 등의 원인이 된 공익사업의 폐지 등으로 공공필요가 소멸하였음에도 단지 10년이 경과하였다는 사정만으로 환매권이 배제되는 결과가 초래될 수 있다. 다른 나라의 입법례에 비추어 보아도 발생기간을 제한하지 않거나 더 길게 규정하면서 행사기간 제한 또는 토지에 현저한 변경이 있을 때 환매거절권을 부여하는 등 보다 덜 침해적인 방법으로 입법목적을 달성하고 있다. 이 사건 법률조항은 침해의 최소성 원칙에 어긋난다.

이 사건 법률조항으로 제한되는 사익은 헌법상 재산권인 환매권의 발생 제한이고, 이 사건 법률조항으로 환매권이 발생하지 않는 경우에는 환매권 통지의무도 발생하지 않기 때문에 환매권 상실에 따른 손해배상도 받지 못하게 되므로, 사익 제한 정도가 상당히 크다. 그런데 10년 전후로 토지가 필요 없게 되는 것은 취득한 토지가 공익목적으로 실제 사용되지 못한 경우가 대부분이고, 토지보상법은 부동산등기부상 협의취득이나 토지수용의 등기원인 기재가 있는 경우 환매권의 대항력을 인정하고 있어 공익사업에 참여하는 이해관계인들은 환매권이 발생할 수 있음을 충분히 알 수 있다. 토지보상법은 이미 환매대금증감소송을 인정하여 당해 공익사업에 따른 개발이익이

원소유자에게 귀속되는 것을 차단하고 있다. 이 사건 법률조항이 추구하고자 하는 공익은 원소유자의 사익침해 정도를 정당화할 정도로 크다고 보기 어려우므로, 법익의 균형성을 충족하지 못한다.

결국 이 사건 법률조항은 헌법 제37조 제2항에 반하여 재산권을 침해한다.

(2) 이 사건 법률조항의 위헌성은 환매권의 발생기간을 제한한 것 자체에 있다기보다는 그 기간을 10년 이내로 제한한 것에 있다. 이 사건 법률조항의 위헌성을 제거하는 다양한 방안이 있을 수 있고 이는 입법재량 영역에 속한다. 이 사건 법률조항의 적용을 중지하더라도 환매권 행사기간 등 제한이 있기 때문에 법적 혼란을 야기할 뚜렷한 사정이 있다고 보이지는 않는다. 이 사건 법률조항 적용을 중지하는 헌법불합치결정을 하고, 입법자는 가능한 한 빠른 시일 내에 이와 같은 결정 취지에 맞게 개선입법을 하여야 한다.

재판관 이선애, 재판관 이종석, 재판관 이미선의 반대의견

환매권은 헌법상 재산권의 내용에 포함되는 권리이며, 그 구체적인 내용과 한계는 법률에 의하여 정해진다. 이 사건 법률조항은 환매권의 구체적인 모습을 형성하면서 환매권 행사를 제한하고 있으므로 이를 염두에 두고 기본권 제한입법의 한계를 일탈한 것인지 살펴볼 필요가 있다. 대체로 10년이라는 기간은 토지를 둘러싼 사업시행자나 제3자의 이해관계가 두껍게 형성되고, 토지의 사회경제적 가치가 질적 변화를 일으키기에 상당한 기간으로 볼 수 있다. 우리나라의 경우 부동산 가치 변화가 상당히 심하고, 토지를 정주 공간보다는 투자의 대상으로 인식하는 사회적 경향이 상당히 존재하고, 원소유자가 환매권을 행사하는 주된 동기가 상승한 부동산의 가치회수인 경우가 있음을 고려하면, 이 사건 법률조항의 환매권 발생기간 제한이 환매권을 형해화하거나 그 본질을 훼손할 정도로 불합리하다고 볼 수 없다.

토지보상법은 5년 이내에 취득한 토지 전부를 공익사업에 이용하지 아니하였을 때 환매권을 인정하여 이 사건 법률조항에 따른 환매권 제한을 상당 부분 완화하고 있다. 환매권 발생기간을 합리적 범위 내로 제한하지 않는다면 해당 토지가 공익사업의 시행을 위하여 취득된 날로부터 상당한 기간이 지난 이후에도 언제든지 환매권이 발생할 수 있어 공익사업시행자의 지위나 해당 토지를 둘러싼 관계인들의 법률관계가 심히 불안정한 상태에 놓일 수밖에 없게 된다. 부동산등기부의 기재로 환매권 발생을 예견할 수 있었다고 하더라도 이러한 사정이 공익사업 시행을 전제로 형성된 법률관계의 안정 도모라는 공익의 중요성을 가볍게 하는 요소라고 단정할 수 없다. 이 사건 법률조항의 환매권 발생기간 제한은 입법목적 달성을 위해 필요한 범위 내의 것이고 원소유자의 불이익이 달성하려는 공익보다 크다고 할 수 없다.

따라서 이 사건 법률조항은 기본권 제한 입법의 한계를 일탈하거나 환매권 행사를 형해화하여 재산권을 침해한다고 볼 수 없다.

여기에서 '**수용의 개시일**'이란 재결서에 기재된 수용개시일을 의미하며, 사업인정전 협의로 취득한 토지도 환매대상이 될 수 있다.[988]

질의회신

【질의회신1】 ▶ 공익사업에 따른 환매관련 '수용의 개시일'은 재결서에 기재된 수용개시일을 의미한다. (2018.1.26. 토지정책과—660)

【질의요지】
공익사업에 따른 환매관련 '수용의 개시일'은 보상받은 날을 의미하는지?

【회신내용】
토지보상법 제50조제1항에서 토지수용위원회의 재결사항은 손실보상, 수용 또는 사용의 개시일과 기간 등으로 하고 있는바, 수용의 개시일은 관할 토지수용위원회에서 재결을 통해 특정한 날을 의미한다 할 것이며, 개별사례는 해당 재결서를 확인하면 될 것으로 봅니다.

【질의회신2】 사업인정 전 협의로 취득한 토지도 「토지보상법」에 따른 환매대상이다. (2018.7.24. 토지정책과—4738)

---

988) 2018.1.26. 토지정책과—660. ; 2018.7.24. 토지정책과—4738

② '**해당 사업**'이란 협의취득 또는 수용의 목적이 된 구체적인 특정 사업을 가리키는 것으로, 해당 사업의 '**폐지 · 변경**'이란 이러한 특정 사업을 아예 그만두거나 다른 사업으로 바꾸는 것을 의미하며, '**취득한 토지가 필요 없게 되었을 때**'라 함은 사업시행자가 토지보상법 소정의 절차에 따라 취득한 토지 등이 일정한 기간 내에 그 취득 목적 사업인 사업의 폐지 · 변경 등의 사유로 당해 사업에 이용할 필요가 없어진 경우를 의미한다.

그리고, 10년 이내에 사업시행자가 취득한 토지의 전부 또는 일부가 공익사업에 필요 없게 되었는지의 여부는 당해 사업의 목적과 내용, 취득의 경위와 범위, 당해 토지와 사업의 관계, 용도 등 제반 사정에 비추어 객관적 사정에 따라 합리적으로 판단하여야 할 문제이지 사업시행자의 주관적인 의사에 의할 것은 아니다.[989]

> **판례**
>
> [판례1] ▶ 구 공익사업을 위한 토지 등의 취득 및 보상에 관한 법률 제91조 제1항에서 정한 환매권의 행사 요건 및 판단 기준
> [대법원 2016.1.28. 선고 2013다60401] (환매권의통지절차이행등)
>
> 【판결요지】
> 토지보상법상 환매권은 당해 사업의 폐지 · 변경 기타의 사유로 인하여 취득한 토지 등의 전부 또는 일부가 필요 없게 된 때에 행사할 수 있는바, 여기서 '당해 사업'이란

---

989) 대법원 2016.1.28. 선고 2013다60401 판결

> 협의취득 또는 수용의 목적이 된 구체적인 특정 사업을 가리키는 것으로, 당해 사업의
> '폐지·변경'이란 이러한 특정 사업을 아예 그만두거나 다른 사업으로 바꾸는 것을 의
> 미하며, '취득한 토지가 필요 없게 되었을 때'라 함은 사업시행자가 토지보상법 소정
> 의 절차에 따라 취득한 토지 등이 일정한 기간 내에 그 취득 목적 사업인 사업의 폐지
> ·변경 등의 사유로 당해 사업에 이용할 필요가 없어진 경우를 의미하고, <u>취득한 토지</u>
> <u>가 필요 없게 되었는지의 여부는 당해 사업의 목적과 내용, 취득의 경위와 범위, 당해</u>
> <u>토지와 사업의 관계, 용도 등 제반 사정에 비추어 객관적 사정에 따라 합리적으로 판</u>
> <u>단하여야 한다</u>(대법원 1994.5.24. 선고 93다51218 판결, 대법원 2007.1.11.선고 200
> 6다5451 판결 등 참조).

또한, '필요 없게 된 때'라 함은 사업의 이용에 필요 없게 된 경우를 말하는 것이고, '필요
없게 된 때로부터 1년 또는 취득일로부터 10년 이내에 매수할 수 있다'고 규정한 취지는
취득일로부터 10년 이내에 그 토지가 필요 없게 된 경우에는 그때로부터 1년 이내에 환매
권을 행사할 수 있으며 또 필요 없게 된 때로부터 1년이 경과하였더라도 취득일로부터 10
년이 경과되지 아니하였다면 환매권자는 적법하게 환매권을 행사할 수 있다는 의미이다.
매수하거나 수용한 잔여지는 그 잔여지에 접한 일단의 토지가 '<u>필요 없게 된 경우</u>'가 아
니면 환매할 수 없다(법 제91조제3항).

③ 한편, 법제처 유권해석에 의하면, 무상귀속된 토지에 대하여 환매권이 발생한 경우
환매대금에 대한 권리까지 당연히 지방자치단체에 귀속된다고 할 수는 없고, 종전의 사
업시행자로부터 도로부지의 소유권을 단순히 기부채납의 방법으로 승계 취득한 지방자
치단체는 환매권행사의 상대방이 될 수 없고 종전의 사업시행자가 환매대금을 부담하여
야 한다고 해석하고 있다.[990)]

---

990) 2011.11.4. 법제처 안건번호 11-0381, 동일한 취지로 환매대상 공공시설의 대체시설을 설치하는 경우
    와 관련하여 만약, 종전에 공익사업으로 시행한 도로·공원 등이 취득일로부터 10년 이내에 택지개발사업
    지구에 편입될 경우에 대체시설을 설치하여야 하는 경우에는, "대체시설에 대한 토지취득비"와 "공공시
    설이었던 환매토지에 대한 보상"이라는 2중부담의 문제가 발생하므로 소관청으로부터 환매의무자의 지
    위를 대위받아 환매대금을 사업시행자에게 귀속시켜야 무상귀속의 취지를 살릴 수 있다. (한국토지주택
    공사, 앞의 책, 2016, 287면, 수정인용)

[법령해석] ▶ 사업시행자가 개설하여 지자체로 무상귀속한 도로의 환매권 발생시 환매대금 귀속주체는 종전 사업시행자이다. (2011.11.4. 법제처 안건번호 11-0381)

【회답】

공공시설의 무상귀속은 사업이 완료된 경우 법률에 의하여 소유권을 취득하는 것이므로, 공익상 필요가 없어져 환매권의 행사대상이 되었다면 사업완료에 의한 무상귀속의 근거도 사라졌다고 보아야 할 것인바, 이 사안과 같은 도로 및 도로부지에 대한 무상귀속은 행정청의 도로 관리를 위하여 소유권이 이전되는 것일 뿐이므로, 무상귀속된 토지에 대하여 환매권이 발생한 경우 환매대금에 대한 권리까지 당연히 지방자치단체에 귀속된다고 할 수는 없다 할 것입니다.

공익사업보상법 제5조제1항은 이 법에 따른 사업시행자의 권리·의무는 그 사업을 승계한 자에게 이전한다고 규정하고 있는데, "사업을 승계한 자"와 "사업대상 토지의 소유권을 승계취득한 자"는 엄연히 구별되어야 하고, 이 사건 토지의 소유자인 지방자치단체는 이 사건 토지에 도로를 개설하는 사업을 승계한 자가 아니라 단순히 도시계획사업이 완료된 이 사건 토지의 소유권을 기부채납의 형태로 승계취득한 자에 불과하므로, 이 사건 토지의 소유자인 지방자치단체는 환매권 행사의 상대방에 해당된다고 볼 수 없습니다.

따라서 택지개발사업 등의 사업시행자가 사업지구 외부에 별도의 도시계획시설사업으로 연결도로를 개설한 후 그 도로 및 부지가 지방자치단체에 무상으로 귀속되었으나, 그 후에 위 도로 부지의 일부에 대하여 공익사업보상법 제91조에 따라 환매권이 발생한 경우, 환매에 따른 환매대금은 종전 사업시행자에게 귀속된다고 할 것입니다.

(2) 당해 사업에 이용하지 아니한 때

협의취득일 또는 수용의 개시일부터 <u>5년</u> 이내에 취득한 <u>토지의 전부</u>를 당해 사업에 이용하지 아니하였을 때에는 동법 제91조 제1항을 준용하되, 이 경우 환매권은 취득일부터 <u>6년 이내에 행사하여야 한다</u>(법 제91조 제2항).

여기에서 '**토지의 전부**'란 사업시행자가 취득한 토지의 전부로 동법 제91조 제1항에서의 환매권의 행사요건인 '토지의 전부 또는 일부' 대비 그 행사요건이 엄격하게 되어 있는

바, 이는 취득한 토지의 <u>일부라도 공공사업에 이용되고 있으면 나머지 부분에 대하여도</u> <u>장차 공공사업이 시행될 가능성이 있는 것으로 보아 환매권의 행사를 허용하지 않는다는</u> <u>취지이므로, 이용하지 아니하였는지 여부도 그 취득한 토지 전부를 기준으로 판단할 것</u> <u>이고, 필지별로 판단할 것은 아니다</u>.991)

5년이 지나도록 취득한 토지의 **전부**를 해당 사업에 이용하지 않았을 때에는 협의 또는 수용재결로 취득된 토지가 해당 공익사업에의 <u>필요여부와 상관없이 환매대상이 되어야</u> <u>할 것</u>이며, '이용하지 아니하였을 때'의 '**이용**'이라 함은 당해 공익사업의 시행을 위하여 토지 자체를 현실적으로 사용하는 경우를 의미하는 것으로 봄이 상당하고, 이에 이르지 않고 단순히 공익사업의 시행을 위하여 공사시행 업체와 양해각서를 체결한다거나 같은 사업지구내 토지매입을 위하여 예산을 책정하고 토지 주인과 접촉하는 등의 사정만으로 는 위 조항에서 정한 '이용'에 해당한다고 보기 어렵다.992)

판례

[판례1] ▶ 토지의 취득목적인 도로개설 및 녹지조성의 도시계획사업이 일부 시행된 상태에서 그 토지를 포함한 일대의 토지들에 대한 택지개발사업실시계획이 승인되어 그 계획에 맞추어 토지이용계획이 정하여지고 택지조성 및 아파트건축공사가 시행되고 있는 경우, 토지의 원소유자가 공공용지의취득및손실보상에관한특례법에 따라 그 토지를 환매할 수 있다고 한 사례

[대법원 1995.2.10. 선고 94다31310] (소유권이전등기)

【판결요지】

공공용지의취득및손실보상에관한특례법 제9조 제2항은 제1항과는 달리 "취득한 토지 전부"가 공공사업에 이용되지 아니한 경우에 한하여 환매권을 행사할 수 있고 <u>그중</u> <u>일부라도 공공사업에 이용되고 있으면 나머지 부분에 대하여도 장차 공공사업이 시</u> <u>행될 가능성이 있는 것으로 보아 환매권의 행사를 허용하지 않는다는 취지이므로, 이</u> <u>용하지 아니하였는지 여부도 그 취득한 토지 전부를 기준으로 판단할 것이고, 필지별</u>

---

991) 대법원 1995.2.10. 선고 94다31310 판결
992) 대법원 2010.1.14 선고 2009다76270 판결

로 판단할 것은 아니라 할 것이다.

[판례2] ▶ 취득일로부터 5년 이내에 취득한 토지의 전부를 당해 사업에 이용하지 아니한 때 환매권을 인정한 취지 [대법원 2010.1.14 선고 2009다76270] (소유권이전등기)

【판결요지】
환매권 행사의 요건을 규정한 토지보상법 제91조제2항의 입법취지

【판결요지】
토지보상법 제91조는 토지의 협의취득일로부터 10년 이내에 당해 사업의 폐지·변경 그 밖의 사유로 취득한 토지의 전부 또는 일부가 필요 없게 된 경우(제1항) 뿐만 아니라, 취득일로부터 5년 이내에 취득한 토지의 전부를 당해 사업에 이용하지 아니한 때(제2항)에도 취득일 당시의 토지소유자 등이 그 토지를 매수할 수 있는 환매권을 행사할 수 있도록 규정하고 있는바, 사업시행자가 공익사업에 필요하여 취득한 토지가 그 공익사업의 폐지·변경 등의 사유로 공익사업에 이용할 필요가 없게 된 것은 아니라고 하더라도, 사실상 그 전부를 공익사업에 이용하지도 아니할 토지를 **미리 취득하여 두도록 허용하는 것은** 토지보상법에 의하여 토지를 취득할 것을 인정한 원래의 취지에 어긋날 뿐 아니라 토지가 이용되지 아니한 채 방치되는 결과가 되어 사회경제적으로도 바람직한 일이 아니기 때문에, 취득한 토지가 공익사업에 이용할 필요가 없게 되었을 때와 마찬가지로 보아 환매권의 행사를 허용하려는 것이 공익사업법 제91조제2항의 입법취지라고 할 수 있다(대법원 1995.8.25. 선고94다41690 판결 참조).
원심판결 이유에 의하면 원심은, 공익사업법 제91조 제2항에서 정한 '이용'이라 함은 당해 공익사업의 시행을 위하여 토지 자체를 현실적으로 사용하는 경우를 의미하는 것으로 봄이 상당하고, 이에 이르지 않고 단순히 공익사업의 시행을 위하여 공사시행업체와 양해각서를 체결한다거나 같은 사업지구내 토지매입을 위하여 예산을 책정하고 토지 주인과 접촉하는 등 피고가 들고 있는 판시와 같은 사정만으로는 위 조항에서 정한 '이용'에 해당한다고 보기 어렵다는 이유로, 위 조항의 환매권을 행사하여 이 사건 각 부동산에 관한 소유권이전등기절차의 이행을 구하는 원고의 청구를 인용하였는바, 앞에서 본 위 조항의 입법취지를 고려하고 위 조항의 문구 및 '이용'의 사전

적 의미, 환매권 행사와 관련하여 '이용' 여부를 판단할 때에는 사업시행자의 의도에 관계없이 객관적 사실에 비추어 판단할 필요가 있는 점 등도 종합하여 보면 원심의 위와 같은 판단은 옳은 것으로 수긍할 수 있고, 거기에 상고이유 주장과 같은 환매권 행사의 요건에 관한 법리오해 등의 위법이 없다.

(3) 법 제91조 제1항 및 제2항 규정의 각 행사요건의 관계

법 제91조 제1항에서의 환매권 행사요건인 환매대상의 기간은 '토지의 협의취득일 또는 수용의 개시일부터 <u>10년</u> 이내에 취득한 토지'로 규정되어 있고, 같은 조 제2항에서는 '취득일(협의취득일 또는 수용의 개시일)부터 <u>5년</u> 이내에 취득한 토지'로 그 행사요건이 다르게 규정되어 있다.

즉, 법 제91조 제1항의 환매권 대상기간은 10년임에 반해 같은 조 제2항의 기간은 5년으로 짧게 규정되어 있는바, 법제처는 제2항의 대상기간 5년은 제1항의 대상기간 10년보다 원소유자를 더 보호할 수 있는 이유가 된다고 유권해석하고 있다.[993] 또한 법 제91조 제1항과 제2항의 환매권 행사요건은 서로 독립적으로 적용되므로 2개의 요건이 모두 충족한 환매권자는 유리한 기간을 선택할 수 있을 것이고 판례도 같은 취지이다.[994]

유권해석

[법령해석] ▶ 토지보상법 제91조제1항 및 제2항에서 환매권의 행사요건을 다르게 규정한 이유 (2008.11.4. 법제처 안건번호 08-0282)

【회답】

토지보상법 제91조제2항에서 같은 조 제1항과 다르게 환매권의 행사요건을 정하고 있는 것은 사업시행자가 취득일로부터 5년 이내에 취득한 토지의 전부를 해당 사업에 이용하지 아니한 때에는 해당 사업의 폐지·변경 그 밖의 사유로 인하여 취득한 토지의 전부 또는 일부가 필요 없게 된 경우를 정한 <u>같은 조 제1항의 경우보다</u>

---

993) 2008.11.4. 법제처 안건번호 08-0282
994) 대법원 1995.2.10. 선고 94다31310 판결. ; 대법원 1993.8.13. 선고 92다50652 판결 참조

원소유자를 보호할 필요성이 더 크므로 같은 조 제1항의 경우보다 짧은 기간에 환매권을 행사할 수 있도록 하기 위한 것이라고 할 수 있다.

판례

[판례1] ▶ [대법원 1995.2.10. 선고 94다31310] (소유권이전등기)

【판시사항】

공공용지의취득및손실보상에관한특례법 제9조 제1항과 제2항의 환매권 행사요건에 모두 해당되는 경우, 더 짧은 제척기간을 정한 제2항에 의하여 제1항의 환매권 행사가 제한되는지 여부

【판결요지】

특례법 제9조 제1항은 공공사업에 필요한 토지 등의 취득일부터 10년 이내에 당해 공공사업의 폐지·변경 기타의 사유로 인하여 취득한 토지 등의 전부 또는 일부가 필요 없게 되었을 때를 환매권 행사의 요건으로 하고 있음에 반하여, 제2항은 그 취득일부터 5년을 경과하여도 취득한 토지 등의 전부를 공공사업에 이용하지 아니하였을 때를 환매권 행사의 요건으로 하고 있는 등 그 요건을 서로 달리하고 있으므로, 어느 한쪽의 요건에 해당되면 다른 쪽의 요건을 주장할 수 없게 된다고 할 수는 없고, 양쪽의 요건에 모두 해당된다고 하여 더 짧은 제척기간을 정한 제2항에 의하여 제1항의 환매권의 행사가 제한된다고 할 수도 없을 것이므로, 제2항의 규정에 의한 제척기간이 도과되었다 하여 제1항의 규정에 의한 환매권 행사를 할 수 없는 것도 아니라 할 것인바(당원 1993.8.13. 선고 92다50652 판결 참조), 같은 취지에서 특례법 제9조 제2항 소정의 환매권이 발생할 수 없거나 소멸된 이상 특례법 제9조 제1항 소정의 환매권도 행사할 수 없다는 피고의 주장을 배척한 원심의 조치도 정당하고, 거기에 소론과 같이 법리를 오해한 위법이 없다.

나. 환매권의 행사기간

(1) 10년 이내 취득한 토지가 필요 없게 된 경우

취득한 토지의 전부 또는 일부가 <u>필요 없게 된 때부터 1년 또는 그 취득일(협의 취득일</u> <u>또는 수용의 개시일)부터 10년</u> 이내에 그 토지에 대하여 받은 보상금에 상당하는 금액을 사업시행자에게 지급하고 그 토지를 환매할 수 있다(법 제91조 제1항).

위 환매권은 당해 토지의 취득일(협의 취득일 또는 수용의 개시일)부터 10년 이내에 행 사하여야 하는바, 이는 일종의 형성권으로 그 행사기간은 <u>제척기간</u>으로 보아야 할 것이 며, 재판상이든 재판 외이든 그 기간 내에 행사하면 되는 것이나, 환매권은 상대방에 대 한 의사표시를 요하는 형성권의 일종으로서 환매의 의사표시가 상대방에게 도달한 때에 비로소 환매권 행사의 효력이 발생함이 원칙이다.995)

판례

[판례1] ▶ 공공용지의취득및손실보상에관한특례법 제9조 소정의 환매권의 행사기간과 방법 [대법원 1999.4.9. 선고, 98다46945] (소유권이전등기)

【판결요지】

공공용지의취득및손실보상에관한특례법에 의한 절차에 따라 국가 등에 의하여 협의 취득된 토지의 전부 또는 일부가 취득일로부터 10년 이내에 당해 공공사업의 폐지, 변 경 기타의 사유로 인하여 필요 없게 되었을 때 취득 당시의 소유자 등에게 인정되는 같은 법 제9조 소정의 환매권은 당해 토지의 취득일로부터 10년 이내에 행사되어야 하고, 위 행사기간은 제척기간으로 보아야 할 것이며, 위 환매권은 재판상이든 재판 외이든 그 기간 내에 행사하면 되는 것이나, 환매권은 상대방에 대한 의사표시를 요하 는 형성권의 일종으로서 환매의 의사표시가 상대방에게 도달한 때에 비로소 환매권 행사의 효력이 발생함이 원칙이다.

[판례2] ▶ 구 공익사업을 위한 토지 등의 취득 및 보상에 관한 법률 제91조 제1항에서

---

995) 대법원 1999.4.9., 선고, 98다46945, 판결(소유권이전등기), ; 대법원 1992.4.24. 선고, 92다4673 판결(소유권이전등기), 대법원 2013.2.28. 선고, 2010두22368 판결 (환매대금 증감)

정한 환매권 행사기간의 의미

[대법원 2013.2.28. 선고, 2010두22368] (환매대금 증감)

【판결요지】

구 공익사업을 위한 토지 등의 취득 및 보상에 관한 법률(2010.4.5. 법률 제10239호로 일부 개정되기 전의 것, 이하 '구 공익사업법'이라 한다) 제91조 제1항은 환매권의 행사요건으로 "토지의 협의취득일 또는 수용의 개시일(이하 이 조에서 '취득일'이라 한다)부터 10년 이내에 당해 사업의 폐지·변경 그 밖의 사유로 인하여 취득한 토지의 전부 또는 일부가 필요 없게 된 경우 취득일 당시의 토지소유자 또는 그 포괄승계인(이하 '환매권자'라 한다)은 당해 토지의 전부 또는 일부가 필요 없게 된 때부터 1년 또는 그 취득일부터 10년 이내에 당해 토지에 대하여 지급받은 보상금에 상당한 금액을 사업시행자에게 지급하고 그 토지를 환매할 수 있다."고 규정하고 있는바, 위 규정의 의미는 취득일로부터 10년 이내에 그 토지가 필요 없게 된 경우에는 그때부터 1년 이내에 환매권을 행사할 수 있으며, 또 필요 없게 된 때부터 1년이 지났더라도 취득일로부터 10년이 지나지 않았다면 환매권자는 적법하게 환매권을 행사할 수 있다는 의미로 해석함이 옳다(대법원 2010. 9. 30. 선고 2010다30782 판결 참조).

원심판결 이유 및 기록에 의하면, 원고(한국수자원공사)는 수도권광역상수도사업을 위하여 1998.8.4.을 수용개시일로 하여 이 사건 토지를 수용한 후 이 사건 토지에 설치된 기존의 수도관로를 판교택지지구 내 광역상수도로 계속 이용하여 오다가 2008. 7.30.에 이르러 그 이용을 중단한 사실, 피고는 2008.8.13. 환매대금으로 677,458,300원을 공탁하고 그 무렵 환매권을 행사한 사실을 알 수 있다.

이러한 사실을 위 법리에 비추어 보면, 취득일로부터 10년 이내에 이 사건 토지가 필요 없게 되었고, 피고가 그 때로부터 1년 이내에 환매권을 행사한 이상, 피고의 이 사건 환매권 행사는 적법하다고 보아야 한다.

그럼에도 원심은 이와 달리 그 판시와 같은 이유만을 들어, 이 사건 토지의 수용개시일로부터 10년이 지난 후에 피고가 보상금 상당액을 공탁함으로써 피고의 환매권은 제척기간의 경과로 소멸하였다고 판단하고 말았으니, 이러한 원심판결에는 환매권의 행사기간에 관한 법리를 오해한 나머지 판결에 영향을 미친 위법이 있다. 따라서 이를 지적하는 이 부분 상고이유의 주장은 이유 있다.

여기에서 '토지의 전부 또는 일부가 필요 없게 된 때로부터 1년 또는 그 취득일(협의 취득일 또는 수용의 개시일)로부터 10년 이내에 그 토지를 환매할 수 있다'의 의미는 취득일로부터 10년 이내에 그 토지가 필요 없게 된 경우에는 그때로부터 1년 이내에 환매권을 행사할 수 있으며 또 필요 없게 된 때로부터 1년이 지났더라도 취득일로부터 10년이 지나지 않았으면 환매권자는 적법하게 환매권을 행사할 수 있다는 의미이다.996) 따라서 환매청구는 취득일로부터 최소 10년간은 보장되고 10년이 되기 직전(예: 9년 10개월)에 그 토지가 필요 없게 되었다면 그 때부터 다시 1년 이내(예: 10년 10개월)에 환매청구가 가능하다는 것이다.

(2) 당해 사업에 이용하지 아니한 때

취득일(협의 취득일 또는 수용의 개시일)부터 6년 이내에 행사하여야 한다(법 제91조 제2항). 여기서 '협의 취득일'이란 단순히 사업시행자와 토지 소유자 사이에 협의가 성립된 시점이나 물권변동의 원인행위시가 아니라 사업시행자가 법률행위로 인한 부동산물권변동의 일반원칙에 따라 당해 토지에 관한 소유권이전등기를 경료한 날을 의미하고997), '수용의 개시일'은 수용재결서에 결정한 수용의 시기를 의미한다고 할 것이다.

4. 환매권의 당사자 및 환매대상 목적물

환매권의 당사자는 환매권자와 환매권의 상대방을 의미하고 환매대상 목적물은 환매의 목적물로 종전 공익사업에 편입된 토지를 의미한다.

가. 환매권의 당사자

(1) 환매권자

협의취득일 또는 수용의 개시일 당시의 토지소유자 또는 그 포괄승계인998)에 한하므로

---

996) 대법원 1992.3.31. 선고 91다19043 판결. ; 대법원 2010.9.30. 선고 2010다30782 판결. ; 대법원 2013.2.28. 선고 2010두22368 판결
997) 대법원 2015.8.27. 선고 2015다216246 판결
998) 포괄승계인에는 자연인의 상속인 내지 법인의 분할·합병 후 존속하는 법인이 해당된다.

(법 제91조 제1항) 종전 토지 소유권이 아닌 지상권 등 권리자 또는 환매권을 양수받은 특정승계인은 환매권자가 될 수 없다.

즉 환매권을 인정하는 입법취지는 종전 수용대상 토지가 더 이상 당해 공익사업에 이용할 필요가 없게 된 때에는 원소유자의 의사에 따라 그 토지 등의 소유권을 회복시켜 주는 것이 원소유자의 감정을 충족시키고 동시에 공평의 원칙에 부합하는 차원에서 인정되는 권리이므로 환매권은 원칙적으로 제3자에게 매매 내지 양도가 불가한 권리이다. 따라서 환매권자로부터 양수받은 특정승계인은 환매권자가 될 수는 없는 것으로 판례도 동일한 내용으로 "환매권은 제3자에게 양도할 수 없고, 따라서 환매권의 양수인은 사업시행자로부터 직접 환매의 목적물을 환매할 수 없고 다만 환매권자가 사업시행자로부터 환매한 토지를 양도받을 수 있을 뿐이다."라고 판시하고 있다.

판례

[판례1] ▶ 공공용지의취득및손실보상에관한특례법이 환매권을 인정하는 입법 취지 및 제3자에 대한 환매권의 양도 가부(소극)

[대법원 2001.5.29. 선고 2001다11567 판결] (소유권이전등기)

【판결요지】

공공용지의취득및손실보상에관한특례법이 환매권을 인정하고 있는 입법 취지는 토지 등의 원소유자가 사업시행자로부터 토지 등의 대가로 정당한 손실보상을 받았다고 하더라도 원래 자신의 자발적인 의사에 따라서 그 토지 등의 소유권을 상실하는 것이 아니어서 그 토지 등을 더 이상 당해 공공사업에 이용할 필요가 없게 된 때에는 원소유자의 의사에 따라 그 토지 등의 소유권을 회복시켜 주는 것이 원소유자의 감정을 충족시키고 동시에 공평의 원칙에 부합한다는 데에 있는 것이며, 이러한 입법 취지에 비추어 볼 때 특례법상의 환매권은 제3자에게 양도할 수 없고, 따라서 환매권의 양수인은 사업시행자로부터 직접 환매의 목적물을 환매할 수 없으며, 다만 환매권자가 사업시행자로부터 환매한 토지를 양도받을 수 있을 뿐이라고 할 것이다.

* 상고이유에서 인용하고 있는 대법원 1992.10.27. 선고 91다483 판결은 환매권자가 환

매의 목적물을 환매한 경우에 그 환매한 토지를 양도한다는 것을 조건으로 하여 체결한 환매권의 조건부양도에 관한 것으로서 이 사건과 사안을 달리한다. 상고이유는 모두 받아들이지 아니한다.

(2) 환매권의 상대방

종전의 공익사업시행자 또는 사업시행자로부터 토지의 소유권을 승계취득한 제3자인 현재의 토지소유자이다.

나. 환매대상 목적물

환매의 목적물은 토지소유권의 대상이 되는 토지이다(법 제91조 제1항). 따라서 토지 소유권 외의 권리나 토지에 정착된 물건의 소유권 등은 환매의 대상물이 아니다.[999]

환매목적물에 토지 외에 건물 등이 포함될 수 있는지 여부에 대해 종래 논란이 있었으나, 헌법재판소는 "토지의 경우에는 공익사업이 폐지·변경되더라도 기본적으로 형상의 변경이 없는 반면, 건물은 그 경우 통상 철거되거나 그렇지 않더라도 형상의 변경이 있게 되며, 토지에 대해서는 보상이 이루어지더라도 수용당한 소유자에게 감정상의 손실 등이 남아있게 되나, 건물의 경우 정당한 보상이 주어졌다면 그러한 손실이 남아있는 경우는 드물다. 따라서 토지에 대해서는 그 존속가치를 보장해 주기 위해 공익사업의 폐지·변경 등으로 토지가 불필요하게 된 경우 환매권이 인정되어야 할 것이나, 건물에 대해서는 그 존속가치를 보장하기 위하여 환매권을 인정하여야 할 필요성이 없거나 매우 적어, 입법자가 건물에 대한 환매권을 부인한 것은 헌법적 한계 내에 있는 입법재량권의 행사이므로 재산권을 침해하는 것이라 볼 수 없다"고 판시하고 있다.[1000]

한편, 토지보상법 제91조 제3항에서는 "잔여지 매수 및 수용청구에 따라 매수하거나 수용한 잔여지는 그 잔여지에 접한 일단의 토지가 필요 없게 된 경우가 아니면 환매할 수 없다"고 규정하여 사업시행자가 매수하거나 수용취득한 잔여지만을 대상으로 하는 환매

---

999) 환매대상 토지의 범위와 관련하여 토지의 일부에 대한 환매가능여부에 대해 논란이 있으나 토지의 일부에 대한 환매는 환매권자를 지나치게 보호하는 측면이 있으므로 환매요건에 해당되는 토지전부를 환매하는 것이 타당할 것이다.
1000) 2005.5.26. 2004헌가10 전원재판부

는 불가함을 명시하고 있다.

즉, 환매청구 대상 목적물은 원래 공익사업을 위하여 매수하거나 수용된 토지를 전제로 그 해당 토지가 공익사업에 필요 없게 되어야 한다. 법제처 유권해석도 동일한 취지이다.[1001]

5. 환매의 절차 및 행사방법

가. 사업시행자의 환매권 발생의 통지 또는 공고

(1) 법률규정 및 규정의 법적성질

토지보상법 제92조 제1항 등은 "사업시행자(종전 사업시행자)는 환매할 토지가 생겼을 때에는 지체 없이 그 사실을 환매권자에게 통지하여야 한다. 다만, 사업시행자가 과실 없이 환매권자를 알 수 없을 때에는 전국을 보급지역으로 하는 일간신문에 공고하거나 해당 토지가 소재하는 시(행정시를 포함한다)·군 또는 구(자치구가 아닌 구를 포함한다)의 게시판에 7일 이상 게시하는 방법으로 한다."고 규정(법 제92조 제1항, 시행령 제50조)하여 사업시행자로 하여금 환매권발생 사실을 원소유자인 환매권자에게 통지 등을 하도록 법적으로 강제하고 있다.

즉, 환매할 토지가 생겼을 경우 기업자로 하여금 원소유자 등에게 지체 없이 통지하거나 공고하도록 규정한 위 토지수용법 제92조 제1항의 법적 성질은 기업자(사업시행자)에 대한 법정의무규정이다. 따라서 사업시행자의 통지나 공고절차는 는 환매권자의 환매권 행사의 요건이 아니고 법률상 당연히 인정되는 환매권 행사의 실효성을 보장하기 위한 것이라고 할 것이므로, 설령 사업시행자의 통지나 공고가 없더라도 원소유자는 환매권을 행사할 수 있다.[1002]

다만, 환매권자는 통지를 받은 날 또는 공고를 한 날부터 **6개월**이 지난 후에는 환매권을 행사하지 못한다(법 제92 제2항). 즉, 통지나 공고는 환매권 행사요건은 아니나 환매권

1001) 2016.4.14. 법제처 안건번호 16-0093 : 잔여지의 매수 또는 수용이 단독적으로 행하여 진 것이 아니라 원래의 매수 또는 수용 대상인 토지를 전제로 하고 있는 것처럼 잔여지에 대한 환매청구도 단독으로 할 수 있는 것이 아니라 원래 공익사업을 위하여 매수하거나 수용된 토지가 환매청구 대상이어야 가능하다는 의미이다.

1002) 대법원 1993.5.27. 선고 92다34667 판결 참조

행사기간(제척기간)을 단축시키는 기능이 있다.

(2) 사업시행자가 통지 또는 공고를 하지 않은 경우

사업시행자의 위 통지규정의 법적성격이 사업시행자에 대한 법적인 의무를 규정한 것인 지와 관련하여 사업시행자가 환매권 발생의 사실을 원소유자인 환매권자에게 통지나 공고를 하지 않아 환매권 행사기간이 도과하였거나 환매의 목적이 될 토지를 제3자에게 처분한 행위가 원소유자에 대하여 불법행위를 구성하는지 여부가 문제될 수 있다. 이에 대해 판례는 "위 통지 등 규정은 <u>단순한 선언적인 것이 아니라 기업자(사업시행자)의 법적인 의무를 정한 것이라고 보아야 할 것</u>이고 기업자(사업시행자)가 원소유자의 환매가능성이 존속하고 있는데도 이러한 의무에 위배한 채 환매의 목적이 될 토지를 제3자에게 처분한 경우 처분행위 자체는 유효하다 하더라도 적어도 원소유자에 대한 관계에서는 법률에 의하여 인정되는 환매권 자체를 행사함이 불가능하도록 함으로써 환매권 자체를 상실시킨 것으로 되어 불법행위를 구성한다."고 판시하여 위 통지의 의무규정을 위반한 사업시행자의 손해배상책임을 인정하였다.[1003] 이 경우 원소유자 등의 환매권 상실로 인한 <u>손해배상액은 환매권상실 당시의 목적물의 시가에서 환매권자가 환매권을 행사하였을 경우 반환하여야 할 환매가격을 공제한 금액</u>으로 보고 있다.[1004]

판례

[판례1] ▶ 환매할 토지가 생겼을 경우 기업자로 하여금 원소유자 등에게 지체 없이 통지하거나 공고하도록 규정한 토지수용법 규정의 성질 및 기업자가 그 통지나 공고의무에 위배하여 환매의 목적이 될 토지를 제3자에게 처분한 행위가 원소유자에 대하여 불법행위를 구성하는지 여부(적극)

[대법원 1993.5.27. 선고 92다34667] (토지소유권이전등기)

【판결이유】

1003) 대법원 1993.5.27. 선고 92다34667 판결
1004) 대법원 2000.11.14. 선고 99다45864 판결

토지수용법 제72조의 규정이 환매할 토지가 생겼을 때에는 기업자(특례법상의 사업시행자)가 지체 없이 이를 원소유자 등에게 통지하거나 공고하도록 규정한 취지는, <u>원래 공적인 부담의 최소한성의 요청과 비자발적으로 소유권을 상실한 원소유자를 보호할 필요성 및 공평의 원칙 등 환매권을 규정한 입법이유</u>(당원 1992. 4. 28. 선고 91다29927 판결참조)에 비추어 공익목적에 필요 없게 된 토지가 있을 때에는 일단 먼저 원소유자에게 그 사실을 알려주어 환매할 것인지의 여부를 최고하도록 하고, 그러한 기회를 부여한 후에도 환매의 의사가 없을 때에 비로소 원소유자 아닌 제3자에게 전매할 가능성을 가지도록 한다는 것으로서 <u>이는 **법률상 당연히 인정되는 환매권 행사의 실효성을 보장하기 위한 것이라고 할 것**</u>이므로, 그러한 통지나 공고의 불이행에 대한 형사적인 처벌규정이 없다 하더라도 위 규정은 단순한 선언적인 것이 아니라 기업자(사업시행자)의 법적인 의무를 정한 것이라고 보아야 할 것이고, 그와 같은 통지나 공고를 함으로써 같은 법 제72조 제2항에 따라 환매권 행사의 법정기간이 단축되는 것은 그 의무이행의 결과로 발생하는 부수적인 효과라고 해석함이 타당할 것이므로, <u>기업자(사업시행자)가 원소유자의 환매가능성이 존속하고 있는데도 이러한 의무에 위배한 채 환매의 목적이 될 토지를 제3자에게 처분한 경우에는 그와 같은 처분행위 자체는 유효하다고 하더라도 적어도 원소유자에 대한 관계에서는(그가 비록 지급받은 보상금을 먼저 반환하는 등의 선이행절차를 취하지 아니하였다 할지라도 이제는 그러한 선이행이 아무런 의미가 없게 되므로) 법률에 의하여 인정되는 환매권 자체를 행사함이 불가능하도록 함으로써 그 환매권 자체를 상실시킨 것으로 되어 불법행위를 구성한다</u>고 함이 상당하다 할 것이다.

[판례2] ▶ [대법원 2000. 11. 14. 선고 99다45864] (소유권이전등기)

【판시사항】

[1] 환매할 토지가 생겼을 경우 기업자로 하여금 원소유자 등에게 지체 없이 통지하거나 공고하도록 규정한 토지수용법 제72조 제1항의 <u>법적 성질</u> 및 공공용지의취득및손실보상에관한특례법상의 사업시행자가 환매할 토지가 생겼음에도

원소유자 등에게 통지나 공고를 하지 아니하여 환매권 행사기간이 도과되도록 함으로써 환매권 자체를 상실하게 하는 손해를 가한 경우, 불법행위의 성립 여부(적극)

[2] 공공용지의취득및손실보상에관한특례법상 원소유자 등의 환매권상실로 인한 손해배상액의 산정방법

【판결요지】

[1] 공공용지의취득및손실보상에관한특례법 제9조 제5항에 의하여 준용되는 토지수용법 제72조 제1항이 환매할 토지가 생겼을 때에는 기업자(사업시행자)가 지체 없이 이를 원소유자 등에게 통지하거나 공고하도록 규정한 취지는 원래 공적인 부담의 최소한성의 요청과 비자발적으로 소유권을 상실한 원소유자를 보호할 필요성 및 공평의 원칙 등 환매권을 규정한 입법이유에 비추어 공익목적에 필요 없게 된 토지가 있을 때에는 먼저 원소유자에게 그 사실을 알려 주어 환매할 것인지 여부를 최고하도록 함으로써 법률상 당연히 인정되는 환매권 행사의 실효성을 보장하기 위한 것이라고 할 것이므로 위 규정은 단순한 선언적인 것이 아니라 기업자(사업시행자)의 법적인 의무를 정한 것이라고 보아야 할 것인바, 공공용지의취득및손실보상에관한특례법상의 사업시행자가 위 각 규정에 의한 통지나 공고를 하여야 할 의무가 있는데도 불구하고 이러한 의무에 위배한 채 원소유자 등에게 통지나 공고를 하지 아니하여, 원소유자 등으로 하여금 환매권 행사기간이 도과되도록 하여 이로 인하여 법률에 의하여 인정되는 환매권 행사가 불가능하게 되어 환매권 그 자체를 상실하게 하는 손해를 가한 때에는 원소유자 등에 대하여 불법행위를 구성한다고 할 것이다.

[2] 공공용지의취득및손실보상에관한특례법상 원소유자 등의 환매권상실로 인한 손해배상액은 환매권상실 당시의 목적물의 시가에서 환매권자가 환매권을 행사하였을 경우 반환하여야 할 환매가격을 공제한 금원으로 정하여야 할 것이므로, 환매권상실 당시의 환매목적물의 감정평가금액이 공공용지의취득및손실보상에

관한특례법 제9조 제1항 소정의 '지급한 보상금'에 그 때까지의 당해 사업과 관계없는 인근유사토지의 지가변동률을 곱한 금액보다 적거나 같을 때에는 위 감정평가금액에서 위 '지급한 보상금'을 공제하는 방법으로 계산하면 되지만, 이를 초과할 때에는 {환매권 상실 당시의 감정평가금액 – (환매권 상실 당시의 감정평가금액 – 지급한 보상금 × 지가상승률)}로 산정한 금액, 즉 위 '지급한 보상금'에 당시의 인근유사토지의 지가상승률을 곱한 금액이 손해로 된다고 할 것이다.

나. 환매권자의 환매대금의 지급과 환매의사 표시

(1) 환매대금의 선지급

토지보상법은 환매권자(=원토지소유자)는 사업시행자로부터 환매요건 발생사실을 통지받은 후 법률이 정한 소정의 환매기간 내에 그 환매대상 토지에 대하여 받은 보상금에 상당하는 금액을 사업시행자에게 미리 지급하고 그 토지를 환매할 수 있다고 하면서 환매권자의 환매대금의 선이행을 명문으로 규정하고 있다(법 제91조 제1항).[1005]

환매권자의 환매대금의 선지급 이행의무와 관련하여 판례는 "환매기간내에 환매대금 상당을 지급하거나 공탁하지 아니한 경우는 환매로 인한 소유권이전등기청구는 물론 환매대금의 지급과 상환으로 소유권이전등기를 구할 수 없다"고 판시[1006]하고 있고, 헌법재판소 역시 환매권자의 환매대금 선지급 의무규정이 비례의 원칙에 어긋나게 환매권자의 재산권을 침해하는 것은 아니라고 결정하였다.[1007]

한편, 환매권자가 미리 지급하거나 공탁한 환매대금이 환매를 청구한 토지 부분 전체에 대한 환매대금에는 부족하더라도 실제 환매대상이 될 수 있는 토지 부분 대금으로는 충분한 경우에 환매권 행사의 효력여부와 관련하여 판례는 "협의취득 또는 수용된 토지 중 일부가 필요 없게 되어 그 부분에 대한 환매권을 행사하는 경우와 같이, 환매대상인 토지 부분의 정확한 위치와 면적을 특정하기 어려운 등 특별한 사정이 있는 경우에는,

---

1005) 법 제91조 제1항 및 제2항, 제92조 제1항 참조
1006) 대법원 1993.9.14. 선고 92다56810 판결, 대법원 2012.8.30. 선고 2011다74109 판결
1007) 헌법재판소 2006.11.30. 결정 2005헌가20 전원재판부 (공익사업을한토지등의취득및보상에관한법률 제91조 제1항 위헌제청)

비록 환매기간 만료 전에 사업시행자에게 미리 지급하거나 공탁한 환매대금이 나중에 **법원의 감정** 등을 통하여 특정된 토지 부분에 대한 환매대금에 다소 미치지 못한다고 하더라도, 그 환매대상인 토지 부분의 동일성이 인정된다면 환매기간 경과 후에도 추가로 그 부족한 환매대금을 지급하거나 공탁할 수 있다고 보아야 한다. 그리고 이러한 법리는 환매권자가 명백한 계산 착오 등으로 환매대금의 아주 적은 일부를 환매기간 만료 전에 지급하거나 공탁하지 못한 경우에도 적용된다고 봄이 신의칙상 타당하다. 또한 만약 환매권자가 미리 지급하거나 공탁한 환매대금이 환매권자가 환매를 청구한 토지 부분 전체에 대한 환매대금에는 부족하더라도 실제 환매의 대상이 될 수 있는 토지 부분의 대금으로는 충분한 경우에는 그 부분에 대한 환매대금은 미리 지급이 된 것으로 보아야지, 환매를 청구한 전체 토지와 대비하여 금액이 부족하다는 이유만으로 환매대상이 되는 부분에 대한 환매권의 행사마저 효력이 없다고 볼 것은 아니다"라고 판시하여 환매권자가 선지급 이행하여야 하는 환매대금은 일정한 경우에는 일부 지급 내지 공탁도 가능함이 인정되었다.1008)

판례

[판례1] ▶ [대법원 1993.9.14. 선고, 92다56810] (소유권이전등기)

【판시사항】
공공용지의취득및손실보상에관한특례법 제9조 및 토지수용법 제71조에 의한 환매권 행사에 있어서 환매대금 상당의 지급이 선이행의무인지 여부

【판결요지】
공공용지의취득및손실보상에관한특례법 제9조 및 토지수용법 제71조에 의한 환매권의 경우 환매대금의 선이행을 명문으로 규정하고 있으므로 환매대금 상당을 지급하거나 공탁하지 아니한 경우는 환매로 인한 소유권이전등기청구는 물론 환매대금의 지급과 상환으로 소유권이전등기를 구할 수 없다.(당원 1992.6.26. 선고 92다12452 판결 참조)

1008) 대법원 2012.8.30. 선고 2011다74109 판결

[판례2] ▶ [대법원 2012.8.30. 선고 2011다74109] (소유권이전등기)

【판시사항】

[1] 공익사업을 위한 토지 등의 취득 및 보상에 관한 법률 제91조에서 정한 환매권 행사 시 환매기간 내 환매대금 상당의 지급 또는 공탁이 선이행의무인지 여부(적극)

[2] 환매권자가 미리 지급하거나 공탁한 환매대금이 환매를 청구한 토지 부분 전체에 대한 환매대금에는 부족하더라도 실제 환매대상이 될 수 있는 토지 부분 대금으로는 충분한 경우, 환매대상이 되는 부분에 대하여 환매권 행사의 효력이 있는지 여부(적극)

【판결요지】

[1] 공익사업을 위한 토지 등의 취득 및 보상에 관한 법률 제91조에 의한 환매는 환매 기간 내에 환매의 요건이 발생하면 환매권자가 지급 받은 보상금에 상당한 금액을 사업시행자에게 미리 지급하고 일방적으로 의사표시를 함으로써 사업시행자의 의사와 관계없이 환매가 성립한다. 따라서 환매기간 내에 환매대금 상당을 지급하거나 공탁하지 아니한 경우에는 환매로 인한 소유권이전등기 청구를 할 수 없다.

[2] 환매권자가 미리 지급하거나 공탁한 환매대금이 환매권자가 환매를 청구한 토지 부분 전체에 대한 환매대금에는 부족하더라도 실제 환매대상이 될 수 있는 토지 부분의 대금으로는 충분한 경우에는 그 부분에 대한 환매대금은 미리 지급된 것으로 보아야지, 환매를 청구한 전체 토지와 대비하여 금액이 부족하다는 이유만으로 환매대상이 되는 부분에 대한 환매권의 행사마저 효력이 없다고 볼 것은 아니다.

【판결이유】

「공익사업을 위한 토지 등의 취득 및 보상에 관한 법률」(이하 '공익사업법'이라 한다) 제91조에 의한 환매는 환매기간 내에 환매의 요건이 발생하면 환매권자가 지급받은 보상금에 상당한 금액을 사업시행자에게 미리 지급하고 일방적으로 의사표시를 함으로써 사업시행자의 의사와 관계없이 환매가 성립하는 것이다. 따라서 환매기간 내에 환매대금 상당을 지급하거나 공탁하지 아니한 경우에는 환매로 인한 소유권이전등기청구를 할 수 없다(대법원 1996. 2. 9. 선고 94다46695 판결, 대법원 2006. 12. 21. 선고 2006다49277 판결 등 참조).

그러나 협의취득 또는 수용된 토지 중 일부가 필요 없게 되어 그 부분에 대한 환매권을 행사하는 경우와 같이, 환매대상인 토지 부분의 정확한 위치와 면적을 특정하기 어려운 등 특별한 사정이 있는 경우에는, 비록 환매기간 만료 전에 사업시행자에게 미리 지급하거나 공탁한 환매대금이 나중에 **법원의 감정** 등을 통하여 특정된 토지 부분에 대한 환매대금에 다소 미치지 못한다고 하더라도, 그 환매대상인 토지 부분의 동일성이 인정된다면 환매기간 경과 후에도 추가로 그 부족한 환매대금을 지급하거나 공탁할 수 있다고 보아야 한다. 그리고 이러한 법리는 환매권자가 명백한 계산 착오 등으로 환매대금의 아주 적은 일부를 환매기간 만료 전에 지급하거나 공탁하지 못한 경우에도 적용된다고 봄이 신의칙상 타당하다. 또한 만약 환매권자가 미리 지급하거나 공탁한 환매대금이 환매권자가 환매를 청구한 토지 부분 전체에 대한 환매대금에는 부족하더라도 실제 환매의 대상이 될 수 있는 토지 부분의 대금으로는 충분한 경우에는 그 부분에 대한 환매대금은 미리 지급이 된 것으로 보아야지, 환매를 청구한 전체 토지와 대비하여 금액이 부족하다는 이유만으로 환매대상이 되는 부분에 대한 환매권의 행사마저 효력이 없다고 볼 것은 아니라 할 것이다.

한편 당사자가 어떠한 법률효과를 주장하면서 미처 깨닫지 못하고 그 요건사실 일부를 빠뜨린 경우에는 법원은 그 누락사실을 지적하고, 당사자가 이 점에 관하여 변론을 하지 아니하는 취지가 무엇인지를 밝혀 당사자에게 그에 대한 변론을 할 기회를 주어야 할 의무가 있다. 따라서 당사자가 부주의 또는 오해로 인하여 증명하지 아니한 것이 분명하거나 쟁점으로 될 사항에 관하여 당사자 사이에 명시적인 다툼이 없는 경우에는 법원은 석명을 구하고 증명을 촉구하여야 하며, 만일 당사자가 전혀 의식하지 못하거나 예상하지 못하였던 법률적 관점을 이유로 청구의 당부를 판단하려는 경우에는 그 법률적 관점에 대하여 의견진술의 기회를 주어야 하고, 그와 같이 하지 않고 예상 외의 재판으로 당사자 일방에게 불의의 타격을 가하는 것은 석명의무를 다하지 아니하여 심리를 제대로 하지 아니한 것으로서 위법하다 할 것이다(대법원 2009. 9. 10. 선고 2009다46347 판결 등 참조).

[결정례1] ▶ [헌법재판소 2006.11.30. 결정 2005헌가20 전원재판부] (공익사업을위한 토지등의취득및보상에관한법률 제91조 제1항 위헌제청)

【판시사항】

[1] 환매권의 행사에 있어 환매대금의 선이행의무를 규정하고 있는 공익사업을위한토 지등의취득및보상에관한법률(2002.2.4. 법률 제6656호로 제정된 것. 이하 '공토 법'이라 한다) 제91조 제1항 중 '당해 토지에 대하여 지급받은 보상금에 상당한 금 액을 사업시행자에게 지급하고' 부분(이하 '이 사건 법률조항'이라 한다)이 비례의 원칙에 어긋나게 환매권자의 재산권을 침해하는지 여부(소극)

[2] 이 사건 법률조항이 평등의 원칙에 위반되는지 여부(소극)

【결정요지】

[1] 공토법상의 환매제도에 있어 환매는 환매요건이 갖추어지면 사업시행자의 의사와 관계없이 환매권자의 환매의사표시에 의하여 일방적으로 성립되어 협의취득 또는 수용의 효력을 상실시키기 때문에, 사업시행자에게 환매대금의 지급을 확실하게 보장할 필요가 있다. 또한 환매권자의 환매권행사가 정당하게 이루어진다면, 사업 시행자는 환매권자에게 토지의 인도 및 소유권이전등기의무를 부담하게 된다. 환 매권자가 환매대금을 지급하여도 사업시행자가 환매대금을 수령하지 아니하거나 환매대금을 수령하고도 소유권이전등기에 협력하지 아니하는 경우 환매권자는 소 유권이전등기청구소송을 제기할 수 있고 이행지체에 따른 손해배상을 청구할 수 도 있다. 위와 같은 점들을 고려할 때, 이 사건 법률조항에서 환매대금의 선이행의 무를 규정하고 있는 것은 재산권의 적정한 보호와 공익사업의 효율적인 수행을 위 하여 필요하고도 적절한 조치라고 할 것이다. 나아가 이 사건 법률조항에 의하여 실현하고자 하는 공익은 공익사업의 효율적인 수행을 통한 공공복리의 증진인 반 면, 이 사건 법률조항으로 인하여 환매권자가 입을 수 있는 피해는 환매대금의 선 이행으로 인한 재산권의 일시적인 제한으로서 그 제한의 정도와 피해가 크지 않다 고 할 것이므로 사익을 과도하게 제한한 것이라 볼 수 없으므로, 이 사건 법률조항

은 비례의 원칙에 어긋나게 환매권자의 재산권을 침해하는 위헌의 법률이라 할 수 없다.

[2] 공토법상의 환매제도는 공익적 필요에 의해 협의취득 또는 수용된 토지의 원소유자에게 재산권을 보장하고 공익사업의 수행을 원활하게 하기 위하여 마련된 것으로서, 환매권의 행사는 당사자 사이의 협의를 전제로 하는 것이 아니므로 환매권자의 환매권행사만으로 사업시행자의 의사와 관계없이 환매가 성립되어 협의취득 또는 수용의 효력을 상실시키기 때문에, 사업시행자에게 환매대금의 지급을 확실하게 보장할 필요가 있는 것이다. 따라서 <u>환매대금의 선이행의무를 규정한 이 사건 법률조항이 사업시행자와 환매권자를 합리적 이유없이 자의적으로 차별하는 것으로 볼 수 없으므로 평등원칙에 반한다고 할 수 없다.</u>

(2) 환매의사 표시

환매를 원하는 자(환매권자)는 기존의 공익사업에 따른 협의 또는 수용재결당시 종전의 사업시행자로부터 받은 보상금에 상당하는 금액을 사업시행자에게 선지급 하고 일방적으로 환매의사를 표시하면 바로 사업시행자의 의사와 관계없이 환매는 성립되고 종전의 협의취득 또는 수용의 효력은 상실된다.

환매는 환매기간 내에 환매의 요건이 발생하면 <u>환매권자가 수령한 보상금의 상당액을 사업시행자에게 지급하고 일방적으로 의사표시를 함으로써 사업시행자의 의사에 관계없이 성립되는 것으로서 환매권은 형성권의 일종인 것이다.</u>[1009]

즉, 환매권은 그 행사요건이 갖추어진 경우 환매권의 행사시간(=제척기간)내에 종전의 사업시행자로부터 받은 보상금의 상당액을 선지급 또는 변제공탁하고 재판외 또는 재판상 환매의사표시를 하면 사업시행자의 의사와 상관없이 환매의 효력은 발생하다는 것이다.

6. 환매금액(=환매대금)

가. 환매금액의 결정기준

환매금액은 원칙적으로 환매대상 토지에 대하여 원소유자로서 종전의 사업시행자로부터

1009) 대법원 2000.11.28. 선고 99두3416 판결; 헌재 1995.3.23. 91헌마143

지급받은 보상금에 상당하는 금액이다(법 제91조제1항). 이는 환매대상 토지의 가격이 사업시행자가 취득할 당시에 비하여 현저히 변동되지 않은 경우를 전제로 한다. 여기서 '보상금 상당금액'이라 함은 협의취득 당시 토지 등의 소유자가 사업시행자로부터 지급받은 보상금으로 그 토지 위에 정착물이 있었다 하더라도 정착물에 대한 보상금은 포함되지 않으며, 보상금액에 환매권 행사 당시까지의 법정이자를 가산한 금액도 포함되지 않는다.[1010]

「택지개발촉진법」 제13조제1항에서는 수용 당시 받은 보상금에 법정이자를, 「징발재산정리에 관한 특별조치법」 제20조제1항에서는 연 5푼의 이자를 가산하여 환매금액을 정하도록 규정하고 있는바, 개별 법률에서 별도의 환매금액을 달리 규정하고 있는 경우에는 그에 의하면 될 것이다. 이는 각각의 개별 법률들이 그 입법목적 등을 달리한 결과에 따른 것으로 평등의 원칙과는 무관하다.[1011]

나. 환매금액의 결정방법

(1) 현저한 가격변동이 있는 경우

환매대상 토지의 가격이 사업시행자가 취득할 당시에 비하여 현저히 변동된 경우 사업시행자 및 환매권자는 환매금액에 대하여 서로 협의하되, 그 금액의 증감을 **법원에 청구**할 수 있다(법 제91조제4항).[1012]

1010) 대법원 1994.5.24. 선고 93누17225 판결 (환매금액이의신청기각처분취소등)
【판시사항】공공용지의취득및손실보상에관한특례법 제9조 제1항 소정의 "보상금의 상당금액"의 의미
【판결요지】같은 법 제9조 제1항 소정의 "보상금의 상당금액"이라 함은 같은 법에 따른 협의취득 당시 토지 등의 소유자가 사업시행자로부터 지급받은 보상금을 의미하며 여기에 환매권 행사 당시까지의 법정이자를 가산한 금액을 말하는 것은 아니다.

1011) 헌법재판소 2005.4.28. 선고 2002헌가25 : 공익사업의 시행으로 발생하는 개발이익은 그 비용의 부담자인 사업시행자를 통하여 궁극적으로는 공익에 귀속되어야 할 것이지 특정의 토지소유자에게 귀속될 성질의 것이 아니어서 환매권자에게 이를 보장해 줄 수는 없으며, 비록 수용되지 아니한 인근 토지소유자들이 간접적, 반사적으로 개발이익을 누리고 있다하더라도 이를 대비하여 평등의 원칙에 위배된다고 볼 수 없다. 또 이 사건 법률조항이 환매가격에 대하여 「징발재산정리에 관한 특별조치법」(국가가 매수한 당시의 가격에 증권의 발행연도부터 환매연도까지 연5푼의 이자를 가산한 금액, 제20조제1항), 「임대주택법」(토지의 매각 또는 공급가격에 환매시까지의 법정이자를 가산한 금액, 제8조제1항)과 달리 규정하고 있더라도, 이러한 법률들과는 입법목적 등을 달리하는 것이므로 평등의 원칙에 위반되지 않는다.

1012) 협의취득 또는 수용된 토지에 대한 환매금액의 증감에 대하여 다툼이 있는 경우에는 「토지보상법」 제91조제4항의 규정에 따라 그 금액의 증감을 법원에 청구하여야 하므로 토지수용위원회에서는 이러한 재결신청에 대하여는 청구를 취하 하도록 하거나 각하재결을 하여야 할 것이다.

여기서 환매 당사자간 환매금액의 협의요건으로 '토지가격이 취득일 당시에 비해 현저히 변동된 경우'에는 환매권 행사 당시의 토지가격이 지급한 보상금에 환매 당시까지의 해당 사업과 관계없는 인근 유사토지의 지가변동률을 곱한 금액보다 높은 경우로 한다(시행령 제48조).1013) 이는 환매권 행사당시의 환매대상토지의 가격이 현저히 변동된 경우에 환매가격에 지가상승분을 포함시키지 못하도록 하여, 지가상승에 따른 이익을 환매권자에게 귀속시킨다는 의미이다.1014) 즉, 지가가 현저히 변경된 경우의 환매금액의 산정방법은 취득 당시부터 환매당시까지의 인근토지의 지가변동률에 해당하는 금액은 환매권자에게 귀속시키기 위한 것이다.

'인근유사토지의 지가변동률'이라 함은 환매대상토지와 지리적으로 인접하고 그 공부상 지목과 토지의 이용상황 등이 유사한 인근유사토지의 지가상승률을 가리키는 것이므로, 그 토지가 속해 있는 특별시의 한 구 전체의 토지에 대한 평균지가변동률은 이를 인근유사토지의 지가상승률이라 할 수 없고,1015) 국토교통부장관이 「부동산 거래신고 등에 관한 법률 시행령」 제17조에 따라 고시하는 시·군·구의 지가변동률을 의미하는 것도 아니다.

판례

[판례1] ▶ 지가가 현저히 변경된 경우의 환매금액
[대법원 2000.11.28. 선고 99두3416]

1013) 과거 공특법 시행령 제7조 제1항에서는 '토지가격이 취득일 당시에 비해 현저히 변동된 경우'를 환매권 행사당시의 토지가격이 환매권자가 당초 보상받은 금액에 환매당시까지의 당해 사업과 관계없는 인근 유사토지의 지가변동률을 곱한 금액보다 초과되는 경우를 말한다고 규정하였다.

1014) 보상실무에서는 토지의 가격이 취득당시에 비해 현저히 변동되었는지 여부를 확인하기 위하여 사업시행자는 환매감정평가를 의뢰하여 '환매당시의 토지가격'을 구하여야 하는데, 환매감정평가 의뢰 시에 '환매당시의 토지가격'과 동시에 토지보상평가지침 제55조제3항의 규정에 의거 '환매금액'의 제시를 요청하여 감정평가사로 하여금 환매금액을 산출하게 하여 별도로 환매금액을 산출하는 번거로움을 피하고 있다. 한편, 택지개발지구의 경우에서는 종전 보상금에 법정이자만 가산하여 지급하면 환매가 가능하다(택지개발촉진법 제13조 및 동법 시행령 제10조). 한국토지주택공사, 앞의 책, 2016, 289-290면 발췌 수정인용.

1015) 대법원 1994.5.24. 선고 93누17225 판결 (환매금액이의신청기각처분취소등), 대법원 2016.1.28. 선고 2013다60401, 대법원 2000.11.28. 선고 99두3416

【판시사항】

공공용지의취득및손실보상에관한특례법상의 환매에 있어서 환매대상토지의 가격이 취득 당시에 비하여 현저히 변경된 경우, 환매가격의 결정 방법

【판결요지】

공공용지의취득및손실보상에관한특례법 및 같은법시행령에는 환매대상토지의 가격이 취득 당시에 비하 여 현저히 변경된 경우 어떠한 방법으로 정당한 환매가격을 결정할 것인지에 관하여 명시적으로 정하고 있는 규정은 없으나, 같은 법 제9조 제1항, 제3항, 같은법 시행령 제7조 제1항, 제3항의 규정을 종합하여 보면, 환매권 행사 당시의 환매대상토지의 가격, 즉 환매권 행사 당시를 기준으로 한 감정평가금액이 협의취득 당시 사업시행자가 토지소유자에게 지급한 보상금에 환매 당시까지의 당해 사업과 관계없는 인근 유사토지의 지가변동률을 곱한 금액보다 적거나 같을 때에는 사업시행자가 취득할 때 지급한 보상금의 상당금액이 그 환매가격이 되는 것이 그 규정에 비추어 명백하므로, 환매권 행사 당시의 환매대상토지 의 가격이 현저히 상승하여 위 보상금에 인근 유사토지의 지가변동률을 곱한 금액을 초과할 때에도 마찬가지로 인근 유사토지의 지가상승분에 해당하는 부분은 환매가격에 포함되어서는 아니 되는 것인 만큼,

그 경우의 환매가격은 인근 유사토지의 지가변동률을 기준으로 하려면 위 보상금에 다 환매대상토지의 환매 당시의 감정평가금액에서 위 보상금에 인근 유사토지의 지가변동률을 곱한 금액을 공제한 금액을 더한 금액, 즉 '보상금＋{환매당시의 감정평가금액－(보상금×지가변동률)}'로, 지가상승률을 기준으로 하려면 환매대상토지의 환매 당시의 감정평가금액에서 위 보상금에 인근 유사토지의 지가상승률을 곱한 금액을 뺀 금액, 즉 '환매당시의 감정평가금액－(보상금×지가상승률)'로 산정하여야 한다.

[판례2] ▶ '인근 유사토지의 지가변동률'의 의미 및 지가변동률을 산정하기 위한 인근 유사토지 의 선정 방법 [**대법원 2016.1.28. 선고 2013다60401**]

【판결요지】

구 공익사업을 위한 토지 등의 취득 및 보상에 관한 법률 시행령(2013. 5. 28. 대통령령 제24544호로개정되기 전의 것)의 인근 유사토지의 지가변동률이라 함은 환매대상토지와 지리적으로 인접하고 그 공부상 지목과 토지의 이용상황 등이 유사한 인근 유사토지의 지가변동률을 가리키는 것이고, 지가변동률을 산정하기 위한 인근 유사토지는 협의취득 또는 수용 시부터 환매권 행사 당시 사이에 공부상 지목과 토지의 이용상황 등에 변화가 없고 또 계속하여 기준지가 및 공시지가가 고시되어 온 표준지 중에서 합리적인 지가변동률을 산출할 수 있을 정도의 토지를 선정하면 족하고 <u>반드시 동일한 행정구역 내에 있을 것을 요하지 아니하며 또 반드시 다수의 토지를 선정하여야 하는 것은 아니다</u>(대법원 2000. 11. 28. 선고 99두3416 판결 참조).

[판례3] ▶ 시·군·구 단위의 지목별 평균지가변동률을 '인근 유사토지의 지가변동률'로 볼 수 없다. [대법원 2000. 11. 28. 선고 99두3416]

【판결요지】

공공용지의취득및손실보상에관한특례법시행령 제7조 제1항의 인근 유사토지의 지가변동률이라 함은 환매대상토지와 지리적으로 인접하고 그 공부상 지목과 토지의 이용상황 등이 유사한 인근 유사토지의 지가변동률을 가리키는 것이지 그 토지가 속해 있는 시·군·구 단위의 지목별 평균지가변동률을 인근 유사토지의 지가변동률이라 할 수 없는 것인바, 지가변동률을 산정하기 위한 인근 유사토지는 협의취득시 부터 환매권 행사 당시 사이에 공부상 지목과 토지의 이용상황 등에 변화가 없고 또 계속하여 기준지가 및 공시지가가 고시되어 온 표준지 중에서 합리적인 지가변동률을 산출할 수 있을 정도의 토지를 선정하면 족하고 반드시 동일한 행정구역 내에 있을 것을 요하지 아니하며 또 반드시 다수의 토지를 선정하여야 하는 것은 아니다.

한편, 대법원은 환매에 있어서 환매대상토지의 가격이 취득 당시에 비하여 현저히 변경된 경우에 상세한 설시를 통해 <u>환매가격의 결정방법</u>을 제시하였던바 이를 살펴보면 아래와 같다(대법원 2000. 11. 28. 선고 99두3416 판결, 환매대금이의재결처분취소).

(2) 대법원 판결에 따른 환매금액 결정방법[1016]

> ▸ 당초 지급한 보상금 : A
>
> ▸ 환매당시의 토지 감정평가액 : B
>
> ▸ 취득일로부터 환매당시까지 당해 사업과 관계없는 인근 유사토지(표준지)의 지가상
> 승률 : C
>
> ▸ 취득일로부터 환매당시까지 당해 사업과 관계없는 인근 유사토지(표준지)의 지가변
> 동률 : D (D = C + 1)

① B ≦ A × (1+C) 경우의 환매가격 : A

② B 〉 A × (1+C) 경우의 환매가격

– 지가상승률을 기준할 경우 : B – (A× C)

– 지가변동률을 기준할 경우 : A + {B – (A× D)}

※ 산출예시

▸ 보상금 100만원, 현재 평가금액 120만원, 5년간 지가상승률 30%인 경우

 ·환매가격 : 100만원 [120만원 < 100만원 × 1.30]

▸ 보상금 100만원, 현재 평가금액 1,500만원, 5년간 지가상승률 300%인 경우

 ·환매가격 : 1,200만원 [1,500만원 – (100만원 × 300%)]

▸ 보상금 100만원, 현재 평가금액 1,500만원, 5년간 지가변동률 400%인 경우

 ·환매가격 : 1,200만원 [100만원 + {1,500만원 – (100만원 × 400%)}]

판례

[판례1] ▸ 공공용지의취득및손실보상에관한특례법상의 환매에 있어서 환매대상토지
의 가격이 취득 당시에 비하여 <u>현저히 변경된 경우</u>, 환매가격의 결정 방법
[대법원 2000.11.28. 선고 99두3416 판결] (환매대금이의재결처분취소)

1016) 한국토지주택공사, 앞의 책, 2016, 290면 발췌 수정인용.

【판결요지】

공공용지의취득및손실보상에관한특례법 및 같은법시행령에는 환매대상토지의 가격이 취득 당시에 비하여 현저히 변경된 경우 어떠한 방법으로 정당한 환매가격을 결정할 것인지에 관하여 명시적으로 정하고 있는 규정은 없으나, 같은 법 제9조 제1항, 제3항, 같은법시행령 제7조 제1항, 제3항의 규정을 종합하여 보면, 환매권 행사 당시의 환매대상토지의 가격, 즉 환매권 행사 당시를 기준으로 한 감정평가금액이 협의취득 당시 사업시행자가 토지소유자에게 지급한 보상금에 환매 당시까지의 당해 사업과 관계 없는 인근 유사토지의 지가변동률을 곱한 금액보다 적거나 같을 때에는 사업시행자가 취득할 때 지급한 보상금의 상당금액이 그 환매가격이 되는 것이 그 규정에 비추어 명백하므로, **환매권 행사 당시의 환매대상토지의 가격이 현저히 상승하여 위 보상금에 인근 유사토지의 지가변동률을 곱한 금액을 초과**할 때에도 마찬가지로 인근 유사토지의 지가상승분에 해당하는 부분은 환매가격에 포함되어서는 아니 되는 것인 만큼, 그 경우의 환매가격은 인근 유사토지의 지가변동률을 기준으로 하려면 위 보상금에다 환매대상토지의 환매 당시의 감정평가금액에서 위 보상금에 인근 유사토지의 지가변동률을 곱한 금액을 공제한 금액을 더한 금액, 즉 '**보상금＋{환매당시의 감정평가금액－(보상금×지가변동률)}**'로, 지가상승률을 기준으로 하려면 환매대상토지의 환매 당시의 감정평가금액에서 위 보상금에 인근 유사토지의 지가상승률을 곱한 금액을 뺀 금액, 즉 '**환매당시의 감정평가금액－(보상금×지가상승률)**'로 산정하여야 한다.

※ 이 법원은 위 93누17225 판결에서 이미 그러한 취지의 법리를 설시한 바 있으나, 그 표현에 다소 오해의 소지가 있을 수 있으므로 이번 기회에 그 참뜻을 분명하게 하기로 한다.

[판례2] ▶ 공공용지의취득및손실보상에관한특례법상 환매가격의 결정방법
[대법원 1994.5.24. 선고 93누17225] (환매금액이의신청기각처분취소 등)

【판결요지】

환매권 행사 당시의 토지 등의 가격이 지급한 보상금에 환매 당시까지의 당해 사업과 관계없는 인근유사토지의 지가변동률을 곱한 금액보다 "적거나 같을 때"에는 지급한

보상금의 상당금액이 그 환매가격이 되고, 이를 "초과할 때"에는 당사자간에 협의가 성립되거나 토지수용위원회의 재결로 금액이 확정되지 않는 한 환매 당시의 감정평가 금액에서 위 보상금에 인근유사토지의 지가변동률을 곱한 금액을 공제한 금액(= 환매 당시의 감정평가금액-보상금×지가변동률)이 그 환매가격이 된다고 보아야 한다.

다. 환매토지에 관한 감정평가

(1) 환매 당시의 적정가격

환매토지에 대한 환매당시의 가액은 다음 각 호의 기준에 따라 감정평가 한다(감정평가 실무기준 810-6.3.5). 다만, 원상회복을 전제로 하는 등 의뢰인으로부터 다른 조건의 제시가 있는 경우에는 그에 따른다.

1. 적용공시지가는 환매당시에 공시되어 있는 공시지가 중 환매당시에 가장 가까운 시점의 공시지가로 한다.
2. 해당 공익사업에 따른 공법상 제한이나 가격의 변동이 있는 경우에는 이를 고려한 가액으로 감정평가한다. 다만, 해당 사업의 폐지·변경 또는 그 밖의 사유로 인하여 그 공법상 제한이나 가격의 변동이 없어지게 되는 경우에는 그러하지 아니하다.
3. 이용상황 등의 판단은 환매당시를 기준으로 하되, 해당 공익사업의 시행 등으로 토지의 형질변경 등이 이루어진 경우에는 그 형질변경 등이 된 상태를 기준으로 한다. 다만, 원상회복을 전제로 하는 등 의뢰인으로부터 다른 조건의 제시가 있는 경우에는 그에 따른다.
4. 환매토지가 다른 공익사업에 편입되는 경우에는 비교표준지의 선정, 적용공시지가의 선택, 지가변동률의 적용, 그 밖의 감정평가기준은 다른 공익사업에 편입되는 경우와 같이 한다.

① 적용공시지가

환매 당시에 공시되어 있는 표준지공시지가 중 환매 당시에 가장 근접한 시점의 표준지 공시지가를 기준으로 하되, 그 공시기준일부터 가격시점까지의 해당 시·군·구의 지가 변동률, 생산자물가상승률, 그 밖에 해당 토지의 위치·형상·환경·이용상황 등을 고려한 가액으로 결정한다. 이 경우 해당 공익사업에 따른 공법상 제한이나 가치의 변동(이하 "공법상 제한등"이라 한다)이 있는 경우에는 이를 고려한 가액으로 결정한다. 다만, 그 공법상 제한 등이 해당 공익사업의 폐지·변경 또는 그 밖의 사유에 따른 환매권의 행사로 그 공법상 제한 등이 없어지게 되는 경우에는 그 공법상 제한 등이 없는 상태를 기준으로 한다(토보침 제55조 제1항 제1호).

② 비교표준지의 선정
비교표준지의 선정은 환매토지의 인근지역에 있는 것으로서 그 공부상 지목 및 이용상황 등이 비슷한 것으로 하되, 공법상 제한 등이 없는 상태를 기준으로 감정평가하는 경우에는 인근지역에 있는 것으로서 그 공법상 제한 등이 없는 상태로 공시된 표준지를 선정한다. 다만, 인근지역에 그 공법상 제한 등이 없는 상태로 공시된 표준지가 없는 경우에는 인근지역에 있는 그 공법상 제한 등이 있는 상태로 공시된 표준지를 선정하거나 동일수급권 안의 유사지역에 있는 그 공법상 제한 등이 없는 상태로 공시된 표준지를 선정할 수 있다(토보침 제55조 제1항 제3호).

③ 인근 유사토지(=표본지)의 지가변동률의 산정
(i) 인근 유사토지 지가변동률의 의미
인근 유사토지의 지가변동률이라 함은 환매대상토지와 지리적으로 인접하고 그 공부상 지목과 토지의 이용상황 등이 유사한 인근 유사토지(이하 '표본지'라 한다)의 지가변동률을 가리키는 것이지 그 토지가 속해 있는 시·군·구 단위의 지목별 평균지가변동률을 인근 유사토지의 지가변동률이라 할 수 없다.[1017]

(ii) 표본지의 선정 방법
지가변동률을 산정하기 위한 표본지의 선정방법은 표본지는 협의취득시부터 환매권 행사 당시 사이에 공부상 지목과 토지의 이용상황 등에 변화가 없고 또 계속하여 기준지가 및 공시지가가 고시되어 온 표준지 중에서 합리적인 지가변동률을 산출할 수 있을 정도

1017) 대법원 2000.11.28. 선고 99두3416 판결

의 토지를 선정하면 족하고 반드시 동일한 행정구역 내에 있을 것을 요하지 아니하며 또 반드시 다수의 토지를 선정하여야 하는 것은 아니다.[1018]

환매금액의 결정에 따른 토지보상법 시행령 제48조에 따른 "인근 유사토지의 지가변동률"의 산정은 환매토지의 인근지역에 있는 것으로서 그 공부상 지목 및 이용상황 등이 비슷한 토지(이하 "표본지"라 한다)의 취득 당시부터 환매 당시까지의 가격변동률로 하되 다음 각 호의 기준에 따른다(토보침 제55조 제2항).

> 1. 인근 유사토지의 지가변동률 산정을 위한 표본지의 선정은 해당 공익사업과 직접 관계가 없는 것으로서 인근지역에 있는 공시지가 표준지로 함을 원칙으로 한다. 다만, 해당 공익사업과 직접 관계가 없는 것으로서 환매토지와 그 공부상 지목 및 이용상황 등이 비슷한 공시지가 표준지가 인근지역에 없는 경우에는 인근지역에 있는 공시지가 표준지가 아닌 것으로서 그 공부상 지목 및 이용상황 등이 비슷한 토지를 표본지로 선정할 수 있다.
> 2. 제1호에 따른 표본지를 선정하는 경우에서 그 환매토지가 취득 이후 환매 당시까지 해당 공익사업과 직접 관계없이 용도지역등이 변경된 경우에는 그 환매토지와 용도지역등의 변경과정이 같거나 비슷한 인근지역에 있는 공시지가 표준지 등을 표본지로 선정하는 것을 원칙으로 한다.
> 3. 취득 당시와 환매 당시의 표본지의 단위면적당 적정가격 결정은 해당 표본지의 표준지공시지가를 기준으로 하되 다음 산식에 따른다. 다만, 다음 연도의 표준지공시지가가 공시되어 있지 아니한 경우에는 해당 표본지의 취득 당시 또는 환매 당시 연도의 표준지공시지가에 그 공시기준일부터 가격시점까지의 해당 시·군 또는 구의 용도지역별 지가변동률을 고려한 가액으로 결정하며, 취득 당시의 시점이 1989년 12월 31일 이전인 경우에서 취득 당시 표본지의 단위면적당 적정가격 결정은 해당 표본지의 1990년 1월 1일자 표준지공시지가에 취득 당시부터 1989년 12월 31일까지의 해당 시·군 또는 구의 이용상황별 지가변동률을 고려한 가액으로 한다.
>
> **취득(환매)당시의 표본지 단위면적당 적정가격** ≒ 취득(환매) 당시 연도의 표

1018) 대법원 2000.11.28. 선고 99두3416 판결

준지공시지가 + [(다음연도의 표준지공시지가 − 취득(환매)당시 연도의 표준지공시지가) × 경과일수/해당 연도 총일수]

4. 제2호에 따른 취득 당시와 환매 당시의 표본지의 단위면적당 적정가격을 결정하는 경우에서 제1호에 따라 선정된 표본지가 공시지가 표준지가 아니거나 취득 당시 또는 환매 당시 중 어느 한 시점에만 공시지가 표준지인 경우에는 인근지역 또는 동일수급권 안의 유사지역에 있는 것으로서 그 공부상 지목 및 이용상황 등이 비슷한 다른 공시지가 표준지와 해당 표본지의 지역요인 및 개별요인 등을 비교하여 환매 당시 연도 또는 다음 연도의 1월 1일자를 기준으로 하여 각각 산정된 지가를 해당 표본지의 취득 당시 또는 환매 당시 연도의 표준지공시지가로 본다.

(2) 의뢰자로부터 적정한 환매금액의 제시요청이 있는 경우

의뢰자로부터 적정한 환매금액의 제시요청이 있는 경우에는 다음 각 호의 기준에 따른다 (토보침 제55조 제3항).

1. 환매 당시의 감정평가액이 지급한 보상금액에 표본지의 지가변동률을 고려한 가격보다 적거나 같을 경우에는 지급한 보상금액으로 결정한다.
2. 환매 당시의 감정평가액이 지급한 보상금액에 표본지의 지가변동률을 고려한 금액보다 많을 경우에는 다음 산식에 따라 산정된 금액으로 한다.

환매금액 = 보상금액 + [환매 당시의 감정평가액 − (보상금액 × (1 + 인근 유사토지의 지가변동률))]

질의회신

【질의회신1】▶ 택지지구에 편입된 도로사업의 환매토지의 평가시 평가방법 (2009.12.30. 토지정책과−6324)

【질의요지】

당초 목적(도시계획 도로사업)과 다른 목적(택지개발사업)의 공익사업에 편입되어 당초 소유자에게 환매된 토지에 대하여 도로로 평가하여야 하는지, 도로로 편입되기 전의 상태로 평가하여야 하는지

【회신내용】

공법상 제한이 당해 공익사업의 시행을 직접 목적으로 하여 가하여진 경우는 물론이고 당초의 목적사업과는 다른 목적의 공익사업에 편입되는 경우에도 모두 그러한 제한을 받지 아니하는 상태대로 이를 평가하여야 할 것이라고 판시(대법원 1993.11.12 선고 93누7570, 1992.3.13 선고 91누4324, 1989.7.11. 선고 88누11797)하고 있음을 참고하시고, 귀 질의의 경우 이에 해당되는지 여부 등 개별적인 사례에 대하여는 사실관계 등을 검토하여 판단하시기 바람.

7. 환매권의 효력 및 소멸

가. 환매권행사의 효력

환매권는 상대방에 대한 의사표시를 요하는 형성권의 일종으로서 환매의 의사표시가 상대방에게 도달한 때에 비로소 환매권 행사의 효력이 발생함이 원칙이다.[1019] 다만, 환매권 행사의 효력으로 환매권자의 환매의 의사표시가 상대방(사업시행자)에게 도달하면 곧바로 별도의 소유권이전등기절차 없이 사업시행자가 갖고 있던 토지소유권이 환매권자에게 이전되는가의 문제가 있다.

이에 대해 환매는 (ⅰ) 사업시행자의 동의를 요하지 않고 환매권자의 의사표시(일정한 금액의 지급)만으로 성립하며 의사표시가 있으면 소유권이전의 효과가 즉시 발생한다는 견해, (ⅱ) 환매권의 채권적 효력을 인정하여 환매권자가 환매의사표시를 하면 소유권이전등기말소의 청구권(해제권설) 또는 소유권이전등기의 청구권(예약완결권설)이 발생하고 이후 등기가 있어야 소유권이전의 효과가 있다고 보는 견해가 있다고 소개되고 있는데,[1020] 보상실무상 환매권자가 법정요건을 갖추고 환매의사 표시를 하면 그 효과로 환

1019) 대법원 1999.4.9. 선고, 98다46945 판결
1020) 이성수·배명아, 앞의 책, 2014, 603면 일부 참조. ; 김은유/임승택. 앞의 책, 2014, 784면 일부참조. ; 신경직, 앞의 책, 2017, 434면 일부참조.

매권자에게는 소유권이전등기 청구권이 발생되고 사업시행자는 환매권자에게 소유권이 전등기를 하여 종국적으로 환매권자 입장에서는 종전사업시행자로부터 소유권이전등기를 이전 받아야 완전한 원상회복을 하게 된다는 점을 고려하면 위 논의의 실익은 별로 없으나 환매권에 채권적 효력을 인정하자는 견해가 보다 타당하다고 생각한다.

이에 대해 대법원도 "징발재산정리에 관한 특별조치법 제20조 소정의 환매권은 일종의 형성권으로서 그 존속기간(국방부장관으로부터 환매권행사의 통지가 있은 경우에는 위 법조 제3항에 의하여 그때로부터 3월, 그렇지 않은 경우에는 환매권이 발생한 날 즉 징발재산의 전부 또는 일부가 군사상 필요 없게 된 때로부터 10년)은 제척기간으로 보아야 한다는 것이 당원의 견해인바(당원 1990.1.12. 선고 88다카25342 판결; 1990.4.27. 선고 89다카31184 판결; 1990.10.12. 선고 90다카20838 판결 참조), 위 환매권은 재판상이든 재판외이든 위 기간 내에 이를 행사하면 이로써 매매의 효력이 생기는 것이고 반드시 위 기간 내에 재판상 행사하여야 되는 것은 아니며 또한 환매권의 행사로 발생한 소유권이전등기청구권은 위 기간 제한과는 별도로 환매권을 행사한 때로부터 **일반채권**과 같이 민법 제162조 제1항 소정의 10년의 소멸시효기간이 진행되는 것이지 위 제척기간 내에 이를 행사하여야 하는 것은 아니라고 보아야 할 것이다."라고 판시[1021]하면서 환매권의 채권적 효력을 인정하고 있다.

한편, 소송실무상 유의하여야 할 점이 2가지가 있는바, (i) 환매권은 재판상 또는 재판외 환매권 행사기간 내에 하면 되는 것이나, 환매권은 상대방에 대한 의사표시를 요하는 형성권의 일종으로서 환매의 의사표시가 상대방에게 도달한 때에 비로소 환매권 행사의 효력이 발생함이 원칙이므로, 환매권자가 환매의 의사표시를 담은 소장 부본을 피고에게 송달함으로써 환매권을 재판상 행사하는 경우에는 그 소장 부본이 피고에게 도달할 때에 비로소 환매권 행사의 효력이 발생하여 환매권자와 피고 사이에 매매의 효력이 생긴다 할 것이므로, 환매의 의사표시가 담긴 소장 부본이 위 제척기간 내에 피고에게 송달되어야만 환매권자가 제척기간 내에 적법하게 환매권을 행사하였다고 본다[1022]는 점이고, (ii) 환매권의 행사로 발생한 소유권이전등기청구권은 환매권행사기간(=제척기간) 제한과는 별도로 환매권을 행사한 때로부터 일반채권과 같이 민법 제162조 제1항 소정의 10

1021) 대법원 1991.2.22. 선고 90다13420. 판결. ; 대법원 1992.4.24. 선고. 92다4673 판결
1022) 대법원 1999.4.9. 선고 98다46945 판결

년의 소멸시효기간이 진행되는 것이지 위 제척기간 내에 이를 반드시 행사하여야 할 필요는 없다는 점이다.[1023)

판례

[판례1] ▶ [대법원 1991. 2. 22. 선고 90다13420] (소유권이전등기)

【판시사항】
가. 징발재산 환매권의 법적성질 및 그 존속기간
나. 환매권의 행사로 발생한 소유권이전등기청구권의 소멸시효

【판결요지】
가. 징발재산정리에관한특별조치법 제20조 소정의 환매권은 일종의 형성권으로서 그 존속기간은 제척기간으로 보아야 할 것이며, 위 환매권은 재판상이든 재판외이든 위 기간내에 이를 행사하면 이로써 매매의 효력이 생기는 것이고 반드시 위 기간 내에 재판상 행사하여야 하는 것은 아니다.
나. 환매권의 행사로 발생한 소유권이전등기청구권은 위 기간 제한과는 별도로 환매권을 행사한 때로부터 일반채권과 같이 민법 제162조 소정의 10년의 소멸시효 기간이 진행되는 것이지, 위 제척기간 내에 이를 행사하여야 하는 것은 아니다.

【이 유】
1. 원고 박○○ 등의 소송대리인의 상고이유를 본다.
원심판결의 판시이유를 기록에 의하여 살펴본바, 원고 박○○이 위 원고들을 대리하여 1982. 8. 경 피고에 대하여 환매권을 행사하였다는 점에 관한 증인 김○○의 증언은 믿을 수 없고 달리 그 사실을 인정할 증거가 없다고 하여 위 일시경 환매권을 행사하였음을 전제로 한 위 원고들의 청구를 배척한 원심의 조치는 정당하다고 수긍이 가고 거기에 소론과 같이 채증법칙위반의 위법은 없다. 논지는 이유 없다.
이 사건 토지에 관하여 아직 환매사유가 발생하지 않았으니 앞으로 환매사유가 발생하면 법에 의하여 통지하겠다는 내용의 소론 1982. 8. 24. 자 국방부장관의 민원회신

1023) 대법원 1991. 2. 22. 선고 90다13420 판결

(갑제10호증)은 원고 박○○에 대하여만 보낸 것이 분명하고 달리 기록상 위 원고들에 대하여도 그와 같은 내용의 회신을 하였음을 인정할 자료를 찾아볼 수 없을 뿐만 아니라 설령 위 민원회신이 위 원고들도 그 대상으로 한 것이었다 하여도 그러한 사정만으로는 원고들의 환매권이 제척기간도과로 소멸하였다는 피고의 주장이 신의칙위반 및 권리남용에 해당한다고 볼 수도 없으므로 원심이 이 점에 관한 위 원고들의 주장을 판단하지 아니한 허물은 판결결과에 영향이 없어 원심판결을 파기할 사유가 되지 못한다 할 것이다. 이 점 논지도 이유 없다.

2. 피고소송수행자의 상고이유를 본다.
기록에 의하여 살펴본바, 원고 박○○이 1982.8.경 피고에 대하여 이 사건 토지에 대한 환매권을 행사하였다고 인정한 원심의 조치에 소론과 같은 채증법칙위배의 위법이 있다 할 수 없다. 논지는 이유 없다.
징발재산정리에 관한 특별조치법 제20조 소정의 환매권은 일종의 형성권으로서 그 존속기간(국방부장관으로부터 환매권행사의 통지가 있은 경우에는 위 법조 제3항에 의하여 그때로부터 3월, 그렇지 않은 경우에는 환매권이 발생한 날 즉 징발재산의 전부 또는 일부가 군사상 필요 없게 된 때로부터 10년)은 제척기간으로 보아야 한다는 것이 당원의 견해인바(당원 1990.1.12. 선고 88다카25342 판결; 1990.4.27. 선고 89다카31184 판결; 1990.10.12. 선고 90다카20838 판결 참조), 위 환매권은 재판상이든 재판외이든 위 기간 내에 이를 행사하면 이로써 매매의 효력이 생기는 것이고 반드시 위 기간 내에 재판상 행사하여야 되는 것은 아니며 또한 환매권의 행사로 발생한 소유권이전등기청구권은 위 기간 제한과는 별도로 환매권을 행사한 때로부터 **일반채권**과 같이 민법 제162조 제1항 소정의 10년의 소멸시효기간이 진행되는 것이지 위 제척기간 내에 이를 행사하여야 하는 것은 아니라고 보아야 할 것이다.
원심이 위와 같은 취지에서 원고 박○○은 이 사건 토지에 대하여 환매권을 행사할 수 있게 된 1972.11.1.부터 제척기간인 10년이 경과하기 전인 1982.8.경 환매권을 행사하였고 다시 그때로부터 소멸시효기간인 10년이 경과하지 아니한 1989.5.27. 위 환매권행사로 발생한 소유권이전등기청구권에 기하여 피고를 상대로 이 사건 소를 제기하였으므로 위 환매권과 그 행사에 의한 소유권이전등기청구권은 위 각 기간 내에 적법하게 행사하였다고 판단하였음은 정당하고 거기에 소론과 같은 환매권의 행사방법과 형성권의 행사로 생긴 청구권의 시효에 관한 법리를 오해한 위법이 없다. 위와 다른 견해를 펴는 논지는 채용할 수 없다.

[판례2] ▶ [대법원 1992.4.24. 선고, 92다4673] (소유권이전등기)

【판시사항】
가. 징발재산환매권의 법적 성질 및 그 존속기간
나. 위 "가"항의 환매권의 행사로 발생한 소유권이전등기청구권의 소멸시효기간

【판결요지】
가. 징발재산정리에관한특별조치법 제20조 소정의 환매권은 일종의 형성권으로서 그 존속기간은 제척기간으로 보아야 할 것이며, 위 환매권은 재판상이든 재판외이든 그 기간 내에 행사하면 이로써 매매의 효력이 생기고, 위 매매는 같은 조 제1항에 적힌 환매권자와 국가 간의 사법상의 매매라 할 것이다.
나. 위 "가"항의 환매권의 행사로 발생한 소유권이전등기청구권은 위 제척기간과는 별도로 환매권을 행사한 때로부터 일반채권과 같이 민법 제162조 소정의 10년의 소멸시효의 기간이 진행된다.

【이 유】
1. 원심판결이 인용한 제1심판결 이유에 의하면 제1심은 그 거시증거에 의하여 원고의 소유이던 이 사건 토지에 관하여 피고가 징발재산정리에관한특별조치법에 의하여 군사상 긴요하여 군이 계속 사용할 필요가 있다는 이유로 1970.12.21. 원고로부터 이를 매수하여 1971.3.24. 피고 명의로 소유권이전등기를 경료하여 군사상의 목적에 사용하던 중 1975.경에는 군사상의 목적에 제공되지 아니한 채 방치되어 온 사실, 그러자 원고는 위 특별조치법 제20조에 의거 1979.3.6. 이 사건 토지에 관한 환매의 의사표시를 한 사실 등을 인정한 다음 피고는 원고에게 1979.3.6. 환매를 원인으로 한 소유권이전등기절차를 이행할 의무가 있다고 하고서, 피고의 소멸시효항변에 대하여, 원고는 1979.3.6. 환매권을 행사하였고, 그로부터 10년이 경과한 이후임이 역수상 명백한 1990.7.26.에 이르러 이 사건 소를 제기하였음이 기록

상 명백하므로 위 환매로 인하여 발생한 원고의 소유권이전등기청구권은 소멸시효
가 완성된 것이라 하여 피고의 위 항변을 인용하였다.

2. 징발재산정리에관한특별조치법 제20조 소정의 환매권은 일종의 형성권으로서 그
   존속기간은 제척기간으로 보아야 할 것이며, 위 환매권은 재판상이든 재판외이든
   그 기간 내에 행사하면 이로써 매매의 효력이 생기고, 위 매매는 같은 조 제1항에
   적힌 환매권자와 국가 간의 사법상의 매매라 할 것이며, 환매권의 행사로 발생한
   소유권이전등기청구권은 위 제척기간과는 별도로 환매권을 행사한 때로부터 일반
   채권과 같이 민법 제162조 소정의 10년의 소멸시효의 기간이 진행되는 것이다(당
   원 1989.12.12. 선고 88다카15000 판결; 1991.2.22. 선고 90다13420 판결 각 참
   조).
   그러므로 원심이 환매권 행사로 인한 소유권이전등기청구권이 일반채권과 같은 10
   년 소멸시효의 대상이 되는 것으로 판단한 조치는 정당하고 이에 대하여 반대의 견
   해를 내세워 원심을 탓하는 논지는 이유 없다.
   논지는 원고가 1983.12.27.과 1984.12.23.에도 환매권을 행사하였으므로 이로부
   터 따지면 이 사건 소유권이전등기청구권은 시효소멸되지 아니하였으므로 피고의
   소멸시효항변은 배척될 수밖에 없는 것이어서 원심은 이 점에 관하여 판단유탈이
   나 사실오인의 위법을 저지른 것이라고 하나, 원고의 1979.3.6. 환매권의 행사에
   의하여 그 형성적인 효력으로 원·피고 사이에 매매가 성립되어 원고는 이 사건
   토지에 관한 소유권이전등기청구권을 행사할 수 있게 되었으므로 그 후에 이르러
   원고가 다시 환매의 의사표시를 하였다 하더라도 이미 발생한 환매의 효력에는 어
   떠한 영향을 미치는 것이 아니므로 원심이 이 점에 관하여 판단을 명시하지 아니하
   였다 하더라도 거기에 소론이 지적하는 위법이나 판결에 영향이 있다 할 수 없다.
   논지는 이유 없다.

▶ 환매권 행사에 따른 효과로 환매권자는 종전 토지의 소유권을 회복하게 되는데 이
때 해당토지에 대한 취득세는 면제된다.(지방세특례제한법 제73조제3항)

■ 지방세특례제한법

[시행 2019.4.30.] [법률 제16413호, 2019.4.30., 타법개정]

제73조(토지수용 등으로 인한 대체취득에 대한 감면) ①「공익사업을 위한 토지 등의 취득 및 보상에 관한 법률」, 「국토의 계획 및 이용에 관한 법률」, 「도시개발법」 등 관계 법령에 따라 토지 등을 수용할 수 있는 <u>사업인정을 받은 자</u>(「관광진흥법」 제55조제1항에 따른 조성계획의 승인을 받은 자 및 「농어촌정비법」 제56조에 따른 농어촌정비사업 시행자를 포함한다)<u>에게 부동산</u>(선박·어업권 및 광업권을 포함한다. 이하 이 조에서 "부동산등"이라 한다)<u>이 매수, 수용 또는 철거된 자</u>(「공익사업을 위한 토지 등의 취득 및 보상에 관한 법률」이 적용되는 공공사업에 필요한 부동산등을 해당 공공사업의 시행자에게 매도한 자 및 같은 법 제78조제1항부터 제4항까지 및 제81조에 따른 이주대책의 대상이 되는 자를 포함한다)<u>가 계약일 또는 해당 사업인정 고시일</u>(「관광진흥법」에 따른 조성계획 고시일 및 「농어촌정비법」에 따른 개발계획 고시일을 포함한다) <u>이후에 대체취득할 부동산등에 관한 계약을 체결하거나 건축허가를 받고, 그 보상금을 마지막으로 받은 날</u>(사업인정을 받은 자의 사정으로 대체취득이 불가능한 경우에는 취득이 가능한 날을 말하고, 「공익사업을 위한 토지 등의 취득 및 보상에 관한 법률」 제63조제1항에 따라 토지로 보상을 받는 경우에는 해당 토지에 대한 취득이 가능한 날을 말하며, 같은 법 제63조제6항 및 제7항에 따라 보상금을 채권으로 받는 경우에는 채권상환기간 만료일을 말한다)<u>부터 1년 이내</u>(제6조제1항에 따른 농지의 경우는 2년 이내)<u>에 다음 각 호의 구분에 따른 지역에서 종전의 부동산등을 대체할 부동산등을 취득하였을 때</u>(건축 중인 주택을 분양받는 경우에는 분양계약을 체결한 때를 말한다)<u>에는 그 취득에 대한 취득세를 면제한다.</u> 다만, 새로 취득한 부동산등의 가액 합계액이 종전의 부동산등의 가액 합계액을 초과하는 경우에 그 초과액에 대해서는 취득세를 부과하며, 초과액의 산정 기준과 방법 등은 대통령령으로 정한다. 〈개정 2010.12.27., 2015.12.29., 2016.12.27.〉

  1. 농지 외의 부동산등

    가. 매수·수용·철거된 부동산등이 있는 특별시·광역시·특별자치시·

도·특별자치도 내의 지역

나. 가목 외의 지역으로서 매수·수용·철거된 부동산등이 있는 특별자치시·시·군·구와 잇닿아 있는 특별자치시·시·군·구 내의 지역

다. 매수·수용·철거된 부동산등이 있는 특별시·광역시·특별자치시·도와 잇닿아 있는 특별시·광역시·특별자치시·도 내의 지역. 다만, 「소득세법」 제104조의2제1항에 따른 지정지역은 제외한다.

2. 농지(제6조제1항에 따른 자경농민이 농지 경작을 위하여 총 보상금액의 100분의 50 미만의 가액으로 취득하는 주택을 포함한다)

가. 제1호에 따른 지역

나. 가목 외의 지역으로서 「소득세법」 제104조의2제1항에 따른 지정지역을 제외한 지역

② 제1항에도 불구하고 「지방세법」 제13조제5항에 따른 과세대상을 취득하는 경우와 대통령령으로 정하는 부재부동산 소유자가 부동산을 대체취득하는 경우에는 취득세를 부과한다. 〈개정 2010.12.27.〉

③ 「공익사업을 위한 토지 등의 취득 및 보상에 관한 법률」에 따른 환매권을 행사하여 매수하는 부동산에 대해서는 **취득세를 면제한다.** 〈개정 2015.12.29.〉

나. 환매권의 대항력

(1) 현행 토지보상법 제정 이전

현행 토지보상법 제정 이전 구「토지수용법」은 '토지수용에 의하여 취득한 토지에 대한 환매권은 부동산등기법의 정하는 바에 의하여 **수용의 등기**가 되었을 때에는 제3자에게 대항할 수 있다'고 규정하여(토지수용법 제71조제6항).[1024] 수용이 아닌 협의취득으로

[1024] ■ **토지수용법 제71조 (환매권)** ① 사업인정 후 협의취득일 또는 수용일로부터 10년이내에 사업의 폐지·변경 기타의 사유로 인하여 수용한 토지의 전부 또는 일부가 필요없게 된 때에는 그 협의취득일 또는 수용당시의 토지소유자 또는 그 포괄승계인(이하 "還買權者"라 한다)은 그 필요없게 된 때로부터 1년, 그 협의취득일 또는 수용일로부터 10년이내에 당해 토지 및 토지에 관한 소유권 이외의 권리에 대하여 지급받은 보상금에 상당한 금액을 기업자에게 지급하고 그 토지를 환매할 수 있다.〈개정 1981·12·31〉
② 제1항의 규정은 사업인정후 협의취득일 또는 수용일로부터 5년을 경과하여도 수용한 토지의 전부를 사업에 이용하지 아니하였을 때에 이를 준용한다.〈개정 1981·12·31〉

인한 경우는 어떠한 등기를 하여야 하는지에 대해서는 명문규정이 없었고, 구「공공용지
의취득및손실보상에관한특례법」(이하 '공특법'이라 함)에서는 '협의취득한 경우에는 환매
권은 부동산등기법이 정하는 바에 의하여 **등기**가 되었을 때에는 제3자에게 대항할 수 있
다'라고만 규정(공특법 제9조제4항)[1025])되어 <u>부동산등기법이 정하는 등기</u>가 어떤 등기
인지(예: 협의취득등기 또는 수용의 등기)는 불명확하여 이에 대한 논란이 있었다.[1026]

(2) 현행 토지보상법

현행 토지보상법 제91조 제5항에서는 "환매권은「부동산등기법」이 정하는 바에 의하여
공익사업에 필요한 토지의 **협의취득 또는 수용의 등기**가 된 때에는 제3자에게 대항할 수
있다"고 하여 '공익사업에 필요한 토지의 협의취득의 등기(=공공용지로 취득하였다는 내

---

③ 제2항의 규정에 의한 환매권은 사업인정후 협의취득일 또는 수용일로부터 6년이내에 이를 행사하여
야 한다.〈개정 1981 · 12 · 31〉
④ 제48조제1항의 규정에 의하여 수용한 잔여지에 대하여는 그 잔여지에 접속된 부분이 필요없게 된 경
우가 아니면 이를 환매할 수 없다.〈개정 1981 · 12 · 31〉
⑤ 토지의 가격이 수용당시에 비하여 현저히 변경되었을 때에는 <u>기업자 또는 환매권자는 그 금액의 증
감을 법원에 청구할 수 있다.</u>
⑥ 제1항 내지 제5항의 규정에 의한 <u>환매권은 부동산등기법의 정하는 바에 의하여 수용의 등기가 되었
을 때에는 제삼자에게 대항할 수 있다.</u>〈개정 1981 · 12 · 31〉
⑦ 국가 · 지방자치단체 또는 정부투자기관이 사업인정을 받아 토지를 협의취득 또는 수용한 후, 사업인
정을 받은 공익사업이 <u>제3조제1호 내지 제4호에 규정된 다른 공익사업으로 변경된 경우</u>에는, 당해 토지
에 대한 제1항 및 제2항의 규정에 의한 기간은 당해 공익사업의 변경을 관보에 고시한 날로부터 기산한
다.〈신설 1981 · 12 · 31〉
1025) ■ **공특법 제9조 (환매권)** ① 토지등의 취득일부터 10년이내에 당해공공사업의 폐지 · 변경 기타의
사유로 인하여 취득한 토지등의 전부 또는 일부가 필요없게 되었을 때에는 취득당시의 토지등의 소유자
또는 그 포괄승계인(이하 "還買權者"라 한다)은 필요없게 된 때로부터 1년 또는 취득일부터 10년이내에
토지등에 대하여 지급한 보상금의 상당금액을 사업시행자에게 지급하고 그 토지등을 매수할 수 있다.
② 제1항의 규정은 취득일부터 5년을 경과하여도 취득한 토지등의 전부를 공공사업에 이용하지 아니하
였을 때에 이를 준용하며, 이 경우의 환매권은 취득일부터 6년이내에 이를 행사하여야 한다.
③ 토지등의 가격이 취득 당시에 비하여 현저히 변경되었을 때에 사업시행자 또는 환매권자는 그 금액
에 대하여 협의를 하여야 하며, 그 협의가 성립되지 아니할 때에는 대통령령이 정하는 바에 따라 <u>그 토
지등의 소재지를 관할하는 토지수용위원회에 재결을 신청할 수 있다.</u>
④ 이 조에 의한 <u>환매권은 부동산등기법이 정하는 바에 의하여 등기가 되었을 때에는 제3자에게 대항할
수 있다.</u>
⑤ 토지수용법 제72조의 규정은 제1항 및 제2항의 규정에 의한 환매권에 대하여 이를 준용한다.
1026) 즉 부동산등기법이 정하는 등기의 의미에 대해 이를 (ⅰ) 민법상 환매권과 동일하게 환매특약등기를
대항요건으로 보자는 견해, (ⅱ) 공공용지로 취득하였다는 내용이 포함된 등기로 보자는 견해, (ⅲ) 사업
시행자의 명의로 등기가 되어 있으면 된다는 견해가 있었다. (이성수 · 배명아, 앞의 책, 법률정보센타,
2014, 604면 일부 참조. ; 김은유/임승택, 앞의 책, 2014, 763-764면 일부참조. ; 신경직, 앞의 책,
2017, 435면 일부참조.)

용이 포함된 등기)'를 제3자 대항요건으로 하여 명문으로 규정되어 입법론적으로 해결되었다.

여기에서 '제3자에게 대항할 수 있다'는 의미에 대해 판례는 "협의취득 또는 수용의 목적물(=환매대상 목적물)이 제3자에게 이전되더라도 협의취득 또는 수용의 등기가 되어 있으면 환매권자의 지위가 그대로 유지되어 환매권자는 환매권을 행사할 수 있고, 제3자에 대해서도 이를 주장할 수 있다는 의미이다"라고 판시하고 있다.1027)

판례

[판례1] ▶ 구 공익사업을 위한 토지 등의 취득 및 보상에 관한 법률 제91조 제5항에서 정한 '환매권은 부동산등기법이 정하는 바에 의하여 공익사업에 필요한 토지의 협의취득 또는 수용의 등기가 된 때에는 제3자에게 대항할 수 있다'의 의미
[대법원 2017.3.15. 선고 2015다238963] [손해배상(기)]

【판결요지】
구 공익사업을 위한 토지 등의 취득 및 보상에 관한 법률(2007.10.17. 법률 제8665호로 개정되기 전의 것) 제91조 제5항은 '환매권은 부동산등기법이 정하는 바에 의하여 공익사업에 필요한 토지의 협의취득 또는 수용의 등기가 된 때에는 제3자에게 대항할 수 있다'고 정하고 있다. 이는 협의취득 또는 수용의 목적물이 제3자에게 이전되더라도 협의취득 또는 수용의 등기가 되어 있으면 환매권자의 지위가 그대로 유지되어 환매권자는 환매권을 행사할 수 있고, 제3자에 대해서도 이를 주장할 수 있다는 의미이다.

다. 환매권의 소멸

1027) 대법원 2017.3.15. 선고 2015다238963 판결 : 甲 지방자치단체가 도로사업 부지를 취득하기 위하여 乙 등으로부터 토지를 협의취득하여 소유권이전등기를 마쳤는데, 위 토지가 택지개발예정지구에 포함되자 이를 택지개발사업 시행자인 丙 공사에 무상으로 양도하였고, 그 후 택지개발예정지구 변경지정과 개발계획 변경승인 및 실시계획 승인이 고시되어 위 토지가 택지개발사업의 공동주택용지 등으로 사용된 사안에서, 택지개발사업의 개발계획 변경승인 및 실시계획 승인이 고시됨으로써 토지가 도로사업에 필요 없게 되어 乙 등에게 환매권이 발생하였고, 乙 등은 환매권이 발생한 때부터 제척기간 도과로 소멸할 때까지 사이에 언제라도 환매권을 행사하고, 이로써 제3자에게 대항할 수 있다고 한 사례로 '이 사건 각 토지에 관하여 피고(사업시행자) 앞으로 공공용지 협의취득을 원인으로 한 소유권이전등기를 마쳤으므로, 원고들로서는 환매권이 발생한 때부터 제척기간 도과로 소멸할 때까지 사이에 언제라도 이 사건 각 토지에 관하여 환매권을 행사하고, 이로써 제3자에게 대항할 수 있다'고 판시하였다.

(1) 사업시행자의 환매통지가 없는 경우

해당 사업의 폐지·변경 또는 그 밖의 사유로 취득한 토지의 전부 또는 일부가 필요 없게 된 때부터 <u>1년 또는 그 취득일부터 10년</u>의 제척기간 경과로 환매권은 소멸된다(법 제91조 제1항). 또한 취득일부터 5년 이내에 취득한 토지의 전부를 해당 사업에 이용하지 아니하였을 때에는 취득일부터 6년의 제척기간 경과로도 환매권이 소멸한다(법 제91조 제2항).

(2) 사업시행자가 환매통지를 한 경우

사업시행자는 환매할 토지가 생겼을 때에는 지체 없이 그 사실을 환매권자에게 통지하거나 공고하여야 한다. 이 경우 환매권자는 통지를 받은 날 또는 공고를 한 날부터 <u>6개월</u>이 경과하면 환매권을 행사할 수 없고 환매권은 소멸한다(법 제92조 제2항). 사업시행자의 통지나 공고는 환매권자의 환매권 행사기간(제척기간)을 6개월로 단축시키는 효과가 있다.

8. 공익사업의 변경 (=공익사업의 변환)

가. 의의

공익사업의 변경이란 국가, 지방자치단체 또는 공공기관이 사업인정을 받아 공익사업을 위하여 토지 등을 협의 취득 또는 수용한 이후, 해당 공익사업이 다른 공익사업으로 변경된 경우, 별도의 협의취득 또는 수용의 절차를 이행하지 아니하고 당해 협의 취득 또는 수용된 토지를 변경된 다른 공익사업으로 이용하는 제도를 말한다.

공익사업의 변경은 환매권에 대한 실질적인 제한이므로 원칙적으로 인정될 수 없다. 즉, <u>원래 국민의 재산권을 제한하는 토지수용권 등의 발동은 공공복리의 증진을 위하여 긴요하고도 불가피한 특정의 공익사업의 시행에 필요한 최소한도에 그쳐야 하는 것이므로,</u> 사정의 변경 등에 따라 그 특정된 공익사업의 전부 또는 일부가 폐지·변경됨으로써 그 공익사업을 위하여 취득한 토지의 전부 또는 일부가 필요 없게 되었다면, 설사 그 토지가 새로운 다른 공익사업을 위하여 필요하다고 하더라도 환매권을 행사하는 환매권자(원소유자나 그 포괄승계인)에게 일단 되돌려 주었다가 다시 협의취득하거나 수용하는 절차를 밟아야 되는 것이 원칙이다. 다만, 당초의 공익사업이 공익성의 정도가 높은 다른 공익사업으로 변경되고 그 다른 공익사업을 위하여 토지를 계속 이용할 필요가 있을 경우에는, 환매권의 행사를 인정한 다음 다시 협의취득이나 수용 등의 방법으로 그 토지를 취득하는 번거로운 절차를 되풀이 하는 것은 무용한 절차의 반복이라는 점에서 특칙으로 이른바 '공익사업의 변환'을 인정함으로써 환매권의 행사를 제한할 필요가 있는 것이다.[1028]

판례

[판례1] ▶ 계쟁토지의 취득목적인 공원조성사업이 완료되어 공중에 제공되었다가, 그 후 위 토지와 그 일대의 토지들에 대한 택지개발계획이 승인되어 공원시설을 철거하고 그 지상에 아파트건축공사를 시행하고 있다면, 토지의 원소유자가 공공용지의취득및손실보상에관한특례법에 따라 위 토지를 환매할 수 있다고 한 사례 [대법원 1992.4.28. 선고 91다29927] (소유권이전등기)

【판시사항】
토지수용법 제71조 제7항의 규정취지 및 당해 공익사업의 폐지 변경으로 인하여 수용한 토지가 필요 없게 된 경우에 있어서의 환매권

【판결요지】
원래 국민의 재산권을 제한하는 토지수용권 등의 발동은 공공복리의 증진을 위하여 긴요하고도 불가피한 특정의 공익사업의 시행에 필요한 최소한도에 그쳐야 하는 것이므로, 사정의 변경 등에 따라 그 특정된 공익사업의 전부 또는 일부가 폐지·변경됨으로써 그 공익사업을 위하여 취득한 토지의 전부 또는 일부가 필요 없게 되었다면, 설사 그 토지가 새로운 다른 공익사업을 위하여 필요하다고 하더라도 환매권을 행사하는 환매권자(원소유자나 그 포괄승계인)에게 일단 되돌려 주었다가 다시 협의취득하거나 수용하는 절차를 밟아야 되는 것이 원칙이라고 할 것이다. 그러나 당

1028) 대법원 1992.4.28. 선고 91다29927 판결 [소유권이전등기] 일부 편집·수정인용

초의 공익사업이 공익성의 정도가 높은 다른 공익사업으로 변경되고 그 다른 공익사업을 위하여 토지를 계속 이용할 필요가 있을 경우에는, 환매권의 행사를 인정한 다음 다시 협의취득이나 수용 등의 방법으로 그 토지를 취득하는 번거로운 절차를 되풀이 하지 않게 하기 위하여 이른바 "공익사업의 변환"을 인정함으로써 환매권의 행사를 제한하려고, 토지수용법 제71조 제7항이 위와 같이 규정한 것으로 이해된다. 따라서 사업인정을 받은 당해 공익사업의 폐지·변경으로 인하여 수용한 토지가 필요 없게 된 때에는, 토지수용법 제71조 제7항에 의하여 공익사업의 변환이 허용되는 같은 법 제3조 제1호 내지 제4호에 규정된 다른 공익사업으로 변경되는 경우가 아닌 이상, 환매권자가 그 토지를 환매할 수 있는 것이라고 보지 않을 수 없다.[1029]

나. 공익사업의 변경을 인정한 특별법

현행 토지보상법의 공익사업의 변경 이외에 공익사업의 변경을 인정하는 특별법들이 제정·개정되어 왔다. 현행 토지보상법상의 환매권의 공익사업의 변경을 직접 법률에서 인정하고 있는 특별법으로는 「신행정수도 후속대책을 위한 연기공주지역 행정중심복합도시 건설을 위한 특별법」[1030], 「혁신도시 조성 및 발전에 관한 특별법」[1031], 「기업도시개발특별법」[1032] 등이 있고 이들 특별법상 공익사업변경과 관련된 법률 규정은 아래와 같다.

[1029] 이 사건의 경우 서울특별시장이 당초 특례법에 따라 이 사건 토지를 취득한 목적사업인 공원조성사업은 토지수용법 제3조 제3호에 해당하는 공익사업인 반면, 서울특별시가 그 후 시행한 택지개발사업은 같은 법 제3조 제5호에 해당하는 공익사업임이 법문상 명백하므로, 위에서 본 토지수용법 제71조 제7항과 특례법 제1조, 제2조, 제9조 등 관계법령의 규정취지로 미루어 볼 때, 이 사건 토지 위에 택지개발사업이 새로 시행되고 있다는 이유만으로는 공원조성사업에 필요 없게 된 이 사건 토지의 원소유자인 원고가 특례법 제9조 제1항에 따라 이 사건 토지를 환매할 수 없다고 볼 수는 없을 것이다.
[1030] 2015.3.18. 제정(법률 제7391호) [시행 2005.5.19] 후 여러 차례 개정이 있었고, 최근 2021.4.6. 일부개정(법률 제17873호) [시행 2021.4.6]이 있었다.
[1031] 2007.1.1. 「공공기관 지방이전에 따른 혁신도시 건설 및 지원에 관한 특별법」(약칭: 혁신도시법) 제정(법률 제8238호) [시행 2007.2.12] 후 여러 차례개정이 있었고, 최근 2017.12.26. 일부개정(법률 제15309호)으로 **법률명칭**이 「혁신도시 조성 및 발전에 관한 특별법」(약칭: 혁신도시법)으로 **변경**되었다.
[1032] 2004.12.31. 제정(법률 제7310호) [시행 2005. 5.1] 후 수차례의 개정이 있었고, 최근 2020.12.8. 일부개정(법률 제17611호) [시행 2021.6.9.]이 있었다.

《공익사업의 변경을 인정하는 특별법》

■ **신행정수도 후속대책을 위한 연기·공주지역 행정중심복합도시 건설을 위한 특별법** (약칭: 행복도시법) [시행 2021.4.6.] [법률 제17873호, 2021.1.5. 일부개정]

제24조(토지등의 수용 등) ① 사업시행자는 예정지역 안에서 행정중심복합도시건설사업의 시행을 위하여 필요할 때에는 「공익사업을 위한 토지 등의 취득 및 보상에 관한 법률」 제3조에 따른 토지등을 수용하거나 사용할 수 있다.

② 예정지역등이 지정 및 고시되었을 때에는 「공익사업을 위한 토지 등의 취득 및 보상에 관한 법률」 제20조제1항 및 제22조에 따른 사업인정 및 사업인정의 고시가 된 것으로 보며, 재결(裁決)의 신청은 같은 법 제23조제1항 및 제28조제1항에도 불구하고 제20조제3항제11호에 따른 행정중심복합도시건설사업 시행기간 이내에 할 수 있다.

③ 제1항에 따른 토지등의 수용 또는 사용에 관한 재결의 관할 토지수용위원회는 중앙토지수용위원회로 한다.

④ 예정지역등의 지정 고시 전에 예정지역 안에서 「공익사업을 위한 토지 등의 취득 및 보상에 관한 법률」 제4조 각 호의 공익사업 또는 개별 법률에 따라 같은 법 제20조제1항에 따른 사업인정이 의제되는 사업(이하 이 항에서 "종전공익사업"이라 한다)의 시행을 위하여 협의취득 또는 수용된 토지등의 소유자가 같은 법 제91조제1항 및 제2항에 따라 환매권을 행사할 수 있는 기간은 종전공익사업이 이 법에 따른 행정중심복합도시건설사업으로 **변경**된 것으로 보아 예정지역등의 지정 고시일부터 기산(起算)한다. 이 경우 사업시행자는 **사업의 변경사실**을 대통령령으로 정하는 바에 따라 관보에 고시하고, 환매권자에게 통지하여야 한다.

⑤ 제1항에 따른 토지등의 수용 또는 사용에 대해서는 이 법에 특별한 규정이 있는 경우를 제외하고는 「공익사업을 위한 토지 등의 취득 및 보상에 관한 법률」을 준용한다. [전문개정 2014.6.11.]

■ **혁신도시 조성 및 발전에 관한 특별법** (약칭: 혁신도시법)
[시행 2021.6.9.] [법률 제17614호, 2020.12.8., 일부개정]

제51조(다른 법률에 따른 개발사업구역과 중복지정 등) ① 국토교통부장관은 「택지개발촉진법」에 따른 택지개발지구 등 다른 법률에 따른 개발사업구역(이하 이 조에서 "종전사업구역"이라 한다)과 중복하여 혁신도시개발예정지구를 지정할 수 있다.

〈개정 2008. 2. 29., 2011. 5. 30., 2013. 3. 23.〉

② 제1항의 규정에 따라 중복지정을 하여 혁신도시개발사업을 시행하는 경우에는 제3조에도 불구하고 다른 법률에 따른 개발사업의 절차와 이 법에 따른 혁신도시개발사업의 절차를 각각 거쳐야 한다. 다만, 다른 법률에 따라「공익사업을 위한 토지 등의 취득 및 보상에 관한 법률」제20조제1항 및 제22조의 규정에 따른 사업인정 및 그 고시가 있는 것으로 보는 종전사업구역 안에서의 토지등의 수용등에 대하여는 제15조에도 불구하고 다른 법률에 따른다. 이 경우 제7조제3항의 규정에 따라 혁신도시개발예정지구의 지정을 고시하는 때에는 같은 항 제3호의 규정에 따른 수용 또는 사용할 토지의 세목을 고시하지 아니할 수 있다. 〈개정 2020.6.9.〉

③ 국토교통부장관은 종전사업구역에 혁신도시개발예정지구를 지정한 경우 사업시행자가 다음 각 호 모두에 해당된다고 판단하여 요청하는 경우에는 도시개발위원회의 심의를 거쳐 종전사업구역의 지정권자에게 그 지정의 해제를 요구하거나 해당 개발계획 또는 실시계획의 승인권자에게 그 계획의 변경을 요구할 수 있다. 〈개정 2008.2.29., 2011.5.30., 2013.3.23.〉

  1. 종전사업구역에서의 사업이 혁신도시개발사업의 시행에 심한 지장을 초래하는 경우

  2. 혁신도시개발사업의 시행이 종전사업구역에서의 사업시행에 비하여 현저히 공익에 기여하는 경우

④ 제3항의 요구를 받은 지정권자는 특별한 사유가 없으면 관계 법률에 따라 종전사업구역의 지정을 해제하거나 개발계획 또는 실시계획을 변경하고 그 사실을 관보 또는 공보에 고시한 후 국토교통부장관에게 통보하여야 한다. 〈개정 2008.2.29., 2013.3.23., 2020.6.9.〉

⑤ 제4항의 규정에 따라 종전사업구역이 해제되어 사업시행자가 제15조의 규정에 따라 종전사업구역 안의 토지등을 수용하는 경우 사업시행자는「공익사업을 위한 토지 등의 취득 및 보상에 관한 법률」에 따른 보상을 할 때에 종전의 사업시행과 관련하여 지출한 조사·설계비 등의 비용을 보상하여야 한다. 〈개정 2020.6.9.〉

⑥ 종전의 사업시행자가 종전사업구역 안의 토지를 협의취득 또는 수용한 후 제3항 및 제4항의 규정에 따라 종전사업구역이 해제된 경우「공익사업을 위한 토지 등의 취득 및 보상에 관한 법률」제91조제1항 및 제2항의 규정에 따른 환매권의 행사기간

은 같은 조 제6항에도 불구하고 종전의 공익사업이 이 법에 따른 혁신도시개발사업으로 변경된 것으로 보아 제4항의 규정에 따라 종전사업구역의 지정이 해제되어 그 사실을 관보 또는 공보에 고시한 날부터 기산한다. 〈개정 2020. 6. 9.〉

⑦ 사업시행자는 제6항의 규정에 따른 **공익사업의 변경사실을** 대통령령으로 정하는 바에 따라 환매권자에게 통지하여야 한다. 〈개정 2020.6.9.〉

■ **기업도시개발 특별법** (약칭:기업도시법)

[시행 2021.6.9.] [법률 제17611호, 2020.12.8. 일부개정]

제43조(다른 법률에 따른 개발사업구역 등과의 중복 지정 등) ① 국토교통부장관은 「택지개발촉진법」에 따른 택지개발지구 및 「산업입지 및 개발에 관한 법률」에 따른 산업단지 등 다른 법률에 따른 개발사업구역(이하 이 조에서 "종전의 사업구역"이라 한다)과 중복하여 개발구역을 지정할 수 있다. 〈개정 2013.3.23.〉

② 국토교통부장관은 종전의 사업구역에 개발구역을 지정한 경우 시행자가 다음 각 호 모두에 해당된다고 판단하여 요청할 때에는 위원회의 심의를 거쳐 종전의 사업구역의 지정권자에게 그 해제를 요구할 수 있다. 〈개정 2013.3.23.〉

 1. 종전의 사업구역에서의 사업이 개발사업 시행에 심한 지장을 초래하는 경우

 2. 개발사업 시행이 종전의 사업구역에서의 사업 시행에 비하여 현저히 공익에 이바지하는 경우

③ 제2항의 요구를 받은 지정권자는 특별한 사유가 없으면 관계 법률에 따라 종전의 사업구역의 지정을 지체 없이 해제하고 그 사실을 관보 또는 공보에 고시한 후 국토교통부장관에게 통보하여야 한다. 〈개정 2013.3.23.〉

④ 제3항에 따라 종전의 사업구역이 해제되어 시행자가 제14조에 따라 종전의 사업구역 안의 토지등을 수용하는 경우 시행자는 「공익사업을 위한 토지 등의 취득 및 보상에 관한 법률」에 따른 보상을 할 때 종전의 사업 시행과 관련하여 지출한 조사비·설계비 등의 비용을 보상하여야 한다.

⑤ 종전의 사업시행자가 종전의 사업구역 내 토지를 협의취득하거나 수용한 후 제1항부터 제3항까지의 규정에 따라 종전의 사업구역이 해제된 경우 「공익사업을 위한 토지 등의 취득 및 보상에 관한 법률」 제91조제1항 및 제2항에 따른 환매권(還買權)의 행사기간은 같은 조 제6항에도 불구하고 종전의 공익사업이 이 법에 따른 개발사

업으로 **변경**된 것으로 보아 시행자가 종전의 사업시행자로부터 토지를 협의취득하거나 수용한 날부터 기산(起算)한다.

⑥ 시행자는 제5항에 따른 **공익사업의 변경사실**을 대통령령으로 정하는 바에 따라 환매권자에게 통지하여야 한다. [전문개정 2011.5.30.]

다. 공익사업의 변경의 인정요건

(1) 사업시행자 요건

사업시행자(협의취득 또는 수용주체)는 국가, 지방자치단체 또는 「공공기관의 운영에 관한 법률」(이하 '공공기관운영법'이라 한다) 제4조에 따른 공공기관 중 대통령령으로 정하는 공공기관이어야 한다(법 제91조제6항 전단). 여기에서 '공공기관운영법' 제4조에 따른 공공기관 중 대통령령으로 정하는 공공기관이란 동법 제5조제3항제1호[1033]의 공기업(시장형 공기업, 준시장형 공기업)을 말한다(령 제49조제1항). 따라서 공공기관은 '공공기관운영법' 제5조제3항제1호에 해당되는 공기업만 해당되고 제2호의 준정부기관은 해당되지 않는다.

한편, 이와 관련하여 2가지의 문제점이 대두되고 있는데 그 첫째는 공익사업의 주체변경의 문제이고 둘째는 변경된 공익사업의 주체의 공공기관성 여부의 문제이다.

① 공익사업의 주체변경(=사업시행자의 동일성 여부)

공익사업의 변경은 최초의 사업시행자와 변경되는 다른 공익사업의 사업시행자가 동일인이어야 하는가의 문제에 대해 견해의 대립이 있다.

(ⅰ) 긍정설

공익사업의 변경은 환매권인정에 대한 예외적인 규정이고 사업시행자의 동일성을 부정하

1033) ■ **공공기관의 운영에 관한 법률 제5조(공공기관의 구분)** ③기획재정부장관은 공공기관을 다음 각 호의 구분에 따라 지정한다. 〈개정 2020.3.31.〉
 1. 공기업·준정부기관: 직원 정원, 수입액 및 자산규모가 대통령령으로 정하는 기준에 해당하는 공공기관
 2. 기타공공기관: 제1호에 해당하는 기관 이외의 기관

면 실질적으로 환매권제도가 무색하게 될 수 있고, 공익사업의 변경은 토지보상법 제91조 제6항에서 사업시행자가 국가, 지방자치단체 또는 일정한 공공기관이 사업인정을 받아 공익사업에 필요한 토지를 협의취득하거나 수용한 후 해당 공익사업이 공익성의 정도가 높은 사업으로 변경된 경우에 한해 인정한다고 규정하고 있으므로, 국가·지방자치단체 또는 일정한 공공기관 등 사업시행자가 동일한 경우에만 허용되어야 한다는 견해이다.

(ii) 부정설

공익사업의 변경은 공익성이 더 큰 공익사업으로 변경된 경우에 적용하는 것으로 이때 사업시행자가 동일할 것을 요구하는 명문규정도 없을 뿐만 아니라 공익사업의 변경을 너무 엄격하게 제한적으로 해석하여 무용한 수용절차의 반복을 할 필요가 없으므로 사업시행자가 동일한 경우에만 공익사업의 변경을 인정할 필요는 없다는 견해이다.[1034]

(iii) 판례의 입장

대법원은 "공익사업의 변환이 관계법령의 규정내용이나 그 입법이유 등으로 미루어 볼 때, 국가·지방자치단체 또는 정부투자기관 등 기업자(또는 사업시행자)가 동일한 경우에만 허용되는 것으로 해석되지는 않는다."라고 판시[1035]하여 종전 공익사업의 사업시행자와 새로운 공익사업의 사업시행자가 반드시 동일할 필요는 없다는 부정설의 입장을 취하고 있다.

1034) 그러나 이 견해는 국민의 재산권을 제한하는 토지수용권 등의 발동은 공공복리의 증진을 위하여 긴요하고도 불가피한 특정의 공익사업의 시행에 필요한 최소한도에 그쳐야 하는 것이고 공익사업의 변경시 사업시행자의 동일성을 요구하는 명문규정이 없다는 이유로 법조항을 지나치게 완화하여 해석하여 사업시행자의 동일성이 필요 없다고 한다면 헌법상 국민의 재산권보호에 대한 침익적 요소로 작용될 수 있을 것이다.

1035) 대법원 1994.1.25. 선고 93다11760 판결 : 서울 서초구 서초동 967 일대 32,245.2평의 토지에 대하여 서울특별시는 위 사업구역내에 서울시청·서울시 경찰국·서울시 교육위원회 청사를 건립한다는 내부방침을 세우고 위 사업구역내의 토지를 협의매수 또는 수용재결 후 정부의 수도권지역내 공용청사 신축억제방침과 지하철 3·4호선의 건설로 인한 자금압박으로 위 사업의 실시를 미루어 오다가 1985.12.2.경에 이르러서야 위 사업구역내의 일부(2,317.5평) 지상에 서초경찰서만 준공한 채 나머지 토지에 대하여는 위 공용의 청사 건립 등 당초 사업의 시행을 계속 미루어 오다가 1988년경 서울시청 등의 청사를 건립한다는 당초의 계획을 백지화하면서 현재의 서울시청 청사는 그 위치에 그대로 두는 대신 1989.3.7. 서울 중구 서소문동 37외 3필지 및 그 지상건물(현재의 대법원, 대검찰청의 부지 및 건물)을 위 사업구역 내의 일부 토지(28,800.2평)와 교환하고, 대법원 및 법무부로 하여금 이를 대법원 및 대검찰청 청사의 건립부지로 활용하게 한 사례

(ⅳ) 결어

공익사업의 변경은 사업시행자의 주체변경여부 보다는 공익성이 더 큰 공익사업으로 변경된 경우에 한하여 적용되는 제도라 할 것이므로, 국가·지방자치단체 또는 일정한 공공기관 등 사업시행자가 동일한 경우에만 허용될 필요는 없다고 보이므로 판례의 태도가 타당하다고 본다.

판례

[판례1] ▶ 공익사업의 변환은 사업주체가 동일한 경우에만 인정되는지 여부

[대법원 1994.1.25. 선고 93다11760] (소유권이전등기)

【판결요지】

이른바 "공익사업의 변환"이 국가·지방자치단체 또는 정부투자기관이 사업인정을 받아 토지를 협의취득 또는 수용한 경우에 한하여, 그것도 사업인정을 받은 공익사업이 공익성의 정도가 높은 토지수용법 제3조 제1호 내지 제4호에 규정된 다른 공익사업으로 변경된 경우에만 허용되도록 규정하고 있는 토지수용법 제71조 제7항 등 관계법령의 규정내용이나 그 입법이유 등으로 미루어 볼 때, 같은 법 제71조 제7항 소정의 "공익사업의 변환"이 국가·지방자치단체 또는 정부투자기관 등 기업자(또는 사업시행자)가 동일한 경우에만 허용되는 것으로 해석되지는 않는다.

【이 유】

…(중략) … 사업인정을 받은 당해 공익사업의 폐지·변경으로 인하여 수용한 토지가 필요 없게 된 때라도 토지수용법 제71조 제7항에 의하여 공익사업의 변환이 허용되는 같은 법 제3조 제1호 내지 제4호에 규정된 다른 공익사업으로 변경되는 경우에는 당해 토지의 원소유자나 그 포괄승계인에게 환매권이 발생하지 않는다고 볼 것이고, 당해 토지가 특례법에 의하여 협의취득된 경우에도 토지수용법 제71조 제7항이 유추적용되어야 할 것이라고 전제한 다음, 이 사건의 경우 당초의 사업인 "서울시청 등의 청사의 건립"과 원고들이 변경되었다고 주장하는 사업인 "대법원 및 대검찰청 청사의 건립"이 모두 공용의 청사의 건립으로서 같은 법 제3조 제3호 소정의 "국가 또는 지방공공단체가 설치하는 청사에 관한 사업"에 해당하므로, 당초의 사업인 "서울시청

등의 청사의 건립"으로부터 새로운 사업인 "대법원 및 대검찰청 청사의 건립"으로 변경된 것은 같은 법 제71조 제7항 소정의 이른바 "공익사업의 변환"이 된 경우에 해당한다고 할 것이니 가사 이 사건 토지들이 당초의 사업인 서울시청 등의 청사의 건립에 필요 없게 되었다고 하더라도 원소유자인 원고들에게 이 사건 토지들에 대한 환매권은 발생할 여지가 없는 것이라고 판단하고 있는바, 이른바 "공익사업의 변환"이 국가·지방자치단체 또는 정부투자기관이 사업인정을 받아 토지를 협의취득 또는 수용한 경우에 한하여, 그것도 사업인정을 받은 공익사업이 공익성의 정도가 높은 토지수용법 제3조 제1호 내지 제4호에 규정된 다른 공익사업으로 변경된 경우에만 허용되도록 규정하고 있는 같은 법 제71조 제7항 등 관계법령의 규정내용이나 그 입법이유 등으로 미루어 볼 때, 같은 법 제71조 제7항 소정의 "공익사업의 변환"이 소론과 같이 국가·지방자치단체 또는 정부투자기관 등 기업자(또는 사업시행자)가 동일한 경우에만 허용되는 것으로 해석되지는 아니하므로, 원심의 위와 같은 판단은 정당한 것으로 수긍이 되고, 원심판결에 소론과 같이 토지수용법 제71조 제7항에 관한 법리를 오해한 위법이 있다고 볼 수 없다.

② 변경된 공익사업의 주체의 공공기관성 여부

변경된 공익사업의 주체(=사업시행자)가 반드시 공공기관이어야 하는가의 문제이다. 이에 대해 국토교통부 유권해석은 기존 도로사업이 도시개발사업으로 변경된 경우 환매권 행사 제한여부의 질의내용과 관련하여 "토지보상법 제91조제6항의 '공익사업의 변환'으로 인정받기 위해서는 사업시행자가 국가, 지방자치단체 또는 「공공기관의운영에관한법률」 제5조제3항제1호의 공공기관이어야 하나, 토지소유자가 도시개발을 위하여 설립한 조합은 이에 해당하지 않는다."며 변경된 공익사업의 주체는 국가·지방자치단체 또는 공공기관이어야 하며 토지 등 소유자가 설립한 민간의 조합 등은 변경된 공익사업의 주체가 될 수 없다고 회신하였다.[1036]

질의회신

【질의회신1】▶ 기존 도로사업이 도시개발사업으로 변경된 경우 환매권 행사 제한여부

1036) 2015.9.13. 토지정책과-6919

(2015.9.13. 토지정책과-6919)

【질의요지】

도시계획시설사업 '도로'에 편입되었던 토지가 도시개발사업(토지소유자등 조합에 의한 환지방식)에 편입된 경우 토지보상법 제91조제6항에 따라 환매권행사가 제한되는지 여부

【회신내용】

토지보상법 제91조제6항 및 같은 법 시행령 제49조제1항에 따르면 국가, 지방자치단체 또는 「공공기관의운영에관한법률」 제5조제3항제1호의 공공기관이 사업인정을 받아 공익사업에 필요한 토지를 협의취득하거나 수용한 후 해당 공익사업이 제4조제1호부터 제5호까지에 규정된 경우 환매권 행사기간은 관보에 해당 공익사업의 변경을 고시한 날부터 기산(起算)하도록 규정하고 있습니다. 따라서, <u>토지보상법 제91조제6항의 '공익사업의 변환'으로 인정받기 위해서는 사업시행자가 국가, 지방자치단체 또는 「공공기관의운영에관한법률」 제5조제3항제1호의 공공기관이어야 하나, 토지소유자가 도시개발을 위하여 설립한 조합은 이에 해당하지 않은 것으로 보며</u>, 개별적인 사례에 대해서는 관계법령 및 사실관계를 귀 시에서 조사·검토하여 판단하시기 바랍니다.

그러나, 대법원 판례는 "국가·지방자치단체 또는 공공기관인 사업시행자가 사업인정을 받은 후 토지보상법 제4조제1호부터 제5호 사업으로 변경된 경우에는 변경된 공익사업의 시행자가 국가·지방자치단체 또는 일정한 공공기관일 필요까지는 없다"고 판시하여 <u>일정한 경우에는 변경된 공익사업의 사업시행자가 국가·지방자치단체 또는 공공기관이 아니어도 공익사업의 변경이 인정된다</u>고 하고 있다.[1037]

다만, 위 판례 역시 판결이유에서 "공익사업의 원활한 시행을 위한 무익한 절차의 반복 방지라는 공익사업의 변환을 인정한 입법 취지에 비추어 볼 때, 만약 사업시행자가 협의취득하거나 수용한 당해 토지를 제3자에게 처분해 버린 경우에는 어차피 변경된 사업시행자는 그 사업의 시행을 위하여 제3자로부터 토지를 재취득해야 하는 절차를 새로 거쳐

1037) 대법원 2015.8.19. 선고 2014다201391 판결 : 이는 위 국토교통부 토지정책과 유권해석(질의회신)과는 상반되는 판결이다.

야 하는 관계로 위와 같은 공익사업의 변환을 인정할 필요성도 없게 되므로, 공익사업의 변환을 인정하기 위해서는 적어도 변경된 사업의 사업시행자가 당해 토지를 소유하고 있어야 하는데(대법원 2010.9.30. 선고 2010다30782 판결 참조), 변경된 공익사업인 이 사건 고속도로 건설사업의 사업시행자는 사기업인 경수고속도로 주식회사이고 경수고속도로 주식회사가 이 사건 편입 토지를 소유하고 있지도 않으므로, 이 사건 택지개발사업과 고속도로 건설사업은 토지보상법 제91조 제6항에 정한 공익사업의 변환에 해당하지 않는다는 원심의 판단에 대해, 원심이 거시한 대법원 2010.9.30. 선고 2010다30782 판결의 사안은 기존 사업시행자가 당해 토지를 이미 제3자에게 처분하여 변경된 공익사업의 시행을 위해서는 당해 토지의 소유권을 다시 취득해야 하는 경우임에 반하여, 이 사건은 기존 사업시행자인 피고 공사가 이 사건 고속도로 건설사업의 사업인정 당시 이 사건 편입토지의 소유자로 예정된 피고 대한민국에 그 소유권을 이전하여 변경된 사업의 시행자인 경수고속도로 주식회사가 이 사건 고속도로 건설사업의 시행을 위해 이 사건 편입토지의 소유권을 다시 취득할 필요가 없는 경우이고, 위 대법원판결이 변경된 공익사업의 시행자가 사업부지를 소유하고 있어야 한다고 판단한 이유는 그 사업시행자가 사업부지를 소유하고 있지 않은 경우에는 어차피 소유권을 취득하는 절차를 밟아야 하므로 공익사업의 원활한 시행을 위한 무익한 절차의 반복 방지라는 공익사업 변환 제도의 입법 취지를 살릴 수 없다는 것인데, 이 사건에서 경수고속도로 주식회사는 이 사건 편입토지의 소유권을 다시 취득할 필요가 없어 공익사업 변환 제도의 입법 취지에 부합하므로, 위 대법원판결은 이 사건에 그대로 적용할 수 없다"고 하여 <u>국가 등 공공단체가 아닌 제3자의 사업시행자인 민간기업이 공익사업에 편입되는 토지의 소유권을 이전등기 받을 필요가 없었던 특별한 경우를 상정한 것이므로 **일률적으로 변경되는 공익사업의 사업시행자가 국가 등 공공단체가 아닌 민간기업인 경우에도 무방하다고 확정하는 것은 무리하**</u>다고 할 것이다.

판례

[판례1] ▶ 공익사업을 위한 토지 등의 취득 및 보상에 관한 법률 제91조 제6항에서 정한 '공익사업의 변환'은 변경된 공익사업의 시행자가 '국가 · 지방자치단체 또는 공

공기관의 운영에 관한 법률 제4조에 따른 <u>공공기관 중 대통령령으로 정하는 공공기관</u>'이어야 인정되는지 여부(소극)
[대법원 2015.8.19. 선고 2014다201391 판결] [소유권이전등기]

【판결요지】
공익사업을 위한 토지 등의 취득 및 보상에 관한 법률(이하 '토지보상법'이라고 한다) 제91조 제6항 전문은 당초의 공익사업이 공익성의 정도가 높은 다른 공익사업으로 변경되고 그 다른 공익사업을 위하여 토지를 계속 이용할 필요가 있을 경우에는, <u>환매권의 행사를 인정한 다음 다시 협의취득이나 수용 등의 방법으로 그 토지를 취득하는 번거로운 절차를 되풀이하지 않게 하기 위하여 이른바 '공익사업의 변환'을 인정함으로써 환매권의 행사를 제한하려는 것이다.</u> 토지보상법 제91조 제6항 전문 중 '해당 공익사업이 제4조 제1호부터 제5호까지에 규정된 다른 공익사업으로 변경된 경우' 부분에는 별도의 사업주체에 관한 규정이 없음에도 <u>그 앞부분의 사업시행 주체에 관한 규정이 뒷부분에도 그대로 적용된다고 해석하는 것은 문리해석에 부합하지 않는다.</u>
토지보상법 제91조 제6항의 입법 취지와 문언, 1981.12.31. 구 토지수용법(2002.2.4. 법률 제6656호로 제정된 토지보상법 부칙 제2조에 의하여 폐지)의 개정을 통해 처음 마련된 공익사업 변환 제도는 기존에 공익사업을 위해 수용된 토지를 그 후의 사정변경으로 다른 공익사업을 위해 전용할 필요가 있는 경우에는 <u>환매권을 제한함으로써 무용한 수용절차의 반복을 피하자는 데 주안점을 두었을 뿐 변경된 공익사업의 사업주체에 관하여는 큰 의미를 두지 않았던 점,</u> 민간기업이 관계 법률에 따라 허가 · 인가 · 승인 · 지정 등을 받아 시행하는 도로, 철도, 항만, 공항 등의 건설사업의 경우 공익성이 매우 높은 사업임에도 <u>사업시행자가 민간기업이라는 이유만으로 공익사업의 변환을 인정하지 않는다면 공익사업 변환 제도를 마련한 취지가 무색해지는 점,</u> 공익사업의 변환이 일단 토지보상법 제91조 제6항에 정한 '국가 · 지방자치단체 또는 공공기관의 운영에 관한 법률 제4조에 따른 공공기관 중 대통령령으로 정하는 공공기관'(이하 '국가 · 지방자치단체 또는 일정한 공공기관'이라고 한다)의 협의취득 <u>또는 수용한 토지를 대상으로 하고, 변경된 공익사업이 공익성이 높은 토지보상법 제4조 제1~5호에 규정된 사업인 경우에 한하여 허용되므로 공익사업 변환 제도의 남용</u>

을 막을 수 있는 점을 종합해 보면, 변경된 공익사업이 토지보상법 제4조 제1~5호에 정한 공익사업에 해당하면 공익사업의 변환이 인정되는 것이지, 변경된 공익사업의 시행자가 국가·지방자치단체 또는 일정한 공공기관일 필요까지는 없다.

【판결이유】

1. 원심의 판단

가. 원심은, ① 피고 한국토지주택공사(이하 '피고 공사'라고 한다)가 공익사업을 위한 토지 등의 취득 및 보상에 관한 법률(이하 '토지보상법'이라고 한다) 제4조 제5호에 정한 공익사업인 용인흥덕택지개발사업(이하 '이 사건 택지개발사업'이라고 한다)을 위하여 원고에게 보상금 576,352,000원을 지급하고, 2005.6.3. 원고 소유의 용인시 기흥구 (주소 1 생략) 전 992㎡(이하 '이 사건 수용토지'라고 한다)에 관하여 수용을 원인으로 소유권이전등기를 마친 사실, ② 그 후 이 사건 수용토지가 이 사건 택지개발사업 시행과정에서 다른 6필지로 그 지번이 변경된 사실, ③ 건설교통부(현 국토해양부) 장관이 2006.8.22. 사업시행자를 '경수고속도로 주식회사'로 하여 사회기반시설에 대한 민간투자법(이하 '민간투자법'이라고 한다) 제15조에 따른 민간투자사업으로 '용인-서울 고속도로 건설사업(이하 '이 사건 고속도로 건설사업'이라고 한다)' 2단계 구간에 대한 실시계획을 승인·고시하고, 2010.3.5. 위 사업실시계획의 변경을 승인한 사실, ④ 이 사건 수용토지 중 일부는 그 본래의 수용목적인 이 사건 택지개발사업에 사용되었으나, 나머지 일부가 포함된 용인시 기흥구 (주소 2 생략) 도로 10781.4㎡는 토지보상법 제4조 제2호에 정한 공익사업인 이 사건 고속도로 건설사업을 위하여 피고 대한민국에 무상귀속되어 그 앞으로 소유권이전등기(이하 '이 사건 소유권이전등기'라고 한다)가 경료된 사실, ⑤ 이 사건 수용토지 중 이 사건 고속도로 건설사업에 편입된 부분은 용인시 기흥구 (주소 2 생략) 도로 10,781.4㎡ 중 별지 도면 표시 1, 11, 56, 16, 55, 1의 각 점을 차례로 연결한 선내 ㉮ 부분 205㎡(이하 '이 사건 편입토지'라고 한다)인 사실, ⑥ 원고는 2013.11.20. 이 사건 편입토지에 대한 환매권 행사를 목적으로 피고 공사를 피공탁자로 하여 이 사건 편입토지에 대하여 받은 보상금에 상당하는 금액인 119,105,000원을 공탁하고, 2013.11.21.자 청구취지 및 청구원인 변경신청서 부본 송달로써 피고 공사에게 환

매권을 행사하였는데, 위 청구취지 및 청구원인 변경신청서 부본이 2013. 11. 22. 피고 공사에게 송달된 사실을 인정하였다.

나. 원심은 나아가, 이 사건 편입토지가 당초의 목적사업인 이 사건 택지개발사업에 사용되지 않게 됨으로써 적어도 이 사건 편입토지에 관하여는 택지개발사업이 폐지 또는 변경되었으므로, 원고는 토지보상법 제91조 제1, 5항에 따라 택지개발사업의 시행자인 피고 공사에 대하여 이 사건 편입토지에 관한 환매권을 행사할 수 있고, 제3취득자인 피고 대한민국에 대하여도 환매권으로 대항할 수 있으므로, 이 사건 편입토지에 관하여 피고 대한민국은 피고 공사에게 이 사건 소유권이전등기의 말소등기절차를, 피고 공사는 원고에게 2013. 11. 22. 환매를 원인으로 한 소유권이전등기절차를 각 이행할 의무가 있다고 인정하는 한편, 당초 이 사건 택지개발사업을 위하여 수용되었던 이 사건 편입토지가 그 수용목적과 다른 공익사업인 이 사건 고속도로 건설사업에 사용된 이상 이는 토지보상법 제91조 제6항에 정한 공익사업의 변환에 해당하므로, 원고는 새로이 변경된 공익사업을 기준으로 다시 환매권 행사의 요건을 갖추지 못하는 한 환매권을 행사할 수 없다고 보아야 한다는 피고들의 주장에 대하여는, 그 판시와 같은 사정을 종합해보면, 공익사업의 변환은 기존 공익사업의 시행자와 변경된 새로운 공익사업의 시행자가 모두 토지보상법 제91조 제6항에 정한 국가ㆍ지방자치단체 또는 공공기관의 운영에 관한 법률 제4조에 따른 공공기관 중 대통령령으로 정하는 공공기관(이하 '국가ㆍ지방자치단체 또는 일정한 공공기관'이라고 한다)인 경우에 한하여 인정하는 것이 타당하고, 공익사업의 원활한 시행을 위한 무익한 절차의 반복 방지라는 공익사업의 변환을 인정한 입법 취지에 비추어 볼 때, 만약 사업시행자가 협의취득하거나 수용한 당해 토지를 제3자에게 처분해 버린 경우에는 어차피 변경된 사업시행자는 그 사업의 시행을 위하여 제3자로부터 토지를 재취득해야 하는 절차를 새로 거쳐야 하는 관계로 위와 같은 공익사업의 변환을 인정할 필요성도 없게 되므로, 공익사업의 변환을 인정하기 위해서는 적어도 변경된 사업의 사업시행자가 당해 토지를 소유하고 있어야 하는데(대법원 2010. 9. 30. 선고 2010다30782 판결 참조), 변경된 공익사업인 이 사건 고속도로 건설사업의 사업시행자는 사기업인 **경수고속도로 주식회사**이고 경수고속도로 주식회사가 이 사건 편입토지를 소유하고 있지도 않으므로, 이 사건 택지개발사업과

고속도로 건설사업은 토지보상법 제91조 제6항에 정한 공익사업의 변환에 해당하지 않는다고 판단하였다.

2. 이 법원의 판단

가. 토지보상법 제91조 제6항 전문은 '국가·지방자치단체 또는 일정한 공공기관이 사업인정을 받아 공익사업에 필요한 토지를 협의취득하거나 수용한 후 해당 공익사업이 제4조 제1호부터 제5호까지에 규정된 다른 공익사업으로 변경된 경우 제1항 및 제2항에 따른 환매권 행사기간은 관보에 해당 공익사업의 변경을 고시한 날부터 기산한다'고 규정하고 있다. 이는 당초의 공익사업이 공익성의 정도가 높은 다른 공익사업으로 변경되고 그 다른 공익사업을 위하여 토지를 계속 이용할 필요가 있을 경우에는, 환매권의 행사를 인정한 다음 다시 협의취득이나 수용 등의 방법으로 그 토지를 취득하는 번거로운 절차를 되풀이하지 않게 하기 위하여 이른바 '공익사업의 변환'을 인정함으로써 환매권의 행사를 제한하려는 것이다(대법원 1992. 4. 28. 선고 91다29927 판결 참조). 토지보상법 제91조 제6항 전문 중 '해당 공익사업이 제4조 제1호부터 제5호까지에 규정된 다른 공익사업으로 변경된 경우' 부분에는 별도의 사업주체에 관한 규정이 없음에도 그 앞부분의 사업시행 주체에 관한 규정이 뒷부분에도 그대로 적용된다고 해석하는 것은 문리해석에 부합하지 않는다고 보인다. 위와 같은 토지보상법 제91조 제6항의 입법 취지와 문언, 1981. 12. 31. 구 토지수용법(2002. 2. 4. 법률 제6656호로 제정된 토지보상법 부칙 제2조에 의하여 폐지)의 개정을 통해 처음 마련된 공익사업 변환 제도는 기존에 공익사업을 위해 수용된 토지를 그 후의 사정변경으로 다른 공익사업을 위해 전용할 필요가 있는 경우에는 환매권을 제한함으로써 무용한 수용절차의 반복을 피하자는 데 주안점을 두었을 뿐 변경된 공익사업의 사업주체에 관하여는 큰 의미를 두지 않았던 점, 민간기업이 관계 법률에 따라 허가·인가·승인·지정 등을 받아 시행하는 도로, 철도, 항만, 공항 등의 건설사업의 경우 공익성이 매우 높은 사업임에도 사업시행자가 민간기업이라는 이유만으로 공익사업의 변환을 인정하지 않는다면 공익사업 변환 제도를 마련한 취지가 무색해지는 점, 공익사업의 변환이 일단 국가·지방자치단체 또는 일정한 공공기관이 협의취득 또는 수용한 토지를 대상으로 하고, 변경된 공익사업이 공익

성이 높은 토지보상법 제4조 제1~5호에 규정된 사업인 경우에 한하여 허용되므로 공익사업 변환 제도의 남용을 막을 수 있는 점을 종합해 보면, 변경된 공익사업이 토지보상법 제4조 제1~5호에 정한 공익사업에 해당하면 공익사업의 변환이 인정되는 것이지, 변경된 공익사업의 시행자가 국가ㆍ지방자치단체 또는 일정한 공공기관일 필요까지는 없다고 할 것이다. 따라서 이 사건 고속도로 건설사업이 토지보상법 제4조 제2호에 정한 공익사업에 해당함이 명확한 이상 이 사건의 경수고속도로 주식회사도 공익사업의 변환이 인정되는 사업시행자에 해당한다.

나. 또한, 원심이 거시한 대법원 2010.9.30. 선고 2010다30782 판결의 사안은 기존 사업시행자가 당해 토지를 이미 제3자에게 처분하여 변경된 공익사업의 시행을 위해서는 당해 토지의 소유권을 다시 취득해야 하는 경우임에 반하여, 이 사건은 기존 사업시행자인 피고 공사가 이 사건 고속도로 건설사업의 사업인정 당시 이 사건 편입토지의 소유자로 예정된 피고 대한민국에 그 소유권을 이전하여 변경된 사업의 시행자인 경수고속도로 주식회사가 이 사건 고속도로 건설사업의 시행을 위해 이 사건 편입토지의 소유권을 다시 취득할 필요가 없는 경우이고, 위 대법원판결이 변경된 공익사업의 시행자가 사업부지를 소유하고 있어야 한다고 판단한 이유는 그 사업시행자가 사업부지를 소유하고 있지 않은 경우에는 어차피 소유권을 취득하는 절차를 밟아야 하므로 공익사업의 원활한 시행을 위한 무익한 절차의 반복 방지라는 공익사업 변환 제도의 입법 취지를 살릴 수 없다는 것인데, 이 사건에서 경수고속도로 주식회사는 이 사건 편입토지의 소유권을 다시 취득할 필요가 없어 공익사업 변환 제도의 입법 취지에 부합하므로, 위 대법원판결은 이 사건에 그대로 적용할 수 없다.

(2) 대상사업요건

토지보상법 제91조 제6항은 사업인정을 받아 공익사업에 필요한 토지를 협의취득하거나 또는 수용한 경우에 한하여 공익사업의 변경을 인정하고 있어 **사업인정 전**의 협의취득의 경우에는 공익사업의 변경이 인정되지 않는다.

이는 구 공공용지의취득및손실보상에관한특례법(이하 '공특법'이라 함)상 환매권에 구 토지수용법의 환매권행사제한 특칙규정의 준용여부와 관련된 논란 및 대법원의 "공특법과 토지수용법은 모두 공공복리의 증진과 사유재산권의 합리적 조절을 도모하려는 데에 그 목적이 있고, 공특법과 토지수용법이 규정하는 각 환매권의 입법 이유와 규정 취지 등에 비추어 볼 때에 토지수용법 제71조 제7항의 규정은 **그 성질에 반하지 아니하는 한** 이를 공특법 제9조 제1항에 의한 환매 요건에 관하여도 유추적용 할 수 있고, 그 범위 안에서 환매권의 행사가 제한된다."는 판결로[1038] 사업인정 이전의 협의취득에 대해서도 공익사업 변환 특칙이 적용될 여지가 있었으나 현행 토지보상법은 이를 입법적으로 해결하여 **사업인정 전**의 협의취득의 경우에는 더 이상 공익사업의 변경이 인정될 여지가 없게 되었다.

(3) 공익성 증가요건

공익사업의 변경이 인정되려면 종전에 사업인정을 받은 공익사업이 공익성의 정도가 높은 공익사업(토지보상법 제4조 제1호부터 제5호까지의 규정에 의한 공익사업)으로 변경된 경우에 한한다(법 제91조제6항). 따라서 사업인정을 받은 기존의 공익사업이 토지보상법 제4조 제1호 내지 제5호에 규정된 다른 공익사업으로 변경하는 경우이어야 하므로, 토지보상법 제91조 제6항에서 규정하는 범위를 벗어난 공익사업으로 변경하는 경우에는 공익사업의 변경은 인정되지 아니한다.

한편 토지보상법 개정(2010.4.5)에 따라 공익사업의 변경이 인정되는 공익사업의 종류에 토지보상법 제5호(택지개발사업 등)가 포함되었고, 2014.3.18. 개정으로 산업단지까지 확대되어 인정되었다.

■ **토지보상법** [시행 2009.4.1.] [법률 제9595호, **2009.4.1.**, 일부개정]

제4조 (공익사업) 이 법에 의하여 토지등을 취득 또는 사용할 수 있는 사업은 다음 각 호의 1에 해당하는 사업이어야 한다. 〈개정 2005.3.31., 2007.10.17.〉

　1. 2. 3. 4. … (중략) …

1038) 대법원 1997.11.11. 선고 97다36835 판결 (토지소유권이전등기) : 다만, 종래 이 판례를 비판하는 견해로 (i) 사법상 흠결을 공법으로 메울 수는 없으므로 유추적용은 불가하다는 견해, (ii) 공익사업의 변환은 재산권보장의 중요내용을 이루는 존속보장에 대한 중대한 침해이므로, 근거규정이 없는 상태에서 유추적용을 통해 국민의 권리를 더욱 제한하는 것은 바람직하지 않다는 견해 등이 있었다.

5. 국가·지방자치단체·정부투자기관·지방공기업 또는 국가나 지방자치단체가 지정한 자가 임대나 양도의 목적으로 시행하는 <u>주택의 건설 또는 택지의 조성에 관한 사업</u>

6. 7. 8. … (중략) …

제91조 (환매권) ⑥ 국가·지방자치단체 또는 「공공기관의 운영에 관한 법률」 제4조부터 제6조까지의 규정에 따라 지정·고시된 공공기관 중 대통령령으로 정하는 공공기관이 사업인정을 받아 공익사업에 필요한 토지를 협의취득 또는 수용한 후 당해 공익사업이 **제4조제1호 내지 제4호**에 규정된 다른 공익사업으로 변경된 경우 … (중략) … 〈개정 2007.10.17.〉

■ **토지보상법** [시행 2010.4.5.] [법률 제10239호, **2010.4.5.**, 일부개정]
◇**주요내용**
<u>공익사업으로 취득한 토지가 다시 택지개발사업지구에 편입되는 경우 **환매권 행사를 유보**하도록 함</u>(법 제91조제6항). 〈법제처 제공〉

제4조(공익사업) 이 법에 의하여 토지등을 취득 또는 사용할 수 있는 사업은 다음 각 호의 1에 해당하는 사업이어야 한다. 〈개정 2005.3.31., 2007.10.17.〉

1. 2. 3. 4. … (중략) …

5. 국가·지방자치단체·정부투자기관·지방공기업 또는 국가나 지방자치단체가 지정한 자가 임대나 양도의 목적으로 시행하는 <u>주택의 건설 또는 택지의 조성에 관한 사업</u>

6. 7. 8. … (중략) …

제91조(환매권) ⑥ 국가·지방자치단체 또는 「공공기관의 운영에 관한 법률」 제4조부터 제6조까지의 규정에 따라 지정·고시된 공공기관 중 대통령령으로 정하는 공공기관이 사업인정을 받아 공익사업에 필요한 토지를 협의취득 또는 수용한 후 당해 공익사업이 **제4조제1호 내지 제5호**에 규정된 다른 공익사업으로 변경된 경우 … (중략) …
…

〈개정 2007.10.17., 2010.4.5.〉

■ **토지보상법** [시행 2014.3.18.] [법률 제12471호, **2014.3.18.,** 일부개정]
◇ **개정이유 및 주요내용**
토지등을 취득하거나 사용할 수 있는 <u>공익사업의 종류에</u> **"산업단지 조성에 관한 사업"**
<u>을 추가하여,</u> 공익사업 간의 전환 등을 원활히 추진하려는 것임. 〈법제처 제공〉

제4조(공익사업) 이 법에 따라 토지등을 취득하거나 사용할 수 있는 사업은 다음 각
호의 어느 하나에 해당하는 사업이어야 한다. 〈개정 2014.3.18.〉
　1. 2. 3. 4. … (중략) …
　5. 국가, 지방자치단체, 「공공기관의 운영에 관한 법률」 제4조에 따른 공공기관, 「지방
　　공기업법」에 따른 지방공기업 또는 국가나 지방자치단체가 지정한 자가 임대나 양
　　도의 목적으로 시행하는 <u>주택 건설 또는 택지 및</u> **산업단지** 조성에 관한 사업
　6. 7. 8. … (중략) … [전문개정 2011.8.4.]

제91조(환매권) ⑥ 국가, 지방자치단체 또는 「공공기관의 운영에 관한 법률」 제4조에
따른 공공기관 중 대통령령으로 정하는 공공기관이 사업인정을 받아 공익사업에 필요
한 토지를 협의취득하거나 수용한 후 해당 공익사업이 <u>제4조제1호부터 제5호까지에</u>
규정된 다른 공익사업으로 변경된 경우 … (중략) … [전문개정 2011.8.4.]

■ **현행 토지보상법** [시행 2015.12.29.] [법률 제13677호, **2015.12.29.,** 일부개정]
◇ **개정이유 및 주요내용**
이 법 [별표]에 따르지 아니하고는 개별 법률에 따라 토지등을 수용·사용하는 사업을
<u>규정할 수 없도록 함.</u> 〈법제처 제공〉
제91조제6항 전단 중 <u>"다른 공익사업"을 "다른 공익사업(별표에 따른 사업이 제4조제</u>
<u>1호부터 제5호까지에 규정된 공익사업에 해당하는 경우를 포함한다)"</u>으로 한다.

제4조(공익사업) 이 법에 따라 토지등을 취득하거나 사용할 수 있는 사업은 다음 각
호의 어느 하나에 해당하는 사업이어야 한다. 〈개정 2014.3.18., 2015.12.29.〉

1. 2. 3. 4. … (중략) …

5. 국가, 지방자치단체, 「공공기관의운영에관한법률」 제4조에 따른 공공기관, 「지방공기업법」에 따른 지방공기업 또는 국가나 지방자치단체가 지정한 자가 임대나 양도의 목적으로 시행하는 <u>주택 건설 또는 택지 및 산업단지 조성에 관한 사업</u>

6. 7. 8. … (중략) …

제91조(환매권) ⑥ 국가, 지방자치단체 또는 「공공기관의 운영에 관한 법률」 제4조에 따른 공공기관 중 대통령령으로 정하는 공공기관이 사업인정을 받아 공익사업에 필요한 토지를 협의취득하거나 수용한 후 해당 공익사업이 <u>제4조제1호부터 제5호까지에 규정된 다른 공익사업</u>(별표에 따른 사업이 <u>제4조제1호부터 제5호까지에 규정된 공익사업에 해당하는 경우를 포함한다</u>)으로 변경된 경우 … (중략) … 〈개정 2015.12.29.〉

즉, 토지보상법 일부개정(2010.4.5. 법률 제10239호, 시행 2010.4.5.)전 까지는 공익사업의 변경이 인정되는 대상사업은 토지보상법 <u>제4조제1호 내지 **제4호**</u>에 규정된 다른 공익사업으로 변경된 경우까지만 인정되었으나, 2010. 4. 5. 개정으로 <u>제4조제1호 내지 **제5호**</u>에 규정된 다른 공익사업으로 변경된 경우까지로 확대되어, 제5호인 "국가·지방자치단체·정부투자기관·지방공기업 또는 국가나 지방자치단체가 지정한 자가 임대나 양도의 목적으로 시행하는 <u>주택의 건설 또는 택지의 조성에 관한 사업</u>"에 까지 공익사업의 변경이 확대·인정되었다.

한편, 위 토지보상법 일부개정당시 공익사업의 변경에 대한 경과조치 또는 적용례를 두지 않아 법 개정 이전에 발생된 공익사업의 변경이 개정되는 법률에 소급적용 될 수 있는지의 여부에 대하여, 법제처는 "법률개정 전 이미 행사할 수 있었던 환매권을 개정된 법률로 소급적용하여 소멸시키는 것은 재산권침해의 문제가 발생되므로, <u>개정 법률의 시행일인 2010. 4. 5. 이후에 토지보상법 제4조제5호에서 규정하고 있는 공익사업으로 변경된 경우에만 공익사업법 제91조제6항에 따라 환매권 행사를 제한할 수 있다</u>"고 해석하고 있다.[1039]

1039)

[법령해석] ▸ 2010.4.5. 전에 수도시설 건설사업이 택지개발사업으로 변경된 경우에 도 2010.4.5. 개정·시행되는 「공익사업을 위한 토지등의 취득 및 보상에 관한 법률」 제91조제6항을 적용할 수 있는지 여부 (2010.9.13. 법제처 안건번호 10-0262)

【질의요지】

「공익사업을 위한 토지등의 취득 및 보상에 관한 법률」 제4조제2호의 공익사업인 수도시설 건설사업을 위해 토지를 협의취득 또는 수용하였으나 당해 공익사업이 2010. 4. 5. 전에 같은 법 제4조제5호의 공익사업으로 변경된 경우, 2010.4.5. 법률 제1023 9호로 개정·시행된 「공익사업을 위한 토지등의 취득 및 보상에 관한 법률」 제91조제 6항을 적용할 수 있는지?

【회답】

「공익사업을 위한 토지등의 취득 및 보상에 관한 법률」 제4조제2호의 공익사업인 수도시설 건설사업을 위해 토지를 협의취득 또는 수용하였으나 당해 공익사업이 2010. 4.5. 전에 같은 법 제4조제5호의 공익사업으로 변경된 경우, <u>2010.4.5. 법률 제1023 9호로 개정·시행된 「공익사업을 위한 토지등의 취득 및 보상에 관한 법률」 제91조제 6항을 적용할 수 없습니다.</u>

【이유】

「공익사업을 위한 토지 등의 취득 및 보상에 관한 법률」(이하 "공익사업법"이라 함) 제 91조제1항에서 … (중략) … 규정하고 있습니다.

먼저 공익사업법 제91조제6항의 취지를 살펴보면, 국민의 재산권을 제한하는 토지수용권 등의 발동은 공공복리의 증진을 위하여 긴요하고도 불가피한 특정의 공익사업의 시행에 필요한 최소한도에 그쳐야 하는 것이고, 사정의 변경으로 그 특정된 공익사업의 전부 또는 일부가 폐지·변경됨으로써 그 공익사업을 위하여 취득한 토지의 전부 또는 일부가 필요 없게 되었다면, 설사 그 토지가 새로운 다른 공익사업을 위하여 필요하다고 하더라도 환매권을 행사하는 환매권자에게 일단 되돌려 주었다가 다시 협의 취득하거나 수용하는 절차를 밟아야 하는 것이 원칙이라 할 것이나, 당초의 공익사업이 공익성의 정도가 높은 다른 공익사업으로 변경되고 그 다른 공익사업을 위하여 토지를 계속 이용할 필요가 있는 때에는 환매권의 행사를 인정한 다음 다시 그 토지를 취득하여야 하는 번거로운 절차를 되풀이하지 아니하기 위하여 환매권의 행사를 제한하려는 의미라고 할 것이므로(대법원 1992.4.28. 91다29927 판결 참조), 환매권 행사의 제한을 인정하는 공익사업의 변경을 확장하여 소급적용하는 것은 지양해야 하고 당초의 공익사업이 같은 법 제4조제1호 내지 제5호에 규정된 다른 공익사업으로 변경된 경우가 아닌 이상 원칙적으로 환매권자의 환매권 행사를 인정한 다음 다시 그 토지를 취득하여야 할 것입니다.

그런데, 2010.4.5. 법률 제10239호로 개정·시행되기 전에는 공익사업법 제91조제6항에서 당초의 공익사업이 같은 법 제4조제1호 내지 **제4호**에 규정된 다른 공익사업으로 변경된 경우에만 공익사업의 변경을 인정하였으나, 2010.4.5. 법률 제10239호로 개정·시행된 공익사업법 제91조제6항에서는 당해 공익사업이 같은 법 제4조**제5호**에 규정된 다른 공익사업으로 변경된 경우에도 공익사업의 변경을 인정하고 있어 당초의 공익사업이 같은 법 제4조제5호의 공익사업으로 변경된 경우에도 환매권 행사를 제한할 수 있게 되었으며, 개정법률 부칙에는 같은 규정에 대한 경과조치나 적용례를 두고 있지 않습니다.

법령이 개정된 경우 특별한 사정이 없는 한 개정 전에 발생한 사항에 대하여는 개정 후의 신 법령이 아니라 개정 전의 구 법령을 적용해야, 소급입법에 의한 재산권 박탈 등을 하여서는 아니 된다는 소급입법금지의 원칙에 부합한다고 할 것입니다. 즉, 개정 법률의 시행일인 2010.4.5. 전에 종전의 공익사업이 공익사업법 제4조제5호의 공익사업으로 변경되었다면 이미 개정법률의 시행 전에 종전의 공익사업의 폐지 또는 변경에 따라 종전의 공익사업으로 인해 취득하였던 토지에 대한 환매권이 발생하였다고 할 것인데, 경과조치나 적용례가 없는 상태에서 이러한 경우까지 개정된 공익사업법 제91조제6항을 적용하여 환매권 행사를 제한할 수 있다고 한다면, 이미 행사할 수 있었던 환매권을 개정된 법률을 소급적용함으로써 소멸시키는 결과가 되어 재산권 침해 문제가 발생한다고 할 것이므로, 개정법률의 시행일인 2010.4.5. 이후에 공익사업법 제4조제5호에서 규정하고 있는 공익사업으로 변경된 경우에만 공익사업법 제91조제6항에 따라 환매권 행사를 제한할 수 있다고 보아야 할 것입니다.

따라서, 공익사업법 제4조제2호의 공익사업인 수도시설 건설사업을 위해 토지를 협의

취득 또는 수용하였으나 당해 공익사업이 2010.4.5. 전에 같은 법 제4조제5호의 공익사업으로 변경된 경우, 2010.4.5. 법률 제10239호로 개정·시행된 공익사업법 제91조제6항을 적용할 수 없습니다.

라. 공익사업의 변경의 위헌성

환매권행사를 제한하는 공익사업의 변경을 규정한 토지보상법 제91조 제6항의 특례규정이 과잉금지의 원칙에 위배되어 재산권을 침해하고 공익사업이 인정되는 경우와 인정되지 않는 경우 사이의 형평성 문제로 인한 평등권 침해문제를 야기하여 위헌의 소지가 있다는 위헌소원에 대해 헌법재판소는 합헌결정을 선고하였다.

헌법재판소

[결정례1] ▶ [헌법재판소 1997.6.26. 선고 96헌바94 全員裁判部] (토지수용법제71조제7항위헌소원)

【판시사항】

토지수용법 제71조 제7항(이하 "이 사건 심판대상 조항"이라 한다)이 과잉제한금지원칙에 위배되는지 여부 (소극)

【결정요지】

이 사건 심판대상조항은 공익사업의 원활한 시행을 확보하기 위한 목적에서 신설된 것으로 우선 그 입법목적에 있어서 정당하고 나아가 변경사용이 허용되는 사업시행자의 범위를 국가·지방자치단체 또는 정부투자기관으로 한정하고 사업목적 또한 상대적으로 공익성이 높은 토지수용법 제3조 제1호 내지 제4호의 공익사업으로 한정하여 규정하고 있어서 그 입법목적 달성을 위한 수단으로서의 적정성이 인정될 뿐 아니라 피해최소성의 원칙 및 법익균형의 원칙에도 부합된다 할 것이므로 위 법률조항은 헌법 제37조 제2항이 규정하는 기본권 제한에 관한 과잉금지의 원칙에 위배되지 아니한다.

[결정례2] ▶ [헌법재판소 2012.11.29. 2011헌바49]

(공익사업을 위한 토지 등의 취득 및 보상에 관한 법률 제91조 제6항 위헌소원)

【판시사항】

[1] 토지의 협의취득 또는 수용 후 당해 공익사업이 다른 공익사업으로 변경되는 경우에 당해 토지의 원소유자 또는 그 포괄승계인의 환매권을 제한하고, 환매권 행사기간을 변환 고시일부터 기산하도록 한 구 '공익사업을 위한 토지 등의 취득 및 보상에 관한 법률'(2007.10.17. 법률 제8665호로 개정되고, 2010.4.5. 법률 제10239호로 개정되기 전의 것) 제91조 제6항 전문(이하 '이 사건 법률조항'이라 한다)이 헌법 제23조 제3항의 정당한 보상의 원칙에 위배되었는지 여부 (소극)

[2] 이 사건 법률조항이 과잉금지원칙에 위배되어 청구인의 재산권을 침해하는지 여부 (소극)

【결정요지】

[1] 청구인은 공익사업 변환의 실질이 재수용과 같으므로 재수용절차를 거칠 경우 받을 수용보상금과 환매금액과의 차액을 보상하지 않는 것은 헌법 제23조 제3항의 '정당한 보상' 원칙 위반이라고 주장하나, 환매권은 피수용자가 수용 당시 정당한 손실보상을 받아야 한다는 것과는 관계가 없으므로 공익사업 변환에 따른 환매권 제한 조항인 이 사건 법률조항에 대해서는 헌법 제23조 제3항의 정당한 보상 문제가 발생한다고 볼 수 없고, 청구인의 주장은 공익사업 변환에 따른 환매권 제한이 과잉금지원칙에 위배되어 청구인의 재산권을 침해한다는 주장과 다름없다.

[2] 이 사건 법률조항은 수용된 토지가 애초의 사업목적이 폐지·변경되었다는 사유만으로 다른 공익사업을 위한 필요가 있음에도 예외 없이 원소유자에게 당해 토지를 반환하고 나서 다시 수용절차를 거칠 경우 발생할 수 있는 행정력 낭비를 막고 소유권 취득 지연에 따른 공익사업 시행에 차질이 없도록 하려는 것이므로, 입법목적이 정당하며, 이 사건 법률조항은 이를 위하여 적절한 수단이다.
이 사건 법률조항은 변환이 가능한 공익사업의 시행자와 사업의 종류를 한정하고 있고, 공익사업 변환을 하기 위해서는 적어도 새로운 공익사업이 공익사업법 제20조 제1항의 규정에 의해 사업인정을 받거나 다른 법률의 규정에 의해 사업인정을 받은 것으로 볼 수 있는 경우이어야 하며, 이 사건 법률조항에 의한 공익사업

변환을 토지수용과 마찬가지로 취급하여 반드시 환매권자를 위한 엄격하고 구체적인 규정을 둘 필요는 없으므로, 침해의 최소성원칙에 반하지 아니한다.

이 사건 법률조항으로 인하여 제한되는 사익인 환매권은 이미 정당한 보상을 받은 소유자에게 수용된 토지가 목적 사업에 이용되지 않을 경우에 인정되는 것이고, 변환된 공익사업을 기준으로 다시 취득할 수 있어, 이 사건 법률조항으로 인하여 제한되는 사익이 이로써 달성할 수 있는 공익에 비하여 중하다고 할 수 없으므로, 이 사건 법률조항은 과잉금지원칙에 위배되어 청구인의 재산권을 침해한다고 할 수 없다.

마. 공익사업의 변경의 효과

공익사업의 변경이 인정되는 경우에는 원래의 공익사업의 폐지·변경으로 협의취득 또는 수용한 토지가 원래의 공익사업에 필요 없게 된 때에도 환매권을 행사할 수 없다. 공익사업의 변경에 따른 당해 토지에 대한 환매권 행사기간은 당해 공익사업의 변경사실을 관보에 고시한 날부터 다시 기산된다. 이 경우 국가, 지방자치단체 또는 공공기관은 공익사업의 변경사실을 환매권자에게 통지하여야 한다(법 제91조 제6항). 환매권자를 알 수 없거나 통지할 장소를 알 수 없을 때에는 공고로써 통지를 갈음할 수 있다. 이 경우 공고는 사업시행자가 공고할 서류를 해당 토지의 소재지를 관할하는 시장 등에게 송부하여 해당 시·군·구의 게시판에 14일 이상 게시하는 방법으로 한다(시행령 제49조 제2항, 제3항).

질의회신

【질의회신1】 ▶ 공익사업 변경고시 및 환매 통지 주체가 누구인지 여부
(2010.6.16. 토지정책과―3221)

【회신내용】
공익사업의 변경고시는 새로운 공익사업시행자가 관보 등에 고시함으로 족하고, 그 고시내용을 법 제91조제1항에 따른 환매권자에게 통지하는 것은 종전 공익사업시행

자가 행하여야 한다고 봄

【질의회신2】 ▶ 공익사업(도로)으로 조성된 도로 등이 다른 공익사업(택지지구)에 편입되었으나, 종래의 목적(도로)대로 계속 이용될 것으로 계획된 경우의 환매권 발생 여부

(2011.11.6. 토지정책과—5248)

【회신내용】

공익사업으로 개설된 도로가 택지개발사업에 편입되면서 기존의 도로를 그대로 유지할 경우에는 공익사업에 계속 이용할 필요가 있으므로, 해당 사업의 폐지 또는 변경 또는 그 밖의 사유로 취득한 토지의 전부 또는 일부가 필요 없게 된 경우에 해당하지 않아 토지보상법 제91조제1항에 의한 환매권은 발생하지 않는다고 봅니다. (참조판례 대법원 2007.1.11. 선고 2006다5451 판결)

【질의회신3】 ▶ A사업에 편입되어 협의 매도한 토지가 B사업에 편입된 경우 환매권은?

(2018.10.10. 토지정책과—6376)

【회신내용】

토지보상법 제91조제6항에 따르면 국가, 지방자치단체 또는 「공공기관의 운영에 관한 법률」 제5조제3항제 1호의 공공기관이 사업인정을 받아 공익사업에 필요한 토지를 협의취득하거나 수용한 후 해당 공익사업이 제4조제1호부터 제5호까지에 규정된 다른 공익사업으로 변경된 경우(소위 "환매권 유보") 환매권 행사 기간은 관보에 해당 공익사업의 변경을 고시한 날부터 기산(起算)하도록 하고 있습니다.

따라서 변경하는 사업이 토지보상법 제4조제1호부터 제5호에 해당하는 경우라면 환매권이 유보될 것으로 보며, 기타 개별적인 사례에 대하여는 사업시행자가 관계법령, 협의현황 및 사업내용 등을 검토하여 판단 할 사항으로 봅니다.

한편, 토지구획정리사업에서의 공익사업변경과 관련하여 대법원은 '도시계획도로에 편

입되어 수용된 토지가 도로 및 도로 법면으로 이용되다가 토지구획정리사업지구로 편입되어 도로 법면부지 중 일부가 도로, 경관녹지 및 아파트 부지로 사용된 경우에도 종전 토지 소유자에게 환매권이 발생한다고 볼 수 없다'고 판시하여 포괄적 해석을 한 바 있다.[1040]

이와 같은 공익사업의 변경과 관련된 최근 대법원의 판례는 원래의 공익사업의 폐지·변경으로 협의취득 또는 수용한 토지가 당해 공익사업에 필요 없게 된 경우를 좁게 해석함으로써 어느 정도 당해 사업의 폐지·변경 그 밖의 사유로 인하여 취득한 토지의 전부 또는 일부가 필요 없게 된 경우에 해당한다 할지라도 가급적 환매권의 발생을 제한하려는 듯한 태도를 취하고 있으나, <u>공익사업의 변경은 사정변경 등에 따라 예외적으로 인정되어 환매권의 행사를 제한하는 제도이므로 오히려 공익사업의 변경은 당초의 공익사업보다 그 **공익성**의 정도가 보다 높은 다른 공익사업으로 변경되고 그러한 경우라도 다른 공익사업을 위하여 토지를 계속 이용할 **필요성이 불가피한 경우**에 한하여 **예외적으로 인정**되어야 할 것이다.</u>

판례

[판례1] ▶ 국가 또는 지방자치단체가 공익사업을 위하여 취득한 후 공공시설 부지로 사용하는 토지가 토지구획정리사업의 시행으로 대체 공공시설이 설치됨에 따라 종전 공공시설의 전부 또는 일부가 폐지 또는 변경되어 불용으로 될 토지에 해당한다는 이유로 환지계획에서 환지를 정하지 않고 다른 토지의 환지 대상이 된 경우, 구 공익사업을 위한 토지 등의 취득 및 보상에 관한 법률 제91조 제1항에서 정한 '당해 사업의 폐지·변경 그 밖의 사유로 인하여 취득한 토지의 전부 또는 일부가 필요 없게 된 경우'에 해당하는지 여부(원칙적 소극)

[대법원 2013.6.27. 선고 2010다18430 판결] (환매권행사불능으로인한손해배상)

【판결이유】

구 공익사업을 위한 토지 등의 취득 및 보상에 관한 법률(2007.10.17. 법률 제8665호로 개정되기 전의 것, 이하 '구 공익사업법'이라 한다) 제91조 제1항에 … (중략) …

1040) 대법원 2013.6.27. 선고 2010다18430 판결

구 토지구획정리사업법(2000.1.28. 법률 제6252호로 폐지, 이하 '법'이라 한다)에서의 토지구획정리사업은 대지로서의 효용증진과 공공시설의 정비를 위하여 실시하는 토지의 교환·분합 기타의 구획변경, 지목 또는 형질의 변경이나 공공시설의 설치·변경에 관한 사업(법 제2조 제1항 제1호)으로, 그 시행지구 내에 편입된 모든 토지는 일체로 취급되어 필요한 공공시설의 용지를 먼저 결정한 다음 이를 제외한 나머지 토지들을 구획을 나누어 정연하게 배치하는 한편 체비지 또는 보류지를 지정하기도 하고 종전 토지의 소유권 기타의 권리를 그 특성에 맞추어 정리 후의 토지상으로 이동시키는 환지처분을 하는 것이므로, 일단 토지구획정리사업의 시행지구 안에 편입된 토지라면 그에 대한 권리관계는 당해 토지구획정리사업과 관련지어 파악하여야 하며(대법원 1998.8.21. 선고 98다1607, 1614 판결, 대법원 2008.7.24. 선고 2007다61205 판결 등 참조), 시행자가 토지구획정리사업의 시행으로 국가 또는 지방자치단체의 소유에 속하는 공공시설에 대체되는 공공시설을 설치하는 경우 종전 공공시설의 전부 또는 일부가 폐지 또는 변경되어 불용으로 될 토지에 대하여는 환지계획에 있어서 환지를 정하지 아니하며 이를 다른 토지에 대한 환지의 대상으로 하게 되고(법 제53조 제2항), 위와 같이 환지계획에서 환지를 정하지 아니한 경우 종전의 토지상에 존재하던 권리는 그 환지처분의 공고가 있은 날이 종료한 때에 소멸하게 되며(법 제62조 제1항 후문), 토지구획정리사업의 시행으로 인하여 생긴 공공시설의 용에 공하는 토지는 환지처분의 공고가 있은 날의 익일에 그 관리자의 구분에 따라 국가 또는 지방자치단체에 귀속한다(법 제63조 본문).

위와 같은 규정 및 법리들을 종합하여 보면, 공익사업에 필요하여 취득된 후 국가 또는 지방자치단체의 소유에 속하는 공공시설의 부지로 사용되는 토지에 대하여 토지구획정리사업 시행으로 법 제53조 제2항에 따라 당해 공공시설에 대체되는 공공시설이 설치되어 종전의 공공시설의 전부 또는 일부가 폐지 또는 변경되어 불용으로 될 토지에 해당된다는 이유로 환지계획에서 환지를 정하지 아니하고 다른 토지의 환지의 대상이 된 경우에는, 그 토지가 **당초 취득 당시의 용도와 달리 사용된다고 하더라도 그 토지가 토지구획정리사업의 시행지구 안에 편입된 토지라면,** 그 토지에 대한 권리관계는 당해 토지구획정리사업과 관련지어 파악하여야 한다고 봄이 타당하다. 따라서 이와 같은 경우에는 당해 취득된 토지 자체의 용도의 변경만을 주목할 것이 아니라 토지구획정리사업 시행지구 내에 편입된 모든 토지를 일체로 취급하여 대지로서의 효용 증진과 공공시설의 정비 등 토지이용의 효율을 위하여 단지 공공시설의 위치가 변경되는 사정 등을 중시하여, 당해 취득된 토지가 당초의 공익사업에 필요 없게 된 것이 아니라 그 필요성은 여전히 유지되고 있으나 토지구획정리사업으로 인한 토지이용의 효율을 위하여 재배치되는 것에 불과하다고 보아야 한다. 만일 이와 같은 경우에도 취득 전의 종전 토지소유자가 환매권을 행사할 수 있다고 보게 되면 환지계획에서 정한 공공시설 부지가 감소하는 등의 문제로 환지처분을 통한 토지구획정리사업에 현저한 지장을 초래하게 되므로, 달리 특별한 사정이 없는 한, <u>이와 같은 경우에는 구 공익사업법 제91조 제1항 소정의 '당해 사업의 폐지·변경 그 밖의 사유로 인하여 취득한 토지의 전부 또는 일부가 필요 없게 된 경우'에 해당하지 않는다고 봄이 타당하다.</u>

원심판결 이유와 기록에 의하면, … (중략) … 이 사건 토지구획정리사업 시행결과 이 사건 토지 중 <u>535㎡ 부분</u>은 군포산본지구 6번 진입도로와 연결되어 산본신도시 입주민들이 사용하고 있는 <u>도로</u>(중로 1-44호선, 이하 '이 사건 도로'라 한다)로, <u>560㎡ 부분은 경관녹지</u>(이하 '이 사건 경관녹지'라 한다)로, 나머지 <u>122㎡ 부분은 대림아파트 부지인 대지</u>(이하 '이 사건 대지'라 한다)로 사용되고 있는 사실을 알 수 있다.

이러한 사실을 앞서 본 법리에 비추어 살펴보면, 이 사건 토지가 이 사건 토지구획정리사업지구에 편입되어 당초 수용된 목적의 도시계획사업인 군포산본지구 6번 진입도로건설사업과 달리 <u>일부는 공공시설인 이 사건 도로나 경관녹지 부지로 사용되고 있고, 일부는 대지로 사용된다고 하더라도 이러한 사정만으로 원고에게 환매권이 발생한다고 볼 수 없다.</u>

따라서 이 사건 토지 중 이 사건 도로 부분의 경우 환매권이 발생할 여지가 없다고 본 원심의 이 부분 결론은 정당하고, 거기에 원고가 상고이유로 주장하는 바와 같은 환매권 발생 여부에 관한 법리오해의 위법이 없다.

그러나 원심은 이 사건 경관녹지와 대지 부분의 경우 이 사건 토지의 수용 목적이 된 도시계획사업과 이 사건 토지구획정리사업은 그 목적 및 성질이 다르다는 등의 이유만을 들어, 이 사건 토지가 이 사건 토지구획정리사업 시행지구에 편입되고 그 후 토지구획정리사업이 완료된 결과 이 사건 토지 중 일부가 이 사건 경관녹지와 대지로 된 이상 원고로서는 이 사건 토지가 토지구획정리사업지구에 편입이 결정된 때로부터 이 사건 경관녹지와 대지 부분에 대한 환매권을 행사할 수 있다고 잘못 판단하고 말았으니, 이러한 원심판단에는 환매권 발생 여부에 관한 법리를 오해하여 판결에 영향을 미친 위법이 있다. 이 점을 지적하는 피고의 상고이유의 주장은 이유 있다.

9. 환매권의 권리구제

가. 의의

환매권 관련 분쟁의 권리구제 소송형태는 환매권의 법적 성질을 어떻게 보느냐에 따라 다를 것이다. 환매권의 성질을 공법상의 권리로 본다면 이와 관련된 소송은 공법상 사건으로 보아 행정소송(공법상 당사자 소송)으로 사법상의 권리로 보면 민사소송에 따른 절차에 의하게 된다.

나. 관할법원

환매권 관련 분쟁은 환매권 성립여부와 관련된 환매권행사요건 및 그 행사방법에 관한 다툼과 환매금액(환매대금)의 증감청구와 관련된 소송이다.

(1) 현행 토지보상법 이전

현행 토지보상법 제정(2002.2.4. 법률 제6656호)이전 환매권과 관련된 소송문제에 있어 구 '토지수용법' 제71조 제5항은 "토지의 가격이 수용당시에 비하여 현저히 변경되었을 때에는 기업자 또는 환매권자는 그 금액의 증감을 **법원에 청구**할 수 있다"고 규정하였고, 구 '공특법' 제9조 제3항은 "토지 등의 가격이 취득 당시에 비하여 현저히 변경되었을 때에 사업시행자 또는 환매권자는 그 금액에 대하여 협의를 하여야 하며, 그 협의가 성립되지 아니할 때에는 대통령령이 정하는 바에 따라 그 토지등의 소재지를 관할하는 **토지수용위원회에 재결을 신청**할 수 있다"고 규정하여 구 토지수용법상 환매권은 **민사소송**[1041], **공특법**상의 환매권은 수용재결 후 **행정소송**으로 다투게 되는 이원적 입법으로 관할법원이 정해진다는 모순이 있었다.

1041) 헌법재판소(1994.2.24. 선고 92헌마283)와 대법원 판례(1992.4.24. 선고, 92다4673)는 환매권을 사권으로 보고 있고 소송실무상으로도 민사소송으로 다투게 된다.

(2) 현행 토지보상법

현행 토지보상법 제91조 제4항은 "토지의 가격이 취득일 당시에 비하여 현저히 변동된 경우 <u>사업시행자와 환매권자는</u> 환매금액에 대하여 서로 협의하되, 협의가 성립되지 아니하면 <u>그 금액의 증감을 법원에 청구할 수 있다</u>"라고 하여 모든 환매권에 관한 소송은 법원에 의하도록 통일적으로 규정되었다.[1042]

여기에서 '법원에 청구 할 수 있다'는 규정과 관련하여 법원을 민사법원 인지 또는 행정법원을 의미하는지에 대해 여전히 견해의 다툼이 있을 수 있으나, 환매권을 사권으로 보는 이상 민사법원으로 보아야 할 것이며, 대법원도 "<u>환매권의 존부에 관한 확인을 구하는 소송 및 공익사업법 제91조 제4항에 따라 환매금액의 증감을 구하는 소송 역시 민사소송에 해당한다.</u>"고 판시하여 여기에서의 법원은 민사법원을 전제로 하고 있다.[1043]

판례

[판례1] ▶ [대법원 2013.2.28. 선고 2010두22368 판결] (환매대금 증감)

【판시사항】

[1] 구 공익사업을 위한 토지 등의 취득 및 보상에 관한 법률 제91조에 규정된 <u>환매권의 존부에 관한 확인을 구하는 소송 및 같은 조 제4항에 따라 환매금액의 증감을 구하는 소송이 민사소송에 해당하는지 여부(적극)</u>

【판결이유】

구 공익사업을 위한 토지 등의 취득 및 보상에 관한 법률(2010.4.5. 법률 제10239호로 일부 개정되기 전의 것, 이하 '구 공익사업법'이라 한다) 제91조에 규정된 환매권은 상대방에 대한 의사표시를 요하는 형성권의 일종으로서 재판상이든 재판 외이든 위 규정에 따른 기간 내에 행사하면 매매의 효력이 생기는 바(대법원 2008.6.26. 선고 2

1042) 따라서 현행 토지보상법 제91조제4항 규정에 의거 협의취득 또는 수용된 토지에 대한 환매금액의 증감에 대한 다툼은 법원에 청구하여야 하므로 관할 토지수용위원회에서는 실무상 이러한 재결신청에 대하여는 취하하도록 하거나 각하재결을 하고 있다. (참고: 중앙토지수용위원회, 앞의책, 2017.12. 444면)

1043) 대법원 2013.2.28. 선고, 2010두22368 판결

007다24893 판결 참조), 이러한 환매권의 존부에 관한 확인을 구하는 소송 및 구 공익사업법 제91조 제4항에 따라 환매금액의 증감을 구하는 소송 역시 **민사소송**에 해당한다.

기록에 의하면, 이 사건 소 중 주위적 청구는 구 공익사업법 제91조에 따라 환매권의 존부 확인을 구하는 소송이고, 예비적 청구는 같은 조 제4항에 따라 환매대금 증액을 구하는 소송임을 알 수 있으므로, 위 각 소송은 모두 민사소송에 해당한다고 보아야 한다.

따라서 원심이 위 각 소송을 모두 행정소송법 제3조 제2호에 규정된 당사자소송이라고 판단한 부분에는 공법상 당사자소송에 관한 법리를 오해한 잘못이 있다.

그런데 기록에 의하면, 민사소송인 이 사건 소가 서울행정법원에 제기되었는데도 피고는 제1심법원에서 관할위반이라고 항변하지 아니하고 본안에 대하여 변론을 한 사실을 알 수 있는바, 공법상의 당사자소송 사건인지 민사사건인지 여부는 이를 구별하기가 어려운 경우가 많고 행정사건의 심리절차에 있어서는 행정소송의 특수성을 감안하여 행정소송법이 정하고 있는 특칙이 적용될 수 있는 점을 제외하면 심리절차면에서 민사소송절차와 큰 차이가 없는 점 등에 비추어 보면, 행정소송법 제8조 제2항, 민사소송법 제30조에 의하여 제1심법원에 변론관할이 생겼다고 봄이 상당하다.

그렇다면 이 사건 소송이 공법상 당사자소송에 해당한다고 판단한 원심판결에는 당사자소송에 관한 법리를 오해한 잘못이 있으나, 앞서 본 바와 같이 제1심법원에 변론관할이 생긴 이상 원심의 위와 같은 잘못은 판결 결과에 영향이 없다. 피고의 이 부분 상고이유 주장은 이유 없다.

다만, 환매권의 존부에 관한 확인을 구하는 소송, 환매금액의 증감을 구하는 소송 등 환매권과 관련된 소송을 모두 획일적으로 민사소송으로만 다투어야 한다는 것도 의문이 든다. 환매대상 토지가 당초 사업시행자와 원토지 소유자간에 협의에 의해 공익사업에 편입되었다가 이후 당초 공익사업의 지연 내지 폐지 등으로 환매대상 목적물이 되었고 이에 대한 환매권존부 내지 환매대금의 다툼은 민사소송에 의하는 것은 법 논리적으로 타당하나, 환매대상 토지가 최초 공익사업에 편입 당시 협의취득이 아닌 수용재결에 의한 강제취득이었다면 이는 공법상 행정행위에 따른 취득이므로 이를 원래의 자리로 되돌리는 것도 공법상권리의 행사에 따른 행정소송으로 해결하는 것이 보다 법 논리에 부합할 것이다.

제8장 벌칙

1. 개요

토지보상법은 거짓 등 부정한 방법으로 보상금을 수령 또는 이를 알고 지급한자, 거짓 등 부정한 방법으로 감정평가를 한자, 공익사업을 위한 장애물제거 등 공익사업준비 및 부수되는 과정에서 법령에 위반된 행위를 한 사업시행자 및 피수용인에 대한 형벌 등의 규정으로 부정보상금 지급·수급사례를 방지하고 원활한 공익사업의 수행을 도모하고자 별도의 벌칙규정을 두고 있다.

관계법령

■ **토지보상법**

제93조(벌칙) ① 거짓이나 그 밖의 부정한 방법으로 보상금을 받은 자 또는 그 사실을 알면서 보상금을 지급한 자는 <u>5년 이하의 징역 또는 3천만원 이하의 벌금</u>에 처한다.
② 제1항에 규정된 죄의 미수범은 처벌한다. [전문개정 2011.8.4.]

제93조의2(벌칙) 제63조제3항을 위반하여 토지로 보상받기로 결정된 권리(제63조제4항에 따라 현금으로 보상받을 권리를 포함한다)를 전매한 자는 <u>3년 이하의 징역 또는 1억원 이하의 벌금</u>에 처한다. [본조신설 2020.4.7.]

제94조 삭제 〈2007.10.17.〉

제95조(벌칙) 제58조제1항제2호에 따라 감정평가를 의뢰받은 감정평가업자나 그 밖의 감정인으로서 거짓이나 그 밖의 부정한 방법으로 감정평가를 한 자는 <u>2년 이하의 징역 또는 1천만원 이하의 벌금</u>에 처한다. [전문개정 2011.8.4.]

제95조의2(벌칙) 다음 각 호의 어느 하나에 해당하는 자는 <u>1년 이하의 징역 또는 1천만원 이하의 벌금</u>에 처한다.
1. 제12조제1항을 위반하여 장해물 제거등을 한 자
2. 제43조를 위반하여 토지 또는 물건을 인도하거나 이전하지 아니한 자
[본조신설 2015.1.6.]

제96조(벌칙) 제25조제1항 또는 제2항 전단을 위반한 자는 1년 이하의 징역 또는 500만원 이하의 벌금에 처한다.

[전문개정 2011.8.4.]

제97조(벌칙) 다음 각 호의 어느 하나에 해당하는 자는 200만원 이하의 벌금에 처한다. 〈개정 2018.12.31.〉

1. 제9조제2항 본문을 위반하여 특별자치도지사, 시장·군수 또는 구청장의 허가를 받지 아니하고 타인이 점유하는 토지에 출입하거나 출입하게 한 사업시행자
2. 제11조(제27조제2항에 따라 준용되는 경우를 포함한다)를 위반하여 사업시행자 또는 감정평가업자의 행위를 방해한 토지점유자
3. 삭제 〈2015.1.6.〉
4. 삭제 〈2015.1.6.〉

제98조(양벌규정) 법인의 대표자나 법인 또는 개인의 대리인, 사용인, 그 밖의 종업원이 그 법인 또는 개인의 업무에 관하여 제93조, 제95조, 제95조의2, 제96조 또는 제97조의 어느 하나에 해당하는 위반행위를 하면 그 행위자를 벌하는 외에 그 법인 또는 개인에게도 해당 조문의 벌금형을 과(科)한다. 다만, 법인이나 개인이 그 위반행위를 방지하기 위하여 해당 업무에 관하여 상당한 주의와 감독을 게을리하지 아니한 경우에는 그러하지 아니하다. 〈개정 2015.1.6.〉

2. 벌칙

가. 내용

(1) 허위보상금

거짓이나 그 밖의 부정한 방법으로 보상금을 받은 자 또는 그 사실을 알면서 보상금을 지급한 자는 **5년** 이하의 징역 또는 **3천만원** 이하의 벌금에 처하고(법 제93조제1항), 미수범도 처벌한다(법 제93조제2항).

(2) 전매제한규정 위반

대토로 보상받기로 결정된 권리 및 대토보상 결정 후 대토보상 계약 체결일부터 1년이 지나 현금으로 전환하여 보상받을 수 권리를 소유권이전등기전에 전매한 자는 **3년** 이하의 징역 또는 **1억원** 이하의 벌금에 처한다(법 93조의2). [본조신설 2020.4.2.]

(3) 부정한 감정평가

제58조제1항제2호에 따라 감정평가를 의뢰받은 감정평가업자나 그 밖의 감정인으로서 <u>거짓이나 그 밖의 부정한 방법으로 감정평가를 한 자</u>는 **2년** 이하의 징역 또는 **1천만원** 이하의 벌금에 처한다(법 제95조).

(4) 무단 장해물제거 및 토지 등 물건의 인도의무 불이행

다음 각 호의 어느 하나에 해당하는 자는 **1년** 이하의 징역 또는 **1천만원** 이하의 벌금에 처한다(법 제95조의2). [본조신설 2015.1.6]

> 1. 제12조제1항[1044]을 위반하여 장해물 제거 등을 한 자
> 2. 제43조[1045]를 위반하여 토지 또는 물건을 인도하거나 이전하지 아니한 자

(5) 토지 등의 보전의무 위반

제25조제1항(사업인정고시 후 고시된 토지에 대한 무단토지형질변경 등) 또는 제2항 전단(사업인정고시 후 고시된 무허가건축 등 행위)을 위반한 자는 **1년** 이하의 징역 또는 **500만원** 이하의 벌금에 처한다(법 제96조).[1046]

1044) ■ **토지보상법 제12조(장해물 제거등)** ① 사업시행자는 제9조에 따라 타인이 점유하는 토지에 출입하여 측량 또는 조사를 할 때 장해물을 제거하거나 토지를 파는 행위(이하 "장해물 제거등"이라 한다)를 하여야 할 부득이한 사유가 있는 경우에는 그 소유자 및 점유자의 동의를 받아야 한다. 다만, 그 소유자 및 점유자의 동의를 받지 못하였을 때에는 사업시행자(특별자치도, 시·군 또는 구가 사업시행자인 경우는 제외한다)는 특별자치도지사, 시장·군수 또는 구청장의 허가를 받아 장해물 제거등을 할 수 있으며, 특별자치도, 시·군 또는 구가 사업시행자인 경우에 특별자치도지사, 시장·군수 또는 구청장은 허가 없이 장해물 제거등을 할 수 있다.

1045) ■ **토지보상법 제43조(토지 또는 물건의 인도 등)** 토지소유자 및 관계인과 그 밖에 토지소유자나 관계인에 포함되지 아니하는 자로서 수용하거나 사용할 토지나 그 토지에 있는 물건에 관한 권리를 가진 자는 <u>수용 또는 사용의 개시일까지</u> 그 토지나 물건을 사업시행자에게 인도하거나 이전하여야 한다. [전문개정 2011.8.4]

(6) 사업 준비를 위한 출입의 허가 등 위반

다음 각 호의 어느 하나에 해당하는 자는 **200만원** 이하의 벌금에 처한다(법 제97조). 〈개정 2018.12.31.〉

> 1. 제9조제2항 본문1047)을 위반하여 특별자치도지사, 시장 · 군수 또는 구청장의 허가를 받지 아니하고 타인이 점유하는 토지에 출입하거나 출입하게 한 사업시행자
> 2. 제11조(제27조제2항에 따라 준용되는 경우를 포함한다)1048)를 위반하여 사업시행자 또는 감정평가업자의 행위를 방해한 토지점유자
> 3. 삭제 〈2015.1.6.〉
> 4. 삭제 〈2015.1.6.〉 [전문개정 2011.8.4.]

나. 양벌규정

법인의 대표자나 법인 또는 개인의 대리인, 사용인, 그 밖의 종업원이 그 법인 또는 개인의 업무에 관하여 제93조, 제95조, 제95조의2, 제96조 또는 제97조의 어느 하나에 해당하는 위반행위를 하면 그 행위자를 벌하는 외에 그 법인 또는 개인에게도 해당 조문의 벌금형을 과(科)한다. 다만, 법인이나 개인이 그 위반행위를 방지하기 위하여 해당 업무에 관하여 상당한 주의와 감독을 게을리하지 아니한 경우에는 그러하지 아니하다. 〈개정 2015.1.6.〉

1046) ■ **토지보상법 제25조(토지 등의 보전)** ① 사업인정고시가 된 후에는 누구든지 고시된 토지에 대하여 사업에 지장을 줄 우려가 있는 형질의 변경이나 제3조제2호 또는 제4호에 규정된 물건을 손괴하거나 수거하는 행위를 하지 못한다.
② 사업인정고시가 된 후에 고시된 토지에 건축물의 건축 · 대수선, 공작물(工作物)의 설치 또는 물건의 부가(附加) · 증치(增置)를 하려는 자는 특별자치도지사, 시장 · 군수 또는 구청장의 허가를 받아야 한다. 이 경우 특별자치도지사, 시장 · 군수 또는 구청장은 미리 사업시행자의 의견을 들어야 한다.
1047) ■ **토지보상법 제9조(사업 준비를 위한 출입의 허가 등)** ② 사업시행자(특별자치도, 시 · 군 또는 자치구가 사업시행자인 경우는 제외한다)는 제1항에 따라 측량이나 조사를 하려면 사업의 종류와 출입할 토지의 구역 및 기간을 정하여 특별자치도지사, 시장 · 군수 또는 구청장(자치구의 구청장을 말한다. 이하 같다)의 허가를 받아야 한다. .
1048) ■ **토지보상법 제11조(토지점유자의 인용의무)** 토지점유자는 정당한 사유 없이 사업시행자가 제10조에 따라 통지하고 출입 · 측량 또는 조사하는 행위를 방해하지 못한다. [전문개정 2011.8.4.]

3. 과태료

토지보상법은 다음 각 호의 어느 하나에 해당하는 자에게는 **200만원** 이하의 과태료를 부과한다고 규정하고 있다(법 제99조).

> 1. 제58조제1항제1호에 규정된 자로서 정당한 사유 없이 출석이나 진술을 하지 아니하거나 거짓으로 진술한 자
> 2. 제58조제1항제1호에 따라 의견서 또는 자료 제출을 요구받고 정당한 사유 없이 이를 제출하지 아니하거나 거짓 의견서 또는 자료를 제출한 자
> 3. 제58조제1항제2호에 따라 감정평가를 의뢰받거나 출석 또는 진술을 요구받고 정당한 사유 없이 이에 따르지 아니한 감정평가업자나 그 밖의 감정인
> 4. 제58조제1항제3호에 따른 실지조사를 <u>**거부, 방해 또는 기피**</u>한 자
>
> ② 제1항에 따른 과태료는 <u>대통령령</u>으로 정하는 바에 따라 국토교통부장관이나 시 · 도지사가 부과 · 징수한다. 〈개정 2013.3.23.〉 [전문개정 2011.8.4.]

한편 토지보상법 제99조제1항에 따른 과태료의 부과기준은 <u>별표 2</u>와 같다.

> **관계법령**
>
> ■ **토지보상법 시행령**
> **제51조(과태료의 부과기준)** 법 제99조제1항에 따른 과태료의 부과기준은 별표 2와 같다. [전문개정 2013 5.28.]
>
> ■ **공익사업을 위한 토지 등의 취득 및 보상에 관한 법률**
> 시행령[별표 2] 〈신설 2013.5.28.〉
>
> ■ **과태료의 부과기준**(제51조 관련)
> **1. 일반기준**
> 가. 부과권자는 다음의 어느 하나에 해당하는 경우에는 제2호에 따른 <u>과태료 부과금액의 2분의 1 범위에서 그 금액을 **줄일 수**</u> 있다. 다만, 과태료를 체납하고 있는 위반행위자의 경우에는 그러하지 아니하다.

1) 위반행위자가 「질서위반행위규제법 시행령」 제2조의2제1항 각 호의 어느 하나에 해당하는 경우

2) 위반행위가 사소한 부주의나 오류로 인한 것으로 인정되는 경우

3) 위반행위자가 법 위반상태를 해소하기 위하여 노력하였다고 인정되는 경우

4) 그 밖에 위반행위의 정도, 위반행위의 동기와 그 결과 등을 고려하여 과태료 금액을 줄일 필요가 있다고 인정되는 경우

나. 부과권자는 다음의 어느 하나에 해당하는 경우에는 제2호에 따른 <u>과태료 부과 금액의 2분의 1 범위에서 그 금액을 **늘릴 수** 있다.</u> 다만, 그 사유가 여러 개인 경우라도 법 제99조제1항에 따른 과태료 금액의 상한을 넘을 수 없다.

1) 위반의 내용 및 정도가 중대하여 토지소유자 또는 관계인 등에게 미치는 피해가 크다고 인정되는 경우

2) 법 위반상태의 기간이 3개월 이상인 경우

3) 그 밖에 위반행위의 정도, 위반행위의 동기와 그 결과 등을 고려하여 과태료 금액을 늘릴 필요가 있다고 인정되는 경우

2. 개별기준

위반행위	해당 법조문	과태료 금액
가. 법 제58조제1항제1호에 규정된 자로서 정당한 사유 없이 출석이나 진술을 하지 않는 경우	법 제99조 제1항제1호	100만원
나. 법 제58조제1항제1호에 규정된 자로서 거짓으로 진술한 경우	법 제99조 제1항제1호	200만원
다. 법 제58조제1항제1호에 따라 의견서 또는 자료 제출을 요구받고 정당한 사유 없이 이를 제출하지 않은 경우	법 제99조 제1항제2호	100만원
라. 법 제58조제1항제1호에 따라 의견서 또는 자료 제출을 요구받고 거짓 의견서 또는 자료를 제출한 경우	법 제99조 제1항제2호	200만원
마. 감정평가업자나 그 밖의 감정인이 법 제58조제1항제2호에 따라 감정평가를 의뢰받거나 출석 또는 진술을 요구받고 정당한 사유 없이 이에 따르지 않은 경우	법 제99조 제1항제3호	200만원
바. 법 제58조제1항제3호에 따른 <u>실지조사를 **거부, 방해** 또는 **기피**</u>한 경우	법 제99조 제1항제4호	200만원

부 록

▣ 실전서식

1. 정보공개청구서

정보공개청구를 통해 사업시행자(구청)및 주민이 선정한 감정평가법인이 평가한 감정평가서를 입수하여 부동산 가격공시 및 감정평가에 관한 법률에 따라
① 편입 토지의 평가를 위하여 선정한 표준지가 하자가 없는지,
② 표준지와 품등비교를 위하여 한 개별요인의(가로조건, 접근조건, 획지조건, 환경조건, 행정조건, 기타) 하자가 없는지,
③ 공익사업 주변의 환경, 개발 성숙도 및 최근 유사한 공익사업으로 인한 보상선례가 있는지 등의 종합적 분석이 필요하다 할 것입니다.

[별지 제1호서식]

정보공개청구서

※ 접수일자와 접수번호는 청구인이 기재하지 아니합니다.

<table>
<tr><td colspan="2">※ 접 수 일 자</td><td></td><td>※ 접 수 번 호</td><td></td></tr>
<tr><td rowspan="4">청구인</td><td rowspan="2">이 름
(법인명 등
및
대표자)</td><td rowspan="2">최○○</td><td>주민등록(여권 · 외국인등록)번호</td><td>000000-0000000</td></tr>
<tr><td>사업자(법인 · 단체)등록번호</td><td></td></tr>
<tr><td rowspan="2">주 소
(소재지)</td><td rowspan="2">인천광역시 옹진군 00면 00리 000</td><td>전 화 번 호
(모사전송번호)</td><td>011-000-000</td></tr>
<tr><td>전자우편주소</td><td></td></tr>
<tr><td colspan="2">정 보 내 용</td><td colspan="3">1. 인천 옹진군 00면 00리 000-1에 대한 옹진군도 도로개설사업과 관련해 사업시행자인 옹진군이 발행한 손실보상금내역서
2. 인천 옹진군 북도면 모도리 000-1에 대한 수용평가가격 산출근거 및 그 결정에 관한 의견이 반영된 감정평가서
　가. 평가개요, 나. 사업개요, 다, 대상토지의 개황 라, 토지가격산출
　　(표준지선정 및 기타요인 산출 근거 반드시 포함.)
3. 토지가격산출근거가 포함된 감정평가서</td></tr>
</table>

공 개 형 태	□열람·시청 ☑사본·출력물　□전자파일　□복제·인화물 □기타(　　　　　　　)
수 령 방 법	☑직접방문 ☑우편 □모사전송 □전자우편 □기타(　)

수수료 감면	해 당 여 부	□해 당　□해당없음
	감 면 사 유	※ 공공기관의정보공개에관한법률시행령 제17조제3항의 규정에 의하여 수수료 감면대상에 해당하는 경우에 기재하며, 감면사유를 증명할 수 있는 서류를 첨부하시기 바랍니다.

공공기관의정보공개에관한법률 제10조제1항 및 동법시행령 제6조제1항의 규정에 의하여 위와 같이 정보의 공개를 청구합니다.

2010년　　　10월　　　　일

청구인　　　최○○ (서명 또는 인)　

옹진군수 귀하

접 수 증

접 수 번 호			청구인	
접수자	직급		이 름	최○○　　　(서명 또는 인)

귀하의 청구서는 위와 같이 접수되었습니다.

2010년　　　10월　　　　일

※ 감정평가서를 확보화기 위한 사업시행자를 피청구인으로 하는 정보공개청구는 종전의 종이문서에서 2020.1. 현재 부터는 온라인 청구(대한민국 정보공개 포털 - https://www.open.go.kr/)로만 가능하게 되었다.

2. 수용재결신청청구서

수용재결신청청구서

신 청 인 : ○○○
사업시행자 : 서울지방국토관리청
　　　　　　서울특별시 중구 정동 28번지

　신청인은 공익사업을위한토지등의취득및손실보상에관한법률 제30조 제1항 및 같은법 시행령 제14조 제1항에 의거하여 수용재결신청청구서를 제출합니다.

아　래

1. **공익사업의 종류 및 명칭** : 광전IC – 의정부 도로확장공사
2. **사업시행자의 명칭** : 서울지방국토관리청
3. **수용재결 대상** : 별지목록과 같음
4. **수용재결 대상자의 성명 및 주소**
　　　　　　　○○○
　　　　　경기도 남양주 별내면 ○○리 494-1

5. **수용재결신청이유**: 별지목록과 같음

　　　　　　　　　　2009. 5. .
　　　　　　　　　　위 신청청구인
　　　　　　　　　　○○○　　(인)

서울지방국토관리청　귀중

접수방법

① 토지소유자 및 관계인은 사업시행자가 제시한 보상협의기간(특별한 사유가 없는 한 30일 이상)이 경과한 후 수용재결신청서(1부)를 사업시행자에게 직접 제출하거나 우편(배달증명취급우편물)로 발송할 수 있다.
② 위 수용재결신청청구서를 일부 실무책에서는 임의적으로 <u>조속재결신청서</u>라고 소개하고 있으나 토지보상법 시행규칙(제12조)에서는 '<u>재결신청청구서</u>'라고 명문으로 규정되어 있음에 유의할 필요가 있다.

3. 수용재결신청에 대한 의견서-1

사례1. 의견서 - 일반적 보상가의 문제점 지적한 사례

수용재결신청에 대한 의견서

의 견 인   ○○○
　　　　　　서울시 **구 **동 1100 **아파트 5-202

사업시행자　　　　에스에이치공사(소관 : 보상지적1팀)
　　　　　　　　　서울 강남구 개포동 14-5
　　　　　　　　　대표자 시장 유민근

사업지구의 명칭 및 종류 : 문정도시개발사업
수용재결 대상토지 : 서울 송파구 문정동 3○○ 답(현황 전) 1,220㎡

　　　　의견인은 에스에이치공사에서 시행하는「문정도시개발사업」에 편입되는 토지의 수용재결신청에 대하여 공익사업을 위한 토지 등의 취득 및 보상에 관한 법률시행령 제15조 제4항에 따라 아래와 같이 의견서를 제출합니다.

아　　　래

1. 위치 및 개발여건

본건 사업부지인 송파구 문정동 100번지 일원(문정법조단지 예정부지)에는 서울동부지방법원 및 지검, 등기소등 법조단지가 조성될 예정에 있습니다.

지하철 8호선 문정역, 장지역과 송파대로를 중심으로 한 대규모 상권이 형성되어, 이로써 이 지역은 송파위례신도시, 거여·마천지구 등에 이어 문정법조타운까지 조성되면서 완전히 다른 모습으로 자리잡게 될 전망입니다.

이로써, 문정동 법조타운과 더불어 인근전문상가가 들어서는 동남권 유통단지는 유망 상권으로 부상할 잠재력이 매우 큰 지역으로, 전문가들은 법조타운과 동남권 유통단지의 개발이 완료되면 기존 송파구의 상업 기능을 대체하고 나아가 동남부의 핵심지역으로 발전이 크게 기대되는 지역으로 분석되고 있는 지역입니다.

2. 도로 및 교통여건

본건 사업부지인 송파구 문정동 350번지 일원(문정법조단지 예정부지)은 서울지하철 8호선 문정역과 장지역의 중간 지점에 위치하는 지역으로, 지근거리에 문정고교, 가원중교 ,문덕초교 등 학교와 송파구청, 장지택지개발지구가 위치하고 있으며, 경부고속도로, 서울외곽순환고속국도, 수서~분당간고속화도로, 내곡~분당간고속화도로, 서울~용인고속도로, 지하철 8호선 전철 등의 간선교통망이 분포되어 있어 접근성이 매우 뛰어난 곳입니다.

3. 본건 수용목적물에 대한 보상가액 산정의 문제점에 대하여

가. 표준지선정의 하자에 대하여

즉, 본건 수용대상 토지인 서울 송파구 문정동 3 0 0 답(현황 전) 1,220㎡의 경우 도시지역, 제3종일반주거지역, 제1종지구단위계획구역, 근린공원지구에 속해 있고, 인근 도로변에는 근린상가, 주유소, 공동주택, 초·중·고·대학교, 관공서등이 혼재되어 있고, 교통량 및 주위통행 등이 원활한 교통의 요지에 위치하고 있습니다. 특히 본건 수용대상 토지 접경에는 지하철 8호선 문정역과 장지역과 송파대로가 있어 본건 문정도시개발사업지구내에서도 단연 돋보이는 요지중의 요지입니다.

의견인은 아직 손실보상의 근거가 되는 구체적인 감정평가서는 입수하지는 못했으나, 저렴한 손실보상 내역으로 협의를 종용하는 사업시행자의 태도를 고려하면 이는 필시 사업시행자측 감정평가업자들은 본건 수용목적물의 토지보상산정을 위한 비교표준지를 선정함에 있어 외관상 사업인정일에 가장 가까운 비교표준지를 선정한 것으로 보이나, 사실상 전국 평균 지가상승률에도 미치지 못하고, 정상적 지가형성을 기대할 수 없는 비교표준지로 선정한 것으로 보입니다.

만약 사업시행자측 감정평가업자들이 위와 같은 비교표준지를 선정하였다면 이는 본건토지에 비해 접근조건, 개발의 잠재성 및 성숙도에 있어 현저히 열세하여 보상대상 토지를 평가하기 위한 비교표준지로 적합하다 할 수 없고, 개발의 잠재성 및 성숙도, 상업중심지구 및 인근교통시설과의 접근성 및 주변환경에 있어서도 보상대상 토지에 비하여 현저히 열세에 있어 본건 수용대상 토지에 비하여 정상적 지가형성을 기대 할 수 없는 지역이라 할 것인바 차재에 수용재결에 따른 재감정시에는 같은 수급권내에 있는 보상대상 토지와 유사한 표준지로 재선정 되어야 마땅하다 할 것입니다.

부동산가격공시 및 감정평가에관한법률 제21조 제1, 2항 및 감정평가에관한규칙 제17조 제1항은 "토지의 평가에 있어서는 평가대상토지와 용도지역·이용상황·지목·주변환경등이 동일 또는 유사한 인근지역에 소재하는 표준지의 공시지가를 기준으로 공시기준일부터 가격시점까지의 지가변동률·생산자물가상승률 및 기타 사항을 종합적으로 참작하여 평가하여야 한다"라고 규정하고 있습니다.

이에 대한 대법원 판례 입장 또한 "개별토지가격은 기본적으로 대상토지와 **같은 가격권 안에 있는 표준지 중에서 지가형성요인이 가장 유사한 표준지를 비교표준지로 선택하여야 보다 합리적이고 객관적으로 산정할 수 있는 것**이므로, 그 비교표준지는 대상토지와 용도지역, 토지이용상황 등 토지특성이 같거나 가장 유사한 표준지 중에서 선택하여야 한다" 라고 일관되게 판시하고 있습니다. [대법원 1995.7.11. 선고 95누3442 판결]

나. 비교격차율의 산정의 문제에 대하여

위와 같이 설령 비교표준지 선정의 하자가 없다 하더라도, 본건 수용목적물에 대한 비교표준지와의 비교 격차율을 산정함에 있어 특히 가로조건, 접근조건, 환경조건, 획지조건에서 비교표준지보다 우세함에도 고의로 낮추는 등 보상가액을 정해 놓은 상태에서 위 개별요인을 거꾸로 끼워 맞춘 것이 아닌가 하는 의구심을 들게 하고 있습니다.

다. 보상선례의 불균형 및 보상가의 현실성 결여

인근의 공공사업을 위하여 최근에 기 보상한 선례 가격은 지가 형성에 영향을 주고 신규 공공사업을 위한 보상가 결정에 있어서도 기준이 되는 것이 보상관련 법령 및 평가에 있어서도 통상적으로 인정되고 있으나 수용목적물의 보상가액 산정에 있어서는 기 보상선례(판교 택지개발지구, 송파위례 택지개발지구,)내지 실제거래 사례가 전혀 무시되고 있는 것으로 판단되어 '정당한 보상'을 하도록 한 법령상의 규정에 명백히 위배되는 평가라 할 수 있습니다.

즉, 본건 수용목적물인 서울 송파구 문정동 3OO 답(현황 전) 1,220㎡에 대해 사업시행자는 그 보상가로 1,363,333/㎡으로 책정하였는데, 본건 사업지구내의 또 다른 수용대상 토지이자 본건 수용목적물과 연접하고 있는 서울 송파구 문정동 3OO-3 답(현황 전) 188.35㎡는 그 손실보상가로 1,422,333/㎡으로 책정되어 보상금으로 지급되었을 뿐만 아니라, 실거래 가격은 약 300~500만원/㎡으로 매매된 거래사례가 있는바 본건 수용목적물에 대한 보상가는 현실성이 결여된 것입니다.

이에 대하여 대법원 판례는 "토지수용보상액 산정에 관한 관계 법령의 규정을 종합하여 보면, 수용대상 토지에 대한 보상액을 산정하는 경우 거래사례나 보상선례 등을 반드시 조사하여 참작하여야 하는 것은 아니지만, 인근 유사 토지가 거래되거나 보상이 된 사례가 있고 그 가격이 정상적인 것으로서 적정한 보상액 평가에 영향을 미칠 수 있는 것임이 입증된 경우에는 인근유사토지의 정상거래가격을 참작할 수 있고, 보상선례가 인근유사토지에 관한 것으로서 당해 수용대상토지의 적정가격을 평가하는 데 있어 중요한 자료가 되는 경우에는 이를 참작하는 것이 상당하다"라고 일관되게 판시하고 있습니다" [대법원 2007.7.12. 선고 2006두11507].

4. 결론

이상에서 살펴본 바와 같이 본 수용목적물에 대한 평가는 ① 비교표준지 선정의 하자, ② 개별요인의 비교격차율 문제, ③ 보상선례의 불균형 및 보상가의 현실성 결여, ④ 생산자물가지수의 미반영

등 그 하자가 명백하다 할 것인바, 차재에 수용재결에 따른 재감정시에는 같은 수급권내에 있는 보상대상 토지와 유사한 비교표준지를 재선정하고 실제현황을 고려한 각 개별요인들을 정당하게 반영하여 공익사업의 실시에 따른 수용목적물의 소유자의 희생에 대하여 법령에 따른 정당한 보상을 하여 주시기 바랍니다.

원컨대 피수용인의 특별한 희생이 희생으로만 전락되지 않도록 정당한 보상이 이루어 질수 있도록 져야 할 것입니다.

첨 부 서 류

1. 토지대장등본   1통
1. 토지이용계획확인원   1통

2009. 6. .

위 의견인 ○ ○ ○ (인)

서울특별시지방토지수용위원회 귀중

접수방법

① 1부를 작성하여, 관할(중앙)토지수용위원회 또는 재결신청서류열람공고의 안내에 따라 지정된 제출장소에 제출한다.
② 보상가가 시세에 맞지 않아 현저히 낮음을 지적한다.
③ 다만 '부동산가격공시 및 감정평가에 관한 법률'에 따라 ㉠ 편입토지의 평가를 위하여 선정한 표준지의 하자가 없는지, ㉡ 표준지와 품등비교를 위하여 한 개별요인(가로조건, 접근조건, 획지조건, 환경조건, 행정조건, 기타)의 하자가 없는지, ㉢ 공익사업 주변의 환경, 개별성숙도 및 최근 유사한 공익사업으로 인한 보상선례가 있는지 등의 종합적인 분석하에 의견서를 작성하는 것이 좋다.

4. 수용재결신청에 대한 의견서-2

사례2. 의견서 - 감정평가에 대한 문제점 지적한 사례

수용재결신청에 대한 의견서

사 업 명 : 양주신도시(옥정) 택지개발사업
사업시행자 : 한국토지공사
소 유 자 : ○○○
(제 출 자) 경기 양주시 **동 12-3

위 사건의 소유자는 다음과 같이 수용재결에 대한 의견을 개진합니다.

다 음

1. 사업인정 및 고시 등에 대하여
가. 사업명 : 양주시도시(옥정) 택지개발사업
나. 고 시 : 200○. 3. 30 (건교부 고시 200○-100호)
다. 협의시 감정기관: 한국감정원, 새한감정평가법인, 대화감정평가법인

2. 지역개황
가. 위치 및 환경

옥정동은 서울중심부로 부터 30Km, 서울시계로부터 10Km, 의정부와 동두천의 중간지점, 동측으로 천보산맥과 서측으로 도락산으로 둘러싸인 지역으로서 토지이용현황은 대지 98.5ha(9.1%), 농지 336.3ha(31.1%), 임야 261.4ha(24.2%), 기타 385.0ha(35.6%)로 구성되어있습니다.

나. 도로교통

현재 옥정지구는 경원선복선전철 및 국도3호선이 지나고 있고, 국도3호선(평화로) 우회도로가 옥정지구 내를 남북으로 통과하여 개설 중에 있고, 향후 서울외곽순환도로와 연결되는 민자고속도로가 동두천시 까지 건설되어 완벽한 교통체계 구축될 예정이며, 경원선 복선전철과 신도시를 연결하는 교통대책으로 연결도로를 신설하고, 신교통 수단으로 BRT(Bus Rapid Transit)등을 도입함으로써 대중교통시범도시 로서 조성될 것이므로 수도권과의 교통면에서 타지역들과 비교하여 매우 우세하다 할 것입니다.

3. 보상가액 산정의 문제점

가. 비교 표준지 선정의 문제점

예정지역 지정에 따른 행위 제한으로 토지이용의 제한이 가해져 예정지역외 주변 토지에 비하여 거래가 제약되고 지역발전 및 정상 지가상승의 혜택을 받지 못하였는바, "공익사업을위한토지등의 취득및보상에관한법률시행규칙" 제23조 제1항 단서에 의하면 토지에 대한 공법상 제한이 당해 공익사업의 시행을 직접 목적으로 하여 가하여진 경우에는 제한이 없는 상태를 산정하여 평가하게 되어있음에도 불구하고, 제한이 없는 상태를 산정하여 평가하지 아니하였을 뿐만 아니라, 예정지역 외에 소재한 표준지를 보상평가를 위한 비교 표준지로 선정하면서 비교 표준지 공시지가가 예정지구내 표준지 공시지가보다도 낮은 표준지를 선정하고, 보상대상 토지와 유사한 표준지를 선정해야 할 것이나 그러하지 아니하였고, 특히 동일지역에 위치한 이용현황이 같은 선정 가능한 예정지역의 표준지가 다수 소재함에도 불구하고 비교 표준지로 예정지역내의 공시지가가 낮은 표준지를 선정하여 평가액을 낮추려는 의도가 보여지고, 수용대상 주민의 귀중한 재산권을 평가함에 있어 비교 표준지 파악 등 당연히 고려해야 할 의무를 망각 한 것처럼 보여집니다.

나. 기타요인의 문제점

손실보상금 산정에 있어서 기타요인의 적용은 현실적으로 보상금의 가격이 실제 거래가격과 괴리가 있어 그 차이를 보완하기 위한 것인바, 본 개발지역 인근의 실거래 사례 및 보상전례와 비교하여 보면 그에 비하여 턱 없이 낮은 평가액이 산정되었음을 알 수 있습니다.

4. 보상 평가액 산정을 위한 감정평가서의 문제점

가. 수용대상 부동산의 표시

소재지	지번	지목(공부)	면적(㎡)
옥정동	100-1	목	1,234
	100-2	목	1,345
	100-3	목	1,321

나. 협의보상시의 각 감정사별 개별요인 및 기타요인

(1) 한국감정원

(가) 대상토지 100-1의 비교표준지

　　삼승동 368-2 전/전 농림 맹지 부정형평지 2,503㎡

* 지가변동률 1.04832　　　　　　　　*지역요인 1
* 개별조건: 1.467 (가로1.1, 접근1.05, 환경1.05, 획지1.21, 행정1, 기타1)
* 기타요인 : 1.1
* 산출단가(적용단가) : 211,459원 (211,000원)

(나) 대상토지 100-2의 비교표준지

　　삼승동 368-2 전/전 농림 맹지 부정형평지 1,248㎡

* 지가변동률 1.04832　　　　　　　　*지역요인 1

* 개별조건 : 1.455 (가로1.1, 접근1.05, 환경1.05, 획지1.2, 행정1, 기타1)
* 기타요인 : 1.1
* 산출단가(적용단가) : 209,730원 (210,000원)

(다) 대상토지 100-3의 비교표준지
삼숭동 368-2 전/전 농림 맹지 부정형평지 1,248㎡
* 지가변동률 1.04832   *지역요인 1
* 개별조건: 1.467(가로1.1, 접근1.05, 환경1.05, 획지1.21, 행정1, 기타1)
* 기타요인 : 1.1
* 산출단가(적용단가) : 211,459원 (211,000원)

(2) 새한감정평가법인
(가) 대상토지 100-1의 비교표준지
삼숭동 368-2 전/전 농림 맹지 부정형평지 2,503㎡
* 지가변동률 1.04832   *지역요인 1
* 개별조건: 1.504 (가로1.1, 접근1.05, 환경1.05, 획지1.24, 행정1, 기타1)
* 기타요인 : 1.1
* 산출단가(적용단가) : 216,793원 (217,000원)

(나) 대상토지 100-2의 비교표준지
삼숭동 368-2 전/전 농림 맹지 부정형평지 1,248㎡
* 지가변동률 1.04832   *지역요인 1
* 개별조건: 1.492 (가로1.1, 접근1.05, 환경1.05, 획지1.23, 행정1, 기타1)
* 기타요인 : 1.1
* 산출단가(적용단가) : 215,063원 (215,000원)

(다) 대상토지 100-3의 비교표준지
삼숭동 368-2 전/전 농림 맹지 부정형평지 1,248㎡
* 지가변동률 1.04832   *지역요인 1
* 개별조건: 1.504 (가로1.1, 접근1.05, 환경1.05, 획지1.24, 행정1, 기타1)
* 기타요인 : 1.1
* 산출단가(적용단가) : 216,793원 (217,000원)

다. 이 사건 토지의 현황에 대하여
신청인의 이 사건 토지들은 토지이용계획확인서상 '도시지역', "소로한면"에 해당합니다. 나아가 지목은 "목장용지"입니다.

라. 신청인 토지에 대하여 수용재결을 위한 감정시에 다음과 같은 사정을 반드시 참작하여야합니다.

(1) 개별요인에 대하여

수용대상 토지들은 도시구역으로써 보상금이 너무나 저렴하여 협의보상을 아니하게 되었는데, 이것은 개별요인을 평가하기 전에 우선 비교표준지 자체가 잘못되었기에 때문으로, 감정평가를 함에 있어 동일권 지역 즉, 옥정동에도 비교표준지로 선정할 만한 표준지가 많이 있다 할 것인데, 굳이 삼숭동 368-2번지를 선정한 것은 토지의 가격을 떨어트리기 위해 타지역의 비교표준지를 선정하였다고 생각할 수밖에 없는바, 지역요인을 1로 본 것 자체도 부당하다 할 것입니다. 또한 79-4번지와 같은 경우 지목변경을 하기 전에는 "대"였으나 1995년 양주군수의 경쟁력 제고사업의 일환으로 어쩔수 없이 지목을 "목"으로 바꾸었으니(경쟁력제고사업 대상자 선정통보서, 지적임야도 첨부), 옥정동 안에서 마땅히 현실상황에 부합되는 "목"으로 된 비교표준지가 없다 할 것이면, 그 대체 지목으로 "대"인 표준지 옥정동 46번지가 더 비교표준지에 적당하다 할 것이며, 100-1, 100-2번지의 경우에도 최소한 개별공시지가에 사용되었던 비교표준지를 선택되었어야 할 것인바, 현재의 비교표준지는 비교표준지로써 합당치 않다는 것입니다. 나아가, 새로운 비교표준지가 선정된다하더라도 옥정동 100-1, 100-2는 소로에 한면을 접하고 있는 100-3번지와 서로 연접하고 있으므로, 맹지로 보아서는 아니 될 것입니다.

(2) 기타요인에 대하여

기타요인의 보정치(격차율)를 평가하면서 구체적인 비교대상 없이 단지 수치만 제시하고 있는바, 이는 위법한 평가이므로 새로운 평가를 하여주시기 바랍니다.

즉, 보상액의 산정이 정당보상이 되기 위해서는 공시지가의 적정성이 전제되어야 하나 현실의 공시지가는 다소 개선되었다손 치더라도 여전히 현시가와는 너무 차이가 현격하므로 이를 적절히 보상하기 위해서는 최근에 보상된 동일수급권 및 인근유사지역의 보상선례나 정상적인 거래사례 등을 참작하여 기타요인을 보정하여야 할 것입니다.

(3) 지장물 평가에 대하여

지장물의 보상에 대하여 이전이 가능하면 이전비로, 이전이 불가능할시 본래의 가격으로 보상을 하게 되어있는바, 현재 책정된 금액은 원가에도 못 미치는 아주 저렴한 가격이라 할 것입니다. 이에, 양계장을 이전비로 보상한 것으로 보이는바, 지금 나온 보상금으로 너무나 저렴하여 대체 시설이나 용지를 구할 수 없을 뿐만 아니라, 구한다 하더라도 사실상 양계장사업이 불가능하니 폐업보상을 하여여 한다는 것입니다.

(4) 그 외 부당성에 대하여

현실이용상황에 의해 지목의 일부분이 "도"로 평가된 부분에 대해서는 본래가격의 1/3로 평가한다는 기준에 따른 것으로 보여지나, 이는 통로등으로 사용하기 위해 어쩔수 없이 터 놓은 토지이지 도로의 목적으로 만들어진 것이 아니므로 "도"로로써의 평가는 부당하다는 것입니다. 또한 그 외 부분에 대해서도 2007. 1. 1.자로 사업인정 당시 해에 건설교통부장관이 결정하여 고시한 공시지가를 바탕으로 양주시장이 산정한 당해 토지의 개별공시지가보다 손실보상금 낮다는 것은 보상금 자체는 터무니없이 저렴한 금액이라는 것입니다.

4. 결 어

토지소유자는 위와 같이 정당한 보상을 받기 위하여 의견서를 제출하오니, 이를 반드시 참작하게 하시어 정당한 보상을 받을 수 있도록 하여 주시기 바랍니다. 끝

첨 부 서 류

1. 개인감정평가내역	1통
2. 토지이용계획원	1통
3. 협의보상내역서	1통
4. 지적임야도등본	1통
5. 200○, 200○년 개별공시지가확인서	1통
6. 200○년 표준지공시지가(옥정동)	1통
7. 영업손실보상협의요청서	1통

200○. 7. .

소유자   ○○○ (인)

중앙토지수용위원회   귀중

접수방법

① '공공기관의 정보공개에 관한 법률'에 근거하여 '정보공개청구'를 하여 사업시행자 및 주민이 선정한 감정평가법인이 평가한 감정평가서를 사전에 확보할 필요가 있다.
② 이후 '부동산가격공시 및 감정평가에 관한 법률'에 따라 ㉠ 편입토지의 평가를 위하여 선정한 표준지의 하자가 없는지, ㉡ 표준지와 품등비교를 위하여 한 개별요인(가로조건, 접근조건, 획지조건, 환경조건, 행정조건, 기타)의 하자가 없는지, ㉢ 공익사업 주변의 환경, 개별성숙도 및 최근 유사한 공익사업으로 인한 보상선례가 있는지 등의 종합적인 분석하에 의견서를 작성하는 것이 좋다.
③ 1부를 작성하여, 관할(중앙)토지수용위원회 또는 재결신청서류열람공고의 안내에 따라 지정된 제출장소에 제출한다.

5. 이의신청서

[표지] 이의신청서

이 의 신 청 서			처리기간
			120일
신 청 인	성명(명칭)	○ ○ ○	
	주　　소	경기도 시흥시 ○○동 100-1	
상 대 방	성명(명칭)	한국토지주택공사	
	주　　소	경기도 성남시 분당구 정자동 217	
이의신청대상 토지 및 물건	경기도 시흥시 ○○동 100-1		
이의신청의 요지	지장물이 낮게 보상되었고, 나아가 누락된 지장물이 있음		
이의신청의 이유	현실성에 맞는 지장물 보상금 지급과 누락된 지장물이 있음(**별지 참조**)		
재 결 일	2013년 9월 10일		
재결서 수령일	2013년 9월 22일		

공익사업을위한토지등의취득및보상에관한법률 제83조 및 동법시행령 제45조제1항의 규정에 의하여 토지수용위원회의 재결에 대하여 위와 같이 이의를 신청합니다.

2013년　　10월　　　일

신청인　　○ ○ ○　　(인)

중앙토지수용위원회 위원장 귀하

구비서류	수용재결서 사본 1부	수수료
		없음

6. 이의신청 이유서

사례. 이의신청 이유서

<별 지>

이의신청의 이유

신 청 인   김 ○ ○
　　　　　　경기도 고양시 덕양구 ○○동 110-2

피신청인　　한국토지공사(소관: 서울지역본부 삼송사업단)
　　　　　　경기 성남시 분당구 정자동 217
　　　　　　대표자 시장 이 종 상

사업지구의 종류 및 명칭 : **고양향동지구 택지개발사업〈1차〉**
소재 지번　　　　　　별지목록 기재와 같음

　　　　신청인은 공익사업을 위한 토지 등의 취득 및 보상에 관한법률 제83조 및 동법시행령 제45조제1항의 규정에 의하여 중앙토지수용위원회의 수용재결에 대하여 아래와 같이 이의신청서를 제출합니다. (신청인은 위 수용재결서 정본을 2009. 9. 1. 송달받았습니다).

신 청 이 유

1. 수용목적물의 지역현황

가. 위치 및 개발여건

　당해 사업지구는 서울시청 서쪽 약 9km 지점인 서울시와 고양시의 경계에 위치해 서울도심으로의 접근성이 뛰어나 개발압력이 증대되고 있는 지역으로 망월산, 도봉산 도시자연공원과 가깝고 지구내에 향동천이 위치하고 있어 자연생태환경이 매우 뛰어나며, 동측으로는 고양삼송 택지개발지구가 위치하고 있어 본건 택지개발사업이 아니더라도 개발제한구역의 행정규제여건만 완화되어진다면 민간 주도 내지 개별적 개발여건이 성숙된 지역이라 할 것입니다.

나. 교통여건

　당해 사업지구는 수색로와 접하고 지하철 6호선 수색역 2km 지점에 위치하고 있으며, 고양~신사간 도로, 제2자유로 등 간선도로, 경의선 복선전철 등이 개통예정으로 교통여건이 양호하며 주변 간선도로가 잘 정비되어 연접 지역 및 서울과의 접근성 등 교통 소통이 원활한 지역입니다.

2. 본건 수용목적물에 대한 보상가액 산정의 문제점에 대하여

가. 표준지선정의 하자에 대하여

부동산가격공시 및 감정평가에관한법률 제21조제1, 2항 및 감정평가에관한규칙 제17조제1항은 토지의 평가에 있어서는 평가대상토지와 용도지역·이용상황·지목·주변환경 등이 동일 또는 유사한 인근지역에 소재하는 표준지의 공시지가를 기준으로 공시기준일부터 가격시점까지의 지가변동률·생산자물가상승률 및 기타 사항을 종합적으로 참작하여 평가하여야 한다. 라고 규정하고 있고, 대법원 판례입장 또한 **"대상토지와 용도지역, 지목(실제지목), 토지용도(실제용도), 주위환경, 위치, 기타 자연적·사회적 조건이 가장 유사한 인근지역 소재 표준지를 선정하여야 한다"**라고 판시하고 있습니다(대법원 2001.7.13. 선고 99두10391).

그러나 본 건 구간 내 수용목적물에 대한 비교표준지를 선정함에 있어 외관상 사업인정고시일에 가장 가까운 비교표준지를 선정한 것으로 보이나, 정상적 지가형성을 기대할 수 없는 열세인 **아래와 같은 사업지구외의 비교표준지를 선정**하여(첨부서류 제1호증의 1 내지 3 평가가격산출근거 **및 그 결정에 관한의견)** 평가한 것은 헌법 및 관계법령이 정한 정당 보상의 입법 취지에 반하는 것이라 할 것으로 보상대상 토지와 유사하고 정상적 지가를 반영한 표준지를 선정하지 아니한 잘못이 명백하다 할 것입니다.

기호	소재지	면적/㎡	지목	이용상황	용도지역	도로교통	형상 및지세	공시지가 (원/㎡)
14	향동동 120-7	205	대	단독주택	자연녹지	세로(가)	사다리 평지	1,570,000
16	향동동 157	2,020	전	전	자연녹지	세로(가)	부정형 평지	70,000

수용재결당시 재감정에서 사용되어진 비교표준지에 대해서는 아직 피신청인으로 부터 감정평가서를 입수하지는 않았으나, 협의보상금액과 수용재결금액이 사실상 동일한 것으로 보건데 수용재결당시의 비교표준지 역시 협의보상당시의 위와 같은 비교표준기를 동일하게 사용된 것으로 짐작이 됩니다.

즉, 본건 수용대상 목적물인 토지의 경우 자연녹지지역, 제1종지구단위계획구역에 속해 있고, 인근 도로변에는 근린상가, 주유소, 공동주택, 초·중·고교, 관공서, 공단공장 등이 혼재되어 있고, 교통량 및 주위통행 등이 원활한 교통의 요지에 위치하고 있습니다.

만약 사업시행자측 감정평가업자들이 위와 같은 비교표준지를 선정하였다면 이는 본건토지에 비해 접근조건, 개발의 잠재성 및 성숙도에 있어 현저히 열세하여 보상대상 토지를 평가하기 위한 비교표준지로 적합하다 할 수 없고, 개발의 잠재성 및 성숙도, 상업중심지구 및 인근교통시설과의 접근성 및 주변환경에 있어서도 보상대상 토지에 비하여 현저히 열세에 있어 본건 수용대상 토지에 비하여 정상적 지가형성을 기대 할 수 없는 지역이라 할 것인바 차재에 이의재결에 따른 재감정시에는 같은 수급권내에 있는 보상대상

토지와 유사한 표준지로 재선정 되어야 마땅하다 할 것입니다.

나. 비교격차율의 산정의 문제에 대하여

위와 같이 설령 비교표준지 선정의 하자가 없다 하더라도, 본건 수용목적물에 대한 비교표준지와의 비교 격차율을 산정함에 있어 특히 가로조건, 접근조건, 환경조건, 획지조건에서 비교표준지보다 우세함에도 고의로 대등 또는 열세로 하여 보상가액을 정해 놓은 상태에서 위 개별요인을 거꾸로 끼워 맞춘 것이 아닌가 하는 의구심을 들게 하고 있습니다.

3. 보상선례의 불균형

인근의 공공사업을 위하여 최근에 기 보상한 선례 가격은 지가 형성에 영향을 주고 신규 공공사업을 위한 보상가 결정에 있어서도 기준이 되는 것이 보상관련 법령 및 평가에 있어서도 통상적으로 인정되고 있으나, 아래 인근지역 평가선례에 있어 ㎡당 92,000 ~ 190,000원의 큰 격차를 두고 저평가한 것은 '정당한 보상'을 하도록 한 법령의 규정에 명백히 위배되는 평가라 할 것입니다.

- 기 보상선례 -

순번	가격시점	사업명칭	평가목적	소재지	용도지역	현황 지목	단가
1	"08.4.28.	지방도357호선(제2자유로)도로개설공사	보상	고양시덕양구 덕은동 269-13	자연녹지	전	828,000
2	"07.8.14.	진압로 확포장공사	이의재결	고양시일산동구 산 황동 469-1	1종일주	전	926,000

이에 대하여 우리 대법원 판례는 "토지수용보상액 산정에 관한 관계 법령의 규정을 종합하여 보면, 수용대상 토지에 대한 보상액을 산정하는 경우 거래사례나 보상선례 등을 반드시 조사하여 참작하여야 하는 것은 아니지만, 인근 유사 토지가 거래되거나 보상이 된 사례가 있고 그 가격이 정상적인 것으로서 적정한 보상액 평가에 영향을 미칠 수 있는 것임이 입증된 경우에는 인근유사토지의 정상거래가격을 참작할 수 있고, 보상선례가 인근유사토지에 관한 것으로서 당해 수용대상토지의 적정가격을 평가하는 데 있어 중요한 자료가 되는 경우에는 이를 참작하는 것이 상당하다"라고 일관되게 판시하고 있습니다"[대법원 2007.7.12. 선고 2006두11507].

4. 현황을 무시한 평가

가. 이 사건 별지목록 기재 수용목적물(토지 및 지장물)은 법정지목이 전으로 기재되어 있으나, 피신청인인 한국토지공사는 원래의 신청인 소유 토지 고양시 덕양구 향동동 100-10 전 745㎡를 피신청인의 사업상 손실보상 필요에 의해 아래와 같이 임의 분할해 산정하고 있는 상태입니다.

순번	소유자	부동산의 표시				
		소재지	지번	공부상 지목	실제 지목	면적(㎡)
(토지)						
1	김○○	경기 고양시 덕양구 향동동	100-10	전	도	62㎡
2		〃	100-10	전	대	141㎡
3		〃	100-10	전	전	542㎡

나. 한편 신청인은 이 사건 수용목적물인 향동동 100-10 전 745㎡를 1986.11.17. 공유물분할을 등기원인으로 하여 소유권이전등기(소유권이전당시 부동산 표시: 경기도 고양군 회전읍 향동리 100-10)를 받아 1987.12.26. 당시 고양군 화전읍장으로부터 개발제한구역내 건축허가(허가번호: 제203호)를 받아 1988.8.5. 착공신고서(신고인: 김○○ / 공사감리자: 삼○ 건축사사무소)를 고양군청에 제출한 바 있습니다[첨부서류 제2호증 토지대장, 첨부서류 제3호증 토지등기부등본, 첨부서류 제4호증 지적도등본, 첨부서류 제5호증 개발제한구역내 건축허가서, 첨부서류 제6호증 착공신고서, 첨부서류 제7호증 항측사진(촬영년월: 1989. 2. /제공기관 : 경기도청)〕.

다. 이후 1988. 11월경 위 지상 건물(주택)공사 완공에 따라 준공신청을 하였으나 그린벨트규제상 문제가 있어 불가피하게 수차례 수정을 하여 준공신청을 한 바 있으나 당시 공사감리자의 실수 및 행방불명으로 결국 사용승인은 받지 못하였습니다.

그러나 향동동 100-10 전 745㎡ 위 지상 건축물(주택)은 1989.1.25. 이전에 이미 건축된 건물로 『공익사업을 위한 토지 등의 취득 및 보상에 관한 법률』시행령 부칙 제6조 및 동법 시행규칙 부칙 제5조에 의해 적법한 건축물로 간주되므로 위 건축물의 해당 부지(향동동 100-10 전 745㎡)에 대한 평가는 법정지목인 "전"이 아닌 "대"로 평가 되어야 할 것입니다.

또한, 동시에 이주자 택지, 주택특별공급, 이주정착금, 주거이전비지급, 주거용 건축물의 최저보상(5백만원), 주거용건축물의 재편입 가산금 보상(30%가산)에 있어서도 적법한 건축물로 보아 이에 대한 가옥소유자의 이주대책에 대한 정당한 보상도 이루어져야 할 것입니다.

라. 즉 신청인은 비록 건축물(주택)에 대한 사용승인은 득하지는 못하였으나 관할관청의 건축허가를 받아 이에 따른 착공신고서 제출이후 1989.1.25. 이전인 1988.11.월경 건축물(주택)을 사실상 완공하였고 이과 동시에 한국전력공사와 저압일반계약(송전일자: 1988.11.23.)을 체결하여 현재까지 전기공급을 받고 있습니다(첨부서류 제8호증의 1 내지 6 전력사용내용조회서).

또한 신청인은 위 주택(지하 시멘적벽돌조 95.72㎡, 1층 시멘벽돌조 아스팔트슁글 103.32㎡, 2층 시멘적벽돌조 95.72㎡)의 마당 〔641.68㎡=745㎡- 103.32㎡(1층 건폐율)〕에는 조경석(10㎡), 정원석(10㎡),

정원잔디(186㎡) 우물, 감나무(30년생) 6주외 수종의 정원수 등이 건물 완공후 현재까지 <u>약 21년이상</u> 존재하고 있어 누가 보더라도 이는 일반주택의 부속토지인 마당(정원)으로 사용된 사실을 알 수 있고, 이는 곧 지적공부상 지목이 전이 아닌 <u>"대"</u>로 공여되어 온 사실을 쉽게 알 수 있습니다.

[고양시 덕양구 향동동 100-10 토지(정원) 및 위 지상주택]
[고양시 덕양구 향동동 100-10 토지(정원)내 정원수 및 정원등]

[고양시 덕양구 향동동 100-10 위 지상 주택의 담장 및 진입로]

마. 그런데 사업시행자인 피신청인은 별지목록 기재 수용목적물(토지 및 지장물)에 대해 사용승인을 득하지 않았다는 이유로 <u>위 대상 토지의 지목을 "대"가 법정지목인 "전"으로 만연히 평가하고 있는 것입니다.</u>

즉, "대"의 부속토지인 마당(정원)으로 장기간 공여되어 사용되어져 왔음에도 이 사건 수용목적물의 가격산정을 위하여 선정한 비교표준지(전)는 법령을 명백히 위반하여 선정한 잘못이 있다 할 것입니다.

이에 대하여 우리 대법원 판례는 "토지가격의 평가를 함에 있어 공부상 지목과 실제 현황이 다른 경우에는 공부상 지목보다는 실제 현황을 기준으로 하여 평가하여야 함이 원칙이며, 평가대상토지에 형질변경이 행하여지는 경우 형질변경행위가 완료되어 현황의 변경이 이루어졌다고 보여지는 경우에는 비록 공부상 지목변경절차를 마치기 전이라고 하더라도 변경된 실제 현황을 기준으로 평가함이 상당하다"(1994. 4. 12. 선고 93누6904)라고 판시하고 있습니다.

5. 수목(정원수)과 기타 지장물평가의 위법에 대하여

가. 이 사건 별지목록 기재 수용목적물인 지장물 중 수목(정원수)을 평가함에 있어서는 피신청인은 매 구루별로 수목(정원수)의 근원직경, 흉고직경, 수고 및 수관폭 등을 특정하고, 수령에 맞추어 시가

및 이전비를 각각 적산하여 이식이 불가능한 수목(정원수)의 경우는 시가로, 이식이 가능한 수목(정원수)의 경우에는 이식비로 구분 평가하여야 함에도 불구하고 <u>아무런 설시 없이 상·하차식 운반비로 일괄 일식 평가하고 있습니다.</u>

이는, 감정평가의 편의만을 위하여 아무런 이유설시 없는 일괄 평가는 공익사업을위한토지등의취득및보상에관한법률시행규칙 제37조에 반하는 위법한 평가인 것입니다.

나. 또한, 이 사건 신청인 소유 별지목록 기재 각 지장물에 대하여 감정평가를 함에 있어 감정평가에관한규칙 제15조 제1항 본문에서는 "평가는 대상물건마다 개별로 행하여야 한다."라고 개별평가를 원칙으로 하는 명문규정을 두고 있으며, 이를 뒷받침하는 대법원판례(**대법원 1998.2.10 선고 96누 12665 판결**)도 있습니다.

그런데, 피신청인은 이와 같은 "개별평가 원칙"을 간과하고 신청인 소유 별지목록 기재 각 지장물 중 상당부분을 일괄 또는 일식 평가하고 있는 것입니다.

6. 결 론

이상에서 살펴본 바와 같이 본 수용목적물에 대한 평가는 ① 비교표준지 선정의 하자, ② 개별요인의 비교격차율 문제, ③ 보상선례의 불균형 ④현황을 무시한 평가 ⑤ 수목(정원수)과 기타 지장물평가의 위법 ⑥ 가옥소유자의 이주대책에 대한 정당한 보상 문제 등 그 하자가 명백하다 할 것인 바, <u>차재의 의의재결에 따른 재감정시에는 같은 수급권내에 있는 보상대상 토지(대)와 유사한 표준지로 재선정하고</u> 각 개별요인들을 정당하게 반영하는 한편 각 지장물 평가에 대해서도 공익사업의 실시에 따른 수용목적물의 소유자의 특별한 희생에 대하여 이에 상응하는 법령에 따른 정당한 손실보상을 하여 주시기 바랍니다.

첨 부 서 류

1. 첨부서류 제1호증의 1 내지 3 평가가격산출근거및 그 결정에 관한의견
1. 첨부서류 제2호증   토지대장
1. 첨부서류 제3호증   토지등기부등본
1. 첨부서류 제4호증   지적도등본
1. 첨부서류 제5호증   개발제한구역내 건축허가서
1. 첨부서류 제6호증   착공신고서
1. 첨부서류 제7호증   항측사진
                          (촬영년월: 1989. 2. /제공기관 : 경기도청)
1. 첨부서류 제8호증의 1 내지 6전력사용내용조회서
1. 첨부서류 제9호증   수용재결서정본 사본

2009. 9. .
위 신청인   김 ○ ○ (인)

중앙토지수용위원회 귀중

접수방법

○ 이의신청서에 위 이유서를 첨부하여 <u>1부</u>를 수용재결서 정본을 송달받은 <u>30일내</u>에 해당 지방토지수용
위원회를 거쳐 중앙토지수용위원회에 제출한다.

○ 수용재결을 중앙토지수용위원회가 했다면 바로 중앙토지수용위원회에 이의신청서를 제출하면 되나,
수용재결을 지방토지수용위원회에서 하였다면 이의신청인은 이의신청서를 해당 지방토지수용위원
회에 제출하여야 한다(처분청 경유주의). 한편, 이의신청서를 접수받은 지방토지수용위원회는 법령
에 따라 필요한 자료 등을 첨부하여 지체 없이 중앙토지수용위원회에 송부하여야 한다.

7. 송달장소 및 송달영수인 신고서

이의신청서를 중앙토지수용위원회에 제출시 이의신청인 본인은 자신이 원하는 우편물 송달장소를 중앙토지수용위원회에 신고하면 향후 중토위의 모든 서류는 신고된 송달장소에서 수령 받을 수 있다. 아래는 실무에서 널리 사용하는 송달장소 및 영수인 신고서를 소개한다.

송달장소 및 송달영수인 신고서

사　　건　　　　　2013수용0897 이의신청
이의신청인　김ㅇㅇ(*** 테니스클럽)
피신청인　한국토지주택공사(소관 : 인천지역본부장)

위 사건에 관하여 신청인은 다음과 같이 송달장소 및 송달영수인을 신고합니다.

다　음

이의신청인의 송달장소 및 송달영수인
서울 서초구 법원로 10 306호 (서초동, 정곡빌딩 남관)
링컨행정사 사무소(행정사 조장형)

2014.　5.　　.
위 이의신청인 김ㅇㅇ　(인)

중앙토지수용위원회 귀중

---

8. 소장

보상금증감소송은 법률관계를 다투는 소송으로 공법상 당사자소송으로 제기하여야 한다. 피고는 사업시행자이고 관할법원은 피고나 당해 부동산 소재지를 관할하는 행정법원이다. 제소기간은 수용재결서를 받은 날로부터 90일(종전 60일에서 확대) 또는 이의재결서를 받은 날로부터 60일(종전 30일에서 확대) 이내에 각각 제기하여야 한다.[1]

소 장

원 고   1. 장○○

경기도 수원시 권선구 ○○동 ○○○-○

2. 장○○

경기도 화성시 ○○동 ○○○○-○

위 원고의 소송대리인 변호사 ○○○

경기도 ○○○시 ○○동 761-1 ○○○○프라자 602호

피 고   한국토지공사

경기도 성남시 분당구 정자동 217

대표자 사장 이 종 상

손실보상금 증액청구의 소

청구취지

1. 피고는 원고들에게 각 금 1,000,000원 및 이에 대하여 수용개시일 익일인 2009. 8. 26.부터 이 사건 소장 부본 송달일까지는 연 5%의, 그 다음날부터 완제일까지는 연 20%의 각 비율에 의한 금원을 지급하라.
2. 소송비용은 피고의 부담으로 한다.
3. 제1항은 가집행할 수 있다.

라는 재판을 구합니다.

청구원인

1. 이 사건 수용 및 재결처분

---

[1] 이는 2018.12.31. 토지보상법 제85조(행정소송의 제기) 제1항의 개정에 따른 것으로 주의할 것은 개정된 행정소송의 제기기간은 토지보상법 부칙 제4조(행정소송의 제기에 관한 적용례)에 따라 개정규정이 시행되는 2019.7.1. 이후 최초로 수용재결 또는 이의신청에 대한 재결서 정본을 받은 자부터 적용된다는 것이다.

가. 피고의 도로개설사업 시행

피고는 도시개발법 제3조 제3항의 규정에 의하여 도시개발구역의 지정을 받고, 같은 법 제9조 제1항에 따라 건설교통부장관으로부터 건설교통부 고시 제2007-578호(2007. 12. 13.) 개발계획인 화성남양뉴타운 도시개발계획(이하 '개발사업'이라 함)의 승인을 받고, 고시한 후 이 사건 개발사업을 시행하여 왔습니다.

그 후 피고는 원고들 소유의 이 사건 별지목록 기재 수용목적물(토지)의 소유권을 취득하기 위하여 원고들(이 사건 토지의 공유자로 형제지간입니다)에게 피고가 책정한 보상가를 기준으로 협의에 응하여 소유권을 이전할 것을 요구하였으나, 그 협의 보상가가 현실 및 시세를 반영하지 않은 현저히 부당한 보상가였기에 원고들은 협의에 응할 것을 거부한 바 있습니다.

나. 수용재결 및 이의재결

위와 같은 피고의 협의양도 요구에 원고들을 포함한 소유자 일부가 응하지 않자 피고는 소외 중앙토지수용위원회에 수용재결을 신청하여 동 위원회가 2009. 7. 2. 이 사건 원고들 소유 별지목록 기재 수용목적물(토지)에 대하여 수용시기를 2009. 8. 25.로 하는 수용재결 처분을 한바 있습니다.

2. 이 사건 재결처분의 위법성에 대하여

이 사건 개발사업의 시행자가 당해 공익사업을 위하여 개인소유의 토지 및 물건 등의 소유권을 취득하고자 할 경우에는 공익사업을위한토지등의취득및보상에관한 법률(이하 '토지보상법'이라 합니다)및 헌법 제23조 제3항이 정한 바에 따라 정당한 보상가를 산정하여 당해 소유자의 손실을 보상하여야 하는 것임에도 소외 중앙토지수용위원회는 이 사건 수용재결 처분을 함에 있어 만연히 이를 심리하여 처분한 것은 아래에서 살펴보는 바와 같습니다.

가. 비교표준지 선정의 하자

비교표준지는 인근지역, 실제지목 및 이용상황, 공법상제한, 주위환경 및 이를 고려한 지리적으로 접근한 동일 수급권내의 표준지를 사용하여야 함에도 불구하고 이를 간과하여 이 사건 부동산보다 열세에 있는 비교표준지를 선정하여 고의로 저평가 하였을 뿐만 아니라,

나. 개별요인 평가의 하자

설사 이 사건 부동산을 평가함에 있어 법령에 따라 비교표준지를 선정 하였다 하더라도 그 개별요인에 대한 격차율(가로조건, 접근조건, 자연조건, 획지조건, 행정적조건, 기타조건)을 산정함에 있어 비교표준지보다 위 각 개별요인이 우세함에도 이를 열세로 평가함은 물론,

다. 기타보정율(격차율) 산정의 하자

인근 공공사업을 위하여 최근에 기 보상한 선례가격은 지가 형성에 영 향을 주고 신규 공공사업을 위한 보상가 결정에 있어서도 기준이 되는 것이 보상관련 법률 및 평가에 있어서도 통상적으로 인정되고 있으나, 이 사건 부동산의 평가에 있어서는 헌법 및 법령에서 규정하고 있는 정당한 손실보상금액을 산정하지 않은

잘못을 범하였다고 할 것입니다.

이 사건 재결처분에서 정당한 보상가에 미치지 못하는 보상가를 산정하게 된 원인인 감정평가의 위법성은 소송 진행에 따라 피고로부터 감정평가서등 관련 자료를 제출받아 추후 구체적으로 밝히도록 하겠습니다.

3. 피고의 원고들에 대한 손실보상금 지급의무

공익사업을 위한 토지 등의 수용의 경우 사업시행자는 관련법령에 따라 수용목적물의 소유자에게 정당한 손실보상금을 지급할 의무가 있는 바, 피고는 이 사건 수용목적물에 대한 정당한 손실보상금에 훨씬 못 미치는 과소한 금액을 손실보상금으로 산정하여 원고들은 그 보상금이 정당한 손실보상금에 미치지 못한다는 이유로 재결서 정본을 송달받은 이후 이의를 유보하고 손실보상금의 일부로서 동 보상금을 수령하였습니다.

그러므로 피고는 향후 밝혀질 이 사건 수용목적물에 대한 정당한 보상금에서 위 금액을 제외한 나머지 금원을 원고들에게 지급할 의무가 있는 것인바, 다만 그 정당한 보상금의 액수는 추후 변론과정에서 감정평가 등을 통하여 구체적인 범위를 확정하여 청구하기로 하고, 우선 위 정당한 보상금의 일부로서 각 금 1,000,000원의 지급을 구하고자 하는 것입니다.

4. 결 론

위에서 살펴본 바와 같이 피고는 원고들에게 이 사건 별지목록 수용목적물(토지)에 대한 정당한 보상의 일부로서 각 금 1,000,000원 및 이에 대하여 수용개시일 다음날부터 이사건 소장 부본 송달일까지는 연 5%의, 그 다음날부터 완제일까지는 연 20%의 각 비율에 의한 지연손해금을 지급할 의무가 있다 할 것입니다.

입 증 방 법

1. 갑 제1호증　　　　　　　　　　　　　　수용재결서 사본

첨 부 서 류

1. 위 각 입증방법
2. 법인등기부등본
3. 송달료납부서

2009. 9. 1.
위 원고의 소송대리인
변호사　　○○○

수원지방법원 행정부 귀중

9. 피고경정신청

피 고 경 정 신 청

사 건   2009구합 ○○96 손실보상금증액청구

원 고   김○○

피 고   경기도지사

위 사건에 관하여 원고는 이 사건 피고를 잘못 지정하였으므로 피고의 경정를 신청하고자 하오니 허가하여 주시기 바랍니다.

신 청 취 지

이 사건의 당사자표시 중

"피고   경기도지사

경기 의정부시 신곡동 800

대표자 도지사 김문수" 으로 되어 있는 것을

"피고   경기도

경기 의정부시 신곡동 800

대표자 도지사 김문수" 로 경정한다.

라는 결정을 구합니다.

신 청 이 유

1. 원고는 종전에 "경기도지사"를 사업시행자로 보아 이 사건 손실보상금증액청구의 소를 제기 하였습니다.

2. 그러나 이 사건 사업시행자는 "경기도지사"가 아니라 "경기도"라고 보아야 할 것이므로 원고는 피고를 "경기도지사"에서 "경기도"로 피고 경정허가결정을 얻고자 이 신청에 이른 것입니다.

2010. 10. .

위 원고 소송대리인

변호사 ○ ○ ○

의정부지방법원 제1행정부 귀중

10. 당사자표시정정신청서

당사자(원고)표시정정신청서

사 건   2018구합○○○○ 손실보상금

원 고   홍○○(5○○○○○-1○○○○○○)

피 고   ○○○○○○○구역 주택재개발정비사업조합

위 사건에 관하여 원고는 당사자를 잘못 표시하였으므로, 다음과 같이 당사자 표시를 정정 신청합니다.

- 다 음 -

1. 정정 전 당사자의 표시
   홍○○(5○○○○○-1○○○○○○)
   인천 부평구 ○○로○○번길 9 (○○동)
2. 정정 후 당사자의 표시
   홍○○(5○○○○○-2○○○○○○)
   인천 부평구 ○○로○○번길 9 (○○동)
3. 신청이유
원고는 착오로 소장에 원고의 주민등록번호를 잘못 표시하여 소를 제기하였으므로, 원고의 주민등록번호 번호 표시를 정정하여 주시기 바랍니다.

첨 부 서 류

1. 주민등록등본   1통

2019. 1. .
위 원고의 소송대리인
법무법인 링컨로펌
담당변호사 장인태

인천지방법원 제1행정부 (다) 귀중

11. 문서제출명령신청서

문서제출명령신청서

사   건 2017구합 ○○○○○ 손실보상금
원   고 김○○
피   고 대한민국

위 사건에 관하여 원고는 주장사실을 입증하기 위하여 다음과 같이 문서제출명령을 신청합니다.

다   음

1 .문서의 표시

① 사업인정고시(최초부터 최후 변경까지 포함)
② 피고가 원고 소유의 이 사건 수용대상 지장물 등에 대하여 최초 협의시 및 중앙토지수용위원회가 한
   수용재결시의 각 감정평가서 일체

※ 각 감정서마다 원본과 일치한 지장물보상, 영업보상에 대한 보상액 산정 근거를 포함해 주십시오.

2. 문서의 취지(내용)
 원고는 피고로부터 위 사항의 문서를 제출받아 이 사건 수용재결등 처분에 대한 위법성을 입증하고자 합니다.

3. 문서를 가진 사람
 현재 피고가 소지하고 있습니다.

4. 증명할 사실
 피고측 감정평가사의 등에 위한 이 사건 원고의 지장물, 영업보상에 대한 감정평가의 오류를 확인하여 원고의
 청구원인을 입증코자 합니다.

2017. 4. 11.

원고 소송대리인
법무법인 링컨로펌
담당변호사 장 인 태

의정부지방법원 제2행정부 귀중

12. 감정신청서

감정신청서

사 건　　　2018누 ○○○○○ 보상금증액청구의 소 [담당재판부:제9행정부]
원 고　　　이○○
피 고　　　한국토지주택공사

위 사건에 관하여 원고의 소송대리인은 주장사실을 입증하기 위하여 아래와 같이 감정신청을 합니다.

감정의 목적

1. 토지에 대하여

이 사건 토지의 보상금 산정시 적용된 비교표준지선정의 타당성 및 개별요인의 품등비교치의 적정성과 현실의 시가와 괴리가 있는 공시지가를 현실화하고 또한 보상금 산정시 동일수급권 및 인근 유사지역의 기 보상선례와 균형을 유지하기 위하여 적용된 기타요인 보정치 등이 적정하게 산정되었는지를 파악하여 정당한 보상가액을 산정함에 목적이 있습니다.

2. 감정인 선정에 대한 의견

가. 이 사건 법원감정평가대상 목적물(토지)은 피고 자신의 편의에 따른 이 사건 사업진행 절차에 따라 현장보존이 아니될 수 있는 상황에 있습니다. 따라서 이 사건 법원감정인의 조속한 선정 및 선정된 법원감정인의 이 사건 감정대상목적물에 대한 감정이 하루라도 빨리 이루어져야 할 상황인 것입니다.

나. 또한, 이 사건 감정평가의 공정성 및 객관성을 담보하기 위하여 (1) 협의보상에 있어 참여한 바 있는 감정평가법인, (2) 수용재결 및 이의재결에 참여한 감정평가법인이었던 ㈜나라감정평가법인, ㈜태평양감정평가법인, ㈜감정평가법인 대일감정원, ㈜미래새한감정평가법인 내지 소속 감정평가사, (3) 기타 사업시행자 측에 의해 관행대로 선정되어졌던 중·대형 감정평가 법인을 제외한 소송감정인을 선정하여 주시되 공정성 및 객관성을 담보하기 위하여 이 사건 관련에 해박한 감정평가 지식 및 경험이 있는 귀 법원소속 감정인으로 등록된 감정평가사를 소송감정인으로 선정하여 주시기 바랍니다.

3. 보충의견

원고의 부득이한 사유로 원심 감정평가를 미처 받지 못한 원고의 책임도 분명 있사오나 원고 대리인은 이 사건을 수일전 수임하였기에 원심 소송기록 및 자료검토를 하여 제대로 된 이 사건 감정신청을 하기에는 다소 무리가 있는 것은 사실입니다. 따라서 원고는 우선 원활한 재판진행을 위해 개략적인 감정신청서를 제출하옵고 귀원 촉탁 법원감정인의 지정 전·후에 보완감정신청을 하겠습니다.

추후 보완감정신청을 통해 '감정할 사항내용'을 추가신청 할 예정입니다. 아울러 귀원은 감정인에게 이 사건 각 감정을 위한 바람직한 평가지침을 제시하여 명하여 주시어 조속한 시일 내 법원감정인으로 하여금 본 감정이 조속히 이루어 질수 있도록 조치하여 주시기 바랍니다.

※ 피고는 현재 이 사건 협의보상당시의 감정평가서 및 원고의 2017. 9. 29.자 원심에 접수된 '과세정보 재출명령신청'을 통해 사실조회한 사항에 대해 피고 내지 조회기관은 현재까지 자료를 미제출한 상태입니다.

감정의 목적물

[별지1] 감정의 목적물과 같습니다.

감정사항

[별지2] 감정할 사항과 같습니다.

첨 부 서 류

1. [별지1] 감정의 목적물
2. [별지2] 감정할 사항

2019. 4.   .

원고 소송대리인
법무법인 링컨로펌
담당변호사 장인태

서울고등법원 제9행정부 (다) 귀중

13. 감정인 선정에 대한 의견서

감정인 선정에 대한 의견서

사　　건　　2017구합○○○○　손실보상금
원　　고　　김○○
피　　고　　평택시장

위 사건에 관하여 원고의 소송대리인은 감정인 선정에 대한 의견으로 아래와 같이 감정인 선정에 대한 의견서를 제출합니다.

아　래

1. 이 사건 관련 소외 중앙토지수용위원회의 이의재결 전·후 피고는 원고에게 이 사건 감정목적물에서 퇴거를 종용하면서 피고의 요구에 응하지 아니할 경우 원고의 불이익을 예고한바 있습니다. 위와 같은 피고의 요구에 원고는 부득이 현재 이 사건 감정목적물에서 퇴거하여 인근 주택에 주거하면서 수시로 원고가 주거하던 종전 주택인 이 사건 감정목적물을 방문하고 있는 실정입니다.

2. 즉, 이 사건 각 지장물(주상용 건물 포함)은 피고 자신의 사업상 편의에 따른 이 사건 도시계획시설사업진행 절차에 따라 원고의 이 사건 법원감정평가 대상인 토지 및 건물 등 지장물은 조만간 철거될 위기에 처해 있습니다.

   만약, 귀원 선정 법원감정인의 감정전에 피고에 의한 이 사건 감정목적물의 철거가 이루어진다면 정상적인 감정평가가 이루어질 수 없게 되어 원고의 이 사건 청구는 무익한 소송이 될 수 있습니다.

3. 따라서 귀원의 이 사건 법원감정인의 조속한 선정 및 선정된 법원감정인의 이 사건 감정대상목적물에 대한 감정이 하루라도 빨리 이루어져야 할 상황이므로 이에 이 사건 법원감정인의 조속한 지정결정을 촉구합니다.

2017. 2.　．
원고의 소송대리인
법무법인 링컨로펌
담당변호사 장인태

수원지방법원 제4행정부　귀중

14. 청구취지(확장) 및 청구원인변경신청

청구취지(확장) 및 청구원인변경신청

사 건   2018구합○○○○ 손실보상금

원 고   홍○○(5○○○○○-1○○○○○○)

피 고   ○○○○○○○구역 주택재개발정비사업조합

      위 사건에 관하여 원고의 소송대리인은 다음과 같이 청구취지(확장)를 변경하고, 청구원인을 일부 변경합니다.

변경전 청구취지

1. 피고는 원고에게 금 1,000,000원 및 이에 대하여 수용개시일 익일인 2019. 9. 5.부터 이 사건 소장 부본 송달일까지는 연 5%의, 그 다음날부터 완제일까지는 연15%의 각 비율에 의한 금원을 지급하라.
2. 소송비용은 피고의 부담으로 한다.
3. 제1항은 가집행할 수 있다.

라는 재판을 구합니다.

변경된 청구취지

1. 피고는 원고에게 금 35,963,400원 및 이에 대하여 수용개시일 익일인 2018. 12. 27.부터 이 사건 소장 부본 송달일까지는 연 5%의, 그 다음날부터 2019. 5. 31.까지는 연 15%, 2019. 6. 1.부터 완제일까지는 연 12%의 각 비율에 의한 금원을 지급하라.
2. 소송비용은 피고의 부담으로 한다.
3. 제1항은 가집행할 수 있다.

라는 재판을 구합니다.

변경된 청구원인

1. 이 사건 수용재결처분을 비롯한 원인사실관계 등은 기 제출한 소장 기재 내용을 원용하는바, 원고의 이 사건 각 지장물등에 대한 적정한 보상이 되기 위해서는 최소한 귀원에서 채택한 감정인 ○○감정평가사무소 김○○ 감정평가사제출의 감정평가서상 소송감정평가금액으로서 원고에 대해서 금 35,963,400원 이상의 금원이 이 사건 손실보상금으로 지급되어야 함이 상당하다고 할 것입니다.

2. 즉, 귀 법원이 촉탁하여 실시한 감정평가결과에 의하면, 변경된 청구취지 금액만큼 그 보상금액이 증가하였는바

이를 인용하기 위하여 위와 같이 청구취지 및 청구원인을 변경합니다.

따라서, 피고는 원고에게 이 사건 지장물등에 대한 가격시점 당시의 정당한 손실보상금으로 금35,963,400원 (법원감정금액 263,225,900원 – 수용재결금액 227,262,500원) 및 이에 대한 수용개시일 익일인 2018. 12. 27.부터 이 사건 소장 부본 송달일까지는 연 5%의, 2019. 5. 31.까지는 연 15%, 2019. 6. 1.부터 완제일까지는 연 12%의 각 비율에 의한 금원을 지급할 의무가 있다고 할 것이어서 이 사건 소에 이른 것입니다.

2019. 7.   .

위 원고 소송대리인
법무법인 링컨로펌
담당변호사 장 인 태

인천지방법원 제1행정부 귀중

▣ 참고자료

1. 재결신청 시 사업시행자 검토사항 (중앙토지수용위원회)

① 사업인정 관련
- 사업인정고시가 법령에 일치되게 고시되었는지 여부(사업시행자, 사업인정 결정 · 고시의 법적 근거, 법령 요구 항목 여부 등)
- 재결신청자가 사업인정시의 사업시행자인지의 여부
- 재결신청기한 도과 여부(사업인정 후 1년 이내, 다만 사업인정이 의제되는 사업의 경우에는 특례로 정한 기간 내)
- 지형도면 고시여부(「토지이용규제법」 제8조)

② 토지조서 및 물건조서
- 토지조서에 기재된 토지가 사업인정된 토지인지 여부 및 면적이 고시된 면적 범위 인지의 여부
- 토지소유자 등의 서명 또는 날인이 없을 때 그 사유가 명확히 기재되었는지 여부

③ 신청내역 일치 여부
- 토지조서 · 물건조서 · 협의경위서 · 사업시행자제시액조서의 일치 여부

④ 보상평가
- 협의평가 기준시점이 재결신청서 접수일 기준으로 1년 이내인지 여부
- 감정평가법인 등을 「토지보상법」 제68조에 따라 적법하게 선정하였는지 여부

⑤ 보상계획
- 보상계획을 전국을 보급지역으로 하는 일간신문에 공고하였는지 여부 • 보상계획을 토지소유자 및 관계인에게 통지하였는지 여부
- 보상계획을 14일(초일을 산입할 경우 15일) 이상 열람할 수 있도록 하였는지 여부

⑥ 협의
- 소유자 및 관계인의 주소(특히 송달주소)가 정확히 파악되었는지 여부
- 협의요청문서를 통지하였는지 여부(이에 대해 소유자 등의 이의가 있을 경우 송달 증명 필요)
- 30일(초일을 산입할 경우 31일) 이상 성실하게 협의하였는지 여부
- 공익사업지구 면적이 10만 제곱미터 이상이고, 토지 등의 소유자가 50인 이상인 공익사업의 경우 의무적 보상협의회를 구성 · 운영하였는지 여부

⑦ 수입인지 및 재결정보시스템에 자료 입력

- 법정수수료를 수입인지로 신청서에 첨부하였는지 여부
- 사업시행자조서를 재결정보시스템에 입력하고, 출력한 내용이 사업시행자조서와 일치 하는지 여부

2.「적법한 협의」세부기준 (중앙토지수용위원회)

「성실한 협의의 요건」

(2016.1.1. 재결신청건부터 적용

구분	세부기준 항목	관련근거
토지조서 및 물건조서 작성	1. 토지조서 및 물건조서에 소유자 및 관계인의 서명 또는 날인 ※ 미서명, 미날인시 사유 기재	법 제14조, 시행령 제7조
보상계획의 열람 등	2. 공익사업의 개요, 토지조서 및 물건조서의 내용, 보상의 시기, 보상방법, 보상절차 등 이 포함된 보상계획 작성 여부 3. 위 보상계획의 일간신문 공고 실시 여부 (공고문 첨부) ※ 전국을 보급지역으로 하는 일간신문 4. 위 보상계획의 소유자, 관계인 및 시·군·구에 통지 실시 여부 (통지대상은 **보상계획공고전 1개월이내에 발급된 등기부등본에 의함**) ※ 통지 확인을 위한 우편송달증명서 (등기우편내역서 포함) 첨부 5. 보상계획의 14일 이상의 일반인에게 열람 실시 여부 ※ 사업지역이 2이상의 시·군·구에 걸치는 경우, 비행정청인 경우는 시·군·구에 의뢰하여 열람 실시	법 제15조
협의	6. 보상요청서 기재사항 적정 여부 – 협의기간(30일이상), 장소, 방법 – 보상의 시기, 방법, 절차, 금액 – 계약체결구비서류 7. 소유자 및 관계인에 대한 통지 실시 여부 (통지대상은 **보상협의실시전 1개월이내에 발급된 등기부등본에 의함**) ※ 통지 확인을 위한 우편송달증명서(등기우편내역서 포함) 첨부 ※ 반송우편물에 대하여는 해당 소유자 및 관계인에 대하여 주민등록표 발급 등을 거쳐 재통지 실시하였는지에 대한 증빙(주민등록표 발급의뢰 공문) 첨부 8. 통지불능자(토지소유자 및 관계인을 알 수 없거나 그 주소거소 또는 그 밖의 통지할 장소를 알수 없는 때)들에 대한 공시송달실시 여부 ※ 시·군·구 게시판의 게시결과 첨부	법 제16조, 시행령 제8조

	9. 협의경위서 기재사항 적정 여부 (시행령 제18조제5항 소정사항)	
감정평가 업자 추천	10. **보상계획의 공고시 '사·도지사와 토지소유자가 감정평가업자를 추천할 수 있다'는 내용을 포함하여 공고하였는지 여부** 11. 위 내용을 사·도지사와 토지소유자에게 통지하였는지 여부 ※통지 확인을 위한 우편송달증명서(등기우편내역서 포함) 첨부 12. 추천결과를 반영하여 보상금을 산정하였는지 여부	법 제68조, 시행령 제28조

※ 2016. 1. 1.부터 상기 '적법한 협의'의 「토지보상법」상 의무적 규정을 준수하지 않은 재결신청에 대하여는 재결신청 요건을 갖추지 않은 것으로 보아 '각하'되는 경우가 있을 수 있음

3. 사전 공고 또는 고시 절차를 규정하고 있는 법률 및 공익사업

— 토지보상법 제70조제5항의 공고일 또는 고시일 관련

법률명	공익사업명	절차	내용
「2018 평창 동계올림픽대회 및 동계패럴림픽대회 지원 등에 관한 특별법」	특구개발사업	특구지정 (제40조)	주민의견 청취
		특구종합계획의 수립 (41조)	공청회
「간척지의 농어업적 이용 및 관리에 관한 법률」	간척지활용사업	간척지활용사업구역의 지정 (제8조)	공청회
「경제자유구역의 지정 및 운영에 관한 특별법」	경제자유구역에서 실시되는 개발사업	구역지정 (제4조)	주민의견 청취
「군 공항 이전 및 지원에 관한 특별법」	이전주변지역 지원사업	이전주변지역 지원 계획의 수립(제11조)	공청회
「금강수계 물관리 및 주민지원 등에 관한 법률」	제4조의3에 따른 수변생태벨트 조성사업 또는 제24조에 따른 수질개선사업	수변구역 지정 (제4조)	현지실태 조사
「급경사지 재해예방에 관한 법률」	붕괴위험지역의 정비사업	붕괴위험지역의 지정 (제6조)	주민의견 수렴
「기업도시개발 특별법」	기업도시개발사업	개발구역 지정(제5조)	공청회
「낙동강수계 물관리 및 주민지원 등에 관한 법률」	제4조의3에 따른 수변생태벨트 조성사업 또는 제24조에 따른 수질개선사업	수변구역 지정 (제4조)	현지실태 조사
「농어촌마을 주거환경 개선 및 리모델링 촉진을 위한 특별법」	정비사업	정비계획의 수립 및 정비구역의 지정 (제6조)	주민설명회

「농어촌정비법」	농어촌정비사업	농어촌 관광휴양단지 (제82조), 한계농지등 정비지구 (제94조 또는 제95), 마을정비구역(제101조) 등의 지정(제104조)	주민의견 청취
「농업생산기반시설 및 주변지역 활용에 관한 특별법」	농업생산기반시설등활용 사업	농업생산기반시설등활 용사업계획 수립 (제4조)	토지소유자의 동의
「댐건설 및 주변지역지원 등에 관한 법률」	댐건설 사업	댐건설장기계획 수립 (제4조)	주민의견 수렴
「도시 및 주거환경정비법」	제38조에 따라 토지 등을 수용하거나 사용할 수 있는 사업	도시·주거환경정비기 본계획 수립 (제3조)	주민공람
「도시개발법」	도시개발사업	도시개발구역 지정 (제7조)	주민 등 의견청취, 공청회 (100만㎡ 이상)
「도시교통정비 촉진법」	중기계획의 단계적 시행에 필요한 연차별 시행계획	도시교통정비 기본계획의 수립(제5조)	주민 등의 의견청취
「도시철도법」	도시철도건설사업	기본계획 수립(제6조)	공청회
「동·서·남해안 및 내륙권 발전 특별법」	해안권 또는 내륙권 개발사업	종합계획 입안 (제5조)	공청회
「수목원·정원의 조성 및 진흥에 관한 법률」	국가 또는 지방자치단체의 수목원 조성	수목원조성예정지 지정 (제6조의2)	주민의견 청취
「연구개발특구의 육성에 관한 특별법」	특구개발사업	특구지정 (제4조)	공청회
「영산강·섬진강수계 물관리 및 주민지원 등에 관한 법률」	제4조의3에 따른 수변생태벨트 조성사업 또는 제24조에 따른 수질개선사업	특구지정 (제4조)	현지실태 조사

「용산공원 조성 특별법」	공원조성사업	용산공원 정비구역의 지정 (제11조)	공청회
「재해위험 개선사업 및 이주대책에 관한 특별법」	재해위험 개선사업	개선사업지구 지정 (제14조)	공청회
「접경지역 지원 특별법」	제13조제6항 및 제9항에 따라 고시된 사업시행계획에 포함되어 있는 사업	시·도발전계획안의 작성, 발전종합계획안의 수립 (제5조)	공청회
「주한미군기지 이전에 따른 평택시 등의 지원 등에 관한 특별법」	국제화계획지구 개발사업	국제화계획지구 지정 (제21조)	주민 등의 의견청취
「지역특화발전특구에 대한 규제특례법」	특화사업	특구지정 신청 (제21조)	공청회
「폐기물처리시설 설치촉진 및 주변지역지원 등에 관한 법률」	폐기물처리시설의 설치 및 이주대책의 시행	폐기물처리시설의 입지선정 (제9조)	입지선정위원회
「한강수계 상수원수질개선 및 주민지원 등에 관한 법률」	제4조의3에 따른 수변생태벨트 조성사업 또는 제13조에 따른 수질개선사업	수변구역 지정 (제4조)	현지실태 조사
「항만법」	항만재개발사업	항만재개발 사업계획 수립 (제54조)	공청회

4. 공익사업별 행위제한일

법률명	사업명	행위제한일
「국토의 이용 및 계획에 관한 법률」	도시·군계획시설사업	도시·군관리계획 결정·고시 5일 후(제31조)
「택지개발촉진법」	택지개발지구	지구지정에 관한 주민 등의 의견청취공고일(제3조의3)
「공공주택건설 등에 관한 특별법」 제10조	공공주택지구	지구지정에 관한 주민 등의 의견청취공고일(제11조)
「도시개발법」	도시개발구역	구역지정에 관한 주민 등의 의견청취공고일(제9조)
「산업입지 및 개발에 관한 법률」	국가산업단지	단지지정에 관한 주민 등의 의견청취공고일(제12조)
	일반산업단지	
	도시첨단산업단지	
	농공단지	
「공공기관 지방이전에 따른 혁신도시 건설 및 지원에 관한 특별법」	혁신도시개발예정지구	예정지구 지정·고시일(제9조)
「친수구역 활용에 관한 특별법」	친수구역	구역지정에 관한 주민 등의 의견청취공고일(제9조)
「기업도시개발 특별법」	기업도시개발구역	개발구역 지정·고시일(제9조)
「도시정비법」	정비구역	정비구역 지정·고시일(제5조)
「도시재정비 촉진을 위한 특별법」	재정비촉진지구	촉지지구 지정·고시일(제8조)
「임대주택법」	건설임대주택사업	사업계획승인(제14조)
「도로법」	도로구역	도로구역지정에 관한 주민 등의 의견청취공고일 및 도로구역결정고시일(제24조의3)
「농어촌도로 정비법」	도로정비	도로노선 지정·공고일(제13조)
「철도건설법」	철도건설사업	실시계획 승인·고시일(제12조)

「도시철도법」	도시철도사업	사업계획 승인·고시일(제5조)
「국방·군사시설 사업에 관한 법률」	국방·군사시설 사업	사업계획 승인·고시일(제5조)
「댐건설 및 주변지역지원 등에 관한 법률」	댐건설사업	기본계획고시일(제11조)
「수도법」	수도사업	수도사업의 인가고시일(제60조)
「하수도법」	공공하수도	인가고시일 및 공사시행허가고시일(제10조)
「학교시설사업 촉진법」	학교시설사업	시행계획 승인·고시(제6조)
「농어촌정비법」	농어촌정비사업	기본계획 또는 시행계획고시일(제110조)
「하천법」	하천예정지	하천예정지 고시(제38조)
	홍수관리구역	홍수관리구역 고시(제38조)
	하천공사	시행계획 또는 실시계획 수립·고시일(제78조)
	수문조사시설	설치계획 수립·고시일(제78조)
「골재채취법」	골재채취단지	단지관리계획의 승인·고시일(제36조)
「광업법」	갱구의 개설 등	산업동상자원부장관의 인정일(제73조)
「지역균형개발 및 중소기업육성에 관한 법률」	개발촉진지구	개발계획 고시일(제15조)
	특정지역	개발계획 고시일(제26조의7)
	지역개발종합지구	개발계획 고시일(제38조의10)
「동·서·남해안 및 내륙권 발전 특별법」	개발구역	개발구역의 지정·고시일(제10조)
「신발전지역 육성을 위한 투자촉진 특별법」	신발전지역 발전촉진지구	발전촉진지구 지정·고시일(제12조)
「새만금사업 촉진을 위한 특별법」	새만금사업지역	새만금사업지역 지정·고시일(제12조)
「도청이전을 위한 도시건설 및 지원에 관한 특별법」	도청이전 신도시개발 예정지구	예정지구 지정·고시일(제8조)

「역세권의 개발 및 이용에 관한 법률」	역세권개발구역	개발구역 지정·고시일(제11조)
「농업생산기반시설 및 주변지역활용에 관한 특별법」	농업생산기반시설 및 주변지역활용구역	구역 지정·고시일(제9조)
「경제자유구역의 지정 및 운영에 관한 법률」	경제자유구역	구역 지정·고시일(제7조의5)
「전원개발촉진법」	전원개발사업구역	실시계획 승인·고시일(제11조)
	전원개발사업 예정구역	예정구역 지정·고시일(제92조)
「항공법」	공항개발예정지역	예정지역 지정·고시일(제92조)
「수도권신공항건설 촉진법」	신공항건설사업	실시계획 승인·고시일(제10조)
「항만법」	항만시설	실시계획 공고일(제77조)
	항만배후단지	제2종 항만 배후단지 지정·고시일(제77조)
	항만재개발사업구역	사업구역 지정·고시일(제77조)
「신항만건설촉진법」	신항만건설 예정지역	예정지경 지정·고시일(제5조) 허가시 의견청취
「마리나항만의 조성 및 관리 등에 관한 법률」	마리나항만구역	항만구역 지정·고시일(제12조)
「물류시설의 개발 및 운영에 관한 법률」	복합물류터미널	공사시행 인가 고시일(제10조)
	물류단지	물류단지 지정·고시일(제25조)
「폐기물처리시설 설치촉진 및 주변지역지원 등에 관한 법률」	폐기물처리시설 입지지역	입지지역 결정·고실일(제11조의2)
「수목원 조성 및 진흥에 관한 법률」	수목원조성 예정지	예정지 지정·고시일(제6조의2)
「문화산업진흥 기본법」	문화산업단지	산업단지와 동일
「관광진흥법」	관광지	도시·군계획시설사업과 동일
	관광단지	
「주한미군공여구역 주변지역 등 지원 특별법」	지원도시사업구역	개발계획 승인·고시일(제31조)

「재해위험 개선사업 및 이주대책에 관한 특별법」	재해위험 개선사업지구	사업지구 지정·고시일(제7조)
「저수지·댐의 안전관리 및 재해예방에 관한 법률」	위험저수지·댐 정비지구	정비지구 지정·고시일(제17조)

5. 잔여지 수용 및 가치하락 손실보상 등에 관한 참고기준

제1장 총칙

제1조(목적) 이 기준은 「공익사업을 위한 토지 등의 취득 및 보상에 관한 법률」(이하 「토지보상법」이라 한다) 제73조 및 제74조와 관련된 잔여지 수용 및 가치하락 보상 등을 판단하는데 참고하기 위한 것이다.

제2조(용어의 뜻) 이 기준에서 사용하는 용어의 뜻은 다음과 같다.

1. "택지"란 건축물의 부지로 이용 중이거나 건축물의 부지로 이용할 목적으로 조성한 토지를 말한다.
2. "농지"란 「농지법」 제2조에 따른 농지를 말한다.
3. "산지"란 「산지관리법」 제2조에 의한 산지를 말한다.
4. "잔여지"란 일단의 토지 중 일부가 공익사업에 편입되어 취득됨으로 인하여 남은 토지를 말한다.
5. "획지"란 자연적 · 인문적 조건에 따라 다른 토지와 구별되는 이용활동의 단위가 되는 토지를 말한다.
6. "수용손실"이란 일단의 토지 중 일부가 공익사업에 편입되어 분할 등의 사유로 면적 · 형상 · 접면도로 등이 변하여 토지의 가치가 하락하는 것을 말한다.
7. "사업손실"이란 해당 공익사업의 시행 중 또는 시행 후 발생하는 용수 및 배수상태 · 일조 · 조망 등의 침해로 인해 토지의 가치가 하락하는 것을 말한다.

제3조(일단의 토지에 대한 판단) ① 일단의 토지는 다음 각 호의 사항을 모두 충족하는 한 필지 또는 둘 이상의 토지를 말한다.

1. 소유자의 동일성
2. 지반의 연속성
3. 용도의 일체성

② 제1항제3호의 용도의 일체성이라 함은 일반적인 이용 방법에 의한 객관적인 상황이 동일한 관계를 말한다.

제4조(잔여지 가치하락액의 산정) ① 잔여지의 가치하락액은 공익사업에 편입되기 전의 잔여지 가액에서 공익사업에 편입된 후의 잔여지 가액을 차감한 금액으로 산정한다.

② 제1항의 경우 공익사업에 편입된 후의 잔여지 가액에는 수용손실을 반영하되, 사업 손실도 반영할 수 있다.

③ 잔여지의 일부에 대해서만 피해가 있는 경우에는 그 일부에 대해서만 가치하락액을 산정할 수 있다.

제2장 잔여지의 수용

제5조(잔여지 수용 판단) ① 잔여지의 수용 여부를 판단할 때에는 「토지보상법」 시행령 제39조에서 규정한 사항을 종합적으로 고려하되, 종래의 이용 상황을 기준으로 제6조 부터 제9조까지에 따라 판단한다.

② 잔여지의 종래의 목적에 대한 판단은 사업인정고시일 당시 현실적인 이용 상황을 기준으로 한다. 다만, 「토지보상법」 제25조제2항에 따른 건축물의 건축 등에 대하여는 사업인정고시일 이후 허가를 받아 착공한 경우에는 재결당시를 기준으로 한다.

③ 제2항의 판단에 있어 사업인정고시일 당시 건축물의 건축, 공작물의 설치 또는 토지의 형질변경을 하고자 관련 법령에 따라 허가신청 또는 신고 등을 하여 착공한 경우 에는 인허가 여부 및 내용 등을 참작하여 판단한다.

④ 잔여지가 2 이상의 획지로 구분되는 경우에는 각 획지별로 수용 여부를 판단할 수 있다.

제6조(택지의 판단) ① 잔여지가 택지에 해당할 경우에는 다음 각 호 중 어느 하나에 해 당하면 수용할 수 있다.

1. 잔여지가 일정한 수준의 면적에 미달하여 건축물의 건축이 현저히 곤란한 경우

2. 잔여지의 접면도로상태가 바뀌어 「건축법」상 건축허가가 불가능한 경우

3. 잔여지의 형상이 부정형으로 바뀌어 건축물의 건축이 현저히 곤란한 경우

② 제1항제1호에서 "일정한 수준의 면적에 미달하는 경우"라 함은 일단의 토지가 공익사업 구역에 편입됨으로 인하여 다음 각 호의 면적 이하로 축소된 경우를 말한다. 다만, 일단의 토지 중 잔여지의 비율이 25% 이하인 경우에는 다음 각 호의 면적을 1.5 배까지 완화하여 적용할 수 있다.

1. 주거용 토지: 단독·다세대 주택 90㎡, 연립 주택 330㎡, 아파트 1,000㎡

2. 상업용(업무용을 포함한다) 토지: 150㎡

3. 공업용 토지: 330㎡

③ 제1항제3호에 있어 잔여지의 형상이 사각형으로서 폭 5미터 이하인 경우 또는 삼각형 으로서 한 변의 길이가 11미터 이하인 경우 등은 부정형으로 보며, 그 이외의 형상은 잔여지에 내접하는 사각형 또는 삼각형을 도출하여 판단한다.

④ 제2항 각 호를 판단함에 있어 일단의 토지 위에 건축물의 용도가 2개 이상 혼재한 경우에는 주된 용도로 판단하고, 주된 용도가 명확하지 아니하는 경우에는 해당 건축 물에 적용되는 제2항 각 호의 면적 중 작은 면적을 적용하여 판단한다.

제7조(농지의 판단) ① 잔여지가 농지에 해당할 경우에는 다음 각 호 중 어느 하나에 해당하면 수용할 수 있다.

1. 잔여지가 일정한 수준의 면적에 미달하여 영농이 현저히 곤란한 경우

2. 잔여지에 접한 도로 또는 수로가 없어져 농지로서의 사용이 현저히 곤란한 경우

3. 농기계 진입과 회전이 곤란하거나 잔여지의 형상이 부정형으로 바뀌어 농지로서의 사용이 현저히 곤란한 경우

4. 축사부지인 잔여지의 접면도로상태가 바뀌어 「건축법」상 건축허가가 불가능하여 영농이 현저히 곤란한 경우

② 제1항제1호에서 "일정한 수준의 면적에 미달하는 경우"라 함은 일단의 토지가 공익사업 구역에 편입됨으로 인하여 330㎡ 이하로 축소된 경우를 말한다. 다만, 일단의 토지 중 잔여지의 비율이 25% 이하인 경우에는 495㎡까지 완화하여 적용할 수 있다.

③ 제1항제3호에 있어 잔여지의 형상이 사각형으로서 폭 5미터 이하인 경우 또는 삼각형 으로서 한 변의 길이가 11미터 이하인 경우 등은 부정형으로 보며, 그 이외의 형상은 잔여지에 내접하는 사각형 또는 삼각형을 도출하여 판단한다.

제8조(산지의 판단) ① 잔여지가 산지에 해당할 경우 다음 각 호 중 어느 하나에 해당하면 수용할 수 있다.

1. 잔여지가 일정한 수준의 면적에 미달하여 종래 목적대로 사용이 현저히 곤란한 경우

2. 잔여지에 접한 도로가 없어져 종래 목적대로 사용이 현저히 곤란한 경우

② 제1항제1호에서 "일정한 수준의 면적에 미달하는 경우"라 함은 일단의 토지가 공익사업 구역에 편입됨으로 인하여 330㎡ 이하로 축소된 경우를 말한다. 다만, 일단의 토지 중 잔여지의 비율이 25% 이하인 경우에는 495㎡까지 완화하여 적용할 수 있다.

③ 제1항제2호에 있어 일단의 산지가 다음 각 호의 도로와 접하였다가 공익사업으로 인해 잔여지에 접한 도로가 없어진 경우에 산지로서의 사용이 현저히 곤란한 경우로 본다.

1. 「건축법」 제2조제11호에 따른 도로

2. 「농어촌도로법」 제4조에 따른 도로

3. 「산림자원의 조성 및 관리에 관한 법률」 제2조제1호라목에 따른 임도

제9조(그 밖의 토지의 판단) ① 제6조부터 제8조까지에서 규정하지 아니한 용도의 토지는 다음 각 호의 사항을 종합적으로 고려하여 잔여지 수용 여부를 판단한다.

1. 잔여지의 면적이 해당 용도의 일정한 수준의 면적에 현저히 미달하는지 여부

2. 잔여지의 위치, 형상, 접근상태 등을 고려할 때 종래의 목적에 사용하는 것이 현저히 곤란한지 여부

② 제1항을 판단하는 경우 제6조부터 제8조까지에서 규정한 유사한 용도의 기준을 참작할 수 있다. 유사한 용도의 기준을 참작할 수 없는 경우에는 제1항제1호의 일정한 수준의 면적기준은 330㎡로 한다.

제10조(잔여지 수용청구에 있어 행정처리) ① 토지소유자가 잔여지 수용을 청구한 경우 위원회는 해당 잔여지를 수용할 경우의 가액에 대해 별도로 감정평가를 의뢰할 수 있다. ② 제1항에 따라 감정평가를 의뢰하는 잔여지 위에 물건이 있는 경우에는 미리 사업 시행자에게 잔여지에 있는 물건에 대한 조서를 작성하게 한 후 당해 물건조서도 함께 감정평가의뢰 하여야 한다.

제3장 잔여지의 가치하락 보상 등

제11조(수용손실의 감정평가) ① 수용손실은 일단의 토지 중 일부가 공익사업에 편입되어 면적ㆍ형상ㆍ접면도로 등의 가치형성요인이 변화하는 것을 반영하여 감정평가한다.

② 제1항과 관련하여 공익사업에 편입된 후의 잔여지 가액을 감정평가 하는 경우 사업 시행이익이 있더라도 이를 상계할 수 없다.

제12조(사업손실의 감정평가) ① 사업손실을 감정평가할 때에는 피해의 원인, 피해원인이 토지에 미치는 정도, 피해의 계속 여부, 원상회복가능성, 관련 법령상 허용기준 등에 대해 조사ㆍ확인하여 평가한다. 다만 사업손실에 대하여 다른 절차에 따라 손실보상 또는 손해배상을 받은 경우에는 이를 참작하여야 한다.

② 제1항과 관련하여 감정평가법인 등은 필요한 경우 관련 전문가에 대한 자문을 거쳐 감정평가할 수 있다. 다만, 사전에 위원회와 협의하여야 한다.

제13조(공사비의 보상 등) ① 공익사업으로 인해 잔여지에 발생하는 가치감소 이외의 손실은 피해의 원인, 피해의 내용, 피해의 계속 여부, 잔여지 가치하락 보상과의 중복 여부 등을 고려하여 감정평가한다.

② 공익사업으로 인해 잔여지에 통로ㆍ도랑ㆍ담장 등의 신설이나 그 밖의 공사가 필요한 때에는 그 공사에 통상 필요한 비용 상당액으로 감정평가한다.

제14조(잔여지 가치하락 보상청구 등에 있어 행정처리) ① 토지소유자가 잔여지 가치하락 보상을 청구한 경우 위원회는 당해 잔여지에 대해 별도의 목록으로 감정평가의뢰 하여야 한다.

② 잔여지 가치하락 보상청구 등에 있어 위원회는 사업시행자로 하여금 감정평가에 필요한 다음 각 호의 자료를 감정평가법인 등에게 제공하도록 할 수 있다.

1. 잔여지 가치하락 보상청구의 경우

   가. 기본 자료: 사업부지와 지적이 표시된 지형도면, 공익사업 설계도서, 잔여지 가치 하락 조사표 등

   나. 추가 자료: 환경영향평가서, 환경피해에 관한 서류 등

2. 그 밖의 손실보상청구의 경우: 공익사업 설계도서, 피해에 관한 서류 등

3. 공사비 보상청구의 경우: 공익사업 설계도서, 당해 공사의 설계도서 등

③ 위원회는 한국감정평가사협회 등 전문기관에 제1항에 따라 회신된 잔여지 가치하락 보상 평가액에 대한 검토를 의뢰할 수 있다.

④ 공익사업시행지구에 편입되기 전 또는 후의 잔여지 평가 기준시점은 수용재결일을 기준으로 한다.

6. 지장물 소유사실 확인기준

<table>
<tr><td colspan="3" align="center">- 소유사실 확인 기준 -</td></tr>
</table>

구 분	소유사실 확인 기준	비 고
건축물대장에 등재되어 등기가 가능한 건축물	① 정당한 소유자가 보존등기 경료 후 보상계약체결 ② 건축물대장상 명의인과 정당한 권리자로 확인받고자 하는 자가 동일인인 경우 (상속절차 미 이행 또는 기타 소유권 분쟁이 있는 경우 제외) ⇒ 위 공부+물건소재 토지소유자 확인 + 인우보증 2인	① 방식을 원칙으로 하되 불가피한 경우 ② 방식에 의한 확인 가능
건축물대장에 등재되어 있지 않은 기타 무허가 건축물	○ 무허가건축물과세대장 또는 무허가 건물관리대장 등이 있는 경우 ⇒ 위 공부 + 인우보증 1인	행정기관의 1차적 확인에 따라 완화
	○ 무허가건축물 관리대장 등이 없는 경우 ① 물건소재 토지소유자 확인 + 인우보증 2인 　(이주대책과 무관 시 1인 가능) ② 토지소유자의 확인이 불가할 경우에는 기타 객관적으로 확인이 가능한 서류 + 인우보증 2인	① 방식을 원칙으로 하되 불가피한 경우 ② 방식에 의한 확인 가능
기타 지장물 (수목 등)	○ 토지소유자의 확인 또는 2인 이상의 인우보증	토지소유자 소유로 추정되는 점을 감안 토지소유자의 확인을 원칙으로 함

○ 인우보증인의 자격제한 등
 - 인우보증인은 물건소재지* 거주자로 함.
 * 물건소재지 범위 : 사업지구 내 또는 지구와 인접한 리·동에 거주하여 물건관계 확인이 가능한 범위안일 것.
 - 무허가 건축물의 소유사실 여부는 이주대책수립 업무에 중요한 자료가 되므로 엄격히 운용하고자 2인의 인우보증을 받음.
 - 인우보증인은 물건소유자의 직계가족은 배제.
○ 무허가건축물 관리대장 등이 없는 경우 "기타 객관적으로 확인이 가능한 서류" 예시
 - 매매계약서, 전화가입명의, 전기료 납부현황 등을 종합하여 판단.
○ "무허가건축물과세대장 또는 무허가건축물관리대장 등이 있는 경우"라 함은 그 무허가 건물관리대장 등의 명의인과 정당한 권리자로 확인받고자 하는 자가 동일인인 경우를 말함.

7. 외국국적 취득자의 소유권이전등기 필요서류

「외국인 소유권등기이전 필요서류」

※ 토지소유자(외국인) 이 입국하지 않은 경우
1. 처분위임장
    예 : 부동산 표시, 위임자 인적사항, 수임인 인적사항
         처분권한을 위임하는 내용
2. 시민권자의 거주확인서(주소변동사항 있으면 변동사항 포함)
3. 시민권자의 서명인증서
4. 시민권자의 동일인 증명서(여성이 혼인으로 성명이 변경된 경우 등 필요)
5. 등기권리증(분실시:처분위임장에 권리증을 분실하였다 기재)
6. 여권사본
7. 수임인의 인감증명서 1통(매도용), 인감도장, 신분증
 * 위 관련된 외국인서류는 번역문이 필요함.

※ 처분위임장의 경우 꼭 국적취득국 공증인에게 공증받아야함.(영사관, 대사관x)
※ 붉은색 글자는 국적취득국내 공증인의 공증이 필요하나 거주확인서, 서명인증서는 한국 공증사무소에서
   공증을 받아오면 소유권이전등기에는 문제없다는 의견임

※ 토지소유자(외국인)가 입국한 경우
1. 서명인증서
2. 주소증명
    ① 외국공증인의 주소공증
    ② 외국인등록사실증명서(90일이상 장기체류-의무)
    ③ 국내거소신고사실증명서(재외동포에 한함)

8. 보상계약체결시 구비서류

○ 토지 보상

구 분	구 비 서 류	발 급 기 관	비 고
공통	등기필증(등기권리증)	본인소지	분실시 계약 장소에서 확인서 면 작성
	인감증명서(부동산 매도용) 1통 (법인: 법인 인감증명서) (종중: 대표 및 임원 인감증명서) 인감증명서(일반용) 1통	전국 읍, 면, 동사무소(법인은 본점소재지를 관할하는 등기소)	용도 : 부동산매도용 ※ 매수자 인적사항 성명 : LH 주소: 법인등록번호 :
	국세완납증명서 1통 지방세완납(미과세)증명서 1통	관할 세무서 관할 읍, 면, 동사무소	제출처 : LH 용 도 : 보상금 수령용
	예금통장 증권계좌(채권보상대상자) 주민등록증 (외국인은 여권)	본인소지	입금한도가 없을 것
	인감도장(법인은 법인인감)	본인소지	
	토지등기부등본(필지별) 1통	해당 등기소	
	토지대장(임야대장) 필지별 1통	전국 읍, 면, 동사무소	
개인	주민등록등본 1통 주민등록초본 1통 (국내거주기록 있는 외국인은 말소자초본)	전국 읍, 면, 동사무소	등기부등본상 주소와 반드시 일치하여야 함
법인	법인등기부등본 1통 정관 및 이사회회의록 각 1부	관할등기소 법인소지	회의록: 매도부동산처분결의, 계약체결, 보상금수령내용을 포함하여야 함
종중	정관 또는 규약 1부 총회의사록(결의서)1부 종중 등록증(등록대장) 1부 대표 및 임원 주민등록등본 각1통	종중소지 종중소지 종중사무실 시, 군, 구청 전국 읍, 면, 동사무소	총회의사록: 매도부동산 처분결의, 계약체결, 보상금 수령 및 대표자 선임에 관한 사항을 결의하고 공증필해야 함.
해외 거주자	○ 재외국민(국외이주자 포함) - 처분위임장 1부 - 인감증명서 1통 -재외국민 거주사실증명서 또는 주소	본인소지 최종 주소지 동사무소 대사관 또는 영사관	-처분 위임장에는 "부동산 처분 권한 일체를 수여 한다"고 표시하고 인감으로 날인

		지 공증서면 1부		
		– 말소 주민등록초본(해당자) 1통	최종 주소지동사무소	–인감증명서는 반드시 국세청 또는 관할세무서를 경유(용도:부동산매도용, 매수자 인적사항 위 참조)
		○ 외국국적취득자(외국인)		
		– 처분위임장 1부		
		– 인감증명서 또는 서명인증서(공증필) 1통	국적 취득국내 공증필요	
		– 거주사실증명서 또는 주소지 공증서면 1부	국적 취득국내 공증필요 / 국적 취득국내 공증필요	

○ 건물 및 영업보상

구 분		구 비 서 류	발 급 기 관	비 고
공 통		· 인감도장(법인은 법인인감)	본인소지	주소변동내역 포함 발급
		· 예금통장(입금한도가 없을 것)	본인소지	용도: 보상금수령용
		· 주민등록증	본인소지	용도: 보상금수령용
		· 인감증명서(보상계약용) 1통	전국 읍, 면, 동사무소	임차인이 있는 건물
		· 주민등록등본 1통	전국 읍, 면, 동사무소	
		· 국세완납증명서 1통	주소지 관할 세무서	소유권이전등기가 불필요한 보상업무는 인감사무 감축을 위해 본인과 직접계약 시 신분증+자필서명+지장날인으로 인감대체
		· 지방세완납(미과세)증명서1통	관할 동사무소	
		· 보상금지급 동의서 1통	공사 소정양식	
		· 법인의 경우		
		– 법인등기부등본 1통	주사업장 등기소	
		– 정관 및 이사회회의록 각1부	법인소지	
건 물	등기 건물	· 등기필증(등기권리증) 1부	본인소지	
		· 건물등기부등본 1통	관할 등기소	
		· 건축물관리대장 1통	시청민원실	
	미등기 건물	· 건축물관리대장(허가건물) 1통	시청민원실	건축물관리대장에 등재되어 등기가 가능한 건물
		· 재산세과세증명서(건물분) 1통	시청세무과	
		· 소유사실 확인서(토지소유자 및 인우보증 2인의 확인) 1부	공사 소정 양식	
	기타 무허가 건축물	① 무허가건축물과세대장 또는 무허가 건물관리대장이 있는 경우		건축물관리대장에 등재 되어 있지 않은 기타 무허가 건축물
		– 위 대장 1부	시청민원실	
		– 소유사실 확인서(인우보증 1인) 1부	공사 소정양식	
		② 무허가건축물과세대장 또는 무허가건물관리대장이 없는 경우		
		– 소유사실 확인서(토지소유자 및 인우보증 2인의 확인) 1부	공사 소정양식	인우보증인은 물건소재지

	※ 토지소유자의 확인이 불가할 경우에는 전기, 전화요금 납부확인서 등 객관적으로 확인이 가능한 서류로 대체 가능(이 경우 2인의 인우보증인 확인요함)	한전, KT 등	거주자여야 함(이하 같음)
기타 지장물	소유사실 확인서 1부 (토지소유자나 2인의 인우보증인이 확인)	공사 소정양식	가축, 수목 등 등기대상이 아닌 지장물
영업보상	−등록, 인가, 허가, 신고증 1부 사업자등록증 각 1부 −임차건물 영업자의 경우 임차인 소유물건 확인서 1부 (임대인 인감증명서 첨부) − 전기요금완납(폐전)증명서1부	본인소지 본인소지 공사 소정양식 주소지 관할 한전	

○ 기타 간접보상

구 분	구 비 서 류	발 급 기 관	비 고
공 통	인감도장(대리인 계약시) 예금통장 주민등록증 국세완납증명서 지방세완납(미과세)증명서	본인소지 본인소지 본인소지	인감사무 감축을 위해 본인과 직접계약시 신분증+자필서명+지장날인으로 인감대체
주거이전비, 이사비	주민등록등본 1통 인감증명서 1통 (대리인 계약시) 가입전화증명서 1부 전기요금완납(폐전)증명서 1부 단수증명원 1부 분뇨처리영수증 1부	전국 읍, 면, 동사무소 전국 읍, 면, 동사무소 주소지관할 KT 관할 한전 상수도사업소	이사 전후 주소이동 사항 포함되게 발급요망

9. 중앙토지수용위원회 일반현황

1) 중앙토지수용위원회 및 사무국 설치 연혁

○ '62. 1. 15. : 경제기획원에 중앙토지수용위원회 설치
- (위원장) 국토건설청장, (위원) 6인(국토건설청 공무원 2인)
■ 설치근거 : 구「토지수용법」제28조

○ '63. 4. 2. : 건설부에 중앙토지수용위원회 설치
- (위원장) 건설부장관, (위원) 6인(건설부 공무원 2인)

○ '81. 12. 31. : 위원을 8인으로 확대(건설부 공무원 3인)

○ '90. 7. 8. : 중앙토지수용위원회 상설화(사무국 신설)
- 위원 중 1인을 상임위원으로 임명

○ '03. 1. 1. : 위원을 20인 이내로 확대(위원장 포함)
■ 근거규정 :「토지보상법」제49조

※ 17개 광역시·도에는 지방토지수용위원회 설치
　　■ 설치근거 : 구「토지수용법」제28조 및「토지보상법」제49조

---

2) 중앙토지수용위원회의 구성

○ 준사법적 권한을 가진 합의제 행정기관으로서 위원장(국토교통부장관) 및 위원 19명(상임 1, 비상임 18)으로 구성

※ 위원장 직무대행 : 위원장의 지명을 받은 위원(고등법원 부장판사)
※ 위원 : 법조인(4명), 감정평가사(3명), 공법학 교수(6명), 전·현직 고위공무원(5명)

---

3) 중앙토지수용위원회의 기능

○ 사업인정(의제)사업 공익성 검토(토지보상법 제21조)
○ 토지·물건 등의 수용·사용에 대한 재결(토지보상법 제50조) 및 이에 대한 이의신청 재결(토지보상법 제84조)
○ 「토지보상법」 및 다른 법률에서 위원회의 관할로 정한 손실보상신청에 대한 재결
○ 개발부담금 및 개발제한구역 보전부담금 부과 취소청구 등에 대한 행정심판 등 개별 법률에서 위원회의 관할로 정한 행정심판
○ 재결 등에 대한 행정소송업무 등

4) 중앙토지수용위원회 재결의 범위(토지보상법 제51조)

○ 국가 또는 시·도가 사업시행자인 사업
○ 수용 또는 사용할 토지가 둘 이상의 시·도에 걸치는 사업
○ 다른 법에서 중앙토지수용위원회의 관할로 규정한 사업
○ 지방토지수용위원회 재결의 이의신청에 대한 재결

※ 지방토지수용위원회에서는 위 사업 외의 재결사항을 담당

10. 중앙토지수용위원회 운영규정

전문개정 1991. 3. 16.

개정 1994. 10. 1.

개정 1996. 6. 15.

개정 1998. 3. 1.

개정 2000. 10. 23.

개정 2003. 1. 22.

개정 2005. 5. 18.

개정 2008. 9. 25.

개정 2009. 11. 1.

개정 2010. 5. 31.

개정 2010. 8. 23.

개정 2012. 11. 16.

개정 2014. 2. 20.

개정 2016. 6. 23.

개정 2016. 9. 29.

개정 2017. 10. 1.

개정 2018. 5. 17.

개정 2019. 2. 1.

개정 2019. 7. 1.

제1조(목적) 이 규정은「공익사업을 위한 토지 등의 취득 및 보상에 관한 법률 시행령」제24조제4항에 따라 중앙토지수용위원회의 운영·문서처리·심의방법 및 기준 등에 관하여 필요한 사항을 정함을 목적으로 한다. 〈개정 2003.1.22., 2005.5.18., 2008.9.25.〉

제2조(업무) ① 중앙토지수용위원회(이하 "위원회"라 한다)는 다음 각 호의 사항을 심라·의결한다. 〈개정 2008.9.25., 2017.10.1.〉

1. 「공익사업을 위한 토지 등의 취득 및 보상에 관한 법률」(이하 "법" 이라 한다) 제51조제1항에 따른 관장사업과 다른 법률에서 위원회의 관할로 정한 사업에 필요한 토지 등의 수용 또는 사용에 대한 재결 〈개정 2003.1.22., 2005.5.18., 2008.9.25., 2017.10.1.〉

2. 수용재결 또는 사용재결 등의 이의신청에 대한 재결 〈개정 2008.9.25., 2017.10.1.〉

3. 다른 법률에서 위원회의 관할로 정한 손실보상신청에 대한 재결 〈개정 2008.9.25., 2017.10.1.〉

4. 「개발이익 환수에 관한 법률」제26조에 따른 행정심판청구에 대한 재결 〈개정 2008.9.25., 2017.10.1.〉

5. 「개발제한구역의 지정 및 관리에 관한 특별조치법」제27조에 따른 이의신청에 대한 재결 〈신설 2000.10.23., 개정 2008.9.25., 2017.10.1.〉

6. 「수도권정비계획법」제17조에 따른 행정심판청구에 대한 재결 〈신설 1996.6.15., 개정 2008.9.25.,

2017.10.1.〉

7. 법 제21조에 따른 <u>사업인정·사업인정의제 협의에 대한 의견제시</u> 〈개정 2003.1.22., 2005.5.18., 2008.9.25., 2017.10.1.〉

8. 그 밖의 다른 법률에서 <u>사업인정·사업인정의제 협의에 대한 의견제시</u> 〈개정 2003.1.22., 2025.5.18., 2008.9.25.〉

② 중앙토지수용위원회 사무국(이하 "사무국"이라 한다)은 다음 각 호의 사무를 관장한다. 〈개정 2008.9.25.〉

1. 제2조제1항 각 호에서 규정된 사항에 대한 위원회의 심리·의결 및 재결을 위해 필요한 일반사무의 처리 〈개정 2008.9.25.〉

2. 재결신청서 등 접수, <u>시장·군수·구청장에게 공고 및 열람의뢰</u>, 시행령 제15조제2항의 단서 조항에 따른 직접 공고·열람, 재결 및 행정심판·소송 등에 대한 의견조회, <u>감정평가의뢰 등 사무처리</u> 〈신설 2005.5.18., 개정 2014.2.20.〉

제2조의2(직무윤리 사전진단 등) ① 비상임 위원을 신규위촉하는 경우에는 별지 제1호서식의 직무윤리 사전진단서를 작성하여야 하며, 위원장은 진 단결과에 따라 위원으로서의 직무 적합성 여부를 확인한 후에 위촉하여 야 한다.

② 신규위촉된 위원은 위원회 업무와 관련된 공정한 직무 수행을 위하여 별지 제2호서식의 직무윤리 서약서를 작성하여야 한다.

[본조 신설 2017.10.1.]

제3조(회의의 소집) ① 위원회의 회의는 **매월 2회 이상 소집함을 원칙**으로 하고, 위원장 및 상임위원 1인과 위원장이 회의마다 지정하는 위원 7인으로 구성한다. 〈개정 2003.1.22.〉

② 위원장이 제1항에 따라 회의를 소집하고자 하는 때에는 <u>회의개최 5일 전까지 회의참석 위원에게 회의의 일시 및 장소를 통지하고 심리안건을 배부하여야 한다</u>. 〈개정 2003.1.22., 2008.9.25., 2010.5.31.〉

③ 삭제 〈2003.1.22.〉

제4조(의결정족수) 위원회의 회의는 제3조제1항에 따른 구성원 과반수의 출석과 출석위원 과반수의 찬성으로 의결한다. 〈개정 2003.1.22., 2008.9.25.〉

제5조(직무대행) ① 위원장이 위원회의 회의에 참석하지 못하는 때에는 다음 각 호의 순서에 따라 위원장의 직무를 대행하여 회의를 주재하고 재결한다. 〈개정 2008.9.25.〉

1. 차관급 법관(2인 이상인 경우에는 연장자)인 위원 〈개정 2008.9.25.〉

2. 상임위원〈개정 2019.2.1.〉

3. 교수(2인 이상인 경우에는 연장자)인 위원 〈개정 2008.9.25., 2019.2.1.〉

② 제1항의 직무 이외의 위원장 직무는 법 또는 이 규정에서 특별히 정한 경우를 제외하고는 상임위원이 대행한다. 〈개정 2003.1.22., 2010.5.31.〉

제6조(회의참석 범위) 위원회의 회의에는 다음 각 호의 자가 참석할 수 있다.

1. 간사 및 서기

2. 법 제58조에 따라 출석이 허용된 자 〈개정 2003.1.22., 2008.9.25.〉

3. 그 밖에 위원회가 필요하다고 인정한 자 〈개정 2008.9.25.〉

제7조(회의의 비공개) 위원회의 회의는 공개하지 아니한다.

제8조(유회) ① 위원장은 회의개최 예정시각으로부터 30분이 경과하여도 제4조에 따른 성원이 되지 아니한 때에는 유회를 선포할 수 있다. 〈개정 2008.9.25.〉

② 제1항에 따라 유회된 때에는 위원장은 10일 이내에 회의를 다시 소집하여야 한다. 〈개정 2008.9.25.〉

제8조의2(서면의결) ① 위원장은 심리안건의 내용이 경미하거나 시급을 요하는 안건으로서 필요하다고 인정하는 경우에는 서면으로 심라의결하여 재결하게 할 수 있다. 다만, 심리에 참여한 위원 중 배부된 심리안건에 대하여 다른 의견을 제출한 위원이 있는 경우에는 해당 안건에 대한 의결을 보류하고 위원이 참석하는 다음 회차 위원회에 다시 상정하여 심리한다.

② 제1항의 서면 심리는 제3조제1항에 따른 구성원 과반수의 찬성으로 의결한다. 〈개정 2010.5.31. [본조 신설 2008.9.25.]

제8조의3(교차심의) ① 중앙토지수용위원회의 이의재결 안건은 이를 수용 재결한 조에서 심의·의결하여서는 아니된다. 다만, 다음 각 호의 어느 하나에 해당되는 경우에는 그러하지 아니하다.

가. 단순 보상금 증액 및 단순 누락지장물 보상요구 안건인 경우 나. 신청기간 도과 등 각하 대상 안건인 경우

다. 기타 긴급한 재결 등 위원회에서 필요성을 인정한 경우

② 1항에 해당할 경우에는 그 사유를 적시하여 위원회에 상정·심의한다. [본조신설 2016.6.23.]

제9조(간사 및 서기) ① 위원장은 사무국장을 위원회의 간사로, 사무국 소속 공무원 중 4급 또는 5급 공무원을 서기로 임명한다. 〈개정 2010.5.31., 2017.10.1.〉

② 위원회의 간사는 다음의 각 호의 사항을 관장한다. 〈개정 2008.9.25.〉

　1. 위원회의 개최·회의진행 등 위원회의 운영과 관련된 업무

　2. 작성한 회의록의 다음 회차 위원회에 보고

③ 위원회의 서기는 다음 각 호의 사항을 관장한다.〈개정 2008.9.25.〉

　1. 위원회의 회의록 작성·관리

　2. 그 밖에 위원회의 일반서무 업무 〈신설 2005.5.18., 개정 2008.9.25.〉

제10조(안건의 작성과 설명) 심의안건 및 참고자료 등의 작성과 설명은 간사가 한다. 다만 위원장이 필요하다고 인정하는 때에는 서기 그 밖의 관계자로 하여금 심의안건에 대한 보충설명을 하게 할 수 있다. 〈개정 2008.9.25.〉

제11조(현지조사) ① 위원회는 재결이 있기 전에 필요하다고 인정하는 때에는 위원, 간사, 전문자문단의 자문위원 또는 사무국 소속 공무원이 현지조사를 하게 할 수 있다.〈개정 2008.9.25., 2010.5.31., 2017.10.1., 2019.7.1.〉

② 제1항의 현지조사 결과는 위원회에 보고하여야 한다.

제12조(회의록) ① 서기는 다음 각 호의 사항을 기재한 회의록을 작성하고 참석위원의 서명을 받아야 한다. 다만, 서면심리를 하는 경우에는 서면 심리안건 및 심리결과로 갈음한다.〈개정 2005.5.18., 단서 신설 2008.9.25.〉

　1. 회의일시 및 장소

　2. 참석위원의 성명

　3. 심리사항 및 심리결과 〈개정 2008.9.25.〉

4. 심문, 의견청취 등이 있는 경우에는 그 주요내용 〈개정 2008.9.25.〉

5. 그 밖에 위원회에서 필요하다고 인정하는 사항 〈개정 2008.9.25.〉

② 삭제 〈2005.5.18.〉

제13조(소위원회) ① 법 제33조제1항에 따른 소위원회는 상임위원과 위원 회에서 선임된 위원 2인으로 구성한다. 〈개정 2003.1.22., 2008.9.25.〉

② 소위원회는 화해의 권고와 위원회에서 의결로서 위임한 사항을 처리 한다.

제13조의2(전문자문단 운영) ① 위원회는 수용재결 및 이의신청재결과 법 제21조에 따른 협의 및 각 개별법에 따른 위원회 소관 행정심판의 적정한 심리를 위하여 전문자문단을 둘 수 있다.〈신설 2009.11. 1., 개정 2018.8.6., 2019.7.1.〉

② 전문자문단은 아래 각호의 분과자문단으로 구성한다.

1. 제1분과 자문단 : 토지 관련

2. 제2분과 자문단 : 지장물 관련

3. 제3분과 자문단 : 영업손실, 농업·축산손실 등

4. 제4분과 자문단 : 수목, 생활보상, 어업·광업권 등 특수평가

5. 제5분과 자문단 : 재개발 관련〈신설 2009.11.1., 개정 2010.5.31., 2012.11.16., 2017.10.1., 2018.8.6.〉

③ 전문자문단의 자문위원(이하 "자문위원"이라 한다)은 상임위원이 학식과 경험이 풍부한 전문가로 구성· 위촉한다.〈신설 2012.11.16., 개정 2018.8.6., 2019.7.1.〉

④ 자문위원의 임기는 2년으로 하고 연임할 수 있다.〈신설 2009.11.1., 개정 2010.5.31., 2016.6.23., 2018.8.6.〉

⑤ 자문위원은 사무국에서 요청하는 자문사항에 대하여 서면으로 검토하는 것을 원칙으로 하고, 필요한 경우 현지조사에 동행할 있다.〈신설 2009.11.1., 단서 신설 2018.5.17., 개정 2018.8.6〉

⑥ 자문위원은 위원회의 요청이 있을 경우 위원회에 출석하거나 소위원회에 출석하여 진술할 수 있다.〈신설 2009.11.1., 개정 2018.8.6.〉

⑦ 자문사항의 검토, 위원회 및 소위원회 출석 등에 소요되는 경비 등은 예산의 범위 내에서 지급할 수 있다.〈신설 2009.11.1., 개정 2018.8.6.〉

제13조의3(자문회의 운영) ① 사무국장은 위원회의 적정한 심리를 위해 필요하다고 인정하는 경우 사무국장, 담당 서기관 및 사무국장이 회의마다 지정하는 9인 이내의 자문위원으로 구성된 자문회의를 소집할 수 있다. 〈신설 2017.10.1., 개정 2018.8.6.〉

② 자문회의는 사무국장이 주재한다. 단 사무국장이 출석할 수 없는 경 우 담당 서기관이 주재하고, 담당 서기관이 출석할 수 없는 경우 출석한 자문위원들 중에서 호선한다.〈신설 2017.10.1., 개정 2018.8.6.〉

③ 자문회의 심의대상은 다음 각 호의 1에 해당하는 경우로 한다. 다만 증감의 사유가 잔여지 확대수용, 토지·물건 추가 또는 제외, 토지이용상황변경 등의 경우에는 이를 제외할 수 있다.

1. 개인별 감정평가액 증액비율이 20% 이상이고, 3천만 원 이상 증액 평가된 경우

2. 개인별 감정평가액 증액비율이 10% 이상 20% 미만이고, 5천만원 이상 증액 평가된 경우

3. 평가대상토지에 적용할 현실이용상황(지목 등)이 명확하지 아니한 경우

4. 표준지 선정의 적정성에 의문이 있는 경우

5. 개인별 감정평가액 감액비율이 10% 이상이고, 2천만원 이상 감액 평가된 경우

6. 그 밖에 자문회의의 심의가 필요하다고 인정하는 경우 〈신설 2017.10.1., 개정 2018.8.6.〉

④ 자문회의는 매월 1회 개최한다. 단 사무국장이 필요하다고 인정하는 경우에는 추가로 개최할 수 있다.〈신설 2017.10.1., 개정 2018.8.6.〉

⑤ 사무국장은 회의소집일부터 5일 전까지 회의일시, 장소 및 심의안건을 제1항에 따라 지정된 자문위원에게 통지하여야 한다.〈신설 2017.10.1., 개정 2018.8.6.〉

⑥ 사무국장은 자문회의의 심의를 위하여 필요하다고 인정하는 경우에 심의안건과 관련한 토지 및 지장물 등을 평가한 감정평가사 또는 사업 시행자, 그 밖에 참고인 등을 출석하게 하거나 자료제출을 요구할 수 있다. 이 경우 출석 또는 자료제출을 요구받은 감정평가사 또는 사업시행자, 그 밖에 참고인 등은 출석 또는 자료제출을 하여야 한다.〈신설 2017.10.1., 개정 2018.8.6.〉

⑦ 제6항에 따라 출석 등을 요구받은 감정평가사가 정당한 사유 없이 출석 등을 하지 아니한 경우 사무국장은 해당 감정평가사에게 사유서를 받거나 주의 또는 경고를 통지할 수 있다. 다만, 해당 감정평가사가 질병 등 불가피한 사정으로 출석할 수 없는 경우에 그 사실을 미리 중앙토지수용 위원회에 알리고, 해당 감정평가사를 대신하는 다른 감정평가사가 사무국장의 동의를 받아 출석하는 경우에는 그러하지 아니하다. 〈신설 2018.8.6.〉

⑧ 자문위원은 자신이 직접 평가하였거나 소속 평가법인의 다른 평가사가 평가한 안건은 심의할 수 없다.〈신설 2018.8.6.〉

⑨ 자문회의는 구성원 과반수 출석과 출석위원 과반수 찬성으로 의결한다. 단 가부동수일 경우 사무국장이 정한다.〈신설 2018.8.6.〉

⑩ 사무국은 다음 각 호의 사항을 기록하고 자문회의에 참석한 자문위원의 서명을 받는다.〈신설 2018.8.6.〉

1. 회의일시 및 장소

2. 참석 자문위원의 성명

3. 자문사항 및 자문 결과

4. 그 밖에 자문회의에서 의결한 사항

⑪ 사무국장이 필요하다고 인정하는 경우 자문회의의 심의결과를 위원회 에 보고할 수 있다.〈신설 2018.8.6.〉

제14조(문서처리) ① 위원회와 사무국의 문서처리는 별표 1 및 별표 2에 의한다. 〈개정 1996.6.15., 2003.1.22., 2005.1.18.〉

② 재결서정본 및 등본의 송달 또는 발급 시 간사인의 간인은 "중토위" 라는 인영을 천공압날함으로써 간인에 갈음할 수 있다. 〈신설 1998.3.1., 개정 2008.9.25.〉

③ 시행령 제15조제2항의 단서 조항에 따라 위원회가 직접 공고·열람을 시행하는 경우에는 다음 각 호에 따른다. 〈신설 2014.2.20.〉

1. 최초 공고·열람의뢰일로부터 시장·군수·구청장에게 1개월 간격으로 2회 이상 촉구하여야 한다.

2. 제1호에 따라 2회 이상 촉구하였으나 시장·군수·구청장이 공고·열람을 시행하지 아니하는 경우에는

공익사업의 시급성, 필요성 등을 고려하여 위원회의 심의 및 의결을 거쳐 공고·열람을 실시할 수 있다.

3. 제1호에도 불구하고 공익사업을 긴급히 시행할 필요가 있거나, 공공의 이익에 현저한 지장을 줄 우려가 있다고 인정될 때에는 제1호에 따른 촉구없이 위원회의 심의 및 의결을 거쳐 공고·열람을 실시할 수 있다.

제15조(심리기준) 위원회의 재결액(수용신청에 대한 재결액 및 이의신청에 대한 재결액을 말한다. 이하 이 조에서 같다) 산정을 위한 심리기준은 위원회가 특별히 정하는 경우를 제외하고는 다음 각 호에 따른다. 〈개정 2008.9.25.〉

1. 재결액 산정을 위한 감정평가는 사업시행자가 협의가격으로 제시한 금액(이의신청재결인 경우에는 사업시행자가 협의가격으로 제시한 금액 및 수용재결액을 말한다)의 결정과 관계없는 2개 감정평가법인 등에게 의뢰한다. 〈개정 2003.1.22., 2008.9.25.〉

2. 수용목적물 또는 이의신청목적물에 대한 보상액은 제1호의 감정평가 법인 등이 평가한 평가액의 산술평균치를 기준으로 정한다. 다만 평가액의 산술평균치가 사업시행자 제시액(이의신청재결인 경우에는 수용재결액을 말한다)보다 낮거나 현상이 멸실되는 등의 사유로 감정평가가 불가능한 경우에는 사업시행자 제시액(이의신청재결인 경우에는 수용재결액을 말한다)으로 정한다.〈개정 200 3.1.22., 2008.9.25.〉

3. 수용목적물 또는 이의신청목적물에 대한 제1호의 2개 감정평가법인 등의 감정평가액간에 현저한 차이(대상물건에 대한 평가액 차이가 110 퍼센트를 초과하는 경우를 말하며, 대상물건이 지장물인 경우 평가액 차이의 비교는 소유자별로 지장물 전체 평가액의 합계액을 기준으로 한다)가 있는 경우에는 제1호의 감정평가법인 등 이외의 감정평가법인 등 2인에게 재감정평가를 의뢰하고 그 감정 평가액의 산술평균치를 기준으로 재결액을 정한다. 〈개정 2003.1.22., 2008.9.25., 2010.5.31.〉

4. 소송계류 중에 있는 이의신청, 「하천법」 등에 따른 손실보상 재결신청 및 행정심판 청구는 당해 소송이 확정될 때까지 심리를 보류할 수 있다.

5. 「도시 및 주거환경정비법」 제38조에 따른 토지 등의 수용재결신청은 동법 제48조제1항에 따른 관리처분계획의 인가가 있은 후에 심리한다. 〈개정 1994.10.1., 2003.1.22., 2008.9.25., 2017.10.1.〉

제16조(위원의 수당 및 여비) 위원회의 회의에 참석한 위원(서면심리의 경우에는 심리의견을 제출한 위원을 말한다)에 대하여는 예산의 범위 안에서 회의참석 수당·안건검토 수당 및 여비를 지급할 수 있다.
[본조 신설 2008.9.25.]

제17조(보칙) 이 규정에서 정한 것을 제외하고 위원회의 운영 등에 관하여 필요한 사항은 위원장이 정한다.
[본조 신설 2008.9.25.]

부   칙

이 운영규정은 1991년 3월 16일로 부터 시행한다.

이 운영규정은 2014년 2월 20일부터 시행한다.

이 운영규정은 2016년 7월 1일부터 시행한다.

이 운영규정은 2016년 10월 1일부터 시행한다.

이 운영규정은 2017년 10월 1일부터 시행한다.

이 운영규정은 2018년 5월 17일부터 시행한다.

제1조(시행일) 이 운영규정은 2018년 8월 6일부터 시행한다.

제2조(경과규정) 이 운영규정 시행일에 중앙토지수용위원회 평가자문회의 위원인 자는 이 운영규정 제13조의2제4항에 따라 전문자문단 자문위원으로 위촉된 것으로 본다. 이 경우 평가자문회의 위원으로 재직한 기간과 연임횟수는 전문자문단 자문위원의 재직기간과 연임횟수에 산입한다.

이 운영규정은 2019년 2월 1일부터 시행한다.

이 운영규정은 2019년 7월 1일부터 시행한다.

11. 감정평가서상의 실무용어

▶ 토지의 형상

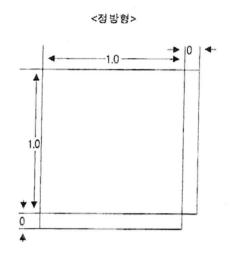

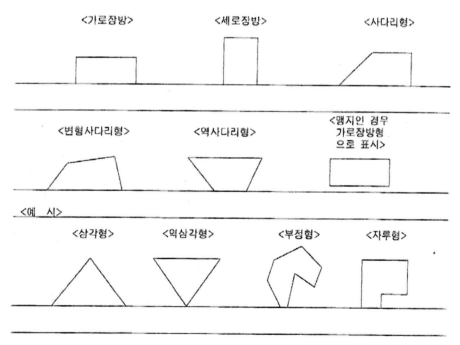

▶ **토지의 형상 및 지세에 따른 도로조건(접면)의 기재요령**

일단지로 이용되고 있는 토지는 일단지를 1필지 토지로 본다.

구분	기재방법	내용
정방형	정방형	정사각형 모양의 토지로서 양변의 길이가 비슷한 토지
가로방방형	가장형	정방형의 토지로 넓은 면이 도로에 접하거나 도로를 향하고 있는 토지
세로장방형	세장형	정방형의 토지로 좁은 면이 도로에 접하거나 도로를 향하고 있는 토지
사다리형	사다리	사다리꼴 모양의 토지
삼각형	삼각형	삼각형토지로 그 한면이 도로에 접하거나 도로를 향하고 있는 토지
역삼각형	역삼각형	삼각형토지로 꼭지 점부분이 도로에 접하거나 도로를 향하고 잇는 토지
부정형	부정형	다각형 또는 부정형의 토지
자루형	자루형	출입구가 자루처럼 좁게 생긴 토지

표준지가 접한 도로를 다음과 같이 구분 기재하되 표준지가 각지 또는 그 면에 접한 경우에는 넓은 도로를 기준으로 표기한다.

1. 광대로에 한면이 접하면서 세로한면(불)에 접하는 토지는 광대로한면으로 본다.
2. 중로에 한면이 접하면서 세로한면(불)에 접하는 토지는 중로한면으로 본다.
3. 소로에 한면이 접하면서 세로한면(불)에 접하는 토지는 소로한면으로 본다.
4. 세로인 계단도로는 세로(불)로, 소로인 계단도로는 소로로 기재한다.
5. 동일노선의 도로폭이 일정하지 않는 경우에는 그 도로의 많은 부분을 차지하는 도로폭을 기준으로 조사한다.

▶ **도로의 분류지군**

1. 도로의 분류는 인도를 포함한 폭을 기준으로 하되 비탈면(법면) 부분은 제외한다.

2. 건설공사중인 도로는 "도로"로 보고 고속도로와 자동차전용도로는 도로로 보지 아니한다.

3. 도로는 현황도로를 기준으로 하되, 택지개발사업지구·구획정리사업지구 기타 대규모개발사업지내의 토지로서 가지번이 부여된 경우에는 도면상의 도로를 기준으로 기재한다.

구 분	약어 (기재방법)	내용(적용범위)
광대로한면	광대한면	폭 25m이상의 도로에 한 면이 접하고 있는 토지
광대로–광대로 광대로–중로 광대로–소로	광대소각	광대로에 한 면이 접하고 소로(폭 8m이상 12m미만)이상의 도로에 한면 이상이 접하고 있는 토지
광대로–세로(가)	광대세각	광대로에 한 면이 접하면서 자동차 통행이 가능한 세로(폭8m미만)에 한면 이상 접하고 있는 토지
중로한면	중로한면	폭12m이상 25m미만 도로에 한면이 접하고 있는 토지
중로–중로 중로–소로 중로–세로(가)	중로각지	중로에 한 면이 접하면서 중로, 소로,자동차 통행이 가능한 세로(가)에 한면 이상이 접하고 있는 토지
소로한면	소로한면	폭8m이상 12m미만의 도로에 한면이 접하고 있는 토지
소로–소로 소로–세로(가)	소로각지	소로에 두면 이상이 접하거나 소로에 한 면이 접하면서 자동차 통행이 가능한 세로(가)에 한면 이상이 접하고 있는 토지
세로한면(가)	세로(가)	자동차 통행이 가능한 폭 8m미만 도로에 한면이 접하고 있는 토지
세로(가)–세로(가)	세각(가)	자동차 통행이 가능한 세로에 두면 이상이 접하고 있는 토지
세로한면(분)	세로(불)	자동차 통행이 불가능하나 이륜자동차의 통행이 가능한 세로에 한 면이 접하고 있는 토지
세로(불)–세로(불)	세각(불)	자동차 통행이 불가능하나 이륜자동차의 통행이 가능한 세로에 두면 이상 접하고 있는 토지
맹지	맹지	이륜자동차의 통행이 불가능한 도로에 접한 토지와 도로에 접하지 아니한 토지

- 주요 참고문헌 및 자료 -

김동희, 행정법Ⅰ, 박영사, 1998.

김동희, 행정법Ⅱ, 박영사, 1998.

박윤흔, 행정법강의(상), 박영사, 2002.

박균성, 행정법강의, 박영사, 2014.

박균성, 행정법론(상), 박영사, 2004.

김준호, 민법강의 신정4판, 법문사, 2003.

석종현, 손실보상론(하), 삼영사, 2003.

이선영, 신토지수용과보상법론, 리북스, 2005.

신경직, 손실보상법 실무해설, 애드마루, 2017.

차태환, 토지보상법론, 부연사, 2010.

이성수·배명아, (조해)토지수용과 보상실무, 법률정보센타, 2014.

김은유·임승택, 실무 토지보상, 도서출판 채움, 2014.

서울행정법원, 행정소송의 이론과 실무, 사법발전재단, 2014.

법원행정처, 법원실무제요(행정편), 2016.

사법연수원, 행정소송법, 2018.

한국토지주택공사, 보상실무편람, 2016.

중앙토지수용위원회, 토지수용 재결기준, 2015.12.

중앙토지수용위원회, 토지수용 재결기준, 2017.12.

중앙토지수용위원회, 토지수용 업무편람, 2018.12.

중앙토지수용위원회, 토지수용 업무편람, 2020.12.

한국감정원, 보상실무1·2, 2011.12.

대한변호사협회 2009년 전문분야 특별연수, 2009.

전광식, "공익사업에 따른 영업보상과 이주 및 생활대책", 2009년 대한변호사협회 전문분야 특별연수

박평준, 공익사업용지취득보상법, 고시연구사, 2004.

임정호·김원보, 공익사업용지보상법론, 부연사, 2003.

박필, "공익사업에 따른 생활보상제도의 문제점 및 개선방안", 「부동산연구」제20집 제1호(2010.6).

강정규, "공익사업에 따른 이주대책 제도의 현황과 문제점", 「토지공법연구」제63집(2013.11), 사단법인 한국토지
　　　공법학회

김해성·정철모, 2012.3 "공법상 영업손실보상의 개선방안에 관한 연구", 한국도시행정학회 도시행정정보
　　　제25집 제1호

강교식, 손실보상에 관한 법률해석례의 법규화 검토, 「감정평가연구」제16집 제1호 (2006.6)

김창환·신동휘·이기환, 2010, "지적재조사를 위한 불부합지정리사업의 유형과 제도개선 연구", 한국지적학회
　　　지 26(2)

박귀경, "선하지 관련 보상평가방법과 향후 연구과제", 한국부동산감정인협회, FOCUS 03 (2010.5.6.)

사단법인 한국토지공법학회, "토지의 지하 및 공중공간 등에 대한 보상기준에 관한 연구", 2012.11. (국토해양부
　　　최종보고서)

찾아보기

ㅇ

ㅈ

저자 소개

변호사 장 인 태

- 고려대학교 법학과 졸업
- 서울대학교 대학원 법학과 졸업(세법 전공)
- 서울대학교 대학원 박사과정(조세법) 수료
- 미국 Seton Hall Law School 장기연수
- 미국 UC Berkeley Law School
  International Litigation and Corporate Finance
  Course(ILCFC) 수료
  Information Privacy and Security Law
  Course(IPSL) 수료
- 사법연수원 제23기 수료
- 서울방송(SBS) 법률자문위원, TV '대단한 법정' 진행
- 교통방송(TBS) '교통백과' 진행
- 서울방송(SBS) 프로덕션, 한국토지공사,
  한국수자원공사 등 고문변호사
- 정보통신부 프로그램심의조정위원회 조정위원
- 재정경제부 국세심판원 심판관(비상임)
- 국무총리 조세심판원 심판관(비상임)
- 금융감독원 금융분쟁조정위원회 위원
- 한국콘텐츠진흥원 자문위원
- 광운대학교 법과대학 법학과 교수(겸임)

[주요 저서]
- 교통사고처리 이렇게 쉬울 수가
- 판례로 풀어보는 나홀로 이혼소송
- 나홀로 부동산 경매박사 Ⅰ, Ⅱ
- 쉽게 풀자 신용카드 법률분쟁
- 교통사고 법률천국
- 상가 · 아파트 분쟁과 소송
- 조세판례백선(공동집필)
- 이혼소송 재산분할
- 유치권 이론과 실무

행정사 조 장 형

- 행정사
- 한국외대 법학과 졸업
- 단국대학교 행정법무대학원 인 · 허가법률전문가
  특별과정 수료(10기)
- 단국대학교 행정법무대학원 부동산법학과졸업(석사)
- 서울시립대학교 일반대학원 법학과 박사과정
- (前) 지축, 향동, 광석지구, 남양뉴타운 주민대책위
  법률자문
  옥정지구 기업대책위, 인천검단신도시임차사업주
  대책위원회 법률자문
  법정법인 공인행정사협회 이사
  법정법인 공인행정사협회 부동산 행정학회학회장
- (現) 법무법인 링컨로펌 보상전문위원
  링컨 행정사사무소 대표
  천안북부BIT일반산업단지 주민대책위 법률자문
  전국공공재개발사업협의회 전문위원
  중앙법률원격평생연구원 강사

[주요 저서]
- 행정사실무총람(집필진 대표) (공인행정사협회, 2016, 2017, 2018)
- [핵심]토지보상실무(행정쟁송포함) (공인행정사협회, 2017)
- [개정판] 이론과 실제-계약실무총람(공편) (법률출판사, 2020)
- [개정판] 완벽한 계약서 작성법 (법률출판사, 2020)

◎ 책 내용문의 E-mail : senorlaw@hanmail.net

[개정판]

토지보상법 이해

2021년 9월 20일 개정판 1쇄 인쇄
2021년 9월 30일 개정판 1쇄 발행

저   자   장인태 · 조장형
발 행 인   김용성
발 행 처   법률출판사
            서울시 동대문구 휘경로2길 3, 4층
            ☎ 02) 962-9154 / 팩스 02) 962-9156
등 록 번 호 / 제1- 1982호
I S B N   978-89-5821-390-1   13360
e-mail :   lawnbook@hanmail.net